中华人民共和国审计署主办
《中国审计年鉴》编委会编辑

2003
中国审计年鉴

中国时代经济出版社

图书在版编目(CIP)数据

中国审计年鉴.2003/《中国审计年鉴》编辑部编.北京:中国时代经济出版社,2003.11
ISBN 7-80169-464-3

Ⅰ.中… Ⅱ.中… Ⅲ.审计-中国-2003-年鉴
Ⅳ.F239.22-54

中国版本图书馆 CIP 数据核字(2003)第 092264 号

ISBN 7-80169-464-3

刊名	《中国审计年鉴》(2003)
编者	《中国审计年鉴》编辑委员会
出版发行	中国时代经济出版社
地址	北京市东城区东四十条 24 号青蓝大厦 11 层
邮编	100007
电话	(010)88361317(发行处) 64011886(编辑部)
经销	全国各地新华书店
印刷	国营五二三厂
开本	787×1092 1/16
印张	正文 52 印张 彩插 9 印张
字数	1600 千字
版次	2003 年 12 月北京第 1 版
印次	2003 年 12 月北京第 1 次印刷
书号	ISBN 7-80169-464-3/Z·022
广告许可证号	京工商广临字 20030050 号
广告代理	北京世纪风云广告有限公司
电话	(010)82511473
定价	160.00 元

2002 年 3 月 25 日，朱镕基总理与俄罗斯审计院院长斯捷帕申交谈。

2002年3月25日，李金华审计长(前排右三)陪同朱镕基总理(前排右四)在中南海会见俄罗斯审计院院长斯捷帕申(前排左四)一行。

2002年11月，李金华审计长(左二)随同国务委员、国务院秘书长王忠禹(右二)访问冰岛时，与冰岛总理（中)、议长（右一）及审计长(左一)合影。

2002年6月26日，李金华审计长受国务院委托，在人民大会堂向第九届全国人大常委会第二十八次会议作《关于2001年度中央预算执行和其他财政收支的审计工作报告》。

第九届全国人大常委会的委员们正在认真审议李金华审计长的审计工作报告。

国务委员王忠禹出席全国审计工作会议并作重要讲话。

李金华审计长在全国审计工作会议上作《奋发有为，开拓创新，努力把审计工作提高到一个新水平》的报告。

2002年1月15日,全国审计工作暨全国审计机关先进集体、先进工作者表彰大会在北京举行。

国务委员王忠禹和审计署领导为获奖代表颁奖。

全国审计机关先进工作者代表在大会上发言。

2002年8月3日，全国审计工作座谈会在广东省南海市召开。图为大会主席台（左起）：王道成、翟熙贵、李金华、令狐安、刘家义。

大会分组讨论。

大会会场。

大会期间，李金华审计长接受新华社、《法制日报》、《中国审计》等新闻记者的采访。

署领导及广东省政府的有关领导与全体代表合影。

2002年11月17日，审计署党组中心组在怀柔召开扩大会，传达学习党的十六大精神。图为李金华审计长传达会议精神并作学习动员。

2002年12月，审计署分别举办两期学习十六大精神研讨班。图为令狐安副审计长为研讨班作学习动员。

2002年12月17日，署机关举办“学习十六大精神，贯彻‘三个代表’重要思想报告会”。图为中宣部理论局副局长张国祚作辅导报告。

2002年12月30日，太原特派办请省委党校的教授来讲解十六大报告。

上海市审计局召开全体干部职工大会，部署深入学习贯彻十六大精神。

陕西省审计厅组织全体干部职工传达学习十六大精神。

山西省审计厅举办“歌颂十六大，展审计风采”演唱会。

西安特派办新任处级领导干部在办领导的辅导下，认真学习研读十六大报告。

浙江省审计厅举办处级干部学习十六大培训班。

黑龙江省审计厅召开学习十六大精神报告会。

2002年11月11日，科学工程审计局全体人员在认真学习十六大报告。

2002年11月18日，辽宁省辽阳市审计局组织全体人员学习贯彻十六大精神。

2002年11月19～21日，上海特派办领导到浙江省杭州、嘉兴等地审计现场传达十六大精神。

2002 年 5 月 17 日，李金华审计长（左一）在湖北省审计厅电教室上机进入局域网观摩。

2002 年 6 月，李金华审计长在广州特派办进行“特派办 16 年经验调研”时,与全办处以上干部合影。

2002年11月7日，令狐安副审计长在甘肃调研。

2002年，翟熙贵副审计长(左一)在江西景德镇市华意电器股份有限公司考察。

2002年11月28日，刘家义副审计长在上海特派办调研时，向该办和上海市审计局的领导及有关人员讲解建立被审计单位资料库的总体构想和要求。

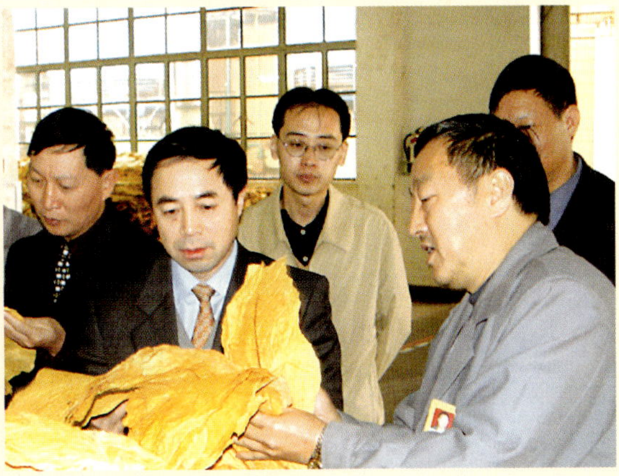

2002年，董大胜副审计长（左二）在红塔集团玉溪卷烟厂车间参观。

2002年6月1日，项俊波副审计长在四川调研时，检查省审计厅信息化建设情况。

2002年，纪检组长王道成（前排左）到广东省中山市审计局调研。

署机关服务局召开2002年总结表彰大会，项俊波副审计长（中）到会并作重要讲话。

2002年3月1日，甘肃省人事厅、省审计厅表彰全省审计机关先进集体和先进工作者。

2002年2月6日，青海省审计工作会议暨“双先”表彰大会在西宁举行。

深圳特派办举行2002年度总结表彰大会。

2002年，天津市审计局举行庆“七一”表彰大会暨与先进党支部结对子仪式。

2002年，西藏自治区审计厅在全区审计工作会议上，向全区各级审计机关党风廉政建设先进集体和先进个人颁奖。

2002年8月30日，济南特派办财政审计处获得共青团山东省直机关工委授予的“青年文明号”光荣称号。

2002年2月1日，审计署召开传达中纪委第七次全会精神大会。出席大会的署领导有李金华（中），令狐安（右）和王道成（左）。

2002年7月25～29日，审计署在上海召开特派员办事处工作座谈会。在主席台就座的有（从左至右）：项俊波、令狐安、李金华、翟熙贵。

2002年4月22日，审计署举行驻重庆特派办成立大会。项俊波副审计长（左五）与重庆市常务副市长王鸿举（左六）出席会议并为审计署驻重庆特派办揭牌。

2002年，西藏自治区政府常务副主席土登才旺(右)在全区审计工作会议上作重要讲话。

2002年9月23日，第二届西部地区审计工作经验交流会在成都召开。

浙江省审计厅召开 2002 年全省审计工作会议。

2002年，江西省审计工作会议会场。

2002 年，天津市审计局被中央精神文明建设指导委员会授予"全国精神文明建设工作先进单位"。图为 3 月 28 日，市局召开精神文明建设动员大会会场。

2002 年，安徽省审计工作会议会场。

2002年3月，李金华审计长与来访的俄罗斯审计院院长斯捷帕申亲切交谈。

2002年1月2日，令狐安副审计长与来访的津巴布韦客人握手。

2002年，刘家义副审计长(前排中)会见来署访问的印度副主计审计长马瑟先生（前排左三）一行。

2002年7月，董大胜副审计长(左二)代表中华人民共和国审计署与白俄罗斯国家监察委员会签署谅解备忘录。

2002年，项俊波副审计长(前排左二)与来访的蒙古审计长扎布兹玛先生（前排左三）一行合影。

2002年11月，李金华审计长(前排左三)访问白俄罗斯国家监察委员会时与托济克主席合影。

2002年4月，李金华审计长率团访问匈牙利审计署时与匈审计长库瓦兹合影。

2002年11月，李金华审计长访问乌克兰审计署时与乌副审计长马利科夫合影。

2002年4月，李金华审计长率团访问南非审计署时与南审计长法基交谈。

2002年11月，令狐安副审计长(左六)访问不丹期间，与不审计长昆藏·旺堆(左八)等合影。

2002年7月，翟熙贵副审计长(中)访问韩国，参加"中日韩审计机关首届书画摄影展"汉城巡展开幕式。

2002年，刘鹤章副审计长(前排左二)率团访问智利审计署时与智审计长爱尔文先生(前排左三)合影。

2002年9月，刘家义副审计长访问墨西哥期间，与墨审计长冈萨雷斯亲切交谈。

2002年，董大胜副审计长(后排右三)率团出访希腊时与希腊审计人员合影。

2002年7月，项俊波副审计长(右)访问委内瑞拉时会见该国最高法院院长林孔。

2002年4月，纪检组长王道成(左)访问爱沙尼亚时与爱审计长帕茨合影。

2002年9月，“2002年IIA全球论坛”在北京举行。李金华审计长到会致辞，刘家义副审计长一同出席。

2002年5月10日，审计署在北京举办“中日韩审计机关首届书画摄影展”。图为审计长李金华、日本会计检查院事务次长重松博之、韩国监查院事务总长黄炳基为开幕式剪彩。

2002年11月7日，李金华审计长（中）在“审计署首届国际审计培训班”闭幕式上讲话。

2002 年 12 月 24 日，摩洛哥审计法院总检察长一行到四川省考察。图为副省长王怀臣会见到访客人。

2002 年，陕西省审计厅厅长陪同副省长王寿森(左二)会见厄瓜多尔审计长阿尔弗雷多·科拉尔·博雷罗先生（左一）。

2002 年 5 月 15 日,广东省深圳市审计局局长向越南客人赠送礼品。

2002 年，乌克兰审计代表团到南京特派办参观访问。

2002 年 2 月 3 日，特派办企业经济责任审计座谈会在北京召开，李金华审计长出席大会并作重要讲话。

2002 年，浙江省审计厅开展 11 个市、县长的经济责任审计扩大试点工作。图为省政府在杭州召开有关市、县政府主要负责人经济责任审计工作座谈会。

2002年5月21日，翟熙贵副审计长（前排左七）带领审计组全体成员开展首次省长任期经济责任审计。

2002年8月21日，在全市审计工作座谈会期间，广东省深圳市审计局局长就经济责任审计工作接受新闻记者采访。

2002年，武汉特派办对CEC集团进行经济责任审计现场。

2002年，昆明特派办参加中国船舶重工集团公司的经济责任项目审计。图为审计人员在审计现场。

2002年3～11月，深圳特派办对中国通用集团公司领导人员进行经济责任审计。图为该办与被审计单位交换审计意见现场。

2002年8月7日，署机关团委组织部分年轻干部赴江苏、上海等地进行学习考察和爱国主义教育。图为年轻干部们在华西村参观考察。

2002年10月8日，太原特派办审计组在出发前与办领导签订廉政责任书。

2002年，沈阳特派办举办领导班子成员述职大会。

2002年，南京特派办广东地税核查组人员在广州黄花岗七十二烈士墓敬献花圈，进行爱国主义教育。

2002年，西安特派办在对处室“一把手”、新任处级领导和青年干部进行岗位培训。

2002年6月29日，福建省龙岩市审计局党支部组织全局党员干部到古田会议旧址等地参观，接受革命传统教育。

2002年5月8日，深圳特派办采用计算机辅助手段对深圳市国土资源局土地出让金进行审计。

2002年，武汉特派办举办计算机中级培训班。

2002年11月，审计署首届国际审计培训班成员参观京津冀特派办电教室。

2002年8月6日，署农业司领导在广东省对农业审计应用计算机情况进行调研。

2002 年，在新疆维吾尔自治区审计工作会议期间，自治区阿不来提主席、王金祥副主席在审计厅计算机电教室听取审计信息化建设情况汇报。

2002 年 11 月 20 日，署外资司与华迪计算机有限公司签订了《技术开发合同》，共同开发审计管理和作业软件。图为签字现场。

2002 年 12 月 5 日，署计算机中心在黑龙江省审计厅召开了由四川、江苏、黑龙江三省为试点的“金审工程”试点单位座谈会。

2002年，甘肃省审计厅计算机局域网建成并实施培训。

李金华审计长在"金审工程"工作会议上发表重要讲话。

2002年4月29日，审计署"金审工程"工作会议在北京召开。图为刘家义副审计长主持会议。

"金审工程"工作会议会场。

2002 年 8 月 19 日，重庆特派办进行首次年中整训。图为在遵义会址组织新入办人员进行公务员宣誓。

2002年，山西省审计厅与市、地审计局签订目标责任书。

2002 年，北京市崇文区审计局党组对竞争上岗的 8 名干部进行集体廉政谈话。

2002 年，济南特派办公务员录用面试现场。

2002 年 5 月 22 日，广东省深圳市审计局举行第三届特约审计监督员聘请大会。

2002 年，署机关服务局组织部分党员和积极分子到韶山接受革命传统教育。

2002 年 6 月 3 日，审计署党建工作培训班在怀柔举办。李金华审计长、翟熙贵副审计长到班讲话。

2002 年 11 月，全国审计纪检监察干部培训班在北京举办。纪检组长王道成（正面左）和监察局局长、驻署纪检副组长胡玉华到班讲话和授课。

2002年8月22日，哈尔滨特派办邀请哈工大教授为全办职工作报告。

2002年，武汉特派办干部职工参加署英语达标考试。

2002年7月16日，四川省审计厅举办党组中心组培训班。

2002年，南京特派办举办处级领导培训班。

2002年6月1日，在吉林省审计系统计算机考试期间，省审计厅领导到吉林市考区巡视。

2002年11月29日，署行政事业司欢送新疆审计系统来司挂职锻炼的干部。

2002年7月19日，署外资司在四川举办英国国际发展部援助项目（DFID）审计培训班。

2002年，北京市崇文区审计局对新来人员进行法制及专业培训。

2002年8月19日，深圳特派办对兼职监察员进行岗位培训。

2002 年，在中国审计学会环境审计研讨会主席台就座的有：（左起）张以宽、罗进新、金基鹏、吕培俭、令狐安、王玉成、梁本凡。

2002 年，中国审计学会与北京大学光华管理学院联合在北京举办“虚假财务报告审计与监管论坛”。

2002 年 10 月，内审协会郑力会长率 16 人代表团赴台湾参加“海峡两岸第二届内部稽核研讨会”。

“2002 年审计论坛”在浙江省宁波市举行。

2002 年，成都特派办举行全办审计工作经验交流讲座，对审计工作的情况和问题从理论上进行总结和思考。

2002 年 11 月，全国非国有企事业单位内部审计理论研讨暨经验交流会在广东省东莞市召开。

2002 年 9 月 5—8 日，国际内部审计理论高级研讨班在北京举行。

2002 年 9 月 2 日，云南省审计厅的部分人员在甘肃考察调研。

2002 年，署法制司在南京特派办召开审计准则研讨会。

2002 年，民族宗教审计局在苏州寒山寺进行宗教活动场所财务管理情况调研。

2002 年，甘肃省审计书法家协会在兰州成立。

2002 年“三八”节期间，署妇工委开展“慰问国旗战士，共抒爱国情怀”纪念活动，并向国旗班赠送了书籍、饮料等慰问品。

2002年，成都特派办机关工会组织职工开展冬季拔河比赛。

2002 年，上海市审计局与武警上海市总队后勤部签署《警民共建协议书》。

2002年10月，上海特派办广西国债项目审计组在凌云县考察了该县瑶族贫困山寨——浩坤村，并将自发募集的1300元捐赠给该村。

2002年3月27日，广西玉林市审计局为农村扶贫工作联系点赠送化肥。

2002年，内蒙古自治区审计厅干部职工深入锡盟正镶白旗善达苏木舒日嘎嘎查帮扶点，与当地牧民共商脱贫计划。

2002年，黑龙江省审计厅开展职工文艺活动。

2002 年，署机关工会组织职工篮球比赛。

2002 年，京津冀特派办在2002年署机关春节团拜会上表演快板《蓟县春雷》。

2002 年，湖北省审计厅参加省档案局举办的新《档案法》颁布五周年法制宣传日活动。

2002 年 9 月，新疆维吾尔自治区审计厅邀请建行新疆分行岗位先进个人李向党来厅作辅导报告。

2002年6月，辽宁省阜新市审计局领导带领机关党员到该地区贫困乡——水泉乡扶贫帮困。

2002年，山西省审计厅赴农村“三下乡”服务活动中，该厅厅长与老乡亲切交流。

2002年，青海省审计厅干部慰问扶贫联系点的贫困户。

2002年，社会保障审计局与卫生药品审计局干部职工参观革命圣地西柏坡。

2002年6月11日，科学工程审计局在中科院高能所审计现场。

2002年，青海省审计厅财政审计处国库审计现场。

2002年，江西省高安市审计局的审计人员正在现场勘察筠州大桥，进行竣工决算审计。

2002年6月28日，吉林省审计系统审计人员在审计现场。

2002年6月11日，内蒙古自治区审计厅对全区养老保险基金进行了审计。图为审计现场。

2002年6月25日，署农业司审计人员在广东省南海市某农民家调查村级财务监督情况。

2002年，辽宁省大连市审计局固定资产投资处的审计人员在市重点工程——快轨工程现场审计。

2002年12月30日，政法审计局在司法部2002年预算执行情况审计现场。

2002年11月8日，国防工业审计局在北京理工大学审计现场。

2002年，陕西省审计厅加强对固定资产投资建设项目的审计。图为审计组在高速公路（勉——宁段）审计现场。

2002年，济南特派办在山东省国债建设项目审计中，审计人员在勘察济南城市污水处理项目现场。

2002年，昆明特派办领导在五粮液酒厂审计现场听取情况介绍。

2002 年 4 月 10 日，四川省全面开展乡村债权债务审计。

2002 年，甘肃省审计厅实施农业审计现场。

2002 年 5 月 16 日，郑州特派办进驻郑州海关进行审计。

2002年，太原特派办财务一处在太原海关进行审计。

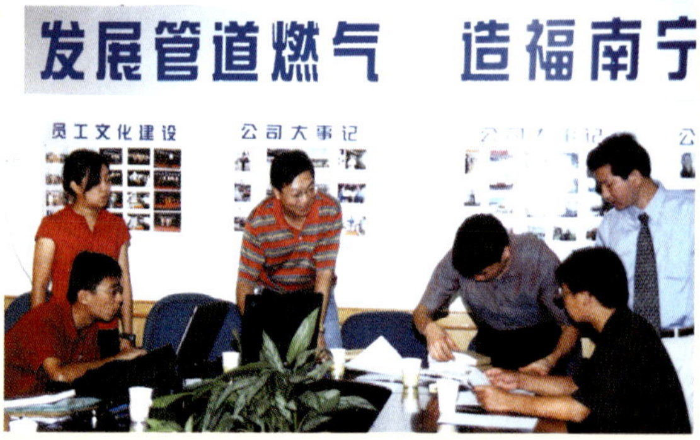

2002年10月，上海特派办在广西南宁市管道燃气有限公司进行审计。

2002年10月，京津冀特派办对河北省张家口市京津风沙源治理及退耕还林还草进行了审计。图为审计人员深入工程现场抽查部分地段苗木的成活率。

2002年，成都特派办赴重庆检验检疫局审计组在审计现场。

中国审计年鉴

2003

《中国审计年鉴》编辑委员会 编

中国时代经济出版社

编辑说明

一、《中国审计年鉴》以邓小平理论、江泽民同志“三个代表”重要思想为指导，以记录中国审计工作历程、服务经济建设、加强理论引导、推动审计事业发展为宗旨，富有与时俱进的特色，对审计工作具有指导意义。

二、《中国审计年鉴》（2003卷）是由中华人民共和国审计署主办并组织编纂的第七部年鉴，具有极强的权威性、指导性、资料性和保存价值。本卷年鉴全面、系统地反映了我国2002年审计工作的总体概况，起讫时间为2002年1月1日至2002年12月31日。

三、本卷年鉴由“特载”、“审计署工作概况”、“地方审计机关”、“解放军审计署工作概况”、“内部审计”、“科研、培训、出版、学术团体”、“表彰”、“审计工作纪事”、“重要财经审计法规”、“审计科研成果及论文”、“经济案例”和“审计工作统计”等12个部分组成。

四、本卷年鉴基本保持了（2001～2002卷）的编撰体例及风格，增加和调整的部分内容如下：

1. 图片部分：结合当时的形势及审计工作的特点，增加了“学习贯彻十六大精神”、“表彰”及“审计调查与理论研讨”三个方面的内容。

2. 内容部分：为了宣传审计工作中的先进单位和个人，增强年鉴的存史价值，给读者提供更多的信息，特增加了“表彰”专栏。

3. 为了与国内外年鉴编纂工作接轨，从本卷起按当年年号出版，反映上一年度中国审计工作的概貌。

4. 为了尊重撰稿人的劳动、调动积极性、加强责任心，各篇文稿后均署撰稿人的姓名。

五、本卷年鉴采用文章、条目、统计表格等体例分类排列，栏目下设类目和条目。各类目和条目在字号、字体及编排上都有所区别，以便读者检索。

六、本卷年鉴采用的稿件均由各级审计机关提供，香港特别行政区、澳门特别行政区和台湾省的资料暂略。

七、本卷年鉴在编辑过程中得到了各级审计机关的大力支持和协助，在此谨致谢意！由于年鉴涉及的资料浩繁，加之编辑人员的水平所限，缺点和错误在所难免，敬请广大读者批评指正。

《中国审计年鉴》编辑部

《中国审计年鉴》编辑委员会

《中国审计年鉴》编辑部

总　编　辑： 刘宝衡
副总编辑： 宋灵恩　王秀明　刘玉慧
编辑部主任： 刘　荇
责任编辑： 王松宝　马　芳
美术编辑： 张　戈
技术编辑： 杨婷婷　尹艳华　李　丽　李焕傧

《中国审计年鉴》（2003）特邀编辑名单

目　录

地方审计机关

解放军审计署工作概况

内部审计

科研、培训出版、学术团体

表　　彰

审计工作纪事

重要财经审计法规

审计科研成果及论文

经济案例

审计工作统计

Contents

Specially Selected Articles

Overview of the Work of CNAO

Provincial Audit Offices

Brief Introduction of the Work of the Chinese People's Liberation Army Audit Office

Internal Auditing Organizations

Researching, Training, Publishing and Academic Organizations

Commendations of Audit Institutions and Audit Projects

National Level

Local Level (Partial)

Important Events in the Auditing Sector

Major Events

Working Events

Chronicle of Auditing Events

Important Financial, Economic and Auditing Laws and Regulations

Important Financial, Economic and Auditing Laws and Regulations

Auditing Research Achievements and Study Papers

Selections of Award – wining Audit Projects

Selected Audit Research Achievements

Selections of Audit Study Papers

Major Economic Fraud Cases Discovered through Auditing

Audit Working Statistics

特　　载

国务委员王忠禹在全国审计工作会议上的讲话

（2002年1月15日）

这次全国审计工作会议很重要。开好这次会议，对于贯彻落实党的十五届六中全会和中央经济工作会议精神有着重要意义。2001年，全国审计机关和广大审计人员在党中央、国务院和地方各级党委、政府的领导下，认真学习江总书记“三个代表”的重要思想，深入贯彻朱总理的指示精神，紧紧围绕政府工作中心，进一步突出了对重点领域、重点部门、重点资金的审计监督，加大了对重大违法违纪问题和经济案件的查处力度，在维护财经秩序，加强廉政建设，推进依法治国，促进国民经济发展等方面发挥了重要作用。我受总理的委托，代表国务院向全国广大审计人员致以亲切的慰问，并向获得全国审计机关先进集体和先进工作者光荣称号的单位和个人表示热烈的祝贺。

一、传达朱镕基总理在听取审计署工作汇报时的指示

国务院领导对审计工作非常重视。1月4日，朱总理专门听取了审计署的工作汇报，对去年的审计工作给予了充分肯定，并做了重要指示，对今年及今后一个时期的审计工作提出更加明确的要求。下面，我向大家传达总理的指示。

听了汇报后，总理首先充分肯定了审计工作取得的成绩。他说，去年全国审计机关在查处重大违法违纪问题、制止犯罪、规范财经秩序方面做了大量的工作，发挥了很大的作用。这些成绩是有目共睹的，同时也说明党中央、国务院、全国人大都是支持审计工作的。审计工作很重要。从你们揭露出来的案件看，违法违规问题数额越来越大，经济犯罪性质越来越严重，贪污腐败分子越来越胆大妄为，所以无论从职责和力量上看，审计工作只能加强，不能削弱。希望你们一定不要辜负人民的重托，不但自身要廉洁，坚持“八不准”，同时也不要怕得罪人，做到为人民执法刚直不阿，在总结经验的基础上再接再厉，进一步把审计工作做好。

关于如何做好今后的审计工作，总理做了如下指示：

（一）要继续坚持“全面审计，突出重点”的方针。总理说，这几年来，我一直强调审计工作要实行“全面审计，突出重点”的方针，从你们的工作来看，还是很有成效的。我之所以强调突出重点，就是考虑到审计署只有那么大的力量，全面铺开，很难抓出成果，起不到震慑的作用。因此，今年审计工作不仅要继续突出重点，而且对每个重点都要做到解剖麻雀，把问题搞深、搞透，能够从制度上、机制上提出意见。我特别强调这一点，是因为尽管你们抓住了重点，但是重点的问题有些还没有摸透，没有搞清楚各个环节和细节，还找不到能够制止违法乱纪行为的机制或措施。找不到原因，也就无法提出行之有效的意见。因此，不能什么都去审，而是要围绕经济建设和政府工作中心，确定审计工作的重点。要重点揭露重大违法违纪问题和影响经济全局的问题，同时，还要注意揭露和分析那些深层次并带有普遍性的问题。审计查出的问题要如实揭露，如实向国务院报告。不要等年底再算总账。发现以后就及时报告，促使国务院下决心解决这些问题。

总理提出了今年审计工作要突出抓三个方面的问题：

一是要突出金融审计这个重点。金融是经济稳定的关键，同时也是一个容易出问题的地方，金融企业拥有十几万亿元的资产，金融一旦出了问题，是不得了的。去年你们审计了中国银行，其他几大商业银行还没有审计，今年可以审计建设银行，一个一个来嘛！

二是要突出对“收支两条线”问题的审计。深化“收支两条线”的改革是今年财政工作的重点，这不仅对解决目前的财政困难有很大好处，而且还是杜绝腐败根源的一项重要措施。当前由于没有实行严格的“收支两条线”制度，乱收费、乱罚款已经到了很坏的程度。这不仅是钱的问题，造成的社会影响也很恶劣。所以，今年一定要严格实行“收支两条线”制度。审计署要把“收支两条线”作为重点来审计。审计内容要有所侧重，审计上半年财务收支情况，主要是看有关部门是不是都按“收支两条线”的规定执行了，罚的款、收的费，是否都入账了，有没有全部上缴中央；审计下半年财务收支情况，主要是看各部门的支出，是否有不合理、不合法的地方。

三是突出对2001年地方企业所得税收入中问题的审计。中央经济工作会议提出，从2002年开始，对所得税收入实行中央和地方按比例分享的办法。调整分享比例，要保证各地区2001年地方所得税收入基数，实施增量分成。会议还明确要求，各地不要因为所得税收入分享以2001年为基数，就去弄虚作假，抬高基数。前不久，财政部报来的材料反映，2001年11、12月，地方企业所得税收入出现了人为抬高基数的问题。对此，国务院已经要求各级人民政府对所得税收入征管中出现的问题立即自查自纠，对自查出来的各种虚假所得税收入，要全部予以纠正。对采取各种弄虚作假手段虚增基数的地方，将从严处理。因此，审计署在今年的税收审计中，要抓住2001年地方企业所得税收入中出现的问题这个重点，检查是否有将应该在2002年征缴的企业所得税提前到2001年入库，是否改变了企业按照一定期限和一定税额预缴所得税的原定办法，是否通过财政注入资金或金融机构贷款等方式虚增了所得税收入。

（二）要抓住典型，解剖麻雀，提高审计成果的质量和水平。总理说，这些年来，审计部门通过审计给党中央、国务院和各级政府提出了一些很好的建议，今后这方面工作还要继续加强。要在审计中抓住典型，解剖麻雀，把查处案件、处理人员与促进改革、完善制度更好地结合起来，要及时分析和反映那些带有倾向性、普遍性而又非常重要的问题，这样才能举一反三，起到参谋助手作用。

总理说，去年，你们对中国银行的审计效果还是很好的。但是你们也不可能把所有的问题全部搞深、搞透，因此要在突出重点中抓住典型，解剖麻雀，把一两个重要问题搞深、搞透。比方说，中行广东分行用假贷款来弥补过去缺口的问题，这是非常恶劣的行为，要对它进行分析解剖，彻底搞清楚。2000年以前有多少笔不良贷款根本收不回来，他们是采取哪些假贷款的方法来弥补的，又是在哪个环节上采取这种弄虚作假手法的，是经过哪一级批准的，上面没有批准他敢这么做吗？要把这种公然违法的详细情况查清查实。搞不清楚就再复查。作弊到哪一级，就处分到哪一级，决不饶恕。要不怕得罪人，不管哪一级都要查到底。总理说，我希望你们就中国银行的例子，作一个解剖，写出比较深、比较细，有分析、有见解的专题报告。另外，你们还可以把近年来对银行、证券、保险等方面的审计情况，也都认真分析研究一下，给我一个专题报告，我在今年2月份全国金融工作会议上要用这些材料。

总理说，中央经济工作会议提出，要加强信用文化建设。目前，一些国有企业信息失真，到处都是假账，完全不按游戏规则，如此下去中国的市场经济是建不成的。审计署前年检查了1290户企业，发现68%的会计报表不能真实反映财务状况和经营成果，可见这个问题的严重性。审计部门要严惩造假账的行为，同时提出标本兼治的建议，为建立社会信用机制做贡献。另外，审计部门在开展经济责任审计时，也要特别关注企业领导人员的决策问题。现在一些国有企业管理松弛，总经理一个人说了算，决策权力大得很，几亿元资金一个人就可以决定，干什么去了，别人不知道，出了问题就什么也不管了，找国家来救它。所以审计部门不仅要突出重点，还要加强分析，解剖麻雀，研究如何通过审计促进建立健全企业决策机制，如何追究企业领导决策失误的责任问题。

（三）要进一步加强对审计决定的跟踪、检查和落实工作。总理说，审计决定的跟踪检查和落实是一个非常重要的问题，也是审计部门的一项重要职责。现场审计结束了，审计报告提交了，但不能说这项审计任务就完成了。审计的结果不能不管，审计部门负有督促检查的责任，还要跟踪追击。审计署要采取措施，逐步建立起案件移交、查处跟踪机制。就在你们内部专门找一批人，专职负责跟踪查处情况。一定要跟踪到底，不能不了了之，否则，审计监督就发挥不了应有的震慑作用。特别是对那些移交司法公安刑事处理的案件，要看他判了没有，如何判的。每年你们向国务院写两次报告，年中一次，年末一次。在报告中，要一一列出跟踪检查的结果，你们审计查出的案件处理了没有，在哪个部门卡住了，如果是审计决定有问题，你就承认自己错了。但是，如果审计意见和决定是对的，就一定要处理。你们每年都要报告这个问题，你们推不动就由我们来推动呀！国务院很重视你们的报告，你们报来的审计报告和《审计要情》，我每份都批，都按你们提出的意见去批，应该由谁来处理，由谁来查办。但是到底处理了没有，落实了没有，后面的检查就得由你们去做了。如果我批了没有处理，你可以再来反映嘛。总理说，忠禹同志，以后的《审计要情》你来批就行了，你批完以后，我再看一下，形成一种制度。也就是说，你们的《审计要情》报到国务院，我们都会当作重点，忠禹同志一定批，我一定看，审计署一定要追查，一定要跟踪，一定要落实。

总理说，你们提出试行审计公告的意见，我赞同。审计做了大量工作，搞了不少审计，结果怎么样，纠正没纠正，社会各界不了解，所以审计公告制度一定要搞，这也是检查督促审计结果执行的一个重要途径。审计监督再加上舆论监督、社会监督，它的威慑作用就大了。审计结果要公之于众，就必须保证事实确凿，这个基本原则一定要把握。另外，还要考虑到政策和社会稳定等因素。你们可以先对一些综合性的专项资金的审计情况进行公告试点。

（四）进一步加强审计信息化建设和队伍建设。总理说，要努力改善我们的审计手段，把审计信息化建设推向深入。你们讲“金审工程”进展势头很好，总理很高兴。他说，利用现代技术和先进手段是大势所趋，也是一举几得的事。不仅使审计工作更加有效，推进信息工业的发展，同时还能简化我们政府的事务。你们要考虑与相关部门交叉联网的问题。“金审”要与“金税”、“金关”、“金财”等信息网络都连接起来，才能发挥它的最大效益和作用。关于这个问题要有一个总体的规划，要与有关部门进行充分的研究、协商和合作。同时要继续加强审计队伍建设和机关作风建设。必须适应形势发展的要求，特别是加入 WTO 以后，经济和社会生活各个方面出现的一些复杂情况，要进一步加大培训力度，努力提高审计人员的综合素质。要从严管理审计队伍，加强审计廉政纪律教育，认真总结实施“八不准”以来的情况和经验，进一步加以完善。

二、进一步统一思想，坚定不移地贯彻落实总理指示精神

总理的指示十分重要。既肯定了审计署的工作成绩，也从深入贯彻落实“三个代表”重要思想和十五届六中全会精神的高度，对审计工作提出了新的更高的要求，为当前和今后一个时期的审计工作指明了方向。全国各级审计机关和广大审计人员要认真学习领会，切实加以贯彻落实。下面，我就如何贯彻落实总理指示精神，进一步搞好审计工作讲几点意见。

第一，认真领会，提高认识，把功夫下在突出重点上。总理早就指出，审计工作一定要坚持“全面审计，突出重点”的方针。近年来，审计部门坚决贯彻总理指示，集中力量，突出重点，加大了对重大违法违纪问题和经济案件的查处力度，是取得明显成绩的。那么，为什么总理一再强调审计工作要突出重点呢？就是因为我们要审计的事项太多，而审计力量又有限，不可能什么都去审，再增加多少人也难以办到。因此，必须收缩战线，集中兵力，抓住重点领域、重点部门、重点资金，深入、全面、细致地一查到底。所以，在目前情况下，要解决任务过重与力量不足的矛盾，要进一步提高审计工作的质量和水平，就必须全面准确地领会总理指示精神，在突出重点上下功夫。全面审计与突出重点是辩证统一的关系，突出重点是关键，只要抓住了重点、突出了重点，对重点问题做到了全面、彻底的审计，就能反映一般，就能从总体上把握全局，从而最终实现全面审计。各级审计部门要根据政府经济工作重点来确定自己的审计重点，总理在今年的指示中，明确指出了审计署要把金融审计、“收支两条线”审计和税收审计作为重点，这是总理从国家利益和经济全局做出的重要决策，是今年审计工作的重中之重，你们一定要从讲政治的高度认识这些任务的重要性和紧迫性，采取积极有力措施，扎扎实实、不折不扣地完成任务，不辜负国务院和朱总理的重托。

第二，解剖麻雀，跟踪处理，把功夫下在提高水平上。审计部门要在更高层次上有效地发挥审计监督的作用，仅仅靠确定了目标，抓住了重点，还是不够的。还必须进一步改进审计方法，在审计深度和审计水平上狠下工夫。而要做到这一点，就要在已查的重点问题中，选择那些带有共性、倾向性、苗头性的可能是大案要案的问题，解剖麻雀，搞深搞细搞透，找出问题的根源，提出解决问题的措施意见。这样就不仅查出了问题，履行了审计职责，而且也推动了工作，服务了大局，起到了参谋助手作用。与此同时，审计部门还要跟踪追击，认真检查审计决定的落实和移送案件的查处情况，决不能不了了之，这也是提高审计水平的一个重要方面。审计部门要站在维护国家利益和法律尊严的立场上，顶住歪风，排除干扰，坚持执法必严、违法必纠的原则，建立严格的符合程序的跟踪检查机制，努力做到件件有回音，事事有落实。对于那些证据确凿的重大违法犯罪问题，要通过审计公告的形式，及时向社会披露，发挥社会舆论和群众监方的作用，进一步提高审计部门的威慑力。

第三，加强队伍培训和作风建设，把功夫下在提高素质上。审计队伍这几年发展很快，力量在不断壮大，素质也在不断提高。然而，我们要清醒认识到，我国经济形势正发生着日新月异的变化，特别是加入WTO之后，伴随着我国经济与世界经济一体化的增强，我们将面临着前所未有的新情况和新问题，这无疑对审计部门如何与时俱进、开拓创新，更好地履行审计监督职能，提出了新的更高的要求。另一方面，从你们揭露查处的案件看，现在违法犯罪分子伪装越来越隐蔽，手段越来越巧妙，涉案的性质也越来越严重，对审计部门的工作能力和业务水平也构成了严峻的挑战。审计部门要做到道高一尺，魔高一丈，当好国家财产的忠诚卫士和最广大人民群众利益的捍卫者，就必须进一步加强队伍培训和作风建设，提高素质，增强本领。因此，各级审计机关要继续加大培训力度，认真开展政治理论、思想道德、业务能力、现代科技等方面的培训，努力形成审计队伍刚直、廉洁、效率、严谨的优秀品质。审计作为执法部门，首先要自身过硬。要进一步加强内部管理和廉政纪律教育，对审计人员违反廉政纪律的问题要严肃查处，决不姑息迁就。要坚持依法审计、实事求是的原则，反映情况要准确，以事实说话，以理服人。要按照十五届六中全会的要求，进一步加强审计部门的作风建设，以优良的工作作风，奋发有为的精神状态，不断推动审计工做出精品，上层次，上水平，在整顿和规范市场经济秩序，促进提高经济增长的质量和效益，加强廉政建设等方面做出更大的贡献。

明确目标　突出重点
努力开创企业审计工作新局面

——在全国企业审计工作会议上的讲话

李金华

(2002年12月10日)

这次全国企业审计工作会议，是在党的十六大刚刚结束不久召开的一次专题研究企业审计的重要会议。会议的主要任务是，认真学习贯彻十六大精神，系统总结近年来企业审计取得的成效及经验，研究新形势下企业审计工作的思路，进一步明确目标，突出重点，努力开创企业审计工作新局面。今年以来，各级审计机关对企业审计工作都进行了认真总结。前不久，我到上海等地做了些专题调研，经贸司也到部分省市进行了调查。这次会上一些单位还介绍了经验。下面我谈几点意见。

一、1998年以来企业审计取得的主要成效

1998年以来，各级审计机关认真贯彻“三个代表”重要思想，紧紧围绕经济建设和政府工作中心，全面落实朱总理“全面审计、突出重点”的指示和署党组提出的审计工作20字方针，进一步突出重点，加大对重大违法违规问题和经济犯罪案件的查处力度。按照“摸家底、揭隐患、促发展”的总体思路，不断深化审计内容，拓宽审计领域，改进审计方法，坚持以真实性为基础，企业财务收支审计与经济责任审计相结合，积极探索新形势下企业审计的路子，取得明显成效。据统计，1998年以来，全国共审计国有及国有控股企业9.8万个，查出各类违规行为金额5063亿元，应上交财政136亿元，已交财政89亿元，促进增收节支金额45亿元；移交司法机关案件1677件，建议给予行政处分869人。企业审计在促进企业加强管理，提高经济效益，维护市场经济秩序，保障国有资产保值增值等方面，发挥了重要作用。

（一）坚持以真实性为基础，在会计领域打假治乱。1998年以来，各级审计机关针对一些国有企业财务信息失真、管理比较混乱和资产质量不高的状况，改变过去以查错纠弊为主要目标的传统审计模式，适时调整企业审计的指导思想，提出以真实性为基础，以在会计领域打假治乱为重点的新思路，使企业审计工作不断深化和发展。

1998年，审计署组织对23户国有企业财务收支审计，查出弄虚作假，资产负债损益不实现象比较严重，资产不实数额占10%，负债不实占8%；企业报表反映利润总额39亿元，有37亿元是虚报，还有20亿元未在报表中反映；呆坏账、待处理损失和不良资产等形成的潜亏36亿元。1999年，审计署继续组织对73户大中型企业审计，发现企业资产、负债损益不实情况仍较严重，国有资产流失数额巨大，并查出违法犯罪案件线索25起，涉案金额50多亿元。

地方各级审计机关按照审计署深化企业审计试点的要求，针对企业改制、重组、脱困和国有资产管理方面存在的问题，先后安排了改制企业审计、亏损企业审计、盈亏真实性审计和行业审计，重点围绕国有企业3年脱困目标的要求，普遍开展了亏损企业审计调查。1998年，审计署组织河北、内蒙古、山东等7省区审计机关对162户国有重点亏损企业进行审计调查，查出少计亏损24亿元，潜亏32亿元，虚列支出、私设“小金库”等27亿元。江苏、安徽等地分别组织了百户企业审计，云南、天津等地分别组织了重点亏损企业、财政补贴大户和优势企业审计。

（二）全面开展粮食清查审计，促进粮食流通体制改革。1998年，为配合粮食流通体制改革，审计署根据国务院领导的要求，组织全国审计机关开展了全国粮食清查审计。各级审计机关积极参与，先后抽调5万多人，经过半年多时间，共审计了3

万多个粮食企业和2500个农发行分支机构，同时还对2600多个粮食主管部门及财政部门拨付的粮食补贴资金进行专项审计调查。通过审计，核实粮食新增财务挂账1466亿元，核减559亿元，核减率达27.6%；查出农发行挤占挪用粮油贷款768亿元，粮食企业违规资金138亿元。同时，查出挤占挪用收购资金、管理混乱造成损失、弄虚作假骗取国家资金，以及个人贪污公款等重大违法违规案件1181件，并依法进行了处理。这次审计基本摸清了家底，核实了粮食新增财务挂账，揭露了粮食企业和有关部门经营管理中的大量问题，为深化粮食流通体制改革解决粮食企业财务挂账提供了重要依据，发挥了积极作用。

这次粮食清查审计中，广大审计人员在时间紧、任务重、标准高、要求严的情况下，顾全大局，团结协作，严格执法，廉洁自律，坚持统一组织，统一实施，上下一盘棋，圆满完成了审计任务，并经受住了严峻的考验，在社会上产生了较大的影响。

（三）围绕国企改革与脱困目标，继续深化企业审计。为贯彻落实十五届四中全会关于加快国有企业改革和实现3年脱困目标的要求，2000年，审计署统一组织对1290户国有及国有控股的大中型企业资产负债损益情况的审计和调查。这次审计，坚持以企业资产质量和会计信息真实性为重点，共查出财务收支不真实、不合规金额1004亿元，发现大案要案线索78件，涉案金额6亿多元；同时，针对企业改革和经营管理中存在的问题，提出审计建议近3000条，从而得出了企业总体效益开始好转，企业亏损趋势得到有效控制，国企脱困目标正在实现，但部分行业和地区脱困任务还相当艰巨，部分省区企业亏损面和亏损额还有扩大趋势的结论，受到了国务院领导的重视，为深化国有企业改革，完善宏观调控发挥了重要作用。

（四）稳步推进经济责任审计，促进干部管理和监督。1999年5月，中办、国办关于经济责任审计两个“暂行规定”下发后，全国各级审计机关在认真开展企业财务收支审计的基础上，积极稳步地推进国有企业领导人员经济责任审计，突出检查涉及国有企业领导人员任期经济责任方面的严重弄虚作假造成会计信息失真、重大决策失误造成损失浪费以及个人经济问题。据统计，2000年以来，全国各级审计机关共完成企业经济责任审计6519个，查出违规行为金额697亿元，损失浪费金额46亿元；审计后有关部门参考审计结果，对115人给予降职撤职处分，对56人给予党政纪处分，393人被移送纪检监察和司法机关查处。经济责任审计在加强干部管理和监督，促进领导干部廉洁自律等方面，发挥了积极作用。

2001年以来，审计署先后组织对24户中央管理的重要骨干企业领导人员经济责任审计。去年审计12户企业查出的主要问题是：会计信息失真严重，综合失真率为6%；私设“小金库”、违规炒股、偷漏税金、挪用和骗取财政补贴等115亿元；决策失误等造成国有资产流失110亿元；不良资产总额228亿元；此外，还查出并移送司法机关案件22起，涉案人员61人。今年审计12户企业的情况还在汇总统计之中，总的来看，会计信息失真、挤占挪用信贷资金和财政性资金、决策失误造成国有资产流失等问题仍然比较突出，目前审计署已上报6期《审计要情》，重点揭露和反映一些企业和不法分子侵占挪用公款、侵吞国有资产、挪用财政性资金炒股票以及乱投资、乱借款造成重大损失浪费等问题，国务院领导都做了重要批示，已交由纪检监察部门和司法机关立案查处。

（五）加大经济案件查处力度，认真完成政府交办事项。各级审计机关认真贯彻朱总理关于“全面审计、突出重点，注意发现大要案线索”的指示精神，突出揭露和查处重大违法违规问题和经济犯罪案件。据不完全统计，1998年以来全国企业审计发现并移交有关部门重大违法犯罪案件线索1216件，同时协助纪检监察部门和司法机关查处经济犯罪案件1259件。在整顿和规范市场经济秩序，促进反腐败斗争深入开展方面，发挥了积极作用。几年来，审计署通过企业审计先后查处了一大批在全国有重大影响的违法犯罪案件，比较典型的有唐山豪门、中国华兴、大庆联谊、东方锅炉、中集集团等企业及不法分子的重大违法犯罪案件，目前这些案件均得到了严肃处理。

认真完成党委、政府领导和上级机关交办事项，已经成为目前各级审计机关的一项重要任务。1998年以来，审计署先后完成10余件领导交办的企业审计事项，主要包括：配合中纪委、监察部和中央企业工委共同查处广东湛江走私案，配合稽查特派办完成对渤海化工、甘肃白银公司等企业的审计查证，发现并配合有关部门查证落实中国华兴投资公司原董事长贪污案、香港航科集团原总裁违规操作造成重大损失案、光大集团原董事长贪污受贿案、中国华诚集团财务公司侵占挪用国有资产案等一批重大案件。

二、企业审计的基本经验

过去五年来，广大企业审计人员在各级政府和审计机关的正确领导下，积极探索，勇于实践，在完成企业审计任务的同时，也积累了许多有益的经验。

（一）领导重视，加强指导，是搞好企业审计的关键。审计署党组历来十分重视企业审计工作，1998年新一届署党组成立以来，对这项工作更加关注，每年召开座谈会，专题研究加强和改进企业审计工作，及时加强指导，为搞好企业审计提供了有力保证。1998年，署党组针对当时企业资产质量低、会计信息失真严重等情况，及时提出了企业审计要以真实性为基础，摸清家底，打假治乱的总体思路。1999年，根据总理的指示精神，在坚持真实性审计的基础上，提出了注意发现大要案线索，严肃查处企业重大违法犯罪问题的要求。2000年，署党组按照深化国企改革与脱困的目标要求，结合企业监督多元化的现状，以贯彻落实中办、国办两个"暂行规定"为契机，不失时机地提出要以经济责任审计为中心，将经济责任审计与财务收支审计相结合，分层次、抓重点、促规范，不断深化和改进企业审计的思路。同时，为进一步规范审计行为，提高审计质量，审计署还认真借鉴国外企业审计的经验，与澳大利亚政府审计机构合作，研究制定了《国有企业财务审计操作指南》，并相应开发了企业审计财务软件。

地方各级审计机关也注重加强对企业审计的指导，在落实审计计划、确定审计内容与重点、组织调配审计力量等方面予以重视和支持。2000年，围绕国企三年脱困目标，审计署组织对1290户大中型企业进行审计，得到了地方各级审计机关的大力支持与配合，统一部署，精心组织，取得明显成效。实践证明，企业审计效果好不好，关键在领导。凡是领导重视、工作深入、指导得力的地区，企业审计就会思路清晰，扎实有效。

（二）全面审计，突出重点，是搞好企业审计的核心。朱总理提出的"全面审计、突出重点"方针，体现了辩证唯物主义的哲学思想，既是做好企业审计的重要指导方针，也是行之有效的工作方法，所以它是搞好企业审计的核心。几年来，企业审计在贯彻"全面审计、突出重点"方针过程中，着重把握住了以下几个层面：在全面审计方面，宏观上把国有企业作为一个整体纳入审计视野，凡是有国有资产及相关经济活动的企业都纳入企业审计监督的范围；微观上将一个企业涉及的所有财务收支及相关经济活动都列入审计的内容。在突出重点方面，宏观上注意抓住影响国民经济全局的重点行业、重点企业进行审计，注重反映比较突出的倾向性问题；微观上抓住一个企业的重大违法违规问题，一查到底，审深审透。为此，署党组提出要改进计划管理，明确审计目标，紧紧围绕政府工作中心，从全局着眼、从企业总体情况出发、从重点问题入手，采取"点菜单"的方式安排审计任务，较好处理了一般与重点、当前与长远、数量与质量的关系，取得明显成效。

为进一步贯彻落实"全面审计、突出重点"的方针，审计署针对当前国有企业分级所有和数量众多的特点以及企业监督多元化的现状，及时向国务院提出了加强中央重要骨干企业经济责任审计的意见，国务院领导已原则同意。按照这一思路，今后对中央企业审计要以经济责任审计为中心，将中央企业按人事管理权限和财务隶属关系划分为不同层次，采取不同的方式进行审计：目前企业领导人由中央管理的44户重要骨干企业集团，由审计署直接负责进行经济责任审计；企业领导人由中央企业工委管理的企业，由审计署商中央企业工委区别情况进行审计；其他的中央企业，由审计署根据具体情况直接组织审计或授权地方审计机关进行审计。这既突出了重点，保证了企业审计的覆盖面，又避免了重复监督。据调查，目前在黑龙江、湖北、浙江、山东等省也采取了分层次审计的办法。

（三）与时俱进，开拓创新，是搞好企业审计的动力。国有企业改革是经济体制改革的中心环节。随着国有企业改革的不断深化，必将产生一系列新情况、新问题，并给企业审计带来新的课题。企业审计要有所作为，就必须积极面对深化改革的新形势，及时研究新情况，解决新问题。近年来，各级审计机关坚持与时俱进、开拓创新，在企业审计内容、方法和组织方式等方面进行大胆实践，取得了不少成功的经验，初步探索了企业审计的路子。特别是从过去以查错纠弊为主的传统财务收支审计，逐步转向以真实性为基础，以打假治乱为重点，以经济责任审计为中心，走出了一条"摸家底、揭隐患、促发展”的企业审计新路子。具体表现在：

一是以真实性为基础，“摸家底”。克服以往以查出问题多少论英雄、摸到几个小问题就“打道回府”的“瞎子摸象式”审计，强调以企业资产质量和会计信息真实性为基础，摸清家底，从总体上把握企业资产负债损益方面的情况。这不仅拓宽了审计人员的视野，还有效地规避了审计风险。

二是在打假治乱中，以查处重大问题为突破口，“揭隐患”。针对当前国有企业资产和财务管理的现状，提出要以发现和查处重大问题为突破口，强调在全面审计的基础上，重点揭露企业存在的重大会计信息失真、重大决策失误造成损失浪费、重大潜亏和国有资产流失等问题，取得显著成效。

三是以提升审计成果为目标，“促发展”。企业审计查处重大问题只是手段，促进发展才是最终目的。一方面加强审计成果的综合利用，把众多企业审计发现的共性问题集中起来，分析原因，研究对策，注重从宏观上提出有针对性的审计建议，为加强宏观调控，促进经济发展服务。另一方面，对某一个具体企业的审计，从测试内控制度入手，找出企业管理的薄弱环节，提出审计建议，帮助企业改进管理，提高效益。近年来，广东、湖北等地还在企业审计中尝试开展绩效评估和效益比较审计，评价企业发展后劲，探索效益审计的路子，引起地方党委、政府的重视。

（四）统一组织，上下协调，是搞好企业审计的保证。合理利用审计资源，不断改进和优化审计组织方式，才能最大限度地实现审计的整体效果。近年来，审计署和省级审计机关为确保审计目标的实现，每年在一些重大审计项目的组织形式上采取“五统一”的办法，即：统一计划、统一方案、统一实施、统一处理、统一报告。这不仅保证了一定的审计覆盖面，突出了审计重点，还有利于调动各级审计机关的积极性，合理安排审计资源。“五统一”不仅适用于行业审计，也适用于以资产量大、层次多、分布广泛为特点的企业集团审计和其他带有共性的专项审计及调查。各地在完成审计署授权项目审计中，也坚持了“五统一”的原则，避免了二次授权，确保了审计质量，取得了较好的效果。

近年来，审计机关在开展大型企业集团或行业审计时，各参审单位特别是牵头单位注意顾全大局，树立全国“一盘棋”意识，将总部审计与所属单位和关联单位审计相结合，加强相互协调和具体指导，努力实现上下互动。下级机关查处重大问题线索及时上报，上级机关对反映上来的问题及时研究，共性问题及时通报，相互交流，使审计成果得到辐射，发挥了审计的整体功效。

应当看到，这些年来企业审计在取得明显成效的同时，还存在一些问题和不足，主要表现在：一是企业审计总体水平不高，发展还不够平衡，在中央、省、市、县四级审计机关之间以及不同地区之间的差距还比较明显，审计质量有待提高；二是一些同志对企业审计的地位与作用还存在模糊认识，特别是把财务收支审计与经济责任审计两者割裂开来，因而在工作安排、人员组织上还不够到位；三是上级审计机关调查研究不够，业务指导不力，忙于直接审计项目较多，相互协调和沟通较少；四是现有企业审计人员不够稳定，业务骨干流失比较严重，企业审计人员的数量和素质还难以适应新形势下企业审计的需要。这些问题的存在，在很大程度上影响和制约着企业审计的进一步发展，必须认真研究解决。

三、以经济责任审计为中心，努力开创企业审计新局面

企业审计是宪法和审计法赋予审计机关的一项重要职责。1983年审计机关成立后，企业审计起步最早，发展较快，力量较强，成效比较显著，特别是经过近20年的努力，在各方面都取得了较大的发展。目前，企业审计与整个审计工作一样，正处在一个总结经验，开拓创新，不断深化，寻求进一步发展的新阶段。因此，在当前国际国内政治经济形势不断发展变化的情况下，各级审计机关必须进一步明确目标，突出重点，开拓创新，与时俱进，努力开创企业审计工作的新局面。今后几年企业审计的指导思想是：认真贯彻党的十六大精神，坚持“全面审计、突出重点”的方针，以经济责任审计为中心，以“摸家底、揭问题、促发展”为主线，进一步明确目标，突出重点，创新审计思路，改进审计方法，提高审计质量，在促进加强企业管理，维护财经秩序，深化国有企业改革，实现国有资产保值增值等方面，发挥更大的作用。

（一）正确认识当前企业审计的地位与作用。党的十六大进一步阐述了国有企业在国民经济中的主导地位和作用，对深化国有资产管理体制改革做出了战略性部署，为我们在新形势下做好企业审计工作指明了方向。同时，十六大报告在关于加强对权力的制约和监督中提出，要“发挥司法机关和行政监察、审计等职能部门的作用”。这是在党的代表大会文献中第一次将审计地位与责任提到这么高的位置。因此，我们必须以高度的政治责任感和历史使命感，结合当前企业发展的实际情况，尽责尽职地做好企业审计工作。今后的企业审计工作只能加强，不能削弱。但是，当前有些审计机关和审计人员对企业审计的地位和作用认识不到位，存在一些模糊甚至错误的观点：一是“退出论”，认为建立企业工委和设立监事会以后，企业审计要退出历史舞台；二是“无为论”，认为企业会计报表鉴证改由社会审计组织承担之后，企业审计无所作为了；三是“次要论”，认为财政审计是国家审计的永恒主题，企业审计将逐步淡出。以上三种认识虽然都说出了问题的部分表现，但都是片面和错误的。在今年年初召开的企业审计座谈会上，我提出要把财政审计、金融审计、企业审计作为三大板块，三只轮子要一起转。这些年来，我们一直都在反复强调企业审计的重要性和必要性，应该说对企业审计的定位是正确的，体现了宪法和审计法对审计工作的基本要求；体现了有中国特色社会主义制度和我国国情的要求；体现了政府职能转变后，对国有企业由直接管理转向宏观调控和间接管理的要求；同时，也符合党的十六大精神和当前国有企业的实际状况。尽管在部分地方特别是市、县两级，随着国有企业改革的不断深化，企业审计对象大幅度减少，但是国有经济在国民经济中的主导地位并未改变，只是在逐步向关系国计民生的国有大型企业和优势企业集中，在向一些大中城市和开发区集中，国有资本的总量还在上升，国有资本的控制力、竞争力还在进一步加强。因此，就全国而言，企业审计不是要退出、要弱化，而是要进一步加强。至于具体到每个省、市、县，要从当地的实际情况出发，因地制宜，做到思想重视，积极探索，服务大局，讲求实效，走出具有当地特色的企业审计新路子。

（二）企业审计必须坚持以经济责任审计为中心。这些年来，企业审计根据外部客观情况的不断变化，适时进行了一些调整和改进，坚持在改革中发展，在曲折中前进，走出了一条新路子，取得很大成绩。面对新世纪新阶段，今后企业审计的路子到底应该怎么走，通过最近一年多的研究与思考，结合党的十六大对国有企业改革和发展的定位，我看还是要落实到以经济责任审计为中心上来。经济责任审计并不是新生事物，不少地区和部门早在80年代后期就开始探索，随着企业改革的进一步深化，目前经济责任审计已在全国范围内普遍展开。从几年来的情况看，经济责任审计取得了很大成绩，得到了各级领导的高度重视和社会公众的广泛好评，已成为各级审计机关审计工作的重要组成部分。在此前提下，我们提出把经济责任审计作为今后企业审计的中心，主要有以下理由和依据：

一是改进和完善企业监督体系的需要。当前，国有企业的监督实际上是一个多元化的格局，主要有监事会、财政监察专员、社会审计、税务、工商、银行等不同角度的监督，再加上国家审计，企业接受检查监督的负担确实很重。但经济责任审计是国家赋予审计机关的特有职权，其主体地位、审计重点、监督目的和权威性等是其他任何监督不能代替的，从某种意义上讲，是一种综合性的监督。这是我们针对当前企业监督的格局和面临的问题，找出的一种适合国家审计监督的特殊角度和特有方式。可以说，经济责任审计不仅为企业审计找到了一个合理的定位，也解决了多年来困扰我们的重复监督问题。

二是贯彻依法治国方略，推进依法行政的需要。实现依法治国方略，推进依法行政，必须建立一整套比较完善的社会主义法规体系，逐步完善监督约束机制，规范和调整一切组织和领导人员及公民的社会行为、经济行为、经济关系、经济责任。实行经济责任审计制度，有助于将领导干部权力的行使置于有效的监督之下，防止领导干部失职、越权以及滥用权力，促使领导干部自觉增强法制观念，学会并善于运用法律手段领导经济工作、管理企业事务、规范领导行为，促进依法行政。

三是干部管理部门正确选拔任用干部的需要。根据党的选拔任用领导干部要坚持德才兼备和注重实绩的原则，必须建立一套科学的考核方法和完善的监督机制，多角度、全方位地了解干部的德能勤绩廉情况。开展企业经济责任审计，既可以核实领导任职期间企业财务收支情况和经济指标完成情况，又可以检查企业执行国家财经法纪情况，还可以了解领导干部个人执行廉政纪律情况。因此，经济责任审计可以为干部管理部门正确选拔任用干部提供参考依据，达到在选用领导干部过程中不仅设“关”，也要设“防”的目的，切实贯彻落实好党的干部选拔任用政策。

四是加强和改善企业管理的需要。国有企业改革是整个经济体制改革的中心环节，随着所有者和经营者、所有权和经营权的逐渐分离，国家由直接参与企业的经营管理变为间接管理。加强对企业领导人员的监督，是国家对企业实行间接管理的有效形式。实施经济责任审计，依法查处企业财务收支及其经济活动中的违法违规问题，并提出有针对性的改进意见，能够促进企业加强和改善管理，严格执行财经法纪，规范会计核算，不断提高经济效益。

（三）开拓创新，全面提高经济责任审计质量。为深入贯彻落实党的十六大精神，与时俱进，开拓创新，努力开创企业审计工作新局面，全面提高经济责任审计质量，提出以下几点要求：

第一，要进一步明确审计思路。经济责任审计到底应该确立一个怎样的思路，是我们长期以来探索和实践的重要课题。经过几年来经济责任审计实践的总结、归纳和论证，目前已经初步形成了一个思路，大体可以概括为："一条主线、两个关注、三项测试、四项评价"。

所谓"一条主线"，就是摸家底、揭问题、促发展。

所谓"两个关注"，是指要重点关注企业在资产整合和重组过程中，有无人为造成国有资产流失和逃废银行债务这两个方面的问题。

所谓"三项测试"，就是对企业盈利能力、偿债能力、发展能力进行测试，全面评估企业可持续发展的能力。

所谓"四项评价"，一是重点审计评价企业会计信息的真实性，要害在于核实损益的真实性；二是审计评价企业重大经济决策包括投资、大额采购、经济担保和重大股权变动等失误造成的危害，关键在于是否有科学合理的决策程序，要害是决策失误对企业造成的重大损失；三是审计评价企业资产质量状况，重点在于回报率、不良资产比率、固定资产与流动资产的结构等；四是评价企业法人代表执行国家有关法规的情况。

第二，要抓住审计的重点内容。主要包括四个方面：一是要审查企业会计核算是否符合现行会计准则和财务制度要求，会计决算是否真实、全面地反映了企业的财务状况和经营成果。二是要审查国有资本的安全完整和保值增值情况，弄清企业的不良资产总额及潜亏情况。三是审查企业领导人员任期内做出的有关对内对外投资、经济担保和出借资金、大额采购合同、重大股权变动等重大经营决策是否进行了科学的可行性论证，严格履行了内部控制程序，采取民主科学的方式决策。四是审查企业领导人员有无利用信用担保骗取银行贷款，在企业资产重组、兼并、改组、改制过程中，是否存在恶意逃废银行债务，或收受不良资产，给企业造成重大损失的违法行为。以上是当前经济责任审计中应重点审计的内容，具体到每一个被审计单位，情况可能不尽相同，但只要我们抓住了上述重点问题，就一定能够取得成效，审计风险也会小一些。

第三，要加强指导，精心组织。经济责任审计对象一般都是国有大型企业，规模大、影响大、审计的难度大、风险也大，如果没有精心组织，是难以完成任务的。首先，各级审计机关的领导尤其是一把手要重视，切实加强领导，经常深入审计一线，不仅要当指挥员，还要亲自实践，做一名审计员。从近年各地开展经济责任审计的实践看，哪个单位领导重视，工作就有起色。我在今年年初的企业审计座谈会上，曾批评武汉办去年工作做得不细，领导不够重视，效果不是很好。今年武汉办的一把手亲自披挂上阵，班子三个成员中有两个扑在经济责任审计上，与审计人员一起检查账目、分析案情、起草报告，效果大不一样。其次，要科学安排审计力量。经济责任审计涉及面较宽，需要金融、法律、计算机等多方面的人才，仅仅靠各地的经贸审计人员是远远不够的，必须集中本单位各方面的专门人才，综合协调好人员力量，集中兵力打好集团战役。最后，要切实制定好审计方案。审计工作方案应建立在认真调查研究的基础上，做到切实可行，能够对整个审计工作真正起到指导作用，成为开展审计工作的行动纲领和指南。

第四，要正确处理好各方面的关系。经济责任审计涉及方方面面的关系，各地在实践中也对此做了一些尝试和总结，我这里主要讲三个关系：一是处理好与企业财务收支审计的关系。经济责任审计与财务收支审计既相互联系，也各有不同之处。经济责任审计较之财务收支审计，具有客体特殊、内容丰富、涉及面广、联动性强等特点，既审单位，又审个人；同时，经济责任审计又必须以财务收支审计为基础，是财务收支审计结果的人格化。因而，在实际工作中一定要处理好两者的关系，注意做好两者的结合。二是处理好与社会审计、内部审计的关系。各地在开展经济责任审计过程中，应根据实际工作需要，充分利用好社会审计、内部审计的力量和成果。有些审计事项可以委托社会中介组织进行审计，也可组织企业内部审计开展自查，配合我们共同完成好审计任务。三是处理好离任审计与任中审计的关系。要通过强化计划管理，有针对性地开展任中审计，坚持离任审计与任中审计相结合，逐步实现企业领导人任职期间的全过程审计，促进经济责任审计经常化、制度化、规范化。

第五，要加强审计综合分析。审计信息和审计报告是审计成果的主要载体。提升审计成果的质量和水平，必须注重加强综合分析工作。各级审计机关在开展企业经济责任审计时，要注重对审计及调查中发现的带有普遍性、倾向性问题，改革开放中出现的新情况、新问题，社会关注的热点、难点问题，依据国家有关政策和法规，从宏观角度进行综合加工提炼，深入分析原因，提出有针对性的意见和建议，以审计信息、审计报告等形式及时反映给有关部门和领导，为领导宏观决策提供依据。这样，才能扩大审计成果，从更高层次上发挥审计部门的职能作用。

第六，切实加强计算机审计和队伍建设。开展计算机审计是有效解决当前人员少与任务重的矛盾，提高审计效率和质量，防范审计风险的重要手段。在中澳两国政府的共同推动下，经过有关方面的不懈努力，我们已完成了企业计算机辅助审计软件的初步设计，近期将选择部分省市和特派办进行试验，希望各有关单位认真予以配合，及时提出修改意见和新的需求。各地对这些年来已经研制开发的一些财务审计软件，要尽力推广使用，不要一味求全求好，只要适用就大力推广，并在实践中逐步加以完善。同时，要下大力气搞好审计人员的计算机培训。审计署准备在明年适当的时候举办一至两期企业辅助审计软件培训班，帮助大家提高计算机运用水平。

加强被审计单位资料库建设，是我们多年来一直强调的一项重要基础工作。但目前这项工作总体进展缓慢，水平不高，在资料的及时性、完整性方面还存在有不少差距。因此，今后要进一步加快被审计单位资料库建设步伐，在资料归集、建档、信息输入、保管、使用等环节建立责任制，并指定专人负责，确保落到实处，取得明显成效。

加强审计队伍建设，是搞好企业审计工作的重要保证。为了更好地适应新形势下企业审计工作的需要，一方面，要采取有效措施，稳定一批熟悉企业审计的业务骨干；另一方面，要通过多渠道、多方式，切实加大培训力度，及时组织专题研讨，不断提高企业审计人员的业务素质。

总结经验　开拓创新
努力把特派办工作提高到一个新水平

——在审计署特派办工作座谈会上的讲话

李金华

（2002年7月26日）

署党组研究决定，今年的审计工作座谈会按地方审计机关和署驻地方特派员办事处分别召开。这次特派办工作座谈会的主要任务可以概括成四个字：总结提高。即总结实行审计特派员制度以来的基本经验，研究进一步提高特派办工作水平的措施。为了开好这次会议，各特派办进行了认真的总结，署有关领导还到各办进行了调研。下面，我讲四个方面的问题。

一、特派办十多年的建设和发展取得了显著成绩

经国务院批准，审计署自1986年开始在全国主要中心城市设立驻地方特派员办事处，先后分四批组建了18个特派办。十多年来，历经几任特派员的不懈努力和全体干部职工的艰苦创业，特派办从无到有、从小到大，审计业务工作、“人、法、技”建设以及其他各项基础建设都取得了显著成绩。

（一）建立了一支政治、业务素质基本适应审计工作发展需要的干部队伍。各特派办始终高度重视队伍建设，通过选配合格人员充实审计队伍，大力加强政治业务培训，积极推行干部人事制度改革等措施，使特派办队伍不断壮大，素质水平逐年提高，初步建立了一支政治业务素质比较高，基本适应审计工作需要的干部队伍。截止到去年底，18个特派办已有编制2730名，实有在职人员1807人。从人员结构上看，审计业务人员1373人，占76%；具有大专以上学历1671人，占92%；具有中高级职称1099人，占61%；年龄在40岁以下的1169人，占65%。

在人员选配方面，组建初期从地方和企业选调了一批业务骨干，后来逐步转向从高校优秀毕业生中选录，1998年后主要通过国家公务员考试统一录用。在干部选拔任用方面，1999年初首先在哈尔滨办实行了处级领导岗位竞争上岗，此后，任前公示、竞争上岗在各特派办全面实行，至目前通过竞争上岗方式共提拔了年轻干部200多人次，使干部的知识结构、年龄结构不断得到调整和优化。同时，积极开展多层次、多渠道的培训，使审计人员的素质不断提高。1998年以来，共有570人通过英语中级水平考试，275人通过计算机中级和省二级以上水平考试，426人次通过各种渠道提高了学历层次。

这些年来，各特派办大力加强思想政治工作，深入开展创建文明机关、做人民满意的公务员活动，树立爱岗敬业、争先创优的良好风尚，广大干部职工不畏艰难，不怕吃苦，努力克服工作条件比较差、异地出差比较多等困难，坚持依法审计，圆满完成各项任务，保持了优良的工作作风和奋发有为的精神状态，树立了审计机关良好的形象。这些年来，特派办有5人被评为省部级先进工作者或劳动模范，有9个处室被评为全国审计机关先进集体。一大批优秀干部在特派办成长起来，大量的司、处级干部在特派办得到锻炼、提拔和使用。

（二）审计业务工作取得丰硕成果。经过广大审计人员的积极探索，奋力开拓，特派办的审计领域逐步扩大，审计质量不断提高，社会影响日益增强。特派办成立之初，主要开展了企业审计，后来随着改革的深化和审计工作的发展，审计范围逐步扩展到财政、金融和经济责任等领域。目前，财政审计的重点由预算收入拓展到预算支出，金融审计的重点由对金融机构自身的财务收支审计发展到对其资产质量的审计，企业审计从一般性财务收支审计转移到了重点对企业领导人员的任期经济责任审计。同时，审计的内容也不断深化，质量逐步提高。近几年审计署组织评选的优秀审计项目奖，大部分被特派办夺得；审计署向国务院和全国人大常委会提交的审计结果报告和审计工作报告，大部分内容来自特派办的工作成果；上报党中央、国务院并得到领导批示的审计信息、要情等，主要也是各特派办提供的审计情况。可以说，如果没有各特派办卓有成效的工作，审计工作就不会有今天这样的成果，就不会获得如此大的社会影响，更不会取得现在这样的地位和威信。这一点，署党组的认识是一致的。

据统计，自特派办成立以来，共审计单位14885个，占审计署审计单位数的66.8%，占全国审计机关审计单位数的0.5%；查出违纪违规金额6712.6亿元，占审计署查出金额数的56.7%，占全国审计机关查出金额数的22.3%；其中，应上交财政597.8亿元，已交财政367.7亿元，分别占审计署和全国审计机关应上交数的60.2%和26%，已上交数的78.8%和25.8%。同时，向司法机关移送案件322件，占审计署移送数的64.9%，占全国审计机关移送数的2.7%。提交专题或综合报告20220篇，其中被采纳7907篇，分别占审计署和全国审计机关提交数的78%和2.1%，被采纳数的81%和1.6%。

（三）审计工作法制化、制度化、规范化水平不断提高。各特派办结合国家不同时期普法的要求和审计工作实际，深入开展法制宣传教育，组织审计人员认真学习审计法和财政、金融等领域的法律法规，学习了解刑事、民事方面的法律，增强法律意识，提高依法审计的自觉性。认真贯彻落实《审计法》，坚持依法审计，加大审计执法力度，努力提高审计执法水平。积极落实《审计业务规范》和《审计准则》，不断约束和规范审计行为。结合机构改革普遍设立了专职的法制机构，实行了三级复核制度和重大审计事项审计业务会议审定制度，切实提高审计质量。同时，在制度建设方面，各特派办逐步完善以制度为基础的管理体系，初步建立了涵盖综合管理、业务管理、人事管理、财务管理及后勤服务管理等各方面的规章制度，并认真抓好落实。从调查情况看，有的特派办坚持“以制管办”的方针，建立的有关规章制度达百余项，并经过两三次的集中修订，日益完善。总的看，不论是审计业务管理和机关管理，都在朝着法制化、制度化、规范化目标不断迈进。

（四）审计信息化建设取得明显成效。近年来，各特派办在审计信息化建设上加大投入，加快步伐，取得了可喜的成绩。不论在基础设施建设、硬件配备，还是在审计软件的开发应用上，都取得了很大进展。目前，除正在进行基建的特派办外，绝大多数特派办都完成了局域网建设，实现了与署机关的远程信息传递。各特派办基本做到了审计业务人员人手一台微机，并在实践中锻炼和培养了一批能熟练掌握计算机的业务骨干。计算机审计软件开发取得了阶段性成果。2001年，审计系统计算机软件评审会通过的18个软件中，特派办组织开发的有7个，占38.9%。在金融审计、财政审计、经贸审计等领域，计算机辅助审计得到较为广泛的运用，极大地促进了工作效率和质量的提高。有的特派办还在信息系统审计、联网审计方面进行了探索，取得了初步成效。总的看，特派办审计信息化建设走在了全国审计系统的前列。

（五）各项基础建设有了很大发展。各特派办高度重视机关党的思想建设、组织建设、作风建设，有力地推动了特派办工作的健康发展。特派办党组的设立，进一步加强了对特派办工作的领导，发挥了政治核心作用。努力加强机关党委、支部和党员队伍建设，注重发挥工、青、妇等群众团体的作用，为审计工作发展起到了重要的保证和促进作用。此外，各特派办在审计署的统一领导下，在中央有关部门和地方党委、政府的支持和帮助下，不断加强和完善基础设施建设，审计工作条件显著改善。目前，有16个特派办先后建设了办公楼、宿舍等基础设施，每个特派办的资产都比建办初期有了很大增加。在这方面，地方政府给予了很大支持。截止到去年底，特派办的资产总值已达14.08亿元。各特派办还在国家政策允许的范围内，逐步改善干部职工的生活福利待遇，解决大家的后顾之忧。所有这些都为特派办今后的建设和发展打下了较好的基础。

特派办建设和发展取得的成绩充分说明，这些年来特派办的工作路子是对的；署党组对特派办的领导和决策是正确的；特派办全体干部职工为特派办的建设和发展付出了很大的努力，取得了很大的成绩，做出了很大的贡献。我代表署党组向同志们表示感谢和慰问！

二、特派办建设和发展的基本经验

回顾十多年的历程，我们感到，特派办的建设和发展与我国审计工作的发展是同步前进的，是有其内在规律的。各特派办在实践中都探索和积累了许多有益的经验，归纳起来，主要有：

（一）必须坚持在审计署的统一部署下开展工作，发挥好审计主力军的作用。特派办成立初期，署党组就十分明确地提出，特派办的各项工作必须置于署党组的绝对领导之下，统一思想、统一步调、统一行动。如果当初没有这样一个指导思想，就不可能有今天这样的成果。这方面值得很好地总结。这些年，正因为坚持了这一点，特派办的审计主力军作用才得到了较好的发挥。主要体现在五个方面：

一是落实了“全面审计，突出重点”，集中力量抓大事的指导方针。回顾这些年，审计署组织的一些比较大的行动，如果没有特派办的参与是不可能完成的。最早的五大公司审计，后来的粮食清查审计，还有海关、国税、预算执行审计、金融审计和企业的经济责任审计都主要依靠特派办的力量。落实总理指示，一些大的案件也是特派办查出的。回顾这几年的工作经历和审计成果，我们体会到，抓大事就要有力量，对审计署来说，力量靠谁，就靠特派办。如果没有这样一支力量，落实总理提出的“全面审计，突出重点”的方针，以及注意发现大案要案线索的指示，是很困难的。署机关只有400多人，而特派办有近2000人，是审计署的一支重要审计力量。

二是统一指挥，立体作战，协调有力。这些年，重大的审计计划、审计方案、处理原则都是审计署统一制定的，金融审计的处理原则有的还要报经国务院同意。各特派办按照审计署的统一部署和要求，立体作战，形成一个整体。审计中发现重要问题及时报告审计署，重大问题由审计署上报国务院，国务院领导批示有关部门落实，这样就形成了一个体系。这些年许多案件为什么能发现，最后还能有结果，就是靠协调有力的立体作战。光靠哪一个特派办孤军奋战是做不到的，光靠审计署机关也是不行的，必须在审计署的统一指挥下，发挥整体的合力。

三是及时准确反映审计情况，保证了信息渠道畅通。审计署上报党中央、国务院的信息来源，主要靠特派办。许多问题的反映是很快的，从特派办到审计署，再到国务院，领导很快做出批示，有关部门立即落实。这些年在信息方面，审计署没有过多地依靠地方审计机关。为什么？不是说他们不能干，也不是说他们没有做出成绩，而是由于种种原因，地方审计机关有他们的具体困难，在审计信息的反馈上不如特派办那么快、那么全面。总的看特派办反映的情况是及时、准确的。

四是比较准确地掌握了方针政策和执法力度，保证了审计质量。这些年我们搞的财政审计、金融审计，还有一些行业审计、专项资金审计，政策性都很强，如何处理，审计的责任是很大的。同时，各地的情况不同，各特派办审计人员掌握政策的水平也不一样，在这种情况下，如果由各特派办分头处理，政策掌握上就会有差异，就会有风险。我们坚持集中处理，统一政策界限，效果就很好，没有出现在社会上引起什么不良影响的问题。审计揭露只是一个方面，处理能否实事求是、恰如其分，也是衡量审计工作水平的一个重要方面。总的看，这些年我们在审计处理的把握上，是比较准确、比较稳妥的。

五是通过卓有成效的工作，提高了审计的权威和影响。这些年，由于认真执行审计法，加大审计力度，加强对各项财政资金的监督，严格审计工作纪律，各特派办在当地的影响是不断扩大的，这也扩大了审计署、审计机关和审计工作的影响，对于树立审计的地位和权威起了重要的作用。

实践证明，坚持在审计署统一部署下开展工作，在重大项目审计中发挥主力军作用，是“依法审计、服务大局、围绕中心，突出重点、求真务实”方针在特派办工作中的具体体现。我国国有经济在国民经济中占有很大的比重，中央级审计对象规模大、辐射面广，过小的审计覆盖面难以充分说明问题，也发挥不了审计应有的作用。必须围绕每个时期改革和经济工作中心，在较大范围内组织行业审计和专项资金审计，才能较好地履行审计监督职能。这些年来，特派办按照署的统一部署，在中央预算执行、金融、企业、重要行业和专项资金等重大项目审计中，承担了重要任务。可以说，审计署的审计事项主要是由特派办承担的，特派办已经成为审计署办理中央审计事项的主力军。

（二）必须坚持解放思想，开拓进取，充分发挥主动性、创造性。坚持在审计署的统一部署下开展工作，并不是说特派办只能被动地、机械地按审计署的要求去办，而是必须在署统一规定的原则和要求下，坚持一切从实际出发，注意做好上级指示与本单位实际相结合的文章。如果没有各特派办的主动性、创造性，审计主力军的作用是发挥不好的。各特派办在这方面都进行了积极的探索。

一是积极创造条件，创造性地开展工作，完成了署党组部署的各项工作任务。署党组安排工作只能从大的方面进行部署、提出要求，工作最终能不能搞好，能不能到位，还要靠各特派办自身的努力，充分发挥主观能动性。为什么在同样条件下，同样按照署党组的要求去工作，有的办就很有成效，而有的办就不那么有成效呢，根本的原因还是特派办自身努力的程度如何，主观能动性发挥得怎么样。光有统一安排，没有各自努力，统一安排也是落不到实处的。

二是在审计工作、队伍建设、精神文明建设、机关管理等方面，坚持从本办实际情况出发，探索了许多行之有效的做法，积累了许多好的经验。这方面各特派办也是不同的，各有特色。这靠的是什么，就是从实际出发，充分发挥主观能动性，积极探索，开拓进取。所以，这次特派办总结应该要更多地在这方面下功夫，总结出一些有特色、有成效的经验，提供给大家，以供借鉴。

三是积极加强基础建设，取得明显成效。当初署里并没有想到特派办的基础建设能发展到今天这个程度。当然这里面有地方政府的支持，但如果没有自身的努力也是不可能的。特派办开始成立时，那是很困难的，我们的基础建设、技术手段，包括队伍建设，能有今天这样一个水平，是很不容易的。千辛万苦、千方百计，是各特派办这方面工作的真实写照。没有艰苦的努力，就不可能有现在这样的成果。

四是注意处理好与地方政府及部门的关系，营造良好的工作环境。这一条很重要。特派办虽然是中央单位的派出机构，但没有地方各有关方面的支持，工作也是很难做的。各特派办注意摆正监督与被监督的关系，各方面的协调比较好，赢得了地方政府及有关部门对审计工作的支持。

五是本着“矛盾不上交”的原则，表现出了很强的工作责任心和自觉性。如果18个特派办什么事情都找审计署，那是受不了、也办不了的。重大事项报告审计署，日常工作独立由特派办自己处理，这方面总的来说做得很好，特派员也经受了锻炼。特派办与地方审计机关不一样，地方审计机关靠政府领导近，而特派办远离审计署，所以许多工作必须独立处理。曾经有人提出是不是成立一个特派办管理司，署党组没有同意，目的就是要加大各特派办独立处理问题的能力和责任。

多年来，各特派办在工作中努力解放思想，充分发挥主观能动性，善于根据形势的发展变化，从自身实际出发，创造性地开展各项工作，使署的各项要求真正落到了实处，使特派办的工作始终充满勃勃生机。解放思想，实事求是，艰苦奋斗，开拓进取，是十多年来推动特派办发展的强大精神动力，也是我们在今后工作中必须长期坚持的宝贵精神财富。

（三）必须坚持依法审计，客观公正，把审计质量放在第一位。这个问题，是所有审计机关的一个共性问题。但特派办有自己的特点。作为以直接从事审计业务为主要职责的派出机构，多年来，各特派办坚持以审计业务为中心，把保证质量作为各项工作的最终落脚点，取得了明显效果。

一是坚持以真实性为基础，在总体把握审计对象上下功夫。如何以真实性为基础，坚持真实、合法、效益的统一，这一条很重要。在这方面，各特派办认真贯彻执行审计署的要求，坚持从总体上把握审计对象的真实情况，而不是把眼睛盯在简单地查出几个问题、罚没几个收入上。这涉及工作着力点的转变，是坚持依法审计，保证审计质量很重要的一个方面。

二是坚持突出重点，抓大案要案。全国这方面都做得不错，但相对来说，特派办成效更突出，而且这方面的意识很强。今年给全国人大的审计工作报告中揭露了贵州省交通厅长卢万里弄虚作假，造成国家建设资金损失近亿元的重大案件。这是深圳、长沙、成都三个特派办历经三年的审计才揭露出来的。如果没有这样一种强烈的意识，这个案子可能不了了之。这些年各特派办的这个意识是一年比一年强，抓大的问题，抓严重的违法违纪问题、经济犯罪问题，成效非常明显。如京津冀办在1999年财政审计中，顶住各方面的压力，揭露出天津蓟县国税局虚开增值税发票造成国家税收流失1748万元的重大案件，引起了中央领导的高度重视，依法追究了责任人的刑事责任。济南办1999年在对青岛工行的审计中，克服阻力，查出了大量私设“小金库”、违规开立信用证以及个人转移侵吞银行资金办公司等违法犯罪事实，推动了当年对工、建两行的审计。深圳、西安、南京、武汉、广州等特派办在近几年的财政、金融、专项资金等审计中，也都查出了若干重大案件。

三是坚持做到事实清楚，准确无误。到目前为止，还没有发现哪个特派办反映的问题是假的，或者与事实有很大的出入。当然，有些问题查得不是很深，搞得不是那么很清楚，这种情况是有的，但明显的与事实不符的情况还没有。这是坚持以真实性为基础的结果，规避审计风险主要体现在这里。

四是对问题的处理能坚持实事求是，把握比较适度。这些年对问题的处理总的说是经得起历史检验的，没有大的失误，执法的力度也还是比较大的。特别是给人大的报告，经得起各方面的检验。我国处于社会主义初级阶段，市场经济体制还在建立和完善之中，经济领域中许多问题比较复杂，能否在坚持依法审计的同时，实事求是地看待和处理审计发现的问题，是对特派办审计工作水平的检验。

五是注意从宏观上研究和反映一些问题。这几年我们提出的审计建议在针对性、时效性和宏观指导性上是一年比一年好，一年比一年自觉。

实践说明，依法审计是审计工作的最高原则，客观公正是审计工作的最高标准。保证审计质量的关键就是要坚持依法审计，客观公正。这方面，各特派办做了很多工作，出现了许多感人事迹。如广州办在2000年查处何硕瑾等人利用14家关联企业骗取银行贷款3亿元的案件中，审计人员顶住种种恐吓、甚至围攻，协助公安机关抓获犯罪嫌疑人十多人，取得了重大审计成果。郑州办对芜湖开发区的审计、深圳办对中科健公司的审计、西安办对长江娱乐公司挪用国债资金的审计，都敢于坚持原则，克服重重阻力，取得了明显成效。

（四）必须坚持“人、法、技”建设协调发展，为审计工作提供基本保证。“人、法、技”作为审计工作的基础建设，现在已成为大家的共识。

特派办在这方面抓得很好，成效也比较明显。

在“人”的建设上，主要抓了“三个层面”和“三个关键”。第一个层面是抓好一把手工程。这次我们调研，各单位都反映，一把手的素质和水平，是一个单位发展的关键。许多事实说明了这一点，一个单位的一把手换了，这个单位就发生变化了，有向好的变的，也有向差的变的。深圳办这些年由于班子的变化，队伍建设、业务水平都取得了非常明显的进步，还有哈尔滨办、广州办、太原办、昆明办等等，也是因为一把手的更替，各项工作才有了起色。这方面的例子很多，我不一一列举了。这也说明，署党组提出的一把手工程是非常重要的。第二个层面是抓了班子建设。科学地调配班子有利于形成合力，有利于加强互补性。审计署这些年加强了各特派办班子成员的交流、司局级干部的培训以及年轻后备干部的培养。各特派办领导班子自身也注意增强团结和凝聚力，规范办事程序。所有这些都使特派办的班子建设不断加强。第三个层面是业务骨干的培养。不管什么工作，没有骨干是不行的。这些年从审计署到各特派办都在这方面采取了一些措施，把队伍建设的重点放在骨干的培养上，实行了竞争上岗、处级干部交流、加强培训等措施。例如计算机方面，我们舍得加大投入，已经培养了200多名骨干。骨干力量的培养使审计工作具有很强的后劲，充满生机和活力。可见，把一把手选好、班子配好、骨干培养好，我们这支队伍就能带好，工作就能发展。太原办近几年把“抓班子、带队伍”作为主要工作内容，努力创造团结、和谐、奋发向上的工作局面，全办上下形成合力，工作有了很大发展。

“三个关键”，一是入口关。我们有的特派办在刚组建时，由于缺乏经验，对人的进入把关不严，遗留下来一些问题。最近几年，人事方面把关比较严了，特别是新组建的长春、重庆两个特派办做得更好。我要提醒大家注意，把住入口关是非常重要的，这方面我们有经验、也有教训，这方面出了问题，有的不是几年、十几年就能解决得了的，“请神容易送神难”。要通过人事制度改革，逐步解决这些问题。二是教育培训关。这些年我们在培训上是下了功夫的，署党组提出“以骨干带全员、以重点带一般、以考试促培训”，是有成效的。当然，工作中也还存在一些不足，但从总体上看，培训是抓得紧的，走的路子也是对的，花了很大精力，也取得了明显的成效。这几年在计算机中级培训上，每年要花一二百万元，我觉得是值得的。上海办近年提出建立“学习型”特派办的目标，在培训工作中做到思想、组织和工作三个落实，并提出培训是终生的“挑战”、是最大的“福利”等观念，调动了大家学习培训的积极性，目前该办有30多名同志通过审计署的计算机中级考试，在各办中名列第一，效果是很好的。一定要下大力气抓培训，同时要注意加强思想政治工作，注重发挥党组织的战斗堡垒作用。如南京办根据近几年远距离、长时间、多处室协同审计的实际情况，在审计一线建立临时党支部，将思想政治工作、党建工作以及廉政建设贯穿审计工作的全过程。兰州办坚持“一岗两责三结合”，要求领导干部在抓好分管业务工作的同时，抓好思想政治工作，把管人、管事、管思想结合起来。沈阳办经贸审计处与抚顺部队“雷锋班”结对子，学精神、学作风，有力地促进了审计人员的思想作风建设。这些做法都值得推广。三是人事制度改革关。在署的统一部署下，近几年各特派办积极采取公开招考、择优录用方式，大力推行竞争上岗、岗位轮换、双向选择制度，完善民主推荐、民主测评、民主评议办法，收到了明显效果。如哈尔滨办1999年对处和处以下干部进行了竞争上岗，按照“精简、统一、效能”的目标，由原来的102人减少到89人，13名干部下岗，竞争上岗的原处级干部全部轮换了岗位。通过竞争，增强了干部的危机感、紧迫感和使命感，全办的凝聚力大大加强，工作很快有了起色。昆明办几年来坚持实行“量化考核”、“末位培训”制度，也取得了明显效果。总的看，推进干部人事制度改革已初见成效，当然任重道远，还有许多工作要做。

加强法制建设的根本目的是为了确保审计质量。审计质量的好坏，关键在于能不能依法规范地开展审计活动。这些年，各特派办主要抓了三个方面：一是坚持依法审计，防范审计风险；二是推行审计准则，促进审计规范；三是建立健全制度，提高管理水平。各特派办在这方面也都有很多探索，基本做到了依法规范审计行为，依法评价被审计单位的经济活动。

关于现代审计手段的推广应用，主要做了三个方面的工作：一是以提高认识为前提。计算机的推广应用是审计领域的一场革命，不掌握计算机技术将失去审计资格，这已经成为大家的共识。二是以培养骨干为基础。设备再好，没有人也不行。我们在这方面的路子是对头的，首先培养骨干。现在看，我们的设备可能不是最好的，关键是有人。现在可以说，特派办计算机审计的骨干队伍已初步建立起来了。三是以开发应用为重点。我们在金融、海关等审计方面，计算机的开发应用是很有成效的。一些辅助审计和机关办公自动化的软件正在推广运用。有的特派办已试行网上审计，有的已着手研究对被审计单位计算机软件的审计。总之，这方面的发展势头是很好的。

（五）必须坚持外抓审计纪律，内抓机关管理，不断加强廉政建设。党中央、国务院关于廉政方面的要求很多，作为一名公务员，一个党员，特别是党员领导干部，必须不折不扣地认真执行。但廉政工作还要能体现审计的特点，与审计工作结合起来，这样才能落到实处，抓出成效。所以我们提出外抓审计纪律，这一点抓好了，审计队伍的廉政就基本有保证了。内抓机关管理，是因为我们是国家机关，怎么把机关建设成为廉洁高效的机关，管理很重要，而且这几年通过内抓管理，我们的管理水平，内部的办事效率、工作纪律是有所提高的。外抓审计纪律、内抓机关管理，体现了我们作为审计队伍、作为国家机关的特点。这方面各特派办都做了很多工作。

十多年来，各特派办始终把廉政建设作为审计工作的生命线来抓。审计机关成立之初，审计署就制定了审计工作纪律，各办认真遵照执行。同时注意根据不同时期廉政工作的重点，积极开展了清理通信工具、控制会议及庆典活动、执行公务活动中的接待规定等，在社会上保持了审计机关的良好形象。2000年，审计署制订《关于加强审计纪律的规定》后，各办认真贯彻执行，不断健全监督机制，切断与被审计单位的经济福利联系，确保了“八不准”规定的有效落实。沈阳、西安、太原、济南、京津冀等特派办还通过在全体职工大会上签订廉政工作责任状的形式，进一步增强规范和约束力。在执行“八不准”规定中，审计人员严格遵守审计纪律，出现了许多好人好事，赢得了社会各界的广泛赞誉。如长沙办在某地审计期间，对被审计单位送的价值数万元的戒指、手镯及手机等都婉言退了回去。京津冀特派办实行“八不准”两年来，共收到地方政府及被审计单位的表扬信、感谢信85封，该办在四川省天然林资源保护工程资金审计后，受到四川省政府的表扬，称赞审计组是“踏遍万水千山，赢得廉洁美名”。

在财务、资产管理上，各办也都探索和实行了许多好的做法。如建立特派员、办公室主任和财务会计三级责任制；在基本建设和大宗采购上，实行公开招标等。1997年以来，还开展了对所属公司、事务所的脱钩改制工作和审计过渡专户的撤销工作。截止到去年，14个特派办对原有的16个公司完成了脱钩工作，事务所也已全部脱钩，审计过渡专户已基本撤销。近年来，积极开展财务清查和检查，管理水平进一步提高。内部管理的加强，对于保持审计机关清正廉洁形象，促进审计工作发展，发挥了重要的保证作用。

特派办十多年建设和发展取得的成绩和积累的经验充分表明，国务院关于设立审计署驻地方特派员办事处的决策是完全正确的，是符合我国国情和审计监督体制需要的一项重要举措。设立特派办，不仅有利于加强审计监督，维护中央的政令统一和国家的经济秩序，而且对扩大审计工作的社会影响，提高审计工作的权威性，具有十分重要的作用。署党组今后要进一步强化特派办的建设，更好地发挥特派办的职能作用。这一点，大家的认识是一致的。从国际上看，其他一些国家也都设有特派办，我们不是最早的，但我们有自己的特色。现在看，这一决策、这个制度是行之有效的，而且越来越显示出它的重要和绩效。

三、当前特派办工作中存在的主要问题

经过十多年的建设和发展，特派办的各项工作取得了显著成绩，积累了丰富的经验，为今后的进一步发展打下了较为坚实的基础。这是我们研究分析特派办工作必须首先肯定的一个基本方面。但同时也必须看到，随着政治、经济、法律环境的变化，新形势对审计工作提出了更高的要求，特派办在一些方面还不能完全适应。只有不断地发现并研究解决存在的问题，才能推动工作与时俱进，不断提高水平。经过前一阶段特派办的自我总结和署调研组的调研，我们认为，当前特派办工作中主要存在以下问题：

（一）领导班子建设上还存在一些薄弱环节。总的看，特派办的领导班子建设情况是好的，但也存在一些问题。一是年龄结构、知识结构需要进一步调整。目前，18个特派办的司局级干部平均年龄51.4岁，具有本科以上学历的占63%，40岁以下的只有8人，这与干部队伍建设五年发展规划提出的年龄结构和学历要求，还有较大距离。有的办司局级干部平均年龄达56.2岁，年龄偏大的问题比较突出，没有形成合理的梯次。二是贯彻民主集中制还需要进一步加强。忽视民主或忽视集中的情况还不同程度地存在。民主集中制执行不好，就影响班子的决策力、凝聚力，班子的团结也不会太好。有的办领导班子成员之间相互了解和理解不够，存在一定程度的不协调现象，影响班子整体作用的发挥。三是改革创新精神需要进一步增强。有的工作思路不宽，标准不高，求稳怕乱，满足于维持现状，工作长期没有起色；有的进取心不强，宏观意识、大局意识和改革创新意识比较弱。四是对干部特别是年轻干部的培养力度不够。有的办处级干部年龄偏大，结构分布不尽合理，有的存在重提拔、轻培养的现象。五是思想政治工作相对还比较薄弱。有的世界观、人生观、价值观的教育不到位，部分同志过分看重个人的升迁和待遇，存在盲目攀比情绪；有的甚至认为调动大家的积极性只能靠分房子、提位子、发票子，思想政治工作缺少新举措；有的思想政治工作基础不牢，措施不力，工作不深入，对审计队伍建设中出现的新情况、新问题研究不够，办法不多，针对性不强。思想政治工作抓不好，对队伍的稳定和战斗力都会有影响。

（二）审计队伍的综合素质还不能完全适应工作发展的要求。这是老问题了，这些年有所变化，但应当说还有很大差距。一是人才结构不合理，综合知识缺乏。近几年来，特派办人员的学历层次逐年提高，目前具有大学以上学历的已占到64%，其中研究生203人，占11.7%，但与干部队伍建设五年发展规划要求的75%、15%的比例还有一定距离。同时，现有人员中懂一般财务审计的多，掌握现代管理知识、科技知识，具有一定综合分析能力的人员少。据统计，现有审计人员中财经类1333人，占77%，计算机、法律等专业人员偏少。二是改革创新意识相对较弱，现代审计意识不够强。大家在工作上、思维上的一些惯性还比较强。有的传统财务审计的观念比较强，认为审计就是查账，查账的目的就是处罚；有的思维方式单一，比较习惯于单纯的会计思维，多层次、多视角地透视问题不够。三是知识结构相对陈旧，业务培训有效性还不够强。主要是审计人员外出审计多，时间长，一些培训计划难以兑现；培训内容与工作实际还存在一定的脱节现象，对审计人员最急需了解和掌握的一些情况和内容，培训不够及时和有效。

现在看，当前审计人员最缺少的是两个方面：一个是宏观知识。不少审计人员单方面的专业知识可能还多一些，但宏观的、综合性的知识就相对少一些。第二个是科学的思维方式。搞审计监督，离不开分析判断，没有科学的思维方式是不行的。应当在我们的干部中提倡“两种思维”，一是要有比较好的逻辑思维，二是要有比较强的辩证思维。现在我们有些同志写的报告，说出来的话，逻辑都是混乱的，让人听不清楚、看不明白，这怎么能行。应当加强培训，增加一些逻辑学方面的知识。但光有逻辑思维还不行，光有概念、光会用情况去与有关的规定对照，这还不够，还要进行辩证的思维。所以应提倡两种思维——逻辑思维和辩证思维，增加一些逻辑学的知识和唯物辩证法的知识。

（三）执行审计规范不够严格，审计质量还存在一些问题。这几年，特派办比较注重规范审计行为，审计质量应该说是好的。但按高标准来要求，也还存在一些问题。有的制定审计方案时流于形式，或在实施审计中没有严格按审计方案进行，审计的深度和范围不能满足要求；有的过分注重查处案件，没有把发现重大违法违规问题和经济案件建立在全面审计、掌握真实情况的基础之上，因而审计重点抓得不准，工作中走了不少弯路；有的重大问题和案件查得不实，说服力不强，影响审计成果的使用；有的对审计发现问题的研究分析不够，“是什么、为什么、怎么样、怎么办”的问题没有真正解决好，制约了审计监督在更高的层次上发挥作用。

当前审计人员贯彻执行审计规范还不到位，主要有三个方面的原因，一是认识问题，有的人嫌执行规范麻烦；二是我们的规范本身是不是切合实际的问题，这要求我们不断地总结完善；三是一些长期形成的做法，一时还难以改变。

（四）机关管理水平有待于进一步提高。这既表现在署机关对特派办的管理上，也表现在各特派办自身的内部管理上。从署机关来说，主要是对各特派办审计任务偏重的问题还没有彻底解决好，审计任务与力量不适应的矛盾比较突出；部分统一组织的审计项目，时间安排过于集中，人员数量要求也超出了特派办的实际承受能力，给特派办的工作安排造成困难。

从各特派办自身来说，一是业务管理不够规范，审计计划、统计、信息、档案等管理工作还有待加强，审计质量方面还没有形成规范有效的监控机制。二是行政管理不够严格，有的制度不健全，有的执行不到位。三是后勤管理水平还不高，有的固定资产决算、结转不及时，账实、账账、账卡不符；有的对工资、福利及招待费等开支控制不严，会计核算还不规范。

四、明确目标，强化措施，在提高水平上下工夫

应当说，经过这些年的建设和发展，特派办的各项工作，不论是业务工作，还是自身建设，都有了一个比较好的基础。今年全国审计工作会议提出，“当前审计工作已经进入一个总结经验、开拓创新、不断深化、寻求进一步发展的新阶段。”同样，这也是当前特派办所处的发展阶段。这一发展不仅表现在规模上，更主要的表现在提高层次和规范管理上，也就是要体现在提高总体水平上。因此，今后五年特派办的工作主要应在提高水平上下功夫。要明确目标，强化措施，争取经过五年的努力，把审计署驻地方特派员办事处建设成为政治过硬、业务精通、纪律严明、作风优良、管理规范的现代化的审计机关。

（一）努力提高领导班子的领导水平。一个单位搞得好不好，关键在领导班子。而领导班子的好坏关键又在一把手。从一定意义上说，一把手的能力和水平如何，直接决定和影响着整个班子的水平，并决定着一个单位的工作水平。因此，提高班子的领导水平，首先要对各单位一把手提出更高更严格的要求。

作为一个单位的一把手，第一，必须要树立大局意识和政治观念，坚决贯彻执行中央的各项方针政策及署党组的工作部署。也就是，首先要讲政治。评价一把手的水平高还是低，第一位的要看他执行党的路线方针政策的水平。如何把自身的工作与党的路线方针政策、与“三个代表”的思想结合起来，这是一个领导干部的基本功。第二，要树立强烈的事业心和责任心，保持良好的精神状态，不断提出新的目标。人在一个单位、一个岗位时间长了以后，容易满足现状。而且随着年龄的增长，惰性也会越来越大。一个人、一个单位如果不能不断地提出新目标，肯定不能继续前进。一把手的一个重要责任就是要不断地思索，自己的工作领域之中还有哪些天地可以去开拓、去发展，我们的工作中还有哪些薄弱、空白的地方需要去加强和填补，只有保持一种好的精神状态，才能保证这个单位永远保持一种活力、一种生机。这一点对于任职比较长的一把手来说，更为重要。第三，要胸怀坦荡，表里如一，作风民主，办事公道，善于倾听群众意见，虚心接受群众监督。作为一把手，一定要开明。你要有这样一种思想：你个人有一定作用，但你的作用与你的开明是成正比的。你本事再大，如果你不开明，不善于调动大家的积极性，不依靠大家，不去走群众路线，也是无所作为的。因此，树立一个民主的作风，遇事多与大家商量，注意听取群众意见，这对于一把手是非常重要的。在正常情况之下，一把手遇事多和大家商量，注意听取群众意见，绝对不会出现大的失误。许多东西是会有不同看法的，只要有不同的看法，就应引起你的重视，就应认真去思考别人的意见，这样就会弥补你、完善你。一把手应特别注意不能凭感情用事。作为一把手，有时心里也很烦，有些事你感觉考虑得很好，但还是意见很多。当然这些意见有对的，也可能有错的，但至少说明一点，你的这些想法还没有被大家所接受，你要等一等，不要急嘛。我就担心我们的一把手有一种逆反的心态，越不同意我越要这样干，或者人家一提不同意见你就不高兴，这样时间长了，人家就不说了，你也就成了孤家寡人了。所以一把手要有一种宽阔的胸怀，要让大家讲话，多发表意见。当然有些明显错误的东西，那要提出批评，但大多数情况下人家讲的不一定没有道理，要有一种宽阔的胸怀。第四，要以身作则，严于律己，发挥带头和示范作用。以上这些，是对一把手的要求，当然副职也要注意。我曾经提出副职要尽言尽责。所谓尽言，就是要充分发表自己的意见，要以对党、对工作、对一把手高度负责的精神，在一些问题上提出自己的看法。但有一条，一把手没按你的办，你不要不高兴，而且要按会议决定的去办，这有个民主集中制的问题，要讲规矩。但你要大胆发表自己的意见，不要会上不说会下嘀嘀咕咕，或者表面上好像很尊重一把手，什么话也不说，什么都是一把手说的对，这也不行。这怎么能形成集体领导，集体的智慧呢？所以要尽言。有些会上说不方便，个别说也行。尽责，就是要尽到责任，分管的工作要努力去做。总之，正职、副职两方面都很重要，但关键还在一把手，要创造一种气氛，让副职敢于讲话，让副职能够做到尽职。

为了加强领导班子建设，要求班子成员一定要培养三个作风：

一是求实的作风。求实，就是实事求是，就是与时俱进。必须根据形势的发展，切合实际地研究对策、安排工作，提出新的目标、新的任务。解放思想、实事求是、与时俱进，是马克思主义的本质要求。一切从实际出发，是我们认识问题的基本指导思想，也是我们分析和解决问题的一把钥匙。审计机关的领导同志应当带头树立这样一种求实的作风，无论是总结以往的经验，找出工作中的不足，还是研究提出解决问题的措施，都必须坚持实事求是的作风。应当说，特派办经过十多年的建设和发展，既有经验，也有教训，这对于我们都可以变成宝贵的财富，要实事求是地加以总结。总结经验，关键是要把握规律，指导工作。因此，既要看到成绩，也要发现不足，更重要的是要引导广大审计人员，从深层次上认真研究思考关系特派办建设和发展的重大问题，从中探寻特派办工作的特殊规律，用以指导今后的实践。求实，还有一条就是要扎扎实实。对本单位工作中存在的问题，要认真分析，找出根源，并分清主次，抓主要矛盾，集中解决影响今后发展的几个突出问题，以此为突破口，推动特派办工作再上新水平。班子首先要培养这种求实的作风，办事实实在在，工作扎扎实实，不搞形式主义和虚假的东西。

二是民主的作风。我觉得，随着形势的发展，社会的发展，对一个领导、一个班子来说，民主的作风是所有基本素质中最重要的一点。现在我们队伍的素质高了，水平高了，越是这样，越要求我们的领导民主作风要强。因为大家都有看法，都有见解，你靠行政命令，一个人说了算是不行的。要调动大家的积极性，很重要的一条是要有一种民主的作风。当然这里说的民主，也不是指那种绝对的民主，没有集中的民主，但多听意见不是坏事。领导班子要坚持民主集中制的原则，健全党组议事规则，特别是一把手要增强自觉性，遇事要主动与大家商量，重大问题必须集体讨论决定，努力做到讲大局、讲团结、讲稳定。班子内部要勤通气，班子成员要以高度的革命事业心和责任感，充分发表自己的意见，认真执行集体的决定，努力维护班子的团结。要积极推行政务公开，凡涉及重要的工作部署、重大的经费开支、群众切身利益的问题，以及领导干部廉洁自律的情况，要认真听取大家的意见，自觉接受大家的监督，注意把广大干部群众的积极性引导好、保护好、发挥好。

三是严谨的作风。所谓严，就是要高标准、严要求。没有较高的标准、严格的要求，就不可能有一个较高的工作水平。再一个就是要谨慎，处理问题，决定问题，特别是一些重大问题，不要轻易做出决定，有些要反复商量、反复权衡、反复比较。另外就是工作作风要扎实，要深入第一线，要靠前指挥。领导干部靠前指挥，是这几年特派办工作的一条重要经验，也是保证审计工作水平和质量的一个重要途径。领导干部能否靠前指挥，是其工作责任心和工作作风的表现，也是对其能力、水平的检验。特派办的领导同志要坚持深入一线，亲自研究审计计划和审计实施方案，妥善安排审计力量，及时解决工作中遇到的问题；要全面掌握审计的情况，正确把握有关问题的处理，深入分析问题产生的原因及危害，认真研究审定并如实报告审计的结果。

为了有效地保证上述目标的实现，必须采取以下措施：

第一，要加强学习。总书记讲要学习、学习、再学习。现在我们需要学习的东西太多了，要挤时间学习。领导干部要带头学理论、学业务、学法律、学科技，不断充实和提高自己。当前要把学习江泽民同志“5·31”重要讲话精神作为重要任务来抓。“5·31”讲话是继去年“七一”讲话后的又一篇马克思主义重要文献。如果说“七一”讲话着重阐述了“三个代表”的科学内涵，那么“5·31”讲话则着重论述了如何贯彻落实的问题，为我们实践“三个代表”要求指明了方向。大家在学习中要牢牢把握“三个代表”的根本要求，充分认识讲话的重大意义，深刻领会讲话的科学内涵，全面把握讲话的精神实质，真正把思想统一到讲话精神上来，并用以指导我们正确地总结、研究、部署特派办的工作。当前贯彻“三个代表”的要求，关键是要以与时俱进的思想观念和奋发有为的精神状态创造性地开展工作，注意克服因循守旧的思想和畏难发愁的情绪。署机关和特派办的工作，对全国具有示范和带动作用，尤其要强调解放思想，开拓创新，善于根据形势的发展变化，开动脑筋，研究问题，不断推进审计创新，努力提高审计工作水平。

第二，要加强调查研究，走群众路线。不要以为只有市长、县长需要调查研究，一个特派办百十来号人，好像什么事都知道，就不需要调查研究了。我看不见得。有些事情还是要深入了解一下，把来龙去脉搞清楚，要多找同志们谈一谈。内部的管理，内部职工的思想状况要调查研究，还有对审计对象搞好审前调查也非常重要。总之，各项工作都要注意多搞调查研究，做好前期工作，这样做决定、处理问题，就更准确、更稳当一些。调查研究是一个重要的工作方法、领导方法。我们对工作情况的掌握，要从调查研究中来；工作思路的形成、措施办法的取得，也要从调查研究中来。要经常、深入地进行调查研究，这样才能全面掌握真实情况，及时解决存在的问题，并要注意从理论与实践的结合上研究思考，明确工作的思路、办法和措施。

第三，要经常开展批评与自我批评。开展批评与自我批评，是我们改进工作的一条重要途径，也是领导干部党性和工作责任心的重要表现。如果大家工作中有了问题，不批评、不指正，犯了错误总是捂着盖着，长此下去，班子就不会有凝聚力，工作就不会有发展。因此，一定要从领导干部做起，自觉拿起批评与自我批评的武器，不断完善自己，推动工作的发展。这个问题，说起来容易，但据我了解，做得并不够。有些班子内部不太协调，班子成员之间有些不同意见，但面对面有时又谈不到一起去。开展批评与自我批评，还是要讲政治，讲大的方面。我希望，民主生活会要开展批评与自我批评，再就是班子内部要经常搞一些谈心活动。尤其现在年轻同志走上领导岗位的不少，他们有很多长处，工作热情高，反映问题很敏锐，有一定开拓精神，但在党的一些传统作风上，党内生活的锻炼上，相对就少一些。班子内部既要调动他的积极性，放手让他工作，同时又要加强经常性的提示、帮助。经常开展批评与自我批评，对这些同志成长、发展、进步是很有好处的。

（二）努力提高审计队伍的思想业务水平。这方面的总体要求是，内强素质、外树形象。在内强素质方面，一是要引导大家自觉用“三个代表”重要思想指导审计工作，忠于审计事业，不断开拓进取。我们要逐渐形成一种氛围，让我们的审计干部有一种为审计事业贡献力量的强烈的意识和自觉性，当然这要靠我们事业本身能吸引人。要培养一支稳定的、充满生机的队伍，不断去开拓进取。二是要增强宏观意识，扩充知识面，努力掌握现代审计技术与方法，提高工作水平。三是要保持清正廉洁、积极奉献的作风。当前，对审计干部强调一种奉献的精神是非常重要的。当然人都有物质上的要求、精神上的要求，完全靠满足个人的一些要求去调动积极性，是不能持久的。还要提倡一种艰苦奋斗的精神，一种奉献精神，这是一项长期的工作。应该说，我们这支队伍总体来说是很不错的。但不能满足现状，队伍中还存在这样那样一些问题。现在基本是这样一种状况，要讲工作都还能干，冲在第一线，不怕辛苦，但有的时候，也会冒出一些问题，比如职位问题、待遇问题。这也是正常的，不能说不正常，关键是我们怎么做好工作，还是要提倡建办初期那种艰苦奋斗的精神，提倡一种积极奉献的精神。关键是把国家的利益、党的利益与个人的利益妥善处理好，既要不断地改善我们的物质生活条件，又要以积极的奉献为前提条件，大家都不奉献，都不创造，改善从何而来呢？出去审计，遇到一些单位待遇比我们好，大家没一点想法不可能，这种差别总是存在的，总是比上不足比下有余。这方面应当加强引导，提倡一种积极的奉献精神，把大家的积极性持之以恒地保持下去。

在外树形象方面，一是要树立审计人员实事求是、客观公正的形象。这方面总的来说是不错的，但要保持。要使我们的审计，给人的总体印象是客观公正的，这一条很重要，是我们赢得社会信誉的最基本的条件。二是要树立审计人员谦虚谨慎、平等待人的形象。现在我们的声誉高了，社会影响也好了，但要防止以监督自居，口大气粗。这种情况是有的。有理不在声高，要平等待人，有问题也要让人家心服口服，起码口要服。特别是对一些年轻干部要加强教育，说话口气很大，动则扣帽子。用词也要注意，像“骗取”、“勾结”、“不正当手段”等，这些词要慎用。用词不当，人家就不服气。要换位想一想。再就是要认真地听被审计单位的意见，我不说“听取”，但首先要“听”，听他说得有没有道理。现在我们很多审计人员，对人家讲的意见听不懂。一个行当有一个行当的门道，我们不可能什么都懂，但你要学，听清楚人家讲的是怎么回事。我希望大家要防止一种职业病，现在一些监督部门就有这样的职业病，错了也不能改，改了好像权威就会受到影响。错了就要改，我们审计也是一样，结论不准确的必须改，不能死要面子，最后是经不起历史检验的。这就叫实事求是。树立这种谦虚谨慎、平等待人的求实的作风非常重要。保持清醒的头脑，谦虚谨慎，平等待人，以理服人，这一点希望大家切实引起高度的重视。三是要树立审计人员廉洁自律、艰苦奋斗的形象。还是要艰苦奋斗、艰苦创业，这种作风、这种传统一定要把它保持下来。

为达到上述目标，首先，要切实加强机关党的建设。实践证明，只有把党建设好了，我们的审计队伍才能建设好。特派办现有党员1250多名，占全部人员的69%，其中绝大部分是各个岗位上的业务骨干。抓好这支党员队伍，发挥好党员的先锋模范作用，对于提高整个队伍的素质和水平，提高审计工作水平，具有十分重要的意义。各特派办的党组一定要关心机关党的建设，要把它放在一个很重要的位置上。要加强政治理论学习，切实增强广大党员的政治坚定性、政治敏锐性和政治鉴别力，严格执行党的路线方针政策和上级的工作部署。要健全党内组织生活制度，增强党员党的意识，时刻用共产党员的标准要求自己。要在审计工作中充分发挥党组织的战斗堡垒作用和党员的先锋模范作用。不同处室联合组成的审计组要尝试建立临时党支部，并注意发挥党员的作用。审计机关的广大党员，应当在推广运用现代审计技术、查处大案要案、提高审计质量、保持清正廉洁、推进审计理论创新等方面，走在大家的前面，成为审计事业的中坚。

其次，要推进干部人事制度改革，不断调整队伍结构。最近中共中央发布了干部选拔任用的条例，国务院也发了一个人事制度改革的意见，要按照党中央、国务院的要求继续把这项工作做好。要严把进人关，不仅要明确学历和专业的要求，还要考查综合素质和道德素质方面的情况，从“入口”上保证审计队伍的基本素质。要进一步推行竞争上岗、公开选拔等制度，逐步改善办、处两级领导班子的知识结构、年龄结构。在这个过程中要注意搞好新老交替，既要为优秀年轻干部的成长创造条件，又要对老同志做出妥善安排，使上者能上、下者愿下。实践证明，特派办领导长期在一地任职弊多利少。实行必要的交流轮岗，有利于促进各办之间的工作交流，取长补短；有利于充分挖掘领导干部的潜力，推动工作发展；还有利于化解各单位长期积累的矛盾，最大限度地调动各方面的积极性。因此，要进一步加大干部交流力度。各特派办内部也要建立正常的干部交流制度，定期对处以下人员进行轮岗，从多方面培养和锻炼干部，更好地促进他们健康成长。

第三，要加强思想政治工作。加强思想政治工作，关键要加强正面教育，提倡讲学习、讲政治、讲正气，唱响主旋律。近期，各特派办党组及机关党委要结合总结工作，对本办思想政治工作情况进行一次认真检查，对干部群众的思想状况进行一次认真分析，抓住工作中的薄弱环节和苗头性、倾向性问题，有针对性地采取措施。要引导大家认真学习马列主义、毛泽东思想、邓小平理论和“三个代表”重要思想，牢固树立正确的世界观、人生观、价值观，正确看待自己的名利和升迁，淡泊名利，看重事业，自觉做“三个代表”要求的实践者。要切实增强审计干部的事业心，倡导热爱审计事业、忠于审计事业，自觉为推动审计事业的发展贡献力量。当前这一点非常重要。要对职工进行忠于审计事业、为审计事业奋斗这样一种积极奉献精神的教育。这方面问题不少，解决这些问题靠什么，一靠加强思想政治教育，二靠实事求是地解决问题。要多关心职工，同时加强思想教育。

第四，要搞好培训。针对性和有效性不强，是当前培训工作中存在的一个突出问题。现在看，要解决这个问题，仅靠哪一个方面是不行的，必须发挥四个层次的作用：一是审计署要继续抓好司、处级干部的培训，着重培养这两级领导干部驾驭全局、把握宏观的能力，提高其综合素质和领导水平。二是特派办要针对各单位人员的实际情况，明确目标，有步骤地抓好培训教育，实现培训工作制度化。要把培训工作纳入年度工作计划，妥善处理好工作与学习的关系，保证审计人员必要的培训时间。三是特派办各处室可根据业务工作需要，关注主要审计对象在改革中一些重大举措和管理中一些新的变化动向，本着实用有效的原则，有重点地搞好培训。培训方式可以灵活多样，可派人到被审计单位跟班学习，也可以请有关人员上门讲解。特别是8月份，有半个月时间集中学习，希望多层次、多渠道地把培训搞好。四是干部个人要抓好业余学习，本着缺什么补什么的原则，有针对性地搞好自我教育。这四个层次各有重点，相互配合，有利于解决好当前培训工作中存在的问题，提高教育培训效果。总的还是希望特派办变成一个学习的机关，培训还是要本着多层次、多方式，缺什么补什么的原则，不要一刀切，不要一种倾向掩盖另一种倾向。要搞学历，都去搞学历，那也不行，都去读博士、读研究生，也没这个可能啊。退一步讲，特派办如果80%都是博士生，结构也不一定合理。这方面不要刮风。

（三）努力提升审计成果水平。今年全国审计工作会议的主题就是要提升审计成果的质量、水平和作用。为此，会议提出要坚持一个指导思想、把握一个重要方针、抓好“六个环节”和一项保证措施。这些要求是署党组在正确分析审计工作形势的基础上提出的，体现了今后一个时期审计工作的基本思路，是符合审计工作实际和发展趋势的。各特派办对此应引起高度重视，认真抓好落实。

第一，要切实“解放思想，开拓创新”。当前，审计工作中需要创新的东西很多，必须明确目标，扎扎实实地抓好落实。一是审计理论方面的创新。江泽民同志指出，要使事业不停顿，首先理论上不能停顿。当前随着审计实践的不断发展，审计理论研究面临着许多新的课题，需要我们从理论与实践的结合上做出新的概括，以指导新的审计实践。如对各种审计体制的分类及内涵、审计的本质、审计的环境和目标、审计风险、绩效审计等问题，都要进行深入的理论研究。我们中国的审计现在还没有形成一个固定的模式，这在一定的历史时期是可以的，都要经过这么一个摸索的阶段，但将来向哪个方向发展，需要我们去研究、去探索。二是审计规范应用方面的创新。制定完善的审计规范，并在实际工作中认真遵照执行，是保证审计质量的基础。这方面也有许多问题需要研究解决。比如检查“真实、合法、效益”是审计法的规定，在这三者之中，真实是基础，只有把被审计单位财政财务收支的真实性搞清楚了，才能进而判断其合法性，评价其效益性。但真实性的问题已经提了几年，在审计实践中并未完全解决好，主要就是因为还没有形成固定的操作规范，导致具体审计中随意性较大，标准掌握也不统一。至于如何在真实性的基础上把审查合法性与效益性结合起来更需要很好的探索。三是审计技术手段方面的创新。如何加快审计工作信息化，实现审计领域里的革命，需要各级审计机关积极实践，大胆创新。要看到，与地方审计机关相比，特派办具有一定的人才优势、工作优势，应当在这些方面的改革创新中为全国审计机关做出表率，成为审计创新的“带头羊”。今后审计署关于审计工作的一些重大部署，可以在特派办先行试点，取得经验后再在全国铺开。特派办的同志应当充分认识自己肩负的责任，切实增强改革创新意识，在推动审计工作与时俱进中发挥自己特殊重要的作用。

第二，要坚持“全面审计、突出重点”。实践证明，这是符合审计工作特点和规律的一个重要方针。领导干部一定要增强这方面的意识，切实把它贯彻落实到我们的各项工作当中去。在工作安排上，要从全局出发，确定审计的重点领域、重点部门、重点资金；在具体单位的审计中，要在摸清家底的基础上抓住重大的违法违规问题和经济案件，审深审透。现在应当说，这方面的认识是一致了，但在实际工作中是不是都贯彻到位了，我觉得还有很大差距。比如审计一个企业，资产几百个亿、甚至上千亿，怎么做到“全面审计、突出重点”，这是个很大的课题。金融机构也是这样，在审计内容、审计方法上怎么去把握。还有个审计责任问题，怎么建立一个科学的审计责任追究制度，既要保证审计质量，又要保护我们的审计人员，不能负无限审计责任。

第三，要切实抓好“六个环节”的落实。要制定科学的审计计划和审计方案，明确审计目标，并在实施审计中锁定目标不放松。要把审计和审计调查结合起来、把财务收支审计和经济效益审计结合起来，通过实践摸索结合的有效途径和方法，促进审计工作不断深化。要抓住典型，解剖麻雀。这里的“麻雀”就是重点，“解剖”包括两个方面的含义，一是要审深审透，查清来龙去脉；二是要在审深审透的基础上，加强研究分析。要用联系的、发展的眼光，对审计中发现的问题进行深入的剖析，挖掘根源，阐明危害，从促进完善制度，规范管理的角度提出改进意见和建议，实现审计效果的最大化。要建立审计结果跟踪检查制度。从今年上半年对前三年移交案件的检查结果看，移交案件基本得到落实。但据了解，当前审计处理处罚不落实的情况还比较普遍，这方面今后要加大检查督促的力度。关于实行审计公告制度，署里已经制定了办法，要认真抓好落实，把审计监督与舆论监督和社会监督结合起来，进一步增强审计透明度，扩大审计影响。

（四）努力提高审计技术水平。关于审计信息化建设，署里已经做了全面部署。当前要注意抓好两个方面：

一是要结合“金审工程”建设，进一步加强宣传教育，切实增强全员的审计信息化意识。要使大家充分认识到，审计信息化是审计领域的一场革命，是审计工作跟上时代发展步伐的必由之路。实现审计信息化不光是一个审计技术问题，它还会带来审计人员观念上的更新、思想上的解放。不掌握计算机技术将失去审计资格，实现了审计手段现代化也就掌握了审计监督的主动权，占领了经济监督的制高点。领导干部抓不抓计算机、审计人员掌握不掌握计算机，是我们这支队伍是否具有创新意识的一种表现，也是关系我们审计工作能否与时俱进的一个重要方面。

二是要切实克服各自为战的低效益状态，统筹规划，整体推进。“金审工程”的启动，使审计信息化工作进入了一个新的阶段。“金审工程”是按照国家基本建设程序批复的第一批国家电子政务建设项目。能否在两年之内实现“金审工程”一期方案确定的目标，将国家投入的近两亿元资金转化为现实的审计能力，直接关系到审计工作的创新发展，关系到国家电子政务建设的主要目标能否实现。我们要十分清醒地认识到我们所担负的责任，理解我们所做工作的重要意义。“金审工程”一期建设目标，主要是打基础的工作，这个工作搞好了，对以后审计信息化工作的长远发展会产生重要影响。署里要结合“金审工程”，统筹安排审计信息化建设进程，明确审计信息化的内容和要做的工作，有计划、有步骤地做出部署。各特派办也要根据统一安排，选准自身的突破口，集中攻关，以点带面，确保各项工作任务的完成。在加强各项基础建设的同时，要从实际出发，搞好有关审计软件的开发应用，加强对审计人员的应用培训，争取经过几年的努力，使各特派办的计算机应用水平能有一个全面的提高，以现代化的审计手段，推动审计工作在新形势下实现跨越式发展。总之，我考虑，一是一定要把“金审工程”建设好，要按照分工的任务，坚持标准，坚持少花钱多办事这个原则。二是要把审计软件开发好运用好，提高审计工作中计算机应用的水平。

（五）努力提高机关管理水平。对一个企业来说，管理出效益；对一个机关来说，管理出效率。建立科学规范的管理机制，努力提高机关管理水平，是推动特派办健康发展的重要动力。

第一，要进行清理。各特派办要认真分析机关在党务、行政、业务、后勤、作风等管理方面存在的主要问题，清理检查各项管理制度的建立和贯彻情况。针对存在的问题，进一步修改、健全各项管理制度，并抓好贯彻落实。

第二，在清理的基础上，要逐步完善规章制度。各特派办要结合实际，逐步建立、健全以下主要制度：领导班子建设及日常工作制度，党务工作和思想政治工作制度，人事工作制度，廉政建设和机关作风建设制度，审计业务的各项管理制度和质量控制制度，机关文书、档案管理制度，财务和资产管理制度，后勤服务管理制度，离退休干部管理制度，安全保密制度等。

第三，要进一步加强审计业务管理。要改进署对特派办的计划管理，进一步突出审计重点，下决心把审计项目数量减下来。要研究审计成本管理，更为合理有效地利用审计资源，改变过去那种拼人力、拼体力的粗放式管理模式。在力量配置上，可以尝试实行项目负责人制度，打破处室界线，合理调配审计力量。在组织方式上，要注意根据不同时期和不同项目的特点，结合运用异地交叉审计与属地审计两种不同的方式。同时要完善审计质量管理，严格审计复核制度和业务会议审定制度，切实保证审计质量。

第四，要加强各项管理制度的执行和检查。要定期对管理制度的执行情况进行检查，防止和克服有章不循、只说不做的形式主义。审计署每两年要对各特派办的机关管理和规章制度的贯彻落实进行一次检查，总结经验，表彰先进，推进机关的规范管理，促进提高机关的管理水平。

总之，提高机关管理水平，关键要在制定完善制度上下工夫，在树立典型、严格纪律上下工夫。各特派办一定要结合总结工作，进一步健全各项规章制度，严格抓好落实。通过规范管理，为大家的工作和生活创造良好的环境。现代生产力发展到一定程度，管理越来越成为一个重要的问题，管理靠什么，就是各种环节的协调和高效率。我们现在机关和特派办的建设，除了要提高我们队伍的水平，很重要的一条就是要提高管理水平，包括我们的业务管理、机关管理等，使各个方面形成一个有机的、有秩序的、高效率的运转体系。不建立制度不行，但我们现在的问题是有制度，执行得怎么样。制度很重要，第一要制定制度，第二要公开制度，第三要检查执行情况。我想，只要我们坚持建立一套好的制度，按制度办事，就能保证我们机关工作的公平、公道、效率。

以上是特派办工作中需要着力提高的五个方面的水平。今后评价特派办的工作，就是要看领导班子是不是团结、坚强、有凝聚力和开拓创新精神，群众的积极性是否充分调动起来；干部队伍的整体素质是不是逐年提高，是否做到朝气蓬勃、积极向上、遵守纪律、团结协作；审计工作水平是不是逐年提高，能否打造出一批“精品”；计算机的开发应用是不是有明显的成效，审计信息化水平是否逐年提高；机关工作制度是不是健全，能否做到按章办事，机关作风是不是廉洁高效，能否做到秩序井然；职工的物质、文化生活是不是逐年有所改善，逐步丰富多彩。希望大家都按这样的要求去开展工作，推动特派办工作不断上层次、上水平。我想，将来经过一段努力之后，可以不可以评出几个管理水平达到四A级的特派员办事处，也可以搞ABC三等，这要制定量化的标准。总之，希望大家充分发表意见，把我们的总结搞得更好，把我们今后的目标提得更明确，使我们特派办的工作能够更上一层楼。

突出重点　提高质量
稳步推进经济责任审计工作的深入发展

——在全国审计工作座谈会上的讲话

令狐安

（2002年8月3日）

经署党组研究决定召开这次全国审计工作座谈会，专题研究经济责任审计工作，这是继2000年全国经济责任审计工作会议之后的又一次重要会议。这次会议的主要任务是，以邓小平理论和“三个代表”重要思想为指导，认真总结两年来全国经济责任审计工作的做法和经验，分析探讨工作中存在的困难和问题，研究确定当前经济责任审计工作的指导原则，突出重点，提高质量，稳步推进经济责任审计工作的深入发展。最近，审计署在广泛调查研究的基础上，提出了《关于党政领导干部经济责任审计若干问题的指导意见（征求意见稿）》，准备提交这次会议讨论修改。有8个单位还将分别在会上介绍经济责任审计的经验。我代表署党组先讲几点意见：

一、全国经济责任审计工作取得了新的成果

两年来，全国审计机关在党中央、国务院和各级党委、政府的正确领导下，在各有关部门的有力支持和协作配合下，继续深入贯彻落实中办、国办两个《暂行规定》和全国经济责任审计工作会议精神，努力建立和完善工作机制，加强规范化建设，不断深化国有及国有控股企业领导人员的经济责任审计，全面推行县以下党政领导干部的经济责任审计，逐步扩大县以上党政领导干部经济责任审计的试点范围，取得了明显成效。去年底，审计署组织全国各省、区、市及中央各部门、单位对近两年经济责任审计工作的开展情况进行了一次专门的检查，并与中纪委、中组部联合组成了两个检查组，对部分省、市、县进行了抽查。今年初，我们已将情况向国务院做了报告，同时向中纪委、中组部、监察部、人事部进行了通报。

据统计，2000～2001年，全国各级审计机关共完成经济责任审计项目59149个，其中审计党政领导干部53358人，审计国有及国有控股企业领导人员5791人。审计查出各种违规行为金额1156.13亿元，损失浪费金额54.13亿元。其中由于领导干部直接经济责任造成的违规行为金额78亿元，损失浪费金额17亿元。审计中还发现个人经济问题3.88亿元。通过审计，有关部门参考审计结果，给予党纪政纪处分265人，移送纪检监察机关854人，移送司法机关370人。

两年多来的实践充分证明，经济责任审计工作在推动、发展、规范和提高方面取得了明显成效。经济责任审计的实行，拓宽了干部监督、考核的渠道，为客观公正评价使用干部提供了重要依据；为维护、整顿财政经济秩序，揭露和防止国有资产流失，促进经济健康发展做出了贡献；在揭露和惩治经济违法犯罪、促进党风廉政建设、维护经济秩序等方面发挥了积极作用。

（一）开展多年的国有及国有控股企业领导人员经济责任审计正在逐步深化。审计署两年共审计中央管理的国有重要骨干企业领导人员11人、中央国有金融机构领导人员8人。去年，甘肃、云南、广西、福建、江苏、河南、安徽等省70%以上的国有及国有控股企业的主要领导离任时都经过了经济责任审计。上海市基本实现了三年轮审一遍的工作目标。审计内容也在逐年深化，重点审计企业会计信息是否真实、领导干部有无决策失误给国家造成重大经济损失、内控制度是否健全有效，以及领导干部个人有无违反廉政规定等问题。由于加大了审计力度，2001年全国各级审计机关审计的国有及国有控股企业领导人员比上年只增加3%，但查出的违规金额增加了52%，损失浪费金额增加了三倍多，有力推动了国有企业加强领导班子建设和基础管理工作。国有企业领导人员经济责任审计查出的主要问题是，会计信息失真，私设“小金库”，违规经营和漏交税金，决策失误造成国有资产损失，以及不良资产数额大、存在潜在风险等。江苏无锡市审计局审计43户国有企业领导人员，发现企业会计信息失真问题严重，企业账面利润为5.81亿元，审计核实仅为5600万元，虚报利润达5.25亿元。山东青岛市审计局在对青岛百货集团公司原董事长的经济责任审计中，发现其任职期间由于严重渎职、盲目决策、恶意经营、以权谋私等，共造成企业亏损2.4亿元，擅自对外担保造成损失1900多万元，收受贿赂和非法所得45万元，涉案人员33人。

（二）县级以下党政领导干部经济责任审计工作已在全国普遍推开。对乡镇党政主要领导和县直属部门领导干部进行经济责任审计，已经成为各地县级审计机关的主要任务之一，不少地区已形成了比较规范、科学的工作格局。黑龙江、河北、湖南、陕西、海南等省的县级以下党政领导干部在职务变动时，基本上都经过了经济责任审计。一些地方的县人大还做出决定，未经经济责任审计的领导干部不予任命。两年来，全国县级审计机关共审计县级以下党政领导干部44081人，主要查出了一些乡镇中普遍存在着乱集资、乱收费、挤占挪用专项资金、招待费严重超标以及管理失控等问题，查处了一些严重渎职及个人经济犯罪的领导干部，在干部群众中引起了较大反响。这项工作的开展对加强、改进乡镇和县直属部门的财政财务收支管理、增强基层领导干部的财经纪律观念、加强党风廉政建设发挥了积极的作用。

（三）边实践、边总结，逐步扩大县级以上党政领导干部经济责任审计试点范围。一是多数省、区、市已开始把经济责任审计范围扩大到部分省直属部门的领导干部。浙江、山东、湖北、宁夏、内蒙古等省、区、市，对县级以上直属部门的党政领导干部的经济责任审计已初步形成了制度。审计署去年也对原科技部部长和原国家建材局局长进行了经济责任审计试点。2001年，全国共审计厅局级领导干部336名，比上年增长了73%。通过审计，主要发现了一些领导干部所在部门、单位存在财政财务收支不实，挤占挪用专项资金、财务管理混乱等问题，有的地方还发现和查处了一批有影响的大案要案。甘肃省审计厅在对29名厅局级领导干部经济责任审计中，查出领导干部所在单位挤占挪用专项资金、决策失误造成损失、未执行“收支两条线”等违规行为金额两亿元。浙江省审计厅在对省供销社原主任朱承岭的经济责任审计中，发现其任职期间擅自决策造成经济损失达两亿元，同时还查出近3000万元的假票据。朱承岭现已受到法律制裁，被判处有期徒刑13年，同案人杭州市原副市长叶德范也被判处有期徒刑6年。四川省审计厅经审计查出省工商局长滥用职权造成国家财产重大损失的问题后，省纪委和检察院及时立案查处，并依法将其逮捕。

二是积极开展市、县长经济责任审计试点工

作，探索了路子，积累了初步经验。两年来，海南、安徽、四川、吉林、湖北、黑龙江等12个省区共审计市、县长159人。其中，辽宁省审计厅对丹东、鞍山两市的市委书记和市长，甘肃省审计厅对定西、武威两个地区的专员和白银市的市长，浙江省对临海市的市长进行了经济责任审计。今年上半年审计署还组织了对陕西省原省长的经济责任审计。审计发现有的被审计领导干部所在市、县财政收入等经济指标不实，财政预算资金管理不规范，专项资金下拨不及时，有的由财政举债搞工程建设，有的盲目决策造成重大经济损失。2001年5月，四川省在对52名已经或决定提拔的县处级领导干部实施经济责任审计后，查出违规金额7.12亿元，揭露了部分领导干部有以权谋私等不廉洁行为，并将其中两名问题严重的干部移交省纪委查处。湖北省在对7名市、县长经济责任审计中，发现这些领导干部所在地方存在财政收支不实、挤占挪用专项资金、违规集资和摊派等问题，金额达3.86亿元。

（四）部门、单位内部管理的领导干部经济责任审计工作正在深入开展之中。在各级各部门、单位党委（党组）的领导和支持下，在各级审计机关的指导下，各部门、单位内审机构注意围绕部门、行业特点和干部管理任免机制改革的要求，结合单位内部干部职工和社会反映较为突出的问题开展了经济责任审计。事实证明，凡是重视这项工作的部门、单位，不仅初步摸清了家底，找出了管理中的薄弱环节，也比较客观公正地评价了被审计干部的工作业绩，为领导决策和选拔录用干部提供了重要依据。两年来，仅180个中央部门、单位就审计了22903名领导干部，查出各种违规行为金额201亿元，损失浪费金额38亿元，个人经济问题4153万元。干部管理部门参考审计结果，给予党纪政纪处分96人，移送纪检监察和司法机关164人。

二、经济责任审计的主要做法和经验

两年来，全国各级审计机关加强领导，积极探索、勇于创新、无私奉献，积累了不少值得认真总结的宝贵经验。主要有以下几点：

（一）必须坚持在各级党委、政府的统一领导下，从干部工作的实际需要出发开展经济责任审计工作。全国各级党委、政府越来越重视经济责任审计工作，普遍加强了领导。多数省、区、市党委、政府召开了专门会议进行讨论研究，并召开全省工作会议，由党委、政府主要领导同志或分管领导同志亲自动员讲话，部署工作。许多市（地、州）县也采取了同样做法。审计中遇到重大问题和遇到实际困难后，多数审计机关能够主动、及时向党委、政府请示汇报。许多党委、政府领导同志亲自听审计工作汇报，做出重要批示，并亲自出面协调解决经济责任审计机构的设立、编制和工作经费等问题，有力地加强了对经济责任审计工作的领导。审计过程中，各级审计机关以明确领导干部经济责任为目的，积极配合组织人事部门换届、调整、选拔、考核工作，积极配合纪检监察部门对有关问题进行了解核实，做了大量扎扎实实的工作，不但使党委、政府了解了被审计干部本身的经济责任履行情况和廉政纪律执行情况，也了解了领导干部所在单位贯彻党和国家方针政策和执行地方重大经济决策的情况。同时，通过加强审计调查和分析研究，及时反映财政收支、国有企业改革、重大投资、社会保障资金筹集和使用等情况，为党委和政府的宏观经济决策提供了重要依据，受到了党委、政府和各方面的好评。

（二）及时建立领导机构和工作机构，加强协作配合，保障经济责任审计工作的顺利进行。目前，全国31个省、区、市全部建立了经济责任审计联席会议制度，其中20个省、区、市还成立了由党委、政府领导同志任组长的经济责任审计工作领导小组。河北、宁夏、天津、重庆、新疆等8个地方的市（地、州）、县全部建立了联席会议或领导小组。各级领导小组或联席会议，在研究确定审计对象、审议审计实施方案、研究解决工作中遇到的重大问题、督促审计结果的运用和审计决定的落实等方面发挥了重要作用。有30个省级审计机关建立了经济责任审计专职机构，有的省还成立了副厅级的经济责任审计专职机构。湖北、湖南两省的大部分市地级审计机关的专职机构在行政级别上还高配半格。一些地区在组织社会审计机构和内审力量参与经济责任审计方面也进行了积极的探索。各地初步明确了纪检监察、组织人事和审计部门的职责，加强协调，注意配合，各司其职，各负其责。各级纪委、组织、监察、人事等联席会议成员部门也给予审计部门很大的支持和帮助。一些地方基本做到了：审计机关在审计实施前，能够及时向组织部门、纪检监察机关了解被审计领导干部的情况；审计发现问题后，纪检监察机关及时介入查处，有的部门还派人参加经济责任审计组；审计结束后，组织部门将审计结果列入干部政绩档案，纪检监察机关将审计结果装入干部廉政档案。这些做法促进了审计监督与纪检监督、组织监督的有效结合，使审计结果得到了有效的运用。

（三）积极探索，制定了一批法规、规章和制度，注意加强审计质量控制和风险防范。全国31个省、区、市根据中办、国办两个《暂行规定》的要求，结合各地实际，相继出台了一批有关经济责任审计的法规和规章，有的还通过地方人大立法。各级审计机关在总结经验的基础上，积极研究制定经济责任审计的实施办法和操作指南等工作规范，在计划管理、组织方式、审计重点、审计评价和结果运用等方面做出了一批具体规定，使经济责任审计工作初步做到有章可循。据了解，仅四川、陕西、河北、河南、湖北、江苏、山东7个省就出台了各级各类经济责任审计规章制度1400多个。在实际操作中，各地审计机关认真开展审前调查，精心制定审计方案，明确审计的范围、内容和重点。各级审计学会和一些地方审计机关还围绕对市、县长审计内容、审计评价等难点问题，注意从理论与实践的结合上进行积极探索，取得了初步的成果。为加强审计质量控制，防范和降低审计风险，各地还积极探索实行"双签证制"、"审计执法过错责任追究制"、"审计业务会议分析评价制"、"多层次的把关复核制"等，为提升经济责任审计工作的质量发挥了重要作用。

此外，一些地方审计机关还十分注意加强对外宣传，增强经济责任审计的效果。有的在一定范围内公示审计的对象、时间和审计范围等，既多方面、多渠道搜集了审计线索，又宣传了经济责任审计工作的重要意义，扩大了审计影响；有的对经济责任审计中查出的大案要案进行公开曝光，展示审计的威慑力；有的作为反腐败的典型案例进行剖析，提出从制度上机制上进行整改的建议，促进领导干部认真履行职责、依法行政，教育、警示领导干部增强自律意识，自觉遵守财经法规和廉政规定。

三、经济责任审计实践中存在的主要困难和问题

经过几年的努力，全国经济责任审计工作呈现出良好的发展势头，发挥了重要作用，受到社会各界的广泛关注。但我们也应该冷静地看到，经济责任审计还是一项全新的工作领域，在工作实践、理论研究以及立法等方面都面临许多值得深入探讨的新矛盾、新问题。同时，由于各地对经济责任审计工作重视程度不同，经济发展水平不同、客观工作条件不同以及审计机关内部认识上的不同，也造成工作发展不够平衡。有的地方甚至对县以下党政领导干部和国有企业领导人员都没有认真开展经济责任审计。在去年底我们调查的5个省区中，还有48个县（区）还没有开展这项工作。总的看，各地工作开展的深度和广度差异较大，还存在不少困难和需要深入研究解决的问题，主要是：

（一）审计任务重与审计力量不足的矛盾十分突出。从发展趋势看，经济责任审计项目占审计机关总工作量的比重越来越大。如海南省去年共完成687个审计项目，其中经济责任审计项目314个，占45.7%；山东省各级审计机关去年1～10月完成的经济责任审计项目占同期项目总量的67%，任务十分繁重。县级审计机关这一矛盾更为突出。从全国看，经济责任审计大体上占县级审计机关项目总量的50%～60%，有的县级审计机关甚至占总工作量的70%以上。特别是在党委、政府换届时期，离任审计工作不仅数量很大，而且时间要求很紧，上级往往要求审计机关在半个月甚至一周内提出审计结果报告。另外，当前全国地县一级正在进行机构改革，审计机关编制的减少和经济责任审计任务急剧增加的矛盾十分突出。全国部分市县级审计机关还未设立经济责任审计专职机构，有的机构虽已设立，但人员配备严重不足。

（二）立法和规范制定工作相对滞后，经济责任审计评价存在风险。一是从工作规范上看，当前各地对县以上领导干部开展的经济责任审计试点工作已经突破了中办、国办两个《暂行规定》的范畴，开展经济责任审计的委托程序、计划管理、审计范围和重点等差异较大，尤其是缺乏科学的、操作性强的审计评价规范准则。二是从工作运作上看，有的地方存在着组织部门和纪委委托、人大委

托、政府委托等多头委托的情况；有的地方联席会议的组成部门之间工作不协调，特别是项目计划管理水平低，存在着严重的不确定性，经常是成批下达项目，审计机关难以安排审计力量；有的审计机关搞被动突击，甚至简化必要的审计工作程序，审计质量必然难以保证。三是从评价标准上看，目前的审计评价体系不够科学、准确。尤其是对市、县长等领导干部的经济责任如何实事求是地予以评价是最大难点。由于对反映领导干部经济责任的某些重要经济指标，如国内生产总值、城乡居民收入、农民实际负担等重要数字的真实性很难进行核实；由于干部管理监督机制尚不健全；由于社会经济生活的日趋复杂，在财政、财务收支范围以外的领导干部经济违法犯罪问题难以通过审计及时发现；由于一些地方、单位领导依法行政观念淡薄，对领导干部经济责任缺乏明确规定；由于各级党政领导班子之间的经济责任范围、内容等分工规定也不够明确，特别是党委与政府"一把手"的经济责任划分不够清楚。上述原因都导致审计评价依据不足。同时，不同地区、不同审计机关对经济责任审计对象进行审计评价的指标体系和内容各不相同，标准宽严也不一样，有的环节存在着很大的随意性。这些问题的存在都加大了审计风险。

（三）贯彻"先审后离"的原则难度大，审计成果运用存在差距。中办、国办两个《暂行规定》指出："领导干部任期届满，或者任期内办理调任、离任、轮岗、免职、辞职、退休等事宜前，应当接受任期经济责任审计。"从理论上讲，先审后离是充分发挥审计作用和利用审计成果、加大对领导干部监督力度的重要原则和有效手段。但从实践情况看，由于干部人事工作有其特殊的规律和特点，由于审计机关力量有限，或事先衔接协调不够，现在多数地区和单位还没有实现这一要求。这种情况在一定程度上影响了审计成果的运用和审计人员的积极性。

（四）对经济责任审计的认识和定位仍然存在偏差。主要表现在如何正确认识经济责任审计工作的作用和风险防范问题。有的同志偏重于从经济责任审计有利于树立审计机关权威和影响方面看问题，认为经济责任审计可以在干部考核方面发挥决定性作用，因此在宣传上把握不当，引起对审计的期望值过高，加大了审计风险。也有的同志认为这项工作已超越了有关法律规定，风险太大，从职权和干部素质等方面看审计机关无法承担这项职责，认为审不审计用处不大，因而产生畏难情绪，工作进展迟缓。有的同志认为对领导干部经济责任做出审计评价，必须要全面评价其工作业绩，因而花费很大精力去核对 GDP 和城乡人民收入等指标数字；也有的同志认为只能根据被审计对象提供的会计资料，依据有关财政法规进行审计评价，因而对领导干部在参与重大经济社会高层决策和重要国有资产运营中应负的个人经济责任没有引起充分重视。这些问题都与经济责任审计定位认识上的偏差有重要关系。除上述问题外，在当前制定全国统一的操作规范、审计评价体系时机是否成熟方面，也存在着不同认识。

另外，由于财政资金紧张和重视不够，全国多数省、市（地、州）县经济责任审计专项经费未能纳入同级财政预算，组织社会审计机构对国有企业实施经济责任审计的经费也难以落实，影响了工作的深入开展。审计机关自身建设，包括人员业务素质、思维方式、工作方法和机构建设等方面也存在不够适应的问题，亟待改进提高和加强。

四、加强指导，逐步规范，在提高质量上狠下工夫

按照朱总理"全面审计、突出重点"、"解剖麻雀"的重要指示、署党组"二十字"工作方针和李金华审计长关于"当前和今后一个时期，经济责任审计要在逐步深化规范和提高上下功夫"的要求，在调查研究的基础上，署党组研究提出今后一个时期的经济责任审计工作必须坚持"积极稳妥、量力而行、提高质量、防范风险"的原则。各地审计机关要认真学习江泽民同志"5·31"重要讲话，发扬与时俱进的创新精神，学会运用马克思主义的系统辩证思维方式，坚持一切从实际出发，在认真总结前段工作经验的基础上大胆探索，不断研究新情况，注意解决新问题，突出审计工作重点，逐步规范审计行为，切实提高审计质量，努力规避审计风险。

（一）全面正确认识经济责任审计的地位和作用。首先，我们要把思想认识统一到中办、国办两个《暂行规定》的精神上来，充分认识到开展和加强经济责任审计是新形势下审计机关的一项重要职责。两个《暂行规定》已明确规定对县以下党政领导干部要开展经济责任审计。党的十五届四中全会明确指出，要建立企业经营者业绩考核制度和决策失误追究制度，实行领导人任期经济责任审计。中纪委也明确提出了实行任期经济责任审计、从源头上预防和治理腐败的要求。随着我国改革开放的深入和市场经济体制的建立，各级领导干部能否正确运用手中权力，依法、合理、有效地分配和管理使用国家资金，不断促进经济和各项事业的发展，不仅关系到我国改革开放和社会主义现代化建设能否顺利进行，也是关系到我们党建设高素质干部队伍的战略任务能否实现、党的执政地位能否巩固的重大课题。实践证明，实行领导干部经济责任审计制度，是对领导干部进行考察监督的一个重要渠道，是完善干部监督机制的一个有效措施，是在新的历史条件下加强干部监督工作的重要一环。最近，中央已正式颁布了《党政领导干部选拔任用工作条例》。《条例》的颁布实施，必将对推动经济责任审计工作的深入开展注入新的活力。各级审计机关必须坚持与时俱进的科学态度，从依法履行审计监督职责和适应加强干部监督工作需要的高度出发，提高认识，加强领导，把实施经济责任审计作为审计机关认真贯彻落实“三个代表”重要思想的一项重要任务抓紧抓好。

其次，我们也要清醒地看到经济责任审计的局限性。主要是因为审计机关法定授权和审计手段有限。中办、国办两个《暂行规定》明确指出：“本规定所称领导干部任期经济责任审计，是指领导干部任职期间对其所在部门、单位财政收支、财务收支真实性、合法性和效益性，以及有关经济活动应当负有的责任。”因此，审计机关不可能对涉及一个地区经济社会发展的全部重要指标进行审核和做出评价。经济责任仅仅是一个领导干部所负责任的一个重要方面。审计机关的职权和审计人员业务素质也决定，经济责任审计可以为干部管理部门正确考核、监督和使用干部提供重要依据，但不可能取代干部管理部门对一个领导干部的全面考核和监督。当前随着社会生活的发展变化，干部违规行为的隐蔽性增加，有的问题特别是与财政、财务收支无密切关联的个人经济犯罪问题，仅靠审计手段是难以发现和查清楚的。所以，我们既要坚定信心、积极实践、逐步推进，不能消极被动、等待观望；又要依法履行审计监督职责，头脑冷静，不能越权、越位，更不能大包大揽、急于求成。

（二）经济责任审计必须以财政财务收支审计为基础。一是按中办、国办两个《暂行规定》的精神和《审计法实施条例》的规定，实施经济责任审计主要是通过审查领导干部所在单位的财政财务收支的真实、合法、效益来评价和鉴证领导干部经济责任的履行情况。二是财政财务收支情况是最能集中反映一个地区经济运行质量和状况的核心指标。对重大经济社会发展项目和重要国有资产运营状况的审计，也必须以财政财务收支审计为基础、为主线。可见，抓住这一条，就抓住了矛盾的主要方面，抓住了牛鼻子。因此，我们对重要经济指标进行必要的审计，主要是指对财政财务收支的审计，不必要也不可能投入大量人力物力层层核对经济发展速度、城乡居民收入等指标。三是对财政财务收支进行审计是审计法赋予审计部门的职责，也是审计部门的优势和长处所在。四是经济责任审计不同于一般的财政财务收支审计，经济责任是财政财务收支审计结果的人格化，是财政财务收支审计的深化和提升。五是审计评价和审计范围两者必须一致。对领导干部经济责任审计评价，必须在把握财政财务收支真实、合法、效益的基础上进行。我们必须认识到，审计机关承担的责任也是有限的，不能负无限责任。

（三）区别情况，分类指导，分步实施经济责任审计。各级审计机关要根据党委、政府的统一部署，围绕改革、发展和稳定这个全局，从当地经济发展水平、干部制度改革和国有企业改革进展程度、审计工作发展状况以及不同审计对象的实际出发，对经济责任审计工作做出不同的安排和部署，不能一哄而起，也不能急于统一。要根据领导干部所在地区、部门的特点和情况，对国有企业及国有控股企业领导人员、县级以下党政领导干部、县级以上党政领导干部进行经济责任审计，要做到区别对待、分类指导、分步实施。对国有企业和县以下党政领导干部，主要是全面推进、深化完善；条件具备的地方，对县以上直属部门领导干部的经济责任审计可以分步推进；对县、市长主要是继续抓好试点并逐步扩大试点范围，谨慎推进。对县以上党委书记的经济责任审计鉴于情况复杂要慎重对待，总的看先不忙于进行；对部门、单位内部管理干部的经济责任审计要加强指导，定期组织内审人员交流情况、总结经验、开展检查。

（四）进一步明确经济责任审计的重点内容，努力提升审计质量。朱镕基总理明确要求，审计工作“不仅要继续突出重点，而且对每个重点都要做到解剖麻雀，把问题搞深搞透，能够从制度上、机制上提出意见”。各级审计机关要认真贯彻落实这一指示，根据各级党委、政府的工作部署，通过开展调查研究，确立经济责任审计的重点项目和重点内容。一是通过与组织部门协商，制订好每年的审计计划。要把近期面临换届或任期将满、掌管资金分配权和资金量大、群众反映多的地区、部门、单位，以及重要的国有骨干企业列为优先进行经济责任审计项目。对于多头委托和审计任务过重的问题，审计机关要及时向联席会议或领导小组汇报，量力而行不能疲于应付。二是在审前调查的基础上，根据不同单位、不同岗位领导干部的法定经济责任来界定审计的范围和内容，制定切实可行的审计方案。审计过程中做到对重点问题要检查到、评价到。对审计中发现的重大问题，特别是领导干部违反财经法规和廉政规定方面的问题，要集中力量，重点突破，查深查透，并注重揭露和反映深层次问题。对国有企业领导人员的审计，首先要着重对企业资产负债损益进行审计，重点揭露做假账的问题，特别要关注用做假账办法来改变企业的形象、掩盖企业的经营风险、为领导人“贴金”的问题；要以检查企业领导人的重大投资决定和债权债务为重点，揭示企业由于决策失误带来的风险和企业资产状况方面存在的重大隐患；要以内控制度的审查为重点，反映管理上存在的主要问题和漏洞。对部门领导的审计，近年要在继续搞好财政预算执行审计基础上，配合财政等部门重点抓好对执收执罚部门实施“收支两条线”规定情况的审计。对市、县长的审计，要重点围绕政府财政收支的真实、合法和效益情况，选择与市、县长个人经济责任关联度大的重要单位和重要事项进行审计，关注个人决策行为和个人遵守经济方面廉政规定情况，突出揭露财政预决算、重大建设项目和重要国有资产运营等经济管理工作中存在的问题，真正从制度上、机制上提出整改意见，为整顿规范市场经济秩序和加快经济发展服务。现在披露的领导干部问题多半表现在财政虚收虚支、制造虚假政绩和违反程序个人盲目决策造成重大损失上，经济违法犯罪问题大多与私设“小金库”有关，与重大工程建设项目和国土管理不善有关。这是我们进行审计时必须高度重视的问题。对有重要举报线索和群众反映强烈的问题，只要在审计机关的职权之内，就必须进行重点调查。

（五）逐步建立健全经济责任审计工作规范。经济责任审计不完全等同于财政、财务收支审计，在审计环境、对象和任务要求等方面都有其特殊性，必须注意规范审计行为，防范审计风险。目前，经济责任审计在计划管理、审计范围和重点、审计方法和程序、审计评价、审计结果运用、审计文书格式等方面，各地做法不一，有的很不规范。署党组认为，总的看，制定全国统一规范的条件还不完全成熟，当前主要应充分发挥各省区市审计机关的积极性和创造性。审计署将继续通过转发文件和审计报刊宣传等方式，介绍各地的典型经验，发挥示范引导作用，以加强对这项工作的指导。今后将在总结各地实践经验的基础上，成熟一个规范一个。最近，审计署在调查研究和广泛听取各地意见的基础上，起草了《关于党政领导干部经济责任审计若干问题的指导意见》，这个意见之所以是指导性、粗线条的，主要目的是给各地留有充分的发展、创新的空间。希望大家深入讨论，发表意见，力争修改得比较完善。会后，各地要继续深入探索，注意总结好的经验和做法。对工作中出现的困难和问题，要及时向当地党委、政府和上一级审计机关反映。这里我重点讲一下审计评价的规范问题。当前这项工作的难点主要在于对市、县长如何做出科学、规范、合理的审计评价。这是防范风险的关键。审计评价应该主要围绕审计内容进行，坚持审什么评什么。对超出领导干部任期内法定经济责任范围的事项，对非审计的事项、不相关的经济责任以及未经查实的问题不作评价。对涉及经济社会发展的某些重要客观情况，需要在审计报告中表述的，可以写明“根据有关资料”等词句，表明不是审计核实的结果。审计评价要注意掌握客观公正的原则，力求在审计内容范围内对被审计对象功过得失做出相对比较全面的评价，着重分清领导责任和直接责任、决策责任和执行责任、集体责任和个人责任、前任责任和现任责任，在此基础上建立完善评价体系。

（六）*改进审计方法，提高审计效率*。各级审计机关要在实践中不断探寻和把握经济责任审计工作的规律和特点，改进审计方法，提高审计效率。一是将经济责任审计与预算执行审计、专项资金审计、企业财务收支审计等常规审计结合起来，以节约审计成本，提高审计效率，减少重复监督。在常规审计中，要注意把涉及领导干部经济责任情况的资料按照经济责任审计的要求存入审计资料库和审计台账，进行日常的资料积累，为经济责任审计做好准备。做到资源共享，一次审计，出多项成果。要注意分析运用以前年度的审计成果，提高审计效率。二是认真总结一些地方的成功经验，对重点地区、部门和单位的领导干部有计划地开展任期和任中审计，为将来离任经济责任审计打下基础，这也可以为逐步贯彻“先审后离”原则创造条件。三是要把查账与查实群众举报线索结合起来。一方面要与组织部门和纪检监察机关沟通，及时了解他们掌握的信息和线索，一方面通过审前公告、发调查问卷、召开座谈会等方式广泛听取群众意见，对重大的经济问题举报进行认真核实。四是结合“金审工程”的实施，按照统一规划、规范标准等原则，加快审计信息化建设步伐，切实提高工作效率，使计算机审计逐步成为经济责任审计的重要技术手段。

（七）*充分运用审计成果，扩大审计影响*。审计成果运用如何直接关系到经济责任审计能否在干部管理监督中有效发挥作用。但审计成果能否得到充分运用又直接取决于审计质量。各地在运用审计成果方面进行了许多有益的探索，如有的地方党委、政府将审计结果在一定范围内进行通报，有的组织部门根据审计结果找有关人员进行诫勉谈话，有的纪检监察部门和政法部门根据审计结果立案查处了一批违法违纪案件。这些做法今后要继续加以坚持。各级审计机关首先要努力提高审计成果的水平，同时要注重加强对审计情况的综合分析，要注意收集分析审计成果利用情况、党政领导重要批示落实情况，及时向党委、政府报告审计中发现的普遍性、倾向性问题，一方面为领导决策提供依据，一方面主动争取领导对审计工作的支持。今年下半年，审计署将实行审计公告制度，这对于扩大审计影响必将产生积极作用。各地也要创造条件逐步实行这项制度。近期可以根据实际情况，先确定1～2个经济责任审计项目，在征得党委、政府同意的基础上，在适当的范围内进行审计结果公告试点，待取得经验后逐步推开，不能操之过急。

（八）*加强队伍和机构建设，不断提高审计人员素质*。解决当前经济责任审计任务重与力量不足的矛盾，关键还是要不断加强“人、法、技”建设，努力提高审计人员素质。审计人员特别是经济责任审计组长、副组长，不但要公道正派、廉洁奉公，精通财会、金融、企业管理等专业知识，还要力争掌握一定的宏观经济、工程建设、相关法律和计算机知识等，要十分注意加强对党和政府重大方针政策的学习，树立全局观念、政策观念，培养宏观意识，学会历史地、全面地、系统地、辩证地看问题。这对加强经济责任审计，正确评价被审计领导干部是非功过至关重要。要充分利用典型案例进行教学，切实加强业务培训。审计署今年年底准备组织一次研讨式的省级经济责任审计业务培训。各地也要继续抓好培训，使审计人员能够尽快适应经济责任审计工作的发展要求。同时，各地要按照中央两办通知精神，抓紧成立经济责任审计领导小组或建立联席会议制度。联席会议办公室可以同时加挂经济责任审计机构的牌子。要继续建立健全工作机构，目前尚未建立的，要积极向当地党委、政府报告，争取早日建立，充实专职审计人员。各地要注意合理、规范地发挥社会审计机构在经济责任审计中的作用，继续重视和加强对内审工作的指导。

同时，各级审计机关和审计学会、署审计科研所和各级审计研究部门都要十分重视对经济责任审计理论和相关审计立法工作的研究。理论研究不能空对空，各级审计理论工作者和有志于审计理论研究的同志都要积极深入经济责任审计第一线，向基层同志学习，向实践学习，力争在理论创新和法制建设方面取得新的成果，以更好地指导经济责任审计工作的实践。

总结经验　开拓创新
进一步提高行政事业审计工作水平

——在全国行政事业审计工作座谈会上的讲话

翟熙贵

（2002年9月11日）

这次全国行政事业审计工作座谈会是署党组决定召开的。会议的主题是总结、开拓、深化、提高，即总结近几年来行政事业审计取得的成绩和经验，分析当前面临的新的形势和任务，研究进一步解放思想，开拓创新，不断深化行政事业审计，提高审计工作水平的措施，努力开创行政事业审计工作的新局面。会前，各地和署派出局都进行了认真的总结，我和行政事业审计司的同志到部分省市做了调研。一些单位还要在会上介绍经验。下面，我先讲三个方面的问题。

一、行政事业审计工作取得了显著成绩

近几年来，各级审计机关认真贯彻朱总理“全面审计、突出重点”的指示和署党组提出的“依法审计、服务大局、围绕中心、突出重点、求真务实”的审计工作方针，不断深化部门预算执行审计，加强重点部门和专项资金审计，把部门单位审计与党政领导干部经济责任审计紧密结合，行政事业审计的力度和深度逐步加大，质量和水平不断提高，取得了显著成绩。据统计，1998～2001年，全国共审计行政事业单位25.7万个，查出违法违规行为金额3187.8亿元，审计处理后，可增加财政收入133.9亿元、减少财政支出7.7亿元、挽回经济损失324.7亿元。还向司法机关移送经济犯罪案件1708件，建议给予行政处分1829人。提交的95328篇报告和信息，被中央、国务院和地方党委、政府等采用38749篇。行政事业审计在维护国家财经秩序，加强廉政建设，促进依法行政和经济、社会事业健康发展等方面发挥了重要作用。主要做了以下几个方面的工作：

（一）部门预算执行审计不断深化。署党组一直十分重视部门预算执行审计工作，把它作为整个预算执行审计的重要基础，近年来采取了许多有效措施，推动这项工作深入发展。如在审计工作发展纲要和预算执行审计工作发展规划中专门对部门预算执行审计提出要求；向国务院67个部门派出25个审计局，保证和加大部门预算执行审计的力量；调整了署机关有关单位财政审计职能分工，明确由行政事业审计司在审计署财政审计的总体安排下，统一指导和协调中央部门的预算执行审计工作；从2000年开始，对中央部门预算执行实行年中审计和年度审计相结合，保证审计的深度和效率。各地审计机关也进一步提高对部门预算执行审计的认识，在审计力量、组织方式和完善两个报告制度等方面有针对性地采取了一些措施。1999～2001年，全国审计机关共审计4.2万个预算执行部门和单位（不含财政、税务、海关、国库），查出各类违法违规问题1233.8亿元，其中：违规调整预算54.2亿元、应缴未缴预算收入77.6亿元、违规办理预算拨款16.6亿元、挤占挪用和转移预算资金90亿元，并发现了一批重大违法犯罪案件。在中央预算执行审计中，派出审计局连续4年对管辖的60多个一级预算单位进行了审计，查出违法违规问题336.71亿元。按照全国人大常委会的要求，审计署近两年还开展了中央部门决算（草案）的审签试点工作，查出决算不实等违规金额50多亿元。少数地方审计机关也对部门决算（草案）审签工作进行了探索。

部门预算执行审计取得了明显成效。以中央部门为例，经过近四年连续不断的审计，一是违法违规总金额逐年下降。1998年审计53个中央部门，查出违法违规金额164.05亿元；1999年审计55个部门，查出违法违规金额95.37亿元，下降42%；2000年审计63个部门，查出违法违规行为金额

56.22亿元，同比下降41%；2001年审计55个部门，查违法违规金额20.62亿元，又比上年下降63%。二是同类型的违法违规问题逐年减少。如审计查出的挤占挪用财政资金问题，1998年为31.24亿元，1999年为21.09亿元，2000年为5.16亿元，到2001年下降到4.93亿元。三是本级重大违法违纪问题明显减少。2001年中央部门本级基本没有发现十分重大的经济犯罪案件。以上这些表明，署党组确定的中央部门预算执行审计目标取得阶段性成果。地方部门预算执行审计的范围也逐步扩大，审计力度不断加强，审计成果得到各方面的充分肯定，收到了明显效果。不少地方人大和政府根据审计建议，制定和修改了有关预算管理和监督的规定；各部门单位依法行政的自觉性进一步增强，依法理财水平逐步提高。

（二）执法部门审计进一步加强。执法部门承担着执行国家法律，维护市场秩序，保障社会稳定的重要职责。但长期以来对这些部门的监督力度不够，容易滋生一些执法犯法、贪赃枉法的问题。1998年署党组明确提出：要认真贯彻“依法治国”的方略，从维护法律尊严的高度加强审计监督。近几年审计署每年都选择一至两个重点执法部门开展全系统审计，先后组织地方审计机关和特派办审计了公安、法院、检察院、工商、出入境检验检疫等系统的财务收支情况，揭露了大量违法违规问题和经济犯罪案件。如1999年对全国法院、检察院的审计，各级审计机关始终坚持依法审计的原则，排除干扰，敢于碰硬，加大力度，不仅查处了“两院”财务收支和管理中违法违规问题57.43亿元，还发现经济犯罪案件81件，涉案人员103人，在“两院”系统引起了震动。原重庆市第二中级人民法院执行庭庭长挪用公款120万元，用作私人公司的注册资金，审计移交后，被判刑5年。“两院”审计情况向国务院报告后，朱总理做了重要批示。最高人民法院和财政部根据审计建议，针对长期以来诉讼费管理上存在的漏洞，重新修订了管理办法，使这一久拖未决的问题得到了解决。去年，对出入境检验检疫系统的审计，查出由于没有严格执行“收支两条线”规定、政企不分而造成的违法违规金额18.64亿元，其中隐瞒转移收入13.71亿元，用于自身滥发钱物金额达6.39亿元。国家质检总局对审计查出的问题高度重视，专门制定下发了《关于进一步加强财务管理防止违法违纪问题的若干规定》，提出了深化“收支两条线”改革等8条措施，并在全系统进行了认真整改。今年再次审计时，上述问题基本得到纠正。

（三）专项资金审计成效显著。各级审计机关围绕改革和社会关注的热点问题，积极开展专项资金审计，在促进加强管理，提高资金使用效益方面发挥了作用。据统计，1998～2001年，全国行政事业专项资金审计共查出违法违规问题1091.6亿元，其中：应缴未交110.4亿元，挤占挪用239.2亿元，乱收费、乱罚款、乱摊派50.9亿元，私设“小金库”4.4亿元。围绕“科教兴国”战略，近几年把科教资金作为审计的重点。审计署统一组织了国务院部门所属62所高等院校的高教经费审计、中央63个科研院所的科技经费审计和全国基础教育经费审计，成果突出，引起国务院和有关部门的高度重视。如2000年组织的中央科技经费审计，查出挤占挪用等违法违规行为金额54.14亿元。审计报告报送国务院后，李岚清副总理批示要求所有的科研部门必须认真加强科研经费管理，用好国家的每一分钱。中科院专门召开会议研究落实审计决定和意见。去年开展的基础教育经费审计，查出乱收费、乱摊派、挤占挪用教育经费、私设“小金库”等违法违规行为金额39.71亿元。审计反映的部分地区教育负债过重、拖欠教师工资等影响教育事业发展的问题，引起国务院领导的高度重视。全国人大常委会听取审计情况汇报后，给予充分肯定。

（四）认真完成党委、政府交办的其他审计任务。除上述审计任务外，各级审计机关和广大行政事业审计人员还根据党委、政府的部署，开展了其他一些部门和资金的审计，如不少地方开展了质量技术监督、交警等执法部门的审计，住房、体育彩票和计划生育等专项资金的审计，还有工会等社团组织的审计等，不仅促进这些部门单位加强了管理，而且为党委、政府掌握情况，科学决策提供了参考依据。特别是党政领导干部经济责任审计，近年来日益成为审计机关的一项重要任务。各级审计机关贯彻落实中办、国办的规定和五部门联席会议精神，统筹安排任务，统一调配力量，开展了县级以下党政领导干部经济责任审计，逐步扩大县以上党政领导干部经济责任审计试点，取得了明显成效。近两年，全国完成党政领导干部经济责任审计项目53358个（其中县级以上领导干部9277人），查出领导干部负有主管责任和直接责任的违法违规问题505.6亿元，贪污、受贿等个人经济问题3.1亿元。有关部门参考审计结果，免职、降职、撤职3142人，给予党纪政纪处分214人。审计署在去年开展中央部门两位部级领导干部经济责任审计试点的基础上，今年又首次对陕西省省长进行了经济责任审计试点。经济责任审计工作在拓宽干部监督管理渠道，维护财政经济秩序，促进党风廉政建设等方面发挥了积极作用。

以上成绩的取得，是各级党委、政府高度重视，各级审计机关加强领导的结果，是广大行政事业审计人员积极实践，勇于探索，奋力开拓的结果。回顾这几年的工作，我们感到，主要有以下四条基本的经验：

（一）坚持把行政事业审计作为财政收支审计的重要组成部分。为了适应形势变化和审计工作发展的要求，近几年，各级审计机关注意跳出单纯财务收支审计的框子，从工作思路、计划安排，到具体组织实施，都紧紧围绕规范财政收支管理，推动财政改革来统筹考虑，加强协调，不断深化行政事业审计。广大审计人员不断增强财政收支审计的观念，研究财政改革，抓住财政资金走向这条主线，揭露问题、分析原因、提出建议，从更高层次上发挥了行政事业审计的作用。实践证明，只有把行政事业审计自觉纳入到财政收支审计的范畴，不断提高层次和水平，才能推动行政事业审计工作深入发展。

（二）坚持围绕中心，突出行政事业审计的重点。行政事业审计涉及的领域十分广泛，具有点多面广的特点，必须围绕中心，集中力量，突出重点，才能有效发挥审计监督的作用。这几年，各级审计机关在工作安排上，注意从改革、发展、稳定的大局出发，抓住党和政府关注的重点问题、人民群众关心的热点问题、与经济体制改革相关的难点问题来确定重点，加强监督；在具体实施审计中，坚持在摸清家底的基础上，抓住严重的违法违纪问题和经济犯罪案件，审深审透。正是由于较好地坚持了“全面审计，突出重点”的方针，行政事业审计才取得了非常突出的成果，不断引起各方面的重视和震动。

（三）坚持依法审计，始终把审计质量放在第一位。审计质量是审计工作的生命线。各级审计机关和广大行政事业审计人员在实际工作中，坚持以事实为依据，以法律为准绳，敢于审计，敢于碰硬，敢于依法履行审计监督职责，有效地保证了审计质量。特别是近几年，注意牢固树立“精品”意识，做到审计的立足点要高，审计目标明确；摸清真实情况，审深审透；充分揭露问题，查处大案要案；深入分析原因，提出标本兼治的建议；在促进加强管理和依法行政方面积极发挥作用。实践证明，依法审计是审计工作的最高原则，客观公正是审计工作的最高标准，只有坚持依法审计，客观公正，才能保证审计质量。

（四）坚持开拓创新，不断探索行政事业审计的新路子。为了适应形势发展的需要，近几年来，在行政事业审计方面，我们开展了县以上党政领导干部经济责任审计试点、中央部门决算（草案）审签试点、政府采购审计和会计集中核算单位审计工作试点等，使行政事业审计的领域不断扩大；在一些领域摸索了财政财务收支审计与效益审计、审计与审计调查相结合的路子，丰富和完善了行政事业审计的方式方法；同时，加快计算机技术的推广应用，积极推行计算机辅助审计，去年审计署还首次组织开展了行政事业单位远程网络审计试点，在审计信息化方面进行了有益的探索。实践说明，解放思想，开拓创新，是推动行政事业审计工作发展的基本动力。

二、认清形势，正确把握行政事业审计的地位和作用

进入新世纪，我国的改革开放和现代化建设进入了一个新的发展阶段。形势的发展，使审计工作所面临的客观环境发生了很大的变化，特别是建立与社会主义市场经济体制相适应的公共财政框架，以及当前正在开展的财政支出改革，对行政事业审计具有重要而深远的影响，需要我们去认真地研究、适应和应对。

改革开放以来，我国财政的突出问题是：在收入方面，财政收入占国民生产总值的比重和中央财政收入占全国财政收入的比重偏低；在支出方面，财政支出的范围和结构不合理，没有从计划经济体制下的“生产建设经营性财政”摆脱出来，财政职能履行不到位，“越位”和“缺位”现象并存。1994年实施的分税制财政体制改革和以流转税为重点的税制改革，主要解决的是收入方面的问题，对调整收入分配发挥了重要作用，全国财政收入占GDP的比重，由1993年的12.6%逐步上升到2001年的17.1%；中央财政收入占全国财政收入的比重，也由1993年的22%提高到2001年的52.4%。但支出方面的问题尚未得到很好地解决。随着我国社会主义市场经济体制的建立和加入世贸组织，财政支出改革相对滞后、财政职能不健全、支出管理薄弱等深层次的问题日益凸显。因此，党中央、国务院决定，要调整支出结构，压缩竞争性领域的支出，加强财政再分配功能，逐步建立适应社会主义市场经济要求的公共财政框架。公共财政的基本职能，就是满足社会公共需要。在市场经济条件下，市场在资源配置中发挥基础性作用，作为政府职能的财政不能再大包大揽，要“有所为、有所不为”，突出财政的公共性特征，逐步减少营利性、经营性等市场竞争领域的投资，主要为社会主义市场经济体制的建立和完善提供应有的公共服务和必要的保障。因此，必须进行财政支出改革，这是继1994年分税制改革以来财政体制的又一场根本性变革，主要有三大任务：一是实行部门预算改革，完善预算收支科目体系和定员定额标准，细化预算编制，实施综合财政预算和“零基预算”，严格预算执行，增强预算的法律严肃性和约束力。二是实行国库集中收付制度，逐步建立和完善国库单一账户体系，实施资金缴拨以国库集中收付为主要形式的财政国库管理制度。三是全面推行政府采购制度，按照公开、公平、公正的原则，主要采取公开招标和竞价的方式，购买政府所需要的商品和劳务。当前，财政支出改革步伐很快，中央实行部门预算的范围不断扩大，由2000年的4个部门扩大到2001年的29个部门；国库集中支付去年已在6个中央部门试点；政府采购法将于明年1月1日起实施。各地虽然发展不平衡，但基本都开始了试点工作，尤其是部门预算和政府采购已在省一级和许多地市推开。这些改革措施，以及将来还要进行的事业单位改革，主要调整的是行政事业领域的财政管理关系，与行政事业审计关系密切，并且已经开始对我们的工作产生多方面的影响，必须予以足够的重视和关注。

建立社会主义公共财政，推行财政支出改革，总体上有利于加强审计监督，给行政事业审计创造了更为有利的条件。一是各级党委和政府高度重视这项工作，明确要求在财政改革中加强审计监督，确保改革措施的落实，审计监督的地位得到加强。二是各项财政支出改革措施的实施，尤其是部门预算细化到位之后，将为审计工作提供更可靠的依据，会使审计监督和评价更具科学性。这本身也是审计监督的目标，我们在中央预算执行审计的两个报告中，连续三年提出了细化部门预算的建议。三是通过改革，财政管理和收支行为不断规范，财政秩序将逐步好转，将更有利于改善审计工作环境，并为我们在财政财务收支真实性、合法性审计的基础上，逐步向效益审计发展创造有利条件。四是财政支出改革特别是国库集中收付制度的实行，更便于审计信息化建设，有利于推进计算机审计，提高工作效率，更好地发挥审计监督的作用。

但我们必须看到，深化财政体制改革，也使审计工作面临一些新的情况、新的问题。从客观方面来说，出现了一些新的审计领域，增加了一些新的审计任务；许多改革尚在试点阶段，法规不健全，制度不完善，行为不规范，审计环境出现了一些新的情况；财政管理监督加强了，但一些单位违规手段可能更加隐蔽，问题向二三级单位“下沉”，有的还向外单位转移，审计风险增加。从我们自身情况看，也还存在一些思想认识不适应的地方，主要表现在：一是在新形势下，特别是在建立社会主义公共财政条件下，有些领导同志对行政事业审计工作的重要地位和作用认识不足，指导思想不够明确，对这项工作重视不够；二是对财政支出改革的重要意义认识不够明确，有的认为这是财政监督代替了审计监督，甚至怀疑行政事业审计存在的必要性，认为行政事业审计无事可干了；三是面对形势的发展变化，有些同志缺乏开拓精神，对财政改革的方向和措施研究不够，对行政事业审计下一步如何开展表现出束手无策。这些情况和问题，应当引起我们的高度重视，必须认真加以解决。

建立社会主义公共财政的各项改革措施，给行政事业审计工作带来了大好机遇，也使我们面临严峻的挑战。能否抓住机遇，乘势而上，开创行政事业审计的新局面，关键要看我们能否解决好思想认识适应形势发展要求的问题。之所以出现一些思想认识方面的问题，其根源就是对新形势下行政事业审计的定位还缺乏一个正确的认识和把握。什么是定位？定位就是要解决地位、作用的问题。那么怎么给行政事业审计定位呢？以前我们说，行政事业审计是审计工作的一个重要组成部分，这一说法没有错，大家也比较容易接受，但现在看，还不够确切，不够具体。根据这几年的审计实践，准确的定位应当是：行政事业审计是财政收支审计的一个重要组成部分。从这个意义上讲，这项审计工作也是国家审计永恒的主题。具体来说，这一定位包括两个方面的含义：一方面，它表明行政事业审计承担了本级财政收支审计的重要任务，特别是承担了财政支出审计的主要任务，是财政预算执行审计的基础；另一方面，它要求必须紧紧围绕财政改革，从促进加强财政管理出发，组织实施行政事业审计，自觉把行政事业审计纳入财政收支审计的范畴。之所以做这样一个定位，主要有以下几个方面的理由：

首先，这样定位符合宪法和审计法的基本规定。我国宪法规定："国务院设立审计机关，对国务院各部门和地方各级政府的财政收支，对国家的财政金融机构和企业事业组织的财务收支，进行审计监督。"地方各级审计机关也履行对本级部门单位的相关审计职责。宪法把政府部门的审计列作财政收支审计的范围。1994年颁布的审计法，进一步强化了审计机关的财政收支审计职责，要求对本级预算执行情况进行全面监督。按照预算法的规定，各级政府预算由本级各部门的预算组成，各部门预算由所属各单位的预算组成，本级预算要由各部门、各单位来具体执行。部门预算执行审计是本级预算执行审计不可或缺的重要组成部分，是基本依托。离开了部门预算执行审计、行政事业单位审计、财政专项资金审计，本级预算执行审计是不全面、不完整的。因此，我们不能把行政事业审计与财政收支审计割裂开来，甚至对立起来，而应把它作为财政收支审计的重要组成部分，将行政事业审计纳入财政收支审计的范畴，使财政收支审计更加完整，这是宪法和审计法对国家审计的一项基本要求。

其次，这样定位符合署党组对审计业务工作分类管理的基本要求。为了加强对审计业务的管理和指导，构筑科学的审计业务工作体系，1998年新一届署党组根据我国审计监督职责和审计事业全面发展的需要，将我国审计机关的主体审计业务划分为财政审计、金融审计、企业审计三大部分，形成了审计业务的三大基本格局，并明确将行政事业等有关专业审计纳入财政审计的范畴。财政审计主要监督国家财政资金，在检查财政收支真实性的基础上，监督预算内、外资金管理的合法性、资金使用的效益性，与金融审计、企业审计在审计目标、内容和要求上有较明显的不同。几年的实践证明，这样分类有利于审计业务工作的集中管理与指导；有利于审计资源的统筹协调；有利于突出审计重点，提高审计工作质量，充分利用审计成果。

第三，这样定位符合建立社会主义公共财政的基本要求。建立社会主义公共财政，要求国家财政"取之有据、用之有道、合理合法"，必须克服随意性，依法规范财政运行，这就客观要求必须加强审计监督。按照公共财政的要求，国家财政支出主要是确保政府职能的履行，满足社会公共需要。财政支出的重点是行政管理、国家安全、政权建设等政府运转和维护国家利益领域，科技教育、环境保护、公共卫生等社会公益事业领域，社会保障、民政等国家救济领域，大型基础设施建设、宏观经济调控等弥补市场缺陷领域。国家权力机关、司法机关、行政机关、国家事业单位等承担了履行国家管理的主要职能和提供公共服务的主要任务，是财政支出的主体。行政事业审计担负着对这些单位、这些领域的监督职责，也就承担了财政支出方面的主要审计任务。从这个意义上说，把行政事业审计纳入财政收支审计的范畴，有利于全面加强对公共支出的审计监督，加强对各项改革措施执行情况的监督，符合建立社会主义公共财政框架的基本方向，符合当前财政支出改革的要求，是大势所趋。

第四，这样定位符合审计工作的发展趋势。在近20年的发展中，我国审计工作的领域不断扩大，审计工作水平逐年提高。从大的领域来看，审计机关成立之初搞得比较多的是企业审计，后来通过"上审下"开展了财政审计。审计法出台以后，有了一个很大的转变，实行"同级审"与"上审下"相结合的财政审计工作方式，开展了本级预算执行审计。署党组近年来明确提出，财政审计是永恒的主题，是审计机关的基本职责，不但要监督财政收入，更要注重监督财政支出，而且随着形势的发展，监督支出的任务会越来越重。据有关资料统计，1995年我国社会文教和行政管理支出占国家财政支出的40.3%，2000年上升到45%。行政事业审计对加强这方面的监督赋有重要职责，肩负着主要任务。把行政事业审计纳入财政收支审计范畴，加强财政收支特别是财政支出的监督，符合审计工作发展的要求。

第五，这样定位也符合国际通行的做法。李金华审计长最近在署派出审计局集中整训大会上全面分析世界各国审计发展的历程和现状，总结了两条基本规律：一是财政收支审计是各国审计机关的基本任务，无论是发达国家，还是发展中国家，审计机关都以加强财政收支审计为己任。二是开展绩效审计是各国审计不断发展的结果。但绩效审计主要不是针对企业，企业的经营效益应由市场来检验；审计机关开展的绩效审计，主要是监督、评价国家财政资金的使用效益，这是国外审计机关绩效审计的主要特点。李审计长总结的这两条代表了各国审计的发展规律，也是我国国家审计的发展方向。这充分说明，不论从哪个角度讲，行政事业单位审计都是财政收支审计的一个重要内容，而且任务越来越重，地位和作用越来越重要。

总之，把行政事业审计作为财政收支审计的一个重要组成部分，符合宪法和审计法的基本规定，符合审计监督工作基本格局的划分，符合建立社会主义公共财政的基本要求，符合审计工作的发展趋势。各级审计机关和广大审计人员要提高认识，转变观念，增强大局意识，从促进国家财政收支宏观管理出发，从财政收支审计这个系统工程出发，来正确理解和把握行政事业审计的地位和作用，推动这项工作全面发展。

三、强化措施，进一步提高行政事业审计工作水平

今年年初，李金华审计长在全国审计工作会议上提出："我国的审计工作，经历近20年的发展，目前已经进入了总结经验，开拓创新，不断深化，寻求进一步发展的新阶段。"这一阶段的主题就是要进一步提高审计工作的质量和水平。为此，会议要求，在今后工作中要注意坚持一个指导思想、把握一个重要方针、抓好六个环节和一项保证措施的落实。所谓"一个指导思想"就是要切实解放思想、开拓创新。"一个重要方针"就是"全面审计，突出重点"。"六个环节"，一是要科学制定审计计划和审计方案，明确审计目标；二是要把审计和审计调查结合起来，利用好审计调查的手段；三是要把财政财务收支审计和经济效益审计结合起来，从查处损失浪费入手，积极探索效益审计的路子；四是抓住典型，解剖麻雀，加强对审计情况的研究分析；五是要建立审计结果跟踪检查制度，切实抓好整改工作；六是要实行审计公告制度，把审计监督与舆论监督和社会监督结合起来。"一项保证措施"就是要切实抓好"人、法、技"建设。这是署党组在正确分析审计工作现状和发展趋势的基础上，提出的今后一个时期审计工作的基本思路和努力方向。我们要结合行政事业审计工作实际，切实抓好贯彻落实。今后几年行政事业审计工作的总体要求是：认真贯彻"三个代表"要求，解放思想，开拓创新，紧紧围绕促进财政改革和经济发展，继续深化部门预算执行审计，强化重点部门、行业和专项资金审计，结合搞好领导干部经济责任审计，积极拓宽审计领域，改进审计方法，进一步提高审计工作的质量和水平，逐步推进行政事业审计从传统审计向现代审计转变。

（一）进一步解放思想，增强与时俱进、开拓创新的观念。当前行政事业审计工作面临着新的任务、新的挑战，我们只有以与时俱进的思想观念和奋发有为的精神状态创造性地开展工作，才能适应形势发展的需要。必须注意克服因循守旧的思想倾向和畏难发愁的思想情绪，切实增强事业心和责任感，迎难而上；要善于根据形势的发展变化，开动脑筋，研究问题，总结经验，把握规律，不断改进工作方法，提高审计工作水平。解放思想，开拓创新，关键要牢固树立四个观念：一是要树立财政收支审计是国家审计永恒主题的观念。面对财政支出改革的新形势，我们要坚持不管财政怎么改，对财政资金的审计监督都将是审计机关的首要任务，行政事业审计都不能削弱。各级审计机关和行政事业审计人员要紧跟财政支出改革步伐，准确把握改革方向，做到财政改革改到哪里，审计就要监督到哪里。二是要树立开拓创新的观念。要把行政事业审计纳入财政收支审计这个系统工程之中，发挥其在加强财政收支特别是财政支出审计监督方面应有的作用；要从单纯财政财务收支审计，逐步向财政财务收支审计与经济效益审计相结合的方向转变，加强对财政资金使用效益的审计监督；要不断改进审计手段和方法，提高行政事业审计技术水平。这些都需要我们勇于开拓，大胆创新，在探索中改进，在改进中加强，努力推进行政事业审计向现代审计发展。三是要树立"精品"观念。要切实贯彻"全面审计，突出重点"的方针，下决心保重点，集中力量抓好"拳头"项目。要"抓住典型，解剖麻雀"，在查深查透的基础上，充分揭露重大的违法违纪问题和经济犯罪案件，切实保证审计质量。要加强综合研究分析，提出切实有效的审计建议，在促进依法行政，规范管理方面充分发挥作用。四是要增强再监督的观念。随着改革的深化，财政管理监督的职能也在加强，但财政监督不能解决财政收支管理中的所有问题，代替不了审计监督，审计机关不仅要继续加强对部门、单位的审计，而且要加强对财政部门及政府采购中心、会计核算中心、资金支付中心的监督，促进其认真履行监督管理职能，发挥好审计的再监督作用。

（二）进一步深化部门预算执行审计。部门预算执行审计是整个财政预算执行审计的基础。随着部门预算的普遍推行，这项审计工作必须进一步加强。当前要突出抓好四个方面：一是在工作安排上，要进一步体现抓重点的方针，继续抓住那些有预算资金分配权、资金量大的部门和社会关注的重点资金不放，加大监督力度；要突出对长期以来管理混乱、问题较多而又不认真整改的部门和单位的审计监督，严肃查处违法违纪问题，促进依法理财、依法行政。二是要保证一定的审计覆盖面。部门预算执行审计只有达到一定的覆盖面，才能反映出存在的普遍性、倾向性问题，引起政府和人大的重视。现在部门预算执行审计的覆盖面还不高，特别是有些部门长期得不到监督，有些部门家底不清，还有审计“盲区”和“死角”，不仅影响了审计职能作用的发挥，也使审计工作面临一定的风险。中央部门预算执行审计要进一步深化，在突出重点的基础上，不断加大对未设派出审计局的党政部门和团体组织的审计力度。各地审计机关要采取一定的措施，对掌管财政资金分配权和管理使用财政资金较多的一级预算单位每年审计一次，其他一级预算单位每年审计20%以上，审计资金面要达到当年预算支出资金总额的一半以上，做到三年左右对本级各部门轮审一遍。同时有重点地对二三级预算单位进行审计。三是要强化对预算外资金的监督。目前一些地方还未全面实行综合财政预算，部分预算外资金和其他基金、资金尚未纳入预算管理，“收支两条线”改革还没有到位，这仍然是财政管理中的一个薄弱环节。今年全国人大和国务院都明确要求加强预算外资金的管理和监督，加大“收支两条线”改革的力度。国务院就进一步加强预算外资金管理和“收支两条线”改革已经做了部署，在逐步实行收支脱钩的基础上，把预算外资金全部纳入预算管理，直至取消预算外资金的概念。各级审计机关要认真贯彻中央的部署，加强对预算外资金的审计，强化对执行“收支两条线”情况的检查，严肃查处各种违纪违规行为，促进预算外收支的规范管理，积极推进综合预算改革。四是继续进行部门决算（草案）审签试点。部门决算（草案）审签是对部门预算执行结果的审计，对于促进财政决算真实、合规，完善和深化部门预算执行审计，督促预算执行审计决定落实具有重要作用。全国人大连续三年要求加强这项工作。审计署在前两年审签试点的基础上，准备今年继续扩大试点范围。对这项工作，我们希望有条件的省一级审计机关也要进行试点，摸索经验，稳步推开。

（三）努力拓展行政事业审计新领域。首先，要积极探索财政财务收支审计与经济效益审计相结合的路子。行政事业审计主要监督有关财政资金的支出和使用情况，负有探索我国财政资金效益审计的重要任务，应该在这方面走在前头。从发展来看，随着各项改革措施逐步到位和财经秩序的好转，行政事业领域违法违规问题将会逐步减少，这为我们调整审计目标，开展效益审计创造了条件。当然，目前多数地方财政支出改革刚刚起步，管理不规范的问题还较为普遍，全面开展效益审计，评价政府部门效能的条件还不具备。针对这种情况，应继续坚持以真实性为基础，揭露和查处违法违规问题。同时，应当重点检查列入预算的专项资金管理使用情况，从项目安排、资金拨付、使用入手，追踪使用效果，查处虚报项目、截留挪用、或者疏于管理造成损失浪费问题，促进加强预算管理，提高财政资金使用效益，把财政财务收支审计和效益审计结合起来。从今年开始，署派出审计局要在检查中央财政专项资金管理和使用效益方面认真进行探索，力求有所突破。一些地方结合财政财务收支审计，已经开展了政府部门管理成本审计、财政专项资金使用效益审计试点，要在认真总结经验的基础上，逐步加以完善和推广。

其次，要积极开展政府采购审计。政府采购发展很快，全国省一级和许多地市都建立了政府采购管理和执行机构。据财政部统计，去年，全国政府采购规模已达653亿元，比2000年增长99.1%。政府采购法明确规定，“审计机关应当对政府采购进行审计监督。政府采购监督管理部门、政府采购各当事人有关政府采购活动，应当接受审计机关的审计监督。”政府采购是行政事业支出的重要组成部分，加强这方面的监督是行政事业审计义不容辞的责任。近两年，一些地方审计机关和署派出审计局已开始了审计试点，各地要注意总结、探索，依法加强监督。一方面，要把政府采购审计纳入部门预算执行审计和行政事业单位审计工作之中，作为一项重要内容，从采购项目立项、采购资金来源、执行采购预算和采购方式、程序等方面，加强经常性监督，促进落实有关规定。另一方面，也可以组织政府采购的专项审计，以政府采购中心为基础，向上延伸财政部门，向下延伸采购人、供应商等，全面监督政府采购的各个环节、各项活动及其结果。目前，政府采购管理体制不健全，采购预算、计划不完善，采购行为不规范等问题比较突出，要加大审计力度，揭露和查处不执行集中采购制度、规避公开招标、违规操作、行贿受贿等违法违规问题，并通过审计，促进完善政府采购监督制约机制，理顺采购机构体制，加强采购管理，规范采购行为，提高采购效益。

第三，要积极探索国库集中收付和会计集中核算后行政事业审计的工作模式。国库集中收付制度是我国财政管理体制的重大改革，涉及面广，影响大，目前在中央和地方还处于局部试点阶段。但这项改革将从根本上调整各部门、各单位的财政收支管理关系，对行政事业审计的影响极为深远。大家要未雨绸缪，密切关注改革动态，认真研究国外国库单一账户体系下的审计工作模式。对已经试点的单位，要抓住财政收支管理这条主线，把预算单位审计与国库集中支付执行机构的审计有机地结合起来，全面监督财政资金使用和收付的各个环节，不断改进和完善我国财政收支审计的组织方式和实施方法。据财政部介绍，目前行政事业单位会计集中核算已在浙江、陕西、山西、海南四省全面推行，其他省的一些地（市）和县也开展了试点。尽管各地会计集中核算的具体做法不完全相同，但总体上都坚持了预算管理体制不变、单位理财机制不变、会计主体法律责任不变的“三不变”原则，各部门、各单位仍然是审计监督的基本对象。当然实行会计集中核算后，各部门单位的绝大多数会计核算事项由会计核算中心统一办理，会计资料也基本上由会计核算中心管理。在这种情况下，如何开展对部门单位的预算执行审计呢？浙江、陕西、安徽等省审计部门已经做了重要探索，他们先后制定了相关规定，对会计核算中心和纳入会计集中核算单位进行了审计。我认为他们的作法可供各地借鉴：一是每年审计财政具体组织预算执行审计时，应当一并审计会计核算中心的资金核算管理情况，同时组织对部门进行预算执行审计，力求上下一齐联动；二是审计部门预算执行情况时，会计核算中心应当提供各项会计资料，同时要检查被审计单位内控制度、财务管理、资产管理和专项资金管理情况，重点揭露账外账、“小金库”，隐瞒收入，转移资金等问题；三是审计部门单位时，要注意发现会计核算中心管理不规范、审核不严、擅自动用财政资金，以及集中核算制度运行中的问题；四是要根据各自的职责，实事求是地区分部门单位和会计核算中心的责任，分别进行处理。希望各地针对会计集中核算后的新情况，继续进行探索，并研究制定必要的制度、办法，不断完善审计程序，规范审计操作。

（四）加强统一领导和协调，认真改进审计方法。财政预算执行审计是一个系统工程，是统一的整体。这个系统工程不仅包括对财政部门组织预算执行的审计、税收等财政收入的审计，而且包括行政事业单位财政支出审计和其他专业审计部门承担的专项资金审计。搞好这项系统工程，必须用系统论的观点，切实加强统一领导、统一组织、统一协调。实践证明，哪些地方统筹协调工作搞得好，预算执行审计的内容就会不断深化，审计报告的说服力就强，审计的成效就明显，就越能得到政府和人大的高度重视。审计署近几年来在中央预算执行审计中取得了明显进步，这与实行统一领导和协调的工作机制有直接关系。希望各级审计机关每年安排预算执行审计时都要进行通盘考虑、统筹部署，统一计划，分工协作，完善预算执行审计工作机制。李金华审计长最近明确要求，财政预算执行审计和行政事业审计最好由一位厅（局）领导分工负责，主要领导要亲自抓。如果一时做不到由一个头分管，也要对本级及各部门预算执行审计的计划、审计工作方案、审计处理原则、审计成果的汇总和运用，应由各级审计机关主要领导进行统筹协调，不能各自为战，相互分隔。各专业审计部门要增强大局观念，树立“一盘棋”思想，学会协同作战，按照统一部署，各负其责，分别实施，加强审计情况的沟通和交流，做到资料共享，相互支持，密切配合，形成合力，共同把预算执行审计这项系统工程抓好。据了解，省级审计机关机构改革后，有 17 个省（区、市）审计机关设立了派出部门的审计机构 148 个，编制 732 人，目前已配备人员 671 名，这是部门预算执行审计的一支重要力量。希望有关审计厅（局）领导注意加强统一领导和管理，以充分发挥派出机构的作用。

各级审计机关还要注意把握行政事业审计的特点和规律，努力改进审计工作方法，提高审计质量和水平。今后，主要应搞好“五个结合”，一是部门预算执行审计与对财政部门组织预算执行情况的审计相结合。要抓住财政预算这个“龙头”，掌握财政资金管理、分配、拨付的总体情况；要从各部门追踪财政资金流向，揭露资金使用和财政部门管理中的问题。通过各专业审计部门之间、上下级审计机关之间的密切配合，保证预算执行审计的深度和广度。二是审计部门一级预算单位与审计所属二三级单位相结合。各部门是预算执行中一个承上启下的重要环节，其所属二三级预算单位具体执行财政收支任务。在当前财政改革尚不到位的情况下，部门本级违法违纪问题向二三级单位“下沉”的现象比较突出，必须在审计部门一级基础上，加强对二三级单位的审计监督。三是部门审计与专项资金审计相结合。财政专项资金一般由各部门具体管理使用，滞拨截留、转移挪用等问题不少发生在主管部门。因此，在部门审计中要把专项资金作为审计的重点，掌握其总体规模和管理情况，检查具体使用单位和项目，上下结合，加大监督力度和深度。四是经济责任审计与财政财务收支审计相结合。开展经济责任审计，要以财政财务收支为基础，从财政财务收支特别是财政支出和有关专项资金入手，检查领导干部经济决策和遵守财经法纪情况，评价经济责任。同时，在日常的财政财务收支审计中，要注意分清有关违法违规问题的责任，为经济责任审计积累资料，提供素材。有的项目还可以结合进行，做到“一次进点，一果多用”。五是审计与审计调查相结合。审计和审计调查各有优势。在当前改革条件下，财政支出呈现出集中统一管理的趋势，如果仅对某一局部进行审计，难以掌握总体情况，不利于揭露财政运行中带普遍性的突出问题，必须把审计和审计调查有机结合起来，点面结合，做到既能抓住要害，突出重点，深入揭露重大问题，又能把握全局，掌握面上情况，从宏观上反映问题、分析问题、提出建议，更好地发挥审计监督的作用。

（五）大力加强行政事业审计队伍建设。行政事业审计工作的对象大多数是党政机关、行政执法和司法部门、科教单位、群众团体等，层次高、影响大。这就对行政事业审计队伍提出了更高的要求，必须采取有效措施，大力提高我们自身的政治业务综合素质和审计工作水平。一是要切实提高思想政治素质。要组织行政事业审计干部深入学习“三个代表”的重要思想，切实提高政治理论水平，学会用辩证唯物主义的世界观和方法论指导审计工作，始终保持与时俱进，开拓创新，求真务实的工作作风，自觉地做好各项行政事业审计工作，以实际行动落实“三个代表”的要求。二是要大力提高业务理论素质，要不断学习新知识，掌握新本领。不仅要学习审计业务知识，而且要学习市场经济知识、WTO知识、公共财政理论以及现代审计技术，特别要抓好财政支出改革的有关理论和知识的学习，掌握部门预算、国库集中收付、政府采购等项改革的目标、内容和要求，把握改革的动向，指导审计实践。三是要进一步提高审计执法水平。广大行政事业审计干部要认真履行审计职责，坚持依法审计的原则，做到敢于审计，善于审计，严格执法，实事求是地分析处理问题。同时，要认真执行审计准则，不断规范审计行为，防范审计风险。根据行政事业审计出现的新情况，在认真调查研究、总结实践经验的基础上，逐步制定和完善行政事业方面的审计规范，努力提高审计规范化水平。四是要努力提高现代审计技术水平。目前，电子政务和财政财务管理信息化建设步伐很快，行政事业审计技术手段面临严峻挑战。广大行政事业审计人员要有时代紧迫感，认真学习计算机知识，努力掌握现代信息技术，大力改进审计手段和方法，以适应形势发展的要求。要抓住国民经济信息化和财务会计电算化的机遇，积极争取政府领导支持，力争把审计信息化纳入国民经济信息化建设之中，为开展行政事业计算机审计创造条件。要在审计工作中广泛运用审计适用软件和计算机辅助审计工具，进一步探索行政事业单位网络审计，积极投身于“金审工程”的建设，力争使行政事业审计技术水平有一个新的提高。各级审计机关要高度重视，积极创造条件，加强干部培训工作，通过培训和实践培养出一支政治坚定、业务精通、作风优良、适应形势发展要求的行政事业审计干部队伍。

在全国固定资产投资审计工作会议上的讲话

刘家义

（2002年3月7日）

这次会议是党组决定召开的。我受金华审计长和熙贵副审计长的委托，一是来看望大家，二是和大家一起共同研究讨论一些问题。昨天下午，召开部分特派办和省厅投资处长座谈会，听了一些意见和建议，大家讲得非常好。昨天上午，席司长就去年的工作和所取得的经验进行了全面总结，对去年工作中还存在的一些差距进行了分析，并对今年的工作做了全面部署，讲得很好。大家要按照要求把今年的工作做好。

2001年，投资审计工作围绕促进国家实施财政政策、完善投资管理等组织开展了农村电网“两改一同价”的审计和调查；铁路建设资金和铁路重点建设项目的审计和调查；一些地方也根据当地党委、政府的要求，开展了对一些重点建设资金和建设项目的审计和审计调查。经过大家艰苦努力，去年的固定资产投资审计取得了很好成效，集中表现在“力度大、质量高、效果好”。具体体现在查处问题、揭露问题、反映问题、提出建议、促进各方面加强管理等各个环节。去年的审计，不仅对一些重大的违法违规问题进行了查处，而且对一些重大违法犯罪案件的线索，也进行了揭露和查处，并移送司法机关。更重要的是，通过审计，还对农电体制改革、铁路建设资金的管理和建设项目管理中存在的一些体制、政策不配套问题进行了揭露、分析和反映。国务院领导同志做了重要批示，引起了国家计委、经贸委、水利部、铁道部、国电总公司等相关部门的高度重视，并采取强有力的措施进行了整改。与此同时，各地还探索了一些很好的做法。例如上海市审计局在探索多元投资主体情况下如何开展投资审计，武汉办、京津冀特派办在探索如何提高审计质量、发现和查处重大违法违纪案件线索，安徽省厅探索如何在投资审计中做好“四个突出”，南京市审计局的“五个结合”等。希望大家在今后的工作中进一步结合当地实际情况，深入探索和总结。

同时，我们也要清醒地看到，虽然投资审计取得了很好的成效，发挥了很好的作用，但也面临着一些新的情况。例如，一是改革开放正在进一步深化，随着财政体制改革的深入、公共财政体制的建立，势必对投资政策和投资领域做出相应的调整，投资结构也会有相应的变化；随着投融资体制改革的深入，投资主体多元化，投资渠道也必将发生很大变化，这对投资布局、投资结构必然带来影响。二是我国已经加入WTO，作为世贸组织成员国，必须遵守世贸组织的规则，现行的投资法律、法规，投资管理体制、办法，投资领域都必将发生变化。所有这些，对固定资产投资审计必然带来新的影响。

首先是审计的环境将更加有利。为什么呢？现在的法律法规，有些是不统一的，如投资方面的法律法规，中央与地方有些是不统一的。但是加入了WTO之后，我们就要履行加入WTO的承诺，国家法律法规必将更加统一、公开，监管的规则、标准将更加明确，各级政府法制观念、依法行政的意识将进一步增强，投资行为将更加规范。所以，投资审计的环境会越来越好。近年来，各级党委、政府以及各相关部门对投资审计越来越重视，广大人民群众、社会各界对投资审计越来越关注。随着审计环境越来越有利，对投资审计工作也提出了新的要求。一是投资的法规政策必将发生很大的变化；二是投资的结构、领域将发生变化；三是投资方式、主体发生很大的变化。在这种形势下，投资审计如何深化？如何履行法定职责？在今年的全国审计工作会议上，李金华审计长指出，审计工作进入了一个新的发展阶段。我理解，就是要以审计报告为载体，全面提升审计工作的质量、水平和作用。

如何提高投资审计工作质量、水平和作用？这就是要“积极探索，全面深化”。具体说来，我体会：首先，在指导思想上，要“紧紧围绕经济搞审计，跳出审计谈经济”，要有宏观意识、全局意识、大局意识。作为投资审计，要从建设资金、项目审计入手，落脚到国家的投资政策和法规上；从建设单位、建设项目审计入手，落脚到政府投资体制和投资监管上；要从投资的财务收支入手，落脚到规范建设市场、遵守国家法律法规和提高投资效益上。为什么要从这三个方面入手，落脚到上述三个方面？因为审计建设资金、建设项目，不能就资金谈资金，就项目谈项目。审计后至少要回答，一是国家、地方投资法规完善不完善，执行情况怎么样，存在什么问题，如何改进。二是政府相关部门投资监管到位不到位。例如，工程建设和建设资金管理使用过程中，存在这样那样的问题，甚至严重违法犯罪，根源是什么？监管是否到位？三是投资绩效怎么样，包括投资结构、布局合理不合理，项目本身亏损与否。很多投资项目效益低下，不完全在于项目本身，而在于大量重复的建设。如机场等基础设施的建设，有没有浪费、重复？结构布局合不合理，配不配套？投资的绩效，不仅要看这个项目的绩效，更要看它的社会效益。

第二，在工作方针上，我们要始终坚持“全面审计、突出重点”的指导方针。事实证明，只有坚持这一方针，才能取得好的效果。去年的农网审计和铁路审计就证明了这一点。我理解“全面审计，突出重点”，重在“突出重点”，什么是重点？怎么确定重点？这就是当地党委政府关心的建设资金、建设项目；当前社会经济运行中反映出来的急需解决的投资项目、热点问题；社会各界、人民群众普遍关注的问题。今年为什么要搞民航资金的审计和调查，因为党中央国务院十分关心如何解决交通运输问题，加大基础设施建设。各地审计机关也要按这个总的原则，按照地方党委政府的要求，确定重点事项、重点项目。

第三，在工作方式上，一是要围绕一条主线，就是国家财政。投资审计一定要紧紧围绕国家财政审计开展工作。宪法和审计法规定，我们的审计机关是政府审计机关，主要职责是国家财政财务收支的真实、合法、效益。固定资产投资是国家公共财政投资的重要方面。投资审计如果偏离这条主线，在实际工作中就会带来许多问题，就不能更好地履行法定职责，也难以更好地发挥审计监督作用。去年审计署在安徽合肥的工作会议上，李审计长明确提出，财政审计是国家审计永恒的主题，这是中外审计历史已经反复证明的、不可动摇的事情。我们不是社会中介组织，我们是一个政府权力机关，要代表政府对其全部投资进行监督。二是要抓住一个主体，就是建设单位。按照《审计法实施条例》，可以延伸审计设计、施工等单位，但随着投融资体制改革的深化，出现了许多新情况。如果审计主体不明确，就必然给我们带来法律上的障碍。例如，审计公路局投资建设的公路项目，如果不抓住公路局这个主体，而去抓施工单位，查施工单位与公路局签订的合同在材料、价格等方面存在的问题，必然引起很多争议。而应当抓住公路局这个主体，将有关审计证据、线索向当地政府、纪检监察和司法机关报告或移送。如果不抓住一个主体，四面出击，就难以突出重点，完成任务。三是搞好“四个结合”，即审计与审计调查相结合、财务审计与绩效审计相结合、查处与促进相结合、点面结合。绩效审计在投资审计中大有可为，大有潜力。绩效审计涉及面很宽，政策、法规、计算机、投资管理都要求精通，对人员的要求较高。重复建设，绩效不高，一方面是效益不高问题，有些则是违纪违规问题。关于查处与促进相结合，具体而言，查处问题、揭露问题，任务只完成了三分之一；三分之二的任务，是要分析、反映、促进，也就是要促进投资管理、投资体制、投资法律法规的完善。如农电审计，如果没有投资司和各地审计机关艰苦细致的加工分析，就不会有国务院领导的批示，也不会有国家计委、经贸委等有关部门采取有力措施促进完善“两改一同价”。今年继续搞农电审计工作的省，要把工作做得更深入一些，为省委省政府更好地、全面地、正确地执行“两改一同价”政策，实施“两改一同价”方针提供决策依据。关于点面结合问题，现在我们每年组织一个行业的审计，各个地方审计了很多项目，如果把这些项目看做一个点，那么全国审计的项目就是一个面。我们要从若干个点揭露的问题，从面上进行分析，找出带有规律性的东西，提出有针对性的建议，才能真正发挥作用。否则不能从更高的层次上发挥更好的作用。没有点审计不会深，没有面就不能从规律上发现问题，提出建议。

第四，在规范投资审计行为上，要加快两项建设。一是投资审计的法规、准则、指南建设。座谈中不少同志提出，有些法规已过时。投资司要着手研究，抓紧修改完善，特别是投资审计指南制定非常迫切、非常重要。同时，各个地方可先行一步，不要等，在国家大的法律框架下，可以通过一些地方性法规解决问题。二是信息化建设要加快。投资审计如何利用计算机技术、网络技术开展投资审计管理和投资审计现场技术是一个很重要的课题。当前，对重大的投资项目，要自始至终一直跟踪审计下去，采用手工方式审计几乎不可能。靠什么，必须靠信息化建设。对被审计单位的情况可以通过局域网，实施适时、跟踪审计。只有建立这些数据库，我们才能做到这一步。投资审计领域要利用本单位建立的局域网，进行投资审计的数据处理和日常管理；要利用已开发的投资审计软件，如昆明办、海南省厅，利用这些小的软件、小的模块，也可以利用现有力量开发一些小的模块。

在2002年度全国金融计算机审计培训班上的讲话

董大胜

（2002年9月16日）

我们这个班叫全国金融计算机审计培训班，我想围绕金融计算机审计这个问题讲四点意见。一是金融审计工作取得的明显成效；二是金融审计的基本经验；三是关于计算机审计的几点理论思考；四是在金融审计实践中大力开展计算机审计。

一、金融审计工作取得明显成效

大家知道，自从1998年以来，各级审计机关和审计署驻各地方特派员办事处认真贯彻朱总理"全面审计，突出重点"的指示精神，紧紧围绕审计署党组提出的"依法审计，服务大局，围绕中心，突出重点，求真务实"二十字方针，积极开展金融审计，在防范、化解金融风险，促进和整顿金融市场秩序，打击金融领域违法犯罪等方面发挥了积极的作用，受到了国务院领导、审计署领导的肯定，也得到了包括金融界在内的相关部门的认同。金融审计取得的成绩主要表现在以下几个方面：

首先，审计涉及面广、种类齐全，呈现广泛性、综合性特点。从这几年金融审计情况看，在审计对象上，不仅涉及中央金融机构，还涉及地方金融机构；不仅审计了商业银行、政策性银行、证券公司、保险公司等金融企业，而且审计了中国人民银行等监管机关。在审计内容上，我们既有属于财务收支审计范畴的资产负债损益审计，也有对中国人民银行、证监会、保监会等部门的财政预算执行审计；既有对金融机构领导人的任期经济责任审计，又开展了对国家外汇储备经营情况的专项审计，并承办了一些重大的金融领域的案件。可以说，近年来金融审计的覆盖面广，审计种类齐全，呈现出广泛性、综合性的特点。通过审计工作，使我们在防范金融风险，促进廉政建设，深化金融改革等方面取得一定效果。比如说我们在对中国人民银行的审计中，把审计的内容拓宽，从仅仅审计预算执行到审计与财务收支有关的再贴现、再贷款等方面的金融业务，进一步发挥了审计对监管部门的再监督职能。同样，我们在对商业银行、证券公司、保险公司等金融企业的审计中，突出了对资产质量的检查。这些措施使我们金融审计的内容有了进一步深化。

其次，基本实现了审计的目标。1998年以来，审计署党组提出了"摸清家底、核实盈亏、揭露问题、规范秩序、促进管理、防范风险"的金融审计工作目标。从实践上看，这几年可以说是比较好地实现了这个审计目标。一是初步摸清了被审计单位的家底，核实了盈亏和资产质量状况；二是揭示了金融机构在执行国家货币政策和自身经营管理方面存在的一些不足和薄弱环节，促进了金融机构进一步加强管理；三是查处了一些违规经营、诈骗资金、损失浪费等重大违法违纪案件的线索，在保证国有资产安全，惩治腐败方面也发挥了一定作用。比如，这几年在对工、农、中、建四大国有商业银行的审计中，各级审计机关紧紧围绕“风险、效益、管理”，以银行的资产质量真实性为基础，以内部控制为导向，以揭露大案要案线索为突破口，以从宏观角度提出完善制度、健全管理的审计建议为目标，发现了违规经营的金额1052亿元，违反财政法规的资金总额441亿元，移交公安、检察、监察机关各类涉嫌犯罪和重大的违纪违法案件线索233起，涉案资金总额将近300亿元，涉案人员409人。另外我们在对保险公司、农业发展银行的审计当中，也发现了一些普遍存在的问题，取得了比较好的效果。

第三，积极探索金融审计方法，取得了比较明显的成效。一是在审计的指导思想上，实现了由单纯的财务收支审计向以资产质量为中心的合规性审计转变；二是在审计组织方式上，实现了由分散实施、各自为战的方式向“五统一”的转变，通过“大兵团作战”取得比较好的效果；三是在审计的手段方面，基本上实现了从手工审计向计算机审计的转变，计算机审计成为主要的审计方式。通过上述三个方面的转变，进一步拓展了审计领域，加大了审计深度，规范了审计程序，提高了审计质量，取得了突出的审计成果。

几年来，在金融审计中计算机审计也得到了很大的发展，取得了比较明显的成效。前些年我们对金融机构的审计，主要是采用手工审计的方式，在很长一段时间内计算机的应用也只是停留在文字处理和表格处理等方面。随着信息技术的迅猛发展，金融机构电子化管理程度日益提高，计算机审计的迫切性越来越突出。李金华审计长关于“审计人员如果不掌握计算机技术，必将失去审计资格”的论断，在我们金融审计领域得到充分的验证。在审计署党组的领导下，各级审计机关认真转变审计观念，积极培训业务骨干，大力开发计算机审计应用软件，在比较短的时间内，我们金融审计在计算机技术的运用方面实现了三个突破：一是在审计对象上，从对电子数据进行审计到尝试对计算机系统开展审计；二是在审计的技术方式上，从审计现场的单机审计，发展到审计现场的局域网审计，以及目前正在试点实施的网上审计；三是在审计的技术手段上，从利用计算机提供的检索、关联、计算等功能对电子数据进行审计，发展到利用计算机技术将审计人员的经验、技巧、方法等智能化，以及利用计算机及分析性测试技术对电子数据进行分析。

计算机技术在金融审计中的上述应用，对于实现审计目标、提高金融审计在监管体系当中的地位和影响，发挥了极大的作用：

第一，计算机技术的运用改变了传统的审计方法和思路。数据接口和数据采集转换技术，数据和系统的测试分析技术，系统的测试方法，数据库关联的检索，远程信息的交换等等先进的审计手段，在金融审计当中都得到了运用或者初步的运用，大大提高了金融审计的技术含量。比如说在今年建设银行资产质量审计当中，不少单位认真贯彻李审计长有关“以银行内控制度为导向”的要求，积极尝试利用计算机技术对信贷业务进行分析性测试，取得了明显的效果。比如广州办，通过对建行广东省分行13家支行资金缺口的比较分析，发现了某企业集团骗取银行巨额资金的问题。另外，不少单位在对数据进行提取、转换、检查和分析的基础上，开始尝试对被审计单位计算机系统进行审计。再比如南京办，在对建行苏州分行审计当中，尝试了对分行的信贷管理信息系统等四套计算机管理应用系统进行审计，检查了系统的关键控制点，发现了系统开发使用、维护、管理等环节存在的问题。还有，京津冀特派办在对中国银行北京分行中间业务系统的审计当中，也发现了银行通过改变系统参数，由计算机自动将实现的收入转移到银行自办实体的问题。

第二，计算机技术的应用拓宽了审计领域，扩大了审计成果。过去我们受到技术手段的限制，银行的许多业务都难以涉及，如对银行利息真实性的审计，历来是商业银行审计的难点，有时候甚至是审计的盲点。近几年来随着计算机审计的开展，我们在利息审计方面进行了积极探索，已经摸索出了一套路子。比如今年在对建设银行的审计当中，上海、武汉等特派办通过建立审计模型，不仅查出了大量利息核算不合规，而且还发现了银行采取“明收暗退”的方式向客户返还利息、以超发国债的方式变相高息揽存等深层次的问题。再比如联行业务的审计，在手工审计时期，也是审计的一个盲区，但是近几年来随着计算机技术的应用，我们对联行业务的审计也取得了一定突破。例如兰州办在对联行业务的审计当中，利用计算机核对省行与各分行的资金往来，发现了资金清算中心人员挪用清算资金9200万元的问题。

第三，计算机技术的运用深化了金融审计工作，进一步提高了审计质量。通过对电子数据的下载、转换和整理，我们审计人员能够看到许多纸质账本上看不到的东西，能够看到更原始的金融业务和资金运动的记录；利用计算机提供的检索、筛选、比较、判断、关联等功能，使金融审计如虎添翼，大大推进了审计的深度，进一步提高了审计的质量。比如说，在对金融机构财务报表真实性的审计中，由于涉及信息量特别大，在以往手工审计的情况下，就是简单的核对报表工作量也是很大的，在计算机技术的广泛运用下，才使得报表的真实、完整、准确性审计有了突破。又如，兰州特派办通过对农业银行河南洛阳分行电子数据的筛选、分析，发现可疑账户上百个，其中包括农行自身开设的基建账户15个，检索出自办实体8个，并检索出银行向自办经济实体发放贷款情况，发现可疑贷款12笔。再比如，在对信贷资产质量审计方面，京津冀特派办在农行审计中利用审计软件在纷繁复杂的贷款担保数据库群中筛选分析出企业循环担保问题，涉及企业两百多家，金额54亿元，从而揭示了银行信贷资产的安全隐患。另外审计人员还通过对数据的分析，结合人工的内查外调，发现了一些重大的经济案件线索。广州特派办在对农行的审计当中，通过将贷款企业基本情况电子台账与纸质贷款档案相结合审查，发现14家关联企业相互担保，骗取银行贷款3亿元的大案。

第四，促进了金融审计工作的规范化。计算机审计的开展涉及的不仅是业务和技术问题，还涉及法律、审计质量、审计成本、审计风险、审计管理等诸多问题。结合计算机审计工作，审计署制定了相应的规定，报国务院转发，对数据提取、保存、使用制定了有关的准则、规定，进行了规范。在审计组织方式上进一步强化了“五统一”原则，强调各审计组、审计机关必须按照统一的标准上报数据，统一汇总，统一对问题进行定性和处理；在技术方法上统一开发了汇总软件“通用审计系统（统计版）”，对审计底稿的编制、汇总，审计报告的形成、上报等等环节设置了一定权限，这些工作都促进了在计算机审计环境下审计工作的规范化和程序化。

第五，促进了各级领导和审计人员对计算机审计观念的转变。各级领导和审计人员都清醒地认识到，“审计人员不懂计算机审计，就将失去审计资格”，这点已得到了大家的高度认同。应该说，我们金融审计系统已经成长起来一批计算机审计的骨干，比如说审计署举办的国家审计计算机中级考试，通过考试的有20%是金融审计部门的人员，各特派办干部中计算机审计能力比较强的，很多也是金融审计部门的同志。

二、金融审计的基本经验及开展计算机审计的体会

明年是审计署建署20周年。现在各个行业审计都在考虑认真总结20年经验的问题。李审计长在一些讲话当中，对20年审计工作的经验进行了总结，在最近的财政审计培训班上，翟副审计长也总结了财政审计20年的经验。我想我们金融审计也要好好总结一下。

李审计长和其他署领导对审计工作20年的基本经验已经做了一些总体上的概括，比如，依法审计，实事求是，客观公正，提高质量，加强廉政建设，强化内部管理，搞好“人、法、技”建设等等。这些都是20年审计机关共性的基本经验。这些经验对我们金融审计也是适用的，要在今后的工作中继续坚持。除了这些共性的基本经验以外，我想金融审计也可以初步概括出以下四条基本经验：

一是必须充分认识金融在现代经济中的地位和作用，把金融审计作为审计工作的重点来抓。审计机关成立以来，特别是近几年来，署党组非常重视金融审计，将它作为审计工作的一项主要任务。邓小平同志曾经说过，金融非常重要，是现代经济的核心；金融搞活，全盘皆活。正因为金融在经济运行中的重要地位，金融审计也必然成为审计工作的重点。今年年初，朱镕基总理在听取审计署党组工作汇报时明确指出，金融审计是今年审计工作的重点。审计署党组充分看到了金融审计工作的重要性，给予了金融审计非常高的关注，加强了对这项工作的领导，配备了得力的人员，加大了培训的力度。不管是对商业银行、证券公司的审计，还是对中央银行的审计；不管是审计方案的制订，还是在审计实施过程当中涉及的一些重大问题、重大案件，乃至审计处理，署党组特别是李审计长非常重视和关心。正因为如此，才保证了我们金融审计能够不断在深度和广度上发展，取得较大的成效。

二是必须以维护金融秩序、防范化解金融风险和促进金融企业加强管理为审计主要目标。前几年我们对金融机构开展的审计，主要是单纯从财务收支入手。最近几年，无论是对中央银行的审计，还是对商业银行的审计，我们在审计的目标、内容、重点等方面都有很大的转变。对中央银行审计，延伸到再贷款以及再贴现业务的审计。以前我们没有考虑到再贷款、再贴现有这么多问题，通过检查，我们发现人民银行在这两方面管理确实还存在很多问题。如挪用再贷款去平衡财政预算等。我们对信贷资产质量开展审计也是很有必要的。商业银行风险主要在信贷质量上，信贷资产质量好，商业银行就没什么风险；反过来，商业银行风险就大。检查银行的信贷资产质量没有脱离银行财务收支的范围，财务收支总是要有一定载体，有一定具体内容的。金融审计内容不断拓展，完全符合当前金融机构的实际情况。

三是金融审计实行“五统一”，是符合金融体制和审计体制要求的成功做法。审计体制和金融体制要求对中央金融机构的审计实行“五统一”。仅仅靠特派办，审计署是难以完成对包括政策性银行、国有商业银行、保险公司、证券公司等中央金融机构的审计任务的，所以这几年我们组织地方审计机关参加了对中央金融机构的审计。在现行的金融体制和审计体制下，地方审计机关参加对中央金融机构审计必须实行“五统一”。如果各个地方自行其是，按照各自对政策法规的理解，甚至还受到利益驱使去搞审计处理，那金融审计就会出现比较混乱的局面。审计署遵循“五统一”原则组织金融审计，我认为是一条成功的经验，还要坚持下去。

四是必须大力推广应用计算机审计技术。金融业的计算机应用和管理水平，在各行业中是比较高的。我们不推广计算机审计，就不能推动金融审计的发展。不懂计算机，就无法开展金融审计。这几年署党组抓“人、法、技”建设，抓计算机审计，金融审计在这方面是走在了前面的，取得了很大成绩。今后我们金融审计还要大力开展和推广计算机审计。

在计算机审计方面，从实践中可以概括出四点体会：第一，计算机审计搞得好不好，领导是关键。推广计算机审计是一项全新的工作，是从传统审计方式向现代审计方式的一个转变。在这个转变过程中，涉及技术、观念等方方面面的问题，没有领导的重视是做不好的。这几年，署党组高度重视计算机技术在审计中的应用，提出了明确的目标和要求，而且投入了大量的物力和财力，各级计算机技术部门给予了大力的支持和配合，有效推动了计算机技术在金融审计当中的应用。我们可以看到：凡是计算机应用程度高的单位，审计成果就突出；凡是一把手支持力度大的单位，计算机应用水平就高。在署党组的领导下，金融司的领导高度重视计算机的运用，并与署计算机中心的领导紧密配合，使计算机技术的运用在金融审计中不断发展，认识也不断加深。第二，加强培训是基础。计算机审计是前人没有做过的事情，没有培训是不可能的。我们审计干部极少有人是专门学计算机的，大部分是学财经、金融、法律的，不懂计算机。金融审计这几年一直在搞计算机培训，既进行了专门的培训，又结合审计工作以审代训，取得较好效果，形成了一支既熟悉金融业务，又了解计算机技术的审计骨干队伍。这次大规模的计算机审计培训在其他行业审计部门还没有搞过。这个培训既是技术上的交流，也是观念上的进一步转变。第三，做好组织工作是保证。在推广计算机审计的组织工作当中，重要的是加强系统指导，搞好组织协调，强化信息共享，注重成果的推广。为了搞好系统指导，金融司和计算机技术中心做了大量工作，建立了计算机审计指导小组，统一进行调查研究，统一转换数据，统一考核标准，确保了电子数据的完整性；金融司通过编写审计动态加强了信息共享，使审计成果更加突出。在组织协调上，审计业务人员和计算机专业人员实现了有机的结合。各特派办成立了计算机处，配备了专门人员支持计算机审计，有效地促进了计算机技术的推广和应用。从两个方面来讲，一方面金融审计人员需要得到计算机人员的技术上的支持；另一方面作为在审计部门工作的计算机专业人员，如果不接触审计业务的实践，技术在这个领域也找不到适用的应用方式。今后我们审计干部不仅要更多地懂得审计业务，同时也要更多地懂得计算机，成为高层次的复合人才。第四，技术创新是源泉。在计算机审计当中，研究开发审计软件、审计模型，不断进行技术创新，是金融审计工作进步的源泉。通过几年的努力，我们研究开发了很多软件，极大提高了审计工作效率。在这样一个基础上，金融司、计算机技术中心、各特派办还结合业务开发了银行卡审计等各种审计模型，在审计工作中取得了比较好的效果，在这个培训班上我们还会介绍一些案例。以上是开展金融审计的一些好的做法和体会，我们在今后的工作中要进一步坚持和发扬。

三、关于计算机审计的几点理论思考

我们的计算机审计实践已经开展了几年。但是我感觉，目前我们对计算机审计的内涵还缺乏一个清楚的界定，计算机审计的理论还没有形成一个完整的框架。计算机审计是什么，未来发展趋势是什么，我们应在理论上对这个问题有所探索、有所明确。这几年我们在金融审计领域大力开展计算机审计实践，为我们进行计算机审计理论的探讨创造了条件，使我们可以对计算机审计的内涵进行一些更深入的研究和准确的界定。

我认为，可以从审计的内容和审计的方式两个角度对计算机审计进行分类，这样才能准确把握计算机审计的科学内涵。

首先是按照审计的内容进行分类，计算机审计可以包括三项内容：一是对计算机环境及内部控制的审计，主要是对计算机运行的外部环境控制，如防火、防灾、备份制度等进行审计。二是对计算机系统和软件的审计。主要包括：检查计算机程序是否合理，有无逻辑上的缺陷，是否存在不可靠、不合法的因素，系统是否科学、是否完整，防止利用计算机软件故意舞弊。三是对计算机数据的审计。包括对数据的采集、转换、分析。在转换过程中对数据要进行清理，转换成规范的格式，在这个基础上进行数据的分析，就是用不同的审计软件和模块对电子数据进行分类、筛选、查询、核对、分析等等，找出疑点。数据审计需要审计人员将自己的经验变成计算机语言，变成一些小的模块，在计算机中实现审计目标或者是为审计目标的实现提供条件。近几年我们主要是对数据审计进行了比较多的尝试，对计算机系统审计也进行了初步尝试，但对计算机外部环境和内部控制方面的审计做得不是很多，今后我们应该加强上述三方面的审计工作。

从审计方式的角度，还可以将计算机审计分为四类：一是电子数据的报送审计，这是最原始的计算机审计方式，这种方式不能对被审计单位计算机环境和内部控制进行审计，也不能对计算机系统及运用软件进行审计，对数据的审计也严格限制在报送的数据范围之内。二是现场的单机审计，主要是在被审计单位用一台或数台微机分别同被审计单位为审计准备的、采取了保障安全措施的计算机数据系统相连接，单机开展审计。这里没有形成互联网络，连接是单独的。这种方式只适合数据规模较小的被审计单位。三是现场的局域网络审计。在被审计单位数据量很大的情况下，审计人员在现场搭建小型局域网络，设置一个审计服务器，通过数据采集和转换，将有关数据从被审计单位数据库中导入、存储到审计服务器当中。审计人员用微机与服务器连接，组成小型网络，提取数据进行审计。不管是采取单机审计方式，还是局域网络审计，都需要对被审计单位的计算机环境、内部控制系统、软件本身进行审计。四是远程的网上审计。审计人员通过一定的网络系统对被审计单位进行非现场审计。出于对被审计单位安全考虑和数据转换的可行性考虑，也需要在被审计单位设置一台服务器，平时自动存储被审计单位的有关数据，审计时开通网络，与这台服务器连接进行审计。

上述两种分类方式互有交叉，这样能对计算机审计的内涵从不同角度进行理解。数据自动化、数据库管理虽然属于审计项目管理方面的工作，同计算机审计有密切的关系，但不应列入计算机审计范围之中。“金审工程”为计算机审计创造了人力的、物质的、信息的条件，为审计机关培养人才、建设网络、买好设备、开发软件、建立数据库，但由于“金审工程”不属于完整的审计过程，也不应该同计算机审计等同起来。大家都是搞计算机审计的很内行的同志，我今天冒昧地把我的一些初步想法汇报给在座的同志，希望共同展开讨论，目的就是准确把握计算机审计的内涵。我们到底在理论框架上怎么样认识计算机审计，今后应该做什么，应该将概念搞清楚，有一个正确的理论指导。

四、在金融审计实践中大力开展计算机审计

在党中央、国务院的正确领导下，我国的金融改革、整顿和发展取得了积极的成果，金融监管逐步加强，金融秩序明显好转，金融发展和开放水平不断提高，全社会金融法制观念和风险意识普遍增强。可以说，我们的金融体系正在安全、稳健地运行，为我国的经济发展和社会稳定提供了重要保障。“九五”期间，我们国家的经济形势很好。虽然经历了亚洲金融危机、国内自然灾害等，也经历了世界经济的衰退，但我国的经济有了很大的发展，国民经济总量上了一个新的台阶，超过了1万亿美元，财政收入、进出口总额、外汇储备都达到了一个新的高度，我们的综合国力明显增强，这个成绩我们必须肯定。我们实行了稳健的货币政策，也保证了我国金融运行的安全平稳。特别是这几年注重从亚洲金融危机中吸取教训，注重防范和化解金融风险，在金融改革方面采取了很多措施，如剥离不良资产、商业银行内部机构改革等等，不断加强管理，确实取得了很多成绩。到今年7月底，我们金融机构存款是15.87万亿元，比年初增加1.56万亿元，存款增加很多；金融机构贷款到7月底是12.17万亿元，比年初增长了8919亿元，规模很大，增长很快，金融形势比较好。但是，我们也应该看到金融领域确实还存在很多急需解决的问题，主要是金融监管薄弱，金融企业经营机制不健全，社会信用观念淡薄，金融市场秩序混乱，这些问题在一些地方、一些方面依然存在，金融违法违纪重大案件还时有发生。尽管监管部门很多，但监管力度还不到位，金融改革也还没有完成。这几年，经过审计，我们确实发现金融领域违法违纪的案件触目惊心，令人痛心疾首。那么多国家资产被少数人侵吞了，少则几亿，动辄几十亿。作为金融审计干部，我们感到非常痛心。国外对中国的金融问题也非常关注，前一些时间有人说"中国威胁论"，现在又有人说中国经济要崩溃了，一方面统计数字是假的，另外一方面金融不良资产太多，坏账太多。提出这些论调是别有用心的。但是我们金融不良资产的问题确实需要引起高度重视。我们在剥离1.4万亿元不良资产至四大资产管理公司后，还有20%多的不良资产。这个数字很大。我们一年财政收入才多少？这么多不良资产怎么消化呢？确实是隐患！所以，在今年年初召开的全国金融工作会议上，江总书记提出"必须把金融监管作为重中之重"。金融审计作为金融监管体系的重要组成部分，我想我们的审计干部一定要树立高度的历史使命感、历史责任感，与时俱进，不断开拓，迎接信息革命的挑战，进一步开创金融审计的新局面。

在金融审计领域开展计算机审计正面临新的挑战，我们总结前几年利用计算机审计的经验，就是为了进一步提高金融审计的工作水平。当前，中国银行业将采取现代通信与计算机技术，建立以传统的综合业务应用系统为基础，以网上银行、电子商务、移动银行、自助银行等创新金融产品为重要渠道的电子银行体系；中国人民银行也正在建立以现代化支付系统为核心、商业银行内部电子汇兑系统和同城票据交换系统为基础的支付清算体系，同时，还采取积极措施进一步促进监管手段的现代化。在被审计单位信息系统不断改进的情况下，我们必须及时调整金融审计的应用系统和审计方法，以适应新的变化。目前，审计署正在建设的"金审工程"将实现三大突破：一是通过网络实施非现场审计；二是有规模地开发一批审计软件和审计信息系统，进一步提高审计效率，规范审计操作；三是建立一个全国审计系统的专用网络，并入政府网，使全国审计机关联系更加通畅，与其他政府机关、金融监管机关联系更加密切。"金审工程"为我们金融计算机审计的发展将打下非常好的基础，提供美好的前景。

今年7月，我到京津冀特派办北京建行审计现场时，谈了一个观点：我们金融审计干部必须抓住机遇，乘势而上，抢占金融监管制高点。为什么？因为一方面，被审计单位计算机应用水平在不断提高，我们不搞计算机审计，就没有办法开展审计；另一方面，现在金融监管部门确实很多，除了我们审计部门外，人民银行、保监会、证监会、国有商业银行监事会、财政部以及注册会计师，都可对金融企业进行监管。目前的监管格局，还会继续下去。从较长一点的时期看，监管体制可能还会有些调整。将来谁最有资格对金融企业进行全方位的监管，很大程度上取决于谁真正掌握了计算机技术。我觉得，审计部门正处在这样一个关键时期，机遇稍纵即逝，一定要抓住机遇，乘势而上。这几年计算机审计有了一定的经验，有了比较好的基础，但不能满足。我们仅仅是开始，万里长征第一步，我们还要继续努力。我提出这个想法，同大家交流，希望能够引起重视。在目前的形势下，全体干部一定要看到我们所负的历史责任，思想上要进一步提高认识，加快推广应用计算机审计技术。

当前我们应该抓好五个方面的工作：

（一）要进一步提高认识。虽然我们对金融审计重要性及对计算机审计在金融领域中的应用有了一定的了解，但我们全体金融审计干部还要进一步提高在金融审计中开展计算机审计的认识。只有这个认识提高了，观念更新了，行动才会更加自觉。特别是负一定责任的领导干部，特派员、厅长、处长，一定要在思想上高度重视，提高对计算机审计重要性的认识，加强计算机审计理论研究，大力推进计算机审计。对计算机审计不应求全责备，要一点点做，不断推向深化、完善。

（二）要不断地开拓创新。我们要在广度、深度两个方面大力开展计算机审计。所谓广度，就是更多的审计人员，在更多的领域，掌握更多的计算机审计技术，并在更多的领域使用计算机审计技术，要力争在每一项金融业务中开展计算机审计；所谓深度，首先应该进一步加强对现有审计软件、审计模型的总结，加快开发、研究、应用新的审计模型的步伐。金融审计已经搞出一些软件模型，要好好地运用和总结，有价值的要进一步推广，要成果共享，互相交流，决不要封闭。审计模型的开发过程是没有终结的。这种模型是把审计的目标、审计的方法技巧、审计人员的经验结合起来，将其变成计算机的语言人工智能，通过计算机去实现，这个过程是人工经验与计算机不断结合的过程，是永远不会完结的。我们新软件的开发不能是无序的，要统一协调，金融司、计算机中心、各特派办要通力合作，统一行动。

（三）制定计算机审计的规范和标准。目前，计算机软件开发缺少统一性，难以达到要求。我们应该制订统一的规范，统一指导。既要鼓励各个单位开发审计软件，又要保证质量，经过严谨的测试评审，才能投入使用。要加强管理，注意各个部门之间的合作。

（四）要研究在计算机审计条件下，如何加强审计管理和审计质量控制。开展计算机审计，管理工作要相应跟得上。今后必须加强规范化建设，强化审计管理，对不同的人员设置不同的操作权限，从技术上保证防止滥用职权，建立起一套完整的审计风险和审计质量控制体系。过去，我们在手工审计时，有些方面质量控制做得不太好，在计算机审计下，审计手段方法改进了，管理的方法水平相应也应该提高。我们要研究这个问题。我特别提出要高度重视被审计单位电子数据安全性的问题。开展计算机审计后，被审计单位数据传给你，这个必须管好。要制订和采取严格的管理措施，确保计算机审计下的数据安全，小到个人的隐私权、单位的商业秘密，大到国家的经济安全。我们各个特派办、金融司应该从制度上、技术上采取办法，解决这个问题。

（五）加强培训。计算机审计是一项全新的工程、全新的事业，是从传统审计方式向现代审计方式的转变，是一场革命。在这转变过程中，培训是非常重要，虽然我们很多同志熟悉计算机技术，在审计实践中，也应用了计算机技术，但应该看到这些都还是初步的。金融业务本身在发展，金融领域运用计算机水平在深化，被审计单位应付审计的策略在提高。我们审计干部一定要学习研究计算机审计技术，不断搞好学习、培训。我们这个班是审计署组织的经验交流和集中培训。回去以后，大家也要抓好自己单位内部的学习和培训，组织经验交流和业务研讨。我希望金融审计的干部成为审计领域掌握计算机技术的排头兵，站在国内外同行的前列。我们应该用这样的目标来要求自己，应该有这样的雄心壮志，用江泽民总书记的话来说，就要"与时俱进"，不断更新知识，充实自己，提高素质，适应审计工作的要求，完成党和人民赋予我们的历史任务。

在全国推行高级审计师资格考评工作会议上的讲话

项俊波

（2002年3月27日）

我们这次全国高级审计师资格考评工作会议是由审计署和人事部共同召开的。受李金华审计长的委托，我代表审计署对人事部的领导、对各省的人事部门和审计部门的同志们对我们工作的支持表示诚挚的感谢。广东省审计厅、深圳市审计局为此次会议提供了非常好的环境，为会议后勤保障服务付出了辛勤的劳动，我代表全体与会人员向他们表示衷心的感谢。我们这次会议的主要任务是：总结几年来高级审计师资格考评试点工作的经验，讨论、研究下一步的工作，部署2002～2003年度的高级审计师资格考评工作。

今天上午，人事部舒部长将就深化人事制度改革、人才队伍建设、实施人才战略和高级审计师资格考评工作做重要讲话。

在这里，我想就高级审计师资格实行考试与评审相结合的评价方式的重要意义、几年来高级审计师资格考评试点工作情况和今后全面推行高级审计师资格考试与评审相结合的评价工作谈几点意见。

一、充分认识建立高级审计师资格考试与评审相结合的评价方式的重要性和迫切性

（一）社会主义市场经济建设需要加强和发展审计事业，审计事业的发展要求我们加强以高素质为目标的审计专业技术干部队伍建设。从1983年恢复审计制度以来，我国的审计事业已经走过了19年的历程。19年来，审计工作在建立社会主义市场经济、维护财经秩序、加强廉政建设、推进依法治国、促进国民经济发展等方面发挥了重要的作用。特别是随着经济体制改革的进一步深化、社会主义市场经济体制的逐步完善和全球经济一体化进程的加快，以及打假治乱、反腐倡廉、经济责任审计任务的增加，审计部门面临的任务将会越来越重。按照朱总理的指示精神和署党组的要求，今后一个时期内审计工作的主要任务是，坚持全面审计、突出重点的原则，按照依法审计、服务大局、围绕中心、求真务实的方针，加大打假治乱的力度，维护和规范市场经济秩序，下大力气揭露经济领域中严重违法违规及舞弊和腐败问题，对审计处理处罚决定实行跟踪调查，全面提升审计质量和审计工作水平。要做好这些工作，完成好国务院领导交办的任务，人才是第一位的，因此，建设高素质的审计专业干部队伍，是审计事业发展的当务之急。

首先，建设高素质的专业技术干部队伍是审计工作自身的要求。审计是一门专业性很强，对专业技术水平要求非常高的工作。大家知道，审计的目标是评价财政财务收支及有关经济活动的真实、合法与效益，而经济活动涉及社会生活的方方面面，关系到各个领域，在审计工作中，审计人员不仅要运用审计学的理论、方法与技巧，还要运用会计、经济、管理、统计、法律、财政、金融、工程等多种专业知识，借助经济数学方法和计算机技术手段，按照专门的程序对特定的会计账目、资料等进行检查、鉴定，并做出技术评价，得出审计结论。因此，审计过程是一个复杂的专业技术工作过程。审计工作这种极强的专业技术性特点，要求审计人员必须具备相应的专业技术能力，不但要具有高深的专业素质，还要有宽广的知识结构，具备优良的综合素质。因此，审计工作自身的特点要求我们必须建设高素质的审计专业技术干部队伍。

其次，审计工作面临的形势和任务要求我们加强以高素质为目标的专业技术干部队伍建设。

一方面，党的十五大确定了中国政治、经济发展和社会全面进步的主题，提出要加快建立社会主义市场经济体制的步伐。而市场经济是法治经济。随着中国民主与法制建设、社会主义市场经济建设步伐的加快，经济法律法规、行业规章与技术标准等日趋完善，对审计工作的专业性要求也越来越高。

另一方面，我国加入了WTO，对外开放进入新阶段，将在更大范围和更深程度上参与经济全球化，社会经济生活相应地会出现许多新的情况和变化，带来一些新的机遇和挑战。在当前的政治经济形势下，社会经济生活日益复杂，审计必须从传统而单一的财务收支审计，向更高层次的审计领域拓展，必须正确处理真实、合法和效益三者的关系，审计工作的技术含量不断提高，审计的风险不断加大，为了全面提升审计质量和审计水平，规避审计风险，我们必须建设一支高素质的审计专业技术干部队伍。而在实际工作中，我们审计高级专业技术人才短缺的问题还显得非常突出。

2002年1月，在全国审计工作会议上，王忠禹国务委员根据朱镕基总理的指示精神，指示我们必须从三个方面"下工夫"，即在突出重点上下工夫，在提高审计工作水平上下工夫，在加强作风建设、提高队伍素质上下工夫。朱总理要求我们要"抓住典型，解剖麻雀，提高审计成果的质量和水平"，要"奋发有为，与时俱进"。奋发有为、与时俱进，要靠提高审计工作水平来实现，提高审计工作水平要通过提高审计成果的质量来实现，而提高审计工作质量又要靠我们的审计人员、审计队伍来实现，靠我们高素质的审计专业技术人才队伍来实现。

无论是审计工作的特点，还是面临的形势和任务，都要求我们加强以高素质为目标的审计专业技术干部队伍的建设。而提高人员的素质，不仅要靠学习，靠实践，还应该有一个适合人才成长的机制，通过这个机制，来培养、造就、发现人才。因此，完善审计人才评价机制，尤其是加快审计高级人才的培养，是现阶段审计工作中重要而紧迫的课题。如果这一问题得不到及时解决，未来的审计工作将可能出现不应有的人才断层，会严重制约审计职能的发挥和审计事业的发展。

（二）考评结合的人才评价方式是客观、公正的社会化人才评价机制，是建立高素质的审计专业技术干部队伍的需要。“橘生淮南而为橘，橘生淮北而为枳”，同样的种子，在不同的温度、土壤、阳光条件下，会结出不同的果实，对于人才的培养与成长来讲，这就是一个机制的问题，人才的成长，需要一个好的环境和一个好的机制。

考评结合评价方式就是把考试和评审两种考核手段结合起来，以达到对人才进行全面考核，从而克服单一评审制度的缺陷的目的。三年考评试点工作的实践证明，考试与评审相结合的评价方式是对我国现行的专业技术职务评定方式的改革，是社会化人才评价机制的一次大胆创新，符合建设高素质审计专业技术干部队伍的需要。

首先，考试与评审相结合的评价方式有利于培养更多的理论水平高、研究能力强、综合素质好的审计专业人才。考评结合通过书面考试和权威性专家评审两个阶段对专业人员的理论水平、专业技术和工作业绩等方面进行了全方位的考核评价。考试主要是对专业人员的理论素养、专业知识、分析问题和解决问题的能力进行测评，而评审则是检验专业人员的科研水平，实际技能以及工作业绩和成果。这两种考核方式对高级专业人员的能力评价各有侧重，各有利弊。考评结合评价方式则是这两种手段相互配合，互为补充，比单纯的评审制度更增强了考核的全面性和科学性。

其次，考试与评审相结合的评价方式将考试这种客观评价方式与专家评价方式结合起来，更有利于对人才的客观评价，体现了公开、公平、公正的人才评价原则。考评结合的评价方式首先必须达到申报评审的条件，然后以考试合格为起点，考试的大纲、教材、命题、阅卷以及合格分数的确定都有相对统一的标准；在考试合格的基础上再实施评审，由审计专家依据量化评审条件对申报人员的业务成果做出判断和评价，最后得出考评结果。因此考评结合的评价方式，弱化了人为、主观等因素对人才评价结果的影响，有利于对人才的理论水平和实际能力做出客观评价，有利于形成公开、平等、竞争、择优的人才评价机制。

最后，考试与评审相结合的评价方式体现了审计人才评价机制、管理体制与国际接轨的趋势，开拓了我国审计人才迈向国际化的道路。许多国家的审计专业人员实行的是执业资格制度。执业资格制度中主要的评价手段就是考试，这是国际上通行的做法，这体现了公开、平等、竞争、择优的精神。他山之石，可以攻玉。我们完全可以借鉴他人的经验，采取“拿来主义”，取其精华为我所用。高级审计师资格考试与评审相结合的评价方式也是我国审计人才评价制度迈向国际化的一次有益的尝试，使我国审计人才在更多的层面上有了与国外交流的基础和共同语言，使审计人才能更多地走出去，请进来，从而促进我国审计与国外的交流、合作，更有利于我国审计事业的国际形象和权威性的树立。

总之，在高级审计师资格评价工作中实行考试与评审相结合的评价方式，是在总结十几年来专业技术职务评审经验的基础上，探索建立科学、公正、公开的人才评价机制的重要举措，也是建设高素质、社会化专业技术人员队伍的基础性工作，同时，也是全面实施审计署党组提出的“人、法、技”建设规划的重要步骤，既是审计事业自身发展的需要，更是社会发展和国家经济建设的需要。

二、三年来考评试点工作的回顾

（一）试点的总体情况。

1．按照积极、稳妥、慎重的原则，逐步扩大试点范围。1998年度的首次试点工作在浙江省和审计署驻上海、郑州、兰州3个特派员办事处进行。报名参加考试的共有750人，实考592人，参考率为78.93%。考试合格272人，合格率为45.95%。通过考试合格后申报评审人数为245人，评审通过59人，评审通过率24.08%，占考试合格人数的21.7%。

1999年，在首次试点取得成功的基础上，高级审计师资格考评试点工作又扩大到辽宁、山西、山东、安徽、福建、江西、河南、云南、陕西省审计厅和重庆市审计局等10个省（市）和审计署的13个特派员办事处进行。有6992人报考，实考4987人，参考率71.32%。考试合格1326人，考试合格率26.59%。通过考试合格后申报评审人数1046人（含审计署上海办、郑州办、兰州办1998年试点考试合格的15人)，评审通过650人，评审通过率62.14%，占考试合格人数的49.02%。

2001年，又在天津、山西、内蒙古、辽宁、吉林、浙江、安徽、福建、江西、山东、河南、海南、重庆、四川、贵州、云南、陕西、甘肃、新疆及新疆生产建设兵团等20个省、自治区、直辖市和审计署所属单位进行了进一步的扩大试点工作。目前试点考试环节的工作已基本结束，正在进行评审阶段的准备工作。报名参加考试的共有5942人，实考3038人，参考率为51.13%。考试合格979人，合格率为32.23%。此次会议上还将对上述试点单位下一阶段的评审工作提出相关要求。

2. 考试科目与方式逐步改进完善。首次试点时考试科目仅为《审计案例》一科，划分为8个行业，重点考察应试者的实务操作能力、应变能力、创新能力、对问题的理解、分析、判断能力等；实行半开卷式考试，即考生可携带规定的法规文本。

1999年为了增强对高级审计人才的综合理论水平和实际业务能力的测试力度，增加了与审计工作密切相关的《经济理论及宏观经济政策》考试，《审计案例》按6个行业进行划分；为了考务管理的需要，考试方式改变为完全闭卷笔答。

2001年的考试科目仍为《经济理论及宏观经济政策》与《审计案例》，考试方式为完全闭卷笔答。鉴于1998和1999年《审计案例》考试专业划分过细，专业知识测试面相对较窄，且各专业试题难易度不好平衡，在经专家研讨论证的条件下，《审计案例》考试不再划分专业，全体应考人员的考试内容一致，以测试出应考者的综合应用能力与宏观把握能力，保证考试衡量标准的统一性。

3. 考试考务管理逐步规范化、科学化。1998年的阅卷工作由全国考办直接组织实施，实行统一评阅。全国考办聘请审计署、南开大学、南京审计学院、江苏省、上海市等单位的实务、理论界的专家、教授15余人，集中10天时间在浙江进行封闭式工作。

1999年，为确保考试标准的统一、公正、公平和阅卷质量，考试结束后，全国考办决定将试卷统一集中评阅，并授权审计署考试中心组织实施。审计署、浙江省、审计署上海办、兰州办、南开大学、南京审计学院等单位的实务、理论界的专家、教授40余人，集中15天的时间在南京审计学院进行封闭式工作。按照考试科目和题目特点，专家分组阅卷。实行组长负责制和同行专家会商制。

2001年，为了考务管理的进一步规范化、科学化，对高级审计师资格考试的考务管理工作进行了全面改革。考试从报名、考务组织、试卷管理、阅卷工作等各环节都采用计算机管理并自行开发了审计考务管理系统软件。报名采用了报名卡，统一根据各地上报的考场资源进行考场编排、准考证生成及准考证的制作，考试时采用了主观题答题卡与考场情况记录卡，阅卷采用计算机图像采集、主观题网络阅卷系统与人工评阅相结合的阅卷方式，不论是试卷的传递与分发、成绩的汇总、试卷的分析、成绩的输出等工作全部由计算机程序控制完成，把人为因素降低到了最低程度。采用此方式最核心的是分数误差控制，在一题至少两评（最多的达到四评）的模式下，较好地做到了客观、公正、公平，同时也使管理更加科学、效率更高。

4. 严格要求、严肃考风考纪。为了确保考试质量、严肃考风考纪，根据要求，各试点单位都在省会城市设立了考点。考试时人事、监察、审计部门组织联合巡考，全国考办在审计署各司局选派专人到各地的考点巡视。通过各部门的努力，历年度的高级审计师考试组织工作受到了各方面的高度赞扬。由于考场纪律严格，考试秩序正常，保证了考试的公正有效。

5. 考试辅导资料出版、考试大纲逐步细化。为便于考生有针对性地复习，全国考办于1998、1999年拟订了一个粗框架的考试大纲。2001年又组织专家学者编著了一套专业性、针对性较强的高级审计师考试辅导教材，包括《社会主义市场经济理论研究》、《财政理论研究》、《金融理论研究》、《财务会计与财务管理理论研究》、《审计理论研究》、《审计技术与方法》6本书，并对考试大纲进行了细化，便于考生复习应考，使测评内容更加系统、规范，得到了广大考生的好评。

6. 评审工作要求严格。考评试点工作中能否搞好评审工作是一个非常重要的环节，为了确保评审质量，全国考办每次试点都专门组织召开考评试点评审工作会议，安排部署评审工作，组织各试点单位进行经验、体会交流，对各试点单位的评审工作提出明确要求，为高级审计师资格评审打下良好基础。评审工作程序严格，要求明确，审议认真。各省的高评委委员还对评审条件的掌握和评审工作的组织提出了不少建议。同时，评委们一致反映，高级审计师资格评审标准高、要求严、质量好，在审计系统和社会上普遍反映较好。

7. 试点工作中审计、人事部门密切配合、精心组织。根据《试点方案》的要求，各试点单位的各级审计、人事部门对试点工作高度重视，大部分试点单位都是审计厅主要领导亲自负责，人事厅领导积极支持、认真指导，审计、人事两部门密切配合，精心组织、严密部署、从严要求、规范操作，保证了考评试点各个环节的工作顺利进行。一是从试点工作伊始，各省审计厅都召开党组会、厅办公会进行研究，并与人事厅积极主动沟通协调。试点工作展开后，各省都把试点工作当作加强审计干部队伍建设的一件大事，投入大量人力、物力、财力，为审计人员应考、参评创造条件，通过召开全省审计、人事两个系统的工作会议，各省都制定了本省的试点实施方案，明确了组织培训等手段，同时还以提高审计人员综合业务素质为目的，开展了较为充分的组织、宣传工作。二是各省人事厅对试点工作给予了积极的理解与支持。可以说，人事厅的支持是试点工作得以顺利进行的重要保障。从考试、评审组织评审条件把握等，人事部门都给予了及时、有效地指导、支持。三是各试点单位都在考试和评审后分别召开了座谈会，对试点工作做了认真地总结，并对下一步工作提出了积极的意见和建议。

（二）*试点工作取得的成效*。通过各试点省、自治区、直辖市审计、人事部门的通力合作，审计署、人事部共同组织的3次高级审计师资格考评试点工作获得了圆满成功，取得了一定成效。

1. 改革和完善了人才评价机制，为建立公开、公平、公正的社会化人才评价机制探索了一条可行之路。专业技术任职资格采取考试和评审相结合的评价方式，就全国来讲审计部门是第一家尝试，也是深化职称改革的第一次尝试。从试点情况看，审计人员反响热烈、参与积极，各试点省、自治区、直辖市审计厅、人事厅对以考评结合方式评价审计高级人才的办法均给予充分肯定，对其成效给予了高度评价。实践证明，专业技术任职资格采取考试与评审相结合的评价方式是可行的、有效的，是成功的，在一定程度上为公开、公平、公正的社会化人才评价机制探索了一条可行之路。

2. 为年轻专业人才脱颖而出创造了条件。通过高级审计师资格考评试点工作，使一批年纪轻、业务强、学历高的审计骨干脱颖而出。从1998、1999年两次试点情况看（2001年度的评审工作尚未完成），通过考评结合产生的高级审计师中有近60%的人员年龄在35～40岁之间。这些同志具有较好的英语、计算机基础水平，知识面宽，接受新事物快，能力强，富有开拓精神等特点。在这种机制下，年轻专业人员积极进取有方向，完善提高有目标，考评方式将成为全面提高审计人才素质的有效手段之一。另外，这种人才评价方式为年轻人才脱颖而出提供了机会，消除了原有体制下论资排辈现象，让更多能力强、整体素质好的年轻审计干部能够参与竞争，有机会展示自己的才能，并得到社会和公众的认可，从而让更多的年轻人才充实到高级审计师的队伍，优化了高级审计师的结构，更好地满足了审计事业对大批年轻审计专业人才的需要，也适合市场经济条件下加快审计专业人才培养、选拔的需要。

3. 为建设高素质的审计专家、骨干队伍奠定了基础。“事业有成，人才是关键。”审计事业需要一支数量充足、门类齐全、结构合理、高效精干的专业人才队伍，这支队伍应当形成良好的梯次、专业结构，重点突出和优势互补的人才总格局。我们在以前审计专业初、中级资格考试制度逐渐成熟的基础上，经过探索、实践，再逐步建立起较成熟的高级人才评价、开发机制，并辅以相应可行的配套管理措施，就可以真正建立起一整套有利于人才培养和使用的公平、公正的激励机制。这也为实现审计人才整体性开发和建设高素质的审计专家、骨干队伍奠定了良好的基础。

4. 调动了广大审计专业人员努力学习、勤奋实践的积极性，可有效地促进审计专业人员综合素质的提高。审计专业与其他专业相比较，具有专业性强，要求高等特点。审计专业人员盼望有客观公正、公众认可的评价方式来检验自己的学识水平和业务工作能力，求得社会的承认。所以，高级审计师资格考评试点工作开展后，受到了广大审计专业人员的欢迎。通过三年的考评试点，各地审计专业人员积极主动学业务、搞科研、研究宏观经济政策的热情空前高涨；注意提高个人综合素质和审计工作质量的自觉性大大提高。1998年以来，在审计部门任务十分繁重的情况下，许多同志仍在工作之余挤出点滴时间看书学习，整理法规，熟悉案例，极大地促进了审计专业人员综合素质的提高，同时，也促使审计干部在业务工作中注重宏观层次的研究，为审计工作向“大、深、高”发展创造了有益条件。

(三) 需要完善的几个问题。通过1998、1999、2001三年的探索和尝试，考评试点工作正逐步走向完善，但仍存在一些问题和不足。根据试点单位和各类应考人员的意见和建议，我们认为有以下几点需要在今后的工作中进一步研究和改进：

1.《高级审计师资格评审条件》（人职发［1995］84号）在全国试行，应做必要的细化和说明，以便于操作。目前正进行评审条件修订的准备工作，拟通过采取广泛调研、征求意见、专家论证等形式在近期完成修订工作。

2. 各省在评审工作中对高级审计师资格评审条件在掌握上不尽平衡，评审水平和质量有差异，在考试统一标准的前提下，如何使评审标准相对统一，需要研究和采取适当措施加以控制。目前考虑，可参照试点中浙江省、重庆市的工作模式。即由审计署选派部分评委，对各省评委会进行传、帮、带，或在今后适当时期对各省评审委员会主任进行培训，从整体上提高评审水平，保证评审质量。

3. 由于专业技术职务在实际上存在地区性差异问题，如何区别对待不同地区、不同时期对人才素质有不同要求的特点，需要我们认真研究并提出切实可行的具体措施。

4. 需加快培养一支支撑考评结合评价工作的专家队伍。考试、评审等人才评价方式都是一项科学性、专业性很强的工作，特别是高级审计人才的评价，必须拥有一批具有很高专业知识和实际能力，同时熟悉心理学、社会学、组织行为学等方面知识的专家。我们必须加快步伐，做好这方面的工作。

三、关于全面推行高级审计师资格考评工作的意见

今年，我们的高级审计师资格考评工作已进入到全国推开阶段，尽管我们有试点阶段的经验和基础，但是，由于有十几个省市是第一次参加此项工作，所以，今年的考评工作任务很重。另外，我们这项工作也是在为其他专业技术系列的评价工作实施考试与评审相结合的评价制度打基础、探路子。是否可以这样讲，我们工作开展得好坏，事关高级资格考评制度能否在其他专业技术系列内顺利推开的问题。因此，今后工作该如何开展，我希望所有省、自治区、直辖市的人事、审计部门和我们一起多研究、多探讨。

如何做好今后的各项工作，我想谈以下几点意见：

(一) 要统一认识，通力合作。高级审计师资格实行考试与评审相结合的评价方式，人事部门的监督和指导是至关重要的，而有关审计人员队伍建设问题，作为审计部门更是责无旁贷的。所以，要做好考评工作需要我们人事、审计部门通力合作。我们应当从迎接知识经济挑战、全球经济一体化和在未来社会竞争中立于不败之地的需要出发，按照人事部的要求，从深化职称制度改革，探索社会化人才评价机制，落实党的十五大精神的高度来认识考评工作的重要意义。各省市的审计和人事部门要各司其职，各负其责。作为审计部门的同志要积极、主动地开展工作，多争取人事部门的帮助与支持。人事部门的同志也要从职称改革和人事制度改革的全局需要出发，一如既往地帮助我们做好考评各环节的工作。

(二) 要加强领导，确保考评工作平稳进行。考评工作政策性强，社会广泛关注，希望各省、自治区、直辖市要认真研究本地区的实际情况，从维护国家、社会稳定的高度，按照党的十五届六中全会加强和改进工作作风的要求，以新的精神风貌，开拓进取、扎实工作，积极、稳妥地做好组织实施工作。要成立相应的领导机构，各级相关部门要有领导挂帅，实行领导负责制，做好协调工作，确保考评工作平稳、顺利地进行。

(三) 要制订好工作方案。此次会议后，将下发经大家研讨通过的《高级审计师资格评价（试行）办法》和《2002～2003年度高级审计师资格考评工作安排》，各省、自治区、直辖市要根据本地区的具体情况，按照审计署、人事部的要求，制定本省的考评工作方案，要措施到人，责任到人，精心组织，严格管理。

(四) 要严格按程序做好考务各环节的工作。大家知道，考试组织工作周期长，环节多，任何一个环节的失误都有可能对全局产生影响。科学、规范的操作对做好考评工作是十分必要的。今后，我们组织高级审计师资格考评从报名、考务组织、试卷管理、阅卷等各环节的工作一律采用现代化的计算机管理。报名使用机读报名卡，考场编排及准考证由审计署考试中心统一根据各地上报的考场资源进行考场编排，生成准考证号和制作准考证，这样，将会极大地减轻各省、自治区、直辖市考评管理机构的工作压力，而且便于规范管理；阅卷工作将继续使用先进的计算机网络阅卷系统，会确保阅卷结果的客观、公正、准确。希望在今后的考务组织工作中，各省要认真落实全国考办提出的各项要求。步调不一致，要求不落实，工作就不能如期顺利推进。因此，时间要求和技术要求都应予以保证。

（五）要严肃考风考纪。考风考纪是考试的生命。高级审计师资格的专业考试是考评工作的一个重要环节，事关整个评价工作的成败，各单位应以高度负责的精神做好组织工作。各级考试管理机构和监考、巡视人员要认真负责，严格考场纪律，保证考试正常进行。我们之所以要求各省统一在省会城市设置考点，主要也是从加强考务管理的需要出发，同时希望人事部门加大监督指导的力度。

（六）要注意把握评审标准和条件。考评的一项重要工作是在考试合格基础上组织高级审计师资格申报和评审。根据《高级审计师资格评价（试行）办法》的要求，这项工作将在人事部和审计署的指导下，由各省人事厅和审计厅共同完成。评审条件和评审结果能否把握得客观准确，一定程度上决定着考评工作的成败。因此，希望各省、自治区、直辖市在评审工作中一定要严格坚持标准，宁缺勿滥。

在经过十几年的探索、尝试后，我们在审计专业人才培养、评价方面取得了一些进展，这些工作得到了人事部的充分理解和大力支持，也得到全国各级审计和人事部门的同志以及广大审计专业人员的理解和支持。这其中也凝聚了众多专家、学者和审计署审计专业技术资格考评指导委员会成员的智慧和心血。在此，我代表审计署党组再次向大家表示衷心的感谢。

正确理解　准确把握
经济责任审计工作的指导原则

——在经济责任审计研讨会上的讲话

王道成

（2002年11月14日）

今天，我受令狐副审计长的委托，来看望大家，向同志们学习。经审计署党组批准，举办这次以经济责任审计为主题的研讨会，是贯彻落实今年全国审计工作座谈会精神的一项重要举措。这次研讨会要从总结近几年全国开展经济责任审计工作的实际经验入手，围绕实现党中央、国务院和今年全国审计工作座谈会确定的经济责任审计工作指导原则、目标和任务，针对当前经济责任审计工作中遇到的困难和问题，从现行法规和审计实践的结合上，研究探讨进一步深化、规范经济责任审计工作的措施、方法和路子，更好地指导下一步工作。我相信，通过这次研讨，对进一步规范和完善经济责任审计工作，推动经济责任审计工作深入、健康发展，将发挥积极的指导作用。我代表审计署党组，预祝这次研讨会取得丰硕成果。

目前，全国各级审计机关正在组织广大审计干部认真学习全国审计工作座谈会文件精神，并结合实际，研究制定具体的贯彻落实措施。我想借此机会，就如何正确理解和准确把握经济责任审计工作“十六字”指导原则问题，谈谈学习体会，供同志们在这次研讨中参考。今天在座的同志们来自各省市区审计厅局从事经济责任审计第一线工作的同志，大多数是领导干部，这个问题与大家担负的领导、组织经济责任审计工作的职责有着密切关系。

一、召开广东会议、提出“十六字”原则的背景

今年8月在广东召开的全国审计工作座谈会，以经济责任工作为研究主题，提出了经济责任审计工作的“十六字”指导原则。这是审计署党组在充分肯定近两年经济责任审计工作的成绩、清醒地看到工作中存在的问题后做出的正确决策。

2000年全国经济责任审计工作会议以后，各级审计机关根据会议精神，继续深入贯彻落实中办、国办两个《暂行规定》，取得了新的明显成效。主要体现在三个方面：

（一）经济责任审计制度的覆盖面不断扩大，审计成果更加突出。国有及国有控股企业领导人员经济责任审计已经开展多年，目前处在逐步深化的过程中。审计署两年共审计国有重要骨干企业领导人员11人、中央国有金融机构领导人员8人。2001年一些省已经对70%以上的国有及国有控股企业离任的主要领导进行了经济责任审计，上海基本实现了三年轮审一遍的工作目标。在审计覆盖面扩大的同时，审计力度也得到加强，去年全国审计机关审计的国有及国有控股企业领导人员比2000年增加3%，而查出的违规金额增加了52%，损失浪费金额增加了3倍多。

县级以下党政领导干部经济责任审计已在全国普遍推开。对乡镇党政主要领导和县直属部门领导干部进行经济责任审计，已经成为县级审计机关除预算执行审计以外的另一项主要任务。许多地方县级以下党政领导干部在职务变动时基本都经过了审计，一些地方的县人大还做出“未经审计不予任命”的决定。两年来，全国县级审计机关共审计县级以下党政领导干部44081人。

县级以上党政领导干部经济责任审计还处于试点阶段，试点范围正在逐步扩大，已覆盖到省部级干部。多数省已开始把经济责任审计范围扩大到部分省直属部门的领导干部。一些省还积极开展了市、县长经济责任审计试点工作，有12个省、区两年共审计市、县长159人，部分省审计了地、市的市委书记或市长。一些省、区、市对县级以上直属部门党政领导干部的经济责任审计已初步形成制度。审计署对原科技部部长、原国家建材局局长和陕西省原省长进行了审计。2001年全国共审计厅局级领导干部336名，比上年增长了73%。

部门、单位内部管理的领导干部经济责任审计工作也在深入开展。各部门、单位的内审机构根据部门、行业特点和干部管理任免机制改革的要求，结合单位内部干部职工和社会反映较为突出的问题开展了经济责任审计。两年来，180个中央部门、单位共审计22903名领导干部，干部管理部门参考审计结果，给予党纪政纪处分96人，移送纪检监察和司法机关164人。

2000、2001两年时间内，全国共完成经济责任审计项目5.9万个，其中审计党政领导干部5.3万人，审计国有及国有控股企业领导人员近6000人。通过审计，有关部门参考审计结果，给予党纪政纪处分265人，移送纪检监察机关854人，移送司法机关370人。经济责任审计的实行，拓宽了干部监督、考核的渠道，为客观公正评价使用干部提供了重要依据；为维护、整顿财政经济秩序，揭露和防止国有资产流失，促进经济健康发展做出了贡献；在揭露和惩治经济违法犯罪、促进党风廉政建设、维护经济秩序等方面发挥了积极作用。

（二）经济责任审计工作的领导体制和工作机制不断完善，形成了有利的工作氛围。各级党委、政府对经济责任审计工作的重视程度不断提高。很多地方党委、政府都专门召开会议研究经济责任审计工作，召开工作会议，由党委、政府主要领导同志或分管领导同志进行动员部署。党委、政府领导同志还经常听取审计工作汇报，做出重要批示，及时协调解决经济责任审计工作中遇到的问题。全国31个省、区、市全部建立了经济责任审计联席会议制度，其中20个省、区、市还成立了由党委、政府领导同志任组长的经济责任审计工作领导小组。各级领导小组或联席会议，在研究确定审计对象、审议审计实施方案、研究解决工作中遇到的重大问题、督促审计结果的运用和审计决定的落实等方面发挥了重要作用。有30个省级审计机关建立了经济责任审计专职机构，有的省还成立了副厅级的经济责任审计专职机构。一些地区在组织社会审计机构和内审力量参与经济责任审计方面也进行了有益的探索。纪检监察、组织人事和审计部门，在工作中加强协调配合，各司其职，各负其责，形成了齐抓共管的工作局面。

（三）经济责任审计的规范化程度不断提高，审计质量控制意识有所增强。全国31个省、区、市相继出台了一批经济责任审计的法规和规章，有的还通过地方人大立法。各级审计机关积极研究制定了一批经济责任审计的具体规定，经济责任审计工作初步做到了有章可循。在实际操作中，各级审计机关认真开展审前调查，精心制定审计方案，明确审计的范围、内容和重点。各级审计机关、审计科研机构和学会还围绕一些难点问题，注意从理论与实践的结合上进行积极探索，取得了初步的成果。为加强审计质量控制，防范审计风险，各地还积极探索实行了“双签证制”、“审计执法过错责任追究制”、“审计业务会议分析评价制”、“多层次把关复核制”等，为提升经济责任审计工作的质量发挥了重要作用。

经济责任审计工作在不断取得新进展的同时，也暴露出一些问题。特别是一些思想认识上的混乱现象，以及由此导致的工作上的种种偏差，引起了审计署党组的高度重视。比如有的同志认为经济责任审计可以使审计机关在干部考核方面发挥重要作用，是树立审计权威的大好时机；一些审计机关在审计力量不足的情况下，对干部监督管理部门委托的审计项目，无条件全盘接受，审计搞突击，质量难以保证。有的同志则认为这项工作超出了审计机关的法定职责，审计风险大，必须谨慎从事，不宜大力推动；还有的同志面对“先审后离”原则在一些地方难以落实的状况，认为经济责任审计是走形式，用处不大；一些审计机关对这项工作热情不高，工作进展迟缓，工作局面被动。在实际操作中，有的同志认为审计评价要全面，因而在核实国民经济和社会发展指标完成情况方面投入大量精力；有的同志则持相反的观点，认为经济责任审计只能局限于财政财务收支的范围内，审计时不去关注领导干部参与重大经济事项决策和重要国有资产运营中应负的个人经济责任。这些模糊认识和工作偏差的存在，在很大程度上影响着经济责任审计工作的发展方向，关系到这项制度能否稳定、健康地向前推进。

在这样的形势下，审计署党组把研究经济责任审计工作确定为今年年中全国审计工作座谈会的主题。这是继2000年全国经济责任审计工作会议之后的又一次重要会议，会议通过总结两年来全国经济责任审计工作的做法和经验，分析探讨工作中存在的困难和问题，确定了今后一个时期经济责任审计工作的指导原则和目标、任务，目的在于推进经济责任审计工作沿着健康的轨道平稳、深入地发展。

二、正确理解和准确把握“十六字”指导原则的涵义和精神实质

在广东会议上，审计署党组提出，今后一个时期经济责任审计工作必须坚持“积极稳妥、量力而行、提高质量、防范风险”的指导原则。这一原则是按照朱总理“全面审计、突出重点”、“解剖麻雀”的重要指示、署党组“二十字”工作方针和李金华审计长关于“当前和今后一个时期，经济责任审计要在逐步深化、规范和提高上下功夫”的要求，在进行大量深入的调查研究基础上提出来的。各级审计机关，特别是审计机关的领导干部应当正确理解和准确把握“十六字”原则的深刻内涵，抓住其精神实质，在实际工作中自觉地加以运用。

“积极稳妥”是我们对待经济责任审计工作的基本态度，是推进这项工作的总体战略。开展经济责任审计是新形势下党中央、国务院赋予审计机关的重要职责，是加强干部管理和监督，促进廉政建设，推进依法行政的重要措施，这不仅是一项业务工作，也是一项政治任务。近几年的实践充分证明，实行这一制度，是对领导干部进行考察监督的一个重要渠道，是完善干部监督机制的一个有效措施，是在新的历史条件下加强干部监督工作的重要一环。从干部管理、监督的角度看，审计机关在经济责任审计工作的总体格局中并不处在“主角”的位置，但审计机关发挥着主力军的作用是毫无疑问的。努力推动经济责任审计工作深入发展，确保每一个经济责任审计项目的质量和效用，审计机关责无旁贷。审计机关必须把这项工作置于从严治党、推进依法治国的大局之中，从实践“三个代表”重要思想、依法履行审计监督职责的高度，充分认识开展经济责任审计的重大意义，增强责任感和紧迫感，积极探索，勇于实践，切实把主力军的作用发挥好。在积极推动工作的同时，也要保持清醒的头脑，全面、正确地认识经济责任审计工作的地位和作用，从实际出发，掌握好工作的分寸和“火候”，尽力把工作做得扎实一些，用实实在在的、有效的审计成果来体现审计机关不可替代的职能作用。既要积极又要稳妥，是推进经济责任审计工作的总要求，也是审计机关领导干部必须掌握的领导艺术。积极与稳妥是辩证统一的关系，不能将二者简单对立起来、割裂开来。片面强调积极的一面，头脑发热，急于求成，一哄而上，甚至越权越位、大包大揽，或者片面强调稳妥的一面，履行职责不到位，不主动开展工作，消极等待，被动应付，甚至敷衍塞责，都不是科学的态度，都是对党的事业不负责任。这两种错误倾向，都是我们要认真关注和切实防止的。

"量力而行"是我们进行工作部署和安排的基本思路。这可以从三个方面来认识：第一，之所以要量力而行，首先是由经济责任审计本身的局限性决定的。审计机关的法定权限和审计手段是有限的，而经济责任又只是领导干部责任的一个方面。在经济责任审计中，审计机关只能在法定职权范围内，在审计手段所能触及的领域内，对领导干部的经济责任进行审查、界定，而不可能对一个地区经济和社会发展的全部重要指标完成情况，对领导干部的所有经济责任乃至其他方面的责任进行核实并做出审计评价。经济责任审计不可能代替干部管理部门对领导干部的全面考核监督，只是干部管理和监督的一个环节，审计结果只是对干部进行评价的依据之一。此外，财经领域违法违规行为更加隐蔽，手段更是不断翻新，一些个人经济犯罪问题常常不直接通过财政财务收支反映出来，在经济责任审计中，仅仅依靠审计手段难以发现、查实。第二，量力而行，也是合理配置审计资源的要求。当前审计任务重与审计力量不足的矛盾十分突出，运用有限的审计资源去完成繁重的审计工作任务，这一局面在今后相当长的时期内还会存在下去。审计资源的有限性，不仅表现为审计人员数量不足，也表现在现有人员的素质还不能完全适应经济责任审计工作的需要。要解决这一矛盾，就要努力加强队伍和机构建设，改善审计人员综合素质，改进审计技术方法，提高工作效率。在资源既定的情况下，要缓解这一矛盾，关键还在于合理运用现有资源。这就要求我们在准确估价审计资源状况的基础上量力而行，科学地配置审计资源，让有限的资源发挥出最大的效益。不量力而行，来者不拒，超出审计资源的承受能力硬着头皮干，其结果只能是疲于应付，并以牺牲审计质量为代价。第三，量力而行，是在经济责任审计工作中贯彻总理指示的具体体现。近几年总理在听取审计署工作汇报时，反复强调了突出重点的问题，他要求"不仅要继续突出重点，而且对每个重点都要做到解剖麻雀，把问题搞深搞透，能够从制度上、机制上提出意见"。对经济责任审计工作，李金华审计长曾经专门指出："不能单纯地追求数量，审得再多，如果质量不行，还不如不审。"不能从消极的方面把量力而行简单地理解为有多少人干多少事，突出重点、量力而行有助于解决审计任务重与力量不足的矛盾，但这不是最终目的，我们的目的在于把有限的审计资源用到"刀刃"上，通过在重点领域、重点项目上集中运用一定的审计资源，来提高审计质量，求得实效，做到审一个就审好一个，事半功倍，以一当十。不区分轻重缓急，遍地开花，平均使用力量，就会只开花不结果，表面上轰轰烈烈，最后收效不大。贯彻"量力而行"的原则，要求我们各级审计机关在工作中不搞一刀切，不"刮风"，一切从实际出发，从本地区、本部门的实际出发，准确掌握审计对象和审计资源的情况，加强与干部管理部门的协调沟通，合理确定经济责任审计的重点项目和重点内容。

"提高质量"是对经济责任审计工作的核心要求。审计质量是审计工作的生命线。提高质量是维护经济责任审计制度生命力的需要。经济责任审计能否真正在干部管理监督中发挥出制度约束作用，这项制度能否保持长久、旺盛的生命力，归根结底还取决于审计质量。有些审计干部抱怨干部管理部门不能很好地运用审计成果。审计成果的运用直接关系到经济责任审计在干部管理监督中发挥作用的大小，这一点是不容置疑的，但我们也要看到，审计成果能不能得到充分运用，直接取决于审计成果本身的质量如何，是否可用，可用程度有多高。因此，在经济责任审计中，必须把提高质量的要求贯穿于审计工作全过程。首先，在审计项目的确定上，就要确立精品意识。要本着量力而行的原则，宁可少审几个项目，也要保证足够的力量对每一个项目审深审透。在具体项目选择上，要突出干部管理和监督的重点对象，如近期面临换届或任期将满的干部，掌管资金分配权和资金量大、群众反映多的地区、部门、单位的主要负责人，以及重要国有骨干企业的领导人员，应优先安排审计。在审计过程中，要坚持以财政财务收支审计为基础，突出涉及经济责任的严重弄虚作假、严重违反财经纪律、重大经济决策失误造成损失浪费问题和个人经济犯罪问题等审计重点，集中力量审深审透。其次，要建立起有效的审计质量控制机制，加强质量管理。在审前调查、审计方案制定、审计内容确定、审计取证、审计报告等环节上，都要实行分级负责、相互牵制的质量控制制度，把好审计复核关，建立健全责任追究制度。再次，要积极探索科学有效的审计方法。经济责任审计不完全等同于常规的财政财务收支审计，有其自身的规律和特点。必须逐步摸索、认真总结经济责任审计的规律，通过不断实践，探索出一套适应其特有规定性的审计方法，特别要注意研究经济责任审计的内容范围、审计程序、取证模式和分析评价体系。要从审计工作全局出发，努力做好“结合”的文章，一是把经济责任审计与常规的财政财务收支审计结合起来，二是把任中审计与离任审计结合起来，三是把查实群众举报线索与审查会计账目结合起来。这三个结合，也是提高审计质量的有效途径。最后，要加强对审计情况的综合分析，提高审计成果的层次和水平。要善于从具体的审计项目中发现普遍性、倾向性问题，善于在揭露和反映问题的同时，对审计成果进行“深加工”，提出从体制、机制和制度上解决问题的对策建议，为党委、政府领导的宏观政策决策提供依据。

“防范风险”是保证经济责任审计制度健康发展的关键所在。真实、准确地反映领导干部履行经济责任的情况，对干部做出实事求是、客观公正的评价，为干部管理和监督部门考核使用干部提供可靠依据，是经济责任审计的基本目标。经济责任审计的最大特点，在于它是财政财务收支审计的人格化，政策性强，涉及面广。与常规的财政财务收支审计相比，经济责任审计所处的审计环境更特殊、更复杂，审计风险因素更多。如果对被审计领导干部的经济责任判断失误，发表与真实情况不符或评价不当的审计意见，就可能直接影响对领导干部的正确使用。经济责任审计的风险不仅仅是审计机关自身的风险，由于审计意见不当还会引发用人风险，并由此给一个地区、一个部门或单位的发展造成不应有的损失，给党的事业造成损失。只有树立强烈的风险意识，努力防范和减少经济责任审计的风险，才能使这项工作真正成为干部管理和监督工作中一个必不可少的环节，起到既设“关”又设“防”的作用，经济责任审计制度才能真正树立权威，继续深入发展。防范风险，首先要完善审计规范。各级审计机关在工作中要充分发挥主观能动性，不等不靠，在深入探索的基础上，及时总结经济责任审计计划管理、审计范围、审计方法、审计程序、审计评价、审计结果运用、审计文书格式等方面好的成熟的做法，将这些做法以审计规范的形式确立下来。审计署在制定全国统一规范的条件不十分成熟的情况下，将通过各种方式介绍地方的典型经验，用典型引路。防范风险，还要切实把好审计评价关。审计评价应该主要围绕审计内容进行，坚持审什么评价什么，超出法定经济责任范围的事项、未经审计的事项、未经查实的问题不作评价。确需在审计报告中引用的资料，要写明资料来源，表明不是审计核实的结果。审计评价要做到客观公正，对被审计的干部做出比较全面的评价，着重回答好几个问题，包括干部所在地区、单位的财政财务收支是否真实，是否存在个人违反决策程序造成损失浪费的问题，领导干部个人是否有经济问题等，同时要把领导责任和直接责任、决策责任和执行责任、集体责任和个人责任、前任责任和现任责任区分清楚。

总体上看，“十六字”原则的四句话是一个相互联系的有机整体，不能把它们孤立起来看待，只强调其中一点而忽视其他方面。积极稳妥是总的要求，量力而行、提高质量、防范风险是这一总要求的具体体现。量力而行是工作方法，也是提高质量、防范风险的前提；提高质量、防范风险是量力而行的落脚点。提高质量与防范风险相辅相成，质量越高，风险越小，提高质量是防范风险的重要一环，防范风险要在提高质量上下功夫；消极地防范风险，缩手缩脚，无所作为，审计质量就难以保证，不仅防范不了风险，反过来还会加大风险。

总之，广东会议提出的当前和今后一个时期经济责任审计工作必须坚持的“积极稳妥、量力而行、提高质量、防范风险”的“十六字”指导原则，是经过广泛调查研究，立足当前全国的实际情况确定和提出来的，对于搞好今后的经济责任审计工作具有非常重要的指导意义。希望与会同志在研讨中以及今后工作中，要认真学习、切实贯彻全国审计工作座谈会精神，正确理解、准确把握经济责任审计的指导原则，既要积极实践，勇于探索，又要量力而行，稳步推进，扎实有效地推动经济责任审计工作的深入、健康发展。

审计署工作概况

署领导、党组成员名单

审　计　长： 李金华
副审计长： 令狐安　翟熙贵
刘鹤章（—1月）
刘家义　董大胜
项俊波（1月—）
驻署纪检组组长： 王道成
党组书记： 李金华
党组副书记： 令狐安　翟熙贵
党组成员： 刘家义　董大胜
项俊波　王道成

审计署机关

【审计署工作简述】　2002年，全国审计机关和广大审计人员在党中央、国务院和地方各级党委、政府的领导下，紧紧围绕经济工作中心，进一步突出审计重点，加大对重大违法违规问题和经济犯罪案件的查处力度，注重提升审计成果的质量和水平，审计工作取得了新的成效。全国共审计10万多个单位，查出违法违规行为金额2000多亿元，审计处理后，已交财政112亿元，归还原渠道资金79亿元，减少财政拨款和补贴5亿元，向司法机关和纪检监察部门移送各类违法犯罪案件线索1429件。

一、从促进依法行政和推动财政体制改革的高度，深化中央预算执行审计

审计国务院57个部门和单位2001年度预算执行情况，查出39个部门隐瞒事业和经营收入8.56亿元，17个部门未按规定上缴预算收入和预算外资金7.13亿元，31个部门挪用财政资金用于行政经费、基建和对外投资等4.93亿元。经过经常性的审计监督，一级预算单位违法违规问题总体上呈下降趋势，尤其是重大违法违规问题明显减少。查出的上述问题主要集中在一些收入较多的部门和二、三级预算单位。

审计发现，不按规定编制和批复预算的问题仍比较突出，涉及29个部门。主要是预算编制不完整、预算支出没有细化到项目和资金使用单位、擅自调整支出项目、预留预算资金、越级或延迟批复预算，有的甚至编制虚假预算，套取财政资金。

二、围绕落实国家宏观经济政策，加强专项资金审计

2002年，审计署统一组织了对国债专项资金、重点机场建设项目、民航建设资金、国土专项资金、三峡库区外迁移民安置资金、农业综合开发资金、企业基本养老保险基金的审计及调查。发现的主要问题是：歉收欠缴及违规减免现象比较普遍、挤占挪用问题仍然比较严重、项目管理比较混乱、决策失误造成损失浪费问题比较突出。如国家投资近30亿元建设的某国际机场，由于当地政府决策失误，建设规模过度超前，旅客量和货邮量只达到设计规模的三分之一左右，航站楼和机场生活区大量闲置，运营五年累计亏损已达11亿元；国债项目某高速公路在建设过程中，由于当地政府出面干预，被迫为高尔夫球场让道，造成直接经济损失4000多万元。

三、围绕防范和化解金融风险，强化金融审计

组织对中国建设银行总行、20个一级分行和直属分行，以及中国农业发展银行及2000多个分支机构的审计。在审计中，以资产质量为主线，紧紧围绕“风险、效益、管理”，针对金融领域存在的突出问题，积极应用计算机审计技术，取得了明显效果。审计发现违规放贷、违规拆借、高息揽存等违规经营问题未得到有效遏制，私设“小金库”、账外资产等财务管理混乱的问题仍然比较突出。审计共查出各类涉嫌经济犯罪案件线索51件，涉案人员74人，涉案金额22.74亿元。如广东省汕尾市公安局原副局长杨某等人以虚假按揭方式诈骗建行贷款3800多万元。

四、围绕保证国有资产安全和保值增值，加大企业审计力度

组织对12户中央管理的重要骨干企业进行了审计，发现的主要问题：一是会计信息失真，特别是虚增利润问题较为严重。由于企业缺乏诚信意识、自身利益驱动，以及长期以来对企业领导人的业绩考核过多依赖于收入、利润等指标但又缺乏严格有效的监督检查，导致企业做假账的现象非常普遍。截止到2001年底，12户企业共虚增利润32亿元，利润不实率达27.58%。

二是资产质量不高问题仍很突出。有的企业只注重经营规模的扩张，忽视管理和监督，缺乏风险控制，大量盲目对外投资，造成许多投资无效益。截止到2001年底，12户企业各类不良资产共计435亿元，占总资产总额的5.7%，占净资产的16%，平均每户36亿多元。其中三年以上应收款占40%，其余主要是长期投资损失、存货损失以及固定资产闲置等。

三是决策失误等造成国有资产损失严重。一些企业的投资、担保等决策程序不完善，缺乏可行性研究，甚至个人说了算，导致项目过多过乱，跟踪管理不够，有的上当受骗。截止到2001年底，12户企业对外投资、借款和担保等形成损失72亿元。

此外，审计还发现，由于内部控制薄弱，管理监督不严，特别是领导干部的权力没有得到有效制衡，少数人借机肆意侵吞国有资产现象严重。

五、加强干部管理和监督，稳步推进对领导干部的经济责任审计

全国审计机关继续贯彻落实中办、国办两个暂行规定，积极推动经济责任审计工作的深化、规范和提高。国有及国有控股企业领导人员的经济责任审计逐步深化，县以下党政领导干部的经济责任审计普遍推开，县以上党政领导干部经济责任审计的试点范围逐步扩大，部门、单位管理的领导干部经济责任审计逐步展开。据统计，全国审计机关共对45753名领导干部进行了任期经济责任审计，查出违法违规行为金额662亿元，损失浪费18亿元，移送司法机关388人，移送纪检监察部门处理851人，建议有关部门给予党纪政纪处分261人。审计署对陕西省原省长进行经济责任审计试点，坚持以财政财务收支审计为基础、以重大经济决策为重点、以落实经济责任为主线的指导思想，取得了良好效果。8月份在广东召开全国审计工作座谈会，专题总结了两年来经济责任审计工作取得的成绩和经验，分析了工作中存在的困难和问题，确定今后一个时期经济责任审计工作必须坚持“积极稳妥、量力而行、提高质量、防范风险”的原则，推动了经济责任审计工作的进一步发展。

六、加强分析研究，促进标本兼治

审计署在揭露查处问题的同时，注意抓住典型案例和带有倾向性、普遍性的问题，加强研究分析，在治本措施上提出了许多加强和改进管理的建议。如根据中央预算执行审计情况提出的进一步严格部门预算管理、改革专项转移支付制度、进一步推行和完善政府采购制度、中央财政举借的政府外债收支应尽快纳入预算管理、切实抓好增收节支工作等建议，受到全国人大和国务院的重视。据统计，全国审计机关共向各级党委、政府提交审计调查报告近万篇，被批示、采用3000多篇。（撰稿人：陈遂征）

【办公厅】　2002年，办公厅人员编制52人，在编52人，领导职数4名；设有10个职能处（室）：调研处、信息处、计划统计处、财务处、秘书处、档案处、审计长办公室、厅办公室、署举报中心办公室、文印室。

领导成员

主　任：刘宝衡

副主任：吴泽民（—1月）

王秀明（4月—）

刘玉慧（兼审计长办公室主任，7月—）

周德铭（兼署信息化建设办公室主任）

正司级审计员：颜建军

副司级审计员：周维培（—4月）

工作综述　认真贯彻全国审计工作会议精神和署党组的指示，围绕进一步提高工作质量和水平的目标，突出一个“实”字，全厅工作思路明确，重点突出，计划性、主动性、实效性明显增强，圆满地完成了全年的各项工作任务。

改革计划、统计工作，进一步发挥其在审计工作中的重要作用　制定新的《审计机关审计项目计划管理办法》，提出《关于深化统计工作改革的实施方案》。新的计划管理办法明确了审计计划的编制依据、模式和内容，对计划的编制、下达、调整、报告等工作流程进行规范，减少环节，提高效率；明确编制审计方案的重要意义、基本要素、责任单位和审批权限；严格授权项目和自定项目的管理，规范申报、审批、实施、报告、检查制度。较好地解决计划编制依据和方法不统一、统筹安排协调不够、授权项目与审计工作重点脱节、审计成果汇总和计划执行考核不完善等问题。统计工作改革方案，重点对统计报表、统计分析和统计基础工作3个方面进行改革，较好地解决了统计报表指标分类不够科学、内容不够完整；统计分析和基础工作相对薄弱，落后于形势发展要求等问题。此外，编制印发2002年度署统一组织审计项目计划、授权地方审计项目计划，汇总通报2001年度和2002年分期的审计工作统计结果、2001年度授权审计工作情况，汇编审计统计资料，起草2003年度署统一组织审计项目计划草案，研究、提交“金审工程”“审计项目计划管理信息系统”、“审计统计台账和审计统计报表系统”软件的需求报告等工作。

增强宏观创新意识，切实提高

文稿起草质量　办公厅围绕审计工作中心和署领导的工作思路，起草署的重要会议文件、报告、报刊文章等60多份，质量明显提高。根据李金华审计长关于中央预算执行审计“两个报告”要有所创新，有所突破，要“加强理性分析，提高报告质量”的指示，报告起草工作注意把握总体概念、反映突出问题、加大分析力度、提高建议质量，并对报告框架结构进行改进，使“两个报告”比较全面、完整地反映审计工作所取得的成果，更加适应国务院和人大常委会对审计工作的要求。同时，年初向总理的汇报材料和全国审计工作会议文件、五年工作总结报告等重要文稿主题突出，思路明确，质量有较大提高。此外，参加署组织的加强和改进特派办工作等调研活动，较好地完成调研报告和有关指导意见的起草工作。

加强信息宣传工作，继续扩大审计影响　全年共编发上报审计信息105期。其中，16期《审计要情》均得到国务院领导的批示；89期《重要信息要目》被中办采用45期、国办采用39期，被国务院领导批示23期。信息工作分别被中办、国办评为先进单位。同时，转送部委信息300多篇，编发《审计工作通讯》18期。对全国审计工作会议、经济责任审计、实行“八不准”的成效等进行重点宣传报道，中央新闻媒体共播发审计宣传稿件120多篇（次），仅全国审计工作会议期间就播发40多篇（次），中央电视台对李金华审计长的专访节目等在社会上引起较大反响。建成开通国办网站；改进互联网站，使访问量不断提高，全年已超过16万人次。此外，举办特派办信息工作培训班，组织开展基层审计机关存在困难和案件移送情况的专项调查。

切实加强财务工作，促进审计机关的内部管理　一是进一步规范预算支出管理。年初预算逐步实行定员定额，定额标准较为合理，预算拨款部分能够基本满足各单位正常支出的需要，没有较大的资金缺口，预算执行情况平稳顺利。同时，积极申领资金，审计经费有所增长，解决两个新成立特派办的开办资金。二是完成年度部门预算批复、决算编报，请领和拨付财政资金，编制分期财务报告，审核会议（培训班）预算及签订合同等项工作，举办两期财会培训班和两次部门预决算工作会议，组织更换会计从业资格证书。三是组织特派办开展有针对性的财务整改和自查性财务分析，组织对行政事业单位银行账户进行清理整顿，对沈阳、长沙、广州等3个特派办的原特派员进行离任经济责任审计，对特派办异地调动干部重复购买职工住房问题进行调查并提出处理建议。四是参与“金审工程”财务管理办法等规章的研究制定，设计财务月报表并合作开发相关软件，与财政部连通预算管理计算机网络。

做好文秘档案和领导服务工作，进一步提高工作质量和水平　全年共完成文件核稿2400多件；收发纸质文件11000多件、100000多份，收发电子文件10000多件、上网7000多件；交换文件、信函60000多件、直送文件和印模100多次，署机要文件交换工作继续被评为先进单位。同时，积极推进计算机网络的办公应用，有效地减少以办公厅名义制发的正式文件、署机关纸质文件的印数和基层上报的纸质文件、阅件和内参资料基本实现电子化。积极研究论证，按期提交“金审工程”“机关辅助办公系统”和“公文处理系统”软件的需求报告。

积极推动档案管理规范化。组织地方审计机关、特派办和署直属事业单位的人员进行档案业务培训，对署机关、派出局的审计档案、文书档案组织检查，接受国家档案局的档案执法检查并受到好评，使用统一软件报送档案年报受到国家档案局通报表扬。同时，检查、接收各类档案2298件516卷，提供借阅1686卷；对历年档案进行清理；组织参加国家档案局布置的档案法制知识竞赛和档案安全大检查；完成两个年度文书档案的扫描，研究、提交“金审工程”“审计档案信息管理系统”软件的需求报告。

审计长办公服务工作更加有效。一是加强对署领导有关情况的整理研究和文稿起草工作，共为署党组或署领导起草各类报告、讲话、新闻等稿件200多篇，协助领导处理审核文稿3000多件，积累领导工作资料等45卷；二是办理近百次署内会议的记录和会务工作，编写《会议纪要》、《值班简报》等100多期，编发供领导参阅的《网上摘要》；三是完成领导交办事项200多件、催办事项400多件，协助领导处理群众来信500多封、接待来访300多人次，传送、保管文件资料40000多件；四是加强督办工作，2001年党中央、国务院领导交办事项33件已全部办结，署领导交办批办事项341件绝大多数也已办结；五是健全审计长办公系统的有关工作制度，较好地安排和完成值班工作。

文印工作保持较高质量和良好服务。全年录入和扫描3509万字，胶印和复印95万张。在纸质文件印数略有减少，电子文件录入和扫描总量却大幅增长的情况下，按时完成任务。

努力做好保密、信访、提案等工作，保障和促进审计工作的开展　保密、密码工作取得新的进展。重点组织完成新型密码设备的改进研制工作，使审计机关的计算机密码通信设备做到种类齐全、性能先进，进一步提高计算机的通信保障和保密防范能力。此外，参与“金审工程”安全方案和军工企业审计保密问题的研究、协调，组织检查并向中办报告装备使用密码的计算机网络的安全情况，组织署机关开展保密宣传教育活动。

继续加强信访举报工作。共受理来信、来访、电话、电子邮件等各类信访举报事项3983件，比上年增长5%。逐步建立值班、联动接访、署名举报回复等制度，加强督办、资料积累和人员培训；确保各类信访举报事项的及时处理，提高上访事项的一次性办结率，解决了一些历史积案。

较好地完成人大建议、政协提案的答复工作。共组织办理25件，答复质量比往年进一步提高，受到有关代表、委员的一致好评。

组织完成重要会议的会务和会议管理等工作。承办全国审计工作会议等3次全国性会议的会务工作，组织或协助办理10多次全署大会、讲座和国际展览、论坛等的有关工作。向国务院报告2001年全署开会发文情况，印发署机关2003年会议计划。研究起草派出局管理补充规定等文件，完成领导交办的协调、调查等工作。（撰稿人：陈遂征）

【法制司】 2002年，法制司人员编制18人，在编15人，领导职数3名；设有4个职能处：法规处、复核处、质量检查处、法律事务处。

领导成员

司　长：王常松

副司长：李淑敏

工作综述　以大力推进审计法和审计准则的贯彻落实为工作目标，顺利完成全年审计法制工作任务。

中央和国务院领导批示审计案件跟踪检查工作　年初，朱镕基总理提出，要加强对领导批示审计案件的跟踪检查。根据署党组部署，法制司先对1999～2001年中央和国务院领导批示的审计案件进行收集、汇总。经核实，三年间共有11位中央和国务院领导批示148件重要审计案件。法制司牵头组织署有关单位对其中72件重点案件的落实情况进行跟踪检查，给署领导报送了《关于中央和国务院领导批示的重要审计案件落实情况的报告》。跟踪检查结果表明，中央和国务院领导批示的重要审计案件有97%以上得到落实。7月8日，李金华审计长对跟踪检查工作批示：“我看总体情况很好。”7月1日，董大胜副审计长批示：“从总体上看，移送案件处理情况是好的。”

全国优秀审计项目评选工作　根据署党组部署，审计署从2002年开始统一组织全国优秀审计项目评选。法制司组织起草《审计署优秀审计项目评选办法（试行）》、《审计署关于开展2001年度优秀审计项目评选工作的通知》以及优秀审计项目评分标准。作为署优秀审计项目评选小组办公室，对各省、自治区、直辖市审计厅（局）以及署机关各单位、各特派办、各派出局推荐的优秀审计项目认真评选，提出初评意见。经署领导审定，京津冀、济南、深圳特派办以及山西省审计厅、署金融审计司5个审计项目被评为2002年度全国优秀审计项目，郑州特派办等单位的14个审计项目被评为2002年度全国表彰审计项目。12月10日，翟熙贵副审计长批示：“初评小组工作认真细致，原则同意初评结果。”

审计立法工作　第一，完成《国务院关于违反财政法规处罚的暂行规定》的修订起草工作。1月4日，署领导向朱镕基总理汇报工作时建议要修改《国务院关于违反财政法规处罚的暂行规定》，国务院将该法规列入2002年的立法工作计划。与财政部、监察部有关部门共同对《国务院关于违反财政法规处罚的暂行规定》进行修订，草拟《财政违法行为惩处条例（送审稿）》，3部门于9月份会签后已报送国务院审定。

第二，继续构建国家审计准则。近几年审计署颁布了三批共15个审计准则。2002年，法制司组织有关人员起草《审计机关审计抽样准则》、《审计机关分析性复核准则》、《审计机关内部控制测评准则》、《审计机关审计事项评价准则》、《审计机关审计重要性与审计风险评价准则》等5个审计准则，并在南京召开专家论证会，对上述5个准则进行进一步修改和论证，已下发全国审计机关征求完意见。

第三，完成《审计署审计结果公告试行办法》的草拟工作。为落实年初朱镕基总理在听取署工作汇报时关于“审计公告制度一定要搞”的指示，根据署领导的安排，草拟《审计署审计结果公告试行办法》。2002年3月19日，《审计署审计结果公告试行办法》正式发布施行。

立法协调工作　2002年，法制司就《中华人民共和国证券投资基金法（草案）》、《中华人民共和国保险法修正案（草案）》等法律法规草案办理外部立法协调40多件，努力提升立法协调工作质量。其中，审计署就济南特派办提出的国家机关、事业单位会计人员能否构成隐匿或者故意销毁会计资料罪的犯罪主体问题（《刑法》第162条），向全国人大法工委去函并沟通，全国人大法工委做出肯定答复，完善了国家刑事立法，大量新闻媒体予以报道。9月7日，李金华审计长对此做出批示：“这项工作做得好。”又如，署就《中华人民共和国民办教育促进法》提出的“民办学校应当在每个会计年度结束时提交财务会计报告，委托会计师事务所依法进行审计，并公布审计结果。”等建议，已被接受并颁布。

审计复核工作　全年法制司共复核署机关业务司和各派出局审计

业务公文587份，其中：审计意见书212份，审计决定书123份，审计建议书16份，决算审签意见书15份，经济责任审计结果报告6份，移送处理书和听证告知书5份，审计通知书210份。按审计项目划分，共复核审计项目214个，其中：国务院部门2001年度预算执行审计项目61个，中央国库审计项目14个，海关审计项目两个，国税审计项目14个，国债专项资金审计项目16个，省级财政决算审计项目7个，“收支两条线”专项审计项目56个，金融审计项目3个，企业财务收支审计项目两个，行政事业单位财务收支审计项目两个，退耕还林还草试点工程资金审计项目12个，企业职工基本养老保险财政专项补助资金审计项目6个，境外审计项目7个，领导人员任期经济责任审计项目6个，专项审计项目（含专项审计调查项目）6个。对审计文书使用、法规引用、审计事实表述、审计定性和处理处罚等方面存在的问题及时提出复核意见，绝大多数复核意见被采纳，为署领导签发审计业务文书提供参考。在审计复核工作的基础上，发布《审计署办公厅关于审计复核情况的通报》，集中反映审计执法和执行审计准则中存在的一些共性问题，促进审计人员审计质量意识的提高。

质量检查工作　法制司于4月举办“审计机关监督检查社会审计组织审计业务质量培训班”，董大胜副审计长做了重要讲话，对检查工作做了总体部署，制定“2002年监督检查社会审计组织审计业务质量工作方案”。根据检查方案，组织检查16家具有上市公司审计资格的会计师事务所（占全国71家有相同资格的会计师事务所的23%）完成的30家上市公司年度会计报表的审计业务质量。通过监督检查，揭露了一些会计师事务所执业质量方面存在的重大问题。检查发现13家会计师事务所的46名注册会计师出具的22份审计报告，存在重大疏漏或严重不实。在延伸检查上市公司中，发现了一些上市公司编造虚假销售收入、虚假利润、大股东占用资金、关联交易披露不实等重大违法违规问题。对存在严重执业质量问题的会计师事务所和注册会计师已经移送财政部和中国证监会处理；对财务信息存在重大疏漏或严重不实的上市公司已经移送中国证监会处理；审计署就检查情况向国务院写了专题报告，提出了一些建议。此外，法制司还按计划完成对武汉、上海和哈尔滨特派办2001年度完成的审计项目质量的检查工作。

法制宣传教育工作　6月，在中组部、中宣部、司法部召开的全国领导干部学法用法工作电视电话会议上，审计署作为中央国家机关的惟一代表作典型发言，向全国介绍审计机关领导干部学法用法工作经验。会后，审计署转发《中组部、中宣部、司法部关于加强领导干部学法用法工作的若干意见》，要求全国各级审计机关遵照执行。4月，在全国普法办召开的中央国家机关及直属单位普法工作会议上，审计署在大会上第一个做了审计机关普法依法审计工作经验介绍，宣传了审计机关在“三五”普法依法审计工作中所取得的成绩，介绍了审计机关“四五”普法依法审计的启动情况。会后，李金华审计长将在大会作的经验材料批给署党组成员传阅。

此外，法制司全年还答复地方审计机关请示9件，回复全国人大、全国政协提案8件，办理哈尔滨市广济电磁线厂等单位提出的审计复议事项5件。经复议的案件，没有一起被提起行政诉讼。（撰稿人：彭新林）

【财政审计司】　2002年，财政审计司人员编制22人，在编20人，领导职数3名；设有4个职能处：一处（负责中央预算情况审计）、二处（负责税务审计）、三处（负责海关审计）、四处（负责省级人民政府预、决算审计）。

领导成员

副司长：侯　凯

陈尘肇（—4月）

卢家辉（4月—）

刘正均（9月—）

审计成果　先后组织开展了对财政部具体组织执行2001年中央预算情况的审计，对海关总署直属的上海、天津等16个海关履行监管职责情况的审计，对浙江、江苏等16个省（市）2001年企业所得税入库情况的专项检查，对16个省（区、市）国税部门中央税收征管和长期建设国债管理使用情况的审计，以及对49个县（市）财政状况的审计调查等审计（调查）项目。

继续深化中央预算管理审计　2002年对中央预算管理情况的审计，重点揭露了财政部在中央预算执行和预算管理中存在的不真实、不合法、不规范的问题，主要是：1.2000年，财政部将应收回的储备粮轮换费用结余和其他专项收入11.7亿元，直接留给中国储备粮管理总公司，作为流动资金和开办费。这部分收支没有在当年预算中予以反映。2001年，财政部将应从山西、安徽等5省结算收缴的专储粮救灾差价收入1.09亿元，直接抵顶了应拨付的专储粮利息费用补贴，未在预算中反映。这种做法，没有完整地反映当年预算收支规模。2001年，财政部清算1999年专储粮出口亏损补贴时，在2000年国家未下达中央储备粮出口计划的情况下，对已拨的出口粮食亏损补贴结余2.64亿元没有及时收回，已在中国储备粮管理总公司滞留一年。2.1999～2001年，财政部每年预拨农业银行第四季度扶贫贷款财政贴息资金共5.44亿元，未及时与农业银行总行办理结算。3.回收的农业综合开发有偿资金未及时安排使用。2001年，国家农业综合开发办公室组织回收的农业综合开发有偿资金，月平均存款余额16.2亿元，至年底结存15.55亿元，未及时安排用于支持农业开发方面的支出，仍滞留在农业综合开发办公室账户，占当年中央预算安排这项资金的24.6%。4.中央财政举借政府外债的预算管理办法要进一步完善。根据预算法实施条例规定，中央财政本年度举借的国内外债务和还本付息数额应当在本级预算中单独列示。财政部已将对外发行债券收支纳入了中央预算，但对中央财政统借统还贷款的收支未纳入中央预算，对中央财政统借自还贷款的债务收支也未纳入预算管理。今后财政部要按照预算法的有关规定，尽快完善办法，研究解决。5.截止到2001年底，财政部准备用于对外偿债的资金已达300多亿元人民币，长期存于国际司。但中央财政又在预算中安排资金，用于应由地方承担的统借自还项目的还本付息，加大了中央财政的负担。从审计情况看，这些资金管理也比较混乱，一直没有规范的管理办法，并且积存的资金被分别存入4家国有商业银行和中信实业银行、中国经济开发信托投资公司等36个账户中，其中部分资金以大额存单方式搞定期存款，存在一定风险。

加强对中央专项转移支付情况的审计，促使财政部改革和完善专项转移支付制度 对中央补助地方支出情况的审计，是近几年财政审计工作的重点之一。但从审计情况看，专项转移支付在项目设置、预算管理和具体执行中还存在一些不合理、不规范的问题，主要是：1.项目单位过多，资金使用分散。专项转移支付是中央财政为实现特定的宏观政策目标而设立的，具有特定的用途。但从审计情况看，2001年中央财政安排的221项专项转移支付，具体分配到了28000多个项目，涉及面广，内容繁杂。有的明显用于地方事权范围内的支出；有的用于解决中央与地方的财力分配；有的在实际执行中改变投向，未用于特定对象；还有个别项目设置时间过长，没有及时进行清理。如国债推销经费是1982年设立的，随着国债发行方式和客观情况的变化，已不再需要采取行政手段推销国债，但财政部2001年仍安排补助地方国债推销经费3970万元，用于撤销国债推销机构方面的支出。这些问题的存在，使专项转移支付不能很好地体现特定的政策目标，不利于发挥其应有的导向作用。2.预算编制和执行不够规范。一是资金分配还缺乏科学、合理的标准和依据。财政部管理的专项转移支付共221项，有41项没有明确的管理办法。有的在下拨前对可以分配到具体项目的，却没有落实到项目；有的没有根据接受补助对象的实际情况，一律采取平均分配的办法；还有些本应按因素法进行分配的项目，却采取基数分配的办法。如2001年安排的52.2亿元地方接收军队离退休、无军籍干部经费和优抚对象抚恤补助经费，均属对特定人员的补助，但实际操作中却按基数法进行分配，没有考虑人员的变化情况，所拨付的专项资金与实际情况脱节。二是有些预算批复和资金拨付迟缓。据审计抽查，财政部在2001年10月1日以后下达专项转移支付指标556.5亿元，占19.74%，其中，在12月20日后才下达的有129.97亿元，影响了资金的及时安排和使用。

进一步深化税收征管情况审计 对8个省（市）国税局2002年中央税收收入征管情况的审计，重点检查了68个市（地）级国税局、134个县级国税局、延伸审计了645个纳税单位。审计查出的主要问题是，一些国税部门征管不力，部分地方政府和国税部门违规减免税或变通执行税收优惠政策，少征税款18.56亿元。为保证所得税分享制度改革，还对所得税入库情况进行了专项检查，共抽查了16个省（市）的182个地市，重点抽查了3353户重点税源企业，查出影响2001年度地方企业所得税基数金额121.74亿元，占抽查地市所得税增长额的30%。此外，还对国家税务总局2002年度预算执行情况进行了审计。

对16个直属海关2001年1月至2002年4月关税及进口环节税征管情况的审计，查出违法违规行为金额41亿元，其中影响税收收入15.59亿元。主要问题有，一是加工贸易和保税货物后续监管不到位，部分加工贸易手册长期逾期未核，保税进口料件和产品被擅自内销或倒卖，有的甚至下落不明，涉嫌走私，违规问题金额20.8亿元，影响关税及进口环节税8.9亿元。二是执法不严，监缴不力，造成少征和欠缴税款8.63亿元。这次审计还发现了10起涉嫌走私的案件以及1名海关工作人员涉嫌违纪的问题。

不断加强对长期建设国债的审计 对15个省（区、市）2001～2002年8月长期建设国债管理使用情况的审计，共检查国债资金945亿元，约占同期中央安排用于地方国债专项资金总额的47%。这次审计查出的主要问题有：一是湖南、辽宁等9个省37个污水处理项目，由于前期准备不充分，配套资金不到位，以及运行费用不足等原因，项目建设和效益情况不理想。其中15个项目未按计划完工或开工，占抽查项目总数的40.5%。16个已完工项目中有7个项目达不到设计要求，不能按设计负荷和标准运转，造成设备闲置，没有起到应有的环保作用。已完工项目的配套设施建设普遍落后于主体工程建设，项目整体效益难以发挥。二是一些地方和单位违反基本建设程序，勘察设计失误，有的甚至行政干预项目建设，造成建设资金损失浪费。三是一些地方贯彻落实招投标制度不到位，违规招投标问题比较普遍，有的甚至通过招投标为本部门谋取不当利益；一些单位违法分包、转包工程，通过收取管理费等方式，盘剥国债项目建设资金1665万元；个别建设项目的财务管理相当混乱。

掌握县级财政收支的真实状况，研究改进地方财政分配体制 组织完成了湖北、四川等中西部10省(市)、49个县（市）级财政收支状况的审计调查。这次审计调查，发现县乡财政收支和财政运行中存在一些突出问题，主要有：一是一些地方为了完成计划任务、保收入基数，人为虚增财政收入，收入“水分”较大。2001年有45个县（市）虚增财政收入，虚增一般预算收入6.74亿元，占45个县（市）当年一般预算收入的16.15%。二是由于一些地方和主管部门的行政干预，县乡财政决算不实，隐瞒赤字问题比较普遍。2001年，审计调查的49个县（市）中，有37个县（市）累计瞒报赤字10.6亿元，为当年决算反映赤字的1.47倍。三是欠发国家规定工资的现象还比较普遍，累计欠发工资额还在逐年增加。截止到2002年9月，49个县（市）中有42个县（市）欠发国家规定工资，累计欠发工资25.15亿元。四是债务负担沉重。截止到2002年9月，49个县（市）累计债务余额172.04亿元(不含欠发工资和财政赤字)，平均负债3.5亿元，其中县（市）本级平均2.33亿元，乡镇平均475万元。

汇总起草2001年度审计结果报告，继续加强审计决定的落实工作 2002年，财政审计司汇总各业务司（局）审计成果，汇总起草了《审计署关于2001年度中央预算执行和其他财政收支的审计结果报告》。同时，不断加强审计查出问题的纠正和整改工作，在各司报送审计整改材料的基础上，起草了《国务院办公厅关于2001年度中央预算执行和其他财政收支审计查出问题纠正情况的报告（代拟稿）》。从落实结果看，2001年中央预算执行和其他财政收支审计查出问题的纠正情况是好的。据统计，截止到2001年10月底，已上缴财政各类税金和罚款109.01亿元，各类被挤占挪用的资金已归还原渠道28.36亿元，滞留的资金70.82亿元已全部拨付到位，移送纪检、监察、司法等部门立案查处的案件142起，有197人已受到党纪政纪处分或被依法追究刑事责任。

（撰稿人：籍吉生）

【金融审计司】 2002年，金融审计司人员编制22人，在编20人，领导职数3名；设有4个职能处：审计一处、审计二处、审计三处、审计四处。

领导成员

司　长：范　鹏
副司长：任有泉（—9月）
　　　　张　力（—4月）
　　　　袁　野（7月—）
　　　　崔光庆（4月—）

审计成果 全年共组织和参加9个审计项目。先后以《审计要情》、《重要信息要目》、《审计简报》等形式向国务院和有关部门上报或转送各类信息111篇，其中被中办和国办采用14篇，有些信息被国务院领导同志批示交有关部门办理。

人民银行2000年度预算执行及有关财务收支审计 2001年10月至2002年2月，统一组织16个特派办对中国人民银行（含国家外汇管理局）系统的141个单位进行审计。本次审计除了对人民银行预算执行情况进行审计外，还首次审计与财务收支有关的再贷款、再贴现等金融业务活动的真实性和合规性。审计发现中国人民银行2000年度预算执行和财务收支中存在的损益不实、账外资产等问题，以及部分再贷款、再贴现业务在管理方面存在的薄弱环节。10月开始，金融司又统一组织18个特派办对中国人民银行（含国家外汇管理局）2001年度财务收支进行审计。本次审计重点检查人民银行预算执行情况及与财务收支有关的金融业务活动的真实性和合规性，并对有关效益情况进行调查分析。

中国建设银行2001年度资产负债损益审计 4~9月，审计署统一组织18个特派办对中国建设银行总行及北京、辽宁、黑龙江、上海等16个省（市）的20个一级分行和直属分行2001年度资产负债损益的真实、合法和效益情况进行审计，对吉林分行进行审计调查。

审计表明，2001年中国建设银行紧紧围绕防范和化解金融风险，积极探索建立现代商业银行的路子，在提高信贷资产质量、强化财务管理、消化历史包袱、健全内部控制、完善业务规程、加强稽核监督等方面取得积极进展，全行不良贷款额和不良率实现了双下降，经营业务得到进一步开拓，中间业务收入持续增加，资金使用效率显著提高，资本性支出总量得到了控制，支出结构进一步优化，防范和化解银行风险的能力有了进一步增强。但从审计抽查情况看，建设银行仍然存在许多问题，突出表现在：整体资产质量状况有待进一步提高，违规经营问题还时有发生，自办实体清理还不够彻底，会计核算不实现象仍然存在。本次审计共查出和移交司法机关各类涉嫌犯罪经济案件线索20件，涉案金额22.58亿元，涉案责任人35人。

中国农业发展银行2001年度资产负债损益审计　4~9月，组织全国地方各级审计机关对中国农业发展银行2000多个机构2001年度资产负债损益的真实、合法和效益情况进行审计，审计覆盖面达到89%。审计表明，2001年度中国农业发展银行以收购资金封闭管理为中心，以防范和化解金融风险为重点，积极适应粮棉流通体制改革市场化进程，适时调整完善信贷政策，努力改善金融服务，深入开展清产核资工作，大力推进内部管理，在支持农业发展方面做出了积极贡献。但从审计抽查情况看，该行存在的主要问题是财务管理不规范、损益核算不实、私设“小金库”和账外固定资产的问题比较突出，信贷管理方面也存在违规问题。此外，本次审计共查出和移交司法机关各类涉嫌犯罪经济案件线索29件，涉案金额1400多万元，涉案责任人34人。

“收支两条线”执行情况审计　5~9月，金融司对中国人民银行、中国证券监督管理委员会和中国保险监督管理委员会“收支两条线”执行情况进行审计。

国务院领导交办的3项专案审计任务　2002年金融司组织有关特派办协助中纪委、公安部，完成国务院领导交办的中国银行开平分行、大连证券有限责任公司和沈阳盛发集团等3个专案的审计调查任务。

此外，在业务基础建设方面主要做了以下几项工作：一是在审计署外事司、审计干部培训中心的支持下，完成中澳合作《商业银行审计指南》的编写工作。二是加强审计业务培训工作，先后举办金融审计培训班、计算机审计培训班以及赴德国金融审计培训班。三是为加强中外金融审计方面的交流，金融司承担署组织的国际审计培训班授课任务，编辑3期《国外银行业监管》。四是搞好金融法规的收集、整理工作，编辑《商业银行审计法规汇编》。

主要特点　一是紧紧围绕“风险、效益、管理”，把握被审计单位的突出问题开展审计工作。资产质量不高，经营机制不健全、管理松懈，金融秩序尚未根本好转以及金融监管比较薄弱，是当前金融领域存在的突出问题。为此，2002年金融审计司抓住上述金融领域存在的突出问题，深入研究被审计单位具体情况，确定审计重点，有针对性地开展审计工作，取得一定效果。如，在对建设银行的审计中，金融司以资产质量为主线，紧紧围绕风险做文章，全面揭示该行整体资产质量状况，集中反映抵押担保贷款、消费贷款以及金融票据等业务存在的违规问题。同时，还以内控制度为切入点，检查统一授信、贷款三查、审贷分离等信贷管理制度的有效性，反映该行风险管理方面存在的薄弱环节。又如，在对中国农业发展银行的审计中，结合审前调查的情况，将资产管理作为审计重点，深入进行审计，发现农发行财务管理混乱、存在大量账外资产和“小金库”等问题。再如，在对中国人民银行的审计中，金融司在2001年审计的基础上继续开展对与财务收支有关的金融业务活动的合规、真实性审计，发现一些人行在运用货币政策工具及履行监管职责方面存在的问题。

二是大力推进计算机审计，加强计算机审计经验的运用和推广工作。2002年，金融司进一步加强计算机技术的运用和推广工作，从对商业银行的计算机审计，发展到对中国人民银行的计算机审计试点；从对电子数据审计发展到对计算机系统的审计；从审计现场的单机审计，发展到在审计现场全面实施局域网审计；从单纯利用计算机提供的检索、关联、计算等功能对电子数据审计，发展到利用计算机技术将审计人员的经验、技巧、方法智能化。为了进一步推广计算机审计，金融司在9月份组织特派办和地方审计机关的金融审计人员，举办了首届金融计算机审计培训班，请有关专家和特派办计算机审计能手，就结合实践开发的审计模块进行交流。同时，编辑《2002年计算机审计总结交流材料汇编》、《金融计算机审计模型汇编》。

三是加强审计实施过程中的指导和协调，不断提高金融审计工作整体水平。在对中国人民银行、中国建设银行和中国农业发展银行的审计中，认真做好宏观指导，及时解决审计中遇到的问题，进一步强化“五统一”原则，加强审计过程中的指导协调工作。1. 加强上下沟通，信息交流。审计中，金融司要求各单位定期上报审计情况和信息，重大问题要求随时进行沟通；同时，通过编发《审计工作动态》，将工作要求，以及各单位发现的典型性、倾向性问题，及时予以通报。2. 加强调查研究，增强审计指导的针对性。在审计过程中，金融司派出调查组，分赴甘肃、广东、新疆、江苏、吉林等地开展调研工作，有针对性地开展业务指导，并对重大问题进行督办。3. 通过完善“通用审计统计汇总软件”，进一步提高工作效率和审计成果汇总质量。（撰稿人：朱鼎朝、张秀丽）

【行政事业审计司】　2002年，行政事业审计司人员编制21人，在编19人，领导职数3名；设有4个职能处：一处（行政经费审计）、二处（事业经费审计）、三处（事业单位和预算外资金审计）和四处（中央部门预算执行审计）。

领导成员

司　长：张秋霞

副司长：杨　明（4月—）
　　　　赵保林（7月—）
　　　　鲍朔望（—4月）
　　　　王建中（5月—12月）
副局级审计员：褚志德

审计成果　全年组织协调署派出局对55个中央部门、单位2001年度预算执行和15个部门决算（草案）进行审计，对66个中央部门执行“收支两条线”政策情况进行审计和审计调查，与财政部、国家经贸委共同对已撤销的经贸委管理的原国家局债权债务进行清理；组织地方审计机关对16个省（市、区）政府采购进行审计和审计调查；还在署党组的直接领导下，组织参与了对陕西省省长任期经济责任审计、境外机构财务收支审计；组织实施了对中国青少年发展基金会财务收支审计等。全年向国务院提交专项审计和审计调查报告4份，得到了国务院领导批示。同时，不断加强调查研究，起草调研报告及论文21篇；经筛选，向署领导提交质量好、分量重的调研报告6篇；在《中国审计报》等报刊发表8篇。

行政事业审计取得新成果　2002年，根据中央领导同志指示和中组部委托，署党组决定对陕西省省长程安东同志开展任期经济责任审计。这一项目是审计机关成立以来首次对省长的审计，按照国务院批准的审计工作总体方案和署领导指示，坚持以审计财政收支特别是专项财政支出为基础，以陕西省省长贯彻执行中央经济工作方针政策、地方经济建设和重点项目投资、财政预算管理和财政支出以及国有资产管理等方面的重大经济决策为重点，把落实经济责任贯穿于审计工作的始终，认真核查群众举报反映的主要问题，坚持审计与审计调查紧密结合，顺利完成了审计任务。通过对陕西省本级1998～2001年财政收支和固定资产投资、社会保障资金等6个专项的审计，肯定了陕西省省长领导陕西省政府在贯彻实施西部大开发战略，执行中央方针政策，加快经济发展，实施“科教兴陕”战略，深化财政和社会保障体制改革等方面取得的明显成绩。同时，也揭露了执行财政预算法规不严格等问题，并明确了省长应承担的责任，客观地进行了审计评价。审计结果得到了陕西省政府和省长本人的认同。中央领导对审计结果报告做了批示。

努力深化“收支两条线”执行情况审计。组织派出局对66个中央部门、单位预算外资金收支及贯彻落实“收支两条线”情况进行了全面审计。通过审计，不仅摸清了中央部门行政事业性收费等预算外资金项目及收支的总体情况，查出了未严格执行“收支两条线”的问题，而且从财政体制和制度上提出了改进和加强预算外资金管理的2条建议。审计报告得到国务院领导的重视，李岚清同志批示：“同意审计署意见，请财政部会同监察部认真执行。”财政部按照审计建议正在积极采取措施，完善政策，加强管理。

积极探索政府采购审计。按照审计署统一计划安排，第一次组织开展了全国政府采购的审计和审计调查。通过对16个省、自治区、直辖市225个政府采购中心2001年开展政府采购情况的审计，并对相关财政部门和部分采购单位政府采购管理和执行情况的调查，揭露了当前政府采购监督管理和执行职责不分离、采购中心机构设置重叠、经济欠发达的县一级普遍设置采购中心、采购成效不明显等管理体制上的问题；政府采购项目预算管理滞后、采购资金支付管理不到位等财政管理制度上的普遍性问题；政府采购执行不严格、公开招标采购比例过低、随意变更采购方式、不执行规定的采购程序等倾向性问题，提出了完善政府采购管理体制、健全政府采购制度、规范采购行为的4条建议，向国务院提交了审计调查报告。

加大审计监督力度　深化中央部门预算执行审计。随着经常性审计监督等制度的实施，中央一级预算单位的重大违纪违规问题呈明显下降趋势。在这种情况下，着重从以下4个方面加大审计监督力度。一是加强对结存资金的审计，全面摸清中央部门家底。在55个国务院部门2001年度预算执行情况审计中，对各部门结存资金的来源、规模、结构和成因进行专门调查和分析，进一步摸清了中央部门的家底。二是揭露各部门预算编制和批复中的突出问题，推动部门预算改革。针对各部门不按规定编制和批复预算，预算不细化，擅自调整支出项目，预留资金等突出问题，2002年中央部门预算执行审计中，将其作为审计重点，查出29个部门存在这方面的问题。三是扩大中央部门决算草案审签试点范围，规范财政决算管理。全年组织派出局对国务院15个部门2001年决算草案进行审计，发现决算草案编制、汇总中虚列支出、少计资产、结余不实，少汇、漏汇所属单位报表等决算不实等问题。要求财政部在办理部门决算时予以调整、纠正。四是认真督促中央部门落实审计决定，加强整改。截止到9月，审计查处39个部门隐瞒的事业收入和经营收入，已调账、收回6.64亿元，占应纠正的77.6%；17个部门未按规定上缴的预算收入和预算外资金，已上缴6.82亿元，占95.7%；31个部门挪用的财政资金，已归还原渠道4.04亿元，占81.9%。中央部门预算执行和决算审计结果向国务院和全国人大常委会报告后，得到了充分肯定。

此外，具体组织开展对我国驻俄罗斯等6国使领馆（含甲类处）

和新华社驻外分社等25个独立核算单位财政财务收支审计，查出驻外机构存在的应缴未交款项及基建管理等方面的违规违纪问题。继续组织对原出入境检验检疫系统审计，督促落实整改措施。直接对中国青少年基金会“希望工程”及其他财务收支进行审计，向国务院提交了审计报告；对已撤销由经贸委管理的原国家局债权债务及经济担保情况进行审计，提出了审计意见。承担了对国务院机关事务管理局、最高人民法院、最高人民检察院预算执行和贯彻执行“收支两条线”的审计，促进规范财政财务收支管理。

推动行政事业审计工作发展

一是按照行政事业审计的主要业务和“人、法、技”基础建设划分为9个专题，要求各省（区、市）在全面总结的基础上，自行选择1个专题进行重点解剖，分析取得的成果，总结基本经验，找出存在的不足和面临的问题，有针对性地提出改进意见。各省（区、市）选择1个工作比较突出的地（市）或县的总结材料，连同省本级的总结报告一并报行政事业审计司，把总结提高工作不断引向深入。二是深入各地积极开展总结调研。翟熙贵副审计长带领行政事业审计司同志先后到浙江、江苏、黑龙江等地审计机关，召开19次座谈会，听取了3个省、19个（地）市和11个县（区）审计机关的汇报，了解各地审计工作情况，总结地方审计机关在实践中创造的新鲜经验和好的做法，与基层审计干部一起分析行政事业审计面临的形势，提出加强和改进的措施。同时也利用在西安开展省长经济责任审计和参加全国审计工作座谈会的时机，分别与陕西、广东省审计厅和部分市、县行政事业审计干部进行座谈，总结经验，了解面临的困难和问题。三是召开了全国行政事业审计工作座谈会。9月在杭州召开了全国行政事业审计工作座谈会，翟熙贵和刘家义两位副审计长到会并做了重要讲话，充分肯定了近年来行政事业审计工作取得的成绩，总结了4条基本经验，提出了深化部门预算执行审计、拓宽行政事业审计领域、改进审计方法、加强审计队伍建设等5项根本措施。

同时，对中央部门预算执行审计等重点专项工作也进行了总结。首先肯定了各派出局近年来取得的成绩和积累的经验，客观指出了存在的问题；分析了中央部门预算执行总体趋于好转，但随着财政改革的深化，各部门违纪违规行为也不断发生变化，产生了新的倾向性问题，需要引起高度重视。其次，组织各派出局自行总结，提出总结报告。在署8月份集中整训期间，专门总结中央部门预算执行审计成果和经验，相互交流，共同提高。第三，在总结的基础上，提出了深化中央部门预算执行审计的措施：在审计目标上，将财政财务收支审计和经济效益审计相结合，选择重点专项资金，审查其项目立项、资金拨付、支出用途和使用效益等环节，揭露专项资金严重损失浪费和使用效益低下等问题。在审计重点上，除对国务院所属部门进行审计外，选择部分中直机关开展审计监督；在加强对一级预算单位审计的基础上，选择重点二级单位，审查其财政财务管理体制、各项收入管理、预算外资金使用及与一级预算单位的资金往来情况，逐步摸清部门所属系统财政财务收支的家底。在审计方式方法上，加强部门预算执行审计与财政部审计、一级单位审计与二级单位审计、审计与审计调查的紧密结合；把特派办行政事业审计逐步纳入中央部门预算执行审计范畴，加强对一些垂直管理的中央部门和京外二、三级单位的审计监督，形成审计合力，推动中央部门预算执行审计工作进一步深化。

提高审计规范化和技术水平

为落实李金华审计长提出的规范派出局工作、实现“守土有责”的要求，行政事业审计司深入开展调查研究，掌握派出局及所管辖部门的情况，起草了《关于进一步深化派出审计局审计工作的几点意见》，进一步明确了派出局的基本职责、主要任务和今后五年的3项工作目标，确定了进一步深化和规范中央部门预算执行审计工作的8项措施，即：认真制定审计实施方案，严格审计程序，改进审计方法，提高人员素质和审计技术水平，在深化对一级预算单位审计的基础上，加强对重点二级单位的审计，规范财政财务收支管理，提高财政资金使用效益。另外，还与法制司共同研究提出了《关于规范中央部门预算执行审计文书的意见》，编制了统一的审计报告格式，加强对中央部门审计业务文书审核。全年行政事业审计司共审核派出局起草的《审计决定书》和《审计意见书》104份，提出审核意见82条，比2001年下降了45%，其规范化水平有所提高。

与此同时，积极探索行政事业单位网络审计试点，努力提高审计技术水平。根据署统一规划和现代审计技术发展的要求，行政事业审计司和南京特派办从2001年开始，选择中国科技大学为试点单位，将计算机技术、通讯技术、审计技术融为一体，首次开展了行政事业单位远程网络审计试点工作。成功建立了南京特派办与中国科技大学的远程审计网络系统，顺利完成远程网络审计软件的开发和测试，并利用该网络和软件有效实施了对中国科技大学财务收支审计，实现了由现场审计向远程审计、事后审计向事中审计、静态审计向动态审计的转变。（撰稿人：曾宪策）

【经贸审计司】 2002年，经贸审计司人员编制24人，在编17人，领导职数4名；设有5个职能处：一处、二处、三处、四处、五处。

领导成员

司　长：刘国权

副司长：喻政祥　郑凯旋

　　　　胡家俊

副局级审计员：苏凤荣

审计成果 受中共中央组织部委托和建议，统一组织16个特派办对12个中央管理的重要骨干企业财务收支及其领导人员的任期经济责任进行了审计；及时完成国务院领导及署领导交办的各项任务，全面加强企业资料库建设等基础工作。

主要工作 （一）完成了对12个中管企业的审计任务，基本摸清了企业家底，查出了大量的违纪违规问题，涉案资金达19.2亿元，上报7期《审计要情》，全部被国务院领导批示，并移交司法机关和中纪委、监察部门处理。经审计发现的主要问题，一是诚信意识不强，会计信息失真仍很普遍，尤其是利润失真率较高。经审计，截止到2001年末，12个中央管理的重要骨干企业虚增资产105亿元，虚增负债42亿元，虚减少数股东权益两亿元，虚增所有者权益65亿元；虚增利润32亿元，利润失真率达27.58%。二是经营管理不善，资产质量不高问题仍很突出。12个企业各类不良资产共计435亿元，占资产总额的5.7%，占净资产的16%。其中40%为三年以上应收款，还有长期投资损失、长期无效投资、存货损失、固定资产闲置等。三是风险意识淡薄、决策失误等原因造成国有资产损失仍较严重。12个企业审计查出国有资产损失72.3亿元。如中国电子信息产业集团公司所属中国电子进出口总公司违规对外提供担保、借款和投资，导致国有资产损失9.84亿元。中国航天科技集团所属中国运载火箭技术研究院违规对外出借巨额资金、提供贷款担保等，使2.8亿元国有资产难以收回。

（二）认真完成国务院、审计署领导交办的其他工作。1.与深圳特派办联合完成了国务院领导交办的对澳中旅的专项审计工作，审计调查报告已报国务院；2.完成中国华诚集团财务公司专案组的审计事项；3.负责中澳项目组开发企业财务审计软件工作，并着手经贸司网站建设；4.汇总上报《经贸司1999～2001年国务院领导批示移送案件跟踪情况报告》；5.审核劳动和社会保障部《关于中国人民保险公司等10户中央企业工资内外收入监督检查情况的报告》；6.承担了“国际审计培训班”的企业审计讲课工作；7.开展对6个地方审计机关的调研工作；8.参与了国务院境外企业救助部际协调小组工作；9.参加国务院减负办工作；10.牵头参加赴美企业审计培训工作，完成综合报告；11.派人参加了审计署对陕西省省长的经济责任审计工作；12.起草了《审计署关于政协九届全国委员会第五次会议第0365提案的答复函》。

探索企业审计的新路子 企业审计坚持以真实性为基础，把企业财务收支审计与经济责任审计结合起来，认真落实李金华审计长关于“财务收支审计是经济责任审计的基础，经济责任审计是财务收支审计结果的人格化”的指示。在审计实践中贯彻“摸家底、揭隐患、促发展”的审计思路，进一步把企业审计工作引向深入。“摸家底”就是要解决会计信息的真实性问题，重点是损益的真实性；“揭隐患”就是要在全面审计的基础上，揭露影响企业兴衰成败的重大事项，包括重大会计信息失真、重大决策失误造成损失浪费、重大潜亏和国有资产流失等问题；“促发展”就是通过审计，提高企业效益，实现国有资本的保值增值。具体来讲，就是要以企业的会计报表为总揽，以资本运动的轨迹为主线，以总部为龙头，从总体上把握企业，重点搞好“三个审计评价”、“两个关注”、“一个落实”及企业发展后劲评估。

（一）“三个审计评价”，一是重点审计评价企业会计信息的真实性，重点是损益的真实性。二是审计评价领导人员重大经济决策失误给企业造成的危害，包括对内对外投资、对外大额借款、对外经济担保、大宗商品采购和重大股权变动等。重点是是否有科学合理的决策程序，决策控制是否调动了执行层和员工的积极性。关键是评价决策失误对企业造成的重大损失以及对企业发展的影响。三是审查评价企业的资产质量状况，用回报率、不良资产比率和资产结构等重要指标来评价资产质量的优劣。同时，亦应对企业法人代表执行国家有关法规的情况做出评价。

（二）“两个关注”，在企业进行资产整合、重组的过程中，关注人为造成国有资产流失和逃废银行债务问题。

（三）“一个落实”，企业生产经营成果最终要落实到保障国有资产的安全和实现国有资本的保值增值上。

（四）企业发展后劲评估。通过对企业的盈利能力、偿债能力、发展能力的测试，对企业综合发展能力做出评估。（撰稿人：刘秋明）

【农业与资源环保审计司（简称农业司）】 2002年，农业司人员编制16人，在编15人，领导职数3名；设有3个职能处：一处（负责资源审计）、二处（负责农业审计）、三处（负责环保审计）。

领导成员

司　长：刘达朱

副司长：翟挨才

副司级审计员：黄正华（4月—）
王　华（7月—）

审计成果　组织对鞍山、济南、深圳3市国土专项资金的试点审计，促进当地政府和国土管理部门加强土地资源管理；组织对三峡外迁移民安置资金的审计，对移民安置情况进行调查，对外迁移民安置资金管理、使用的总体情况做出了评价，并积极反映审计发现的问题；对国家林业局预算执行情况进行审计，依法查处违法违纪行为；指导地方农业综合开发资金审计，促进了国家相关政策的落实。

审计工作情况　（一）探索国土专项资金审计路子。组织沈阳等3个特派办对鞍山、济南、深圳市2000年、2001年度国土专项资金进行了试点审计。审计查出的主要问题：一是违规减免、低价出让国有土地26宗，面积127.19公顷，占同期出让国有土地总面积的2.97%，减免和低于市价出让金额8.39亿元，占同期应收金额的4.17%；二是挤占挪用国土专项资金用于建办公楼、借给企业经营、对外投资、平衡财政预算等4.55亿元，占全部国土专项资金的3.15%；三是国土专项资金欠缴、缓缴问题比较突出。截止到2001年底，3市应收未收国土专项资金58.57亿元。审计期间，编报有关国土审计的信息13篇，其中6篇分别被中央办公厅、国务院办公厅采用，温家宝同志对其中的3篇做了批示。审计综合报告上报国务院并通报了国土资源部，引起了国土资源部和山东省政府的高度重视，国土资源部接连下发了《关于进一步推进依法行政的通知》和《关于清理整顿各类园区用地，加强土地供应控制的紧急通知》，并召开了全国进一步整顿土地市场秩序的电视电话会议。山东省政府也发出通知，要求严格土地执法，规范土地市场秩序。

（二）评价三峡库区外迁移民安置资金使用情况。组织承接三峡库区外迁移民安置任务的上海、浙江等11个省（市）审计机关，对179个县2000～2002年8月中央安排的外迁移民安置资金和地方各级政府专项补助资金进行审计，并对移民安置情况进行调查。审计总金额19.08亿元，查出违纪违规行为金额2649.13万元，占审计总金额的1.38%。审计期间促进资金拨付到位2110万元。审计结果表明：三峡移民外迁到上海、浙江等11个省（市）的有关各级政府对外迁移民安置及资金管理高度重视，都成立了三峡移民工作领导小组，认真落实国务院关于“以土为本，以农为主”和“迁得出，稳得住，逐步能致富”的安置方针，投入了大量人力、物力和财力，保证了移民安置工作的顺利进行。审计也发现在移民资金管理和移民安置中存在管理补助费超支、财务管理不规范以及少数移民耕园地分配未落实、个别移民生产生活设施不配套、不完善等问题。审计结束后向国务院报送了《审计署关于三峡移民外迁安置资金审计情况的报告》，温家宝同志做了批示。

（三）深化对中央预算部门的审计。对国家林业局预算执行情况进行审计，查出该局2001年预算执行中存在5大类60个问题，涉及违纪违规行为金额43475.24万元。其中，该局及所属单位虚报专项贷款发生额，套取巨额财政贴息资金，与下属单位相互串通转移财政资金；挪用林业项目专项贷款乱办金融业务等严重违规违纪问题，是当年度部门预算执行审计中查出的一个突出问题，写入李金华审计长向全国人大常委会所作的审计工作报告中。通过审计，促进归还原渠道资金9651万元，上缴财政1065.9万元。

（四）指导农业综合开发资金审计。按照署制定的审计方案，山西、重庆等14个省（区、市）审计机关对515个地、县1999～2001年农业综合开发财政资金进行了审计。审计总金额71.72亿元，查出违纪违规行为金额2.23亿元。主要问题是占用或抵扣、弥补经费、出借、用于企业经营；擅自调整项目计划、配套资金不足等。审计结束后，审计署将各地审计情况进行汇总、分析，向国家农业综合开发办公室做了通报。

（五）开展亚审组织环境审计委员会（ASOSAI WGEA）秘书处工作。一是完成了亚审组织环境审计委员会对外交流和网站更新等秘书处日常工作。二是派员参加了最高审计机关国际组织环境审计委员会在英国伦敦召开的执委会第一次会议，报告了亚审组织环境审计委员会过去一年的工作；派员参加最高审计机关国际组织环境审计委员会在南非约翰内斯堡地球峰会上举办的政府间国际组织平行主题活动，发表了题为《中国的政府环境审计》的演讲；派员参加了最高审计机关国际组织环境审计委员会在挪威奥斯陆举办的环境审计培训会议。三是修订了《亚审组织环境审计指南（草案）》；向亚审组织理事会提交了亚审组织环境审计委员会年度工作报告。

（六）围绕解决“三农”问题，做好有关工作。一是为做好新世纪的扶贫资金审计工作，7月，审计署与国务院扶贫开发领导小组办公室联合下发了《审计署、国务院扶贫开发领导小组办公室关于落实〈中国农村扶贫开发纲要〉，做好扶贫资金审计工作的意见》。二是落实署领导关于开展村级财务监督的指示，先后到农业部及广东、吉林、青岛的一些乡村进行调研，完成了《审计署关于村级财务监督情况的调研报告》，上报王忠禹并温家宝同志，温家宝做了批示。

"人、法、技"建设 召开了全国农业与资源环保审计工作会议。令狐安副审计长做了讲话。会议总结、交流了近些年来农业与资源环保审计工作经验，分析了面临的形势，研究讨论了今后一段时期如何深化农业与资源环保审计工作。各省、自治区、直辖市和计划单列市，新疆生产建设兵团审计厅（局），各特派员办事处主管领导、处长共104人参加了会议。

举办了全国农业与资源环保审计培训班，聘请财政部、国家林业局、国家环保总局等部门有关专家讲课。全国各省（区、市）审计厅（局）、新疆兵团审计局农业处，各特派员办事处承担农业与资源环保审计工作的处长、审计业务骨干共95人参加了培训。

同时还组织了"WTO与农业审计"课题研究，向署科研所提交了论文。在完成署里规定学习任务的基础上，还组织全司同志参观高科技农业基地和山西省大寨村。在署机关2001～2002年度创建文明司局活动中被评为先进单位。

工作特点 （一）创新工作。一是审计项目的拓展。开展了国土专项资金试点审计和三峡工程外迁移民资金审计。为做好国土资金试点审计，农业司在审计方案制定过程中，强化了调研工作，明确了审计工作重点；审计实施中，派人参加现场审计，及时发现和协助审计组解决审计工作中的问题；审计工作告一段落后，又召集审计组负责人到署研究审计中遇到的难题，交流审计情况和做法。二是审计方式与内容的创新。强化了审计调研工作，注意总结、反映调研工作中发现的新情况与新问题。通过审计调研，总结了农业与资源环保审计工作取得的经验，指出了存在的主要问题，提出了在新形势下，农业与资源环保审计工作的思路和任务；完成的关于村级财务监督情况的调研，得到国务院领导同志的重视。按照全国审计工作会议关于提高审计成果质量的要求，在审计报告对审计情况的总体分析和提高审计建议的水平方面做了积极尝试。

（二）保持部门预算执行审计工作的系统性、连续性。为实现"三年内确保中央本级各部门预算执行中不存在大的违纪违规问题"的工作目标，对国家林业局预算执行情况审计中，将部门预算执行作为一个系统和统一的过程来对待，在保持审计工作连续性的基础上，制定出各年度审计工作目标。针对其下属有资金管理职能的单位较多的情况，将预算资金的拨付环节和下属单位预算资金的管理、使用情况作为审计重点，加大对下属单位的审计力度，分析产生问题的原因，提出改进意见，促进部门预算管理水平的提高。

（三）学习国际环境审计先进经验，开展中国的环境审计。通过完成亚审组织环境审计委员会秘书处的各项工作，更加深刻地了解国际环境审计的最新进展，对中国环境审计的发展和国际定位有了更多思考。一是充分利用环境审计较之其他专业审计更具备与世界接轨的有利条件，进一步扩大中国环境审计的国际影响；二是高起点地开展中国环境审计。确定环境审计项目时，尽可能考虑最高审计机关国际组织环境审计委员会关注的重点。同时加强同环保部门的合作，开展环境绩效审计。

（四）总结经验，促进审计工作水平的持续提高。通过对国家林业局预算执行审计和2001年退耕还林审计的总结，明确了进一步做好部门预算执行审计和农业与资源环保专项资金审计工作努力的方向。农业司还加强了与地方审计机关和特派办农业处审计工作情况的沟通和业务指导，一是及时通报农业司、各省（区、市）农业与资源环保审计进展等动态；二是派人参加国土专项资金试点审计；三是加强培训，培训向西部地区倾斜，在针对具体项目培训的同时，加强宏观经济知识、政策的培训。（撰稿人：汪滢）

【社会保障审计司】 2002年，社会保障审计司人员编制14人，在编14人，领导职数3名；设有3个职能处：养老保险处、医疗保险处、福利救济处。

领导成员

司　长：姜　洪（8月—）

　　　　赵连栋（—8月）

副司长：刘海宇　秦　萌

审计成果 全年共组织两个行业审计、完成3个直接审计和两个审计调查，并与署计算机技术中心联合继续进行社会保障审计软件的前期准备工作。共提交《重要信息要目》9份、《审计工作通讯》7篇、转送有关部委参考的信息11篇，其中根据四川省审计厅上报的"四川省农村社会养老保险现状"的信息改写的审计信息得到了国务院领导的批示。

组织哈尔滨、武汉、长沙、成都、西安5个特派办及社会保障审计司对黑龙江、江西、湖北、湖南、四川和陕西等6个省的各级财政对地方基本养老保险基金的补助资金进行审计 此次审计单位包括省本级、部分地、市级和县级的财政部门和社会保障经办机构，以及森工、农垦系统和原中央行业统筹经办机构共计237个单位。此项工作各特派办都按计划完成。对6个省审计发现的主要问题是：滞拨中央财政补助款131700万元；挤占挪用基金9723万元；违规核销和随意减免企业欠费3118万元；基金核算不实现象比较突出，其中因会计核算失误、虚列收支等104600万元，导致基金结余减少30000万元；以物抵费问题依然存在，截止到2001年底，仅四川省以物抵费形成的资产已达18600万元；地方财政养老专项补助投入力度不够，确保发放主要依靠中央财政补助资金；基本养老保险体制还不完善，基金管理核算不规范。

组织对23个省、自治区、直辖市和新疆生产建设兵团审计厅（局）对企业基本养老保险基金的筹集、管理、使用情况进行审计，并对已参保的部分国有、集体企业的缴费基数进行审计调查 这次审计发现的主要问题是：以前年度的挤占挪用资金尚未完全收回，新的挤占挪用问题在个别地区仍有发生，本次审计查出挤占挪用金额为279000万元，其中91%为以前年度未纠正的问题，新发生的问题主要是违规提取管理费、弥补行政经费、违规出借等金额达25910万元；部分地区养老基金未按规定存放国有商业银行，形成潜在损失，存款金额为259700万元，逾期未收回的为45500万元；基金保值增值状况不佳，财政专户存款中国债投资和定期存款比例较低，有的到期不能兑付或不能足额对付及税务部门待解过渡户不计息等都影响了基金的保值增值；部分地区税务机关或其他代征机构年终滞留代收基金，本次审计发现此类问题金额7183万元；以物抵费问题在部分地区仍有发生，总金额7183万元；个别地区存在少量拖欠养老金问题，当年拖欠养老金4860万元。

上述两项行业审计完成后，社保司已将两项审计结果予以合并汇总，并将缴费基数审计调查的汇总情况提交1期《重要信息要目》。

完成由社保司承担的对江西省财政补助养老保险基金专项资金的审计 3月29日至4月27日，对江西省2001年企业职工基本养老保险财政专项补助资金管理和使用情况进行审计。审计发现的主要问题是：11个市、县财政部门滞拨中央财政养老专项补助5184万元；人为调整收、支，导致决算不实，虚减基金结余58235万元；在非国有金融机构存款1338万元仍未收回；地方财政养老专项补助投入少，基金缺口主要依靠中央财政补助；新发生挤占养老保险基金34万元；7个市、县社保经办机构以前年度挤占挪用的基金878万元仍未收回；部分市、县社保经办机构会计核算不规范等。审计结束后，于7月下旬向江西省政府下达审计意见书。并针对审计发现的改制企业预缴的养老保险费和中央财政补助给破产企业的养老保险费会计核算问题不规范等问题向财政部发出审计建议书。起草了《审计署关于江西省2001年企业职工基本养老保险财政专项补助资金审计情况的报告》（审发［2002］35号）向国务院做了报告，朱镕基总理做了批示。

完成对国家体育总局2001年预算执行情况的审计 继2001年对国家体育总局2001年1～8月的预算执行情况审计的基础上，2002年1月21日至2月7日，继续完成对国家体育总局2001年全年预算执行情况的审计任务。对国家体育总局审计发现的主要问题是：从体育事业费中拨付离退休干部补助费100万元；体育彩票管理中心应缴未交中央财政专户体育彩票公益金和印制费结余37404万元；离退休干部局医务保健处将公费医疗拨款211万元转入其他应付款，形成虚列支出。审计结束后，于3月份下达审计意见书。

完成对中国红十字会总会接受香港特别行政区红十字会捐助的2001年雪灾救助款使用情况的审计任务 根据中国红十字会总会《关于商请对香港红十字会捐助项目进行审计的函》（红办函［2002］30号）和署领导的批示，社保司组成审计组，对中国红十字会总会接受香港特别行政区红十字会2001年捐助内蒙古自治区、新疆维吾尔自治区雪灾项目执行情况进行审计。审计查出的主要问题是：新疆维吾尔自治区红十字会将雪灾项目资金10万元用于风灾项目，改变资金使用方向；新疆维吾尔自治区阿勒泰地区财政局会计核算中心从其代管的雪灾项目捐助资金中提取行政管理费1.5万元，违背《中国红十字会灾害救济原则与条例》的有关规定；内蒙古自治区阿巴嘎旗红十字会，行政经费挤占雪灾项目资金2.2万元。审计结束后，向中国红十字会总会发出审计意见书并抄送香港特别行政区红十字会。这项审计属于对捐助资金的公正性审计，对于今后实施此类审计积累了经验。

完成对劳动和社会保障部的审计调查工作 7月5～25日，对劳动和社会保障部社会保险基金管理中心、失业保险司、医疗保险司、培训就业司、农村养老保险司、规划财务司等单位管理、汇总的五项社保基金、农村社会养老保险基金、下岗再就业资金的收支规模及存在的问题进行审计调查并收集社会保险基金财务和统计数据。审计调查报告向劳动和社会保障部征求意见后，经主管审计长同意，提交1期《重要信息要目》。

完成对山西省城市居民最低生活保障情况的审计调查 社保司与山西省审计厅联合于6月份对该省2001年城市居民最低生活保障实施情况进行审计调查。通过审计调查，摸清了山西省城市居民最低生活保障工作的基本情况和存在的问题，并根据审计调查发现的问题提出各级财政要进一步调整预算支出结构、加大低保资金投入、加强低保资金管理、科学制定低保标准、研究解决游离于三条保障线的职工生活保障问题的建议。这次审计调查为今后开展城市居民最低生活保障审计工作探索了路子。

根据署定的项目计划，4月1～27日，参加并承担对财政部社会保障司负责的2001年社会保障财政预算执行情况的审计。收集了大量的社会保障资金财政预算、决算数据和基本情况。

积极开展社会保障资金审计辅助软件开发工作　与署计算机技术中心一起，对长春市和哈尔滨市社保局使用的劳动和社会保障部开发的养老保险管理核心平台的使用情况进行调查研究，并取得这两个市社保局使用社保软件开发的有关资料。经与署计算机技术中心研究，准备以这两个市的社保管理软件为基础，开发审计辅助软件。此外，社保司网页于2月份在署局域网开通。针对大家关心的社保热点、焦点，设计了社保审计组织机构、审计项目、重要的社保法规、审计论坛、社保热点等网页栏目。

努力做好业务培训工作　分别举办基本养老保险、基本医疗保险和城市居民最低生活保障等3次专题讲座。（撰稿人：李洪英）

【固定资产投资审计司】　2002年，固定资产投资审计司人员编制18人，在编18人，领导职数3名；设有4个职能处：一处、二处、三处、四处。

领导成员

司　长：席　晟

副司长：李　捷

副局级审计员：程午生

（—12月）

审计成果　重点对民航建设资金和重点机场项目进行了审计和审计调查，在各特派办和署机关各单位的密切配合下，较好地完成了各项任务。

重点机场项目审计揭示了机场建设体制、项目建设和管理方面存在的问题，促进了机场项目的管理和民航体制改革的顺利实施　组织沈阳、上海、南京等11个特派办和海南省审计厅审计了19个重点机场项目，并延伸审计调查了一部分中小机场。查出各类违纪违规行为金额26.3亿元，占建设资金总额的10.8%。主要问题有：大部分机场项目运营效益较差；一些项目建设疏于管理；违纪违规问题比较突出。

民航建设资金审计调查对规范“一金一费”管理，提高使用效益起到了促进作用　组织有关特派办对中国民用航空总局（简称民航总局）及华北、华东、东北、中南等4个地区管理局掌管的2000～2001年度民航建设资金进行了审计调查，重点调查了民航基础设施建设基金（简称民航建设基金）和机场管理建设费（简称机场费，民航建设基金和机场费统称“一金一费”）征收、管理及使用情况，并延伸调查了一部分省（区、市）管理局、机场和航空公司。审计调查发现的主要问题有：一是“一金一费”欠缴严重；二是民航管理部门层层欠拨和滞留“一金一费”现象比较普遍；三是一些地区管理局和机场挤占挪用“一金一费”，用于楼堂馆所和对外投资等。民航总局和有关地区管理局对审计调查发现的问题十分重视，表示要认真总结，举一反三，采取切实有效措施纠正存在的问题，研究落实审计意见和建议。

温家宝同志在审计署上报的《关于18个重点机场项目及部分中小机场审计及调查情况的报告》和《关于民航“一金一费”征收、管理及使用情况的审计调查报告》上先后做出重要批示：“请国家计委认真研究审计署的报告，总结经验教训，并举一反三，改进投资管理工作，关键要加强规划和改革体制”，“审计署报告提出的问题和建议，请国家计委、财政部会同民航总局研究处理。”

国家计委领导对温家宝同志的批示十分重视，责成基础产业司等部门认真研究审计署的建议，切实落实温家宝同志的重要批示。基础产业司还召开了由民航总局机场建设司、财务司和本司参加的会议，讨论了国家计划委员会起草的《关于民航机场建设有关问题的报告》，研究提出了加强机场项目规划、加快民航体制改革的几点意见。

建设部建筑市场稽查办公室根据部领导的指示，对审计机关反映的昆明等机场扩建过程中存在多结工程款、违反招投标规定等问题进行了调查，追回了多结的工程款，并追究了相关人员的责任。

民航总局党组专门召开会议，研究整改措施，并致函审计署，认为此次审计帮助其找到了行业建设中的薄弱环节，对加强民航总局和行业建设项目财务管理，管好用好民航建设资金有很大的促进作用。

截止到2002年底，审计查出的一些问题，如部分机场挤占挪用建设资金、广州白云机场项目擅自扩大建设规模、福州长乐机场周边环境影响飞行安全等问题，在国家计委、民航总局等部门和有关地方政府及项目建设单位的重视下，已基本得到解决，项目管理薄弱情况有较明显改善。

主要特点　认真按照李金华审计长在年初召开的全国审计工作会议上提出的“要以审计报告为载体，全面提升审计工作质量和水平”和刘家义副审计长在全国投资审计工作会议上提出的“积极探索，全面深化投资审计工作”的要求，在坚持资金与项目相结合、审计与审计调查相结合的基础上，突出在“求深、求新”上下功夫，取得了较好的成效。

（一）加大了对一级预算执行单位的审计监督力度。在认真总结近几年组织开展的水利、公路、铁路和农村电网等行业审计经验的基础上，进一步加大了对一级预算执行单位的审计监督力度。具体体现在以下几个方面：一是早进点。为了让有关特派办在审计调查民航地区管理局时掌握更多的情况，投资司在各特派办进点前半个月便开始对民航总局进行审计调查，及时摸清了民航建设资金的征缴、拨付情况，为第二阶段有关特派办对民航地区和省级管理局进行审计调查打下了较好的基础。二是集中力量对“一金一费”进行审计调查。“一金一费”是纳入中央财政管理的政府性基金，占到民航总局每年所安排建设资金近90%。为了摸清“一金一费”征管及使用情况，在全面、深入的审计调查基础上，还延伸调查了空中管制中心、结算中心等5个直属单位，发现了不少问题。三是注意从预算管理体制和民航体制改革方面去深入分析问题产生的主要原因，并提出切实可行的审计建议。实践说明，加大对一级预算单位的审计监督力度，有利于从源头上摸清建设资金的来龙去脉，也有利于指导特派办和地方审计（调查）工作，同时对二、三级预算单位和资金使用单位形成一定的威慑。

（二）审计（调查）过程中注意从一些复杂的经济现象背后发现违纪违规线索。如在审计调查民航总局时，根据有关人员反映，对一下属企业进行了延伸审计调查发现，该中心资金运作复杂，与几家民营企业有多笔资金往来，将大量资金违规投资于证券业，存在着严重的违法违纪行为。调查结果以《审计要情》形式报国务院。朱镕基、李岚清、吴邦国、温家宝、王忠禹等国务院领导同志都做了重要批示，要求有关部门严肃查处。

（三）积极开展效益审计试点。2002年，投资司在项目论证和审前调查基础上，安排南京特派办投资处对亏损较为严重的福建长乐机场开展效益审计试点工作，同时，与南京特派办投资处同志一起研究制定了审计方案，顺利完成了试点工作。9月底，审计署以审计信息要目形式反映了福州长乐机场五年累计亏损11亿元的问题，国办第560期《专报信息》全文予以转载。温家宝同志做出重要批示，要求国家计委会同福建省政府把长乐机场的问题调查清楚，认真处理。根据温家宝同志的批示，国家计委组成了由重大项目稽查办牵头的稽查组对长乐机场进行了调查。长乐机场亏损严重、经营困难的问题有望得到解决。为此，长乐机场的负责同志认为，审计对他们帮助很大。李金华审计长在“关于我司配合国家计委重大项目稽查办落实温家宝同志批示情况的报告”上做出重要批示：“今后这样的项目应多安排一些，它是财务收支与经济效益审计的结合。”

（四）对汇总审计结果切实加强了综合分析。一是围绕审计目标要求，平常注意及时积累资料、提炼观点，对于一些拿得准又能够说明问题，及时加以研究分析，为汇总分析打好基础。每年项目论证阶段和项目实施过程中，都安排专人搜集和研究国务院出台的行业体制改革方案、相关政策和配套措施，从主管部门发行的专业杂志摘选有参考价值的文章和调研报告。二是对审计报告应当反映哪些问题，如何进行分析，怎样联系党和国家的方针政策提出审计意见和建议等，都事先进行认真考虑和深入研究。三是对各特派办和有关省（区、市）审计厅（局）报来的审计报告精心进行整理加工，跳出单纯报告数据和报账式的做法，在吃透有关政策的基础上切实加强综合分析，不仅揭露问题，还深入进行分析和加工提炼，实事求是地进行评价，注意从完善宏观管理的角度提出高质量的审计建议。18个重点机场和38个支线机场的审计，投资司在研究起草汇总审计报告时，不是孤立地看问题，而是既从一个个具体的机场看问题，还从18个重点机场和38个支线机场看问题，更从机场建设与整个大交通的关系看问题，从水运、海运、高速公路、铁路与民航联系起来加以考虑，使原因分析更有说服力，提出的审计建议引起了有关部门的高度重视。

（五）加强对投资审计工作新情况、新问题的调查研究。一是针对建设项目审计中遇到的法律诉讼问题。根据署领导的指示，1月中下旬，先后派调研组到出现诉讼情况较多的四川、江苏、河南和深圳等省市进行调研，与有关审计人员进行座谈，听取了基层法院以及一些建设单位和施工单位的意见，并走访了最高人民法院和建设部，了解掌握了有关情况，为审计署下一步与最高人民法院协商解决这一问题提供了依据。署领导在调研报告上做了重要批示。二是为总结深圳市近年来加强和改进政府投资项目审计监督的主要做法和所取得的成效，研究探讨强化政府投资审计的路子，根据李金华审计长的指示，于8月对深圳市审计局进行了调研。调研报告以署领导的名义报给了国务院领导，朱镕基总理做了重要批示。同时，审计署还以审计情况通报形式将调研报告转发给各省（区、市）审计厅（局）、各特派员办事处，各地审计机关反映较好。

（六）重视对西部投资审计人员的培训工作。根据审计署的培训计划，全年共举办了两期培训班：一期是西藏自治区投资审计干部培训班，采取了边培训、边实践、以审促训的做法。培训期间，在授课老师的指导下，对1个公路项目进行了审计，受到了西藏投资审计干部的欢迎。另一期是西部地区投资审计业务骨干培训班，培训内容为：西部开发战略与投融资体制改革、基本建设财务制度改革、建设项目工程造价的确定与控制、审计案例分析等，也取得了较好的效果。（撰稿人：姜江华）

【外资运用审计司】 2002年，外资运用审计司人员编制16人，在编13人，领导职数3名；设有3个职能处：一处（负责国际组织援助和农发基金、外国政府贷款审计）、二处（负责非盈利性世界银行贷赠款审计）、三处（负责盈利性世亚行贷赠款和外商直接投资审计）。

领导成员

司　长：陈　华

副司长：徐吉明

丁仁立（7月—）

审计成果 全年各级外资审计机构审计县以上项目单位5610多个，查出各类违法违规行为金额84.19亿元，应缴财政8960万元，应归还原渠道资金27188万元，已交财政6989万元，减少财政拨款或补贴141万元，向司法机关移送案件两起，向纪检监察部门移送事项7件。向国务院报送专项审计调查报告1份，《审计要情》1篇，《重要信息要目》5篇，转送有关部委的审计情况通报1篇，审计简报18份。

政府外债审计调查 组织全国各省级审计机关和特派办对6个中央政府外债管理部门、144个省级政府外债主管部门、8家总行级政府外债转贷银行和39家分行级转贷银行、862个外债使用单位进行了专项审计调查。审计调查揭露了政府外债收支未全部纳入预算管理、还贷准备金管理不规范等问题，提出了政府外债收支应纳入预算管理等建议。审计调查中发现的问题写入了李金华审计长向全国人大所作的报告中，成为审计署2002年向人大提交的审计工作报告中的重要内容之一，引起了全国人大及有关部门对政府外债问题的高度重视。在汇总全国政府外债审计调查成果的基础上，年底审计署向国务院提交了《我国政府外债管理和使用情况的审计调查报告》，对政府外债举借、管理、使用、还本付息各环节存在的不同层面的问题及原因进行了深入剖析，提出了“加强政府外债预算管理，建立以风险管理为核心的政府外债管理体制；区别贷款项目类型，确定切合实际的转贷偿还机制；保全政府外债债权，建立责任追究制度；加大对拖欠政府外债本息的清理力度，严格控制政府外债的立项审批”等建议。朱镕基和温家宝等国务院领导对调查报告做了重要批示，要求财政部会同有关部门认真研究审计署提出的意见，提出加强和改进外债管理的办法。

电力行业利用外资审计 组织18个省级审计机关和15个特派办对电力行业50个利用国际金融组织贷款和外国政府贷款建设项目和国家电力公司进行了审计。审计项目占电力行业利用外资项目总数的39.37%；审计外资总金额达48亿美元。审计查出了国外招标采购设备存在严重质量问题、项目延期开工导致巨额损失、项目管理工作薄弱等问题。外资司在汇总撰写的电力行业利用外资建设项目审计报告中对审计查出的问题做了认真的分析，提出了加强项目系统管理，加强招标采购的控制与管理、把好进口设备质量关、研究制定相关规则，调整电力行业利用外资规模、建立外债风险防范机制等项建议。针对审计情况和发现的问题，外资司以审计信息和审计情况通报等形式向国务院有关部门报送和反映，促进了有关问题的解决。

贷援款项目审计 对世界银行、亚洲开发银行、农发基金、联合国计划开发署、蒙特利尔基金组织、世界粮食计划署等240多个国外贷援款项目进行了审计，共出具对外审计报告329份，其中有保留意见报告28份。项目审计质量和水平进一步提高，主要表现在：一是进一步规范了审计行为。各级外资审计机构从制定审计方案、实施审计和编写审计报告3个阶段严格把关，如实报告和披露审计查处的违法违规问题，促进并提高了政府执行机构的执行能力和管理水平，审计成果得到了各级政府和人大的肯定和重视，也得到了世界银行等国际组织的好评。二是加大了审计监督力度。各级外资审计机构在审计工作中严格审计执法，依法查处了项目完成投资不实、虚报项目支出、挤占挪用项目资金、配套资金不足、变卖串换项目物资和财务报表不实等违反财经法规和项目贷款协议问题。三是加强与各级外资审计机构的合作，按时保质完成各项审计任务。

队伍建设 2002年，外资司采取多种形式，对外资审计人员进行业务技能培训、计算机操作培训和英语培训，并在日常工作中坚持定期学习制度。7月，外资司举办了全国外资审计业务骨干培训班，邀请有关部门和院校的领导和专家授课，分别讲授了加入WTO、投资项目审计、外资审计等专题。9月，又组织全国部分外资审计业务骨干赴瑞典，重点就瑞典政府预算管理体制、债务管理体制、债务风险与防范、债务审计等专题进行考察。培训结束后，培训班向署领导提交了培训总结报告和专题研究报告。2002年11月至2003年1月，外资司在南京审计学院举办了英语培训班，对省级审计机关和特派办的38名外资审计处长和业务骨干进行公共英语及专业英语强化培训。通过培训，大部分学员参加并通过了BFT高级和初级水平考试。为配合全年外资审计项目的实施，外资司还举办了外资环保项目审计培训班、电力行业外资审计方案培训班、英国援助项目审计培训班等。同时，针对各地外资审计机构调整和人员变化情况，外资司多次派人协助部分省级审计机关做好外资审计业务培训，讲解《世界银行贷款项目审计指南》和外资审计管理信息系统。

规范化建设　外资司根据《审计机关审计复核准则》，结合外资审计业务的特点制定了《审计报告编制、审核和印制程序》，率先在审计机关内部实行审计报告5级复核制度，即项目主管复核、主管处室复核、司内专家组复核、主管司长审核、司长签发。该项制度的实施，减少了审计报告报出前可能存在的纰漏和疏忽，保证了审计报告的质量，有效地保证了外资审计的工作质量。同时，外资司利用世界银行赠款组织编写《政府外债管理与审计》和《世界银行贷款项目审计实例》，这对深化、规范外资审计工作将起到积极的导向和示范作用。

信息化建设　外资司利用世界银行赠款，实施了外资审计管理信息系统（二期）建设。按照世界银行有关项目管理办法，已完成了项目招投标、商务会谈，与航天科工集团所属华迪计算机公司签订了软件开发合同，并完成了外资审计管理平台和作业平台的业务需求分析说明的编写工作。此外，还加强了对外资审计管理信息系统的维护和完善工作，组织制定了相应的管理制度，进一步规范、整理和更新管理信息系统的数据库，为外资审计项目资料的收集、保存与管理提供了保障。（撰稿人：安红烨）

【外事司】　2002年，外事司人员编制13人，在编12人，领导职数3名；设有两个职能处：双边关系处、国际组织处。

领导成员

司　长：罗美富（4月—）

副司长：周维培（4月—）

工作综述　全年共组织出访团组86个，计659人次；接待来访、拜会团组24个，计152人次，为审计署"人、法、技"建设和提高中国审计的国际地位、促进对外交流合作做出了新的贡献。

精心组织，认真实施，不断开拓对外交往新领域，促进中外最高审计机关交流，重要出访取得圆满成功　2002年，国务委员兼国务院秘书长王忠禹率中国政府审计代表团访问冰岛、丹麦、乌克兰和白俄罗斯，与四国国家领导人亲切会见，代表团与四国最高审计机关高级官员进行了工作会谈。这是王忠禹国务委员第二次亲率中国审计代表团出访，不仅体现了国务院领导对审计工作的关怀与重视，也表明了中国审计机关国际地位的日益提高。

李金华审计长率团访问南非、匈牙利两国最高审计机关；率团赴澳门、香港审计署进行了工作考察，并拜会澳门、香港特区行政长官。令狐安副审计长率团赴菲律宾参加亚洲审计组织（ASOSAI）第31届理事会，并访问印度、不丹、尼泊尔；刘家义副审计长率团参加拉美及加勒比海地区审计组织（OLACEF）第12届年会，并访问格鲁吉亚、乌克兰；项俊波副审计长率团赴哥伦比亚参加"财务监督与管理、IT技术与审计机关的现代化"国际研讨会，并访问哥伦比亚、委内瑞拉；翟熙贵副审计长率团访问墨西哥、加拿大、韩国；刘鹤章副审计长访问智利、德国；董大胜副审计长率团访问白俄罗斯、津巴布韦；王道成纪检组长率团赴美参加会议并访问爱沙尼亚。其中许多国家最高审计机关是署领导首次访问，并建立了高层往来，如南非、津巴布韦、白俄罗斯、爱沙尼亚、格鲁吉亚、不丹、尼泊尔等。

周密准备，扎实操作，坚持为国家大外交服务，密切与各国最高审计机关的关系，接待高层来访成果显著、影响深远　外事司接待外国审计代表团呈现出这样几个特点：一是层次高。来访贵宾中有俄罗斯前总理、现任审计院院长斯捷帕申率领的代表团，该团受到朱总理的会见，并访问了大连等地方审计机关。以越南审计长杜平洋为首的审计代表团中有两名越共中央委员，以及越共中央办公厅、组织部、监察委员会的主要领导人员。二是首访多。许多是首次访问审计署的外国最高审计机关，如拉托维亚、厄瓜多尔、委内瑞拉、津巴布韦等。还有一些是我驻外使馆因国家外交工作需要而请审计署接待的代表团，如阿根廷议会审计委员会审计长曾是联合国拉美地区人权组织的负责人、第57届联合国人权大会主席；委内瑞拉审计长是该国第6号人物，在中委合作方面起着重要作用。三是规模大。2002年外事接待任务总体上超过往年，而且单个来访团组的人数也比过去明显增加。如泰国审计代表团由53人组成，是审计署首次接待的最为庞大的一个代表团。四是任务重。10月下旬至11月上旬，审计署共接待了7批代表团。五是效果好。在接待每个团组时，都根据对方考察访问的主题，与有关司局和地方审计机关联系，在礼宾、资料、翻译、会谈、考察等方面认真准备，确保外宾访问成功。5月，越南审计长代表团访问主题是经济责任审计，该团回国后向越共中央提议开展经济责任审计，得到采纳，为此越南审计署于12月再次派团继续专题考察审计署经济责任审计工作。

开拓创新，大胆实践，积极探索对外交流新形式，实现友好合作领域新突破，成功举办中日韩审计

机关首届书画摄影展　5月，中日韩三国审计机关首届书画摄影展在北京开幕。这是最高审计机关之间交流合作的新形式，更是对审计外事工作一项从未接触过的挑战。书画展参展作品共70余幅，由中、日、韩及澳门三国四地60多位审计人员创作，展现了各国审计人员的精神面貌、文化修养和时代风采。参展作品还相继在韩国、日本和澳门等地巡回展出，并已完成结集出版。审计署首任审计长于明涛与澳门特区行政长官何厚铧参加了书画展澳门巡展开幕式。

积极拓展审计业务交流新形式，从“走出去学人家”转为“请进来教人家”，首届国际审计培训班赢得赞誉　11月，外事司主办国际审计培训班，这是审计署第一次通过培训班形式向外国审计同行宣传介绍中国审计工作的成果与经验。来自韩国、印度、俄罗斯、匈牙利、瑞典、南非、摩洛哥、澳大利亚等17个国家以及中国香港和澳门特区的19名代表参加了培训班。刘家义副审计长致开幕辞，并主讲了我国政治体制、经济发展以及国家审计的基本情况。其他课程还包括中国审计的法律体系、财政、金融、公共工程、企业、农业环保等专业审计的技术方法和基本经验，所有业务课程均采用英文讲授。闭幕式上，李金华审计长到会致辞并向学员颁发结业证书。瑞典、澳大利亚、巴基斯坦等国学员专门发言或在回国后致函，高度赞扬培训班的质量与接待水平，希望继续举办这类培训活动。

积极参与国际组织活动，在国际组织和地区组织中发挥重要作用，扩大中国审计的国际影响，促进审计事业发展　2002年，审计署正式成为世界审计组织（INTOSAI）计算机审计委员会成员、环境审计工作组指导委员会成员，并多次组团参加国际组织的会议活动，如参加世界审计组织环境审计工作组指导委员会第1次会议、计算机审计委员会第11次工作会议；参加世界审计组织环境审计工作组在联合国“可持续发展”首脑会议期间举办的政府间国际组织平行主题活动，专题演讲介绍中国的环境审计及亚洲审计组织环境审计委员会的工作；参加世界审计组织“金融反腐败”研究项目；为世界审计组织环境审计工作组提供“废弃物管理”案例等。

作为亚洲审计组织的连续四届理事、环境委员会主席，审计署认真履行职责，积极参与亚洲审计组织事务，在该组织中的作用日益突出，如出席亚洲审计组织第31次理事会，并代表环境审计委员会向大会作工作报告；参加亚洲审计组织“反腐败”科研项目及第6次研究项目“IT审计”。同时，主动加强与世界审计组织其他地区组织的联系，如参加欧盟第2届环境审计国际研讨会、欧洲审计组织（EUROSAI）环境审计委员会第4次协调会议；参加非洲审计组织（AFROSAI）“环境与可持续发展审计”培训班等。

加强管理，提高质量，确保考察及培训成效；认真做好文字编辑与对外宣传工作，为审计署“人、法、技”建设做出贡献　以“审计质量管理和审计成本控制”为专题，分别组织了赴日本和韩国、德国、澳大利亚、法国和德国、美国的考察交流与培训。此外，还组织了其他考察培训团组，内容涵盖环境审计、绩效审计、内部审计、金融审计、外资审计等。考察及培训报告相继被中国审计报、《国际审计纵横》和其他审计刊物采用。同时，制订并实施了考察培训报告上网制度；充分利用《中国审计》、《中国审计报》及审计署互联网、亚洲审计组织环境审计网站等媒介，及时报道国内外最新审计动态、介绍先进的审计经验和技术；向《亚洲政府审计杂志》投稿4篇，得到主办国的盛赞及感谢，向《into IT》杂志投稿两篇，全部被采用。

加强作风建设，提高人员素质，在工作质量与水平上下工夫　2002年，由于境外审计处职能分解，外事司人员变动较大。为确保外事工作再上新台阶，还突出抓了几件大事：1. 加强政治思想工作，发挥党支部的战斗堡垒作用，充分调动全体职工的积极性。2. 重视理论学习与业务培训，提高人员整体素质。8月整训期间，除集中参加署里组织的专题讲座外，还请财政、金融、经贸业务司领导介绍当前的审计形势与任务；司领导与各处处长分主题主讲外事形势、礼仪、工作规范等。3. 发挥老同志的传帮带作用，重大出访、接待活动时悉心指导，在实践中提高业务水平，加快人才培养。4. 严格遵守外事工作规范，发扬“严谨、细致、准确、高效”的工作作风。5. 发扬团队精神，注重发挥集体力量与个人创新相结合，注重工作效率与文化娱乐相结合。

（撰稿人：邢剑锋）

【人事教育司】　2002年，人事教育司人员编制23人，在编22人，领导职数3名；设有5个职能处（室）：办公室、机关干部处、地方干部处、工资调配处、教育职称处。

领导成员

司　长：项俊波（兼—11月）

　　　　齐国生（11月—）

副司长：苏乃民（—8月）

　　　　王鸿津（6月—）

工作综述　认真贯彻十五届六中全会、中央经济工作会议和全国组织部长会议精神，坚持“用好的作风选人、选作风好的人”的原则，紧紧围绕年初制定的“深化改革，调整结构，突出重点，强化培训，提高素质”的工作方针，不断加大干部人事制度改革力度，较好地完成了各项工作任务。

按照规定完成干部任免工作　严格按照中央颁布的《党政领导干部选拔任用工作暂行条例》和新颁布的《党政领导干部选拔任用工作条例》的规定，累计完成359名干部的考察、备案、公示和任免等工作，其中司（局）级干部111名、正处级145名、副处级87名，省、市、区审计机关副厅级以上16名。

（一）审计署机关和派出审计局。1. 考核考察5名试用期副司级领导干部。提出21名司（局）级干部调整晋升预案。并组织署机关和派出局40个单位的推荐选拔工作。累计办理8批56人次的司（局）干部备案、公示、任免等手续。2. 办理大学生定职12人；处以下干部晋升20人。

（二）特派员办事处。1. 组织完成对16个特派办领导班子的考察和干部队伍调研工作，并提出班子调整意见。一次性任免涉及14个特派办的31名正、副司（局）级领导干部。2. 按照程序任免特派办正处级干部145名，并根据要求或需要直接对部分拟任免干部进行考察。3. 对特派办报来的87名副处级干部的备案报告，逐一审核、请示并复函。

（三）在协管工作中，对各省、市、自治区组织部发来的共计16名审计机关副厅级以上干部的任免征求意见函，逐一了解拟任免干部的情况，并向审计署领导汇报、请示后复函。

按程序组织完成人员调配任务　（一）全年在全国应届大学毕业生中统一考录公务员署机关和直属事业单位19名；各特派办共录用110名和8名社会在职人员。

（二）为新组建的长春和重庆两个特派办先后从社会或系统内调入共29名干部。

（三）共安排6名西藏干部到审计系统交流。

（四）先后为署机关20名同志办理内部调转手续；为署机关19名同志办理调出、辞职、开除和退休手续；为特派办22名同志办理退休手续。

完成干部交流工作　规定第一批交流干部总结鉴定和选调第二批交流干部的程序和步骤，提出明确的工作要求，印发《特派办交流干部有关事项的安排意见》。组织专门的工作组，对56名交流干部进行总结鉴定，并在怀柔培训基地举办交流干部座谈会，全面总结干部交流工作的成绩和经验。并继续从特派办选调第二批31名交流干部到派出局锻炼工作，举办交流干部培训班，认真做好干部接转和组织服务等工作。

开展调研工作　（一）年初，起草完成对署机关、派出局和交流干部的3份人事调研报告。全面分析了署机关、派出局干部队伍现状，总结干部队伍建设的成绩，查找存在的问题和不足，提出加强干部队伍建设和改进干部交流工作的意见和建议。年中，又组织工作组分别到25个派出局就干部结构调整和工作距离较远等具体问题进行专题调研，初步草拟了派出局干部交流调整预案。

（二）参与完成对16个特派办的综合调研工作，并撰写《审计署党组关于进一步加强特派办建设的若干意见》和特派办工作会议主题报告等重要文件。同时，对特派办近年调入人员和后勤行政工作人员情况进行了调研，以便“摸清家底，对症下药。”

（三）与干部培训中心一起完成教育培训调研任务。先后派出3个调研组赴华东、东北、华北进行调研，起草并向署党组报送了《关于审计干部教育培训工作调研情况的报告》。

承办的重要会议　（一）完成全国审计机关先进集体和先进工作者的表彰工作。共表彰70个全国审计机关先进集体和40名全国审计机关先进工作者，并编写《全国审计机关先进集体和先进工作者事迹汇编》。

（二）组织召开了“特派员工作会议”和“特派办工作座谈会”。

（三）组织召开了由人事部和各省（自治区、直辖市）人事、审计部门参加的2001年度高级审计师资格考评试点评审工作会议以及全国推行高级审计师资格考评工作会议，对上半年进行的2001年高级审计师评审和2002年度全国范围内试行高级审计师资格考评工作进行了全面部署。

（四）于11月底组织召开了特派办人教工作会议，布置几项重要工作，进一步规范了干部人事工作制度和有关规定。

完成工资晋升等有关工作　对署机关符合2001年正常升档的312人晋升职务工资档次；对符合2002年1月正常晋升级别工资的43人晋升级别工资；填写署机关、派出局、事业单位人员工资变动审批表828份并装入本人人事档案；审核特派办干部工资628人次。

完成审计专业技术资格考试（考评）及岗位资格考试工作　（一）与审计署考试中心共同组织并参与2002年度审计专业技术初、中级资格及高级审计师资格考试命题、审题以及高级审计师资格考试大纲的审定工作。

（二）完成2002年度审计专业技术初中级资格考试工作，全国有近16000名考生参加报名考试，全国统一考试已于10月13日顺利完成。

（三）完成2001年度全国20个省的高级审计师资格考评试点工作。经与人事部协商确定，从2002年开始，在全国范围内试行高级审计师资格考试与评审相结合的评价制度。

（四）完成署机关及派出机构2001年度114名同志及外单位委托评审4名同志的高级审计师资格申报与评审工作，并完成评审通过人员的高级审计师资格证书发放、118名同志的评审材料整理、清退和归档工作。同时还完成署高评委的调整工作。

（五）完成2002年度高级审计师资格考试工作，全国共有近6000人报名参加高级审计师资格考试，首次考试工作已于11月10日顺利完成。

（六）指导并协助署考试中心完成2002年度全员岗位资格考试和审计干部英语能力考试工作。

教育培训工作 （一）制定2002年度局、处级干部培训计划，并分别下发《审计署办公厅关于举办2002年度厅（局）长培训班的通知》和《审计署人事教育司关于举办2002年度处长培训班的通知》。

（二）年初和10月分别召开署内各司2002年和2003年度出国（境）培训及引智项目需求计划座谈会。制定署2002年和2003年度境外培训计划，并向外专局报送有关材料。

（三）完成香港理工大学攻读硕士学位人员的选拔、出境培训协议的签署与公证等相关工作；完成署参加英国文化交流委员会主办的2002年“志奋领奖学金”考试人选的选拔推荐工作；完成署参加2003年度日本政府对华无偿援助“人才培养奖学计划”项目人选的选拔推荐工作；开始审计署首批MPA硕士的培养工作，办理全国审计系统2002年度MPA考生入学考试报名等事宜。

（四）完成署委托南京审计学院承办的西藏、新疆审计干部大专班的培养任务。

（五）与审计署干部培训中心、信息办、计算机技术中心一起，完成审计署网上培训软件的需求分析及相关工作，该软件已进入署“金审工程”项目招标阶段。同时，帮助并指导培训中心建立了署教育培训网站，开通空中教室等栏目。

完成部分基础工作 （一）共组织完成对10个特派办的干部档案检查工作，检查档案千余份。

（二）组织编写《审计署驻地方派出机构人事工作使用操作手册》，并印发给各特派办领导干部及人事干部参照执行。

（三）对原来的《全国审计机构编制情况统计表》和《职工情况统计表》进行修改，并设计、制作统计软件和光盘，已将光盘和通知下发各省、自治区、直辖市和计划单列市审计厅（局），开始试用工作。

（四）向中组部、人事部、中编办以及北京市等单位报送工资、机构编制等各类统计表格或软盘，均保质保量地完成任务。

其他工作 （一）迎接中组部两委考察组（两委是指中央委员、中纪委委员）来署考察，安排署机关和派出局包括部分离退休干部54次人次的考察谈话。

（二）按照中组部、统战部的部署，完成审计署关于十届全国人大代表、常委、专门委员会成员人选和全国政协委员、常委人选的提名、征求意见、推荐报送等工作。

（三）参与制定《审计署关于驻地方特派员办事处后勤体制改革的意见》，并在署机关服务局的协助下，对特派办后勤体制进行改革。已完成对18个特派办后勤体制改革的审核、批复工作。

（四）制定《审计署非领导职务设置和选拔任用工作暂行规定》和《审计署2002年副司（局）级非领导职务干部选拔任用工作实施方案》。

（五）起草的其他重要文稿。先后起草了《审计署关于学习贯彻〈党政领导干部选拔任用工作条例〉的汇报提纲》、《审计署人事教育司关于人事执法自查情况的报告》、《审计署人事教育司关于学习贯彻〈党政领导干部选拔任用工作条例〉的汇报提纲》、《审计署办公厅关于全国政协九届五次会议第0123号建议的答复函》、《审计署办公厅关于全国政协九届五次会议第0482号建议的答复函》、《关于对新西兰审计署和印度尼西亚最高审计委员会人事管理工作的访问考察报告》、《关于对特派办干部人事档案检查情况的报告》、《关于改进审计培训管理工作的几点意见》、《高级审计师资格评价办法（试行）》等重要文稿。

（六）完成署机关、直属事业单位和特派办共13个单位的机构编制批复工作；完成署直属事业单位的年检工作。

（七）完成署直属事业单位有关人员的职称评聘工作：审核审计科研所、中国时代经济出版社专业技术岗位设置方案；办理审计科研所、中国审计报社等单位的专业技术人员对外委托评审手续。

（八）先后为308人办理了因公出国政审批件，为25人办理了因私出国审查。

（九）共落实、处理群众来信82封、反映电话12个，涉及15个特派办多名司、处级领导干部。并先后受理自1996年以来的共10余件比较复杂的历史遗留问题。（撰稿人：赵海滨）

【直属机关党委】 2002年，直属机关党委人员编制9人，在编9人，另有事业编制4人（含工会1人），领导职数两名；设有3个职能部门：办公室、组织部、宣传部，还包括直属机关工会、团委、妇工委和图书馆。

领导成员

直属机关党委书记：翟熙贵（兼）

常务副书记：刘满堂

副书记兼机关纪委书记：刘天贵

工作综述 署机关各级党组织以马列主义、毛泽东思想、邓小平理论为指导，认真学习十六大精神，全面贯彻“三个代表”重要思想，紧紧围绕审计工作中心，加强思想、组织、作风建设，精神文明建设取得可喜成果，在依法履行审计监督职能，完成各项审计工作任务中发挥了重要的政治保证作用。

加强理论武装，“三个代表”重要思想在广大党员和干部头脑中不断深化 （一）改进学习方式，增强学习效果。一是坚持运用党组中心组学习成果，推动机关全面学习。全年党组中心组以WTO知识、江泽民同志“5·31”讲话和十六大精神为主要学习内容，在自学基础上，组织3次扩大到司局一把手的集中学习。机关党委及时将中心组学习情况主要是中心组成员、司局长的学习体会，通过中国审计报、《中国审计》杂志、局域网、学习材料汇编等多种形式进行宣传。二是积极发挥支部在学习中的作用，推广“个人重点准备、支部会议交流”的学习方法，加深对学习内容的理解。三是继续选派司处级干部参加中央党校中央国家机关分校的学习。四是坚持和改进考试制度。2002年，署机关、派出局的党员和干部撰写学习“三个代表”重要思想的体会文章，并以十六大报告和新党章为主要内容进行考试，98.7%的同志取得良好以上成绩。此外，各支部还积极支持党员和干部的业务知识学习，或聘请专家举办业务讲座，或积极支持参加学历教育、技术等级培训和考试。

（二）联系审计工作实际，深化对“三个代表”重要思想的认识。各级党组织和党员干部，通过学习和研讨，认识到“三个代表”重要思想是审计工作的根本指导思想和根本要求，贯彻落实“三个代表”重要思想，就是要坚持依法审计，客观公正的原则，保护和促进先进生产力、先进文化的发展，维护最广大人民的根本利益；就是要坚持围绕中心，服务大局，狠抓经济领域中的重大违反财经纪律问题、重大损失浪费问题和违法犯罪大案要案；就是要坚持与时俱进，开拓创新，全面提高审计工作水平，特别是提升审计成果的质量；就是要坚持“人、法、技”建设，不断提高审计队伍的政治业务素质，适应新世纪新阶段新形势的要求。

迎接党的十六大胜利召开，掀起学习和贯彻十六大精神的热潮 （一）认真做好十六大代表的提名推荐工作。署机关各级党组织重视十六大代表的提名推荐工作，各支部和92%以上党员都参加提名推荐，顺利产生了我署出席十六大的代表候选人。同时，推荐出席中央国家机关党代会的代表。出席中央国家机关党代会的同志，认真履行代表职责，圆满地完成中央国家机关十六大代表的选举任务。

（二）协助党组领导做好“党组书记谈党建”座谈会的准备工作。9月，中央国家机关工委为迎接党的十六大，召开“党组书记谈党建”座谈会。党组书记、审计长李金华同志亲自修改座谈材料，他在座谈会上的发言受到与会同志的好评。会后，机关党委积极配合国家机关工委和中央电视台做好焦点访谈节目，传达和学习座谈会精神，提出11条贯彻落实的措施和意见。

（三）认真组织学习和贯彻十六大精神。一是及时组织党员干部收听收看十六大会议报道；二是协助党组传达十六大精神，研究制定学习贯彻十六大精神的安排意见；三是组织党员干部和离退休老干部进行3天以上的学习，撰写学习体会；四是举办两期司处级干部研讨班。

（四）广泛宣传十六大精神。一是根据中央的要求，及时地将署机关学习贯彻十六大精神情况报告中央有关领导部门，被中央国家机关工委《信息交流》采用，并向中央做了反映；二是将党组中心组学习十六大精神和贯彻落实的意见及时地向工委和有关领导部门做了报告，并通过新华社《国内动态清样》做了报道；三是在中国审计报、《中国审计》杂志开辟了“深入学习‘三个代表’，迎接十六大”专栏，刊登几十篇党员干部的学习体会文章；四是通过党建网页和局域网以大量篇幅登载十六大信息、党建知识和学习体会文章，并在网上开展十六大和党建知识系列答题活动。

加强支部建设，党组织的创造力、凝聚力、战斗力不断增强 （一）认真组织支部换届选举工作。38个支部委员会任期届满进行换届选举。换届工作坚持程序，发扬民主，注意支部委员的年轻化和新老搭配，坚持差额选举和支部书记由一把手担任等规定。通过换届，所有支部都健全和加强了领导班子，除总支委员会下设的支部外，所有支部书记都由司局一把手担任。

（二）加强培训，司局长“两手抓”意识和能力得到增强。2002年，署机关举办第一期党建工作培训班，对党总支和党支部书记、副书记、组织委员，包括机关党委、纪委委员进行培训，驻地方特派办机关党委专职副书记也应邀参加培训班。根据工委的部署，开展“司局长谈党建”征文活动，共征集论文54篇，其中两篇被工委《紫光阁》杂志刊登，10多篇在中国审计报上进行宣传和交流。

（三）支部自主活动不断扩大。一是不少支部组织党员干部参观革命圣地和纪念馆，参观改革开放以来社会主义现代化建设成就展；二是一些支部根据本单位党员和干部的思想和工作实际讲党课；三是开展联谊活动；四是组织多种活动，活跃干部和职工的文化生活。

（四）加强长期外出党员的管理。一是13名赴澳大利亚进修的党员，组建临时党支部；二是“七一”期间，根据中组部和中央国家机关工委慰问生活困难党员和老党员的要求，慰问了一部分生活困难的党员和老党员；三是重视在审计一线和青年中发展党员，从规范发展程序入手，严把党员入口关，全年共发展新党员13名。

认真贯彻十五届六中全会《决定》，加强党风廉政建设，推动机关作风进一步转变　（一）坚持深入基层调查研究。5、6月间，由署党组成员带队，对18个特派办进行调研，总结特派办成立16年来的工作经验，研究提出特派办今后发展的意见；对经济责任审计工作进行调研，召开全国审计工作座谈会，总结两年多来审计工作的成绩和经验，提出“积极稳妥、量力而行、提高质量、防范风险”的原则。

（二）精简会议和文件。一是实行会议审批制度。各司局召开会议都要提出年度会议计划，提交审计长办公会审批，会议数量得到有效控制。二是积极推进办公自动化建设，“机关辅助办公系统”和远程通信系统正式投入运行，除上报署领导和存档文件外，其他文件原则上一律以电子文件形式传阅。

（三）开展廉政教育。机关纪委采用集中与分散相结合的形式，先后组织收看了《广东湛江走私受贿案透视》、《厦门特大走私案》、《许运鸿案件剖析》、《党风廉政建设责任追究制》等反腐录像片；在党建网页上开辟《党风廉政建设》和《影视教育天地》专栏；年底，机关纪委对业务司和派出局执行廉政纪律情况进行抽查，没有发现重大违纪违法问题。

加强和改进思想政治工作，精神文明建设取得新成果　（一）坚持思想政治教育，切实解决干部职工的困难和问题。各级党组织坚持进行理想信念教育和以爱国主义为核心的思想道德教育，制定并实行《审计署机关道德建设实施意见》。机关党委和工青妇组织在署机关和派出局进行思想情况调查，对干部职工反映的意见，责成有关部门研究解决。

（二）文明司局创建活动取得可喜成果。继续开展精神文明司局创建活动。参加中央国家机关文明单位和首都文明单位的评选活动，获得“中央国家机关文明单位”和“首都文明单位”称号。

（三）工青妇组织的桥梁纽带作用不断增强。一是工会组织为困难职工“送温暖”活动，协助筹备书法和乒乓球协会，参与组织“中日韩审计机关书画摄影展”，组织开展太极拳、乒乓球等项比赛。二是机关团委组织部分团员青年到苏州、上海等地考察，进行爱国主义、革命传统和改革开放的形势教育。在共青团建团80周年前夕，组织寄语团员青年活动。三是妇工委在“三八”节期间组织妇女干部慰问天安门国旗班战士、参加《婚姻法知识竞赛》、参加中央国家机关妇工委举办的心理咨询活动等。四是署机关图书馆拓宽服务项目，丰富馆藏。先后接待审计系统、有关部委和外国团组200多人次参观。

（四）对“法轮功”邪教组织的影响保持高度警惕性，保证署机关的稳定。一是通过组织收看“法轮功”邪教组织罪行的新闻片，教育广大党员和干部进一步认清“法轮功”反人民、反政府、反科学的邪教本质。二是做好重点部门重点人员工作。对已转化的原“法轮功”练习人员，定期了解思想情况，切实做好预防工作。三是强调领导负责制。目前，署机关已转化人员思想稳定，未出现反复，也未发现新的练习者。（撰稿人：刘刚）

【驻审计署纪检组、监察局】

2002年，驻审计署纪检组、监察局人员编制10人，在编9人，领导职数两名；设有两个职能室：综合室、纪检监察室。

领导成员

纪检组组长：王道成

纪检组副组长、监察局长：胡玉华

工作综述　在中央纪委、监察部和审计署的领导下，认真贯彻落实中央纪委第七次全会和国务院第四次廉政工作会议精神，紧密结合审计机关实际，以源头治理和严格审计纪律为重点，积极开展反腐倡廉工作，促进审计机关和人员依法履行审计监督职责，取得了新的明显效果。

认真贯彻上级精神，联系实际部署审计机关反腐倡廉工作　为使中央关于2002年开展党风廉政建设和反腐败工作的指示精神，在审计机关及时得到贯彻落实，2月1日，审计署党组召开署机关和派出局主要负责人会议，由署党组书记、审计长李金华同志传达江泽民总书记在中央纪委第七次全会上的重要讲话，署党组成员、纪检组长王道成同志传达尉健行同志的工作报告。署党组副书记、副审计长令狐安同志主持会议，并对全面贯彻落实中央关于反腐倡廉工作的部署，切实抓好审计机关的廉政建设提出了要求。驻署纪检组、监察局及时组织学习会议文件，进行座谈讨论。在全面领会会议精神的基础上，结合审计机关实际，研究提出了约束审计权力、严格审计纪律、加强财务管理和深化人事制度改革等具体意见，报署党组审定后，于2月19日向全国审计系统印发了《审计机关2002年反腐倡廉工作意见》。各级审计机关结合本系统、本单位的实际，制定了贯彻实施的具体意见。

结合审计机关实际，进一步深化领导干部廉洁自律工作　一是禁止审计机关领导干部到被审计单位、直接管理和服务的下属单位，以及其他与行使审计职权有关的企业和单位，报销应由本人及配偶、子女支付的个人费用。二是禁止用公款进行高消费的娱乐和健身活动，到农村基层进行公务活动，不准用公款在社会上的经营性饭店用餐。三是继续落实领导干部不准违规收受有关单位和个人现金、有价证券和支付凭证的规定，严禁审计机关用公款向领导干部赠送现金、有价证券和支付凭证。四是严格执行审计署关于审计机关领导干部配偶、子女从业的“五不准”规定。五是组织全国审计系统，对严禁通过社会审计组织获取非法收入情况开展一次检查，主要采取自查与检查组巡查相结合，检查本机关与走访社会审计组织和部分被审计单位相结合，实地检查与函证、电话询问相结合等方式进行。据统计，全国审计机关上报的应参加自查人数62287人，实参加62012人，自查率达99.6%。经检查，审计机关原所属审计事务所2940个，除浙江省杭州市西湖区审计局所属西湖建设工程审计事务所，经当地政府同意现仍保留外，其余的全部在人、财、物和业务等方面与审计机关彻底脱钩。尚未发现通过将审计工作计划内的审计项目交给社会审计组织预审或审计的方式取得非法收入，也没有发现利用职权为社会审计组织介绍业务或直接参与其审计，从中收取业务介绍费、劳务费或参与分成的问题。

加强信访举报工作，严肃查处违纪违法问题　2002年，继续将查办处级以上领导干部的违纪违法案件，尤其是严重失职渎职、违反组织人事纪律和损害审计机关形象的案件，作为重点进行查处。截止到12月底，共收到群众信访举报198件，比上年同期减少0.4%。其中涉及县、处级以上单位和领导干部的185件，占93%。受理申诉案件1起；初查核实19件，已审结15件。驻审计署纪检组、监察局共有13人次参加查处了4起违纪和失职案件。对已经查实的问题进行了处理，其中给予批评教育的6人，经济退赔的3人和两个单位，涉及金额9万余元。此外，积极做好委、部机关以及其他纪检监察机关与审计署的有关协调工作，先后承办协调办案事项12件。

突出重点抓落实，努力预防和纠正行业不正之风　4月中旬，组织已实行审计外勤经费自理的审计机关，对两年多来执行审计纪律“八不准”规定的情况进行全面深入的调研、分析和总结，并针对存在的问题提出了改进和完善管理办法的意见与建议。在此基础上，于9月份分南北两片召开座谈会，总结执行“八不准”规定取得的成效。到9月止，全国已有11个省、市审计厅（局）和100多个地市、900多个区县审计局，实行了审计外勤经费自理办法，审计人员在吃、住、行、用等方面依赖被审计单位的情况有了很大改观。同时，进一步加大对审计过渡专户的撤销和管理工作，部署23个重点省、市审计厅（局）于11月份开展一次专项检查，弄清专户的基本情况和管理状况，完善各项规章制度，杜绝了违纪违规问题的发生。

完善规章制度，确保党风廉政建设责任制的贯彻执行　审计机关的各级领导班子和领导干部，对实行党风廉政建设责任制重要性的认识不断提高，逐步将廉政责任纳入目标管理的考核指标体系中，并结合其他工作进行不定期的督查。对于发生违纪违规问题的单位领导，驻署纪检组、监察局都及时做了查处，其中有4名局级领导干部受到相应处理。为了使责任制成为党风廉政建设的一项带根本性、基础性的制度，长期坚持下去，在制定下发《审计署落实党风廉政建设责任制实施办法》和《审计署党风廉政建设责任制考核办法》的基础上，又代署起草了《审计署党风廉政建设责任制追究办法》，并下发实行。年底，驻署纪检组又统一部署，要求各单位结合年终工作总结，对落实党风廉政建设责任制情况进行检查考核。

深入调查研究，努力从源头上预防和治理腐败　年初，先后派出3个调查组，由局领导带队，深入到部分地方审计机关和特派办，了解掌握基层审计机关开展反腐败抓源头工作的情况、做法与经验。在汇总各单位调研成果的基础上，于4月上旬召开反腐败抓源头工作专题研讨会，总结近年来反腐败抓源头工作的基本经验，提出主要对策和保障措施，会后向中央纪委提交了专题调研报告。此外，还配合中纪委法规室开展了“小金库”问题的调研工作，为上级机关从源头上解决“小金库”问题提出了决策依据。

贯彻六中全会精神，切实加强和改进审计机关作风建设　为了加强和改进审计机关的作风建设，驻署纪检组、监察局在参与调查研究和充分论证的基础上，结合审计机关实际，代署起草了《加强和改进审计机关作风建设的实施意见》，印发全国审计系统贯彻执行。为确保《实施意见》的贯彻落实，又及时研究制定了《署机关有关职能部门在作风建设方面责任分工的意见》，将审计署关于加强和改进审计机关作风建设方面的30项任务（措施）进行具体分工，落实到8个相关的职能部门，要求各单位明确1名领导干部负责，对分管的任务进行研究，落实到有关的处（室），并制定年度工作计划和具体措施，做到定期检查、分析各项工作的进展情况，适时提出改进意见，确保工作落实。为了解和推动各地审计机关的贯彻落实工作，局领导带人专程到江苏、山东、青岛等地审计机关开展了调研活动。年底，各单位组织对全年的作风建设情况进行了检查总结。普遍反映，审计机关作风发生了新的变化，创新精神强了，调查研究多了，开展工作实了，会议文件少了。

加强学习培训，努力提升纪检监察干部队伍的整体素质 2002年，除了及时组织学习中央纪委、监察部有关指示精神外，驻署纪检组、监察局还根据署党组要求和自身实际，有针对性地制定了年度学习计划，具体安排了每个季度的学习内容及要求，定期组织全局人员进行政治理论和业务知识的学习和研讨。与此同时，先后安排4名干部分别参加中央党校和中央纪委、监察部举办的培训班，两人参加派出局审计组的审计，3人参与采购、招标和考试的监督，组织13人次下去调查了52个单位。10月下旬，首次举办全国纪检监察干部业务培训班，有35名地方审计厅（局）的纪检组、监察室领导和18名特派办兼职监察员参加了培训。同时还研究制定了《监察局信息化工作安排》，明确了工作项目、任务分工、完成方式和时间。已建立《纪检监察案件管理系统》、《信访举报管理系统》、《审计系统违纪违法人员统计》，在署机关局域网上建立了纪检监察网页。全年共收发文件3786份，立卷归档51卷，起草公文22份，调查报告9份，签报39件，《审计监察简报》17期，《审计纪检监察信息》10期。在起草和报送的材料中，被《中国纪检监察报》等报刊和中央纪委、监察部有关刊物采用12篇。（撰稿人：张瑞民）

【离退休干部局】 2002年，离退休干部局人员编制15人，在编8人，领导职数1名；设有3个职能处（室）：服务一处、服务二处、办公室。

领导成员

局　长：王治忠

工作综述 （一）加强自身建设，不断提高党员政治素质。一是坚持每周用半天时间学习政治理论，学习邓小平理论和江泽民同志“三个代表”的重要思想，学习江泽民同志“七一”和“5·31”重要讲话和党的十六大会议精神，学习党中央、国务院关于加强党的建设和经济建设以及加快社会发展的方针政策，学习署党组关于加强审计署党的建设和审计工作的重要文件。先后4次组织学习体会交流，保证党员在政治上的清醒和坚定。二是以贯彻落实“三个代表”重要思想为主要内容，在党员中开展保持党的先进性教育，并以如何做好本职工作为内容上了两次党课。三是加强党的政治纪律教育和党性观念教育。召开3次处以上党员干部民主生活会，对照党员干部的标准和廉政规定，开展批评与自我批评。

（二）抓好“两个办法”的落实，逐步规范离退休干部服务管理。制定《关于对部分离退休干部党员参加党的组织生活的管理办法》、审计署《离退休干部服务管理补充办法》。具体做了4件事：一是在审计署驻地方特派办人事管理工作会议上，以参照落实“两个办法”为内容，组织召开署机关和特派办老干部工作座谈会。李金华审计长、翟熙贵副审计长听取特派办离退休干部服务管理工作情况汇报，并就落实审计署《离退休干部服务管理补充办法》，加强离退休干部服务管理工作分别做了重要讲话。二是牵头组织落实李金华审计长交办的清理特派办离退休干部生活待遇情况。指导16个特派办（不含长春和重庆）对离退休干部生活待遇情况进行认真的清理。期间，到广州和深圳特派办就清理工作进行座谈了解。16个特派办根据署领导的要求，对以离退休干部生活待遇为重点的服务管理工作进行认真的清理，写出专题报告，并参照“两个办法”，建立健全离退休干部党支部和党的组织生活制度，修订和完善离退休干部服务管理办法。三是组织署机关离退休干部学习“两个办法”。将“两个办法”印发人手一份，并借年初总结部署工作之机，两次组织离退休干部集中学习。对少数在外工作的老同志，派人将“两个办法”送到家中，并嘱咐其家人把精神传达给本人。四是积极做好少数人的工作。经过排查，近两年有23人很少参加党组织生活和老干部局的活动。4月份，工作人员分头走访这些同志，面对面地与他们谈心做工作。现在已有16人能够按照规定参加党的组织生活和老干部局的活动，7人能够定期向党支部汇报思想和生活情况。

（三）积极拓宽服务范围，努力提高服务层次。一是组织参观考察活动。4月组织88名离退休干部、4名老部长，参观考察北京市顺义“三高科技园区”和燕京啤酒厂。6月组织96名离退休干部参观北京高科技园区、河北省廊坊市经济技术开发区。9月组织100名离退休干部参观河北省衡水市、深州市、吴桥县高科技农业、自然生态保护区、衡水老白干酒厂、民间杂技艺术表演。10月组织84名离退休干部、4名老部长参观北京市门头沟区爨底村和妙峰山自然风景区。二是组织离休干部休养。10月下旬组织25名离休老同志到福建休养，共11天时间。三是举办计算机学习班。7月在计算机中心的支持下，举办3期计算机学习班，有54人参加学习。四是开办老干部书法班。年初，离退休干部局把开办书法班作为年度的一项工作列入计划，10月正式开班，有38人参加书法班学习。五是成立"审计署老干部文艺队"。于11月20日正式成立，并召开成立大会。现已有58人报名参加合唱、舞蹈、武术、诗歌、曲艺、器乐、京剧组的活动。

（四）围绕落实"两个待遇"，认真做好经常性工作。离退休干部局把落实"两个待遇"与经常性工作结合起来抓，在保证老同志参加署里组织的重要会议、重要文件传达学习的同时，每季度还组织召开1次老干部例会，传达学习重要会议、重要文件精神。李金华审计长在2月份专门给老干部通报国内政治经济形势和审计机关建设情况，11月中旬又为老干部传达党的"十六大"会议精神。翟熙贵副审计长在9月专门为老同志通报审计工作的有关情况。坚持每两个月给3个活动站送1次文件，从未间断，共送各类文件100多份。对身体患病，行动不便的8名老同志，在每个月上旬把文件送到家里。在落实生活待遇方面，把确保按时足额发放老同志工资和应享受的待遇，按政策规定及时报销医疗费用作为重点。全年没有出现任何不符合政策规定的问题。在此基础上，集中精力认真做好日常生活服务工作，5月组织老干部象棋代表队，参加国家机关工委组织的象棋比赛，在40个代表队中，获得个人第六名、团体第二十名。7月，为参加国家机关工委组织的离退休干部迎"十六大"文艺演出，准备一台文艺节目，并参加国家机关工委的选拔。还组织20人学习太极拳，参加署机关比赛时，取得团体第三名的成绩。坚持每两个月到活动站为老干部送各种补贴费用、报销车票和订阅的报刊费。老同志生病住院，及时到医院看望，有的出院后还定期联系，了解身体恢复情况。全年共有28名老同志生病住院，到医院和家里看望慰问82次。（撰稿人：杜晓萍、凌玉祥）

【机关服务局】 2002年，机关服务局在编人员49人，内设机构12个：办公室、机关事务管理处、基建办公室、保卫处、财务一处、财务二处、医疗保健处、服务一部、服务二部、华审宾馆、怀柔培训基地、烟台培训基地。

领导成员

局　长：张德山

副局长：邢　建（—4月）

副局级审计员：陈玉华

工作综述　认真贯彻落实"三个代表"重要思想和署领导关于机关后勤工作要"提高管理水平、提高服务水平、提高经营水平"的指示精神，围绕审计中心，努力工作，较好地完成各项任务。在后勤改革取得明显成效的基础上，进一步调整人员结构，强化激励、优胜劣汰机制，调动人员积极性；依靠科技进步，增添必要的技术设备，提高保障能力；坚持以人为本，服务至上，每年两次广泛征求群众意见，并认真整改，为职工办实事力求周到细致，重质量，千方百计解决历史遗留问题；改进经营服务，成立物业公司并正加快向市场化过渡；争优创先，多项工作进入中央和市级先进行列，在精神文明创建活动中，被评选为2001～2002年度署机关"文明司局"。

学习培训　按照署党组和机关党委的要求，制定理论学习计划，认真组织学习江泽民"三个代表"、"论建设有中国特色社会主义"等论述，注重实效，每名职工都写了一篇两千字以上的学习心得，先后召开两次学习交流大会；各部门为提高学习效果采取多种学习方式，如服务二部针对职工文化程度较低，利用班前会时间让员工轮流朗读，促使员工利用业余时间积极准备，收到较好效果。

制定了《审计署机关服务局职工培训暂行办法》，倡导职工参加财会、物业管理等多种形式的培训。各部门根据工作需要，积极开展培训，如基建办聘请专家进行基本建设专题讲座，华审宾馆、怀柔基地举办业余英语、舞蹈班，外聘专业教师讲课，组织保安人员进行擒拿术培训，服务二部对合同工进行队列训练，提高职工的专业技术能力和服务水平，改善对外形象。

三次组织党员和积极分子到爱国主义教育基地进行革命传统教育，重温入党誓词，参观改革开放成果，坚定了实现党的纲领和建设有中国特色社会主义的理想信念，增强了在后勤岗位上为审计事业做贡献的责任感。

规范化建设　在已有390多项规章制度和操作规程的基础上，又完善、制定《审计署机关服务局目标责任制考核办法》等20多项规章制度，以强化目标责任意识，加强基建管理、财务管理、办公楼管理和服务经营单位管理。并注重对规章制度执行情况进行经常性的监督检查，使之真正成为全局职工的行为规范和准则。发现少数违反规章制度的行为，及时对有关责任人进行处罚、处理，有力地维护了规章制度的权威性，保障了管理、服务和经营水平的稳步提高。

加强安全防范　为贯彻落实中央和署党组关于确保十六大胜利召开对安全稳定工作的指示精神，在安全防范、防火、防盗、防交通事故等方面进行了大量工作。严格执行安全责任制，层层签订责任书，责任落实到人；加强安全宣传教育；为提高紧急情况处置能力，制订《审计署机关紧急情况处置预案》，并进行两次预演；为确保安全，制定《署机关办公楼加班管理办法》，严格控制节假日和晚间进入办公楼；对办公区、职工宿舍区和经营服务场所的重点部位，多次进行安全检查，发现隐患及时处理，全年未发生安全责任事故。

解决历史遗留问题 在前两年房改售房的基础上，为机关购房职工办理724套房的产权证，妥善处理178名职工住房超标问题，收回超标房价款130余万元；双秀宿舍楼危电改造和双秀、八里庄供水系统改造，延静西里宿舍楼消防设备维修，大羊宜宾、忠实里宿舍楼锅炉、电梯、危电改造等项目，因多家产权关系及历史纠葛，多年难以实现，2002年经多方努力，均获得圆满解决，改善了职工的居住条件。

署机关办公楼、华审宾馆、东富藏平房的产权证问题，多年来一直悬而未决，2002年经多方努力，业经有关部门重新划界、测量，已办理产权证；被广顺公司拖欠多年的债权问题，也以现房补偿方式全部追回。

基础建设 进一步调整人员结构。利用2002年6月人员两年聘期届满之机，对各部门负责人，重新进行述职、测评和民主推荐，根据工作需要和个人能力，对人员的岗位进行续聘或适当调整，签订新的聘用合同。制定《审计署机关服务局合同工管理办法》，对合同工的聘用、工资等进一步规范，强化优胜劣汰机制。如机关食堂先后精简4人、辞退更换10人；华审宾馆、怀柔基地和公务车队从旅游学校和武警招聘素质较高的合同工，进一步实现人员队伍年轻化、知识化，将骨干聘到中层管理岗位，初步形成良性的人员管理机制。

引进先进设备，提高保障能力。利用接待中央、国家机关后勤部门来署学习参观和组织处以上干部外出考察文化部等部委办公楼、食堂、会议室、医务室管理之机，学习借鉴其他部门好的经验和做法，引进先进设备，提高保障能力。如机关食堂增加新的橱具和蔬菜、鱼肉消毒设备；门诊部增置牙科、理疗设备；申请增加公务用车；怀柔基地加装电子显示屏，更新客房设备等。

以人为本，服务至上。为机关广大职工全心全意搞好后勤服务，不断提高服务水平，坚持每年两次问卷征求群众意见，虚心倾听群众呼声，改进工作。如机关食堂定期更换厨师，以使主副食品花样不断出新；医疗保健坚持预防为主，增加体检、接种防疫和保健宣传，增设按摩等门诊，方便职工就医；办公楼会议室服务，千方百计，满足各司局工作需要；针对公务用车偏紧的情况，在想方设法调配车辆的同时，及时调整公务车补贴比例；服务二部物业人员主动为困难职工代交水、电费，并义务为职工保养空调，维修服务随叫随到，为55名交流干部提供热情周到的服务，妥善接待52名交流干部家属来京住宿；年初，率先在机关局域网开通服务局网页，定期为机关职工提供保健知识、计划生育、家庭装修、家庭理财、后勤动态等信息服务，被访问次数位居机关各单位之首；华审宾馆、怀柔基地以热情周到的服务和有力的销售手段吸引客源，取得良好经济效益和社会效益。华审宾馆平均住客率达78%；怀柔基地共接待3万多人次，其中，外宾162人次，提前完成署下达的任务。北京站、双秀、知春东里招待所平均住客率也达到60%。服务二部注册成立物业管理公司，并对外承接小型物业管理项目，正在进行ISO9000质量认证，为向市场化过渡迈出可喜一步。

在全年工作中，各部门的正副处长以身作则，尽职尽责，做出表率。例如，许新琦同志在母亲病重、爱人下岗、本人身体不好的情况下，始终全身心投入，忘我工作，赢得署内外广泛赞誉，被署机关连续三次评为建功立业先进个人，荣立三等功。（撰稿人：何伟）

审计署派出审计局

【外交外事审计局】 2002年，外交外事审计局编制8人，实有8人（含年末新增1人），内设两个处。主要负责对外交部及其下属单位的审计监督；根据署内分工，2002年，还负责对国家新闻出版总署及其下属单位的审计监督。

领导成员

局　长：潘晓军

审计成果 全年共完成10个审计项目，共查出违纪违规行为金额152278万元（不含境外使领馆审计，下同），其中决定处理处罚147800万元，应缴财政12520万元，截止到12月底，已交财政9137万元；提交审计工作报告、审计专项调查报告10份。被评为2001～2002年度创建文明司局先进单位，同时，在署2002年组织的对1999～2001年度档案检查中荣获二等奖。

预算执行审计和决算审签 1～3月以及8～10月，对外交部和国家新闻出版总署进行2001年预算执行情况的审计以及对外交部、国家新闻出版总署2002年上半年预算执行情况的审计。一是在严格执行财经法纪、规范预算资金使用的基础上，切实摸清一级预算单位的家底。在对外交部预算执行审计开始前，经过反复探讨，大家感到，前几年审计重点主要放在财政部每年实际拨付给外交部的资金上，对这部分钱查得比较深比较细，用得也基本没有问题。而外交部每年的预算盘子除了财政直接拨付的40多亿资金外，还有大量的以前年度结余资金在账上滚动使用。对这部分资金，国家同意外交部将一部分规费收入留存用于境外使领馆馆舍建设的资金结余；有的则是本外币结算的比价差；还有一部分是财政已列支出但上年并未用完的专项资金结余。这些资金在2001年的账上大约有近20个亿。对这部分资金，过去由于种种原因并未细查。因此，审计组把2001年预算执行审计分成两条线，一条查财政部当年实拨资金，另一条则放在搞清结余资金。通过审计，查出外交部2000年实际结余资金与上报2001年预算结余相差太大的问题，并分析出结余资金的主要构成，基本摸清外交部这一块资金的家底，提出要求外交部改正的意见。二是通过查找问题，发现被审计单位管理和制度上存在的漏洞，如在对外交部审计时，审计组发现外交部大楼基建管理上存在一些问题，行政司在基建财务管理方面很多地方不够规范，因而提出专项建议书，要求外交部行政司以大楼基建为切入点，加强基建财务核算和管理。外交部很重视，立即组织编制大楼基建决算，并着手改进国内基建管理，加强财务核算。

专项审计 全年完成署统一布置的两个专项审计：一是对外交部、新闻出版总署、中国人民对外友好协会的行政事业性收费执行“收支两条线”规定情况进行审计；二是对原国家轻工局债权债务及经济担保情况进行审计。在对新闻出版总署的审计中，审计人员发现下属二、三级单位存在乱收费、超标准收费等问题。主要原因是总署领导对财务工作不够重视，对二、三级单位的情况不了解造成的。对此，审计组在查出这些问题后提出多项改进建议。新闻出版总署领导收到审计报告后，专门召开党组会研究审计意见，组成专门班子解决审计查出的问题，并重新调配人员加强财务工作力量，对二、三级单位乱收费、超标准收费责令立即停止，改正的力度非常明显。在对对外友协审计时，针对友协将社会捐赠基金用于委托经营，且经营收益不入账，主要用于机关福利的问题，审计组提出这有悖于捐助基金的目的，要求基金会立即纠正，并建议今后加强基金管理，加大基金使用力度。友协领导十分重视，并着手改正。在对原国家轻工局债权债务及经济担保情况的审计中，按照国家经贸委、财政部、审计署确定的审计内容和分工安排，审计核实原轻工局本级撤并后截止到财务交接日的各时点情况，并对社会审计组织延伸审计情况进行审核，按要求向署提交总的审计情况报告。

驻外使领馆审计 8~9月，外交外事审计局组成审计组，对我国驻韩国和新加坡使领馆2001年财务收支情况进行审计，还派人参加对我国驻俄罗斯和比利时使领馆2001年财务收支情况的审计。针对使领馆经常性预算管理比较严格，但对一些大项基建资金和游离于使领馆之外的其他机构，由于管理体制及其他一些原因，反而监控力度较弱、存在不少漏洞的现象，在审计中，审计组重点审计和了解这些问题，分析问题产生的原因，以提高财政性资金的使用效益为出发点，提出改进和加强内部管理的专项建议。同时，又针对几个新建馆馆舍建设中存在的共性问题，向外交部提出新馆建设应制定相对统一的建设和装修标准以及改革基建财务管理体制等方面的建议。

财务收支审计 按署统一部署，开展对二级单位的财务收支审计，对北京外交人员服务局2001年度财务收支情况的审计中，把促进被审计单位明确规定和理顺关系作为工作重点，尤其是通过审计促进外交部二级单位加强管理，加快改革，提高效益。本次审计查出被审计单位在财务、基建管理和执行国家财政税收规定等方面存在的问题；同时，就该局如何适应市场、转变经营观念和改进内部管理、提高经济效益等方面提出多项建议，受到该局高度重视。

队伍建设 外交外事审计局在原有9人的基础上，交流干部回办1人，调走1人，工作量相应又增加了不少，审计力量感到紧张。但全局团结一致，顺利完成各项工作任务。主要做法有两点：一是强调一种团队精神，体现出队伍的整体凝聚力。局里多次组织全体党员学习江总书记“三个代表”的重要思想，同时强调每位党员都要发挥表率作用，把做好本职工作作为体现党员先进性的重要表现。对每一个项目的审计，轮流由一位同志担任主审。主审全面负责，其他同志全力配合，人人都体现一个“勤”字。

二是营造一种良好的工作氛围，充分发挥个人的长处，调动起大家的主观积极性；同时，提倡互帮互助，确保审计质量和水平。在审计中既提倡和鼓励个人表现自己的能力，又要求大家互帮互学，取长补短，共同提高。2002年外交外事审计局有两人取得英语专科毕业证书，两人参加署组织的计算机中级培训班学习，1人取得高级审计师职称。（撰稿人：周碧）

【发展计划审计局】 2002年，发展计划审计局编制7人，实有7人，其中交流干部两名，内设两个处。主要负责对国家发展计划委员会、国家统计局和国家粮食局及所属在京单位的审计监督。

领导成员

局　长：虞伟萍

审计成果 全年共实施审计项目7个，审结6个，涉审单位74个

(次)，查出违规行为金额47469万元，管理不规范金额456455万元，合计503924万元；决定应交财政1402万元，应归还原渠道资金28444万元，应调账处理17623万元，应自行纠正456455万元；提出改进建议13条；建议给予党政纪处分3人。

部门预算执行审计　2002年，完成对国家计委、国家统计局和国家粮食局2001年度预算执行审计项目3个，涉审单位24个。共查出违规行为金额31395万元，管理不规范金额442484万元，合计473879万元；决定应归还原渠道资金27740万元，应调账处理3655万元，应自行纠正442484万元；提出改进管理建议9条。审计发现一级预算单位的违法违规行为主要有：违规调整预算，挪用预算资金，多报多列专项经费预算，向下属单位批复预算不及时，将财政专项资金用作周转金借给下属自收自支事业单位，收到办公楼拆迁补偿款在暂存款科目挂账，多设银行账户等，预留年中分配的财政基建投资比例超过国务院规定，重建机构与相关单位的资产分割不清，专项课题费管理不规范，开支控制不严随意性较大，对下属单位的财务和国有资产管理不到位等。审计发现所属二级预算单位的违法违规行为主要有：用国有企业借款虚报注册资本，对外投资不入账，与投资企业收支混记、事企不分，购进固定资产不记固定资产账，将财政专项经费、代管离退休人员补助经费或管理费、收回对外投资款和物业公司退还的物业费等在往来账核算，信息建设项目购置的部分设备与投资概算不符，建设进度拖期，对外投资有损无收等。截止到年底，大部分违法违规问题得到纠正，改进管理建议得到采纳。

“收支两条线”政策执行情况审计　完成对国家计委、国家统计局和国家粮食局3个中央部门2001年度及2002年上半年“收支两条线”执行情况的审计，并对3个中央部门及其所属全部二级预算单位进行了检查，审计覆盖率达到100%，还跟踪抽查了二级单位的投资企业。共查出违规行为金额16074万元（含署新闻审计局移交本局核实处理的违规行为金额121万元），管理不规范金额13791万元，合计30045万元；审计决定应交财政1402万元，应归还原渠道资金704万元，应调账处理13968万元，应自行纠正13971万元；提出改进管理建议4条；建议给予党政纪处分3人。审计发现一级预算单位的违法违规行为主要有：私设“小金库”，账外违法收支，随意销毁“小金库”收支的原始会计凭证，使用作废票据；个别负责人在中央国家机关机构变动期间违规处置、占用国有资产和私分处置国有资产收入；自行按比例提留分成下级单位收入用于系统内各单位经费调剂；保留已取消收费的预算外资金账户；应缴未交预算外收入，应拨未拨预算外资金；撤消银行账户不结转债权；用行政结余增加所属机关服务局下属公司的资本金；已回收有偿使用财政资金长期滞留，回收难度大；预算外资金收支未按规定设置会计科目核算；将行政单位其他收支纳入事业费账核算或在下属学会、协会核算；将国外项目捐赠资金收支在往来科目核算等。审计发现二级预算单位的违法违规行为主要有：应缴未交预算外收入；自行按经营性收入定价收取行政性资格认证费；收取资质评审费未按规定办理报批手续；收支不入账；虚假出资办公司；挤占挪用公款；所办企业虚假注册资本、虚开增值税发票、收入不入账、偷税漏税；预算外资金支出与经营性支出混合核算；将部分独立核算单位交纳的离退休人员管理费收入挂往来账；发生应税收入使用行政事业收费票据，造成不同程度的偷逃税等。审计结果引起被审计单位的震动，正在积极采取整改措施，有利于推进综合预算改革的落实。

其他审计　结合署定项目审计，对所辖中央部门下属二级预算单位的财务状况和内部控制情况进行了一次全面调查，既为确定审计重点和建立审计对象资料库提供了依据，也增强了被审计单位遵守财经纪律的外部约束力。针对审计和审计调查中发现的普遍性问题，发展计划审计局积极开展审计宣传工作，向驻在部门领导提出改进建议，为有关单位司局级干部宣传审计和财经法规，以实际案例促使其带头遵守财经纪律，依法审批开支和组织创收活动。同时还选派1人参加了署行政事业审计司组织的对我驻西班牙和尼日利亚使领馆2001年度财务收支的审计。

“人、法、技”建设　在队伍建设方面，重点抓了改进作风、坚持学习制度、严守“八不准”审计纪律和加强党支部建设4项工作。具体措施是：有针对性地提出改进目标和要求，先进模范引路，严格内部管理；坚持自学与集中交流和读书笔记相结合制度，积极参加署统一组织的各项学习培训及派驻部门举办的经济类讲座，定期召开审计情况通报会和审后总结会，努力建立学习型组织；将“八不准”审计纪律广而告之，经常进行执纪检查和警示，关心职工进步，解决生活困难，坚持党支部工作责任制等。全局共撰写读书笔记32篇，有8篇论文在报刊上公开发表；遵守“八不准”纪律、拒绝一切送礼请吃已成为每位职工的自觉行为；党员的先锋模范作用和党支部的战斗堡垒作用进一步增强，有两名预备党员按期转正，在法制和技术建设方面，着力推进审计法规和审计准则的贯彻落实，主要采取了4项措施：一是制定了《发展计划审计局审计执法责任制度》（试行），明确规定审计组长、主审和审计人员在审计过程中各个关键环节的职责、责任、义务及奖惩制度。

二是严格审计工作底稿复核制度，提高审计事项的准确描述和依法审计定性与审计处理。

三是初步建成审计对象资料库。

四是制订了局培训工作四项原则，将培训与职工的贡献、年度考核结果等相结合。（撰稿人：虞伟萍）

【经济审计一局】　2002年，经济审计一局编制7人，实有7人，其中交流干部两名，内设两个处。主要负责对国家经济贸易委员会（简称经贸委）及所属在京47个单位的审计监督。

领导成员

局　长：张彦珍

审计成果　完成4个项目的审计，审查资金58.1亿元，查出违规行为金额1.29亿元，查出预算资金未及时下拨、预算外资金未缴中央财政专户、挪用基建预算资金等违纪违规问题。同时有针对性地提出包括加强预算管理、理顺预算关系、加强对下属单位财务工作的管理和监督等审计建议。提交审计报告、审计决定等9份。

预算执行审计　1～3月按照审计署统一部署，对经贸委2001年度预算执行情况进行审计，并延伸审计其所属的中国企业联合会、中国质量协会、国家履行《禁止化学武器公约》工作领导小组办公室、中国机电设备招标中心等7个单位。审计金额34.79亿元，查出违纪违规行为金额1.19亿元，包括：预算内外资金未下拨8731.7万元；挪用基建资金和茧丝绸发展基金1230万元；预算外资金未上缴中央财政专户119万元；单位违规自设保险280万元、自提主任基金17万元；固定资产、长期投资、投资收益、收入未入账等金额1550万元。

9月开始对经贸委下属的中国机械工业联合会、机械机关服务中心、机械离退休干部局及经贸委本级1～8月预算执行情况进行审计。通过审计，发现经贸委挤占预算内基建资金2000万元；机械机关服务中心将收入转移到工会账上并发放奖金、补贴未缴个人所得税；固定资产未及时入账等以及各单位在财务管理和财务核算上存在的问题。撰写中期审计报告3份，促使补缴个人所得税3万元。

“收支两条线”专项审计　自5月上旬开始按照审计署统一部署，对经贸委2001～2002年6月“收支两条线”执行情况进行专项审计；通过对该委及所属的19个单位9059万元预算外资金的审计，摸清该委预算外资金项目设立和管理体制等基本情况，了解了收支规模，发现预算外资金管理、“收支两条线”执行情况等方面存在的问题，查出预算外收入986.5万元未上缴中央财政专户并自行留用627万元等问题。

债权债务及经济担保审计　自5月份开始按照审计署统一部署，对原国家有色金属工业局债权债务及经济担保情况进行审计。通过审计，查明该局债权债务总额22.4亿元，涉及单位（项目）301个，并对其中75个单位的14.1亿元资金进行详细的审查核实，占债权债务总额的62.9%（另外还有一部分由中国华建会计师事务所承担）。审计结束后，提交了7000余字的审计报告。

其他审计工作　1. 完成对经贸委历年结存资金1.17亿元的清理核实工作。2. 对国家经贸委执行2001年度预算执行审计决定的情况进行检查。以上两项工作完成后，及时向行政事业司提交了两份情况报告和有关表格。3. 完成对经翔房建开发公司1993～2000年基本建设投资预算执行和财务收支审计报告（征求意见稿）的起草和发出工作，同时根据审计发现的违法违纪行为线索，向北京市人民检察院第一分院反贪局和北京中天纸业集团有限公司移送有关案件线索材料。至年末，移送中天纸业公司的案件已结案，当事人被单位辞退，长期非法占有的4.6万元现金被追回。移送一分院反贪局的案件正在侦查中。

做法和体会　2001年是经贸委第2次机构改革后的第1年，针对其下属单位猛增、预算资金量加大，但关系还未完全理顺的情况，紧紧把握以下几点：1. 把预算执行审计作为全年工作的重中之重，紧紧围绕财政预算这条主线，从总体上把握预算的编制、批复及资金的拨入、转拨、支出等各环节，从而摸清经贸委的家底。

2. 在审计一级预算单位的基础上注重对二级单位的延伸审计，一方面防止一级预算单位违纪违规问题下沉，另一方面加大审计力度。

3. 加强对重点资金的审计。2002年继续加强对各专项资金，如基本建设资金、科技三项费用、外事经费等的审计，从而发现2001年挤占预算内基建资金1157万元的问题。

4. 对审计中发现的疑点问题一抓到底，并及时移交有关部门。如在审计经翔房建开发公司时发现某单位业务人员以发票复印件套取现金4.6万元，在多次找该单位有关人员调查了解的基础上，将此问题移交该单位纪律检查部门处理。对于经翔房建开发公司原经理涉嫌挪用公款等问题移交北京市检察院一分院反贪局。

“人、法、技”建设　1. 严格按署党组和机关党委的要求和部署学习江泽民同志“三个代表”重要思想、《江泽民同志论有中国特色社会主义》一书和党的十六大文献。

2. 认真抓好培训工作，使全员的综合素质有所提高。充分利用和积极参加署机关有关部门组织的各种培训活动，包括政治思想、业务学习、文化修养、计算机培训等。2002年选送1人赴澳大利亚进行为期1年的培训，选送1人参加计算机中级培训，1人已结束香港理工大学为期两年的学习，取得了专业会计硕士学位。

3. 继续加强廉政建设，严格执行审计纪律。严格执行审计纪律"八不准"，多次拒绝被审计单位的请客送礼及用车接送的要求，拒绝驻在单位的任何福利，严格按规定向被审计单位和驻在单位结算就餐费用。(撰稿人：黄泽清)

【经济审计二局】 2002年，经济审计二局编制8人，实有7人（1人参加援藏工作），其中交流干部1名，内设两个处。主要负责对中国民用航空总局（简称民航总局）、国家安全生产监督管理局及其在京直属单位的审计监督。

领导成员

副局长：肖长年（4月—）

陈居华（—4月）

副局级审计员：廖金梅

审计成果 全年共完成审计项目12个，其中年度预算执行审计项目4个，1~8月预算执行审计项目两个，专项审计项目5个，审计调查项目1个，派员参加四部委联合组织的对中央行政事业单位银行账户专项检查。通过审计，查出违规行为金额9.27亿元。

预算执行审计 根据审计署统一安排和部署，先后对民航总局、国家安全生产监督管理局、冶金机关服务局、中国钢铁工业协会2001年度及民航总局、国家安全生产监督管理局1~8月份的预算执行情况进行审计。通过审计，查出未按规定结转收入；超预算支出；无预算和超预算采购；财务管理体制不合理以及固定资产、往来账款、政府采购管理混乱等8个方面的问题，违规行为金额42806万元。

"收支两条线"审计 根据审计署统一部署，5~6月，先后对民航总局、国家安全监督管理局"收支两条线"情况（两个年度）进行审计，查出民航总局适航司2001年度收取的适航基金1055万元未上缴国库，2001年高校收取的学费1775万元未缴入财政专户，未经有关部门批准行政性收费600万元，以及包机补偿费管理不善等问题。查出国家安全生产监督管理局自有资金42537万元及所属华北科技学院未按规定将预算外收入1231万元缴入财政专户。

债权债务及经济担保情况专项审计 根据审计署统一安排，对原国家冶金工业局、国家纺织工业局、国家煤炭工业局撤并后至财务交接日的债权债务及经济担保情况进行审计。通过审计摸清家底，全面反映债权债务及经济担保的情况，保证各项资产的真实和完整性。并对财务交接日后的资金支付情况做出报告。

专项审计调查 根据署领导在人民来信上做出的批示，对反映原国家煤炭工业局截留转移煤矿维简费20亿的问题进行专项审计调查，经查阅多年的历史资料和大量的调查取证，查清了资金的使用情况，向审计署做了报告。

审计特点 1. 认真落实朱镕基总理"全面审计，突出重点"的指示精神，集中力量，重点开展预算执行审计。经济审计二局的审计对象调整后，首次对民航总局和新组建的国家安全生产监督管理局年度预算执行情况进行审计，在摸清家底的基础上，通过对重点资金、重点单位的审计，发现一些突出问题，对查出的问题进行认真分析和处理，为落实署领导提出的"守土有责"打下了基础。

2. 改进审计方法，提高审计质量。一是帮助被审计单位建立严格的内部控制制度，理顺财务核算体制，如在审计中发现，国家安全生产监督管理局外事经费脱离财务监管，费用开支随意性较大；民航总局多年形成的在财务司报销日常经费和适航基金核算委托下属单位代管等问题，及时提出整改意见，受到被审计单位领导的重视，并按要求进行了改正。二是不断适应新情况，解决新问题。国库集中支付和政府采购是近年来财政改革的新举措，同时也是审计中遇到的新问题，通过边学习边审计，初步摸索出一套审计方法，并发现了一些问题，如政府采购纳入财政预算后，各单位普遍存在采购预算编制不细，造成无预算和超预算采购的问题比较突出，针对这些问题，及时向有关部门进行反映。在政府采购中，通过审查招投标程序和采购合同，查出国家安全生产监督管理局在车辆采购中为机关预留所属单位机动车12辆的问题。

3. 树立宏观意识，注意反映审计中发现的带有普遍性的问题，为领导决策服务。在对原国家冶金工业局、国家纺织工业局、国家煤炭工业局撤消后债权债务及经济担保情况专项审计中，发现经贸委1997年成立的中经评价公司向部分部委募集借款尚未归还的问题后，向审计署做出专题报告，引起审计署和经贸委领导的重视，并采取相应措施。(撰稿人：曹志国)

【贸易审计局】 2002年，贸易审计局编制8人，实有9人，其中交流干部两名，内设两个处。主要负责对外贸易经济合作部、中国国际贸易促进委员会及其在京所属单位的审计监督。

领导成员

局　长：张大维

副局级审计员：徐永顺

审计成果　全年开展了8个审计和审计调查项目。共查出违规行为金额6.5亿元，其中：应缴中央金库3184万元，应缴中央财政专户5194万元，归还原渠道资金1.6亿元，调账处理金额8120万元。

对贸促会及在京63个所属企事业单位开展一次全方位的专项审计调查（审计调查覆盖面达到82%）。审计调查发现，某单位直接从下属事业单位抽调资金搞基本建设，挤占应上缴的行政性收费的问题；32个下属单位的收支情况和财务状况未纳入决算报表体系的问题；26处账外房产和大量账外车辆等问题。在对某部结存资金审计调查中，发现该部外交支出结余巨大（包括因历年利息比价差形成的经常性结余和因国家外交政策调整导致项目预算无法执行而形成的专项结余）的问题，在对资金结余情况进行认真分析后，建议该部在以后年度预算编制中应逐年安排有关结存资金的专项使用。该部在编制2003年预算时已将上述结余中的大部分资金纳入项目预算。

在全面审计的基础上，还重点开展外经贸部盈亏缴拨资金、预算外资金、所属企业与部门脱钩宏观调控政策的落实情况和国有资产管理等重点资金和重点项目的审计。例如，外经贸部在直接管理中央外贸企业期间，财政部对外经贸部一直执行盈亏缴拨轧抵清算方式。但1999年中央外贸企业脱钩后，外经贸部在事实上已丧失对原所属中央外贸企业的一切财务调控手段，无法收取外贸企业以前年度欠缴利润，也无法支付中国银行代垫贸易顺差利息及欠缴中央财政的30多亿轧抵清算资金，从而形成巨额债权、债务长期挂账。2000年部门预算改革以后，财政部对外经贸部所属企业欠缴利润、政府间贸易顺差利息等问题一直没有明确的解决方案。贸易审计局在预算执行审计中针对上述问题要求外经贸部与财政部对账，清理有关往来款项并报请财政部批复相关决算。2002年末，外经贸部已将轧抵清算资金余额1.6亿元交还中国银行。

在对外经贸部预算执行和“收支两条线”审计中，提出的“对中央外贸发展基金使用情况进行追踪问效”、“配额许可证签发事务全国联网并行”等8条规范管理方面的审计建议全部被采纳。根据审计意见，外经贸部还分阶段清理固定资产和银行账户。外经贸部成立的预算管理委员会制定了《外经贸部预算管理暂行规定》，积极参与各项财政改革，多次向有关下属单位提出“先有预算、后有支出”的明确要求，不断加强财务基础工作和内部审计监督。另外，贸促会积极认真落实各项审计决定和意见，每季度向贸易审计局书面报告一次落实审计决定和意见情况。

内部建设与人员培训　经过多次的审定与修改，贸易审计局的内部管理制度已装订成册，内容涉及局内各职位的工作说明书、审计组长与主审工作职责、审计台账报送制度、审计档案立卷归档工作职责、行政公文处理办法、计算机安全与网络管理规定、请假与考勤管理规定等。同时，贸易审计局在人员培训方面也取得了很大成绩，先后有1人获得英语BFT高级资格、1人获得北京商学院的会计专业硕士学位、1人获得审计系统计算机中级资格、1人参加审计署赴德审计质量管理与审计成本控制培训、1人获得审计师资格、1人获得注册会计师考试全科合格证书。贸易审计局已拥有一支以会计专业硕士和审计师为主导的业务骨干队伍。

计算机审计与办公自动化　外经贸部及下属单位所采用的会计电算化软件品种较多，常见的有中勤、用友、安易、金蝶各个时期的不同版本，还有罕见的或自行开发的百合、金算盘、金盾等财务软件。贸易审计局着眼于“打开被审计单位数据库并实现自动转换与查询”，搞清所有财务软件的数据库格式与存储特征，利用中央部门预算执行审计软件中的“自定义转换”功能，加入新的数据格式转换方法，成功地解决数据转换与导入问题。到9月，贸易审计局已能打开外经贸部及所属单位的所有会计电算化数据，全面实现了无纸化审计。另外，在内部局域网的基础上，积极探索以“一击收信，双击任务管理”为特征的电子政务一揽子解决方案。截止到2002年末，局已实现全局所有主机的网络即时通讯和非涉密公文的无纸化运转。（撰稿人：何其智）

【国防工业审计局】　2002年，国防工业审计局编制6人，实有8人，其中交流干部两名、援藏干部1名，内设两个处。主要负责对国防科学技术工业委员会和国家烟草专卖局及其所属单位的审计监督。

领导成员

副局长：王亲民（—4月）

　　　　张　力（4月—）

审计成果　全年完成对国防科学技术委员会（简称“国防科工委”）和国家烟草专卖局（简称“烟草专卖局”）2001年度预算执行情况审计、决算草案审签、“收支两条线”审计、2002年1～8月预算执行情况审计，以及对原国家石化局债权债务情况的审计。查出违纪违规行为金额48456万元，提出审计建议10条。

预算执行审计与决算审签　根据署统一安排，于4月中旬完成国防科工委、烟草专卖局2001年度预算执行审计和国防科工委决算草案审签。对国防科工委的预算执行审计和决算草案审签未发现违纪问题，对烟草专卖局的预算执行审计共查出违纪违规行为金额100万元，并提出审计建议两条。从9月下旬开始，对上述两部门1～8月预算执行情况实施审计，同时对本部门及其二级单位开展基本情况调查，初步掌握了国防科工委二次资金分配的基本情况。

“收支两条线”专项审计 审计查出烟草专卖局、国防科工委所属单位在未获批准的情况下自行收取交易服务费、重修费、补考费和短训班收入未上缴财政专户等问题，违纪违规行为金额共计48356万元，提出审计建议6条。国防科工委财务司针对审计组提出的审计建议着手修改委属高校财务管理规定；烟草专卖局局长姜成康、副局长潘必兴等领导两次召开专题会议，亲自听取审计组审计意见，及时部署整改，纠正违规问题。

债权债务审计 根据署计划安排，6月对原国家石化局开展债权债务情况的审计，共核实债权1313.31万元，债务1133.45万美元，提出审计建议两条。

工作特色 1.确定工作思路。5月初，国防工业审计局提出“围绕一个中心，营造两个环境，坚持三项程序，遵守四项纪律”的工作思路。“一个中心”指全面落实全国审计工作会议部署的审计任务；“两个环境”指局内团结、和谐、积极向上的内部工作环境和积极争取被审计单位支持、理解、配合的外部审计环境；“三项程序”指组织管理程序、审计工作程序和日常工作程序；“四项纪律”指劳动纪律、保密纪律、组织纪律、廉政纪律。

2.不断提高审计工作质量和水平。国防科工委预算执行审计已连续两年没有发现重大违纪违规问题，在这种情况下，全局通过反复学习全国审计工作会议和全国行政事业审计工作会议精神，找到了答案，就是要在预算执行审计和“收支两条线”专项审计上下功夫、做文章。主要采取以下措施：一是积极开展审计调查。结合中央部门预算执行审计审前调查，先后与国防科工委综合计划司等17个司局和在京二级单位、与烟草专卖局专卖司等13个司局和在京二级单位进行座谈，开展审计调查。并根据两部门各自的特点，制定较详细的预算执行审计工作实施方案，为进一步提高审计工作的质量和水平奠定了基础。

二是突出审计重点。在审计调查的基础上，针对国防科工委有二次资金分配权职能的特殊性，确立了以审计二次资金分配情况作为深化国防科工委2002年预算执行审计的突破口和审计重点；针对烟草专卖局虽为政府部门、事业编制、却实行企业会计制度管理的特殊性，确定了以财政资金、长期投资及投资效益作为烟草专卖局预算执行审计的重点。

三是加大延伸审计力度。主要向三个层面进行延伸：顺资金走向延伸审计二级单位，追踪资金落脚点，防止问题下沉；逆资金走向延伸审计预算编制上报过程，求证预算编报、批复的合理合法性；纵向延伸以前年度，看结存资金成因。在“收支两条线”和1～8月预算执行审计中，全局先后延伸审计国防科工委所属的北京理工大学、民爆中心、新闻中心和烟草专卖局所属的中国烟草交易中心、烟机公司、中烟实业中心、培训中心、北京市烟草公司等二级单位。烟草专卖局所属中国烟草交易中心在未经国家计委批准情况下1999～2001年自行收取交易服务费47701万元的问题就是在延伸审计时发现的。

3.强化内部管理。一是严格要求，大胆管理。局内多次开会提出党员领导干部要严格要求，大胆管理，强调抓好纪律。日常工作中严格考勤制度，严格民主集中制，强调有问题和意见当面提、会上讲，反对自由主义，反对不负责任的背后议论；审计工作中严格遵守审计人员职业道德，严格执行“八不准”，严格遵守保密纪律，专门请国防科工委保密办同志为全局上保密课。二是依法审计，按程序办事。强调依法审计，规范审计行为；强调组织管理程序，一级对一级负责；强调审计工作程序，落实审计责任，防范审计风险，提高审计质量。在审计过程中特别要求坚持三级复核和两会制度，即：审计工作底稿坚持主审、副组长和组长三级复核；坚持不定期召开审计小组碰头会和审计工作总结会，对重大问题组织大家反复讨论，对一些涉及定性处理但法规不够明确的问题要求大家多方咨询求证。如在“收支两条线”审计中，曾就一个问题的定性引用什么法规条款先后咨询财政部、国家计委、教育部、北京市财政局等有关部委局的10多个司局。三是调动积极性，增强凝聚力。在严格管理的同时，局内还根据每个人的特点和长处，将日常工作重新分工，扬长避短；创造条件，开展丰富多彩的文体活动。（撰稿人：吴正恩）

【教育审计局】 2002年，教育审计局编制8人，实有10人，其中交流干部两名，内设两个处。主要负责对教育部、国家行政学院和教育部在京直属高校及在京直属事业单位的审计监督。

领导成员

局　长：吴泽民

副局级审计员：焦克勤

审计成果 先后对4个单位、7个审计项目实施审计，共查出各种违纪违规行为金额20.1亿元，下达和代拟审计文书21份。在审计教育部2001年度预算执行情况时，查出未及时分配预算资金2.46亿元，全国学位与研究生教育发展中心预算外资金3984.7万元未上缴财政专户等问题；在教育部决算（草案）审签中查出决算草案中少列年初、年末结余9.6亿元，虚列本年支出16479万元，漏汇单位财务收支形成少计结余14252.85万元等问题；在“收支两条线”专项审计中查出应缴未交财政专户7433.47万元，未办理收费许可证收费24328.57万元，“小金库”资金10.91万元。此外，还有针对性地选择两个二级预算单位财务收支审计作为自定项目，进行全面审计。

基础建设　一是加强思想政治工作和“凝聚力”，开展形式多样的理想信念教育活动，先后组织局内摄影展览、为李大钊烈士扫墓、到怀柔基地搞文体比赛等。二是对局原有的规章制度进行补充和修订，使其更加适应内部管理的需要，针对性更强。三是加强业务培训和交流，在每个审计项目实施前，局里都要举办短期培训，针对项目的具体情况，由主审人员根据审计实施方案和审前调研情况给全局同志讲解分析，共同研究探讨具体审计方法及疑难问题。此外，教育审计局还同民族宗教审计局、国防工业审计局进行业务交流，达到相互学习，共同提高的目的。先后派两人参加境外审计培训、两人参加署里的计算机和外语培训班、1人参加高级审计师考试。

主要工作体会　1. 认真贯彻“全面审计、突出重点”和“守土有责”的工作方针，不断加大审计工作的深度和力度。随着连续几年对部门预算执行情况的审计，教育部本级违纪违规问题大幅度下降，部分违纪违规问题向二三级预算单位“转移”的情况比较突出。针对变化了的情况，教育审计局及时调整工作重心，重点加强对教育部有关业务司局管理的资金和部分代行一定行政职能的二级单位的检查监督，消除审计“盲点”，取得较好效果。全年审计中先后查出全国学位与研究生教育发展中心、高校英语四六级考试委员会、高等学校师资培训交流北京中心等单位收支未纳入教育部预决算、预算外资金收入未上缴财政专户；教育部高等教育司通过下属单位乱收费、虚列专项经费支出；基础教育司将业务合作资金存放下属单位，通过下属单位乱收费、经办处私设“小金库”等问题。加强对机关有关业务司局的审计监督后，使有关部门受到警示和很大震动。如教育部基础教育司在处理该司问题后，在“收支两条线”审计中主动向教育审计局上报该司将部外单位交来业务合作资金存放在部属二级单位代管的情况。

2. 运用科学合理的审计方法，提高审计质量和水平。“收支两条线”执行情况审计是署安排的一项重要审计任务，教育系统预算外资金收费项目多、金额大、涉及面广、社会关注程度高，为此教育审计局制定总体规划、分三步实施的工作方针。第一步是宣传布置、全面调查。根据教育部所属单位的不同特点，与教育部办公厅、财务司联合，分别召开教育部机关司局（办）、直属事业单位、在京高等院校等3个审计通告会，宣讲此次审计的目的和重要意义，并针对不同情况分别制发自查调查表，提出具体要求。根据安排，教育部在京直属23所高校、34个事业单位及21个业务司局进行自查，并报送自查报表和收费依据。第二步是解剖麻雀、重点延伸。选取有代表性的两个部属事业单位、1所部属高校及其附中进行全面延伸审计。通过审计，发现二级预算单位预算外资金管理中存在的问题和“收支两条线”政策执行情况。第三步是结合自查，重点核实。在二级单位全面自查的基础上，对全部自查报表进行复核，对存在疑点的单位、项目，进一步延伸审核，共延伸部属事业单位、高等院校15个，其中查出问题、形成工作底稿的11个。这次审计共完成教育部、国家行政学院及其在京几十个单位的行业性审计，查出违纪违规行为金额3.85亿元。

3. 坚持依法审计，严格履行审计查证程序。一方面是审计人员坚持守法，按照审计法、审计法实施条例、审计准则的规定履行每一个审计工作程序；另一方面审计人员严格执法，在审计实施过程中，不论任何单位、任何问题，都要严格按照国家法律规定办事。例如，在对货币资金的审计中，现金盘点已成为每个项目的必经程序。全年审计查出“小金库”3个，资金余额达20多万元；在对教育部留学生经费审计时，通过审查1张可疑发票，查出教育部委托《神州学人》杂志印制留学回国人员展览图片和《学子风华》图书项目无预算拨款、报账发票与实际用款单位不符等问题，并专题下发审计意见书。在审计处理中坚持依法办事，在“收支两条线”审计结束后，某单位曾多次来到教育审计局请求从轻处理该单位的问题，在耐心地向他们讲解财经法规有关规定的同时，说明问题的危害性，最终还是坚持原则进行审计处理。

4. 以查带帮，以审促改，促进被审计单位依法理财、依法行政。全年在各类审计报告中提出审计建议14条，其中近半数是关于部门改进管理方面的建议，如预算执行审计中提出加强部门预算编制工作，切实细化预算项目，改进预算外资金管理的建议；在“收支两条线”审计中提出教育部应进一步明确各业务司（办）的职责范围，严格遵守行政事业性收费的立项审批程序，规范收费行为，对各业务司（办）对口管理的单位进行认真清理，明确机构设置权限和有关司（办）的管理责任的建议，这些建议都引起被审计单位的高度重视，并采取相关措施，如教学仪器协会收取的服务收入、捐赠收入的分配使用原来由教育部基础司决定，教育部采纳建议后，下文明确资金遵照社团管理有关规定自行管理使用，切断主管部门与下属经济实体的经济联系。同时在审计中，注意发现政府行政管理中存在的问题，及时向审计署反映情况，向有关单位提出建议，如以署名义向北京市政府发出关于停止向集体企业征收城市集体服务事业费的审计建议书；在“收支两条线”审计补充报告中，反映预算外资金管理体制改变后高等学校预算外资金由比例上缴改为全额上缴后对高等学校财务状况的影响情况；反映财政部、教育部对部分收费项目执行中的管理办法不具体、不衔接等问题。

5. 强化审计人员的责任心是做好审计工作的重要基础。在工作中，坚持不懈地贯彻和实践“三个代表”重要思想，树立爱岗敬业、勤政廉政观念，是近年来思想政治工作中的一项重要内容。在中央广播电视大学审计中，审计人员发现该校每次分配劳务酬金时，教务处、考试处都是由个人代领，审计人员当即把领款人和部门领导找来核实情况。发现了他们除从学校财务处领取尚未发完的酬金外，两处还向业务合作单位收取的“合作款”、“劳务费”私存处内，其中大部分作为“奖金”发放给个人，几年的收支金额累计达上百万元，终于查出两个“小金库”的来龙去脉，在下达的审计决定中予以没收。在决算审签时，审计人员发现某二级预算单位决算说明中提到一笔代管教育部的款项，审计人员立即去该单位延伸调查。终于查出教育部基础教育司未经批准擅自收取“学具鉴定费”和“专家咨询费”198.8万元，经办处室私存“小金库”资金15.1万元的问题，报署后专题下发审计决定予以没收。（撰稿人：焦克勤）

【科学技术审计局】　2002年，科学技术审计局编制7人，实有8人，其中交流干部两名，内设两个处。主要负责对科学技术部、国家知识产权局及所属在京单位的审计监督。

领导成员

局　长：刘新兰（4月—）

副局级审计员：刘京城

审计成果　全年完成了对科学技术部、国家知识产权局2001年的预算执行审计和科学技术部2001年决算草案审签，对科学技术部、国家知识产权局2001年至2002年9月的“收支两条线”的审计和科学技术部2002年年中预算执行情况审计。提交审计报告10份，专题报告3份，共查出违纪违规行为金额147798万元，提出审计建议13条。

预算执行审计　一是深化预算执行审计，加大摸清家底的力度。针对科学技术部掌握预算资金量大、具有二次预算分配权的特点，在科学技术部2002年年中预算执行情况审计中，对科学技术部管理和分配的预算资金，按资金的性质、单位和项目的分布及各部门职能情况，进行了摸底。通过摸底，掌握了科学技术部的基本情况，绘制了机构设置流程图、资金按项目分布流程图、资金按单位分布流程图，建立了科学技术部及所属单位基本情况数据库和审计情况资料库。二是勇于实践，积极探索科技审计工作的新路子。科学技术部处于财政预算体制改革的前沿，在2000年试行细化部门预算的基础上，2001年又是国库集中支付改革的首批试点单位。自2001年9月份起，科技部基建经费、科技三项费、科技信息专项、“973”专项等经费由国库直接支付。为了适应新形势的变化，审计人员积极开展审计调查和学习讨论，查出科技三项费未纳入部门预算资金129181万元，挤占挪用科技经费4480万元。三是加强对国有资产、财政专项资金的审计，使“守土有责”落到实处。查出了国家知识产权局在机构改革后固定资产一直未进行划分和重新登记、将财政专项资金用于弥补事业支出和结余分配等问题，其中决定处理处罚1500万元，指明要求纠正5700万元。通过审计，促进了国家知识产权局预算管理和财务管理的规范化。

决算审计　按照审计署的统一部署，在行政事业司的具体指导下，于3～4月对科学技术部2001年度部门决算（草案）进行了决算审计工作，在审计中重视各决算报表数字核查，侧重对部门年终清理结算情况、部门汇总所属单位决算（草案）、部门决算与预算差异、部门决算（草案）反映预算执行审计结果等情况进行审计，重点对科学技术部2001年度决算报表中的部本级数据和所属19个二级核算单位的决算报表的情况进行审查核对。通过审计发现：科学技术部办公厅等9个二级报表汇总单位未将财政预算内科学事业费结余在2001年决算报表中正确填列，造成漏汇财政资金结存29017万元；科学技术部汇总报表和部分基层单位上报报表相差1330万元。科学技术部已专门发文，就上述问题做出解释，并表示此类问题今后不再发生。

专项审计　“收支两条线”是2002年国务院领导确定审计署的3个重点任务之一。科学技术审计局对这项审计进行了精心的组织和实施，在检查收费项目、规模、管理体制的基础上，重点检查收支脱钩、收缴分离的实施情况及纳入预算管理的收费项目。以专题报告的形式，揭露自行设立收费项目和收费标准、行政性收费上缴不及时等问题。

“人、法、技”建设　一是加强政治理论的学习和培训，注重人才的培养。积极创造条件，鼓励并要求大家积极参加政治理论学习和审计署组织的培训。组织对年轻党员干部基础知识的考试，全局同志每人撰写了一篇学习“三个代表”的心得文章。在加强学习的同时，注重人才的培养，主动给年轻干部压担子。在对科技部的预算执行审计时，当审计组发现问题的线索时，及时理清思路，明确重点，安排年轻同志深挖细查；对审计查出的问题，安排年轻同志分析原因，起草简报。通过对人才的培养，年轻同志的审计能力和分析问题的能力得到了提高。在加强学习的同时，还注重抓廉政建设不放松，做到廉洁自律，警钟长鸣。

二是健全内部管理制度，建立被审计单位数据库。为加强计算机及相关设备的管理，利用好现有的设备，开展好计算机辅助审计，上半年制定了《计算机及相关设备管理使用暂行规定》，对计算机及相关设备的购置及管理、使用及维护、计算机远程通信、计算机的安全与保密等方面都做出了明确的规定，完善了计算机的管理。为了提高审计效率，充分发挥已有数据库的功能，还制定了《被审计单位资料库建立及管理办法》，对资料库的内容及建立方式，资料库的管理和使用，资料库的保密等内容做了规定。

三是发挥交流干部的作用，促进整体素质的提高。科学技术审计局有两位来自特派办的交流干部，为充分发挥他们的审计业务专长，学习特派办先进的审计工作方法，安排两人分别担任科学技术部和中共中央统战部2002年预算执行情况审计的主审工作。他们以较丰富的工作经验和良好的工作作风，在全局审计人员的全面协作下，较好地完成了各项任务。（撰稿人：刘心红）

【政法审计局】　2002年，政法审计局编制7人，实有7人，其中交流干部1名，内设两个处。主要负责对公安部、国家安全部、司法部及在京所属单位的审计监督。

领导成员

局　长：赵连栋（8月—）
　　　　程天樑（—8月）

副局级审计员：王　冰

审计成果　全年完成审计项目8个，查出违规行为金额5587万元，应缴财政775万元，调账处理982万元，指明纠正90369万元；落实上年度审计决定已交财政46万元（不含年度预算执行年中审计数据）。提交审计报告8份，专题或综合性报告11篇，信息简报5篇，工作报告及信息被采用或署领导批示4篇。

预算执行审计　1. 完成2001年度中央部门预算执行审计项目两个。1～3月，对公安部、司法部两部2001年度预算执行情况进行审计。其中，对司法部共审计4个单位，包括一级预算单位1个，二级预算单位3个；对公安部共审计4个单位，包括一级预算单位1个，二级预算单位3个。主要审计公安部的公安支出、基建经费、科学事业费、教育事业费、离退休经费，以及司法部的司法支出、监狱支出、劳教支出和基建经费等预算资金的批复、拨付、使用管理等情况。审计发现，由于财政部年初批复预算资金不能满足部门工作的需求，致使年内追加预算经费过大，且难以及时足额到位，严重影响部门的工作。2001年财政部追加公安部经费73340万元，占年初批复总预算的38.18%，迟缓批复公安经费46872万元，其中年底批复追加的经费7892万元，年底拨出的经费38980万元。由此造成公安部不能及时向下属单位批复和拨付预算经费。同时，审计还查出公安部本级未进行固定资产核算10366.99万元、违规转贷美元516万和人民币2750万元以致拖欠银行巨额贷款、违规向企业收取资金1000万元等问题。违规行为金额5190万元，指明纠正61642万元。对司法部审计查出该部门未如实提供银行账户8个计2993.68万元、违规担保180万元、违规坐支现金25.04万元以及预算外资金利息未全额上缴中央财政专户1.28万元等问题，违规行为金额396.97万元，指明纠正493.12万元，应缴财政1万元。2. 司法部、公安部2002年1～8月份预算执行情况审计。9～11月，对两部2002年年中预算执行情况进行审计，对司法部除本级审计外，还着重选择具有代表性的预防犯罪研究所等两个二级单位进行延伸审计。对公安部延伸审计该部第二研究所等单位。此外，还对两部银行开户情况及结余资金进行全面清理。结合年中审计工作，加强对两部历年来审计决定和意见的落实情况进行跟踪审计，以前年度审计决定和审计意见基本落实完毕。

决算草案审签　3～4月，完成司法部2001年度决算草案审签工作。主要审查司法部《2001预算单位决算报表》的汇总和部计财装备财务司、监狱管理局、劳动教养管理局等本级决算的编报情况，并抽审部属司法行政学院和法律援助中心等二级单位。在决算审签过程中，结合司法部具体情况，认真开展“五个核对”，即对部门决算报表与预算批复进行核对；对部门汇总决算报表中单位数与部属实有数进行核对；对部门及所属单位决算报表的电子数据与纸质报表进行核对；对部本级单位决算报表与账簿进行核对；抽取部分基层单位决算报表与账簿进行核对。坚持做到“四个结合”，即年度预算执行审计与决算草案审签相结合；审计部本级决算与延伸二三级单位相结合；检查年度审计决定落实情况与决算草案审签相结合；手工审计与计算机辅助审计相结合。通过决算审签，查出司法部在决算报表汇总过程中，漏编基本建设支出21414万元、售房收入和维修基金年末累计结余2942万元等问题，指明要求纠正28233万元，已责成该部在正式编报决算报表时予以纠正。同时，还结合首次决算审签时间的法律保证、决算审签工作程序的合法化等亟待解决的问题上报审计署协商，以规避审签风险。

“收支两条线”专项审计　5～12月，对公安部、司法部、中国武装警察部队消防局执行“收支两条线”规定的情况进行专项审计。以国务院和财政部关于“收支两条线”规定及相关法规为准绳，以国家计委核发批准《收费许可证》的收费项目和标准为依据，审核收费票据的合法性及其管理使用情况，全面审计各项收费资金的支出上缴情况。审计结果表明，公安部设立治安管理证件收费、出入境管理收费和边防检查收费等收费项目共63项；司法部经国家计委批准设立外国律师事务所申请费、律师执行证工本费、公证员执业证工本费、涉外涉台公证书工本费等收费项目共18项；中国武装警察消防部队设立消防产品质量认证费1项；审计专项资金总额73360万元，查出应缴预算收入未上交、预算外收入未缴专户等问题，违规行为金额785万元，应缴财政774万元。

“人、法、技”建设　1. 组织全局人员深入学习“三个代表”重要思想的科学内涵及其新观点，统一思想，切实改进学习方法，提高全员理论学习的积极性和效果。政法审计局党支部换届工作完成后，坚持民主集中制，加强班子建设，提倡讲真话、讲实话。同时，组织参观卢沟桥抗日战争纪念馆，参加司法部、审计署等组织的体育、书法比赛等活动，营造一个团结和谐、心情舒畅、积极向上、生气勃勃的环境。

2. 积极推动审计制度的健全和落实。首先是严格执行审计法规和准则，建立完善内部《审计档案管理规定》、《公文处理暂行规定》、《信息工作暂行规定》、《统计工作暂行规定》、《保密管理暂行规定》、《计算机保密安全规定》等内部控制制度。其次，在审计中坚持审计组长负责制和岗位责任制，防范审计质量风险；同时，建立和完善审计业务会议制度，每当项目进展到一定程度，局里听取全员汇报，主要问题在业务会议上展开讨论，充分听取意见后再定。第三，执行审计现场“八不准”规定，并认真落实审计署关于《审计组廉政责任规定》等制度，对每个审计项目实行全过程廉政监督。

3. 努力开拓审计工作新领域，加强人员业务素质建设。基本实现对政法部门财会电算化系统的机上审计工作，对计算机辅助审计工作也在有条件地展开，力争在两年内实现局内计算机联网；在人员业务素质方面，逐步实现审计人才一专多能化，培养出复合型审计人才。（撰稿人：马受仁）

【民族宗教审计局】　2002年，民族宗教审计局实有8人，其中交流干部两名，内设两个处。主要负责对国家民族事务委员会（简称国家民委）和国家宗教事务局（简称国家宗教局）及所属在京单位的审计监督。

领导成员

局　长：冯丽茹

审计成果　全年共完成审计项目6个，提交各类审计业务文书20份，查出违纪违规行为金额37392万元，提出审计建议20余条。主要做法是：1. 在调查分析驻在部门预算管理和财务管理状况的基础上，提出了实行“三步走”的审计工作目标，并且有计划、有重点地加以逐步落实。即用三至五年的时间，促使部门预算管理和财务管理有一个根本的好转，不再出现大的违纪违规问题。第一步解决部门预算管理、财务管理问题，规范预算分配、拨付和部门财务管理行为；第二步规范本级（机关财务）财务管理和核算；第三步规范所属二、三级预算单位。2. 坚持审计业务会制度，确保审计质量，规避审计风险。一是审计项目前期准备会，研究确定项目负责人、审计组成员、主审、廉政监察员，并学习有关法律法规制度；二是审计实施方案讨论会，对审计项目实施方案（初稿）进行深入讨论，明确审计目的、内容、重点，确定人员分工和审计进度时间安排；三是审计期间工作汇报会，一般为两次，审计组成员汇报审计进展情况和发现的问题，审计组分析被审计单位存在问题的事实、性质，讨论初步的处理意见或审计意见、建议，确定下一步工作重点，对须关注的问题提出要求；四是审计报告讨论会，提出审计报告初稿的修改意见；五是审计处理阶段业务会议，审计报告正式定稿，对审计决定、审计意见等文书代拟稿提出修改意见。此外，根据需要召开专项业务会议，就某个问题进行讨论，做出决定。

3. 坚持审计与审计调查相结合，提高审计质量、效率和水平。把审计调查，特别是加强对二、三级单位的审计调查，作为搞好预算执行审计和决算审签行之有效的手段，明确写进审计实施方案，并在审计中加以落实。

预算执行审计 2002年完成了国家民委、国家宗教局2001年度预算执行审计和国家民委2001年度决算审签。审计结果表明，国家民委和国家宗教局认真落实审计决定和审计意见，建立健全部门内部各项规章制度，预算批复和资金拨付比较及时、完整，本级没有发现重大的违纪违规问题。但审计中也发现了部门预算不够细化、部分预算经费相互挤占、支出核算审核把关不严等问题，共查出违规行为金额6161.39万元，提出审计建议8条。对审计中发现的财政部在预算管理方面的问题，向署行政事业司提交了情况反映。

国家民委2001年度决算草案审计，披露的主要问题是少汇和漏汇收入支出、错汇支出和基建拨款等，发现了影响决算草案真实性、完整性的金额共计25005万元。

实施了对国家民委1~8月预算执行情况审计。审计中重点检查了上年度审计决定的执行和审计意见的整改情况，提交了专题报告；发现了部门在预算细化、资金拨付、银行账户设置、固定资产和其他收入管理、支出核算、财务基础工作等方面的问题，查出违规行为金额共计5191.31万元；并从细化预算、理顺财务关系、清理银行账户、加强会计基础工作、清理财政周转金等方面提出了5条建议，要求国家民委予以纠正和改进。在进行年中预算执行审计的同时，对国家民委所属中国民族语文翻译中心进行了全面的财务收支审计，也提交了审计报告。

专项审计 根据《审计署办公厅关于印发〈关于中央部门、单位“收支两条线”专项审计工作方案〉的通知》（审办行发［2002］27号）的要求，对国家民委、国家宗教局2001年和2002年1~9月执行“收支两条线”情况进行了专项审计，并延伸审计了国家民委1个二级预算单位，国家宗教局5个二级预算单位。采取就地审计和审计调查相结合的方式，对纳入中央财政专户管理的项目（主要是中央民族大学及附属中学的学杂费、住宿费和中国伊斯兰教协会清真食品认证费）的收缴情况、自行设立的预算外资金情况、部分所属单位接受捐赠款情况、宗教团体自定基金情况等进行了审计，并且对有些资金的审计追溯到以前年度。审计共查出违规行为金额1033.88万元，主要是预算外资金收入未及时上缴财政专户、截留部分预算外资金收入、违规收费、捐赠收入管理核算比较混乱等问题。分别提交了两份专项审计报告，并提出审计建议8条。对审计国家民委发现的问题进行了分析，形成综合报告，从宏观层面上提出对问题的处理意见，提交署行政事业司。

审计调查 结合预算执行审计，根据国家民委和国家宗教局的不同情况，分别制订了审计调查方案，明确调查内容，确定调查重点和实施步骤，印发调查表，发放调查软件，对两个部门所属24个在京二级单位进行了审计调查，发现其所属单位存在的问题、管理薄弱点和一些有价值的线索，提交了《国家民委所属在京二级单位财务管理情况审计调查报告》和《国家宗教局所属在京二级单位有关情况的审计调查报告》，分别送审计署和驻在部门，该报告得到主管审计长的批示和肯定。这次调查，为建立审计资料库奠定了基础。同时，还会同国家民委和驻委监察局对其主管社会团体的财务情况进行了调研，促进了国家民委加强对社团的管理。协助国家宗教局对中国基督教全国“两会”换届审计情况进行检查核实，初步掌握了家底，为国家宗教局加强对其管理提供了帮助。协助国家宗教局对中国佛教协会进行了换届审计，促进了中国佛教协会进一步加强内部管理，健全规章制度。配合国家宗教局对部分宗教活动场所财务管理和审计情况进行了调查，提交了专题调研报告，得到署主管审计长和国家宗教局领导的肯定。并结合专题调研成果，写出论文，参加全国宗教工作理论务虚会的研讨交流。宗教活动场所财务管理和审计情况专题调研，为制定《宗教事务条例》提供了有益的参考。全年提交调查报告5份。

“人、法、技”建设 1.加强政治理论和业务学习培训。分阶段制定学习计划，采取集中和自学相结合的方法，重点学习“三个代表”重要思想和党的十六大文献，计划安排上注意与审计工作协调，重点保证计划的落实，突出体现了三个特点：一是发扬理论联系实际的学风，结合预算执行审计工作认真思考问题；二是学习政治理论不打折扣，挤时间完成学习任务；三是坚持做读书笔记和写心得体会。同时，加强了业务培训力度，参加审计署集中整训、专题讲座和驻在部门的预决算培训班。此外，还采取多种形式，组织和参加各类业务学习。全年人均学习培训达123小时。

2.队伍建设得到了进一步加强。全员通过了署计算机资格考试和岗位资格考试，相关人员通过了英语初、中级考试和BFT高级考试，还有两人完成了在职研究生课程学习，1名预备党员如期转正。基础建设方面，制定局内部管理制度20多项，认真贯彻落实《国家审计基本准则》，规范审计文书制作；制定了岗位责任和年度目标计划，实行目标管理；建立了复核制度；加强了财产物资的管理，实行定期核对制度；财务报销严格实行“一支笔”审批制度；在审计调查的基础上初步建立了审计资料库和被审计单位资料库；改进了文件的传递程序，建立了责任制度；人事资料实行了计算机管理。预算执行审计中有意识地使用审计署计算机中心开发的审计软件。

3.廉政建设取得新进展。以贯彻落实审计纪律“八不准”为重点，先后制定了《民族宗教审计局2002年反腐倡廉工作实施办法》、《民族宗教审计局加强和改进机关作风实施细则》、《民族宗教审计局廉政档案制度》等，建立了廉政档案，把审计和非审计期间执行审计纪律的情况纳入档案管理；认真执行审计外勤经费自理规定，切断与被审计单位的经济福利关系；坚持提醒制度、执行审计纪律汇报制度和个人收入申报制度，多次谢绝被审计单位安排出国考察、休假、配备手机、宴请等事项；向被审计单位宣传审计纪律“八不准”，公布举报电话，并实行审计回访和征求意见制度，便于被审计单位了解并监督；实行汇报制度，外出审计或者调研回局后，要求外出人员及时主动向局汇报执行审计纪律等有关情况。（撰稿人：黄树平）

【监察人事审计局】 2002年，监察人事审计局编制6人，实有6人（1～4月实有7人），其中交流干部1名（1～4月），内设两个处。主要负责对监察部、人事部和国家外国专家局（简称外专局）及其在京下属单位的审计监督。

领导成员

局　长：胡文博

审计成果 全年共审计6个项目，延伸审计18个单位，查出违纪违规行为金额671万元，其中“小金库”376万元，补交税款107万元，调账处理188万元，指明要求纠正1613万元，其中违规调整预算556万元，预算外收入未缴专户844万元，应归还原渠道资金213万元。及时督促监察部、人事部、外专局、档案局、考试中心等单位落实审计决定和审计意见，并采取不同方式进行检查，有的逐项检查账目调整情况，有的了解采取的具体措施和做法。已补交税款107万元，上交财政77万元。从检查结果看，各单位都按时落实审计决定和审计意见，执行率均达100%。

预算执行审计 完成对监察部、人事部、外专局的年中及年度预算执行审计工作，查出指明要求纠正1076万元。在实际工作中就如何进一步深化预算执行审计工作，在以下几个方面做了探索：一是树立预算执行审计工作的大局观。将细化、强化预算，规范管理，提高资金的使用效益，加强部门廉政建设，促进依法行政，作为部门预算执行审计的大目标。如在年中审计时主要核对财政部对部门各项资金的批复与部门原报预算的差值，从中发现预算编制环节及重点资金使用方面的问题，然后审查部门对所属事业单位资金的批复是否全面、及时，有无截留、挪用等情况。在年度预算执行审计中，对部门主要的资金收支情况进行详细审计，规范预算资金的管理和使用。在组织审计时，采取主审轮换制及审计业绩登记制等措施。二是抓大的二级单位延伸审计，扩大审计威慑力，促进一级预算执行审计的不断深化。经过几年的审计，一级单位预算基本规范，但对二级单位的延伸审计仍显薄弱，特别是一些资金量较大的二级单位。如对考试中心的审计，没收其“小金库”余额77万元，补交税款107万元，不但对考试中心是个很大的震动，同时也引起了人事部党组的重视，对部门进一步加强预算资金的管理及规范所属单位的财务管理起到很大的促进和推动作用。三是从单纯的查错纠弊向强化管理和提高资金使用效益推进。判断预算执行审计工作力度的大小，不单纯看查出问题的多少，而是要从部门预算的角度多方位地看，看能否发现部门预算编制不尽科学、合理之处，看资金使用过程中存在的不规范的地方以及制度上的疏漏，分析资金使用效益不高的原因，根据财政预算管理改革的要求，提出解决的方法和具有前瞻性的建议，促使部门预算管理水平和预算资金使用效益的不断提高。如针对外专局境外收入的资金，性质一直没有明确的界定，而按多年习惯做法把调回境内的资金，全部上缴预算外财政专户，但又没有明确是预算外资金的情况，建议其主管部门界定收入的性质，从源头上规范该资金的管理。

决算审签 对监察部2001年度决算进行审签试点，按照署统一部署，对监察部2001年本级决算的编报结果和调整汇总直属事业单位决算报表的结果进行审查，对汇总直属事业单位决算中调整数字较大的重点事项进行核对，抽查部分单位的相关账簿或向有关人员进行询证。通过审查，发现并及时纠正监察部基本建设决算少汇当年收入并相应少列结余资金400万元，监察部机关服务中心决算报表重复计算上年结余32.8万元，及监察纪检研究所决算报表没有准确反映不同预算科目资金的支出情况等问题。

“收支两条线”执行情况审计 按照审计署统一部署，分两阶段对人事部、外专局、档案局2001年度及2002年1～9月“收支两条线”执行情况进行了审计。查出指明要求纠正537万元。在审计中主要着眼两个方面：一是有多少违纪违规的问题，二是从管理的角度看哪些方面需要加强和规范。从3个部门的情况看，人事部收费项目虽多达25项，但贯彻“收支两条线”制度比较好；外专局收费项目不多，但有的收费项目手续不完备、不规范，管理方面的问题较多；档案局虽然收费项目少规模小，但在贯彻“收支两条线”的各个环节上不同程度地存在一些问题。审计中发现的问题，均引起各部门领导的重视，初步达到规范预算外资金管理的目的。

财务收支审计 继续完成2001年对考试中心审计的后期工作，查出违规行为金额372万元，下达审计决定，没收考试中心“小金库”余额77万元，补交税款107万元，均已执行完毕。

“人、法、技”建设 一是充分调动人员的积极性，增强集体的亲和力、凝聚力。提倡要保持一种平和的心态，并在日常工作、生活中不断地陶冶锤炼自己，同志之间有意见有看法，多沟通多商量、多理解多包容，保持心理的健康和平衡，保持持久的积极性。大家的心情好了，人气旺了，群体的亲和力、战斗力就出来了。

二是通过实践，努力提高单兵技术水平，增强作战能力。采取轮流担任主审的办法，为每位审计人员创造机会，尤其对年轻人或从事审计工作比较短的同志多创造机会，提出明确的要求，给他们压担子。担任主审的人员，要完成一个审计项目的全套工作，熟悉整个审计过程，把握审计重点，锻炼组织协调能力，通过实践，不断积累专业经验，提高专业技术水平。

三是搞好培训，努力增强人员后劲。全局一直重视人员知识的更新和积淀，采取一定措施鼓励大家学习，在项目的安排上松紧适度，给人员留有一定的空间，以便学习提高。全局人员积极参加署统一组织的各项培训，除参加署集中整训外，还专门派出4人次脱产参加BFT英语培训及署计算机中级培训，1人通过了BFT高级考试，两人通过计算机中级考试；同时还根据工作需要，抽出一定时间组织相关内容集中学习，分专题讨论，取得较好的效果。（撰稿人：常利）

【资源环保审计局】 2002年，资源环保审计局定编8人，实有7人，其中交流干部1名，内设两个处。主要负责对国土资源部、国家环保总局及其所属单位的审计监督。

领导成员

局　长：东堆朗杰

审计成果 全年共审计查处违规行为金额12362.99万元，应收缴财政2230.98万元，追还被侵占挪用资金20万元，应纠正21352.94万元，调账处理2732.51万元。

“收支两条线”审计 一是确定审计重点。根据署下发的《审计署关于2002年“收支两条线”专项审计工作实施方案》，结合被审计单位的实际情况，首先确定重点审计单位和部门。实行“收支两条线”资金量较大且近年未审计过的单位，如国家环境保护总局所属的对外合作中心是这次审计的重点；以往审计出问题但执行审计意见不够坚决的单位，如国家环境保护总局核安全司及所属的化学品登记中心等作为这次审计的重点。其次是确定重点审计内容。在抓好“收支两条线”审计的同时，把国家环境保护总局所属对外合作中心的“利用外资项目管理费”资金作为审计的重点内容。

二是制订更切合实际的审计工作实施方案。根据所管辖部门的实际情况和已经确定的审计重点，分别制订了国家环境保护总局、国土资源部的“收支两条线”审计工作实施方案，主要在审计重点、审计的组织实施和审计人员的责任和要求等方面进行具体的阐述，以调动每个人的积极性并增强责任感。

三是突破重点，抓出成效。通过审计，有针对性地提出加强财务管理的意见，拿出有分量的审计成果。如，在审计国家环境保护总局所属环境保护对外合作中心“利用外资项目管理费”资金时，查出其坐收坐支项目管理费909万元的问题，及时向国家环境保护总局领导进行了反映，对他们震动非常大，表示要尽快进行整改。同时，揭露了财政部某司违规擅自以司发函的形式批复国家环境保护总局设立收费项目的问题。并就此问题代拟了署商财政部发出的公函。还揭露了财政部一方面把此项收费列入国务院办公厅转发的财政部《关于深化“收支两条线”改革进一步加强财政管理意见的通知》中，但在财政部发布的《2001年全国性及中央部门和单位行政事业性收费项目目录》中又没有列入此项收费，造成两个文件“撞车”的问题。本局《关于国家环境保护总局“收支两条线”专项审计的报告》，既有对收费项目、规模及管理体制的说明，同时又有对其自身管理和财政管理方面存在问题的分析。为此，受到了署有关司的表扬。同时，“收支两条线”专项审计工作还得到了翟熙贵副审计长的充分肯定。

预算执行情况审计 2002年，财政部安排了一些部门在下半年作为实行国库集中支付的试点单位，国家环境保护总局和国土资源部均“榜上有名”。从年中进行的审计情况看，确实有许多新情况和新问题值得认真思考和研究。以往审计的方法应该随着变化的情况而适时变化。因此，资源环保局及时将预算审计的重点，从以往的“几个核对”转移到对资金（项目）的支出情况上来，或者说是资金的使用效益方面上来。审计的主要力量和时间都投入到了对部门及所属二、三级单位的延伸审计上，重点放在资金的支出（使用）方面，先后查出如：

挤占项目费向无预算单位拨款；无预算挤占事业费购汽车；挤占事业费大量采购移动电话、数码相机；违规向新闻媒体支付、报销费用等问题，取得了一定成果。

审计建议 2002年，资源环保局特别注重提高审计质量，提升审计成果，深入分析体制、机制和管理中出现的新问题，广泛地翻阅有关文章，充分听取被审计单位的意见，最后形成并提出既有针对性，又能从根本上规范管理的高质量的审计建议。如对国家环境保护总局就某些行政事业性收费项目立项程序不合格，在“收支两条线”改革中一些执收单位财政管理体制和单位性质发生了变化、一些项目管理体制存在弊端、一些执收单位财政拨款预算偏低、进一步细化预算，加强预算资金的管理等提出多条建议。又如对国土资源部和财政部提出了将探矿权、采矿权使用费及价款纳入预算管理的建议，指出了现行财政部的文件不符合国务院令的问题。这些审计建议，得到了被审计单位的采纳。

基础建设及遵守“八不准”审计纪律 局党支部注意引导和鼓励年轻人在政治上积极要求进步，把培养教育工作主要放在自我教育、直接参加党内的一些活动、系统的培养教育上。对申请入党的年轻同志，一方面指定专人定期进行谈话交流，相互促进，共同提高；另一方面，在实施审计项目时，启用他们担当主审，为他们发挥才干搭建舞台。还经常让他们参加党内的一些活动，直接感受党性和党风教育。4月下旬，经署机关党委批准，局党支部正式接纳两名年轻干部为中共预备党员。

认真贯彻执行廉洁自律的各项规定，把执行“八不准”审计纪律贯穿于审计的全过程。实行了审计人员向主审负责，主审向处长负责，处长向局长（组长）负责的廉政责任制。在全局营造出一个从严要求，共同努力，自觉维护审计机关形象的良好氛围，受到了被审计单位的一致好评。（撰稿人：沈雪莲）

【社会保障审计局】 2002年，社会保障审计局编制7人，实有7人，其中交流干部1名，内设两个处。主要负责对民政部、劳动和社会保障部及所属单位的审计监督。

领导成员

副局长：李建新

审计成果 先后完成对民政部、劳动和社会保障部2001年度预算执行情况的审计、对劳动和社会保障部2001年决算草案审签、对民政部、劳动和社会保障部2001年及2002年1~9月“收支两条线”执行情况的审计，查出违规行为金额3031万元，应缴财政308万元，已交财政200万元，应纠正违规行为金额10885万元。

发现的主要问题有：1. 应缴未交财政专户问题。劳动和社会保障部2001年度应缴未交财政专户200万元，民政部所属中国福利彩票发行管理中心以前年度应缴财政专户的福利金4672万元尚未收回等。2. 预算未按要求细化和执行缓慢问题。财政部批复劳动和社会保障部2001年基本建设支出预算中列明部机关办公楼改造工程600万元。劳动和社会保障部未及时对预算进行细化，年底前拨付100万元，账面尚有结余474万元，预算执行缓慢。3. 预算外资金管理不规范问题。民政部2001年从中国福利彩票发行管理中心历年发行费中调剂3000万元支援中国老年培训康复中心项目，2001年底将600万元借给民政部福利中心，将2396.88万元借给民政部减灾中心，用于工程建设。2001年民政部收取民政部管理干部学院、假肢研究所、中国福利彩票发行管理中心等二级单位上缴款项480万元，用于发放职工岗位津贴及菜篮子补贴等。4. 往来款清理不规范、不及时等问题。针对审计查出的问题，按照审计程序提交审计报告。审计决定、意见及各种改善管理的建议得到被审计单位的认同，并积极进行整改。

审计工作特点 一是注意从宏观方面发现和反映问题。在对民政部、劳动和社会保障部2001年度和2002年1~8月预算执行情况的审计过程中，在审计民政部所属中国收养中心时，发现由于该中心管理体制的变化，造成单位性质不明确，如不及时解决将影响我国涉外收养工作的开展。为此，及时写签报向署报告情况，并建议有关部门研究具体解决办法。在“收支两条线”专项审计中，发现民政部所属中国福利彩票发行管理中心，对于福利金集中存储过程中产生的240万元利息，是否视同福利金上缴预算外收入财政专户的问题，在现行福利彩票财务管理制度中并不十分明确。为此，通过署向财政部发函要求进一步做出解释，得到财政部复函，同时财政部主管司局表示，要就此进一步制定社会福利金的管理办法，明确相关问题。

二是注意发现深层次问题。在“收支两条线”审计中结合民政部在预算外资金收缴和使用等方面存在的问题，通过分析发现，部门预算外资金管理存在问题的主要原因之一是财政部拨付部门预算外资金不及时，影响资金使用的实效性。由于不能保证各单位用款需要，导致预算外资金不能及时上缴财政专户，或直接坐收坐支。如民政部所接收的国际社会和个人为救助紧急灾情而捐助的款项，实效性非常强。财政部返还资金不能及时下拨，直接影响捐款的使用效益。针对这一关键性问题，通过署向有关部门提出了建议。

三是关注预算资金的使用效益。在审计劳动和社会保障部预算执行情况时发现，该部收回的以前年度扶持生产资金，仍有1593万元滞留在部本级未使用，没有按要求及时转作劳动力市场建设费，用于下岗职工安置和再就业工作。根据上述情况，提出该笔资金应全部转入劳动力市场建设费的审计意见，得到被审计单位的认可。

主要做法 一是注意在“人、法、技”建设上下工夫。首先是从基础抓起。全年有1人参加署计算机高级班学习、1人参加署组织的英语BFT学习并取得高级证书。其次是抓认识上的提高，先后组织全局重点学习江泽民“三个代表”的重要思想、《审计法》、《行政诉讼法》和《领导干部法律知识读本》等政治理论及法律法规文件，同时还要求大家学习《领导干部社会保障知识读本》，提出不但要成为审计专家，也要更多地了解社会保障知识，充分发挥派出审计局的作用。

二是团结协作，充分调动大家积极性是完成审计工作的关键。社会保障审计局在审计工作的安排上，注意调动和发挥每个人的积极性，坚持民主集中制，有事互相商量，合作共事，齐心协力完成各项工作任务。

三是严格把关是提高审计工作质量的保证。为了确保审计质量，社保局十分注重审计工作记录的审核，通常采用个别审核与集体讨论领导把关相结合的方法，经得起检验。在审计记录的编制中以事实清楚、证据齐全、法规依据准确为标准，同时注意有关财务法规制度的学习，不断提高审计质量。

四是加强领导、注重管理、突出重点，提高审计效率。在审计工作安排上注重管理，做到定人员、定任务、定标准，发现问题及时反映，局里根据情况整合审计资源，集中力量，重点突破。（撰稿人：于少庭）

【建设建材审计局】 2002年，建设建材审计局编制8人，实有8人，内设两个处。主要负责对建设部和国家测绘局及在京所属事业单位和社会团体的审计监督。

领导成员

局　长：刘新兰（—3月）

副局长：邢　建（4月—）

审计成果 开展对建设部、国家测绘局2001年和2002年1～8月预算执行情况、预算外资金“收支两条线”情况进行审计；对建设部2001年决算进行审签；对原国家建材工业局债权债务进行清理；延伸审计二级单位10多个，查出各类违规违纪行为金额14401万元，其中对国家测绘局“收支两条线”审计发现的问题被行政事业审计司写入综合报告。根据建设部和原国家建材局事业单位退休职工管理不规范的问题撰写审计简报1篇。先后派出6人次参加省长经济责任审计、驻外使馆审计、四部委组织的中央预算单位银行账户检查、住房公积金审计调查等工作。

预算执行审计 一是突出预算资金的审计重点，促进被审计单位加强预算管理。预算资金管理中一个突出问题是，一方面预算资金相对比较紧张，另一方面又存在着预算资金滞留问题。究其原因，主要是预算没有细化，收支计划不严谨。如国家测绘局航空摄影是国家大力支持的发展项目，财政在资金上给予充分保证，由于预算编制不严谨，计划安排不合理，造成项目执行极为不力，许多航空摄影项目无法顺利完成。2001年初滞留在财务司的航空摄影经费就达7844万元，2002年初仍结存1067万元。针对航空摄影的问题，建设建材审计局提出“细化预算编制，规范预算行为，合理安排资金，提高使用效益”的意见。

二是延伸检查二、三级预算单位，注意揭露深层次问题。2002年建设建材审计局查出建设部预算执行中的4个较大问题，全部发生在二级单位，如建设部干部学院未经批准，将1999年完工的教学综合楼全部对外出租，未投入教学使用，至审计之日建设部国有资产管理部门无人过问。

三是审计和审计调查结合，促进提高审计质量。在国家测绘局审计中，建设建材审计局积极开展审计调查。利用2001年对国家测绘局审计调查结果，2002年查出国家测绘局2001年预算执行中11个违纪违规问题，金额达8699万元；对国家测绘局在京基建办使用国债资金审计中，根据线索对国债资金涉及的相关单位进行深入调查，发现国家测绘局虚报国债资金的问题。

四是运用预算执行审计成果，提高专项审计和决算审签水平。2002年，建设建材审计局承担决算审签、债权债务专项审计和执行“收支两条线”专项审计，如对建设部2001年度预算执行审计中，着重考虑决算审签事宜，对审计中发现的影响决算的问题，立即要求纠正。2001年度建设部预算单位的决算受到财政部的表扬。原国家建材局债权债务资金高达130404.21万元、涉及有关单位和部门共193个，由于原国家建材局历年的预算执行审计工作较细，因此能非常迅速地确认债权、债务及经济担保资金总规模。在国家测绘局“收支两条线”专项审计中，利用预算执行审计的成果，对所属中国地图出版社进行重点延伸审计，发现国家测绘局存在集中收入不合理等问题。

五是从项目资金入手，开拓创新，探索审计的新路子。根据国家测绘局项目经费较多的实际情况，积极开展绩效审计，选取国家基础测绘项目中1:25万数据库更新项目进行以资金为主线、结合项目自身特点的解剖式审计，发现项目承担单位的工程进度与经费计划安排出入很大。这个项目分两年完成，项目经费300万元，第一年项目实际工程进度只是项目前期技术准备工作，资金需要量很少，却安排200万的经费，势必造成资金的沉淀，而其他项目也不同程度存在类似的问题。通过这次项目审计发现，资金与项目计划相互脱节现象很严重，资金管理单位对资金的分配还存在很大的随意性，而使用单位也没有从细化预算的角度认识问题，缺乏资金使用效益的意识。

六是为了提高计算机应用水平，积极开展计算机辅助审计，在决算审签和对行政经费审计中，所有数据汇总和筛选全部利用计算机进行；并且，局内着手搭建局域网，争取开展与被审计单位的联网审计，实现资源共享。

队伍和廉政建设 坚持“审前提要求，审中抓执行，审后落实检查”的做法，确保审计工作纪律得以全面执行。未发生接受被审计单位接待、吃请送礼、不据实付费、要求被审计单位安排人员、变相收取审计费用、虚报冒领外勤补助等违反审计规定和“八不准”的现象和问题。提倡宽容互助的团队精神，营造团结环境，提出“任何人不应以性格、脾气等不同的个性影响团结，而应在实现干好事业的共同目标中去追求团结。希望体现自己价值的人，首先要承认别人、团结别人”的要求。

按照“人、法、技”建设的具体要求，始终把审计队伍的建设作为第一要务来抓，注重对年轻干部的培养，主动给年轻干部压担子。2002年，多数审计项目都是由年轻干部担任主审；坚持每周五的政治业务学习，把业务学习与业务培训结合起来，鼓励有条件、有机遇的同志参加各类培训、考试，有1人通过全国审计系统计算机中级考试，1人参加在职研究生的英语考试，还有1人参加署机关组织的赴日本留学的选拔考试，两人通过审计岗位资格考试。（撰稿人：林清）

【交通运输审计局】 2002年，交通运输审计局编制16人，1～5月实有16人，其中交流干部4名；5～12月实有12人，其中交流干部1名，内设4个处。主要负责对交通部、铁道部及在京直属单位的审计监督。

领导成员

局　长：翁亦然

副局长：肖长年（—4月）

副局级审计员：王亲民（5月—）

审计成果 全年共完成署定审计项目7个，查出各种违纪违规行为金额共计80.19亿元。此外，还派人参加审计署组织的对原陕西省省长的经济责任审计，审计署外资司组织的对铁道部外资使用情况的审计调查，协助审计署科研所联系查找交通部内审工作的历史档案等。

预算执行审计和决算审签 1～3月，对铁道部、交通部2001年度预算执行情况进行审计，并延伸审计所属部分二三级预算单位。这次审计，共查出铁道部各种违纪违规行为金额76.02亿元，查出交通部各种违纪违规行为金额1.97亿元。主要问题有：1998～2000年期间，铁道部用铁路建设基金和采取挂往来账的形式支付已交付运营的固定资产贷款利息75.6亿元，从而造成连续三年由资本性支出替代经营性支出，致使损益不实。铁道部资金结算中心违反规定擅自扩大职工的工资、奖金标准，虚列费用和奖金701.8万元。铁道部办公厅未经批准自行调整预算科目，超预算支出8项，金额536.93万元；收入和经费结余挂往来账，金额381.69万元。交通部将以前年度已经核销的基本建设前期工作费结余2992万元未按规定冲回原资金渠道和日元贷款三港项目的财政垫息16700万元未按财政部的要求转作用款单位的国家资本金，而是长期挂往来账等。在完成对两部门预算执行审计的基础上，还开展对交通部2001年度决算草案的审签工作，查出交通部决算草案中少列科技三项费1578万元，少汇资产总额2951万元，少汇应缴财政资金16.7万元等问题。

“收支两条线”专项审计 6月份，对铁道部、交通部“执行收支两条线”的情况进行专项审计。主要问题有：铁道部人才服务中心在代办外国签证时，收取“代办外国签证费”并按照财政部关于《外事服务收入管理暂行规定》，实行净收入的25%上缴中央财政，25%用于弥补部门外事经费不足，50%用于改善职工生活福利条件。铁道部财务司在执行罐车安全生产许可证发放过程中，要求其所属收费单位按收支差额上缴专款收入。铁道部铁道科学研究院收取的“计量检验费”，交通部所属中国船级社收取的“船舶检验费”，都是国家规定的行政事业性收费，但实际执行中均采取缴税的形式，混淆两种不同的收费性质，弱化专项资金的管理力度。铁道部收取的“中等专业学校学杂费”、“罐车安全许可证费”、“计量检测费”等均未实行财政专户存储。铁道部收取的“运营集中管理费”、“多经基金”都是铁道部自行设立收取的项目，有些项目虽经批准，但收取管理很不规范，如铁道部在管理“路外企业自备车验收费”的收费项目中，对收费单位不设会计机构，不要求报送全年收费收入和支出的会计报表，造成一些收费单位截留、挪用验收费收入现象严重，验收费收支反映很不完整。

外资项目审计 4月份，对铁道部2001年度汇总财务报表和世界银行贷款第6、7批铁路项目执行情况进行审计。主要问题有：铁道部汇总资产负债表长期负债国内借款比铁路运输企业资产负债表和国有建设单位资金平衡表中的国内借款少填列205.8亿元，其他借款少填列3.4亿元。第6批、第7批铁路项目财务报表中，2000年末第6批项目累计多填列利息支出1342.9万美元，多填列承诺费支出227万美元，第7批项目累计少填列利息支出29.8万美元，少填列承诺费115.3万美元。

对原国家机械局债权债务的审计 7月份，对原国家机械局遗留的债权债务问题进行审计清查。重点审计2000年度的财政财务收支情况、截止到2001年2月28日的债权债务情况和截止到2002年6月30日的资金结存情况、债权债务情况以及经济担保情况。主要问题有：2000~2001年3月，原国家机械局在机构撤消前，将历年滚存下来应拨付下属单位的财政性资金如科学事业费、科技三项费等结余16781万元，私自转移挪用于中国机械工业联合会、原机械工业局老干部局、原机械工业局机关服务局的日常开支上。原国家机械局自1996年以来，私自将财政性资金5300万元，以定期存款的方式存在三家信托投资公司，上述存款均逾期，至今本息未收回，不少已成为呆账。

工作特点 1. 增强宏观意识，围绕交通运输业的工作特点开展审计工作。在安排2002年预算执行审计任务时，特别强调要从总体资金的安排使用情况入手来排查和透视预算资金的分配使用情况；强调审计人员要了解和熟悉铁道部、交通部这两个行业的现状、财务管理特点和投资重点以及行业发展方向，不能就审计论审计，而是要就经济论审计，要从讲政治的高度把握审计的方向。

2. 注重审计实施方案的可操作性，解决审什么、怎么审的问题。主要采取的措施：一是将审计具体实施方案中规定的审计内容和重点细划成若干个审计项目小组，每个项目小组再具体到若干个人来实施，然后再将其分工负责的审计内容和审计重点细划制订更具体的审计实施方案；二是每个审计人员对自己分工负责的审计项目内容，在制订具体的审计实施方案时，都要明确列示审计的路径，包括对每个具体审计对象的审计切入点，审计需要查证落实的内容，及所需要采取的技术手段等；三是针对各种不同的审计内容和目标要求，制定相对应的审计实施步骤与方法，以保证审计实施行为的规范化。

3. 每年集中力量搞清几个财务问题，通过连续几年审计，彻底消除重大财务隐患。结合铁道部、交通部这两个部门资金量大的特点，对要审计的项目资金，有意识地采取先梳辫子，理清头绪；再把住核算的重要环节，分时分段排查；一年搞清几个问题，以防止出现重大的财政财务问题。

4. 加大审计力度，把工夫下在审计防范和财务规范上。在年初安排审计工作时，坚持讲两句话：第一句话是，要查深查透，把问题都揭露出来；第二句话是，揭露问题是为了找出产生问题的原因，从根子上加以解决，要在财务行为规范上下工夫。交通运输审计局2002年重点做了三件事：一是加大审计力度，审计关口前移下沉。即预算执行审计与上年决算审计结合起来，本级预算执行审计与下一级重点单位预算执行审计结合起来。二是加强对以前年度重大问题纠正情况的循环检查，杜绝老问题重犯。三是帮助被审计单位完善制度和作业流程，帮助财会人员提高制单、做账和编表能力。

5. 围绕中心任务，加强思想建设、作风建设和廉政建设。第一，搞好思想建设。首先从局处两级领导人员抓起，重点解决两个问题：一是责任问题。对此，采取3项措施，一为告诫，通过开会和个别谈话的方式加强教育；二为案例警示，抽出一些典型事例，举一反三加强教育；三为年终考核总结，即将责任不到位造成的工作差错列入年度处室和个人考评的内容。二是团结问题。主要从端正思想观念入手，着力解决如何正确评价自己，正确评价他人，正确评价工作的问题，着眼端正人际交往的心态，克服功利性的人际交往观。第二，搞好作风建设。重点抓好两件事：一是营造一个优良的审计工作氛围。在审计实务中，坚持认真务实，严谨扎实，积极进取，开拓创新。在审计交往中，坚持平等待人，以理服人，以事实说话，依法行事。二是营造一种既会做事更懂如何做人的精神境界。坚持老老实实做人，踏踏实实做事，扎扎实实地做好本职工作。第三，搞好廉政建设。重点抓好三件事：一是继续作好廉政教育宣传工作，做到警钟长鸣。二是坚持审计定期回访制，交叉检查审计组成员执行廉政纪律情况，杜绝廉政隐患。三是积极作好后勤保障工作，尽量减少干部职工的后顾之忧，有效割断审计人员与被审计单位的经济联系。（撰稿人：李纯琳）

【信息邮政审计局】 2002年，信息邮政审计局编制12人，实有7人，内设两个处。主要负责对信息产业部、国家邮政总局及其在京直属企事业单位的审计监督。

领导成员

局　长：王申庆

副局级审计员：丁家亨

审计成果 全年完成署定审计项目5个（不含年中预算执行审计），共查出违规行为金额22950.3万元，提交审计工作报告5份，下达审计意见书5份，下达审计决定4份，提出审计建议10条。针对审计查出的违规问题，都按有关规定提出审计处理意见和建议，被审计单位基本上都进行了纠正。

预算执行审计 2002年对信息产业部、国家邮政局两个部门进行了年度和年中预算执行审计，共查出违规行为金额1570.3万元。其中：查出并纠正信息产业部及其所属单位的主要问题有：1. 部门所属事业单位改变隶属关系，引起预算级次和关系变化时，未按国家有关法律法规办理相应预算划转手续。2. 往来款项未按规定及时清理，借款手续不健全，大部分借款没有规范的借款协议。3. 固定资产管理不规范，没有建立起一套有效的管理制度，财务部门与物资管理部门对固定资产计划、购置、验收、保管、使用、清查、直至清理报废整个过程中各自的职责、权限以及相互间的业务关系没有明确规定，固定资产台账或卡片不齐全，账实不符，有的不记载固定资产的原始价值或重置价值。4. 该部所属电子标准化研究所，违反国家有关规定，利用公款为34名职工垫付购房所需款项，共计借出垫付款1385.66万元，到12月只收回266.69万元，尚有1118.97万元未收回。5. 违反《军工科研事业单位财务制度》规定，基本建设费用挤占科研事业支出37.5万元。6. 在对部门所属公司延伸审计中发现主要问题有：会计账设置不合规，会计核算不规范，公司的资产、负债及所有者权益不真实，固定资产不入账，私人长期占用公家资产，国有资产流失，职工个人长期拖欠公款不归还，经营活动超出工商部门核定的经营范围，利用账户为其他单位和个人套取现金，经营不善，管理混乱，经济亏损等。

查出并纠正国家邮政局及其所属单位的主要问题有：1. 邮资票品的管理和结算没有单独设立会计科目核算和反映票品的收入、发出、结存情况，将票品的收、发、存混在“应收账款”和“应付账款”账内，不能清晰反映库存票品的实际状况。票品的会计核算游离于其本部企业会计而自成系统，业务核算与会计核算在职责上没有严格分开。2. 国家邮政局机关服务中心将国家财政拨款资金200万元放在往来款科目中核算，影响了会计核算的真实性。

针对预算执行审计中发现的问题，就加强资产管理、规范经营行为、加强对往来账款的清理、规范往来账款核算等方面提出了5条整改措施建议，引起了被审计部门和相关单位的高度重视，信息产业部领导为此专门做出批示，要求有关单位尽快贯彻落实审计意见，加强内部管理。信息产业部还根据本局过去提出的建议进一步理顺了财务管理体制及其管理关系，调整了两个财务主管部门的管理职能，完善了一些管理规章制度。

“收支两条线”审计 6~10月，分两阶段对信息产业部和国家邮政局2001年度及2002年1~9月份执行“收支两条线”的情况进行了专项审计，并延伸审计了两个部门在京有行政事业性收费项目的直属事业单位。共查出违规行为金额6805.1万元。其中：查出并纠正信息产业部及其所属单位的主要问题有：1. 信息产业部无线电监测中心收取“无线电频率占用费、无线电注册登记费”，两项收费应缴未交收入15.1万元。2. 部清算司1~9月份收到（含以前年度未缴数）所属单位上缴应缴国库及财政专户资金6449.5万元，未及时解缴和返还收费单位。3. 信息产业部电子工程标准定额站，收取“电子工程建设概预算人员培训费”未纳入预算外资金管理，应缴未交收入198.9万元。4. 信息产业部电信科学研究院标准化所收取“基础电信业务经营许可证标志工本费”，应缴未交收入114万元。5. 北京市通信管理局收取“工人技术等级考核费、建设工程质量监督费”，应缴未交收入27.6万元。查出并纠正国家邮政局及其所属单位的主要问题是主管部门未按《中央预算外资金财政专户管理暂行办法》的要求，将集中汇缴的预算外资金及时上缴中央财政专户。针对“收支两条线”审计中发现的问题，就进一步深化部门“收支两条线”改革和管理方面提出了两条建议。

财务收支审计 根据审计署安排，4月对中国电子信息产业发展研究院（简称“电发院”）2001年度财务收支情况进行了就地审计，共查出违规行为金额14674.9万元，其中：查出并纠正的主要问题有：1. 在建工程及其他待转资产没有及时按规定入固定资产账。2. 对外投资问题主要反映在：有的把对外投资挂列在往来账款上，有的单位对外投资没有投资协议，有的没有经过充分可行性论证，投资手续不健全，造成一些投资损失，对外投资（投资基金）规模过大，超越了事业基金的范围。3. 个人借用公款长期挂在往来账，没有及时清理，部分已形成呆账和死账。4. 账账、账表、账卡、账实不符，在往来账科目中列支费用，会计核算不规范。针对审计发现的问题，就健全管理体制和管理机构，完善和理顺管理关系，明晰产权关系，规范经营行为，防止事企不分，相互挤占，保证国有资产的保值增值，加强对往来账款的清理，规范往来账款核算提出了3

条审计建议，得到了被审计单位的采纳。（撰稿人：周子祥）

【农林水审计局（简称农林水局）】 2002年，农林水审计局编制8人，实有9人，内设两个处。主要负责对农业部、水利部、国家林业局及其所属单位的审计监督。

领导成员

局 长：刘 实

审计成果 共完成审计项目9个，向署提交审计报告、审计调查材料16份，送被审计部门10份；共查出违规违纪行为和指明要求纠正金额84亿多元，上缴财政263万元，归还原渠道资金1011万元；揭示财政部、国家计委等部门存在的问题18个；向农业部、水利部和财政部等部门提出建议50余条；均被采纳，有些意见和建议还被财政部有关司局采纳。

预算执行情况审计 2001年9月至2002年3月，对水利部、农业部2001年预算执行情况进行了审计，共查出水利部及所属预算单位违纪违规等问题达48个，违纪违规行为金额达55.98亿元；还透过水利部存在的问题查出财政部、国家计委、科技部等部门在规章制度等方面存在的9个问题，针对存在的问题，研究提出了纠正问题和进一步改进管理的建议。审计署的审计决定和审计意见下达后，部领导要求认真抓好整改。水利部及有关所属单位不但按“审计决定”和“审计意见”的要求纠正了查出的问题，而且针对审计发现的问题和提出的改进建议，采取了一系列加强和改进管理的措施。例如，水利部研究制定了《关于进一步加强财务管理监督的若干意见》等6项规章制度；组织京内外直属单位开展水利前期工作经费审计调查，组织全国水利系统开展重大经济合同审计调查。水利部2001年度预算执行审计项目被评为“全国表彰审计项目”。

在对农业部2001年预算执行情况的审计中，共查出农业部及所属单位预算执行过程中存在的4大类43个方面的问题。不但揭示农业部及所属单位存在的违纪违规问题，依法提出了处理意见，还分析产生这些问题的直接原因和深层次原因，并针对农业部、财政部、国家计委及其他有关方面存在的问题，分别提出了改进宏观和微观管理的建议。审计署的审计决定和审计意见下达后，农业部及有关所属单位不但按“审计决定”和“审计意见”的要求纠正了查出的全部问题，而且针对审计发现的问题和提出的改进建议，采取了一系列加强和改进管理的措施，从完善体制、机制入手改善全系统众多单位的管理，制订和修订《农业部预算单位财务管理细则（试行）》等财务管理制度26项，提高了财政资金的使用效益。

部门决算审签 采用在预算执行审计阶段努力搞清与部门决算有关的情况等5种行之有效的方法，查出农业部部门决算草案未反映部分所属单位的财政财务收支等3个方面20个问题，还发现财政部设计的部门决算报表存在缺陷导致部分收入无法汇入等5个方面的问题，进一步探索了部门决算审签的路子。

预算外资金“收支两条线”专项审计 对农业部、水利部和国家林业局2001年和2002年前9个月预算外资金收支两条线情况进行了专项审计。查出3个部门及所属有关单位未按照国家规定的标准收取预算外资金、使用票据不合规、预算外资金未及时上缴财政专户、有关部门和单位滞留预算外资金等问题，还透过3部门存在的问题，找出财政部在预算外资金管理与批复等方面、国家计委在收费项目审批等方面存在的一些问题，向署提交审计报告，向被审计单位提出了整改意见，均进行了整改。

外资项目审计和其他工作 对10多个省市审计机关审计世界银行3个贷款项目的情况进行了抽查和汇总，并出具中英文汇总审计报告。此外，还分别与农业部、水利部、国家林业局负责内审工作的同志座谈，就审计的内容、重点和方法提出建议，还对农业部、水利部草拟的有关内部审计规范提出修改意见。

提高审计质量和审计效益 按照“全面质量管理”的要求，继续从8个方面全面加强对审计项目全过程、全要素的管理，提高审计质量，防范审计风险，提高审计工作的经济效益和社会效益。通过审计促进农业部、水利部、财政部等部门纠正了有关问题，农业部、水利部还分别制定财务管理制度26项（已出台10项、尚有16项正在制定）和14项，并且从完善体制、机制入手改善全系统众多单位的管理，提高了资金的使用效益。

队伍建设 1.在树立良好局风方面主要采取了3项措施：一是利用各种会议并在日常工作中结合一些具体事例，从正面旗帜鲜明地提出每一位同志应当如何正确对待各种社会现象，正确对待工作和学习，正确对待自己和他人，正确处理工作和生活中遇到的各种矛盾；并要求处级以上干部和党员发挥先锋模范作用。二是对好人好事和工作中取得的成绩及时予以肯定和鼓励，使同志们在这个集体中能够及时得到激励并获得成就感。三是对一些不正确的倾向或苗头，旗帜鲜明地予以批评和制止，防止其再度发生。

2.在增强本局凝聚力方面主要采取了4项措施：一是局、处领导注意深入接触群众，通过观察和接触，及时掌握每一位同志的思想、工作和学习的动向，以及个人的身体健康和家庭生活状况，并针对具体情况灵活地采取相应的措施。二是通过学理论、讲故事宣传“共赢”思想，并从多个侧面促进每位同志形成“共赢”观念。三是组织全局同志参加春游、纪念建党81周年等活动，并提倡同志间不拘形式，灵活地开展思想和感情交流，消除误会和隔阂，增进个人感情。四是加强工作中的相互配合和交流。

3.在抓学习方面主要采取了3项措施：一是要求每个处、每位同志结合本局、本处和个人的实际情况，修订过去制定的5年和近期的综合素质与业务工作提高计划，详细描述“愿景”，细化不断“超越自我”的行动安排，把组织目标和个人目标、工作和学习有机结合起来，努力实现“工作学习化、学习工作化”和不断“超越自我”，在全面发展的前提下，分别向某一个方面的专家发展。二是本着学以致用的原则，运用“案例教学”和“团队学习”方法，组织全局干部学习审计理论和其他相关知识，学习审计技能。审计组成员经常交流情况和经验，商量对策，解决遇到的问题，不绕着问题走；审计查出问题的定性、处理意见和建议的提出，都做到有根有据，都经过认真讨论。三是鼓励每位同志平时抓紧时间自学审计理论、社会主义市场经济理论、农林水专业知识和其他与审计工作相关的知识，并结合本局工作实际给全局同志做业务专题讲座。这些措施，使每位同志的业务理论水平和操作技能都有了较大长进。有些同志在境内外有关刊物和第9届全球金融年会等国际国内学术会议上发表的有些论文，在学术界和实务界产生了一定的影响。

4.狠抓纪律教育，促进大家严格遵守国家的法律法规、署定的各项纪律，尤其是“八不准”，促进党员干部严格遵守党的纪律，在被审计单位树立了审计机关的良好形象。

工作特点　对农业部、水利部2001、2002年度预算执行情况进行审计。在审计方向的把握方面，明确一个目标，抓住一条主线，开展两个结合、两个坚持、11个系统地看问题；在具体操作方面，紧紧抓住审计各阶段的关键点，即把握一个总体，抓住6个环节，开展两个测试、13个核对、一个复核、一个深查、一个对照、一个摸清、一个促进。署领导肯定了这条路子，并责成农林水局分别在全国行政事业审计工作会议和各派出局全体干部会议上作介绍，受到与会同志的肯定和鼓励。

在农业部、水利部2001年度预算执行情况审计过程中，采取上述思路和做法，共查出农业部、水利部在预算和计划的编制、管理、执行中存在的预算及基建项目计划有较大比重没有细化等方面80多个问题；还透过农业部、水利部存在的问题，查出财政部未按项目和单位批复部门预算、有关经费开支制度不统一等7个问题，查出国家计委下达的基建计划细化不够、追加计划过多等4个方面的问题。同时还延伸审计与部机关关系密切的二三级单位，查出部机关与直属单位联手虚增离退休干部人数冒领中央财政预算资金、有关单位私设“小金库”、有的司局自主支配以某种名义拨到部属事业单位的资金等一系列问题，深入分析了产生上述问题的直接原因和深层次原因，依法提出了处理意见，并针对农业部、水利部、财政部、国家计委及其他有关方面存在的问题，分别提出了改进微观和宏观管理的建议，促进农业部、水利部及有关方面加强了管理。

对农业部、水利部2002年度预算执行审计过程中，继续从多个侧面进一步探索部门预算执行审计的路子。一是审计进点时召集被审计部门各司局和在京部属各单位主要领导及财务部门负责人开会，除了介绍该次审计的范围、内容并提出配合审计工作的具体要求之外，重点结合近几年审计发现的问题，宣传《宪法》、《审计法》、《审计法实施条例》和有关财经法规制度；介绍发达国家政府部门审计的情况、公共财政和政府部门财务会计方面的新动向及其对我国政府部门、事业单位财务管理和会计核算的启示，启发他们主动地改进管理、加强自我约束并理解、支持审计工作。二是年底前把工作的重点放在部属二三级单位，努力查深查透与部机关关系密切单位的情况和群众举报的事项。同时，扩大对一般单位的审计面，查处问题并促进其加强预算管理、计划管理和财务管理。通过将审计与审计调查、财务审计与管理审计相结合，查出有关单位私设“小金库”以及预算管理、计划管理等方面存在的一些问题，为下一步纠正这些问题，尤其是促进有关方面改进管理、从源头上解决问题奠定了基础。三是在农业部、水利部部门预算执行审计新路子框架的基础上，进一步完善这一框架，细化各个审计步骤，向审计操作指南的方向迈进。（撰稿人：余金树）

【文化体育审计局】　2002年，文化体育审计局编制7人，实有7人，其中交流干部1名，内设两个处。主要负责对文化部、国家体育总局、国家文物局及在京所属单位的审计监督。

领导成员

局　长：薛启谊

审计成果　全年共完成审计署安排计划项目10个，共查出违纪违规行为金额176199.17万元，其中决定处理处罚2724.79万元，指明要求纠正63774.95万元，应缴财政专户109699.43万元，已交财政专户109192.86万元，未交506.57万元。提出财务管理改进建议21条。

预算执行审计　对文化部、国家文物局2001年度预算执行情况审计和对文化部、国家体育总局、国家文物局2002年度预算执行情况审计。在预算执行审计过程中，以资金结算为中心，重点跟踪从本级拨出资金的使用情况，加大对基本建设支出、部门往来款项、固定资产管理、货币资金安全性等重点问题的审计监督力度。同时，注意跟踪检查以前年度审计查出问题的落实和纠正情况。结果表明，3个部门预算执行总体是比较好的，基本做到按批复预算执行，统筹兼顾、合理安排、专款专用，保证了各项工作的顺利完成。尤其是文化部，对细化预算，减少无预算支出的意识逐渐加强，2002年取消多年来一直保留的“部长基金”（自定每年从文化事业费中预留200万元用于部长特批事宜），强化预算意识。但各部门在预算执行中，仍存在一些问题。主要是：未严格执行预算，如国家文物局2001年未按规定预算及时拨付考古专项资金；文化部、国家文物局无预算、超预算支出部分事业费，挤占、挪用事业费弥补其他经费不足等。国家体育总局2002年在预算执行中，应拨未拨北京体育大学科技三项费用167万元，应缴未交财政专户267万元。文化部代管资金中存在的问题：文化部归国华侨联合会应意大利“翡伦蒂联合政府”和奥地利“中奥关系促进会”邀请，组派中国深圳少儿艺术团一行27人赴意大利和奥地利访问演出（无书面协议）。其有关资金由文化部办公厅财务处代管（国际旅费自理，国外期间食、宿、行费用由邀方负担）。6月20日深圳市南山实验学校汇来出国费44.2万元，由侨联的赖某经手分两次借走两张支票（无侨联领导或办公厅负责人签字），报销时，交通、餐费、签证代办费、住宿费、礼品费、机场建设费、人员补助、签证费、保险费、市内交通费、电话费全部为白条。以上行为严重违反《现金管理暂行条例实施细则》，根据《中华人民共和国会计法》第三章“会计监督”的有关规定，建议文化部对造成此事的原因进行彻查并做出说明。对于审计查出的问题，在认真分析产生的原因、后果和影响，及充分听取部门意见后，实事求是地进行定性和处理，并提出具有操作性的整改意见。

“收支两条线”专项审计　根据审计署统一安排，于5月、9月、10月，分三个阶段对文化部、国家体育总局、国家文物局2001年至2002年9月“收支两条线”执行情况进行专项审计，并延伸审计3个部门纳入预算外管理资金所属的10个二级单位。审计结果表明，部门对预算外资金的管理比较规范，基本上能够按照“收支两条线”的有关规定收缴、核算与管理，财务收支比较清楚；基本做到了收支脱钩，收缴分离，同时实行“收支两条线”以后，未影响正常的经费保障和预算外收入。但也存在一些问题：1.应缴未交财政专户。国家体育总局2001年底应缴未交财政专户共37062.09万元、2002年1～9月应缴未交财政专户72148.39万元，这种做法违反了《国务院关于加强预算外资金管理的决定》。文化部所属二级单位2001年1月至2002年9月共应缴财政专户款644.39万元，实际缴纳423.09万元，未按规定及时足额上交财政专户款221.3万元。原因是文化部要求所属单位按年初预算数年中一次交齐，而非按实际收入数和国家规定的比例及时足额上交。2.收费依据不足，管理工作不规范。（1）国家文物局从外展收入中提取外事服务费，虽是文物局领导集体研究决定，但在审计中只有一件局计财处的呈批件可供说明，无正式文件，也没有向行政主管部门申报立项批准手续。（2）国家文物局对故宫门票收入上缴款的管理不够规范。文物局从1986年开始对故宫门票收入实行分成上缴管理，从未发过正式文件，标准也经常变化。其中，2000年前的标准为6000万元以内的部分按五五分成再减去加班费的部分上缴文物局，超出部分减去古建筑维修专款（800万元）及税后的80%上缴文物局；2001年开始按照门票收入减去税金后50%上缴。（3）制定收费标准科学依据不足。国家文物局规定故宫上缴比例偏高，时有发生影响故宫经费保障正常开展工作的问题，故宫1999和2000年度分别支出赤字812万元和806万元。国家文物局对故宫收入等预算外资金的管理执行“收支两条线”的规定不彻底、也不一贯。从1986年以来，未将故宫门票收入分成部分纳入预算外资金管理，也未向财政部门上缴过资金，直到2001年才向财政部上缴14734万元，其余部分全部用于补助下属单位以及转经费结余等用途，2001年补助下属单位4002万元，转经费结余4000万元。

决算审计　根据审计署计划安排，对文化部编制的《文化部2001年部门决算》、《文化部2002年部门决算》的汇总情况、本级决算报表及部分二级单位决算报表的编制情况进行审计。除文化部本级外，又延伸审计20家二级预算单位的决算报表的编制情况，占全部预算单位的44%，审计资金约占预算资金的80%。通过审计，发现存在的问题主要是：2001年，漏汇部分所属单位决算报表、列报个别所属单位决算数据不实、出售公有住房及职工住房公共维修基金未在部门决算草案中反映、少列报基建其他账户财政财务收支情况、虚列支出、个别所属单位在往来账中列收列支，造成决算报表列报不实。2002年，重复和少列报收支、部分数据列报不规范、个别数据填列不实。针对上述问题，根据国家相关法规和有关规定，建议文化部加强对单位售房资金的管理和决算审核工作；加强对本级及所属单位专项资金的核算与管理，保证决算填报与预算口径的统一，并建议审计署向财政部通报决算报表编制的有关要求与会计制度不一致和决算软件使用中存在的问题，以便财政部门能完善制度，保证相关规定的统一性。（撰稿人：刘鲁宁）

【卫生药品审计局】 2002年，卫生药品审计局编制8人，实有7人，内设两个处。主要负责对卫生部、计划生育委员会（简称计生委）和中医药管理局（简称中医局）及其在京所属单位的审计监督。

领导成员

局　长：刘福祥

审计成果　共完成11个项目的审计和1个项目专项审计调查工作。具体分为4个部分：一是预算执行审计，共3项：卫生部、计生委、中医局2002年年中预算执行情况的审计；二是“收支两条线”专项审计，共3项：卫生部、计生委、中医局2001年和2002年1～9月的“收支两条线”专项审计；三是外资项目审计，共5项：世行ASEM信托基金赠款项目、世行贷款第九个卫生发展项目、中国城市社区卫生服务与贫困救助项目、中英性病和艾滋病防治合作项目、英国国际发展部赠款项目审计；四是计生委药具中心举报信专项审计调查。

审计中发现的主要问题　预算执行情况审计中发现，被审计单位不同程度地存在一些未严格执行预算的情况：如向非预算单位拨款、未及时拨出事业费、专项经费；应拨下属二级单位预算外财政返还款在往来挂账；结存资金量较大、对专项经费的管理项目预算不细化，专项经费开支范围过大、机关下属事业单位代管机关部分事业费、专项结余经费等问题。

对卫生部、计生委、中医局“收支两条线”专项审计中发现，部分项目行政事业性收费未纳入“收支两条线”管理；行政事业性收费未及时全额上缴财政；部分纳入财政专户的收费项目长期未作清理，使一些应转经营性收入的项目未按规定纳税；行政事业性收费票据使用不够规范等问题。

主要做法和经验　1.确定审计工作重点，集中力量解决突出问题。例如：针对某主管部门所属二级单位代管上级部门部分事业费的问题，在年中审计时，就把代管经费的问题作为重点进行延伸审计。从中发现：该单位代管的事业费，在主管部门每年上报财政的决算中已经按预算拨出或列支，而实际并未完全执行预算，使部分资金沉淀下来。审计后，提出了审计意见，堵塞了管理漏洞。

2.明确审计目标，把审计决定执行情况落到实处。在实施审计项目过程中，对于被审计单位执行审计决定和审计意见落实情况实行追踪问效。例如，某主管部门本级结存以前年度未完成专项资金较多。经审计后，在该单位落实审计决定的反馈意见中表明，上述资金“已按原渠道拨付完毕”。经追踪查实，此项专款并未按原渠道拨付，而是用于冲减一些单位的借款。据此，卫生药品审计局再次提出纠正意见。

3.及时发现新矛盾新问题，从完善制度的角度提出相应的对策和建议。例如，在“收支两条线”专项审计中发现，药品收支结余上缴返还政策执行中存在一定问题：据了解，按照中医传统，中医医院所取得的医疗收入相对较少，中药药品收入在业务收入中占较大比例。按现行的财政返还比例，各医院缺乏上缴积极性，增加了管理难度。因此，提出建议，让主管部门尽快与有关部门协商反映《在京中央直属医院药品“收支两条线”管理实施办法》（卫规财发［2000］365号）执行中存在的问题，在财政返还比例上更多考虑中医医科的特点。在完善现行政策和管理指标的同时，要求主管部门仍按原规定做好2002年度的药品收支结余汇缴工作。

通过对卫生部、国家计划生育委员会等部门的审计，促使被审计单位先后出台了《国家计生委关于内部审计工作的规定》（国计生发［2002］23号）、《国家计划生育委员会直属挂靠单位领导干部任期经济责任审计暂行规定》（国计生发［2002］104号）等规定和措施，进一步加强了内部管理，在预算执行和财务管理上都有了较大改进。

4.加强审计业务基础性工作，提高审计质量和水平。针对本局特点，围绕审计署“人、法、技”建设总体要求，采取措施搞好审计业务基础性工作，建立全局审计工作资料库；请署档案处同志来局讲课，规范审计工作档案，落实审计工作档案主审负责制，把审计准则落到实处。

5.开展经常性的审计纪律教育，在审计过程中认真落实“八不准”规定，多次拒绝被审计单位提供的节日补助和礼品，提高了审计人员遵守审计纪律的自觉性，维护了审计机关的形象。（撰稿人：窦爱平）

【海关审计局】　2002年，海关审计局编制7人，实有8人，其中交流干部4名，内设两个处。主要负责对海关总署、国家质量监督检验检疫总局（简称国家质检总局）及所属单位的审计监督。

领导成员

副局长：黄正华（—4月）

鲍朔望（4月—）

副局级审计员：孙贤珍

（4月—）

审计成果　完成5个审计项目，共查出违规行为金额126344万元，管理不规范行为金额30610万元。其中决定处理处罚，指明应缴财政19487万元，已交财政8917万元；应自行纠正金额30610万元，已自行纠正27264万元。提交各类审计信息、简报和工作动态共16篇，被审计署采用1篇，被新闻媒体采用8篇。审计中，查出海关总署保证金利息收入仍纳入海关经费管理，长期脱离财政监督的问题；检验检疫系统现行财务制度中70%收入上缴、30%留用、提取修购基金等规定与国家实行部门预算后收支脱钩的改革思路不一致，制约了部门预算执行中的具体实施问题；质量体系认证机构认可费、产品质量认证机构认可费、实验室认可费以及质量认证人员考核、注册和培训费等4项收费在机构合并后仍存在"一种收费两种财政管理体制"等问题，引起有关部门的高度重视，得到署领导的好评。

预算执行审计　一是全面开展"摸清家底"工作。针对海关总署、国家质检总局业务部门多、流程复杂，且与各项经费开支密切相关的特点，制订详尽的"摸清家底"实施方案，对所辖单位各部门的职责、岗位、业务流程、资金流向及相关规章制度开展全面调查，利用现有人力逐步建立被审计单位基本情况数据库。并在掌握基础资料的基础上，对各业务环节的实际需求进行分析，力求为对部门预算编制的合理性、预算执行的合规性进行综合分析打下坚实的基础。

二是加强与所辖单位的日常联系，共同探讨部门预算执行中出现的新问题。2002年是财政部全面推行部门预算的第一年，结合海关总署、国家质检总局现行财务制度优惠政策较多的特点，通过开展座谈会、专题研究的形式，在认真听取所辖单位意见的基础上，从规范强化预算执行、规范财务收支出发，共同分析实行部门预算后出现的新问题、新情况，促进部门预算执行水平的提高。

三是从体制入手，提升预算执行审计的宏观意识。由于被审计单位和业务范围的相对固定，派出局的工作深度受到一定的制约，海关审计局就如何深化派出局的工作进行了广泛的调研，改变过去反映问题流于形式的工作方法，由所辖单位现行体制入手，与国家部门预算改革总体思路相对照，从中发现体制上存在的问题，促进部门各项财务制度、业务流程的进一步规范。

四是进一步规范业务基础工作，提高预算执行审计质量。先后制定了各项规章制度，并对审计方案、审计工作底稿、审计证据等基础工作进行了全面统一，健全审计项目主审业务负责制和审计组长复核把关制，提高审计风险防范意识，确保审计成果的准确。（撰稿人：周晖）

【经济执法审计局】　2002年，经济执法审计局编制7人，实有7人，其中交流干部1名；设有两个处。主要负责对国家工商行政管理总局、国家药品监督管理局及在京所属单位的审计监督。

领导成员

局　长：李　钦

审计成果　完成9个审计项目，共查出违纪违规行为金额77751万元，其中预算执行审计查出地方工商机关2000年度欠缴中央财政预算收入2169万元，国家工商总局历年沉淀资金11856万元、资金闲置15808万元；国家药监局本级沉淀预算外资金8714万元，沉淀其他资金3426万元，行政财务、离退休干部司和机关工会共占用预算外资金710万元，未及时上缴财政收入430万元，未落实上年审计决定564万元，用预算外资金和历年结余弥补行政经费支出1341万元。决算审签查出国家工商总局少计结余11569万元，少计收入、支出4万元。收支两条线审计查出地方工商机关2001年度欠缴中央财政预算收入6814万元，国家药监局、中国药品生物制品检定所未及时上缴预算外收入1023万元。财务收支审计查出少缴预算外收入47万元，违规办理定期存款1724万元，漏记固定资产112万元，结余未分配11290万元，未落实自筹基本建设资金来源150万元。同时，还根据被审计单位存在的问题，提出了20条整改意见。

主要做法和体会　1．按照署工作计划，对国家工商总局2001年度决算进行了审签。这也是经济执法审计局第一次开展此项工作。审计发现国家工商总局的专项结余只有10225万元，但根据近几年预算执行审计掌握的情况，该局仅拨入培训中心的培训基地建设资金15500万元就未使用，应作为专项结余列报。经核对培训中心分户报表得知，上述未使用资金中的9500万元，该中心列在"应付账款"科目中反映，汇总报表也汇入了"应付账款"中，所以造成专项结余少计9500万元的问题。同时，还制定了每周碰一次工作情况制度，通过一边摸索一边实践，较好地完成了决算审签任务。

2．2002年的审计重点是通过对预算执行情况和结果的分析，研究部门预算单位预算编制的合理性、科学性和效益性。经济执法审计局在2002年年中预算审计时，发现国家工商总局2002年11个行政事业项目中仅有7个已经启动并发生支出，如整顿市场经济秩序专项经费，财政部批复预算1500万元，截止到8月31日，该项目仅支出2.6万元；

商标自动化系统维护专项经费，财政部批复预算500万元，项目计划完成时间应为本年度第三季度，截止到8月31日，该项目仅支出4.91万元。另有未启动的项目4个，如培训中心远程教学专项，财政部批复预算800万元，至审计之日，该项目未发生支出。对发生上述问题的原因进行了认真的分析研究后，认为除个别跨年度实施的项目外，主要是国家工商总局预算编制缺乏科学性，部分项目立项论证不充分、实施条件不具备，财政资金闲置。因此，经济执法审计局对国家工商总局提出了今后编制项目预算时，应根据实际需要和“科学论证，追踪问效”的原则，实事求是、科学地编制项目支出预算，增强预算编制的可行性、科学性和效益性的建议。该建议引起了该局领导的重视，专门召开党组会议，根据审计意见，研究加大预算执行力度的措施。该局党组书记、局长王众孚和分管财务工作的党组副书记、副局长甘国屏都向经济执法审计局表示感谢。在对国家药品监督管理局2002年度预算执行年中审计时，还延伸审计了该局下属的国家药典委员会，发现了该单位私设“小金库”及涉嫌私分公款、下属公司代开增值税发票等问题，经反复查证并征询有关部门意见后，进行了处理。

3．“收支两条线”审计与财务收支审计相结合。5月份起，开始对国家工商总局、国家药监局进行“收支两条线”执行情况第一阶段审计。审计发现中国药品生物制品检定所没有及时结缴预算外收入和将预算外收入向税务机关缴税而应税的经营收入却未纳税的问题，并进行了处理和纠正。

4．根据国务院办公厅《关于利用计算机信息系统开展审计工作有关问题的通知》精神，积极开展计算机审计和网络建设。

5．按照李金华审计长在全国审计工作会议上提出进一步加强队伍建设的要求，支持青年干部参加各种专业培训和考试。年初，派两人参加了审计署培训中心组织的BFT培训班，通过培训、考核，取得了BFT高级证书。其他人员还自费参加英语、会计培训，提高了全局人员的综合素质。同时，还将落实“八不准”提升到加强作风建设，改进审计工作的高度来认识，把廉政建设作为一项长期任务来抓。（撰稿人：赵军）

【新闻通讯审计局】　2002年，新闻通讯审计局编制8人，实有9人，其中交流干部两名，内设两个处。主要负责对国家广播电影电视总局（简称“广电总局”）和新华通讯社（简称“新华社”）、新闻出版总署及在京直属单位的审计监督。

领导成员

局　长：陈殿杰

副局级审计员：刘素英

审计成果　主要开展对广电总局、新华社的预算执行审计和对广电总局、中国外文出版发行事业局（简称“外文局”）“收支两条线”执行情况的审计，延伸审计二级单位9个，查出违纪违规行为金额117792万元，审计揭露问题20个（其中移送纪检监察机关处理两个），提出整改意见18条。张裕生同志被评为审计署机关2001～2002年“立足本职建功立业先进个人”。

预算执行审计　1．开展对广电总局2001年度预算执行审计，查出广电总局办公厅违反规定乱摊派、挤占挪用广电事业费、虚列支出、收入不实、预算外资金未纳入财政专户管理、会计核算不规范等问题。审计过程中，针对广电总局办公厅自1999年以来违反规定向中央电视台收取资金用于发放机关人员福利补贴，且多年未能彻底纠正的问题，多次与广电总局领导交换意见，要求切实落实整改措施，广电总局党组已指示办公厅将2002年已划入的1200万元立即退回中央电视台。广电总局局长徐光春专门指示：广电事业的发展离不开国家审计的支持，计财司要及时地、经常地与审计局沟通，对审计查出的问题该改正的改正，要提出解决办法。广电总局副局长赵实还专程到审计现场看望审计人员，她说，审计工作是对广电总局工作的支持、帮助和促进。她代表广电总局党组表示感谢，同时对审计局的审计表示欢迎。计财司针对审计查出的问题先后制定“关于进一步加强预算管理，切实做到依法理财、从严治财的决定”等整改措施。

2．开展对新华社2001年度预算执行情况的审计，查出新华社计财局和总经理室违反规定设立“账外账”，房产管理处3个账户未纳入计财局统一核算、统一管理以及新华社拨给所属二级单位预算经费在“其他应收款”科目中挂账等问题。

3．开展审计调查，进一步摸清家底。在2001年的预算执行审计过程中，对广电总局所属21个单位和新华社所属14个单位财务管理情况、资金运行方式、银行账户开设情况以及清理情况进行调查，查出上述单位未按规定清理撤并银行账户、漏报银行账户264个等问题。

“收支两条线”执行情况审计

1．开展对广电总局所属中央电视台等6个单位“收支两条线”执行情况的审计，基本查清这些单位预算外资金的设立情况、财政财务管理体制、预算外资金的收入规模，以及执行“收支两条线”政策中存在的预算外收入未及时足额上缴财政专户、部分收入漏缴税金、无依据提取影视互济资金、对外投资手续不健全、广告费未及时收取、应收账款长期挂账、会计核算不规范等问题。并在延伸审计中国电影资料馆（简称“电影资料馆”）及所属飞达航运公司（简称“飞达公司”）时，重点查处电影资料馆出借账户、代开发票，原飞达公司总经理用虚假手段套取现金等违法违纪问题。根据翟副审计长的指示，有关问题已移交署发展计划审计局和广电总局监察局进一步查处。

2. 开展对外文局“收支两条线”执行情况的审计，查出该局在1993～1995年形成的外汇调剂收入余额以及1998年以前集中的下属企业更新改造资金在“其他应付款”科目挂账，未按规定纳入财政专户管理等问题。

3. 开展计算机辅助审计，运用计算机审计软件对中央人民广播电台、中央电视台、电影频道广告合同电子数据进行对比分析，发现电影频道广告代理费比例过高，审计组提出要求尽快建立内控制度，规范广告合同管理，防止滋生腐败的建议，受到了电影频道的积极采纳，现该单位已着手规范广告合同管理。

方法与特点　1. 以高度的责任感开展审计工作。电影资料馆成立时间较长，长期以来没有进行过审计，财务管理比较薄弱，以基本建设账为例：基建财务与资料馆财务长期不对账，有的账账不符、有的账表不符；1999年更换基建会计以来，一直未办理交接手续；1996年已经交付使用的办公楼，至今未办理工程决算。在审计过程中，审计组还接到群众举报，反映该单位有关部门滥发钱物等问题，为此，审计组先后与该部的9位职工进行谈话，基本查清该部违反规定乱收费、收入未纳入财务部门统一核算以及滥发钱物等问题。

2. 注意发现问题线索，查深查透。如在查处电影资料馆所属飞达公司负责人严重违法违纪问题中，审计组发现原飞达公司总经理从电影资料馆多次大额提取现金这个疑点后，立即派人到北京市国税局、地税局鉴定发票的真伪，结果查明其中4张是假发票，另外5张虽然为真发票，但每一笔业务提取现金金额巨大，审计人员又赶往东城区税务局，查到5张发票的出票单位地址，并几经周折找到出票单位××公司。经了解，该公司是从事一般打字、复印业务的小规模工作室，根本没有承揽大量业务的能力，这5张发票的“存根联”均为复印费，金额合计仅59元，而套取现金金额高达57万元；该公司证实从未与电影资料馆发生过经济业务，发票是个别工作人员做假私开，属假业务。原飞达公司总经理也承认用9张虚假发票套取现金的事实。

3. 解放思想，开拓创新，不断改进工作方法。在对广电总局2001年预算执行情况的审计中，根据每项财政资金的特点，设计15张资金拨付情况分析表，把从财政部门批复预算、拨付资金到部门下达预算、拨付资金的各个环节，放在一个平台上进行直观反映，全面分析和监督财政资金的拨付使用情况，为深化和规范预算执行审计工作做了有益的探索。

4. 坚持廉洁自律，严格执行审计纪律。广电总局、新华社有关部门多次提出要给审计人员送一些水果和食品，审计人员都一一拒绝了；10月，广电总局工会给新闻通讯审计局送来10张音乐会票，每张价值588元，审计人员及时将票退了回去。（撰稿人：厉萍）

【旅游侨务审计局】　2002年，旅游侨务审计局编制8人，实有8人，其中交流干部1名，内设两个处。主要负责对国家旅游局、国务院港澳事务办公室、国务院侨务办公室及在京所属单位的审计监督。

领导成员

局　长：厉培明

审计成果　全年审计单位5个、项目9个。查出违纪违规行为金额7061.03万元，指明要求纠正7061.03万元。提交审计报告6份，下达审计意见书7份。

全年工作重点　1. 对多年遗留问题进行重点审计。国务院侨务办公室办公楼交付使用近7年，因与国务院台湾事务办公室在投资分摊上有分歧，一直未办理竣工决算。经过审计，提出解决意见，该办据此与国务院台湾事务办公室积极协商分摊问题，推动双方解决遗留问题，规范管理。国家旅游局将原驻外办事处购房款的利息收入216万元长期在暂存款挂账，准备弥补行政经费不足，审计提出将这部分资金纳入部门预算统筹安排，引起国家旅游局领导的重视，使问题得到了纠正。

2. 适时延伸审计二级单位，扩大审计覆盖面。根据署领导的批示，对中国旅游管理干部学院（驻天津）进行审计。经过审计，发现该学院与国际饭店金钥匙组织联办的培训基地、与天津电大联办的旅游分校均属法人单位，却未设独立的会计核算，以及学院服务公司隐瞒收入等问题。审计对上述问题提出整改意见，学院领导十分重视，专门组织力量进行整改。

3. 专项审计突出重点。随着我国旅游事业的发展，国家对旅游发展基金的投入逐年加大，从2000年的7090万元猛增到2002年的2.27亿元，其中对地方重点旅游开发项目补助开支占一定比重。据此，旅游侨务审计局对地方旅游事业管理机关使用旅游发展补助资金的情况进行审计调查。针对调查中发现地方旅游事业管理机关不及时向项目执行单位拨付资金、项目执行单位使用补助资金不规范等问题提出整改

意见，国家旅游局领导十分重视，责成有关部门完善监督、考核制度，对旅游项目补助资金追踪问效。（撰稿人：胡维玉）

【科学工程审计局】 2002年，科学工程审计局编制7人，实有8人，其中交流干部两名，内设两个处。主要负责对中国科学院、中国社会科学院和中国工程院及其京区所属单位的审计监督。

领导成员

局　长：李季泽

审计成果 全年共完成8个审计项目，延伸审计了37个二、三级单位，共查出违纪违法问题87个、金额55亿元；同时突出审计重点，发现、揭露出带倾向性和典型性的重大经济问题9起；继续开展财务“共建”，推动被审计单位财务制度建设，促进其加强财务管理。本局实施的“关于中国科学院2000年度预算执行审计”项目被评为“2001年度全国审计机关表彰审计项目”。

预算执行和“收支两条线”审计 开展了对中国科学院2001年度预算执行、2002年度年中预算执行、2001~2002年9月“收支两条线”执行情况的审计，对中国社会科学院2001年度预算执行、2001年度决算审签、2002年度年中预算执行、2001~2002年9月“收支两条线”执行情况的审计和对中国工程院2001~2002年9月“收支两条线”执行情况审计等8个署定审计项目，共查出滞留预算资金、年度预算编制不细化、未按规定批复预算资金、自行调整预算、违规投资造成国有资产损失、坐支预算外资金、虚列支出等违纪违法问题87个，金额55亿元。

在预算执行和“收支两条线”执行情况审计中，注意针对被审计单位的不同情况以及每年的家底都不一样的实际情况，在动态中实行全面审计，重点放在摸清家底上，首先通过三年对“三院”本级历年财政补助结存情况的连续审计，查清了本级资金的结存情况，同时也促使被审计单位改变了结存资金的管理；其次，针对科学事业单位资金来源渠道较多，行政事业性收费较少，而其他收入较大的实际情况，对其财政财务管理体制状况现状进行分析，分清资金的来源和用途，从而基本查清了“三院”各项资金的总量、规模以及财政财务管理体制状况。

在动态实行全面审计、积极摸清一级预算单位“家底”的同时，注重对资金量大、社会关注的重点资金的审计，同时加大对二、三级预算单位审计的力度，把突出重点放在与机制和体制建设相关的典型性和倾向性问题上。2002年，突出重点查出了工程院中国技术创新有限公司国有资产失去监管，中科院计算所振中集团损失国有资产8572万元，中科院软件所等单位抽逃注册资金2.79亿元，中科院4个二级单位挪用公款3537万元垫支个人购房款，中科院计算机网络中心、软件所、研究生院等单位有关负责人挪用公款办私人公司，中科院高能物理所违反规定将中青年住宅与福利房置换分配和中科院投资2.5亿元超规模建设图书馆、重复建设信息楼等9个重大经济问题。其中查出工程院中国技术创新有限公司国有资产失去监管的问题，引起国务院领导的高度重视，朱镕基、李岚清同志分别做了重要批示。中科院计算所振中集团损失国有资产问题引起了中科院党组的高度重视，并积极采取措施，加强了对全院经营性国有资产的管理。中科院二级单位挪用公款3537万元垫支个人购房款的问题，审计署以《审计信息要目》上报了国务院。

财务共建 科学工程审计局注意从发现的重大问题上反映出的机制和制度上的漏洞，有针对性地采取措施，调动被审计单位的积极性，促进被审计单位建立健全财务管理机制和制度。根据管辖范围内3个被审计单位财务管理、资金规模的情况，经过前期论证、酝酿，2001年6月率先与中科院、社科院本级签订了促进财务规范化的共建协作书，具体明确了财务共建的目标、监督与被监督双方的职责、必要的措施，调动监督和被监督的“两个积极性”，取得了良好的效果：一是“三院”本级更加规范，问题大量减少，没有再出现重大经济案件和重大经济问题；二是推动了被审计单位对审计意见和审计决定的落实；三是增强了被审计单位依法自律的责任，推动了被审计单位的自我监督；四是促进了被审计单位的制度建设；五是审计监督与被监督之间加强了合作和沟通，并宣传了审计；六是形成了继续共同推进财务管理规范化的共识。本局与被审计单位实行的“共建”，得到了署有关领导的肯定和支持，得到了被审计单位的认同和配合。《中国审计报》连载了科学工程审计局实行“共建”的做法和体会。（撰稿人：张波）

【地震气象审计局】 2002年，地震气象审计局编制7人，实有7人，其中交流干部两名，内设两个处。主要负责对中国地震局、中国气象局、国家海洋局及其京区所属单位的审计监督。

领导成员

局　长：刘英来（—8月）

副局长：苏乃民（9月—）

审计成果 全年共完成审计项目7个，其中中央部门预算执行审计3个，决算草案审签1个，“收支两条线”审计3个，查出违纪违规行为金额35000万元，提交审计工作报告7份。

预算执行审计 在全面完成2001年度预算执行审计任务的基础上，继续对中国气象局、中国地震局和国家海洋局3个部门（简称“3个部门”）2002年度预算执行情况实施经常性审计。在审计次数上，将一年3次审计改为1次调查、2次审计。6月，对3个部门向二级单位批复预算的情况和财政资金拨付情况进行审计调查，对调查中发现的问题，采取出具审计意见函的方式，向被审计单位提出纠正要求。10月，根据署统一下发的审计通知书的要求，在对3个部门本级1~9月预算执行情况进行审计的基础上，对京区直属二级单位进行了全面延伸审计。审计覆盖面达到百分之百。通过审计，查出预算管理不完整、本级违反规定预留资金、违反规定批复二级单位预算，违规使用基建结余资金，对外投资管理不规范，财务管理体制不完善等一系列问题。就规范预算管理，理顺财务管理体制、严格财经纪律等问题，向被审计单位提出8条建设性意见。

决算草案审签 首次开展对中国气象局2001年度决算草案的审签工作，并对其京区二级单位2001年决算的编报与相关账簿进行核对，对中国气象局本级决算的编报结果和汇总二级预算单位决算报表的结果进行审计查证。查出中国气象局决算编报不完整、少报收入、多列支出、少报结余、少计资产、资产负债表数据不完整等4个方面问题，查出违纪违规行为金额4081万元。

“收支两条线”审计 6月和9月，地震气象审计局先后两次对中国气象局、中国地震局和国家海洋局3个部门2001年全年和2002年1~6月“收支两条线”情况进行审计。重点对执行“收支两条线”规定情况进行审计查证。审计查出坐支预算外收入1亿元、应缴未缴预算外收入4544万元、应缴中央财政5700万元、预算外收入缴入地方财政以及超标准收取代办出国护照、签证服务费、违规使用行政事业性收费收据等问题。

工作特点 1.将“摸清家底”作为一项经常性基础工作来抓。无论是开展预算执行审计，还是进行决算草案审签，或是对“收支两条线”情况进行检查，地震气象审计局都把调查了解被审计单位家底情况，搜集新的数据资料作为一项基础工作内容、一项基本要求，列入审计实施方案，并认真加以落实。摸清的范围是本级和京区直属二级单位；会计期间是2001年以来的数据资料；内容包括机构设置、人员编制和主要职能等基本情况，内部控制制度建立健全情况，银行账户开设，财政财务收支，国有资产管理，预算外资金管理，结存资金管理，基本建设管理，职工生活福利发放，违纪违规情况等10项；摸清的方法是以其有关文件、账簿和财务报表为依据，填写各种调查表格，重要项目进行审计核实。通过努力，一级单位2001年以来的各项基本数据已经以表格的方式存放在初步建立的数据库中，二级单位的机构设置、人员编制、财务收支和银行账户情况也已经初步调查清楚。

2.将促进财政支出改革作为深化中央部门预算执行审计的重要任务。地震气象审计局将开展部门预算、政府采购、国库集中支付审计作为开拓审计工作思路、拓展审计工作领域的一项重要措施。日常工作中，注意搜集、学习和研究这些方面改革的政策、法规和具体实施办法；实施审计时，将其列为重点，对被审计单位执行这些改革政策、措施的情况进行深入细致的审计查证，充分了解和掌握存在的主要问题及原因；审计结束后，从宏观管理的角度开展研究分析，就如何从根本上解决存在的问题，进一步完善有关政策措施，向有关部门提出建设性意见。地震气象审计局已向中国气象局提出加强对二、三级单位细化预算编制监督检查力度的建议；说服有关部门关于政府采购商品价格高、质量差、不及时的不正确认识；向有关部门提出完善国库集中支付机构建设和人员配备、规范审批程序的建议。

3.将规范预算管理的重点逐步转向二级预算单位。在预算执行审计中，以规范预算管理为目标，将工作的重心逐步转向二级单位，按照“全面审计、突出重点”审计工作方针的要求，以预算资金收支规模、工作职责重要程度、财务收支管理规范程度为基本依据，把二级单位分为不同的类别；将预算资金多、行业职责重要、财务管理基础薄弱的单位列为重点进行审计，其他单位进行一般性审计或只进行对账。2002年预算执行审计中查出的国有资产管理不规范、收入脱离预算管理、超标准收费、财务管理不规范等主要问题，都发生在二级预算单位。

4.将开展计算机审计作为提高现代审计技术水平的重要措施。在对中国气象局2002年预算执行审计中，全面使用审计署开发的“中央部门预算执行审计软件”。对本级和直属二级共19个单位，用4种会计软件核算的52个账套进行了全面的数据备份和账套转换以及几百本明细账的全面审计工作，初步总结出中央部门预算执行计算机审计的5个基本程序和3种基本方法，并应用于审计工作实践。

5.将加强队伍建设作为一项战略性工作来抓。一是认真组织学习全国审计工作会议精神，将大家的思想统一到李金华审计长提出的“坚持一个指导思想、把握一个重要方针、抓好六个环节和一项保证措施”上来，并在工作实践中真正加以落实。二是采取多种形式开展思想政治工作，加强团结。先后召开四次民主生活会，以处为单位开展以老带新互帮互学活动，每逢节假日，都组织开展形式多样的集体活动，促进局内同志交流思想，沟通感情，消除隔阂，加强团结。三是加强廉政建设。坚持实行一级对一级负责的廉政建设责任制，在每个审计组内设置廉政建设监督员，实施审计结束后要就廉政情况做出详细说明。全年开展3次廉政自查，没有发现违反审计纪律问题。（撰稿人：全宝）

审计署驻地方特派员办事处

【京津冀特派员办事处】 2002年，京津冀特派员办事处在职人员171人，共设有办公室、法制处、财政审计一处、财政审计二处、财政审计三处、金融审计一处、金融审计二处、行政事业审计处、经贸审计一处、经贸审计二处、农业与社会保障审计处、固定资产投资审计处、外资运用审计处、计算机审计处、人事教育处、机关党委、机关服务中心。

领导成员

特 派 员：钱啸森

副特派员：王秀明（—4月）

袁定聪（4月—）

任有泉（8月—）

王志伟（4月—）

副局级审计员：朱振恒（—4月）

审计成果 完成审计署下达的审计（调查）项目23个，查出违规行为金额85.5亿元，向司法机关移送经济犯罪案件线索8件；编发《审计简报》102期，被采用83篇（次），其中国务院领导批示6篇（次），中办、国办采用12篇（次），《审计要情》采用两篇（次）、《重要信息要目》采用15篇（次）、转送部委31篇（次）、《审计工作通讯》采用10篇（次），报刊宣传采用4篇（次）。编发报署网站审计信息4篇，被采用3篇。编发对外投稿99篇，被采用69篇（次）。

财政审计 审计某市国税局2001年度中央税收收入征管情况，查出违规减免税、少征税款、违规办理退税、虚开增值税发票等违纪行为金额33亿元，应缴财政13.2亿元。针对该市国税局各级税务机关未按照税收会计制度要求设置会计账簿，而是“以表代账”进行税收会计核算的严重问题，撰写审计简报后被署《重要信息要目》和中办、国办采用，得到国务院领导同志的批示。审计调查某县1999～2001年财政收支情况，重点分析拖欠教师工资的情况，核实该县截止到2001年共欠发公教人员工资2095.85万元。审计调查报告得到国务院领导同志的批示，对完善国家义务教育管理体制决策起到重要参考作用。审计某省国债专项资金管理使用情况，查出有关单位采取虚假手段骗取国债项目建设资金78万元，挤占、挪用国债建设资金176.99万元和改变建设计划、内容60万元等违纪违规问题。审计某海关执行关税政策和税收征管情况，查出该关违规减免关税、未及时补征关税、保证金转退不及时造成税款延迟入库等违纪行为金额1.9亿元，并提出将海关罚没收入纳入预算管理，规范保证金管理及与所属经济实体关系等审计建议。

固定资产投资审计 审计调查华北地区民航建设资金使用情况，查出民航建设基金欠缴5.2亿元、民航管理单位滞留民航建设资金1.03亿元、还贷补贴核定不实虚列基金支出1.7亿元等违规问题。在审计署组织的第一次全国优秀审计项目评选中，京津冀特派办承担的北京铁路局1999～2000年度铁路建设资金管理和使用情况审计项目被审计署评为全国五个优秀审计项目之一。

金融审计 审计中国建设银行某分行2001年度资产负债损益情况，查出违规发放贷款、用人民币贷款偿还外汇垫款、损益和权益不实等违纪违规行为金额15.9亿元。查出某贸易发展中心和某实业总公司分别涉嫌诈骗该行下属某支行500万元和785万元以及某支行原行长涉嫌经济犯罪案件线索，并已移送司法机关立案查处。

经贸审计 在对某集团公司财务收支审计中，查出该公司76户经贸企业不良资产43.2亿元、合并会计报表虚增资产负债各48.2亿元以及该集团公司将14亿元国拨资金存入所属财务公司形成较大经营风险等违规问题。审计核查该集团总公司某厂原领导涉嫌渎职造成国有资产损失1.3亿元的重大问题，审计署以《审计要情》报国务院，国务院领导做出重要批示，其中有关人员涉嫌侵吞国有资产6800万元的问题，现已移交公安部立案查处。

行政事业审计 完成某出入境检验检疫局财务收支审计，核实并深入分析该局滥发钱物、私设“小金库”、政企不分等违规问题，提出强化预算管理、完善检验检疫系统财政管理体制等审计建议。审计中国医学科学院某研究所财务收支情况，查出该所擅自处置国有资产、偷逃税金等违规问题，追回国家权益538万元，补交税金259万元。

外资运用审计 审计某电力集团公司2001年度资产负债损益，查出其所属某公司董事长涉嫌开立信用证骗取银行外汇资金4870万美元外汇资金的犯罪线索，审计署以《审计要情》报国务院，国务院领导做出重要批示，现已由公安部立案查处。

社会审计质量监督检查 组织

某会计师事务所2001年度上市公司年报审计业务质量检查，延伸调查该所审计的两家上市公司，查出一上市公司虚增利润650万元、多计利润174万元以及另一公司隐匿1056万元等违纪违规问题，该会计师事务所未能披露，存在较为严重的审计质量。

基础建设　队伍建设走向制度化。修改完善《工作日志制度（试行）》，制定《工作业绩写实办法》。继续试行《处级领导干部审计工作目标考核末位淘汰办法》。鼓励业余自学；加大计算机培训力度，43人通过署计算机中级考试；鼓励参加相关专业技术资格考试。现京津冀特派办共有审计专家10名，审计能手16名，高级审计师6名，审计师、经济师、会计师、工程师等86名，初步形成以业务能手为骨干，审计专家为支柱，资深专家为导向的专业技术人才梯形结构。

审计管理趋向科学化。制定并实施《关于进一步加强审计项目计划和外勤经费管理的意见》，实行审计项目现场审计经费成本控制，按项目计划细化和核算审计成本，确保完成审计目标和提高审计效能。加强审计工作质量的源头控制、现场管理和审核把关，实行审计人员现场审计、审计组长现场审核、法制处复核和特派办审计委员会对重大审计事项集体审定的审计工作关键环节四级责任制，研究制定并实施《审计方案审议试行办法》、《审计通告试行办法》、《审计作业程序指南》、《审计项目中期汇报制度》和《审计业务会议规定》。坚持审计和审计调查相结合，充分运用审计调查手段，"审、听、问"三者有机结合，采取查阅资料、听取汇报与审计现场座谈等多种方式，全面了解情况，准确把握实质，做到有数据、有情况、有分析、有对策，提高审计报告水平。

"金审工程"推动技术现代化。2002年京津冀特派办专门成立"金审工程"领导小组和工程小组，提出京津冀特派办《网络机房改造详细设计方案及投资概算的报告》。与审计署科研所合作开发审计专家经验库审计软件，做出软件原型和use－case模型，刘家义副审计长观看该原型演示后给予高度评价，现已进入专家论证阶段。探索金融联网审计试点路子，配合署计算机中心进行异地联网实验，并在署机关金融联网审计专题讲座上演示成功，《中国审计报》头版头条做了专题报道，评价此次异地联网审计的初步测试为建立"预算跟踪＋联网核查"审计模式迈出了可喜的一步。

审计科研提升成果化。组织处级以上领导干部分别选择41个课题进行调研，并将这些调研成果和经验体会编辑成《2002年度经验交流材料汇编》，供大家相互学习、借鉴。其中调研报告《银行内控机制失效，金融诈骗频频得手》，荣获天津市第七届优秀调研成果二等奖；课题《完善我国审计法律制度的对策研究》，通过天津市科学技术委员会科技成果鉴定，荣获天津市科学技术成果奖；论文《环境审计风险评估及对策》，在中国审计学会环境审计研讨会上受到与会同志的关注和广泛好评。

党风廉政建设　认真学习贯彻中纪委七次全会精神、江泽民同志"5·31"讲话精神和党的十六大精神，以办、处两级领导干部为重点，积极开展"执政为民实践教育活动"，牢固树立"三个观念"（正确的权力观、地位观、利益观），增强"三个意识"（党的意识、群众意识、自律意识），提高"三个能力"（在是非面前的辨别能力、在诱惑面前的自控能力、在警示面前的悔过能力）。4月30日，党组书记钱啸森为全办干部职工做了《树立正确的权力观，使审计工作更有效为社会主义现代化建设服务》的党课。5月8日，机关党委组织各党支部进行权力观学习交流大会。在天津市委综合工委组织的系统各单位中心组学习交流会上，办党组书记钱啸森特派员代表办党组中心组以《树立正确的审计权力观，推动审计事业跨越式发展》为题，做了交流发言，受到与会同志的好评。2002年，京津冀特派办被评为天津市金融和综合经济系统"文明机关标兵"。

坚持并完善"八不准"审计纪律及送达制度、公示制度、审计项目廉政反馈制度、纪检监察工作网络制度、审计回访制度、票据抽查制度和审计纪律执行情况通报制度，《中国纪检监察报》以《审计署京津冀特派办以制度保证廉洁审计》为题做了专门报道。先后收到地方政府和被审计单位的表扬信11封，被中纪委党风廉政建设室和天津市委组织部确定为直接联系单位。中纪委《工作信息》第16期、24期和中央电视台10月14日经济半小时节目报道京津冀特派办严格执行审计署"八不准"审计纪律的做法。（撰稿人：胡建春）

【太原特派员办事处】　2002年，太原特派员办事处在职人员103人，设有办公室、法制处、财政审计一处、财政审计二处、金融审计处、行政事业审计处、经贸审计处、农业与社会保障审计处、固定资产投资审计处、计算机审计处、人事教育处、机关党委和机关后勤服务中心。

领导成员

特 派 员：杜今元

副特派员：朱喜贵（4月—）

　　　　　刘文杰（4月—）

特派员助理：杨　明（—4月）

　　　　　　朱喜贵（—4月）

审计成果　完成审计项目18

个，查出违纪违规行为金额471099万元。提交审计报告、信息75篇，被中办、国办采用5篇，被署采用23篇。发现案件线索3件，已移送司法、纪检部门处理。

深化预算执行审计　针对太原海关关区小、业务量少、关税收入少的内陆小关的特点，将审计和审计调查有机结合，按照"覆盖四个面，抓住三条线，突出对名义税负和实际税负的分析"的审计思路开展工作，上报的《关税实际税负审计调查的专题报告》被署领导批示，并全文以审计情况通报批转、推广。人民银行预算执行审计，查处运城市财政局挪用兑付农村基金会举债资金政府专项借款7800万元重大问题，被中办、国办和审计长在向全国人大常委会所作的《审计工作报告》采用。

金融审计着力创新　对建设银行总行的审计，是太原办首次对国有商业银行总行进行全面审计。从审前调查着手，采用"试审计"的办法，制定"以真实性为基础，以检查内部控制制度为切入点，以资产质量为主线，以揭露重大违法违规问题为突破口，重点审计信贷资产质量、非信贷资产状况、自办经济实体"为指导思想的审计实施方案，并严格按方案实施，既基本查清建总行资产质量、效益及管理情况，又查出建设银行因对自办实体缺乏有效管理，引发少数人涉嫌经济犯罪的重大问题，发现1名副部级干部和9名干部涉嫌经济犯罪421.7万元。审计期间，追回资金367.7万元、住房7套、轿车5辆。有两篇审计信息被中办、国办采用。

认真开展专项资金审计　对山西省国债资金、国债项目审计及审计调查，山西省长及两名副省长亲自参加交换意见，给予好评。外资审计抓住国家基建审批程序历时8年，导致世行贷款承诺费增加2864万元的问题，解剖分析，并提出审计建议。撰写的审计信息上报后，温家宝同志做了批示，被中办、国办采用。对环保资金审计调查，发现案件线索3件移送司法、纪检部门查处。

全面开展审计决定跟踪调查　5月15日至6月30日，对1998年以来104个项目中的50个项目的审计决定落实情况进行全面跟踪调查。调查结果表明：审计决定的执行率达到76.89%，在促进被审计单位依法行政、规范经营等3个方面，较好地发挥审计监督职能；没有完全落实到位的审计决定，找到少数单位严格执行国家财经法纪意识仍较淡漠等6个方面影响落实的原因。同时，还提出适应审计环境变化、围绕中心工作、突出审计重点、改进审计方法、提高审计水平等4项建议。审计署网站3次报道太原办跟踪调查工作。

积极推进计算机辅助审计　在计算机处的参与下，金融、财政一处、行事处等处研发相关的审计软件，在电子数据转换、电子数据处理、电子数据管理等方面取得明显进展。金融企业会计报表电子复核，在全国金融计算机审计培训班上做了经验介绍，得到署领导和与会同志肯定；海关监管辅助审计软件，署领导批示给予肯定。

全面加强"人、法、技"建设和机关内部管理　围绕审计工作，抓班子、带队伍是太原办的经验总结，在"上海会议"上做了典型发言，得到署党组的肯定。首先搞好办、处领导班子的自身建设；其次突出处级干部和年轻干部为两个重点群体，抓住学习教育、实践锻炼和管理监督三个环节，采取集中整训、选送人员参加署办处长培训班、岗位轮换、适当调分工、轮流担任主审、分配急难险重工作任务等一切有效方式，使队伍素质有了较大的改善。同时，坚持培训强审，加大培训力度。重点是计算机技术、审计业务培训，关键在培训的针对性和实效性。全年以计算机普及班、中级班和高级班3个班别，分层次对三分之一的审计人员进行了计算机技术培训。每个业务处和审计组都在审前举办培训会，采取请被审计单位专家或办内业务骨干讲课等方法，提高审前培训的质量。全办统一组织或处室自行组织各类业务培训近200人次。

加强机关党的建设，开展文明特色创建　一是采取主要领导和专家宣讲、专题讨论、学习笔记、学习专栏等方式，引申政治理论学习，认真学习贯彻党的十六大精神和"三个代表"的重要思想。二是深入贯彻十五届六中全会精神，突出抓好作风建设。1. 按照"八个坚持、八个反对"和上级加强和改进机关党的作风建设的总体要求，在"一对照，三检查"（对照六中全会精神，检查个人在思想、工作、作风方面存在的差距）的基础上，开展"比学习，比工作，比奉献"活动。2. 把规范干部人事制度、机关财物管理制度、审计现场廉政工作3项制度作为年内落实制度的工作重点，加强对机关人、财、物部门的监督。3. 抓更新观念，倡导创新务实之风，深入、认真、细致、严格抓落实。三是加强和改进党组织建设，提高创造力、凝聚力和战斗力。机关党委重点督促、检查，继续抓好党支部"三会一课"制度的落实。四是加强和改进思想政治工作，积极开展审计机关文明特色创建。从干部职工在本职工作中遇到的实际问题入手，及时掌握思想动态，增强工作的针对性，深入做好思想政治工作，做到"四必到"；认真学习贯彻《公民道德建设实施纲要》，深入开展"三义"、"三观"、"三德"教育；充分发挥群团组织的桥梁和组带作用，推进职工对机关内部事务的民主参与、民主管理和民主监督；深化“文明处室”、“文明审计组”、“文明标兵”、“文明家庭”创先争优的特色创建，再次被评为山西省直“文明单位标兵”。（撰稿人：赵保平）

【沈阳特派员办事处】 2002年，沈阳特派员办事处（简称沈阳办）在职人员113人，设有办公室、机关党委、人教处、法制处、计算机审计处、财政审计一处、财政审计二处、金融审计一处、金融审计二处、经贸审计处、行政事业审计处、农业与社会保障审计处、固定资产投资审计处、机关后勤服务中心。

领导成员

特 派 员：李业林

副特派员：李冬莲　冷奎英

正局级审计员：张为永

副局级审计员：胡胜元

审计成果 共完成审计项目19个，专项审计调查1个，查出违纪违规行为金额33亿元；应纠正违规违纪行为金额7.4亿元，应缴财政3273万元，已交627万元；向司法机关和上级主管部门移送违法违纪问题和经济案件16起，有关部门根据审计结果处理处罚相关责任人22人；全年向署报送各类审计报告33份，报送审计信息材料188篇，被采用114篇（次），其中中办国办采用14篇（次），被朱镕基、李岚清、温家宝等国家领导人批示6篇。

财政审计 完成所得税基数核查、国债、海关、国税等项目的审计。如在山西省地方企业所得税基数的核查中，审计组认真分析山西省所得税超常增长原因，对税收会计核算情况、企业纳税档案、国库存款变动情况等关键环节进行重点调查，共查出9个方面问题，影响所得税金额总计6亿元。

在石家庄海关审计中，通过延伸审计30余个企事业单位，发现石家庄海关在关税及进口环节税征管中存在违规减免税、保税货物监管不到位、加工贸易手册长期不核销、保税仓库存放非保税货物、滥发钱物等问题，违纪违规行为金额近1亿元，涉嫌走私问题9件。向石家庄海关移交案件线索1件，审计署制发的审计决定要求石家庄海关立案调查涉嫌走私案件5件。

在辽宁省国债专项资金的审计中，查处了辽宁省国债资金使用单位套取国债资金、挪用国债资金、违规招投标等10个方面的问题，违纪违规行为金额1亿元。

在国税审计中，审计组在对辽河油田分公司纳税申报、税务局税收会计报表进行核对时，发现企业与税务局的税收会计报表存在5000万元差异，查出盘锦国库经收处延压税款13.5亿元，累计延压长达900天的重大问题。

金融审计 2002年的建行审计，采用计算机审计与手工审计相结合的方法，共查出辽宁省建行系统违规放贷、违规拆借、违规开立信用证等6个方面违纪违规问题，金额近29亿元。同时，拓宽思路，有效利用以前年度审计资料数据库，寻找突破口，查出了全国人大代表、民营企业集团董事长魏某涉嫌诈骗逃废银行债务8亿元的违法问题。

外资审计 完成6个世亚行贷款审计项目，及时报送了中英文审计报告，同时积极探索世行贷款项目竣工决算审计方法，在对大连北良公司审计时，审计组从合同入手，延伸审计到施工单位，该公司根据审计组的建议，及时对竣工决算报表进行调整，保证了决算的真实性。

经济责任审计 完成了对中国航天科工集团公司第三研究院的审计，查出了该单位所属二级法人单位三江集团为所属公司提供贷款担保，形成损失4.92亿元；中国航天科工集团公司第三研究院对外投资潜在损失6.5亿元等问题；还查出了该院为获取高于同期银行存款利率的资金回报，以“委托理财”的名义投向证券市场9亿元，造成损失9500万元。其中，该院先后动用两亿元资金，提供给“中科创业”股票炒作操纵团伙，造成2709万元的损失。

行政事业审计 完成了对海南检验检疫系统审计，审计组以局本级财务收支审计为龙头，辐射到4个分支局，重点审计财务收支的真实性和“收支两条线”的执行情况，以商检公司等实体为重点，查出收入不实、滥发钱物、漏交税费等问题，违纪违规行为金额达800万元。

国土专项资金审计 在对鞍山市国土资金进行试点审计中，查出鞍山市财政局挪用土地出让金、违规批地、擅自扩大开发区面积等问题；鞍山景丰置业公司炒卖土地从中牟利和海城市新台子镇镇长侵占挪用耕地开垦费问题；鞍山第一工程机械股份有限公司利用转让土地使用权的虚假关联交易实现当期利润9338万元，并在证券市场发布信息，造成恶劣影响。此问题以简报形式及时披露后，被国办采用。

固定资产投资审计 在桃仙机场扩建项目审计中，重点对该项目的投资效益做了详细的调查分析，发现客货运量的增加滞后于生产能力的增长，再加之受民航总局等部门直接或间接转嫁债务负担等因素的影响，仅2001年末已亏损13048万元，机场近期每年还将有近亿元亏损。此问题上报审计署后，审计署在汇总全国机场审计情况的基础上，以要目形式将全国机场亏损严重问题反映到国办，朱镕基总理做了重要批示。审计中还查出施工单位无资质承包工程、建设指挥部虚假验资注册成立公司等多项问题，查出违纪违规行为金额6800万元。

计算机审计 对金融、海关、检验检疫系统的数据量较大的项目，通过计算机检索，既准确又快捷。如：沈阳办利用“经贸审计软件”对海南检验检疫局有关数据进行审计，查出越权放行无安全质量许可证的进口商品等多个问题。在建行审计中，利用“通用审计软件”查出了辽宁省建行系统向不具备贷款资格的单位发放贷款，形成不良贷款1.1亿；建行城建分行为补充政策性业务资金来源不足，长期占用“大账”资金等问题。

审计信息调研 全年编发审计信息188篇，被审计署及有关报刊采用114篇（次），审计署以要目形式编发14篇（次），被国家领导人批示6篇（次）。

一是站在全局的高度，立足审计，跟踪社会热点问题和国家各项大政方针的贯彻落实情况，撰写有分析、有建议的信息材料。在对山西省地方企业所得税专项检查时，审计组针对四季度企业所得税超常增长的异常情况，通过对国库和地税同时交叉核查的方法，发现山西省个别部门为了地方利益，于2001年4季度擅自改变税收科目，人为虚增当年所得税收入3527万元。此问题上报国办，被国办以《昨日要情》呈报给国务院领导。

二是项目审计与审计调研并重，查处问题与综合分析并举，提出标本兼治的审计意见和建议。如在审计辽宁省建行本级时发现，建行的政策性贷款独立核算自成体系，不在会计决算中反映，使建行的全部贷款从形式上分离出一部分，实质上起到掩盖建行不良资产的作用，为此撰写了审计简报《12亿元不良贷款游离账外应予归并》，建议将政策性贷款纳入建行正常业务中，真实反映其信贷资产质量，防范金融风险。此简报被署转给了建总行，建总行行长已经明确表示，一定彻底解决。

三是抓住典型性和倾向性问题进行宏观反映，深入分析，做到“审计一点，纠正一片”，充分发挥审计在维护国家财经秩序和为宏观经济调控服务的作用。在对鞍山市国土资源专项资金审计时发现，鞍山市景丰公司在未完全取得土地使用权的情况下将土地加价转出，从中牟利277.5万元，涉嫌非法倒卖土地，司法机关正在全力调查。鞍山市随即出台了相关政策，对类似问题进行全面整改。

审计结果跟踪检查 一是制定了审计结果跟踪落实办法。二是对近两年来的审计项目和审计结果进行全面的核查与分析。三是实行审计回访制度，实地跟踪检查审计结论落实情况，对上年22个审计项目结果全部追踪落实，全年重要审计项目的审计决定、意见、建议和案件移送的落实情况也进行了实地检查。四是对审计中发现的违法犯罪线索和移送的案件进行追踪督办。

“人、法、技”建设 队伍建设：一是通过加强学习，办、处两级班子的领导水平不断提高。以党组中心组学习为主要形式，吸收正处长参加，推动正处级以上干部基本理论学习。二是加强了思想政治工作，提倡讲学习、讲政治、讲正气。学习贯彻《公民道德建设纲要》，严格执行审计纪律“八不准”规定。2002年，被辽宁省委、省政府授予省级文明机关。三是继续加大干部教育培训工作，建立健全了人才培养激励机制。全年派出人员参加审计署和地方政府组织的各种培训47人次，组织全办集中学习宏观经济知识和新知识13次；各处室还以处室为单位，利用审计间歇时间，开展本专业的业务学习、计算机知识学习和法律法规的学习。

审计法制建设：一是认真贯彻落实审计准则，规范审计行为，审计执法水平有所提高。审计准则发布后，沈阳办把工作重点放在审计实施方案、工作底稿和报告三个准则上。从方案这个源头上规范和控制审计过程；从工作底稿这个关键环节上控制审计质量；从审计报告这个结果上客观、全面地反映审计情况。二是制定、修订了一批审计业务制度和办法，为依法审计提供了制度保障。先后制定了《项目审计实施方案编制与审议试行办法》等5个业务类规章制度，初步构建起以审理复核为重点的审计工作质量控制与规范系统的总体框架，为全面提升审计执法水平，提高审计工作质量奠定了基础。三是注重审计质量，防范审计风险，强化审计项目管理，提高审计工作水平。第一，加强对审计现场的管理。主管领导靠前指挥，与审计组共同分析问题，加强了审计现场指导；法制处审计复核人员深入一线开展工作，协助业务处收集整理审计证据。第二，完善审计业务会议制度，强化审计业务会议程序。全年召开12次审计业务会议，对9个审计项目的结果进行审议。

计算机工作：一是“经贸审计软件”的升级工作已接近尾声。二是办公楼局域网网络建设工作（即“金审工程”）进展顺利，综合布线方案和机房建设方案及预算被署信息办采纳，列入新版的《特派办局域网工程建设指导书》中，作为样板在全国特派办发行。

基础管理：逐步构建了以民主集中制为核心的领导决策系统、以审计规范为核心的审计质量控制系统、以业绩考核为核心的业务工作和干部管理系统、以内部控制为核心的财务管理系统、以“八不准”为核心的廉政建设系统、以信息化建设为核心的办公系统、以支部建设为核心的思想政治工作系统、以优质服务为核心的后勤保障系统等8

个管理系统。清理、修订各项规章制度124个。(撰稿人：张溥)

【哈尔滨特派员办事处】 2002年，哈尔滨特派员办事处在职人员111人，设有办公室、法制处、财政审计一处、财政审计二处、金融审计一处、金融审计二处、行政事业审计处、经济贸易审计处、农业与社会保障审计处、固定资产投资审计处、人事教育处、机关党委、机关服务中心。

领导成员

特派员：冯　光

副特派员：李占维

张殿志（4月—）

特派员助理：刘　丹（9月—）

审计成果 全年完成审计项目21个，查出违纪违规行为金额173929万元，管理不规范金额62283万元，应缴财政357万元，应归还原渠道资金5648万元，应调账处理25010万元，指明要求纠正197455万元。提交审计报告21份、调查报告5份、专题报告6份、审计信息28篇。被中共中央办公厅采用的审计信息1篇、被国务院办公厅采用3篇、被审计署采用17篇。

财政审计 全年共有6项财政审计任务。在对大连企业所得税2次专项检查中，抽查地方税务局14个基层局，抽审地方企业所得税收入总额18亿元，占大连市2001年地方企业所得税收入总额的93%，延伸101户重点税源企业。查实有问题资金19500多万元，包括财政注入资金10463万元，用于缴纳企业所得税、预征企业所得税2450万元和征收“过头税”108万元等多项违纪违规行为。在对哈尔滨海关审计中，利用计算机技术，查出违纪违规行为金额37661万元。在对黑龙江省国债专项资金审计中，共查出各类问题29个，涉及金额17.2亿元。重点检查天津国税局税收政策执行和征管情况、税收会计统计核算情况、国税征管业务计算机信息情况、出口退税政策执行情况及机关财务收支情况。延伸审计天津市和平区国税局、天津市红桥区国税局进出口税收管理分局、天津市大港区国税局、天津市塘沽区国税局、天津市经济技术开发区国税局、天津市保税区国税局等7个区级国税局及所属4个基层税务所。查出扩大范围执行特殊区域所得税优惠政策4715.56万元，少征滞纳金1332.04万元，没有核算征前减免税金56745.75万元，少报欠税1668.82万元，没有按期审批生产企业出口货物免抵退增值税86322.6万元。

金融审计 完成对人民银行哈尔滨中心支行及部分地市中心支行审计；建设银行黑龙江省分行本级及其营业部和齐齐哈尔、牡丹江、大庆市分行的审计；另外配合财政处完成大连市地税企业所得税调查等3项审计任务。全年共查出违规行为金额12亿元；提交审计宏观分析报告1份、审计专题报告两份、审计调查报告1份。提交审计简报10份，其中被审计署、有关部委和中办采用5份（次），《哈尔滨特派办认真做好建行银行审计的准备工作》被审计署《审计工作通讯》采用；《建设银行总行申报信用卡的规定条件与人民银行总行规定不符》等两篇审计信息被转送部委；《建设银行黑龙江省分行对已实施债转股的贷款继续收息的做法应立即纠正》被署《重要信息要目》和中共中央办公厅采用。另外，在建行审计中编写的计算机审计案例被审计署采用。

固定资产投资审计 完成东北地区2000～2001年度民航建设资金专项审计调查和沈阳裕宁大厦建设项目审计调查。东北地区民航建设资金审计调查为审计署2002年重点行业审计项目，覆盖整个东北民航，涉及民航东北管理局、黑龙江省局、吉林省局、各机场以及空管、航材等单位，审计调查资金20.6亿元。查出各种有问题资金11.3亿元，提交《东北地区机场亏损严重》等信息5篇。

经贸企业审计 哈尔滨特派办与审计署经贸司配合，共同完成对中化进出口总公司审计。围绕国有资产的保值增值，制定三大重点方向：1．在利润真实性方面，查出中化公司少缴所得税6000余万元，多计利润7000万元。2．资产质量审计方面，发现该公司项目投资管理混乱，抵御财务风险能力不强，资产运转质量较低，核查后不良资产(国内)61亿元，占总资产27.6%，预计处置不良资产将形成损失27亿元。3．重大决策方面，重点审计中化公司自1988年开始投资成立利富国际私人有限公司，先后投资10亿元，全部损失。针对这种投资管理不善的情况，撰写《开展对境外企业的审计已迫在眉睫》的信息，进行了反映。

行政事业审计 完成黑龙江出入境检验检疫局和吉林出入境检验检疫局财务收支审计及调查任务，查出违纪违规行为金额109万元。在对2001年审计结果落实情况进行跟踪调查时，发现黑河市政府继续截留过境包裹检验检疫费，又出台土政策克扣国家检验检疫费收入349万元等多项严重干扰国家行政机关执法工作的行为。另外，参加署经贸司中化进出口公司经理经济责任审计，提交审计信息两篇。

农业与社会保障审计 审计黑龙江省2001年企业职工基本养老保险财政专项补助资金，共查出违规行为金额11亿多元，其主要表现为基金决算报表不真实、社保机构违规保留“收入户”、挤占挪用企业基本养老保险基金、滞拨财政补助资金等10个主要形式。同时建立了相关的法规及养老保险相关文件库。《黑龙江省社会保险事业管理局设立企业职工基本养老保险基金收入户并定期存储的做法应予纠正》、《企业职工基本养老保险基金有关账目数字不符影响报表准确性》、《拨付地方税务机关征缴社保费管理费的做法应予完善》等3篇信息被审计署采用。开展对黑龙江省农垦总局龙头企业的审计调查，摸清该企业组建前后产权关系情况，初步掌握垦区农业产业化龙头企业改革的概况，了解这些企业在带动垦区及周边地区农业经济发展和农民收入增加等方面所取得的成绩和遇到的新情况、新问题以及解决的办法。

外资运用审计 完成7个外资运用项目审计。其中世行贷款项目5个，亚行贷款项目1个，日元政府贷款项目1个，出具审计报告9份，其中对外报告1份，公正评价世亚行贷款项目和日元贷款项目的建设管理情况。重点审计黑龙江省电力公司七台河电厂和哈尔滨城网建设与改造项目，审计资金56亿元。《外资项目设备采购麻烦多，使七台河电厂增加投资1.6亿元》的信息由审计署转送国家计委。

法制工作 一是全年共复核审计项目16个，复核审计工作底稿376份，没有出现审计复议和行政诉讼的审计质量问题。二是组织领导社会审计质量检查。对北京京都事务所完成的上市公司2001年度会计报表审计业务质量进行检查，审计署将检查报告中的9个问题移交中国证监会和中注协处理。三是建立法律规章制度。规范审计项目实施方案的格式，对一些必要的步骤进行严格的规定。制定《审计复核制度》、《审计业务会议制度》、《审计项目质量检查暂行办法》、《审计方案审议规定》、《审计项目质量责任制》、《优秀审计项目评选办法》等规章制度，严格实行三级复核制。四是组织法律知识竞赛并在全办范围内开展“四五”普法工作。

全面建设 1.“人、法、技”建设。哈尔滨特派办本着“增强、补缺、提高”的原则，全年举办3期以强化WTO知识和计算机操作技能为主题的培训班，160余人次参加了培训；参加署里组织的各种培训的人员达51人次。4人通过高级审计师的评审，19人通过审计英语考试，8人通过全员岗位资格和计算机基础知识的考试。随着计算机辅助审计软件的开发应用，在财政税务、海关、国有企业、社保资金审计中，计算机审计技术得到进一步推广应用，“金审工程”已基本完成工程方案设计，将随着署里的统一部署进行施工。2. 注重党风廉政建设。严格执行审计纪律“八不准”规定，全年进行3次自查，没有发现领导干部收受现金、有价证券，没有违反规定到被审计单位报销个人费用等违规行为。3. 制定今后5年工作规划，将进一步加强办、处两级领导班子建设、党建和精神文明建设、审计队伍建设、法制建设、信息化建设、基础建设，全面提升特派办的工作水平。(撰稿人：刘铁军)

【上海特派员办事处】 2002年，上海特派员办事处在职人员116人，设有办公室、机关党委、财政审计一处、财政审计二处、金融审计一处、金融审计二处、行政事业审计处、经贸审计处、固定资产投资审计处、外资审计处、人事教育处、法制处、机关服务中心。

领导成员

特 派 员：刘海彬

副特派员：朱世荣　李晓钟

审计成果 完成审计项目25个，完成1个审计调查项目。共查出违规行为金额446782万元，应缴财政24494万元，应纠正471584万元，向司法机关移送案件8起，建议给予党政纪处分4人，查出百万元以上违规单位9个。共编发《审计简报》61期、信息3期、要情2期。简报、信息等共计被采用及批示51篇（次）。其中中办4篇（次），国办6篇（次），党和国家领导批示4篇（次），署领导批示1篇（次），《审计要情》1篇（次），《重要信息要目》8篇（次），审计简报1篇（次），转部委20篇（次），《审计工作通讯》3篇（次），署互联网两篇（次），报刊宣传1篇（次）。此外，中国审计报刊发28篇（次），审计署审计工作报告和审计结果报告采用2例。

1. 从促进依法行政和推动财政体制改革的高度，进一步深化预算执行审计和国债专项资金审计。对浙江省地方企业所得税、广西壮族自治区国债专项资金和中国人民银行杭州中心支行进行审计。审计发现虚增所得税基数、税收会计统计核算不实、虚假贸易背景的汇票进行再贴现导致贴现资金大量流入股市；将单位存款混入储蓄存款等问题。其中税收会计统计核算不实问题，经上报后分别被中办、国办采用，并受到国务院领导的批示。

2. 为维护金融秩序，防范和化解金融风险，深入开展金融审计。对建设银行上海市分行进行审计，发现违规向自办经济实体放贷用于房地产开发造成损失；银行凭证库疏于管理，造成资金体外循环等问题。

3. 积极开展行政事业审计。对宁波出入境检验检疫局、同济大学进行审计，并对复旦大学几家附属医院进行审计调查。审计发现宁波出入境检验检疫局国有资产管理不善、违规发放钱物；同济大学校办企业管理薄弱等问题。上报的《出入境检验检疫系统职工技协存在诸多问题应予清理》被国办采用，并得到国务院领导的批示。

4. 稳步推进经济责任审计。对

宝钢集团公司进行经济责任审计，在提出宝钢存在问题的同时，也帮助宝钢总结有益经验并向有关部门反映，对宝钢的经营状况、财务管理、企业改制等做出了恰当的评价。

5. 继续加强固定资产投资审计和外资审计。完成对杭州萧山机场、宁波栎社机场及世行贷款上海（崇明、南汇）风电场项目等15个世行贷款项目的审计。审计发现民航机场建设中税收流失问题严重；世行贷款桐柏抽水蓄能电站项目建设管理机构重叠等问题。审计发现的电力行业利用外资引进设备质量问题突出和部分世行贷款项目延迟开工造成承诺费支出增加的问题，经上报后被中办、国办采用。

6. 努力搞好社会审计质量检查。完成对上海上会会计师事务所2001年度审计业务质量的检查。审计发现该所对上市公司部分其他业务收入项目确认不合规、存货跌价准备计提不合规、应支付的合同违约金、资产转让不合规、大股东资产注入不合规等情况未作披露。

7. 根据来信来访，对原中国黑色金属华东公司副总经理的严重经济问题进行调查，查实原黑色金属材料华东公司副总经理金某利用职权，非法获取1500余万元。该案已移送检察院，金某已被逮捕。

审计工作特点 1. 继续贯彻落实朱镕基总理关于“全面审计，突出重点”的指示精神。突出对重点领域、重点行业和重点资金的审计，将财政、金融和经济责任审计作为全年审计工作的重中之重。如对所得税基数审计，集中了办内60%的力量打歼灭战；对中国黑色金属华东公司副总经理涉嫌经济犯罪调查，专门抽调经验丰富的老同志成立专案组，查实历年问题并移交给司法机关。

将审计信息简报作为发挥审计威慑作用的一项重要手段，在全年工作中重点抓了信息简报工作，修改信息简报的管理办法和考核办法，突出提升信息简报的质量，法制处参与质量把关，形成要出信息精品的导向。

2. 大力提倡审计创新，全面提升审计质量和水平。年初，办党组在布置2002年的任务时就提出：每一个审计项目，都要出4个成果，即审计成果、方法创新成果、理论研究成果、制度建设成果。

在审计成果方面，发现浙江省多计2001年度地方所得税基数15.79亿元；中国人民银行上海分行对虚假贸易背景的汇票未进行严格审核即办理再贴现，贴现资金大量流入股市等违规行为金额14.35亿元；中国银行上海市分行违规购建固定资产、少计收入、私设“小金库”等问题违规行为金额29.43亿元。

在审计方法创新方面，一是合理组织，充分利用社会审计、内部审计的审计资源和公安、工商、检察等力量；二是完善和提高计算机审计；三是拓宽金融审计的视野和领域，开展新的金融衍生产品的审计；四是加强研究分析，对审计成果进行深加工；五是对审计决定落实情况进行跟踪检查。

在理论研究方面，结合审计实践写出《抵押贷款风险应引起银行高度重视》、《发展期权类中间业务迎接“入世”挑战》、《进行计算机系统审计初探》、《银行不良资产的原因和对策》、《微观审计中提炼宏观思路的探索》等论文，有的已在《中国审计》和《中国审计报》上刊登。

在制度建设方面，通过审计及分析，提出切实可行的建议，有的已被采用，如国家质检总局在《关于进一步加强财务管理防止违纪违法问题的若干规定》采用了审计建议，对国家完善经济管理、促进法制建设做出贡献。

在审计署2001年度全国优秀审计项目评选中，宁波出入境检验检疫局1999～2000年度财务收支情况审计项目被评为2001年度全国表彰审计项目。

3. 勇于开拓，在计算机审计方面取得新突破。2002年，上海办在计算机审计方面从孤立的单项审计向系统的综合审计迈了一大步，利用上海办同时审计浙江人行、浙江国税的便利条件，将浙江人行（外汇管理局）的国际收支系统、进口核销系统、出口核销系统，浙江国税的出口退税系统，银行、海关等作为一个大系统进行审计，对上述大系统的完整性、一致性、可核对性进行检查。系统审计跳出了对一事一物审计的窠臼，对“金审工程”与其他“金”字号各大工程间的联网数据进行实时监督，促进国家公共平台建设具有重大意义，对在宏观层次上提升我国政府部门的管理水平将起到积极的作用。

此外，还开发3个软件（“银行利息计算软件”、“含错位分隔符数据导入软件”、“在线审计软件”）、开展两类审计（计算机系统审计、远程审计），完成被审计单位资料库系统需求的撰写。

“人、法、技”建设 1. 深化干部人事制度改革，加强培训，提高干部素质。年初，办党组决定对部分处级领导职位进行更大范围内的竞争上岗，21名同志走上演讲台，经过竞争，9名政治素质好、业务能力强、思想作风正的年轻同志走上领导岗位。处级领导干部的平均年龄从45.4岁下降为41.8岁，其中正处长（含主持工作）平均年龄从49岁下降为45岁。正处长的学历从以大专为主，提高到以本科为主。下半年组织第二次科级职务晋升评议考核，通过对考察对象的德、能、勤、绩全面考核，有5名同志获得晋升。还先后制定《建立审计干部主审制度办法》、《二线处室参加一线审计业务的试行办法》、《优秀青年审计干部评选办法》等制度。同时，组织处长学习班、计算机中级培训班、初中高级审计师职称培训、新录用人员岗位培训、全员岗位资格、审计英语统考、推荐出国培训，对培训所需经费予以全力支持。截止到年底，计算机中级考试合格累计已达39人，占全办干部的36%。

2. 大力推进审计工作法制化、制度化和规范化建设。法制建设本着“突出重点、分步推进、讲求实效”原则，根据全审会议和审计署审计法制工作座谈会精神，着重抓了学习贯彻《国家审计准则》；落实《审计机关审计方案准则》、《审计机关审计工作底稿准则》、《审计机关审计报告编审准则》；完善审计业务文书三级复核审定制度。

3. 信息化建设加快步伐。进行信息系统审计的试点工作，现正对“金审工程”中特派办局域网完善工作研究评估；参与被审计单位资料库的前期调研工作；对部分计算机设备进行更新和升级，组织人员培训，制订相应的管理制度。（撰稿人：张建荣）

【南京特派员办事处】 2002年，南京特派员办事处在职人员112人，设有财政审计一处、财政审计二处、金融审计一处、金融审计二处、固定资产投资审计处、经贸审计处、外资审计处、行政事业审计处、计算机审计处、办公室、法制处、人事教育处、机关服务中心、机关党委。

领导成员

特　派　员：董化礼
副特派员：刘汝焯
　　　　　陈成富（—12月）
特派员助理：李凤雏（—4月）
　　　　　车列武

审计成果　完成审计和审计调查项目25个，查出违规行为金额880000万元，应缴财政9229万元，应归还原渠道资金28500万元，向司法机关移送案件9起。提交各类审计报告30份、审计信息123篇，被采用95篇（次），其中11篇被编为署《重要信息要目》，8篇被中办、国办采用，5篇被国务院领导批示。南京办与昆明办共同组织实施的中国银行江苏省分行2000年度资产负债损益审计项目被评为“审计署表彰审计项目”。

预算执行审计　南京海关审计中查出海关对企业分类评定不实造成少征税款；海关受利益驱动先收罚款后收税；企业资不抵债巨额税款无法收缴；海关H883系统计征税款存有差错，部分已经结关的进口转关电子数据未及时核销，应予撤销的电子数据不作撤销处理等问题，涉及税款过亿元。审计署就海关H883系统若干控制要点存在缺陷问题专门向海关总署提出审计意见。

安徽省中央税收征管情况审计围绕税务部门执行国家税收统一政策情况、财务收支真实性情况和企业严重偷漏税行为三大重点，查出税务部门少征税款42000万元，有税不征49900万元，会计信息严重失真，层层瞒报经费节余57000万元、违规设置30个账外资金账户（金额8300万元）等严重违纪违规问题。发现企业偷税漏税案件线索7件，涉及税款1100万元。

人行合肥中心支行预算执行审计通过联行联机分析发现再贴现业务存在重复使用增值税发票“一票三贴”、“一票几贴”的虚假贴现现象。运用计算机审计查出支农再贷款拨付不到位、抬高利率损害农民利益以及邮政储蓄转存款方面存在的问题，人行南京分行立即要求在全分行范围内自查自纠。

金融审计　建行江苏省分行审计项目查出该省建行系统违规建造楼堂馆所、购建账外固定资产、违规担保拆借、买空卖空国债、给自办经济实体放贷造成巨额损失，多核销投资坏账用于私分等问题。

苏州建行审计项目查处该行私设45个“小金库”（金额14700万元），耗费巨资违规建造办公大楼，14000万元信贷资金及住房基金流向股市等问题。有关简报被时任国务院副总理的温家宝同志批示，中办、国办采用。对此，苏州建行40多名中层以下干部分别被撤职、记过或通报批评。对于审计揭露的地方政府违规筹集担保资金1000万元的问题，地方政府迅即予以纠正。

固定资产投资审计　福州长乐机场审计项目查出建设程序不合规、挤占挪用建设资金、以假合资手段违规境外融资、国有资产被侵蚀、项目投产5年未办理竣工决算等严重问题。与此同时，积极探索效益审计的方法，分析研究机场严重资不抵债的原因，就完善机场经营机制，加强全行业管理等提出有针对性的审计建议，帮助机场解决了困扰多年的“老大难”问题。15篇《审计简报》全部转送有关部委，时任国务院副总理的温家宝同志对《福州长乐机场亏损严重经营陷入困境》、《福州长乐机场项目管理不善违规问题突出损失浪费惨重》两篇简报做出重要批示。李金华审计长要求“今后类似这样的审计或调查要适当多安排一些”。翟熙贵副审计长认为，“这个项目审计剖析得深透，所提建议针对性较强”。该项目审计报告被全国审计工作会议材料采用，并作为典型审计案例在中央电视台《东方时空》栏目播出。

厦门高崎机场审计项目查出该机场2000多万元旅游发展基金未上缴中央财政，项目建设过程中逃避国家税收600万元，走私设备价值266万美元等问题。

财务“收支两条线”审计　出

入境检验检疫系统审计突出“收支两条线”的审计重点，多角度、全方位地分析隐藏在滥发钱物等违纪违规现象背后的深层次原因，针对该系统未认真落实国务院改革方案，没有从根本上实行“收支两条线”管理的情况，就改革该系统预算管理体制、完善相关制度、强化内部管理等方面提出切实可行的意见和建议，受到有关部门的高度重视。

专项资金审计　江苏省国债专项资金审计项目发现国债项目建设和资金管理等方面存在的7大类、近百个问题，涉及违纪违规行为金额数亿元。审计组对国债项目绩效情况的分析引起地方政府的高度重视，研究制定整改措施，加强对国债资金和项目的管理。

企业领导人经济责任审计　与太原办联合组织实施的中国兵器装备集团公司经济责任审计项目查出违纪违规行为金额810000万元，向司法机关移送案件两起（涉案人员中副厅级以上干部1人、副处级干部1人），所提14条审计建议全部被采纳。

行政事业审计　中国科技大学2002年财务收支试行远程网络审计项目发现该校未严格执行“收支两条线”规定，应作收入而未作收入等问题。

外资运用审计　9个世行贷款项目的审计，从侧重审计公证向为政府宏观管理服务转变；从侧重就外资审外资向内外资一起审转变；从侧重项目审计向行业审计与整体评价转变；从侧重世行贷款项目审计向全面履行外资审计职能转变。

社会审计组织业务质量检查　江苏天衡会计师事务所业务质量检查项目发现一些上市公司股东和资产收购信息披露不实、投资信息披露不充分、未按“权益法”核算托管资产损益、违规转让公路收费权等问题，引起会计师事务所、有关上市公司以及当地党委、政府的高度重视，有关方面认真听取审计组意见后，明确表示迅速整改。

审计调查和专项检查　苏州市人民政府财力调查项目分析该市财政收支的结构、规模和质量，调查其金融、社保、债务、国企、外向型经济等财力环境，调增该市440000万元可支配财力。在此基础上，预测该市今后5年的经济发展前景，并对其潜在的财政风险进行预警。国家开发银行总行认为苏州市政府财力调查报告“是所见到的最好的报告”。

广东省地方企业所得税基数核查项目将重点放在核实“是否该当年入库”和“如何计算基数”两个方面，创造性地将查处违纪违规行为的合法性检查与夯实地方所得税基数的合理性检查相结合，很快查出影响广东省2001年地方所得税基数的各种因素430000万元，审计成果居各检查组之首。

信息化建设　计算机审计有亮点，出成果。数据审计在地税基数核查、海关、国债、国税、建行等审计项目中得到广泛运用；系统审计面逐步扩大，对海关H883系统、建行个人消费信贷系统、个人商业性住房信贷系统、会计核算系统、国税CTAIS系统以及人行等单位和部门的计算机信息系统的合法合规性、安全可靠性、系统有效性、系统资源利用率进行评价，发现一些信息系统在系统功能、总体业务设计、系统使用管理与控制、业务风险控制措施等方面存在的问题，提出改进意见；行政事业处和外资处分别对中国科技大学财务收支状况和世行贷款项目执行情况实施了远程网络审计，审计范围由校本级延伸至二级核算单位，电子数据的传输技术得以改进，远程网络审计软件得到进一步完善。

构建先进合理、安全高效的网络平台。协助署信息化建设办公室、计算机中心编制《特派办局域网建设示范方案》，就网络建设布局、技术、安全要求等提出参考意见；以现场审计支持系统和电子业务会议系统为核心，设计南京办局域网建设的个性化方案，按照“起点高、设计周全、节约经费，力争建成样板工程”的要求，完成网络布线改造，建成面积达200平方米的中心机房和彼此物理隔离的3个网（因特网、局域网和审计署专网）。

完成“金审工程”一期提交“数据采集和转换”、“与行政事业单位联网审计”两个需求分析报告的任务，提出“数据转换标准立项”的建议。

积极推进“数据采集与分析软件”、“海关业务审计软件”等软件的升级、培训和应用。全国10多个省市、20多家单位3000人次来办参观交流。探索CTAIS系统下如何开展国税审计，设计多个功能模块，总结整理50多个计算机审计案例，在署国税计算机审计培训班上做了演示。

计算机审计理论和课题研究取得新进展，建立计算机审计专家咨询机制。4月份举办计算机审计研讨会，国内6所重点高校的10多位专家学者应邀探讨了网络、数据挖掘技术在审计中的应用，决策支持系统和数据库平台的建设，被审计单位信息系统的分析评估等问题，与会专家学者被聘为南京办计算机审计技术顾问。

审计法制建设　2002年是南京办的“质量年”，出台加强审计质量管理的工作意见，调整充实了审计业务委员会（办领导亲自挂帅），推行审计质量分级负责制；通过开展法规教育、审计案例教育、专题讲座、知识竞赛、经验交流等一系列活动，提高全员质量意识；制定《优秀审计项目评选办法》、《审计信息奖惩办法》以及《审计质量监控考核标准》；进一步完善三级复核制，未经二级复核的审计报告不能移交法制处，未经法制处复核的审计报告不能提交审计业务委员会讨论，重大项目的审计报告未经审计业务委员会讨论，分管办领导不予签发。复核关口适度前移，抓住重大审计事项、审计方案的重点内容、移送案件的重要线索等方面，侧重复核事实是否清楚、定性是否准确、处理是否适当。此外，还抽查回访审计决定、审计意见的执行情况、被审计单位的整改情况，追踪案件线索移交后的处理情况。

思想政治工作　开展中心组学习，组织全体党员干部学习讨论、专题辅导讲座，举行演讲比赛，紧密结合审计实践，用实际行动学习贯彻“三个代表”重要思想和十六大精神。

干部队伍建设　实施部分处级职位竞争上岗，通过笔试、演讲和答辩，7位年轻同志走上新的领导岗位。分设财政、金融一、二处，办内交流30多名干部，录用5名新同志。业务培训、素质培训与领导科学培训相结合，已有42人通过署计算机中级考试。（撰稿人：鞠仲敏）

【武汉特派员办事处】　2002年，武汉特派员办事处在职人员142人，设有办公室、法制处、财政审计一处、财政审计二处、金融审计一处、金融审计二处、经贸审计处、行政事业审计处、固定资产投资审计处、外资运用审计处、计算机审计处、人事教育处、机关党委、机关后勤服务中心和记者站。

领导成员

特 派 员：黄道国

副特派员：吴焕亮（8月—）

　　　　　张军科（—8月）

特派员助理：吕　衡

　　　　　　李凤雏（4月—）

正局级审计员：余秉立（—7月）

副局级审计员：刘顺章

　　　　　　　李勇华（—12月）

审计成果　全年共审计26个项目，查出违纪违规行为金额391519万元（只包括当年下达审计决定审计项目查出的违纪违规金额，下同），其中应缴财政202203万元，已交财政99670万元，应归还原渠道资金5611万元。向司法机关移送各类经济犯罪案件线索21件，涉案金额31亿多元，涉案人员49人，向纪检监察部门和被审计单位提交6份审计建议书。全年共上报审计综合报告、专题工作报告、信息简报等共计111篇，其中审计信息被审计署采用57篇（次），被中共中央办公厅、国务院办公厅采用17篇（次），被党和国家领导人批示的信息6篇；在《中国审计报》发表审计宣传、理论研讨、经验总结等文章52篇，发表文章的数量列特派办系统第一名，被评为通联工作先进单位。

财政审计　完成上年结转项目江苏省国税局、国家金库江苏省分库预算执行审计；完成河南省地方企业所得税专项检查、安徽省芜湖市1999～2001年可用财力专项调查、武汉海关2001～2002年4月关税征管情况的审计、湖北省2001～2002年8月国债专项资金的审计、河南省县级财政收支状况审计调查。查出违纪违规行为金额249170万元；上报审计信息17篇，被采用8篇（次），其中《大量遗留加工贸易合同未得到及时处理，5.5亿元税款面临损失》被审计署《重要信息要目》和国办采用，经审计署汇总上报的《14省市税收会计统计核算不实金额达76.7亿元》的审计简报被署《重要信息要目》和中办、国办采用，国务院领导做了重要批示。

在对江苏省国税局和中央金库江苏省分库的审计中，共查出挤占中央预算收入、违规减免税等违纪违规行为金额142185万元，应上缴中央财政98126万元。在对湖北省国债资金审计中，查出荆州市长江河道管理局洪湖分局副局长杨某及长江水利委员会界牌工程代表处职工苏某等人相互勾结，以签订假施工合同等手段，私分长江堤防建设专项资金206.4万元的重大违法犯罪问题，并移交司法机关处理。

金融审计　完成上年结转项目人民银行武汉分行2000年度财务收支和预算执行审计；完成中国建设银行湖北省分行和三峡分行2001年度资产负债损益审计、人民银行江西省分行2001年度财务收支及预算执行审计。共查出违纪违规行为金额216万元，移送经济犯罪案件4起，另向有关单位移交4起追究行政责任案件；上报审计信息28篇，被采用21篇（次），其中《犯罪嫌疑人骗取资金8500多万元长期逍遥法外》、《收费公路项目贷款管理亟待规范》、《一些农村信用社支农再贷款违规问题严重》、《滥办教育储蓄留下“风险”隐患》、《建设银行湖北省分行超卖国债18.7亿元带来沉重包袱》等5篇被署《重要信息要目》采用，有4篇（次）被中办、国办采用，两篇（次）被国务院领导人做出重要批示。

在对人民银行武汉分行的审计中，通过延伸审计查出襄樊人行原湖北证券襄樊代办处职工赵某挪用公款300万元的犯罪事实，已移交司法机关立案查处。在对人民银行江西分行的审计中，围绕农民和农业等社会关注的热点问题，就支农贷款发放情况延伸审计10家农村信用联社和28家农村信用社，发现支农贷款被挤占挪用5708万元及抬高利率等重大问题，上报简报《支农再贷款使用中的违纪违规问题严重》，引起中办、国办的高度重视，温家宝同志做了专门批示，责成人总行调查处理，现人总行已对相关的13

名责任人给予开除、免职、记过和警告等处分。

企业审计 完成对中国电子信息产业集团（简称CEC集团）2001年度财务收支及法人代表王金成任期经济责任审计，查出违纪违规行为金额242.23亿元（尚未下达审计决定）。移送经济犯罪案件8起，涉案金额22亿多元。提交审计报告材料22份，上报审计信息17篇，被采用6篇（次），其中《担保等损失近十亿元长达七年无人“究”》，《挪用客户保证金11亿多元炒股，涉嫌贪污、转移盈利近6千万元》等两篇被署《审计要情》采用，受到中央领导高度重视。

同时，查出CEC集团1下属公司因违规担保造成公司损失近10亿元，长达7年无人追究经济责任，公安部已立案侦查；查出CEC集团财务公司北京证券总部经理张某挪用客户交易金1000万元供给他人使用，此案已移送司法机关立案查处。

固定资产投资审计 完成上年结转的襄樊电厂建设项目竣工决算审计；完成对南昌昌北机场建设项目竣工决算审计，查出违纪违规行为金额9084万元。上报审计简报5篇，被采用4篇（次），其中《南昌昌北机场亏损较大，前景堪忧》被署《重要信息要目》和中办、国办采用，国务院领导做了重要批示。

行政事业审计 完成上年结转项目铁道部第四勘察设计研究院2000年度财务收支审计；完成对江西出入境检验检疫局1999～2001年度的财务收支审计，查出违纪违规行为金额31635万元。移送经济犯罪案件1起；上报审计信息6篇，被采用8篇（次）。在对铁四院的审计中，注意抓住问题线索一查到底，如查明某银行信贷员刘某伪造银行票据涉嫌侵占公款210万元的犯罪事实，并已移送司法机关立案查处。

社会保障审计 完成对湖北省2001年企业职工基本养老保险财政专项补助资金的审计。查出违纪违规行为金额25852万元，应缴财政3523万元。上报审计信息6篇，被采用11篇（次），其中《湖北省基本养老保险“断保”问题严重》、《2001年武汉市养老保险基金收支缺口达9亿多元》分别被署《重要信息要目》和中办、国办采用。同时，审计了解到武汉市社保经办机构用社保基金购买的国债有2869万元逾期未能兑付，审计期间就此问题多次与省、市财政部门沟通协调，省、市各级财政部门已根据审计意见积极整改，筹集资金组织兑付，其中武汉市已兑付本金890万元。

外资运用审计 完成武汉大学、华中科技大学、中科院武汉植物所等6个单位共7个世界银行贷款项目审计和外国政府贷款江西九江三期火电项目审计。上报审计信息3篇，被采用5篇（次），其中《电力行业利用外资引进设备质量堪忧》、《两个利用外国贷款电力项目面临困境》分别被署《重要信息要目》和中办、国办采用。此外，还对湖北中正会计师事务有限公司的审计业务质量进行检查，查出该公司已审计出未正确披露的问题和未审计出的问题金额共计71499万元；向司法机关移送经济犯罪案件1起。

“人、法、技”建设 1. 加强政治理论学习，提高干部队伍的政治素质。通过中心组带头学、支部集中学、个人自学、集体讨论、大会交流等形式，组织广大党员干部认真学习江泽民同志“5·31”讲话和党的十六大会议精神，进一步增强做好审计工作，为建设全面小康社会宏伟目标而奋斗的信心和决心。

2. 深入开展多种形式的文明创建活动，深化两个文明建设。主要抓了4个方面的工作：一是开展革命传统和爱国主义教育，引导干部树立正确的世界观、人生观、价值观。二是大力提倡奉献精神，促进审计人员廉洁自律，建立完善审计进点“三公开”制度。三是加强规章制度建设，构建科学的工作考核体系。组织专班对建办以来的290余项规章制度进行修编整理，并建立健全各项工作考核制度，全面推行量化考核。四是大力增收节支，改善干部职工办公生活条件，增强干部队伍凝聚力。

3. 以人为本，提高素质，大力加强审计干部队伍建设。一是积极推进干部人事制度改革，优化干部队伍结构。8月底，进行一次岗位交流，近40名干部调整岗位，处室负责人中又增添6名年轻干部，平均年龄降低2.73岁。二是狠抓教育培训，努力提升干部业务水平。先后安排68人次参加审计署组织的各类培训，7人赴国外学习考察或培训交流，3人通过审计署组织的BFT英语高级考试，6人通过计算机审计中级考试；全年又有5人通过自学获得硕士学位，两人考取博士研究生。

4. 加强领导，增加投入，审计信息化迈出新步伐。主要采取4条措施：一是健全专职机构，加强组织领导。于8月份正式成立计算机处，配备较强的技术力量，对计算机审计工作实行专业化管理。二是加大资金投入，完善基础设施建设。投入70多万元专项用于更新老旧计算机设备，添置信息化教学培训设备，改扩建电教室。三是加强计算机审计知识培训。全年有6人取得计算机审计中级资格证书。四是加强审计软件的推广应用。（撰稿人：曹山、尚锐）

【广州特派员办事处】 2002年，广州特派员办事处在职人员102人，设有办公室、法制处、财政审计一处、财政审计二处、金融审计一处、金融审计二处、行政事业审计处、经贸审计处、社保审计处、投资审计处、计算机审计处、人教处、机关党委、机关服务中心。

领导成员

特 派 员：余效明（6月—）
　　　　　唐自清（—6月，改任局级审计员）

副特派员：王善用
　　　　　陈尘肇（4月—）
　　　　　王炽昌（4月—）
　　　　　卢家辉（—4月）

审计成果　共完成署定审计项目20个、审计调查项目4个，共查出违规行为金额3亿元，应缴财政1.5亿元；上报简报信息85篇，被署办公厅采用44篇，被中办、国办采用9篇，国务院领导对其中6篇做了重要批示；广东检验检疫和中行广东分行两个审计项目被审计署评为表彰项目，成为全国惟一的一个单位、两个项目受表彰的审计机关；向司法机关移送案件线索3件，已收审或逮捕犯罪嫌疑人10多人。

在关税、国税审计中，改变以往“关税、国税审计企业化”的格局，把海关监管职能和国税部门征管职能的履行情况作为审计重点，在对某海关的审计中，发现该海关对超过核销期的加工贸易手册长期未核销、对免税设备被挪用监管不到位以及对保税油库监管不力、保税油库涉嫌走私等重大监管责任问题，引起了有关部门的重视。

在人民银行审计中，从监管职能和货币管理职能入手，重点检查了人民银行再贴现业务，发现企业利用虚假增值税发票套取银行资金等重大问题。向审计署报送了人行某分行再贴现审计情况的专题报告，分析了产生问题的原因，并提出了改进建议。

在建行审计中，发现部分开发商通过“签订虚假合同”、“重复按揭”等多种“虚假按揭”的手法，骗取银行资金超10亿元的问题，得到有关部门的重视和肯定。其中杨××等人以虚假按揭方式骗取建行贷款3700多万元的问题，得到国务院领导批示，由公安机关立案查处，部分涉嫌犯罪人员已归案。另在对建行某分行贷款业务数据的测试分析中，发现广州建行某支行贷款业务数据异常，沿着这个线索延伸审计，很快发现某集团公司的19亿违规贷款问题，问题上报审计署后，很快得到国务院领导的批示，责成公安部立案查处。

在对民航某机场迁建工程和民航某机场扩建工程的审计中，把土地征迁和机场安全作为审计重点，发现有关单位违反基建程序、财务管理混乱、弄虚作假转移征地拆迁资金5.7亿元及工程质量存在严重安全隐患等一系列问题。其中反映某机场油库消防设施长期未建成和机场跑道旁护坡质量问题影响机场安全的信息，被中办采用。民航总局、国土资源部等有关部门高度重视查出的问题，专门致函审计署说明整改情况。

在对广东省国债资金审计中，围绕国债资金的安全和效益这两个问题，重点剖析了几个典型案例，为国家宏观决策提供了依据。在对某渔港国债建设项目的审计中，发现建设过程中管理混乱，存在大量现金支付、白条入账的现象后，立即组成专门小组进行彻查，查出该项目现金支付1903万元，涉嫌私分、挪用建设资金238万元的重大违规问题，情况上报后，被审计署以《审计要情》报送国务院及中央领导，得到多名中央领导批示，并责成中纪委督办查处。广东省纪委、计委、财政等部门联合组成调查组对此进行了查处，对有关责任人分别予以撤职、记过等党纪、政纪处分，并向全省通报处理结果。

对某出入境检验检疫局本部及下属5个分支局审计中，采用统计归纳与个案剖析相结合、集体座谈与个别交流相结合、问卷调查与理论分析相结合的方法，写出了近两万字的调查报告，具体分析了该局存在问题的根本原因，并从完善“收支两条线”管理办法等方面提出了改进建议，得到了审计署和有关部门的重视。李金华审计长6月代表国务院向全国人大常委会所做的工作报告中，引用了广州办对检验检疫系统滥发钱物问题的原因分析，采用了广州办的审计调查成果。

在广州市、东莞市国土专项资金审计中，广州办注重从城市国土管理体制上进行分析调研，在福州、厦门两个城市的财力调查中，关注两市财政收支及负债的总体情况，为国家有关部门进行宏观决策提供了详实的资料。

对深圳某会计师事务所审计业务监督检查中，将重点放在审计业务质量的检查上，并延伸审计有关上市公司，发现珠海某电器股份有限公司私设“账外账”6065万元、销毁会计凭证、隐瞒投资等重大问题。及时向检察机关移送了有关案件线索，现犯罪嫌疑人已被逮捕。

在对原中山医科大学的审计中，发现该校注册资金不到位或抽逃注册资金8200万元，将公款946万元贷给私人用于投资校办企业并分红等问题。

审计质量控制　一是严格执行三级复核制度，把问题解决在内部；二是开展审计项目质量检查和考评，督促检查审计行为规范和审计决定执行情况，提高审计质量；三是制定了《审计业务处室参与审计业务质量检查暂行办法》和《审计结果执行落实督促检查办法》；四是认真开展审计法制教育培训，邀请审计法律专家讲课，开展普法知识考试。2002年，全办审计决定基本执行完毕，没有发生错案等审计行为不当的情况。

队伍建设　一是发扬民主作风。

年初制定了《审计署广州特派办加强和改进机关作风建设实施细则》，新班子充分尊重民意，动员全体干部职工参与决策全办大事，如办公楼建设、办内存在问题与不足。群众畅所欲言，提出了5个方面的28条意见和建议，为广州办的发展出谋划策。办党组多次召开会议，逐条研究、落实。二是扎实开展思想政治工作。办领导先后与近20位处室主要负责人和干部职工进行了交流谈心，结合本办实际，提出了今后几年的工作思路，用新的目标和思路来统一大家的思想和行动。同时发挥工会、共青团等群团组织在思想政治工作中的作用，组织办足球队、篮球队和女子健美队开展活动，组建了乒乓球协会，增强了凝聚力。三是严格执行审计纪律，加强党风廉政建设。果断停止了业务处室向中介组织介绍业务从中分成的做法，严禁审计人员向中介组织介绍业务从中拿好处。为了将审计纪律“八不准”落到实处，坚持不懈，该办组织力量深入审计一线调查了解“八不准”执行情况，没有发现违犯审计纪律的现象。

2002年，广州办按照德才兼备的标准择优录用了6名来自金融、审计、财政、管理等专业的大学应届毕业生，其中硕士生3名、本科生3名；认真贯彻落实《党政领导干部选拔任用工作暂行条例》，按照规定程序，开展了部分处级领导岗位竞争上岗工作，选拔了3名处长、两名副处长。全办共有96人次参加了审计、财务、英语、计算机、公务员等方面的培训，其中出国深造5人次，参加署组织的培训51人次，参加广东省组织的培训45人次。

机关建设　广州办规范机关管理，实行了签报制度、督办制度，完善了会议制度，使各项重大工作有始有终，有凭有据，防止了工作的随意性。同时组织清理了50多项规章制度，修订完善了近10项制度。为了使各项规章制度落到实处，特设立了督办岗位，责成专人对有关签报、会议、制度和交办事项的落实情况进行跟踪检查。全年全办共签发签报56份，全部做到事事有回音，件件有着落。

在机关建设中，一是严格规范各项管理，对车辆管理、食堂卫生、大楼清洁等方面的工作人员和内容加强管理，加强了汽车安全措施、改进了食堂采购方法；二是增强服务意识，积极采纳职工意见，改进工作，为审计工作提供了有力的保障。

信息化建设　在银行审计、海关审计、国税审计和企业审计中，利用通审软件对被审计单位原始数据转换、检索、关联、计算、分析，掌握了被审计单位的总体情况和审计线索。广州办成功运用的“分析性测试”审计方法在审计署金融司举办的首次全国金融计算机审计培训班上得到肯定和推广，在建行审计中成效明显。同时，开始探索远程非现场网上审计，以本办金融审计人员为主，与审计署计算机中心、京津冀特派办一道在番禺农行进行了农行联网审计试点工作，取得突出成绩。（撰稿人：吴克波）

【郑州特派员办事处】　2002年，郑州特派员办事处在职人员119人，设有办公室、法制处、财政审计一处、财政审计二处、金融审计处、行政事业审计处、经贸审计处、固定资产投资审计处、外资运用审计处、计算机审计室、人事教育处和机关党委，以及机关后勤服务中心。

领导成员

特派员：乔百芳

副特派员：宋彦升（—5月）

胡梦月

洪承旭（9月—）

副局级审计员：宋彦升（5月—）

张全兆

审计成果　共完成审计项目19个，查出违规行为金额72亿元，应缴财政3亿元，已交财政1.2亿元，应归还原渠道资金1.2亿元。全年上报审计简报、信息55篇，被中办、国办采用19篇，审计署采用30篇。在署组织的2001年度优秀审计项目评选中，安徽省芜湖市经济开发区财政收支审计项目荣获优秀审计项目表彰奖。

财政审计　完成河北省2001年度中央税收收入征管情况审计，国家金库河北省分库办理2001年度中央预算资金收纳、化解和退付情况审计；完成重庆市2001～2002年8月国债专项资金管理使用情况审计；完成湖北省2001年地方企业所得税入库情况专项检查；完成郑州海关2001年1月至2002年4月关税及进口环节税征管情况审计；完成郑州市人民政府财力情况审计调查。审计中，一是查出安徽芜湖经济技术开发区存在的严重违纪问题，经中纪委调查组核实后，国务院党组会议专门研究了处理意见，对有关责任人给予了纪律处分，财政部也收缴了其骗取的中央补助款项。二是在对河北省国税审计中，查出徐水县崔庄税务所部分干部涉嫌虚开增值税发票4900万元，并造成40余本增值税发票下落不明的严重问题。经署领导批示，以审计署名义发出审计建议书，移交国家税务总局查处。现已移交司法机关处理1人，给予行政处分3人；另外，还查处了邯郸市国税局会计冯某涉嫌贪污公款10万元的问题，已移送当地检察机关。三是在对重庆市国债资金审计中，发现国债项目上界高速公路因受行政干预，为后来上马的高尔夫球场让道，造成损失浪费4860多万元的问题。该问题以《审计简报》上报后，分别被审计署和中办、国办采用。

金融审计　一是完成中国农业

发展银行总行审计；二是完成中国建设银行河南省分行2001年度资产负债损益审计；三是完成中国人民银行郑州中心支行和安阳、平顶山等6市中心支行2001年度预算执行情况的审计。在对农发行总行审计中，发现该行在固定资产巨额租赁费支付中存在重大违法嫌疑，引起署领导的高度重视，署以《审计要情》上报后，国务院领导做出重要批示，指示由中纪委牵头，有关部门参加，进一步彻底清查。另外，还发现该行私设“小金库”5700多万元的问题，国务院领导做出批示，已将该问题移交中国人民银行和中央金融工委查处。

经贸审计　与沈阳特派办一起，共同完成中国航天科工集团公司经济责任审计。审计范围涉及科工集团所属的10家企事业单位，审计资产209.21亿元，占科工集团资产总量362亿元的58%，查出有问题金额共计70多亿元。主要是：挪用财政专项资金进行股权投资等1.06亿元，挪用军工科研生产资金兴建楼堂馆所、从事证券经营和融资业务等7.79亿元，利用银行拆借、信贷资金进行股票投资20.4亿元等等。其中对中国航天科工集团公司第二研究院挪用军工科研生产资金兴建楼堂馆所问题的反映，被署和中办采用。

固定资产投资审计　一是完成中南地区44家民航单位2000～2001年末民航建设资金征缴、管理和使用情况的审计调查；二是完成鹤壁煤业集团冷泉矿竣工决算审计。在对民航建设资金审计中，上报的信息《30亿元建设的福州长乐国际机场五年累计亏损11亿元》、《民航空管系统财政预算管理体制亟待规范》，被中办、国办采用，国务院领导做出批示。另外，在对北海机场的审计中还发现了广西北海市扩建机场征拨地办主任黄某涉嫌经济犯罪的问题，向司法机关进行了移送。广西区检察院已以涉嫌挪用公款罪、贪污罪，对黄某立案侦查。

行政事业审计　完成河南出入境检验检疫局1999～2001年度财务收支审计。对省局本级及焦作、商丘、信阳等3个分支局进行了审计和调查，审计覆盖面占全部市地局的43%，审计资产总额占全部资产总额的85%。审计发现该局将罚款收入4.8万元缴入省级金库、违规发放钱物556万元以及收支不实75万元等问题。同时，还对署举报中心批转的群众信访关于漯河出入境检验检疫局有关经济问题进行了核实。

外资运用审计　一是完成世行贷款小浪底水利枢纽、小浪底移民、郑州大学科技发展和亚行贷款河南电力等4个项目2001年执行情况的审计；二是完成世行贷款小浪底水利枢纽项目、亚行贷款河南电力项目、澳大利亚政府贷款安阳——平顶山输变电项目、世行贷款偃师（首阳山）电厂二期工程等电力行业外资项目审计；三是根据署领导批示，对世行贷款小浪底水利枢纽项目单位与国际承包商合同争议（索赔）处理情况进行了专题调查，提交世、亚行贷款项目审计报告4份。上报的审计简报《小浪底水利枢纽运行两年亏损10亿元正常还贷面临困难》、《电力行业利用外资引进设备质量堪忧》，引起署领导的高度重视，并分别被署和中办、国办采用。

社会审计组织质量检查　完成武汉众环会计师事务所有限公司审计业务质量监督检查，重点检查了该公司2002年完成的烽火通信科技股份有限公司、四川全兴股份有限公司2001年度会计报表审计工作质量。审计结果得到了审计署法制司的好评。

审计信息化建设　一是成立信息化建设领导小组，统筹规划，组织协调全办计算机应用工作；二是投入大量资金，购置了必要的硬件设备；三是按照“金审工程”总体要求，抓紧筹备机关局域网改造工程和做好人事、档案两个软件的后续研发工作；四是更新局域信息网站，新增了党建园地、服务中心、虚拟社区和专题调查等栏目，开辟了审计之星、公告栏，为全办职工提供了更加丰富多彩的信息资料；五是加大力度，积极应用计算机进行辅助审计，并在财政、金融、经贸、投资、外资和行政事业等项审计中实际运用。

审计法制建设　一是适时将审计执法中存在问题向各处室进行通报并有针对性地提出改进意见；二是利用年中和年终两次整训，组织审计人员系统地学习审计准则，并结合实际进行专题讲座；三是全办目标责任管理，制定了审计质量考核办法，对审计工作实施方案、底稿、审计文书的复核提出要求，做到了年中有检查，年终有考核。

廉政建设　一是以学习贯彻党的十六大精神和“三个代表”重要思想为重点，先后组织处以上干部听取了中央宣讲团报告会，组织正处级干部参加了河南省直党校举办的十六大精神培训班。全办处以上干部还每人撰写了两篇或两篇以上学习心得，其中《认真实践“三个代表”重要思想，做好本职工作》一文，被河南省省直党建刊物《孺子牛》刊登。二是认真执行审计纪律“八不准”规定，促进了党风廉政建设。一年来，全年派出40多个审计组，未发现违纪现象，受到了被审计单位的一致好评。

队伍建设　一是组织开展公开选拔副司级领导干部工作。经过公开考试、民主推荐、组织考核等程序，两名优秀年轻干部分别担任了署机关副司长和兄弟特派办副特派员职务。二是接收8名财政、金融、投资和计算机等专业的优秀大学生。

三是坚持利用每年两次整训的时机，邀请有关专家来办进行政治理论、审计业务、外语等方面的讲座。四是根据署的统一部署，进行了机关后勤体制改革。成立以特派员为组长的机关后勤体制改革工作领导小组，及时掌握机关服务中心职工的思想动态，有针对性地开展思想政治工作。同时以转换用人机制为根本，实行全员聘任聘用制度。委派了正副主任各1名，聘任了两名副主任，聘用了12人员竞聘上岗。五是加强机关内部管理和后勤服务，进一步完善了目标管理、财务和资产管理、机要保密、审计档案、院区绿化、物业等项制度和管理办法。在力所能及的条件下，为职工兴办了食堂，开辟了健身房，在楼顶平台建起了羽毛球场，活跃和丰富了职工的业余文化生活，解决了大家的后顾之忧。（撰稿人：何继敏）

【济南特派员办事处】 2002年，济南特派员办事处在职人员94人，设有办公室、财政审计处、金融审计处、经贸审计处、固定资产投资审计处、行政事业审计处、农业与社会保险审计处、计算机审计处、法制处、人事教育处、机关党委、机关服务中心。

领导成员

特 派 员：孟令成（—12月）

副特派员：杨新民（主持工作，12月—）

陈　音（—12月，4月之前任特派员助理）

陈成富（12月—）

张全廉（8月—）

审计成果　全年完成审计和审计调查项目16个，共查出各类违规行为金额766701万元，应缴财政57401万元，已交财政33436万元，应归还原渠道资金40178万元，调账处理46013万元，罚没121万元，指明要求纠正865994万元，向司法、纪检监察部门移送案件线索两件，建议有关部门对23人给予党纪政纪处分，建议纠正地方、部门不当规定5条。共向署提交各类审计信息187篇，被上级机关及新闻媒体采用115篇，其中转送各部委39篇，被党中央和国务院办公厅采用17篇，有8篇被国务院领导批示。

财政审计　完成江苏省2001年地方企业所得税专项检查、青岛海关审计、山东省国债资金审计、海口市和桂林市财力调查、江西省5县市财政收支状况专项调查等6个项目。海关审计中，发现4个企业涉嫌倒卖免税进口设备或进料加工原料，偷逃税款583万元，以及海关疏于监管，对货值93142万美元的加工贸易手册长期未报未核，给不法分子通过加工贸易途径走私以可乘之机等严重问题。国债资金审计中，发现财政部门和主管部门挪用国债资金3200万元，滞留国债资金两亿多元等问题。所得税专项检查中，查出国税部门将中央企业所得税9.44亿元缴入地方金库，部分地市采取预缴税款、突击清理以前年度欠税等方式增加2001年所得税基数15.66亿元等问题。

金融审计　在人民银行审计中，发现某分行忽视对地方政府再贷款的监管，造成贷款被严重挪用，形成较大金融风险和财政风险，此问题引起国务院领导同志的高度重视，温家宝同志做了重要批示。在建设银行审计中，先后查出8.3亿元信贷资产形态划分不实，虚假放贷2000万元掩盖账外经营损失，部分企业非法从事银行承兑汇票地下“贴现”活动扰乱金融市场秩序等严重问题。还通过积极开展商业银行内部控制制度审计，从内部控制制度评审入手寻找商业银行业务风险点，查找银行在内部管理中存在的控制漏洞和薄弱环节，提出有针对性的改进建议。

固定资金投资审计　在华东6省1市民航建设资金审计调查中，以民航建设资金征缴使用情况和机场效益分析为主线，先后发现航空公司欠缴民航建设基金和机场建设管理费5.11亿元，未按规定用途使用建设资金1.03亿元，某股份有限公司连续两年披露虚假会计利润累计过亿元等问题。对机场建设中存在的支线机场布局不合理、机场建设规模及标准过度超前、项目投资效益差等问题进行专题调研，提出促进民航管理体制改革的建议。如针对机场建设中存在的“少投资少亏损、多投资多亏损”的怪圈，从建设规模、资金来源、负债比率、经营成本等方面，提出加强项目前期工作、严格立项审批、杜绝“政绩工程”和“面子工程”的审计建议，这些问题经审计署批转后引起民航管理部门的高度重视。

农业与社保审计　完成济南市国土专项资金试点审计，突出对政策执行、土地利用、违法占地以及挤占挪用国土专项资金等问题的审查，先后查处地方政府违法办理5100亩土地出让、转让、划拨审批手续，有关单位违规占地建设高尔夫球场，大量土地非法入市严重干扰土地市场秩序，房地产管理部门所属公司非法倒卖土地牟利5900万元等严重问题，编发审计信息30多篇，被署《重要信息要目》采用10篇次，批转相关部门5篇，有4篇被中央和国务院办公厅采用，两篇被温家宝同志批示。

企业审计　在某集团公司经济责任审计中，查出各类违法违纪行为金额达29亿元。发现该集团公司所属某单位领导违规对外提供担保、出借资金，给国有资产造成3.4亿元重大损失，以及趁借壳上市之机，挪用巨额财政资金，利用内幕信息非法操纵上市公司股票价格等问题，引起国务院领导的高度重视，吴邦国和王忠禹同志分别在署上报的《审计要情》上作重要批示。

行政事业和外资审计　在对出入境检验检疫局财务收支审计中，发现工资外发放各种补贴过千万元等问题；在利用世界银行贷款项目审计中，发现地方政府和教育部承诺投入的高校共建经费严重不到位，影响“211”工程实施等问题。

社会中介组织业务质量检查　完成上海东华会计师事务所执业质量检查，查出两家上市公司在年报公布前夕，为掩盖巨额亏损，粉饰会计报表，采取虚假向大股东转让不良资产等手段，虚增收益3.4亿元等问题，造成会计信息失真。同时，对事务所和上市公司造假原因从宏观管理角度进行认真分析，提出解决的建议。

队伍建设　进一步健全干部考核、评价、选拔机制，细化德、能、勤、绩评价标准，完善民主推荐、民主测评、民主评议制度和竞争上岗办法。年初，对1个正处级职位和4个副处级职位进行公开竞争选拔。对新录用人员，通过考试、面试、综合评议等程序，对整体素质进行全方位考察。全年共新录用研究生5人。认真抓好署统一组织的职称考试和英语考试，积极选派优秀人员参加署组织的各类业务培训班；利用年初和年中整训时间，集中安排WTO有关知识、计算机技能和信息写作技巧等方面的讲座。

思想政治工作和作风建设　一是按照“联系实际、注重方法、力求深入、讲求实效”的指导思想，进一步转变思想观念，领导班子根据不断出现的新矛盾和新问题，努力探索行之有效的工作方法，增强思想政治工作的针对性、实效性。二是坚持和完善政治理论学习制度，结合形势发展，分阶段做出学习计划安排，不定期举办干部理论学习班，重点抓好对江泽民总书记“七一”重要讲话、“5·31”重要讲话和十六大精神的学习，并组织全办政治理论闭卷考试。三是继续开展“作风建设年”活动。结合机关精神文明建设和争创文明机关、文明家庭活动，在全办干部职工中开展职业道德教育、社会公德教育和家庭美德教育；利用整训时间，组织“加强和改进作风建设研讨”和“济南办群星灿烂”宣讲会。四是坚持不懈地抓好廉政建设，教育审计人员，认真进行自查自纠，堵塞存在的漏洞，提高拒腐防变的能力；抓好“八不准”规定的贯彻执行，加强廉政监督和审计回访制度，完善审计外勤经费使用管理办法，推行财务管理责任制和承诺制，规范报销单据和报销手续；抓好以财务管理为中心的内部管理工作，严格执行国家财经法规及署制定的各项财务规章制度，完善内部审计、会计稽核等内部控制制度。

审计法制工作　一是先后制定或修改《审计复核工作办法》、《审计结果跟踪检查工作暂行办法》、《优秀审计项目评选办法》3项业务制度，提高依法治办水平。二是探索试行由项目复核人员在审前对审计方案进行审理、审中对重点项目进行现场跟踪检查、审后坚持审计复核的全过程监控制度。三是认真执行审计准则，继续坚持制定细致周密的审计实施方案和撰写审计报告要点，提高审计工作底稿、审计取证、审计报告和审计信息的质量。四是积极开展“四五”普法工作，建立领导学法日制度。

信息化建设　制定精简纸质文件实施办法；加强办局域网的日常管理，开通办内网站，设立新闻快递、简报信息、大要案写真、为您服务、学习娱乐等栏目；积极推进计算机辅助审计，在组织管理、资源和人员投入、软件开发等方面加大工作力度。对所有重点审计项目，均要求专业计算机人员提前介入，了解被审计单位数据库的基本情况，协助完成基础数据转换，同时，积极参与具体审计模块的编写，提高审计工作效率。如在建设银行审计中，计算机审计处和金融审计处密切配合，编写两个专用审计程序应用于银行信贷业务审计，查出基层支行违规办理贷新还旧两亿多元、形成不良贷款3800多万元等问题，由署计算机中心成功移植到“通用审计系统”中，在全国建行审计中推广应用。（撰稿人：陆晓楠）

【西安特派员办事处】　2002年，西安特派员办事处在职人员113人，设有办公室、法制处、财政审计一处、财政审计二处、金融审计一处、金融审计二处、行政事业审计处、经贸审计处、固定资产投资审计处、人事教育处、机关党委、机关服务中心、计算机审计处。

领导成员

特 派 员：韩文波

副特派员：姜民权　王铁英

副局级审计员：杨维耀

审计成果　完成审计和审计调查项目17个，共查出违规行为金额189298万元，应缴财政597万元，归还原渠道资金8124万元。查出百万元以上违规单位14个，向司法机关移送案件线索3件，向纪检监察部门建议处理事项6件，建议给予党政纪处分18人。

2002年，对甘肃省2001年地方企业所得税入库情况进行专项检查，查出该省通过混淆预算级次、财政注入资金缴税、超缴税款等方式，虚增当年税收基数19431万元，其中兰州市城关区通过人为变更国库库报单手法虚增地方所得税810万元等4个案例，被署专题审计报告采用，得到国务院领导的批示。该办2001年实施的对中国人民银行原陕西省分行财务收支审计项目，2002年被审计署评为全国表彰审计项目。

财政审计 完成对重庆海关、陕西省企业职工基本养老保险财政专项补助资金、陕西省国债专项资金的审计，甘肃省地方企业所得税专项检查，以及陕西省县级财政收支状况和宝鸡市财力状况的审计调查。

金融审计 完成对中国人民银行西安分行、银川中心支行及所属部分分支机构、中国建设银行陕西省分行及所属部分分支机构的审计。其中在对建设银行陕西省分行审计中，查出高息揽存、违规放贷等9个方面的违规行为金额12亿元。

外资及行政事业审计 完成了对西安交通大学和陕西师范大学高等教育发展两个世行贷款项目、西安咸阳国际机场航站楼扩建工程外国政府贷款项目、西安南京铁路西安至合肥段亚行贷款项目、西安灞桥热电有限公司日本协力银行贷款项目以及宁夏出入境检验检疫局的审计。

经贸审计 参加署统一组织的对中国航天科技集团公司第四、五、六研究院的财务收支和经济责任审计。查出货币资金、对外投资、收入成本费用等核算不实造成会计信息失真，以及重大决策、内部控制和管理等方面存在的问题。

固定资产投资审计 完成对咸阳机场航站区扩建工程概算执行情况的审计，查出涉及建设项目管理、建设资金与财务管理、工程造价管理等方面的问题。

社会审计质量检查 在对某会计师事务所审计业务质量检查中，查出某公司个别高层管理人员合伙调用经营资金，暗箱操作炒作股票，将股票赢利长期滞留账外，并且为了掩盖炒股资金去向在会计报表中作假等重大违纪问题，以及该会计师事务所违背执业原则，对存在重大问题客户出具无保留意见审计报告的问题。

信息宣传 全年共编发《简报》92期，署采用24篇，其中审计简报1篇、《重要信息要目》两篇、转送有关部委8篇、《审计工作通讯》5篇、审计工作动态6篇、署互联网两篇。在《中国审计报》、《中国审计》杂志及其他报刊媒体上发表各类稿件共42篇。

审计信息化建设 一是加强管理，完善机构，明确职责，正式启动运转计算机处；二是积极认真运用署推广审计软件进行辅助审计，在审计实践中积累经验，提高水平；三是充分发挥局域网和远程站功能，利用机关辅助办公系统等网络软件基本实现公文微机管理和网上阅文；四是受署机关服务局委托，成立专门工作小组，对固定资产计算机管理软件完成攻关完善，启用网络版软件，并积极协助署服务局进行推广；五是配合署“金审工程”一期项目的开展，按要求认真进行调查研究、分析论证、方案筹划等前期准备工作。

队伍建设 1. 加强和改进队伍的作风建设。第一，通过加强教育，使全办干部正确认识审计工作面临的新局面，增强使命感、紧迫感。第二，进一步强化处级骨干队伍尤其是处室“一把手”的管理责任，各级领导改进工作方法，较好地履行了职责。第三，以加强对上下班签到和业绩写实的考核检查为重点严格劳动纪律，以加大督办和通报工作力度为重点促进工作效率，以完善承诺机制和激励机制为重点提高工作质量。第四，坚持不懈地狠抓廉政教育和管理不放松，严格执行审计纪律“八不准”和审计外勤经费管理办法，抽调得力人员对办财务进行严格的内部审计。

2. 干部教育培训成效明显。一是进行审计准则知识全员培训，并举办审计准则知识竞赛。二是对现行83个内部规章制度进行学习培训和考试。三是举办WTO知识和法律知识讲座全员培训。四是对9名新录用人员进行为期8天的上岗前培训。五是以学习贯彻党的十六大精神、如何履行好岗位职责和实践“三个代表”为主题，完成处室“一把手”、新任处级领导以及青年干部的岗位培训。六是组织和支持鼓励相关人员利用业余时间认真自学，积极参加审计署统一组织的职称、学历、英语和岗位资格等考试。

3. 处级领导岗位竞争上岗圆满完成。2002年西安特派办对4个正处级领导职位和9个副处级领导职位进行公开竞争，18名符合条件的干部参加竞争上岗，其中13人竞岗成功。现西安办处级领导干部平均年龄41岁，大专以上学历的占97%。

工作经验 按照审计署党组的工作部署，2002年，西安办在全办参与、分层次召开4个座谈会、对建办13年以来审计和“人、法、技”建设各项工作中取得的业绩、采取的主要措施、形成的5个显著特点和8条基本经验，以及存在的4个方面的差距，进行全面回顾和总结，并在审计署召开的（上海）特派办工作座谈会上做了交流。8条基本经验是：1. 坚持与时俱进、服务大局、不断提高审计质量的工作思路，是履行好审计监督职责的客观要求。2. 坚持以人为本，狠抓队伍建设，是履行好审计监督职责的根本前提。3. 从严治办，树立良好作风，是履行好审计监督职责的必要条件。4. 持之以恒地把精神文明建设放在重要位置来抓，是履行好审计监督职责的强大智力支持。5. 下大气力抓信息化建设，是履行好审计监督职责，实现审计工作跨越式发展的必由之路。6. 严管重罚，加强廉政建设，是履行好审计监督职责的重要保证。7. 开展深入细致的思想政治工作，是履行好审计监督职责的力量之源。8. 用严肃的态度记取教训，是履行好审计监督职责、做好工作的一种重要方法。（撰稿人：董星辰）

【兰州特派员办事处】 2002年，兰州特派员办事处在职人员100人，设有办公室、法制处、财政审计一处、财政审计二处、金融审计处、行政事业审计处、经贸审计一处、经贸审计二处、固定资产投资审计处、计算机审计处、人事教育处、机关党委、机关后勤服务中心。

领导成员

特派员：姚爱然（6月—）

副特派员：姚爱然（—6月，主持工作）

刘　瑶（—4月）

于　青（4月—）

赵继旺（4月—）

马学斌（6月—）

审计成果 完成审计项目18个，查出违规行为金额93.3亿元，向司法机关移交案件线索4件；提交审计信息80篇，其中，被国办采用1篇（次），审计署采用22篇（次），转送部委6篇（次）。

财政审计 完成审计（调查）项目5个，查出违规行为金额19.0743亿元，应缴财政1.6862亿元。在国债资金审计中，查出甘肃省国债资金管理违纪违规行为金额10.9亿元，陆浩省长专门做出批示，省政府召集有关部门召开会议专题研究部署整改工作。兰州海关审计查出一些企业利用监管漏洞转移挪用免税物品，部分加工进料企业未办理保税货物继续监管手续，将加工成品运往监管区外形成监管盲点等问题，提出了对氧化铝生产过程中产生的铝灰应补征关税的建议。通过对陕西省2001年地方企业所得税收入专项检查，核减该省虚增地方所得税基数2.9亿元。完成洛阳市政府财力审计调查，搞清了洛阳市政府3年来预算内、外收支基本情况。在甘肃省5县财政收支状况审计调查中，查出5个县虚增一般预算收入3043.94万元、虚列预算支出4501.23万元、少报财政赤字4728.29万元，占用各种专项资金9086.91万元用于发放工资等问题。

金融审计 完成审计项目3个，共查出违规行为金额27.7亿元，向司法机关移送案件线索4件。查出建设银行甘肃省分行超发国债近3亿元，多支利息1400万元，9000万元信贷资金流入股市，该行业务运行中心主任挪用备付金9200万元等严重问题。查出中国人民银行乌鲁木齐中心支行截留收入、超规模违规建办公楼、支农再贷款被挪用炒国债等问题。查出甘肃武威市凉州区农村信用联社违规经营和人民银行武威市中心支行监管失职等问题，中国人民银行总行对此问题进行全国通报，并对原行长等10名有关责任人进行了党纪政纪处分。

行政事业审计 查出甘肃省出入境检验检疫局违纪违规行为金额3835万元，其中私设“小金库”1105万元，被截留、隐瞒、挪用收入956万元，虚列、挤占支出206万元，乱发工资、奖金和补贴744万元等。《一个长达15年的“小金库”被查出》、《甘肃出入境检验检疫局三年滥发钱物1019万元》等4篇信息被审计署批转国家质量监督检验检疫总局。

经贸审计 完成中国联合通信有限公司的经济责任审计，抽查了该公司6个子公司、13个省级分公司和36个地市级分公司，抽审资产占总资产1860亿元的63.5%。查出该公司会计信息失真42.15亿元，其中，利润总额调减6.74亿元，净利润调减9.17亿元；揭示了该公司执行国家清理“中中外”项目仍有13亿元挂账和接受长城网资产决策造成潜在损失70亿元等问题；审计以联通集团总部为中心，从内部控制制度的测试、会计报表的合并、资金的运动及重大经营决策入手，通过检查资产质量、会计信息质量，了解国有资本运营情况，分析公司偿债能力和可持续发展能力，探索了经济责任审计的新路子。

固定资产投资审计 完成3个机场建设项目，查出乌鲁木齐国际机场利用日贷建设结余资金10284万元扩大规模建设民航大酒店；兰州中川机场改扩建指挥部偷税470万元，3个机场多列概算投资1981万元、被挪用侵占建设资金1440万元、建设资金不落实21321万元、未招标项目44889万元等问题。成立项目经济效益评价小组，对两个机场建设项目中存在的问题及原因、项目建成后机场亏损的主要原因及经济效益整体情况、民航管理体制中存在的弊端等进行了全面的评价和深刻的剖析。审计署在上报国务院的机场建设项目审计综合报告中选用了乌鲁木齐机场利用日贷节余建设资金扩大规模建设民航大酒店和一些工程未公开招标等案例。

社会审计执业质量监督检查 完成对五联联合会计师事务所有限公司2001年度上市公司年报审计质量检查，重点延伸检查了宁夏东方钽业股份有限公司、兰州民百（集团）股份有限公司和荣华（集团）股份有限公司等3个上市公司，共查出违规行为金额7亿多元。

其他审计 完成兰州大学世界银行贷款高等教育发展项目审计、甘肃洁源风电有限责任公司玉门分电场和兰州供电局110千伏段家滩变电所外国政府贷款建设项目审计。

队伍建设 兰州办党组首先对提高领导班子建设提出了新要求，制定了抓好“三好四落实”的目标，即抓好班子、走好路子、建好机制和落实学习制度、民主集中制、调查研究制度、民主生活会制度，力争把领导班子建设成团结、坚强、有凝聚力和开拓创新的班子。其次，强化思想政治工作。引导审计干部树立正确的世界观、人生观、价值观。积极探索开展思想政治工作的新方法，主要注重了“三个留人”，即用适当的待遇留人，这是基础；用感情留人，这是纽带；用事业留人，这是核心。第三，积极深化干部人事制度改革，建立和完善激励机制。推行目标管理责任制，全面考核干部的德能勤绩。将全年主要工作任务和目标层层分解下达给处室，主管办领导与各处室负责人签订了目标责任书，年终对目标责任书的完成情况进行考核，考核结果与干部的使用、奖惩挂钩。实行处级干部竞争上岗制度，按照“小步走，不停步”的原则，选拔能认真实践“三个代表”重要思想，胜任本职工作，政绩突出，群众公认的优秀年轻干部充实处级干部队伍。全年有15名同志通过竞争上岗走上处级和副处级领导岗位。对科级以下干部按照“小步快跑”的原则，晋升了6名主任科员和副主任科员，其中破格晋升1名科员为主任科员。对6名处级及以下人员实行了轮岗。第四，调整队伍结构。通过严把“入口关”等多种渠道，逐渐调整队伍的年龄结构、专业结构、知识结构。2002年共招录了6名应届高校毕业生。第五，加强培训。全办人员在加强审计专业知识学习的同时，注重宏观经济管理知识、法律知识、哲学知识和计算机辅助审计知识的学习，从观念创新、方法创新、思路创新三方面下工夫，提高了认识、分析和解决问题的能力。

信息化建设 坚持“引进重于开发，应用重于引进，夯实应用基础，开发紧贴一线”的指导思想，一方面努力探索计算机辅助审计方法，一方面积极筹备“金审工程”局域网建设。2002年，兰州办在兰州海关和金融系统审计中充分使用计算机技术下载和分析数据，不仅极大地提高了审计效率，而且发现了一些审计线索，查出了一系列重大违纪违规问题，在全国金融计算机审计培训班上，兰州办专题做了经验介绍。为适应办公自动化的要求，完成了网上督办、网上发文处理、文档管理、固定资产管理等系统和法规检索软件等使用性较强的软件开发。“金审工程”建设完成了招投标工作，进入实施阶段。

制度建设 对建办以来制定的各项制度进行了全面清理，对其中的30项进行了修订，对已经不适用的16项予以废止，并根据审计工作的要求，结合本办实际新制定37项。重新制定的制度涉及行政事务管理、人事制度改革、党风廉政建设、审计质量控制、计算机管理等诸多方面。

后勤体制改革 顺利完成了后勤体制改革工作，切实做到了思想不散，工作不断，秩序不乱，国有资产不流失，改革与工作两不误。通过制定《机关后勤服务中心与办公室财务结算办法》、《机关后勤服务中心用人用工办法》、《机关后勤服务中心人员收入分配办法》、《机关后勤服务中心人员岗位设置》等制度，保证并规范了改革后的机关后勤服务中心管理工作。（撰稿人：李志华）

【昆明特派员办事处】 2002年，昆明特派员办事处在职人员91人，设有办公室、机关党委、法制处、计算机审计处、人事教育处、财政审计一处、财政审计二处、金融审计处、固定资产投资审计处、经贸审计处、行政事业审计处，下属事业法人机关后勤服务中心。

领导成员

特 派 员：王道平（4月—）

副特派员：李伏廷

周敦祥（4月—）

审计成果 完成署统一组织的审计项目14个，共查出违规违纪行为金额38.91亿元，应缴财政2.58亿元，已上交1.86亿元，归还原渠道资金1.04亿元。全年编发审计信息131篇，被署采用72篇；移送司法机关案件线索7件。

财政审计 在跨年实施的贵州省国税审计中，查处黔西县政府和财政、税务机关串通，截留增值税3000万元。云南省2001年度地方企业所得税入库情况专项检查，核实云南省的基数，查出多征税款、中央企业所得税缴入地方等影响地方企业所得税基数16330万元。昆明海关关税审计发现，昆明海关对免税进口货物疏于监管，涉及金额565万元；未纳入财务统一核算的收入2350万元。

金融审计 抓住检查资产质量、核实盈亏、发现大案要案三个重点，跨年度实施对中国人民银行昆明等5个中心支行的审计，查出违纪行为金额2.3亿元。对建行云南省分行审计，充分运用计算机辅助审计，揭示少计收入2101万元，不良资产挂往来账和投资48478万元，累计违规向政府部门放贷91亿元，5361万元形成不良贷款，自办经济实体隐瞒收入、转移利润5390万元以及云南证券公司将从建行等4家商业银行借入的头寸拆借资金13.9亿元转入股市牟利等问题。审计中还发现4件涉案线索，已移送司法机关。对人行贵阳中心支行的审计，揭示该行价值9533万元的固定资产不入账核算，为账内固定资产价值的48.4%等问题。

行政事业审计 对贵州出入境检验检疫局1999～2001年财务收支的审计，查出该局将收入473万元纳入所属社会团体、经济实体核算，超标准、超范围发放钱物286.57万元，应缴未交财政专户款92.85万元等问题。

经济责任审计　对中国船舶重工集团公司的经济责任审计中，揭示第七研究院财务人员3人先后63次挪用公款，累计金额达1.6亿元，其中1840万元难以收回；销毁差旅费原始凭证；财务会计信息失真、资产不实率达205%等问题。审计信息上报国务院，朱镕基和罗干等中央领导做出重要批示，公安部门已对犯罪嫌疑人采取了刑事强制措施。

固定资产投资、外资审计　大朝山项目、机场工程竣工决算审计查出招投标不规范、机场工程挤占建设成本、挤占建设资金、基建成本不实等问题。贵州省电力公司都司输变电工程项目审计，查出未经批准变更外资项目建设内容、账外核算105.84亿元、截留收入为职工支付集资款等问题。

专项审计　云南省国债资金项目审计在云南省国债资金已连续3年接受外部检查的情况下，结合实际，把公路建设作为重点，选择使用国债资金的贫困地区进行延伸审计，查出违反基本建设程序、滞留国债资金等问题，揭示41公里的龙东公路建设历时6个年头，完工时间难以确定的问题。云南省民航建设资金审计调查，查出民航总局将1.5亿元贷款还本付息债务转嫁民航云南省管理局承担；计划与实际脱节，部分建设资金闲置未能发挥使用效益等问题。云南空管基础建设滞后的信息上报国务院后，吴邦国同志做了批示。

审计业务质量检查　对四川华信（集团）会计师事务所有限责任公司2001年度审计业务质量检查，查出该所对五粮液股份公司违反《企业会计准则》承担关联企业包装物费用24508万元的事项，未提出调整意见；对五粮液股份公司按照相关规定应予披露的事项，未予关注或未提出披露意见等问题。

计算机辅助审计　2002年，昆明办制定《2002年计算机应用实施意见》，提出“计算机管理上水平，计算机审计出成果”的目标。为此，昆明办在昆明海关关税审前培训中，专门邀请南京特派办的同志到办讲课，对审计数据采集分析软件、海关业务审计软件、通审软件的运用进行审前培训；培训结束后，副处级以上干部逐个上机考试。此处要求能够开展计算机辅助审计的项目，在编制审计实施方案的同时，制定专门的计算机辅助审计方案。实施“双方案”取得了良好的效果：建行审计通过查询电子数据，查出贷款主体不合规贷款91亿元，担保主体不合规贷款38.6亿元；通过账户查询，发现银行隐瞒未报自办实体，揭示实体弄虚作假等问题，涉及违规金额5334万元；查出云南证券有限责任公司将13.9亿元拆借资金用于申购新股，查出建行串通其他公司套取现金795万元等问题。

队伍建设　昆明办着重抓了“两项工程，一项约束”。一是实施办风建设工程，全面系统抓作风建设，提出《关于实施办风建设工程的意见》，将建设良好的思想作风、学风、工作作风、道德风尚和文明习惯作为一项系统工程来抓。全年着重解决责任心不强、工作责任不到位和不文明行为的问题。二是全面启动送温暖工程，使思想政治工作凸现出“办好事、办实事”的特点。三是加强纪律约束，印发《2002年反腐倡廉工作安排意见》、《审计外勤经费管理和使用的暂行规定》，修改《审计外勤经费管理实施细则》，继续对审计纪律执行情况进行现场检查，保证“八不准”的贯彻执行。

此外，昆明办继续加强全员培训，实行全员年度80小时持续教育。开办的“财税与金融”研究生课程进修班，有39人取得结业证书，9人通过学位外语和综合考试，两人已取得硕士学位。

内部管理　在行政管理方面，一是进一步健全制度，出台《2001～2005年审计工作发展规划》和档案管理、人事档案管理等规章制度；修订《特派员会议制度》、《特派员办公会议制度》、《全办职工大会制度》。二是自行开发的办公软件已于4月投入正式运行，实现局域网上发文和电子文件传阅，为无纸化办公奠定了基础。三是不断加强基础工作，机关档案目标管理以98分的优异成绩达省A1级。

在人事管理方面，整理规范人事档案及文书档案，建设局域网人事管理软件，并开展人力资源调查。据此，对队伍的静态历史状况和动态现实状况都做到心中有数。同时，创新人事管理体制，推行量化考核，完善激励和优胜劣汰机制。昆明办实施《处室暨公务员量化考核暂行办法》，按照德、能、勤、绩进行百分计量考核，考评结果与评优、晋职、学习培训挂钩。

在后勤管理方面，顺利完成用人制度改革，基本制度建设和签订委托合同等工作。（撰稿人：李霞）

【成都特派员办事处】　2002年，成都特派员办事处在职人员117人，设有财政审计一处、财政审计二处、金融审计一处、金融审计二处、行政事业审计处、固定资产投资审计处、经贸审计处、农业审计处、法制处、计算机审计处、人事教育处、机关党委、办公室、机关服务中心。

领导成员

特 派 员：白益兰

副特派员：任承彝　袁孝康

审计成果　全年完成署下达的审计项目15个（涉及28个单位），共查出违纪违规行为金额151亿元，应缴财政9亿元，已交财政9万元，归还原渠道资金两亿元，向司法机关移送案件5起，向纪检部门移送案件1起。同时，向署报送审计综合报告、专题报告、审计信息简报等共115篇，其中被中办、国办、审计署采纳19篇次。

财政审计　完成对重庆国税、国库、重庆地方企业所得税、成都海关、国债项目沱江防洪堤工程以及广西柳州市、四川省财力等项目的审计和审计调查。在重庆2001年度中央税收收入征管情况检查中，查出各项违规行为金额152757万元，其中应交财政52826万元，已基本缴入国库。完成对四川省2001年企业职工基本养老保险财政专项补助资金审计，查出该省有关部门无依据调减基金结余12亿元，挤占挪用养老保险基金2.18亿元，滞留中央专项补助资金8.5亿元，使用中央专项补助核销企业欠费2817万元，改变中央财政补助资金用途1.41亿元，基金征收中存在随意提高和降低征收标准、比例等不规范行为，违规以实物资产抵缴欠费1.86亿元，以及养老保险基金管理及核算不规范等问题。

金融审计　完成对人民银行成都分行的财务收支审计；对中国建行银行重庆市分行、四川省分行本部及其下属的32个分支行以及自办经济实体2001年度资产负债损益进行了审计；对建行四川省分行和重庆市分行2001年度呆账核销进行了调查。在人行系统审计中，共查出违纪行为金额6307万元。在建行系统审计中，查出损益不实、用换据的形式掩盖不良资产、违规发放贷款等违规违纪行为资金25亿多元。

国债资金　完成对四川省国债资金的审计，重点抽查了四川省计委、财政厅等9个省级主管部门国债项目计划或资金的安排、拨付及管理情况，省级国债资金收拨的审计面达到了100%；对成都、达州、乐山、泸州、绵阳、德阳、广元等市涉及31个国债项目单位的资金到位、拨付、使用和管理情况进行了重点延伸审计，审计资金达729075万元。查出挤占挪用国债资金或国债项目资金、用国债资金置换其他投入的资金、擅自调整国债资金计划、国债资金未及时安排拨付、虚报投资完成额骗取国债资金等14个方面问题，查出违纪违规行为金额6.78亿元。

投资审计　完成对成都双流机场飞行区扩建工程、成都双流机场航站区扩建工程、绵阳南郊机场建设工程的审计，共查出违纪违法行为金额32631.90万元。其中挪用工程建设资金8060.98万元、转卖进口免税设备偷逃税金1285.44万元、挤占工程建设成本895.15万元、私设“小金库”1105.99万元、多列和少列概算投资16171.17万元、损失浪费823.44万元、其他4289.73万元等；向检察、公安、海关移送涉嫌犯罪和重大违纪案件3起。

企业审计　完成对中国粮油食品进出口（集团）有限公司经济责任审计，对其境内企业127.5亿元资产相关的中粮集团本部及其所属的北京、深圳、上海、山东等地14个公司2001年度财务收支进行了就地审计，并对中粮贸易发展有限公司进行了延伸审计调查。查出该集团公司违规用大量资金从事国债回购、申购新股，损益严重不实，不良资产数额较大，担保损失突出等违纪违规行为金额30多亿元。

外资审计　完成世行贷款二滩水电站工程、四川输变电项目、成昆铁路（南、北段）电气化改造项目、高等教育改革项目，以及亚行贷款达万铁路项目和外国政府贷款四川沙湾电力集控中心等8个外资项目审计；完成四川省电力公司绩效情况、外资项目招投标情况和二滩水电站项目索赔情况等3个专项审计调查；还承办了审计署外资司对世行贷款四川天然气开发与节能项目的审计工作。共查出违纪违规行为金额10.9亿元，其中应交财政571万元；向司法机关移送案件两起，并已全部立案；提交对外审计报告5份，综合审计报告两份，向审计署上报专项审计调查报告3份。

行政事业审计　完成对重庆检验检疫局及涪陵、万州、九龙坡港分支局1999～2001年的财务收支审计，共查出违纪违规行为金额3284万元，其中隐瞒、转移收入1149万元、滥发钱物842万元、资产管理混乱1151万元；完成了对海南丛信会计师事务所的审计业务质量检查，审计查出事务所未提请上市公司将1.03亿元投资兴办的5个控股子公司纳入合并会计报表，未发现梅兴公司上缴5000万元承包利润可能存在虚假的情况、上市公司隐瞒对外投资1.028亿元及委托理财和为大股东提供资金2050万元，以及未对外披露从关联单位取得高达27.54%的饲料销售折让达2884万元等重大问题。

法制建设　按照审计署1、2号令的要求，严格执行审计基本准则，严格审计程序，依法规范审计行为，明确审计分工，制定了《审计复核操作规程》和《审计业务质量管理监控暂行办法》。对重要审计项目，实行审计质量监控委员会会议讨论制度，严把质量关。同时，坚持审计回访追踪制度，对审计决定和审计意见执行情况进行定期检查，主动与受送机关衔接，及时了解移送案件的处理情况，规避了审计风险。

信息化建设　一是按照审计署的部署，为实施“金审工程”积极做好前期立项工作和组织准备工作。按照“金审工程”项目指导书的要求，已基本完成方案设计。二是在审计项目实施中，积极应用署统一推广的软件，特别是采取计算机专业人员同审计人员密切配合，在项目审计中收到了良好效果。如在社保审计实施过程中，积极探索计算机辅助审计方法，其案例由署计算机中心向朱镕基和温家宝同志汇报演示，得到好评。在建设银行系统审计中，由于有计算机人员的介入，与业务处合作编制了一些适用、灵活的小模块，运用通审软件快速编程中的图形分析功能，查出少计利息收入1亿多元的问题。三是加强计算机管理，确定了计算机管理的制度化、数据化、规范化模式。随着办内局域网的建立，制定了《全办计算机使用管理办法》，规范计算机使用和网络、软件运用行为。按照审计署要求清理清查了盗版软件的使用情况并专题上报，同时申请配置了正版；配合远访的开通，为各处配置了调制解调器，为每个审计人员配置了网卡。（撰稿：杨志永）

【长沙特派员办事处】 2002年，长沙特派员办事处在职人员95人，设有办公室、法制处、财政审计一处、财政审计二处、金融审计处、行政事业审计处、经贸审计处、投资审计处、外资审计处、人事教育处、机关党委、服务中心。

领导成员

副特派员：罗　凌（主持工作）
　　　　　赵建设　马亚力

特派员助理：魏　强

审计成果　全年共完成审计（调查）项目16个，配合参与署统一组织项目4个。查出违纪违规行为金额322410万元，决定处理处罚、指明要求纠正236116万元，应缴财政38638万元，已交8005万元，已归还原渠道资金275万元。提交审计报告65份、信息90篇（含《审计要情》两篇），被采用14篇，其中被国务院领导批示3篇；移送大要案线索1件。

预算执行审计　在山东省国税审计中，查出违纪违规行为金额78584万元，应缴财政34670万元，已交财政4070万元。审计揭露了淄博市周村区国税局采取开具虚假完税凭证等手段，与区政府联手截留增值税4070万元的重大违纪问题，审计署以审计建议书将案件移送国家税务总局和山东省人民政府查处，被截留的税款已被全部追缴入库，有关责任人已受到党纪政纪查处。所提交的反映税收会计统计核算失真问题的报告得到了国务院领导批示。在山东省国库审计中发现，国库经收处存在延解税款、利用储蓄账户存储税款等问题。

在长沙海关审计中，查出并上报的长沙市市政府庇护合利华工贸有限公司走私案的要情得到了朱镕基总理的批示。主要涉案人员已被正式批捕。在人民银行南宁市中心支行2001年度预算执行及有关财务收支审计中，查出违规设立“账外账”、未按规定用途使用中央专项借款、专户管理不规范等问题。

专项资金审计　在对湖南省国债专项资金审计中，以国债资金的安全和效益为重点，查出违法转、分包工程12256.3万元，挤占、挪用国债专项资金和其他建设资金65.23万元及未严格执行招投标制等问题，同时披露配套资金到位率低，有的已形成“半拉子工程”、国债投资的污水及垃圾处理项目由于资金不配套等原因难以发挥预期效益等情况。

在湖南省本级和长沙等8市2001年企业职工养老保险财政专项补助资金、企业养老保险基金收支情况审计中，查出违规出借养老保险基金1234.66万元，截留基金收入237.76万元，超范围使用基金2242.97万元及基金未纳入财政专户管理等问题；分析了全省养老保险资金不能全面实现社会化发放的主要原因，提出了要在管理制度上解决企业发放养老金拖欠问题的建议。

金融审计　在对建设银行湖南省分行2001年度资产负债损益审计中，全面利用计算机辅助审计，发现虚假放贷、违规开户等问题线索，查出损益不实5312万元，设立“小金库”5万元，违规经营52723万元等问题。与广州办、武汉办联合实施的对中国银行广东省分行2000年资产负债损益审计项目，获得了署2001年度全国审计项目表彰奖。

外资项目审计　查出世行贷款湖南电力发展项目漏缴所得税0.31亿元。还对湖南省电力系统用户欠费情况进行调查，分析了湖南省电力公司用户欠费27亿元，居全国之首的原因，并提出了改革电力销售的结算方式等审计建议。加大了审计分析力度，积极反映项目建设亟待解决的问题，寓服务于监督之中。如《世行贷款湖南耒阳电厂二期扩建项目应尽快批复开工》的审计简报得到了温家宝同志的批示，使问题及时得到解决。

固定资产投资审计　在对长沙黄花机场行站机楼扩建工程竣工决算的审计中，重点揭露了招投标不规范、地方财政利用机场代扣代缴税款管理混乱、公款私存、违规挪用资金、损失浪费等问题，查出违纪违规行为金额3.7亿元。如黄花机场项目总投资6.42亿元，其中未按规定公开招投标等问题金额2.96亿元，占投资总额的46%；还查出地方政府在工程建筑税款征缴中，买税卖税579万元等问题。

企业审计　在对神华集团有限责任公司经济责任审计中，通过运用自行开发的审计统计抽样软件，完成了对10003台（套）、金额达36亿元的在用设备整体情况的检查和评价。在基本摸清家底的基础上，发现该企业主营业务收入重复计算20.5亿元等主要问题，应调减以前年度利润6.3亿元，并对其高债务风险提出了预警，揭示了神华集团在迅速扩张中潜伏的风险。在中储粮长沙分公司的审计中，发现超储补贴到位不及时、形成新的粮食挂账，收取“轮换风险金”比较随意，代储行为不规范，国有资产划转后游离体外等问题。

行政事业单位审计　在对湖南省出入境检验检疫局1999~2001年财务收支的审计中，查出转移各项收入、违规给职工发放奖金、实物等问题。湖南省出入境检验检疫局在收到审计决定书和审计意见书后，召开专题会议，各部门都进行了整改，并将整改结果给予了反馈。

在对湖南开元会计师事务所的执业质量审计检查中，对该所受托的南方建材股份有限公司和隆平高科股份有限公司进行了延伸审计。

专项检查　在对山东省2001年地方企业所得税入库情况的专项检查中，查出山东省因其他因素引起2001年企业所得税超常增长6.61亿元等问题。

审计调查　在对湖南省县级财力调查中，首先在桃江县试点，取得一定的经验，在得到署财政司的肯定后，在全省4个县全面铺开。通过调查，反映出乡镇债务沉重严重影响农业税收征管，县可用财力低、影响县乡政府正常运转等问题，提出了县乡实行综合财政预算势在必行、加快税费改革等建议。在此期间，刘家义副审计长来湘对中央转移支付情况进行了专题调研，在听取湖南省政府汇报后，赴湘西自治州、怀化、益阳3地进行了实地调研。

工作特点　一是坚持不懈地贯彻“全面审计、突出重点”的方针，端正业务指导思想。二是加强团结协作，充分发挥队伍整体效能。三是狠抓审计过程中“六个环节”的落实，强化审计质量控制。四是积极运用审计调查和专项调研相结合形式，注意从多角度多方面分析和处理问题。全年提交各类专项审计调查报告5份。向相关政府和有关主管部门发出7份审计建议书。五是注重审计方法的创新，积极开展计算机辅助审计。

作风建设　2002年是长沙办转变作风年，以此为契机，从加强内部管理入手，重点抓综合部门的内部管理和处、室班子管理，把抓作风建设同抓管理结合起来。同时将制度建设贯穿其中。对原有的39项规章制度进行全面清理，并在此基础上新制定制度7个，修订21个。

“金审工程”　按照审计署的要求成立了“金审工程”领导小组，研究部署“金审工程”的实施工作。一是积极探索计算机远程联网审计试点。经过摸底和调研，确定长沙海关为联网审计的试点单位，编制上报了《海关联网审计试点设计方案》，经审计署两次专题评审确定为正式试点方案。二是深入开展审计统计抽样软件的开发研究和推广应用。配合署办公厅在中国时代经济出版社出版了《审计技术方法丛书》，长沙办编写的《审计统计抽样方法》作为丛书的一个分册；完成了《审计统计抽样多媒体教学光盘》刻录出版和《审计统计抽样及应用软件》专著的出版。组织审计统计抽样软件课题组成员就审计抽样软件的修改完善、升级改版和推广应用等问题进行深入探讨，形成了具体的实施意见。先后派人到河北省审计厅、审计署举办的审计抽样培训班讲课，推广审计抽样成果。

后勤服务　按照署统一部署及批复方案积极稳妥地推行机关服务中心改革，顺利完成了人员分流、岗位定岗工作。加强后勤保障工作，为干部职工营造一个安全舒适的工作和生活环境。及时维护和更新人事信息数据，实行电算会计制度，建立健全资产管理档案和实物分类明细账，接待客人80多批（次），接待费用下降，公文处理逐步规范，机关辅助办公系统全面推行，档案、统计、保密、文印、远程站、资料室管理明显加强。（撰稿人：彭成元）

【深圳特派员办事处】　2002年，深圳特派员办事处在职人员74人，设有办公室、法制处、财政审计处、金融审计处、经贸审计处、外资运用审计处、境外中资机构审计处、计算机审计处、人事教育处、机关服务中心和机关党委。

领导成员

特　派　员：庄晓玖

副特派员：王淡浓

武　钧（—4月）

段大波（4月—）

刘贡力（4月—）

审计成果　全年共完成署定计划项目16个，查出违纪违规行为金额2090882万元；发现违法案件线索6件，涉案金额108544.46万元，已移交司法机关查处案件两起，涉案金额102220.6万元；提交综合报告、调查报告、专题报告和审计简报等共43份，被中办、国办、审计署及国务院有关部委采用13份，其中被审计署以《审计要情》采用1份。2001年贵州国债专项资金审计项目被评为全国审计系统优秀审计项目。

财政审计　在宁波市国税局审计中发现，该局违规批准减免企业所得税，影响中央企业所得税14366万元；应纳税所得额审核不严，少征中央企业所得税18562万元；不及时清缴企业欠缴增值税等税金22587万元以及下属分局部分会计资料遗失、部分资金收支不明等违反国家财经制度和现行政策的重大问题。

在宁波市国库审计中发现，该国库未能严格审核税款入库级次将中央预算收入596万元缴入地方国库；延解预算收入影响预算资金及时入库和报解，累计金额318473万元等重大问题。

在拱北海关审计中发现，该关下属中山海关管辖企业中山市南艺制革厂有限公司保税料件短少、走私罚没物品拍卖不及时、部分加工贸易合同手册超期未核销等问题。

在深圳市国税局审计中发现，该局违规改变企业所得税入库级次，减少中央企业所得税收入7715万元；应纳税所得额审核不严，少征企业所得税6844万元，影响中央税收3421万元；执行地产地销企业增值税优惠政策不严，违规减免增值税收入431万元，影响中央税收323万元；对部分加油站征管不到位，少征增值税1931万元，影响中央税收1448万元等重大问题。

在深圳市地方企业所得税收入专项检查中，通过两次全面深入的检查，没有发现深圳市存在通过财政注入资金或财政承担银行贷款注入资金缴纳企业所得税、强迫企业违规缴纳企业所得税以及擅自改变企业预缴税款的限期和定额、提前征收企业所得税等问题；在个人所得税的入库情况检查中亦未发现混库、违规调库等问题，出具了客观公正的检查报告。

金融审计　完成中国建设银行深圳市分行（简称深圳建行）2001年资产负债损益审计和中国人民银行深圳市中心支行（简称深圳人行）2001年度财务收支审计。

在深圳建行审计中发现，该行在“正常类”贷款中隐藏不良贷款53713万元，在贷款科目以外的其他各类资产中潜在亏损81380万元，违规办理贴现69500万元、转贴现274600万元，违规减免贷款逾期利息及罚息15990万元，违规吸收非政策性住房资金24000万元，少计收入3160万元，虚列业务费用1535万元等重大问题。该行城建支行在1997～2001年期间，采用虚开发票套取公款、截留资金存放外单位择时报销费用等隐蔽手段，从财务大账套取资金及隐瞒楼宇按揭保险手续费收入等私设“小金库”金额高达800多万元，并分别开立20多个储蓄账户，滥支滥用。该问题已受到严肃处理。该行福田支行个别工作人员在对深圳市创世纪投资发展有限公司贷款过程中以贷谋私涉嫌经济犯罪，该案件线索已移交深圳市人民检察院查处。此外，审计还查处岁宝集团（深圳）实业有限公司从1992年起，利用多种欺诈手段骗取该行贷款51190万元，至6月底，累计欠息高达50420万元。案件线索已移交深圳市公安局立案查处。

企业审计　完成中国通用技术（集团）控股有限责任公司（简称通用集团）2001年度财务收支和澳门中国旅行社（简称澳门中旅）2001年度资产负债损益情况的审计。

对通用集团的审计，也是对该企业法定代表人的经济责任审计。审计中发现，该集团不良资产高达56510万元，其中待处理财产损失6688万元，3年以上应收账款29841万元，经营亏损挂账11083万元，不良长期投资5779万元，长期积压商品2790万元，历史遗留挂账329万元；境外相关收入13543万美元滞留在香港；以委托投资为名拆借资金9624万元等重大问题。该集团下属公司严重违反有关规定，将1亿元资金交由个人投资证券。问题揭露后，引起该集团领导高度重视，也威慑了受托人，至11月受托人陆续归还了本金。此外还发现，该集团某负责人及其相关人员以虚假出资成立公司、倒签合同等手段，涉嫌大肆转移、侵吞国有资产1800万元；某下属公司原总经理以假代理真自营方式将国有公司收入转移至自办企业，涉嫌侵吞国有资产750余万元等经济犯罪案件线索。此问题已向国务院上报《审计要情》，得到审计署、中纪委和国务院领导的高度重视。

固定资产投资审计　完成重庆市万州五桥民用机场（简称五桥机场）建设项目的审计。审计中发现该项目建设经重庆市万州区政府批准同意，实际征地达5627亩，比重庆市政府批复的1884亩多征3743亩；动用机场建设资金征用与机场建设毫不相干的土地1100亩，严重违反《土地管理法》的有关规定；不按基本建设程序办事，机场公路在未进行必要地质勘探的情况下进行设计并匆忙开工建设，不仅造成损失166.4万元，而且个别路段地基发生严重塌陷，存在较大安全隐患；此外未经任何部门批准，未经机场设计单位同意或设计处理，动用机场建设资金擅自在机场跑道边坡下修建人工湖，给机场场道边坡的安全稳定带来隐患等问题。

行政事业审计　完成深圳出入境检验检疫局2001年度财政财务收支情况的审计和审计调查。审计发现该局未将事业收入2552万元纳入预算管理，违规发放奖金补贴4595万元，违规提取“四技”劳务酬金305万元等问题。同时，为进一步规范、完善该局财务管理和会计核算提出了合理化建议。

国土资金审计　完成深圳市2000年度、2001年度国土专项资金征管情况的审计。审计中重点延伸土地交易面积在5000平方米以上的项目，发现深圳市以各种方式违规减免少算土地使用权出让地价款78421万元，未按规定上缴中央财政新增建设用地土地有偿使用费12000万元，未纳入财政专户管理国土专项资金收入141894万元等重大问题。这些问题已引起审计署、深圳市政府及相关部门的高度重视。

社会审计质量检查　完成深圳市鹏城会计师事务所2001年度审计

业务质量的检查。通过延伸审计发现，沈阳市环保股份公司在1998~2001年期间虚列工程施工收入64644万元及工程施工成本33623万元、1998~2000年期间多计补贴收入19864万元的严重会计造假行为，以及在1999年以无效土地交易掩盖关联公司长期占用上市公司19701万元巨额资金等问题。长春市北方五环公司以18380万元换置无效土地及其所隐藏的上市公司控股股东以欺诈手段套取上市公司巨额资金，下属子公司法人代表长期占用该子公司1400万元巨额资金用于牟取私利等问题，同时明确注册会计师的相关责任。此外，还开展中国青少年基金会希望工程在深圳投资项目的协查工作、中国高科审计在深圳的协查工作以及中国检验有限公司在香港的协查工作等。

法制建设　深圳特派办2002年成立法制处，出台《审计业务工作规程》、《审计业务会议制度》、《复核工作规则》、《审计项目质量检查办法》等业务工作规章制度。规定在对审计意见书、审计决定书、审计移送处理书进行复核的同时，对凡与审计业务有关的专题报告、调查报告、审计信息等文书均由法制处会签，确保审计业务工作质量符合法律规定和审计署的规范要求。

计算机基础建设与辅助审计　2002年，深圳特派办成立计算机审计处。在基础建设方面，一是7月1日全面实行无纸化办公，办公行文实现电子化。二是开通4线远程登录系统。三是按照审计署“金审工程”的统一部署，对计算机设备全面摸底，并结合实际，制定“计算机网络改建方案”。在辅助审计方面，一是在审计范围上，从单纯对电子数据进行审计发展到尝试对计算机系统审计。如在对深圳市规划国土局、深圳建行的审计中，发现计算机系统处理方面存在的问题。二是在审计方式上，从审计现场的单机独立工作发展到多机联网审计。三是在审计技术手段上，从利用计算机提供的检索、关联、计算等简单功能，发展到利用计算机技术将审计人员的经验、技巧、方法等智能化，以及利用计算机数据库编程技术及分析性测试对电子数据进行分析，提高审计效率。如在深圳建行审计中，利用计算机数据库编程技术，发现“正常类”贷款中隐藏不良贷款及违规办理转贴现业务等重要审计线索。

审计成果检查工作　进一步加强对审计决定的跟踪、检查、落实，如对深圳出入境检验检疫局、中国银行深圳分行、华夏银行深圳分行、海南天保工程、粤海通道等项目的审计决定执行情况进行检查监督，促进被审计单位的整改；对黄埔海关、贵州国债、工商银行深圳分行、农业银行深圳分行、中国科健公司审计时移交司法机关处理的7个案件情况进行跟踪检查，并向审计署报告检查结果。

队伍建设　专门成立廉政调研小组，以《深化干部人事制度改革纲要》为指导，制定《处室兼职监察员工作规程》；对两年来执行审计纪律“八不准”的情况进行调研等。2002年，从应届大学毕业生中经过初选、面试、笔试、口试等程序多次筛选，录用4名硕士研究生。同时，根据审计署关于特派办干部公务员身份过渡工作的统一布置，完成公务员过渡工作。

内部管理　初步建立涵盖综合管理、业务管理、人事管理、财务管理及后勤服务管理等各方面的规章制度。先后制订《考勤管理暂行办法》等3项人事制度，清理各类人事制度36项；制订《机关后勤服务工作承包合同》、《接待办法》、《车辆管理办法》等9项后勤服务规章制度。同时，加大干部教育培训力度，制定《干部培训工作计划》，将培训工作进一步细化，分为审计署统一培训、全办集中培训和个人自学三部分结合进行，并对各类培训学习提出明确的量化要求。此外积极选派干部参加审计署组织的计算机、英语以及境外培训。全年共选送参加审计署各类培训7人次，参加境外学习培训7人次，自行组织培训396人次。（撰稿人：庄军）

【长春特派员办事处】　2002年，长春特派员办事处在职人员35人，设有办公室、人教处、审计一处、审计二处、审计三处、机关党委、机关后勤服务中心。

领导成员

副特派员：张炳功（主持工作）

审计成果　长春特派办于2001年12月成立。开局之年，全办同志以党组提出的“高起点、高标准、高质量、创一流”为建办目标，积极争取地方党委和政府的支持，虚心学习兄弟特派办的经验，较好地完成建办初期在制度建设、队伍建设和审计业务等方面的各项工作任务，为长春特派办今后的建设和发展打下一个良好的基础。

建章建制，加强基础建设，强化内部管理　以加强特派办管理为目的，以制度建设为重点，根据工作需要，制定《会议制度》、《公文处理操作办法》、《工作人员差旅费开支办法》、《处级以下干部任免办法》、《礼品礼金实行登记制度的规定》、《边审计边培训边考核实施办法》、《学历教育和培训规定》、《党组中心组学习会议工作规则》、《机动车辆管理办法》、《职工考勤管理规定》、《作风建设实施细则》、《审计外勤经费管理办法》、《人法技建设实施意见》、《信息宣传工作管理和考评办法》等14项规章制度，受到署有关领导和考核组的好评。此外，长春特派办在妥善解决办公条件和新录用人员食宿问题的基础上，积极开展综合办公楼和职工住宅建设的选址、立项等前期准备工作；开通使用远程通讯系统并顺利通过署办公厅组织的4次抽查测试；建设计算机局域网，引进审计信息管理系统并进行试运行。

严格把关，加强队伍建设，提高干部素质 长春特派办把招录审计工作人员作为新建办队伍建设和今后发展的重点，成立考试录用工作领导小组，确定进人标准和资格条件，组织笔试、面试和考核，顶住各方面说情风的压力，切实保证新招录人员的素质和水平，受到李审计长的高度评价。长春特派办现有职工35人，平均年龄30岁；其中党员26人，占总人数74%；大学本科以上学历33人，占94%。同时还注重培养干部职工的“说、写、思、干”的综合能力，制定教育培训制度和年度培训计划，开展岗前培训、年度整训、演讲、专题讨论、撰写心得体会等形式的活动，得到审计署培训调研组的好评；还积极选派人员参加审计署组织的计算机中级班等各类培训，并有效地组织实施《边审计、边培训、边考核工作实施办法》，在教育培训方面进行了积极的探索。

积极练兵，开展审计业务，积累工作经验 在全年审计署统一安排的审计项目计划中，长春特派办参与审计较多，独立审计较少。为此，根据自身审计力量以及锻炼队伍的实际需要，积极争取、主动安排，全年共完成参与审计项目4个，审计调查5个，独立审计和审计调查3个。

按照署的统一安排，参与对吉林省出入境检验检疫局、青岛海关以及辽宁省国税系统和国债资金等项目的审计，学习审计经验，为独立开展审计工作奠定良好基础；自行安排并组织完成对东北师范大学、吉林省民航管理局、吉林省农行等5个单位的摸底调查任务。在对吉林省建设银行的审计中，尝试计算机审计，查出该行账外资金5274万元、违规经营问题金额97514万元、用贷款违规购建固定资产2670万元、固定资产未入账5340万元、少计各项收入610万元、少缴税费495.4万元、“大委托”贷款和非剥离债转股315751万元以及涉嫌经济犯罪案件等重大问题，受到董大胜副审计长和金融司的好评。根据署追加的审计项目计划，开展对中国人民银行长春中心支行的审计中，查出该行擅自调整预算指标2284.3万元、账外资金3014.7万元、对政府专项借款监管不严造成挪用资金36681万元以及部分资产质量不高等问题。

长春特派办还组织完成署财政司安排的对鞍山市政府财力状况的审计调查；外资司交办的对吉林省财政厅和长春市财政局使用财政部世界银行贷款利费奖励情况的审计；行政事业司委托的对吉林省人民检察院与最高人民检察院往来资金的审计，得到有关司局的充分肯定。（撰稿人：司马江弘）

【重庆特派员办事处】 2002年，重庆特派员办事处（简称重庆办）在职人员34人，设有办公室、审计业务一处、审计业务二处、审计业务三处、机关党委、机关后勤服务中心。

领导成员

副特派员：王中信（主持工作）
吴德珍

特派员助理（副司级）：孙晓岩

审计成果 认真贯彻党的十六大、全国审计工作会议及署特派办工作座谈会精神，按照李金华审计长提高五个水平和对重庆办提出的“高起点，严要求，带好队伍，夯实基础”的要求，解放思想，与时俱进，开拓创新，扎实工作，较好地完成了建办筹备、队伍建设、制度建设以及审计业务等方面的各项工作任务。

署领导关注重庆办组建与发展 重庆办成立之际，李金华审计长为本办题词“高起点，严要求，带好队伍，夯实基础。”5月，李金华审计长到重庆办视察工作，对重庆办今后发展提出了方向性要求。项俊波副审计长先后两次到重庆办视察工作，并提出具体工作要求。

筹备建办工作 在2001年工作的基础上，继续做好建办前的各项筹备工作。在审计署的正确领导和重庆市委、市政府的大力支持下，较好地完成了筹备任务。经报署批准同意，重庆办于4月10日正式成立，4月22日举行了挂牌仪式，项俊波副审计长和时任重庆市委副书记、常务副市长的王鸿举出席仪式并为重庆办挂牌。

基础工作 1. 队伍建设。一是严格把关，招录人员体现高标准。2002年度面向社会公开招录应届大学毕业生8人，其中研究生两人、本科6人；招录社会在职人员两人，均为本科学历；调入干部4名，均为本科以上学历，其中研究生、双学士各1名。截止到2002年底，全办共有干部33名，其中研究生11人，占干部总数的33%；大学本科（含双学士两人）22人，占干部总数的67%。二是坚持专业培训与实战练兵相结合，提高综合素质。积极派员参加署里组织的各类培训22人次，均取得合格以上成绩。其中选派两人参加全国审计系统计算机中级培训与考试，均取得合格证书。制定年培训累计学时制，规定每年培训不少于100学时。在2002年审计机关全员岗位资格考试中，全办17名应考人员全部通过A级，在参加考试的特派办中A级通过率和通过人数均名列第一。参加全国审计英语考试的6人全部顺利通过。高度重视实战练兵，全办33名审计干部中已有31人参加过一线审计。

2. 制度建设。立足于依法建制、科学管理，先后制定出台了会议、公文处理、财务、车辆、公费医疗管理、外勤经费管理暂行办法、党风廉政建设责任制实施细则以及审计业务会议规定、审计复核工作办法、审计项目质量责任制、审计项目质量检查办法等33项制度，将全办工作初步纳入规范化、制度化轨道。

3. 基础建设。一是搞好后勤体制改革。按照《审计署关于地方特派员办事处后勤体制改革的意见》，结合重庆办实际，完成了机关后勤体制改革，明确了机关后勤结算关系，对需要进行分流的人员进行了妥善处理。二是基建工作取得了较大进展。积极协调重庆市有关部门，加快综合办公大楼建设，完成立项和项目选址，位于重庆市渝北区龙溪镇冉家坝41号地块的基建用地手续基本办妥。

机关党建工作 经中共重庆市直机关工委批准，选举产生了中共重庆特派办机关委员会；在此基础上，选举产生了5个支部委员会，并制定了《机关党委工作规则》、《党支部工作规则》、《发展党员工作实施细则》。

审计业务工作 在全年审计署统一安排的审计项目计划中，重庆办参与审计较多，独立审计较少。为此，重庆办根据自身审计力量及锻炼队伍的实际需要，参与审计项目5个，独立审计和审计调查3个。

1. 参与审计情况。上半年，重庆办参与了成都办组织的重庆市地方企业所得税税基专项审计、深圳办组织的重庆万州五桥民用机场在建工程审计、西安办组织的重庆海关2001年度关税审计、郑州办组织的重庆市2001～2002年8月国债专项资金管理使用情况审计，并与成都办共同对建行四川省分行、重庆市分行2001年度资产负债损益进行审计。

2. 根据署定计划组织开展审计（调查）情况。下半年，重庆办独立组织审计（调查）的项目：（1）重庆市、县财政收支状况专项审计调查。比较全面、系统地掌握了重庆市5个被调查县（市）的财政收支状况，至2002年底累计欠发公教人员工资42568万元，政府债务规模总额196497万元，财政收支平衡困难，累计财政赤字24000万元。重点揭露一般预算收支不实的问题，主要是收入“掺水分”、支出挂账、财政结余不实等问题。5个县（市）收入不实1996万元，支出不实20505万元，赤字不实19682万元，挤占挪用专项资金10327万元，违规收费805万元，以及存在的管理方面问题。在全面、客观分析被调查县（市）财政运行问题成因的基础上，突出研究了西部地区县（市）财政基本保障线确定、乡镇财政管理体制模式和解决县乡债务负担的办法等方面的问题，从理顺和完善财政管理体制、端正理财思路、加强财政管理等方面，有针对性地提出了解决县（市）财政运行中存在的问题和改善县（市）财政状况的建议。（2）人民银行重庆营管部2001年度财务收支审计。查出收入未入账，形成账外资金142万余元；固定资产未入账，形成账外资产296万余元；在管理费支出科目中超指标列支招待费53万余元；在“职工工资”科目外发放奖金、补贴113万余元；固定资产购建支出挤占管理费支出117万余元。在对人民银行重庆营管部与财务收支有关的金融业务活动审计中发现，重庆商社集团庆铃公司违反《票据法》的有关规定开具无真实贸易背景的商业汇票103510万元进行融资活动，违反《票据管理实施办法》的有关规定办理无真实贸易背景的商业汇票贴现和再贴现28454万元，其中贴现资金3600万元违规流入股市，发现人民银行重庆营管部违规向有富裕资金的南岸区农村信用联社发放支农再贷款3000万元。（3）重庆发电厂审计调查。查出该厂1998～2002年间对虚增成本产生的“盈煤”采取专门注册成立两个公司，虚开增值税发票套取资金7168万余元；虚增燃油成本后将燃油私自卖给个体户收取现金2557万余元（其中2214万余元放在“小金库”中使用）；通过造假工资发放名单套取资金2323万余元，转移利润到多经企业，再通过多经企业虚列费用套取现金到“小金库”690万元等一系列重大违法违纪问题以及个人违法犯罪线索。（撰稿人：赵勇）

地方审计机关

北京市

【北京市审计局】　2002年，北京市审计局定编770人，在编509人。局机关设有办公室、人事教育处、法制处、党委办公室、老干部处、监察处、财政审计处、金融审计处、经贸审计处、行政事业审计处、固定资产投资审计处、外资运用审计处、社会保障审计处、农业与资源环保审计处、经济责任审计处；同时还设有机关服务中心、计算机中心、科培中心等直属事业单位。

领导成员

局　长：杨晓超（11月—）
　　　　齐国生（—11月）
副局长：沈志德　程显华
　　　　赵济堃　张海坤
纪检组长：张均满

北京市审计成果　全市审计机关共审计888个单位，查出违规行为金额46.11亿元，其中应缴财政6.51亿元，已交财政5.02亿元。减少财政拨款或补贴771万元，归还原渠道资金1.03亿元。应做调账处理11.45亿元；指明要求纠正245.74亿元，为国家增收节支7.62亿元。向司法机关移送案件1起。全年向市委、市政府提交的审计报告、调查报告有20份得到市领导批示；上报审计署、市委、市政府信息189篇，其中有130篇被采用，市局上报市委、市政府调研报告10份，有9份被采用。（撰稿人：杨培生）

财政审计　预算执行审计了118个单位，查出违规行为金额88460万元。主要问题是违规减免应缴未交预算收入12428万元，挪用预算资金3117万元，账外资产714万元，虚列财政支出611万元，违规办理预算拨款239万元，违规调整预算200万元等。

全市预算执行审计进一步深化。一是拓宽了审计范围，对5个市级部门开展了部门决算草案审签试点工作，并对57个二、三级预算单位进行了延伸审计，对部门决算草案编制情况提出了审计意见。在审签工作的组织方式、审签内容的确定等方面取得初步经验。二是扩大了审计覆盖面。此次预算执行审计，共审计和调查了2060多个单位，比上年增加了160个单位，同比增长8%；审查专项资金11项。三是加强了对体制上、机制上和管理上存在问题的研究、分析。此次预算执行审计，揭示出预算管理、政府采购、专项资金分配管理等方面的问题，引起政府及有关部门的高度重视，促进有关政策和制度的完善。

进一步改进了地税系统审计的组织形式，尝试了与两个区审计局混合编组，共同实施了对区县地税局审计的方法；在对市财政局部门预算执行和决算草案审计中，探索了计算机辅助审计的路子。（撰稿人：马京军）

金融审计　全市审计机关开展了中国人民保险公司北京市分公司、华夏银行、北京国际信托有限公司的资产、负债、损益审计，对本市中小企业、高新技术产业和科技企业三项融资担保资金管理和使用情况进行了专项审计。完成审计项目6个，审计单位8个，查出违规行为金额43609万元，应缴财政5170万元，已交财政3765万元（含以前年度欠款502万元），应纠正234505万元，查出百万元以上违规单位5个。党政领导交办经济责任审计项目两个。提交审计报告6份，被批示、采用5份；审计信息13篇，被采用12篇。（撰稿人：李淑云）

企业审计　完成审计项目12个，审计单位105个；查出违规行为金额124397万元，指明要求纠正22631万元，应缴财政3263万元。提交审计报告12份（其中被市领导批示1份）；审计意见书、决定书138份；审计信息35篇，其中被市领导批示3篇，被市委、市政府采用20篇，被审计署采用两篇。

对工交总公司等7个接受财政补贴企业的财政补贴及财务收支情况进行了审计，揭示财政补贴资金使用效益，从宏观角度分析企业财务目前存在的问题。6篇相关审计信息被市政府采用，其中1篇被市领导批示。同时，还对烟草行业进行了审计，查出企业违反财经法规问题及执行烟草专卖政策方面存在的问题，并提出整改建议；对本市省际客运企业进行审计，查出企业出租线路使用权、车辆挂靠经营等问题；对6个市国有企业集团开展经济责任审计；并开展国有企业资产损失认定工作，从审计的手段、方法、事实的认定、证据的取得等方

面进行了探索。(撰稿人：吴伟健)

外资运用审计 完成世亚行贷援款审计项目12个、单位44个，外国政府贷款审计1个，合资企业审计1个；完成政府外债审计调查60个单位，合资企业养老保险和失业保险审计调查70个单位，外国政府贷款项目设备管理和使用情况审计调查61个单位；完成市领导临时交办的审计项目1个。查出违纪违规行为金额1917万元。其中指明要求纠正30543万元。提交审计调查报告、综合报告4份(均被市政府领导批示)，审计意见书42份，审计信息48篇，被市局采用16篇、市政府采用17篇，被市局评为优秀信息两篇；审计宣传稿件5篇，审计调研报告7份。其中《政府借贷信用北京位居全国前列》被市局评为宣传稿件一等奖，3份审计调研报告得到市局嘉奖。(撰稿人：朱得利)

固定资产投资审计 全年共审计了34个项目，涉及79个单位，查出违规行为金额127002万元，应缴财政555万元，归还原渠道资金174万元。查出百万元以上违规单位26个，违规行为金额126872万元。上报信息41篇，其中市局采用25篇，市政府采用4篇，市领导批示3篇。完成领导及有关部门委托办理事项9件，并向上级提交了报告。(撰稿人：周榕立)

社会保障审计 完成审计项目5个，审计调查项目1个，共审计单位和部门208个，查出违规行为金额3.4亿元，指明要求纠正2.9亿元，查出百万元违规单位两个。提交审计报告7份，其中《关于北京市福利彩票发行中心2001年度福利彩票资金审计情况的报告》、《关于北京市2001年度失业保险基金使用管理情况的审计报告》得到市领导批示；提交审计意见书8份；审计决定6份；审计信息57篇，其中被市领导批示4篇，《北京审计通讯》采用16篇；获市优秀奖两篇；提交宣传稿件37篇，全被《北京日报》等媒体采用。获得“北京市审计系统优秀信息工作单位”。提交调研报告3份，在北京市审计系统2002年度调研成果评比中分别荣获一等奖、二等奖和鼓励奖，分局荣获组织奖。提交研讨论文4份，其中两篇分获研讨活动三等奖和鼓励奖，同时荣获研讨活动组织奖。提交统计分析4篇，其中3篇荣获一等奖，获北京市审计机关统计工作先进单位。(撰稿人：刘玉清)

行政事业审计 完成审计项目4个，审计单位7个，其中首次对北京市教育委员会等4个部门的决算(草案)进行了审计，对北京市体育彩票管理中心2000～2001年电脑型体育彩票销售管理使用情况进行了审计。查出违规行为金额63985万元，应缴财政252万元，已交235万元。归还原渠道资金515万元。指明要求纠正429万元。决定处理处罚17万元。完成审计调查项目1个、调查单位8个。提交审计报告7份，审计信息7篇。(撰稿人：任修培)

农业与资源环保审计 完成审计项目6个，涉及主管部门22个，延伸审计86个企业、区级财政等单位16个、乡级单位29个、村级单位35个。接受完成临时任务两个。审计和调查资金达100多亿元。查出违纪违规行为金额439万元，已交财政84万元。提交审计报告9份，其中被市领导批示3份；审计信息54篇，被市领导批示3篇，《北京审计通讯》采用8篇；报送的对外宣传稿件被媒体采用8篇。

2002年，市审计局农业与资源环保审计处在全国率先尝试了环保资金的审计工作。具体做法是：环保资金审计参照同级财政审计的组织形式，对本部门涉及的环保资金进行审计调查，出具分项目审计调查报告，汇总后，向市政府提交环保资金审计调查综合报告。环保资金审计调查报告得到市领导的重视，4位市长、副市长做出批示；通过审计调查反映的“绿化带占用农民土地未制定统一政策侵害了农民利益”的问题，现已得到解决。这种环保审计的思路、方法及取得的成绩得到审计署的认可，并在全国审计网上刊登推广。(撰稿人：石丽望)

经济责任审计 全市审计机关共对305个党政领导干部和企业领导人员进行了经济责任审计，审计了360个单位，与上年相比分别提高了69.4%和84.6%。从审计结果看有107人平调，4人晋升，3人受到党政纪处分，1人移送司法机关。

加强了经济责任审计工作研究。对经济责任审计工作的重点、内容等方面统一了认识。制定了《北京市六委部局联席会议制度》，起草了《北京市企业领导人员经济责任审计方案》。部分区县审计机关、市属部门、企事业单位建立和完善了本地区、本部门“经济责任审计操作指南”、“经济责任审计项目委托制度”、“经济责任审计结果利用办法”等制度。(撰稿人：李晓群)

【北京市东城区审计局】 2002年，共有干部职工53人，其中研究生学历1人，本科学历23人，大专学历17人，局长陈红，副局长李凯、王淑云、赵刚，纪检组长李凯。设有办公室、人事监察科、综合法制科、经济责任审计科、固定资产投资审计科、经贸企业审计科、行政事业审计科、财政金融审计科、社会保障审计科、信息化管理中心和内部审计指导科。

审计成果 完成审计项目81个，延伸审计单位114个，其中完成了对15名处级党政领导干部和企业领导人员任期经济责任审计。审计监督资金量97亿元，指明要求纠正7.6亿元，应缴财政593万元，已交财政628.4万元（含以前年度欠缴）；审计重大建设资金核减工程结算支出7416万元。提交审计报告15份，审计专报26份，审计信息109篇；被各级采用批示审计报告8份，审计专报10份，审计信息72篇；其中领导批示审计报告7份，审计专报10份，审计信息3篇。（撰稿人：于永兵）

【北京市西城区审计局】 2002年，共有干部职工52人，其中研究生学历1人，本科学历16人，大专学历28人，局长周慧来，副局长李朝阳、徐立维、白永光。设有财政金融审计科、经济责任审计科、固定资产投资审计科、行政事业审计科、经贸审计科、内审指导科、人事科、行政科、综合办公室。

审计成果　完成59个单位的审计，开展8个审计调查。查出违规行为金额7685万元；应缴财政717万元，已交财政989万元（含以前年度欠缴）；归还原渠道资金284万元，核减工程造价4111万元，减少财政拨款508万元，调账处理448万元，指明要求纠正12827万元。审计决定落实率达到100%。受区政府委托，对17个单位的领导干部进行了任期经济责任审计，其中行政事业单位13个，企业4个。

拟定出《西城区任期经济责任审计工作联席会议制度》、《关于做好任期经济责任审计工作的意见》等规定，以区委、区政府两办名义下发全区。还对25个单位进行内审工作指导，编发了4期《西城内审通讯》刊物，召开了全区审计工作会议，并组织专、兼职内审人员开展培训和经验交流活动。（撰稿人：李洪珍）

【北京市崇文区审计局】 2002年，共有干部职工47人，其中本科学历15人，大专学历26人，局长周有成，副局长刘丽娟、李连喜、王诚。设有综合办公室、行政管理科、人事科、财政金融审计科、经济贸易审计科、固定资产投资审计科、行政事业审计科、内审指导科。

审计成果　完成审计项目68个，开展审计调查两个，党政领导交办经济责任审计39个。审计查出违规行为金额2567万元，应缴财政549万元，已交财政586万元（含补缴以前年度103万元）。向司法机关移送案件1起。提交审计信息、简报等99篇，被市、区政府、区委、市审计局等部门采用74篇（次），被市、区领导批示7篇；对外宣传稿件被《中国审计报》、《审计理论与实践》杂志等媒体采用51篇；提交审计调研报告17份，被区领导批示1份。（撰稿人：赵超英）

【北京市宣武区审计局】 2002年，共有干部职工48人，其中本科学历18人，大专学历23人，局长梁诒，副局长张沪生、王兰生（兼纪检组长）。设有人事管理科、财政金融审计科、固定资产投资审计科、经贸审计科、行政事业审计科、内部审计指导科、经济责任审计科和综合办公室。

审计成果　全年共完成审计、调查单位75个，查出百万元以上违规单位14个，违规行为金额11856万元，已交财政2265万元，应归还原渠道资金478万元，减少财政拨款或补贴263万元。提交审计决定51份，审计意见书67份，审计建议书两份，提交审计调查报告6份，其中被领导批示11份。提交审计信息163篇，被上级采用83篇。4份调研报告在北京市审计局的评比中获奖，其中“推行财会集中核算制度完善会计监督管理机制”的调研报告被中共北京市委研究室采用。在《中国审计报》、《中国审计》等媒体发表文章150余篇。被人事部、审计署授予“全国审计机关先进集体”荣誉称号。（撰稿人：张博威）

【北京市朝阳区审计局】 2002年，共有干部职工54人，其中研究生学历两人，本科学历30人，大专学历18人，局长张春秀，副局长唐乃仪，纪检组长杜娥。设有办公室、信息调研科、综合法制科、财政金融审计科、行政事业审计科、经济责任审计科、固定资产投资审计科、经贸审计科，设有审计指导中心。

审计成果　完成审计（调查）项目57个（延伸178个），其中受区委组织部委托，完成领导干部经济责任审计38个、49人。累计查出、纠正违纪违规行为金额6.43亿元，已交财政1105万元，归还原渠道资金110万元，查出百万元以上违规单位13个；提交审计报告、审计意见书、审计决定书共146份；各类审计信息129篇；住房公积金等调研报告5份。

区委、区政府联合下发了《关于进一步加强审计监督工作的意见》，区政府下发了关于《朝阳区政府投资建设项目审计暂行办法》。另外，委托社会审计项目首次实行公开招投标制度，对朝阳北路拆迁工程首先实施全过程审计监督，取得较好效果。在队伍建设方面，建立并实行了《审计人员廉政责任跟踪卡制度》、《审计组长任职资格》和《干部考核末位待岗制度》等。（撰稿人：尹建华）

【北京市丰台区审计局】 2002年，共有干部职工47人，其中本科学历22人，大专学历22人，局长李拥军，副局长张全福、张世伟、赵胜利。设有财政金融审计科、行政事业审计科、固定资产投资审计科、经济贸易审计科、经济责任审计科、中关村科技园区丰台园审计办事处、综合科、人事科、办公室。

审计成果 全年完成审计项目44个，是计划项目的113%，查出违规行为金额4717万元，应缴财政1504万元，已交财政1804万元（含以前年度欠缴），纠正违规行为金额4246万元，查出百万元违规单位6个，基建竣工决算审计核减工程造价52万元。

受区委组织部委托，完成经济责任审计12个。审计中发现和揭示了部分单位私设“小金库”、乱开银行账户、挤占挪用专项资金为本部门谋利益、财务管理混乱等问题，依法进行了处理，区委组织部对相应的责任人进行了责任追究。

全区各内审单位共审计项目264个。提出意见、建议46条。指明要求纠正31万元。（撰稿人：杨利民）

【北京市石景山区审计局】 2002年，共有干部职工37人，其中研究生学历1人，本科学历16人，大专学历18人，局长仲长军，副局长陈玉、袁淑琴。设有办公室、财政金融审计科、行政事业审计科、经济责任审计科、经济贸易审计科、固定资产投资审计科和审计综合科。

审计成果 完成审计项目31个，接受区委组织部委托，完成经济责任审计项目5个。查出违规行为金额1864万元，其中应缴财政319万元，已交财政285万元。指明要求纠正2.1亿元。提交审计报告11份，审计信息110篇，被领导批示5篇；撰写调研报告15份，被市审计局、区委、区政府评为优秀调研报告6份。（撰稿人：顾红雁）

【北京市海淀区审计局】 2002年，共有人员51人，其中研究生学历1人，本科学历26人，大专学历12人，局长朱民尧，副局长常印怀、王彩霞。设有固定资产投资审计科、财政金融审计科、行政事业审计科、经济贸易审计科、经济责任审计科、人事监察科、行政科和办公室。

审计成果 全年完成各项审计和审计调查任务51个，查出违规行为金额39181万元，应缴财政38823万元，已交28634万元，提交审计信息、调研报告105篇，被采用88篇，其中两篇调研报告在市审计系统评比中获奖，5篇信息得到市、区领导批示。

完成本级预算执行审计、任期经济责任审计、行政事业单位财政财务收支审计、社会保障基金审计、金融机构资产负债损益真实性合法性审计等多项审计任务。审计中发现区预算执行中部分财政借款长期挂账；区属部分单位的国有资产收益未纳入预算管理；未严格执行预算资金“收支两条线”规定；结余资金未纳入财政专户管理；企业欠缴当期税金；个别工程项目施工方重复计算人工费、高套定额和计算工程量有误差，多报决算价；会计核算不规范，存在资产不实、收支盈亏不实、应缴未交财政收入；药品“进销差价”核算口径不统一等带有共性的问题以及企业少缴、漏缴保费严重等问题。（撰稿人：张炜）

【北京市门头沟区审计局】 2002年，共有干部职工38人，其中本科学历11人，大专学历21人，局长郭砚生，副局长安兴臣、郝国瑞、李秋立。设有办公室、人事教育监察科、财政金融审计科、经贸审计科、经济责任审计科、固定资产投资审计科、行政事业审计科。

审计成果 完成审计项目38个，查出违规行为金额573万元，应缴财政88万元，已交81万元，指明要求纠正10767万元。经济责任审计项目完成12个。提交审计报告19份，审计意见书27份，审计决定书10份，简报16篇，动态32篇。在参加市审计局组织的《审计如何为地区经济发展服务》的调研活动中，撰写的论文分获二、三等奖。（撰稿人：王双）

【北京市房山区审计局】 2002年，共有干部职工45人，其中研究生学历两人，本科学历19人，大专学历17人，局长李云飞，副局长李庆海、李亮、崔仲山，纪检组长郑启营。设有干部经济责任审计科、工商基建审计科、财政金融审计科、人事教育科、农业环保审计科、培训中心、综合科和办公室。

审计成果 全年共完成审计项目59个，是年计划的137%；查出违规行为金额15708万元，比2001年增长了91.2%；收缴入库670万元，同比增长了5%；核减工程支出4660万元，同比增长了9倍多。提交审计信息95篇，被上级部门采用、批示44篇、区领导批示3篇，完成调研报告3份，新闻单位采用宣传稿件15篇。

在预算审计过程中，以财政资金为主线，以有调拨款和使用权的部门为重点，以教育、农业、社会保障等专项资金的投入、使用、效益情况为主要内容，做到了预算管理和资金使用效益、财政审计与专项审计相结合。

农业专项资金审计的重点是项目实施效果和资金使用效益，因此，审计农业专项资金最有效的方法是做到关口前移，即审批农业项目前，会同财政、农业主管部门分析项目可行性，预测产出的效益性，减少立项的盲目性，做到资金监督与现场勘查相结合，建立了评价体系。

在基建预算审计中，共审计8个工程基建项目（其中区委委托两个，区政府委托4个），审计基建投资15002.6万元，核减工程支出4660万元，核减率为30.3%。

年底，建立了内部审计协会，实现了内审工作跨行业、跨部门、跨

所有制的新发展。（撰稿人：闫德春）

【北京市房山区燕山审计分局】现有干部职工20人，设有财政金融审计科、行政事业审计科、经济责任审计科、经济贸易审计科、综合法制指导科、办公室、行政事业审计所、经济贸易审计所，负责对燕山办事处所属行政事业单位和国有及国有控股企业的审计监督。局长张志平，副局长孙英华、李立伟。

审计成果　全年开展审计项目23个，审计调查两个，共涉及单位45个。提交审计报告23份、信息10篇，其中被燕山工委办事处批示两篇。查出违规行为金额1640万元，应缴财政78万元，已交财政46万元。

5月，联席会议成员单位共同修改了《经济责任审计联席会议制度》和《关于做好经济责任审计工作的意见》。8月，制定下发了《关于实施主要领导干部离任公有财物交接的暂行办法》和《经济责任审计终结阶段工作规则》。

内审工作继续贯彻专门指导与业务中指导相结合的思路，下发《2002年内部审计工作指导意见》。10月，针对燕山机构改革后财政成立会计核算中心、各行政事业单位取消会计机构、企业改制的新情况和内审工作的新变化，开展了对燕山地区各部门、企事业单位内部审计工作情况的调查。（撰稿人：李晓玉）

【北京市通州区审计局】　2002年，共有干部职工46人，其中本科学历13人，大专学历23人，局长孙文宽，副局长李德全、潘月东、曹温华、张东凤，纪检组长安书明。设有办公室、财政金融审计科、经济责任审计科、行政事业审计科、经贸投资审计科、综合指导科、人事教育科。

审计成果　完成审计项目46个，审计单位83个，查出违纪违规行为金额36710万元，应缴财政297万元，已交297万元，归还原渠道资金20万元，指明要求纠正36250万元。其中完成区委组织部、区政府委托的经济责任审计项目23个。提交审计报告46份，审计意见书29份，被市、区采用审计信息62篇，被区领导批示5篇。“审计机关如何为区域经济发展服务”和“国有土地出让金收缴使用情况审计调查”分别获得市局论文研讨一等奖和工作研究奖。区内审协会秘书处两人，内协理事单位52个。（撰稿人：王建通）

【北京市顺义区审计局】　2002年，共有干部职工34人，其中研究生学历1人，大专学历12人，局长勘银宗，副局长王超、绳桂华。设有办公室、综合业务科、财政金融审计科、行政事业审计科、企业审计科、基建审计科、经济责任审计科、内部审计指导所（局属事业单位）。

审计成果　共审计36个单位（其中署、市项目8个），延伸审计56个单位；开展审计调查项目4个，调查了14个单位；完成区政府临时交办事项17个。查出违规行为金额321万元，应缴财政321万元，应纠正13330.6万元，归还原渠道资金1464万元，已交财政1187万元（含去年欠缴866万元）。提交审计报告36份，编写信息和情况反映等46篇，审计调研报告13份（上报市局7份），统计分析5篇。上报信息被市局《审计通讯》采用16篇，被《顺义区情》等采用8篇。（撰稿人：李宝常）

【北京市昌平区审计局】　2002年，共有干部职工41人，其中本科学历19人，大专学历17人，局长田文岚（4月11日逝世），副局长郭自成、张爱平、刘会春、王立军。设有办公室、综合科、财政金融审计科、农林行政文教审计科、企业审计科、基建审计科、经济责任审计科。

审计成果　完成审计项目47个，审计单位60个，查出各类违规行为金额2896万元，上缴财政810万元。对6个国有企业资产损失进行了审计认定，对企业申报的1332万元应收账款等不良资产进行了确认核销，核减核销125万元。完成区委、区政府布置的临时工作，配合纪检、检察院等部门开展专项检查、查证工作11个。提交各类信息84篇，被有关部门采用54篇，区领导批示3篇，优秀信息5篇。

内部审计共对179个单位进行了审计，查出违规行为金额1198余万元。（撰稿人：吕长静）

【北京市大兴区审计局】　2002年，共有干部职工38人，其中研究生学历4人，本科学历11人，大专学历18人，局长石连瑛，副局长戴天太、张帆。设有办公室、人教科、财政金融审计科、行政事业审计科、企业经济审计科、经济责任审计科、审计综合科和内部审计指导所。

审计成果　完成审计及调查项目17个、延伸审计单位238个；另外，受区委组织部委托，对12个单位的21名党政、企业的主要领导干部和领导人员进行了任期经济责任审计。共查出违规行为金额4592.57万元，其中应缴财政4374.01万元，已交财政4371.15万元，归还原渠道资金219万元，指明要求纠正25840.52万元。提交审计结果报告24份，审计意见书11份，向区委、区政府提交审计信息58篇，被采用12篇，被区领导批示两篇。关于大兴区2001年农业开发资金的审计和关于大兴区地方税务局2001年税收

征管情况的审计被评为全市优秀审计项目。（撰稿人：王亚男）

【北京市怀柔区审计局】 2002年，共有干部职工46人，其中本科学历13人，大专学历23人，局长高志刚，副局长刘其田、孔祥会。设有办公室、监察科、财政金融审计科、工交审计科、农林审计科、商粮贸审计科、行政事业审计科、综合审计科、内审业务指导所和经济责任审计事务所。

审计成果 完成审计项目20个、审计单位156个，党政领导交办经济责任审计项目28个，查出违纪违规行为金额24087万元，其中指明要求纠正23718万元，应缴财政369万元，已交财政369万元。（撰稿人：于江明）

【北京市平谷区审计局】 2002年，共有干部职工51人，其中本科学历10人，大专学历27人，局长陈江，副局长王炬、张春平、秦东英，纪检组长李素东。设有办公室、人事教育科、财政金融审计科、行政事业审计科、企业审计科、经济责任审计科和审计中心。

审计成果 共完成审计项目51个，是年计划的150%，查出违规行为金额557万元，应缴财政156万元，已交财政147万元，罚款5000元，指明要求纠正3404万元。开展了预算执行审计，共审计调查99个单位，审计总额122616万元，纠正了滞留预算收入、财政总账与决算报表不符、个别企业申报纳税不及时、国库支库及所属经收处受理的缴款书填写不够规范等问题；开展乡局级领导干部经济责任审计37个，查出违规行为金额384万元。纠正了被审计单位损益不实、固定资产不入账、账目设置不规范等问题。（撰稿人：王海顺）

【延庆县审计局】 现有干部职工65人，设有办公室、企业审计科、行政事业审计科、财政金融审计科、经济责任审计科、基建审计科、信息中心、培训中心、内审指导中心，负责对全县15个乡镇和61个县直部门的审计监督。局长张景军，副局长张广相、王如山、宗建华。

审计成果 完成审计（调查）项目37个，涉及被审计（调查）单位209个，查出违规行为金额3561万元，核减工程造价58万元；应缴财政3470万元，已交3470万元，应归还原渠道资金33万元；提交审计（调查）报告22份；向县委、县政府和市审计局提交审计信息、宣传稿件等101篇，被采用44篇、被县政府领导批示4篇。（撰稿人：刘宝生）

【密云县审计局】 现有在职干部职工39人，设有办公室、人事教育科、经济责任审计科、财政金融审计科、行政事业审计科、农业与资源环保审计科、经贸审计科、固定资产投资审计科，负责对全县18个乡镇和59个县直部门的审计监督。局长李洪友，副局长朱全多、从希民、于淮泉、杨学义。

审计成果 完成审计项目59个，审计单位331个，纠正违规行为金额3040万元，应缴财政227万元，已交52万元。完成审计调查3个，调查单位35个。提交审计信息45篇，专题调研报告3份。开展了对19个乡镇和57个县直部门的依法建账审计审核工作。对年初机构改革中调整的20名领导干部进行了经济责任审计。对19个乡镇的领导班子和领导干部进行了换届审计。有内审机构62个，内审人员221人。审计单位1268个，查出损失浪费35万元，提出建议被采纳62条，纠正违规行为金额222万元，向司法机关移送案件1起。（撰稿人：时兴芬）

天津市

【天津市审计局】 2002年，天津市审计局行政编制250人，行政机构事业编制90人，事业编制50人，现有人员317人。局机关设有工业交通审计处（工业交通审计分局）、商贸审计处（商贸审计分局）、行政事业审计处（行政事业审计分局）、财政审计处（财政审计分局）、金融审计处（金融审计分局）、固定资产投资审计处（固定资产投资审计分局）、外资运用审计处（外资运用审计分局）、社会保障审计处（社会保障审计分局）、农业与资源环保审计处（农业与资源环保审计分局）、经济责任审计处（经济责任审计分局）、办公室（行政财务处）、法制处、人事教育处（离退休干部管理处）；另设有派出的机关事务分局、计划发展分局、经济分局、建设分局、政法分局、滨海分局；内部设置机关党委办公室、政研室、监察室、计算机中心、内审协会和直属事业单位市审计科研培训中心。

领导成员

局　长：王志铭

副局长：王兴虎　杜西平

　　　　李延敬　张　维

纪检组长：张永革

天津市审计成果 全年审计单位974个，查出各类违规行为金额198亿元，依法处理违规行为金额49亿元，已交财政4亿元，移送违法犯罪案件线索4件。向上级审计机关和本级政府报送信息160篇，被批示、采用56篇，组织宣传稿件400篇，被采用164篇。10月，市审计局被中央精神文明建设指导委员会授予“全国精神文明建设工作先进单位”，被市政府授予2002年度“优秀市级行政机关”。

预算执行审计 市级预算执行及其他财政收支审计共涉及600个单位，审计预算资金及财政补贴47亿元，审计预算外资金、国债资金66亿元，查出各类违规行为金额67亿元。重点审计市财政部门、市地税系统、市级国库组织和实施预算情况，16个政府部门及其98家延伸单位执行预算情况，列入市级预算的5个财政专项补贴项目及部分大宗财政资金管理和使用情况，146个行政事业性收费项目和罚没收入落实“收支两条线”管理规定情况，98个项目执行单位利用和偿还政府外债情况，以及社会保障资金筹集和安排情况。主要发现国有资产收益未纳入预算管理、税收混库、少征税款及违规退库、资金体外循环、未严格执行“收支两条线”管理规定等问题。市人大常委会和市政府对市级预算执行审计工作给予高度评价，认为“报告一年比一年好”。审计回访结果表明，有关单位认真落实审计决定，制定整改措施68条，建立内部控制制度8项，预算执行审计发现的问题得到较好解决。区县审计机关根据本地情况开展预算执行审计，严格执行报告制度，普遍得到区县政府和人大常委会好评。10月，刘家义副审计长视察天津审计工作期间，听取预算执行审计情况汇报，认为天津市预算执行审计的体系和模式体现了政府综合财政审计的思想。

专项资金审计 对水利专项资金拨付、管理情况进行审计，将历年基建包干结余979万元上缴市财政。对社会保障资金进行审计，有关部门积极采纳审计建议，加大征缴力度。对地铁1号线工程进行开工前审计，对医科大学综合楼工程进行竣工决算审计，对124个重点建设项目进行跟踪审计调查，对6个基本建设单位进行资产负债损益审计，对粮、油、肉、公交、煤气、天然气等财政专项补贴进行审计。根据审计署统一安排，对政府采购进行专项审计和审计调查，针对管理机制和运作程序等方面存在的问题提出审计建议。组织区县审计局对街道和乡镇最低生活保障金进行审计。根据市政府委托，组织区县审计局对抗旱打井资金、外环线绿化资金管理、使用情况进行跟踪审计。为了加强市重点建设项目审计监督，市政府批转了市审计局制定的《天津市重点建设项目审计规定》。

国有企业审计 国有企业审计坚持以行业、系统资产负债损益真实性为基础，重点检查企业资产质量状况，对一轻、二轻系统及保税区天保控股总公司等进行审计和审计调查，主要发现企业重组改制不到位、国有资产授权不规范、资产运行质量不高、对外投资管理薄弱等问题。向主管部门披露企业资产质量状况和资产管理中存在的共性问题，提出重组、改制、加强监管的合理化建议。向各级政府反映有关经济政策和调控措施执行情况，促进市场机制逐步完善。区县审计机关对153个企业进行审计，查出违规行为金额15.3亿元。

经济责任审计 一是制定《区县长任期经济责任审计工作指导意见》、《企业集团领导人员任期经济责任审计工作指导意见》、《乡镇党政干部经济责任审计工作指导意见》和《街道系统领导干部任期经济责任审计工作指导意见》等操作规范。二是制定《经济责任审计方案审核办法》、《关于向委托部门反馈审计决定落实情况的办法》、《经济责任审计结果利用情况反馈办法》等规定，理顺工作程序，完善管理制度。三是改进审计方法，经济责任审计与财政财务收支审计相结合，任期审计与离任审计相结合，事后审计与事前规范相结合。受组织部门委托，市审计局对3名县以上党政领导干部和7个大型企业领导人开展任期经济责任审计试点工作，区县审计局对238名县以下党政领导干部和28名企业领导人进行任期经济责任审计，查出违规行为金额57亿元，确定负直接责任的2713万元，移送违法违纪案件线索4件。

金融审计 市审计局和12个区审计局对市商业银行系统进行全面审计，涉及总行、营业部、国际部及总行所属66个支行。根据审计署委托，市审计局组织7个区县审计局对市农发行系统进行审计，根据审计署授权，对4个世界银行贷款项目、1个国际组织援助项目以及两个亚洲开发银行贷款项目进行审计，对52个利用政府外债项目及其涉及的98个执行单位进行审计调查，出具对外报告、审计决定和审计意见书14份。市审计局对世界银行、亚洲开发银行贷款项目跟踪审计做法得到市政府高度评价，市政府主要领导同志在世行贷款城市发展项目综合审计报告上批示：“应予肯定和表扬”。在亚行贷款工业节能项目审计综合报告上批示：“指导思想正确，立足防范，立足帮助，使企业做大做强，这种指导思想应该推广”。

内部审计 全市设有内审机构1714个，内审人员4836人。完成各类审计项目8488个，其中财务收支审计3113个，经济效益审计1544个，经济责任审计1163个，基本建设项目审计820个，专项资金审计1335个，内控制度评审429个。查出违规行为金额8635万元，促进增收节支4467万元。提出审计意见、建议被采纳3806条。向司法机关移送案件6起，建议给予行政处分1人，向司法机关移送处理两人。召开了内部审计协会一届三次常务理事（扩大）会议和一届二次理事

(扩大)会议，会议通过内部审计协会5年工作规划，表彰58个先进集体和97名先进工作者。培训内审人员800余人次，组织689人参加国际注册内部审计师考试。开通内部审计协会网站。

审计基础工作　加强干部队伍素质建设。全年举办各类培训班17个，培训审计和各类人员1500余人次，审计机关工作人员岗位资格A级考试通过率达到83%。加强作风建设，坚决执行“八不准”审计纪律，制定《天津市审计局审计人员道德行为规范》和《天津市审计局关于反腐倡廉工作实施意见》等规定，杜绝了审计执法中违法违纪问题。狠抓精神文明建设，开展“助学助困”和“结对子”活动，被中央精神文明建设指导委员会授予“全国精神文明建设工作先进单位”，被天津市政府授予“优秀市级行政机关”。加大法制建设力度，贯彻落实审计准则，坚持复核关口前移，开展质量检查，落实普法规划，完善普法学习考核制度，实施《优秀审计项目评选办法》。加强信息化建设，大力推进电子政务建设进程，加大计算机硬件投入，市审计局和8个区县审计局建成局域网，实现人手一机，狠抓计算机应用软件开发和实用技术推广应用，积极引进先进适用软件，自行开发经济适用性审计软件，其中自行开发的“台账与报表处理系统”纳入审计署“金审工程”。(撰稿人：李刚、王志楠、罗平)

【天津市和平区审计局】　2002年，共有干部职工39人，其中研究生学历4人，本科学历22人，大专学历7人，局长姚宝元，副局长刘浩洋、刘婉洁、苏爱华。设有办公室、综合法制科、人事教育科、财政审计科、行政事业审计科、企业审计科、固定资产投资审计科、经济责任审计科、内部审计指导科。

审计成果　审计单位53个，查出违规行为金额14199万元。应缴财政5237万元，已交财政5152万元。提交审计报告30份、审计简报64篇，被批示、采用43篇。

经济责任审计　对11名党政领导干部和3名企业领导人员进行了任期经济责任审计，查出违规行为金额505万元，应缴财政32万元，已交财政32万元。

内部审计　共设有内审机构36个，其中专职机构9个；内审人员87人，其中专职人员21人。共审计单位223个，查出损失浪费252万元，纠正违规行为金额540万元，促进增收节支62万元。(撰稿人：张文花)

【天津市河东区审计局】　2002年，共有干部职工48人，其中本科学历17人，大专学历28人，局长袁维卿，副局长许建荣、张庆岩。设有办公室、人事教育科、法制科、经济责任审计科、企业审计科、财政审计科、行政事业审计科、固定资产投资审计科、内部审计指导科。

审计成果　审计单位57个，查出违规行为金额1682万元，应缴财政30万元，已交财政27万元。提交审计工作报告和信息、宣传稿件94篇，被批示、采用23篇。

经济责任审计　完成经济责任审计项目8个、9人，查出违规行为金额619万元，审计后平调7人，退休两人。

内部审计　内审机构60个，其中专职机构25个；内审人员214人，其中专职人员25人。共审计单位382个，查出损失浪费4万元，纠正违规行为金额957万元，促进增收节支27万元，提出审计建议156条，均被采纳。(撰稿人：于彦堂)

【天津市河西区审计局】　2002年，共有干部职工44人，局长冯大文，副局长王景义、刘庆荣、邸淑玲。设有办公室、人事教育科、法制科、经济责任审计科、内部审计指导科、企业审计科、财政金融审计科、行政事业审计科、固定资产投资审计科。

审计成果　审计单位127个，查出违规行为金额591万元，已交财政66万元。提交审计报告20份，提交信息145篇，被采用91篇。

预算执行审计　审计单位12个、部门4个，涉及资金量11.9亿元。

经济责任审计　对49名党政领导干部和4名企业领导人员进行经济责任审计。制定的《经济责任审计工作内部协调分工制度》和《经济责任审计执法过错责任追究制度》被中央五部委经济责任审计工作联席会议办公室收录在《经济责任审计工作管理制度选编》。

专项资金审计　开展最低生活保障资金收支和管理情况审计，及时向有关部门反映“低保”对象发展趋势情况，提出解决低保户鉴定难、动态管理难等问题的意见和建议。

内部审计　设有内审机构55个，其中专职机构27个；内审人员163人，其中专职人员45人，已形成由委办局、街道、集团公司构成的内审网络。内审协会有团体会员55个，个人会员66个。共审计单位713个，纠正违规行为金额219万元，查出损失浪费21万元，促进增收节支152万元，提出审计意见被采纳135条。内审机构撰写的两篇论文被《中国内部审计》刊载，其中天马集团撰写的“非国有企事业单位内部审计在企业发展中的地位和作用”在全国内部审计研讨会上获三等奖。(撰稿人：关跃忠)

【天津市南开区审计局】 2002年，共有干部职工49人，局长常新明，副局长赵家琪、郭福斌、王琪。设有办公室、人事教育科、法制科、经济责任审计科、内部审计指导科、财政金融审计科、行政事业审计科、固定资产投资审计科、企业审计科。

审计成果 审计单位182个，完成全年计划249%。审计资金50亿元，查出应纠正金额11亿元。提交审计信息、宣传稿件57篇，被批示、采用34篇。

财政审计 本级预算执行和其他财政收支审计单位22个。发现和纠正超预算级次拨款、预算资金借给非预算单位等问题。

经济责任审计 对18名党政领导干部和3名企业领导人员进行经济责任审计。

审计调查 共对预算外资金“收支两条线”管理情况、超市经营状况等5个项目进行了审计调查。

内部审计 制定内部审计5年发展规划，召开内部审计交流会，完成《内部审计情况调查》，制定《南开区内部审计先进单位百分考评标准》，组织3批70人次参加内部审计培训。（撰稿人：刘剑）

【天津市河北区审计局】 2002年，共有干部职工47人，其中研究生学历1人，本科学历7人，大专学历30人，局长杨法清，副局长张麟、刘瑞丁。设有办公室、人事教育科、法制科、内部审计指导科、经济责任审计科、财政审计科、工商企业审计科、行政事业审计科、基建审计科。

审计成果 审计单位56个，审计调查4个。查出违规行为金额1亿元，应纠正违规行为金额6963万元，应缴财政248万元，已交财政183万元。提交审计报告20份、信息和宣传稿件96篇，被采用66篇（次）。

预算执行审计 本级预算执行和其他财政收支情况审计6个单位，审查预算内、外资金70658万元，提出审计意见和建议30余条，审计结果得到区人大常委会充分肯定。

经济责任审计 对11名党政领导干部和1名企业领导人员进行了经济责任审计，查出违规行为金额1200余万元。

国有企业审计 审计单位18个，查出违规行为金额700多万元，提出审计意见和建议50余条。

审计调查 审计调查项目4个，提交审计调查报告4份。对报告所反映的问题，区领导责成有关部门和单位研究解决。

内部审计 设有专（兼）职内审机构178个，内审人员207人。共审计384个单位，查出损失浪费18万元，纠正违规行为金额3万元，提出审计建议并被采纳126条（撰稿人：李大庆）

【天津市红桥区审计局】 2002年，共有干部职工43人，其中本科学历11人，大专学历27人，局长马泽众，副局长蒋炳友、张树起、王蕊。设有办公室、人事科、法制科、财政审计科、行政事业审计科、企业审计科、基建金融审计科、经济责任审计科、内部审计指导科。

审计成果 完成审计项目7个，审计单位38个；审计调查项目3个，审计单位15个。查出违规行为金额20633万元，应缴财政688万元，已交财政97万元，归还原渠道资金28万元。查出百万元违规案件10起，向司法机关移送案件1起。提交审计报告17份，审计信息52篇，被采用44篇。

预算执行审计 完成对本级财政预算执行情况和11个一级预算单位以及部分二、三级预算单位审计，查出违规行为金额1781万元，应缴财政91万元，已交财政33万元，归还原渠道资金28万元。发现截留专项资金、账外“小金库”、乱收费及低保资金管理不规范等问题。

行政事业单位审计 全年共对8个行政事业单位实施财务收支审计，查出违规行为金额1363万元，应缴财政44万元，已交财政43万元。

经济责任审计 对7名党政领导干部和4名企业领导人员进行离任经济责任审计。建立了区经济责任审计联席会议制度。

企业审计 审计单位15个，查出违规行为金额17472万元，纠正财务核算不规范问题4762万元。查出百万元违规案件4起，提出审计建议33条。

金融审计 对5个商业银行所属支行进行审计，揭露了金融机构资产不实、违规经营、信贷资金质量不高等问题，提出加强金融监管等方面审计建议。

内部审计 完成内部审计项目388个，纠正违规行为金额117万元，提出建议91条，均被采纳。（撰稿人：王凤英）

【天津市塘沽区审计局】 2002年，共有干部职工35人，其中本科学历14人，大专学历12人，局长沈大方，副局长叶文智、孙德红。设有办公室、综合科、法制科、工业审计科、商业审计科、行政事业审计科、固定资产投资审计科、财政金融审计科、经济责任审计科。

审计成果 完成审计项目15个，审计单位66个。其中署、市定审计项目8个，审计单位21个；自定审计项目7个，审计单位45个。查出违规行为金额4.4亿元，其中指明要求纠正3.2亿元，应缴财政216万元，已交财政474万元（含以前年度）。

完成上级交办任务 完成署、市定本级预算执行情况、教育经费、中国农业发展银行等审计项目8个，审计单位21个。查出违规行为金额

13191万元，其中指明要求纠正12706万元。完成区委、区政府交办审计项目7个，审计单位45个。其中领导干部任期经济责任审计36个，其他审计3个，审计调查3个，竣工决算审计3个。建设工程决算审计核减工程结算569万元。

经济责任审计　对31名党政领导干部和5名企业领导人员进行经济责任审计。查出违规行为金额3.1亿元，其中指明要求纠正1.9亿元。

内部审计　共完成审计项目1739个。其中财务收支审计383个、经济效益审计56个、经济责任审计111个、基本建设审计309个、专项审计24个、合同审计656份、其他类型审计200个。查出损失浪费2415万元，促进增收节支834万元，提出审计意见、建议并被采纳335条。

大案要案　在对36名党政机关处级领导干部经济责任审计中，发现私设"小金库"3个，涉及金额278万元，挪用财政专款188万元。（撰稿人：李先壮）

【天津市汉沽区审计局】　2002年，共有干部职工37人，其中本科学历16人，大专学历13人，局长曹俊杰，副局长杨宗第、张建东。设有办公室、综合科、法规科、内部审计指导科、行政事业审计科、财政金融审计科、企业审计科、基本建设审计科、经济责任审计科。

审计成果　完成审计项目17个，审计单位69个。其中署、市定项目5个，审计单位11个，自定项目12个，审计单位58个。查出违规行为金额1055万元，其中指明要求纠正662万元。查出百万元以上违规单位两个，应缴财政4万元，已交财政4万元。提交审计报告40份、综合报告3份、分析报告1份，下达审计决定两份，出具审计意见书69份。提交审计信息94篇，被采用48篇。

经济责任审计　对21名党政领导干部和1名企业领导人员进行经济责任审计。指明要求纠正461万元。

内部审计　完成审计项目41个，其中财务收支审计11个、经济效益审计19个、经济责任审计7个、基本建设审计3个、专项资金审计1个。共查出损失浪费75万元，促进增收节支160万元，提出审计意见、建议被采纳86条。（撰稿人：张金友）

【天津市大港区审计局】　2002年，共有干部职工45人，其中研究生学历两人，本科学历22人，大专学历9人，局长刘华建，副局长李钟兰、丁连军、王秀文。设有办公室、法制科、行政事业审计科、财政金融审计科、固定资产投资审计科、工业企业审计科、商贸企业审计科、经济责任审计科、农业与环保审计科。

审计成果　完成审计项目12个，审计单位59个，查出违规行为金额17613万元，应缴财政114万元，已交财政114万元。提交审计报告59份、审计意见59份，提交审计信息70篇，被采用43篇，其中被上级审计机关采用20篇、市政府采用1篇、《中国审计报》采用1篇、区委区政府及其他媒体采用21篇。

经济责任审计　对20名党政领导干部进行经济责任审计，查出违规行为金额1543万元，其中决定处理处罚86万元，指明要求纠正1457万元。

内部审计　制定《2001～2005年内部审计工作五年规划》，完成《关于我区内部审计工作的现状与思考》和《大港区乡镇审计工作的发展状况及今后工作设想》调研报告两篇，组织32名内审人员参加经济责任审计、无形资产审计和企业会计准则等学习培训班。（撰稿人：陈学军）

【天津市东丽区审计局】　2002年，共有干部职工30人，其中本科学历7人，大专学历22人，局长郑福发，副局长杨全利、林跃中。设有办公室、法规科、财政事业审计科、商贸审计科、经济责任内部审计科。

审计成果　审计单位71个，查出违规行为金额52697万元，提交审计报告11份、信息和简报50篇，被采用20篇。

内部审计　设有内审机构47个，其中专职机构1个；内审人员52人，其中专职人员两人。共审计单位20个，纠正违规行为金额54万元，促进增收节支37万元。（撰稿人：王平起）

【天津市西青区审计局】　2002年，共有干部职工25人，其中本科学历13人，大专学历9人，局长王志刚（10月—）、房学明（—10月），副局长张建。设有办公室、法制科、行政事业审计科、财政金融审计科、经济责任审计科、固定资产投资审计科、内部审计指导科。

审计成果　审计单位28个，查出违纪违规行为金额8352万元，应缴财政9万元，已交财政9万元。提交审计报告18份、信息60篇，被采用63篇（次）。10月31日，刘家义副审计长到本局进行视察，对审计工作给予充分肯定和高度评价。

完成交办和委托项目　完成区委、区政府交办审计项目4个，审计单位8个，完成有关单位委托审计项目4个，审计单位11个。

经济责任审计　对5名党政领导干部进行经济责任审计，审计后平调5人。

内部审计　设有内审机构109个，其中专职机构40个；内审人员221人，其中专职人员31人。共审计单位404个，查出损失浪费129万元，纠正违规行为金额59万元，促

进增收节支188万元。（撰稿人：董洪军）

【天津市津南区审计局】 2002年，共有干部职工27人，局长张永光，副局长陆遂、魏瑞荣，纪检组长陆遂。设有法规科、财政金融审计科、工商基建审计科、经济责任审计科、行政事业审计科、办公室。

审计成果 完成审计项目11个，审计单位28个；审计调查1个。查出违规行为金额1323万元，应缴财政338万元，已交财政104万元，提交审计报告、信息31篇。

经济责任审计 完成6名党政领导干部离任经济责任审计，查出违规行为金额191万元。

内部审计 设有内审机构50个，配备内审人员204人。（撰稿人：王希年）

【天津市北辰区审计局】 2002年，共有干部职工27人，其中本科学历14人，大专学历7人，局长刘志光，副局长刘承芳、祁惠红。设有办公室、法制综合科、经济责任审计科、固定资产投资审计科、工商企业审计科、财政审计科、行政事业审计科、内部审计管理指导科。

审计成果 完成审计项目12个，审计单位53个，延伸基层单位121个，查出违纪违规行为金额6890万元，应缴财政219万元，已交财政104万元。此外，完成上级审计机关及区委、区政府临时交办审计事项10个，信访案件1件。提交审计报告51份，审计信息55篇，被采用29篇（次），提交宣传稿件8篇，被采用1篇。

完成自定项目 对4个自定审计项目42个单位进行审计及审计调查，查出违纪违规行为金额1101万元，应缴财政116万元。

经济责任审计 完成25名党政领导干部和两名企业领导人员的任期经济责任审计，查出违纪违规行为金额4690万元，应缴财政33万元。

完成上级交办任务 完成上级审计机关交办的审计项目4个，审计单位12个。查出违纪违规行为金额1032万元，应缴财政70万元。完成区委、区政府交办事项8个，查出违纪违规行为金额67万元。

内部审计 共完成审计项目4个，审计单位396个，查出违纪违规行为金额625万元，损失浪费1158万元，促进增收节支379万元，审计意见和建议被采纳436条。（撰稿人：贾学颖）

【天津市武清区审计局】 2002年，共有干部职工34人，局长丁玉山，副局长周春旺、朱广臣、王全跃。设有办公室、综合法制科、财政金融审计科、行政事业审计科、固定资产投资审计科、企业审计科、经济责任审计科。

审计成果 完成审计项目8个，审计单位48个，查出违规行为金额1710万元，应缴财政645万元，已交财政637万元。提交审计报告40份、审计信息42篇，被区委、区政府和上级审计机关采用21篇。另外，受区委组织部委托，对19名党政领导干部进行任期经济责任审计。（撰稿人：谢万俊）

【天津市宝坻区审计局】 2002年，共有干部职工32人，其中本科学历12人，大专学历12人，局长王玉兰（8月—）、高宗祥（—8月），副局长吴春华、陈德民。设有办公室、法制综合科、财政金融审计科、行政事业审计科、企业审计科、经济责任审计科、基本建设审计科。

审计成果 审计单位36个，查出违规行为金额3275万元，应缴财政255万元，已交财政119万元，查出百万元以上违规单位5个。提交审计报告、审计信息和宣传稿件53篇，被批示、采用23篇。

经济责任审计 对8名党政领导干部和4名企业领导人员进行了经济责任审计，查出违规行为金额3168万元，查出个人存在经济问题4人，移送检察机关两人。

内部审计 内审机构32个，其中专职机构9个；内审人员63人，其中专职人员35人。开展财务收支审计、经济责任审计、经济效益审计和专项审计调查共154个单位，查出并纠正违规行为金额240万元，提出审计建议52条，促进增收节支19万元。（撰稿人：焦希坤）

【天津市经济技术开发区审计局】 2002年，共有干部职工21人，其中本科学历13人，大专学历4人，局长邢宝钧，副局长刘同泽。设有办公室、审计一科、审计二科。

审计成果 共开展审计项目6个，审计单位19个。查出违规行为金额17亿元，应缴财政365万元，已交财政344万元。提出审计意见、建议64条，提交审计报告、分析报告、信息和论文90篇，被批示、采用28篇（次）。

完成上级交办任务 完成交办任务两个，即天津泰达足球俱乐部1999~2001年资产、负债情况审计；天津泰达国际酒店集团有限公司2001年度资产负债及损益情况审计。

经济责任审计 开展经济责任审计项目1个、1人，查出违规行为金额100万元。（撰稿人：李萌）

【蓟县审计局】 现有干部职工36人，设有办公室、财政金融基建审计科、行政事业审计科、工交企业审计科、商贸企业审计科、经济责任审计科，负责对全县26个乡镇和50个县直部门的审计监督。局长司永安，副局长黄长山、张士海。

审计成果 完成审计项目14

个，审计单位104个，查出违规行为金额486万元，应缴财政10万元，已交10万元。向上级审计机关提交审计报告3份、审计信息80篇，被采用28篇。设有内审机构120个，其中专职机构37个；内审人员346人，其中专职人员135人。共审计单位583个，查出损失浪费69万元，促进增收节支190万元。（撰稿人：刘建春）

【宁河县审计局】 现有干部职工39人，设有办公室、综合科、行政事业审计科、财政审计科、企业审计科、金融基建审计科、经济责任审计科，负责对全县14个乡镇和45个县直部门的审计监督。局长王永顺，副局长孙瑞云、高宝玺。

审计成果 审计单位59个，查出违规行为金额8143万元，其中指明要求纠正8006万元、调账处理44万元、应缴财政93万元，已交93万元。提交审计报告、信息25篇，被采用20篇。预算执行审计查出违规行为金额126万元，上交财政93万元。在企业审计中，查出少提、不提或不摊各种费用等潜亏问题7591万元，提出审计意见15条。对5个基本建设项目进行竣工决算审计，查出自筹资金不到位、固定资产不入账等问题1555万元，核减资金58万元。建立经济责任审计工作领导小组制度，成立经济责任审计科。完成专项审计调查24个，审计金额5456万元，提出审计建议5条。有内审机构45个，其中专职机构10个；内审人员302人，其中专职人员21人。共审计单位258个，纠正违规行为金额6万元，查出损失浪费2039万元。（撰稿人：马如红）

【静海县审计局】 现有干部职工35人，设有办公室、综合法制科、行政事业审计科、财政金融审计科、企业审计科、经济责任审计科、固定资产投资审计科，负责对全县18个乡镇和45个县直部门的审计监督。局长李宝芹，副局长杜恩升、孔繁明、刘庆鸿。

审计成果 审计单位80个，查出违规行为金额1958万元，应缴财政33万元，已交33万元，追还被侵占挪用资金192万元，促进增收节支225万元，提交审计报告和信息86篇，被批示、采用52篇。成立经济责任审计科，对25名党政领导干部进行了经济责任审计，查出违规行为金额509万元，追还被侵占挪用资金113万元。有内审协会会员单位77个，内审人员204人。审计单位984个，查出损失浪费210万元，纠正违规行为金额1241万元，促进增收节支634万元。（撰稿人：魏立军）

河北省

【河北省审计厅】 2002年，河北省审计厅定编130人，在编127人。厅机关下设办公室、法规处、人教处、机关党委、监察员办公室、财政审计处、金融审计处、行政事业审计处、投资审计处、农业审计处、外资审计处、经贸审计处、社保审计处、经济责任审计处、老干部处、审计学会、计算机中心、培训中心、杂志社、招待所，另外还设有经济执法、农林水、科教、文体卫、经贸交通、建设计划等派出审计处。

领导成员

厅　　长：张成起

副 厅 长：陈金如　赵文雪

　　　　　吴兵冲　李树淼

纪检组长：肖孟君

河北省审计成果 全省审计机关对7821个单位进行了审计，完成全年计划数的116%，查出各种违规行为金额888939万元，其中应缴财政117723万元，已交86277万元；应核减财政拨款3851万元；应归还原渠道资金39188万元。通过审计，向纪检监察机关移送待处事项20件，向司法机关移送案件14起，建议给予行政处分10人，建议纠正地方部门不当规定237条；提交审计调查报告257份，其中被各级党政领导和上级审计机关批示、采纳64份，促进地方部门制定完善规章95条。

财政审计得到强化 一是进一步拓宽审计领域，加大审计力度。各级审计机关在财政审计工作中一方面扩大了审计覆盖面，对多年来未审计过的单位和行业加大了审计监督力度。另一方面，在审计重点和审计内容上重点突出“两大两重”，即突出对预算资金使用多的大户和收费大户、重点项目和重点资金的审计监督，并进一步加大了延伸审计的工作力度。

二是全面提升审计工作质量，促进审计成果综合利用。2002年在全省印发施行了《河北省本级预算执行审计工作程序实施细则》，同时结合创建“审计项目精品工程”活动制定并执行了新的《预算执行审计报告评分标准》，2002年，全省审计机关共完成635个财政决算审计项目，查出各种违规行为金额117046万元；对全省1414个预算执行单位进行了审计，查出各种违规行为金额237991万元。省厅上报的“关于2001年全省预算执行及其他财政收支审计情况的综合报告”引起了省政府领导的高度重视，主管领导做了重要批示。与此同时，各级审计机关均严格执行《审计法》有关规定，代各级政府向同级人大常委会提交了审计机关对预算执行和其他财政收支的审计工作报告。

提高行业审计质量 2002年全省行业审计工作主要强化了四个方面的工作：一是实施“五统一”，强化责任意识；二是开展创建审计项目精品活动，增强审计质量意识；三是注重发现大案要案线索；四是利用计算机审计技术开展工作，提高工作效率。

全省烟草行业授权审计中，共完成对151个烟草商业企业和3个烟草工业企业的审计工作，共查出烟草商业企业违规跨区销售卷烟、超发工资、少缴国家税款和专项资金以及违反烟草专卖政策等违规行为金额66202万元，审计机关罚缴财政近1053万元，责成被审计单位补交国家各项税金1045万元。在发现大案要案线索方面，唐山市审计局对某公司对外投资延伸审计中，查出该公司10年间形成账外资金3044万元、偷税1004万元、违规核销国有资产1000万元的特大违规违纪案件，并将主要责任人移送地方检察机关。石家庄市、承德市审计机关也分别对审计中发现的涉嫌违法经济犯罪案件向当地检察机关进行了移交。

根据审计署统一安排，组织全省审计机关统一开展了对中国农业发展银行河北省分行系统2001年度资产负债损益情况的审计。通过对全省164个农业发展银行分支机构的审计及对1029个粮棉油购销企业的延伸审计，共查出违纪违规行为金额3.27亿元。审计后，省审计厅专门向省政府提交了1份《关于在农发行审计中发现粮棉油购销企业存在问题的报告》，引起省领导的高度重视。郭庚茂副省长、才利民副省长分别在报告上做了重要批示。省审计厅在向审计署上报审计结果报告的同时还提交了1份综合分析建议报告，从指标考核、内控制度、粮食流通体制改革等方面提出5条改进建议。

6~10月，根据审计署授权，全省统一组织开展了对气象行业2001年度财务收支审计工作。严肃查处了被审计单位截留专项事业费、欠交各种税金、出借银行账号、坐支现金、转移专款、账外资金等问题。省气象局对此次审计结果和建议十分重视，专门召开会议对存在问题加以整改；同时采取以会代训的方式，对全省气象行业主管财务的领导及财务人员进行了财务知识与法律知识的培训，对加强行业财务的规范化管理起到了积极促进作用。

专项资金审计效果显著 一是围绕促进国家积极财政政策和投资拉动政策的顺利实施，全省各级审计机关积极开展了对农业综合开发、土地资源、生态建设、污染治理、扶贫等专项资金的审计，审计单位63个，查出违规行为金额4234万元。

二是围绕中央关于减轻农民负担文件精神的贯彻落实，继续抓好农村电网建设与改造项目的跟踪审计工作。一方面通过跟踪监督上一年审计意见和决定的落实情况，确保被审计单位整改工作落到实处；另一方面通过严格执法，对2002年查出的11322万元的违规行为金额，依法进行严格查处，督促有关企业、村委会清退向农民多收取的各项费用，切实维护农民的利益，减轻农民负担。

三是围绕科教兴冀战略的实施，广泛开展基础教育经费审计和审计调查工作。按照省政府对“普九”教育经费的审计和审计调查三年完成的要求，2002年是最后一年。三年中，全省各级审计机关共审计单位4456个，查出违规行为金额62320.83万元，其中清理纠正违规收费102项（次），金额8602.76万元，归还原渠道资金10629万元。审计中就发现的地方财政保障能力脆弱、拖欠教师工资、教育欠债、挤占挪用教育经费及乱收费等制约全省教育事业发展的问题，专题向省政府提交了报告。结合教育经费的专项审计，全省还统一组织开展了对中小学经费的审计调查。共完成对75个县（市、区）财政税务教育部门和1424所中小学经费情况的审计调查，审计综合报告上报省政府后，省领导立即批示将报告转交财政厅、教育厅，要求就审计查出的问题及提出的改进建议制定措施，加以整改。

四是促进建立健全社会保障体系，维护社会稳定，大力开展社保资金审计。组织全省审计机关分别对省、市级财政部门、社保经办机构、部分税务代征部门2001年度企业职工基本养老保险基金的征缴、管理和使用情况进行了审计，并对9个中央行业和550个企业职工基本养老保险费缴纳情况进行了延伸审计，查出违规行为金额82563.35万元。审计处理后，直接增加财政性社保资金收入16054.12万元。

五是依法开展外资运用审计，促进提高外资利用水平，防范外债风险。省厅完成审计项目13个，查出违规行为金额27095万元。向世界银行、亚洲开发银行和国际金融组合出具中英文（对外）报告7份。此外，去年全省还统一组织实施了政府外债审计调查工作，基本摸清了全省外债资金的管理情况。

经济责任审计新进展 据统计，全年全省共审计党政领导干部和国有及国有控股企业领导人2762人，其中，党政领导干部2676人，企业领导干部86人，查出违规行为金额139389万元。在审计对象中，有105名干部晋升，284人免职，12人降职，1人撤职，移送纪检监察机关11人，移送司法机关9人。

创建“审计项目精品工程” 全省审计系统继续开展了创建“审计项目精品工程”活动。为此，上半年省厅专门制定下发了《河北省审计厅关于2002年审计项目质量检查实施方案》，提出了“打好一个基础、实现两个突破、解决三个难点、评好五个系列”的创建活动的主要目标和任务。为配合此项工作的开展，省厅把组织巡回展示上年度精品审计项目作为一项重要的工作内容，并先后安排到10市、68个县进行了巡展，学习人员达1800人次。此外，省厅还先后在唐山、秦皇岛、张家口、衡水、沧州、保定、石家庄等市、县组织审计规范培训10期，参训人员达800多人。

2002年，全省共有82个项目参加5个系列、7个类别的评比，其中28个项目分获一、二、三等奖，占参评项目的34.15%。从评比结果看，参评项目的整体质量水平较2001年有了显著提高。

全面加强“人、法、技”建设 一是以机构改革为契机，大力加强审计机关的自身建设。机构改革后全省审计人员总数较改革前客观上虽略有减少，但在一些市、县审计机关却是新增了机构和人员编制。为适应新情况、新变化，优化了内部结构，并采取竞争上岗等方式，选拔年轻化、专业化的优秀干部担任科室领导职务或充实局领导班子，进一步增强领导集体的活力，提高了领导班子的战斗力。

二是贯彻省委、省政府关于2002年全省在执法机关、经济管理和社会服务等50个行业和单位开展“树立行业新风、优化发展环境”民主评议行风活动的部署，加强行风建设和廉政建设，切实转变工作作风，塑造了审计机关公正执法的良好社会形象。

三是开展“双基”即“抓基层、打基础”活动，为审计事业发展夯实基础。

四是大力加强审计信息化建设。省厅组织完成了省、市审计机关帧中继工程和省厅宽带网改造工程。其中帧中继工程的完成，实现了省厅与各市审计局之间的网络高速互连，为建设覆盖全省审计机关的计算机网络系统提供了有力的硬件支持。在软件开发工作中，省厅继续完善了办公自动化系统，修改完善了审计项目管理平台，开发完成了河北省审计机关法规库查询系统，与北京通审软件公司共同开发“通审软件”的工作仍在进行之中。到2002年底，通过引进并在全省免费推广使用的软件有100多套，有力地推动了全省计算机审计工作的开展。（撰稿人：付俊生）

【石家庄市审计局】 2002年，共有干部职工103人，其中本科以上学历52人，局长杨英波，副局长曹书辰、胡荡舟、张家亮、许建军、李士宗，纪检组长李国辉。设有办公室、人事处、综合处、财政审计处、金融审计处、行政事业审计处、农业审计处、经贸审计处、外资审计处、社会保障资金审计处、固定资产投资审计处、法制处、机关党委、纪检室；另设审计干部培训中心、审计信息中心、经济责任审计办公室和驻市经济贸易委员会、商业贸易委员会、建设委员会3个副县级特派办。

审计成果 全市共对955个单位进行了审计，查出违规行为金额20.62亿元，应缴财政2.52亿元，已交1.7亿元，罚没7603万元，归还原渠道资金8019万元；调账处理1.57亿元。向纪检、监察和司法机关移送案件9起，查出百万元以上违规单位85个；提交的审计报告和信息被各级领导和上级机关批示、采用93篇。在省审计厅组织的“审计精品项目”评比中，市本局推荐的7个项目，有6个项目获奖，获奖数量全省第一，占全省获奖总数的1/4。

为加快全市审计信息化建设的步伐，在全省率先实施了“金审工程”，同时加大应用计算机辅助审计，在财政、社保资金、经济责任、烟草等行业审计中，均取得较好成绩。市审计局的一系列做法在全省审计工作会议上进行了汇报演示，与会代表还进行了参观考察。由于2002年审计工作富有成效，颇具特色，省委常委、市委书记和省长助理、石家庄市长对审计工作分别做了批示，给予充分肯定。（撰稿人：贾栓良、周雨秀）

【石家庄市长安区审计局】 现有干部职工13人，设有办公室、行政事业审计科、经济责任审计科和基建审计科，负责对全区3个乡镇和42个区直部门的审计监督。局长王振清（—7月）、刘玉欣（7月—），副局长冯凤（7月—）。

审计成果 完成财政预算执行审计、经济责任审计等46个审计项目，查出各种违纪违规行为金额1500万元。配合区纪委查处案件两起，移送1起。决定处理处罚19.875150万元，全部上交财政。（撰稿人：冯晓黎）

【石家庄市桥东区审计局】 现有干部职工10人，设有办公室、行政事业审计科、商贸基建审计科，负责对全区1个乡镇和50个区直部门的审计监督。局长孙树芳（7月—），副局长安志勇（7月—）、赵利军。

审计成果 审计45个单位，查出违纪违规行为金额188万元，其中应缴财政24万元，已交17万元，罚没1万元。（撰稿人：刘瑞彬）

【石家庄市桥西区审计局】 现有干部职工10人，设有办公室、行政事业审计科、企业审计科和基建审计中心，负责对全区12个乡镇、街道和41个区直部门的审计监督。局长董保贤，副局长张淑芬、孙文华。

审计成果 完成审计单位77个，审计调查两个。查出各类违规行为金额1920万元，损失浪费1473

万元，不良资产231.56元，审计后，调账处理34万元，应缴财政40.93万元，追缴税款入库52.57万元。审计基建决算资金4817万元，审减1437.17万元。提交审计报告、信息24篇，被上级审计机关、新闻媒体采用21篇。（撰稿人：王旭涛）

【石家庄市新华区审计局】 现有干部职工11人，设有企业审计科、行政事业审计科、经济责任审计科和办公室，负责对全区4个乡镇、11个街道和52个区直部门的审计监督。局长韩雨平，副局长岳喜起、白淑芳。

审计成果 完成审计和审计调查项目44个，对29个经济责任人进行了审计，涉及单位30多个。查出违规行为金额4800多万元，应缴财政10万元。提出意见和建议120多条，帮助健全和完善财务管理规章制度50多项。向纪检监察机关移交并协助查处案件3起，参与平息信访事件两起，向司法机关移交案件1起。提交审计结果报告21份，被上级机关和新闻媒体采用信息10篇。（撰稿人：韩雨平）

【石家庄市裕华区审计局】 现有干部职工13人，设有办公室、行政事业审计科和综合审计科，负责对全区9个乡镇、街道和40个区直部门的审计监督。局长李兰萍，副局长王志学、李翠玲，纪检组长陆建业。

审计成果 完成对42个单位的审计，查出违纪违规行为金额2238万元，决定处理处罚、指明要求纠正1893万元，移送纪检监察部门案件线索1件，已交财政46万元，归还原渠道资金160万元。提交审计报告、信息两篇，被批示、采用两篇。协助区纪检等部门办案4起。（撰稿人：袁敏）

【石家庄市审计局高新技术产业开发区分局】 现有干部职工10人，设有办公室、审计一处、二处，负责对全区30个行政事业单位、国有企业的审计监督。局长许建军，副局长刘建新、赵培森、陈连春（12月—）。

审计成果 完成审计项目16个。查出违规行为金额426万元，决定处理处罚18.4万元，增加财政收入129万元，完成区政府交办的事项两个，完成党政领导干部经济责任审计项目1个，向市审计局提交审计信息4篇，其中1篇被省厅转载。（撰稿人：朱宁）

【辛集市审计局】 现有干部职工28人，设有办公室、行政事业审计科、财金审计科、基建审计科、农业与资源环保审计科、经贸审计科，负责对全市15个乡镇和75个市直部门的审计监督。局长杨辰卯，副局长李绍亭、周建领、李铁山、冯育民，纪检组长冀铁钺。

审计成果 完成审计项目38个，领导交办审计事项12个，审计资金总额18.2亿元，查出违规行为金额4250万元，增加财政收入243万元，提出合理化建议120余条，促进提高经济效益100多万元。提交专题审计报告、信息35篇。1月8日被人事部、审计署联合授予“全国审计机关先进集体”荣誉称号。（撰稿人：陈玉茂）

【藁城市审计局】 现有干部职工32人，设有办公室、经贸审计科、行政事业审计科、财税审计科、投资审计科、经济责任审计科和法制科，负责对全市15个乡镇和57个市直部门的审计监督。局长范中印（5月—）、甘文生（—5月），副局长褚双群、曾文彩、王振山、李俊芬（—5月）。

审计成果 对60个单位进行了审计，查出违规行为金额293万元，管理不规范2527万元，损失浪费118万元，决定处理处罚290万元，已交财政53万元。提交审计报告、信息20篇，被上级审计机关和市领导采用、批示8篇。中小学收费审计调查项目获省厅“审计精品项目”二等奖。还对17个单位、18名科（局）级领导干部和厂长（经理）任期经济责任进行了审计，查出违规行为金额346万元。审计后平调15人，免职3人。（撰稿人：李建敏）

【晋州市审计局】 现有干部职工19人，设有财税金融审计科、行政事业审计科、企业审计科和经济责任审计科，负责对全市10个乡镇和491个市直部门的审计监督。局长王丙强，副局长彭树茂、安中权。

审计成果 完成审计项目或单位66个，共查出违纪行为金额2391万元，收缴财政6万元。（撰稿人：陈彦朝）

【新乐市审计局】 现有干部职工22人，设有办公室、行政事业审计科、工商企业审计科及基建审计中心，负责对全市12个乡镇、街道和69个市直部门的审计监督。局长张保立，副局长田香辰、张春生。

审计成果 完成审计项目34个，审计单位46个，查出违纪违规行为金额1334万元，为市财政增加收入160多万元。向纪检部门移送案件1起。完成上级审计机关授权的审计项目4个。另外，完成经济责任审计项目13个、13人，查出违规行为金额638万元。（撰稿人：丁娜、郭娜）

【鹿泉市审计局】 现有干部职工13人，设有办公室、行政事业审计科、农财金融审计科、市直企业审计科、基建审计科，负责对全市13个乡镇和284个市直部门的审计监督。局长杜英才（5月—）、李景琦（—5月），副局长谷全红、韩丽芬。

审计成果　完成42个审计项目，查出违规行为金额1218万元，决定处理处罚51.3万元，为被审计单位核减建设资金148万元，提出合理化建议89条。还开展了对20个党政机关、乡镇领导干部的离任经济责任审计。（撰稿人：刘志民）

【井陉县审计局】　现有干部职工15人，设有办公室、行政事业审计股、财政金融审计股、基本建设审计股、经济贸易审计股，负责对全县17个乡镇和56个县直部门的审计监督。局长岳文田，副局长高德栋、梁永庭、王国兵。

审计成果　审计56个单位项目，查出违规行为金额1062万元，应缴财政12万元，归还原渠道资金470万元，决定处理处罚、指明要求纠正580万元。其中对24个单位的领导干部进行了经济责任审计，有18个单位主要领导干部平调工作，4个单位主要领导干部免职，两个单位主要领导干部换届继续任职。（撰稿人：贡建军）

【正定县审计局】　现有干部职工16人，设有办公室、综合财政审计科、固定资产投资审计科、法制科、经济责任审计科，负责对全县9个乡镇和60个县直部门的审计监督。局长葛桂生，副局长杨文芝（—6月）、王玉珠、杨淑华。

审计成果　完成审计项目48个，查出违规行为金额1346万元，指明要求纠正1736万元，决定处理处罚48.55万元，通过基建审计，减少财政支出296万元。此外，还完成了对12个单位、16名乡局级党政领导干部的离任经济责任审计。（撰稿人：赵五珍）

【栾城县审计局】　现有干部职工11人，设有办公室和业务股，负责对全县8个乡镇和45个县直部门的审计监督。局长赵群成，副局长刘淑英。

审计成果　完成审计项目23个，查出违规行为金额2728万元，决定处理处罚36万元，指明要求纠正两万元。完成县委、县政府交办事项3个。同时，还完成党政领导干部经济责任审计项目8个。提交审计报告23份，信息两篇。（撰稿人：陈旺）

【行唐县审计局】　现有干部职工14人，设有办公室、工交财贸审计科、行政事业审计科和财税金融审计科，负责对全县15个乡镇和75个县直部门的审计监督。局长封国生（5月—）、刘文旗（—5月），副局长毛荣社、赵建平（—5月）、卢文良（—5月）、王建奇（—5月）。

审计成果　完成审计项目24个，离任审计项目34个，政府交办的审计调查14个，共查出违纪违规行为金额1320万元。其中归还原渠道资金350万元，指明要求纠正780万元，决定处理处罚18万元，应缴财政18万元。提出建议15条。（撰稿人：赵三平）

【灵寿县审计局】　现有干部职工15人，设有办公室、行政事业审计科、工交商粮贸审计科、经济责任审计科，负责对全县15个乡镇和42个县直部门的审计监督。局长胡拴祥（—4月）、何风山（5月—），副局长田振书、宋国灵，纪检组长张勇。

审计成果　完成33个单位的审计项目，共查出违纪违规行为金额1400万元，增加财政收入19万元。完成34个单位、41名领导干部经济责任审计。（撰稿人：郎振杰）

【高邑县审计局】　现有干部职工13人，设有办公室、行政事业审计科、商贸财金审计科、工交审计科、经济责任审计科，负责对全县5个乡镇和41个县直部门的审计监督。局长张信民，副局长李国星、张占印，纪检组长赵聚朝。

审计成果　完成审计项目33个，查出各类违规行为金额369万元，决定处理处罚9万元，指明要求纠正360万元。提交审计报告33份，审计信息32篇。在对正定烟草公司2001年度资产负债损益情况的审计中，发现该单位会计张某为私吞公款虚增118.9万余元的应付款案件，及时将此案移交县检察院。该审计项目被省厅授予“审计精品项目”三等奖。（撰稿人：张新军）

【深泽县审计局】　现有干部职工14人，设有行政事业审计科、商贸审计科、工交审计科、经济责任审计科、基建所和办公室，负责对全县6个乡镇和67个县直部门的审计监督。局长刘会凯，副局长李彦国、陈福申。

审计成果　完成审计项目57个，查出违纪违规行为金额1158万元，其中决定处理处罚700万元，指明要求纠正458万元，实现上缴财政16.8万元。完成县政府交办的企业改制审计8个，党政领导干部离任审计23人、16个单位。与县检察院配合查出了县水利局挪用水利专项资金42万元的违纪问题。（撰稿人：刘会凯）

【赞皇县审计局】　现有干部职工20人，设有工交商贸审计科、财政金融基建审计科、行政事业审计科和办公室，负责对全县11个乡镇和79个县直部门的审计监督。局长陈志军，副局长吴庆新、李法军，纪检组长张万军。

审计成果　完成审计项目和单

位45个，审计资金总额2.83亿元，查出违纪违规行为金额1804.61万元，归还原渠道资金1038.14万元，督促被审计单位补缴税款40.04万元和已交财政专户142.73万元。向县纪检委、监察局移交案件1起。提出合理化建议56条，被采纳34条。提交审计报告、信息51篇，被县委、县政府和上级审计机关采用、批示28篇。举办各类培训班3期。（撰稿人：冯清国）

【无极县审计局】 现有干部职工16人，设有办公室、行政事业审计科、工交商贸审计科、经济责任审计科（事业编制）、基建财务审计中心（自收自支），负责对全县11个乡镇和87个县直部门的审计监督。局长侯贵军（—5月）、甄力军（5月—），副局长崔顺平（—5月）、周伟、戈斗生（—9月），纪检组长刘保新（9月—）。

审计成果 完成审计项目51个，查出违规违纪行为金额4026万元。（撰稿人：刘保新）

【平山县审计局】 现有干部职工22人，设有办公室、行政事业审计股、财政金融审计股、商贸基建审计股、工建交审计股、经济责任审计办公室，负责对全县23个乡镇和44个县直部门的审计监督。局长齐生锁，副局长封吉增、燕二拴、苏元海，纪检组长杨秋平。

审计成果 完成审计项目58个，查出各类违纪违规行为金额5246万元，为财政增加收入40多万元。提交审计报告、信息80篇，被上级党政机关、审计部门及新闻单位采用26篇。（撰稿人：祁艳霞）

【元氏县审计局】 现有干部职工16人，设有办公室、行政事业审计科、财经审计科、经济责任审计科，负责对全县15个乡镇和72个县直部门的审计监督。局长时献军（5月—）、谷月考（—5月），副局长曹春楼、张素月，纪检组长周捷敏（5月—）、张秀彦（—5月）。

审计成果 完成审计项目或单位63个，查出违规行为金额3519万元，应归还原渠道资金1031.20万元，增加财政收入18万元，减少财政补贴9.16万元，核减固定资产投资350万元。（撰稿人：许生祺）

【赵县审计局】 现有干部职工12人，设有办公室、行政事业审计科、财税基建审计科、金融经贸审计科，负责对全县16个乡镇和18个县直部门的审计监督。局长焦素芳（—5月）、柳俊科（5月—），副局长张献敏、康瑞生、李博。

审计成果 完成审计项目38个，审计单位52个，查出违纪违规行为金额2506万元，为县财政增加收入80多万元。完成上级审计机关授权的审计项目4个。完成经济责任审计18人，查出违规行为金额1689万元。（撰稿人：李月连）

【张家口市审计局】 2002年，共有干部职工70人，其中本科学历20人，大专学历32人，局长申兰旺，副局长李树田、王萍、于九玫、孙占山、宇清光，纪检组长郭玉莲。设有办公室、综合科、人事教育科、财税审计科、金融审计科、工交审计科、商贸审计科、固定资产投资审计科、行政事业审计科、农业资金审计科、老干部科。

审计成果 审计单位561个，查出违规行为金额57713万元，应交财政1530万元，已交1285万元。

预算执行审计 对30个市直部门，24个基层预算单位进行了审计。审计发现应缴未交预算收入2570万元等8大类、12个方面的问题。

重点建设项目审计 对境内投资9亿元的8条公路工程进行了审计，核减建设投资238万元，收缴漏税1435万元，查出挤占工程成本、乱提费用及乱发补贴等违规行为金额1253万元。

经济责任审计 对182个单位领导干部任期经济责任进行了审计，查出违规行为金额1356万元，其中应负直接责任129万元，应负领导责任1227万元，指明要求纠正1969万元。审计后，有136人平调，7人晋升，10人免职，1人撤职。（撰稿人：李登军）

【张家口市桥西区审计局】 现有干部职工14人，设有办公室、行政事业审计股、综合审计股、经济责任审计股，负责对全区两个乡镇和26个区直部门的审计监督。局长薛志平，副局长张淑萍、齐宏明。

审计成果 完成审计项目15个，审计单位16个，审计调查1个，查出违规行为金额181万元，应缴财政17万元，已交9万元。（撰稿人：薛志平）

【张家口市桥东区审计局】 现有干部职工9人，设有办公室、经贸审计股、行政事业审计股，负责对全区两个乡镇和26个区直部门的审计监督。局长胡俊连，副局长王春霞。

审计成果 完成审计项目18个，审计单位20个，审计调查1个。查出违规行为金额707万元，应缴财政10万元，已交10万元。（撰稿人：王丽华）

【张家口市宣化区审计局】 现有干部职工14人，设有办公室、企业审计股、行政事业审计股、财政金融审计股，负责对全区4个乡镇和28个区直部门的审计监督。局长于涛，副局长李国海、张春。

审计成果 完成审计项目20个，审计单位40个，审计调查1个，

查出违规行为金额624万元，应缴财政21万元，已交18万元。（撰稿人：刘福枝）

【张家口市下花园区审计局】 现有干部职工12人，设有办公室、企业审计股、行政事业审计股、经济责任审计股，负责对全区4个乡镇和26个区直部门的审计监督。局长郭强，副局长张丽青、刘志义。

审计成果 完成审计项目18个，审计单位22个，审计调查1个，查出违规行为金额373万元，应缴财政6万元，已交5万元。（撰稿人：郭强）

【宣化县审计局】 现有干部职工34人，设有办公室、企业审计股、行政事业审计股、经济责任审计股，负责对全县14个乡镇和32个县直部门的审计监督。局长夏友余，副局长闫枝、于全升、褚利群。

审计成果 完成审计项目16个，审计单位18个，审计调查1个，查出违规行为金额372万元，应缴财政38万元，已交36万元。（撰稿人：夏友余）

【张北县审计局】 现有干部职工16人，设有办公室、企业审计股、行政事业审计股、财政金融审计股、经济责任审计股，负责对全县17个乡镇和28个县直部门的审计监督。局长张凤鸣，副局长罗发满、张万虎、黄万富。

审计成果 完成审计项目20个，审计单位45个，审计调查1个，查出违规行为金额285万元，应缴财政16万元，已交15万元。（撰稿人：郑蓉）

【康保县审计局】 现有干部职工16人，设有办公室、财政金融审计股、经济责任审计股、企业审计股，负责对全县15个乡镇和25个县直部门的审计监督。局长闫占江，副局长袁飞、周进满。

审计成果 完成审计项目18个，审计单位32个，审计调查1个，查出违规行为金额109万元，应缴财政两万元，已交两万元。（撰稿人：任亮）

【沽源县审计局】 现有干部职工16人，设有办公室、企业审计股、行政事业审计股、经济责任审计股，负责对全县14个乡镇和27个县直部门的审计监督。局长唐智献，副局长赵振海、张成、张志海。

审计成果 完成审计项目17个，审计单位11个，审计调查1个，查出违规行为金额1160万元，应缴财政19万元，已交4万元。（撰稿人：王万斌）

【尚义县审计局】 现有干部职工17人，设有办公室、财政金融审计股、企业审计股、综合审计股，负责对全县14个乡镇和26个县直部门的审计监督。局长庞炳，副局长赵斌、李志军。

审计成果 完成审计项目20个，审计单位50个，审计调查两个，查出违规行为金额118万元，应缴财政17万元，已交9万元，归还原渠道资金14万元。（撰稿人：孙占军）

【蔚县审计局】 现有干部职工27人，设有办公室、企业审计股、经济责任审计股、财政金融审计股、经济责任审计股，负责对全县22个乡镇和32个县直部门的审计监督。局长黄大智，副局长孙占林、赵国玺、马忠清、马清、李建国。

审计成果 完成审计项目20个，审计单位35个，审计调查1个，查出违规行为金额166万元，应缴财政两万元，已交两万元。（撰稿人：汤龙）

【阳原县审计局】 现有干部职工18人，设有办公室、企业审计股、财政金融审计股、行政事业审计股，负责对全县14个乡镇和32个县直部门的审计监督。局长田政枢，副局长祁东风。

审计成果 完成审计项目20个，审计单位74个，审计调查1个，查出违规行为金额551万元，应缴财政36万元，已交6万元，归还原渠道资金132万元。（撰稿人：张成福）

【怀安县审计局】 现有干部职工17人，设有办公室、行政事业审计股、经济责任审计股、企业审计股，负责对全县11个乡镇和29个县直部门的审计监督。局长董志清，副局长郑成钧、张世海。

审计成果 完成审计项目18个，审计单位24个，审计调查1个，查出违规行为金额121万元，应缴财政两万元，已交两万元。（撰稿人：王彦丰）

【万全县审计局】 现有干部职工21人，设有办公室、财政金融审计股、行政事业审计股、企业审计股、基建审计股，负责对全县11个乡镇和32个县直部门的审计监督。局长石普选，副局长李桂兰、郭振英。

审计成果 完成审计项目22个，审计单位60个，审计调查1个，查出违规行为金额386万元，应缴财政9万元，已交4万元。（撰稿人：秦永莲）

【怀来县审计局】 现有干部职工22人，设有办公室、财政金融审计股、行政事业审计股、固定资产投资审计股、企业审计股、经济责任审计办公室，负责对全县17个乡镇和32个县直部门的审计监督。局长王建军，副局长步丰田、韩永清。

审计成果 完成审计项目20

个，审计单位23个，审计调查1个，查出违规行为金额881万元，应缴财政236万元，已交134万元。（撰稿人：郭存峰）

【涿鹿县审计局】 现有干部职工20人，设有办公室、企业审计股、行政事业审计股、财政金融审计股，负责对全县18个乡镇和28个县直部门的审计监督。局长李振忠，副局长孙佃富、王蕴光、袁明湘。

审计成果 完成审计项目20个，审计单位57个，审计调查1个，查出违规行为金额131万元，应缴财政1万元，已交1万元。（撰稿人：王领军）

【赤城县审计局】 现有干部职工18人，设有办公室、固定资产投资审计股、财政金融审计股、行政事业审计股，负责对全县18个乡镇和28个县直部门的审计监督。局长宋雪峰，副局长程学东、尤正仙。

审计成果 完成审计项目20个，审计单位30个，审计调查1个，查出违规行为金额699万元，应缴财政17万元，已交5万元，归还原渠道资金66万元。（撰稿人：王荣）

【崇礼县审计局】 现有干部职工14人，设有办公室、企业审计股、社保资金审计股、行政事业审计股，负责对全县10个乡镇和22个县直部门的审计监督。局长苗算福，副局长王佩珍、梁海江、杜海珍。

审计成果 完成审计项目20个，审计单位34个，审计调查1个，查出违规行为金额5114万元，应缴财政80万元，已交32万元。（撰稿人：张建军）

【承德市审计局】 2002年，共有干部职工43人，其中研究生学历两人，本科学历7人，大专学历24人，局长王锡国，副局长韩东光、石泊湖、王艳云、王允昌，纪检组长陈清瑞。设有办公室、法规科、财政金融审计科、行政事业审计科、农业与外资审计科、经贸审计科、固定资产投资审计科、社会保障审计科、经济责任审计办公室、计算机信息中心、审计培训中心。

审计成果 完成审计单位568个，查出违规行为金额25415万元，应缴财政1271万元，已交1218万元，指明要求纠正31194万元。提交审计报告280份，审计信息和调研文章362篇，被各级党委、政府采用276篇。

经济责任审计 开展经济责任审计项目252个、256人，查出违规行为金额2813万元，指明要求纠正4206万元。审计后，其中晋升9人，平调174人，免职3人，降职1人，撤职1人，建议给予党政处分1人，移送纪检监察机关1人。

内部审计 市直部门内审机构357个，其中专职机构141个；内审人员887人，其中专职人员448人。共审计单位1044个，查出损失浪费22万元，纠正违规行为金额1830万元，促进增收节支312万元。

受表彰情况 滦平县2000～2001年京津风沙源治理工程及其他财务收支的审计获省厅“审计精品项目”一等奖，河北省烟草公司承德分公司2001年度资产负债损益情况审计获省厅“审计精品项目”二等奖。（撰稿人：曹艳红）

【承德市双桥区审计局】 现有干部职工7人，设有办公室、行政事业审计股、经济责任审计股、农业经贸投资审计股，负责对全区12个乡镇、街道和22个区直部门的审计监督。局长鹿素荣，副局长尚玉荣、戚建文。

审计成果 完成审计项目21个，审计单位27个。查出违规行为金额501万元，应缴财政4万元，已交3.5万元，归还原渠道资金41万元，调账处理81万元，指明要求纠正5万元，开展审计调查1个，调查单位3个。开展任期经济责任审计项目13个。有内审机构29个，其中专职机构5个，内审人员58人，其中专职人员10人。（撰稿人：李昊莹）

【承德市双滦区审计局】 现有干部职工9人，设有财政金融审计股、经济责任审计股、综合法规股，负责对全区4个乡镇和25个区直部门的审计监督。局长徐利，副局长韩立新、张智均。

审计成果 完成审计项目6个，审计单位28个，查出违规行为金额54万元，应缴财政18万元，已交10万元，指明要求纠正385万元。完成审计调查两个，调查单位13个。提交审计报告、信息27篇。完成9名科级干部任期经济责任审计。有内审机构7个，内审人员15人。（撰稿人：董振清）

【承德市鹰手营子矿区审计局】 现有干部职工8人，设有办公室、经贸审计股、任期经济责任审计股、行政事业审计股，负责对全区4个乡镇和39个区直部门的审计监督。局长李明，副局长李晓春、宋同盟。

审计成果 完成审计项目6个，审计单位28个，其中任期经济责任审计11个，查出违规行为金额514万元。提交审计报告、信息19篇，被采用1篇。有内审机构9个，内审人员25人。（撰稿人：李月红）

【承德县审计局】 现有干部职工19人，设有秘书股、财政金融审计股、行政事业审计股、经贸投资审计股和经济责任审计股，负责对全县25个乡镇和80个县直部门的审计监督。局长赵金瑞，副局长焉友奇、翟淑萍、李廷彬。

审计成果　完成审计项目12个，审计单位69个，查出违规行为金额263万元，应缴财政184万元，已交184万元，指明要求纠正468万元，归还原渠道资金28万元。完成审计调查1个，调查单位1个。提交审计报告、信息32篇，被采用18篇。开展经济责任审计项目32个、32人，查出违规行为金额166万元。审计后平调23人、晋升3人。有内审机构38个，其中专职机构6个，内审人员126人，其中专职人员26人。县审计局2001年预算执行及其他财政财务收支审计获省厅“审计精品项目”优秀奖。（撰稿人：焦红煜）

【兴隆县审计局】　现有干部职工18人，设有办公室、法制股、经济责任审计股、行政事业审计股、财金基建审计股、经贸审计股，负责对全县20个乡镇和130个县直部门的审计监督。局长姜云明，副局长赵云杰、万庆丰。

审计成果　完成审计项目18个，审计单位62个，查出违规行为金额348万元，应缴财政6.5万元，已交6.5万元，指明要求纠正399万元。完成审计调查1个，调查单位5个，提交审计报告、信息54篇，完成32个任期经济责任审计项目。有内审机构15个，内审人员70人。（撰稿人：洪家政）

【平泉县审计局】　现有干部职工19人，设有办公室、财政金融和固定资产投资审计股、行政事业和农业资金审计股、企业和外资审计股、任期经济责任和社会保障资金审计股，负责对全县19个乡镇和46个县直部门的审计监督。局长李文清，副局长姚洪文。

审计成果　完成审计和审计调查项目83个，审计及审计调查单位140个，查出违纪违规行为金额2678万元，应缴财政58万元，已交58万元，责令归还被挤占挪用专项资金96万元，指明要求纠正2010万元，促进增收节支60万元。提交审计信息51篇，被采用、批示38篇。有内审机构21个，内审人员59人。共完成审计项目32个，指明要求纠正283万元，提出审计建议39条，促进增收节支39万元。中小学教育经费审计调查被评为全省优秀审计项目。（撰稿人：李贺东）

【滦平县审计局】　现有干部职工12人，设有办公室、财政审计股、金融审计股、行政事业审计股、企业与经济责任审计股，负责对全县22个乡镇和45个县直部门的审计监督。局长任占林，副局长王永发、蔡翠清。

审计成果　完成审计项目9个，审计单位54个，查出违规行为金额466万元，应缴财政65万元，已交64万元，指明要求纠正220万元，归还原渠道资金5万元。完成审计调查1个，调查单位8个。提交审计报告、审计信息56篇。有内审机构9个，内审人员18人。另外，对40名局乡级党政领导干部进行了任期经济责任审计。（撰稿人：柳建阁）

【隆化县审计局】　现有干部职工18人，设有综合办公室、经贸与农业审计股、财金与基建审计股、行政事业外资审计股和经济责任审计股，负责对全县25个乡镇和64个县直部门的审计监督。局长马文昕，副局长李建军、刘淑英。

审计成果　完成审计项目35个，县委、县政府临时交办事项20个。共查出违规行为金额107.6万元，指明要求纠正654.7万元，应缴财政7.9万元，已全部上交。完成审计调查两个，调查单位40个。提交审计报告、信息60篇。完成领导干部任期经济责任审计25个。有内审机构60个，其中专职机构13个；内审人员148人，其中专职人员81人。（撰稿人：李彦）

【丰宁满族自治县审计局】　现有干部职工17人，设有人秘股、财政金融基建审计股、行政事业审计股、企业审计股和经济责任审计办公室，负责对全县26个乡镇和52个县直部门的审计监督。局长徐仕鹏（6月—）、程建瑞（—6月），副局长敖亚义、于延旭。

审计成果　完成审计项目14个，审计单位228个，查出违纪违规行为金额1014万元，归还原渠道资金930万元，应缴财政42万元，已交15万元，决定处理处罚5.6万元。完成审计调查1个，调查单位3个。提交审计报告31份，信息32篇，被采用18篇。还对24名乡镇、县直部门的主要领导干部进行了任期经济责任审计，查出违纪违规行为金额469万元。审计后，平调13人，降职1人。有内审机构13个，专兼职内审人员45人，完成审计单位109个，查出损失浪费8万元，纠正违规行为金额34万元，促进增收节支16万元。（撰稿人：李松岳）

【宽城满族自治县审计局】　现有干部职工14人，设有办公室、经贸审计股、财政金融固定资产投资审计股、行政事业审计股、经济责任审计股，负责对全县18个乡镇和80个县直部门的审计监督。局长张志敏，副局长刘坤峰、金守奎。

审计成果　完成审计项目14个、单位66个，查出违规行为金额1926万元，应缴财政5万元，已交5万元。指明要求纠正797万元，归还原渠道资金116万元，减少财政拨款或补贴1108万元，核减基建投资949万元。完成审计调查1个，调查单位20个。提交审计报告52份，信息64篇，被上级机关采用22篇。完成

30名党政领导干部任期经济责任审计，查出违规行为金额195万元。审计后，晋升1人，平调28人，免职1人。有内审机构23个，内审人员46人。（撰稿人：鲁振宇）

【围场满族蒙古族自治县审计局】 现有干部职工24人，设有办公室、行政事业审计股、财政金融审计股、经贸审计股、法规股，负责对全县37个乡镇和85个县直部门的审计监督。局长鹿云峰，副局长兰文清、罗桂树、宋海龙。

审计成果 完成审计项目35个，审计调查两个，审计单位49个。查出违规行为金额740万元，应缴财政23万元，已交21.4万元，查补税款31万元，挽回经济损失320多万元，提出审计意见和建议110条，促进增收节支、提高效益150万元。提交审计报告、信息39篇，被采用11篇。完成18名科级干部离任经济责任审计。有内审机构13个，内审人员25人。（撰稿人：李玉平）

【秦皇岛市审计局】 2002年，共有干部职工48人，其中本科学历19人，大专学历23人，局长王世祥，副局长曹玉宝、孙卫国、王文杰、焦鹏利，纪检组长安学义。设有办公室、法制科、财政审计科、金融审计科、行政事业审计科、社会保障审计科、经贸审计科、外资运用审计科、固定资产投资审计科、经济责任审计科、监察室。

审计成果 审计单位310个，查出违纪违规行为金额36281万元，已交财政1513万元。指明要求纠正47341万元，调账处理507万元，向纪检监察部门提供案件线索6件。

经济责任审计 审计县级党政领导干部3人、县以下党政领导干部88人、国有企业领导人员4人、拟提拔干部3人，查出各类违规行为金额10797万元，审计后，晋升4人，平调21人，免职6人，缓提1人。

内部审计 有内审机构48个，其中专职机构28个；内审人员132人，其中专职人员84人。共审计单位158个，查出损失浪费390万元，提出建议意见被采纳18条。（撰稿人：王启明）

【秦皇岛市海港区审计局】 现有干部职工15人，设有办公室、法制监察科、经济责任审计科、行政财经审计科、经贸社保审计科，负责对全区5个乡镇和60余个区直部门的审计监督。局长周雪山，副局长肖兆俭、徐彤，纪检组长高纯红。

审计成果 完成审计项目36个，审计单位52个，查出各类违纪违规行为金额400余万元，应缴财政220万元，已交143万元。提交审计报告、信息、简报55篇，被上级机关批示、采用25篇；编发纪实报道，被《中国审计报》、《河北审计》各采用1篇（次）。县级财政预算执行审计项目成为河北省县级预算执行审计项目中惟一人选省审计厅出版的《审计项目精品工程范例选编》的项目。另外，完成经济责任审计项目21个，发现问题32条，提出合理化建议43条。（撰稿人：张静漪）

【秦皇岛市山海关区审计局】 现有干部职工7人，设有办公室、经济责任审计股、财金审计股、行政事业审计股，负责对全区55个区直部门、80个事业单位和18个社团的审计监督。局长冯秀兰，副局长赵玉凤（兼纪检组长）、盛进民（6月—）、霍炬（6月—）。

审计成果 完成审计项目53个，查出违规行为金额340万元。其中经济责任审计项目22个，区政府交办财务收支审计10个，配合区纪检专案审计两个。提交审计报告49份。（撰稿人：盛进民）

【秦皇岛市北戴河区审计局】 现有干部职工11人，设有办公室、综合审计科和经济责任审计中心，负责对全区两个乡镇和41个区直部门的审计监督。局长赵立群（4月—）、王景海（—4月），副局长田欣华、王秋菊。

审计成果 完成审计项目16个，其中包括对8名党政领导干部的任期经济责任审计。专项审计调查1个。共查出违规违纪行为金额1268万元，应缴财政600万元，已交260万元。提交审计报告15份、信息调研报告7份，被采用3份。（撰稿人：任玉宏）

【秦皇岛市开发区审计局】 现有干部职工11人，设有办公室、经济责任审计科、财务收支审计科，负责对全区1个乡镇、24个行政事业单位和9个直属企业的审计监督。局长乔凤霞，副局长董文国。

审计成果 审计单位42个，查出违规行为金额1215万元。其中对开发区防疫站“卫七”世界银行贷款项目进行了审计，查出配套资金不落实22.9万元；与建设规划局和财政局一起对开发区76个基建项目的预决算进行了审计，共审减459万元；完成了管委会交办的对开发区动力公司、进出口公司、承包公司、创元公司以及开元公司2001年度资产、负债、损益情况的审计，共查出违规行为金额15万元，指明要求纠正15万元；对东区交通局进行了财务收支审计，指明要求纠正5万元。此外，对4个单位领导干部的任期经济责任进行了审计，指明要求纠正492.9万元。（撰稿人：付宝海）

【昌黎县审计局】 现有干部职工28人，设有办公室、财金外资审计股、企业审计股、行政事业审计股、固定资产投资审计办公室、经济责任审计办公室，负责对全县17

个乡镇和59个县直部门的审计监督。局长于才臣，副局长杨沛田、李忠斌，纪检组长苏印平。

审计成果 完成审计项目31个，审计单位39个，查出违规行为金额372万元，应缴财政23万元，已交22万元。提交审计报告、信息25篇。完成6名科级干部任期经济责任审计，查出违规行为金额226万元。有内审机构17个，内审人员27人。（撰稿人：朱松柏）

【抚宁县审计局】 现有干部职工23人，设有办公室、行政事业审计股、固定资产投资审计股、财金审计股、经贸审计股和经济责任审计股，负责对全县11个乡镇、3个管区和63个县直部门的审计监督。局长刘景海，副局长沈占平、刘文杰，纪检组长贺宝华（5月—）。

审计成果 完成审计项目43个，查出违规行为金额6600万元，应缴财政14.7万元。向纪检监察机关移送案件及案件线索4件。提交审计报告、信息41篇。（撰稿人：刘文杰）

【卢龙县审计局】 现有干部职工15人，设有办公室、行政事业审计股、企业审计股、综合审计股，负责对全县12个乡镇和45个县直部门的审计监督。局长解兆祥，副局长赵洪占、赵民。

审计成果 完成审计项目41个，审计单位67个，查出违规违纪行为金额2299万元。应缴财政7万元。还完成了11个乡镇和县总工会、企业局等19名乡局级领导干部任期经济责任审计。（撰稿人：王国明）

【青龙满族自治县审计局】 现有干部职工15人，设有办公室、财政金融审计股、行政事业审计股、经济责任审计股和经贸审计股，负责对全县25个乡镇和51个县直部门的审计监督。局长董维华，副局长张科学、丁卫民。

审计成果 完成审计项目19个，审计单位21个，查出违规行为金额386万元，应缴财政18万元，已交18万元。提交审计信息17篇。还完成23名科级干部离任经济责任审计和1名科级干部任中经济责任审计，查出违规行为金额589万元，经审计，其中3人被晋升。（撰稿人：朱静梅）

【唐山市审计局】 2002年，共有干部职工67人，其中本科学历16人，大专学历45人，局长阚友合，副局长孟庆然、郑秀敏、崔明山、王素梅，纪检组长陈向阳。设有办公室、经贸外资审计处、财政审计处、金融审计处、固定资产投资审计处、行政事业审计处、农业与资源环保审计处、社会保障审计处、经济责任审计室、法制审理处、监察室、机关党委。

审计成果 完成审计项目20个，审计单位103个，完成审计调查项目4个，审计调查单位30个，领导干部任期经济责任审计项目9个。共查出各类违规行为金额42934万元，指明要求纠正11460万元，应缴财政28149万元。提交审计报告20份，被各级党委、政府、上级审计机关及有关部门批示、采用13份。对河北省烟草公司唐山分公司2001年度负债损益审计、对唐山钢铁集团有限责任公司2001年度基本养老保险费征缴情况审计获省审计厅“审计精品项目”一等奖；对农发行丰南市支行2001年度资产负债损益情况审计获省审计厅“审计精品项目”二等奖；对迁安市1997～2001年中小学经费审计调查获省审计厅“审计精品项目”三等奖；对唐山市残联主席经济责任审计获省审计厅“审计精品项目”优秀奖。根据市政府的部署对机构改革中17个撤并单位进行了审计。（撰稿人：李艳明）

【唐山市路北区审计局】 现有干部职工14人，设有办公室、行政事业审计科、工贸企业审计科、基建投资审计科、经济责任审计科，负责对全区11个乡镇、街道和47个区直部门的审计监督。局长魏天利，副局长石荣霞、刘淑萍（10月—）。

审计成果 完成审计项目37个，审计单位44个，查出违规违纪行为金额3157万元，其中指明要求纠正2078万元，决定处理处罚364万元，应缴财政364万元。提交审计报告17份，审计信息12篇，被区委、区政府采用6篇。财政预算执行情况审计被评为全省优秀审计项目。另外，对28名正科级党政领导干部进行了经济责任审计。（撰稿人：曹卫平）

【唐山市路南区审计局】 现有干部职工11人，设有财政企业审计科、行政事业审计科、经济责任审计科、办公室，负责对全区7个乡镇、街道和48个区直部门的审计监督。局长韩铁梅，副局长夏秀娟。

审计成果 完成审计项目24个，审计单位52个，审计调查项目3个，调查单位3个。查出违规行为金额2780.76万元，其中决定处理处罚365.10万元，指明要求纠正2415.66万元，应缴财政16万元。完成基建预决算审计16个，审减工程款292.32万元。提交审计报告、信息50篇，被上级审计机关、区委、区政府采用18篇。完成25名科局级领导干部任期经济责任审计。获省厅“审计精品项目”二等奖1项。（撰稿人：刘庆余）

【唐山市古冶区审计局】 现有干部职工14人，设有办公室、财政金融审计科、行政事业审计科、经济责任审计科和基建审计科，负责对全区10个乡镇、街道和31个区直部门的审计监督。局长张玉芹（3月—）、梁福才（—3月），副局长郑永春。

审计成果 完成审计项目（单位）49个，查出违规行为金额3559万元，其中核减基建工程款45万元，指明要求纠正230万元，查出损失浪费35万元，应缴财政40万元。提交审计报告、信息99篇。在经济责任审计中，干部离任审计27个单位，涉及领导干部31人，查出违规行为金额2888万元，全属主管责任；查出损失浪费35万元，罚款9.7万元，已全部上缴财政；指明要求纠正230万元。审计后，平调20人，免职11人（正常退休）。（撰稿人：郑永春）

【唐山市开平区审计局】 现有干部职工30人，设有办公室、行政事业审计科、工商企业审计科、财政金融审计科、经济责任审计科、司法审计鉴定中心、资产评估办公室，负责对全区9个乡镇、街道和45个区直部门的审计监督。局长宋义忠，副局长李毅、刘春祥，纪检组长何艳红。

审计成果 完成审计项目22个，查出各类违规行为金额3363万元。其中应缴财政1268万元，已交455万元，罚款23万元，调账处理913万元，促进增收节支1246万元。提交审计报告、信息87篇，被各级党委、政府、上级审计机关及新闻机构采用46篇。提出审计建议23条，全部被采纳。完成审计调查项目1个，调查总金额2.67亿元。（撰稿人：何艳红）

【唐山市丰南区审计局】 现有干部职工20人，设有综合科、财务审计一科、财务审计二科、财务审计三科、基建审计科，负责对全区17个乡镇、9个经联社和115个区直部门的审计监督。局长单学宝（3月—），副局长马俊全、王若庸（4月—）、刘国强（4月—）。

审计成果 完成审计项目85个，审计资金总额20.8亿元，查出各类违纪违规行为金额12187万元，查出百万元以上违纪单位18个，对27个有严重违反财经纪律的单位进行了处罚。同时完成了对39个乡局级单位领导干部的经济责任审计和29个固定资产投资审计，审减工程款547万元。提交调查报告12份，提出审计建议96条，被区委、区政府采纳执行12条。（撰稿人：孙渐进）

【遵化市审计局】 现有干部职工14人，设有办公室、行政事业审计科、财政金融审计科、经贸外资审计科、固定资产投资审计科，负责对全市25个乡镇和96个市直部门的审计监督。局长张英，副局长王宝田、朱海东。

审计成果 完成审计单位80个，审计总金额205575.3万元，查出违规行为金额5581.9万元，应缴财政52.7万元，归还原渠道资金1488.7万元。审减工程款80.5万元。提出审计建议85条。另外，对18名党政领导干部进行了任期经济责任审计。有内审机构48个，内审人员160人。（撰稿人：李任强）

【迁安市审计局】 现有干部职工16人，设有办公室、行政事业审计科、企业审计科、基建审计科，负责对全市19个乡镇和32个市直部门的审计监督。局长赵振亚，副局长孟令彪、杨亮。

审计成果 完成审计项目9个，审计单位44个，审计总金额3.2亿元，查出各类违纪违规行为金额121万元，其中减少财政拨款或补贴35万元，应缴财政15万元，指明要求纠正82万元，罚款4万元。（撰稿人：李继庚）

【唐山市丰润区审计局】 现有干部职工35人，设有办公室、行政事业审计科、固定资产投资审计科、企业审计科、财政审计科、经济责任审计科、政策法规科，负责对全区28个乡镇和56个区直部门的审计监督。局长任崇顺，副局长林树忠、张合云、李希贵、王国权、朱鸿升。

审计成果 完成审计项目194个、199个单位。查出违纪违规行为金额3175万元，指明要求纠正8336万元，应缴财政161万元。提交审计报告194份，审计意见199份，审计信息62篇，被区委、区政府和市审计局等采用40篇，被新闻媒体采用6篇。还完成了129个单位的领导干部的经济责任审计工作。同时固定资产投资审计审减工程投资款1223万元。（撰稿人：吴贺春）

【滦县审计局】 现有干部职工30人，设有办公室、财政金融投资审计股、行政事业企业审计股、经济责任审计室、司法审计鉴定中心，负责对全县20个乡镇和75个县直部门的审计监督。局长陈广生（—11月）、孙玉臣（12月—），副局长李玉川、李国安、薛成来、王祯昌。

审计成果 完成审计项目53个，审计单位157个，审计资金总额10.57亿元，查出违规行为金额876.96万元，应缴财政50.54万元。提交审计报告33份，被领导批示、批转27篇；提出审计建议51条，被采纳48条；提交各类信息83篇，被采用64篇（次）。内部审计共完成各类审计项目212个，审计资金总额13.5亿元，查出违规行为金额230万元，促进增收节支30万元，挽回经济损失350余万元，提出合理化建议106条。（撰稿人：袁广军）

【滦南县审计局】 现有干部职工25人，设有办公室、财政金融审计科、行政事业审计科、经济责任审计科、综合审计室、体系指导中心，负责对全县17个乡镇和91个县直部门的审计监督。局长吴晓勇（2月—）、洪广文（—2月），副局长燕果、汪学国，纪检组长姜晚霞（9月—）。

审计成果 完成审计项目89个，审计调查两个。查出违纪违规行为金额3719万元，查出百万元以上违纪违规单位6个，决定处理处罚1148万元，指明要求纠正2345万元；应缴财政69万元，已交69万元；审减基建工程款603.6万元。提交专题报告及信息材料35篇，被采用23篇；提出审计建议68条，均被采纳。有内审指导人员3人，内审机构42个，内审人员96人。（撰稿人：孙亚东）

【乐亭县审计局】 现有干部职工21人，设有办公室、外资经贸审计科、财政金融审计科、行政事业审计科和固定资产投资审计科，负责对全县19个乡镇和90个县直单位的审计监督。局长张乐群，副局长许江松、赵成仁、马建民。

审计成果 完成审计项目19个，审计单位44个，另外配合县内其他部门完成16个单项工作。共查出违纪行为金额533万元，指明要求纠正5000多万元，决定处理处罚25万元。提交审计报告34份，审计意见书44份，审计决定书10份，审计信息8篇。（撰稿人：张建明）

【迁西县审计局】 现有干部职工19人，设有办公室、经贸审计科、财政金融审计科、行政事业审计科、固定资产投资审计科和经济责任审计科，负责对全县17个乡镇和72个县直部门的审计监督。局长王雅静，副局长张新忠、李满、傅金星。

审计成果 审计71个单位，查出违规行为金额4318万元，应缴财政3413万元，已交3405万元，应归还原渠道资金两万元，指明要求纠正5246万元。对县财政局、地税局及13个一级预算单位进行了预算执行情况审计，查出违规行为金额3410万元，应缴财政3403万元。同时对全县30个单位、33名领导干部任期经济责任实施了审计，查出违规行为金额734万元，应纠正810万元，提出审计意见和建议36条，被采纳率为80%。（撰稿人：潘波）

【玉田县审计局】 现有干部职工18人，设有办公室、财政审计科、行政事业审计科、经贸审计科、经济责任审计科和固定资产投资审计科，负责对全县20个乡镇和89个县直部门的审计监督。局长尹庆利，副局长杨宝顺。

审计成果 完成审计项目47个，审计调查1个。共查出违纪违规行为金额1015万元，归还原渠道资金13万元，罚款25万元，已全部上缴财政。提出审计建议96条，提交审计决定12份，审计报告44份，信息20篇。还对31名党政领导干部进行了任期经济责任审计。（撰稿人：张巍梅）

【唐海县审计局】 现有干部职工18人，设有办公室、行政事业审计科、企业审计科、基本建设投资审计科、经济责任审计科，负责对全县1个镇、10个农场和43个行政事业单位的审计监督。局长孙明香，副局长蔺红歌、苏晓光。

审计成果 完成审计项目46个，查出违纪违规行为金额637.4万元，决定处理处罚211万元，指明要求纠正426.4万元。提交审计报告44份，调查报告两份，被县领导批示3份。提交审计信息26篇，被采用9篇。提出合理化建议104条，全部被采纳。基本建设审计总额1784.8万元，核减工程造价款73.3万元。完成经济责任审计项目31个。（撰稿人：孟海峰）

【廊坊市审计局】 2002年，共有干部职工55人，其中本科学历29人，大专学历17人，局长韩少奇，副局长李培宁、张士彦、张铁忠，纪检组长黄志旺。设有办公室、人事教育科、财政金融审计科、行政事业审计科、商贸审计科、建设审计科、工交审计科、经济责任审计科。

审计成果 审计单位407个，查出违规行为金额56759万元，应缴财政2569万元，累计促进增收节支11000万元。提交审计报告、信息749篇，被各级采用（批示）471篇。

经济责任审计 共对126名领导干部进行了经济责任审计，查出违规行为金额7890万元。审计后，其中晋升5人，平调32人，免职22人。

内部审计 共有内审机构143个，专职审计人员216人，对1120个项目开展了审计。纠正违规行为金额360万元，促进增收节支91万元。（撰稿人：马永旺）

【廊坊市安次区审计局】 现有干部职工17人，设有办公室、财政金融审计科、工建交审计科和行政事业商贸审计科，负责对全区10个乡镇、街道和93个区直部门的审计监督。局长葛永海，副局长李凤华，纪检组长韩继林。

审计成果 完成审计和审计调查项目45个，查出违纪违规行为金额1688万元。（撰稿人：韩继林）

【廊坊市广阳区审计局】 现有干部职工13人，设有办公室、行政事业审计股、财政金融审计股、商贸建筑交通审计股、经济责任审计股，负责对全区9个乡镇、街道和44个区直部门的审计监督。局长刘学桐，副局长冯广慧、刘宝中、孟宪和。

审计成果 完成审计、调查项目53个，审计单位72个，查出违规行为金额251万元，应缴财政28万元，已交28万元。提交专项审计调查报告4份，均被区领导批示；提交审计信息15篇，被区委、区政府和上级审计机关采用11篇；提出审计建议59条，被采纳47条。（撰稿人：冯广慧）

【霸州市审计局】 现有干部职工20人，设有办公室、财政金融审计股、经贸审计股、经济责任审计股，负责对全市15个乡镇、街道和61个市直部门的审计监督。局长吴国强，副局长李志刚、刘伟峰、仲立京，纪检组长夏春文。

审计成果 完成审计项目43个，审计总金额181753万元，查出违规违纪行为金额2385万元，指明要求纠正2043万元，应缴财政80万元，促进增收节支533万元。提交审计报告、信息32篇。提出合理化建议26条。另外，对12名党政主要领导干部进行了任期经济责任审计。（撰稿人：陈克宝）

【三河市审计局】 现有干部职工27人，设有办公室、法制股、财政金融审计股、行政事业审计股、经济责任审计股、基建外资审计股和经贸审计股，负责对全市14个区镇和60个市直部门的审计监督。局长陈永贵，副局长高秀志、王增利，纪检组长赵志伟。

审计成果 完成审计项目54个，审计单位63个，查出违纪违规行为金额6751万元，其中指明要求纠正6479万元，决定处理处罚275万元，查补税款25万元，罚款8.5万元，审减基建工程投资5418万元。增收节支5451.5万元。提交审计报告、信息148篇，被市委、市政府和上级机关采用83篇。完成了26名科级领导干部任期经济责任审计。（撰稿人：王学文）

【固安县审计局】 现有干部职工29人，设有办公室、财政金融审计股、行政事业审计股、基本建设审计股、经济责任审计股、县基本建设预决算审计中心（股级事业单位），负责对全县16个乡镇、9个工委会和80余个县直部门的审计监督。局长安书良，副局长冯亚云、邓亚芹、李志宏。

审计成果 完成审计项目41个，审计单位89个，查出违纪违规行为金额1544万元，应缴财政95万元。完成审计调查项目1个，调查单位15个。提交审计报告、信息56篇。完成11名任现职三年以上的科级党政领导干部任期经济责任审计。（撰稿人：谷鹏羽）

【永清县审计局】 现有干部职工29人，设有办公室、财政金融审计股、经贸审计股、行政事业审计股、基本建设审计股、经济责任审计股、法制复核股，负责对全县16个乡镇（办事处）和63个县直部门的审计监督。局长韩贺声，副局长张中波、赵永强、杨淑敏。

审计成果 完成审计项目63个，审计单位74个，查出违纪违规行为金额5123万元，应缴财政25万元，已交25万元。提交审计信息45篇，被各级采用26篇，向县委、县政府报送《审计摘报》4期。（撰稿人：赵大伟）

【香河县审计局】 现有干部职工28人，设有办公室、财政金融审计股、行政事业审计股、经济责任审计股、经贸审计股、固定资产投资审计股、法制股，负责对全县9个乡镇和74个县直部门的审计监督。局长李印，副局长武宝旺、关玉波，纪检组长杨秀华。

审计成果 完成审计项目35个，审计单位46个，经济责任审计单位26个。查出违规行为金额3010万元，其中指明要求纠正2976万元，决定处理处罚34万元，应缴财政34万元。提交审计报告33份，审计意见41份，审计信息76篇。本级财政同级审计项目被省厅评为“审计精品项目”三等奖，养老保险金审计、技术监督局财务收支审计、农发行审计被省厅评为优秀审计项目。（撰稿人：贾淑平）

【大城县审计局】 现有干部职工35人，设有办公室、财政金融审计股、工交商贸审计股、行政事业审计股、经济责任审计股、投资建设审计股、法制股和基建项目预决算审计中心，负责对全县10个乡镇和86个县直部门的审计监督。局长苏德甫（4月—），副局长邓平舒、闫清池、李文政、周俊明，纪检组长刘增才。

审计成果 完成审计项目32个，查出违纪违规行为金额3843万元，管理不规范金额380万元，应缴财政435万元，已交435万元，应调账处理1027万元，指明要求纠正396万元，应减少财政拨款或补贴8万元。完成中小学收费情况审计调查项目1个，调查单位30个。完成党政领导交办审计项目57个，其中完成基建项目审计38个，共审计资金总额12030万元，查出违纪违规行为金额960万元，核减工程造价330万元，收缴各种违纪行为金额70万元。完成科级干部离任经济责任审计项目两个。共提交审计报告90份，审计信息5篇、简报7篇，被县委、县政府采用3篇。（撰稿人：邱耀堂）

【文安县审计局】 现有干部职工20人，设有办公室、行政事业审计股、工建交审计股、商粮贸审计股、经济责任审计股、基建预决算审计中心，负责对全县23个乡镇、管区、农场和65个行政事业单位的审计监督。局长黄宝库，副局长胡东庆、曹永庆。

审计成果　完成审计项目15个，审计单位50个。查出违纪违规行为金额1469万元，应缴财政12万元，已交12万元。完成审计调查项目1个，调查单位15个。提交审计报告、信息20篇。完成9名科级干部的任期经济责任、22名科级干部的离任经济责任审计，查出违纪违规行为金额126万元。聘请社会审计监督员10名。（撰稿人：梁建设）

【大厂回族自治县审计局】　现有干部职工26人，设有办公室、经济责任审计股、基建审计股、行政事业审计股、农业审计股、复核审计股、工交审计股和财政金融审计股，负责对全县5个乡镇和42个县直部门的审计监督。局长张嘉佑，副局长贾文清、陈胜利，纪检组长何涛。

审计成果　完成审计项目37个，审计单位36个，群众上访审计案件7个，查出违纪违规行为金额2777万元，监督其全部归还原渠道，上缴财政17万元。提交审计报告37份，审计调查报告两份，审计意见37份，审计信息14篇，被采用3篇，提出合理化建议86条。另外，对13名党政、企业的主要领导干部进行了任期责任审计。（撰稿人：王韫慧）

【保定市审计局】　2002年，共有干部职工62人，其中本科学历26人，大专学历32人，局长孙义杰，副局长罗凯、李素敏、李晓锋、温丽娜，纪检组长佟建国。设有办公室、法制处、人事教育处、财政审计处、金融审计处、社会保障审计处、行政事业审计处、经贸审计处、农业与资源环保审计处、固定资产投资审计处、外资运用审计处、经济责任审计处。

审计成果　共审计单位170个，查出违纪违规行为金额52522万元，应缴财政7161万元，已交6077万元，指明要求纠正7155万元。提交审计报告150份，审计信息96篇，被上级审计机关采用45篇，重要信息专报8篇，被市委、市政府批示、采用8篇。

财政预算执行审计　在对市本级财政预算执行审计中，审计发现6个国有大型企业拖欠教育费附加5356万元。

经济责任审计　共对51名党政领导干部进行了经济责任审计，其中县委书记、县长审计9人，市直部门负责人审计31人，公检法长审计11人。

专项资金审计　对2001年度市本级企业职工养老保险金的征缴管理和使用情况进行了审计，查出企业职工养老保险基金拖欠8231万元，基金收不抵支4602万元。

中央授权项目审计　对中国农业银行保定分行及所属23个县支行、办事处2001年度资产负债损益情况进行了审计，并延伸审计了151个粮食购销企业。审计查出农发行自身违规违纪行为金额35.4万元，在对贷款业务合规性检查中查出有问题资金3074万元。对河北省烟草公司保定分公司2001年度资产负债损益情况进行了审计，查出违规违纪行为金额990万元。

审计调查　对10个县1999～2001年度中小学经费情况进行审计调查，查出违规违纪行为金额5071万元。并发现全市普九达标欠债1.49亿元重大问题，引起了市领导的关注。农村中小学收费审计调查项目、南市区2001年度财政预算执行审计和企业职工基本养老保险基金审计等6个审计项目获省厅“审计精品项目”。（撰稿人：谢章吉）

【保定市新市区审计局】　现有干部职工18人，设有办公室、企业审计组、行政事业审计组、财政金融审计组、审计事务管理中心，负责对全区6个乡和区直各部门的审计监督。局长张艳，副局长陈璞、袁雪青、戴蕾。

审计成果　完成审计项目24个，审计单位26个，查出违规行为金额995万元。完成审计调查1个，调查单位1个。提交审计报告、信息35篇，被区委、区政府采用5篇。（撰稿人：蔡明）

【保定市北市区审计局】　现有干部职工14人，设有办公室、审计股、经济责任审计办公室，负责对全区8个乡、街道和33个区直部门的审计监督。局长李志才，副局长王磊、王好胜。

审计成果　完成审计项目34个，审计单位51个，查出违纪违规行为金额1901.53万元，应缴财政11万元，已交18.5万元。完成审计调查两个，调查单位19个。提交审计报告5份，审计意见29份，审计信息15篇，被区委、区政府采用6篇。另外对8名科级干部进行了离任经济责任审计。（撰稿人：田杰）

【保定市南市区审计局】　现有干部职工8人，负责对全区4个乡和25个区直部门的审计监督。局长张连刚，副局长张军、吴宪志（—7月）、张英辉（8月—）。

审计成果　完成审计项目36个、42个单位，经济责任审计项目5个。查出违纪违规行为金额581万元，其中指明要求纠正523万元，决定处理处罚58万元，应缴财政58万元。提交审计报告、信息40篇。预算执行审计被省厅评为“审计精品

项目”二等奖。(撰稿人:朱忠文)

【定州市审计局】 现有干部职工27人,设有办公室、行政事业审计科、企业审计科、财金审计科、固定资产投资审计科和经济责任审计办公室,负责对全市25个乡镇、街道和89个市直部门的审计监督。局长李耀儒(4月—)、段庆尚(—4月),副局长陈进楼、李翠峰、丁五民、李怀力(8月—)。

审计成果 完成审计项目33个,审计单位59个,查出违规行为为金额4562万元,应缴财政15.4万元,已交15.4万元。完成审计调查3个,调查单位3个。提交审计报告59份,审计意见59份,审计信息49篇,被采用28篇。完成20名科级干部经济责任审计。技术监督局审计项目获省厅“审计精品项目”优秀奖。(撰稿人:仇晓东)

【涿州市审计局】 现有干部职工21人,设有办公室、行政事业审计科、经贸审计科、投资审计科、综合法规科、经济责任审计办公室,负责对全市15个乡镇和52个市直部门的审计监督。局长张国臣(4月—)、谷书玉(—4月),副局长王威(4月—)、张义明(5月—)、姜文池(—5月),纪检组长谢军(—5月)。

审计成果 完成审计项目41个,经济责任审计项目28个。查出违纪违规行为金额8780万元,其中指明要求纠正2589万元,决定处理处罚53.85万元;应缴财政53.85万元。提交审计报告41份,审计信息30篇,被采用28篇。(撰稿人:冯志忠)

【安国市审计局】 现有干部职工16人,设有办公室、财政金融行政事业审计科、经贸审计科、固定资产投资审计科,负责对全市11个乡镇和43个市直部门的审计监督。局长王志杰,副局长郭爱萍、胡金楼、何志刚,纪检组长王秀清。

审计成果 完成审计项目28个,查出违纪违规行为金额3235万元,归还原渠道资金189万元,增加财政收入54万元。还对21名科级领导干部进行了任期经济责任审计。(撰稿人:徐亚)

【高碑店市审计局】 现有干部职工23人,设有办公室、财金审计科、行政事业审计科和基建审计中心,负责对全市14个乡镇、街道和78个市直部门的审计监督。局长赵中平(6月—)、李玉田(—6月),副局长蔺福旺、彭建章,纪检组长陈艳芹(6月—)、李宪录(—6月)。

审计成果 完成审计项目38个,审计单位28个,审计调查1个,调查单位18个。查出违规行为为金额2700万元,罚没收入19.82万元。应缴财政19.82万元。提交审计报告、信息50篇。另外,对20名党政领导干部进行了任期经济责任审计。(撰稿人:赵红艳)

【满城县审计局】 现有干部职工15人,设有办公室、财政金融审计股、行政事业审计股、工建交商贸审计股,负责对全县12个乡镇和46个县直部门的审计监督。局长赵书义,副局长马志新、吉连生,纪检组长于成龙。

审计成果 完成审计单位35个,查出违纪违规行为金额8942万元,应缴财政160万元,已交50万元,促进增收节支375万元。还对县直15个单位的正科级党政领导干部进行了经济责任审计。(撰稿人:张秀岭)

【清苑县审计局】 现有干部职工14人,设有办公室、财政金融商贸审计股、工业基建交通审计股、行政事业审计股、领导干部经济责任审计股,负责对全县19个乡镇、街道和43个县直部门的审计监督。局长刘新忠,副局长赵金良、王喜旺、王冀英,纪检组长王增祥。

审计成果 完成审计项目36个,审计单位82个。查出违纪违规行为金额2200万元,应缴财政48.4万元,已交48.4万元。完成审计调查两个,调查单位5个。提交审计综合报告、信息32篇,被媒体采用3篇,被市审计局和县委、县政府采用13篇。另外,还对25名乡镇科局级领导干部进行了离任经济责任审计。有内审指导人员两人,内审机构9个,内审人员24人。(撰稿人:赵三姣)

【易县审计局】 现有干部职工21人,设有办公室、财金审计股、经贸审计股、行政事业审计股、基建审计股和经济责任审计办公室,负责对全县28个乡镇和54个县直部门的审计监督。局长刘玉宝,副局长范文增、刘月阳,纪检组长高德芳。

审计成果 完成审计项目19个,审计单位70个,查出违规行为为金额5851万元,归还被侵占挪用资金986万元,促进增收节支98万元,已交财政30万元。提交审计信息和综合报告65篇,其中被批示、采用49篇。完成审计调查3个,调查单位23个。还对6名党政领导干部进行了离任审计。有内审指导人员两人,内审机构14个,内审人员14人。(撰稿人:夏强)

【徐水县审计局】 现有干部职工25人,设有综合股、业务股,负责对全县14个乡镇和52个县直部门的审计监督。局长戴国旗(4月—)、姜文合(—4月),副局长李月楼、任锁贵,纪检组长张忠。

审计成果 完成审计项目92

个，审计单位52个，查出违规违纪行为金额8707万元，基建投资审减额450万元，罚没收入29.5万元，全部上缴财政。完成审计调查两个，调查单位10个。提交审计信息，调研文章10篇。还对50名科级干部进行了任期经济责任审计。（撰稿人：闫盈）

【涞源县审计局】 现有干部职工16人，设有办公室、行政事业财政审计组、工交商贸外资审计组、经济责任固定资产金融审计组，负责对全县18个乡镇和45个县直部门的审计监督。局长孙合喜（5月—）、徐水曜（—5月），副局长张秀文（5月—）、袁立业、葛建义、张月英。

审计成果 完成审计项目56个，审计单位70个，审计资金总额27899.23万元，查出违规违纪行为金额3557.16万元，决定处理处罚16.82万元。应缴财政16.82万元。提交审计报告42份，审计意见51份，审计信息18期，简报两期，被县委、政府领导批示、采用两篇，被纪检部门采用1篇。（撰稿人：武建华）

【定兴县审计局】 现有干部职工21人，设有办公室、财金事业审计股、经济责任审计股、企业审计股、基建审计股，负责对全县16个乡镇和50个县直部门的审计监督。局长田金山，副局长胡风格、刘建增。

审计成果 完成审计项目31个，审计单位53个，审计资金总额69780万元，查出违规行为金额127万元，应缴财政15万元，已交3万元。（撰稿人：鹿战军）

【顺平县审计局】 现有干部职工11人，设有办公室、企业审计股、行政事业审计股，负责对全县10个乡镇和44个县直部门的审计监督。局长刘凤全（—5月）、冀宝良（5月—），副局长刘造祥（—5月）、张振会（5月之前任纪检组长）、张丽（5月—），纪检组长冀建会（5月—）。

审计成果 完成审计项目17个，审计单位26个，查出违规违纪行为金额1552万元。增加财政收入520万元，追还被侵占挪用资金1.9万元。提交审计报告、信息14篇。另外，对40名党政领导干部进行了任期经济责任审计。（撰稿人：刘新国）

【唐县审计局】 现有干部职工13人，设有办公室、行政事业财政金融审计股、工业交通审计股、商贸审计股，负责对全县20个乡镇和28个县直部门的审计监督。局长赵民星，副局长杨贵芳、种同进、贺金国。

审计成果 完成审计项目22个、29个审计单位，经济责任审计项目4个。查出违纪违规行为金额6884.93万元，已交财政38万元。提交审计信息和审计综合报告39篇，被县领导批示5篇。唐县中小学教育经费审计调查项目获省厅"审计精品项目"一等奖。（撰稿人：邸根英）

【望都县审计局】 现有干部职工15人，设有办公室、行政事业审计股、经贸审计股和经济责任审计办公室，负责对全县8个乡镇和14个县直部门的审计监督。局长崔增森（2月—），副局长吴永乐、肖盼庄、苏二有、刘全水，纪检组长陈俊杰。

审计成果 完成审计项目54个，审计单位54个，共查出违纪违规行为金额962万元，应缴财政50万元，已交财政50万元。提交审计报告54份，审计信息65篇。同时，还对25名科级领导干部进行了任期经济责任审计，查出违纪行为金额618万元。（撰稿人：刘清杰）

【涞水县审计局】 现有干部职工17人，设有办公室、财政金融审计股、企业审计股、行政事业审计股和固定资产投资审计股，负责对全县15个乡镇和71个县直部门的审计监督。局长李增山，副局长李占先、张江、许家增。

审计成果 完成审计项目26个，审计单位73个。还对29名党政领导干部进行了经济责任审计。（撰稿人：刘永建）

【高阳县审计局】 现有干部职工13人，设有办公室、行政事业审计股、财政金融审计股、企业审计股、基建审计股，负责对全县9个乡镇和36个县直部门的审计监督。局长周跃进（5月—）、董白（—5月），副局长郭晓仁、王吉宗、韩忠银。

审计成果 完成审计项目51个，审计单位55个，查出违规违纪行为金额1247万元，指明要求纠正304万元，决定处理处罚10万元，已交财政两万元。为财政、建设单位节省建设资金292万元。提交审计报告37份。完成9名科级干部离任经济责任审计。有内审指导人员1人。（撰稿人：李哲英）

【安新县审计局】 现有干部职工14人，设有办公室、行政事业审计股、财政金融审计股、企业审计股、基建审计股、经济责任审计办公室，负责对全县12个乡镇和58个县直部门的审计监督。局长焦树民，副局长白敬社、郝润月、庞春英，纪检组长韩金生。

审计成果 完成审计项目18个，审计单位54个，查出各种违规行为金额1205万元。提交综合审计报告28份。对31个单位、39名领导

干部进行了任期经济责任审计。提交审计信息88篇，被省厅、市局采用37篇。（撰稿人：白敬社）

【雄县审计局】 现有干部职工20人，设有办公室、行政事业审计股、企业审计股和基建审计中心，负责对全县9个乡镇和51个县直部门的审计监督。局长朱志强，副局长郭忠敏、王增地，纪检组长唐贺军。

审计成果 完成审计项目7个，审计单位48个，查出违规行为金额11098万元，应缴财政38.6万元。提交审计信息26篇，被上级审计机关、县委、县政府批示、采用8篇。还对17名正科级党政领导干部进行了任期经济责任审计。（撰稿人：张志宽）

【容城县审计局】 现有干部职工20人，设有办公室、财金审计股、行政事业审计股、工交商贸审计股、投资审计股，负责对全县8个乡镇和41个县直部门的审计监督。局长刘大河（5月—）、杨福泉（—5月），副局长赵贺发、何东升（5月—）、李凤英（—5月）、刘志勇（—5月）。

审计成果 完成审计项目25个，审计单位48个，查出违纪违规行为金额1125万元，追缴财政收入22万元。完成领导干部经济责任审计项目10个，完成18个基建投资审计项目，审计总资金6995万元，审减工程造价910万元，核减率达13%。（撰稿人：韩立鹏）

【曲阳县审计局】 现有干部职工14人，设有办公室、经贸审计股、行政事业审计股、财政金融审计股，负责对全县18个乡镇和54个县直部门的审计监督。局长卢景信，副局长杨志周（6月—）、杨见鲜、曹永信、刘增科，纪检组长牛丛林。

审计成果 完成审计项目31个，查出违纪违规行为金额460万元，应缴财政10万元，已交6万元。完成审计调查两个。提交审计报告、信息16篇，被县政府和市局采用9篇。另外，对18名科局及乡镇的主要领导干部进行了任期经济责任审计。（撰稿人：庞跃勋）

【阜平县审计局】 现有干部职工15人，设有办公室、财政金融行政事业审计股、经贸交通基建审计股、经济责任审计股，负责对全县13个乡镇和县直部门的审计监督。局长刘光福，副局长李慧、杨存金，纪检组长孟志军。

审计成果 完成审计项目40个，查出违规行为金额530万元，已交财政56万元，促进增收节支60万元。提交各类审计信息25篇，被上级审计机关和县委、政府采用15篇。（撰稿人：尤军）

【博野县审计局】 现有干部职工14人，设有办公室和综合审计股，负责对全县7个乡镇和18个县直部门的审计监督。局长李贞军，副局长张素琴、周利敏（5月—）、杨占寇（—5月）。

审计成果 完成审计项目22个、58个单位，查出违纪违规行为金额537万元，应缴财政23万元。完成30名党政领导干部任期经济责任审计，查出违规行为金额181万元。提交审计报告、信息17篇，被采用8篇。（撰稿人：马亚伦）

【蠡县审计局】 现有干部职工24人，设有办公室、财政金融审计股、行政事业审计股、工交商贸与基建投资审计股和经济责任审计办公室，负责对全县13个乡镇和县直部门的审计监督。局长李树杰，副局长王友来、苏树峰、高学军，纪检组长宋广省。

审计成果 完成审计项目23个，审计单位91个，查出违规行为金额1279万元，核减工程投资178万元。向政府提交专项和综合审计报告13份，审计决定落实率、应缴财政入库率均为100%。（撰稿人：刘增坤）

【沧州市审计局】 2002年，共有干部职工36人，其中研究生学历两人，本科学历4人，大专学历17人，局长田永利，副局长朱玉山、郭锦侠、李春雷，纪检组长常佑安。设有办公室、人事教育科、综合法规科、财政审计科、金融社保审计科、行政事业审计科、农业外资审计科、经济责任审计科、经济贸易审计科、投资审计科。

审计成果 共审计单位885个，查出违规行为金额85143万元，应缴财政4717万元，已交4717万元，归还原渠道资金4955万元，调账处理19351万元，查出百万元以上违规单位42个。进行专项审计调查项目13个，调查单位137个。提交审计调查报告16份，被批示、采用5份；提交审计信息58期、274篇，被采用45篇。

经济责任审计 对448人进行经济责任审计，审计单位435个，其中党政领导444人，国有及控股企业领导4人。查出违规行为金额19556万元，其中属主管责任的16608万元，属直接责任的1869万元，查出损失浪费527万元。审计后，晋升14人，平调286人，免职56人，移送纪检监察机关处理1人。

内部审计 内审机构111个，其中专职机构71个，内审人员217人，其中专职人员106人。共审计单位896个，查出损失浪费124万元，纠正违规行为金额123万元，促进增收节支255万元，被采纳建议、意见153条，经审计给予行政处分4人。（撰稿人：马忠月）

【沧州市运河区审计局】 现有干部职工11人，设有行政事业审计股和企业审计股，负责对全区两个乡镇和48个区直部门的审计监督。局长林虎，副局长秦丽素、王勇。

审计成果 完成审计项目23个，审计资金总额6879万元，查出违纪违规行为金额176万元。（撰稿人：林虎）

【沧州市新华区审计局】 现有干部职工7人，设有办公室、行政事业审计股、综合业务股，负责对全区6个乡镇、街道和40个区直部门的审计监督。局长黄永善（—3月）、张连举（4月—），副局长李秀英、王志峰。

审计成果 完成审计项目20个，审计单位20个，审计总金额9000万元。共查出违纪违规行为金额30.5万元。已交财政两万元。通过审计揭露了被审计单位私设“小金库”1.5万元等问题。（撰稿人：葛崇宪）

【泊头市审计局】 现有干部职工28人，设有办公室、行政事业审计科、财政金融审计科、企业审计科，负责对全市15个乡镇、街道和64个市直部门的审计监督。局长周明，副局长张树志（—5月）、李华昌（5月—）、史文成，纪检组长张福臣。

审计成果 完成审计项目55个，审计单位96个，查出违规行为金额6792.6万元，已交财政76万元，促进增收节支379万元。完成审计调查1个，调查单位15个。提交审计报告、审计信息19篇，被采用13篇。另外，对24名乡局级领导干部的任期经济责任进行了审计。有内审机构4个，专兼职审计人员9人，完成审计项目18个。（撰稿人：孟凡新）

【任丘市审计局】 现有干部职工32人，设有办公室、投资经贸审计科、行政事业审计科、财金社保审计科，负责对全市19个乡镇、街道和42个市直部门的审计监督。局长贝宝栋，副局长王栓祥、刘广华，纪检组长孙启元。

审计成果 完成审计项目56个，离任经济责任审计项目31个，查出违纪违规行为金额13310万元，应缴财政89万元，促进增收节支2743万元，查出百万元以上违规单位6个。提交审计报告66份，审计信息、简报38篇，被省市采用16篇。（撰稿人：仝长龙）

【黄骅市审计局】 现有干部职工23人，设有办公室、财政金融审计科、行政事业审计科、基建外资审计科和经济贸易审计科，负责对全市9个乡镇和72个市直部门的审计监督。局长张凤岗（5月—）、郭福兴（—4月），副局长张长合、刘学文、何家宏，纪检组长李明。

审计成果 完成审计项目124个，审计单位358个，查出违规行为金额4726.5万元，应缴财政96.8万元，已交96.8万元。提交审计报告32份，信息和调研报告35篇，被采用18篇。提出合理化建议24条，挽回经济损失120万元。完成任期经济责任审计项目29个，查出违规行为金额287.6万元。开展预算执行审计，查出违纪违规行为金额3397.2万元，应缴财政37.2万元。（撰稿人：臧洪桥）

【河间市审计局】 现有干部职工24人，设有办公室、审计一科、审计二科、审计三科，负责对全市20个乡镇和136个市直部门、企事业单位的审计监督。局长张连练，副局长韩江海、孙海深、郭书楷（—4月）、王炳飞（—4月）。

审计成果 完成审计项目28个，完成市委、市政府临时交办的任务25个，审计调查项目1个。审计资金5.1亿元，查出违纪行为金额1808万元，应缴财政228万元，已交228万元。提交审计报告79份、信息和调研报告36篇，被采用25篇。开展经济责任审计项目35个，42人，查出违规行为金额350万元，审计后，晋升1人，平调24人，离任17人。（撰稿人：鲍文勇）

【沧县审计局】 现有干部职工18人，设有办公室、财政金融社会保障审计股、经济贸易审计股、行政事业审计股、投资审计股和经济责任审计股，负责对全县19个乡镇和43个县直部门的审计监督。局长吴吉明，副局长赵福旺（5月—）、孙博华（5月—），罗长梅（—5月）、刘怀清（—5月）。

审计成果 完成审计项目33个，完成县委、县政府临时交办的任务13个。审计资金4.6亿元，查出违纪行为金额2092万元，应缴财政199万元，已交199万元。提交审计报告89份，信息和调研报告40篇，被采用21篇。开展经济责任审计项目43个、54人，查出违规行为金额439万元。审计后，其中晋升两人，平调37人，免职14人。（撰稿人：孙小妹）

【青县审计局】 现有干部职工20人，设有行政事业审计股、财政金融审计股、企业外资审计股、基建审计中心，负责对全县11个乡镇、场和54个县直部门的审计监督。局长刘传承，副局长高增秋、王守富，纪检组长魏贺新。

审计成果 完成审计单位78个，查出各类违规行为金额6472万元，其中应缴财政52万元，已交27万元，调账处理630万元，应纠正461万元。（撰稿人：秦伟）

【东光县审计局】 现有干部职工19人，设有办公室、审计一室、审计二室、审计三室、经济责任审计室、基建审计室，负责对全县9个乡镇和74个县直部门的审计监督。局长吴桂祥，副局长李元超、王树云、祁庆和，纪检组长张其祥。

审计成果 完成审计项目68个，查出各种违纪违规行为金额2870.57万元，增加财政收入117.58万元。提出合理化建议33条，向各级领导提交审计报告75份，信息160篇，简报、调研材料136篇，被上级审计机关、党委、政府采用68篇。（撰稿人：祁庆和）

【海兴县审计局】 现有干部职工14人，设有综合审计股、办公室，负责对全县7个乡镇和60个县直部门的审计监督。局长韩跃华，副局长韩玉栋、杨伟东，纪检组长张秀芝。

审计成果 完成审计项目66个，查出各种违纪行为金额768万元，已交财政76万元，指明要求纠正166万元，增收节支246万元。提交审计信息16篇，被采用9篇。完成7个乡镇（场）、20个县直部门的42名主要领导干部的经济责任审计。由审计局牵头联合财政、税务等十几个职能部门，成立了经济监督委员会。（撰稿人：孙支涛）

【盐山县审计局】 现有干部职工48人，设有办公室、行政事业审计股、企业审计股、财金审计股、基建审计股和经济责任审计股，负责对全县12个乡镇和66个县直部门的审计监督。局长王荣华，副局长刘新才、史之刚。

审计成果 完成审计项目68个，审计单位103个，查出违规行为金额861万元，已交财政94万元，促进增收节支200万元。其中县财政预算执行审计项目被省厅评为优秀审计项目。另外，完成经济责任审计项目16个，审计单位15个。（撰稿人：王辉）

【肃宁县审计局】 现有干部职工13人，设有办公室、行政事业审计股、工交商贸审计股、基建审计中心，负责对全县9个乡镇和县直部门及国有企业的审计监督。局长葛毕忠，副局长尹金桓、张运祥，纪检组长左明忠。

审计成果 完成审计项目23个，县委、县政府交办的审计项目9个，查出违规行为金额726万元，应缴财政4万元，已交4万元。提交审计调查报告两份、信息25篇，被上级机关采用8篇。开展经济责任审计项目13个、13人，查出违规行为金额706万元。审计后，晋升1人，平调12人。有内审机构32个，其中专职机构3个；内审人员37人，其中专职人员5人。查出损失浪费15万元，纠正违规行为金额1万元，促进增收节支两万元。（撰稿人：张运祥）

【南皮县审计局】 现有干部职工18人，设有行政事业审计股、企业审计股、基建审计股和办公室，负责对全县9个乡镇和60余个县直部门的审计监督。局长邢家庭（5月一），副局长丛希青、张军华。

审计成果 完成审计项目56个，查出违规行为金额1244万元，指明要求纠正345万元，收缴财政31万元。完成审计调查项目3个，调查单位17个。提交审计报告、信息24篇。开展经济责任审计22个，查出违规行为金额322万元，应纠正14万元，审计后有19人平调，3人晋升。有内审机构7个，内审人员19人，其中专职人员1人。共审计单位19个，查出损失浪费14万元，纠正违规行为金额24万元，促进增收节支151万元，提出合理化建议29条。（撰稿人：高荣华）

【吴桥县审计局】 现有干部职工32人，设有行政事业审计股、财政金融审计股、企业审计股、投资审计一科、投资审计二科、办公室，负责对全县10个乡镇和54个县直部门的审计监督。局长李强，副局长张庆东、靳国起。

审计成果 完成审计项目59个，查出违规行为金额4651万元，应缴财政70万元，审减投资699万元，提出合理化建议120余条，促其增收节支860万元。其中开展经济责任审计项目33个、33人，查出违规行为金额2072万元。审计后，晋升5人，平调22人，免职5人，移送纪检监察机关1人。提交审计调查报告5份，被上级领导批示两份。提交审计信息、简报16篇，被采用21篇（次）。（撰稿人：张彦光）

【献县审计局】 现有干部职工26人，设有办公室、财政金融审计股、基建外资审计股、行政事业审计股和企业审计股，负责对全县18个乡镇和32个县直部门的审计监督。局长张普江，副局长王保利、苏汉深、卢建明。

审计成果 完成审计项目52个，审计单位102个，查出违纪违规行为金额2640万元，归还原渠道资金184万元，调账处理1959万元，帮助9个单位理顺账目和健全财务管理制度。完成审计调查两个，调查单位30个。提交审计报告、信息32篇，被上级采用12篇。另外，对31名科局级领导干部进行了任期经济责任审计。（撰稿人：张长喜）

【孟村回族自治县审计局】 现有干部职工11人，设有办公室、行政事业财政金融审计股、工交商贸经济责任审计股，负责对全县6个乡镇和24个县直部门的审计监督。

局长杨先锋（3月—）、丁明龙（—3月），副局长邓国兴、杨淑彦，纪检组长王建军。

审计成果　完成审计项目24个，审计单位27个，经济责任审计48个，查出违纪违规行为金额1026万元，决定处理处罚9万元，应缴财政9万元。提交审计报告4份，审计信息简报22篇，被县委、县政府采用、刊载10篇。对中小学教育收费情况的审计调查被省厅评为优秀审计项目。（撰稿人：吴洪忠）

【衡水市审计局】　2002年，共有干部职工35人，其中本科学历10人，大专学历14人，局长张彦和，副局长杜振迎、王立勋、徐寿昌、张兰顺、王金生，纪检组长葛培新。设有办公室、法制科、财政金融审计科、经贸审计科、行政事业社会保障审计科、农业外资与资源环保审计科、固定资产投资审计科、经济责任审计办公室、市经济技术开发区审计特派员办公室。

审计成果　审计单位581个，查出违规行为金额77974万元，归还原渠道资金1218万元，调账处理16420万元，应纠正9134万元，应缴财政3780万元，已交3332万元，查出百万元违规单位54个。提交审计报告、信息576篇，被各级批示、采用300篇。

经济责任审计　开展经济责任审计项目69个，审计经济责任人72人，查出违规行为金额6960万元，应纠正2511万元。审计后平调21人，晋升5人，移送司法机关1人。

内部审计　全市有331个内审机构，其中专职机构175个；内审人员731人，其中专职人员332人。共审计单位763个，查出损失浪费515万元，纠正违规行为金额386万元，促进增收节支804万元。（撰稿人：吴增山）

【衡水市桃城区审计局】　现有干部职工36人，设有办公室、财金审计科、农业审计科、工交审计科、商贸审计科、基建外资审计科和审计服务中心，负责对全区10个乡镇、办事处和38个区直部门的审计监督。局长王保房，副局长周黎明、姚建新，纪检书记宋庆利。

审计成果　完成审计项目22个，审计单位122个，查出违纪违规行为金额6167万元，其中指明要求纠正3124万元，归还原渠道资金2576万元，决定处理处罚58万元；应缴财政58万元；决定被审计单位自缴财政409万元，已交409万元。另外，对20名党政正职及企业法人代表进行了任期经济责任审计。提交审计报告、信息98篇，被采用73篇。预算执行审计和重点企业审计被省厅评为优秀审计项目。（撰稿人：宋庆利）

【冀州市审计局】　现有干部职工24人，设有办公室、行政事业审计科、财政金融审计科、农业外资审计科、经贸审计科、经济责任审计科和基建审计科，负责对全市11个乡镇、67个市直部门和45个企事业单位的审计监督。局长雷洪春，副局长韩来和、周庆煜、李群（8月—），纪检组长方计伏（8月—）。

审计成果　完成审计项目32个，审计单位85个，查出违规行为金额4260万元，应缴财政423万元，已交423万元，归还原渠道资金110万元，调账处理772万元，罚没54万元，指明要求纠正975万元。审核基建预、决算资金3256万元，审减资金231万元。提交审计报告37份，审计信息64篇，被地方党委、政府批示、采用15篇，被各级新闻单位采用49篇。内部审计完成审计单位80个，其中财务收支审计55个，经济效益审计25个。查出损失浪费64万元，促进增收节支72万元，提出建议被采纳51条。（撰稿人：韩朝红）

【深州市审计局】　现有干部职工32人，设有办公室、财政审计科、经贸审计科、行政事业审计科、金融农业外资审计科、投资审计科，负责对全县18个乡镇（区）和46个市直部门的审计监督。局长杨世强，副局长李继宗（4月—）、杨爱平、张占广、王敬华、齐书壮、田小军，纪检组长葛庆波。

审计成果　完成审计项目34个，审计单位71个，查出违规行为金额2526万元，应缴财政121万元。完成审计调查两个，调查单位两个。提交审计报告、信息35篇，被批示、采用15篇。经济责任审计共完成9个科局、5个乡镇、1个企业领导人离任审计。（撰稿人：王燕）

【枣强县审计局】　现有干部职工18人，设有办公室、农工商审计股、经济责任审计股、财政审计股、基建审计股，负责对全县11个乡镇和36个县直部门的审计监督。局长赵金文，副局长王荣、王英法、孟晓峰、包闻华，纪检组长钱文海。

审计成果　完成审计项目14个，审计单位64个，查出违纪违规行为金额5220万元，应缴财政12.3万元，基建审计审减资金61万元。提交审计报告、信息47篇。另外，对13名科级领导干部进行了离任经济责任审计，查出违规行为金额1606万元。（撰稿人：赵金文）

【武邑县审计局】　现有干部职工27人，设有综合办公室、经济责任审计股、基建审计所，负责对全县9个乡镇和40个县直部门的审计监督。局长鲍宝昌，副局长闫印行、翟国章、赵顺兴，纪检组长贺文勇。

审计成果　完成审计项目11个，审计单位39个，查出违规行为金额2004万元，应缴财政74万元，

已交56万元，罚没18万元。完成审计调查1个，调查单位6个。提交审计报告、信息33篇，被批示、采用16篇。完成10名科级干部任期经济责任审计，查出应纠正违规行为金额347万元。有内审指导人员3人，内审机构40个，内审人员83人。（撰稿人：韩文起）

【武强县审计局】 现有干部职工11人，设有财金审计股、经贸审计股、行政事业社会保障审计股、农业审计股、外资审计股、固定资产投资审计股、经济责任审计股、综合审计股，负责对全县6个乡镇和65个县直部门的审计监督。局长张世德，副局长郝日才、高建辉。

审计成果 完成审计项目14个，涉及单位27个，共查出违纪违规行为金额1951万元，应缴财政57万元，已交财政23万元。完成了县领导交办的县重点建设项目——食品城1、3、3A号楼的审计工作，审减基本建设投资114万元。（撰稿人：路国彬）

【饶阳县审计局】 现有干部职工17人，设有办公室、财政金融审计股、工业交通审计股、商业贸易审计股、基建审计中心、经济责任审计办公室，负责对全县8个乡镇（区）和59个县直部门的审计监督。局长李如辉，副局长宋拴榜、刘春壮。

审计成果 完成审计项目15个，审计单位36个，查出违规行为金额1664万元，其中应归还原渠道资金157万元，应调账处理711万元，指明要求纠正27万元，应缴财政44万元，已交44万元。完成审计调查1个，调查单位1个。提交审计报告、信息25篇，被市审计局、县委、县政府批示、采用7篇。（撰稿人：王万雷）

【安平县审计局】 现有干部职工22人，设有办公室、财政金融审计股、行政事业审计股、工交审计股、农业外资审计股、基建审计股（含局下属的基建审计中心）、经济责任审计股，负责对全县8个乡镇和71个县直部门的审计监督。局长边金栋，副局长张占学、刘荣敏、马保东、马建伟。

审计成果 完成审计单位48个，查出违规行为金额4022万元，应缴财政226万元，已交165万元。提交审计报告及信息46篇，被县政府及上级审计机关采用21篇。中小学经费审计调查被省厅评为优秀审计项目。（撰稿人：张亚龙）

【故城县审计局】 现有干部职工31人，设有办公室、农业外资审计科、行政事业基建审计科、财金审计科、经贸审计科、经济责任审计科，负责对全县13个乡镇和65个县直部门的审计监督。局长李秋旺，副局长刘观林、闫炳校、李强，纪检组长王俊红。

审计成果 完成审计项目15个，审计单位32个，查出违规行为金额4513万元，应缴财政50万元，已交50万元。提交审计报告、信息19篇，被上级机关采用、批示18篇。有内审机构8个，内审人员20人，审计单位184个，纠正违规行为金额3万元。（撰稿人：吴兰华）

【景县审计局】 现有干部职工12人，设有办公室、财政金融审计股、行政事业审计股、工商企业审计股、经济责任审计股、基建投资审计股，负责对全县16个乡镇和54个县直部门的审计监督。局长刘振生，副局长马承英、李振瀛、李金重。

审计成果 完成审计项目14个，审计单位36个，查出违规行为金额1773万元，应缴财政174万元，已交174万元。完成审计调查1个，调查单位16个。提交审计报告36份，信息37篇，被上级审计机关、县委、县政府采用16篇。（撰稿人：董维彬）

【阜城县审计局】 现有干部职工29人，设有办公室、财会与农业审计股、经贸与行政事业审计股、固定资产投资与外资审计股、经济责任审计办公室，负责对全县10个乡镇和51个县直部门的审计监督。局长李玉珂，副局长赵金华、梁金洪。

审计成果 完成审计项目20个，审计单位53个，并完成9名科级党政正职领导干部任期经济责任审计。查出违纪违规行为金额893万元，应缴财政100万元，已交83万元，归还原渠道资金89万元。提交审计报告、信息21篇。（撰稿人：梁金洪）

【邢台市审计局】 2002年，共有干部职工72人，其中大专以上学历55人，局长王中山，副局长孙洪钊、董金科、杨正学、周金全，纪检组长董书星。设有财政审计科、金融审计科、固定资产投资审计科、行政事业审计科、社会保险审计科、经贸审计科、农业与资源环保审计科、外资运用审计科、综合科、办公室。

审计成果 完成审计项目739个，查出违规违纪行为金额59314万元，其中，应缴财政1666万元，已交1444万元，归还原渠道资金1109万元，指明要求纠正26519万元。提出合理化建议1062条，被采纳928条；提交审计报告、审计调查报告和审计信息1125篇，被各级党政领导和有关部门批示、采用683篇。

预算执行审计 市县审计机关共开展本级财政预算执行审计186个，查出违规行为金额8577万元，其中部分企业和单位漏、欠税费10357.67万元。

投资项目审计　完成对43个重点投资项目总投资额6629万元的审计，审减工程支出1028万元，审减率达17%。其中，市局通过对一期投资2500万元的市交通指挥中心大楼竣工决算审计，审减工程造价346万元。

经济责任审计　全年共完成经济责任审计项目177个，其中，县级党政领导干部任期经济责任审计两个，科级172个，查出违规违纪行为金额3124万元。（撰稿人：杨同军）

【邢台市桥东区审计局】　现有干部职工7人，设有办公室、综合业务审计股，负责对全区6个乡镇、街道和20个区直部门和区属事业单位的审计监督。局长王和平，副局长刘金红、陈立新。

审计成果　完成审计项目24个，审计单位24个，并完成14名科级干部离任审计，共查出违规行为金额216万元，应缴财政3.2万元。完成审计调查两个，调查单位16个，查出违规行为金额15万元。提交审计报告、信息37篇。（撰稿人：王和平）

【邢台市桥西区审计局】　现有干部职工8人，设有办公室、行政事业审计股、经济责任审计股、投资审计股，负责对全区7个乡镇、街道和33个区直部门的审计监督。局长齐俊青，副局长郭建奎、陈庆河。

审计成果　完成审计项目19个，审计单位49个，领导交办审计项目6个，机构合并和撤并经济责任审计28个。共查出违纪行为金额898万元。提出合理化建议94条，被采纳87条，促进增收节支671万元。提交审计报告、信息61篇，被批示、采用27篇。（撰稿人：王舟）

【南宫市审计局】　现有干部职工15人，设有办公室、财政金融审计股、工商企业审计股、行政事业基建外资审计股、经济责任审计股，负责对全市15个乡镇、街道和48个市直部门的审计监督。局长班寿永，副局长薛金锐、赵川民、李立群、王洪水。

审计成果　完成审计项目37个，市委、市政府交办项目6个，有关部门委托项目4个，查出违纪违规行为金额385万元，其中指明要求纠正137万元，决定处理处罚24万元，应缴财政24万元。提交审计信息40篇，被采用28篇。另外对26名党政机关事业单位主要领导干部进行了任期经济责任审计。（撰稿人：刘殿奎）

【沙河市审计局】　现有干部职工21人，设有办公室、财金审计科、商贸审计科、工交审计科、行政事业审计科、基建审计科、经济责任审计科，负责对全市17个乡镇、街道和70个市直部门的审计监督。局长张长宏，副局长杨书魁、王占杰、彭玉民。

审计成果　完成审计项目86个，查出违规违纪行为金额297万元。提出改进财务管理建议42条，提交审计报告20份，审计意见书86份，审计信息50篇。审计信息被采用或领导批示46篇。教育局局长张更彦任期经济责任审计项目获省厅“审计精品项目”优秀奖。（撰稿人：张赵乡）

【邢台县审计局】　现有干部职工20人，设有办公室、经贸审计股、财金审计股、行政事业审计股、固定资产投资审计股，负责对全县19个乡镇、街道和41个县直部门的审计监督。局长路广德，副局长胡全勇、郑振智。

审计成果　完成审计项目46个，审计单位64个，查出违规行为金额4500万元，应缴财政271万元，已交271万元。完成审计调查3个，调查单位10个。提交审计报告、信息48篇。完成25名科级干部离任经济责任审计，查出违规行为金额830万元。有内审机构12个，内审人员19人。（撰稿人：郭四保）

【临城县审计局】　现有干部职工11人，设有办公室、财政金融审计股、行政事业审计股、商贸审计股和经济责任审计股，负责对全县8个乡镇和81个县直部门的审计监督。局长赵保印，副局长张占群、岳群山、申建辉，纪检组长巨俊生。

审计成果　完成审计项目31个，审计单位31个，参与配合市审计局审计项目3个。共查出违规行为金额4259万元，应缴财政40万元，已交40万元。完成审计调查3个，调查单位9个。提交审计报告44份，审计意见35份，信息16篇，被县委、县政府采用10篇。完成25名科级干部离任经济责任审计。共查出违规行为金额140万元。（撰稿人：路海涛）

【内丘县审计局】　现有干部职工12人，设有综合股、行政事业审计股、企业审计股、经济责任审计股，负责对全县9个乡镇和38个县直部门的审计监督。局长刘琨，副局长胡金岐、郭尽忠，纪检组长赵如双。

审计成果　完成审计项目64个，查出各类违规行为金额1398.61万元，收缴财政25万元。完成审计调查3个。提交审计报告64份，审计调查报告3份，审计信息12篇。（撰稿人：张五辰）

【柏乡县审计局】　现有干部职工9人，设有办公室、财贸审计股和工交审计股，负责对全县10个乡镇、街道和55个县直部门的审计监督。局长赵恒进，副局长贾成法、刘振足。

审计成果　完成审计项目32个，调查项目3个，对县17个党政、事业单位的主要领导干部进行了经济责任审计。查出违规行为金额126万元，已交财政12万元。(撰稿人：赵英奎)

【隆尧县审计局】　现有干部职工16人，设有办公室、行政事业审计股、财政金融企业审计股、经济责任审计股，负责对全县12个乡镇和48个县直部门的审计监督。局长李海军，副局长张晓章、李景平、巩少华、陈泽生、张振造。

审计成果　完成审计项目29个，审计单位29个，查出违规行为金额865万元，已交财政48.6万元。完成审计调查两个，调查单位4个。提交审计报告、信息36篇。完成领导干部任期经济责任审计22个，查出违规行为金额478万元。(撰稿人：张彩霞)

【任县审计局】　现有干部职工21人，设有办公室、工交企业审计股、财贸审计股、行政事业审计股、固定资产投资审计股，负责对全县6个乡镇和77个县直部门的审计监督。局长鲁成果，副局长黄进程、孙建国、邓建敏、王书坤。

审计成果　完成审计项目16个，审计单位83个，共查出各种违纪违规行为金额2449万元，增加财政收入66万元，节约支出111万元，归还原渠道资金368万元，指明要求纠正2014万元。提交审计报告46份，审计信息14篇，完成乡局级干部离任审计38人。提交审计征求意见书286份，承诺书1300份，审计宣传资料1100余篇，解答咨询186人次。(撰稿人：杜娟)

【南和县审计局】　现有干部职工15人，设有办公室、财政金融审计股、行政事业审计股和工交商贸审计股，负责对全县11个乡镇、街道和36个县直部门的审计监督。局长冯金镯，副局长张秀林、程书进、孙立新。

审计成果　完成审计项目56个，查出违纪违规行为金额480万元，提出改进财务管理建议36条。提交审计报告12份，审计意见书56份，审计信息62篇。审计信息被采用或领导批示29篇。县电力局财务收支审计项目获省厅“审计精品项目”优秀奖。(撰稿人：王科强)

【宁晋县审计局】　现有干部职工35人，设有秘书股、行政事业审计股、财金审计股、工建交审计股、经济责任审计股，负责对全县16个乡镇和87个县直部门的审计监督。局长赵存明，副局长王丙志、王清芳、张志国。

审计成果　完成审计单位68个，查出违规行为金额10540万元，其中已交财政33万元，归还原渠道资金38万元，调账处理219万元，指明要求纠正456万元。提交审计报告、审计调查报告和审计信息68篇，被上级党政领导批示及有关部门采用共计36篇。(撰稿人：赵日晓)

【巨鹿县审计局】　现有干部职工13人，设有财金审计股、行政事业审计股、工交审计股、经济责任审计股和秘书股，负责对全县10个乡镇和27个县直部门的审计监督。局长任福昌，副局长薄义普、贾雪英、程兴春。

审计成果　完成审计项目56个，查出违规行为金额863万元，指明要求纠正599万元，决定处理处罚264万元，应缴财政21万元。提交审计报告9份，审计结果报告22份，信息两篇，审计意见书22份。(撰稿人：孟庆福)

【新河县审计局】　现有干部职工9人，设有办公室、行政事业审计股、财金审计股，负责对全县6个乡镇和49个县直部门的审计监督。局长史廷占，副局长吴晋水、刘宁安，纪检组长程国福。

审计成果　完成审计项目47个，查出违纪行为金额549万元，其中应缴财政3万元。提交审计报告15份，被县领导批复8份。(撰稿人：宋北红)

【广宗县审计局】　现有干部职工18人，设有办公室、工交财贸审计股、行政事业审计股、经济责任审计股、审计复核股，负责对全县8个乡镇和28个县直部门的审计监督。局长肖书春，副局长陈培印、李泽坦。

审计成果　完成审计项目63个，审计单位78个，查出违纪违规行为金额3365万元，其中指明要求纠正3346万元，决定处理处罚19万元，应缴财政19万元。提交审计报告63份，审计信息18篇，被市审计局和县委、县政府采用8篇。(撰稿人：赵月兰)

【平乡县审计局】　现有干部职工12人，设有办公室、工业交通审计股、财政金融审计股、固定资产投资审计股、经济责任审计股，负责对全县7个乡镇和60个县直部门的审计监督。局长赵兰云，副局长朱占所、王秀君，纪检室主任赵民。

审计成果　完成审计项目62个，查出违纪违规行为金额1100万元，应缴财政14.9万元。完成经济责任审计30个，向领导提交审计结果报告30份，审计汇报1篇。(撰稿人：王振勇)

【威县审计局】 现有干部职工13人，设有办公室、财金审计股、工建交审计股和行政事业审计股，负责对全县16个乡镇和63个县直部门的审计监督。局长陈跃华，副局长李炳兴、曲贵田、张文勇。

审计成果 完成审计项目66个、89个单位，查出违纪违规行为金额1692万元，其中指明要求纠正1668万元，决定处理处罚24万元，应缴财政24万元。提交审计报告94份，审计意见94份。审计信息6篇，简报两篇，被县委、县政府采用4篇。另外，对34个单位的局级主要领导干部进行了任期经济责任审计。(撰稿人：孙关双)

【清河县审计局】 现有干部职工17人，设有办公室、审计业务股，负责对全县26个乡镇（办）和108个县直部门的审计监督。局长任方科，副局长谢寅冬、王玉瑞。

审计成果 完成审计单位（项目）79个，查出违规行为金额2931万元，应缴财政109万元。完成审计调查3个。提交审计信息15篇，被上级审计机关采用7篇。另外，共对17名党政机关的主要领导干部进行了任期经济责任审计。（撰稿人：张连保）

【临西县审计局】 现有干部职工12人，设有办公室、经贸金融审计股、行政事业审计股，负责对全县15个乡镇（办）和75个县直部门的审计监督。局长王其华，副局长王书平、常春玉。

审计成果 完成审计项目33个，审计单位59个，县委、政府交办审计事项12个，查出违规行为金额1458万元，应缴财政49万元，已交11万元。完成审计调查两个，调查单位17个。提交审计报告、信息5篇。还对10名行政事业单位、乡镇企业的主要领导干部和领导人员进行了离任经济责任审计。（撰稿人：常春玉）

【邯郸市审计局】 2002年，共有干部职工73人，其中本科学历33人，大专学历32人，局长杨志臣（6月—）、张书海（—6月），副局长安玉明、冯伟力、杨忠、马明考、周平、张同义。设有机关党委、办公室、人事教育处、监察室、法规处、行政事业审计处、财政金融审计处、农业与资源环保审计处、经贸审计处、社会保障审计处、外资运用审计处、固定资产投资审计处、经济责任审计办公室。

审计成果 审计单位80个，查出违规行为金额12054万元，应交财政935万元，已交513万元，减少财政拨款或补贴375万元，归还原渠道资金2929万元，调账处理2813万元，向纪检等部门移送案件3起。提交审计报告55份、信息和简报335篇，被采用135篇。被省审计厅评为“审计精品项目”1个和优秀审计项目4个。

经济责任审计 开展经济责任审计项目23个，对23名县级领导干部进行了任期经济责任审计，查出违规行为金额447万元。

内部审计 市直部门有内审机构74个，其中专职机构41个；内审人员294人，其中专职人员224人。共审计单位756个，查出损失浪费127万元，纠正违规行为金额83万元，提出建议并被采纳216条，促进增收节支268万元。(撰稿人：靳志新)

【邯郸市丛台区审计局】 现有干部职工7人，设有办公室、行政事业审计股和财政企业审计股，负责对全区1个乡和22个区直部门的审计监督工作。局长武海燕（6月—）、耿玉芳（—6月），副局长赵喜民。

审计成果 完成审计项目9个，审计单位13个，查出违规违纪行为金额288万元，应缴财政36万元，已交11万元。完成审计调查两个，调查单位5个。提交审计报告、信息18篇。完成4名科级干部离任经济责任审计，查出违规行为金额803万元。有内审机构1个，内审人员两人。(撰稿人：郭晓琳)

【邯郸市邯山区审计局】 现有干部职工11人，设有综合科、业务科、经济责任审计办公室，负责对全区12个乡镇、街道和19个区直部门的审计监督。局长刘海波，副局长侯长江、李海军。

审计成果 完成审计项目20个，审计单位33个，查出违规行为金额452万元，应缴财政10万元，已交10万元。完成审计调查两个，调查单位15个。提交审计报告、信息50篇，被各级内刊和新闻单位采用39篇。完成14名科级干部离任经济责任审计，查出违规行为金额258万元。有内审机构10个，内审人员28人。滏东街道办事处财务收支审计被评为全省优秀审计项目。（撰稿人：王清华）

【邯郸市复兴区审计局】 现有干部职工8人，设有行政事业审计科、工建交审计科、商贸审计科和办公室，负责对全区1个乡和21个区直部门的审计监督。局长霍际华，副局长王万国、高铁成。

审计成果 完成审计项目10个，审计单位16个，查出违规行为金额97万元，应缴财政5万元，促进增收节支12万元。审计调查两个，调查单位两个。提交审计报告、信息被上级机关及新闻单位采用12篇。有内审机构两个，内审人员5人。(撰稿人：任利华)

【邯郸市峰峰矿区审计局】 现有干部职工15人，设有办公室、财金贸审计科、行政事业审计科、工建交审计科、基建投资审计科，负责对全区9个乡镇和79个区直部门的审计监督。局长张文玲，副局长陈喜明、杨增书，纪检组长东妙华。

审计成果 完成审计项目8个，审计单位49个，查出违规行为金额7319万元，应缴财政15万元，已交15万元。完成审计调查1个，调查单位8个。提交审计报告、信息33篇。完成37名科级干部离任经济责任审计，查出违规行为金额2685万元。有内审机构29个，内审人员41人。财政预算执行审计被评为全省优秀审计项目。（撰稿人：东妙华）

【武安市审计局】 现有干部职工30人，设有办公室、财政金融审计科、经贸审计科、行政事业审计科、基建审计科、经济责任审计办公室、法制科、内部审计协会，负责对全市22个乡镇和55个市直部门的审计监督。局长李海洲（6月—）、连世荣（—6月），副局长朱德生、徐金柱，纪检组长史增叶。

审计成果 完成审计项目74个，查出违规行为金额2180万元，指明要求纠正6938万元，应缴财政67万元，已交67万元。查出经济案件线索4件，已移交纪检部门立案查处。查出7个“小金库”，涉及金额380万元。提交审计报告、信息及经验性材料被上级部门批示、刊物采用26篇。有内审机构30个，内审人员45人。（撰稿人：韩宪伟）

【邯郸县审计局】 现有干部职工18人，设有办公室、财政金融审计科、行政事业审计科和经贸审计科，负责对全县11个乡镇、两个社区和48个县直部门的审计监督。局长张建荣，副局长徐建民、石建民。

审计成果 完成审计项目10个，审计单位36个，查出违规行为金额1100万元，应缴、已交财政58万元。完成审计调查1个，调查单位1个。提交审计报告、信息42篇。完成15名科级干部调任经济责任审计，查出违规行为金额408万元。向司法机关和纪检监察部门移送经济案件线索两件。有内审机构4个，内审人员20人。财政预算执行审计被省厅评为审计项目精品。（撰稿人：李凯）

【临漳县审计局】 现有干部职工16人，设有办公室、财政金融贸易审计股、行政事业审计股和工业交通基建审计股，负责对全县14个乡镇和22个县直部门的审计监督。局长胡忠文，副局长冯学有、袁凌海、孔令海，纪检组长李清泉。

审计成果 审计单位86个，查出违纪违规行为金额4674万元，应缴财政23万元，已交19万元。帮助4个企业核销不良贷款591万元，审减7个基础建设工程结算366万元。完成审计调查1个，调查单位5个。提交审计报告、信息16篇。有内审机构6个，内审人员17人。（撰稿人：徐雷）

【成安县审计局】 现有干部职工26人，设有办公室、综合科、财政金融审计科、行政事业审计科、企业审计科、经济责任审计办公室、建设项目审计中心，负责对全县9个乡镇和59个县直部门的审计监督。局长李志强，副局长董振山、窦秀芹，纪检组长杨保金。

审计成果 审计单位46个，查出违纪违规行为金额1446万元，应缴已交财政79万元。查出并移送经济案件线索两件，审计调查1个，调查单位15个。提交审计报告、信息56篇。完成17名科级领导干部任期经济责任审计，查出违纪违规行为金额373万元。有内审机构15个，内审人员70人。（撰稿人：靳希）

【大名县审计局】 现有干部职工13人，设有办公室、工业基建交通审计股、财政金融贸易审计股、行政事业审计股、经济责任审计办公室，负责对全县20个乡镇和60个县直部门的审计监督。局长申坤峰，副局长张保祥、张希勇、李晓岭，纪检组长魏艳。

审计成果 审计单位56个，查出违纪违规行为金额1869万元，应缴财政45万元。审计调查两个，调查单位14个。提交审计报告、信息14篇。对28名科级领导干部进行了任期经济责任审计，其中移交司法机关1人，查出违纪违规行为金额350万元。有内审机构10个，内审人员30人。（撰稿人：张保祥）

【涉县审计局】 现有干部职工14人，设有办公室、行政事业审计科、财政金融贸易审计科、工业交通审计科、基本建设审计科，负责对全县17个乡镇和73个县直单位的审计监督。局长秦茂生，副局长王和平、侯彦红、陈和平。

审计成果 审计单位40个，查出违纪违规行为金额13835万元，追回被侵占挪用资金350万元，应缴财政60万元，已交60万元。向县纪委移送经济案件1起，10人受党纪政纪处分。审计调查两个，调查单位25个。提交审计报告、信息35篇，被采用26篇。对18名党政领导干部进行了任期经济责任审计，查出违纪违规行为金额850万元。有内审机构19个，内审人员19人。（撰稿人：杨建军）

【磁县审计局】 现有干部职工56人，设有办公室、经济贸易审计股、财政金融审计股、行政事业审计股、经济责任审计股、文教卫生审计股、基建审计股，负责对全县19个乡镇、102个行政事业单位和36个国有及控股企业的审计监督。

局长姚明春（8月—）、郭好良（—8月），副局长王志平、李海明、杨建蕊，纪检组长杨文义。

审计成果 审计单位59个，查出违规行为金额1839万元，应缴财政114万元，已交114万元。审计调查1个，调查单位15个。提交审计报告、信息44篇。完成28名科级干部任期经济责任审计，查出违规行为金额186万元。有内审机构11个，内审人员59人。（撰稿人：刘秀林）

【肥乡县审计局】 现有干部职工15人，设有办公室、财政金融贸易审计科、工业建筑交通审计科、行政事业审计科及经济责任审计办公室，负责对全县9个乡镇和19个县直部门的审计监督。局长郭书文（7月—）、逯尚林（—7月），副局长刘志安、王国社、孙月明，纪检组长孔祥华。

审计成果 审计单位43个，查出违规行为金额1870万元，减少财政拨款39万元，挽回经济损失32万元，应缴财政70万元，已交65万元。审计调查1个，调查单位8个。提交审计报告20份，信息10篇。完成科级干部离任经济责任审计22个，查出违规行为金额200余万元。有内审机构5个，内审人员10人。（撰稿人：孔祥华）

【永年县审计局】 现有干部职工22人，设有办公室、工业交通基建审计科、财政金融审计科、行政事业审计科和经济责任审计办公室，负责对全县20个乡镇和168个县直部门和单位的审计监督。局长蒲志安，副局长武庆修、陈志平、刘现恩。

审计成果 审计单位47个，查出违规行为金额1200万元，应缴财政98万元，追还被侵占挪用资金180万元，审减建设项目结算300万元，查出两起经济案件移交纪检监察机关立案查处。提出审计建议100多条，促进增收节支500余万元。提交审计报告、信息81篇，被各级机关及刊物采用41篇。有内审机构22个，内审人员66人。（撰稿人：张增民）

【邱县审计局】 现有干部职工17人，设有办公室、工交财金审计科、行政事业审计科和经济责任审计中心，负责对全县7个乡镇和72个县直部门的审计监督。局长邢俊杰，副局长郭风江、杨兴华，纪检组长王振升。

审计成果 审计单位69个，查出违规行为金额1244万元，应缴财政35万元，已交35万元。完成审计调查两个，调查单位5个。提交审计报告、信息69篇。按照审计结果，有1人被有关部门给予党政纪处分，两人被追究刑事责任。有内审机构10个，内审人员21人。（撰稿人：岳书奇）

【鸡泽县审计局】 现有干部职工12人，设有办公室、综合审计股，负责对全县7个乡镇和90个县直部门的审计监督。局长高中年，副局长程希方、贾敬山、张庆寿。

审计成果 审计单位31个，查出违规行为金额2218万元，应缴财政48万元，已交48万元。完成审计调查1个，调查单位1个。提交审计报告、信息46篇。完成21名科级干部经济责任审计，查出违规行为金额580万元。有内审机构9个，内审人员24人。（撰稿人：黄龙璧）

【广平县审计局】 现有干部职工22人，设有办公室、综合审计股、审计咨询股，负责对全县7个乡镇和46个县直部门的审计监督。局长李治斌，副局长周庆彬、焦法玉。

审计成果 审计单位46个，查出违规行为金额862万元，应缴财政21万元，已交21万元。审计调查1个，调查单位16个。提交审计报告、信息39篇。完成23名科级干部经济责任审计，查出违规行为金额171万元。有内审机构8个，内审人员8人。（撰稿人：李道刚）

【馆陶县审计局】 现有干部职工9人，设有行政事业审计股、财金审计股、经贸审计股和办公室，负责对全县8个乡镇和50个县直部门的审计监督。局长张志栋，副局长穆宪河、陈伟，纪检委员刘新利。

审计成果 完成审计单位62个，查出违规违纪行为金额2356万元，指明要求纠正685.6万元，应缴财政81.9万元，配合纪检、监察、司法机关查处经济案件4起。审计调查1个，调查单位1个。提交审计报告、信息69篇，被采用36篇。提出审计建议35条，帮助12个单位建章立制。有内审机构5个，内审人员11人。（撰稿人：郭庆山）

【魏县审计局】 现有干部职工16人，设有办公室、经济责任审计办公室、行政事业与基建审计股、财政金融贸易审计股，负责对全县21个乡镇和87个县直部门的审计监督。局长常延年（7月—）、牛明秀（—7月），副局长赵文海、赵书林、贾玉振，纪检组长陈玺。

审计成果 审计单位86个，查出违规行为金额2950万元，应缴财政126万元，已交126万元。审计调查1个，调查单位15个。提交审计报告、信息126篇。完成72名科级干部离任经济责任审计，查出违规行为金额2500万元。有内审机构两个，内审人员8人。（撰稿人：薛付河）

【曲周县审计局】 现有干部职工13人，设有办公室、工建交审计股、财金贸审计股和行政事业审计股，负责对全县10个乡镇和43个县直部门的审计监督。局长张继堂，副局长赵付安、徐敬河，纪检组长李贵民。

审计成果　完成审计项目16个，审计单位44个，查出违纪违规行为金额1623万元，追还被挪用资金330万元，促进增收节支360万元，应缴财政45万元，已交45万元。提交审计报告、信息72篇，被各级采用15篇。移送经济案件3起，受党政纪处分4人，追究刑事责任1人。完成23名科（局）级干部经济责任审计，查出违规行为金额254万元。有内审机构6个，内审人员16人，审计单位25个，提出建议32条，促进增收节支120余万元。（撰稿人：冯利民）

山西省

【山西省审计厅】　2002年，山西省审计厅定编144人，在编143人。厅机关设有办公室、法制处、财政审计处、金融审计处、行政事业审计处、工商企业审计处、农业环保审计处、社会保障审计处、经济责任审计处、投资审计处、外资运用审计处、人事教育处、离退休人员管理处、机关党委、纪检监察室。同时设有发展计划审计处、经济贸易审计处、政法审计处、经济执法审计处、农林水审计处、科教文卫审计处、建设交通审计处、人事劳动民政审计处、旅游外事审计处、党群审计处等派出审计处。另设有审计科学研究所、计算机技术中心、机关后勤服务中心、审计干部培训中心等直属事业单位。

领导成员

厅　　长：魏德卿

副 厅 长：石维景　潘学林

　　　　　郝志远

纪检组长：涂国强

总审计师：杨光照

山西省审计成果　全年共完成29个审计项目，审计单位7341个，查出各类违纪违规行为金额108.77亿元，其中：收缴各级财政8.73亿元，归还原渠道资金8.33亿元，罚款1.01亿元，指明要求纠正49.67亿元。向司法机关和纪检监察部门移送各类违法犯罪案件或线索455起（件）。

预算执行审计　全省131个审计机关对同级财政预算执行情况进行了审计，并按法定程序向本级人民政府提交了审计结果报告，代表政府向本级人大常委会做了工作报告。全省各级审计机关重点审计了2227个一级预算单位，共查出违反财政制度金额27.39亿元，可增加财政收入3.94亿元。表现在三个方面：

一是拓宽了审计领域。在对重点资金、重点部门、重要环节全面审计的基础上，注重向二、三级单位延伸，消除了审计死角和审计盲点，摸清了财政收支的家底，揭露出当前财经领域内带有普遍性、倾向性、典型性的突出问题。

二是财政审计的建设性作用得到有效发挥。全省审计机关在预算执行审计中，不仅注重查错纠弊，还注重发现政策执行不到位，预算管理不规范，以及法规制度不完善等问题。把揭露问题与促进改革、完善制度结合起来，收到了较好的效果。

三是整改措施落实率显著提高。省本级预算执行审计发现14个部门的22个问题，整改落实率达80%。通过审计，补缴预算收入4760万元，追还被侵占挪用资金2289万元，拨付专项资金24598万元，补记账外固定资产和办理资产移交手续5240万元。

财政决算审计　共查出违反财政制度金额28.19亿元，可增加财政收入7.92亿元，应退还被侵占挪用资金1.77亿元，收缴审计罚款1310万元。其中：省厅对6个市、35个县2000～2001年度财政决算的审计，查出违规行为金额20.07亿元，可增加财政收入6.7亿元，直接收缴的违纪款、罚款达5224万元。在严格实行“收支两条线”、优化支出结构、加快政府职能转变、深化财政体制改革等方面揭示了一些深层次的问题，提出了有针对性的建议。

金融审计　全省各级审计机关按照审计署的统一部署，开展了对全省农业发展银行100个机构的资产、负债、损益审计，完成对568个城乡信用社资产、负债、损益和省本级财政委托贷款资金的审计。针对查出的问题，根据审计署下发的处理原则，进行了认真处理。

企业审计　适应新的形势，企业审计的重点逐步向经济责任审计转移，在审计中以企业会计报表为总揽，以资本运动的轨迹为主线，以企业集团总部为龙头，重点审计评价会计信息的真实性、重大经济决策失误给企业造成的危害、资产质量状况，同时对企业领导人员执行国家有关法律法规政策的情况做出评价，取得了初步成效。在审计地方企业的同时，积极开展对全省经济社会发展影响较大的电信等中央企业的审计，拓宽了审计面。企业审计与专项资金审计相结合，拓宽覆盖面，监控重点缴费大户，加大了专项资金的收缴力度，有力地支持了重点建设。

投资、外资审计　对农村电网、城市电网改造与建设的审计和大运高速公路的审计，有力地支持和促进了重点工程建设。全省共审计16个世行、亚行贷款项目，向省政府及国际金融组织提交了审计报告。根据审计意见，促使14个项目单位回补资金12.72亿元。

专项资金审计　按照审计署的

统一部署，全省统一组织了对城建资金、国土资金、扶贫资金、农业综合开发资金、社会保障资金等12个审计及审计调查。发现了专项资金征收、管理、分配、使用中的一些普遍性、倾向性问题。

经济责任审计 根据中办、国办两个《暂行规定》和省委、省政府、审计署的要求，各级审计机关普遍健全了机构、完善了制度，实行了“县级以下抓普及，县级以上抓试点，企业审计抓扩面”的方法，全省经济责任审计工作有了新的进步。全省共完成对2381名领导干部的经济责任审计。各级党委和有关部门加强了对审计结果的运用。经审计，有794人被平调，96人被晋升，122人被免职，19人被降职，3人被撤职。

审计质量 全省各级审计机关普遍开展了以规范审计行为、加大审计执法力度为重点的“审计质量年”活动，各级审计机关和广大审计人员在审计中既重视财政、财务收支真实性、合法性、效益性审计，又注重从宏观上进行深入细致的分析研究，向各级政府和有关部门提交了一批较高质量的专题报告和综合报告，针对经济领域中的“热点”、“难点”问题，提出了很多好的意见和建议，实现了“一项审计、多项成果”，使审计意见渗透到决策领域，受到各级领导的肯定与表扬。（撰稿人：孙权孝）

【太原市审计局】 2002年，共有干部职工134人，其中本科学历38人，大专学历71人，局长戴天，副局长牛耀岐、刘蓉华、张亮元，纪检组长柳庆元。设有办公室、人事教育处、法制处、财政审计处、金融审计处、行政事业审计处、工商企业审计处、农业环保审计处、国有资产投资审计处、社会保障审计处、外资运用审计处、经济责任审计分局、党群审计处、社会和经济发展审计处、政法审计处、文教科卫审计处、城建审计处、经贸审计处、机关党委、监察室（纪检组）、离退休人员管理处。

审计成果 共完成26个审计项目，审计单位523个，查出违纪违规行为金额37101万元，已交财政6029万元，移送违法犯罪案件线索8件。对15个城乡信用社审计，查出各类违纪违规行为金额22035万元。经济责任审计稳步推进，市局还成立了经济责任审计分局。

在全市审计系统开展了“审计质量年”活动，制定和完善了各项规章制度20多项，初步形成了审计质量控制体系和审计工作考核体系。（撰稿人：郭丽萍）

【太原市杏花岭区审计局】 现有干部职工16人，设有办公室、行政事业审计科、综合审计科，负责对全县3个乡和51个区直部门的审计监督。局长董建华，副局长白秀玲、黄涛。

审计成果 完成审计项目10个，审计单位50个。其中，对市房改办及其下属单位进行清产核资审计，审计资金总额148亿元，查出违纪行为金额4亿元，已追回经济损失近1亿元，移交司法部门案件4起；对区属单位审计中，查出违规行为金额179万元，应缴财政15万元。提交审计报告25份，审计信息21篇，被各级审计机关采用16篇。对1个综合集贸市场改造工程项目审计，核减资金支出97.87万元。另外，对17名领导干部进行了经济责任审计，经济责任审计项目被省厅评为优秀审计项目。（撰稿人：杨晓燕）

【太原市小店区审计局】 现有干部职工19人，设有办公室、财政金融审计科、行政事业审计科、工商企业审计科和农业审计科，负责对全区3个乡镇、6个街道和38个区直部门的审计监督。局长郭建生，副局长常福珍，王景。

审计成果 审计单位112个，查出违纪违规行为金额684.3万元，应缴财政8万元，已交5.5万元。完成审计调查两个，调查单位8个。提交审计报告和信息10篇。经济责任审计，查出违纪行为金额105.5万元，应缴财政1.5万元。（撰稿人：张永平）

【太原市迎泽区审计局】 现有干部职工18人，设有行政事业审计科、企业审计科、综合审计科、财政审计科、办公室，负责对全区1个乡镇和54个区直部门的审计监督。局长薛晓明，副局长马笑宣、赵玉宏。

审计成果 完成审计项目13个，审计单位28个，查出违纪违规行为金额267万元，应缴财政29万元，已交14万元。完成审计调查1个。提交审计报告14份，审计意见28份，信息25篇，有7篇论文分别被《中国审计》等刊物采用。市振隆百货商店1996～2000年财务收支审计被评为全省优秀审计项目。在对4名领导干部进行的任期经济责任审计中，查出违规行为金额94.97万元。移送案件1起。（撰稿人：解丽萍）

【太原市尖草坪区审计局】 现有干部职工11人，设有办公室、工商企业审计科、行政事业审计科、基本建设审计科和综合审计科，负责对全市5个乡镇和9个街道的审计监督。局长梁跃波（3月—）、康杰（—3月），副局长秦秋香、曹建明。

审计成果 完成审计项目10个，审计单位58个，查出违纪违规行为金额737.83万元，应缴财政353.09万元，已交353.09万元。提交审计综合报告5份。完成对4名领导干部任期经济责任审计，查出违纪违规行为金额12.9万元，已交财政0.4万元。（撰稿人：李敏）

【太原市万柏林区审计局】 现有干部职工11人，设有办公室、经济责任审计科、行政事业审计科和基建审计科，负责对全区3个乡镇、13个街道及56个区直部门的审计监督。局长王跃礼，副局长苏颖、詹瑛。

审计成果 审计项目9个，审计单位104个，查出违纪违规行为金额436万元，应缴财政29万元。提交审计结果报告1份、审计工作报告37份，审计意见66份，被采用审计信息37篇。对化客头乡新道村1995～2000年财务收支审计被评为全省优秀审计小组。另外，对36名任职期满的领导干部进行了离任经济责任审计。（撰稿人：郝文芳）

【太原市晋源区审计局】 现有干部职工7人，设有办公室、计划统计科、审计一科、审计二科，负责对全区3个街道、3个乡镇和48个区直部门的审计监督。局长贺玉花，副局长张转荣。

审计成果 完成审计项目9个，审计单位22个；完成审计调查1个，查出违规行为金额892万元，指明要求纠正436万元，应缴财政12万元。提交审计报告两份，审计意见22份，审计信息30篇，论文3篇，被采用29篇（次）。（撰稿人：王艳琴）

【古交市审计局】 现有干部职工15人，设有办公室、企业审计科、行政事业审计科、基本建设审计科和综合审计科，负责对全市14个乡镇和29个市直部门的审计监督。局长张安亮，副局长杨国平、裴国清。

审计成果 完成审计和审计调查项目13个，77户（次），查出违规行为金额2952.8万元，核减基建投资额83.3万元，查出漏提漏交税金22.15万元，查出少提煤炭专项基金45万元，应缴财政333.3万元，已交49.8万元。提交审计综合报告、专项报告和审计信息24篇。此外，完成了9名领导干部任期经济责任审计。（撰稿人：徐熔）

【清徐县审计局】 现有干部职工11人，设有办公室、工商企业审计科、财政金融审计科和基本建设审计科，负责对全市9个乡镇和100个县直部门的审计监督。局长左小春，副局长刘建昌、丁志萍。

审计成果 完成审计和审计调查项目9个，30余户，完成16名行政事业单位和市直国有企业负责人的任期经济责任审计。共查出违规行为金额232万元，建议调账处理108万元，应缴财政45万元，已交27万元。提交审计综合、专项报告和审计信息29篇。（撰稿人：梁向荣）

【阳曲县审计局】 现有干部职工10人，设有办公室、财政审计科、事业审计科和经济责任审计科，负责对全县10个乡镇和60多个县直部门的审计监督。局长张贵文，副局长尹润卿。

审计成果 完成审计和审计调查项目11个，审计单位45个，查出违规行为金额676万元，应缴财政67万元，已交37万元。完成审计调查两个，调查单位12个。提交审计报告和信息18篇。完成7名科级干部离任经济责任审计，查出违规行为金额262万元。（撰稿人：张贵文）

【娄烦县审计局】 现有干部职工15人，设有办公室，行政事业审计科、企业审计科、财政基建审计科和审计事务所，负责对全县8个乡镇和43个县直部门的审计监督。局长强月庆，副局长周海富、李守让、张叶青。

审计成果 完成审计项目8个，审计单位52个，查出各类违纪违规行为金额923.94万元，决定处理处罚4.63万元，归还原渠道资金438.95万元，应缴财政21万元。完成经济责任审计项目9个。决定处理处罚25.61万元。提交审计报告18份，审计信息两篇，被采用两篇。（撰稿人：周海富）

【大同市审计局】 2002年，共有干部职工119人，其中本科学历26人，大专学历69人，副局长康巨文、郭生明、史祥瑞、李恒、曹锦、王勇（12—），纪检组长石文泽。设有办公室、财政审计科、金融审计科、行政事业审计科、工商企业审计科、经济责任审计科、社会保障审计科、固定资产投资审计科、农业环保审计科、外资运用审计科、政法审计科、经济执法审计科、发展计划经济贸易审计科、农林水审计科、科教文卫审计科、城建交通审计科、党政群审计科、法规科、人事教育科、机关党委办公室、监察室。

审计成果 审计81个项目（单位），查出违法违规行为金额10.18亿元，应缴财政1.14亿元，归还原渠道资金3540万元；移交案件线索16件。

预算执行情况审计 对市直22个一级预算单位及所属84个二、三级预算单位进行了审计，查出违纪违规行为金额1.89亿元，收缴4362万元；决定处以审计罚款422万元。

扶贫资金审计 对市属4个国定贫困县1999～2001年扶贫资金进行了审计，查出违纪违规行为金额3175万元，移交纪检部门案件线索7件8人。

社会保障审计　对全市及11个县区城镇职工养老保险基金进行了审计。受省审计厅委托，对大同煤炭集团1999～2001年企业职工“三金”进行了审计，收缴失业保险基金2000万元。

企业审计　对大同铁路分局等4个企业2001年财务收支进行了审计，查出违纪违规行为金额5.6亿元，收缴2675万元，处以审计罚款50万元。对山西省电信公司大同分公司2000～2001年度财务收支进行了审计。查出违纪违规行为金额9076万元，归还原渠道资金418万元，调整有关账目4556万元，处以审计罚款298.71万元。对市第五人民医院2000年度财务收支进行了审计。决定处以审计罚款289.88万元，移交案件线索1件。

经济责任审计　对5名领导干部进行了经济责任审计，移送纪检监察机关4人，其中1人被撤职、给予留党察看一年的处分。（撰稿人：徐景秀）

【大同市城区审计局】　现有干部职工13人，设有办公室、行政事业审计股、工商基建审计股、经济责任审计股和法规股，负责对全区14个街道和46个区直部门的审计监督。局长胡民，副局长朱鹏飞、裴建英。

审计成果　完成审计项目17个，审计单位22个，查出违纪违规行为金额1073万元，决定自理处罚76万元，应缴财政56万元。完成审计调查两个，调查单位7个。提交审计报告17份，审计意见17份，审计信息两篇。另外，对14名党政领导干部进行了任期经济责任审计。（撰稿人：宫瑞华）

【大同市矿区审计局】　现有干部职工10人，设有办公室、经济责任审计股、行政事业审计股、工商企业审计股，负责对全区24个街道和127个区直部门的审计监督。局长胡富，副局长孙有、管海花，纪检组长张进平。

审计成果　审计单位51个，查出违规行为金额4491万元，应缴财政408万元，已交286万元。提交审计报告29份，信息及调研报告10篇，被采用3篇。另外，对24个单位、33人进行了经济责任审计，查出违规行为金额333万元，查出个人存在经济问题22人。审计后，两人晋升，28人平调，1人免职，移送纪检监察机关两人。（撰稿人：管海花）

【大同市南郊区审计局】　现有干部职工17人，设有办公室、工商企业审计股和财政金融审计股，负责对全区10个乡镇和69个区直部门的审计监督。局长李森林，副局长潘振建、贾利军。

审计成果　完成审计项目18个，审计单位55个，经济责任审计项目4个。查出违纪违规行为金额2236万元，应缴财政506万元，已交29万元。提交信息3篇，全被市审计局采用。（撰稿人：韩艳琴）

【大同市新荣区审计局】　现有干部职工13人，设有办公室、行政事业审计股、工商审计企业股，负责对全区7个乡镇和32个区直部门的审计监督。局长张永胜，副局长孟文元、刘文学、张明。

审计成果　完成审计项目22个，审计单位39个，查出违规行为金额1773万元，应缴财政46万元，已交31万元。提交审计报告23篇。（撰稿人：刘文学）

【阳高县审计局】　现有干部职工13人，无内设科室，负责对全县13个乡镇和70个县直部门的审计监督。局长唐生明，副局长曹富裕、杨清原，纪检组长尉元祥。

审计成果　完成审计项目11个，审计单位106个。查出违纪违规行为金额1700万元，其中决定处理处罚427万元，指明要求纠正1593万元，应缴财政63万元。提交审计报告68份，审计信息8份，审计简报5份。对22名党政、企业主要领导干部进行了任期经济责任审计。（撰稿人：王国英）

【天镇县审计局】　现有干部职工12人，设有办公室、法规股、财政金融审计股、行政事业审计股、工商企业审计股、固定资产投资审计股，负责对全县11个乡镇和93个县直部门的审计监督。局长宋德宝，副局长赵密、李万盛，纪检组长原润娥。

审计成果　审计35个单位，查出违纪违规行为金额1531万元，应缴财政311万元，已交138万元。提交审计报告17份，信息18篇，被采用7篇。另外，对8名领导干部进行了任期经济责任审计。（撰稿人：刘文学）

【广灵县审计局】　现有干部职工17人，设有办公室、行政事业与社保审计股、财政审计股、金融与固定资产投资审计股、城建交通审计股、经济贸易审计股、农业环保审计股、经济责任审计股，负责对全县9个乡镇和76个县直部门的审计监督。局长王成禹，副局长高尚智、刘利民，纪检组长蔡贵。

审计成果　完成审计项目35个，审计单位34个，共查出违纪违规行为金额170万元。（撰稿人：王绍喜）

【灵丘县审计局】　现有干部职工9人，设有办公室、行政事业审计股、工商企业审计股、固定资产投资审计股和经济责任审计股，负责对全县12个乡镇和52个县直部门的审计监督。局长苗金，副局长刘培福、李文治。

审计成果　完成审计项目15个，审计单位56个，查出违规行为金额1782万元，应缴财政181万元，已交54万元。完成审计调查两个。提交审计报告22份，审计意见48份。另外，对10名党政、企业的主要领导干部进行了任期经济责任审计。（撰稿人：白兴强）

【浑源县审计局】　现有干部职工13人，设有办公室、行政事业审计股、工商企业审计股、综合股、固定资产投资审计股，负责对全县18个乡镇和22个县直部门的审计监督。局长王秀林，副局长孙彪、张必文。

审计成果　完成审计项目31个，审计单位31个。查出违纪违规行为金额368万元，其中决定处理处罚31万元，应缴财政22万元。提交审计报告8份，审计意见23份。另外，对15名党政、企业主要领导干部进行了任期经济责任审计，查出违纪违规行为金额245万元，决定处理处罚10万元，应缴财政5万元。（撰稿人：居洪海）

【左云县审计局】　现有干部职工13人，设有办公室、行政事业审计股、工商企业审计股、财政金融审计股、固定资产投资审计股，负责对全县9个乡镇和23个县直部门的审计监督。局长叶贵仁，副局长陈全旺、胡忠，纪检组长朱毅。

审计成果　完成审计项目12个，审计单位34个，查出违纪违规行为金额902万元，其中指明要求纠正30万元，决定处理处罚242万元，应缴财政242万元，归还原渠道资金248万元。提交审计报告15份，审计意见17份。另外，对30名党政、企业主要领导干部进行了任期经济责任审计，查出违纪违规行为金额831万元，决定处理处罚216万元，应缴财政216万元。（撰稿人：刘占伟）

【大同县审计局】　现有干部职工22人，设有办公室、工商企业审计组、行政事业审计组、经济责任审计组，负责对全县10个乡镇、3个街道、6个经济开发区、33个县直机关、48个企事业单位的审计监督。局长吕志成，副局长徐广义、柴禄。

审计成果　完成审计项目60个，审计单位68个，查出违纪违规行为金额795万元，应缴财政199万元，已交199万元，指明要求纠正120万元。完成领导干部任期经济责任审计项目27个。（撰稿人：郭爱珍）

【朔州市审计局】　2002年，共有干部职工28人，其中本科学历9人，大专学历16人，局长张苏，副局长李富才、李保斌，纪检组长张富新。设有办公室、财政审计科、农业环保外资审计科、经济责任审计科、金融审计科、行政事业社会保障审计科、经贸审计科、投资审计科。

审计成果　完成审计项目23个，审计单位89个，查出违规行为金额36124万元，应缴财政2326万元，已交701万元。提交审计报告39份，信息63篇。完成专项审计调查4个，审计单位7个，提交审计调查报告5篇。

经济责任审计　对7名党政领导干部进行了任中经济责任审计；对两名企业领导人员进行了离任审计。（撰稿人：李仁）

【朔州市朔城区审计局】　现有干部职工25人，设有秘书股、财政金融审计股、行政事业社会保障审计股、农业环保外资审计股、经济责任审计股，负责对全区19个乡镇和83个区直部门的审计监督。局长刘永卿，副局长杜生标、韩秀兰、边建良，纪检组长赵有福。

审计成果　审计单位85个，查出违规行为金额868万元，应缴财政17万元，已交12万元。完成5名科级干部离任经济责任审计，两名党政及企业主要领导干部任期经济责任审计。（撰稿人：武欣）

【朔州市平鲁区审计局】　现有干部职工15人，设有行政办公室、财政金融审计股、行政事业审计股、经贸经济责任投资审计股，负责对全区13个乡镇和35个区直部门的审计监督。局长王荣，副局长徐孝功、元华、赵占祥，纪检组长刘秀芳。

审计成果　完成审计项目15个，审计单位268个，查出违规违纪行为金额1886万元，应缴财政38万元，已交35万元。提交审计报告230份，审计意见35份，审计信息25篇，被采用8篇。完成两名党政领导干部和3名企业领导人的任期经济责任审计。（撰稿人：张峰）

【山阴县审计局】　现有干部职工25人，设有办公室、财政金融审计股、行政事业审计股、固定资产投资审计股、经贸审计股，负责对全县13个乡镇和125个县直部门的审计监督。局长赵守忠，副局长李太章（3月—）、贺国元，纪检组长刘磊。

审计成果　完成审计项目12个，审计单位89个，查出违规行为金额2894万元，决定处理处罚122万元，罚款8.3万元，全部收缴财政。完成审计调查1个，调查单位3个。提交审计报告、信息12篇。另对34名党政、企业的主要领导干部进行了任期经济责任审计。（撰稿人：卢勇）

【应县审计局】 现有干部职工10人，设有办公室，行政事业审计股、企业审计股、经济责任审计股，负责对全县12个乡镇和30个县直部门的审计监督。局长郝彪，副局长张素忠、霍德兴（4月—)、王兴元（6月—)，纪检组长刘耀武（6月—)。

审计成果 完成审计项目9个，审计单位81个，查出违纪违规行为金额1737万元，应缴财政25万元，已交16万元。提交审计报告88份，审计信息26篇。（撰稿人：郝彪）

【右玉县审计局】 现有干部职工18人，设有办公室、行政事业审计股、企业审计股、企业基建审计股、财金审计股，负责对全县10个乡镇和60个县直部门的审计监督。局长田宝山，副局长王麒，纪检书记王全生。

审计成果 完成审计项目21个，审计单位101个，完成审计调查1个，调查单位1个，共查出违规违纪行为金额513万元，应缴财政8万元，已交8万元，指明要求纠正112万元，归还原渠道资金70万元。提出合理化建议201条，向上级审计机关提交审计报告5份。另外，完成8名党政领导干部的离任经济责任审计。有内审机构10个，内审人员46人。（撰稿人：王芝梅）

【怀仁县审计局】 现有干部职工22人，设有办公室、行政事业审计股、企业审计股、经济责任审计股、固定资产投资审计股，负责对全县10个乡镇和43个县直部门的审计监督。局长石进才，副局长郭善福、李成、肖红，纪检组长马秉权。

审计成果 完成审计项目11个，审计单位27个，共查出违纪违规行为金额162万元，应缴财政26万元，罚款6万元，指明要求纠正142万元。同时，还完成经济责任审计36个，企业改制审计6个，基建审计15个。（撰稿人：梁金哲）

【阳泉市审计局】 2002年，共有干部职工60人，其中本科学历11人，大专学历32人，局长任美福，副局长吕素英、张建华、刘文军，纪检组长张东明。设有办公室、法规科、人事教育科（监察室）、财政审计科、金融审计科、固定资产投资审计科、社会保障审计科、经济责任审计科、农业环保审计科、外资审计科、工商企业审计科、行政事业审计科和审计干部培训中心。

审计成果 审计单位181个，查出违规行为金额43784万元，应缴财政5069万元，已交4053万元。提交审计报告209份，信息和调研报告356篇，被采用286篇。

经济责任审计 审计单位62个、62人，查出违规行为金额7665万元，查出个人存在经济问题129万元。审计后，晋升28人，平调3人，免职1人，移送纪检监察部门处理28人。

预算执行审计 审计单位96个，查出违规行为金额4358万元，归还原渠道资金1615万元，应缴财政1628万元，已交1361万元，调账处理724万元。

财政决算审计 审计单位52个，查出违规行为金额6460万元，应缴财政1372万元，已交1370万元。

金融审计 审计单位22个，查出违规行为金额373万元，应缴财政5万元，已交5万元，调账处理317万元。

固定资产投资审计 审计单位41个，查出违规行为金额9739万元，应缴财政225万元，已交175万元，核减工程结算4324万元。

内部审计 市直部门及国、省营企业内审机构146个，其中专职机构110个；内审人员334人，其中专职人员199人。共审计单位150个，促进增收节支192万元，指明要求纠正1121万元，提出建议意见被采纳219条。（撰稿人：张大鹏）

【阳泉市城区审计局】 现有干部职工8人，设有办公室、财政及固定资产投资审计股、行政事业及经济责任审计股、工商企业审计股，负责对全区8个办事处、6个企业和5所学校的审计监督。局长葛玉山，副局长张好、史俊英。

审计成果 完成审计项目7个，审计单位24个，查出违纪违规行为金额248万元，应缴财政19万元。撰写审计综合报告及信息28篇。（撰稿人：史俊英）

【阳泉市矿区审计局】 现有干部职工9人，设有财经基建审计股、行政事业审计股、工商企业审计股和办公室，负责对全区6个街道和79个区直部门的审计监督。局长王玉林，副局长潘喜云、卫英。

审计成果 审计单位32个，审计资金总额6840万元，查出违纪违规行为金额449万元，增加财政收入59万元，核减基建投资额64万元。提交审计信息37篇，审计论文7篇，被《山西审计》等采用17篇。（撰稿人：姚兴华）

【阳泉市郊区审计局】 现有干部职工16人，设有综合办公室、工交企业审计股、行政事业审计股，财金社保审计股、基建投资审计股、经济责任审计股，另设有基本建设投资审计中心，事业单位，核定编制3人，负责对全区8个乡镇政府及628个乡（镇）办、村办企业和58个区直部门的审计监督。局长张敏善，副局长李慧生、刘志。

审计成果 完成13个项目、122个单位的审计或审计调查，查出并处理处罚各种违规行为金额3079万元，应缴财政401.3万元，已交

400.3万元，核减基建投资额240万元，其中减少财政拨款168万元。(撰稿人：郭彦秀)

【平定县审计局】 现有干部职工16人，设有办公室、财政审计股、工商企业与固定资产投资审计股、行政事业审计股和经济责任审计股，负责对全县17个乡镇、26个县直部门和11个企事业单位的审计监督。局长李高华，副局长李鸿志、穆宝平，纪检组长张宝顺。

审计成果 完成审计项目14个，审计单位53个，查出违规行为金额900万元，应缴财政294万元，已交291万元。提交审计报告、信息36篇，被省厅采用4篇，县委、县政府批示采用3篇。对9个党政机关，企事业单位的负责人进行了经济责任审计，查出违规行为金额209.8万元，审计后，向纪检部门移送2案35人，向司法机关移送1案1人；给予党内警告和行政警告处分的5人，解除劳动合同的1人，行政降级处分的1人，留党察看的两人，开除党籍的两人，判处有期徒刑的1人。(撰稿人：张艳萍)

【盂县审计局】 现有干部职工62人，设有办公室、财金审计股、商业审计股、工业交通审计股、行政事业审计股、农业审计股、基建投资审计股、法制审计股、综合审计股、人事教育审计股，负责对全县14个乡镇、150个县直部门和企事业单位的审计监督。局长崔俊林，副局长路旭东、崔学跃，纪检组长王万林。

审计成果 完成审计项目89个，审计单位128个，审计资金总额98130万元，查出违纪违规行为金额4830万元。其中决定处理处罚3623万元，指明要求纠正1207万元。应缴财政387万元，已交386万元；核减基建投资130万元，核减政府不必要的拨款110万元；查出漏缴各类税款266万元，清查和防止国有资产流失108万元，促进增收节支230万元。移送纪检检察部门处理的案件线索4件，涉及项目4个、4人。共提交审计专题结果报告53份，提出合理化审计意见和建议45条，被采纳31条。(撰稿人：杨仁恒)

【长治市审计局】 2002年，共有干部职工61人，其中本科学历17人，大专学历41人，局长温秀成，副局长王先堂、侯成，纪检组长马宏斌。设有财政审计科、金融审计科、行政事业审计科、投资审计科、经贸审计科、经济责任审计科、农业审计科、外资审计科、社会保障审计科、办公室、人事教育科、法规科、纪检监察室、后勤服务中心。

审计成果 审计单位565个，查出违纪违规行为金额95588万元，应缴财政7476万元，已交7337万元，追还被侵占挪用的资金4752万元，责令被审计单位调账处理3849万元，查出百万元以上违纪违规单位76个，查出“小金库”32个。有158份审计报告被各级党委政府采用，有840篇审计成果和信息被信息机构、新闻媒体采用。发现并移送各类违法犯罪案件线索269件，涉案人员391人，涉案金额4025.2万元，已结案133起，有143人分别受到了党纪政纪处分，有13人被司法机关依法追究刑事责任。在2002年度全省评比考核中，以9个业务科对口考核全部第一、10个审计项目考核8个第一的成绩再次夺得全省第一名，实现了自1994年以来的九连冠。

经济责任审计 共审计了134个单位的136名党政领导干部和企业领导人，查出违规行为金额28437万元。共移送案件线索43件，已结案28起，有35人因涉嫌经济问题给予了党纪政纪处分，有7人被移送司法机关进行处理。参考审计结果，平调46人，晋升8人，免职62人。(撰稿人：宋宏斌)

【长治市城区审计局】 现有干部职工5人，设有财政工交审计科、投资与金融商贸农业审计科、行政事业与经济责任审计科、办公室，负责对全区10个街道和36个区直部门的审计监督。局长张乃民，副局长陈安有。

审计成果 完成审计项目7个，审计单位50个，查出违纪违规行为金额20422万元，应缴财政212万元，对15个单位的违纪违规问题做了罚款处理。共提交审计信息51篇，其中31篇被各级报刊采用。向纪检司法部门移送8案11人，现已结案7起9人。对12个单位的建设项目进行了审计，挽回经济损失47万元。还完成14名科级干部经济责任审计。(撰稿人：郭庆刚)

【长治市郊区审计局】 现有干部职工10人，设有办公室、财金投资审计股、行政事业审计股、经济贸易审计股，负责对全区6个乡镇和55个区直部门的审计监督。局长陈黑虎，副局长王志英、张荣智，纪检组长古春江。

审计成果 完成审计项目12个，审计单位27个，查出违纪违规行为金额2790万元，应缴财政129万元，已交129万元。提交审计报告15份，审计意见12份，审计调研文章9篇，审计信息、简报47篇，被各级媒体和有关部门采用59篇(次)，4条合理化建议被政府部门采纳并出台相关制度。(撰稿人：鲍红霞)

【潞城市审计局】 现有干部职工11人，设有办公室、财政金融审计股、固定资产投资审计股、经济责任审计股、行政事业审计股，负责对全市9个乡镇(办)、52个市直部门和219个企事业单位的审计监督。局长白银芝，副局长李济深、韩忠秀。

审计成果　完成了9个指令性任务和5个地方政府交办的审计项目，查出违规行为金额335万元，应缴财政97万元，已交97万元。同时核减工程决算202万元。查处大要案件13起、13人。提交审计报告、信息40篇，其中被批示、采用共34篇。（撰稿人：许民波）

【长治县审计局】　现有干部职工15人，设有办公室、审计一股、审计二股、审计三股，负责对全县11个乡镇和31个县直部门的审计监督。局长靳保根，副局长王东风、田德胜，纪检组长王振华。

审计成果　完成审计项目14个，审计单位101个，查出违规违纪行为金额7082万元，指明要求纠正3040万元，应缴财政95万元，已交95万元。提交审计报告、信息81篇，被有关部门采用87篇。向检察、纪检及主管部门移交审计案件12起，均已结案。（撰稿人：范路林）

【襄垣县审计局】　现有干部职工24人，设有办公室、行政事业审计股、经贸审计股和经济责任审计中心，负责对全县11个乡镇和56个县直部门的审计监督。局长郭理华，副局长武维斌、赵贵先、李治军。

审计成果　审计单位57个，查出违纪违规行为金额4165万元，应缴财政244万元，已交244万元。归还原渠道资金269万元，调账处理379万元。查出违法违纪案件15起。提交审计报告41份，被领导批示29份，审计信息和调研报告70篇，其中审计信息被采用59篇。开展经济责任审计项目28个、28人，查出违纪违规行为金额1460万元，查出个人存在经济问题3人。（撰稿人：李会颖）

【屯留县审计局】　现有干部职工15人，设有办公室、行财审计股、经贸审计股、投资审计股和经济责任审计股，负责对全县11个乡镇和246个县直部门的审计监督。局长程贵斌，副局长张留保、杨殿有。

审计成果　完成审计项目14个，审计单位60个，查出违纪违规行为金额5273万元，已交90万元；追回被侵占挪用的专项资金377万元，增加收入100万元。向纪检监察和司法机关移送经济案件5起6人。提交审计报告和信息35篇，其中审计报告被领导批示4份，信息被采用31篇。完成领导干部经济责任审计15人、任中经济责任审计3人、离任经济责任审计1人，共查出违规行为金额355万元。（撰稿人：郭斌）

【平顺县审计局】　现有干部职工15人，设有综合办公室、财政金融审计股、行政事业审计股、经济责任审计股、企业及固定资产投资审计股和经济责任审计中心，负责对全县12个乡镇和40个县直部门的审计监督。局长贾文革，副局长李明显、马爱华、杨红梅。

审计成果　完成审计项目12个，审计单位23个，查出违规行为金额2597万元，应缴财政81万元，已交77万元。完成审计调查3个，调查单位15个。提交审计报告、信息76篇。完成1名科级干部和1名企业领导人的经济责任审计，前者被查出违规行为金额245万元。（撰稿人：张硼乾）

【黎城县审计局】　现有干部职工11人，设有财金投资审计股、经济贸易审计股、行政事业审计股和办公室，负责对全县9个乡镇和28个县直机关的审计监督。局长薛宥辰，副局长宋守斌、司忠葆，纪检组长刘桂琴。

审计成果　完成审计项目12个，审计单位31个，查出违纪违规行为金额1244万元，应缴财政45万元，已交45万元。共向检察机关、纪检监察部门、主管部门移交案件33起，当年结案26起，31人受到处理处分。提交审计报告、信息120篇，被采用104篇。（撰稿人：张秀文）

【壶关县审计局】　现有干部职工18人，设有办公室、行政事业审计股、财政金融审计股、经贸审计股、经济责任审计股，负责对全县13个乡镇和50个县直部门及企业的审计监督。局长李书贤，副局长杨建明、贾天水。

审计成果　完成审计项目10个，审计单位29个，查出违纪违规行为金额603万元，其中指明要求纠正402万元，决定处理处罚201万元。应缴财政25万元，已交25万元。完成审计调查3个，调查单位12个。提交审计报告13份，信息40篇，被采用25篇。向纪检司法机关移送经济案件18起，涉案人员34人，结案率已达67%。（撰稿人：李国平）

【长子县审计局】　现有干部职工13人，设有办公室、行政事业审计股、财政金融审计股、经济贸易审计股、固定资产投资审计股和经济责任审计股，负责对全县12个乡镇和20个县直部门的审计监督。局长郭书堂，副局长吴伟杰、罗永兴。

审计成果　完成审计项目8个，审计单位27个，查出违纪违规行为金额3000万元，应缴财政35万元。向纪检监察和司法机关移送经济案件21起。提交审计报告和信息共37篇，其中审计报告被领导批示8份，审计信息被采用29篇。（撰稿人：吴杰伟）

【武乡县审计局】　现有干部职工8人，设有办公室、行政事业审计股、财政金融审计股、投资经贸审计股和经济责任审计股，负责对全县14个乡镇和43个县直部门的审计监督。局长韩国旺，副局长吕显珍、王栋梁。

审计成果　完成审计项目12个，审计单位27个，共查出违纪违规行为金额6412万元，增加财政收入99万元，罚没收入26万元，入库率100%。另外，向纪检监察和司法机关移送案件18起，已结案6起，建议给予行政处分22人。提交审计报告、审计信息共77篇，其中审计报告被领导批示18份，审计信息被各级批转、采用46篇。（撰稿人：赵玉萍）

【沁县审计局】　现有干部职工11人，设有综合办公室、财政金融审计股、行政事业审计股、企业基建审计股、经济责任审计股，负责对全县13个乡镇和49个县直部门的审计监督。局长龙效中，副局长张文堂、李玉庆。

审计成果　完成8大类17个审计项目，审计单位115个，审计总金额34500万元，查出违规行为金额1017万元，应缴财政66万元，已交66万元。共向纪检、监察部门移送案件13起，已结案9起。（撰稿人：吴建国）

【沁源县审计局】　现有干部职工13人，设有办公室、行政事业审计股、经济贸易审计股，负责对全县14个乡镇和72个县直部门的审计监督。局长郑玉柱，副局长李沁新、邢沁东。

审计成果　完成审计项目10个，审计单位83个，查出违规违纪行为金额8501万元，应缴财政21万元，已交21万元。移送纪检司法部门审计案件15起，提交审计报告、审计信息110篇，被有关部门采用45篇（次）。完成1名乡镇领导干部和1名国有企业领导人员经济责任审计，查出违规行为金额38万元。（撰稿人：段志清）

【晋城市审计局】　2002年，共有干部职工62人，其中本科学历22人，大专学历29人，局长杨林林，副局长邢志宏、刘化珠、申秀英。设有办公室、人事科、法规科、财政审计科、金融审计科、行政事业审计科、投资审计科、工交企业审计科、社会保障审计科、农业审计科、干部经济责任审计科、政法审计科、科教文卫审计科、经贸审计科、纪检监察室及审计稽查所、科研所。

审计成果　审计448个单位，其中市本级59个，查出违纪行为金额39692万元，应缴财政5689万元，已交4644万元。向司法机关移送案件5起，向纪检部门移送案件5起，建议给予党纪政纪处分4人。

经济责任审计　共对186名领导干部进行了经济责任审计，查出违纪违规行为金额15664万元，应缴财政238万元。对36人进行了经济处罚，罚款26190元，收缴个人违纪款56075元。移送纪检监察、司法部门案件7起7人，其中有1人受到党内严重警告、行政降级处分，两人已被司法机关立案查处。（撰稿人：郭成宏）

【高平市审计局】　现有干部职工10人。设有办公室、财政金融审计股、行政事业审计股、国有企业审计股，负责对全市16个乡镇（办）、111个市直部门、134个事业单位和105个国有企业的审计监督。局长宋瑞光，副局长田民富、牛晋峰，纪检组长韩宝珍。

审计成果　审计及调查单位共105个，查出违纪违规行为金额11556万元，应缴财政2282万元，归还原渠道资金919万元。提交审计报告37篇，编发审计信息13期，被上级审计机关采用3期。有内审机构18个，内审人员61人。（撰稿人：王韶华）

【泽州县审计局】　现有干部职工32人，设有办公室、法制科、财政金融审计科、行政事业审计科、工商基建审计科和经济责任审计科，负责对全县17个乡镇和84个县直单位的审计监督。局长郭二维，副局长姬晋海、李刚。

审计成果　完成15个审计任务，审计单位49个，查出违规违纪行为金额3952万元，应缴财政598万元，已交552万元，追还被侵占挪用资金219万元，查出百万元以上违纪单位两个。提交审计报告、信息32篇。完成3名科级干部任期经济责任审计。（撰稿人：张新洲）

【沁水县审计局】　现有干部职工19人，设有经济责任审计科、办公室、财政金融审计股、行政事业审计股、经贸审计股、固定资产投资审计股，另下设全额事业单位“审计稽查所”1个，负责对全县14个乡镇和70多个县直部门的审计监督。局长王家鸿，副局长李文彬、张建红、张永胜（7月—）。

审计成果　完成审计项目15个，审计单位90个，查出违纪违规行为金额5976万元，决定处理处罚3967万元，应缴财政604万元，已交495万元，核减工程投资151万元，促进增收节支1366万元。并对55名违纪责任人给予了经济处罚，移交纪检监察机关建议给予党纪政纪处分1人，移送司法部门追究刑事责任两人。完成对24个撤并单位和65名领导干部经济责任审计，查出违纪违规行为金额3129万元，对其中46名违纪责任人给予了经济处罚。（撰稿人：崔杨斌）

【阳城县审计局】 现有干部职工15人，设有办公室、财政金融审计股、行政事业审计股、工交企业审计股、投资审计股，负责对全县17个乡镇和48个县直部门的审计监督。局长李章庆，副局长郭铁柱、解家锋。

审计成果 完成审计项目18个，审计单位80个，查出违纪违规行为金额6659万元，应缴财政520万元，已交520万元，督促归还原渠道资金43万元，查出百万元以上违规违纪单位15个。移送纪检监察部门案件1起1人。另外，对36名党政主要领导干部进行了任期经济责任审计。完成市审计局委托审计项目1个，审计资金2029万元，查出违规行为金额89万元，核减高估冒算35万元，责令补缴税款49万元。（撰稿人：靳学智）

【陵川县审计局】 现有干部职工14人，设有办公室、财金商贸审计股、工交建审计股、行政事业审计股和经济责任审计股，负责对全县12个乡镇和65个县直部门的审计监督。局长韩国珍，副局长栗王保。

审计成果 完成审计项目10个，审计单位118个，查出违纪违规行为金额6011万元，应缴财政105万元，已交90万元。提交审计报告5份，信息20篇，被采用10篇。对6个行政事业单位、9个乡镇的16名科级领导干部进行了任期经济责任审计。（撰稿人：路秋保）

【忻州市审计局】 2002年，现有干部职工53人，其中本科学历21人，大专学历24人，局长武恩良，副局长李锁奎、杨书文、顾连宽，纪检组长柳胜仁。设有办公室、法制科、财政审计科、金融审计科、行政事业审计科、工商企业审计科、农业环保审计科、社会保障审计科、固定资产投资审计科、人事教育科、经济责任审计分局、监察室、外资运用审计科、机关后勤服务中心等，另有4个派出审计科。

审计成果 审计单位66个，查出违规行为金额5961万元，应缴财政1050万元。提交审计信息159篇，被批示、采用142篇（次）。全市向司法机关移送案件11件，向纪检监察部门移送案件46起，建议给予党政纪处分39人。此外，接受省厅委托，组织实施了全省金融行业的养老保险基金审计，查出违纪行为金额6435万元，审计决定当年应收养老保险费1077万元，已全部入库，应收失业保险费1497万元，已责成各级分支行分别上缴当地失业保险部门。（撰稿人：韩建柱）

【忻州市忻府区审计局】 现有干部职工20人，设有办公室、财政金融审计股、行政事业审计股、工商企业基建审计股、社会保障经济责任审计股，负责对全区20个乡镇、办事处和4个县直部门的审计监督。局长赵黄明（6月—）、郭有万（—6月），副局长张建云、李岚生、张学如。

审计成果 完成审计项目6个、14个单位，查出违纪违规行为金额1553万元，其中指明要求纠正100万元，决定处理处罚844万元，应缴财政32.3万元。完成审计调查1个，调查单位3个，提交审计报告1份，审计意见14份，审计信息15篇。另外，对32名党政、企业主要领导干部和领导人进行了任期经济责任审计。（撰稿人：张育才）

【原平市审计局】 现有干部职工16人，设有办公室、综合股、行政事业审计股、工商企业审计股、基本建设审计股、财政金融审计股，负责对全市20个乡镇和38个县直部门的审计监督。局长高还补，副局长周荣斌、张素梅。

审计成果 完成审计项目10个、审计单位119个，查出违规行为金额2162万元，应缴财政69万元，归还原渠道资金11万元。查出百万元以上违规行为单位5个。查出经济案件3起，建议给予党纪政纪处分5人。（撰稿人：赵维仓）

【定襄县审计局】 现有干部职工15人，设有办公室、财政审计股、行政事业审计股、企业审计股、基建投资审计股，下辖县经济责任审计中心，负责对全县9个乡镇和80个县直部门的审计监督。局长王福怀，副局长于会元、吴文喜。

审计成果 审计单位65个，查出违纪违规行为金额2318万元，应缴财政62万元，已交51万元，促进收缴养老保险基金32万元，促进收缴农网改造资金10万元，促进支付农村占地补偿费274万元，促进支付农网改造农民投劳报酬190万元。移送司法、纪检监察机关案件6起，有4人受到了党纪、政纪处分。编发审计信息41篇，提交审计报告、论文15篇，累计被采用27篇（次）。（撰稿人：苏俊海）

【五台县审计局】 现有干部职工13人，设有办公室、财政金融审计股、企业审计股、行政事业审计股、投资审计股，负责对全县19个乡镇和23个县直部门的审计监督。局长张秀清，副局长孟建华。

审计成果 完成审计项目22个，审计单位123个，查出违规行为金额4799万元，应缴财政51万元，应归还原渠道资金2375万元。向司法机关移送案件1起，向纪检监察机关移送案件5起，建议给予党政纪处分7人。提交审计报告46份，审计信息58篇，被各级采用38篇。另外，对全县19个乡镇和被撤销的11个乡镇的主要领导干部，以及国有企事业单位领导人员，共计62人

进行了任期经济责任审计。（撰稿人：傅成威）

【代县审计局】 现有干部职工17人，设有办公室、行政事业审计股、工商企业审计股、农业财政审计股、金融基建审计股和干部任期经济责任审计股，负责对全县11个乡镇和75个县直部门的审计监督。局长孟喜文，副局长王天太、李进修。

审计成果 审计单位42个，查出违规行为金额2654万元，应缴财政72万元。（撰稿人：杨计文）

【繁峙县审计局】 现有干部职工15人，设有办公室、财政农业环保审计股、企业金融审计股、投资外资审计股、行政事业社保审计股，负责对全县13个乡镇和23个县直部门的审计监督。局长郎文毅，副局长张志义。

审计成果 完成审计项目15个，审计单位66个，完成审计调查项目单位3个，查出违规行为金额7012.1万元，应缴财政67.55万元，减少财政拨款或补贴502.08万元；指明要求纠正5385.56万元，决定处理处罚28.25万元。提交审计报告、信息45篇。另外，完成1名科级干部的任期经济责任审计。受市审计局委托，完成对静乐县扶贫资金审计项目1个。（撰稿人：梁天亮）

【宁武县审计局】 现有干部职工18人，设有办公室、财政金融审计股、行政事业审计股、基本建设审计股，负责对全县14个乡镇和46个县直部门的审计监督。局长张玉堂，副局长孙斌耀、路永宽。

审计成果 完成审计项目16个，审计单位60个，查出违规行为金额4753万元，应缴财政100万元。移送纪检部门案件1起，移送主管部门处理案件1起。提交审计报告、信息36篇，被有关媒体采用22篇（次）。完成7名科级干部任期经济责任审计，查出违规行为金额3.6万元。（撰稿人：张玉堂）

【静乐县审计局】 现有干部职工11人，设有工商企业审计股、行政事业审计股和办公室，负责对全县14个乡镇和60多个县直部门的审计监督。局长李二虎，副局长段新华、李富义。

审计成果 审计单位68个，查出违纪违规行为金额3213万元，应缴财政24万元。移送纪检部门案件11起。提交审计报告、信息98篇。（撰稿人：李二虎）

【神池县审计局】 现有干部职工15人，设有办公室、行政事业审计股、经济责任审计股、固定资产投资审计股、经贸审计股，负责对全县10个乡镇和29个县直部门的审计监督。局长尤建峰（5月—）、郭佐唐（—5月），副局长许焕晓、刘玉琳。

审计成果 完成审计项目14个，审计单位47个，查出违纪违规行为金额2895万元，决定处理处罚43万元，应缴财政33万元。提交审计报告23份，审计信息被市局采用5篇。另外，对18名党政、企事业的主要领导干部进行了任期经济责任审计。（撰稿人：靳闻天）

【五寨县审计局】 现有干部职工10人，设有财政金融审计股、行政事业审计股、综合审计股，负责对全县12个乡镇和36个县直部门的审计监督。局长崔永平，副局长王永兴。

审计成果 完成审计项目14个、70个单位，查出违规行为金额1538万元，决定处理处罚32万元，应缴财政32万元，提交审计报告、信息26篇。对7名科级干部进行了任期经济责任审计。（撰稿人：赵鹏飞）

【岢岚县审计局】 现有干部职工11人，设有行政事业审计组、经贸金融审计组、固定资产投资审计组，负责对全县12个乡镇和98个县直部门的审计监督。局长王成才，副局长甄东升、谢艮堂。

审计成果 审计单位52个，查出违纪违规行为金额1700万元，其中决定处理处罚1670万元，指明要求纠正30万元；应缴财政和主管部门41万元，已缴39万元。完成审计调查3个，调查单位75个。提交审计报告、信息42篇。（撰稿人：王成才）

【河曲县审计局】 现有干部职工10人，设有办公室、工商企业审计股、行政事业审计股，负责对全县13个乡镇和67个县直部门的审计监督。局长苗厚晓，副局长王永斌、苗田晓、张应。

审计成果 完成审计项目10个，审计单位44个，共查出违纪违规行为金额1670万元，应归还原渠道资金279万元，应缴财政73万元，已交财政31万元。另外，移送公安局、检察院案件各1起。（撰稿人：张应）

【保德县审计局】 现有干部职工12人，设有办公室、行政事业审计股、工商企业审计股、经济责任审计股，负责对全县13个乡镇和63个县直部门的审计监督。局长张智才，副局长智浩雄、朱改梅。

审计成果 完成审计项目13个，审计单位27个，查出违纪违规行为金额2722万元，其中指明要求纠正370万元，决定处理处罚41.8万元，应缴财政39万元。提交审计报告15份，审计意见35份、审计信息29篇。另外，对22名党政、企业主要领导干部进行了任期经济责任审计。（撰稿人：崔来玉）

【偏关县审计局】 现有干部职工14人，设有办公室、经济责任审计股、财政审计股、工商企业审计股、行政事业审计股、基本建设投资项目审计股、农业审计股，负责对全县10个乡镇和29个县直部门的审计监督。局长贾升，副局长张钧、胡裕胜。

审计成果 完成审计项目18个，审计单位36个，查出违规行为金额386万元，应缴财政122万元，已交108万元。应减少财政拨款或补贴31万元，归还原渠道资金53万元。完成审计调查两个，调查单位11个。提交审计报告、信息25篇。完成33名科级干部离任经济责任审计，查出违规行为金额56万元。有内审机构7个，内审人员14人。（撰稿人：卢建斌）

【晋中市审计局】 2002年，共有干部职工45人，其中本科学历12人，大专学历23人，局长陈云堂，副局长张建明、贾建华、杨彦红，纪检组长吴荣富。设有办公室、法制科、财政审计科、金融审计科（外资运用审计科）、行政事业审计科、经济贸易审计科（工商审计科）、农业环保审计科、社会保障审计科、固定资产投资审计科、人事教育科、经济责任审计科。

审计成果 共完成10大类18个审计项目，审计单位770个，查出各类违规行为金额10.04亿元，应缴财政2269万元，直接收缴罚没款1356万元，移送案件线索32件，查出"小金库"18个，查出百万元以上违规违纪单位13个，提交审计报告、审计简报、信息732篇。

财政审计 市县两级预算执行审计，共审计单位266个，约占一级预算单位数的30%；延伸审计财政收支金额达8.6亿元，约占财政收支总额的60%。此外，还对6个县（区、市）和34个乡（镇）2000～2001年度财政决算进行了审计。

专项审计 开展了5个专项资金审计，共审计单位168个，查出违规违纪行为金额15290万元。

企业审计 审计单位31个，查出违规行为金额5872万元，其中资产不实138万元，负债不实286万元，损益不实732万元，挤占成本2504万元。

金融（外资）审计 审计单位63个，查出违规行为金额31871万元，其中，农业发展银行系统16555万元，城乡信用社14763万元，外资运用580万元。

经济责任审计 审计单位220个、244人，其中党政领导干部230人，企业领导人14人。查出违规行为金额17502万元，其中主管责任4148万元，直接责任2803万元。（撰稿人：胡玉贵）

【晋中市榆次区审计局】 现有干部职工15人，设有办公室、财经审计股、商贸审计股、投资金融审计股、经济责任审计股，负责对全区两个乡镇、57个区直部门和12个企业的审计监督。局长王保和，副局长魏金元、张荣德、张履祥。

审计成果 完成审计项目17个，审计单位71个，查出违规违纪行为金额8924万元，应缴财政310万元，移送案件3起。完成领导干部经济责任审计10个。查出违规违纪行为金额2412万元。（撰稿人：岳喜旺）

【介休市审计局】 现有干部职工19人，设有办公室、财政金融审计股、行政事业审计股和企业审计股，负责对全市10个乡镇和88个市直部门的审计监督。局长宋清光，副局长董吉亮、李文泰。

审计成果 完成审计项目9个，审计单位56个，查出违规行为金额2919万元，应缴财政69万元，已交66万元。提交审计报告、审计信息共22篇。另外，对30名科级党政领导干部进行了任期经济责任审计，查出违规行为金额911万元。其中主管责任539万元，直接责任372万元。决定处理处罚294万元，应缴财政5万元，已交4万元。参考审计结果，平调17人，晋升4人，免职9人。（撰稿人：侯广庆）

【榆社县审计局】 现有干部职工7人，设有行政事业审计股、财政金融基建审计股、工商企业审计股和办公室，负责对全县9个乡镇和58个县直部门、企业单位的审计监督。局长常天清（6月—），张根维（—6月），副局长马建斌、常慧峰、张瑞生。

审计成果 完成9个项目、62个单位的审计、专项审计调查项目1个项，涉及单位3个，查出违规行为金额2223万元，应缴财政26万元，已交26万元，调账处理832万元。提交各类审计报告64份，审计信息36篇。查出并移送纪检部门案件3起，涉案3人。完成上级下达的指令性审计项目8个，审计单位36个，查出各类违规行为金额2105万元，应缴财政24万元。完成26名党政机关、事业单位主要领导干部经济责任审计，查出违规行为金额118万元；通过审计，11人平调，15人离岗。（撰稿人：宋艳玲）

【左权县审计局】 现有干部职工13人，设有办公室、财政企业审计股、行政事业审计股、投资金融审计股，负责对全县10个乡镇和83个县直部门的审计监督。局长周世华，副局长陈建国、窦俊秀。

审计成果 完成审计项目15个，审计单位96个，查出违纪违规行为金额4099.10万元，其中指明要求纠正2807.20万元，决定处理处罚1291.90万元，增加地方财政收入44

万元，追还被挤占挪用资金106.20万元，收缴审计罚款80余万元。提交审计报告96份，审计意见61份，审计简报28篇。财政预算执行审计被评为全省优秀审计项目。完成对25名党政、企业领导干部的离任审计，根据审计结果，1人被提拔，22人平调。（撰稿人：崔玉军）

【和顺县审计局】 现有干部职工14人，设有办公室、财政金融审计股、行政事业审计股和投资企业审计股，负责对全县10个乡镇和46个县直部门的审计监督。局长杨凤岐，副局长程应福、曹翠仙、李庆录。

审计成果 完成审计项目15个，审计单位80个，查出违规行为金额1550万元，应缴财政37万元，已交35万元。完成审计调查1个，调查单位4个。提交审计报告、信息54篇。完成9名科级干部经济责任审计，查出违规行为金额890万元。有内审机构11个，内审人员25人。（撰稿人：杨凤岐）

【昔阳县审计局】 现有干部职工13人，设有办公室、财政金融审计股、行政事业审计股、投资企业审计股，负责对全县12个乡镇、75个县直部门和8个国有企业的审计监督。局长李贵明，副局长卜增盛（—5月）、赵文兰、张庆成、王元岗（7—）。

审计成果 审计单位75个，查出违规行为金额8387万元，应缴财政208万元，已交208万元。提交审计报告10份，信息23篇，被采用5篇。（撰稿人：张庆成）

【寿阳县审计局】 现有干部职工14人，设有办公室、企业审计股、财政基建审计股、行政事业审计股，负责对全县14个乡镇和69个县直部门的审计监督。局长付悟冬，副局长宋全贵、张真元。

审计成果 完成了7大类13个项目、69个单位的审计，查出违法违规行为金额4927万元，指明要求纠正2223万元，应缴财政21万元，已交21万元。移送案件4起。提交审计报告42份，信息36篇。（撰稿人：宋全贵）

【太谷县审计局】 现有干部职工12人，设有办公室、业务一股、业务二股，负责对全县9个乡镇和38个县直部门的审计监督。局长张俊（—6月）、程建国（6月—），副局长张建忠（—6月）、张红燕（—6月）、张文耕（6月—）、郭志毅（6月—）。

审计成果 完成审计项目12个，审计单位63个，查出违纪违规行为金额1722.32万元，增加财政收入192.1万元，归还原渠道资金322.5万元，决定处理处罚37.01万元。完成18名科级干部经济责任审计，查出违纪违规行为金额324.10万元，决定处理处罚13.6243万元。提交审计报告63份、审计信息13篇，提出审计建议185条。（撰稿人：范小瑞）

【祁县审计局】 现有干部职工16人，设有办公室、行政事业审计股、财政金融审计股、经济贸易审计股，负责对全县8个乡镇和64个县直部门的审计监督。局长权冰，副局长游万义、许海琴。

审计成果 完成审计和审计调查6大类27个项目，涉及单位37个，查出各类违纪违规行为金额7841万元，收缴罚没款30万元，决定落实率达到100%。提交审计报告28份，简报信息23篇，撰写业务论文3篇。移交司法部门的违法案件1起，移交纪检部门的违纪案件线索5件。（撰稿人：权冰）

【平遥县审计局】 现有干部职工13人，设有办公室、行政事业农业审计股、财政金融审计股、经贸投资审计股、经济责任社保审计股，负责对全县14个乡镇和33个县直部门的审计监督。局长刘岳常，副局长阴建明、雷春庆。

审计成果 完成审计项目11个，审计单位103个，查出违规行为金额6334万元，应缴财政46万元，已交46万元。提交审计报告、审计调查报告73份，审计简报及动态15篇。另外，对66名党政领导干部进行了任期经济责任审计，还对6个县属改制、破产企业进行了重点审计。（撰稿人：冀佩剑）

【灵石县审计局】 现有干部职工12人，设有办公室、财政审计股、行政审计股，负责对全县12个乡镇和25个县直部门的审计监督。局长张津龙，副局长宋书元（—7月）、景铁雄（—7月）、牛瑞强（7月—）、王志民、杨惠琴（7月—），纪检组长穆荣辉（7月—）。

审计成果 完成审计项目10个，审计涉及单位38个，查出违规行为金额331.47万元，其中决定处理处罚142.47万元，归还原渠道资金189万元；下达处罚决定金额24.79万元。提交审计报告25份，信息和调研分析4篇。移送案件两起。（撰稿人：张向军）

【临汾市审计局】 2002年，共有干部职工49人，其中本科学历8人，大专学历40人，局长王千良，副局长张宏峰、赵茂山、祁全保、郭安平，纪检组长周宁康。设有办公室、法规科、人事教育科、财政审计科、金融审计科、固定资产投资审计科、农业资源与环保资金审计科、工商企业审计科、行政事业审计科、外资审计科、经济责任审计一科、经济责任审计二科、社会保障资金审计科。

审计成果 审计单位1084个，查出违规行为金额87886万元，应缴财政11693万元，已交财政10084万元。提交审计信息和工作报告660篇，被采用243篇。

经济责任审计 共审计304个单位、308人，查出违规行为金额11242万元。审计后晋升13人，平调72人，免职20人，移送纪检监察机关6人。（撰稿人：杨春艳）

【临汾市尧都区审计局】 现有干部职工16人，设有办公室、综合审计股、行政事业审计股、经济责任审计股，负责对全区16个乡镇和46个区直部门的审计监督。局长杨海宁（4月—）、董洪宝（—4月），副局长高福生、岳红宇（7月—）、李晓虎（—7月），纪检组长梁安保（7月—）。

审计成果 完成审计项目12个，审计单位65个，查出违法违规行为金额3563万元，增加财政收入71万元。对24名党政领导干部和企业领导人员进行了经济责任审计。向司法机关和纪检监察部门移送案件线索两件、3人。提交审计报告、信息32篇。（撰稿人：李少弟）

【侯马市审计局】 现有干部职工20人，设有办公室、行政事业审计股、财经审计股、农业基建审计股，负责对全市8个乡、办事处和58个市直部门的审计监督。局长卫玉贵，副局长郭天红、卫绍武、王永流。

审计成果 完成审计项目14个，119个单位，经济责任审计项目3个。查出违纪违规行为金额1701万元，其中指明要求纠正600万元，归还原渠道资金59万元，决定处理处罚1042万元，应缴财政156万元。向司法机关移交案件1起。提交审计报告14份，审计意见59份，审计信息21篇。（撰稿人：贺新明）

【曲沃县审计局】 现有干部职工22人，设有办公室、财金企业审计股、行政事业审计股、经济责任审计股，负责对全县7个乡镇和41个县直部门的审计监督。局长吴临生，副局长张成才、聂清江，纪检组长董凤仁。

审计成果 完成审计项目12个，审计单位115个，查出违纪违规行为金额1425万元，应缴财政82万元，归还原渠道资金240万元。提交审计报告、调研报告98份，审计信息60篇，被各级报刊、杂志采用11篇。（撰稿人：郑琳）

【翼城县审计局】 现有干部职工16人，设有办公室、财政金融审计股、行政事业审计股、社会保障审计股、投资审计股，负责对全县10个乡镇和29个县直部门的审计监督。局长李增殿，副局长张士仪、马振海、成淑琴，纪检组长苏爱娜。

审计成果 完成审计项目8大类14项，审计单位66个，查出违纪违规行为金额8600万元，为财政节约支出1240万元，决定处理处罚111万元，应缴财政103万元。移送案件两起。提交审计结果报告45份，审计意见110份，在各级刊物发表审计信息66篇。对44名党政、企业的主要领导干部进行了任期经济责任审计，通过审计，两人晋升，9人平调。（撰稿人：侯宗鑫）

【襄汾县审计局】 现有干部职工16人，设有办公室、财政金融审计股、工商企业审计股、经济责任审计股，负责对全县13个乡镇和66个县直部门的审计监督。局长柴凤翔，副局长王根管、李海成，纪检组长毛庆来。

审计成果 完成审计项目12个、68个单位，查出违纪违规行为金额1212万元，催缴款307万元。提交审计报告19份，审计意见79份，完成12个单位、22名领导干部的经济责任审计，查出违纪违规行为金额235万元，向司法纪检部门移送案件1起。向各类报刊投稿50余篇，被采用15篇。县脱水蔬菜公司领导人经济责任审计小组被省审计厅评为优秀审计小组。（撰稿人：景斌）

【洪洞县审计局】 现有干部职工15人，设有办公室、财政金融审计股、行政事业审计股、企业投资审计股和经济责任审计室，负责对全县16个乡镇和33个县直部门的审计监督。局长李钰，副局长李志毅、郭迎光，纪检组长王铁山。

审计成果 完成审计项目14个，审计单位35个，查出违纪违规行为金额8549万元，其中指明要求纠正3695万元，决定处理处罚4854万元，应缴财政44万元。完成审计调查两个，调查单位8个。提交审计报告、信息116篇，简报32篇，被各级采用共70篇。对28名党政领导干部进行了任期经济责任审计。（撰稿人：范云龙）

【古县审计局】 现有干部职工19人，设有办公室、综合审计股、经济责任审计股，负责对全县7个乡镇和63个县直部门的审计监督。局长孟宪文，副局长杜元贵，纪检组长王传琴。

审计成果 完成审计项目12个，审计单位68个，查出违规行为为金额1163万元，其中应缴财政191万元，指明要求纠正115万元，决定处理处罚17万元，归还原渠道资金103万元。提交审计报告23份，审计意见37份，审计信息8篇，被采用5篇。对21名党政、国有企业的领导干部进行了任期经济责任审计。（撰稿人：李鹏）

【安泽县审计局】 现有干部职工11人，设有财金审计股、事业投资审计股和办公室，负责对全县7个乡镇和60个县直部门的审计监督。局长卫春生，副局长赵文俊，纪检组长张栓成。

审计成果 完成审计项目21个，审计单位229个，查出违纪违规行为金额298.4万元，应缴财政12.39万元，已交12.39万元，提交审计信息30篇，被采用13篇。（撰稿人：周新利）

【浮山县审计局】 现有干部职工15人，设有办公室、财政金融审计股、综合审计股和经济责任审计中心，负责对全县9个乡镇和45个县直部门的审计监督。局长王保仁，副局长张贵福、崔学通。

审计成果 完成审计项目13个，审计单位42个，查出违纪违规行为金额708个，指明要求纠正193万元，应缴财政14万元。完成审计调查3个，调查单位5个。提交审计报告、信息48篇。完成6名党政、企事业领导干部的任期经济责任审计，共查出违规行为金额63万元。（撰稿人：王保仁）

【吉县审计局】 现有干部职工17人，设有办公室、综合审计一股、综合审计二股，负责对全县8个乡镇和89个县直部门的审计监督。局长刘王胜，副局长贺跃进，纪检组长卫立泰。

审计成果 完成审计项目12个，审计单位84个，查出违规行为金额1339万元，增加财政收入18万元，移送纪检部门案件3起。提交审计报告17份，审计意见84份，审计信息82篇，简报8篇。其中被各级新闻媒体采用共37篇。完成33名科级干部经济责任审计，查出违规违纪行为金额789万元，移送案件1起。（撰稿人：葛成杰）

【乡宁县审计局】 现有干部职工19人，设有办公室、财政金融审计股、综合审计股、经济责任审计股，负责对全县10个乡镇和22个县直部门的审计监督。局长闫早晨，副局长闫子龙、武春俊、贾培荣，纪检组长李登峰。

审计成果 完成审计项目21个、审计总金额77515万元，查出违纪违规行为金额4134万元，依法收缴省级水资源补偿费100万元，收缴县财政113万元，归还原渠道资金2583万元，审计决定落实率达95%。出具审计报告、审计结果报告、审计调查报告48份，审计意见书55份，审计决定书17份。提交审计信息33篇，被各级采用共16篇。（撰稿人：闫早晨）

【蒲县审计局】 现有干部职工27人，设有办公室、档案室、财政金融审计股、企业审计股、行政事业审计股、综合审计股和经济责任审计股，负责对全县9个乡镇和29个县直部门的审计监督。局长原海明，副局长闫欣荣、闫东香，纪检组长刘俊凤。

审计成果 完成审计项目15个，审计单位132个，查出违规行为金额4023万元，其中指明要求纠正904万元，决定处理处罚3119万元，应缴财政93万元。提交审计报告14份，审计信息60篇。对80名党政、企业的主要领导干部进行了任期经济责任审计。（撰稿人：樊国良）

【大宁县审计局】 现有干部职工26人，设有办公室、财政金融审计股、工商企业审计股、经济责任审计股，负责对全县6个乡镇和28个县直部门的审计监督。局长刘国栋，副局长宋书堂、冯德明。

审计成果 完成审计项目10个，审计单位32个，查出违纪违规行为金额1883万元，应缴财政21.7万元，已交18万元。追还被侵占挪用资金218万元。提交审计报告、信息26篇。对20名党政、企业的主要领导干部进行了任期经济责任审计。（撰稿人：贺晓军）

【永和县审计局】 现有干部职工16人，设有综合股、行政事业农业审计股、财政金融基建审计股，负责对全县7个乡镇和96个县直部门的审计监督。局长任建忠，副局长冯书霞、马让成，纪检组长李利印。

审计成果 审计单位72个，审计资金总额19487万元，查出违规行为金额1324万元，收缴审计罚款13.5万元，促进增收节支10万元。提出合理化建议35条，提交审计报告38份。有内审机构两个，内审人员4人。共审计单位121个，查出违规行为金额18.9万元，促进增收节支3万元，指明要求纠正4万元。（撰稿人：刘金龙）

【隰县审计局】 现有干部职工27人，设有办公室、法规股、行政事业审计股、企业投资审计股、经济责任审计股，负责对全县8个乡镇和20个县直部门的审计监督。局长刘小平（4月—）、孙良生（—4月），副局长史毓亮、李晓鹏（7月—）、郑发胜（—4月）。

审计成果 完成审计项目11个，审计单位110个，查出违纪违规行为金额593万元，其中归还原渠道资金170万元，决定处理处罚14万元。提交审计报告、信息26篇。另外完成对42个二级预算单位向财政核算中心移交前的债权债务审计。（撰稿人：任菊平）

【汾西县审计局】 现有干部职工15人，设有财政金融审计股、经济责任审计股、工商企业审计股、办公室，负责对全县8个乡镇、1个社区和82个县直部门的审计监督。局长牛金林，副局长申俊湘、王耀记，纪检组长张建英。

审计成果 审计项目14个，审计单位31个，审计资金总额12787万元，查出违规行为金额916万元，应缴财政42万元，已交42万元。提交审计报告36份，信息和调研报告48篇，被采用33篇。完成领导干部任期经济责任审计30人，查出违规行为金额671.63万元，查出个人存在经济问题6人。审计后，晋升1人，平调8人，免职14人，留用7人。（撰稿人：牛金林）

【运城市审计局】 2002年，共有干部职工65人，其中研究生学历1人，本科学历18人，大专学历37人，局长杨来管，副局长侯曙光、赵鹏、王乐乐、陈立定、王凌，纪检组长孙银虎。设有办公室、法制科、纪检监察室、人事教育科、财政审计科、金融审计科、行政事业审计科、农业环保审计科、工商企业审计科、投资审计科、外资运用审计科、经济责任审计科、派出审计一室、派出审计二室、派出审计三室。

审计成果 审计单位869个，查出违规行为金额70568万元，应缴财政5631万元，已交5131万元，归还原渠道资金2077万元。向司法机关移送案件28起，向纪检监察移送案件线索92件，建议给予党政纪处分92人，查出百万元以上违规单位18个。

经济责任审计 审计单位253个、264人，查出违规行为金额15067万元，查出个人存在经济问题5人。审计后，晋升3人，平调45人，免职8人，移送纪检监察机关两人。

内部审计 市直部门内审机构286个，其中专职机构89个；内审人员444人，其中专职人员193人。全年共审计单位60个，查出损失浪费31万元，促进增收节支88万元，纠正违规行为金额206万元。提出意见、建议被采纳94条。（撰稿人：景磊）

【运城市盐湖区审计局】 现有干部职工32人，设有办公室、法制科、财政金融审计室、农业资金审计室、工商企业与投资外资审计室、行政事业审计室，负责对全区22个乡镇（办事处）和43个区直部门的审计监督。局长原翠霞，副局长巩建峰、严俊红，纪检组长邱满泉。

审计成果 完成审计项目9个、78个单位，经审计，指明要求纠正34万元，决定处理处罚53万元，已交财政53万元，协助有关部门催收50万元。协助纪检部门查处案件1起，移送案件3起。共提交审计报告及信息69篇，被上级审计机关和有关部门采用17篇（次）。另外，对43个单位负责人（含乡镇）进行了任期经济责任审计。（撰稿人：闫红锁）

【永济市审计局】 现有干部职工21人，设有综合办公室、财政金融审计股、行政事业审计股、固定资产投资审计股、工商企业审计股，负责对全市10个乡镇及办事处和150个市直部门的审计监督。局长胡选廷，副局长崔荣波、颜广英、靳惠玲、姬养志。

审计成果 完成审计项目19个，审计单位70个，查出违规行为金额2052万元，已交财政50万元，其中，查出违规私设“小金库”两个，涉及金额18.98万元；查出乱收费单位6个，资金额17.61万元，被侵占挪用资金191万元。共提交审计报告、信息26篇，被有关部门采用8篇。提出审计建议10条，建立完善制度16项，审计决定落实率达到95%以上。完成5名领导干部离任审计和4名领导干部任期经济责任审计，查出违规行为金额30万元。有内审机构18个，内审人员43人。（撰稿人：谢成语）

【河津市审计局】 现有干部职工22人，设有办公室、行政事业审计股、工商企业审计股、财政金融审计股、经济责任审计股，负责对全市9个乡镇、街道、47个市直部门及91个事业单位的审计监督。局长张文民（—11月）、马黄河（12月—），副局长曹玉桂、郝吉学、吕存福，纪检组长郝卫平。

审计成果 完成审计项目12个，审计单位26个，查出违纪违规行为金额4463.26万元，应缴财政罚没款87.75万元，已全部入库。移交司法、纪检、监察部门案件线索两件。提交审计综合报告、专题文章、论文、信息、简报39篇，被各级采用18篇。另外，完成1名企业领导人离任经济责任审计。被审计署、人事部授予“全国审计机关先进集体”荣誉称号。（撰稿人：李炳发）

【芮城县审计局】 现有干部职工17人，设有综合办公室、财政金融审计股、经济责任审计股、农业投资审计股、工商外资审计股，负责对全县10个乡镇和60个县直部门的审计监督。

审计成果 完成审计项目9个，审计单位78个，查出违纪违规行为金额2857万元，应缴财政76万元，提交审计报告、信息等74篇，被批示、采用45篇。（撰稿人：焦浩龙）

【临猗县审计局】 现有干部职工21人，设有财政审计股、金融审计股、经济责任审计股、行政事业审计股、法制股、办公室，负责对全县16个乡镇（含3个工贸区）和33个县直部门的审计监督。局长王玉芳，副局长王耀勤、王自强、赵淑琴，纪检组长姚晋英。

审计成果 审计单位82个，查出违规行为金额8824万元，应缴财政87万元，已交87万元。提交审计报告46份，信息39篇，向有关部门移送案件6起。（撰稿人：谢剑军）

【万荣县审计局】 现有干部职工39人，设有办公室、法制股、财税投资审计股、经济责任审计股、农业环保审计股、行政事业审计股、企业外资审计股，负责对全县14个乡镇和38个县直部门的审计监督。局长畅平，副局长柴保民、赵新民、丁天云，纪检组长陈耀霞。

审计成果 完成审计项目12个，审计单位76个，查出违规行为金额5756万元，应缴财政61万元。提交审计报告5份，审计信息简报30篇。另外，完成了29名科级领导干部任期经济责任审计。（撰稿人：丁钦红）

【新绛县审计局】 现有干部职工11人，设有办公室、经济责任审计股、经贸审计股、财政金融审计股、行政事业审计股，负责对全县8个乡镇和32个县直部门的审计监督。局长李耀华，副局长柳保利、王世虎、李凯、郭德保（—7月）、阴保平（—11月），纪检组长李怀庆。

审计成果 完成审计项目13个，审计单位54个，查出违规行为金额3330万元，应缴财政24.3万元。提交审计报告、信息85篇，被采用36篇。（撰稿人：曹利鹏）

【闻喜县审计局】 现有干部职工23人，设有办公室、财政金融审计股、行政事业与经济责任审计股、农业和科学教育审计股、固定资产投资审计股、工交和商贸审计股，负责对全县13个乡镇、35个县直部门和223个企事业单位的审计监督。局长王虎郎，副局长杨澍、李卫军、许驰（10月—）、纪检组长刘安顺（—7月）。

审计成果 完成审计项目14个、108个单位，查出违纪违规行为金额3565万元，应缴财政110万元，已交110万元。提交审计报告．信息50篇，被采用35篇。完成税收征管情况审计调查项目1个，调查单位71个，经过整改，为财政增收700万元。查出财务人员涉嫌贪污公款40万元的大案1起，已移交检察机关。另外，对中小学29名校长变动进行了任期经济责任审计。（撰稿人：张建兴）

【夏县审计局】 现有干部职工24人，设有办公室、行政事业审计股、财政金融审计股、经济责任审计股和综合审计股，负责对全县11个乡镇和县直部门的审计监督。局长卢景申，副局长解王吉（4月—）、司马小虎（7月—），纪检组长孟永生（7月—）。

审计成果 完成审计项目17个，审计单位81个，查出违规行为金额1301万元，应缴财政94万元，已交56万元，归还原渠道资金74万元。提交审计报告17份，信息24篇。被上级领导批示4篇、报刊采用8篇。向检察机关移交案件线索两件。（撰稿人：谢成语）

【绛县审计局】 现有干部职工24人，设有办公室、工商企业审计股、财政金融审计股、行政事业审计股、基建投资审计股，负责对全县10个乡镇和43个行政事业单位及企业的审计监督。局长张为民，副局长李杰、盖惠峰、郭金虎。

审计成果 完成审计项目16个、86个单位，查出违纪违规行为金额1527万元，指明要求纠正1068万元，应缴财政48万元，移送案件两起。提交审计综合报告、信息45篇、专项审计调查报告两份，在报刊发表审计文章25篇。（撰稿人：李明）

【平陆县审计局】 现有干部职工20人，设有办公室、工商企业审计股、行政事业审计股、经济责任审计股、法制股、财政基建审计股、外资金融审计股，负责对全县11个乡镇和41个县直部门的审计监督。局长李典庚，副局长刘柏峰、张创业。

审计成果 完成审计项目13个，审计单位38个，查出违规行为金额1616万元，应缴财政24万元，直接挽回经济损失300万元。提交审计报告、信息48篇，被上级批示采用10篇。同时向司法、纪检部门移交案件1起。（撰稿人：白安财）

【垣曲县审计局】 现有干部职工21人，设有财政金融审计股、基建外资审计股、行政事业农水审计股、经济责任审计股和办公室，负责对全县11个乡镇和47个县直部门的审计监督。局长张俊，副局长张伟、梁书敏、胡德奎，纪检组长刘花玲。

审计成果 审计单位52个，查出违纪违规行为金额4347万元，已交财政48万元，查出“小金库”两个，移交案件两起。提交审计综合报告、论文、审计信息28篇。共对县直及乡镇26名科级领导干部进行了经济责任审计，审计资金总额5.5亿元，查出违纪行为金额358万元，并依法做出相应的处理处罚。（撰稿人：王玉国）

【吕梁地区行政公署审计局】 2002年，共有干部职工49人，其中本科学历16人，大专学历26人，局长雒守祥，副局长贾桥、杨喜平、高博，纪检组长李效民。设有办公室、行政事业社保审计科、农业环保审计科、经济责任审计科、财政审计科、外资运用审计科、金融经贸审计科、法制科、固定资产投资审计科。

审计成果 共完成审计项目19个，审计单位109个；查出违纪违规行为金额10670万元，应缴财政110万元，归还原渠道资金1235万元。提交审计报告21份、审计信息97篇，被上级机关及新闻媒体批示、采用17篇。向纪检监察机关移送案件两起4人。

经济责任审计 共对34个单位、34名党政领导干部、企业领导人员进行了经济责任审计。（撰稿人：成卫兵）

【离石市审计局】 现有干部职工21人，设有办公室、行政事业审计股、财经审计股、企业审计股、经济责任审计股，负责对全市10个乡镇、48个市直部门和170个企事业单位的审计监督。局长成维铁，副局长张志强、孙兵才，纪检组长薛晋轩。

审计成果 完成审计项目9个，审计单位11个，共查出违纪违规行为金额678万元，应缴财政9万元。提交审计报告5份、审计信息18篇，其中被上级党政机关及新闻媒体批示、采用两篇。（撰稿人：李晋肃）

【孝义市审计局】 现有干部职工26人，设有办公室、行政事业审计股、企业审计股、经济责任审计股、财政审计股、基建审计股、金融经贸审计股，负责对全市15个乡镇，44个市直部门和288个企事业单位的审计监督。局长任廷耀，副局长成波、李志强，纪检组长田开照。

审计成果 完成审计项目9个，审计单位69个，共查出违纪违规行为金额1350万元，应缴财政11万元。提交审计报告7份，审计信息28篇，其中被上级党政机关及新闻媒体批示、采用16篇。另外，完成4个单位、4名领导干部经济责任审计。（撰稿人：张国府）

【汾阳市审计局】 现有干部职工14人，设有办公室、行政事业审计股、企业审计股、基建外资审计股（经济责任审计股），负责对全县14个乡镇、47个县直部门和180个企事业单位的审计监督。局长冯志远，副局长杨毅、雷成才、任宝元，纪检组长马继红。

审计成果 完成审计项目9个，审计单位64个，审计调查项目1个，调查单位4个。查出违纪违规行为金额1760万元，应缴财政16万元，归还原渠道资金574万元。提交审计报告7份、审计信息25篇，其中被上级机关及新闻媒体批示、采用12篇。完成领导干部经济责任审计项目1个，共审计49个单位、49人。（撰稿人：王永刚）

【文水县审计局】 现有干部职工19人，设有办公室、行政事业审计股、企业审计股、财经基建审计股，负责对全县11个乡镇、49个县直部门和151个企事业单位的审计监督。局长武希俊，副局长马金保，纪检组长杨学彪。

审计成果 完成审计项目9个，审计单位28个；审计调查项目1个，调查单位1个。共查出违纪违规行为金额1486万元，应缴财政16万元，归还原渠道资金10万元。提交审计报告7篇、审计信息13篇，其中被上级机关及新闻媒体批示、采用两篇。（撰稿人：苏安生）

【中阳县审计局】 现有干部职工12人，设有办公室、行政事业审计股、企业审计股、经济责任审计股，负责对全县6个乡镇、42个县直部门和114个企事业单位的审计监督。局长周卯应，副局长张虹。

审计成果 完成审计项目10个，审计单位25个，查出违纪违规行为金额186万元，应缴财政28万元。提交审计报告8份、审计信息8篇，其中被上级党政机关及新闻媒体批示、采用两篇。完成对领导干部离任审计项目1个，共审计单位6个，经济责任人6人。（撰稿人：刘文中）

【兴县审计局】 现有干部职工24人，设有办公室、行政事业审计股、金融经贸审计股、经济责任审计股（外资审计），负责对全县16个乡镇、44个县直部门和138个企事业单位的审计监督。局长白云旺，副局长白喜成、王清平，纪检组长任庆周。

审计成果 完成审计项目10个，审计单位36个，查出违纪违规行为金额1242万元，应缴财政17万元，归还原渠道资金538万元。提交审计报告8份、审计信息17篇，其中被上级机关及新闻媒体批示、采用4篇。完成1项领导干部经济责任审计，审计单位1个、1人。（撰稿人：赵小平）

【临县审计局】 现有干部职工24人，设有办公室、行政事业审计股、企业审计股、综合审计股，负责对全县22个乡镇、50个县直部门和165个企事业单位的审计监督。局长李艾平，副局长刘长春、马星、张俊娥，纪检组长薛连生。

审计成果 完成审计项目8个，审计单位18个，审计调查项目1个，调查单位1个。查出违纪违规行为金额441万元，应缴财政5万元。提交审计报告6份、审计信息16篇，其中被上级机关及新闻媒体批示、采用4篇。（撰稿人：马百灵）

【方山县审计局】 现有干部职工22人，设有办公室、行政事业审计股、企业审计股、经济责任审计股，负责对全县6个乡镇、44个县直部门和154个企事业单位的审计监督。局长张卫平，副局长雷和平、吕玲娥，纪检组长薛润平。

审计成果 完成审计项目10个，审计单位27个，审计调查项目1个，调查单位5个。查出违纪违规行为金额1573万元，应缴财政3万元，归还原渠道资金两万元。提交审计报告9份、审计信息13篇，其中被上级机关及新闻媒体批示、采用4篇。完成领导干部离任审计1个，共审计单位10个、经济责任人10人。(撰稿人：雒晓红)

【柳林县审计局】 现有干部职工24人，设有办公室、行政事业审计股、企业审计股、经济责任审计股、财政审计股、农业外资环保审计股、基建审计股，负责对全县14个乡镇、45个县直部门和134个企事业单位的审计监督。局长韩建中，副局长王生贵、高旭华，纪检组长王爱平。

审计成果 完成审计项目9个，审计单位32个。共查出违纪违规行为金额230万元，应缴财政8万元，归还原渠道资金98万元。提交审计报告6份、审计信息14篇，其中被上级机关及新闻媒体批示、采用3篇。完成领导干部离任审计1个，共审计单位4个、经济责任人4人。(撰稿人：高旭华)

【岚县审计局】 现有干部职工12人，设有综合审计股、行政事业审计股、企业审计股，负责对全县11个乡镇、41个县直部门和142个企事业单位的审计监督。局长李国珍，副局长牛桃拴、王天珍，纪检组长牛连大。

审计成果 完成审计项目7个，审计单位11个，审计调查项目1个，调查单位4个。共查出违纪违规行为金额712万元，应缴财政8万元。提交审计报告6份、审计信息5篇，其中被采用1篇。(撰稿人：王俊峰)

【交口县审计局】 现有干部职工19人，设有办公室、行政事业审计股、企业审计股、经济责任审计股，负责对全县6个乡镇、45个县直部门和133个企事业单位的审计监督。局长白兰喜，副局长郭瑞娉、张晓琴，纪检组长郭俊峰。

审计成果 完成审计项目8个，审计单位22个，查出违纪违规行为金额281万元，应缴财政18万元，归还原渠道资金256万元。提交审计报告6份、审计信息14篇，其中被上级机关及新闻媒体批示、采用5篇。(撰稿人：李二虎)

【交城县审计局】 现有干部职工17人，设有办公室、行政事业审计股、财政审计股、经济责任审计股，负责对全县9个乡镇、46个县直部门和151个企事业单位的审计监督。局长段春阳，副局长岳福根、张和平，纪检组长张俊刚。

审计成果 完成审计项目9个，审计单位88个，审计调查项目1个，调查单位3个。共查出违纪违规行为金额7736万元，应缴财政94万元，归还原渠道资金44万元。提交审计报告8份、审计信息16篇，其中被上级机关及新闻媒体批示、采用4篇。有内审机构11个，内审人员11人。完成对党政领导干部、企业领导人离任审计，共审计单位45个、经济责任人45人。(撰稿人：段永强)

【石楼县审计局】 现有干部职工19人，设有办公室、行政事业审计股、企业审计股、经济责任审计股，负责对全县8个乡镇、40个县直部门和134个企事业单位的审计监督。局长王文生，副局长张文元、曹先荣，纪检组长王锁珍。

审计成果 完成审计项目10个，审计单位17个，查出违纪违规行为金额564万元，应缴财政3万元，归还原渠道资金42万元。提交审计报告7份、审计信息11篇，其中被上级机关及新闻媒体采用两篇。有内审机构9个，内审人员9人。(撰稿人：许志进)

内蒙古自治区

【内蒙古自治区审计厅】 2002年，全区审计机关定编2321人，其中事业编制368人；在编2262人，其中事业编制382人。自治区审计厅定编193人，其中厅机关行政编制107人，驻海拉尔、赤峰审计处行政编制40人，厅机关事业编制46人；在编人数195人，其中厅机关107人，驻海拉尔、赤峰审计处39人。厅机关设有办公室、人事教育处、法制处、离退休人员工作处、财政审计处、金融审计处、外资审计处、经贸审计处、固定资产投资审计处、行政事业审计处、农业与资源环保审计处、社会保障审计处、纪检组、机关党委；另设有派驻赤峰、海拉尔审计处；下设审计科研培训中心、机关事务服务中心及审计信息与计算机技术服务中心直属事业单位。

领导成员

厅　长：长　江（蒙古族）

副厅长：赵慧容　王月胜

　　孙德志（满族4月—）

　　吕靖原（9月—）

纪检组长：刘继龙

助理巡视员：王东升

内蒙古自治区审计成果 全年共对5605个单位和项目进行了审计，查出违法违规行为金额39.6亿元，上缴财政3.7亿元，向司法机关和纪检监察部门移送案件53起，被各级党委、政府批示批转的审计工作报告409份。

预算执行审计　全区三级审计机关开展预算执行审计的深度、力度和延伸审计的覆盖面逐步扩大，方法不断改进，审计的重点已从单纯的查错纠弊逐步向预算分配、预算管理和资金使用效益方面转变。全区共审计单位910个，查出违规行为资金额9.6亿元，应缴财政9378万元。审计结果均引起了各级政府、人大的高度重视。自治区本级的预算执行审计结果报告也第一次被自治区政府批转。同时，全区审计机关共对354个下级政府财政决算进行了审计，查出违规行为金额2.8亿元，上缴财政3052万元。

固定资产投资和国债建设项目审计　配合西部大开发战略的实施，全区审计机关加大了各种固定资产投资和国债建设项目的审计力度，一是通过对工程投资预决算的严格审查，纠正了高估冒算等问题。全区审计机关通过对507个工程项目的审计，共核减投资1.4亿元，其中，在14个城市基础设施国债建设项目审计中，核减工程投资3340万元。二是对工程设计、施工、监理、招投标等管理方面的问题进行了审计调查和研究分析，提出了许多改进意见。三是通过运用计算机辅助审计，提高了审计工作质量和工作效率。如自治区审计厅在国华准格尔发电厂二期工程审计中，运用自己研制的计算机软件《国家建设项目经济效益评审系统》，对项目的经济效益进行了评审，并对该项目实行的“小业主、大咨询”管理模式进行了系统总结和评价，形成了专题审计调查报告，受到了被审计单位的欢迎和审计署好评。

专项资金审计　一是对全区8个盟市及其59个旗县的风沙源治理工程资金进行了审计与审计调查，对重点盟市和旗县实地调查了263个项目，查出各类违规行为资金额1.03亿元，追回被侵占挪用资金3106万元，移送纪检、监察部门案件4起，有两名责任人被免去了领导职务。自治区政府批转了全区审计情况的汇总报告，听取了专题汇报，充分肯定了这项审计工作。二是对全区12个盟市98个旗县2001年度的扶贫资金进行了审计，查出各类违规行为金额9732万元，追回被侵占挪用资金1474万元。三是组织全区12个盟市、两个计划单列地级市和92个旗县审计机关，对二期义务教育和中小学危房改造工程资金的管理使用情况进行了跟踪审计。四是全区审计机关对2001年度企业职工基本养老保险基金的征缴、使用、管理情况进行了审计，区厅在对8个中央行业审计中，直接收缴应缴未交养老金6766万元。五是为促进住房制度改革，全区审计机关对部分住房资金管理机构和房管部门2001年度住房资金的归集、管理和使用情况进行了审计，查出违规资金2.9亿元，促进归还原渠道资金1.5亿元，并针对审计发现的问题，向自治区人民政府提出了健全住房资金管理机构、扩大公积金覆盖面、完善政府住房基金制度等建议，自治区人民政府采纳审计建议，批转了审计情况报告。六是区厅直接负责对通辽市、锡林郭勒盟等4个盟市的60个国债项目进行了重点检查，检查资金17亿元，查出违规行为金额3.02亿元。同时，与财政、监察部门联合组成检查组，对1998年以来自治区直属水利国债150个项目进行了全面检查，自治区政府全文批转了检查报告，并要求有关部门对查出的问题限期整改。

审计调查　根据统一部署，各级审计机关先后对农村牧区税费改革试点情况、政府采购运行及采购资金管理情况、自治区和盟市本级医疗制度改革情况等进行了审计调查。同时，与审计工作同步，先后对风沙源治理工程管理和政策落实情况、14个城市基础设施建设情况、企业养老保险金缴费情况等进行了审计调查。各项调查对提升审计成果质量都发挥了重要作用，尤其在宏观作用方面，效果更为突出。例如在对11个旗县农村牧区税费改革试点情况的审计调查中，在有关部门的配合下，既总结出了税费改革的成功做法，又发现了试点工作中存在的问题，基本摸清了底数，为自治区政府制定下一步改革方案提供了重要依据。通过对政府采购工作的审计，为各级政府完善政府采购工作提供了重要依据。对自治区和盟市两级医疗制度改革情况的两个审计调查报告，也都被自治区政府批转。

重点企业审计　围绕国有企业深化改革和加强管理，全区审计机关以真实性为基础，对348户企业进行了审计，查出和纠正资产及损益不实等违规行为金额7.2亿元，挽回国有资产流失2911万元。区厅对内蒙古电力（集团）公司2001年度财务收支进行了审计，在查处违规违纪问题的同时，根据企业改革的需要，对电网发电企业资产情况进行了摸底，核实了企业潜亏、债务分割等问题，为电力体制改革提供了依据。同时，全区三级审计机关对自治区移动通信公司系统和自治区烟草分公司系统2001年度财务收支情况进行了审计，查出损益不实、应缴未交频占费和入网费、私设“小金库”等违规行为金额1.8亿元，应缴财政1800万元。

重点行业审计　全区审计机关对技术质量监督部门进行了全行业审计，查出截留罚没收入、乱收费、私设“小金库”等违规行为金额3495万元，上缴财政385万元。

金融审计　按照审计署的部署，全区三级审计机关对中国农业发展银行内蒙古分行系统84个机构的

2001年度资产负债损益情况进行了审计，查出各类违规行为金额8328万元，揭露和纠正了该分行系统在财务核算和信贷管理方面存在的问题。

外资审计 组织有关审计机关对世界银行和亚洲开发银行贷款、联合国援粮等14个外资项目进行了审计，查出违规行为金额1.74亿元，并针对审计查出的问题提出了切实可行的审计意见，自治区有关领导在调查报告上批示："审计厅做了一件很有意义的事。"自治区政府外债审计调查报告转发全区。

经济责任审计 各级审计机关在稳步开展县处级以下党政领导干部和国有及国有控股企业领导人员经济责任审计的同时，认真开展了县处级以上党政领导干部的经济责任审计试点工作。全区共审计党政领导干部和企业领导人员1893人，发现个人经济问题932万元，移送司法机关和纪检监察部门处理35人，建议给予党政纪处分10人。

加强基础工作 全区各级审计机关按照"压缩数量，提高质量，多出精品"的思路，从贯彻执行审计准则入手，规范审计程序，完善各项制度，强化审理复核，狠抓了审计质量，认真开展了"审计质量年"活动，使审计成果质量得到明显提高。按照优秀项目评选办法的规定，全区有9个审计项目被评为优秀审计项目，有16个审计项目被评为受表彰项目。全区各盟市、旗县审计机关圆满完成了机构改革工作，人员结构得到了优化。干部培训工作力度增强，仅区厅就办班培训600多人次。党风廉政建设得到加强，很多审计机关开展了"建功立业"、"抓管理、树形象"等活动，广大审计人员的职业纪律观念和拒腐防变能力得到进一步提高。区厅和一部分盟市审计机关初步建起了局域网，增加了计算机等相关设备，应用范围逐步扩大。区厅研制开发的《审计系统档案管理大全》和《国家建设项目经济效益评审系统》软件，已通过了国家和自治区有关部门的评审鉴定，并已投入使用。（撰稿人：张洪甫、丹军）

【内蒙古审计厅驻海拉尔审计处】 2002年，共有职工21人，其中本科学历4人，大专学历17人，处长赵国君，副处长高英玲、鲍卫平。设有办公室、行政事业审计科、财税社保审计科、经济贸易审计科、固定资产投资审计科。

审计成果 全年审计单位14个，查出违规行为金额8407万元，应缴财政292万元，已交财政292万元，归还原渠道资金553万元。提交信息10篇，被采用5篇。

农业与资源环保资金审计 完成农业与资源环保资金审计项目两个。查出违规行为金额1599万元，被挤占挪用资金399万元，归还原渠道资金211万元，应纠正1053万元。其中，对林西县2000～2001年度沙源治理工程资金的审计项目被评为全区表彰审计项目。（撰稿人：张慧芝）

【内蒙古审计厅驻赤峰审计处】 2002年，共有干部职工18人，其中研究生学历1人，本科学历11人，大专学历5人，处长马爱杰，副处长姜桂华、于震华。设有办公室、经贸审计科、固定资产投资审计科、财政行政事业审计科和经济责任审计科。

审计成果 审计12个单位，查出违规行为金额8320万元，促进增收节支975万元，挽回国有资产流失108万元，应缴财政961万元，已交财政683万元。共撰写审计信息及调研文章33篇，其中有1篇被国务院办公厅采用，有8篇被《中国审计报》刊登，5篇被审计厅的《审计要情专送》采用，8篇文章被《内蒙古审计》刊登，两篇被《内蒙古审计通讯》采用。（撰稿人：付雪峰）

【呼和浩特市审计局】 2002年，共有在职干部职工75人，其中本科学历23人，大专学历36人，局长吴贵武，副局长杨国臣、王岩，纪检组长贺伊生。设有办公室、法制科、人事教育科、固定资产投资审计科、社会保障审计科、财政审计科、金融与外资审计科、行政事业审计科、农业与资源环保审计科、经贸审计科、经济责任审计办公室。

审计成果 全年审计单位66个，查出违规行为金额42450万元，应缴财政2084万元，已交2060万元；应追还被侵占挪用资金492万元，审计核减固定资产投资1259万元，挽回国有资产流失946万元，审计决定落实率99%；审计工作报告被采用16份，提交审计信息130篇，被采用117篇。

财政审计 以规范财政分配秩序和预算管理、促进增收节支为目标，开展审计项目5个，查出违规行为金额1836万元。

专项资金审计 开展审计和审计调查7个，审计单位19个，审计调查单位50个，指明要求纠正违规行为金额1006万元，上交财政100万元。

固定资产投资审计 围绕呼市城市建设和改造、政府"三大系统工程"，审计单位10个，查出违规行为金额25558万元，挽回国有资产流失105万元，已交财政105万元，查出百万元案件线索并移送司法机关处理1人。

经济责任审计 开展经济责任审计5个，审计处理处罚934万元，纠正违规行为金额6595万元，查出个人存在经济问题并移送司法机关3人，获全区优秀审计项目1个。（撰稿人：张丽艳）

【呼和浩特市回民区审计局】 现有干部职工9人，负责对全区1个乡镇和42个区直部门的审计监督。局长刘万忠，副局长李聪明、毕荣兰。

审计成果 完成审计单位25个，查出违规行为金额413万元，挽回国有资产流失223万元，促进增收节支62万元，审计报告被区政府批示、批转6份。共审计经济责任人14人，查出违规行为金额40万元。（撰稿人：刘万忠）

【呼和浩特市新城区审计局】 现有干部职工7人，设有办公室和经济责任审计办公室，负责对全区1个乡、1个镇和78个区属单位的审计监督。局长徐瑞（10月—）、党礼义（—10月），副局长塔娜、张剑。

审计成果 完成审计项目17个、20个单位，查出违纪违规行为金额298万元，其中指明要求纠正143万元，决定处理处罚155万元；完成审计调查两个，提交审计工作报告19份，审计意见20份，审计信息37篇，被采用两篇。完成财政审计项目两个，5个单位，查出违纪违规行为金额248万元，其中指明要求纠正143万元，决定处理处罚105万元。完成经济责任审计项目14个，查出违规行为金额50万元，审计后平调13人，晋升1人。（撰稿人：丛永敏）

【呼和浩特市玉泉区审计局】 现有干部职工7人，负责对全区两个乡镇和35个区直部门的审计监督。局长刘国防，副局长刘军。

审计成果 完成审计项目17个，查出违规行为金额375万元，促进增收节支333万元，审计决定落实率100%。除对列入会计核算中心的38个预算单位逐一进行了审计外，还强化了对固定资产投资建设项目竣工决算的审计监督，起草了《玉泉区固定资产投资建设项目竣工决算审计监督办法》，由区人大常务委员会发布施行。（撰稿人：安海亮）

【呼和浩特市赛罕区审计局】 现有干部职工15人，设有办公室、行政事业审计股、金融与外资、农业环保审计股、经济责任审计股，负责对全区7个乡镇、5个办事处和54个区直部门的审计监督。局长郭喜梅，副局长李长拴、高俊旺。

审计成果 完成审计项目37个，查出违规行为金额712万元，应缴财政37万元，已交34万元。提交审计工作报告13份，调研报告两份，审计信息20篇，被区委、政府和上级审计机关采用20篇。（撰稿人：王繁荣）

【托克托县审计局】 现有干部职工16人，设有办公室、经济责任审计办公室、行政事业审计股、农业财政审计股、财税金融审计股、固定资产投资审计股、审理股，负责对全县9个乡镇和70多个县直部门的审计监督。局长魏晓东，副局长郭元乐、田晨俊。

审计成果 审计67个单位，查出违规行为金额1353万元，上缴财政17万元，促进增收节支466万元，挽回国有资产流失416万元。提交审计工作报告11份，被县委、政府批转批示7份；审计信息被采用16篇。（撰稿人：李瑞霞）

【武川县审计局】 现有干部职工17人，设有办公室、审理复核股、行政事业审计股、财税金融审计股和经济责任审计股，负责对全县16个乡镇和32个县直部门的审计监督。局长贾金龙（—4月）、任玉和（4月—）。

审计成果 完成审计项目14个，审计单位35个，查出违规行为金额923万元，应追还被侵占挪用资金72万元，决定处理处罚15万元，已交财政14万元。提交审计工作报告21份，审计信息28篇，被采用8篇。对19名党政主要领导干部进行了任期经济责任审计。（撰稿人：王敝）

【和林格尔县审计局】 现有干部职工17人，设有办公室、审计一股、审计二股、复核股，负责对全县15个乡镇和39个县直部门的审计监督。局长冯计生，副局长贾国胜、张占梅。

审计成果 完成审计项目40个，审计单位42个，查出违规行为金额522万元，应缴财政11万元，已全部上交，促进增收节支248万元，挽回国有资产流失30万元。提交审计工作报告、信息47篇。完成对10名科级干部任期经济责任审计。（撰稿人：张月梅）

【清水河县审计局】 现有干部职工15人，设有行政财税审计股、事业金融审计股、经济责任审计股、基建审计股、企业审计股和办公室，负责对全县11个乡镇和26个县直部门的审计监督。局长张关于，副局长翟玉波、苏瑞萍。

审计成果 完成审计项目11个，审计单位41个，查出违规行为金额846万元，应缴财政95万元，已交83万元。完成审计调查项目5个，调查单位8个。提交审计报告、信息65篇。完成对26名科级干部任期经济责任审计，查出违规行为金额438万元。（撰稿人：张俊德）

【土默特左旗审计局】 现有干部职工15人，设有办公室、行政事业审计股、农业与资源环保审计股、固定资产投资审计股、经济责任审计股，负责对全旗16个乡镇和67个旗直部门的审计监督。局长孙根怀（3月—），副局长云红兵（5月—）。

审计成果 完成审计单位51个，查出违规行为金额674万元，应缴财政240万元，已交235万元。完成22名科级干部离任经济责任审计，查出违规行为金额70万元，移送司法机关涉嫌贪污案件1起。完成审计调查两个项目、3个单位。提交审计工作报告7份，信息简报20篇，被采用22篇。（撰稿人：白瑞霞）

【包头市审计局】 2002年，共有干部职工71人，其中本科学历16人，大专学历40人，局长薛长江，副局长包金林（5月—）、张文光、王振岐（5月—）、云岗（—7月），纪检组长孙郁。设有办公室、政工科、监察室、法制科、经济贸易审计科、经济责任审计科、财政审计科、金融外资审计科、行政事业审计科、农业资源环保审计科、固定资产投资审计科、社会保障审计科。另设审计培训中心。

审计成果 全市两级审计机关共审计479个单位，查出违规行为金额4.08亿元，促进增收节支1.19亿元，挽回国有资产流失5458万元，应缴财政7386万元，已交6576万元，审计报告被批转46份，向司法机关、纪检监察部门移送案件14起。其中市本级共审计97个单位，查出违规行为金额2.6亿元，促进增收节支8100万元，挽回国有资产流失2187万元，应缴财政5897万元，已交财政5184万元，审计报告被批转9份，向司法机关、纪检监察部门移送案件5起。1月，被审计署、人事部评为“全国审计机关先进集体”。6月，被审计署评为“年度宣传工作先进单位”，薛长江局长被评为先进个人。

机构改革情况 4月，市审计局进行了机构改革。改革后内设12个职能科室，机关公务员从85人精简为64人，另增加工勤人员编制10人，29名科级干部平均年龄39岁，较改革前年轻4岁，具有大专以上学历的占96.6%，中级以上专业技术职称的占86.2%。这次机构改革加大了轮岗力度，有33名同志轮岗，轮岗面达到55.9%，其中正科级干部轮岗面为100%。

经济责任审计 全市共对122名党政领导干部和企业领导人进行了审计，查出并指明要求纠正违规行为金额6922万元。审计后，其中两人晋升，60人平调或轮岗，26人被免职，5人被移交司法机关查处。（撰稿人：梁守礼）

【包头市昆都仑区审计局】 现有干部职工10人，设有办公室、行政事业审计股、固定资产投资审计股和经济责任审计股，负责对全区13个办事处和30个行政事业单位的审计监督。局长刘新洋，副局长温秀兰、张冬梅。

审计成果 审计46个单位，审计调查项目两个，查出违规行为金额2526万元，促进增收节支264万元，挽回国有资产流失1749万元，应缴财政216万元，已交212万元，其中指明要求纠正59万元，查出百万元以上违规单位4个。提交审计报告、信息24篇。另外，对15名科级干部进行了任期经济责任审计，查出违规行为金额2045万元，应缴财政15万元，指明要求纠正59万元，调账处理1896万元，罚没11万元。（撰稿人：张树彪）

【包头市东河区审计局】 现有干部11人，设有办公室、行政事业审计股、企业审计股、经济责任审计股，负责对全区56个区直部门的审计监督。局长潘旭，副局长肖振民。

审计成果 审计单位59个，查出违规行为金额2070万元，上缴财政135万元，提交审计报告18份，审计信息35篇。对9名科级干部进行了任期经济责任审计，查出违规行为金额63万元。（撰稿人：韩焱）

【包头市青山区审计局】 现有干部职工9人，设有办公室、行政财税审计股、经济责任审计股、基本建设审计股，负责对全区70个行政事业单位的审计监督。局长刘成兵，副局长李智。

审计成果 审计单位38个，查出违规行为金额1932万元，应缴已交财政5万元。提交审计工作报告12份，信息和调研报告34篇，被采用25篇。对1个事业单位的领导干部离任和6个行政单位的7名领导人进行了审计，查出违规行为金额165万元。（撰稿人：王平）

【包头市石拐区审计局】 现有干部职工5人，设有办公室、审计股、经济责任审计股，负责对全区两个乡镇和41个区直部门的审计监督。局长王凤莉，副局长韩月祥。

审计成果 完成审计单位18个，查出违规行为金额571万元，决定处理处罚两万元，应缴财政两万元。提交审计工作报告13份，被区政府批转3份；提交审计信息10篇，被区委、区政府采用3篇；在地市级以上报刊发表审计文章3篇。另外，对9名党政主要领导干部进行了任期经济责任审计。（撰稿人：马君）

【包头市白云矿区审计局】 现有干部职工5人，负责对全区71个行政事业单位的审计监督。局长陈有庆，副局长肖广涵（4月—）。

审计成果 审计单位29个，查出违规行为金额187万元，促进增收节支156万元，挽回国有资产流失22.63万元，提出审计综合报告1份、审计信息12篇，被区委、区政府采用5篇。对11名科级领导干部进行了任期经济责任审计。（撰稿人：陈有庆）

【包头市九原区审计局】　现有干部职工14人，内设综合股、经济贸易审计股、财金行政事业审计股及经济责任审计股，负责对全区11个乡镇（苏木）和173个行政事业单位的审计监督。局长王秀莲，副局长韩继光，

审计成果　审计单位50个，查出违规行为金额1583万元，促进增收节支657万元，挽回国有资产流失552万元，追回被侵占挪用资金91万元，审计决定落实率为99%。提交审计报告的6份，均被区委、区政府全文批转，提交审计信息33份，被上级采用80%以上。对区民政局服务中心大楼和敬老院工程申报结算造价进行审计，审计工程报价145.2万元，核减工程造价22万元。对7家机构、7名法人代表，进行了经济责任审计和财政财务收支审计。对包头第一热电厂的财务收支进行审计，查出违规行为金额791万元，促进增收节支236万元。（撰稿人：斯琴格日地）

【固阳县审计局】　现有干部职工16人，设有财政金融审计股、行政事业审计股、经贸基建审计股和综合办公室，负责对全县12个乡镇和29个县直部门的审计监督。局长石亮（3月—）、王凤山（—3月），副局长赵振君、杨文海（4月—）、孙安华、王克勤（—4月）。

审计成果　审计单位39个，查出违规行为金额1120万元，促进增收节支191万元，挽回国有资产流失179万元，应缴财政15万元。审计报告被县政府批转两份，提交审计信息28篇。完成对上级部门投入2087万元扶贫资金的专项审计，查出6个单位挪用扶贫资金25.1万元。（撰稿人：刘文勇）

【土默特右旗审计局】　现有干部职工14人，设有办公室、法制股、财政经济责任审计股、行政事业审计股和经济贸易审计股，负责对全旗17个乡镇、九峰山生态管委会和29个旗直部门的审计监督。局长崔虎虎，副局长潘文亮。

审计成果　完成审计项目8个，审计单位49个，查出违规行为金额3506万元，应缴财政109万元，已全部上交。完成审计调查两个，调查单位8个。被旗政府批转审计报告7份，提交信息31篇，综合采用率达67%。完成对26个单位33名科级干部离任经济责任。（撰稿人：李勇）

【达尔罕茂明安联合旗审计局】　现有干部职工14人，设有综合办公室、财政金融基建企业审计股、行政事业审计股、经济责任审计股，负责对全旗17个苏木、乡、镇和40个旗直部门的审计监督。局长张秀春，副局长段永喜、斯日古楞（—11月）。

审计成果　审计单位44个，查出违规行为金额1269万元，促进增收节支532万元，挽回国有资产流失148万元，提交审计报告11份，信息30篇，调研报告两份，被批转、采用23篇（次）。开展经济责任审计，查出违规行为金额129万元，审计后平调12人，免职3人。（撰稿人：郝晓红）

【乌海市审计局】　2002年，共有干部职工31人，其中本科学历4人，大专学历24人，局长贾敬忠，副局长冯文彬、武也文，纪检组长罗岚。设有办公室、审理科、财政金融外资审计科、经济贸易审计科、固定资产投资审计科、农业与资源环保审计科、行政事业审计科、经济责任审计科。

审计成果　共审计单位（项目）60个，查出违规行为金额3881万元，应缴已交财政120万元，归还原渠道资金601万元，挽回国有资产流失259万元，核减固定资产投资143万元，提交审计工作报告、信息237篇，被批示、采用182篇。

重点审计项目　对5个财政预算执行单位开展了审计，查出违规行为金额414万元；审计国债项目8个，审计投资总额3.72亿元，查出违规行为金额668万元。同时出台了《乌海市建设项目竣工决算审计监督管理暂行办法》，由市政府批转执行；审计两个重点企业，查出违规行为金额362万元，归还原渠道资金198万元；审计专项资金7个，查出违规行为金额504万元。

经济责任审计　起草了《乌海市党政及企事业单位领导干部任期经济责任审计暂行管理办法》，并与市纪检委、组织部、监察局、人事局联合印发，由市委、市政府批转执行。全年开展经济责任审计项目33个，查出违规行为金额394万元。

内部审计　全市共有内审机构15个，专职人员31人，完成各类审计项目42个，已纠正违规行为金额733万元，查出损失浪费170万元，促进增收节支22万元，提出审计建议、意见被采纳137条。（撰稿人：王雪莺）

【乌海市海勃湾区审计局】　现有干部职工13人，设有办公室、财政金融审计股、行政事业审计股、经济责任审计股、固定资产投资审计股，负责对全区9个乡、镇、街道和26个区直部门的审计监督。局长王丽琴（4月—），熊化伟（—4月），副局长韩淑玲、冯秀梅（4月—）、钱旭、王宣林（—4月）。

审计成果　完成审计项目38个，审计单位49个，查出违规行为金额584万元，挽回国有资产流失49万元，促进增收节支41万元，应缴财政8万元，已交8万元。完成审计调查1个，调查单位8个。提交审计报告、信息123篇，被批转、采用

148篇。被自治区审计厅评为2002年度审计信息工作先进集体。(撰稿人：路彩云)

【乌海市海南区审计局】　现有干部职工13人，设有办公室、财政金融审计股、行政事业社会保障审计股、固定资产投资和经贸审计股、审理股，负责对全区7个乡镇、街道和63个区直部门的审计监督。局长李福忠（4月—）、周玉虎（—4月），副局长崔秀丽、郝晓会。

审计成果　完成审计项目36个，查出违规行为金额209万元，促进增收节支41万元，挽回国有资产流失36万元，应缴财政4万元，已交4万元。提交审计工作报告、信息42篇，被批转、采用44篇（次）。(撰稿人：郝晓会)

【乌海市乌达区审计局】　现有干部职工10人，负责对全区8个乡、镇、街道和65个区属行政事业单位的审计监督。局长牛裕禄（4月—）、张立新（—4月），副局长于宝忠。

审计成果　完成审计项目27个，查出违规行为金额124万元，应缴财政6万元，已交6万元，归还原渠道资金3万元。(撰稿人：张学彦)

【赤峰市审计局】　2002年，共有干部职工45人，其中本科学历24人，大专学历19人，局长徐连生，副局长高凤岭、赵中建，纪检组长寇国安。设有办公室、财政审计科、固定资产投资审计科、经贸审计科、金融审计科、外资审计科、行政事业审计科、社会保障审计科、农业与资源环保审计科、经济责任审计办公室、法制科、纪检监察室。

审计成果　全年审计单位753个，查出违规行为金额30384万元，促进增收节支11358万元，挽回国有资产流失1995万元，被批示、批转审计报告51份。社保资金审计项目被评为全区优秀审计项目。(撰稿人：贯洪椿)

【赤峰市红山区审计局】　现有干部职工16人，设有办公室、财税金融审计股、基建企业审计股、经济责任审计股、行政事业审计股和法制审理股，负责对全区12个乡镇、街道和38个区直部门的审计监督。局长徐林，副局长张宗平。

审计成果　完成审计项目13个、涉及33个单位，查出违规行为金额3441万元，其中指明要求纠正795万元，决定处理处罚95万元，应缴财政88万元。提交审计工作报告15份，审计信息32篇，信息被区委、区政府采用5篇。完成两名科级干部离任经济责任审计。(撰稿人：赵文志)

【赤峰市元宝山区审计局】　现有干部职工22人，设有办公室、财政金融行政事业审计股、经贸审计股、固定资产投资审计股、经济责任审计办公室、法制股，负责对全区12个乡镇、街道和28个区直部门的审计监督。另设农村经济审计处，负责对全区农村集体经济的审计监督。局长褚占春（4月—）、岳兴江（—4月），副局长田忠、艾俊峰。

审计成果　完成审计项目15个，涉及单位81个，查出违规行为金额1543万元，决定处理处罚49万元，应缴财政45万元，提交审计报告、信息91篇，被采用58篇。另外，对46名党政主要领导干部和企业领导人员进行了任期经济责任审计。被自治区审计厅评为审计信息工作先进集体，艾俊峰被评为审计信息工作先进个人。(撰稿人：张力群)

【赤峰市松山区审计局】　现有干部职工23人，设有综合股、财税金融审计股、经贸投资审计股、行政事业审计股、经济责任审计股，负责对全区29个乡镇、4个街道和39个区直部门的审计监督。局长滕铁男，副局长吕长青、隋圣东、王彦，纪检组长薛炳青。

审计成果　完成审计项目15个，涉及单位61个，查出违规行为金额2264万元，应缴财政96万元，已交91万元，归还原渠道资金563万元，挽回国有资产流失118万元。完成审计调查两个，调查单位13个。提交专题报告两份，审计报告36份，被区领导批示3份。提交审计信息32篇，被上级机关以及新闻媒体采用24篇。(撰稿人：郑玉峰)

【宁城县审计局】　现有干部职工27人，设有农村经济审计局、经济责任审计局、办公室、财政金融审计股、行政事业审计股和经贸审计股，负责对全县26个乡镇和30个县直部门、企业的审计监督。局长江起，副局长高亚光、姚海民。

审计成果　完成审计单位99个，查出并指明要求纠正违规行为金额1046万元，促进增收节支344万元，挽回国有资产流失141万元。提交审计工作报告51份，审计信息46篇，审计信息被各级党政机关及新闻单位采用31篇，审计报告被县政府领导批示、批转10份。建立了领导干部任期经济责任审计联席会议制度，成立了经济责任审计局，对18个乡镇、14个县直部门的34名党政领导干部进行了任期经济责任审计。(撰稿人：于德胜)

【林西县审计局】　现有干部职工19人，设有办公室、财税审计股、金融专项审计股、基建审计股、经济责任审计股、审理股，负责对全县16个乡镇和65个县直部门的审计监督。局长张传武，副局长姚向军、律松坡、贾兆杰。

审计成果　完成审计项目33个，审计单位42个，查出违规行为为金额3889万元，应缴财政106万元，已交101万元。完成审计调查两个，调查单位8个。提交审计报告33份，审计信息36篇，其中审计报告被县政府批示、批转6份，审计信息被上级党政机关、新闻单位采用30篇(次)。对22名党政、企业的主要领导干部进行了任期经济责任审计，查出违规行为金额1245万元。(撰稿人：尚甫)

【阿鲁科尔沁旗审计局】 现有干部职工15人，设有办公室、财政金融审计股、行政事业审计股、经济责任审计股、固定资产投资审计股、经贸审计股、社会保障与资源环保审计股、法制股，负责对全旗23个乡镇苏木和68个旗直部门的审计监督。局长郝玉斌，副局长刘永辉、乌力吉巴图，纪检组长萨仁。

审计成果 完成审计项目14个、单位44个，查出违规行为金额1923万元，应缴财政124万元，已交122万元，归还原渠道资金1715万元，核减固定资产投资55万元，挽回国有资产流失35万元。完成审计调查两个，调查单位7个。提交审计报告、信息55篇。完成22名科级干部离任经济责任审计，查出违规行为金额971万元。有内审指导人员两人，内审机构11个，内审人员26人。(撰稿人：于志成)

【巴林左旗审计局】 现有干部职工13人，设有办公室、财政金融审计股、企业基建审计股、行政事业审计股和经济责任审计股，负责对19个乡镇苏木和43个旗直部门的审计监督。局长邵立军，副局长刘鸿芳、王鹏林。

审计成果 完成审计项目13个，审计单位48个，共查出违纪违规行为金额3226万元，应缴财政63万元，已交财政60万元。完成审计调查两个，调查单位10个。提交审计报告、审计信息71篇。另外，还完成15名科级党政领导干部任期经济责任审计，查出违规行为金额700万元。有内审指导人员3人，内审机构12个，内审人员25人。(撰稿人：王世明)

【巴林右旗审计局】 现有干部职工12人，设有办公室、综合审计股、经济责任审计股，负责对全旗16个乡镇苏木和32个旗直部门的审计监督。局长黄瑞民，副局长王志忠、王小丽。

审计成果 完成审计项目28个，涉及42个单位，经济责任审计项目16个。查出违规行为金额892万元，应缴财政50万元，已交46万元，归还原渠道资金234万元，增收节支249万元，挽回国有资产流失141万元，向纪检监察部门移送案件两起。提出审计综合报告、信息33篇。(撰稿人：王英丽)

【克什克腾旗审计局】 现有干部职工15人，设有办公室、财政金融审计股、行政企事业审计股、经济责任与基建审计股，负责对全旗20个乡镇和36个县直部门的审计监督。局长李竹春，副局长朱凤兰、邢玉良。

审计成果 完成审计单位37个，查出违规行为金额668万元，促进增收节支167万元，挽回国有资产流失342万元，应缴财政38万元，提交审计报告、信息31篇，被党政部门、上级审计机关、新闻单位采用19篇。(撰稿人：康凯)

【翁牛特旗审计局】 现有干部职工18人，设有综合股、财政金融审计股、行政事业审计股、企业审计股、基本建设审计股和外资审计股，负责对全旗27个乡镇苏木、5个国有农牧场和75个旗直部门的审计监督。局长郭云河，副局长桑跃武、李瑛。

审计成果 审计75个单位，查出违规行为金额2719万元，促进增收节支1588万元，挽回国有资产流失38万元，审计决定落实率和应缴财政入库率分别达到100%和97%，提交审计报告37份，被批示、批转两份，上报审计信息21篇，被上级审计机关采用10篇。对12个党政部门19名领导干部任期经济责任进行了审计，查出违规行为金额580万元。(撰稿人：闫瑞金)

【喀喇沁旗审计局】 现有干部职工15人，设有办公室、财政金融审计股、企业审计股、行政事业审计股和经济责任审计室，负责对全旗18个乡镇和30个旗直部门的审计监督。局长于天然，副局长黄凤鸣、王君。

审计成果 完成审计项目12个、审计单位58个，查出违规行为金额1773万元，归还原渠道资金558万元，核减固定资产投资16万元，应缴财政234万元，已交181万元。完成审计调查项目两个，提交审计报告、信息43篇，被批示、批转和新闻单位采用45篇(次)。向检察院移送案件3起，均已立案查处。(撰稿人：邢玉霞)

【敖汉旗审计局】 现有干部职工20人，设有办公室、财政金融审计股、行政事业审计股、企业审计股和经济责任审计股，负责对全旗30个乡镇苏木和42个旗直部门的审计监督。局长王明山，副局长杨春波、陈向民、李红旗。

审计成果 完成审计项目15个，审计单位62个，查出违规行为金额1563万元，应缴财政33万元，已交财政32万元。归还原渠道资金350万元，挽回国有资产流失61万元。提交审计报告21份，审计信息41篇。对4名党政、企业领导人员

进行了任期经济责任审计。（撰稿人：迟宗习）

【通辽市审计局】 2002年，共有干部职工44人，其中本科学历11人，大专学历13人，局长杨凤春，副局长万英余、王相羽、王志刚。设有办公室、法制科、财政税务审计科、金融审计科、外资审计科、行政事业审计科、农业与环保审计科、经贸审计科、社会保障审计科、固定资产投资审计科、经济责任审计办公室。

审计成果 全年审计单位441个，查出违规行为金额16712万元，促进增收节支11421万元，挽回国有资产流失1750万元。审计决定落实率、应缴财政入库率达到99%，提交审计工作报告被采用34份，发现并移送经济案件线索6件。

经济责任审计 全市完成经济责任审计305个项目单位，其中国有控股企业10个。移送纪检监察机关1人，移送司法机关1人，组织部门利用审计成果晋升16人，降职6人，免职16人，撤职1人。

内部审计 市直部门内审机构180个，其中专职机构89个；内审人员392人，其中专职人员210人。共审计单位430个，纠正违规行为金额3517万元，促进增收节支1062万元，提出建议意见被采纳469条。（撰稿人：刘采）

【通辽市科尔沁区审计局】 现有干部职工18人，设有办公室、法制股、财政金融审计股、经济责任审计股、固定资产投资审计股、行政事业审计股、企业审计股，负责对全区19个乡镇（苏木）、10个街道、56个行政事业单位和18个企业的审计监督。局长张先海（10月—）、于文涛（1～2月）、高绍臣（3～9月），副局长刘志娟、洪成发。

审计成果 审计单位68个，查出违规行为金额729万元，决定处理处罚104万元，应归还原渠道资金29万元，应缴财政101万元，促进增收节支134万元。提交审计报告、信息88篇，被上级采用、批转8篇，向司法机关移交案件1起。（撰稿人：胡耀峰）

【霍林郭勒市审计局】 现有干部职工9人，设有办公室、行政事业审计股、经贸审计股和经济责任审计股，负责对全市两个乡镇苏木和43个市直部门的审计监督。局长徐辉，副局长白宝成、闫国贺。

审计成果 完成审计项目29个，涉及单位33个，查出违规行为金额627万元，决定处理处罚147万元，已交财政147万元。提交审计工作报告、信息及审计论文32篇，被采用20篇。（撰稿人：秦廷荣）

【开鲁县审计局】 现有干部职工13人，设有政秘股、经济责任审计股、财政金融审计股、固定资产投资审计股和企业审计股，负责对全县18个乡镇和35个县直部门的审计监督。局长侯瑞林，副局长栾臣、刘昌。

审计成果 完成审计项目17个，审计单位43个，查出违规行为金额936万元，应缴财政130万元，已交96万元。提交审计工作报告33份，审计意见36份，审计信息24篇。对21名党政领导干部进行了任期经济责任审计，查出违规行为金额321万元，挽回国有资产流失37万元，移送司法机关处理经济案件线索1件。（撰稿人：王宽）

【库伦旗审计局】 现有干部职工8人，设有办公室、财税金融审计股、行政事业审计股、经济责任审计股，负责对全旗3个乡镇和27个旗直部门的审计监督。局长满代（7月—）、董友（—1月）、冯淑华（1～7月），副局长曹凯（—1月）、齐显智（—1月）、王学坚、江明（10月—）。

审计成果 审计单位27个，查出违规行为金额575万元，应缴已交财政232万元，归还原渠道资金265万元。向纪检监察移送案件1起，提交审计信息调研文章76篇，被审计署采用5篇，区审计厅以及新闻单位采用63篇。有内审机构13个，其中专职机构13个；内审人员13人。共审计单位24个，促进增收节支36万元，纠正违规行为金额65万元，提出合理化建议14条。开展经济责任审计项目26个，查出违规行为金额405万元，挽回国有资产损失194万元，审计后，晋升4人，平调18人，免职6人，移送纪检监察机关1人。（撰稿人：赵秀芬）

【奈曼旗审计局】 现有干部职工14人，设有办公室、经济责任审计股、行政事业审计股、财政金融审计股、经济贸易审计股、农业与社会保障审计股，负责对全旗21个乡镇苏木和50个旗直部门的审计监督。局长张亚军，副局长高国焱。

审计成果 完成审计项目单位39个，查出违规行为金额696万元，促进增收节支243万元，挽回国有资产流失52万元，应缴财政145万元，已全额入库。提交审计工作报告25份，被党政部门批转两份，提交审计信息16篇，被上级机关及新闻部门采用18篇（次）。（撰稿人：米凤玲）

【扎鲁特旗审计局】 现有干部职工18人，设有财政金融审计股、行政事业审计股、企业审计股、固定资产投资审计股、经济责任审计股、政秘股，负责对全旗20个乡镇苏木和23个旗直属部门的审计监督。局长付广，副局长陈七十三、王振生、杨树清，纪检组长白宏君。

审计成果 完成审计项目25

个，审计单位64个，查出违规行为金额652万元，其中指明要求纠正450万元，决定处理处罚202万元，应缴财政202万元，挽回国有资产流失107万元，促进增收节支300万元。审计发现重大经济案件3起，移送案件两起，处理违纪党员干部两人。提交审计报告、审计信息76篇，被旗委、旗政府采用18篇，被上级审计机关、新闻单位采用18篇。对35名党政、企业的主要领导干部进行了任期经济责任审计。（撰稿人：王秀玲）

【科尔沁左翼中旗审计局】 现有干部职工17人，设有办公室、经济责任审计股、行政事业审计股、企业审计股、财政金融审计股、固定资产投资审计股，负责对全旗26个乡镇（苏木）和110个旗直部门的审计监督。局长李洪，副局长李春峰、敖铁龙、唐民富。

审计成果 审计单位49个，查出违规行为金额659万元，应缴财政160万元，已交160万元，提交审计调查报告44篇，被批示、采用5篇。同时，向纪检监察机关移送案件线索1件，向司法机关移送案件1起。（撰稿人：肖山）

【科尔沁左翼后旗审计局】 现有在职干部职工13人，设有办公室、财税金融审计股、经贸审计股、行政事业审计股、农业与资源环保审计股、固定资产投资审计股、经济责任审计办公室，负责对全旗23个乡镇苏木、场和288个旗直及中小学校、企事业单位的审计监督。局长吴宝山，副局长马清文、王喜英。

审计成果 审计单位61个，查出违规行为金额8002万元，应缴财政832万元，已交832万元。提交审计报告信息53篇，被采用15篇。有内审机构15个，其中专职机构5个；内审人员18人，其中专职人员6人。共审计单位32个，查出损失浪费19万元，指明要求纠正107万元，促进增收节支54万元。开展经济责任审计项目22个、25人，查出违规行为金额2926万元。审计后，晋升3人，平调18人，免职3人，降职1人。（撰稿人：佟海明）

【呼伦贝尔市审计局】 2002年，共有干部职工48人，其中本科学历10人，大专学历36人，局长李全，副局长胡长珍、曲东红、李志，纪检组长马利亚。设有办公室、法制科、财政审计科、金融审计科、行政事业审计科、农业资源与环保审计科、经贸审计科、社会保障审计科、固定资产投资审计科、外资审计科、经济责任审计办公室、机关后勤服务中心。

审计成果 共审计单位555个，查出违规行为金额16746万元，应缴财政1999万元，已交财政1929万元，归还原渠道资金4626万元，提交审计调查报告42份，向司法机关移送案件4起，向纪检监察机关移送案件5起。其中：市本级审计单位79个，查出违规行为金额6464万元，应缴财政1167万元，已交财政1125万元，归还原渠道资金1014万元，向纪检监察部门移送案件1起，建议给予党纪政纪处分3人。在自治区审计厅对2001～2002年度审计质量综合考核中荣获第一名，被授予特等奖；对莫力达瓦达斡尔自治旗2001年度扶贫资金审计获全区优秀审计项目；审计信息工作被自治区审计厅评为先进集体；审计统计工作连续7年被自治区审计厅评为先进集体。市审计局编发的《违规担保贷款，扶贫资金被扣》审计信息被自治区政府《每日要情》采用，自治区政府主席乌云其木格、副主席郝益东做了重要批示。另有4份审计和审计调查报告被市政府批转。组织起草了《呼伦贝尔市经济责任审计评价办法》、《呼伦贝尔市经济责任审计结果利用办法》和《呼伦贝尔市经济责任审计委托办法》。（撰稿人：吕中军）

【呼伦贝尔市海拉尔区审计局】 现有干部职工23人，设有办公室、法制审理办公室、财金审计办公室、经贸审计办公室、行政事业审计办公室、经济责任审计办公室和综合审计办公室，负责对全区3个镇和34个区直部门的审计监督。局长赵兰芝，副局长崔景义、张玉亭。

审计成果 完成审计项目43个，党政部门交办经济责任审计项目6个。查出违规行为金额924万元，应缴财政304万元，已交304万元。提交审计工作报告、信息33篇，被区委、区政府和上级审计机关采用19篇。（撰稿人：吴珠林）

【满洲里市审计局】 2002年，共有干部职工20人，其中本科学历1人，大专学历19人，局长徐忆滨，副局长生玉新。设有办公室、法制科、行政事业金融审计科、经贸审计科、固定资产投资审计科、经济责任审计科。

审计成果 审计单位23个，查出违规行为金额1229万元，应缴财政113万元，已交56万元，罚没57万元，指明要求纠正56万元，减少财政拨款或补贴16万元，归还原渠道资金80万元，调账处理1019万元。提交工作报告、信息41篇，被采用两篇。

经济责任审计 开展经济责任审计10个、10人，查出违规行为金额116万元。其中主管责任78万元，直接责任38万元，审计后晋升3人。

内部审计 有内审机构4个，其中专职机构两个；内审人员8人，其中专职人员4人。共审计单位30个，纠正违规行为金额86万元。（撰稿人：王立威）

【扎兰屯市审计局】 现有干部职工21人，设有办公室、财政金融审计股、企业基建审计股、行政事业审计股、经济责任审计股和综合审理股，负责对全市16个乡镇和33个市直部门及所属单位的审计监督。局长吕廷信，副局长孙修非、王艳敏、冯巍。

审计成果 完成审计项目12个，审计单位66个，查出违规行为金额100万元，已交财政97万元。提交审计工作报告、信息43篇，其中报告被市政府批转两份，信息被采用14篇。移交司法机关案件两起，向纪检监察机关移交案件1起。审计信息工作被区审计厅评为先进单位。另外对"撤乡并镇"中21名乡镇主要领导干部进行了任期经济责任审计，并对建设局、繁荣办事处等10个单位主要领导干部进行了离任审计。(撰稿人：金丽军)

【牙克石市审计局】 现有干部职工25人，设有办公室、法制审理办公室、经济责任审计办公室、固定资产审计办公室、财政金融审计办公室、经贸审计办公室、行政事业审计办公室，负责对全市12个乡镇和6个街道及市直部门的审计监督。局长刘百水，副局长杜淑艳、杨占霖、周荣华（10月—)。

审计成果 审计单位56个，查出违规行为金额1443万元，挽回国有资产损失337万元，应缴财政18万元，已交10万元。提交审计工作报告7份，被采用4份，信息32篇。对36名领导干部开展了经济责任审计，查出违规行为金额413万元。有内审机构13个，内审人员23人。共审计单位12个，查出违规行为金额112万元。(撰稿人：王丽敏)

【根河市审计局】 现有干部职工16人，设有综合办公室、财税审计办公室、经济责任审计办公室、工交基建审计办公室、行政事业审计办公室、金融审计办公室，负责对全市6个乡镇和46个市直部门的审计监督。局长刘开梅，副局长王春荣、王胜利（—4月)、高铁成（4月—)。

审计成果 完成审计项目39个，查出违规行为金额1406万元，应缴财政117万元，已交109万元。完成审计调查两个，提交审计工作报告34份，信息、简报51篇，被采用20篇。对18名党政领导干部进行了任期经济责任审计，查出违规行为金额60万元。审计后，晋升3人，平调6人。(撰稿人：乔淑美)

【额尔古纳市审计局】 现有干部职工14人，设有办公室、财政金融审计股、行政事业审计股、经贸审计股、经济责任审计办公室，负责对全市6个乡镇和37个行政单位、126个事业单位的审计监督。局长齐敬松，副局长白宝泉、肖飞。

审计成果 完成审计项目38个，查出违规行为金额610万元，其中指明要求纠正102万元，决定处理处罚508万元；应缴财政16万元，已交15万元，归还原渠道资金82万元。完成审计调查两个，调查单位3个。提交审计工作报告12份，信息13篇，被采用6篇。有内审机构4个，内审人员12人。开展经济责任审计项目17个，查出违规行为金额411万元，挽回国有资产流失180万元。审计后，晋升1人，平调15人，撤职1人。(撰稿人：刘英杰)

【阿荣旗审计局】 现有干部职工15人，设有办公室、经济责任审计室、财政金融审计室、工交商贸审计室、行政事业审计室、固定资产投资审计室、财税金融审计室，负责对全旗15个乡镇和47个旗直部门的审计监督。局长傅喜武，副局长梁述铭、于宝率、高娃。

审计成果 完成审计项目34个，查出违纪违规行为金额545万元，应缴财政39万元，已交38万元，罚没16万元，指明要求纠正267万元。提交审计工作报告及信息46篇，其中被旗政府批转两篇，上级审计机关和新闻媒体采用16篇。另外，对乡镇、旗直部门的22名主要领导干部进行了任期经济责任审计。(撰稿人：高凤飞)

【新巴尔虎右旗审计局】 现有干部职工11人，设有办公室、财政金融审计股、行政事业审计股和工交商贸审计股，负责对全旗11个乡和27个县直部门的审计监督。局长其其格，副局长包水生。

审计成果 审计单位32个，查出违规行为金额233万，其中指明要求纠正两万元，应缴财政12万元，归还原渠道资金42万元。提交审计工作报告9份，信息30篇，被采用12篇。完成经济责任审计项目1个、1人，移送纪检监察机关处理1人。群众联名举报审计项目1个，审计后建议免职1人。(撰稿人：春梅)

【新巴尔虎左旗审计局】 现有干部职工12人，设有办公室、财政税务金融审计办公室、经贸基建审计办公室、经济责任审计办公室，负责对全旗8个乡镇苏木和32个旗直部门的审计监督。局长董铁桩，副局长玉柱。

审计成果 审计单位23个，查出违规行为金额621万元，应缴财政40万元，应归还原渠道资金50万元，促进增收节支254万元，挽回国有资产流失197万元。完成审计调查项目两个，调查单位两个，提交审计报告信息31篇。(撰稿人：何晓梅)

【陈巴尔虎旗审计局】 现有干部职13人，设有综合办公室、行政事业审计室、财税金融审计室、经贸审计室和经济责任审计室，负责对全旗8个乡镇和164个旗直部门的审计监督。局长孟和德力格尔，副局长朝克图、王静波。

审计成果　完成审计项目21个，涉及21个单位，查出违规行为金额90万元，其中指明要求纠正4万元，决定处理处罚4万元，已交财政4万元。提交审计工作报告、信息28篇，被市审计局采用1篇，被旗政府采用两篇。另外，对8名党政、企业的主要领导人进行了任期经济责任审计。（撰稿人：赵孟根）

【鄂伦春旗审计局】　现有干部职工18人，设有办公室、财税金融审计股、行政事业审计股、经济责任审计股、农牧林审计股、固定资产投资审计股、审理股，负责对全旗10个乡镇及旗直各部门的审计监督。局长鞠显智（10月—）孙景波（—10月），副局长郭少敏、张淑华、白艺（10月—）。

审计成果　完成审计项目35个，共查出违纪违规行为金额478万元，应缴财政12万元，已交财政10万元，提交审计工作报告26份，被采用两份，审计信息19篇，被采用两篇。对18名乡镇及科局领导干部进行了任期经济责任审计。（撰稿人：孙天河）

【鄂温克族自治旗审计局】　现有干部职工11人，设有法制综合办公室、行政事业审计股、财政金融审计股、经济责任审计股、固定资产投资审计股，负责对全旗10个乡镇和41个旗直部门的审计监督。局长音扎布，副局长智英、康金亮。

审计成果　完成审计项目16个，审计单位37个，查出违规行为金额294万元，应缴财政40万元，已交38万元。审计调查1个，调查单位1个。提交审计报告37份，信息14篇。完成9名科级干部任期经济责任审计，查出违规行为金额183万元。（撰稿人：黄金荣）

【莫力达瓦达斡尔族自治旗审计局】　现有干部职工14人，设有综合股、财政税务审计股、金融外资审计股、经济责任审计股、固定资产投资审计股、行政事业审计股、工交经贸审计股，负责对全旗17个乡镇和79个旗直部门的审计监督。局长孟宏伟（10月—），闫波（—10月）、副局长高景波、王凌辉（10月—）。

审计成果　完成审计项目12个，审计单位42个，查出违规行为金额702万元；应缴财政130万元，已交117万元。提交审计工作报告、信息96篇，被旗委、旗政府批转3篇，被上级审计机关采用18篇。（撰稿人：关安宇）

【鄂尔多斯市审计局】　2002年，共有干部职工33人，其中研究生学历1人，本科学历10人，大专学历21人，局长李四印，副局长孟克、董政华、崔有良、田颖男，纪检组长吕卫东。设有办公室、政策法规科、财政审计科、外资金融审计科、农业与资源环保审计科、固定资产投资审计科、行政事业审计科、社会保障审计科、经贸审计科、经济责任审计办公室。

审计成果　全市两级审计机关审计单位455个，查出违规行为金额49923万元，应缴财政1951万元，已交1889万元，归还原渠道资金2261万元。其中市本级审计单位50个，查出违规行为金额29076万元，应缴财政1260万元，已交1159万元。

经济责任审计　全市两级审计机关对154名领导干部进行了任期经济责任审计，其中对19名领导干部试行了任中经济责任审计，查出违规行为金额22956万元。（撰稿人：杨文亮）

【鄂尔多斯市东胜区审计局】　现有干部职工17人，设有办公室、财政金融审计室、行政事业审计室、固定资产投资审计室和经济责任审计室，负责对全区6个镇、6个街道和29个区直部门的审计监督。局长裴志宏（5月—），副局长李永生。

审计成果　审计单位59个，查出违规行为金额2550万元，应缴财政59万元，已交57万元。提交审计信息8篇，工作报告1份并被政府批转。（撰稿人：王炜）

【达拉特旗审计局】　现有干部职工18人，设有办公室、固定资产投资审计股，负责对全旗94个旗直部门及所属单位、20个乡镇苏木的审计监督。局长武丕峰，副局长李振军、尚文杰、李玉林（7月—）。

审计成果　完成审计项目23个，审计单位58个，查出违规行为金额646万元，促进增收节支204万元，挽回国有资产流失31.3万元，应缴财政92万元，已交92万元。完成审计调查4个，调查单位26个。提交审计报告5份，信息24篇。对3名行政事业单位领导、5名乡镇党委书记实施了离任经济责任审计，对1名乡镇党委书记实施了任中经济责任审计。（撰稿人：韩玉良）

【准格尔旗审计局】　现有干部职工24人，设有办公室、行政事业审计股、财政税务审计股、农业与资源环保审计股、金融社保审计股、固定资产与企业审计股，负责对全旗20个乡镇和58个旗直部门的审计监督。局长王勤，副局长赵峰、祁存海。

审计成果　完成审计项目14个，审计单位60个，查出违规行为金额550万元，应缴财政187万元，已交182万元。完成审计调查1个，调查单位6个。提交审计报告、信息39篇。完成41名科级干部离任经

济责任审计，查出违规行为金额103万元。（撰稿人：刘尚旭）

【鄂托克前旗审计局】 现有干部职工12人，设有办公室，财政金融审计股，行政事业审计股，基本建设审计股和干部经济责任审计办公室，负责对全旗9个乡镇苏木和78个旗直部门的审计监督。局长奇森布尔，副局长李巨义、贺晓明。

审计成果 完成审计单位43个，查出违纪行为金额2877万元，应缴财政73万元，已交67万元，挽回国有资产流失28万元，促进增收节支335万元，提交审计报告、信息26篇。（撰稿人：李巨义）

【鄂托克旗审计局】 现有干部职工26人，设有办公室、行政事业农牧社保审计股、财政税务金融外资审计股、固定资产投资审计股、经济责任及经贸审计股，负责对全旗12个乡镇苏木和66个旗直部门的审计监督。局长张小平，副局长卢彬、卢国锋、贺耿。

审计成果 审计单位60个，查出违规行为金额2523万元，促进增收节支314万元，挽回国有资产流失197万元，提交审计报告、信息52篇，被采用32篇。（撰稿人：刘国涛）

【杭锦旗审计局】 现有干部职工21人，设有办公室、财政金融审计股、行政事业审计股、基本建设审计股、法规审理办公室、经济责任审计办公室，负责对全旗12个乡镇苏木和60个旗直部门的审计监督。局长折占福（6月—）、李文斌（—6月），副局长王爱中（6月—）、刘文清、刘新伟（7月—）、王晓峰（—6月）、乔香翠（—6月）。

审计成果 完成审计项目36个，审计单位53个，查出违规行为金额1908万元，应缴财政50万元，已交45万元。提交审计工作报告30份，审计信息51篇，被采用11篇。另外，对22名党政、企业的主要领导干部和领导人进行了任期经济责任审计。审计后，晋升1人，平调12人，免职9人。（撰稿人：李晓荣）

【乌审旗审计局】 现有干部职工13人，设有办公室、财政审计股、企业审计股、行政事业审计股、经济责任审计办公室，负责对全旗13个乡镇苏木和40个旗直部门的审计监督。局长高玉祥，副局长王怀明、其其格。

审计成果 完成审计项目35个，审计单位60个，查出违规行为金额5342万元，其中指明要求纠正3820万元；应缴财政4万元，已交4万元。完成审计调查两个，调查单位20个。提交审计工作报告、信息16篇。完成5名科级干部离任经济责任审计，查出违规行为金额664万元。（撰稿人：曹怀生）

【伊金霍洛旗审计局】 现有干部职工15人，设有办公室、财税金融审计股、固定资产投资审计股、行政事业审计股、农业与资源环保审计股、经贸外资审计股和任期经济责任审计办公室，负责对全旗16个乡镇苏木和52个旗直部门的审计监督。局长杨满喜（12月—），副局长杨茂荣、闫喜在（12月—）。

审计成果 审计单位46个，查出违规行为金额4426万元，应缴财政201万元，促进增收节支838万元，挽回国有资产流失40万元，审计决定落实率97%，审计查出“小金库”7个。共编发审计信息29篇，被各级采用22篇，审计工作报告被地方政府批转8份。（撰稿人：蒋金山）

【兴安盟审计局】 2002年，共有干部职工34人，其中本科学历8人，大专学历15人，局长陈锁，副局长姜长利，闫淑珍、贾志海。设有办公室、法制科、行政事业审计科、经济责任审计科、经济贸易审计科、金融外资审计科、社会保障审计科、农业与资源环保审计科、财政审计科、固定资产投资审计科、培训中心。

审计成果 审计单位383个，查出违规行为金额13453万元，应缴财政458万元，已交财政423万元。提交审计工作报告22份，信息和调研报告64篇，被采用19篇。

经济责任审计 开展经济责任审计项目23人，查出违规行为金额254万元。审计后，平调16人，免职3人。

内部审计 盟直部门内审机构36个，其中专职机构14个；内审人员81人，其中专职人员37人。共审计单位263个，查出损失浪费79万元，纠正违规行为金额3700万元，促进增收节支129万元。（撰稿人：刘继连）

【乌兰浩特市审计局】 现有干部职工15人，设有人秘股、经济责任审计办公室、固定资产投资审计股、财政金融审计股、行政事业审计股、经济贸易审计股，负责对全市4个乡镇和77个市直部门的审计监督。局长刘建华，副局长宋友民、金电（12月—）。

审计成果 完成审计项目14个，审计单位78个，查出违规行为金额1126万元。完成审计调查3个，调查单位6个。提交审计报告、信息31篇。有内审指导人员两人，内审机构15个，专兼职内审人员28人。（撰稿人：杨树民）

【阿尔山市审计局】 现有干部职工12人，设有办公室、经济责任审计办公室、固定资产投资审计股、财政金融审计股、行政事业审计股、经济贸易审计股，负责对全市5个乡镇和64个市直部门的审计监督。局长王春辉（—3月）、刘志（3月—），副局长王炳福（—4月）、张丽艳（4月—）。

审计成果　完成审计项目14个，审计单位55个，查出违规行为金额813万元，应缴财政79万元，已交79万元。完成审计调查4个，调查单位7个。提交审计报告、信息29篇。完成28名科级干部离任经济责任审计，查出违规行为金额451万元。（撰稿人：王占君）

【突泉县审计局】　现有干部职工13人，设有办公室、经济责任审计股、经贸与固定资产投资审计股、财政金融审计股、行政事业审计股，负责对全市12个乡镇和25个县直部门的审计监督。局长董威，副局长陈乃新（4月—），杜一中（4月—）。

审计成果　完成审计项目14个，审计单位42个，查出违规行为金额682万元，应缴财政6万元，已交6万元。完成审计调查3个，调查单位15个。提交审计报告、信息23篇。完成8名科级干部离任经济责任审计。有内审指导人员1人，内审机构6个，内审人员10人。（撰稿人：李大勇）

【科尔沁右翼前旗审计局】　现有在职干部职工18人，设有人秘股、综合股、经济责任审计股、财政金融审计股、行政事业审计股、经济贸易审计股，固定资产投资审计股，负责对全旗21个乡镇和51个县直部门的审计监督。局长张国清（—11月）、崔宪德（11月—），副局于铁良（—11月）、陈健君（—11月）、何义（11月—），赵学军（11月—）。

审计成果　完成审计项目14个，审计单位51个，查出违规行为金额667万元，应缴财政66万元，已交66万元。完成审计调查1个，调查单位3个。提交审计报告、信息23篇。完成30名科级干部离任经济责任审计，查出违规行为金额628万元。有内审指导人员两人，内审机构7个，内审人员14人。（撰稿人：刘志财）

【科尔沁右翼中旗审计局】　现有干部职工11人，设有办公室、经济责任审计办公室、企业审计股、财政金融审计股、行政事业审计股，负责对全旗16个乡镇和52个旗直部门的审计监督。局长敖其尔（3月—），副局长曹凤云，郜长海（5月—）。

审计成果　完成审计项目8个，审计单位24个，查出违规行为金额649万元，应缴财政7万元，已交7万元。完成审计调查1个，调查单位1个。提交审计报告、信息14篇。完成15名科级干部离任经济责任审计，查出违规行为金额136万元。有内审指导人员两人，内审机构4个，内审人员4人。（撰稿人：金永利）

【扎赉特旗审计局】　现有干部职工17人，设有办公室、综合股、行政事业审计股、财政金融审计股、企业审计股、经济责任审计股，负责对全旗20个乡镇和30个旗直部门的审计监督。局长高雁霖（3月—），副局长王世宏（3月—）、张庆国、郭长山。

审计成果　完成审计项目12个，审计单位82个，查出违规行为金额1571万元，应缴财政15万元，已交15万元。完成审计调查1个。提交审计报告、信息35篇。完成对54名科级干部离任经济责任审计，查出违规行为金额382万元。有内审指导人员1人，内审机构4个，内审人员8人。（撰稿人：格日乐）

【锡林郭勒盟审计局】　2002年，共有干部职工36人，其中大专以上学历25人，局长马峰（3月—）、周凤臻（—3月），副局长钱文会、刘兴友（12月—）、托雅（12月—）、李少锋（—3月），纪检组长徐进昌。内设办公室、审理科、企业审计科、农牧审计科、财税审计科、金融外资审计科、固定资产投资审计科、行政事业审计科、经济责任审计科，管理盟稽查特派员办公室。

审计成果　全盟共审计单位461个，查出违规行为金额11685万元，决定处理处罚和指明要求纠正19375万元，归还原渠道资金489万元，应缴财政383万元，移送案件两起。盟审计局直接完成审计单位75个，查出违规行为金额5187万元，促进增收节支925万元，挽回国有资产流失146万元，审计工作报告被批转5份，审计决定落实率为95.3%，应缴财政入库率为96.3%。

财税审计　全盟13个审计机关开展本级财政预算执行审计工作，查出违规行为金额1965万元，审计旗县、苏木乡级财政22个，查出各类违规行为金额1007万元。

经济责任审计　完成审计项目207个、207人，查出违规行为金额2693万元，其中负直接经济责任的769万元。有关部门参照审计结果，平调72人、晋升10人、免职29人，移送纪检监察机关1人，移送司法机关1人。（撰稿人：刘国宾）

【锡林浩特市审计局】　现有干部职工12人，设有办公室、审理股、行政事业审计股，农牧基建企业审计股、财税金融审计股、经济责任审计股，负责对全市13个乡镇苏木、街道、66个行政单位、102个事业单位、23个国有企业和3个国有农牧场的审计监督。局长李淑清。

审计成果　完成审计项目52个，查出违规行为金额524万元，应缴财政5.9万元，已交5万元，完成审计调查3个，提交审计工作报告55份，审计信息25篇，审计调研报告两篇。完成经济责任审计30人，

审计后，晋升4人，平调16人，免职1人。（撰稿人：包静）

【二连浩特市审计局】 2002年，共有在职干部职工12人，其中本科学历9人，大专学历3人，局长王金星，副局长刘世升。设有综合科、财税审计科、经济责任审计科、金融基建审计科。

审计成果 审计单位16个，查出违规行为金额235万元，指明要求纠正459万元，促进增收节支103万元，挽回国有资产流失15万元，应缴财政60万元，已交财政58万元。提交审计工作报告4份、审计信息24篇，被采用工作报告4份、信息8篇。开展经济责任审计项目6个、6人，查出违规行为金额4.6万元。（撰稿人：苏德格日勒）

【多伦县审计局】 现有干部职工12人、会计局委派财务人员1人、计13人，设有办公室、行政事业审计股、财政金融审计股、经济责任审计指导股、企业、基本建设审计股，负责对全县8个乡镇和48个县直部门的审计监督。局长高玉萍，副局长李海峰。

审计成果 完成审计项目42个，审计单位50个，完成审计调查项目两个，调查单位3个。共查出违规行为金额2404万元，应缴财政3万元，促进增收节支73万元，挽回国有资产流失10万元。提交审计报告、信息84篇。另外，完成县委、政府交办的审计任务25个，查出违规行为金额827万元，应缴财政两万元，应归还被侵占挪用资金37万元。（撰稿人：张雅琴）

【阿巴嘎旗审计局】 现有干部职工13人，设有财经审计股、基建审计股、行政事业审计股、国企审计股和办公室，负责对全旗13个苏木乡和23个旗直部门的审计监督。局长董树平，副局长斯日古楞、孙晓梦。

审计成果 完成审计项目单位17个，查出违规行为金额167万元，促进增收节支66万元，挽回国有资产流失25.6万元，提交审计工作报告被采用1份，审计决定落实率100%。（撰稿人：王可宇）

【苏尼特左旗审计局】 现有干部职工11人，设有行政事业审计股、企业审计股、综合审计股和办公室，负责对全旗9个苏木、两个镇、1个灌区和43个旗直部门的审计监督。局长王常春，副局长乌仁图雅、梅花（4月—）。

审计成果 完成审计项目11个，审计单位22个，查出违规行为金额106万元，应缴财政1万元，已交1万元，追还被侵占挪用资金25万元。完成审计调查3个，涉及单位11个。提交审计工作报告11份，信息24篇，被采用两篇。移送案件1起。对13名科级党政领导干部进行了离任经济责任审计，查出违规行为金额46万元。（撰稿人：王雅君）

【苏尼特右旗审计局】 现有干部职工15人，设有办公室、审理股、财政金融审计股、行政事业审计股、农牧审计股和经济责任审计股，负责对全旗14个苏木镇和32个旗直部门的审计监督。局长王新民，副局长郭栓树、秦英。

审计成果 审计单位43个，查出违规行为金额470万元，决定处理处罚18万元，应缴财政3万元，挽回国有资产流失68万元，促进增收节支61万元。提交审计工作报告37份，审计信息31篇，审计信息被自治区政府采用1篇。专项审计调查项目1个，共调查3个单位。对22名党政领导干部进行了经济责任审计。（撰稿人：李爱国）

【东乌珠穆沁旗审计局】 现有干部职工11人，设有办公室、财政审计股、行政事业审计股、财政金融审计股、经济责任审计股，负责对全旗15个苏木镇、162个行政事业单位和52个企业的审计监督。局长乌恩格日乐，副局长常文茂、李洪奎。

审计成果 完成审计单位36个，查出违规行为金额350万元，促进增收节支149万元，挽回国有资产流失105万元，应缴已交财政0.6万元。审计决定落实率96%。提交审计报告、信息27篇，被上级采用6篇，完成审计调研报告两份。新设经济责任审计股，配备专职人员两人，开展经济责任审计项目16个，查出违规行为金额176万元。（撰稿人：乌恩格日乐）

【西乌珠穆沁旗审计局】 现有干部职工11人，临时聘用两人，设有审理室、办公室、企业审计股、行政事业经济责任审计股、金融基建审计股，负责对全旗15个苏木镇、两个林牧场和80个旗直属部门的审计监督。局长青格勒图，副局长吉日木图、李少峰。

审计成果 审计单位26个，查出违规行为金额1084万元，促进增收节支163万元，挽回国有资产流失351万元。审计工作报告被批转两份，提交审计调研报告1份、审计信息26篇，被采用14篇。开展经济责任审计项目11个，查出违规行为金额949万元，移送纪检监察机关案件3起。（撰稿人：李杰）

【太仆寺旗审计局】 现有干部职工23人，设有办公室、行政事业审计股、财政金融审计股、基建企业审计股、经济责任审计股，负责对全旗12个乡（镇）和64个旗直部门的审计监督。局长杨德树，副局长李济丰、刘来生。

审计成果　完成审计单位35个，查出违规行为金额221万元，促进增收节支54万元，挽回国有资产流失19万元，应缴财政两万元。审计报告被旗政府、人大采用两份，提交信息简报25篇。完成12名科级领导干部经济责任审计，查出违规行为金额35万元，1人被免职。（撰稿人：扈德全）

【镶黄旗审计局】　现有干部职工8人，内设综合股、财税审计股、金融外资审计股、行政事业审计股、企业固定资产投资审计股、农牧审计股、经济责任审计股，负责对全旗4个苏木镇和23个旗直部门的审计监督。局长肖英、副局长托娅。

审计成果　完成审计项目12个、25个单位，查出违规行为金额386万元，应缴财政12.5万元，促进增收节支20万元，挽回国有资产流失6万元。提交审计报告、信息26篇，被采用两篇。完成9名科级干部离任经济责任审计。（撰稿人：周际花）

【正镶白旗审计局】　现有干部职工7人，设有行政事业审计股、企业审计股、基建审计股和办公室，负责对全旗9个苏木镇乡场和48个旗直部门的审计监督。局长方群志，副局长道尔吉、王元平。

审计成果　完成审计项目单位32个，查出违规行为金额152万元，应缴财政1万元，已交1万元，促进增收节支61万元，挽回国有资产流失10万元。完成审计调查两个。提交审计工作报告32份，被旗政府批转1份，信息26篇，调研报告1份。对17名党政科级领导干部进行了经济责任审计。（撰稿人：巴德玛）

【正蓝旗审计局】　现有干部职工10名，设有办公室、企业审计股、行政事业审计股、财金基建审计股和经济责任审计股，负责对全旗11个镇苏木、6个国有企业、94个区直单位的审计监督。局长白乙拉图，副局长巴图、郤志宏。

审计成果　审计单位63个，查出违规行为金额222万元，决定处理处罚6.7万元，应缴财政6.7万元，促进增收节支47万元，挽回国有资产流失10万元。提交审计意见书36份，审计信息24篇。对36名党政、事业单位的主要领导进行了任期经济责任审计。（撰稿人：李红旭）

【锡林郭勒盟乌拉盖开发区审计局】　现有干部职工4人，未分设科室，负责对全区3个国有农牧场、1个镇和36个区直属部门的审计监督。局长高天鹏。

审计成果　完成审计项目11个，审计单位24个，查出违规行为金额84万元，应缴财政0.14万元，已交0.14万元。提交审计报告、信息29篇。（撰稿人：王栋）

【乌兰察布盟审计局】　2002年，共有干部职工42人，其中本科学历3人，大专学历27人，局长韩有义，副局长雷忠宝、张林、乔杜。设有办公室、财政金融审计科、行政事业审计科、固定资产投资审计科、农业水资源环保审计科、经贸审计科、社会保障审计科。

审计成果　审计单位519个，查出违规行为金额4176万元，应缴财政221万元，已交财政212万元。提交审计工作报告213份，信息和调研报告353篇，被采用251篇。

经济责任审计　对36人开展经济责任审计，查出违规行为金额620万元，个人存在经济问题的1人。审计后，晋升7人、平调58人、免职5人、降职1人、移送纪检监察机关1人。

内部审计　盟直部门有内审机构51个，其中专职机构21个；内审人员123人，其中专职人员43人。共审计单位158个，查出损失浪费96万元，纠正违规行为金额876万元，促进增收节支120万元。（撰稿人：杜福山）

【集宁市审计局】　现有干部职工16人，设有办公室、财政金融审计股、社会保障审计股、经贸审计股、行政事业审计股、固定资产投资审计股，负责对全市6个乡镇和58个市直部门的审计监督。局长魏瑞平；副局长杨文兵、帅宇澍。

审计成果　完成审计项目65个，审计单位65个，查出违规行为金额720万元，应缴财政16万元，已交15万元。完成审计调查4个，调查单位5个。提交审计简报、信息45篇。完成科级干部离任经济责任审计项目5个，查出违规行为金额40万元。有内审指导人员1人，内审机构5个，内审人员10人。（撰稿人：魏瑞平）

【丰镇市审计局】　现有干部职工27人，设有办公室、财政金融审计科、行政事业审计科、农牧审计科、基本建设审计科、企业和经济责任审计科，负责对全市12个乡镇和88个市直部门的审计监督。局长张瑾，副局长杨越楠。

审计成果　审计单位61个，查出违规行为金额1165万元，应缴财政168万元，已交165万元。完成审计调查3个，调查单位11个。提交审计简报、信息40篇。有内审指导人员两人，内审机构22个，内审人员40人。（撰稿人：乔剑勇）

【卓资县审计局】　现有干部职工10人，设有办公室、财政金融审计股、行政事业审计股、法制审理股，负责对全县14个乡镇和40个县直部门的审计监督。局长王新民，副局长庞学敏。

审计成果　完成审计项目15个，审计单位35个，查出违规行为金额838万元，应缴财政19万元，已交12万元。完成审计调查3个，调查单位6个。提交审计简报、信息40篇。完成科级干部离任经济责任审计项目5个，查出违规行为金额190万元。有内审指导人员两人，内审机构6个，内审人员91人。（撰稿人：韩志华）

【化德县审计局】　现有干部职工18人，设有办公室、财政金融审计股、经济责任审计股、基建审计股、审理股，负责对全县10个乡镇和120个县直部门的审计监督。局长李补奎，副局长王瑞元、渠文明、白旭东。

审计成果　完成审计项目6个，审计单位45个，查出违规行为金额870万元，应缴财政71万元，已交70万元。完成审计调查项目两个，调查单位两个。提交审计简报、信息52篇。完成科级干部离任经济责任审计项目5个，查出违规行为金额848万元。有内审指导人员两人，内审机构7个，内审人员50人。（撰稿人：杨建军）

【商都县审计局】　现有干部职工11人，设有办公室、财金审计股、行政审计股、基建审计股、企业审计股、经济责任审计股，负责对全县15个镇、45个县直部门的审计监督。局长渠进礼，副局长王继永、姚志明、张兴明。

审计成果　完成审计项目11个，审计单位51个，共查出违纪违规行为金额816万元，应缴财政78万元，已交财政71万元。完成审计调查两个，调查单位6个。提交审计简报、审计信息39篇。完成科级干部离任经济责任审计8个，查出违规行为金额120万元。有内审指导人员两人，内审机构8个，内审人员71人。（撰稿人：霍召弟）

【兴和县审计局】　现有干部职工15人，设有办公室、财政税务金融审计股、农牧业资源环保审计股、行政事业社会保障审计股、固定资产投资审计股，负责对全县14个乡镇和57个县直部门的审计监督。局长孙丛林，副局长董宏亮、聂卫东。

审计成果　完成审计项目20个，审计单位48个，查出违规行为金额380万元，应缴财政72万元，已交70万元。完成审计调查3个，调查单位5个。提交审计简报、信息21篇。完成科级干部离任经济责任审计项目5个，查出违规行为金额10万元。有内审指导人员两人，内审机构12个，内审人员28人。（撰稿人：范如青）

【凉城县审计局】　现有干部职工18人，设有办公室、财政金融审计股、经济责任审计股、基建审计股、企业审计股，负责对全县14个乡镇23个县直部门的审计监督。局长赵书魁，副局长杜丽芳、刘胜利。

审计成果　完成审计项目28个，审计单位56个，查出违规行为金额425万元，应缴财政18万元，已交16万元。完成审计调查3个，调查单位5个。提交审计简报、信息18篇。完成科级干部离任经济责任审计项目18个，查出违规行为金额65万元。有内审指导人员5人，内审机构15个，内审人员29人。（撰稿人：郭志勇）

【察哈尔右翼前旗审计局】　现有干部职工15人，设有办公室、财政金融审计股、经济责任审计股、基建审计股、行政事业审计股，负责对全旗14个乡镇和48个旗直部门的审计监督。局长邓占宇，副局长赵玉明。

审计成果　完成审计项目18个，审计单位58个，查出违规行为金额554万元，应缴财政80万元，已交80万元。完成审计调查6个，调查单位3个。提交审计简报、信息21篇。完成科级干部离任经济责任审计项目5个，查出违规行为金额40万元。有内审指导人员5人，内审机构22个，内审人员62人。（撰稿人：邢来锁）

【察哈尔右翼中旗审计局】　现有干部职工11人，设有办公室、企业审计股、财政金融审计股、农业审计股、综合审计股、经济责任审计股，负责对全旗7个乡镇和59个旗直部门的审计监督。局长马君，副局长于林、常春林。

审计成果　完成审计项目14个，审计单位48个，查出违规行为金额906万元，应缴财政128万元，已交18万元。完成审计调查5个，调查单位4个。提交审计简报、信息26篇。完成科级干部离任经济责任审计项目8个，查出违规行为金额47万元。有内审指导人员1人，内审机构1个，内审人员5人。（撰稿人：马君）

【察哈尔右翼后旗审计局】　现有干部职工20人，设有办公室、财政金融基建审计股、行政事业审计股、农牧业企业审计股，负责对全旗13个乡镇和45个旗直部门的审计监督。局长刘焕成，副局长贾志勇、刘功、李茹芳。

审计成果　完成审计项目13个，审计单位48个，查出违规行为金额3582万元，应缴财政112万元，已交112万元。完成审计调查3个，调查单位4个。提交审计简报、信息18篇。完成科级干部离任经济责任审计项目6个，查出违规行为金额425万元。有内审指导人员两人，内审机构5个，内审人员10人。（撰稿人：郭彦平）

【四子王旗审计局】　现有干部职工12人，设有办公室、财金基建审计股、行政企事业审计股、经济责任审计股，负责对全旗21个乡镇和23个旗直部门的审计监督，局长张维平，副局长赛吉日呼。

审计成果　完成审计项目10个，审计单位57个，查出违规行为金额610万元，应缴财政146万元，已交146万元。完成审计调查两个，调查单位5个。提交审计简报、信息45篇。完成科级干部离任经济责任审计项目18个，查出违规行为金额13.8万元。有内审指导人员两人，内审机构11个，内审人员38人。（撰稿人：杜岚忠）

【巴彦淖尔盟审计局】　2002年，有干部职工60人，其中本科学历19人，大专学历25人，局长王建军，副局长刘雄柏、韩志勇、祁素莲，纪检组长高国良。设有办公室、法制科、财政审计科、金融外资审计科、行政文教审计科、农业与资源环保审计科、社会保障审计科、经贸审计科、固定资产投资审计科、经济责任审计分局。

审计成果　审计单位148个，查出违规行为金额18244万元，应缴财政314万元，已交307万元。提交审计工作报告35份，被批复5份，信息和调研报告96篇，被采用55篇。

经济责任审计　开展经济责任审计项目43个、26人，查出违规行为金额15265万元，个人存在经济问题的3人。审计后，晋升31人，平调8人，移送司法机关两人。

内部审计　盟直部门内审机构139个，其中专职机构55个；内审人员486人，其中专职人员201人。共审计单位605个，查出损失浪费172万元，纠正违规行为金额3763万元，促进增收节支380万元，发现大案要案线索两件。（撰稿人：韩继伟）

【临河市审计局】　现有干部职工34人，设有经济责任审计分局、法制股、行政事业审计股、财政金融审计股、固定资产投资审计股、经济贸易审计股和办公室，负责对全市10个街道、14个乡镇、150个市直单位、46家企业的审计监督。局长刘海胜，副局长赵向军、燕当正、杨翠平、海波。

审计成果　完成审计项目16个，审计单位105个，查出违规行为金额3513万元，应缴财政87万元，已交86万元。完成审计调查项目5个，提交审计调查报告5份，审计信息简报68篇，被采用29篇。完成经济责任审计项目58个、58人，查出违规行为金额2289万元，指明要求纠正1883万元。审计后，晋升5人，平调5人。（撰稿人：李金良）

【五原县审计局】　现有干部职工26人，设有办公室、法制股、财政金融审计股、行政事业审计股、固定资产投资审计股、企业审计股、经济责任审计股，负责对全县14个乡镇和120个县直部门的审计监督。局长董建国，副局长刘成业、朱文礼、李根柱。

审计成果　完成审计项目53个，经济责任审计项目11个。查出违规行为金额6988万元，应缴财政115万元，已交104万元。提交审计工作报告、信息简报39篇，被采用21篇。（撰稿人：李凤枝）

【磴口县审计局】　现有干部职工19人，设有办公室、财政金融审计股、行政事业审计股、固定资产投资审计股、农牧业审计股、经济责任审计股，负责对全县8个乡镇和31个县直部门的审计监督。局长刘峰，副局长高建平、孟学峰、张润祥、崔耀忠。

审计成果　完成审计项目76个，查出违规行为金额1336万元，应缴财政33万元，已交29万元。提交审计信息40篇，两篇被区盟两级报刊发表，审计报告被县政府批转10份。（撰稿人：胡一波）

【乌拉特前旗审计局】　现有干部职工34人，设有办公室、复核审理股、财政金融审计股、企业审计股、固定资产投资审计股、行政事业审计股、经济责任审计中心、农村牧区审计工作站，负责对全旗18个乡镇（苏木）和31个旗直部门的审计监督。局长张文彪（4月—）、史任华（—4月），副局长许富海、李若群。

审计成果　审计单位（项目）62个，查出违规行为金额4976万元，促进增收节支480万元，挽回国有资产流失3625万元，应缴财政39万元，已交38万元。提交审计报告、信息46篇，被上级机关采用17篇。开展经济责任审计项目24个，查出违纪违规行为金额512万元。（撰稿人：乔军）

【乌拉特中旗审计局】　现有干部职工25人，设有任期经济责任审计分局、办公室、综合审理股、行政事业审计股、财政金融审计股、农牧审计股、企业审计股和固定资产投资审计股，负责对全旗17个乡（镇）苏木和30个旗直部门的审计监督。局长王秉璋（4月—）、张建国（—4月），副局长刘爱萍、达来、庞龙河。

审计成果　审计单位（项目）56个，查出违规行为金额2587万元，应缴财政37万元，已交34万元，促进增收节支129万元，挽回国有资产流失67万元。提交审计工作报告、信息30篇，被党政部门批转13篇，审计信息被采用18篇。另外，完成45名党政领导干部的任期经济责任审计。（撰稿人：巩霞）

【乌拉特后旗审计局】　现有干部职工23人，设有办公室、财政金融审计股、行政事业审计股、企业审计股、固定资产投资审计股、审理股、经济责任审计分局，负责对全旗10个苏木镇和78个旗直部门的审计监督。局长张海锁，副局长张凯、王登礼（—7月）、哈日妮敦（—7月）、王慧杰（12月—）。

审计成果　完成审计项目59个、单位91个，查出违规行为金额3017万元，促进增收节支205万元，挽回国有资产流失39.8万元，应缴财政36万元，已交32万元；提交审计报告、信息45篇，被上级机关和新闻媒体采用30篇。对全旗51个单位的54名党政领导干部进行了任期经济责任审计，查出违规行为金额219万元。（撰稿人：王慧杰）

【杭锦后旗审计局】　现有干部职工21人，设有综合办公室、行政事业审计股、企业审计股、财政金融审计股、固定资产投资审计股、经济责任审计股、内审指导站，负责对全旗16个乡镇和39个旗直部门的审计监督。局长丁勇胜，副局长胡浩勇、冯志进、李淑燕，纪检组长龚学诚。

审计成果　完成审计项目55个，审计单位63个，查出违规行为金额3989万元，应缴财政1439万元，已交1356万元。完成审计调查1个，调查单位1个。提交审计工作报告30份，被党政部门采用4份，提交审计信息简报36篇，被党政部门采用17篇。另外，完成17名党政领导干部的任期经济责任审计。（撰稿人：杜云宽）

【阿拉善盟审计局】　2002年，共有干部职工19人，其中本科学历4人，大专学历13人，局长姚泽元（3月—）、王承华（—3月），副局长姜和、李东亮，纪检组长彭辉。设有办公室、法制审理科、固定资产投资审计科、财政金融审计科、社会保障审计科、经济责任审计科、经贸审计科、农牧业与资源环保审计科和行政事业审计科。

审计成果　审计单位185个，查出违规行为金额4519万元，应缴财政69万元，已交财政69万元，其中盟本级查出违规行为金额2911万元，应缴已交财政21万元。

经济责任审计　开展经济责任审计项目85个，查出违规行为金额1522万元。盟本级完成项目15个，查出违规行为金额906万元。通过审计，平调73人，晋升6人，被免职两人。

财政审计　实施审计项目5个，共审计单位31个，查出违规行为金额2048万元，归还原渠道资金487万元。（撰稿人：林民）

【阿拉善左旗审计局】　现有干部职工22人，设有办公室、综合审理股、财政金融审计股、企业基建审计股、行政事业审计股、经济责任审计股、社会保障环境保护审计股，负责对全旗21个苏木镇和39个旗直部门及事业单位的审计监督。局长刘东望，副局长徐先宁、彭家雄。

审计成果　完成审计项目59个，查出违规行为金额581万元，应缴财政42万元，归还原渠道资金125万元，调账处理11万元，指明要求纠正134万元，查出百万元以上违规单位1个。完成审计调查两个，调查单位7个。提交审计报告59份，信息被采用20篇。完成科级干部经济责任审计项目42个。（撰稿人：彭家雄）

【阿拉善右旗审计局】　现有干部职工11人，设有办公室、经济责任审计股、财政行政事业审计股、经贸金融审计股，负责对全旗9个乡镇、1个管委会和64个县直部门的审计监督。局长布音孟柯，副局长巴图、郭菊香。

审计成果　完成审计项目18个，审计单位31个，对12名科局级党政领导干部进行了经济责任审计。查出违规行为金额233万元，上缴财政4万元。提交审计工作报告30份，审计意见32份，审计简报4篇，被采用1篇。（撰稿人：巴格那）

【额济纳旗审计局】　现有干部职工15人，设有办公室、行政事业审计股、财政金融基建审计股、企业和经济责任审计股、法制股，负责对全旗7个乡镇和27个旗直部门的审计监督。局长苏依勒（6月—）、杨永跃（—6月），副局长张瑞英（—6月）、杨吉祥（—6月）。

审计成果　完成审计项目34个，38个单位，经济责任审计项目16个。共查出违纪违规行为金额794万元，其中指明要求纠正708万元，决定处理处罚86万元；应缴已交财政两万元。提交审计工作报告32份，信息25篇，被采用1篇。（撰稿人：樊剑凌）

辽宁省

【辽宁省审计厅】　2002年，辽宁省审计厅定编121人，在编117人。厅机关设有办公室、法制处、经济责任审计处、财政审计处、经贸审计处、金融审计处、行政事业审计处、农业与资源环保审计处、社会保障审计处、固定资产投资审计处、外资运用审计处、人事教育处、老干部处、机关党委、纪检组和监察处（合署办公）。同时，还设省审计科学研究所、省审计干部培训中心和省审计厅信息中心等直属事业单位。

领导成员

厅　长：邸鸿亭

副厅长：王　悦　关福军

孙大林　付忠伟

纪检组长：李凤岐

助理巡视员：刘　才　王卫国

辽宁省审计成果　全省全年共审计了5938个单位，查出违规行为金额52.8亿元，应纠正72亿元，应缴财政5.8亿元，已交4.8亿元。查出百万元以上违纪单位323个。向司法和纪检监察机关移送案件57起，建议给予党政纪处分13人，协助有关部门查处案件139起。提交审计报告、信息3611篇，被批示、采用1520篇（次）。省本级全年共审计了151个单位，查出违规行为金额19455万元，应纠正148208万元，应缴财政3093万元，已交2371万元。查出百万元以上违规单位34个。向司法和纪检监察机关移送案件6起，建议给予党政纪处分1人。提交审计报告、信息87篇，被批示、采用60篇（次）。

预算执行审计　2002年全省各级审计机关在预算执行审计中，认真贯彻落实《辽宁省审计厅关于进一步加强和改进预算执行审计工作的意见》，紧紧围绕各级党政中心工作和人大关注的重点问题以及建立公共财政框架体系的要求，以促进建立统一规范的财政预算体系、改革预算编制方法、建立国库收付制度为目标，重点审计了各级财政、地税、国库及部分部门的预算执行情况，并着力提高"两个报告"的质量，取得了较好的效果。审计结果受到了各级人大、政府的重视和好评。如，省厅在预算执行审计中查出违纪违规行为金额7.3亿元，并如实代省政府向省人大常委会做了报告。省人大常委会对此报告给予了较高的评价，委员们认为2001年的预算执行审计报告坚持了"依法审计，服务经济，突出重点，标本兼治"的原则，指出的一些违纪违规问题，性质是很严重的，有关部门领导应做出检查，坚决纠正。薄熙来省长、郭廷标副省长分别对省厅上报的省本级2001年预算执行情况的审计报告做了重要批示，要求有关部门对审计查出的问题要认真整改。省直有关部门根据审计意见和省领导的批示，进行了整改，并向省政府提交了整改报告。沈阳市的预算执行审计报告从宏观上揭示和分析问题，受到人大常委们的表扬。大连市的预算执行审计内容全，覆盖面广，揭示的实质问题多，有深度。朝阳市突出对专项资金的审计，效果良好。

经济责任审计　全省共对1907名党政领导干部进行了经济责任审计，查出违规行为金额13.6亿元，应纠正10.1亿元。经审计后晋升97人，降职8人，撤职1人，建议给予党政纪处分11人，移送纪检监察机关18人，移交司法机关1人。同时对138名国有及国有控股企业领导人进行了离任审计。省厅对锦州市原市长、市委书记等13名市厅级领导干部进行了离任审计，揭露出不少违规违纪和带有普遍性、倾向性的问题。鞍山市在对原海城市委书记、市长离任审计中，实行上下审计相结合，财政、国库和地税系统及财政投资建设项目同时展开的方法，取得了较好成果。本溪市县两级审计机关共对123名党政领导干部进行了经济责任审计。丹东市集中全局力量，对离任的6名县区长进行了经济责任审计。

专项资金审计　社会保障是本省的一号工程。全省审计机关加大对社保资金的审计力度，重点对全省2001年度企业职工基本养老保险基金、省直监狱系统养老保险基金进行了审计，对661个企业2001年职工基本养老保险基金缴费基数进行了审计调查，揭示了挤占挪用、欠缴、缴费基数不实等问题。省厅组织对6个市及50个县区2000～2001年度国土资金的征收、管理和使用情况的审计，查出违纪违规行为金额11.3亿元，占审计总金额的48.9%。全省审计机关集中开展了公路养路费、高速公路通行费2001年度财务收支情况的审计，揭示了存在的坐收坐支赔偿费2461万元，挪用499.1万元等问题。对2001年度全省经常性社会捐助资金的收入、支出和管理情况的审计，查出违纪行为金额194.1万元。葫芦岛市审计机关采取账目审计与实地考察相结合的方法，深入12个乡镇、村，对经常性社会捐助资金进行审计，维护了群众的权益和社会的稳定。对25个县一期农网建设与改造项目竣工决算的审计，查出违规行为金额1822万元，收缴1105万元，继续用于农网改造。对于拖欠农民劳务费问题，已责令有关市县进行清退，以切实保护农民利益。锦州市审计机关将教育、科技、城建、物价等62个专项资金和基金列为审计重点，加强审计监督，促进了资金的有效利用。

国有企业和重点行业审计　全省审计机关对31个工商企业2001年度资产、负债和损益的审计，查出资产差错额5.6亿元，负债差错额2.5亿元，审计认定权益比企业自报权益少8亿元。有21个企业虚报利润4亿元。根据审计署授权，对省以下邮政企业2001年度资产、负债、损益情况的审计，共查出各种违规违纪行为金额1378万元。对农发行辽宁省分行2001年度资产、负债、损益情况的审计，查出了以贷还贷、以贷收息等问题，并向审计署提出了对有关问题的处理建议。对全省171个卫生医疗机构2001年度财政财务收支及行政事业性收费情况的审计，查出违规收费、挤占挪用专项经费和事业经费、虚列支出、设置“小金库”、乱发钱物等违规违纪行为金额2.7亿元。对21个世亚行贷款和欧盟援款项目的审计，审计资金总额为166.7亿元，出具审计公证报告21份，其中对外公证报告13份。各市审计机关结合本地实际和政府中心工作，也自行安排了一些审计项目。如沈阳市审计局安排的53个主辅分离企业的审计；阜新市审计局围绕经济转型，对转型资金、转型项目的审计；辽阳、营口等市局对亏损大户企业的审计；铁岭市审计局对留守企业的审计等，都收到良好效果。

政府交办事项的审计和案件查处　省厅先后完成省政府领导交办任务10余个。如根据省政府领导要求，省厅对本溪县移民动迁安置补偿资金进行了审计，审计报告得到薄熙来和郭廷标两位省领导的重要批示。对省直监狱系统自办养老保险期间基金收支和结余情况的审计结果，得到薄熙来、郭廷标和赵新良3位省领导的重要批示。组织全省审计机关对12个市所属62个粮食购销企业2001年度资产、负债、损益的审计，查出售粮款不入账1271万元、虚增库存成本9018万元等问题，郭廷标副省长对省厅上报的审计报告做了重要批示。大连市两级审计机关共完成领导交办事项155个。本溪市局完成政府临时交办任务13个。全省共向司法机关、纪检监察机关移送和协助有关部门查处案件196起。省厅在对沈阳师范大学新校园建设项目的审计中，发现有1人涉嫌贪污征地补偿费100万元，有两个公司涉嫌偷税，均依法向有关部门移送处理。沈阳、鞍山市审计局还成立了经济案件审计处，对案件查处起到了重要作用。（撰稿人：宗华）

【沈阳市审计局】　2002年，共有干部职工165人，其中博士学历1人、研究生学历33人、本科学历95人，局长汪涛，副局长唐玉辉、鲁家福、付立，纪检组长（副局级）李广志。设有办公室、法规审理处、人事教育处、财政审计处、行政事业审计处、金融审计处、农业与资源环保审计处、经贸审计处、外资运用审计处、固定资产投资审计处、社会保障审计处、案件审计处、监察处、离退休干部管理处、机关党委。

审计成果　共审计监督各类单位（项目）103个，查出违规违纪行为金额25241万元，查出百万元以上违规违纪单位10个；应缴财政1422万元，已交1422万元。向上级机关提交审计报告、要情、信息153篇，被上级机关采用92篇（次），其中被省、市领导批示的有19篇（次）。

经济责任审计　对41名领导干部进行了经济责任审计。有关部门依据审计结果，平调15人，改任非领导职务11人，退休12人，晋升1人，降职1人，辞职1人。

内部审计　在全市内审机构中继续开展了“为加强企业管理献计献策、为提高企业经济效益多做贡献、为企业深化改革保驾护航”的“三为”活动，全年全市企业内审机构共审计各类单位（项目）9069个，查出违规行为金额5924万元，损失浪费3306万元，审计意见被采纳1944条，促进企业增收节支1866万元。（撰稿人：余宏）

【沈阳市沈河区审计局】　现有干部职工15人，设有办公室、行政事业审计科、经济责任审计科、企业审计科，负责对全区66个行政单位、251个事业单位、33个国有企业的审计监督。局长贝雅丽，副局长孙涛（在试用期中）。

审计成果　审计43个单位，对33名领导干部进行了任期经济责任审计，专项调查两个。查出违纪违规行为金额4740万元，应缴财政195万元，纠正违纪违规行为金额3124万元，提出审计建议54条，提交审计信息42篇。配合区纪委、监察局查办经济案件3起，查出“小金库”132万元；完成区长交办和信访案件4件；办复人大代表建议1件。审计信息被各级机关采用23篇（次）。（撰稿人：王云志）

【沈阳市和平区审计局】　现有干部职工13人，设有办公室、综合指导科、行政事业审计科、企业审计科、经济责任审计科，负责对全区18个区直单位、20个街道、154个事业单位、30个国有及国有控股企业的审计监督。局长高玲，副局长佟树立、礼国光。

审计成果　审计单位36个，查出违纪违规行为金额430万元，应缴财政74万元，已交74万元。区政府采纳审计建议，取消了以前年度设置的“区长基金”，并对基层预算单位设置的“局长基金”、“主任基金”等进行清理。提交的审计信息《和平区财政预算执行审计做到三个满意》被《中国审计报》和《审计理论与实践》采用。对24名领导干部进行了任期经济责任审计。（撰稿人：龚宇樵）

【沈阳市大东区审计局】　现有干部职工14人，设有办公室、经济责任审计科、行政事业审计科和企业科，负责对全区15个街道和区直部门的审计监督。局长史书成，副局长郭合英。

审计成果　完成审计项目30个，查出违规行为金额584万元，应缴财政119万元。提交审计调查报告3篇，被区领导批示两篇；提交审计信息26篇，被区委、区政府等采用4篇。完成经济责任审计项目20个，其中，实行“先审计，后任命”的方法，对12名区人大拟任命的政府

各部门领导干部进行了任期经济责任审计。（撰稿人：凌梅）

【沈阳市皇姑区审计局】 现有干部职工15人，设有办公室、经济责任审计科、综合业务审计科，负责对全区20个街道、143个行政事业单位的审计监督。局长李绍祥，副局长刘新军。

审计成果 审计单位60个，查出违规行为金额4961万元，应缴财政62万元，增加财政专户存储307万元。提交审计报告、审计调查、审计信息91篇，被区委、区政府和上级审计机关采用56篇。（撰稿人：于淑芬）

【沈阳市铁西区审计局】 现有干部职工16人，设有办公室、行政事业审计科、经济责任审计科、企业审计科，负责对全区32个区直单位、20个街道、6个企业、6个群团组织和两所中学的审计监督。2002年沈阳市分两批将市属国有企业192个转属到铁西区。局长王树田，副局长陈政卫、李济增（2月改任调研员）。

审计成果 完成审计项目44个，查出违规违纪行为金额779万元，应缴财政21万元，已交21万元；清理查出"小金库"多个，金额达260万元；查出百万元以上案件1起，金额200余万元。开展区管领导干部离任经济责任审计项目36个。提交审计报告33份，审计信息190篇，被上级有关部门采用18篇。以区委、区政府的名义起草下发了《铁西区国有及国有控股企业领导人员经济责任审计暂行办法》。（撰稿人：李济增）

【沈阳市苏家屯区审计局】 现有干部职工13人，设有综合科、经济责任审计科、财政金融审计科、农业环保审计科和行政事业审计科，负责对全区14个乡镇和46个区直部门的审计监督。局长顾良，副局长乔士杰。

审计成果 完成审计项目34个、37个单位，党政领导交办经济责任审计项目10个。查出违纪违规行为金额1896万元，其中指明要求纠正1877万元，决定处理处罚19万元，应缴财政19万元。提交审计报告34份，审计意见37份、审计信息12篇，被区委、区政府采用7篇。（撰稿人：高伟才）

【沈阳市东陵区审计局】 现有干部职工17人，设有办公室、审计业务一科、审计业务二科、审计业务三科，负责对全区14个乡镇、街道和60个区直部门的审计监督。局长王文纯，副局长乔世林（1月—）、龚武斌（10月—）。

审计成果 完成审计项目66个，党政领导交办经济责任审计26个，查出违纪违规行为金额3501万元，决定处理处罚75万元，应缴财政75万元。提交审计调查报告两份，审计信息51篇，编发《东陵审计信息》16期，被市审计局和区委、区政府采用14篇。对1个违纪单位进行了通报，对两名责任人提出给予行政处分的建议。（撰稿人：刘珍秀）

【沈阳市新城子区审计局】 现有干部职工14人，设有办公室、企业审计科、行政事业审计科、农林水利审计科、经济责任审计科，负责对全区12个乡镇和56个区直部门的审计监督。局长杨国烈，副局长廖春满、李德怀。

审计成果 完成审计项目35个，共查出违纪违规行为金额105万元。提交审计信息14篇，被采用两篇。另外，还对9个单位的领导干部进行了任期经济责任审计。6月，经区民政局批准，成立了区内审学会。11月，举办了全区内审人员培训班。（撰稿人：赵丽波）

【沈阳市于洪区审计局】 现有干部职工17人，设有工交基建审计科、农林水审计科、商粮财金审计科、经济责任审计科、综合办公室，负责对全区16个乡镇、街道和51个区直部门的审计监督。局长周贵斌，副局长刘桂君、刘玉斌。

审计成果 完成审计项目61个，查出违纪违规行为金额1001.2万元，其中挤占、挪用专项资金25万元；应缴财政153.4万元，其中税款121.4万元。完成审计调查项目1个。提交审计信息19篇，被市审计局采用两篇，区委、区政府采用3篇。另外，对22个国有企业的资产进行审计，并对企业领导人实施了离任审计。（撰稿人：周忠诚）

【新民市审计局】 现有干部职工19人，设有文教行政审计科、商业粮食审计科、工业交通审计科、农业财政审计科，负责对全市30个乡镇、街道和44个市直部门及所属企事业单位的审计监督。局长栾广恒，副局长韩伟光。

审计成果 完成审计项目111个，查出违纪违规行为金额800万元，应缴财政57万元，已交57万元。提交专项审计调查和专题审计调查报告5份，被市委、市政府领导批示3份；审计信息18篇，被上级审计机关和市政府采用5篇；审计科研论文两篇。（撰稿人：韩伟光）

【辽中县审计局】 现有干部职工16人，设有任期经济责任审计科、行政事业审计科、企业审计科、农业审计科，负责对全县21个乡镇和48个县直部门的审计监督。局长刘长利（兼纪检组长），副局长谢玉忱。

审计成果 完成审计单位（项目）37个，查出违纪行为金额1857

万元，应缴财政62万元，归还原渠道资金45万元。提出建议25条，被采纳21条。对15个单位进行了领导干部任期经济责任审计。先后对农业综合开发资金和“三线”示范工程项目及水利资金进行了跟踪审计，审计总金额23225万元，并延伸审计了21个乡镇和40多个部门，审计覆盖率达100%，针对审计发现的问题提出了处理意见和建议。（撰稿人：姜雄伟）

【康平县审计局】 现有干部职工19人，设有综合科、农业审计科、文教行政审计科、企业审计科、财金审计科和经济责任审计办公室，负责对全县16个乡镇和65个县直部门的审计监督。局长攸景峰，副局长于军、窦海龙。

审计成果 完成审计项目69个、84个单位，党政领导交办经济责任审计项目7个。查出违纪违规行为金额2181万元，其中指明要求纠正2496万元，决定处理处罚32万元，应缴财政32万元。提交审计报告31份，审计意见63份，审计信息104篇，简报3篇，被县委、县政府采用5篇。另外，对23名党政、企业的主要领导干部和领导人进行了任期经济责任审计。（撰稿人：徐杰）

【法库县审计局】 现有干部职工16人，设有文教行政财金审计科、农林水审计科、商贸审计科、工交基建审计科、经济责任审计科和办公室，负责对全县19个乡镇和56个县直部门的审计监督。局长申志刚，副局长马维军。

审计成果 审计单位72个，查出违纪违规行为金额5607万元，决定处理处罚62万元，指明要求纠正1425万元，应缴财政58万元，归还原渠道资金246万元，移交纪检监察机关1人。提交审计报告24份，审计信息28篇。开展审计调查4个。对18名党政、企业的主要领导干部进行了任期经济责任审计。建立了经济责任审计联席会议制度，以县委办、政府办的名义下发了《法库县党政领导干部经济责任审计实施办法》、《法库县经济责任审计联席会议制度》和《法库县经济责任审计结果公告制度》。（撰稿人：霍永利）

【朝阳市审计局】 2002年，共有干部职工45人，其中研究生学历5人，本科学历34人，大专学历6人，局长赫明，副局长张树清、王秀珍、马仲英、张明（8月—），纪检组长郑秀林。设有办公室、法规外资审计科、经济责任审计科、财政金融审计科、行政事业审计科、经贸审计科、农业与资源环保审计科、社会保障审计科、固定资产投资审计科。

审计成果 共审计601个单位，其中市本级91个单位、县（市）区级510个单位，查出违纪违规行为金额20985万元，其中市本级11244万元、县（市）区级9741万元，已交财政448万元，其中市本级222万元、县（市）区级226万元。向市委、市政府和省审计厅提交审计报告24份，被市领导批示3份。

完成授权（委托）审计项目 完成审计署和省审计厅授权（委托）项目15个，其中审计署授权审计项目8个、省审计厅委托和统一组织的审计项目7个，提交审计报告33份。（撰稿人：陈鹏）

【朝阳市双塔区审计局】 现有干部职工10人，设有办公室、文化行政审计股、农业综合审计股、社保经济责任审计股、基建审计股，负责对全区10个街道和32个区直部门的审计监督。局长胡同杰，副局长李亚民、杨艳，纪检组长杨克勤。

审计成果 审计单位42个，其中完成经济责任离任审计27个，共查出违规行为金额198.5万元，应缴财政25万元，已交9万元，向被审计单位提出合理化建议76条。（撰稿人：张宝军）

【朝阳市龙城区审计局】 现有干部职工12人，设有综合股、财政审计股、金融审计股、经济责任审计办公室、行政事业审计股、企业审计股，负责对全区6个乡镇和33个区直部门的审计监督。局长刁岭君，副局长茹国云、董慧菊。

审计成果 完成审计项目17个，审计单位22个，完成党政领导干部任期经济责任审计项目3个，查出违纪违规行为金额152.7万元。提交审计报告11份，审计信息9篇，被市审计部门转发1篇。（撰稿人：董慧菊）

【北票市审计局】 现有干部职工22人，设有办公室、财政金融审计股、行政事业审计股、农业审计股、经贸审计股、经济责任审计股，负责对全市37个乡镇、管理区和81个市直部门的审计监督。局长邓永喜，副局长李向升、王兴利。

审计成果 完成审计项目48个，查出违规行为金额1079万元，应缴财政64万元，归还原渠道资金406万元，纠正不合理使用资金92万元。完成审计调查1个，调查单位1个。提交审计报告、信息26篇。完成3名领导干部任期经济责任审计。有内审指导人员两人，内审机构11个，内审人员36人。（撰稿人：金梅）

【凌源市审计局】 现有干部职工22人，设有综合办公室、经贸基建审计科、农业财金审计科、文行社保审计科和经济责任审计科，负责对全市29个乡镇、街道和150个市直部门的审计监督。局长李长印，副局长冯战军、刘建君、王喜文，纪检组长刘鹏达。

审计成果　完成审计项目46个，审计单位88个，经济责任审计项目9个。查出违纪违规行为金额1307万元，其中指明要求纠正822万元，归还原渠道资金195万元，应缴财政58万元，已交58万元。完成审计调查1个，调查单位7个。提交审计报告18份，审计信息12篇，被市委、市政府和上级审计机关采用5篇。另外，对4名党政主要领导干部进行了任期经济责任审计。有内审指导人员两人，内审机构13个，内审人员30人。（撰稿人：尹占奎）

【朝阳县审计局】　现有干部职工39人，设有办公室、经济责任审计室、基建交通审计股、农业审计股、文行审计股、工业审计股、财政金融审计股、商贸审计股，负责对全县31个乡镇和65个县直部门的审计监督。局长姚秀国，副局长刘志方、李国华、魏德华，纪检组长钱勇。

审计成果　审计单位113个，比年初计划的95个多出18个，共查出违纪违规行为金额5380万元，决定处理处罚80万元，归还原渠道资金351万元，移送税务机关处理15万元。开展审计专项调查6个。编发《审计信息》10余篇，向省级刊物推荐论文两篇。（撰稿人：吉凤志）

【建平县审计局】　现有干部职工24人，设有办公室、财贸审计股、工交审计股、农村审计股、文行审计股、基建审计股，负责对全县29个乡镇和55个县直部门的审计监督。局长张宝华，副局长于首明、张文一、赵立新、李景彬。

审计成果　完成审计单位115个，查出违规行为金额484万元，其中指明要求纠正144万元，决定处理处罚53万元，应缴财政48万元。提出审计意见87条，提交审计报告、审计信息6篇。另外，完成53名党政机关、企事业单位领导干部的离任或任期经济责任审计。（撰稿人：谢亚茹）

【喀喇沁左翼蒙古族自治县审计局】　现有干部职工21人，设有办公室、财政金融审计股、文行事业审计股、农林水利审计股、基本建设审计股、商贸审计股、工业交通审计股，负责对全县23个乡镇和28个县直部门的审计监督。局长张兴瑞，副局长刘学东、李国民、王玉福。

审计成果　全年计划审计项目68个，实际完成70个，占计划的103%，共查出违纪行为金额1140万元，其中“小金库”资金149万元，被侵占挪用资金361万元，应缴财政30万元，归还原渠道资金130万元。完成审计调查两个。提交审计论文8篇，审计信息10篇。（撰稿人：韩国义）

【阜新市审计局】　2002年，共有干部职工61人，其中在职研究生5人，本科学历19人，大专学历34人，局长王智兼，副局长杨绍军、武瑞华、朱海泉，纪检组长崔有才。设有财政金融审计科、固定资产投资审计科、行政文教审计科、外资运用审计科、经济责任审计科、经济贸易审计科、农业资源与环保审计科、社会保障审计科、法规审理科、人事教育科。

审计成果　共审计113个单位（项目），查出违纪违规行为金额5099万元，指明要求纠正18918万元；为地方财政增加收入245万元，归还原渠道资金51万元，为建设项目节约870万元。

围绕经济转型这个中心开展审计　阜新市是被国务院确定为全国惟一一个因资源枯竭而列为经济转型的城市。2002年是阜新市一些转型项目、转型资金开始启动之年，在转型资金审计方面，审计了“三矿”破产资金、采煤沉陷治理资金等6个重点资金，在转型项目审计上，审计了农业高科技园区道路工程等4个建设项目，查处了高估冒算、挪用建设资金等违纪问题，共为建设项目节约资金870万元。

深入开展经济责任审计　共对157名县级及县级以下党政领导干部和国有及国有控股企业领导人员进行了任期经济责任审计，查出违规行为金额、指明要求纠正1.3亿元。同时，制定了《经济责任审计内部运行制度》，并被审计署采用。

专项资金审计　对社会保障专项资金、经常性社会捐赠款物等进行了审计或调查，共审计近100个相关单位。并对住房建设资金的筹集、使用情况的审计结果，通过新闻媒体首次向社会公众公布。（撰稿人：赵晓冰）

【阜新市海州区审计局】　现有干部职工9人，设有综合办公室和综合业务室，负责对全区81个行政事业单位、10个市转属企业、14个商贸公司所属企业、6个区街企业和1个镇政府的审计监督。局长张谊莉，副局长于振国（8月—）。

审计成果　完成审计项目13个，审计62个单位，查出违规违纪行为金额108万元，其中决定处理处罚41万元，指明要求纠正67万元。应缴财政1.2万元。共审计和延伸审计了22个预算及预算执行单位，指明要求纠正5万元。领导干部任期（离任）经济责任审计18个单位，查出违规违纪行为金额47万元，审计后晋升两人，免职1人，平调14人。完成社会保障资金等6项审计，共审计21个单位。（撰稿人：秦岩）

【阜新市新邱区审计局】　现有干部职工6人，负责对全区5个镇、街道和55个区直部门的审计监督。局长索凤芹。

审计成果　完成审计项目28个，审计单位34个，审计资金总额1.2亿元，查出违纪违规行为金额720万元，其中指明要求纠正572万元，决定处理处罚3.1万元，增加财政收入3.1万元。完成科级领导干部经济责任审计13个，企业领导干部经济责任审计1个。通过审计，提拔两人，免职5人，平调6人，移送司法机关处理1人。（撰稿人：索凤芹）

【阜新市太平区审计局】　现有干部职工11人，设有企业审计组、行政事业审计组和经济责任审计组，负责对全区1个镇和109个区直部门的审计监督。局长肖玉光，副局长贾小平。

审计成果　审计39个单位（项目），查出违纪违规行为金额956.2万元，决定处理处罚15.3万元。协助区纪委和区检察院、法院办案4起；对7名领导干部进行了经济责任审计；对60户享受城市居民最低生活保障线的居民家进行了走访调查。在对两个企业进行资产负债审计中，审增负债323.1万元。（撰稿人：杨树）

【阜新市清河门区审计局】　现有干部职工10人，负责对全区两个镇和30个区直部门的审计监督。局长孙景贵，副局长王小健。

审计成果　审计70个单位（项目），查出违纪违规行为金额52万元，决定处理处罚4.9万元，增加财政收入2.3万元。对区政府预算外资金收入、支出情况进行了审计。共审计了32户，占总户数的60.4%。被审计的32户预算外资金收入为444.6万元，查出违规行为金额40万元，应缴财政2.4万元，已交0.98万元。提出审计建议两条。（撰稿人：刘文曲）

【阜新市细河区审计局】　现有干部职工10人，设有办公室、财政金融审计股、企业农业审计股、固定资产和任期经济责任审计股、文化教育行政事业审计股，负责对全区6个镇、街道和25个区直部门的审计监督。局长王朝明，副局长赵笑梅。

审计成果　审计30个单位（项目），查出违纪违规行为金额157万元，决定处理处罚10万元，指明要求纠正674万元，增加财政收入3万元，归还原渠道资金13万元。（撰稿人：王国芳）

【彰武县审计局】　现有干部职工17人，设有财政金融审计股、经贸审计股、行政事业审计股、农业资源环保审计股、办公室，负责对全县24个乡镇和37个县直部门的审计监督。局长徐平（9月—）、王喜泉（—9月），副局长罗铁宏、钱海山，郭英涛（—9月）。

审计成果　审计42个单位（项目），对25个单位开展了经济责任审计，共查出违纪违规行为金额671万元，决定处理处罚81万元，指明要求纠正438万元，增加财政收入22万元，归还原渠道资金24万元。（撰稿人：袁利祥）

【阜新蒙古族自治县审计局】　现有干部职工18人，设有农业环保审计股、财政金额审计股、行政事业审计股、基本建设投资审计股、经济贸易审计股和经济责任审计股，负责对全县35个乡镇和57个县直部门的审计监督。局长包铭山，副局长罗福田、陈景福、赵国敏。

审计成果　完成审计项目15个，审计56个单位，审计资金总额12亿元，共查出违规违纪行为金额999万元，追还被挤占挪用专项资金1248万元，为建设项目节约资金360万元。提交审计结果报告5份，审计信息10篇，审计建议52条。（撰稿人：赵国敏）

【铁岭市审计局】　2002年，共有干部职工58人，其中本科学历17人，大专学历35人，局长曹振祥，副局长李盛林、张宏伟、赵庆堂，纪检组长郭晖莹。设有办公室、法制科、人事监察教育科、经贸审计科、农业资源与环保审计科、固定资产投资审计科、行政事业审计科、财政审计科、金融审计科、外资运用与社会保障审计科、经济责任审计科。

审计成果　共审计各类单位478个，查出违规行为金额21222万元，应缴财政1346万元，已交608万元。提交审计调查报告25份。审计信息、呈阅件283篇，被市委、市政府及省厅采用104篇（次），被新闻单位采用202篇（次）。

预算执行审计　全市共审计和延伸检查了109个单位，揭示了应缴未交、混淆税收入库级次等12个方面的违纪违规问题，查出违规行为金额9005万元。

经济责任审计　共对118名领导干部开展了经济责任审计，查出违规行为金额1873万元。根据审计结果，提拔6人，平调76人，降职两人，撤职1人，移送纪检监察机关和建议给予党政纪处分6人。

内部审计　有内审机构278个，其中专职机构137个；内审人员651人，其中专职人员396人。共审计单位1404个，查出损失浪费554万元，纠正违规行为金额2310万元，促进增收节支626万元。（撰稿人：杨威）

【铁岭市银州区审计局】　现有干部职工17人，设有综合办公室、财政金融行政审计股、科教文卫审计股、农工建审计股、经济责任审计室（副科级）、驻龙山乡审计室，负责对全区7个乡镇、街道及区直部门的审计监督。局长吉华林（2月—）、刘长喜（—2月），副局长周贵仁、唐丽敏、齐雷，纪检组长卢伟。

审计成果 审计各类单位40个，查出违规行为金额1926万元，已交区财政10万元、龙山乡财政47.2万元。其中，经济责任审计11个。提交审计调查报告3份，审计信息7篇。有内审机构11个，内审人员11人。（撰稿人：宫雪峰）

【铁岭市清河区审计局】 现有干部职工13人，设有人秘股、审计股、经济责任审计办公室，负责对全区5个乡镇、街道和51个区直部门及企事业单位的审计监督。局长张会彦，副局长孔晓辉。

审计成果 审计单位102个，查出违规行为金额2723万元，应缴财政94万元，已交29万元。其中，经济责任审计项目10个。提交审计报告28份，审计信息24篇，被上级审计机关和区委、区政府采用8篇。有内审机构20个，其中专职机构9个；有内审人员30人，其中专职人员11人。（撰稿人：齐金华）

【调兵山市审计局】 现有干部职工14人，设有办公室、财税金融审计股、企业审计股、文教行政农业审计股、工程造价审计股、城市建设审计股、领导干部经济责任审计办公室（副科级）、乡镇村级审计所，负责对全市5个乡镇、街道和71个市直部门及企事业单位的审计监督。局长周存，副局长刘鹤。

审计成果 全年审计各类单位53个，共查出违纪违规行为金额822万元，应缴财政114万元，已交财政74万元。其中，经济责任审计项目6个，查出违纪违规行为金额64万元。提交审计报告25份，审计信息26篇，被市审计局和市政府采用11篇。有内审机构11个，内审人员51人。（撰稿人：张凤阁）

【开原市审计局】 现有干部职工22人，设有办公室、财金审计股、农业审计股、基建审计股、企业审计股、文行审计股、市领导干部经济责任审计办公室（股级事业单位，隶属于审计局，事业编制5人），负责对全市21个乡镇、街道和38个市直部门及企事业单位的审计监督。局长徐玉双，副局长杨绍达、王艳华、马洪柏（2月—）、马志宇（2月—）、吴铭（8月—），纪检组长魏璞玉。

审计成果 审计各类单位82个，查出违规行为金额3178万元，应缴财政220万元，已交126万元。其中，经济责任审计项目23个，查出违规行为金额850万元，向纪检监察部门移送案件两起。提交审计调查、工作报告6份，审计信息34篇，科研论文7篇。提出审计意见、建议100条。有内审机构26个，内审人员59人。（撰稿人：李秀明）

【铁岭县审计局】 现有干部职工18人，设有办公室、行政事业审计股、企业审计股、经济责任审计股和法制监察股，负责对全县14个乡镇和42个县直部门及企事业单位的审计监督。局长林长佳，副局长曹德贵、杜妍。

审计成果 审计各类单位31个，查出违规行为金额4341万元，应缴财政31.4万元，已交21.5万元。其中，经济责任审计项目7个，查出违规行为金额103万元。提交审计报告23份，审计信息21篇。有内审机构11个，内审人员18人。乡镇审计机构13个，乡镇审计人员28人。（撰稿人：陈辉）

【西丰县审计局】 现有干部职工21人，设有办公室、文行审计股、固定资产投资审计股、农林审计股、经贸审计股、经济责任审计办公室，负责对全县18个乡镇和35个县直部门及企事业单位的审计监督。局长冷宝昌，副局长谭志远、张波。

审计成果 审计各类单位99个，查出违规行为金额3387万元，应缴财政69万元，已交55万元。其中，经济责任审计项目27个，查出违规行为金额875万元。提交科研论文9篇，被省级审计刊物采用5篇；审计信息39篇，被上级审计机关和新闻单位采用30篇。有内审机构38个，其中专职机构24个；内审人员99人，其中专职人员38人。（撰稿人：张健）

【昌图县审计局】 现有干部职工24人，设有办公室、法制股、干部经济责任审计办公室（副科级）、工交基建审计股、财政金融审计股、商贸文行审计股、农业外资（社保）审计股，负责对全县34个乡镇和67个县直部门及企事业单位的审计监督。局长陈伟，副局长乔春光、张杰、王彦华。

审计成果 审计各类单位78个，查出违规行为金额1877万元，应缴财政226万元，已交103万元。其中，经济责任审计项目50个，查出违规行为金额1057万元，移送纪检监察部门两人。提交审计报告46份，审计信息54篇，被上级机关采用22篇。有内审机构51个，其中专职机构39个；内审人员178人，其中专职人员119人。昌图县审计局被省审计厅评为先进集体。（撰稿人：张柏昌）

【抚顺市审计局】 2002年，共有干部职工88人，其中本科学历25人，大专学历53人，局长刘国强，副局长张建国、解军红、刘晓滨。设有办公室、法制处、经济责任审计处、财政审计处、金融审计处、行政事业审计处、经贸审计处、农业与资源环保审计处、社会保障审计处、固定资产投资审计处、外资运用审计处、人事教育处。

审计成果 审计单位111个，查出违规行为金额113193万元，应缴财政1969万元，已交1047万元。提交审计报告93份，信息68篇，被采用17篇。

经济责任审计 开展经济责任审计项目39个、39人，查出违规行为金额3128万元。审计后，平调25人。

财政审计 在审计市财政局、地税局及11个所属分局的基础上，延伸审计了204个财税下属部门和基层预算单位，地税审计覆盖率达100%。查出税收混淆预算级次、截留预算收入等问题19个，违规行为金额25532万元；挤占挪用专项资金等财政支出方面的问题9个，违规行为金额24114万元。应缴财政387万元，已交77万元。

金融审计 对农业发展银行抚顺市分行系统2001年资产、负债、损益进行了审计，查出违规行为金额25532万元。

企业审计 重点审计了16个国有企业，查出违规行为金额1859万元，应缴财政382万元，已交201万元。还查出资产不实9628万元、负债不实24218万元、所有者权益不实24218万元。

专项资金审计 开展了法院、工商、教育以及住房资金等专项资金的审计，共查出违规行为金额16116万元。

外资运用审计 完成署定世界银行贷款项目审计6个，外资企业审计两个，查出违规行为金额6147万元。

内部审计 市直部门内审机构53个，其中专职机构43个；内审人员284人，其中专职人员236人。共审计单位580个，查出损失浪费191万元，纠正违规行为金额1790万元，促进增收节支1000万元。（撰稿人：韩来云、关克娇）

【抚顺市新抚区审计局】 现有干部职工5人，负责对全区6个街道和70个区直部门的审计监督。局长彭玉祥，副局长杨庆芝。

审计成果 完成审计项目5个、25个单位，经济责任审计项目13个、13人。共查出违规行为金额1107万元，其中指明要求纠正1078万元，决定处理处罚29万元，已交财政10万元。提交审计报告19份，审计意见25份，审计信息5篇，被区委、区政府采用3篇。（撰稿人：阚国海）

【抚顺市东洲区审计局】 现有干部职工4人，负责对全区两个乡镇和161个区直部门的审计监督。局长王宁，副局长刘国东。

审计成果 完成审计项目17个、20个单位，党政领导交办经济责任审计项目10个，共查出违纪违规行为金额1227万元，其中指明要求纠正1072万元，决定处理处罚155万元，已交财政4万元。提交审计报告16份，审计意见17份，审计信息8篇。（撰稿人：王宁）

【抚顺市望花区审计局】 现有干部职工7人，设有第一审计室、第二审计室，负责对全区11个街镇和31个区直部门的审计监督。局长袁玉华，副局长姜寿春、李翠平。

审计成果 完成审计项目33个、38个单位，经济责任审计项目25个、23人。共查出违纪违规行为金额654万元，其中指明要求纠正10万元，决定处理处罚16万元，已交财政14万元。提交审计报告28份，审计意见16份，审计信息10篇，被区委、区政府采用3篇。（撰稿人：徐耀军）

【抚顺市顺城区审计局】 现有干部职工9人，设有经济责任审计室、审计一室、审计二室、审计三室，负责对全区3个乡镇和20个区直部门的审计监督。局长董永成，副局长佟德印、张嘉兴。

审计成果 完成审计项目20个、20个单位，党政领导交办经济责任审计项目10个、10人。共查出违规行为金额324万元，其中决定处理处罚31万元，已交财政18万元。提交审计报告10份，审计意见20份，审计信息20篇，被区委、区政府采用9篇。（撰稿人：孙凯）

【抚顺县审计局】 现有干部职工14人，设有3个审计室，负责对全县12个乡镇和24个县直部门的审计监督。局长金秀兰，副局长国宏伟、孙绍军。

审计成果 完成审计项目60个，审计单位66个，查出违规行为金额4182万元，应缴财政47万元，已交42万元。完成审计调查1个，调查单位5个。提交审计报告64份，信息22篇。完成29名科级干部离任经济责任审计，查出违规行为金额1432万元。（撰稿人：王雨林）

【新宾满族自治县审计局】 现有干部职工21人，设有办公室、财政金融审计股、农林水务审计股、行政事业审计股、经济贸易审计股、经济责任审计股、固定资产审计股，负责对全县15个乡镇和217个县直部门的审计监督。局长赵凤林，副局长张庆元、杜冰。

审计成果 完成审计项目57个、57个单位，查出违规行为金额4700万元，应缴财政82万元，已交80万元，向司法机关移送案件两起。提交审计报告45份，审计信息10篇。完成29名科级领导干部任期经济责任审计，查出违规行为金额513万元。有内审机构18个，内审人员

20人。（撰稿人：解巍）

【清原满族自治县审计局】 现有干部职工21人，设有办公室、经贸审计股、经济责任审计股、固定资产投资审计股、财政金融审计股、机关事业审计股、农业环保审计股，负责对全县14个乡镇和26个县直部门的审计监督。局长李猛，副局长秦世一、袁伟志。

审计成果 完成审计项目61个，审计单位65个，查出违规行为金额1656万元，应缴财政294万元，已交170万元。完成审计调查1个，调查单位5个。提交审计报告53份，信息25篇。完成24名科级干部离任经济责任审计，查出违规行为金额230万元。有内审机构20个，内审人员20人。（撰稿人：崔广斌）

【本溪市审计局】 2002年，共有干部职工88人，其中本科学历34人，大专学历47人，局长王震（7月—）、翁越（—7月），副局长张岩、张万本（兼纪检组长）、李宁波、李维娟。设有办公室、法规处、经济责任审计处、财政金融审计处、行政事业审计处、经贸审计处、农业资源与环保审计处、固定资产投资审计处、外资运用审计处、社会保障审计处、机关党委、离退休干部处、培训中心。

审计成果 计划审计项目80个，实际完成98个；查出和纠正违规违纪行为金额24412万元，应缴财政3632万元。提交审计信息和审计要情107篇，被市领导批示和有关单位采用30多篇（次）。

经济责任审计 制定并下发了《关于县级事业单位经济责任审计有关问题的通知》，《本溪市经济责任审计结果运用办法》和《本溪市审计局委托社会审计组织加强经济责任审计管理办法》等规范性文件。共对123名领导干部进行了任期经济责任审计。

重点项目审计 对全市社会保障资金筹集、拨付、结存和管理情况进行全面的审计调查，审计查出违规违纪行为金额3989万元。完成市委、市政府临时交办的焦点、热点和难点问题的审计项目13个。对市级10个重点国有企业的资产负债损益及财务收支情况进行审计，审计中一方面严肃处理违纪问题，另一方面切实帮助企业改善经营管理，提高经济效益。（撰稿人：周静波）

【本溪市平山区审计局】 现有干部职工9人，设有办公室、经济责任审计室、行政事业审计股、工业企业审计股，负责对全区9个街道（镇）和68个区直部门的审计监督。局长郑雪艳，副局长魏喜春、刘卫东。

审计成果 完成审计项目22个，审计单位46个，查出违规违纪行为金额220万元，应缴财政12万元，已交3万元；完成审计调查1个。提交审计报告22份，信息13篇；完成对8名科级领导干部的经济责任审计，查出违规违纪行为金额36万元。（撰稿人：魏喜春）

【本溪市溪湖区审计局】 现有干部职工9人，设有办公室、行政事业审计室、工业审计室，负责对全区9个乡镇、街道和97个区直部门的审计监督。局长韩殿辅，副局长张秀影、王权力。

审计成果 完成审计项目31个，查出违规违纪行为金额17万元，决定审计处罚4万元，已交财政4万元。（撰稿人：韩殿辅）

【本溪市明山区审计局】 现有干部职工5人，设有办公室、企业审计股、行政事业审计股，负责对全区9个乡镇、街道和33个区直部门的审计监督。局长赵世媛，副局长赵丽、徐茂军。

审计成果 完成审计项目16个，下达审计意见书10份，审计决定书8份，共查出违规违纪行为金额90万元、管理不规范金额535万元，应缴财政7万元，已交6万元，应调账处理293万元，指明要求纠正597万元。（撰稿人：赵丽）

【本溪市南芬区审计局】 现有干部职工7人，设有办公室、综合业务股，负责对全区5个乡镇、街道和143个区直部门的审计监督。局长李甲忠，副局长李淑华。

审计成果 完成审计项目19个，查出违规违纪行为金额371万元，并对18个违纪单位进行了处理处罚。应缴财政9万元，已交5万元。提出审计建议25条，提交论文3篇。（撰稿人：常霞）

【本溪满族自治县审计局】 现有干部职工16人，设有办公室、农林环保审计科、工业交通审计科、行政事业审计科、财政金融审计科、商业投资审计科、经济责任审计科，负责对全县14个乡镇和138个县直部门的审计监督。局长孟广宇，副局长迟炳伦、林勇。

审计成果 完成审计项目51个，审计单位88个，查出违规违纪行为金额2552万元，应缴财政105万元，已交50万元。完成审计调查1个，调查单位4个。提交审计报告51份，信息14篇。完成对34名科级领导干部的离任审计，查出违规违纪行为金额2010万元。有内审机构18个，内审人员18人。（撰稿人：林勇）

【桓仁满族自治县审计局】 现有干部职工19人，设有办公室、财政金融审计股、经济责任审计股、行政事业审计股、农业审计股、交通基建审计股，负责对全县17个乡镇和404个县直部门的审计监督。局长李贵方，副局长赵雅琴。

审计成果　完成审计单位110个，查出违规违纪行为金额1400万元，应缴财政65万元。提交审计信息和报道24篇，被上级机关和新闻单位采用11篇。对23名县直、乡镇领导干部任期经济责任进行了审计，应缴财政28.5万元。（撰稿人：崔宏）

【辽阳市审计局】　2002年，共有干部职工63人，其中硕士研究生两人，本科学历22人，大专学历39人，局长刘晓莲，副局长杨利、丁茂竹（—5月）、田丰，纪检组长吴靖文（—4月）。设有办公室、法制科、经济责任审计科、经贸审计科、农业与资源环保审计科、行政文教卫生事业审计科、财政审计科、金融审计科、固定资产投资审计科、社会保障审计科、外资运用审计科、人事教育科。

审计成果　完成审计单位343个，查出违规行为金额72436万元，应缴财政2662万元，已交1670万元。其中市局完成审计单位114个，查出违规行为金额40879万元，应缴财政1758万元，已交1087万元。提交审计信息75篇，被批示、采用91篇（次）。

预算执行审计　对重点单位、重点领域、重点专项资金进行审计，查出违规行为金额11000万元，应缴财政488万元，已交231万元。

经济责任审计　对全市171名领导干部进行了经济责任审计，查出违规行为金额12689万元，应缴财政1184万元，已交568万元。提出审计建议600多条。审计结果有58人平调，5人晋升，7人免职。

企业审计　结合财政同级审，对辽化粮库和辽阳市宏伟粮库两个亏损大户进行了行业审计。对市工商局两个市场进行审计调查，在查清两大市场的资产、负债和多年形成的债务往来纠纷的基础上向市政府领导做了汇报，市政府组织有关部门参加办公会议，使企业1000多万元的债权债务问题得到解决。

重点项目和专项资金的审计　完成世界银行贷款5个项目审计。完成全市社会保障资金审计，对全地区72个企业进行了审计调查。完成国土资金审计，就审计出的问题提出加强管理的建议，得到市领导批示，有关部门整改取得明显效果，此项审计在全省审计质量评比中荣获优秀（排名第一）。（撰稿人：薛慧媛）

【辽阳市白塔区审计局】　现有干部职工7人，负责对全区54个区直部门的审计监督。局长王德忠，副局长张迎胜、刘丽。

审计成果　完成审计单位15个，查出违规行为金额132万元。提出审计建议12条，提交各类审计报告6份，审计信息5篇。完成区文教局、物价局等14个单位领导干部离任审计。审计后移交纪检部门处理1人。（撰稿人：常巍）

【辽阳市文圣区审计局】　现有干部职工5人，负责对全区56个区直部门和4个自然村的审计监督。局长钟廉鹏，副局长周全。

审计成果　完成审计单位11个，查出违规行为金额409万元，应缴已交财政1万元。完成对领导干部任期经济责任审计单位3个。对新华园绿化工程基建决算审计中，审减资金40万元。（撰稿人：方军）

【辽阳市宏伟区审计局】　现有干部职工8人，设有综合办公室、财政财务审计室、经济责任审计室、基建审计室，负责对全区1个乡和55个区直部门的审计监督。局长李振民，副局长郝春伟、于晓萍。

审计成果　完成审计单位27个，查出违规行为金额419万元，应缴财政302万元，已交290万元。提交审计信息18篇，被上级审计机关等采用14篇。对财政、税收、国库等单位进行了重点审计，并延伸50多个预算单位，查出违规行为金额262万元，应缴财政262万元，已交256万元。完成领导干部任期经济责任审计单位10个。（撰稿人：赵丽燕）

【辽阳市弓长岭区审计局】　现有干部职工9人，设有办公室、财税行文审计室、经济责任审计室、固定资产投资审计室，负责对全区两个乡镇和57个区直部门的审计监督。局长李德宽，副局长翁兴和、薛钰。

审计成果　完成审计单位9个，查出违规行为金额1560万元，应缴财政8万元，已交1万元。完成领导干部经济责任审计单位9个，查出违规行为金额2.88万元，提出合理化建议10条。完成5个工程竣工决算审计，审减投资10万元。（撰稿人：薛钰）

【辽阳市太子河区审计局】　现有干部职工8人，设有办公室、财政金融审计组、行政事业审计组、工业交通农业审计组，负责对全区5个乡镇和57个区直部门的审计监督。局长刘锡源，副局长肖奎华、刘逢春。

审计成果　完成审计单位18个，查出违规行为金额1872万元。在财政同级审中延伸审计11个有财政拨款单位，查出违规行为金额597万元。其中应缴财政49万元，归还原渠道资金81万元，由预算外调入预算内467万元。揭露出预算管理问题11个，提出处理和建议18条。完成领导干部任期经济责任审计单位6个。（撰稿人：肖奎华）

【灯塔市审计局】 现有干部职工26人，设有办公室、经济责任审计科、财政金融审计科、农业审计科、基建审计科、工业审计科、行政文教事业审计科、综合科，负责对全市16个乡镇和280个市直部门的审计监督。局长张士福，副局长解永新。

审计成果 完成审计单位101个，查出违规行为金额25414万元，应缴财政410万元，已交254万元。提交审计报告、审计调查报告58份，审计信息10篇。完成对领导干部经济责任审计单位55个、62人，查出违规行为金额9155万元，决定处理处罚813.8万元，已交财政133.9万元。（撰稿人：李纪才）

【辽阳县审计局】 现有干部职工24人，设有办公室、商贸审计股、经济责任审计股、财政金融审计股、农业审计股、行政文教事业审计股、基建审计股，负责对全县18个乡镇和309个县直部门的审计监督。局长刘国广，副局长李宝民、马绍博、李福佳。

审计成果 完成审计单位48个，查出违规行为金额1751万元，应缴财政143万元，已交36万元。提交审计报告、审计调查报告24份，审计信息11篇，其中被市局采用4篇，被《辽阳日报》发表3篇。完成对领导干部经济责任审计单位21个，查出违规行为金额250万元，已交财政15万元。（撰稿人：李世超）

【鞍山市审计局】 2002年，共有干部职工120人，其中本科学历57人，大专学历53人，局长杜俊双，副局长李克明、廉景福、李洪弟，纪检组长徐威。设有办公室、人事教育处、法规处、外资运用审计处、财政审计处、金融审计处、行政事业审计处、经贸审计处、政府采购资金审计处、农业与资源环保审计处、社会保障审计处、固定资产投资审计处、领导干部经济责任审计处。

审计成果 审计单位175个，查出违规行为金额47140万元，应缴财政3698万元，已交3698.9万元，减少财政拨款582万元；指明要求纠正3586万元，查出百万元以上违规单位30个。向纪检监察部门移送案件1起。

预算执行审计 全面运用计算机辅助审计，除对市财政局、地税局、国库进行审计外，延伸审计265个与预算执行有关的行政事业单位及企业单位，查出违纪违规行为金额2126万元，增加财政收入358万元。

经济责任审计 开展经济责任审计项目146个、149人，查出违纪违规行为金额5398.4万元，增加市本级财政收入395.6万元。审计后降职4人，处分1人。

社会保障基金审计 制定《鞍山市社会保障基金审计监督实施办法》。审计查出应缴并入库社保基金476万元。

世界银行贷款项目审计 外资审计项目8个，对市建国路走廊改造项目审计，审计资金总额2.46亿元，核减3535万元。（撰稿人：刘红军）

【鞍山市铁东区审计局】 现有干部职工11人，设有综合科、企业审计科、行政事业审计科，负责对全区12个街道及区直企业和行政事业单位的审计监督。局长潘忠岳，副局长边桂芬。

审计成果 完成审计单位（项目）26个，其中领导干部经济责任审计项目22个。查出违规行为金额95万元，指明要求纠正71万元，应缴财政8万元。提交审计意见26份、论文3篇，审计信息10篇，被采用两篇。（撰稿人：刘红）

【鞍山市铁西区审计局】 现有干部职工10人，设有办公室、行政事业审计科、企业审计科，负责对全区18个行政机关、99个事业单位、21个企业单位的审计监督。局长富奎荣，副局长高久富、孙杰。

审计成果 审计单位32个，查出违规行为金额144万元。应缴财政78万元，已交141万元（含上年应缴财政69万元），查出百万元以上违规单位1个。向市审计局提交审计报告4份，各种信息8篇。对9名领导干部进行了经济责任审计。有内审指导人员1人，内审机构16个，内审人员33人。（撰稿人：陈兴杰）

【鞍山市立山区审计局】 现有干部职工6人，设有综合审计室、行政事业审计室、企业审计室，负责对全区35个区直部门和48所中小学的审计监督。局长胡海军，副局长冯涛、周艳。

审计成果 完成审计项目20个，审计单位20个，查出违纪行为金额92万元，应缴财政45万元，已交11万元，减少财政拨款153.7万元。建议给予党纪政纪处分1人，行政撤职1人。（撰稿人：富宏刚）

【鞍山市千山区审计局】 现有干部职工12人，设有综合审计股、财金审计股、农业审计股、行政事业审计股，负责对全区7个镇、办事处和15个区直部门的审计监督。局长谢桂秋，副局长王精瑞、申革。

审计成果 完成审计项目36个，其中领导干部经济责任审计项目12个。共查出违规行为金额1082万元，应缴财政361万元，已交328万元，其中税金12万元。提出审计建议60余条，向各级领导部门提交审计信息9篇。（撰稿人：张莉）

【海城市审计局】 现有干部职工42人，设有办公室、财政金融审计科、行政事业审计科、领导干部经济责任审计科、农业与资源环保审计科、固定资产投资审计科、法规科、经贸审计科，负责对全市9个镇区和50个市直部门的审计监督。局长王英凯，副局长朱昌法、孟宪禹，纪检组长周亚范。

审计成果　完成审计项目80个，开展审计调查4个。查出违规行为金额6751万元，应缴财政1605.8万元，已交1370万元，归还原渠道资金41万元，核减工程款120万元。提交审计报告63份，调查报告4份，下达审计决定90份，审计意见100份，审计论文10篇，审计信息新闻稿件28篇。移交案件两起。（撰稿人：赵世绵）

【台安县审计局】　现有干部职工16人，设有办公室、财金审计股、行政事业审计股、经贸审计股和农业审计股，负责对全县14个乡镇和84个县直部门的审计监督。局长孙国义，副局长杨绍满、张万继，纪检组长赵宝申。

审计成果　完成审计项目32个，审计单位40个，查出违纪违规行为金额541万元，应缴财政23万元，已交23万元。完成审计调查两个，调查单位10个。提交审计报告32份，审计信息8篇。协助纪检监察部门查处案件3起。完成了4个厂长（经理）任期经济责任审计。（撰稿人：李金春）

【岫岩满族自治县审计局】　现有干部职工23人，设有办公室、财政金融审计科、企业审计科、行政事业审计科、农业审计科、基本建设投资审计科和领导干部经济责任审计科，负责对全县24个乡镇和86个县直部门的审计监督。局长张岫南，副局长温宏良、赵锡经。

审计成果　完成审计项目74个，查出违规行为金额1231万元，应缴财政101万元，已交50万元。完成审计调查两个。提交审计报告、信息和科研论文64篇，其中科研论文被省厅采用两篇。另外，对50个单位、52名党政主要领导干部进行了任期经济责任审计，其中被移送纪检监察机关1人。（撰稿人：杨俊鹏）

【丹东市审计局】　2002年，共有干部职工64人，其中研究生学历6人，本科学历18人，大专学历40人，局长鄂显厚，副局长冯钢军、曹瑞洲、张作群，纪检组长杨文斌。设有机关党委、监察室（与纪检组合署办公）、办公室、法制科、财政审计科、固定资产投资审计科、经贸审计科、农业与资源环保审计科、社会保障审计科、金融与外资审计科、行政事业审计科、经济责任审计科。

审计成果　审计单位58个，查出违规行为金额29365万元，其中应缴财政788万元，已交435万元；归还原渠道资金64万元，调账处理516万元，应纠正693万元。

预算执行审计　组织全市审计机关共审计财政、地方税务、国库部门和社会保险公司等行政事业单位及企业379个，涉及资金32.3亿元，查出违纪违规行为金额2.1亿元，针对具体问题提出整改意见和建议93条。检查上年预算执行审计处理结果显示，分别增加预算内、外收入2458.7万元和968.2万元，归还财政专项资金1793.5万元。向司法、纪检部门移交和建议追究责任的5起案件全部落实。

经济责任审计　对6个县（市）区、12名党政领导干部进行了任期经济责任审计，审计中涉及县（市）区直有关单位50个，抽查乡镇、办事处46个，延伸审计单位121个，查出违纪违规行为金额4.5亿元，建议追究个人责任1人；另外对19个市直部门离任领导干部的经济责任进行了审计。（撰稿人：贾春荣）

【丹东市元宝区审计局】　现有干部职工6人，负责对全区7个乡镇、街道和25个区直部门的审计监督。局长刘伟，副局长杨松、吕亚军。

审计成果　完成审计单位（项目）32个，查出违规违纪行为金额2965万元，应缴财政13万元，已交4万元。提交审计报告10份，审计决定9份，审计意见书3份；审计信息6篇。提出审计建议12条。（撰稿人：邢冬梅）

【丹东市振安区审计局】　现有干部职工14人，设有办公室、财政金融审计股、工交基建审计股、农事文行审计股，负责对全区9个镇（办事处）和20个区直部门的审计监督。局长王文章，副局长田福莲。

审计成果　查出违纪行为金额4400万元，其中应缴财政25万元，已交11万元。在完成11个单位领导干部任期经济责任审计中，给予处理处罚的单位有8个。（撰稿人：刘智）

【丹东边境经济合作区审计局】　现有干部职工11人，设有综合审计科、企业审计科、基建审计科，负责对全区7个区直属企业和17个区直部门的审计监督。局长张立，副局长盛林。

审计成果　完成财政财务收支审计7个，审计调查两个，查出违纪行为金额2588万元，应缴财政127万元，已入库5.3万元。基建零星结算审计24项，结算总额470万元，审计核减1.2万元。（撰稿人：王文阁）

【凤城市审计局】　现有干部职工22人，设有办公室、财政金融审计科、行政事业审计科、经贸审计科、农业与资源环保审计科、基本建设审计科和经济责任审计科，负责对全市21个镇（区）和62个市直部门及所属企事业单位的审计监督。局长温英宴，副局长蔡柏林、马敏、王彦章。

审计成果　审计72个项目和单位，查出违规行为金额3922万元，决定收缴财政492万元，年末已交362万元，减少财政拨款或补贴190万元。提交审计报告73份，审计信息18篇。（撰稿人：朱庆国）

【东港市审计局】　现有干部职工23人，设有行政事业审计科、财政审计科、经贸审计科、基本建设审计科、农业环保审计科、经济责任审计科、综合审理科和行政办公室，负责对全市20个乡镇、街道和80个市直部门及企事业单位的审计监督。局长李明久，副局长邹蔄、马忠仁。

审计成果　完成审计单位（项目）59个，查出违规行为金额4950万元；应缴财税830万元，已交530万元。报审工程资金总额6069万元，审减额419万元。提交审计信息、审计情况39篇，审计案例两篇，科研论文1篇，有两篇信息被采用。（撰稿人：王吉禄）

【宽甸满族自治县审计局】　现有干部职工19人，设有行政事业审计科、财金审计科、工交基建审计科、农业事业审计科、经济责任审计科、审理科和办公室，负责对全县22个乡镇和60多个县直部门的审计监督。局长王成家，副局长方立夫、张爱兵。

审计成果　审计22个单位，查出违纪违规行为金额2480万元，应缴财政80万元，收缴税款60万元，罚没收入14万元。移送县纪委追究责任案件1起。提交审计信息和宣传稿件42篇，审计专项调查报告9份。（撰稿人：刘凤英）

【大连市审计局】　2002年，共有干部职工124人，其中研究生学历6人，本科学历64人，大专学历36人，局长白日玲，副局长徐挺鹏、周小渝、于保和。设有办公室、人事教育处、法规审理处、工业审计处、商业审计处、固定资产投资审计处、财政审计处、社会保障审计处、金融审计处、外资审计处、农林水利审计处、行政事业审计处、经济责任审计处。

审计成果　共审计169个单位，查出百万元以上违规单位33个，查出各种违规行为金额13.7亿元，指明要求纠正12.7亿元；应缴财政1.56亿元，已交1.32亿元；完成党政领导交办审计事项18个；完成审计调查16个；全年向司法机关和纪检监察部门移送各类违法犯罪经济案件线索15件，提交各种审计报告、呈阅件、审计信息214篇，被采用137篇（次）。

财政预算执行情况审计　除对本级财政、税务部门进行全面审计，还延伸审计了246个预算执行单位，并围绕社会保障资金、教育经费、政府采购等9个热点问题开展了专项审计调查，共查出各种违规行为金额1.14亿元，应缴财政0.68亿元，已交0.65亿元。

经济责任审计　全年完成党政领导干部和企业领导人员经济责任审计项目92个，查出违纪违规行为金额12.3亿元，应纠正7.9亿元，有两人被移送纪检监察和司法机关查处。（撰稿人：杨正荣）

【大连市西岗区审计局】　现有干部职工11人，设有综合计划科、行政事业审计科、企业审计科、经济责任审计科，负责对全区13个街道和23个区直部门及区属企事业单位的审计监督。局长张奉阁，副局长刘悦。

审计成果　完成审计项目10个，审计单位35个，查出违规行为金额266.5万元，应缴财政85.5万元，已交82.5万元，调账处理15万元。移送监察机关案件1起，已追究党纪处分4人。完成审计调查两个，调查单位33个。提交审计报告、信息32篇，其中报告被领导批示4份，信息被采用9篇（次）。完成了6名领导干部任期经济责任审计，查出违规行为金额46万元，已交财政10.1万元。审计后，平调两人，免职1人。（撰稿人：张蓓）

【大连市中山区审计局】　现有干部职工11人，设有综合管理科、行政文教审计科、经济责任审计科和企业审计科，负责对全区120个街道、学校和区直部门的审计监督。局长马进明，副局长赵荣香。

审计成果　审计单位60个，审计资金总额82779万元，查出违纪违规行为金额3050万元；应缴财政218万元，已交208万元；提出审计建议59条；提交审计综合报告、调查报告、审计论文、审计信息16篇。完成党政领导干部经济责任审计项目14个。（撰稿人：于会君）

【大连市沙河口区审计局】　现有干部职工14人，设有综合审计科、行政事业审计科、企业审计科和经济责任审计科，负责对全区16个街道和103个区直部门的审计监督。局长孟霞，副局长田进春、徐健。

审计成果　审计单位70个，查出违纪违规行为金额7501万元，其中指明要求纠正5774万元，应缴财政23万元，已交22万元。提交审计报告48份，审计信息和调研报告14篇，被采用5篇。完成经济责任审计21个，查出违纪违规行为金额147万元。审计后平调18人，免职两人。对区属国有商业企业大连民勇集团系统的22个企业的资产、负

债、损益情况进行审计，查出违规行为金额5679万元，其中指明要求纠正6508万元。（撰稿人：卢岩）

【大连市甘井子区审计局】 现有干部职工16人，设有办公室、财政农业审计科、行政事业审计科、企业投资审计科、经济责任审计科，负责对全区19个乡镇、街道和103个行政事业单位的审计监督。局长戚恩礼，副局长梁作君、潘义和。

审计成果 完成审计项目62个，查出违规行为金额829万元，指明要求纠正1512万元；应缴财政32万元，已交30.7万元。审计核减经济小区基础设施投资额3822万元，节省区政府奖励性财政支出191万元。提交各种审计信息、审计论文28篇，在省、市审计理论刊物发表文章10篇。完成领导干部任期经济责任审计项目30个。（撰稿人：朱军）

【大连市旅顺口区审计局】 现有干部职工16人，设有办公室、法规科、财政农林审计科、经济责任审计科、投资审计科、企业审计科，负责对全区14个乡镇、街道和64个区直部门及直属事业单位的审计监督。局长姜玉龙，副局长秦毅、李晓波。

审计成果 完成审计项目49个，查出违纪违规行为金额11803万元，其中指明要求纠正11446万元，决定处理处罚357万元，应缴财政156万元。完成审计调查4个。移送经济案件线索5件，其中3人受到党纪处分。完成党政领导干部经济责任审计项目26个，其经验在全国经济责任审计工作会议上进行了交流。（撰稿人：李卫）

【大连市金州区审计局】 现有干部职工16人，设有综合指导审计科、经济责任审计科、企业基建审计科、财政农业审计科、金融行文审计科，负责对全区18个乡镇、街道和43个区直部门的审计监督。局长赵贵满，副局长孙玮、马宏敏。

审计成果 完成审计项目32个，党政领导交办经济责任审计项目14个；查出违纪违规行为金额3854万元，其中指明要求纠正3786万元；应缴财政168万元，已交168万元；完成审计调查4个，调查单位46个。提交审计报告54份，审计信息10篇，被上级审计机关采用5篇。有内审指导人员1人，内审机构18个，内审人员25人。（撰稿人：江岩）

【大连经济技术开发区监察审计局】 与区纪律检查工作委员会合署办公，赋予党的纪律检查、行政监察和审计监督的工作职能。现有干部职工17人，其中审计处4人，设有教育审理处、案件监察处和审计处，负责对全区7个街道、镇、115个行政事业单位和5个区属公司的审计监督。局长李英（并任纪工委书记），副局长张乃良。

审计成果 完成审计项目20个，对4名党政、企业的主要领导干部和领导人员进行了任期经济责任审计，审计后晋升两人、平调1人、免职1人；另受其他党政部门委托完成经济责任审计项目8个。共查出违规行为金额1795万元，其中指明要求纠正1795万元；应缴财政1795万元。提交审计结果报告、审计意见、审计决定35份，论文1篇，审计调查8份，审计信息5篇，被上级采用两篇，被采用5篇。（撰稿人：李源）

【瓦房店市审计局】 现有干部职工25人，设有办公室、综合业务科、财政农业审计科、企业审计科、行政事业审计科、经济责任审计科，负责对全市32个乡镇、街道和35个市直部门及部分市属企业的审计监督。局长陈丕海，副局长李英、桑洪船、韩国彦、郭天仁。

审计成果 审计单位45个，查出违规行为金额1194万元，指明要求纠正8248万元，应缴财政98万元。提交审计报告、信息35份，被各级领导和部门指示、采用16篇（次）。财政预算审计共延伸40个预算执行单位，查出违规行为金额4715万元。完成经济责任审计单位6个。（撰稿人：钱万程）

【普兰店市审计局】 现有干部职工19人，设有财金审计科、农林水利审计科、行政文教基建审计科及行政科，负责对全市16个乡镇和27个市直部门的审计监督。副局长李国本、王玉娟、霍文武。

审计成果 完成审计项目29个，查出违纪违规行为金额743万元，调账处理59万元，指明要求纠正125万元；应缴财政314万元，已交304万元；提交专题及综合报告24份，审计信息宣传稿件10期，被上级审计机关及新闻单位采用9期。审计了13个预算执行单位，并延伸审计了24个二级预算单位，发现应缴未缴预算收入460万元，已交286万元。完成领导干部经济责任审计单位24个。协助20个乡镇（办事处）建立健全乡镇内审机构，并对乡镇审计人员进行两次业务培训。（撰稿人：王茂军）

【庄河市审计局】 现有干部职工23人，设有办公室、法规科、财政审计科、行政事业审计科、经济责任审计科、企业审计科，负责对全市25个乡镇、街道和298个市直部门和企事业单位的审计监督。局长于锦江，副局长刘圣东、吴义全。

审计成果 审计单位117个，查出违规行为金额11002万元，指明要求纠正11641万元；应缴财政214万元，已交214万元。提交审计报告

64份，审计信息37篇，被批转、批示29篇（次），被采用47篇（次）。完成46个行政事业单位和乡镇、50名乡局级领导干部经济责任审计，查出违纪违规行为金额5212万元，移交纪检监察部门1人，收缴违纪款70万元。在预算执行情况审计中，共审计和延伸审计23个单位，查出违规行为金额7060万元，应纠正1598万元，增加财政收入7024万元。完成基建工程决算审计项目25个，审计总金额8686万元，审计核减工程造价518.7万元。（撰稿人：刘圣和）

【长海县审计局】 现有干部职工20人，设有办公室、审计法规室、工商投资审计室、财政金融审计室、经济责任审计室，负责对全县7个乡镇和142个县直部门的审计监督。局长谢田宝，副局长王淑芬、张道敏。

审计成果 审计单位72个，查出违规行为金额1450万元，其中应缴财政447万元，已交409万元，指明要求纠正254万元；移送税务机关收缴336万元，移送纪检监察机关处理132万元；挽回损失281万元。对总预算6900万元工程投资项目进行了跟踪审计，核减工程造价647万元。向司法机关移送大要案线索3件，建议追究行政责任8人。完成28名党政领导干部任期经济责任审计。提交审计报告、审计调查、审计信息37篇。建立内审机构13个，内审人员17人。（撰稿人：张英基）

【营口市审计局】 2002年，共有干部职工45人，其中研究生学历1人，本科学历11人，大专学历26人，局长迟成君，副局长张令、刘元印、王文良（11月—），纪检组长林从军（3月—）。设有办公室、法规科、财政金融审计科、行政事业审计科、农业资金审计科、商贸审计科、外资审计科、固定资产投资审计科、经济责任审计科、年薪制企业审计驻厂员办公室。

审计成果 审计单位460个，查出“小金库”21个，查出违规行为金额79926万元，其中指明要求纠正66678万元，决定处理处罚13248万元；应缴财政252万元，已交242万元。向纪检监察及司法机关移交案件线索59件，有4人被依法处理。提交审计报告260份、信息39篇，被采用12篇。

经济责任审计 开展经济责任审计项目18个、21人，查出违规行为金额6546万元，审计后，平调15人，退休6人。

内部审计 内审机构8个，其中专职机构3个；内审人员20人，其中专职人员10人。共审计单位100个，查出损失浪费两万元，纠正违规行为金额5万元，促进增收节支560万元。（撰稿人：赵金忠）

【营口市站前区审计局】 现有干部职工6人，设有办公室、财政金融审计股、综合审计股，负责对全区6个办事处、3个公司和30个区直部门的审计监督。局长杨秋兰，副局长刘庆文、张楠。

审计成果 完成审计项目10个，审计单位31个，查出违规行为金额400万元，其中指明要求纠正300万元，决定处理处罚100万元，应缴财政0.5万元。提交审计调查报告两份，审计信息两篇，被采用1篇。完成8名党政企业主要领导人任期经济责任审计。（撰稿人：胡兰）

【营口市西市区审计局】 现有干部职工7人，设有办公室、企业审计股、行政事业审计股、经济责任审计股，负责对全区7个街道和22个区直部门的审计监督。局长杨玉华，副局长姜秀慧。

审计成果 完成审计项目28个，审计单位28个，查出违规行为金额580万元，应缴财政20万元。完成审计调查两个。提出建议5条，提交审计报告12份，审计意见28份。完成10名领导干部经济责任审计，查出违规行为金额30万元。（撰稿人：姜秀慧）

【营口市老边区审计局】 现有干部职工13人，设有办公室、财政金融行政事业与农业审计科、经贸与固定资产投资审计科、经济责任审计科，负责对全区6个乡镇和25个区直部门的审计监督。局长周孝全，副局长马声远、李炎东。

审计成果 完成审计项目57个，审计单位62个，查出违规行为金额784万元，决定处理处罚13万元，已交财政13万元，减少损失158万元。提交审计报告43份，调查报告1份，审计意见25份，信息5篇。完成34名党政领导干部经济责任审计。（撰稿人：段敏）

【营口经济技术开发区审计局】 现有干部职工19人，设有办公室、经济责任审计科、企事业审计科、文教行政审计科、财政金融与固定资产投资审计科，负责对全区4个办事处和130个区直部门的审计监督。局长杨启贵，副局长叶晓东、张轶群（—8月）。

审计成果 完成审计项目（单位）67个，查出违规行为金额3655万元，指明要求纠正3516万元，决定处理处罚139万元，已交财政139万元。提交审计工作报告14份，审计意见12篇。完成12名党政和企业主要领导人任期经济责任审计。有内审指导人员两人，内审机构13个，内审人员42人。（撰稿人：张春萍）

【大石桥市审计局】 现有干部职工25人，设有办公室、财政金融审计科、行政事业审计科、经贸审计科、固定资产投资审计科、经济责任审计科，负责对全市18个乡镇和22个市直部门的审计监督。局长于波，副局长高钰、班军。

审计成果　完成审计项目43个，审计单位92个，查出违规行为金额1160万元，决定处理处罚159万元，已交154万元。完成投资项目审计24个，项目报审金额7273万元，审计核减999万元。提交审计报告14份，审计建议被采纳9条。完成了两个乡镇主要领导干部经济责任审计。（撰稿人：朱孝权）

【盖州市审计局】　现有干部职工26人，设有办公室、行政事业审计科、固定资产投资审计科、经济责任审计科、农业与环保审计科，负责对全市30个乡镇（办）和45个市直部门的审计监督。局长王庆顺，副局长韩忠文、沈平、张家昌、董洪陆（—3月）。

审计成果　审计单位79个，共查出违纪违规行为金额390万元，指明要求纠正2494万元，已交财政50万元。完成投资项目审计17个，项目报审金额2146万元，审计核减443万元。提交审计报告、审计信息38份，审计决定40份，审计意见61份。另外，还对20个单位主要领导干部任期经济责任进行了审计。被辽宁省委授予“文明机关”称号。（撰稿人：吴迎）

【盘锦市审计局】　2002年，共有干部职工30人，其中研究生学历3人、本科学历14人、大专学历9人，局长王淑静，副局长李鹏、王贺广。设有办公室、人事监察科、固定资产投资审计科、经济责任审计科、企业审计科、财金审计科、文行审计科、农业审计科。

审计成果　审计单位78个，查出违规行为金额11603万元，决定处理处罚920万元，指明要求纠正1610万元，已交财政315万元，应减少财政拨款和补贴94万元。提交审计报告、信息和调研报告86篇，被采用26篇。

本级预算执行审计　审计财税部门并延伸所属预算单位54个，查出应缴未交预算收入135.1万元，地税和国库部门滞留社会保障基金2623.9万元，占压税款6151万元，交通部门漏交税金103万元。对审计查出的问题依法进行了处理。

经济责任审计　开展经济责任审计项目45个，查出违规行为金额49万元，审计后，有1人存在经济问题并移送纪检监察机关处理。

内部审计　市直部门内审机构105个，其中专职机构29个；有内审人员167人。共审计207个单位，查出损失浪费26万元，促进增收节支146万元，提出建议被采纳62条，已纠正违规行为金额35万元。（撰稿人：马明跃）

【盘锦市兴隆台区审计局】　现有干部职工8人，设有综合办公室、财政金融审计股、经济责任文教行政事业审计股，负责对全区两个乡和47个区直部门以及辽河油田141个多种经营企业的审计监督。局长田宝顺（—3月）、史光友（3月—），副局长武毅、高虹。

审计成果　审计单位32个，查出违规行为金额1219万元，应缴财政204万元，已交9万元，归还原渠道资金9万元。开展经济责任审计项目24个、24人，查出违纪行为金额191万元。审计后，晋升两人，平调13人，离任9人。开展决算审计项目1个，查出违规减免税收89万元，擅自动用支配国库库款1万元，挪用财政资金9万元。审计后，归还原渠道资金9万元，罚没1万元。（撰稿人：李照强）

【盘锦市双台子区审计局】　现有干部职工15人，设有办公室、财金文行审计股、经济责任审计股、企业审计股、农业固定资产投资审计股，负责对全区32个区直部门的审计监督。局长孙春孝，副局长蔡永刚、刘晓舟。

审计成果　审计单位21个，查出违规行为金额173万元，应缴财政36万元，已交11万元。提交审计报告3份，信息和科研论文8篇。完成经济责任审计项目14个、14人。（撰稿人：赵长刚）

【大洼县审计局】　现有干部职工29人，设有办公室、经济责任审计室、财政金融审计股、农林水利审计股、文教行政外资审计股、经贸基建审计股，负责对全县15个乡镇和39个县直部门的审计监督。局长张学俭，副局长邢殿举、李光、黄绍贵。

审计成果　完成审计项目35个，审计单位105个，查出违纪违规行为金额1402万元，其中指明要求纠正1266万元，决定处理处罚136万元，已交入库87.2万元。提交审计报告、信息25篇，被批示、采用13篇。完成审计科研课题5项、提交科研论文7篇。对10名党政领导干部进行了任期经济责任审计。有内审指导人员两人，内审机构15个，内审人员30人。（撰稿人：赵庆举）

【盘山县审计局】　现有干部职工23人，设有办公室、经济责任审计股、财金审计股、文行审计股、企业审计股、农业审计股，负责对全县14个乡镇和36个县直部门的审计监督。局长张连华，副局长陈亚平、闫岗。

审计成果　完成审计项目32个，完成经济责任审计91个单位、113人。共查出违纪违规行为金额

5412万元，决定处理处罚58.25万元，应缴财政58.25万元，已交5.5万元。提交审计信息3篇，审计科研论文6篇，其中两篇获省厅二等奖。本级预算执行审计除对财政部门审计外，延伸审计地税、地方国库及所属预算单位28个，查出违纪违规行为金额2780万元，应缴财政4万元。（撰稿人：王伟）

【锦州市审计局】 2002年，共有干部职工61人，其中本科学历20人，大专学历41人，局长汤继凡，副局长唐荣和、才作义、刘凌滨，纪检组长孙玉琳。设有办公室、法制处、财政审计处、固定资产投资审计处、经贸审计处、行政事业审计处、金融审计处、农业与资源环保审计处、外资运用审计处、社会保障审计处、经济责任审计处。

审计成果 完成审计单位（项目）359个，其中市本级59个，查出违规违纪行为金额13708万元，其中市本级10505万元，应纠正7986万元，其中市本级5507万元，应归还原渠道资金1607万元，其中市本级300万元，应缴财政773万元，其中市本级518万元，已交490万元，其中市本级307万元。提交审计报告、信息56篇。

经济责任审计 共对51个行政事业单位党政领导干部和36个国有企业领导人员进行了审计，查出违纪违规行为金额5314万元。其中1名企业领导人涉嫌经济违法犯罪已移交有关部门处理。

重点专项资金审计 重点审计了教育、科技、农业等专项资金或基金，查出违纪行为金额294万元。针对政府外债审计调查中查出累计拖欠到期债务2406万美元问题，及时向市委、市政府上报了审计信息，受到政府重视和批示。

财务收支审计和资产负债损益审计 对54个行政事业单位、13个国有企业或工程项目进行了财政收支和资产负债损益审计，查出账外资金74.7万元，虚列支出、截留收入123万元，乱集资、乱收费285万元，少缴税金897万元，虚增利润1393万元，工程高估冒算172.6万元等违纪违规行为金额。（撰稿人：王文山）

【锦州市太和区审计局】 现有干部职工9人，设有农业经济责任审计办公室、工交企业审计股、财政文行审计股，负责对全区10个乡、办事处和83个区直部门的审计监督。局长白景丽，副局长刘永志。

审计成果 审计单位35个，查出违规行为金额1130万元，应缴财政8万元，已交8万元。提交审计报告23份，信息和调研报告两份。有内审机构31个，专兼职审计人员94人。共审计单位77个，查出违规行为金额3万元，查出损失浪费35万元，纠正违规行为金额23万元，促进增收节支58万元。开展离任经济责任审计项目17个、21人，提出审计建议61条。（撰稿人：白景丽）

【锦州市古塔区审计局】 现有干部职工10人，设有办公室、文教行政事业审计室、经济责任审计室、企业审计室，负责对全区9个街道和24个区直部门的审计监督。局长杨宏艳，副局长尚达、孟雅君。

审计成果 完成审计项目9个，审计单位23个，查出违规行为金额64万元，应缴财政13万元。完成4名科级干部离任经济责任审计，查出违规行为金额94.4万元，提出要求纠正的问题12条。（撰稿人：杨宏艳）

【锦州市凌河区审计局】 现有干部职工11人，负责对全区84个区直部门（包括学校和事业单位）的审计监督。局长李彦斌，副局长李文学、刘伟、马青。

审计成果 完成审计项目15个，已交区财政1万元，查补税金5.4万元，调整及纠正违纪行为金额192万元，提出审计建议31条。财政预算执行情况审计，除了对财政、地税审计外，还延伸审计了7个基层预算单位，针对查出的问题提出了16条审计建议。另外完成了13个经济责任审计项目。（撰稿人：马青）

【锦州经济技术开发区审计局】 现有干部职工8人，设有办公室、综合科、经济责任审计科、财政金融审计科，负责对全区3个街道和61个区直部门的审计监督。局长韩立军，副局长马春平。

审计成果 完成审计项目7个、16个单位，党政领导交办经济责任审计项目9个，协助市局审计项目1个。查出违纪违规行为金额624万元，其中指明要求纠正618万元，决定处罚3万元，应缴财政3万元，已交3万元。提交审计报告14份，审计意见4份。对9名领导干部进行了经济责任审计。有内审机构两个，内审人员5人。（撰稿人：康君）

【凌海市审计局】 现有干部职工17人，设有办公室、财政文行审计股、企业审计股、经济责任审计股，负责对全市23个乡镇和46个市直部门的审计监督。局长朱林贵，副局长王和平、王文才、袁振生。

审计成果 完成审计项目14个、66个单位，经济责任审计项目6个。查出违纪违规行为金额458万元，指明要求纠正407万元，应缴市乡两级财政51万元。提交审计报告两份，审计建议48条，审计信息8篇。（撰稿人：黄绍河）

【北宁市审计局】 现有干部职工22人，设有办公室、法制科、经贸投资审计科、农业财政审计科、经济责任审计科、文教行政事业审计科，负责对全市217个行政事业单位的审计监督。局长郑书清，副局长刘洪逊、许百军。

审计成果 通过对62个部门、单位的审计，查出违规行为金额126万元，其中已交财政41万元。提出审计建议62条，促进增收节支98万元。有内审机构49个，配备专兼职审计人员274人。共审计单位786个，纠正违规行为金额1156万元，其中已交财政25万元，退回给农民23万元。提出审计建议77条，促进增收节支48万元。有22名违纪责任人分别受到了党纪政纪处分。（撰稿人：葛颖新）

【黑山县审计局】 现有干部职工21人，设有办公室、农财金融审计股、经贸审计股、行政事业审计股、投资审计股、经济责任审计股，负责对全县22个乡镇和46个县直部门的审计监督。局长左忠和，副局长卢德宣、王俊海、曲仲夏（兼纪检组长）。

审计成果 实施了62个单位（项目）审计，完成经济责任审计项目12个。查出违规行为金额825万元，应缴县财政61.6万元。提出合理化建议96条。完成审计调查1个。有内审机构50个，专兼职内审人员248人。（撰稿人：张云杰）

【义县审计局】 现有干部职工24人，设有办公室、固定资产投资审计股、行政事业审计股、农业商贸审计股、财政审计股和经济责任审计中心，负责对全县18个乡镇和47个县直部门及所属单位的审计监督。局长吕玉堂，副局长马驰、才利军、李君。

审计成果 完成审计项目58个，查出违纪违规行为金额389万元，应缴财政18.3万元，查出损失浪费17万元，追还原渠道资金117万元。提交审计信息17篇，被采用3篇。（撰稿人：梅铁斌）

【葫芦岛市审计局】 2002年，共有干部职工56人，其中研究生学历两人，本科学历25人，大专学历21人，局长赵恩纯，副局长郑洪平、时春明、于桂芹、董伟健（6月—）、陈道发（9月—），纪检组长吴殿彬。设有办公室、财政金融审计科、经济责任审计科、固定资产投资审计科、经济贸易审计科、农业资源环保审计科、行政事业社会保障审计科和审计干部培训中心。

审计成果 共审计单位298个，查出违纪违规行为金额32000万元，应归还原渠道资金4040万元，已交财政210万元。提交审计报告、信息和调研论文153篇，被新闻媒体采用35篇。有4个审计项目被评为全省优秀审计项目。

预算执行情况审计 共审计单位29个，审计资金总额145000万元，查出违纪违规行为金额9000万元。

经济责任审计 开展经济责任审计项目11个，审计县级及市直部门领导干部12人，查出违纪违规行为金额8029万元。经审计晋升两人，平调1人，免职两人。

社会保障资金审计 共审计单位21个，审计资金总额44242万元，查出违纪违规行为金额2565万元。同时对42个企业缴纳职工基本养老保险金情况进行了审计调查。（撰稿人：郭晓宗）

【葫芦岛市龙港区审计局】 现有干部职工10人，设有财金农文审计股、工交商贸审计股和经济责任审计股，负责对全区两个乡镇和21个区直部门的审计监督。局长岳廷权，副局长刘丽。

审计成果 完成审计项目32个，查出违纪违规行为金额4209万元，应缴财政19万元，查出百万元以上违纪单位1个。提交专项调查报告4份，审计信息4篇，被采用3篇。（撰稿人：张朝起）

【葫芦岛市连山区审计局】 现有干部职工14人，设有办公室、财政金融审计股、经济贸易和经济责任审计股、行政事业社会保障审计股，负责对全区16个乡镇和47个区直部门的审计监督。局长高振斌，副局长任志国、李焕义。

审计成果 完成审计项目45个，经济责任审计项目9个。审计资金总额53000万元，查出违纪违规行为金额5688万元，应调账处理5599万元，应归还原渠道资金57万元，应缴财政137万元。提交审计报告16份，审计信息64篇，被采用25篇。（撰稿人：刘吉鄂）

【葫芦岛市南票区审计局】 现有干部职工10人，设有办公室、综合审计科，负责对全区5个乡镇和32个区直部门的审计监督。局长孙闯，副局长孙国华、赵福兴、吕年文。

审计成果 完成审计项目25个，经济责任审计项目1个。共查出违纪违规行为金额38万元，应缴财政12万元。提交审计报告8份，审计信息3篇。完成区委、区政府交办任务5个。完成14名党政领导干部的任期经济责任审计。（撰稿人：吕年文）

【兴城市审计局】 现有干部职工20人，设有文行农业审计股、工交基建审计股、财贸金融审计股、综合办公室，负责对全市28个乡镇和40个市直部门的审计监督。局长张克勤，副局长李保达、陶永昌。

审计成果 完成审计项目45个，查出违纪行为金额450万元，应纠正579万元，应缴财政61万元。提交审计报告、信息36篇。对全市181个预算单位的银行账户进行了全

面清理，共清理出核算中心以外账户125个，确定保留账户40个，撤销85个。（撰稿人：张影）

【绥中县审计局】　现有干部职工23人，设有办公室、综合股、财政金融审计股、农业审计股、文化行政审计股、经贸审计股、固定资产投资审计股、经济责任审计股，负责对全县25个乡镇和49个县直部门的审计监督。局长智绍林，副局长王瑞怀、孙志学、李尚学。

审计成果　完成审计项目51个，单位112个，查出违纪违规行为金额4163万元，应缴财政62万元，已交40万元。完成审计调查3个，调查单位17个。提交审计报告51份，信息42篇，被上级采用8篇。完成16名科级干部经济责任审计，查出违规行为金额498万元。开展固定资产投资审计项目9个，审计项目投资总额3792万元，核减工程造价195万元，在对农业专项资金审计时，纠正挤占挪用专项资金使之归还原渠道663万元。（撰稿人：李佰会）

【建昌县审计局】　现有干部职工20人，设有综合办公室、行政金融审计股、经济贸易投资审计股、农业财金环保审计股、经济责任审计股，负责对全县28个乡镇和35个县直部门的审计监督。局长田广荣，副局长李春海、秦明春、黄克常。

审计成果　完成审计项目47个，审计单位59个，查出违纪违规行为金额616万元，应缴财政16万元，已交7万元，追回被侵占挪用专项资金216万元，核减工程造价210万元。完成两名科级干部经济责任审计，查出违规行为金额75万元。提交审计报告、信息10篇。（撰稿人：王国权）

吉林省

【吉林省审计厅】　2002年，吉林省审计厅定编105人，在编101人。厅机关设有办公室、人事教育处、机关党委、纪检监察室、法制处、财政审计处、金融审计处、行政事业审计处、经贸审计处、农业资源环保审计处、固定资产投资审计处、社会保障审计处、外资运用审计处、经济责任审计处；另设有政法审计处、文体卫生审计处、科学教育审计处、商粮审计处、林业水利乡企审计处、社会审计质量监督处等派出审计机构；同时还设有机关服务中心、审计研究所、审计学会、内部审计协会、审计信息中心、审计培训中心等直属事业单位。

领导成员

厅　长：崔　杰（—7月）
　　　　袁玉岫（7月—）
副厅长：刘庆恒　李成姬
　　　　邱大明
纪检组长：马亚力（—4月）
　　　　　冯万举（12月—）

吉林省审计成果　全省共审计3039个单位，查出违法违规行为金额517710万元，审计处理后，已交财政9145万元，归还原渠道资金48298万元，罚款3682万元，向司法、纪检、监察机关和主管部门移送各类违法犯罪案件线索28件。

同级预算执行审计　一是注重扩大审计覆盖面。按照统一计划、统一方案、统一实施、统一处理、统一汇总上报的原则，各级审计机关对全省69个市县的地税和工商两个系统实施了审计，同时抓住本级的重点部门和重点资金，尽可能多地将其纳入预算执行审计计划，并针对近年来违法违规问题“下沉”的现象，延伸审计到部门所属基层单位。有些市县还结合当地实际，开展了重要专项资金和重点收费项目审计。二是突出整改。首先对上年预算执行审计查出问题的纠正和整改情况进行了复查，督促被审计单位采取有效措施，避免违规问题的再次发生。同时，在实施本年度审计中，改变以往先审计、后整改的做法，采取在审计期间边检查、边纠正、边整改的方式，使多数问题在审计决定下达之前得到了纠正。三是注重审计成果转化。各级审计机关在注意查错纠弊的同时，把审计预算政策、制度和管理情况作为审计的重要内容，把预算管理不规范、政策执行不到位等制度上的漏洞作为重点问题予以揭示，并就推进财政改革、规范财经秩序等方面提出加强预算管理的对策和措施，发挥了审计在完善制度、堵塞漏洞、规范管理等方面的促进作用，受到各级人大、政府的重视和肯定。在10月初召开的省政府全体会议上，受政府委托，省审计厅对今年的预算执行审计情况进行了通报，针对存在的问题提出了具体的整改要求，在全省各市州和省直部门引起较大反响。

授权审计　省厅统一组织各级审计机关，对电信、移动、邮政、农发行4个行业和地税、工商两个系统进行了审计。各级审计机关坚持“五统一”原则，针对中省直单位资金流量大、隐含问题多、对地方经济影响突出等特点，重点揭露了隐瞒虚列收入、虚列少列支出、挤占挪用资金、设立“小金库”、盲目投资、损失浪费、漏缴税金、滥摊成本、国有资产流失，以及执法单位违规收费、搭车收费等问题，并注意发现大案要案线索，扩大审计成果。此外，还完成了审计署统一组织的政府采购工作情况审计、政府外债审计调查、世亚行贷款项目审计，以及企业职工基本养老保险基金征收、管理和使用情况的审计和审计调查等项目。

经济责任审计　一是明确工作方针。9月份召开了“全省经济责任审计工作座谈会”，专题总结和交流了几年来开展经济责任审计工作的经验，查摆了当前工作存在的主要问题，并明确了经济责任审计工作的合理定位和努力方向。二是加强制度建设。为了继续贯彻落实中办、国办两个暂行规定，加强规范化建设，省厅起草了《吉林省领导干部经济责任审计办法》，以省委、省政府“两办”名义下发实施。各地也积极发挥“经济责任审计工作领导小组”的作用，出台相应的“工作意见”和“实施细则”，努力建立和完善领导干部经济责任监督约束机制。2002年，全省共对1248个单位、1299名领导干部和企业领导人员进行了经济责任审计，查出违规行为金额24亿多元。省厅以财政财务收支审计为基础，以重大经济决策为重点，以落实经济责任为主线，对通化、松原两市原市长进行了离任经济责任审计试点，取得了良好效果。

“人、法、技”建设　在队伍建设上，注重领导素质的提高，组织了为期10天的“新任局长培训班”，对全省86名在机构改革中新任局级领导干部进行了集中培训。在法制建设上，各级审计机关认真贯彻年初召开的“全省审计法制工作会议”精神，在审计过程中，认真执行法定的审计程序，加强审计过程控制，特别是审计取证，在符合客观性、相关性、充分性和合法性的“四性”要求方面，有一定的进步。同时坚持审计三级复核和审计项目质量检查制度，严把审计质量的最后一道关口。在审计技术建设上，省厅借鉴先进的审计经验、方法，推进审计电子政务和计算机应用，在统一组织的6大行业审计中，推广应用了相应的计算机辅助审计软件，提高了审计质量和效率。各级审计机关普遍加强了计算机的软硬件配置，配备和培训计算机专业人才，全省组织1432人参加了审计署计算机初级考试，及格率达86%以上。部分市县开发运行了局域网，改进了文件传输手段，基本实现了无纸化办公。（撰稿人：杨美毅）

【长春市审计局】　2002年，行政编制105人，共有干部职工93人，其中大专以上学历90人，局长李本喜，副局长刘健芝、富志刚、李万成。设有办公室、人事教育处、机关党委、纪检组、法制处、社会保障审计处、经济责任审计处、财政金融审计处、固定资产投资审计处、外资运用审计处、行政事业审计处、农业资源与环境审计处、经贸审计处、特派审计处及机关服务中心、审计学会等直属事业单位。

审计成果　审计单位159个，查出违规行为金额185141万元，应缴财政25490万元，已交1131万元，归还原渠道资金22889万元，调账处理22363万元，指明要求纠正72509万元。提出建设性意见300多条。审计执法工作得到市人大常委会和市政协的充分肯定。职工养老保险基金和地税系统审计项目被评为全省优秀审计项目。

经济责任审计　根据长春市《关于领导干部任期经济责任审计实施办法》，对67人进行了任期经济责任审计。（撰稿人：吕金忠）

【长春市朝阳区审计局】　现有干部职工10人，设有综合科、行政事业审计科、企业审计科，负责对全区3个乡镇、8个街道、44个区直部门及所属事业单位、22个国有商业企业的审计监督。局长王永祥，副局长刘秀芳、李明。

审计成果　审计单位24个，查出违规行为金额759万元，应缴财政65万元，已交37.3万元，归还原渠道资金20万元，撤销银行账户1个，移送纪检监察部门处理案件1起。有内审机构19个，内审人员67人，共开展审计172个，查出损失浪费3.5万元，提出建议16条，纠正违规行为金额33.5万元，促进增收节支1.5万元，移送案件1起，建议给予行政处分两人。（撰稿人：贾英伟）

【长春市南关区审计局】　现有干部职工11人，设有办公室、行政事业审计科和经济责任审计科，负责对全区3个乡镇和27个市直部门的审计监督。局长邓玉阁，副局长秦春蓉。

审计成果　完成审计项目27个、27个单位，经济责任审计项目1个。查出违纪违规行为金额6787万元，应缴财政1423万元，已交50万元，决定处理处罚40万元，指明要求纠正1万元。提交审计报告28份，审计意见28份。有内审指导人员两人，内审机构5个，内审人员15人。（撰稿人：郝玉梅）

【长春市宽城区审计局】　现有干部职工10人，设有综合科、行政事业审计科和经济责任审计科，负责对全区3个乡镇、9个街道和32个区直部门的审计监督。局长曲桂文，副局长宋宝奇、赵荣华。

审计成果　完成审计项目3个，审计单位16个，查出违纪违规行为金额并指明要求纠正2811万元，其中，决定处理处罚229万元，已交财政229万元。提交审计调查报告1份，审计意见16份，审计信息8篇，被采用两篇。有内审指导人员3人，内审机构48个，内审人员92人。（撰稿人：曹玉香）

【长春市二道区审计局】　现有干部职工10人，设有综合科、行政事业审计科、经济责任审计科，负责对全区7个街道、5个乡镇和45

个区直部门的审计监督。局长王恩波，副局长于红。

审计成果 完成审计项目9个、9个单位，经济责任审计项目8个。查出违纪违规行为金额2137万元，其中决定处理处罚24万元，应缴财政15万元。提交审计报告1份。（撰稿人：李桂琴）

【长春市绿园区审计局】 现有干部职工13人，设有综合科、行政事业审计科、企业审计科、经济责任审计科，负责对全区3个乡镇和49个区直部门的审计监督。局长吕恩海，副局长张清明、孙宝晨。

审计成果 完成审计项目29个，其中经济责任审计项目13个。查出违纪违规行为金额1130万元，应缴财政111万元，已交111万元。向纪检监察部门移送案件线索1件，建议给予党政纪处分1人，建议纠正地方部门不当规定32条。提交审计信息8篇，被采用3篇。有内审指导人员两人，内审机构13个，内审人员27人。（撰稿人：王柳）

【长春市双阳区审计局】 现有干部职工13人，设有综合科、财政金融审计科、农工商贸审计科、行政文教与投资审计科，负责对全区9个乡镇、5个街道和50个区直部门的审计监督。局长张占臣，副局长刘忠臣、常晶。

审计成果 完成审计项目22个、24个单位。查出违纪违规行为金额6561万元，其中指明要求纠正5636万元，决定处理处罚925万元，应缴财政158万元。提交审计报告22份，审计意见22份，审计信息18篇，被采用4篇，被市审计局采用5篇。还对3名领导干部进行了任期经济责任审计。（撰稿人：王桂杰）

【德惠市审计局】 现有干部职工19人，设有办公室、财金农林基建审计科、行政文教工交商贸审计科、经济责任审计科，负责对全市24个乡镇（办）和58个市直部门的审计监督。局长李福明，副局长宁吉安、张德印。

审计成果 审计单位56个，查出违规行为金额2358万元，应缴财政414万元，已交73万元。提交审计报告两份，信息和调研报告8篇，被采用3篇。开展经济责任审计项目9个、9人，查出违规行为金额45万元，应缴财政14万元，移送纪检监察机关1人。（撰稿人：崔国良）

【九台市审计局】 现有干部职工20人，设有综合科、法规科、行政事业审计科、企业基建审计科、经济责任审计室，负责对全市15个乡镇、3个街道和63个市直部门的审计监督。局长宋国权，副局长戴玉芬、曹纯波。

审计成果 完成审计项目51个，查出违纪违规行为金额7846万元，其中指明要求纠正7047万元，决定处理处罚799万元，应缴财政234万元。提交审计报告51份，审计意见51份，审计信息12篇，被省审计厅和长春市审计局采用8篇。工商系统审计被评为全省优秀审计项目。另外，对25名党政主要领导干部进行了离任经济责任审计。有内审指导人员两人，内审机构60个，内审人员102人。（撰稿人：李文生）

【榆树市审计局】 现有干部职工41人，设有审计一科、审计二科、审计三科、审计四科、法制科、综合科及5个审计所，负责对全市30个乡镇、26个市直部门及所属国有企业的审计监督。局长韩利，副局长杨中友、张铁汉。

审计成果 完成审计项目9个，审计单位64个，查出违纪违规行为金额2303万元，应缴财政235万元，已交95万元。提交审计信息10篇，被上级审计机关采用4篇。养老保险审计被评为全省优秀审计项目。另外，对7名党政机关、企业的主要领导干部进行了任期经济责任审计。有内审机构30个，内审人员120人。（撰稿人：刘庆学）

【农安县审计局】 现有干部职工32人，设有人秘综合科、行政审计科、农林商贸审计科、财金工交审计科及乡镇审计工作站，负责对全县26个乡镇和42个县直部门的审计监督。局长朱春林，副局长关洪志、王佑华。

审计成果 审计单位89个，审计资金总额4.7亿元，查出违规行为金额6666万元，已交财政21万元。其中，经济责任审计项目35个、38人，审计总金额6743万元，查出违规行为金额275万元。（撰稿人：王佑华）

【白城市审计局】 2002年，共有干部职工63人，其中本科学历21人，大专学历42人，局长王峥，副局长李晓峰、李彦丰、董学武（11月—），纪检组长陈一华。设有办公室、行政事业审计科、财政审计科、金融审计科、固定资产投资审计科、农业与资源环保审计科、领导干部经济责任审计科、法制科、社会保障审计科、经贸及外资运用审计科。

审计成果 审计单位60个，查出违规行为金额22466万元，已交财政293.5万元，向司法机关移送案件两件，建议纠正地方部门不当规定4条，提交的审计报告和信息被上级部门批示、采用48篇。

经济责任审计 开展经济责任审计项目41个，查出违规行为金额1073万元。其中，主管责任765万元，直接责任308万元，决定处理处罚45万元，指明要求纠正68万元。审计后，平调10人，晋升10人。

内部审计　市直部门内审机构57个，其中专职机构18个；内审人员129人，其中专职人员69人。共审计单位140个，查出损失浪费52万元，纠正违规行为金额56万元，促进增收节支5万元。（撰稿人：刘志新）

【白城市洮北区审计局】　现有干部职工23人，设有综合科、行政事业审计科、农业林业水利审计科、企业审计科、法制科和党总支办公室，负责对全区13个乡镇和区直部门的审计监督。局长富裕，副局长曹贵林、胡静、张国华、李书龙。

审计成果　完成审计项目24个，经济责任审计项目17个。查出违规行为金额5223万元，决定处理处罚55万元，应缴财政53.3万元。提交审计报告22份，审计信息9篇，被采用6篇。（撰稿人：陈郁）

【大安市审计局】　现有干部职工18人，设有办公室、行政金融审计科、固定资产投资审计科、农业与资源环保审计科、经贸及社会保障审计科和任期经济责任审计所，负责对全市22个乡镇及80个市直部门的审计监督。局长伞洪彦，副局长王勇、李相俊，纪检组长曹武君。

审计成果　完成审计项目31个，市政府交办审计项目3个，任期经济责任审计项目46个。共查出违规行为金额3913万元，其中指明要求纠正3258万元，决定处理处罚222万元，应缴财政159万元。提交审计报告46份，审计意见80份。地税系统审计被评为全省优秀审计项目。有内审指导人员两人，内审机构39个，内审人员81人。（撰稿人：吴晓燕）

【洮南市审计局】　现有干部职工15人，设有人秘科、法制科、行政事业审计科、财政金融审计科、经贸审计科、基本建设审计科、领导干部经济责任审计科，负责对全市21个乡镇和90个市直部门的审计监督。局长吴云江，副局长杨明、陈国军（兼纪检组长）。

审计成果　完成审计项目41个，经济责任审计项目15个。共查出违规行为金额3548万元，其中指明要求纠正3485万元，决定处理处罚63万元，应缴财政37.4万元。向上级审计机关和市委、市政府提交审计报告41份，审计意见44份。工商系统审计被吉林省审计厅评为先进。有内审指导人员1人，内审机构26个，内审人员82人。（撰稿人：张艳清）

【镇赉县审计局】　现有干部职工30人，设有办公室、农林商贸审计科、财金行文审计科、基建审计科、经济责任审计科、乡镇审计科，负责对全县23个乡镇（场）和31个县直部门的审计监督。局长丁立国，副局长李尊贵、王茹贤。

审计成果　完成审计项目51个，其中经济责任审计项目19个。查出违规行为金额13082万元，应缴财政113万元，已交60万元。有83篇信息、论文被《中国审计》、《中国审计报》等报刊采用。审计信息宣传工作被吉林省审计厅评为先进单位。工商系统审计被吉林省审计厅评为先进，地税系统税收预算执行审计受到吉林省审计厅表彰。（撰稿人：徐志江）

【通榆县审计局】　现有干部职工33人，设有综合科、法制科、经贸审计科、农业审计科、行政事业审计科、财政金融审计科，经济责任审计分局和6个乡镇审计特派所，负责对全县20个乡镇和58个县直部门的审计监督。局长庞秀武，副局长毛淑华、许英伟，纪检组长车明海。

审计成果　完成审计项目56个，经济责任审计项目40个。查出违规行为金额5591万元，其中指明要求纠正125万元，决定处理处罚325万元，应缴财政108万元。提交审计报告51份，审计意见70份，审计信息75篇，被采用两篇。被吉林省审计厅评为审计信息宣传先进。有内审指导人员1人，内审机构18个，内审人员36人。（撰稿人：王树贵）

【松原市审计局】　2002年，共有干部职工24人，其中本科学历10人，大专学历12人，局长邹双林，副局长冯志杰、张恭、常万福。设有办公室、法制科、财政金融审计科、行政事业审计科、农业与社会保障审计科、科教文卫审计科、经贸审计科、经济责任审计科。

审计成果　审计单位41个，查出违规行为金额888万元，应缴财政415万元，已交111万元。提交各类审计信息70篇。

财政审计　审计了市财政局、地税局、国库等6个预算执行单位。完成了前郭县和扶余县财政决算审计。共查出违纪行为金额661万元，应缴财政352万元，已交51万元。

授权审计　对市工商局、农发行松原分行等进行了审计，查出违纪行为金额123万元，应缴财政63万元，已交59万元。

经济责任审计　开展经济责任审计项目4个、4人，查出违规行为金额35万元，审计后4人平调。

内部审计　全市共有内审机构41个，内审人员49人，共开展审计项目106个。（撰稿人：陈明）

【松原市宁江区审计局】　现有干部职工20人，设有办公室、法制科、财政金融审计科、事业企业审计科、行政基建审计科和经济责任审计分局，负责对全区8个乡镇和

51个区直部门的审计监督。局长孙立公，副局长熊凤莉、潘玉萍。

审计成果 完成审计项目8个、35个单位，经济责任审计项目1个。查出违纪违规行为金额1113万元，其中指明要求纠正1040万元，决定处理处罚73万元，应缴财政22万元。提交审计报告45份，审计意见45份，审计信息160篇，被采用109篇。工商局预算执行审计被评为全省优秀审计项目。另外，对35名党政主要领导干部和领导人员进行了任期经济责任审计。（撰稿人：王敏）

【扶余县审计局】 现有干部职工15人，设有办公室、经济责任审计科、财政金融审计科、行政事业审计科和企业基建审计科，负责对全县25个乡镇和61个县直部门的审计监督。局长郑文海，副局长王丽华、刘长志。

审计成果 完成审计项目39个，经济责任审计项目45个。查出违纪违规行为金额4338万元，其中指明要求纠正3998万元，决定处理处罚40万元，应缴财政35万元。提交审计报告84份，审计论文及信息95篇，其中论文《浅谈知识经济对审计工作的影响及对策》荣获吉林省审计厅、吉林省审计学会优秀审计科研成果三等奖。（撰稿人：刘旭辉）

【长岭县审计局】 现有干部职工20人，设有综合科、行政事业审计科、财政金融审计科、商粮贸审计科、工业基建审计科和经济责任审计分局，负责对全县29个乡镇、6个农林牧场、1个工作委员会和68个县直部门的审计监督。局长孟庆江，副局长王凤、于洪。

审计成果 完成审计项目7个、28个单位。查出违纪违规行为金额3385万元，其中归还被侵占挪用资金425万元，应缴财政49.7万元。提交审计报告27份，审计工作报告1份，审计调查报告1份，审计信息28篇。工商系统财务收支审计被评为全省优秀审计项目。另外，完成撤乡并镇清产合资审计6个，并对44名党政、企业的主要领导干部进行了任期经济责任审计。（撰稿人：孙建军）

【乾安县审计局】 现有干部职工20人，设有人秘科、行政财经审计科、企业审计科和经济责任审计科，负责对全县15个乡镇和60个县直部门的审计监督。局长韩文，副局长赵哲、虞振林、王反修。

审计成果 完成审计项目43个。另外，完成政府交办的领导干部离任经济责任审计10个。共查出违纪行为金额346万元，应缴财政65万元。（撰稿人：张丽新）

【前郭尔罗斯蒙古族自治县审计局】 现有干部职工29人，设有综合科、行政文教审计科、农林审计科、财金审计科、固定资产投资审计科、经贸审计科和经济责任审计科，负责对全县25个乡镇和270个县直部门的审计监督。局长郭喜文，副局长赵凤路、李桐林、穆清国。

审计成果 完成审计项目79个，独立或协助其他部门完成上访审计项目3个。共查出违纪违规行为金额1278万元，指明要求纠正133万元，应缴财政61万元。提交审计论文30篇，信息232篇。社保审计组被省审计厅评为先进审计组。（撰稿人：孙立军）

【吉林市审计局】 2002年，共有干部职工74人，其中本科学历27人，大专学历36人，局长石汉钧，副局长李福、冯启元、姜亚男，纪检组长黄文明。设有办公室、财政审计处、行政事业审计处、固定资产投资审计处、经贸审计处、金融审计处、外资运用审计处、社会保障审计处、人事处、法制处、派出审计工作处、经济责任审计处、农业与资源环保审计处、机关党委。

审计成果 审计单位122个，查出违规行为金额35000万元，应缴财政424万元，已交422万元。提交审计报告40份，信息和调研报告110篇，被采用73篇。

授权审计 完成授权审计项目5个，查出违规行为金额4379万元。审计后，对各类违纪问题进行了纠正和处理。

预算执行审计 完成9个重点资金、3个重点收费、18个重点预算单位预算执行审计。查出违规行为金额10437万元。对各类违纪问题依法进行了处理。

经济责任审计 开展经济责任审计项目17个，查出违规行为金额684万元。

内部审计 市直部门内审机构229个，其中专职机构62个；内审人员615个，其中专职人员266人。共审计单位225个，查出损失浪费4380万元，纠正违规行为金额7415万元，促进增收节支2228万元。（撰稿人：于庆月）

【吉林市船营区审计局】 现有干部职工12人，设有综合科、审计一科、审计二科，负责对全区11个街道、5个乡镇和40个区直部门及5个系统单位的审计监督。局长陈忠权，副局长滕先雄、孙立明、刘丽红。

审计成果 完成审计项目20个，经济责任审计项目6个。查出违纪违规行为金额1321万元，其中，决定处理处罚4.7万元，应缴财政4.7万元。提交审计报告20份，审计意见20份，审计信息5篇，被采用4篇。在2002年吉林省审计厅审计执法检查中被评为先进单位。有内审指导人员3人，内审机构10个，内审人员28人。（撰稿人：陈苏苏）

【吉林市龙潭区审计局】 现有干部职工8人，设有综合科、行政事业审计科、经济责任审计科，负责对全区8个乡镇和35个区直部门的审计监督。局长佟鸿志，副局长丁阳森、杨建明。

审计成果 完成审计项目23个，查出违纪违规行为金额670万元，应缴财政6万元，已交6万元，建议调账处理15.8万元，归还原渠道资金77万元。提交审计报告23份，审计意见23份，审计信息5篇，被采用3篇。在全省审计系统计算机应用成果展示中，被评为二等奖。（撰稿人：张丽华）

【吉林市昌邑区审计局】 现有干部职工13人，设有综合科、行政事业审计科、农业企业审计科、经济责任审计科，负责对全区19个乡镇和24个区直部门的审计监督。局长白彦胜，副局长程雅丽、许光新。

审计成果 完成审计项目31个，经济责任审计项目3个。查出违纪违规行为金额1584万元，其中，指明要求纠正297万元，决定处理处罚10万元，应缴财政10万元。上报审计信息10篇，被省、市工作简报和刊物采用4篇。有内审指导人员3人，内审机构10个，内审人员33人。（撰稿人：鲁德军）

【吉林市丰满区审计局】 现有干部职工7人，设有综合科和业务审计科，负责对全区5个乡镇、5个街道、两个开发区和45个区直部门的审计监督。局长曲凡夫，副局长高崇义。

审计成果 完成审计项目40个，查出违纪行为金额477万元，其中挪用、截留资金123万元，已归还原渠道资金96万元，应缴财政23万元，已交16万元。提交审计报告23份，审计意见22份，审计决定13份，审计信息5篇，被采用3篇。工商行业审计被评为全省优秀审计项目。另外，对两名领导干部进行了任期经济责任审计。有内审指导人员1人，内审机构12个，内审人员42人。（撰稿人：张源泉）

【磐石市审计局】 现有干部职工15人，设有综合科（办公室）、财政金融社保审计科、行政事业审计科、工交经贸投资审计科、农业与资源环保审计科和经济责任审计科，负责对全市17个乡镇（街）和48个市直部门的审计监督。局长谢金生，副局长郭长吉。

审计成果 完成审计项目70个，经济责任审计项目33个。查出违纪违规行为金额1043万元，决定处理处罚59万元，应缴财政59万元。下达审计意见书70份，提出审计整改建议35条，提交审计信息和调研报告29篇，被地方党政机关、上级审计机关和新闻单位采用23篇。有内审指导人员两人，内审机构11个，内审人员32人。（撰稿人：孟繁君）

【蛟河市审计局】 现有干部职工16人，设有人秘科、工商审计科、农林审计科、行政文教审计科、经济责任审计科和固定资产投资审计科，负责对全市20个乡镇、街道和48个市直部门的审计监督。局长刘建国，副局长姜仑、王鸿雁。

审计成果 完成审计项目113个，查出违纪行为金额3886万元。指明要求纠正3073万元，应缴财政57万元。审计基建项目18个，核减工程款899.9万元。共对13名领导干部进行了经济责任审计。提供审计信息29篇，被采用16篇。全年编辑《审计要情》9期。审计宣传工作被吉林省审计厅评为先进单位。工商局审计项目被评为全省优秀审计项目。（撰稿人：马成）

【桦甸市审计局】 现有干部职工17人，设有办公室、财政金融审计科、农林站所审计科、经贸审计科，负责对全市16个乡镇和46个市直部门的审计监督。局长周兆海，副局长田景峰、刘文波。

审计成果 完成审计项目37个、64个单位，经济责任审计项目6个。查出违纪违规行为金额16170万元。其中，决定处理处罚57万元，应缴财政57万元。提交审计报告59份，审计意见64份，审计信息8篇，被市政府、上级审计机关采用6篇。地税系统审计被评为全省优秀审计项目。有内审指导人员两人，内审机构11个，内审人员25人。（撰稿人：葛英）

【舒兰市审计局】 现有干部职工17人，设有人秘科、财政金融审计科、农林水审计科、行政事业审计科、固定资产投资审计科、企业审计科、经济责任审计科，负责对全市24个乡镇和52个市直部门的审计监督。局长姜吉善，副局长王玲、刘凤财。

审计成果 完成审计项目42个，106个单位，经济责任审计项目3个。查出违纪违规行为金额7800万元，其中指明要求纠正7750万元，决定处理处罚50万元，应缴财政50万元，提交审计报告42份，信息和调研报告54篇，被市委、市政府及上级审计机关采用37篇。养老保险审计和工商系统审计被评为全省优秀审计项目。审计信息工作被省厅评为审计宣传先进单位。另外，对6名乡局级主要领导干部进行了任期经济责任审计。有内审指导人员两人，内审机构26个，内审人员60人。（撰稿人：祖贵忠）

【永吉县审计局】 现有干部职工13人，设有综合科、行政事业审计科、财税金融审计科、农业与经贸审计科、经济责任审计科，负责对全县13个乡镇、1个经济开发区和47个县直部门的审计监督。局长曲仁和，副局长王俊江、程军。

审计成果　审计单位42个，查出违规行为金额2807万元，其中指明要求纠正2604万元，决定处理处罚12万元，应缴财政12万元。提交审计信息6篇，被采用4篇。计算机应用成果展示获吉林省审计厅鼓励奖。有内审机构11个，其中专职机构3个；共有内审人员47人，其中专职人员18人；共审计单位127个，查出损失浪费18万元，促进增收节支7万元，纠正违规行为金额787万元，提出合理化建议或改进措施被采纳32条。（撰稿人：刘振杰）

【四平市审计局】　2002年，共有干部职工56人，其中本科学历22人，大专学历27人，局长梅树森，副局长李振才、郭玉文、孙景龙，纪检组长蒋凤琴。设有办公室、人事教育科、综合科、法制科、财政审计科、金融审计科、经贸审计科、商贸审计科、外资运用审计科、固定资产投资审计科、科教文卫审计科、行政事业审计科、经济责任审计科、社会保障审计科、农业资源与环保审计科、政法审计科。

审计成果　审计单位87个，查出违纪违规行为金额7892万元，应缴财政1035万元，已交494万元。提交审计报告信息86篇，被采用64篇。

经济责任审计　开展经济责任审计30个、30人，查出领导干部应负主管责任的违纪违规行为金额756.6万元，增加财政收入20万元，提出审计意见25条。

内部审计　市直部门内审机构161个，其中专职机构32个；内审人员490人，其中专职人员174人。共审计单位310个，纠正违规行为金额703万元，促进增收节支1465万元。（撰稿人：金长江）

【四平市铁西区审计局】　现有干部职工7人，设有秘书科、综合审计科、行政事业审计科、经济责任审计科，负责对全区1个乡镇、5个街道及51个区直部门的审计监督。局长王伟华，副局长王信。

审计成果　完成审计项目20个，经济责任审计项目1个。共查出违纪行为金额41万元，应缴财政14万元，已交4万元。提交综合报告21份，审计意见20份，审计信息16篇，被采用6篇。另外，对19名党政领导干部进行了离任经济责任审计。有内审机构5个，内审人员14人。（撰稿人：张牧宇）

【四平市铁东区审计局】　现有干部职工19人，设有综合科、法制科、财政审计科、企业审计科、经济责任审计局，负责对全区两个乡镇和65个区直部门的审计监督。局长赵爱华，副局长魏正军、张梅（12月—）、徐小东（—12月）。

审计结果　审计105个单位，其中经济责任审计27个单位。查出违纪违规行为金额96万元，其中决定处理处罚7万元，已交财政7万元。提出合理化建议12条。有内审指导人员两人，内审机构4个，内审人员14人。（撰稿人：吴兰）

【双辽市审计局】　现有干部职工20人，设有人秘科、预算执行审计科、企业审计科、农业审计科、投资审计科，负责对全市17个乡镇、5个街道和63个市直部门的审计监督。局长孙继新（—12月）、陈万凌（12月—），副局长杨凤有、赵国军、刘成。

审计成果　完成审计项目29个、56个单位，查出违纪违规行为金额1291万元，其中决定处理处罚71.2万元，指明要求纠正1219.8万元，应缴财政24万元。提交审计信息26篇，被采用14篇。另外，对14个欠缴社会养老保险金的单位进行了审计调查，督促补缴养老保险金25万元；对7名党政机关、事业单位领导干部进行了任期经济责任审计。有内审机构18个，内审人员45人。（撰稿人：任传宝）

【公主岭市审计局】　现有干部职工35人，设有人秘科、综合科、财政金融审计科、固定资产投资审计科、经贸审计科、行政司法审计科、乡镇审计科、科教文卫审计科、农林水审计科和经济责任审计办公室，负责对全市29个乡镇和87个市直部门的审计监督。局长曲金昇（1月—）、冯国明（—1月），副局长吕长洧、董柏成、田凤彩。

审计成果　完成审计项目56个、56个单位，查出违规行为金额2748万元，其中，指明要求纠正2174万元，决定处理处罚574万元，应缴财政186万元。提交审计报告5份，审计意见56份，审计信息30篇。被评为“吉林省审计系统先进集体”。在全省统一组织的地税审计和工商系统审计中被评为先进单位。另外，对4名副处级领导干部进行了离任经济责任审计。有内审指导人员3人，内审机构25个。（撰稿人：刘慧）

【梨树县审计局】　现有干部职工33人，设有财金审计科、工交基建审计科、农林审计科、行文政法审计科、商粮审计科、专项资金审计科、法制科、经济责任审计办公室、办公室、乡镇审计分局，负责对全县26个乡镇和47个县直部门的审计监督。局长马日驰，副局长曲永成、赵仁荣。

审计成果　完成各类审计项目143个，查出违纪违规行为金额4945万元，应缴财政66.4万元。提交审计报告45份，审计意见45份。工商局行业审计、地税局审计被评为全省优秀审计项目。另外，对80名党政主要领导干部进行了任期经济责任审计，查出两起10万元以上贪污公款案。有内审指导人员两人，内审机构47个，内审人员81人。（撰稿人：宋国权）

【伊通满族自治县审计局】 现有干部职工19人，设有综合科、法制科、经济贸易审计科、固定资产投资审计科、行政事业审计科、财政金融审计科、经济责任审计科，负责对全县15个乡镇和112个县直部门的审计监督。局长朱俊杰，副局长李颖程、于亚君。

审计成果 完成审计项目57个，开展经济责任审计项目两个。查出违规行为金额610万元，其中决定处理处罚102万元，应缴财政32万元。提交审计报告57份，审计意见57份，审计信息52篇，被采用43篇。另外，对22名主要领导干部进行了离任经济责任审计。现有内审指导人员两人，内审机构80个，内审人员200人。（撰稿人：关春）

【辽源市审计局】 2002年，共有干部职工37人，其中本科学历11人，大专学历14人，局长林福魁，副局长刘成新、慈向东。设有办公室、法制科、财政审计科、金融审计科、行政事业审计科、经贸审计科、农业与资源环保审计科、社会保障审计科、固定资产投资审计科、经济责任审计科。

审计成果 审计单位117个，查出违纪行为金额7561.72万元，应缴财政782万元，已交165万元，决定处理处罚、指明要求纠正256万元。此外，完成市委、市政府交办的审计单位119个。全年共提交审计调查报告7份，被采用信息19篇，获得省优秀审计科研成果二等奖论文1篇、三等奖论文两篇。

省厅组织的审计项目 完成了对地税局、工商局等部门的系统审计和养老保险基金专项审计。查出违规违纪行为金额2493万元，已交财政80万元。

本级预算执行审计 共查出财政收入不实367万元，挤占专项资金537万元，不合理支出389万元，预算外收支不实360万元及其他违纪违规行为金额543万元等问题。

企业财务收支审计 重点开展以查补工商企业偷漏税为主要内容的财务收支审计。审计了5个重点企业，共查出偷漏各种税金244万元，已交62万元。提出4条审计建议被采纳。

重点部门、重点资金审计 审计了农业、水利、文化等6个系统。查出违纪违规行为金额348万元，其中"小金库"11万元，截留罚没收入、漏缴财政分成186万元，偷漏税金6万元，挤占挪用专项资金131万元等。

经济责任审计 开展经济责任审计项目27个、27人，查出违规行为金额509万元，违纪行为金额141万元。

内部审计 市直部门内审机构32个，其中专职机构1个；内审人员124人。共审计单位35个，查出违规行为金额39万元，促进增收节支20万元。（撰稿人：张冬梅）

【辽源市龙山区审计局】 现有干部职工8人，设有办公室、综合审计科，负责对全区8个街道、两个乡镇和70个部门及企业的审计监督。局长林世生，副局长陈炳龙。

审计成果 完成审计项目4个、16个单位，经济责任审计项目1个。查出违纪违规行为金额538万元，其中指明要求纠正180万元，决定处理处罚5万元，应缴财政1万元。提交审计报告16份，审计意见16份。有内审指导人员1人，内审机构10个，内审人员33人。（撰稿人：崔钰巍）

【辽源市西安区审计局】 现有干部职工6人，设有办公室、业务科、经济责任审计科，负责对全区1个乡镇和36个行政事业单位的审计监督。局长司舸，副局长郑义辉（11月—）。

审计成果 完成审计项目11个，经济责任审计项目5个。查出违纪违规行为金额256万元，应缴财政6万元，已交1万元。出具审计决定6份，提出审计建议36条。另外，对5名党政部门的主要领导人员进行了任期经济责任审计。有内审指导人员1人，内审机构3个，内审人员24人。（撰稿人：董淑文）

【东丰县审计局】 现有干部职工19人，设有财政金融审计科、企业审计科、基建审计科、经济责任审计科、审理科、办公室，负责对全县23个乡镇和55个县直部门的审计监督。局长刘增达，副局长陈志明、康健。

审计成果 审计单位23个，查出违规行为金额697万元，应缴财政48万元，已交12万元。提交审计报告、信息和调研报告9篇，被采用5篇。有内审机构13个，其中专职机构两个，内审人员20人，其中专职人员5人。共审计单位8个，查出损失浪费5万元，纠正违规行为金额8万元，促进增收节支4万元。（撰稿人：方勇）

【东辽县审计局】 现有干部职工14人，设有办公室、金融经贸审计科、行政事业审计科、农林环保审计科、经济责任审计科，负责对全县19个乡镇和56个县直部门的审计监督。局长唐万生、副局长郭长林、王淑华。

审计成果 审计单位30个，还完成经济责任审计项目18个。查出违纪违规行为金额1246万元，应缴财政95.4万元，已交25.7万元，应归还被侵占挪用资金135.7万元，提出审计建议88条。地税审计、工商审计、企业养老保险审计调查均被评为全省优秀审计项目。（撰稿人：齐士芹）

【通化市审计局】 2002年，共有干部职工42人，其中研究生学历1人，本科学历16人，大专学历18人，局长王德义，副局长张刚、刘颖、陈卿，纪检组长常玉德。设有办公室、人事教育科、法制科、财政审计科、金融审计科、农业资源与环保审计科、社会保障审计科、行政事业审计科、固定资产投资审计科、经济贸易审计科、经济责任审计处。

审计成果 市县两级审计机关共审计单位226个，查出违规行为金额53993万元，应缴财政6359万元，已交112万元。提交审计报告、信息和调研报告102篇，被采用54篇。地税系统审计、养老保险金审计调查被评为全省优秀审计项目。被吉林省委、省政府授予2000～2001年度精神文明建设先进单位。

经济责任审计 开展经济责任审计项目52个，查出违规行为金额2436，指明要求纠正236万元，查出损失浪费4万元，查出国有资产保值单位4个、减值单位1个。审计后，其中晋升18人，平调17人，免职1人。

内部审计 市县两级内审机构204个，专职机构56个；内审人员428个，其中专职人员198个。共审计单位1705个，查出损失浪费482万元，纠正违规行为金额98664万元，促进增收节支3698万元。（撰稿人：许敬）

【通化市东昌区审计局】 现有干部职工10人，设有办公室、行政事业审计科、财政金融审计科、经济责任审计科，负责对全区3个乡镇、7个街道和93个区直机关、企事业单位的审计监督。局长潘举德，副局长张纯璞，纪检组长盛智梅。

审计成果 审计单位6个，查出违规行为金额3573万元，指明要求纠正2648万元，决定处理处罚26万元。提交审计结果报告4份，调查报告两份，信息25篇。有内审指导人员1人，内审机构11个，内审人员14人。（撰稿人：徐瑞兰）

【通化市二道江区审计局】 现有干部职工12人，设有综合科、财政经贸审计科、经济责任审计中心，负责对全区6个乡镇和34个区直部门的审计监督。局长李世平，副局长赫晓军。

审计成果 审计项目27个、20个单位，经济责任审计项目两个。共查出违纪违规行为金额455万元，其中指明要求纠正455万元。提交审计报告29份，审计意见37份，审计信息22篇，被区委、区政府采用12篇。对26名党政、企业的主要领导干部进行了任期经济责任审计。有内审指导人员1人，内审人员4人。（撰稿人：张静）

【梅河口市审计局】 现有干部职工30人，设有办公室、综合科、法制科、经济责任审计科、财政金融审计科、行政事业审计科、经贸审计科、固定资产投资审计科、农业资源与环保审计科，负责对全市30个乡镇和27个市直部门的审计监督。局长王景武，副局长陈景学、刘佩琴。

审计成果 审计单位48个，查出违纪违规行为金额1229万元，应缴财政410万元，归还原渠道资金59万元。审计信息被采用50篇。在地税系统和工商系统两个行业审计中，被吉林省审计厅评为先进单位。另外，对17名党政、企业的主要领导干部进行了任期经济责任审计。有内审指导人员两人，内审机构60个，内审人员91人。（撰稿人：李凯）

【集安市审计局】 现有干部职工14人，设有综合科、财政金融审计科、行政事业审计科、经贸审计科，负责对全市11个乡镇和70个市直部门的审计监督。局长金铁山，副局长崔奉杰、单蜂。

审计成果 审计单位17个，查出违规行为金额2199万元，应缴财政113万元，已交25万元。提交审计报告5份，信息和调研报告36篇，被采用28篇。有内审机构13个，其中专职机构1个；内审人员33人，其中专职人员5人；共审计单位26个，审计建议被采纳29条。开展经济责任审计项目8个，查出违规行为金额1700万元。（撰稿人：王志）

【通化县审计局】 现有干部职工24人，设有办公室、财政金融审计科、经贸审计科、行政事业审计科和固定资产投资审计科，负责对全县21个乡镇和84个县直部门的审计监督。局长王庆禹，副局长曹春、于玲、张秋润。

审计成果 审计单位94个，查出违纪违规行为金额8739万元，指明要求纠正668万元，应缴财政668万元，已交50.2万元。提出审计整改建议80条，提交审计调查报告5份，理论调研文章10篇，信息33篇。（撰稿人：董萍）

【辉南县审计局】 现有干部职工23人，设有人秘科、法制科、财政金融审计科、农林水利审计科、经济贸易审计科、行政事业审计科、基本建设审计科、经济责任审计科，负责对全县17个乡镇和139个县直部门的审计监督。12月13日经县政府决定，成立县经济责任审计局，隶属于县审计局的副科级全额拨款事业单位。局长沈玉祥，副局长赖风文、王颖、朱宝峰。

审计成果　审计单位63个，查出违纪违规行为金额206万元，决定处理处罚86万元，指明要求纠正120万元。提交审计报告36份。开展经济责任审计项目18个、19人，审计后，4人晋升，9人平调，6人离岗。(撰稿人：洪元浩)

【柳河县审计局】　现有干部职工27人，设有办公室、财政金融行政文教审计科、经贸农林审计科、基本建设审计科、法制科、柳河审计分局、三源浦审计分局、孤山子审计分局、圣水审计分局，负责对全县22个乡镇和80个县直部门的审计监督。局长聂传波，副局长高广新、宋福香。

审计成果　审计单位190个，查出违规行为金额1020万元，已交财政72万元。提交审计报告两份，信息和调研报告58篇，被采用48篇。(撰稿人：张爱珍)

【白山市审计局】　2002年，共有干部职工41人，其中研究生学历两人，本科学历20人，大专学历8人，局长张广增，副局长姜贵生、纪秉华。设有办公室、综合科、人教科、法制科、政法文教审计科、农业环保审计科、行政事业审计科、集体私营经济审计科、经贸审计科、财政审计科、固定资产投资审计科、金融外资审计科。

审计成果　共审计单位80个，查出违规行为金额34396万元，应缴财政694万元，归还原渠道资金7273万元。有5份审计调查报告被党政领导批示，有69篇信息被上级审计机关和地方党政报刊采用，编发《审计要情通报》11期。被省委、省政府命名为“吉林省精神文明建设标兵单位”，被省人事厅、省审计厅授予“吉林省审计机关先进集体”，被人事部、审计署授予“全国审计机关先进集体”。

本级预算执行审计　审计财政、地税、国库等重点部门和预算执行单位11个，查出违规行为金额9355万元。通过审计，调账处理169万元，已交财政271万元。

固定资产投资审计　对7个重点建设项目进行了审计，审计项目投资总额2760万元，查出违规行为金额200万元，核减工程款90万元。

经济责任审计　对21名县(处)级、3名科级领导干部进行了经济责任审计。参考审计结果，平调13人，晋升两人。

企业审计　审计企业19个，查出违规行为金额16162万元，促进增收节支324万元。

授权审计　根据审计署和省审计厅授权，统一组织对4个中直企业和6个省直企业进行了审计。共查出违规行为金额17778万元，应缴财政252.2万元，追还被侵占挪用资金7134.1万元。(撰稿人：李万兴)

【白山市八道江区审计局】　现有干部职工20人，设有综合科、审计科、乡镇审计管理科、经济责任审计室(副局级建制事业单位)，负责对全区8个乡镇、4个街道和50个区直部门的审计监督。局长王秀枝，副局长邹玉翠。

审计成果　完成审计项目24个，其中包括对任期经济责任审计9个。共查出违纪行为金额1925万元，归还原渠道资金425万元，收缴、罚没31万元，提出审计建议70条。提交审计调查报告8份，在市级以上审计刊物发表信息64篇。市地方税务局八道江分局2001年度税收征管及财务收支审计项目被评为全省优秀审计项目。有内审指导人员两人，内审机构12个，内审人员14人。(撰稿人：张秀莉)

【临江市审计局】　现有干部职工26人，设有办公室、行政文教审计科、基本建设投资审计科、集体私营经济组织审计科、经贸审计科和综合审计科，另设经济责任审计分局，负责对全市11个乡镇和27个市直部门的审计监督。局长刘伟，副局长金明快、张宏伟、班文萍。

审计成果　完成审计项目15个、52个单位，经济责任审计项目12个。查出违纪违规行为金额1246万元，其中指明要求纠正1232万元，决定处理处罚40万元，应缴财政40万元。提交审计报告18份，审计意见28份，审计信息16篇，被市委、市政府采用6篇。有内审指导人员3人，内审机构14个，内审人员28人。(撰稿人：徐进杰)

【江源县审计局】　现有干部职工19人，设有综合办公室、财金行文审计科、工交商贸审计科、经济责任审计分局，负责对全县8个乡镇和70个县直部门的审计监督。局长王福艳，副局长王宪发、郑兴隆。

审计成果　完成审计项目8个、14个单位，经济责任审计项目两个。共查出违纪违规行为金额3394万元，其中指明要求纠正381万元，决定处理处罚34万元，应缴财政34万元。提交审计意见16份，审计信息65篇。工商系统预算执行及财务收支审计被省厅评为先进单位。有内审指导人员1人，内审机构6个，内审人员13人。(撰稿人：王云珠)

【抚松县审计局】　现有干部职工33人，设有财贸审计科、工交农林审计科、行政文教审计科、固定资产投资审计科、综合科、经济责任审计室、乡镇审计分局，负责对全县87个行政单位、235个事业单位和125个企业的审计监督。局长毛力，副局长马云虎、郑世君。

审计成果　完成审计项目54

个，查出违规行为金额 2871 万元，其中应缴财政 387 万元，应归还原渠道资金 990 万元，促进增收节支 14 万元。提交审计调查报告 5 份，在有关刊物上刊登信息宣传稿件 121 篇。有内审机构 18 个，完成审计项目 68 个，纠正违规行为金额 120 万元。（撰稿人：马云虎）

【靖宇县审计局】 现有干部职工 38 人，设有综合科、行政文教审计科、农林审计科、工交审计科、法制科和经济责任审计室及乡镇审计所，负责对全县 11 个乡镇和 248 个行政企事业单位的审计监督。局长李作来，副局长闫瑞海、刘凤弟。

审计成果 完成审计项目 31 个，经济责任审计项目 38 个。查出违纪违规行为金额 4958 万元，应归还原渠道资金 3043 万元，应缴财政 61 万元。提交审计调查报告 36 份，全部被县委、县政府采用；审计信息 147 篇。信息宣传工作、工商行业审计被省审计厅评为先进单位。有内审指导人员两人，内审机构 22 个，内审人员 88 人。（撰稿人：王广艳）

【长白朝鲜族自治县审计局】 现有干部职工 17 人，设有办公室、综合科、法制科、财金行文审计科、经贸审计科和经济责任审计室，负责对全县 9 个乡镇和 267 个行政机关、企事业单位的审计监督。局长张昌淳，副局长王刚、王玉华、张福余。

审计成果 完成审计项目 41 个，查出违规行为金额 9391 万元，应缴财政 69 万元，已交 69 万元，调账处理 240 万元，指明要求纠正 3972 万元，归还原渠道资金 10 万元。向政府及有关部门提交审计调研报告 12 份，审计信息被上级有关部门采用 48 篇。审计信息工作被省审计厅评为先进单位。（撰稿人：张昌淳）

【延边朝鲜族自治州审计局】 2002 年，共有干部职工 35 人，其中研究生学历两人，本科学历 15 人，大专学历 18 人，局长金振锡，副局长李学斌、金江泉（兼纪检组长）、宋树青。设有办公室、人事教育处、法制处、经济责任审计处、财政金融审计处、经济贸易审计处、农业审计处、行政事业审计处、固定资产投资审计处。

审计成果 共完成审计项目 29 个，查出违规行为金额 5187 万元，应缴财政 729 万元，已交 255 万元，应归还原渠道资金 15 万元。

经济责任审计 与延边州委组织部联合制定了《关于法定代表人经济责任审计的暂行办法》，全年共完成经济责任审计 6 人，查出违规行为金额 561 万元。审计后平调两人、晋升 2 人、免职 2 人。

内部审计 成立了延边朝鲜族自治州内部审计协会。召开了延边审计学会第四届会员代表大会暨审计理论研讨会，表彰了优秀论文作者。（撰稿人：赵卫民）

【延吉市审计局】 现有干部职工 21 人，设有办公室、法制科、行政事业审计科、财政金融审计科、固定资产投资审计科和经济责任审计科，负责对全市 3 个乡镇和 47 个市直部门的审计监督。局长肖艳新，副局长许东日、韩成日。

审计成果 完成审计项目 44 个，查出违规违纪行为金额 4112 万元，其中应缴财政 1610 万元，已交 1086 万元，指明要求纠正 10 万元，决定处理处罚 9 万元。提交审计信息 18 篇，被省审计厅、州审计局、市政府采用 7 篇，提出审计建议两条。另外，完成经济责任审计项目 12 个。（撰稿人：邹德彦）

【图们市审计局】 现有干部职工 12 人，设有综合审计科、法制审计科、财金农业审计科、行政事业审计科、经贸审计科，负责对全市 5 个乡镇和 190 个市直部门的审计监督。局长李永君（兼纪检组长），副局长安瑞云、朴润哲。

审计成果 完成审计项目 19 个，经济责任审计项目 8 个。共查出违规行为金额 1268 万元，其中，指明要求纠正 1224 万元，应缴财政 36 万元，已交 20 万元，决定处理处罚 64 万元。提交审计报告 18 份，审计意见 27 份，审计信息和调研报告 28 篇，被采用 5 篇。有内审机构 8 个，其中专职机构 1 个，内审人员 15 人，其中专职人员 8 人。共审计单位 8 个，纠正违规行为金额 24 万元，促进增收节支 3 万元。（撰稿人：金明玉）

【敦化市审计局】 现有干部职工 23 人，设有办公室、法制科、财政金融审计科、行政事业审计科、经贸审计科、农业与资源环保审计科，负责对全市 16 个乡镇、1 个开发区、4 个街道和 52 个市直部门的审计监督。局长宋呈祥，副局长马铁石。

审计成果 完成审计项目 79 个，查出违纪违规行为金额 479 万元，决定处理处罚 105 万元，应缴财政 65 万元。完成企业转制审计 9 个。召开了审计学会首届审计理论研讨会，交流论文 23 篇。提交审计报告 14 份，审计意见书 79 份、审计信息 60 篇，被省审计厅评为审计宣传工作先进单位。有内审指导人员两人，内审机构 33 个，内审人员 87 人。（撰稿人：杨学军）

【珲春市审计局】 现有干部职工 20 人，设有办公室、财政金融审计科、经贸审计科、行政事业审计科、经济责任审计科和内部审计指导科，负责对全市 9 个乡镇和 200 个市直部门的审计监督。局长郑昌权，副局长曲锦升、成松今。

审计成果 完成审计项目12个，经济责任审计项目13个。查出违纪违规行为金额1695万元，其中决定处理处罚3万元，应缴财政37万元。提交审计报告25份，审计意见25份，审计信息49篇，被州局采用5篇。有内审指导人员两人，内审机构23个，内审人员50人。（撰稿人：郑玉颖）

【龙井市审计局】 现有干部职工15人，设有综合科、财政金融审计科、经贸审计科、行政事业审计科和法制科，负责对全市8个乡镇和35个市直部门的审计监督。局长尹寿吉，副局长简中军、朴明国。

审计成果 全年完成审计项目15个，审计单位25个，经济责任审计项目8个。共查出违纪违规行为金额1597万元，其中指明要求纠正1250万元，决定处理处罚194万元，应缴财政67万元。上报审计信息28篇，审计论文两篇，被州审计局采用7篇。工商系统审计被吉林省审计厅评为先进单位。另外，还对8名领导干部进行了任期经济责任审计。有内审机构18个，内审人员48人。（撰稿人：李龙浩）

【和龙市审计局】 现有干部职工11人，设有人秘科、财政金融审计科、行政事业审计科、综合业务审计科，负责对全市9个乡镇和125个市直部门的审计监督。局长金百旭，副局长张贞花、于关阳。

审计成果 全年共完成审计项目56个，其中，审计调查项目6个，经济责任审计项目7个，市委、市政府临时交办的审计项目8个。共查出各类违纪违规行为金额295万元，其中“小金库”14万元。罚款6万元，应缴财政30万元，已交财政19万元。提交审计信息37篇，被各级审计机关采用21篇。提交审计学术论文3篇。（撰稿人：全升华）

【汪清县审计局】 现有干部职工12人，设有办公室、经贸审计科、财政金融审计科、行政事业审计科、经济责任审计科，负责对全县10个乡镇和46个县直部门的审计监督。局长潘荣祥，副局长金雷声、郭俊杰。

审计成果 完成审计项目26个、26个单位，查出违规行为金额3236万元，其中指明要求纠正1927万元，应缴财政157万元，已交41万元。全年编写简报5期，提交审计报告26份，审计意见26份，审计信息22篇，被上级机关采用5篇。另外，对13名党政领导人员进行了任期经济责任审计，查出违规行为金额25万元。审计后，平调4人，晋升5人，免职4人。有内审指导人员1人，内审机构19个，内审人员30人。（撰稿人：曹宇）

【安图县审计局】 现有干部职工24人，设有办公室、法制与经济责任审计科、行政事业审计科、财政金融审计室、工交农林水审计科、环保投资审计科、乡镇审计所，负责对全县12个乡镇和24个县直部门的审计监督。局长宋荣奎（12月—）、王作勤（—12月），副局长卢廷申、黄汉洙。

审计成果 全年共完成审计项目37个，查出违纪违规行为金额1831万元，其中，决定处理处罚56万元，应缴财政14万元。提交审计报告19份，审计意见书37份，审计信息45篇，被上级审计机关采用13篇。另外，还完成经济责任审计项目15个。有内审指导人员1人，内审机构7个，内审人员11人。（撰稿人：张凤兰）

黑龙江省

【黑龙江省审计厅】 2002年，黑龙江省审计厅行政编制定编204人，在编204人；事业编制定编208人，在编208人。厅机关设有办公室、法制处、督察处、人事教育处、财政审计处、金融审计处、行政事业审计处、经贸审计处、农业与资源环保审计处、社会保障审计处、固定资产投资审计处、外资审计处、经济责任审计处、离退休干部工作处、机关党委、纪检监察室，另设有发展计划审计处、农林水审计处、经贸审计处、交通审计处、社会保障审计处、司法审计处、公检法审计处、新闻通讯审计处、教育审计处、卫生审计处、科技审计处、外贸经济审计处、资源环保审计处、经济执法审计处等派出审计机构，同时设有厅机关服务中心、审计科学研究所、审计信息计算机技术中心、审计干部培训中心、龙江审计杂志社、审计厅招待所等事业单位。

领导成员

厅　　长：陈　兴

副 厅 长：李希龙　杨维玲

　　　　　李明光　王学文

纪检组长：戴英胜

助理巡视员：原志峰

黑龙江省审计成果 全省各级审计机关共审计5300个单位，查出各类违纪违规行为金额46.9亿元，其中百万元以上违规单位204个。审计处理后，应缴财政2.5亿元，已交1.7亿元，归还原渠道资金3.7亿元；向司法机关和纪检监察部门移送各类违法犯罪案件线索50件；提交审计报告、信息6504篇，被各级党政机关和上级审计机关批示、采用1305篇。

财政审计 全省各级审计机关共审计869个单位，查出违法违规行为金额112837万元，纠正地方不当规定113条。已交财政3762万元，归还原渠道资金11121万元，调账处理13043万元。提交审计报告、信息708篇，被各级地方党政领导批示、新闻单位采用137篇。

结合省本级部门预算的全面实施，省厅开展了对省计委等17个省直主管部门及58个事业单位的预算执行和其他财政财务收支情况的审计，针对审计发现的问题，有针对性地提出了整改意见和建议，并将审计结果反馈给财政部门；同时，重点安排了对小型农田水利和水土保持补助费、抗旱经费、岁修费、救灾资金等一批带有全局性的、关系国计民生和对地方经济发展影响较大的财政重点专项资金的审计，摸索了财政资金效益审计的新路子。针对审计部门揭示出的乡镇政府挤占挪用专项资金、加重农民负担等一些影响和阻碍当前农村税费改革、带有普遍性的突出问题，省委、省政府非常重视，省长宋法棠，副省长王利民、申立国也分别做出批示，责成省财政厅、省农民负担减负办公室等有关部门提出整改意见，并对相关责任人进行严肃处理。

金融审计　全省各级审计机关共审计99个金融机构，查出违纪违规行为金额25.3亿元，应缴财政227万元，已交207万元，收缴罚没款17万元，收缴以前年度欠交财政资金50万元，指明要求纠正10亿元，应调账处理2130万元；全省共提交金融审计报告和信息175篇，被地方领导批示、上级审计机关和新闻单位采用38篇。其中，按照审计署的统一部署，省审计厅组织全省各级审计机关开展了全省农业发展银行行业审计。审计中，全省各级审计机关在摸清家底、核实盈亏、全面审计的基础上，重点审计和揭露了农发行执行国家信贷政策情况、财务收支中的重大违法违纪问题、大要案线索和影响粮食流通体制改革的深层次问题。全省共审计县以上农发行及所属分支机构78个，抽查贷款总额473亿元，查出各类违纪行为金额25亿元。

社会保障审计　组织全省各级审计机关对2001年全省救灾资金管理使用情况进行了审计和审计调查，从资金总额13550万元中，查出各类违纪违规行为金额2902万元，占审计总金额的21%。揭示出县（市）、乡政府财政、民政部门滞留救灾资金2122万元，未拨的救灾资金多数被挤占，有的甚至平衡了财政预算；部分市、县、乡民政部门挪用救灾资金487万元；1987～1997年，省民政厅从救灾资金中拿出国家允许其投放的30%作为救灾扶贫周转金投放，截止到审计时有2212万元未收回；管理制度不健全，财务管理和会计核算不规范，缺乏有效的管理机制等问题。按照审计署的要求，省厅组织全省各级审计机关于7～9月，对2001年度的失业保险基金的政策执行情况、征缴、使用及管理情况进行了审计和审计调查。通过审计和审计调查，揭示出失业保险费征收覆盖面不到位，少征收失业保险费19659万元；已参保的企事业单位失业保险费的征收缺乏力度，累计欠费76939万元；企业少计失业保险费1435.1万元；以物抵顶失业保险费、滞纳金265万元；财政部门欠缴失业保险费101万元；隐瞒失业保险金利息收入131万元；经办机构经费挤占失业保险金166.4万元；失业保险金未存入财政专户管理4273万元；失业保险基金被挤占挪用446万元等违纪违规问题。

外资运用审计　组织全省各级审计机关完成191个项目的审计任务，出具对外报告6份，对内报告201份，共查出违规违纪行为金额32370万元，其中省本级查出违规违纪行为金额15369万元，收缴违纪行为金额6万元。提出审计意见和建议30条。提交审计信息42篇，被采用19篇。通过审计，揭示了政府外债管理体制不畅、偿还外债压力大、部分外债项目管理不严、未建立偿债准备金等方面问题。针对存在的问题，省厅提交信息11篇，被采用5篇。全省政府外债利用和管理情况的审计调查报告被省政府领导批示，成立了全省政府外债项目管理小组。此外，全省各级审计机关对本级及下级2001年度外债项目的审计质量进行了自检和对下抽检，在此基础上省厅又对13个地市进行了检查，并将检查结果以通报形式下发全省。

专项审计　各级审计机关认真开展了水利资金、林业建设资金、新型墙体材料开发利用资金、城市建设资金、政府采购等专项审计工作。在全省水利专项资金管理使用情况审计中，揭示了部分市县滞拨水利专项资金、经费超支以及挤占水利专项资金等问题，引起了省政府主要领导的高度重视。宋法棠省长、申立国副省长分别在审计报告上做了重要批示，并以财政厅、审计厅、水利厅联合发文方式，向全省通报了审计结果，提出了整改要求。全省部分审计机关以规范政府采购行为为目标，对政府采购中心进行了审计和调查，重点检查了政府采购机构的设置和运行、采购法规的制定和预算的执行、采购资金收支和采购项目的实施管理情况，发现并纠正了存在的问题，提出了规范政府采购行为、完善政府采购运行机制和健全法规制度建设的建议。省厅在以上几项重点专项资金审计和行业审计的报告、信息中，反映了审计发现的问题，提出了审计意见和建议，引起了省政府领导的高度重视和批示，要求各有关部门落实审计意见，进行认真整改。

全面推进经济责任审计　全年共完成对1827名党政领导干部和国

有企业领导人员的经济责任审计任务，查出违规行为金额14.7亿元，其中领导干部应承担主管责任12.2亿元、直接责任6952万元，有关部门参考审计结果平调650人、晋升65人，免职、降职、撤职128人。各级审计机关在经济责任审计实践中，加大对县以上党政领导干部经济责任审计的探索力度，共对385名县以上党政领导干部进行了审计监督，其中省厅集中审计力量，重点审计了5名厅（局）长、两名市长和6名省属企业领导人员。

内部审计　全省各内审机构，共查出和纠正违纪违规行为金额9.85亿元，促进增收节支4.5亿元，被有关部门、单位采纳审计建议4850条。省内审协会根据社会主义市场经济发展的要求，定期举办内审专业技术培训班，组织参加国际注册内部审计师（CIA）考试和国际交流与合作，逐步成为全省内审人员丰富知识、交流工作、提高素质的基地。（撰稿人：孙洪波）

【哈尔滨市审计局】　2002年，共有干部职工145人，其中研究生学历6人，本科学历61人，大专学历66人，局长刘晓东，副局长刘爱华、孙常龄、曲振玉、马有伟，纪检组长于志国。设有机关党委、人事教育处、办公室、法制处、财政审计处、金融审计处、行政事业审计处、经贸审计处、固定资产投资审计处、外资审计处、农业与资源环保审计处、社会保障审计处、经济责任审计处、开发区审计分局、松北新区审计分局和审计干部培训中心。

审计成果　共审计1018个单位，查出违规行为金额127093万元，应缴财政7679万元，已交6606万元，归还原渠道资金11903万元，调账处理42533万元；查出百万元违规单位83个；提出审计综合报告、信息1133篇，被批示、采用371篇（次）。

财政审计　共完成同级预算执行审计任务41个单位，查出违规行为金额12180万元，应缴财政205万元，已全部入库。同时，完成89个单位的财政决算审计任务。

经济责任审计　共对402名领导干部进行了经济责任审计，查出违规行为金额58676万元，其中领导干部负主管责任54185万元，负直接责任782万元。提交审计结果报告和信息454篇，被各级政府批示、采用115篇（次）。

审计信息化建设　2002年是审计署把哈尔滨市审计局确定为全国“金审工程”审计信息化建设试点单位的第一年。根据全市审计系统实际情况，已完成了《哈尔滨市审计系统信息化建设五年规划》的编制工作，制定了审计信息化建设试点实施方案；按照省审计厅统一部署，完成了在全市范围内审计信息化建设情况的调查。至年末，千兆局域网综合布线、系统集成已经完成，局域网已运行，电教室和中心机房装修工作已经结束。在财政预算执行审计和行政事业单位财务收支审计中，成功地利用审计软件转换数据；针对局业务处室各种常用审计工作底稿，制做了审计底稿模板，推进了审计作业规范化、标准化。（撰稿人：金北奇）

【双城市审计局】　现有干部职工22人，设有办公室、财政审计股、经济责任审计股、农林审计股、基本建设审计股和经贸审计股，负责对全市24个乡镇和108个市直部门和企事业单位的审计监督。局长施晓飞，副局长徐新民、何鹏、邹洪玉。

审计成果　完成审计项目64个，查出违纪违规行为金额2064万元，应缴财政49万元，已交62万元，归还原渠道资金41万元，调账处理378万元，指明要求纠正1597万元。提交审计报告、调研文章和审计信息41篇，被采用7篇。对12个行政机关和企事业单位的主要领导干部进行了经济责任审计。（撰稿人：施晓飞）

【尚志市审计局】　现有干部职工24人，设有办公室、财政审计股、经贸审计股、经济责任审计股、基本建设审计股和农业审计股，负责对全市17个乡镇和122个市直部门的审计监督。局长王世龙，副局长徐作林、关景海、宋传庆。

审计成果　完成审计项目40个，经济责任审计项目22个。共查出违规行为金额3275万元，指明要求纠正1805万元。提交审计综合报告30份，审计信息35篇，被采用20篇（次）。对22个市直部门和乡镇主要领导干部进行了任期和离任经济责任审计。审计后，提拔7人、平调27人、离岗修养14人、降职1人。（撰稿人：王世龙）

【五常市审计局】　现有干部职工21人，设有经济责任审计综合办公室、财政金融审计室、行政事业与农林审计室、经贸与基本建设审计室，负责对全市24个乡镇和318个市直部门的审计监督。局长刘治邦，副局长杜兴桥、肖连怀、杨喜东、杨玉玲。

审计成果　完成审计项目78个，查出违纪行为金额1735万元，应缴财政84万元，已交84万元。提交审计报告15份、审计信息24篇，被采用审计报告4份、信息8篇。（撰稿人：刘治邦）

【阿城市审计局】　现有干部职工28人，设有办公室、财政金融审计室、行政事业审计室、农业与资源环保审计室、经贸审计室和经济责任审计室，负责对全市17个乡镇和210个市直部门和企事业单位的审计监督。局长赵春生，副局长王忠义。

审计成果　完成审计项目78个，查出违规行为金额7560万元，应缴财政40万元，已交40万元，应归还原渠道资金400万元。建议给予行政处分两人。提交各类报告、信息102篇，被采用65篇。共对38名领导干部进行了经济责任审计，查出违规行为金额15536万元。审后，移送纪检监察机关查处1人，建议追究行政处分1人。此外，9月15日，审计署业务司来黑龙江省调研，在阿城市召开了经济责任审计研讨会。会上，本局做了题为“强化经济责任审计，为加强干部监督管理，促进廉政建设发挥应有作用”的专题发言，得到了与会各级领导和同志们的一致好评。（撰稿人：姚征平）

【呼兰县审计局】　现有干部职工21人，设有办公室、经济责任审计室、工商审计室、文教行政审计室、基本建设审计室、农林审计室和财政金融审计室，负责对全县16个乡镇和276个县直部门及企事业单位的审计监督。局长施文臣，副局长任继贵。

审计成果　完成审计项目48个，查出违纪违规行为金额6353万元，收缴财政25万元，应归还原渠道资金67万元。提交各类报告36份、信息21篇，被各级党政机关及有关部门采用12篇（次）。其中，对市财政局拨付的177万元救灾专项资金进行了审计，查出民政部门未按规定单独设置账户进行核算的问题。同时还开展16名党政领导干部和国有企业法定代表人离任经济责任审计等。（撰稿人：施文臣）

【依兰县审计局】　现有干部职工14人，设有办公室、财政金融审计股、农业与资源环保审计股、行政事业与社会保障审计股、经贸审计股，负责对全县9个乡镇和209个县直部门及企事业单位的审计监督。局长张继敏，副局长唐小东、于炳海、吴建民。

审计成果　完成审计项目33个，查出违纪违规行为金额1376万元，收缴财政47万元，增加财政收入193万元；查出挤占挪用专项资金133万元，账外资产514万元。提交审计综合报告27份，被县领导批示两份；审计信息21篇，被批示、采用17篇。对13名党政领导干部进行了任期经济责任审计，查出违规行为金额491万元，其中负有直接责任319万元，负有主管责任172万元。审计后，有1人晋升，5人平调。完成上级审计机关授权审计项目4个，查出违规行为金额676万元，收缴违规金额和罚款16万元，归还原渠道资金22万元，增加财政收入140万元，指明要求纠正414万元。（撰稿人：赵青山）

【方正县审计局】　现有干部职工13人，设有财政金融审计室、行政事业审计室、固定资产投资审计室、经济责任审计室和综合法制审理室，负责对全县8个乡镇和82个县直部门的审计监督。局长李春敏，副局长李桂芝、刘中举、张景田。

审计成果　完成审计项目39个，其中县委、县政府交办审计项目20个。共查出违规行为金额1853万元，应缴财政25万元，归还原渠道资金117万元。提交审计报告、信息26篇，被上级部门批示、采用10篇（次）。对10名党政领导干部进行了经济责任审计，查出违规行为金额325万元，其中负有直接责任160万元，负有主管责任165万元。审计后，有1人晋升，6人平调。完成上级审计机关授权项目4个，查出违规行为金额650万元，收缴违规行为金额和罚款16万元，归还原渠道资金50万元。（撰稿人：李春敏）

【宾县审计局】　现有干部职工12人，设有工商农林审计室、财政金融审计室、经济责任审计室、文教行政与基本建设审计室，负责对全县17个乡镇和72个县直部门及企事业单位的审计监督。局长徐中才，副局长胡文学、刘铁飞、唐维兴。

审计成果　完成审计项目68个，查出违纪行为金额1069万元，归还原渠道资金75万元，应缴财政35万元，促进增收节支150万元。提交综合审计报告12份，被采用6份；审计信息16篇，被采用12篇；审计论文3篇。通过对县以下党政领导干部经济责任审计，共查出违纪违规行为金额800万元，其中负有直接责任200万元，负主管责任600万元；核实18个单位增加资产650万元，12个单位减少资产132万元。审计后，有10人晋升，1人免职。（撰稿人：白锋）

【巴彦县审计局】　现有干部职工20人，设有文教行政审计室、基本建设审计室、农林审计室、财政审计室、经贸审计室、综合法制室和经济责任审计室，负责对全县18个乡镇和54个县直部门及企事业单位的审计监督。局长刁明生，副局长赵景权、齐家宏、宋铁军。

审计成果　审计126个单位，查出违纪违规行为金额8587万元，增加财政收入61.8万元，查出被挤占挪用专项资金3145万元、账外资产1194万元，核减基本建设高估冒算工程款39万元；向司法机关移送案件1起；有31篇（次）审计报告、调查报告、审计论文和审计信息被批示、采用。此外，还开展了57个乡镇、部门、企事业单位主要领导干部任期经济责任审计。其中负直接责任的违纪违规行为金额3440万元，负间接责任违纪违规行为金额

2440万元。(撰稿人：苗伟光)

【木兰县审计局】 现有干部职工14人，设有办公室（兼审计复核及综合指导职能）、财政金融审计室、文教行政审计室、经济责任与基本建设审计室、农林审计室、工交商贸审计室，负责对全县8个乡镇和40个县直部门的审计监督。局长吴坤，副局长胡振亚、李忠辉。

审计成果 完成审计项目56个，查出违规行为金额1780万元，应缴财政30万元，归还原渠道资金77万元。共提交审计报告、信息81篇，被有关部门采用14篇。主要开展了3个乡镇财政决算审计；3个世行贷款跟踪审计；党政领导交办的32个经济责任审计等。(撰稿人：吴坤)

【通河县审计局】 现有干部职工16人，设有办公室、财政金融与固定资产投资审计股、行政事业审计股、农业与资源环保审计股、经贸审计股，负责对全县8个乡镇和55个县直部门的审计监督。局长左再先，副局长张谦、明晓军。

审计成果 完成审计项目68个，查出违纪违规行为金额1485万元，决定处理处罚64.1万元。提交审计信息30篇，被各级有关部门和新闻单位采用11篇。(撰稿人：左再先)

【延寿县审计局】 现有干部职工15人，设有办公室、财政金融审计室、经贸审计室、经济责任审计室、农林审计室、文教行政审计室，负责对全县9个乡镇和39个县直部门的审计监督。局长李福，副局长张亚松。

审计成果 审计47个单位，开展两个审计调查项目，查出违规行为金额1449万元，应缴财政40万元，已交40万元。提交审计信息6篇，经济研讨文章1篇。另外，对18名领导干部进行了离任经济责任审计。(撰稿人：高有平)

【齐齐哈尔市审计局】 2002年，共有干部职工90人，其中本科学历37人，大专学历50人，局长任凤仪，副局长孙炜航、杨殿友，纪检组长吴明义。设有办公室、法制处、人事教育科、审计督察科、机关党委、财政审计处、行政事业审计处、经济责任审计处、固定资产投资审计处、金融审计科、农业与资源环保审计科、社会保障审计科、经贸审计科和外资运用审计科。

审计成果 完成审计项目135个，查出违规行为金额46793万元，应缴财政640万元，追还被侵占挪用资金8752万元。向纪检监察机关和司法机关移交案件线索5件，建议有关主管部门进一步查处16件，有关责任人员已被司法机关立案查处3人。向上级审计机关和本级政府提交审计报告66份，审计信息96篇，被各级领导批示和有关部门采用142篇（次）。完成经济责任审计项目18个，其中通过对市残疾人联合会、市干部疗养院的经济责任审计，发现两人涉嫌贪污，1人被立案侦查并逮捕，1人被立案侦查取保候审。在全省审计机关“争先创优”活动中被评为先进单位。(撰稿人：邹凌波)

【讷河市审计局】 现有干部职工21人，设有财政金融审计室、经济责任审计室、农林审计室、经贸审计室、文教行政审计室、固定资产投资审计室、法制审理室和办公室，负责对全市20个乡镇和320个市直部门企事业单位的审计监督。局长赵生，副局长吴文波、王东、段雪峰。

审计成果 完成88个审计项目，查出违纪违规行为金额4430万元，调账处理2655万元，指明要求纠正2923万元，归还原渠道资金1025万元；提交审计信息、论文34篇，被采用22篇；发现大要案线索2件，公开通报3起典型案件。对市政建设中的4个工程进行了审计，共核减工程款40万元。此外，还完成43个经济责任审计项目。荣获省级文明单位等荣誉称号。(撰稿人：赵生)

【龙江县审计局】 现有干部职工24人，设有办公室、经济责任审计室、法制审理室、农业与资源环保审计室、行政事业审计室、经贸审计室、财政审计室和金融审计室，负责对全县16个乡镇和32个县直部门的审计监督。局长李凤昌，副局长刘明阳、田民。

审计成果 完成省、市统一组织的审计项目17个，县政府委托的经济责任审计项目80个，上级审计机关授权项目18个，县委、县政府临时交办审计项目15个，共查出违纪违规行为金额6163万元。其中决定处理处罚1509万元，应缴财政233万元，已交55万元。提交审计报告95份，审计信息28篇，被采用7篇。向纪检、监察部门移交案件3起。(撰稿人：李凤昌)

【依安县审计局】 现有干部职工18人，设有经济责任审计股、财政金融审计股、农林与文教行政审计股、法制审理股和人秘股，负责对全县16个乡镇和33个县直部门的审计监督。局长孙二辉，副局长刘惠斌、郑庆文。

审计成果 完成审计项目17个，共审计52个单位，查出违纪违规行为金额678万元，指明要求纠正319万元，归还原渠道资金30万元，收缴财政25万元。向纪检监察及司法部门移交案件3起。(撰稿人：孙二辉)

【泰来县审计局】 现有干部职工16人，设有办公室、财政金融审计股、经济责任审计股、农业审计股、行政事业审计股和经贸审计股，负责对全县13个乡镇和128个县直部门及企事业单位的审计监督。局长李赫文，副局长周秀兰、姜长军。

审计成果 完成审计项目96个，查出违纪违规行为金额184万元，决定处理处罚56万元，应缴财政38万元；向本级政府和上级审计机关提交审计报告、信息76篇。对本级预算执行情况进行了审计，共查出违纪违规行为金额68万元。对65个行政事业单位的财务收支情况进行了审计，共查出违纪违规行为金额102万元。完成领导干部经济责任审计项目29个，其中党政领导干部8人，事业单位领导干部21人，查出违纪违规行为金额33万元。（撰稿人：聂剑山）

【甘南县审计局】 现有干部职工21人，设有办公室、经济责任审计室、财政金融审计室、农林审计室、经贸审计室、基建审计室和文教行政审计室，负责对全县10个乡镇和83个县直部门及企事业单位的审计监督。局长刘春华，副局长刘绍忠、李君。

审计成果 全年共审计59个单位，查出违纪违规行为金额3069万元，应缴财政71万元，已交财政28万元，应归还原渠道资金2959万元，指明要求纠正4583万元。向政府和上级审计机关提交审计报告25份、审计信息15篇、审计论文两篇，共被采用10篇（次）。同时，完成经济责任审计7个，查出企业潜亏2143万元，少交税款4万元，虚报冒领补贴3万元，坐收坐支1万元，被挪用专项资金4.2万元。审计后，平调4人，免职1人，原职未动两人。（撰稿人：邹伟志）

【富裕县审计局】 现有干部职工15人，设有办公室、法制审理室、企业审计室、行政事业审计室、经济责任审计室和财政金融审计室，负责对全县10个乡镇和88个县直部门及企事业单位的审计监督。局长付文军，副局长汤秀军、石国文。

审计成果 完成审计项目41个，查出各类违规行为金额337万元，指明要求纠正3232万元，追还被侵占挪用资金56万元，应缴财政19万元，已交19万元。提交审计报告30份、信息44篇，被批示、采用13篇。（撰稿人：付文军）

【克山县审计局】 现有干部职工17人，设有综合股、固定资产投资审计股，经济责任审计股、行政事业审计股，经济贸易审计股、财政与金融审计股、农林与资源环境保护审计股，负责对全县15个乡镇和100个县直部门及企事业单位的审计监督。局长赵景双，副局长凌顺发、路玉国。

审计成果 完成审计项目69个，查出违规行为金额4998万元，应缴财政147万元，归还原渠道资金3799万元，调账处理307万元，指明要求纠正745万元。向各级党委、政府提交审计报告29份、信息19篇、简报4篇，被批示、采用6篇。另完成经济责任审计项目7个，查出违规行为金额709万元。审计后，有1人平调，1人晋升，3人原职未动，两人被免职。荣获黑龙江省“争先创优”工作先进单位等荣誉称号。（撰稿人：赵景双）

【克东县审计局】 现有干部职工18人，设有综合股、财政金融审计股、行政事业审计股、经贸审计股、农业环保审计股、经济责任审计股和固定资产投资审计股，负责对全县10个乡镇和31个县直部门的审计监督。局长朱秀民，副局长吴金玉、马宝石。

审计成果 完成审计项目42个，查出违纪违规行为金额6640万元，应缴财政38万元，已交35.5万元。向上级审计机关和本级政府提交审计报告33份、信息8篇，被采用两篇。在对地方税务部门税收征管情况审计时，延伸审计了17个企业及52个个体工商户的纳税情况，揭示了企业欠税等问题。（撰稿人：田越）

【拜泉县审计局】 现有干部职工18人，设有办公室、法制审理室、金融审计股、文教行政审计股、固定资产投资审计股、经济贸易审计股、财政审计股、农林审计股和经济责任审计股，负责对全县20个乡镇和129个县直行政事业单位及87个企业的审计监督。局长刘建国，副局长袁志君、张荔枝。

审计成果 完成审计项目43个，查出各类违纪违规行为金额6752万元，纠正和归还原渠道资金1592万元，应缴财政70万元。提交审计报告45份、调查报告6份，均被县委、县政府采用；审计信息18篇，被《中国审计报》等发表8篇。在本级预算执行审计中，查出违规行为金额3782万元，归还原渠道资金484万元，指明要求纠正152万元。在专项资金审计中，重点审计了水利专项、救灾专项和新型墙体开发利用专项资金。其中救灾专项资金审计查出违纪行为金额13万元，已全部归还原资金渠道；水利专项资金审计查出违规行为金额106万元，应缴财政4万元；新型墙体材料开发利用专项资金审计查出违规违纪行为金额3万元，应缴财政1万元。（撰稿人：刘建国）

【黑河市审计局】 2002年，共有干部职工31人，其中本科学历13人，大专学历18人，局长冯清祥，副局长宋伟、闫晓光、杨占华。设有财政金融审计科、经贸审计科、农业与资源环保审计科、固定资产投资审计科、社会保障审计科、行政事业审计科、法制审理科、人事教育科和办公室。

审计成果 共审计274个单位，查出违规行为金额8065万元，指明要求纠正10384万元，应缴财政607万元，已交295万元；提交审计报告215份，审计信息136篇，被上级审计机关、党政机关和新闻单位采用60篇。市本级全年审计53个单位，共查出违规行为金额1785万元，指明要求纠正1843万元，应缴财政60万元，已交60万元；提交审计报告39份，审计信息46篇，被省委领导批示3篇，被上级审计机关、党政机关和新闻单位采用40篇。

经济责任审计 共完成经济责任审计项目107个，其中市本级开展经济责任审计15个，查出违纪行为金额1315万元，指明要求纠正254万元。此外，分别对五大连池市市长和孙吴县县长任期内经济责任进行了审计。（撰稿人：徐峰）

【黑河市爱辉区审计局】 现有干部职工12人，设有办公室、财政审计股、农林经贸与固定资产投资审计股、行政事业审计股、经济责任审计股，负责对全区11个乡镇和17个林渔牧场及28个区直部门的审计监督。局长刘万森，副局长陈爱红、杨志明、李迎玖。

审计成果 完成审计项目21个，审计32个单位。共查出违纪违规行为金额1244万元，其中决定处理处罚74万元，应缴财政74万元，归还原渠道资金173万元，调账处理332万元，指明要求纠正809万元。提交审计报告22份、审计意见32份、审计信息17篇，被《中国审计报》等转发5篇、区委、区政府采用5篇。被评为黑龙江省审计系统“争先创优”工作先进单位、双评活动第四名；机关档案管理工作晋升为省级优秀级次。（撰稿人：刘万森）

【北安市审计局】 现有干部职工21人，设有办公室、财政金融审计室、固定资产投资审计室、文教行政审计室、农林审计室、企业审计室和经济责任审计室，负责对全市9个乡镇和110个市直部门及企事业单位的审计监督。局长李彬，副局长谷晓龙、李宏伟、李俊忠。

审计成果 完成审计项目13个，审计42个单位，查出违规行为金额3199万元，应缴财政165万元，已交31万元，指明要求纠正1791万元。对救灾专项资金、新型墙体材料开发利用专项资金等进行了审计，查出违规行为金额206万元；开展国际金融组织贷援款项目审计，查出配套资金不到位280万元；对10个国有企业资产、负债、损益情况进行了审计，查出违规行为金额936万元，指明要求纠正530万元；对13个行政事业单位财务收支情况进行了审计，查出违规行为金额960万元；共对7个单位的领导干部进行了经济责任审计，查出各种违纪违规行为金额480万元，决定处理处罚133万元，提出审计建议18条。（撰稿人：李彬）

【五大连池市审计局】 现有干部职工17人，设有办公室、财政金融审计室、基本建设审计室、文教行政审计室、经贸审计室、经济责任审计室和财政金融农林审计室，负责对全市11个乡镇和114个市直部门及企事业单位的审计监督。局长张仁洲，副局长李福权、纪勋海、王潇宇。

审计成果 完成计划审计项目10个，审计36个单位，查出违纪违规行为金额2184万元，其中决定处理处罚686万元，应缴财政91万元，指明要求纠正1482万元。提出处理意见和建议100条，均被采纳。提交审计信息和简报18篇，被新闻单位采用两篇。在全省统一组织的农垦系统审计中，完成了对嫩江农场的财务收支审计，揭示其少缴各种税共5.52万元，超规定范围和限额使用现金2.84万元，应列未列固定资产3.20万元等问题；按照有关规定决定处理处罚8.36万元，并对其财务管理提出了建议。还完成县以下党政领导干部任期经济责任审计21个，审计21个单位。（撰稿人：张仁洲）

【嫩江县审计局】 现有干部职工17人，设有人秘股、法制股、财政金融审计股、固定资产投资审计股、文教行政审计股、农业与资源环保审计股、经济责任审计局，负责对全县13个乡镇和25个县直部门的审计监督。局长王惠臣，副局长孙庆江、赵树明、陶卫东、刘秀艳。

审计成果 完成计划内审计项目13个，审计25个单位，查出违规行为金额555万元，指明要求纠正3449万元，应缴财政67万元，已交54万元。提交审计信息30篇，被采用10篇。完成经济责任审计项目26个，其中县直机关和事业单位领导干部13人、乡（镇）政府主要领导干部9人、国有企业法人代表4人，共查出违规行为金额307.7万元。获黑龙江省审计机关“争先创优”工作先进单位称号。（撰稿人：王惠臣）

【逊克县审计局】 现有干部职工15人，设有办公室、财政金融审计室、行政事业与社会保障审计室、经贸农业与资源环保审计室、经济责任审计室，负责对全县9个乡镇和110个县直部门及事业单位的审计监督。局长张永成，副局长丁振国、成昌臻。

审计成果 完成41个审计项

目，审计49个单位。共查出违纪违规行为金额402万元，指明要求纠正401万元，应缴财政21万元，已交21万元。提交审计报告45份、审计信息10篇，被采用信息两篇。（撰稿人：张永成）

【孙吴县审计局】 现有干部职工15人，设有办公室、法制审理室、财政金融审计室、文教行政与农林审计室、商贸审计室和经济责任审计室，负责对全县13个乡镇和220个县直部门及企事业单位的审计监督。局长陶静萍，副局长马万民、孙桂洁、凌仁俊、孟尧。

审计成果 完成审计项目19个，审计37个单位，查出违规行为金额547万元，指明要求纠正489万元，决定处理处罚58万元，应缴财政17万元，已交17万元。提交审计报告、信息37篇。（撰稿人：孟尧）

【大庆市审计局】 2002年，共有干部职工33人，其中本科学历20人，大专学历13人，局长杨桂琴，副局长李世宏、黄殿利、徐丽艳。设有办公室、财政审计科、金融审计科、行政事业审计科、农业与资源环保审计科、外资运用审计科、固定资产投资审计科和经济责任审计办公室。

审计成果 共完成审计项目14个，审计单位437个，查出违规行为金额25867万元，应缴财政2955万元，已交1761万元。提交审计报告及信息494篇，被各级党政领导和上级审计机关批示、采用144篇。市审计局和肇州、肇源两县审计局获得黑龙江省审计系统"争先创优"工作先进单位称号。

财政审计 共对市、县两级13个预算执行的重点单位进行了审计，同时对3县、两区的财政决算进行了审计，共查出违规行为金额3639万元，应缴财政1383万元（含纳税户偷逃税款），提交审计信息61篇。

专项资金审计和审计调查 根据省厅的统一部署，开展了对新型墙体材料开发利用、救灾、水利等6个方面专项资金的审计及审计调查。共查出违规行为金额394万元，指明要求纠正829万元；并就加强整改、完善管理提出了合理化建议。

经济责任审计 共开展经济责任审计266个项目，查出违规行为金额17093万元，应缴财政856万元。提交审计信息29篇，均被领导签批。市经济责任审计工作的成果和经验引起了上级机关和领导的重视，12月，在纪检、组织、审计等中央五部委联合召开的经济责任审计工作会议上，大庆市审计局作为惟一的地市局被邀请参加了会议，介绍了工作经验。（撰稿人：孙继春）

【肇州县审计局】 现有干部职工23人，设有办公室、经济责任审计办公室、财政审计股、文教行政审计股、农业与资源环保审计股、基本建设审计股、金融审计股和审理股，负责对全县14个乡镇（场）和114个县直部门及企事业单位的审计监督。局长苏德山，副局长孙世研、吴凯峰、于子波。

审计成果 完成审计项目12个，审计资金总额192933万元，查出违纪违规行为金额1608万元，应缴财政64万元，已交64万元；提交审计报告35份，审计信息33篇，被上级审计机关和县委、县政府采用35篇（次），被新闻单位采用32篇；提出审计建议112条。继续保持省级文明单位标兵荣誉；被评为黑龙江省审计系统"争先创优"工作先进单位。（撰稿人：刘俊刚）

【肇源县审计局】 现有干部职工18人，设有财政金融审计股、行政事业审计股、经贸审计股、固定资产投资审计股、经济责任审计办公室和机关办公室，负责对全县22个乡镇（场）和38个县直部门的审计监督。局长陈树彪，副局长曲岩、王春成、李登学。

审计成果 完成审计项目11个，审计61个单位，查出违纪违规行为金额5669万元，应缴财政440万元，已交49万元。提交审计报告76份、审计信息35篇、审计要情5篇，审计信息被采用26篇（次）。对新站镇等8个乡镇2000～2001年度财政决算进行了审计，共查出决算支出不真实155万元，挤占、挪用专项资金75万元，坐收、坐支预算外资金103万元，"白条子"核销支出189万元等问题，依法进行了处理处罚。此外，还开展了58个县直部门及乡镇原党政领导任职期间经济责任审计等。审计信息、财政、经济责任审计工作被省厅评为先进单位；被评为黑龙江省审计系统"争先创优"先进单位；还晋升为省级文明单位。（撰稿人：李登学）

【林甸县审计局】 现有干部职工12人，设有办公室、经济责任审计办公室、财政金融审计股、农业与资源环保审计股、固定资产投资审计股、外资运用审计股和行政事业审计股，负责对全县8个乡镇和34个县直部门的审计监督。局长王玉昌，副局长孟凡良、李国华、张立新。

审计成果 完成审计项目47个，查出违规行为金额55万元，归还原渠道资金256万元；提交审计报告47份、审计信息20篇，被上级审计机关采用10篇。对30名领导干部进行了离任经济责任审计。（撰稿人：郑艳秋）

【杜尔伯特蒙古族自治县审计局】 现有干部职工15人，设有经济责任审计室、财政金融审计室、工交商贸审计室、农林审计室和文教行政审计室，负责对全县11个乡镇和25个县直部门的审计监督。局长张春国，副局长崔彦飞、董书明、王学民。

审计成果　完成审计计划项目10个、省厅授权项目两个、领导干部任期经济责任审计项目54个，审计77个单位；查出违规行为金额6483万元，缴罚款29万元；提交审计报告、信息及研讨文章86篇，被采用或转发9篇。（撰稿人：王学民）

【伊春市审计局】　2002年，共有干部职工47人，其中本科学历11人，大专学历28人，局长张克举，副局长王勇、马庆、宫林，纪检组长郑国文。设有办公室、监察室、法制科、固定资产投资审计科、社会保障审计科、农业与资源环保审计科、财政审计科、经贸审计科、行政事业审计科、经济责任审计科和林业审计科。

审计成果　共审计56个单位，查出违规行为金额887万元，指明要求纠正7357万元，收缴违规行为金额45万元；提交审计报告、信息80篇。在预算执行审计中，共审计两个财税部门和9个预算执行单位，查出违规行为金额53万元。按照省厅的安排，对中国农业发展银行伊春市分行2001年度资产、负债、损益情况进行了审计，共查出有问题金额696万元，针对存在的问题，提出要严格信贷资产的管理，加大应收未收利息清收力度的建议。根据省厅授权，对伊五路、中国移动通讯伊春分公司、清河林业局、笔架山监狱进行了财务收支审计，共查出违规行为金额148万元，指明要求纠正2832万元。完成经济责任审计18个，查出违规行为金额121万元，指明要求纠正1741万元。参考审计结果提拔两人，平调和留职14人。（撰稿人：陈玉林、佟丹）

【铁力市审计局】　现有干部职工33人，设有综合办公室、法制审理室、督察审计室、财政金融审计室、固定资产投资审计室、经济责任审计室、行政事业审计室、经贸审计室、农业与资源环保审计室、派出人员管理办公室，负责对全市7个乡镇和48个市直部门的审计监督。局长陈天林，副局长杨锡强、苗晓全、王铁建。

审计成果　完成审计项目50个，审计59个单位，查出违纪违规行为金额1462万元，其中调整账目948万元，归还原渠道资金324万元，收缴违纪行为金额32万元，增收节支158万元。完成省、市交办的专项资金审计项目12个，涉及单位18个，审计总金额两亿元。提交审计信息22篇，被采用6篇。完成领导干部任期经济责任审计30个，查出违纪违规行为金额243万元，审计后，10人平调，两人提职，1人免职。获黑龙江省审计系统先进集体、审计法制宣传教育先进集体、"争先创优"工作先进集体等荣誉称号。（撰稿人：陈天林）

【嘉荫县审计局】　现有干部职工11人，设有综合股、法制股、财政金融审计股、行政事业审计股和经济责任审计股，负责对全县9个乡镇和55个县直部门的审计监督。局长王丽，副局长程谟杰、穆丹。

审计成果　审计92个单位，查出违纪违规行为金额825万元，其中处理处罚482万元，指明要求纠正343万元，应缴财政21万元，已交财政20万元；提交审计报告、信息46篇。完成县级以下党政领导干部任期经济责任审计30个，查出违纪违规行为金额329万元。审计后，3人被提拔、15人平调、11人原职留用、1人免职。荣获全省审计系统经济责任审计工作先进单位、黑龙江省审计机关"争先创优"工作先进集体。（撰稿人：曹颖茹）

【鹤岗市审计局】　2002年，共有干部职工45人，其中研究生学历3人，本科学历7人，大专学历35人，局长王洪军，副局长吴宝寅、张宝魁，纪检组长高崇杰。设有办公室、人事教育科、法制科、行政事业与社会保障审计科、固定资产投资审计科、经贸审计科、金融审计科、经济责任审计科、财政审计科、农业与资源环保审计科，另设有派出区级审计科、公检法审计科、公用事业审计科和科教文审计科。

审计成果　共审计63个单位，查出并纠正各类违规行为金额4095万元，帮助企业节约支出106万元，挽回经济损失86万元，增加财政收入143万元。向纪检监察机关移送违纪案件线索6件，向地税部门移送偷税线索1件，向检察机关移送案件线索1件。提交审计报告和信息99篇，被当地政府和上级审计机关批示、采用21篇（次），被新闻媒体播发10篇（次）。向被审计单位提出合理化建议85条，被采纳73条。

财政审计　对市财政局、地税局具体组织市本级2001年度财政预算执行情况进行了审计，并延伸审计了6个二级预算部门和30个企事业单位，同时对小型农田水利资金、抗旱经费、救灾资金等专项资金进行了审计。查出违纪行为金额52万元。针对问题，提出了整改建议，得到被审计单位的采纳。开展了对向阳区、东山区、兴山区和萝北县政府2000年度、2001年度财政决算审计，查出违纪行为金额165万元。针对存在的问题，按照有关规定进行了处理。

经济责任审计　对13名领导干部进行了经济责任审计，查出各种违纪违规行为金额1393万元，其中负直接责任498万元、负管理责任

854万元。(撰稿人：马江涛)

【萝北县审计局】　现有干部职工14人，设有财政金融审计室、经济责任审计室、行政事业审计室、固定资产投资审计室、综合审理室，负责对全县150个县直部门及企事业单位的审计监督。局长孙志瑜，副局长高川、李小萍。

审计成果　完成审计项目37个，查出各类违纪违规行为金额3643万元，其中指明要求纠正3054万元，收缴罚没款14.5万元。提交审计报告37份，审计信息12篇，审计调研报告4份，提出审计建议108条。另外，对29个单位的领导干部任期经济责任进行了审计，查出违纪违规行为金额150万元，纠正违规行为金额622万元。(撰稿人：孙志瑜)

【绥滨县审计局】　现有干部职工12人，设有财政金融审计室、农业审计室、工贸审计室、综合办公室(负责文教行政审计及法制审理工作)，负责对全县9个乡镇和23个县直部门的审计监督。局长姚景新，副局长李金良、郭舜义、杨喜坤。

审计成果　完成审计项目61个，查出违纪违规行为金额497万元，其中指明要求纠正142万元，决定处理处罚278万元，应缴财政22.3万元。帮助企业整章建制38条，提出合理化建议109条。提交审计信息10篇。还先后对9个乡镇、17名党政领导干部和县直机关17个单位的17名领导干部任期经济责任进行了审计。经审计，揭示出7个单位用假发票套取现金29万元、3个单位公款私存145万元、两个单位私设“小金库”7.5万元、4个单位非经营性资产转经营性收入8万元，以及截留挪用专项资金15万元等违纪违规问题，依规分别给予了处理处罚。(撰稿人：李金良)

【佳木斯市审计局】　2002年，共有干部职工65人，其中本科学历12人，大专学历53人，局长陈清山，副局长刘玉兰、崔新文、关胜超、李纲。设有办公室、人事教育科、经贸审计科、固定资产投资审计科、行政事业审计科、财政审计科、金融审计科、外资运用审计科、农业审计科、法制审理科与市纪委派驻纪检组、监察室和派驻审计科。

审计成果　共完成审计项目19个，审计单位543个。查出违纪违规行为金额1.8亿元，指明要求纠正6613万元，归还原渠道资金5612万元，调整账目5250万元，收缴违纪行为金额525万元。提交审计信息和调研报告221篇，其中被市委、市政府及新闻单位批示和采用157篇，省以上单位采用48篇。经济责任审计工作被评为全省审计系统先进单位；审计学会工作在全国大中城市社科联第十三次工作会议上，被授予全国先进学会称号。

经济责任审计　共完成经济责任审计及审计调查项目13个，查出违纪违规行为金额4146万元，收缴违纪行为金额41.6万元。审计信息被有关部门采用12篇，提交审计调研文章3篇、审计论文两篇。向检察机关移送案件5起。

内部审计　全市内审机构共审计246个单位，查出损失浪费674万元，促进增收节支355万元。审计意见、建议被采纳186条，促进企业提高经济效益547万元。向司法机关移送大要案两起。(撰稿人：王进兴)

【同江市审计局】　现有干部职工21人，设有办公室、经济责任审计室、行政事业审计室、财政金融审计室、农业审计室、固定资产投资审计室、经贸审计室和法制审理室，负责对全市12个乡镇和72个市直部门的审计监督。局长初宝江，副局长霍明哲、魏良伟。

审计成果　完成计划项目15个，审计49个单位；完成领导干部离任经济责任审计22个。共查出违纪违规行为金额2416万元。提交审计报告、信息76篇，被采用7篇。对22名领导干部进行了任期经济责任审计，查出违纪违规行为金额2015万元，分别依法进行了处理。2002年晋升为省级文明单位，获黑龙江省审计系统“争先创优”工作先进集体称号。(撰稿人：于雪彬)

【富锦市审计局】　现有干部职工32人，设有农林审计室、经贸审计室、文教行政审计室、基本建设审计室、财政金融审计室、经济责任审计办公室、法制审理室、综合办公室和派驻乡镇审计室，负责对全市11个乡镇和248个市直部门及企事业单位的审计监督。局长温旭久，副局长林英昌、张洪清。

审计成果　完成审计项目13个，审计70个单位。查出违纪违规行为金额5176万元，收缴违纪违规行为金额28万元，增加财政收入256万元，归还原渠道资金541万元，指明要求纠正1204万元，促进增收节支956万元。提交审计报告和信息65篇，被批示4篇，被采用21篇。对12名党政机关及事业单位领导人员的任期经济责任进行了审计，共查出违纪行为金额552.8万元，审计前，资产负债率为97.5%；审计后，资产负债率为100.2%，净资产比任期前减少88万元。(撰稿人：张丽琴)

【桦南县审计局】　现有干部职工18人，设有农林审计室、财政金融审计室、文教行政审计室、工商审计室、经济责任审计室和综合办公室，另在全县10个乡镇设立了审计所，配备专兼职人员24人，负责对全县10个乡镇和164个县直部门及企事业单位的审计监督。局长桂万霖，副局长李建华、李建伟、张建元。

审计成果 完成审计项目23个，审计130个单位，查出违纪违规行为金额1716万元，其中决定处理处罚276万元，应缴财政68万元，已交55万元，归还原渠道金额134万元。提交各类审计报告115份，审计信息26篇，被采用23篇（次）。完成县级以下党政领导干部经济责任审计40个单位、国有企业法定代表人经济责任审计8个单位，查出各类违纪违规行为金额450.4万元，收缴违纪行为金额和罚款12万元，归还原渠道资金20万元。审计后，提拔3人，免职1人。此外，首次开展了村级领导人员经济责任审计。共审计行政村52个，审计总金额980万元，查出违纪违规行为金额161.7万元，归还原渠道和为村集体挽回经济损失87.9万元。审后罢免5人。普教经费审计和经济责任审计被评为全省先进单位。（撰稿人：李建伟）

【桦川县审计局】 现有干部职工15人，设有经济责任审计室、财政金融审计室、行政事业审计室、经贸审计室、固定资产投资审计室、法制审理室和办公室，负责对全县9个乡镇和28个县直部门的审计监督。局长孙同秀，副局长葛连富、李士瑞。

审计成果 完成各类审计项目32个，查出违纪违规行为金额765万元，应缴财政45万元，已交30万元。提交审计综合报告、调查报告、信息45篇，被批示、采用26篇。被授予黑龙江省审计系统法制工作先进单位称号。（撰稿人：杨鑫）

【汤原县审计局】 现有干部职工11人，设有办公室、企业审计室、文教行政审计室和财政金融审计室，负责对全县10个乡镇和27个县直部门的审计监督。局长康天石，副局长王斌、李金龙、何冰。

审计成果 审计45个单位，查出违规行为金额601万元，应缴财政15万元，已交15万元；提出审计建议44条；提交审计报告45份、信息21篇，被采用8篇；理论调研文章1篇。完成任期经济责任审计单位4个、县以下党政领导干部离任经济责任审计单位17个，审计总金额43516万元，查出违纪违规行为金额378万元。审计后，提职3人、平调14人。（撰稿人：康天石）

【抚远县审计局】 现有干部职工25人，设有综合审理办公室、财政金融审计室、行政事业审计室、经贸审计室、农业与资源环保审计室、固定资产投资审计室和经济责任审计室，负责对全县9个乡镇和181个县直部门及企事业单位的审计监督。局长吕法江，副局长张军山、杨金涛、韩凤玲。

审计成果 完成审计项目36个，审计单位67个，查出违规行为金额5758万元，已交财政110万元，指明要求纠正1079万元。提交审计调查报告、情况报告、信息114篇，被省厅采用两篇、市局采用16篇、县委、县政府采用21篇。荣获黑龙江省审计系统先进集体称号。还完成经济责任审计项目33个，查出违纪违规行为金额396万元。（撰稿人：马明午）

【双鸭山市审计局】 2002年，共有干部职工49人，其中研究生学历1人，本科学历11人，大专学历34人，局长黄志文，副局长郑晓光、杨会东、邸栋梁，纪检组长刘恒广。设有财政审计科、金融审计科、经济责任审计科、固定资产投资审计科、农业与资源环保审计科、经贸审计科、行政事业审计科、社会保障审计科、外资审计科、办公室、人事教育科、法制科、督察科和监察室。

审计成果 共审计310个单位，查出违规违纪行为金额9509万元，已交财政281.4万元，减少财政拨款和补贴506万元，促进增收节支215万元；提交审计报告、信息406篇，被各级党政领导批示、新闻单位采用52篇；向司法机关移送案件1起，协助有关部门查处案件8起。在预算执行审计中，全市审计机关共查出违纪违规行为金额3342万元，其中市本级1968万元。全市共对135人进行了经济责任审计，查出违规行为金额9913万元，其中市本级共审计46人，查出违规行为金额3965万元。完成了对市、县农业发展银行2001年度资产、负债、损益情况的审计。审计中，查出农发行存在将应列表内利息转表外，造成多计表外利息106万元，少计税金5.8万元的问题。市审计局在全省农发行系统审计中率先发现了这一问题，在省厅召开的农发行系统审计工作研讨会上，做了典型经验介绍，为其他地、市提供了借鉴。根据省厅授权，对龙江县白山粮库财务收支情况进行了审计，揭示出应提未提专储水稻费用补贴13.3万元和套取粮食财政补贴112万元的违规问题。（撰稿人：黄志文）

【集贤县审计局】 现有干部职工21人，设有办公室、法制审理室、财政税务审计股、农林金融审计股、基本建设审计股、工交商贸审计股、经济责任审计股，负责对全县8个乡镇和23个县直部门的审计监督。局长朱连富，副局长彭万江、陈凤志、侯敬忠。

审计成果 完成审计项目46个，查出违纪行为金额4164万元，其中决定处理处罚541万元，指明要求纠正3623万元，应缴财政21万元。提交审计信息13篇。完成了31

名领导干部的经济责任审计。（撰稿人：朱连富）

【友谊县审计局】 现有干部职工9人，设有办公室、综合审计室和财政金融审计室，负责对全县33个县直部门的审计监督。局长杨树森，副局长王英杰。

审计成果 完成审计项目21个，审计29个部门和单位，查出违规行为金额1121万元，应缴财政17万元，已交15万元，归还原渠道资金35万元。提交审计报告21份、审计信息9篇、审计论文4篇，被批示、采用3篇。提出审计建议47条。还对11个党政机关、行政事业单位的领导干部任期经济责任进行了审计，查出违纪违规行为金额86万元，提出审计建议41条。审后，有两人被重用、两人平调、两人免职、5人原职未动。（撰稿人：杨树森）

【宝清县审计局】 现有干部职工20人，设有办公室、行政事业与经济责任审计室、经贸审计室、固定资产投资审计室、农业审计室和财税金融审计室，负责对全县10个乡镇和80个县直部门及国有企业的审计监督。局长孟祥岐，副局长李成发、王德刚。

审计成果 完成审计项目30个、25个单位，共查出违纪违规行为金额1380.94万元，应缴财政20万元，已交16.8万元。提交审计信息12篇。完成了12名党政领导干部和两名国有企业领导干部的经济责任审计。（撰稿人：孟祥岐）

【饶河县审计局】 现有干部职工11人，设有办公室、法制室、督察室、行政事业与经济责任审计室、财政金融审计室、农业与固定资产投资审计室、经贸与社会保障审计室，负责对全县9个乡镇和97个县直部门的审计监督。局长马德利，副局长董作滔、王承文。

审计成果 完成审计项目16个，审计48个单位，查出违纪违规行为金额15633万元，应缴财政14.4621万元，已交12.7191万元；提交综合性审计报告30份、审计论文两篇、审计信息18篇；提出审计意见和建议57条。有两人被省厅授予先进个人称号。完成经济责任审计项目28个、28人，查出违纪违规行为金额173万元。审计后，离职10人、平调4人、重用5人、晋升两人。（撰稿人：马德利）

【七台河市审计局】 2002年，共有干部职工26人，其中本科学历8人，大专学历18人，局长陈光复，副局长陶佩行、柳亚贤、张洪涛、王宝山，纪检组长王启顺。设有法制科、办公室、财政审计科、金融审计科、行政事业审计科、经贸审计科、固定资产投资审计科、农业与资源环保审计科和经济责任审计科。

审计成果 共完成省定审计项目12个，自定项目4个，审计64个单位。查出应缴违纪违规行为金额139.8万元，已交119.6万元。提出审计建议110条，均被采纳。提交审计信息66篇，被省级采用15篇、市级采用24篇。在预算执行审计中，还延伸审计了7个预算单位的财务收支情况、12个执收执罚单位执行“收支两条线”情况、4个单位的专项资金管理使用情况、35个纳税户的缴税情况，共揭示出17个方面的问题，查出违纪违规行为金额1744万元，纳税人偷漏各种税款69万元。在经济责任审计中，共对26名领导干部的任期经济责任进行了审计，揭示出部分领导干部任职期间在财务管理上存在的挤占挪用专项资金、坐收坐支预算外收入、截留各种收入、私设账外“小金库”、固定资产账实不符等11个方面的问题，查出违纪违规行为金额891万元。在基本建设工程预决算审计中，完成了对市房产局办公楼续建工程、2001年七台河至勃利路段维修工程和市政府交办的审计项目8个，审计工程预决算资金总额16400万元，核减工程款2394万元，核减率达14.6%。（撰稿人：张洪涛）

【勃利县审计局】 现有干部职工16人，设有财政金融审计股、固定资产投资审计股、农业与资源环保审计股、行政事业审计股、综合审理股和经济责任审计办公室，负责对全县11个乡镇和112个县直部门及事业单位的审计监督。局长苏景海，副局长董冰、郭福全、陈玉明。

审计成果 完成审计项目9个，审计62个单位，查出违规行为金额887万元，违纪行为金额132万元，决定处理处罚24万元，归还原渠道资金39万元，指明要求纠正215万元，应缴财政24万元，已交24万元，促进增收节支8万元。提交审计报告62份、审计信息16篇。提出审计建议18条，被采纳6条。内审工作共审计109个单位，审计资金总额14365万元，查出违规行为金额249万元，查出损失浪费36万元，促进增收节支21万元，归还原渠道资金41万元。提出审计建议12条，被采纳4条。（撰稿人：吕景林）

【鸡西市审计局】 2002年，共有干部职工55人，其中本科学历24人，大专学历26人，局长李连霞，副局长高然、王椿、崔长杰，纪检组长齐明达。设有办公室、法制审理科、财政审计科、经贸审计科、固定资产投资审计科、行政事业与社会保障审计科、外资审计科、金融审计科、农业与资源环保审计科、驻执法机关审计科、驻公检法审计科、驻科教文卫审计科和经济责任审计办公室。

审计成果 共审计81个单位，

查出违纪违规行为金额8901万元，应缴财政264万元，已交217万元，归还原渠道资金234万元；帮助60多个企业完善规范了财经管理制度，提出审计建议170余条；向纪检监察及公安机关移送案件线索两件；提交审计报告、信息54篇，被采用13篇。获黑龙江省审计机关“争先创优”工作先进单位、省级文明单位标兵称号。

经济责任审计　共对18名党政领导干部和7个国有企业法定代表人进行了经济责任审计，查出违纪违规行为金额4800万元。同时，对审计文书格式进行了统一，建立了审计对象资料库，实行了经济责任审计档案统一管理。（撰稿人：王椿）

【虎林市审计局】　现有干部职工20人，设有办公室、经济责任审计室、财政审计室、金融审计室、文教行政审计室、农林审计室、企业审计室和基本建设审计室，负责对全市12个乡镇和90个市直部门的审计监督。局长孙强，副局长时述良、冷贤兰、袁中心。

审计成果　完成15个审计项目，审计49个单位，查出违规行为金额925万元，应缴财政90万元；提交审计报告15份、论文4篇、信息23篇，被《中国审计报》采用论文1篇，被《现代审计与会计》杂志采用论文两篇、信息两篇，被《黑龙江日报》采用信息1篇，被市审计局采用信息两篇。荣获黑龙江省审计系统“争先创优”先进集体。（撰稿人：时述良）

【密山市审计局】　现有干部职工19人，设有办公室、财政审计室、法制审理室、行政事业与社会保障审计室、经贸审计室、固定资产投资审计室、农林与资源环保审计室和经济责任审计办公室，负责对全市16个乡镇和265个市直部门及企事业单位的审计监督。局长赵连荣，副局长刘丽馥、魏万志。

审计成果　完成审计项目82个，查出违纪行为金额32万元，为国家增收节支132万元。提交审计信息、专题调研报告36篇，被采用16篇。荣获黑龙江省审计系统“三五”普法工作先进单位、财政审计工作先进单位等称号。（撰稿人：潘月平）

【鸡东县审计局】　现有干部职工20人，设有办公室、经济责任审计办公室、固定资产投资审计室、商贸审计室、财政金融审计室、文教行政审计室，社会保障审计室和农林审计室，负责对全县11个乡镇和34个县直部门的审计监督。局长周长有，副局长李嘉慧、宋仁秀、徐玉子。

审计成果　完成审计项目60个，查出违纪违规行为金额860万元，指明要求纠正778万元，收缴违纪行为金额22万元；提出审计建议96条，被采纳52条；提交审计信息25篇，被采用12篇。按照全省乡级财政审计方案的要求，对哈达、兴农、鸡东、鸡林4个乡镇2001年度财政决算和其他财务收支情况进行了审计，审计覆盖面达30%。还对30名行政事业单位及国有企业的主要领导干部进行了离任经济责任审计，共查出各类违纪违规行为金额963万元。审计后，晋升1人，平调21人。（撰稿人：周长有）

【牡丹江市审计局】　2002年，共有干部职工71人，其中研究生学历3人，本科学历27人，大专学历39人，局长庞愚男，副局长庄长顺、顾景泉、刘永和、孙秉海、佟卫东，纪检组长吕春江。设有秘书科、综合科、人事教育科、法制科与机关党委、监察室、总务科、计算机应用科、财政审计科、金融审计科、经贸审计科、固定资产投资审计科、行政事业审计科、农业审计科、社会保障审计科、外资审计科和经济责任审计一科、二科、三科。

审计成果　共完成审计项目105个，查出违规行为金额1253万元，指明要求纠正3325万元，归还原渠道资金84万元，调账处理143万元，应缴财政253万元，促进增收节支2506万元。被省、市党政机关和上级审计机关及新闻媒体批示、采用审计信息、调查报告42篇。先后获得“全国审计机关先进集体”、“黑龙江省审计机关先进集体”、“黑龙江省法制工作先进单位”等称号。

同级预算执行审计　共完成预算执行审计项目21个，查出违规行为金额274万元，指明要求纠正1288万元，应缴财政80万元，促进增收节支397万元。

专项资金审计　分别对市救灾专项资金、水利专项资金和林业专项资金进行了审计，共查出违规行为金额48万元，促进增收节支41万元，归还原渠道资金41万元，应缴财政4万元。

经济责任审计　为更好地配合和开展全市经济责任审计工作，市审计局经过2002年的机构改革，专门设立了3个经济责任审计科。共完成经济责任审计项目30个，查出违规行为金额497万元，指明要求纠正824万元，应缴财政49万元。组织部门依据审计结果平调6人，晋升7人，免职两人。（撰稿人：高晖）

【穆棱市审计局】　现有干部职工15人，设有综合审理股、经济责任审计股、财政审计股、基本建设企业审计股、文教行政审计股和农业审计股，负责对全市9个乡镇和80个市直部门的审计监督。局长倪金亭，副局长张殿军、孟庆龙。

审计成果　完成审计项目43个，查出各类违规行为金额965万元，收缴并交罚金81万元，归还原渠道资金267万元；向司法机关移送经济案件线索两件，向纪检机关移送案件线索两件；提交审计信息、论文、调查报告170篇，被采用55篇。完成经济责任审计项目23个，查出领导干部负主管责任的违纪违规行为金额676万元，向纪检部门移交案件线索两件，建议给予行政处分两人。审计后，晋升1人、离岗10人、平调7人。先后获得黑龙江省审计系统“争先创优”工作先进集体、执法工作先进单位等称号。（撰稿人：王有娟）

【绥芬河市审计局】　现有干部职工13人，设有综合办公室、财政税务审计科、金融审计科、经济责任审计科、行政事业审计科和审计督察科，负责对全市两个乡镇和73个市直部门的审计监督。局长许在臣，副局长舒巍、刘莹。

审计成果　完成审计项目42个，审计总金额35763万元，查出各类违规违纪行为金额2142万元。提交审计调查报告、论文、信息及调研文章81篇，被采用35篇。荣获黑龙江省审计机关“争先创优”工作先进单位、财政审计工作先进单位、省级档案管理标兵单位等称号。（撰稿人：刘莹）

【海林市审计局】　现有干部职工22人，设有综合办公室、财政金融审计股、经济责任审计股、行政事业审计股、农业与经贸审计股，负责对全市9个乡镇和82个市直部门的审计监督。局长王敏，副局长王忠义、王国志。

审计成果　完成审计项目49个，共查出违纪违规行为金额1152万元；促进被审计单位增收节支52万元；审计调研文章、审计信息被采用32篇；向有关部门移送经济违法违纪案件3起。被评为黑龙江省审计系统经济责任审计工作先进单位。（撰稿人：王敏）

【宁安市审计局】　现有干部职工15人，设有法制审理室、固定资产投资审计室、财政金融审计室、农林与文教行政审计室、经济责任审计室，负责对全市12个乡镇和50个市直部门的审计监督。局长徐传良，副局长张永新、张恒利、白石。

审计成果　完成审计项目49个，查出违纪违规行为金额6597万元，其中指明要求纠正4068万元，应缴财政94万元；向上级审计机关及市委、市政府提交审计报告、调查报告、信息91篇，其中审计调查报告被采用两篇，审计信息被采用29篇。完成经济责任审计10个，查出违纪违规行为金额2461万元，追究个人经济责任6人次。（撰稿人：徐传良）

【东宁县审计局】　现有干部职工14人，设有综合法制审理室、专业一室（负责财政、金融、文行、农林审计）、专业二室（负责工交、基建、商贸、外资审计）和经济责任审计办公室，负责对全县6个乡镇和24个县直部门的审计监督。局长卜照亮，副局长王宏杰、赵凤昌、张国尧。

审计成果　完成审计项目19个，查出违规行为金额和指明要求纠正2923万元，应缴财政93万元，已交40万元。提交审计报告、信息70篇，被有关部门采用19篇、审计论文两篇、审计调查报告两份。（撰稿人：卜照亮）

【林口县审计局】　现有干部职工16人，设有经济责任审计室、财政金融审计室、行政事业审计室、法制审理室，负责对全县12个乡镇和104个县直部门及企事业单位的审计监督。局长李德义，副局长闵成基、张大伟。

审计成果　完成审计项目43个，审计100个单位。查出违纪违规行为金额1477万元，指明要求纠正642万元，应缴财政70万元。向司法机关移送案件两起。提出审计建议150条。向上级审计机关和地方政府提交审计报告、论文、调查报告48篇；审计信息57篇，被批示、采用44篇。对14名党政领导干部进行了任期经济责任审计，查出违纪违规行为金额474万元，其中负有直接责任379万元，负有主管责任95万元；挽回国有资产损失305万元。（撰稿人：李德义）

【绥化市审计局】　2002年，共有干部职工43人，其中研究生学历8人，本科学历10人，大专学历24人，局长刘江，副局长袁国学、赵德河、李永志，纪检组长鲁金华。设有经济责任审计室、人事教育科、办公室、法制审理科、财政审计科、金融审计科、固定资产投资审计科、经贸审计科、农业与资源环保审计科、行政事业审计科和社会保障审计科。

审计成果　共审计573个单位，完成计划的100%。查出各类违规行为金额29173万元，应缴财政1191万元，已交664万元，归还原渠道资金1405万元，减少财政补贴或拨款21万元，调账处理3344万元，指明要求纠正10784万元，促进增收节支128万元。提交审计报告、信息710篇，被批示、采用119篇。纠正地方部门不当规定1条，建议给予违纪责任人党纪政纪处分1人。

财政审计　市县两级审计机关共审计102个县乡财政和税务部门，查出违规行为金额10941万元，归还原渠道资金1283万元，收缴财政91万元。针对审计中发现的问题，提出整改措施及建议21条，被财政部门采纳18条。

经济责任审计　共对140名领导

干部进行了经济责任审计，查出违纪违规行为金额1354万元。审后，有3人被免职、两人被降职、1人受到党纪处分。

固定资产投资与专项资金审计 在固定资产投资审计中，全市共审计30个大型建设项目，审计投资总额49316万元，查出违规违纪行为金额1905万元，纠正违规行为金额1066万元，应缴财政108万元。全市审计机关对水利专项资金、林业专项资金、养老保险基金、政府采购资金等进行了审计，查出违纪行为金额1382万元，归还原渠道资金1063万元，应缴财政104万元，清理各种不合理收费107万元，促进增收节支89万元。（撰稿人：刘江）

【绥化市北林区审计局】 现有干部职工33人，设有办公室、经济责任审计办公室、法制审理组、固定资产投资审计组、农林与外资运用审计组、行政事业审计组、经贸审计组和财政金融审计组，负责对全区20个乡镇和32个区直部门的审计监督。局长贾营星，副局长吴广琴、高树国、米光华。

审计成果 完成审计项目10个，审计26个单位；区委、区政府交办的审计事项16个。共查出违纪行为金额1233万元，调账处理255万元，归还原渠道资金209万元，指明要求纠正330万元，应缴财政50万元，已交45万元。还完成了12名党政领导干部经济责任审计和政府临时交办的各项审计任务。（撰稿人：高树国）

【安达市审计局】 现有干部职工19人，设有办公室、法制审理股、经贸审计股、行政事业审计股、财政金融农林审计股、固定资产投资审计股和经济责任审计室，负责对全市14个乡镇和182个市直部门及企事业单位的审计监督。局长洪振祺，副局长梁运林、张庆忠。

审计成果 完成审计项目15个，审计单位68个。审计资金总额35666万元，查出各类违纪违规行为金额1013万元，应缴财政58万元，已交50万元。提交审计报告和信息88篇，被采用两篇。完成经济责任审计项目16个，审计资金总额8470万元，共查出违纪违规行为金额379万元。审计后，有4人提职、10人平调。（撰稿人：吴景才）

【肇东市审计局】 现有干部职工52人，设有人秘股、经贸审计股、农林审计股、财政金融审计股、行政事业审计股、固定资产投资审计股、审理督查股、经济责任审计办公室和4个乡镇特派审计室，负责对全市22个乡镇和128个市直部门及企事业单位的审计监督。局长张景春，副局长陈贵友、公柏玲、李东坤、张树芳。

审计成果 完成审计项目32个，审计单位203个。查出违纪行为金额1038万元，收缴入库210万元。提交审计信息245条，论文、调研文章、情况反映87篇，采用16篇。对17个乡镇的党政主要领导和37个市直部门的领导干部进行了经济责任审计，揭示出决算不实、挪用专项资金等问题15个，并对查出的问题依法进行了处理，其中两人被移交纪检监察机关处理。（撰稿人：陈贵友）

【海伦市审计局】 现有干部职工33人，设有经济责任审计局、人秘股、综合审理股、固定资产投资审计股、财政审计股、行政审计股、商贸审计股、金融审计股、农林审计股和社会保障审计股，负责对全市23个乡镇和47个市直部门的审计监督。局长唐久毅，副局长赵文彬、张凤敏、杨波，纪检组长付永志。

审计成果 完成审计项目70个，涉及单位70个。共查出违纪行为金额2668万元，应缴财政40万元，已交40万元。提交审计报告70份、审计信息27篇。获得黑龙江省审计系统先进集体、“争先创优”工作先进单位等称号。（撰稿人：唐久毅）

【望奎县审计局】 现有干部职工17人，设有人秘股、财政金融审计股、文教行政与社会保障审计股、经贸审计股、基本建设与农林审计股、经济责任审计办公室，负责对全县15个乡镇和52个县直部门的审计监督。局长袁洪仁，副局长何景泉、王启龙。

审计成果 完成审计项目52个，查出违法违纪行为金额430万元，应缴财政25万元。提出审计建议158条。提交审计信息、调研文章22篇，被采用9篇。（撰稿人：侯利）

【兰西县审计局】 现有干部职工14人，设有办公室、农林与文教行政审计股、财政与固定资产投资审计股、经贸审计股和经济责任审计股，负责对全县15个乡镇和24个县直部门的审计监督。局长张铁光，副局长于殿军、佟立民。

审计成果 审计104个单位，查出违规行为金额282万元，应缴财政21万元，已交13万元，指明要求纠正144万元，应归还原渠道资金56万元，促进增收节支100万元。提交审计报告、信息104篇，被县领导批示及上级机关采用14篇。对66个行政事业单位81名党政领导干部的离任和任期经济责任进行了审计，审后移交纪检监察部门处理两人，平调58人，普升6人，免职17人。（撰稿人：张铁光）

【青冈县审计局】 现有干部职工25人，设有人秘股、综合股、财政金融审计股、文教行政与社会保障审计股、基本建设审计股、经贸审计股、农林审计股和经济责任审计股，负责对全县15个乡镇和36个县直部门的审计监督。局长刘雨贵，副局长王满昌、潘月楼。

审计成果 完成审计项目14个，审计单位52个。审计资金总额49286万元，查出违纪行为金额523万元，应缴财政28万元。提交审计报告、信息57篇，被转发、批示、采用29篇。完成离任经济责任审计22个单位、任期经济责任审计8个单位。经济责任审计档案管理工作经验材料在《中国审计报》上发表，并在全省经济责任审计大会上做了典型经验介绍。财政审计和经济责任审计工作被评为全省审计系统先进单位。（撰稿人：刘雨贵）

【庆安县审计局】 现有干部职工19人，设有经济责任审计局、人秘股、综合审理股、财政金融审计股、文教行政与社会保障审计股、经贸审计股、固定资产投资审计股、农业与资源环保审计股，负责对全县14个乡镇、38个县直部门和75个事业单位的审计监督。局长刘淑杰，副局长钱福庆、宋广超、王显锋。

审计成果 完成审计项目37个，查出违纪违规行为金额860万元，应缴财政40万元，已入库40万元。为被审计单位整章建制15项，提出合理化建议101条。提交审计报告37份、调研文章8篇，被《现代审计与会计》刊发5篇；审计信息36篇，被上级审计机关和有关部门采用16篇。另完成领导干部经济责任审计项目15个。（撰稿人：刘淑杰）

【明水县审计局】 现有干部职工23人，设有办公室、综合审理股、农林审计股、文教行政与社会保障审计股、经贸审计股、财政金融审计股、经济责任审计股、基本建设与外资审计股，负责对全县12个乡镇和38个县直部门的审计监督。局长姜继勤，副局长李景全、程科、聂占峰。

审计成果 完成审计项目23个，审计95个部门和单位，共查出违纪违规行为金额1475万元。提交审计报告23份，调研文章5篇，其中在《现代审计与会计》发表调研文章两篇。同时，在“人、法、技”建设上加大了力度，共培训23人次。（撰稿人：孟庆春）

【绥棱县审计局】 现有干部职工14人，设有秘书股、法制审理股、财政金融审计股、经贸审计股、农林审计股、文教行政审计股、固定资产投资审计股和经济责任审计室，负责对全县11个乡镇和35个县直部门的审计监督。局长李明义，副局长李鸿雁、侯贵华。

审计成果 完成审计项目25个，审计120个单位；审计调查项目两个，调查单位15个。审计资金总额8600万元，查出违纪行为金额685万元，应缴财政47万元，已交40万元。完成县委、县政府交办审计任务5个，审计29个单位；完成上级审计机关下达的审计任务20个，审计43个单位，审计资金总额6400万元。完成省、市审计机关授权审计项目两个，查出违纪行为金额295万元，收缴违纪行为金额20万元。提交审计报告、信息87篇，被采用24篇。（撰稿人：李鸿雁）

【大兴安岭地区行政公署审计局】 2002年，共有干部职工36人，其中本科学历18人，大专学历17人，局长张喜君，副局长戴洪友、宋学阳、孙庆俊。设有办公室、人事教育科、法制审理科、行政事业审计科、财政经贸审计科、农业与资源环保审计科、经济责任审计科、金融与固定资产投资审计科和网络信息科。

审计成果 共审计143个单位，其中行署审计局共查出各类违纪违规行为金额3545.3万元，指明要求纠正2902万元，归还原渠道资金378.9万元，应缴财政179万元，调账处理74万元，减少财政拨款和补贴4万元，处罚7万元；提交审计报告22份，审计简报72期。被采用审计信息48篇。

经济责任审计 出台了《大兴安岭地区经济责任审计工作组织办法》。全区经济责任审计共查出违规行为金额3118万元，其中行署本级审计26个单位，查出违规行为金额416万元，收缴财政8万元，指明要求纠正151万元。（撰稿人：张喜君）

【大兴安岭地区加格达奇区审计局】 现有干部职工10人，设有综合办公室、财政金融审计室、经济责任审计室，负责对全区两个乡和76个区直部门及企事业单位的审计监督。局长孟繁华。

审计成果 完成各类审计项目34个，其中任期经济责任审计15个，离任经济责任审计8个。收缴违纪行为金额及罚款3万元，指明要求纠正142万元。提交审计报告、信息46篇。（撰稿人：孟繁华）

【大兴安岭地区呼中区审计局】 现有干部职工10人，设有政府审计组、内部审计组和综合办公室，负责对全区32个区直部门和林业企业的审计监督。局长孙东清，副局长邹明涛。

审计成果 完成21个审计项目，审计89个单位，查出违纪违规行为金额261万元，潜亏挂账1025.3万元，归还原渠道资金4.9万元。提出审计建议36条。提交审计信息18篇，被采用3篇。对6个单位的场长（经理）进行了离任经济责任审计，查出潜亏挂账1025.3万元，违纪违规行为金额40万元。根据上级审计机关的部署，对检察院检察长、广播电视局局长、华源家具有限责任

公司经理进行了任期经济责任审计，发现损益不实900万元。（撰稿人：邹明涛）

【大兴安岭地区松岭区审计局】 现有干部职工12人，设有政府审计组、企业内部审计组、经济责任审计组、综合审理组，负责对全区18个政府部门和林业局的审计监督。局长刘树海，副局长樊海军、米晓平。

审计成果 完成审计项目4个，查出违规行为金额12.6万元，收缴违规行为金额7.3万元，提交审计报告4份，提出审计建议12条。在内审工作中，共完成审计项目6个、自定项目1个、领导交办项目1个，共审计46个单位。查出违纪行为金额123.67万元，违规行为金额4.86万元，应缴财政1.6万元，已交1.07万元；应缴林业局财务科44.53万元，已交34.49万元。提交审计报告21份，审计信息9篇，提出审计建议81条。区审计局档案管理工作获"省级标兵"单位称号。（撰稿人：平宏丽）

【大兴安岭地区新林区审计局】 现有干部职工8人，设有政府审计组和内部审计组，负责对全区12个区直部门和林业局45个企业的审计监督。局长王忠奎，副局长徐国芬。

审计成果 完成审计项目20个，审计单位96个。共查出违纪违规行为金额219万元。提交审计报告20份、信息18篇，被上级审计机关和区政府采用5篇。（撰稿人：徐国芬）

【呼玛县审计局】 现有干部职工14人，设有财政金融与文教行政审计室、工交农林审计室、商业粮食与基本建设审计室、经济责任审计室和综合审理室，负责对全县8个乡镇和25个县直部门的审计监督。局长徐延彬，副局长李全海、张立新。

审计成果 审计32个单位，查出各类违纪行为金额1124万元，应缴财政7万元。对13名科级领导干部进行了离任审计，查出各类违纪行为金额563万元。审计后，4人提职，7人平调，1人被免职。（撰稿人：徐延彬）

【塔河县审计局】 现有干部职工13人，设有工业交通审计股、文教行政审计股、森工审计股和综合股，负责对全县6个乡镇和14个县直部门的审计监督（塔河县审计局是政企合一的单位）。局长赵丽菊，副局长王玉壮、郭勇。

审计成果 完成审计项目10个，审计28个单位，查出违纪违规行为金额2018万元，其中指明要求纠正2010万元，决定处理处罚8万元。提交审计报告26份、信息14篇，被采用3篇。（撰稿人：崔修丽）

【漠河县审计局】 现有干部职工12人，设有综合办公室、法制审理室、经济责任审计室、财政金融外资审计室、工业交通文教行政固定资产投资审计室、林业局内部审计室，负责对全县5个乡镇和36个县直部门的审计监督。局长魏敏善，副局长李朝云、赵仲坤。

审计成果 完成审计项目15个，审计29个单位。查出各类违纪违规行为金额314.5万元，提出审计意见和建议121条，提交审计信息16篇。完成经济责任审计单位13个，查出各类违规行为金额111万元，收缴违纪行为金额5万元。（撰稿人：魏敏善）

上海市

【上海市审计局】 2002年，上海市审计局定编380人，在编298人。局机关设有办公室、人事处（老干部处）、法规处（政策研究室）、监察室、机关党委、财政审计处、金融审计处、行政事业审计处、社会保障审计处、农业与资源环保审计处、经贸审计处、经济责任审计处、国有资产鉴证审计处、固定资产投资审计处、外资运用审计处，同时还设有审计科学研究所、审计培训中心、审计信息中心、机关服务中心等直属事业单位。

领导成员

局　　长：葛爱玲

副 局 长：程志强　徐志中

郑健龄（—11月）

江小民（11月—）

总会计师：於　榕

上海市审计成果 全年共完成审计和审计调查项目单位1054个，查出违规行为金额21.99亿元，应纠正141.78亿元，总计163.77亿元。在审计查出违规行为金额中，应缴财政2.06亿元，减少财政拨款和补贴2664万元，归还原渠道资金352万元，调账处理5.69亿元，罚没金额130万元。核减工程结算、节省基建投资5.93亿元。向司法机关和纪检监察部门移送案件线索10件。市政府领导对市审计局提交的16份审计工作报告和审计情况专报做了批示。

预算执行审计 全市审计机关依法开展了2001年度本级预算执行和其他财政收支情况审计，共查出违规行为金额9936万元。受市政府委托，市审计局向市人大常委会做了《关于上海市2001年度本级预算执行和其他财政收支的审计工作报告》。根据市人大常委会和市政府的要求，市审计局对本级财政审计中查出问题的纠正和整改情况进行跟踪检查，并受市政府委托向市人大常委会主任扩大会议做了《关于审计整改工作情况的报告》。市审计局还对6个区2001年度财政决算进行审计，7个区审计局对21个乡镇2001年度财政决算进行审计。

专项资金审计　全市审计机关共审计专项资金46个，审计专项资金总额929.67亿元。市审计局对养老保险基金、失业保险基金、医疗保险基金、住房资金、国债资金、体育彩票销售资金、政策性亏损企业财政补贴资金、国有企业发展资金、土地使用权出让资金等24个重点专项资金进行审计和审计调查。根据审计署统一组织，市审计局组织5个区审计局对涉及本市7个区县、59个乡镇的三峡库区外迁移民安置资金进行审计。市审计局组织8个区县审计局对64个管理和使用农业综合开发资金的部门、单位进行同步审计。各区县审计局还对农村社会养老保险基金、菜地建设资金、城建资金、招商引资项目到位资金等重点专项资金进行审计和审计调查。

金融和外资运用审计　根据审计署统一组织，市审计局组织11个区县审计局对中国农业发展银行上海市分行2001年度资产负债损益情况进行审计。市审计局还对国泰君安股份有限公司、海通证券有限公司资产负债损益情况进行审计；同时，对本市使用世界银行、亚洲开发银行贷款的10个项目和15个项目执行单位2001年度项目执行情况进行审计；市审计局还对本市利用外国政府贷款项目进行审计和审计调查。

重点建设项目审计　全市审计机关共审计建设项目181个，审计项目投资总额449.88亿元，核减工程结算、节省基建投资5.93亿元。市审计局对27个市财政投资的建设项目进行调整概算审计或竣工决算审计，对6个市重大工程项目进行在建审计或竣工决算审计，对轨道交通明珠线二期工程前期费用进行审计，还对嘉浏高速公路等9个社会化多元投资项目进行审计调查。各区县审计局重点抓好财政投资项目概预算审计和竣工决算审计。

企业审计　全市审计机关共审计各类企业189户，查出违规行为金额18.01亿元，应缴财政8598万元。市审计局对3户政策性亏损企业财政补贴资金使用管理情况进行审计。市审计局在对上海园林（集团）公司财务收支审计中，查出该公司擅自出借大量资金、以欺骗手段取得资金、挪用绿化补贴专项资金等问题。经主管部门和市审计局的督促检查，被审计单位整改工作成效明显。受国资管理部门委托，市审计局和部分区审计局开展了国有企业申请核销不实资产鉴证审计。部分区县审计局开展了国有企业国有资产保值增值审计或年度经济指标完成情况考核审计。

经济责任审计　根据市经济责任审计工作联席会议确定的任务，市审计局对23户市管企业领导人员进行经济责任审计，基本实现市管企业3年轮审一遍的工作目标。同时，探索开展对两个单位县级以上党政主要领导干部任期经济责任审计，并对3个区审计局局长进行离任经济责任审计。根据本级党委、政府的要求，8个区县审计局对24户区县管企业领导人员进行经济责任审计。18个区县审计局对235个单位的242名处级和两名局级党政领导干部进行任期或离任经济责任审计。4个区审计局对审计发现的问题严肃查处，移送纪检监察部门和司法机关处理6人。

行政事业审计　全市审计机关共审计行政事业单位446户，查出违规行为金额2.25亿元，应缴财政2218万元。市审计局对10户一级预算单位和25户二级预算单位进行审计，查出违规行为金额1799万元。根据审计署统一组织，市审计局对本市政府采购执行情况进行审计调查，针对调查发现的问题，提出进一步完善政府采购的职能、运行机制等审计意见和建议。市审计局对两个部门“收支两条线”执行情况开展审计调查，配合市监察委等部门对10户一级预算单位的部分执收执罚单位行政事业性收费和罚没收入“收支两条线”执行情况进行检查。共查出违规行为金额1.43亿元。6个区县审计局对16名领导干部进行述职评议审计。

专项审计调查　全市审计机关共完成专项审计调查项目114个，调查单位1114家。市审计局组织8个区审计局对96个物业管理公司负责管理的512个小区商品住宅维修基金使用和管理情况进行审计调查。市有关部门根据市政府领导批示意见和审计建议，积极采取措施，有效地加强了全市商品住宅维修基金的管理。市审计局组织19个区县审计局对108户企业基本养老保险基金缴费基数情况开展审计调查。各区县审计局对建设项目招投标情况、街道准预算制度运行情况、财政预算外基金使用情况、教育经费投入使用情况、公建配套资金使用情况、经济薄弱村实际可支配收入情况等开展95个专项审计调查。

内部审计　至年底，全市已建立内审机构1756个，配备专、兼职内审人员5707名。全年共完成审计单位36868个，查出损失浪费9.14亿元，促进增收节支12.07亿元，已纠正违规金额11.45亿元，向司法机关移送案件8起，建议给予行政处分33人，提出建议意见被采纳17743条。组织上海考区国际注册内部审计师资格考试，共有867人报名参加，全科一次合格率占参考人员的18%，4科平均合格率占参考人员的29.2%。

审计信息化建设　全市审计机关继续加快审计信息化建设和计算机辅助审计。市审计局配合实施

"金审工程"和市公务网建设，研制开发"上海市审计局管理信息系统"，还研究开发"固定资产投资审计处底稿自查系统"、"工程造价项目管理信息系统"和金融审计"通用查询系统"，进一步完善"上审2.0—事业版"和"上审2.0—行政版"软件。市审计局与同济大学联合举办计算机审计中级培训班，对全市审计系统40名审计干部进行为期3个月的脱产培训。市审计局还对行政公文和审计业务文书实现电子文件上网传输和阅读。（撰稿人：钱红喜、赵雪梅）

【上海市黄浦区审计局】 2002年，共有干部职工49人，其中本科学历15人，大专学历33人，局长计秋荣，副局长王珍妮、欧阳小平、徐其彬。设有办公室、指导科、综合科、固定资产投资审计科、经济责任审计科、企业审计科、行政事业审计科、财政金融审计科。

审计成果 完成审计项目49个，审计资金总额480亿元，查出违规行为金额5.59亿元。核减基建投资5814万元。提交审计信息43篇，被采用28篇。

固定资产投资审计 对人民公园改建工程等6个基建项目进行了竣工决算审计，对延安中路大型公共绿地二期黄浦区段等5个项目进行了前期审计，共审计资金总额14.48亿元，核减投资5814万元。

经济责任审计 根据区委、区政府的要求，对区人事局等4个单位党政领导干部以及两户区管集团公司领导人员进行了离任经济责任审计。对13个区管集团公司进行了年度经济指标完成情况考核审计。

不实资产核销鉴证审计 对21户国有企业申请核销不实资产进行鉴证审计。通过审计，确认予以核销的不实资产27377万元，不予核销的不实资产22579万元。

内部审计 已建立内审机构69个，配备专、兼职内审人员349人，完成审计项目609个，促进增收节支1073万元，纠正违规行为金额240万元。（撰稿人：曹群）

【上海市卢湾区审计局】 2002年，共有干部职工33人，其中本科学历7人，大专学历23人，局长翟世祺，副局长孙德明、周爱珍。设有办公室、综合业务科、财政审计科、行政事业审计科、经济贸易审计科、基建环保审计科。

审计成果 完成审计和审计调查项目53个，查出违规行为金额1787万元；其中决定处理处罚326万，指明应纠正1461万元。提交审计报告、信息和调研报告66篇，被采用批示48篇。

审计调查 完成审计调查项目8个，调查单位79家。对4个街道准预算制度运行情况开展审计调查。审计结果引起区领导的重视，要求区审计领导为街道主要领导和财务管理人员做专题讲座。

经济责任审计 开展企业领导人员经济责任审计14个、党政领导干部经济责任审计10个，查出涉嫌个人经济问题两人，移交纪检监察部门处理两人，其中1人被追究刑事责任。（撰稿人：王静）

【上海市徐汇区审计局】 2002年，共有干部职工34人，其中研究生学历两人，本科学历8人，大专学历19人，局长刘融先，副局长杨彪、宋皓军、翁国雷。设有办公室、法规科、财政审计科、经济责任审计科、行政事业审计科、企业审计科、固定资产投资审计科。

审计成果 共完成审计和审计调查项目59个，查出违规行为金额1207万元，指明要求纠正12505万元。提交审计报告104份，提交信息49篇，被采用34篇。

财政审计 完成财政审计和审计调查项目8个，指明要求纠正366万元。通过审计，促进有关部门制定11项规范性文件。

经济责任审计 完成经济责任审计项目29个、审计党政领导干部32人，查出违规行为金额260万元，指明要求纠正3095万元。审计后，晋升4人，平调12人，免职1人，降职1人，移送纪检监察部门处理两人，移交主管部门处理两人。

企业审计 完成企业审计项目9个，审计单位35户，审计资金总额79亿元，查出违规行为金额794万元，指明要求纠正5421万元，提出审计意见和整改建议25条。

内部审计 已建立内审机构62个，配备内审人员141人，其中专职人员27人。共审计单位709个，纠正违规行为金额580万元，促进增收节支1772万元，核减工程投资1157万元。（撰稿人：王玲娣）

【上海市长宁区审计局】 2002年，共有干部职工29人，其中研究生学历1人，本科学历7人，大专学历19人，局长周宝玉，副局长赵红旗。设有办公室、法规科、固定资产投资审计科、经贸审计科、行政事业（经济责任）审计科、财政金融审计科。

审计成果 完成审计和审计调查项目54个，审计资金总额76.37亿元，指明纠正两亿元，上缴财政312万元。提交信息115篇，被批示、采用89篇次。

经济责任审计 根据区委、区政府的要求，对7名党政领导干部进行经济责任审计。

专项审计调查 对中山建设实业发展总公司等4户国有企业进行审计调查，对两户企业经营性国有资产和3个部门非经营性国有资产情况开展审计调查。（撰稿人：周中明）

【上海市静安区审计局】 2002年，共有干部职工38人，其中本科学历17人，大专学历13人，局长徐雪林，副局长施鸿华、钟天宝（兼纪检组长）。设有办公室、人事科、综合业务科、经贸审计科、基本建设与资源环保审计科、财政金融审计科、行政事业审计科、经济责任审计科。

审计成果 完成审计和审计调查项目36个，查出违规行为金额4170万元，应纠正金额20053万元，查补税款23万元，核减工程投资286万元。协助被审计单位催讨欠款770万元。6篇经济责任审计报告被区委、区政府和有关部门作为企业领导人员“五位一体”考核依据。区领导对4篇审计情况专报、报告做了批示。60余篇信息被上级部门、区政府办公室和《中国审计报》采用。

经济责任审计 对6户区属集团公司领导人员和4个单位党政领导干部进行了任期经济责任审计。同时，对企业经营情况进行28项指标量化分析，提出审计建议20余条。（撰稿人：李卫华）

【上海市普陀区审计局】 2002年，共有干部职工30人，其中本科学历7人，大专学历19人，局长吴铭，副局长吴再兴、周勤毅。设有办公室、综合业务指导科、财政审计科、经济责任审计科、行政事业审计科、经济贸易审计科、固定资产投资审计科。

审计成果 完成审计和审计调查项目41个，审计资金总额225.85亿元，查出应纠正金额2026万元。核减投资4209万元。提交审计报告、信息144份，被批示、采用63篇（次）。

基本建设投资审计 对区机关综合办公楼等5个建设项目进行审计，审计建设资金2.96亿元，核减投资4209万元。

经济责任审计 对区计委等11个单位党政领导干部进行任期经济责任审计，并撰写审计调研报告，制定内部操作规范。

内部审计 召开全区内部审计工作座谈会，开展内审机构和人员状况调查，抓好条线例会和内审工作现场交流会，组织业务培训。完成审计项目640个，纠正违规行为金额890万元，查出损失浪费120万元，促进增收节支151万元，提出建议意见被采纳162条。（撰稿人：王瑞宝）

【上海市闸北区审计局】 2002年，共有干部职工30人，其中本科学历8人，大专学历21人，局长陈光伟，副局长张启琴。设有办公室、法规科、财政审计科、国有企业审计科、经济责任审计科、固定资产投资审计科。

审计成果 完成审计和审计调查项目34个，查出违规行为金额984万元，已交财政121.9万元，核减投资28万元。

经济责任审计 对区城投公司等5户区管企业领导人员进行任期经济责任审计，对区环保局等19个单位党政领导干部进行离任经济责任审计。还及时调整区经济责任审计工作联席会议组成人员，修订区经济责任审计工作联席会议组织办法。

基建投资项目审计 对苏家巷三号地块投资回收情况进行跟踪审计，提出阶段性的审计专题报告。对区招商中心工程项目进行审计，审计资金398万元，核减投资28万元。代拟《闸北区固定资产投资项目审计监督办法》。（撰稿人：许小玲）

【上海市虹口区审计局】 2002年，共有干部职工25人，其中本科学历11人，大专学历11人，局长倪华清，副局长张永安、高庆迁。设有办公室、法规科、财政金融审计科、企业审计科、固定资产投资审计科、经济责任审计科。

审计成果 完成审计和调查项目45个，审计资金总额137.87亿元，查出违规行为金额5.7亿元，节减财政建设资金5066万元。提交审计工作报告、信息54篇，被采用26篇。对全区10个街道、镇2001年度财务收支进行审计；对虹口港水系整治等6个市、区重点市政建设项目进行跟踪审计，节约财政支出4917万元。根据区政府交办，对两户区属集团公司转制前的资产进行鉴证审计，调减净资产总额1.23亿元。

经济责任审计 开展经济责任审计项目22个，调整少计收入171.97万元，调增净资产2624.77万元。

内部审计 已建立内审机构73个，其中专职机构5个；配备内审人员182人，其中专职人员18人。共完成审计项目272个，查出损失浪费两万元，纠正违规行为金额481万元，促进增收节支130万元，提出审计意见和建议被采纳306条。（撰稿人：张岚）

【上海市杨浦区审计局】 2002年，共有干部职工37人，其中本科学历13人，大专学历14人，局长刘珏，副局长吕亮（兼纪检组长）、贾文良、李阳放。设有办公室、法规科、固定资产投资审计科、经济责任审计科、经贸审计科，鉴证审计科、行政事业审计科、财政审计科。

审计成果 完成审计和审计调查项目38个，审计单位160户，纠正违规行为金额27623万元，为财政增收节支781万元。提出审计建议124条。提交审计工作报告、信息37篇，被采用34篇（次）。

经济责任审计 对凯城集团等12户区管企业领导人员进行经济责

任审计，并制定街道（镇）领导干部经济责任审计的试行办法。

完成交办任务 根据区人大常委会的要求，对两个部门进行述职评议审计。受区政府交办，对区驻珠海办事处、上海新兰天宾馆有限公司进行审计。对315户非区属税管企业经营者奖励进行审核，核减资金15.97万元。

审计调查 对区公建配套资金使用管理情况、“收支两条线”执行情况和阳普集团开展审计调查，审计调查行政事业单位32个、企业16户，提出审计建议13条。对6户市属国有企业基本养老保险缴费基数情况开展审计调查，补缴养老保险费335万元。

内部审计 完成审计项目1712个，查出违纪行为金额239万元，减少损失浪费291万元，促进增收节支92万元，核减基建决算1201万元。（撰稿人：刘斌）

【上海市闵行区审计局】 2002年，共有干部职工32人，其中研究生学历1人，本科学历7人，大专学历19人，局长陈国华，副局长奚德明。设有办公室、财政审计科、行政事业审计科、固定资产投资审计科、经贸审计科、经济责任审计科。

审计成果 完成审计项目35个，审计资金总额184.53亿元，查出违规行为金额1047万元，应缴财政89万元，应调账处理957万元。审计固定资产投资总额1.99亿元，核减工程结算2076万元。

行政事业审计 对8个一级预算单位和14个行政事业单位进行了财务收支审计，对私设“小金库”、瞒报收入等严重违纪违规问题做出审计决定，共计处罚89万元。

内部审计 已建立内审机构31个，配备专兼职审计人员114名。共完成审计项目451个，查出损失浪费185万元，促进增收节支64万元，已纠正违规行为金额52万元，发现大案要案线索两件。（撰稿人：张正明）

【上海市宝山区审计局】 2002年，共有干部职工33人，其中本科学历7人，大专学历22人，局长曹乃真，副局长张晓宁。设有办公室、财政审计科、行政事业审计科、经济责任审计科、经贸审计科、固定资产投资审计科。

审计成果 完成审计项目44个，查出违规行为金额18881万元。其中查补应缴未交税款6071万元，已补交入库6042万元；归还原渠道资金340万元，要求纠正违规行为金额3438万元，核减工程结算624万元。向检察机关移送案件线索两件。

财政投资项目审计 对上海大学附中等8个基建项目进行审计，核减投资624万元。区长对反映部分基建项目超计划投资、基建核算不规范等问题的审计信息做了批示。

经济责任审计 对25个单位的28名党政领导干部进行经济责任审计，延伸审计113个单位，查出违规行为金额1400多万元。（撰稿人：苏琳贞）

【上海市嘉定区审计局】 2002年，共有干部职工34人，其中研究生学历1人，本科学历15人，大专学历16人，局长杨正球，副局长余宏志、雷文龙、谭思翔（7月—），纪检组长任俊山。设有行政事业审计科、经贸审计科、经济责任审计科、固定资产投资审计科、综合法规科、人事监察科、办公室。

审计成果 完成审计和审计调查项目58个，审计资金总额134.25亿元，查出违规行为金额2103万元，应纠正8.59亿元。在查出违规金额中应缴财政1261万元，已交财政1216万元。提交审计工作报告、信息114篇，被批示、采用33篇。

内部审计 已建立内审机构54个，其中专职机构14个；配备内审人员217人，其中专职人员38人。共审计单位3076个，查出损失浪费1665万元，促进增收节支2184万元，纠正违规行为金额8548万元，提出意见建议被采纳364条。（撰稿人：张嘉辉）

【上海市浦东新区审计局】 2002年，共有干部职工31人，局长曹锡康，副局长濮近兴、谢毓敏。设有办公室、经济责任审计处、行政事业审计处、基本建设审计处、企业审计处，直属事业单位浦东新区审计事务中心。

审计成果 共完成审计和审计调查项目36个，查出应纠正14.03亿元，应缴财政448万元。对本级预算执行情况和其他财政收支情况进行审计。根据区人大常委会交办，对区发展计划局和公安分局进行述职评议审计，查出应纠正2660万元。

基本建设审计 对区行政办公中心工程等7个项目进行竣工决算审计，审计投资金额11.22亿元，核减投资1785万元。对投资7.8亿元的东方艺术中心进行跟踪审计。对10户物业管理公司商品房维修基金使用管理情况进行审计调查。对浦东新区房地产（集团）有限公司公有住房租金收支情况进行审计，查出违规行为金额6617万元。配合浦东新区监察委，对浦东垃圾焚烧厂等4个重大国债项目进行监督检查。

经济责任审计 根据新区经济责任审计工作联席会议的安排，对南码头路街道等5个街、镇党政领导干部进行任期经济责任审计，对5户企业领导人员进行经济责任审计。

企业审计 对上海金桥（集团）有限公司等11户企业进行财务收支审计，查出违规行为金额4443万元，应缴财政448万元，应纠正73513万元。对上海浦东新区房地产实业总公司等4户企业申请不实资产核销进行鉴证审计。

内部审计 共完成审计和调查项目1535个，查出损失浪费40666万元，促进增收节支14040万元，纠正违规行为金额11441万元，提出建议被采纳689条。内审机构共完成经济责任审计项目94个，镇内审机构共开展基建决算审计项目216个，核减金额1517万元。(撰稿人：马宏柱)

【上海市金山区审计局】 2002年，共有干部职工30人，其中本科学历9人，大专学历18人，局长杨征来，副局长刘晓明、王岳龙(8月—)。设有办公室、法规信息科、内部审计指导科、经济责任审计科、固定资产投资审计科、国有资产鉴证审计科、财政金融审计科、行政事业审计科。

审计成果 完成审计和审计调查项目39个，审计资金总额59.73亿元，查出违规行为金额13万元，应纠正11978万元。

预算执行审计 对区环保局在经费结余中违规开支职工“团体补充养老保险费”1.25万元以及虚列项目申请环保贷款12万元，移作他用等问题，并依法进行了处理。

金融审计 根据市审计局统一组织，对中国农业发展银行上海市分行金山支行资产负债损益情况进行审计。审计区粮油总公司，抽审下属4家粮油管理所。通过审计，发现非保护价购销货款的发放与“以销定贷，以效定贷”的原则尚有差距，现有信贷资产中不良贷款达8901万元，占年末贷款总额的33%等问题。

固定资产投资审计 对12个基建投资项目进行了审计，审计金额40334万元，核减投资3301万元。在跟踪审计的基础上，对区政府办公大楼工程进行竣工决算审计，核减工程决算2177万元。

经济责任审计 根据区委组织部的委托，对4个单位领导干部进行任期经济责任审计。

内部审计 对14个乡镇审计机构和内审人员现状进行调查，常务副区长对调查报告做了批示。镇级审计机构完成审计项目181个，其中完成基建项目审计162个，核减投资218万元。(撰稿人：王连中)

【上海市松江区审计局】 2002年，共有干部职工40人，其中本科学历19人，大专学历12人，局长胡卫国，副局长胡友泉、洪涛。设有办公室、法规科、财政金融审计科、经济责任审计科、基本建设审计科、行政事业审计科、内审经贸审计科。

审计成果 完成审计项目79个，审计资金总额130.83亿元，查出违规行为金额1.06亿元。向司法机关和纪检监察部门移送案件线索4件。提交审计报告107份、信息36篇。内审机构完成审计项目928个，查出损失浪费4849万元，提出审计建议522条。审计署李金华审计长、刘家义副审计长先后莅临松江区考察审计工作。

经济责任审计 完成经济责任审计项目14个，查出违规行为金额174万元，指明要求纠正1701万元。向司法机关和纪检监察部门移送案件线索两件。

预算执行审计 开展区级预算执行情况审计，对4个镇、街道财政决算进行了审计，提交关于本级预算执行情况的审计结果报告和审计工作报告。(撰稿人：顾逸程)

【上海市青浦区审计局】 2002年，共有干部职工34人，其中本科学历20人，大专学历9人，局长金伯涛，副局长王杏春、瞿坚春。设有办公室、综合法规科、经济责任审计科、行政事业审计科、财政金融审计科、经贸审计科、固定资产投资审计科。

审计成果 完成审计项目45个，审计资金总额96.41亿元，查出违规行为金额1925万元(其中应减少财政拨款或补贴1521万元)，应纠正26555万元。提交信息15篇，被批示、采用16篇(次)。

经济责任审计 根据区经济责任审计工作联席会议的安排，完成经济责任审计项目11个，审计经济责任人12人，查出违规行为金额83万元(其中主管责任68万元，直接责任15万元)，应纠正19445万元。

固定资产投资审计 完成固定资产投资审计项目7个，审计投资金额18039万元，核减投资1711万元。

内部审计 内审机构完成审计项目488个，纠正违规行为金额17777万元，查出损失浪费355万元，促进增收节支1372万元，提出建议和意见并被采纳637条。(撰稿人：王剑平)

【上海市南汇区审计局】 2002年，共有干部职工30人，局长吴惠平，副局长陆生君、穆华、乔德权。设有办公室、综合法规科、财政金融审计科、固定资产投资审计科、企业审计科、行政事业审计科、经济责任审计科。

审计成果 完成审计项目62个，审计单位77个，查出违规行为金额3.05亿元，核减工程结算4302万元。向检察机关移送案件线索1件。完成区委、区政府交办的经济责任审计项目8个。受区委组织部的委托，对撤县建区后调整的部分领导干部和撤并镇领导干部22人进行任期经济责任审计。提交审计报告38份、审计意见29份、审计决定16份，提交信息22篇，被上级部门和区委、区政府以及新闻单位采用20篇，区领导对8份审计报告、信息做了批示。(撰稿人：殷宏)

【上海市奉贤区审计局】 2002年，共有干部职工34人，其中本科学历10人，大专学历19人，局长陶永平，副局长陈正明、倪国潮。设有办公室、法规科、经济责任审计科、财政审计科、行政事业审计科、固定资产投资审计科、经贸内审科。

审计成果 完成审计项目55个，审计资金总额135.61亿元，指明要求纠正3.15亿元，应缴财政464.57万元。向司法机关移送案件线索两件，向税务机关移送案件线索1件。提交审计工作报告、信息25篇，被采用14篇。

撤并镇审计 配合镇级行政区划调整，对9个撤并镇财政财务收支进行审计，确保撤并调整后各镇工作顺利开展。

经济责任审计 受区委组织部委托，对17个单位的18名党政领导干部进行任期经济责任审计。

专项资金审计 对农业综合开发资金、三峡库区外迁移民安置资金及地方补助资金进行审计。根据区委、区政府的要求，对21个镇和奉浦工业开发区、海湾旅游开发区及奉贤化工分区申报的2001年度招商引资项目进行审计核实。核减实业型项目284个，核减率34%；核减注册型项目1650个，核减率26.6%；核减到位资金5.49亿元，核减率11.54%。

审计中心 根据《关于建立上海市奉贤区审计中心的批复》（奉编[2002] 17号），审计中心于11月8日成立。该中心为专司国家审计的辅助部门，全民事业单位，财政全额拨款，机构级别为正科级，人员编制12人。中心主任由区审计局局长兼任。

内部审计 共完成审计项目632个，查出损失浪费1358万多元，纠正违规行为金额123万元，促进增收节支122万元。提出审计意见建议被采纳的434条。组织镇内审机构对全区18个镇的81个经济薄弱村申报经济薄弱村的实际可支配收入进行审计调查。邬桥镇制定《镇属企事业单位领导干部经济责任审计办法》，同时还建立镇经济责任审计工作联席会议制度；区公安分局制定《分局内部审计工作暂行规定》，实行《审计双向承诺制度》。（撰稿人：汤顺贤）

【崇明县审计局】 现有干部职工29人，设有办公室、内部审计管理科、财政审计科、行政事业审计科、经贸审计科、经济责任审计科、固定资产投资审计科，负责对全县14个乡镇、35个国有企业及359个行政事业单位的审计监督。局长张华，副局长徐鑫鸿、郭卫平、秦雷（8月—）。

审计成果 完成审计和审计调查项目89个，查出违规行为金额1277万元，应减少财政拨款或补贴1143万元，调账处理133万元。应纠正2056万元。向有关部门提交审计工作报告、信息29篇。对7名部门党政领导干部和企业领导人员进行任期经济责任审计。对县建委等7个部门的43个单位预算外资金“收支两条线”管理情况进行审计调查。已建立内审机构89个，其中专职机构26个；配备内审人员219人，其中专职人员56人。审计单位1191个，查出损失浪费2408万元，纠正违规行为金额60万元，促进增收节支185万元。（撰稿人：丁慧珍）

江苏省

【江苏省审计厅】 2002年，江苏省审计厅定编154人（其中行政编制109人，事业编制45人），在编151人。厅机关设有机关党委、办公室、人教处、法制处、财政金融审计处、行政社保审计处（与直属一局合署办公）、经贸审计处（与直属三局合署办公）、农业与环保审计处、投资审计处（与直属二局合署办公）、外资审计处、经济责任审计处、计算机审计处；另有省纪委派驻纪检组、监察室；还设有厅机关服务中心（直属事业单位）。

领导成员

厅　长：朱尧平（8月—）
　　　　余效明（—6月）
副厅长：朱尧平（—8月）
　　　　薛蓓儿
纪检组长：冯忠明

江苏省审计成果 全省共审计5578个单位，查出违纪违规行为金额162.64亿元；审计处理后，已交财政8.33亿元，减少财政拨款和补贴6.02亿元，归还原渠道资金5.49亿元，向司法机关和纪检监察机关移送各类违法违纪和经济犯罪案件线索1314件。

预算执行审计 全省120个县以上审计机关普遍开展了本级预算执行审计工作，共审计本级财税部门和预算执行单位297个，查出违纪违规行为金额20.33亿元。省审计厅对15个省级部门预算执行和决算进行了审计。各市、县审计局也都加强了对一级预算单位的审计，其覆盖面超过了往年。

政府采购审计 按照审计署的统一要求，省审计厅及常州、南通2市、5县审计局开展了政府采购审计和审计调查，审计涉及政府采购项目1531批次，采购总金额为7.27亿元。

财政转移支付资金专项审计调查 根据省政府交办，省审计厅对连云港、徐州、宿迁、淮安和盐城5市本级及所辖县（市、区）2001年农村税费改革专项转移支付资金、调整分税制财政体制一般转移支付资金、省一次性财力补助及农村中小学布局调整和危房改造专项资金的分配、使用及管理情况进行了专项审计调查。调查结束后，省政府常务会议听取了审计调查情况汇报，省有关部门根据审计调查建议制定和完善了财政转移支付资金管理规定和办法。

养老保险基金和住房公积金审计 组织全省审计机关对2001年度企业职工基本养老保险基金的征收、管理和使用情况进行了审计，并对1030个企业的缴费基数进行了专项审计调查。配合国家住房公积金制度改革，组织全省审计机关对住房公积金筹集、管理和使用情况进行了审计。

省属高校收费审计调查 共对46所省属高等学校开展了收费专项审计调查，摸清了高校收费状况，查出了一些高校乱收费的问题，并提出了规范高校收费和资金管理方面的建议。

三峡移民资金审计 按照审计署统一要求，组织盐城、南通、大丰、射阳、东台、如东等6市（县）审计局参与三峡移民资金审计，查出违纪行为金额375万元。

固定资产投资审计 全省共审计基本建设项目851个，审计投资总额达233.62亿元，核减工程结算资金6.31亿元。省审计厅审计了淮河入海水道、南京禄口国际机场二期工程、宁宿徐和宁靖盐（一期）高速公路等一批重点工程项目，审计项目投资额达96.03亿元，核减工程造价4.28亿元。

企业审计 一是进一步探索企业集团审计的路子。坚持以企业集团总部为龙头，以企业集团汇总会计报表为总揽，以资本运动的轨迹为主线，根据与企业集团的关联度确定延伸审计对象和重点。二是进一步探索股份制企业审计的路子。适应企业改革、改组、改造后的新情况，注重对国有资产占控股和主导地位的企业的审计，并进行了认真研究和探索，取得了一定的经验。三是进一步探索企业法定代表人经济责任审计与企业资产负债损益审计相结合的路子。全年共审计企业1337个，查出违规行为金额49.49亿元。

金融审计 根据审计署的统一安排，省审计厅组织全省82个审计组、327名审计人员，在对农业发展银行江苏省分行系统2001年度资产负债损益审计中共查出违纪行为金额1.47亿元，其中“小金库”56个、收入发生额2655.7万元。根据省政府的交办，完成了对华泰证券公司、省国信集团的审计。

外资运用审计 根据审计署统一部署，省审计厅组织有关市县审计机关完成了苏南环保、二期加强灌溉农业、沿海资源可持续开发等世行贷款项目的审计工作，并按照世行要求及时出具了公证报告，较好地发挥了“对内监督、对外公证”的作用；组织13个省辖市审计局开展了政府外债审计调查，摸清了全省政府外债的整体规模和结构，就更好地使用政府外债和改进政府外债管理提出了建议。

任期经济责任审计 县级以下党政领导干部任期经济责任审计全面展开，县级以上党政领导干部任期经济责任审计范围逐步扩大，国有企业法定代表人任期经济责任审计日益深化。据统计，全省共对1496人实施了任期经济责任审计，其中党政领导干部1395人、企事业领导人员101人，审计共查出各类违纪违规行为金额30.58亿元，审计后共有89名干部被撤职、降职、免职，审计建议给予党纪政纪处分的21人，移送司法机关的107人。

专项审计清理 全省13个省辖市审计局开展对供销社的专项审计清理工作，基本摸清了供销社的家底，发现并纠正了一些存在的问题，进一步规范了供销社的经营行为。省审计厅继续对省本级国土资金进行专项审计清理工作，共查出违纪违规行为金额4.36亿元，引起了省政府的高度重视，省领导专门做了批示，促使省国土管理部门认真整改，并研究采取了加强国土资金管理的具体措施。

审计科研工作 省审计厅和省审计学会先后组织“加入世贸组织对国家审计的影响及其对策”和“财政预算体制改革与预算执行审计”等理论研讨，同时，审计署科研所《审计研究简报》专版摘要向全国转发了本省《加入WTO对中国审计环境影响和对策研究》的主要内容。省审计厅承担和完成了审计署“党政领导干部任期经济责任审计”理论研究课题，还受审计署的委托牵头负责编撰《中国审计史》（中卷）的组织工作，并完成其中国民政府时期审计史的编写任务。

机关建设 全省审计机关认真学习贯彻十六大精神和“三个代表”重要思想，切实加强思想理论建设，大力开展创建“学习型审计机关”活动。省审计厅组织举办了全省审计机关新任局长培训班、工程审计业务培训班和计算机骨干培训班。组织开展审计干部全员岗位资格考试和首次高级审计师职称考试。全省各级审计机关认真开展“四五”普法教育，积极参与“全国法制宣传日”活动；深入贯彻审计准则，不断提高审计执法水平。组织开展了审计项目质量检查和会计师事务所的执业质量检查。审计信息化建设步伐加快。省政府下发了贯彻国办88号文件的通知，“金审工程”按照审计署和省政府要求逐步推进，计算机在审计工作中的应用进一步加强。各级审计机关认真执行审计纪律以及廉政建设的有关规定，切实落实廉政责任制，开展了审计过渡专户检查，坚持了审计回访制度。

国际注册内部审计师资格考试 11月16～17日，国际注册内部审计师（CIA）资格考试江苏考点第三次考试在南京举行。本次考试共有1772人报名，实际参考人数为1372人。内部审计程序、内部审计技术、管理控制和信息技术、审计环境等四科全部通过的人数为257人，占实际参考人数的18.73%。（撰稿人：程学龙）

【南京市审计局】 2002年，共有干部职工149人，其中研究生学历7人，本科学历44人，大专学历84人，局长张秀华，副局长宋帼芸、徐卫平、徐卫华，纪检组长胡宝生。设有办公室、法制处、财政审计处、金融审计处、行政事业与社会保障审计处、工业交通审计处、商贸审计处、农业与资源环保审计处、固定资产投资审计处、外资运用审计处、经济责任审计与内审指导处、计算机审计处、人事教育处、机关党委、纪检监察室。

审计成果 审计单位63个，查出违规行为金额15.52亿元，应缴财政1782万元，已交财政1032万元。提交审计信息和调研报告248篇，被采用306篇（次）。

预算执行审计 全年共实施同级财政审计项目15个，查出违规行为金额1.15亿元，对实行部门预算试点的24个单位尝试了部门预算执行审计。

专项资金审计 对科技、教育、国有企业下岗职工基本生活保障等14个专项资金进行了审计。开展了8个重点建设项目的竣工决算审计，审计工程建设资金45.66亿元，节约财政资金5713万元。对新区建设和城建十大工程实施了全程跟踪审计监督。对全市住房基金的归集、使用和管理情况进行了审计，审计金额157.69亿元，查出违纪行为金额4.21亿元。对180个企业开展了养老保险基金专项审计，查出少报、漏报养老险缴费基数1.1亿元，对123个企业下达了《社会保险稽查意见书》，查补收缴社会保险费1358万元。会同市财政、监察、物价等部门，对全市72个行政事业单位预算外资金进行审计，促进了“收支两条线”管理。

专项审计调查 对44个教育主管部门及中、小学开展了教育收费情况的专项审计调查，为教育收费更加规范化、科学化提供了决策依据。围绕优化经济发展环境，开展审计调查项目22个，审计调查单位672个。对全市3个开发区和区外100个外商企业的水、电、气、电信等费用负担情况开展了专项审计调查，对46个外资企业落实招商引资优惠政策情况进行了审计调查。

经济责任审计 对组织部门委托的18个单位的18名党政领导干部开展了经济责任审计，查出违规行为金额37309万元。参照审计结果，平调8人，晋升1人，免职3人，降职1人，移交纪检监察部门两人。（撰稿人：缪克华）

【南京市玄武区审计局】 现有干部职工12人，设有综合科、行政事业审计科、固定资产投资审计科和经济责任审计科，负责对全区114个行政事业单位、11个街道及直属部门的审计监督。局长朱保和，副局长沈原。

审计成果 完成审计项目64个，审计单位52个，共查出违纪违规行为金额1666万元，应缴财政246万元，已交财政155.46万元。提交审计调查报告8份、综合报告3份、审计信息30篇，其中被领导批示4篇，被采用42篇。另外，还对25名区管行政领导干部进行任期经济责任审计，查出违规行为金额1558万元，应缴财政160万元，已交财政100.4万元。30个内审机构的35名内审人员共完成审计项目169个，有24条审计建议被采纳，促进增收节支181万元。（撰稿人：姜晓华）

【南京市白下区审计局】 现有干部职工14人，设有综合科、行政事业审计科、企业审计科、固定资产投资审计科、经济责任审计科，负责对全区10个街道及区直部门的审计监督。局长部有光，副局长沈颖、祁寿康、韩德济、万震。

审计成果 完成审计项目44个，查出违规行为金额2081万元，应纠正4910万元，应缴财政336万元，已交414万元，其中罚没300万元，税金37万元，补交入库84万元，应归还原渠道资金9万元，调账处理1623万元，查出百万元违规单位两个。向纪检监察部门移送事项两件，协助有关部门查处案件1起，提交审计调研报告7份，审计信息46篇，被采用26篇。（撰稿人：王冬美）

【南京市秦淮区审计局】 现有干部职工11人，设有综合科、企业审计科、固定资产投资审计科、行政事业审计科和经济责任审计科，负责对全区5个街道和47个区直部门的审计监督。局长陈良华，副局长徐楠、刘乃强。

审计成果 完成审计项目17个，党政领导干部经济责任审计项目14个。查出违纪违规行为金额494万元，应纠正278万元，决定处理处罚215万元，归还原渠道资金1万元；上缴财政36万元。提交审计工作报告16份、审计意见17份、审计信息65篇，被采用22篇。对在机构改革中变动的17名党政、企业的主要领导干部和领导人员进行了任期经济责任审计，试行“预告制”、“参与制”、“督察制”3项制度。（撰稿人：金戈）

【南京市建邺区审计局】 现有干部职工13人，设有综合科、行政事业审计科、企业审计科和固定资产投资审计科，负责对全区7个街道和50个区直部门的审计监督。局长张贵，副局长邓志辉、韩少勇、秦智平、马世永（9月—）。

审计成果 完成审计项目25个，提交审计工作报告63份，开展审计调查项目8个，提交审计调查报告8份。查出违纪违规行为金额1123万元，指明纠正536万元，决定处理处罚77万元，已上缴32万元，应缴未交45万元，罚款2万元。提交审计信息20篇，审计调研报告两份，被采用18篇。内审机构完成审计项目159个。提出审计建议83条，纠正违纪违规行为金额1万元。（撰稿人：沙莎）

【南京市鼓楼区审计局】 现有干部职工12人，设有综合科、行政事业审计科、经济责任审计科和固定资产投资审计科，负责对全区7个街道和53个区直部门的审计监督。局长张国强，副局长兰芳、曹波。

审计成果 完成审计项目58个，其中受区委组织部委托，对在机构改革中变动的29名党政领导干部进行了任期经济责任审计。查出违纪违规行为金额1222万元，上缴财政320万元。提交审计综合工作报告、结果报告29份、审计论文3篇、审计信息20篇，被采用10篇、领导批示6篇。建立了审计对象信息库和法规库等小型数据库。成立内部审计协会，建立内审机构20个，有专、兼职内审人员75人。（撰稿人：张国强、毛文波）

【南京市下关区审计局】 现有干部职工13人，设有综合科、行政事业审计科、企业审计科、经济责任审计科、固定资产审计科，负责对全区6个街道和51个区直部门的审计监督。局长董瑞华，副局长周云宁。

审计成果 完成计划内审计项目21个，查出各类违纪违规行为金额430万元，已交财政36万元，应纠正110万元。向纪检监察机关移送案件线索1件。围绕社会热点问题，对教育、社会保障等专项资金进行审计，有针对性地提出审计建议。对8名领导干部进行了经济责任审计，审计面达100%，查出各类违纪违规行为金额30万元，参照审计结果，晋升两人，平调6人。固定资产审计突出抓了下关大厦、阅江楼工程等重点项目，核减工程支出30万元。（撰稿人：牛莉）

【南京市浦口区审计局】 5月26日，经国务院批准，原浦口区与原江浦县合并，成立新的浦口区。现有干部职工26人，设有财政金融审计科、经济责任审计科、固定资产投资审计科、行政事业审计科和综合科，负责对全区11个乡镇、街道和48个区直部门的审计监督。局长杨传龙（—7月，原浦口区审计局局长）、高建国（—7月，原江浦县审计局局长）、初群（7月—），副局长刘谊新（—8月，原江浦县审计局局长）、刘俊（8月—）。

审计成果 完成审计项目53个，其中计划内审计项目21个，区领导交办项目3个；经济责任审计项目29个。查出违纪违规行为金额405万元，指明要求纠正837万元，应缴财政317万元，核减各类工程造价262万元。提交审计综合报告4份，审计调查报告两份，审计信息22篇。全区内审机构完成审计项目287个，已纠正违纪违规行为金额769万元，促进增收节支473万元，查出损失浪费472万元，提出审计建议被采纳456条，建议给予行政处分6人。（撰稿人：黄荣）

【南京市沿江工业开发区管委会审计处】 根据国函［2002］23号批复和宁委［2002］118号文，7月15日原南京市大厂区审计局撤销，同时设立"南京沿江工业开发区管理委员会审计处"，审计管辖范围不变。现有干部职工9人，设有综合科、财政行政审计科、企业审计科、固定资产投资审计科，负责对全区5个街道和12个区直部门的审计监督。处长郭爱民，副处长綦俊。

审计成果 完成审计项目21个，查出违规行为金额1158万元，应缴财政128万元，已交128万元。核减工程投资888万元。提交审计报告13份、审计信息26篇。自行开发的"巧编EXCEL票据审计应用程序"在《中国内部审计》刊登推广，同时被评为2002年全国优秀社科成果。（撰稿人：孔德胜）

【南京市栖霞区审计局】 现有干部职工7人，设有综合科、预算执行审计科、基本建设与企业审计科、经济责任审计科，负责对全区6个街道、两个镇和51个区直部门的审计监督。局长余秀玲，副局长严进、宋福红。

审计成果 完成审计项目12个，党政领导交办经济责任审计项目14个。查出违纪违规行为金额3230万元。提交审计工作报告1份、审计结果报告16份、审计意见书26份、审计调查及调研报告6份、审计信息38篇，被采用16篇，提出审计建议65条。2002年全区内审组织完成审计项目145个，查出违纪违规行为金额225万元，提出审计建议66条。移交案件线索1件，撤职查办处理两人。（撰稿人：杨静）

【南京市雨花台区审计局】 现有干部职工11人，设有办公室、预算执行审计科、基本建设与企业审计科、经济责任审计科，负责对全区9个街道、1个镇、40个区直部门和5个房产开发企业的审计监督。

局长卢祥江（3月—）、马宏泉（—3月），副局长方庆友、李明。

审计成果 完成审计项目31个、审计单位48个。查出违纪违规行为金额1965万元，应缴财政14万元。提交审计工作报告、审计信息27篇，被采用27篇。有内审指导人员1人，内审机构14个，内审人员26人。共完成内审项目174个，查出违纪违规行为金额98万元，促进增收节支73万元。（撰稿人：李君毅）

【南京市江宁区审计局】 现有干部职工33人，设有办公室、综合审计科、行政事业审计科、财金审计科、工商企业审计科、经济责任审计科、固定资产投资审计科，负责对全区20个乡镇（街道）和76个区直部门的审计监督。局长李昌文，副局长王士富、李安胜、缪立林、陈振麟。

审计成果 完成审计项目45个，领导交办项目10个，共查出违纪违规行为金额6580万元，减少财政损失1547万元，提出审计建议32条。实施工程决算及开工前审计项目，其投资额共达3.5亿元，核减工程造价1521万元。5月成立了区内部审计协会，会员单位62个，内审人员172人。（撰稿人：严红星）

【南京市六合区审计局】 现有干部职工19人，设有办公室、综合审计科、财政行政事业审计科、经济责任审计科、企业审计科与固定资产投资审计科，负责对全区14个乡镇和63个区直部门的审计监督。局长张德珍，副局长竺廷洲、谢翠萍（9月—）、徐明华（9月—）。

审计成果 完成审计项目33个，查出违纪违规行为金额371万元，应归还原渠道资金93万元，应缴财政89万元，已交79万元。提交审计结果报告、调查报告、工作报告13份，审计信息41篇，被采用10篇。对在机构改革中变动的11名党政主要领导干部进行了任期经济责任审计。10月，率先在全市范围内对养老保险基金审计结果在《南京日报—六合版》进行公示。（撰稿人：皇甫其宝）

【溧水县审计局】 现有干部职工14人，设有办公室、行政事业审计科、经济责任审计科、固定资产投资审计科和财政金融审计科，负责对全县8个乡镇、1个开发区、55个县直部门的审计监督。局长彭勇，副局长杨明炜、潘胜祥。

审计成果 完成各类审计项目50个，审计单位89个，查出违规行为金额2850万元，应缴已交财政912万元，工程决算审计核减额1468万元。提交审计报告、信息51篇，被各级采用16篇。共完成县管领导干部经济责任审计项目35个，其中离任审计26个，届中审计9个，查出违规行为金额1433万元。有内审指导人员两人，内审协会会员单位45个，内审人员68人。（撰稿人：杨明炜）

【高淳县审计局】 现有干部职工17人，设有综合科、经济责任审计科、固定资产投资审计科、财政金融与行政事业审计科、工交商贸审计科，负责对全县9个镇和32个县直部门的审计监督。局长王建平，副局长吴斯荣、汤金松。

审计成果 完成审计项目33个，审计单位33个，经济责任审计项目42个，查出违规行为金额8766万元，管理不规范金额895万元，损失浪费28万元，其中：指明要求纠正8973万元，决定调账处理230万元，决定处理处罚78万元；上缴财政78万元。提交审计综合报告两份，提交论文4篇、信息22篇，被采用4篇。设内审机构25个，内审人员64人。（撰稿人：汤春红）

【徐州市审计局】 2002年，共有干部职工93人，其中研究生学历两人，本科学历26人，大专学历55人，局长葛维琴，副局长武文英、盛廷建、卢海良、冯志强，纪检组长于建国。设有办公室、人事处、法制处、监察室、经济责任与内部审计处、计算机审计处、财政金融审计处、行政事业与社会保障审计处、农业与资源环保审计处、固定资产投资审计处、外资运用审计处、经贸审计处。

审计成果 共审计单位99个，查出违纪违规行为金额184906万元，已交财政15659万元；审计核减基建工程支出7245万元。通过审计，向上级党政机关提交审计信息和报告1229篇，被批示和采用675篇，信息上报和采用数量在全省审计系统继续处于先进行列。

完成上级交办任务 完成省委、省政府交办的市供销社系统1992～2001年资金收支情况的审计清理工作。共审计清理了19个直属企业及下属59个单位，调增调减资产、负债、所有者权益达65300万元，审计清理查出违纪违规行为金额36000万元。根据省厅授权，圆满完成省属驻徐高校财务收支审计及专项收费审计调查，查出违纪违规行为金额11640万元；同时对全市2001年度企业职工基本养老保险基金的收缴、管理和使用情况及基本养老保险基金的缴费基数情况进行了审计和审计调查，查出违纪违规行为金额1348万元。根据省厅统一部署，对农发行徐州市分行及其7个分支机构进行了审计，共抽查贷款总额55980万元，占全部贷款余额的37%，查出违纪违规行为金额4774万元。

经济责任审计 先后对37个单位、37名领导干部进行了任期经济责任审计，查出违纪违规行为金额19954万元，建议纠正12057万元。

经审计，有13人平调，6人免职。

内部审计 市直部门内审机构57个，其中专职机构40个；内审人员199人，其中专职人员124人。共审计单位588个，查出损失浪费42万元，纠正违规行为金额1253万元，促进增收节支994万元。

法制建设 修订并印发了《徐州市审计机关审计能手评选办法》、《徐州市行政事业单位领导干部任期经济责任审计操作规范》和《审计文书规范指南》等规范性文件，制定下发了《徐州市审计局责令执行审计决定通知书》和《徐州市审计局协助执行审计决定通知书》等审计文书。2001年审计决定和审计建议应缴财政9500余万元，已全部收缴入库。

信息化建设 全市审计机关投入100余万元用于更新添置设备、网络建设、人员培训和计算机辅助审计应用开发。共有台式机129台，笔记本电脑121台，基本达到业务人员人手一台。（撰稿人：王锐英）

【徐州市云龙区审计局】 现有干部职工8人，设有综合科、财政基建审计科、企业审计科和行政事业审计科，负责对全区11个办事处及100多个区直部门的审计监督工作。局长王亚文，副局长程杰。

审计成果 完成审计项目74个，查出违纪违规行为金额4157万元，上缴财政79万元。完成经济责任审计51个，查出违纪违规行为金额4118万元，向纪检检察部门移交案件3起。（撰稿人：王亚文）

【徐州市鼓楼区审计局】 现有干部12人，设有办公室、行政财政审计科、固定资产投资与经贸审计科、经济责任与内部审计科，负责对全区11个办事处和35个区直部门的审计监督。局长郑加松，副局长董建国、武玉芳、王文凤。

审计成果 完成审计项目54个，查出违规行为金额961万元，应纠正3053万元，上缴财政32万元，核减基建工程决算支出117万元，提交审计工作报告及信息16篇。（撰稿人：付雷）

【徐州市九里区审计局】 现有干部职工10人，设有办公室、财政与行政事业审计科、固定资产投资与企业审计科、经济责任审计科和审计派驻所，负责对全区14个办事处和50多个区直部门的审计监督。局长孙秋良，副局长李兆莲。

审计成果 完成审计项目42个，查出违纪违规行为金额1336万元，应缴财政27万元，已交23万元，提出审计建议34条，工程结算报审6.6万元，审减2.1万元。提交审计工作报告、信息37篇，被上级批示或采用18篇，其中被《中国审计报》采用8篇。（撰稿人：沙朝阳）

【徐州市贾汪区审计局】 现有干部职工17人，设有财政金融审计科、行政事业审计科、工商企业审计科、固定资产投资审计科、综合科和经济责任审计科，负责对全区7个镇、两个办事处、1个工业园区和83个区直部门的审计监督。局长张新义，副局长崔国强、王德志、纪检组长李琴。

审计成果 审计27个单位，查出违纪违规行为金额7081万元，上缴财政145万元，提交审计工作报告及信息106篇，被采用48篇。（撰稿人：张远）

【徐州市泉山区审计局】 现有干部9人，设有办公室、经济责任审计科、行政事业审计科、经贸审计科，负责对全区14个办事处和46个区直部门进行审计监督。局长李德庆，副局长左化彬。

审计成果 完成审计项目29个，其中经济责任审计项目23个。查出违纪违规行为金额5428万元，其中决定处理处罚5292万元，上缴财政136万元。撤销银行账户24个，合并11套账。向本级政府提交审计结果报告和工作报告25份；向上级审计机关提交审计信息41篇，被采用17篇。（撰稿人：包迎丽）

【邳州市审计局】 现有干部职工36人，设有秘书科、综合科、内审社审指导科、财政金融审计科、行政事业审计科、农业水利审计科、固定资产投资审计科、工交企业审计科、任期经济责任审计科，负责对全市24个镇和50个市直部门的审计监督。局长李敦安，副局长周玉宝、韩光芬、周义生、彭莉莎，纪检组长王绪阁。

审计成果 完成审计项目77个，查出违纪违规行为金额31347万元，决定处理后增加财政收入1272万元，核减工程造价1278万元，促进增收节支1500万元，查出“小金库”180万元，提出合理化建议100多条被采纳，向司法机关移送经济案件6起。提交审计工作报告、信息264篇，被采用122篇。完成58名领导干部经济责任审计，查出违规行为金额19200万元。有内审指导人员两人，内审机构38个，内审人员325人。（撰稿人：柳雅成）

【新沂市审计局】 现有干部职工19人，设有办公室、行政事业审计科、固定资产投资审计科、经贸企业审计科、财政金融审计科和经济责任审计科，负责对全市16个乡镇和80多个市直部门的审计监督。局长谢新民，副局长胡秀岭、杨振平、胡学利，纪检组长王亚中。

审计成果 完成审计项目42个，查出违规行为金额11104万元，应缴财政金额680万元。共对25名科级干部进行了任期经济责任审计，

向纪委监察机关移交经济案件3起。被上级部门采用审计信息66篇。（撰稿人：张清斌）

【铜山县审计局】　现有干部职工27人，设有办公室、综合科、工交审计科、财金审计科、行政事业审计科、固定资产投资审计科和经济责任审计科，负责对全县22个乡镇、33个县直部门和23个企事业单位的审计监督。局长吴登赋，副局长李爱好、刘华桂、杨广华、金生贵。

审计成果　完成审计项目31个。查出违纪行为金额20192万元，应缴财政2178万元，指明要求纠正1233万元，调账处理2743万元，罚没22万元。完成审计调查项目4个，提交审计调查报告4份。完成县委、县政府交办的各类审计项目54个。提交审计工作报告及信息164篇，被采用、批示60篇。（撰稿人：靳春燕）

【睢宁县审计局】　现有干部职工13人，设有秘书科、财政金融审计科、行政事业审计科、农业与资源环保审计科、固定资产投资审计科、经济责任审计办公室，负责对全县16个镇和39个县直部门的审计监督。局长庞道礼，副局长张格强、杨绪远。

审计成果　完成审计项目24个，查出违纪违规行为金额4756万元，应缴财政101万元，已交财政80万元，核减基建工程款186万元。移送纪检部门处理案件1起，涉案11人，批捕5人。专门设立了经济责任审计办公室（事业编制6人）。（撰稿人：宋之军）

【沛县审计局】　现有干部职工47人，设有人秘股、法制股、财政金融审计股、行政事业与社会保障审计股、固定资产投资审计股、经贸与外资运用审计股、农业与资源环保审计股、经济责任审计办公室、计算机审计股和纪检监察室，负责对全县15个镇和53个县直部门的审计监督。局长潘群，副局长胡存义、李速建、王春友、黄效锋、王吉星、周跃。

审计成果　完成审计项目59个，审计单位149个，查出违规行为金额25708万元，增加财政收入446万元，追还被侵占挪用资金1105万元，基建工程决算审减1485万元，移交违法案件线索3件。完成审计调查5个，提交综合调查报告12份，市级以上采用经验交流文章和审计信息74篇。（撰稿人：朱北辰）

【丰县审计局】　现有干部职工23人，设有办公室、经济责任与内部审计股、财政金融审计股、行政事业审计股、经贸与外资运用审计股、固定资产投资审计股，负责对全县14个镇和36个县直部门的审计监督。局长段玉兰，副局长毕先华、高世弟、高长青、王念常，纪检组长袁玉。

审计成果　完成审计项目29个，累计查出各类违纪违规行为金额4386万元，上缴财政114万元，核减基建工程支出236万元，向纪检监察机关移送案件线索两件。向上级审计机关提交审计信息及宣传稿件108篇，被国家级报刊采用9篇，被省、市审计机关采用39篇。（撰稿人：朱显永）

【连云港市审计局】　2002年，共有干部职工70人，其中本科学历52人，大专学历13人，局长刘岱南（12月—），郝殿钰（—12月），副局长穆方友、严道明、沈未忠，纪检组长张广志。设有经济责任审计局、机关党委、办公室、人教处、监察室、法制处、财政金融审计处、行政事业与社会保障审计处、经贸审计处、农业资源与环境保护审计处、固定资产投资审计处、外资运用审计处、内部审计与经济责任审计指导处、计算机辅助审计处。

审计成果　完成审计项目283个，审计调查项目14个；查出违规行为金额10178万元、归还原渠道资金232万元、罚没71万元、上缴财政447万元，提交审计报告、审计信息228篇，被各级领导部门采用、批示98篇。全市各级审计机关向纪检监察机关移送案件10起，协助司法部门查处经济案件3起，出具专项审计报告4份，提供线索300余条。郝殿钰同志被人事部和审计署授予“全国审计机关先进工作者”的光荣称号。

预算执行审计　通过对财政、地税、地方国库等10个专题的审计，查出违纪违规行为金额7200万元。

重点项目审计　根据省政府交办，对淮海工学院等两所高校的审计，查出违纪违规行为金额1361万元。组织对市县农业发展银行资产负债进行审计，反映出有问题资金18.69亿元、潜亏1.7亿元的实际困难。组织供销社专项清理审计，共清理市供销合作社及其28个一级核算单位、60个二级核算单位1992～2001年度有关资金收支情况，发现会计信息失真、潜亏10403万元、偷漏各项税费412万元等问题。

外资利用审计　对全市利用世行贷款二期农灌项目进行跟踪审计，审计资金总额2.2亿元，反映出省、市财政配套资金229万元未及时拨付到位、资金报账不及时等问题，并按照国际惯例要求，出具了审计意见书。

专项审计　查出违纪违规行为为金额2440万元。审计政府采购金额4248万元，查出25万元未纳入财政专户存储等问题，并要求采购中心予以纠正。在市场物价基金审计中，要求财政部门对13个企业单位三年以上借款890万元加大清收力度。加强失业保险基金审计，要求征管部门对38个企事业单位欠缴的878万元基金、对借出的失业保险生产自救费126万元，加大清收力度。开展城市居民最低生活保障资金审计，要求市、区民政部门纠正未设立银行专户、短缺配套资金10万元、挪用专项补助12万元等问题。对10个企业、13项税费基金缴纳情况进行了专项审计调查，发现欠缴各项税费基金620万元。

经济责任审计　全市各级审计机关共完成政府以及组织部门交办和委托的经济责任审计项目118个，查出违纪违规行为金额2.14亿元；向纪检监察部门移交违纪违规案件线索疑点24件；通过立案查处，1人受到党纪政纪处分，3人被司法机关追究了刑事责任。(撰稿人：杨勇)

【连云港市新浦区审计局】　现有干部职工7人，负责对全区7个办事处、两个乡镇及区直部门的审计监督。局长谢荣，副局长周应禄、乔敏。

审计成果　审计19个项目单位，查出违纪违规行为金额889万元，上缴财政31.3万元，防止国有资产流失258万元，为国家挽回经济损失220万元，向被审计单位提出合理化建议38条，向上级党政机关提交审计信息和报告20余篇，绝大多数被采用。(撰稿人：乔敏)

【连云港市连云区审计局】　现有干部职工9人，下设区经济责任审计中心，负责对全区9个乡镇(办事处)、连云经济技术开发区和59个区直部门的审计监督。局长刘士航，副局长张晓秋、徐子胜。

审计成果　完成审计项目11个，查出违纪违规行为金额21万元，已经调账处理3万元；向纪检监察机关移送案件线索1件。对两个工程建设项目开展审计，共核减工程结算资金56万元。提交审计工作报告4份、审计信息11篇，被区委、区政府和上级审计机关采用8篇。成立了连云区经济责任审计中心，编制5人，为全民事业单位，人员参照公务员管理。(撰稿人：张晓秋)

【连云港市海州区审计局】　现有干部职工5人，设有经济责任审计局，负责对全区两个乡镇、4个办事处和区直部门的审计监督。局长包振，副局长周恒兴、马志华。

审计成果　完成审计项目单位19个，党政领导交办经济责任审计项目7个(9人)。查出违纪违规行为金额1187万元，其中私设“小金库”243万元，指明要求纠正1568万元，决定处理处罚11万元；上缴财政11万元。提交审计工作报告10份，被批示两份；审计信息被市审计局采用9篇，省审计厅采用6篇。另外，配合纪检监察办案两起。(撰稿人：马志华)

【连云港经济技术开发区审计局】　现有在编人员4人，负责对全区两个乡镇和13个区直部门的审计监督。副局长蔡春华。

审计成果　完成审计计划项目16个，政府交办事项6个，审计总金额4.12亿元，共查出违规行为金额375.5万元，应缴财政30.5万元，已交财政10.5万元。提交审计报告、信息26篇，被采用10篇。协助有关部门查处案件3起。(撰稿人：吴定龙)

【赣榆县审计局】　现有干部职工18人，设有人秘科、财政金融审计科、商业贸易审计科、工业交通审计科、行政事业审计科、固定资产投资审计科，负责对全县18个乡镇和60个县直部门的审计监督。局长刘希军，副局长王行达、侯天柱、董昊，纪检组长郑家堂。

审计成果　完成审计项目9个，审计单位43个，查出违纪违规行为金额191万元，应缴财政149万元。完成审计调查两个，调查单位两个。提交审计报告16份。有内审指导人员1人，内审机构8个，内审人员21人。在财政预算审计中，收缴违纪行为金额5万元。在重点建设项目审计中，审计金额5997万元，为国家节约建设资金385万元。在专项资金审计中，收缴违纪金额6万元。(撰稿人：单昆芝)

【灌云县审计局】　现有干部职工20人，设有办公室、固定资产投资审计股、经济贸易审计股、行政事业审计股、财政金融审计股和经济责任审计局(副科级)，负责对全县21个乡镇和43个县直部门的审计监督。局长孟祥春，副局长朱士成、于成松、田永路、张伟。

审计成果　完成审计项目40个，查出违纪违规行为金额3510万元，上缴财政47万元，减少财政支出34万元。完成专项审计调查3个；审计工程决算项目8个；完成县委、县政府领导交办审计项目25个；提交审计报告、信息26篇，被批示、采用42篇(次)。(撰稿人：田守忠)

【东海县审计局】　现有干部职工19人，设有秘书科、财政金融审计科、经济贸易审计科、固定资产投资审计科、农业水利乡镇审计科、行政事业与社会保障审计科、经济责任审计科，负责对全县24个乡镇场和95个县直部门的审计监督。局长武强太，副局长孙玉元、时奎仁、武玲、孔庆才，纪检组长王如精。

审计成果　完成审计项目20个，审计单位60个，查出违规行为金额694万元，应缴财政7万元，已交7万元，为财政节约支出548万元，移送纪检、检察部门处理的违纪问题8件，协助纪检公安部门办案4起。提交审计报告两份、审计意见60份、审计信息29篇。另外，

受县委组织部的委托，对17名党政领导干部进行了任期经济责任审计。（撰稿人：唐见）

【灌南县审计局】 现有干部职工15人，设有人秘股、财政金融审计股、行政事业审计股、固定资产投资审计股和企业审计股，负责对全县18个乡镇和40个县直部门的审计监督。局长孙慕铭，副局长汤朝亚、刘金龙，纪检组长江孝超。

审计成果 完成审计项目65个，审计单位69个，审计调查项目3个，查出违规行为金额1304万元，应缴财政78万元，已交财政37万元，罚没41万元，归还原渠道资金53万元，调账处理5172万元，应纠正10903万元，查出百万元以上违规单位3个。提交审计报告、信息81篇，被采用52篇。被审计单位采纳审计意见与建议85条，促进增收节支230万元。完成57名乡科级党政正职领导干部任期经济责任审计，查出违规行为金额1066万元，应纠正8597万元，被审计责任者中晋升3人，平调53人，免职1人。（撰稿人：马亚东）

【宿迁市审计局】 2002年，共有干部职工32人，其中本科学历20人，大专学历10人，局长毛守旗，副局长李朝阳（—12月）、薛启书、顾倩（4月—）、陆涛（11月—）、王冬梅（11月—），纪检组长卢静(7月—)。设有办公室（人事教育处）、计算机审计处、财政金融审计处、行政事业与社会保障审计处、经贸审计处（外资运用审计处）、农业与资源环保审计处、固定资产投资审计处、任期经济责任审计与内部审计指导处（法规处）和1个直属审计室。

审计成果 全市共审计了260个（项目）单位，查出违规行为金额1474万元，应缴财政746万元，已交664万元，归还原渠道资金1517万元，调账处理513万元，罚没147万元，应纠正85739万元；完成审计调查14个，对市县两级35个单位进行了调查，提交审计调查报告17份，被批示、采用6份。

完成上级交办任务 全市共完成审计署、省审计厅下达的审计项目（单位）58个；查出违规行为金额547万元，调账处理490万元，归还原渠道资金18万元，罚没26万元，已交财政222万元，应纠正36747万元；审计建议被采纳86条。

经济责任审计 全市共对101名党政部门领导干部和国有控股企业领导人员进行了审计，共查出违规行为金额3594万元，应纠正7817万元，损失浪费34万元；通过审计，平调69人，晋升两人。

此外，市审计局还于10月28～30日成功地举办了淮海经济区审计局长联席会第十七次会议。参加会议的有山东、河南、安徽、江苏4省18个市审计局的55名代表。会上，中共宿迁市委副书记、市长和江苏省审计厅副厅长到会祝贺并讲话。会议共收到经验材料及论文15篇。

内部审计 全市内审机构63个，其中专职机构31个；内审人员201人，其中专职人员105人；完成审计项目37个，查出损失浪费47万元，促进增收节支133万元，提出审计建设或意见被采纳93条。（撰稿人：张建华）

【宿迁市宿城区审计局】 现有干部职工10人，设有办公室，审计一股（财政、行政事业、社会保障审计），审计二股（基建、外资、农业与资源环保审计），审计三股（经济责任、经济案件审计），负责对全区6个乡镇（街道）和25个区直部门的审计监督。局长董宏权（5月—），副局长施勇、英美荣（4月—）、任易非（11月—）。

审计成果 完成审计项目42个，查出违纪行为资金3361万元，对情节较重的单位处罚20万元，全部追缴入库；责令自行纠正3341万元。完成审计调查3个，协助纪委查办案件两起。（撰稿人：王士虎）

【宿豫县审计局】 现有干部职工17人，设有办公室、财贸金融审计股、农水文行审计股、工交基建审计股、经济责任审计股，负责对全县23个乡镇和28个县直部门的审计监督。局长苏斯洲（1月—），副局长李哲、苗春杰、沈保卫（11月—）、苏衍坤（11月—），纪检组副组长周永泉。

审计成果 完成审计项目33个，查出违规违纪行为金额6605万元，应缴财政102万元，已交101万元，指明要求纠正6503万元。完成审计调查项目两个，配合纪检监察部门对8个单位实施审计或账目清理，并向纪检监察部门提供经济疑点线索15件。提交审计报告、审计情况简报和审计信息29篇。（撰稿人：周硕富）

【沭阳县审计局】 现有干部职工22人，设有办公室、财政金融审计股、行政事业审计股、经贸审计股、企业审计股、固定资产投资审计股和经济责任审计股，负责对全县38个乡镇（场）和78个县直部门的审计监督。局长吴连珠，副局长周保田、郁光玲、刘浩（12月—）。

审计成果 完成审计项目103个，查出各种违纪违规行为金额7044万元，其中应缴财政80万元，已交80万元；完成审计调查项目4个，调查单位16个；完成县领导交办任务111个；完成工程项目预决算审计45个，审计总金额14697万元，审定12387万元，审减2310万元，审减率15.71%；对35名领导干部进行了经济责任审计；协助纪委等部

门查处案件4起；向上级和新闻单位提交审计报告和信息59篇，被采用58篇（次）；档案管理达省一级标准。（撰稿人：葛恒平）

【泗阳县审计局】 现有干部职工22人，内设办公室、财政金融审计股、固定资产投资审计股、任期经济责任审计股、农业与资源环保审计股、行政事业审计股和综合审计股，负责对全县23个乡镇和27个县直部门的审计监督。局长薛伟（1月—），副局长章东生、车林、刘楠、刘勇（11月—）、庄冠中（11月—）。

审计成果 审计101个项目，其中领导临时交办项目45个；共查出违纪违规行为金额7000多万元，增加财政收入241万元；通过核减工程款，为政府节约资金2000多万元；向被审计单位提出审计建议，为其增收节支及挽回经济损失550万元。提交审计报告和各类信息48篇，被《中国审计报》采用6篇，市以上其他报刊采用10篇。全年向纪检监察机关和有关部门移送案件线索32条，已批捕1人。（撰稿人：胡启元）

【泗洪县审计局】 现有干部职工22人，设有办公室、农业与资源环保审计股、经贸审计股、行政事业审计股、财政金融审计股、固定资产投资审计股和任期经济责任审计股，负责对全县27个乡镇和62个县直部门的审计监督。副局长陆红梅（主持工作）、高保富（12月—）、王克涛（11月—）。

审计成果 完成审计项目99个，审计总金额26.7亿元，查出违规违纪行为金额2.3亿元，纠正2.3亿元，上缴财政465万元，增收节支364万元，归还原渠道资金5767万元，提出审计建议62条，信息稿件被市级以上报刊采用80篇。全年受县委组织部委托，先后对52名县直部门和乡镇党政“一把手”进行经济责任审计，提供审计报告52份，同时还为县委、县政府起草了《关于完善领导干部任期经济责任审计制度的实施意见》。（撰稿人：李德生）

【淮安市审计局】 2002年，共有干部职工57人，其中本科学历38人，大专学历12人，局长王泰昌，副局长江建波（—12月）、韩竹华、陈凤琴、徐增道、纪检组长金洪根（8月—）、汪耀洲（—8月）。设有办公室、人事教育处、监察室、财政金融审计处、经贸审计处、固定资产投资审计处、行政事业和社会保障审计处、外资运用审计处、农业和资源环境保护审计处、法规处、任期经济责任审计和内审指导处、综合和计算机审计处。

审计成果 全市共审计单位452个，查出违规行为金额4.15亿元，其中应缴财政2062万元，已交财政1178万元，归还原渠道资金924万元。提交审计报告和信息412篇。被领导指示、采用225篇。

经济责任审计 全市共对168名领导干部实施了经济责任审计，其中县处级党政领导干部21名，乡科级干部147名。查出违纪违规行为金额4573万元，经审计降、免职16人，被移送纪检监察和司法机关处理12人。

重点资金审计 住房基金审计，查明出售公有住房基金逾期贷款占贷款总额达58.33%。土地出让金审计，查明因征收不力，2001年土地出让金实际征收仅占应征数的39.67%，而且没有全额纳入预算管理，当年入库率仅为5.7%等问题。均认真进行了纠正处理。（撰稿人：刘学庆）

【淮安市清河区审计局】 现有干部职工5人，设有综合科、行政事业审计科、企业与固定资产投资审计科、经济责任审计科，负责对全区6个街道、32个区直部门及公有企事业单位的审计监督。局长徐乃明（—6月）、邓爱华（7月—），副局长陆宾。

审计成果 完成审计项目18个，党政领导交办经济责任审计35个。查出违纪违规行为金额2429万元，其中指明要求纠正388万元，决定处理109万元。提交审计信息37篇，被区政府领导批示两篇，提出审计建议127条。向纪检监察部门移交案件线索27件，移送处理单位5个。审核工程决算3372万元，为建设单位节约资金442万元。（撰稿人：周玲）

【淮安市清浦区审计局】 现有干部职工5人，设有办公室和综合科，负责对全区5个乡镇、4个街道和30个区直部门的审计监督。局长王素中，副局长王名皓、王玮。

审计成果 完成审计项目60个，查出违规行为金额610万元，核减工程决算635万元，提交审计报告、信息24篇。其中基建项目审计39个，送审4743万元，审定4108万元，审减635万元，审减率13.9%；受区委、区政府委托，完成对12个单位、13名党政领导干部任期经济责任审计。（撰稿人：孟竹宏）

【淮安市楚州区审计局】 现有干部职工24人，设有办公室、财政金融审计科、行政事业审计科（挂“农业与资源环保审计科”牌子）、经贸审计科、固定资产投资审计科、任期经济责任审计科，负责对全区28个乡镇和69个区直部门的审计监督。局长刘光辉、副局长杨兴林、王祥、杜新生、叶延宏，纪检组长何善海。

审计成果 完成审计项目98个，其中专项审计调查29个，经济责任审计35个，政府交办项目两个，财务收支项目17个，固定资产投资审计15个；查出违纪违规行为金额2156万元，应缴财政90万元，实交90万元；追回被侵占挪用专项资金329万元；核减基建工程预算364万元；发现并向纪委、检察部门移交案件线索6件，有4名党员干部被查处；上报各类审计信息67篇，被采用45篇。（撰稿人：刘光辉、刘金涛）

【淮安市淮阴区审计局】 现有干部职工18人，设有办公室、财政金融审计科、经贸审计科、行政事业审计科和固定资产投资审计科，负责对全区21个乡镇和个区直部门的审计监督。局长周兴超，副局长刘少云、支凤国、刘后然。

审计成果 完成审计项目40个、39个单位，查出违纪违规行为金额4378万元，其中指明要求纠正4314万元，决定处理处罚64万元，上缴财政64万元。提交审计报告40份、审计意见35份、审计信息52篇，被区以上单位采用35篇。受区委组织部委托，对13名党政、企业的主要领导干部进行了任期经济责任审计。（撰稿人：徐晖）

【金湖县审计局】 现有干部职工19人，设有办公室、财政金融审计科、行政事业与社会保障审计科、经济贸易审计科、农业与资源环保审计科、固定资产投资审计科、任期经济责任审计科，负责对全县11个镇和66个县直部门的审计监督。局长汤瑞仁，副局长冀叶青、金义兵、李玉辉、闵福高、吴定，纪检组长卢钢。

审计成果 完成审计项目55个，审计单位78个，党政领导临时交办的项目9个。查出违纪违规行为金额2914万元，其中指明要求纠正2844万元，决定处理处罚70万元；上缴财政70万元。及时移送违法违纪案件线索3件，提交审计报告、信息75篇，被采用68篇，印发《审计要情》4期，均被县委、县政府主要领导批示。（撰稿人：卢钢）

【洪泽县审计局】 现有干部职工17人，设有办公室、财政金融审计股、行政事业与社会保障审计股、企业审计股和固定资产投资审计股，负责对全县12个镇和69个县直部门的审计监督。局长金国平，副局长徐宝栋、翟立本、韩万海、陈定保，纪检组长畅宝侠。

审计成果 完成审计项目55个，查出违纪违规行为金额2835万元，其中指明要求纠正1579万元，应缴财政62万元，已交62万元。提交审计结果报告18份，审计信息52篇，被采用15篇。完成14名科级干部离任经济责任审计，查出违规行为金额327万元。有内审指导人员两人，内审机构6个，内审人员14人。（撰稿人：陈海峰）

【涟水县审计局】 现有干部职工20人，设有办公室、财政金融审计科、行政事业审计科、经济责任审计科、固定资产投资审计科，负责对全县19个镇和58个县直部门的审计监督。局长冯建华，副局长朱崇玉、杨凤宝、陈晓斌、费泽忠、朱延木，纪检组长王秀祥。

审计成果 完成审计项目67个，审计单位78个，查出违纪违规行为金额9636万元，其中指明要求纠正4328万元，决定处理处罚119万元，上缴财政119万元。向纪检监察机关移送经济案件线索9件。提交审计报告、信息120篇，被中央级报刊采用9篇，省级报刊采用13篇，市级报刊采用18篇，被县政府采用两篇。另外，对4名因工作变动的乡科级主要领导干部和领导人员进行了任期经济责任审计。（撰稿人：施长城）

【盐城市审计局】 2002年，共有在职干部职工69人，其中研究生学历1人，本科学历48人，大专学历14人，局长崔士明，副局长刘万平、陈献东、孙红青、刘秋凤（6月—）；纪检组长姚少平（10月—）。设有纪检监察室、办公室、组织人事处、计算机与审计项目管理处、法制处、任期经济责任审计办公室、经贸审计处、财政金融审计处、固定资产投资审计处、农业与资源环保审计处、行政事业与社会保障审计处、外资运用审计处。

审计成果 共审计99个单位，完成审计调查项目10个、调查281个单位；审计查出违规行为金额87561万元，调账处理14583万元，纠正违规行为金额44904万元，建议纠正不当规定4条；应缴财政7574万元，已交6980万元，减少财政支出166万元，归还原渠道资金1987万元，罚没金额112万元，查出百万元以上违规单位42个；查出“小金库”226个、3789.92万元；向纪检监察部门移送案件5起、线索86件，向司法机关移送案件线索两件，协助有关部门查处案件7起；已有9人受党政纪处分、16人受到刑事处理。审计信息宣传工作获江苏省审计信息一等奖。

大案要案 一是查处贪污挪用等严重经济犯罪问题。广电局审计，有两名副处级领导、1名科级干部被拘捕，在全市产生强烈反响。二是查处社会反响大的热点、难点问题。市医药公司审计，有11人因行贿受贿被依法逮捕，还有8人主动投案，退出赃款。三是查处数额巨大的违反财经法纪问题。对中威客车有限公司审计查出偷漏税款、隐瞒国有资产、私设“小金库”等2589万元的问题，市政府领导两次批示，支持审计工作，要求被审计单位认真执行审计决定。

完成交办事项 根据市政府领

导交办，对市地产物业发展公司1994年5月至2001年12月资产负债损益情况进行了重点审计解剖，审计查出损益不实等问题；向市纪委办案组提供案件疑点线索57件，有3名副处级领导受到法办。

经济责任审计　对10人进行任期经济责任审计，查出单位违规行为金额12355万元，移送纪检监察部门处理事项18个。市委办、政府办联合转发《盐城市审计局关于建立领导干部任期经济责任审计档案的意见》，要求纪检监察、财政、工商、物价等有关部门及时向审计机关提供执纪执法中涉及领导干部的情况。市审计局已为163名处级领导干部建立个人经济责任审计档案。（撰稿人：蔡青林）

【盐城市城区审计局】　现有干部职工13人，设有办公室、经贸与经济责任审计科、行政事业与固定资产投资审计科、财政金融审计科，负责对全区5个镇（含城郊）、5个街道和56个区直部门的审计监督。局长陈宝惠，副局长石秦，滕官建，陈为民。

审计成果　完成审计和调查项目46个，政府交办事项11个；查出违规行为金额854万元，查出“小金库”22个，发生金额485万元；向纪检部门、司法机关移送案件7起，有6人受到党政纪处分；提交审计工作报告42份，审计信息93篇，被采用81篇。（撰稿人：陈永军）

【东台市审计局】　现有干部职工40人，设有办公室、综合股、财政金融审计股、行政事业审计股、工交企业审计股、商贸企业审计股、基建审计股，下辖市经济责任审计办公室，头灶、三仓、安丰、城郊4个乡镇中心审计所，负责对全市23个乡镇和48个市直部门的审计监督。局长夏志忠，副局长王平、马维国，纪检组长张林美。

审计成果　完成审计单位46个，政府交办事项42个。查出各类违纪违规行为金额3427万元，上缴财政224万元，促进增收节支5592万元。上报审计信息102篇，被采用89篇，向政府提交审计报告24份，被批示18份。（撰稿人：仇卫华）

【大丰市审计局】　现有干部职工27人，设有办公室、法制科、财政金融审计科、行政事业与社会保障审计科、经贸审计科、农业资源环境与外资运用审计科、固定资产投资审计科，负责对全市17个镇和54个市直部门的审计监督。局长陈锦良，副局长黄峰、赵龙根、杨进达、陈锦华。

审计成果　完成对25个单位的审计，查出各类违规行为金额3285万元，应缴财政160万元，均已上交入库；移送纪检监察机关案件3起，立案4人；提交审计报告、审计信息和理论文章68篇，被采用52篇。（撰稿人：周铭）

【盐都县审计局】　现有干部职工24人，设有办公室、监察室、综合科、固定资产投资审计科、工交商贸审计科、行政事业审计科、财政金融审计科、农业审计科和经济责任审计办公室，负责对全县16个镇和78个县直部门的审计监督。局长刘其江，副局长张长荣、徐凤琴。

审计成果　完成审计、调查项目51个，审计、调查单位129个。查出违规行为金额1409万元，其中应缴财政237万元，已交237万元；指明要求纠正2.13亿元；查出百万元以上违规单位5个；“小金库”18个、金额116.1万元；移送案件两起，有关部门立案查处后，已有3人受党政纪处分，4人受刑事处理；提交审计报告52份，被批示49份；提交审计信息和宣传稿件130多篇，被采用100篇。（撰稿人：夏有朝）

【射阳县审计局】　现有干部职工27人，设有办公室、法制科、行政事业审计科、财贸金融审计科、固定资产投资审计科、经贸外资审计科、农业与环境保护审计科和任期经济责任审计办公室，负责对全县20个镇区和56个县直部门的审计监督。局长吴冠荣，副局长周玉飞、杨耀华、张程。

审计成果　完成审计单位30个，共查出违规行为金额8307.3万元，决定处理处罚2164.4万元，指明要求纠正2164万元，应缴财政289万元，已交288万元。提交的审计报告被县政府领导批示33篇，被市政府领导批示4篇，上报的审计信息、审计宣传稿件被采用329篇。全县成立专兼职内审机构42个，配备166名审计人员。（撰稿人：郭本余）

【阜宁县审计局】　现有干部职工28人，设有办公室、监察室、县经济责任审计办公室、县审计业务管理办公室、财政金融审计科、行政事业与社会保障审计科、经贸外资审计科和农水基建审计科，负责对全县21个乡镇、经济开发区和县直部门、企事业单位的审计监督。局长孙国岱，副局长陈华、曹长明、郑书芹、孟庆阳、陈剑明。

审计成果　审计35个单位，并对19名科级领导干部进行经济责任审计，共查出违规行为金额8794万元，收缴入库327万元。查出12个单位私设的“小金库”36个，金额达417万元，移送经济案件11起，已有9人受到党政纪或刑事处理。乡镇及县直部门共设内审机构37个，专、兼职内审人员111人，完成审计单位310个，查出损失浪费459.2万元，促进提高经济效益297.33万元；纠正违纪行为金额429.5万元，向纪检、司法机关移送

经济案件线索6件，建议给予行政处分两人。（撰稿人：高维新）

【滨海县审计局】 现有干部职工16人，设有办公室、经济责任审计办公室、行政事业审计股、财政金融审计股、经济贸易审计股、农业和资源环保与外资运用审计股、固定资产投资审计股，负责对全县15个乡镇和54个县直部门的审计监督。局长李卫华，副局长严大同、周翔、徐邦淮。

审计成果 完成审计单位29个，查出违规行为金额2305万元，指明要求纠正271万元。应缴财政77万元，已交77万元。完成审计调查4个，调查单位37个。提交审计报告、信息61篇，被各级采用35篇。完成两名乡科级干部离任经济责任审计，查出违规行为金额6万元。内审机构48个，内审人员97人。（撰稿人：徐平华）

【响水县审计局】 现有干部职工9人，设有办公室、法制管理科、财政金融审计科、农业经贸审计科、经济责任审计科、固定资产投资审计科、行政事业与社会保障审计科，负责对全县13个乡镇和38个县直部门的审计监督。局长孙扬飞、副局长顾仕涛、徐子华、周玉仁、潘智勇。

审计成果 完成对46个单位的审计，查出违规行为金额6224万元，增加财政收入275万元，查出"小金库"3个、金额105万元，移送案件线索18件，4人受到处理。（撰稿人：叶云飞）

【建湖县审计局】 现有干部职工18人，设有办公室、财政金融审计科、行政事业审计科、经贸外资审计科、农水基建审计科、法制科和经济责任审计办公室，负责对全县15个镇和28个县直部门的审计监督。局长冯正龙，副局长严志鹏、胡玺玉、陈东成、许万祥。

审计成果 完成审计单位27个，查出违规行为金额1474万元，应缴财政308万元，已交308万元，减少财政拨款7万元，归还原渠道资金40万元。查出"小金库"24个，金额840万元。完成审计调查8个，调查单位105个。提交审计报告、信息56篇，被领导批示和上级采用32篇。向纪检、司法部门移送案件23起，有17人分别受到党纪政纪处分或被追究法律责任。（撰稿人：陈东成）

【扬州市审计局】 2002年，共有干部职工49人，其中研究生学历1人，本科学历19人，大专学历26人，局长黄道龙，副局长宦文平、陈发松、周宏举，纪检组长韩林。设有人事教育处、监察室、办公室、法制处、经济责任审计办公室、财政金融审计处、行政事业与社会保障审计处、经贸审计处、农业与资源环保审计处、固定资产投资审计处、外资运用审计处、审计学会。

审计成果 审计单位39个，查出违规行为金额7.06亿元，应缴财政1710万元，已交1234万元。提交审计工作报告、信息180篇，被批示、采用129篇（次）。

经济责任审计 完成经济责任审计项目4个，查出违规行为金额1160万元，应纠正744万元。

内部审计 市直部门内审机构34个，其中专职机构23个；内审人员176人，其中专职人员96人。共审计单位1050个，查出损失浪费264万元，促进增收节支8612万元，纠正违规行为金额535万元。组织50人参加国家内部注册审计师考试，7人合格。

大案要案 对扬州包装用品厂审计，查出案件线索，经市纪委、检察机关办案，4人被移交司法机关处理。（撰稿人：杨道龙）

【扬州市广陵区审计局】 现有干部职工16人，设有办公室、行政事业审计科、财政金融审计科、农林与企业审计科、固定资产投资审计科，并设有直属事业单位区经济责任审计中心，负责对全区3个乡镇、3个街道和56个区直部门的审计监督。局长顾本安，副局长肖昌平。

审计成果 完成审计项目30个，查出违规行为金额3097万元，应调账处理869万元，指明要求纠正103万元，应缴财政10万元，已交10万元。完成审计调查1个，调查单位12个；完成经济责任审计项目17个，查出损失浪费22万元，应纠正1063万元，根据审计结果，晋升4人，平调7人。提交审计信息13篇，被采用11篇。（撰稿人：胡俊）

【扬州市维扬区审计局】 现有干部职工8人，设有办公室、行政事业审计科、综合审计科负责对全区4个乡镇及两个街道的审计监督。局长汤义如，副局长朱承玉、何晓华。

审计成果 完成审计项目16个，查出违规违纪行为金额6265万元，应归还原渠道资金42万元，应调账处理2136万元，应缴财政18万元，已交15万元。完成经济责任审计项目12个，查出违规违纪行为金额2678万元，提交审计报告9份。经济责任审计后，晋升1人，平调8人。（撰稿人：公江艳）

【扬州市邗江区审计局】 现有干部职工24人，设有综合科、行政事业审计科、财政金融审计科、经贸与外资运用审计科、固定资产投资审计科、经济责任审计科和内部审计业务指导科，负责对全区19个镇和区直部门的审计监督。局长韦敏，副局长杭澜、赵文华、仇金安。

审计成果 完成审计项目41个，查出违纪违规行为金额11047万元，应缴财政1885万元，已交1847万元。固定资产投资审计将开发区所有新上项目纳入国家审计监督范围，合计送审造价5047万元，审减1085万元，审减率21.5%。首次开展10个项目的领导干部经济责任审计。提交审计报告和审计信息50篇，被采用36篇、批示1篇。（撰稿人：苏安福）

【仪征市审计局】 现有干部职工21人，设有办公室（法制科）、财政金融审计科、行政事业与社会保障审计科、农林与资源环保审计科、固定资产投资审计科、经济责任审计科，负责对全市11个乡镇和54个市直部门的审计监督。局长骆翔，副局长吴春和、杨玉华、黄元龙。

审计成果 实施审计项目46个，查出违纪违规行为金额7827万元，应纠正3986万元，应缴财政36万元，已交31万元。报送审计信息和分析报告46篇，被采用16篇。完成经济责任审计项目18个，占全年审计项目完成数的39.13%。会同市监察局、市财政局提请市政府出台了《清理行政事业单位银行账户》、《加强票据管理》、《加强行政事业单位财务监督》等相关文件。（撰稿人：孙日红）

【江都市审计局】 现有干部职工28人，设有纪检组、人秘科、法制科、财政金融审计科、行政事业与社会保障审计科、农林与资源环保审计科、固定资产投资与企业审计科、经济责任审计科，负责对23个镇和100多个市直部门的审计监督。局长孙华，副局长陈国平、陈大明、葛龙祥，纪检组长郑贵仁。

审计成果 完成审计项目52个，查出违规行为金额8379万元，增加财政收入138万元，挽回政府资金流失3426万元，移交经济案件线索4件。提交审计信息78篇，被上级审计机关和新闻单位采用52篇。对20名党政领导干部开展任期经济责任审计，查出违规行为金额4865万元，提出审计意见与建议86条。（撰稿人：王中）

【高邮市审计局】 现有干部职工20人，设有办公室、行政事业审计科、财政金融审计科、企业审计科、固定资产投资审计科和经济责任审计办公室，负责对全市20个乡镇和58个市直部门的审计监督。局长陈爱萍，副局长王国成、姚恩往、刘云、詹龙朝、陈军，纪检组长周群智。

审计成果 完成审计项目37个，查出违规行为金额17508万元，指明要求纠正金额159万元。全年共提交综合性审计报告22份，被市和上级审计机关采用的信息16篇。完成邮中等工程竣工决算项目3个，项目总投资13137万元，查出违规行为金额323万元，核减工程结算1282万元。开展了12个部门和单位原负责人经济责任审计，查出违规行为金额2155万元。在对市棉麻公司负责人任期经济责任审计时，及时向市纪委提供案源线索，经查处，有3人被刑事拘捕。（撰稿人：刘荣金）

【宝应县审计局】 现有干部职工24人，设有办公室、经济责任审计办公室、行政事业审计科、财政金融审计科、企业审计科、固定资产投资审计科，负责对全县16个乡镇和60个县直部门的审计监督。局长马荣秀，副局长潘毓琪、耿龙虎、潘怀龙。

审计成果 完成审计项目30个，占年度计划项目的143%，查出违规行为金额263万元，应缴财政30万元，已交30万元，调账处理44万元，归还原渠道资金62万元，指明要求纠正18335万元。向政府和上级审计机关报送审计综合报告和审计信息26篇，全被采用或批示。（撰稿人：魏长华）

【泰州市审计局】 2002年，共有干部职工48人，局长居锦杰。设有办公室、人事教育处、法制处、财政金融审计处、行政事业与社会保障审计处、经贸审计处、外资运用审计处、农业资源环保审计处、固定资产投资审计处、任期经济责任审计与内部审计指导处等处室，另设有纪检、监察机构，下辖泰州市城市土地经营审计处。

审计成果 全市共审计209个单位，查出违纪违规行为金额3.93亿元，应缴财政2933万元，向司法机关移送经济犯罪案件线索7件。

经济责任审计 共对67人实施了经济责任审计。审计后，有5人晋升职务，27人平调岗位，5人被免职，1人被移送纪检监察和司法机关处理。

各项基础建设 统一组织全系统审计人员进行全员岗位资格考试，参考率、合格率均达到100%。8月份，市局组织了公务员招考，录用4名人员，对中层干部全面推行了竞争上岗。全系统档案管理工作在年内通过了省审计系统一级标准验收。（撰稿人：沈金勇）

【泰州市海陵区审计局】 现有干部职工22人，设有办公室、监察室、审计管理科、经济责任审计中心、财政金融审计科、行政事业审计科、经贸审计科和固定资产投资审计科，负责对全区5个乡镇和37个区直部门以及企事业单位的审计监督。局长卢家麟，副局长金万辰、邹贵宾。

审计成果 完成审计项目33个，查出违规行为金额5546万元，上缴财政52.79万元，提交审计信息和报告39篇。完成22个单位、23名领导干部任期经济责任审计项目，

查出违规行为金额3926.34万元。（撰稿人：吴智文）

【泰州市高港区审计局】 现有干部职工14人，设有办公室、行政事业审计科（财政金融审计科与之合署）、工交审计科、经济责任审计科和固定资产投资审计科，负责对全区5个乡镇和38个区直部门的审计监督。局长于德宏，副局长王永生、徐桂明。

审计成果 完成审计项目18个，审计调查4个，共查出违纪违规行为金额2461万元，应缴财政48万元，已交42万元，核减工程造价912万元。（撰稿人：蔡长生）

【靖江市审计局】 现有干部职工32人，设有办公室、财政金融审计科、行政事业与农水审计科、工业交通审计科、固定资产投资审计科、经济责任审计和内部审计管理指导科，负责对全市12个乡镇，1个经济开发区和56个市直部门的审计监督。局长张寿恒，副局长李宗义、何国安、徐爱华，纪检组长刘汉平。

审计成果 审计20个项目单位，查出违纪违规行为金额5829万元（其中"小金库"9个，金额222万元），向上级机关报送审计信息和综合报告18篇，向纪检部门移送处理事项两件，经审理后有3人受到党纪政纪处分。对6名领导干部和1名公示对象进行任期经济责任审计。参照审计结果，提拔1人，平调5人，免职1人。参与案件审计两起，向纪检、检察部门移交疑点线索229件，7人被"双规"，挽回经济损失499万元。（撰稿人：蔡新翔）

【泰兴市审计局】 现有干部职工24人，设有人秘科、财贸金融审计科、农业与资源环保审计科、行政事业审计科、固定资产投资审计科和经济责任审计科，负责对全市24个乡镇、1个经济开发区管委会和92个市直部门的审计监督。局长赵国强，副局长张振华、金晓林、宗泰生。

审计成果 完成审计项目31个，审计单位78个，查出违规行为金额706万元，应缴财政658万元，已交658万元。其中受市委组织部委托，对5个单位、6名领导干部实施了经济责任审计，查出违纪违规行为金额812万元，移送有关部门处理违纪案件3起。完成审计调查3个，调查单位19个。提交审计报告、信息34篇，提交了理论性、学术性文章3篇。（撰稿人：虞礼荣）

【姜堰市审计局】 现有干部职工23人，设有综合科、财贸金融审计科、行政事业审计科、农林水利审计科、经济责任审计科、工业交通审计科、固定资产投资审计科和审计管理科，负责对全市18个镇和市直部门的审计监督。局长孙志远，副局长秦锡如、程林华、戴忠全、钱永祥。

审计成果 实施审计项目46个，查出违规金额5914万元，应缴财政55万元，已全部入库。其中工程决算审计项目10个，净核减工程造价1492万元，查补税收131万元。完成经济责任审计项目14个、16人次，查出问题32个，其中领导干部负主管责任21个，负直接责任11个。（撰稿人：孟咸君）

【兴化市审计局】 现有干部职工28人，设有办公室、固定资产投资审计科、经贸审计科、农业与资源环保审计科、行政事业与社会保障审计科、财政金融审计科、任期经济责任审计科和审计指导站，负责对全市34个乡镇和94个市直部门的审计监督。局长顾天荣，副局长方德才、李显运、孙兆才、王春堂、钱建忠。

审计成果 完成审计项目35个、42个单位，审计查出违规行为金额11548万元，指明要求纠正6021万元，决定处理处罚167万元，已交财政100万元。完成审计调查4个，调查单位4个。提交审计报告6份，审计意见42份，移送案件线索9件。另外，对因机构改革、任职调整等变动的30名党政、企业主要领导干部进行了任期经济责任审计，提交审计报告30份。全市有部门、乡镇内审机构53个，内审人员182人，全年审计了149个单位。（撰稿人：钱建忠）

【南通市审计局】 2002年，共有干部职工81人，其中本科以上学历68人，大专学历9人，局长纪进，副局长葛松良、陈士萍、蔡云华、张乃炎、吴永宏（12月—），纪检组长王安华。设有办公室、人事教育处、法制处、监察室、经济责任审计与内部审计管理处、财政金融审计处、行政事业审计处、固定资产投资审计处、农业资源与环境保护审计处、商贸审计处、工交审计处、外资审计处。

审计成果 完成审计项目113个，查出违规违纪行为金额12.4亿元，为财政增收节支1.32亿元；向纪检监察和司法机关移送案件线索31件，协助有关部门查处案件4起。

财政审计 审计共涉及109个部门和单位，检查财政性资金17.8亿元，查出违纪违规行为金额4887万元；对29个单位2001年预算外资金"收支两条线"管理情况进行了专项检查，查出违纪违规行为金额2411万元。

固定资产投资审计 完成固定资产投资审计26个，审计投资总额5.93亿元，核减投资1600多万元。

重要审计项目 根据省政府要求，对4所省属高校进行了专项审计和调查，共查出增加收费项目及超标准收费890.14万元，“小金库”收入198.44万元，以及违规使用票据收费311.59万元等问题。在全省项目评比中荣获一等奖。

经济责任审计 审计经济责任人17名，查出违规行为金额13318万元，应纠正10980万元，损失浪费175万元，移送纪检监察机关1人。

内部审计 完成各类审计项目6337个，纠正违纪违规行为金额8292万元，促进增收节支10699万元，发现案件线索29件，提出意见建议3930条。（撰稿人：徐劲松）

【南通市崇川区审计局】 现有干部8人，设有综合业务科、经济责任审计与管理科和固定资产投资审核中心，负责对全区两个镇、8个街道、1个经济技术开发区和76个区直单位的审计监督。局长茅志斌（—10月），副局长张一峰（10月—，主持工作）、顾锦霞。

审计成果 完成财政财务和经济责任审计项目11个，审计总金额35000万元，查出违纪违规行为金额904万元，审计收缴入库84万元；完成基建工程竣工决（结）算审计项目10个，审计总金额4790万元，审计净核减562万元，收缴入库21万元；完成基建开工前审计项目5个，审计投资总额1825万元；协助纪检、检察部门侦破经济案件5起，7人受到刑事处分。提交审计报告3份、审计信息12期、17篇，被采用20篇（次）。（撰稿人：张飞飞）

【南通市港闸区审计局】 现有干部职工6人，负责对全区8个乡镇（街办）和37个区直部门单位的审计监督。局长张亚华，副局长刘洪涛。

审计成果 完成审计项目21个，其中经济责任审计项目4个。查出违纪违规行为金额290万元，决定处理处罚25万元；应缴财政25万元。提交审计信息5篇。（撰稿人：徐炜）

【海门市审计局】 现有干部职工32人，设有秘书科、财政金融审计科、企业审计科、行政事业审计科、固定资产投资审计科、经济责任审计与审计管理科，负责对全市23个乡镇场和105个市直部门的审计监督。局长蔡建新，副局长沈忠伟、张祖平、陆卫忠、陈善冲、陈建荣，纪检组长黄天杰。

审计成果 完成审计项目58个，其中经济责任审计项目18个，审计单位67个，查出违规行为金额18973万元，其中指明要求纠正17551万元，决定处理处罚1386万元，已交财政856万元，其他部门收缴入库411万元。完成领导交办项目37个，完成开工前审计项目32个，完成工程结算审计项目102个，核减投资金额1216万元。发现案件线索21件。提交审计报告、信息75篇，累计被批示、采用85篇（次）。有乡镇审计机构22个，乡镇审计人员53人，其中专职人员22人；有内审机构14个，内审人员33人，其中专职人员两人。（撰稿人：张玉红）

【启东市审计局】 现有干部职工25人，设有办公室、财贸金融审计科、行政事业审计科、工交企业审计科、经济责任审计与审计管理科、固定资产投资审计科，负责对全市24个乡镇和43个市直部门的审计监督。局长孙玉飞，副局长汤枫、徐卫平、龚瑾、陆家平，纪检组长邓卫星。

审计成果 完成审计项目48个，审计单位71个，查出违规违纪行为金额3005万元，上缴财政308万元，为企业挽回经济损失42万元，核减固定资产投资628万元，查出“小金库”4个，向纪检部门移送违纪线索1件，提交审计信息54篇，被采用47篇。（撰稿人：王伟忠）

【通州市审计局】 现有干部职工31人，设有人秘科、财政金融审计科、行政事业审计科、工交商贸审计科、固定资产投资审计科、经济责任审计科和审计管理科，负责对23个乡镇和210个市直部门及行政事业单位的审计监督。局长黄锡飞，副局长冯雪江、张跃进、吴昌虎、周艳，纪检组长喻甫成。

审计成果 完成审计项目37个，查出违规行为金额6054万元，应缴财政148万元，已交财政148万元。完成工程决算审计项目10个，送审金额7099万元，审计核减698万元，核减率达9.83%。向纪检监察部门移送事项1件，发现案件线索1件。提交审计综合报告、审计信息71篇，被批示、采用52篇。研制开发的“审计助手”软件通过江苏省审计厅的鉴定。（撰稿人：郭志坚）

【如皋市审计局】 现有干部职工29人，设有财政金融审计科、企业审计科、行政事业审计科、固定资产投资审计科、内审稽核科、经济责任审计科和办公室，负责对全县26个乡镇和67个县直部门的审计监督。局长彭深海，副局长杨广泉、陈岗，纪检组长吴俊。

审计成果 完成审计项目52个，查出违纪违规行为金额9860万元，其中：查补收入632万元，核减工程费用554万元。提交审计综合报告、信息共105篇，被采用及批示合计48篇，在省级以上刊物发表论文15篇。审计发现并向纪检、司法机关移送案件线索9件12人，被司法机关立案6起8人，其中涉嫌贪污10万元以上大案1起，4人受到刑事处理，5人受到党纪政纪处分。（撰稿人：刘鑫）

【如东县审计局】 现有干部职工29人，设有办公室、经济责任与审计管理科、财政金融审计科、行政事业与社会保障审计科、工业交通经济贸易审计科、固定资产投资审计科，负责对全县15个乡镇和83个县直部门的审计监督。局长肖斌，副局长张大银、王俊、袁绍兵、季海春，纪检组长张向华。

审计成果 完成审计项目58个，审计单位68个，查出违规行为金额11445万元，应缴财政521万元，已交521万元。完成审计调查13个，调查单位87个。提交审计报告、信息43篇。完成8名科级干部离任经济责任审计，查出违规行为金额3362万元。有内审指导人员3人，内审机构29个，内审人员102人。（撰稿人：高振华）

【海安县审计局】 现有干部职工30人，设有办公室、财政金融审计科、企业审计科、行政事业审计科、固定资产投资审计科和经济责任审计科，负责对全县22个乡镇和53个县直部门的审计监督。局长田宝进，副局长谢长根、韩家荪、李如生、韩华，纪检组长孙中翔。

审计成果 完成审计项目115个，查出违纪行为金额16521万元，应缴财政725万元，已交705万元。移送经济案件线索5件，涉案人员12人，涉案金额385.2万元，报送审计信息、论文等59篇，被采用58篇。（撰稿人：李传富）

【镇江市审计局】 2002年，共有干部职工66人，其中本科学历35人，大专学历27人，局长黄可，副局长周本友、张炳良、陈宏贵（兼纪检组长）、蒋建军、孙浩琦。设有办公室、法制综合处、人事教育处、计算机审计处、纪检监察室、财政金融审计处、固定资产投资审计处、经贸审计处、外资运用审计处、农业资源与环保审计处、行政事业与社会保障审计处、经济责任与内部审计指导处。

审计成果 审计单位327个，查出违规行为金额79849万元，应缴财政5544万元，已交5139万元，查出“小金库”34个，涉及账外资产3118万元，决定处理处罚1041万元，移交经济案件线索180件，提交审计工作报告和审计信息384篇，被采用338篇（次）。在全省审计项目质量评比中，企业职工养老保险基金审计和供销社专项资金审计清理分别获一等奖，中国农业发展银行镇江市分行资产负债损益审计和镇江市人民政府外债审计调查分别获二等奖，江苏大学、华东船舶工业学院等高校审计和世行贷款审计分别获三等奖。审计信息工作获江苏省三等奖。审计档案工作获江苏省档案利用效益成果优秀奖。

完成上级交办任务 完成省政府和市政府交办的审计项目共22个。其中，对供销社专项审计清理涉及10大公司127个单位，审计清理资产总额达155000万元，累计亏损21200万元，审计发现并向有关部门移交疑点和经济案件线索162件。

经济责任审计 开展经济责任审计项目72个，纠正违规行为金额5783万元，查出损失浪费837万元，对审计中发现的突出问题，提出整改建议28条。

内部审计 市直部门内审机构243个，其中专职机构149个；内审人员818人，其中专职人员405人，共审计单位1916个，查出损失浪费3046万元，纠正违规行为金额7208万元，促进增收节支1825万元，向司法机关移送案件线索10件，移送司法处理1人，建议给予行政处分15人。市烟草专卖局审计处处长卢华荣获“全国内部审计先进工作者”称号。（撰稿人：白汉明）

【镇江市京口区审计局】 现有干部职工6人，设有办公室、业务科，负责对全区3个乡镇和35个区直部门的审计监督。局长周绍林，副局长郑苏真。

审计成果 完成审计项目20个，查出违规行为金额321万元，增加财政收入14万元，比上年增长100%，提交审计信息16篇，被采用17篇（次）。另外，对6名乡镇级党政领导干部和国有及国有控股企业领导人进行了经济责任审计。（撰稿人：程鹏）

【镇江市润州区审计局】 现有干部职工7人，设有文秘综合职位、工交财贸审计职位、行政事业审计职位和经济责任审计职位，负责对全区3个乡镇和28个区直部门的审计监督。局长高巧英，副局长严金荣、汤永林（兼纪检组长）。

审计成果 完成审计项目16个，查出违规行为金额1536万元，查出“小金库”3个，发现账外资产172.5万元，没收“小金库”账面余额4.5万元，罚款两万元。针对审计发现的问题，提交各类审计报告和信息9篇，其中被市委、市政府采用1篇（次），被区委、区政府主要领导批示3篇（次），向被审计单位提出的50余条建议均被采纳。（撰稿人：施耘宁）

【镇江市丹徒区审计局】 现有干部职工19人，设有办公室、财政金融审计科、经济贸易审计科、行政事业审计科、固定资产投资审计科和经济责任审计中心，负责对全区14个乡镇和39个区直部门的审计监督。局长叶向东，副局长李跃东，纪检组长杜文轩。

审计成果 完成审计项目46个，审计单位93个，查出违规行为金额8012万元，应缴财政150万元，已交148万元。查出“小金库”3

个，移送经济案件1起。提交审计报告、信息74篇，被采用62篇。（撰稿人：徐伟芬）

【扬中市审计局】 现有干部职工30人，设有办公室、财政金融审计科、行政事业审计科、经济贸易审计科、固定资产投资审计科、经济责任审计中心，负责对全市6个乡镇、1个开发区和57个市直属部门的审计监督。局长戴敦林、副局长司晓明、毛海金、宗秋生、薛军、宫金生，纪检组长范明宝。

审计成果 完成审计项目46个，查出违纪违规行为金额11021万元，决定处理收缴127万元，查出“小金库”9个，金额157.71万元，向司法机关、纪检监察机关和业务主管部门转交移送处理和审计建议书6份，已有查处结果并反馈意见的5份，提交审计报告和审计信息、论文138篇，被采用90篇（次）。（撰稿人：施志刚）

【丹阳市审计局】 现有干部职工45人，设有人秘科、财政金融审计科、经贸审计科、行政事业审计科、经济责任审计科、固定资产投资审计科，负责对全市24个乡镇和116个市直部门及企事业单位的审计监督。局长冷吉华，副局长黄敏杰、朱兴华、沈建平、张华龙，纪检组长蔡泽平。

审计成果 完成审计项目66个，查出违纪违规行为金额38181万元，增加财政收入805万元。全年完成工程决算审计项目9个，审计总额为19184.41万元，审计核减工程决算2800.19万元，查出“小金库”8个，金额661万元，同时，向司法监察机关移送案件线索4件。提交审计报告、审计信息99篇，其中有153篇（次）被批示或采用。（撰稿人：周建军）

【句容市审计局】 现有干部职工29人，设有办公室、财政金融审计科、工业交通审计科、行政事业审计科、固定资产投资审计科、经济责任审计科，负责对全市17个乡镇和50个市直部门的审计监督。局长刘军，副局长徐树山、刘传林、陈道荣、姚朝云、阙正武（兼纪检组长）。

审计成果 完成审计项目71个，查出违纪违规行为金额2493万元，调账处理267万元，上缴市财政43万元，提交审计报告、信息及审计论文86篇，有121篇（次）被采用或批示。（撰稿人：经家国）

【常州市审计局】 2002年，共有干部职工73人，其中本科学历47人，大专学历19人，局长曹慧明，副局长金杏杏、史君维、周效华，纪检组长张如文。设有办公室、法制综合处、财政金融审计处、行政事业审计处、经贸审计处、农业与环保、社保审计处、固定资产投资审计处、外资审计处、经济责任审计与内部审计指导处、人事教育处。另设机关党总支和纪检监察机构。

审计成果 全年完成审计单位184个，查出违规行为金额41790万元，应缴财政13399万元，已交财政13349万元。提交审计工作报告、信息190篇，被批示、采用98篇。

固定资产投资审计 突出重点建设项目跟踪审计，出台了《常州市国家建设项目跟踪审计操作规程》，并建立了4种台账。全年对6个重大项目开展了跟踪审计，出具跟踪审计报告13份，提出整改意见和建议66条，其中1条审计建议节省建设投资1400万元。

经济责任审计 开展经济责任审计项目65个，查出违规行为金额9439万元，其中应缴财政4080万元；应纠正8357万元。

内部审计 共有内审机构202个，其中专职机构75个；内审人员740名，其中专职人员174名。全年共审计单位14534个，纠正违规行为金额21956万元，促进增收节支14182万元，提出建议意见被采纳1231条。（撰稿人：姚留庆）

【常州市钟楼区审计局】 现有干部职工4人，负责对全区5个乡镇、8个街道和21个区直部门的审计监督。局长徐坚立，副局长沈国明、邹国平。

审计成果 完成审计项目13个，其中党政领导交办经济责任审计项目6个。查出违纪违规行为金额237万元，其中指明要求纠正237万元。受托对党政机关的6名主要领导干部进行了任期经济责任审计。全年共提交审计工作报告7份、审计意见书5份、审计信息6篇和简报1篇。9月，区政府颁发《常州市钟楼区审计监督工作规定》，有力地促进了审计工作的顺利开展。（撰稿人：杨伟）

【常州市天宁区审计局】 现有干部职工13人，设有综合科（经济责任审计科）、财政及固定资产投资审计科、行政事业及工贸审计科，负责对全区4个乡、8个街道和区行政事业单位的审计监督。局长黄玉坤，副局长周进林、朱惠平、栾晓军。

审计成果 完成审计项目30个，审计单位30个，查出违规行为金额675万元；完成12名科级干部离任经济责任审计。全区有内审机构16个，内审人员63人。（撰稿人：蒋纪兴）

【常州市戚墅堰区审计局】 现有干部职工5人，负责对全区两个乡镇和50多个行政事业单位的审计监督。局长寿复新，副局长顾伟平。

审计成果 完成审计项目12个。其中：财政“同级审”1个，领导干部经济责任审计6个，固定资产投资项目审计4个，领导交办项目1个。通过审计，共查出应纠正846万元，应缴财政152万元，现已全额入库。全年共提交审计信息6篇，被批示和采用3篇；3篇审计报告（意见）受到政府领导批示。（撰稿人：吴琳）

【常州市新北区审计局】 现有干部职工3人，设有审计处，负责对全区13个乡镇、街道和其他企事业单位部门的审计监督。局长周玲娟。

审计成果 完成审计项目8个，查出违纪违规行为金额5201万元，应缴财政1538万元，应纠正150万元，促进增收节支137万元，其中接受区委组织部门委托，实施3个经济责任审计项目。完成固定资产投资项目开工前审计21个。提交审计结果报告3份、审计决定3份、审计意见15份，审计报告及审计意见被批示12篇。（撰稿人：朱焱）

【常州市武进区审计局】 现有干部职工27人，设有办公室、财政金融审计科、行政事业审计科、经贸审计科、固定资产投资审计科、外资审计科、经济责任审计科，负责对全区23个镇和53个区直部门的审计监督。局长王炳昌，副局长刘志远、史伟刚、夏燕、王泽南。

审计成果 完成审计项目67个，审计单位103个，查出违规行为金额3.06亿元，增加财政收入4837万元，直接收缴国库338万元。提交审计工作报告、信息45篇，被批示、采用17篇。农业发展银行审计和政府采购审计分别被省厅评为二等奖和三等奖。另外，对23名党政、企业的主要领导干部和领导人员进行了任期经济责任审计。有内审机构45个，内审人员195人，审计单位1190个，查出损失浪费293万元，促进增收节支9122万元，纠正违规行为金额21036万元。（撰稿人：毛兴）

【金坛市审计局】 现有干部职工19人，设有办公室、综合科、行政事业审计科、经贸审计科、财经审计科、固定资产投资审计科，负责对全市15个乡镇、1个经济开发区和121个部委办局、市直部门的审计监督。局长谢小龙，副局长袁明生、朱夕忠。

审计成果 全年审计计划项目16个，实际完成43个，查出违规违纪金额13820万元，其中百万元以上违规单位两个，应缴财政1498万元，促进增收节支39万元。提交审计信息、论文55篇，被采用44篇。（撰稿人：陈玉盛）

【溧阳市审计局】 现有干部职工28人，设有财政金融审计科、行政事业审计科、法制综合社会保障审计科、内审监察审计科、经贸审计科、经济责任外资审计科、固定资产投资审计科、办公室，负责对全市18个乡镇和82个市直部门的审计监督。局长俞宝赅，副局长史连生、周济平、张万进、赵明芳，纪检组长张建庚。

审计成果 完成审计项目44个，审计单位93个，查出违规行为金额1668万元，应缴财政750万元，已交750万元。提交审计报告26份、审计意见19份、审计信息28篇。有内审指导人员3人，内审机构42个，内审人员183人。（撰稿人：张惠民）

【无锡市审计局】 2002年，共有干部职工82人，其中研究生学历两人，本科学历23人，大专学历35人，局长黄蓉华（12月—），副局长王凡、唐家梁（12月—）。设有机关党委、办公室、人事教育处、纪检组、法制综合处、财政金融审计处、行政事业审计处、经贸审计处、农业与社保环保审计处、固定资产投资审计处、外资运用审计处、经济责任审计与内部审计指导处。

审计成果 共审计409个项目，查出各类违纪违规行为金额103854万元，增加财政收入6720万元，归还原渠道资金14867万元，节约基建投资16036万元，全年提交审计报告和信息313篇，被采用284篇。

专项资金审计 对职工养老金、医疗保险金、住房基金等11个专项资金开展了审计，审计资金总额110多亿元，查出违纪违规行为金额60118万元。在住房基金审计中还采取措施协助收回单位贷款6270万元。

经济责任审计 全年实施经济责任审计项目138个，查出违规行为金额4.47亿元。审计后，提拔10人，撤职1人，受到党纪处分1人，移交司法部门处理1人。

固定资产投资审计 全年审计基建工程63个，审查投资总额16.38亿元，审计核减1.6亿元。对城市天然气利用、火车站广场、锡北立交、社会福利中心等政府重点项目进行全过程跟踪审计，其中关于社会福利中心的审计报告得到市领导的多次批示。（撰稿人：高布）

【无锡市崇安区审计局】 现有干部职工5人，负责对全区9个乡镇、街道及46个区直部门的审计监督。局长孙昌言，副局长黄梅华。

审计成果 完成33个审计项目，审计单位123个，查出违纪违规行为金额1.86亿元，指明要求纠正1.69亿元，应缴财政387.89万元，已交财政387.89万元；提交审计综合报告和审计信息23篇。完成了14名科级干部的经济责任审计。基建审计中，共核减投资352.81万元，核减率达8.03%。（撰稿人：马景）

【无锡市南长区审计局】 现有干部职工6人，设有综合管理、行政事业审计、企业审计和固定资产投资审计等行政执法岗位，负责对全区1个乡镇、8个街道和40个区直部门的审计监督。局长刘建明，副局长张毅、张建荣、褚荣。

审计成果　完成审计项目27个，查出违规行为金额2206万元，应纠正2622万元，已交财政342万元，核减政府基建拨款16.9万元。在全部完成的项目中，经济责任审计项目为21个，共查出违规行为金额2189万元。全年上报各类审计信息11篇，其中被省厅、市局、区政府采用8篇，1份审计报告被区委、区政府批转。（撰稿人：褚荣）

【无锡市北塘区审计局】　现有干部职工5人，负责对全区两个乡镇、7个街道、49个行政事业单位的审计监督。局长丁伯军（11月—），副局长赵建军。

审计成果　完成审计项目19个，查出违纪违规行为金额2096万元，其中指明要求纠正1467万元，决定处理处罚629万元，提出合理化审计意见和建议83条；完成审计调查3个；对在机构改革中变动的16名党政主要领导干部进行了任期经济责任审计，查出违纪违规行为金额1204万元，其中指明要求纠正868万元，决定处理处罚336万元；另外完成基建审计项目19个，核减资金35.4万元，核减率为10.83%。（撰稿人：嵇敏）

【无锡市滨湖区审计局】　现有干部职工19人，设有综合科、审计一科（行政事业、财政金融审计科）、审计二科（企业、基建、经济责任审计科），负责对全区7个乡镇、5个街道、3个开发区和48个区直部门的审计监督。局长吴欣度，副局长朱希中、吴军、百炼。

审计成果　完成审计项目27个，区委、区政府交办审计调查项目7个。查出违纪违规行为金额11577万元，其中指明要求纠正7906万，上缴财政47万元。提交审计报告、信息49篇。对22名离任的党政主要领导干部进行了任期经济责任审计，对两名区直部门的主要领导干部进行了任中经济责任审计。（撰稿人：王春芳）

【无锡市惠山区审计局】　现有干部职工31人，设有综合审计科、法制经济责任审计科、企业基本建设审计科、行政事业财政金融审计科、第一审计所、第二审计所，负责对全区10个乡镇和45个区直部门的审计监督。局长焦子建，副局长蔡坚、张一敏。

审计成果　完成审计项目39个，查出违纪违规行为金额4266万元；增加财政收入1498万元，提交审计工作报告24份、审计意见书36份、审计信息31篇，被区委、区政府采用7篇。另外，对21名党政主要领导干部进行了任期经济责任审计。（撰稿人：王央巾）

【无锡市锡山区审计局】　现有干部职工30人，设有综合科、经济责任审计管理科、行政事业审计科、企业审计科、基建审计科、第一审计所和第二审计所，负责对全区14个乡镇和48个区直部门的审计监督。局长浦士良，副局长顾国清（12月—）。

审计成果　完成审计项目54个，查出违纪违规行为金额25176万元，应纠正金额2661万元。提交审计工作报告52份，审计意见44份，审计信息18篇，被各级采用16篇。（撰稿人：孙菁）

【无锡市新区审计局】　现有干部职工7人，设有财务审计科、工程审计科，负责对全区6个乡镇、街道和23个区直部门的审计监督。局长唐栋林。

审计成果　完成审计项目22个、审计调查3个。查出违纪违规行为金额13806.07万元，其中指明要求纠正13288.43万元，上缴财政517.64万元，实际入库517.64万元。在纪检案件的审计中，挽回经济损失258万元。提交审计工作报告25份，审计意见15份，审计信息25篇。（撰稿人：张北顺）

【江阴市审计局】　现有干部职工26人，设有综合审计科、财贸金融审计科、企业审计科、基本建设审计科、行政事业审计科、内部审计指导科、经济责任审计办公室，负责对全市20个镇和68个市直单位和部门的审计监督。局长陆炳汝，副局长王维秧、吴财富。

审计成果　完成审计项目25个，审计单位105个，查出违规行为金额3114万元，指明要求纠正3173万元，决定处理处罚280万元；应缴已交财政280万元。提交审计报告25份、审计意见24份、审计信息28篇，被市委、市政府采用5篇，市审计局采用14篇。另外，对23名离任的党政主要领导人员进行了经济责任审计。（撰稿人：顾国平）

【宜兴市审计局】　现有干部职工33人，设有综合审计科、财政金融审计科、行政事业审计科、固定资产投资审计科、经济责任审计一科、经济责任审计二科、经贸审计科、审计管理科、总复核室，负责对全市29个镇（园区）和76个市直部门的审计监督。局长刘建良，副局长朱立平、李明初、蔡思角，纪检组长周春才。

审计成果　完成各类审计项目93个，查出违纪违规行为金额2.75亿元，已上缴财政1781.61万元，减少财政拨款1553万元，审计决定落实率100%。提交审计信息71篇，被采用54篇。全年共完成各级领导交办项目58个，占年度审计总量的62%。在清理市商业、物资、经协集团公司“违规、违纪、违法”资金中，对110人做出了清退决定，收缴“三违”金额300多万元，清理违规住房38套。（撰稿人：黄伟）

【苏州市审计局】 2002年，共有干部职工71人，其中研究生学历两人，本科学历33人，大专学历24人，局长朱林一，副局长陶孙贤、周泓、陈鼎昌，纪检组长曾锦杰。设有办公室、人事教育处、监察室、法制综合处、计算机审计处、财政金融审计处、行政事业审计处、经贸审计处、外资运用审计处、固定资产投资审计处、农业与资源环保审计处、任期经济责任审计与内部审计指导处。

审计成果 审计单位391个，查出违规行为金额166971万元，应缴财政18268万元，已交财政17242万元。250多篇工作报告和信息被采用。

财政审计 结合乡镇财政审计，对苏州市35个镇、71个行政村的722家农户就农村税费改革与农民负担情况进行了专项审计调查。

专项资金审计 共对33个专项资金进行了审计，查出违规行为金额12394万元。通过审计9个原住房基金管理中心机构调整中的资产清理结果，收回贷款15481万元。

公共工程审计 完成了对苏州市图书馆新馆工程、观前街二期改造建设项目的竣工决算审计等工程审前调查。通过《苏州日报》“政务之窗”栏目首次向社会公告了苏州市图书馆新馆工程竣工决算审计结果。

经济责任审计 制定《苏州市党政领导干部任期经济责任审计操作指南》。开展经济责任审计项目99项，其中对8个单位县以上党政领导干部实施了任期经济责任审计。（撰稿人：顾红辉）

【苏州市金阊区审计局】 现有在职干部6人，负责对全区7个街道和31个区直部门的审计监督。局长包士江，副局长朱伟根、李苏群（9月—）。

审计成果 完成审计项目9个，查出和纠正各类违纪违规行为金额146万元。其中完成对5名党政领导干部的任期经济责任审计。完成调查项目两个，涉及调查单位25个。组织和协调完成各类基建工程决算审计项目230个，审计金额10609万元，审计核减1677万元。提供各类审计报告和审计信息23篇，全被采用。通过审计促进有关部门出台管理制度两个。（撰稿人：包士江）

【苏州市沧浪区审计局】 现有干部职工6人，负责对全区8个街道和30个区直部门的审计监督。局长姚正永，副局长卢霓霓、许炳元。

审计成果 完成审计项目26个，其中区政府交办项目17个，完成专项审计调查1个。提交审计信息25篇，被批示和采用16篇。（撰稿人：华明兰）

【苏州市平江区审计局】 现有干部职工5人，负责对全区7个街道和16个区直部门的审计监督。局长宋德芳，副局长王意钢。

审计成果 完成审计项目18个，审计单位46个，经济责任审计4个。查出违纪违规行为金额31万元，其中指明要求纠正25万元，决定处理处罚6万元，上缴财政6万元。提交审计工作报告3份、审计意见18份、审计信息11篇，被采用4篇。（撰稿人：水华）

【苏州市虎丘区审计局】 现有干部职工12人，设有业务一科、业务二科和区基建项目审核站，负责对全区5个镇（街道、开发区）和24个区直部门的审计监督。局长陶荣庆，副局长周爱珠。

审计成果 完成审计项目32个，审计信息被各级采用11篇，发表论文两篇，查出“小金库”1个。通过同级财政审计，促使区政府成立了清理小组，由分管区长组织各有关行政事业单位对账面应收款项进行清理。完成部门领导干部经济责任审计项目9个。完成政府实事项目审计11个，送审金额555万元，审计核减133万元，核减率24%。（撰稿人：顾建新）

【苏州市吴中区审计局】 现有干部职工15人，设有办公室、财政金融审计科、行政事业审计科、企业审计科和固定资产投资审计科，负责对全区15个乡镇、区和区直部门的审计监督。局长查士宏，副局长赵银弟、岳雄伟、朱利华。

审计成果 实施审计项目38个，查出违规行为金额2282万元，已交财政664万元。发现经济犯罪线索1件。对8个工程项目进行竣工决算审计，在中介机构审核工程造价的基础上审减工程资金109万元。在乡镇机构改革中，保留审计所，履行对乡镇所属企事业单位的财务收支和有关经济活动、村级财务收支、工程建设项目、法定代表人的经济责任审计职能。（撰稿人：胡民强）

【苏州市相城区审计局】 现有干部职工19人，设有办公室、审计一科、审计二科和审计三科，下属设有两个区直属审计所，负责对全区10个镇和29个区直部门的审计监督。局长王景澄，副局长陆建林、丁震华。

审计成果 完成审计项目46个，审计单位93个，查出违规行为金额7573万元，其中指明要求纠正

7422万元，上缴财政151万元。同时，在各类基建决算审计中，通过对47个项目的审计，核减建设资金1135万元。全年共提交各类审计报告、信息60多篇（次），被批示或采用30篇（次）。完成领导干部离任经济责任审计项目6个，向司法机关移送有严重经济责任问题的案件1件，涉案5人已经纪检、检察机关立案查处。（撰稿人：马恒）

【苏州市苏州新区审计局】 现有干部职工9人，设有综合处、固定资产投资审计处、审计处，负责对全区两个乡镇（街道）和新区管委会机关等15个部门的审计监督。局长李笑天，副局长王正、顾尚德。

审计成果 完成审计项目67个，21篇各类审计报告和信息被批示或采用。根据重大审计项目公示制要求，对社保基金专项审计项目首次向社会公开审计结果。在对6个行政单位审计中，积极推行绩效审计方法。根据《苏州新区环境保护专项资金（基金）审计监督暂行办法》实施环保审计，涉及资金4346万元。（撰稿人：单利）

【吴江市审计局】 现有干部职工23人，设有企业审计科、财政金融审计科、行政事业审计科、固定资产投资审计科、经济责任审计和内部审计指导科、法制综合科、办公室，负责对全市18个镇和165个市直部门、单位的审计监督。局长张国生，副局长赵荣兰、石全明、陆善彬（兼纪检组长）、施月明。

审计成果 完成52个审计项目，对156个单位实施审计，通过审计共查出和纠正各类违纪违规行为金额988.06万元，直接追缴入库466.71万元。通过开展基建审计，为政府和建设单位节减基建支出2171.45万元。对37名领导干部进行任期经济责任审计，21份经济责任审计报告得到市主要领导批示，促使26个被审计单位制定切实可行的整改措施。（撰稿人：施月明）

【昆山市审计局】 现有干部职工27人，设有办公室、法制综合科、财政金融审计科、行政事业社保资源审计科、经贸外资运用审计科、固定资产投资审计科、任期经济责任审计科，负责对全市15个乡镇和60个市直部门的审计监督。局长谈祥生，副局长汤土云、蒋春明（—12月）。

审计成果 完成审计和审计调查项目70个，其中政府交办项目36个。查出各类违规行为金额3.38亿元，应缴财政1787万元。提交审计报告、信息108篇（次），被采用11篇（次），312条审计建议被采纳，促使出台地方性规章制度9个。完成审计科研课题3个，在报刊发表论文12篇（次），1篇获江苏省人民政府颁发的哲学社会科学优秀成果三等奖。建立内审机构199个，配备专兼职内审人员853人，完成内审项目631个，促进增收节支878万元。（撰稿人：徐开盛）

【太仓市审计局】 现有干部职工23人，设有办公室、行政事业审计科、财政金融审计科、企业审计科、固定资产投资审计科和太仓市固定资产投资评审中心（下属事业单位），负责对全市12个镇和52个市直部门及国有企业、财政资金拨款的基建项目的审计监督。局长刘健，副局长顾建国、董家民、李一鸣、蔡东辉。

审计成果 完成审计项目45个，审计调查5个，查出违规行为金额5700万元；提交审计工作报告14份、审计信息58篇，被批转、采用51篇。向纪检机关移交疑点线索16件，并经纪检机关核实，查缴30万元“小金库”1个，1人被判处有期徒刑3年缓刑3年。（撰稿人：浦秋忠）

【常熟市审计局】 现有干部职工29人，设有办公室、法制综合科、财政金融审计科、行政事业审计科、固定资产投资审计科、任期经济责任审计科、经贸审计科、计算机审计科，负责对全市24个乡镇和67个市直部门的审计监督。局长孙正昌，副局长许建明、刘师凯、陈邵东。

审计成果 完成审计及审计调查项目65个，查出违规行为金额10910万元，增加财政收入776万元。提交审计报告、信息80篇，被采用64篇（次）。年内开通常熟审计内部网站。《审计信息管理系统》（网络版）通过省审计厅鉴定。内审机构完成审计及检查单位1860个，查出损失浪费2195万元，促进增收节支266万元，提出建议意见被采纳617条，纠正违规行为金额756万元，移送案件1起，建议处分5人，移送司法机关处理1人。（撰稿人：曹建良）

【张家港市审计局】 现有干部职工25人，设有综合科、财政金融审计科、行政事业与社会保障审计科、经贸审计科、固定资产投资审计科、任期经济责任审计与内部审计指导科和市基建审核中心，负责对全市17个乡镇和80余个市直部门、企业及全市财政拨款基建工程的审计监督。局长吴坤和，副局长毛永华、顾放、崔振华。

审计成果 完成审计项目230个，查出违纪违规行为金额2.2亿元，入库421万元，核减工程造价387万元。提交信息和报告30余篇，被采用25篇（次），促成制定全市规范性文件3篇。（撰稿人：刘国华）

浙江省

【浙江省审计厅】 2002年，浙江省审计厅定编153人，在编公务员126人（含直属审计局），工勤人员9人。厅机关设有办公室、法规处、财政审计处、金融审计处、行政事业审计处、经贸审计处、外资运用审计处、农业与资源环保审计处、社会保障审计处、投资审计处、经济责任审计处、人事教育审计处、机关党委和监察室；同时还设厅直属审计局（依照公务员管理）、省审计科研所、省审计厅培训中心筹建办公室等直属事业单位。

领导成员

厅　　长：陈正兴

副 厅 长：孙永珍　姚世新

　　　　　岑国荣　吴桂英

总审计师：陈焕昌

浙江省审计成果 全省共完成审计单位5221个，完成年度计划的158%。查出各类违规行为金额147.80亿元，应缴财政12.53亿元，已交财政金额9.08亿元，减少财政拨款和补贴及归还原渠道资金6.35亿元，应纠正154.37亿元，向司法、纪检监察机关移送案件83起。浙江省审计厅上报信息、专报被采用205篇，其中中办、国办、中纪委、审计署采用73篇。

财政审计 首次对47家会计核算中心进行审计，审计综合报告引起省政府的高度重视。针对审计意见和建议，各级财政部门和核算中心出台了多项整改措施，得到了审计署的充分肯定。

政府采购审计采取以采购中心为核心上下延伸的方法，把政府采购体制和运行机制、采购预算和计划管理情况作为审计重点。审计显示，政府采购中存在制约、监管机制不健全，采购预算管理落后等问题。省财政部门积极采纳建议，明确了各项整改措施。

全省民政、移民专项资金审计，共查出违纪违规行为金额1826.09万元。其中挤占挪用救济救灾资金144.62万元，移民资金1162.39万元。审计揭示部分资金未及时下拨或安排使用等问题。省领导分别在综合报告和信息专报上做出了批示。省民政厅、省移民办进行了专题研究，并督促有关市、县及时进行了整改。

全省粮食专项资金审计，既延伸审计部分粮油贮备库，又对1998年新增粮食挂账的处理执行情况进行后续审计。查明违规筹集粮食风险基金4.71亿元、粮食储备规模不到位、移用粮食风险基金1551万元，1.46亿元粮食风险基金未进行专户管理、储备粮库超期储备和陈化粮等问题。省粮食部门针对问题，逐一进行认真研究和整改。全省质监行业审计报告引起了省质监局的高度重视，该局专门召开全系统财务工作会议，提出了落实整改的6条措施。全省公安交巡警审计后，省公安厅专门开展对全省交巡警财务管理的专项整顿。

全省预算执行情况审计的不断加强和改进，使省级各部门和单位的重大违法违规现象明显减少，并逐年下降。衢州、宁波等市的审计结果也表明，各种违规问题得到了较大程度的纠正和遏制，行政事业单位、国有企业的违纪违规行为总体呈下降趋势。

市、县审计机关根据省厅的部署，结合地方党委、政府的要求，对全省474个乡镇财政实施审计和审计调查，审计覆盖面为32%。两级审计机关积极探索乡镇财政审计方法，注重全面审计与专项审计调查相结合，乡镇财政审计与预算执行审计、乡镇领导干部任期经济责任审计相结合，收到较好效果。

经济责任审计 全省共对1689名领导干部开展经济责任审计，共查出违规行为金额104.85亿元。联席会议作用充分发挥，专职机构日趋完善。

省审计厅统一组织的对12个市、县长的经济责任审计试点工作，共审计单位395个，查出违规行为金额50.9亿元。审计期间，各市、县对审计发现的问题，自行整改金额达4.63亿元。通过审计，一是基本摸清被审计市、县的财政家底。二是增强市、县长依法行政和经济责任意识。市、县长们普遍认为，这次试点总体上相当成功。三是初步形成市、县长经济责任审计的框架，创造“三权”、“四制”、“五指标”的新经验、新方法。四是总结当地财政财务管理的经验，分析政府负债的情况。五是查明财政收入征管、财政支出管理、国有资产管理和重大项目决策和建设管理等方面存在的一些主要问题。

署定审计项目 根据审计署的统一部署，对全省52家农发行分、支行及营业部2001年度资产、负债、损益进行审计，并延伸71家重要贷款单位。省审计厅连续编发4期信息专报，就农发行信贷政策和管理体制调整等问题，提出审计建议。信息被国办采用1条，被省政府采用4条。温家宝同志专门对审计信息做出批示。对省本级、11个市本级和11个县的2001年度企业基本养老保险的征、管、用的审计和对230家参保单位缴费情况的调查，审计共查出违纪违规行为金额2.28亿元。组织全省审计机关对78家烟草企业开展审计。全省共查出违规行为金额5.92亿元，应缴财政1.56亿元，查出偷漏税金1.48亿元，纠正1.35亿元，向司法机关移送案件两起。浙江省烟草行业审计得到审计署充分肯定。完成三峡移民安置资金的管理、使用和安置政策的落实情况的审计。审计显示，全省移民安置资金总体使用良好。外资审计在部分项目中尝试世、亚行贷款项目绩效审计和制度基础审计的办法。

企业审计　根据省政府的要求，首次统一组织社会中介机构，对17家授权经营企业集团进行审计，进一步完善企业定期分批审计制度。在组织社会中介机构对授权经营企业集团审计中，省厅确定审计工作范围和内容，制发统一的工作方案。审计结束后，省厅又对各会计师事务所的报告逐一进行审核，并提出整改意见。

审计基础工作　省厅党组在认真学习十六大精神的同时，组织和部署全省审计系统及省厅机关的学习，组织省厅处以上干部和各市审计局长十六大精神培训班。开展以创建"机关党建工作先进单位"、"作风建设年"和"调查研究年"为内容的"一创建"、"两个年"活动。在活动中，注重"三个落实"，收到了较好的效果。省厅先后组织全国先进集体、先进个人事迹全省巡回宣讲、领导干部从政道德教育等活动。各地以加强调研推动工作的落实，纷纷建立厅、局领导的调研联系点制度。

全省审计人员深入学习贯彻《审计法》、《国家审计准则》及其他一系列审计法规，严格规范审计行为；省厅认真贯彻实施《浙江省审计厅审计结果跟踪检查和督促落实实施办法》，各地也制定相关办法，并向当地政府报送检查结果。全省健全审计会议制度，开展审计项目复核、评优工作，严格执行审计人员执法过错责任追究制。

围绕"数字浙江"和"金审工程"，按照《浙江省审计信息化系统建设五年规划》的要求，在各市审计局的配合下，省厅按计划完成与11个市局和部分县局的联网工作，建立全省审计机关电子邮件系统；省厅及部分市、县审计机关开始使用"审计信息管理系统"软件，初步实现审计信息的网上传递、公文的电子流转、公告的网络发布，初步实现办公自动化；

省厅全年共举办各类培训班21期，培训1240人次。结合市县机构改革，开展43名审计局长参加为期45天的新任局长培训班。还花大力气抓了计算机中级技术培训。省厅各处室也从项目开展和业务发展的需要出发，举办14期各类审前培训、专题培训班，继续加强落实廉政建设责任制，从省厅及各地审计机关对被审计单位回访的情况看，遵守"八不准"规定，主动接受被审计单位监督，已逐步成为全省审计干部的自觉行动。

围绕服务审计中心工作，其他各项基础工作有序开展。开展国际注册内部审计师浙江考点的各项考试组织工作，考试取得了圆满成功。协会加大对民营企业内审工作指导力度，成功举办民营企业等内审工作研讨会。完成《中国审计文化概论》一书的撰写，书稿已通过专家论证。省审计学会被省社科联评为2002年学术研究先进集体。《浙江审计》杂志质量有了一定的提高。各地特邀审计员制度进一步健全。（撰稿人：胡屏岗）

【杭州市审计局】　2002年，共有干部职工97人，其中研究生学历1人，本科学历52人，大专学历31人，局长潘再高（6月—）、王高麟（—6月），副局长刘锡珠、傅立云、董伯坤、丁洪汇（12月—）。设有办公室、人事教育处（监察室）、法制处、财政（金融）审计处、行政事业审计处、固定资产投资审计处、经贸审计处、外资运用审计处、农业与资源环保（社会保障）审计处和经济责任审计处。

审计成果　共完成审计项目102个，查出各类应纠正金额42.8亿元、违规行为金额2.28亿元，其中应缴财政2.24亿元，向司法机关和纪检监察部门移送案件两起，建议给予党纪政纪处分1人。共编发各类审计简报信息184篇，被采用、批示157篇（次）。

经济责任审计　开展经济责任审计项目29个、31人，查出违规行为金额16529万元，移送纪检监察机关1人。1月8日市委、市政府召开全市经济责任审计工作会议，颁布《关于进一步加强经济责任审计工作的通知》，具体提出4项要求；制定《经济责任审计联席会议制度》；建立经济责任审计整改报告制度、跟踪检查制度、谈话诫免制度、结果通报制度等4项制度。

内部审计　10月8日成立杭州市内部审计协会。市直部门内审机构29个，其中专职机构21个；内审人员154人，其中专职人员58人。共审计单位3621个，查出损失浪费365万元，促进增收节支12843万元，纠正违纪行为金额347万元，提出建议被采纳528条。（撰稿人：陈响荣）

【杭州市拱墅区审计局】　现有干部职工19人，设有办公室、财政行政事业审计科、固定资产投资审计科、经济责任审计科，负责对全区10个乡镇街道和30个区直部门的审计监督。局长王泉根，副局长王炘星、沈燕翔。

审计成果　完成审计项目35个，查出违规行为金额1188万元，应缴财政124万元，已交55万元。被采纳审计建议12条，提交审计综合报告、信息25篇。（撰稿人：周莉莉）

【杭州市上城区审计局】　现有干部职工14人，设有办公室、行政事业审计科、经贸审计科和经济责任审计科，负责对全区9个街道和

55个区直部门的审计监督。局长诸玲玲，副局长吴玲玲、石荣祥（10月—）。

审计成果 完成审计项目35个，审计单位68个，完成全年计划的106%，查出违规行为金额4519万元，指明纠正8969万元，应缴财政2869万元，已交财政2833万元。提交审计报告和信息34篇，被采用8篇。全区共有内审机构24个，配备专兼职审计人员256人，完成内审项目5个。（撰稿人：庄红美）

【杭州市下城区审计局】 现有干部职工13人，设有办公室、行政事业审计科（财政审计科）、经济责任审计科、经贸审计科（投资审计科）和区国家建设投资项目审计中心，负责对全区7个街镇和30个区直部门的审计监督。局长周朝良，副局长朱捷、俞康（8月—）。

审计成果 完成审计项目36个，审计单位64个，查出违规行为金额275万元，应纠正4428万元，应缴财政100万元，已交财政94万元，经审计核增国有资产（资金）8948万元。提交审计报告、信息29篇，被采用16篇。2002年，建立区领导干部经济责任审计联席会议及其工作制度。经批准，成立杭州市下城区国家建设投资项目审计中心。（撰稿人：赵伟平）

【杭州市江干区审计局】 现有干部职工13人，设有行政事业审计科、经济责任审计科和办公室，负责对全区4个乡镇、4个街道和30个区直部门的审计监督。局长郑求斌，副局长俞德荣、叶玉兰。

审计成果 共完成审计项目39个，查出各类违规行为金额1788万元，其中应缴财政22万元（已交6万元），归还原渠道资金62万元，调账处理603万元。提交各类审计工作报告、信息69篇。协助区纪委查处区彭埠镇村镇建设办公室原出纳陶某利用职务之便贪污公款的案件。（撰稿人：孙娟霞）

【杭州市西湖区审计局】 现有干部职工15人，设有办公室、财政审计科（经济责任审计科）、行政事业审计科、固定资产投资审计科、内审指导中心和建设工程审价事务所，负责对全区7个乡镇、6个街道和区直部门的审计监督。局长蔡茜，副局长余建军。

审计成果 完成国家审计项目34个，查出指明要求纠正3353万元，违规行为金额1334万元，应缴已交财政626万元，发现大案要案1起。完成基建审计项目288个，送审造价2.42亿元，核减造价3319万元，核减率为13.71%。完成内审项目124个，促进增收节支462万元，查出违纪违规行为金额163万元，提出审计意见建议114条，移送监察部门处理1人。编发审计信息36篇，《西湖审计研究》17期，各类通讯报道30篇，共被采用71篇（次）。（撰稿人：骆善勇）

【杭州市高新开发（滨江）区审计局】 6月开始，市滨江区审计局与市高新技术产业开发区审计局实行一套班子两块牌子的管理体制，简称杭州市高新开发（滨江）区审计局。现有干部职工7人，设有办公室、固定资产投资审计科、经济责任审计科，负责对全区3个乡镇和25个区直部门的审计监督。局长燕德银，副局长孔建红。

审计成果 完成审计项目235个，审计单位256个，查出违规行为金额2926.93万元，其中核减建设项目决算款2922.59万元，应缴财政4.34万元，已全部入库。完成8位领导干部经济责任审计。提交审计工作报告236份，信息6篇，被采用4篇。（撰稿人：汤茵）

【杭州市余杭区审计局】 现有干部职工28人，设有办公室、财政金融审计科、行政事业审计科、固定资产投资审计科、经贸审计科、经济责任审计科，负责对全区19个镇乡、街道和51个区直部门的审计监督。局长陈明，副局长褚水法、葛云莲、姜根军，纪检组长陈梓镐。

审计成果 完成审计项目104个，其中领导干部经济责任审计项目43个。查出违纪违规行为金额3075万元，应缴财政2875万元，已交2760万元。指明要求纠正21599万元。提交审计结果报告59份，被区领导批示26份；审计信息42篇、审情反映3篇，被采用26篇。建成审计对象基本情况信息库，收集区属480个审计对象的基本情况信息；全区19个镇乡、街道办均建立审计所，配备专（兼）职内审人员89人，组织完成67个审计项目。（撰稿人：黄维祥）

【杭州市萧山区审计局】 现有干部职工30人，设有办公室、财政金融审计科、行政事业审计科、固定资产投资审计科、经贸审计科和经济责任审计科，负责对全区26个镇、街道和48个区直部门的审计监督。局长陈秀卿，副局长李振庆、魏小芳、边建才，纪检组长王德爱。

审计成果 完成审计项目77个，查出违纪违规行为金额71581万元，其中指明要求纠正70282万元，决定处理处罚1299万元；交财政153万元，减少财政拨款615万元，归还原渠道资金185万元。提交审计工作报告、信息32篇，被采用22篇（次）。（撰稿人：朱仁良）

【临安市审计局】 现有干部职工16人，设有办公室、财政金融审计科、经贸审计科、固定资产投资审计科、经济责任审计科和行政事业审计科，负责对全市26个乡镇

（街道）和60个市直部门的审计监督。局长王长华，副局长陈诗华、周向东。

审计成果　完成审计项目45个，党政领导交办的经济责任审计项目15个和其他专项审计项目12个。查出违规行为金额2254万元，其中决定处理上交财政823万元。提交审计报告、信息48篇，被上级审计机关采用8篇。（撰稿人：刘晓勇）

【富阳市审计局】　现有干部职工27人，设有办公室、财政金融审计科、经贸审计科、固定资产投资审计科、经济责任审计科和行政事业审计科，负责对全市22个乡镇、4个街道和56个市直部门的审计监督。局长吕玉生，副局长何土根、朱经国。

审计成果　完成审计项目92个，查出违规行为金额1579万元，其中应缴财政1008万元，归还原渠道资金87万元，决定处理处罚12万元，指明要求纠正10625万元。提交审计工作报告43份，审计调查报告4份，审计意见65份，审计信息25篇，被市委、市政府采用12篇。（撰稿人：何安彬）

【建德市审计局】　现有干部职工18人，设有办公室、财政金融审计科、行政事业审计科、经济责任审计科、经贸审计科、固定资产投资审计科，负责对全市26个乡镇（街道）和56个市直部门的审计监督。局长李行健，副局长郑冰、程霄。

审计成果　完成审计项目68个，其中经济责任审计项目32个。查出违纪违规行为金额1267万元，应缴财政505万元，归还原渠道资金219万元，应纠正14472万元。提交审计信息20篇，被上级审计机关采用12篇，有15篇审计报告、信息被市委、市政府领导批示。向市纪委和司法机关移送案件各1起。（撰稿人：钱荣良）

【桐庐县审计局】　现有干部职工21人，设有办公室、综合科、领导干部经济责任审计科、固定资产投资审计科、财政金融审计科、行政事业审计科，负责对全县23个乡镇和22个县直部门的审计监督。局长陈阿水，副局长王优健、余勇平，纪检组长李顺良。

审计成果　完成审计项目65个，审计单位85个，查出各类违纪违规行为金额1026万元，应缴财政270万元，已交270万元，完成审计调查项目6个，调查单位45个，提交审计报告、信息37篇。（撰稿人：徐华）

【淳安县审计局】　现有干部职工17人，设有办公室、财政审计科、经济责任审计科、行政事业（投资）审计科、企业审计科，负责对全县30个乡镇和42个县直部门的审计监督。局长章真忠，副局长鲍建苏（2月—）、徐文锋、方震凡。

审计成果　完成审计项目65个，查出违规行为金额967万元，应纠正2778万元，应缴财政153万元，已交财政153万元。应归还原渠道资金27万元，调账处理229万元，提交审计调查报告两份，各类审计信息54篇，被上级机关采用26篇（次），信息被省政府副省长、县长批示各1篇。全年在专项审计中发现线索并协助司法机关查处经济案件两起。（撰稿人：方日元）

【湖州市审计局】　2002年，共有干部职工54人，其中本科学历36人，大专学历9人，局长陆剑英，副局长田新念、沈蓓、钱新惠，纪检组长徐言。设有办公室、组织宣传人事处、法规处、财政金融审计处、行政事业与社会保障审计处、农业与资源环保审计处、经济贸易审计处、固定资产投资审计处、经济责任审计处。

审计成果　完成审计项目217个（市本级87个），查出违规行为金额7048万元（市本级1314万元）。其中应缴财政2901万元（市本级352万元），已交财政2773万元（市本级352万元）；应归还原渠道资金1159万元（市本级729万元）。提交审计工作报告和信息292篇（市本级129篇），被采用129篇次〔市本级51篇（次）〕。

经济责任审计　完成经济责任审计项目51个（市本级24个），其中处级干部22名，科级干部29名。查出违规行为金额9058万元（市本级5564万元），损失浪费2261万元（市本级）。审计后移送纪检监察机关处理1人（市本级）。

政府交办审计项目　接受并完成政府交办项目124个（市本级49个），占审计总量的57%（市本级56%）。并对市本级2001年度住房公积金、城市防洪捐赠资金审计后通过《湖州日报》向社会公告了审计结果。

内部审计　有内审机构78个，其中专职机构12个；内审人员350人，其中专职人员28人。共完成审计项目176个，查出损失浪费4237万元，促进增收节支6789万元，提出审计建议并被采纳423条。（撰稿人：何斌）

【长兴县审计局】　现有干部职工19人，设有办公室、财政金融审计科、经贸审计科、经济责任审计科、固定资产投资审计科，负责对全县16个乡镇和36个县直部门及国有控股企业的审计监督。局长吴天明，副局长葛学梅、章玉坤、刘则锋。

审计成果　完成审计项目45个，查出各类违规行为金额2785万元，应缴财政2025万元，应归还原渠道资金280万元。向各级审计机关和本级政府提交审计意见书、审计决定、专题审计调查报告84份。向纪检、检察机关移送案件1起。编辑《审计信息》36期，撰写理论研讨文章12篇。（撰稿人：王全）

【德清县审计局】 现有干部职工13人，设有办公室（综合科）、财政金融审计科、行政事业审计科、经济贸易审计科和经济责任审计科，负责对全县16个乡镇和56个县直部门的审计监督。局长方杰，副局长朱伟、罗松水。

审计成果 完成审计项目43个，查出违规行为金额691万元，应缴财政197万元，已交财政134万元。完成审计调查项目两个，调查单位14个。提交各类审计报告和信息28篇。完成11名科级干部离任经济责任审计，查出违规行为金额450万元。（撰稿人：蒋斌）

【安吉县审计局】 现有干部职工16人，设有办公室、财政金融审计科、工商企业审计科、行政事业审计科、经济责任审计科和综合科，负责对全县18个乡镇和22个县直部门的审计监督。局长董才宝，副局长翁有良、竺志良、陈晓朝、姚法根。

审计成果 完成审计项目39个，查出违规行为金额2258万元，应缴财政327万元，已交财政217万元，应纠正2116万元。移送纪检司法机关案件4起。提交各类审计工作报告和信息30篇。完成审计调查项目3个，领导干部经济责任审计项目5个，县政府交办外商投资审计项目和县纪委交办重大审计项目两个。（撰稿人：姜旭国）

【嘉兴市审计局】 2002年，共有干部职工47人，其中本科学历24人，大专学历17人，局长刘孟，副局长童成宋、吴贵敏，纪检组长姚丽华。设有办公室、法规处、监察处、财政金融审计处、行政事业与社会保障审计处、经贸审计处、农业与资源环保审计处、固定资产投资审计处、经济责任审计处等部门。

审计成果 共完成审计项目70个，为年度项目计划的140%。查出违规行为金额4753万元，应纠正5.27亿元，上交财政830万元，上报审计报告及信息被各级领导批示45篇；被上级机关采用110篇。

财政预算执行情况审计 对粮食专项资金、企业职工养老失业保险基金、政府采购、会计核算中心进行审计。6月份，翟熙贵副审计长在嘉兴市调研时指出："嘉兴审计机关在财政支出改革的新形势下，取得的工作实绩，反映了地方党委和政府对审计工作的支持，市政府对财政同级审工作很重视、很开明，做到两个报告一个样，这一点很不容易"。

经济责任审计 完成93名领导干部经济责任审计，查出违规行为金额1115万元。市委、市政府联合印发《嘉兴市党政领导干部经济责任审计实施办法》、《嘉兴市国有及国有控股企业领导人员经济责任审计实施办法》，并结合嘉兴实际建立《嘉兴市经济责任审计联席会议制度》。

大案要案 将对市计划生育委员会领导干部经济责任审计中发现的严重违纪违规情况移送市纪检委处理，并对该单位原领导给予党内严重警告处分。在对市农村经济委员会领导干部经济责任审计中发现，下属农村合作基金联合会工作人员涉嫌贪污犯罪并移送检察机关，犯罪分子被判处有期徒刑7年；同时，连带查处该单位1名副处级干部的贪污受贿及挪用公款问题，被依法判处有期徒刑1年6个月、缓刑2年。（撰稿人：管振东）

【嘉兴市秀城区审计局】 现有干部职工6人，设有办公室、审计科，负责对全区5个镇、6个街道和29个区直部门的审计监督。局长叶涵初，副局长朱介政。

审计成果 完成审计项目18个，查出违纪违规行为金额及要求纠正9063万元。提交审计工作报告9份、审计意见12份、审计信息8篇，被区委、区政府采用5篇，区党政领导批示1篇，《中国审计报》采用1篇。（撰篇人：张涛）

【嘉兴市秀洲区审计局】 现有干部职工11人，设有办公室（综合管理科）、财政金融审计科和农业与专项资金审计科，负责对全区6个乡镇、街道、1个工业区、30个区直部门的审计监督。局长杜世荣，副局长张宏、成海明、李爱林。

审计成果 完成审计项目22个。共查出违规行为金额4358.9万元，其中指明要求纠正4027.9万元，决定处理处罚331万元；已交财政331万元。提交审计报告22份、审计意见19份、审计信息16篇、审计调研报告1篇，被上级审计机关采用9篇，地方党政采用5篇。另外，对4个区级部门、1个镇的6位领导干部进行任期经济责任审计。（撰稿人：金美霞）

【平湖市审计局】 现有干部职工23人，设办公室、法规科（经济责任审计科）、财政金融审计科、行政事业审计科、经贸与投资审计科，负责对全市10个乡镇、23个市直部门的审计监督。局长张连根，副局长张山根、徐明光、高忠良（8月一）。

审计成果 完成审计项目62个，查出违规行为金额1797万元，应缴财政633万元，已交财政618万元，指明要求纠正2337万元。提交审计工作报告34份、审计意见30份、做出审计决定6份。编写审计简报4期，上报审计信息26篇，被省、部级审计期刊、信息采用9篇；市委、市政府采用4篇，15篇报告被市领导批示。完成17名科级领导干部经济责任审计。（撰稿人：刘永华）

【海宁市审计局】 现有干部职工25人，设有办公室、法制科、财政金融行政事业审计科、经贸外资社会保障审计科、农林环保投资审计科，经济责任审计科，负责对全市13个镇和25个市直部门的审计监督。局长吴培金，副局长陆明、吴子法、李富中。

审计成果 完成审计项目50个，查出违规行为金额3505万元，应缴财政355万元，已交财政355万元，提交审计报告、综合报告和信息120余篇，被批示、采用信息86篇。成立海宁市内部审计协会，发展团体会员31个，个人会员143个。（撰稿人：周则明）

【桐乡市审计局】 现有干部职工26人，设有办公室、法制科、财政金融行政事业审计科、经济责任审计科、经贸外资社保审计科、农林环保投资审计科，负责对全市14个乡镇和101个市直部门的审计监督。局长凌云，副局长朱福泉（兼纪检组长）、房治方、徐佩珠。

审计成果 完成审计项目43个，查出各种违纪违规行为金额395万元，上交财政139.4万元，要求纠正2483万元，追回国有资金90.6万元，核减建设投资金额293.92万元。对全市的17个单位的主要领导干部进行经济责任审计。（撰稿人：沈学明）

【嘉善县审计局】 现有干部职工22人，设有办公室，法规科、行财金融审计科、企业事业审计科、固定资产投资审计科、经济责任审计科，负责对全县11个乡镇、31个县直部门的审计监督。局长柳明根，副局长朱敏良、冯学英。

审计成果 完成审计项目52个，查出违纪违规行为金额1742万元，上交财政626万元（含上年结转67万元），其中各种税收收缴377万元，其他收缴款249万元，当年减少财政支出173万元，做出审计决定28份，发出审计意见书49份，向司法机关移送案件1起，被采用的信息11篇。另外，根据县经济责任审计联席会议的要求，对4个乡镇和8个部门的正职领导干部进行经济责任审计。（撰稿人：庄美华）

【海盐县审计局】 现有干部职工20人，设有办公室、财政金融审计科、行政事业审计科（经济责任审计科）、经贸审计科、固定资产投资审计科、法规科，负责对全县8个镇和42个县直部门的审计监督。局长董国梁，副局长钱永铭、赵永军（7月—），纪检组长朱进达。

审计成果 完成审计项目40个，完成年度任务的133%。查出违纪违规行为金额2434万元，应缴财政466万元，已交财政299万元，减少财政拨款或补贴130万元，归还原渠道资金178万元。向县委、县政府和上级审计机关提交综合报告、信息70篇，被采用30篇。嘉兴市市长对信息《一些上级部门奖励下级单位只开口子不拿钱现象值得重视》做了重要批示。（撰稿人：沈顺林）

【舟山市审计局】 2002年，共有干部职工39人，其中本科学历13人，大专学历25人，局长励延年（6月—）、陈章林（—6月），副局长张世民、周国明（—5月）、邵剑平（12月—）。设有办公室、法规处、财政金融审计处、经贸企业审计处、固定资产投资审计处、经济责任审计处、行政事业审计处和直属审计分局。

审计成果 完成审计项目53个，查出违规行为金额14158万元，应缴财政344万元，调账处理274万元。同时，向上级机关提交审计报告、审计信息及向被审计单位提出审计建议200余条。

完成上级交办任务 开展市本级8个行政企事业单位的财政预算执行情况外围审计，市本级2001年度财政预算执行情况和其他财政收支审计，并开展对嵊泗县级财政决算审计；组织实施对农发行、交警和技术监督部门、烟草公司的行业同步审计；组织开展住房公积金、粮食专项资金、民政专项资金，企业职工基本养老保险基金、失业保险基金和教育附加费等重点资（基）金的审计和审计调查；开展对市蓝焰燃气有限公司、市商业总公司、华兴汽车有限公司等重点国有企业和嵊泗直流输电、舟山伤骨科医院迁建、普陀区客运码头、舟山中学体育馆、市老年公寓等省市重点投资项目的工程预决算的审计。

经济责任审计 会同市委组织部出台《舟山市审计机关贯彻执行省审计厅领导干部经济责任审计操作办法的几点意见》，全面试行对领导干部经济责任审计的“审计公告制度”。全年开展领导干部经济责任审计17个，开展企业领导干部任期经济责任审计3个。查出各类违纪违规行为金额7504万元，其中领导干部应负主管责任5382万元。按照省审计厅统一部署，组织实施对三门县县长的经济责任审计。

内部审计 设有内审机构120个，专兼职审计人员251人。开展内部审计查证项目500个，查出违纪行为金额980多万元，促进增收节支和查出损失浪费近3268万元。（撰稿人：缪志国）

【舟山市定海区审计局】 现有干部职工11人，设有办公室、财政金融审计科、行政事业审计科和经济责任审计中心，负责对全区16个乡镇（街道）和23个区直部门的审计监督。局长吴刚，副局长应仁飞、竺锐航，纪检组长王红仙。

审计成果 完成审计项目22个，查出违纪违规行为金额2436万元，指明应纠正3595万元。应交财政5.73万元，归还原渠道资金0.71万元，入库率100%。完成领导干部经济责任审计项目6个，查出违纪行为金额2432万元。提交审计结果报告22份，审计建议15条，审计信息16篇，被上级机关采用7篇。（撰稿人：丁磊）

【舟山市普陀区审计局】 现有干部职工16人，设有办公室、经济责任审计科（法规科）、财政金融审计科、企业事业审计科，负责对全区13个乡镇和46个区直部门的审计监督。局长王元成，副局长洪满龙（兼纪检组长）、谢存君。

审计成果 完成审计项目34个，审计单位47个，查出违纪违规行为金额4344万元，应缴财政192万元，财政入库率100%，归还原渠道资金1895万元，调账处理589万元。完成审计调查项目4个，调查单位19个。完成领导干部经济责任审计项目22个，涉及经济责任人23人，查出违规违纪行为金额3854万元，损失浪费35万元。提交审计报告35份、审计信息38篇；审计意见书被区领导批示两篇，审计信息被上级机关采用26篇（次）。有内审计机构22个，内审人员96人。（撰稿人：张云素）

【岱山县审计局】 现有干部职工12人，设有办公室、法制科、财政金融审计科、企业审计科，负责对全县8个乡镇和49个县直部门的审计监督。局长李平波（—10月），副局长沈三五。

审计成果 完成审计项目30个，审计单位33个，查出各类违纪违规行为金额1263万元；应缴财政82万元，已交财政72万元，入库率87.8%，促使被审计单位追回欠款23万元。提交审计工作报告24份，审计意见18份，审计信息6篇，被县政府采用1篇。（撰稿人：蒲霜娜）

【嵊泗县审计局】 现有干部职工15人，设有办公室、综合审计科、干部经济责任审计科，负责对全县7个乡镇和25个县直部门的审计监督。局长夏玉雪，副局长杨雪芬、傅雅芳。

审计成果 完成审计项目27个，查出违规行为金额2436万元，应缴财政110万元，入库率100%，归还原渠道资金36万元，调账处理1426万元。向纪检监察机关移送案件1起。提交审计工作报告两份，审计调查报告4份，审计结果报告11份，审计信息6篇，被政府主要领导批示1篇，县级有关部门采用1篇，市局采用信息3篇，《市长参阅》采用两篇。（撰稿人：傅纪明）

【宁波市审计局】 2002年，共有干部职工58人，其中研究生学历3人，本科学历28人，大专学历23人，局长虞祖英，副局长王安华、王勤学、董国君（4月—）。设有办公室、法规处、财政审计处、金融外资审计处、行政事业审计处、基本建设审计处、经济责任审计处和直属审计处。

审计成果 完成审计项目81个，查出违规行为金额2384万元，应缴财政1751万元，已交财政1652万元。提交审计工作报告、信息和调研报告224篇，被采用125篇（次），被批示12篇（次）。

固定资产投资审计 完成基本建设审计项目7个，审计总资金121568万元，核减建设投资1064万元，收缴财政428万元。

行政事业单位审计 审计单位39个，查出违规行为金额895万元，收缴财政657万元，减少财政拨款39万元，归还原渠道资金4168万元，罚没36万元。

审计结果跟踪检查 对上年度完成的审计项目的审计决定、审计意见、审计建议及审计移送案件查处情况进行跟踪检查和督促落实。做出的审计决定在规定的期限内执行完毕；审计意见提出的自行纠正事项256条，落实193条，落实率为80%；提出的审计建议98条，48条被采纳，采纳率为49%；审计移送案件两起，均已结案。（撰稿人：沈巍）

【宁波市海曙区审计局】 现有干部职工12人，设有财政审计科、行政事业审计科和办公室（经责审计科），负责对全区8个街道、95个区直部门的审计监督。局长吴克勤，副局长赵伯贤、王海洲、商满邦。

审计成果 全年共完成审计项目21个，查出违规违纪行为金额1513万元，其中决定处理处罚16万元，指明要求纠正17514万元。完成对区属12家单位的领导干部任期经济责任审计，并首次召开全区经济责任审计联席会议。举办第四期内审业务培训班，对全区21个部门、34人进行有关会计错弊及查证方法的培训。（撰稿人：陈玉颜）

【宁波市江东区审计局】 现有干部职工10人，设有综合科、审计业务科，负责对全区7个街道和35个区直部门的审计监督。局长戎松岳（3月—），副局长涂更生（兼纪检组长）、林勇（9月—）。

审计成果 完成审计项目15个，审计单位35个，查出违规行为金额4万元，应缴财政4万元，已交

4万元。应纠正2186万元。提交审计工作报告5份、审计信息10篇，被区委、区政府采用5篇。完成领导干部经济责任审计项目4个，查出应纠正926万元，审计结果晋升1人。有内审指导人员1人，内审机构6个，内审人员24人。（撰稿人：胡虹）

【宁波市江北区审计局】 现有干部职工14人，设有办公室、行政事业审计科、经济责任审计科，负责对全区4个乡镇、4个街道和37个区直部门的审计监督。局长王伟昌，副局长吴晓峰。

审计成果 完成审计项目34个，审计单位21个，查出违规行为金额4311.78万元，应缴财政500.11万元，已全部入库。区直属部门共有内审机构9个，其中专职机构5个；内审人员38人，其中专职人员14人。共审计单位53个，纠正违规行为金额452万元，查出损失浪费14万元，促进增收节支46万元，提出意见和建议53条。（撰稿人：左莉）

【宁波市北仑区审计局】 现有干部职工16人，设有办公室、业务一科、业务二科和建设项目审计室，负责对全区9个乡镇和64个区直部门的审计监督。局长励龙飞，副局长曹公明、邬静彦。

审计成果 完成审计项目25个（其中领导干部经济责任审计7个，基建工程竣工决算审计5个），查出违规行为金额883万元，其中应缴财政263万元，归还原渠道资金23万元，核减工程造价21万元。提交审计工作报告14份，审计调研文章1篇。（撰稿人：金维珍）

【宁波市鄞州区审计局】 现有干部职工25人，设有办公室、综合科、财政金融审计科、行政事业审计科、企业审计科和固定资产投资审计科，负责对全区24个乡镇和170个区直部门的审计监督。局长张纪燧，副局长陆瑞康、谢霄苗、陈良义。

审计成果 完成审计项目39个，查出违纪违规行为金额1190万元，应纠正21522万元，应缴财政407万元，已交财政407万元。完成区委、区政府交办任务14个。提交审计信息70篇，被采用64篇，其中1篇被省领导批示，12篇被省政府办和省审计厅采用。受区委组织部的委托，对16名党政主要领导干部进行任期经济责任审计，其中移交纪检监察机关线索1件。（撰稿人：宋月红）

【宁波市镇海区审计局】 现有干部职工15人，设有办公室、财政金融事业审计科、经贸投资审计科、直属经济责任审计室，负责对全区两个镇、4个街道和62个区直部门以及国有企业、事业单位的审计监督。局长吴泰元（兼纪检组长），副局长林洪明、王鸣凤（—1月）。

审计成果 完成审计项目28个，查出违规行为金额4115万元，应缴财政1681万元，减少财政拨款或补贴33万元，归还原渠道资金272万元，向纪律监察部门提出纪律处分建议书1份，提交审计信息19篇，被上级审计部门和区委、区政府采用16篇，其中省长批示1篇，区委书记、区长批示1篇。制定和完善《宁波市镇海区审计局审计项目实施操作若干意见》、《审计工作方案规程》等一系列制度。（撰稿人：孙万光）

【慈溪市审计局】 现有干部职工23人，设有办公室、财政金融审计科、经贸审计科、基本建设审计科、经济责任审计科和审计中心，负责对全市20个镇（街道）及75个直属部门、85个行政单位及180个直属单位、10个金融保险企业及23个直属分支机构、其他使用和管理财政性资金单位的审计监督。局长周逢良，副局长谢玉华、史永年、陆益富。

审计成果 共完成审计项目57个，查出违规行为金额13887万元，上交财政1184万元，通过三级审价网络为政府节省建设资金5214万元，增收节支6398万元。提交审计综合报告、调研报告及各类信息57篇，其中被采用65篇（次），向被审计单位提出审计建议203条，基本被采纳。基本建设审计实行关口前移，参加市重点工程概预算编制及扩初会审70余次，提出合理化建议100多条。（撰稿人：丁军）

【余姚市审计局】 现有干部职工22人，设有办公室、财政审计科、经贸审计科、经济责任审计科、基建投资审计科，负责对全市22个乡镇、51个市直部门和250个企事业单位的审计监督。局长郑连国，副局长马水定、马继东、阮岳军。

审计成果 共完成审计项目58个，查出违规行为金额21242万元，应缴财政949万元，已全部入库，归还原渠道资金1687万元，提交信息和调研报告18篇，被采用12篇。开展经济责任审计项目18个，查出违规行为金额536万元。审计后晋升1人，平调15人，降职1人，移送司法机关1人。对6个重点工程项目进行审计，对两个中介机构的审计质量进行检查，核减工程款580万元。市属部门、乡镇、企业内审机构58个，其中专职机构31个，内审人员197人，其中专职人员50人，共审计单位590个，查出损失浪费55万元，挽回经济损失401万元。（撰稿人：赵文学）

【奉化市审计局】 现有干部职工17人，设有办公室、财政金融审计科、经济责任审计科、综合业务审计科、基本建设审计科，负责对全市两个街道和9个镇的审计监督。局长毛伟芳，副局长毛亚贞、蔡志佩。

审计成果 完成审计项目34个，审计单位85个。查出违规行为金额7322万元，其中上交财政及地方金库490万元，指明要求纠正1490万元，核减投资额878万元。完成经济责任审计项目19个，其中行政事业单位党政领导干部审计项目17个，镇党政领导干部审计项目两个，查出违规行为金额1097万元。（撰稿人：马玲玲）

【宁海县审计局】 现有干部职工19人，设有办公室、财政审计科、基本建设审计科、经济责任审计科和综合审计科，负责对全县17个乡镇和66个县直部门的审计监督。局长金万贯（—12月）、王兴兵（12月—），副局长董金财、葛长林、赵秀萍。

审计成果 完成审计项目43个，查出违规行为金额22480万元，应缴财政2483万元，已全部入库。完成审计调查项目1个，调查单位8个。提交信息43篇，被上级机关及新闻单位采用83篇次，其中审计署1篇、省委、省政府3篇。对11名党政领导干部进行经济责任审计。配合县级机关机构改革，完成10个撤并单位的财务收支审计。（撰稿人：卢丙参）

【象山县审计局】 现有干部职工18人，设有办公室、财政行政审计科、经济责任审计科、基本建设审计科、企业事业审计科，负责对全县18个镇乡（街道）和60个县直部门的审计监督。局长郑亚红，副局长顾卫国（—12月）、欧世意（12月—）、史美德。

审计成果 完成审计项目54个。查出违规行为金额6175万元，应纠正13732万元，应缴财政785万元，已交785万元，归还原渠道资金3933万元，核减工程款88万元。提供信息被上级机关及新闻单位采用45篇。完成经济责任审计项目16个。全县内审机构82个，内审人员237人，共审计349个项目单位，查出损失浪费191万元，促进增收节支162万元，提出建议意见被采纳278条，已纠正违规行为金额176万元。（撰稿人：邵升红）

【绍兴市审计局】 2002年，共有干部职工46人，其中研究生学历3人，在读研究生4人，本科学历21人，大专学历10人，局长金保仁，副局长卢银银、郭春敖。设有办公室、综合处、监察室、财政社保审计处、企业金融审计处、行政事业外资审计处、投资农林水环保审计处、经济责任审计处。

审计成果 市本级共完成审计项目77个，完成年度计划的128%，查出违规行为金额12881万元，应缴财政1236万元，调账处理544万元，已交财政1230万元，应纠正45575万元，查出百万元以上违规单位12个。提交审计调研报告5份、信息75篇，被上级部门采用35篇（次），被省市领导批示两篇。

经济责任审计 市本级完成18个经济责任审计项目，查出违规行为金额3757万元，其中主管责任2572万元、直接责任1185万元，促进国有资产保值单位18个，根据审计结果，平调4人、晋升1人。

内部审计 市本级有47家内审机构，内审人员128人，其中专职人员71人。共完成内审项目456个，其中内部经济责任审计69个、财务收支审计70个、经济效益审计43个、基本建设项目审计192个、专项资金审计50个，查出损失浪费10万元，已纠正违规行为金额48289万元，促进增收节支804万元，提出建议意见并被采纳490条。（撰稿人：陈传良）

【绍兴市越城区审计局】 现有干部职工16人，设有办公室、财政金融审计科、行政事业经贸审计科和内部审计指导服务中心，负责对全区10个乡镇（街道）和20个区直部门的审计监督。局长丁国兴，副局长唐国梁、鲍家富。

审计成果 完成审计项目21个，审计单位48个，查出违规行为金额1421万元，应纠正1914万元，应缴财政59万元，已交财政59万元，完成审计调查项目两个，调查单位12个，提交审计报告19份，信息65篇。其中省领导批示1篇。经济责任审计完成审计项目5个，查出违规行为金额981万元，处理处罚43.4万元，提出审计建议16条，移送区检察院案件1起。全区设有16个内审机构，查出损失浪费1941万元，促进增收节支351万元，提出审计建议被采纳153条，已纠正违规行为金额387万元，移交区纪检部门案件3起，开除党籍1人。（撰稿人：赵茂盛）

【诸暨市审计局】 现有干部职工18人，设有办公室、审计一科、审计二科、审计三科、审计四科、审计五科，负责对全市25个乡镇和95个市（县）直部门的审计监督。局长方永权，副局长王克齐、戚俏新。

审计成果 完成审计项目66个，查出违规行为金额7282万元，应纠正23035万元，应缴财政224万元，基建审计核减工程款1627万元。向纪检监察部门移送案件线索3件，提出审计意见建议196条，提交审计工作信息报告80篇。对26个部门和镇乡的40位领导干部进行经济责任审计，查出违规行为金额3586万元，应纠正6453万元。移送纪检司法机关处理经济案件两起，涉案两人。通过审计，平调21人，建议党纪处分1人。市直部门内审机构62个，其中专职机构23个；内审人员258人，其中专职人员45人。（撰稿人：许伟君）

【上虞市审计局】 现有干部职工21人，设有办公室、财政经贸审计科、行政事业审计科、经济责任审计科、固定资产投资审计科，负责对全县21个乡镇街道和56个市直部门的审计监督。局长吴光裕，副局长姜云、陈志坚。

审计成果 完成审计项目67个，单位67个。查出违规行为金额15541万元，归还原渠道资金477万元，应缴财政565万元，已缴财政565万元，应纠正17090万元。上报信息49篇，被上级审计机关及政府部门采用51篇（次），其中1篇被评为省级好信息。经济责任审计完成项目21个，查出违规行为金额3390万元。内部审计查出损失浪费3819万元，提出意见、建议45条，发现大要案线索4条，被行政处分5人，处以个人罚款8人。浙江卧龙集团、上虞市教体局被列为浙江省内审典型单位。（撰稿人：朱苗忠）

【嵊州市审计局】 现有干部职工21人，设有办公室、行政事业审计科、经济责任审计科、财政经贸审计科、固定资产投资审计科，负责对全市21个乡镇（街道）和39个市直部门的审计监督。局长黄献，副局长卢向明、裘建东、钱黎东。

审计成果 完成审计项目66个，审计单位99个，市委市政府交办任务8个，查出违规行为金额11159.1万元，决定收缴财政2054万元。提交审计工作报告46份、审计意见66份、审计决定25份，上报审计信息138篇，被各级采用97篇。受市委组织部委托，对29个单位37位领导干部进行经济责任审计，向纪检及司法部门移送案件4起。开展重点工程跟踪审计，完成工程进度预算审计4522万元。有内审机构69个，内审人员226人，完成内部审计项目456个。（撰稿人：舒超）

【绍兴县审计局】 现有干部职工23人，设有办公室、一科（财政审计、社会保障审计）、二科（金融审计、经贸审计）、三科（行政事业审计、外资审计）、四科（基本建设审计）、五科（领导干部经济责任审计），负责对全县19个镇（街道）和25个县政府部门的审计监督。局长韩国良（—12月）、王柏泉（12月—），副局长林如相、赵时栋、祁金凤。

审计成果 实施审计单位116个，查出违规行为金额6478万元，应缴财政356万元，归还原渠道资金1万元，调账处理1068万元，罚没36万元，已交财政320万元，应纠正31840万元。上报审计信息被采用100篇，被省领导批示1篇。内审机构45个，其中专职机构11个，内审人员172人，其中专职人员42人。（撰稿人：陈增荣）

【新昌县审计局】 现有干部职工17人，设有办公室、财政金融审计科、经贸交通审计科、投资与农业环保审计科、经济责任审计科、内部审计指导服务中心，负责对全县16个乡镇、61个县直部门的审计监督。局长徐焕忠，副局长陈明远、武姚生、葛雯。

审计成果 完成审计项目60个，审计单位67个。查出违规行为金额4209万元，其中归还原渠道资金42万元，应缴财政493万元，已交财政456万元，责令自行纠正2780万元。提供审计报告、信息被采用40篇。经济责任审计共完成34个项目，查出违规行为金额2363万元。审计后，晋升3人，平调28人，免职4人。向县纪委移送案件线索两件，两名党员受到党纪处分。内部审计促进增收节支2220万元，提出改进意见被采纳的共164条，建议行政处分3人。万丰奥特集团等民营企业内审成绩突出。（撰稿人：陈茂玮）

【衢州市审计局】 2002年，共有干部职工34人，其中本科学历6人，大专学历17人，局长应兆寅，副局长陈福忠、刘龙（—12月）、王水泉。设有办公室、行政事业审计处、经济责任审计处、财政金融外资审计处、经贸审计处、建设投资审计处、直属审计分局。

审计成果 完成审计项目318个，查出违规行为金额13594万元，应缴财政1898万元，已交财政1253万元，要求调账处理1068万元，归还原渠道资金578万元，指明要求纠正10090万元。市本级完成审计项目45个，查出违规行为金额2470万元，应缴财政705万元，已交财政313万元，要求调账处理417万元。提交审计工作报告和信息388篇，被各级采用150篇。市文化局经济责任审计项目被评为全省优秀审计项目。

经济责任审计 开展经济责任审计项目126个，市本级完成16个。查出违规行为金额3535万元，查出个人存在贪污行为1人，指明要求纠正2391万元。审计后，晋升两人，平调66人，免职3人。

固定资产投资审计 完成审计项目19个（市本级4个），审计项目投资总额193051万元，已完成项目投资总额106376万元。查出违规行为金额224万元（市本级183万元），应缴财政126万元（市本级），已交财政126万元，核减工程造价288万元（市本级58万元），指明要求纠正423万元（市本级382万元）。

内部审计 全市共有内审机构23个，其中专职机构7个；内审人员47人，其中专职人员5人。共审计单位85个，已纠正违规行为金额23万元，促进增收节支11万元。向司法机关移送案件3起。（撰稿人：姚建福）

【衢州市衢江区审计局】 现有干部职工14人，设有办公室、财政金融审计科、建设投资审计科、经济责任审计科，负责对全县26个乡镇和55个县直部门单位的审计监督。局长吕衍和（—4月），副局长郑东木（4月—，主持工作）、邱光强、袁康彬。

审计成果 完成审计项目78个，完成区委组织部交办经济责任审计项目40个。查出违纪违规行为金额3639.50万元，决定处理处罚128.70万元，归还原渠道资金118.90万元，指明要求纠正3391.90万元。提交审计工作报告和信息38份（篇），被省审计厅采用4篇、被市审计局采用15篇。（撰稿人：钱万义）

【江山市审计局】 现有干部职工21人，设有办公室、财政金融审计科、固定资产投资审计科、经贸审计科和经济责任审计科，负责对全市26个乡镇和机关企事业单位的审计监督。局长姜迎新，副局长王国榕、彭和方。

审计成果 完成审计项目87个，查出违规行为金额9800万元，上交财政178.90万元，为建设单位节约工程款310万元，归还原渠道资金1559万元。提交审计信息56篇，被采用28篇。开展领导干部经济责任审计36个，查出违纪违规行为金额和指明纠正1299万元，查出3人存在经济问题，并要求有关个人退赔款项并处罚款，其中移送纪检监察部门1人。共有内审机构7个，其中专职机构两个；内审人员12人，其中专职人员4人。审计单位85个，纠正违规行为金额23万元，促进增收节支11万元，提出建议被采纳3条，向司法机关移送案件3起。（撰稿人：王子香）

【常山县审计局】 现有干部职工13人，设有办公室、财政金融审计科、行政事业审计科、经济责任审计科和固定资产审计科，负责对全县21个乡镇和59个县直部门的审计监督。局长魏国强（—12月），副局长李德勇（—12月）、江一舟，纪检书记李忠兴。

审计成果 完成审计项目45个，审计单位45个，查出违规行为金额11096万元，已交财政150万元。提交审计报告45份，审计意见书25份，审计信息简报12篇。完成18名科级干部离任经济责任审计，查出违规行为金额391万元。有内审指导人员1人，内审机构3个，内审人员6人。（撰稿人：李忠兴）

【开化县审计局】 现有干部职工15人，设有办公室、企业审计科、财政金融审计科、行政事业审计科和固定资产投资审计科，负责对全县26个乡镇和28个县直部门的审计监督。局长马建雄（—12月），副局长徐立坤、江景善、汪庚贵。

审计成果 完成审计项目51个，审计单位55个，查出违纪违规行为金额414万元，应缴财政194万元，已交财政194万元。完成审计调查项目两个，调查单位5个。提交审计工作报告25份，审计信息17篇。完成县委、县政府交办经济责任审计项目21个，查出“小金库”1个，金额16.43万元。协助有关部门查处经济犯罪案件两起。（撰稿人：程善平）

【龙游县审计局】 现有干部职工19人，设有办公室、行政事业审计科、经贸审计科、财政金融外资审计科、经济责任审计科，负责对全县21个乡镇和68个县直部门的审计监督。局长汪建国，副局长曹群、詹耀明（1月—）、姚永平（1月—），纪检组长方冬成（1月—）。

审计成果 完成审计项目76个，审计单位256个，查出违纪违规行为金额2212万元，应缴财政469万元、减少财政拨款或补贴81万元、归还原渠道资金530万元，指明要求纠正3085万元。提出审计意见和建议103条，提交调研文章和审计信息52篇，被上级审计机关、媒体采用46篇。第四次被省审计厅、省人事厅评为“浙江省审计机关先进集体”。（撰稿人：姜柏祥）

【金华市审计局】 2002年，共有干部职工39人，其中本科学历9人，大专学历25人，局长郑德龙，副局长钟金明、陈如新、苏礼明。设有办公室、法规监察处、财政金融审计处、行政事业与社会保障审计处、经贸审计处、农业与资源环保审计处、固定资产投资审计处、经济责任审计处。

审计成果 共完成审计项目81个，占年度计划的203%，查出违规行为金额21458万元，应缴财政6226万元，已交财政4290万元，应归还原渠道资金483万元，向纪检监察移送事项两件，提交审计工作报告、信息160篇，被批示、采用的136篇。

财政预算执行审计 开展政府外债、财政技改贴息资金、地税部门税收征管情况、机关会计核算中心运行情况等专项调查。

经济责任审计 全年完成领导干部经济责任审计项目24个，查出违规行为金额9992万元，应纠正1438万元，利用审计结果，移送纪检监察部门两人。按照省委组织部、省审计厅的统一安排，赴温州市永嘉县开展县长经济责任审计。

行政事业审计 通过审计发现

部分行政事业单位利用未纳入核算中心管理的账户违规收支资金，市委、市政府专门下发文件，将各行政事业单位、各类学会、协会及技协保留的各项资金全部纳入会计核算中心。同时还有重点地向行政单位的二级、三级预算单位延伸审计，如对市物价局审计中发现物价局及所属事业单位人员在下属企业违规领取考核奖、劳务费等41.93万元。

固定资产投资审计　完成对沙金兰引水工程和迎宾大道工程竣工决算审计，两项工程送审工程造价8155万元，审定工程款6266万元，共计净核减工程价款1888万元。

专项资金审计　先后对粮食专项资金、民政专项资金、财政技改贴息资金等专项资金进行审计或审计调查，提出审计建议26条。（撰稿人：郑晓航）

【金华市婺城区审计局】　现有干部职工13人，设有办公室、财政投资审计科、行政事业审计科和经济责任审计科，负责对全区18个乡、街道和50个区直及113个企事业单位的审计监督。局长金助民，副局长钱福英、刘奇星、姜顺富，纪检组长倪素燕。

审计成果　完成审计项目46个，共查出违规行为金额2335万元，分别做出处理处罚或提出纠正、整改意见。共提交审计工作报告、信息62篇，向公安等部门移送经济案件1起。完成区委、区政府等交办的对3个乡镇、1个街道、6个部门、1所学校及1家国有企业的16位领导干部的12个经济责任审计项目。（撰稿人：倪素燕）

【金华市金东区审计局】　现有干部职工10人，设有办公室、行政事业（经济责任）审计科、财政金融（基建）审计科，负责对全区9个乡、两个街道、21个区直和121个企事业单位的审计监督。局长张有钢，副局长朱卫良、方以康，党组成员（分管纪检）傅得瑶。

审计成果　完成审计项目30个，查出纠正违规行为金额3605万元；组织安排建设项目审计17个，审计核减工程造价1000万元。（撰稿人：傅得瑶）

【兰溪市审计局】　现有干部职工19人，设有办公室、工商企业审计科、基建外资审计科、财政金融审计科和行政事业审计科，负责对全市22个乡、3个街道、81个市直和446个企事业单位的审计监督。局长徐跃民，副局长徐华庆、章志明、章海良，纪检组长汪炳辉。

审计成果　完成审计项目108个，查出违纪违规行为金额1587万元，决定处理处罚867万元，指明要求纠正6917万元，应缴财政867万元，已交财政867万元。查出3起贪污挪用公款案件，其中1起移送市纪委处理，相关责任人被判处有期徒刑1年零6个月，缓期两年执行；另外两起交由所在党委、政府处理。完成44个领导干部经济责任审计项目。（撰稿人：汪炳辉）

【永康市审计局】　现有干部职工19人，设有办公室、工商企业审计科、财政金融审计科、基建外资审计科、行政事业审计科，负责对全市5个乡、4个街道、66个市直和427个企事业单位的审计监督。局长周龙武，副局长成章威、颜锋。

审计成果　完成各类审计项目74个，为年度计划的247%。查出违规行为金额8793万元，比上年增加3602万元。归还原渠道资金637万元。审结基建工程18个，审计资金总额1.13亿元，核增造价153.51万元，核减造价1742.50万元，净核减1588.99万元，比上年增加1025.34万元。上报审计报告33份，提交各类审计信息45篇，被上级有关部门采用61篇（次），比上年增加49篇（次）。提出各类审计建议80多条。此外，协助市纪委、监察局办案，参与审计取证及调查项目3个。（撰稿人：胡茂康）

【义乌市审计局】　现有干部职工20人，设有办公室、财政金融审计科、行政事业审计科、基建外资审计科、经贸审计科、经济责任审计科，负责对全市8个乡、5个街道、72个市直和471个企事业单位的审计监督。局长楼初阳，副局长朱雄伟、施文彬、王春明。

审计成果　全年共查出违纪违规行为金额2379万元，增加中央和地方财政收入1439万元，归还原渠道资金121万元，核减工程2020万元。（撰稿人：陈锦升）

【东阳市审计局】　现有干部职工20人，设有办公室、法制审理科、财政金融审计科、行政事业审计科、经贸基建审计科、经济责任审计科，负责对全市21个乡、6个街道、90个市直和571个企事业单位的审计监督。局长韦俊图，副局长李章苗、金分水、马国鑫（兼纪检组长）、单美其。

审计成果　完成审计项目88个，为全年计划的244%。共查出各类违规行为金额4507万元，应缴财政4156万元，已交财政4069万元，查出私设“小金库”1个、百万元以上违规单位两个，应纠正17355万元，移送纪检监察部门挪用、侵占公款及重大违纪案件线索两件，通报批评3个单位。撰写并被各类报刊采用审计调研报告、信息135篇（次）。（撰稿人：冯汉潮）

【武义县审计局】　现有干部职工15人，设有办公室、财政审计科、经贸审计科、行政事业与经济责任审计科、基建农业审计科，负责对全县18个乡、街道、61个县直和268个企事业单位的审计监督。局长陈群，副局长张建桥、张李新、朱晓鹏，纪检组长薛兆响。

审计成果 完成审计项目58个，为年度计划的232%。查出违纪违规行为金额153万元，应缴财政33万元，已全部入库，归还原渠道资金27万元，调账处理2081万元，应纠正8万元。查处和移送案件各1起，1人被判刑。（撰稿人：薛兆响）

【浦江县审计局】 现有干部职工16人，设有办公室、法制监察科、财政金融行政事业审计科、固定资产投资审计科、经济责任审计科，负责对全县12个乡、3个街道、65个县直和331个企事业单位的审计监督。局长张旭升，副局长楼向阳、黄旭升，纪检组长柳宏秋。

审计成果 完成审计项目92个，完成年度计划的368%。其中署定项目1个、省定项目7个，经济责任审计项目33个，查出违纪违规行为金额339万元，增加财政收入98万元，提供案件线索两件4人次。（撰稿人：柳宏秋）

【磐安县审计局】 现有干部职工17人，设有办公室、财政金融审计科、行政事业审计科、经济责任审计科、固定资产投资审计科，负责对全县20个乡、70个县直和159个企事业单位的审计监督。局长吕海深，副局长卢希陆、张生土、楼标兴。

审计成果 完成审计项目71个，为全年计划的284%，查出违纪违规行为金额2158万元，经审计处理处罚直接增加财政收入110万元，归还原渠道资金464万元。完成领导干部经济责任审计项目28个。（撰稿人：卢卫忠）

【台州市审计局】 2002年，共有干部职工29人，其中本科学历11人，大专学历25人，局长韩建飞，副局长李新民、张卫平。设有办公室、法规处、经济责任审计处、财政审计处、经贸金融外资审计处、行政事业社保环保审计处、固定资产投资审计处。

审计成果 全市共完成审计项目411个，查出违纪违规行为金额220577万元，应缴财政6604万元，已缴财政5479万元，向司法机关移送案件4起，向纪检监察机关移送事项10件，提交审计工作报告、信息579篇。其中市局查出违纪违规行为金额87110万元，应缴财政3641万元，已交3560万元，向纪检监察机关移送事项1件，提交审计工作报告、信息178篇，被省党政领导批示两篇，被市党政领导批示9篇。被评为“全国审计机关先进集体”。

预算执行审计 加强对政府采购、会计核算中心等审计，及时提出合理化建议，完善财政体制改革。同时，还对审计工作报告和审计结果报告的格式做了探索，方便人大常委会审议。

经济责任审计 完成经济责任审计项目87个，共查出直接责任9792万元，主管责任6256万元；审计查出有12人存在经济问题。根据省审计厅的统一部署，开展对兰溪市市长的经济责任审计，查出违规行为金额47711万元，决定处理处罚11453万元，指明要求纠正11004万元，应缴省级收入173万元。在审计中，积极开展计算机辅助审计，受到浙江省审计厅通报表扬。

内部审计 成立市内部审计协会，将部门单位的内审工作转为由协会进行行业指导协调管理。各内审机构完成内部审计项目3677个，减少损失浪费4166万元，促进增收节支998万元，提出审计建议意见被采纳790条，向司法机关移送案件12起，建议给予行政处分16人，移送司法机关处理4人。

【台州市椒江区审计局】 现有干部职工21人，设有办公室、经济责任审计科、固定资产投资审计科、财政金融审计科，负责对全区10个乡镇和39个区直部门的审计监督。局长江建军，副局长徐连富、管康毅、姜椒利，纪检组长黄安民（10月—）。

审计成果 完成审计项目35个，审计单位32个，其中经济责任审计项目6个。查出违规行为金额并处理处罚9075万元，指明要求纠正4547万元，应缴财政759万元，已交759万元。向司法部门移送案件4起5人。提交审计工作报告9份，审计意见38份，审计信息37篇，被采用25篇。有内审指导人员1人，内审机构11个，内审人员68人。（撰稿人：陈备前）

【台州市黄岩区审计局】 现有干部职工18人，设有办公室、财政金融经贸审计科、行政事业审计科、固定资产投资审计科、经济责任审计科，负责对全区19个乡镇、街道和60多个区直部门的审计监督。局长陶鸣，副局长陈临华、焦路辉、金永志，纪检组长汪中健。

审计成果 完成审计项目53个，查出违规违纪行为金额705万元，决定处理处罚315万元，已交财政202万元，指明要求纠正10450万元，向纪检监察部门移送案件6起，提交审计信息47篇，被各级采用14篇。出台《黄岩区党政领导干部任期经济责任审计实施办法》，并实行审计公告制度；开展对12名领导干部进行经济责任审计，查出违规行为金额281万元。（撰稿人；陈明增）

【台州市路桥区审计局】 现有干部职工10人，设有办公室、财政金融审计科、企业基建审计科，下属区经济责任审计中心，负责对全区4个乡镇、6个街道、47个区直和45个企事业单位的审计监督。局长章福明，副局长袁伟军、胡建军、施新华（4月—）、张伟力（—4月）。

审计成果　完成审计项目38个，查出违规行为金额2639万元，指明要求纠正13021万元，应缴财政236万元，应归还原渠道资金46万元，核减工程造价431万元。提交审计工作报告两份、信息38篇，被采用14篇。完成领导干部经济责任审计项目9个。制定经济责任审计的审前公告制、审计警示制、审计结果公示制、审后跟踪督办制等4项制度。（撰稿人：叶秀玲）

【临海市审计局】　现有干部职工22人，设有办公室、行政事业审计科、财政金融审计科、企业审计科、审理科和经济责任审计中心，负责对全市19个镇（街道）和25个市直部门的审计监督。局长陈官昌，副局长陈新（1月—）、夏莉、冯皓。

审计成果　完成审计项目38个，查出违规行为金额11818万元，应缴财政143万元。提交审计报告、信息46篇。建立局域网，配备人手一台手提电脑。（撰稿人：杨建明）

【温岭市审计局】　现有干部职工19人，设有办公室、财政金融审计科、行政事业审计科、企业投资审计科，负责对全市16个镇（街道）和20多个市直部门的审计监督。局长江松珊，副局长汤洪福、叶晓玲、林瑛。

审计成果　完成审计项目44个，其中党政领导交办经济责任审计项目10个，查出违纪违规行为金额4353万元、应纠正21187万元，应缴财政757万元，已100%入库，提交审计工作报告和审计信息83篇，其中被有关部门采用34篇。内审机构完成审计单位494个，查出损失浪费59万元，促进增收节支29万元，已纠正违规行为金额1859万元。（撰稿人：金怀远）

【三门县审计局】　现有干部职工19人，设有办公室、财政金融审计科、行政事业审计科、经济责任审计科、企业投资审计科，负责对全县14个乡镇和42个县直部门的审计监督。局长汪源，副局长严学通、陈华国、尤福跳。

审计成果　审计单位58个，查出违规行为金额423万元，已交财政129万元，促进增收节支70万元。做出审计决定16份，审计意见43份，提交审计信息30篇。向纪检监察部门移送经济案件3起。有内审指导人员3人，内审机构6个，内审人员20人。（撰稿人：徐友长）

【天台县审计局】　现有干部职工17人，设有办公室、财政金融审计科、行政事业审计科、固定资产投资审计科和经济责任审计办公室，负责对全县13个乡镇和22个县直部门的审计监督。局长季瑞明（11月—），副局长徐亦元、王鹤庭。

审计成果　完成审计项目37个，查出违规行为金额1873万元，上交财政303万元，指明要求纠正22752万元，决定处理处罚55万元。提交审计工作报告11份，审计信息49篇，被上级机关采用19篇。移送纪检监察部门案件1起，给予党政纪处分1人，建议有关部门给予行政处分1人。（撰稿人：余金钱）

【仙居县审计局】　现有干部职工26人，设有办公室、财政及行政事业审计科、固定资产投资审计科、经贸审计科、经济责任审计中心、固定资产投资审计所，负责对全县18个乡镇和22个县直部门及重点工程基建项目的审计监督。局长张相仁，副局长郑美金、张伯钧、王荣千（—5月）。

审计成果　完成审计项目48个，查出违纪违规行为金额1600万元，应缴财政135万元，已全部入库。提交审计报告、信息50篇。对县重点工程下岸水库移民安置区审计10个单项工程，核减工程造价90万元；对农网建设改造工程审计，抽查全县18个乡镇36个村线路改造工程，核减工程造价80万元。完成对26名科级领导干部（其中乡镇书记、乡镇长22人）经济责任审计。有内审指导人员两人，内审机构13个，内审人员68人。（撰稿人：王颖）

【玉环县审计局】　现有干部职工16人，设有办公室、财政金融审计科、经贸投资审计科、行政事业审计科，下设经济责任审计中心，负责对全县9个乡镇和130个行政事业单位的审计监督。局长董俊杰，副局长谢纯建、余贤平、梁永红。

审计成果　完成审计项目40个，查出违纪行为金额3157万元，应缴财政249.51万元，当年入库率100%。归还原渠道资金166.89万元，调账处理578.87万元，减少财政补贴49.78万元，配合纪检监察部门办案1起。（撰稿人：张琼瑶）

【温州市审计局】　2002年，共有干部职工65人，其中本科学历25人，大专学历25人，局长石文秀，副局长梅一华、沈仁生。设有办公室、政工处、经济责任审计处、法制处、财政审计处、金融审计处、经贸审计处、固定资产投资审计处、外资运用审计处、行政事业审计处、农业与环保资源审计处、开发区审计处，下辖基建审计中心、审计培训中心。

审计成果　全市全年共完成审计项目574个，完成年度计划的

151%，查出违规行为金额69484万元，应交财政14715万元，归还原渠道资金13906万元，向司法机关、纪检部门移送案件17起，编发《温州审计》34期117篇，被上级信息媒体采用169篇（次），其中省领导批示两篇。

财政审计　全市实施财政“同级审”及预算执行单位审计项目131个，查出违规行为金额12481万元，上交财政2492万元，归还原渠道资金5918万元，调账处理2603万元。在连续3年开展乡镇审计调查的基础上，2002年又对全市109个乡镇财政、财务情况进行审计调查。此外，还完成瑞安市和龙湾区人民政府财政决算审计，并根据省审计厅统一部署，完成绍兴上虞市财政决算审计和经济责任审计。

经济责任审计　全市共完成196个单位202名领导干部经济责任审计，查出违纪违规行为金额11104.96万元，应交财政1451.82万元，移送纪检监察部门查处4件6人，建议给予行政处分6人。审计后有19人被提拔，11人被降职免职。2002年，各地先后召开了联席会议，各审计机关均建立了经济责任审计机构，并配备专职人员22人。

基建审计　重点对市本级12个绿化工程建设单位和40个项目的绿化资金收支管理及效益情况进行审计调查，并对金丽温高速公路、甬台温高速公路、珊溪水利枢纽、三桥路、新温大等工程开展审计，完成工程预决算审计项目650个，审计（价）总金额20亿元，核减工程造价8000余万元。

“信用温州”建设　积极响应市委、市府提出的“信用温州”建设号召，全年对两家社会审计组织业务质量开展审计监督，并积极协助政法部门对社会审计业务质量进行鉴证。（撰稿人：谢立）

【温州市鹿城区审计局】　现有干部职工15人，设有办公室、行政事业和固定资产投资审计科、财政金融和经济贸易审计科、经济责任审计中心，负责对全区9个乡镇、12个街道和33个区直部门的审计监督。局长叶希安（—2月）、王丽丽（2月—），副局长庄明顺、季银河。

审计成果　完成审计项目35个，为年度计划的146%，查出违规行为金额468万元，指明要求纠正7185万元，应缴财政196万元，已交财政153万元。完成基本建设项目立项审计31个，总投资24181万元。审计信息被各级采用15篇，完成经济责任审计项目8个。（撰稿人：卢小敏）

【温州市龙湾区审计局】　现有干部职工20人，设有办公室、财政金融审计科、经济责任审计科、行政事业审计科和基建审计科，负责对全区5个乡镇、5个街道和28个区直部门的审计监督。局长曹绍国，副局长严立聪（—2月）、章崇巧（2月—）、陶彩霞（2月—）。

审计成果　完成审计项目21个，45个单位，查出违规行为金额4701万元，应缴财政165万元，已交161万元，要求纠正3710万元，归还原渠道资金150万元；核减工程造价53万元。完成审计调查项目1个，调查单位11个。提交审计报告、信息18篇。完成经济责任审计项目9个，查出违规行为金额2377万元。（撰稿人：袁建军）

【温州市瓯海区审计局】　现有干部职工19人，设有办公室、财政金融审计科（经济责任审计科）、行政事业审计科（经济贸易审计科）、固定资产投资审计科，负责对全区16个乡镇（街道）和60个区直部门的审计监督。局长吴强，副局长鲍寅武、叶向阳，纪检组长周旭隆（1月—）。

审计成果　完成审计项目34个，其中审计调查项目3个。查出违规行为金额1953万元，应交财政722万元，应归还原渠道资金1万元，移送纪检部门案件1起。向省、市、区提交审计信息被采用21篇。设内审机构20个，内审人员63人，审计项目100个。（撰稿人：邱素敏）

【瑞安市审计局】　现有干部职工26人，设有办公室、行政事业审计科、基本建设审计科（企业审计科）、财政金融审计科、经济责任审计科，负责对全市32个乡镇和660多个行事单位及企业的审计监督。局长池强华，副局长叶际煜、林建瑞（5月—）。

审计成果　完成审计项目48个，查出违规行为金额14509万元，应缴财政792万元，已交792万元，归还原渠道资金292万元，减少财政拨款或补贴873万元，移送纪检、司法机关案件两起，提交审计意见46份、审计信息21篇、简报5篇，被上级采用7篇。完成审计调查项目两个。受市委组织部委托，对13个单位领导干部进行任期经济责任审计。（撰稿人：余立业）

【乐清市审计局】　现有干部职工27人，设有办公室（法制科）、财政金融审计科、行政事业审计科、经贸基建审计科、经济责任审计科，负责对全市31个乡镇和58个市直部门的审计监督。局长李少斐，副局长陈海英、余淑华、徐振朴、潘云夫，纪检组长袁杰。

审计成果　完成审计项目42个，查出各类违规行为金额5595万元，应交财政1601万元，核减基建投资额252万元，查出“小金库”5个，移送司法、纪检、监察部门案件两起。提交审计工作报告5份，审计信息和调研报告45篇，被采用

18篇。全市共有内审机构19个，内审人员113人。开展经济责任审计项目10个。（撰稿人：方洪志）

【永嘉县审计局】 现有干部职工23人，设有办公室、财政金融审计科、基建外资审计科、行政事业审计科、经济责任审计科、企业审计科，负责对全县38个乡镇、29个县直部门的审计监督。局长林振勇，副局长吴德弟、胡中平。

审计成果 完成审计项目48个，查出违规行为金额8529万元，上交财政268万元，提交信息34篇，移送纪检监察机关案件1起，被党纪政纪处分1人。现有内审机构11个，内审人员13人。开展经济责任审计项目18个。（撰稿人：潘建策）

【文成县审计局】 现有干部职工18人，设有办公室、财政金融行政事业审计科、企业与基建审计科和经济责任审计中心，负责对全县33个乡镇和43个县直部门的审计监督。局长叶国培，副局长吴方喜，纪检组长林秀美。

审计成果 完成审计项目40个，查出违规行为金额2729万元，其中决定处理处罚210万元，指明要求纠正2519万元，应缴财政146万元，已交146万元，提交的审计信息被采用23篇。在对20个单位24名主要领导干部经济责任审计中，查出违规行为金额585万元，上交财政57万元。现有内审机构22个，内审人员42人。（撰稿人：刘海泉）

【平阳县审计局】 现有干部职工24人，设有办公室、财政金融审计科、行政事业审计科、工商企业审计科、基建外资审计科、经济责任审计科，负责对全县31个乡镇和68个县直部门的审计监督。局长余小玲，副局长周志祥、林宏村、孔庆虎（—8月），纪检组长孔庆虎。

审计成果 完成审计项目63个，查出违规行为金额9515万元，应缴财政600万元，减少财政拨款和补贴83万元，指明要求纠正5139万元，归还原渠道资金4474万元，向司法、纪检监察机关移送案件3起，提交审计信息和审计调查报告23篇，被采用10篇。有内审指导人员1人，内审机构16个。（撰稿人：刘思利）

【泰顺县审计局】 现有干部职工20人，设有办公室、审计一科、审计二科、经济责任审计中心，负责对全县36个乡镇和29个县直部门的审计监督。局长陈美卿（—5月）、张跃华（10月—），副局长董教宋（—8月）、郑东升（8月—）。

审计成果 完成审计项目57个，查出违规行为金额1487万元，应缴财政679万元，已交679万元，归还原渠道资金14万元。提交审计工作报告、信息34篇，被采用28篇。（撰稿人：翁学哲）

【洞头县审计局】 现有干部职工12人，设有办公室、行政事业审计科、财政金融企业审计科、固定资产投资审计科、经济责任审计科，负责对全县6个乡镇和18个县直部门的审计监督。局长甘卫康，副局长陈青委，纪检组长潘国波。

审计成果 完成审计项目40个，查出违规行为金额1400万元，应缴财政169万元，归还原渠道资金33万元，提交审计信息7篇。移送司法机关案件1起1人，被判处有期徒刑两年，缓刑3年，移送纪检机关案件1起两人，分别被处以留党察看和免去职务等处分。（撰稿人：吕建伟）

【苍南县审计局】 现有干部职工25人，设有办公室、财政金融审计科、经济责任审计科、行政事业审计科、固定资产投资审计科、经济贸易审计科，负责对全县36个乡镇和60个县直部门的审计监督。局长杨立祥，副局长曾云微、许明稀。

审计成果 完成审计项目51个，查出违规行为金额1940万元，核减工程结算688万元，应缴财政314万元，已交财政298万元，向纪检、监察机关移送案件两起，涉案人员被逮捕6人，纪律处分两人，提交审计综合报告和信息50篇。（撰稿人：杨立祥）

【丽水市审计局】 2002年，共有干部职工33人，其中本科学历6人，大专学历20人，局长吴利文，副局长连星坛、陈肇平、连小敏，纪检组长陈君。设有办公室、法制处、财政审计处、行政事业社会保险审计处、经贸金融审计处、农业外资审计处、直属审计分局。

审计成果 完成审计单位82个，查出违规行为金额7434万元，应缴财政3315万元，已交财政2920万元。向司法纪检监察部门移送案件1起。完成审计调查项目14个，调查单位125个，提交专项调查报告14篇。报送信息226篇，被审计署采用14篇、省审计厅采用109篇。审计信息工作荣获全省审计系统第一名。

预算执行审计 完成“同级审”项目18个，审计资金面达50%。查出违规行为金额771万元，应缴财政508万元。

经济责任审计 对市本级17名党政领导干部进行经济责任审计，查出违规行为金额213万元，应纠正1399万元。出台《丽水市党政领导干部经济责任审计操作办法》。根据省审计厅统一部署，对常山县县长开展经济责任审计，该项目荣获全省质量评比第二名。

基本建设审计 出台《丽水市国家建设项目审计业务操作办法》。

完成基本建设审计项目7个，审计项目投资总额68358万元，查出违规行为金额87万元，应缴财政76万元，核减工程结算1280万元。

行业与专项审计 农网建设与改造项目预算执行情况审计被评为全省优秀审计项目。《粮储企业不堪重负，加大改革迫在眉睫》等两篇信息均被省政府采用并得到章猛进副省长批示。组织全市城建资金交叉审计，并延伸城建系统各有关重点单位，共查出城建资金违纪违规行为金额达1.82亿元。

社会审计和内部审计 对云和、青田会计师事物所审计业务质量进行检查。建立内审机构6个，内审人员31人，审计单位40个，提出建议意见被采纳105条。（撰稿人：杨佳）

【丽水市莲都区审计局】 现有干部职工14人，设有办公室、经贸农业审计科、经济责任审计科、财政社保审计科，负责对全区18个乡镇、4个街道和35个区直部门的审计监督。局长傅丽云，副局长吴春建，纪检组长赵志敏。

审计成果 完成审计项目44个，其中对29名科级干部进行经济责任审计。查出违规行为金额2260万元，应缴财政136万元。提交审计工作报告22份、信息和调研报告38篇，被采用23篇。（撰稿人：赵志敏）

【龙泉市审计局】 现有干部职工14人，设有办公室、财政审计科、经贸金融审计科、行政事业（经济责任）审计科和基建农业审计科，负责对全县16个乡镇、3个街道和27个市直部门的审计监督。局长徐志明，副局长林跃进、连浩松，纪检组长陈大成。

审计成果 完成审计项目46个，查出违规行为金额1070万元，应纠正7680万元，调账处理302万元，归还原渠道资金147万元，向纪检监察部门移送案件两起，应缴财政66万元。完成审计调查项目两个，调查单位30个。审计报告、信息被采用66篇。市人民医院审计项目被评为全省优秀审计项目。对6名科级干部进行经济责任审计，查出违规行为金额502万元。（撰稿人：章建华）

【缙云县审计局】 现有干部职工16人，设有办公室、财政金融审计科、行政事业审计科、经贸交通审计科、经济责任审计科，负责对全县24个乡镇和23个县直部门的审计监督。局长李耀松，副局长陈淮庆、卢德贤。

审计成果 审计单位48个，查出违规行为金额1250万元，应缴财政251万元。向纪检监察机关移送案件两起，受党纪处分4人。1篇专报信息被省委书记批示，使计划生育乱收费问题得到制止，1年减轻外出鸭农负担120多万元。对32名科级干部进行经济责任审计，查出违规行为金额661万元，应交财政77万元，罚款3万元。完成审计调查项目4个，两篇报告得到县长的批示。（撰稿人：张子方）

【青田县审计局】 现有干部职工16人，设有办公室（审理科）、财政金融审计科、企业（基建外资）审计科、经济责任（行政事业）审计科，负责对全县31个乡镇和40个县直部门的审计监督。局长徐竹标，副局长陶伟林、周培玉、季耀武。

审计成果 完成审计项目80个，审计单位69个，查出违规行为金额6931万元，应缴财政321.3万元。完成审计调查项目3个，调查单位15个。提交审计报告、信息84篇，被上级审计机关和党政部门采用76篇。完成22名科级干部经济责任审计，查出违规行为金额313万元。有内审指导人员两人，内审机构14个，内审人员37人。（撰稿人：蒋献平）

【云和县审计局】 现有干部职工13人，设有办公室（法制科）、财政审计科（固定资产投资审计科）、行政事业社保审计科、经贸金融审计科，负责对全县14个乡镇和53个县直部门的审计监督。局长王敏健，副局长邢春苗（兼纪检组长）、梁股。

审计成果 完成审计项目54个，查出违规行为金额3500万元，应缴财政76万元，应归还原渠道资金171万元，完成审计调查项目两个，调查单位19个。提交审计报告、信息23篇，被采用16篇。完成12名科级干部经济责任审计，查出违规行为金额372万元。（撰稿人：季芳英）

【遂昌县审计局】 现有干部职工17人，设有办公室、财政金融审计科、行政事业社保审计科、经济责任审计科和直属审计分局，负责对全县20个乡镇和73个县直部门的审计监督。局长华贞隆，副局长朱爱萍、上官女英，纪检组长石奇春。

审计成果 完成审计项目26个，查出违规行为金额1472万元，应缴财政113万元。向各级党政部门提交审计报告、信息82篇，被批示、采用66篇。财政审计查明县民政局民政双扶服务所违规出借救灾扶贫周转金169.23万元等问题，及时移送纪委监察局，县长批示要求限期追回资金，追究当事人责任。完成经济责任审计项目7个。（撰稿人：陈樟林）

【松阳县审计局】 现有干部职工14人，设有办公室、财政金融审计科、行政事业审计科、经济责任审计科，负责对全县20个乡镇、35个县直和10个企业的审计监督。局长吴松霞，副局长蒋思根、尤金土。

审计成果　完成审计项目46个，为年度计划的200%，查出各类违纪违规行为资金额350万元，应纠正2256万元，应缴财政90万元，提交审计工作报告、审计信息66篇，被采用49篇（次）。有内审机构10个，内审人员20人。（撰稿人：方观根）

【庆元县审计局】　现有干部职工14人，设有办公室、财政金融审计科、行政事业审计科、经济责任审计科和直属审计分局，负责对全县20个乡镇和83个县直部门的审计监督。局长陈明章（兼纪检组长），副局长吴世发。

审计成果　完成审计项目50个，查出违纪违规行为金额677万元，决定处理处罚71万元，指明要求纠正680万元，归还原渠道资金536万元，收缴财政27万元。移送纪检监察案件1起，移送司法机关案件1起。提交经济责任审计结果报告11份。实行领导干部调离任经济责任交接制度。（撰稿人：周顺水）

【景宁畲族自治县审计局】　现有干部职工11人，设有办公室、经济责任审计科、行政事业审计科、财政金融审计科、基建审计中心，负责对全县24个乡镇和84个县直部门的审计监督。局长陈阳南，副局长徐琴妹、潘昌德。

审计成果　完成审计项目36个，查出违规行为金额773万元，应缴财政107万元，应归还原渠道资金156万元，指明要求纠正711万元，调账处理207万元。完成审计调查项目4个。提交审计报告23份，信息22篇。完成18名科级干部任期经济责任审计。完成两个基建项目审计，核减工程价款70.14万元，核减率在30%以上。（撰稿人：赵敏）

安徽省

【安徽省审计厅】　2002年，安徽省审计厅定编159人，在编155人。厅机关设有经济责任审计局、办公室、综合法规处、财政审计处、金融审计处、行政事业审计处、经贸审计处、农业与资源环保审计处、社会保障审计处、固定资产投资审计处、外资运用审计处、人事教育处、机关党委、纪检监察室；另设有计划统计审计室、经济审计室、科技教育审计室、劳动保障审计室、农业审计室、交通建设审计室、文化卫生审计室、新闻广电审计室；同时还设有审计学会、内部审计师协会、审计科研所、审计学校、黄山培训中心、机关服务中心等直属单位。

领导成员

厅　　长：桂建平

副 厅 长：王兴如　黄庆禄
　　　　　汪元义

纪检组长：李长柱

助理巡视员：王祝山

安徽省审计成果　全省共审计5611个单位（项目），查出违规行为金额158.8亿元，其中应缴财政2.77亿元，应归还原渠道资金2.47亿元，应减少财政拨款和补贴4208万元，向纪检监察、司法机关移送案件78起，建议给予党纪、政纪处分13人。

财政审计　全省审计机关共审计569个单位，查出违规行为金额32.28亿元。一是审计覆盖面大幅度上升。省本级共审计省财政厅、省地税局、省经贸委、省民委、省林业厅、省文化厅、省信息产业厅、省司法厅、省国土资源厅、省科技厅、省国防科学技术工业办公室、省质量技术监督局、省外事办公室、省行管局等14个政府部门和直属单位，约占政府机构总数的1/3，延伸审计（调查）77个单位。二是预算执行审计的重点更加突出。省本级除检查部门预算编报和执行情况外，还对主要行政执法部门执行“收支两条线”规定情况，有关单位专项资金（基金）管理使用情况进行重点审计。不少地方审计机关结合预算执行审计，对重点建设项目、土地出让金、科技三项费用、扶贫救灾资金等开展专题审计。三是预算执行审计的社会反响很好。省政府主要领导、省长办公会议专门听取审计厅的工作汇报，对预算执行审计工作给予充分肯定，并就抓好整改落实，进一步深化预算执行审计做出重要指示。省九届人大常委会第三十一次会议在审议审计工作报告时一致认为，审计厅工作认真负责，反映情况客观实在，提出的建议切实可行，审计的效果非常明显，尤其是揭露问题毫不含糊，不遮不掩，体现了审计部门敢于碰硬、求真务实的工作作风。

金融审计　组织全省审计机关对中国农业发展银行安徽省分行全辖89个分、支行2001年度资产负债损益情况进行审计。审计揭示了全省农发行系统存在的收支不实、漏缴税金、业务经营不合规、不良贷款比例较高、潜亏数额较大、信贷资产质量堪忧等问题，全省共查出违纪违规行为金额1.58亿元。厅本级对华安证券公司从事业务经营、有财务收支活动的6个总部及合肥市内4个单独核算的营业部2001年度资产负债损益进行审计，发现其存在损益不实、漏交税金、违规拆借资金、违规融资等一些较为严重的违规违纪问题。同时，还继续组织全省市、县审计机关对部分城乡信用社进行审计，发现城乡信用社资产质量不高、效益不好、风险贷款较多、违规经营、超范围经营现象仍较突出。

农业审计 2002年，财政支农审计资金总额103.92亿元，查出违纪违规行为金额2.29亿元，促进资金投入到位7954万元，审计决定归还原渠道资金2542.98万元，收缴财政216.62万元。审计揭示部分市县财政支农资金投入不足、财政支农资金支出结构不合理、非生产性支出较大、资金投向分散、截留挤占挪用支农资金等问题。王金山省长对此做出重要批示。根据省政府领导指示，组织六安市审计局于6月，对省淠史杭灌区管理总局、梅山、响洪甸、佛子岭3个电站及六安市所辖8个县（区）2000~2001年度库区经济发展扶持资金的征收、解缴、使用、管理情况进行审计，并向省政府提交专题审计报告，得到了省政府和省人大领导的充分肯定。按照审计署部署，还组织合肥、宣城、安庆、芜湖、马鞍山5个市审计局分别对三峡移民资金的投入、管理、使用情况进行审计，审计调查资金额1.5亿元，查出违规存放资金、挤占挪用移民资金、管理费超范围使用等问题资金322万元。

企业审计 组织全省审计机关对81个县级以上邮政局进行审计，共查出违纪违规行为金额1.72亿元，其中偷漏税金630万元，收入、成本费用不实1.65亿元。此外，还查出影响企业潜亏因素1.65亿元，资产账实不符4019万元，损益不实3601万元，并对潜亏因素进行深入分析。审计收缴财政470万元，追回被挤占挪用资金894万元，罚款252万元，调账处理1.12亿元，促进企业增收节支1900多万元。还组织全省审计机关开展全省石油行业审计。全省共查出违纪违规行为金额4427万元，移交司法机关案件1起，移交司法机关处理两人。此外，对全省公路行业、安徽移动通信有限公司代办频占费征缴及代收手续费的使用情况、黄山大厦财务收支情况进行审计。

投资审计 2002年全省共审计建设项目投资额202.83亿元，审计查出违规行为金额10.36亿元，核减工程价款5737.86万元。统一组织全省城市基础设施建设国债项目审计和审计调查，在全面了解项目管理情况的基础上，突出审计重点，加大对建设资金拨付、使用和管理，征迁、安置、设计等前期工作，建设项目“五制”执行、项目概算和造价管理等关键环节和重点内容的审查力度，同时对城市建设投融资体制、建设管理体制开展审计调查，注重揭示带有共性的问题，并从政策、体制和机制上查找产生问题的原因。全年厅本级先后对宣城港口湾水库、淮北第二发电厂、淮南矿业集团张集煤矿建设项目、绩溪县翚溪水库、颍上县鲁口孜排灌站等建设项目进行审计。审计既肯定项目在建设管理模式上所取得的突破，也严肃查处漏缴税费、私设“小金库”、多计工程价款、挤占建设成本、超概算投资、挪用建设资金、违规招投标和征用、采伐林地及财务核算不规范等诸多问题。同时，将投资审计监督的关口前移，组织全省审计机关开展第二批农网项目审计监督工作。根据省人大要求和省政府安排，对省计委掌管的基建经费、省经贸委管理的技改资金进行专项审计。

行政事业审计 统一组织合肥、芜湖、蚌埠、阜阳4市及所属4县开展政府采购审计和审计调查，发现机构设置不合理、工程类和服务类采购未能很好地开展、采购预算和计划管理不到位、大部分市、县未按规定编制政府采购预算、采购操作存在不规范现象、项目档案资料不全、政府采购合同执行不严格等问题。同时，组织对全省17个市、82个县（区）及淮南矿业（集团）有限责任公司、淮北矿业（集团）有限责任公司等8个行业单位住房公积金管理机构2001年1月至2002年6月住房公积金的归集、管理和使用情况及管理机构资产、负债、净资产情况进行审计，并对任期一年以上的管理机构负责人在公积金管理方面的经济责任进行审计。王金山省长，张平、黄岳忠副省长分别在审计厅报送的《全省住房公积金管理机构专项资金审计综合报告》上做出批示。还对安徽师范大学、省电视台、省农机局、省卫生防疫站、省工程建设标准定额总站、省外事侨务工作服务中心、合肥物价学校、省政府驻北京办事处和驻深圳办事处等行政事业单位的财务收支情况进行审计。

社会保障审计 组织全省县级以上审计机关，成立91个审计组，对全省2001年度企业职工基本养老保险基金的征缴、支付和管理情况进行审计，并对384户不同所有制企业缴费基数情况进行专项审计调查。审计金额63亿元，共查出违纪违规行为金额2.72亿元。省政府领导在审计报告上做出批示，要求劳动保障等部门对审计查出的有关问题要逐一清理，对违法人员要依法追究责任，并公开处理。10月30日，黄岳忠副省长主持召开有审计、社保、财政、地税等部门负责人参加的联席会议，就审计反映的问题逐一研究整改意见。各地还结合实际和根据当地政府的要求，积极开展对医疗保险基金、失业保险基金、城市居民最低生活保障资金以及救灾、救济等专项资金的审计监督工作。

外资运用审计 共对30个外资项目进行审计和审计调查，其中世行项目20个，亚行项目6个，外国政府援助项目两个，联合国农发基金会及世界粮食计划署贷援款项目1个。涉及单位200多家，审计总金额59.56亿元，查出配套资金缺口17.49亿元，违纪违规行为金额2.04亿元，其中：挤占挪用1483.89万元，滞留资金4140.42万元，套取资金2474.40万元，损失浪费162万元，项目超概算1.12亿元。收缴财政630多万元，发表对外审计报告12份，其中发表有保留意见审计报告3份。针对项目管理、财务管理、企业经营等方面存在的问题，提出了建设性建议。2002年，在审计署和世界银行项目官员的多次检查中，都对全省外资审计工作给予充分肯定。张平副省长对审计厅提交的《关于安徽省国际金融组织贷款及外国政府援助项目2001年度执行情况的审计综合报告》做出重要批示。

经济责任审计 一是抓紧成立经济责任审计机构。通过多种方式、多种途径，大力推进市县经济责任审计机构的建设。全省已有15个市和50多个县成立专职审计机构，绝大多数在行政级别上高配半格，配备专职审计人员近300人。二是认真落实全国审计工作座谈会精神。全省共审计1955个单位的2075名领导干部，查出违规行为金额38.49亿元，移送纪检监察和司法机关处理29人，建议给予党纪、行政处分4人。三是积极探索有效的工作方法，推动经济责任审计顺利开展。各地注重搞好“四个结合”，在审计实施时，离任审计与任中审计相结合；在审计内容上，经济责任审计与财政财务收支审计相结合；在审计方法上，审计检查与走访调查相结合；在审计力量调配上，国家审计与内部审计、社会审计相结合。（撰稿人：熊德金）

【合肥市审计局】 2002年，共有干部职工96人，其中研究生学历5人，本科学历29人，大专学历49人，局长余小平，副局长赵翰博、米宏胜，纪检组长杨永华。设有办公室、综合处、法规审理处、财政审计处、金融审计处、行政事业审计处、经贸审计处、农业与资源环保审计处、社会保障审计处、固定资产投资审计处、外资运用审计处、计算机审计处、人事教育处、监察室、机关党总支。10月份，设立合肥市经济责任审计局（副县级行政机构）。

审计成果 重点开展财政性资金使用、重大建设项目及国债、社保、支农资金等审计。审计单位231个，占年度计划的167.4%，其中完成党政领导交办任务138个。查出违规行为金额49978万元，应缴财政8426万元，已交财政7824万元，调账处理8645万元，归还原渠道资金1041万元，指明要求纠正26044万元。向司法机关移送案件4起，向纪检监察部门移送事项6项。全年审计报告、审计信息被采用127篇，市委、市政府领导批示8篇。被评为“安徽省审计系统文明单位”。

经济责任审计 开展经济责任审计项目54个，查出违规行为金额3574万元。审计后，提拔两人，平调36人，被移送纪检、司法机关处理两人。

内部审计 全市213家内审机构全年共完成审计项目1311个，查出损失浪费215.68万元，促进增收节支3346.71万元。（撰稿人：王成双）

【合肥市中市区审计局】 现有干部职工5人，设有综合科、审计科和区经济责任审计局，负责对全区3个乡镇和区直部门的审计监督。局长沈项林。

审计成果 完成审计项目4个，审计单位12个，查出违规行为金额145万元，罚款1万元。提交审计报告、信息20篇。完成8名科级干部任期经济责任审计，查出违规行为金额45万元。内审机构3个，内审人员6人。（撰稿人：张炜）

【合肥市东市区审计局】 现有干部职工5人，负责对全区4个乡镇、9个街道和18个区直部门的审计监督。局长张湘帆，副局长程千芳。

审计成果 审计单位7个，查出违规行为金额23万元，应缴财政3万元，已交财政3万元。提交审计工作报告7份、审计综合报告两份，向区政府提交审计情况分析报告两份，提交审计信息7篇。开展任期经济责任审计两个。内审机构4个，审计人员11人。（撰稿人：江玉娟）

【合肥市西市区审计局】 现有干部职工4人，设有经济责任审计局、审计科和综合科，负责对全区1个乡镇、6个街道和24个区直部门的审计监督。局长曹长峰，副局长周频。

审计成果 完成审计项目两个，审计单位两个，受区委组织部委托，对区教育局、区经贸委两名科级领导干部进行任期经济责任审计，查出违规行为金额448.81万元。完成审计调查1个，调查单位5个，根据区政府的要求及本局2002年审计工作计划安排，于4月15日至5月17日对区教育委员会2001年度教育经费情况进行审计调查，审计中延伸抽查4所中小学，查出违规行为金额65万元。提交审计报告、信息5篇。（撰稿人：唐为人）

【合肥市郊区审计局】 现有干部职工13人，设有办公室、审计一科、审计二科和区经济责任审计局，负责对全区5个乡镇、3个街道和32个区直部门的审计监督。局长岳华，副局长郑强兵、王智荣。

审计成果 完成审计项目22个，审计单位19个，其中完成经济责任审计单位8个。查出违规行为金额2535.41万元，应缴财政72.83万元，已交财政72.83万元，指明要求纠正2462.35万元。完成审计调查4个，调查单位11个。提交综合和

专项审计报告11份，审计信息8篇。（撰稿人：唐军）

【长丰县审计局】 现有干部职工13人，设有办公室、经济贸易审计科、固定资产投资审计科、农业行政事业审计科、财政金融审计科、县经济责任审计局，负责对全县30个乡镇、两个工业区和58个县直部门的审计监督。局长沈晓平，副局长程华银、董朝兵。

审计成果 完成审计项目21个，审计单位29个，查出违规行为为金额4393万元，应缴财政8万元，已交财政8万元。完成审计调查两个，调查单位9个。完成对71个单位固定资产投资审计，送审金额5578万元，核减金额701万元，核减率12.6%。提交审计意见、审计报告104份。完成两名科级干部离任经济责任审计，查出违规行为为金额28万元。（撰稿人：张贵业）

【肥东县审计局】 现有干部职工18人，设有办公室、财政金融审计科、行政事业审计科、农业审计科、经贸审计科和县经济责任审计局，负责对全县36个乡（镇）和61个县直部门的审计监督。局长夏庆华，副局长毕守水、程永高、李明浒。

审计成果 完成审计项目24个，上交财政30.4万元，协助上级审计机关催收罚没款45.9万元。完成对9个乡（镇）、局、厂的经济责任审计，被上级审计机关及党政刊物采用稿件18篇，职工基本养老保险金审计项目被评为全省优秀审计项目，并被授予“安徽省审计系统文明单位”称号。（撰稿人：张恒香）

【肥西县审计局】 现有干部职工20人，设有办公室、财政金融审计科、行政事业审计科、农业审计科、企业审计科、县经济责任审计局，负责对全县32个乡镇和41个县直部门的审计监督。局长潘礼友，副局长梁齐成、徐建生、刘赓、吴其珍，纪检组长刘其堂。

审计成果 完成审计项目9个，审计单位46个，查出违规行为金额2735万元，应缴财政39万元，已交财政38万元。提交审计工作报告12份、审计意见46份、审计信息8篇、简报4篇，被县委、县政府采用3篇。财政支农资金审计项目被评为全省优秀审计项目。（撰稿人：刘其堂）

【宿州市审计局】 2002年，共有干部职工34人，其中本科学历19人，大专学历9人，局长牛洪杰，副局长李爱尊、陈志强，纪检组长梁兆强。设有办公室、监察室、综合法规科、社会保障审计科、财政金融审计科、固定资产与外资运用审计科、经济贸易审计科、行政事业审计科、农业与资源环保审计科、审计管理科、经济责任审计局。

审计成果 审计单位46个，查出违规行为金额2737万元，应缴财政188万元，已交159万元。提交审计工作报告44份、信息和调研报告66篇，被采用22篇。

经济责任审计 开展经济责任审计项目25个、25人，查出违规行为金额1218万元。审计后，其中晋升1人，平调21人，免职3人。

内部审计 市直部门内审机构35个，其中专职机构22个；内审人员100人，其中专职人员60人。共审计单位230个，查出损失浪费312万元，纠正违规行为金额585万元，促进增收节支710万元。（撰稿人：郭宏礼）

【宿州市埇桥区审计局】 现有干部职工58人，设有办公室、综合法规股、财政金融审计股、经济贸易审计股、行政事业审计股、固定资产投资与外资运用审计股、农业与资源环保审计股、社会保障审计股、审计管理股、监察室、经济责任审计局（副科级机构）；另设符离审计分局、朱仙庄审计分局、祁县审计分局（副科级机构），负责对全区29个乡镇、8个街道、46个区直部门和25个企业的审计监督。局长马步怀，副局长刘从光、居新民、何传莉，纪检组长于之春。

审计成果 完成审计项目119个，查出违纪违规行为金额3151万元，向司法、纪检机关移交经济案件两起，依法收缴违纪资金185万元，配合纪检、信访部门查处经济案件11起。另外，受区委组织部委托，完成57项经济责任审计。提交专项审计报告63份，编发审计信息28期，完成各类审计报刊征订任务918份，完成宿州市审计局统一组织的住房公积金项目交叉审计和安徽省审计厅组织的反腐倡廉工作调研。（撰稿人：陆世民）

【砀山县审计局】 现有干部职工36人，设有办公室、综合股、财政金融审计股、经济贸易审计股、行政事业审计股、固定资产投资与外资运用审计股、农业与资源环保审计股、社会保障审计股、经济责任审计局和5个股级审计站，负责对全县19个乡镇和46个县直部门的审计监督。局长汪保林，副局长范芳民、汪丽、陈鸣宇，纪检组长刘其荣。

审计成果 完成审计项目120个，查出违纪违规行为金额3194万元，应缴财政250万元，已交财政205万元（其中县建设局直接上缴县财政99.75万元）。提交综合报告、专项报告以及审计信息68篇。对46名党政领导干部和企事业单位领导人员进行任期和离任经济责任审计。（撰稿人：魏素真）

【萧县审计局】 现有干部职工41人，设有人秘股、综合法规股、财政金融固定资产投资审计股、经济贸易审计股、行政事业审计股、农业与资源环保审计股、经济责任审计局，负责对全县23个乡镇和78个县直部门的审计监督。局长杜长胜，副局长刘学勤、吴忠梅、赵莉、郭健。

审计成果 完成审计项目21个，审计单位125个，其中党政领导交办经济责任审计单位40个。查出违规行为金额3826万元，其中挤占挪用资金227万元，调账处理1332万元，减少财政拨款或补贴81万元，应纠正金额1681万元，应缴财政105万元，已交81万元。完成审计调查5个、调查单位23个。提交审计报告、信息27篇。社会养老保险基金审计项目被评为全省优秀审计项目。（撰稿人：刘昌礼）

【灵璧县审计局】 现有干部职工15人，设有办公室、财政金融审计股、行政事业审计股、经贸审计股、基建投资审计股和领导干部任期经济责任审计局，负责对全县21个乡镇和86个县直部门的审计监督。局长张召灵，副局长李登化、张春举。

审计成果 完成审计项目36个、审计单位98个，查出违纪违规行为金额1102万元，应缴财政52万元，已交财政48万元。追还被侵占挪用资金510万元，促进增收节支47万元。提交审计报告47份，审计信息等被采用31篇。受县委组织部委托对49名科级领导干部进行任期经济责任审计，查出违规违纪行为金额301万元。局内设有内审指导人员两人。财政审计被安徽省审计厅评为先进单位。（撰稿人：朱永宇）

【泗县审计局】 现有干部职工16人，设有办公室、财政金融审计股、经济贸易审计股、行政事业审计股、固定资产投资与外资运用审计股和经济责任审计局，负责对全县18个乡镇和35个县直部门的审计监督。局长薛峰，副局长李家俊、郭平书。

审计成果 完成审计项目14个，审计单位70个，查出各种违纪违规行为金额1830万元，应缴财政21万元，已交19万元，促进增收节支178万元，向上级审计机关和新闻单位报送审计报告、信息35篇，提出审计意见和建议200多条。（撰稿人：童太守）

【淮北市审计局】 2002年，共有干部职工66人，其中本科学历38人，大专学历20人，局长任启丰，副局长赵德荣、张福矿、金文，纪检组长范寅民。设有办公室、政策法规科、财政审计科、金融审计科、行政事业审计科、经贸审计科、外资运用审计科、社会保障审计科、固定资产投资审计科、农业与资源环保审计科、经济责任审计局；另设有公检法司审计室、文教卫审计室、经贸审计室、城建开发审计室、农林水审计室。

审计成果 审计单位83个，查出违规行为金额4652万元，应缴财政173万元，已交财政109万元。提交审计工作报告65份；信息和调研报告93篇，被采用72篇。

财政审计 对市教育局、科技局、社保局等6个一级预算单位及下属核算单位进行审计。查出预算收入不及时入库、教育费附加征收业务费提取比例过大等问题。

经济责任审计 对机构改革中调整的市直48名县级党政领导干部进行离任审计、两名县级党政领导干部任期审计，审计查出违规行为金额2292万元，应纠正金额11848万元，查出个人存在经济问题1人，并针对财务管理、会计核算及会计基础工作方面的问题提出改进建议。依据审计结果，其中免职1人，移送司法机关处理3人（审计1人）。首次开展对县区政府负责人经济责任审计试点。

固定资产投资审计 开展基础设施项目审计和建设资金审计调查，审计范围涉及利用国债资金建设的城市路网等城市建设项目的全部投资活动。审计核减投资完成额864.65万元，查出建设成本核算不实1868.9万元，归还原渠道资金600.98万元。

企业审计 重点开展对公路、石油、邮政系统的财务收支审计。审计查出邮政系统违规行为金额459.41万元，石油行业违规行为金额110.50万元，公路行业违规行为金额535.75万元。（撰稿人：崔兆磊）

【淮北市相山区审计局】 现有干部职工4人，设有办公室、业务室，负责对全区两个乡镇和41个区直部门的审计监督，局长葛义，副局长陈从金。

审计成果 完成审计项目8个、16个单位，党政领导交办经济责任审计项目1个。查出违纪违规行为金额660万元，其中要求指明纠正577万元，决定处理处罚83万元。提交审计工作报告8份、审计信息15篇。另外，受区委组织部的委托，完成1名科级领导干部的离计审计。（撰稿人：张玲）

【淮北市杜集区审计局】 现有干部职工8人，负责对全区5个乡镇和8个区直部门的审计监督。局长王庆松（—9月）、赵德炬（9月—）。

审计成果 完成审计项目5个、审计单位22个，党政领导交办经济责任审计项目16个。查出违纪违规行为金额1470万元，为政府节省财政资金248万元，挽回经济损失34万元，移送司法机关查处案件两起两人。提交审计工作报告13份、审计信息6篇，被区委、区政府采用8篇。被评为“安徽省审计系统精神文明单位”，局长赵德炬同志荣获“全国审计机关勤政廉政工作先进个人”。(撰稿人：黄影)

【淮北市烈山区审计局】 现有干部职工8人，设有财政金融审计室、行政事业审计室、经济责任审计室和固定资产投资审计室，负责对全区两个乡镇和30个区直部门的审计监督。局长曹崇君，副局长董哲。

审计成果 完成审计项目8个、单位21个，淮北市审计局授权审计项目1个，党政领导交办经济责任审计项目两个。查出违纪违规行为金额255.06万元，其中指明要求纠正202.85万元；上缴财政0.27万元，提交审计工作报告3份、审计意见21份，被区委、区政府采用3份。(撰稿人：张红)

【濉溪县审计局】 现有干部职工49人，设有办公室、财政金融审计股、企业审计股、行政事业审计股、农业审计股和综合股，下设1个经济责任审计分局、3个农村中心审计所、1个审计管理站，负责对全县24个乡镇和26个县直部门的审计监督。局长陈钦伦，副局长郑黎光、单春晓、袁文军，纪检组长张坤。

审计成果 完成审计项目17个，审计单位44个，查出违规行为金额6849万元，应缴财政716万元，已交687万元，审减财政基建投资230万元，追还被侵占挪用资金981万元。提交审计报告、信息76篇(次)。完成县委、县政府交办审计任务4项。另外，受县委组织部的委托，对在机构改革中变动的37名党政及乡镇的主要领导干部进行任期经济责任审计。(撰稿人：单春晓)

【阜阳市审计局】 2002年，共有干部职工46人，其中本科学历17人，大专学历13人，局长杜醒中，副局长朱贺明、张双华，纪检组长罗良成。设有办公室、综合科、人事教育科、监察室、财政金融审计科、行政事业审计科、农业资金审计科、商贸审计科、工交审计科、基建外资审计科。

审计成果 共完成审计项目25个，审计单位441个，查出违纪违规行为金额34032万元，应缴财政960万元，已交财政238万元。提交审计工作报告44份，信息和调查报告52篇，被采用43篇。完成党政领导交办的审计任务227件。对14个县级单位开展领导干部任期经济责任审计。

专案调查 积极参与经济案件的查处。参加10余个专项的调查，为经济案件查处提供线索，核实证据。(撰稿人：李森)

【阜阳市颍州区审计局】 现有干部职工22人，设有办公室、行政事业审计股、财政金融审计股、企业审计股和经济责任离任审计办公室及二级机构乡镇审计所，负责对全区11个乡镇、街道和60个区直部门的审计监督。局长王秀岭，副局长戴军、阮敬先，纪检组长刘文涛。

审计成果 完成审计项目12个、35个单位，党政领导交办经济责任审计项目5个。查出违规行为金额745万元，其中指明要求纠正727万元，决定处理处罚18万元；上缴财政12万元。协助纪检、监察、司法机关查办案件15起。审计工作报告、信息被采用12篇。另外，受区委组织部的委托，对在人事变动中的13名党政、企业的主要领导干部和领导人员进行任期经济责任审计。(撰稿人：王秀兰)

【阜阳市颍东区审计局】 现有干部职工17人(含乡镇审计所4人)，设有办公室、人事综合股、财政金融基建外资审计股、行政事业农水审计股和工交商贸审计股，下设乡镇审计所，负责对全区12个乡、镇、办事处和103个县直部门、企事业单位的审计监督。局长陈艳丽，副局长郭黎红、陆传军、萧丽婷，纪检组长马兰森。

审计成果 审计单位27个，查出违规行为金额1172万元，应缴财政13.29万元，调账处理143万元，应归还原渠道资金89万元，促进增收节支159.52万元，建议纠正不当规定58条，向纪检、监察机关移送处理事项1件，给予行政处分1人。(撰稿人：陈艳丽)

【阜阳市颍泉区审计局】 现有干部职工28人，设有办公室、财政金融审计科、行政事业审计科、农业水利审计科、基建外资企业审计科，下属乡镇审计所，负责对全区12个乡镇街道和70个区直部门的审计监督。局长孟继岭，副局长于爱平。

审计成果 完成审计项目13个、32个单位。查出违纪违规行为金额5646万元，其中指明要求纠正5574万元，决定处理处罚72万元；上缴财政10万元。归还原渠道资金26万元，提交审计工作报告19份、审计意见32份。受区委组织部的委托，对12个单位13名党政主要领导干部人员进行经济责任审计。农村电网改造资金审计被评为全省优秀审计项目。被评为“安徽省审计系统精神文明单位”。(撰稿人：刘凯)

【界首市审计局】 现有干部职工27人，设有办公室、行政事业审计科、工业交通审计科、商贸审计科、农业外资审计科、财政金融审计科、固定资产投资审计科、综合科，负责对全市18个乡镇办事处和107个市直部门的审计监督。局长杨天柱，副局长张铁良、刘宏、李相红。

审计成果　完成审计项目31个，审计单位58个，查出违规行为金额360万元，应缴财政46万元，已交46万元。提交审计报告、信息29篇。完成10名科级干部任期经济责任审计，查出违规行为金额53万元。有内审机构6个，内审人员17人。（撰稿人：汪海涛）

【临泉县审计局】　现有干部职工32人，设有办公室、财政审计股、农业审计股、外资审计股、基建审计股、商贸审计股、工交审计股、行政事业审计股，负责对全县33个乡镇和58个县直部门的审计监督。局长王巍，副局长张立源、柳坤、张冠军、晏士安，纪检组长刘振。

审计成果　完成审计项目13个，审计单位61个，查出违规行为金额101万元，应缴财政101万元，已交36.5万元。完成党政领导交办审计6个，审计单位17个。提交审计报告19份、审计信息8篇、简报两篇，被采用两篇。受县委组织部门委托对7个乡镇、4个县局级单位18名科级干部进行离任经济责任审计，查出违规行为金额160万元。（撰稿人：何琦）

【太和县审计局】　现有干部职工34人，设有办公室、财政金融审计股、农林水利审计股、企业审计股、行政事业审计股和综合股，负责对全县31个乡镇和92个县直部门的审计监督。局长马少云，副局长苗同文、窦绍鹏、刘吉祥、张超君、李小平，纪检组长刘明礼。

审计成果　完成审计项目12个，审计单位37个，查出违纪违规行为金额3605万元，应缴财政120万元，已交85万元。提交审计报告16份，审计意见37份。完成24名党政机关主要负责同志离任经济责任审计，查出违纪违规行为金额2704万元。通过审计，有8人晋升，3人被免职，1人被移交司法机关处理。（撰稿人：王宇）

【阜南县审计局】　现有干部职工27人，设有行政事业审计股、财政金融审计股、农林水审计股、工交商贸审计股、基建外资审计股和人秘股，负责对全县31个乡镇、80个县直部门的审计监督。局长聂林，副局长于颖亚、张保新、吴跃芳、郭怀亮，纪检组长杨森。

审计成果　完成审计项目14个，60个单位，查出违规行为金额6835万元，应缴财政87万元，已交48万元，归还原渠道资金363万元，核减工程造价39万元。提交审计报告、信息36篇。开展党政领导经济责任审计项目16个，18人，企业领导人任期经济责任审计项目1个，1人，查出违规行为金额1800万元。（撰稿人：李明和）

【颍上县审计局】　现有干部职工28人，设有办公室、财政金融审计股、行政事业审计股、农业审计股、基建外资审计股、企业审计股、法制综合股、人事监察室，负责对全县31个乡镇和78个县直部门的审计监督。局长刘江淮，副局长王勇、蔡利、孟慧。

审计成果　完成审计项目24个，审计单位68个，查出违规行为金额883.01万元，应缴财政11.90万元，已交11.90万元。提交审计综合报告、审计调查报告11份，移送处理案件1起，建议调整1个单位的会计人员，提交各类审计信息15篇。被安徽省审计厅表彰为"党风廉政建设先进单位"，党风廉政建设经验材料在省审计系统党风廉政工作会议上交流。（撰稿人：鲁涛）

【亳州市审计局】　2002年，共有干部职工28人，其中本科学历17人，大专学历5人，局长魏超，副局长陈陵生、和俊亮。设有办公室、综合法规科、财政审计科、经济责任审计科、经贸审计科、行政事业审计科、农业与外资审计科、金融与固定资产投资审计科。

审计成果　审计单位262个，查出违规行为金额6348万元，应缴财政292万元，已交财政239万元，归还原渠道资金165万元。提交审计报告、信息68篇，被采用43篇。

经济责任审计　开展经济责任审计项目105个，查出违纪违规行为金额4358万元。审计后，晋升7人，平调27人，改非领导职务11人，移交纪检机关处理1人。

内部审计　内审机构102个，其中专职机构41个；内审人员208人，其中专职人员113人。共审计单位386个，查出损失浪费698万元，纠正违规行为金额336万元，促进增收节支376万元。（撰稿人：刘运伟）

【亳州市谯城区审计局】　现有干部职工63人，设有办公室、财政金融审计股、行政事业和社会保障审计股、农业外资审计股、经贸审计股、经济责任审计股，下设4个中心审计所，负责对全区29个乡镇和区直部门的审计监督。局长陈坤伦，副局长冯坤、刘广德、周德林，纪检组长孙玉光。

审计成果　完成审计项目9个，审计单位23个，党政领导交办经济责任审计项目22个，查出违规行为金额35万元，应缴财政6万元。完成审计调查两个、调查单位21个。提交审计报告、信息11篇，提交审计调查报告3篇。有内审机构6个，内审人员10个。（撰稿人：陈坤伦）

【涡阳县审计局】 现有干部职工15人，设有人事秘书股，综合法规股，财政金融审计股，行政事业与社会保障审计股，工交企业审计股，商粮贸企业审计股，农业、外资、固定资产投资审计股，负责对全县27个乡镇和47个县直部门的审计监督。局长倪昌，副局长姜长海。

审计成果 完成审计项目20个，审计单位85个，查出违纪违规行为金额889万元，上缴财政56万元；提交审计报告、信息47篇；完成24名科级干部任期经济责任审计，查出违规行为金额137万元；有内审指导人员两人，内审机构30个，内审人员74人。（撰稿人：孙学超）

【蒙城县审计局】 现有干部职工28人，设有财政金融审计股、干部离任审计股、农业审计股、行政事业审计股、基建审计股、企业审计股、人秘股，负责对全县25个乡镇和106个县直部门的审计监督。局长石学恒，副局长童希华、钮芳才、姜永勤、马杰，纪检组长孙彩云。

审计成果 审计85个单位，查出违纪违规行为金额2385万元，其中应缴财政102万元，归还原渠道资金622万元，决定处理处罚、指明要求纠正1656万元。（撰稿人：陈传平）

【利辛县审计局】 现有干部职工22人，设有办公室、财政金融审计股、经济责任审计股、行政事业审计股、企业审计股、农水审计股和基建外资审计股，负责对全县26个乡镇和122个县直部门的审计监督。局长刘寒松，副局长赵复贤、侯艳秋、高传海、黄勇，纪检组长郑艳丽。

审计成果 完成审计项目17个，审计单位59个，查出违规行为金额444万元，其中指明要求纠正2435万元，应缴财政34万元，已交财政30万元。完成审计调查两个、调查单位5个。提交审计工作报告、信息、论文53篇，被地方党委、政府批示采用31篇，审计论文《强化审计监督、深化竣工决算》被评为安徽省优秀审计论文，企业职工基本养老保险基金审计项目被评为全省优秀审计项目。（撰稿人：潘伟城）

【蚌埠市审计局】 2002年，共有干部职工72人，其中本科学历25人，大专学历47人，局长高凤莲，副局长王德宏、杨寿桃，纪检组长宋黄煌。设有办公室、综合法规科、财政审计科、行政事业审计科、金融审计科、社会保障审计科、经贸审计科、外资审计科、农业审计科、固定资产投资审计科、人事教育科、机关党委和监察室。

审计成果 先后开展本级预算执行情况审计、下级政府财政决算审计、全市农业发展银行系统资产负债损益审计等。共审计269个单位，查出违纪违规行为金额19899万元，应归还原渠道资金226万元，指明自行纠正9363万元，向纪检监察部门、司法机关移送经济案件线索25件，提交各类审计报告、审计信息385篇，被省市领导批示或新闻媒体采用61篇。

经济责任审计 共完成85个部门、单位的86名领导人员的经济责任审计，其中党政领导干部80人，国有及国有控股企业领导人员6人，共查出违纪违规行为金额13790万元。设立经济责任审计局，作为隶属市审计局的专职经济责任审计机构。提出《党政机关、事业单位领导干部任期经济责任审计工作方案》，经市经济责任审计工作联席会议研究后，市纪律检查委员会、市委组织部、市监察局、市人事局、市审计局联合行文转发该方案。通过对全市11个撤并部门领导干部经济责任审计，编发《撤并单位资产亟待托管》的审计信息，市长批示要求及时管理，副市长召集财政、监察等部门，对如何加强机构改革中撤并部门、单位的资产管理进行研究和安排。（撰稿人：周波）

【蚌埠市中市区审计局】 现有干部职工4人，负责对全区86个区直部门的审计监督。局长高玲。

审计成果 全年共审计22个单位，查出违规行为金额66.63万元，应缴财政2.44万元。向上级审计机关和区政府提交审计工作报告和信息32篇，被批示和采用16篇。先后对5家区机关部门、两家区属小学进行领导干部任期经济责任审计，通过审计，向区纪律检查委员会移交案件1起，负责人受到行政警告处分。（撰稿人：路冬梅）

【蚌埠市东市区审计局】 现有干部职工4人，负责对全区78个区直部门的审计监督。局长高林华，副局长王皖敏。

审计成果 全年共审计42个部门和单位，促进增收节支35万元。向上级审计机关和本级人民政府提交审计工作报告和信息8篇，被采用3篇。对26个固定资产投资项目进行审计，审计金额139万元，审计核减工程决算35万元，核减率25.2%。对11名党政领导干部开展任期经济责任审计。（撰稿人：李忠东）

【蚌埠市西市区审计局】 现有干部职工3人，负责对全区30个区直部门的审计监督。局长刘巧云。

审计成果 全年共审计39个单位，查出违纪违规行为金额110万元，应缴财政2.5万元，已交财政2.5万元，向上级领导机关和有关部门提交审计信息3篇，被采用3篇。对14名党政机关领导干部和企业领导人员开展经济责任审计，共查出

违纪违规行为金额40万元。（撰稿人：张锡英）

【蚌埠市郊区审计局】 现有干部职工5人，负责对全区8个乡镇和区直部门的审计监督。局长高忙田，副局长邢士忠。

审计成果 全年共完成审计（调查）项目13个，提交审计信息5篇，全部被采用。共对9名领导干部开展经济责任审计，查出的主要问题是坐支收入、设置“账外账”、违反“收支两条线”管理规定等，审计后，平调3人，免职6人。（撰稿人：邢士忠）

【怀远县审计局】 现有干部职工18人，设有办公室、综合股、财政与金融审计股、农业审计股、工交审计股、行政事业审计股和商贸审计股，负责对全县29个乡镇和80多个县直部门的审计监督。局长祝子荣，副局长李琳、陈玉、韩春豹，纪检组长周勤。

审计成果 全年共完成审计项目27个，查出违纪违规行为金额3090万元，指明要求纠正25365万元，应缴财政126万元。共向有关部门提交审计工作报告、专题报告、信息等21篇，其中有15篇被各级党委、政府、省、市审计机关和新闻媒体采用。被评为“安徽省审计系统精神文明单位”。（撰稿人：翁畅）

【五河县审计局】 现有干部职工11人，设有财政与金融审计股、经贸与投资审计股、经济责任审计局和办公室，负责对全县15个乡镇和45个县直部门的审计监督。局长翟福灵，副局长孙敬祥、黄国胜。

审计成果 全年共审计37个单位，查出违纪违规行为金额880万元，应缴财政41万元。同时，向县委、县政府和蚌埠市审计局提交审计调查（综合）报告19份、审计信息45篇。（撰稿人：郭泽慧）

【固镇县审计局】 现有干部职工16人，设有办公室、经济责任审计局、经贸投资审计科、财政金融审计科、行政事业审计科，负责对全县18个乡镇和县直部门的审计监督。局长金以怀，副局长秦万金、周道才。

审计成果 全年共审计39个单位，查出违规行为金额189万元，应缴财政20万元，应归还原渠道资金16万元。对11名科级领导干部进行任期经济责任审计。（撰稿人：杨芳）

【淮南市审计局】 2002年，共有干部职工63人，其中本科学历22人，大专学历40人，局长孙多礼（—2月）、牛多云（2月—），副局长丁常宝、盛明训，纪检书记曹和平。设有办公室、综合法规科、人事教育科、监察室、农业与资源环保审计科、外资运用审计科、固定资产投资审计科、行政事业审计科、社会保障审计科、经济贸易审计科、财政审计科、金融审计科、经济责任审计局、党总支。

审计成果 审计单位103个，查出违规行为金额1.61亿元，决定处理处罚1033万元，归还原渠道资金1542万元，查出百万元以上违纪单位12个，提交审计综合报告和信息180篇，被批示、采用118篇，向纪检监察部门移送案件15起，获“安徽省审计系统精神文明单位”和“安徽省审计法制建设先进单位”光荣称号，企业职工基本养老保险基金审计等20个审计项目被评为全省优秀审计项目。

预算执行情况审计 改进审计方法，审计对象向二、三级单位延伸，查出违规行为金额683万元，决定处理处罚437万元，并在《淮南日报》上将审计结果进行公告。

专项资金审计 对市养老金、失业金、房改资金、政府采购资金、外债资金、人防资金、计生经费以及教育经费等专项资金进行审计，查出违规行为金额1.63亿元，归还原渠道资金1693万元。

经济责任审计 对84名领导干部进行任期经济责任审计，参考审计结果晋升5人，免职35人，移交纪检监察部门立案查处3人。（撰稿人：魏卉）

【淮南市田家庵区审计局】 现有干部职工4人，负责对全区两个乡镇和26个区直部门的审计监督。局长李勇强，副局长叶正玉。

审计成果 审计单位41个，查出违规行为金额173万元，决定处理处罚34万元，已交34万元。提交审计报告、信息16份（篇），被批示、采用9份（篇）。（撰稿人：黄莉）

【淮南市大通区审计局】 现有干部职工5人，负责对全区3个乡镇和19个区直部门的审计监督。局长吴怀刚，副局长王煊。

审计成果 审计单位和部门47个，查出违规行为金额1904万元，应缴财政61万元，已交61万元。（撰稿人：郑福珍）

【淮南市谢家集区审计局】 现有干部职工3人，负责对全区3个乡镇和21个区直部门的审计监督。局长徐淮萍，副局长宫玲。

审计成果 审计单位37个，查出违规行为金额101万元，应归还原渠道资金两万元，应缴财政26万元，已交25万元。（撰稿人：徐淮萍）

【淮南市八公山区审计局】 现有干部职工3人，未分设科室，负责对全区两镇、45个区直部门的审计监督。局长丁静，副局长王桂芝。

审计成果 审计单位41个，查

出违规行为金额173万元，决定处理处罚34万元，已交34万元。（撰稿人：丁静）

【淮南市潘集区审计局】 现有干部职工6人，负责对全区11个乡镇和30个区直部门的审计监督。局长李怀斌，副局长程晓玲。

审计成果 审计单位50个，查出违规行为金额464万元，决定处理处罚10万元，已交10万元，提交审计报告和信息28份（篇），被批示、采用17份（篇）。（撰稿人：杨武）

【淮南市毛集社会发展综合实验区审计局】 现有干部职工5人，设有综合科和办公室，负责对全区4个乡镇（场）和48个区直部门的审计监督。局长贾时洋，副局长牛家荣。

审计成果 审计单位10个，查出违规行为金额30万元，移送司法机关案件两起。（撰稿人：朱长梅）

【凤台县审计局】 现有干部职工19人，设有人秘股、财政金融农水外资审计股、工交商贸审计股、行政事业审计股、固定资产投资审计股，负责对全县17个乡镇和120个县直部门的审计监督。局长徐群，副局长陈新全、胡琳、李利亚，纪检书记徐传柱。

审计成果 审计单位74个，查出违纪违规行为金额6693万元，决定处理处罚66万元，已交48万元，应归还原渠道资金726万元。提交审计工作报告被批示批转15份，上报审计信息被采用26篇。被授予“安徽省审计系统精神文明单位”。（撰稿人：刘拥军）

【滁州市审计局】 2002年，共有干部职工54人，其中本科学历28人，大专学历20人，局长张竞，副局长杨建奇、张枝根、徐军，纪检组长李庆彬。设有办公室、综合科、纪检监察室、行政事业审计科、财政金融审计科、经贸审计科、固定资产投资审计科、社会保障审计科、农业与资源环保审计科、经济责任审计局。

审计成果 审计单位514个，查出违纪违规行为金额4393万元，应缴财政197万元，已交财政140万元，其中市本级审计单位66个，查出违纪违规行为金额79万元，应缴财政43万元，已交财政33万元。建议纠正地方部门不当规定22条，向纪检监察、司法机关移送违法犯罪案件5起。报告、信息等被批示、采用19篇。

经济责任审计 开展经济责任审计单位235个（党政机关事业单位225个，国有控股企业10个），审计责任人264名，审计查出违规行为金额716万元，其中主管责任443万元，个人挪用41万元。参考审计结果平调90人，晋升两人，免职14人，降职6人。

内部审计 市直部门内审机构25个，其中专职机构20个；内审人员59人，其中专职人员48人。（撰稿人：张竞）

【滁州市琅琊区审计局】 现有干部职工9人，设有财政审计股、经贸审计股、行政事业审计股、经济责任审计局，负责对全区7个办事处和区直部门的审计监督。局长杨敏，副局长李学勇、吴彬，纪检组长王传奇。

审计成果 完成审计项目7个、审计单位44个，查出违规行为金额599万元，其中指明要求纠正21.6万元，归还原渠道资金452.4万元，决定处理处罚4.5万元，上缴财政4万元。提交审计报告4份、审计意见44份、信息8篇、简报1篇。党政领导交办审计项目3个。在机构改革中，受区委组织部委托，完成党政、企业的主要领导干部和领导人员任期经济责任审计15个单位，查出违规行为金额201.26万元，依法给予处理处罚，并发审计要情简报1篇。（撰稿人：余尚于）

【滁州市南谯区审计局】 现有干部职工9人，设有人事股、行政事业审计股、工交商贸审计股、农水财金审计股和经济责任审计局，负责对全区18个乡镇、两个管理区和35个区直部门及区直属国有企事业单位的审计监督。局长李家荣，副局长杨曙北、赵泽中。

审计成果 完成审计项目6个43个单位，占审计计划的130.3%。其中10个乡镇、19个区直机关领导任期经济责任审计。共查出违规行为金额167万元，收缴财政9万元，提出工作报告、信息19篇，其中编发《审计要情》8期，《审计动态》1期，被批示3篇，市审计局采用4篇，省审计厅采用1篇。（撰稿人：牛凤山）

【明光市审计局】 现有干部职工14人，设有办公室、财政金融审计股、商贸审计股、工业交通基建审计股、行政事业审计股，负责对全县27个乡镇和60个市直部门的审计监督。局长项世鑫，副局长李仁标。

审计成果 完成审计项目16个，审计单位63个，查出违纪行为金额381万元，应缴财政21万元，已交19万元，应纠正金额1932万元。提交审计工作报告、信息42篇，其中被批示、采用5篇。企业职工基本养老保险基金审计被评为全省优秀审计项目。受市委组织部的委托，对机构撤并中的12名领导干部进行任期经济责任审计。（撰稿人：项世鑫）

【天长市审计局】 现有干部职工18人，设有人秘股、财政金融审计股、行政事业审计股、农林水审计股、工业交通审计股和商粮贸审计股，负责对全市24个乡镇、4个街道和174个市直部门（单位）的审计监督。局长许涛，副局长董学林、夏保平、陆晓华。

审计成果　完成审计项目7个、24个单位，完成领导交办审计项目3个、53个单位。查出违规行为金额3万元，指明要求纠正368万元，上缴财政两万元。提出审计意见、建议302条，提交审计综合报告3篇，审计理论文章及审计信息16篇，分别被省审计厅采用3篇，被滁州市审计局采用13篇。被评为“安徽省审计系统精神文明单位”，“安徽省行政事业审计工作先进单位”。企业职工基本养老保险基金审计、电力行业财务收支审计被评为全省优秀审计项目。（撰稿人：张建英）

【来安县审计局】　现有干部职工15人，设有办公室、综合股、财政金融审计股、企业审计股、行政事业审计股、固定资产投资审计股、经济责任审计局，负责对全县18个乡镇和15个县直部门的审计监督。局长李文静，副局长朱以龙、王正平、李泽海，纪检组长章道林。

审计成果　完成审计项目28个，审计单位47个，查出违规行为金额2222万元，应减少财政拨款或补贴21万元，调账处理35万元，决定处理处罚20万元，指明要求纠正969万元，向纪检监察机关移送案件线索两件，提交审计报告、信息30余篇，被采用16篇，提出审计意见和建议约160条。国家公路局行业财务收支审计被评为全省优秀审计项目，被授予“安徽省审计系统精神文明单位”称号。（撰稿人：章道林）

【全椒县审计局】　现有干部职工19人，设有办公室、工业交通审计股、商贸审计股、行政事业审计股和基建审计股，负责对全县17个乡镇和32个县直部门的审计监督。局长刘荣祥，副局长章宗敏、李朝银、韦承元、宇庆忠、经照烈。

审计成果　完成审计项目16个，审计单位38个，查出违纪违规行为金额55万元，决定处理26万元，上缴财政17万元。基建工程项目竣工决算审计25个，审计工程报价4100.4万元，核减工程造价463万元，核减率11.3%。提交审计信息8篇。对党政机关机构改革及企业改制变动中的47名党政主要领导干部和企业负责人进行任期经济责任审计。（撰稿人：章宗敏、王辉）

【定远县审计局】　现有干部职工23人，设有办公室、综合股、固定资产投资审计股、行政农业审计股、财经审计股、经济责任审计局、纪检监察室，负责对全县37个乡镇和62个县直部门的审计监督。局长朱瑞明，副局长许福文、管华中、孙邦德、刘勤芳，纪检组长杨柏林。

审计成果　审计单位62个，查出违规违纪行为金额394万元，上缴财政28万元。向县委、县政府及上级审计机关提交审计工作报告45份、审计信息60余篇，被采用45篇，向被审计单位提出合理化意见和建议120余条，基本上得到采纳。（撰稿人：朱瑞明）

【凤阳县审计局】　现有干部职工13人，设有办公室、财政金融商贸审计股、工业交通基建审计股、行政事业审计股，负责对全县26个乡镇和53个县直部门的审计监督。局长洪杨，副局长倪从银。

审计成果　完成审计项目76个，查出违规行为金额493万元，下达审计决定书32份，决定处罚22万元，已交财政22万元，并提出审计整改措施和建议204条。提交审计综合报告3份、审计调查报告3份、审计信息16篇。（撰稿人：邓国拯）

【马鞍山市审计局】　2002年，共有干部职工43人，其中本科学历5人，大专学历26人，局长张延玉，副局长孔德政、沈永生、蒋利平，纪检组长胡月昌。设有办公室、综合法规科、财政金融审计科、行政事业审计科、经贸审计科、农业与资源环保审计科、社会保障审计科、固定资产投资审计科、经济责任审计局。

审计成果　审计单位160个，查出违纪违规行为金额26755万元，应缴财政2461万元，已交财政2200万元，应减少财政拨款264万元，应归还原渠道资金4170万元。提交审计工作报告、信息220篇，被采用190篇。

经济责任审计　全年对87个单位、88名领导干部实施任期经济责任审计。查出违纪违规行为金额6354万元，收缴财政976万元。审计后，平调或留任53人，免职27人，撤职3人，受到党纪政纪处分3人。

内部审计　市直部门内审机构47个。全年共审计单位382个，查出损失浪费978万元，促进增收节支2049万元，提出建议、意见被采纳374条。（撰稿人：姚国振）

【马鞍山市雨山区审计局】　现有干部职工3人，负责对全区3个乡镇和38个区直部门的审计监督。局长陶金。

审计成果　完成审计项目20个，审计单位18个，党政领导交办经济责任审计项目7个，完成审计调查两个、调查单位10个。查出违纪违规行为金额353万元。（撰稿人：曹虹）

【马鞍山市花山区审计局】　现有干部职工5人，负责对全区两个镇、4个街道和39个区直部门的审计监督。局长叶翠萍。

审计成果　完成审计项目9个、16个单位，其中党政领导交办经济责任审计项目6个。查出违纪违规行为金额526万元，其中审计指明要求纠正526万元。审计调查两个、调查单位10个。协助纪委办理经济案件查证1件。提交各类审计工作报告、信息14篇，其中被采用11篇。（撰稿人：纪珊珊）

【马鞍山市金家庄区审计局】　现有干部职工3人，负责对全区1个乡镇、4个街道和19个区直部门的审计监督。局长唐海芳。

审计成果　全年完成审计项目5个，审计单位12个，共查出违纪违规行为金额67万元。提交审计工作报告5份、审计信息7篇。（撰稿人：张思平）

【当涂县审计局】　现有干部职工19人，设有办公室、经贸审计股、财政金融审计股、行政事业审计股和经济责任审计局，负责对全县25个乡镇和88个县直部门的审计监督。局长肖红兵，副局长唐朝龙。

审计成果　全年完成审计项目16个，审计单位102个，查出违纪违规行为金额2412万元，应缴财政54万元，已交28.2万元，责令被审计单位自行纠正90万元，向纪检监察、司法机关移送违法犯罪案件两起，受到党纪政纪处分1人，刑事处理1人。（撰稿人：李元兰）

【芜湖市审计局】　2002年，共有干部职工61人，其中本科学历21人，局长李宗国，副局长周明、过淑华、杨高，纪检组长左光明。设有办公室、法制科、人事教育科、监察室、经济责任审计室、外资运用审计科、固定资产投资审计科、行政事业审计科、财政审计科、金融审计科、社会保障审计科、经贸审计科、农业与资源环保审计科、内部审计指导监督科。

审计成果　完成审计项目343个，查出违规行为金额10428万元，收缴451万元，向上级机关报送审计信息190篇，并向纪检监察机关移送案件5起，向司法机关移送案件4起。

经济责任审计　对117名党政领导干部（其中副市级1名、县级22名）和7名国有及国有控股企业领导人进行经济责任审计。根据审计结果，移送司法机关4人，移送纪检监察部门1人。并有7人被晋升、51人被免职、1人被撤职。

信息化建设　改造提升计算机运行网络，实现光纤网络运行，实施局域网与英特网的物理隔断，进一步抓紧实用审计软件的研制和应用。（撰稿人：陶国明）

【芜湖市镜湖区审计局】　现有干部4人，设有办公室、经济责任审计室，负责对全区6个街道、30个区直部门、62个全民、集体企业的审计监督。局长王传昌，副局长秦文莉。

审计成果　完成审计项目42个，查出违规行为金额765万元，收缴8.4万元。向有关部门移送经济案件1起，向各级党政机关提交审计报告、信息29篇。完成经济责任审计7项，查出违规行为金额69.39万元。（撰稿人：秦文莉）

【芜湖市马塘区审计局】　现有干部职工5人，负责对全区两个乡镇和4个街道，以及24个区直部门的审计监督。局长张鉴。

审计成果　完成审计项目20个，查出违纪违规行为金额59万元。同时，受区委、区政府的委托，完成对企业的基建工程和清产核资的审计。（撰稿人：张鉴）

【芜湖市新芜区审计局】　现有干部职工4人，设有经济责任审计办公室，负责对全区7个街道和38个区直部门、事业单位及区属企业的审计监督。局长王翠萍，副局长严杰。

审计成果　完成审计项目43个，查出违规行为金额609万元，移交纪检监察机关案件1起，配合纪检监察机关办案1起。提交审计报告41份、撰写审计信息5篇。（撰稿人：严杰）

【芜湖市鸠江区审计局】　现有干部职工4人，负责对全区3个镇、两个办事处及50个区直部门的审计监督。局长张上海，副局长许洋。

审计成果　完成审计项目20个，查出违纪违规行为金额107万元。应缴财政90万元，已交财政7万元。完成审计调查1个，移交司法机关处理案件1起。有内审机构3个，内审人员13个。（撰稿人：张上海）

【芜湖县审计局】　现有干部职工16人，设有办公室、财政金融审计股、行政事业审计股、经贸外资审计股、固定资产投资审计股、经济责任审计股，负责对全县24个乡镇和52个县直部门的审计监督。局长陆亚龙，副局长章北光、潘昌彪。

审计成果　完成审计项目51个，其中任期经济责任审计21个。查出违规行为金额2106万元，收缴财政157.2万元，移交经济案件1起，提交审计信息49篇。（撰稿人：陶晓群）

【繁昌县审计局】　现有干部职工19人，设有财政金融审计科、行政事业审计科、经贸审计科、固定资产投资审计科、经济责任审计室和办公室，负责对全县20个乡镇和47个县政府部门、群团机关和直属事业单位及经济实体的审计监督。局长曹德伟，副局长刘修林，汪月玫。

审计成果 完成审计项目52个，查出违规行为金额862万元，应缴财政119万元，实交财政119万元。调账处理661万元，提交审计信息30篇。全县有内审机构26个，内审人员31人。（撰稿人：罗杰）

【南陵县审计局】 现有干部职工10人，设有综合科、财政金融审计科、行政事业审计科、经济责任审计室，负责对全县21个乡镇和65个县直部门的审计监督。局长戴昌友，副局长周翠霞、李正一。

审计成果 完成审计项目21个，审计单位55个，查出违规行为金额1798万元，应缴财政38万元，其中完成科级领导干部经济责任审计35人，提交审计工作报告、信息30篇。（撰稿人：孙三）

【铜陵市审计局】 2002年，共有干部职工55人，其中本科学历21人，大专学历25人，局长姚新生，副局长陶和平、李丛林、宋同英、陈延友。设有办公室、综合法规科、人事教育科、工业交通审计科、商粮贸审计科、基本建设审计科、财政金融审计科、行政事业审计科、指导科。

审计成果 审计单位109个，查出违纪违规行为金额6000万元，应缴财政423万元，已交财政328万元，决定处理处罚、指明要求纠正29098万元，归还原渠道资金1398万元。提交审计工作报告和信息、调研报告184篇，被采用60篇。建议纠正地方部门不当规定11条，移送案件5起。

经济责任审计 开展经济责任审计项目33个，对34名领导干部进行审计，查出违规行为金额1797万元，审计后，其中晋升1人，平调14人，移送纪检监察5人，移送司法机关1人。

内部审计 全市内审机构80个，其中专职机构45个，内审人员168人，其中专职人员87人。共审计单位292个，查出损失浪费1760万元，促进增收节支1450万元，纠正违规行为金额990万元，提出建议意见被采纳558条。（撰稿人：周苓）

【铜陵市铜官山区审计局】 现有干部职工4人，负责对全区17个区直部门和6个街道及13所小学、7所幼儿园的审计监督。局长陈义海。

审计成果 完成审计项目7个，查出违纪违规行为金额32万元，其中截留应缴财政3.3万元，已交财政1万元；提交审计工作报告和信息4篇，审计决定和审计建议及意见50余条。（撰稿人：鲁燕）

【铜陵市狮子山区审计局】 现有干部职工3人，负责对全区1个乡镇和41个区直机关、事业单位的审计监督。局长汪桂霞，副局长刘孝芸。

审计成果 完成审计项目8个、11个单位，其中党政领导交办经济责任审计项目两个。查出违规行为金额1144万元，指明要求纠正99万元。提交审计工作报告1份、审计意见4份、审计决定3份、审计信息3篇，被采用两篇。被授予“安徽省审计系统精神文明单位”称号。（撰稿人：方莉）

【铜陵市郊区审计局】 现有干部职工两人，负责对全区5个乡镇及办事处和16个区直部门的审计监督。局长张世民。

审计成果 完成审计项目10个，其中受区委组织部的委托，对在机构改革变动中的7名政府、企业的主要领导干部进行经济现行审计。查出违纪违规行为金额70万元，其中指明要求纠正70万元。提交审计工作报告10份、审计意见10份、审计信息3篇，被区政府采用5篇。（撰稿人：帅华）

【铜陵县审计局】 现有干部职工16人，设有办公室、财政金融审计股、投资审计股、行政事业审计股和经济责任审计局，负责对全县17个乡镇和75个县直部门的审计监督。局长崔贤才，副局长贺志毅、叶少东，纪检组长冯娟。

审计成果 完成审计项目9个，审计单位32个，查出违规行为金额2248万元，应缴财政13万元，已交13万元，归还原渠道资金759万元。完成审计调查两个、调查单位15个。提交审计报告、信息28篇。完成15名科级干部离任经济责任审计，查出违规行为金额129万元。有内审指导人员两人，内审机构24个，内审人员96人。（撰稿人：姜鸣）

【安庆市审计局】 2002年，共有干部职工70人，其中大学本科学历19人，大专学历35人，局长钱发林，副局长倪桂林，纪检组长杨晓峰。设有办公室、人事教育科、财政金融审计科、行政事业审计科、农业审计科、商粮贸审计科、工交审计科、外资审计科、固定资产投资审计科、中央企事业审计科、综合法规科和监察室。

审计成果 审计单位72个，查出违规行为金额17574万元，其中百万元以上违规单位14个，应缴财政186万元，已交财政186万元，归还原渠道资金1273万元。提交审计工作报告9份、信息和调研报告46篇，被采用17篇。

经济责任审计 开展经济责任审计项目27个、26人，查出违规行为金额2729万元。

内部审计 市直内审机构66个，其中专职机构51个；内审人员212人，其中专职人员184人。共审

计单位311个，查出损失浪费468万元，纠正违规行为金额573万元，促进增收节支10447万元。（撰稿人：陶林根）

【安庆市迎江区审计局】 现有干部职工4人，负责对全区20个行政单位和18个事业单位的审计监督。局长张时民，副局长黄雪莲。

审计成果 完成审计项目8个，其中任期经济责任审计项目6个，另两项为"第五次人口普查"专项经费审计和同级财政审计。查出违纪违规行为金额194.68万元，其中指明要求纠正169.68万元，决定处理处罚5.81万元；提交审计工作报告3份；审计意见8份；审计信息两篇，被区委、区政府采用两篇。（撰稿人：苏传和）

【安庆市大观区审计局】 现有干部职工4人，负责全区7个街道、24个事业（企业）单位和29个区直部门的审计监督。局长何建生，副局长曹奇。

审计成果 完成审计项目19个、17个单位（其中党政领导交办的干部任期经济责任审计项目14个）。查出违规行为金额118万元，其中指明要求纠正56万元，决定处理处罚62万元。提交审计报告15份，发出审计意见书12份和审计决定、审计建议3份，审计信息两篇。（撰稿人：何建生）

【安庆市郊区审计局】 现有干部职工11人，设有业务股、办公室和经济责任审计局，负责对全区7个乡镇（办）和34个区直部门的审计监督。局长吴昌维，副局长曹承霖。

审计成果 完成审计项目8个，审计单位20个，党政领导交办经济责任审计项目7个。查出违纪违规行为金额192万元，应缴财政7万元，已交两万元。提交审计工作报告11份、审计意见16份、审计信息4篇。（撰稿人：刘春雷）

【桐城市审计局】 现有干部职工19人，设有办公室、行政财政审计科、企业审计科、干部任期经济责任审计科、综合审计科，负责对全市24个乡镇、4个街道和102个市直部门的审计监督。局长何炜，副局长王忠生、王奎、吴默佑，纪检组长刘华生。

审计成果 完成审计项目10个，审计单位52个，查出违规行为金额1563万元，其中指明要求纠正1087万元，调账处理306万元，应缴财政14万元，已交14万元。提交审计报告、信息76篇。获得省政府命名表彰的"安徽省先进集体"荣誉称号。（撰稿人：姚瑾）

【怀宁县审计局】 现有干部职工20人，设有办公室、综合法规股、财政行政事业审计股、金融经贸审计股、基建外资审计股、经济责任审计办公室（副科级），负责对全县26个乡镇和25个县直部门的审计监督。局长孔垂和，副局长潘成庚、李义跃。

审计成果 完成审计项目34个，审计单位48个；完成党政领导交办县委组织部委托的经济责任审计项目12个。查出违规行为金额1828万元，应缴财政31万元，已交25万元。提交审计报告、信息48篇。完成审计调查项目3个，调查单位6个。（撰稿人：汪方球）

【枞阳县审计局】 现有干部职工19人，设有办公室、行政事业审计股、企业审计股、固定资产投资审计股，负责对全县27个乡镇和78个县直部门的审计监督。局长杨甲平，副局长张文友、周尚书、唐亮义。

审计成果 完成审计项目34个，审计单位64个，查出违规行为金额6909万元，应缴财政51万元，已交45万元，归还原渠道资金50万元，为国家增收节支19万元。提交审计报告、信息28篇。完成22名科级干部和1名厂长经济责任审计工作。被授予"安徽省审计系统精神文明单位"和"党风廉政建设先进集体"。（撰稿人：吴新贵）

【潜山县审计局】 现有干部职工22人，设有办公室、财政金融审计股、经贸外资审计股（固定资产审计股）、行政事业审计股、经济责任审计局（副科级），负责对全县30个乡镇和59个县直部门的审计监督。局长叶霜绿，副局长梅笃锋、徐杏春、刘天伦。

审计成果 完成审计单位53个，查出违规行为金额341万元。其中：应缴财政51万元，减少财政拨款或补贴10万元，归还原渠道资金95万元，调账处理40万元。已交财政40万元。要求被审计单位自行纠正177万元。完成审计调查1个、调查单位4个。提交审计报告、信息12篇。开展经济责任审计项目14个、26人，查出违规行为金额59万元。内审机构15个，内审人员30人。养老保险基金审计被评为全省优秀审计项目。（撰稿人：李和清）

【太湖县审计局】 现有干部职工14人，设有办公室、经贸审计科、行政事业审计科、农业审计科、经济责任审计局，负责对全县26个乡镇和96个县直部门的审计监督。局长蒋卫东，副局长王群生、朱群模（—12月）。

审计成果 完成审计项目23个，审计单位45个，查出违规行为金额1743万元，应缴财政29万元，已交28万元。完成审计调查两个、调查单位8个。提交审计报告、信息25篇。完成13名科级干部经济责任审计，查出违规行为金额417.4万元。有内审指导人员两人，内审机构32个，内审人员67人。（撰稿人：汪克琳）

【宿松县审计局】 现有干部职工22人，设有办公室、综合股、行政经贸审计股、财金农业审计股和投资外资审计股，负责对全县22个乡镇和58个县直部门的审计监督。局长操宁生，副局长邓向东、王玉水、张华。

审计成果 完成审计单位76个，查出违规行为金额1415万元，应缴财政228万元，已交财政214万元。提交审计工作报告42份，信息和调研报告22篇，被采用1篇。开展经济责任审计项目21个、22人，查出违规行为金额500万元。设有内审机构9个，内审人员272人，其中专职内审人员36个。（撰稿人：熊七香）

【望江县审计局】 现有干部职工17人，设有领导干部经济责任审计局、办公室、行政事业审计股、农业经贸审计股、财政金融审计股和固定资产投资外资运用审计股，负责对全县21个乡镇和46个县直部门的审计监督。局长王中元，副局长张启友、方向。

审计成果 审计单位60个，查出违纪违规行为金额3585万元，归还被侵占挪用资金596万元，应缴财政38万元，已交财政32万元。提交审计工作报告4份。完成20名县直局级单位主要负责人和4名乡镇主要负责人任期经济责任审计，查出违规行为金额251万元，应缴财政17万元。（撰稿人：江洁云）

【岳西县审计局】 现有干部职工16人，设有办公室、财政金融审计股、企业审计股、行政事业审计股、基建投资审计股和领导干部经济责任审计办公室，负责对全县28个乡镇和150个县直部门的审计监督。局长汪双俊，副局长范建平。

审计成果 全年完成审计单位51个，查出违规行为金额533万元，指明要求纠正32万元，归还原渠道资金55万元，调账处理200万元，决定处理处罚4万元，应缴财政38万元，已交财政34万元，配合纪检、司法机关办案8起，向公安机关移送案件1起两人。有4个审计项目被评为全省优秀审计项目。（撰稿人：汪双俊）

【黄山市审计局】 2002年，共有干部职工27人，其中本科学历11人，大专学历14人，局长吴树仁，副局长戴德铨、宋生钰、徐金武，纪检组长孙凤琴。设有办公室、综合法规科、财政金融审计科、行政事业审计科、经济责任审计科、经贸审计科、基本建设审计科。

审计成果 审计单位266个，查出违纪违规行为金额17305万元。应缴财政280万元，已交财政144万元。提交审计调查报告6份、审计工作报告和信息288篇，被采用51篇。

经济责任审计 开展经济责任审计项目17个、17人，查出违规行为金额7429万元；应纠正金额3014万元。审计后，平调15人，晋升1人，免职1人。（撰稿人：程浩良）

【黄山市屯溪区审计局】 现有干部职工13人，设有办公室、综合法规科、财政金融审计科、行政事业审计科、经济责任审计科，负责对全区5个镇、80多个行政事业单位和7个农村信用社的审计监督，以及对中央企业的受托审计监督。局长朱晓明，副局长王家明。

审计成果 开展财政同级审、下级财政决算审计、企业审计、行政事业财政收支审计、外资项目审计以及对领导干部任期经济责任审计，完成上级审计机关临时交办的徽州区住房公积金审计项目和屯溪区公路分局审计项目、市审计局邮电审计项目，地方政府交办的汽配厂改制审计项目。全年共完成45个审计项目，查出违规行为金额187万元，应缴财政3万多元。（撰稿人：闪耘）

【黄山市黄山区审计局】 现有干部职工14人，设有办公室、财政金融审计科、固定资产投资审计科、行政事业审计科、经济贸易审计科，负责对全区19个乡镇和90个区直部门的审计监督。局长臧世凯，副局长胡恒春、刘祥永。

审计成果 完成预算执行审计、乡镇决算审计、财政支农资金审计、企业职工基本养老保险基金审计、农村信用联合基层信用社资产负债损益审计以及政府外债情况审计调查；完成区人大、区政府交办的林业资金专项审计、13户改制企业审计、31名领导干部经济责任审计；涉审乡镇和区直部门、单位100多个，查出违规行为金额1715万元，对22个违规单位做出审计决定，要求调账处理1147万元，处理处罚69万元。其中应缴财政69万元，已交财政26万元。（撰稿人：臧世凯）

【黄山市徽州区审计局】 现有干部职工6人，设有办公室、外贸基建审计科、经济责任审计科、财政金融行政事业审计科，负责对全区7个乡镇和88个区直部门的审计监督。局长方玉璋，副局长王云华，纪检组长马玉辉。

审计成果 完成审计项目计划35个，查出违纪违规行为金额667万元，应缴财政14万元，已全部上交。被区委、政府及有关部门采用信息18篇。受区委组织部委托，对

24名党政、企业的主要领导干部进行离任审计。（撰稿人：汪军花）

【歙县审计局】 现有干部职工15人，设有办公室、综合股、工交商贸企业审计股、财政金融基建审计股、行政事业农林水审计股，负责对全县41个乡镇和33个县直部门的审计监督。局长许敏建，副局长王德济、吴友谊。

审计成果 完成审计（调查）项目25个，查出违纪违规行为金额20万元，应缴财政3万元，已交财政4万元（含上年度1万元），提出审计建议73条。提交审计报告、信息16篇。完成12名科级领导干部的任期经济责任审计工作。内审机构17个，内审人员52人。（撰稿人：王奕彬）

【休宁县审计局】 现有干部职工11人，设有办公室、财政金融审计股、经贸审计股、行政事业审计股、经济责任审计股，负责对全县33个乡镇和36个县直部门的审计监督。局长程雄坤，副局长余青峰、汪东标。

审计成果 完成审计项目10个，审计单位31个，查出违规行为金额1053万元，应缴财政12万元，已交11万元。完成审计调查3个、调查单位18个。提交审计报告、信息31篇，被批示、采用15篇。有内审机构5个，内审人员7人。（撰稿人：李霞）

【黟县审计局】 现有干部职工8人，设有办公室、审计一股、审计二股、经济责任审计股，负责对全县12个乡镇和80个县直部门的审计监督。局长崔高生，副局长吴寿宜、鲍辉明。

审计成果 完成审计项目15个，16个单位，审计调查1项、调查单位3个。完成10名县直和乡镇领导干部任期经济责任审计。查出违纪违规行为金额1468万元，其中指名要求纠正670万元，应缴财政4万元。提交审计意见19份，审计信息15篇，被采用11篇。预算执行审计被评为全省优秀审计项目。（撰稿人：吴洁）

【祁门县审计局】 现有干部职工13人，设有综合办公室、企业审计股、行政事业审计股、财政金融审计股和经济责任审计局，负责对全县25个乡镇和30个县直部门的审计监督。局长王震，副局长方向、金世忠。

审计成果 完成审计项目29个，查出违纪行为金额501万元，其中指明要求纠正455万元，应缴财政38万元，已交财政38万元。被采用批示审计报告、信息15篇。（撰稿人：胡伯林）

【六安市审计局】 2002年，共有干部职工28人，其中本科学历9人，大专学历14人，局长黄文应，副局长吴智金，纪检组长夏云。设有办公室、监察室、综合法规科、财政金融审计科、行政事业与社会保障审计科、经贸审计科、固定资产投资与外资运用审计科、农业与资源环保审计科、经济责任审计局。

审计成果 全年共审计424个单位，完成全年计划任务230%，查出违纪违规行为金额33667万元，应缴财政1274万元，已缴财政579万元，减少财政拨款150万元，归还原渠道资金2630万元，调账处理2812万元，建议自行纠正18886万元；提交审计工作报告、信息179篇（条），被批示、采用81篇（条）；向司法机关移送案件3起，移送纪检监察机关案件3起，建议给予党纪政纪处分两人，协助有关部门查处案件两起。

经济责任审计 全市共对100名领导干部开展经济责任审计，其中党政机关领导干部98人，企业领导两人；县处级9人，科级91人。共查出违纪违规行为金额7285万元，指明要求纠正6992万元。查出个人经济问题6人，移送司法机关处理两人，移送纪检监察机关处理3人。有关部门参考审计结果，平调47人，晋升9人，免职3人，降职1人，撤职两人。（撰稿人：郭立刚）

【六安市金安区审计局】 现有干部职工12人，设有办公室、财政金融审计股、行政事业与社会保障审计股、经贸审计股、农业与资源环保审计股、综合法规股、固定资产投资与外资运用审计股、经济责任审计分局，负责对22个乡镇（街）和76个区直部门的审计监督。局长王多成，副局长高良骏、朱玲（兼纪检组长）、韦文海。

审计成果 全年共审计62个项目（单位），查出违纪违规行为金额4812万元，归还原渠道资金312万元，为财政挽回损失219万元；审计查出“小金库”4个，查出违纪违规行为金额30多万元；移送案件3起，配合纪委、检察院查处案件4起；全年审计决定收缴财政102.6万元，入库率100%；为国家和企业增收节支620万元，提交审计工作报告和审计信息18篇，其中被批示、采用12篇。（撰稿人：韦文海）

【六安市裕安区审计局】 现有干部职工11人，设有办公室（综合法规股）、财政金融审计股、行政事业与社会保障审计股、农业经贸审计股。经区编委批准，2002年设立副科级经济责任审计局，负责对24个乡镇（街）和55个区直部门的审计监督。局长许光玉，副局长刘俊、雷安宁（兼纪检组长）。

审计成果 共完成审计项目45个，占年度计划112%；查出违规行为金额4038万元，查出“小金库”或“账外账”6个，应缴财政56万元，已交财政52万元，归还原渠道资金477万元，为国家和企业增收节支150万元；协助纪检监察机关查处案件1起，向司法机关移送案件1起；提交审计工作报告和审计信息37篇，被采用批示26篇。（撰稿人：张红卫）

【六安市叶集试验区审计局】 现有干部职工4人，负责对4个乡（办）和11个区直部门的审计监督。局长孙永平，副局长孟凡铎。

审计成果 共完成审计项目14个，查出违规行为金额772万元，其中应纠正金额724万元，应缴财政48万元，已交财政30万元。（撰稿人：孙永平）

【寿县审计局】 现有干部职工22人，设有办公室、经济责任审计分局、财政与农林水审计股、金融与经贸审计股、行政事业审计股、工交与固定资产投资审计股，负责对32个乡镇和54个县直部门的审计监督。局长许正楼，副局长张成、吴本君，纪检组长阮双胜。

审计成果 共完成审计项目35个，涉及45个单位；查出违纪违规行为金额2402万元，应缴财政194万元，已交80万元，归还被侵占挪用资金230万元；移送司法机关案件1起；有关部门参考领导干部经济责任审计结果，提拔重用3人，调整工作岗位10人，降职两人；向被审计单位提出加强财务管理的意见和建议46条，提交审计工作报告和审计信息18篇。（撰稿人：孙文文）

【霍邱县审计局】 现有干部职工13人。设有办公室、财政金融审计股、行政事业审计股、工交商贸审计股、固定资产投资与外资运用审计股、经济责任审计股，负责对33个乡镇和99个县直部门的审计监督。局长胡时明，副局长纪本俊、常先勤，纪检组长彭明。

审计成果 全年共完成审计（调查）项目62个，查出违纪违规行为金额3820万元，应缴财政165万元，已交财政92万元，归还原渠道资金65万元，促进增收节支210万元；提交审计报告、信息72篇，被批示、采用14篇。（撰稿人：王树林）

【舒城县审计局】 现有干部职工15人，设有办公室、行政事业审计股、财政金融审计股、经贸与固定资产投资审计股，2002年，经批准，设立经济责任审计分局（副科级事业单位），负责对30个乡镇和60个县直部门的审计监督。局长许正莲，副局长葛兴华、许志荣，纪检组长许传久。

审计成果 全年完成审计项目52个，占全年计划的141%；查出违纪违规行为金额8676万元，应缴财政154万元，已交财政137万元；向纪检监察机关移送案件两起；提交审计综合报告、调查报告8篇，被批示3篇。（撰稿人：韦宗奇）

【金寨县审计局】 现有干部职工12人，设有办公室、综合法规股、财政金融审计股、固定资产投资审计股、经济责任审计局，负责对29个乡镇和80个县直部门的审计监督。局长孙学龙，副局长漆学坤、张英洲，纪检组长史贤森。

审计成果 共完成审计项目117个，占计划的180%；查出违纪违规行为金额8388万元，追回被侵占挪用资金1859万元，处理处罚收缴违纪违规行为资金25万元，为各单位提出内部管理和整改意见90余条，向上级审计机关和县委、县政府及有关部门提交审计工作报告、审计信息23篇。（撰稿人：张金鑫）

【霍山县审计局】 现有干部职工18人，设有办公室，行政事业审计股，经贸审计股，农业审计股，经济责任审计局，负责对24个乡镇和40个县直部门的审计监督。局长高大国，副局长蒋植厚，张再金，纪检组长谢家宝。

审计成果 全年共对67个单位进行审计或审计调查，完成年度计划的148%，查出违纪违规行为金额4824万元，追回被侵占挪用资金281万元，调账处理514万元，指明纠正3442万元，收缴财政65万元，促进增收节支86万元，移送纪检监察机关案件1起，配合纪检监察机关查处案件9人次。（撰稿人：张再金）

【巢湖市审计局】 2002年，共有干部职工33人，其中本科学历11人，大专学历16人，局长郭宏云，副局长杨凌云、周善涛（4月—）、项红星。设有经济责任审计局、办公室、综合法规科、财政金融审计科、行政事业及社会保障审计科、农业与资源环保审计科、经贸审计科、固定资产投资审计科、外资运用审计科。

审计成果 审计单位64个，查出违规行为金额3122万元，决定处理处罚、指明要求纠正12095万元，应缴财政166万元，已交财政150万元。审计中共查出“账外账”和“小金库”12个，金额453.77万元，向司法机关移送案件1起，建议给予政纪处分1人，建议纠正地方部门不当规定11条，提交审计工作报告、信息和报告105篇，被采用79篇。被评为“安徽省财政审计先进单位”、“普教经费审计优秀项目单位”、“百户重点企业财务收支审计优秀审计项目单位”、“电力行业财务收支审计优秀项目单位”。获得“安徽省审计信息工作先进单位”、“安徽省审计科研工作先进单位”、“安徽省内部审计管理工作先进单位”、“安徽省审计系统精神文明单位”；郭宏云同志被安徽省审计厅表彰为“全省廉政勤政先进个人”、鲍尚玉同志被表彰为“全省审计信息工作先进个人”、高长征被表彰为“全省审计机关审计法制工作先进个人”。

经济责任审计　开展经济责任审计项目45个、45人，查出违规行为金额2589万元。审计中发现10个单位存在乱收费、乱摊派问题，金额181万元；20个单位存在隐瞒、截留收入问题，金额894万元；6个单位存在虚列收支、转移资金问题，金额1077万元；12个单位设立“账外账”和“小金库”问题，金额454万元；9个单位存在挤占挪用专项资金和违反规定借出资金问题，金额1382万元；查出个人存在经济问题1人。审计后，平调4人，建议给予党政纪处分1人，移送司法机关1人。

内部审计　市直部门内审机构27个，其中专职机构8个；内审人员61人，其中专职人员32人。共审计单位61个，纠正违规行为金额258万元，发现大案要案线索两件，促进增收节支229万元，提出建议意见被采纳200条，建议给予行政处分5人。（撰稿人：杨凡）

【巢湖市居巢区审计局】　现有干部职工18人，设有经济责任审计局、人秘股、财政金融审计股、行政事业审计股、固定资产投资审计股、经贸审计股、综合法规股，负责对全区28个乡镇、街道和32个区直部门的审计监督。局长赵建南，副局长杨祖才、张春莲。

审计成果　完成审计项目32个，其中经济责任审计项目19个。查出违规行为金额424万元，指明要求纠正4533万元，应缴财政104万元，已交财政104万元，促进增收节支40万元。查出大要案线索3件，分别移送司法机关和纪检部门。提交审计报告、信息32篇，被采用、批示3篇，向被审计单位提出建议75条。（撰稿人：祖华忠）

【庐江县审计局】　现有干部职工18人，设有经济责任审计局，人秘股、财政金融审计股、行政事业审计股、经贸审计股、基建外资审计股，负责对全县32个乡镇和59个县直部门的审计监督。局长王劲兵，副局长张仁明、郭为明、张明委。

审计成果　完成审计和审计调查项目14个、42个单位，领导交办事项4件，经济责任审计项目8个。查出违规行为金额1568万元，指明要求纠正9621万元，应缴财政83万元，已交财政102万元（包含以前年度欠缴19万元）。向司法机关移送案件1起。提交审计报告、信息84篇，被县委、县政府和市审计局采用及领导批示21篇，被省审计厅采用12篇，被审计署采用两篇。有内审指导人员3人，内审机构51个，内审人员168人。获“安徽省审计系统党风廉政先进单位”，养老保险资金审计被评为全省优秀审计项目。（撰稿人：邢世林）

【无为县审计局】　现有干部职工20人，设有办公室、财政金融审计股、企业审计股、行政事业审计股和综合法规股，下设经济责任审计局，负责对全县35个乡镇和55个县直部门的审计监督。局长程松（—2月）、束龙藻（2月—），副局长朱世贵、丁以豪、周仕保（2月—）、胡经乐（9月—），纪检组长刘吉玉（2月—）。

审计成果　完成审计项目14个，审计单位75个，查出违规行为金额984万元，应缴财政161万元，已交财政131万元。移送有关部门处理经济案件1起，完成审计调查两个、调查单位8个。提交审计信息44篇，采用19篇。完成16名科级干部离任经济责任审计。有内审机构42个，内审人员63人。被评为“安徽省审计系统精神文明单位”，农网审计项目被评为全省优秀审计项目，肖群同志被评为“安徽省审计信息先进个人”。（撰稿人：王玉林）

【含山县审计局】　现有干部职工17人，设有经济责任审计局，人秘股、行政事业审计股、财政金融审计股、经贸投资审计股，负责对全县14个乡镇和45个县直部门的审计监督。局长曹文（1月—），副局长钱仁枝、王守珍（2月—）。

审计成果　完成审计项目8个，审计单位19个，查出违规行为金额1275万元，归还原渠道资金89万元，应缴财政17万元，已交16万元。完成审计调查两个、调查单位两个。提交审计报告、信息20篇。完成两名科级干部离任经济责任审计，查出违规行为金额24万元。有内审机构12个，内审人员26人。县公路局审计项目被评为全省优秀审计项目。（撰稿人：王夕保）

【和县审计局】　现有干部职工17人，设有经济责任审计局、办公室、综合股、行政事业审计股、财政金融股、经贸审计股，负责对全县21个乡镇和59个县直部门的审计监督。局长王祖合，副局长鲁本全、李安木、何夕法。

审计成果　完成审计项目21个，审计单位29个，查出违规行为金额381万元，应缴财政26万元，已交财政22万元。查出万元以上“小金库”两个，向纪检、监察部门移送审计线索4件。完成审计调查6个、调查单位12个，提交审计报告、信息9篇。完成7名科级干部任期经济责任审计，查出违规行为为金额121万元。有内审指导人员7人，内审机构52个，内审人员157人。

养老保险审计项目被选为全省优秀审计项目。（撰稿人：王盈）

【池州市审计局】　2002年，共有干部职工19人，其中本科学历7人，大专学历7人。局长章昌华（—9月）、刘永忠（9月—），副局张泽民（—11月）、莫助国（9月—）、吴明榍（11月—）。设有办公室、综合法规科、财政审计科（行政事业审计科、社会保障审计科）、经贸审计科（金融审计科）、固定资产投资审计科（农业与资源环保审计科、外资运用审计科）和经济责任审计局。

审计成果　审计单位49个，查出违规行为金额11364万元，应缴财政55万元，已交财政39万元。提交审计工作报告25份、信息和调研报告15篇，被批示、采用12篇。获全省优秀审计项目4个。

经济责任审计　开展经济责任审计项目32个、32人，其中，县处级领导干部27人。查出违规行为金额1176万元。审计后平调20人，移送纪检监察机关立案调查1人。（撰稿人：桂良友）

【池州市贵池区审计局】　现有干部职工14人，设有办公室、财金经贸审计科，行政事业审计科（社会保障审计科）、综合审计科和经济责任审计局，负责对21个乡镇、4个办事处和23个区直部门的审计监督。局长钟茅丰，副局长鲁亮。

审计成果　审计50个单位，查出违规行为金额5600万元，应补缴税款540万元，调账和归还原渠道资金5036万元，处罚24万元，已交财政20万元。提出审计意见和建议120条。（撰稿人：江水深）

【东至县审计局】　现有干部职工16人，设有办公室（综合法规股）、财政审计股（行政事业审计股）、经贸审计股（金融审计股和固定资产投资审计股）、农业与资源环保审计股（社会保障审计股和外资运用审计股）、经济责任审计局，负责对全县29个乡镇和86个县直部门的审计监督。局长季传宝，副局长唐华林、张金泉。

审计成果　完成审计项目8个，审计单位65个。查出违规行为金额4197万元，应缴财政45万元，已交财政35万元。提交审计报告、信息64篇。完成26名科级、3名副处级干部任期经济责任审计，查出违规行为金额1528万元。（撰稿人：王丽丽）

【石台县审计局】　现有干部职工14人，设有办公室、财政审计股（行政事业审计股）、经贸审计股（金融审计股）、固定资产投资审计股（农业与外资运用审计股）、经济责任审计分局，负责对全县13个乡镇和20个县直部门的审计监督。局长李建徽，副局长周侃。

审计成果　完成审计项目30个，审计单位56个，查出违规行为金额937万元，应缴财政20万元，已交15万元。提交审计报告、信息22篇。养老保险审计项目被评为全省优秀审计项目。另外，完成9名科级干部离任经济责任审计；1名副县级干部离任经济责任审计，提交审计结果报告10份，移送纪检监察机关查处1人。有内审机构9个，内审人员20人。（撰稿人：许日超）

【青阳县审计局】　现有干部职工15人，设有办公室、财金审计股、企业审计股、综合股和经济责任审计局，负责对全县15个乡镇和24个县直部门的审计监督。局长盛叶春，副局长张益平、钱峰，纪检组长李立正。

审计成果　完成审计项目39个，查出违规行为金额1039万元，上缴财政62万元，提交审计信息6篇，先后两次向县国税局、地税局移交涉税案件，涉案金额50多万元。获“安徽省审计系统精神文明先进单位”称号。（撰稿人：张益平）

【宣城市审计局】　2002年，共有干部职工19人，其中本科学历10人，大专学历6人，局长汪志良，副局长蔡修定、黄煌。设有办公室、经济责任审计局、综合法规科、财政农水审计科、金融外资审计科、经贸与社会保障审计科、固定资产投资审计科。

审计成果　审计单位66个，查出违规行为金额16113万元，应缴财政828万元，归还原渠道资金745万元。提交审计工作报告60份，信息和调研报告55篇。完成各级交办的31个审计项目（单位）。

经济责任审计　开展经济责任审计项目16个、15人，查出违规行为金额1333万元，其中主管责任247万元，直接责任1086万元。审计后，免职1人。（撰稿人：黄卫华）

【宣城市宣州区审计局】　现有干部职工15人，设有综合科、财金农水审计科、行政事业审计科、经贸投资审计科、经济责任审计局，负责对全区26个乡镇办事处和49个区直部门的审计监督。局长胡名达，副局长张辉华、江爱明，纪检组长张少青。

审计成果　全年共完成审计项目11个，审计单位29个，查出违纪违规行为金额866万元，应缴财政8万元，已交财政11万元（含以前年度欠缴财政3万元）。协助有关部门查处案件1起。完成专项审计调查3个，调查单位6个，提交调查报告3篇。同时，还完成15名科级党政领导干部、国有企业领导人员的经济责任审计，查出违纪违规行为金额

388万元。（撰稿人：鲍慧斌）

【宁国市审计局】 现有干部职工14人，设有审计一科、审计二科、经济责任和基建审计室、办公室，负责对全市16个乡镇、3个办事处和56个市直部门的审计监督。局长陈向阳，副局长俞丽俊，纪检组长谌富贵。

审计成果 完成审计项目24个，审计单位54个，查出违规行为为金额53万元，指明要求应纠正金额1695万元，应缴财政32万元，已交32万元。完成审计调查5个、调查单位10个。提交审计报告24份，审计意见54份、审计信息和稿件22篇。完成22名科级领导干部的任期经济责任审计，查出指明要求纠正198万元，通过审计提拔1人、平调9人、连任1人、待安排1人、离岗休息10人。（撰稿人：王黎）

【郎溪县审计局】 现有干部职工12人，设有经济责任审计局（副科建制）、办公室、财政农林水审计股、企业金融外资审计股、国家建设项目审计股，负责对全县17个乡镇、86个县直单位的审计监督。局长徐杰保，副局长岑香、程敷卓。

审计成果 完成审计项目25个，审计单位25个，查出违规违纪行为金额2412万元，应缴财政21.53万元，已交财政18.53万元。审计调查3项、调查单位3个。提交审计报告24篇、审计信息55篇。完成对11名科级领导干部经济责任审计，查出违规行为为金额661.66万元。有内审指导人员10人，内审机构33个，内审人员144人。（撰稿人：张兵）

【广德县审计局】 现有干部职工16人，设有办公室、经济责任审计局、财政金融审计股、经贸投资审计股、行政事业审计股，负责对全县16个乡镇和42个县直部门的审计监督。局长吴永木，副局长陈安顺、刘家富，纪检组长陈菊凤。

审计成果 完成审计项目28个，审计单位37个，查出违规行为为金额673万元，应缴财政15万元，已交15万元。完成审计调查3个、调查单位8个。提交审计报告、信息32篇。完成7名科级干部任期经济责任审计，查出违规行为为金额349万元。有内审指导人员3人，内审机构8个，内审人员15人。（撰稿人：李树培）

【泾县审计局】 现有干部职工14人，设有办公室、财金农水审计股、经贸投资审计股、行政事业和社会保障审计股及经济责任审计局，负责对全县21个乡镇、41个党政和直属事业单位的审计监督。局长汪玲，副局长郝家定、叶茂枝，纪检组长朱同义。

审计成果 完成审计项目37个（其中经济责任审计项目15个）、审计单位47个。共查出违规违纪行为为金额1712万元，决定处理处罚49万元。被批示、采用的工作报告和信息共19份（篇），其中被县委批示的工作报告1份，被省、市审计机关和其他新闻媒体采用的信息17篇，被省政府采用的信息1篇。（撰稿人：胡学军）

【旌德县审计局】 现有干部职工14人，设有办公室、行政事业审计股、经贸财金审计股、经济责任审计分局，负责对全县14个乡镇和67个县直部门的审计监督。局长程观明，副局长程观武、王恒年，纪检组长刘张传。

审计成果 全年共审计28个单位，完成年度计划的129%，查出违规行为为金额278万元，其中应缴财政34.58万元，已交财政34.58万元，审计决定落实率100%。被授予“安徽省审计系统精神文明单位”和“安徽省审计系统党风廉政建设先进集体”称号，局长程观明被安徽省委、省政府授予“安徽省先进工作者”荣誉称号。（撰稿人：李松柏）

【绩溪县审计局】 现有干部职工14人，设有办公室、经贸金融审计股、财政农水审计股、经济责任审计分局，负责对全县11个乡镇和47个县直部门及所属事业单位的审计监督。局长汪炜，副局长汪齐放、方飞龙、许峰，纪检组长汪亚民。

审计成果 全年完成审计项目23个，审计单位35个，查出违规行为为金额应缴财政23万元，已交财政9万元，其中完成11个单位党政领导干部和企业领导人员任期经济责任审计，审计后，平调4人，留任1人，离任5人，移送检察机关1人。完成审计调查两个、调查单位两个。提交审计报告、信息20篇，被采用10篇。（撰稿人：章一梅）

福建省

【福建省审计厅】 2002年，福建省审计厅定编166人，在编162人。厅机关设有办公室、法制处、经济责任审计处、财政审计处、金融审计处、行政事业审计处、经贸审计处（同时挂“中央直属单位审计处”）、农业资源与环保审计处、社会保障审计处、固定资产投资审计处、外经贸审计处、人事教育处和机关党委；另设有派驻纪检组、派驻监察室；同时还设有经济执法审计处、工交商审计处、教育审计处、信息科技审计处、卫生社保审计处、政法审计处、机关事务审计处、建设审计处、农林水审计处、文体广电审计处等派出审计处，设有省审计科研所、省审计干部培训中心、省审计厅举报中心、省审计厅计算机应用技术中心等直属事业单位。

领导成员

厅　长：冯声康（—5月）

俞传尧（5月—）

副厅长：蔡松林　梁亦秋

王光远

纪检组长：张子枢

助理巡视员：陈课程

福建省审计成果　全省审计机关共审计了4489个单位（项目），查出违规行为金额49.34亿元、应纠正85.10亿元，应缴财政7.14亿元，减少财政拨款或补贴1700万元，归还原渠道资金1.87亿元，调账处理4.61亿元，罚没1800万元，已交财政3.61亿元。通过审计，向司法机关移送案件36起，向纪检监察机关移送事项95件，建议给予党政纪处分24人，协助有关部门查处案件9起，建议纠正地方部门不当规定34条，查出百万元以上违规单位338个。

财政审计　省审计厅共对23个省级财税部门和预算主管单位开展了2001年度省级预算执行审计，并重点选择政府采购制度执行情况、经济结构调整专项资金、补助民营企业资金等4个专题开展了审计或审计调查，揭露出预算执行中存在基金收支预算和预算外收支计划编制粗糙、预算资金闲置、挤占挪用、重分配、轻管理等突出问题，收到较好的成效，并实现4个转变：一是以部门综合预算审计为基础，将一般预算、基金预算和预算外资金使用情况纳入审计范围，拓宽了审计领域；二是重点选择几个专题，有针对性地进行审计或审计调查，突出对资金使用时效性的审计，提高了审计的深度；三是针对预算资金结转较多、预算外资金计划编制比较粗糙、专项资金安排分散、使用效益不高等一些普遍性、典型性、苗头性和屡查屡犯的问题，加强研究分析，在揭露问题的基础上进行综合分析，注重从机制上、制度上提出解决问题的办法和审计建议，供政府领导决策参考；四是加大对审计决定和审计意见整改落实情况的后续跟踪审计力度，审计决定和审计意见的执行采纳率大大提高。此外，省审计厅还组织对全省18个县级财政收支真实性的专项审计调查，基本摸清了18个县级财政收支以及平衡的真实状况。审计发现县级财政收支不实问题比较严重的情况，引起了省政府领导的高度重视。

经济责任审计　继续推动经济责任审计工作的深化、规范和提高。国有及国有控股企业领导人员的任期经济责任审计不断深化，县以下党政领导干部的任期经济责任审计已全面推进，县以上党政领导干部的任期经济责任审计正分步推进。据统计，全省审计机关全年共对33名厅级、156名处级、961名科级、755名乡级党政领导干部，以及3名省属企业、19名市属企业、51名县属企业的领导人员开展任期经济责任审计，查出违规行为金额13.41亿元、损失浪费2.11亿元，移送司法机关查处11人，移送纪检监察部门查处56人，建议有关部门给予党政纪处分11人。

国有企业审计　组织对全省电力行业30个单位2001年度资产负债损益的真实、合法、效益情况进行了审计，查出各类违规行为金额8.71亿元，揭露出成本利润核算不实以及侵蚀国有资产、漏缴个人所得税等资产质量和会计信息质量方面存在的问题，省政府领导多次听取了审计情况汇报，审计结果得到省政府领导的充分肯定。此外，还组织了对全省气象行业的审计。

金融和外资运用审计　组织对农发行福建省分行系统县级以上自营及代理机构2001年资产负债损益情况的审计，查出各类违规行为金额计2973.64万元，揭露出信贷资产存在较大的风险以及粮食购销市场化后对粮食购销企业资金实行封闭运行监管的难度加大、经营管理不善等问题。组织对兴业证券股份公司、兴业银行深圳分行的审计，揭露出存在的风险和深层次问题，引起省领导的高度重视。组织对全省世、亚行贷款和国外援贷款项目的审计，对发现的项目进度缓慢、项目转贷积极性差、国内配套资金不及时等问题做了如实披露。此外，还组织对各级财政部门和有关行业主管部门的政府外债借款、使用、管理、偿还情况进行了审计调查，调查报告得到省领导的高度重视并做了专门批示，要求省政府分管领导和有关部门抓紧研究完善福建省偿债机制的措施。

党政领导交办事项审计　根据省政府领导交办，省审计厅对漳诏高速公路征地拆迁安置补偿资金管理使用情况、福州东湖宾馆2001年末资产负债损益情况、福州金牛山高校教职工住宅小区集资建房情况、“九五”期间全省监狱和劳教系统专项资金的管理使用情况等进行了审计或审计调查，审计结果得到省政府的充分肯定及各部门的重视和认可。在对漳诏高速公路征迁情况审计调查中，发现了征迁安置补偿费支出超概算、克扣农民安置补偿费和骗取国家建设资金、损失浪费等重大违纪违规问题，省政府领导做了重要批示，要求漳州市委、市政府主要领导亲自抓好整改落实工作。

审计质量管理　一是以贯彻《国家审计准则》为主线，逐步完善审计执法制度体系，在全省范围内首次开展优秀审计项目和省厅重大审计成果的评审活动，评选出厦门宾馆总经理任期经济责任审计、泉州市人民检察院综合大楼项目竣工决算审计、福州电业局农网改造审计、省林业厅2000年度预算执行审计等4个项目为2001年全省优秀审计项目，2000年度全省普教经费审计项目为2001年省厅机关重大审计成果项目；二是积极响应省委确定的调查研究年，组织开展了深化和规范任期经济责任审计、强化审计质量管理、试行审计结果对外公告、审计队伍职业道德建设、提高审计干部培训的质量和效果等5个课题的调研活动。

审计公示制度　从4月1日开始，全省审计机关全面推行审计公示制度，即审计组在进点被审计单位时，必须将包含有审计内容、审计组长和审计组成员、审计起始时间和预计结束时间、审计组联系电话和审计组所在部门办公电话、派驻审计机关纪检监察室办公电话等内容的《审计公示》张贴在被审计单位的醒目处明示，欢迎广大干部职工随时向审计组反映被审计单位执行财经纪律的情况，同时也欢迎向审计组、审计组所在部门、派驻审计机关纪检监察室反映审计人员是否依法审计、廉洁从审、秉公执法等方面的情况。（撰稿人：温炎生）

【福州市审计局】　2002年，共有干部职工82人，其中本科学历16人、大专学历52人，局长潘丽珠，副局长郑子平、陈莉娟，纪检组长游经成。设有办公室、综合处、纪检监察室、财政金融审计处、行政事业审计处、固定资产投资审计处、经贸审计处、社会保障审计处、农业与资源环保审计处。

审计成果　完成审计项目99个，查出违规行为金额4.99亿元，应缴财政1399万元，已交1081万元，归还原渠道资金1860万元，调账处理2332万元，应纠正4.53亿元，查出百万元以上违规单位20个。向司法机关和纪检监察部门移送案件线索11件，建议给予党政纪处分两人。提交审计综合报告53份，被党政领导批示、批转31份，提交审计信息178篇，被采用81篇。

经济责任审计　共对40名党政领导干部和6名国有及国有控股企业领导人员进行了任期经济责任审计，查出违规行为金额2.28亿元（其中负主管责任1.49亿元、负直接责任0.79亿元），应纠正2.56亿元，查出损失浪费4473万元，查出个人经济问题金额47万元，建议给予党政纪处分两人，移送纪检监察部门查处10人。同时，还对连江县原县长和永泰县、台江区、鼓楼区等原县（区）委书记开展了任期经济责任审计试点工作。

内部审计　市直部门内审机构19个（其中专职机构12个），内审人员71人（其中专职人员45人）。共完成审计项目374个，其中财务收支审计65个、经济效益审计22个、经济责任审计46个、建设项目审计190个、专项资金审计4个、内部控制制度评审47个，查出损失浪费73万元，促进增收节支639万元，提出建议意见被采纳774条，已纠正违规违纪行为金额2870万元，建议给予行政处分9人。（撰稿人：陈立武）

【福州市鼓楼区审计局】　现有干部职工7人，无内设机构，负责对全区10个乡镇、街道和50个区直部门的审计监督。局长郑义雄，副局长房贞彪、粘少梅。

审计成果　完成审计项目5个，查出违纪违规行为金额14万元，应缴财政6万元，已交6万元。提交审计综合报告、信息21篇，被区政府领导批示两篇，被有关部门采用6篇。此外，完成党政领导和有关部门交办的审计任务9个，开展经济责任审计项目3个。（撰稿人：赵晓萍）

【福州市台江区审计局】　现有干部职工7人，负责对全区12个街道和55个区直部门的审计监督。副局长王良。

审计成果　完成审计项目16个，查出违规行为金额153万元，应缴财政77万元，已交77万元。提交审计报告10份、信息和调研报告25篇，被采用22篇。区直内审机构37个，其中专职机构25个；内审人员37人，其中专职人员13人。（撰稿人：王良）

【福州市仓山区审计局】　现有干部职工8人，设有审计科，负责对全区13个乡镇、街道、40个区直部门和4个国有企业的审计监督。局长翁爱玉，副局长郑铭、江信安。

审计成果　完成审计项目16个，查出违规行为金额1216万元，应缴财政36万元，指明要求纠正2777万元。此外，完成区领导交办审计任务6个。提交审计信息10篇，被市、区有关刊物登出5篇，提交审计论文3篇。（撰稿人：梁敬华）

【福州市马尾区审计局】　现有干部职工8人，设有综合审计科、国有企业审计科、行政事业审计科、经济责任审计科，负责对全区3个乡镇、街道、88个区直部门和12个区属国有企业的审计监督。局长陈育德，副局长陈大楼。

审计成果　完成审计项目24个，查出违规行为金额5641万元，应缴财政1150万元，已交104万元。向有关部门报送信息14篇，论文4篇，综合报告10份，被采用9篇，被领导批示1篇。此外，完成13名科级干部的任期经济责任审计，查出违规行为金额5081万元，指明要求纠正20375万元。（撰稿人：何金章）

【福州市晋安区审计局】　现有干部职工12人，设有综合审计科、行政事业审计科、工交农林水审计科，负责对全区11个乡镇（街道）和29个区直部门的审计监督。局长郑友法，副局长林凤飞、吴国祥、李维丹。

审计成果　完成审计项目15个，查出违规行为金额1331万元，指明要求纠正3372万元。完成审计调查3个，提交审计报告5份、审计信息14篇，被各级政府采用6篇，审计论文3篇。此外，对10名科级干部开展了任期经济责任审计。有内审指导人员3人，内审机构21个，内审人员102人。（撰稿人：郑友法）

【福清市审计局】　现有干部职工21人，设有法规审理综合科、农业与资源环保审计科、财政金融审计科、行政事业审计科、经贸社保审计科、固定资产投资审计科，负责对全市21个镇街和39个市直部门的审计监督。局长郑祯来，副局长何希弼、陈在生。

审计成果　完成审计项目80个，审计单位80个，查出违规行为金额5392万元，应缴财政242.47万元（含税收105万元），已交239.67万元。完成审计调查3个，调查单位15个。提交审计论文11篇，审计信息26篇。完成39名党政领导干部和两名企业领导人员任期经济责任审计，查出违规行为金额661万元。有内审指导人员两人，内审机构15个，内审人员57人。（撰稿人：郑祯来）

【长乐市审计局】　现有干部职工22人，设有综合科、财政金融审计科、行政事业审计科、经贸审计科、基建投资审计科，负责对全市18个乡镇和29个市直部门的审计监督。局长陈崇国，副局长郑依凤、林春华、林升、陈鸿、王霞。

审计成果　完成审计项目57个，查出违规行为金额9387万元，应缴财政2916万元，已交67万元。提交审计信息39篇，领导批示4篇，被采用18篇（次）。此外，对离任的8个单位、8名主要领导干部和全市18个镇（乡）32名党委书记、镇长实施任期经济责任审计，已完成23个。（撰稿人：陈崇国）

【闽侯县审计局】　现有干部职工22人，设有办公室、财政审计科、企业审计科、行政事业审计科、经济责任审计科、基建审计科、法规审理科和综合审计科，负责对全县16个乡镇和45个县直部门的审计监督。局长程依香，副局长宋洪堤。

审计成果　完成审计项目53个，其中审计项目23个，审计调查项目两个，经济责任审计项目28个，同时，完成党政及上级部门交办审计事项5个。查出违规行为金额4370万元，应缴财政129万元，已交76万元，指明要求纠正3762万元，查出百万元以上违规单位1个，查出“小金库”1个。提交审计信息22篇，被采用18篇，提交审计论文21篇，被采用10篇。（撰稿人：程依香）

【连江县审计局】　现有干部职工25人，设有法制综合科、财金审计科、行政事业审计科、经贸审计科、固定资产投资审计科、经济责任审计科、县建设项目预决算审计中心（事业单位），负责对全县22个乡镇和266个县直部门的审计监督。局长黄康兴，副局长郑新国。

审计成果　完成审计项目64个，查出违规行为金额1832万元，应缴财政164.07万元，已交142.18万元（含追缴上年应缴款），应纠正589万元，应调整预算收入145.98万元。向纪检监察机关移送案件两起，提起刑事诉讼1起1人，立案调查1起，建议给予党政纪处分1人。完成建设项目预决算审计148个，送审工程造价10880万元，净核减819万元，净核减率为7.52%。完成党政领导交办审计事项7个。提交审计综合报告、专题信息41篇，审计科研论文23篇，被各级采用19篇。（撰稿人：胡金进）

【罗源县审计局】　现有干部职工17人，设有综合审计科、财政金融审计科、企业审计科、行政事业审计科、固定资产投资审计科，负责对全县15个乡镇、街道、107个县直部门和16个国有企业的审计监督。局长陈玉琴，副局长洪兆文（—10月），黄德旺（—10月）。

审计成果　完成审计或审计调查项目36个，查出违规行为金额5275万元，指明要求纠正4651万元，应缴财政324万元，已交85万元。提交审计综合报告10份，信息20篇，被采用信息7篇。查出百万元违规单位10个，查出“小金库”1个（金额15.06万元），向纪检监察部门移送案件两起，建议给予党政纪处分5人，协助有关部门查处案件两起。（撰稿人：黄向康）

【闽清县审计局】　现有干部职工11人，设有综合科、财政金融审计科、行政事业审计科、固定资产投资审计科、经贸审计科，负责对全县18个乡镇和70个行政企事业单位的审计监督。局长林从娇。

审计成果　完成审计项目40个，查出违规行为金额550万元，应缴财政98万元，已交98万元，应归还原渠道资金57万元，提交各类审计报告10份，审计信息和论文27篇，其中有10篇信息被县委、县政府和上级审计机关采用，1篇论文被《中国审计报》采用。有内审机构12个，内审人员34人。（撰稿人：郑祥磊）

【永泰县审计局】　现有干部职工19人，设有办公室、综合股、财政金融审计股、行政事业审计股、企业和基建审计股，此外，挂靠的事业单位有县经济责任审计工作联席会议办公室，有干部职工3人，负责对全县21个乡镇、38个县直部门、45个事业单位和35个国有企业的审计监督。局长连惠群、副局长郑远志、陈宝华。

审计成果　完成审计项目68个，查出违规行为金额1203万元，应缴财政61万元，已交61万元，应纠正196万元，罚没31万元。提交各类审计报告、信息60篇，被采用17篇；提交审计论文7篇。（撰稿人：许俊鹏）

【平潭县审计局】　现有干部职工18人，设有办公室、财政金融审计科、行政事业审计科、农业与固定资产投资审计科、经贸审计科，负责对全县15个乡镇和42个县直部门的审计监督。局长李于丰，副局长丁元恩、薛岚。

审计成果　完成审计项目17个，查出违规行为金额828万元，应缴财政82万元，已交20万元。完成审计调查18个，调查单位20个。提交审计报告20份，审计信息20篇，审计科研论文6篇，被采用4篇。完成1名科级干部离任经济责任审计，查出违规行为金额78万元。（撰稿人：李于丰）

【南平市审计局】　2002年，共有干部职工35人，其中本科学历11人，大专学历21人，局长陈民，副局长章复卿、孙师佣、肖志光，纪检组长蔡文舜。设有办公室、法制科、监察室、财政金融审计科、行政事业审计科、经贸审计科、经济责任审计科、固定资产投资审计科。

审计成果　完成审计项目44个，查出违规行为金额7189万元，应缴财政512万元，已交420万元。提交审计报告78份，信息和调研报告107篇，被采用47篇。对市建设局玉屏山综合楼以及市技术监督局办公楼装修工程进行工程造价审计，送审造价1454万元，审后造价1104万元，净核减工程投资350万元，平均核减率达24.07%。完成经济责任审计项目14个、13人，查出违规行为金额2106万元，查出个人存在经济问题9万元。

专项审计调查　对全市1999～2001年上级拨入的2.4亿元国债资金的使用和管理情况逐项进行了全面的审计调查。（撰稿人：李一山）

【南平市延平区审计局】　现有干部职工19人，设有综合股、审计一股、审计二股，负责对全区19个乡镇、街道和79个区直部门的审计监督。局长高松，副局长林防隆、王怡。

审计成果　完成审计项目56个，查出违规行为金额527万元，应纠正1366万元，应缴财政38万元，已交34万元。提交审计专题报告7份，审计信息22篇，被采用16篇（次）。完成24名领导干部任期经济责任审计，查出违规行为金额287万元。完成对教育、林业、计生、卫生4个部门的预算细化审计，查出违规行为金额13万元，应纠正101万元。（撰稿人：郭秋英）

【邵武市审计局】　现有干部职工29人，设有办公室、财政金融审计股、经贸审计股、行政事业审计股、经济责任审计股、农林水审计股和监察室，负责对全市19个乡镇、街道和56个市直部门、企业的审计监督。局长林党生，副局长郑明辉、戴惠桢、卓玲。

审计成果　完成审计项目86个，审计单位90个，查出违纪行为金额1840万元，应缴财政147万元，已交121万元，应补交税费22.91万元，已入库11.30万元。完成审计调查项目两个，调查单位5个。出具审计意见书39份，下达审计决定书25份，出具涉嫌犯罪移送司法机关处理书1份。提交审计结果报告59份，审计信息及审计论文40篇，被省、市、县采用28篇。有内审机构4个，内审人员8人。（撰稿人：余建瑞）

【武夷山市审计局】　现有干部职工16人，设有综合股、行政事业审计股、经贸审计股、固定资产投资审计股、任期经济责任审计股，负责对全市10个乡（镇）和110个市直部门的审计监督。局长张贤军，副局长黄学进、张虹、郭萍。

审计成果　完成审计项目59个，查出违纪违规行为金额1261万元，指明要求纠正1141万元，应缴财政71万元，已交71万元，应缴税收49万元。提交审计报告、信息51篇，被采用32篇，出具《审计公告》两份。完成基建工程项目造价审计两个，送审工程造价1429.44万元，审计核减103.54万元；审计抽查1个项目，原定工程造价1330.78万元，核减11.14万元。有内审指导人员5人，内审机构13个，内审人员13人（兼职）。（撰稿人：柳惠）

【建瓯市审计局】　现有干部职工16人，设有办公室、财政金融审计股、行政事业审计股、固定资产投资审计股、经贸审计股和经济责任审计股，监察室和法制股分别挂靠办公室和经济责任审计股，负责对全市14个乡镇、4个街道和57个市直部门的审计监督。局长朱晓，副局长陈赛国。

审计成果　完成审计项目76个，查出违规行为金额837万元，应缴财政24万元，已交22.6万元。完成审计调查6个，调查单位17个。提交审计综合报告11份，审计信息36篇，编发简报10期，被采用26篇。另外，对19个市直部门和16个乡镇、街道的主要领导干部进行了任

期经济责任审计。(撰稿人：彭明远)

【建阳市审计局】 现有干部职工16人，设有综合审计科、工业交通审计科、行政事业审计科、财政金融审计科、商粮贸审计科和固定资产投资审计科，负责对全市11个乡镇、两个街道和所有市直部门的审计监督。局长李书辉，副局长李国强。

审计成果 完成审计项目70个，其中科级领导干部任期经济责任审计32个。查出违规行为金额375万元，应缴财政5万元，已交4万元，应归还原渠道资金两万元。提交审计报告、信息40篇，完成党政交办任务3个。有内审指导人员1人，内审机构6个，内审人员12人。(撰稿人：余月友)

【顺昌县审计局】 现有干部职工15人，设有办公室、财政金融审计股、行政事业审计股、经贸审计股、固定资产投资审计股和任期经济责任审计股，负责对全县14个乡镇和54个县直部门的审计监督。局长范隆坤，副局长许发庆、彭平弟。

审计成果 完成审计项目66个，查出违纪行为金额990万元，应缴财政122万元，已交78万元，追回被侵占、挪用资金8万元，增收节支86万元。提交审计报告、信息74篇，被采用60篇。完成29个单位、35名科级干部的任期经济责任审计，查出违纪违规行为金额407.41万元，其中收缴财政24.16万元。(撰稿人：范隆坤)

【浦城县审计局】 现有干部职工15人，设有局办公室、法制股、经贸审计股、行政事业审计股、财政金融审计股、固定资产投资审计股和经济责任审计股，负责对全县19个乡镇和179个县直部门、企事业单位的审计监督。局长林锋，副局长汪春孙、虞景荣。

审计成果 完成审计项目58个，查出违纪违规行为金额1546万元，应缴财政74.13万元，已交73.50万元。开展基建工程项目造价审计14个，送审工程造价7684万元，审后造价7559.95万元，核减工程造价净额124.85万元。完成县委、县政府临时交办的审计事项4个，配合纪检监察机关及其他有关部门进行审计查证事项5件。提交审计调查报告3份，审计信息和论文29篇，被采用27篇。(撰稿人：林锋)

【光泽县审计局】 现有干部职工12人，设有综合股、财金事业审计股、经济责任审计股、企业基建审计股，负责对全县8个乡镇和31个县直部门的审计监督。局长宋风英(—5月)、黄传星(5月—)，副局长庄定良、江晖。

审计成果 完成审计单位项目46个，查出违规行为金额935万元，应缴财政15万元，已交15万元。移交案件1起。完成审计调查3个，调查单位5个。提交审计报告、信息29篇，被采用13篇。完成22名科级干部的任期经济责任审计，查出违规行为金额584万元。有内审指导人员1人，内审机构5个，内审人员10人。(撰稿人：张琦宏)

【松溪县审计局】 现有干部职工13人，设有办公室(监察室)、行政事业金融审计股、经贸审计股、固定资产投资审计股、经济责任审计股，负责对全县9个乡(镇)和县直部门的审计监督。局长李德辉，副局长黄连娣、徐少华。

审计成果 完成审计项目52个，其中经济责任审计33个。查出违纪行为金额223万元，应缴财政5.5万元，已交5.5万元，指明要求纠正71万元。完成基建工程造价审计7个，送审金额2195万元，核减164万元，核减率7.45%。提交审计报告53份，审计信息1篇，审计论文3篇。(撰稿人：伊红华)

【政和县审计局】 现有干部职工12人，设有办公室、财政金融审计股、企业审计股、行政事业审计股、经济责任审计和基本建设投资审计股，负责对全县10个乡镇和21个县直部门的审计监督。局长薛衍钟，副局长范华珍。

审计成果 完成审计项目75个，其中党政交办任务36个。查出违纪违规行为金额230万元，决定处理处罚61万元，应缴财政51万元，已交40万元。完成审计调查1个。提交审计报告、信息76篇。(撰稿人：魏祖良)

【三明市审计局】 2002年，共有干部职工46人，其中本科学历10人，大专学历21人，局长李光钦，副局长官恩海、林元琬、叶其兴，纪检组长陈修辉。设有办公室、人事教育科、法规科、财政金融审计科、行政事业审计科、固定资产投资审计科、经贸审计科、任期经济责任审计科、农业与资源环保审计科、社会保障审计科、计算机辅助审计中心、派驻纪检组、监察室。

审计成果 审计单位104个，查出违规行为金额4803万元，应缴财政1934万元，已交735万元，调账处理119万元，指明要求纠正5178万元，查出百万元违规单位9个。向司法和纪检监察机关移送案件1起。专项审计调查项目8个，调查单位14个，提交专项审计调查报告和综合调查报告9份。(撰稿人：方金辉)

【三明市梅列区审计局】 现有干部职工7人，设有综合股、财政行政事业审计股、企业审计股、经济责任审计股，负责对全县6个乡镇和48个行政企事业单位的审计监督。局长丁火生，副局长范宗里、陈贻教。

审计成果　完成审计项目11个，查出违纪违规行为金额140万元，应缴财政5.48万元，已交5.48万元，指明要求纠正749万元。移送纪检、公安机关经济案件两起。提交审计报告、信息14篇。（撰稿人：卢方明）

【三明市三元区审计局】　现有干部职工8人，设有办公室、财政行政事业审计股、经济责任审计股，负责对全区4个乡镇和72个区直部门的审计监督。局长龚培宁，副局长俞彩云、林丽珍。

审计成果　完成审计项目24个，查出违规违纪行为金额583万元，应缴财政5.7万元，已交5.7万元，指明要求纠正577.3万元。提交审计报告、调查专题报告和信息51篇，被采用12篇。（撰稿人：林金凉）

【永安市审计局】　现有干部职工25人，设有办公室、综合法制科、财政金融审计科、行政事业审计科、固定资产投资审计科、经贸审计科、任期经济责任审计科、农业与资源环保审计科、任期经济责任审计联席会议办公室，负责对全市15个乡镇和43个市直部门的审计监督。局长罗祥华，副局长黄四清、张邦起。

审计成果　完成审计项目74个，查出违纪违规行为金额1672万元，应缴财政299万元，归还原渠道资金20万元，指明调账处理456万元，应纠正3631万元。移送司法机关案件1起，移送纪检部门案件1起。提交审计报告9份，其中6份被批示；提交审计信息74篇，被采用29篇；提交业务论文11篇。有内审指导人员5人，内审机构16个，内审人员30人。（撰稿人：谢毅萍）

【明溪县审计局】　现有干部职工13人，设有办公室、财政金融审计股、行政事业审计股、经贸审计股、任期经济责任审计股和计算机辅助审计中心，负责对全县9个乡镇和28个县直部门的审计监督。局长张天争，副局长王维邦、陈美兰。

审计成果　完成审计项目39个，审计单位51个，查出违规行为金额334万元，决定处理处罚21万元，指明要求纠正960万元，应归还原渠道资金68万元，应缴财政21万元，已交21万元，查出“小金库”两个，向检察机关移送案件1起。提交审计报告、信息24篇，被批示、采用11篇。完成经济责任审计项目18个。（撰稿人：梁广文）

【清流县审计局】　现有干部职工17人，设有办公室、固定资产投资审计科、行政事业审计科、企业审计科、财政金融审计科和综合科，负责对全县15个乡镇和60个县直部门的审计监督。局长韦玲玲，副局长卢云华、严和仁。

审计成果　完成审计项目47个，查出违规行为金额518万元，应缴财政15万元，已交7万元。提交审计报告1份，调研报告3份，被采用1份。完成经济责任审计项目20个、20人，查出违规行为金额53万元，纠正违规行为金额353万元，审计后平调20人。（撰稿人：邓娇凤）

【宁化县审计局】　现有干部职工16人，设有办公室、财政金融审计股、行政事业审计股、经贸审计股、固定资产投资审计股、任期经济责任审计股、综合法规审计股，负责对全县16个乡镇和28个县直部门的审计监督。局长蔡绍启，副局长林以芬、吴仕桦。

审计成果　完成审计项目40个、专项审计调查3个，查出违纪违规行为金额1182万元，其中指明要求纠正1162万元，决定处理处罚20万元，应缴财政20万元。提交审计报告、信息49篇，被采用13篇。另外，对26名科级领导干部进行了任期经济责任审计。（撰稿人：吴仕桦）

【大田县审计局】　现有干部职工14人，设有办公室、综合法规股、财政金融审计股、行政事业审计股、经贸审计股、固定资产投资审计股、任期经济责任审计股、社会保障审计股，负责对全县18个乡镇和24个县直部门的审计监督。局长陈昭民，副局长陈玉炳。

审计成果　完成审计项目32个，审计单位46个，查出违纪违规行为金额546万元，应缴财政35万元，已交23万元，追回被侵占挪用专项资金75万元，指明要求纠正3604万元，审计核减建设项目的工程造价及财政补贴104.82万元。提交综合审计报告10份，审计调查报告8份，审计意见37份，审计信息47篇，被采用13篇。（撰稿人：陈新芳）

【尤溪县审计局】　现有干部职工44人，设有办公室、综合股、财政金融审计股、行政事业审计股、企业审计股、基建审计股以及城关、梅仙、西滨、管前、坂面5个审计办事处，负责对全县15个乡镇和146个县直部门、56个国有企业的审计监督。局长陈家治，副局长王大铭、朱振亚。

审计成果　完成审计项目176个，查出违规行为金额4211万元，指明要求纠正4152万元，应缴财政142万元，已交134万元。其中完成59名科级领导干部任期经济责任审计，决定处理处罚1293万元，指明要求纠正1938万元。完成审计调查两个，调查单位5个。提交审计报

告、信息29篇，被采用17篇。内审机构两个，内审人员4人。（撰稿人：罗其兴）

【沙县审计局】 现有干部职工18人，设有办公室、法规综合股、行政事业审计股、财政金融审计股、经济责任审计股和派驻监察室，负责对全县13个乡镇和20个县直部门的审计监督。局长吴晓玲，副局长魏钦权、洪金娣、杨水泉。

审计成果 完成审计项目42个，查出违规行为金额1004万元，指明要求纠正1501万元，应缴财政91万元，已交74万元。移送纪检监察和司法机关案件5起，受党纪处分1人。查出百万元以上违规单位1个。提交审计报告、呈阅件、论文、信息等80篇，被批示、采用49篇。（撰稿人：林华）

【将乐县审计局】 现有干部职工14人，设有办公室、法制股、财政金融审计股、经贸审计股、经济责任审计股，负责对全县13个乡镇和53个部门的审计监督。局长陈淑治，副局长陈仕朝、罗顺华。

审计成果 完成审计项目41个，查出违纪违规行为金额1771万元，其中指明要求纠正321万元，调账处理32万元，应缴财政17万元，已交16万元，归还原渠道资金4万元。提交审计报告、信息67篇，被批示、采用19篇。（撰稿人：程静）

【泰宁县审计局】 现有干部职工11人，设有综合审计股、财金审计股、经济责任审计股、行政事业审计股、固定资产投资审计股，负责对全县11个乡镇和51个县直部门的审计监督。局长朱静，副局长陈列风、吕孙娥。

审计成果 完成审计项目42个，其中任期经济责任审计22个。查出违纪违规行为金额1338万元，归还原渠道资金259万元，指明要求纠正669万元，应缴财政46万元，已交39万元，已交罚款7万元。完成审计调查1个，调查单位两个。提交审计报告、信息26篇。（撰稿人：林晓玲）

【建宁县审计局】 现有干部职工14人，设有办公室、财政金融审计股、行政事业审计股、固定资产投资审计股、经贸审计股、任期经济责任审计股，负责对全县10个乡镇及县直行政事业单位、县属企业及国有控股企业的审计监督。局长甘家福，副局长廖美琴、宁邦清。

审计成果 完成审计项目41个，审计调查两个，其中经济责任审计28个，查出违纪行为金额67万元，应缴财政13万元，已交12.38万元（含历年未执行），归还原渠道资金4万元，指明要求纠正1227万元。向纪检监察机关移送案件两起，协助有关部门查处案件1起。提交审计报告、信息26篇，被采用5篇。（撰稿人：林慧升）

【莆田市审计局】 2002年，共有干部职工31人，其中研究生学历1人，本科学历10人，大专学历14人，局长王国模，副局长陈立人、施春耀、张文庆，纪检组长朱明。设有办公室、监察室、法制科、财政金融审计科、行政事业审计科、农业与环保资源审计科、经济责任审计科、特派审计室、经济责任联席会议办公室、计算机中心。

审计成果 完成审计项目102个，查出违规行为金额24638万元，应缴财政728万元，已交626万元，查出各类“小金库”6个、金额计95万元。提交审计报告26份，审计信息和调研报告23篇，被采用11篇。审计调查发现，莆田世全房地产开发有限公司责任人存在严重的违法违纪问题，涉案金额达70多万元，检察机关已立案并批捕1人。

经济责任审计 完成经济责任审计项目20个、20人，查出违规行为金额1364万元；全面开展了对县（区）长、管委会主任的任期经济责任审计。（撰稿人：颜金狮）

【莆田市城厢区审计局】 现有干部职工8人，负责对全区4个镇，3个街道和78个区直部门的审计监督。局长林庆荣（—7月）、黄斌华（7月—），副局长陈金福。

审计成果 审计单位56个，查出违纪违规行为金额1871万元，应纠正1446万元，应缴财政71万元，已交财政63万元。提交审计报告53份。完成52人的任期经济责任审计，查出违纪行为金额1119万元，应纠正1158万元，应缴财政65万元，已交财政59万元；审计后晋升10人、平调21人、离岗待退6人。（撰稿人：黄斌华）

【莆田市涵江区审计局】 现有干部职工12人，设有经济责任审计室和固定资产投资服务中心，负责对全区10个乡镇、两个街道、1个管委会、1个开发区和54个区直部门的审计监督。局长朱永恒，副局长郑秀梅。

审计成果 完成审计项目25个，审计单位57个，查出违规行为金额1452万元，指明要求纠正10125万元，决定处理处罚88万元；应缴财政46万元。完成审计调查1个，调查单位两个。查出“小金库”4个、金额计638万元。移送纪检监察机关案件线索9件（其中立案6起），提交各类审计报告、信息6篇，被批示、采用5篇。另外，对39名党政科级干部、企业的主要领导人员开展了任期经济责任审计，查出违规行为金额465万元。（撰稿人：朱永恒）

【莆田市荔城区审计局】 因莆田市区划调整，由原莆田县审计局于8月变更而来。现有干部职工25人，设有办公室、行政事业审计股、财政金融审计股、经贸审计股，负责对全区4个乡镇、两个街道、44个区直部门的审计监督。局长刘金贵，副局长林金荣。

审计成果 完成审计项目6个，审计单位7个，查出违规违纪行为金额289万元，应缴财政24万元，已交15万元，指明要求纠正265万元。完成46名科级干部的任期经济责任审计，其中晋升9人、平调23人、免职10人；查出违纪违规行为金额4010万元，应缴财政168万元，已交10.39万元，指明要求纠正3392万元，查出"小金库"两个，移送纪检监察部门案件线索6件。（撰稿人：刘金贵）

【莆田市秀屿区审计局】 因莆田市区划调整，由原莆田市审计局驻湄州湾北岸特派员办事处于7月变更而来。现有干部职工6人，负责对全区10个乡镇和67个区直部门以及国有企事业单位的审计监督。局长陈淑珍，副局长蔡富金。

审计成果 完成审计项目31个，审计调查项目1个，查出违规违纪行为金额7562万元，应缴财政481万元，已交195万元，指明要求纠正12782万元。查出"小金库"5个、金额18.13万元。提交各类审计报告和信息37篇，被批示、采用10篇。向纪检监察部门移送案件线索1件，查出百万元以上违规单位11个。（撰稿人：陈淑珍）

【仙游县审计局】 现有干部职工33人，设有办公室、法制股、财政金融审计股、行政事业审计股、经贸审计股、农业与环保资源审计股、固定资产投资审计股、经济责任审计股和经济责任审计工作会议办公室，负责对全县19个乡镇和23个县直部门的审计监督。局长林建仁（—10月）、黄庆舜（10月—），副局长罗成聪、黄明华、张建新，纪检组长徐玉森。

审计成果 完成审计单位84个，查出违纪违规行为金额3880万元，直接缴财政120万元，应减少财政拨款和补贴102万元，指明纠正388万元；提交审计信息12篇，被批示、采用5篇。局机关被福建省人民政府授予"人民满意的公务员集体"称号，林建仁被人事部、审计署授予"全国审计机关先进工作者"称号。（撰稿人：黄庆舜）

【泉州市审计局】 2002年，共有干部职工53人，其中本科学历16人，大专学历34人，局长詹汉民，副局长魏昭富、吴清水、黄志生，纪检组长杨水永。设有办公室、综合审计科、法规体系管理科、财政金融审计科、固定资产投资审计科、行政事业审计科、外经贸审计科、工交商企业审计科。

审计成果 完成审计项目74个、审计调查项目20个，查出违规行为金额11092万元，应缴财政2977万元，已交2945万元。提交审计报告34份、信息95篇，被批示、采用86篇。组织对4个县的财政决算审计，揭露出调节收入、政府债务较重等问题。组织对农业综合开发资金、三峡库区外迁移民安置资金、职工基本养老基金、住房基金、医保基金等专项资金进行审计，有效地规范了资金管理，其中农业综合开发资金审计结果得到了省、市领导的重视，市政府专门发出了整改通知。组织对39个行政事业单位审计，查出了大量的"小金库"、"账外账"、滥发奖金补贴问题，促进加强财务管理。组织对21个企业单位审计，完成了政府交办的两个工程项目审计。开展了政府外债情况、企业资产经营管理情况、执法单位"收支两条线"执行情况等项目的审计调查，分析并反映了普遍性问题。其中对市直6个国有企业的资产状况和市直11个国有外经贸企业的财务状况开展审计调查，揭示了存在资产潜亏现象以及不良资产状况较严重的问题，引起了省、市领导的高度重视，有关部门根据领导批示精神提出了整改措施。（撰稿人：黄双福）

【泉州市鲤城区审计局】 现有干部职工14人，设有综合（基建）审计科、财政税务审计科、行政事业审计科、企业金融审计科，负责对全区6个乡镇、街道和90个区直部门及企业的审计监督。局长黄种渥，副局长胡惠红、杜清辉。

审计成果 完成审计项目17个，查出违规行为金额299万元，应缴财政12万元，减少财政拨款或补贴175万元，归还原渠道资金56万元，核减工程造价180万元，指明要求纠正金额3208万元。提交审计报告、信息33篇，被采用13篇。（撰稿人：黄永芳）

【泉州市丰泽区审计局】 现有干部职工12人，设有办公室、财金企业审计股、行政事业审计股、经济责任审计股和基建审计服务中心，负责对全区8个街道和47个区直部门的审计监督。局长黄国富，副局长吴赞强（4月—）、凌荣剧（6月—）、李清坝（—9月）。

审计成果 完成审计项目单位18个，查出违纪违规行为金额316万元，指明要求纠正773万元，应缴财政45万元，已交25万元，核减基建工程造价137.95万元，核减率15.47%。提交审计信息30篇，被省、市、区级有关单位采用25篇（次）。（撰稿人：陈其顺）

【泉州市洛江区审计局】 现有干部职工13人，设有办公室、财金基建审计股、行政企事业审计股、经济责任审计股、基建投资审计中心，负责对全区6个乡镇（街道）和55个区直部门及78个国有企事业单位（项目）的审计监督。局长杨福安，副局长兰伟文、黄庚寅。

审计成果 完成审计项目70个，其中基建工程竣工决算审计项目50个，查出违规行为金额674万元，应缴财政12万元，已交12万元，归还原渠道资金64万元，核减基建工程造价1284万元，核减率11.68%。提交审计报告、信息32篇，被区委、区政府和上级机关采用24篇。完成1名副科级干部任期经济责任审计。有内审指导人员3人，内审机构4个，专职或兼职内审人员15人。（撰稿人：林坤明）

【泉州市泉港区审计局】 现有干部职工7人，设有综合股（办公室）、行政事业审计股、企业审计股、经济责任审计股和审计服务中心，负责对40多个区直部门、7个镇和山腰盐场等国有企业的审计监督。局长钟海平，副局长庄秋贵。

审计成果 完成审计项目13个，查出违规行为金额827万元，应缴财政741万元。提交审计报告10篇，被采用5篇。（撰稿人：刘宗东）

【石狮市审计局】 现有干部职工14人，设有综合股、经济责任审计股、行政财金审计股、经贸投资审计股，负责对全市9个乡镇、街道和21个市直部门的审计监督。局长孙进荣，副局长章华旺、杜清耀。

审计成果 完成审计项目58个，查出违规行为金额7665万元，应缴财政226万元，指明要求纠正4532万元。移送案件1起，全市通报1例。提交审计综合报告、审计信息66篇，被采用56篇，发表论文5篇。（撰稿人：张辉程）

【晋江市审计局】 现有干部职工26人，设有办公室、财政税务审计科、行政事业审计科、金融固定资产投资审计科、农业外经审计科和工商企业审计科，负责对全市16个镇（场）和250个市直部门的审计监督。局长许良志，副局长施养哲、陈犹远。

审计成果 完成审计项目32个，查出违规行为金额1442万元，应缴财政88万元，已交88万元。完成审计调查5个。完成50名科级领导干部离任经济责任审计，向纪检监察机关移送案件1起。提交审计信息114篇，被采用99篇。（撰稿人：陈连为）

【南安市审计局】 现有干部职工26人，设有办公室、财政金融审计科、行政事业审计一科、行政事业审计二科、经贸审计科、固定资产投资审计科和经济责任审计科，负责对全市27个乡镇（街道、开发区）和59个市直部门的审计监督。局长潘泉生，副局长陈建德、张珊瑜，纪检组长王菊治。

审计成果 完成审计项目88个。查出违纪违规行为金额9473万元，其中指明要求纠正3590万元，决定处理处罚5883万元，应缴财政102万元。提交审计报告88份，审计信息178篇，被批示、采用113篇（次）。此外，对在机构改革中变动的66名科级领导进行了任期经济责任审计。（撰稿人：黄文新）

【惠安县审计局】 现有干部职工21人，设有办公室、经济责任审计股、财政金融审计股、行政事业审计股、固定资产投资审计股、工交企业审计股，负责对全县16个乡镇和65个县直部门的审计监督。局长黄进辉，副局长刘培红。

审计成果 完成审计项目（单位）77个，查出违纪违规行为金额2952万元，应缴财政395万元，已交315万元，查出3个单位私设“小金库”，金额18万元。移送检察机关立案侦查的经济违法案件1起。重点建设项目竣工决算审计，送审工程总造价2501万元，审计核减326万元，核减率为13.03%。审计调研信息被上级党政机关、审计机关及有关新闻媒体采用95篇，其中《中国审计报》采用7篇。（撰稿人：陈清泉）

【安溪县审计局】 现有干部职工19人，设有办公室、经济责任审计股、财政金融审计股、经贸审计股、行政事业审计股、固定资产投资审计股，负责对全县24个乡镇和64个县直部门的审计监督。局长林泗川，副局长李新建、吴炳灿。

审计成果 完成审计项目94个，查出违规行为金额2553万元，决定处理处罚201万元，应缴财政201万元，指明要求纠正7174万元，查出“小金库”7个、金额20万元，向纪检监察机关移送案件线索4件。提交7个专题审计报告（呈阅件），建议给予追究领导责任4人，提交审计信息64篇。完成经济责任审计项目27个，查出违规行为金额2975万元。1月，被人事部、审计署表彰为1997～2001年度“全国审计机关先进集体”。（撰稿人：李少煌）

【永春县审计局】 现有干部职工16人，设有综合股（加挂“经济责任审计股”）、财政金融审计股、行政事业审计股、农林水审计股、企业审计股和固定资产投资审计股，负责对全县22个乡镇和158个县直部门、事业单位的审计监督。局长陈东海，副局长陈英丽、姚礼旺。

审计成果 完成审计项目35

个、审计调查项目6个，查出违规行为金额4207万元，应缴财政1103万元，已交1103万元，核减工程结算1465万元，归还原渠道资金7万元，调账处理1222万元，指明要求纠正679万元。提交审计报告、建议、信息65篇（条），被上级审计机关和各级党政机关采用50篇（条）。（撰稿人：郑永年）

【德化县审计局】 现有干部职工14人，设有办公室、财政金融审计股、企业（基建）审计股、行政事业审计股，负责对全县18个乡镇23个县直部门的监督。局长苏国友，副局长郑新民、林素红。

审计成果 完成审计项目60个，查出违规行为金额684万元，应缴财政8万元，应纠正金额2546万元。依法警告1个违规单位。提交审计工作报告、审计信息101篇，被采用45篇。（撰稿人：徐荣贵）

【厦门市审计局】 2002年，共有干部职工69人，其中本科学历31人，大专学历32人，局长沈永贵，副局长范俊球、黄清河、国桂荣（5月—），纪检组长王文秀（5月—）。设有办公室、法制处、人事教育处、财政审计处、行政事业审计处、固定资产投资审计处、经贸审计处、农业与社保审计处、金融与外资审计处、经济责任审计处。

审计成果 审计单位68个，审计调查23个，查出违规行为金额25161万元，应缴财政9542万元，已交6503万元（含罚没46万元）。完成市纪委交办事项16个，向司法机关和纪检监察等部门移送案件10起，移送12人。提交审计报告68份，信息和调研报告738篇，被采用468篇（次）。开展经济责任审计项目28个、28人，查出违规行为金额17145万元、损失浪费804万元，查出个人存在经济问题两人。

财政审计 市级预算执行审计共审计21个单位，审计调查7个，审计预算资金39.56亿元、其他财政资金9.89亿元，审计资金量达到应审资金量50%以上。查出违规行为金额4834万元，应缴财政2642万元，已交2558万元（含罚没款37万元）。市政府采纳了市审计局关于"统一全市公务员岗位津贴"的审计建议，并从2002年10月1日开始在全市实行。

内部审计 市直单位内审机构72个，其中专职机构44个；内审人员182人，其中专职人员109人。共审计单位178个，查出损失浪费546万元，纠正违规行为金额658万元，促进增收节支475万元。（撰稿人：谢清海）

【厦门市开元区审计局】 现有干部职工10人，负责对全区6个街道和41个区直部门的审计监督。局长洪月琴。

审计成果 完成审计项目13个、13个单位，其中包括机构改革中变动的17名党政处级领导干部的任期经济责任审计。查出违规违纪行为金额1930万元，其中指明要求纠正1842万元，决定处理处罚88万元，应缴财政40万元，已交40万元，已归还原渠道资金4万元，督促收缴预算外调剂金109万元，责令收回违规发放的奖金、补贴3.19万元。在审计调查6个农村的财务收支情况时，协助清理收回欠款70万元。提交审计工作报告、审计信息42篇，被批示7篇、被采用35篇。（撰稿人：陈慧敏）

【厦门市鼓浪屿区审计局】 现有干部4人，负责对区属93个单位的审计监督，副局长方忠志（—9月）、尤聪雅（9月—）。

审计成果 完成审计项目11个，其中包括机构改革中变动的两名科、处级党政领导干部和改制企业3名主要领导人员的任期经济责任审计。查出违规违纪行为金额1340万元，其中指明要求纠正1042万元，决定处理处罚298万元，应缴财政193万元，已交198万元（含去年5万元）。向区纪检监察机关提供违法违纪案件线索两件。提交审计报告、审计信息、简报37篇，被采用36篇。（撰稿人：刘益霖）

【厦门市思明区审计局】 现有干部职工6人，负责对区属106个单位进行审计监督，局长刘德懿（—11月）、陈金应（11月—），副局长李大安（—11月）。

审计成果 完成审计项目14个，其中包括机构改革中变动的两名科、处级党政领导干部的任期经济责任审计。查出违规违纪行为金额3061万元，其中指明要求纠正3042万元，决定处理处罚19万元，应缴财政19万元，已交20万元（含去年1万元）。提交审计报告、审计信息35篇，被采用12篇。（撰稿人：辜宏）

【厦门市杏林区审计局】 现有干部职工5人，负责对区属99个单位和两个镇的审计监督。局长郭丽明。

审计成果 完成审计项目10个，还对3名处级领导干部进行了任期经济责任审计。共查出违规违纪行为金额535万元，指明要求纠正422万元，应缴财政463万元，已交463万元。向纪检监察机关移送案件1起。提交审计报告、审计信息34篇，被采用21篇。（撰稿人：郑青云）

【厦门市湖里区审计局】 现有干部职工5人，负责对全区1个镇、两个街和23个一级预算单位、33个二级预算单位及3个区属国有及国有控股企业的审计监督。局长邱荣华（—9月）、吴淑真（9月—）

审计成果 完成审计单位项目10个，其中包括机构改革中变动的5名处级党政领导干部的任期经济责任审计，审计调查项目1个。查出违规行为金额79万元，应缴财政74万元，已交74万元，指明要求纠正4525万元。提交审计报告、审计信息25篇，被采用13篇。（撰稿人：于静）

【厦门市集美区审计局】 现有干部职工5人，负责对区属72个单位和2个镇的审计监督，局长范斗（—10月）、陈世德（10月—），副局长陈丰富（9月—）。

审计成果 完成审计项目12个，其中包括对区属行政单位9名处级领导干部的任期经济责任审计。查出违规违纪行为金额540万元，其中指明要求纠正447万元，决定处理处罚93万元，应缴财政90万元，已交95万元（含去年21万元），建议纠正地方部门不当规定1条。提交审计报告、审计信息49篇，被采用35篇。（撰稿人：梁忠阳）

【厦门市同安区审计局】 现有干部职工17人，设有办公室、财政审计科、经贸审计科、经济责任审计科，负责对全区13个镇（街）和53个区直部门的审计监督。局长刘海山，副局长洪天在、王增辉。

审计成果 完成审计项目30个，查出违规违纪行为金额602万元，指明要求纠正1870万元，应缴财政437万元，已交390万元，归还原渠道资金50万元。提交审计报告43份，审计信息和图片60多篇（幅），审计专报3份，被采用60多篇（次）。（撰稿人：杨幼女）

【漳州市审计局】 2002年，共有干部职工53人，其中本科学历15人、大专学历23人，局长黄永坤，副局长陈少凡、卢宗金（12月—）。设有办公室、法规科、财政金融审计科、行政事业审计科、农业与资源环保审计科、经贸外经审计科、固定资产投资审计科、经济责任审计科、机关党委工会、监察室。

审计成果 完成审计项目68个，查出违纪违规行为金额90666万元，其中决定处理处罚15657万元，指明要求纠正75009万元。应缴财政1672万元，已交865万元。向司法机关移送案件线索5件，向纪检监察移送案件线索7件。提交专项调查报告3份，综合审计报告15份，审计信息320篇，被采用167篇。

经济责任审计 开展经济责任审计项目17个、17人，查出违规行为金额4463万元，应缴财政40万元，应缴纳税费12万元，查出个人存在经济问题10万元。向司法机关移送涉案人员1人，向纪检监察机关移送涉案人员9人。

内部审计 市直部门内审机构22个，其中专职机构17个；内审人员104人，其中专职人员91人。共审计单位53个，纠正违规行为金额13万元，促进增收节支4万元。（撰稿人：张永久）

【漳州市芗城区审计局】 现有干部职工13人，设有人秘股、行政事业审计股、企业审计股和综合审计股，负责对全区4个镇、6个街道和24个区直部门的审计监督。局长林秀玉（—7月）、陈永星（7月—），副局长韩陆进、潘俊君。

审计成果 完成审计项目37个，审计单位76个，查出违纪违规行为金额2160.38万元，决定处理处罚56万元，应缴财政56万元。提交审计报告37份，审计信息15篇。另外，对4个镇、6个街道和19个区直部门领导人员实施了任期经济责任审计。（撰稿人：黄泉松）

【漳州市龙文区审计局】 现有干部职工10人，设有办公室、综合审计股、财政金融行政事业审计股、经济责任审计股，负责对全区4个乡镇和54个区直部门的审计监督。局长林辉荣，副局长黄锦波。

审计成果 完成审计项目25个，查出违纪违规行为金额2357.85万元，其中指明要求纠正2286.06万元，应缴财政70.79万元。提交审计报告19份，审计意见25份，审计信息50篇，审计简报21篇，被采用38篇，向司法机关和纪检监察机关移送案件线索4件。另外，对机构改革中变动的17个单位、14名科级党政主要领导干部和两名企业领导人员进行了任期经济责任审计。（撰稿人：陈通平）

【龙海市审计局】 现有干部职工22人，设有人秘股、综合审计股、投资审计股、财政金融审计股、企业审计股、行政事业审计股，负责对全市14个乡镇和52个县直部门的审计监督。局长戴坤海，副局长高耀强、郭翠琴。

审计成果 完成审计项目58个，查出各种违规行为金额2032万元，应缴财政84万元，已交83万元，应缴财政专户的预算外资金301万元，追还被挤占挪用资金633万元，归还原渠道资金228万元。完成党政领导交办事项8个。提交各类审计报告及审计信息104篇，被批示、采用35篇，其中省级以上报刊、杂志采用26篇。（撰稿人：张晓鸣）

【云霄县审计局】 现有干部职工17人，设有人秘股、经济责任审计股、经济贸易审计股、固定资产投资审计股、行政事业审计股、财政金融审计股，负责对全县9个乡镇和62个县直部门的审计监督。局长王彩云，副局长周永江、汤伟生，纪检组长王霖春。

审计成果　完成审计项目71个，查出违规违纪行为金额11055万元，其中决定处理处罚5891万元，指明要求纠正5164万元，应缴财政342万元，已交240万元。根据县政府的交办，对3个城市信用社近五年来财务收支情况进行审计，查出违纪违规行为金额6009万元，向纪检监察部门移交案件线索两件，向司法机关移送案件1起。提交审计报告、论文、信息45篇，被采用30篇。（撰稿人：方玉英）

【漳浦县审计局】　现有干部职工22人，设有综合审计股、人秘股、财政金融审计股、行政事业审计股、外经商粮贸审计股，工交企业审计股、固定资产投资审计股，负责对全县20个乡镇、40个县直部门和13个国有农林盐茶场的审计监督。局长刘海龙（—6月），副局长卢宗金（—12）、林建新（8月—）、李建华（9月—）。

审计成果　完成审计项目28个，查出违规行为金额3279万元，应缴财政352万元，应纠正1073万元，查出百万元以上违规单位10个，向司法机关移送案件1起。提交审计报告46份，审计信息12篇，被批示、采用5份、12篇。另外，对20个乡镇、3个事业单位和3个国有农场共43名党政、企事业的主要领导干部进行了任期经济责任审计。（撰稿人：张秋）

【诏安县审计局】　现有干部职工15人，设有秘书股、财政金融审计股、行政事业审计股、企业审计股、固定资产投资审计股，负责对全县15个乡镇和33个县直部门的审计监督。局长保才成（—7月），副局长林其钦（7月—）、浦巧雄、沈卫建。

审计成果　完成审计项目47个，审计单位92个，查出违规行为金额3357.50万元，应缴财政3063.95万元，已交418万元。提交审计报告、审计信息29篇。完成14个乡镇书记、镇（乡）长任期经济责任审计，查出违规行为金额630.83万元。有内审指导人员4人，内审机构24个，内审人员62人。（撰稿人：林其钦）

【长泰县审计局】　现有干部职工16人，设有综合审计股、财政金融审计股、固定资产投资审计股、行政事业审计股、任期经济责任审计股，负责对全县7个乡镇（场）、开发区和70个县直部门的审计监督。局长吴春金，副局长叶阿滨、陈清峰。

审计成果　完成审计项目19个，审计单位25个，查出违规行为金额2807万元，应缴财政40万元，已交20万元。完成审计调查两个，调查单位15个。向纪检、检察机关移送经济案件线索5件。完成12名科级干部任期经济责任审计，查出违规行为金额450万元。提交审计报告、信息62篇。（撰稿人：吴春金）

【东山县审计局】　现有干部职工13人，设有办公室、行政事业审计股、经济责任审计股、财政金融审计股、企业审计股、固定资产投资审计股，负责对全县7个乡镇和29个县直部门的审计监督。局长许永和，副局长陈一川、林珂，纪检组长胡文安。

审计成果　完成审计项目88个，查出违规行为金额1650万元，应缴财政345万元，归还原渠道资金1305万元。提交审计综合报告、信息46篇。（撰稿人：陈剑寒）

【南靖县审计局】　现有干部职工18人，设有人秘股、综合股、财政金融审计股、企业审计股和行政事业审计股，负责对全县11个乡镇、85个县直行政事业单位和25个企业的审计监督。局长张林林，副局长王松溪、沈建明。

审计成果　完成审计项目46个，查出违规行为金额298万元，查出“小金库”两个，应缴财政98万元，已交80万元，指明要求纠正1978万元。完成经济责任审计项目22个、33人，查出违规行为金额115万元，应缴财政52.49万元、已交30.09万元，指明纠正974万元。提交审计信息54篇，被采用26篇。有内审机构4个，内审人员11人。（撰稿人：吴荣水）

【平和县审计局】　现有干部职工17人，设有人秘股、综合审计股、企业审计股、行政事业审计股、财政金融审计股、固定资产投资审计股和监察室，负责对全县16个乡镇、82个县直部门、73个事业单位和46个国有企业的审计监督。局长王木泉，副局长叶向阳、张明山。

审计成果　完成审计项目73个，查出违纪违规行为金额1311万元，应缴财政74万元，指明应纠正3654万元。向纪检、检察机关移送案件两起，提交审计调查报告、审计结果报告54份。还完成16个乡镇（场）和36个县直机关单位及国有控股企业共67名党政主要领导的任期经济责任审计。（撰稿人：王木泉）

【华安县审计局】　现有干部职工16人，设有综合科、财政金融审计科、行政事业审计科、商粮贸审计科和工交基建审计科，负责对全县9个乡镇、1个开发区和45个县直部门的审计监督。局长庄山东，副局长林鸿安。

审计成果　完成审计项目52个，查出违规行为金额1082万元，指明要求纠正4288万元，应缴财政80万元，已交36万元。提交审计报

告、信息 65 篇。(撰稿人：黄明领)

【龙岩市审计局】 2002 年，共有干部职工 44 人，其中本科学历 15 人，大专学历 20 人，局长黄华忠，副局长胡兴林、李春成，纪检组长曾繁光。设有办公室、法制科、经济责任审计科、财政金融审计科、行政事业审计科、经贸外资审计科、农业与资源环保审计科、固定资产投资审计科和派驻纪检组、监察室，另有挂靠单位：经济责任审计工作联席会议办公室。

审计成果 审计单位 350 个，查出违规行为金额 19848 万元，应缴财政 1626 万元，已交 1342 万元，向司法、纪检监察机关移送案件 9 起，提交审计报告、信息 303 篇，其中被批示、采用 178 篇。

财政审计 完成预算执行审计 65 个单位，财政决算审计 45 个单位，查出违规行为金额 4989 万元。针对审计发现的问题，市政府责成市直各部门限期落实整改。

经济责任审计 成立市任期经济责任审计联席会议办公室，完善联席会议制度。完成任期经济责任审计 71 个单位、85 名责任人，查出违规行为金额 8693 万元，其中负主管责任 2593 万元、负直接责任 171 万元，开展了对 6 个部门处级主要领导干部经济责任审计试点工作。

专项资金审计 组织开展养老保险资金审计，审计结果由省审计厅转报后，引起省政府领导的高度重视，贾锡太副省长做出批示，省地税局及时派员对漏缴养老保险资金的企业进行专项检查。市政府领导还对棉花滩水电站移民安置资金审计调查结果做出批示，纠正了资金管理部门多头开户、违规存款等问题，并对外借和挤占挪用的移民资金 1623.67 万元进行清理、归还。(撰稿人：许敏强)

【龙岩市新罗区审计局】 现有干部职工 27 人，设有人秘股、综合股、行政事业审计股、财金审计股、工交审计股、基建审计股、商贸审计股和经济责任审计股，负责对全区 19 个乡镇和 23 个区直部门的审计监督。局长刘春，副局长郭幼味、林秋明、江虹。

审计成果 完成审计项目 15 个，审计单位 60 个；完成审计调查 5 个，审计调查单位 11 个。查出违规行为金额 2632 万元，应缴财政 671 万元，已交 577 万元，罚没 85 万元(含没收上缴财政汽车两辆)，指明要求纠正 2067 万元，查出“小金库” 79 万元。向纪检监察部门移送案件 5 起，建议给予党政纪处分 5 人，已处理 4 人。提交审计报告、信息 119 篇，被批示和采用 93 篇(次)。完成 29 个单位、41 名经济责任人的任期经济责任审计。(撰稿人：涂荣生)

【漳平市审计局】 现有干部职工 19 人，设有综合股、财政金融审计股、行政事业审计股、工业交通审计股、商业贸易审计股、基本建设审计股，下属事业单位有市基建审核中心，负责对全市 16 个乡镇和 59 个市直部门的审计监督。局长叶庆标，副局长温周健、林长全、邓家波。

审计成果 完成审计项目 49 个，查出违规行为金额 1306 万元，应缴财政 246 万元，已交 246 万元，指明要求纠正 1858 万元。提交审计报告、信息 40 篇，被批示、采用 29 篇。向纪检监察机关移送案件 1 起，查出违纪行为金额 193 万元，1 人由纪检监察部门给予党内严重警告的处分，1 人给予党内警告的处分。(撰稿人：李葆春)

【长汀县审计局】 现有干部职工 20 人，设有人秘监察股、综合股、工交审计股、行政事业审计股、商粮贸审计股和基建审计股，负责对全县 18 个乡镇和 32 个县直部门的审计监督。局长林庆清，副局长任有锦、高丽娜、余兴万。

审计成果 完成审计项目 110 个，审计单位 278 个，查出违规违纪行为 1008 万元，应缴财政 191 万元，已交 170 万元，完成审计调查 18 个，调查单位 63 个。提交审计报告、信息 135 篇。完成经济责任审计项目 27 个、47 人，查出违纪违规行为金额 93 万元，查出个人存在经济问题两人，审计后晋升两人、平调 5 人、免职两人、降职 1 人、移送纪检监察机关两人。(撰稿人：王光明)

【永定县审计局】 现有干部职工 24 人，设有综合股、财政金融基建审计股、企事业(行政)审计股、经济责任审计股、农业资源环保(社会保障)审计股，负责对全县 24 个乡(镇)和 102 个县直部门的审计监督。局长赖林源，副局长卢焕清、胡畔朝、胡净仁，纪检组长何文生。

审计成果 完成审计项目 57 个，查出违规行为金额 1540 万元，应缴财政 144 万元，应归还原渠道资金 84 万元，调账处理 36 万元，指明要求纠正 1638 万元。向纪检监察机关提供案件线索两件，完成公路建设项目工程和移民工程决算审计 231 个，送审金额 8239.69 万元，审定金额 7674.96 万元，审计核减 654.73 万元。提交审计信息、综合报告被领导批示和部门采用 52 篇。历时 4 年的棉花滩水电站(库区)移民搬迁村级移民资金专项审计全面完成，共涉及 8 个乡(镇)、27 个行政村、35 个移民安置点，审计资金总额 4.08 亿元，查出违纪违规行为金额 432 万元，促进有关部门追回被侵占挪用资金 73 万余元，向纪检部门移送案件两起，涉案人员 6 人，收缴被贪污私分移民资金 3.62 万元。(撰稿人：吴筠珍)

【上杭县审计局】 现有干部职工23人，设有综合股、财政金融审计股、经贸外资审计股、行政事业审计股、固定资产投资审计股、经济责任审计股，负责对全县22个乡镇和43个县直部门的审计监督。局长陈新生，副局长刘永宁、林良赠。

审计成果 完成审计项目25个，审计单位37个，查出违规行为金额552万元，应缴财政351万元，已交351万元，移送案件线索1件，提交审计报告21份，信息96篇，被采用72篇（次）。此外，对在机构改革中变动的8个乡镇、7个县直部门共22名党政领导干部进行了任期经济责任审计。（撰稿人：范大顺）

【武平县审计局】 现有干部职工17人，设有人秘股、经济责任审计股、财政金融审计股、行政事业审计股、企业审计股、基建审计股、县审计局举报中心（事业编制），负责对全县17个乡（镇）和48个县直部门的审计监督。局长肖政周，副局长谢素英、刘桂生，纪检组长李培秀。

审计成果 完成审计项目45个，审计单位53个，查出违规行为金额2451万元，应缴财政13万元，已交12万元。完成审计调查两个，调查单位7个。提交审计报告、信息62篇，撰写业务论文3篇，被批示、采用41篇。对全县17个乡（镇）和24个县直部门单位开展了领导干部任期经济责任专项审计。（撰稿人：邱一桂）

【连城县审计局】 现有干部职工20人，设有综合股（含举报中心）、财政金融审计股、行政事业审计股、经贸外资审计股、固定资产投资审计股、经济责任审计办公室和经济责任审计联席办公室，下属事业单位基建审计中心，负责对全县18个乡镇和141个县直部门的审计监督。局长林华辉，副局长华明、陈晓荣、黄兰香。

审计成果 完成审计单位33个，查出违规行为金额1469万元，应缴财政3万元；提交审计信息38篇，被采用22篇，提交呈阅件两篇。完成党政领导交办事项3个，完成工程竣工决算审计项目150个，审计工程总造价8000万元，核减工程款320万元。（撰稿人：邓东）

【宁德市审计局】 2002年，共有干部职工31人，其中本科学历4人，大专学历16人，局长黄兆清，副局长肖芳铨、黄颖倩，纪检组长阮松梅。设有办公室、法制科、财政金融审计科、行政事业审计科、经贸审计科、社会保障审计科、农业与资源环保审计科、固定资产投资审计科、监察室、计算机应用技术中心。

审计成果 完成审计项目83个，查出违规行为金额2671万元，应缴财政46万元，已交31万元。向纪检监察部门移送待处事项1件。提交审计报告14份，信息和调研报告89篇，被采用92篇。

经济责任审计 开展经济责任审计项目7个、7人，查出违规行为金额169万元。审计后平调3人。移送纪检监察机关查处两人。

内部审计 市直部门内审机构5个，其中专职机构3个；内审人员14人，其中专职人员8人。共审计单位11个，查出损失浪费118万元，纠正违纪违规行为金额76万元，促进增收节支21万元。（撰稿人：吴纯强）

【宁德市蕉城区审计局】 现有干部职工15人，设有办公室、综合股、财政金融审计股、行政事业审计股、工交商贸审计股、固定资产投资审计股、经济责任审计股，负责对全区16个乡镇、15个社区和288个区直部门的审计监督。局长焦宁华，副局长王致栋。

审计成果 完成审计项目40个，查出违规行为金额474万元，应缴财政75万元，已交22万元。提交审计报告、信息96篇，被批示、采用53篇。向纪检监察和检察部门移送案件线索5件。查出“小金库”两个。有内审机构4个，内审人员20人。开展经济责任审计项目11个，18人，查出违规行为金额270万元，指明要求纠正198万元。（撰稿人：吴玉燕）

【福安市审计局】 现有干部职工18人，设有办公室、财政金融审计股、经贸审计股、行政事业审计股、固定资产投资审计股、经济责任审计股，负责对全市21个乡镇（街道）和119个市直部门（含市直企事业单位）的审计监督。局长李佳长，副局长陈光辉、缪雪海、欧文夫，纪检组长周展。

审计成果 完成审计项目55个，审计调查项目3个。查出违规行为金额7690.5万元。应缴财政56万元，已交35万元。完成33个单位、41名科级干部的任期经济责任审计，向纪检监察和检察部门移送案件线索4件，涉案金额40.83万元。提交审计报告和信息被批示、采用72篇，论文被采用5篇。有内审机构36个，内审人员57人。（撰稿人：方元福）

【福鼎市审计局】 现有干部职工17人，设有办公室、财政金融审计股、行政事业审计股、企业审计股、固定资产投资审计股，负责对全市17个乡镇、街道（开发区管委会）和141个市直部门的审计监督。局长王孙明，副局长陈世界、丁庆强，纪检组长杨雪娇。

审计成果 完成审计项目74个，审计调查项目两个，查出违规行为金额1842万元；查出各类“小金库”4个，金额85万元。向司法机关移送案件线索4件，立案两起。应缴财政321万元，已交155万元。提交审计报告、信息15篇，被采用10篇。有内审机构7个，内审人员19人、共完成经济责任审计项目44个、56人，查出违规行为金额954万元。（撰稿人：黄孝贤）

【寿宁县审计局】 现有干部职工13人，设有办公室、法制股、财政金融审计股、行政事业审计股、固定资产投资审计股、企业审计股，负责对全县14个乡镇和154个县直部门的审计监督。局长周大建，副局长王仕义、范希新。

审计成果 完成审计项目33个，其中审计调查项目9个、经济责任审计项目20个。查出违规行为金额2017万元，应缴财政33万元，已交18万元。提交审计报告、信息23篇，被批示、采用14篇。（撰稿人：项忠红）

【霞浦县审计局】 现有干部职工19人，设有财政金融审计股、工交企业审计股、商贸企业审计股、行政事业审计股、农林水审计股、固定资产投资审计股、综合审计股，负责对全县14个乡镇和120个县直部门的审计监督。局长纪玉弟，副局长雷幸福，纪检组长杨寿禄。

审计成果 完成审计项目44个，查出违规行为金额517万元，指明要求纠正3233万元，应缴财政39万元，已交35万元。向检察机关和纪检监察部门移送案件线索5件。提交审计报告和信息被批示、采用24篇。对26名乡镇书记、乡镇长、县直机关局长实施任期经济责任审计，查出违规行为金额467万元，指明要求纠正2261万元。（撰稿人：郑旺旭）

【柘荣县审计局】 现有干部职工14人，设有办公室、综合股、财政金融审计股、行政事业审计股、固定资产投资审计股、企业审计股、经济责任审计股，负责对全县9个乡镇和171个县直部门（含县直企事业单位）的审计监督。局长池昌委，副局长叶克明。

审计成果 完成审计项目56个，查出违规行为金额4137万元，查出各类“小金库”6个，金额63万元。向纪检机关移送案件线索4件，立案3起，建议给予党政纪处分1人，协助有关部门查处案件1起。应缴财政39万元，已交15万元。提交审计报告、信息42篇，被有关部门批示、采用20篇。完成任期经济责任审计项目32个，查出违规行为金额3837万元，审计后平调21人、降职1人。有内审机构7个，内审人员11人。（撰稿人：刘茂周）

【屏南县审计局】 现有干部职工18人，设有办公室、综合审计股、财政金融审计股、行政事业审计股、企业审计股、固定资产投资审计股，负责对全县11个乡镇和100多个县直机关和企事业单位的审计监督。局长游代进，副局长李青，纪检组长张长享。

审计成果 完成审计项目63个，查出违规行为金额1480万元，指明要求纠正3525万元，应缴财政14万元，已交3万元，提交审计报告、信息36篇，被采用3篇。完成了11个乡镇、22名党政主要负责人、19名行政事业单位主要负责人和7名中小学校校长经济责任审计工作，查出违规行为金额915万元，指明要求纠正1804万元。（撰稿人：陈万驻）

【古田县审计局】 现有干部职工16人，设有综合审计股、财政金融审计股、经贸审计股、行政事业审计股、固定资产投资审计股，负责对全县15个乡镇和153个县直部门和企业事业单位的审计监督。局长许安营，副局长王可勇、王主世，纪检组长魏茂营。

审计成果 完成审计和审计调查项目42个，查出违规行为金额6106万元，应缴财政189万元，已交120万元。提交审计报告、信息51篇，被批示、采用14篇，刊登审计论文3篇。另外，对乡镇换届选举及机构改革中变动的44名乡镇党政主要领导干部和县直单位领导干部进行了任期经济责任审计。（撰稿人：阮为和）

【周宁县审计局】 现有干部职工16人，设有办公室、财政金融审计股、企业审计股、行政事业审计股和固定资产投资审计股，负责对全县9个乡镇和29个县直部门的审计监督。局长潘定豪，副局长叶佛全、汤光明，纪检组长陈金玲。

审计成果 完成审计项目39个，其中经济责任审计19个。查出违规行为金额1181万元，应缴财政31万元，已交26万元。向纪检监察机关移送案件线索1件。提交审计报告、信息60篇，被批示、采用42篇。（撰稿人：章步瑞）

江西省

【江西省审计厅】 2002年，江西省审计厅定编135人，在编111人。厅机关设有办公室、法规处、财政与金融审计处、行政事业审计处、经贸审计处、农业与资源环保审计处、固定资产投资审计处、社会保障审计处、外资运用审计处、经济责任审计处、人事教育处、机关党委、纪检组（监察室）；另设8个派出审计处，即五办审计处、政法审计处、教育审计处、科技体育审计处、药品审计处、经济执法审计处、经济审计一处、经济审计二处；同时还设有厅机关后勤服务中心、审计科研所、审计干部培训中心和庐山培训基地等直属事业单位。

领导成员

副 厅 长：李海泉 余先仕
何干成 桑昌武
陈长安

纪检组长：李水芳

江西省审计成果 全年共审计单位146个单位，查出违纪行为金额16.79亿元，归还原渠道资金8990万元，提交审计工作报告37篇，被批示17篇，查出百万元以上违规单位18个。

预算执行审计 全年共完成审计及审计调查单位73个（包括对11个县市区财政收支状况的调查），查出违规行为金额11557万元，实现增收节支48165万元。主要在四个方面做了工作。一是在审计内容上，首次将财政资金归集、分配和使用的内部控制以及财政资产的质量作为审计重点，使“同级审”从合法合规性审计向效益性审计迈开实质性步伐；二是在“同级审”的范围上注重扫除审计盲区，将被审计单位下属的投资公司或具有资金征、管、用职能的二、三级单位作为审计重点，使“同级审”向深层次推进；三是在“同级审”两个报告的起草方面注重换位思考，站在政府和人大角度，对政府和人大关注的热点和焦点问题，予以较深层次的揭露；四是切实抓好审计查出问题的整改落实，对“同级审”查出的问题，逐个向有关主管单位发函，逐项落实整改，按时向省政府和省人大常委会提交整改落实的报告。

专项审计 根据审计署的统一安排和要求，组织全省各级审计机关对全省政府外债项目进行了专项审计调查，共涉及政府外债78590万美元。通过调查摸清了全省政府外债的总体规模及其地区结构和行业分布，同时还揭露了挤占挪用外债资金，项目效益不佳，债务拖欠严重，外债监管不力等问题。省长、常务副省长分别对审计报告做出批示，要求有关部门切实抓好整改。同时，还组织全省各级审计机关开展了政府采购专项审计和审计调查，揭示了政府采购过程中管理体制和运行机制中存在的各种问题，共查出违规行为金额12181.71万元。审计后，省政府对审计专题报告做了批示，要求财政厅进一步规范政府采购工作。审计厅还组织有关审计机关对三峡库区外迁安置资金的投入、管理、使用情况进行了审计，并对部分移民户的生产、生活安置情况进行了调查。审计查出的挤占挪用、管理费用超范围、工程建设管理、资金使用不规范等问题，向审计署和省政府呈交了专项审计报告。同时，根据省政府领导的指示，对第三、四期移民建镇专项资金的拨付、管理、使用情况及第一、二期移民建镇资金的结存情况进行了审计，审计资金总额17.9亿元，共审计184个乡镇（场）、250个行政村，审计调查了9536户移民，接待群众来信、来电、来访113人次。此次审计查出各种违纪违规行为金额9612.96万元，占本次审计资金总额的5.37%。揭示出部分单位违反规定虚报冒领和买卖移民指标，冒领移民建镇资金；挤占挪用、超范围使用或抵扣、克扣移民建镇资金；公共基础设施建设未按规定实行招标，高估冒算；违反规定统购统建，以物抵资乱收费、乱集资、乱摊派等问题，审计厅就此向省政府提出了整改建议，引起省政府的高度重视，多次召集有关部门研究整改措施，并组织力量督促有关单位进行整改。另外，根据审计署“五统一”要求，组织实施了对全省农业发展银行2001年度资产、负债和损益的专项审计，审前，向全省审计机关下发了《关于农发行审计中应予以关注的几个问题》，要求结合农发行江西分行系统的实际，对账外资产清理、职工住宅出售、固定资产管理、贷款合规性等情况进行深入审计。在全省农发行自查账外资产12966万元、“小金库”1294万元的基础上，又查出各类违纪违规行为金额3300多万元，向审计署呈交了专题审计报告。此外，还开展了对南昌、抚州2市中小学危房改造资金收支情况专项审计，查出违规行为金额6200万元，应缴财政44万元，已交财政44万元。审计结束后，根据审计报告，省教育厅、省财政厅、省计委联合发文，就审计查出的问题提出了有针对性的整改意见。根据省审计厅本级本年计划安排，还组织了如下审计：一是组织全省审计机关对全省稽征部门2001年度财务收支和预算执行情况进行了专项审计，揭示出至2001年末历年漏征13315.25万元，查出违规行为金额1091.68万元，审计后对查出的问题分别做出了审计处理。二是组织开展了鄱阳湖二期防洪工程项目概算执行情况审计，揭示出专项建设资金存在应拨未拨，占计划应下拨资金的43.6%，地方自筹配套资金到位不足，招投标存在缺陷等问题，审计报告引起了省政府主要领导的重视，批示要求对招投标中存在的问题严肃查处，各有关部门切实抓紧整改落实。三是开展了对全省水库移民资金的专项审计调查。水库移民资金牵涉全省50多个县市，资金总额达10亿元。由于审计厅科学地制定和实施了审计工作方案，使整项审计取得了较好的成效。审计揭露的挤占挪用专项资金，占审计调查资金总额的16%。

企业审计 全年共查出违规行为金额98160万元，应缴财政77735.42万元，已交72929.57万元，归还原渠道资金4241万元。按照审计署的授权，组织审计了省电信系统、省石化系统、省内五家电厂2001年度财务收支等中央单位审计项目。在电信审计中，审计查出违纪行为金额105947万元，已上缴财政1000多万元，发现企业合并会计报表不够规范、资产负债损益严重不实、不良资产挂账严重、私设“小金库”、违规扩大工资总额基数、任意扩大公免电话范围和各种电话费优惠等问题。在石化审计中，查出违纪金额11184.48万元，应缴财政778.27万元，应调账处理10406.21万元，发现部分石化公司会计核算存在人为调节利润的行为、股份公司转移利润给存续公司、资产管理水平低下、潜亏严重、私设“小金库”、长期投资管理不善、执行成品油销售制度打折扣等问题。在五家电厂审计中，共查出违纪违规行为金额1469.34万元，应收缴财政225.48万元，审计结果表明五大电厂2001年度存在财务情况不真实、挤占成本费用、漏缴税费等问题。同时还完成了江西铜业公司、省针棉织进出口2家公司的企业法人代表任期经济责任审计项目和新钢公司2001年度财务收支项目等大型企业审计工作，从中对财务收支审计和经济责任审计如何结合进行了有益的尝试。另外根据省政府领导的交办，组织全省审计机关对全省联通、移动通信公司2000～2001年频率占用费的代收代缴情况进行了审计调查。查出2公司共欠收频占费7912.87万元，欠缴已收频占费534万元。审计报告引起省政府领导的重视，要求两公司加强对频占费的征收和上缴力度，并对此项审计工作予以充分肯定。此外，还完成了省属兴国、赣南、井冈山3大卷烟厂2001年度财务情况的审计调查。经审计，3大卷烟厂共核减资产2.99亿元，核增负债1.3亿元，核减所有者收益4.28亿元，增加亏损1.14亿元。省长、常务副省长及分管副省长分别做出批示，要求下达审计意见，促使烟厂尽快整改。还根据省人大常委会对5家单位、4位法人代表的评议要求开展了审计评议工作，均如期高质量地完成了工作。

经济责任审计　一是进行了大量的调研工作。先后4次到上饶、婺源、弋阳、景德镇、浮梁、鹰潭、抚州、宜春、樟树等地开展调研，其中2次与省委组织部一同开展调研，为搞好经济责任审计工作进行实地研究。二是进一步完善了制度。在充分进行调研的基础上，会同省委组织部、省纪委、省监察厅、省人事厅先后制定了《江西省党政领导干部任期经济责任审计实施办法》、《江西省国有及国有控股企业领导人员任期经济责任审计实施办法》，并与组织部多次沟通，制定了《关于领导干部任期经济责任审计协调管理暂行办法》。三是召开了全省审计工作座谈会，就贯彻全国审计工作会议精神及江西省经济责任审计工作做了研究和部署。同时，举办了全省经济责任审计培训班。此外，省厅还直接组织开展了对江铜公司、省针棉进出口公司企业法人任中及南昌、抚州、上饶审计局长的离任审计。（撰稿人：潘良明、吴周平、李勤）

【南昌市审计局】　2002年，共有干部职工76人，其中研究生学历1人，本科学历35人，大专学历26人，局长袁蔚秋（—8月）、李广辉（8月—），副局长刘鹏、赵波、万仁如，纪检组长彭中秋。设有办公室、综合法规处、人事教育监察处、经济责任审计室、财政金融审计处、固定资产投资审计处、农业与资源环保审计处、经贸审计处、行政事业审计处、社会保障审计处。

审计成果　共审计项目188个，查出违规行为金额100600万元，减少财政拨款或补贴10300万元，归还原渠道资金17300万元，调账处理17800万元，指明要求纠正78800万元，应缴未交财政985万元，已交财政938万元，查出百万元以上违规单位57个。提交审计调查报告21份、文章信息232篇，被采用252篇。被省委、省政府评为“江西省查办大案要案先进单位”，被省审计厅评为“江西省财政、金融、农网改造审计先进单位”。

经济责任审计　新设立了经济责任审计室，首次开展了对县（区）审计局长和县（区）长的经济责任审计。配合市委、市政府机构改革，接受经济责任审计项目120个，截止到12月底，已完成经济责任审计38个，查出违规行为金额14200万元。

固定资产投资审计　全市基建竣工决算审计核减金额0.75亿元，核减率近20%，减少了财政支出。

农业专项资金审计　主要对水利专项资金、“三扶资金”及进贤、新建2县第三、第四期移民建镇资金进行了审计，跟踪资金走向，发现问题，一查到底。

内部审计　市直部门内审机构111个，其中专职机构77个；内审人员307人，其中专职人员206人。共审计单位442个，查出损失浪费299万元，纠正违规行为金额3529万元，促进增收节支430万元。（撰稿人：应国平）

【南昌市东湖区审计局】　现有干部职工8人，设有业务科、综合办公室，负责对全区43个区直部门的审计监督。局长张学柱，副局长许会鑫、谌卫东。

审计成果　完成审计项目4个，审计单位15个，查出违纪违规行为金额99万元，应缴财政4万元，已交4万元。提交审计报告、信息45篇。完成17名科级干部经济责任审

计。有内审机构21个，内审人员41人。（撰稿人：周瑾琼）

【南昌市西湖区审计局】　现有干部职工5人，设有办公室、审计业务科和经济责任审计科，负责对全区11个街道和36个区直部门的审计监督。局长陈美凤，副局长廖小兵。

审计成果　完成审计项目5个，审计单位22个，党政领导交办的审计项目17个。查出违纪违规行为金额407万元，其中指明要求纠正172万元，决定处理处罚235万元；应缴财政两万元，已交财政两万元。移送纪检监察机关处理案件1起，给予党纪政纪处分1人。提交审计工作报告20份，审计意见22份，审计科研文章和信息45篇，被批示和采用42篇，审计信息宣传工作受到省厅通报表扬。（撰稿人：袁立新）

【南昌市青云谱区审计局】　现有干部职工5人，设有办公室、行政财务事业审计科，经贸与固定资产投资审计科，负责对全区1个乡镇、1个农场、5个街办、37个区直部门的审计监督。局长陈茂林，副局长聂洪明。

审计成果　完成审计单位（项目）24个，其中：本级财政预算执行情况和其他财政收支情况审计1个，行政事业单位财政财务收支审计10个，领导干部经济责任审计9个，省定政府采购审计项目1个，固定资产投资审计3个。共查出违规行为金额320万元，指明要求纠正191万元，归还原渠道资金18万元，应缴财政16万元，已交财政16万元。提交审计工作报告16份，信息文章22篇，被采用17篇。（撰稿人：杨慎红）

【南昌市湾里区审计局】　现有干部职工6人，设有综合科、审计科，负责对全区4个乡镇、两个街办和52个区直部门的审计监督。局长王迪连，副局长张华、陶超。

审计成果　完成审计项目6个、33个单位，党政领导交办经济责任审计项目3个。查出违纪违规行为金额663万元，应缴财政7万元，已交财政7万元，减少财政拨款或补贴28万元，指明要求纠正174万元。提交审计工作报告33份，审计意见31份，审计工作信息报告7篇，被采用两篇。（撰稿人：何媛丽）

【南昌市青山湖区审计局】　现有干部职工7人，设有办公室、行政事业审计股和经济责任审计股，负责对全区7个乡镇场和47个区直部门的审计监督。局长吴明华（9月—）、刘海贵（—9月），副局长赵来辉、夏洪。

审计成果　完成审计项目6个、46个单位，党政领导交办项目3个。查出违纪违规行为金额307万元，其中：指明要求纠正金额67万元，决定处理处罚13万元，应缴财政11万元。完成固定资产投资决算审计项目9个，审计核减决算金额443万元。共提交审计工作报告7份，审计意见9份。撰写审计论文4篇，审计信息13篇，均被省市审计刊物和区委宣传部门采用。另外，对在机构改革中变动的39名党政领导干部进行了任期经济责任审计。（撰稿人：夏洪）

【南昌县审计局】　现有干部职工24人，设有办公室、经济责任审计室、综合法规股、财政金融审计股、农林水审计股、企业审计股，负责对全县21个乡镇（场）和48个县直部门的审计监督。局长刘守平，副局长姚建军、丁世典（9月—），纪检组长徐建文。

审计成果　审计单位80个，查出违规行为金额4661万元，已交财政80万元，应归还原资金渠道489万元，调账处理2028万元，指明要求纠正1270万元，提交审计信息、论文27篇，被采用23篇。县直部门内审机构16个，内审人员49人，其中专职人员15人，共审计单位137个，查出违规行为金额476.9万元。开展经济责任审计项目36个，查出违规行为金额1867万元，其中领导人负主管责任的1343万元，负直接责任的524万元。审计后，晋升6人，平调10人。（撰稿人：万俊清）

【新建县审计局】　现有干部职工24名，设有办公室、财政与金融审计股、行政事业审计股、经贸审计股、农业与资源环保审计股、固定资产投资审计股、经济责任审计股，负责对全县19个乡镇和69个县直部门的审计监督。局长杨桂喜，副局长武兰萍、勒桂林，纪检组长万小华。

审计成果　完成审计单位56个，查出违纪违规行为金额253万元，应缴财政11万元，已交财政11万元，提交审计工作报告26份，信息和调研报告10篇，被采用6篇。（撰稿人：周伟江）

【安义县审计局】　现有干部职工15人，设有办公室、财经商贸审计股、行文农水审计股、工交基建审计股、经济责任审计股，负责对全县11个乡镇场和46个县直部门的审计监督。局长魏金水，副局长熊爱玲、彭义根、赵芹，纪检组长胡平西。

审计成果　完成审计项目67个，审计单位78个，查出违规行为金额1380万元，应缴财政38万元，已交财政33万元，归还原渠道资金251万元，为国家增收节支110万元。提交审计调查报告、信息10篇，被采用6篇。对36名党政、企业领导干部和领导人员进行了任期经济责任审计。（撰稿人：杨志卿）

【进贤县审计局】 现有干部职工18人，设有办公室、综合审理股、财政金融审计股、行政事业审计股、工商贸审计股、经济责任审计股，负责对全县21个乡镇和55个县直部门的审计监督。局长陈国华，副局长付会纲、宋国武、胡新春，纪检组长支清凡。

审计成果 审计单位（项目）94个，查出违规行为资金1025万元，应缴财政147万元，已交财政49万元，责令退回原渠道资金72万元，促进增收节支350万元。向检察机关移送并查处案件1起，提交审计论文、信息39篇，被采用22篇。（撰稿人：付国龙）

【九江市审计局】 2002年，共有干部职工58人，其中本科学历11人，大专学历24人，局长闵梦嫦（—3月）、毛文霞（3月—），副局长方义员（—11月）、余卫平、胡伟华，纪检组长范定坤。设有办公室、综合科、财政金融审计科、行政事业审计科、工交审计科、农林水审计科、商贸审计科、固定资产投资审计科、外资运用审计科、经济责任审计办公室、下属单位九江市审计干部培训中心。

审计成果 全年共审计单位79个，查出违规行为金额4180万元，应缴财政439万元，已交财政531万元（含补缴历年欠缴数），指明要求纠正金额9743万元。向司法机关移送案件1起，查出百万元以上违规单位1个。

完成上级交办项目 完成了市委、市政府交办的九威大道二期工程结算审计，九江啤酒厂2001年度资产、负债、损益审计，九江港外贸码头二期工程地方配套资金审计，湖滨游泳场及东侧房地产开发建设项目的投资收益审计，南湖宾馆资产负债审计，长江大堤达标整治建设工程审计。还完成省厅下达的市电信分公司财务收支审计，市石油石化系统财务收支审计及农业发展银行九江分行2001年度资产、负债、损益审计等。

经济责任审计 全年开展县级经济责任审计单位3个，审计查出并指明要求纠正金额415万元，审计后平调1人，免职1人。（撰稿人：袁金根）

【九江市浔阳区审计局】 现有干部职工12人，设有办公室、财政金融审计股、企业审计股、行政事业审计股，负责对全区6个街道和45个区直部门审计监督。局长柳秀江，副局长程星玖。

审计成果 完成审计项目35个；查出违纪行为金额237万元，应缴财政25万元，已交财政9万元。开展党政机关企事业单位领导干部经济责任审计项目11个，完成上级下达的审计项目14个。内审机构6个，内审人员13人。（撰稿人：詹鑫）

【九江市庐山区审计局】 现有干部职工21人，设有办公室、财政金融审计股、行政事业审计股、工商企业审计股，负责对全区7个乡镇和两个街道及50个区直部门的审计监督。局长户金宝，副局长张敏杰、洪本华、胡建萍。

审计成果 完成审计项目13个、88个单位，党政领导交办经济责任审计项目50个、54人。查出违纪违规行为金额94万元，指明要求纠正284万元，决定处理处罚55万元，应缴财政53.3万元。提交审计工作报告24份，审计意见88份，审计信息23篇。（撰稿人：周明）

【瑞昌市审计局】 现有干部职工23人，设有行政事业审计科、财政金融审计科、工交审计科、农贸审计科、固定资产投资审计科和人事秘书科，负责对全市27个乡镇（场）和60个市直部门的审计监督。局长朱毕峰，副局长陈洪智、章征坡、高先友。

审计成果 审计单位86个，查出违规行为金额1932万元，指明要求纠正1573万元，应缴财政102万元，已交财政102万元。提交审计工作报告46份。市直部门内审机构13个，其中专职机构11个，查出损失浪费26万元，纠正违规行为金额10万元，促进增收节支26万元。（撰稿人：徐新庆）

【九江县审计局】 现有干部职工19人，设有人秘股、财政金融审计股、企业审计股、行政事业审计股和经济责任审计股，负责对全县16个乡镇（场）和28个县直部门的审计监督。局长王方荣，副局长王书柳、田志国。

审计成果 完成审计项目24个，审计单位75个，查出违规行为金额317万元，应缴财政48万元，已交财政45万元，归还原渠道资金112万元。提交审计工作报告、信息24篇，被批示、采用8篇。完成15名科级干部离任经济责任审计。（撰稿人：李照华）

【武宁县审计局】 现有干部职工17人，设有秘书股、财政与金融审计股、行政事业审计股、企业审计股，负责对全县24个乡镇和119个县直部门的审计监督。局长黄有生（7月—）、刘诗辉（—7月），副局长严盛英、钟平。

审计成果 完成审计项目11个，审计单位83个，查出违规行为金额765万元，应缴财政25万元，已交24万元。完成审计调查6个，调查单位14个，提交审计调查报告6篇。完成44名科级干部离任经济责任审计，查出违规行为金额328万元。有内审机构10个，内审人员21

人。(撰稿人：黄筱青)

【修水县审计局】　现有干部职工22人，设有综合股、行政事业审计股、财政金融审计股、企业审计股和基建审计股，负责对全县36个乡镇和58个县直部门及县属企业的审计监督。局长何晋达，副局长胡平、王尚清、唐小明、周荣荣。

审计成果　完成审计项目48个(含经济责任审计项目7个)、审计单位68个。查明违纪违规行为金额808万元，其中指明要求纠正702万元，应缴财政64万元，已交66万元(含收回以前年度5万元)。组织完成基建竣工决算审计项目21个，送审金额1125万元，核减81万元，核减率为7.2%。完成县党政领导交办审计事项10项，提交审计结果报告17份，县领导批转、批示8份。在市级刊物以上发表审计科研论文和审计信息稿件13篇，其中《中国审计》1篇，《中国审计报》3篇。(撰稿人：刘小琴)

【永修县审计局】　现有干部职工26人，设有办公室、企业审计股、行政事业审计股、经济责任审计股、基建审计股，负责对全县18个乡镇（场）和26个县直部门的审计监督。局长易小华，副局长周长虹、戴龙喜、何建平、邹镭，纪检组长杨经叶。

审计成果　完成审计项目50个，审计单位79个，查出违规行为金额112万元，应缴财政37万元，已交财政37万元，提出有价值意见和建议26条，被县领导采用6条，同时在审计中及时建议移送司法机关案件两起，给予党纪处分1人。(撰稿人：杨经叶)

【德安县审计局】　现有干部职工16人，设有人秘股、综合审计股、经济责任审计股和财政金融与建设投资审计股，负责对全县13个乡镇和84个县直部门的审计监督。局长黄参霖，副局长邹育沪、陈新、汪淼林。

审计成果　完成审计项目8个，审计单位58个，查出违纪违规行为金额680余万元，应缴财政21万元，已交财政20万元。提交审计报告37份。移送纪检监察机关案件1起两人。另对16名党政、企业的主要领导干部进行了任期经济责任审计。(撰稿人：朱海涛)

【星子县审计局】　现有干部职工13人，设有办公室、财政金融审计股、企业审计股、行政事业审计股，负责对全县12个乡镇和30个县直部门的审计监督。局长涂巧峰，副局长黄纪平、缪世华、徐滚金、程珉。

审计成果　完成审计项目32个，审计单位36个，查出违规违纪行为金额219万元，应缴财政30万元，实际交财政28万元。提交审计报告18篇。完成8名副处候选人的任期经济责任审计。有内审专职人员两人，内审机构4个，内审人员6人。(撰稿人：罗鹏)

【都昌县审计局】　现有干部职工22人，设有人秘股、财政金融审计股、行政事业审计股、企业审计股、经济责任审计股和固定资产投资审计股，负责对全县24个乡镇和89个县直部门和企事业单位的审计监督。局长彭纪芳（—12月）、江新尚（12月—），副局长江传宋、魏继平、罗卖九、蒋松泉，纪检组长刘初平。

审计成果　审计项目76个，查出违规行为金额520万元，应缴财政35万元，已交财政35万元，追还被侵占挪用资金132万元，提交审计情况报告14份，信息13篇。完成43个单位科级干部经济责任审计。内审机构12个，共查出违规行为金额260万元，提出建议43条。(撰稿人：石振宇)

【湖口县审计局】　现有干部职工23人，设有办公室、行政文教审计股、财政金融审计股、综合股，企业审计股，负责对全县16个乡镇（场）和38个县直部门的审计监督。局长张书明，副局长刘毅、廖小建、余泽新，纪检组长陈胜喜。

审计成果　完成审计项目36个(其中科级干部任期经济责任审计7个)，查出违规行为金额409万元，应缴财政31万元，已交30万元。完成审计调查4个，调查单位9个。提交审计报告、信息28篇。全县内审机构23个，内审人员42人。获省政府表彰的“江西省移民建镇先进单位”。(撰稿人：张晓霞)

【彭泽县审计局】　现有干部职工18人，设有办公室、企业审计股、行政事业财金审计股、监察复核股，负责对全县17个乡镇（场）和39个县直部门的审计监督。局长卫红，副局长张赛喜、欧阳钟爱、李金龙，纪检组长宗佩群（7月—）。

审计成果　完成审计项目92个(其中科级干部离任经济责任审计28个，县委、县政府交办项目10个)，查出违规行为金额572万元，应缴财政50万元，已交30万元，提交审计工作报告45份，审计意见92份，被采用审计信息报道13篇。县直部门有内审机构47个，内审人员78人(专职7人)。(撰稿人：史习群)

【景德镇市审计局】　2002年，共有干部职工43人，其中本科学历11人，大专学历10人。局长卢吾老（—9月）、叶观荣（9月—），副局长陈建平、陈新平，纪检组长王丽琴。设有办公室、监察室、法规科、投资与专项审计科、财金与外资审计科、农业与资源环保审计科、经贸审计科、行政事业审计科、经济责任审计科。

审计成果　审计单位146个，查出违纪违规行为金额44710万元，应缴财政317.2万元，已交财政275.1万元。归还原渠道资金94.1万元。查出百万元以上违纪单位1个。完成县处级领导干部任期经济责任审计26个、26人。提交审计信息11篇。

内部审计　全市共有内审机构15个，其中专职机构5个；内审人员30人，其中专职10人。共审计单位15个，查出损失浪费380万元，纠正违规行为金额250万元，促进增收节支358万元。（撰稿人：刘华山）

【景德镇市珠山区审计局】　现有干部职工9人，设有行政事业审计股、综合审计股、经济责任审计办公室，负责对全区8个街道和16个区直各部门的审计监督。局长王丽珍，副局长余蕾。

审计成果　完成审计项目28个，其中：预算执行审计1个、专项资金审计1个、社会保险资金审计1个、财务收支审计16个、经济责任审计9个，查出违纪违规行为金额659.32万元，应缴财政0.84万元。完成市审计机关下达审计任务13项。（撰稿人：余蕾）

【景德镇市昌江区审计局】　现有干部职工6人，设有办公室、综合股和经济责任审计室，负责对全区7个乡镇（场）和18个区直部门的审计监督。局长余满金，副局长樊庆春、刘丽红。

审计成果　完成审计项目18个、44个单位，党政领导交办经济责任审计项目1个。查出违纪违规行为金额62万元，其中指明要求纠正58万元，决定处理处罚4万元，应缴财政4万元。提交审计工作报告19份，审计意见44份，审计信息两篇，被区委、区政府采用1篇。（撰稿人：董国金）

【乐平市审计局】　现有干部职工44人，设有人秘股、经济责任审计股、固定资产投资审计股、经济贸易审计股、行政财金审计股。局长占英平，副局长方福海、汪华、王晓峰，纪检组长王广才。

审计成果　完成97个审计项目，查出违纪行为金额2315万元，指明要求纠正2170万元，审计处理应缴财政148万元，已交财政135万元，挖出账外资金220万元，归还原渠道资金1325万元。向上级审计机关和本级党委、政府提交审计信息和报告28篇，被采用12篇。（撰稿人：李川喜）

【浮梁县审计局】　现有干部职工15人，设有经济责任审计办公室、秘书股、企业与投资审计股、行政事业审计股，负责对全县17个乡镇（场）和39个县直部门的审计监督。局长汪金林，副局长朱寿年、席国旺、彭发保，纪检组长王辅林。

审计成果　完成审计项目计划65个，参与完成了省、市安排的12个审计项目。完成县委、县政府交办的领导干部离任审计34个。共查出违纪行为金额864.2万元，应缴财政26万元，已交财政21.4万元，促进增收节支60万元，要求归还原渠道资金200万元，核减基建项目资金300万元。（撰稿人：戴曦）

【鹰潭市审计局】　2002年，共有干部职工26人，其中研究生学历1人，本科学历6人，大专学历17人。局长卢越明，副局长徐加样、黄兰景、孙水春、詹正兴。设有办公室、综合法制和经济责任审计科、财政金融审计科、固定资产投资审计科、行政文教审计科、企业审计科、监察室。

审计成果　审计单位287个，查出违规行为金额6701万元，应交财政928万元，已交财政523万元，指明要求纠正6418万元，应归还原渠道资金24万元，调账处理236万元。提交审计工作报告、信息62篇，被地方党政领导批示、采用16篇，新闻单位及刊物采用35篇。

财政预算执行审计　经审计发现：一些项目支出超预算现象比较严重，如，文体广播事业费超预算39.7%，行政管理费超预算20.5%，教育事业费超预算28.9%；财政收入入库不及时，2001年未及时入库金额653万元；侵占挪用基金现象严重，2001年出借住房基金860万元，用于质押贷款的住房基金800万元，占基金总额的43%；预算外资金管理不严，应收款项尚有403.73万元资金至今未收回；被侵占挪用专项资金92.6万元，欠缴税金360万元。

专项审计　对政府采购、全市住房公积金、社保资金、计划生育经费等进行了专项审计，查出挤占挪用住房公积金350万元，审计结果报告引起了市政府高度重视，问题及时得到了纠正。根据省审计厅的统一部署，对东乡县财政收支状况进行了审计调查，发现该县本级财政赤字2001年累计达1789万元，乡级财政隐性赤字约8000万元，同时欠发干部教师工资1071万元。

经济责任审计　开展经济责任审计项目84个，其中，县级领导干部17名，科级领导干部66名，国有企业领导人员1名，查出违规行为金额574万元，指明要求纠正652万元。审计后，平调10人，免职12人。

内部审计　全市内审机构20个，内审人员58人；共审计单位7个，查出损失浪费30万元，促进增收节支50万元。（撰稿人：徐道福）

【鹰潭市月湖区审计局】 现有干部职工7人，设有办公室、财政金融审计股、行政文教审计股、固定资产投资审计股、经济责任审计股，负责对全区3个乡镇和29个区直部门的审计监督。局长王能文（11月—）、严明华（—11月），副局长董发明、杨厚成。

审计成果 审计23个单位，专项审计3个，查出违规行为金额78万元，其中指明要求纠正65万元，决定处理处罚13万元，应缴财政4万元，提交审计工作报告5份。（撰稿人：郑素红）

【贵溪市审计局】 现有干部职工16人，设有办公室、行政文教审计股、财政金融审计股、企业审计股，负责对全市18个乡镇、3个办事处和70个市直部门的审计监督。局长曾保林（11月—）、杨船水（—11月），副局长吕细花（11月—）、裴梓忠，赵桂明（—11月）。

审计成果 完成审计项目71个，审计单位127个，查出违规行为金额96万元，指明要求纠正52万元，决定处理处罚44万元，应缴财政41万元。提交审计工作报告52篇，被市政府采用16篇，新闻单位采用两篇。完成省、市审计机关下达的审计任务14个，审计单位63个，查出违规行为金额34万元，其中指明要求纠正14万元，决定处理处罚20万元，应缴财政18万元。（撰稿人：吴福祖）

【余江县审计局】 现有干部职工12人，设有办公室、财政金融审计股、行政事业审计股、企业审计股和商粮贸审计股，负责对全县14个乡镇和49个县直部门的审计监督。局长徐勇飞（11月—）、桂海友（—11月），副局长王卫平、徐炫。

审计成果 完成项目56个，涉及项目单位89个，查出违规行为金额560万元，其中指明要求纠正400万元，决定处理处罚9万元，上缴财政9万元，提交审计工作报告40篇，被县政府采用3篇。另外，受县委组织部委托，对机构改革中变动的26名党政领导干部和国有企业领导人员进行了任期经济责任审计。（撰稿人：蔡立新）

【新余市审计局】 2002年，共有干部职工32人，其中本科学历6人，大专学历25人。局长邹杰荣，副局长李志坚、陈秉正，纪检组长黄桂兰。设有人秘科、综合科、财政金融审计科、行政事业审计科、商粮贸审计科、工业交通审计科、基本建设审计科。

审计成果 审计单位151个，查出违规行为金额2226万元，查出百万元违规单位4个，协查案件两起。应缴财政782万元，已交财政782万元。提交审计工作报告36份，信息和调研报告116篇，被采用50篇。

经济责任审计 开展经济责任审计项目19个、19人，查出违规行为金额459万元，个人存在经济问题1人。审计后，平调11人，免职两人，晋升1人。

内部审计 市直部门内审机构15个，其中专职机构6个；内审人员30人，其中专职人员7人。共审计单位77个，查出损失浪费77万元、违规行为金额29万元，建议给予行政处分1人。（撰稿人：廖志强）

【新余市渝水区审计局】 现有干部职工15人，设有办公室、财政金融审计股、行政事业企业审计股，负责对全区17个乡镇、两个街道和52个区直部门的审计监督。局长杨满德，副局长欧阳志东、廖南生、刘金根。

审计成果 完成审计项目21个，审计单位52个，党政领导交办的经济责任审计项目4个。查出违纪违规行为金额582万元，应缴财政42万元。完成审计调查11个。提交审计报告11份，审计信息52篇，审计论文5篇，被市审计局采用3篇，区政府采用1篇。（撰稿人：廖南生）

【分宜县审计局】 现有干部职工15人，设有办公室、财政金融审计股、行政事业审计股和工交基建审计股，负责对全县14个乡镇（场）和46个县直部门的审计监督。局长林文志（12月—），副局长胡志华、尹向前，纪检组长陈敏娟（12月—）。

审计成果 完成对39个单位和项目的审计，党政领导交办的审计项目12个，共查出违纪违规行为金额240万元，其中指明要求纠正196万元，决定处理处罚44万元，已交财政44万元。提交审计工作报告18份，撰写审计信息34篇，被采用18篇；撰写审计论文6篇，被采用3篇。（撰稿人：尹向前）

【萍乡市审计局】 2002年，共有干部职工35人，其中本科学历9人，大专学历21人，局长丁琪军，副局长谢锋、晏从福、邓克坚（12月—）、李满和（—12月），纪检组长易胜文。设有办公室、监察室、机关党总支、财贸审计科、工交审计科、行政事业审计科、农林水审计科、固定资产投资审计科、综合科（含经济责任审计）。

审计成果 完成审计项目（单位）83个，查出违规行为金额16631万元，应缴财政491万元，已交财政260万元，归还原渠道资金758万元，促进增收节支784万元。共完成市委、市政府交办的审计任务25个。（撰稿人：刘霞）

【萍乡市安源区审计局】 现有干部职工10人，设有办公室、行政事业审计股和综合审计股，负责对全区11个镇、街、管委会和43个区直部门的审计监督。局长李光荣，副局长王兰萍、邓志勇。

审计成果　完成审计项目26个，查出违纪违规行为金额2491万元，应缴财政14万元，已交财政10万元，指明要求纠正19万元。提交审计工作报告信息34篇，被批示批转采用26篇。（撰稿人：邓志勇）

【萍乡市湘东区审计局】　现有干职工35人，设有办公室、行政文教审计股、经济责任审计股、工交财贸审计股和5个驻乡镇办事处，负责对全区13个乡镇和27个区直部门的审计监督。局长易春香，副局长胡汝正、喻剑君、叶纲。

审计成果　完成审计项目86个，其中党政领导交办经济责任审计项目13个。查出违纪违规行为金额958万元，其中指明要求纠正501万元，促进增收节支71万元，提交审计报告、信息共24篇。（撰稿人：肖海波）

【莲花县审计局】　现有干部职工16人，设有办公室、行政事业审计股、财政金融审计股，负责对全县15个乡镇和30个县直部门的审计监督。局长袁东鸿，副局长陈连恩、贺坚。

审计成果　完成审计项目58个，审计单位58个，查出违规行为金额1462万元。完成审计调查3个，调查单位3个。提交审计报告、信息17篇。完成科级干部离任经济责任审计21名，查出违规行为金额182万元。（撰稿人：贺坚）

【上栗县审计局】　现有干部职工10人，设有办公室、审计股，负责对全县11个乡镇场和24个县直部门的审计监督。局长胡建秋，副局长李锡保、龙汝模。

审计成果　完成审计项目23个，查出违规行为金额165万元，其中指明要求纠正159万元，应缴财政16.5万元。完成审计调查项目两个，调查单位7个。提交审计工作报告12篇，审计意见10条，信息5篇。（撰稿人：刘海锋）

【芦溪县审计局】　现有干部职工10人，设有办公室、财贸金融审计股、工业交通审计股、行政文教审计股、经济责任审计股，负责对全县12个乡镇和26个县直部门的审计监督。局长曾建国，副局长王明辉、甘红卫。

审计成果　完成审计项目34个，查出违规行为金额167.3万元，应缴财政17.6万元，已交财政17.6万元。完成审计调查两个，调查单位5个。提交审计报告、信息17篇，被县委、县政府采用12篇。（撰稿人：孙伯萍）

【赣州市审计局】　2002年，共有干部职工54人，其中本科学历8人，大专学历30人。局长罗穗安（—9月）、欧阳锋（9月—），副局长李加淳、刘垣林、张建华、郭德明，纪检组长周远勇。设有办公室、综合科、财政金融审计科、行政文教审计科、农林水审计科、工业交通审计科、商贸审计科、外资运用审计科、固定资产投资审计科、经济责任审计科，另设有下属事业单位审计干部培训班。

审计成果　审计单位159个，查出违规行为金额35431万元，应缴财政452万元，已交财政441万元，归还原渠道资金1175万元，应纠正违规行为金额4799万元。提交审计工作报告19份，被政府批转3份。

预算执行审计　对南康等9个县（市、区）1999年、2000年财政决算进行了审计，查出财税等部门通过虚收虚支、空转、垫税等手段，虚增财政收入10633万元，虚列支出16913万元，以及挤挖上级收入、挤占挪用专用资金等问题。8月，李加淳副局长受市政府委托，在市一届人大常委会第二十二次会议上做了《关于2001年度市本级财政预算和其他财政收支的审计工作报告》，建议市政府对审计工作报告中提出的加强财政预算管理的6点意见认真研究、抓好落实。

专项资金审计或审计调查　先后开展了政府采购、政府债务结构、救灾资金审计或审计调查。重点揭露了资金管理中存在的不规范、内部控制制度不够完善、资金使用效益不高、债务风险意识不强等问题，查处了部分单位挤占、挪用资金行为。如救灾资金审计中查出全市仍有60.16万元被挤占挪用等问题，引起了市政府的重视，及时批转了审计报告。

执收执罚单位审计　组织全市开展了29个交通稽查征费单位、6个县（市、区）公检法和19个计生部门审计。稽查征费系统审计，查出历年漏征“四费一税”2507.9万元；公检法审计查出乱收费金额80万元；计划生育经费审计查出违规收费47.20万元，将424.71万元计划生育经费用于抵交税款和弥补经费，以及财务管理混乱等问题。（撰稿人：钟庆椿）

【赣州市章贡区审计局】　现有干部职工27人，设有工业交通审计科、财政金融审计科、农林水审计科、商业粮食贸易审计科、行政事业审计科、固定资产投资审计科、经济责任审计科和办公室，负责对全区10个镇和77个区直部门审计监督。局长李琳，副局长冯文珍、刘小青。

审计成果　完成审计项目56个，查出违纪违规行为金额1806万元，应缴财政16万元，已交财政16万元。向上级审计机关和本级人民

政府提交审计报告51份，两份被区领导批示。（撰稿人：肖道明）

【瑞金市审计局】 现有干部职工26人，设有办公室、财政金融审计科、行政事业审计科、经济责任审计科、企业审计科，负责对全市17个乡镇和62个市直部门的审计监督。局长李运泽，副局长罗振荣、钟晓华。

审计成果 完成审计项目38个，审计单位108个，查出违纪违规行为金额2921万元，其中挤占挪用专项资金应归还原渠道资金628万元；查出“小金库”16个，涉及金额48.65万元；查出并制止“三乱”行为19起；应缴财政85万元；提交审计工作报告、审计信息86篇，被采用45篇。受市委组织部的委托，对17名市直单位、乡镇主要负责人进行了任期经济责任审计。（撰稿人：李德沁）

【南康市审计局】 现有干部职工21人，设有办公室、财政金融审计科、行政事业审计科、工交商粮贸审计科、农林水外资审计科、固定资产投资审计科，负责对全市25个乡镇和48个市直部门的审计监督。局长罗华兰，副局长吴才全。

审计成果 完成审计项目17个、审计单位89个，其中完成经济责任审计41个。查出违规行为金额6541万元，查出个人经济问题11起，没收非法所得5.71万元；应缴财政192万元，已交192万元。提交审计报告68份，信息43篇，被批转批示报告8份，被采用信息43篇。（撰稿人：张国文）

【赣县审计局】 现有干部职工26人，设有秘书股、财金审计股、工交企业审计股、行政事业审计股和基建审计股，负责对全县24个乡镇（管理区）和65个县直部门及所属企事业单位的审计监督。局长刘道斌，副局长陈林、李通逵、陈卫东、曾光全。

审计成果 完成审计项目46个，审计单位78个，查出违纪违规行为金额1173万元，应缴财政95万元。向上级审计机关和县委、县政府提交审计报告48份，报送文章和信息76篇，被各级报刊刊用20篇。（撰稿人：刘道斌）

【信丰县审计局】 现有干部职工21人，设有人事秘书股、企业审计股、行政事业审计股、财政金融审计股、基本建设审计股、经济责任审计股，负责对全县16个乡镇和39个县政府部门的审计监督。局长冯明华，副局长施伟、李丽、赖喜明、陈良龙。

审计成果 完成审计单位117个，共查出违纪违规行为金额1128万元，指明要求纠正2572万元；应缴财政100.55万元，已交财政100.35万元。提交审计工作报告76份，审计信息89篇，审计简报7期，其中被县领导批示、政府办批转的报告有8份，被采用的信息有62篇。（撰稿人：陈良龙）

【大余县审计局】 现有干部职工17人，设有办公室、综合审计股、农林水审计股、工交审计股、财金审计股、经济责任审计股、固定资产投资审计中心，负责对全县11个乡镇和91个县直部门的审计监督。局长刘铭忠，副局长王世信、刘津同。

审计成果 完成审计项目20个，审计单位75个，查出违规行为金额295万元，应缴财政113万元，已交112万元；指明要求纠正2226万元，归还原渠道资金38万元。提交审计报告、信息192篇，被采用54篇。对6个单位主要领导离任经济责任、9个单位主要领导任期经济责任进行了审计。（撰稿人：郭远路）

【上犹县审计局】 现有干部职工15人，设有人事秘书股、综合股、财政金融审计股、行政文教审计股、企业审计股、基建审计股，负责对全县18个乡镇和51个县直部门的审计监督。局长赖光龙，副局长王荣春、张均鸽、张重浩。

审计成果 共完成审计项目单位61个，其中国外贷援款项目审计两个，行政事业单位审计项目15个，企业审计9个，金融审计1个，乡镇财政决算及经济责任审计4个，基建预决算审计30个，查出违纪行为金额353万元，应缴财政48万元，已交财政45万元，查出“小金库”13个。提交审计专题或综合工作报告5篇。（撰稿人：何善忠）

【崇义县审计局】 现有干部职工15人，设有行政办公室、工业交通商业审计股、财政金融审计股、农林水审计股和综合审计股，负责对全县18个乡镇及145个县直单位和国有企业的审计监督。局长王英明，副局长卢普清。

审计成果 完成审计单位127个，查出违纪行为金额258万元，应缴财政78万元，已交75万元。完成审计调查6个。提交审计报告46份，信息13篇。完成35个单位40名领导干部经济责任审计，查出违规行为金额159万元。有内审机构16个，内审人员26人。（撰稿人：陈年高）

【安远县审计局】 现有干部职工18人，设有办公室、财政金融审计股、行政文教审计股、企业审计股、固定资产投资审计股、经济责任审计股，负责对全县18个乡镇和78个县直部门的审计监督。局长陈孔寿，副局长叶挺青、廖志宏。

审计成果 完成审计项目29个，审计单位65个，查出违规行为为金额1468万元，应缴财政107万元，已交106万元，核减财政拨款12万元，归还原渠道资金4万元，促进增收节支、减少损失浪费300万元。查处“三乱”行为14起，金额142.7万元，查处违法经济案件1起，涉及金额8.7万元，已移送检察机关进一步处理。提交审计报告、信息56篇，被采用33篇。完成了16名科级领导干部经济责任审计。（撰稿人：王世平）

【龙南县审计局】 现有干部职工16人，设有办公室、财政金融审计股、行政事业社会保障审计股、农林水审计股、外资经贸审计股、固定资产投资审计股，负责对全县17个乡镇（场）和83个县直部门的审计监督。局长蔡舒勇，副局长戴淑兰、潘贻南、月自力。

审计成果 完成审计项目36个，查出违规行为金额1403万元，应缴财政328万元，已交313万元。查出“小金库”、“账外账”14个，涉及金额83万元。提交审计报告27份，信息33篇，被采用28篇。完成12个县直科级、5个乡（镇）主要领导和1个企业负责人任期经济责任审计，查出违规行为金额714万元。（撰稿人：蔡舒勇）

【定南县审计局】 现有干部职工15人，设有综合股、财政金融审计股、农林水审计股、企业审计股、经济责任审计股，负责对全县7个镇和67个县直部门的审计监督。局长黄伟平，副局长李建华、李小菊、熊瑞生、钟红红。

审计成果 完成审计项目11个，审计单位64个，查出违纪违规行为金额1302万元，应缴财政51万元，已交财政48万元，应归还原渠道资金273万元。查处“三乱”行为11起，涉及金额205万元，查出“小金库”两个，涉及金额1.24万元。提交审计报告47份，其中经济责任审计结果报告31份，审计报告被县政府批转5份，审计信息被采用10篇。按县政府的指示，开展了对防洪保安资金和工会经费的专项审计，分别查补1.62万元和6.9万元。（撰稿人：黄善尧）

【全南县审计局】 现有干部职工21人，设有办公室、财金行文审计股、工交商审计股、农林水审计股和基建工程（预）决算审计股，负责对全县12个乡镇（场）和18个政府组成部门的审计监督。局长李德刚，副局长钟丽珍、钟文明。

审计成果 完成审计项目82个，查出违规行为金额1040万元，应缴财政56万元，已交41万元。查出“小金库”、“账外账”5个，涉及金额16万元。查出乱收费、乱摊派行为6起，涉及金额7万元。向检察机关提供经济案件核查结果1起。提交审计报告及信息52篇，被批示、采用两篇。（撰稿人：贺志民）

【宁都县审计局】 现有干部职工21人，设有办公室、财政金融审计股、行政文教审计股、工业交通审计股、农林水审计股、商粮贸审计股、固定资产投资审计股，负责对26个乡镇（场）和44个县直单位的审计监督。局长黄春生，副局长罗文盛、廖素红、廖丁生、黄勇。

审计成果 共审计单位90个，查出违规行为金额1955万元，应缴财政252万元；查出“小金库”、“账外账”52个，涉及金额937万元。向县政府提交审计综合报告16份；被市级以上有关报刊采用信息及文章34篇。（撰稿人：李聪白）

【于都县审计局】 现有干部职工48人，设有人事秘书股、财经审计股、行政文教审计股、企业审计股、经济责任审计中心、基建审计中心和祥诚培训服务中心，负责对全县23个乡镇和35个县直部门的审计监督。局长邓庆胜，副局长罗淑芳、方萃文、谢明、刘建军。

审计成果 完成审计项目56个，审计单位167个，查出违规行为金额433万元，应缴财政240万元，已交240万元，查出“小金库”19个，“账外账”26个，移送经济案件两起，涉及金额132万元。完成审计调查5个，调查单位21个。提交审计报告74份，被批转9份，提交审计信息69篇，被采用45篇。另外，对19名党政、企业的主要领导干部进行了离任经济责任审计。有内审机构14个，内审人员25人，完成审计项目62个，查出违规行为金额120万元，提出建议被采纳17条。（撰稿人：肖飞）

【兴国县审计局】 现有干部职工22人，设有秘书股、财政金融审计股、经济责任审计股、行政文教卫生审计股、农业林业水利企业审计股、固定资产投资审计股，负责对全县25个乡镇和50个县直部门的审计监督。局长赖福财，副局长王甘生、钟功斌、钟伟、王文元、梁祖斌。

审计成果 审计单位98个，查出违纪违规行为金额1089万元，应缴财政121万元，已交财政119万元；查出“小金库”41个，处理金额6万元；查处“三乱”42次，处理金额3万元。提交审计报告、论文信息97篇，被采用12篇。对58个单位的原任法人代表进行了任期经济责任审计，查出违纪违规行为金额2044万元，应缴财政55万元，归还渠道资金805万元。（撰稿人：黄金香）

【会昌县审计局】 现有干部职工20人，设有人事秘书股、企业审计股、财金审计股、农林水审计股、工程预决算中心，负责对全县21个乡镇和75个县直部门的审计监督。局长杨伦华，副局长刘萍、梁福荣、李启安、朱建荣。

审计成果　完成审计单位69个，查出违规行为金额947万元，应缴财政103万元，已交103万元。向司法机关、纪检监察部门移送经济案件线索12件。提交审计工作报告、信息86篇，被采用43篇。（撰稿人：梁福荣）

【寻乌县审计局】　现有干部职工20人，设有办公室、综合内审指导股、行政事业审计股、企业审计股、基建审计股、经济责任审计股，负责对全县15个乡镇和58个县直部门的审计监督。局长王正中，副局长刘庆文、刘志丰、邝羽。

审计成果　完成审计单位80个，查出违纪行为金额1412万元，应缴财政229万元，已交财政223万元；查出并移送纪检监察部门案件线索1件；提交审计调查和综合报告16份，被批转或批示7份；提交审计信息文章140多篇，被采用78篇。（撰稿人：刘志丰）

【石城县审计局】　现有干部职工20人，设有综合秘书股、企业审计股、行政事业审计股、财政金融审计股、固定资产投资审计股、经济责任审计股，负责对全县10个乡镇和42个县直部门的审计监督。局长李贤宝，副局长曾明、刘凤秀、黄有华、巫俊，纪检组长张丽娟。

审计成果　审计单位63个，查出违纪违规行为金额2219万元，应缴财政111万元，已交财政111万元。归还原渠道资金1182万元；查处“三乱”16起，涉及金额188.2万元；“小金库”16个，涉及金额204.2万元。提交审计报告、信息75篇，被采用33篇。（撰稿人：龚家福）

【上饶市审计局】　2002年，共有干部职工36人，其中本科学历14人，大专学历12人，局长贺子寿（—7月）、管群良（7月—），副局长陈邦仁、徐天寿、万金星，纪检组长邵忠宽。设有人事秘书科、综合科、监察室、财政金融外资审计科、行政事业审计科、商粮贸企业审计科、工业交通审计科、固定资产投资审计科，同时还设有审计干部专业培训中心。

审计成果　审计单位1142个，查出违规行为金额29567万元，应缴财政1658万元，已交财政1607万元，应归还原渠道资金762万元，查出百万元以上违规单位7个。向司法机关移送案件6起。提交审计工作报告87份，被当地党政领导批示36份，新闻单位采用43份，建议纠正地方部门不当规定172条。

完成上级交办任务　共完成13个财政部门的预算执行情况审计，65个县、乡（镇）财政决算审计，108个单位的固定资产投资审计，19个农业专项资金的使用和管理情况调查，12个世界银行贷款项目的审计，13个石油公司的审计，此外还开展了对行政性收费的审计调查。

经济责任审计　对414名党政领导干部和企业领导人员的经济责任进行了审计，经过审计，平调74人，晋升49人，免职14人，移送纪检监察机关3人，移送司法机关4人。

内部审计　对479个单位进行了审计，共查出损失浪费2632万元，促进增收节支1029万元，已纠正违规行为金额3693万元，其中增加上缴资金325万元，增加留利235万元。（撰稿人：付国强）

【上饶市信州区审计局】　现有干部职工21人，设有办公室、行政事业审计科、经贸审计科、财金投资审计科，负责对全区7个乡镇和29个区直部门的审计监督。局长吕晓萍，副局长徐翔、姜饶祥。

审计成果　完成审计项目12个、41个单位，查出违纪违规行为金额85万元，其中指明要求纠正40万元，决定处理处罚45万元，应缴财政45万元。提交审计工作报告16份，审计意见41份，审计信息6篇。区直部门内审机构59个，其中专职机构27个；内审人员72人，其中专职人员20人。（撰稿人：陈洋文）

【德兴市审计局】　现有干部职工15人，设有办公室、行政事业审计科、固定资产投资审计科、企业审计科，负责对全市16个乡镇和49个市直部门的审计监督。局长高良来，副局长程容开、王永银（—4月）、甘露（5月—）。

审计成果　完成审计项目69个，其中经济责任审计项目44个。共查出违规行为金额2385万元，其中：指明要求纠正1724万元，决定处理处罚89万元，已交财政81万元。提交审计工作报告8份，审计信息15篇，被采用6篇。移送经济案件两起，建议给予党纪处分1人，经市纪律检查委员会审查，1人受到党内严重警告、行政降级处分，1人受到党纪处分。（撰稿人：李立科）

【上饶县审计局】　现有干部职工27人，设有办公室、财政金融审计股、行政事业审计股、经济贸易审计股、固定资产投资审计股和经济责任审计股，负责对全县27个乡镇和55个县直部门的审计监督。局长王辉良，副局长乐正林、孙饶峰。

审计成果　完成审计项目91个，审计单位257个，完成经济责任审计项目20个。查出违纪违规行为金额680万元，应缴财政109万元，已交财政102万元。查出“小金库”8个。向纪检、检察部门移送经济案件3起。提交审计报告22份，审计

信息4篇。(撰稿人：杨志明)

【广丰县审计局】　现有干部职工19人，设有办公室，行政事业审计股、企业审计股、财政金融审计股、投资审计股，负责对全县147个行政事业单位的审计监督。局长周永海，副局长陈传雨、林贻福、林忠。

审计成果　完成审计项目57个，查出违纪违规行为金额427万元，应缴财政172万元，已交财政170万元，调账处理158万元，指明要求纠正104万元。向县政府和上级审计机关提交各类审计报告24份。开展经济责任审计项目13个，查出违纪违规行为金额139万元，审计后，晋升7人，平调4人，免职两人。县直部门内审机构21人，其中专职机构10个；内审人员40人，其中专职人员28人。共审计单位40个，查出违纪行为金额15万元，促进增收节支16万元。(撰稿人：毛一波)

【玉山县审计局】　现有干部职工19人，设有财政金融审计股、商贸企业审计股、行政事业审计股和固定资产投资审计股，负责对全县18个乡镇和92个县直部门的审计监督。局长李平，副局长张德兴、张曼、张晓忠。

审计成果　完成审计项目128个，查出违纪违规行为金额2846万元，核减基建投资524万元，归还被侵占挪用资金158万元，应缴财政79万元，已交77万元。向上级部门提交审计工作报告66份，提交审计论文两篇，信息报道5篇(条)，被采用5篇(条)。(撰稿人：肖雪琴)

【铅山县审计局】　现有干部职工16人，设有办公室、行政事业社会保障审计股、财政金融经贸审计股、农业环保资源审计股、固定资产投资审计股，负责对25个乡镇和54个县直部门的审计监督。局长徐增舛，副局长詹世祥、詹田新。

审计成果　完成审计项目80个，查出违纪违规行为金额42万元，应缴财政42万元，已交财政37万元。提交审计专题报告13份。完成上级下达的审计任务16个，审计单位24个。完成10名县级后备干部和52名县直二级单位主要领导干部的经济责任审计。(撰稿人：易有娣)

【横峰县审计局】　现有干部职工17人，设有人秘股、企业审计股、行政事业审计股，负责对全县12个乡镇和119个县直部门的审计监督。局长朱林树，副局长曾道凯、李锋。

审计成果　完成审计项目64个，查出违纪违规行为金额600万元，依法处理应缴财政73万元。完成5个项目的投资审计，8个项目的基建决算审计，1个项目的以工代赈审计，审计工程造价总金额640万元，核减决算金额67万元。按县政府要求，对6个单位进行了破产清算审计。受县委组织部委托，对20名正科级领导干部及10名县级后备干部任期经济责任进行了审计。完成省、市审计机关下达的审计项目5个，其中完成了对本县20个涉及企业收费单位、近43个收费项目的执收情况进行了专项审计。(撰稿人：程延法)

【弋阳县审计局】　现有干部职工13人，设行政办公室、财金外资审计股、工交企业审计股、行政事业与农水审计股，负责对全县18个乡镇和122个县直部门的审计监督。局长李长水、副局长倪爱萍。

审计成果　审计单位(项目)80个，查出违纪违规行为金额878.33万元，应缴财政103.9万元(含罚款4.25万元)，已入库103.42万元。提交综合性审计报告、信息7篇，上级批转采用两篇。对31个单位、43人开展了经济责任审计，查出违规行为金额612.52万元，审计后，晋升9人，平调33人，免职1人。(撰稿人：李长水)

【余干县审计局】　现有干部职工14人，设有秘书股、财政金融与外资审计股、行政事业与社会保障审计股、经贸和固定资产投资审计股、审计服务中心，负责对全县35个乡镇(场)和72个县直单位的审计监督。局长高丁山，副局长任国兴。

审计成果　完成审计项目70个，查出违规行为金额508万元，应缴财政23万元，已交财政19万元，归还原渠道资金62万元，促进企事业组织增收节支180万元。提交审计工作报告、信息47篇。开展经济责任审计项目40个，查出违规行为金额68万元。审计后，晋升9人，平调10人，免职1人。对13个固定资产投资项目进行决算审计，共核减工程造价预算170万元。(撰稿人：胡志权)

【波阳县审计局】　现有干部职工34人，设有财金审计股、行政事业审计股、固定资产投资审计股、经济贸易审计股、经济责任审计股、办公室、监察室，负责对全县38个乡镇和73个县直部门的审计监督。局长胡群华，副局长于集权、李文澄、段金火，纪检组长胡胜华。

审计成果　审计72个项目，查出违纪违规行为金额4915万元，应缴财政143万元，已交财政143金元，归还原渠道资金140万元。提供各类审计工作报告和信息60篇。(撰稿人：刘龙田)

【万年县审计局】　现有干部职工34人，设有办公室、财政金融审计股、企业审计股、行政事业审计股、固定资产投资审计股、审计服务中心，负责对全县16个乡镇和43个县直部门的审计监督，局长王云学，副局长孙海远、胡毕显。

审计成果 审计单位81个，查出违规行为金额778万元，决定处理处罚108万元，指明要求纠正670万元，应缴财政105万元，已交财政105万元，提交审计工作报告及信息32篇。共完成上级交办审计项目7个，开展经济责任审计项目15个、16人。受省审计厅表彰1次。（撰稿人：李加聪）

【婺源县审计局】 现有干部职工19人，设有秘书股（监察、法规）、行政事业与社会保障审计股、财金与经贸审计股、固定资产投资审计股（农业、资源环保与外资运用），负责对全县33个乡（镇）场和99个县直部门的审计监督。局长邹金娣，副局长查喜兰、程永辉。

审计成果 完成审计项目单位66个，查出违规行为金额584万元，其中指明要求纠正516万元，决定处理处罚68万元，应缴财政68万元。提交审计综合报告24份，建议纠正地方部门不当规定14条。对25名党政、企业的主要领导干部进行了任期经济责任审计。（撰稿人：胡相如）

【抚州市审计局】 2002年，共有干部职工36人，其中本科学历7人，大专学历21人，局长张建国（—8月）、黄德宪（8月—），副局长黄德泉、郑瑞龙。设有人事秘书科、综合法规科、监察室、财金审计科、行政事业审计科、经贸审计科、投资审计科和经济责任审计科。

审计成果 共审计787个单位，查出违规行为金额10112万元，已交财政929万元，移送经济违法犯罪案件线索14件，建议给予处分1人，提交审计工作报告315份，被批示、采用112份。

经济责任审计 开展领导干部经济责任审计253个，查出违纪违规行为金额1222万元。审计后，晋升35人，免职26人。

专项审计 对市直185个行政事业单位（含二、三级单位）2000～2001年预算外资金和银行账户设置情况进行了全面清理检查，审计总金额24140万元，查出违纪违规行为金额1845.4万元，其中：私设“小金库”金额203.6万元，应缴未交财政资金123.6万元，乱收费金额586.6万元，未纳入财政专户管理金额931.6万元。根据国家财经法规，分别进行了严肃处理。（撰稿人：龚升平）

【抚州市临川区审计局】 现有干部职工43人，设有人秘股、综合股、工交审计股、行政文教审计股、商贸审计股、财政金融审计股和基建投资审计股，负责对全县37个乡镇场和168个县直部门的审计监督。局长邓秋文，副局长邓冬来、李清江，纪检组长程贵清。

审计成果 完成审计项目80个，查出违纪违规行为金额1560万元，应缴财政120.12万元，已交财政120万元。提交审计综合报告20份，向纪检监察机关移送案件4起。（撰稿人：敖建民）

【南城县审计局】 现有干部职工16人，设有人事秘书股、行政事业审计股、工交审计股、商贸审计股和经济责任审计股，负责对全县17个乡镇和24个县直部门的审计监督。局长徐洁敏，副局长曾幼华、曹淑玲，纪检组长吴智华。

审计成果 完成审计单位（项目）35个，查出违纪违规行为金额344万元，应缴财政22万元，已交财政13万元。提交综合和专项审计报告3份。（撰稿人：游集鸣）

【黎川县审计局】 现有干部职工23人，设有办公室、财政金融审计股、企业审计股、行政事业审计股和经济责任审计股，负责对全县15个乡镇场和56个县直部门的审计监督。局长吴志强，副局长涂亚安、姚文胜、万兴龙，纪检组长汤亚平。

审计成果 完成审计项目21个，审计单位46个，查出违规行为为金额248万元，应缴财政124万元，已交财政124万元。完成审计调查6个，调查单位13个。提交审计报告、信息16篇。完成25名科级干部经济责任审计，查出违规行为金额58万元。有内审指导人员两人，内设机构29个，内审人员52人。（撰稿人：熊文辉）

【南丰县审计局】 现有干部职工20人，设有人事秘书股、法制监察股、财政金融审计股、行政事业审计股、企业审计股、固定资产投资审计股和经济责任审计股，负责对全县13个乡（镇）场和76个县直部门的审计监督。局长徐小明，副局长郑华栋、彭德泉，纪检组长饶建平。

审计成果 完成审计项目56个，审计单位80个，查出违纪违规行为金额178万元，决定处理处罚178万元，已交财政93万元，指明要求纠正451万元。向县纪检监察机关移送经济案件1起。提交审计报告37份，有5篇审计宣传稿件在市级以上刊物登载。（撰稿人：徐延龄）

【崇仁县审计局】 现有干部职工20人，设有办公室、行政事业财政金融审计股、经济贸易审计股和固定资产投资审计股，负责对全县15个乡镇和87个县直部门的审计监督。局长吴高明，副局长洪勇兴、章忠平、肖景兴、刘建国，纪检组长徐灿福。

审计成果 完成审计项目（单位）76个，其中上级授权审计项目8个，经济责任审计项目28个。查出违纪违规行为金额150万元，应缴财政74万元，已交财政72万元，提交审计工作报告56份，被县委、县政府采用8份，审计通讯报道被采用6篇。（撰稿人：黄萍芳）

【乐安县审计局】 现有干部职工14人，设有人事秘书股、行政事业审计股、企业审计股、财政金融审计股和经济责任审计股，负责对全县15个乡镇和52个县直部门的审计监督。局长彭光辉，副局长刘洪、刘年和。

审计成果 完成审计项目19个，审计单位63个。查出违纪行为金额2520万元，应缴财政16万元，已缴财政16万元，提交审计报告、信息15篇。（撰稿人：施展）

【宜黄县审计局】 现有干部职工20人，设有办公室、财政金融审计股、行政事业审计股、企业审计股、固定资产投资审计股和经济责任审计股，负责对全县12个乡镇和42个县直部门的审计监督。副局长饶建民（主持工作）、何绍贤、施长国、吴新棠、周晓琴。

审计成果 完成审计项目59个，查出违纪违规行为金额1506万元，应缴财政36.8万元，已交财政33.7万元，提交审计报告24份。（撰稿人：邓菲）

【金溪县审计局】 现有干部职工23人，设有人秘综合股、行政事业审计股、企业审计股和财政金融审计股，负责对全县21个乡镇和46个县直部门的审计监督。局长黄崇高，副局长徐高科、邹石麟、李有才、江春芳。

审计成果 审计单位（项目）47个，查出违纪违规行为金额1129万元，已交财政15万元。（撰稿人：伍志坚）

【资溪县审计局】 现有干部职工15人，设有人秘股、企业审计股、行政事业审计股、经济责任审计股和基建综合审计股，负责对全县7个乡镇、5个林场和46个县直部门的审计监督。局长胥国平，副局长黄桃云、饶贵木、杨春高。

审计成果 完成审计单位（项目）78个，查出违规行为金额798.49万元，已交财政75.23万元，促进增收节支27万元。提交综合审计报告6份，专题审计报告10份。（撰稿人：邹绍萍）

【东乡县审计局】 现有干部职工44人，设有人秘财务股、行政事业审计股、工交审计股、商粮贸审计股、基建审计股，负责对全县16个乡镇（场）和22个县直部门的审计监督。局长艾益群，副局长吴跃忠、乐仁恩，纪检组长周笑兰。

审计成果 完成审计单位56个，查出违规行为金额211万元，应缴财政71万元，已交财政59万元。完成18名科级干部、1名乡级干部和两名国有企业领导人离任经济责任审计，审计后平调15人，晋升6人。提交审计调查报告14份，被批示、采用两份。（撰稿人：李国华）

【广昌县审计局】 现有干部职工24人，设有人事秘书股、行政事业审计股和固定资产投资审计股，负责对全县11个乡镇和68个县直部门的审计监督。局长肖勇，副局长白晓峰、尹德芳、邓水蓉、周群芳，纪检组长吴俊文。

审计成果 完成审计项目13个，审计单位68个，查出违规行为金额780万元，应缴财政42万元，已交财政42万元。基建投资审计资金2665万元，核减基建造价181万元。提交审计报告62篇，信息文章60篇，被省以上报刊采用10篇。完成41名科级干部的离任经济责任审计，查出违规行为金额584万元。（撰稿人：赖政）

【宜春市审计局】 2002年，共有干部职工44人，其中研究生学历两人，本科学历13人，大专学历20人。局长辛水根，副局长陈文辉、陈国新（11月—）、施瑞兴、黄锡梅（—12月）、刘树恩（—12月），纪检组长彭泽荣。12月机构改革前设有秘书科、综合科、监察室、财政金融审计科、行政文教审计科、农林水审计科、工交审计科、商贸审计科、固定资产投资审计科；12月机构改革后，工交审计科和商贸审计科合并设立经贸审计科，增设经济责任审计科。

审计成果 审计单位（或项目）69个，完成审计调查项目3个，共查出违规行为金额13244万元，应缴财政827万元，已交财政710万元，归还原渠道资金29万元，指明要求纠正570万元。提交审计工作报告12份，被市委、市政府批示、批转4份；提交信息、简报48篇，被采用34篇。财政金融审计工作被省审计厅评为优秀。（撰稿人：朱丽芳）

【宜春市袁州区审计局】 现有干部职工27人，设有综合办公室、财政金融审计股、行政事业审计股、农林水审计股、企业审计股、固定资产投资审计股，负责对全区32个乡镇（街道）和85个区直部门的审计监督。局长钟建，副局长钟志诚、刘东河、汪雯，纪检组长陈清华。

审计成果 审计单位88个，共查出违纪行为金额296万元，应缴财政203万元，已交财政187万元，上缴罚没款14万元，建议被审计单位调账处理13万元，归还原渠道资金56万元，指明要求纠正4690万元，向纪检监察机关移送案件4起，建议给予党政纪处分6人。审计报告被政府领导批示、批转19份，审计信息被上级机关和媒体采用20篇。（撰稿人：敖峰）

【丰城市审计局】 现有干部职工22人，设有办公室、财政金融审计科、行政文教事业审计科、农林水基建审计科、企业审计科和经济责任审计科，负责对29个乡镇、3个街道和86个市直部门的审计监督。局长陈金龙，副局长余新华、饶慧琴、范国华、徐国龙，纪检组长欧阳进辉。

审计成果 审计单位150个，查出违规行为金额2384万元，应缴财政182万元，已交财政182万元。提交审计工作报告38份，被批示、批转、采用22份。开展经济责任审计项目32个、32人，查出违规行为金额312万元，损失浪费108万元。审计后，晋升6人，平调12人，免职12人，降职两人，移送司法机关1人。（撰稿人：蔡晓季）

【樟树市审计局】 现有干部职工25人，设有人秘综合股、行政文教事业审计股、企业审计股、农林水审计股、基建审计股，负责对全市20个乡镇（街道）和48个市直部门的审计监督。局长丁友才，副局长杨新根、李清华、刘刚、付芳，纪检组长熊茶根。

审计成果 完成审计单位（项目）130个，查出违纪违规行为金额287万元，应缴财政108万元，已交财政108万元。通过审计，还核减基建投资70.8万元，压缩会议经费2.6万元，调增单位收入179万元。提交审计报告及有关综合材料11份，被市政府批转3份，提交审计信息49篇，被采用36篇。有内审机构40个，内审人员122人，共审计单位210个，查出违纪违规行为金额227.6万元。举办内审人员培训班两期。（撰稿人：邹幼卿）

【高安市审计局】 现有干部职工35人，设有秘书股、行政文教审计股、农林水审计股、工交商贸审计股、固定资产投资审计股、财政金融审计股，负责对全市23个乡镇（街道）和176个市直部门的审计监督。局长邓六根，副局长葛建军、陈清华、熊爱莲、陈建福、张晓敏，纪检组长胡宝庆。

审计成果 完成审计项目38个，审计单位105个，查出违规行为金额4725万元，应缴财政78万元，已交74万元；查出账外设置“小金库”30个，金额397万元。完成审计调查4个，调查单位26个。完成22名科级干部离任经济责任审计，查出违规行为金额1312万元。向市委、检察机关移送大案要案3起，1人被撤职，两人被判刑。提交审计报告、信息26篇，审计科研论文6篇，撰写宣传报道文章55篇，被采用22篇。有内审机构32个，内审人员92名。（撰稿人：黄陆儒）

【奉新县审计局】 现有干部职工21人，设有人秘股、财金审计股、行政事业审计股、企业审计股、基建农林水审计股，负责对全县17个乡镇和60个县直部门的审计监督。局长梁泗元（1月—），副局长谌忠爱、胡勇、龚舍予（12月—），纪检组长邓永保。

审计成果 审计89个单位（项目），查出违规行为金额440万元，其中决定处理处罚100万元，指明要求纠正136万元，应缴财政100万元，已交财政100万元。提交审计报告、信息55篇，被采用24篇。向纪检监察部门移交案件3起，向检察机关移交案件两起。（撰稿人：谢立新）

【万载县审计局】 现有干部职工24人，设有秘书股、财政金融审计股、行政文教事业审计股、基建农林水审计股和企业审计股，负责对全县17个乡镇和23个县直部门的审计监督。局长李忠军，副局长施荣贵、袁春发、张焕员、郭锐。

审计成果 完成审计项目17个，审计单位66个，查出违规行为金额2638万元，应缴财政69万元，已交财政55万元。完成审计调查4个，调查单位8个。提交审计报告、信息49篇。完成19名科级干部离任经济责任审计，查出违规行为金额136万元。有内审指导人员两人，内审机构28个，内审人员46人。（撰稿人：黄森花）

【上高县审计局】 现有干部职工23人，设有人秘股、行政事业审计股、企业审计股、农水财经审计股和固定资产投资审计股，负责对全县17个乡镇（场）和52个县直部门的审计监督。局长卢艺林，副局长李建福、黄珠生、雷陕江、李福生，纪检组长邹毅。

审计成果 完成审计项目32个，审计单位71个，查出违规行为金额1860万元，应缴财政198万元，已交140万元。完成审计调查5个，调查单位35个。提交审计报告、信息31篇。完成3名科级干部离任经济责任审计。有内审计指导人员3人，内审机构26个，内审人员38人。（撰稿人：冷芝花）

【宜丰县审计局】 现有干部职工24人，设有秘书综合股、企业审计股、农林水基建审计股、行政文教审计股、财政金融审计股（后两股合署办公），负责对全县16个乡镇和60多个县直部门的审计监督。局长漆嵩，副局长周云霄、毛幸荣、邹凤兰、邹斌，纪检组长蔡碧云（5月—）。

审计成果　完成审计项目17个，审计单位75个，查出违纪违规行为金额1017万元，已交财政49万元。提交审计报告38份，被批示、批转采用15篇。对27个部门和企业的主要领导人进行了任期经济责任审计。（撰稿人：胡伍芳）

【靖安县审计局】　现有干部职工20人，设有人秘股、财政金融审计股、行政事业审计股和企业审计股，负责对全县11个乡镇和45个县直部门的审计监督。局长井平，副局长刘诗还、顾金陵、钱光江，纪检组长范庆国。

审计成果　完成审计项目8个，审计单位74个，查出违规行为金额3440万元，其中指明要求纠正60万元，决定处理处罚42万元，已交财政42万元。提交审计报告16份，审计意见74份，审计信息6篇，简报3篇，被采用5篇。另外，对在机构改革中变动的18名党政、企业的主要领导干部进行了任期经济责任审计。（撰稿人：陈代茂）

【铜鼓县审计局】　现有干部职工21人，设有办公室、财政金融审计股、农林水企业审计股、经济责任审计股、固定资产投资审计股，负责对全县3个乡镇和42个县直部门的审计监督。局长刘文生，副局长况建山、张全本，纪检组长邓映柳。

审计成果　全年共完成审计项目（单位）45个，查出违纪违规行为金额428万元，已交财政49万元。其中在对政法、文化、城建3大系统“一条龙”审计中，查出“小金库”7个，查出违纪违规行为金额85万余元，应缴财政30余万元。同时，还完成专项审计调查项目14个、单位45个，调查金额5289万元，提出合理化建议14条。被省审计厅授予“江西省审计信息工作先进单位”。（撰稿人：胡巧萍）

【吉安市审计局】　2002年，共有干部职工35人，其中本科学历16人，大专学历12人。局长李祖江，副局长雷次仲、钟循育、黄廉传，纪检组长郭天仪。设有办公室、综合法规科、财政金融审计科、行政事业审计科、经贸审计科、农业资源环保审计科、固定资产投资审计科、经济责任审计科、监察室（市监察局派出机构）。

审计成果　审计单位128个，查出违规行为金额7235万元，应缴财政611万元，已交614万元（含上年度）。查出“小金库”26个，涉及金额1130多万元，发现大案要案线索1件，涉案金额52.3万元，案犯已被判处有期徒刑15年。提交审计工作报告12份，信息和调研报告76篇，被采用52篇。

经济责任审计　开展经济责任审计项目27个、27人，查出违规行为金额13万元。审计后，平调19人，免职7人。

内部审计　市直部门内审机构34个，其中专职机构8个；内审人员40人，其中专职人员14人。共审计单位59个，促进增收节支206万元。（撰稿人：罗襄泉）

【吉安市吉州区审计局】　现有干部职工25人，设有办公室、综合科、监审科、工交审计科、财政金融商贸审计科、行政文教审计科、固定资产投资审计科，负责对全区6个乡镇、49个区直部门的审计监督。局长宗锦川，副局长刘清媛，纪检组长黄红华。

审计成果　完成审计项目76个，审计单位83个，查出违纪违规行为金额4396万元，其中指明要求纠正3042万元，应缴财政88万元，已交财政81万元。完成审计调查两个，调查单位7个。提交审计报告31份、审计信息4篇、简报4篇。完成19名党政领导干部及4名企业领导人任期经济责任审计，查出违规行为金额228万元。有内审指导人员两人，内审机构13个，内审人员13人。（撰稿人：肖光根）

【吉安市青原区审计局】　现有干部职工6人，设有秘书科、综合审计科、财金审计科，负责对全区7个乡镇、1个街道、22个区直部门的审计监督。局长詹学东，副局长毛积锋。

审计成果　完成审计项目15个、26个单位，查出违纪违规行为金额158.7万元，应缴财政55.88万元，已交54.42万元。完成审计调查两个，调查单位11个。提交审计报告17份，审计意见26份，审计信息两篇，被区委、区政府转发审计报告3份。另外，完成科级干部离任经济责任审计项目两个。（撰稿人：李三龙）

【井冈山市审计局】　现有干部职工15人，设有办公室、综合审计科、经济责任审计科、基建审计科，负责对全市22个乡镇、场和54个市直部门的审计监督。局长罗桃林（—12月）、廖明华（12月—），副局长赵毅、李春雷、赵为平。

审计成果　完成审计项目20个，审计单位22个，查出违规行为金额60万元，应缴财政12万元，已交12万元。提交审计报告9份，审计信息4篇，被市审计局采用1篇、《中国审计信息与方法》采用1篇、《中国审计报》采用1篇。对7名党政领导干部进行了经济责任审计。（撰稿人：何雅雅）

【吉安县审计局】　现有干部职工18人，设有办公室、财政金融企业审计股、行政事业审计股、经济责任审计股、固定资产投资审计股，负责对全县19个乡镇和35个县直部门的审计监督。局长肖梅卿（9月—）、肖卿才（—9月），副局长肖炎洲、彭金光、肖文山。

审计成果　完成审计项目62个，审计单位79个，查出违规行为金额176万元，应缴财政110万元，已交105万元。完成审计调查1个，调查单位3个。提交审计报告、信息23篇。完成31个单位、44名科级干部离任经济责任审计，查出违规行为金额32万元。有内审指导人员5人，内审机构20个，内审人员47人，特约审计员4人。（撰稿人：刁道斌）

【吉水县审计局】　现有干部职工11人，设有综合股、行政文教审计股、财政金融企业审计股、经济责任审计股，负责对全县18个乡镇和55个县直部门的审计监督。局长许正长，副局长郭俊生、胡晓燕、罗冬生，纪检组长肖晓龙。

审计成果　完成审计单位和项目47个，其中：上级审计机关计划项目13个，党政领导交办经济责任审计项目15个，自选项目19个。查出违纪违规行为金额316万元，审计处理应缴财政116万元，向司法机关移送案件1起。提交审计调查报告、综合报告、专题报告11份；向被审计单位提出审计意见和建议120余条。（撰稿人：罗冬生）

【峡江县审计局】　现有干部职工13人，设有综合审计股、企业审计股、财金审计股，负责对全县10个乡镇和32个县直部门的审计监督。局长娄春生，副局长刘志刚、边文明。

审计成果　完成审计项目41个，查出违规行为金额1507万元，应缴财政43万元，已交财政41万元，查出“小金库”5个，总金额16.24万元。提交审计工作综合报告和审计调查报告41份，被县政府采用1份，审计信息被省审计厅采用5篇、被市审计局采用12篇。（撰稿人：邓美贞）

【新干县审计局】　现有干部职工12人，设有秘书股、财政金融审计股、行政文教审计股、经济责任审计股、固定资产投资审计股，负责对全县13个乡镇和94个县直部门的审计监督。局长吴桂如，副局长陈晓明、朱淑云、曾志明（10月—）、邓卫平（—10月），纪检组长欧阳海根。

审计成果　完成审计项目单位86个，其中经济责任审计项目31个。查出违纪违规行为金额607万元，应缴已交财政89万元；查出“小金库”4个，涉及金额73万元。提交审计报告33份，被采用文章、信息共16篇。（撰稿人：曾建军）

【永丰县审计局】　现有干部职工13人，设有办公室、行政事业与经贸审计股、经济责任审计股、固定资产投资审计股，负责对全县21个乡镇和70个县直部门的审计监督。局长傅晓春，副局长宋一松、曾小明。

审计成果　完成审计项目45个，审计单位142个，查出违规行为金额321万元，应缴财政72万元，已交71.7万元。提交审计报告、信息48篇。完成7名科级干部离任经济责任审计。（撰稿人：张力新）

【泰和县审计局】　现有干部职工19人，设有人事秘书股、工交金融审计股、商粮贸审计股、行政事业审计股和固定资产投资审计股，负责对全县22个乡镇和62个县直部门的审计监督。局长张敬津，副局长贺丽斌、康昭泗（—10月）、胡招娥（10月—）。

审计成果　完成审计项目18个，审计单位68个，查出违规行为金额230万元，应缴财政109万元，已交财政72万元。完成基建工程预决算审计项目11个，审计项目资金1.859亿元，核减工程预决算金额676万元。提交审计工作报告、信息31篇，被上级审计机关采用5篇。（撰稿人：欧阳新汉）

【遂川县审计局】　现有干部职工14人，设有秘书股、行政事业审计股、企业金融审计股和固定资产投资审计股，负责对全县25个乡镇和37个县直部门的审计监督。局长谢永洪（—10月），副局长郭晓春、李晓院。

审计成果　审计单位99个，查出违规行为金额378万元，应缴财政83万元，已交财政72万元（含罚款18万元），调账处理44万元。提交审计报告65份，信息和调研报告28篇，被采用23篇。开展经济责任审计项目（单位）46个、53人，查出违规行为金额109万元，审计后，晋升1人，平调53人，免职两人。共完成省、市审计机关下达的审计任务14个，审计单位41个。（撰稿人：蒋代灿）

【万安县审计局】　现有干部职工16人，设有秘书股、财政行政文教审计股、经贸审计股、企业审计股（投资审计股挂靠），负责对全县17个乡镇（场）和42个县直部门的审计监督。局长许凌云，副局长许金、唐祖俊。

审计成果　完成审计项目33个，查出违规行为金额86万元，其中应缴财政58万元，已交财政35万元。完成经济责任审计项目10个、10人。提交审计工作报告和信息19篇，被省市审计系统采用5篇。（撰稿人：罗萍）

【安福县审计局】　现有干部职工16人，设有秘书股、财政金融审计股、机关企事业审计股、固定资产投资基金审计股、经济责任审计股，负责对全县19个乡镇和48个县直部门的审计监督。局长童灿然，副局长肖华先、赵章生。

审计成果　完成审计项目60个，其中：完成上级指令性项目30个、县政府交办的审计项目4个、经济责任审计项目22个、财务收支审计项目4个，共查出违纪违规行为金额302万元，决定处理处罚86万余元，已交县财政68.7万元。向被审计单位提出审计意见和建议48条，被采纳46条。向上级提供审计报告43份，在省、市审计刊物上刊登信息两篇，完成科研论文两篇。（撰稿人：廖闽）

【永新县审计局】　现有干部职工20人，设有人事秘书股、行政事业财金审计股、固定资产投资审计股、经济责任审计股，负责对全县23个乡镇和49个县直部门的审计监督。局长陈富先，副局长龙兴发、杨家材、肖业顺。

审计成果　完成审计项目52个，审计单位（含延伸）117个，查出违规行为金额1048万元，其中指明要求纠正907万元，归还原渠道资金3万元，调整账务8万元，应缴财政76万元，已交76万元。提交审计报告、信息25篇。农村电网建设与改造项目审计，获江西省审计厅“农村电网建设与改造项目审计先进单位”。另外，对在机构改革中变动的18名党政、企业的主要领导干部进行了经济责任审计。（撰稿人：龙兴发）

山东省

【山东省审计厅】　2002年，山东省审计厅编制310人（其中行政编制117人，依照公务员管理的事业编制49人，事业编制144人）；实有243人（其中行政人员125人，依照公务员管理的人员37人，事业人员80人）。厅机关设有办公室、法制处、财政审计处、金融审计处、行政事业审计处、经贸审计处、农业与资源环保审计处、社会保障审计处、固定资产投资审计处、外资运用审计处、人事处、机关党委、监察专员办公室、经济责任审计办公室；另设有派出审计一处、派出审计二处、派出审计三处、派出审计四处、派出审计五处；同时还设有厅机关服务中心、山东省审计科学研究所、山东审计杂志社、山东省审计干部学校、山东省内部审计师协会、山东省计算机信息中心等直属事业单位。

领导成员

厅　长：柏继民（—3月）
　　　　左　敏（3月—）
副厅长：张兆喜　王谦华
　　　　刘均刚　于　谦
　　　　李建军
纪检组长：宋　晋
助理巡视员：张圣显

山东省审计成果　至2002年底，全省设县及县以上审计机关165个，实有人员4034人，其中大专以上学历3248人，获得审计师资格的3356人。全省审计机关共审计单位或项目8149个，查出违规行为金额169.61亿元，应缴财政13.84亿元，已交11.76亿元，归还原渠道资金4.78亿元，减少财政拨款和补贴328万元。通过审计，向司法机关和纪检监察部门移送各类违法犯罪案件线索98件。

财政审计　全省共审计预算执行部门单位1472个，查出违规行为金额108.51亿元，应缴财政5.89亿元。审计省直部门单位应处理纠正10.43亿元，有关部门针对审计发现问题制定和完善有关改革措施和管理制度27项。组织对578个市、县、乡镇政府财政预算决算进行了审计，查出违规行为金额14.9亿元，纠正不当规定126条。组织各市开展了对试编部门预算、政府采购、落实“收支两条线”等财政改革措施实施情况的审计和审计调查，并对地方各级财政收入结构、支出结构、工资政策兑现和财政债务情况进行了专题审计，揭露和剖析了政策执行和财政财务管理方面存在的一些深层次问题。进一步提高了“两个报告”的质量，从推进财政预算体制改革的角度，提出细化预算编制、加强部门预算执行管理监督等建议，引起省领导和有关部门的高度重视。省人大常委会审议通过了审计工作报告，对审计工作给予高度评价。省政府以《内部情况通报》的形式向各市政府和省直各部门转发了《山东省审计厅关于2001年度省级预算执行和其他财政收支的审计结果报告》，并将整改情况首次纳入省政府督查范围。

金融审计　认真开展了对保险公司和地方金融机构的审计，共审计金融机构213个，查出各类违规行为金额2.57亿元，应缴财政1495万元，达到了摸清家底、揭露问题、促进管理、防范风险的目的。根据审计署统一部署，组织16个市对125个农业发展银行分支机构2001～2002年度资产负债损益情况进行了审计。统一组织6个市审计机关对地方商业银行和城市信用社及其所属分支机构资产负债损益进行了审计，发现资产质量较差、经营风险大、违规发放贷款、非生息资产比例高、财务收支不合规、私设“小金库”等共性问题。

行政事业审计　全省共审计单位4478个，查出违规行为金额63.43亿元。其中，根据审计署统一部署，组织对2001年度政府采购情况进行了审计和审计调查，省政府采购中心根据省厅下发的审计意见书和审计建议书制定了改革的意见和措施。组织了全省体育经费和体育彩票资金审计，共查出违规行为金额6.67亿元。组织对全省10个行业2002年1～9月份行政事业性收费、政府性基金和罚没收入执行“收支两条线”规定和“票款分离”、“罚缴分离”办法情况进行了审计调查，查出违规行为金额9.64亿元。

企业审计　全省共审计企业754个，查出收入和成本不实、虚增虚减利润、损失浪费等各类违规行为金额44.25亿元，应缴财政2.2亿元，已交1.81亿元。根据审计署授权，组织对山东移动通信及所属的17个分公司进行审计，全省共查出违规行为金额3.8575亿元，应入库7778万元。组织对17个重点国有企业和股份制上市公司2001年度的资产负债损益情况进行了审计，揭示了部分企业收入成本费用不实、偷漏税金、抽逃资本和潜在损失、不当担保等问题，为深化国有企业改革提供了参考。

农业专项资金审计　组织对全省有三峡库区移民安置任务的9个市33个县（市、区）的三峡库区外迁移民安置资金进行审计，共审计资金额3.2053亿元，查出违规行为资金1342万元，促进资金拨付到位718万元，归还原渠道资金9.5万元。组织对全省17市及其所属42个县（市、区）2000年和2001年度矿产资源费审计，共查出违规行为金额5.03亿元，从体制方面分析了产生问题的原因，提出了审计建议。

社会保障审计　根据审计署和省厅计划安排，组织全省审计机关对2001年企业职工基本养老金的管理使用情况进行了审计，同时对1133个欠费企业进行了审计调查，共查出违规行为金额9.5亿元。组织对138个福利彩票机构2001年度福利彩票的发行、奖金分配结余和单位的财务收支情况进行了审计，并延伸审计了部分电脑彩票销售点和彩票公益资助的项目，提出了加强和改进彩票资金管理、使用的意见和建议。

固定资产投资审计　全省共审计建设项目380个，查出工程成本不实、漏缴税费、挤占挪用建设资金等违规行为金额7.8亿元，核减工程结算款1.61亿元，促进建设单位加强了资金管理。根据审计署授权，统一组织全省各级审计机关开展了城乡电网建设与改造项目审计和全省农网“两改一同价”审计调查，共审计项目单位11407个，审计资金总额219亿多元，查出少交漏交各项税费金额8085.09万元、挤占挪用建设资金1.15亿元，审减工程结算8391.78万元。

外资运用审计　全省对15个国外贷援款项目、129个项目执行单位进行了审计，查出挤占挪用项目资金、证据不足支出等违规行为金额2270.2万元，对外出具审计报告143份。组织市级审计机关对全省各级政府外债的借、用、管、还情况进行了审计调查，提出了改进外债管理的建议。

任期经济责任审计　全省共对2941名党政领导干部和企业领导人员进行了任期经济责任审计，查出违规行为金额47.89亿元。参考审计结果和其他方面的考核情况，有13人被降职、撤职或受到党纪政纪处分，60人被移送纪检监察和司法机关处理。省厅与淄博市审计局联合开发了“经济责任审计数据库软件系统”。有8个市对15个县（市、区）长进行了任期经济责任审计试点，探索了路子，积累了经验。

内部审计和社会审计监督　省厅和7个市成立了内部审计师协会，全省已建内审机构7514个，配备内审人员17308人，审计单位或项目43689个，纠正违规行为金额34.94亿元，促进增收节支9.21亿元。组织对18个不具有证券相关业务许可证的会计师事务所审计业务质量进行了检查，揭示了存在的问题，提出了改进的建议。

审计信息化建设　全省审计系统硬件配备已具相当规模，广域网络基本建成，省厅、17个市及28个县审计机关已建成局域网，省厅与17个市、112个县审计机关实现了联网，与16个市审计机关应用了审计信息管理系统软件，与省直7部门“财经信息网”已联成并开通使用。2002年底，全省审计机关共有各类计算机2322台（件），其中省厅240台，人均1.1台。全省审计机关已有2702人通过了审计署组织的全国计算机审计技术资格考试，占应通过人数的75%。

审计队伍建设　组织了3次大的调研活动，对审计工作制度建设和经济责任审计、党风廉政建设、机关党建工作进行了深入调研。强化干部教育培训工作，全省共举办各类培训班1182期，培训12359人次。省审计厅及部分市审计局与高等院校联合举办了在职研究生课程进修班。坚持抓教育、抓监督、抓管理，强化廉政建设，规范审计权力的运用，促进了廉洁从审。加强审计文化建设活动，积极创建文明机关，省审计厅连续第五年被评为“省直文明机关”。（撰稿人：张晓峰、刘源泉）

【济南市审计局】　2002年，共有干部职工138人，其中研究生学历两人，本科学历86人，大专学历41人，局长连承俊，副局长纪宝华、孙永涛、曲连璧、王金林、张凯恩、王玉志，纪检组长毕永晔。设有办公室、组织人事处、法制处、财政审计处、金融审计处、行政事业审计处、工业交通审计处、商贸审计处、外资运用审计处、农业与资源环保审计处、社会保障审计处、固定资产投资审计处、机关党委、纪检监察室。另设4个派出审计处(处级事业单位)、经济责任审计办公室（副局级事业单位)。

审计成果 共审计526个单位，查出违规行为金额29.76亿元，其中指明要求纠正25.98亿元，归还原渠道资金1382万元，决定处理处罚1.06亿元，应缴财政8110万元。提交审计报告、信息1179篇，被批示、采用497篇。向纪检、监察部门移送待处事项3件，建议给予党政纪处分4人，建议纠正地方部门不当规定两条。

经济责任审计 共完成经济责任审计项目13个、13人，查出违纪违规行为金额485万元，指明要求纠正6804万元。

内部审计 9月10日市内部审计师协会正式成立，全市已建内审机构346个，配备内审人员770人。共审计了1378个单位，查出损失浪费964万元，促进增收节支1460万元。(撰稿人：李瑞君)

【济南市市中区审计局】 现有干部职工18人，设有综合科、行政事业审计科、企业审计科、固定资产投资审计科及经济责任审计办公室，负责对全区两个镇、13个街道和84个行政事业单位的审计监督。局长江兴会，副局长韩廷芬、王桂香、黄明光。

审计成果 完成审计项目33个、30个单位，党政领导干部经济责任审计项目15个、15人。查出违规行为金额9303万元，其中指明要求纠正9062万元，决定处理处罚241万元；应缴财政219万元。提交审计报告两份，审计信息和审计论文26篇，被上级机关或报刊采用15篇。济南西藏中学原校长任期经济责任审计项目被评为全省优秀审计项目。(撰稿人：马凤奎)

【济南市历下区审计局】 现有干部职工15人，设有经济责任审计办公室、办公室、行政事业审计科、企业科和基建审计科，负责对全区1个乡镇和130个区直行政事业单位的审计监督。局长吕安然，副局长隋怀军、王朝海、马夏。

审计成果 完成审计项目30个、30个单位，党政企业领导干部经济责任审计项目22个、24人。查出违规行为金额13993万元，其中指明要求纠正11556万元，决定处理处罚26万元；应缴财政1715万元。建议纠正地方部门不当规定66条。提交审计报告22份，审计信息和审计论文17篇，被上级机关或报刊采用4篇。(撰稿人：邹丽娜)

【济南市槐荫区审计局】 现有干部职工14人，设有综合科、行政事业审计科、企业审计科、固定资产投资审计科，另设经济责任审计办公室（为副处级建制)，负责对全区两个乡镇、12个办事处和72个区直部门的审计监督。局长崔安共，副局长郑英芝、朱庆胜、李志勇。

审计成果 完成审计项目17个、26个单位，党政企业领导干部经济责任审计项目9个、9人。查出违规行为金额2733万元，其中指明要求纠正1616万元，决定处理处罚1117万元；应缴财政715万元。提交审计报告14份，审计信息和审计论文40篇，被各级领导批示5篇，被上级机关或报刊采用30篇。(撰稿人：邢新华)

【济南市天桥区审计局】 现有干部职工14人，设有办公室、财政行政事业审计科、基本建设投资审计科、工商交企业审计科和经济责任审计办公室，负责对全区两个乡镇、13个街道和60多个区直部门及行政事业单位的审计监督。局长张全仓，副局长侯传敏、陈乐敏。

审计成果 完成审计项目34个，查出违规行为金额388万元，应缴财政185万元，已交165万元。(撰稿人：徐桂岭)

【济南市历城区审计局】 现有干部职工28人，设有行政事业审计科、基本建设和企业审计科、财政金融审计科、办公室、法规科和经济责任审计办公室，负责对全区14个乡镇和222个区直部门的审计监督。局长崔志清，副局长辛波、刘同刚、张圣泉。

审计成果 完成审计项目49个、49个单位，党政企业领导干部经济责任审计项目9个、9人。查出违规行为金额12075万元，其中指明要求纠正11534万元，决定处理处罚541万元；应缴财政529万元。建议纠正地方部门不当规定1条。提交审计报告22份，审计信息和审计论文60篇，被上级机关或报刊采用25篇。(撰稿人：郑明德)

【济南市长清区审计局】 现有干部职工17人，设有综合办公室、行政财政审计科、企业审计科和基建审计科，负责对全区11个乡镇和60余个区直部门的审计监督。局长褚兴达，副局长纪长青、高元刚、董福生。

审计成果 完成审计项目61个、72个单位，党政企业领导干部经济责任审计项目7个、7人。查出违规行为金额13382万元，其中指明要求纠正2027万元，决定处理处罚11355万元；应缴财政621万元。提交审计报告21份，审计信息和审计论文201篇，被各级领导批示13篇，被上级机关或报刊采用13篇。山东鲁意白丝金皮公司审计项目（调查)被评为全省优秀审计项目。(撰稿人：郑元金)

【章丘市审计局】 现有干部职工30人，设有综合业务科、行政财政审计科、企业审计科、基建审计科，负责对全市22个乡镇、67个市直部门和10个企业集团公司的审计监督。局长王恩荣，副局长牛余明、张荣、刘恭森。

审计成果　完成审计项目72个、72个单位，领导干部离任经济责任审计1个、1人。查出违规行为金额1.69亿元，其中指明要求纠正1.61亿元，决定处理处罚840.37万元；应缴财政840.37万元。提交审计专题报告5份，审计信息和审计论文236篇，被各级领导批示19篇，被上级机关或报刊采用128篇。1个审计项目被评为全省优秀审计项目。（撰稿人：于成水）

【平阴县审计局】　现有干部职工20人，设有办公室、行政财政审计科、企业（基建）审计科、法制科、经济责任审计办公室，负责对全县11个乡镇和68个县直部门的审计监督。局长李文波，副局长孔令峰、张宝新、丁霖。

审计成果　完成审计项目48个，审计单位60个，查出违纪违规行为金额18229万元，其中指明要求纠正17410万元，决定处理处罚819万元；应缴财政290万元，归还原渠道资金377万元，提出改进建议123条，被采纳87条。完成审计调查两个，调查单位11个。提交审计报告28份，审计信息92篇，被上级审计机关和县委、县政府采用78篇。有内审指导人员两人，内审机构21个，内审人员56人。（撰稿人：田吉霖）

【济阳县审计局】　现有干部职工15人，设有办公室、财政审计科、行政事业审计科、经济责任审计办公室和综合审计科，负责对全县8个镇（所辖12个管区）、1个开发区和120个县直部门的审计监督。局长张善忠，副局长于建伟、郑艳、肖金梓、陈卫东。

审计成果　完成审计项目22个、34个单位，党政企业领导干部经济责任审计25个、25人。查出违规行为金额3937万元，应缴财政836万元。提交审计报告33份，审计信息和审计论文27篇，被各级领导批示7篇，被上级机关或报刊采用28篇。（撰稿人：高福河）

【商河县审计局】　现有干部职工16人，设有办公室、财政金融审计科、行政事业审计科、工交基建审计科、经济责任审计办公室，负责对全县22个乡镇和82个县直部门的审计监督。局长刚守银，副局长朱明泉、周建全、王存岭、苗丽荣。

审计成果　完成审计项目80个、86个单位，党政企业领导干部经济责任审计项目35个、37人，审计总金额19亿元，查出违规行为金额6124万元，其中指明要求纠正4273万元，决定处理处罚1851万元，应缴财政60万元。提交审计报告47份，审计信息和审计论文10篇，被领导批示两篇，被上级机关采用5篇。（撰稿人：徐秀昌）

【聊城市审计局】　2002年，共有干部职工59人，其中本科学历25人，大专学历23人，局长姜之厚，副局长刘敏、杨泽峰、郭明芳、张斌，纪检组长郭焕兴。设有办公室、法制科、人事教育科、财政金融审计科、行政事业审计科、社会保障审计科、农业和环保资金审计科、经贸审计科、固定资产投资审计科、经济开发区审计分局、派驻教育系统审计办公室、派驻卫生系统审计办公室、派驻政法系统审计办公室、派驻城建系统审计办公室，另有直属事业单位经济责任审计办公室。

审计成果　审计单位377个，查出违规行为金额92943万元，应缴财政3402万元，已交820万元。开展专项审计调查28个，提交审计调查报告36份。提交审计工作报告、信息473篇，被采用134篇。

经济责任审计　开展经济责任审计项目63个、63人，查出违规行为金额20056万元，其中主管责任17843万元，直接责任2213万元。

内部审计　市直部门内审机构234个，其中专职机构130个；内审人员476人，其中专职人员313人。共审计单位1608个，查出损失浪费1403万元，纠正违规行为金额3166万元，促进增收节支2868万元。（撰稿人：蒋家斌）

【聊城市东昌府区审计局】　现有干部职工37人，设有办公室、审计管理科、法制科、财政金融审计科、行政事业审计科、企业审计科、固定资产投资审计科、农业审计科，下辖区经济责任审计办公室，负责对全区19个乡镇和42个区直部门的审计监督。局长张国杰，副局长张绍华、夏宏、王修义，纪检组长刘子平（6月一）。

审计成果　共完成审计项目48个，查出违规行为金额3740.52万元，应缴财政156万元，已交37万元。向纪检监察机关移送严重违纪线索两件。共完成经济责任审计项目28个，其中包括科级党政领导干部26人，企业领导人员两人。共查出违规行为金额1551万元。审计后有4人升职，20人平调，4人正常离职。另外，完成决算审计项目1个，审计核减48万元。提交审计信息37篇，被上级机关和报刊采用15篇。完成党政领导交办事项18个。（撰稿人：吴金锋）

【临清市审计局】　现有干部职工29人，设有办公室、企业审计科、财政金融审计科、行政事业审计科、基建审计科、内审管理科、法规科、经济责任审计科和人教科，负责对全市16个乡镇和90个市直部门的审计监督。局长孙树荣，副局长宋加利、王新华、张庆玉。

审计成果 完成审计单位、项目76个，查出违规行为金额3119万元，应缴财政129万元，已交33万元。提交审计报告、信息68篇，完成审计课题研究1项。对12个乡镇办事处的13名领导干部和8名市直部门领导干部进行了任期经济责任审计，查出违规行为金额931万元。有内审指导人员1人，内审机构30个，内审人员139人。（撰稿人：王秀华）

【阳谷县审计局】 现有干部职工29人，设有办公室、法规科、工交企业审计科、商贸企业审计科、财政金融审计科、基建审计科和经济责任审计科，负责对全县16个乡镇和51个县直部门的审计监督。局长王广容，副局长程仁昌、韩鲁东、王继然。

审计成果 完成审计项目53个，查出违规行为金额7366万元，应缴财政348万元，已交116万元。提交审计报告、信息45篇，被采用16篇。完成县委、县政府临时交办的破产清算、领导干部离任审计及建委、物价、水利等专项审计43个。（撰稿人：王良）

【莘县审计局】 现有干部职工33人，设有办公室、财务科、法制科、财政金融审计科、行政事业审计科、企业审计科、农业审计科、基建审计科和经济责任审计办公室，负责对全县22个乡镇和38个县直部门的审计监督。局长张宝元，副局长杜玉静、邵勇。

审计成果 完成审计项目51个，查出违规行为金额3670万元，应缴财政265万元，已交183万元。提交审计信息58篇，被采用35篇。完成两名科级干部离任经济责任审计，查出违规行为金额533万元。（撰稿人：白文建）

【茌平县审计局】 现有干部职工34人，设有办公室、基建投资审计科、财政金融审计科、行政事业审计科、商贸审计科、农业审计科和经济责任审计科，负责对全县15个乡镇和43个县直部门的审计监督。局长李林军，副局长姚洪泉、刘洪涛、韩千鹏、吴庆德。

审计成果 完成审计单位38个，查出违纪违规行为金额667万元，其中应缴财政51万元，已交43万元。提交审计报告38份，审计信息52篇，被市审计局采用12篇。另外，对在县乡机构调整中变动的1名乡镇领导干部进行了任期经济责任审计。（撰稿人：吴长军）

【东阿县审计局】 现有干部职工25人，设有办公室、财政金融审计科、行政事业审计科、企业审计科和投资审计科，负责对全县10个乡镇和120个县直部门及企业的审计监督。局长朱传富，副局长范正伦。

审计成果 完成审计项目30个、审计单位62个，查出违规行为金额1748万元，应缴财政69万元，已交23万元。完成审计调查1个，调查单位18个。提交审计报告8份，审计信息和宣传稿件46篇。完成两名科级干部离任经济责任审计，查出违规行为金额317万元。有内审指导人员1人，内审机构22个，内审人员42人。（撰稿人：韩军）

【冠县审计局】 现有干部职工33人，设有办公室、内审指导科、行政事业审计科、企业审计科、基建审计科、财政金融审计科和经济责任审计科，负责对全县17个乡镇、34个县直部门和6个企业的审计监督。局长高福林，副局长田雨泽、王银范、李迎泽。

审计成果 完成审计项目57个、审计单位59个，查出违规行为金额4598万元，应缴财政145万元，已交113万元。完成审计调查5个，调查单位8个。提交审计报告8份，审计信息和宣传稿件76篇，被采用33篇。完成3名科级干部离任经济责任审计，查出违规行为金额64万元。有内审指导人员两人，内审机构13个，内审人员30人。（撰稿人：王亚军）

【高唐县审计局】 现有干部职工23人，设有办公室、财政金融审计科、行政事业审计科、农业审计科、法规科、工交审计科、商贸审计科、基建审计科，负责对全县12个乡镇、街道、1个开发区和243个行政企事业单位的审计监督。局长李保海，副局长张军、张道礼、王军、彭玉祥，纪检组长王学祥。

审计成果 完成审计项目21个，完成离任经济责任审计1个，完成党政领导交办各类审计项目24个。查出违规行为金额2236万元，应缴财政428万元，已交50万元。归还原渠道资金44万元，指明要求纠正3087万元。地税审计被评为全省优秀审计项目。（撰稿人：李洪丰）

【德州市审计局】 2002年，共有干部职工51人，其中研究生学历3人，本科学历28人，大专学历15人，局长杨少华，副局长方士信、高军、郑祥盾（9月—），纪检组长刘铁明。设有办公室、人事教育科、法制科、财政金融审计科、行政事业审计科、经贸审计科、农业与资源环保审计科、投资审计科、经济责任审计办公室和派出审计一科、派出审计二科。

审计成果 共审计计划内项目50个，查出违规行为金额63941万元，应缴财政3695万元，已交2770万元。全年提交审计报告、信息138

篇，被批示、采用71篇，有9个审计项目被评为全省优秀审计项目。预算执行审计查出违规行为金额9685万元，应缴财政1813万元，已交950万元，上报的专题报告和信息被市政府主要领导批示7篇。城乡电网建设改造项目审计查出违规行为金额4600多万元，对抽查的部分工程项目审减工程决算766万元。对企业职工基本养老基金的审计和审计调查，查出违规行为金额2781.49万元。各专项资金审计，包括对世行加强灌溉（二期）项目、种子商业化等5个国外贷援款项目的审计、外国政府贷款项目审计调查以及对福利彩票资金、体育经费及体育彩票资金、水利专项资金、城市建设资金等专项资金的审计，查出违规行为金额1387万元。此外还完成德州移动通信公司、山东地勘局水文二队审计以及两个建设项目决算审计、3个县（市）财政决算审计，并开展了城市信用社审计调查。

完成上级交办任务　完成市委、市政府交办审计任务10个。对市直23个部门（单位）执行"收支两条线"的情况进行的审计调查，查出违规行为金额8130万元。

经济责任审计　对8个行政事业单位的原主要负责人进行的经济责任审计，查出违规行为金额4563万元。（撰稿人：戴希祥）

【德州市德城区审计局】　现有干部职工29人，设有综合办公室、财政金融审计科、行政事业审计科、经贸审计科、固定资产投资审计科和经济责任审计办公室，负责对10个乡镇、街道和53个区直部门的审计监督。局长郭新民，副局长尚勇、陈红升。

审计成果　完成审计项目（单位）39个，党政领导交办审计任务6个。查出违规行为金额16113万元，应缴财政487万元，已交317万元。完成审计调查3个，调查单位22个。提交审计报告11份，审计信息29篇。其中，对8个单位的预算执行审计，查出违规行为金额7746万元。对区法院等11个单位的审计调查和基本养老保险基金、福利彩票资金以及水利专项资金的审计，查出违规行为金额107万元。对16名党政、事业的主要领导干部进行了离任经济责任审计，查出违规行为金额3098万元。（撰稿人：李连国）

【乐陵市审计局】　现有干部职工28人，设有办公室、综合科、审计一科、审计二科和审计三科，负责对全县16个乡镇、街道和市直部门的审计监督。局长季涛，副局长宋天文、杨志英、王少农、杨光生，纪检组长孟国柱。

审计成果　完成审计项目54个，其中计划内审计项目32个，上级审计机关授权项目两个，地方领导临时交办事项20个，查出违规行为金额4308万元，应缴财政283万元，已交283万元。2月被省人事厅和审计厅联合命名为"山东省审计机关先进集体"，1人记三等功一次。（撰稿人：孟国柱）

【禹城市审计局】　现有干部职工20人，设有办公室、固定资产投资审计科、法制科、财政金融审计科，下辖经济责任审计办公室，负责对全市11个乡镇、街道、49个市直部门和54个企业的审计监督。局长李春厚，副局长张文泉、裴传柱、李新海、王延军。

审计成果　完成审计项目89个，其中指令性审计项目32个，领导交办的审计项目57个，查出违规行为金额1970万元，应缴财政400万元，已交390万元。归还原渠道资金26万元，调账处理1081万元，罚没收入163万元。提交审计报告89份，审计信息83篇。先后对12个乡镇、街道的24名领导干部和18名市属企业领导人进行了任期经济责任审计，参考审计结果，有23人晋升，15人平调，3人未作安排，1人被移交司法机关。（撰稿人：邢玉芹）

【陵县审计局】　现有干部职工15人，设有办公室、法制股、行政企事业审计股、投资审计股、经济责任审计办公室，负责对全县12个乡镇和62个县直部门的审计监督。局长刘金鹏，副局长门素芹、许大贵、于庆吉，纪检组长孙敬香。

审计成果　完成审计项目61个，查出各类违规行为金额15193万元，应缴财政320万元，已交320万元，追还被侵占挪用资金712万元。提交审计报告、信息30篇，被各级采用20篇。有内审指导人员1人。完成经济责任审计27个，根据审计结果有两人被移交纪检监察部门。（撰稿人：赵焕星）

【平原县审计局】　现有干部职工25人，设有办公室、企业审计股、行政事业审计股、投资审计股、经济责任审计办公室，负责对全县11个乡镇、88个县直部门和12个企业的审计监督。局长宋连军，副局长冯延昌、孙树华、董恩杰。

审计成果　完成审计项目55个，查出违规行为金额2385万元，应缴财政151万元，已交133万元。完成对15名党政领导干部任期经济责任审计，查出违规行为金额201万元，参考审计结果，有3人被提拔任用。根据县领导的安排，对全县18个农民基金会资金兑付和资产负债损益情况进行了审计。（撰稿人：焦秀珍）

【夏津县审计局】　现有干部职工19人，设有办公室、行政事业金融审计股、经贸企业审计股、投资基建审计股和经济责任审计办公室，负责对全县12个乡镇和90个县直部门的审计监督。局长褚银华，副局长周忠军、王安国、邓振富，纪检组长王秋君。

审计成果 完成审计项目40个，查出违规行为金额837万元，应缴财政177万元，归还原渠道资金491万元。提出和被采纳的审计建议43条。被省审计厅评为“山东省城乡电网建设改造项目审计先进集体”。对白马湖镇、香赵庄乡进行了乡镇财政决算审计，对7个乡镇和单位主要负责人进行了经济责任审计。（撰稿人：张红）

【武城县审计局】 现有干部职工16人，设有办公室、财政金融审计科、固定资产投资审计科、企业审计科、行政事业审计科，下辖经济责任审计办公室（副科级单位），负责对全县8个乡镇、68个县直行政事业单位、38个县属独立核算企业的审计监督。局长崔建军，副局长董玉昌、石光、刘宝忠、郑玉强。

审计成果 完成审计项目67个，其中指令性审计项目35个，上级及领导交办的审计项目32个，查出违规行为金额1868万元，指明要求纠正2029万元，应缴财政294万元，已交260万元，调账处理1026万元，罚没收入26万元。提交审计报告65份，审计信息46篇。获山东省城乡电网审计工作先进个人1人次。完成政府交办任务28个。先后对21个县直行政事业单位的近40名领导干部进行了任期经济责任审计。参考审计结果，有3人得到提升，15人平调，3人未作安排。（撰稿人：赵剑波）

【齐河县审计局】 现有干部职工18人，设有办公室、行政事业审计科、企业审计科、财政金融审计科、基本建设审计科、经济责任审计办公室，负责全县14个乡镇和100多个县直部门的审计监督。局长卢永强，副局长高华勇、王文笑、张广军、曹长海。

审计成果 审计项目34个，查出违规行为金额7000万元，应缴财政210万元，追回被侵占挪用资金980万元。其中，预算执行审计查出违纪违规行为金额3000万元，应缴财政104万元，追回被挤占挪用专项资金10万元，追缴偷逃税金59万元。向被审计单位提出合理建议20条。对4个乡镇党委书记和10个县直部门的主要负责人进行了任期经济责任审计。（撰稿人：张承军）

【临邑县审计局】 现有干部职工28人，设有办公室、财政金融审计科、行政事业审计科、经贸审计科、固定资产投资审计科，4月增设经济责任审计办公室，负责对全县11个乡镇、开发区和99个县直部门的审计监督。局长张成林，副局长张兴文、李东升、尚兴东、王善标、王学磊，纪检组长董元门。

审计成果 完成审计单位29个，查出违规行为金额2170万元，应缴财政1317万元，已交财政1285万元，罚款14万元。固定资产投资决算审计48个项目，审减工程造价751万元，直接减少财政支出179万元。完成领导交办事项19个。提交审计报告、信息48篇。有内审指导人员两人，内审机构19个，内审人员102人。（撰稿人：张志胜）

【宁津县审计局】 现有干部职工15人，设有办公室、企业审计股、行政事业审计股和基建审计股，负责对全县11个乡镇和50个县直部门的审计监督。局长李树森，副局长撒德梧、郭爱荣、邢金明、宗茂林（2月—）、朱常青（2月—）。

审计成果 完成审计项目45个，审计单位116个，完成党政领导交办项目16个，查出违规行为金额2617万元，指明要求纠正1433万元。向上级提交审计报告22份，信息71篇，被省市及县委、县政府采用21篇。完成领导干部任期经济责任审计项目13个。（撰稿人：刘俊田）

【庆云县审计局】 现有干部职工8人，设有办公室、行政事业审计股、财政金融经贸审计股、固定资产投资审计股和经济责任审计办公室，负责对全县8个乡镇和56个县直部门的审计监督。局长王建良，副局长张增华、丁清江。

审计成果 审计单位42个，查出违规行为金额848.1万元，应缴财政154.5万元，已交154.5万元。其中，预算执行审计共查出各类违规行为金额380万元，应缴财政18万元。对4个乡镇政府财政决算进行了审计。对4个乡镇及28个部门的领导人员进行了经济责任审计，查出各种违规行为金额65万元。（撰稿人：田胜科）

【东营市审计局】 2002年，共有干部职工58人，其中本科学历25人，大专学历17人，局长张吉利，副局长于平、李玉平、赵致华、张树芹，纪检组长耿考青。设有办公室（挂举报中心牌子）、人事教育科、法制科、财政审计科、金融审计科、行政事业审计科（挂社会保障审计科牌子）、经济贸易审计科（挂外资运用审计科牌子）、农业与资源环保审计科、固定资产投资审计科、经济责任审计办公室。

审计成果 审计单位56个，查出违纪违规行为金额36789万元，应缴财政4745万元，已交4745万元。编发审计信息122期，编报《审计要情》9期。提交审计报告37份，被采用5份。

财政审计 审计和延伸审计部门、单位51个，查出违纪违规行为金额9285万元，应缴财政2206万元。

经济责任审计 审计项目27个，查出违纪违规行为金额9516万元。首次对5名县区长进行经济责任审计。

专项审计 审计项目10个，审计专项资金总额11102万元，查出违纪违规行为金额3006万元。

金融、企业审计 金融审计项目两个，查出违纪违规行为金额4216万元。企业审计项目两个，查出违纪违规行为金额866万元。

固定资产投资审计 完成对城乡电网建设与改造项目的审计，共审计资金总额5.7亿元，查出违纪违规行为金额9900万元，应缴财政2539万元。

内部审计和社会审计 完成各类审计项目154个。东营实达会计师事务所的执业质量经检查评比取得全省第一名。（撰稿人：蔡玲）

【东营市东营区审计局】 现有干部职工30人，设有办公室、财政金融审计股、行政事业审计股、固定资产投资审计股、经济责任审计办公室和镇、街道综合审计办公室，负责对全区9个镇、街道和43个区直部门的审计监督。局长郭培亮，副局长高霞、崔维云，纪检组长朱炳增。

审计成果 完成审计项目37个，党政领导及上级机关交办的临时性项目6个。查出违规行为金额10152万元，其中指明要求纠正2324万元，决定处理处罚5663万元；应缴财政1770万元。提交审计报告45份，审计意见45份，审计信息及简报29篇，被区委、区政府采用5篇。完成调研课题36项。完成两个社会稳定项目和群访事件的清理清查工作。另外，对在机构改革中变动的21个单位、23名主要领导干部进行了任期经济责任审计。（撰稿人：温晓东）

【东营市河口区审计局】 现有干部职工17人，设有办公室、法制股、财政金融审计股、行政事业审计股、基本建设审计中心和经济责任审计办公室，负责对全区7个乡镇（街道）和53个区直部门的审计监督。局长高志勇，副局长徐红、徐贵锋、隆会芝，纪检组长魏玉琢。

审计成果 完成审计项目7个，审计单位64个（包括延伸单位和临时项目）。查出各类违规行为金额4380万元，应缴财政495.4万元，已交468.4万元。提交审计信息、报告88篇，被采用43篇。（撰稿人：王甲柱）

【垦利县审计局】 现有干部职工15人，设有办公室、经济责任审计办公室（副科级事业单位，编制5人，现有1人）、行政事业审计股、经济贸易审计股和法制股，负责对全县7个乡镇和67个县直部门的审计监督。局长邓镇，副局长王立明、傅健、单宝峰，纪检组长柳永杰。

审计成果 审计项目58个，审计单位74个，其中计划内项目34个，查出违纪违规行为金额6133万元，应缴财政470万元，提出合理化建议40多条，被采用审计信息62篇。（撰稿人：李明泉）

【利津县审计局】 现有干部职工25人，设有办公室、法制股、财政金融审计股、行政事业审计股、固定资产投资审计股和经济责任审计办公室，负责对全县9个乡镇、1个社区、1个经济开发区、46个县直部门、32个事业单位、1个非金融企业和两个国有企业的审计监督。局长郝导群，副局长何吉祥、董彩铃。

审计成果 完成审计项目7个、56个单位，经济责任审计项目33个。查出违纪违规行为金额2559万元，应缴财政114万元（其中处罚27万元），已交114万元，应归还原渠道资金15万元，指明要求纠正851万元。完成审计调查6个，调查单位15个。提交审计报告和审计结果报告44份，编发审计信息等63篇，被上级机关采用50篇。（撰稿人：林友民）

【广饶县审计局】 现有干部职工22人，设有办公室、法制股、财政金融审计股、行政事业审计股、经济贸易审计股和县领导干部任期经济责任审计办公室，负责对全县10个乡镇和65个县直部门的审计监督。局长周立华，副局长秦国锋、刘飞、隋金良，纪检组长李艳。

审计成果 完成审计项目52个，查出违规行为金额7946.80万元，应缴财政1939.85万元，已交1939.85万元，归还原渠道资金42.8万元，查出“小金库”132万元，促进增收节支2114.65万元。提交审计报告30份，审计信息50篇，提出审计建议200条。完成12个部门单位的领导干部离任经济责任审计。有内审机构32个，内审人员81人。（撰稿人：李文凯）

【淄博市审计局】 2002年，共有干部职工97人，其中研究生学历5人，本科学历64人，大专学历23人，局长王振升，副局长王增福、成锡钶、李向军、杜贞耐，纪检组长周大进。设有办公室、人教科、法制科、财政审计科、金融审计科、社会保障审计科、行政事业审计科、经贸审计科、农业与资源环保审计科、固定资产投资审计科、外资运用审计科、经济责任审计办公室和机关党委。

审计成果 共审计单位462个，查出违规行为金额24.03亿元，应缴财政1.19亿元，已交1.01亿元，处罚766万元。在全省审计质量检查中，市审计局取得了连续三年位列全省前三名的好成绩。

预算执行审计　共审计预算执行单位108个，查出违规行为金额2.7亿元。市、区（县）政府和人大常委会对审计部门的工作均给予了积极评价。

经济责任审计　共对104名党政领导干部和企业领导人进行了经济责任审计，查出违规行为金额7640万元。与省厅联合开发了“经济责任审计数据库软件”，并在全省推广使用；对市直34名领导人员任期经济责任审计意见进行了督促落实。

重点项目审计创出“精品”　在全省率先进行了城乡电网建设改造项目审计试点，查出违规行为金额4.4亿元，应缴财政1100多万元。圆满完成了联通公司淄博分公司、张店钢铁厂等5个由审计署、省厅授权项目的审计，共查出违规行为金额1.5亿元，应缴财政700多万元。体育经费和体育彩票审计，被省厅列为试点项目，查出违规行为金额860万元。预算执行审计项目和市地产开发公司审计项目，被评为全省优秀审计项目。农发行审计、养老金审计、矿产资源补偿费审计、世行援贷款项目审计等10个项目被省厅通报表扬。

审计调查成果显著　共开展审计调查33个，被调查单位562个，提交调查报告35份，有21份调查报告被上级审计机关或党委、政府采用。

服务工作　共开展审计回访367次，开展咨询活动168次，建立帮促联系点26个，帮助企业挽回经济损失1524万元，受到企业普遍好评。（撰稿人：王来彬）

【淄博市张店区审计局】　现有干部职工25人，设有办公室、综合内审指导科、财政金融审计科、基建审计科、行政事业审计科、企业审计科和经济责任审计办公室，负责对全区8个镇、6个街道和86个区直部门的审计监督。局长董勤生，副局长孙兆地、许安平、杨延龄，纪检组长刘宝成。

审计成果　共完成各类审计项目42个，查出各类违纪行为金额11857万元，指明要求纠正8689万元。被省审计厅评为“山东省审计系统审计科研工作先进集体”、“信息工作先进集体”和“全省电力审计工作先进集体”，档案管理工作也顺利通过省一级认证。区内审机构和乡镇审计机构共完成审计项目95个，促进增收节支1965万元，提出各类改进单位经济管理的审计建议161条，其中，乡镇审计完成审计项目83个，促进增收节支1471万元，提出各类改进单位经济管理的审计建议137条。（撰稿人：赵亮）

【淄博市淄川区审计局】　现有干部职工22人，设有办公室、财政金融审计科、行政事业审计科、经济贸易固定资产投资审计科、法律制度监督科、经济责任审计办公室，负责对全区19个乡镇、3个办事处、63个区直部门的审计监督。局长吴佩宁，副局长李荣军、程玉明、史配华。

审计成果　完成审计项目73个，查出违规行为金额10743万余元，归还原渠道资金295万元，应缴财政949万元，已交290万元。为被审计单位提出合理化建议290余条，促进被审计单位实现增收节支380万元。提交审计报告和信息133篇。完成经济责任审计项目41个。（撰稿人：宗传彪）

【淄博市博山区审计局】　现有干部职工23人，设有办公室、法制内审科、行政事业审计科、经贸审计科、固定资产投资审计科、经济责任审计办公室、博山工程造价审计所，负责对全区14个乡镇、99个区直部门的审计监督。局长迟培光，副局长甘玉德、孙兆勇。

审计成果　完成审计项目48个，其中任期经济责任审计17个，市审计局统一部署的审计调查13个，授权项目审计两个，同时完成了区城乡电网改造工程审计、区政府交办的职工上访审计项目6个，共查出各类违规行为金额5000万元，决定处理处罚38万元，指明要求纠正4123，应缴财政38万元；解决职工上访事件6起。提交各类审计报告和信息371篇，提出审计建议76条。查出百万元违规单位4个。（撰稿人：李富修）

【淄博市临淄区审计局】　现有干部职工17人，设有办公室、企业审计科、财政金融事业审计科、固定资产投资审计科、经济责任审计办公室，负责对全区15个乡镇和60余个区直部门的审计监督。局长周向民，副局长李克广、张汝俭、张方泉。

审计成果　完成审计项目94个，查出违规行为金额16773万元，应缴财政626万元，查出大案要案3起；向被审计单位提出审计建议被采纳84条，促进增收节支769万元；完成各级交办或授权的审计项目9个。其中，共审计18个预算执行单位，查处各类问题47项，涉及违纪行为金额4664万元，应缴财政52万元，归还原渠道资金188万元。先后对18名主要党政领导干部进行了任期经济责任审计，共查出违规行为为金额5889万元。（撰稿人：孙文基）

【淄博市周村区审计局】　现有干部职工32人，设有办公室、法制科、财政金融审计科、固定资产投资审计科、行政事业审计科、经贸审计科和经济责任审计办公室，负责对全区4个镇、5个街道和70个区直部门的审计监督。局长胡军，副局长徐德利、安文平（兼纪检组长)、孟宪玉、臧雪梅。

审计成果　完成审计项目58个，查出违规行为金额13674万元，应缴财政1183万元，已交1138万元；查处并移送经济案件线索5件，向被审计单位提出审计建议被采纳102条，促进增收节支1586万元。同时，提交各类工作报告、信息195篇，被批示、采用122篇。(撰稿人：牛波)

【淄博市高新区审计局】　现有干部职工18人，设有综合科、审计一科、审计二科、经济责任审计处，负责对全区两个街道和35个区直部门的审计监督。局长刘中兴，副局长杜玉林、王济众。

审计成果　完成审计项目42个，查出各类违规行为金额1481万元，应缴财政132万元。其中，预算执行审计，审计资金总额102711万元，查出应缴未交预算收入、虚列预算支出等6个方面的问题，违规违纪行为金额1437万元；地方税收征收管理情况审计，共审计资金14833万元，查出违规违纪行为金额28万元，查补税款120万元；固定资产投资审计共审计单位18个，审计总金额5759万元，审计核减660万元。(撰稿人：周巍巍)

【桓台县审计局】　现有干部职工30人，设有行政事业金融审计科、固定资产投资审计科、经济责任审计办公室、法制科和办公室，负责对全县12个镇和79个县直部门的审计监督。局长田玉国，副局长王道峰、于亦芝、苏维光、田家常，纪检组长许安文。

审计成果　完成审计项目64个，查出违规行为金额8647万元，应缴财政735万元，促使被审计单位增收节支1765万元。查出大案要案5起，其中向检察机关移送两起。提交信息和审计报告86篇，被采用68篇。为被审计单位提出合理化建议36条，全部被采纳。(撰稿人：张志国)

【高青县审计局】　现有干部职工15人，设有综合科、行政事业审计科、经贸审计科、固定资产投资审计科和经济责任审计办公室，负责对全县9个镇和107个县直部门的审计监督。局长蔡悦连，副局长何新华，纪检组长聂兆玉。

审计成果　完成审计项目35个，查出违纪行为金额1815万元，纠正违规行为金额1780万元，应缴财政78万元，已交78万元；移送案件5起，查处信访案件7起；提出完善制度、加强管理建议36条，被采纳20余条，促进被审计单位节约资金或增加效益200多万元。(撰稿人：苏书平)

【沂源县审计局】　现有干部职工18人，设有办公室、经贸审计科、行政事业审计科、经济责任审计办公室，负责对全县13个乡镇、1个城区办事处和68个县直部门的审计监督。局长殷连平，副局长赵希勇、张慧、杜兴杰，纪检组长刘淑东。

审计成果　完成审计项目36个，查出违规行为金额2200万元，决定处理处罚1523万元，提交审计报告、信息36篇。(撰稿人：刘淑东)

【潍坊市审计局】　2002年，共有干部职工67人，其中本科学历48人，大专学历12人，局长孟庆亮，副局长刘福忠、辛禄升(兼纪检组长)、高保强、高敬禄。设有办公室、组织人事科、法制科、财政审计科、金融审计科、行政事业审计科、经贸审计科、外资审计科、固定资产投资审计科、农业与环保审计科、经济责任审计办公室；同时设局机关服务中心和派出审计一处、派出审计二处、派出审计三处等事业单位。

审计成果　审计单位121个，查出违规行为金额507亿元，应缴财政1689万元，已交980万元。提交审计报告121份、信息和调研报告108篇，被采用24篇。市直部门内审机构100个，其中专职机构64个；内审人员484人，其中专职人员343人。共审计单位3216个，查出损失浪费716万元，指明要求纠正5700万元，促进增收节支8618万元。市局开展经济责任审计项目27个、26人，查出违规行为金额34064万元。(撰稿人：陶德义)

【潍坊市潍城区审计局】　现有干部职工12人，设有办公室、财政审计科和企业审计科以及副科级事业单位经济责任审计办公室，负责对全区8个镇(街办)和44个区直部门的审计监督。局长魏正德，副局长李汝林、齐忠新，纪检组长王顺武。

审计成果　完成审计项目10个，审计单位39个，查出违规行为金额5695万元，其中指明要求纠正3506万元。提交审计结果报告18份，审计工作报告1份，审计意见书29份，审计信息10篇，被采用6篇。完成审计调查1个。完成对15名机关企事业单位主要领导干部和领导人员的离任经济责任审计。(撰稿人：王顺武)

【潍坊市寒亭区审计局】　现有干部职工16人，设有办公室、行政事业审计科、企业审计科、综合审计科，负责对全区10个乡镇(街办)和89个区直部门的审计监督。局长韩斌业，副局长周友群、岳磊，纪检组长徐五申。

审计成果　完成审计项目20个，审计单位28个，延伸审计单位6个，查出违纪违规行为金额4514

万元，其中指明要求纠正4508万元，决定处理处罚6万元，应缴财政6万元，促进增收节支129万元。提交审计报告35份，审计意见30份，审计决定4份，审计信息8篇，被市局和区委、区政府采用3篇。另外，对职务调整的14名副科级以上的党政、企业的主要领导干部进行了任期经济责任审计。参照审计成果，两人得到提拔，10人平调，两人被移交纪检监察和司法机关处理。（撰稿人：王新华）

【潍坊市坊子区审计局】 现有干部职工26人，设有办公室、财政审计科、经贸审计科及经济责任办公室，负责对全区8个镇（街道）和97个区直部门、企事业单位的审计监督。局长王来欣，副局长李怀友、陈会昌，纪检组长李善春。

审计成果 完成区级财政预算执行情况、领导干部经济责任等审计项目23个、76个单位，查出违纪违规行为金额2327万元，应缴财政344万元，已交247万元。提交审计报告35份，审计意见书76份，审计信息35篇，其中市审计局及区委、区政府采用17篇。另外，对17个区直机关、事业单位的主要领导干部进行了任中经济责任审计。（撰稿人：王衍辉）

【潍坊市奎文区审计局】 现有干部职工16人，设有办公室、财政金融审计科、法制科、综合审计科、区经济责任审计办公室（副科级全额拨款事业单位），负责对全区8个街道、34个区直部门和55个企事业单位的审计监督。局长陈军华，副局长董玲、牛西勤。

审计成果 完成审计项目39个、47个单位，经济责任审计项目28个，查出违规违纪行为金额6440万元，其中指明要求调账处理6226万元，应缴财政214万元。提交审计报告44份，审计意见39份，审计信息9篇，审计信息被上级机关及新闻单位采用6篇。区卫生局主要负责人的离任经济责任审计项目被评为全省优秀审计项目。（撰稿人：徐东伟）

【安丘市审计局】 现有干部职工27人，设有办公室、法制科、行政事业审计科、财政金融审计科、经济贸易审计科、基建和投资审计科、经济责任审计办公室，负责对全市24个乡镇、35个市直部门和22个市直企业的审计监督。局长王耀泉，副局长李宝鼎、张锡文。

审计成果 完成审计项目28个，审计单位69个，查出违规行为为金额6230万元，应缴财政103万元，已交69万元。完成审计调查1个，调查单位9个。提交审计报告、信息198篇。完成31名副科级以上干部经济责任审计，查出违规行为为金额5944万元。有内审指导人员1人，内审机构30个，内审人员30人。（撰稿人：郑建勋）

【昌邑市审计局】 现有干部职工26人，设有办公室、法制科、财金行政事业审计科、经贸审计科、固定资产投资审计科、经济责任审计办公室，负责对全市15个乡镇（街办）和90个市直部门的审计监督。局长柳允河，副局长赵宝信、马学钊、邓洪勇、马振杰。

审计成果 完成审计项目42个，查出违规违纪行为金额205万元，已交财政183万元（两项均不含上级审计机关委托项目），纠正被审计单位错差账务4491万元。提出审计建议130余条，向市政府提交审计报告24份。（撰稿人：王军）

【高密市审计局】 现有干部职工35人，设有办公室、财政金融审计科、行政事业审计科、固定资产投资审计科、企业审计科、审计管理科和经济责任审计办公室，负责对全市20个乡镇和48个市直部门的审计监督。局长王福兴，副局长姜殿国、王心福、赵立刚、范季红，纪检组长王玉树。

审计成果 完成审计项目26个，审计单位42个，查出违纪违规行为金额602万元，应缴财政183万元，已交174万元。完成审计调查4个，调查单位25个。提交审计报告、信息106篇，被领导批示17篇。另外，开展了对11名党政、企业主要领导干部的离任经济责任审计，对3名在同一单位任职时间较长的领导干部进行了任中经济责任审计。有内审指导人员两人，内审机构98个，内审人员163人。（撰稿人：田晋铭）

【青州市审计局】 现有干部职工24人，设有办公室、法制科、财政金融审计科、行政事业审计科、经贸审计科、固定资产投资审计科、经济责任审计办公室（副科级单位），负责对全市23个乡镇和86个市直部门的审计监督。局长王金义，副局长郭宪祯、颜萍、王延宗、郭方奎，纪检组长张国光。

审计成果 完成审计项目64个，其中领导干部任期经济责任审计38个，查出违纪违规行为为金额1449万元，决定处理处罚449万元，应缴财政326万元。提交审计报告45份，审计信息被当地政府和上级审计机关采用51篇。有两个审计项目被评为全省优秀审计项目。课题《对行政事业单位领导干部经济责任审计几个问题的探讨》获山东省审计科研成果二等奖。在市人大常委会开展的“百名人大代表对领导干部执行财经纪律情况的问卷调查”中，审计监督工作得到了市人大的肯定、支持。（撰稿人：李长文）

【诸城市审计局】　现有干部职工26人，设有办公室、财政金融审计科、行政事业审计科、固定资产投资审计科、经贸审计科、法制科、经济责任审计办公室，负责对全市23个乡镇（街办）和25个市直部门的审计监督。局长温功彦，副局长王泽科、刘辉、刘季斌。

审计成果　完成审计项目50个，审计单位68个，查出违规行为金额5500万元，应缴财政268万元，已交255万元。完成审计调查21个，调查单位105个。提交审计报告、信息148篇。有内审指导人员两人，内审机构20个，内审人员70人。（撰稿人：高军）

【寿光市审计局】　现有干部职工30人，设有办公室、财政金融审计科、行政事业审计科、经贸审计科、固定资产投资审计科、法制科、经济责任审计办公室，负责对全市21个乡镇和80个市直部门的审计监督。局长王光义，副局长张林坤、王建国、赵兴业。

审计成果　完成审计和审计调查项目108个，查出违规行为金额1.9亿元，应缴财政217万元，已交192.5万元。提交审计信息89篇，被潍坊市审计局转发14篇，提交论文、经验材料7篇，被《中国审计报》、《山东审计》转发4篇。被评为“山东省廉政勤政先进集体”。（撰稿人：刘大庆）

【临朐县审计局】　现有干部职工25人，设有办公室、财政金融审计科、行政事业审计科、经贸审计科、固定资产投资审计科、经济责任审计科（副科级全民事业单位），负责对全县17个乡镇和138个县直部门的审计监督。局长许同铭，副局长丛兴平、李忠蓬、孟祥军，纪检组长刘振挺。

审计成果　完成审计项目97个，审计单位87个，查出违规行为金额22024万元，应缴财政842万元，已交113万元。完成审计调查8个，调查单位6个。提交审计报告、信息68篇。完成29名科级干部离任经济责任审计，查出违规行为金额2500万元。内审机构51个，内审人员66人。（撰稿人：吕冰）

【昌乐县审计局】　现有干部职工22人，设有办公室、财政金融审计科、行政事业审计科、固定资产投资审计科、经济贸易审计科，负责对全县15个乡镇、65个县直部门和6个国有金融机构的审计监督。局长赵延光，副局长韩德平、秦润帅，纪检组长侯曰义。

审计成果　完成审计项目68个，审计单位72个，共查出违纪违规行为金额165万元。应缴县财政15万元，共提交审计报告68份。完成县委、县政府交办的工作任务20个；完成审计署、省、市审计机关下达的审计任务17个，审计单位20个。有内审机构36个，内审人员38人。（撰稿人：纪文慧）

【烟台市审计局】　2002年，共有干部职工82人，其中本科学历70人，大专学历8人。局长宋振国，副局长孙启东、吕永详、王国勋，纪检组长刘志坚。设有办公室、法制科、人事教育科、财政审计科、行政事业审计科、经贸审计科、固定资产投资审计科、社保环保审计科、外资运用审计科、金融审计科、派出审计一处（重点建设项目）、派出审计二处（公检法司）、派出审计三处（科教文卫）和市经济责任审计办公室。

审计成果　审计单位88个，查出违规行为金额20.88亿元，应缴财政1.18亿元，已交9913万元。完成领导交办审计调查单位9个。提交审计工作报告、调研报告、审计信息123篇，被采用信息63篇，有9篇信息被省、市政府领导批示。提出审计建议186条，被采纳173条。

经济责任审计　根据《烟台市县市区党政主要负责人任期经济责任审计意见》的规定，在有关部门配合下，对烟台市莱山区和莱阳市党政主要负责人进行了任期经济责任审计（试点）；对两个市属事业单位主要领导干部和1个县级审计局局长进行了任期经济责任审计。

内部审计　全市381个内审机构、755名内审人员共完成审计单位2148个，查出损失浪费1465万元，已纠正违规行为金额3033万元，提出的审计建议和意见被采纳1035条，促进增收节支2474万元。（撰稿人：李春生）

【烟台市芝罘区审计局】　现有干部职工16人，设有法制督查科、财政金融行政事业审计科、经济贸易审计科、办公室和区经济责任审计处（副科级事业单位），负责对全区12个街道和35个区直部门的审计监督。局长刘少文，副局长徐爱芝、高国民。

审计成果　完成审计项目10个、57个单位，其中经济责任审计27个，党政领导临时交办审计项目两个。查出违纪违规行为金额10062万元，其中指明要求纠正3939万元，决定处理处罚6123万元；应缴财政395万元，归还原渠道资金413万元；查出“小金库”31万元，罚款3万元；查出百万元违规单位9个。提交审计工作报告和审计情况报告49份，审计信息26篇，被区委、区政府采用信息4篇。（撰稿人：黄清杰）

【烟台市福山区审计局】　现有干部职工12人，设有办公室、行政事业审计科、财政金融审计科、经贸审计科、经济责任审计办公室，负责对全区4个镇、两个办事处和85个区直部门的审计监督。局长金建宁，副局长李维良、肖敏。

审计成果　完成审计项目46个，审计调查5个、调查单位29个，党政领导交办审计项目10个，经济责任审计26个。共查出违规行为金额2391万元，其中应缴财政598万元，已全额上交。共提交各类报告、信息76篇，被各级党政部门批示、采用48篇。另外，参与了农村税费改革试点工作，承担了对两个企业的稳定工作及专项审计等工作。（撰稿人：肖敏）

【烟台市莱山区审计局】　现有干部职工9人，设有办公室、财政金融审计科、行政事业审计科、离任审计处，负责对全区5个乡镇（街道）和40多个区直部门的审计监督。局长孙德刚，副局长陈寿荣（兼纪检组长）。

审计成果　完成审计项目31个，其中经济责任审计项目17个；完成审计调查项目5个，审计调查单位252个。查出违规行为金额2926万元，应缴财政148万元，已交148万元。向区委、区政府和上级审计机关提交审计情况报告等20份，审计信息32篇，提出审计建议22条。（撰稿人：刘恩杰）

【烟台市牟平区审计局】　现有干部职工28人，设有办公室、法制科、经贸审计科、财政金融审计科、行政事业审计科、固定资产投资审计科、经济责任审计处，负责对全区13个乡镇和52个区直部门的审计监督。局长于诸云，副局长姜书先、戚剑武、王学江。

审计成果　完成审计项目（单位）62个，其中经济责任审计项目40个。查出违规行为金额11375万元，应缴已交财政140万元。提交审计报告62份，审计信息37篇，被各级党政部门批示、采用信息22篇。（撰稿人：杨高翔）

【烟台市经济技术开发区审计局】　现有干部职工17人，设有办公室、审计处和经济责任审计处，负责对全区5个街道和92个区直单位的审计监督。局长王顺庆，副局长谭得水、李增典。

审计成果　完成审计项目18个、审计单位43个，审计调查项目3个、调查单位27个，经济责任审计项目4个。查出违规行为金额5590万元，应缴财政2609万元，已交2513万元，归还原渠道资金168万元。提交审计情况报告等21份，审计信息31篇。有内审指导人员两人，内审机构22个，内审人员29人。（撰稿人：元渊）

【栖霞市审计局】　现有干部职工25人，设有办公室、财政金融审计科、行政事业审计科、经济贸易审计科、固定资产投资审计科、法制科和市经济责任审计办公室（副科级事业单位），负责对全市15个乡镇（街道）和191个市直部门的审计监督。局长牟旭光，副局长刘书庆、胡乃寅、崔少东。

审计成果　完成审计项目45个，审计单位82个；完成经济责任审计项目31个；完成审计调查4个，调查单位4个。查出违规行为金额2421万元，应缴财政1087万元，已交756万元。向检察院移交涉嫌贪污案件1起。提交审计报告等75份，审计意见书45份，审计信息25篇。被省审计厅评为审计信息工作先进单位。（撰稿人：王德海）

【海阳市审计局】　现有干部职工23人，设有办公室、财政金融审计科、行政事业审计科、经贸审计科、固定资产投资审计科和经济责任审计处，负责对全市17个区镇、街道和182个独立核算单位的审计监督。局长王忠民，副局长于长杰、姜波、孙永飞、刘义海（9月—）。

审计成果　完成审计项目（单位）62个，审计调查两个、调查单位17个。查出违规行为金额4954万元，应缴财政803万元，已交800万元。提交审计工作报告、情况报告等7份，被各级党政部门采用信息15篇。另外，对39名党政机关、事业单位主要领导干部进行了离任经济责任审计。（撰稿人：车兆伟）

【龙口市审计局】　现有干部职工26人，设有办公室、法制科、行政事业审计科、经贸审计科、财政金融审计科、固定资产投资审计科、经济责任审计处，负责对全市14个镇（街、区）和121个市直部门（单位）的审计监督。局长刘振武，副局长陈凤菊、丛明、温敬波。

审计成果　完成审计项目（单位）37个，审计调查项目4个、审计调查单位52个。共查出违规行为金额18585万元，已交财政1108万元。查出“小金库”4个，金额22万元。提交审计工作报告和情况报告等41份，审计信息80篇，被各级党政部门采用信息68篇。另外，完成了对16个部门领导干部的任期经济责任审计。（撰稿人：吴洪军）

【莱阳市审计局】　现有干部职工26人，设有办公室、法制科、财政金融审计科、行政事业审计科、经贸审计科、固定资产投资审计科和经济责任审计处（副科级事业单位），负责对全市19个镇（办事处）和52个市直部门的审计监督。局长王乐积，副局长李洪斌、黄志贤、孙振奎、姜增兴、赵进杰（9月—）。

审计成果　完成审计项目64个，审计单位158个，查出违规行为金额5804万元，应缴财政574万元，已交574万元；完成审计调查4个，调查单位23个；完成市政府临时交办审计项目6个。提交审计工作（情况）报告68份，审计信息44篇，被市委、市政府采用信息8篇。对43个单位的主要负责人进行了任期经济责任审计，查出违纪违规行为为金额3362万元。（撰稿人：张英杰）

【莱州市审计局】 现有干部职工26人，设有办公室、法制科、基建外资审计科、经贸审计科、行政事业审计科、财政金融审计科、经济责任审计办公室（副科级事业单位），负责对全市16个乡镇（街道）和69个市直部门的审计监督。局长刘卫东，副局长邹文杰、陈振作、张梅英、于晓湖（—4月）。

审计成果 完成审计项目（单位）44个，查出违规行为金额27025万元，应缴财政565万元，已交565万元；查出百万元以上违规单位9个；查出“小金库”1个，金额40万元；向司法机关移送案件1起。提交审计工作报告30份，信息30篇，被党委政府和上级审计机关批示、采用信息23篇；向被审计单位提出审计建议被采纳55条。后勤服务中心任期经济责任审计项目被评为全省优秀审计项目。（撰稿人：付丽娟）

【蓬莱市审计局】 现有干部职工27人，设有办公室、法制科、行政事业审计科、经济贸易审计科、固定资产投资审计科和市经济责任审计处（事业编制），负责对全市11个乡镇和67个市直部门的审计监督。局长张启龙，副局长张颖祜、栾丽明、李吉峰，纪检组长宋方胜。

审计成果 完成审计项目41个、审计单位49个，审计调查4个、调查单位10个。查出违规行为为金额11146万元，应缴财政金额1666万元，已交1666万元。提交审计情况报告和审计调查报告28份，被市领导批示12份；审计信息57篇，被各级党政部门采用35篇。另外，完成重点工程项目审计131个，审核工程总造价11039万元，审减工程造价2558万元，审减率23%。（撰稿人：付青仁、姚元）

【招远市审计局】 现有干部职工36人，其中事业编制13人。设有办公室、财政金融审计科、行政事业审计科、固定资产投资审计科、经贸审计科、法制科和经济责任审计办公室（副科级事业单位），负责对全市13个镇（街道）、开发区和25个市直部门的审计监督。局长赵广晨，副局长王令君、曲永波、王春辉、姬红，纪检组长冯学福。

审计成果 完成审计项目81个、124个单位，其中经济责任审计项目50个。共查出违规行为为金额7665万元，已交财政1450万元；查出“小金库”两个，金额21万元。提交审计工作报告、专题审计报告71份，审计意见81份，审计信息51篇，被各级党政部门采用信息55篇。大莱龙铁路竣工决算审计项目被评为全省优秀审计项目。（撰稿人：闫卫东）

【长岛县审计局】 现有干部职工12人，设有办公室、财政行政事业审计科、经贸金融投资审计科、经济责任审计处（副科级事业单位），负责对全县8个乡镇和112个县直机关、企事业单位的审计监督。局长张仁国，副局长马玉兰、姜庆敏。

审计成果 完成审计项目12个，审计单位57个，查出违规行为为金额5538万元，查出“账外账”和“小金库”4个，应缴财政320万元，已交280万元，移交案件1起。提交审计工作报告21份，审计信息37篇，被县委、县政府和上级审计机关采用信息26篇。另外，对机构改革中变动的33名党政机关、企事业单位主要领导干部进行了任期经济责任审计。（撰稿人：孙友良）

【威海市审计局】 2002年，共有干部职工48人，其中本科学历36人，大专学历6人。局长王德江，副局长俞梅山、陈崇亮、丛培军、李峰。设有办公室、法制科、财政与金融审计科、行政事业审计科、经贸审计科、投资审计科、农业与环保审计科、外资审计科、经济责任审计办公室、经济责任审计一科、经济责任审计二科、经济责任审计三科。

审计成果 共审计259个单位或项目，查出各类违规行为为金额26.7亿元，应缴财政10687万元，向纪监、检察机关移交经济案件6起。有14个项目获得全省优秀审计项目。同时被评为“山东省审计机关先进集体”，“山东省法制工作先进单位”。全市共提交审计报告、信息320余篇，被市委、市政府主要领导批示30篇（次），被省厅采用30篇，审计署采用20篇，在各级报刊、电台、电视台发表稿件280多篇。

本级预算执行情况审计 共对116个市直行政事业单位进行了全面审计和调查。共查出违规行为为金额2.9亿元，应缴财政5001万元，归还原渠道资金4215万元。

领导干部任期经济责任审计 在全省率先推行了任中经济责任审计，对任职超过4年的43个部门的领导干部全部进行了任中审计。全年共对120个部门、单位领导干部进行了经济责任审计，查出违规行为为金额12亿元，查出个人经济问题97万元，建议给予党纪、政纪处分5人，移送司法机关处理3人。

专项审计 对三角集团、移动通信威海分公司等25个省、市重点企业进行了资产、负债和损益情况审计，查出违规行为为金额5.3亿元，检查并处理企业隐瞒收入、偷逃国家税款等问题1612万元。完成13个重点工程审计，核减工程结算资金826万元。完成了全市城乡电网改造工程审计，查出违规行为金额2.9亿元，调增地方政府投资3961万元。完成了国际金融组织贷款和国外援助项目审计5个，政府外债审计调查1个，外国政府贷款项目审计1个，共审证世行贷款资金3671万美元，向有关部门提交审计报告5份。

内部审计 指导全市内审机构共审计单位3837个，查出违规行为金额18536万元，避免损失浪费13946万元，促进提高经济效益23473万元。（撰稿人：王德强、宋宝军、史怀宝）

【威海市环翠区审计局】 现有干部职工24人，设有办公室、法制科、企业审计科、行政事业审计科、经济责任审计办公室，负责对9个镇、办事处和67个区直行政事业单位的审计监督。局长林治华，副局长邵志刚、王锋明、李康，纪检组长夏俊松。

审计成果 完成审计项目33个，查出违规行为金额1.03亿元。同纪检、监察等部门配合，查处经济案件两起，对两名责任人进行了移交处理。对9个单位的主要负责人进行了任期经济责任审计，查出纠正违规行为金额1422万元。全区建立内审机构39个，其中专职机构25个；配备人员198人，其中专职人员79人。完成审计项目491个，纠正违规行为金额1.2亿元，查出损失浪费8730万元，促进提高经济效益1.58亿元。（撰稿人：徐蓬勃）

【威海高技术产业开发区监察审计局】 现有干部职工15人，设有办公室、综合财务审计科、固定资产投资审计科、经检监察科、经济责任审计办公室，负责对4个办事处和69个区直行政事业单位的审计监督。局长王忠沂，副局长陆英东、王凤海、张廷顺。

审计成果 重点开展了领导干部任期经济责任审计、财政预算执行情况审计、固定资产投资审计和审计调查，共完成省定、市定审计项目7个，区党委、管委交办的审计项目6个，查出违规行为金额585万元，已入库24万元。完成行政事业单位法定代表人任期经济责任审计7个，查出违规行为金额2872万元，应缴财政24万元。（撰稿人：刘波）

【威海经济技术开发区监察审计局】 现有干部职工13人，设有办公室、审计一科、审计二科、经济责任审计办公室，负责对3个街道、1个社区管理处、76个区直单位的审计监督。局长张继民，副局长王威平。

审计成果 完成审计项目17个，审计单位43个，完成审计调查7个，调查单位68个。共查出违规行为金额20151万元，应缴区财政950万元。提交审计报告23份。（撰稿人：刘波）

【荣成市审计局】 现有干部职工21人，设有办公室、法制科、综合科、行政事业审计科、财政金融审计科、经贸审计科、外资运用审计科、固定资产投资审计科和经济责任审计办公室，负责对全市15个镇和125个市直部门的审计监督。局长毕志强，副局长张云、肖艳莉。

审计成果 完成审计及审计调查项目30个，查出违规行为金额6.8亿元。应缴财政3755万元，已交3726万元。审计财政局、地税局、国土局、人和镇等8个单位，查出违规行为金额1.46亿元，应缴财政3111万元，已交3106万元。对15个单位的主要负责人进行的离任和任中经济责任审计，查出违规行为金额5.17亿元。审计开工前项目150个，基建决算项目9个，审减金额767万元，综合审减率为13%。在全省率先成立了由95个内审单位组成的内审协会。（撰稿人：闫荣涛）

【乳山市审计局】 现有干部职工23人，设有办公室、法制科、固定资产投资审计科、财政金融审计科、经贸审计科、行政事业审计科和经济责任审计办公室，负责对全市15个镇和132个市直行政事业单位的审计监督。局长张进杰，副局长姜泽苏、宋强，纪检组长于京书。

审计成果 审计和延伸审计单位106个，查出违纪违规行为金额2.92亿元，应缴财政1509万元。其中，“山东富豪集团公司经理离任审计”项目代表市参加全省审计项目质量评比，被评为全省第一名。全年共对18个单位主要负责人进行了离任审计，对两个单位的主要负责人实施了任中经济责任审计。各内审机构全年共实施审计项目327个，查出纠正违纪违规行为金额551万元，促进增收节支930多万元。（撰稿人：姜辉）

【文登市审计局】 现有干部职工19人，市领导干部任期经济责任审计办公室干部职工12人，设有办公室、法制科、财政金融审计科、行政事业审计科、经贸审计科、外资运用审计科、固定资产投资审计科、农业和环保审计科，负责对全市17个镇和86个市直部门的审计监督。局长孙春显，副局长许子宪、于忠元、孙庚子、林涛，纪检组长刘同莲。

审计成果 完成各类审计项目59个，查出违规行为金额6.7亿元，应缴财政1371万元；其中审减财政投资891万元，追还被挪用资金46万元。提出合理化建议21条，促进企业增收节支451万元。完成了50名领导干部任期经济责任审计。全市内审机构共开展审计项目1089个，查出违纪行为金额289万元，查出损失浪费71万元，提出并被采纳合理化建议327条，促进增收节支651万元。（撰稿人：孙庚子）

【青岛市审计局】 2002年，共有干部职工100人，其中研究生学历6人，本科学历52人，大专学历28人，局长马青山，副局长王依峰、田德新、侯杰，纪检组长王大平。设有办公室、法制处、组织人事处、财政审计处、金融审计处、行政事业审计处、经贸审计处、农业与资源环保审计处、社会保障审计处、固定资产投资审计处、外资运用审计处、经济责任审计办公室、审计特派员管理办公室、纪检组（挂监察室牌子）、机关党委；同时还设青岛审计干部培训基地（直属事业单位）。代管审计特派员办公室，在编36人。

审计成果 全市审计机关共审计单位656个，查出应纠正30.1亿元，违规行为金额14.1亿元，应缴财政1.67亿元，已交1.54亿元，应归还原渠道资金2553万元，向纪检监察和司法机关移送案件线索12件。

截止到年底，全市已建内审机构583个，配备内审人员1756人，共审计单位9652个，已纠正违规行为金额21.7亿元。2002年，被评为“山东省审计机关廉政勤政先进单位”、“全省审计信息工作先进单位”等称号。

财政审计 全市共对财政、地税、地方金库等89个重点部门和单位的预算执行情况及其他财政收支情况进行了审计，查出违规行为金额4.56亿元，应缴财政9680万元，已交9503万元。市审计局受市政府委托，将市本级预算执行审计情况向市人大做了工作报告，市人大对此高度重视，并特别强调要加大力度落实审计决定。此外，结合市委、市政府重点工作目标考核工作，对20个市直单位2001年度的财政财务收支情况进行了审计。

经济责任审计 共对294名领导干部进行了审计，查出应纠正10.1亿元，违规行为金额3.1亿元，向纪检监察、司法机关移送经济案件线索10件。

金融审计 根据审计署授权，完成了对中国农业发展银行青岛分行及5个县级市支行的审计，查出违规行为金额8.2亿元。组织开展了对市企业发展投资公司等7个财政性投资公司的专项审计调查，强化对资产负债结构和重点资金投向的分析评价，提出了针对性强的审计建议。

固定资产投资审计 共完成开工前审计项目111个，审计总投资42亿元。完成建设项目预算执行审计和竣工决算审计19个，审计投资金额16.1亿元，核减工程造价4437万元。市审计局制定并实施了《青岛市重点建设项目跟踪审计监督试行办法》，对同三线高速公路青岛段项目、东西快速路项目进行了跟踪审计，审计项目资金达62亿元，为实现对全市重大建设项目全部实施跟踪审计，积累了宝贵经验。组织实施了全市城乡电网改造审计，审计项目资金22亿元。

国外贷援款项目审计 共完成审计项目6个，查出违规行为金额4069万元，促进了项目资金的合法有效使用。完成了对政府外债管理情况的审计调查，对12个项目单位进行了延伸调查，发现存在拖欠外债、偿债基金被占压等问题，及时向市委、市政府做了专报，提出了改进意见建议。市委书记、市长杜世成及两位副市长均对报告做出重要批示，市政府召开了联席会议，促使问题及时解决。

企业审计 全年共审计68个企业，查出应纠正3.7亿元，违规行为金额5508万元。审计中，积极探索了企业审计和经济责任审计相结合的审计方法。审计特派员管理办公室对青钢集团、凯联集团、海信集团、双星集团进行了审计，对二轻总公司、中泰集团、国信公司等7个企业进行了国有资产保值增值复核审计。根据省审计厅授权，完成了对青岛澳柯玛股份有限公司、中国移动通信股份有限公司青岛分公司的审计。（撰稿人：郑力）

【青岛市市南区审计局】 现有干部职工12人，设有法制科、行政事业财政审计科、经济责任审计科和经贸审计科，负责对全区131个党政部门和企事业单位的审计监督。局长徐有彬，副局长孙燕堂、刘燕。

审计成果 完成审计项目68个，涉及审计单位199个，党政领导交办的审计项目46个，其中经济责任审计项目28个。全年共查出违纪违规行为金额2944万元，其中应缴财政33万元，指明要求纠正2911万元。提交审计报告、信息120篇，被市委办公厅、市审计局和区委、区政府采用20篇。向被审计单位提出审计建议60条，全部被采纳。（撰稿人：王兰芬）

【青岛市市北区审计局】 现有干部职工20人，设有办公室、法制科、行政财经审计科、经贸审计科、经济责任审计办公室，负责对全区17个街道（含1个社区）、44个区直部门和32个企事业单位的审计监督。局长梁佳普，副局长张宗亮、马琳。

审计成果 完成审计项目40个，其中省定项目4个，市定项目1个，区定项目35个，查出违规行为金额731万元，应缴财政630万元，已交629万元，指明要求纠正12401

万元。提交审计报告20份，审计信息70篇，被区委、区政府采用28篇。（撰稿人：王敏）

【青岛市四方区审计局】 现有干部职工14人，设有办公室、经济责任审计科、财政审计科、行政事业审计科，负责对全区16个乡镇和17个区直部门的审计监督。局长王永健，副局长马骏伟、冷瑛、刘树国。

审计成果 完成审计项目25个，其中经济责任审计项目18个。查出违规行为金额21万元，指明要求纠正6530万元，提出审计建议56条，提交审计报告、信息13篇。向纪检监察部门移送待处事项两件。另外，委托中介机构进行经济责任审计项目3个，配合市审计局进行养老保险资金专项审计1个。（撰稿人：钟鑫）

【青岛市黄岛区审计局】 现有干部职工22人，设有办公室、行政金融审计处、经济责任审计处、经贸审计处、固定资产投资审计处，负责对全区5个街道和33个区直部门的审计监督。局长明秀云，副局长彭人倬。

审计成果 完成审计项目39个，审计单位55个，查出违纪违规行为金额1130万元，应缴财政1020万元，已交1004万元，完成基建审核、复核项目5个，审减建设资金4562.51万元，核减率接近30%。提交审计报告50份、信息调研文章77篇，被采用67篇。完成对16名领导干部的任期经济责任审计，审计总金额32.27亿元，查出违规行为金额524万元，应缴财政398万元，提出合理化审计建议35条。（撰稿人：高四方）

【青岛市崂山区审计局】 现有干部职工11人，设有综合科、业务科、经济责任审计办公室，负责对全区4个街道和33个区直部门及所属174个事业单位的审计监督。局长苗蔚，副局长刘涛、曲在玉。

审计成果 完成审计项目20个、70个单位，经济责任审计项目6个。查出违纪违规行为金额6162万元，其中指明要求纠正4900万元，决定处理处罚1262万元；应缴财政1262万元。提交审计报告8份，审计意见20份，审计信息44篇，稿件6篇，被市委、市政府采用3篇；区委、区政府采用10篇。对某街道办事处的财政决算审计项目被评为全省优秀审计项目。另外，对在机构调整中变动的7名党政领导干部进行了任期经济责任审计。（撰稿人：李建东）

【青岛市城阳区审计局】 现有干部职工27人，设有办公室、法制科、财政金融审计科、行政事业审计科、经济责任审计办公室、建设项目审计中心、经贸审计科，负责对全区党政机关、事业单位和8个街道的审计监督工作。局长徐建修，副局长侯健、纪仕平。

审计成果 完成审计项目200个，查出违规行为金额2506万元，应缴财政2306万元，已交2080万元；向纪检监察、司法机关移交案件两起；提交审计报告、信息100余篇，被采用60多篇，提出审计建议300余条。2月徐建修同志被省审计厅、省人事厅授予“山东省审计机关先进工作者”称号，并荣记二等功。（撰稿人：曲秋兰）

【青岛市李沧区审计局】 现有干部职工12人，设有办公室、行政事业审计科、经济责任审计科和经贸审计科，负责对全区39个部门和11个街道的审计监督。局长辛克琛，副局长仇方煜、戴建利、戴玉环。

审计成果 完成5个项目、42个单位的审计任务，其中本级预算执行审计单位4个，财政决算审计单位两个，经济责任审计单位33个，其他专项资金审计单位3个。共查出违纪违规行为金额143万元，指明要求纠正4721万元，应缴财政20万元，已交97万元（含跨年度应缴78万元），提出审计建议31条，全部被采纳。提交审计信息65篇，被各级采用11篇。撰写审计研讨论文16篇。新建内审机构两个。（撰稿人：徐学敏）

【胶州市审计局】 现有干部职工47人，设有综合科、法制科、经济责任审计科、行政事业审计科、财政金融审计科、固定资产投资审计中心、工业效能审计中心、商业贸易审计中心，负责对全市18个乡镇和120个市直部门的审计监督。局长王新光，副局长兰晋亭、张法。

审计成果 完成审计项目83个，审计单位497个；完成审计调查7个，调查单位125个；查出违纪违规行为金额460多万元，为国家增收节支8000多万元。查出经济案件两起，应缴市财政310多万元。提交审计报告90份、审计信息60多篇。内审机构已发展到24个，内审人员60人，共完成审计项目257个，查出违纪行为金额603万元。（撰稿人：于江宏）

【即墨市审计局】 现有干部职工44人，设有办公室、行事财金审计科、固定资产投资审计科、经贸审计科、法制科、经济责任审计办公室和乡镇审计分局，负责对全市22个镇（街道）和57个市直部门（单位）的审计监督。局长黄松，副局长刘君、李国平，纪检组长姜正双。

审计成果 完成审计项目70个、216个单位，其中经济责任审计项目33个。查出违规行为金额21356

万元，向司法部门移送案件1起，应缴财政516万元，已交516万元。完成审计调查7个，调查单位36个。提交审计工作报告36份，审计意见70份，信息和论文180篇，被采用92篇，提出合理化建议186条。有内审指导人员3人，内审机构41个，内审人员137人。（撰稿人：梁振磊）

【平度市审计局】 现有干部职工41人，设有办公室、行政财经审计科、投资审计科、经济责任审计科、工业审计科、商贸审计科，负责对全市32个乡镇和102个市直部门及企业的审计监督。局长翟玉龙，副局长昌卫国、马增林、孙富强、姜会光，纪检组长冷初军。

审计成果 审计单位52个，查出违规行为金额301万元，应缴财政300万元，已交42万元，提交审计工作报告48份，信息和调研报告90篇，被采用26篇。开展经济责任审计项目17个、7人，查出违规行为金额141万元。全市内审机构8个，其中专职机构6个；内审计人员17人，其中专职人员13人。共审计单位152个，查出损失浪费47万元，纠正违规行为为金额162万元，促进增收节支269万元。（撰稿人：徐坤）

【胶南市审计局】 现有干部职工30人，设有办公室、法制科（加挂内审指导科牌子）、财政金融审计科、行政事业审计科、经贸审计科、投资与环保审计科、经济责任审计办公室，负责对全市24个镇、办事处、区和125个市直部门、企业的审计监督。局长朱慧光，副局长王锡清、薛福建。

审计成果 完成审计项目48个，审计单位73个，查出违规行为金额32602万元，其中指明要求纠正31497万元，决定处理处罚1105万元；应缴财政1105万元，已交1002万元。完成审计调查8个，调查单位68个，提交审计报告35份，信息46篇，被批示、采用33篇，向领导报送《审计要情》28期。另外，先后对31名党政、企业的主要领导干部进行了经济责任审计，其中进行届中经济责任审计的有20人，查出违规行为金额10137万元。审计后，晋升5人，平调19人，免职两人，1名企业主要领导被撤销党内外一切职务。全市有内审机构36个，内审人员78人，查出损失浪费460万元，纠正违规行为金额1938万元，促进增收节支1200万元。被评为“山东省审计科研先进单位”、“全省农村电网改造项目审计先进单位”。（撰稿人：孟秀军）

【莱西市审计局】 现有干部职工43人，设有办公室、行事财金审计科、经贸审计科、固定资产投资审计科、经济责任审计办公室，负责对全市17个镇（办事处、开发区）和67个市直部门的审计监督。局长李兆文，副局长隋海深、葛壮言、常志毅，纪检组长贾斌之。

审计成果 完成审计项目59个，查出违规行为金额270.5万元，归还原渠道资金621万元，指明要求纠正5004万元，应缴财政270.5万元，已交238万元。完成18个市直行政事业单位和6个镇、办事处领导干部离任和任期经济责任审计，查出违规行为金额8637万元。有内审机构26个，专职机构10个，内审人员69人，共审计单位433个，查出损失浪费159.1万元，纠正违纪违规行为金额569.6万元。（撰稿人：崔建刚）

【日照市审计局】 2002年，共有干部职工45人，其中本科学历32人，大专学历9人，局长胡怀新，副局长陈常建、袁令春、管雨春，纪检组长韩华之。设有办公室、法制科、财政金融审计科、行政事业审计科、农业与环保审计科、经贸与外资审计科、固定资产投资审计科、社会保障资金审计科和市经济责任审计办公室（副处级）。

审计成果 共完成审计项目226个，查出违纪违规行为金额7.8亿元，收缴财政517万元。查出重大案件线索4件，其中移交司法机关两件，移交被审计单位的主管部门两件。在省审计厅统一组织的优秀审计项目评比中，日照市有16个审计项目被评为全省优秀审计项目，有9篇审计报告被市政府主要领导批示。在全省审计质量综合检查中获第8名。

经济责任审计 全市审计机关共对107名领导干部开展了任期经济责任审计，延伸审计和调查单位168个，查出违规行为金额1.3亿元，参考审计结果，有6人被降免职，1人晋升。同时，结合常规审计，还对33名领导干部进行了审计，查出违纪违规行为金额3656万元，针对存在的问题，提出了42条审计建议，均被部门、单位采纳。

内部审计 市直部门内审机构93个，其中专职机构56个；内审人员201人，其中专职人员110人。共审计单位269个，查出损失浪费192万元，纠正违规行为金额177万元，促进增收节支350万元。（撰稿人：黄秀芹）

【日照市岚山办事处审计局】 现有干部职工10人，设有办公室、财政金融审计科、企业审计科和经济责任审计办公室，负责对全处4个乡镇和29个处直部门的审计监督。局长田洪忠。

审计成果 重点对预算执行情况、预算收入支出情况的真实、完整、合法及收入支出结构、财政债务和工资兑现情况进行了审计，查出违规违纪行为金额600余万元。围绕促进干部制度改革，突出领导干部任期经济责任审计，发现存在截留预算收入、垫付税款、占用代管资金等违纪违规行为金额500余万元。有内审机构两个，内审人员4人。（撰稿人：毛维峰）

【日照市东港区审计局】 现有干部职工20人，设有办公室、行政事业基建审计科、财政金融企业审计科和经济责任审计办公室（事业单位），负责对全区15个镇（街道）和75个区直部门的审计监督。局长张胜英，副局长朱任平、王允周、焦见格，纪检组长赵世明。

审计成果 完成审计项目53个，审计单位148个，查出违纪违规行为金额6049万元，应缴财政92万元，已交23万元，提出审计意见建议155条，提交审计报告、信息35篇，被上级采用15篇，被区领导批示6篇。完成区级预算执行审计部门单位26个，查出违纪违规行为金额3780万元，提出加强财政财务管理的意见建议82条，并对5个镇（街道）财政预决算情况进行了审计。对30个单位、30名科级领导干部进行了经济责任审计，查出违纪违规行为金额4261万元，处理处罚82.2万元。有内审指导人员两人，内审机构23个，内审人员33人。（撰稿人：赵世明）

【日照市经济开发区审计局】 现有干部职工3人，缺编4人，设有办公室、综合业务科、法制科，负责对全区两个街道和18个区直部门的审计监督。副局长李军。

审计成果 突出预算资金收缴、分配、拨付及使用环节，加大对财政资金的审计监督力度；以真实性审计为重点，积极对改制前的企业实施审计，查出违规违纪行为金额1092万元，查补税金52.5万元，防止国有资产流失498万元；实施专项资金审计查出违纪违规行为金额531.8万元。（撰稿人：李军）

【五莲县审计局】 现有干部职工21人，设有办公室、财政金融审计科、行政事业审计科、固定资产投资审计科、农业资源与环保审计科、经贸外资审计科、经济责任审计办公室（事业），负责对全县12个乡镇和74个县直部门的审计监督。局长王建国，副局长李维凯、王桂祥、孙良芬、杨茂亮。

审计成果 完成审计项目31个，审计单位30个，查出各类违规违纪行为金额13516万元，应缴财政154万元，已交154万元。完成审计调查4个，调查单位15个，提交审计报告77份，审计意见84份，审计信息14篇，被县以上机关采用6篇。共对67个部门单位的主要负责人进行了经济责任审计，查出各类违纪违规行为金额3000万元，处理处罚20万元，参考审计结果对28名领导干部进行了调整。有内审指导人员两人，内审机构12个，内审人员20人。（撰稿人：孙良芬）

【莒县审计局】 现有干部职工19人，设有办公室、财政金融审计科、行政事业审计科、经贸外资审计科、固定资产投资审计科、经济责任审计办公室，负责对全县21个乡镇和106个县直部门的审计监督。局长张守成，副局长于增喜、张祥金、朱杰、战玉航，纪检组长李玉芬。

审计成果 完成审计项目22个，经济责任审计项目8个，查出各类违纪违规行为金额7470万元，增加财政收入112万元，避免国有资产流失325万元，促进增收节支、提高效益1151万元。提交调查报告、审计信息50篇，被省级以上机关采用11篇，市级采用17篇，县级采用22篇。建立内审机构34个，配备内审人员77人，全年完成审计项目615个，纠正违纪违规行为金额177万元，查出损失浪费292万元，促进增收节支491万元，被采纳建议166条。（撰稿人：李安永）

【临沂市审计局】 2002年，共有干部职工53人，其中本科学历46人，大专学历7人，局长王恒旭，副局长张廷、康德忠、王兴助，纪检组长吕全明。设有办公室、法制科、人事教育科、财政金融审计科、行政事业审计科、农业与资源环保审计科、经贸审计科、外资运用审计科、固定资产投资审计科、社会保障审计科、经济责任审计办公室（副县级事业单位，内设4个科室）。

审计成果 共审计993个单位，完成年度审计项目计划的239%；查出和纠正各类违规行为金额14.37亿元，增加财政收入4554万元，对违纪单位和个人罚款1260万元，移交经济违法案件18起。

预算执行审计 审计一级预算执行单位178个，延伸审计下属单位310个，开展了7个专项审计和审计调查。共查出违规行为金额4.47亿元，归还原渠道资金1965万元，应缴财政1717万元。

企业审计 对61家上市或改制公司进行了审计，查出偷漏税金、少计国家权益等违纪违规行为金额2.6亿元，收缴财政及罚款1407万元，促进增收节支424万元。

完成领导交办任务 全市共完成各级党政领导交办的信访案件查证、经济案件鉴证等审计或调查项目280个，查出违纪违规行为金额3.22亿元，追究有关人员责任11人，化解消除矛盾50多起。

经济责任审计 对306个单位负责人进行审计，查出违规行为金额1.82亿元。依据审计结果，平调192人，晋升20人，免职49人，撤职1人。

信息宣传 全市共提交审计结

果报告、编发信息资料833篇，被党政机关和上级业务部门采用601篇，其中被省级以上采用130余篇。组织各类新闻报道392篇，其中省级以上新闻报道129篇。

内部审计 已建内审机构640个，配备内审人员1687人，全年共完成审计项目5516个，查出各类违规行为金额3816万元，促进增收节支7317万元。(撰稿人：孙浩波)

【临沂市兰山区审计局】 现有干部职工18人，设有办公室、人教科、财金审计科、行政事业审计科、基建工交审计科、商贸审计科、经济责任审计办公室和管理科，负责对全区11个镇、街道和57个区直部门的审计监督。局长郭俊华，副局长郭守营、杨忠森、赵玉珍、焦金玲，纪检组长程明珣。

审计成果 审计单位73个，延伸审计单位21个，完成计划的153%。共审计资金总额10亿元，查出违规违纪行为金额7750万元，依法收缴财政160万元。提交综合审计报告38份，提出审计意见和建议82条，提交审计信息和宣传稿件48篇，被上级机关和当地媒体采用16篇。(撰稿人：陈纪晓)

【临沂市罗庄区审计局】 现有干部职工24人，设有办公室、审计科和经济责任审计办公室，负责对全区8个办事处和51个区直部门的审计监督。局长彭宏杰（2月—)、李华三（—2月），副局长梅兴军、杨献莲、王宪忠（2月—)、王建平（—2月），纪检组长庄建华。

审计成果 完成审计项目56个，审计资金总额9.2亿元，查出违规行为金额1.1亿元，收缴审计罚款141.7万元，促进被审计单位增收节支596万元，提出审计建议129条。另外，完成区委、区政府安排的信访案件调查工作18起。提交审计信息并被采用61篇。（撰稿人：王学剑）

【临沂市河东区审计局】 现有干部职工19人，设有办公室、财政金融审计科、行政事业审计科、农业与资源环保和社会保障审计科、经贸与固定资产投资审计科，负责对全区12个乡镇和43个区直部门的审计监督。局长刘书法（5月—)、曹淑宜（—5月），副局长牛福林、邵长山、赵玉玺。

审计成果 完成审计项目47个，审计单位52个，查出违规行为金额1069万元，应缴财政47万元，已交36万元，决定处理处罚36万元。提交审计报告56份，信息33篇，被采用36篇（次）。完成17个区直部门原主要负责人任期经济责任审计，查出违规行为金额259万元。(撰稿人：刘君)

【郯城县审计局】 现有干部职工33人，设有办公室、财政金融审计科、行政事业审计科、工交商贸审计科、基建审计科、审计管理科、经济责任审计办公室，负责对全县17个乡镇和121个县直部门的审计监督。局长孟祥群，副局长段晓霞、范者元、李玉华。

审计成果 完成审计单位72个，审计调查两个，调查单位15个，共审计金额11253万元，查出违纪违规行为金额1157万元，应缴财政45万元。提交审计报告、信息168篇。配合县纪委、土地局、公检法司等部门对县直土地市场进行清理整顿，共清理整顿非法出让土地金706万元，追回违纪金额5万余元，挽回经济损失100余万元。另外，对机构改革中变动的14名单位负责人进行了任期经济责任审计。全省城乡电网改造项目审计被评为先进单位。(撰稿人：秦强忠)

【苍山县审计局】 现有干部职工35人，设有经济责任审计办公室(副科级)、财政金融审计科、企业审计科、行政事业审计科、基建审计科、法制复核科、体系指导科和办公室，负责对全县21个乡镇和53个县直部门的审计监督。局长赵平森，副局长任庆元、付信奎、刘向雷。

审计成果 完成审计项目14个，审计单位55个，经济责任审计项目13个。查出违纪违规行为金额4996万元，其中指明要求纠正4909万元，决定处理处罚87万元；应缴财政87万元。提交审计工作报告9份，审计意见64份，审计信息17篇，简报3篇。(撰稿人：赵景亮)

【莒南县审计局】 现有干部职工33人，设有办公室、财政金融审计科、行政事业审计科、农业与资源环保审计科、经贸审计科、固定资产投资审计科和干部经济责任审计办公室，负责对全县18个乡镇和116个县直部门的审计监督。局长杜立兵（5月—)、曹元贞（—5月），副局长郑杰、林祥奎、徐运田、王兴树、唐守方，纪检组长刘吉永。

审计成果 完成审计单位和项目90个，为年度计划的156%；查出违纪违规行为金额5982万元，收缴财政143万元；提出审计建议98条，被各级采纳75条；提交信息38篇，被各级采用21篇。（撰稿人：刘吉永）

【沂水县审计局】 现有干部职工22人，设有办公室、经贸审计科、行政事业财政金融审计科、固定资产投资审计科和经济责任审计办公室，负责对全县19个乡镇和56个县直部门的审计监督。局长李平，副局长秦文江、刘成功、徐守凯、陈长安，纪检组长孙宪富。

审计成果 完成审计项目73

个，查出违纪违规行为金额903万元，应缴财政85万元。完成审计调查3个，调查单位15个。提交审计工作报告5份，审计信息44篇，被县委、县政府和上级审计机关采用14篇。另外，对22名离任的县直部门主要负责人和乡镇党委书记进行了经济责任审计。（撰稿人：李文福）

【蒙阴县审计局】 现有干部职工30人，设有办公室、财政金融审计科、行政事业审计科、固定资产投资审计科、经贸审计科、审计管理科、经济责任审计办公室，负责对全县12个乡镇和90个县直部门的审计监督。局长姚允兴，副局长陈尚军、田兆明，纪检组长赵圣国。

审计成果 审计单位38个，查出违规行为金额598万元，管理不规范金额2313万元，指明要求纠正3001万元，应缴财政51万元，实施审计罚款55万元。提交审计报告38份，信息24篇。完成审计调查两个，调查单位20个，查出违规行为金额564万元。完成24名科级干部离任经济责任审计，查出违规行为金额601万元。内审机构63个，内审人员93人。（撰稿人：刘蒙蒙）

【平邑县审计局】 现有干部职工39人，设有办公室、工商审计科、审计复核科、审计管理科、固定资产投资审计科、行政事业审计科、财政金融审计科、领导干部离任审计办公室、档案室和基建服务中心，负责对全县16个乡镇和95个县直部门的审计监督。局长王立学，副局长王传运、郭继峰、郭宏伟，纪检组长吴开庆。

审计成果 开展各类审计76个，查出各类违规行为金额6268万元，应缴财政186万元，提出合理化建议210条，促进增收节支788万元。全年共编发审计信息100多期，被上级机关和有关新闻单位采用85篇（次），其中《中国审计报》采用36篇。（撰稿人：王立学）

【费县审计局】 现有干部职32人，设有人事秘书科、财政金融审计科、企业审计科、行政事业审计科、固定资产投资审计科、法制科、农业审计科、审计管理科、经济责任审计办公室，负责对全县18个乡镇和165个县直部门的审计监督。局长夏自高，副局长王学龙、韩冬梅，纪检组长王立才。

审计成果 完成审计项目57个，完成党政领导交办的审计项目10个，查出违纪违规行为金额7731万元，增加财政收入212万元，促进增收节支510万元，移交经济案件两起。提交各类审计报告62份，审计信息及审计宣传稿件32篇，提出审计建议145条，被采纳98条。王立才同志被省审计厅授予“山东省审计机关廉政勤政工作先进个人”荣誉称号。（撰稿人：夏自高）

【沂南县审计局】 现有干部职工23人，设有办公室、财政金融审计科、企业审计科、基本建设审计科、审计管理科、经济责任审计办公室，负责对全县17个乡镇和69个县直部门的审计监督。局长袁迎春，副局长董守海、葛维佳、贺法斌、白世湘，纪检组长刘长仁。

审计成果 全年共完成审计项目71个，审计单位103个。其中，经济责任审计项目32个，查出违纪违规行为金额890万元，增加财政收入264万元，决定处理处罚52万元，已交财政52万元；完成审计调查项目10个，调查单位71个。提交审计工作报告26份，审计意见书28份，审计信息39篇，被县委、县政府采用17篇。有内审机构32个，内审人员226人，共完成审计项目627个，查出违纪违规行为金额1987万元。（撰稿人：梁光斌）

【临沭县审计局】 现有干部职工25人，设有办公室、财政金融审计科、固定资产投资审计科、经贸审计科、行政事业审计科和经济责任审计办公室，负责对全县12个乡镇和72个县直部门的审计监督。局长王宇超，副局长王经福、辛崇方、刘中华、李守鹤，纪检组长王福瑞。

审计成果 完成审计项目79个，审计单位101个，查出违纪违规行为金额3859万元，其中指明要求纠正3733万元，决定处理处罚126万元，应缴财政126万元；向被审计单位提出审计建议210条，促进被审计单位提高经济效益200万元。提交审计工作报告1份，审计结果报告1份，审计意见79份，审计信息61篇，被县委、县政府和上级机关采用45篇。另外，对在机构改革中变动的37名党政主要领导干部和领导人员进行了任期经济责任审计，并向检察机关移交经济案件1起。（撰稿人：赵勇）

【枣庄市审计局】 2002年，共有干部职工55人，其中本科学历20人，大专学历32人，局长靳西德，副局长刘永平、梁忠昌，纪检组长龙广存。设有办公室、法制科、人事科、监察室、离退休干部科、财政审计科、金融审计科、行政事业审计科、农业与社会保障审计科、经贸审计科、固定资产投资审计科、经济责任审计办公室、驻高新技术产业开发区审计办事处。

审计成果 审计单位359个，查出违规行为金额41712万元，应缴财政6053万元，已交4176万元。提交审计信息、审计要情66篇，被采用25篇。根据审计署授权，对城乡电网建设与改造项目进行审计，审计资金总额10.06亿元。

预算执行审计 审计了市财政

局、市地方税务局等6个市直部门，延伸审计了13个重点企业，查出违规行为金额2728万元。对市中区、台儿庄区2001年度财政决算进行了审计。

经济责任审计　对88名党政领导干部和企业法定代表人进行了任期经济责任审计，查出违规行为金额4971万元。审计后，其中平调62人，免职24人，晋升1人，降职1人。

专项资金审计　对市本级及部分区（市）物价罚没收缴及物价政策执行情况，矿产资源费征收、解缴、分配使用情况和企业基本养老保险基金管理情况进行了审计和审计调查。查出违规行为金额3440万元。

审计质量工程年活动　2002年，在全市审计机关开展了审计质量工程年活动。市审计局上报省审计厅参加综合评选的3个审计项目中，有两个项目被评为省优秀审计项目，另有6个审计项目在专项评比中被评为优秀项目。

内部审计　全市有内审机构102个，内审人员210人。共审计单位1587个，查出损失浪费910万元，违规行为金额1614万元，促进增收节支1596万元。（撰稿人：许国强）

【枣庄市市中区审计局】　现有干部职工13人，设有办公室、财政金融审计股、行政事业审计股、经贸基建审计股和经济责任审计办公室，负责对全区11个乡镇（街道）、33个区直部门和76个企事业单位的审计监督。局长李贵友，副局长李文平、高永和，纪检组长田思奎。

审计成果　审计单位69个，查出违规行为金额3501万元，应缴财政256万元，已交210万元，减少财政拨款36万元，归还原渠道资金40万元，调账处理2972万元，提出并被采纳审计建议96条，促进增收节支765万元。协助纪检监察部门查处案件1起。完成专项审计和审计调查4个，审计调查单位28个。提交审计报告、信息和调研报告59篇，被采用38篇。（撰稿人：董业举）

【枣庄市薛城区审计局】　现有干部职工18人，设有行政事业审计股、经贸投资审计股、经济责任审计办公室和综合办公室，负责对全区6个镇、1个街道和66个区直部门的审计监督。局长张佰成，副局长杜家岭、孙翠灵。

审计成果　完成审计项目135个，查出各类违纪违规行为金额9700万元，提出审计建议260余条，促进增收节支390万元，应缴财政罚款32万元，同区纪检、监察、财政、体改等部门配合，查纠各类经济项目40余个。移交案件1起。（撰稿人：张渠）

【枣庄市峄城区审计局】　现有干部职工18人，设有办公室、法制科、监察室、财政金融基建审计科、经贸审计科、行政事业审计科，负责对全区7个镇（办事处）和83个区直部门的审计监督。局长傅宝林，副局长李学广、李均银。

审计成果　完成审计项目（单位）45个，是市审计局下达计划的113%，查出各类违规行为金额3200万元。其中应缴财政83万元，已交64万元，应调账处理954万元，指明要求纠正4123万元。提交审计报告、信息71篇，提出被采纳的审计建议90余条。促进增收节支150万元。（撰稿人：窦曙光）

【枣庄市台儿庄区审计局】　现有干部职工14人，设有办公室、行政事业审计科、工交审计科和财政金融审计科，负责对全区5个乡镇、1个街道和37个区直部门的审计监督。局长刘树起，副局长刘恒春、满保华、王振伦。

审计成果　完成审计项目30个，比去年同期增长2%，查出违纪行为金额5525万元，应缴财政457万元，罚没收入21万元，指明要求纠正1890万元，促进增收节支890万元。（撰稿人：王建军）

【枣庄市山亭区审计局】　现有干部职工19人，设有经济责任审计办公室、办公室、行政事业审计股、财政金融企业审计股，负责对全区8个镇、1个街道和71个区直部门及28个企业的审计监督。局长韩西荣，副局长王鹏、蔡思龙。

审计成果　完成审计项目85个，其中计划审计项目35个，领导干部离任审计项目30个，领导交办项目11个，专项审计调查4个，部门委托审计项目5个。共查出违规违纪行为金额1.02亿元，促进增收节支、提高经济效益750万元。提交专题审计报告和审计意见书80余份，上报审计信息8篇，向被审计单位提出审计意见和建议280余条。（撰稿人：韩西荣）

【滕州市审计局】　现有干部职工25人，设有办公室、法制科、行政事业审计科、农业社保审计科、建设投资审计科、财政审计科、经贸金融审计科、经济责任审计办公室，负责对全市21个镇（街道）和177个行政事业单位的审计监督。局长马士德，副局长李庆民、徐亚、孔繁安，纪检组长孙林福。

审计成果　完成审计项目52个，查出违规行为金额2157万元，应缴财政1555万元，实施罚款入库31万元，促进增收节支360万元。完成审计调查项目1个，调查单位8个。提交审计报告、信息36篇。开展经济责任审计项目22个、26人，查出违规行为金额1173万元，应缴财政560万元。市直部门内审机构

84个，其中专职机构46个；内审人员184人，其中专职人员103人。共审计单位457个，查出违规行为金额11232万元，促进增收节支535万元。（撰稿人：朱先勇）

【济宁市审计局】　2002年，共有干部职工64人，其中研究生学历1人，本科学历47人，大专学历14人，局长张显忠，副局长路金琚、刘清峰（12—）、焦建强、石广元、孙进，纪检组长薛英林（5—）。设有办公室、人事科、监察室、法制科、财政金融审计科、行政事业审计科、经贸审计科、农业与资源环保审计科、固定资产投资审计科、外资运用审计科，经济责任审计办公室。

审计成果　审计单位112个，查出违规行为金额162180万元，应缴财政5491万元，已交5198万元。移送大案要案线索4件。提交审计报告、信息和调研报告156篇，被采用69篇。

经济责任审计　开展经济责任审计项目291个，审计经济责任人296人，查出违规行为金额8742万元，查出个人存在经济问题4人。审计后，其中晋升69人，平调102人，免职53人，撤职1人，建议给予党纪政纪处分4人，移送纪检监察机关7人，移送司法机关1人。

内部审计　市直部门内审机构468个，其中专职机构347个；内审人员965人，其中专职人员580人。共审计单位1841个，查出损失浪费658万元，纠正违规行为金额6454万元，促进增收节支3074万元。（撰稿人：袁丰辉）

【济宁市市中区审计局】　现有干部职工11人，设有财政金融审计科、固定资产投资审计科、综合科、经济贸易审计科、经济责任审计办公室，负责对全区44个党政机关、217个事业单位和1个企业的审计监督。局长梁光民，副局长邱继亮。

审计成果　完成审计项目30个，专项审计调查4个，查出违规行为金额3130万元，应缴财政25万元，已交11万元。提交审计信息、审计报告55篇。完成24名科级干部经济责任审计，查出违规行为金额1293万元，参照审计结果，移送司法机关两人。（撰稿人：李曼）

【济宁市任城区审计局】　现有干部职工20人，设有人秘科、固定资产投资审计科、财金审计科、行政事业审计科、经贸审计科、经济责任审计办公室，负责对全区56个党政机关、471个事业单位和14个企业的审计监督。局长李桂安，副局长程士臻、廉克喜、王香莲、陈忠勤。

审计成果　完成审计项目20个，查出违规行为金额433万元，应纠正5538万元，应缴财政6万元，已交6万元。提交审计信息、审计报告60篇。对17名科级干部进行了经济责任审计。（撰稿人：李俊杰）

【曲阜市审计局】　现有干部职工26人，设有办公室、财政金融审计科、经济贸易审计科、固定资产审计科、经济责任审计办公室，负责对全市49个党政机关、57个事业单位和1个企业的审计监督。局长张继友，副局长孔昭生、魏长柱、屈小忠。

审计成果　完成审计项目58个，查出违规行为金额3837万元，应缴财政99.83万元，已交99.23万元。移送大案要案线索3件。完成审计调查4个，调查单位28个。提交审计信息36篇，审计报告52份。完成43名科级干部经济责任审计，参照审计结果，有3人晋升，35人平调，4人免职，1人撤职。内审完成审计项目117个，查出并纠正违规行为金额196万元，查出损失浪费5.8万元，促进增收节支360余万元。（撰稿人：于铁安）

【兖州市审计局】　现有干部职工15人，设有办公室、法制科、财政金融审计科、经济贸易审计科、固定资产审计科、行政事业审计科、经济责任审计办公室，负责对全市52个党政机关、156个事业单位和1个企业的审计监督。局长王福伟，副局长苏秉印、王伟。

审计成果　完成审计项目27个，审计调查单位13个，查出违规行为金额10189万元，应缴财政333万元，已交333万元。提交审计信息、审计报告78篇。完成23名科级干部经济责任审计，参照审计结果，有6人晋升，4人平调，12人免职，1人撤职。，内审机构65个，其中专职机构21个；内审人员117人，其中专职人员37人；内审完成审计项目126个，查出并纠正违规行为金额1650万元，促进增收节支1080余万元，提出审计建议188条。（撰稿人：张超）

【邹城市审计局】　现有干部职工22人，设有人秘科、行政财经审计科、内审指导科、基建审计科、企业审计科、经济责任审计办公室，负责对全市58个党政机关、92个事业单位和10个企业的审计监督。局长王建民，副局长周立勋、徐克勤、张铁民。

审计成果　完成审计项目72个，审计单位224个，查出违规行为金额14230万元，其中指明要求纠正7800万元，决定处理处罚6430万元；应缴财政147万元，已交147万元。完成审计调查6个，调查单位48个。提交审计信息39篇，审计报告56份。完成40名科级干部经济责任审计，查出违规行为金额5910万元。内审机构176个，其中，专职机构

115个；内审人员264人，其中专职人员186人。（撰稿人：李传义）

【微山县审计局】 现有干部职工20人，设有办公室、行政财经审计股、经贸审计股、投资审计股，负责对全县98个党政机关、140个事业单位和28个企业的审计监督。局长靳广坤，副局长赵士全、殷允恭、陈科。

审计成果 完成审计项目47个，查出违规行为金额10168万元，已交财政389万元。完成审计调查6个，调查单位48个。提交审计信息35篇，审计报告37份。完成20名科级干部经济责任审计。（撰稿人：褚国强）

【鱼台县审计局】 现有干部职工22人，设有办公室、行政财经审计股、经贸审计股、固定资产投资审计股、经济责任审计办公室，负责对全县57个党政机关、84个事业单位和14个企业的审计监督。局长程庆云，副局长刘俊宪、邵华。

审计成果 完成审计项目40个，审计单位49个，查出违规行为金额7130万元，应缴财政86万元，已交86万元。移送大案要案线索3件。完成审计调查6个，调查单位38个。提交审计信息25篇，审计报告35份。完成24名科级干部经济责任审计，查出违规行为金额5207万元。开展内审项目47个，查出违规行为金额815万元，促进增收节支87万元。（撰稿人：李曼）

【金乡县审计局】 现有干部职工20人，设有人秘科、财政金融审计科、行政事业审计科、综合审计科、企业审计科、经济责任审计办公室，负责对全县24个党政机关、78个事业单位和3个企业的审计监督。局长杜中胜，副局长王玉芹、代云庆、王成彬、陈萍。

审计成果 完成审计项目43个，审计单位124个，查出违规行为金额2335万元，应缴财政32万元，已交31万元。完成审计调查6个，调查单位34个。提交审计信息、审计报告28篇。完成17名科级干部经济责任审计，查出违规行为金额296万元，参照审计结果，平调6人，晋升9人，免职5人。（撰稿人：李卫东）

【嘉祥县审计局】 现有干部职工23人，设有办公室、法制股、财政金融审计股、固定资产投资审计股、行政事业审计股、经贸审计股、经济责任审计办公室，负责对全县43个党政机关和137个事业单位的审计监督。局长张正盟，副局长靳兆化、王峰（5月—）、柳晓才（5月—）。

审计成果 完成审计项目41个，审计调查项目11个，查出违规行为金额46908万元，应缴财政131万元，已交148万元（含上年应入库21万元）。移送司法机关3人。提交审计信息、审计报告25篇。完成11名科级干部经济责任审计。（撰稿人：田伟）

【汶上县审计局】 现有干部职工30人，设有办公室、财金审计股、经贸审计股、固定资产投资审计股、行政事业审计股、经济责任审计办公室，负责对全县39个党政机关、17个事业单位和9个企业的审计监督。局长孙一民，副局长李桂寅、王印喜。

审计成果 完成审计单位50个，查出违规行为金额374万元，指明要求纠正12502万元；应缴财政36万元，已交36万元。完成审计调查6个，调查单位36个。提交审计信息29篇，审计报告46份。完成24名科级干部经济责任审计，查出违规行为金额279万元。内审机构35个，其中专职机构10个；内审人员47人，完成内审项目129个；查出损失浪费21万元，促进增收节支683万元。（撰稿人：陈绪秋）

【泗水县审计局】 现有干部职工24人，设有办公室、企业审计科、农业资金审计科、行政事业财政金融审计科、基建审计科、审计体系指导科、综合科、经济责任审计办公室，负责对全县23个党政机关、106个事业单位和36个企业的审计监督。局长张体孝（—4月）、王相武（4月—），副局长乔志端。

审计成果 完成审计项目16个，审计单位22个，查出违规行为金额1.14亿元，应缴财政117万元，已交18万元。提交审计信息14篇，审计报告29份，审计意见22条。完成24名科级干部经济责任审计。（撰稿人：李振）

【梁山县审计局】 现有干部职工22人，设有办公室、行政事业审计科、经贸审计科、固定资产投资审计科、综合科、经济责任审计办公室，负责对全县48个党政机关、54个事业单位和23个企业的审计监督。局长高承坤（—5月）、李若宽（5月—），副局长者建东、李梦海、徐龙照。

审计成果 完成审计项目46个，审计单位178个，查出违规行为金额17255万元，应缴财政61万元，已交61万元。完成审计调查6个，调查单位42个。向司法机关移交大案要案线索两件。提交审计信息29篇，审计报告40份。完成27名科级干部经济责任审计，查出违规行为金额968万元。（撰稿人：信卫忠）

【泰安市审计局】 2002年，共有干部职工68人，其中研究生学历两人，本科学历26人，大专学历42人。局长张书盈，副局长王文明、陈惠菊、朱家兑、王峰。设有办公室、政工科、法制科、财政审计科、金融审计科、行政事业审计科、经贸审计科、农业与资源环保审计科、外资运用审计科、社会保障审计科、固定资产投资审计科、派出审计科和经济责任审计办公室（副县级），另设审计培训中心、审计教育中心两个直属事业单位。

审计成果 共完成审计项目单位348个，查出各类违纪违规行为金额19.51亿元，提出并落实审计建议516条，增加财政收入2533万元。

完成上级交办任务 其中：完成行政单位资产及财务状况的审计项目两个；企业单位资产、负债、损益情况的审计项目3个；金融单位年度资产、负债、损益情况的审计和审计调查项目各1个；旅游公司年度资产、负债、损益情况的审计项目1个。城乡电网改造工程的审计项目1个；职工基本养老保险金、福利彩票资金、体育彩票资金和体育经费等审计项目4个。另外，对两个县市的物价部门专项资金及物价政策执行情况、全市的行政事业性收费和罚没收入“收支两条线”情况也进行了专项审计或调查。

经济责任审计 在全国率先建立了经济责任审计信息数据库，实现了信息共享。在全省率先进行了县长经济责任审计试点，县长经济责任审计工作的经验在全省推广。全年共对162名领导干部进行了经济责任审计，查出违纪违规行为金额57708万元，损失浪费39万元，决定处理处罚7729万元，指明要求纠正52125万元。参照审计结果，平调干部89人，免职29人，晋升6人，给予党纪政纪处理1人。

内部审计 成功召开了全市内部审计师协会的成立大会；完成了国际注册内部审计师的报名和考试工作，报考人数突破80人。（撰稿人：刘富强）

【泰安市泰山区审计局】 现有干部职工10人，设有办公室、财金行事审计科和经济责任审计办公室，负责对全区8个乡镇（办事处）和74个区直部门的审计监督。局长邱志华，副局长赵同生、董仲训、李宝星。

审计成果 完成审计项目35个，审计单位43个，查出违规行为金额4215万元，应缴财政164万元，已交129万元。提交审计报告、信息33篇，被采用25篇，提出审计建议被采纳70条。完成党政领导交办事项27个。对27名党政主要领导干部进行了任期经济责任审计，查出违规行为金额1382万元。已建内审机构42个，其中专职机构15个；内审人员92人，其中专职人员28人；完成审计单位205个，已纠正违规行为金额130万元。（撰稿人：张丽）

【泰安市岱岳区审计局】 现有干部职工16人，设有办公室，财政金融审计科、行政事业审计科、经贸审计科和经济责任审计办公室，负责对全区17个乡镇（办事处）和73个区直部门的审计监督。局长王开庆，副局长梁忠信、王继忠、李广军、李大鹏。

审计成果 完成审计项目47个，查出违规行为金额22476万元，其中指明要求纠正13297万元，决定处理处罚9179万元，应缴财政262万元。追还被侵占挪用资金438万元。提出审计建议98条，帮助被审计单位建章立制238项，促进增收节支460万元。对在机构改革中变动的19名党政领导干部和法定代表人进行了任期经济责任审计，查出违规行为金额335万元，指明要求纠正13310万元。完成审计调查项目1个，调查单位10个。提交审计报告24份，审计信息26篇，被上级机关、新闻媒体采用35篇。（撰稿人：杨金巨）

【新泰市审计局】 现有干部职工15人，设有人事秘书科、综合科、财政金融审计科、行政事业审计科、经贸审计科和经济责任审计办公室，负责对全市20个乡镇（办事处）和110个市直部门的审计监督。局长李冠凯，副局长马印吉、李新民、周美跃。

审计成果 审计39个单位（项目），完成领导干部离任经济责任审计项目22个，查出违纪违规行为金额7400万元，应缴财政84万元，已交39万元。（撰稿人：沈国平）

【肥城市审计局】 现有干部职工19人，设有人秘科、综合科、行政事业审计科、企业审计科和经济责任审计办公室，负责对全市14个乡镇（办事处）和120个市直部门的审计监督。局长马兴庆，副局长孙庆宝、张耀泉、尹涛（2月—）、穆云彪（—2月），纪检组长刘东方（2月—）。

审计成果 完成审计项目46个，审计单位50个，其中经济责任审计项目35个。完成审计调查1个，调查单位15个。查出违纪违规行为金额35000万元，其中指明要求纠正29953万元，决定处理处罚5047万元，应缴财政168万元。提交审计报告41份，审计意见50份，审计信息7篇，被市审计局采用3篇。有内审指导人员两人；内审机构140个，其中专职机构39个；内审人员251人，其中专职人员116人。（撰稿人：赵培斌）

【宁阳县审计局】 现有干部职工19人，设有综合审计科、行政事业审计科、经贸审计科和经济责任审计办公室，负责对全县12个乡镇和106个县直部门的审计监督。局长周慎凯，副局长胡方平、王军、曹广强、张跃河（2月—）。

审计成果 审计单位43个，查

出违规违纪行为金额7024万元，应缴财政296万元，提出合理化建议63条。对19个单位的领导干部进行了任期经济责任审计，查出违规违纪行为金额948万元。（撰稿人：王军）

【东平县审计局】 现有干部职工14人，设有综合科、行政事业审计科、经济贸易审计科、固定资产投资审计科、经济责任审计办公室和审计管理科，负责对全县14个乡镇和县直部门、企事业单位的审计监督。局长叶近云，副局长潘全勤、王成民、张立生、王成军。

审计成果 完成审计项目42个，查出违规行为金额9474万元。对19名领导干部进行了任期经济责任审计，出具离任审计报告19份。完成党政领导交办的临时性任务12个。（撰稿人：贾思江）

【莱芜市审计局】 2002年，共有干部职工36人，其中本科学历20人，大专学历12人，局长吕京华，副局长吕振宝、许荣利、张建国，纪检组长刘吉秀。设有办公室、法制科、财政审计科、金融审计科、经贸审计科、固定资产投资审计科、经济责任审计办公室。

审计成果 审计单位92个，查出违规行为金额23269万元，发现百万元以上违规单位17个，指明要求纠正46100万元，应缴财政756万元，已交181万元。提交审计报告38份，信息和调研报告55篇，被采用39篇。

内部审计 市直部门有内审机构174个，其中专职机构77个；内审人员428人，其中专职人员167人。共审计单位721个，查出损失浪费743万元，纠正违规行为金额650万元，促进增收节支1496万元。（撰稿人：徐吉杰）

【莱芜市莱城区审计局】 现有干部职工16人，设有办公室、财政金融审计科、经贸审计科和经济责任审计办公室，负责对全区15个乡镇和79个区直行政企事业单位的审计监督。局长乔运伟，副局长张义军、刘雪梅，纪检组长张连川。

审计成果 完成各类审计项目23个，查出违规行为金额2333万元，指明要求纠正19005万元，应缴财政219万元，已交191万元，其中罚款25万元。15个乡镇（办事处）均设立审计所，专（兼）职审计人员38人；企事业单位设立内审机构10个，专（兼）职审计人员25人。（撰稿人：方威）

【莱芜市钢城区审计局】 现有干部职工15人，设有综合科、行政事业审计科、企业审计科、审计中心和经济责任审计办公室，负责对全区4个乡镇、办事处和40个区直部门的审计监督。局长郝慎滨，副局长郝东财、段崇胜。

审计成果 完成审计项目19个，领导交办审计任务36个，查出违纪违规行为金额3309万元，已交财政53万元，其中罚没款40万元，促进增收节支109万元。提交审计报告、信息57篇。面向社会公开招考录用了6名审计人员，成立了区经济责任审计办公室，全年共完成经济责任审计项目24个，查出违规行为金额350万元，应缴财政13万元。（撰稿人：郝慎滨）

【滨州市审计局】 2002年，共有干部职工58人，其中研究生学历两人，本科学历14人，大专学历19人，局长张子禹，副局长刘合三（正处）、董建平、李少民，纪检组长李春明。设有纪检监察室、机关党委、人事教育科、办公室、经贸审计科、行政事业审计科、投资审计科、财金审计科、农业审计科、经济责任审计办公室一科、二科，另设有审计干部培训中心、审计举报服务中心两个事业单位。

审计成果 共审计单位329个，查出违规行为金额40460万元，应缴财政4648万元，已交3484万元，罚款612万元。查出大案要案6起，移送纪检司法机关处理16人。提交审计报告（信息）被采用461份。被省文明委、省审计厅分别授予“省级文明单位”、“山东省审计科研工作先进单位”等称号。

完成上级交办任务 共完成署和省统一安排的审计项目70个。其中，本级预算执行审计42个，财政决算审计20个，金融审计4个，固定资产投资审计7个，国有企业审计27个，行政事业审计221个，农业与资源环保资金审计6个，国外援贷款项目两个。完成党政领导交办的审计单位118个。

经济责任审计 全市各级党委政府成立了经济责任审计工作领导小组，各级审计机关建立相应的经济责任审计工作专职机构，其中市局成立正处级规格的经济责任审计办公室。全市共完成经济责任审计18个单位，查出违规行为金额17726万元。参照审计结果，平调49人，免职18人，晋升4人，降职5人，查出大案要案两起，3人被司法机关立案批捕。

内部审计 全市建立内审机构138个，其中专职机构48个；内审人员312人。审计单位942个，查出损失浪费41万元，促进增收节支433万元，提出审计意见、建议被采纳2331条，自行纠正违规行为金额48111万元。全市乡镇政府建立审计机构69个，审计人员237人。民营组织建立内审机构220个，配备内审人员188人。完成审计项目85个，纠正违规行为金额5万元，促进增收节支26万元，查出损失浪费20万元。（撰稿人：崔新林）

【滨州市滨城区审计局】 现有干部职工16人，设有办公室、财政金融审计科、经贸审计科、行政事业审计科、经济责任审计科和综合科，负责对全区13个乡镇办和区直部门的审计监督。局长闫启芳，副局长毛九民、蔺守元，纪检组长张义兴。

审计成果 审计（调查）计划项目25个，实际完成50个，共查出违纪违规行为金额1122万元；应缴财政398.6万元，已交342万元；应追还被侵占挪用资金178万元，已追还178万元；促进增收节支556万元；审计共查出“小金库”5个，移交纪检及司法部门处理5人，其中4人受到开除党籍处分，3人已被批准逮捕。另外，完成了31个政府交办项目和领导干部任期经济责任审计项目，通过审计，查出违规行为金额700余万元，应缴财政134万元，已交126万元。全年共编发《审计简讯》38期，提供审计信息52篇，其中在《中国审计报》等发表文章、审计信息共18篇。被省审计厅授予“山东省审计机关先进集体”。（撰稿人：代景泉）

【惠民县审计局】 现有干部职工23人，在岗17人，设有办公室、企业财务审计科、行政事业财务审计科、经济责任审计办公室，负责对全县14个乡镇和52个县直部门的审计监督。局长房泽民，副局长张新英，纪检组长张平。

审计成果 完成审计项目72个，其中县委、县政府交办20个。查出各类违纪违规行为金额3300万元，其中应缴财政132万元，已交120万元，追还被侵占挪用资金727万元。对县面粉厂厂长离任审计项目和农村电网改造项目被评为全省优秀项目。有1人被省审计厅评为先进个人。（撰稿人：沈玉水）

【阳信县审计局】 现有干部职工15人，设有经济责任审计办公室、综合办公室、企业审计科、行政事业审计科、财政金融审计科，负责对全县9个乡镇、71个行政事业单位和46个企业的审计监督。局长石春瀚，副局长韩连堂、董曰忠、崔增臣、高存贞。

审计成果 完成审计单位48个，查出违纪违规行为金额600万元，应缴财政51万元，已交50万元。提交审计报告、信息109篇，被上级审计机关采用13篇，被新闻单位采用66篇。完成经济责任审计单位31个、31人，查出违纪违规行为金额5860万元。审计后，晋升两人，平调22人，免职3人，降职4人。（撰稿人：张丽华）

【无棣县审计局】 现有干部职工18人，设有行政事业财务审计科、企业财务审计科、基建工程审计科和办公室、经济责任审计办公室（正局级），负责对全县11个乡镇和96个县直部门的审计监督。局长张荣华，副局长刘荣玉、张凤顺、王廷邦，纪检组长王鲁闽。

审计成果 完成审计项目28个，其中经济责任审计项目16个，委托审计项目6个。查出违规行为金额1118万元。应缴财政585万元，已交198万元。基建审核工程项目7个，审核总金额750万元，核减98万元。提出审计建议45条，纳入领导决策的两条，被审计单位采纳33条，新闻媒体采用审计信息41篇。“555审计财经法规服务台”接受各种咨询服务事项21件，举报两件，发放服务卡80份、征求意见书60份。（撰稿人：赵金桥）

【沾化县审计局】 现有干部职工18人，设有办公室、行政事业审计股、工商企业审计股、基本建设投资审计股、审计验证服务中心，负责对全县10个乡镇和区直部门的审计监督。局长赵珠峰，副局长牟庆民、刘云超，纪检组长李炳涛。

审计成果 完成审计计划项目19个，查出违纪违规行为金额3386万元，应缴财政145.51万元，已交121.72万元。提交审计调查报告14份，被上级或领导批示、采用7份。完成县委、县政府交办任务29个，其中任期经济责任审计9个；参与了5个企业的改制工作；受理农民上访事件3件；对全县5个乡镇的农民负担进行了调查，对县财政投资的7个重点水利、城建等建设工程进行了全过程跟踪审计，共为国家节约建设资金110万元。已促建内审机构、乡镇审计所共36个，配备专兼职人员73人。（撰稿人：徐超）

【博兴县审计局】 现有干部职工17人，设有办公室、财政金融审计股、工商企业审计股、经济责任审计办公室，负责对全县10个乡镇和120个县直部门的审计监督。局长王春青、副局长王少华、李玉亭、闫文兴、卞宝春。

审计成果 完成审计单位（项目）47个，查出违纪违规行为金额6618万元，应缴财政226万元，已交221万元。提交审计报告、信息37篇，提出审计建议102条。通过“555审计财经法规服务台”接待来人来电举报咨询事项18起。（撰稿人：张凤杰）

【邹平县审计局】 现有干部职工17人，设有办公室、法规室、财金审计股、投资审计股、企业审计股、经济责任审计股，负责对全县16个乡镇、80个县直部门和35个企业的审计监督。局长张守忠，副局长孟昭洪、刘立忠、王恩发。

审计成果 完成计划内审计项目24个，查出各类违纪违规行为金额2256万元，决定处理处罚1531万元，已交财政1457万元。对13名党政领导干部和企业领导人员进行了经济责任审计。编发审计科研文章和审计信息75篇，被各级党政机关领导批示、采用50篇。（撰稿人：毕研发）

【菏泽市审计局】 2002年，共有干部职工62人，其中研究生学历1人，本科学历49人，大专学历8人。局长霍保银，副局长张宝印、任崇尚、李永垠，纪检组长周东捍（—7月）。设有办公室（挂举报中心牌子）、法制科、财政审计科、金融审计科、行政事业审计科、经济贸易审计科、农业与资源环保审计科、社会保障审计科、固定资产投资审计科、外资运用审计科、人事科，另下属事业单位有经济责任审计办公室、执法监察室、审计培训中心。其中经济责任审计办公室属副县级单位，设综合科、行政事业审计科、企业审计科。

审计成果 共完成各类审计项目779个，查出违规行为金额10.66亿元，应缴财政4967万元，已交3152万元，促进增收节支3610万元，提出合理化建议1230条。向纪检监察和司法机关移送案件13起，受到刑事、纪律处分17人。编发审计报告、信息726篇，被市县领导批示、采用215篇，被省审计厅、审计署采用38篇，在中央、省、市级报纸刊物上发表新闻稿件、文章69篇，有4篇审计科研论文获省科研课题评比二、三等奖，市局被评为“山东省科研工作先进单位”。

财政审计 一是强化了市县同级财政预算执行审计。对10个市县区财政、地税部门和国库、83个一级预算执行部门单位进行了审计，对197个单位进行了延伸检查，开展专题审计、专项审计调查项目80个。专题调查报告和预算执行审计综合报告引起了市委市政府的高度重视。二是加强了县乡财政审计。对3个县、89个乡镇实施了财政决算审计。三是加强了行政事业和专项资金审计。

企业审计 全市共审计企业53个，查出各类违规行为金额1.01亿元，收缴财政480万元。同时加大了查处“三乱”力度，共查出1150多万元，对问题严重的单位，发出了审计建议书。

固定资产投资审计 全市共对56个基建项目和施工企业进行了审计，审计项目总投资额10亿元，查出违规行为金额1.07亿元，核减工程支出476万元。

经济责任审计 共完成经济责任审计项目314个，查出违纪违规行为金额2.23亿元，参照审计结果，提拔89人，平调179人，移交纪检司法机关18人。

内部审计 全市已建立专兼职内审机构569个，配备内审人员1328人，纠正违纪违规行为金额4415万元，开展财务决算审签613个，促进增收节支累计6131万元。（撰稿人：许超）

【菏泽市牡丹区审计局】 现有干部职工74人，设有经济责任审计办公室、商贸审计科、工业审计科、行政事业审计科、财政金融审计科、社会保障审计科、法规科、综合科、办公室，负责对全区21个乡镇、办事处和42个区直部门的审计监督。局长王义科，副局长李洪斌、高贤增、李玉莲，纪检书记魏湘合。

审计成果 完成审计项目79个，经济责任审计项目42个（其中，乡镇项目21个，区直行政事业单位项目20个，企业负责人离任审计1个）。共查出违规行为金额2821万元，其中，指明要求纠正2638万元，决定处理处罚183万元；应缴财政102万元。提交审计报告79份，审计意见79份，审计信息36篇，被区委、区政府采用8篇。此外，先后对49个申请招商引资奖励的项目进行了审计，淘汰掉35个不符合条件的项目。（撰稿人：王璟）

【曹县审计局】 现有干部职工21人，设有办公室、经济责任审计办公室、固定资产投资审计股、企业审计股、财政金融审计股、行政事业审计股、执法审计股，负责对全县25个乡镇和52个县直部门的审计监督。局长谢京社，副局长韩进福、赵安民。

审计成果 完成各类审计项目122个，查出违规行为金额8127万元，应缴入库120万元。提交审计信息37篇，被《中国审计》、《山东审计》、省厅、市局等采用28篇，编发论文5篇，被《中国审计》、《山东审计》各采用1篇。提出合理化建议35条，被上级及有关部门采纳31条，促进增收节支400万元。（撰稿人：李童超）

【定陶县审计局】 现有干部职工35人，设有办公室、经济责任审计办公室、行政事业审计股、工交企业审计股、基建审计股、直属审计所，负责对全县11个乡镇和39个县直部门的审计监督。局长宁淑跃，副局长毕玉信、许中瑞、牛辉科（—4月）、王玉娥，纪检组长程慧。

审计成果 完成各类审计项目69个，其中预算执行审计项目11个，经济责任审计项目37个，地方金融机构审计项目7个，财务收支审计项目14个，共查出偷漏税款、挤占挪用、损失浪费等违规行为金额3807万元。提出审计意见和建议244条，提交专题审计报告和调查报告32份，编发审计信息74篇，其中被《中国审计》、《中国审计报》、《山东审计》采用5篇。（撰稿人：韦福胜）

【成武县审计局】 现有干部职工32人，设有经济责任审计办公室、办公室、财政审计股、金融审计股、行政事业审计股、企业审计股、基建审计股、社保审计股和3个乡镇直属审计所，负责对全县12个乡镇和44个县直部门的审计监督。局长李炳海，副局长辛继政、翟来修、刘绵恩、王若魁，纪检书记刘兆华。

审计成果 完成审计项目51个，查出违规行为金额2438万元，决定处理处罚587万元，指明要求纠正1857万元，提出建议纠正部门不当规定93条，应缴财政142万元，已交97万元。提交审计报告67份，促进增收节支187万元，移送案件线索8件。另外，完成了32个行政财务收支审计工作。成立了经济责任审计办公室，为副科级事业单位，定编6人。进行了21个单位的经济责任审计。已建内审机构35个，配备内审人员82人。(撰稿人：邵天福)

【单县审计局】 现有干部职工49人，设有人秘股、行政事业审计股、财政金融审计股、企业审计股、固定资产投资审计股和经济责任审计办公室，负责对全县20个乡镇和126个县直部门的审计监督。局长高金华，副局长宋进珠、张逢举、孟庆亭、周峰，纪检组长毛汉彪。

审计成果 完成审计项目66个，查出违规行为金额4930元，指明要求纠正16300万元，应缴财政200万元，促进增收节支48万元。提交审计信息、综合报告77篇，被上级党政机关和新闻单位采用44篇。另外，对28名党政、企业主要领导干部进行了任期经济责任审计，查出违规行为金额1333万元，增加财政收入20余万元。被评为“山东省审计机关先进集体”。（撰稿人：周峰）

【巨野县审计局】 现有干部职工36人，设有办公室、财政金融审计科、行政事业审计科、工业交通审计科、商业贸易审计科、经济责任审计科、执法检查室、直属审计所，负责对全县16个乡镇和90个县直部门的审计监督。局长马凯，副局长马根成、张志涛、姚树亭，纪检组长贾新全。

审计成果 完成审计项目94个，其中计划内项目69个，上级审计机关及县委、政府安排的临时性任务25个。查出违规行为金额6712万元，决定处理处罚564万元，应缴财政168万元，归还原渠道资金63万元，促进增收节支110万元。提出审计建议50余条，提交审计综合报告6份，编发审计信息48篇，被市审计局采用8篇，《中国审计》、《中国审计报》、《山东审计》各采用1篇。移送法院强制执行案件1起。被省审计厅评为“山东省审计科研先进工作单位”，1人被省审计厅评为审计科研工作先进个人。（撰稿人：田素良）

【郓城县审计局】 现有干部职工62人，设有办公室、工业审计科、商业审计科、行政事业审计科、投资审计科、财政金融审计科和经济责任审计科，负责对全县21个乡镇和48个县直部门的审计监督。局长李文霞，副局长曹明永、樊西忠。

审计成果 完成审计项目81个，完成经济责任审计项目16个。查出违规行为金额6339万元，应缴财政220万元，已入库140万元。编写综合审计报告和审计信息、简报59篇，被县委、县政府和上级审计机关采用45篇（次），被省级以上报刊采用6篇（次）。被评为“山东省审计系统廉政勤政先进集体”。(撰稿人：赵爱国)

【鄄城县审计局】 现有干部职工57人，设有办公室、财政金融审计股、行政事业审计股、经济贸易审计股、农业与资源环保审计股、经济责任审计股，负责对全县16个乡镇和260个县直部门、企事业单位的审计监督。局长李宪生，副局长李子臣、苏本森、张毅，纪检书记刘润华。

审计成果 全年共完成审计项目82个，查出违纪违规行为金额16795万元，应缴财政137万元，已交财政128万元。归还原渠道资金83万元。提出合理化建议186条，促进地方部门制定完善制度20条。提交审计报告、审计信息124篇，被市、县领导批示54篇，被省审计厅采用4篇。同时，还完成经济责任审计项目22个。依据审计结果，提拔5人，平调9人，免职8人。（撰稿人：张毅）

【东明县审计局】 现有干部职工27人，设有办公室、行政事业审计科、经济责任审计办公室、工交商贸审计科、财政金融审计科、固定资产投资审计科，负责对全县13个乡镇和75个县直部门的审计监督。局长武合亮，副局长刘建国、吕建华、张超建、李文学，纪检书记尹玉兰。

审计成果 完成审计项目67个，审计单位69个，经济责任审计项目20个。查出违规行为金额1.43亿元，其中指明要求纠正13447万元，应缴财政457万元，实交312万元。提交审计综合报告9份，审计信息54篇，情况反映1篇，被各级党政领导、部门和报刊批示、采用52篇。另外，组织实施了上级审计机关和县委、县政府交办的审计或审计调查项目13个。（撰稿人：王伯成）

河南省

【河南省审计厅】　2002年，河南省审计厅定编150人，在编143人。厅机关设有办公室、法制处、财政审计处、金融审计处、行政事业审计处、经贸审计处、农业与资源环保审计处、社会保障审计处、固定资产投资审计处、外资运用审计处、人事教育处、机关党委、离退休干部处、纪检（监察）室、经济责任审计办公室；同时还设有厅机关审计干部培训中心、审计科研所、《中州审计》杂志社、机关服务中心等直属事业单位。

领导成员

厅　长：冯义申

副厅长：王小烈　祁敦芳

陈　静　张文武（11月以前任纪检组长）

巡视员：张祥沛（11月以前任副厅长）

助理巡视员：岳天武

河南省审计成果　审计单位7968个，查出违规行为金额139.71亿元，应缴财政6.42亿元，已交3.66亿元，应减少财政拨款或补贴5042万元，应归还原渠道资金6.27亿元，调账处理20.18亿元，罚没金额8428万元。提交调研报告456份，被采用123份；省厅提交审计信息394篇，被采用116篇。截止到2002年底，河南省176个县级以上审计机关，全部是县级以上文明单位。其中，省级文明单位98个。河南省审计科研所课题组创作的论文“社会保障资金审计研究”，获2002年度全国优秀审计科研写作课题二等奖。

财政预决算审计　全省各级审计机关坚持把预算执行审计作为审计工作的永恒主题和首要任务，建立了“一把手亲自挂帅，分管领导具体负责”的领导机制，财政审计与专业审计紧密结合，在摸清家底的基础上，重点审计了财政部门预算资金分配、国库集中支付、政府采购运行和“收支两条线”管理情况，查出了有关税务部门在税收征管中有税不征和违规减免税等问题。财政决算审计重点揭露和反映了财政决算中不真实、不合法、随意性强等违规违纪问题。注重把查出问题与促进财政改革和完善制度结合起来，将提高财政资金使用效益放在重要位置，并从强化预算管理、建立和规范经济秩序，从宏观角度提出了意见和建议。

专项资金审计　为了更好地发挥审计监督作用，本年度加大了对高速公路建设项目资金、电力建设基金、住房公积金、扶贫资金、低保资金、社会保障资金等专项资金的审计力度，揭露出专项资金管理使用中普遍存在的挤占、挪用、损失浪费和管理混乱等严重问题。通过审计，有效地促进了各种专项资金管理水平和使用效益的提高。

金融保险审计　根据审计署的授权，组织有关市、县审计机关对中国农业发展银行河南省分行和13个市级分行、107个县级支行的2001年度资产、负债、损益情况进行了审计，发现农发行系统贷款形态调整不规范、收购资金在收购存款户滞留时间太长、企业粮食购销情况与银行台账不符、银行贷款数与企业借款数不一致、财政欠拨利息补贴、违规收取资金占用费等问题，为规范金融秩序，防范和化解金融风险，发挥了积极作用。

重点行业、企业审计　在车辆通行费审计、城市电网建设与改造审计、计划生育经费审计和交警部门财务收支审计中，查出多种违纪违规问题，依法进行了严肃的处理处罚，向有关部门移交案件6起，涉案人员4人。对鹤壁煤业（集团）公司、平顶山煤业（集团）公司、濮阳大化等3个重点企业审计中，以企业会计报表为总揽，以资本运营轨迹为主线，重点审计评价会计信息的真实性、重大经济决策失误给企业造成的危害和资产质量状况，发现和揭露了企业会计信息失真、资产质量不高、企业内部控制薄弱等问题。

经济责任审计　开展经济责任审计项目2335人。其中党政领导干部2275人（处级160人，科级以下2112人），企业领导人员60人。审计查出违纪违规行为金额102294万元，损失浪费7344万元，个人经济问题346万元。审计后，其中免职106人，降职7人，撤职两人，移送纪检监察、司法机关26人，给予党政纪处分10人。

坚持依法审计，提高审计质量　一是认真落实审计准则。省审计厅制定了《关于在实施审计过程中贯彻落实审计准则的有关规定》，对全面贯彻审计准则提出了明确要求。二是坚持审计执法责任制。各级审计机关制定和完善了《审计执法过错责任追究制》。三是坚持抓好审计复核工作，建立完善了严格的复核登记制度。四是加强对审计质量的检查。五是开展优秀审计项目评选活动。年初，对厅机关及各省辖市2001年度的审计项目开展了评比活动。年末，又组织了对2002年度的审计项目的评比活动。

“人、法、技”建设　首先是加强了对审计人员的政治思想教育，组织审计人员通过系统的理论和党的方针政策学习，提高了全体审计人员的政治思想觉悟。其次是加强审计人员的专业知识培训，提高其专业技术水平。省厅共举办各类培训班21期，培训人员940多人次。第三是加强了审计队伍廉政建设，各级普遍实行了廉政建设责任制和有效的约束机制，加大了对执行“八不准”情况的检查和监督。第四是加强了审计系统信息化建设。为了更好地贯彻落实《利用计算机信息系统开展审计工作有关问题的通知》（国办发［2001］88号）精神，在搞好网络建设的同时，不断加大审计软件应用、开发力度，制定了《2002年度软件推广应用实施方案》。重点推广应用了“金剑审计软件”，省厅机关4个业务处和两个市局基本熟练掌握并能灵活运用。同时推广应用了“档案信息管理系统”软件，构建和开通了《河南审计信息网》内部网站，对《河南审计信息网》外部网站进行了重新调整和升级改版。还成功举办了全省审计系统计算机应用演示会，总结、交流和推广了经验。此外，狠抓计算机技术培训，省厅先后举办计算机审计中级培训班两期，共62人、计算机审计应用软件培训班两期，共129人，组织全省635人、分两次参加了审计署计算机技术基础知识考试，合格率98%。为加强网络运行管理，确保设备正常运行，还建立健全了日常管理制度。

内部审计　全省共有内审机构4034个，其中专职机构2673个；内审人员10837人，其中专职人员6708人。共审计单位15602个，查出损失浪费18089万元，纠正违规行为金额39931万元，促进增收节支15567万元，提出建议意见被采纳9719条，发现大案要案线索148件，向司法机关移送案件14起，移送司法机关处理11人，建议给予行政处分95人。（撰稿人：吕鸣莉、王党民）

【郑州市审计局】　2002年，共有干部职工96人，其中研究生学历3人，本科学历52人，大专学历35人，局长赵新中，副局长李健（—11月）、宋金中、王彦斌（—6月）、孙铁成（11月—）、徐平（11月—）、朱河顺（6月—）、金振亚（10月—），纪检组长刘书亮（11月—）。设有办公室、人事教育处、法制处、财政审计处、金融审计处、行政事业审计处、经贸审计处、外资审计处、农业与资源环保审计处、社会保障审计处、固定资产投资审计处。

审计成果　审计项目467个，审计调查项目39个，查出违规行为金额78327万元，其中应缴财政8829万元，已交1368万元，减少财政拨款或补贴170万元，归还原渠道资金1277万元，调账处理13333万元。向纪检监察部门移送待处事项7件，建议给予政纪党纪处分两人，建议纠正地方部门不当规定47条。提交审计调查报告39份，审计信息139篇，被采用90篇，提出促进制定规章建议43条。开展经济责任审计项目4个、4人。

内部审计　内审机构126个，其中专职机构54个；内审人员317人，其中专职人员195人。共审计单位2437个，查出并纠正各类违规行为为金额4978万元，提出建议意见被采纳841条，建议给予政纪处分3人，移送司法机关处理5人。（撰稿人：孟凯）

【郑州市中原区审计局】　现有干部职工11人，设有办公室和综合审计科，负责对全区13个乡镇、街道和25个区直部门的审计监督。局长刘岚，副局长徐润青。

审计成果　完成审计项目45个，其中完成35名科级领导干部离任经济责任审计。查出违规行为金额7132万元，指明要求纠正3599万元，应缴财政38万元，已交38万元，移交区纪委案件两起。提交审计信息28篇，被采用13篇。有内审机构29个，内审人员59人，查出损失浪费300万元，提出合理化建议被采纳40条。（撰稿人：范乐）

【郑州市二七区审计局】　现有干部职工10人，设有办公室、法制科和审计综合科，负责对全区3个乡镇和72个区直部门的审计监督。局长李新亮，副局长陈保生、彭霞、岳小莉。

审计成果　完成审计项目49个，其中完成32名科级干部离任经济责任审计。查出违规行为金额432万元，应缴财政7万元，审计决定全部落实。提交审计报告、信息96篇。有内审机构11个，兼职人员两人。（撰稿人：张刚）

【郑州市管城回族区审计局】　现有干部职工9人，设有办公室、行政事业审计科和基建与社会保障审计科，负责对全区12个乡镇、街道和48个区直部门的审计监督。局长鲁华贵，副局长贾宝蕴、赵文。

审计成果　完成审计项目44个，其中完成33名正科级干部离任经济责任审计。查出违规行为金额5128万元，应缴财政173万元，已全部收缴。提出审计意见和建议140条。内审机构16个、内审人员43人。（撰稿人：韩瑞芬）

【郑州市金水区审计局】　现有干部职工11人，设有办公室、财政审计科和基建审计科，负责对全区16个乡镇、街道和60个区直部门的审计监督。局长罗力平，副局长白瑞平、张青、陈子魁、钱锐，纪检组长张万纲。

审计成果　完成审计项目38个，查出违规行为金额792万元，其中指明要求纠正272万元，应缴财政25万元，已交25万元，调账处理84万元，减少财政拨款17万元，归还原渠道资金50万元。完成22名科级干部离任经济责任审计，查出违规行为金额1357万元，建议给予党政纪处分1人，移送纪检监察机关待处事项5件。提交审计报告、信息40篇，被采用16篇。有内审机构13个，内审人员42人，其中专职人员

4人。（撰稿人：罗力平）

【郑州市上街区审计局】 现有干部职工10人，其中行政6人，事业4人（属于经济责任审计中心编制），设有办公室、经济责任审计中心，负责对全区5个街道和46个区直部门的审计监督。局长安惠萍，副局长牛志甫、朱笛。

审计成果 完成审计项目21个，其中完成14名科级干部离任经济责任审计。查出违规行为金额170万元，为财政节约建设资金20万元。完成专项审计调查6个，提交审计报告6份，全部被采用。内审机构15个，内审人员20人。（撰稿人：史瑞娟）

【郑州市邙山区审计局】 现有干部职工13人，设有办公室、法制室和经济责任审计办公室，负责对全区5个乡镇、街道和27个区直部门的审计监督。局长牛秋文，副局长刘季召、王永忠。

审计成果 审计单位30个，查出违纪违规行为金额2495万元，应缴财政145万元，已交145万元，核减固定资金投资85万元，查出逾期外债2942万元。提交审计报告、信息28篇，被采用15篇。内审机构4个，内审人员10人。（撰稿人：田斌）

【新郑市审计局】 现有干部职工40人，设有办公室、财金审计科、商业审计科、工交审计科、行政事业审计科和基建审计科，负责对全市17个乡镇、街道和市直企事业单位的审计监督。局长刘秀举，副局长史耀东、聂建新、郝富有、赵新甫，纪检组长张华伟。

审计成果 完成审计项目44个，其中完成18名科级干部经济责任审计。查出违规行为金额1.7亿元，应缴财政599万元，已交599万元。提交审计报告6份，提出审计建议130条，向市政府及新闻媒体提交信息92篇，被采用45篇。内审机构5个，内审人员10人。（撰稿人：代全正）

【登封市审计局】 现有干部职工49人，设有审计一科、审计二科、基建审计科、法制科和办公室，负责对全市13个乡镇、两个开发区、两个办事处和95个市直部门的审计监督。局长岳耀争，副局长孙晓玲、郑清勋，纪检组长徐西君。

审计成果 完成审计项目37个，其中完成17名科级干部离任经济责任审计。查出违规行为金额21512万元，应缴财政59万元，已交53万元，归还原渠道资金394万元。提交审计报告、信息37篇，被采用23篇。（撰稿人：郑清勋）

【新密市审计局】 现有干部职工73人，设有办公室、审计一科、审计二科、审计三科、审计四科、审计五科、基建审计科、综合法制科、行政科和社审内审指导服务中心，负责对全市14个乡镇、街道和41个市直部门和市属企业的审计监督。局长刘保立，副局长李东泉、魏建军、周世彬、李炎礼、张运奇。

审计成果 完成审计项目45个，其中完成30名科级干部离任经济责任审计。查出违规行为金额6260万元，指明要求纠正1770万元，应缴财政60万元，已交60万元，促进增收节支850万元。提交审计报告、信息195篇，被各级采用68篇。有内审机构28个，专兼职内审人员109人。（撰稿人：张瑞峰）

【巩义市审计局】 现有干部职工22人，设有法制科、企业审计科、行政事业审计科、财政审计科、基本建设审计科和办公室，负责对全市17个乡镇、49个市直部门和132个企业的审计监督。局长白玉琳，副局长马庆元、刘新建、周统一，纪检组长王晓爱。

审计成果 完成审计项目39个，其中完成5名领导干部离任经济责任审计。查出违规行为金额3586万元，应缴财政62.5万元，已交62.5万元，追还被侵占挪用资金和促进增收节支280万元，提出合理化建议68条。提交审计综合报告5份。审计信息50篇，被采用46篇。有内审机构39个，内审人员156人，其中专职人员27人。（撰稿人：杨金海）

【荥阳市审计局】 现有干部职工50人，设有办公室、法制科、财政审计科、经贸审计科、行政事业审计科、金融基建审计科、审计举报中心和内部审计指导中心，负责对全市17个乡镇和59个市直部门的审计监督。局长吴喜林，副局长张遂军，纪检组长付春梅。

审计成果 完成审计项目60个，其中完成21名科级干部离任经济责任审计。查出违规行为金额8195万元，应缴财政365万元，已交365万元，追还被侵占挪用资金733万元，节约财政基建拨款114万元，向被审计单位提出合理化建议153条。提交审计报告、信息196篇，被采用127篇。内审机构59个，其中专职机构29个；内审人员145人，其中专职人员71人。（撰稿人：禹桂英）

【中牟县审计局】 现有干部职工31人，设有办公室、法制综合科、财政金融审计科、行政事业审计科、商业贸易审计科和工交基建审计科，负责对全县19个乡镇和71个县直部门的审计监督。局长朱贵聚，副局长马书峰、王森屏、陈贵乾，纪检组长柴长遂。

审计成果 完成审计项目62个，其中完成35名科级领导干部离任经济责任审计。查出违规行为金额2949万元，应缴财政499万元，已交499万元。提交审计报告、信息90篇，被采用60篇。有内审机构48个，内审人员125人。（撰稿人：曹惠平）

【三门峡市审计局】 2002年，共有干部职工43人，其中本科学历23人，大专学历15人，局长胡民举，副局长周国谦、彭凤珍、尚秀丽，纪检组长张玉林。设有办公室、经济责任审计科、财政金融审计科、行政事业审计科、社会保障审计科、经贸审计科、农业与资源环保审计科、固定资产投资审计科、外资运用审计科、监察室。

审计成果 审计单位70个，查出违规行为金额19089万元，归还原渠道资金1331万元，调账处理5001万元，建议纠正地方部门不当规定8条。

行政事业审计 审计项目35个，查出违规行为金额5408万元，其中被侵占挪用资金3878万元，虚列财政支出47万元。归还原渠道资金608万元，调账处理424万元。

国外贷援项目审计 共审计单位22个，审计金额19792万元，其中外资898万元，查出违规行为金额176万元，配套资金不落实115万元，归还被侵占挪用资金476万元。

固定资产投资审计 审计单位3个，审计项目投资总额31567万元，已完成投资额23371万元，查出违规行为金额772万元，核减工程结算97万元，归还原渠道资金7万元。

农业与资源环保资金审计 审计单位两个，审计资金总额12795万元，查出违规行为金额104万元，应缴财政4万元，罚没4万元。（撰稿人：段文涛）

【三门峡市湖滨区审计局】 现有干部职工9人，设有办公室、财政金融审计股、经济责任审计办公室，负责对全区5个乡镇和62个区直部门的审计监督。局长张省民，副局长张建新、马廷奇、武改霞。

审计成果 完成审计项目13个，经济责任审计项目8个。查出违规行为金额1100万元，其中指明要求纠正669万元，要求归还原渠道资金113万元，决定处理处罚328万元，应缴财政3.9万元。提交审计报告15份，审计意见21份，审计信息56篇，审计论文4篇，被区委、区政府采用20篇，被新闻单位和上级部门采用10篇。（撰稿人：刘清斌）

【义马市审计局】 现有干部职工11人，设有办公室、财政金融审计科、国企资产投资经贸审计科、行政事业审计科和经济责任审计科，负责对全市两个镇和23个市直部门的审计监督。局长杨建民，副局长李健平、赵宝伟。

审计成果 完成审计单位和项目42个，查出违规行为金额4334万元，决定处理处罚33万元，应缴财政33万元，归还原渠道资金3万元，调账处理331万元。提交审计报告、信息66篇。另外，对18名党政领导干部进行了任期经济责任审计。（撰稿人：龙长海）

【灵宝市审计局】 现有干部职工18人，设有办公室、财政金融审计科、行政事业审计科、经贸审计科、固定资产投资审计科、经济责任审计科，负责对全市17个乡镇和87个市直部门的审计监督。局长张宏森，副局长马来功、建守强、张占敖。

审计成果 完成审计项目两个，审计单位19个，查出违纪违规行为金额3222万元，应缴财政20.9万元，已交20.9万元。追缴财政资金348万元。完成7名科级干部离任经济责任审计，查出违规行为金额2136万元。有内审指导人员两人，内审机构33个，内审人员90人。（撰稿人：张雪生）

【渑池县审计局】 现有干部职工12人，设有办公室、行政事业审计股、企业审计股、固定资产投资审计股，另有直属行政机构，县经济责任审计局（副科级编制），负责对全县16个乡镇和23个县直部门的审计监督。局长聂群彦，副局长郭玉贤、张晓波，纪检组长席智友。

审计成果 完成审计项目28个，审计单位36个，查出违规行为金额4250万元，应缴财政12万元，已交12万元。完成审计调查3个，调查单位19个。提交审计报告、信息32篇，被县委、县政府采用11篇。农网改造项目审计被评为全省优秀审计项目。对在机构改革中变动的6名党政、企业的主要领导干部进行了任期经济责任审计。有内审指导人员两人，内审机构11个，内审人员68人。（撰稿人：茹晓贞）

【陕县审计局】 现有干部职工12人，设有办公室、财政金融审计股、行政事业审计股、经贸审计股、经济责任审计中心，负责对全县17个乡镇和73个县直部门的审计监督。局长杨遂增，副局长张留群、刘建刚。

审计成果 完成审计单位（项目）39个，查出违纪违规行为金额1261万元，增加财政收入85万元。完成审计调查4个，调查单位28个。提交审计报告、信息31篇。（撰稿人：霍凤华）

【卢氏县审计局】 现有干部职工20人，设有办公室、财金审计股、行政事业审计股、经贸审计股、经济责任审计股和综合审计股，负责对全县19个乡镇和49个县直部门的审计监督。局长刘建新，副局长张伟、段双虎。

审计成果 完成审计项目22个，审计单位24个，查出违规行为金额3120万元，应缴财政84万元，

已交47万元。完成审计调查4个，调查单位18个。提交审计报告32份，审计信息16篇。完成5名科级干部经济责任审计，查出违规行为金额340万元。有内审指导人员两人，内审机构18个，内审人员41人。（撰稿人：王章宏）

【洛阳市审计局】 2002年，共有干部职工67人，其中研究生学历6人，本科学历11人，大专学历36人，局长孙占奎，副局长员德勋、孙遂申、刘孟林、王英，纪检组长张茂宗。设有办公室、法制科、人事科、财政审计科、金融审计科、固定资产投资审计科、行政事业审计科、农业与资源环保审计科、外资运用审计科、社会保障审计科、经贸审计科、经济责任审计科、监察室、机关党委、机关服务中心，另设有基建办公室、审计科研所、神都大厦等直属单位。

审计成果 审计单位752个，查出违规行为金额95576万元，应缴财政4851万元，已交2156万元。

经济责任审计 开展经济责任审计项目273个、273人，查出违规行为金额3187万元。审计后，其中晋升4人，平调222人。

内部审计 全市共有内审机构452个，其中专职机构328个；内审人员1308人，其中专职人员910人。共审计单位1646个，查出损失浪费1116万元，纠正违规行为金额17308万元，促进增收节支2226万元。（撰稿人：胡红霞）

【洛阳市西工区审计局】 现有干部职工17人，设有办公室、行政事业审计股、工商企业审计股，负责对全区两个乡镇和75个区直部门的审计监督。局长陈杰，副局长蒋强南、郭强、刘利民。

审计成果 完成审计项目13个、49个单位，查出违规行为金额502万元，应缴财政31万元，已交31万元。提交审计报告23份、审计意见16份、审计信息15篇，被区委、区政府采用10篇。（撰稿人：邵斌霞）

【洛阳市老城区审计局】 现有干部职工8人，设有办公室、综合业务审计股和经济责任审计股，负责对全区8个乡镇、街道和57个区直部门的审计监督。局长吕俊山，副局长李媛、亢志会。

审计成果 完成审计项目11个，审计单位24个，查出违纪违规行为金额456.4万元，指明要求纠正445万元，决定处理处罚11.4万元，应缴财政11.4万元。提交审计报告、信息、审计论文25篇，为被审计单位提出意见和建议68条。对15名党政领导干部进行了任期经济责任审计。（撰稿人：张建武）

【洛阳市瀍河回族区审计局】 现有干部职工8人，设有办公室、企业审计股、行政事业审计股，负责对全区79个行政事业单位和221个企业的审计监督。局长杨庆如，副局长李香枝、关继红。

审计成果 完成审计项目25个，查出违规行为金额289万元，应缴财政29万元。查出百万元违规单位1个，提交审计报告、信息29篇，审计科研论文获奖1篇。完成17名科级领导干部离任经济责任审计。有内审机构两个，内审人员4人。（撰稿人：关继红）

【洛阳市涧西区审计局】 现有干部职工11人，设有办公室、行政事业审计股、工商企业审计股、固定资产投资审计股，负责对全区12个乡镇、街道和区直各部门的审计监督。局长吴景慧，副局长李洁明、孟帆航。

审计成果 完成审计单位（项目）32个，开展了对23个单位的25名科级领导干部的经济责任审计。审计资金总额49860万元，其中查出违纪违规行为金额927万元，应缴财政95万元，已交95万元，向被审计单位提出审计意见和建议82条，核减基建投资金额177万元，促进增收节支177万元。提交审计报告、审计科研论文及信息21篇。（撰稿人：米全跃）

【洛阳市吉利区审计局】 现有干部职工12人，设有办公室、财政行政事业审计股、工交商贸审计股、固定资产投资审计股、经济责任审计科，负责对全区两个乡、办事处和81个区直部门的审计监督。局长权全社，副局长赵静超、郭文通。

审计成果 完成审计项目34个，查出违纪违规行为金额1879万元，指明要求纠正1167万元，应缴财政557万元，已交490万元。为被审计单位提出合理化建议40条。核减工程预决算造价430.86万元，共促进增收节支920万元。（撰稿人：程宁）

【洛阳市洛龙区审计局】 现有干部职工16人，设有办公室和审计一室、二室、三室，负责对全区7个乡镇和65个区直部门的审计监督。局长何来芳，副局长张凤芝、焦玉民。

审计成果 完成审计项目19个，查出违规行为金额78523万元，应缴财政73万元，已足额入库。7个乡镇均组建了审计所并开展了工作，全区153个行政村的会计资料经审计所审查后进入了档案室。2002年，区局再次被河南省委、省政府命名为文明单位。（撰稿人：李根锁）

【偃师市审计局】 现有干部职工16人，设有办公室、行政事业审计科、工业交通审计科、商业贸易基建投资审计科、财政金融审计科，负责对全市17个乡镇和187个市直行政事业单位、国有企业（含国有控股企业）的审计监督。局长任宏孝，副局长田维训、张建云、肖留名，纪检组长王福建。

审计成果　完成审计项目74个，查出违规行为金额1200万元，其中指明要求纠正780万元，应缴财政68万元。提交审计综合报告7份，被市政府采用3份；审计信息30篇，被上级审计机关、市委、市政府采用10篇。（撰稿人：张宏莉）

【孟津县审计局】　现有干部职工12人，设有办公室、财贸审计股、工交审计股、行政事业审计股，负责对全县12个乡镇和44个县直部门的审计监督。局长史战胜，副局长张海棠、于慧萍、郭耀西。

审计成果　完成审计项目22个，审计单位77个，查出违纪违规行为金额1296万元，其中指明要求纠正212万元，决定处理处罚42万元，应缴财政42万元。提交审计报告、信息36篇，被市局、县委、县政府采用25篇。审计科研论文《领导干部任期经济责任审计操作规范研究》获河南省审计论文三等奖。交警支队财务收支专项审计项目被评为全省优秀审计项目。此外，对在机构改革中调整的56个单位的61名党政领导干部进行了离任审计。（撰稿人：秦占峰）

【新安县审计局】　现有干部职工13人，设有办公室、行政事业审计股、金融财贸审计股、工交企业审计股、基建投资审计股，负责对全县13个乡镇和67个县直部门的审计监督。局长邓建军，副局长李俊章、王振颖，纪检组长樊雅卿。

审计成果　完成审计项目13个、单位48个，经济责任审计项目23个。查出违规行为金额1020万元，应缴财政61万元，已交17万元，决定处理处罚17万元。提交审计报告23份，被各级采用审计信息、宣传稿件53篇。此外，接受县领导的交办，对12个县重点工程项目投资进行了审计。（撰稿人：崔春霞）

【栾川县审计局】　现有干部职工22人，设有办公室、财政金融行政事业审计股、工商企业审计股、固定资产投资审计股，负责对全县15个乡镇和98个县直部门的审计监督。局长吴明杰，副局长雷献、张荣征、胡清刚。

审计成果　完成审计项目38个，单位56个，查出违规行为金额13478万元，应缴财政77万元，已缴49万元。完成审计调查4个，调查单位22个。提交审计报告、信息32篇。完成12名科级干部离任经济责任审计，查出违规行为金额1018万元。有内审指导人员两人，内审机构16个，内审人员28人。（撰稿人：张留献）

【嵩县审计局】　现有干部职工22人，设有办公室、财政金融审计股、行政事业审计股、工业交通审计股，负责对全县16个乡镇和78个县直部门的审计监督。局长衣经国，副局长付仁来、万新贞、刘献、郭大朴，纪检组长袁迎建。

审计成果　完成审计项目43个，单位67个；审计调查39个。共查出违纪违规行为金额3280万元，应缴财政137万元，已交74万元。提交审计报告、信息48篇，被采用36篇。共完成县政府交办任务5个，审计单位8个。对24名正科级领导干部进行了任期经济责任审计，涉及单位19个。（撰稿人：赵彦芳）

【汝阳县审计局】　现有干部职工15人，设有综合办公室、基建审计股、行政事业审计股、工商企业审计股，负责对全县15个乡镇和50个县直部门的审计监督。局长赵键彰，副局长杨友杰、刘望喜，纪检组长何忠堂。

审计成果　完成审计项目51个，单位48个。并对32名正科级领导干部进行了经济责任审计。共查出违规行为金额5585万元，应缴财政25万元，已交20万元，应归还被侵占挪用资金240万元。提交审计报告、信息50篇，被各级采用45篇。（撰稿人：高海霞）

【宜阳县审计局】　现有干部职工32人，设有办公室、复核室和4个审计室，下辖乡镇中心审计所，负责对全县19个乡镇、30个县直行政单位和58个企事业单位的审计监督。局长胡喜照，副局长孙会杰、郝增梅、张志义，纪检组长陈森。

审计成果　完成审计项目52个，单位72个。查出违规违纪行为金额4810万元，应缴财政42万元。完成审计调查项目4个，调查单位10个。提交审计综合分析专题报告8份，审计信息18篇，被《中国审计报》采用1篇，市、县采用17篇。扶贫资金审计项目被评为全省优秀审计项目。被授予“省级文明单位”称号。（撰稿人：陈森）

【洛宁县审计局】　现有干部职工36人，设有办公室、财政金融审计股、基建投资审计股、企业审计股、行政事业审计股，负责对全县21个乡镇和81个县直部门的审计监督。局长李英涛，副局长王书范、程相亚，纪检组长刘晓明。

审计成果　完成审计项目17个，单位84个，审计总金额6.95亿元，查出违规行为金额5169万元，追还被侵占挪用资金264万元，应缴财政72.35万元。提交专题审计报告4份，《审计要情》6期，审计科研论文3篇，审计信息48篇，被上级

机关采用8篇，提出审计建议和整改意见146条。（撰稿人：柴运涛）

【伊川县审计局】 现有干部职工22人，设有办公室、财金审计股、行政事业审计股、经贸审计股、农林水审计股、基建审计股，负责对全县15个乡镇和75个县直部门的审计监督。局长孙新庄，副局长董建友、段永正、姜志尧，纪检组长杨幸谦。

审计成果 完成审计项目49个，经济责任审计项目23个。查出违规行为金额4029万元，应缴财政83万元。向上级部门提交审计报告8份，审计信息被县委、县政府、市审计局等采用10篇。偃师交警审计和农业发展银行伊川县支行审计项目被评为全省优秀审计项目。受县政府委托，对6名企业领导人员进行了任期经济责任审计。局机关2002年底通过省级文明单位验收。（撰稿人：周万圈）

【焦作市审计局】 2002年，共有干部职工60人，其中研究生学历两人，本科学历23人，大专学历33人，局长刘政良，副局长马天岗、卫宗荣、谢常富，纪检组长王忠义。设有办公室、监察室、人事教育科、老干部科、监督审理科、经济责任审计科、固定资产投资审计科、行政事业审计科、社会保障审计科、外资运用审计科、经济贸易审计科、财政金融审计科、农业资源环保审计科。

审计成果 审计单位467个，查出违规行为金额38717万元，应缴财政2416万元，已交1617万元，追还被侵占挪用资金481万元。移送司法机关案件1起，移送纪检监察机关待处事项7件，协助有关部门查处案件6起。提交审计调查报告、综合报告、审计信息238篇，被采用42篇。

本级财政预算执行情况审计 查出违规行为金额4871万元，其中挪用预算资金1284万元，少征、隐瞒、挖挤预算收入428万元，虚收财政收入460万元，虚列财政支出227万元。对6个县（区）级、50个乡级财政的决算审计，发现截留市级税收800万元，违规发放协税、护税、引税奖713万元，税务部门违规收取地方财政款项1400万元，乱收费160万元，挤占挪用专项资金340万元，应缴未交财政收入370万元。

经济责任审计 开展经济责任审计项目182个，审计党政领导干部171人，企业领导11人，审计后，移交纪检监察机关案件6起。

基建投资审计 完成决算审计项目33个，审计金额57969.48万元，审减金额4234.52万元。完成投资审计项目3个，审定资金额147927.47万元。制作项目预算、标的7个，资金额2532.68万元。完成工程造价鉴定项目1个，鉴定造价金额1012万元。（撰稿人：郭子扬）

【焦作市山阳区审计局】 现有干部职工15人，设有经济责任审计局（副科级单位），负责对全区9个乡、办事处、10个实业公司、48个事业单位和30个区直部门的审计监督。局长申文燕，副局长焦玉江、程捷。

审计成果 完成审计项目26个，查出违纪违规行为金额404万元，应缴财政32万元。提交审计报告10份，信息19篇。完成12名科级干部经济责任审计，其中任期经济责任审计5人，离任经济责任审计7人，应缴财政7.5万元。有内审机构两个，内审人员5人。（撰稿人：张培涛）

【焦作市解放区审计局】 现有干部职工16人，设有办公室、财政审计股、基本建设审计股，下属单位还有经济责任审计局（副科级单位），负责对全区两个乡镇和43个区直部门的审计监督。局长刘耀辉，副局长张文勃、寇艳萍、和毅。

审计成果 完成审计项目44个，经济责任审计项目5个。查出违纪违规行为金额1086万元，其中指明要求纠正795万元，决定处理处罚20万元。协助有关部门查处案件3起。提交审计调查报告、综合报告、审计信息52篇，被区委、区政府和上级审计机关采用38篇。（撰稿人：郝娟）

【焦作市中站区审计局】 现有干部职工16人，设有办公室，负责对全区8个乡、办事处和47个区直部门的审计监督。局长卢月英，副局长梁丽萍、陈维萍。

审计成果 完成审计项目40个，经济责任审计项目27个，查出违规行为金额2816万元，应缴财政172万元，已交87万元。移交检察机关案件1起。完成审计调查3个，调查单位5个。提交审计报告、信息55篇。（撰稿人：侯卫国）

【焦作市马村区审计局】 现有干部职工17人，设有办公室、财政审计科、企业审计科、基建审计科、经济责任审计科，负责对全区3个乡镇和21个区直部门的审计监督。局长赵建国，副局长曹树春、张晓平，纪检组长侯新红。

审计成果 完成审计单位45个，审计项目32个，查出违规行为金额942万元，应缴财政33万元，已交33万元。配合纪检、检察部门查处案件3起。完成审计调查两个，调查单位15个。提交审计报告、信息63篇，被区委、区政府和上级审计机关采用25篇。（撰稿人：韩鲁）

【孟州市审计局】 现有干部职工28人，设有办公室、综合审计科、监察审理科、经济责任审计一科、经济责任审计二科、经济责任审计三科和基建审计中心，负责对全市13个乡镇、街道和65个市直单位和部门的审计监督。局长王建军，副局长王世周，纪检组长李玮。

审计成果　完成审计单位67个，审计项目14个，查出违规行为金额1056万元，应缴财政132万元，已交132万元。完成审计调查4个，调查单位23个。提交审计报告、信息103篇。完成22名科级干部离任经济责任审计，查出违规行为金额719万元。有内审指导人员1人，内审机构5个，内审人员10人。（撰稿人：廉正根）

【沁阳市审计局】　现有干部职工27人，设有办公室、行政事业审计科、财政金融审计科、经济贸易审计科、固定资产投资审计科、监督审理科、党政干部审计科、企业干部审计科，下属单位还有经济责任审计局和基本建设审计中心，均为副科级单位，负责对全市16个乡镇、街道和29个市直部门的审计监督。局长黄孝秋，副局长白东风，纪检组长任献明。

审计成果　完成审计单位47个，审计项目32个，查出违规行为金额2994万元，应缴财政564万元，已交454万元。提交审计报告、信息86篇。有内审指导人员1人。（撰稿人：赵军文）

【修武县审计局】　现有干部职工77人，设有办公室、工交审计股、基建审计股、行政事业审计股、商贸审计股、财金审计股和社保审计股，下属单位还有经济责任审计中心、乡镇中心审计所和基建审计中心，负责对全县9个乡镇和84个县直部门的审计监督。局长李晓新，副局长黄公芳，纪检组长张迎利。

审计成果　完成审计项目77个，查出违纪违规行为金额4169万元，应缴财政125万元。提交综合报告3份，信息36篇，被县委、县政府和上级审计机关采用21篇。完成10名科级干部任期经济责任审计，审计后，免职1人，降职两人。（撰稿人：焦静波）

【博爱县审计局】　现有干部职工18人，设有办公室、财贸审计股、工交企业审计股、行政事业审计股、基本建设审计股，负责对全县13个乡镇和县直部门的审计监督。局长秦永奎，副局长刘乃忠、王启宝，纪检组长王利平。

审计成果　完成审计项目53个，查出违规行为金额2307万元，应缴财政133万元，已交100万元。完成审计调查3个，调查单位5个。提交审计报告、信息60篇，被县委、县政府和上级审计机关采用20篇。完成8名科级干部离任经济责任审计，查出违规行为金额1325万元，审计后，免职1人。（撰稿人：璩爱新）

【武陟县审计局】　现有干部职工51人，设有办公室、法制办公室和9个审计科，负责对全县15个乡镇和32个县直部门的审计监督。局长马国斌，副局长张建国、李新平，纪检组长原献华。

审计成果　完成审计单位63个，审计项目34个，查出违规行为金额182万元，应缴财政130万元，已交130万元。完成审计调查3个，调查单位3个。提交审计报告、信息51篇。完成6名科级干部离任经济责任审计。有内审指导人员3人，内审机构11个，内审人员34人。（撰稿人：陈文学）

【温县审计局】　现有干部职工14人，设有办公室、审计一科、审计二科、固定资产投资审计科、经济责任审计科，下属单位有经济责任审计局（副科级单位），负责对全县13个乡镇和77个县直部门的审计监督。局长张新春，副局长张广福、杨清川。

审计成果　完成审计项目18个，经济责任审计项目13个。查出违纪违规行为金额16950万元，应缴财政88万元，已交54.16万元。完成审计调查4个，调查单位14个，协查项目两个。提交审计报告35份，信息20篇。（撰稿人：朱秀莲）

【新乡市审计局】　2002年，共有干部职工66人，其中本科学历14人，大专学历36人，局长邓立章，副局长刘秀琴（—3月）、牛伯兴、董清会（—3月）、冯守清、王显生，纪检组长何录良。设有办公室、综合科、人事科、法制审理科、审计管理科、财税金融审计科、行政事业审计科、工交审计科、商贸审计科、农业与环保资源审计科、外资运用审计科、固定资产投资审计科。

审计成果　共审计单位和项目331个，查出违规行为金额28382万元，应缴财政6399万元，已交1042万元，归还原渠道资金1355万元。市审计局继续保持“省级文明单位”荣誉称号；被全国社科联授予“全国审计学会先进单位”。

财政金融审计　审计单位79个，查出违规行为金额16833万元，应缴财政3600万元，已交956万元，审计罚款23万元。

行政事业审计　审计单位205个，查出违规行为金额6637万元，应缴财政397万元，已交28万元，罚款161万元，归还被侵占挪用资金71万元。

经济责任审计　开展经济责任审计61人，共查出违规行为金额3731万元，查出损失浪费1674万元。审计后，向司法机关移交案件1起。（撰稿人：魏国胜）

【新乡市新华区审计局】 现有干部职工4人，负责对全区20个区直部门和20个事业单位的审计监督。局长岳绍萍，副局长闫多进。

审计成果 完成审计单位14个，查出违规违纪行为金额57万元，应缴财政27万元，已交5万元。并对3个单位主要领导干部进行了任期经济责任审计。（撰稿人：朱建珍）

【新乡市红旗区审计局】 现有干部职工5人，负责对全区9个办事处和30个区直部门的审计监督。局长沈树寅，副局长王明谦、王国庆。

审计成果 完成审计项目18个，单位18个，经济责任审计项目14个。查出违纪违规行为金额17万元，决定处理处罚1万元，应缴财政1万元，挽回经济损失两万元。通过审计，移交纪检监察机关查处1人。提交审计报告、信息27篇。（撰稿人：杜鹏霄）

【新乡市北站区审计局】 现有干部职工4人，负责对全区两个乡和24个区直部门的审计监督。局长崔荣金，副局长林琳。

审计成果 完成审计项目16个，单位18个，查出违规行为为金额292万元，应缴财政38万元，已交31万元。完成审计调查项目两个。完成6名科级干部经济责任审计，查出违规行为金额144万元。提交审计报告15份，审计信息15篇，被采用10篇。（撰稿人：张桂香）

【新乡市郊区审计局】 现有干部职工7人，负责对全区4个乡镇（办）和38个区直部门的审计监督。局长付天生，副局长焦祥贵。

审计成果 完成审计项目10个，单位19个，查出违规违纪行为金额410万元。完成审计调查两个，调查单位85个。提交审计报告、信息8篇。（撰稿人：卓运玲）

【卫辉市审计局】 现有干部职工40人，设有办公室、纪检监察室、行政事业审计科、财政金融审计科、工商企业审计科、基本建设审计科和经济责任审计办公室，负责对全市16个乡镇和110个市直部门的审计监督。局长李三林，副局长张银香、张晓军、李浠，纪检组长刘治鑫。

审计成果 完成审计项目38个，审计单位60个；经济责任审计项目12个；审计调查3个，调查单位25个。共查出违规行为金额173.9万元，应缴已交财政4.45万元。向被审计单位提出审计建议111条；提交的审计报告、审计要情被批示、采用9篇。连续三次被省委、省政府命名为“省级文明单位”。（撰稿人：韩芳）

【辉县市审计局】 现有干部职工41人，设有办公室、行政事业审计科、财政金融审计科、商业审计科、工交审计科、固定资产投资审计科、农业与环保资源审计科和内审法制科，负责对全市26个乡镇和58个市直部门的审计监督。局长董建敏，副局长孙红霞、付建军、崔数勤、陈永军。

审计成果 完成审计单位（项目）56个，经济责任审计项目11个，共查出违规违纪行为金额1196万元，应缴财政117万元，已交102万元。完成审计调查9个，调查单位29个。提交审计报告85份，审计信息59篇，被采用56篇。（撰稿人：王保会）

【新乡县审计局】 现有干部职工17人，设有办公室、行政事业审计股、商粮贸金融审计股、工交基建审计股、经济责任审计办公室，负责对全县11个乡镇和85个县直部门的审计监督。局长李建国，副局长张丽霞、岳世明、夏宏伟、石砚成，纪检组长秦连枝。

审计成果 完成审计项目19个，审计单位70个，查出违规违纪行为金额1285万元，已交财政98万元。完成审计调查1个，调查单位10个。提交审计报告、信息25篇。完成24名科级干部的经济责任审计。（撰稿人：秦连枝）

【获嘉县审计局】 现有干部职工31人，设有办公室、行政事业审计股、财政金融审计股、企业投资审计股，负责对全县14个乡镇和56个县直部门的审计监督。局长郭利军，副局长杨留堂、张利霞、穆时彦、王殿玉，纪检组长韩立纲。

审计成果 完成审计单位（项目）44个，查出违规行为金额4032万元，应缴财政53万元，已交38万元。对5名科级干部进行了经济责任审计。提交审计报告、信息45篇，被采用32篇。（撰稿人：徐庆霞）

【原阳县审计局】 现有干部职工28人，设有办公室、信访监察室、行政事业审计股、财政金融审计股、工交基建审计股，负责对全县22个乡镇和52个县直部门的审计监督。局长丁孝武，副局长王军、李全。

审计成果 完成审计项目19个，审计单位63个，查出违规违纪行为金额4236万元，应缴财政277万元，已交54.3万元。完成36名科级干部离任经济责任审计，查出违规行为金额165万元。提交审计报告、信息68篇。（撰稿人：常丽霞）

【延津县审计局】 现有干部职工33人，设有办公室、行政事业审计股、财政金融审计股、商粮贸审计股、工交审计股、农林水审计股，负责对全县18个乡镇和62个县直部门的审计监督。局长魏松领，副局长陈鸿雁、杨青洲、张建华、张继平，纪检组长王传勇。

审计成果　完成审计单位（项目）97个，经济责任审计项目28个，共查出违规行为金额3000万元，已交财政30万元，追还被侵占挪用资金106万元。提交审计报告、信息66篇。（撰稿人：牛永军）

【封丘县审计局】　现有干部职工21人，设有办公室、财政金融审计股、商粮贸审计股、工业交通审计股和经济责任审计办公室，负责对全县25个乡镇和40个县直部门的审计监督。局长周德成，副局长张正军、王洪义、裴玉申、杨振岭、马俊勇。

审计成果　完成审计项目32个，审计单位50个，查出违规行为金额11084万元，应缴已交财政51万元。完成审计调查1个，调查单位45个。提交审计报告、信息46篇。2002年，被省审计厅评为"河南省审计机关精神文明建设先进单位"。（撰稿人：杨景安）

【长垣县审计局】　现有干部职工31人，设有人事秘书股、行政事业审计股、财贸基建审计股、工交物资审计股，负责对全县17个乡镇和56个县直部门的审计监督。局长张印轩，副局长卢福泉、李济荣、韩秀勋、何汇江、牛顺兴，纪检组长程泽平。

审计成果　完成审计项目16个，审计单位39个，经济责任审计项目6个，共查出违规行为金额2481万元，决定处理处罚2051万元，指明要求纠正430万元，应归还原渠道资金378万元，已交财政50万元。向被审计单位提出合理化建议128条，为被审计单位减少损失浪费180万元，促进提高经济效益420万元。提交审计报告18份，审计信息16篇，被采用6篇。（撰稿人：贺广印）

【鹤壁市审计局】　2002年底，共有干部职工34人，其中研究生学历两人，本科学历11人，大专学历18人，局长张艾青（5月—），王华东（—5月），副局长张保成、杜胜洲、刘光连，纪检组长蔺玉堂。设有办公室、财政审计科、金融审计科、行政事业审计科、社保审计科、经贸审计科、固定资产投资审计科、农业资源审计科、外资运用审计科、法规审理科、纪检监察室、经济责任审计办公室、科技培训中心。

审计成果　完成审计项目单位198个，完成审计调查项目14个。全年共查出违纪违规行为金额19865万元，指明要求纠正11148万元，应缴财政820万元，归还原渠道资金2548万元，向司法机关移交和协助查处案件5起。在对本市某高校进行审计时发现"小金库"2000万元，引起市政府高度重视，并向全市通报批评了该校。全年被上级机关采用信息78篇，被报刊采用宣传稿件53篇。2002年获全省优秀审计项目14个。

经济责任审计　共审计经济责任人48人，其中党政领导干部45人，国有企业领导人员3人。共查出各种违规行为金额1683万元。（撰稿人：李明）

【鹤壁市淇滨区审计局】　现有干部职工7人，设有企业固定资产投资审计股、财税行政事业审计股和办公室，负责对全区4个乡镇和20个区直部门的审计监督。局长申爱萍，副局长王春岭、杨伟成。

审计成果　全年完成审计项目15个，审计调查项目1个，涉及被审计单位22个，共查出违纪违规行为金额598万元，节约财政资金20万元。提交审计报告、审计信息24篇。（撰稿人：王翠萍）

【鹤壁市山城区审计局】　现有干部职工5人，设有办公室、审计一科、审计二科，负责对全区7个乡、办事处和26个区直部门的审计监督。局长李书新，副局长刘锡钧。

审计成果　完成审计（调查）项目36个，查出违纪违规行为金额678万元。提交审计报告、信息8篇，提出审计建议32条。（撰稿人：韩贵芝）

【鹤壁市鹤山区审计局】　现有干部职工5人，设有行政事业审计股和经济责任审计办公室，负责对全区两个乡镇和40个区直部门的审计监督。局长吴国明，副局长郭继伟、冯保华。

审计成果　完成审计项目20个，共查出违规违纪行为金额361万元，其中指明要求纠正245万元，决定处理处罚116万元。2002年开展了村级财务收支审计，其中提交的有关马驹河村1998年10月至2001年12月财务收支审计情况的信息被省政府采用。（撰稿人：冯保华）

【浚县审计局】　现有干部职工25人，设有办公室、工交企业审计股、财税金融审计股、行政事业审计股、农林文教审计股、商贸粮审计股，负责对全县10个乡镇和86个县直部门及企事业单位的审计监督。局长陈宗全，副局长李宝山、李洲卿，纪检组长张速昌。

审计成果　完成审计项目34个，查出违规违纪行为金额4998万元，应缴财政392万元，已交359万元。完成领导干部经济责任审计项目10个，查出违规行为金额492万元。提交审计报告34份，审计信息68篇。县局开展的行政事业单位工资发放情况调查项目和交警部门财务收支审计两个项目被评为全省优

秀审计项目。有内审机构 21 个，内审人员 88 人。（撰稿人：张清孟）

【淇县审计局】 现有干部职工 20 人，设有办公室、财税金融审计股、行政事业审计股、经贸基建审计股、农林和社会保障审计股，负责对全县 8 个乡镇和 75 个县直部门的审计监督。局长栗文德，副局长崔浩富、晋学栋，纪检组长张志敏。

审计成果 完成审计项目 44 个，查出违规行为金额 3562 万元，责令追还被侵占挪用专项资金 377 万元，应缴财政 28 万元。完成审计调查 3 个，审计信息和新闻稿件被市级以上部门和新闻单位采用 28 篇。计划生育经费审计被评为全省优秀审计项目。对 22 名行政事业单位"一把手"进行了任期经济责任审计，查出违规行为金额 1177 万元，指明要求纠正 27 万元。（撰稿人：张志敏）

【安阳市审计局】 2002 年，共有干部职工 60 人，其中本科学历 4 人，大专学历 47 人，局长李俊安，副局长常建合（—5 月）、李庆祥、张玉申、郭河山（10 月—），纪检组长杨新民。设有办公室、法制科、人事教育科、审计管理科、财政金融审计科、行政事业审计科、农业审计科、商粮贸审计科、工业交通审计科、固定资产投资审计科。

审计成果 审计单位 208 个，查出违纪违规行为金额 2.7 亿元，增加财政收入 2761 万元，审计重点工程项目 25 个，节约建设资金 3806 万元，指明要求纠正 7836 万元。提交审计报告 56 份，信息和调研报告 212 篇，被采用 189 篇。在省审计厅举办的首届审计系统计算机辅助审计演示会上，获得了演示一等奖和优秀组织奖。

市本级审计 对 123 个预算编制和执行单位进行了审计，查出违纪违规行为金额 1.5 亿元，收缴财政 350 万元，核减资金 845 万元。市政府对审计查出的问题高度重视，召开会议，专题研究整改计划；先后收缴偷税、欠税 120 万元，收缴被挪用的专项资金 160 万元，收回违规拆借资金 400 万元，收缴延压税金 54 万元，收缴违规获利 86 万元，扣除工程项目中的高估冒算资金 804 万元，取消违规账户 1 个，补办有关手续 8 笔，新制定出台有关制度 4 项，处理处罚违纪单位 4 个等。

商粮贸审计 共审计了 10 个单位，应缴财政 165 万元，已交 105 万元。另外，还完成金融、工业交通、外商投资、农林专项资金等审计项目近 20 个。

基建投资审计 审计政府投资的 8 个重点建设项目，审计总额 5583 万元，核减资金 804 万元；对安彩集团总投资 31 亿元的建设项目进行了审计，审减资金 2330 万元。经济适用住房审计，涉及 11 家房地产开发公司，审计投资总额 4.6 亿元，揭示出偷、欠税 833 万元，非法牟取高额利润 633 万元，超规模建设 2.4934 万平方米，超计划投资 9816 万元等问题。（撰稿人：李霞）

【安阳市北关区审计局】 现有干部职工 7 人，负责对全区 7 个办事处和 61 个区直部门的审计监督。局长吕平生，副局长张平生、苏忠泽。

审计成果 完成审计项目 3 个，包括对本级财政 2001 年度预算执行情况的审计，对区城管局等 6 个单位 2002 年财务收支情况的审计和对区政府办公室等 26 个单位领导干部离任经济责任审计。审计总金额 5623 万元，查出违纪违规行为金额 89.5 万元。（撰稿人：张学华）

【安阳市文峰区审计局】 现有干部职工 4 人，设有办公室（法制股）、经济责任审计办公室、行政事业及财政审计股，负责对全区 15 个办事处和 87 个区直部门的审计监督。局长杜章民，副局长王开顺、高军。

审计成果 完成审计单位 42 个，查出违纪违规行为金额 535.7 万元，罚款 2.98 万元，责令退还资金 2.7 万元。完成 26 名领导干部经济责任审计，涉及单位 23 个，查出违纪违规行为金额 124.2 万，责令退还资金 2.7 万元，罚款 0.75 万元。提交审计报告、调研报告和审计信息 18 篇，其中被上级机关采用 13 篇。（撰稿人：杜章民）

【安阳市殷都区审计局】 现有干部职工 8 人，设有审计一股、审计二股和办公室，负责对全区 10 个乡镇、街道和 17 个区直部门的审计监督。局长许海拴，副局长张丽清、王涛。

审计成果 完成 10 个行政事业单位的财政财务收支审计、31 个单位、32 名领导干部离任经济责任审计，并对 1 个区属企业的改制进行清产核资。（撰稿人：王涛）

【安阳市龙安区审计局】 现有干部职工 16 人，设有办公室、财政金融审计股、行政事业审计股和工交企业基建审计股，负责对全区 9 个乡镇、办事处和 36 个区直部门的审计监督。局长赵社文，副局长郭林兴、李维民、郭之动（兼纪检组长）、孙华清。

审计成果 完成审计项目 31 个，查出违规违纪行为金额 980 万元，指明要求纠正 980 万元，应缴财政罚没收入 180 万元。提交审计报告 31 份。内部审计完成审计项目 50 个，纠正处理违规行为金额 145 万元，促进增收节支 118 万元。完成 5 个乡（镇）长任期经济责任审计。（撰稿人：李晓玲）

【林州市审计局】 现有干部职工31人，设有办公室、行政事业审计科、财政审计科、经贸审计科、固定资产投资审计科、经济责任审计局，负责对全市16个乡镇和201个县直部门的审计监督。局长李本立，副局长李庄生、方成义，纪检组长宋海星。

审计成果 完成审计项目98个，查出违纪违规行为金额10043万元，直接增加财政收入1348.9万元，核减基建投资支出331万元。提交审计报告、信息36篇。（撰稿人：郝海周）

【安阳县审计局】 现有干部职工27人，设有办公室、法制股、财政审计股、固定资产审计股、行政事业审计股、经贸审计股、农业审计股、经济责任审计办公室（副科级），负责对全县21个乡镇和170个县直部门的审计监督。局长张新民，副局长康顺平、程海生，纪检组长王双君。

审计成果 完成审计项目52个，审计入库60万元；对40个单位的49名党政一把手进行了离任审计，查处了多起违法违纪案件。内审部门完成审计项目120个，占年初计划的120%。（撰稿人：杨健）

【汤阴县审计局】 现有干部职工13人，设有办公室、财金审计股、行政事业审计股、经贸审计股，负责对全县10个乡镇和78个县直部门的审计监督。局长梁洪现，副局长苏天才、李天元、吴光平，纪检组长李魁斌。

审计成果 完成审计项目17个，查出违纪行为金额504万元，应缴财政18万元，收缴罚款6万元，促进增收节支36万元，归还原渠道资金401万元。另外完成县委、县政府交办的工作任务7个，审计单位56个。内审机构17个，内审人员36人，完成审计单位245个，提出合理化建议117条，指明要求纠正52万元。（撰稿人：李秀枫）

【滑县审计局】 现有干部职工25人，设有办公室、财政金融审计股、行政事业固定资产投资审计股、经济贸易审计股、经济责任审计中心，负责对全县22个乡镇和107个县直部门的审计监督。局长邵玉林，副局长梁正佩、李月珍、张国盟，纪检组长齐百山。

审计成果 完成审计单位和项目共44个，查出违纪违规行为金额9305万元，处理处罚2859万元。对14个县直党政部门、1个企业的领导干部进行了任期经济责任审计，查出违纪违规行为金额398万元，收缴财政21万元，归还原渠道资金13万元。提交审计信息23篇，先后被《安阳日报》、市审计局等采用16篇。（撰稿人：邵玉林）

【内黄县审计局】 现有干部职工19人，设有办公室、财政金融审计股、企业审计股、行政事业审计股、基本建设审计股，负责对全县17个乡镇和59个县直部门的审计监督。局长常永堂，副局长王顺安、王宝林，纪检组长周秀臣。

审计成果 完成审计单位36个，审计项目8个，查出违纪违规行为金额1624万元，其中应缴财政20.1481万元，追缴税金0.1620万元，追还被挤占挪用资金472.9万元，处以罚款4.7289万元。对14个乡镇的17名党政领导干部进行了任期经济责任审计。提交审计报告、信息12篇，被采用9篇。交警大队财务收支审计被评为全省优秀审计项目。（撰稿人：常永堂）

【濮阳市审计局】 2002年，共有干部职工55人，其中本科学历28人，大专学历25人，局长董丁修，副局长李保国、宋伯迅、丁同海，纪检组长于朝忠。设有办公室、综合审计科、财政金融审计科、行政事业审计科、工业交通审计科、商粮贸审计科、基建投资审计科、外资农水审计科和审计科研培训所，另有经济责任审计中心（副处级单位）。

审计成果 审计单位（项目）327个，查出各类违纪违规行为金额9179万元，应缴财政525万元，归还原渠道资金901万元，调账处理5753万元，指明要求纠正2.66亿元。

完成上级交办任务 按照上级审计机关的统一部署，开展了市农业发展银行2001年度资产负债损益情况审计，农村卫生人力开发、疾病预防、基本卫生服务、第三个贫困地区教育和灌溉农业二期等国外援贷款项目审计；对市政府承贷签约的6个世界银行贷款项目和3个外国政府贷款项目进行了审计调查；配合纪检监察、公安等部门对市生物化学工业公司、市政园林局、现代物业集团公司等单位进行了专案审计，为公安司法机关提供了案件线索。

经济责任审计 对128个行政事业单位的领导干部和8个国有企业的领导人员进行了经济责任审计，查出各类违纪违规行为金额3554万元，损失浪费847万元，指明要求纠正9270万元。参照审计结果，提拔3人，免职29人，平调91人。

内部审计 有内审机构93个，内审人员182人，其中专职人员123人。全年共对149个单位和项目进行了审计，查出损失浪费237万元，纠正违规行为金额569万元，促进增收节支72万元。（撰稿人：韩潮）

【濮阳市市区审计局】 现有干部职工17人，设有办公室、财金审计股、行政事业审计股、基建投资审计股、法制教育股和经济责任审计股，负责对全区9个乡、办事处和76个区直部门的审计监督。局长王青竹，副局长吴文胜、董松涛，纪检组长王海霞。

审计成果 完成审计项目13个，查出违规行为金额81万元，应缴财政3万元，提出意见和建议70余条。为进一步改进和深化本级财政预算执行情况和决算审计，延伸审计12个预算单位，提出问题10项，受到区政府、区人大的重视和好评。加强了基建投资项目审计，审计工程资金总额3410万元，审减360万元。（撰稿人：边富林）

【清丰县审计局】 现有干部职工64人，设有办公室、行政事业审计股、农水外资审计股、财政金融审计股、经贸审计股、基建投资审计股、法制股、审计咨询服务中心和5个乡镇中心审计所，负责对全县18个乡镇和112个县直部门的审计监督。局长巩学如，副局长王聚彬、王贵方、李社鹏，纪检组长陈志强。

审计成果 完成审计单位和项目73个，查出各类违纪违规行为金额3445万元，减少财政拨款或补贴74万元，归还原渠道资金98万元，应缴财政26万元，调账处理125万元，指明要求纠正155万元。向上级提交审计报告8份，向被审计单位提出意见和建议341条。另外，对48名正科级领导干部进行了经济责任审计。（撰稿人：贾建江）

【南乐县审计局】 现有干部职工38人，设有办公室、综合审计股、财政金融审计股、行政事业审计股、工交基建审计股和商粮贸审计股，负责对全县12个乡镇和56个县直部门的审计监督。局长杜海林，副局长李宪斋、赵路成。

审计成果 完成审计单位（项目）47个，共查出违纪违规行为金额966万元，指明要求纠正6871万元，应缴财政46万元。对全县40个单位的42名科级领导干部进行了任期经济责任审计。提交审计报告及信息35篇。农网改造资金审计、农业发展银行2001年度资产负债损益和计划生育经费审计3个项目被评为全省优秀审计项目。（撰稿人：丁先梅）

【范县审计局】 现有干部职工27人，设有办公室、财政金融审计股、行政事业审计股、商粮贸审计股和工业交通审计股，负责对全县13个乡镇和104个县直部门的审计监督。局长王佑民，副局长弓传辉、范淑敏，纪检组长王东山。

审计成果 完成审计单位40个，审计项目28个，审计调查4个，调查单位10个。查出各类违纪违规行为金额234万元，应缴财政6万元，指明要求纠正1746万元。提交审计报告39份。县乡财政收支审计调查被评为全省优秀审计项目。（撰稿人：王东山）

【台前县审计局】 现有干部职工13人，设有办公室、财政金融审计股、工商企业审计股、行政事业审计股和基建投资审计股，负责对全县9个乡镇和70余个县直部门的审计监督。局长何玉民，副局长葛文福、付山寅、饶耀智，纪检组长兰庆山。

审计成果 完成审计项目（单位）41个，查出各类违纪违规行为金额431万元，应缴财政4万元，向被审计单位提出意见和建议106条。（撰稿人：刘滨）

【濮阳县审计局】 现有干部职工52人，设有办公室、行政事业审计股、商粮贸审计股、工业交通审计股、财政金融审计股、基建投资审计股、农水审计股和法制股，负责对全县22个乡镇和90个县直部门的审计监督。局长师继红，副局长赵军民、靳玉岭、刘玉芳、张建珂，纪检组长史俭省。

审计成果 完成审计单位154个，审计项目80个，审计调查7个，调查单位29个。审计资金总额81673万元，查出各类违纪违规行为金额680万元，归还原渠道资金235万元，调账处理2132万元，指明要求纠正6690万元，应缴财政24万元。向被审计单位提出审计意见和建议785条。2002年，继续保持“省级文明单位”称号。（撰稿人：高建国）

【开封市审计局】 2002年，共有干部职工50人，其中研究生学历两人，本科学历12人，大专学历30人，局长李玉梅，副局长刘忠斌、张同安、韩金选、王留豹，纪检组长辛运祥。设有办公室、法制科、人事教育科、财政金融审计科、行政事业审计科、农业环保审计科、经贸审计科、外资审计科、固定资产投资审计科，2002年机构改革时，增设了经济责任审计科、社会保障审计科。

审计成果 审计单位321个，查出违规行为金额23043万元，应缴财政895万元，已交603万元。提交审计报告20份，信息和调研报告204篇，被采用25篇。其中审计署采用1篇，省政府采用1篇，市委书记批示1篇，常务副市长批示1篇。

经济责任审计 开展经济责任审计项目64个、41人，查出违规行为金额2188万元。审计后，其中晋升两人，平调26人，免职6人，移送纪检监察机关1人。

“同级审”受到市政府和市人大的关注 8月份，市新任政府领导上任，召开的第一次政府常务会的第一个议题，就是听取审计机关“同级审”情况汇报。这是审计机关成立近20年来的第一次，也是“同级审”开展7年来第一次向所有市长、副市长汇报本级审计结果。同时，根据市人大的要求，市政府还专门召集各有关单位开会，具体要求各单位按照“同级审”报告提出的问题进行整改。12月12日，市人大常委会听取了市政府关于“同级审”查出有关单位与问题的整改情况汇报。

内部审计　市直部门内审机构12个，其中专职机构11个；内审人员45人，其中专职人员38人。共审计单位128个，查出损失浪费1075万元，纠正违规行为金额115万元，促进增收节支87万元。（撰稿人：崔保臣）

【开封市鼓楼区审计局】　现有干部职工5人，负责对全区6个办事处和39个区直部门的审计监督。局长任孔洲，副局长韩玉瑛、逯彩虹。

审计成果　完成审计项目5个、单位23个，经济责任审计项目14个。查出违纪违规行为金额498万元，其中指明要求纠正429万元，决定处理处罚69万元；应缴财政14万元，已交8万元。完成审计调查1个。提交审计报告19份，审计意见20份，审计信息10篇，论文1篇。（撰稿人：韩玉瑛）

【开封市龙亭区审计局】　现有干部职工3人，负责对全区5个办事处和17个区直部门的审计监督。局长王如月，副局长张琴。

审计成果　完成审计项目16个，单位27个，经济责任审计项目11个。查出违规行为金额209万元，应缴财政78万元，已交50万元。提交审计报告、信息22篇。（撰稿人：汪俊涛）

【开封市顺河回族区审计局】　现有干部职工4人，负责对全区6个街道和43个区直部门的审计监督。局长马志敏，副局长吴锦霞、刘振国。

审计成果　完成审计项目7个，单位13个，查出违规行为金额89万元，应缴财政8万元，已交6万元。提交审计报告15份，审计信息10篇，被市局和市政府采用8篇。完成6名科级干部离任经济责任审计，查出违规行为金额28万元。（撰稿人：马志敏）

【开封市南关区审计局】　现有干部职工5人，负责对全区41个行政事业单位和20个学校的审计监督。局长李学德，副局长杨艳。

审计成果　完成审计项目9个，审计单位13个，查出违规行为金额105万元，指明要求纠正115万元，应缴财政100万元，已交2万元。提交审计报告、信息8篇。完成5名科级干部离任经济责任审计，查出违规行为金额3万元，应纠正5万元。有内审机构两个，内审人员4人。（撰稿人：张静）

【开封市郊区审计局】　现有干部职工8人，设有综合审计股、经济责任审计股，负责对全区8个乡和26个区直部门及二级机构的审计监督。局长张秋玲，副局长高深。

审计成果　完成审计项目38个，其中经济责任审计6个，查出违纪行为金额975万元，指明要求纠正661万元，应缴财政11.7万元，移交纪检监察部门案件线索3件两人。为被审计单位提出建议98条，被市审计局采用信息9篇。（撰稿人：张秋玲）

【杞县审计局】　现有干部职工24人，设有办公室、综合股、财政金融审计股、企业审计股、行政事业审计股、农业与环保资金审计股和经济责任审计股，负责对全县21个乡镇和78个县直部门的审计监督。局长魏振东，副局长叶圣龙、翟建华、徐州杰。

审计成果　完成审计项目34个，查出违规行为金额1172万元，应缴财政69万元。提交审计报告6份，审计意见28份，审计综合调查报告两份，审计信息22篇。（撰稿人：李国立）

【通许县审计局】　现有干部职工19人，设有办公室、行政事业审计股、商粮贸审计股、工交金融审计股、乡镇审计股，负责对全县12个乡镇和76个县直部门的审计监督。局长张绍峰，副局长周新慧、宋流峰。

审计成果　完成审计项目47个，审计单位47个，查出违纪违规行为金额1710万元，应缴财政92万元，已交62万元。提交审计报告、信息89篇，被县级以上单位和新闻媒体采用80篇。完成经济责任审计项目12个，查出违纪违规行为金额460万元。现有内审机构13个，内审人员41人。（撰稿人：牛国治）

【尉氏县审计局】　现有干部职工20人，设有办公室、财政金融审计股、行政事业审计股、经贸审计股、经济责任审计股、法制股、外资运用审计股、投资审计股，负责对全县17个乡镇和167个县直部门的审计监督。局长刘麦囤，副局长陈广泉、高占勇、董二孟、刘跃进、李尉生、王国民。

审计成果　完成审计单位（项目）42个，查出违纪违规行为金额1349万元，应缴财政149万元，已交149万元，归还原渠道资金50万元，调账处理34万元，指明要求纠正2342万元。建议纠正地方部门不当规定73条。提交审计报告40份，审计意见42份，信息69篇，被上级机关和《中国审计报》等采用59篇。（撰稿人：丁宏毅）

【开封县审计局】 现有干部职工22人，设有办公室、行政事业审计股、经济责任审计股、乡镇审计股、企业审计股，负责对全县20个乡镇（场）和80个县直部门的审计监督。局长王永乡，副局长薛世豪、耿广申、王好启。

审计成果 完成审计项目39个，审计单位39个，查出违规行为金额3919万元，应缴财政237万元，已交35万元。完成审计调查3个，调查单位11个。移送纪检、监察部门案件线索3件，通报全县违纪单位1个。提交审计科研论文4篇，信息17篇。完成10名科级干部离任经济责任审计。（撰稿人：田庆玲）

【兰考县审计局】 现有干部职工21人，设有办公室、综合法制股、企业审计股、行政事业审计股、经济责任审计股、乡镇审计股和基建审计中心，负责对全县16个乡镇和36个县直部门的审计监督。局长张德府，副局长郭怀亮。

审计成果 完成审计项目16个，审计单位70个，查出违纪违规行为金额1490万元，应缴财政170万元，已交97万元，其中罚没38万元。提交审计报告35份，审计意见41份，被采用各类审计信息31篇。完成经济责任审计项目14个。（撰稿人：胡国启）

【商丘市审计局】 2002年，共有干部职工52人，其中本科学历21人，大专学历28人，局长翟建国，副局长李杰、李思义、冯永刚、贾玉强，纪检组长孔祥元。设有办公室、法制科、财政与金融审计科、行政事业与社会保障审计科、经贸审计科、农业外资与资源环保审计科、固定资产投资审计科、计算机审计科、监察室、经济责任审计办公室、科研培训中心。

审计成果 审计单位486个，查出违规行为金额61506万元，应缴财政5594万元，已交4425万元，向司法机关和纪检监察部门移送案件线索23件，向省厅及市委、市政府提交审计报告、信息1671篇，比去年增加605篇；被采用1007篇，比去年增加217篇。

本级预算执行审计 共查出违规行为金额5700万元，乱收费、乱罚款475万元，“账外账”76万元，未纳入非税收入管理824万元，被挤占挪用657万元，查补入库211万元。审计后提交了两份报告，得到市政府和市人大领导的一致好评。

经济责任审计 全年共对162个单位、184名党政领导干部和4个国有控股企业法人代表进行了经济责任审计，查出违规行为金额6468万元，查出个人经济问题199万元。审计后，其中晋升10人，平调117人，免职6人，降职4人，建议给予党政纪处分4人，移送纪检监察机关6人，移送司法机关1人。

内部审计 市直部门内审机构362个，其中专职机构233个；内审人员1191人，其中专职人员541人。共审计单位368个，查出损失浪费959万元，纠正违规行为金额936万元，促进增收节支418万元。（撰稿人：李可东）

【商丘市梁园区审计局】 现有干部职工39人，设有办公室、商贸审计科、工交审计科、基建审计科、农业外资审计科、行政事业审计科、财金审计科、内审监督指导科，负责对全区15个乡镇、街道和105个区直部门的审计监督。局长程利英，副局长杨海关、李凤英、左素清，纪检组长刘道玲。

审计成果 完成审计项目15个，审计单位110个，查出违纪行为金额1384万元，增加财政收入76万元。并对76名党政领导干部进行了任期经济责任审计。在各报刊、杂志及政府信息上，发表信息、宣传稿件53篇。（撰稿人：赵巍）

【商丘市睢阳区审计局】 现有干部职工69人，设有办公室、法制综合股、财政金融审计股、行政事业审计股、固定资产投资审计股、商粮贸审计股、工交审计股、农业外资审计股，另有3个中心审计所，负责对全区18个乡镇、街道和47个区直部门的审计监督。局长冯维加，副局长李艳、陈光、朱传兴、江方华，纪检组长李志杰。

审计成果 审计单位36个，查出违规行为金额1856.2万元，已交财政231.54万元。提交审计报告36份，信息和调研报告65篇，被采用45篇。全区内审机构56个，其中专职机构19个；内审人员97人，其中专职人员24人。开展经济责任审计项目16个，查出违规行为金额2439.6万元，查出个人存在经济问题1人。（撰稿人：石剑）

【永城市审计局】 现有干部职工88人，设有办公室、法制科、行政事业审计科、财政审计科、经贸审计科、农水审计科、基建审计科、经济责任审计办公室、监察室、4个乡镇审计所、培训中心，负责对全市30个乡镇和100个市直部门的审计监督。局长陈龙举，副局长刘怀勇、朱云、夏永锋、刘子芳，纪检组长孙圣玉。

审计成果 完成审计项目86个，审计单位86个，查出违规行为金额2.1亿元，应缴财政700万元，已交700万元。完成经济责任审计项目61个。提交审计信息55篇。发表新闻稿件265篇。有内审机构50个，内审人员75人。（撰稿人：刘怀勇）

【虞城县审计局】 现有干部职工57人，设有办公室、财政金融审计股、行政事业审计股、经贸审计股、基建投资审计股、外资审计股、法制室、经济责任审计办公室、执行室、信息股、财务股，负责对全县27个乡镇和86个县直部门的审计监督。局长张福荣，副局长许洪亮、许新社、朱辉丽、李如森，纪检组长王胜才。

审计成果　完成审计项目26个，审计单位110个，查出违纪违规行为金额1.9亿元，应缴财政420万元，审增财政收入218万元，清理乱收费683万元。提交审计信息、审计报告260篇，被省、地、县批示、采用230篇。交警大队财务收支审计、计划生育资金专项审计被评为全省优秀审计项目。有内审指导人员3人，内审机构141个，内审人员283人。另外，对在机构改革中变动的66名县直和乡镇党政主要负责人进行了任期经济责任审计。（撰稿人：刘敏）

【民权县审计局】　现有干部职工64人，设有办公室、综合股、行政事业审计股、财政金融审计股、商业贸易审计股、农林水审计股、工业交通审计股、经济责任审计办公室，负责对全县19个乡镇和83个县直部门的审计监督。局长焦建华，副局长崔宪法、王爱国、张继秀、郭自启。

审计成果　完成审计项目79个，查出违规行为金额8248万元，应缴财政112万元，已交112万元。提交审计报告、信息28篇，被上级部门采用20篇。有内审机构64个，内审人员165人。（撰稿人：董金刚）

【宁陵县审计局】　现有干部职工21人，设有办公室、行政事业审计股、财政金融审计股、企业审计股、基建审计股、计算机审计股、经济责任审计办公室、中心审计所、培训中心，负责对全县15个乡镇和80个县直部门的审计监督。局长王圣林（—1月）、郭勇（1月—），副局长雍忠臣、王健，纪检组长王保堂。

审计成果　完成审计项目30个，查出违纪违规行为金额2494万元，应缴财政289万元，已交289万元。提交审计报告两份、信息和调研报告85篇，被采用70篇。建立内审机构62个，其中专职机构49个；内审人员153人，其中专职人员137人。开展经济责任审计项目5个，查出违规行为金额133万元。审计后，其中晋升1人，平调3人，降职1人。（撰稿人：张合良）

【睢县审计局】　现有干部职工44人，设有办公室、财金审计股、固定资产投资审计股、工交审计股、商贸审计股、农林水外资审计股、行政事业审计股、经济责任审计办公室，负责对全县24个乡镇和76个县直部门的审计监督。局长韩典启，副局长刘先书、刘金刚、童金敬、闫在书、吴继东、赵学堂，纪检组长李海生（—4月）、马焕才（4月—）。

审计成果　完成审计项目56个、单位72个，查出违规行为金额4950万元，应缴财政1254万元，已交875万元。提交审计信息106篇，被采用73篇。有内审指导人员4人，内审机构64个，内审人员234人。（撰稿人：安宏伟）

【夏邑县审计局】　现有干部职工58人，设有办公室、人事教育股、法制室、经济责任审计办公室、行政事业审计股、工业审计股、财金审计股、商贸审计股和5个乡镇中心审计所，负责对全县25个乡镇和60多个县直部门的审计监督。局长曹升民，副局长王振德、隋萍、王治军、李远寨，纪检书记焦玉宽。

审计成果　完成审计项目16个，审计单位68个，查出违纪违规行为金额5360万元，应缴财政582万元，归还原渠道资金149万元，向纪检监察部门提供案件线索6件，移交司法机关立案审查5人，建议主管部门处理3人。提交审计信息及其他各类宣传文章560篇，被上级有关部门采用298篇；科研论文6篇，获省级优秀论文奖4篇。（撰稿人：代宗芳）

【柘城县审计局】　现有干部职工67人，设有办公室、法制股、经济责任审计办公室、财金审计股、行政事业与社会保障审计股、经贸审计股、投资审计股、农水外资审计股，另有5个乡镇中心审计所，负责对全县23个乡镇和76个县直部门的审计监督。局长白玉东，副局长赵杭印、赵伟、张云忠、张建慧、李廷运，纪检组长吕良元。

审计成果　完成审计项目18个，审计单位25个，经济责任审计项目3个。查出违纪违规行为金额26387万元，指明要求纠正2393万元，决定处理处罚245万元，应缴财政245万元。提交审计信息42篇，简报24期。县交警大队财务收支审计被评为全省优秀审计项目。10月，被省审计厅评为文明单位建设先进单位。（撰稿人：杨立新）

【许昌市审计局】　2002年，共有干部职工48人，其中研究生学历1人，本科学历16人，大专学历27人，局长何钦正，副局长樊建祥、司福林、曹颖建，纪检组长刘怀亮。设有办公室、法制科、人事教育科、纪检监察室、财政金融审计科、固定资产投资审计科、经贸审计科、农业与资源环保审计科、社保与外资运用审计科、行政事业审计科、经济责任审计局。

审计成果　审计单位（项目）74个，查出违规行为金额48265万元，应缴财政384万元，已交368万元。1月，被人事部、审计署命名为“全国审计机关先进集体”。

财政审计　对2001年度本级预算执行和其他财政收支情况进行了审计。延伸审计了市电力公司、住房公积金管理处等7个单位，并对人民银行代理国库业务开展了审计，核实了财政、税收情况。通过审计，共检查财政资金15亿元，查出纠正了国有资产收益未纳入预算、列支转暂存、转移财政周转金、漏交税金等问题。

经济责任审计　对市直17个单位的领导干部进行了任期经济责任审计，共核实资产30980万元，查出违规行为金额14558万元，调账处理12228万元，追回归位资金1049万元，罚款11万元。

固定资产投资审计　对11个建设项目进行了审计，审计金额68002万元，审减工程造价2678万元。查出违规违纪行为金额6317万元，其中资金不到位3000万元，项目未招标1218万元，概算不实222万元，挪用建设资金150万元，挤占建设成本332万元。

国有重点企业审计　对许继电气公司、中州轮胎公司、智信印染公司、热电厂和火电厂等8个单位的资产、负债和损益情况进行了审计，查出违规行为金额24919万元，其中虚增利润752万元，欠税1336万元，虚列收入1401万元，虚列支出6819万元，虚列成本5331万元。（撰稿人：陶凯）

【许昌市魏都区审计局】　现有干部职工12人，设有办公室、经济责任审计办公室、行政事业审计股、经贸审计股，负责对全区10个乡、街道和24个区直部门的审计监督。局长颜元星，副局长孙舟丽、傅庆年，纪检组长黄新亭。

审计成果　完成审计项目46个，其中经济责任审计25个，审计调查项目3个，共查出违纪违规行为金额388万元，归还原渠道资金58万元，决定处理处罚16万元，应缴财政10万元。提交审计信息19篇，被区委、区政府采用15篇。（撰稿人：杨丛明）

【禹州市审计局】　现有干部职工49人，设有办公室、经济责任审计局、行政事业审计股、经贸审计股、财政金融审计股、固定资产投资审计股、集体经济审计中心，负责对全市26个乡镇、街道和119个行政、企事业单位的审计监督。局长孙太安，副局长吴记、王国鹏、尹丙灿。

审计成果　完成审计项目104个，查出各类违纪违规行为金额5640万元，应缴财政105万元。完成审计调查5个，调查单位13个。提交审计报告、信息78篇。完成对58个单位的65名科级领导干部的离任经济责任审计，审计资产总额22400万元，查出违纪违规行为金额1619万元，移交纪检部门处理1人。另外，成立了市集体经济审计中心，根据市委、市政府要求，对集体经济组织开展了审计监督。（撰稿人：高向民）

【长葛市审计局】　现有干部职工86人，设有经济责任审计局、经贸审计科、行政事业审计科、财政金融审计科、固定资产投资审计科、综合办公室、乡镇审计一所、二所、三所、四所，负责对全市16个乡镇、街道和140个行政、企事业单位的审计监督。局长李兆峰，副局长张朝林、张新义，纪检组长郭水池。

审计成果　完成审计单位（项目）123个，其中上级审计机关下达项目23个，查出各类违纪违规行为金额22892万元，增加财政收入170万元。开展专项审计和专项审计调查6个。为市委、市政府和上级单位提交专题报告53份，审计信息27篇，被上级采用29篇（次）。通过审计，为被审计单位提出建议183条，促进增收节支1300万元，提高经济效益3000万元。（撰稿人：古献荣）

【许昌县审计局】　现有干部职工29人，设有办公室、财金审计股、经贸审计股、农林水审计股、固定资产投资审计股、行政事业审计股，负责对全县16个乡镇和县直部门的审计监督。局长王留志，副局长郭俊岭、于保泺、刘志敏，纪检组长轩建生。

审计成果　完成审计项目69个，开展审计调查两个，查出各类违纪违规行为金额1320万元，增加县财政收入94万元。4月，成立了县经济责任审计局，隶属县审计局，事业单位，副科级规格，编制10人，经费由财政全额供给。全年对15个单位的领导干部进行了经济责任审计，审计核实资产总额为7958万元，核增224万元，负债总额为5325万元，调账处理117万元。（撰稿人：晏宜东）

【鄢陵县审计局】　现有干部职工31人，设有办公室、财政金融审计股、行政事业审计股、经贸审计股、固定资产投资审计股、经济责任审计局（副科级），负责对全县12个乡镇和县直部门的审计监督。局长李伯兴，副局长张国勤、赵延伟、刘海彪，纪检组长张凤真。

审计成果　完成审计项目62个，其中经济责任审计项目26个，查出违规行为金额2447万元。应缴财政196万元，已交196万元。（撰稿人：李连枝）

【襄城县审计局】　现有干部职工38人，设有办公室、行政事业审计股、经贸审计股、固定资产投资审计股和财政金融审计股，负责对全县16个乡镇和45个县直部门的审计监督。局长杜明生，副局长赵启明、赵萍，纪检组长张德法。

审计成果 完成审计项目37个，查出违规行为金额1842万元，应缴财政41万元，已交41万元。完成审计调查两个，调查单位两个。提交审计报告、信息51篇。完成28名科级领导干部任期经济责任审计。有内审指导人员两人，内审机构31个，内审人员56人。（撰稿人：王本涛）

【漯河市审计局】 2002年，共有干部职工54人，其中研究生学历1人，本科学历21人，大专学历26人，局长张栓紧，副局长李卫民、王国干（—12月）、李东升（12月—），纪检组长张宝珍。设有经济责任审计局（副县级）、办公室、法制科、财政金融审计科、行政事业审计科、固定资产投资审计科、经济贸易审计科、外资运用审计科、农林水审计科、社会保障审计科。

审计成果 审计单位和项目313个，查出违纪违规行为金额4.3亿元，应缴财政1891万元，归还原渠道资金1859万元，指明要求纠正20880万元，调账处理7033万元。提交审计报告、要情专报200多份，审计信息280多篇，被领导和有关部门采用186篇。本级预算执行审计，重点审计了14个单位和两个专项资金项目；社会保险资金审计，重点对全市企业职工基本养老保险基金、城镇居民最低生活保障资金、扶贫资金、职工基本医疗保险基金、住房公积金进行了审计，对企业基本养老金扩面及缴费情况进行了审计调查，对查出的问题进行了纠正和处理；专项资金审计，先后完成了市图书馆等7个重点工程、计划生育经费等6个专项资金项目以及5个世行贷款项目的跟踪审计，针对查出的问题，提出了解决的措施建议；授权项目审计，完成对漯河电信分公司、农发行漯河分行、漯河卷烟厂、城市电网改造项目等6个授权审计项目的审计。

经济责任审计 完成了对62名领导干部的任期经济责任审计，其中县级领导干部9人，乡镇及科级领导干部40人，企事业领导干部13人。（撰稿人：王芳）

【漯河市源汇区审计局】 现有干部职工39人，设有经济责任审计局、办公室、行政事业审计股、财政金融经济贸易审计股，负责对全区9个乡、街道和70个区直部门的审计监督。局长丁学谦，副局长魏聚坤，胡凯。

审计成果 完成审计项目22个、单位45个，查出违规行为金额1928.7万元，应缴财政110.7万元，已交110.7万元。提交审计报告、信息59篇，被区委、区政府、上级审计机关及新闻媒体采用42篇。完成11名科级干部任期、离任经济责任审计，查出违规行为金额370万元。（撰稿人：尹雪梅）

【舞阳县审计局】 现有干部职工27人，设有办公室、经济贸易审计股、财政金融审计股和行政事业审计股、经济责任审计局，负责对全县14个乡镇和70个县直部门的审计监督。局长杨松林，副局长王东红、郭晓军、郑一飞、丁金平，纪检组长张蜀敏。

审计成果 完成审计项目18个、单位54个，查出违规行为金额7150万元，应缴财政39万元，已交20万元。另外，对3名乡镇党委书记、4名县直机关“一把手”、1名高中校长及3名改制企业负责人进行了经济责任审计。提交审计调查报告6份，被县领导批示、采用3份；审计信息及宣传文章50多篇，被采用42篇。（撰稿人：胡培智）

【临颍县审计局】 现有干部职工59人，设有办公室、行政事业审计股、工交基建审计股、财金商粮贸审计股、经济责任审计股、法制综合股，负责对全县15个乡镇和120个县直部门的审计监督。局长晁国顺，副局长杨英培、蔡彦杰、尹银岭、杨松根，纪检组长张发民。

审计成果 完成审计项目9个、单位35个，查出违纪违规行为金额8437万元，应缴财政3万元，已交1万元。完成审计调查两个，调查单位7个。提交审计报告、信息36篇，被机关和新闻媒体采用12篇。完成3名科级干部、6名乡级干部、1名县级企业责任人的经济责任审计，查出违规行为金额3989万元。有内审指导人员3人，内审机构36个，内审人员73人。（撰稿人：高伟杰）

【郾城县审计局】 现有干部职工77人，设有经济责任审计局、办公室、法制综合股、行政事业审计股、商粮贸审计股、财政金融审计股、基建审计股、固定资产投资审计中心、农林水审计股、工交审计股、乡镇审计中心一所、二所、三所，负责对全县18个乡镇和90多个县直部门的审计监督。局长王富民，副局长芮春正、卢顺成、赵亮恒、张永胜、沈红彬，纪检组长丁冠民。

审计成果 完成审计项目66个、单位82个，查出违纪违规行为金额14226万元，归还原渠道资金429万元，调账处理2402万元，应缴财政76万元。提交审计报告、信息92篇。另外，对16名党政、企业的主要负责人进行了任期经济责任审计。（撰稿人：刘伟）

【平顶山市审计局】 2002年，共有干部职工73人，其中本科以上学历36人，大专学历34人，局长吴耀成，副局长李世良、李湘江、乔玉民，纪检组长张松岩。设有办公室、法制科、人事科、财政审计科、经贸审计科、固定资产投资审计科、金融审计科、农业与资源环保审计科、社会保障审计科、行政事业审计科、外资运用审计科、监察室，另外还设有经济责任审计局和审计科研所两个事业单位。

审计成果　完成审计项目481个，查出违纪违规行为金额54023万元，收缴财政2418万元，归还原渠道资金4695万元，减少财政拨款和补贴1038万元。提交审计报告和信息260篇，被批示、采用160篇。

完成上级交办任务　完成市委、市政府临时交办的13个国有企业领导干部2001年度考核、10个企业的破产清算、盐业系统垂直管理、住房资金统一管理、市信托公司撤消清算、2000～2001年度乱收费乱罚款清理清退和党风廉政建设情况检查等审计任务。

经济责任审计　对226名党政领导干部和企业领导人员进行了经济责任审计，查出违规行为金额23264万元。其中应承担主管责任的12705万元，直接责任的756万元。查出损失浪费980万元。查出个人经济问题金额116万元。其中挪用115万元，其他1万元。指明要求纠正6549万元。参照审计结果，平调196人，晋升11人，免职两人。

内部审计　全市共有内审机构373个，其中专职机构277个；配备内审人员1053人，其中专职人员829人。全年完成审计项目219个，查出损失浪费135万元，促进增收节支24万元，采纳审计建议和意见201条。（撰稿人：张明怀）

【平顶山新华区审计局】　现有干部职工20人，设有综合股、行政事业审计股、工商企业审计股、经济责任审计局，负责对全区9个镇、办事处和30个区直部门的审计监督。局长和彬，副局长张跃华、张广东、陈红涛。

审计成果　完成审计项目40个，其中党政领导交办经济责任审计项目14个，查出违规行为金额435万元，提出警告处罚单位5个。提交审计报告3份，审计意见35份，审计信息15篇，被区委、区政府采用10篇。另外根据市局安排，对养老金、低保金、医保金、计划生育专项资金进行了审计，提交审计调查报告5篇。（撰稿人：张广东）

【平顶山市卫东区审计局】　现有干部职工11人，设有办公室、财政行政事业审计股、社保农资审计股，同时设区经济责任审计局直属事业单位（副科级），负责对全区1个乡镇和78个区直部门的审计监督。局长黄巧云，副局长禹东伟。

审计成果　完成审计项目10个，审计单位17个，查出违规行为金额195万元，避免和挽回国有资产流失55万元。完成审计调查3个，调查单位9个。提交审计报告、信息20篇，被市审计局、《平顶山日报》、区委、区政府采用11篇。另外，对5名党政领导干部进行了任期经济责任审计。（撰稿人：禹东伟）

【平顶山市湛河区审计局】　现有干部职工20人，设有办公室、财政金融审计股、行政事业审计股、企业审计股，负责对全区7个乡镇、街道和34个区直部门的审计监督。局长高松莲，副局长岳跃山、付书君。

审计成果　完成审计项目50个，查出违规违纪行为金额2865.2万元，增加财税收入7.3万元，指明要求纠正290万元，提出合理化建议被采纳120条。（撰稿人：杨竞）

【平顶山市石龙区审计局】　现有干部职工6人，设有办公室、业务股，负责对全区44个区直部门的审计监督。局长范忠强，副局长闫建国（兼纪检组长）。

审计成果　审计单位39个，查出违规行为金额1064万元。提交审计报告35份，信息和调研报告21篇，被采用3篇。（撰稿人：徐金营）

【舞钢市审计局】　现有干部职工54人，设有办公室、法制审理科、财政金融审计科、经贸审计科、固定资产投资审计科、行政事业审计科、农业与资源环保审计科，负责对全市10个乡镇和40个市直部门的审计监督。局长王国有，副局长朱慈林、岳凤琴、李国选、管爱梅，纪检组长李春花。

审计成果　完成审计和审计调查项目49个，查出违纪违规行为金额8095万元，收缴财政15万元，归还原渠道资金53万元。对45名领导干部进行了经济责任审计，查出违规违纪行为金额2635万元，其中挪用专项资金470万元。提出整改建议180条。提交审计报告和信息49篇。（撰稿人：宋国臣）

【汝州市审计局】　现有干部职工57人，设有经济责任审计局、办公室、财政金融审计科、行政事业审计科、工交基建审计科和5个中心审计所，负责对全市20个乡镇、街道和48个市直部门的审计监督。局长李万栓，副局长郭建国、于红伟、张玉林、孙二省、丁景莲。

审计成果　完成审计项目78个，查出违纪违规行为金额2510万元，应缴财政120.80万元，已交120.80万元。提交审计报告78份，审计信息12篇。有内审指导人员3人，内审机构40个，内审人员146人。（撰稿人：丁占广）

【宝丰县审计局】 现有干部职工44人，设有任期经济责任审计局、办公室、财金审计股、经贸审计股、行政事业审计股和农村财务中心审计一所、二所、三所，负责对全县13个乡镇和95个县直部门的审计监督。局长路冠中，副局长李兴、黄玉敏、马法祥、王新政、李延昭，纪检组长郭志敏。

审计成果 完成审计项目70个，其中省定项目6个，市定项目27个，自定项目5个，对32名科级领导干部开展了经济责任审计。审计总金额7.5亿元，查出违规违纪行为金额9987万元，应缴财政9.4万元。向各级党政部门提交审计报告、信息等32篇。（撰稿人：田保林）

【叶县审计局】 现有干部职工95人，设有办公室、财政金融审计股、企业审计股、行政事业审计股、基本建设投资审计股、综合股、法制审理股、经济责任审计办公室（副科级）、昆阳中心审计所、廉村中心审计所、旧县中心审计所，负责对全县18个乡镇和30个县直部门的审计监督。局长赵建业，副局长宋国稳、梁根、贺艳霞、顾联义、张海青、夏保莲，纪检书记孙士勇。

审计成果 完成审计项目122个，审计调查项目5个。查出违规违纪行为金额5222万元，应缴财政294万元，处理处罚单位4个。提出合理化审计建议502条，提交审计信息48篇。完成24个单位的28名科级干部任期经济责任审计，两个独立的二级机构党政领导人任期经济责任审计，共查出违规行为金额2245万元。有内审指导人员4人，内审机构8个，内审人员21人。（撰稿人：李春和）

【鲁山县审计局】 现有干部职工34人，设有办公室、财贸审计股、固定资产投资审计股、行政事业审计股、工交审计股、农业与资源环保审计股，负责对全县20个乡镇和90个县直部门的审计监督。局长司群山，副局长王廷顺、梁嘉华、李青玲、谭鲁伟、王晓伟。

审计成果 完成审计项目80个，单位60个，查出违规违纪行为金额10475万元，其中指明要求纠正9230万元，决定处理处罚62万元，应缴财政62万元。提交审计报告40份。另外，对在机构改革中变动的40名党政、企业主要领导干部进行了任期经济责任审计。（撰稿人：郝二虎）

【郏县审计局】 现有干部职工39人，设有办公室、财政审计股、金融商贸审计股、工交审计股、基建审计股、行政事业审计股，负责对全县14个乡镇和60个县直部门的审计监督。局长孔结实，副局长高付军、史玉顺、安凤英、吴向杰，纪检组长冀振乾。

审计成果 完成审计项目57个，查出违规违纪行为金额1818.7万元，增加财政收入161.9万元，归还原渠道资金159万元。对机构改革中变动的21名科级领导干部和1名企业负责人实施了经济责任审计，查出违规违纪行为金额788.2万元。对部分被审计单位私设“小金库”、挪用坐支上缴款项和部分被审计干部违规报销电话费等问题依法进行了处理。提交审计报告、审计结果报告、审计调查报告及信息27篇，被批示、采用8篇。（撰稿人：李超强）

【南阳市审计局】 2002年，共有干部职工75人，其中本科学历35人，大专学历29人，局长王玉璞，副局长王自全、方向、马晋豫、胡铁铮（—4月），纪检组长庄平斌。设有办公室、综合科、法制审理科、人事监察科、审计体系指导科、财政金融审计科、行政事业审计科、农林水审计科、商粮贸审计科、工业交通审计科、外资运用审计科、固定资产投资审计科。

审计成果 审计单位883个，查出违规行为金额94394万元，应缴财政7697万元，已交5172万元。提交审计报告、信息和调研报告103篇，被采用52篇。同时，向司法机关移送案件1起。

固定资产投资审计 开展固定资产投资项目审计64个，查出资金不落实及概算外资投资3400万元，核减工程结算115万元。市政府颁发了《南阳市基本建设项目审计监督办法》，为开展建设项目审计提供了良好的法制环境。

经济责任审计 开展经济责任审计项目181个、181人，查出违规行为金额6357万元。审计后，晋升10人，平调51人。（撰稿人：刘彦忠）

【南阳市卧龙区审计局】 现有干部职工37人，设有办公室、财政金融审计科、行政事业审计科、工商企业审计科、固定资产投资审计科和经济责任审计中心，负责对全区15个乡镇、街道和67个区直部门的审计监督。局长李永才，副局长任永良、黄朝喜、柏高树、吴勇才、乔风琴、张英群，纪检组长高炳午。

审计成果 完成审计项目60个，其中经济责任审计项目8个。查出违规行为金额9280万元，应缴财政474万元，已交228万元，被区以上审计机关和新闻部门采用审计信息66篇。（撰稿人：胡全伟）

【南阳市宛城区审计局】 现有干部职工21人，设有办公室、审计一室、审计二室、审计三室、审计四室、审计执行室、经济责任审计室，负责对全区14个乡镇、街道和106个区直部门的审计监督。局长王恒顺，副局长孙吉成、高旭光、李学华，纪检组长张少俊。

审计成果　完成审计项目16个，审计单位44个，党政领导交办审计项目24个，查出违规行为金额1249万元，其中指明要求纠正140万元，决定处理处罚157万元，应缴财政152万元。向检察机关移送案件1起。提交审计报告、信息30篇，被市审计局及区委、区政府采用13篇。（撰稿人：刘德玉）

【邓州市审计局】　现有干部职工17人，设有办公室、经济责任审计中心、财政商贸审计科、工交基建审计科、行政事业审计科，负责对全市29个乡镇、街道和68个市直部门的审计监督。局长李杰，副局长王国云、武圣阁、尚荣军。

审计成果　完成审计项目23个，审计单位99个，查出违规行为金额3175万元，应缴财政218万元，已交201万元。完成审计调查两个，调查单位12个。提交审计报告、信息30篇。完成3名科级干部离任经济责任审计。有内审指导人员两人，内审机构17个，内审人员54人。（撰稿人：李华林）

【南召县审计局】　现有干部职工15人，设有办公室、审计一室、审计二室、审计三室和固定资产投资审计中心，负责对全县16个乡镇和42个县直部门的审计监督。局长宋家宽，副局长闻跃生、王铁宁，纪检组长高燕。

审计成果　完成审计项目37个，审计单位46个，经济责任审计项目16个。查出违纪违规行为金额9820万元，其中指明要求纠正5427万元，决定处理处罚27万元，应缴财政457万元。提交审计报告24份，审计信息15篇，科研论文两篇，均被上级有关部门采用。（撰稿人：唐鹏飞）

【方城县审计局】　现有干部职工20人，设有综合办公室、财政金融审计股、企业审计股、行政事业审计股、经济责任审计室、基建审计股、法制室，负责对全县16个乡镇和35个县直部门的审计监督。局长张松林，副局长崔慧敏、王跃奇、马平。

审计成果　完成审计项目10个，审计单位150个，查出违纪违规行为金额9780万元，应缴财政190万元，已交121万元。完成审计调查5个，调查单位13个。提交审计报告、信息82篇，被县委、县政府及有关新闻单位采用64篇。10月份被省厅评为“河南省审计机关精神文明建设先进单位”。另外完成了15名科级干部离任经济责任审计，查出违规行为金额887万元。有内审指导人员两人，内审机构26个，内审人员68人。（撰稿人：封德勇）

【西峡县审计局】　现有干部职工23人，设有办公室、财政金融审计股、农林水审计股、工交基建审计股、商贸审计股和行政事业审计股，负责对全县18个乡镇和49个县直部门的审计监督。局长张志勇，副局长于京、谷铁伟、董振华。

审计成果　完成审计项目35个，审计单位65个，查出违规行为金额1816万元，其中指明要求纠正1761万元，决定处理处罚55万元，应缴财政55万元。提交审计报告、信息19篇。完成24名乡科级领导干部经济责任审计任务。（撰稿人：赵永峰）

【镇平县审计局】　现有干部职工41人，设有办公室、财政金融审计股、行政事业审计股、企业审计股和经济责任审计股，辖乡镇中心审计所、基建造价审核中心等事业单位，负责对全县23个乡镇和53个县直部门的审计监督。局长李英华，副局长王富信、赵英敏、李楠。

审计成果　完成审计项目15个，审计单位43个，查出违规行为金额2437万元，应缴财政127万元，已交127万元。被上级审计机关、县委、县政府及有关新闻媒介采用审计报告、信息72篇。有内审机构78个，内审人员391人。（撰稿人：李晓东）

【内乡县审计局】　现有干部职工25人，设有办公室、行政事业审计股、财政金融审计股、企业审计股、固定资产投资审计股、经济责任审计中心，负责对全县16个乡镇和94个县直部门的审计监督。局长陈洪武，副局长何保国、魏太更、庞洪波，纪检组长岳兵。

审计成果　完成审计单位65个，审计项目14个，查出各类违规行为金额3011万元。通过审计处理，调整增加县、乡两级财政收入239万元，追还被侵占挪用资金268万元，促进增收节支160多万元。向县委、县政府和上级审计机关及新闻媒体提交审计报告、信息47篇，被批示、采用33篇。对43名党政领导干部和企业领导人员进行任期经济责任审计。（撰稿人：张中强）

【淅川县审计局】　现有干部职工29人，设有办公室、财政金融审计股、行政事业审计股、工业交通审计股、农林水审计股、商粮贸审计股、经济责任审计股和基建投资审计股，负责对全县16个乡镇和107个县直部门的审计监督。局长李富中（3月—）、贾保三（—3月），副局长叶绍仁、全金河、张平，纪检组长杨建军。

审计成果　完成审计项目22个，审计单位114个，查出违纪违规行为金额10732万元，应缴财政164万元。完成县直单位44名党政主要领导干部任期经济责任审计。提交

审计报告、信息181篇，其中被省政府采用3篇，市审计局采用31篇，县委、县政府采用3篇。（撰稿人：柴景芳）

【社旗县审计局】 现有干部职工24人，设有办公室、行政事业农林水审计股、财金商粮贸审计股、工业交通审计股、经济责任审计办公室，负责对全县18个乡镇和46个县直部门的审计监督。局长韩亚洲，副局长周金泽、刘建俊，纪检组长史保文。

审计成果 完成审计项目13个，审计单位38个，查出违纪违规行为金额2502万元，其中指明要求纠正991万元，决定处理处罚291万元，应缴财政137万元。对职务变动的18个乡镇的25名党政正职和18个县直单位正职领导干部进行了任期经济责任审计。提交审计报告8份，审计意见38份，审计信息、简报46篇，被县委、县政府采用35篇。2002年，被河南省委、省政府命名为省级文明单位。（撰稿人：赵文奇）

【唐河县审计局】 现有干部职工35人，设有办公室、财政金融审计股、企业审计股、基本建设审计股、行政事业审计股，负责对全县20个乡镇和95个县直部门的审计监督。局长周兰清，副局长相瑞、鲁文志、龚长留。

审计成果 完成审计项目106个，审计单位260个，经济责任审计项目53个。查出违规行为金额321587万元，指明要求纠正31126万元，决定处理处罚461万元，应缴财政461万元。提交审计报告、信息110篇，被批示、批转、采用80篇。有内审指导人员3人，内审机构80个，内审人员170人。指导内审工作完成审计单位40个，查出损失浪费70万元，促进增收节支70万元。提出的审计建议被采纳60条，纠正违规行为金额增加利润80万元。（撰稿人：郭俊岭）

【新野县审计局】 现有干部职工25人，设有财政金融审计股、行政事业审计股、工业交通审计股、商粮贸审计股、办公室和农村审计服务中心，负责对全县14个乡镇和118个县直部门的审计监督。局长何晓，副局长王常青、贾永俊、徐献礼，纪检组长黄占文。

审计成果 完成审计项目18个，审计单位44个，查出违纪违规行为金额2116万元，应缴县财政92万元，提出审计建议49条。同县纪检、监察、信访等部门配合，解决群众上访案件两起。内审部门（含乡镇审计站）共审计1095个单位，查出损失浪费544万元，纠正违规行为金额3686万元。（撰稿人：董荣耀）

【桐柏县审计局】 现有干部职工22人，设有行政事业审计股、财政金融审计股、固定资产投资审计股、商交工贸企业审计股和综合办公室，负责对全县16个乡镇和所有县直部门的审计监督。局长李生朗（2月—）、高亭（—2月），副局长李明奎、逯长伟、金启山，纪检组长王世坤。

审计成果 完成审计项目21个，审计单位45个，查出违纪违规行为金额3606万元，决定处理处罚3364万元，指明要求纠正242万元。应缴财政60.1万元，已交60.1万元。提交审计报告、信息30篇。完成党政领导干部和企业领导人员任期经济责任审计35人。（撰稿人：马钰）

【信阳市审计局】 2002年，共有干部职工59人，其中本科学历41人，大专学历15人，局长柴明奎，副局长胡正庆、朱时锋，纪检组长王吉明。设有办公室、综合科、审计管理科、工商企业审计科、外资运用审计科、行政事业审计科、固定资产投资审计科、财税金融审计科、审计科研培训所。

审计成果 审计单位134个，查出违纪违规行为金额40739万元，决定处理处罚5351万元，指明要求纠正35388万元，归还原渠道资金739万元，调账处理828万元，收缴财政158万元。

完成上级交办任务 在完成计划内审计项目的同时，完成市委、市政府交办的审计项目34个。如对机构改革中9个撤并单位、市城市信用社资产负债损益情况、全市住房公积金管理使用情况审计及其他审计调查等。

经济责任审计 对20名县处级党政领导干部任期经济责任进行了审计，查出违纪违规行为金额2005万元，参照审计结果，提拔1人，免职1人，平调18人。在9月召开的全省审计工作座谈会上，信阳市审计局作为全省经济责任审计工作的先进单位，第一个在会议上做了典型发言。河南省审计厅多次以信息形式在全省推广其工作经验，信阳市审计局制定的《党政领导干部任期经济责任审计操作规程》被中央五部委收入制度汇编。

内部审计 召开了全市内审工作会议，表彰了内审工作先进个人、先进集体；成立了市内部审计师协会，通过了《信阳市内部审计师协会章程》。2002年，市直内审机构完成审计项目187个，查出损失浪费780万元，纠正违纪违规行为金额157万元，促进增收节支571万元。（撰稿人：刘庆忠）

【信阳市浉河区审计局】 现有干部职工20人，设有办公室、法制股、财贸金融审计股、行政事业审计股、工商企业投资审计股和社会保障审计股，负责对全区17个乡镇（办）和30多个区直部门的审计监督。局长舒继仁，副局长许广一、张书锋、张利顺。

审计成果 完成审计项目22个，审计单位66个，查出违规行为金额4712万元，应缴财政13万元，已交13万元。完成审计调查3个，调查单位8个。提交审计报告66份，信息26篇。完成领导干部任期经济责任审计29个，查出违规行为金额3975.7万元。有内审指导人员两人，内审机构55个，内审人员78人。（撰稿人：王如意）

【信阳市平桥区审计局】 现有干部职工26人，设有办公室、行政事业审计股、财政金融审计股、工商企业审计股、投资审计股和经济责任审计办公室，负责对全区21个乡镇和47个区直部门的审计监督。局长周本清，副局长朱庆和、方德荣、余根业，纪检组长涂瑛。

审计成果 完成审计项目41个，查出违纪违规行为金额2840万元，应缴财政28万元，已交19万元；查出经济案件1起，移交区司法部门查处1人。提交审计报告、信息16篇，被采用9篇。农业发展银行资产负债损益情况审计和计生委财务收支情况审计被评为全省优秀审计项目。另外，对4名党政领导干部进行了任期经济责任审计。（撰稿人：褚劢）

【息县审计局】 现有干部职工16人，设有办公室、法制股、财政金融审计股、工商企业审计股、行政事业审计股和固定资产投资审计股，负责对全县22个乡镇和51个县直部门的审计监督。局长王尚岳，副局长闻国富、王爱民、李树清。

审计成果 完成审计项目38个，审计单位72个，查出违规行为金额838万元。完成17名科级领导干部经济责任审计，查出违规行为为金额2325万元，应缴财政112万元。完成审计调查两个，调查单位20个。提交审计报告及信息28篇。有内审指导人员两人，内审机构36个。（撰稿人：王爱民）

【淮滨县审计局】 现有干部职工24人，设有办公室、综合股、行政事业审计股、财税金融审计股、工商企业审计股、固定资产投资审计股，负责对全县21个乡镇和57个县直部门的审计监督。局长吕荣仁，副局长徐晓锋、朱家全、殷俊德。

审计成果 完成审计项目44个，审计单位68个，查出违纪违规行为金额9671万元，应缴财政53.8万元，已交52.6万元。完成审计调查3个，调查单位35个。提交审计综合报告、信息26篇，被上级机关采用11篇。完成两名科级干部离任经济责任审计，查出违纪违规行为为金额58万元。有内审指导人员两人，内审机构25个，内审人员38人。（撰稿人：杜超德）

【潢川县审计局】 现有干部职工17人，设有办公室、固定资产投资审计股、财政金融审计股、企业审计股、行政事业审计股，负责对全县21个乡镇和55个县直部门的审计监督。局长雷全智，副局长袁启霞、崔永安、付德坤。

审计成果 完成审计项目98个，审计单位120个，经济责任审计项目17个，查出违规行为金额6027万元，应缴财政224万元。完成审计调查3个，调查单位10个。提交审计报告6份，审计信息23篇，被县委、市审计局采用4篇。有内审指导人员两人，内审机构18个，内审人员45人。（撰稿人：付德坤）

【光山县审计局】 现有干部职工16人，设有办公室、财政金融审计股、固定资产投资审计股、行政事业审计股和工商企业审计股，负责对全县25个乡镇和42个县直部门的审计监督。局长胡新海，副局长付家银、明光霞，纪检组长李克戎。

审计成果 完成审计项目69个，其中经济责任审计项目两个。查出违纪违规行为金额6547万元，其中归还原渠道资金416万元，决定处理处罚97万元，应缴财政97万元。提交综合报告、审计信息38篇，被上级机关和新闻单位采用10篇。（撰稿人：李克戎）

【固始县审计局】 现有干部职工17人，设有办公室、行政事业审计股、财政金融审计股、经济责任审计股、固定资产投资审计股、企业审计股和内审指导办公室，负责对全县33个乡镇和42个县直部门的审计监督。局长周斌，副局长何庆、吴选明、胡忠。

审计成果 完成审计项目83个，审计单位66个，查出违规行为金额7512万元，应缴财政117万元，已交117万元。完成审计调查两个，调查单位8个。提交审计报告、信息98篇。完成25名科级干部离任经济责任审计，查出违规行为金额463万元。有内审指导人员3人，内审机构62个，内审人员126人。（撰稿人：余拥军）

【商城县审计局】 现有干部职工12人，设有办公室、财政金融审计股、企业审计股、行政事业审计股和审理股，负责对全县22个乡镇和38个县直部门的审计监督。局长张向东，副局长王本根、陈静，纪检组长徐恩学。

审计成果 完成审计项目65个，审计单位380个，查出违规行为金额8503万元，应缴财政126万元，已交120万元；追缴应缴未交税金16万元，归还原渠道资金701万元。

完成审计调查两个。完成39名科级干部离任经济责任审计。提交审计信息32篇，被《中国审计报》等报刊和县委、县政府采用24篇。农业发展银行审计项目被评为全省优秀审计项目。（撰稿人：冯长华）

【罗山县审计局】 现有干部职工19人，设有办公室、财贸金融审计股、行政事业审计股、工商企业审计股、国有资产投资审计股、法制室、经济责任审计办公室，负责对全县19个乡镇和116个县直部门的审计监督。局长项召林，副局长尹世良、张远智、陶新宏，纪检组长田三刚。

审计成果 完成审计项目26个，查出违规违纪行为金额2646万元，应缴财政31.5万元，向司法机关移送案件1起。提交的审计报告和信息有6篇被上级机关和新闻单位采用。（撰稿人：刘卫东）

【新县审计局】 现有干部职工15人，设有办公室、财政金融审计股、固定资产投资审计股、行政事业审计股、工商企业审计股，负责对全县17个乡镇和37个县直部门的审计监督。局长李商，副局长扶德同、胡明春、谭先阳，纪检书记彭泓。

审计成果 完成审计项目62个，审计单位66个，其中经济责任审计项目36个。查出违规行为金额3485万元，其中指明要求纠正2805万元，决定处理处罚16万元，应缴财政16万元。提交审计报告、信息74篇，被上级机关、新闻单位采用5篇。有内审指导人员两人，内审机构27个，内审人员59人。（撰稿人：谢复春）

【周口市审计局】 2002年，共有干部职工55人，其中研究生学历两人，本科学历16人，大专学历30人，局长韩洪然，副局长符尚岭、刘家和、李廷旭，纪检组长燕和平。设有办公室、法制科、人事科、行政事业审计科、财政金融审计科、经贸审计科、外资运用审计科、固定资产投资审计科、农林水审计科、监察室、审计科研所、经济责任审计局。

审计成果 审计单位105个，查出违规行为金额27923万元，应缴财政707万元，已交674万元。提交审计报告189份，审计调查报告和审计信息216篇，被采用167篇。

经济责任审计 开展经济责任审计项目185个，查出违规行为金额20205万元。审计后，晋升37人，免职、降职15人，移送纪检监察部门1人。

内部审计 全市内审机构519个，内审人员1542人，共审计项目2598个，查出损失浪费2780万元，促进增收节支6153万元，纠正违规行为金额9575万元。向司法机关移送案件3起，建议给予行政处分18人，移交司法机关处理11人。（撰稿人：周孟教）

【周口市川汇区审计局】 现有干部职工23人，设有办公室、财贸金融审计股、工交基建审计股、综合审计股、行政事业审计股，负责对全区8个乡镇、办事处和66个区直部门的审计监督。局长马龙学，副局长张文军、李强民、徐新胜，纪检组长宣国林。

审计成果 完成审计项目20个，查出违规行为金额1480万元，其中促进增收节支1200万元，挽回经济损失280万元。完成经济责任审计项目21个、22人，查出违规行为金额1200万元。审计后，晋升两人。内审机构20个，内审人员48人。提交信息和调研报告36篇，被区委、区政府采用24篇。（撰稿人：翟飞跃）

【项城市审计局】 现有干部职工97人，设有经济责任审计局、办公室、商贸审计股、财金审计股、行政事业审计股、农业资金审计股、固定资产投资审计股和工交审计股，负责对全市18个乡镇和125个市直部门的审计监督。局长李洪东，副局长邝志体、张俊杰、陈海泉，纪检组长王涛。

审计成果 完成审计项目87个，审计单位219个，查出违规行为金额15877万元，提出合理化建议295条，应缴财政212万元，审减工程决算232万元。提交审计报告、信息256篇，简报43篇。有内审指导人员3人，内审机构26个，内审人员124人。（撰稿人：何峰）

【扶沟县审计局】 现有干部职工32人，设有办公室、纪检监察室、工交基建审计股、商粮贸审计股、行政事业审计股和财政金融审计股，负责对全县16个乡镇（场）和60个县直部门的审计监督。局长刘中建（3月—）、杜有轩（—3月），副局长赵合社、徐红巧、王伟。

审计成果 完成审计项目33个，审计单位48个，查出违规行为金额3525万元，调账处理438万元，应缴财政148万元。提交审计报告、信息28篇，被县委、县政府和上级审计机关采用9篇。完成20名科级干部离任经济责任审计，查出违规行为金额603万元，应缴财政19万元。全县有49个单位建立了专职内审机构，配备专职内审人员101人，全年共审计单位和项目98个，查出损失浪费103万元，促进增收节支81万元。（撰稿人：马凯）

【西华县审计局】 现有干部职工21人，设有办公室、行政事业审计股、工交基建审计股、商粮贸审计股、财政金融审计股，负责对全县19个乡镇和38个县直部门的审计监督。局长刘国民，副局长宋炳武、刘发明、韩俊然，纪检组长张洪儒。

审计成果　审计单位112个，查出违规行为金额896万元，应缴财政172万元，已交165.5万元。开展经济责任审计项目3个、4人，查出违规行为金额201万元。审计后，其中晋升两人，平调1人，免职1人。提交审计报告41份，信息和调研报告23篇，被采用10篇。有内审指导人员5人，内审机构23个、内审人员63人。（撰稿人：刘国民）

【商水县审计局】　现有干部职工16人，设有办公室、行政事业审计股、工交审计股、固定资产投资审计股、财贸金融审计股，负责对全县23个乡镇（场）和76个县直部门的审计监督。局长李多义，副局长乔胜利、雷森林、朱汉，纪检组长邱永。

审计成果　完成审计项目39个，审计单位53个，查出违规行为金额810万元，应缴财政139万元，已交139万元。完成审计调查4个，调查单位12个。提交审计报告、信息32篇，被市以上新闻单位和上级审计机关采用14篇。完成6名科级干部经济责任审计，查出违规行为金额124万元。有内审指导人员两人，内审机构42个，内审人员88人。（撰稿人：刘淑炎）

【太康县审计局】　现有干部职工51人，设有人秘股、行政事业审计股、商贸审计股、工交审计股、乡镇审计工作管理站、经济责任审计办公室，负责对全县23个乡镇和80个县直部门的审计监督。局长王崇连，副局长章太平、刘廷兴，纪检组长马洪喜。

审计成果　完成审计单位76个，查出违规行为金额7500万元，应缴财政350万元。提交审计信息和审计报告59篇，被采用35篇。（撰稿人：王永平）

【鹿邑县审计局】　现有干部职工25人，设有办公室、财政金融审计股、固定资产投资审计股、行政事业审计股、经济贸易审计股，负责对全县22个乡镇和26个县直部门的审计监督。局长孟宪清，副局长孙勇、路玉平、张玉林、吴秋玉、王君。

审计成果　完成审计项目14个，审计单位62个，共查出违规行为金额2294万元，应缴财政494万元，已交494万元。完成审计调查5个，调查单位16个。提交审计报告、信息45篇。完成44名科级干部离任经济责任审计，查出违规行为金额260万元。有内审指导人员3人，内审机构68个，内审人员218人。（撰稿人：罗志全）

【郸城县审计局】　现有干部职工26人，设有办公室、人事教育股、综合审计股、财政金融审计股、行政事业审计股、商贸审计股、工交审计股、外资审计股、基建审计股、农林水审计股、经济责任审计局，负责对全县20个乡镇和33个县直部门的审计监督。局长张耀坤，副局长赵天文、谢学正、于云鹏，纪检组长杨廷芝。

审计成果　完成审计单位53个，查出违规违纪行为金额9140万元。开展经济责任审计项目20个、40人，查出违规行为金额1328万元。审计后，晋升两人，平调18人。内审机构28个，其中专职机构26个，内审人员62人，纠正违规行为金额160万元，促进增收节支180万元。提交审计报告32份，信息和调查报告46篇，被采用12篇。2002年继续保持省级文明单位的荣誉称号。（撰稿人：朱培金）

【淮阳县审计局】　现有干部职工32人，设有办公室、法制室、财政金融审计股、行政事业审计股、商粮贸审计股、工业交通审计股、固定资产审计股、经济责任审计股，负责对全县20个乡镇和县直部门的审计监督。局长范群修，副局长张怀斌、王锦才、李全斌、谭玉峰，纪检组长张继良。

审计成果　完成审计单位61个，查出违纪违规行为金额5726万元，其中指明要求纠正218万元，应缴财政241万元，应减少财政拨款和补贴34万元，归还原渠道资金127万元。开展经济责任审计项目36个、56人，查出违规行为金额5100万元。审计后，其中晋升3人，平调33人，免职两人。提交审计信息和调研报告22篇，被领导批示和采用5篇。（撰稿人：张建）

【沈丘县审计局】　现有干部职工42人，设有办公室、财政金融审计股、经贸审计股、行政事业审计股、农林水环保资金审计股、固定资产投资审计股、经济责任审计中心，负责对全县21个乡镇和92个县直部门的审计监督。局长辛国章，副局长许仲启、胡居华、李俊清、王友国，纪检组长李志明。

审计成果　完成审计单位和项目86个，查出违规行为金额17469万元，应缴财政382万元，已交382万元。其中完成48名科级干部任期经济责任审计，审计后有3人提拔为副处级干部，25人被安排到重要领导岗位任职，1人被免职，1人受到党内警告处分。提交审计报告32份，审计论文14篇，科研课题6篇，信息案例15篇。有内审指导人员两人，内审机构37个，内审人员77人。（撰稿人：赵伟才）

【驻马店市审计局】　2002年，共有干部职工45人，其中本科学历

15人，大专学历22人，局长董捍东，副局长李珍珠、宋德、冯铁山，纪检组长栗超。设有财政金融审计科、工交基建审计科、行政事业审计科、农林水审计科、商粮贸审计科、法制综合科、纪检监察室和办公室。

审计成果　完成审计单位和项目712个，查出违规行为金额84609万元，应缴财政1925万元，已交1721万元，减少财政拨款和补贴314万元，归还原渠道资金2375万元，调账处理5651万元。全市审计机关共提交审计报告和审计信息386篇，被各级批示、采用194篇。向有关部门移送案件线索5件，已有4人受到党政纪处分。

预算执行审计　共审计63个单位，查出违规行为金额12970万元，其中违规减免、应缴未交预算收入1003万元，虚增财政收入896万元，虚列财政支出2341万元，挪用预算资金2654万元，应拨未拨财政资金1775万元，乱收、乱摊、乱罚321万元。

企业审计　共完成国有企业、商贸、粮食行业审计等122个，查出违规行为金额25715万元，调账处理处罚1668万元，审减利润7645万元，审增利润304万元。统一组织开展了对电信公司、城市电网改造项目、公路通行费等重点行业、重点项目的审计，披露了合作经营收费站少缴通行费调价收入2300万元的违规问题。

金融审计　对中国农业发展银行驻马店分行、9个县级支行2001年度资产、负债、损益情况，28个城市（农村）信用社的损益情况进行了审计。

行政事业单位审计　完成了对349个行政事业单位的财务收支审计，查出违规行为金额10971万元，决定处理处罚1135万元，指明要求纠正5987万元。

经济责任审计　对111名党政领导干部和国有企业领导人员进行了任期经济责任审计，共查出违纪违规行为金额9831万元，其中负有主管责任7206万元，直接责任及损失浪费980万元。参照审计结果，平调69人，晋升5人。此外，还完成了市委、市政府交办的市秀山水泥厂等8个审计项目。（撰稿人：赵金秋）

【驻马店市驿城区审计局】　现有干部职工21人，设有办公室、财政金融审计股、行政事业审计股、工交基建审计股、商粮贸审计股、农林水审计股，负责对全区40个区直单位和15个乡镇、街道的审计监督。局长易万宝，副局长孙文华、李超、杨俊，纪检组长韩春生。

审计成果　完成审计项目51个，审计单位200多个，查出违纪违规行为金额3774万元，应缴财政62万元。向上级审计机关和区政府提交审计报告和审计调查报告10份。（撰稿人：孟令明）

【确山县审计局】　现有干部职工18人，设有办公室、财政金融审计股、行政事业审计股、工交基建审计股、商粮供贸审计股，负责对全县15个乡镇和85个县直部门的审计监督。局长李志杰，副局长高新华、苗贺英、赵华，纪检组长李保芳。

审计成果　完成审计项目36个，涉及被审计单位131个。查出违纪违规行为金额5720余万元，收缴财政124万元，纠正违规行为金额2070万元。向有关部门移送案件两起。对21个行政事业单位领导干部和国有企业领导人进行了经济责任审计，查出少交税金、多收费、账外资金等违规行为金额2000余万元。（撰稿人：陶新贺）

【泌阳县审计局】　现有干部职工16人，设有法制综合股、财政金融审计股、行政事业审计股、经贸审计股、固定资产投资审计股、农业与资源环保审计股和办公室，负责对全县24个乡镇、78个县直单位和34个企业的审计监督。局长袁海顺，副局长王德省、刘运增，纪检组长王怀军。

审计成果　完成审计单位51个，审计总金额7000多万元，查出违规行为金额200多万元，罚没款64万元。为被审计单位提出合理化建议97条，建议被审计单位纠正不合规收支管理款项11条，促进增收节支21万元。向上级提交审计综合报告和论文29篇，5篇被转发。2002年度被评为省级“文明单位”。（撰稿人：顾学增）

【遂平县审计局】　现有干部职工23人，设有办公室、财政金融审计股、行政事业审计股、工交基建审计股、商粮贸审计股，负责对全县15个乡镇和65个县直部门的审计监督。局长陈其合，副局长刘建强、吴景新、赵长海，纪检组长董建伟。

审计成果　完成审计项目100个，查出违纪违规行为金额9838万余元，收缴财政79万元，追回被挪用专项资金31万元，促进增收节支27万元。向上级提交审计综合报告和论文27篇，被采用6篇。2002年，继续保持“省级文明单位”称号，并被省审计厅评为“河南省审计宣传先进单位”，局长陈其合被评为“河南省审计系统党风廉政勤政先进个人”。（撰稿人：王国栋）

【西平县审计局】　现有干部职工18人，设有办公室、财政金融审计股、行政事业审计股、商粮贸审计股、工交基建审计股，负责对全县20个乡镇（场）和113个县直部门的审计监督。局长李新法，副局长叶瑞生、赵亚丽、杨延正、李长青、王景枝、王克。

审计成果　完成审计项目15个，审计单位54个，查出违纪违规行为金额4465万元，收缴财政25万元，追回被挪用资金90万元。共完成上级审计机关下达的审计任务12个，审计单位41个。（撰稿人：刘素丽）

【上蔡县审计局】　现有干部职工63人，设有办公室、行政事业审计股、财税金融审计股、社会保障审计股、农业与资源环保审计股、法制综合股，另设经济责任审计办公室，负责对全县25个乡镇、29个党政机关、38个事业单位和55个企业的审计监督。局长王忠亮，副局长曹民升、刘庆华、李文庆、申美荣。

审计成果　完成审计项目135个，查出违纪违规行为金额11002万元，应缴财政150万元，会同纪检监察部门，查处各类经济案件5起，向司法机关移送案件4起。对3个单位、3名党政领导干部进行了任期经济责任审计。提交审计综合报告及审计信息47篇，被批示、采用44篇（次）。继续保持省级文明单位称号，被省审计厅评为“河南省审计机关精神文明建设先进单位”。（撰稿人：王记东）

【汝南县审计局】　现有干部职工31人，设有办公室、财政金融审计股、行政事业审计股、商粮贸审计股、工交审计股，负责对全县21个乡镇、48个行政单位、182个事业单位和98个国有企业的审计监督。局长刘兴，副局长赵新民、闫花、张景凤，纪察组长吴建华。

审计成果　完成审计单位和项目40个，查出各类违纪违规行为金额3505万元，应缴县财政54万元，归还原渠道资金617万元，调账处理290万元，指明要求纠正444万元。向上级报送及被各级采用的审计信息23篇，提交宏观报告7份。移交司法部门处理的经济案件线索两件。有46个内审机构，162名内审会员。继续保持“省级精神文明单位”称号。农业发展银行审计和交警部门财务收支审计被评为全省优秀审计项目。（撰稿人：闫花）

【平舆县审计局】　现有干部职工21人，设有办公室、财政金融审计股、行政事业审计股、商贸审计股、工交审计股，负责对全县18个乡镇和67个县直单位的审计监督。局长张伟，副局长张克亮、陈洪军、孟华立，纪检组长徐向阳。

审计成果　完成审计单位和项目36个，共查出违规行为金额6635万元，应缴财政63万元，已交63万元。向政府及上级审计机关提交审计报告和信息16篇。（撰稿人：刘文中）

【新蔡县审计局】　现有干部职工19人，设有办公室、经济责任审计室、财政金融审计股、行政事业审计股、农业资源环保审计股、商贸审计股，负责对全县23个乡镇、40个党政机关、15个事业单位和28个企业的审计监督。局长郭世诚，副局长王新、杨新春、马国强，纪检组长于建平。

审计成果　完成审计单位54个，查出违规行为金额6400万元，应缴财政35万元，促进增收节支128万元，核减基建投资116万元，纠正和调整错账2830笔。审计信息被市级以上审计机关和新闻单位采用15篇，2002年被评为“河南省审计系统精神文明建设先进单位”。（撰稿人：杨新春）

【正阳县审计局】　现有干部职工26人，设有财政金融审计股、经贸审计股、农业与资源环保审计股、行政事业审计股、固定资产投资审计股、社会保障审计股、农业与资源环保审计股、办公室、监察室，负责对全县22个乡镇和71个县直部门和单位的审计监督。局长杨前亮，副局长张君廷、刘宏清、马清华，纪检组长管爱荣。

审计成果　完成审计项目130个，查出违纪违规行为金额8525万元，应缴财政142万元。向县委、县政府和上级业务部门提交审计调查报告10份、审计信息37篇。县级财政状况审计调查和计划生育经费审计被评为全省优秀审计项目，局长杨前亮撰写的《论经济责任审计风险的特殊性》被评为河南省审计系统优秀论文三等奖。档案管理工作保持省一级档案管理先进单位。（撰稿人：郭金华）

【济源市审计局】　现有干部职工32人，设有办公室、法制科、财政金融审计科、经贸审计科、行政事业审计科、外资与基建审计科、农业与社会保障审计科、经济责任审计局，负责对全市16个乡镇、街道和市直部门的审计监督。局长卢远（11月—）、吴元龙（—11月），副局长苗先起、王陆平，纪检组长黄霞。

审计成果　完成审计单位78个，审计项目41个，查出违纪违规行为金额14040万元，决定处理处罚163万元，应缴财政113万元，已交113万元。提交审计报告41份，审计意见28份，审计信息12篇，被市委、市政府采用5篇。养老保险审计和车辆财政预算执行审计被评为全省优秀审计项目。另外，对在机构改革中变动的10名市直单位主要领导干部进行了任期经济责任审计。（撰稿人：陈军）

湖北省

【湖北省审计厅】 2002年，湖北省审计厅定编216人，在编204人。厅机关设有办公室、综合处、法规处、经济责任审计办公室、财政审计处、金融审计处、行政事业审计处、经贸审计处、农业与资源环保审计处、社会保障审计处、固定资产投资审计处、外资运用审计处、人事教育处、老干部办公室（挂靠人事教育处）、机关党委（工会）；设有派驻纪检组、监察室。另设有派出发展计划及投资审计处、经贸审计一处、经贸审计二处、科教卫审计处、政法审计处、农林水审计处、经济执法审计处、新闻出版及文化审计处、综合审计一处、综合审计二处等机构。还设有厅机关后勤服务中心、计算机中心、审计科研所、企事业单位内部审计指导中心、审计干部学校等直属事业单位。

领导成员

厅　长：高　林

副厅长：彭世泽　方国建

张永祥

秦守成（8月—）

纪检组长：陈文魁

助理巡视员：王佑河

湖北省审计成果 全省各级审计机关共审计单位6073个，查出违纪违规行为金额85.7亿元，处理上缴财政6亿元，追回被侵占挪用资金7亿多元，查出各类经济案件97起。全年省委、省政府和审计署批示或采用的重要审计报告和信息159篇（次），中央政治局委员、省委书记俞正声11次对审计情况做出批示，其中《当前我省财务活动中诚信现状及对策建议》的材料批转全省参阅。审计署将《湖北省审计机关积极为改善经济发展软环境服务》的材料，推荐到国务院召开的“规范和治理经济秩序”会议上作典型发言。省审计厅，襄樊市、十堰市、应城市、武汉市武昌区等审计局被中央精神文明建设指导委员会授予“全国精神文明建设工作先进单位”；襄樊市、枝江市、公安县审计局被人事部、审计署评为“全国审计机关先进集体”。

财政审计 通过对614个单位的本级预算执行和对下级财政决算审计，查出各类违纪违规行为金额30.25亿元，其中，决定处理处罚6亿多元，指明要求纠正8亿多元，移送纪检监察线索3件，移交司法机关查处案件1起。同时，省厅组织完成省委、省政府交办事项：一是对潜江、黄梅等13个县（市）的1999～2001年财政运行及管理状况的审计；二是对汉川、宜都两县（市）有关经济指标和财政运行状况的审计调查。

专项资金和建设项目审计 全省组织对长江堤防加固工程、移民建镇、三峡移民、农业综合开发、下岗职工基本生活保障和失业保险、福利彩票、体育彩票、住房公积金等9项重点专项资金及建设项目进行审计，审计资金140多亿元，查出各类违纪违规行为金额16.7亿元。主要问题是截留和侵占挪用专项资金，设置“账外账”、“小金库”、违规收费、执行国家有关政策不严等。对审计查明的问题，各级审计机关依法依规进行了处理，追回被侵占挪用资金3.7亿元，督促下拨专项资金两亿多元。省审计厅及有关县市审计机关配合纪检、监察部门对长江干堤工程和移民建镇资金审计中发现的7个典型案件进行处理，直接责任人分别受到行政撤职、党内警告或调离工作岗位等处分。三峡库区外迁移民资金审计的经验被审计署推荐到“全国三峡库区外迁移民安置资金审计座谈会”上进行交流。

企业审计 全省审计机关对435个大中型国有企业、全省石油和农发行系统进行审计。发现的主要问题：一是会计信息失真。20户重点国有企业资产、负债及损益不实17.3亿多元。二是企业资产质量不高。20户重点国有企业，大部分企业资产质量较差，其中10户亏损企业不良资产达10.44亿元；30户国有及国有控股企业，由于缺乏技术创新，进行产品结构调整和提升传统产业技术的难度大。三是石油市场秩序仍较混乱。通过对石油行业的审计，摸清了省石油行业家底，提出加油站整治工作中不容忽视的问题，得到省政府的肯定。

行政事业审计 根据全省计划安排，组织开展全省交通警察行业财务收支审计，政府采购审计和审计调查，普教经费跟踪审计。对全省交通警察行业125个交警支队的财务收支审计，查出各类违纪违规行为金额2.3亿元。针对审计发现的问题，省交警总队两次召开全省的专题会议研究整改，落实“收支两条线”规定。同时，省交警总队与省纪委、省财政厅组成联合督办组，对重点地区进行专项检查。对省直机关及武汉等27个市、县（区）政府采购情况的审计和审计调查，揭露配套措施不完善，机构设置、职能配置、制度建设不健全，采购规模小范围窄等问题，基本摸清了政府采购现状。对普教经费的跟踪审计，进一步督促有关单位落实2001年普教经费审计的决定。

外资审计 全省对392个利用世（亚）行贷款项目和133个地方政府外债项目进行审计和审计调查。涉及工业、农业、交通、林业、环保、卫生、教育等行业，审计金额98.27亿元。审计查出各类违纪违规行为金额6.1亿多元，对查出的问题，各级审计部门都依法依规进行了处理，全年提交审计报告（代审计意见书）

343份。各级审计机关通过综合报告和信息简报等多种形式，从不同侧面不同层次反映全省利用外资的现状，《我省按期偿还政府外债困难大》的审计信息，从四个方面分析全省偿还困难的主要原因，引起省政府的重视，省长做了重要批示。

经济责任审计 根据各级党委、政府的要求，全省组织对1954个单位的2047名党政和企业领导干部进行经济责任审计，其中试点审计市(县)长、厅长18人。审计查出违纪违规行为金额19.3亿元，其中领导干部应负直接责任2.1亿元，个人经济问题99万元。各级党委、政府及组织部门参考审计结果，免职、降职和撤职153人，给予党纪政纪处分16人，移送纪检监察、司法机关处理42人。湖北省经济责任审计工作，分别在全国审计工作座谈会和中央五部委联席会议座谈会上介绍交流了经验。

内部审计 全省现有内审机构2821个，内审人员5815人。审计单位8443个，查出违规行为金额3.1亿元，已纠正违规行为金额1.9亿元，促进增收节支两亿多元，提出建议意见被采纳5195条，向司法机关移送案件9起。中国内部审计师协会在宜昌三峡召开全国投资审计理论研讨暨经验交流会，武钢“内部审计在固定资产投资中的联动效果”的发言材料被评为大会“特别奖”。

“人、法、技”建设 一是加大干部培训力度。举办宏观经济管理、WTO知识等讲座，举办计算机技术应用知识等学习班和县（市）审计局局长岗位培训班。二是加强审计法制建设。通过完善审计复核、审计质量检查、优秀审计项目评选等制度，建立审计责任追究制，积极开展“四五”普法教育，进一步加强审计质量的内部控制和管理。三是根据审计署“金审工程”建设的统一部署，全省部分市州县审计机关建立和完善机关局域网，完善与省厅远程通讯网，初步具备无纸化办公条件；省厅初步完成省级被审计单位基本情况数据库建设任务，在财政、金融、企业、投资等领域中开展计算机审计。（撰稿人：吴建中）

【武汉市审计局】 2002年，共有在职干部职工193人，其中研究生学历17人，本科学历90人，大专学历61人，局长吴清（—10月），副局长吴乐平、张建、胡勤华，纪检组长韩世林。设有办公室、综合法规处、财政审计处、金融审计处、经贸审计处、固定资产投资审计处、行政事业审计处、重点建设项目审计处、经济责任审计处、外资运用审计处、农业与资源环保审计处、社会保障审计处、人事处、机关党委和纪检监察室。

审计成果 完成审计和审计调查项目167个，查出违纪违规行为金额7.36亿元，应缴财政3亿元，归还原渠道资金9251万元，查出百万元以上违规单位42个，向司法和纪检监察机关移送经济案件3起。国债资金、移民建镇资金、交警部门财务收支、中国农业发展银行等审计项目被评为全省优秀审计项目。保持“省级文明单位”荣誉称号；被评为“湖北省审计工作综合考核优胜单位”；“湖北省审计机关廉政勤政工作先进单位”。

经济责任审计 对3名党政领导干部和企业法定代表人进行经济责任审计，查出违规行为金额1.01亿元，其中领导干部应负主管责任金额8504万元。

内部审计 全市内审机构388个，内审人员888人。完成审计项目2772个，纠正违纪违规行为金额1.23亿元，查出损失浪费1280万元，提出的审计建议被采纳1415条，促进增收节支5166万元。（撰稿人：汪涛）

【武汉市江岸区审计局】 现有干部职工26人，设有办公室、综合科、经济责任审计办公室、财政审计科、行政事业审计科、固定资产投资审计科、经贸审计科，负责对全区17个街、乡和20个区直部门的审计监督。局长戴长松，副局长叶建桥。

审计成果 完成审计项目42个，其中对27个单位行政负责人进行经济责任审计；对区直部门的直属单位进行延伸审计；对政府采购、科技三项费（科研补助、新产品研制、中间试验）、普教经费、会计核算中心、社区财务管理等进行专项审计调查。查出违纪违规行为金额2320万元，审计处理处罚上缴财政31万元。审计信息被采用41篇。（撰稿人：梁磊）

【武汉市江汉区审计局】 现有干部职工18人，设有办公室、综合科、行政事业审计科、经济责任审计科、固定资产投资审计科，负责对全区13个街道和58个区直部门的审计监督。局长韩迎松，副局长徐静萍、袁幼平。

审计成果 完成审计（调查）项目57个，查出违纪违规行为金额8002万元，上缴财政64万元，指明要求纠正9624万元，向纪检监察机关移送案件两起3人。提交审计报告、信息115篇，上级党政领导批示45篇，被采用79篇。对区民政局局长经济责任审计项目被评为全省优秀审计项目。保持“省级文明单位”荣誉称号。在全区的机构改革中，对36名领导干部进行经济责任审计，审计结果在全区反腐倡廉大会上通报。（撰稿人：李智林）

【武汉市硚口区审计局】 现有干部职工24人，设有办公室、综合科、财政审计科、企业（固定资产投资）审计科、行政事业审计科、经济责任审计科，负责对全区10个街道、1个乡和77个区直部门及企事业单位的审计监督。局长李昌华，副局长金忠东、鄂德福、陈明。

审计成果 完成审计项目31个，查出违纪违规行为金额1911万元。对19名区管领导干部进行任期经济责任审计，查出违纪违规行为金额731万元，移送纪检机关两人，移送司法机关1人。（撰稿人：肖宇翔）

【武汉市汉阳区审计局】 现有干部职工16人，设有办公室、综合科、财政行政审计科、事业企业审计科，负责对全区9个街道、两个乡和64个区直部门的审计监督。局长李文清（—11月）、曾晟（11月—），副局长张志望、谢春芬，纪检组长范正荣（7月—）。

审计成果 完成审计项目32个，查出违规行为金额241万元，上缴财政14万元。对25个单位部门的32名领导干部进行经济责任审计，审计信息被采用34篇，向纪检监察、司法机关移送案件4起，1名副处级干部被立案侦查。（撰稿人：范正荣）

【武汉市武昌区审计局】 现有干部职工22人，设有办公室、综合法规科、行政事业审计科、经贸审计科、财政审计科、国有资产审计科和经济责任审计科，负责对全区24个企业和208个行政事业单位的审计监督。局长熊泽刚，副局长万会国、刘琪。

审计成果 完成审计项目47个、审计调查项目5个，查出违规行为金额1.2万元，指明要求纠正5433万元，决定处理处罚6650万元，上缴财政35万元。上级机关批示和新闻媒体采用信息137篇。被中央精神文明建设指导委员会办公室授予“全国精神文明创建工作先进单位”荣誉称号；保持“省级最佳文明单位”荣誉称号；被评为“湖北省审计工作综合考核优胜单位”、“湖北省审计机关廉政勤政工作先进单位”。（撰稿人：刘大如）

【武汉市青山区审计局】 现有干部职工17人，设有办公室、经济责任审计科、财政审计科、行政事业审计科和企业审计科，负责对全区10个街道、53个行政事业单位和38个企业的审计监督。局长曾凡岗，副局长张正青、陈贵斌。

审计成果 完成审计任务22个，查出违纪违规行为金额8385万元，上缴财政12.1万元。审计信息被采用19篇。（撰稿人：胡幸福）

【武汉市洪山区审计局】 现有干部职工14人，设有办公室、综合法规科、财政行政事业审计科、经贸投资审计科、经济责任审计科，负责对全区4个街道、8个乡镇和61个区直部门的审计监督。局长曾庆祝，副局长李安武、桂兴志。

审计成果 完成审计项目49个，查出违纪违规行为金额947万元，处理上缴64万元。对12名领导干部进行经济责任审计。（撰稿人：吴浪）

【武汉市东西湖区审计局】 现有干部职工15人，设有办公室、财政审计科、农业与资源环保（社会保障）审计科、固定资产投资审计科、经济责任审计科，负责对全区12个农场（办事处）和60个区直部门的审计监督。局长黄爱娥，副局长王强。

审计成果 完成审计项目33个，查出违纪违规行为金额1.89亿元，应缴财政1403万元，已交1391万元。向司法机关移送经济案件两起。提交审计报告38份，提出审计建议140条，提交审计信息60篇。对8名区直部门领导干部进行经济责任审计，查出违纪违规行为金额1118万元，向司法机关移送经济案件两起，刑事处理两人。（撰稿人：刘永江）

【武汉市汉南区审计局】 现有干部职工14人，设有办公室、财政审计科、行政事业审计科、经贸审计科，负责对全区两个街（镇）、4个国有农场和50个区直部门的审计监督。局长陈有雄，副局长刘望道。

审计成果 完成审计项目24个，被审计单位100多个，查出违纪违规行为金额715万元，应上缴金额3万元，入库率90%，归还原渠道资金376万元。配合司法机关和区纪委监察局办理案件两起，向被审计单位提出审计意见和建议60多条。提交审计报告、信息77篇，采用15篇。（撰稿人：王玉宝）

【武汉市蔡甸区审计局】 现有干部职工26人，设有办公室、综合审计科、财政金融审计科、行政事业审计科、农业经贸审计科、经济责任审计科，负责对全区10个街、乡镇和69个区直部门的审计监督。局长刘武堂，副局长高新华、陈云阶、陈红霞、万信义（—7月），纪检组长谢守恩（—7月）。

审计成果 完成审计项目54个，查出违纪违规行为金额7943万元，决定处理处罚2050万元，上缴财政32万元，追还被侵占挪用资金118万元，提交审计报告和信息140篇，被采用58篇。对30名处级党政领导干部进行经济责任审计，查出违纪违规行为金额2212万元，通过审计，平调27人。保持“省级文明单位”荣誉称号。（撰稿人：杨景之）

【武汉市江夏区审计局】 现有干部职工29人，设有办公室、财政金融审计科、行政事业与社会保障审计科、农业与资源环保审计科、经济责任与经贸审计科、基建投资审计科，另设有机关后勤服务中心（直属事业单位），负责对全区13个乡镇（街）和54个区直部门的审计监督。局长王尤堤，副局长陈雪刚、康宏焱、陶崇万，纪检组长刘冬发。

审计成果 完成审计（调查）项目45个，其中区委、区政府交办12项。查出违纪违规行为金额2211万元，应缴财政51万元，已上交45万元，移交纪检监察案件1起。对10名领导干部进行经济责任审计。预算执行审计项目被评为全省优秀审计项目。被采用审计信息139篇。（撰稿人：梅琼）

【武汉市黄陂区审计局】 现有干部职工33人，设有综合科、财政金融审计科、行政事业审计科、经贸审计科、固定资产投资审计科、农林水审计科，另设有经济责任审计中心（直属事业单位），负责对全区7个街道、11个乡镇和624个区直部门的审计监督。局长易晓，副局长章华林、刘绪艳、张建新、卢勇，纪检组长祁建文。

审计成果 完成审计项目54个，审计单位96个，查出违纪违规行为金额4585万元，追还被侵占挪用资金243万元，处理处罚298万元。提出审计建议236条。对11名领导干部进行任期经济责任审计，查出违纪违规行为金额1636万元。审计后，晋升1人，撤职1人。保持“省级文明单位”荣誉称号，被评为“湖北省审计工作综合考核优胜单位”。（撰稿人：谢胜明）

【武汉市新洲区审计局】 现有干部职工57人，设有办公室、财政金融审计科、经贸审计科、行政事业审计科、经济责任审计科、农业与资源环保审计科，另设有基建预决算咨询中心（直属事业单位），负责对全区12个街镇、发展区和104个区直部门的审计监督。局长巴瑞林，副局长邹新林、李明洲、李津舟，纪检组长张勤喜（3月—）。

审计成果 完成审计项目85个，查出违纪违规行为金额2901万元，应纠正金额7313万元，上缴财政81.1万元。全区内审机构完成审计单位148个，查出损失浪费58万元，促进增收节支49万元，已纠正违规行为金额91万元。报送信息120篇，被采用64篇。（撰稿人：雷德学）

【十堰市审计局】 2002年，共有干部职工72人，其中本科学历27人，大专学历32人，局长翁仙王，副局长马泽民、刘文明、陈明显（—3月），纪检组长刘小米。设有办公室、综合科、法制科、经贸审计科、金融审计科、财政审计科、外资审计科、固定资产投资审计科、社会保障审计科、农业与环保资源审计科、行政事业审计科、人事教育科、纪检监察室、老干部工作科；另设有8个派出机构：综合办、白浪办事处，经济执法办事处、科教办事处、计划投资办事处、文卫办事处、农水办事处、政法办事处；还设有经济责任审计局、计算机中心、培训中心等直属事业单位。

审计成果 完成审计项目60个，查出违规行为金额1.58亿元，上缴财政341万元，应追回被侵占挪用资金353万元，审减财政拨款或补贴26万元。审计报告和信息被批示、采用142篇。被中央精神文明建设指导委员会授予“全国精神文明建设工作先进单位”称号，保持“省级最佳文明单位”荣誉称号，被评为“湖北省审计工作综合考核优胜单位”。预算执行审计、失业保险基金及下岗职工保障金审计、秦岭山区农业综合开发资金审计等被评为全省优秀审计项目奖。

经济责任审计 对37名领导干部进行经济责任审计，查出违纪违规行为金额9802万元，其中负主管责任9557万元，直接责任24万元，上缴财政146万元，指明要求纠正6581万元。审计后，晋升4人、平调8人、免职5人、诫免1人、移交司法机关查处1人。（撰稿人：王重庆）

【十堰市张湾区审计局】 现有干部职工21人，设有综合科、财政审计科、行政事业审计科、社会保障审计科，另设有经济责任审计局（副科级），负责对全区9个乡镇街办开发区和27个区直部门的审计监督。局长叶克田，副局长徐忠先、尹维平（6月—）、曹淑莉（—6月）。

审计成果 完成审计项目33个，查出违纪违规行为金额555万元，促进增收节支48万元，归还原渠道资金300多万元，上缴财政7万元。对11名领导干部进行经济责任审计。提交审计信息68篇，被采用22篇。保持“省级文明单位”荣誉称号。（撰稿人：陈霞）

【十堰市茅箭区审计局】 现有干部职工9人，设有办公室、财政审计科、行政事业审计科，另设有经济责任审计局（直属事业单位），负责对全区3个乡镇、两个林场、3个街道、1个开发区和73个区直部门的审计监督。局长易玲，副局长秦道荣。

审计成果 完成审计项目（单位）29个，查出违纪违规行为金额523万元，上缴财政5万元，追还税金19万元，归还原渠道资金99万元。提出审计建议45条，促进增收节支81万元。提交审计信息18篇，被批示、采用11篇。（撰稿人：李道全）

【丹江口市审计局】 现有干部职工32人，设有办公室、综合法制科、财政金融外资审计科、行政事业审计科、农业与资源环保审计科、经贸审计科、社会保障审计科、固定资产投资审计科，另设驻武当山特区办事处，负责对全市20个乡镇(林业开发区)、85个市直部门和1个旅游经济特区的审计监督。局长汪新建，副局长周国超、黄富华、何丹生、陈咏梅，纪检组长王新治。

审计成果 完成审计项目36个，查出违纪违规行为金额1.06亿元，发现12个单位设有“小金库”21个，上缴财政72万元，提出审计建议22条，被采纳16条，增加经济效益526万元。报送审计信息18篇，被采用12篇。被评为“湖北省审计机关廉政勤政工作先进单位”。(撰稿人：姜龙生)

【郧县审计局】 现有干部职工31人，设有办公室、财政金融外资审计股、农业资源与环境保护审计股、经贸投资审计股、行政事业审计股、经济责任审计股，负责对全县20个乡（镇、场）和169个县直部门的审计监督。局长陈连康，副局长谢建国、狄永胜、张志国、金天珍，纪检组长申玉明（12月—）。

审计成果 完成审计项目78个，查出违纪违规行为金额8765.62万元，决定处理处罚5036.62万元，指明要求纠正3730万元，上缴财政42.49万元，归还被侵占挪用资金2710万元，促进增收节支525万元。向司法部门移送案件1起。提出审计建议171条，报送审计信息39篇，被批示、采用7篇。交警部门财务收支审计项目被评为全省优秀审计项目。(撰稿人：王永吉)

【竹山县审计局】 现有干部职工28人，设有办公室、法制股、行政事业审计股、农业与资源环保审计股、财政金融投资审计股、经贸审计股、体系指导站，另设有经济责任审计局（直属事业单位），负责对全县17个乡镇和100多个县直部门（单位）的审计监督。局长王宝贵（11月—）、胡学端（—11月），副局长何敦波、程贤斌、吴庆刚。

审计成果 完成审计项目39个，查出违规违纪行为金额4100万元，上缴财政26.3万元，归还被侵占挪用资金504万元。对24名部门领导进行经济责任审计。报送审计报告54份，审计建议被采纳35条。(撰稿人：毛光炎)

【房县审计局】 现有干部职工25人，设有办公室、行政事业与社会保障审计股、财政金融审计股、农业与资源环保审计股、经贸审计股、固定资产投资审计股，另设有经济责任审计局（直属事业单位），负责对全县20个乡镇（场）和87个县直及所属企事业单位的审计监督。局长邓清海，副局长邓荣基、肖广学、孙运林。

审计成果 完成审计项目（单位）67个，查出违规违纪行为金额4624万元，上缴财政61万元，归还原渠道资金1481万元，提出审计建议120条。报送审计报告56份、审计信息7篇，被批示、采用9篇。保持“省级文明单位”荣誉称号。(撰稿人：胡传忠)

【郧西县审计局】 现有干部职工26人，设有综合股、财政审计股、金融审计股、固定资产投资审计股、外资审计股、行政事业审计股、社会保障审计股、农林水审计股，另设有经济责任审计局（直属事业单位），负责对全县18个乡镇、农场和62个县直部门的审计监督。局长杨杰，副局长曾大鑫，纪检组长胡文森（1月—）。

审计成果 完成审计项目52个，审计单位65个，查出违纪违规行为金额2171.47万元，向检察机关移交案件1起，涉案金额156万元。提交审计信息126篇，被批示、采用68篇。石油公司财务收支审计项目获全省优秀审计项目。(撰稿人：王红)

【竹溪县审计局】 现有干部职工25人，设有办公室、行政事业审计股、农业与环保资源审计股、财政金融审计股、经贸审计股、投资建设审计股，另设有经济责任审计局（直属事业单位），负责对全县20个乡镇和75个县直部门的审计监督。局长王林，副局长曾伟之（7月—）、柯玉和、翁炳华，纪检监察员刘延辉（3月—）。

审计成果 完成审计项目（单位）64个，查出违纪违规行为金额7222万元，上缴财政31万元，移交检察院案件1起，归还被侵占挪用资金130万元，提出审计建议154条，被采用140条，挽回经济损失140万元。对21人进行经济责任审计，查出违纪违规行为金额6973万元，负领导直接责任862万元，负主管责任522万元，审计后，平调10人。(撰稿人：吴爱丽)

【襄樊市审计局】 2002年，共有干部职工127人，其中本科学历46人，大专学历52人，局长王万清，副局长董晓东、黄青云、张振武、余汉国、刘富华，纪检组长韩静。设有办公室、综合科、法规科、财政审计科、金融审计科、外资审计科、经贸审计科、农业与资源环保审计科、固定资产投资审计科、行政事业审计科、人事科、老干部管理科、纪检监察室、派出综合科。

审计成果 完成审计项目37个，审计（调查）单位640个，查出违纪违规行为资金13.68亿元，决定处理处罚5586万元，已交财政4275

万元，归还原渠道资金5302万元，调账处理8.74亿元，指明要求纠正11.65亿元。查出百万元违纪单位54个，向纪检监察移送案件9起，向司法机关移送案件6起。提交报告、信息2554篇，被采用1892篇。对襄阳区住房公积金审计、保康县县长经济责任审计、财政支农扶贫资金审计、失业保险基金及下岗职工保障金审计、预算执行审计、石油公司财务收支审计、中国农业发展银行审计等项目被评为全省优秀审计项目。市局被中央精神文明建设指导委员会授予“全国精神文明建设先进单位”、人事部、审计署授予“全国审计机关先进集体”的荣誉称号；保持“湖北省最佳文明单位”荣誉称号；被评为“湖北省廉政勤政先进集体”和“湖北省审计质量综合考核优胜单位”。

经济责任审计 对181名党政领导干部和企业法人进行经济责任审计，查出违纪违规行为金额4861万元，其中个人负直接责任3617万元。审计后，免职、降职、撤职4人，移送纪检监察、司法机关处理16人。制定《经济责任审计暂行办法》、《经济责任审计公示制度》、《经济责任审计成果运用办法》和《经济责任审计文书格式规范》等。（撰稿人：郑双银）

【襄樊市襄城区审计局】 现有干部职工14人，设有办公室、行政事业审计科、经贸审计科，负责对全区8个乡镇、街道和32个区直部门的审计监督。局长付明辉（—7月）、陈献忠（7月—），副局长王春玲（—10月）、张玉宽（兼纪检组长）、高会欣。

审计成果 全年完成审计项目38个，审计单位56个，审计金额1.35亿元，共查出违纪违规行为金额1314万元，指明要求纠正493万元。提交审计报告38篇，被批示、采用7篇。（撰稿人：钟雪丽）

【襄樊市樊城区审计局】 现有干部职工24人，设有办公室、综合科、行政财政审计科、企业审计科、经济责任审计中心，负责对全区10个乡、办事处和55个区直部门的审计监督。局长代锋（7月—）、刘先甫（—7月），副局长张寒蕊、冷二军、龚继林（—9月）、任明远（—9月）、李晓菁（—9月），纪检组长丰新荣（9月—）。

审计成果 完成审计（调查）项目15个，审计单位64个，查出违纪违规行为金额4212万元。对33个行政、企事业单位的领导干部进行经济责任审计，查出违纪违规行为金额3218.64万元。审计信息被采用100篇。（撰稿人：刘华玲）

【襄樊市襄阳区审计局】 现有干部职工42人，设有办公室、综合科、财政审计科、金融审计科、经贸审计科、行政事业审计科、固定资产投资审计科、农业与环保资源审计科、人事科，另设有经济责任审计局（直属事业单位）、张湾审计办事处、东津审计办事处、石桥审计办事处、黄集审计办事处、双沟审计办事处，负责对全区13个乡镇和49个区直部门的审计监督。局长杨永新（9月—）、卫军（—6月），副局长毛伟民、李明杰、张喜贵、许俐（9月—）、陈国群（9月—）、张自强（—9月）、吴传发（—9月）、江荣兰（—9月）。

审计成果 完成审计项目18个，审计单位191个，查出违纪违规行为金额1.92亿元，已处理上缴财政345万元。提交审计情况报告、信息材料337篇，被批示、采用247篇。农业发展银行审计项目被评为全省优秀审计项目。（撰稿人：崔纲）

【老河口市审计局】 现有干部职工113人，设有办公室、综合科、法制科、财政审计科、金融审计科、外资审计科、经贸审计科、农林水审计科、行政事业审计科、固定资产投资审计科、人事监察科，另设有经济责任审计局、城区审计办事处、乡镇审计办事处，还设有武汉大学老河口审计局函授站（直属事业单位），负责对全市10个乡镇和45个市直部门的审计监督。局长韩斌，副局长杜竞先、赵平、孟继群，纪检组长陈小云（6月—）。

审计成果 完成审计项目25个，对22名领导干部进行经济责任审计。查出违纪违规行为金额5755万元，调账处理160万元，归还原渠道资金230万元，向纪检监察移送事项3件、司法机关移送案件1起。预算执行审计项目被评为全省优秀审计项目。保持“省级文明单位”荣誉称号；被评为“湖北省审计质量综合考核优胜单位”、“湖北省审计机关廉政勤政工作先进单位”。（撰稿人：张雁）

【枣阳市审计局】 现有干部职工43人，设有办公室、财政审计科、金融外资审计科、经贸审计科、行政事业审计科、农业与资源环保审计科、固定资产投资审计科，另设有直属事业单位经济责任审计中心、社会保障基金审计中心，负责对全市16个镇、开发区和100多个市直部门的审计监督。局长文斌武（4月—）、葛昌永（—4月），副局长曾宪平（8月—）、吴玉江、沈茂忠（8月—）、杜见有（—8月）、陈波（—8月），纪检组长王月云（8月—）、李伦运（—8月）。

审计成果 完成审计项目18个，审计单位68个，查出违纪违规行为金额6827万元，已上缴财政184万元。提交审计报告、信息560篇，被采用420篇。对6个市直副县级和

52个正局级党政领导干部进行任期经济责任审计，查出违纪违规行为资金263万元，减少损失浪费76万元，避免国有资产流失100多万元。保持“全省最佳文明单位”荣誉称号，预算执行审计项目被评为全省优秀审计项目。（撰稿人：朱莉莉）

【宜城市审计局】 现有干部职工41人，设有办公室、人事科、经贸企业审计科、财政金融审计科、行政事业审计科、固定资产投资审计科，另设有经济责任审计中心（直属事业单位），负责对全市10个乡镇和46个市直部门的审计监督。局长周建成，副局长华春生、胡新成、吴传珍（—7月）、夏元成（—7月）、刘遵柱（—7月），纪检组长刘遵柱（7月—）、王凤鸣（—7月）。

审计成果 完成审计项目17个，审计单位43个，查出违规行为金额1851万元，已上缴财政1284万元。（撰稿人：龚东雄）

【南漳县审计局】 现有干部职工46人，设有办公室、人事科、法规科、财政金融审计科、行政事业审计科、经贸审计科、农业与资源环保审计科、固定资产投资审计科，负责对全县10个乡镇和93个县直部门的审计监督。局长张学良，副局长张志国、杨强华、胡世杰、方显琴，纪检组长宋启卓。

审计成果 完成审计项目29个，查出违纪违规行为金额900多万元。对23名领导干部进行任期经济责任审计，查出违纪违规行为金额3023万元。提交审计报告35份，审计信息被采用446篇。保持“省级文明单位”荣誉称号。（撰稿人：靳媛佳）

【谷城县审计局】 现有干部职工42人，设有政工股、财政金融审计股、固定资产投资审计股、农林水利审计股、工交企业审计股、商业贸易审计股、行政事业审计股、审计体系指导股，另设有经济责任审计中心（直属事业单位），负责对全县10个乡镇和120个县直部门的审计监督。局长朱绍强，副局长宋瑞洪、葛秀安、张崇友、刘国朝（—4月）、邹庆福（—4月）、尚玉年（—4月），纪检组长邹庆福（4月—）。

审计成果 完成审计项目45个，其中经济责任审计20个，审计调查项目两个。查出违纪违规行为金额1285万元，上缴财政60万元，促进增收节支1150万元。保持“省级最佳文明单位”荣誉称号。（撰稿人：龚文丽）

【保康县审计局】 现有干部职工29人，设有办公室、农林环保审计股、财政金融审计股、行政事业审计股、投资外资审计股、经济贸易审计股、经济责任审计局，负责对全县11个乡镇和45个县直部门的审计监督。局长吴天星，副局长向阳（5月—）、徐昌莲、王艳玲（4月—），纪检组长陶礼义（5月—）。

审计成果 完成审计项目33个，审计单位103个，查出违纪违规行为金额2319万元，追缴财政收入44万元，归还原渠道资金159万元。审计建议被采纳11条，促进被审计单位完善制度、措施9项，提高经济效益218万元。对9名领导干部进行经济责任审计，查出挪用资金275万元，违规支出18.8万元，移交监察部门查处案件1起。保持“省级文明单位”荣誉称号。（撰稿人：向顺鹏）

【荆门市审计局】 2002年，共有干部职工61人，其中本科学历16人，大专学历43人，局长刘永庆，副局长汪顺彪、刘良生、肖正兰、张贵平，纪检组长张良智（1月—）、谢丛忠（—1月）。设有办公室、综合科、法规监督科、财政审计科、金融外资审计科、行政事业与社会保障审计科、经贸审计科、农业与资源环保审计科、固定资产投资审计科、人事教育科、机关总支，另设有经济责任审计局、投资审计中心等直属事业单位。

审计成果 完成审计项目62个、单位109个，查出违纪违规行为金额1.5亿元，已交财政310万元。提出审计建议141条，向监察机关移送案件1起。提交审计报告49份，被批示、采用12份；提交审计信息230余篇，被采用178篇。保持“省级最佳文明单位”荣誉称号，被评为“湖北省审计工作综合考核优胜单位”、“湖北省审计机关廉政勤政工作先进单位”，预算执行审计、农业综合开发资金审计、失业保险基金及下岗职工保障金审计等项目评为全省优秀审计项目。

经济责任审计 对27名领导干部进行经济责任审计，查出违纪违规行为金额5382万元，移交纪检监察机关经济案件两起，移交司法部门两起。

内部审计 内审机构394个，其中专职机构187个；内审人员611人，其中专职297人。（撰稿人：宋丽霞）

【荆门市东宝区审计局】 现有干部职工17人，设有办公室、财政投资审计科、金融法规监督科、行政事业审计科、农业资源环保审计科，另设有经济责任审计局（直属事业单位），负责对全区9个乡镇和77个区直部门的审计监督。局长郑应文，副局长陈龙辉（1月—）、赵德洪（—1月）、余银远（—1月）。

审计成果 完成审计项目30个，审计单位125个，查出违纪违规行为金额2767万元，上缴财政170万元。提出审计建议76条，提交审计报告83份。对9名乡镇领导干部、

8名区直部门领导干部进行离任经济责任审计。配合区纪检、监察和司法机关查出经济案件3起。（撰稿人：康方芹）

【荆门市掇刀区审计局】　现有干部职工13人，设有办公室、财政金融审计科、投资审计科、综合科，另设有经济责任审计局（直属事业单位），负责对全区4个镇（街办）和34个区直部门的审计监督。局长黄官全，副局长徐清春、熊明华。

审计成果　完成审计项目19个，查出违纪违规行为金额748万元，增加财政收入90.5万元，指明要求纠正1997万元，核减工程造价62.6万元。对13名领导干部进行经济责任审计。（撰稿人：蔡修文）

【荆门市屈家岭管理区审计局】　现有干部职工3人，负责对全区7个农业办事处、16个直属企业和36个区直行政事业单位的审计监督。副局长肖琳（主持工作）。

审计成果　完成审计项目5个，审计单位13个。查出违纪违规行为金额80余万元，提交审计报告13份，为监察部门提供案件线索9件，查处案件1起。（撰稿人：肖琳）

【钟祥市审计局】　现有干部职工41人，设有办公室、综合科、财政金融审计科、行政事业与社会保障审计科、固定资产投资审计科、经贸审计科、农业与资源环保审计科，负责对全市17个乡镇和86个市直部门的审计监督。局长肖绍华，副局长朱文国（11月—）、吕学佳、陈兵（3月—）、李保华、周光林（—3月）、肖玲（—3月），纪检组长武清凤。

审计成果　完成审计项目（单位）80个，查出违纪违规行为金额6860万元，促进增收节支266万元。审计建议被采纳86条，审计信息被采用119篇。石油公司财务收支审计项目被评为全省优秀审计项目，被评为"湖北省审计工作综合考核优胜单位"。（撰稿人：范士江）

【沙洋县审计局】　现有干部职工20人，设有财政金融基建审计股、行政事业审计股、工交商贸审计股、农林水审计股，负责对全县13个乡镇和38个县直部门的审计监督。局长詹必成，副局长吕启辉、黄其林（10月—）、游海峰、张德洪（—10月），纪检组长官德义（4月—）。

审计成果　完成审计项目24个，审计单位138个，查出违纪违规行为金额1326万元，追回被侵占挪用资金500万元，决定处理处罚72万元，促进增收节支145万元。审计建议被采纳21条，审计报告、信息被采用23篇。（撰稿人：向华云）

【京山县审计局】　现有干部职工18人，设有办公室、法规监督股、财政金融审计股、行政事业与社会保障审计股、经贸与固定资产投资审计股、农业与资源环保审计股，负责对全县14个乡镇和39个部门的审计监督。局长张祖治，副局长朱国方、邱太忠、王艳（5月—）、张学明（—5月）、罗祥福（—5月）。

审计成果　完成审计项目30个，审计单位124个，查出违纪违规行为金额770万元，100万元以上违纪单位1个，决定处理处罚93万元。对13个乡镇26名领导干部进行任期经济责任审计，查出违纪行为金额287万元。（撰稿人：童中梅）

【孝感市审计局】　2002年，共有干部职工47人，其中本科学历17人，大专学历25人，局长钟淮山，副局长付益山、田卫民、金正谋、左国香。设有办公室、综合科、法制科、财政审计科、基本建设投资审计科、行政事业审计科、农林水审计科、金融外资审计科、经贸审计科、人事教育科、纪检监察室；另设有经济责任审计局（直属事业单位）。

审计成果　完成审计项目27个，审计单位35个，查出违规行为金额3838万元，指明要求纠正2.54亿元，上缴财政202万元，促进归还原渠道资金529万元，向纪检机关移送案件1起。被批示、采用审计报告、信息146篇。保持"省级最佳精神文明单位"荣誉称号，被评为"湖北省审计工作综合考核优胜单位"，预算执行审计、黄麦岭磷化集团审计、无害化垃圾国债审计等项目被评为全省优秀审计项目。

经济责任审计　对8名领导干部进行经济责任审计，查出违纪违规行为金额364万元，指明要求纠正131万元。审计后，晋升两人、平调两人、降职1人。

内部审计　市直属部门内审机构共审计单位22个，查出并纠正违规行为金额230万元，查出损失浪费315万元，促进增收节支232万元，制定完善规章制度12条。（撰稿人：黄景勋）

【孝感市孝南区审计局】　现有干部职工27人，设有人事科、财政金融审计科、行政事业农林水审计科、工交商贸审计科和综合投资审计科，负责对全区11个乡镇、4个街道、1个农场和59个区直部门的审计监督。局长朱玉华（12月—），副局长王爱娥（—7月）、李柏青、管德文、田东升（—7月），纪检组长李杏珍。

审计成果　审计单位（项目）64个，查出违规行为金额3847万元，应缴财政29万元，应归还原渠道资金111万元，指明要求纠正3076万元。审计建议被采纳28条；提交审计报告、信息116篇，被批示、采用56篇。被评为"湖北省审计机关

廉政勤政工作先进单位”。（撰稿人：管德文）

【应城市审计局】　现有干部职工24人，设有行政事业农业审计股、财政金融审计股、固定资产投资审计股、工商企业审计股、人秘股，另设有经济责任审计局（直属事业单位），负责对全市17个乡镇和157个市直部门的审计监督。局长钟建华（12月—）、卢晓雷（—12月），副局长涂新亮、赵红芬（12月—）、杨德清（—12月）、汪木发（—12月），纪检组长田清源。

审计成果　完成审计项目26个，查出违纪违规行为金额6107万元，指明要求纠正4473万元。对9名领导干部进行经济责任审计，查出违纪违规行为金额881万元，移送纪检司法部门案件1起。内部审计部门查出损失浪费98万元，促进增收节支30万元，指明要求纠正17万元。提交审计报告26份，审计建议被采纳30余条，审计信息被批示、采用77篇。失业保险基金及下岗职工保障金审计项目被评为全省优秀审计项目。被中央精神文明建设指导委员会授予“全国精神文明建设工作先进单位”，保持“省级最佳文明单位”称号。（撰稿人：刘洪生）

【安陆市审计局】　现有干部职工19人，设有办公室、投资审计股、行政事业审计股、经贸审计股、农林水利审计股、财政金融审计股、经济责任审计股，负责对全市15个乡镇和98个市直部门的审计监督。局长张德安，副局长彭加权、周文进，姚开永。

审计成果　完成审计项目46个，审计单位54个，查出违纪违规行为金额1288万元，决定处理处罚73万元，促进归还原渠道资金313万元。提交审计报告、信息81篇，被批示、采用63篇。保持“省级文明单位”称号。（撰稿人：潘尔华）

【汉川市审计局】　现有干部职工26人，设有人事秘书股、财政金融审计股、行政事业审计股、固定资产投资审计股、企业审计股，另设有经济责任审计局（直属事业单位），负责对全市23个乡镇、办事处和99个市直部门的审计监督。局长王绍文，副局长邓中云、周天忠、王永芳。

审计成果　完成审计项目66个，审计单位81个，查出违纪违规行为金额9474万元，调账处理498万元，指明要求纠正1.78亿元，决定处理处罚99万元，上缴财政40万元，督促归还原渠道资金328万元。移送案件1起，检察机关立案处理4人。对65名领导干部进行经济责任审计，查出违纪违规行为金额9074万元。审计后，晋升3人，平调15人，免职6人，移送司法机关1人。审计工作报告、信息被采用73篇。移民建镇资金审计被评为全省优秀审计项目。（撰稿人：李丽萍）

【孝昌县审计局】　现有干部职工15人，设有办公室、综合投资审计股、企业审计股、财政税务金融审计股，另设有经济责任审计局（直属事业单位），负责对全县12个乡镇、30个县直部门的审计监督。局长丁汉春，副局长季海山、李和平，纪检组长毛德润。

审计成果　完成审计项目26个，审计单位38个，查出违纪违规行为金额7129万元，上缴财政16万元，追还被侵占挪用资金215万元，促进增收节支75万元。提交审计报告、信息65篇，被批示、采用23篇。（撰稿人：徐文）

【大悟县审计局】　现有干部职工29人，设有办公室、法制综合股、财政金融审计股、行政事业审计股、固定资产投资审计股、经贸审计股，另设有经济责任审计局（直属事业单位），负责对全县17个乡镇和93个县直部门的审计监督。局长严少林，副局长严海东、龚爱军（—11月）、黄新民、魏强（11月—），纪检组长魏强（—11月）、陈伯利（11月—）。

审计成果　完成审计项目59个，审计单位74个，查出违纪违规行为金额2985万元，上缴财政42万元，归还原渠道资金465万元，促进增收节支320万元。查出百万元以上的违纪单位7个，移交纪检监察案件3起。对24名领导干部进行任期经济责任审计。提交审计信息179篇，被采用80篇。（撰稿人：陈公安）

【云梦县审计局】　现有干部职工21人，设有办公室、财政金融审计股、行政事业审计股、投资审计股、经济贸易审计股，另设有经济责任审计局（直属事业单位），负责对全县12个乡镇和93个县直部门的审计监督。局长张立山，副局长黄汉章、杨俊明（8月—）、江少明（—8月），纪检组长江少明（8月—）。

审计成果　完成审计项目48个，审计单位59个，查出违纪违规行为金额3300多万元，决定处理处罚46万元。提交审计报告、信息113篇，被批示、采用98篇。（撰稿人：鲁忠诚）

【黄冈市审计局】　2002年，共有干部职工46人，其中本科学历12人，大专学历21人，局长龚应祥，副局长程建明、张绘、陈毅华、王思发（12月—），纪检组长何敬东（12月—）。设有办公室、综合法规科、财政审计科、金融审计科、经贸审计科、外资审计科、固定资产投资审计科、农林水审计科、行政事业审计科、政工科，另设有经济责任审计局（直属事业单位）。

审计成果　完成审计项目33个，审计单位58个，查出违纪违规行为金额7148万元，指明要求纠正7151万元，上缴财政103万元，归还原渠道资金1813万元。保持"省级文明单位"称号，被评为"湖北省审计机关廉政勤政工作先进单位"，住房公积金审计、移民建镇资金审计被评为全省优秀审计项目。

经济责任审计　对22名领导干部进行经济责任审计，其中县（区）长两人。查出"小金库"、违反"收支两条线"规定和公款高消费等违纪违规行为金额1240万元。1名县级干部移送市纪委处理。

内部审计　市直内审机构23个，内审人员45人。审计单位785个，纠正违规行为金额1235万元，促进增收节支1136万元。（撰稿人：王骏）

【黄冈市黄州区审计局】　现有干部职工35人，设有财政审计股、行政事业审计股、经贸审计股、农业与资源环保审计股、固定资产投资审计股，另设有经济责任审计局、赤壁审计办事处、陈策楼审计办事处、固定资产投资造价审计所、财务审计所等直属事业单位，负责对全区8个乡镇（办、场）和76个区直部门的审计监督。局长罗少斌，副局长陈细宝、何保平、刘福清（—7月）。

审计成果　完成审计项目28个，审计单位109个，查出违纪违规行为金额2771万元，补交财政收入100多万元，归还原渠道资金1080万元，决定处理处罚149万元，上缴财政74.2万元，促进增收节支484万元。失业保险基金及下岗职工保障金审计被评为全省优秀审计项目。保持"省级文明单位"荣誉称号。（撰稿人：罗少斌）

【麻城市审计局】　现有干部职工29人，设有财政金融审计科、行政事业审计科、农林水审计科、固定资产投资审计科、工交审计科、商贸审计科、审计体系指导科，负责对全市20个乡镇办事处和67个市直部门的审计监督。局长李贵忠，副局长吴本和、鲁铁桥、沈顺林、金德太，纪检组长宁大猛。

审计成果　完成审计项目30个，审计单位185个，查出违纪违规行为金额8500万元。提交审计报告和信息87篇，被采用52篇。普教经费整改情况跟踪审计后，教育部门上缴违规收费154.7万元，退还不合理收费207.63万元，取消收费项目7个，降低收费标准项目3个。对28名领导干部进行经济责任审计，查出违纪违规行为金额749万元。保持"省级文明单位"荣誉称号。（撰稿人：徐金田）

【武穴市审计局】　现有干部职工58人，设有办公室、综合法规科、财政金融审计科、行政事业与社会保障审计科、经贸审计科、农业与资源环保审计科、固定资产投资审计科，负责对全市12个乡镇和96个市直部门的审计监督。局长李炎清，副局长王尚书（7月—）、龚起兵、劳仲文、汪军民、董洁岚，纪检组长查皓。

审计成果　审计项目22个，审计单位50个，查出违纪违规行为金额1600万元，决定处理处罚60余万元，指明要求纠正120多万元，提出审计建议100余条，促进增收节支450多万元。对23名领导干部进行经济责任审计，查出违纪违规行为金额986万元，提出审计建议56条，促进增收节支238万元。中国农业发展银行审计项目被评为全省优秀审计项目。（撰稿人：查国）

【红安县审计局】　现有干部职工75人，设有办公室、行政事业审计股、财政金融审计股、经贸审计股、农林水审计股、固定资产投资审计股，负责对全县12个乡镇（场）和100多个县直部门的审计监督。局长李洞庭，副局长李明星、曾寿元、江厚权、阮成年、阮双喜。

审计成果　审计单位108个，查出违纪违规行为金额7876万元，上缴财政1078万元。审计信息被采用60多篇。（撰稿人：张瑞林）

【罗田县审计局】　现有干部职工29人，设有办公室、基建投资审计股、财政金融审计股、行政事业审计股、工交审计股、商贸审计股、经济责任审计股、农林水审计股、复核股，负责对全县12个乡镇和215个县直部门的审计监督。局长闫桂洲（12月—），副局长周德和、石鸣钟、叶从浩，纪检组长王惠安。

审计成果　审计单位148个，查出违纪违规行为金额8300.9万元，上缴财政113万元，减少财政拨款587万元、补贴638万元，归还被侵占挪用资金524万元，促进增收节支998万元，盘活资产954万元。提出审计建议365条。（撰稿人：丁文）

【英山县审计局】　现有干部职工30人，设有财政金融审计股、行政事业审计股、农林水审计股、投资审计股、工交审计股、商贸审计股、经济责任审计股，负责对全县11个乡镇和116个县直部门及其所属268个直属单位的审计监督。局长方振华，副局长孙永福、刘宗林、胡志高，纪检组长许助民。

审计成果　完成审计项目128个，查出违纪违规行为金额8200万元，上缴财政90万元，指明要求归还金额680万元，促进增收节支2580万元。对42名领导干部进行经济责任审计，查处百万元以上大要案两起，涉及副县级领导干部1人，正局级干部4人。保持"省级文明单位"荣誉称号，被评为"湖北省审计工作综合考核优胜单位”、“湖北省审计机关廉政勤政工作先进单位”，对社保局局长的经济责任审计项目被评为全省优秀审计项目。（撰稿人：方振华）

【浠水县审计局】 现有干部职工45人，设有办公室、基建投资审计股、农林水审计股、工交审计股、经济责任审计股、商贸审计股、财政金融审计股、行政事业审计股，负责对全县13个乡镇场和63个县直部门的审计监督。局长陈全友，副局长南水林、郭会荣、冯兴安、周应祥、岑月新、何雁凌、刘爱，纪检组长程汉军。

审计成果 审计单位88个，查出违纪违规行为金额2747万元，上缴财政98万元。提出审计建议196条。（撰稿人：潘又林）

【蕲春县审计局】 现有干部职工62人，设有办公室、综合股、政工股、行政事业审计股、财政金融审计股、农林水审计股、工商企业审计股、固定资产投资审计股、领导干部经济责任审计股，负责对全县15个乡镇和82个县直部门的审计监督。局长李川东，副局长陈顶云、余利民、邓金友、侯光。

审计成果 完成审计项目156个，审计单位316个，查出违纪违规行为金额4907万元，责令归还被侵占挪用专款318万元，上缴财政200万元，其中查出百万元以上违纪单位14个。向检察机关移交案件1起。审计信息被批示、采用116篇。保持“省级文明单位”荣誉称号，被评为“湖北省审计工作综合考核优胜单位”。（撰稿人：詹彦生）

【黄梅县审计局】 现有干部职工78人，设有办公室、财政金融审计股、经贸审计股、固定资产投资审计股、农业与资源环保审计股、行政事业与社会保障审计股，负责对全县16个乡镇和78个县直部门的审计监督。局长赵树华，副局长程继纯、吕尚志、杨金女、江尊华，纪检组长沈从春。

审计成果 完成审计项目181个，查出违纪违规行为金额2667万元，指明要求纠正4386万元，上缴财政80万元，归还原渠道资金1052万元，促进增收节支654万元。（撰稿人：赵盛桥）

【团风县审计局】 现有干部职工18人，设有办公室、财政金融审计股、经贸与固定资产投资审计股、行政事业与社会保障审计股、农业与资源环保审计股，另设有经济责任审计局（直属事业单位），负责对全县10个乡镇和51个县直部门的审计监督。局长熊振明，副局长孙华玲、曹林保、罗汉明，纪检组长熊银章。

审计成果 完成审计项目27个，审计单位136个，查出违纪违规行为金额1660万元，上缴财政40万元。完成县委、县政府交办的8项98个单位的审计清理工作。对10个乡镇和31个县直单位的主要领导干部进行了经济责任审计。（撰稿人：罗汉明）

【鄂州市审计局】 2002年，共有干部职工55人，其中本科学历29人，大专学历19人，局长夏建武，副局长张汉清、吴永环、沈美树，纪检组长柯昌新。设有办公室、法规科、财政金融审计科、行政事业审计科、固定资产投资审计科、社会保障审计科、经贸审计科、农业与资源环保审计科、监察室，另设有经济责任审计局（副县级），派出审计一科、派出审计二科、派出审计三科、派出审计四科。

审计成果 完成审计项目135个，查出违纪违规行为金额2.9亿元，调账处理3597万元，上缴财政及归还原渠道资金2690万元，移交纪检监察部门经济案件两起。提交审计信息330多篇，被采用170多篇。昌大堤整险加固工程审计、交警部门财务收支审计等项目被评为全省优秀审计项目。

经济责任审计 对36个部门和单位的41名领导干部进行经济责任审计，查出违纪违规行为金额3270万元，其中，领导干部负主管责任1820万元，负直接责任265万元。审计后，免职、撤职11人，移送纪检监察机关查处两人。

内部审计 完成审计项目308个，其中，经济责任审计44个。查出违纪违规行为金额473万元，促进增收节支365万元，提出审计建议258条，移交经济案件线索1件，建议行政处分两人。（撰稿人：王汉生）

【鄂州市鄂城区审计局】 现有干部职工12人，设有办公室、财政审计股、行政事业审计股，另设有经济责任审计局（副科级），负责对全区9个乡镇和32个区直部门及所属单位的审计监督。局长刘佳喜，副局长黄有水、杜家东。

审计成果 完成审计项目50个，查出违纪违规行为金额5965万元，调账处理1217万元，追回被侵占挪用资金73万元，上缴财政711万元。对3个区直单位领导干部进行经济责任审计，试行村级干部经济责任审计，查出违纪违规行为金额435万元。审计后，8人分别受到党纪、免职、撤职处分。保持“省级文明单位”荣誉称号，被评为“湖北省审计机关廉政勤政工作先进单位”。（撰稿人：熊秋菊）

【鄂州市梁子湖区审计局】 现有干部职工6人。设有办公室、财政金融审计股、行政事业审计股，另设有经济责任审计局（副科级），负责对全区4个镇、1个生态旅游开发区管委会和25个区直部门的审计监督。局长胡怡生，副局长姜国成（9月—）。

审计成果　完成审计和调查项目5个，审计单位26个，查出违纪违规行为金额283万元，上缴财政7万元，追回被侵占挪用资金70万元，清退不合理收费13万元。对5名领导干部进行经济责任审计，查出违纪违规行为金额81万元。审计后，移交区纪委处理案件两起，受到党纪政纪处分两人。（撰稿人：姜国成）

【鄂州市华容区审计局】　现有干部职工8人，设有办公室、行政事业审计股、财政金融审计股，另设有经济责任审计局（副科级），负责对全区5个乡镇及57个区直部门的审计监督。局长余和舟，副局长汪新城、姜国平、夏俊。

审计成果　完成审计项目10个，审计单位23个，查出违纪违规行为金额2678万元，促进增收节支1810万元。提出审计建议54条。对16名领导干部进行经济责任审计，查出违纪违规行为金额1213万元。提交信息28篇。（撰稿人：孙丹）

【黄石市审计局】　2002年，共有干部职工51人，其中研究生学历1人，本科学历20人，大专学历27人，局长邓万才，副局长丁梅存、鲍贤咏、周秋海、郭建安，纪检组长王业琴。设有办公室、综合法制科、财政金融审计科、固定资产投资审计科、行政事业审计科、经贸审计科、农业与资源环保审计科、外资运用审计科、社会保障审计科、政工（监察）科和经济责任审计办公室。

审计成果　审计单位285个，查出违纪违规行为金额4.08亿元，指明要求纠正2.5亿元，应缴财政3847万元，已交财政3279万元，应归还原渠道资金2201万元，查出百万元以上违规单位19个，向司法、纪检监察机关移送案件3起。报送审计信息262篇（次），被批示、采用139篇（次）。长江干堤加固工程审计、交警部门财务收支审计、中国农业发展银行审计等被评为全省优秀审计项目。被评为“湖北省审计工作综合考核优胜单位”、“湖北省审计机关廉政勤政工作先进单位”。保持“省级最佳文明单位”荣誉称号。

经济责任审计　对132个部门和单位的156名领导干部进行经济责任审计，其中，县级以上干部45人。查出违规行为金额2.2亿元，其中，领导干部应负直接责任1044万元，个人经济问题6万元。审计后，晋升16人，免职、降职5人。

内部审计　内审机构135个，其中专职机构71个。内审人员247人，其中专职人员135人。全年审计单位344个，查出损失浪费402万元，促进增收节支229万元，纠正违规行为金额802万元。审计建议被采纳90条。（撰稿人：乐芬）

【黄石市黄石港区审计局】　现有干部职工5人，负责对全区4个办事处和16个区直属部门的审计监督。局长张绪军，副局长黄开文。

审计成果　完成审计项目24个，其中对16名部门主要负责人进行经济责任审计。查出违纪违规行为金额77万元，其中“小金库”两个，金额11.8万元。上报审计信息15篇。（撰稿人：黄开文）

【黄石市西塞山区审计局】　现有干部职工4人，负责对全区7个乡镇、街道和40个区直部门及18所学校、4个医疗机构等事业单位的审计监督。局长李碧，副局长李力、叶红。

审计成果　完成审计项目15个，其中对9名领导干部进行经济责任审计。查出违纪违规行为金额398万元，向纪检部门移送案件1起。（撰稿人：叶红）

【黄石市下陆区审计局】　现有干部职工5人，设有办公室、审计业务办公室、微机管理档案室，负责对全区4个街道和45个区直部门的审计监督。局长熊宜波，副局长陈新送。

审计成果　完成审计项目38个，其中对6名领导干部进行经济责任审计，查出违纪违规行为金额1589万元，查出“小金库”1个，提出审计建议96条，促进增收节支560万元，提交审计报告12份，报送审计信息23篇。（撰稿人：喻磊）

【黄石市铁山区审计局】　现有干部职工6人，负责对全区两个街道和36个区直部门的审计监督。局长刘雪秋，副局长闵建新、戚军。

审计成果　完成审计项目42个，查出违纪违规行为金额938万元，上缴财政20万元。（撰稿人：闵建新）

【大冶市审计局】　现有干部职工46人，设有办公室、综合科、财政金融审计科、行政事业审计科、经贸审计科、投资审计科、基层（农林水）审计科，另设有经济责任审计分局（直属事业单位），负责对全市15个乡镇、街道和68个市直部门及国有企事业单位的审计监督。局长刘旭东，副局长刘爱国、尹剑钧、吴蒙。

审计成果　完成审计项目95个，其中，对59名领导干部进行经济责任审计，查出违纪违规行为金额5714万元，指明要求纠正3712万元，上缴财政240万元，归还被侵占挪用资金178万元。报送审计信息

73篇，被批示、采用93篇（次）。保持“省级文明单位”荣誉称号。对黄金局局长经济责任审计项目被评为全省优秀审计项目。（撰稿人：柯云燕）

【阳新县审计局】 现有干部职工43人，设有办公室、行政事业审计科、农业与资源环保审计科、固定资产投资与外资运用审计科、经贸审计科、财政金融审计科、综合审计指导科，另设有经济责任审计局（直属事业单位），负责对全县21个乡镇场和57个县直部门的审计监督。局长夏焕赋，副局长肖胜国、陈敬杨、鲍义谦、石教胜，纪检组长张强。

审计成果 完成审计项目111个，查出违纪违规行为金额8531万元，决定处理处罚164万元，上缴财政140万元，促进增收节支210万元，归还原渠道资金381万元。提出审计建议130条，被采纳103条；上报审计信息47篇，被采用40篇。对20个部门和单位的27名领导干部进行经济责任审计，审计后，晋升4人，平调14人。（撰稿人：柯昌发）

【咸宁市审计局】 2002年，共有干部职工71人，其中本科学历15人，大专学历33人，局长冯春，副局长熊自付、廖三楚、陈仁汉、张旺宝，纪检组长石深强。设有办公室、综合科、法制科、金融外资审计科、固定资产投资审计科、行政事业审计科、社会保障审计科、经贸审计科、财政审计科、农业与资源环保审计科、人事教育科、纪检监察室，另设有经济责任审计局、服务中心等直属事业单位。

审计成果 审计单位309个，查出违纪违规行为金额2.7亿元，已交财政844万元，要求归还原渠道资金3152万元，指明要求纠正3.14亿元，调账处理4049万元，查出百万元以上违规单位25个。建议纠正不当规定172条。向纪检监察移送案件7起，协助有关部门查处案件两起。审计信息被采用296篇。移民建镇资金审计获全省优秀审计项目。

经济责任审计 全市对109个单位（部门）的129名领导干部进行经济责任审计。审计查明，负领导责任5095万元，负直接责任825万元，损失浪费160万元，个人经济问题18万元。决定处理处罚6283万元，指明要求纠正1.48亿元，建议给予党政处分两人。审计后，晋升8人，平调52人，免职17人，撤职1人，移送纪检监察机关处理4人。

内部审计 完成内部审计项目493个，查出损失浪费380万元，促进增收节支509万元，指明要求纠正1328万元。审计建议被采纳318条。（撰稿人：方虹）

【咸宁市咸安区审计局】 现有干部职工41人，设有办公室、行政事业审计股、财政金融审计股、农林水审计股、固定资产投资审计股、工交商贸审计股、经济责任审计股、法规室，负责对全区13个乡镇、办事处、农场和59个区直部门的审计监督。局长童新民，副局长吴红梅、王振湖、潘传荣、章成功，纪检组长陆承德。

审计成果 完成审计项目72个，查出违纪违规行为金额4756万元，“账外账”7套，上缴财政80万元，移交司法机关案件1起。提出审计建议187条，报送审计信息96篇，被采用72篇。（撰稿人：闻方明）

【赤壁市审计局】 现有干部职工45人，设有办公室、行政事业审计股、财政金融审计股、固定资产投资审计股、工交审计股、商贸审计股、农林水审计股，另设有经济责任审计局（直属事业单位），负责对全市17个乡镇、办事处（场）和153个市直行政及企事单位的审计监督。局长桂黄光（3月—），副局长张大贵、唐卫星、黄华利、马景星、张勇，纪检委员田逢剑。

审计成果 完成审计项目单位79个，查出违纪违规行为金额3850万元，上缴财政160万元，归还被侵占挪用专项资金260万元，提出审计建议25条，促进财政增收节支300多万元。审计报告和信息被批示、采用159篇。保持“省级最佳文明单位”荣誉称号，被评为“湖北省审计工作综合考核优胜单位”，政府外债审计调查项目被评为全省优秀审计项目。（撰稿人：汪延河）

【嘉鱼县审计局】 现有干部职工30人，设有办公室、综合指导股、行政事业审计股、财政金融审计股、经济贸易审计股、农林水审计股、基建投资审计股和经济责任审计局，负责对全县9个镇（场）、54个县直部门的审计监督。局长蔡明音，副局长李法谋、蔡同武、李茂恩，纪检委员李德波。

审计成果 完成审计项目62个，查出违纪违规行为金额8404万元，上缴财政178万元，审计决定落实率达100%。提交审计信息70余篇，被采用62篇。（撰稿人：王辉）

【通城县审计局】 现有干部职工57人，设有办公室、法制股、财政金融审计股、企业审计股、行政事业审计股、农林水利审计股、固定资产投资审计股，另设有经济责任审计局（直属事业单位），负责对全县11个乡镇和54个县直部门的审计监督。局长吴治安，副局长郑光成、李良才、李文才、杜光华、喻玉平（5月—），纪检组长刘祯儒。

审计成果 完成审计项目15个，查出违纪违规行为金额6070万元，指明要求纠正5978万元，上缴财政92万元。提出审计建议87条，被采纳68条。对28名领导干部进行经济责任审计。提交审计报告和信息67篇，被采用21篇。被评为“湖北省审计机关廉政勤政工作先进单位”。（撰稿人：许定维）

【崇阳县审计局】 现有干部职工45人，设有办公室、法规股、经贸审计股、固定资产投资审计股、农业与资源环保审计股、行政事业审计股、财政金融外资审计股，另设有经济责任审计局（直属事业单位），负责对全县12个乡镇和101个县直部门的审计监督。局长庞咏，副局长程明书、庞晓珍、陈燕怡。

审计成果 完成审计项目66个，审计单位73个，查出违纪违规行为金额3876万元，上缴财政88万元，归还被侵占挪用资金346万元，促进增收节支243万元。对20名领导干部进行经济责任审计。保持“省级文明单位”荣誉称号。财政预算执行审计项目被评为全省优秀审计项目。（撰稿人：雷明俊）

【通山县审计局】 现有干部职工41人，设有办公室、法规指导股、工交商贸审计股、财政金融审计股、农林水审计股、行政事业审计股、基建投资审计股和经济责任审计中心，负责对全县13个乡镇和68个县直部门的审计监督。局长朱碧海，副局长彭建芬、杨兴社、郑远星，纪检组长郭新民。

审计成果 完成审计项目31个，审计单位64个，查出违纪违规行为金额4652万元，上缴财政80万元，归还原渠道资金83万元，建议纠正部门不当规定21条，查出百万元以上违规单位3个。提交审计报告和信息118篇，被采用47篇。对10名领导干部进行经济责任审计，查出违纪违规行为金额670万元。审计后，晋升1人，平调5人。（撰稿人：陈群）

【荆州市审计局】 2002年，共有干部职工80人，其中本科学历20人，大专学历36人，局长王本波，副局长冯学义、李俊平、余品元（—11月），纪检组长袁世明。设有办公室、综合法规科、财政金融审计科、行政事业审计科、经贸审计科、社会保障审计科、农业与资源环保审计科、固定资产投资审计科、外资运用审计科、人事教育科、机关党委（包括工会）；设有派驻纪检组、监察室，另设有派出科教文卫审计科、综合审计科、经贸审计科、农林水审计科、计划城建及投资审计科；还设有经济责任审计局、计算机及培训中心直属事业单位。

审计成果 完成审计单位（项目）676个，查出违纪违规行为金额12.95亿元，应缴财政3056万元，归还原渠道资金2.06亿元，调账处理2.02亿元，已交财政912万元，向纪检监察移送案件两起。普教经费审计、政府外债审计调查项目被评为全省优秀审计项目。保持“省级最佳文明单位”荣誉称号。

经济责任审计 对203名领导干部进行了任期经济责任审计，查出违规行为金额2.39亿元，领导干部应负直接责任89万元，个人经济问题金额17.3万元，其中挪用15.3万元。审计后，晋升7人，平调177人，免职12人，降职3人，撤职1人，受党纪政纪处分1人，移送纪检监察机关两人。

内部审计 全市内审机构57个，审计单位（项目）303个，查出违纪违规行为金额2.73亿元，促进增收节支12121万元。建议给予行政处分1人。举办审计业务档案管理和投资审计培训班两期，培训90多人。（撰稿人：张节本）

【荆州市沙市区审计局】 现有干部职工12人，设有办公室、经贸审计科、财政金融审计科、行政事业审计科，另设有经济责任审计局（直属事业单位），负责对全区5个乡镇和100多个区直行政事业单位和国有企业的审计监督。局长朱明，副局长黄玮、许友琴，纪检组长陈家福（2月—）。

审计成果 审计单位27个，查出违纪违规行为金额4742万元，决定处理处罚1146万元，指明要求纠正3596万元，处理后增加财政收入32万元。提交审计报告、信息37篇，被批示和采用23篇。（撰稿人：江虹）

【荆州市荆州区审计局】 现有干部职工17人，设有办公室、法制科、行政事业审计科、财政金融审计科、农业与资源环保审计科、经贸审计科，另设有直属事业单位经济责任审计局，负责对全区11个乡镇（办事处）、40个区直部门的审计监督。局长涂华垓，副局长周传华（兼纪检组长）、龚林森、刘庆华、鄢咸杰。

审计成果 审计单位（项目）50个，查出违纪违规行为金额3112万元，上缴财政35万元，督促归还原渠道资金224万元，调账处理246万元，纠正违规行为金额1048万元。对20个撤并机构的主要领导和7个镇（办事处）主要负责人进行经济责任审计，查出违纪违规行为金额928万元，其中领导干部负直接责任614万元，负主管责任314万元。（撰稿人：贺玉祥）

【石首市审计局】 现有干部职工34人，设有办公室、综合法制股、财政金融审计股、农林水审计股、行政事业审计股、经贸审计股、社会保障审计股，另设有经济责任审计分局（直属事业单位），负责对全市16个乡镇办和68个市直部门的审计监督。局长张海清，副局长管楚荣、李晓军、王再林（1月—）、刘承俊（1月—），纪检书记刘良新。

审计成果 完成审计项目24个，查出违规违纪行为金额3450万元，促进增收节支220万元。提出审计建议20条。报送审计信息80篇，被采用56篇。制定了《石首市城市建设资金管理办法》、《关于党政领导干部任期经济责任审计的实施办法》、《经济责任领导小组联席会议制度》。（撰稿人：张先进）

【洪湖市审计局】 现有干部职工41人，设有办公室、综合法规科、行政事业审计一科、行政事业审计二科、农业与资源环保审计科、固定资产投资审计科、经贸审计科、财政金融审计科、人事教育科、监察室、另设有经济责任审计局（直属事业单位），负责对全市17个乡镇和78个市直部门的审计监督。局长陈安涛（9月—）、陈桥南（—9月），副局长卢圣方、刘柏山、罗功佑、王长江（9月—），纪检组长祝运河。

审计成果 完成审计项目81个，查出违纪违规行为金额1.33亿元，应缴财政184万元，已交财政75万元。提交审计报告、信息34篇，被采用18篇。同市纪委、监察部门配合查处经济案件两起。对17名党政领导干部进行换届经济责任审计，查明增加农民负担1130万元，侵占挪用340万元，集资摊派970万元，决策失误造成浪费274万元，违规购房资金达30万元。审计后，晋升1人，降职3人。预算执行审计项目被评为全省优秀审计项目。（撰稿人：张登松）

【松滋市审计局】 现有干部职工71人，设有办公室、综合法规科、行政事业审计科、农业与环保审计科、财政金融审计科、社会保障审计科、经贸审计科、固定资产投资审计科、经济责任审计处，另设有派出审计一科、审计二科、审计三科，负责对全市16个乡镇、两个开发区和75个市直部门的审计监督。局长雷正秘，副局长陈稀林、胡兴林、李远华（—11月）、孙权，纪检组长谢光军。

审计成果 完成审计项目92个，查出违纪违规行为金额1.27亿元，上缴财政157万元，提出审计建议182条，促进增收节支485万元。对16名领导干部进行经济责任审计。保持“省级文明单位”荣誉称号，被评为“湖北省审计机关廉政勤政工作先进单位”。（撰稿人：王政国）

【江陵县审计局】 现有干部职工8人，设有办公室、综合审计科，负责对全县9个乡镇和35个县直部门的审计监督。局长冉高举（3月—）、张士辉（—3月），副局长陈知勤、龚春兰，纪检组长熊学志。

审计成果 完成24个单位的财务收支审计，查出违规行为金额2042万元，提出审计建议40条。对20个单位30名党政领导干部进行经济责任审计。（撰稿人：王前文）

【公安县审计局】 现有干部职工53人，设有办公室、综合法规股、财政金融审计股、行政事业审计股、经贸审计股、社会保障审计股、外资基建审计股、农业环保与资源审计股，另设有经济责任审计局（直属事业单位），负责对全县16个乡镇和40个县直部门的审计监督。局长陈良华，副局长周旭、胡波、陈国，纪检组长张清海（6月—）。

审计成果 完成审计项目121个，审计调查项目（单位）39个，查出违纪违规行为金额4898万元，上缴财政175万元，促进增收节支420万元。提交审计报告121份，信息380篇，被采用142篇。对72名各级领导干部进行了经济责任审计。预算执行审计、对血防办主任经济责任审计被评为全省优秀审计项目。被人事部、审计署授予“全国审计机关先进集体”荣誉称号；保持“省级文明单位”荣誉称号；被评为“湖北省审计工作综合考核优胜单位”。（撰稿人：毕家清）

【监利县审计局】 现有干部职工38人，设有办公室、综合法规股、财政金融审计股、基建外资审计股、农林水审计股、行政事业审计股、经贸审计股，负责对全县21个乡镇和50个县直部门的审计监督。局长李世清，副局长常光忠、何建国、朱海波，纪检组长赵新程。

审计成果 完成审计项目164个，查出违纪违规行为金额8580万元，应缴财政164万元，促进增收节支、减少损失浪费412万元，归还原渠道资金878万元。对全县21个乡镇全面进行财政财务收支审计。对61个部门的主要负责人进行离任经济责任审计。报交审计信息24篇，批示采用13篇。保持“省级文明单位”荣誉称号。（撰稿人：陈亚雄）

【宜昌市审计局】 2002年，共有干部职工73人，其中本科学历27人，大专学历34人。局长邓玉华（5月—）、向克林（—5月），副局长韩永清、王华强、冉锦成，纪检组长方正国。设有办公室、人事教育科、行政管理科、法制管理科及经贸审计科、行政事业与社会保障审计科、外资运用审计科、金融审计科、财政审计科、固定资产投资审计科、农业与资源环保审计科，另设有经济责任审计局（直属事业单位）。

审计成果 审计524个单位，查出违纪违规行为金额11.5亿元，指明要求纠正7.2亿元，上缴财政2461万元，归还原渠道资金2518万元，查出百万元以上违规单位64个，向纪检监察部门移送案件12起，向司法机关移送案件5起，建议给予党政纪处分5人，建议纠正地方部门不合理规定12条。对161个教育部门和单位2001年普教经费审计整改情况进行跟踪审计，市政府为此下发《关于加强教育专项资金管理的通知》，提出3条强化普教经费管理的措施。预算执行审计、下百里江堤加固工程审计等项目被评为全省优秀审计项目。保持“省级文明单位”荣誉称号。

经济责任审计 制定《宜昌市经济责任审计实施办法》，建立经济责任审计与纪检监察和司法机关联合办案的运作机制。对全市241个项目、258名领导干部的任期经济责任进行了审计，查出违规行为为金额7.84亿元，移送纪检监察机关处理10人，移送司法机关案件4起，审计建议给予党纪处分4人。审计后，晋升6人，平调157人，免职24人，降职4人，撤职4人。（撰稿人：侯军）

【宜昌市西陵区审计局】 现有干部职工7人，设有办公室、审计科，另设有经济责任审计中心（直属事业单位），负责对全区1个乡、6个街道、1个省管开发区和33个区直部门的审计监督。局长苏会林，副局长李蓉、李爱红。

审计成果 完成审计项目28个，查出违纪违规行为金额1624万元，提交审计报告和信息40多篇。普教经费跟踪审计后，区教育局制定《西陵区教育系统财务管理暂行规定》。对11个单位的领导干部进行了经济责任审计。（撰稿人：苏会林）

【宜昌市伍家岗区审计局】 现有干部职工6人，设有综合股、行政财政审计股、企业审计股，另设有经济责任审计中心（直属事业单位），负责对全区5个乡、街道和22个区直部门的审计监督。局长赵勇，副局长艾琼。

审计成果 完成审计项目21个，审计单位19个，查出违纪违规行为金额113万元。完成区委、区政府交办的任务4个，配合纪委、检察院开展有关案件的查证工作，参与区属企业的改革改制工作。（撰稿人：赵勇）

【宜昌市点军区审计局】 现有干部职工4人，设有办公室、综合审计科，负责对全区5个乡镇和15个区直部门的审计监督。局长吕家安，副局长刘建华。

审计成果 完成审计项目17个，其中，经济责任审计项目10个，查出违规违纪行为金额599万元，提出审计建议31条。（撰稿人：高静）

【宜昌市猇亭区审计局】 现有干部职工7人，设有办公室、综合审计股、行政事业审计股，另设有经济责任审计中心（直属事业单位），负责对全区3个街道和14个区直部门的审计监督。局长高亚华（—6月），副局长原立荣（主持工作）。

审计成果 完成审计项目22个，查出违纪违规行为金额4036万元，向纪检监察、司法机关移送案件4起，上缴财政18.3万元。（撰稿人：李国伟）

【宜昌市夷陵区审计局】 现有干部职工18人，设有办公室、行政事业审计股、工交商贸审计股、财政金融审计股、基建外资审计股，另设有经济责任审计局（事业单位），负责对全区两个乡镇、49个区直部门和两个国有控股企业的审计监督。局长何学章，副局长袁维金、黄祖华、张明金，纪检组长胡玉玲。

审计成果 完成审计项目31个，审计单位54个，对3名区直部门主要领导和1名宾馆负责人进行离任经济责任审计。查出违规行为金额6111.68万元，查出“小金库”4个。指明要求纠正4279.4万元，决定处理处罚101.6万元，归还原渠道资金361.36万元，向纪检监察部门移送案件线索3件，审计通报单位1个。提交审计报告、信息145篇，被批示、采用75篇。被评为“湖北省审计机关廉政勤政工作先进单位”（撰稿人：何俊丽）

【枝江市审计局】 现有干部职工20人，设有办公室、财政金融审计股、经贸与固定资产投资审计股、行政事业审计股、农林水审计股，负责对全市9个镇和26个市直部门的审计监督。局长裴学清，副局长胡庆元、周宜发、王华斌。

审计成果 完成审计项目79个，查出违纪违规行为金额6030万元，上缴财政376.5万元，督促落实专项资金1687万元，减少财政拨款133万元。对55个单位主要负责人进行经济责任审计，查出违纪违规行为金额669万元，追回被侵占挪用资金189万元。审计后，受党纪政纪处分两人，移送司法机关处理两人。报送审计报告、信息125篇，被批示、采用119篇。保持“省级文明单位”荣誉称号，被评为“湖北省审计机关廉政勤政工作先进单位”、“湖北省审计工作综合考核优胜单位”。预算执行审计、公交客运管理处处长经济责任审计被评为全省优秀审计项目。（撰稿人：汪晓丹）

【宜都市审计局】 现有干部职工20人，设有办公室、财政金融审计科、行政事业审计科、农林水审计科、经贸审计科，另设有经济责任审计局（直属事业单位），负责对全市10个乡镇和74个市直部门的审计监督。局长周发明，副局长李从宽、高圣德、周梅、张家全（11月—），纪检组长杜世会（11月—）。

审计成果　完成审计项目23个，查出违纪违规行为金额2086.18万元，指明要求纠正6657.10万元，应缴财政108.25万元，责成归还原渠道资金243.5万元。查出百万元以上的违规单位两个，提交审计报告和信息119篇。对34名领导干部进行经济责任审计。保持“省级文明单位”荣誉称号。（撰稿人：杨明金）

【当阳市审计局】　现有干部职工24人，设有办公室、财政金融审计科、行政事业审计科、经贸审计科、外资基建审计科，另设有直属事业单位经济责任审计局，负责对全市9个镇、办事处和60个市直部门的审计监督。局长李迎春，副局长彭代林、严尚富，纪检组长赵述香。

审计成果　完成审计项目51个，审计单位110个，查出违纪违规行为金额7802万元，处理处罚1433万元，上缴财政165万元，归还原渠道资金6369万元，促进增收节支350万元，查出“小金库”3个，向纪检监察机关移送案件线索两件，提出审计建议162条。提交审计报告26份、信息152篇，被批示、采用110篇。被评为“湖北省审计工作综合考核优胜单位”。（撰稿人：李春华）

【远安县审计局】　现有干部职工16人，设有办公室、经贸审计股、财政审计股、行政事业审计股、农林水审计股、金融投资外资审计股、经济责任审计局，负责对全县7个乡镇、42个县直部门的审计监督。局长宗明新，副局长朱兴国、罗德蓉（12月—）、张德全（—12月），纪检组长金德荣（12月—）。

审计成果　完成审计项目36个，审计单位45个，查出违纪违规行为金额425万元，决定处理处罚45万元，向纪检监察机关移交案件线索两件，提出审计建议8条。对16名领导干部进行经济责任审计，查出违纪违规行为金额272万元，上缴财政15万元，其中领导干部退赔12万元。（撰稿人：郝鹏飞）

【兴山县审计局】　现有干部职工13人，设有办公室、法规股、财政金融审计股、行政与经贸审计股、农业与环保资源审计股，负责对全县8个乡镇和45个县直部门的审计监督。局长杨守朝，副局长王尚武，纪检组长徐玉媛。

审计成果　完成审计项目22个，审计单位43个，查出违纪违规行为金额59万元，指明要求纠正297万元，提交审计报告22份。（撰稿人：黄斌）

【秭归县审计局】　现有干部职工22人，设有办公室、农业（移民）审计股、经贸投资审计股、行政事业审计股、党政领导干部经济责任审计股、企业领导人员经济责任审计股、监察执行股，负责对全县12个乡镇、62个县直部门的审计监督。局长余小琴，副局长李家顺、郑之香、周明山、颜青云。

审计成果　完成审计项目52个，查出违规行为金额2192万元，决定处理处罚689万元，上缴财政92万元，归还原渠道资金1422万元。对26名领导干部进行经济责任审计，查出违规行为金额1398万元。提交审计信息112篇，被采用92篇。（撰稿人：颜青云）

【长阳土家族自治县审计局】　现有干部职工20人，设有办公室、财政金融审计股、行政事业审计股、基建外资审计股、企业审计股，另设有经济责任审计分局（直属事业单位），负责对全县11个乡镇和48个县直部门的审计监督。局长张昌鑫，副局长郑文勋、李作信（1月—）、陈石洲（—1月），纪检组长陈石洲（1月—）。

审计成果　完成审计项目48个，查出违纪违规行为金额3283万元，上缴财政91万元。对25名领导干部进行经济责任审计。保持“省级文明单位”荣誉称号。（撰稿人：魏刚）

【五峰土家族自治县审计局】　现有干部职工13人，设有办公室（法规股）、财政金融审计股、经贸投资审计股、行政事业与社会保障审计股、农业资源与环保审计股，另设有经济责任审计分局（直属事业单位），负责对全县8个乡镇和38个县直部门的审计监督。局长符代华，副局长叶厚全（兼纪检组长）、李胜、张廷瑜。

审计成果　完成审计项目45个，其中政府交办项目30个，审计单位89个，查出违规行为金额1497万元，上缴财政8万元，归还原渠道资金430万元，向纪检监察部门移送案件3起。对25名领导干部进行经济责任审计。提交审计报告、信息85篇，被采用55篇。（撰稿人：余桃珍）

【随州市审计局】　2002年，共有干部职工30人，其中本科学历10人，大专学历16人，局长任文泽，副局长閤明银、方峰涛。设有办公室（含监察室、综合科）、法规科、财政社保审计科、行政事业审计科、经贸审计科、固定资产投资审计科、金融外资审计科、农业与资源环保审计科、经济责任审计室。

审计成果　审计单位156个，查出违纪违规行为金额1.6亿元，上缴财政527万元。对27名领导干部进行经济责任审计，查出违纪违规行为金额826.74万元，其中，应负领导责任的614.5万元，负直接责任的212.24万元。住房公积金审计项目被评为全省优秀审计项目。保持

"省级文明单位"荣誉称号。（撰稿人：廖朝宏）

【随州市曾都区审计局】 现有干部职工18人，设有办公室、法规科、财政社保审计科、经贸审计科、金融外资审计科、农业与资源环保审计科、行政事业审计科、固定资产投资审计科，负责对全区35个乡镇和70多个区直部门的审计监督。局长刘光月，副局长赵立国、彭大中（—3月）、江国民、杨支海，纪检组长汪培长（4月—）。

审计成果 完成审计项目59个，审计单位84个，查出违规行为金额9790万元，其中百万元以上违纪单位18个，上缴财政72万元，追还被侵占挪用资金280万元。提交审计报告、信息79篇，被批示、采用45篇。对34个单位的41名领导干部进行经济责任审计，查出违规行为金额6800万元。（撰稿人：何德兵）

【广水市审计局】 现有干部职工26人，设有办公室（含监察科）、行政事业审计科、金融外资审计科、财政审计科、经贸审计科、固定资产投资审计科、农业与资源环保审计科，另设有经济责任审计局（直属事业单位），负责对全市22个乡镇办事处和33个市直部门的审计监督。局长罗向明，副局长叶波、明昊（4月—）、彭大兵（4月—）、黄永俊（—4月），纪检组长殷克荣（12月—）。

审计成果 完成审计项目47个，审计单位45个，查出违纪违规行为金额4300万元，归还原渠道资金825万元，上缴财政60万元。对15名主要负责人进行经济责任审计，移送检察机关两人。保持"省级最佳文明单位"荣誉称号。（撰稿人：龚连华）

【仙桃市审计局】 2002年，共有干部职工30人，其中本科学历5人，大专学历19人，局长肖俊，副局长彭国黎、黄大华、张文杰。设有办公室、综合科、财政金融外资审计科、行政事业审计科、经贸审计科、农业和资源环保审计科、固定资产投资审计科，另设有经济责任审计局（直属事业单位），负责对全市18个镇（办）和75个市直部门的审计监督。

审计成果 完成审计项目43个，查出违规行为金额1.97亿元，上缴财政160万元，审减基建工程造价180多万元，追还被侵占挪用资金320万元，指明要求纠正1820万元，促进增收节支780多万元，向纪检、司法机关移送经济案件7起。审计信息被采用54篇。失业保险基金及下岗职工保障金审计项目被评为全省优秀审计项目。（撰稿人：朱学良）

【天门市审计局】 2002年，共有干部职工25人，其中本科学历两人，大专学历15人，局长甘卯新，副局长李曰忠、詹东娥、张昌宏、张业华。设有办公室、行政事业审计科、财政金融审计科、农业审计科、经贸企业审计科、固定资产投资审计科、行政管理科、经济责任审计分局，负责对全市28个乡镇和83个市直部门的审计监督。

审计成果 完成审计项目34个，审计单位47个，查出违纪违规行为金额2.15亿元，上缴财政118万元，追还被侵占挪用资金476万元，调账处理2.09亿元；查出"小金库"、"账外账"5个，涉及金额131万元。向纪检监察部门移交案件3起，协助检察机关查处贪污案件1起，促进市政府完善制度两项。对10名领导干部进行经济责任审计。金天集团财务收支审计项目被评为全省优秀审计项目。（撰稿人：蒋雄才）

【潜江市审计局】 2002年，共有干部职工52人，其中本科学历14人，大专学历38人，局长康如学，副局长彭振松、尹业刚、李国平，纪检组长王绪涛。设有办公室、综合科、经贸审计科、行政事业与社会保障审计科、固定资产审计科、农业资源环境与外资运用审计科、财政金融审计科，另设有经济责任分局、一分局、二分局、三分局等直属事业单位，负责对全市16个乡镇和28个市直部门的审计监督。

审计成果 完成审计项目24个，审计单位115个，追缴被侵占挪用资金650万元，增加财政收入450万元，挽回经济损失2400万元，促进增收3800万元。交警审计项目被评为全省优秀审计项目。保持"省级文明单位"荣誉称号。

经济责任审计 对60名党政领导干部进行经济责任审计，提交审计报告62份。经济责任审计成果与工作经验在全省审计工作座谈会上作典型发言。（撰稿人：周合新）

【神农架林区审计局】 2002年，共有干部职工14人，其中本科学历两人，大专学历10人，局长姚成堂，副局长刘忠君、许贵国（8月—），纪检组长刘忠君（10月—）。设有办公室、财政金融审计科、经贸审计科、固定资产投资审计科、行政事业审计科、农业与资源环保审计科，另设有经济责任审计局（直属事业单位），负责对全区8个乡镇和96个区直部门的审计监督。

审计成果 全年完成审计（调查）项目31个，其中，区政府交办的审计项目10个，领导干部经济责任审计项目11个。共查出违纪违规行为金额45万元，归还原渠道资金167万元，指明要求纠正296万元，上缴财政29万元。提交审计报告30份，被批示两份；审计信息被采用15篇。继续保持"省级文明单位"

荣誉称号。(撰稿人：孙凤琳)

【恩施土家族苗族自治州审计局】 2002年，共有干部职工39人，其中本科学历11人，大专学历20人，局长刘祥华，副局长程华、熊瑛、蔡玲(6月—)、周立春(9月—)，纪检组长何家祥。设有办公室、综合与法规科、财政金融审计科、行政事业与社会保障审计科、经贸审计科、农业与资源环保审计科、固定资产投资与外资审计科，另设有经济责任审计局(副县级)。

审计成果 完成审计项目63个，查出违规违纪行为金额4192万元，上缴财政243万元，归还原渠道资金264万元，移交司法和纪检机关5人，建议纠正地方不当规定37条，查出百万元违纪单位4个。保持"省级文明单位"荣誉称号，被评为"湖北省审计工作综合考核优胜单位"。世行贷款长江水灾恢复项目审计、交警部门财务收支审计等获全省优秀审计项目。

经济责任审计 对17个单位的19名领导干部进行经济责任审计，查出违纪违规行为金额171万元，其中，直接责任22万元、主管责任149万元，上缴财政58万元。审计后，平调13人、降职两人，组织部门诫免谈话1人；移送司法、纪检监察处理两人。

内部审计 内审机构4个，审计单位97个，促进增收节支100.93万元，纠正违规行为60万元。(撰稿人：陈宏)

【恩施市审计局】 现有干部职工22人，设有办公室、综合与法规科、农业资源与环境保护审计科、财政金融审计科、行政事业审计科、基建投资与外资审计科、经贸审计科，另设有经济责任审计局(副科级)，负责对全市16个乡镇、办事处和68个市直单位的审计监督。局长陈天志，副局长朱远略、黄振翠。

审计成果 完成审计项目60个，查出违纪违规金额7295万元，归还原渠道资金125万元，上缴财政75万元，移送纪检监察案件1起。提交审计信息被采用72篇。被评为"湖北省审计工作综合考核优胜单位"，福利彩票审计项目被评为全省优秀审计项目。(撰稿人：孙晗明)

【利川市审计局】 现有干部职工18人，设有办公室、经贸审计科、行政事业审计科、财政金融审计科、农业与资源环保审计科、投资外资审计科，另设有经济责任审计局(副科级)，负责对全市14个乡镇和83个市直部门的审计监督。局长吴廷生，副局长余国春、程质辉。

审计成果 完成审计项目53个，审计单位72个，查出违纪违规行为金额7000万元，上缴财政104万元，归还原渠道资金319万元，指明要求纠正323万元。查出百万元违纪单位3个，移交纪检监察、司法机关案件3起。对7名科级干部进行经济责任审计，查出违规行为金额1065万元，移交纪检和司法机关处理两人，其中1人已被追究刑事责任。现有内审机构30个，内审人员253人，审计单位672个，查出损失浪费110万元，促进增收节支264万元，指明要求纠正385万元，建议给予行政处分4人。审计信息被采用100篇。保持"省级文明单位"荣誉称号，被评为"湖北省审计机关廉政勤政工作先进单位"，对市运管所所长的经济责任审计被评为全省优秀审计项目。(撰稿人：陈明生)

【建始县审计局】 现有干部职工17人，设有办公室、经贸审计股、财税金融投资审计股、农业与环保资源审计股、行政事业与社会保障审计股，另设有经济责任审计局(副科级)，负责对全县10个乡镇和64个县直部门的审计监督。局长杨年敦，副局长谭新才、杨建忠。

审计成果 完成审计项目34个，查出违纪违规行为金额5601万元，已交财政49万元；查出百万元以上违纪单位3个，指明要求纠正4760万元，归还原渠道资金4760万元。对6名领导干部进行经济责任审计，查出违规金额116万元，有3人被追究党纪政纪责任。制定《建始县党政领导干部任期经济责任审计若干规定》。(撰稿人：龙本建)

【巴东县审计局】 现有干部职工16人，设有办公室(监察室)、财政金融审计股、行政事业社保与经贸审计股、农业环保与投资审计股，另设有经济责任审计局(副科级)，负责对全县12个乡镇和46个县直部门的审计监督。党组副书记樊平(主持工作)，副局长苏成强、徐光军(兼纪检组长)。

审计成果 完成审计项目43个，审计单位53个，查出违纪违规行为金额778万元，归还原渠道资金219万元，调账处理190万元，上缴财政60万元，指明要求纠正1.37亿元，查出百万元以上违规单位两个。移交纪委监察案件线索4件，移交司法机关案件1起。审计报告和审计信息被采用25篇。(撰稿人：向平)

【宣恩县审计局】 现有干部职工13人，设有办公室、经贸农林水外资投资审计科、行政事业审计科、财政金融审计科，另设有经济责任审计局(副科级)，负责对全县9个乡镇和44个县直部门的审计监督。局长杨洪明(10月—)、陈开沛(—10月)，副局长罗文喜(兼纪检组长)、覃遵成。

审计成果 完成审计项目23个，审计单位72个，查出违纪违规行为金额1399.9万元，上缴财政42

万元，归还原渠道资金517万元，调账处理266万元，指明要求纠正374万元。审计信息被采用181篇。保持“省级文明单位”称号。（撰稿人：陈柏中）

【咸丰县审计局】　现有干部职工21人，设有办公室、综合股、经济贸易与投资外资审计股、农业与资源环保审计股、行政事业与社会保障审计股、财政金融审计股，另设有经济责任审计局（副科级），负责对全县11个乡镇和76个县直部门的审计监督。局长陈安明，副局长张守政（3月—）、邓建鄂、石成德（—1月）、吴启章（—1月）。

审计成果　完成审计项目39个，审计单位34个，查出违纪违规行为金额871万元，上缴财政22万元。对8名领导干部进行经济责任审计，查出违纪违规行为金额141万元。审计后，晋升1人，平调两人，免职两人，降职3人。保持“省级文明单位”荣誉称号。（撰稿人：金玉英）

【来凤县审计局】　现有干部职工23人，设有办公室、综合法规股、财政金融审计股、行政事业与工交商贸审计股、固定资产投资与外资审计股，另设有经济责任审计局（副科级），负责对全县8个乡镇和94个县直部门的审计监督。局长田延初，副局长黄斗、李春芳，纪检组长杨顺红。

审计成果　完成审计项目50个，审计单位124个，查出违纪违规行为金额4599万元，归还原渠道资金302万元，上缴财政34万元，提出审计建议111条。审计信息被采用62篇。对15名领导干部进行经济责任审计。（撰稿人：熊子祥）

【鹤峰县审计局】　现有干部职工14人，设有办公室、综合股、财政金融审计股、工交商贸审计股、行政事业审计股，经济责任审计股，负责对9个乡镇、1个高新技术开发区、38个县直部门的审计监督。局长陶拥政，副局长戴成学、唐递成、胡晓。

审计成果　完成审计项目30个，审计单位32个，查出违纪违规行为金额311万元，上缴财政48万元。提交审计报告和审计信息240多篇，被采用168篇。保持“省级最佳文明单位”荣誉称号。（撰稿人：刘南政）

湖南省

【湖南省审计厅】　2002年，湖南省审计厅定编184人，在编182人。厅机关设有办公室、法制处、财政审计处、金融与社会保障审计处、行政事业审计处、经贸审计处、农业与资源环保审计处、固定资产投资审计处、外资运用审计处、经济责任审计处、人事教育处、机关党委（工会）、纪检组（监察室）；另设有派出审计一处、派出审计二处、派出审计三处、派出审计四处、派出审计五处、派出审计六处、派出审计七处、派出审计八处、派出审计九处、派出审计十处、派出审计十一处、派出审计十二处；同时还设厅机关后勤服务中心、离退休人员管理处、审计科研所等直属事业单位。

领导成员

厅　长：吴宗源

副厅长：唐会忠　王利明

　　　　胡吉祥　刘崇斌

纪检组长：颜泽云

总审计师：袁家兴

湖南省审计成果　共审计6913个单位（项目），查出违规行为金额89.05亿元，经审计处理应缴财政3.08亿元，应减少财政拨款或补贴3460万元，归还原渠道资金3.51亿元，向司法机关移送案件线索34条，向纪检监察机关移送待处事项73件，协助有关部门查处案件18起。

预算执行审计　全省共对450个单位进行了财政预算执行情况的审计，共查出违规行为金额13.43亿元，应缴财政5687万元，减少财政拨款或补贴589万元，归还原渠道资金1882万元，调账处理1.69亿元。向同级人大和政府报送了同级审的审计工作报告和审计结果报告。完成2001年度全省国库部门预算收入收纳和预算支出拨付情况的审计调查，共查出违规行为金额2.1亿元；财政结算资金审计调查，共查出违规行为金额24.7亿元。

金融与社会保障审计　全省共对83个金融单位进行了审计，查出违规行为金额5330万元，应缴财政556万元，归还原渠道资金14万元，调账处理1846万元。其中，对中国农业发展银行湖南省分行系统2001年度资产负债损益的审计，共查出违规行为金额7952万元，核减正常贷款108.6亿元，核增不良贷款1.77亿元。对2001年度全省失业保险基金的审计，共审计77个失业保险经办机构，查出挪用截留基金1681万元，未纳入或未及时纳入财政专户储存9204万元，其他问题841万元。

行政事业审计　全省共对4242个行政事业单位进行了审计，查出违规行为金额30.64亿元，应缴财政1.01亿元，减少财政拨款或补贴1703万元，归还原渠道资金1.27亿元，调账处理1.88亿元。其中，政府采购审计核实2001年度全省预算采购资金17.1亿元，实际签订合同金额14.47亿元，节约财政资金1.78亿元。对6所高等院校教育经费的审计，查出违规行为金额5.8亿元，为省政府和有关部门规范和加强高等院校管理发挥了积极作用。

国有企业审计　全省共对625个企业单位进行了审计，查出违规行为金额15.88亿元，应缴财政6092万元，归还原渠道资金8919万元，调账处理3.45亿元，并查出会计信息、资产质量、内部控制等方面存在的问题。对岳阳、衡阳等9个市州电信企业2001年度财务收支的审计，共查出违规行为金额3077万元。

农业专项资金审计　全省农业与资源环保资金审计，共查出违规行为金额3.65亿元，应缴财政963万元，归还原渠道资金1145万元，调账处理385万元。其中，对全省国土专项资金的审计，共查出违规行为金额5.9亿元，促进规范管理资金9260万元，经审计处理归还原渠道资金8549万元，收缴财政1445万元，移送纪检监察机关案件线索1件，建议主管部门处理案件4起。对湖南省第三、四期移民建镇和地方各级投入配套资金的分配、管理和使用情况的审计，涉及42个资金主管部门，查出违规行为金额1616万元，经审计处理拨付滞留资金40万元，归还原渠道资金223万元。

固定资产投资审计　全省固定资产投资审计，共查出违规行为金额8.30亿元，应缴财政2610万元，减少财政拨款或补贴796万元，归还原渠道资金7157万元，调账处理344万元。其中，对江垭水利枢纽工程的审计，查出违规行为金额2038万元，损失浪费5298万元。对岳化总厂系列扩建工程的审计，查出损失浪费371万元，欠缴税费524万元，并指出了未经批准增加概算外投资、部分项目招标程序不规范等问题。全省城建资金与城市基础设施项目的审计和审计调查，基本摸清了城建资金家底，发现了城建资金征收不力、资金管理使用存在漏洞等问题。

外资运用审计　全省完成20个国外贷援款项目的审计工作，共审计了404个项目执行单位，审计总投资额203亿元，查出违规行为金额4751万元。对电力行业利用外资3个项目的审计，了解和掌握了项目资金来源、投资完成情况、国外采购设备使用情况、建设效益及还贷能力。全省政府外债审计调查，摸清了政府外债的总体规模和分布状况，发现并反映了管理工作不规范、用款单位还贷意识不强、使用效益有待进一步提高等问题。

经济责任审计　领导干部经济责任审计按照“推动、发展、规范、提高”的工作方针开展，全省完成30个县（市、区）长以上领导干部经济责任审计项目。省审计厅完成的对省水利厅厅长、永州市市长、长沙市审计局原局长等的审计，得到了省委、省政府主要领导的支持和重视。长沙市审计局对全市6个区县检察院检察长的任期经济责任审计，引起了较大的反响和震动。

内部审计　全省14个市州全部成立了内审协会。完成了审计署交给的《内部审计准则》第6号《审计通知书》的制定工作。全省内审机构共完成审计项目29694个，纠正违规行为金额6.48亿元，为单位增收节支4.59亿元，查出损失浪费2.81亿元，向纪检监察和司法机关移送案件线索54件。（撰稿人：李太保）

【长沙市审计局】　2002年，共有干部职工74人，其中本科学历36人，大专学历32人，局长张智勇，副局长李志明、段安娜，纪检组长邓国浩。设有办公室、法制处、人事教育处、机关党委、财政审计处、金融与社会保障审计处、行政事业审计处、经贸审计处、农业与资源环保审计处、固定资产投资审计处、外资运用审计处、经济责任审计室。

审计成果　审计单位91个，查出违规行为金额15418万元，应归还原渠道资金425万元，收缴财政650万元。

内部审计　市直部门内审机构160个，其中专职机构51个；内审人员371人，其中专职人员131人。共审计单位385个，查出损失浪费1053万元，纠正违规行为金额1108万元，促进增收节支1377万元。（撰稿人：汤文锋）

【长沙市岳麓区审计局】　现有干部职工15人，设有办公室、法规科、行政事业审计科、固定资产投资审计科、经济责任审计科，并设二级机构“内部审计指导站”，负责对全区9个街道、3个乡镇场、两个管委会、46个区直部门的审计监督。局长廖强华，副局长邓利民、吴文、瞿楚亮（兼纪检组长）。

审计成果　完成审计项目60个，其中基本建设工程决算审计项目15个，审计金额13119万元，核减工程造价3976万元，核减率30%；查出违规行为金额2242万元，收缴财政81万元，责成归还原渠道资金698万元，指明要求纠正1279万元。提交审计意见37份、审计决定8份、审计结果报告27份、审计调查报告4份、审计工作报告1份、审计信息8篇。（撰稿人：李奇炬）

【长沙市芙蓉区审计局】　现有干部职工10人，设有办公室、行政事业企业审计科、经济责任审计科，负责对全区1个乡、12个街道和37个区直部门的审计监督。局长柳钢，副局长毛中国、黄萍、聂海宗、石志红。

审计成果　完成审计项目42个，查出违规行为金额2388.2万元，决定处理处罚457万元，指明要求纠正732万元，调账并归还原渠道资金962万元，应缴财政237.2万元，已交230万元。向被审计单位提出合理化意见和建议174条，向上级审计机关提交审计工作信息5篇，其中3篇被市级采用。移送纪检、监察机关案件两起，其中1人被移送检察院查处，另1人给予党政纪处分。（撰稿人：石志红）

【长沙市天心区审计局】 现有干部职工11人，设有办公室、审计一科（财政和行政事业审计科）、审计二科（经济责任审计科）、审计三科（固定资产投资审计科），下设内审监督站（事业单位），负责对全区10个街道、9个事业单位、20个党政机关和3个群团组织的审计监督。局长曾沛霖，副局长刘亚妮。

审计成果 完成审计项目30个，查出违纪违规行为金额1036.96万元，决定处理处罚、指明要求纠正470万元，收缴财政88.98772万元。提出审计意见和建议55条。（撰稿人：孙明娜）

【长沙市开福区审计局】 现有干部职工10人，设有行政事业审计科、投资审计科、法制复核科、区内审中心和办公室，负责对全区15个街道、镇（局）和43个区直部门的审计监督。局长刘永革，副局长伍树军、李扬。

审计成果 查出违规行为金额2600多万元，调整增加收入96万元。提交审计报告、审计信息24篇，提出整改意见及建议185条，移送经济案件1起。有内审人员两人。（撰稿人：欧阳谦）

【长沙市雨花区审计局】 现有干部职工12人，设有办公室、行政事业审计科、经济责任审计科和投资审计科，负责对全区9个乡镇、街道和60个区直部门的审计监督。局长夏顶稳，副局长罗春晖、魏然，纪检组长贺晓玲。

审计成果 完成审计项目30个，查出违规行为金额264万元，应缴财政160万元，已交160万元。提交审计报告18份，提出整改意见65条。（撰稿人：贺晓玲）

【浏阳市审计局】 现有干部职工37人，设有办公室、财政金融审计科、固定资产投资审计科、行政事业审计科、农业与企业审计科、经济责任审计科、内部审计指导站，负责对全市40个乡镇（办事处）和79个市直部门的审计监督。局长刘迪修，副局长陈峰、肖凤伟、赵文兵，纪检组长李冬长。

审计成果 完成审计项目40个（审计单位98个），其中完成年度审计计划项目29个，完成上级交办项目11个，共查出违规行为金额4917万元，收缴财政180万元。向有关部门提交审计报告、信息32篇，其中被有关领导和部门批示、采用14篇。（撰稿人：杨旭）

【长沙县审计局】 现有干部职工21人，设有办公室、财政审计科、行政企事业审计科、固定资产投资审计科和法规综合科，负责对全县20个乡镇和87个县直部门的审计监督。局长曾利满，副局长李玉蓉、陈波。

审计成果 完成审计项目27个，审计资金总额1.17亿元，查出违纪违规行为金额0.73亿元，应缴财政523.63万元，追回被侵占挪用资金174.04万元，查出乱收费133万元，促进增收节支51万元。清理多头账户11个，对14个单位和部门提合理化建议73条。（撰稿人：黄羽）

【望城县审计局】 现有干部职工20人，设有办公室、固定资产投资审计科、财政金融工交商贸审计科、行政事业和农林水审计科、领导干部任期经济责任审计科，负责对全县19个乡镇和120个县直部门的审计监督。局长冯海强，副局长胡福奇、夏玉良、黄祥明。

审计成果 完成审计项目35个，查出违规行为金额1135万元，应缴财政96万元，已交95万元，指明要求纠正403万元。提交审计信息10篇，被采用4篇。（撰稿人：杨凯峰）

【宁乡县审计局】 现有干部职工32人，设有办公室、财政金融审计科（加挂领导干部任期经济责任审计办公室牌）、行政事业审计科、基本建设投资审计科、企业审计科、审计法规科，负责对全县35个乡镇和88个县直部门的审计监督。局长蔡运华，副局长彭自立、周连桥、叶剑军，纪检组长刘抒。

审计成果 完成审计项目51个，查出违规行为金额3744万元，增加财政收入147万元，为被审计单位挽回经济损失109万元，移送经济案件3起。完成审计调查5个，调查单位25个。提交审计报告5份、信息18篇。有内审指导人员3人，内审机构27个，内审人员83人。（撰稿人：刘抒）

【张家界市审计局】 2002年，共有干部职工24人，其中本科学历6人，大专学历13人，局长胡天爱，副局长廖祖健、李文化、宋德元，纪检组长彭瑛。设有办公室、法制科、财政金融社会保障审计科、行政事业审计科，经贸外资审计科、固定资产投资审计科、领导干部经济责任审计处。

审计成果 审计单位277个，查出违规行为金额2.10亿元，百万元以上违纪单位10个，应缴财政417万元，已交234万元，建议纠正地方、部门不当规定78条，向纪检、监察部门移送案件3起。

经济责任审计 开展经济责任

审计项目152个，149人，查出违规行为金额6063万元。审计后晋升13人，平调110人，移送纪检监察机关1人。

内部审计　市直部门内审机构22个，其中专职机构18个；内审人员46人，其中专职人员38人，共审计586个单位和项目，查出损失浪费857万元，纠正违规行为金额5566万元，促进增收节支658万元。

“人、法、技”建设　全局有9人参加本科学历教育；在职干部职工全员通过了计算机技术中级资格考试和“四五”普法考试；开展了“贯彻《审计准则》年”活动，荣获全省贯彻审计准则年活动先进单位；建立了计算机局域网，并接入了互联网。(撰稿人：张国华)

【张家界市永定区审计局】　现有干部职工20人，设有办公室、财政金融和社会保障审计股、行政事业审计股、固定资产投资审计股、经贸外资审计股和领导干部经济责任审计办公室，负责对全区27个乡镇、办事处和106个区直部门的审计监督。局长童少芳，副局长覃国平，纪检组长全旭升。

审计成果　完成审计项目77个，审计单位102个，其中经济责任审计项目40个，查出违纪违规行为金额2306万元，指明要求纠正1268万元，追还被侵占、挪用专项资金575万元，收缴财政58万元。提交审计报告50份、审计意见53份、审计信息29篇、简报12期，被各级政府、部门采用10篇。对区属4家企业单位的财务收支情况进行了审计，平息了4起群体性上访事件。(撰稿人：戴小林)

【张家界市武陵源区审计局】　现有干部职工6人，设有办公室、行政事业审计股、企业审计股和经济责任审计室，负责对全区6个乡镇和56个区直部门的审计监督。局长徐波，副局长龚平。

审计成果　完成审计项目19个，审计单位30个，查出违规行为为金额2903万元，应缴财政76万元，已交7万元，应归还原渠道资金105万元，指明要求纠正2244万元，调账处理544万元，审计决定罚款7万元，完成审计调查项目4个，调查单位21个。建议纠正部门不当规定8条。提交审计报告、信息23篇，被采用18篇。对14名党政领导干部进行了任期经济责任审计，查出违规行为金额991万元。利用审计结果平调10人，晋升4人。(撰稿人：陈华美)

【慈利县审计局】　现有干部职工23人，设有办公室（法制股）、财政金融与社会保障审计股、行政事业审计股、固定资产投资经贸外资审计股、领导干部任期经济责任审计办公室，负责对全县31个乡镇和94个县直部门的审计监督。局长朱业平，副局长杨景波、莫焕锦、吕筱萍，纪检组长鲁观清。

审计成果　完成审计项目50个，查出违规行为金额3866万元，应缴财政57万元。完成领导干部任期经济责任审计28人；对县重点工程——预算投资6000万元的县一中扩建工程基建预算和财务收支进行了审计。(撰稿人：王兴东)

【桑植县审计局】　现有干部职工16人，设有办公室、财金社保审计股、行政事业审计股、经贸外资审计股、固定资产投资审计股、经济责任审计办公室，负责对全县38个乡镇和67个县直部门的审计监督。局长刘金章，副局长王少荣、江梓清、蔡吉成，纪检组长石劲松。

审计成果　完成审计项目62个，审计单位65个，查出违纪违规行为金额567万元，其中指明要求纠正486万元，收缴财政81万元，已交51万元。完成审计调查项目两个。提交审计调查报告两份，各类审计文稿、报道共86篇，被各级各类报刊采用68篇。(撰稿人：黄天屹)

【常德市审计局】　2002年，共有干部职工54人，其中本科学历22人，大专学历21人，局长马耀舫，副局长吴让晓、王昌元、郭亿春、李新辉、刘光华，纪检组长邓平元。设有办公室、监察室、法制科、人事教育科、内部审计指导科、财政金融审计科、行政事业与社会保障审计科、农业与资源环保审计科、经贸与外资运用审计科、固定资产投资审计科、经济责任审计室、派出机构审计室。

审计成果　审计单位（项目）92个，查出违规行为金额24439万元，应缴财政508万元，已交511万元（含以前年度）。提交审计报告、信息和综合调研文稿被采用90篇。移交纪检监察处理案件4起。

经济责任审计　开展经济责任审计项目86个、100人，其中区县（市）党政“一把手”4人，拟提拔后备干部51人；查出违规行为金额15981万元。审计后，晋升35人，平调40人，降职3人，移送纪检监察或司法机关处理3人。

国土资金审计　对全市2000～2001年国土专项资金征收、管理使用情况进行行业审计和专项调查，查出的主要问题：国土专项资金征收入库率低，全市两年应征入库国土专项资金5.45亿元，实际征收入库1.06亿元，欠征入库3.09亿元；挤占挪用国土专项资金827.2万元；未严格执行“收支两条线”管理2.7亿元；违规收费2461万元。收缴财政101.7万元，调账1044.6万元，提出改进管理建议35条。

内部审计　成立了市内部审计

师协会，市直部门内审机构53个，其中专职机构36个；内审人员245人，其中专职人员156人。共审计单位1934个，查出损失浪费1959万元；审计发现大要案线索162件；建议给予行政处分7人；审计提出意见被采纳821条，促进增收节支7806万元；已纠正违纪行为金额3666万元。（撰稿人：鲁建文）

【常德市武陵区审计局】 现有干部职工13人，设有办公室、审计一室、审计二室、经济责任审计室和法制股、内审指导股，负责对全区7个乡镇、5个街道和79个区直部门的审计监督。局长廖新庭，副局长姚常安、向正平，纪检组长蒋英。

审计成果 完成审计项目55个，审计单位59个，查出违规行为金额569万元，决定收缴财政136万元，责令自行纠正85万元，已交财政40万元（其中罚没款17万元）。提交审计报告、信息73篇。完成区属40个单位、42名科级领导干部任期经济责任审计，有14人得到了提拔。全区有内审指导人员3人，内审机构26个，内审人员42人。（撰稿人：邹石珠）

【常德市鼎城区审计局】 现有干部职工38人，设有办公室、行政事业与社会保障审计股、经济贸易与外资运用审计股、固定资产与重点工程审计股、农业与资源环保审计股、财政金融审计股、经济责任审计股、法制股与内部审计股，负责对全区33个乡镇和138个区直部门的审计监督。副局长熊辉（负责全面工作）、唐冬梅、邓学华、赵加宏、刘启信、钟泽英、胡庭清，纪检组长刘旭东。

审计成果 完成审计项目59个；审计单位66个，查出违纪违规行为金额3150万元，促进增收节支265万元，收缴区财政119万元。提交并被采用审计信息30篇。完成经济责任审计项目15个，其中乡镇“一把手”8人，科局负责人7人。通过审计，提拔8人，平调7人。全区有内审指导人员两人，内审机构49个，内审人员106人。共开展审计项目55个，查出违纪违规行为金额124万元。（撰稿人：郑安恢）

【津市市审计局】 现有干部职工19人，设有办公室、经济责任审计室、财政金融与农林水审计股、经济贸易审计股、基本建设投资审计股、行政事业审计股和法制股，负责对全市9个乡镇、4个街道和120个市直部门的审计监督。局长谢朝银，副局长苏国孝、吴承武、祝牧，纪检组长贺蔚。

审计成果 完成审计项目74个，审计单位90个，查出违规行为金额1735万元，应缴财政98.5万元，已交98.5万元。完成审计调查项目4个。提交审计调查报告、信息4篇。完成46名科级干部任期经济责任审计，查出违规行为金额724.46万元。有内审指导人员两人，内审机构15个，内审人员26人。（撰稿人：秦大湘）

【安乡县审计局】 现有干部职工18人，设有办公室、财政金融审计股、行政事业与社会保障审计股、工交经济贸易与外资运用审计股、固定资产投资审计股、经济责任审计室、法制内审指导站，负责对全县23个乡镇和81个县直部门的审计监督。局长梁明，副局长程福安、任建国、曾晓清，纪检组长龙春美。

审计成果 完成审计项目82个，其中经济责任审计项目33个，审计单位116个，共查出违纪违规行为金额1879万元，决定处理处罚123万元，应缴财政119万元。提交审计报告59份、审计意见书77份。全县内审机构44个，其中专职机构26个；内审人员63人，其中专职人员38人。共开展审计项目215个，查出违纪违规行为金额94万元。（撰稿人：雷海炎）

【汉寿县审计局】 现有干部职工18人，设有办公室、经济责任审计室、财政金融审计股、基建投资审计股、行政事业审计股、企业审计股、法制股，负责对全县34个乡镇和118个县直部门的审计监督。局长张建军，副局长袁绍亮、李启友、杨又生、许永言，纪检组长何新舫。

审计成果 完成审计项目43个，审计单位76个，查出违纪违规行为金额1658万元，决定处理处罚163.9万元，已交160.9万元。完成审计调查项目两个，调查单位8个。提交审计报告、信息58份。完成27名科级干部离任经济责任审计，查出违规行为金额830万元。有内审指导人员两人，内审机构53个，内审人员76人。（撰稿人：陈兆琪）

【澧县审计局】 现有干部职工30人，设有办公室、法制股（加挂内部审计指导股）、财政金融审计股、行政事业与社会保障审计股、经济贸易审计股、固定资产投资审计股、经济责任审计站（加挂农业与环保资源审计股），负责对全县32个乡镇和79个县直部门的审计监督。局长李学友，副局长章方财、李鹏、周加兴，纪检组长王文泉。

审计成果 完成审计项目98个（其中经济责任审计项目32个）、单位130个，查出违纪违规行为金额2700万元，其中要求自行纠正2300万元，决定处理处罚400万元，应缴财政120万元，已交113万元。移送大要案件1起。提交并采用审计信息61篇。全县有37个内审机构，其中专职机构26个；内审人员63人，其中专职人员38人。共开展审计项

目215个，查出违纪违规行为金额94万元。(撰稿人：章方财)

【临澧县审计局】　现有干部职工26人，设有办公室、行政事业审计股、固定资产投资审计股、经贸外资审计股、财政金融审计股、法制股、内部审计指导股、经济责任审计室，负责对全县18个乡镇(区)和县直各单位的审计监督。局长陈集林，副局长董方军、金则奎、石虎、孙平昌、刘文锋，纪检组长李兴国。

审计成果　完成审计项目83个，查出违纪违规行为金额1896万元，其中指明要求纠正288万元，决定处理收缴财政262万元，已交262万元。归还原渠道资金607万元，促进增收节支689万元。提交审计报告和审计信息106篇，被上级机关和审计刊物采用56篇。完成经济责任审计13个。全县内审机构13个，内审人员93人，共开展审计项目551个，查出违纪违规行为金额1156万元。(撰稿人：贺蔚)

【桃源县审计局】　现有干部职工21人，设有办公室、法制股、财政金融与外资审计股、经贸与固定资产投资审计股、行政事业与社会保障审计股、经济责任审计股及乡镇审计站，负责对全县40个乡镇和86个县直部门的审计监督。局长陈建鹏，副局长王庆立、高东海、刘月清，纪检组长周宏福。

审计成果　完成审计项目60个，审计单位65个，查出违规行为金额5300万元，追缴被侵占挪用的资金630万元，收缴财政132万元，已入库128万元(含2001年未入库13万元)。开展经济责任审计项目37个，审计后有7人被提拔，8人平调，6人撤免职务。提交综合信息报道被上级采用20篇。全县内审机构56个，其中专职机构48人；配备内审人员195人，全部为兼职人员。开展内部审计项目1389个，查出损失浪费2787万元，促进增收节支1403万元；纠正违规行为金额2924.52万元；提出建议被采纳195条；向司法机关移送案件47起；建议给予党纪、政纪处分170人。(撰稿人：刘桂明)

【石门县审计局】　现有干部职工19人，设有办公室(加挂法制股)、财政金融审计股、行政事业与社会保障审计股、固定资产投资审计股、经济责任审计股(加挂经济贸易与外资运用审计股)和乡镇审计室，负责对全县19个乡镇、81个县直部门及东山峰管理区、夹山管理处的审计监督。局长刘年申，副局长陈锦章、袁圣宏、赵霞，纪检组长尹素红。

审计成果　完成审计项目80个，查出违规行为金额5429万元，其中指明要求纠正4435万元，归还专项渠道资金413万元，核减工程造价245万元，决定收缴财政148万元，已入库143万元。完成经济责任审计项目13个，有6人被提拔。提交审计信息37篇，被采用30篇。对全县教育负债情况进行了审计，总金额3.54亿元，发现教育负债达6189万元。有内审指导人员1人，专职内审机构19个，专职内审人员84人。(撰稿人：谢海英)

【益阳市审计局】　2002年，共有干部职工54人，其中本科学历9人，大专学历42人，局长张雪秋，副局长陈润生、谢征粮、谭超美，纪检组长王棣祺。设有办公室、法规科、人事教育科、财政金融审计科、行政事业审计科、农业与环保审计科、经贸外资审计科、经济责任审计科、固定资产投资审计科。

审计成果　审计单位341个，查出违规行为金额28088万元，审计决定收缴财政886.2万元，追回被侵占挪用的专项资金4661万元，核减工程造价3407万元，促进增收节支3866万元。

经济责任审计　开展经济责任审计项目128个、133人，查出违规行为金额6715万元，查出存在经济问题3人。审计后，晋升15人，平调69人，免职1人，降职1人，移送纪检监察机关1人。

内部审计　有内审机构492个，其中专职机构201个；内审人员1092人，其中专职人员541人。共审计单位149个，查出损失浪费657万元，纠正违规行为金额655万元，促进增收节支1462万元。(撰稿人：叶立飞)

【益阳市赫山区审计局】　现有干部职工28人，设有办公室、财政金融审计股、经济责任审计股、行政事业审计股、投资经贸审计股，负责对全区23个乡镇和90个区直部门的审计监督。局长何唱东，副局长朱新凡、马庆湘、杨伟阳，纪检组长李梓秋。

审计成果　完成审计项目63个，审计单位92个，查出违纪违规行为金额2846万元，其中指明要求纠正2770万元，收缴财政76万元。提交审计报告21份、审计意见50份、审计信息5篇。在对湖南省轻武器研究所审计中发现外方投资者占用其亚美公司资产达379.9万元，比其所占资金股份所享有的净资产171.5万元要多200多万元，如实向上级审计机关做了汇报，并依据有关法律法规做了处理。(撰稿人：彭芳)

【益阳市资阳区审计局】　现有干部职工20人，设有办公室、财政金融审计股、行政事业审计股、固定资产投资审计股、经贸审计股、经济责任审计股，负责对全区14个乡镇、街道和56个区直部门的审计监督。局长徐孝沅，副局长臧立明

(兼纪检组长)、田明春、杨骥。

审计成果　完成审计项目48个、60个单位，经济责任审计项目32个，查出违纪违规行为金额68.2万元，其中指明要求纠正28.2万元，决定处理处罚40万元，收缴财政33万元。提交审计报告52份，审计意见56份，审计信息16篇，简报3篇。(撰稿人：毛立权)

【沅江市审计局】　现有干部职工30人，设有办公室、经贸外资审计股、固定资产投资审计股、农林水审计股、财政金融审计股、经济责任审计股、行政事业审计股，负责对全市27个乡镇和53个市直部门的审计监督。局长曹建波，副局长李梅芳、徐慧、文志宏，纪检组长曾铁辉。

审计成果　完成审计项目70个，审计单位78个，其中完成6名科级干部离任经济责任审计，查出违规行为金额1328万元，应缴财政185万元，已交63万元。完成审计调查4个，调查单位8个，提交审计报告25份、审计信息15篇、审计论文1篇，该论文在2002年度全省优秀论文评选中荣获优秀奖。(撰稿人：舒律人)

【南县审计局】　现有干部职工20人，设有办公室、财政金融审计股、经济责任审计股、工交商贸基建审计股、农林水审计股、行政事业审计股和办公室，负责对全县19个乡镇和65个县直部门的审计监督。局长李绍元，副局长胡云清、何建伟、刘万红、周新华。

审计成果　完成审计项目28个(审计单位32个)，查出违规行为金额713万元，应缴财政51万元，已交51万元。查出“小金库”两个，向司法机关移送涉嫌贪污案件1起。完成审计调查两个，调查单位11个。提交审计报告、信息36篇。完成经济责任审计项目6个，查出违规行为金额209万元，其中指明要求纠正199万元，决定处理处罚10万元，收缴财政10万元。(撰稿人：刘志光)

【桃江县审计局】　现有干部职工46人，设有办公室、行政事业审计股、基本建设投资审计股、经济责任审计股、法制股和审计技术服务所，负责对全县24个乡镇和61个县直部门的审计监督。局长谭树荣，副局长胡建明、刘楚江、曾科。

审计成果　完成审计项目97个，查出违纪违规行为金额2734万元，应纠正3773万元，查出“小金库”等重大违纪问题5个，向纪检、监察部门移送案件线索1件，收缴财政78万元，责成被审计单位归还原渠道资金275万元，促进增收节支2360万元。提交审计报告15份，审计意见45份，审计信息12篇，审计简报4篇。(撰稿人：谭树荣)

【安化县审计局】　现有干部职工19人，设有办公室、法制股、财政金融审计股、经济责任审计股(加挂行政事业审计股牌子)、农业与资源环境审计股、固定资产投资审计股、经贸审计股，负责对全县30个乡镇和80个县直部门的审计监督。局长吕群锋，副局长杨慎之、潘访华，纪检组长陆伟龙。

审计成果　完成审计项目(单位)112个，查出违纪违规行为金额451万元，指明要求纠正166万元，收缴财政93万元。完成审计调查项目4个，调查单位31个。向纪检监察、司法机关移送案件1起。提交审计报告、信息26篇。有内审机构67个，内审人员67人。(撰稿人：黄夫成)

【岳阳市审计局】　2002年，共有干部职工72人，其中研究生学历6人，本科学历22人，大专学历32人，局长谢作文，副局长张云峰、苏绍东、余炳锐、方崇辉(兼纪检组长)、何卫宏、杨如松。设有办公室、法制科、人事教育科、监察室、财政金融审计科、经贸审计科、固定资产投资审计科、行政事业与社会保障审计科、外资运用审计科、农业与资源环保审计科、经济责任审计科、基建办、内审协会、审计学会、开发区审计科。

审计成果　共完成审计项目504个，查出违规行为金额60674万元，指明要求纠正72468万元，应缴财政2024万元，已入库1740万元，应归还原渠道资金610万元，调账处理1684万元，增加财政收入871万元，向纪检监察和司法机关移送案件线索16件，建议给予党纪政纪处分5人，移送司法机关处理3人。被市级以上报刊采用审计信息、理论文章180篇，其中谢作文同志撰写的《认识“入世”后的新情况，提高对经济工作的领导水平》被省社科规划办批准为省级社科课题。审计准则贯彻年活动、审计质量、优秀审计项目、通讯发行等方面分别取得全省第一名。

完成上级交办任务　全年共完成署、省定项目和市委、市政府交办项目200多个。其中，市本级预算执行审计，查出违规行为金额8408万元，应纠正6781万元，调账增加财政收入871万元，揭露和反映了财政预算执行中存在的问题，引起了市政府、市人大领导高度重视，市政府专门召开了15个单位主要负责人会议，督促限期整改。省审计厅授权的岳化总厂系列技改工程项目审计，查出违规行为金额6000多万元，收缴财政526万多元。全市1999～2001年度城建资金的征收管理使用情况审计，共查出违规行为金额1.8亿元，基本摸清了城建资金家底。失业保险资金专项审计，全市共查出违规行为金额307万多元。

经济责任审计　共完成领导干部经济责任审计项目78个，查出违规行为金额11310万元，应纠正6119万元。通过任期和离任审计，平调66人，晋升9人，免职3人。

内部审计　全市设内审机构253个，内审人员750多人，共完成审计项目1282个，查出损失浪费8845万元，纠正违纪行为金额21534万元，促进增收节支4262万元，发现大要案件线索6件，建议给予行政处分1人。（撰稿人：毛朝晖）

【岳阳市岳阳楼区审计局】　现有干部职工22人，设有办公室、法制股、财政金融审计股、行政事业与社会保障审计股、农业与资源环保经贸审计股、固定资产投资与外资运用审计股，负责对全区两个乡、12个街道和26个区直部门的审计监督。局长叶满舟，副局长高六一、包克俭、沈菊娥（兼纪检组长）、张路宁、曾和平。

审计成果　完成审计项目25个，查出违规行为金额3278万元，应收缴国库111万元，调账处理987万元。在对全区行政事业单位的固定资产投资审计中，查处了超计划投资、高估冒算、虚扣冒领、未办决算提前列账等问题，为国家挽回经济损失300多万元。另外，完成16名党政领导干部经济责任审计。（撰稿人：任重远）

【岳阳市君山区审计局】　现有干部职工25人，设有办公室、法制股、行政事业与社会保障审计股、农水与外资审计股、经贸审计股、固定资产投资审计股和经济责任审计室，负责对全区10个乡镇（办事处、场）和48个区直部门的审计监督。局长金文模，副局长陶德龙（4月—）、汤国强（—4月）、戴辉云，纪检组长杨其林（4月—）。

审计成果　完成审计项目50个，审计单位52个，查出违规行为金额1702万元，指明要求纠正368万元，归还原渠道资金42万元，依法处理收缴区财政41万元，向被审计单位提出合理化建议87条。完成经济责任审计项目13个，查出违规行为金额298万元。（撰稿人：曾丽辉）

【岳阳市云溪区审计局】　现有干部职工13人，设有办公室、审理复核室、审计业务股、固定资产投资审计股、经济责任审计室，负责对全区7个乡镇和47个区直单位的审计监督。局长颜跃飞，副局长严松柏（兼纪检组长）、张云先、何锦新。

审计成果　完成审计项目28个，审计单位32个，查出违纪行为金额1461万元，违纪百万元以上单位1个，审计处理应缴财政149万元，指明要求纠正989万元，提出审计建议100多条。完成经济责任审计项目12个、11人，查出违规行为金额254万元。根据审计结果，有3人晋升，7人平调，1人降职。（撰稿人：施慧）

【岳阳市开发区审计局】　现有干部职工6人，设有办公室和审计业务科，负责对全区两个乡镇、10个自然村、8个区直部门和22个企事业单位的审计监督。局长胡昂，副局长罗继红、李滚源。

审计成果　完成审计项目14个，查出违规行为金额1378万元，应缴财政91万元，已入库91万元。提交审计综合报告、信息6篇，全被采用。（撰稿人：李靖伟）

【汨罗市审计局】　现有干部职工51人，设有办公室、行政事业审计股、财政金融审计股、工业交通审计股、商业贸易审计股、农林水审计股、基本建设投资审计股、经济责任审计股、法规股，负责对全市36个乡镇场和90个市直部门的审计监督。局长李正松，副局长彭建、许贤桂、虞文权、黄玉琦、郑海清、毛利平，纪检组长缪正华。

审计成果　完成审计项目103个，查出违规行为金额7400多万元。其中调账处理5200多万元、归还原渠道资金1100多万元，收缴财政238万元。报送审计综合报告、信息39篇，被采用31篇；向各级、各部门提交审计建议380多条。向司法机关移送案件两起、4人。（撰稿人：黄秋如）

【临湘市审计局】　现有干部职工24人，设有财政金融审计股、基本建设审计股、经济贸易审计股、农林水审计股、行政事业审计股、经济责任审计股、法制股和人秘股，负责对全市23个乡镇和36个市直部门的审计监督。局长李群奎，副局长范晓红、张文明、杨孟和、晏国金、王凌藩，纪检组长王胜炎。

审计成果　完成审计项目57个，查出违纪行为金额2479万元，责成追回被挤占挪用专项资金257万元，处理应缴财政186万元。查处案件5起，均已移交有关机关处理。提交审计报告、信息24篇，其中国家级刊物采用9篇；提出合理化审计建议178条，均被相关单位采纳。（撰稿人：夏曲波）

【岳阳县审计局】　现有干部职工27人，设有办公室、财金审计股、法制股、行政事业农业审计股、经济责任审计室、经贸审计股，负责对全县23个乡镇和86个县直部门的审计监督。局长杨和平，副局长余预芬、兰勇，纪检组长易辉。

审计成果　完成审计项目47个，查出违规行为金额1016万元，应缴财政94万元，已交87万元，减少财政拨款两万元，归还原渠道资金240万元，指明要求纠正2343万元。查出大案要案两起，向司法机关移送案件两起。对14名离任的主要领导干部任期经济责任进行了审计，查出违规行为金额3.215万元。（撰稿人：熊己亥）

【华容县审计局】 现有干部职工29人，设有经济责任审计室、行政事业审计股、经济贸易审计股、农业审计股、基建投资审计股、财政金融审计股、法规复核室、办公室，负责对全县22个乡镇和160个县直部门的审计监督。局长许汉泉，副局长吴海清、谢寿保、张爱国、于庆民、朱先涛，纪检组长罗建宏。

审计成果 完成审计项目72个，审计单位108个，查出违规行为金额4695万元，增加财政收入61.5万元，应缴财政147万元，已交138.18万元，应归还原渠道资金1533万元，促进增收节支300多万元。提交审计报告6份，信息14篇，建议216条。对25名领导干部进行了经济责任审计，共查出违纪违规行为金额843万元，对审计查出的问题都依法进行了处理处罚。（撰稿人：杨志红）

【湘阴县审计局】 现有干部职工24人，设有财政金融审计股、工业交通审计股、商业贸易审计股、农林水审计股、行政事业审计股、基建审计股和办公室，负责对全县32个乡镇5个管区60个市直单位的审计监督。局长赖锡怀，副局长黄应秋、张泽光、周文武、刘爱民、谭艳清、刘洪义，纪检组长彭新云。

审计成果 完成审计项目55个，审计单位72个，查出违纪行为金额769万元，收缴财政55万元。提交审计信息7篇，被采用3篇。对县住房办1992～2001年住房资金进行了就地审计，发现挪用住房资金309万元、自行使用专项资金存款利息244万元、住房开发亏损121万元。审计还发现，该单位只有19个人，两年开支招待费36.2万元，占经费开支的23%，平均每天开支502元；小车费12.6万元，月平均5270元。此案已移送纪检监察部门处理。（撰稿人：赵宏）

【平江县审计局】 现有干部职工25人，设有办公室、法制股、基本建设投资审计股、经济责任审计股、财政金融审计股、行政事业审计股、工交商贸审计股、农水外资审计股，负责对全县27个乡镇和93个县直部门的审计监督。局长李剑根，副局长易完涛、钟伯庚、叶然龙、刘裕凡，纪检组长余兢业。

审计成果 完成审计项目43个，查出违纪违规行为金额3312万元，决定处理处罚收缴财政193万元，归还原渠道资金80万元，指明要求纠正108万元。移送案件线索两件。提交审计调查报告8份，向县委、政府提交审计要情两份、信息35篇，被采用29篇；提出建议24条，被采纳18条。对21个县直单位和乡镇主职领导干部进行任期经济责任审计，查出违规行为金额1783万元。根据审计结果，晋升9人、平调8人、留任3人、免职1人。（撰稿人：余兢业）

【株洲市审计局】 2002年，共有干部职工66人，其中本科学历39人，大专学历18人，局长高起林，副局长刘华、杨长云、阎敬堂、傅依全，纪检组长戴勇。设有办公室、政工科、商粮贸审计科、法制科、投资外资审计科、农保资金审计科、工业交通审计科、财政金融审计科、行政事业审计科、内审管理科、领导干部任期经济责任审计处。

审计成果 完成审计项目138个，查出违纪违规行为金额1996.5万元，处理收缴财政560万元，追回被侵占挪用资金1648万元。连续7年被湖南省政府授予"双文明"建设先进单位光荣称号。

专项资金审计 结合同级审，对城市维护建设资金、国土资金、养老保险基金、医疗保险基金、建筑劳保基金等专项资金（基金）进行了审计，查出违纪违规行为金额2136万元，处理收缴财政106万元。

经济责任审计 完成42名县（处）级领导干部的任期经济责任审计，查出违纪违规行为金额15103万元，移送纪检监察部门处理1人。为配合市县（市、区）领导班子换届考察工作，市委安排了对9个县（市）区长任期经济责任审计。

内部审计 共有专职内审机构146个，专职内审人员504人。共完成各类审计项目9404个，查出和纠正违纪违规行为金额6014万元，促进增收节支7669万元，收缴财政132万元，增加留利809万元，移送司法机关处理的案件两起，提出并被采纳审计建议或意见1277条。（撰稿人：刘适宜）

【株洲市天元区审计局】 现有干部职工8人，设有经济责任审计办公室、财政与行政审计组、土地与工程审计组，负责对全区两个乡镇、两个办事处及26个区直部门的审计监督。局长吴兵，副局长何胜华、李逢、李海泉。

审计成果 完成审计项目33个，完成区政府交办的工程预决算审计任务10个，粮站财务核查审计任务1个。查出各种违纪违规行为金额739.13万元，已交区财政71.86万元。审计工程预结算金额1.28亿元，净核减工程投资额2716.5万元。（撰稿人：蔡亮）

【株洲市荷塘区审计局】 现有干部职工7人，设有区经济责任审计局，负责对全区3个乡（镇）、3个办事处和36个区直部门的审计监督。局长皮修刚，副局长黄克忠、栗产辉、唐朝晖。

审计成果 完成审计项目22个，共查出各类违纪违规行为金额126万元，收缴财政5万元。向纪检、监察部门移送案件线索1件。审定基建、维修工程项目12个，核减建设资金300万元。提交审计信息15篇，提出审计建议50多条。（撰稿人：程文革）

【株洲市芦淞区审计局】 现有干部职工9人，设有区领导干部任期经济责任审计局，负责对全区3个乡，1个开发区、4个办事处和23个区直部门的审计监督。局长汤福金，副局长冯发文、余金莲。

审计成果 完成审计项目（单位）24个，共查出违纪行为金额493万元，按有关规定给予经济处罚、收缴区财政14万元。（撰稿人：罗岳峰）

【株洲市石峰区审计局】 现有干部职工7人，设有行政事业审计股，基建投资审计股，办公室，负责对全区3个镇、3个街道和42个区直部门的审计监督，局长郭忠，副局长张迎春。

审计成果 完成14个审计项目，查出违纪违规行为金额661万元，处理应缴财政57万元。完成区政府临时交办的审计项目7个，完成基建工程预决算审计项目21个。（撰稿人：贺宇发）

【醴陵市审计局】 现有干部职工20人，设有办公室、法制股、财政金融审计股、工商企业审计股、行政事业审计股、基建外资审计股和经济责任审计科，负责对全市36个乡镇、4个街道和98个行政事业单位的审计监督。局长朱振良，副局长易纪发、邓元佑，纪检组长姚建军。

审计成果 完成审计项目47个，查出违规行为金额3949万元，指明要求纠正2680万元，决定收缴财政122万元，已交117万元，减少财政拨款112万元。提交审计专题报告38篇，审计信息47篇。完成19个任期经济责任审计项目，共查出违纪违规行为金额2513.1万元。查出乡镇机关工作人员侵占公款16.5万元，涉案11人移交市检察院和纪检部门，1人依法判处有期徒刑8年，1人受到党内严重警告处分。全市21个内审机构共完成审计项目138个，查出损失浪费135万元，促进增收节支465万元。（撰稿人：张剑辉）

【株洲县审计局】 现有干部职工15人，设有办公室、经济责任审计科、财政金融审计股、行政事业审计股、企业审计股和基本建设审计股，负责对全县20个乡镇和59个县直部门以及30个企事业单位的审计监督。局长马星球，副局长肖剑平、袁习成、肖卫平、颜桂平。

审计成果 完成审计项目48个，查出违规行为金额503万元，已归还原渠道资金33万元，调账处理214万元，决定处理处罚103万元，已收缴入库99万元。向司法、纪检机关移送案件两起。完成经济责任审计项目8个，查出违规行为金额近326万余元。全县设置内审机构的部门和单位16个，共完成审计项目79个，已纠正违规行为金额354万元，促进增收节支180万元，查出损失浪费354万元，核减基建支出38万元，提出建议被采纳90条，向纪检部门移送贪污案件1起。（撰稿人：吴国旗）

【攸县审计局】 现有干部职工19人，设有领导干部任期经济责任审计科、办公室、行政事业审计股、工交基建投资审计股、财政金融审计股，负责对全县30个乡镇和109个县直部门的审计监督。局长龙雪英，副局长张祝松、张公文、刘天飞，纪检组长蔡杰球。

审计成果 完成审计项目53个，查出违规行为金额1983万元，处理收缴各级财政106万元。完成经济责任审计项目41个，48人，查出违纪违规行为金额1740万元。全县内审机构完成审计项目91个，查出违纪违规行为金额221万元，促进增收节支8万元，纠正违规行为金额157万元。（撰稿人：卢飞飞）

【茶陵县审计局】 现有干部职工20人，设有领导干部经济责任审计科、行政事业审计股、农业金融审计股、企业审计股及办公室，负责对全县25个乡镇、场和80个县直部门的审计监督。局长肖曦，副局长刘汉阳、谭优清、刘文湘、陈新智，纪检组长罗道光。

审计成果 完成审计项目58个，查出违规违纪行为金额1999万元，处理处罚收缴县财政208万元，归还原渠道资金408万元，减少财政补贴、拨款283万元，指明要求纠正440万元，调账处理257万元。向纪检监察机关移送案件线索两件。提交审计调查报告和信息42篇。（撰稿人：刘玉林）

【炎陵县审计局】 现有干部职工14人，设有办公室、财政金融企业审计股、行政事业审计股、经济责任审计股，负责对全县15个乡镇和54个县直部门的审计监督。局长张东元，副局长曾桂生、黄晚湘、成工兵。

审计成果 完成审计项目43个，审计单位123个，其中，领导干部任期经济责任审计项目11个，审计13人。共查出违纪违规行为金额552万元，应缴财政69万元，入库60万元。提交审计报告22份，审计

信息26篇，审计要情两份；提出审计建议59条。（撰稿人：黄晓湘）

【湘潭市审计局】 2002年，共有干部职工58人，其中本科学历21人，大专学历26人，局长陈海清，副局长刘培根、彭延生、贺庆华、蒋孟来，纪检组长卢湘文。设有办公室、法规科、人事教育科、监察室、外资运用审计科、经贸审计科、财政金融审计科、农业与资源环保审计科、经济责任审计科、行政事业审计科、固定资产投资审计科、派出审计一科、派出审计二科。

审计成果 审计单位（项目）53个，查出违规行为金额26170万元，应缴财政824万元，已交700万元，归还原渠道资金2482万元。协助有关部门查处案件1起，提交审计报告、信息84篇，被上级批示、采用54篇。

财政金融审计 同级审共查出违规行为金额2675万元，向同级人大和政府报送了审计工作报告和结果报告。在财政收入级次的专项检查中，收缴挤占市级收入432万元。

经济责任审计 共完成经济责任审计项目23个、23人，查出违规行为金额6053万元，处理处罚115万元。根据审计结果，平调（转任）9人，免职两人。

专项资金审计 城建资金的审计，共审计调查了156个单位，总金额2.5亿元，查出违规行为金额5878万元，应缴财政90多万元，归还原渠道资金252万元；全市2000、2001年度国土出让金的审计，揭示了应征未征土地出让金5567万元，征收率仅为30.2%的严峻情况。

行政事业审计 共完成审计项目11个，查出违规行为金额4616万元，提出审计建议21条。

企业审计 全年对韶峰水泥集团等7个企业进行了资产负债损益审计、经济责任审计或年薪制兑现审计，共查出各类违规行为金额13547万元，提出审计建议17条。

内部审计 全市设内审机构38个，其中专职机构31个；内审人员141人，其中专职人员132人。共完成审计项目8402个，纠正违规行为金额4817万元，促进增收节支3645万元，提出审计建议284条，给予经济处罚8人。（撰稿人：欧阳雄伟）

【湘潭市雨湖区审计局】 现有干部职工9人，设有办公室，负责对全区4个乡、两个镇、8个办事处和45个区直部门、12个区属企业的审计监督。局长杨贵，副局长邢振西、冯光久（兼纪检组长）、罗晓春。

审计成果 完成审计项目25个，共查出违规行为金额820万元，归还原渠道资金16万元，应缴财政45万元，已交45万元。（撰稿人：邢振西）

【湘潭市岳塘区审计局】 现有干部职工8人，设有办公室、审计一室（经济责任审计室）、审计二室，负责对全区6个乡镇、1个农场、1个开发区、9个街道和29个区直部门的审计监督。局长蒋树安，副局长罗淑芬、李中泽。

审计成果 完成审计项目19个，查出违规行为金额2643万元，指明要求纠正1662万元，应缴财政172万元，已交31万元。查出“小金库”两个，移送纪检监察部门案件1起。提出审计建议44条，提交审计报告42份、信息20篇。完成经济责任审计项目11个，查出违规行为金额535万元，移送纪检监察部门和责令主管部门查实案件各1起。（撰稿人：熊旺）

【湘乡市审计局】 现有干部职工29人，设有办公室、法规审理室、任期经济责任审计工作办公室、投资审计股、行政事业审计股、财政金融审计股、经贸审计股和乡镇财政审计股，负责对全市22个乡、镇、办事处和150个市直部门的审计监督。局长陈钧武，副局长谭致和、谷春耕、文年青，纪检组长彭志强。

审计成果 完成审计项目46个，查出违规行为金额1322万元，应缴财政309万元，已交228万元，核减工程项目建设投资717万元。提交审计报告和信息45篇，被上级审计机关、有关部门和单位采用32篇。（撰稿人：刘智）

【韶山市审计局】 现有干部职工15人，设有办公室、行政事业审计股、企业审计股、财金基建审计股、领导干部任期经济责任审计办公室，负责对全市7个乡镇和37个市直部门的审计监督。局长庞争科，副局长彭军、沈旭红。

审计成果 完成审计单位（项目）31个，查出违纪违规行为金额625万元，应缴财政35万元，已交20万元，减少财政拨款或补贴100万元，调账处理265万元，归还原渠道资金260万元。（撰稿人：高伟）

【湘潭县审计局】 现有干部职工19人，设有办公室、法规股、财政金融审计股、经贸与投资运用审计股、经济责任审计股、行政事业审计股，负责对全县22个乡镇、65个县直部门的审计监督。局长谭建明，副局长杨孔加、刘炳英、胡在正、邓高燕，纪检监察员陈志峰。

审计成果 完成审计单位（项目）53个，查出违规行为金额1598万元，应缴财政233万元，已交55万元，查出“小金库”和公款私存3个、金额300多万元。移送纪检监察部门案件1起1人，金额4万余元。（撰稿人：郭月明）

【衡阳市审计局】 2002年，共有干部职工68人，其中本科学历26

人，大专学历28人，局长王永智，副局长费明生、廖义伟、李鹏飞、尹秀文，纪检组长刘运安。设有办公室、行政科、人事教育科、法制科、妇委会、机关工会、领导干部经济责任审计中心、财政金融审计科、固定资产投资审计科、经济贸易审计科、行政事业审计科、农业与资源环保审计科、外资运用审计科、经济责任审计处、内部审计管理科。

审计成果　审计单位406个，查出违规行为金额6960万元，应缴财政1780万元，已交1204万元。提交审计报告204份；信息和调研报告317篇，被采用223篇。财政预算执行审计项目，被省厅评为优秀审计项目。

经济责任审计　开展经济责任审计项目161个，查出违规行为金额967万元，查出个人存在经济问题3人。审计后，晋升10人，平调82人，免职两人，降职1人，给予党纪处分1人，移送纪检监察机关两人，移送司法机关1人。

内部审计　市直部门内审机构217个，其中专职机构112个；内审人员292人，其中专职人员185人。全年审计单位272个，查出损失浪费288万元，纠正违规行为金额355万元，促进增收节支325万元。（撰稿人：仇寿海）

【衡阳市雁峰区审计局】　现有干部职工8人，设有办公室、综合审计股、经济责任审计办公室，负责对全区两个乡镇、5个街道和37个区直部门的审计监督。局长江红，副局长贺鹰、王秀忠。

审计成果　完成审计项目15个，查出违纪行为金额7万元，已全部上缴入库。完成经济责任审计项目7个，查出违规行为金额7万元。完成基建审计项目13个，审计总金额437万元，审计核减116万元。（撰稿人：江红）

【衡阳市珠晖区审计局】　现有干部职工5人，设有办公室、审计股、经济责任审计局，负责对全区8个乡（镇、场）和6个街道以及43个区直部门的审计监督。局长阎庆平，副局长曾刚乔、胡大明。

审计成果　完成审计项目11个，审计单位11个，共查出违纪违规行为金额46万元，收缴财政16万元。完成审计调查3个，调查单位4个。提交审计报告、信息14篇。完成6名科级干部离任经济责任审计，查出违规行为金额25.91万元。（撰稿人：周文弘）

【衡阳市石鼓区审计局】　现有干部职工6人，设有综合办公室、查证室、经济责任审计室，负责对全区6个街道、两个乡和17个区直部门的审计监督。局长贺水源，副局长齐素媛（兼纪检组长）、阳青生。

审计成果　完成审计项目13个，查出违纪违规行为金额168万元，核减工程造价30万元。提交审计报告、信息16篇，提出审计建议30条。其中，对友爱橡塑厂审计，查出该厂私设“小金库”，偷税60.8万元。完成了区财政局等7个单位领导干部的经济责任审计。（撰稿人：颜福元）

【衡阳市蒸湘区审计局】　现有干部职工7人，设有办公室、审计业务股、经济责任审计股，负责对全区3个乡镇、4个街道和26个区直部门的审计监督。局长傅德寿，副局长何跃兵、黄文洁，纪检组长刘书莲。

审计成果　完成审计项目16个，党政交办审计项目11个。查出违规行为金额195万元，决定处理处罚160万元，应缴财政154万元。提交审计报告、信息26篇。完成经济责任审计项目3个，查出违规行为金额136万元。有内审指导人员两人，内审机构两个，内审人员4人。（撰稿人：傅德寿）

【衡阳市南岳区审计局】　现有干部职工14人，设有办公室、财政金融审计股、农林基建外资审计股、经济责任审计股，负责对全区4个乡镇和122个区直部门的审计监督。局长符湘澜，副局长章春梅、刘月圆。

审计成果　完成审计项目44个，查出违规行为金额988万元，指明要求纠正509万元，应缴财政204万元，已交190万元。完成审计调查3个，调查单位25个。提交审计报告、信息58篇。对在机构改革中变动的33名党政、企业的主要领导干部进行了任期经济责任审计，查出违规行为金额365万元，收缴财政71万元。有内审指导人员两人，内审机构16个，内审人员32人。（撰稿人：李桂英）

【常宁市审计局】　现有干部职工36人，设有办公室、行政事业审计股、财政金融审计股、企业审计股、基建外资审计股、经济责任审计股、内审指导法规审理股，负责对全市23个乡镇和210个市直部门的审计监督。局长刘耀辉，副局长邓元茂、吴丁萌，纪检组长祝宇明。

审计成果　完成审计项目70个，查出违规行为金额893万元，应缴财政190万元，指明要求纠正380万元。提交审计报告、信息40篇。完成6名科级干部离任经济责任审计，查出违规行为金额36万元。有内审指导人员3人，内审机构38个，内审人员94人。（撰稿人：雷建国）

【耒阳市审计局】　现有干部职工42人，设有办公室、综合内审指导股、法规股、行政事业审计股、工商企业审计股、财政审计股、金融外资审计股、基建审计股、经济责任审计股，负责对全市34个乡镇和140个市直部门的审计监督。局长徐望国，副局长李冶灵、王集锡、李春芳、谢时珍、曹云，纪检组长黄丛林。

审计成果 完成审计项目25个，审计单位70个，经济责任审计项目27个。查出违纪违规行为金额1653万元，其中，指明应归还原渠道资金277万元，调账处理500万元，应缴财政238万元，已交106万元。完成审计调查两个，提交审计报告、信息30篇。有内审指导人员3人，内审机构76个，内审人员91人。（撰稿人：段新秋）

【衡阳县审计局】 现有干部职工42人，设有办公室、财政金融审计股、行政事业审计股、工交商贸审计股、基建外资审计股、经济责任审计股和法规审理股，负责对全县26个乡镇和86个县直部门的审计监督。局长黄黎明，副局长邓伟阳、刘景贵、刘诗秋、万和平，纪检组长廖秋生。

审计成果 完成审计项目（单位）65个，共查出各类违纪违规行为金额530万元，应缴财政268万元，已交246万元，减少财政拨款或补贴近100万元，追回被侵占挪用资金和归还原渠道资金共150万元。提交审计报告、信息30余篇，被批示或采用23篇。（撰稿人：彭卫华）

【衡南县审计局】 现有干部职工36人，设有办公室、法制股、经济责任审计办公室、经贸审计股、财政金融审计股、基建外资审计股、行政事业审计股、农业与国土资源环保审计股，负责对全县25个乡镇和35个县直部门的审计监督。局长唐群国，副局长郭炳炎、贺成授、曹腊生、黄小琼，纪检组长刘本翰。

审计成果 完成审计项目60个，审计单位86个，查出违规行为金额1108万元，应缴财政338万元，已交195万元。完成审计调查5个，调查单位30个。提交审计报告、信息82篇。完成29名科级干部离任经济责任审计，查出违规行为金额204万元。有内审指导人员3人，内审机构36个，内审人员106人。（撰稿人：刘本翰）

【衡山县审计局】 现有干部职工20人，设有办公室、工交商贸审计股、财政金融审计股、行政事业（农业）审计股、基建外资审计股和领导干部经济责任审计股，负责对全县18个乡镇和34个县直部门的审计监督。局长李梅初，副局长张铁桥、陈治国、周建新，纪检组长彭冬秀。

审计成果 完成审计项目72个，查出违纪违规行为金额1346万元，为国家挽回经济损失140万元，应缴财政608万元。提交审计报告、信息44篇。完成副科级以上党政领导干部经济责任审计16人，查出违规行为金额24万元，其中1人被免职，5人受行政处分。（撰稿人：李润年）

【衡东县审计局】 现有干部职工22人，设有办公室、财政金融审计股、行政事业审计股、工商企业审计股、外资基建审计股、经济责任审计办公室，负责对全县24个乡镇和29个县直部门的审计监督。局长罗冬秋，副局长刘年丰、陈磊、李先倦，纪检组长殷凤云。

审计成果 完成审计项目59个，查出违纪违规行为金额624万元，应缴财政103万元，已交102万元。提交审计报告、信息68篇。完成18名科级干部离任经济责任审计，查出违纪违规行为金额228万元，发现大要案4起，移送纪检机关处理1人。有内审指导人员1人，内审机构3个，内审人员12人。（撰稿人：侯茂良）

【祁东县审计局】 现有干部职工29人，设有办公室、财政金融审计股、行政事业审计股、农业经贸与资源环保审计股、基建外资审计股、经济责任审计室，负责对全县23个乡镇和223个县直部门的审计监督。局长彭国生，副局长刘海澜、许友生、陈怡忠、周冰波。

审计成果 完成审计项目43个、单位96个，党政领导交办项目5个，查出违纪违规行为金额1920万元。其中指明要求纠正358万元，决定处理处罚230万元，应缴财政220万元。提交审计报告8份，审计信息38篇。完成9名党政领导干部的任期经济责任审计。核减纳税大户奖励20余万元，查出欠拖不还专项资金60多万元，平息了3起困难企业职工上访事件。此外，参加了破产企业清理工作和对个别单位财务账目澄清及服务指导等工作。（撰稿人：龙桂生）

【郴州市审计局】 2002年，共有干部职工40人，其中本科学历13人，大专学历20人，局长黄子明，副局长全天生、罗细石、段小卿，纪检组长曹东亮。设有办公室、法制科、政工科、监察室、财政金融审计科、行政事业审计科、农业外资审计科、经贸审计科、投资审计科、经济责任审计处。

审计成果 完成审计项目60个，查出违纪违规行为金额3.76亿元，应缴财政912万元，已交637.8万元，促进增收节支6812万元。提交审计调查报告和信息138篇，被批示、采用93篇。

重点项目审计 完成了财政同级审，5个县级政府财政决算审计，县乡公路管理处、交通运管处、电信局、湘运、中级人民法院、就业管理处失业保险基金、国土资金、三峡移民资金、郴州商校、规划局、东江师范、郴资桂高等级公路竣工决算审计，其中，电信局财务收支审计被评为全省优秀审计项目一等奖。

经济责任审计 完成经济责任审计项目22个，审计经济责任人24人，查出违规行为金额5174万元，其中领导干部应负主管责任4791万元。向纪检监察机关移送案件5起、处理6人。

内部审计 成立了市内审协会，有团体会员82个，个人会员256人。市直单位有内审机构55个，其中专职机构31个；配备内审人员176人，其中专职人员115人。完成审计项目368个，查出损失浪费940万元，促进增收节支1210万元，纠正违规行为金额815万元，提出改进工作建议意见被采纳281条。（撰稿人：谭长红）

【郴州市北湖区审计局】 现有干部职工18人，设有办公室、经济责任审计室、行政事业农业外资审计室、财政金融经贸基建审计室和内审业务指导站，负责对全区18个乡镇（街道）和21个区直部门的审计监督。局长刘汉友，副局长陈青山、徐桂萍、谭春华。

审计成果 完成审计项目50个，查出违纪违规行为金额1034万元，建议要求纠正违规行为金额254万元，决定处理处罚187万元，收缴财政169万元。提交审计报告50份、审计意见50份、审计信息78篇、简报9篇，被区委、区政府采用4篇、市局采用9篇。对38名党政、企业主要领导干部进行了任期经济责任审计，查出私分“小金库”1个，移交区纪委处理两人。（撰稿人：梁瑞贵）

【郴州市苏仙区审计局】 现有干部职工17人，设有办公室、经济责任审计室、财金经贸审计股、农林水行政事业审计股和基建外资审计股，负责对全区19个乡镇（含两个街道）和52个区直部门及所属33个二级机构的审计监督。局长雷知德，副局长刘德芳、张风华、李芳、何丙芽，纪检书记韦超强。

审计成果 完成审计项目84个，查出违规行为金额1857万元，其中指明纠正1137万元。查出“小金库”20个，金额281万元，应缴财政125万元。完成26名科级干部、两名处级干部的任期经济责任审计；完成24个固定资产投资项目审计，审计项目投资总金额3637万元，核减工程造价433万元。提交审计调查报告8份、审计信息22篇。（撰稿人：杨喜珠）

【资兴市审计局】 现有干部职工22人，设有办公室（加挂“法制股”）、财政金融审计股、行政事业农业审计股、经贸外资投资审计股、经济责任审计股，负责对全市29个乡镇和90多个市直部门的审计监督。局长刘建设，副局长黄存阳、谢柏南。

审计成果 完成审计项目58个，审计调查项目4个，查出违规行为金额634万元，应缴财政61万元，为国家增收节支398万元。提交审计报告、信息22篇，被上级党委、政府批示、采用14篇。完成领导干部任期经济责任审计项目40个，审计后，提拔15人，交流15人，改任非领导职务5人，免职1人。完成基建工程决算审计项目7个，审计投资总额3640万元，核减投资额110万元。（撰稿人：周汉宁）

【桂阳县审计局】 现有干部职工27人，设有办公室、行政事业审计股、财政金融审计股、固定资产投资审计股和经济责任审计室，负责对全县39个乡镇和157个县直部门的审计监督。局长谢仁义，副局长唐朝忠、侯赋海，纪检组长王忠义。

审计成果 完成审计项目89个，查出违纪违规行为金额3698万元，向纪检监察机关移送案件线索两件，建议给予党纪政纪处分3人；协助有关部门查处案件6起，建议纠正地方部门不当规定15条，处理处罚收缴财政105.5万元，核减基建投资318万元，增收节支331万元。提交审计报告89份，审计意见书73份，综合报告15份，审计信息32篇；提出合理化建议78条，被采纳45条。（撰稿人：骆世钦）

【永兴县审计局】 现有干部职工18人，设有办公室、经济责任审计办公室、财政金融审计股、行政事业审计股、农业外资审计股、经贸审计股、固定资产投资审计股，负责对全县25个乡镇和25个县直部门的审计监督。局长李根清，副局长何孝林、陈小山，纪检监察室主任王湘梅。

审计成果 完成审计项目95个，审计单位137个，其中领导干部经济责任审计项目40个，基建竣工决算审计项目25个。查出违纪违规行为金额5286.5万元，处理处罚应收缴财政108.18万元，已入库103.6万元。提交审计报告95份，审计意见95份，审计信息25篇。（撰稿人：何亭兰）

【宜章县审计局】 现有干部职工24人，设有办公室、行政事业农业外资审计股、财政金融审计股、经贸固定资产投资审计股，负责对全县27个乡镇和56个县直部门的审计监督。局长王力争，副局长陈小冲、欧祖雄。

审计成果 完成审计项目39

个，审计单位52个，查出违规行为金额2075万元，应缴财政79万元，已交60万元。完成审计调查4个，调查单位20个，提交审计报告6份。完成对领导干部任期经济责任审计项目19个，查出违规行为金额539.5万元，提交审计结果报告19份，提出审计建议44条。经审计，21名领导干部中提拔4人，平调11人，留任6人。完成22个固定资产投资项目的竣工决算审计，核减工程造价248万元，追缴应交国家税金19.8万元。(撰稿人：范林岳)

【嘉禾县审计局】 现有干部职工20人，设有办公室、行政事业审计股、商粮贸审计股、工交审计股、基建审计股、复核股、内审股、任期经济责任审计办公室，负责对全县17个乡镇和108个县直部门的审计监督。局长李仟熊，副局长王志刚、李昭旗、周晓洁，纪检组长王季芳。

审计成果 完成审计项目67个，其中，领导干部任期经济责任审计项目18个。查出违纪行为金额2708万元，应缴财政191万元，已交189万元，责令归还被侵占挪用专项资金511万元；查出私设“小金库”单位13个，资金额362万元；查出乱收费、乱罚款单位18个，累计金额178万元；查出集体私分公款案两起，移送司法机关处理案件1起，移送纪检、监察机关处理案件1起。提交审计报告67份，审计信息28篇。(撰稿人：李昭旗)

【临武县审计局】 现有干部职工16人，设有办公室、行政事业经贸审计股、财政金融审计股、固定资产投资审计股、经济责任审计办公室，负责对全县22个乡镇和85个县直部门的审计监督。局长孙健康，副局长郭立新、邓兴仁、何天成、李芳英，纪检组长文国忠。

审计成果 完成审计项目48个，查出违纪违规行为金额1155万元，应缴财政104万元，已交104万元，责令自行纠正违规行为金额306万元。向纪检监察机关移送待处事项3件，向检察机关移送案件两起，与纪检监察机关联合办案1起；有两人被建议给予党纪处分，1人被撤职，1人被追究刑事责任。完成审计调查项目4个，调查单位7个。提交调查报告、信息20篇，被批示、采用12篇。有内审指导人员两人，内审机构11个，内审人员40人。(撰稿人：郭立新)

【汝城县审计局】 现有干部职工16人，设有办公室、财政金融审计股、行政事业与农业外资审计股、经贸与固定资产投资审计股和经济责任审计股，负责对全县23个乡镇和58个县直部门的审计监督。局长戴建，副局长黄永根、陈建国、陈爱秀，纪检组长朱伟洪。

审计成果 完成审计项目50个，查出违规行为金额586万元，应缴财政80万元，为国家挽回经济损失163万元。提交审计报告19份，审计要情两篇，审计信息21篇。对17个党政、企事业单位的25名主要领导干部进行了任期经济责任审计，其中1个项目处理责任人6人。(撰稿人：朱伟洪)

【桂东县审计局】 现有干部职工20人，设有办公室、经贸审计股、固定资产投资审计股、经济责任审计股，负责对全县18个乡镇和78个县直部门的审计监督。局长周国栋，副局长刘化芬、王文明、郭金兰，纪检组长郭汉庭。

审计成果 完成审计项目53个，其中领导干部经济责任审计项目33个。查出违规违纪行为金额708万元，其中指明要求纠正136万元，归还原渠道资金279万元，调账处理272万元，决定处理处罚21万元，已交财政21万元。提交审计报告36份，审计意见53份，审计信息6篇。有内审机构27个，内审人员34人。(撰稿人：郭汉庭)

【安仁县审计局】 现有干部职工21人，设有办公室、经济责任审计室、经贸农水审计股、财政金融审计股、行政事业审计股、固定资产投资审计股、内审指导站，负责对全县21个乡镇和73个县直部门的审计监督。局长傅安娅，副局长李海波。

审计成果 完成审计项目67个，查出违纪违规行为金额3566万元，归还原渠道资金173万元，减少财政拨款和补贴559万元，责令自行纠正425万元，审计处理应收缴财政106.21万元。向司法机关移送案件1起，向纪检监察部门建议处分1人。提交审计综合报告、审计要情、信息38篇，被批示或采用30篇。(撰稿人：何年辉)

【永州市审计局】 2002年，共有干部职工36人，其中本科学历11人，大专学历21人，局长易远宣，副局长宋仁彬、何先旺、黄丽晃，纪检组长柏玉。设有办公室、政工科、法制科、经济责任审计室、财政金融审计科、固定资产投资审计科、经贸审计科、农业与资源环保外资审计科、行政事业审计科和纪检监察室。

审计成果 审计单位654个，查出违规行为金额34756万元，收缴财政1396万元，归还原渠道资金462万元，责成被审计单位调账处理2885万元。其中市本级完成审计项目82个，查出违规行为金融19048万元，收缴财政309万元。全市提交审计报告165份，审计信息和调研报告372篇，被采用、批示136篇。

财政审计 在开展预算执行情

况审计的同时，加强了财政决算审计。市审计局对4个县的财政决算情况进行审计后，将2001年实施的7个县区财政决算审计情况一并综合提炼，向市政府递交了关于1999～2001年财政决算审计情况的综合报告，得到市政府的高度重视。此外，全市除冷水滩区以外的11个审计机关对市农业发展银行系统2001年度的资产负债损益进行了审计。

经济责任审计　成立了以市长为组长的领导小组，建立了联席会议制度。全年完成经济责任审计项目130个（其中市本级完成20个），查出违规行为金额3890万元。审计后，晋升17人，平调88人，降免职7人，移送有关部门处理4人。

专项资金审计　全市相继开展了国土、住房、失业保险、三峡移民和社会保障等专项资金审计。全市住房资金审计查出严重违法违规行为金额8360万元，有关涉案人员被依法查办。

审计项目质量　年终经省审计厅检查评比，本市的审计项目质量以91.8分的成绩在14个市州中名列第三，有1个审计项目获全省优秀审计项目二等奖，并被评为审计准则贯彻年活动先进单位。

内部审计　全市186个内审机构，共审计单位834个，纠正违规行为金额1501万元，查出损失浪费1172万元，促进增收节支1315万元，提出意见建议被采纳190多条。（撰稿人：谢知生）

【永州市冷水滩区审计局】　现有干部职工22人，设有办公室、财政金融农业外资审计股、经贸基建审计股、行政事业审计股、领导干部经济责任审计股，负责对全区18个乡镇、办事处、开发区和45个区直部门的审计监督。局长周连湘，副局长罗友生、唐善春、周大发、廖海文，纪检组长张育新。

审计成果　完成审计项目38个（其中调查项目3个），审计单位50个，查出各类违规违纪行为金额2262万元，应缴财政35万元，已交30万元。提交审计报告、信息和综合调研文章26篇。对14名党政领导干部进行了任期经济责任审计，特别是对区房改办原主任胡建民的任期经济责任审计，查出挪用住房资金1650万元，其中胡个人贪污公款40万元，并渎职造成国家财产损失300多万元。（撰稿人：汪艳芳）

【永州市芝山区审计局】　现有干部职工19人，设有办公室、经济责任审计室、法制股、财政金融审计股、经贸投资审计股和行政事业外资审计股，负责对全区12个乡镇和50个区直部门的审计监督。局长任湘阳，副局长胡北、蒋荣华，纪检组长罗金。

审计成果　完成审计项目32个，审计单位34个，查出违规行为金额271万元，经处理处罚收缴财政59万元，向纪检监察部门移送案件线索两件。完成审计调查项目5个，调查单位13个。提交审计报告、信息95篇。完成对12名党政主要领导干部的任期经济责任审计。有内审机构7个，内审人员26人。（撰稿人：杨波）

【东安县审计局】　现有干部职工29人，设有办公室（挂靠法制股）、财政金融审计股、工商基建审计股、行政事业审计股、经济责任审计股，负责对全县17个乡镇和82个县直部门的审计监督。局长黄慧奎，副局长文亚军、钟曙霞、龙兴华，纪检员谭德好。

审计成果　完成审计项目99个，审计115个单位，查出违规行为金额960万元，应缴财政111万元。提交审计报告、信息81篇，被采用22篇。其中，完成党政领导干部任期经济责任审计项目58个，查出违规行为金额321万元，收缴财政28万元。（撰稿人：李曲波）

【道县审计局】　现有干部职工23人，设有办公室、经贸审计股、行政事业审计股、财政金融审计股、固定资产投资审计股和经济责任审计室，负责对全县26个乡镇场和64个县直部门的审计监督。局长陈耀明，副局长马尤生、刘明义、蒋飞、陈一，纪检组长张红芬。

审计成果　完成审计项目47个，审计调查项目4个，查出违规行为金额1103万元，归还原渠道资金两万元，应缴财政74.6万元。提出合理化审计建议87条，提交审计报告、信息56篇，被采用12篇。对22名党政主要负责人进行了任期经济责任审计。（撰稿人：陈耀明）

【宁远县审计局】　现有干部职工17人，设有办公室、财政金融工商企业审计股、行政事业外资审计股、经济责任审计股、法制基建审计股，负责对全县17个乡镇和28个县直部门的审计监督。局长张丽芝，副局长胡进雄、秦峥峰，纪检组长陈党明。

审计成果　完成审计项目69个，查出违规行为金额1925万元。其中责令纠正1360万元，决定处理处罚565万元，应缴财政115万元，已交115万元。提交审计报告69份、审计信息及审计调研文章60篇。（撰稿人：柏惠明）

【江永县审计局】　现有干部职工15人，设有办公室（加挂法制股）、经济责任审计股、财政金融审计股、行政事业与社会保障审计股和农业资源环保外资审计股，负责对全县11个乡镇和45个县直部门的审计监督。局长义洁，副局长欧利生、马芳，纪检组长江龙。

审计成果　完成审计项目41个，审计单位41个，查出违规行为金额2568万元，应缴财政56万元，已交55.6万元。完成审计调查4个，调查单位11个。提交审计报告41份、调研文章18篇、信息62篇。完成经济责任审计项目13个，查出违规行为金额468万元。（撰稿人：江龙）

【蓝山县审计局】　现有干部职工23人，设有办公室（加挂法制股）、经济责任审计室、行政事业审计股、固定资产投资与工交企业审计股、财政金融与商粮贸审计股，负责对全县25个乡镇办事处和109个县直单位的审计监督。局长黄和平，副局长周芳军、张友伦、成章珏，纪检组长马俊杰。

审计成果　完成审计项目43个，查出违规行为金额632万元，应缴财政62万元，已交60万元。完成县“收支两条线”专项检查单位20个，查出违纪违规行为金额110万元，应缴财政27万元，已交15万元。完成15名领导干部的任期经济责任审计，查出违规行为金额136万元。完成审计调查项目4个。提交审计调查报告、综合报告和信息36篇。有内审机构6个，专（兼）职审计人员20人。（撰稿人：侯黎敏）

【新田县审计局】　现有干部职工11人，设有办公室（加挂法制股），经济责任审计室，财贸金融审计股，行政事业、农林水、社会保障基金审计股，经贸基建审计股，负责对全县23个乡镇和326个县直部门的审计监督。局长陈建军，副局长刘胜兵，纪检组长张玉林。

审计成果　完成审计项目36个，审计单位42个，查出违规行为金额1162万元，应缴财政110万元，已交110万元。完成审计调查6个，调查单位13个。提交审计报告、信息93篇。完成7名科级干部离任经济责任审计，查出违规行为金额251万元。有内审指导人员1人，内审机构14个，内审人员73人。（撰稿人：张玉林）

【双牌县审计局】　现有干部职工17人，设有办公室、法制股、经济责任审计室、业务股，负责对全县15个乡镇场和60个县直部门的审计监督。局长杨玫芳，副局长陈锦条、佘国燕、陶思荣，纪检组长蒋楚祯。

审计成果　完成审计项目（单位）47个，查出违规行为金额5057万元，决定处理处罚1479万元，指明要求纠正3578万元，收缴财政79万元，减少财政拨款或补贴5万元，增收节支84万元。向纪检监察机关移送案件3起。完成审计调查项目10个，提交审计调查报告10份；审计理论实务文章5篇，被各级采用刊登交流两篇；审计信息80篇，被采用22篇。（撰稿人：杨玫芳）

【祁阳县审计局】　现有干部职工29人，设有干部任期经济责任审计股、行政事业审计股、财政金融审计股、经贸审计股、基建外资审计股和办公室，负责对全县20个乡镇和66个县直部门的审计监督。局长柏一秀，副局长段密和、郑宝香、王泽贵、艾茂林，纪检监察员刘雄辉。

审计成果　完成审计项目106个，审计专项调查项目7个，查出违规行为金额1038万元，应缴财政339万元，已交339万元，应归还原渠道资金59万元，提出审计合理化建议248条，提交审计报告、信息75篇，被采用28篇。（撰稿人：杨子龙）

【江华瑶族自治县审计局】　现有干部职工18人，设有办公室、经济责任审计股、财政金融审计股、行政事业审计股、工业交通基建审计股和基层工作室，负责对全县22个乡镇和124个县直部门的审计监督。局长吴淑华，副局长齐承贞、蔡曙林，纪检组长谢爱玲。

审计成果　完成审计项目66个、审计单位82个，查出违纪违规行为金额1444万元，应缴财政97万元，指明要求纠正3255万元。依法移送县检察院案件3起；向有关部门提交审计建议书3份，向社会通报审计情况3次；提交理论调研文章、综合报告及审计信息102篇，被采用14篇。继续保持省级文明单位称号。（撰稿人：聂迎春）

【邵阳市审计局】　2002年，共有干部职工60人，其中本科学历16人，大专学历38人，局长廖继芳，副局长康俭光、李邦文、谭友明、胡正桥、阳海贵、周柏清。设有办公室、财政审计科、金融外资与社会保障审计科、行政事业审计科、经贸审计科、基建审计科、农业与资源环保审计科、经济责任审计科、人事教育科、法制科、内审指导科、纪检监察室。

审计成果　完成审计项目645个，查出违纪违规行为金额5.6亿元，应缴财政2226.05万元，已交2226.05万元，减少财政拨款或补贴80万元，归还原渠道资金4953万元，查出百万元以上违纪单位21个。提交审计调查报告和信息863篇，被采用602篇。

农业与资源环保审计　共完成审计项目116个，查出违纪违规行为金额14539.85万元，收缴财政165.1万元，归还原渠道资金2526.23万元。

行政事业审计　审计项目249个，查出违规行为金额7324.18万元，收缴财政362.28万元。

经济责任审计　审计县（区）长两人、行政事业单位负责人9人、企业领导干部两人，查出违纪违规行为金额1309万元，“小金库”两个。审计后，晋升1人、免职1人、平调3人。

内部审计 全市共有内审机构82个，内审人员230人，完成审计项目875个，查出损失浪费2693万元，纠正违规行为金额10924万元，促进增收节支10029万元。（撰稿人：刘华）

【邵阳市双清区审计局】 现有干部职工6人，设有业务股和综合办公室，负责对全区12个乡镇和49个区直部门的审计监督。局长曾琦，副局长朱金莲、杨鹰。

审计成果 完成审计项目22个，查出违规违纪行为金额211.7万元，应缴财政64.9万元，已交64.9万元。提交审计报告、信息26篇。（撰稿人：黄红丽）

【邵阳市大祥区审计局】 现有干部职工7人，设有办公室、综合审计股、经济责任审计股，负责对全区6个乡镇和34个区直部门的审计监督。局长曾向阳，副局长蒋柏生、陈智英。

审计成果 完成审计项目31个，审计单位31个，查出违规行为金额187万元，应缴财政15万元，已交15万元。完成审计调查3个，调查单位两个。提交审计报告31份，审计调查报告3份，审计信息两篇。对10名党政主要领导干部进行了任期经济责任审计。（撰稿人：张智斌）

【邵阳市北塔区审计局】 现有干部职工8人，设有办公室、行政事业审计股、企业审计股，负责对全区6个乡（场）、办和23个区直部门的审计监督。局长李坤宜，副局长黄生豪、林汉阳。

审计成果 完成审计项目4个，审计单位18个（其中经济责任审计10个），查出违纪违规行为金额235万元，应缴财政22万元，已交19万元。完成审计调查项目两个。提交审计报告11份，审计意见18份，信息10篇。（撰稿人：覃春）

【武冈市审计局】 现有干部职工22人，设有人秘股、财政金融审计股、工交审计股、农林水审计股、行政事业审计股、商粮贸易审计股、经济责任审计股、基建外资审计股，另设1个乡镇审计所（4人）、7个乡镇审计站（20人），负责对全市19个乡镇、街道和110个市直部门的审计监督。局长肖体政，副局长肖姬凤、肖立兵、艾长春、周辉臣、左江桥，纪检组长霍孝政。

审计成果 完成审计项目81个，查出违纪违规行为金额1298万元，应缴财政104万元，已交99万元。完成基建决算审计项目42个，核减工程造价465.6万元。向检察机关移送案件3起。提交审计报告、信息34篇。完成15个单位、15名主要领导干部的经济责任审计，查出违纪违规行为金额59万元。（撰稿人：李庆武）

【邵东县审计局】 现有干部职工25人，设有人秘股、财政金融审计股、行政事业审计股、企业审计股、农业基建审计股、任期经济责任审计办（副科级），负责对全县26个乡镇和120个县直部门的审计监督。局长李卫国，副局长羊新义。

审计成果 完成审计项目65个，审计单位65个，查出违规行为金额1358万元，应缴财政320万元，已交300万元。完成审计调查两个，调查单位5个。提交审计报告、信息90篇。完成任期经济责任审计项目22个、24人，查出违规行为金额628万元，收缴财政126万元。有内审指导人员1人，内审机构8个，内审人员36人。（撰稿人：戚铁意）

【邵阳县审计局】 现有干部职工27人，设有人秘股、经济责任审计股、财政金融审计股、行政事业审计股、农业审计股、综合审计股，负责对全县22个乡镇和70个县直部门的审计监督。局长李斌玉，副局长胡恒洋、王长生、刘学义、朱立雄。

审计成果 完成审计项目（单位）95个，查出违纪行为金额1787万元，收缴财政入库132万元，责令归还渠道资金328万元。完成专项审计及临时中心工作10余个。（撰稿人：莫长德）

【新邵县审计局】 现有干部职工17人，设有办公室、行政事业审计股、财金商贸审计股和工交基建审计股，负责对全县15个乡镇和56个县直部门的审计监督。局长曾祥更，副局长赵金荣、苏胜安。

审计成果 完成审计项目50个，查出违规行为金额2573万元，“小金库”8个，金额118万元，百万元以上违规单位6个，应缴财政86万元，已交80万元，归还原渠道资金551万元，调账处理290万元，应纠正1761万元。对19个单位、20名负责人进行了经济责任审计，查出违规行为金额910万元，收缴财政43万元。根据审计成果，提拔6人，平调9人。（撰稿人：谢道中）

【隆回县审计局】 现有干部职工20人，设有办公室、财政金融审计股、农林水审计股、行政事业审计股、企业审计股和经济责任审计股，负责对全县26个乡镇和249个县直部门的审计监督。局长宁宝光，副局长王玉龙、魏佳辉，纪检组长刘述桂。

审计成果 完成审计项目72个，审计单位97个，查出违规行为金额4263万元，收缴财政102万元，核减基建造价350万元。向司法机关和监察机关移送案件两起。提交审计报告、信息112篇。对88名党政、企业的主要领导干部和领导人员进行了任期经济责任审计，对32个改制企业进行了资产负债损益审计。（撰稿人：刘路桥）

【洞口县审计局】 现有干部职工23人，设有办公室、财政金融审计股、企业基建审计股、行政事业外贸审计股、领导干部任期经济责任审计股、农林水审计股，负责对全县22个乡镇和110个县直部门的审计监督。局长廖军，副局长曾广轩、胡休池、王昌武，纪检组长尹健生。

审计成果 完成审计项目94个，审计单位94个，查出违规行为金额2360万元，应缴财政115万元，已交110万元。完成审计调查6个，调查单位10个。提交审计报告、信息40篇，分别被审计署、省审计厅、市审计局及县采用29篇。对在机构改革中变动的20名党政、企业主要领导干部进行了任期经济责任审计。（撰稿人：卿俊）

【绥宁县审计局】 现有干部职工17人，设有审计一组、审计二组、审计三组和办公室，负责对全县25个乡镇和126个县直部门的审计监督。局长邓清卫，副局长杨昌仁、袁仕清、李卫东，纪检组长许兴桥。

审计成果 完成审计项目68个，审计总金额4.67亿元，查出违纪违规行为金额2546万元，已归还原渠道资金232万元，责令被审计单位调账处理和自行纠正615万元，应缴财政99万元、已交95万元。向司法、纪检监察机关移送案件两起；协助有关部门查处案件4起；查出百万元以上违规单位5个；建议纠正地方部门不当规定109条。提交审计报告、学术论文、审计信息、调查报告、审计通讯126篇，被采用48篇。（撰稿人：吕争鸣）

【新宁县审计局】 现有干部职工15人，设有办公室、经济责任审计办公室（副科级）、财政金融审计股、行政事业与社会保障审计股、农业与外资审计股和经贸基建审计股，负责对全县18个乡镇和32个县直部门的审计监督。局长伍贤春，副局长刘腾云、唐志军、李小元，纪检组长蒋重泽。

审计成果 完成审计项目59个，查出违纪行为金额1489万元，应缴财政115万元，已交108万元。提交审计信息87篇，被采用72篇。对45名党政领导干部进行了经济责任审计。（撰稿人：黄生会）

【城步苗族自治县审计局】 现有干部职工15人，设有办公室、财政内审指导股、农业环保资源审计股、行政事业金融审计股、工交基建审计股，负责对全县10个乡镇和23个县直部门的审计监督。局长刘旭贤，副局长肖庆球、张立红，纪检组长江世权。

审计成果 完成审计项目（单位）59个，查出违规行为金额649万元，应缴财政68万元，已交62万元。完成审计调查两个。提交审计报告、信息42篇。有内审指导人员两人，内审机构15个，内审人员32人。（撰稿人：肖冀城）

【怀化市审计局】 2002年，共有干部职工39人，其中本科学历8人，大专学历27人，局长杨顺泉，副局长郭长生、田斌、杨安秀、黄现昕、汤宗悟。设有办公室、法制科、人事科、财政金融审计科、行政事业审计科、经贸与外资运用审计科、农业与资源环保审计科、固定资产投资审计科、开发区审计科和经济责任审计室。

审计成果 审计单位565个，查出违规行为金额30365万元，应缴财政846万元，归还原渠道资金8071万元。向纪检监察等部门移送案件14起，向司法机关移送案件7起。

经济责任审计 共完成经济责任审计项目93个，其中处级以上干部4人。审计后，平调29人，提拔10人，降职两人，免职7人，撤职两人。第一次实施了对县级政府领导干部任期经济责任审计。

内部审计 全市共有内审机构127个，其中专职机构85个；内审人员388人，其中专职人员165人。共审计单位791个，查出损失浪费814万元，促进增收节支98万元，纠正违规行为金额1155万元。（撰稿人：兰平）

【怀化市鹤城区审计局】 现有干部职工19人，设有办公室、经济责任审计室、财贸审计股、工交审计股、行政事业审计股、基建外资审计股，负责对全区8个乡镇、5个街道和40余个区直部门的审计监督。局长谭青梅，副局长沈丽华、肖国荣、肖莉杏。

审计成果 完成审计项目38个、审计调查3个，完成党政领导交办工作和参与区中心工作10个，完成经济责任审计11个，共查出违规行为金额286万元，决定处理处罚15万元，收缴财政13.5万元。提交审计报告两份，审计调查报告3份，信息28篇，被采用11篇。（撰稿人：黄卫萍）

【怀化市洪江区审计局】 现有干部职工15人，设有办公室、财政金融审计股、行政事业审计股、经济贸易及外资运用审计股、固定资产投资审计股、经济责任审计室，负责对全区3个乡镇和80余个区直部门的审计监督。局长朱敏，副局长何兰英、杨艳华、张晓芹、赵宗涵。

审计成果　完成审计项目28个，查出违规行为金额360余万元，应缴财政20万元。完成审计调查项目5个，领导干部离任经济责任审计10个。提交审计报告、信息21篇，被市级刊物采用12篇、省级刊物采用5篇。（撰稿人：付俊波）

【洪江市审计局】　现有干部职工18人，设有办公室、财政金融审计股、经贸与外资运用审计股、固定资产投资审计股、法规审理股和经济责任审计室，负责对全市25个乡镇和75个市直部门的审计监督。局长段承德，副局长李长青、覃官禄。

审计成果　完成审计项目（单位）33个，查出违规行为金额2153万元，其中指明要求纠正521万元，决定处理处罚7万元，应缴财政43万元。提交审计报告两份、审计调查报告4份、审计意见33份、审计信息38篇。对3名党政、企业主要领导干部进行了任期经济责任审计。（撰稿人：易东英）

【沅陵县审计局】　现有干部职工19人，设有办公室、财政金融审计股、经贸外资与固定资产投资审计股、农业与资源环保审计股、行政事业审计股和经济责任审计室，负责对全县60个乡镇和50个县直部门的审计监督。局长向显桃，副局长李德胜、张生智、全小军，纪检组长王孝洪。

审计成果　完成审计项目52个，查出违规行为金额646万元，应缴财政20万元，促进增收节支105万元。向纪检监察机关移送案件两起，向司法机关移送案件1起。提交审计报告及信息15篇，被采用6篇。（撰稿人：陈智敏）

【溆浦县审计局】　现有干部职工27人，设有办公室、财政金融审计股、农业经贸与固定资产投资审计股、行政事业审计股和经济责任审计中心，负责对全县43个乡镇和56个县直部门的审计监督。局长侯方荣，副局长唐喜刚、陈漪纹、张孝义、陆家兴、陈德庆。

审计成果　完成审计项目49个，其中经济责任审计项目3个，查出违规行为金额1268.1万元，应缴财政62.1万元。完成审计调查两个。提交审计报告两份、审计信息10篇。（撰稿人：舒红）

【中方县审计局】　现有干部职工11人，设有办公室、经济责任审计室、财政经贸审计股、行政事业审计股、基建外资审计股，负责对全县22个乡镇和90个县直部门的审计监督。局长杜世奎，副局长向长刚、胡顺清。

审计成果　完成审计项目22个，经济责任审计项目4个，查出违规行为金额265万元，应缴财政25.50万元，归还原渠道资金91万元。向纪检监察等部门移送案件3起。提交审计信息19篇，被采用13篇。（撰稿人：陈方辉）

【会同县审计局】　现有干部职工17人，设有办公室、财贸与外资审计股、固定资产投资审计股、资源环保审计股、行政事业审计股和领导干部离任审计办公室，负责对全县25个乡镇和80个县直部门的审计监督。局长林顺坚，副局长赵觉民、梁日明。

审计成果　完成审计项目52个，领导干部离任审计项目两个、两人，查出违规行为金额625万元，应缴财政21万元。提交审计信息28篇，被采用5篇。（撰稿人：禹金怀）

【麻阳苗族自治县审计局】　现有干部职工19人，设有财政金融审计股、行政事业审计股、经济贸易审计股、领导干部任期经济责任审计室、办公室、法规股，负责对全县24个乡镇和77个县直部门的审计监督，局长龙绪平，副局长米仲生、曾令钧、鲁谦、刘静、谌小兰。

审计成果　完成审计项目54个，查出违规行为金额1269.63万元，上缴财政54.28万元。发表各类信息文章38篇，其中被市级以上新闻媒体采用24篇，市审计局采用14篇。开展领导干部经济责任审计项目12个、12人，查出违纪行为金额291万元。审计后，免职两人，撤职两人，晋升两人，平调6人。（撰稿人：刘绍远）

【新晃侗族自治县审计局】　现有干部职工16人，设有办公室、经济责任审计室、财政经贸审计股、行政事业审计股、固定资产投资审计股，负责对全县23个乡镇和50个县直部门的审计监督。局长李鸣，副局长田晓林、陈宏进。

审计成果　完成审计项目24个，审计专项调查4个，完成县委、县政府交办任务7个，查出违规行为金额199.6万元，应缴财政19.4万元。向纪检监察部门移送案件1起。（撰稿人：蔡斌）

【芷江侗族自治县审计局】　现有干部职工26人，设有办公室、财政金融审计股、行政事业审计股、固定资产投资与外资运用审计股和经济责任审计室，下设乡镇审计中心，负责对全县29个乡镇和48个县直部门的审计监督。局长李复国，副局长刘腊秀、陈晶生、申元英。

审计成果　完成审计项目45个，查出违规行为金额1024万元，应缴财政83万元。完成审计调查两个，调查单位10个。提交审计报

告、信息24篇。完成8名科级干部任期经济责任审计，查出违规行为金额84万元。（撰稿人：龙久权）

【靖州苗族侗族自治县审计局】现有干部职工16人，设有办公室、财政金融经贸审计股、农业与资源环保审计股、行政事业审计股、固定资产投资审计股和经济责任审计室，负责对全县16个乡镇和56个县直部门的审计监督。局长周文祥，副局长吴登本、杨志宏、余少宜。

审计成果 完成审计项目38个，经济责任审计项目6个，查出违规行为金额1026万元，其中指明要求纠正978万元，决定处理处罚48万元。应缴财政48万元。提交审计报告18份，审计意见34份，审计信息30篇。（撰稿人：刘其云）

【通道侗族自治县审计局】现有干部职工16人，设有办公室、财金行政审计股、经贸基建外资审计股、农业与环保资源审计股和经济责任审计室，负责对全县21个乡镇和84个县直部门的审计监督。局长戈承孝，副局长郦爽华、吴义雄。

审计成果 完成审计项目51个，查出违规行为金额1855.71万元，应缴财政33.2万元。提交审计报告6份，审计信息14篇、论文6篇，被采用18篇。（撰稿人：王家华）

【娄底市审计局】2002年，共有干部职工52人，其中本科学历17人，大专学历21人，局长彭爱华，副局长李赛斌、聂子永、黄祥刚，纪检组长梁桓林。设有办公室、法规科、财政审计科、金融与社会保障审计科、行政事业审计科、经贸审计科、农业与资源环保审计科、投资外资审计科、计算机审计科、人事科、综合管理科、纪检组、市领导干部经济责任审计处。

审计成果 完成审计项目78个，查出违规行为金额39086万元，收缴财政592万元，归还原渠道资金1273万元，促进增收节支1205万元。协助有关部门查处案件1起。被报刊刊登审计信息和审计论文38篇。

财政预算审计 在审计财政、税务部门的基础上，延伸审计了和财政收支有密切关系的劳动、民政、公安、水利等7个预算执行部门。查处了一批“三乱”资金、挤占挪用专项资金和贪污犯罪案件。全市共查出违规行为金额15759万元，应缴财政1441万元，调账处理100万元，纠正违规行为金额3348万元。

固定资产投资审计 出台了《娄底市投（融）资建设项目审计监督实施办法》。全市审计机关共完成专项审计项目45个，查出违规行为金额7210.14万元，核减工程造价437.14万元。移交案件线索1件。

专项资金审计 审计了三峡移民安置资金、解困资金、国土资金、“三条保障线”资金、住房公积金、失业保险基金等专项资金。其中国土资金审计，延伸调查和审计了20多个相关单位，查出违规违纪行为金额794万元，归还原渠道资金118万元。

经济责任审计 全市共开展经济责任审计项目13个、13人，查出违规行为金额2853万元。审计后，晋升两人，平调1人。

内部审计 成立了市内审协会。市直部门内审机构45个，其中专职机构32个；内审人员136人，其中专职人员65人。（撰稿人：何芳）

【娄底市娄星区审计局】现有干部职工23人，设有办公室、人教股、法规股、财政审计股、行政事业审计股、外资投资审计股、经贸审计股、领导干部经济责任审计办公室，负责对全区14个乡镇、街道和49个区直部门的审计监督。局长禹丽君，副局长胡明德、胡世强、罗钢铁、王碧涛。

审计成果 完成审计项目63个，审计单位86个，查出违纪违规行为金额4898万元，应缴财政32万元。提交审计报告、信息31篇。完成26名科级干部经济责任审计。（撰稿人：肖旺立）

【冷水江市审计局】现有干部职工38人，设有办公室、人事教育股、法规股、财金审计股、行政事业审计股、经贸审计股、农业与资源环保审计股、投资外资审计股、领导干部经济责任审计办公室，负责对全市15个乡镇（办）、99个部门单位和46个企业的审计监督。局长黄世平，副局长李若伯、刘兆慷、贺湘南、肖斌，纪检组长莫尚建。

审计成果 完成审计项目52个，审计单位56个，查出违规行为金额2215万元，应缴财政102万元，已交97万元。提交审计报告52份、审计信息13篇、审计学术论文3篇、调查报告3篇，共被采用16篇。开展经济责任审计项目31个、33人，查出违规行为金额1357万元，其中查出“小金库”金额82万元，并查出涉嫌贪污案1起。（撰稿人：朱又坤）

【涟源市审计局】现有干部职工26人，设有办公室、法制股、行政事业审计股、财政金融审计股、经贸审计股、农业与资源环保审计股、投资外资审计股、领导干部经济责任审计办公室，负责对全市1个办事处、19个乡镇和349个市直部门的审计监督。局长王一新，副局长周海良、谭秋姣、李纲、李东元、龙仁富、李俊业，纪检组长陈久长。

审计成果 审计单位（项目）69个，查出违规行为金额2104万元，应缴财政291万元，已交291万

元。提交专项审计报告10份，审计信息和论文9篇。（撰稿人：陈送恒）

【双峰县审计局】 现有干部职工36人，设有办公室、行政事业审计股、财政审计股、金融与社会保障审计股、农业与资源环保审计股、经贸外资审计股、任期经济责任审计办公室、法规股、投（融）资审计监督中心，负责对全县16个乡镇和63个县直部门的审计监督。局长贺友良，副局长赵正康、肖良、王贵生，纪检组长王介华。

审计成果 完成审计项目58个，查出违纪违规行为金额2624万元，应缴财政160万元，已交150万元。提交审计报告、信息24篇。对36名领导干部进行了任期经济责任审计，查出违纪违规行为金额1710万元，审计后，16人受到重用，免职两人，降职1人，移送纪检监察机关7人。开展基建预决算审计项目4个，核减投资金额81万元。（撰稿人：赵卫京）

【新化县审计局】 现有干部职工23人，设有办公室、法规股、财贸审计股、工交基建审计股、行政事业审计股、农林水审计股和领导干部经济责任审计办公室，负责对全县29个乡镇、林场和162个县直部门的审计监督。局长曾金民，副局长陈家荣、廖本秋、刘树安、罗孝魁，纪检组长邓建航。

审计成果 完成审计项目50个，审计单位87个，查出违纪违规行为金额5999万元，应缴财政53万元，已入库53万元，促进增收节支249万元。提交审计报告、信息26篇。对27名领导干部进行了经济责任审计，其中，经济处理处罚3人，调动工作岗位20人，晋升12人。（撰稿人：李平）

【湘西土家族苗族自治州审计局】 2002年，共有干部职工37人，其中本科学历6人，大专学历28人，局长郑宗凡，副局长肖远湘、黄大健、金丽蓉、吴东升，纪检组长高光忠。设有办公室、法制科、人事科、经贸审计科、固定资产投资审计科、经济责任审计科、农业与资源环保审计科。

审计成果 完成审计项目234个，审计调查项目40个，查出违规行为金额7558万元，应缴财政498万元，已交234万元。向纪检监察移送待处事项1件，建议给予党政纪律处分两人。提交审计报告9份，信息和调研报告42篇，被采用14篇。

同级审 通过审计查出违规行为金额1889万元，其中：延压税款和应缴预算收入272万元，行政性收费收入未纳入预算管理1300万元，多提代征代扣手续费41万元，违规使用专项资金97万元等。对查出的问题依规做出了处理处罚，其中收缴财政182万元，指明要求纠正85万元。向政府有关部门提出审计建议35条。

经济责任审计 共对66名领导干部进行了经济责任审计，其中处级干部3人，科级干部52人，企业及控股企业4人，查出违规行为金额978万元，其中收缴财政15.5万元，指明要求纠正263万元。移送纪委监察机关处理1人，涉案金额4万余元；建议纪委监察机关追究违纪案件责任人两人。审计后提拔5人，平调60人，撤降职1人。

专项资金审计 对国土资金、政府外债、政府采购、国债资金、失业保险基金、城建资金等专项资金进行了审计和审计调查，查出违规行为金额885.22万元，收缴财政139.37万元。（撰稿人：王玉萍）

【吉首市审计局】 现有干部职工16人，设有办公室、财政金融审计股、行业事业审计股、经济责任审计股和基建投资审计股，负责对全市18个乡镇、街道和286个市直部门及行政事业单位（包括独立核算的二级单位）的审计监督。局长李嘉琳，副局长邓湘玲、邓兵、刘美春，纪检组长张波。

审计成果 完成审计项目58个，审计单位73个，查出违纪违规行为金额2195万元，应缴财政198万元，已交183.5万元，核减工程造价321万元，核减工程预算144万元。提交审计报告、信息25篇。开展领导干部任期经济责任审计项目22个，提出审计建议31条。（撰稿人：张明燕）

【泸溪县审计局】 现有干部职工13人，设有办公室、经贸审计股、财政金融行政事业审计股、固定资产投资与外资运用审计股和经济责任审计股，负责对全县19个乡镇和71个县直部门的审计监督。局长陈燕芳，副局长张显迟、唐显锋、毛永强。

审计成果 完成审计项目19个，审计单位43个，查出违规行为金额164万元，应缴财政14万元，已交7万元，归还原渠道资金9万元。提交审计报告3份、审计意见19份、审计信息13篇，审计信息被采用6篇。有内审机构8个，内审人员10人。（撰稿人：黄始聪）

【凤凰县审计局】 现有干部职工15人，设有办公室、经济责任审计办公室、财政金融社保审计股、行政事业外资运用审计股、经贸农业审计股、固定资产投资审计股，负责对全县31个乡镇和87个县直部门的审计监督。局长韩全寿，副局长刘婉豫、田儒清，纪检组长王平。

审计成果 完成审计项目28个，审计单位75个，查出违规行为金额1230万元，应缴财政53万元，

已交52万元。完成审计调查5个，调查单位25个。提交审计报告18份，审计意见25份。对13名党政主要领导干部进行了任期经济责任审计，查出违规行为金额825万元。(撰稿人：汤龙)

【花垣县审计局】 现有干部职工18人，设有办公室、经济责任审计股、财政金融审计股、经贸审计股、行政事业审计股，负责对全县21个乡镇和35个县直部门的审计监督。局长贺力健，副局长彭绍金、万利群、蒋邦文。

审计成果 完成审计项目25个，审计单位82个，查出违规行为金额259万元，处理收缴财政84万元，已交81.55万元。提交审计报告、信息32篇。对4名科级领导干部进行了任期经济责任审计。有内审机构11个，内审人员22人。(撰稿人：石勇)

【保靖县审计局】 现有干部职工12人，设有办公室、业务审计股、经济责任审计股、法规股，负责对全县25个乡镇和53个县直部门的审计监督。局长向邦宪，副局长薛德敏、贾长金。

审计成果 完成审计项目29个，查出违规行为金额895万元，其中指明要求纠正345万元，应缴财政20万元，已交17万元。完成审计调查5个，调查单位17个。提交审计报告6份、信息7篇。完成18名党政领导干部任期经济责任审计，查出违规行为金额636万元，对12名负有直接责任的个人决定处罚10200元。(撰稿人：张泽建)

【古丈县审计局】 现有干部职工12人，设有办公室、财政经贸农业审计股、行政事业审计股、固定资产及外资运用审计股和经济责任审计股，负责对全县16个乡镇、场和32个县直部门的审计监督。局长覃明龙，副局长田继军。

审计成果 完成审计项目12个，审计单位18个，查出违规行为金额312万元，决定处理处罚8万元，应缴财政8万元。完成审计调查5个，调查单位13个，查出违规行为金额377万元，指明要求纠正377万元。完成3名科级领导干部任期经济责任审计，查出违规行为金额69万元，决定处罚两万元，应缴财政两万元。提交审计报告、信息28篇，被采用6篇。(撰稿人：瞿民)

【永顺县审计局】 现有干部职工19人，设有办公室、财政与金融社保审计股、行政事业审计股、经贸审计股、基建外资农业审计股、经济责任审计股，负责对全县46个乡镇和121个县直单位的审计监督。局长邱云贵，副局长吴吉森、李超平，纪检组长覃正富。

审计成果 实施审计项目57个，其中领导干部经济责任审计项目4个，县政府交办项目3个，审计调查项目3个，查出违规行为金额783万元，应缴财政62万元，已交60万元。提交审计报告、信息共15篇。(撰稿人：徐学成)

【龙山县审计局】 现有干部职工17人，设有办公室、经济责任审计股、财政金融审计股、行政事业外资运用审计股、固定资产投资审计股、经贸审计股和法制股，负责对全县47个乡镇（场）和120个县直部门的审计监督。局长向平骥，副局长严许艾、彭南国、胡真平，纪检组长蒋家如。

审计成果 完成审计项目27个，审计单位49个，查出违规行为金额1784.58万元，应缴财政84.32万元，已交75.43万元。完成审计调查6个，调查单位11个。提交审计报告、信息30篇。完成5名科级干部离任经济责任审计，查出违规行为金额213.43万元。有内审机构21个，内审人员47人，其中兼职人员35人。(撰稿人：吴德均)

广东省

【广东省审计厅】 2002年，广东省审计厅定编332人。厅机关设有办公室、政策法规处、财税审计处、金融审计处、行政事业审计处、经贸审计处、农业与资源环保审计处、社会保障审计处、固定资产投资审计处、外资运用审计处、人事教育处、监察室（与机关党委办合署）、直属分局、驻深圳特派员办事处；同时还设厅机关服务中心、科研所等直属事业单位。

领导成员

厅　长：曾寿喜

副厅长：刘伯龙　吴清泉

　　　　欧阳标　李　心

纪检组长：郭俊山

广东省审计成果 全年共审计6227个单位（项目），查出违规金额161.26亿元，其中应缴财政17.25亿元，已交财政13.89亿元，应减少财政拨款或补贴2770万元，归还原渠道资金8.22亿元。向司法机关移送案件14起，向纪检监察部门移送案件50起，协助有关部门查处案件8起。

预算执行审计 全省共审计512个单位，查出违规行为金额30.47亿元，应缴财政6.15亿元。一是严格执行审计法的规定，按时向本级政府和同级人大常委会提交报告，如实披露审计发现的各种问题，提出规范预算管理的意见建议。二是以部门预算执行、预算编制、收支审核和“收支两条线”管理、政府采购等内容为重点，以预算执行情况为主线，抓住地方经济建设重点项目，加大审计执法力度，提高综合分析水平，加强对审计查出问题整改情况的跟踪检查，规范地方财政预算管理。各级人大、政府和有关部门、单位高度重视审计工作，人大监督、舆论监督、审计监督形成合力，促进了整改措施的落实，各种严重违反财经纪律的问题逐年减少。

金融审计　全省共审计192个单位，查出违规行为金额9.58亿元。对地方中小金融机构和农金会利用中央专项再贷款的专项审计，涉及金融单位1046个，审计资金总额326亿元，查出违规使用中央专项贷款14亿元，协助省政府摸清了情况。对中国农业发展银行广东省分行及其所属20家地市分行、56家县级支行进行审计，并延伸抽查313个粮食购销企业，查处了有关违纪违规问题。

企业审计　全省共审计533个单位，查出违规行为金额31.78亿元，应缴财政3.68亿元。企业审计适应国有企业改革需要，及时调整思路，突出重点，逐步从查错纠弊为主转变到“摸家底、揭隐患、抓规范、促发展”的企业审计新路子。一是坚持以真实、合法为基础，检查企业资产和会计信息质量，重点揭露企业会计信息失真、编制假数据、违反经济纪律的行为。二是针对审计中发现企业资产负债损益不实、资产质量不高，企业改制违规操作，国有资产流失及偷漏税款等问题，加强审计监督，促进企业规范管理。三是围绕社会关注的热点问题开展审计监督。四是揭露了一些企业领导人利用职权，采取白头单虚列支出进行贪污、挪用资金、私分公款等重大违纪问题，并移送有关部门依法查处。

固定资产投资审计　全省开展固定资产审计960个项目（单位），查出违规行为金额4.43亿元，核减投资额4.78亿元。对京珠高速公路广珠段建设项目竣工决算的审计，揭露了多计工程造价及工程管理、财务核算等方面存在的问题。一些地方根据城市发展较快的特点，以核实工程造价为切入点，从工程发包及工程财务收支审计入手，规范管理，堵塞漏洞，为政府节约大量建设资金。

行政事业审计和农林水审计

对免收农村困难家庭子女义务教育书杂费专款进行审计，全省共审计61个教育主管部门，延伸调查744所学校和部分镇、村及农户，对审计发现资金管理和使用方面存在的问题，提出了建设性意见；对1998～2001年度省级国有企业下岗职工基本生活保障资金的管理、分配、使用和发放情况进行审计，发现挪用资金、未按规定对资金实行专户管理等问题，按有关规定进行了审计处理；对近三年的扶贫资金进行审计，查出违规行为金额4557万元，审计结果引起了省领导的重视；对全省三峡移民安置资金进行审计，纠正违规金额2500多万元，并根据审计发现的问题，提出移民安置的政策性建议。

外资审计　对中外合资和境外企业、国际金融组织援贷款项目进行审计，对政府外债项目开展审计调查，加强政府防范外债风险工作。政府外债专项审计调查，查出违规金额4838万元。对部分市、县盲目举借外债，项目失败，将债务转至财政负担，外债管理不完善等问题，提出了积极的整改建议。

经济责任审计　全省共对2916名党政领导干部和国有企业领导人员进行了任期经济责任审计，其中党政领导干部2683人，企业领导人233人。根据审计查出的问题和线索，组织人事部门对部分人员进行了调整和处理，其中，平调1083人，晋升95人，免职243人，降职7人，撤职4人，受党纪政纪处分14人，移送司法、纪检、监察部门45人。

专项审计　完成省委、省政府交办的中央专项再贷款审计、省广电集团有限公司利润情况审计调查、全省交通行业审计和全省非经营性路桥收费站还贷基数核定等专项任务共297项，涉及1006个单位，为省政府收回巨额建设资金。

内部审计　全省共有内审机构5313个，内审人员14777人，已纠正违规金额8.72亿元，促进增收节支6.39亿元。（撰稿人：温国强）

【广州市审计局】　2002年，共有干部职工181人，其中本科以上学历49人，大专学历106人，局长郑锡雄，副局长陈燕芳、王展飞、张杰明，纪检组长梁惠冰。设有办公室、政策法规处、经济责任审计管理处、财政金融审计处、行政事业审计处、经济贸易审计处、固定资产投资审计处、外资运用审计处、人事处；同时还设局机关服务中心、审计信息中心等直属事业单位。

审计成果　审计和调查单位55个，查出违规行为金额636300万元，应缴财政60318万元，已交财政53042万元（其中13807万元为补交上年数），已上缴罚没金额703万元（其中276万元为补交上年数），已归还原渠道资金19727万元，已调账处理234227万元。提交审计工作报告20份。

经济责任审计　审计党政领导干部和国有及国有控股企业领导人员16人，查出应负主管责任的118366万元、应负直接责任的12万元；建议给予党政纪处分的3人，移送纪检监察部门处理的3人。制定《广州市党政领导干部任期经济责任审计操作指南》、《广州市审计局关于社会中介组织参与项目审计的委托管理暂行办法》和《区、县级市党政领导干部经济责任审计的实施细则（试行）》。

内部审计　制定了《广州市内部审计条例》，经市人大常委会表决通过，并经省人大常委会批准，自7月1日起施行。（撰稿人：钟斌）

【广州市越秀区审计局】　现有干部职工19人，设有办公室、行政事业审计科和综合审计科，负责对全区10个街道和区直部门的审计监督。局长陈国儿，副局长邬润群（兼纪检组长）。

审计成果　完成审计及审计调查项目20个，查出违规行为金额590万元（其中应缴财政26万元）。共完成14个单位的16名党政正职领导的任期经济责任审计。内审部门共完成审计单位137个，促进增收节支13.3万元，已纠正违纪违规行为金额1.4万元，基建审计核减331.9万元。（撰稿人：雷慧敏）

【广州市东山区审计局】　现有干部职工24人，设有办公室、财政与行政事业审计科、经济责任审计科、综合审计科，负责对全区10个街道、41个区直部门的审计监督。局长邱祥楷，副局长冼伟民、陈伟明、黄耀德（8月—）。

审计成果　审计单位29个，查出违规行为金额15142万元，应缴财政44万元，已交财政44万元，提交专项调查报告4篇。开展经济责任审计项目16个、16人，查出违规行为金额394万元，应纠正金额361万元。共设内审机构4个，内审人员4人。（撰稿人：陈慧）

【广州市荔湾区审计局】　现有干部职工19人，设有办公室、财政和行政事业审计科、综合审计科和经济责任审计科，负责对全区13个街道、11个区直部门和266个行政事业单位的审计监督。局长刘南群，副局长任红林。

审计成果　完成审计和审计调查项目80个，首次开展了对现任处级领导干部任中经济责任审计调查。查出违规行为金额6884万元，应缴财政1584万元，已交540万元（含补交上年45万元）。提交审计专题报告12篇，被采用或领导批示7篇。有内审指导人员两人，内审机构33个，内审人员107人。（撰稿人：关靖谊）

【广州市海珠区审计局】　现有干部职工17人，设有办公室、经济责任审计管理科、财政基建审计科、行政事业审计科，负责对全区18个街道和28个区直部门的审计监督。局长马洁玲，副局长范有国、钟礼和。

审计成果　完成审计项目37个，查出违规行为金额14523万元，应缴财政125万元，归还原渠道资金70万元，已交财政379万元（含去年应交财政数）。审计调查1个。提交审计报告22份，审计工作报告1份，审计调查报告两份，审计意见36份，审计决定27份。对22位区属党政领导干部（包括国有企业领导人员）进行离任经济责任审计。（撰稿人：余丽慧）

【广州市天河区审计局】　现有干部职工15人，设有办公室、行政事业审计科、经济责任审计科，负责对全区21个街道、15个区直部门和45个行政事业单位的审计监督。局长何松江，副局长李家仁、魏宁。

审计成果　完成审计项目21个，查出违规行为金额481万元，指明要求纠正992万元，应缴财政95万元，公路运输管理费317万元，财政专户40万元，应缴区国资专户29万元，已交财政及其他专户149万元。提出审计建议被采纳7条。完成经济责任审计项目11个，查出违规行为金额124万元，指明纠正657万元，领导干部负主管责任781万元。有内审机构23个，审计人员72人，共审计项目37个。（撰稿人：陈顺龙）

【广州市芳村区审计局】　现有干部职工14人，设有办公室、财政金融审计科、经济责任审计管理科和综合业务审计科，负责对全区5个镇（街）、40个区直部门和25个行政事业单位的审计监督。局长李治雄，副局长刘锦泉。

审计成果　完成审计项目49个，审计调查项目两个，查出违规行为金额6926万元，应纠正金额12834万元，应缴财政234万元。代区政府起草《关于2001年本级预算及其他财政收支情况的审计工作报告》。完成领导干部任期经济责任审计项目46个。起草《关于“城中村”改制中村级干部离任经济责任审计的实施意见》，并对村级干部的离任审计进行了认真指导。对区属25个行政事业单位进行了内部审计工作情况大检查。（撰稿人：刘柏林）

【广州市白云区审计局】　现有干部职工18人，设有办公室、财政金融审计科、行政事业审计科和经济责任审计科，负责对全区25个镇、街和43个区直部门的审计监督。局长陈景敏，副局长冯海源、周华光。

审计成果　审计单位31个，查出违规行为金额3亿元，应缴财政1296万元，已交财政1018万元，已归还原渠道资金10.5万元。移送纪检监察部门处理案件1起。提交审计综合（调查）报告、信息10篇。对换届离任的21名党政领导干部进行了任期经济责任审计。（撰稿人：余景彤）

【广州市黄埔区审计局】　现有干部职工13人，设有办公室、财政基建审计科和综合审计科（经济责任审计科），负责对全区3个乡镇、52个行政事业单位和3个国有企业的审计监督。局长郑卓文，副局长黄俊、陈德俊。

审计成果 完成审计项目21个、单位48个，查出违规行为金额794万元，应缴财政246万元（不含协助区纪委查出原区劳动局“小金库”金额319万元），已缴财政142万元，为全区增收节支113万元。提出审计处理意见、建议78条。对11名行政机关、企业的主要领导进行了任期经济责任审计，同时在全市率先制定并实施经济责任审计前公示制度。（撰稿人：叶晴）

【广州市番禺区审计局】 现有干部职工21人，设有办公室、财政金融审计科、行政事业审计科和经济贸易审计科，负责对全区21个镇、街和59个区直部门的审计监督。局长何志权，副局长黄树坤、吴少珊。

审计成果 完成审计单位35个，查出违规行为金额10717万元、管理不规范36945万元、损失浪费343万元，应缴财政3911万元，应归还原渠道资金70万元，应调账处理4765万元，应自行纠正金额36945万元。完成审计调查6个、7个单位。有内审机构29个，内审人员101人。（撰稿人：黎结欢）

【广州市花都区审计局】 现有干部职工15人，设有财政金融审计科、行政事业审计科、经济贸易审计科、经济责任审计科和办公室，负责对全区11个镇（街）和69个行政事业单位的审计监督。局长朱学基，副局长吴宇恒、黄志坚。

审计成果 完成审计和审计调查项目36个，查出违规行为金额4855万元，应缴财政140万元，已交119万元，应缴罚没金额12万元。提交审计综合报告（调查报告）、信息6篇，被采用5篇。对区内14个行政事业单位的财务收支进行审计，共查出违规行为金额1541万元，应缴财政49万元，已交财政49万元（其中罚没金额12万元）。（撰稿人：陈信群）

【广州经济技术开发区、广州高新技术产业开发区、广州保税区、广州出口加工区审计局】 现有干部职工13人，内设综合审计室和经济责任审计室，负责对4区69个区直部门和单位的审计监督。局长黄泽标，副局长张金海、刘晓光。

审计成果 完成审计项目20个，查出各种违规行为金额37408万元，其中应缴财政4057万元，应归还原渠道资金16584万元，应调账处理29049万元，应纠正金额4043万元。为建设单位核减工程造价236万元。提交审计报告67份，审计专报5份，审计信息26篇，有两篇被采用。（撰稿人：卢华健）

【增城市审计局】 现有干部职工20人，设有办公室、财政基建审计科、行政事业审计科和经济责任审计管理科，负责对全市16个镇（街）和115个市直部门的审计监督。局长周艳安，副局长赖镜池、陈健昌、黄远萍。

审计成果 全年完成审计和审计调查项目35个，共查出违纪违规行为金额48390万元，其中应缴财政2195万元，已交财政1020万元，应调账处理46828万元，已调账处理39030万元，应纠正金额5941万元，应归还原渠道资金782万元；查出百万元以上违规单位16个。做出审计决定书23份，出具审计意见书29份，提出建议和措施52条，提交审计工作报告、审计信息20篇。协助纪检监察、政法部门查处案件7起。全市有内审机构51个，内审人员101人。（撰稿人：吴伯权）

【从化市审计局】 现有干部职工20人，设有办公室、财政基建审计科、行政事业审计科和经济责任审计管理科，负责对全市15个乡镇和26个市直部门的审计监督。局长高志明，副局长李根、赖成昌。

审计成果 完成审计项目7个，审计单位20个，查出违纪违规行为金额42572万元，其中决定处理处罚13650万元，指明要求纠正28922万元，归还原渠道资金2724万元，应缴财政22万元，已交22万元。完成审计调查项目6个，审计调查单位6个。提交审计报告、信息7篇。完成党政领导干部任期经济责任审计13人。（撰稿人：李振辉）

【清远市审计局】 2002年，共有干部职工36人，其中本科学历7人，大专学历26人，局长陈仕发，副局长朱昭斌、杨汉（兼纪检组长）、谭瑞基。设有办公室、指导管理科、财政金融审计科、行政事业审计科、经济贸易审计科、基本建设审计科、经济责任审计科。

审计成果 共完成审计单位（项目）51个，占全年计划的134%，查出违规行为金额1764万元，应缴财政846万元，已交财政790万元，入库率93.4%，调账处理6136万元。向司法机关移送案件1起，向纪检监察部门移送事项1件，查出百万元违规单位1个。

财政审计 共完成7个审计项目，指明要求纠正8183万元。延伸审计了市国有资产管理局、市国土局等部分预算执行单位的财政、财务收支情况，写出审计“两个报告”。

行政事业单位及有关专项资金审计 共完成13个项目，查出违规行为金额969万元，指明要求纠正1233万元，已交财政51万元。

固定资产投资审计 在对清源一级公路等4个固定资产投资审计项目中，送审总金额7.42亿元，经审计核减工程投资，节约资金1610万元，查出偷税20万元。

经济贸易审计 对广电集团清远公司2001年度利润情况的审计调查，发现该单位欠交以前年度税金619.4万元，使其按规定补交。

经济责任审计 共完成12人任期经济责任审计，查出违规行为金额111万元，指明要求纠正17468万元。其中在对某县县委书记、县长的经济责任审计中，发现该县教育负债沉重的问题，以《审计要情》形式向市委、市政府做了专题汇报。

大案要案 对市电器工业公司债权债务专项审计中，发现该单位领导存在贪污、私分集体财产等严重问题，及时向市检察院移送有关资料。（撰稿人：李坚）

【清远市清城区审计局】 现有干部职工10人，设有办公室、财政金融行政事业审计股、企业基建审计股、经济责任审计股，负责对全区7个镇、5个街办和49个区直部门的审计监督。局长陈小菊，副局长余烈强，纪检组长刘佩雄。

审计成果 完成审计单位27个，审计调查项目3个，查出违规行为金额661万元，指明要求纠正4747万元，应缴财政77万元，已交39万元。提交审计工作报告，信息和论文23篇，被批示或被采用16篇。协助有关部门办理群众上访经济案件两起，移送纪检、监察部门处理案件1起。（撰稿人：周小玲）

【英德市审计局】 现有干部职工24人，设有办公室、行政事业审计股、财政金融审计股、经济贸易审计股、经济责任审计股，负责对全市31个乡镇和220个市直部门的审计监督。副局长赵辉（主持工作）、巫永星、李爱珍。

审计成果 完成审计项目48个，查出违规行为金额57万元，应缴财政57万元，已交37万元，指明要求纠正7233万元。提交审计工作报告信息4篇。内审机构42个，其中专职机构9个；配备内审人员166人，其中专职人员28个。全年完成审计项目12个，促进增收节支29万元，提出建议意见被采纳两条。（撰稿人：付桂英）

【连州市审计局】 现有干部职工16人，设有人事秘书股、行政事业审计股、财政金融审计股、经济贸易审计股和经济责任审计股，负责对全市21个乡镇和58个市直部门的审计监督。局长周锦诚，副局长罗蔚渊、陈方平、邵建辉。

审计成果 完成审计项目35个，查出违规违纪行为金额94.1万元，其中应缴财政73.3万元，应归还原渠道资金20.8万元，指明要求纠正417.5万元。向司法机关移送案件1起。完成市政府交办的工作任务24个，上级审计机关下达的审计任务11个。有内审机构12个，内审人员28人。（撰稿人：成天启）

【佛冈县审计局】 现有干部职工17人，设有办公室、财政金融审计股、行政事业审计股、经济责任审计股、经济贸易审计股，负责对全县11个乡镇和112个县直部门的审计监督。局长廖耀彬，副局长李启友、黄素云。

审计成果 完成审计及审计调查项目50个，查出违纪违规行为金额256.10万元，应缴财政13.71万元，已交11.11万元，指明要求纠正619.80万元。提交审计报告40份，审计意见8条，审计调查报告两份，提交关于县水利局下属电站国有资产界定的结果报告1份。完成全县131所中小学教育负债审计调查。提出意见和建议57条。（撰稿人：周庆忠）

【阳山县审计局】 现有干部职工17人，设有办公室、综合审计股、财政金融审计股、行政事业审计股，负责对全县21个乡镇和54个县直部门的审计监督。局长陈忠志（兼纪检组长），副局长邓子平。

审计成果 完成审计项目63个，查出需纠正金额5338万元，违纪行为金额165.95万元，应缴财政165.95万元，已交财政150万元。提交审计信息及研讨文章9篇，被采用7篇。完成经济责任审计项目38个，查出指明要求纠正4580万元，应缴财政91.64万元，已交财政91.64万元。（撰稿人：何小敏）

【清新县审计局】 现有干部职工13人，设有办公室、财金行事审计股、经贸基建审计股、经济责任审计股，负责对全县21个乡镇和20个县直部门的审计监督。局长潘锦全，副局长朱利文、江聪慧，纪检组长邓小孟。

审计成果 完成审计项目45个，查出违纪违规行为金额45万元，应缴财政16万元，已交13万元，罚没4万元，调账处理157万元，指明要求纠正1606万元。完成领导干部经济责任审计21个，并向纪检和检察部门移送涉嫌经济犯罪案件两起；纪检部门利用审计资料处理涉案人员两人。还完成审计调查4个。（撰稿人：蓝峰）

【连山壮族瑶族自治县审计局】 现有干部职工10人，设有办公室、经贸审计股和综合股，负责对全县11个乡镇和104个县直部门的审计监督。局长范海巍，副局长刘国雄、谭爱兰（兼纪检组长）。

审计成果 完成审计项目（单位）19个，查出违纪违规行为金额

99万元，应缴财政13万元，已交6万元。（撰稿人：彭海坚）

【连南瑶族自治县审计局】　现有干部职工12人，设有办公室、综合审计股、经济责任审计股，负责对全县11个镇和40个县直部门的审计监督。局长黎钟罗（兼纪检组长）。

审计成果　完成审计项目21个，查出违纪违规行为金额19万元，已交财政19万元，指明应纠正242万元。完成对县计生局长等34名领导干部任期经济责任审计。（撰稿人：李燕群）

【韶关市审计局】　2002年，共有干部职工34人，其中本科学历12人，大专学历18人，局长黎国坚，副局长于莉莉，凌振伟（经公选3月—），李贵堂（9月—，兼纪检组长）。设有办公室、政策法规科、经济责任审计科、经贸审计科、行政事业审计科、农业与资源环保审计科、财政金融审计科、基建外资审计科。

审计成果　全年共审计43个单位，查出违规行为金额1799万元，应缴财政644万元，已交财政620万元。提交审计工作报告29份、信息和调研报告48篇。

经济责任审计　完成经济责任审计项目22个、23人，查出违规行为金额1624万元。审计后，晋升1人，平调14人。经市党政领导班子联席会议批准出台了3项经济责任审计制度，建立健全审计前调查、审计走访、延伸审计、审计公示、落实审计结果以及跟踪落实等制度。

审计调查　审计调查项目4个，调查单位27个，调查金额205133万元，调查发现问题金额1284万元，提交审计调查报告5份。

内部审计　有内审机构21个，其中专职机构5个；内审人员32人，其中专职人员17人。共审计单位168个，查出损失浪费300万元，纠正违规行为金额11万元，促进增收节支352万元。（撰稿人：曾烈省）

【韶关市北江区审计局】　现有干部5人，设有办公室、业务股、经济责任审计股，负责对全区3个办事处、1个镇和45个区直属部门及企业的审计监督。局长赖成功。

审计成果　完成审计项目16个，审计单位21个，其中经济责任审计12个，查出违规行为金额810万元，应缴财政12万元，已交3万元。移送司法机关案件1起1人。完成审计调查3个，调查单位8个。提交审计报告、信息20篇。经济责任审计后变动党政领导干部12人。（撰稿人：龚锦钊）

【韶关市武江区审计局】　现有干部职工5人，设有综合股、业务股，负责对全区两个乡镇、两个街道和18个区直部门的审计监督。局长黄景成（2月—）、黄钦林（—2月），副局长佘保生。

审计成果　完成审计项目14个，审计单位12个，查出违规行为金额78万元，应自行纠正金额1763万元，应缴财政13万元，已交9万元。完成审计调查1个，调查单位5个。提交审计报告、信息3篇。完成7名科级干部离任经济责任审计，查出应自行纠正金额279万元。有内审机构8个，内审人员35人。（撰稿人：钟爱明）

【韶关市浈江区审计局】　现有干部职工4人，设有办公室，业务审计股，负责对全区4个镇、街道和38个区直部门的审计监督。局长傅爱兵。

审计成果　完成审计项目12个，审计单位18个，党政领导交办的经济责任审计项目9个，查出违纪行为金额178万元，其中指明要纠正80万元，决定处理14万元，应缴财政14万元。提交审计结果报告10份，审计意见两份，审计信息两篇。（撰稿人：郑军文）

【乐昌市审计局】　现有干部职工11人，设有办公室、行政事业审计股、财金审计股、商粮贸审计股、经济责任审计股，负责对全市19个乡镇和36个市直部门的审计监督。局长邓楚荣，副局长廖英、向昭晖（兼纪检组长）。

审计成果　完成审计项目17个，查出违纪违规行为金额349万元，其中指明要求纠正61万元，决定处理处罚288万元，应缴财政288万元，已交财政271万元。提交审计报告17份，审计意见4份，审计决定3份。移送处理书1份，移送司法机关案件1起，涉案人员1人，涉案金额30万元。另外，受市委组织部的委托，对在机构改革中变动的11名党政机关主要领导干部进行了任期经济责任审计。（撰稿人：温细才）

【南雄市审计局】　现有干部职工16人，设有办公室、财政金融审计股、行政事业审计股、经济贸易审计股和经济责任审计股，负责对全市20个镇和49个市直部门的审计监督。局长钟宝洪，副局长李祥、张小琴。

审计成果　审计35个单位，完成审计项目39个，查出违规行为金额654万元，应缴财政93万元，已交财政59万元。完成审计调查1个，调查单位63个。提交审计报告24份，审计信息1篇，被采用1篇。完成21名党政、企业主要领导干部的任期经济责任审计，查出违规行为金额243万元。有内审机构12个，内审人员70人。（撰稿人：李云忠）

【曲江县审计局】　现有干部职工17人，设有办公室、行政事业审计股、财政金融审计股、基本建设审计股、经济贸易审计股、经济责任审计股，负责对全县18个镇和20个县直部门的审计监督。局长欧新远，副局长肖宪智。

审计成果　完成审计项目47个，查出违规行为金额851万元，应缴财政134万元，调账处理282万元，指明纠正435万元。提交审计报告35份，审计意见19份，审计信息120篇，被采用65篇。完成领导干部经济责任审计37个，查出违纪违规行为金额276万元，应纠正185万元。完成领导干部届中经济责任审计8个。全县内审机构20个，内审人员42人。（撰稿人；冯晓晖）

【始兴县审计局】　现有干部职工17人，设有人秘股、财金商粮贸审计股、行政事业审计股、农业与资源环保审计股、经济责任审计股、基建外资审计股，负责对全县12个乡镇和23个县直部门的审计监督。局长周顺明，副局长刘四柱、刘超明。

审计成果　完成审计项目70个，其中党政领导干部经济责任审计项目50个，审计单位54个，查出违规行为金额3980万元，百万元以上违规单位10个，应缴财政191万元，已交111万元。完成审计调查1个，调查单位5个。（撰稿人：赖雄）

【仁化县审计局】　现有干部职工15人，设有财政金融审计股、行政事业审计股、经济责任审计股和人秘股，负责对全县9个乡镇和44个县直部门的审计监督。局长谢运洪（8月—）、丘伟胜（—8月），副局长朱少媚（9月—）、丘光强（9月—）、钟远英（—5月）。

审计成果　完成审计项目50个，查出违规行为金额300万元，指明要求纠正4968万元，应缴财政185万元，已交185万元。提交审计报告18篇，审计意见21份，审计信息、论文40篇，被采用26篇。完成21名领导干部经济责任审计，查出违规行为金额83万元，指明要求纠正496万元。有内审机构24个，内审人员50人。（撰稿人：王秀丽）

【翁源县审计局】　现有干部职工18人，设有综合办公室、财政金融审计股、行政事业审计股、贸易基建企业审计股、干部经济责任审计股，负责对全县15个乡镇和43个县直部门的审计监督。局长邓达祥（1月—），副局长刘匡永、王永娟（1月—）、邓建新（—7月）。

审计成果　完成审计项目51个，审计单位63个，查出违规行为金额1814万元，应缴财政512万元，已交381万元。提交审计报告51篇，审计信息45篇。（撰稿人：曾桓建）

【新丰县审计局】　现有干部职工15人，设有人秘股、财政金融审计股、经济责任审计股、经贸审计股和行政事业审计股，负责对全县10个乡镇和21个县直部门的审计监督。局长赵志然，副局长曾祥根、李志强、李建立（兼纪检组长）。

审计成果　完成审计项目38个，共查出违纪违规行为金额103.02万元，应缴财政46.83万元，已交财政40.74万元。提交审计意见10份，审计结果报告28份，报送审计信息（简报）12篇，被采用7篇。通过对行政事业单位领导干部的经济责任审计，平调17人、晋升两人。（撰稿人：赵玉春）

【乳源瑶族自治县审计局】　现有干部职工9人，设有办公室、经济责任审计股、经贸审计股和财政金融审计股，负责对全县14个乡镇和45个县直部门的审计监督。局长李荣逸，副局长肖国麒、凌诗美。

审计成果　完成审计项目28个，查出违规金额418万元，应纠正1791万元，应缴财政14万元，已交财政9万元。完成审计调查1个。提交审计报告29份。对25名党政领导干部进行了任期经济责任审计。有内审机构11个，内审人员30人。（撰稿人：李荣逸）

【河源市审计局】　2002年，共有干部职工36人，其中本科学历9人，大专学历22人，局长黎房新，副局长陈钦添、王超良。设有办公室、综合政策法规科、经济贸易审计科、资源环保审计科、基建外资审计科、行政事业审计科、财税金融审计科、经济责任审计科。

审计成果　审计单位326个，查出违规行为金额1.8亿元，应缴财政797万元，已交财政469万元。移送案件4起。提出合理化建议100多条，建议纠正地方部门不当规定25条。

扶贫资金审计　开展扶贫资金审计或审计调查单位76个，审计资金总额6.2亿元，发现挤占、挪用、截留扶贫资金等10个问题，向市人大常委会和政府提交了审计综合报告，向政府提出了《关于加强河源市扶贫资金管理和使用意见》。

经济责任审计　开展经济责任审计项目13个、13人，查出违规行为金额281万元，纠正4789万元。（撰稿人：杨镜林）

【河源市源城区审计局】　现有干部职工13人，设有办公室、财税金融审计股、企业与投资审计股、行政事业审计股、经济责任审计中心，负责对全区两个镇、1个农场、4个街道和80个区直部门的审计监督。局长诸秋林，副局长程日波、李可才。

审计成果 完成审计项目19个、审计单位19个，查出违纪违规行为金额1568万元，应纠正2537万元，应缴财政14万元，已交14万元。提交审计报告20份。向有关部门移送事项两件。（撰稿人：陈海英）

【紫金县审计局】 现有干部职工14人，设有人事秘书股、财政金融审计股、行政事业审计股、经济责任审计股、经济贸易审计股，负责对全县23个乡镇和45个县直部门的审计监督。局长王锡群，副局长陈宏凤、廖振茂。

审计成果 完成审计项目80个，审计单位304个。审计总金额301965.16万元，查出违纪违规行为金额15291.76万元，应缴财政73.25万元，已交67.54万元；查出账外资产5911.85万元，已入账5881.84万元；应调账3146.85万元，已调账3045.3万元；应归还原渠道资金701.05万元，已还原渠道资金200.3万元。提出审计意见和建议358条，促进增收节支15.91万元，挽回经济损失29万元。（撰稿人：刘备文）

【龙川县审计局】 现有干部职工13人，设有办公室、财政金融审计股、经贸审计股、农林水审计股和政策法规股，负责对全县30个乡镇和96个县直部门的审计监督。局长谢秋平，副局长黄盛平。

审计成果 完成审计项目46个，审计单位53个，查出违纪违规行为金额950万元。发出审计意见书和审计报告46份，审计决定书两个，决定处理处罚23万元，应缴财政23万元。提交审计信息被采纳建议18条。（撰稿人：殷业林）

【连平县审计局】 现有干部职工14人，设有人事秘书股、财政金融审计股、行政事业审计股、企业基建审计股、经济责任审计股，负责对全县16个乡镇和87个县直部门的审计监督。局长叶浓茂，副局长王晓辉、曾雪梅。

审计成果 完成审计项目24个，查出违纪违规行为金额267万元，移送纪检监察司法机关案件6起，提出合理化建议28条。（撰稿人：刘汉忠）

【和平县审计局】 现有干部职工17人，设有办公室、财政金融审计股、经济责任审计股和综合股，负责对全县20个镇和43个县直部门的审计监督。局长朱灯塔，副局长余永良、刘桂英。

审计成果 完成审计项目28个，审计单位61个，查出违纪违规行为金额1080万元，应缴财政21万元，已交17万元。完成审计调查1个，调查单位8个。提交审计报告、信息20篇。完成5名科级干部离任经济责任审计，查出违规行为金额88万元。有内审指导人员两人，内审机构7个，内审人员34人。（撰稿人：谢财青）

【东源县审计局】 现有干部职工18人，设有行政秘书股、行政事业审计股、农工贸审计股和经济责任审计股，负责对全县24个乡镇和98个县直部门的审计监督。局长江勇，副局长赖达浓、黄尔青、蓝丽珍。

审计成果 完成审计项目（单位）50个，审计资金总额202405万元，查出违规行为金额14万元，应缴财政14万元，应纠正2935万元。提交审计结果报告39份，出具审计意见书41份，审计决定7份。对46名科级党政领导干部和企业领导人开展了任期经济责任审计，查出涉嫌个人经济问题两人，移送纪委监察部门处理1人，移送检察机关处理1人。（撰稿人：黄文举）

【梅州市审计局】 2002年，共有干部职工35人，其中本科学历6人，大专学历17人，局长朱荣生，副局长邱健昌、张少抗、刘少庭。设有办公室、综合科、财政金融审计科、工业交通审计科、商粮贸基建审计科、行政事业审计科、经济责任审计科。

审计成果 全市共完成审计单位327个，查出违规行为金额14949万元，应纠正20547万元，调账处理3607万元，应缴财政775万元；查出百万元以上违规单位10个，向纪检监察机关移送案件1起。

财政税务金融单位审计 全市审计机关对2001年度财政预算执行审计，共审计了财政、财务、国库等41个单位，查出违规行为金额2567万元。审计做出应调账处理1303万元，应纠正1232万元，应缴财政25万元。对两个县级财政实施了决算审计。对广东发展银行和有关银行中央专项贷款进行审计，查出违规行为金额152万元，要求自行纠正5336万元，处理应缴财政11万元。

对群众关注的项目资金审计 开展的审计项目有：农村困难家庭子女免收义务教育阶段书杂费资金、贫困县扶贫资金、企业职工基本养老保险基金等6种资金的审计和调查，查出违规行为金额2750万元，全部做出指明纠正处理，归还原渠道资金140万元。

经济责任审计 全市完成审计经济责任人221人，审计单位188个；查出违规行为金额550万元，其中应负主管责任5236万元；应纠正7549万元。利用审计结果，平调138人，晋升16人，撤职1人。

对部分国有企业的重点审计 对工业交通、国内贸易、建筑安装等企业和公路收费站共35个单位的审计，查出虚列成本、虚增和虚减负债金额、偷漏税等违规行为金额

1176万元，处理应缴财政290万元。

内部审计　全市有内审机构259个，其中专职机构124个；共有内审人员574人，其中专职人员213人。开展审计单位269个，纠正违规行为金额28万元，提出审计建议96条，促进增收节支102万元，建议给予行政处分两人。（撰稿人：古登信）

【梅州市梅江区审计局】　现有干部职工15人，设有人秘股、财金审计股、企业审计股、综合审计股、经济责任审计股，负责对全区10个镇、办事处和45个区直单位的审计监督。局长黄英基，副局长刘佛云（兼纪检组长）、黄金森、刘伟球。

审计成果　审计单位9个，查出违规行为金额443万元，指明要求纠正337万元，已调账处理402万元，已交财政25万元。提交审计工作报告两份。开展经济责任审计项目29个、29人，查出违规行为金额443万元，管理不规范406万元。审计后，晋升1人，平调28人。有内审机构56个，其中专职机构16个；内审人员172人，其中专职16人。（撰稿人：蔡淑兰）

【兴宁市审计局】　现有干部职工21人，设有人秘科、财金审计科、工交审计科、商粮贸审计科、经济责任审计办公室，负责对全市29个乡镇和92个市直部门的审计监督。局长陈柳清，副局长曾金辉、巫桂庭、刘竟东、毛金鹏。

审计成果　完成审计单位项目39个，其中完成领导干部经济责任审计26个，查出违纪违规行为金额219万元，应缴财政190万元，已全部上交。提交审计报告、信息40篇，移送案件1起。（撰稿人：刘史彬）

【梅县审计局】　现有干部职工21人，设有办公室、财金基建审计股、行政事业审计股、商粮贸审计股、工交审计股、经济责任审计股，负责对全县26个乡镇和108个县直部门的审计监督。局长叶剑灵，副局长黄敬贤、熊英淦。

审计成果　完成审计项目13个，审计单位41个，查出违规行为金额1395万元，应缴财政35万元，已交35万元，完成审计调查两个，调查单位6个。提交审计报告40份、信息8篇。完成27名科局级干部经济责任审计，查出违规行为金额429万元。审计后，晋升3人，平调24人。有内审指导人员两人，内审机构57个，内审人员86人。（撰稿人：饶迎胜）

【大埔县审计局】　现有干部职工14人，设有人秘股、财政基建审计股、行政事业审计股、企业基建审计股和经济责任审计股，负责对全县21个镇（场）和38个县直部门的审计监督。局长何国雄，副局长范鼎能、肖春林、丘国强。

审计成果　完成审计（调查）项目和单位36个，查出违纪违规行为金额1842万元，指明要求纠正1139万元。通过审计，增加本级财政收入602万元（其中罚没和补缴入库20万元，调增和催缴入库582万元），追回被侵占挪用资金14万元。提交审计专题报告28份，提出审计建议77条。（撰稿人：廖志营）

【丰顺县审计局】　现有干部职工15人，设有人秘股、经济责任审计股、财金审计股和行政事业审计股，负责对全县25个镇（场）和117个县直部门的审计监督。局长谢伟良，副局长丘希锐、马绍高。

审计成果　完成审计项目27个，查出违规行为金额1523万元，其中指明纠正1517万元，决定处理处罚6万元，归还原渠道资金143万元。提交审计工作报告28份，审计意见书27份。对15名党政领导干部进行了任期经济责任审计，查出违规行为金额887万元。审计后，正常免职7人，平调8人。县直内审机构19个，内审人员47人。（撰稿人：丘希锐）

【五华县审计局】　现有干部职工18人，设有人秘股、财政金融审计股、行政事业审计股、工业交通审计股、商粮贸审计股和经济责任审计股，负责对全县30个乡镇、45个县直部门的审计监督。局长曾胜宏，副局长邹尚文、魏松才、魏军辉。

审计成果　完成审计单位（项目）65个，查出违纪行为金额3549万元，应缴财政54万元，已交52万元，指明纠正3495万元。移送检察机关处理案件1起。完成审计调查（项目）1个。提交审计结果报告27份，审计意见书65份。（撰稿人：张东扬）

【平远县审计局】　现有干部职工16人，设有综合股、财政金融审计股、行政事业审计股、商粮贸基建审计股、工业交通审计股、经济责任审计股，负责对全县16个乡镇和79个县直部门的审计监督。局长丘义华，副局长钟浩泰、李毓珊、徐灵良。

审计成果　完成审计项目23个，审计单位25个，查出违纪违规行为金额1204万元，决定处理处罚应缴财政7万元，指明要求纠正1022万元。提交审计工作报告24份，审计意见23份。（撰稿人：林世香）

【蕉岭县审计局】　现有干部职工15人，设有办公室、财政金融审计股、企业审计股、经济责任审计股、基本建设审计股，负责对全县12个乡镇和85个县直部门的审计监督。局长丘湘群，副局长汤昔康、黄清、徐勤辉。

审计成果 完成审计项目34个，查出各类违规行为金额1792万元，其中决定处理处罚54万元，已交财政54万元，指明纠正438万元，归还原渠道资金1300万元。移送涉嫌贪污经济案件线索1件。提交审计报告23份，信息、专题27篇。（撰稿人：钟伟荣）

【潮州市审计局】 2002年，共有干部职工28人，其中本科学历3人，大专学历16人，局长庄鸿杰，副局长周修喜、陈少华、邱怀球。设有财政金融审计科、行政事业审计科、工交商贸审计科、固定资产投资审计科、办公室、政策法规科、经济责任审计科。

审计成果 共审计单位29个，查出违规行为金额1187万元，应缴财政144万元，归还原渠道资金66万元，调账处理37万元，指明纠正3742万元。完成审计调查项目7个，审计调查单位51个，提交审计调查综合报告7份。

完成任务情况 1.开展本级财政预算执行审计。在检查本级预算收支和税收征管情况的基础上，重点对科技教育经费的安排使用情况、污水处理费征缴使用情况、环卫经费的收支情况进行专项审计或调查；选择支农专项资金和一些纳税户进行了延伸审计，共查出应纠正1226万元。还组织对湘桥区人民政府2001年度本级财政收支的决算审计。2.按时完成上级审计机关下达的对广发行潮州分行和农发行潮州分行资产负债损益情况审计，及借用中央再贷款兑付个人债务情况审计的任务。后者共查出违规行为金额46万元，指明要求纠正325万元。3.加强对重点部门和专项资金的审计，包括社会保障资金审计、重点企业审计、交通基金审计等。其中对广电集团有限公司潮州分公司及其属下城西、城东供电所2001年度利润情况进行审计调查，通过对该公司的资产、负债、损益的审计调查核实，调增本年利润64.51万元，调增以前年度利润65.65万元，共调增利润130.16万元。4.开展政府外债还本付息情况审计调查，重点抓了潮州供水和结核病控制两个市政府外债项目。5.加强对政府投资工程的审计监督。其中对由市财政拨款建设的南较路系列工程进行竣工决算审计，共审计投资总金额1143万元，查出违规行为金额94万元。6.开展行政事业单位审计。审计单位22个，查出违规行为金额254万元，处理上交财政18万元，追还被侵占挪用资金66万元。

经济责任审计 共完成经济责任审计项目18个。其中党政领导干部17人，企业领导干部1人。查出违纪违规行为金额126万元，指明纠正1587万元。（撰稿人：沈健）

【潮州市湘桥区审计局】 现有干部7人，设有人秘股、财金行政事业审计股和企业审计股，负责对全区10个街道（镇）和39个区直部门的审计监督。局长林汉龙，副局长洪永标、杨世顺。

审计成果 完成审计项目26个，查出违规行为金额1438万元。提交审计专题报告3份。1人被省审计厅评为"广东省审计机关纪检监察工作先进个人"。（撰稿人：蔡卫彬）

【潮安县审计局】 现有干部职工13人，设有人秘股、财政金融审计股、经贸固定资产投资审计股、行政事业审计股、工交外资审计股、经济责任审计股，负责对全县23个乡镇和37个县直部门的审计监督。局长许岳丰，副局长林乐顺、陈东全。

审计成果 完成审计项目56个，查出违规行为金额2176.49万元，处理处罚36.40万元，指明要求纠正2140.09万元，处理应缴财政36.40万元。（撰稿人：王思远）

【饶平县审计局】 现有干部职工20人，设有人秘股、经济责任审计股、财政金融审计股、工交审计股和商贸审计股，负责对全县29个乡镇和县直部门的审计监督。局长毛石明，副局长吕瑞祺、黄俊盛。

审计成果 完成审计单位49个，查出违规行为金额2468万元，处理应缴财政49万元，调账处理419万元，追回被挤占专项资金858万元，归还原渠道资金431万元。提出合理化建议72条，提交审计报告、信息6篇。（撰稿人：吴应松）

【汕头市审计局】 2002年，共有干部职工54人，其中在职研究生1人，本科学历17人，大专学历27人，局长陈少宏，副局长丁友科、汪胜豪，纪检组长陈利炎。设有办公室、综合法规科、财政金融审计科、行政事业审计科、经贸审计科、固定资产投资审计科、经济责任审计科及直属分局。下辖金园、达濠、龙湖、升平、河浦、澄海、潮阳、南澳等8个区县（市）审计局。

审计成果 全年共完成审计85个单位（项目），查出违规行为金额2014万元，应缴财政887万元，已交财政540万元，应纠正金额88264万元。协助有关部门查处案件1起。提交审计工作报告、专题审计报告和专题信息等58篇，被批示或采用28篇。

完成上级交办任务 共完成上级交办审计任务68个，其中署下达的3个，省下达的12个，各级党政领导交办的专项审计44个；完成审计调查项目5个，其中署定调查项目1个，省定调查项目1个。

经济责任审计　全市完成任期经济责任审计52个、52人，查出违规行为金额3015万元，其中主管责任3014万元，应纠正68908万元。

内部审计　有内审机构35个，其中专职机构29个，内审人员182人。全年市审计局加大对内审工作的指导、监督力度：一是开展内部审计的普查工作；二是召开内审工作经验交流会；三是召开经济责任审计实务研讨会，总结、交流经验；四是组织内审人员参加国际内部注册审计师考试。共审计了931个单位，其中：财务收支审计47个、经济效益审计34个、经济责任审计64个、基本建设审计671个、专项资金审计37个以及内控评审78个，查出损失浪费567万元，促进增收节支10773万元。提出建议意见被采纳517条，已纠正违纪违规行为金额1232万元，建议给予行政处分7人。（撰稿人：郑文钦）

【汕头市金园区审计局】　现有干部职工14人，设有综合股、行政事业基建审计股、财政经贸审计股和离任经济审计中心，负责对全区9个街道、36个区直单位（部门）、8个区属公有企业和14所中学等的审计监督。局长张钦旭，副局长韩廷雄。

审计成果　完成审计项目54个，查出应予纠正金额3235万多元，敦促有关单位应缴未交的财政资金27.2万元；工程预结算审计项目送审资金2700万元，核减建设资金314万元，核减率为12%。（撰稿人：陈锦雄）

【汕头市达濠区审计局】　现有干部职工13人，设有人秘股、财金行政事业审计股、基建工交审计股（加挂经济责任审计股），负责对全区5个街道和37个区直部门的审计监督。局长王佳明，副局长陈业生、杨争荣。

审计成果　共完成审计项目11个，其中经济责任审计项目6个，查出违纪违规行为金额23万元，应缴财政1万元。提出整改意见30多条。（撰稿人：王佳明）

【汕头市龙湖区审计局】　现有干部职工20人，设有秘书股、财金行政事业审计股、固定资产投资审计股、企业审计股，负责对全区5个街道和45个区直部门的审计监督。局长翁水木，副局长李锦桂、陈潮新。

审计成果　完成审计项目40个，共查出违纪违规行为金额15万元，其中处理应缴财政13万元，处理补交税款277万元，已补交税款258万元，指明纠正43575万元。（撰稿人：谢玉泉）

【汕头市升平区审计局】　现有干部职工11人，设有人秘股、行政事业审计股和经济责任审计股，负责对全区8个街道、38个行政部门和区直属企事业单位的审计监督。局长张江荣，副局长林和成、邱良发。

审计成果　完成审计单位（项目）42个，共查出应纠正金额2259万元，责成自行清退金额3.7万元，应缴财政金额2.5万元，追回违规批借资金7.2万元。（撰稿人：林和成）

【汕头市河浦区审计局】　现有干部职工4人，未有内设机构，负责对全区3个街道和13个区直部门的审计监督。局长陈昭德，副局长郑少雄。

审计成果　完成审计项目8个，查出违规行为金额52万元，应纠正金额1218万元。离任审计结果有4人（正科级）平调。配合区纪委查案1起。（撰稿人：陈新文）

【澄海市审计局】　现有干部职工20人，设有财政企业金融审计股、行政事业审计股、经济责任审计股、人秘股，负责对全市13个镇（街道）和80个市直部门的审计监督。局长张德茂，副局长陈文和、许绍岳。

审计成果　完成审计项目32个，查出违规行为金额421万元，处理应缴财政249万元，已交财政164万元，指明要求被审计单位纠正金额10920万元。提交审计结果报告15篇，提出建议被采纳10条。（撰稿人：杨俊杰）

【潮阳市审计局】　现有干部职工39人，设有人事秘书股、行政事业审计股、财政金融审计股、经济责任审计股、经贸审计股和固定资产投资审计室（事业单位），负责对全市22个镇、4个街道和112个市直部门的审计监督。局长蔡庭坚，副局长马汉民、郭科杰、林楚健。

审计成果　完成审计项目50个，查出违规行为金额106.7万元，应纠正金额26157万元，应缴财政83万元，罚没金额70.03万元。向司法机关移送案件1起。对市2001年本级预算执行和其他财政收支审计，发现存在未缴预算收入1854万元、部分年度预算支出未执行等问题。审计后提出严格执行预算审批监督条例等3项建议。完成经济责任审计项目31个。（撰稿人：蔡国金）

【南澳县审计局】　现有干部职工12人，设有人事秘书股、财金经贸审计股和行政事业审计股，负责对3个乡镇和38个县直部门的审计监督。局长吴年泽，副局长郑友顺、林永毅（兼纪检组长）。

审计成果　完成审计单位20个，查出违纪违规行为金额287万元，应缴财政25万元。向纪检及司法部门移送案件两起。在对海洋与水产局局长离任审计时发现，该单位截留罚没资金私设“小钱柜”共计29万元；违反“收支两条线”管理规定，截留海域使用费4万元；擅自挪用扶渔专项资金10万元用于补充事业经费。此案已移送纪检监察部门处理，并会同纪检监察机关对该单位严重违反财经纪律问题进行通报。（撰稿人：丁映纯）

【揭阳市审计局】 2002年，共有干部职工39人，其中本科学历17人，大专学历16人，局长唐莉，副局长林少波、杨愈勇、蔡锡舒、谢拱从（10月一）。设有办公室、法制科、财税金融审计科（加挂外资运用审计科牌子）、行政事业审计科、经济责任审计科、固定资产投资审计科、经贸审计科、直属审计分局和审计信息中心。

审计成果 共完成审计项目和审计调查项目90个，查出违规行为金额10752万元，应纠正22431万元，处理应缴财政2195万元。提交审计调查报告5份。

完成党政交办任务 按省和市政府的统一部署，组织对全市中小金融机构和农金会借用中央专项再贷款使用情况进行审计；配合纪检监察部门对群众举报案件、经济案件的调查处理等。

经济责任审计 共组织完成经济责任审计项目63个，查出未执行“收支两条线”管理规定、漏纳税费、乱收费等违规行为金额2991万元。参考审计结果，平调33人，晋升4人。

内部审计 共有内审机构18个，内审人员78人，完成审计项目（单位）191个，促进增收节支181万元，提出建议意见被采纳321条。（撰稿人：方惠龙）

【揭阳市榕城区审计局】 现有干部职工18人，设有人事秘书股、行政事业审计股、财政金融审计股、工交企业审计股、商贸企业审计股和基层经济责任审计室，负责对全区两个乡镇、5个街道和53个区直部门及所属和国有控股企业和集体企业的审计监督。局长黄君锑，副局长杨木营、陈庆锋、陈钦耀。

审计成果 完成审计项目41个，查出违纪违规行为金额55万元，处理应缴财政32万元（已全额上交），追收以前年度审计决定未执行款9万元，指明纠正1214万元。提出审计意见91条，已基本被审计单位采纳。（撰稿人：陈潮三）

【普宁市审计局】 现有干部职工35人，设有人秘股、财税金融审计股、行政事业审计股、经贸审计股、固定资产投资审计股、经济责任审计股，负责对全市24个乡镇和64个市直部门的审计监督。局长邱浩建，副局长陈楚孝、赖世见，纪检组长陈自卫。

审计成果 完成审计项目94个（其中审计调查项目1个），发现违纪单位15个，共查出违规行为金额210万元，应缴财政160万元，已全部入库；要求调账处理1591万元。提出整改意见265条（次），提交审计工作信息110篇。（撰稿人：方琼周）

【揭东县审计局】 现有干部职工22人，设有人秘股、财政金融审计股、行政事业审计股、固定资产投资审计股、经贸审计股和经济责任审计室，负责对全县15个乡镇和72个县直部门的审计监督。局长孙佳年，副局长郑锭周、陈光华、郑加年。

审计成果 完成审计项目38个，查出违规行为金额212万元，调账处理116万元，应纠正3634万元，处理应缴财政63万元，已交63万元。（撰稿人：王镇钦）

【揭西县审计局】 现有干部职工15人，设有人秘股、财税金融审计股、经贸审计股、经济责任审计股，负责对全县20个乡镇和79个县直部门的审计监督。局长蔡锦雄，副局长邹松庆、温贵明。

审计成果 完成审计项目63个，查出违纪违规行为金额1488万元，处理应缴县财政62万元，处理调账303万元，指明要求纠正811万元。提交审计报告63份。完成经济责任审计项目49个，查出违纪违规行为金额797万元。提出审计建议意见131条，被审计单位采纳整改率达100%。（撰稿人：蔡伟恩）

【惠来县审计局】 现有干部职工26人，设有人事秘书股、财金审计股、行政事业审计股、经贸审计股、经济责任审计股和集体经济审计监督所，负责对全县17个乡镇和105个县直部门的审计监督。局长方武德，副局长胡锡江、林汉华、方少明，纪检组长林创平。

审计成果 完成审计项目68个，查出违规行为金额377万元，调账处理36万元，应纠正4896万元，处理应缴财政67万元，实际已交52万元。（撰稿人：陈庆达）

【汕尾市审计局】 2002年，共有干部职工39人，其中本科学历15人，大专学历6人，局长林来水，副局长周建新、沈泽雄、陈秋焕。设有办公室、政策法规科、财税金融审计科、基建外资审计科、行政事业审计科、农业资源审计科、经济贸易审计科和经济责任审计办公室。

审计成果 全市审计机关共审计256个单位，查出违规行为金额7551万元，应缴财政421万元，已交财政324万元，归还原渠道资金555万元，调账处理1055万元，指明要求纠正14826万元。向司法机关移送案件1起，建议给予党纪、行政处分1人。查出百万元以上违规单位16个。

完成交办任务　全市5个审计机关2001年度本级预算执行情况审计，对违规调整预算，少征、隐瞒、挖挤预算收入等问题进行了处理。提出了强化预算约束，加强票证、账户及专项资金管理，加大税收征管力度，化解财政风险等建议，被财税部门采纳。

按照省委、省政府的部署，各区、县审计局对2001年农村困难家庭子女免收教育书杂费和中小金融机构、农金会专项再贷款专款专用情况及资产处置变现情况进行全面审计或调查，提出了加强清理整顿工作的建议，得到了当地政府的采纳。

经济责任审计　全市审计机关已完成经济责任审计项目109个，共查出违规行为金额3327万元，其中负主管责任的2457万元，指明要求纠正8097万元。移送纪检监察机关处理案件1起，建议给予行政处分1人。全市经济责任审计的文书格式已经全部统一起来，并全部实行审计承诺制和审计复核制。

内部审计　全市已建立内审机构112个，内审人员368人，共完成审计项目219个，查出损失浪费142.2万元，促进增收节支122.3万元，核减工程造价136万元，移交主管部门处理处分1人，纠正一批违纪违规行为。提出的审计建议、意见共有121条被采纳。（撰稿人：纪永坤）

【汕尾市城区审计局】　现有干部职工14人，设有人秘股、审计一股、审计二股、审计三股、审计四股，负责对全区7个镇、街道和区直各部门的审计监督。局长曾昭贤，副局长温红珍、王潜（—8月）。

审计成果　完成审计项目28个，查出违规行为金额2454万元，指明要求纠正1097万元，应缴财政30万元，已交财政6万元。完成署、省和市审计机关下达的审计任务3个，完成区委、区政府交办的审计任务6个。对全区19个行政企事业单位领导干部进行了任职期经济责任审计，查出违规行为金额535.8万元，应纠正1016.7万元。先后获得“广东省审计机关廉政勤政先进单位”、“广东省审计系统先进集体”等光荣称号。（撰稿人：马飞驹）

【陆丰市审计局】　现有干部职工27人，设有人秘股、财政金融审计股、行政事业审计股、农业资源审计股、工交基建审计股、经济贸易审计股，负责对全市23个镇、61个市直部门的审计监督。局长庄之远，副局长林松彬、李锦英、蔡梧盛。

审计成果　完成审计项目40个，审计调查项目1个，查出违规行为金额1553万元，指明要求纠正4857万元，应缴财政70万元，已交财政51万元。在对市委老干部局原局长经济责任审计中，发现该局违规扩大业务招待费标准开支30.593871万元。审计后，对市委老干部局给予通报批评，处以单位罚款，对负有直接领导责任的原局长和直接经办人原副局长给予批评教育，并对个人处以罚款。（撰稿人：陈兼）

【海丰县审计局】　现有干部职工19人，设有人秘股、财税金融审计股、商贸农林审计股、工交基建审计股、行政事业审计股和经济责任审计办公室，负责对全县19个乡镇、51个县直部门的审计监督。局长陈鸿炎，副局长房伯秋、马泽群。

审计成果　完成审计项目33个，查出违规行为金额959万元，指明要求纠正1839万元，应缴财政121万元，已交财政207万元（含上年度应缴数158万元），归还原渠道资金167万元，查出百万元违规单位两个。向司法机关移送案件1起，向有关单位建议给予党政纪处分1人。完成经济责任审计项目21个，查出违规行为金额539万元，指明要求纠正1582万元，归还原渠道资金60万元，应缴财政22万元，已交财政14万元，向县检察院移送案件1起。有内审机构15个，内审人员47人。完成审计项目16个，查出违规金额43万元，归还原渠道资金38万元，查出损失浪费4.2万元，促进增产节支7.3万元。（撰稿人：吴春芳）

【陆河县审计局】　现有干部职工14人，设有人秘股、财政金融农业资源审计股、行政事业审计股、经济贸易基建外资审计股和经济责任审计办公室，负责对全县8个镇、32个县直行政事业单位的审计监督。局长彭武赞，副局长彭美榕、彭国海。

审计成果　完成审计项目30个，查出违规行为金额705万元，处理处罚112万元，指明要求纠正593万元，应缴财政29万元，已交财政19万元，归还原渠道资金37万元。完成17个单位的经济责任审计，查出违规行为金额455万元，其中应处理205万元，应缴财政9.5万元，已交财政6万元，应追回被挪用资金30万元。审计后平调15人，退休两人。（撰稿人：朱永光）

【惠州市审计局】　2002年，共有干部职工38人，其中本科学历12人，大专学历20人，局长罗伟谊，副局长陈文清、练运彝、冯起忠，纪检组长陈乃群。设有办公室、复核科、财政金融审计科、行政事业审计科、基建审计科、企业外资审计科。

审计成果　审计单位45个，查

出违规行为金额3101万元，查出管理不规范行为金额20232万元，应缴财政1752万元，应减少财政拨款1937万元，应核减工程款411万元，指明要求纠正21624万元。提交调查报告、综合报告、专题报告、信息36篇，被各级领导、有关部门和新闻单位采用27篇。

经济责任审计 开展经济责任审计项目5个，查出管理不规范行为金额550万元。资产保值单位4个，减值单位1个。参考审计结果，晋升1人，平调1人，免职1人。

内部审计 市直部门内审机构25个，其中专职机构10个；内审人员128人，其中专职人员50人。共审计单位138个，促进增收节支207万元，提出审计意见和建议被采纳271条。（撰稿人：黄仕光）

【惠州市惠城区审计局】 现有干部职工15人，设有办公室、财政金融基建审计股、行政事业审计股、企业与经济责任审计股，负责对全区10个镇、办事处和41个区直部门的审计监督。局长李树基，副局长黄建明、郑汉生。

审计成果 完成审计项目41个，查出违规行为金额344万元，应缴财政12万元，指明应自行纠正6614万元。提交审计工作报告16份、审计意见29份，提出审计整改意见和建议92条。向纪检监察机关移交案件1起。同时还参与和协助解决农村集体、学校等基层纠纷的审计查证工作6项。（撰稿人：古汉发）

【惠阳市审计局】 现有干部职工23人，设有办公室、财政金融审计科、行政事业审计科、工交基建审计科和经济责任审计联席会议办公室，负责对全县18个乡镇和230个市直部门、企业的审计监督。局长张伟光，副局长葛立强、黄少康、曾建生。

审计成果 完成审计单位40个，查出违规行为金额660万元，查出管理不规范金额6256.15万元，查出损失浪费1758万元，指明应自行纠正6842万元，应归还原渠道资金6441.75万元，应缴财政660万元，已交财政600万元。提交审计报告、信息40多篇。（撰稿人：邱碧强）

【博罗县审计局】 现有干部职工28人，设有办公室、复核股、财政金融审计股、基建审计股、行政事业审计股、企业外资审计股、经济责任审计股，负责对全县21个乡镇和134个县直部门、企业的审计监督。局长张流明，副局长纪子明、刘秀娟、周广玉、宋彩虹。

审计成果 审计单位43个，查出违规行为金额57万元，查出管理不规范金额3474万元，应缴财政49万元，已交财政49万元。提交审计工作报告、信息18篇，提出审计建议20条。（撰稿人：吴国良）

【惠东县审计局】 现有干部职工25人，设有办公室、财政金融审计股、经济责任审计股、行政事业审计股、基建企业审计股，负责对全县21个镇和82个县直部门的审计监督。局长赖耀泉，副局长陈伟强、徐汉文、黄新梅。

审计成果 完成审计项目40个，查出违规行为金额10万元，应缴财政10万元，已交财政10万元，指明要求纠正3169万元。提交审计工作报告32份，审计意见4份，信息6篇。完成政府交办任务两个。对32名党政领导干部进行离任经济责任审计；配合纪委办案1起。（撰稿人：潘恩中）

【龙门县审计局】 现有干部职工17人，设有办公室、财政金融审计股、行政事业审计股和企业基建审计股，负责对全县14个乡镇和86个县直部门的审计监督。局长陈瑞玲，副局长李金棉、廖林乐、林焕友。

审计成果 完成审计单位41个，查出违规行为金额3335万元，应缴财政167万元，已交财政123万元。提交审计报告、信息67篇，被采用3篇。完成经济责任审计项目33个、33人，查出违规行为金额34万元，指明要求纠正1203万元，挽回浪费损失25万元。参考审计结果，平调27人，晋升1人，正常免职5人。（撰稿人：黄立晓）

【大亚湾经济技术开发区审计局】 现有干部职工10人，设有办公室、业务股，负责对全区3个乡镇和48个区直部门的审计监督。局长黄文光，副局长彭华元。

审计成果 完成审计项目12个，审计单位14个，查出管理不规范金额9160万元，应缴财政2万元，已交财政2万元；应归还原渠道资金824万元。提交审计工作报告9份，被批示、采用1份。全区有内审机构3个（专职1个），内审人员12人。（撰稿人：杨蔚茹）

【东莞市审计局】 2002年，共有干部职工39人，其中在职研究生1人，本科学历17人，大专学历17人，局长祝楚钦，副局长李常永、陈锐康（—2月）、马凤彪（2月—）、梁渠森（10月—）。设有办公室、财政金融审计科、行政事业审计科、固定资产投资审计科、经贸审计科、经济责任审计科。

审计成果 全年共完成审计和审计调查单位（项目）43个，完成年度计划的119%，查出违规行为金额10146万元，已交财政（含罚没）8570万元，归还原渠道资金28万元，纠正违规收费项目两个，取消违规账户22个，应纠正155674万元。向省审计厅和市委、市政府提交审计报告29份，其中被市领导批示6份；上报审计信息13条，其中被采用6条。受到广东省审计厅和广东省人事厅的表彰。

经济责任审计 受组织部委托，全年对12名领导干部（人员）开展了任期经济责任审计，共查出违纪行为金额1462万元，应缴财政596万元，归还原渠道资金242万元，应纠正4028万元，实现国有资产保值增值单位10个，减值两个。建议给予党纪政纪处分3人，纪检监察部门立案查处案件1起。

内部审计 全市内审机构全年共完成审计单位1756个，查出损失浪费287万元，促进增收节支2658万元，已纠正违规行为金额4628万元。向司法机关移送案件两起，移送司法机关处理5人。提出建议意见被采纳2618条，提交审计报告443份。培训财会审计人员2447人次。

（撰稿人：何建东）

【深圳市审计局】 2002年，全局定编93人，在编76人。设有办公室、综合处、财政审计处、行政事业审计处、资金审计处、固定资产投资审计处、经贸审计处和金融审计处，另设有直属单位深圳市审计局政府投资审计专业局（简称投资局）和深圳市审计局经济责任审计专业局（简称经责局）。投资局下设办公室、总审室、计财处、审计一处、审计二处和审计三处；经责局下设审计一处和审计二处。

领导成员

局　长：陈志刚

副局长：庞邦和　陶长春

　　　　孙更生

总审计师：陈　华

深圳市审计成果 全市完成审计项目1088个（其中投资局完成789个），查出违规行为金额180034万元，应缴财政34078万元，已交29864万元，归还原渠道资金34594万元，指明要求纠正25208万元，核减政府投资项目资金36448万元，未列入违纪违规问题统计的应自行纠正金额444864万元。中央电视台报道了深圳市党政领导干部任期经济责任审计座谈会情况；各类媒体刊载和发布审计信息50多篇，其中《中国审计报》采用6篇，《中国审计》采用两篇，深圳市委、市政府《信息快报》采用19篇。

李金华审计长视察深圳市审计工作 6月4～5日，李金华审计长来深调研、考察审计工作。在深期间，广东省委常委、市委副书记、市长于幼军，市委常委、常务副市长李德成会见了李金华审计长，并汇报了全市经济发展情况、审计所发挥的作用、审计队伍建设和审计工作取得的成绩等方面情况。陈志刚局长就深圳市审计局的机构改革、队伍建设、审计工作情况等向审计长做了汇报。

经济责任审计 完成经济责任审计项目37个，其中党政领导干部（含事业单位）经济责任审计项目30个，国有企业领导人员审计项目7个。对经济责任审计中发现的财政财务收支管理、国有企业运营等方面的问题提出了意见和建议。

政府投资项目审计 全市开展政府投资项目审计和审计调查共886个，审计总金额547977万元，核减投资36448万元，核减率为6.65%。市政府投资项目审计工作连续5年取得了显著成绩，引起了李金华审计长的高度重视，专门委派刘家义副审计长来深圳调研，调研成果在审计署《审计情况通报》（2002年第18期）上全文刊登，向全国推广深圳经验。

绩效审计 对市人民医院、北京大学深圳医院等12所市属医院医疗设备采购及大型医疗设备使用和管理情况进行绩效审计。审计结果表明，本市医疗设备总体使用情况较好，但也发现各医院“重购置、轻管理”、医疗主管部门对各医院医疗设备的配置和使用缺乏统一规范的评价分配体系等问题。审计报告提出了建立全市统一的医疗设备申购管理办法，建立全市医疗设备管理数据库等建议。部分区局也补充了领导班子成员。

队伍建设 一是优化组合，增强活力。对处室人员组合实行了双向选择，每个审计人员选择处室，处室负责人选择审计人员，最后由局党组决定处室人员安排。二是公开招考，择优录用。面向全国公开招考选拔总审计师1名、招考录用有实际经验的专业人才22人。三是公开选拔，竞争上岗。有14名同志走上了副处长领导岗位，11名干部提拔为副处级非领导职务。四是加强培训，提高素质。与市人事局共同组织选派了18名业务骨干去澳大利亚培训。五是加强廉政建设，从源头上抓好反腐败工作。设立了投诉电话、举报信箱、电子邮箱。

审计法制化、规范化和制度化建设 一是推进审计立法工作，协助市委、市政府办公厅出台了《深圳市党政领导干部任期经济责任审计实施办法》，会同市人大开展了《深圳市政府投资项目审计监督条例》立法调研工作；二是抓好审计规范化和制度化建设，印发了《关于加强审计法制工作的意见》，制定了《深圳市区级党政领导干部经济责任审计实施要点》并印发有关单位和审计组执行，规范了审计通知书、审计结果报告等文书格式；三是加强审计执法检查和监督，把管理重心放在审计组，加强审计文书复核工作并对审计过程、审计档案进行监督检查，抓好优秀审计项目的评选工作，聘请了王金昌等11人为第三届“特约审计监督员”。

审计宣传和交流 除中央电视

台在“新闻联播”中首次报道了深圳市党政领导干部任期经济责任审计座谈会情况、其他新闻媒体报道深圳审计新闻50多篇外，《深圳审计简讯》出刊13期并在市局的局域网上定期发布电子版。加强了对外和对内的审计交流活动，全年共接待各级、各类来深圳的调研活动400人次左右，热情接待了越南和厄瓜多尔国家审计署审计长来深圳访问。

内部审计　全市各内审机构共完成财务收支审计454个，经济责任审计629个，基建审计10444个，查出并纠正违规行为金额32969万元，向司法机关移送案件4起，移送司法机关处理3人。加强了内审人员的业务学习和培训，深圳市口岸管理服务中心等4家单位成为深圳市第五批内审机构审计档案管理达标单位。深圳市能源集团有限公司审计部荣获“全国内审先进单位”称号，深圳盐田港集团张永进、深圳福田保税区管理局温志明荣获“全国内审工作先进个人”称号。（撰稿人：孙承）

【深圳市福田区审计局】　2002年，共有干部职工21人，其中研究生学历两人，本科学历7人，大专学历9人，局长黄勇，副局长陈小卿、房思敏（兼纪检委员）。设有办公室、行政事业审计科、经贸审计科、经济责任审计科、基建办公室、区政府投资项目审计中心。

审计成果　审计项目70个，审计总金额55亿元，查出违纪违规行为金额3583万元，应缴区财政676万元，调账处理880万元，追还原渠道资金1010万元，挽回经济损失110万元。查处主要案件4起。基建审计结算核减工程造价899万元，预（概）算核减工程造价2567万元。提出审计建议62条，提供有关部门审计信息12篇。

经济责任审计　完成处级干部经济责任审计21个，查出各种违纪行为金额3577.756725万元，港币5.35426万元，其中违反规定乱发奖金补贴加班费65.26022万元，责令退回违规多领的补贴款7.35866万元，查出违规借款1010万元，违规贷款400余万元。移送纪检监察部门调查处理的违纪案件4起。（撰稿人：叶坤）

【深圳市罗湖区审计局】　2002年，共有干部职工20人，其中本科学历10人，大专学历9人，局长古文劲，副局长许维成、彭世平，纪检组长陈阜源。设有办公室、法规执行督查科、资产审计科、经济责任审计科、行政事业审计科、财税审计科、基建审计科。

审计成果　完成审计项目69个、上级指令性项目44个、政府临时交办项目25个，查出违纪违规行为金额7752万元，应纠正金额14187万元，政府专项资金投资核减4577万元。为区属企业改制服务，先后完成了6个公司的资产、负债、损益审计工作。查出虚增金额1318万元，虚减金额1126万元。完成固定资产投资审计39个，平均核减率为17.25%。完成21个任期经济责任审计项目，查出违规行为金额5481万元，应纠正4359万元，国有资产保值单位19个，减值单位两个。（撰稿人：戴洁澜）

【深圳市南山区审计局】　2002年，共有干部职工16人，其中本科学历12人，大专学历3人，局长黄吉伦，副局长温贵先、孙长森。设有办公室、行政事业审计科、经济责任审计科、企业审计科、基建审计科。

审计成果　审计项目59个，查出违规行为金额5213万元，应缴财政651万元，已交财政66万元，基建审计核减工程投资4668万元。开展经济责任审计项目12个。提出审计意见和建议260条。（撰稿人：曾放）

【深圳市宝安区审计局】　2002年，共有干部职工21人，其中研究生学历1人，本科学历12人，大专学历3人，局长徐礼杰，副局长翁保荣、贺远东。设有办公室、行政事业审计科、经贸审计科、基建审计科。

审计成果　完成审计项目38个，查出违规违纪行为金额15115万元，调整纠正35947万元，提出合理化建议107条。

经济责任审计　完成经济责任审计项目11个，查出违纪违规行为金额27200万元。

基建审计　完成8个审计项目，审计总金额757亿元，核减金额799.63万元，提出合理化建议16条。

乡镇审计　一是对全区160个村（居）委会的302名负责人进行了换届经济责任审计；二是稳步开展镇村投资审计工作；三是查大案要案，促反腐倡廉；四是不断完善村、镇财务监督机制。（撰稿人：夏远辉）

【深圳市龙岗区审计局】　2002年，共有干部职工22人，其中研究生学历3人，本科学历9人，大专学历6人，局长李跃飞（4月—）、黄剑斌（—4月），副局长朱仕忠（3月—）、冯贵添（9月—）。设有人秘科、综合科、行政事业审计科、经贸审计科、经济责任审计科，辖属事业单位区政府投资审计中心。

审计成果　完成审计项目32个，查出违规行为金额68807万元，核减工程造价并减少财政支出517万元。

经济责任审计　开展经济责任审计项目13个，其中区直行政事业单位领导干部任期经济责任中审计项目4个，区属国有企业领导人员任期经济责任审计项目9个。

政府投资建设项目审计　完成了12个政府投资建设项目的审计，送审工程总造价17719万元，审定造价17202万元，审减工程造价517万元。

内部审计　全区10个镇审计所主要开展了对110个村（居）委会班子的经济责任审计，在换届前向村民公布了审计结果。（撰稿人：何裕东）

【深圳市盐田区审计局】　2002年，共有干部职工11人，其中研究生学历3人，本科学历7人，大专学历1人，局长梁景海，副局长韩秋玲。设有办公室、行政事业审计科、企业审计科，下辖审计中心。

审计成果　审计单位32个，查出违规行为金额6327万元，决定处理处罚1504万元，指明要求纠正4823万元，基建审计核减工程造价4147万元。

固定资产投资审计　审计了52个政府投资工程预结算项目，审计工程造价32772万元，核减工程造价4147万元，平均核减率12.65%。

行政事业审计　实现了建区4年对区属行政事业单位全部进行审计的目标，审计覆盖率100%。

经济责任审计　审计了9名党政机关和事业单位领导干部任期经济责任，根据审计结果，有6人晋升，3人平调。配合"居改社"工作，与中介结构一同审计了盐田区21个居委会主任的任期经济责任。（撰稿人：秦丽芳）

【珠海市审计局】　2002年，共有干部职工39人，其中研究生学历3人，本科学历21人，大专学历13人，局长黄锐，副局长赵伟瑗。设有办公室、政策法规科、行政事业审计科、财政金融审计科、固定资产投资审计科、经济责任审计科、经贸审计科。

审计成果　完成审计及审计调查项目62个，查出违规行为金额5772万元、百万元以上违规单位10个，应缴财政4473万元，已交财政2852万元，应纠正38307万元。向司法机关移送案件3起，向纪检监察移送事项10件，协助有关部门查处案件两起。

经济责任审计　共完成33个任期经济责任审计，查出违规行为金额2881万元，应纠正14038万元。根据审计结果，平调两人，晋升1人，免职15人，降职1人，向纪检监察移送事项4件，向司法机关移送案件3起。

内部审计　共有35个内审机构，其中专职机构27个，内审人员147人。全年共审计479个单位，查出损失浪费2117万元，促进增收节支67万元，已纠正违纪行为金额384万元。提出审计建议及意见被采纳289条。（撰稿人：杨磊）

【珠海市香洲区审计局】　现有干部职工8人，设有办公室、财金审计股、经济责任审计股，负责对全区10个镇、街道和40个区直部门的审计监督。局长刘观景，副局长黄峻、钟超。

审计成果　完成审计项目20个，查出违规行为金额7488万元，其中完成经济责任审计9个，审计责任人9人。提交审计报告、信息12篇，被区政府采用1篇，被省审计厅采用两篇。（撰稿人：刘跃玲）

【珠海市斗门区审计局】　现有干部职工17人，设有办公室、财政金融审计股、经济责任审计股、行政事业审计股，负责对全区7个镇和38个区直部门的审计监督。局长黄汉俊，副局长周炬晖、陈长球。

审计成果　完成审计项目40个，审计单位43个，查出违规行为金额3395万元，应缴财政1013万元，已交39万元。完成审计调查1个。提交审计报告40篇。完成27名科级干部离任经济责任审计，查出违规行为金额1178万元。有内审机构10个，内审人员47人。（撰稿人：贺农湖）

【珠海市金湾区审计局】　成立于2002年7月，现有干部职工5人，设有局长室、财政行政事业审计股和综合股，负责对全区4个乡镇、1个管理区和23个区直部门的审计监督。局长林树青。

审计成果　完成审计项目19个，查出违纪违规行为金额4716万元（其中应交财政552万元），管理不规范金额8500万元，损失浪费4245万元，指明要求纠正26164万元，应归还原渠道资金237万元。提交审计工作报告20份，审计意见书19份。（撰稿人：陈远景）

【中山市审计局】　2002年，共有干部职工46人，其中研究生学历1人，本科学历22人，大专学历16人，局长梁怀兴，副局长胡静戈、吴国范、罗凯颂（兼纪检负责人）。设有办公室、政策法规科、财税金融审计科、行政事业与社会保障审计科、农业与资源环保审计科、经济责任审计科、经贸审计科、固定资产投资审计科。

审计成果　共完成审计项目39个，审计调查6项，查出违规行为金额223816万元，应缴财政1921万元，应纠正165298万元，归还原渠道资金94万元。向省审计厅、市委、市政府报送报告、信息127篇，向被审计单位从管理体制和制度上提出意见和建议228条。

预算执行审计　除对市财政局、地税局进行审计外，还延伸审计水利局、教育局、卫生局、交警支队、公安局等11个预算执行单位。同时，由市政府召开了"同级审"情况反馈会议，到会的13个单位主管领导对审计所提及的有关问题一一做了表态。从反馈的情况看，各有关单位不仅纠正了过去存在的问题，还对今后如何加强和改善管理制定了有针对性的措施。

养老保险基金审计　由市审计局牵头与市地税局、财政局、社保基金局4个单位，联合对100家国有企业、集体企业开展企业职工基本养老保险缴费情况进行专项审计调查。

金融审计　对全市15个村镇农金会借用中央专项再贷款兑付个人债务情况进行了专项审计。

经济责任审计　完成14名领导干部经济责任审计，查出各种违规行为金额18597万元，查明账外资产11352万元，不良资产13371万元，应纠正86559万元。同时，将审计关口前移，由离任审计为主逐步转向任期内审计。5月，省纪委和省审计厅派出检查组对本市经济责任审计工作情况进行了一次检查，肯定了中山市强化四级（市直机关、镇区、村和企事业单位）经济责任审计的做法。根据审计结果，组织部门调整领导机构，其中晋升15人，平调5人，正常免职19人。

路桥收费站审计　对坦神公路等8个路桥收费站2001～2002年8月的收费还贷情况进行了审计。

公有资产审计　市审计局会同有关会计师事务所，对市工业资产经营公司等原8家市属公有资产运营机构进行了审计。

内部审计　共有内审机构110个，内审人员427人，其中专职人员191人。共审计了1167个单位，查出损失浪费99万元，纠正违纪行为金额1830万元，促进增收节支1152万元。提出意见建议被采纳1180条，发现大案要案4起，其中向司法机构移送案件两起，建议给予行政处分两人，移送司法机关处理1人。对坦洲等7个镇区审计办近年的审计业务质量情况进行检查。在此基础上，举办了一期镇区审计培训班，对全市24个镇区审计办的人员及部分总会计共120多人进行了培训。（撰稿人：许若民）

【江门市审计局】　2002年，共有干部职工36人，其中在职研究生学历两人，本科学历12人，大专学历18人，局长甄仁旺，副局长杨华新、陈新汉。设有办公室、政策法规科、财政审计科、金融审计科、行政事业审计科、经贸审计科、农业与资源环保审计科、社会保障审计科和经济责任审计科。

审计成果　完成审计项目52个，其中经济责任审计项目18个，审计调查项目4个，查出违规行为金额1417万元，应纠正261226万元，应缴财政147万元，已交财政106万元。审计移交涉嫌犯罪案件两起。提交审计综合专题报告37篇，被采用21篇。

政府采购审计　根据审计署部署，对市本级政府采购中心进行了审计，还延伸调查7家供应商和7个用户单位。

完成地方党委、政府交办任务　1.经济责任审计。完成经济责任审计18个、13人，查出违规行为金额696万元，应纠正223565万元。2.根据新会市撤市设区工作领导小组的要求，市审计局对杜阮、荷塘、棠下镇政府2002年8月底止政府债权、债务情况进行了审计。向领导小组提交了综合报告，并对债权的划分、债务的偿还途径和方式等提出了审计意见和建议。3.根据市政府的要求，市审计局对江会公路（江咀）收费站、圭峰山风景区红旗收费站的投资、收益情况进行审计调查。向政府提交了审计报告。（撰稿人：卢永锡）

【江门市江海区审计局】　现有干部职工10人，设有办公室、行财审计股、工贸审计股和经济责任审计股，负责对全区两个镇、3个办事处和30个区直部门的审计监督。局长陈贤，副局长吕春德。

审计成果　完成审计项目26个，审计单位19个，调查单位17个，查出违规行为金额6284万元，其中指明要求纠正2684万元。提交审计报告22份、审计意见书22份、审计结果报告12份、审计调查报告两份，被采用审计调查报告1份。有内审机构5个，专职和兼职内审人员24人，完成内部审计项目78个，审计单位78个。（撰稿人：黄国忠）

【江门市蓬江区审计局】　现有干部职工7人，设有综合股、行财审计股、工贸审计股和经济责任审计股，负责对全区6个乡镇、办事处和41个区直部门的审计监督。局长苏伟光，副局长余美婵、罗家国。

审计成果　完成审计项目7个、21个单位，查出违纪违规行为金额1483万元，其中决定处理处罚152万元，指明要求纠正1331万元，上缴财政69万元。提交审计工作报告7份，出具审计意见7份，被采用3份。（撰稿人：罗家国）

【江门市新会区审计局】　现有干部职工25人，设有办公室、综合审计股、财政金融审计股、行政事业审计股、经济贸易审计股、经济责任审计股，负责对全区12个乡镇和37个区直部门的审计监督。局长郑根长（兼纪检组长），副局长冯国沛、陈所稳、黄翠颜。

审计成果　完成审计项目58个，查出违规行为金额53988万元，应缴财政1860万元（其中审计查出由区纪委执行处理580万元），已交财政646万元，追回被侵占挪用资金

1.2万元。移交纪检、监察、司法机关大案要案线索，4人受到了查处。（撰稿人：李万雄）

【恩平市审计局】 现有干部职工16人，设办公室、财政金融审计股、行政事业审计股和经贸审计股，负责对全市14个镇、街道和46个市直部门单位的审计监督。局长冯悦河，副局长吴子锋、吴伟锋。

审计成果 完成审计项目48个，查出违规行为金额133万元，应纠正9444万元。发出并落实审计决定3项，罚没金额1万元，归还原渠道资金5万元。完成审计调查5个。（撰稿人：范丽玲）

【台山市审计局】 现有干部职工21人，设有办公室、行财审计股、经贸审计股、金融与经济责任审计股、综合审计股，负责对全市20个乡镇和71个市直部门的审计监督。局长陈章，副局长钟仲豪、张基常、黄旭旦。

审计成果 完成审计项目45个，审计单位157个，查出违规行为金额247万元，指明要求纠正6432万元，应缴财政131万元，已交102万元。完成审计调查8个，调查单位42个。提交审计结果报告48份，审计意见32份。对26名党政、企业的主要领导干部和领导人员进行了任期经济责任审计，查出违规行为金额80万元，指明要求纠正3275万元，应缴财政49万元，已交47万元。晋升两人，平调7人，正常免职17人。（撰稿人：钟朝霞）

【开平市审计局】 现有干部职工24人，设有办公室、经贸审计股、农业行事审计股、财金审计股、经济责任审计股、综合法规股，负责对全市18个乡镇和48个市直部门的审计监督。局长谭文汉，副局长劳威雄、梁伟洪、傅丹秋。

审计成果 审计项目47个，审计调查16项，审计或审计调查单位83个，经济责任审计32人，查出违纪违规行为金额18897万元，其中应缴财政382.12万元，追回被侵占的款项110万元。提交审计工作报告45份（离任经济责任审计报告32份），审计调查报告16份。（撰稿人：傅丹秋）

【鹤山市审计局】 现有干部职工19人，设有办公室、财政金融审计股、经贸审计股、行政事业审计股、经济责任审计股和综合股，负责对全市12个乡镇和58个市直部门的审计监督。局长赖新浩，副局长邓荣标、吴秋红、吕卫雄（—10月）。

审计成果 完成审计项目30个，审计单位53个，查出违规行为金额256万元，应缴财政及补交税金21万元，追缴以前年度应缴财政54万元，应纠正31619万元。完成审计调查3个，调查单位7个。提交审计报告6份，审计意见书26份，审计调查报告3份。对18名党政、企业的主要领导干部和领导人员进行了任期经济责任审计。（撰稿人：郭健）

【佛山市审计局】 2002年，共有干部职工36人，其中本科学历18人，大专学历17人，局长黄福洪，副局长吴乃慧、何少英，纪检组长张六双。设有办公室、政策法规科、综合科、财税审计科、金融审计科、行政事业审计科、经贸审计科、经济责任审计科。

审计成果 审计单位120个，完成年度审计项目计划的125%，查出违规行为金额27904万元，应缴财政1764万元，已交财政1685万元，应归还原资金渠道1607万元，应纠正违规行为金额38128万元。移送纪检司法机关处理4人。

同级预算执行审计 审计单位39个，查出违规行为金额16746万元，上缴财政1317万元，归还原渠道资金3304万元。

经济责任审计 开展经济责任审计项目52个、52人，查出违规行为金额9060万元，查出个人存在经济问题两人。审计后，其中平调40人，正常免职8人，移送司法机关两人。（撰稿人：张社伟）

【佛山市城区审计局】 现有干部职工9人，设有办公室、财税金融审计股、行政事业审计股、经贸企业审计股、经济责任审计股，负责对全区6个街道和区直部门的审计监督。局长叶树林，副局长杨锦良、欧阳舜。

审计成果 完成审计项目12个，查出应纠正4971万元，决定处理处罚259万元，已全部上交。完成1名科级干部离任经济责任审计，做出处理处罚63万元。有内审机构23个，内审人员64人，共审计25个项目，查出违纪违规行为金额18万元。（撰稿人：黄柏康）

【佛山市石湾区审计局】 现有干部职工16人，设有办公室、财金审计股、行政事业审计股、企业审计股、经济责任审计股和综合审计股，负责对全区6个镇、街道和区直部门的审计监督。局长吴志伟，副局长杜婵玉。

审计成果 完成审计项目（单位）15个，查出违规行为金额13000万元，指明要求纠正12935万元，应缴财政148万元。向纪检监察机关移送事件线索1件。编印《内部审计信息》8期，组织召开了1次全区内审工作会议。共有内审机构21个，内审人员72人，审计单位242个，查出损失浪费1万元，促进增收节支57万元。提出建议意见被采纳202条。1人被评为1999～2001年度广东省内审先进个人，内审机构的先进经验材料《发挥内审职能，为企业管理提供增值服务》在中国内部审计协会举办的“非国有企事业单位内部审计研讨交流活动”中被评为三等奖。（撰稿人：黄小青）

【佛山市顺德区审计局】 现有干部28人，设有人秘科、综合审计科、行政事业审计科、工商企业审计科、财税金融审计科，负责对全区10个乡镇街道和27个区直部门的审计监督。局长叶伯明，副局长李映萍、周冬生、梁仁生。

审计成果 完成审计项目28个，审计单位49个，查出违规行为金额1107万元，收缴财政16万元，归还原渠道资金840万元。完成审计调查4个，调查单位6个。提出合理化意见和建议70条。全区有内审机构83个，内审人员358人，共审计单位1048个，查出损失浪费100万元，纠正违规行为金额2835万元，促进提高经济效益1007万元。提出并已被采纳的合理化意见和建议1284条。（撰稿人：叶志豪）

【佛山市三水区审计局】 现有干部职工14人，设有办公室、财金审计股、经济责任审计股、行政事业审计股、经贸审计股，负责对全区9个乡镇（街道）、56个局级机构和5个金融机构的审计监督。局长孔德光，副局长陈永祥、樹志新（—9月）。

审计成果 共完成审计项目26个，查出违纪违规行为金额418万元，应缴财政240万元，已交财政42万元。向纪检监察部门和司法机关移交案件4起。提出改进意见和建议50多条。完成任期经济责任审计项目18个，查出违纪违规行为金额220万元。（撰稿人：何铭驱）

【高明市审计局】 现有干部职工20人，设有办公室、政策法规股、财金审计股、行政事业审计股、经贸审计股和经济责任审计股，负责对全市10个镇（区）和70个市直属部门的审计监督。局长蔡传娟，副局长林盛杰（6月—）、谢佩文（6月—）、何友明（—6月）、陈明生（—5月）。

审计成果 对36个单位（项目）进行了审计，共查出违纪违规行为金额12737.28万元，其中决定处理处罚2541.81万元，应缴财政117.89万元，已交26.78万元。分别向市政府、市人大常委会提交了预算执行审计情况结果报告和工作报告。向市政府提出建议6条，均被采纳。有内审机构23个，内审人员49人。（撰稿人：李活芳）

【南海市审计局】 现有干部职工20人，设有办公室、行政事业审计科、企业审计科、财政金融审计科、经济责任审计科、法规与指导科，负责对全市18个乡镇和34个市直部门的审计监督。局长孔祥登，副局长黄雄华、汤荣波。

审计成果 完成审计（审计调查）项目27个，查出并纠正违纪违规行为金额14815万元，已交财政78万元。对12名领导干部实施了经济责任审计。全市各内审机构共完成审计项目783个，查出损失浪费1883万元，促进增收节支1828万元。向司法机关移送案件3起3人。（撰稿人：邓慧娟）

【肇庆市审计局】 2002年，共有干部职工30人，其中研究生学历1人，本科学历7人，大专学历17人，局长刘惠明，副局长张树泉、李永坚。设有办公室（与纪检组、监察室合署）、综合科以及审计一科、审计二科、审计三科、审计四科、审计五科。

审计成果 审计单位27个，查出违规行为金额4909万元，应缴财政228万元，已交财政149万元。提交审计工作报告、信息和调查报告28篇，被采用15篇。

经济责任审计 开展经济责任审计项目6个、处级领导干部7人，查出违规行为金额1446万元，应纠正4410万元。

内部审计 市直内审机构54个，其中专职机构6个；内审人员107人，其中专职人员29人。共审计单位20个。（撰稿人：周敏华）

【肇庆市端州区审计局】 现有干部职工21人，设有办公室、财政金融审计股、行政事业审计股、经济责任审计股、经济贸易审计股，负责对全区两个乡镇、4个办事处和35个区直部门的审计监督。局长郑智超，副局长高玉兰、哈智卿。

审计成果 完成审计项目26个、25个单位，查出违纪违规行为金额455万元，已交财政455万元，应纠正7773万元。提交审计工作报告25份，审计信息及简报共12篇。开展经济责任审计项目15个，查出违规行为金额99万元，应纠正2996万元。（撰稿人：徐少芳）

【肇庆市鼎湖区审计局】 现有干部职工7人，设有办公室、审计一股、审计二股、经济责任审计股，负责对全区7个镇（办）和92个区直部门的审计监督。局长欧泽军，副局长彭彪雄。

审计成果 完成审计项目9个，审计单位9个，查出违规行为金额225万元，应缴已交财政21万元。完成审计调查5个，调查单位5个。提交审计报告、信息14篇。对3名科级干部经济责任进行了审计。（撰稿人：吴福荣）

【高要市审计局】 现有干部职工21人，设有办公室、综合股、财政金融审计股、行政事业审计股、经济贸易审计股、经济责任审计股，负责对全市19个镇和103个市直部门的审计监督。局长傅瑞联，副局长袁子健、谭小良。

审计成果　审计单位45个，查出违规行为金额106万元，应缴财政54万元，已交财政37万元。提交审计工作报告9份，信息和调研报告9篇，被采用5篇。有内审机构56个，其中专职机构11个；内审人员103人，其中专职人员28人。共审计单位168个，查出损失浪费21万元，纠正违规行为金额113万元，促进增收节支16万元。开展经济责任审计项目34个（人），查出违规行为为金额41万元。审计后，晋升两人，平调30人，退休两人。（撰稿人：甘荣徽）

【四会市审计局】　现有干部职工12人，设有办公室、财政金融审计股、工交基建审计股、行政事业审计股和经济责任审计股，负责对全市17个镇（街道）和41个市直部门的审计监督。局长梁明，副局长冯彩凤、曾金娣。

审计成果　审计项目（单位）19个，查出违纪违规行为金额585万元，管理不规范指明要求纠正62万元。提交审计工作报告15份，信息3篇。向市纪检监察机关和检察机关移送案件3起。对6名党政、企业的主要领导干部进行了任期经济责任审计。（撰稿人：周肖华）

【广宁县审计局】　现有干部职工17人，设有办公室、财税与金融审计股、行政事业审计股、经贸审计股、经济责任审计股，负责对全县17个乡镇、56个县直部门和15个国有企业的审计监督。局长潘岐华，副局长陈新洪、冯汉。

审计成果　共完成审计和审计调查项目38个，查出违规行为金额1529万元，应缴财政38万元，指明要求纠正4476万元。（撰稿人：丁天焯）

【怀集县审计局】　现有干部职工13人，设有办公室、工商贸审计股、行政事业审计股、财政金融审计股、经济责任审计股，负责对全县20个乡镇和29个县直部门的审计监督。局长莫来敖，副局长苏武文、谢伟成。

审计成果　完成审计项目10个，审计单位16个，查出违规行为金额155万元，应缴财政5万元，已交5万元。提交审计报告、信息12篇；提出审计意见和建议30条，被采纳15条。完成5名科级干部离任经济责任审计，查出违规行为金额35万元。有内审指导人员两人，内审机构10个，内审人员32人。（撰稿人：黎剑记）

【封开县审计局】　现有干部职工16人，设有办公室、财税金融审计股、经济责任审计股、行政事业审计股和经济贸易审计股，负责对全县16个乡镇和102个县直部门的审计监督。局长周卫华，副局长卢锦华、叶红。

审计成果　完成审计项目20个，审计单位20个，查出违规行为金额346万元，应缴财政131万元，已交财政92万元。完成7名科级干部离任经济责任审计。提交审计信息、调查报告25篇。有内审机构7个，内审人员27人。（撰稿人：童华新）

【德庆县审计局】　现有干部职工14人，设有办公室、财政金融审计股、行政事业审计股、经贸审计股、农林水审计股和经济责任审计股，负责对全县14个乡镇和99个县直单位的审计监督。局长陈祖华，副局长李冠明、欧伙阳、闲建中（4月—5月，后改任党组副书记）。

审计成果　完成审计项目26个，查出违规行为金额1276万元，应缴财政9万元，已交财政6万元。完成审计调查两个。提交审计报告、信息34篇。向司法机关移送案件1起。（撰稿人：陈少锋）

【云浮市审计局】　2002年，共有干部职工24人，其中本科以上学历8人，大专学历13人，局长杨宪钦，副局长李洪辉、梁敏坚。设有办公室、政策法规科、财税审计科、金融与社会保障审计科、行政事业审计科、经贸审计科、农业与资源环保审计科、固定资产投资与外资运用审计科。

审计成果　审计单位157个，查出违规行为金额13852万元，应缴财政2375万元，已交财政2187万元，归还原渠道资金366万元，调账处理256万元，决定处理处罚106万元，指明要求纠正45883万元。提交审计工作报告166份，信息和调研报告42篇，被采用135篇。

经济责任审计　开展经济责任审计单位55个、57人，其中处级15人、科级42人。查出违规行为为金额2124万元、损失浪费6万元，指明要求纠正12957万元。移送司法机关1人。

内部审计　内审机构88个，其中专职机构25个；内审人员195人，其中专职人员57人。共审计单位71个，查出损失浪费96万元，纠正违规行为金额115万元，促进增收节支126万元。（撰稿人：林永强）

【云浮市云城区审计局】　现有干部职工11人，设有办公室、政策法规股、行政事业审计股、财税金融经贸审计股，负责对全区8个镇（街）和50多个区直部门的审计监督。局长邱秋林，副局长吴国勇、阮其华。

审计成果　审计项目13个，审计单位29个，审计资金总额5.6亿元，查出违规行为金额332万元，其中指明要求纠正324万元，决定处理处罚8万元，上缴财政入库8万元，督促企业补缴税款86万元，追还被侵占挪用资金65万元。提交审计工作报告1份，审计意见13份。配合纪检、监察等部门查处各种经济案件两起。对7名党政、企业的主要领导干部和领导人员进行了任期经济责任审计。（撰稿人：林亚天）

【罗定市审计局】　现有干部职工15人，设有办公室、政策法规股、财政金融审计股、经济贸易审计股、农业与资源开发审计股，负责对全市25个镇（场）和98个市直部门以及24个国有企业的审计监督。局长李栋荣，副局长彭向莹、张清源、黎明。

审计成果　审计项目13个，审计单位96个，查出违规行为金额2070万元，其中指明要求纠正2010万元，决定处理处罚60万元，应缴财政60万元，已交财政8万元。向纪检监察部门移送涉嫌贪污线索1件。提交审计工作报告1份，审计意见书28份，审计决定书19份。完成6名党政部门和企业主要领导干部的任期经济责任审计，共查出违纪行为金额434万元。（撰稿人：招庆中）

【云安县审计局】　现有干部职工9人，设有办公室、财税金融审计股和行政事业经贸审计股，负责对全县9个乡镇和92个县直部门的审计监督。局长麦忠民，副局长潘捷瑜。

审计成果　审计项目11个，审计单位19个，查出违纪违规行为金额375万元，其中指明要求纠正338万元，应缴财政158万元，追缴各种税款17.3万元。提交审计调查报告3份，被批示、采用1份。完成经济责任审计6个、6人，查出违纪违规行为金额103万元，其中指明要求纠正103万元。（撰稿人：唐深明）

【新兴县审计局】　现有干部职工14人，设有办公室、财税金融审计股、行政事业审计股、经贸审计股，负责对全县15个乡镇和26个县直部门的审计监督。局长吴焜南，副局长伍金明、易惠芳，纪检组长黄锦成。

审计成果　完成审计单位46个，查出违规行为金额862万元，应缴财政68万元，已交财政68万元，应归还原渠道资金309万元。完成了对34个部门、38名正科级领导干部的任期经济责任审计。（撰稿人：黄锦成）

【郁南县审计局】　现有干部职工11人，设有办公室、财政金融审计股、行政事业审计股、经贸审计股，负责对全县18个乡镇和37个县直部门的审计监督。局长黄灶番，副局长严格、莫剑平。

审计成果　审计单位16个，查出违规行为金额45万元，应缴财政9万元，已交财政3万元，罚没3万元，应纠正违规行为金额857万元。向司法机关移送案件1起，协助纪检监察机关查处集体私分公款案1起。提交审计工作报告1份。完成经济责任审计项目7个，查出违规行为金额61万元，应纠正9万元，移送检察机关案件1起共3人。（撰稿人：许燕明）

【阳江市审计局】　2002年，共有干部职工33人，其中研究生学历4人，本科学历13人，大专学历11人，局长庞华，副局长黄华贤、陈红、林业玺。设有办公室、法规监察复核科、金融外资审计科、财政行政事业审计科、企业审计科、综合审计科、经济责任审计科、固定资产投资审计科和机关服务中心。

审计成果　审计单位30个，查出违规行为金额2819万元，应缴财政417万元，已交财政129万元，应归还原渠道资金169万元。提交审计调查报告5份。

经济责任审计　开展经济责任审计项目7个、7人，查出违规行为金额375万元，应纠正9016万元。审计后，晋升1人，平调1人，免职5人。

内部审计　市直部门内审机构46人，其中专职机构19个；内审人员134人，其中专职人员57人。共审计单位199个，查出损失浪费80万元，纠正违规行为金额336万元，促进增收节支85万元。（撰稿人：林昌乐）

【阳江市江城区审计局】　现有干部职工17人，设有行政财政审计股、企业审计股、金融审计股、基建审计股、经济责任审计股、法规复核股和办公室，负责对全区4个乡镇、7个街道和76个区直部门的审计监督。局长李东，副局长李学芳、费奕强。

审计成果　完成审计项目41个，涉及单位48个。查出违规行为金额933万元，应缴财政24万元，已交财政14万元，应调账处理304万元，应纠正355万元。开展经济责任审计项目31个、34人，查出违规行为金额928万元，应纠正305万元。审计后，平调20人，晋升1人，退居二线13人。（撰稿人：李东）

【阳春市审计局】　现有干部职工20人，设有办公室、复核监察室、财政金融审计股、行政事业审计股、经济责任审计股、基本建设审计科、企业审计科，负责对全市18个乡镇和39个市直部门的审计监督。局长袁安康，副局长杨清符、黄强、王碧云。

审计成果　审计单位39个，查

出违规行为金额762万元，应缴财政127万元，已交财政117万元，应归还原渠道资金128万元。开展经济责任审计项目27个，查出违纪违规行为金额665万元。审计后，平调13人，正常免职14人。内审机构29个，其中专职机构11个；内审人员76人，其中专职人员22人。共审计单位41个，提出建议意见被采纳9条。（撰稿人：刘云燕）

【阳西县审计局】 现有干部职工14人，设有人秘股、财政金融审计股、行政事业审计股、固定资产投资审计股、企业审计股、经济责任审计股，负责对全县9个乡镇和56个县直部门的审计监督。局长谢汝元，副局长袁学章、陈华清、黎石。

审计成果 完成审计项目32个、审计单位46个，党政领导交办经济责任审计项目12个。查出违纪违规行为金额52万元，应缴财政16万元，应纠正832万元。提交审计工作报告3份，调查报告两篇，被采用两篇。（撰稿人：刘云萍）

【阳东县审计局】 现有干部职工19人，设有办公室、法规监察复核股、财政行政事业审计股、基建综合审计股、金融及企业审计股、经济责任审计股，负责对全县15个乡镇、89个县直部门的审计监督。局长曾纪升，副局长梁成、韩高所、陈业果。

审计成果 完成审计项目33个，查出违规行为金额2990万元，应缴财政2735万元，应归还原渠道资金5万元。开展经济责任审计项目17个、17人，查出违规行为金额1917万元。审计后，平调11人，免职6人。（撰稿人：莫小札）

【茂名市审计局】 2002年，共有干部职工43人，其中本科学历4人，大专学历39人，局长杨显成，副局长王学才、黄晓文。设有办公室、综合科、财政金融审计科、行政事业审计科、工交审计科、商粮贸审计科、基本建设审计科、经济责任审计科。

审计成果 完成审计和审计调查项目295个，查出违规行为金额3799万元，归还原渠道资金7万元，决定处理处罚3236万元，指明要求纠正71745万元，罚没22万元，应缴财政564万元，已交财政172万元。提交审计工作报告、信息107篇，被采用21篇。

经济责任审计 开展经济责任审计项目181个、200人，查出违规行为金额2130万元，指明要求纠正26931万元，损失浪费7万元。审计后，平调87人，晋升19人，正常免职36人，降职两人。

内部审计 市直部门内审机构27个，其中专职机构18个；内审人员146人，其中专职人员96人。共审计单位306个，查出损失浪费173万元，纠正违规行为金额2651万元，促进增收节支294万元。（撰稿人：李土太）

【茂名市茂南区审计局】 现有干部职工18人，设有综合股、财政金融审计股、行政事业审计股、工交审计股、经济责任审计股，负责对全区8个乡镇、7个街道和90多个区直部门的审计监督。局长杨康权，副局长何桂红（10月—）、张帝清（—6月）。

审计成果 完成审计项目36个，查出违纪行为金额366万元，应缴财政107万元，已交财政15万元，罚没6万元，归还原渠道资金80万元。提交审计结果报告和审计信息8篇。（撰稿人：陈略）

【茂名市茂港区审计局】 现有干部职工8人，设有办公室、行政事业审计股、财政金融审计股、交通基建商粮贸审计股，负责对全区5个乡镇、1个开发区和38个区直部门的审计监督。局长崔斌，副局长吴安雄、戴伟。

审计成果 完成审计项目11个，审计单位15个，党政领导交办经济责任审计项目1个，查出违纪违规行为金额5.7688万元，其中应缴财政4.3577万元、补缴税金1.4111万元，指明要求纠正57.877516万元，要求有关单位调账处理虚增资产829万元。提交审计报告两份，审计信息稿6份，审计理论研究1篇。（撰稿人：吴安雄）

【化州市审计局】 现有干部职工21人，设有办公室、综合股、财政金融贸易审计股、行政事业审计股和工业交通基建审计股，负责对全市24个镇（区、街道办）和33个市直部门的审计监督。局长李云扬，副局长刘华汉（6月—）。

审计成果 完成年度计划审计项目34个，审计单位46个，完成市委组织部临时委托经济责任审计项目20个，省临时交办的交通基金审计项目1个。查出违规行为金额561万元，指明要求纠正18521万元，应缴财政23.5万元，已交财政23.5万元。提交结果报告1份、工作报告5份。（撰稿人：黄积智）

【信宜市审计局】 现有干部职工24人，设有人事秘书股、财政金融审计股、行政事业审计股、工交商建审计股和经济责任审计股，负责对全市23个乡镇和104个市直部门的审计监督。局长陈为佳，副局长林美琼、原喜怀、张权庆。

审计成果 完成审计项目36个，查出违纪违规行为金额342万元，决定处理处罚78万元，指明要求纠正5487万元，应缴财政78万元，已交财政43万元。对19名领导干部进行了任期经济责任审计，查出违纪违规行为金额39万元，指明要求纠正2393万元，均做了相应的处理或处罚。提交审计结果报告、工作报告10份。（撰稿人：张焕栋）

【高州市审计局】　现有干部职工19人，设有办公室、财贸审计股、工交审计股和行政事业审计股，负责对全市33个乡镇（街道）和60多个市直单位的审计监督。局长黄荣驰，副局长张锡文、卢炳开、林德高。

审计成果　完成审计项目56个，共查出违规行为金额1712万元，其中决定处理处罚179万元，纠正违规行为金额7766万元，应缴财政89万元，追还被侵占挪用资金7万元，追缴应缴未交财政90万元。提出整改意见和建议146条，提交综合报告及审计信息13篇。完成经济责任审计项目42个，查出违反"收支两条线"管理规定的资金550多万元。全市内审机构完成下属单位领导人员经济责任审计56个，查出违规行为金额2160万元。（撰稿人：罗振坚）

【电白县审计局】　现有干部职工31人，设有办公室、财政金融审计股、行政事业审计股、工交基建审计股和商粮贸审计股，负责对全县20个乡镇和148个县直单位的审计监督。局长莫永年（1月—）、杨景泉（—1月），副局长刘名威、杨起帆、陈正华（—8月）、郑朝辉（—8月）。

审计成果　完成审计项目48个、73个单位，查出应纠正13021万元、违规行为金额130万元，应缴财政22万元，已交财政17万元。提交审计报告15篇。（撰稿人：崔金生）

【湛江市审计局】　2002年，共有干部职工44人，其中研究生学历4人，本科学历9人，大专学历26人，局长肖景太，副局长郑富有、梁炳彪、牟必洲。设有办公室、综合指导科、财政金融审计科、行政事业审计科、经贸审计科、外资审计科、基建审计科、经济责任审计科、直属分局。

审计成果　审计项目（单位）89个，查出违规行为金额7448万元，应缴财政545万元，已交财政543万元，归还原渠道资金189万元，调账处理2775万元，罚没金额113万元。提交审计调查报告18份，给市领导提供《湛江审计要情》4期，印发《湛江审计信息》5期。对全市129家农金会、5家城信社进行了地方中小金融机构中央再贷款使用情况的审计；组织全市各级审计机关对"免收农村困难家庭子女义务教育阶段书杂费"资金落实情况进行了审计，并向市政府提交了综合报告。

经济责任审计　开展经济责任审计项目23个、23人，查出违规行为金额2692万元，应纠正9485万元，查出损失浪费5016万元。同时，还对1名市长（县级领导干部）实施经济责任审计试点。

内部审计　全市已建立内审机构103个，其中专职机构89个；配备内审人员284人，其中专职人员175人。全年共完成审计项目2588个，查出损失浪费2222万元，纠正违规行为金额15089万元，促进增收节支4392万元。向司法机关移送案件两起。提出合理化建议被采纳720条。（撰稿人：陆水）

【湛江市赤坎区审计局】　原有干部职工15人，设有办公室、财税金融审计股、行政事业审计股、基本建设审计股和工交商贸审计股；机构改革后有干部职工10人，设有办公室、财税金融基建审计股、行政事业审计股、经济责任审计股、经贸审计股和直属审计所，负责对全区67个区直部门（单位）的审计监督。局长郑交，副局长钟炳平、缪光辉。

审计成果　完成审计项目14个，审计单位15个，查出违纪违规行为金额610万元，其中指明要求纠正461万元，决定处理处罚149万元，应缴财政23万元，已交财政5万元。完成审计调查3个，调查单位7个。提交并被采用审计报告1篇。（撰稿人：梁城）

【湛江市霞山区审计局】　现有干部职工12人，设有办公室、财税金融审计股、工交商贸审计股、行政事业审计股、直属审计所，负责对全区1个乡镇和150个市直部门的审计监督。局长杨永忠，副局长吴珍妮、刘昌恒。

审计成果　完成审计项目18个，审计单位21个，查出违规行为金额276万元，应缴财政21.7万元，已交21万元。提交审计结果报告9份，审计意见书20份，审计工作信息4篇。（撰稿人：杨永忠）

【湛江市坡头区审计局】　现有干部职工6人，设有办公室、综合审计股、经济责任审计股、直属审计所，负责对全区7个镇（街）和57个区直部门的审计监督。局长林敏，副局长赵日养。

审计成果　完成审计项目19个，审计单位19个，查出违规行为金额1672万元，其中指明要求纠正1099万元，应缴财政107万元，已交97.1万元，归还原渠道资金10万元，调账处理40万元，决定处罚16万元。提交审计工作报告5份、信息13篇。（撰稿人：梁伟章）

【湛江市麻章区审计局】　现有干部职工7人，设有办公室、财政金融审计股、企业审计股、行政事业审计股和经济责任审计股，负责对全区3个乡镇和65个区直部门的审计监督。局长曹冠清（2月—）、李杨保（—2月），副局长何名景（6月—）、黄女红（6月—）、林基（—2月）、曾柯泉（—9月）。

审计成果 完成审计项目20个，审计单位32个，查出违规行为为金额2803万元，其中决定处理处罚106万元，指明要求纠正2697万元。提交审计工作报告1份，审计调查报告1份，提出建议35条。（撰稿人：高超）

【吴川市审计局】 现有干部职工37人，设有办公室、财税金融审计股、经济贸易审计股、经济责任审计股、基建投资审计股、局直属所和审计所，负责对全市18个乡镇（街道）、1个经济开发区和190个市直部门及国有企业的审计监督。局长张胜泰，副局长陈康保、梁韧才、郑世光。

审计成果 完成审计项目（单位）75个，查出违纪行为金额3510万元，决定处理处罚应缴财政157万元，已交国库155万元，纠正被审计单位违反国家规定的财政财务收支82万元。提交并被采用的审计工作报告和信息6篇。建议追究违反财经纪律责任人党纪政纪责任1人，向司法机关移送经济案件1起，为被审计单位挽回经济损失252.3万元。被省审计厅评为“广东省审计机关勤政廉政先进单位”，被审计署评为“全国审计机关勤政廉政先进单位”。（撰稿人：李可映）

【廉江市审计局】 现有干部职工30人，设有办公室、行政事业审计股、基建审计股、经贸审计股、经济责任审计股、直属审计所，负责对全市22个乡镇和238个市直部门的审计监督。局长杨旦新，副局长温锡梅、廖锡真。

审计成果 完成审计项目96个，审计总金额136386万元，查出违纪违规行为金额1410万元，处理应缴财政145万元，已交财政107.4万元。提出改进工作建议263条，被有关单位采纳后促进增收节支1163万元。对31名党政领导干部和企业领导人员进行了任期经济责任审计。（撰稿人：梁文鸿）

【雷州市审计局】 现有干部职工18人，设有办公室、财税金融审计股、基建投资审计股、经济责任审计股、经济贸易审计股和直属审计所，负责对全市20个乡镇和60个市直部门的审计监督。局长肖珣，副局长杨国林、黄谋、陈志谋。

审计成果 完成审计项目44个，审计单位52个，查出违规行为金额170万元，应纠正7114万元，应缴财政12万元，已交12万元。提交审计结果报告22份，审计调查报告3份，审计意见书20份，审计工作信息13篇，被采用4篇。（撰稿人：陈欢庆）

【遂溪县审计局】 现有干部13人，设有财税金融审计股、行政事业外资基建审计股、经济责任审计股和办公室，负责对全县18个乡镇和159个县直部门的审计监督。局长林光生，副局长杨康寿、黄观华。

审计成果 完成审计单位（项目）31个，查出违纪违规行为金额643万元，应缴财政65万元，已交财政29万元，罚款8万元，提交审计（信息）报告18篇。（撰稿人：庞靖）

【徐闻县审计局】 现有干部职工17人，设有办公室、经济责任审计股、财政金融审计股、经济贸易审计股、行政事业审计股、基本建设审计股，负责对全县17个乡镇和112个县直部门的审计监督。局长赖开应，副局长符福民、吴启涛。

审计成果 完成审计项目34个，审计单位64个，党政领导交办经济责任审计项目22个。查出违规行为金额592万元，应缴财政131万元，已交37万元。完成审计调查1个。提交审计工作报告34份，审计意见6份，审计信息5篇，简报两篇。（撰稿人：蔡仁旦）

广西壮族自治区

【广西壮族自治区审计厅】 2002年，广西壮族自治区审计厅人员编制123人，实有121人；事业编制47人，实有39人。厅机关设有办公室、人教处、法规处、财政审计处、金融审计处、行政事业审计处、经贸审计处、农业与资源环保审计处、社会保障审计处、固定资产投资审计处、外资运用审计处、经济责任审计处以及机关党委、纪检监察室和离退休干部工作处；另设有12个派出审计处；还设有内部审计指导中心、审计科研所、机关后勤服务中心和审计干部培训中心等事业单位。

领导成员

厅　长：唐松庆

副厅长：邝满维　聂江武
　　　　何小聪

总审计师：钟南生

纪检组长：罗其强

广西壮族自治区审计成果 全年共审计2909个单位（项目），查出违规行为金额550724万元，其中应缴财政33490万元，已交财政15732万元，应减少财政拨款和补贴2402万元，应归还原渠道资金21273万元，调账处理62547万元。查出百万元以上违规单位310个。向司法机关和纪检监察部门移送违法犯罪案件线索34件。提交审计报告191份，被批示、采用39份。各级审计机关还加强了对内部审计工作的指导。年末共有内审机构545个，其中专职机构345个；有内审人员1425人，其中专职人员1010人。全年共审计8604个单位（项目），查出损失浪费12116万元，发现大案要案线索两件，促进增收节支14385万元，纠正违规行为金额109523万元。

年初，广西钦州市审计局和忻城县审计局及兴业县审计局罗燕球被人事部和审计署评为全国审计机关“先进集体”，和“先进工作者”。此外，广西有5个单位内审机构和4个内审人员分别被审计署评为内审先进集体和先进工作者。年内县级审计机关机构改革工作顺利完成。全区县以上审计机关人员行政编制由2112人减少至1512人，年末实有1477人；事业编制人员实有235人；其中45岁以下人员1512人，大专以上学历1378人，具有专业技术中级职称705人、高级职称51人。

财政审计 各级审计机关围绕积极稳妥推进财税体制改革，严格财政管理，深化本级预算执行审计。区审计厅首次将政府外债收支和管理、还贷准备金管理等情况纳入本级预算执行审计的范围，并有针对性地开展了政府部门预算审计，审计结果报告受到了自治区人大常委会和人民政府的重视和好评。区审计厅对自治区高级人民法院诉讼费执行“收支两条线”管理的情况进行了专项审计调查，并延伸调查了53个法院，发现和揭露了法院系统在诉讼费管理中存在的普遍性、倾向性问题，审计调查报告得到了自治区人民政府李兆焯主席，周明甫、袁凤兰两位副主席的批示。全区预算执行审计共查出违规行为金额63721万元，主要有：违规减免、应缴未交预算收入21052万元，少征、隐瞒、挤挤预算收入5861万元，虚列财政支出4720万元，挪用预算资金3104万元，预算外收入未缴专户2837万元，账外资产2232万元，应拨未拨财政资金4161万元。通过审计，应缴财政17303万元，已交财政6986万元，归还原渠道资金3082万元，调账处理9154万元。

金融审计 根据审计署的部署，全区安排审计了51个中国农业发展银行的分支机构，对农发行在贯彻执行国家政策性金融方针和粮油购销政策，支持国有粮食收储企业所需的资金供应与封闭管理，监督财政补贴资金及时足额到位等情况进行了详细的审计和调查。查出的问题主要有：一是不良贷款比例偏高，粮食收购资金沉淀严重；二是多年亏损，扭亏难度大；三是收入支出不实、账外资产等问题金额共2572万元。审计具体情况已综合上报审计署。区审计厅还审计了南宁市商业银行的资产负债损益情况，对中国工商银行、农业银行、建设银行、交通银行、中国银行在自治区本级的分支机构缴纳营业税情况进行了调查。通过审计和调查，促进金融机构依法经营、规范管理。还按照审计署的统一要求，顺利完成了对去年保险系统审计问题的处理工作。

根据审计署的授权，区审计厅组织了各级审计机关对15个国外贷款和1个援助项目的231个执行单位进行了审计，查出挪用项目资金189万元，出借项目资金1408万元，滞留项目资金665万元，配套资金不落实1537万元。同时，区审计厅还组织了对政府外债56个项目的审计调查，根据查出的问题向自治区政府提出了防范政府外债风险的建议。

专项资金审计 一是根据审计署的统一部署，区审计厅组织了全区各级审计机关对2001年度企业职工养老保险基金进行了审计，同时对企业职工基本养老保险扩面征缴情况开展了审计调查，查出各种违规行为金额共48687万元。二是审计1999~2001年度国家农业综合开发资金，审计了自治区本级、14个地市和55个县的120个农业综合开发资金主管部门和项目建设单位。审计资金总额94339万元，查出违规行为金额2968万元，审计期间促进资金到位908万元，审计决定应归还原渠道资金618万元。自治区政府对上述两项的审计综合报告做了批示，责成有关部门和单位进行整改。三是抓住政府和群众关注的建设项目开展固定资产投资审计，全区审计158个基建项目，查出违规行为金额45300万元，其中概算不实1013万元，概算外投资2911万元，多结工程款4336万元，挪用侵占建设资金2725万元，审计机关依法做了处理。区审计厅重点审计了广西发展大厦、广西政协大厦、“钦北”高速公路、“宜柳”高速公路等建设项目的竣工决算，查出违规行为金额28900万元。南宁市审计局审计了3个固定资产投资项目，核减工程结算资金2117万元，并首次向社会公布了“南宁机场高速公路工程竣工决算审计结果”，社会各界反映较好。区审计厅组织有关审计机关对1998~2001年国债建设项目进行了审计调查，自治区政府根据调查结果召开了各地市领导会议，研究整改措施，加强了国债项目的管理。

企业审计 全年共审计国有企业199个，查出资产、负债、损益虚增虚减，偷漏税金，国有资产流失，账外资产等违规行为金额共227140万元，调账处理36836万元，应缴财政4860万元，已交2427万元。柳州市审计局审计了5个企业，着重检查所得税缴交情况，并狠抓审计决定的落实，查出违规行为金额2800万元，其中应缴财政447万元，到年末已经交完。

经济责任审计 9月，区审计厅7名领导干部分头深入各地市及部分县，对近两年来经济责任审计工作情况进行了专题调查。10月，召开了全区审计工作座谈会，专题总结经济责任审计工作取得的成绩与经验，分析了存在的问题和困难，进一步明确今后一个时期经济责任审计工作必须坚持的原则。多数审计机关进一步加强了制度建设，认真研究经济责任审计的范围、内容、程序、评价体系和审计成果利用等问题，建立健全经济责任审计制度。由区审计厅参与起草的《广西壮族自治区实施领导干部、企业领导人员任期经济责任审计条例》，9月由自治区人大常委会第32次会议通过，于2003年1月1日起施行。共审计1019个单位、经济责任人1040人，其中县处级以上党政领导干部106人、国有及国有控股企业领导人员71人，查出违规行为金额190540万元，负主管责任174484万元、直接责任3035万元，指明要求被纠正164075万元。审计后，平调431人、晋升44人、免职122人、降职7人、撤职3人；审计机关建议给予党纪政纪处分两人，移送纪检监察部门处理10人，移送司法机关处理3人。（撰稿人：苏明）

【南宁市审计局】 2002年，机构改革后人员编制58人，现实有干部职工51人，其中研究生学历1人，本科学历31人，大专学历13人，局长朱林玉，副局长卢绍宁、黄令玲、陈文建，纪检组长阳月生。设有办公室、综合调研处、财政金融审计处、行政事业审计处、人事教育处、固定资产投资审计处、经贸审计处、外资审计处、农业与资源环保审计处、经济责任审计处、法规处。

审计成果 共完成审计项目55个，查出违规行为金额82469万元，应缴财政1385万元，核减工程结算资金2117万元。向纪检监察机关移送案件线索3件。向市委、市政府提交工作报告和审计信息53篇，被市领导批示5篇，被上级机关及报刊采用27篇。重点项目审计完成本级预算执行情况审计项目5个，审计调查项目5个，延伸审计单位68个，查出违规行为金额6644万元；围绕西部大开发和市城市建设“136”工程进行审计监督，审计项目3个，延伸审计和审计调查项目5个，审计项目投资总额99963万元，查出违规行为金额10793万元，核减建设工程结算资金1864万元；审计行政事业单位3个，查出违规行为金额5995万元。同时，对行政事业性收费、社会保障基金、捐赠资金、环保资金和其他专项资金进行了审计，审计专项资金总额2.6亿元；对预算内外支农专项资金、农业综合开发资金和水利资金等7个项目进行审计，审计资金总额1.21亿元，查出违规行为金额1939万元，其中归还原渠道资金210万元；审计外资运用项目11个，查出违规行为金额1003万元；完成经济责任审计项目29个，查出违规行为金额41787万元；移送纪检监察查处的案件两起，两人。

内部审计 全年完成内部审计项目117个，促进增收节支33万元，纠正违规行为金额1761万元，提出审计意见和建议被采纳59条。（撰稿人：莫焕盛）

【南宁市新城区审计局】 现有干部职工3人，负责对全区6个区直部门和53个事业单位的审计监督。局长彭小燕，副局长廖群英。

审计成果 完成审计项目6个，其中本级财政收支审计1个，事业单位财务收支审计两个，经济责任审计3个。此外，还完成津头乡“三提五统”专项资金审计、城区“桃源路”扩建工程专项资金审计，以及城市建设“星光计划”项目资金的审计监督等。（撰稿人：廖群英）

【南宁市兴宁区审计局】 现有干部职工3人，负责对全区1个镇、9个行政机关和58个事业单位的审计监督。副局长彭勇、杨冬梅。

审计成果 完成审计项目4个，其中本级预算执行审计1个，财务收支审计1个，经济责任审计两个，查出违规行为金额80万元，查补税款7万元，罚款0.6万元。提交专题调查报告两份、审计信息6篇。（撰稿人：潘云英）

【南宁市城北区审计局】 现有干部职工6人，负责对全区两个乡镇、83个行政事业单位和53个其他部门的审计监督。局长项群英，副局长杨佩英。

审计成果 完成审计项目13个，审计查出违规行为金额810万元，应缴财政130万元，已交9万元，应追还被侵占挪用资金61万元，为区财政增收节支216万元。提供审计信息5篇，被采用5篇。（撰稿人：陈格）

【南宁市江南区审计局】 现有干部职工3人，负责对全区1个乡镇、19个行政机关和42个事业单位的审计监督。副局长李想。

审计成果 完成审计项目14个，其中本级预算执行情况审计1个，经济责任审计11个，政府交办任务1个，审计调查1个。查出违规行为金额3000万元，为政府追回财政资金18万元，避免经济损失43万元，移送司法机关处理3人。（撰稿人：李想）

【南宁市永新区审计局】 现有干部职工4人，负责对全区1个乡镇、19个行政事业单位、两个国有企业和3个其他部门的审计监督。局长梁鸣，副局长彭群林。

审计成果 完成审计项目23个，其中预算执行审计1个，经济责任审计19个，企业审计1个，农业资金审计1个，其他审计项目1个。查出违

规行为金额5万元。(撰稿人：梁鸣)

【南宁华侨投资区审计局】　现有干部职工4人，负责对全区6个行政事业单位、两个农业单位和7个企业的审计监督。局长韦惠兰，副局长李显枚。

审计成果　完成审计项目10个，审计金额15036万元，查出违规行为金额2453万元，决定处理处罚180万元，应缴财政8万元，已交5.4万元。通过中介机构完成基建项目审计5个，审计金额684万元，核减63万元，为区财政减少拨款63万元。建立内审机构1个，并开展了审计工作，为单位追回10多万元的损失。(撰稿人：黄志琼)

【邕宁县审计局】　现有干部职工11人，设有办公室、财金审计股、行政事业审计股、工商审计股、固定资产投资审计股，负责对全县21个乡镇、3个经济开发区以及县直部门的审计监督。局长梁岩。

审计成果　完成审计项目20个，查出违规行为金额231万元，责成被审计单位自行纠正2552万元，应缴财政7万元。提出审计意见、建议53条，向上级报送审计信息、论文10篇，被采用8篇。(撰稿人：梁启机)

【武鸣县审计局】　现有干部职工14人，设有综合股、经贸审计股、行政事业审计股、财政金融审计股、经济责任审计股，7月成立了县建设项目决算审核中心，编制5人，负责对全县16个乡镇和县直部门的审计监督。局长黄启兴，副局长郑学佐、磨炼焦。

审计成果　完成审计项目31个，查出违规行为金额395万元，应缴财政237万元，已交161万元，责成被审计单位自行纠正金额2340万元。报送审计论文3篇，信息28篇，被采用22篇(撰稿人：李雪梅)

【桂林市审计局】　2002年，共有干部职工66人，其中研究生学历3人，本科学历17人，大专学历40人，局长贺子恒，副局长蒋基林、蒋新友、姜方龙、唐正柱，纪检组长杨邦胜。设有办公室、人事教育科、法规科、财政金融审计科、行政事业审计科、经贸审计科、农业与资源环保审计科、社会保障审计科、固定资产投资审计科、旅游外资审计科、经济责任审计科、纪检监察室。

审计成果　共完成审计项目80个(其中审计调查项目6个)，查出违规行为金额10192万元，应缴财政1086万元，归还原渠道资金2189万元，已交财政866万元。向市委、市政府提交审计报告、信息7篇。财政预算执行情况审计共审计15个预算执行单位，查出违规行为金额3115万元，应缴财政557万元，归还原渠道资金2132万元，已交财政528万元。开展了政府采购审计，并对财政部门的资金账户、行政事业单位执行“收支两条线”情况等进行了全面检查。对原桂林地区和原桂林市合并以来的27个市政重点建设工程项目的财务收支进行了审计，查出违规行为金额2561万元，应缴财政129万元，核减工程结算67万元。对7个世界银行贷款项目执行情况进行了审计，查出违规行为金额1083万元。完成企业审计项目6个，查出违规行为金额1571万元，应缴财政165万元。审计社会保障专项资金总额26218万元，查出违规行为金额152万元。对政府外债、机关事业养老保险基金、农保基金、2002年计划竣工的国债建设项目以及市老干部活动中心综合楼进行了审计调查。

经济责任审计　成立了由市纪委、市委组织部、市审计局等7个部门主要领导组成的经济责任审计工作领导小组，主持全市这项审计工作。全年实施经济责任审计项目4个(党政领导机关3个，国有企业1个)、经济责任人4人，查出违规行为金额2367万元，负主管责任2020万元、直接责任347万元；参考审计结果，晋升1人，平调1人，免职1人。(撰稿人：谢源)

【桂林市秀峰区审计局】　现有干部职工两人，负责对全区1个乡、两个街道和38个区直部门(单位)的审计监督。局长付南萱。

审计成果　完成审计项目4个，查出违规行为金额40万元，其中责成被审计单位自行纠正29万元，应缴财政11万元，已交11万元。对文化局等3个部门的局长进行了任期经济责任审计，根据审计结果给予原文化局局长降级处分。还完成了区委、区政府交办的任务1个。(撰稿人：付南萱)

【桂林市叠彩区审计局】　2002年机构改革，区审计局编制由3人减为两人，负责对全区两个街道、1个乡镇及区直部门(单位)的审计监督。局长周志华。

审计成果　完成审计项目4个，纠正违规行为金额62万元。其中：经济责任审计项目1个，农民负担、农村养老保险审计项目各1个。还按照区政府的要求，完成1项职工住宅区工程的财务收支审计。(撰稿人：周志华)

【桂林市象山区审计局】　现有干部职工两人，负责对全区1个乡、3个街道和30个区直部门及事业单位的审计监督。副局长申辉。

审计成果　完成审计项目6个，任期经济责任审计项目3个，单位财政预算资金以及专项资金审计项目3个。查出违规行为金额24万元，其中责成被审计单位自行纠正5万元，归还原渠道资金6万元，收缴财政13万多元。(撰稿人：阳千秀)

【桂林市雁山区审计局】 现有干部职工两人，负责对全区4个乡镇和18个区直部门的审计监督。局长熊伯平。

审计成果 一是农机和乡镇财政财务收支审计项目3个，查出账表不符5万元，已进行纠正；二是任期经济责任审计项目1个，查出违规行为金额40万元，其中责成纠正29万元，应缴财政13万元（其中罚款两万元），已交13万元；三是完成自治区统一布置的农村社会养老保险基金审计项目1个。（撰稿人：刘桂娥）

【阳朔县审计局】 现有干部职工10人，设有财政金融审计股、行政事业审计股、工交企业审计股，负责对全县9个乡镇和208个县直部门（单位）的审计监督。局长彭彦生，副局长刘斌、朱芳森。

审计成果 完成审计项目25个，查出违规行为金额3229万元，其中责成被审计单位自行纠正2068万元，归还原渠道资金65万元，核减工程造价87万元，应缴财政492万元，已交492万元。（撰稿人：毛谋泉）

【临桂县审计局】 现有干部职工15人，设有办公室、行政事业审计股、经贸审计股、经济责任审计股、固定资产投资审计股，负责对全县13个乡镇和67个县直部门（单位）的审计监督。局长李冬成，副局长张崇恒（—12月）、李福（—12月）、褚胜弟（12月—）、沈仁贵（12月—）。

审计成果 完成审计项目22个，查出违规行为金额1930万元，其中责成被审计单位自行纠正1783万元，归还原渠道资金34万元，核减工程造价110万元，减少财政拨款110万元，应缴财政两万元，已交两万元。（撰稿人：龙景华）

【灵川县审计局】 现有干部职工11人，设有秘书股、行政事业审计股、经济责任审计股、基建审计股，负责对全县13个乡镇和112个县直部门（单位）的审计监督。局长范桂跃，副局长莫君毅、文益忠。

审计成果 完成审计项目39个，查出违规行为金额2213万元，其中归还原渠道资金1133万元，应缴财政446万元，已交417万元。其中重点项目：一是深化本级财政预算执行审计，延伸审计了3个乡镇的财政决算。二是加强经济责任审计，审计项目11个，查出违规行为金额1959万元，应缴财政372万元，已交321万元。三是积极开展固定资产投资审计，共核减造价150万元。（撰稿人：廖初有）

【全州县审计局】 现有干部职工25人，设有政秘股、财政金融审计股、行政事业审计股、经贸审计股、农业与资源环保审计股、固定资产投资审计股、经济责任审计股，负责对全县19个乡镇和108个县直部门的审计监督。局长蒋小刚，副局长赵苏科、王明生。

审计成果 完成审计项目38个，查出违规行为金额3551万元，应缴财政108万元，已交63万元。对本级财政预算执行情况和两个乡镇财政决算进行了审计，查出违规行为金额343万元，应缴财政17万元。开展了县直中学财务收支审计，查出7所中学违规行为金额628万元，应缴财政32万元，已交15万元。完成领导干部任期经济责任审计项目12个，查出违规行为金额1980万元，应缴财政21万元，已交12万元。完成了农村社会养老保险基金等5个统一项目的审计和世行贷款红壤二期开发等两个授权项目审计。还对各单位的防洪保安费缴纳情况进行了专项清理检查，共检查了151个单位，查出34个单位欠缴防洪保安费52万元，催收补缴财政22万元。（撰稿人：蒋芳鹏）

【兴安县审计局】 现有干部职工12人，设有办公室、财政审计股、综合审计股，负责对全县11个乡镇和县直部门（单位）的审计监督。局长蒋建新，副局长蒋月生、刘婉秋、秦维明。

审计成果 完成审计项目59个，查出违规行为金额800万元，其中责成被审计单位自行纠正324万元，归还原渠道资金344万元，核减工程造价48万元，减少财政拨款18万元，应缴财政146万元，已交126万元。其中完成本级财政预算执行审计，重点查处了税务部门违规向乡镇索要征管费用的问题，将违规所得116万元全部收缴财政。完成对36个单位负责人的经济责任审计。对世行贷款红壤开发、森林环境保护和贫困地区造林等3个项目资金使用情况进行了全面审计。完成本级政府临时交办的审计检查项目3个。（撰稿人：刘建林）

【永福县审计局】 现有干部职工11人，设有秘书股、经济责任审计股、行政事业审计股、财政金融审计股、固定资产投资审计股，负责对全县11个乡镇和86个县直部门（单位）的审计监督。局长黄宏忠，副局长周信斌、韦宏贵，纪检组长张文忠。

审计成果 完成审计项目30个，查出违规行为金额1111万元，应缴财政112万元，归还原渠道资金202万元，核减工程造价170万元。完成经济责任审计项目12个。（撰稿人：周格丽）

【灌阳县审计局】 现有干部职工8人，设有财政金融审计股、工交基建商粮贸审计股、行政事业审计股、经济责任审计股，负责对全县9个乡镇和86个县直部门（单位）的审计监督。局长唐永进，副局长刘俊君、易辉平。

审计成果　完成审计项目19个，查出违规行为金额2183万元，其中归还原渠道资金12万元，应缴财政528万元，已交476万元。完成固定资产投资审计项目8个。本级财政预算执行审计，查出违规行为金额1220万元，应缴财政449万元。审计专项资金项目8个，查出违规行为金额863万元，应缴财政4万元，归还原渠道资金12万元。完成县委、政府交办项目3个，查出违规行为金额92万元，应缴财政23万元。移交案件线索1件。（撰稿人：刘俊君）

【资源县审计局】　现有干部职工12人，设有行政事业企业审计股、经济责任审计股、基本建设审计股，负责对全县8个乡镇和78个县直部门（单位）的审计监督。局长潘加雄，副局长伍胜华、蒋青海，纪检组长周良红。

审计成果　完成审计项目19个，查出违规行为金额623万元，其中责成被审计单位自行纠正15万元，归还原渠道资金479万元，核减工程造价19万元，应缴财政25万元，已交15万元。本级财政预算执行审计，发现县财政压库和少征收入101万元。对县农村社会养老保险基金和企业职工养老保险基金审计，查出违规行为金额156万元。对县农网改造项目审计，查出违规行为金额129万元。（撰稿人：吕基伟）

【平乐县审计局】　现有干部职工14人，设有综合办公室、行政事业审计股、基建审计股、经济责任审计股，负责对全县12个乡镇和88个县直单位的审计监督。局长徐海林，副局长韦文峰、李炫光、冯卫强。

审计成果　完成审计项目40个，查出违规行为金额478万元，应缴财政123万元，已交66万元，归还原渠道资金17万元，调账处理109万元，核减工程造价32万元。本级财政预算执行审计中，查出违规行为金额92万元，应缴财政42万元。审计发现国土局违规转借专项资金，挽回损失35万元。完成领导干部经济责任审计项目19个，查出违规行为金额426万元，应缴财政10万元，已交7万元。（撰稿人：邓绍廷）

【荔浦县审计局】　现有干部职工11人，设有办公室、综合审计股、经济责任审计股、固定资产投资审计股，负责对全县13个乡镇和县直属行政事业、国有企业的审计监督。局长陈仕刚，副局长何道祥。

审计成果　完成审计项目19个，查出违规行为金额617万元，其中归还原渠道资金396万元，预算外资金未缴财政专户35万元，应缴财政44万元，已交36万元。在本级财政预算执行情况审计中，查出违规行为金额396万元。对国土资源局等5个单位、6名领导人进行了经济责任审计，查出违规行为金额185万元，其中责成被审计单位自行纠正34万元，应缴财政30万元，归还原渠道资金19万元。对3个水电站审计中，查出“小金库”10多万元，虚报亏损、多列支出16万元，乱发钱物近5万元，审计后处以罚款6万元。另外，完成县委、县政府临时交办任务18个，审计单位28个。（撰稿人：谢惠君）

【龙胜各族自治县审计局】　现有干部职工8人，设有办公室、行政企事业审计股、经济责任审计股、固定资产投资审计股，负责对全县10个乡（镇）和200多个县直单位（部门）的审计监督。副局长蒙泽江、周敏。

审计成果　完成审计项目50个，查出违规行为金额272万元，应缴财政52万元，已交52万元，应追还被侵占挪用资金127万元，基建工程核减130万元。开展领导干部任期经济责任审计项目8个、责任人8人，查出违规行为金额41万元，调账处理49万元。移交和配合纪检监察部门查处了房改办的有关经济违纪问题。（撰稿人：周金凤）

【恭城瑶族自治县审计局】　现有干部职工11人，设有综合股、行政事业企业审计股、经济责任审计股、固定资产投资审计股，负责对全县9个乡（镇）和130个县直部门（单位）的审计监督。局长唐福銮，副局长卢笙、黄祥军，纪检组长侯建萍。

审计成果　完成审计项目24个，查出违规行为金额101万元，应缴财政24万元，已交10万元，责成被审计单位自行纠正1303万元。对县扶贫办、卫生局等7个单位管理使用的专项资金情况进行审计，查出违规行为金额703万元；对行政事业单位“收支两条线”管理进行审计监督，共查出违规行为金额240万元；对固定资产投资审计，审计投资额1443万元，核减85万元；对3个外资项目进行了审计监督；完成了12个经济责任审计项目。（撰稿人：谢舜）

【柳州市审计局】　2002年，共有干部职工68人，其中研究生学历3人，本科学历32人，大专学历25人，局长陈国珧，副局长丁佐、樊顺长，纪检组长廖慧铭。设有办公室、监察室、法规科、经济责任审计科、行政事业审计科、财政金融审计科、经贸审计科、固定资产投资审计科、社会保障审计科、农业与资源环保审计科。

审计成果　全年完成审计项目54个，查出违规行为金额5.87亿元，应缴财政1498万元，已交1297万元。提交审计报告、信息70篇，被批示、采用30篇。在抓重点审计中，审计教育经费的投入及管理使用情况，查出挪用教育资金734万元，虚报冒领财政补助12万元，教育附加费难以收回102万元，未及时结转基建完工工程765万元。对2001年度企业养老保险基金的征收和管理进行审计和审计调查，延伸审计(调查）10个国有、外资、私人企业，查出欠缴养老保险费528万元，挪用于购置固定资产、投资入股等尚未收回的达4700万元。企业审计工作以查处偷漏所得税为重心，审计6个企业，查出违规行为金额2970万元，应缴财政518万元，已全部入库。

经济责任审计　举办全市经济责任审计培训班两期；代拟和制定《柳州市领导干部任期经济责任审计审前公示制度》等共4项制度和办法，配合县（区）政府换届，对7名县（区）党政主要领导干部进行经济责任审计。全年完成经济责任审计单位24个（党政机关21个，国有及控股企业3个）、经济责任人24人，查出违规行为金额6474万元，负主管责任5673万元、直接责任450万元。根据审计成果，提拔1人，平调14人，免职4人。

内部审计　全市内审机构共46个，其中专职机构20个；内审人员113人，其中专职人员53人。全年完成审计项目347个，查出损失浪费52万元，纠正违规行为金额281元，增收节支100万元。发现大案要案线索两条，向司法机关移送案件3起、3人，建议给予行政处分两人。（撰稿人：周家梁）

【柳州市城中区审计局】　现有干部职工4人，负责对全区5个办事处（乡镇）、11个机关事业单位和19所中小学的审计监督。局长段顺连(—3月)、张红琳（3月—），副局长唐丽璇（—3月）、吴德学（—3月）、熊建华（3月—）。

审计成果　完成审计项目5个，提交审计报告5份、向被审计单位提出合理化建议11条。审计重点：一是本级财政预算执行情况审计，并延伸对部分行政事业单位经费及财政专项资金的审计和调查。二是完成区党委、政府交办的各项工作任务4个，审计单位43个，其中包括经济责任审计项目3个。（撰稿人：张红琳）

【柳州市鱼峰区审计局】　现有干部职工4人，负责对全区10个区直部门的审计监督。局长李永，副局长韦汉顺。

审计成果　完成审计项目10个，查出违规行为金额9万元，应缴财政2.8万元，已交财政1.8万元，应归还被侵占、挪用资金2.8万元。在加强对国有企业改制中不良资产核销的复核工作中，共查出违规核销金额178万元。完成经济责任审计3个单位，审计经济责任人3人。（撰稿人：梁成教）

【柳州市柳南区审计局】　现有干部职工3人，负责对全区6个街道、两个乡镇和29个区直单位的审计监督。局长徐旭阳。

审计成果　完成审计项目12个，查出违纪违规行为金额513万元，应缴财政18万元，已交财政9万元。在预算执行审计中，对财政、民政、计生等职能机构进行了延伸审计，对教育系统等4个单位使用的专项资金情况进行了跟踪审计。另外，完成经济责任审计项目6个，查出违规行为金额486万元，应缴财政9万元。完成5个街道办事处的财务收支审计，查出违规行为金额26万元。（撰稿人：杨豪明）

【柳州市柳北区审计局】　现有干部职工3人，负责对全区10个乡镇、街道、4个事业单位和72所学校的审计监督。局长陆智文。

审计成果　完成审计项目7个，纠正违规行为金额142万元。对党政领导干部3人进行了任期经济责任审计，及时提交了审计结果报告。还审计了3个事业单位的财务收支情况。（撰稿人：王晓宏）

【柳江县审计局】　现有干部职工14人，设有办公室、财政金融审计股、行政事业审计股、经济贸易审计股、经济责任审计股，负责对全县14个乡镇（管委会）、22个职能局、县属国有企事业单位的审计监督。局长覃利荣，副局长张翰润、覃红甫。

审计成果　完成审计项目25个，查出违规行为金额1500多万元，应缴财政120万元，已交68万元。审计重点：一是围绕本级财政预算执行情况审计，共查出违规行为金额400多万元；二是加强专项资金审计，共查出违规行为金额200多万元；三是进行经济责任审计，审计单位11个、经济责任人10人，共查出违规行为金额800多万元。（撰稿人：陈辉波）

【柳城县审计局】　6月30日机构改革结束，干部职工由原来的17人减为13人，设有办公室、行政事业审计股、财政金融审计股、经济责任审计股、经贸审计股，负责对全县14个乡镇和86个县直部门的审计监督。局长卢兴明，副局长黄景日、梁洪福。

审计成果　完成审计项目21个，查出违规行为金额638万元，应归还原渠道资金423万元，应缴财政121万元，已交60万元；审核基建项目4个，金额325万元，核减基建工程款34万元。审计重点，一是加强对本级财政预算执行情况的审计，延伸审计单位19个，查出应纠正400万元；二是在县民政局救灾资金财务收支审计中，延伸审计了5个单位，查出应归还原渠道资金43万元；三是对县11名科级、两名处级领导干部进行经济责任审计，查出违纪行为金额233万元。（撰稿人：陈玲）

【梧州市审计局】　2002年，共有干部职工39人，其中研究生学历1人，本科学历18人，大专学历15人，局长郭建平，副局长严伟维、覃震西（9月—）。设有办公室、法规科、经济责任审计科、行政事业审计科、社会保障审计科、财政金融审计科、经贸审计科、固定资产投资审计科、外资运用审计科、农业与资源环保审计科。

审计成果　全年完成审计项目44个，查出违规行为金额7.8亿元，应缴财政561万元，已交215万元，应归还被侵占挪用资金42万元，指明要求纠正2.06亿元。提交审计调查报告、信息、要情16篇，被批示、采用6篇。审计重点：一是开展同级财政预算执行情况审计及市辖7个县级财政决算及其他财政收支情况的审计调查，并对20多项财政性基金进行了深入调查。二是抓住政府、社会关心的热点问题及重点项目资金进行审计，其中对两所中学和两所小学的审计，揭露了财务管理上存在的问题。通过对自来水供水管网改造项目抽审结算，核减工程造价近300万元。三是完成领导干部任期经济责任审计项目112个，查出违规行为金额3.07亿元。

内部审计　全市专职内审机构23个，配备专职内审人员33人，其中有3个内审机构被评为广西壮族自治区内审工作先进单位，1人被评为自治区内审工作先进个人。（撰稿人：陈伟球）

【岑溪市审计局】　现有干部职工19人，设有办公室、行政事业审计股、财政金融审计股、经济责任审计股、经贸审计股、农业与外资运用审计股、法规股、国有资产投资审计股，负责对全市66个财政预算单位和14个国有企业的审计监督。局长陈定训，副局长蒲海金、黄英强、王春伟、陈伟林。

审计成果　完成审计项目58个，查出违规违纪行为金额165万元，应缴入库40万元，已全部入库。具体审计项目有：对两个企业的资产、负债及所有者权益审计，查出违纪行为金额103万元，漏缴税费29万元（已由税务部门全部追缴入库）。对14个行政事业单位的财务收支审计，查出违纪行为金额62万元，罚款11万元。对需撤并和改制的9个单位进行了财务收支审计和清产核资工作。完成领导干部经济责任审计项目26个。（撰稿人：李威）

【苍梧县审计局】　7月30日机构改革后，编制由19人减为14人，现有干部职工13人，设有办公室、经济责任审计股、行政事业审计股、财政金融审计股、经贸审计股、固定资产投资审计股，负责对全县17个乡镇和40个县直部门的审计监督。局长李荣祥，副局长邓斌奇（兼纪检组长）、钟桂雄、张亚林。

审计成果　完成审计项目65个，查出违规行为金额7233万元，其中应缴财政10万元，已交22万元，责成被审计单位自行纠正4577万元。在审计各镇计划生育工作站、土地管理所，以及管理农民负担经费的经管站中，共查出违规行为金额822万元，应缴财政5万元，自行纠正786万元。在审计民政抚恤事业费、救灾专款，社会养老保险基金中，查出违规行为金额90万元，并做了审计处理。（撰稿人：钟源）

【藤县审计局】　现有干部职工15人，设有办公室、经济责任审计股、行政事业审计股、经贸企业审计股，负责对全县19个乡镇和47个县直部门（单位）的审计监督。局长蒙土金，副局长胡在贵、吴丽。

审计成果　完成审计项目82个，查出违规行为金额1794万元，责成被审计单位自行纠正171万元，归还原渠道资金191万元，核减工程造价261万元，应缴财政80万元，已交49万元。审计主要项目有：对需撤并和使用财政资金较大的7个单位进行了部门预算执行审计；对医保所等4个单位的社会保障资金进行了审计，对非国有企业职工参保和缴费情况进行了专项审计调查，共查出违规行为金额929万元，应缴财政7万元；完成领导干部任期经济责任审计32个，查出违规行为金额804万元，应缴财政23万元；进行基建决算审计22个，审计项目投资总额3283万元，核减工程造价261万元。（撰稿人：黄杰梅）

【蒙山县审计局】　现有干部职工8人，设有秘书股、综合股、行政事业审计股、企业审计股，负责对全县9个乡镇和124个县直部门（单位）的审计监督。局长黄家盛，副局长梁恢林。

审计成果　完成审计项目26个，查出违规行为金额779万元，核减工程造价21万元，应缴财政28万元，已交28万元。对民政局等3个单位使用专项资金情况进行跟踪审计，查出违纪违规行为金额59万元，应缴财政9万元。对教育、卫生行业财务收支情况审计，查出违规行为金额239万元，应缴财政19万元。完成县委、县政府交办审计任务6个，查出违纪违规行为金额

331万元。(撰稿人:梁恢林)

【贵港市审计局】 2002年,编制42名,实有干部职工38人,其中本科学历7人,大专学历21人,局长杨建军,副局长林有松、陈修伟。设有办公室、行政事业审计科、财政金融审计科、经济责任审计科、经贸审计科、固定资产投资审计科、港北区审计办事处、港南区审计办事处、覃塘管理区审计办事处。

审计成果 完成审计项目42个,查出违规行为金额5286万元,应缴财政3996万元,已交3846万元,归还原渠道资金1113万元。向纪检监察部门移送事项1件,向司法机关移送案件两起,查出百万元以上违规单位10个。全年审计工作,重点配合机构改革,对市房改办、市口岸办进行了审计,并组织全市审计机关对土地系统和乡镇教委办撤并进行审计。审计发现市房改办及其下属单位存在乱收费、隐瞒收入、违规设立“小金库”、改变住房资金使用方向、占用住房资金购置土地等问题。市口岸办存在设置“小金库”、虚列支出、违规开发土地、私分国有资产收益等问题,查出市土地局“小金库”186万元。查出乡镇教委办巧立名目乱收费、收入不入账并且进行私分的问题,追缴已私分的公款150万元。全年安排审计调查项目4个,重点进行了供销社社员股金专项贷款的审计调查,发现抵押、担保物不全、违规使用、追欠不力等问题。提出的审计建议,得到政府和有关部门的重视和采纳。(撰稿人:苏惠昂)

【桂平市审计局】 5月机构改革后人员编制由17人增加到19人,现有干部职工18人,设有办公室、财政金融审计股、行政事业审计股、经济责任审计股、商贸和固定资产投资审计股,负责对全市30个乡镇、72个市直部门和5个国有企业的审计监督。局长王葵,副局长赵仕来、卢秀英。

审计成果 完成审计项目24个,查出违规行为金额2763万元,其中归还原渠道资金382万元,应缴财政373万元,已交373万元。本级财政预算执行审计中,还对国土资源局等12个单位使用专项资金情况进行跟踪审计,查出违规行为金额576万元,应缴财政182万元。对全市各乡镇教委办撤并和土地系统审计,查出违规行为金额1100万元,应缴财政109万元。完成领导干部经济责任审计10个,查出违规行为金额947万元,决定处理处罚82万元。(撰稿人:李荫武)

【平南县审计局】 4月机构改革结束,编制由20人减为14人,现有干部职工15人,设有政秘股、财政金融审计股、行政事业审计股、经贸基建审计股、经济责任审计股,另下辖“平南县领导干部任期经济责任审计所”,属事业单位,编制5人,负责对全县25个乡镇和74个县直部门(单位)的审计监督。局长罗祖榕,副局长韦振良、黄为文,纪检组长莫礼斌。

审计成果 完成审计项目55个,查出违规行为金额2898万元,应缴财政341万元,已交268万元,应归还原渠道资金1157万元,查出百万元以上违规单位6个。对县土地局等7个单位财务收支审计中,查出违规行为金额915万元,应缴财政42万元。对7个乡镇教委办撤并进行了审计,查出个人违法所得126万元,没收上缴国库。完成领导干部经济责任审计项目35个、35人,查出违规行为金额1844万元,决定处理处罚314万元,应缴财政73万元。审计后,平调19人,退休16人。(撰稿人:梁海玲)

【玉林市审计局】 2001年12月机构改革后,人员编制由44人减为33人。2002年,共有干部职工25人,其中本科学历11人,大专学历7人,局长黄业诚,副局长卢德和、李放明。设有秘书科、法规科、财政税务审计科、行政事业审计科、金融外资审计科、固定资产投资审计科、经贸审计科、经济责任审计科。

审计成果 完成审计项目316个,查出违规行为金额17243万元,应缴财政653万元,归还原渠道资金311万元。向司法纪检机关移交案件线索两件。上报信息稿件44篇,被采用24篇。工作主要有:一是预算执行审计通过账户入手、外围入手、收费项目入手,查明应缴未交预算收入315万元,及时组织入库。二是专项资金重点审计了社会保险基金、基层公共建设设施资金、农业综合开发资金、民政救灾资金等4个大项,查明普遍存在违规出借、专款不专用、配套资金不到位等问题,受到市政府的高度重视,及时研究落实了审计意见和建议。三是在完成农业发展银行审计的基础上,指导博白县审计局首次开展农村信用社行业审计,查出隐瞒收入、私设“小金库”等违规行为金额453万元。四是配合市县乡三级领导班子换届,对123个党政机关和国有企业单位184名领导人员实施经济责任审计,查明截留财政资金、“账外设账”、少计收入、乱收费等违规行为金额2456万元,市经济责任联席会议领导小组两次召开专门会议,决定将审计结果列入个人廉政档案。五是完成了市政府交办的“收支两条线”审计、减轻农民负担执法检查、“两会一部”遗留问题清理、工商与市场管办脱钩财务审计、机构改革撤并单位财务收支审计等项目。

内部审计 全市内审机构29个,完成审计项目711个,促进增收

节支1021万元，纠正违规行为金额624万元。（撰稿人：陈任诗）

【玉林市玉州区审计局】　现有干部职工6人，设有政秘股、财政税务审计股、经济责任审计股、综合审计股，负责对全区14个乡镇、街道和75个区直部门的审计监督。局长卢运惠，副局长宋寿宁、钟永新。

审计成果　完成审计项目23个，查出违规行为金额302万元，其中归还原渠道资金23万元，应缴财政3万元，已交3万元。在对企业职工养老保险基金管理使用等4个项目审计中，查出违规行为金额220万元。审计世界银行贷款项目两个，审计金额955万元。进行领导干部经济责任审计，审计单位9个（全部为乡镇党政机关）、18人。（撰稿人：钟永新）

【玉林市福绵管理区审计局】　现有干部职工4人，设有政秘股、审计股，负责对全区6个镇和60个区直部门（单位）的审计监督。局长张燕，副局长胡伟。

审计成果　完成审计项目18个，查出违规行为金额1373万元，其中决定处理处罚1343万元，应缴财政9万元，已交9万元。其中，对教育局等3个行政事业单位财务收支审计，查出违规行为金额1270万元，决定处理处罚1260万元，应缴财政3万元，已交3万元。进行了7个单位、12人的经济责任审计（全部为党政机关），查出违规行为金额103万元，决定处理处罚83万元，应缴财政6万元，已交6万元。（撰稿人：李智）

【北流市审计局】　现有干部职工13人，设有秘书股、综合股、行政金融事业审计股、企业审计股，负责对全市23个乡镇和110个市直部门的审计监督。局长苏志天。

审计成果　完成审计和审计调查项目70个，查出违规行为金额1066万元，应缴财政106万元，已交55万元。其中，对市科技局、教育局等单位使用科教经费情况进行跟踪审计，查出违规行为金额1136万元。对养老保险基金管理与财务收支进行审计，查出全市企业累计欠缴养老保险金1161万元。进行经济责任审计单位48个、51人，查出违规行为金额839万元。审计后，35人平调，16人退休。（撰稿人：苏盛南）

【兴业县审计局】　现有干部职工8人，设有办公室、行政事业审计股、经济责任审计股、基建审计股，负责对全县15个乡镇和65个县直部门（单位）的审计监督。局长卢进伟，副局长李建。

审计成果　完成审计项目34个，查出违规行为金额2343万元，其中应缴财政328万元，已交290万元。在本级财政预算执行审计中，查出违规行为金额506万元；在对矿产局等13个县直部门和15个乡镇党政领导任期经济责任审计中，查出违规行为金额838万元；开展财务专项检查，对10个县直部门和15个乡镇、130多个站所的财务收支情况进行了审计检查，查出违规行为金额472万元。（撰稿人：何志庆）

【容县审计局】　现有干部职工9人，设有综合股、行政事业审计股、企业审计股，负责对全县16个乡镇和县直部门（单位）的审计监督。局长石德云，副局长何萍、郑远安。

审计成果　完成审计项目38个，查出违规行为金额2633万元，其中归还原渠道资金1016万元，应缴财政80万元，已交33万元。对机关事业养老保险、农村社会养老保险和企业职工基本养老保险等基金进行审计，查出县劳动保险所1997年将国家有价证券180万元为县劳动保险服务公司向银行借款提供抵押，至今尚有150万元未收回。完成经济责任审计项目24个、39人，查出违规行为金额1430万元，应缴财政59万元。（撰稿人：张丽霞）

【陆川县审计局】　12月机构改革后，职能股由6个减为4个，编制由28人减为15人，现有干部职工13人，设有政秘股，经济责任审计股、行政事业审计股、经贸审计股，负责对全县16个乡镇和96个县直部门的审计监督。局长温电波，副局长黎学锌、陈伟。

审计成果　完成审计项目18个，查出违规行为金额386万元，应缴财政22万元，已交20万元，应归还被占挪用资金82万元，核减工程造价12万元，减少财政拨款12万元。其中，完成县委、政府交办的审计项目24个，审计单位29个，对25名领导干部进行了经济责任审计，查出违规行为金额126万元，决定处理处罚18万元。（撰稿人：沈国宜）

【博白县审计局】　现有干部职工17人，设有办公室、财税金融审计股、行政事业审计股、经贸审计股、投资审计股、经济责任审计股，负责对全县33个乡镇和108个县直部门（单位）的审计监督。局长陈雄伟，副局长吴贻明、梁旭明。

审计成果　完成审计项目89个，查出违规行为金额2514万元，应缴财政163万元，已交61万元，应归还原渠道资金36万元。查出“小金库”69个，违规行为金额599万元。开展经济责任审计单位32个、39人，查出违规行为金额146万元。对农发行县支行粮食专项资金的运行和全县33个乡镇农村信用社的资产、负债、损益情况进行审计，共查出违规行为金额453万元，罚款43万元。完成县委和政府交办任务，审计单位15个，查出违规行为金额411万元，其中应缴财政108万元。（撰稿人：邹冬梅）

【钦州市审计局】 2002年，机构改革后核定人员编制37人，共有干部职工23人，其中本科学历8人，大专学历15人，局长钟宝利，副局长陆桂发、叶莉梅，纪检组长张胜忠。设有办公室、法规综合科、财政税务审计科、社会保障和农业与资源环保审计科、行政事业审计科、经济责任审计管理科、固定资产投资审计科、金融审计科、外资运用审计科、经贸审计科，并下辖基建工程造价审计中心、钦州市经济责任审计中心两个事业单位。

审计成果 完成审计项目41个，查出违规行为金额9517万元，其中应缴财政1111万元，已交739万元，罚款5万元，应归还原渠道资金200万元，调账处理1165万元。向上级机关提供审计报告、信息65篇。查出百万元以上违规单位10个。主要审计工作：一是对本级预算执行、地方税务局税收征管和灵山县政府2001年度财政决算进行审计，查出违规行为金额6628万元，调账处理1165万元，归还原渠道金额200万元。二是对25个行政事业单位进行审计，重点是社保资金，查出违规行为金额2309万元。三是完成企业审计项目两个，查出偷漏税费、虚列收入等违规行为金额518万元。四是根据授权，完成外资审计项目4个。五是完成对中国农业发展银行钦州分行资产负债损益情况的审计。六是制定并通过市政府颁发了《关于贯彻执行〈广西壮族自治区国家建设项目审计办法〉的意见》。全年共审计基建工程竣工决算项目51个，审计总金额9052万元，核减工程款746万元。被人事部、审计署授予“全国审计机关先进集体”荣誉称号。

经济责任审计 对23名领导干部进行任期经济责任审计，其中包括14个单位的15名主要领导干部的任期经济责任审计和8个单位的8名主要领导人述职评议前所在单位财政财务收支情况审计，均按时提交了审计结果报告。（撰稿人：章年忠）

【钦州市钦南区审计局】 现有干部职工11人，设有财税、行政事业审计股、综合业务审计股、社会保障、农业与资源环保、外资审计股、固定资产投资、经济责任审计股，下辖基建工程审计所、经济责任审计中心两个事业单位，负责对全区13个乡镇、场和83个区直部门、20所中学和164所小学的审计监督。局长吴艺，副局长陆慧，纪检组长邓家国。

审计成果 完成审计项目18个，查出违规行为金额3452万元，应缴财政390万元，已交325万元，罚款27万元，归还原渠道资金22万元。查出百万元以上违规单位5个。向司法机关移送案件1起。对本级预算执行、地方税务局税收征管进行审计，查出违规行为金额270万元，应纠正564万元。对11个行政事业单位进行审计，查出设“小金库”、挪用专项资金、养老保险基金违规提取管理费等违规行为金额626万元，应缴财政111万元，已交55万元，罚款18万元，归还原渠道资金22万元，调账处理288万元。（撰稿人：张梅娟）

【钦州市钦北区审计局】 机构改革后核定人员编制11人，现有干部职工8人，设有秘书股、行政事业企业审计股、经济责任审计股、固定资产投资审计股，下辖基建工程造价审计中心，负责对全区12个乡镇、28个区直部门和60个企事业单位的审计监督。局长郑信德，副局长郑美莹、李学英。

审计成果 完成审计项目15个，查出违规行为金额2002万元，其中应缴财政83万元，已交60万元，查出百万元以上违规单位3个。本级预算执行中对重点部门和重点资金进行了跟踪审计，查出违规行为金额1054万元，调账处理862万元。审计了9个行政事业单位，查出违规行为金额512万元。完成企业审计项目两个，查出截留销售差价、私设“小金库”等违规行为金额436万元。（撰稿人：郑信德）

【灵山县审计局】 机构改革后核定人员编制15人，现有干部职工19人，设有人事秘书股、法规综合股、财政金融审计股、行政事业审计股、经贸审计股、固定资产投资审计股、外资运用审计股、经济责任审计股，下辖基建工程审计所和经济责任审计中心，负责对全县19个乡镇和128个县直部门的审计监督。局长林明辉，副局长叶茂宝、张光。

审计成果 完成审计项目52个，查出违规行为金额2480万元，应缴财政55万元。完成领导干部经济责任审计项目22个，查出违规行为金额1580万元，应缴财政42万元。审计后，交流14人，升职3人，降职5人。还完成基建投资审计项目83个，审计资金总额6382万元，核减653万元。（撰稿人：叶茂宝）

【浦北县审计局】 现有干部职工21人，设有行政秘书股、法规综合股、行政事业审计股、财税金融审计股、经贸审计股、固定资产投资审计股、经济责任审计股、外资运用审计股，下辖经济责任审计中心、基建工程审计所，负责对全县18个乡镇和145个县直部门的审计监督。局长王小平，副局长陈光善、陈世珍。

审计成果 完成审计项目49个，查出违规行为金额5146万元，应缴财政102万元，已交97万元，罚款18万元。查出百万元以上违规单位4个。提交论文《私营企业内部审计思考》，获全国内审论文暨经验交流会三等奖。对42个行政事业单位进行了审计（含经济责任审计项目33个），查出违规行为金额4790万元，罚款18万元。完成固定资产投资审计项目164个，审计金额2973万元，核减167万元。（撰稿人：李钊）

【北海市审计局】 2002年3月，完成机构改革后，职能科室由9个减为8个，编制由66人减为42人，全局共有干部职工47人，其中本科学历7人，大专学历30人，局长雷勇，副局长包孝赞、黄廷忠、龙起兰，纪检组长康新春。设有办公室、法规科、财政金融审计科、行政事业审计科、经贸审计科、农业环保社保审计科、固定资产投资审计科、外资运用审计科。

审计成果 完成审计和审计调查项目37个，查出违规行为金额7589万元，应缴财政39万元，指明要求纠正3539万元。向纪检监察和司法机关移送案件两起。提交审计综合报告及信息42篇，被批示、采用13篇。审计重点：一是对市2002年底竣工的8个国债项目进行审计调查，发现项目累计超概算3445万元、挤占挪用国债资金2813万元等问题。二是对企业及行政事业单位职工基本养老保险金审计和社保基金经办中心不良资产专项调查，查出违规行为金额合计1068万元。三是对民政局管理的2001年度救灾款物进行审计。四是对重点建设项目市人民医院新门诊楼竣工决算审计，核减工程开支200万元。

行政事业单位审计 根据市人民政府的要求，由市审计局牵头，联合市财政局、地方税务局组成调查组对市行政单位和全额拨款的事业单位2001年1月至2002年6月非经营性资产转经营性资产的现状及财务收支情况进行审计调查，揭露了国有资产管理中存在的问题，督促有关单位补缴房产税、营业税和国有资产占用费38万元。

经济责任审计 完成经济责任审计项目10个，审计经济责任人10人（处级党政领导干部7人，国有企业领导人3人），查出违规行为金额3406万元，应纠正1713万元。（撰稿人：陈东方）

【北海市海城区审计局】 现有干部职工5人，设有办公室、审计股，负责对全区4个乡镇和27个区直部门的审计监督。局长吴豪，副局长王大秀。

审计成果 完成审计项目6个，查出违规行为金额5747万元，责成被审计单位自行纠正2364万元，归还原渠道资金54万元，应缴财政267万元。其中，完成党政领导干部任期经济责任审计项目3个，查出违规行为金额5535万元，责成被审计单位自行纠正2328万元，归还原渠道资金38万元，应缴财政251万元。完成救灾款物专项审计，查出违规行为金额13万元，归还原渠道资金10万元，应缴财政3万元。指导7个内审机构完成1个企业和3个事业单位的审计，查出违规行为金额136万元。（撰稿人：蔡丽军）

【北海市银海区审计局】 现有干部职工5人，设有办公室、企业财政审计科、行政事业审计科、经济责任及固定资产投资审计科、农业环保及专项资金审计科，负责对全区5个乡镇和48个区直部门（单位）的审计监督。局长林受菊，副局长廖建平。

审计成果 完成审计项目14个，查出违规行为金额1050万元，应缴财政205万元。其中，本级财政预算执行情况审计，跟踪督察历年一次性补助专款拖欠数额大的问题，年末转拨一次性补助专款80万元。加强对教育经费的审计，查出违规行为金额645万元。提出审计建议18条。完成经济责任审计项目8个。（撰稿人：廖建平）

【北海市铁山港区审计局】 现有干部职工3人，设有审计综合科、办公室，负责对全区3个乡镇和26个区直部门（单位）的审计监督。局长谭昌富。

审计成果 完成审计项目5个，审计调查项目3个，查出违规行为金额415万元。其中，完成党政领导干部任期经济责任审计项目两个，查出违规行为金额16万元；配合乡镇镇长、书记换届工作，开展3名乡镇镇长任期经济责任审计，并对3名乡镇党委书记任期经济责任进行了审计调查，查出违规行为金额286万元；完成统一安排的农发行资金审计项目和救灾款物审计项目各1个，查出违规行为金额113万元。（撰稿人：吴金巍）

【合浦县审计局】 现有干部职工13人，设有人事秘书股、财政金融审计股、行政事业审计股、企业审计股、固定资产投资审计股，负责对全县16个乡镇和350个县直部门（单位）的审计监督。局长赖康桂，副局长李香青、吴受芝。

审计成果 完成审计项目34个，查出违规行为金额3139万元，其中责成被审计单位自行纠正2520万元，归还原渠道资金41万元，核减工程预算108万元，应缴财政196万元，已交113万元。完成领导干部任期经济责任审计项目15个，查出违规行为金额2983万元，应缴财政108万元，已交38万元，责成被审计单位自行纠正2520万元，归还原渠道资金41万元。（撰稿人：钟宏芳）

【防城港市审计局】 2002年4月，机构改革后，职能科室由7个减为5个，编制由20人减为16人，共有干部职工17人，其中本科学历3人，大专学历13人，局长吴格飞（—8月），副局长项有传（2～12月）、陈有良、卢建岁（9～12月）。设有秘书科、财政金融审计科、行政事业审计科、经济责任审计科、企业审计科。

审计成果 完成审计项目18个，审计调查项目3个。查出违纪违规行为金额6017万元，应缴财政120万元，已交36万元，归还被侵占挪用资金20万元。向市委、市政府和有关部门提交审计报告和审计调查报告23份。审计重点：一是对财政财务收支审计中，延伸审计查出违规行为金额167万元，查出“小金库”1个，金额125万元。二是按照审计署和区审计厅的统一部署，重点抓好授权审计和其他项目审计，共查出违规行为金额974万元，配套资金不到位756万元，查出“小金库”1个，金额17万元，应缴财政17万元。三是抓住政府、群众关注的热点、重点项目资金进行审计，主要有中心区投资项目资金的财务收支审计和市地产公司债权债务清理审计等，共查出违规行为金额565万元，其中滥发补助补贴123万元。

经济责任审计 全年共进行经济责任审计单位8个（党政机关7个，企业1个），审计经济责任人8人，查出违规行为金额736万元，其中属于领导主管责任172万万元，决定处理处罚631万元，归还原渠道资金18万元。对市委某部门的经济责任审计中，发现该单位长期公款私存、隐瞒收入、私设“小金库”170万元，在对该违规行为进行处理处罚时，责任人提出了复议申请，政府有关部门经过重新审核后，认定该项目审计程序合法、违规事实清楚、依据法律法规准确、审计处理处罚适当，并做出了维持原审计处理处罚决定的复议意见。

内部审计 全市内审机构共10个，其中专职机构8个；配备内审人员23人，其中专职内审人员13人。（撰稿人：潘国成）

【防城港市港口区审计局】 现有干部职工6人，设有秘书股、综合审计股，负责对全区102个事业单位、21个企业和44个党政部门的审计监督。局长陈天程，副局长黄启华。

审计成果 完成审计项目11个，查出违规行为金额147万元，应缴财政13万元，已交4万元，应归还原渠道资金47万元，已归还7万元。提交审计报告和调查报告12份。在企业职工及机关事业单位人员养老保险基金的审计中，查出企业拖欠单位部分职工养老金81万元，截留代扣个人部分职工养老金5万元；在救灾资金专项审计中，查出被侵占挪用救灾资金18万元；完成经济责任审计项目1个（党政机关单位），查出违规行为金额8万元。（撰稿人：陈天程）

【防城港市防城区审计局】 现有干部职工10人，设有秘书股、财政企业审计股、行政事业投资审计股、经济责任审计股，负责对全区323个事业单位、87个企业和62个党政部门的审计监督。局长黄跃红，副局长庞志强、唐国富。

审计成果 完成审计项目13个，查出违规行为金额1467万元。对边境建设大会战投资项目审计是全年审计工作的重点，审核竣工工程项目101个，核减工程造价75万元。完成社会保障资金和救灾资金的审计，查出违规行为金额564万元。完成经济责任审计项目两个，查出违规行为金额118万元。（撰稿人：李丹薇）

【东兴市审计局】 机构改革后编制4人，现有干部职工7人，设有办公室、综合股，负责对全市109个事业单位、66个企业和98个党政部门的审计监督。局长李帆，副局长潘超焕。

审计成果 完成审计项目14个，查出违规行为金额692万元，应归还原渠道资金16万元。提交审计报告14份，被批示、采用6篇。完成经济责任审计项目9个，共查出违规行为金额269万元，查出“小金库”两个，金额近20万元。另外，完成上级统一安排的行业性审计项目7个（撰稿人：何定幸）

【上思县审计局】 编制11人，现有干部职工12人，设有秘书股、财政金融审计股、经济责任审计股、企业审计股，负责对全县113个事业单位、55个企业和22个党政部门的审计监督。局长黄宇，副局长施善赫、罗海中。

审计成果 完成审计项目25个，查出违规行为金额88万元，应缴财政73万元，应归还原渠道资金15万元。完成经济责任审计单位6个（党政机关两个、国有企业4个）、6人，查出违规行为金额70万元，决定处理处罚59万元，移送纪检监察机关1人。（撰稿人：施善赫）

【南宁地区审计局】 2002年6月，机构改革后职能科室由7个增到8个，编制由35人减为25人，共有干部职工26人，其中本科学历6人，大专学历14人，局长许裕刚，副局长来烈、梁艳芬、李柏，纪检组长雷恒霁。设有办公室、法规科、财政金融审计科、行政事业审计科、企业审计科、固定资产投资审计科、社会保障审计科、经济责任审计科。

审计成果　全年完成审计项目15个，查出违规行为金额7500万元，归还原渠道资金4万元，应缴财政697万元，已交82万元，向地委、行署提交审计报告4份。其中，财政预算执行情况审计，披露了财政预算执行管理中存在的问题；对两个县的财政决算审计，查出违规行为金额5135万元，应缴财政631万元，已交40万元。对社会保障资金的审计，查出违规行为金额105万元，其中被挤占挪用资金66万元。对4个行政事业单位的审计，查出违规行为金额1734万元。对农业专项资金的审计，查出违规行为金额435万元，应缴财政30万元，已交30万元。

经济责任审计　全年完成经济责任审计项目3个，审计经济责任人（全是党政领导干部）3人，查出违规行为金额1648万元，全属于领导主管责任。组织部门根据审计结果，同意1人提前退休，两人续任。（撰稿人：黄美然）

【凭祥市审计局】　现有干部职工7人，设有办公室、行政事业审计股、企业基建金融审计股，负责对全市4个镇和72个市直部门（单位）的审计监督。局长黄庆鹏，副局长李现飞。

审计成果　完成审计项目16个，查出违规行为金额1284万元。其中查出百万元以上违规单位3个，责成被审计单位自行纠正违规行为为金额1027万元，罚款22万元，提交专项审计调查报告1份。协助市检察院反贪部门查处经济案件1起。（撰稿人：李现飞）

【横县审计局】　现有干部职工15人，设有办公室、财政金融审计股、综合股、固定资产投资审计股、经济责任审计股，负责对全县22个乡镇和80多个县直部门（单位）的审计监督。局长李家伯，副局长黄仕结、杨春芹，纪检组长韦建道。

审计成果　完成审计项目20个，查出违规行为金额896万元，其中责成被审计单位纠正636万元，处理处罚260万元，应缴财政18万元，已交3万元。完成工程决算审计项目80个，核减工程款475万元。（撰稿人：刘汝银）

【宾阳县审计局】　现有干部职工15人，设有综合股、财政金融审计股、企业审计股、行政事业审计股，负责对全县23个乡镇和所有县直部门的审计监督。局长磨志宏，副局长赖金高、黎满君、潘忠怀。

审计成果　完成审计项目13个，查出违规行为金额1968万元。其中，深化本级财政预算执行情况审计，查出违规行为金额470万元；开展农业综合开发资金和民政救灾款物的专项资金审计，查出被侵占挪用专项资金18万元，责令管理部门足额归还原渠道资金；对芦仙公路和澳洲花园项目竣工决算工程进行审计，核减工程建设资金11万元。（撰稿人：彭自云）

【上林县审计局】　现有干部职工10人，设有办公室、财政金融审计股、企业审计股、经济和社会保障审计股、固定资产投资审计股，负责对全县13个乡镇和41个县直单位的审计监督。局长蒙云强，副局长覃桂玉、黄送明。

审计成果　完成审计项目14个，查出违规行为金额174万元，其中归还原渠道资金15万元，核减工程造价12万元，应缴财政69万元，已交29万元。完成县委、县政府交办的审计调查项目5个。（撰稿人：韦生枝）

【隆安县审计局】　现有干部职工10人，设有办公室、法规股、财政金融审计股、行政事业和社会保障审计股、企业和固定资产投资审计股、经济责任审计股，负责对全县12个乡镇和195个县直部门的审计监督。局长钟志，副局长李顺平。

审计成果　完成审计项目10个，查出违规行为金额176万元，应缴财政3万元，已交3万元；归还原渠道资金36万元。完成地区审计局交办的对某县教育附加费收支情况审计调查，查出违规行为金额1897万元。完成对城厢镇、小林乡进行的资产审核，共审核27个单位资产610万元，即账上资产519万元，账外资产91万元。查清负债736万元，其中账上负债467万元，未作账务处理负债269万元。（撰稿人：苏世庭）

【马山县审计局】　现有干部职工8人，设有办公室、财政金融审计股、行政事业审计股、企业审计股、经济责任审计股、固定资产投资审计股，负责对全县15个乡镇和县直部门的审计监督。局长蓝常欢，副局长谢先东、蓝庭茂。

审计成果　完成审计项目14个，查出违规行为金额164万元，其中归还原渠道资金145万元，应缴财政17万元，已交5万元。基建审计核减工程造价222万元。在本级财政预算执行审计中，以查清政府债务为重点，弄清截止到2001年底财政担保的各项贷款总额达8964万元。对县民政局2001年度救灾款物收支审计，查出违规行为金额28万元，应缴财政3万元。对县物价局局长进行任期经济责任审计，查出单位违规行为金额17万元，管理不规范53万元，应缴财政两万多元。审计对象受降职处分。（撰稿人：蓝常欢）

【扶绥县审计局】　现有干部职工11人，设有办公室、综合审计股、经济责任审计股和固定资产投资审计股，负责对全县11个乡镇和53个县直部门（单位）的审计监督。局长梁英德，副局长张小兰、程绍蕾。

审计成果　完成审计项目49个，查出违规行为金额703万元，其中归还原渠道资金424万元，核减工程造价66万元，应缴财政12万元，已交7万元。在本级财政预算执行审计中，还对农业局等17个单位进行跟踪审计，查出违规行为金额439万元，其中归还原渠道资金424万元。开展了机关事业单位养老保险基金、劳动养老保险基金、农村养老保险基金的审计，查出违规行为金额219万元。（撰稿人：黎茂华）

【崇左县审计局】　现有干部职工14人，设有办公室、行政事业审计股、企业审计股、投资审计股，负责对全县9个乡镇和78个县直部门（单位）的审计监督。局长农永东，副局长陆伟业、颜石东、冯小红。

审计成果　完成审计项目15个，查出违规行为金额651万元，归还原渠道资金149万元，应缴财政28万元，已交15万元。完成新和电站、农本电站、牛仔滩水轮泵站等3个国有电站企业审计，查出违规行为金额177万元。完成领导干部任期经济责任审计项目5个。（撰稿人：李海鹏）

【大新县审计局】　现有干部职工9人，设有办公室、财政金融审计股、行政企事业审计股、经济责任审计股，负责对全县15个乡（镇）和69个县直部门（单位）的审计监督。局长许汉东，副局长赵程武、赵怀宁。

审计成果　完成审计项目8个，查出违规行为金额418万元，其中归还原渠道资金47万元，应缴财政92万元，已交42万元。对农业局等7个单位使用专项资金情况进行跟踪审计，查出违规行为金额146万元，应缴财政84万元。在对基本养老保险基金审计中，查出违规行为金额174万元。完成民政救灾捐赠款物专项审计，查出违规行为金额42万元。（撰稿人：许汉东）

【天等县审计局】　现有干部职工9人，设有办公室、行政事业审计股、固定资产投资审计股、经济责任审计股，负责对全县15个乡镇和85个县直部门（单位）的审计监督。局长张志伟，副局长李富新、王德胜。

审计成果　完成审计项目12个，查出违规行为金额568万元，应缴财政18万元，已归还原渠道资金6万元。移送纪检监察机关立案侦查1起。其中，本级财政预算执行审计，纠正违规行为金额242万元；完成经济责任审计项目3个，查出违规行为金额259万元，应缴财政11万元。（撰稿人：农兴望）

【宁明县审计局】　现有干部职工13人，设有办公室、行政事业审计股、企业审计股、社会保障审计股、经济责任审计股，负责对全县15个乡镇和县直属行政、国有企事业单位的审计监督。局长杨仁标，副局长陆荣、许思明。

审计成果　完成审计项目21个，查出违规行为金额1595万元，应缴预算收入158万元，已交158万元；被挤占挪用专项资金435万元，已归还原渠道资金36万元。在对县财政局农发办、县扶贫办等5个单位的专项资金审计中，查出被挤占挪用的专项资金435万元，已归还原渠道资金36万元。此外，完成领导干部任期经济责任审计项目8个。（撰稿人：郭文立）

【龙州县审计局】　现有干部职工5人，负责对全县13个乡镇和82个县直部门（单位）的审计监督。局长邓世敢，副局长黄文光。

审计成果　完成审计项目10个，查出违规行为金额4386万元，其中归还原渠道资金59万元，核减工程造价63万元，应缴财政35万元，已交35万元。对基本养老保险基金和民政救灾款物的审计中，查出违规行为金额1155万元，归还原渠道资金39万元，应缴财政33万元。完成县委和政府交办任务9个，其中对机构改革中需撤并的县直19个单位和13个乡镇、91个站（所）进行了清产核资。（撰稿人：农小杰）

【百色市审计局】　2001年12月机构改革后，人员编制由35人减为30人。2002年，共有干部职工31人，其中研究生学历1人，本科学历6人，大专学历17人，局长覃格知，副局长庞新生、钟超诚，纪检组长黄培钰。设有办公室、财政审计科、行政事业审计科、专项资金审计科、经贸审计科、固定资产投资审计科、经济责任审计科、中央企业审计科。

审计成果　全年完成审计项目27个，查出违规行为金额21778万元，应缴财政852万元，已交214万元，应归还原渠道资金246万元。向司法机关移送案件两起，涉案人员4人，涉案金额60万元。向市委、市政府提交审计报告、信息6篇。审计重点：一是抓好扶贫资金、农业综合开发资金审计，查出挤占挪用专项资金500多万元，虚列支出资金假配套400多万元，滞留专项资金1000多万元。二是抓住政府关心、社会关注的重点项目审计，核减资金达870万元。三是完成党委、政府交办的对撤地设市中64个单位财政财务收支、资产负债审计。四是完成党委、政府委托的领导干部任期经济责任审计，审计单位5个（党政机关4个，国有企业1个）、经济责任人5人，查出违规行为金额535万元，属于领导主管责任430万元、直接责任105万元。五是完成对中国农业发展银行百色分行2001年度资产、负债、损益情况审计；完成对粮食流通、卫六、卫九等（25个）援贷款项目的审计监督。

大案要案 审计百色市委党校，发现该单位收取的各种预算外资金长期账外坐支，不纳入单位财务核算，会计核算不真实，信息失真；行政科长、会计、出纳采取个人收款不入账、虚列支出等各种手段贪污公款42万元，已移送司法机关查处。

内部审计 全市内审机构22个，其中专设机构17个；配备内审人员46人，其中专职人员34人。（撰稿人：黄彧）

【百色市右江区审计局】 机构改革后，编制由20人减为15人，现有干部职工14人，设有办公室、财行政事业审计股、经济责任审计股、固定资产投资审计股、经济贸易审计股，负责对全区12个乡镇和152个区直部门（单位）的审计监督。局长蒋小玲，副局长韦寿柏、李贞。

审计成果 完成审计项目14个，查出违规行为金额6670万元，应缴财政478万元，已交207万元。完成基本建设投资项目竣工审计36个，审计金额4903万元，核减工程造价715万元。对本级财政预算执行情况进行审计，查出应纠正136万元。完成经济责任审计单位3个（党政机关两个，国有企业1个），查出违规行为金额6785万元，决定处理处罚511万元；根据审计结果平调两人，退休1人。对1998年以来尚未执行审计结论的20个单位开展跟踪检查，清理上缴了各种应缴未交款项157万元。（撰稿人：何华）

【田阳县审计局】 现有干部职工10人，设有办公室、财政金融审计股、商贸审计股、工交审计股、固定资产投资审计股，负责对全县15个乡镇和85个县直部门的审计监督。局长黄伊凡，副局长方忠新、杨仁选。

审计成果 完成审计项目33个，审计调查5个，共查出违规行为金额80万元，已缴财政53万元。开展固定资产投资审计53个，核减金额485万元。对12个单位领导干部的任期经济责任进行了审计。完成县政府交办工作任务4个。（撰稿人：黄伊凡）

【田东县审计局】 现有干部职工10人，设有办公室、行政事业审计股、企业审计股、经济责任审计股、固定资产投资审计股，负责对全县13个乡镇和90多个县直部门（单位）的审计监督。局长陈玉花，副局长黄宝坚、黄汉宁，纪检组长陈恒才。

审计成果 完成审计项目15个，查出违规行为金额1555万元，其中责成被审计单位自行纠正1425万元，应缴财政38万元，已交25万元。完成工程竣工决算审计项目120个，核减工程造价639万元；对建设局等9个单位的财务收支情况进行审计，查出违规行为金额569万元。接受授权对县保险公司1999～2000年度资产、负债、损益情况进行审计，查出违规行为金额424万元。对县粮食局等3个单位进行领导干部任期经济责任审计，查出违规行为金额986万元，应缴财政38万元，已交25万元，移送纪检部门查处案件1起，涉案人员7人。（撰稿人：陈恒才）

【平果县审计局】 机构改革后，编制由16人减为13人。现有干部职工17人，设有办公室、行政事业审计股、经贸审计股、固定资产投资审计股，负责对全县17个乡镇和86个县直部门（单位）的审计监督。局长韦宗山，副局长陆庆权、李更生。

审计成果 完成审计项目29个，查出违规行为金额2263万元，应缴财政485万元，应归还被侵占挪用资金1778万元。完成基建竣工决算审计24个，核减工程造价500万元。对本级财政预算执行、国有企事业单位以及有关专项资金进行审计，查出违规行为金额659万元。进行经济责任审计3个、3人，查出违规行为金额333万元，根据审计结果平调3人。（撰稿人：谭成良）

【德保县审计局】 现有干部职工9人，设有办公室、行政事业审计股、企业审计股，负责对全县18个乡镇和78个县直部门（单位）的审计监督。局长陆定本，副局长覃毅额、郑宏任。

审计成果 完成审计项目17个，查出违规行为金额296万元，其中归还原渠道资金98万元，核减工程造价42万元，应缴财政73万元，已交23万元。其中，对经济管理部门及事业单位进行审计，查出违纪行为金额19万元，应缴财政10万元，罚款13万元。完成领导干部经济责任审计项目6个，查出违纪行为金额148万元，指明应纠正1956万元。（撰稿人：钟学荣）

【靖西县审计局】 现有干部职工8人，设有综合审计股和审计业务股，负责对全县24个乡镇和123个县直部门（单位）的审计监督。局长吕文武，副局长张日丽、梁克彪。

审计成果 完成审计项目17

个，查出违规行为金额1377万元，应缴财政31万元，已交31万元，指明要求纠正2492万元。审核基建项目156个，核减工程造价177万元。在本级财政预算执行审计中，查出违规行为金额48万元，应缴财政15万元，已交15万元；指明要求纠正1485万元。对国有企业改制前的财务收支审计，查出违规行为金额1310万元。(撰稿人：罗丽华)

【那坡县审计局】 机构改革后，人员编制由原来的15人减为6人。现有干部职工14人，设有办公室、行政事业审计股、企业审计股、基建审计股，负责对全县12个乡镇和85个县直部门（单位）的审计监督。局长黄冠城，副局长陆绍柏。

审计成果 完成审计项目19个，查出违规行为金额336万元，应缴财政20万元，已交15万元，归还原渠道资金510万元。移交纪检监察部门案件线索两件。完成基本建设审计项目76个，核减投资59万元。在本级财政预算执行情况审计中，指明要求纠正违规行为金额5567万元。对县广播电视局等12个单位领导干部进行任期经济责任审计，查出违规行为金额323万元。(撰稿人：李艳蓉)

【凌云县审计局】 现有干部职工11人，设有政秘股、行政事业审计股、经贸审计股、经济责任审计股、固定资产投资审计股，负责对全县10个乡镇和86个县直部门（单位）的审计监督。局长肖运宏，副局长李星照、劳俊璋。

审计成果 完成审计项目29个，查出违规行为金额1292万元，其中责成被审计单位自行纠正87万元，归还原渠道资金两万元，核减工程造价72万元，应缴财政37万元，已交35万元。在本级财政预算执行审计中，查出违规行为金额92万元，其中应缴财政28万元。对国有企业财务收支审计中，查出违规行为金额10万元，应缴财政7万元。对交通局等7个单位审计，查出违规行为金额62万元，应缴财政19万元，已交18万元，责成单位自行纠正216万元。(撰稿人：李星照)

【乐业县审计局】 机构改革后，编制由8人减至6人，现有干部职工8人，设有办公室、工交基建投资审计股、综合审计股，负责对全县10个乡镇和86个县直部门（单位）的审计监督。局长杨顺心，副局长黄室程、黄镜锡、田维明。

审计成果 完成审计项目13个，查出违规行为金额680万元，应缴财政8万元，已交7万元，指明要求纠正286万元，归还原渠道资金380万元。完成县委、县政府委托的审计和审计调查项目4个，提交审计调查报告4份，均被采用。完成经济责任审计项目（单位）两个、两人，查出违规行为金额7万元。(撰稿人：杨顺心)

【西林县审计局】 现有干部职工7人，设有办公室、行政事业审计股、财政审计股和企业审计股，负责对全县11个乡镇和113个县直部门（单位）的审计监督。局长赵映杰，副局长黄坤、周华东。

审计成果 完成审计项目22个，查出违规行为金额670万元，其中应缴财政124万元，已交100万元，责成被审计单位自行纠正350万元，归还原渠道资金15万元，核减工程造价11万元。向纪检监察部门移送案件1起。对县水电局、林业局专项资金和行政事业性收费“收支两条线”管理情况的审计，共查出违规行为金额195万元。加强了历年审计结论落实情况的跟踪检查工作，追缴应缴未交财政资金15万元。(撰稿人：赵映杰)

【田林县审计局】 现有干部职工9人，设有办公室、财政金融审计股、工业交通商业贸易审计股、固定资产投资审计股，负责对全县20个乡镇和140多个县直部门（单位）的审计监督。局长班祖贵，副局长李芳。

审计成果 完成审计项目19个，查出违规行为金额501万元，其中应缴财政37万元，已交21万元，责成被审计单位自行纠正156万元，核减工程造价250万元。对林业局、教育局等13个单位进行领导干部任期经济责任审计，特别是对地产公司审计中，查出违规行为金额187万元，应补税款21万元。(撰稿人：李高正)

【隆林各族自治县审计局】 机构改革后，编制由11人减为8人，现有干部职工11人，设有办公室、财政与金融审计股、行政事业与固定资产投资审计股、经贸审计股、经济责任与专项资金审计股，负责对全县21个乡镇和125个县直部门（单位）的审计监督。局长梁秋昌，副局长张高峰、周杰。

审计成果 完成审计项目38个，查出违规行为金额3279万元，其中应缴财政264万元，已交218万元，责成被审计单位自行纠正2349万元，核减工程造价166万元。其中，本级财政预算执行审计，查出违规行为金额3059万元，指明要求纠正2051万元，应缴财政213万元。完成县委、政府交办任务13个，离任审计项目5个，查出违规行为金额468万元，指明要求纠正93万元，应缴财政24万元，已交两万元。(撰稿人：张释并)

【河池市审计局】 2001年12月机构改革后，编制由36人减为32人。2002年，共有干部职工21人，其中本科学历7人，大专学历12人，局长陈作明，副局长杨进伟、周凤。设有办公室、法规科、财政金融审计科、行政事业与社会保障审计科、经贸审计科、农业与资源环保审计科、固定资产投资审计科、机关后勤服务中心。

审计成果 全年完成审计项目47个，查出违规行为金额2528万元，应缴财政572万元，已交47万元，应归还原渠道资金2626万元。向市委、市政府和有关部门提交审计报告、信息19篇，被批示、采用10篇。在工作中注意抓审计重点，如抓住政府、社会关注的重点资金进行审计，主要是针对全市住房资金管理和使用情况，组织全市各级审计机关分别对11个县市和市本级住房管理部门进行交叉审计，共查出违规行为金额2332万元，披露了住房资金管理中存在的问题，并做出处理。配合国有企业改制，对广西拉么矿和广西人民厂两个国有企业改制重组财务收支进行审计，除对企业的资产、负债、损益、所有者权益进行审计评价外，还就企业经营和财务管理存在的问题，提出改进意见。开展全市社会养老保险基金管理机构及民政救灾资金的审计，查出违规行为金额2190万元，应归还被侵占挪用资金622万元，调账处理54万元。

经济责任审计 举办任期经济责任审计培训班，全市各行业领导及财务负责人、内审机构、审计机关200多人参加。全年共进行经济责任审计单位14个（党政机关11个，国有企业及控股企业3个），审计经济责任人14人。审计后，平调7人，退休7人，移送纪检监察部门1人，移送司法机关1人。

内部审计 全市内审机构共23个，其中专职机构15个；配备内审人员42人，其中专职人员27人。促进增收节支119万元，提出建议意见被采纳87条，已纠正违规行为金额10万元。（撰稿人：韦盛千）

【河池市金城江区审计局】 现有干部职工17人，设有办公室、行政事业社会保障审计股、经济责任审计股、经贸审计股、固定资产投资审计股，负责对全区14个乡镇和99个县直部门单位的审计监督。局长韦太高，副局长韦永扬、黄河宁。

审计成果 完成审计项目47个，查出违规行为金额2246万元，应缴财政42万元，已交42万元。主要工作有：一是对财政局以及下属机构、地税部门、部分纳税单位进行重点审计，查出违规截留城市配套费105万元，责令补交国库105万元。二是完成经济责任审计单位13个。三是配合撤地建市，开展固定资产投资审计，共完成基建审计17个，核减投资429万元。四是完成党委、政府交办的任务16个，审计单位41个。（撰稿人：韦文元）

【宜州市审计局】 现有干部职工15人，设有办公室、财政金融审计科、行政事业审计股、经济责任审计股，负责对全市21个乡镇和92个市直部门的审计监督。局长吕建均，副局长曲岩、杨曦，纪检组长梁宏彪。

审计成果 完成审计项目20个，查出违规行为金额1053万元，减少财政拨款27万元，应归还被侵占挪用资金36万元，应缴财政347万元，已交343万元。对农业局等13个单位使用资金情况进行跟踪审计，查出违规行为金额185万元，应缴财政28万元。完成经济责任审计5个，查出私设“小金库”金额91万元、乱收费121万元、隐瞒截留应缴财政133万元、挤占挪用专项资金17万元、偷漏税费40万元。开展建设工程项目审计，核减工程造价155万元。（撰稿人：杨曦）

【南丹县审计局】 现有干部职工17人，设有秘书股、财政农业审计股、行政事业社保审计股、经济责任审计股、企业金融审计股、基建审计股，负责对全县13个乡镇和83个县直部门（单位）的审计监督。局长韦婷，副局长覃慧琴。

审计成果 完成审计项目33个，查出违规行为金额4487万元，其中责成被审计单位自行纠正3995万元，已纠正3110万元，应归还原渠道资金134万元，已归还27万元，核减工程造价501万元，减少财政拨款404万元，应缴财政334万元，已交238万元，罚款21万元。对1人涉嫌侵占公款案，已向县检察部门提交了审计建议书。（撰稿人：韦丽文）

【天峨县审计局】 现有干部职工7人，设有秘书股、行政事业审计股、企业审计股，负责对全县11个乡镇和70个县直部门（单位）的审计监督。局长詹富林，副局长韦文林、田光勤、胡支彦。

审计成果 完成审计项目7个，查出违规行为金额66万元，其中责成被审计单位自行纠正49万元，归还原渠道资金16万元。完成市审计局交办的审计和审计调查任务3个，审计单位6个；完成县委、县政府交办任务6个，审计单位10个。（撰稿人：韦文林）

【凤山县审计局】 现有干部职工8人，设有秘书和经济责任审计股、行政事业审计股、经贸审计股、固定资产投资审计股，负责对全县11个乡镇和50个县直部门（单位）的审计监督。局长韦垠志，副局长黄兴敏、班立。

审计成果 完成审计项目16个，查出违规行为金额578万元，其中责成被审计单位自行纠正163万元，归还原渠道资金271万元，核减工程造价23万元，减少财政拨款23

万元，应缴财政26万元，已交26万元。对县城建局等7个单位使用专项资金情况进行跟踪审计中，查出违规行为金额99万元，其中应缴财政12万元。对坡桃林场等5个国有企业财务收支审计中，查出违规行为金额17万元。（撰稿人：韦秀堂）

【东兰县审计局】 现有干部职工13人，设有办公室、行政事业审计股、经济责任审计股、经贸审计股、固定资产投资审计股，负责对全县14个乡镇和71个县直部门（单位）的审计监督。局长韦忠良，副局长韦仕春。

审计成果 完成审计项目21个，查出违规行为金额4298万元，责成被审计单位自行纠正2253万元，应缴财政33万元，已交30万元。对县建设局等6个单位使用专项资金情况进行跟踪审计，查出违规行为金额117万元。对县自来水公司等3个国有企业财务收支审计中，查出违规行为金额3820万元，应缴财政11万元。完成县委和政府交办任务9个，审计单位9个，其中领导干部任期经济责任审计项目6个，查出违规行为金额151万元。（撰稿人：韦忠良）

【巴马瑶族自治县审计局】 现有干部职工7人，设有综合股、行政事业审计股、经济责任审计股、经贸审计股，负责对全县12个乡镇和130个县直部门的审计监督。局长韦彩红，副局长黄榆婷、蒙有芳。

审计成果 完成审计项目15个，查出违规行为金额141万元，应归还被侵占挪用资金48万元，核减工程造价16万元，已交财政9万元。对人事劳动、社会保障局等两个单位使用专项资金情况进行审计，查出违规行为金额9万多元。对金融机构资产、负债、损益情况的审计，查出违规行为金额13万元。完成县委和县政府交办任务6个，审计单位17个，其中包括对5名党政领导干部进行经济责任审计。（撰稿人：黄榆婷）

【都安瑶族自治县审计局】 现有干部职工28人，设有办公室、财政金融审计股、行政事业社会保障审计股、农业与资源环保审计股、经贸审计股、固定资产投资审计股，负责对全县22个乡镇和62个县直部门的审计监督。局长韦家立，副局长王安秀。

审计成果 完成审计项目29个，查出违规行为金额5525万元，归还被侵占挪用资金184万元，核减工程造价33万元，应缴财政173万元，已交56万元。对7个乡镇使用专项资金情况进行跟踪审计，查出违规行为金额102万元，归还被侵占挪用资金7万元，应缴财政7万元。审计了4个扶贫资金管理单位和两个扶贫移民区，查出违规行为金额819万元，归还被侵占挪用资金75万元，应缴财政29万元。完成两个企业的破产审计，查出违规行为金额2466万元，应缴财政5万元。完成3名领导干部经济责任审计，查出违规行为金额623万元。（撰稿人：宋耀广）

【大化瑶族自治县审计局】 现有干部职工11人，设有秘书股、行政事业社会保障审计股、经济责任审计股、财政金融经贸审计股、基建和农业资源环保审计股，负责对全县19个乡镇、4个经济开发区以及201个县直部门的审计监督。局长韦东，副局长黄瑞神、黄汉明。

审计成果 完成审计项目16个，查出违规行为金额642万元，归还被侵占挪用资金492万元，应缴财政17万元，已交14万元。对社会保障资金审计，查出截留机关事业单位养老保险基金20万元、违规借出农保基金330万元，审计后，全额追回。对县公安局等6个单位领导干部任期经济责任审计，查出违规行为金额244万元，因决策失误造成投资损失51万元。（撰稿人：唐嘉谋）

【罗城仫佬族自治县审计局】 现有干部职工15人，设有秘书股、财政金融审计股、经济责任和企业审计股、行政事业审计股、基建审计股，负责对全县13个乡镇和120个县直单位的审计监督。局长韦时和，副局长韦清、吴代钦。

审计成果 完成审计项目22个，审计专项调查4个，查出违规行为金额1035万元，其中责成被审计单位自行纠正971万元，减少财政拨款8万元，核减工程造价21万元，应缴财政57万元，已交20万元。对社会保障资金、救灾资金等专项资金审计，查出违规行为金额986万元，其中减少财政拨款8万元，应缴财政14万元。对两个企业财务收支审计，查出违规行为金额49万元，应缴财政金额42万元。（撰稿人：韦永东）

【环江毛南族自治县审计局】 现有干部职工11人，设有秘书股、财政金融审计股、行政事业审计股、经贸投资审计股，经济责任审计股，负责对全县15个乡镇和90多个县直部门的审计监督。局长覃勇谋，副局长韦闻捷，纪检组长覃月刷。

审计成果 完成审计项目20个，查出违规行为金额6245万元，其中责成被审计单位自行纠正5603万元，应归还原渠道资金418万元，应缴财政19万元，已交4万元。对原矿管局、土管局等3个预算执行单位进行跟踪审计，查出违规行为金额3582万元，其中应缴财政17万元。对世界银行贷款项目资金的审计，查出违规行为金额90万元。完成3个党政机关领导干部的任期经

济责任审计，查出违规行为金额632万元。（撰稿人：卢国将）

【柳州地区审计局】　2001年12月机构改革后，编制由33人减为24人。2002年，共有干部职工23人，其中本科学历7人，大专学历14人，局长覃纪康，副局长韦炳高、韦文智。设有办公室、财政金融审计科、行政事业审计科、经贸审计科、固定资产投资审计科、经济责任审计科。

审计成果　全年完成审计项目23个，查出违规行为金额7567万元，应缴财政327万元，已交90万元，罚没8万元。向上级提交审计调查报告3份。主要工作有：一是完成地区本级和古亭山开发区财政预算执行情况和其他财政收支审计，以及合山市、象州县财政决算审计，共查出违规行为金额3480万元，依法做了审计处理。二是开展国债项目建设情况专项审计调查，摸清了柳州地区2001年以来利用国债专项资金及地方配套资金建设的项目总投资额，指出国债建设项目在基本建设程序、项目施工管理、地方配套资金等方面存在的问题，调查报告被采用刊登在地委内部刊物《决算参考》上。组织开展全地区2001年度养老保险基金审计及扩面和缴费情况审计调查，共查出违规行为金额3186万元，其中包括以前年度违规尚未纠正的1501万元，2001年度新违规的1685万元，主要问题是挤占挪用基金1099万元和违规核销基金支出293万元，以及养老保险基金累计1681万元没有及时缴存财政专户等。三是完成对地区建筑总公司、地区外贸局、地区矿产局、地委办、地区旅游局原任领导干部经济责任审计。在对某建筑总公司原任总经理任职期间（1997年9月～2001年8月）经济责任审计中，查出违规行为金额1637万元。对该公司100万余元资金去向不明问题，专案移送纪检监察部门查处。（撰稿人：罗旭彤）

【合山市审计局】　现有干部职工9人，设有办公室、综合股、经济责任审计股，负责对全市3个乡镇和45个市直部门的审计监督。局长卓家忠，副局长樊荣辉。

审计成果　完成审计项目8个，审计单位8个，审计调查1个，调查单位两个，共查出违规行为金额30万元，其中应缴财政28万元，应追还被侵占挪用资金两万元。完成领导干部任期经济责任审计项目3个，通过审计，免职1人，平调两人。完成基建工程预决算审核项目37个，审核资金1585万元，核减基建工程款140万元。（撰稿人：兰绍丰）

【鹿寨县审计局】　现有干部职工14人，设有办公室、行政事业审计股、经济责任审计股、综合审计股，负责对全县12个乡镇和100个县直部门的审计监督。局长覃义和，副局长海代杰。

审计成果　完成审计项目35个，查出违规行为金额1801万元，其中被侵占挪用资金215万元，应缴未交财政22万元，已交财政7万元。其中对县财政、地税局等部门审计，查出违规行为金额181万元，已交财政4万元；开展县属党政机关领导干部经济责任审计项目15个、15人，查出违规行为金额837万元，决定处理处罚229万元。（撰稿人：陈国芬）

【象州县审计局】　现有干部职工10人，设有秘书股、行政事业投资审计股、经济责任审计股、财金经贸审计股，负责对全县11个乡镇和99个县直部门的审计监督。局长黎凛然，副局长宋绍邵、刘大华。

审计成果　完成审计项目28个，审计调查项目两个，查出违规行为金额2239万元，其中应缴财政527万元，已交448万元，罚没43万元。在对本级预算执行情况审计中，查出财税部门隐瞒、截留预算收入304万元，截留税款273万元，应列未列财政支出560万元等问题。延伸审计了国土资源管理局、供电公司等单位，发现国土资源管理局原矿产局截留财政收入7万元，原土地局未将预算外资金14万元缴存财政专户，以及供电公司截留财政收入127万元等违纪违规问题，依法进行了处理。（撰稿人：罗莉莉）

【武宣县审计局】　现有干部职工10人，设有秘书股、企业审计股、行政事业审计股、经济责任审计股，负责对全县13个乡镇和56个县直部门的审计监督。局长黄宏，副局长覃泽兴、赵志盛。

审计成果　完成审计项目15个，查出违规行为金额1328万元，应缴财政95万元，已交15万元。调账处理1196万元，查出应纠正491万元。完成党政领导干部离任经济责任审计项目1个。（撰稿人：刘南泽）

【来宾县审计局】　现有干部职工16人，设有秘书股、财政金融审计股、行政事业审计股、经贸审计股、固定资产投资审计股、经济责任审计股和基建审计所，负责对全县24个乡镇和122个县直部门的审计监督。局长陈仁清，副局长何兴校、韦志一、苏家忠、潘小中。

审计成果　完成审计项目28个，查出违规行为金额556万元，应缴财政41万元，已交财政49万元（含以前年度欠缴）。开展党政领导干部任期经济责任审计项目11个，查出违规行为金额203万元，应缴财政26万元，已交24万元。（撰稿人：刘永革）

【融安县审计局】 机构改革后，编制由11人减为10人，现有干部职工9人，设有办公室、财政金融审计股、行政企业审计股、经济责任审计股，负责对全县14个乡镇和87个县直部门的审计监督。局长石启良，副局长吴成春。

审计成果 完成审计项目15个，查出违规行为金额193万元，其中应缴财政30万元，已交3万元。完成的工作有：一是开展企业职工、机关事业单位及农村养老保险基金审计，查出违规行为金额89万元。二是对林业局的审计，查出违规行为金额23万元，为应缴未交预算收入。(撰稿人：戴吉红)

【忻城县审计局】 现有干部职工14人，设有综合股、经济责任审计股、经贸财金审计股、行政事业审计股，负责对全县13个乡镇和80多个县直部门和单位的审计监督。副局长潘文飞、莫继官。

审计成果 完成审计项目21个，查出违规行为金额1259万元，其中应缴财政53万元，已交35万元。向司法机关和纪检监察部门移送案件3起，查出百万元以上违规单位4个。1月，被人事部、审计署授予“全国审计机关先进集体”。(撰稿人：罗朗二)

【三江侗族自治县审计局】 机构改革后编制由10人减为8人，现有干部职工9人，设有办公室、财政金融审计股、行政事业审计股、经济责任审计股，负责对全县16个乡镇和85个县直部门的审计监督。局长唐祖悦，副局长曹玉珍、胡宏轩。

审计成果 完成审计项目16个，查出违规行为金额221万元，其中归还原渠道资金31万元，应缴财政9万元，已交7万元。在本级预算执行情况审计中，延伸审计林业局等3个单位，查出违规行为金额112万元，其中应缴财政4万元，已交3万元。完成经济责任审计项目1个、1人，查出违规行为金额74万元。(撰稿人：居家兴)

【融水苗族自治县审计局】 现有干部职工13人，设有办公室、财政金融审计股、行政事业经贸审计股、经济责任审计股，负责对全县21个乡镇和20多个县直部门（单位）的审计监督。局长银杰华，副局长何胜荣、梁启胜。

审计成果 完成审计项目30个，审计调查项目3个，查出违规行为金额163万元，应缴财政43万元，罚没4万元，已交25万元。向司法机关移送案件1起，向纪检监察机关移送案件线索1件。财政预算执行审计，查出应纠正违规行为为金额173万元。对9个乡镇、18名领导干部进行经济责任审计，查出应负主管责任的违规行为金额7万元，指明要求纠正63万元，建议给予党纪政纪处分1人，参考审计结果提拔1人，留任6人，平调10人。(撰稿人：黄伟宏)

【金秀瑶族自治县审计局】 现有干部职工8人，设有办公室、财金审计股、经贸审计股，负责对全县11个乡镇和44个县直部门的审计监督。局长李振芬，副局长蒋国柱、潘庆安。

审计成果 完成审计项目13个，查出违规行为金额78万元，其中应缴财政16万元，应归还原渠道资金33万元。8~9月，围绕“救灾款物是否真正发放到受灾农户手中”开展民政救灾款物财务收支情况审计；完成对县民政局和两个乡镇的审计任务，走访农户近百户，深受人民群众欢迎。(撰稿人：潘安庆)

【贺州市审计局】 2002年，共有干部职工18人，其中本科学历8人，大专学历6人，局长谢青平(—12月)，副局长邱超源、甘仕森(2月—)。设有办公室（加挂法规调研科牌子）、财政金融审计科、行政事业单位审计科、经贸审计科、固定资产投资审计科和经济责任审计科。

审计成果 全年完成审计项目34个，查出违规行为金额11821万元，应缴财政98万元，已交财政98万元，归还原渠道资金266万元，减少财政拨款或补贴258万元。此外，完成计划外工程结算审计项目10个，核减工程造价181万元。审计重点：一是同级预算审计，延伸审计了地区农业局和畜牧局的专款使用情况，查出地区财政局虚列支出148万元，以及地区农业局和畜牧局存在违规占用专款等问题。二是重点对钟山县和富川县的财政决算的真实性进行审计，查出虚列支出110万元，应列未列支出5671万元。三是对企业职工及机关事业单位人员养老保险基金进行审计，查出桂东电力公司欠缴基本养老保险基金75万元，同时还发现一些社保单位存在挤占、挪用养老保险基金等问题。四是进一步规范市国家建设项目的审计监督，全年共完成基建项目结算审计项目41个，核减工程造价181万元。五是抓住政府、社会关注的热点、重点项目资金进行审计调查，主要检查了使用国债资金较多的龟石水库灌区改造工程、龟石水库供水工程和昭平黄姚旅游公路工程3个大型国债项目。六是配合撤地设市工作，对上划地级贺州市管理的19个单位的资产和债权债务进行全面审核。

经济责任审计 全年完成领导干部任期经济责任审计项目5个，其中处级党政领导4人，地区直属企业负责人1人，查出违规行为为金额1125万元。审计后，提拔1人，平调4人。

内部审计　全市设内审机构52个，其中专职机构31个；配备内审人员62人，其中专职人员33人。全年完成审计项目（单位）63个，提出的合理化建议被采纳72条。（撰稿人：吴荣林）

【贺州市八步区审计局】　现有干部职工20人，设有秘书股、财政金融审计股、行政事业审计股、固定资产投资审计股，负责对全区21个乡镇和80多个区直部门（单位）的审计监督。局长谢庚，副局长黄依深、邹树坚、邹贵初，纪检组长莫少兵。

审计成果　完成审计项目107个，查出违规行为金额6971万元，应缴财政57万元，已交55万元。完成基建审计项目80个，核减工程造价513万元。完成79名领导干部任期经济责任审计，查出违规行为金额3410万元，应缴财政15万元，已交14万元。审计后，提拔11人，平调31人，免职25人。（撰稿人：邹树坚）

【昭平县审计局】　6月机构改革后，编制12人，现有干部职工12人，设有秘书股、财政金融审计股、行政事业审计股、经贸审计股、经济责任审计股和固定资产投资审计股，负责对全县17个乡镇和168个县直部门（单位）的审计监督。局长覃鸿锦，副局长邓表华、周敏新、莫锦刚（4月—）。

审计成果　完成审计项目52个，查出违规行为金额3166万元，其中归还被侵占挪用资金1603万元，应缴财政57万元，已交52万元。在对县交通局等35个党政企业单位领导干部任期经济责任审计中，查出违规行为金额1430万元，决定处理处罚47万元，指明要求纠正1368万元。审计后，提拔1人，平调34人。另外，完成上级审计机关授权和交办的审计项目17个，查出挤占、挪用养老保险基金303万元。（撰稿人：黄运广）

【钟山县审计局】　3月机构改革后，编制14人，现有干部职工13人，设有办公室（法规调研股）、财政金融审计股、行政事业单位审计股、经贸审计股、经济责任审计股和固定资产投资审计股，负责对全县16个乡镇和66个县直部门的审计监督。局长何章清，副局长任当发、朱淳。

审计成果　完成审计项目61个，查出违规行为金额应缴财政25万元，已交8万元，补税5万元，调账处理75万元，指明要求纠正669万元，核减工程造价31万元。其中，开展社会保障资金项目审计中，查出国有企业欠缴养老保险费179万元，累计欠费961万元，审计指明要求纠正410万元。对行政事业财务收支审计，查出违规行为金额25万元，应补税5万元，指明要求纠正241万元。完成领导干部和企业领导人员经济责任审计项目23个、30人。审计后，提拔1人，平调25人，免职3人，撤职1人，移送纪检监察机关3人，给予党纪处分两人。（撰稿人：杨李媛）

【富川瑶族自治县审计局】　编制8人，现有干部职工8人，设有办公室、综合审计股和经济责任审计股，负责对全县13个乡镇和县直部门的审计监督。局长黎先喜，副局长何金荣（7月—），董大星、蔡振英（3月—）

审计成果　完成审计项目38个（其中完成区厅委托的调查项目4个），查出违规行为金额610万元，应缴财政55万元，已交51万元。对民政局等6个单位使用专项资金情况进行延伸审计，查出违规行为金额26万元，应缴财政4万元，已交1万元。开展企业税款征收专项审计，查出并补缴企业漏缴税款共45万元。完成固定资产投资项目审计5个，核减工程造价106万元。完成领导干部任期经济责任审计项目19个，查出违规行为金额465万元，应缴财政6万元，已交5万元。审计后，提拔5人，平调14人。（撰稿人：罗佐康）

海南省

【海南省审计厅】　2002年，海南省审计厅定编101人（其中工勤人员8人），实有89人。厅机关设有办公室、人事处、法制处、财政审计处、金融审计处、经济责任审计处、农业与资源环保审计处、行政事业审计处、固定资产投资审计处、经贸审计处，同时，还设有海南省审计培训科研所直属事业单位。

领导成员

厅　长：翟培基

副厅长：陈太辉　林　东

　　　　何洪彬

助理巡视员：张立志

海南省审计成果　全省400名审计人员完成审计项目610个，查出违规行为金额16.6亿元，其中已交财政1.16亿元。移送司法和纪检监察机关处理23人。同时，提交审计报告和信息491篇，被国务院和省委、省政府、审计署领导批示和媒体采用324篇。

财政审计　认真总结经验，突破惯性思维，注意探索和研究财税审计工作中的新情况、新问题，明确重点，加大了工作力度，取得了较好的成绩。据统计，全年共对152个单位预算执行情况和财政决算进行了审计，查出违规行为金额4.5亿多元，揭露了不真实、不合法、不规范的问题，促进了财政部门及其他行政事业单位依法规范财政、财务收支行为，受到了各级人大的肯定。省厅对省地税局下属的6个直属部门的预算执行情况进行了审计，开了对二级预算单位直接立项审计的先河，其中对海口地税局部分“双减户”完税、纳税情况进行审核、汇总、分析，得出完税偏低的审计结论，提出了加强“以票控税，以票管税”的可行建议，受到领导的好评。此外，省厅还对三亚、五指山、琼中3个市县2001年财政决算进行了审计，并将三亚市财政管理改革的成功经验进行总结，得到了吴昌元副省长的批示，现已在全省推广。此外，在税收征管审计中，还充分利用财政“同级审”的审计成果，不断深化和延伸税收征管审计，为国家查缴和督促税务部门查缴了大量税金。通过审计，税务部门普遍加大了内部管理和税收征管的力度，纳税单位和个人增强了纳税意识。从而体现了审计部门“一审、二帮、三服务、四促进”的宗旨。因此，向全省各级人大所作的审计工作报告都受到了高度评价。

经济责任审计　共对226个行政机关、企事业单位的251名主要领导(其中厅级6名)干部进行了审计，查出违规行为金额4.46亿元，其中损失浪费1210万元。组织部门利用审计结果，平调107人，晋升6人，免职、降职、撤职等处理了12人。如定安、琼中、琼海、通什、保亭、东方等市县和新华区普遍对乡镇和县直机关领导干部进行了经济责任审计；法院通过审计部门的大力配合，查清案情后，依法对省机械进出口公司原领导涂某进行了宣判。

重点建设项目审计　全省共审计固定资产投资项目26个，核减工程结算3721万元。各市县结合自身的实际，大范围地开展了这项审计工作，如三亚、海口、儋州、文昌、屯昌、陵水等市县还积累了许多好的经验。同时，省厅还率先在全国成功地探索了利用社会审计力量参与重点建设项目审计的新路子，受到全国同仁的好评。如省厅组织社会审计力量对美兰机场有关工程等重点建设项目进行了审计。通过审计，揭露了一些项目存在的严重问题，提出了审计意见和建议，并督促有关单位进行整改。

金融审计　根据审计署统一部署，有组织、有计划地对省农业发展银行系统17个单位进行了审计。通过审计，发现省农发行营业部监管不力，没及时制止省饲料公司挪用销售回笼款614万元，超量发放粮食调销贷款3693.5万元，违规办理简易包贷款业务1830万元。对此，提出了审计意见和建议，促进了该系统规范经营和管理。受省处置地方金融风险办公室指派，对省内4个股份制信托投资公司等地方性非银行金融机构进行了审计和清产核资，查清了这些公司的家底，为全省证券行业重组和实现证券业与信托业分业经营和管理奠定了基础，受到了省领导的高度评价。

企业审计　一是对改制企业的资产状况进行了审计调查，为其改制和国有资产的处置提供了重要依据；二是帮其建章立制，完善其内部管理机制，提高经济效益；三是打击财务收支的虚假现象，促进公平竞争环境建设。据统计，共审计企业62个，查出违规行为金额5.7亿多元，其中应缴财政1.3亿元，查出违纪给予行政处分两人。各市县普遍对相关企业进行了审计或调查，特别是万宁、定安、临高、乐东、昌江等市县认真开展这项审计，受到了当地政府的好评。另外，省厅经审计署授权组织全省市县统一审计全省电信行业等29个企业2001年度财务收支情况，查出违规行为金额5471万元，其中应缴财政128万元；帮助提出了加强经营管理的若干建议，受到了被审计单位的普遍欢迎。

外资审计　共审计世行、亚行贷款和外国政府贷款项目13个，查出违规行为金额3113万元，提出建议若干条，收到了较好的效果：一是通过连续对世行、亚行贷款项目的审计，发现项目配套资金严重不足及项目资金被挪用等问题。二是加大对政府外债项目单位及管理部门的审计调查，发现本省政府外债管理存在省级财政与市县财政之间职责分工不明确，事权较混乱，部分外债项目会计核算不规范等问题。在此基础上，分析了问题的成因，评估了财政风险，并向省政府提交了专题报告，得到了省领导的高度重视并给以批示。

专项资金和基金审计　对住房、农业综合开发、水利和社会保险等资金和基金项目进行了审计或审计调查。据不完全统计，共完成项目16个，查出违规行为金额4223万元。其中对全省(含农垦单位)2000年至2002年6月住房资金进行审计，查出违规行为金额3424万元，引起了省领导的高度重视，省政府专门召开省长办公会议进行研究分析，提出了具体的解决办法，促使问题得到了解决。此外，在审计省本级和海口、三亚、琼山、乐东等14个市县2001年度企业职工基本养老保险基金的征缴使用管理情况时，查出违纪行为金额652万元，提出了处理意见，引起省领导的重视，并责成相关部门进行整改。

内部审计和审计科研　加大了对内审工作的指导，注意发挥内审协会的作用，推动了内审工作全面发展。据统计，全省内审机构共对5114个单位或部门进行了审计，纠正违规行为金额6802万元，其中损失浪费1489万元。此外，还注重加强审计科研工作，积极开展理论探讨和创新，省厅研究制定了经济责任审计操作指南，加快了经济责任审计规范化进程，受到了署领导的好评；省厅《企业虚假财务报告及审计重点和防范对策研究》在中国审计学会与北京大学光华管理学院联合举办的论坛上宣读，受到与会代表的好评。此外，2002年年底由省厅、内审协会、审计学会联合组织13个课题研究，共收到37篇论文，经过评比共有18篇获奖，其中《审计信息化建设系统研究》等4篇获一等奖。

审计队伍建设　1. 以人为本，建立一支高素质的审计队伍。各级审计机关注重利用身边正反两方面的人和事教育干部。一方面以厅机关先进人物的事迹教育全体审计干部，引导大家自找差距；另一方面以厅机关处分的两名处级干部等反面典型进行拒腐防变教育。通过教育，全体审计人员工作更积极，生活更廉洁，涌现了许多好人好事。另外，创新培训方式，提高人员业务素质。全省审计机关采取考试培训、以会代课培训、集中脱产培训、函授学历培训、走出去培训、请进来培训等方式，并本着“干什么，学什么，缺什么，补什么”的指导思想，举办了英语达标、计算机考级、岗位考试、审计知识等15期培训班，受训人员达1000多人次。还首次组织了高级审计师评选，共有10人获得高级审计师职称，至此，全省审计干部共有高师12人、中师171人、初师98人。现在全省审计队伍有了4个明显改观，即思想上有明显提高，政治上有明显进步，作风上有明显转变，纪律上有明显增强。

2. 规范行为，严格按规章制度办事。一方面建立健全机关内部管理的各种规章制度，做到事事有章可循，省厅对各种规章制度进行了修订和汇编，做到人手一册一盘；另一方面进一步推动立法，完善审计法规体系，特别是结合加入WTO的形势要求，清理完善了过去的法规制度。认真学“法”：一方面要求全省审计干部认真学习省厅制定的各项规章制度；另一方面要求全省审计干部采取“个人自学，他人辅导，数人座谈，众人讨论”等方法，系统地学习、讨论与审计工作密切相关的法律、法规、规章。严格执法：首先，认真抓好审计结论的落实。省厅充分运用省政府138号令赋予的权利，以省政府的名义抽借有关人员对各市县做出的审计结论进行检查，有效地推动了全省审计结论的落实。为巩固检查成果，省厅还召开了落实审计结论新闻发布会，新华社、中新社、《人民日报》等28家媒体给予报道。其次，抓好审计复核，严把质量关。据统计，全年省厅共复核各类审计文书141份，其中审计报告63份，提出各类复核意见480多条，答复市县业务咨询50多次。

3. 加强审计现代化建设，提高工作效率。一是积极稳妥地推进全厅网络办公建设，成功开发设计出了WEB信息发布平台。可实现审计法规数据的添加和全文检索、查询以及审计简报等各种审计要素信息的收集、整理、发布和标题或全文检索；整合构建全新审计法规数据库，组织参与了《财经审计法规汇编》的收集录入整理建库工作，共录入9万多条法律、法规和规章；开通了审计论坛、聊天室、音频点播、视频点播、资料下载等各种多媒体功能模块，使之具备专网发布的基础和条件。二是服务审计，成功开发设计了一批审计模板。用EXCEL电子表格软件和其内嵌的VBA语言成功开发设计出了会计报表合并、固定资产折旧计算、应收票据贴现计算、个人所得税审计验算、存货计价、银行贷款利息计算和房产税、印花税、营业税计算等一大批审计模板。三是精心做好技术支持和后勤维护工作，为审计工作提供有力保障。(撰稿人：李国安)

【海口市审计局】　2002年，共有干部职工43人，其中本科以上学历12人，大专学历28人，局长侯新明，副局长吴发禄、李同源、王立文。设有办公室、法制科、经济责任审计科、财贸金融审计科、行政事业审计科、经济贸易审计科、固定资产投资审计科。

审计成果　共审计单位35个，查出违规行为金额19675万元，被侵占挪用资金444万元，应缴财政880万元，已交334万元。向纪检监察机关移交案件两起，涉及违反财经法规人员6人，建议给予行政处分3人。提交审计报告、调查报告、信息52篇，被批示、采用39篇。

完成上级交办任务　完成党政领导交办的审计项目8个，占全部项目的23%。对市保税区管委会2001年度财政收支、财务收支的审计，依法处理未缴预算收入和财政专户储存，预算外收入转作预算内收入等违规行为金额47.1万元；对社会关注的福利彩票销售收支情况、住房资金财务收支情况进行审计，并对福利彩票销售收入及分配未作账务处理等问题依法进行了审计处理；对市甸花幼儿园1992～1999年财务收支进行审计，重点对群众反映的6个方面问题进行审计核查，查出该园丢失、销毁部分会计资料等违反财经法规的问题，并依法提出审计意见和建议。

经济责任审计　对市属7个单位已离任的党政领导干部任职期间的经济责任进行审计，查出各类违规行为金额12998万元，其中应负主管责任11443万元，应负直接责任1441万元。查出涉及个人经济问题的1人，审计后，移送纪检监察部门处理。

内部审计 全市现有内审机构10个，比上年减少4个；内审人员37人，比上年减少5人。全年完成审计项目70个，纠正违规行为金额720万元，减少损失浪费460万元，促进增收节支356万元，提出审计建议被采纳85条。（撰稿人：李洋波）

【三亚市审计局】 2002年，共有干部职工39人，其中本科学历10人，大专学历19人，局长王诚安，副局长陈海兴、黄良志。设有办公室、经济责任审计室、财政金融审计科、行政事业审计科、经贸审计科、固定资产投资审计科、农业与资源环保审计科。

审计成果 审计单位27个，审计调查项目4个，政府交办项目11个，查出违法违规行为金额34348万元，应缴财政7713万元，已交8410万元（含以前年度欠交金额），决定处理归还原渠道资金500多万元，指明要求纠正300多万元。提交审计报告25份、信息和调研报告45篇，被采用120篇（次）。3个审计项目获全省优秀审计项目。

经济责任审计 开展经济责任审计项目10个、14人，查出违规行为金额1904万元，隐瞒经营亏损2000多万元，损失浪费5万元。查出个人存在经济问题1人。审计后，平调12人，司法机关立案查处1人。

固定资产投资审计 完成市政重点建设工程决算审计项目8个，审计总金额1.4亿多元，共审减造价2729万元，审减率19.5%。

企业审计 审计单位3个，查出违规行为金额31888万元，决定处理调增政府利润分成6000多万元，挽回政府权益损失369万元，指明要求纠正企业违规冲抵包机营运收入2002万元。

办理审计结论 市政府召开常务会议，首次对近年来审计结论办理情况进行审计通报，点名批评了审计查出的违规单位和相关经济责任人，促进了审计结论办理和落实，审计指明纠正的问题得到了整改。年内，追交以前年度决定处理应缴财政1320万元。2002年度审计决定落实率达到91%。

机关建设 新建审计办公综合楼落成启用，全面更新了办公设备，设置信息化室，建立了电脑法规数据库，完成局域网络建设，推行了审计档案电子管理、办公自动化和计算机辅助审计。施行《三亚市审计局审计业务管理规定》、《三亚市审计局执法责任究错规定》。局党组成员吴迅被评为“全国审计机关先进工作者”。（撰稿人：徐日霖）

【文昌市审计局】 现有干部职工11人，设有行政秘书股、财政审计股、企业与投资审计股、经济责任与行政事业审计股，负责对全市16个镇和60个市直部门的审计监督。局长黄心奋，副局长冯加说、吴奋（7月—）。

审计成果 完成审计项目23个，查出违纪违规行为金额878万元（含纠正金额），其中应缴财政130万元，已交26万元。为市委、市政府和上级审计机关提交审计工作报告8份，被市领导批示5份；信息12篇，被地方新闻单位采用5篇。完成经济责任审计项目13个，查出违纪违规行为金额169万元。（撰稿人：黄欣）

【琼海市审计局】 现有干部职工13人，设有办公室，负责对全市12个乡镇和73个市直部门的审计监督。局长全业琳，副局长何贤正、董茹意。

审计成果 完成审计项目15个，审计单位15个，查出违规行为金额4057万元，调账处理3281万元，应缴财政68.5万元，已交41万元。和市财政局联合对市13个重点基本建设项目决算进行审核，共核减工程造价318万元。审计调查3个，调查单位6个。提交审计报告15份，调查报告3份，向市领导及省审计厅提交信息4篇。另外，根据市政府的安排，配合有关部门对撤并的16个乡镇的财产财务进行清算移交。（撰稿人：全业琳）

【万宁市审计局】 现有干部职工22人，设有办公室、行政事业审计岗、财政金融与外资审计岗、经济责任审计与内部审计管理岗、经贸与固定资产投资审计岗，负责对全市18个乡镇和120个市直部门的审计监督。局长陈兴宁，副局长钟尔波、胡玉兰。

审计成果 完成审计项目27个，查出违规行为金额1564万元，其中应缴财政81万元，已交22万元。完成5名科级干部任期经济责任审计，查出违规行为金额72万元。利用审计结果，平调1人，免职4人。提交审计报告1份，信息7篇，被采用1篇。（撰稿人：林晓敏）

【五指山市审计局】 现有干部职工13人，设有局长办公室、副局长办公室、秘书岗、金融财政审计岗、行政事业审计岗、经贸企业审计岗，负责对全市7个乡镇和19个市直部门的审计监督。局长高进魁，副局长郑继雄（6月—）、邓清辉。

审计成果 完成审计项目22个，审计单位22个，查出违纪违规行为金额471万余元，应缴财政19万余元，应追还被侵占挪用资金296万余元，应归还原渠道资金296万余元，应冲转调整有关账目102万余元。配合市纪检监察等部门查出各类经济案件两起。提交审计报告两份，审计建议书两份。同时，还完成经济责任审计项目6个，查出违纪违规行为金额3万余元，应缴财政3万余元。根据审计结果，平调3

人，降职两人。（撰稿人：高进魁）

【东方市审计局】 现有干部职工12人，设有行政秘书岗、财政审计岗、金融审计岗、经济贸易审计岗、行政事业审计岗、农业与资源环保审计岗、固定资产投资审计岗、经济责任审计股，负责对全市17个乡镇和27个市直部门的审计监督。局长高昌琼，副局长张创基、林鹏。

审计成果 完成审计项目17个，审计调查48个单位，查出违纪违规行为金额1083.77万元，应缴财政248.31万元，已交91万元。提交审计报告、信息32篇。向市委、市政府及有关单位提出整改意见和建议共计36条。（撰稿人：陈隽）

【儋州市审计局】 现有干部职工20人，设有办公室、财政金融审计办公室、行政事业审计办公室、固定资产投资审计办公室、经济责任审计办公室，负责对全市18个乡镇和102个市直部门的审计监督。局长林若夫，副局长吴陆明、黄玉仙。

审计成果 审计单位29个，查出违规行为金额792万元，应缴财政34万元，已交117万元（含上年欠交数），应归还原渠道资金449万元。提交审计报告12份，信息8篇，被采用7篇。开展经济责任审计项目11个、16人，查出违规行为金额252万元。审计后，平调15人，免职1人。（撰稿人：吴民慧）

【临高县审计局】 现有干部职工16人，设有办公室、行政事业与经济责任审计股、工交基建审计股、财政金融审计股、商业贸易审计股，负责对全县10个镇和78个县直部门的审计监督。局长林祖列，副局长王学愿、虞柽、黄宁。

审计成果 完成审计项目27个（其中经济责任审计项目9个、9人），查出违纪违规行为金额3532万元，应缴财政483万元，已交84万元，归还原渠道资金950万元，指明要求纠正1050万元。移送司法机关查处案件4起、4人。提交审计意见书26份，审计决定16份，审计结果报告、信息12篇，被采用4篇。（撰稿人：林祖列）

【澄迈县审计局】 现有干部职工21人，设有办公室、财政金融审计股、经济责任审计管理股、商贸审计股、行政事业审计股，负责对全县10个乡镇和30个县直部门的审计监督。局长王发平，副局长蔡汝和（兼纪检组长）、王哲端。

审计成果 完成审计项目37个、62个单位，经济责任审计项目19个，共查出违纪违规行为金额5163万元，其中指明要求纠正4020万元，决定处理处罚1142万元，应缴财政87万元。提交审计报告7份，审计意见37份，审计信息5篇，被省厅采用5篇。对17名党政、企事业单位的主要领导干部进行了任期经济责任审计。（撰稿人：符司铭）

【定安县审计局】 现有干部职工13人，设有行政岗位、财政审计岗位、经济责任审计岗位、行政事业审计岗位、审理岗位，负责对全县10个镇和132个预算单位的审计监督。局长符传铭，副局长吴坚（—5月）、陈益京、陈开忠（5月—）。

审计成果 完成审计项目54个，审计单位120个，查出违纪违规行为金额165万元，指明要求纠正347万元，应缴财政19万元，已交财政5万元。向检察机关移送涉嫌贪污案件1起。提交审计综合报告、审计信息28篇，被上级批示和新闻媒体采用12篇（次）。全县有内审机构32个，内审人员104人。完成内审项目87个，查出违规行为金额16万元，应缴财政9万元，已交5万元。（撰稿人：陈福达）

【屯昌县审计局】 现有干部职工14人，设有行政文秘、审计审理、财政金融审计、行政事业审计、经贸工交与基建审计、经济责任审计等岗位，负责对全县8个镇和县直部门及企事业单位的审计监督。局长梁定球，副局长陈光伍、吴明、王廉信。

审计成果 完成审计项目43个，审计调查项目两个，经济责任审计和审计调查30个，审计和审计调查单位70个，查出违规行为金额2552.3万元，其中应缴财政60.4万元，应归还原渠道资金1498.4万元，调账处理419万元，违规坐支现金562.5万元，违规调整预算金额10万元和擅自动用库款两万元。移送县纪委监察部门查处案件1起、1人。2000年度财政预算执行审计项目被省审计厅评为优秀项目二等奖。（撰稿人：梁定球）

【昌江黎族自治县审计局】 现有干部职工14人，设有综合股、财政金融审计股、行政事业审计股、工商企业审计股、经济责任审计股，负责对全县7个乡镇和38个县直部门的审计监督。局长桂科辉，副局长柳南雄、王召班。

审计成果 完成审计项目18个（其中经济责任审计项目11个），查出违规行为金额1168万元，应缴财政44万元，已交25万元，指明要求纠正1124万元。完成审计调查项目1个。提交审计调查报告1份，审计报告20份，审计信息3篇。（撰稿人：桂科辉）

【白沙黎族自治县审计局】 现有干部职工14人，设有办公室、财政金融审计岗、行政事业审计岗、经贸审计岗、经济责任审计岗，负责对全县11个乡镇和88个县直部门的审计监督。局长王盛达，副局长黎行月、周壮。

审计成果　完成审计项目18个，查出违规行为金额349万元，其中应缴财政81万元，已交26万元。提交审计报告20份，审计信息15篇，被采用1篇。开展经济责任审计项目7个，查出违规行为金额156万元。（撰稿人：黎行月）

【琼中黎族苗族自治县审计局】现有干部职工14人，设有办公室、行政事业审计岗、财政金融审计岗、工交企业审计岗、商粮贸审计岗，负责对全县10个乡镇和87个县直部门的审计监督。局长王玉霞，副局长王家开、朱金姣。

审计成果　完成审计项目（单位）23个，查出各类违纪违规行为金额505万元，决定处理处罚120万元。上报专项审计调查报告两份，审计信息、工作简报5篇，被采用两篇。开展经济责任审计项目11个、11人，发现有违纪违规行为单位7个，查出违纪违规行为金额110.6万元，经审计应缴国库13万元，应归还原渠道资金8.6万元，其他违规行为金额89万元。审计后，晋升1人，平调5人，退休4人，降职1人。（撰稿人：黄宏程）

【陵水黎族自治县审计局】　现有干部职工11人，设有行政秘书综合股、财政金融审计股、经济贸易审计股、经济责任审计股、固定资产投资审计股，负责对全县11个乡镇和21个县直部门的审计监督。局长黎云，副局长李坚、欧明。

审计成果　完成审计项目10个，共查出违规行为金额1516万元，应缴财政335万元，已交34万元，归还原渠道资金7万元。提交审计报告6份，审计信息3篇。还对4个单位的党政领导干部进行了任期经济责任审计，共查出违规行为金额607万元。（撰稿人：李志勇）

【保亭黎族苗族自治县审计局】现有干部职工13人，设有行政秘书股、财政金融审计股、农林水审计股和工商贸易审计股，负责对全县9个乡镇和60个县直部门的审计监督。局长郑辉壮，副局长陈妮爱、陈达洲。

审计成果　完成审计项目22个，审计单位26个，查出违规行为金额2573万元，其中应追还被侵占挪用资金522.04万元，已归还原渠道资金119.56万元，应缴财政8万元，已交6万元，防止国有资产流失80.21万元，指明要求纠正1962.75万元。提交审计报告、信息24篇。完成10名科级党政领导干部任期经济责任审计，查出违规行为金额576万元。移送纪检监察机关1人，撤职1人。有内审指导人员两人，内审机构13人，内审人员13人。（撰稿人：王气标）

【乐东黎族自治县审计局】　现有干部职工11人，设有综合职能岗、审理职能岗、事业单位审计职能岗、机关审计职能岗、企业单位审计职能岗、经济责任审计职能岗，负责对全县11个镇和96个县直部门的审计监督。局长韩永蔚，副局长孙云、周亚孝。

审计成果　完成审计项目31个，审计单位52个，查出违纪违规行为金额1179.8万元，应缴财政487.4万元，已交130万元，限期归还原渠道资金275万元，已归还150万元。完成审计调查3个，调查单位19个。提交审计报告31份，审计信息4篇，被省厅采用两篇。完成13名科级领导干部经济责任审计，查出违规行为金额171.2万元。移交县纪检监察机关案件7起、15人。（撰稿人：孙云）

重庆市

【重庆市审计局】　2002年，重庆市审计局（简称“市审计局”）定编207人，在编182人。局机关设有办公室、法规处、经济责任审计及内部审计管理处、财政审计处、金融审计处、固定资产投资审计处、行政事业审计处、经贸审计处、农业与资源环保审计处、三峡移民资金审计处、社会保障审计处、外资运用审计处、人事教育处，机关党委与纪检组、监察室合署办公；另设有驻市经委审计处、驻市建委审计处、驻市教委审计处、驻市商委审计处、驻市农办审计处、驻市交委审计处；同时还设有重庆审计科研培训中心直属事业单位。

领导成员

局　长：余　敏

副局长：杨春林　胡可惠

纪检组长：邓　炜

审计专员：汪　量

助理巡视员：周贤哲

重庆市审计成果　重庆市各级审计机关共审计单位1490个，查出违规行为金额19.7亿元，应缴财政3.26亿元，已交财政2.96亿元，减少财政拨款或补贴0.24亿元，归还原渠道资金1.78亿元。向司法机关和纪检监察部门移送各类违法犯罪案件线索14件。全年共计向市政府报送综合审计（调查）报告32份；报送审计信息140期，《审计要情》3期，被市委采用24条，市政府采用40条，审计署采用84条，被市领导批示13条。

财政审计　以促进依法行政和推动财政管理制度改革为目标，财政预算执行审计在深化对财政、税务部门预算管理、收入、征管审计的基础上，重点对财政跨年结转项目资金，市和部分区县公安机关

"收支两条线"管理执行情况，市政委员会、农业局、水利局、统计局、旅游局预算执行情况及其管理的市政建设、水利、旅游结构调整等专项资金的使用情况，市政府采购办公室和市政府采购中心政府采购执行情况，市政府主权外债管理使用情况进行了审计和审计调查；还组织40个区县（自治县、市）审计局对财政管理制度改革情况进行了审计调查。对预算执行审计中查出的问题，人大关注审计整改，政府重视审计整改，纪检监察督促审计整改，市政府督察室专门发文要求各区县（自治县、市）认真抓好整改，有力地推动了审计决定的落实和审计建议的采纳。预算执行审计查出的各类问题中，目前已整改28个，整改金额1.06亿元，应缴财政资金已全部上缴。

专项资金审计　市审计局组织开展了对市移民局和库区20个区县移民资金管理使用情况的审计，共审计264个移民资金管理和使用单位，调查了80个移民工程项目，审计资金总额49.23亿元，查出违规行为金额2487.65万元，占审计资金总额的0.5%。市审计局还对三峡库区5个外迁移民县移民安置资金进行了审计，共审计52个移民资金管理和使用单位，调查了145户移民，审计资金总额3.27亿元，查出违规行为金额242.42万元，占审计资金总额的0.74%。在认真查处挤占挪用移民资金等违反财经法纪行为的同时，还注意揭示和反映了一些移民资金使用中存在的新情况、新问题。为保障国家农业综合开发政策的落实，市审计局统一组织全市各级审计机关分别对市本级和34个项目区1999～2001年第四期农业综合开发资金进行了审计。共审计资金管理部门和项目实施单位266个，审计资金总额4.05亿元，查出违规行为金额351.1万元，审计期间促进资金到位2194.5万元。对全市养老保险基金、城市低保资金、市级再就业基金及失业基金的审计，为市政府健全社会保障体制，统一本市渝东渝西养老保险办法提供了依据；审计反映出部分参保企业缴费基数不实，漏缴基本养老保险费的情况被审计署作为《重要信息要目》上报中办、国办。市审计局直接参与并组织区县审计机关对全市住房公积金、全市城市污水处理费、主城区国土出让专项资金和城市建设配套费、19个区县地方农网一期改造项目资金、渝北及秀山渝怀铁路征地拆迁补偿资金等进行了审计或审计调查。发现不及时足额解缴应缴财政金额，挤占挪用及违规出借专项资金，工程项目管理不规范、违规分包和转包单项工程，违规计列管理费和咨询费，建设项目资金到位不及时等问题。各区县（自治县、市）审计机关还围绕当地经济工作中心和社会热点、难点问题，积极开展了对林业生态资金、教育资金、社会捐赠资金的审计，审计决定要求纠正的问题基本上得到落实，被挤占挪用的专项资金正逐步收回归垫用于项目上，促进了政府宏观政策的贯彻落实，也产生了良好的社会效益。

金融审计　市审计局组织全市31个区县（自治县、市）审计机关派出38个审计组对中国农业发展银行重庆市分行及其所属36个分支机构和1个代理行2001年度资产负债损益及粮油信贷业务等情况进行了审计，并延伸调查了83个粮油购销企业。审计共查出各分行、支行及代理行涉及违规行为金额1179.39万元，其中2001年以来发生额905.94万元。市审计局及38个区县审计局对116个农村信用合作社及联社2001～2002年6月末资产负债损益情况进行了审计，延伸抽查单位272户，审计查出违规行为1.52亿元。市审计局还组织对12个世行、亚行、农发基金会等国际金融组织的贷款项目进行了审计，涉及154个项目执行单位。对审计中查出的挤占挪用项目资金、转移国有资产、虚报项目支出和变卖串换项目物资等违反财经法规和项目协议的问题进行了处理。

企业审计　2002年，市审计局加强了对垄断性行业的审计。开展了对市电力公司及下属11个供电局、重铁分局和重铁分局投资开发有限责任公司、市烟草公司及3个分公司、华西包装公司、重庆钢铁设计院、市燃气公司2001年度财务收支的审计。重点对企业资产质量、会计信息质量、内部管理和遵守国家财经法规情况进行了检查。通过审计揭示了企业在经营和投资活动中存在的行业性问题，帮助企业加强会计核算和财务管理，规范经营活动，完善单位内部控制制度，并针对有的企业资本运营管理漏洞，提出了加强对外投资和"三产"管理，整顿主业和"三产"之间不规范行为，准确定位"三产"企业的经营范围、经营方向等建议，促进企业更好地遵纪守法和提高经济效益。

经济责任审计　在纪检监察、组织人事、企业工委的积极配合下，全市普遍开展县级以下党政领导干部经济责任审计，继续进行县级以上党政领导干部经济责任审计试点。全年共对500名领导干部进行了经济责任审计，被审计的领导干部履行相关经济职责情况总体是好的，但也查出极少数人的违纪违法问题，向司法机关移送5人，向纪检监察机关移送5人，建议给予党纪政纪处分两人。同时，审计机关还对经济责任审计的方式方法、审计内容、责任划分、结果运用等做了一些有益的探索，制定了经济责任审计的实施办法和操作指南。

内部审计　全市内审机构共

1495个，其中专职机构633个；内审人员5847名，其中专职人员2063名。全年全市内审机构共完成审计项目1.3万个，比上年增加60%；查出损失浪费9000万元，促进增收节支4.8亿元，纠正各类违规行为金额8.1亿元，建议行政处分30人，移送司法机关6人，提出的审计意见和建议被部门、单位采用5800条。积极开展内审人员的上岗培训和邀请专家讲学，组织内审学术研究、经验交流、国际内部审计师（CIA）资格考试和国内外内部审计考察。为促进民营企业建立现代企业制度，推荐宗申集团参加全国民营企业内部审计交流，指导力帆、宗申、美心集团等民营企业建立健全内部审计制度。

队伍建设 坚持不懈地抓好审计干部作风建设，抓好《党风廉政建设责任制》和《审计组廉政责任制》的贯彻落实，坚持审计组廉政纪律自查，被审计单位反馈意见，纪检、监察部门到被审计单位回访的制度。全年市审计局举办了处长培训、新进人员上岗培训、全员培训及部分区县局领导和市局处长境外培训，共计526人次；举办了内审人员上岗资格培训、固定资产投资审计培训，共计476人次。根据审计署的有关规定，市审计局修订了《重庆市审计局审计复核规则》、《重庆市审计局审计项目审定规则》，制定了《重庆市审计机关审计执法责任制度》、《重庆市审计机关审计过错责任追究制度》，连续四年开展对区县审计机关审计质量和审计档案的检查。为加快审计工作信息化建设，市审计局机关辅助办公自动化系统和市、区县（自治县、市）审计机关电子邮件系统正式运行，基本实现无纸化办公，完成了市局局域网接点扩展工作。（撰稿人：张媛媛）

【重庆市渝中区审计局】 2002年，共有干部职工21人，其中本科学历15人，大专学历5人，局长李兴志，副局长甘旭中、孟茂。设有秘书科、综合审计科、财政金融审计科、行政事业审计科、经济责任审计科、基本建设审计科。

审计成果 审计单位42个，查出违规行为金额164万元，指明要求纠正金额3456万元，应缴财政15万元，已交15万元。提交审计工作报告11份，信息和调研报告17篇，被采用8篇。

经济责任审计 开展经济责任审计项目17个、17人，查出违规行为金额164万元，查出个人存在经济问题1人。审计后，移送纪检监察机关1人。

内部审计 区级部门内审机构9个，其中专职机构9个；内审人员49人，其中专职人员12人。共审计单位61个，查出损失浪费1万元，纠正违规行为金额11万元，促进增收节支11万元。（撰稿人：唐红）

【重庆市大渡口区审计局】 2002年，共有干部职工8人，其中本科学历6人，大专学历两人，局长温良德，副局长方骏。设有办公室、行政事业审计科、企业金融审计科、经济责任审计科。

审计成果 审计单位17个，查出违纪违规行为金额280万元，指明要求纠正199万元，收缴和罚款20.7万元（其中收缴1个“小金库”并上缴财政专户20.2万元，罚款0.5万元）。提交审计工作报告17份、审计信息10篇，被采用7篇。

经济责任审计 开展经济责任审计项目10个、13人，查出违规行为金额79万元。

内部审计 全区设置内审机构12个，其中专职机构1个；内审人员24人，其中专职两人。区建委财务科王利红被评为2002年度重庆内部审计先进个人。（撰稿人：刘厚成）

【重庆市江北区审计局】 2002年，共有干部职工18人，其中本科学历7人，大专学历6人，局长杨帆，副局长蒋忠华。设有办公室、经济责任审计科、行政事业审计科、固定资产投资审计科、企业科、财政审计科。

审计成果 审计单位21个，查出违纪违规行为金额40525万元，应缴财政542万元，已交财政500万元。提交审计工作报告6份、信息38篇，被采用18篇。

经济责任审计 开展经济责任审计项目10个、10人，查出违规行为金额1787万元。（撰稿人：黄平）

【重庆市沙坪坝区审计局】 2002年，共有干部19人，其中本科学历11人，大专学历7人，局长廖科秀，副局长蒙晓明、于娟。设有办公室、财政审计科、行政事业审计科、经济责任审计科、金融审计科、经济责任审计中心。

审计成果 共完成审计项目20个，涉及34个单位，查出违规行为金额8077.4万元，上缴财政111.28万元，促进资金规范管理1567.47万元。移送司法纪监部门立案查处4起4人，判刑1人。提交审计工作报告18份、信息27篇，被采用10篇。

经济责任审计 开展经济责任审计项目8个、9人，查出违规行为金额341万元。查出损失浪费176万元，上缴财政38万元，移送司法机关1人，移送检察机关1人。

内部审计 全区内审机构22个，内审人员90人，共审计单位179个，审计金额9306.34万元，查出违规行为金额271万元，挽回资金流失80万元，为集体增收节支38万元，建设工程审减金额128.58万元。（撰稿人：朱林）

【重庆市九龙坡区审计局】 2002年，共有干部职工18人，其中本科学历7人，大专学历10人，局长王达文，副局长余学川、刘淼华。设有办公室、行政事业审计科、财政金融审计科、经济责任审计科、固定资产投资审计科、农业经贸审计科。

审计成果 完成审计项目25个，查出违规行为金额433万元，应缴财政资金136万元，已交28万元，其中，补税7万元，罚款8万元。提交审计报告26份、信息24篇，被采用14篇。（撰稿人：陈长政）

【重庆市南岸区审计局】 2002年，共有干部职工20人，其中本科学历8人，大专学历11人，局长李向华，副局长张国强、甘炳兰。设有办公室、财政审计科、行政事业审计科、金融经贸审计科、经济责任审计科。

审计成果 审计单位30个，查出违规行为金额773.28万元，应缴财政106.28万元，已交财政106.28万元。提交审计工作报告14份、信息和调研报告22篇，被采用12篇。

经济责任审计 开展经济责任审计项目13个、13人，查出违规行为金额578.28万元。审计后，平调10人，退休3人。

内部审计 区直部门内审机构17个，其中专职机构5个；内审人员57人，其中专职人员6人。共审计单位9个，纠正违规行为金额1万元，促进增收节支64万元。提出建议、意见被采纳21条。（撰稿人：冯静）

【重庆市北碚区审计局】 2002年，共有干部职工17人，其中本科学历13人，大专学历3人，局长李文清，副局长蒋义勇。设有办公室、经济责任审计科、投资与企业审计科、行政事业审计科、财政审计科。

审计成果 审计单位31个，查出违规行为金额1375万元，指明要求纠正888万元，归还原渠道资金59万元，已交财政37万元，罚款两万元。提交审计工作报告14份、审计信息54篇，被采用22篇。

经济责任审计 开展经济责任审计项目5个、5人，查出违规行为金额219万元。

内部审计 区直部门内审机构27个；内审人员129人，其中专职人员3人。共审计单位178个，查出损失浪费6万元，促进增收节支42万元，纠正违纪违规行为金额90万元。被采纳建议100条。（撰稿人：朱勇）

【重庆市万盛区审计局】 2002年，共有干部职工15人，其中本科学历3人，大专学历10人，局长向晓康，副局长任永明、陈望来。设有办公室、金融基建审计科、外资企业审计科、行政事业审计科、经济责任与社会保障审计科。

审计成果 审计单位30个，查出违规行为金额682万元，应缴财政40万元，已交财政40万。提交审计报告30份、信息15篇，被采用7篇。

经济责任审计 开展经济责任审计项目11个、11人。审计后，平调11人。

内部审计 部门内审机构两个，其中专职机构1个；内审人员7人，其中专职人员4人。共审计单位39个，查出损失浪费14万元，纠正违规行为金额14万元，促进增收节支15万元。（撰稿人：杨武权）

【重庆市双桥区审计局】 2002年，共有干部职工8人，其中本科学历5人，大专学历1人，局长彭代宏，副局长黄茂胜。设有办公室、综合业务审计科、行政事业及经济责任审计科。

审计成果 完成审计和审计调查项目19个，查出违纪违规行为金额29万元，应归还原渠道资金13万元，应缴财政6万元，已交财政2万元，核减工程预结算资金58万元。提交审计工作报告19份、信息10篇，被采用1篇。（撰稿人：梁涛）

【重庆市渝北区审计局】 2002年，共有干部职工18人，其中本科学历6人，大专学历6人，局长周先鸣，副局长赵文华（兼纪检组长）、邓友兴。设有办公室、行政事业审计科、经贸投资审计科、经济责任审计科。

审计成果 完成审计项目43个，查出违规行为金额225万元，应缴财政金额43万元，归还原渠道资金48万元，应纠正金额1663万元。提交审计工作报告28份，被区政府和有关部门采用报告结果20个。移送纪检监察部门查处1人。

财政预算执行情况审计 开展对本级财政2002年度预算执行情况审计，提出5条改进的具体措施，并代表区政府向区人大常委会做了此项审计工作报告。

基本建设审计 对渝北区政府办公大楼等15个基本建设项目进行了竣工决算审计，送审金额8515万元，审减金额1174万元，审减率为13.8%。

经济责任审计 全年开展经济责任审计项目12个、18人，已交财政金额26.42万元，应纠正金额645万元。（撰稿人：倪萍）

【重庆市巴南区审计局】 2002年，共有干部职工20人，其中本科学历两人，大专学历15人，局长付灿忠，副局长文平忠、彭朝友，纪检组长徐仁伟。设有办公室、经济责任审计科、财政金融审计科、经贸审计科、行政事业审计科、综合法制科。

审计成果 审计单位26个，查

出违规行为金额165万元，应缴财政34万元，已交财政34万元。提交审计工作报告13份、信息和调研报告46篇，被采用23篇。

经济责任审计　开展经济责任审计项目12个、12人，查出违规行为金额86万元。审计后，平调10人，免职1人。

内部审计　区级内审机构22个；内审人员89人，其中专职人员10人。共审计单位16个，纠正违规行为金额54万元，促进增收节支1万元。提交建议意见被采纳42条。（撰稿人：田中政）

【重庆市万州区审计局】　2002年，共有干部职工67人（含龙宝、天城、五桥移民开发区审计局，下同），其中研究生学历两人，本科学历28人，大专学历25人，局长贾在云，副局长田发正、魏泽凌，纪检组长祁怀忠。设有办公室、法制科、监察室、财政审计科、金融审计科、行政事业审计科、社会保障审计科、农业与资源环保审计科、三峡移民资金审计科、经济责任审计科、外资运用和固定资产投资审计科、经贸审计科。

审计成果　审计单位123个，查出违规行为金额7959万元，应缴财政923万元，已交财政729万元，归还原渠道资金1728万元，调账处理4034万元，罚没金额31万元，促进增收节支138万元。提交审计调查报告12份，被采用5篇；提交信息和调研报告102篇，被采用67篇。

经济责任审计　开展经济责任审计项目33个、35人，查出违规行为金额5781万元，查出损失浪费70万元。审计后，晋升1人，平调33人，免职1人。

内部审计　区直部门内审机构261个，其中专职机构256个；内审人员4947人，其中专职人员2238人。共审计单位1465个，查出损失浪费1269万元，发现大案要案线索1件，纠正违规行为金额4110万元，促进增收节支1124万元，建议给予行政处分两人，提出建议意见被采纳251条。（撰稿人：沈云霄）

【重庆市万州区龙宝移民开发区审计局】　现有干部职工13人，设有办公室、财政金融审计科、经济责任审计科、外资运用与固定资产投资审计科，负责对全区18个乡镇、6个街道和51个区直部门的审计监督。局长杨云术，副局长彭芳、谭渝之、邹成军，纪检组长牟乔木。

审计成果　完成审计项目31个，审计单位31个，查出违纪违规行为金额1194万元，其中指明要求纠正1032万元，决定处理处罚162万元，应缴财政104万元，已交财政95万元。完成审计调查6个，调查单位6个。提交审计工作报告和审计信息60篇，被采用8篇。有内审指导人员3人，内审机构47个，内审人员62人。对4名党政主要领导干部进行了任期经济责任审计。（撰稿人：张斌）

【重庆市万州区天城移民开发区审计局】　现有干部职工13人，设有财政金融审计科、行政事业审计科、经济责任审计科、外资运用与固定资产投资审计科、办公室，负责对全区29个镇乡、街道和79个行政、事业单位的审计监督。局长黄家登，副局长曹文军、李勇军。

审计成果　完成审计项目23个（审计调查1个），查出违规行为为资金2500万元，应缴财政110万元，归还原渠道资金150万元，审减基本建设投资70.1万元。提出审计建议100余条，可增加效益和减少损失浪费180万元。提交审计报告9份、信息80篇，被采用45篇。（撰稿人：付勇）

【重庆市万州区五桥移民开发区审计局】　现有干部职工13人，设有办公室（经济责任审计科）、财政企业审计科和固定资产及外资运用审计科，负责对全区37个乡镇（街道）和42个区直部门的审计监督。局长黄祖梁，副局长吴明忠、吴雪峰，纪检组长李巍林。

审计成果　完成审计项目36个，查出违规行为金额2621万元，应缴财政27万元，已交27万元。提交审计报告36份，审计意见31份，审计信息、简报16篇，采用4篇。对8名党政主要领导干部进行了任期经济责任审计。（撰稿人：胡天星）

【重庆市涪陵区审计局】　2002年，共有干部职工47人，其中本科学历18人，大专学历23人，局长傅晓玲，副局长禹洪洲、秦叙权、汪屏峰、周德勇，纪检员肖义贵。设有办公室、法制科、财政审计科、行政事业审计科、固定资产投资审计科、经贸审计科、农业与环保审计科、金融外资审计科、经济责任审计科、退休干部管理科。

审计成果　审计单位75个，查出违规行为金额15121万元，应缴财政431万元，已交财政397万元，归还原渠道资金818万元。提交审计工作报告43份、信息和调研报告46篇，被采用39篇。

经济责任审计　开展经济责任审计项目29个、30人，查出违规行为金额3463万元。提出合理化建议63条。

内部审计　全区各相关部门内审机构97个，其中专职机构50个；内审人员219人，其中专职人员127人。共审计单位（项目）570个，查出损失浪费1584万元，纠正违规行为金额9506万元，促进增收节支1827万元。提出合理化建议235条，财务决算审签19个。向司法机关移

送案件6起，移送司法机关处理5人，建议给予行政处分12人。（撰稿人：杨剑波）

【重庆市黔江区审计局】 2002年，共有干部职工31人，其中本科学历16人，大专学历10人，局长傅自力，副局长黄朝廷，纪检组长龙受明。设有办公室、法制科、财政金融审计科、行政事业审计科、农业与资源环保审计科、企业审计科、固定资产投资及外资运用审计科、经济责任审计及内部审计管理科。

审计成果 审计单位37个，查出违规行为金额8966万元，其中决定处理处罚968万元，指明要求纠正7998万元。应缴财政219万元，已交财政219万元，归还原渠道资金736万元，促进增收节支280万元。提交审计工作报告17份，信息和调查报告68篇，被采用38篇。向纪检、司法部门移送案件各1起。

经济责任审计 开展经济责任审计项目7个、9人，查出违规行为金额72万元。审计后，平调4人。

内部审计 区直部门内审机构14个，其中专职机构11个；内审人员38人，其中专职人员35人。共审计单位268个，查出损失浪费8万元，纠正违规行为金额677万元，促进增收节支600万元。（撰稿人：李伟）

【重庆市长寿区审计局】 2002年，共有干部职工17人，其中本科学历5人，大专学历6人，局长章淑明，副局长王一民。设有办公室、行政事业审计科、财政审计科、固定资产投资审计科、企业审计科、经济责任审计及内部审计管理审计科。

审计成果 审计单位65个，查出违规行为金额496万元，应缴财政166万元，已交财政166万元。提交审计工作报告39份，信息和调研报告8篇，被采用两篇。

经济责任审计 开展经济责任审计项目19个、26人，查出违规行为金额297万元，增加财政收入72万元，查出损失浪费3万元。

内部审计 全区内审机构46个，其中专职机构6个；内审人员101人，其中专职人员10人。共审计单位184个，查出损失浪费14.7万元，纠正违规行为金额309万元，促进增收节支33.8万元。（撰稿人：邱建斌）

【合川市审计局】 2002年，共有干部职工21人，其中本科学历10人，大专学历6人，局长陈友书，副局长李关海（兼纪检组长）、张吉友、周龙宽（—2月）。设有办公室、法规科、投资审计科、经济责任审计及内部审计管理科、财政金融审计科、行政事业审计科。

审计成果 完成审计项目28个，审计资金总额39.48亿元，查出违纪违规行为金额11994.57万元，其中决定处理处罚金额228.81万元，指明要求纠正金额11765.76万元。完成固定资产投资建设项目竣工决算（结算）审计33项，审计投资金额5282.18万元，核减投资120.3万元。提交审计报告20份、审计信息30篇，被采用12篇。

经济责任审计 开展经济责任审计项目5个、5人，查出违规行为金额377万元，其中应缴未交税费38.3万元，已全部缴纳入库。发现核算和管理上的问题13个，并提出了相关的整改意见。

内部审计 市直部门内审机构35个，其中专职机构4个；内审人员70人，其中专职人员6人。审计单位312个，纠正违规行为金额130万元。市教委李和荣被评为重庆市内部审计工作先进个人。（撰稿人：秦忠）

【永川市审计局】 2002年，共有干部职工18人，其中本科学历7人，大专学历11人，局长许启志，副局长符宏、邓绍顺、陈勇，纪检组长李桂华（—12月）。设有办公室、综合复核科、财政金融审计科、经济责任审计科、行政事业审计科。

审计成果 审计单位33个，查出违规行为金额2065万元，应缴财政168万元，已交财政53万元。提交审计工作报告40份、信息31篇，被采用17篇。

财政预算执行审计 查出财政局欠拨2001年度低保金184万元，交通局少计预算外收入822万元，国土部门欠缴综合税费151万元，税务部门违规代扣代征148万元、混级混库100万元，抽查教育、人口与计划生育等部门虚列支出700多万元。

金融审计 审计单位9个，查出违规行为金额445万元，应缴财政16万元，已交财政16万元。

企业审计 审计了永川市茧丝绸（集团）公司等3家企业，查出违规行为金额850多万元，要求归还原渠道资金255万元。

行政事业审计 完成行政事业审计项目6个，查出“小金库”两个，处理“小金库”资金90多万元。

农业与资源环保资金审计 完成项目3个，查出违规行为金额166万元，要求归还原渠道资金21万元，调账83万元。

基建及工程项目投资审计 成立了20多人的工程审计“人才库”；对近3年全市的新建、改建、扩建工程进行了调查，调查项目125个，总投资30108万元，实际投资13156万元；工人文化宫一期改建工程送审800万元，审减167万元。

经济责任审计 完成经济责任审计项目8个、8人，查出违规行为金额350余万元，指明要求纠正金额562万元。

内部审计 建立了46个内审机构，其中专职机构18个；内审人员164名，其中专职人员47人。共审计单位96个，纠正违规行为金额765万元。（撰稿人：张朝阳）

【江津市审计局】 2002年，共有干部职工21人，其中本科学历16人，大专学历4人，局长王贵福，副局长何树春、涂景洪、唐德玉。设有办公室、财政审计科、经济责任和经贸审计科、事业和社会保障审计科、基建审计科。

审计成果 审计单位44个，查出违规行为金额1292万元，应缴财政444万元，审减工程造价372万元。提交审计工作报告31份、信息和统计分析报告65篇，被采用63篇。

经济责任审计 开展经济责任审计项目8个、13人，查出违规行为金额600万元。审计后，平调7人，降职5人。

内部审计 有内审机构90个，其中专职机构5个；内审人员361人，其中专职人员10人。共审计单位112个，查出损失浪费387万元，纠正违规行为金额888万元，促进增收节支39万元。（撰稿人：王安超）

【南川市审计局】 2002年，共有干部职工14人，其中本科学历两人，大专学历8人，局长陈纯秀，副局长韦红庆、唐继伦。设有办公室、综合法制科、行政事业审计科、财政金融审计科、经济责任审计及内审管理科、固定资产投资及外资运用审计科。

审计成果 完成预算执行审计、财政决算审计、金融审计、经济责任审计、企业审计、专项资金审计、外资运用审计及专项审计调查等审计项目30个，查出违纪违规行为金额5348万元，应缴财政140万元，已交财政120万元。提出审计建议84条，提交审计报告8份、审计信息34篇，被采用29篇。（撰稿人：金华）

【綦江县审计局】 现有干部职工21人，设有办公室、行政事业审计科、企业审计科、财政审计科、经济责任审计科，负责对全县19个乡镇和49个县直部门的审计监督。局长全华，副局长罗沛信、郑平、冯永生。

审计成果 完成审计项目54个，审计和抽查了163个单位，审计总金额5亿多元，查出违纪违规行为金额9500万元，应缴财政90万元，已交财政83万元。发现案件线索4件，移送纪检、监察机关查处4件，其中移送检察机关立案查处1件。建议纠正单位和部门不当规定115条，提交审计报告45份、信息23篇，被采用5篇。（撰稿人：黎兰）

【潼南县审计局】 现有干部职工18人，设有办公室、财政金融审计科、综合审计科、经济责任审计科，负责对全县31个乡镇和54个县直部门的审计监督。局长郑志，副局长王功建、唐瑞、谭建国（—12月）。

审计成果 审计单位24个，查出违规行为金额94万元，应缴财政88万元，已交财政83万元，查出管理不规范金额2658万元。提交审计工作报告两份、信息和调研报告4篇，被采用两篇。内审机构16个，其中专职机构1个；内审人员33人，其中专职人员6人。共审计单位48个，查出损失浪费3万元，纠正违规行为金额175万元，促进增收节支331万元。（撰稿人：邱继辉）

【铜梁县审计局】 现有干部职工14人，设有综合科、财金和企业审计科、行政事业审计科、经济责任审计科，负责对全县33个乡镇和58个县直部门的审计监督。局长黎平，副局长周贤帮、汤朝阳、陈树刚。

审计成果 完成审计项目43个，查出违纪违规行为金额3753万元，决定处理金额2001万元，决定处罚金额129万元，已交财政90万元。移送县纪检监察机关处理7人，移送司法机关处理的6人。提交审计工作报告47份、信息17篇，被采用两篇。有专兼职内审人员57人，共审计单位121个，纠正违规行为金额228万元，促进增收节支68万元。开展党政领导干部任期经济责任审计项目12个、13人，查出违规行为金额1215万元，查出个人存在经济违规行为的两人；审计后，其中平调4人，移送纪检监察机关处理两人。（撰稿人：姚永春）

【大足县审计局】 现有干部职工15人，设有办公室、财政金融审计科、行政事业与经济责任审计科、综合审计科，负责对全县32个乡镇和61个县直部门的审计监督。局长邓超，副局长龙俊、邓施全、陈圣利。

审计成果 审计单位29个，查出违规行为金额571万元，收缴财政24万元。提交审计工作报告27份，信息和专项调研报告12篇，被采用5篇。开展经济责任审计项目4个、5人，查出违规行为金额6万元。审计后，平调两人。内审机构46个，其中专职机构3个；内审人员53人，其中专职审计人员7人。共审计单位18个，查出损失浪费3万元，纠正违规行为金额5万元，促进增收节支6万元。（撰稿人：李连友）

【荣昌县审计局】 现有干部职工18人，设有办公室、财政金融审计科、行政事业审计科、经济责任审计科、综合科，负责对全县20个乡镇和68个县直部门的审计监督。局长吴建新（7月—，兼纪检组长）、张贻俊（—7月），副局长钟国芬、李可农（7月—）、李洪（12月—）、杨运友（—7月）。

审计成果 审计单位50个，查出违规行为金额1205万元，应缴财政149万元，已交财政32万元。提交审计综合报告37份、信息25篇，被采用25篇。开展经济责任审计项目17个、23人，查出违规行为金额778万元。内审机构共44个，内审人员126人。（撰稿人：唐芳）

【璧山县审计局】 现有干部职工14人，设有办公室、财政金融审计科、行政事业审计科、经济责任审计及内部审计管理科、投资及企业审计科，负责对全县26个乡镇和74个县直部门的审计监督。局长蔡光芬，副局长周大勇、张显鸿（兼纪检组长）。

审计成果 审计项目15个，审计单位22个，查出违规行为金额3789万元，应纠正金额35994万元，调账处理784万元，已交财政179万元。提交审计工作报告15份。（撰稿人：黄伟）

【垫江县审计局】 现有干部职工19人，设有办公室、经济责任审计科、财政金融审计科、行政事业审计科、经贸审计科、固定资产投资审计科，负责对全县25个乡镇和59个县直部门的审计监督。局长张光福，副局长来代银、杨碧德（兼纪检组长）。

审计成果 审计单位90个，查出违规行为金额2081万元，应缴财政208万元，已交财政102万元。提交审计工作报告145份、信息和调研报告64篇，被采用12篇。开展经济责任审计项目45个、65人（其中任中审计两个、两人，任前审计3个、3人），查出违规行为金额1463万元。审计后，晋升3人，平调36人，免职26人，移送纪检监察机关3人。内审机构45个，其中专职机构9个；内审人员105人，其中专职人员23人。共审计单位51个，查出违规行为金额385万元。（撰稿人：周兴福）

【武隆县审计局】 现有干部职工18人，设有办公室、财政金融审计科、行政事业和农业审计科、经济责任审计和内部审计管理科、固定资产投资和外资审计科，负责对全县46个乡镇和42个县直部门的审计监督。局长王孝碧，副局长谭平、熊素华、罗文生。

审计成果 共审计单位25个，查出违规行为金额100万元，指明要求应纠正金额1842万元。提交审计工作报告19份、信息和调研报告12篇，被采用7篇。完成经济责任审计项目1个，纠正违规行为金额70万元。有内审机构13个，其中专职机构两个；内审人员70人，其中专职审计人员4人。共审计单位184个，查出损失浪费17万元，纠正违规行为金额20万元，促进增收节支24万元，提出建议意见被采纳32条。（撰稿人：余先普）

【丰都县审计局】 现有干部职工22人，设有办公室、法制科、财政金融审计科、行政事业审计科、移民资金审计科、固定资产投资审计科、经济责任审计科、企业审计科、县经济责任审计中心，负责对全县31个乡镇和75个县直部门的审计监督。局长冉新荣，副局长杜家福、王泽民（兼纪检组长）、孙红英。

审计成果 共审计单位23个，查出违规行为金额1565万元，应缴财政320万元，已交320万元，核减工程投资款116万元。提交审计工作报告23份、信息和调研报告55篇，被采用47篇。向纪检监察机关移送违法案件线索1件。开展经济责任审计项目7个、7人，查出违规行为金额474万元，查出个人存在经济问题1人。审计后，平调3人，免职3人，移送纪检监察机关1人。内审机构30个，其中专职机构24个；内审人员43人，其中专职人员37人。共审计单位81个，查出损失浪费150万元，纠正违规行为金额614万元，促进增收节支36万元，建议行政处分1人，移送司法机关1人被判处有期徒刑8年。（撰稿人：冉新荣、范福义）

【城口县审计局】 现有干部职工12人，设有办公室、财政农业审计科、经济责任审计科、行政事业审计科、经贸金融审计科，负责对全县32个乡镇和68个县直部门的审计监督。局长胡清贵，副局长刘兆元、雷光泉。

审计成果 审计单位25个，查出违规行为金额424万元，指明要求纠正612万元，决定处理处罚6万元。提出建议意见32条，提交审计工作报告25篇、信息7篇，被采用7篇。开展经济责任审计项目12个、12人，查出违规行为金额40万元，指明要求纠正554万元，查出个人存在经济问题两人。审计后，移送纪检监察机关两人。（撰稿人：冉茂）

【梁平县审计局】 现有干部职工16人，设有审计局办公室、财政金融审计科、行政事业审计科、经济责任审计科、建设项目审计科，负责对全县34个镇乡和56个县直部门的审计监督。局长程伟，副局长李献章、孔令。

审计成果 共完成了财政预算执行、镇乡财政决算、经济责任审计以及审计调查等项目53个，指明要求纠正4337万元，查出违纪违规行为金额345万元，已交财政66万元，归还原渠道资金28万元，调账处理34万元。提交审计工作报告31份、审计信息及简报24篇，被采用

7篇。(撰稿人：廖忠文)

【开县审计局】 现有干部职工21人，设有办公室、法规科、财政金融审计科、行政事业审计科、经济责任审计科、移民资金审计科、社会保障资金审计科，负责对全县55个乡镇和64个县直部门的审计监督。局长徐裕林，副局长吴晓明、雷晓玲。

审计成果 审计单位54个，查出违规行为金额828万元，应缴财政129万元，已交129万元，归还原渠道资金197万元，指明要求纠正金额3292万元。提交审计报告54份，信息和调研报告21篇，被采用11篇。(撰稿人：任钧)

【巫溪县审计局】 现有干部职工14人，设有办公室、财政金融审计科、行政事业审计科、经济责任审计科，外资基建企业审计科，负责对全县57个乡镇和52个县直部门的审计监督。局长张万钧，副局长冉奎远。

审计成果 审计单位31个，延伸审计单位42个，查出违规行为金额2405万元，应缴财政420万元，已交420万元。提交审计工作报告18份、信息和调研报告14篇，被采用8篇。(撰稿人：钟国敏)

【巫山县审计局】 现有职干部职工16人，设有办公室、经济责任审计科、财政金融审计科、固定资产投资审计科、行政事业审计科、经贸审计科，负责对全县48个乡镇和35个县直部门的审计监督。局长吴昌文，副局长陈仲林、胡蓉。

审计成果 审计单位34个，查出违规行为金额4350万元，应缴财政1003万元，已交1003万元。提交审计工作报告13份、信息20篇，被采用15篇。查清了巫山县地税局截留税款922.8万元的事实，决定上缴财政922.8万元。开展经济责任审计项目9个、9人，查出违规行为金额859万元。审计后，平调6人，免职1人。移民资金审计中，抽审移民管理部门和单位25个，查出违规行为金额209.13万元，查出个人存在经济问题1人，移送检察机关1人。(撰稿人：冯军)

【奉节县审计局】 现有干部职工16人，设有办公室、经济责任审计科、行政外资审计科、财政金融审计科、工交商贸审计科，负责对全县81个乡镇和55个县直部门的审计监督。局长王劲，副局长雷廷雄、刘刚。

审计成果 审计单位26个，查出违规行为金额1582万元，应缴财政60万元，已交财政60万元。提交审计工作报告5份、信息21篇，被采用4篇。开展经济责任审计项目3个、3人，查出违规行为金额92万元。审计后，晋升1人，平调两人。内审机构39个，其中专职机构1个；内审人员61个，其中专职人员19个。共审计单位108个，查出损失浪费11万元，纠正违规行为金额700万元，促进增收节支7万元。(撰稿人：王天松)

【云阳县审计局】 现有干部职工16人，设有人秘综合科、财政金融审计科、行政事业审计科、农业外资审计科、企业及固定资产投资审计科，负责对全县65个乡镇和28个县直部门的审计监督。局长黄云，副局长罗建国、甘艺平。

审计成果 审计单位43个，其中经济责任审计项目1个，查出违规行为金额5732万元，应纠正金额9061万元，应缴财政169万元，已交财政169万元。提交审计工作报告13篇，发现大案要案线索并移交纪检、公安机关两件。(撰稿人：于建新)

【忠县审计局】 现有干部职工17人，设有办公室、财政金融审计科、经济责任审计科、行政事业审计科、外资移民投资审计科，负责对全县42个乡镇和110多个县直部门的审计监督。局长许安长，副局长王建琼、胡显均、沈辉龙。

审计成果 完成审计项目37个，审计单位136个，查出违规行为金额6648万元，应缴财政73万元，已交37万元。提交审计工作报告37份，审计信息48篇，被采用27篇。开展经济责任审计项目16个、21人，查出违规行为金额820万元，查出个人存在经济问题4人。审计后，平调15人，免职1人，降职1人。(撰稿人：王洪春)

【石柱土家族自治县审计局】 现有干部职工13人，设有办公室、财政金融审计科、行政事业审计科、基建经贸外资审计科、经济责任审计科，负责对全县32个乡镇和57个县直部门的审计监督。局长谭地勇，副局长张孝奎、袁锦发。

审计成果 审计单位35个，查出应纠正金额6346万元，违规行为金额826万元，其中归还原渠道资金48万元，调账处理292万元，已交财政18万元，审减工程投资资金309万元。提交审计报告8份、信息30篇，被采用27篇。开展任期经济责任审计项目1个、1人，查出违规行为金额8万元，审计后该同志平行调动；此外，为2003年党委政府换届做准备，实施任中经济责任审计项目6个。内审机构5个，其中专职机构两个；内审人员9人，其中专职人员两人。共审计单位5个，纠正违规行为金额33万元，促进增收节支19万元。(撰稿人：田永文)

【彭水苗族土家族自治县审计局】 现有干部职工12人，设有综合科、经济责任审计科、行政事业审计科、财政金融审计科、经贸外资固定资产投资审计科，负责对全县39个乡镇和58个县直部门的审计监督。局长张学维，副局长张合奎、李勇，纪检组长陈玉强。

审计成果　全年完成审计项目48项，涉及审计单位102个，查出各种违规违纪行为金额24741.10万元，指明要求纠正金额19852.74万元，处以罚款78万元。提交审计工作报告86份、信息和调查报告33篇，被采用12篇。开展经济责任审计项目3个、3人，审计查出违规问题16项、违纪违规行为金额530.61万元。内审机构10个（未设专职机构），内审人员10人。公安系统李孝文同志被重庆市人事局和重庆市审计局评为内审先进个人。（撰稿人：李泽茂）

【酉阳土家族苗族自治县审计局】　现有干部职工13人，设有办公室、财政金融审计科、农业与社会保障审计科、经贸与投资审计科和经济责任审计科，负责对全县39个乡镇和57个县直部门的审计监督。局长冉建中，副局长杨吉国。

审计成果　完成审计项目36个，查出各种违规行为金额596万元，决定处理处罚59万元，指明要求纠正3477万元，已交财政41万元，追还被挪用资金18万元，促进增收节支25万元。移送检察机关处理1人。提交审计报告26份、信息20篇，被采用12篇，纠正部门不当规定10条。（撰稿人：许良章）

【秀山土家族苗族自治县审计局】　现有干部职工16人，设有办公室、行政事业审计科、财政金融审计科、经贸外资基建审计科、经济责任审计科，负责对全县32个乡镇和25个县直部门的审计监督。局长王木林，副局长赵秀宁、李广忠。

审计成果　审计单位24个，查出违规行为金额4955万元，决定处理处罚299万元，指明要求纠正4656万元，应缴财政12万元，已交财政12万元，追还被侵占挪用76万元，协助有关部门查处案件7起，向司法机关移送案件1起。提交审计工作报告13份、信息20篇，被采用24篇。开展领导干部任期经济责任审计项目3个、3人，查出违规行为金额73万元，审计后，平调两人，降职1人。设有内审机构11个，其中专职机构7个；内审人员22人，其中专职人员10人。共审计单位79个，查出损失浪费31万元，纠正违规行为金额69万元，促进增收节支41万元。（撰稿人：程石）

四川省

【四川省审计厅】　2002年，四川省审计厅机关定编142人，在编133人。设有办公室、法制处、经济责任审计处、财政审计处、金融审计处、行政事业审计处、经贸审计处、农业与资源环保审计处、社会保障审计处、固定资产投资审计处、外资运用审计处、人教处、机关党委、监察室；另设有直属审计分局；同时还设厅机关服务中心、审计科研所等直属事业单位。

领导成员

厅　长：李高伟

副厅长：黄锦生　黄万辉

　　　　蔡文强

纪检组长：周后昆

巡视员：熊　珩

四川省审计成果　全省全年共审计了6828个单位，查出违规行为金额123.99亿元，应缴财政11.13亿元，已交5.40亿元，归还原渠道资金9.90亿元。向司法机关移送案件21起，向纪检、监察部门移送案件69起，建议给予行政处分40人。通过审计提出改进工作的建议4000多条，向各级党政机关提供审计报告和信息3000多篇，被采用近2100篇。

财政审计　全省共完成预算执行和财政决算审计项目1487个，查出违规行为金额17.21亿元，其中，应归还原渠道资金1.14亿元，调账处理7.72亿元，应缴财政1.24亿元，已交0.94亿元。各地认真贯彻审计署五年规划和省政府办公厅批转的审计厅《关于进一步加强和深化预算执行审计工作意见》的通知要求，采取统一计划、统一方案、统一组织的方式，建立和完善了“一体化”的工作机制。在开展预算执行审计中，注意把推进财政体制改革作为重要的审计目标，揭露反映预算管理中深层次的以及与建立公共财政不相适应的问题。通过对部门预算制度的执行、待分配资金的管理、集中支付制度的实施、政府集中采购制度的建立和执行情况等方面的审计，揭露了预算执行结果不够真实、预算编制中项目过粗、财政税务机关自身经费缺乏制约、违规缓征税款严重、政府集中采购中未编制政府采购预算、未制定采购计划等问题，审计意见促进了财政税务部门认真整改、规范管理和制度建设，取得了较好的效果。各地向本级人大常委会作的审计工作报告得到充分肯定。

金融和外资审计　根据审计署的授权，全省统一组织对中国农业发展银行四川省分行及所属127个市州县分支机构、华西证券有限责任公司本级及所属北京、上海、杭州、深圳、万州营业部等25个核算单位进行了审计，查出违规行为金额23544.54万元，应缴财政180.59万元，抵减亏损147万元。

全省完成17个国际组织贷援款项目、181个县以上项目执行单位的审计任务，出具中文审计报告（代审计意见书）172份、中英文审计报告9份。在国际组织贷援款项目审计中发现违法违规违反协议问题资金，其中挪用项目资金4136万元，证据不足支出7637万元，滞留项目资金564万元，配套资金不到位13736万元，其他问题203万元。

专项资金审计 全省共完成重点专项资金审计项目3215个。统一组织了对21个市（州）及所辖107个县（市）1999～2001年农业综合开发资金审计，查出违纪违规行为金额2.7亿元。审计期间已促进资金到位5048万元，已纠正违纪违规行为金额5847万元。根据国务院、省政府的有关要求，及时部署住房公积金管理、使用情况和公积金中心负责人经济责任审计工作，查出各类违纪违规行为金额9.72亿元，审计机关按照规定做出了审计处理，确保了住房公积金安全完整。对社会保障资金账户和存款运行情况的专项审计，主要涉及各级财政、社保、就业、机保和医保等部门，审计单位达1010个，审计社保资金账户4645个，共查出各项违纪违规行为金额302961.9万元。查出违反规定在非国有商业银行存放、社保资金在银行多头开户、未严格实行“收支两条线”管理、私设“小金库”等重大违纪违法行为。周永康书记在省厅报送的《我省农村社会养老保险问题突出》审计信息中批示到：“挪用保命钱，罪当诛斩!”温家宝同志也对相关审计信息做出了重要批示。

完成全省131个县一期农村电网建设与改造资金的审计，查出各类违纪违规行为金额5亿元。完成成雅、自宜和隆纳3条高速公路的竣工决算审计，审计总金额达到51亿元，查出违纪违规行为金额4亿元，造成损失浪费2.2亿元，征地补偿中克扣、损害农民利益1.15亿元，挽回经济损失4000万元。对112个民族地区教育发展十年行动计划项目单位的专项经费收支情况实施审计，共查出违规违纪行为金额895万元，切实加强“行动计划”实施中各项经费管理、使用及效益情况的审计监督，提高资金使用效益。

乡村债权债务审计 根据省委、省政府主要领导同志的指示，年初，由审计机关牵头对全省5085个乡镇、54593个村2001年底的乡村两级债权债务情况进行审计核实。在实施过程中，坚持政策口径全省一致，省、市两级加强督查复核，统一验收，自查面达到了100%，县对乡镇审计核实面达到了100%，从总体上摸清了乡村家底，为省委、省政府决策提供了一个比较真实、可靠的乡村债权债务总体情况，为化解不良债务奠定了基础；为今后化债工作提出了有针对性的意见和建议，并积累了较为丰富的基础资料。审计核实核减债务水分141.3亿元，揭露了一些贪污侵占公款、骗取国家资金等违法违纪案件，已移交司法、纪检监察机关和当地政府处理46人，得到省委、省政府的充分肯定。

经济责任审计 全省共完成经济责任审计项目2361个，其中审计党政领导干部1410人，国有及国有控股领导人员58人。审计查出各种违规行为金额95509万元，损失浪费9978万元。其中由于领导干部直接经济责任造成的违规行为金额6754万元、损失浪费175万元；由于领导干部主管经济责任造成的违规行为金额61560万元、损失浪费8469万元。审计中还发现个人经济问题767万元。参考审计结果，免职、降职、撤职193人，给予党纪政纪处分17人，移送纪检监察机关处理45人，移送司法机关处理10人。省审计厅牵头起草的《党委政府主要领导干部经济责任审计操作规程》，已正式以省经济责任审计联席会议的名义出台实施；同时还起草了《行政事业单位主要领导干部经济责任审计操作规程》；协助省委组织部代拟了省委、省政府办公厅关于《四川省市、县级党政主要领导干部经济责任审计暂行办法》，已出台并实施。

审计信息化建设 2002年“金审工程”正式启动，四川省作为全国3个“金审工程”试点省之一，提出了“依托四川省党政网，建设四川省审计信息高速通道，发展四川省审计信息化建设”的发展规划。全省以四川省党政网为网络平台，利用宽带网络接入方式，构建了四川审计专网，实现了省审计厅与市、州审计局的网络连接，形成全省审计系统信息化专用虚拟网络通道，全省审计机关内部信息通过四川党政网传递交换，已涵盖150多个单位，全面实现电子数据的互联互通和信息共享。开展以公文上网运转为主要内容的办公自动化应用，在全省审计机关统一使用了“机关辅助办公系统”，完成了公文流转、传输、查询等功能的计算机网络化管理，推进了全省无纸化办公的进程。研制开发了“四川省审计法规库”软件，完成地方性法规、地方规章、有关部门制发的规范性文件以及国家近两年新颁法律、法规、规章等规范性文件收集、录入工作，共计34000篇，约900万字，已通过四川省审计厅网站向全省审计系统开放。制定了“金审工程”第一期建设方案和网络改造方案；完成了通用审计软件的测试、修改、完善等工作，加大了利用计算机开展审计工作的力度。省审计厅在对成南公司亚行贷款资金运用审计时，面对被审计单位构建的管理信息系统数据量大、数据来源多样化的情况下，采取引进现有审计软件和编制审计小程序模块等多种形式对其财务数据结构进行分析，查找错漏，大大提高了审计效率，节约了审计成本。培训全省计算机审计和管理骨干35人。

受表彰情况 在乡村债权债务审计核实工作中共有68个集体、300名个人受到省政府表彰；获得2002年度退耕还林先进集体和先进个人表彰；省委、省政府2002年度目标考核先进单位。（撰稿人：黄海平）

【成都市审计局】 2002年，共有干部职工140人，其中研究生学历1人，本科学历55人，大专学历57人，局长叶学东，副局长胡旭光、李尚德、罗济沙，纪检组长樊均潮。设有办公室、法规处、人事处、财政审计处、金融审计处、经贸审计处、行政财经审计处、农业审计处、投资审计处、外资审计处、经济责任审计处、社保审计处和直属审计分局以及监察室、机关党委。

审计成果 全市审计机关共审计996个审计项目，查出违规行为金额75843万元，应缴财政13687万元，已交11944万元，归还原渠道资金313万元，指明要求纠正209397万元。向司法机关移送案件两起，向纪检监察部门移送案件13起，查出百万元以上违规单位77个。积极完成党政交办任务556个，各级审计机关编发审计信息1556篇，被各级党委政府和上级审计机关采用497篇。被评为“四川省审计机关审计工作先进集体”。

财政审计 全市的财政预算执行审计工作，注意将财税部门审计与其他部门单位审计相结合，预算执行审计与决算审计相结合，预算内资金审计与预算外资金审计相结合，审计计划统一安排。初步建立以预算执行审计一体化为内容的新机制。全年共审计了预算执行单位83个，查出各类违纪违规行为金额6600万元，应缴财政2688万元。市级预算执行审计及其“两个报告”得到了市政府和市人大的高度重视和肯定。

按照省委省政府的统一部署，全市开展了对乡村债权债务审计核实工作。市县两级审计机关审计自查面和审计核实面达到了100%。

专项资金审计 全市审计机关注重对农业资金、社保资金、国土资金、执法单位的执收执罚资金及预算外资金的审计。其中，仅社保资金就审计单位21个，审计资金总额4.1亿元，查出违规行为金额3084万元，应缴财政216万元。对全市2001～2002年2月底止社保资金账户和银行存款的审计，查出违规开户71个，未纳入财政专户管理83701万元。

金融、外资审计 全市审计机关对成都市农业发展银行14家区县支行和成都市商业银行华兴支行和高新支行进行了审计。完成了利用世界银行贷款的卫V、卫VI、卫VII，住房及社会保障制度改革项目和利用英国政府援款的中国城市社区卫生服务与贫困救助项目等16个项目审计，开展了市政府外债情况的审计调查。

投资、经贸审计 全市投资审计共审计单位389个，审计项目总投资25.67亿元，查出违规行为金额3.73亿元，核减工程结算2.4亿元。组织了14个区（市）县农村电网建设与改造项目的审计，查出违纪行为金额1629万元，经贸审计以促进和加强提高企业经济效益为目标，开展对上市公司的审计。在审计某大型股份有限公司时，查出企业挤占成本等有违规行为金额5125万元，应缴财政4844万元，已交3662万元。

经济责任审计 全市各区县都设有专（兼）职经责审计机构。两级审计机关共开展了经济责任审计209个，查出违纪违规行为金额12161万元，指明要求纠正42539万元。（撰稿人：黄衍定）

【成都市青羊区审计局】 现有干部职工12人，设有办公室、财政金融审计科、行政事业审计科、经济责任审计科、综合审计科和执法队，负责对全区14个办事处、乡和26个区直部门的审计监督。局长王晓华，副局长雷玲、石自力，纪检组长尹琪。

审计成果 完成审计项目33个，查出违纪违规行为金额7332万元，应缴财政2183万元，已交1723万元。其中对8名处级领导干部进行了任期经济责任审计，查出违规行为金额1128万元。提交审计报告34份，信息和调研报告76篇，被采用39篇。（撰稿人：彭毅朴）

【成都市锦江区审计局】 现有干部职工19人，设有办公室、综合科、固定资产投资审计科、经济责任审计科、审计执法监察所，负责对全区两个乡和39个区直部门的审计监督。局长陶守明（—3月）、武德箭（3月—），副局长林勇（—3月）、何蕾、宣栋（3月—），纪检组长孙玉柱（—2月）、李瑛（2月—）。

审计成果 完成审计项目36个，其中经济责任审计项目5个。查出违规行为金额23万元，指明要求纠正6338万元，应缴财政23万元，已交14万元。完成审计调查1个，调查单位1个。提交审计报告1份，审计意见20份，审计信息被采用11篇。（撰稿人：刘勇）

【成都市金牛区审计局】 现有干部职工20人，设有办公室、财政审计科、行政事业审计科、投资审计科、任期经济责任审计科，负责对全区24个乡镇、街道和37个区直部门的审计监督。局长陈琦，副局长郭兰涛、雷勇（兼纪检组长）。

审计成果 全年计划审计任务15个，实际完成51个，查出违规行为金额14197万元，应缴财政904万元，已交900万元。提交审计信息79篇，被采用60篇（次）。其中，共完成4个乡、50个村的乡村债权债务审计核实，并被四川省政府评为先进集体。共完成任期经济责任审计19个，查出违规行为金额10527万元。完成19个国家投资建设项目审计，报审金额9391万元，审减1400万元。（撰稿人：杨刚）

【成都市武侯区审计局】 现有干部职工13人，设有办公室、财政审计科、经济责任审计科、行政事业审计科和固定资产投资审计科，负责对全区13个乡镇、街道和区直部门的审计监督。局长康黎，副局长张显华、张恒。

审计成果 完成审计项目69个（其中任期经济责任审计16个），查出违纪违规行为金额1552万元，应缴财政707万元，已交655万元，指明要求纠正1173万元；固定资产投资审计审减工程造价1559万元。完成审计调查项目两个。提交审计报告和信息91篇，被采用64篇（次）、领导批示14篇（次）。固定资产投资审计、外资运用审计被省审计厅评为先进集体，乡村债权债务审计被四川省政府评为先进集体。档案管理达省二级标准。（撰稿人：张显华）

【成都市成华区审计局】 现有干部职工17人，设有办公室、财政审计科、固定资产投资审计科、经济责任审计科、行政事业审计科、法规科，负责对全区4个乡、12个街道、38个区直部门的审计监督。局长黄先平，副局长李晓庆、胡耘，纪检组长贾心宇。

审计成果 完成审计项目24个、35个单位，其中经济责任审计项目14个，查出违纪违规行为金额2459万元，其中指明要求纠正1107万元，决定处理处罚169万元，应缴财政169万元，促进增收节支1012万元；固定资产投资审计核减金额1012万元。提交审计报告24份，审计意见24份，审计信息111篇，被采用57篇。外资审计和政府外债审计调查被评为全省优秀审计项目。（撰稿人：袁耘、朱涛）

【成都市龙泉驿区审计局】 现有干部职工17人，设有办公室、财政金融审计科、行政事业审计科、经贸与专项资金审计科、任期经济责任审计科、固定资产投资审计科，负责对全区19个乡镇和56个区直部门的审计监督。局长李曦，副局长钟述发、程刚、王宗德。

审计成果 完成审计项目30个，查出违规行为金额3695万元，应缴财政138万元，已交100万元。其中，开展经济责任审计项目4个。提交各类审计结果报告、综合分析报告12份、调研文章3篇、审计信息33篇，被采用6篇。乡村债权债务审计、外资审计分别被四川省政府、省审计厅评为先进集体。（撰稿人：李军）

【成都市青白江区审计局】 现有干部职工16人，设有局办公室，经济责任审计科、财政金融审计科、行政事业审计科，负责对全区15个乡镇和45个区直部门单位的审计监督。局长唐贤富，副局长王大元、彭传根、徐杨。

审计成果 完成审计项目38个，查出违纪行为金额250万元，收缴财政14万元，指明要求纠正1280万元，基建竣工决算送审金额1.09亿元，审减基建投资1120万元。提交审计信息38篇，被区新闻单位采用两篇、地方党政采用14篇、市审计局采用3篇、《现代审计》刊登1篇；审计调研报告8篇。有内审机构16个，共审计单位45个，指明要求纠正43.8万元，促进增收节支74.5万元。（撰稿人：肖德平）

【成都市新都区审计局】 现有干部职工16人，设有办公室、财政审计科、行政事业审计科、金融审计科、经贸投资审计科、经济责任审计科，负责对全区17个乡镇和61个区直部门的审计监督。局长黄传清，副局长冯蓉、龚柏珍。

审计成果 完成审计项目28个，党政领导交办群众关心的热点、难点事项11个，任期经济责任审计3个，查出违纪违规行为金额406元，应缴财政59万元，已交56万元。提交科研论文5篇，审计信息66期，被市审计局采用3期，区委、区政府采用两期。乡村债权债务审计被四川省政府评为先进集体。（撰稿人：向忠）

【成都市高新区审计局】 现有干部职工4人，负责对全区4个街道和25个区直部门的审计监督。局长郑洪华。

审计成果 完成审计项目47个，审计单位11个，查出违规行为金额736.69万元，应缴财政245.69万元，已交115.69万元。完成审计调查两个，调查单位4个。提交审计报告47份，信息和调研报告7篇，被采用两篇。完成8名领导干部任期经济责任审计，查出违规行为金额47万元。（撰稿人：郑洪华）

【成都市温江区审计局】 现有干部职工16人，设有办公室、财政金融审计科、经济责任审计科、固定资产投资审计科，负责对全区15个乡镇和57个区直部门的审计监督。局长陈长明，副局长王曦、郭宪军，纪检员吴绍能。

审计成果 完成审计项目91个，134个单位，党政领导交办审计项目6个，查出违规行为金额7191万元，其中决定处理处罚1075万元，指明要求纠正6116万元，应缴财政1075万元。提交审计信息106篇，被上级审计机关采用6篇，区委、区政府采用15篇，科研文章在专业杂志上发表5篇，综合报告被党政领导批示12篇。开展固定资产竣工审计项目66个，审计投资总额1.3亿元，查出违规行为金额1245万元，核减工程决算1245万元。开展经济责任审计项目13个、13人，查出违规行为金额809万元。审计后，晋升1人，平调12人。

【崇州市审计局】　现有干部职工32人，设有办公室、综合法制科、行政事业审计科、固定资产投资审计科、经贸审计科、经济责任审计科，负责对全市35个乡镇和25个市直部门的审计监督。局长冯平光，副局长刘奇、高明刚、李志强、欧阳洪，纪检组长李志强。

审计成果　完成审计项目71个，审计单位78个，查出违纪违规行为金额2350万元，决定处理处罚67.39万元，应缴财政67.39万元。查出经济案件线索3件，移送纪检监察机关3人。提交审计报告71份，审计意见71份，审计信息、简报和调研报告119篇，被采用28篇。对9名领导干部任期经济责任进行审计，查出违纪违规行为金额661.28万元。审计后，晋升1人、平调、留用6人、降职、免职两人。（撰稿人：吴维正）

【邛崃市审计局】　现有干部职工17人，设有办公室、财政金融审计科、行政事业审计科、经济责任审计科和固定资产投资审计科，负责对全市33个乡镇和45个市直部门的审计监督。局长刘仲良，副局长黄安莉、谢平、王福军。

审计成果　完成审计项目89个，查出违纪违规行为金额2062万元，应缴财政29万元，已交29万元，指明要求纠正1692万元，归还原渠道资金341万元。完成审计调查3个，调查单位16个。提交审计报告、信息38篇，被采用10篇。完成13名局长、20名乡镇党委书记离任经济责任审计。有内审指导人员两人，内审机构15个，内审人员41人。（撰稿人：王福军）

【都江堰市审计局】　现有干部职工30人，设有办公室、综合法制科、财政金融审计科、固定资产投资审计科和经济责任审计分局，负责对全市29个乡镇（含1个科技产业开发区）和30个市直部门的审计监督。局长张娅玲，副局长程福友、徐勤、王小红、邹茂华，纪检组长邓学全。

审计成果　完成审计及审计调查项目53个，共查出违规行为金额3409万元，指明要求纠正12669万元，应缴财政392万元，基本建设审计共审减投资额4972万元。提交审计综合报告6份，审计工作简报50期，审计工作报告及信息被领导批示及采用7篇。向纪检监察机关移送案件两起。投资审计被省审计厅评为先进单位。（撰稿人：裴一）

【金堂县审计局】　现有干部职工23人，设有办公室、法制科、经济责任审计科、财政审计科、行政事业审计科、金融审计科、投资审计科，负责对全县24个乡镇和46个县直部门的审计监督。局长高刚跃，副局长薛昌、廖秀华，纪检组长张继弼。

审计成果　完成审计项目32个，审计单位45个，查出违纪行为金额2563万元，应缴财政9万元，已交9万元，应缴未交税金57万元，核减工程结算492万元。完成审计调查两个，调查单位15个。提交报告、信息71篇，被采用5篇。完成经济责任审计5个，查出违规行为金额286万元。内审机构33个，内审人员46人。（撰稿人：张信达）

【双流县审计局】　现有干部职工22人，设有办公室、行政事业审计科、综合法制审计科、经济责任审计科，负责对全县26个乡镇和36个县直部门的审计监督。局长邱世留，副局长汪大刚、赵兴富。

审计成果　完成审计项目135个，查出违纪违规行为金额9305万元，收缴财政720万元，审减基建工程决算650万元。提交综合报告、专题报告、调查报告和信息简报139篇。其中，乡村债权债务审计核实工作被省人民政府评为“四川省乡村债权债务审计核实先进集体”。另外，完成县级25个部门和单位的27名党政领导干部的任期经济责任审计，查出违纪违规行为金额3790万元，收缴罚没531.69万元。（撰稿人：陈霞）

【郫县审计局】　现有干部职工16人，设有办公室、综合股、财政金融审计股、行政事业审计股、企业审计股，负责对全县19个乡镇和44个县直部门的审计监督。局长马立，副局长代昌芹、屈蓉鹏。

审计成果　完成审计项目72个，审计调查两个，查出各类违纪违规行为金额30644万元，其中指明要求纠正30082万元，决定处理处罚482万元，已交财政482万元。审计查出案件两起，移送涉案人员4人，并被依法追究刑事责任。提交综合、专题审计报告30份，审计信息67篇，科研文章6篇，被采用27篇（次）。建成了机关局域网。（撰稿人：李静）

【大邑县审计局】　现有干部职工37人，设有办公室、行政企事业审计科、财政金融审计科、经济责任审计科和固定资产投资审计科，负责对全县28个乡镇和76个县直部门和单位的审计监督。局长刘东明，副局长张云祥、郑循忠、马青松。

审计成果　完成审计项目64个，审计单位64个，查出违规行为金额6203万元，应缴财政431万元，已交410万元，指明要求纠正5772万元。完成审计调查两个，调查单位11个，提交审计信息80篇，科研文章4篇，被采用41篇。（撰稿人：蒋发兴）

【蒲江县审计局】　现有干部职工9人，设有办公室、综合法制科、财政金融审计科、行政事业企业审计科、经济责任审计科和固定资产投资审计科，负责对全县19个乡镇和42个县直部门的审计监督。局长李川东，副局长陈献平、姚俊辉。

审计成果　完成审计项目41个，查出违纪违规行为金额1880万元，其中指明要求纠正1357万元，决定处理处罚9万元，归还原渠道资金13万元，应缴财政501万元。提交审计报告47份，审计意见37份，审计信息53篇，被采用36篇。完成15名部门单位和乡镇主要领导干部离任、届中经济责任审计，查出违纪违规行为金额596万元，其中指明要求纠正405万元，应缴财政191万元。审计后，晋升1人，平调10人，降职1人。（撰稿人：刘绍忠）

【新津县审计局】　现有干部职工24人，设有办公室、财政金融审计科、投资经贸审计科、经济责任审计科、法制科和执法大队，负责对全县16个乡镇和36个行政事业单位的审计监督。局长刘明正，副局长高敬宁、杨宽熬，纪检组长郑华。

审计成果　完成审计项目48个，其中省市计划项目19个，查出违纪违规行为金额3433.65万元，已交财政546万元。核减工程造价393.94万元。提出审计意见和建议103条。撰写审计调查报告、综合分析报告和审计信息46篇，被各级党政机关和新闻媒体批示、采用16篇（次）。撰写调研文章3篇，其中1篇被市审计局采用。内审机构12个，内审人员42人。（撰稿人：许晓霞）

【广元市审计局】　2002年，共有干部职工57人，其中本科学历14人，大专学历34人，局长唐小平，副局长郑世红、唐玉瑶、刘素英，纪检组长闫川建。设有办公室（挂人事教育科牌子）、法制科、经济责任审计科、财政审计科、金融外资审计科、行政事业审计科、经贸审计科、农业与资源环保审计科、固定资金投资审计科、社会保障审计科、直属分局。

审计成果　审计和审计调查单位、项目379个，查出违规违纪行为金额4.9亿元，处理收缴财政451万元，责令归还原渠道资金1133万元，调账处理987万元，指明要求纠正2.1亿元，罚没款13万元，查出百万元以上违规单位50个。向纪检监察机关移送待处事项3件，建议给予党政纪处分5人。

财政审计　审计市本级单位35个，查出违规调整预算1137万元，虚列财政支出3717万元，挪用预算资金2157万元，违规拨款2439万元等违规行为金额2.5亿元；延伸审计和审计调查了质监、民政、经贸委等8个单位、部门，查出违规行为金额1.8亿元，揭示和处理了预算执行过程中的问题。

经济责任审计　共完成13名党政领导干部的任期经济责任审计，查出违规行为金额1140万元，损失浪费134万元。审计后，调任转任10人，免职3人。（撰稿人：冯小强）

【广元市市中区审计局】　现有干部职工18人，设有办公室、财政审计股、行政事业审计股、经济责任审计股、农业与资源环保审计股和金融外资运用与固定资产投资审计股，负责对全区14个乡镇（办、工业区）和50多个区直部门的审计监督。局长张跃华，副局长唐和平、王仕发、郑晓军。

审计成果　完成审计（调查）项目56个，其中署定审计（调查）项目3个，省定审计项目6个，自定审计项目两个，党政交办及委托项目31个。共查出违纪违规行为金额15226万元，决定处理处罚138.5万元。（撰稿人：蔡淑君）

【广元市元坝区审计局】　现有干部职工18人，设有办公室、财政金融审计股、行政事业审计股、经济责任审计股、固定资产投资审计股、企业审计股，负责对全区28个乡镇和56个区直部门的审计监督。局长梁文龙、副局长范廷和、王普春。

审计成果　完成审计项目30个，查出违规行为金额1024万元，收缴财政33万元，归还原渠道资金364万元，指明要求纠正374万元。提交信息12篇，被省级单位采用1篇。被四川省人事厅、审计厅评为“审计机关先进单位”，1人受省审计厅表彰奖励。（撰稿人：陈朝晖）

【广元市朝天区审计局】　现有干部职工14人，设有办公室、财政金融审计股、外资基建审计股、行政事业审计股、工交商贸审计股，负责对全区25个乡镇和42个区直部门的审计监督。局长范春森，副局长张永芳、杨永生。

审计成果　完成审计项目30个、审计单位65个，查出违规行为金额1349万元，决定处理处罚229万元，应缴财政10万元。完成审计调查两个，调查单位28个。提出审计报告、信息30篇。完成24名科级领导干部离任经济责任审计，查出违规行为金额780万元。（撰稿人：杨永生）

【旺苍县审计局】　现有干部职工18人，设有办公室、综合股、行政事业审计股、经贸审计股、经济责任审计股、财政审计股、固定资产投资审计股，负责对全县36个乡镇和62个县直部门的审计监督。局长何永继，副局长郝孔杰、辜学萍。

审计成果　完成审计项目80个，审计单位457个；审计调查两个，调查单位两个。共查出违规行为金额2956万元，应缴财政32.9万元。提交审计信息65篇。还完成县委、县政府交办的审计任务20个，其中经济责任审计20个、21人，查出违规行为金额950万元。1人受省审计厅表彰奖励。（撰稿人：刘治华）

【青川县审计局】　现有干部职工12人，设有办公室、财政审计股、经贸审计股、行政事业审计股和农业资金审计股，负责对全县37个乡镇和72个县直部门的审计监督。局长杨廷洲，副局长罗云华、段先华。

审计成果　完成审计项目25个，审计单位36个，查出违规行为金额3995万元，应缴财政11万元，已交3万元。核减基本建设投资583万元。完成审计调查两个，调查单位4个。查出百万元以上违规单位4个。提交审计综合调查报告6份，审计意见32份，审计决定21份，被采用审计信息4篇。完成23个单位34名科级干部离任经济责任审计，查出违规行为金额1032万元。有内审指导人员两人，内审机构5个，内审人员16人。（撰稿人：徐志君）

【剑阁县审计局】　现有干部职工19人，设有办公室、法制股、行政事业审计股、固定资产投资审计股、经贸社保审计股、财政金融审计股、经济责任审计股，负责对全县57个乡镇和21个县直部门的审计监督。局长吴忠敏，副局长何树培、敬剑生，纪检组长梁志。

审计成果　完成审计项目48个，共查出违规违纪行为金额817万元，应缴财政14万元，归还原渠道资金54万元，调账14万元，罚没3万元。（撰稿人：梁志）

【苍溪县审计局】　现有干部职工24人，设有办公室、财政审计股、经贸审计股、行政事业审计股、经济责任审计股、外资金融审计股、固定资产投资审计股和法制股，负责对全县56个乡镇和29个县直部门的审计监督。局长郭邦才，副局长李小平、周喜全、韩斌。

审计成果　完成审计项目9个，审计单位73个，查出违规行为金额9802万元，应缴财政44万元，已交21万元。完成审计调查两个，调查单位5个。提交审计报告、信息26篇。完成1名处级、19名科级干部离任经济责任审计，查出违规行为金额344万元。（撰稿人：黄开勇）

【绵阳市审计局】　2002年，共有干部职工70人，其中本科学历25人，大专学历33人，局长赖昌荣，副局长杨祖隆、熊方黎、苏继林、郭兴林（—9月）、唐巨龙（4月—）、张筱平（12月—），纪检组长谌鸿云。设有办公室、法制科、人事教育科、财政审计科、金融审计科、行政事业审计科、农业资源环保社会保障审计科、固定资产投资与外资运用审计科、经济责任审计科、经贸审计科。

审计成果　完成审计项目54个，查出违规行为金额50767万元，指明要求纠正40897万元，应缴财政195万元，已交37万元，促进增收节支4279万元，查出百万元违规单位20个。提交审计信息100余篇，被采用49篇。

经济责任审计　首次开展对市辖9县（市、区）17名党政领导干部任期经济责任审计，查出违规行为金额20080万元。

重大案件审计　根据市领导交办，对市涪城区高水村（高水股份有限公司）进行审计，查出高水村某领导在以私营企业入股高水股份公司时虚增私人净资产2129万元，侵占集体资产327万元，违规分红423万元，报假账18.5万元等问题，已移送市公安局立案侦查。

乡村债权债务审计　市县两级审计机关，对全市273个乡镇、3444个村截止到2001年末的债权债务进行了全面核实，经省级审定备案，全市乡村债权总额为12.78亿元、债务总额为31.02亿元，完成了“摸清家底、核实数据、挤出水分、锁定债务”的目标任务。（撰稿人：史林艳）

【绵阳市涪城区审计局】　现有干部职工19人，设有办公室、综合股、经济责任审计股、财政金融事业审计股，负责对全区15个乡镇和49个区直部门的审计监督。局长兰洪，副局长周玲、宋明光。

审计成果　完成审计项目37个，审计单位37个，查出违规行为金额3949万元，其中指明要求纠正2036万元，决定处理处罚1913万元，应缴财政1913万元。提交审计报告37份，审计意见37份，审计简报23篇，被采用8篇。（撰稿人：肖玉杰）

【绵阳市游仙区审计局】　现有干部职工18人，设有财政金融审计股、经济责任审计股、行政事业审计股、固定资产投资外资审计股和办公室，负责对全区23个乡镇和53个区直部门的审计监督。局长黄卫国，副局长杨德武、袁治容、廖勇、胡嘉莉。

审计成果　完成审计项目16个，其中经济责任审计项目5个，查出违规行为金额1676.66万元，指明要求纠正1010.25万元，审计处理罚款应缴财政专户9万元，归还原渠道资金349万元，为区财政增收节支432万元。提出审计合理化建议48条，提交审计报告和信息25篇，被采用13篇。（撰稿人：代志军）

【江油市审计局】 现有干部职工23人，设有办公室、财政审计股、经济责任审计股、社会保障与行政事业审计股、金融经贸审计股、固定资产投资与外资运用审计股，负责对全市41个乡镇和24个市直部门的审计监督。局长李松林，副局长韩孟云、武润生、李秀萍。

审计成果 完成审计项目20个，查出违规行为金额6643万元，收缴财政59万元，归还原渠道资金115万元，审减固定资产投资338万元。审计核实全市41个乡镇、481个村的债权1.73亿元、债务3.42亿元。提交审计综合报告和信息29篇。两人被四川省人事厅、审计厅评为乡村债权债务审计先进个人。另外，还对两名任期届满的党政领导干部进行了经济责任审计。（撰稿人：梁勇）

【三台县审计局】 现有干部职工18人，设有办公室、经济责任审计办公室、财政审计股、金融经贸审计股、基建外资审计股，负责对全县63个乡镇和74个县直部门的审计监督。局长陈友国，副局长罗中刚、梁子涵，纪检组长吴光荣。

审计成果 完成审计项目35个，查出违规行为金额18329万元，应缴财政23万元，已交23万元，归还原渠道资金126万元。提交审计报告14份，信息44篇。对10名科级领导干部进行任期经济责任审计，查出违规行为金额3769万元。（撰稿人：杨志明）

【盐亭县审计局】 现有干部职工16人，设有办公室、财政审计股、专项资金审计股、金融经贸审计股、固定资产投资审计股、经济责任审计股，负责对全县36个乡镇和28个县直部门的审计监督。局长任元海，副局长寇子荣、王中君、李朝春、赵灵芝。

审计成果 完成审计项目33个，审计单位39个，查出违规行为金额1248万元，应缴已交财政11.5万元。完成审计调查两个，调查单位7个。提交审计报告、信息9篇，被采用6篇。完成3名正科级领导干部任期经济责任审计，查出违规行为金额89万元。（撰稿人：陶先元）

【安县审计局】 现有干部职工18人，设有办公室、财政审计股、经济责任审计股、行政事业审计股、固定资产投资审计股，负责对全县20个乡镇和29个县直部门的审计监督。局长李智勇，副局长金红、黄正友。

审计成果 完成审计项目36个，审计单位42个，查出违规行为金额4086万元，其中指明要求纠正3928万元，决定处理处罚0.5万元。提交审计工作专题报告10份，审计简报、信息9篇，被采用两篇；提出审计建议意见150余条。完成投资建设项目审计12个，送审6685万元，核减1544万元。乡村债权债务审计被四川省政府评为先进集体。（撰稿人：蒋胜德）

【梓潼县审计局】 现有干部职工14人，设有办公室、基建外资审计股、财政金融审计股、行政事业经贸审计股和经济责任审计股，负责对全县32个乡镇和57个县直部门的审计监督；接受国家、省、市审计部门授权或委托，对驻梓的中央、省、市管理部门的财政财务收支进行审计监督。局长谭明双，副局长赵庄年、金晓斌，纪检组长代嗣舜（7月—）。

审计成果 完成审计项目23个，审计单位23个，查出违规行为金额2252万元，应缴财政151万元，已交4万元。完成对全县32个乡镇329个村债权债务审计核实工作，审定2001年末债权为4251万元、债务为23370万元。完成审计调查1个，调查单位34个。提交审计报告12份，审计意见26份，审计信息10篇。完成7名科级干部任期经济责任审计。（撰稿人：罗大家）

【北川县审计局】 现有干部职工12人，设有办公室、财政审计股、经济责任审计股、固定资产投资审计股，负责对全县20个乡镇和37个县直部门的审计监督。局长周甫（5月—）、王超贤（—5月），副局长姜明（2月—）、黄发云（5月—）、李晓波（—3月）。

审计成果 完成审计项目22个，审计单位49个，查出违规行为金额3177万元，应缴财政两万元，已交两万元。完成审计调查两个，调查单位20个。提交审计报告17份，审计信息9篇。对7名科级干部进行任期经济责任审计，查出违规行为金额487万元。（撰稿人：王应发）

【平武县审计局】 现有干部职工13人，设有办公室、财政金融审计股、经济责任审计股、行政事业审计股、经贸投资审计股，负责对全县25个乡镇和33个县直部门的审计监督。局长车兴顺，副局长伍贤坤，纪检组长谭敬荣。

审计成果 完成审计项目21个，指明要求纠正的违规行为金额1386万元。提交审计报告3份，信息和调研报告7篇，被采用5篇。开展经济责任审计项目4个，指明要求纠正259万元。完成基建投资审计项目3个，审减31万元。完成乡村债权债务审计核实工作，审减债务

3869.40万元。（撰稿人：曾跃平）

【德阳市审计局】 2002年，共有干部职工53人，其中本科学历19人，大专学历24人，局长吴富嘉，副局长钟敏、廖永春、单广平，纪检组长罗荣华（5月—）。设有办公室、法制科、人事教育监察科、财政金融审计科、行政事业外资审计科、农业社保审计科、经贸审计科、投资审计科、经济责任审计分局。

审计成果 完成审计项目256个，查出违规行为金额43214万元，应缴财政1856万元，已交1200万元，指明要求纠正93547万元，归还原渠道资金2087万元，查出百万元以上违规单位36个。向司法机关移送案件4起，向纪检监察机关移送案件8起。提交审计调查报告21份。审计报告、信息被地方党政领导批示、采用28篇，被上级审计机关采用32篇。同时还完成了全市乡村债权债务审计核实工作，并受到省政府通报表彰。2002年，被四川省委、省政府评为"省级文明单位"，还被省审计厅评为"四川省审计工作先进单位"、经贸审计先进单位、金融审计先进单位、外资审计先进单位、行政事业审计先进单位和审计法制工作先进集体。6~9月，市人大常委会对市审计局进行了工作评议，并对审计工作给予了充分肯定和较高评价。

经济责任审计 开展经济责任审计项目65个、59人，查出违规行为金额9000万元、损失浪费651万元。审计后，平调34人，晋升1人，免职两人，降职两人，移送纪检监察4人。

内部审计 全市设置内审机构130个，其中专职机构39个；现有内审人员558人，其中专职人员98人。全年共完成各种审计项目2157个，纠正违规行为金额656.59万元，向司法机关移送案件4起。

综合工作 一是加快信息化建设。市县两级审计机关基本实现了内部公文和业务数据的网络传递和资源共享。为提高审计人员计算机运用能力，市审计局举办了3期共54人参加的"审计机关辅助办公系统"软件培训班。二是加强队伍建设。市审计局采取公招、选调、直招等形式补充公务员8人、微机管理员1人。三是重视对外交流。12月25日，摩洛哥审计法院总检查长阿恰古依·穆罕默德一行到德阳市审计局访问，市局的工作业绩和良好的工作环境给客人留下了美好的印象。（撰稿人：谢海英）

【德阳市旌阳区审计局】 现有干部职工15人，设有办公室、财政金融审计股、行政事业社保审计股、经贸审计股、投资审计股、经济责任审计股，负责对全区20个乡镇和68个区直部门的审计监督。局长米蓉，副局长黄宗文。

审计成果 完成审计项目36个、58个单位，经济责任审计项目11个，查出违纪违规行为金额4645万元，其中违规行为金额1093万元，指明要求纠正3552万元，决定处理处罚229万元，已交财政224万元。提交审计报告21份，审计意见36份，审计信息38篇，简报13篇，被省级采用4篇，市级采用19篇，区委、区政府采用两篇，区电台采用13篇。（撰稿人：刘学芳）

【什邡市审计局】 现有干部职工22人，设有办公室、法制科、财政金融外资审计科、经济责任审计科、行政事业审计科、经济贸易审计科、固定资产投资审计科，负责对全市20个乡镇和29个市直部门的审计监督。局长孙永超（8月—）、副局长黄邦福、曾明忠。

审计成果 完成审计项目40个，其中审计调查项目两个，查出违纪违规行为金额13899万元，应缴财政151万元。提交审计报告、信息177篇，被采用95篇。（撰稿人：龙海）

【广汉市审计局】 现有干部职工29人，设有办公室、法制科、行政审计科、经贸事业审计科、投资审计科、财政金融审计科和经济责任审计科，负责对全市24个乡镇和51个市直部门的审计监督。局长江忠明，副局长龙莉，纪检组长张孝清。

审计成果 完成审计和审计调查项目53个，审计单位138个，查出违规行为金额7136万元，应缴财政154万元，调账处理201万元，归还原渠道资金4万元，指明要求纠正14179万元。提出整改意见和建议190条，提交审计报告和信息69篇，《审计要情》4期，被采用25篇。向司法纪检监察机关移送案件4起，涉案人员8人。完成12名科级领导干部任期经济责任审计，查出单位违规行为金额4564万元，指明要求纠正5057万元，提出审计建议和意见49条。（撰稿人：周志帮）

【绵竹市审计局】 现有干部职工19人，设有办公室、财政金融审计科、行政事业审计科、农业经贸审计科、基建投资审计科和经济责任审计科，负责对全市26个乡镇和71个市直部门的审计监督。局长周毅，副局长廖永长、王梅。

审计成果 完成审计项目21个，审计调查两个，党政领导交办审计任务7个和乡村债权债务审计核实工作，查出违纪违规行为金额1584.2万元，其中指明要求纠正1584.2万元，决定处理处罚66.25万元，应缴财政66.25万元。基建送审6222.33万元，审减175.36万元。提交审计报告23份，审计意见书18份，审计决定7份，审计情况反映3

篇，审计信息60篇，被采用34篇。乡村债权债务审计被四川省政府评为先进集体，外资审计和政府外债审计调查工作受到省审计厅表彰。（撰稿人：王彦明）

【罗江县审计局】　现有干部职工6人（在岗5人），设有办公室、财政金融审计股、经济责任审计股、行政事业社保审计股、经贸投资审计股，负责对全县15个乡镇和35个县直部门的审计监督。局长林绵聪，副局长何万洋。

审计成果　完成审计项目19个，查出违纪违规行为金额1232万元，应缴财政6万元，指明要求纠正2264万元。提交审计工作报告5份，研讨文章两篇，审计调查报告2份，审计信息9篇，被采用6篇。完成年度重点基建竣工决算造价审计13个，审减金额126万元。（撰稿人：向梅）

【中江县审计局】　现有干部职工18人，设有办公室、财政金融审计股、行政事业外资审计股、经济责任经贸投资审计股，负责对全县57个乡镇和24个县直部门的审计监督。局长甘志，副局长钟国胜、胥洪举、蔡小书，纪检组长张玉秀。

审计成果　完成审计和审计调查项目38个，共查出违规行为金额491万元，指明要求纠正3789万元。提出整改意见和建议17条，报送信息41篇。为纪检监察机关提供案件线索1件。（撰稿人：张玉秀）

【南充市审计局】　2002年，共有干部职工184人，其中市本级有干部职工40人，局长王华敬，副局长谭绍和、罗东涛、廖大春，纪检组长吴小华。设有办公室、法制综合科、人教科、财税审计科、金融外资审计科、行政事业审计科、固定资产投资审计科、经贸审计科、农业资源环保审计科、经济责任审计科。

审计成果　市本级全年共完成审计项目93个，查出违规行为金额15051万元，应缴财政545万元，应归还原渠道资金1493万元，查出百万元违纪单位7个。提交综合报告60余份，被上级机关、地方党政和新闻单位采用、批示40余份。

财政审计　在完成市级财政、地税、金库预算执行审计的同时，还对嘉陵区、蓬安县、营山县2001年度财政决算进行了审计，查出违规行为金额2769万元，收缴入库21万元。提出审计建议40余条，得到了市委、政府和人大的高度重视。

投资审计　全年共对5个重点项目工程、2919万元的投资额进行了审计，核减工程造价672万元。

专项资金审计　对扶贫资金、农网改造资金、退耕还林还草资金等12个专项资金进行了审计，揭露了存在的问题，提出了103条切实可行的改进措施，审计结果报告得到了市委主要领导人的批示和肯定。退耕还林还草项目审计还被省审计厅评为先进集体一等奖。

经济责任审计　全年共完成经济责任审计项目26个，查出违规行为金额2051万元，其中属于领导干部直接责任299万元，主管责任1635万元。审计后，16人留任或平调，提拔两人，免职两人。

乡村债权债务审计　共对490个乡（镇）、27852个村进行了现场核实，乡级债务在乡镇自查数的基础上净核减6.71亿元，核减额为17.14%。提交审计信息、报告15篇，提出化解乡村债权债务审计建议21条。

完成交办任务　完成地方党政和上级机关交办的审计项目13个以及市年薪办交办的12个国有企业厂长经理年薪审计项目，共查出违纪违规行为金额37892万元，被本级或上级机关处理收缴财政共873万元。提出规范单位内控制度的审计建议57条，其中马回电力公司采纳审计意见后，直接减少管理支出87万元。（撰稿人：黎冰）

【南充市顺庆区审计局】　现有干部职工14人，设有办公室、财税金融行政事业审计股、经贸固定资产投资审计股、经济责任审计股，负责对全区25个乡镇、4个街道和36个区直部门的审计监督。局长缪红，副局长雷明鉴、何晓文。

审计成果　完成审计项目59个，查出违纪违规行为金额2925万元，应缴财政111万元，已交111万元。移送纪检监察机关处理案件3起。提交各类审计综合报告、调查报告、信息文稿等13篇，被采用11篇。获得四川省政府和省审计厅表彰奖励各1项。（撰稿人：吴先体）

【南充市高坪区审计局】　现有干部职工19人，设有办公室、行政事业审计股、企业审计股、固定资产投资审计股、经济责任审计股，另设有经济责任审计分局（副科级事业单位），负责对全区35个乡镇、街道、107个区直部门和26个企业的审计监督。局长何朝坤，副局长田样富、任联洁、王晓贤、向怀方，纪检组长王文波。

审计成果　完成审计项目93个，查出违纪违规行为金额3688万元，审计核减工程建设资金653万元，指明要求纠正11038万元，决定处理处罚730万元，应缴财政入库13万元，查补税费64万元，促进增收节支1382万元，查出“小金库”3个。提出审计建议71条，提交审计信息36篇，被采用18篇。（撰稿人：王文波）

【南充市嘉陵区审计局】　现有干部职工11人，设有办公室、业务股、固定资产投资审计股、经济责任审计中心、纪检室，负责对全区48个乡镇和55个区直部门的审计监督。局长赵健民，副局长林新平、王华珍，纪检组长卿运才。

审计成果　完成审计项目88个，审计调查4个，查出违纪违规行为金额1888.29万元，应缴财政144万元，基建投资审计项目32个，送审6656万元，审减483万元。报送审计信息11篇，被采用3篇。对区乡24名县级后备干部任期经济责任审计和8个乡镇9名党政一把手的离任审计，查出违纪违规行为金额434万元，收缴财政30万元。（撰稿人：赵健民、余朝军）

【阆中市审计局】　现有干部职工16人，设有人秘科、财税金融与外资审计科、行政事业审计科、农业与固定资产投资审计科、经贸审计科、经济责任审计科，负责对全市73个乡镇和52个市直部门的审计监督。局长张荣生，副局长何明耀。

审计成果　完成审计项目（单位）99个，查出违规行为金额1209万元，收缴财政97万多元，审计核减固定资产投资3500多万元。向市纪委监察局移送重大经济案件1起，涉案7人，分别受到党纪政纪处分。提交审计综合报告、信息28篇，被各级采用18篇；为被审计单位提出合理化建议45条。完成34个部门、单位和国有企业领导干部经济责任审计，查出违规行为金额970万多元，1人被降职降级、14人职务被晋升。“省一级”档案复查合格。（撰稿人：梁映祥）

【南部县审计局】　现有干部职工22人，设有人秘股、财政金融审计股、行政事业审计股、基建外资审计股、经济责任审计股，负责对全县86个乡镇（办事处）和61个县直部门的审计监督。局长李树凡，副局长梁凤碧、李成荣、张茂林。

审计成果　完成上级交办任务164个，查出违规行为金额4938万元，决定处理处罚701万元，指明要求纠正4237万元。完成18名县级以下领导干部离任审计，其中1名乡党委书记受到党纪、政纪处分。（撰稿人：斯维强）

【营山县审计局】　现有干部职工14人，设有人事秘书股、财政审计股、固定资产投资审计股和经济责任审计股，负责对全县62个乡镇和67个县直部门的审计监督。局长李仁远，副局长李牧、刘兴国、蔡斌。

审计成果　完成审计项目81个，审计单位151个，查出违规行为金额2473万元，应缴财政48万元，核减基本建设工程造价396万元。提交审计报告、信息48篇，有17篇（次）被采用。乡村两级债权债务审计被四川省政府评为先进集体、1人被省审计厅评为先进个人。档案管理保持了“省一级”标准。（撰稿人：胡伯清）

【蓬安县审计局】　现有干部职工13人，设有人秘股、行政事业审计股、财税金融审计股、经贸审计股，负责对全县46个乡镇、28个县直部门和1个国有企业的审计监督。局长谌计春，副局长敖兴元、蔡守军、王海清。

审计成果　完成审计项目单位77个，查出违纪违规行为金额2006万元，应缴财政90万元，归还被侵占挪用资金416万元，促进增收节支329万元。完成基本建设审计15个，核减工程成本258万元。完成31个单位领导干部任期经济责任审计，查出“小金库”等违纪违规行为金额1219.6万元，收缴财政59.88万元（其中处罚款17.87万元），归还被侵占挪用资金254.96万元，查出百万元以上违纪单位4个。（撰稿人：唐健评）

【仪陇县审计局】　现有干部职工15人，设有综合股、行政事业经贸审计股、财税金融外资审计股、农业与资源环保审计股、经济责任与固定资产投资审计股，负责对全县69个乡镇和56个县直部门的审计监督。局长何启贵，副局长彭增超、吴开席、阳先贵、袁召琼。

审计成果　完成审计项目单位78个，查出违规行为金额2540万元，依法收缴财政47万元（其中罚款4万元，补税金两万元，缴乡库13万元），促进增收节支470万元。移送纪监部门处理案件线索两件。提交审计综合信息44篇，被采用28篇。荣获省级先进集体两次，省级先进个人表彰1人。（撰稿人：林学远）

【西充县审计局】　现有干部职工16人，设有办公室、行政事业审计股、经济责任审计股（合署办公）、财税审计股、经贸审计股、固定资产投资审计股，负责对全县53个乡镇和130个行政事业单位及20个国有企业的审计监督。局长何光伟，副局长李洪斌、姚猛先、袁重阳，经检员李碧君。

审计成果　完成审计项目182个，审计单位80个，审计查出违纪违规行为金额6462万元，决定处理处罚361万元，归还原渠道资金96万元，核减工程造价870万元，促进增收节支210万元。查出经济违法违纪案件1起，移送纪检司法机关处理1人，建议给予党纪处分8人。提出合理化建议、措施54条，提交审计报告、审计信息、要情共30篇，被采用5篇。对20名县级以下党政领导干部和1名国有企业领导人员任期经济责任进行了审计。（撰稿人：李少琳）

【广安市审计局】 2002年，共有干部职工30人，其中本科学历11人，大专学历12人，局长胡辉，副局长刘代忠、张力、唐素珍，纪检组长黎毅翔。设有财政金融审计科、经贸审计科、农业审计科、社会保障审计科、投资与外资审计科、经济责任审计科、行政事业审计科、法制科、人教科和办公室。

审计成果 完成审计项目59个，查出违纪违规行为金额2369万元，指明要求纠正3000多万元，查出百万元以上违规单位6个，建议纠正地方不当规定7条，为被审计单位挽回和减少经济损失1200多万元，查出并建议纪检监察处理案件1起，提出财务管理建议180多条，处理收缴财政617万元。完成了政府外债、农税灾情减免等两个专题审计调查。提交审计报告及调研信息文章200多篇，先后被中央、省、市新闻单位和领导批示、采用50多篇（次）。

内部审计 市直部门内审机构241个，其中专职机构78个；内审人员341人，其中专职人员108人。共审计单位388个，查出损失浪费137万元，纠正违纪违规行为金额742万元，促进增收节支923万元。（撰稿人：谢勇）

【广安市广安区审计局】 现有干部职工18人，设有办公室、财政金融审计股、行政事业审计股、经贸社保审计股、经济责任审计股、基建外资审计股、法制综合股，负责对全区49个乡镇、街道和54个区直部门的审计监督。局长金建国，副局长胡志斌、周小兵（—8月）、肖兴旺（8月—），纪检组长廖凡荣（8月—）。

审计成果 完成审计项目148个，查出违纪违规行为金额3050万元，移送司法机关立案查处案件1起，应缴财政135万元，已交135万元。提交审计报告71份，审计意见153份，审计信息、调研文章、简讯93篇，被中央、省级采用15篇，市级采用71篇，区级采用24篇。乡村债权债务审计受到四川省政府表彰，外资审计被评为全省优秀审计项目。另外，还对67名科级领导干部进行了任期经济责任审计。（撰稿人：唐奉新）

【华蓥市审计局】 现有干部职工13人，设有办公室、财政金融经贸审计股、行政事业与社保审计股、固定资产投资与外资运用审计股、经济责任审计股，负责对全市11个乡镇和54个市直部门的审计监督。局长左元明，副局长曾德明、刘战友。

审计成果 完成审计单位66个，查出违纪违规行为金额1656万元，应缴财政67万元，已交67万元。完成审计调查4个。提交审计调查报告4份，论文、信息36篇，被采用30篇。对13名科级领导干部进行了任期经济责任审计，查出违纪违规行为金额633万元。审计后，晋升1人，平调9人，免职1人，降职两人。有8名干部被省审计厅等授予“先进个人”。（撰稿人：吴志超）

【岳池县审计局】 现有干部职工16人，设有办公室、财政金融审计股、行政事业审计股、基建外资审计股、经贸审计股、农业环保审计股、经济责任审计股，负责对全县43个乡镇、1个管委会和36个县直部门的审计监督。局长伍艳，副局长杨松、刘余斌。

审计成果 完成审计项目51个、74个单位，查出违纪违规行为金额1658万元，其中指明要求纠正798万元，决定处理处罚438万元，应缴财政437万元。完成审计调查项目3个，调查单位25个。提交审计报告、信息46篇，被批示、采用32篇。完成19个单位、21名正科级领导干部的任期经济责任审计，查出违纪违规行为金额317万元。有内审指导人员3人，内审机构116个，内审人员413人。（撰稿人：蒋勇）

【武胜县审计局】 现有干部职工15人，设有办公室、财政金融审计股、经济责任审计分局、行政事业审计股、固定资产投资与外资运用审计股，负责对全县31个乡镇和60多个县直部门的审计监督。局长舒翊，副局长潘自强、刘伟。

审计成果 完成审计项目97个，审计单位89个，查出违纪违规行为金额3655万元，应缴财政54.6万元，已交52万元。完成审计调查3个，调查单位37个。提交审计报告、信息157篇，被省级采用5篇、市级采用10篇、县委及政府采用30篇。完成40名科级干部任期经济责任审计，查出违规行为金额2500万元。有内审指导人员3人，内审机构9个，内审人员18人。（撰稿人：汪萍）

【邻水县审计局】 现有干部职工18人，设有办公室、财政金融审计股、行政事业审计股、经济贸易审计股、投资与外资审计股、经济责任审计股，负责对全县45个乡镇和48个县直部门的审计监督。局长甘用明，副局长何刚毅、谢灵、黎柯（—8月）。

审计成果 完成审计项目16个，审计单位92个，查出违纪违规行为金额5903万元，其中指明要求纠正3084万元，决定处理处罚应缴财政81万元，已交财政81万元，调账处理两万元，查出百万元违规单位8个，向司法机关移送涉嫌贪污案件1起。提交审计报告、审计信息49篇，被各级采用和领导批示63篇。乡村债权债务审计被四川省政

府评为先进集体。（撰稿人：陈政）

【遂宁市审计局】 2002年，共有干部职工32人，其中研究生学历1人，本科学历9人，大专学历16人，局长夏道渊，副局长唐建生、马兴隆，纪检组长冉启秀。设有办公室、人教法制科、财政金融审计科、行政事业审计科、农业外资审计科、经贸企业审计科、固定资产投资审计科、社会保障资金审计科、经济责任审计科。

审计成果 审计单位248个，查出违规行为金额12349万元，应缴财政1414万元，已交766万元。提交审计报告400份，信息和调研报告100篇，被采用61篇。

经济责任审计 开展经济责任审计项目82个、82人，查出违规行为金额3696.5万元。审计后，晋升两人，平调76人，免职4人。

内部审计 市直部门内审机构24个，其中专职机构11个；内审人员45人，其中专职人员29人。查出损失浪费2096万元，纠正违规行为金额47.8万元。（撰稿人：王选择）

【遂宁市市中区审计局】 现有干部职工15人，设有办公室、财政金融审计股、行政事业审计股、固定资产投资审计股、经济责任审计科，负责对全区28个乡镇和85个区直部门的审计监督。局长向志明，副局长陈淑秀、张国清，纪检组长郑朝砚。

审计成果 完成审计项目23个，审计单位30个，查出违纪违规行为金额8772万元，决定处理处罚648万元。提交审计报告、信息20篇，调研文章1篇，被市审计局采用7篇，区委、区政府采用9篇，政研室刊用1篇。另外，还对6名科级干部进行了任期经济责任审计。（撰稿人：任利容）

【蓬溪县审计局】 现有干部职工14人，设有办公室、财政审计股、经贸企业审计股、经济责任审计股和固定资产投资审计股，负责对全县32个乡镇和29个县直部门的审计监督。局长蒋传喜，副局长喻远贵、范光亮。

审计成果 完成审计项目43个，审计单位60个，经济责任审计项目1个，查出违纪违规行为金额2549万元，其中指明要求纠正2541万元，决定处理处罚8万元，应缴财政8万元。促进增收节支134万元。提交审计报告47份，审计意见书35份，审计决定书15份，审计结果报告6份，专项审计调查报告两份。提出审计建议78条，其中被县委、县人大、县政府采纳5条，被相关部门采纳60条。提交审计信息16篇，被采用9篇。（撰稿人：周友伟）

【射洪县审计局】 现有干部职工24人，设有行政办公室、经济责任审计办公室、财政金融审计股、行政事业审计股、固定资产投资审计股、经贸审计股和法规股，负责对全县30个乡镇和46个县直部门和国有企事业单位的审计监督。局长李华洲，副局长王言国、冯曦。

审计成果 完成审计项目98个，审计独立核算单位132个，审计总金额62.5亿元，查出违规行为金额682万元。完成57名正科级领导干部离任经济责任审计，4名人大任命领导干部述职审计调查，查出违规行为金额78.4万元，应缴财政6万元。提交审计政务信息25篇，被地方党政机关采用6篇，审计署、省审计厅审计杂志采用4篇，上级审计机关采用9篇，县新闻单位采用7篇。（撰稿人：张正富）

【大英县审计局】 现有干部职工13人，设有办公室、行政事业审计股、财政金融审计股、经济责任审计股和基建外资审计股，负责对全县11个乡镇和48个县直部门的审计监督。局长李兴明（12月—）、李荣全（—12月），副局长唐成逵、岳翠兰，纪检组长陈明华。

审计成果 完成审计项目73个，审计单位78个，完成20名科级领导干部离任经济责任审计，查出违规行为金额3841.96万元，其中决定处理处罚52.3万元，应缴财政52.3万元，完成审计调查5个，调查单位7个，出具审计意见书52份，提交审计报告及审计结果报告25份、审计信息12期。乡村债权债务审计被四川省政府评为先进集体。（撰稿人：刘泽）

【内江市审计局】 2002年，共有干部职工35人，其中本科学历9人，大专学历18人，局长刘志诚，副局长李水和、蔡涤，纪检组长刘玲（7月—）。设有办公室、人事教育科、法规科、财政金融审计科、经济责任审计科、行政事业审计科、经贸审计科、农业外资审计科、固定资产投资审计科。

审计成果 完成审计项目71个，查出违规行为金额32663万元，应缴财政590万元，已交442万元，指明要求纠正13849万元。向纪委、监察部门移送案件3起。提交审计调查报告6份，审计分析报告6份，审计信息99期，被采用125篇。荣获省审计厅2002年度审计业务工作先进单位，省审计厅信息工作先进单位。

完成上级交办任务 完成党政交办审计事项15个。其中经济责任审计9个，查出违规行为金额5224万元，移送纪委案件1起，审计后平调3人，晋升4人。还完成了乡村债权债务审计核实、国家大型商品粮基地建设项目资金审计，银山化工、大洲广场竣工决算审计，住房公积金资产负债损益审计等重要项目。

内部审计　全市有内审机构35个，内审人员131人，共完成审计单位147个，查出违规行为金额6237万元，审减基建投资金额42.347676万元。提出审计建议意见127条，被采纳34条。（撰稿人：岳德卯）

【内江市市中区审计局】　现有干部职工13人，设有办公室、法制股、财政金融审计股、经济责任审计股、农业与资源环保审计股、固定资产投资审计股，负责对全区3个乡镇、16个区直部门和1个企业的审计监督。局长魏富强，副局长郑豫川、奉晓萍、申莉敏。

审计成果　完成审计项目21个，查出违规行为金额1635万元，归还原渠道资金388万元，调账处理19万元，决定处理处罚35万元，应缴财政35万元，指明要求纠正1496万元。移送经济案件1起。提交审计报告8份，审计信息33篇，被采用10篇、领导批示两篇。（撰稿人：申莉敏）

【内江市东兴区审计局】　现有干部职工15人，设有办公室、经济责任法制股、财政金融审计股、行政事业审计股、固定资产投资审计股、农业社会保障审计股，负责对全区26个乡镇和3个街道、26个区直部门的审计监督。局长熊有文，副局长李齐东。

审计成果　共审计单位42个，查出违纪违规行为金额2071万元，应缴财政101万元，已交财政101万元，提交审计报告7份，信息和调研报告35篇，被采纳20篇。对全区26个乡镇、3个街道、431个村截止到2001年底的债权、债务进行全面清理，锁定乡镇债务总额30428.56万元，债权总额6072万元；村级债务总额2313万元，债权总额1295万元。（撰稿人：沈可灿）

【威远县审计局】　现有干部职工21人，设有办公室、经济责任审计股、财政金融审计股、行政事业审计股、固定资产投资审计分局，负责对全县20个乡镇和32个县直部门的审计监督。局长刘承光，副局长聂晓钧、谢元寿。

审计成果　完成审计项目17个，审计单位69个，经济责任审计项目18个，查出违纪违规行为金额2281万元，其中应缴财政105万元，归还原渠道资金124万元，固定资产投资审减金额2022万元。提交审计报告、信息49篇。乡村债权债务审计被四川省政府评为先进集体，固定资产投资审计被省审计厅评为先进集体。（撰稿人：付崇书）

【资中县审计局】　现有干部职工25人，设有办公室、综合法制股、经济责任审计股、财政金融审计股、行政事业审计股、固定资产投资审计股、经济贸易审计股，负责对全县12个乡镇和25个县直部门、行政事业单位及5个国有企业的审计监督。局长韩文，副局长翟长江、廖斌、邓方全，纪检组长朱志明。

审计成果　完成审计项目（单位）50个，查出违纪违规行为金额685万元，指明要求纠正1293万元。提交审计信息、调研文章16篇，被省厅信息网站采用1篇、《现代审计》采用4篇。对33个乡镇的乡、村债权债务进行了审计核实，荣获全省先进单位称号，项目负责人唐超群被省审计厅评为全省乡村债权债务审计核实工作先进个人。完成乡科级党政领导干部任期经济责任审计项目22个。（撰稿人：杨军）

【隆昌县审计局】　现有干部职工15人，设有办公室、经济责任审计股、财政金融审计股、行政事业审计股、固定资产投资审计股，负责对全县18个乡镇、50多个县直部门和中学的审计监督。局长官晓勇，副局长程玉辉、罗平洲。

审计成果　完成审计和审计调查项目39个，查出违规行为金额1251万元，指明要求纠正543万元，应归还原渠道资金10万元，核减工程造价688万元，应缴财政91万元。提交综合、专题报告和审计信息15篇，被采用或批示9篇。（撰稿人：罗于文）

【乐山市审计局】　2002年，共有干部职工160人，其中研究生学历两人，本科学历38人，大专学历85人，局长陈建东，副局长赖华清，纪检组长张晓梅。设有办公室、法制科、财政审计科、金融审计科、行政事业审计科、经贸审计科、外资基建审计科、经济责任审计科。

审计成果　审计单位339个，共查出违规行为金额30213万元，应缴财政1536万元，已交728万元。提交审计报告、信息245篇。

经济责任审计　开展经济责任审计项目146个、146人，查出违规行为金额1860万元。审计后，其中国有资产保值单位31个，减值单位8个；平调18人，降职两人，移送纪检监察机关1人。（撰稿人：张晏）

【乐山市市中区审计局】　现有干部职工11人，设有秘书股、财政金融审计股、行政事业审计股、经济责任审计股、企业基建审计股，负责对全区26个乡镇、4个街道和61个区直部门的审计监督。局长宋丽莎，副局长詹树强、王兴。

审计成果　完成审计项目28个、33个单位，查出违纪违规行为金额1000余万元，其中指明要求纠正800万元，调账处理60万元，决定处理处罚26万元，应缴财政26万元。提交审计报告、信息42篇，被采用8篇（次）。外资审计和政府外债审计调查工作受省审计厅表彰。对56名党政领导干部进行了任期经济责任审计。（撰稿人：谢勇英）

【乐山市沙湾区审计局】 现有干部职工10人，设有办公室、财政金融审计股、行政事业审计股、企业基建审计股、经济责任审计股，负责对全区13个乡镇和57个区直部门的审计监督。局长严胜贵，副局长何正全。

审计成果 完成审计项目53个(其中审计调查3个)，查出违规行为金额830万元，应缴财政121万元，已入库129.5万元（其中上年度8.5万元），应归还被侵占挪用资金622.4万元，促进增收节支23万元。乡村债权债务审计被四川省政府评为先进集体。（撰稿人：曹平）

【乐山市五通桥区审计局】 现有干部职工8人，设有办公室、行政事业审计科、企业审计科、基建投资审计科、经济责任审计科，负责对全区12个乡镇和33个区直部门的审计监督。局长陈加桥，副局长雷国民、郭静（—4月）。

审计成果 完成审计项目19个，查出违纪行为金额89万元，收缴财政8万元。提交审计报告、信息15篇，被采用3篇。此外，完成5名科级干部任期经济责任审计。（撰稿人：赵婷）

【乐山市金口河区审计局】 现有干部职工9人，设有办公室、审计股，负责对全区6个乡镇和42个区直部门的审计监督。局长张竹秋（兼纪检组长），副局长黄栋良。

审计成果 完成审计项目28个，审计单位37个，查出违规行为金额357万元，应缴财政15万元，已交15万元，归还原渠道资金173万元，减少基建投资9万元。提交审计报告22份，信息10篇，被采用6篇。对14个单位、18名领导干部进行了任期经济责任审计，查出违规违纪行为金额109万元，应缴财政15万元，归还原渠道资金94万元。另外，完成了全区乡村债权债务审计核实工作，债务核减率达47.61%。乡村债权债务审计被四川省政府评为先进集体，1名同志被省审计厅评为先进个人。（撰稿人：袁艺）

【峨眉山市审计局】 现有干部职工18人，设有办公室、法制股、财政金融审计股、行政事业审计股、外资基建审计股、经济责任审计股，负责对全市18个乡镇和35个市直部门的审计监督。局长梁治银，副局长余福刚、杨忠毅。

审计成果 审计单位33个，查出违规违纪行为金额357万元，应缴财政199万元，已交199万元，调账处理100万元，罚没17万元。提交审计报告、信息34篇，其他信息资料10篇，调研文章1篇，被采用32篇。被四川省政府评为全省乡村债权债务审计核实工作先进集体，其中两名同志被审计厅评为先进个人。另外，对13名县级以下党政领导干部进行了任期经济责任审计。（撰稿人：邹玲）

【犍为县审计局】 现有干部职工11人，设有办公室、行政事业审计股、投资企业金融审计股、经济责任审计股，负责对全县30个乡镇和34个县直部门的审计监督。局长黄桂琼（—2月），副局长朱培秋（2月—，主持工作）、岑纪容（兼纪检组长）。

审计成果 完成对全县30个乡镇、350个村的债权债务审计核实工作，核实乡镇级债权总额2274.99万元，债务总额8420.07万元，担保债务247.92万元；村级债权2101.89万元，债务总额1670.97万元，担保债务1.35万元。全年完成审计项目36个、审计调查项目3个，查出违规行为金额332万元，应缴财政2.6万元，罚款7.29万元。工程决算审计审减工程造价71.2万元。提出建议意见87条，提交审计决定10份，审计信息5篇，被采用两篇。（撰稿人：张洪云）

【井研县审计局】 现有干部职工12人，设有财政金融审计股、行政事业审计股、经济责任审计股、基本建设审计股和办公室，负责对全县27个乡镇、33个县直部门和两个企业的审计监督。局长周大成，副局长张俭耘、李开贵。

审计成果 审计单位54个，查出违纪违规行为金额2500万元，补交税金4万元，增加财政预算收入6万元，调账处理2490万元。提交审计报告40份，审计信息12篇，被采用5篇。完成35名科级干部任期经济责任审计，4名厂长经理离任经济责任审计。（撰稿人：郭晓英）

【夹江县审计局】 现有干部职工10人，设有行政事业财政审计股、企业审计股、经济责任审计股、办公室，负责对全县22个乡镇和24个县直部门的审计监督。局长李富源，副局长李志勤、徐刚。

审计成果 审计单位（项目）12个，查出违规行为金额550万元，收缴财政376万元，指明要求纠正1900万元，促进增收节支38万元。提交审计报告、信息13篇，调查报告两份，被采用4篇。乡村债权债务审计被四川省政府评为先进集体。（撰稿人：陈德英）

【沐川县审计局】 现有干部职工9人，设有办公室、行政事业企业审计股、外资基建审计股、经济责任审计股，负责对全县22个乡镇和县直部门的审计监督。局长胡立中，副局长李富林。

审计成果 审计项目32个，查出违纪违规行为金额1103万元，决定处理处罚352万元，指明要求纠正586万元；应缴财政29万元，已交29万元。完成经济责任审计项目19个，查出挤占挪用专项资金48.5万元，截留预算收入17.8万元，预算外资金未缴财政专户20万元，乱收费两万元，违规处置国有资产13.7万元，账务调整244万元。（撰稿人：刘毅）

【峨边彝族自治县审计局】 现有干部职工9人，设有办公室、财政行政事业审计股、金融工交商贸企业审计股、经济责任审计股，负责对全县19个乡镇和105个县直部门的审计监督。局长沙苦帅一，副局长李良君、阿侯阿布。

审计成果 完成审计项目13个，审计单位18个，查出违规行为金额297.90万元，应缴财政6万元，已交4万元。完成审计调查1个，调查单位19个。提交审计报告15份，审计信息7篇，被采用3篇。移送县纪委经济案件1起。完成10名科级干部经济责任审计。内审机构1个，内审人员1人。（撰稿人：张满蓉）

【马边彝族自治县审计局】 现有干部职工10人，设有办公室、经济责任审计股、行政事业审计股、金融经贸审计股，负责对全县29个乡镇和50个县直部门的审计监督。局长张邵贵，副局长林光远、李灵。

审计成果 完成审计项目18个，审计单位29个，查出违规行为金额105万元，应缴财政20万元，已交20万元，指明要求纠正85万元。完成基建审计3个，审减工程造价90万元。完成审计调查项目1个，调查单位3个。提交审计报告、信息35篇。完成4名科级干部离任经济责任审计，查出违规行为金额61万元。完成了对全县29个乡镇、203个村的乡村债权债务的审计核实工作。（撰稿人：蔡红）

【自贡市审计局】 2002年，共有干部职工46人，其中本科学历4人、大专学历28人，局长邹定孟，副局长于健、江鸿、罗亚西。设有财政审计科、金融外资审计科、基建投资审计科、经济贸易审计科、行政事业审计科、经济责任审计科、法制科、人事教育科、纪检室、办公室。

审计成果 完成审计或调查144个，查出违规行为金额11732万元，应缴财政177万元，已交177万元，应归还原渠道资金1582万元。向司法机关移交涉嫌经济犯罪线索23件，涉案金额5104.5万元。提交审计信息165篇，被采用64篇。

乡村债权债务审计 完成了对全市97个乡镇和1482个村民委员会2001年底以前的债权债务审计核实工作。通过审计复核，在乡村自查债务15.51亿元的基础上净核减4.98亿元，全市乡村两级债务平均核减率达30%。

专项资金审计 完成了对4区、两县住房公积金、市区（县）三峡库区外迁移民安置资金、退耕还林还草资金等62个专项资金的审计或调查，查出违规行为金额2268万元，要求被审计单位归还原渠道资金704万元。向纪检、监察部门移交涉嫌经济犯罪线索10件。

经济责任审计 完成经济责任审计项目11个（其中县处级6个，区科级5个），完成了1名企业领导人员的任期经济责任审计。通过审计，共查出违纪违规行为金额4000万元，向纪委和主管部门移交案件线索1件。

固定资产投资项目审计 完成了对富益电力股份有限公司等3个城乡电网建设与改造项目工程审计，完成了解放桥立交桥工程等22个竣工决算审计。查出违规行为金额2512万元，核减工程结算款95万元，归还原渠道资金1387万元。（撰稿人：施成才）

【自贡市大安区审计局】 现有干部职工7人，负责对全区9个乡镇、4个街道和28个区直部门的审计监督。局长喻声著，副局长吴华英、林元敏。

审计成果 完成审计项目21个，审计单位31个，查出违规行为金额1746.86万元，其中收缴财政6.5万元，指明要求纠正1212万元，审减工程款572万元。完成审计调查1个，调查单位9个。提交审计报告5份，审计意见13份。还对两名科级领导干部进行了任期经济责任审计。有内审机构7个，内审人员14人。（撰稿人：邱薇）

【自贡市贡井区审计局】 现有干部职工6人，设有办公室、综合业务股，负责对全区6个乡镇、街道和86个区直部门的审计监督。局长马岗，副局长卢斌。

审计成果 完成审计项目11个，地方党政交办审计调查项目两个。查出违规行为金额280万元，其中指明要求纠正177万元，归还原渠道资金80万元，已交财政7万元。提交审计报告、信息10篇，其中3篇被采用。档案工作经复查合格，保持省三级标准。（撰稿人：林芸）

【自贡市自流井区审计局】 现有干部职工8人，设有办公室、财政金融企业审计股、行政事业审计股，负责对全区4个街道和28个区直部门的审计监督。局长钟南，副局长丁萍。

审计成果　完成审计项目13个，查出违规行为金额2.7万元，应缴财政2.7万元，已交2.7万元，指明要求纠正661万元；完成审计调查两个，调查单位7个。提交审计报告、信息33篇，被采用7篇；提交理论研讨文章3篇，被采用两篇。完成1名科级干部经济责任审计。（撰稿人：林泽勤）

【自贡市沿滩区审计局】　现有干部职工8人，设有办公室、财政金融审计股、综合审计股，负责对全区16个乡镇和94个区直部门的审计监督。局长刘贵生，副局长聂洪桥、周大元。

审计成果　全年共完成审计项目16个，查出违纪违规行为金额147万元，其中指明要求纠正23万元，决定处理处罚9万元，归还原渠道资金115万元，应缴财政9万元。提交审计报告3份，审计意见15份，审计信息7篇，被采用1篇。同时，对全区16个乡镇、151个自然村截止到2001年底的债权、债务及担保债务进行了审计核实。（撰稿人：曾涛）

【荣县审计局】　现有干部职工19人，设有办公室、财政金融审计股、行政事业审计股、经济贸易审计股，负责对全县35个乡镇和28个县直部门的审计监督。局长钟志安，副局长曹灵康、周明学。

审计成果　完成审计项目10个、审计单位30个，查出违规行为金额830万元，应缴财政36万元，已交36万元。提交审计报告、信息16篇，被省厅和市局采用3篇，县委、县政府采用4篇。协助有关部门查出案件两起，移交涉嫌经济犯罪线索1件。乡村债权债务审计被四川省政府评为先进集体。（撰稿人：曹玉）

【富顺县审计局】　现有干部职工17人，设有企业审计股、财政审计股、行政事业审计股和办公室，负责对全县31个乡镇和53个县直部门的审计监督。局长胡珍剑，副局长刘晓彬、张永康。

审计成果　完成审计项目61个，查出违纪违规行为金额950万元，责令自行纠正650万元，应缴财政50万元，已交50万元，归还原渠道资金100万元，为国家节约资金130万元（含基建投资审计）。提交审计信息44篇，被采用26篇。完成3名科级干部离任经济责任审计，查出违规行为金额96万元。有内审机构46个，内审人员106人。（撰稿人：肖晓刚）

【泸州市审计局】　2002年，共有干部职工51人，其中大专以上学历47人，局长李冬，副局长张仁全、樊小玲，纪检组长王国萍。设有办公室、人事教育科、法制科、财政审计科、金融审计科、行政事业审计科、农业外资审计科、固定资产投资审计科、经贸审计科、社保审计科、经济责任审计科。

审计成果　完成审计项目395个，查出违规行为金额8713万元，应缴财政1445万元，已交802万元，归还原渠道资金3110万元，指明要求纠正32996万元。提交各类综合报告13份，被党政领导批示、采用两份。被市委、市政府、省审计厅采用信息40篇。连续10年被评为“四川省审计系统业务工作先进单位”。全市乡村债权债务审计被四川省政府评为先进集体。

专项资金审计　在开展财政预算执行审计同时，避免就财政审财政的传统做法的工作思路，扩大审计覆盖面，大力挖掘财政预算审计效果。着重开展对财政大额专项资金的审计，包括企业改制资金、农业综合开发资金等。支农资金审计形成的审计报告，受到市委、市政府领导高度评价。市委农村工作领导小组专门听取汇报，进行专题研究，同时责成相关部门重新提出支农资金管理方案，确保支农资金的有效使用。（撰稿人：刘黎）

【泸州市江阳区审计局】　现有干部职工13人，设有办公室、财政金融审计股、经济责任审计股、行政事业农业外资审计股和企业基建审计股，负责对全区17个乡镇（街）和49个区直部门的审计监督。局长张福建（12月—）、郭昌清（—12月），副局长徐文飞、陈红。

审计成果　完成审计项目37个，审计单位37个，查出违规行为金额262万元，应缴财政50万元，已交50万元。完成审计调查两个，调查单位45个。提交审计报告36份。被区委、区政府、上级审计机关和新闻单位采用审计信息16篇。（撰稿人：曾静）

【泸州市纳溪区审计局】　现有干部职工14人，设有办公室、财政金融审计股、行政事业审计股、经济责任审计股、经贸审计股，负责对全区12个乡镇、1个街道和42个区直部门的审计监督。局长毛能均，副局长曾永强、邹锡昌，纪检组长李淑君。

审计成果　完成审计项目52个，查出违纪违规行为金额1686万元，决定处理处罚应缴财政85.1万元，已全部入库。完成审计调查项目两个。提交审计报告7份，有4篇调研文章被当地党政领导机关采用，有21篇审计信息被有关报社、上级审计机关和审计刊物采用。乡村债权债务审计被四川省政府评为先进集体。（撰稿人：杨银贵）

【泸州市龙马潭区审计局】　现有干部职工8人，设有办公室、财政金融审计股、基本建设审计股、行政事业审计股和经济责任审计股，负责对全区12个乡镇（街）和50个区直部门的审计监督。局长董琪（11月—）、邱斌（—11月），副局长殷君莲（兼纪检组长）。

审计成果 完成审计项目34个、审计单位32个，其中党政领导干部任期经济审计项目20个，查出违纪违规行为金额745万元，指明要求纠正3877万元，决定处理处罚16万元，应缴财政两万元，审减工程造价35万元。提交并被采用审计工作报告、审计信息77篇。1人被省审计厅评为乡村债权债务审计先进个人。（撰稿人：殷君莲）

【泸县审计局】 现有干部职工15人，设有办公室、财政金融审计股、农业外资经贸审计股、基本建设审计股、行政事业审计股和经济责任审计股，负责对全县24个乡镇和24个县直部门的审计监督。局长陈先贵，副局长田德宏、巫道元，纪检组长江小萍。

审计成果 完成审计项目73个、审计单位73个，其中领导干部任期经济责任审计项目16个，查出违纪违规行为金额4569万元，其中指明要求纠正4021万元，决定处理处罚32万元，应缴财政32万元，追回被挪用专项资金72万元，审减工程造价444万元。提交审计报告、信息29篇。全县乡村债权债务审计被四川省政府评为先进集体。（撰稿人：王晓华）

【合江县审计局】 现有干部职工11人，设有办公室、财政金融审计股、行政事业审计股、经济责任审计股、固定资产投资审计股，负责对全县29个乡镇和35个县直部门的审计监督。局长王志明，副局长赵儒启、冯瑞胜。

审计成果 审计单位53个，查出违规行为金额185万元，应缴财政45.07万元，已交39.84万元。提交审计报告53份，信息和调研报告27篇，被采用17篇。开展经济责任审计项目9个、9人，查出违规行为金额25.59万元，查出个人存在经济问题1人。审计后，晋升1人，平调5人，免职两人，移送司法机关1人。（撰稿人：赵贵华）

【叙永县审计局】 现有干部职工14人，设有办公室、财政金融审计股、经济责任审计股、经贸投资审计股、行政事业审计股、农业外资审计股，负责对全县26个乡镇和32个县直部门的审计监督。局长李毅，副局长王光银、赵锐（6月—），纪检组长彭心慧（1月—）。

审计成果 完成审计项目58个、83个单位，查出违纪违规行为金额3589万元，其中指明要求纠正2520万元，决定处理处罚3万元，应缴财政203万元，已交81万元。完成审计调查两个，调查单位3个。提交审计报告1份，审计调查报告两份。外资审计和政府外债审计调查被省审计厅表彰。对全县26个乡镇、567个行政村讫止2001年末的债权债务情况进行了清理核实。还开展经济责任审计项目27个、43人，查出违纪违规行为金额138万元。审计后，晋升1人，平调27人，免职8人。（撰稿人：钟永生）

【古蔺县审计局】 现有干部职工16人，设有办公室、财政金融审计股、行政事业审计股、企业审计股、基建外资审计股，负责对全县29个乡镇、47个行政事业单位和32个国有企业的审计监督。局长彭晓敏，副局长罗建林、骆邦琼。

审计成果 审计单位35个，查出违规行为金额1624万元，应缴财政32万元，已交22万元。提交审计综合报告4份、审计信息6篇，被采用两篇。对全县29个乡镇、618个行政村2001年底止的债权债务进行审计核实，开展经济责任审计9个、9人，查出违规行为金额553万元，处以罚款3万元。审计后，晋升3人，平调4人。（撰稿人：彭勇中）

【宜宾市审计局】 2002年，共有干部职工46人，其中研究生学历5人，本科学历31人，大专学历5人，局长付秀英，副局长田劲松、韩显聪，纪检组长邓文广（6月—）。设有办公室、政工科、监察室、法规科、财政税务审计科、经济责任审计科、固定资产投资审计科、金融审计科、行政事业社保审计科、经贸审计科、农业与资源环保外资审计科。

审计成果 共审计328个单位，查出违规行为金额19745万元，应缴财政3280万元，已交2777万元，归还原渠道资金1048万元，调账处理3017万元。完成了对全市208个乡镇、2961个行政村的乡村债权债务审计核实工作。提交审计报告及信息320篇，被采用218篇。审计工作经验及调研文章被省级以上刊物采用25篇。在四川省审计工作综合目标考核中，被省审计厅评为先进单位。

经济责任审计 共完成任期经济责任审计124个，查出违规行为金额8972万元，其中负主管责任5114万元，负直接责任792万元。通过审计，查出10名领导干部有个人经济问题，分别移送司法机关、纪检监察部门。

内部审计 全市有内审机构175个，内审人员459人。共审计了478个单位，查出损失浪费32万元，促进增收节支1454万元，纠正违规行为金额975万元。（撰稿人：彭建平）

【宜宾市翠屏区审计局】 现有干部职工22人，设有办公室、财政行政事业外资审计科、经济责任审计科、固定资产投资金融经贸审计科，负责对全区24个乡镇、街道和57个区直部门的审计监督。局长刘利，副局长马晓芳、彭蓉。

审计成果 审计单位34个，查出违规行为金额1208万元，应缴财政238万元，已交236万元，归还原渠道资金30万元，调账处理449万元，指明要求纠正4981万元。完成审计调查两个，调查单位10个。提交审计报告、信息和调研报告33篇，被批示、采用27篇。开展了对10个单位领导干部任期经济责任审计。有内审机构96个，其中专职机构4个；内审人员133人，其中专职人员5人。（撰稿人：刘丽萍）

【宜宾县审计局】 现有干部职工14人，设有办公室、行政财政审计股、企业事业审计股和经济责任审计股，负责对全县27个乡镇和30个县直部门的审计监督。局长郭时凯，副局长陈强、李华云、李代淑。

审计成果 完成审计项目29个，审计单位29个，查出违规行为金额4570万元，指明要求纠正300万元，促进增收节支140万元，归还原渠道资金576万元，应缴财政136万元，已交136万元。完成审计调查7个，调查单位11个。提交审计报告、信息25篇，被县委、县政府采用13篇，被上级机关采用26篇（次）。乡村债权债务审计被四川省政府评为先进集体。（撰稿人：祝万平）

【南溪县审计局】 现有干部职工11人，设有办公室、法制股、财政税务金融审计股、经济责任审计股，负责对全县16个乡镇和21个县直部门的审计监督。局长潭阳宇，副局长陈莉、刘超。

审计成果 完成审计项目10个，经济责任审计项目34个，审计调查项目1个，查出违规行为金额380万元，应缴财政16万元，已交16万元。向司法机关移送案件1起。完成审计调研课题1篇，提交审计专题报告、综合报告4份，审计简报、信息10篇。（撰稿人：叶莹）

【江安县审计局】 现有干部职工14人，设有办公室、行政财贸金融审计股、经济责任审计股、综合股，负责对全县19个乡镇和139个县直部门的审计监督。局长刘勇，副局长瞿小平、刘明芬、陈江南（10月—）。

审计成果 完成审计项目35个，共查出违规行为金额1098万元，应缴财政49万元，其中罚没收入19万元，税金及其他20万元，指明要求纠正655万元。固定资产投资审计审减金额42万元，被审计单位采纳审计建议或审计成果促进有关部门修改完善规章制度4条，县委、县政府采纳审计意见和建议两条，提交审计信息、简报、要情共计16篇，被采用9篇。向纪委移送案件1起，向检察机关移送案件4起。乡村债权债务审计被四川省政府评为先进集体。（撰稿人：贺敏）

【长宁县审计局】 现有干部职工13人，设有办公室、财政经济责任审计股、财务经济责任审计股，负责对全县20个乡镇和52个县直部门的审计监督。局长王文学，副局长王勇（—12月）、张晓春（12月—）、王世伦。

审计成果 完成审计项目66个，共查出违纪违规行为金额924万元，应缴财政34万元，已交23万元，归还原渠道资金29万元，调账处理369万元，国家建设投资项目审减工程投资额492万元（含农网项目276万元），指明要求纠正1377万元。提交审计信息15篇。乡村债权债务审计被四川省政府评为先进集体。（撰稿人：灌超）

【高县审计局】 现有干部职工13人，设有办公室、财政金融企业审计股、行政事业基建审计股、经济责任审计股，负责对全县24个乡镇和67个县直部门的审计监督。局长李润生，副局长何炳成、肖晶。

审计成果 审计单位14个，审计调查单位1个，上级指定审计项目3个，查出违规行为金额1377万元，应缴财政593万元，已交593万元，查出百万元违规单位两个。提交审计报告1份，信息和调研报告26篇，被采用12篇。开展经济责任审计项目6个、6人，查出违规行为金额205万元。审计后，平调6人。（撰稿人：严亚强）

【筠连县审计局】 现有干部职工9人，预备公务员两人，设有办公室、财政税务金融审计股、行政事业经贸审计股和经济责任审计股，负责对全县20个乡镇和60个县直部门的审计监督。局长李孝全，副局长张霄、石小平、张一非。

审计成果 完成审计项目17个，查出违规行为金额471万元，应缴财政19万元，归还原渠道资金27万元，调账处理34万元，指明要求纠正240万元，罚没款12万元，促进增收节支473万元。完成了省政府下达的乡村债权债务审计核实工作，并完成政府外债审计调查项目和对中介组织业务质量检查。提交审计报告和信息12篇。向纪委、监察机关移送经济案件1起。固定资产投资审计被省审计厅评为先进集体。（撰稿人：李孝全）

【珙县审计局】 现有干部职工12人，设有办公室、财政税务金融审计股、行政事业专项资金审计股、企业基建外资审计股、经济责任审计股，负责对全县21个乡镇和56个县直部门的审计监督。局长杨超，副局长姚广、方晓峰。

审计成果　完成审计项目35个，查出违规行为金额1097万元，应缴财政295万元，已交252万元。完成审计调查两个。提交审计报告、信息18篇。完成10名科级干部离任经济责任审计，查出违规行为金额1110.5万元。（撰稿人：许彬）

【兴文县审计局】　现有干部职工9人，设有办公室、经济责任审计股、综合业务审计股，负责对全县21个乡镇和86个县直部门的审计监督。局长王先实（—11月）、唐庆禄（11月—），副局长熊伟、张高煜。

审计成果　完成审计项目42个（含经济责任审计），审计单位54个，查出违规行为金额1715.51万元，收缴财政及处以罚款10.25万元，入库率100%。完成审计调查1个。提交审计报告3份，简报及信息9篇，被市政府采用1篇，市局采用5篇，县领导批示和县政府采用两篇。另外，对11名科局级领导干部进行了经济责任审计，查出个人违纪案件1起。（撰稿人：张治群）

【屏山县审计局】　现有干部职工7人，设有办公室、审计股，负责对全县20个乡镇及县直部门的审计监督。局长姚笃雄，副局长权敏。

审计成果　完成审计项目17个，查出违纪违规行为金额482万元，应缴财政1.65万元，已交财政1.65万元。完成下达的审计调研课题1个，提交审计报告23份，审计信息11篇，被采用6篇。同时，还完成经济责任审计项目10个，其中乡党政领导干部4人，行政事业单位领导干部6人，查出违纪违规行为金额458万元，罚款0.8万元，已交入库。（撰稿人：唐叙屏）

【攀枝花市审计局】　2002年，共有干部职工57人，其中研究生学历1人，本科学历27人，大专学历19人，局长李隆盛，副局长甘昌铭、罗小兰、刘松柏（6月—）。设有财政金融审计处、固定资产投资审计处、行政事业审计处、经贸审计处、社会保障与外资审计处、农业与资源环保审计处、经济责任审计分局、办公室、法制处、人事教育处、监察室。

审计成果　市本级共完成审计项目52个，查出违规行为金额16302万元，指明要求纠正金额5614万元，处理应缴财政978万元，追还被侵占挪用资金212万元，促进增收节支2213万元。提交审计报告、信息等131篇，被市委、市政府、省审计厅及新闻单位批示、采用40篇。继续保持“省级最佳文明单位”的称号。

经济责任审计　本级完成经济责任审计项目11个、11人，查出违规行为金额6201万元，指明要求纠正17万元。

乡村债权债务审计　全市共完成75个乡镇、407个村的债权债务审计核实工作，通过审计核减乡（镇）级债权2079万元，核减乡（镇）债务20602万元，核减乡（镇）担保债务1088万元；核增村级债权563万元，核增村级债务323万元，核增村级担保债务1616万元。（撰稿人：黎敏）

【攀枝花市东区审计局】　现有干部职工10人，设有办公室、行政事业审计科和综合审计科（对外挂东区经济责任审计分局的牌子），负责对全区1个乡镇和49个区直部门的审计监督。局长董桂蓉，副局长姚七、王全权。

审计成果　完成审计项目12个，审计单位18个，经济责任审计项目8个，完成审计调查1个。查出违规行为金额47.55万元，其中应缴财政21.18万元，已交21.18万元。提交审计报告两份，审计意见20份，文章两篇，信息8篇。（撰稿人：王利）

【攀枝花市西区审计局】　现有干部职工8人，设有办公室、财政固定投资审计科、经济责任审计科、综合审计科，负责对全区1个乡镇和64个区直部门的审计监督。局长陈进（3月—），副局长彭东升、胡昌惠（3月—）。

审计成果　完成审计项目15个，审计单位18个，查出违规行为金额56.83万元，其中指明要求纠正23.94万元，减少财政支出32.58万元，应缴财政0.31万元，已交0.31万元。完成审计调查1个，调查单位1个。提交审计报告15份，审计意见书15份，审计决定3份，审计信息3篇。完成8名科级干部离任经济责任审计，查出违规行为金额4.09万元。（撰稿人：李钰）

【攀枝花市仁和区审计局】　现有干部职工12人，设有办公室、财政与行政事业审计科、综合审计科、经济责任审计办公室（副科级），负责对全区14个乡镇、1个街道和23个区直部门的审计监督。局长刘新民（4月—）、赖忠伦（—4月），副局长余荣富，赵朝良（11月—）。

审计成果　完成审计项目12个，审计单位12个，经济责任审计项目两个，查出违纪违规行为金额358万元，其中指明要求纠正354万元，决定处理处罚4万元，应缴财政1万元。审计核实全区乡村债权9259万元，债务15037万元。提交审计报告14份、审计意见14份，审计信息5篇，审计文章1篇，简报6篇，被采用3篇。乡村债权债务审计被四川省政府评为先进集体。（撰稿人：彭小丽）

【米易县审计局】 现有干部职工13人，设有办公室、财政行政事业审计股、专项资金与固定资产投资审计股、经济责任审计分局，负责对全县28个乡镇和44个县直部门的审计监督。局长李永辉（5月—）、周平（—5月），副局长王立明（9月—）、李永辉（—5月）。

审计成果 完成审计项目19个，查出违规行为为金额302万元，应缴财政41万元，已交19万元。完成审计调查两个，调查单位163个。提交审计报告、信息18篇。完成两名科级干部任期经济责任审计，查出违规行为为金额50万元。（撰稿人：吴云章）

【盐边县审计局】 现有干部职工12人，设有办公室、财政金融审计科、综合审计科、经济责任审计科，负责对全县31个乡镇和42个县直部门的审计监督。局长侯云方，副局长许正林、刘淑琼。

审计成果 完成审计项目39个，审计单位37个，查出违规行为金额415万元，指明要求纠正3669万元，应缴财政25万元，已交23万元。完成审计调查两个，调查单位两个。提交审计报告39份，信息16篇。完成21名科级干部离任经济责任审计，查出违规行为为金额51万元，应纠正737万元。（撰稿人：郭伦）

【巴中市审计局】 2002年，共有干部职工23人，其中本科学历12人，大专学历6人，局长熊朝山，副局长李亚男、荀中珏（7月—）、巩仕和（—7月），纪检组长张文兴。设有办公室、法制科、人事教育科、财政金融审计科、行政事业审计科、农业资金审计科、经贸审计科、固定资产投资审计科、外资运用审计科、直属审计分局。

审计成果 审计单位54个，查出违规行为为金额3084万元，指明要求纠正2739万元，应缴财政155万元，已交155万元。归还原渠道资金1616万元，提交审计报告、信息简报89篇，被采用49篇。全年受省委、省政府表彰1次，受省级部门表彰12次。

经济责任审计 开展经济责任审计项目11个，查出违规行为为金额255万元。审计后，晋升8人，平调3人。

乡村债权债务审计 根据省厅统一部署，对全市284个乡，2428个村截止到2001年底的乡村两级债权债务进行了审计核实，共核减债权44763万元，核减债务66016万元。

审计信息化建设 以“金审工程”为载体，市本级已建成广域网，接入了当地党政网，并完成了局域网建设目标，设立了审计网站，初步实现了无纸化办公，80%以上的审计人员已能熟练应用计算机开展审计工作。（撰稿人：易旭东）

【巴中市巴州区审计局】 现有干部职工32人，设有办公室、综合科、财政金融审计科、行政事业审计科、经贸审计科、固定资产投资外资审计科、法规科、审计执法监察大队，负责对全区76个乡镇和26个区直部门的审计监督。局长李世鸾，副局长冯正明、李建勋、罗平、杨天芬，纪检组长赵云成。

审计成果 完成审计项目42个，查出违纪违规行为金额3034万元，应缴财政77万元，已交66万元。提交审计报告18份，审计信息和调研报告29篇，被采用21篇。开展经济责任审计项目19个、21人，查出违规行为金额328万元，查出个人存在经济问题3人。审计后，晋升4人，平调13人，降职两人，移送纪检监察机关两人。区直部门内审机构41个，其中专职机构14个；内审人员91人，其中专职人员21人。共审计单位86个，查出损失浪费18万元，纠正违规行为为金额131万元，促进增收节支29万元。（撰稿人：程涛）

【通江县审计局】 现有干部职工18人，设有办公室、财政金融审计股、经济责任审计股、企业审计股、行政事业审计股、基建外资审计股，负责对全县74个乡镇和143个县直部门的审计监督。局长彭德斌，副局长杨述强、张林、谷继文、周能宽，纪检组长杨述强。

审计成果 审计单位23个，查出违纪违规行为金额4307万元，应缴财政44万元，已交44万元。提交审计报告7份，审计信息26篇，被上级机关采用11篇。外资审计、经济责任审计被评为全省优秀审计项目。另外，对在机构改革中变动的15名党政领导干部进行了任期经济责任审计。（撰稿人：陈晓东）

【南江县审计局】 现有干部职工21人，设有办公室、财政金融审计股、行政事业审计股、经贸审计股、固定资产投资外资审计股、经济责任审计股，负责对全县73个乡镇和57个县直部门的审计监督。局长刘文平，副局长李德华、文红中、张良雄。

审计成果 完成审计项目105个、审计单位105个，查出违纪违规行为金额61647万元，其中指明要求纠正5658万元，应缴财政173万元，已交173万元。提交审计报告82份，审计意见105份，审计信息82篇，被采用50篇。完成17名科级干部离任经济责任审计。外资审计和政府外债审计调查项目被评为全省优秀审计项目。（撰稿人：汪玉梅）

【平昌县审计局】 现有干部职工26人，设有办公室、法规股、财政金融审计股、行政事业审计股、企业审计股、固定资产投资审计股、经济责任审计股，负责对全县61个乡镇和785个县直部门和企业的审计监督。局长冯国，副局长万星明、姜林华、张毅，纪检组长王超蓉。

审计成果　完成审计项目72个，查出违纪违规行为金额3250万元，指明要求纠正3900万元，应缴财政234万元，归还原渠道资金734万元。提交审计报告、信息48篇，被采用41篇。开展经济责任审计项目6个，查出违纪违规行为金额598万元。审计后晋升3人，平调3人。县直部门内审机构23个，专兼职内审人员105人。共审计单位103个，查出违规行为金额1973万元。（撰稿人：刘起凤）

【达州市审计局】　2002年，共有干部职工46人，其中本科学历13人，大专学历26人，局长李本维，副局长王新全、王全兴、齐健贻，纪检组长王永恒。设有办公室、法制科、人事科、财政金融审计科、行政事业审计科、经贸审计科、农业外资审计科、固定资产投资审计科、经济责任审计科。

审计成果　完成审计项目69个，查出违规行为金额11965万元，应缴财政914万元，处罚金额59万元，已交财政973万元，归还原渠道资金1214万元，调账处理15655万元。提交审计报告23份，信息71篇，被采用165篇（次）。被人事部、审计署授予"全国审计机关先进集体"。

财政审计　审计了市财政局、市地方税务局、人行市分行地方金库2001年度市本级财政预算执行情况，审计了达县、万源市2001年度财政决算。通过审计，查出违规行为金额6668万元，应缴财政570万元，处罚32万元，归还原渠道资金1029万元。

固定资产投资审计　对9个能源、交通、基础设施等地方重点建设项目的竣工决算进行了审计，查出违规行为金额2185万元，应缴财政250万元，处罚13万元，归还原渠道资金26万元，核减工程结算1750万元。

乡村债权债务审计　对全市391个乡镇、3743个村截止到2001年末的债权债务进行了审计核实。核减债权3.01亿元（核减比例25.49%），核减债务8.01亿元（核减比例27.48%），核减担保债务0.62亿元（核减比例59.05%），受到四川省政府的表彰。

经济责任审计　开展经济责任审计项目10个、10人，查出违规行为金额905万元，其中应负主管责任767万元、应负直接责任82万元，指明要求纠正8449万元。审计后，晋升1人，平调两人，留任1人，免职5人，撤职1人。

内部审计　市级单位有内审机构58个，其中专职机构35个；内审人员155人，其中专职人员73人。共审计单位180个，查出损失浪费702万元，纠正违规行为金额465万元，促进增收节支179万元。（撰稿人：冉从全）

【达州市通川区审计局】　现有干部职工23人，设有办公室、行政事业审计股、财政金融审计股、企业审计股、基建外资审计股、经济责任审计股，负责对全区12个乡镇、街道和43个区直部门、79个企事业单位的审计监督。局长熊成富，副局长黄晓民、王刚、潘敏（7月—），纪检组长任华明。

审计成果　完成审计项目56个，审计单位83个，查出违纪违规行为金额986万元，应缴财政49万元，已交47万元，指明要求纠正877万元，核减工程造价275万元。完成经济责任审计8个、8人。提交审计报告、信息75篇，被采用26篇（次）。有两人被省审计厅评为乡村债权债务审计先进个人。（撰稿人：张义）

【万源市审计局】　现有干部职工17人，设有办公室、财政金融审计股、农业经贸审计股、行政事业审计股和固定资产投资审计股，负责对全市10个工委、57个乡镇和86个市直部门的审计监督。局长李文周，副局长何浴、林春宏、王方尤。

审计成果　完成审计项目43个，查出违规行为金额569万元，应缴财政53万元，已交53万元。完成审计调查3个，调查单位14个。其中在8个经济责任审计项目中查出违规行为金额111万元。提交审计报告、信息27篇。（撰稿人：刘岗）

【达县审计局】　现有干部职工31人，设有办公室、基建外资审计股、财政金融审计股、行政事业审计股、企业审计股、经济责任审计分局，负责对全县75个乡镇和52个县直部门的审计监督。局长杜善洪，副局长段善国，纪检组长廖宗崎（7月—）。

审计成果　完成审计项目39个，审计单位44个，查出违纪违规行为金额2950万元，应缴财政53万元，已交50万元，归还原渠道资金359万元。提交审计报告、信息25篇，被采用10篇（次）。完成经济责任审计项目13个、13人，查出违规行为金额539万元。审计后，平调12人，免职1人。（撰稿人：兰江）

【宣汉县审计局】　现有干部职工21人，设有办公室、财政经济责任审计股、经贸投资外资审计股、行政事业审计股，负责对全县73个乡镇和28个县直部门的审计监督。局长李长明（—4月）、雷正平（4月—），副局长何荣富（—4月）、张联勤（3月—）、陈益科、李健（3月—）、陈丽萍（3月—），纪检组长罗文斌（12月—）。

审计成果　完成审计项目39个，查出违规行为金额3751万元，决定处理处罚1673万元，指明要求纠正2078万元，已交财政81万元，归还原渠道资金548万元，调账处理277万元。向纪委、监察部门移送案件5起。完成审计调查两个，其中政府外债审计调查受到省审计厅表彰。提交审计报告、信息58篇，被采用31篇（次）。开展了全县73个乡（镇）、768个村的债权债务审计核实，共核减债务1.5亿元。（撰稿人：胡云海）

【开江县审计局】　现有干部职工15人，设有办公室、财政审计股、行政事业外资审计股、固定资产投资审计股、经贸审计股和直属审计分局，负责对全县25个乡镇和36个县直部门的审计监督。局长谭奇万，副局长童绥元、蒋明、邓风雨，纪检组长梁尤军。

审计成果　完成审计项目33个，审计单位52个，查出违纪违规行为金额1930万元，已交财政39万元。完成审计调查两个、调查单位12个。移送处理案件1起。提交审计报告、信息21篇，被采用14篇（次）。开展了25个乡镇及所属村级债权债务审计核实。完成了3个任期经济责任审计。有内审指导人员两人，内审机构16个，内审人员38人。（撰稿人：梁尤军）

【大竹县审计局】　现有干部职工18人，设有办公室、财政金融审计股、行政事业外资审计股、经贸审计股、固定资产投资审计股、经济责任审计股和直属审计分局，负责对全县63个乡镇和72个县直部门的审计监督。局长冯旅滨，副局长黄斗山、邓重建、贺剑，纪检监察员余正螟。

审计成果　完成审计项目38个，查出违规行为金额976万元，应缴财政33万元，已交33万元，指明要求纠正1084万元，核减建设工程决算6.35万元。提交审计报告、信息38篇，被采用32篇（次）。乡村债权债务审计核实受到四川省政府表彰。在对大竹县红十字医院审计中，查出该医院利用伪造的医疗资料套取医保资金10万元，及时进行了披露，并移送纪检部门处理。该医院院长被免职。（撰稿人：刘振华）

【渠县审计局】　现有干部职工22人，设有办公室、财政金融审计股、行政事业审计股、企业审计股、基建外资审计股、综合股，负责对全县86个乡镇和240个县直部门的审计监督。局长曹国华，副局长任晓华、王宝文、陈敏、罗斌。

审计成果　完成审计项目46个，查出违纪违规行为金额1023万元，其中指明要求纠正1008万元，决定处理处罚15万元，已交财政15万元。编发《渠县审计信息》21期，《审计内参》两期，提交审计报告、信息、论文51篇，被采用73篇（次）。开展了86个乡（镇）、694个村的债权债务审计核实。外资、投资审计受到省审计厅表彰，乡村债权债务审计受到四川省政府表彰。（撰稿人：郭世全）

【资阳市审计局】　2002年，共有干部职工35人，其中本科学历13人，大专学历17人，局长曹骏，副局长钟友贵、张晓燕、金世永，纪检组长樊佳。设有办公室、人事教育科、经济责任审计法制科、财政金融审计科、行政事业审计科、农业外资环境保护审计科、经济贸易审计科、固定资产投资审计科。

审计成果　全市审计机关共对331个单位进行了审计，查出违纪违规行为金额28319万元，应缴财政776万元，已交499万元。提交审计报告、信息和调研报告166篇，被批示、采用129篇。乡村债权债务审计被四川省政府评为先进集体。

经济责任审计　共对54个单位56名领导干部的任期经济责任进行了审计，查出违纪违规行为金额4879万元。审计后，6人晋升，43人平调，两人免职。

内部审计　共有专、兼职内审机构118个，专、兼职内审人员323人。共审计125个单位，查出损失浪费4522万元。提出建议意见被采纳75条，纠正违规行为金额6万元。（撰稿人：向秀华）

【资阳市雁江区审计局】　现有干部职工21人，设有办公室、政策法规股、行政事业审计股、经贸企业审计股、基建外资审计股、财政金融审计股、经济责任审计股，负责对全区22个乡镇和56个区直部门的审计监督。局长李举运，副局长张明火、于振海、江国顺，纪检组长马桂君。

审计成果　审计58个单位，查出违纪违规行为金额1188万元，收缴财政142万元。完成了4名科级领导干部经济责任审计。乡村债权债务审计被四川省政府评为先进集体，1人被省审计厅评为先进个人。（撰稿人：程启峰）

【简阳市审计局】　现有干部职工20人，设有办公室、经济责任审计科、财政金融审计科、行政事业审计科、经贸审计科、基建外资审计科，负责对全市55个乡镇和37个市直部门的审计监督。局长万平，副局长郑翔、曾涛、谢晓兰、周明惠，副局级纪检员徐德明。

审计成果　完成审计项目12个，审计单位73个，领导干部任期经济责任审计4个、5人，查出违规行为金额1235万元，应缴财政72万元，已交72万元。提交审计信息21篇，被采用25篇（次）。有内审机构37个（其中专职人员23人），审计单位36个，查出损失浪费4522万元，提出建议意见被采纳23条，指明要求纠正违规金额6万元。（撰稿人：徐德明）

【乐至县审计局】 现有干部职工17人，设有办公室、财政金融审计股、行政事业审计股、经济贸易审计股、固定资产投资审计股、经济责任审计股，负责对全县25个乡镇和近40个县直部门的审计监督。局长柳吉安，副局长王廷珍、罗宣常、杨德安。

审计成果 完成审计单位49个，查出违纪违规行为金额8142万元，应缴财政122万元，已交122万元。提交审计报告、信息33篇，被采用22篇。完成6名科级领导干部经济责任审计，查出违纪违规行为金额726万元。（撰稿人：李运祥）

【安岳县审计局】 现有干部职工19人，设有综合办公室、财政金融审计股、行政事业审计股、基建企业审计股，负责对全县10个管委、69个乡镇、100多个县直部门、200多所中小学的审计监督。局长陶相荣，副局长杨和平、沈秋林、郭忠灵，纪检组长安玉龙。

审计成果 审计单位91个，查出违纪违规行为金额6682万元，应缴财政165万元，已交165万元。提交审计报告、信息及调研文章39篇，被批示、采用13篇。经济责任审计，审计责任人12个，审计后，两人免职、10人平调。（撰稿人：张小立）

【眉山市审计局】 2002年，共有干部职工25人，其中本科学历19人，大专学历5人，局长罗德敏，副局长邓晓松。设有办公室、法制科、经济责任审计科、财政金融审计科、行政事业审计科、经贸审计科、固定资产投资审计科。

审计成果 全年完成审计项目28个，共查出违规行为金额6152万元，应缴财政53万元，已交28万元，归还原渠道资金1138万元，调账处理40万元。查出百万元违规单位6个。提交审计报告、信息36篇，其中工作报告4份，被批示、采用9篇。建议纠正地方部门不当规定1条。

经济责任审计 对11个县级党政领导干部和企业领导人员进行了经济责任审计，查出违纪违规行为金额4841万元，其中主管责任3466万元，直接责任107万元。审计后，晋升4人，平调5人，免职两人。组织召开经济责任联席会议，研究出台了《关于进一步明确经济责任审计对象和管辖权限的通知》，加强与各部门之间的密切配合。

乡村债权债务审计 对216个乡镇、2342个村2001年末的债权债务进行了审计核实，核减乡镇债权3534万元，核减率16%；核减债务21157万元，核减率23.5%。乡村债权债务审计被四川省政府评为先进集体。（撰稿人：龙春蓉）

【眉山市东坡区审计局】 现有干部职工21人，设有办公室、财政金融审计股、行政事业审计股和经济责任审计股，负责对全区33个乡镇和66个区直部门的审计监督。局长谢绍成（—4月），副局长李明辉(5月开始主持全局工作)、钟莲荣。

审计成果 完成审计项目66个，审计单位101个，查出违规行为金额1008万元，应缴财政14万元，已交14万元。提交审计报告、信息18篇，被批示、采用15篇。完成11名科级干部离任经济责任审计，查出违规行为金额169万元。完成乡村债权债务审计核实工作。1人被省审计厅评为乡村债权债务审计先进个人。（撰稿人：吴亚屏）

【仁寿县审计局】 现有干部职工17人，设有办公室、财政金融审计股、行政事业审计股、固定资产投资审计股、经济责任审计股，负责对全县110个乡镇和县直各部门的审计监督。局长徐少权，副局长胡慧云、杨刚、彭文。

审计成果 完成审计项目56个，审计单位1308个，查出违规行为金额1.26亿元，应缴财政23万元，已交23万元，指明要求纠正9398万元，调账处理1937万元，归还原渠道资金525万元，核减基本建设工程投资32万元。提交审计报告56份，审计信息13篇，被采用10篇。提出审计建议142条。被省人事厅、审计厅评为“四川省审计机关先进集体”，乡村债权债务审计被四川省政府评为先进集体，同时，彭文同志被省审计厅评为先进个人。（撰稿人：夏建国）

【彭山县审计局】 现有干部职工13人，设有办公室、财政行政事业审计股和基建工商企业审计股，负责对全县18个乡镇、28个县直部门和两个事业单位的审计监督。局长黄敏言，副局长钟华、宋德强。

审计成果 审计单位50个，查出违规行为金额173万元，归还原渠道资金980万元，决定处理处罚7万元，已交财政7万元，指明要求纠正1946万元。提交审计信息11篇，被采用3篇。开展经济责任审计项目17个。按县政府安排，对全县10个乡镇拖欠水费情况进行了审计核实，为县委县政府提供了解决问题的决策数据。（撰稿人：黄玮琦）

【洪雅县审计局】 现有干部职工9人，设有办公室、财政金融审计股、固定资产审计股、经济责任审计股，负责对全县26个乡镇、50个县直部门和5个事业单位的审计监督。局长李李，副局长刘明。

审计成果 完成审计项目25个，党政交办审计事项5个。对两名县（处）级和11名科级领导干部进行了任期经济责任审计。查出违纪违规行为金额4600万元，其中指明要求纠正4000万元，已交财政58万元。提交审计报告43份，审计信息12篇，被采用5篇。（撰稿人：吴国富）

【丹棱县审计局】 现有干部职工8人，设有办公室、行政企事业单位审计股、财政金融审计股，负责对全县12个乡镇和70个县直部门的审计监督。局长李德海，副局长靳玉娥、徐刚。

审计成果 完成审计项目13个，查出违规行为金额109万元，应缴财政22万元，已交3万元，指明要求纠正163万元。提交审计报告、信息7篇，被批示、采用5篇。（撰稿人：蒋光腾）

【青神县审计局】 现有干部职工11人，设有办公室、行政事业审计股、金融企业基建审计股、经济责任审计股，负责对全县18个乡镇和48个县直部门的审计监督。局长廖德贵，副局长赵国平、吴小萍。

审计成果 完成审计项目40个，查出违规行为金额2779万元，其中审计查补各种税款5万元，归还被侵占挪用资金199万元，促进增收节支264万元，指明要求纠正1672万元，调账处理1420万元。提出建议意见37条。被省审计厅、人事厅授予"四川省审计机关先进集体"，被省审计厅授予"2002年度审计宣传优秀奖"，档案管理保持省二级标准。对全县17个乡镇、153个行政村截止到2001年末的债权债务进行了审计核实。有4人分别受省审计厅表彰。（撰稿人：刘友义）

【雅安市审计局】 2002年，共有干部职工41人，其中本科学历12人，大专学历24人，局长赵康，副局长支云淳、陈伟。设有办公室、人事教育法制科、财政审计科、金融审计科、行政事业社会保障审计科、农业外资审计科、经贸审计科、固定资产投资审计科。

审计成果 审计单位42个，查出违规行为金额463万元，指明要求纠正942万元，应缴财政46万元，已交16万元。完成审计调查项目两个，调查单位7个。完成乡村债权债务审计核实工作。提交审计报告、信息和调研报告130篇（份），被市委、市政府批示、采用46篇，省审计厅采用6篇，新闻媒体采用47篇。被评为2002年度"四川省审计工作先进单位"，审计法制工作、社会保障资金审计、经贸审计、固定资产投资审计、外资审计、三峡移民资金审计、华西证券雅安营业部审计被评为全省先进。

乡村债权债务审计 组织对全市174个乡镇，1111个村2001年底的乡村债权债务进行了审计核实，核减乡镇债务19867.13万元，核减率为30.09%，核减村级债务4509.04万元，核减率为32.24%；市本级直接对两个镇债权债务进行了审计核实，核减债务3814.21万元，核减率为42.57%，核减村级债务5.57万元，核减率为1.84%。

经济责任审计 开展经济责任审计项目11个、11人，其中审计党政领导干部10人，审计国有及国有控股企业1人。查出违规行为金额76万元。审计后，晋升1人，免职1人。（撰稿人：白彬）

【雅安市雨城区审计局】 现有干部职工13人，设有办公室、财政金融基建审计科、行政事业审计科和经济责任审计科，负责对全区24个乡镇和85个区直部门的审计监督。局长廖雅媛，副局长余恕、洪缨。

审计成果 审计单位28个，共查出违规行为资金610万元。提交审计报告12份，审计信息4篇，被《雅安日报》采用两篇，区政府采用两篇。开展经济责任审计项目11个，查出违规行为金额205万元。审计后，晋升1人，平调7人，免职3人。（撰稿人：杨文芳）

【名山县审计局】 现有干部职工13人，设有办公室、经济责任审计股、投资审计股和综合审计股，负责对全县20个乡镇和45个县直部门的审计监督。局长邹蓉，副局长杨智洪、朱祥义。

审计成果 完成审计项目30个，审计单位30个，查出违规行为金额1412万元，应缴财政32万元，已交21万元。提交审计报告、信息35篇。完成科级领导干部任期经济责任审计15个，查出各种违纪违规行为金额1101万元。移送纪检和司法部门处理1人。乡村债权债务审计被四川省政府评为先进集体。（撰稿人：冯学刚）

【荥经县审计局】 现有干部职工10人，设有办公室、财政行政事业审计股、经济责任审计股和经济贸易投资审计股，负责对全县25个乡镇和32个县直部门的审计监督。局长刘永德，副局长方青。

审计成果 完成审计项目22个，审计单位25个，查出违规行为金额169万元，应缴财政126万元，已交16万元，归还原渠道资金88万元，指明要求纠正196万元。完成审计调查项目5个，调查单位28个。提交审计报告、信息27篇。完成9名科级干部离任经济责任审计，查

出违规行为金额52万元。（撰稿人：罗强）

【汉源县审计局】 现有干部职工11人，设有办公室、财政金融审计股、经济责任审计股、行政事业审计股和固定资产投资外资基建审计股，负责对全县40个乡镇和18个县直部门的审计监督。局长黄玉星，副局长杨仕良、王林滨。

审计成果 完成审计项目24个，审计67个单位，查出违规行为金额247万元，应缴财政1万元，已交1万元，归还原渠道资金246万元。提交审计报告、信息24篇，提出审计建议31条。（撰稿人：杨仕良）

【石棉县审计局】 现有干部职工13人，设有办公室、财政金融审计股、企业事业审计股，负责对全县16个乡镇和18个县直部门的审计监督。副局长孙建红。

审计成果 完成审计项目17个，查出违规行为金额57万元，应缴财政5万元，已交两万元。完成审计调查两个，调查单位17个。提交审计报告、信息36篇，被《雅安日报》采用1篇、《石棉政务信息》采用3篇。完成了7名科、局（乡）级领导干部任期经济责任审计，查出违规行为金额51万元。乡村债权债务审计被四川省政府评为先进集体。（撰稿人：胡元国）

【天全县审计局】 现有干部职工14人，设有办公室、财政金融经贸审计股、经济责任审计股、行政事业农业审计股和固定资产投资审计股，负责对全县23个乡镇和19个县直部门的审计监督。局长杨才义，副局长高文波、胡惠林。

审计成果 完成审计项目45个，审计单位45个，查出违规行为金额884万元，应缴财政116万元。移送司法机关案件1起、涉案人员1人。乡村债权债务审计被四川省政府评为先进集体；固定资产投资审计被省审计厅评为2002年度投资审计先进集体；外资审计、政府外债审计调查受到省审计厅表彰；投资审计论文获四川省审计厅三等奖。（撰稿人：卢华）

【芦山县审计局】 现有干部职工10人，设有办公室、财政金融审计股、经济责任行政事业社会保障审计股、经贸外资固定资产投资审计股，负责对全县15个乡镇和40个县直部门的审计监督。局长吴敏，副局长黄志琼（8月—）。

审计成果 完成审计项目12个，审计单位23个，查出违规行为金额805万元，其中指明要求纠正649万元，决定处理处罚156万元，应缴财政两万元，已交两万元。完成审计调查3个，调查单位5个。提交审计报告、信息5篇。完成对全县15个乡镇80个行政村2001年底的乡村两级债权债务审计核实。（撰稿人：郝克农）

【宝兴县审计局】 现有干部职工10人，设有综合室、经济责任审计股、行政事业审计股和企业审计股，负责对全县11个乡镇、19个县直部门和8个国有及国有控股企业的审计监督。局长张跃军，副局长李树清、李沛（2月—）。

审计成果 完成审计项目20个，审计单位20个，查出违规行为金额450万元，指明要求纠正540万元，应缴财政35万元，已交29万元，移送纪检监察机关两人。完成审计调查两个，调查单位14个。提交审计报告22份，信息20篇，被采用6篇。完成4名科级干部离任经济责任审计，指明要求纠正110万元。（撰稿人：李沛）

【阿坝藏族羌族自治州审计局】 2002年，共有干部职工30人，其中本科学历6人，大专学历14人，局长洪波，副局长何志军、蔡永斌。设有办公室、法制复核科、财政金融审计科、行政事业审计科、经济责任审计科、固定资产投资审计科，经贸审计科。

审计成果 审计单位329个，查出违规行为金额15272万元，应缴财政1318万元，已交1002万元。向司法机关移送案件1起，向纪检监察移送待处事项两件。建议纠正地方部门不当规定82条。

乡村债权债务审计 完成了全州223个乡镇、1350个行政村的债权债务审计核实工作，做到了自查和核实面均达到100%。

经济责任审计 开展经济责任审计项目63个、64人，查出违规行为金额1111万元。审计后，平调31人，晋升6人。（撰稿人：程华云）

【马尔康县审计局】 现有干部职工7人，设有办公室、行政事业审计股、经济责任审计股和企业及固定资产投资审计股，负责对全县14个乡镇和50个县直部门的审计监督。局长成开云，副局长夏永胜。

审计成果 完成审计项目10个，审计单位15个，完成任期经济责任审计项目5个，查出违纪违规行为金额177万元，应缴财政23万元。完成审计调查3个，调查单位30个。提交审计报告15份，审计意见15份，审计信息7篇，被采用3篇。乡村债权债务审计被四川省政府评为先进集体。（撰稿人：周涛）

【汶川县审计局】 现有干部职工20人，设有办公室、经济责任审计股、财政金融行政事业审计股、工交经贸企业审计股、固定资产投资审计股，负责对全县12个乡镇和18个县直部门的审计监督。局长杨克志，副局长邓宜成，潘瑞林。

审计成果　完成审计项目18个、25个单位，党政交办审计项目3个，查出违纪违规行为金额68万元，指明要求纠正68万元，处罚1万元，已交财政6万元。提交审计报告23份，审计意见8份，审计决定6份，审计简报3篇。乡村债权债务审计被四川省政府评为先进集体，有1人被省审计厅评为先进个人。（撰稿人：彭蓉）

【理县审计局】　现有干部职工14人，设有办公室、财政金融审计股、经济贸易审计股、经济责任审计股、固定资产投资审计股，负责对全县13个乡镇和62个县直部门的审计监督。局长杨国彬，副局长陈玲。

审计成果　审计单位20个，查出各类违纪违规行为金额702万元，其中归还原渠道资金17万元，调账处理436万元，核减工程140万元，责令收缴财政专户1万元，指明要求纠正12万元。建议纠正地方部门不当规定18条。提交审计综合报告、审计信息16篇。（撰稿人：陈玲）

【茂县审计局】　现有干部职工11人，设有办公室、行政事业审计股、经济责任审计股和固定资产投资审计股，负责对全县23个乡镇和184个县直部门的审计监督。局长韩泽清，副局长王国敏、叶伟明。

审计成果　完成审计项目25个，查出违纪违规行为金额1344万元，应缴财政144万元，已交11万元。提交审计报告8份，审计意见25份，审计信息4篇，被采用3篇。（撰稿人：徐玮）

【松潘县审计局】　现有干部职工8人，设有办公室、行政事业审计股、经贸审计股、固定资产投资审计股、经济责任审计股，负责对全县25个乡镇和55个县直部门的审计监督。局长王福全，副局长李尚春。

审计成果　完成审计项目11个，审计单位32个，查出违规行为金额564.24万元，应缴财政17万元，已交17万元。完成审计调查5个，调查单位6个。提交审计报告、信息18篇。完成9名科级干部经济责任审计，查出违规行为金额479.76万元。有内审机构10个，内审人员29人。（撰稿人：王福全）

【九寨沟县审计局】　现有干部职工12人，设有办公室、经济责任行政事业审计股、财政金融经贸审计股，负责对全县17个乡镇和67个县直部门的审计监督。局长曾祥福，副局长殷剑虹。

审计成果　完成审计项目32个，审计单位35个，查出违规行为金额97万元，决定处理处罚6万元，应缴财政6万元，归还原渠道资金17万元。完成审计调查7个，调查单位39个。提交审计报告、信息32篇。完成12名科级、8名乡级干部离任经济责任审计，查出违规行为金额17万元。（撰稿人：陈九梅）

【金川县审计局】　现有干部职工12人，设有办公室、行政事业审计股、经济责任审计股、经贸及固定资产投资审计股，负责对全县22个乡镇和44个县直部门的审计监督。局长谢家花，副局长刘昌杨、张志强。

审计成果　完成审计项目22个、37个单位，共查出违纪违规行为金额277万元，其中指明要求纠正264万元，归还原渠道资金13万元，收缴财政0.21万元。工程决算审减54万元，审减率2.4%。（撰稿人：罗宇斌）

【小金县审计局】　现有干部职工10人，设有行政事业财政金融审计股、经贸固定资产投资审计股和办公室，负责对全县21个乡镇和81个县直部门的审计监督。局长黄寿文，副局长邹富谦。

审计成果　完成审计项目27个，审计单位49个，查出违规行为金额1280.75万元，其中决定处理处罚833.2万元，归还原渠道资金447.55万元，完成审计调查4个，调查单位127个。提交审计报告、信息40篇，向被审计单位提出建议71条。（撰稿人：邹桂芳）

【黑水县审计局】　现有干部职工12人，设有工交商贸审计股、财政金融审计股、办公室，负责对全县17个乡镇和47个县直部门的审计监督。局长扎西拉，副局长罗芳、苏卫东。

审计成果　完成审计项目17个，审计单位13个，查出违规行为金额301万元，调账处理301万元，固定资产投资审减91万元。（撰稿人：俞越昌）

【壤塘县审计局】　现有干部职工7人，设有办公室、财政金融审计股、固定资产投资审计股、经济责任审计股，负责对全县12个乡镇和26个县直部门的审计监督。副局长王全明、吴庆林。

审计成果　完成审计项目13个、24个单位，任期经济责任审计项目11个、11个单位，审计调查6个、调查单位38个，查出违规行为金额1690万元，其中应缴财政24万元，已交23万元，归还原渠道资金59万元，调账处理362万元，指明要求纠正651万元，其他594万元。提交审计工作报告、信息34篇，被新闻单位采用4篇，被县委、县政府采用1篇。另外完成了乡村债权债务审计核实工作，有1人被省审

计厅评为乡村债权债务审计核实先进个人。（撰稿人：吴庆林）

【阿坝县审计局】 现有干部职工8人，设有人事秘书股、财政金融行政事业审计股、经济责任审计股、经贸审计股、固定资产投资审计股，负责对全县22个乡镇、84个行政事业单位和28个国有企业的审计监督。局长邓成富（1月—），副局长赵国勇（1月—）。

审计成果 全年共完成审计项目14个，决定处理处罚9万元，已交财政9万元。提交审计报告15份，审计意见38份，审计决定15份，审计信息13篇。完成19个乡镇、83个村乡村债权债务审计核实。有1人被省审计厅评为乡村债权债务审计核实先进个人。（撰稿人：赵国勇）

【若尔盖县审计局】 现有干部职工9人，设有办公室、综合审计股、领导干部经济责任审计股，负责对全县17个乡镇和38个县直部门的审计监督。局长郑子强，副局长胡加林。

审计成果 完成审计项目15个，审计单位31个，查出违规行为金额222万元，应缴财政3万元，已交3万元，决定调账处理34万元，指明要求纠正两万元。向纪检监察机关移送待处事项1件。完成审计调查6个，调查单位35个。提交审计报告14份，信息4篇，审计调查报告6份，审计意见14份。完成3名科级干部离任经济责任审计，查出违规行为金额10万元。（撰稿人：代朗）

【红原县审计局】 现有干部职工9人，设有办公室、综合股、经济责任审计股，负责对全县11个乡镇和36个县直部门的审计监督。局长陈桥，副局长曾万国、邓红淑。

审计成果 完成审计项目12个，共查出违规行为金额74万元，其中指明要求纠正3278万元，应缴财政8万元，已交5万元。提交审计报告及信息12篇。另外，完成对全县11个乡镇、33个行政村2001年底的所有债权债务的审计核实工作。（撰稿人：邓红淑）

【甘孜藏族自治州审计局】 2002年，州本级共有干部职工33人，其中本科学历3人，大专学历17人，局长潘银全，副局长张珂（6月—）、肖志明、欧宁（—9月），纪检组长丁晓华。设有办公室、法制科、财政金融审计科、行政事业审计科、企业审计科、经济责任审计科、固定资产投资审计科、直属审计分局。

审计成果 共审计474个单位，查出违纪违规行为金额7909万元，应缴财政466万元，已交224万元，归还原渠道资金620万元，调账处理882万元，指明要求纠正11077万元。提交审计报告及信息148篇，被采用32篇。

固定资产投资审计 完成固定资产投资审计项目79个，查出违规行为金额1401万元，审计核减建设资金1114万元，完成并验收5个县农网竣工决算审计，审计核减农网建设资金588万元。

经济责任审计 完成州县党政交办的干部经济责任审计项目175个，查出违规行为金额4356万元，指明要求纠正3134万元，损失浪费74万元。

乡村债权债务审计 开展对全州乡村两级不良债务审计核实工作，审计核实数额为11803.41万元，核减率达31.16%。泸定、道孚、炉霍、九龙、理塘5县审计局的乡村债权债务审计被四川省政府评为先进集体，20人被省审计厅评为先进个人；荣获2002年农网审计先进单位。（撰稿人：刘雅夫）

【康定县审计局】 现有干部职工10人，设有办公室和综合审计股，负责对全县22个乡镇和28个县直部门、18个企业的审计监督。局长吴丕均（5月—），副局长陈富春。

审计成果 审计23个单位，查出违规行为金额172万元，应缴财政98万元，已交两万元，应归还原渠道资金12万元。（撰稿人：陈富春）

【泸定县审计局】 因机构改革，实行与纪委、监察合署办公。现有干部职工12人，设有办公室、行政事业审计股、企业审计股和固定资产投资审计股，负责对全县12个乡镇和22个县直部门的审计监督。局长李智江，副局长陈永芳。

审计成果 审计15个单位，查出违规行为金额64万元，指明要求纠正64万元。（撰稿人：李平）

【丹巴县审计局】 现有干部职工7人，设有办公室、行政事业审计股、财政金融审计股，负责对全县15个乡镇和40个县直部门的审计监督。局长陈贵荣，副局长王继东。

审计成果 审计20个单位，查出违规行为金额6万元。（撰稿人：陈代颖）

【九龙县审计局】 现有干部职工13人，设有办公室和综合审计股，负责对全县18个乡镇和45个县直部门、5个企业的审计监督。局长乌尼吉石，副局长魏志华。

审计成果 审计36个单位，查出违规行为金额361万元，应缴财政21万元，固定资产投资审计核减41万元。（撰稿人：魏志华）

【雅江县审计局】 现有干部职工6人，设有办公室、固定资产投资审计股、企业审计股、行政事业审计股，负责对全县17个乡镇和40个县直部门、5个企业的审计监督。局长李碧蓉，副局长黄一匡。

审计成果　审计21个单位，查出违规行为金额19万元，应缴财政14万元，已交3万元，指明要求纠正71万元。（撰稿人：黄一匡）

【道孚县审计局】　现有干部职工8人，设有办公室和综合审计股，负责对全县18个乡镇和25个县直部门的审计监督。局长王春华，副局长冯家才。

审计成果　审计18个单位，查出违规行为金额58万元，指明要求纠正155万元。（撰稿人：冯家才）

【炉霍县审计局】　现有干部职工7人，设有办公室、综合审计股，负责对全县16个乡镇和42个县直部门、6个企业的审计监督。局长杨国英，副局长何泽莲、金沧桑。

审计成果　审计14个单位，共查出违规行为金额124万元，应缴财政4万元，已交3万元，固定资产投资审计核减117万元。（撰稿人：金沧桑）

【甘孜县审计局】　现有干部职工7人，设有办公室和综合审计股，负责对全县22个乡镇和30个县直部门的审计监督。局长左崇德，副局长刘小林。

审计成果　审计32个单位，共查出违规行为金额7万元，应缴财政两万元，已交两万元。（撰稿人：左崇德）

【新龙县审计局】　现有干部职工8人，设有办公室、企业审计股、财政金融审计股、经济责任审计股，负责对全县18个乡镇和40个县直部门、4个企业的审计监督。局长邹宏，副局长蒋萍。

审计成果　审计24个单位，指明要求纠正353万元。（撰稿人：任俊辉）

【德格县审计局】　因机构改革，实行与纪委、监察合署办公。现有干部职工7人，设有办公室、经济责任审计股、固定资产投资审计股，负责对全县26个乡镇和35个县直部门、10个企业的审计监督。局长李敏，副局长邹萍。

审计成果　审计26个单位，查出各类违规行为金额39万元，应缴财政7万元，已交3万元，调账处理34万元，指明要求纠正38万元。（撰稿人：李敏）

【白玉县审计局】　现有干部职工5人，设有办公室和综合审计股，负责对全县17个乡镇和25个县直部门的审计监督。局长邹山林，副局长成岗。

审计成果　审计17个单位，查出违规行为金额116万元，固定资产投资审计核减115万元。（撰稿人：邹山林）

【石渠县审计局】　现有干部职工7人，设有综合审计股和经济责任审计股，负责对全县24个乡镇和38个县直部门的审计监督。局长肖艳紫，副局长杨巧梅。

审计成果　审计10个单位，查出违规行为金额125万元，应缴财政5万元，调账处理46万元，指明要求纠正2697万元。（撰稿人：杨巧梅）

【色达县审计局】　现有干部职工8人，设有综合办公室、财政金融审计股、企业审计股、经济责任审计股，负责对全县17个乡镇和25个县直部门、11个企业的审计监督。局长廖清平，副局长姚锦。

审计成果　审计15个单位，查出违规行为金额55万元，应缴财政20万元，已交20万元，指明要求纠正266万元。（撰稿人：廖清平）

【理塘县审计局】　现有干部职工8人，设有办公室、财政金融审计股、行政事业审计股，负责对全县24个乡镇和38个县直部门的审计监督。局长王豫玲，副局长吴忠明。

审计成果　审计63个单位，查出违规行为金额548万元，应缴财政6万元，已交6万元，固定资产投资审计核减243万元。（撰稿人：吴忠明）

【巴塘县审计局】　现有干部职工8人，设有办公室和综合审计股，负责对全县19个乡镇和40个县直部门的审计监督。局长胡晓松，副局长敖志玛。

审计成果　审计23个单位，查出违规行为金额440万元，应缴财政48万元，已交32万元，固定资产投资审减16万元。（撰稿人：敖志玛）

【乡城县审计局】　现有干部职工7人，设有办公室和综合审计股，负责对全县12个乡镇和28个县直部门的审计监督。局长邓珠，副局长丁真、孟尔泽仁。

审计成果　审计18个单位，查出违规行为金额83.5万元，应归还原渠道资金62万元，指明要求纠正15.2万元，待确定处理6.3万元。（撰稿人：谢万全）

【稻城县审计局】　现有干部职工6人，设有办公室、综合审计股，负责对全县14个乡镇和36个县直部门的审计监督。局长董德栋，副局长央金、林勇。

审计成果　审计19个单位，查出各类违规行为金额377万元，应缴财政两万元，已交两万元，归还原渠道资金298万元，固定资产投资审减39万元。（撰稿人：林勇）

【得荣县审计局】 现有干部职工5人，设有企业审计股和行政事业审计股，负责对全县12个乡镇和38个县直部门的审计监督。局长刘建。

审计成果 审计13个单位，查出各类违规行为金额6万元，指明要求纠正155万元。（撰稿人：刘建）

【凉山彝族自治州审计局】 2002年，共有干部职工52人，其中研究生学历1人，本科学历24人，大专学历14人，局长米治安，副局长杨祖武、薛才勇、邢琦，纪检组长龙建平。设有办公室、法制科、人事教育科、经济责任审计科、财政审计科、外资与金融审计科、固定资产投资审计科、行政事业与社会保障审计科、农业与资源环保审计科、经贸审计科。

审计成果 全州共查出违规行为金额15342万元，应缴财政2122万元，已交1515万元（其中税金281万元），罚没83万元，归还原渠道资金4340万元，调账处理1556万元，指明要求纠正7375万元。提交审计报告、信息120篇，其中被各级党委采用30篇，政府采用38篇，领导批示18篇。向司法机关移送案件4起，向纪检监察移送案件4起，协助有关部门查处案件两起，建议纠正地方不当规定34条。查出百万元以上违规单位10个。获省级“文明单位”外，还获省审计厅“审计工作考核先进单位”、“银行审计先进单位”，“审计法制工作先进集体”。

乡村债权债务审计 全州对3445个村集体经济组织、610个乡人民政府截止到2001年底形成的各种债权债务以及担保债务进行了审计核实。审计核实结果，乡村两级债务总额锁定为49283.76万元，比自查数79680.95万元减少30395.19万元，基本反映出了全州乡村两级债务的真实情况，得到了州政府领导、省审计厅的充分肯定。

财政及专项资金审计 完成财政审计项目74个（其中财政预算执行审计54个，县财政决算审计3个，乡财政决算审计17个），实际完成88个。完成行政事业单位审计235个，农业综合开发资金及退耕还林还草工程资金审计22个，固定资产投资、农网改造等项目40个。共查出违规行为金额12874万元，应缴财政1855万元，已交1262万元，归还原渠道资金4303万元，罚款63万元，指明要求纠正6136万元。

经济责任审计 全州共完成134人、118个单位的经济责任审计，共查出违规行为金额2294万元，其中属主管责任1751万元；指明要求纠正2096万元，查出损失浪费283万元。审计后，平调53人，晋升18人，免职6人，撤职1人。

外资与金融审计 完成指令性外资项目20个，查出违规行为金额204万元，审计要求归还原渠道资金204万元。根据授权完成了对农发行2001年度资产、负债、损益情况进行审计；对州信托投资公司2000～2001年度资产、负债、损益情况的真实性、合法性进行了审计，查出违纪行为金额555万元，应缴财政18万元，罚款18万元。

企业审计 共完成26个项目审计，查出违规行为金额1709万元（不含烟草行业审计，下同），应缴财政249万元，已交235万元，归还原渠道资金37万元，调账处理20万元，罚没金两万元，指明要求纠正1239万元，促进增收节支26万元。（撰稿人：胡国亮）

【西昌市审计局】 现有干部职工19人，设有财政金融审计股、行政事业审计股、固定资产投资审计股和办公室，负责对全市36个乡镇和61个市直部门的审计监督。局长刘普辉，副局长谢建萍、陈国柱。

审计成果 完成各类审计项目34个，共查出违规行为金额334万元，收缴市财政52.29万元，其他处理282万元。（撰稿人：赖文伟）

【盐源县审计局】 现有干部职工17人，设有办公室、行政事业审计股、财政金融基建审计股、企业审计股、经济责任审计股、法制股，负责对全县34个乡镇和40个县直部门的审计监督。局长杨林贵，副局长李树林、沙润权。

审计成果 完成审计项目16个，查出违纪违规行为金额509万元，指明要求纠正609万元，已交财政47万元。（撰稿人：王勇）

【会理县审计局】 现有干部职工15人，设有办公室、财政金融审计股、企业审计股、行政事业审计股、经济责任审计股，负责对全县49个乡镇和36个县直部门的审计监督。局长侯启贵，副局长魏桂华、冷利霞、黄颖。

审计成果 完成审计项目25个，共查出违纪违规行为金额446万元，归还原渠道资金70万元，调账处理302万元，指明要求纠正11万元，应缴财政63万元。提交综合专题报告5份、信息28篇，信息被采用20篇。提出审计建议56条，被采纳34条。乡村债权债务审计被四川省政府评为先进集体。（撰稿人：侯启贵）

【会东县审计局】 现有干部职工8人，设有办公室、经济责任审计股、财政金融行政事业审计股、农业经贸审计股、固定资产投资及外资运用审计股，负责对全县10个区、52个乡镇和46个县直部门和国有企业的审计监督。局长谢荣，副局长周荣、李艳。

审计成果 完成审计项目15个，查出违纪违规行为金额168.88

万元，其中应收缴财政138.55万元，指明要求纠正5.93万元，归还原渠道资金23.4万元，决定处理处罚0.5万元。实际入库139.05万元（含上年度）。提交审计报告18份，审计信息3篇，提出改进建议15条，均被采纳。（撰稿人：唐大亮）

【宁南县审计局】 现有干部职工8人，负责对25个乡镇和46个县直部门的审计监督。局长李天亮，副局长杨云、谢川。

审计成果 完成审计项目22个，查出违纪违规行为金额184.12万元，决定处理处罚184.12万元，其中指明要求纠正两万元，调账处理3.39万元，应缴财政178.73万元，已交178.73万元。提交审计信息9篇，被采用4篇。（撰稿人：李芳）

【普格县审计局】 现有干部职工12人，设有局办公室、经济责任审计股、法制股、财政金融农业审计股、行政商贸基建审计股，负责对全县34个乡镇和47个县直部门的审计监督。局长王亮，副局长吴福东、黄安光、吉浩。

审计成果 完成审计项目26个，查出违纪违规行为金额502.28万元，其中应缴财政26万元，已入库26万元。对全县34个乡镇的乡村两级不良债权债务进行了审计核实。提交审计报告3份，审计信息7篇，被采用6篇。（撰稿人：张洪）

【布拖县审计局】 现有干部职工10人，设有办公室、经济责任审计股、行政事业财政审计股、经贸金融投资审计股，负责对全县5个片区、30个乡镇和127个县直部门的审计监督。局长土比阿海，副局长刘凡（3月—）、杨文波（—3月）、梁国湘。

审计成果 完成审计项目15个（其中经济责任审计10个），查出违纪违规行为金额677.82万元（其中经济责任审计违纪违规行为金额314.05万元），决定处理处罚437.64万元，指明要求纠正408.61万元，归还原渠道资金1.08万元，应缴财政4.86万元，已全部入库。提交审计决定书8份，审计意见书15份，审计信息、审计简报25篇，提出审计建议51条。乡村债权债务审计被四川省政府评为先进集体。（撰稿人：王世贵）

【金阳县审计局】 现有干部职工11人，设有行政事业审计股、企业基建审计股、办公室，负责对全县34个乡镇、5个工委和49个县直部门的审计监督。局长海哈介日，副局长冯晓峰、陈世素。

审计成果 完成审计项目25个，查出违纪违规行为金额944.8万元，决定处理处罚26.55万元，指明要求纠正463.22万元，归还原渠道资金455.03万元。应缴财政26.55万元，已交21.77万元。提交审计报告25份，审计信息8篇，被县委、县政府领导批示、上级机关采用6篇，提出建议52条。（撰稿人：余莉）

【昭觉县审计局】 现有干部职工12人，设有办公室、经济责任审计股、财政金融审计股、行政事业审计股、企业审计股，负责对全县47个乡镇和60个县直部门的审计监督。局长依火洋铁，副局长吉力子空、张静波、马显康。

审计成果 完成审计项目18个，查出违纪违规行为金额1245万元，应缴财政7.7665万元，已交2.4560万元。完成县级以下领导干部任期经济责任审计4个，审计后平调3人，晋升1人。（撰稿人：陈红波）

【喜德县审计局】 现有干部职工9人，设有办公室、财政金融行政事业审计股、基建外资企业审计股和经济责任审计股，负责对全县24个乡镇和32个县直部门的审计监督。局长罗正高，副局长张光碧、宋英。

审计成果 完成审计项目30个，查出违纪违规行为金额296万元，归还原渠道资金110万元，指明要求纠正173万元，应缴财政23万元，已交14万元。提交审计报告、信息13篇，被采用3篇。提出合理化审计建议25条。（撰稿人：高国雄）

【冕宁县审计局】 现有干部职工14人，设有财政行政事业审计股、经贸金融审计股、外资基建审计股、经济责任复核审计股及办公室，负责对全县38个乡镇、103个行政事业单位、8个国有企业及3个社会团体的审计监督。局长罗献东，副局长陆文寿、周建明、翁海虹。

审计成果 完成审计项目33个，查出违纪违规行为金额1279.43万元，其中处理处罚收缴财政149.40万元，归还原渠道资金39万元，指明要求单位自行纠正1130.03万元。移送经济案件5起。提交审计信息16篇，被采用11篇。乡村债权债务审计被四川省政府评为先进集体。（撰稿人：罗献东）

【越西县审计局】 现有干部职工10人，设有办公室、财政金融审计股、经贸审计股、经济责任审计股，负责对全县40个乡镇和45个县直部门的审计监督。局长毛志华，副局长刘宇国、龚明才。

审计成果 完成县财政预算执行情况、希望工程专项资金、教育10年行动计划专项经费、县电力有限责任公司及经济责任等24个项目和单位的审计，6个基建项目开工前的审计，共查出违纪违规行为金额26万元，收缴入库22万元，查补税

款41万元，核减工程投资68万元，并针对审计发现的问题，提出合理化建议近100条。（撰稿人：许波）

【甘洛县审计局】　现有干部职工8人，设有办公室、经济责任审计股、财政金融审计股、行政事业审计股、企业固定资产外资审计股，负责对全县28个乡镇和54个县直部门的审计监督。局长刘越涛（—6月），副局长谭付明（6月起主持工作）、骆古瓦、程明英。

审计成果　完成审计项目18个，共查出违规违纪行为金额1330.95万元，指明要求纠正1137.30万元，归还原渠道资金61.53万元。对自筹固定资产投资项目资金来源审计13个，计划总投资753万元，审计面达100%。提交审计调查报告两份，提出审计建议4条，被有关部门采纳1条。（撰稿人：舒俊）

【美姑县审计局】　现有干部职工9人，设有办公室、财政审计股、经济责任审计股、综合审计股，负责对全县36个乡镇和45个县直部门的审计监督。局长罗光明，副局长吴毅、约其布哈。

审计成果　完成审计项目8个，审计单位55个（不含自筹固定资产投资项目资金来源审计和乡村债权债务审计核实，下同），查出违纪违规行为金额458.91万元，审计处理458.91万元，其中决定处理处罚16.98万元，指明要求纠正441.93万元。提交审计综合报告6份，审计结果报告1份，审计决定书5份，审计意见书13份，审计意见和建议43条。有1人被省审计厅评为乡村债权债务审计核实工作先进个人。（撰稿人：潘玉忠）

【雷波县审计局】　现有干部职工13人，设有办公室、行政事业审计股、经济责任审计股、企业审计股，负责对全县49个乡镇和21个县直部门的审计监督。局长白史且（兼纪检组组长），副局长曾世林、陈革。

审计成果　完成审计项目13个，审计单位14个，共查出违纪违规行为金额246万元，应缴财政5万元。提交审计报告、信息19篇，被采用信息6篇。被采纳审计建议2条。核减一期农网建设与改造工程造价121.47万元。对4名县级以下党政领导干部进行了任期经济责任审计，查出违纪违规行为金额61万元，应缴财政3万元。乡村债权债务审计被四川省政府评为先进集体。（撰稿人：陈夭秀）

【木里藏族自治县审计局】　现有干部职工11人，设有办公室、企业审计股、行政事业审计股、财政金融审计股，负责对全县63个行政事业单位和21个企业的审计监督。局长杨伍军，副局长宋富贵、尹春龙。

审计成果　共完成审计项目17个，查出违纪违规行为金额464万元，收缴县金库14.9万元。移交检察机关处理1人。（撰稿人：郭军）

贵州省

【贵州省审计厅】　2002年，贵州省审计厅定编189人，在编166人。厅机关设有办公室、人事处、法制处、财政审计处、经贸审计处、金融审计处、行政事业审计处、固定资产投资审计处、外资审计处、社保审计处、农业与资源环保审计处、经济责任审计处、离退休干部处、机关党委办公室；另设有教育审计处、科学技术审计处、经济执法审计处、文体卫新闻审计处、政法审计处、发展计划审计处、国土信息审计处、经贸审计处、交通运输审计处、农林水审计处、综合审计一处、综合审计二处等派出机构；同时还设有厅机关培训中心和服务中心两个直属事业单位。

领导成员

厅　长：樊丙礼

副厅长：徐德扬　张如飞

　　　　黄启明　寇　平

总审计师：吕建军

贵州省审计成果　2002年，全省审计机关共审计单位2680个，查出违规行为金额212892万元，为国家增收节支63651万元，已交财政13433万元，归还原渠道资金47573万元，减少财政拨款和补贴632万元，查出百万元违规单位91个。向纪检、司法机关移送案件31起。建议给予党政纪处分3人。协助有关部门查处案件11起。建议纠正地方部门不当规定17条。

预算执行审计　全省预算执行审计面100%。审计单位239个，查出违规行为金额43532万元，已交财政7179万元。审计厅除对省财政厅、省地税局、省级金库情况进行审计外，还对16个厅、局部门2001年度预算资金、部门管理预算内外资金的使用、规范、效益情况进行了审计，真实地反映本省财政运行状况。樊丙礼厅长受省政府委托在省人大常委会29次会议上做了《关于贵州省2001年财政预算执行和其他财政收支的审计工作报告》。

重点建设项目资金审计　全年省审计厅完成了贵新公路、安顺电厂一期工程竣工决算审计，审计投资总额844953万元，在对贵新公路审计中，查出损失浪费8500万元。审计发现的主要违规行为有：基建工程重复列支、多计工程价款、多计贷款利息、部分会计核算不规范、部分工程项目及设备采购未严格实行招投标制度，交通工程设施质次价高，损失浪费严重。

安顺电厂一期工程审计共核减1975.461408万元，查出基建工程支出重复列支，工程结算多计工程价款，各承建单位切块金额未根据实施内容调整而造成多计投资等违规现象。另外，对由省财政全额投资的省政府5号办公楼工程已完工的地下室及基础部分工程结算等进行了审计，送审3800万元工程量，审计核减工程投资810万元。

各地、市、县审计机关也对当地重点建设工程项目进行审计，如：贵阳市审计42717.5万元的决算，核减3919.84万元，核减率为9.2%。黔南州对复烤厂工程审计，结算为7013万元，核减1121万元，核减率16%。黔东南州局审计44个工程项目，审计投资5347万元，共计核减441万元。

农业综合开发资金审计 为迎接全国第四期农业综合开发项目的验收，组织对全省1999～2001年的农业综合开发资金进行了一次全面审计，审计单位492个，审计总金额96170万元。审计显示本省第四期农业综合开发资金发挥了效益，在农业综合开发项目中起到了示范带头作用，为项目区农业的发展和农民人均收入的提高做出了贡献。其第四期农业综合开发项目已被国家顺利验收。

退耕还林（草）资金审计 组织全省审计机关对全省86个实施退耕还林工程县进行审计，审计总金额50777.98万元，查出违纪违规行为金额2251.98万元。查出在资金的使用管理上、粮食兑现上、工程实施中、种苗的采购和供应环节等方面滞留、挪用、冒领、浪费严重等情况，并提出审计建议措施。石秀诗省长批示：审计厅工作做得很细，也很有成效，所提4条建议切中要害，对进一步抓好退耕还林工作很有帮助，请省林业厅、财政厅、粮食局等有关部门和地区把这些好建议用于指导今年的工作，把退耕还林搞得更好。

交警系统财务收支及收费情况审计 对全省交警系统2001年度财务收支及收费情况进行了审计。全省共审计了29个单位，查出违规金额2659.17万元。主要问题有：各地越权审批的收费项目收费1588.41万元。少数交警部门自立项目收费84.33万元。部分交警支队、大队漏交省级规费279.67万元，其中：将应纳省级财政预算内管理规费缴入当地财政预算外资金专户153.62万元，个别支队截留126.05万元。省厅向省政府报送的综合报告对交警系统体制不顺的问题提出了建议。

农业发展银行审计 根据审计署授权，全省各级审计机关组织对中国农业发展银行贵州省分行及各分支机构2001年度资产负债损益情况进行审计，审计银行机构66个，延伸审计粮食购销企业111个。全省共查出各类违规行为金额892.37万元，重点审计了银行的资产质量情况、经营风险情况，以及执行国家粮食购销政策情况，发现少数农发行机构由于监管不力、粮食购销企业及基层粮管所（站）内部管理措施不严，存在违规放贷、收贷、短库、空库、挪用贷款、套取贷款等问题及在企业改制中出现逃废银行债务的严重违纪行为，并对查出的问题按审计署要求汇总上报，统一按国家有关法律法规进行处理。

社会保障资金审计和调查 根据省政府安排，对原省煤炭社保局在中央行业统筹移交地方后的养老保险基金管理运行情况进行了审计，发现挤占挪用养老保险基金28.77万元、擅自核免企业应缴统筹积累金169.4万元、违规多支付养老金469万元、养老金的资产负债结余情况不真实等违规行为，引起省煤炭局的高度重视，并采取有效措施进行整改。

组织全省审计机关，对2001年部分企业职工基本养老保险缴费基数进行审计调查。审计调查国有、集体企业367个，调查发现全省2001年部分企业职工基本养老保险缴费基数中存在的主要问题是：给企业核定的缴费基数总额差异较大、养老保险费未足额征收、缴费人数呈下滑趋势、养老保险费缺口大、企业缴费积极性不高、拖欠养老金较为严重。审计中查出省社保局出纳贪污公款10万多元案件，已移交司法机关处理。

国有企业审计 全省各级审计机关共对93个企业进行了审计，查出违规行为金额8450万元，会计信息失真2900万元，国有资产流失117万元，应纠正9740万元。另外根据省政府的安排，省审计厅对贵阳至花溪高等级公路花溪收费站1993年4月至2002年元月（经营期间）财务收支情况进行审计，重点检查了花溪收费站从开征通行费日至撤销收费站期间的通行费收入、经费支出、折旧、税金等问题。

外资运用审计 根据审计署的安排，组织全省审计机关对世亚行贷款和国外援助18个项目322个分项进行审计，审计金额644154万元，查出违规行为金额5607万元。审计同时揭示了滞留项目资金、管理费用比例较大、账实不符、内控制度不全、项目进度慢等问题。并针对这些问题进行解剖分析，提出了限期归还原渠道资金、及时拨付资金、从严控制费用开支、加强财务管理和内部控制管理等审计建议。

政府外债现状审计调查 组织各地、市、州、有关县（区）审计局，对全省86个县利用政府外债57个项目的现状情况进行了审计调查。通过审计调查，摸清了全省政府外债的总体规模，政府外债还本付息，偿债准备金建立、管理、使用情况；揭示了防范政府外债风险意识不强，财力准备不充分，未建立统一的偿债准备金，管理中审批环节多，项目资金回补慢影响项目实施进度，导致项目实施期滞后，加大了各级财政特别是县级财政、项目实施单位的资金成本等管理体制及偿债准备金管理、使用中存在的问题；分析了政府外债还本付息对财政的影响，总结了经验教训，为政府宏观决策提供了依据。

经济责任审计　一是组织有省纪委、省委组织部、省监察厅、省人事厅参加的全省经济责任工作会议，总结了两年来全省经济责任审计工作情况和工作经验。各市州地也相继召开了本地区经济责任工作会议，9个地区建立了五部门联席会议制度。此外，8个市州地区局在机构改革中建立了专门科室并配备专职审计人员。二是组织召开了全省经济责任审计工作座谈会，会议围绕“积极稳妥、量力而行、提高质量、防范风险”十六字方针进行认真讨论学习。三是“五部门”组成联合检查组对全省经济责任审计工作进行了检查，通过检查表明，全省经济责任审计的风险得到有效降低，质量有所提高。四是审计机关影响扩大。全省完成559名领导干部的经济责任审计，其中地厅级8名，县（处）级34名，移送纪检、司法机关12人。受省政府委托，省厅对省科技厅、贵州饭店、贵州日报社、省政府驻上海等5个办事处原主任进行任期经济责任审计。

“人、法、技”建设　一是以人为本，建设一支高素质的审计干部队伍，注重政治理论思想上的提高，教育广大审计人员忠于职守、敬业奉献，在廉洁、务实、高效上下功夫，抓好以审计组为重点的廉政建设。二是加强审计法制建设，通过了政府执法上岗考试实行执证上岗，认真贯彻审计法、执行审计准则和审计署1、2、3号令，促进审计工作质量和依法审计水平的提高。三是加快现代化的审计业务技术基础建设，通过多途径、多层次的组织审计业务知识和计算机技能培训，使审计人员业务素质有了很大提高。各地相继开通的局域网大大推进了信息化建设，改善了审计手段，加快了审计办公自动化进程。（撰稿人：张绍剑）

【贵阳市审计局】　2002年，共有干部职工101人，其中本科学历20人，大专学历67人，局长方鉴常，副局长刘明亮、刘灵芝，纪检组长彭中利。设有办公室、法制处、财政审计处、金融审计处、行政事业审计处、经贸审计处、农业与资源环保审计处、社会保障审计处、固定资产投资审计处、外资运用审计处、经济责任审计处、人事处、纪检监察室。

审计成果　全年共完成审计项目437个，为年计划的198.64%。查出各类违纪违规行为金额38199万元，归还原渠道资金2061万元，调账处理8445万元，罚没43万元，已交财政3031万元，应自行纠正24146万元，减少财政投资4293.84万元。向司法机关移送案件1起，向纪检监察机关移送事项两件。提交审计信息、简报293篇，被审计署采用7篇，省审计厅采用43篇，市委、市政府采用25篇。获全省审计系统2002年度综合考核第一名。

完成交办任务　完成政府和上级部门交办审计项目95个，主要是对重点部门、重点项目、重点资金的审计。其中有市住房资金的清理审计；市价格调节基金的筹集、分配、使用情况的审计调查，延伸16个有关单位，涉及金额6000余万元。建设项目审计中，完成清镇市老马河桥补强工程决算和三桥立交桥工程、人民广场一期工程竣工决算等10个；息烽县审计局完成县农业局办公楼、县供销社综合楼等5个，核减工程款174万元，多付工程款应收缴财政67万元；市白云区审计局完成四达机械制造有限公司厂区平基及围墙工程等3个，核减资金97万元，收缴并交财政39万元。

经济责任审计　全年共完成84个，其中县以下党政领导干部任期经济责任审计77个，县级领导干部经济责任审计扩大试点7个。对市科学技术委员会主任进行了任期经济责任审计。5月召开了全市五部门联席会议并以市委、市政府两办文件下发《市纪委、市委组织部、市监察局、市人事局、市审计局关于领导干部任期经济责任审计工作实施意见》。

大案要案　移送检察机关案件1起。向纪检监察机关移送案件线索两件：市小河区审计局查出区教育局负责人在任期内谎报用途、虚开发票、虚列支出、套取现金案；区民政局代管小河物业办、中心集贸市场期间擅自处置二期沿街门面获利案。两案均已移送纪检监察机关处理。（撰稿人：舒芳中）

【贵阳市南明区审计局】　现有干部职工13人，设有办公室、财政基建审计科、行政事业审计科、经济责任审计科，负责对全区两个乡、15个办事处、42个区直部门的审计监督。局长陆建昌，副局长丁小松、孟令惠。

审计成果　完成审计项目44个，为年计划的232%。查出违规行为金额31万元，调账处理300万元，应纠正47万元。提交审计信息15篇，被采用3篇。对30名科级领导干部进行了任期经济责任审计。成立并制定由区委组织部、区纪委、监察局、人事局、审计局组成的五部门联席会议制度。（撰稿人：丁小松）

【贵阳市云岩区审计局】 现有干部职工14人，设有办公室、财政金融审计科、行政事业审计科、企业基建审计科、经济责任审计科，负责对全区68个行政事业单位、16个街道（镇）、16个财政所、5个国有企业的审计监督。局长陈兴凤，副局长吴丽、杨险峰。

审计成果 完成各类审计项目41个，为市、区年度计划的215.79%和195.24%，审计总金额8525万元，查出违纪违规金额66万元，应缴已交财政3万元，应纠正652万元。已进入审计程序的在审项目9个，其中任期经济责任审计3个。报送信息24篇，被采用4篇。（撰稿人：陈兴凤）

【贵阳市花溪区审计局】 现有干部职工11人，设有办公室、财政金融审计科、行政事业企业审计科、经济责任投资审计科，负责对全区14个乡镇和46个区直部门及其下属事业单位的审计监督。局长孙绍杰，副局长徐秀兰。

审计成果 完成审计项目31个、审计调查5个，提交综合报告两篇。审计资金总额为46700万元，查出违规行为金额232万元。（撰稿人：张旭丽）

【贵阳市乌当区审计局】 现有干部职工16人，设有办公室、行政财政审计科、企业审计科、经济责任审计科，负责对全区13个乡（镇）、39个行政事业单位、11个国有企业的审计监督。局长李伟军，副局长肖金君、谢安文。

审计成果 完成审计项目30个，为下达计划的158%。审计规范各种资金4466万元。7月30日，建立由区纪委、区委组织部、区监察局、区人事劳动和社会保障局、区审计局组成的领导干部任期经济责任审计联席会议制度。8月19日区委办、政府办以乌委办通字［2002］63号文下发了《关于领导干部任期经济责任审计工作的实施意见》。（撰稿人：章萍）

【贵阳市白云区审计局】 现有干部职工15人，设有办公室、行政事业审计科、财政金融审计科、企业基建审计科，负责对全区60个行政事业单位、6个国有或国有控股企业、9个乡镇的审计监督。局长王焕萍，副局长管伟良。

审计成果 完成审计项目41个（其中基建开工前审计10个），是全年目标任务数的241%。审计金额1243001万元，查出违纪行为金额177万元，核减基本投资支出97万元，应缴财政44万元，已交财政44万元。（撰稿人：管伟良）

【贵阳市小河区审计局】 因小河区是国家级经济技术开发区与行政区，在机构设置上实行体制创新，将审计局与监察局合署，同属纪委。小河区纪委（监察、审计）三块牌子，一套人马。纪委行政编制10人、事业编制两人，审计局编制未单设。2002年从事审计工作人员4人，副局长李雪梅。

审计成果 完成金竹镇、小河镇撤镇后实施全面财务清理审计工作，在对原小河镇物业办、中心集贸市场财务清理中，查出违纪行为金额17.6万元，应缴财政12.1万元，收缴汽车1辆，价值5.5万元，清收未入账的固定资产1012.23平方米。完成经济责任审计4个，查出违纪行为金额5.3万元，应缴财政1.4万元。（撰稿人：许丽娜）

【清镇市审计局】 现有干部职工14人，设有办公室、财政金融审计科、行政事业审计科、企业审计科和干部经济责任审计科，负责对全市58个行政事业单位及部分下属站所、9个市属国有企业、20个商贸企业、10个乡镇的审计监督。局长杨志，副局长王志红、郭孝英。

审计成果 完成审计项目21个，审计单位21个，共查出违纪违规行为金额2059万元，应缴市财政33万元，查出漏交税金4万元。提交审计报告21篇。成立了市经济责任审计领导小组，建立了五部门联席会议制度。（撰稿人：李维新）

【开阳县审计局】 现有干部职工18人，设有办公室、固定资产投资审计科、财政金融审计科、企业审计科、行政事业审计科、经济责任审计科，负责对全县16个乡镇、7个国有或国有控股企业、39个县直部门的审计监督。局长范健，副局长陈大新、何克初。

审计成果 完成审计和审计调查任务68个，审计总金额49579万元，查出违纪金额2716万元，处理961万元，追还被侵占挪用资金244万元，保全国有资产66万元，削减工程款131万元。移送纪检监察机关处理1人，移交主管部门处理1人。完成市局、县委政府交办的临时审计和审计调查任务16项，调查资金6298万元，查出违纪行为金额491万元。（撰稿人：陈洪国）

【修文县审计局】 现有干部职工13人，设有办公室、财政金融审计科、行政事业审计科、基建企业审计科、经济责任审计科，负责对全县77个行政事业单位、8个国有企业的审计监督。局长丁其兵，副局长李贵华、孙贵芳。

审计成果 完成审计项目25个，审计单位29个，专项审计调查3项，查出违纪违规行为金额130万元，归还原渠道资金109万元，应缴财政21万元，入库率100%。其中，完成省、市审计机关下达审计任务12个，审计单位19个，审计总金额

8403万元。（撰稿人：陈顺祥）

【息烽县审计局】 现有干部职工13人，设有办公室、审计业务科、经济责任审计科，负责对全县10个乡镇和50个行政事业单位的审计监督。局长聂明龙，副局长刘运雄、胡登海。

审计成果 完成审计项目28个，为计划的233%，查出违纪违规行为金额499万元，已收缴财政341万元。审计问题有：一是工程预决算不真实，承包方虚报冒领工程款；二是企业账务混乱、私设“小金库”；三是各项基金、专款未专户存储；四是账外资产不及时清理入账；五是乡镇财政决算不真实、潜在赤字严重等。（撰稿人：冉懋勇）

【六盘水市审计局】 2002年，共有干部职工35人，其中本科学历9人，大专学历21人，局长邓华，副局长邓贵成、袁潮涌、张勤荣，专职纪检员张传义。设有办公室、法制科、经济责任审计科、财政金融审计科、经贸审计科、行政事业审计科、农业与资源环保审计科、固定资产投资审计科、社会保障与外资审计科、文教体卫科技派出审计组、计划建设经贸派出审计组、农业资源环保派出审计组、社会保障救济派出审计组。

审计成果 审计单位125个，查出违规行为金额19652万元，应缴财政688万元，已交财政608万元。提交审计工作报告27份，审计调查报告6份，信息68篇，被采用26篇。

经济责任审计 开展经济责任审计项目15个，查出违规行为金额7019万元。审计后，晋升两人，平调两人，移送纪检监察机关3人。（撰稿人：李卫平）

【六盘水市钟山区审计局】 现有干部职工14人，设有办公室、财政金融审计股、基建投资审计股、行政事业企业审计股和干部经济责任审计组，负责对全区9个办镇乡和35个区直部门的审计监督。局长赵忠华，副局长姜璧文、洪君。

审计成果 完成审计项目14个，审计单位16个，查出违规行为金额1592万元，应交财政206万元，已交财政206万元，促进增收节支460万元。提交审计工作报告及信息12篇。（撰稿人：张天祥）

【盘县审计局】 现有干部职工19人，设有办公室、经济责任审计股、财政金融审计股、经济贸易审计股、行政事业审计股、基本建设投资审计股，负责对全县37个乡镇和50个县直部门的审计监督。局长唐仁飞，副局长刘万丽。

审计成果 审计单位16个，查出违规行为金额362万元，应缴财政73万元。提交审计工作报告3份，信息13篇，被采用信息4篇。（撰稿人：王德喜）

【六枝特区审计局】 现有干部职工17人，设有办公室、经济责任审计股、财政金融外资与固定资产投资审计股、社会保障与经贸审计股、行政事业与农业环保资源审计股，负责对全区19个乡镇和29个区直部门的审计监督。局长蒋世国，副局长汪希文。

审计成果 审计单位15个，查出违规行为金额1598万元，应缴财政6万元，已交财政4万元。提交审计工作报告7份，信息8篇。（撰稿人：刘开强）

【水城县审计局】 现有干部职工18人，设有办公室、财政金融审计股、行政企业事业审计股、固定资产投资审计股、经济责任审计股和审计组，负责对全县33个乡镇和39个县直部门的审计监督。局长齐强华，副局长徐恒瑛、马永书。

审计成果 完成审计项目39个，审计单位40个，查出违规行为金额752万元，应缴财政28万元，已交17万元。完成审计调查4个，调查单位4个。提交审计报告3份，信息8篇。完成两名科级干部离任经济责任审计，查出违规行为金额270万元。（撰稿人：张廷光）

【遵义市审计局】 2002年，共有干部职工23人，其中本科学历9人，大专学历12人，局长刘跃明，副局长何其毓、雷以怀。设有办公室、监察室、法制科、财政金融审计科、行政事业审计科、农业资源与环保审计科、外资审计科、固定资产投资审计科、经济责任审计科。

审计成果 审计单位442个，查出违规行为金额14724万元，应缴财政4634万元，已交财政4413万元，核减财政拨款或补贴240万元，归还原渠道资金902万元，调账处理5621万元。提交审计工作报告、信息和调研报告346篇，被采用128篇。

养老保险基金审计 对2001年度企业职工基本养老保险基金审计发现：企业欠缴职工养老保险费严重，实际缴费总额水分大，社保机构工作力度不够，未实现全员参保等问题。省、市政府主要领导分别做了批示，责成有关部门予以落实。

计划生育经费审计调查 对13个县、区（市）和103个乡（镇）的审计调查结果表明：各地不同程度地存在截留、挪用、坐支社会抚养费和罚没收入，挪用省市下拨专项经费，挪用、挤占计划生育保证金，违规开支计划生育经费，违规使用票据，扩大收费标准，私设“小金库”等问题。引起市、县党政主要领导的高度重视，责成有关部门认真整改。

经济责任审计 开展经济责任审115个、128人，查出违规行为为金额1765万元，应缴财政337万元。审计后，晋升4人，平调68人，免职两人，移送纪检监察机关1人。

“人、法、技”建设　印发了《2002~2006年遵义市审计干部培训规划》；请省政府法制局、省审计厅法制处对全市审计干部进行行政执法证培训、考试，并颁发《行政执法证》；组织参加审计署审计干部全员岗位资格考试；组织新任审计局长赴苏州培训基地培训。（撰稿人：唐恩友）

【遵义市红花岗区审计局】　现有干部职工25人，设有办公室、法制科、财政金融审计科、行政事业审计科、经贸审计科、农业与资源环保审计科、固定资产投资审计科、经济责任审计科，负责对9个乡镇、8个街道和75个区直部门的审计监督。局长杜书麟，副局长唐岚、杨波。

审计成果　完成审计项目46个，查出违规行为金额652万元，应缴财政79万元，减少财政拨款或补贴63万元。（撰稿人：罗刚）

【赤水市审计局】　现有干部职工16人，设有财政金融审计科、固定资产投资与外资运用审计科、经济责任审计科、行政事业审计科和办公室，负责对全市17个乡镇和市直部门的审计监督。局长徐光勇，副局长石凤华、赵晓燕。

审计成果　完成审计项目52个（其中政府临时交办项目34个），审计总金额32748.8万元，查出违纪违规行为金额562.8万元，其中收缴财政12万元，减少财政支出480.6万元。固定资产投资审计审减工程预算资金315.8万元，审减工程结算款165万元。（撰稿人：赵晓燕）

【仁怀市审计局】　现有干部职工31人，设有办公室、农业与资源环保审计股、经贸审计股、行政事业审计股、财政金融审计股、基本建设投资审计股、经济责任审计股，负责对全市1个乡镇和19个县直部门的审计监督。局长蒋善诚，副局长蔡聪黎、蔡朝丽。

审计成果　完成审计项目41个，查出违纪行为金额7013万元，应缴财政35.9万元，已全额解缴，核减基建工程款526万元。提交各类报告、出具审计意见书、审计决定书等65份，编发审计信息30期，全被采用。（撰稿人：邹吉芬）

【遵义县审计局】　现有干部职工27人，设有办公室、财税金融审计科、行政事业审计科、农业与资源环保审计科、固定资产投资审计科、经贸审计科和经济责任审计室，负责对全县35个乡镇和80个县直部门的审计监督。局长郑良福，副局长何永初、李帆、廖文权、宋莉。

审计成果　完成审计（调查）项目72个，超市审计局下达任务56个，超县政府下任务32个。查出违规行为金额1190万元，指明要求纠正653万元，为国家挽回损失134万元，应缴财政77万元。提交审计工作报告、信息12篇，被采用7篇。（撰稿人：杜林中）

【桐梓县审计局】　现有干部职工11人，设有财政金融审计股、行政事业审计股、工业经济贸易审计股、经济责任审计股、办公室，负责对全县两个乡镇和39个县直部门的审计监督。局长徐启书，副局长杜进、袁晖。

审计成果　完成审计项目41个，出具审计意见书56份，下达审计决定书18份，向纪检监察机关移送案件1起，协助有关部门查处案件4起。通过审计，共查出违规行为金额442万元，应缴财政49万元，应归还原渠道资金两万元，应调账处理153万元，已交财政49万元，罚款两万元。提交审计信息6篇。（撰稿人：陈耀）

【绥阳县审计局】　现有干部职工10人，设有办公室、行政事业审计股、财政金融审计股、企业基建审计股，负责对全县1个乡镇和25个县直部门的审计监督。局长张淑娟，副局长李镇域、徐华丽。

审计成果　完成上级交办任务18个，查出违规行为金额916万元，归还原渠道资金40万元，应缴财政43万元。完成经济责任审计任务10个，查出违纪违规行为金额362万元，系主管责任，应纠正281万元。延伸审计调查的各乡镇计生经费，近一半的乡镇计外费收入都没有缴存财政预算外专户。截留、坐支金额较大，截留金额184万元，占收入370万元的49.8%。（撰稿人：彭乾梅）

【正安县审计局】　现有干部职工12人，设有财政金融审计股、行政事业经贸审计股、固定资产投资（外资运用）审计股、经济责任审计股和办公室，负责对全县19个乡镇和89个县直部门的审计监督。局长李正刚，副局长傅汝新。

审计成果　完成审计（含审计调查）项目20个，审计总金额4.88亿元，查出违规行为金额522万元，收缴财政31万元。提交审计信息21期18篇，被采用11篇。有内审机构20个，配备内审人员50人。开展了对130个单位项目的审计工作，纠正违规行为金额71万元。（撰稿人：李正刚、冯安）

【凤冈县审计局】　现有干部职工10人，设有办公室、业务审计股、固定资产投资与外资审计股、经济责任审计股，负责对全县1个乡镇和27个县直部门的审计监督。

局长李宜龙，副局长彭军、陆静。

审计成果　完成审计（调查）项目18个，审计单位23个，其中调查项目3项。提交审计工作报告、信息15篇，被采用5篇。有内审机构11个，内审人员17人，其中专职人员9人。对县房改局原局长、县建设局原局长进行了离任审计；对县财政局局长进行了任期经济责任审计；查出违规行为金额285万元。（撰稿人：杨春凤）

【湄潭县审计局】　现有干部职工18个，设有办公室、法制股、财政财务收支审计股、固定资产投资审计股和经济责任审计股，负责对全县15个乡镇和63个县直部门的审计监督。局长陈守亮，副局长曾锦、唐秋。

审计成果　完成审计项目32个，查出违规行为金额2215万元，决定处理处罚422万元，应缴财政142万元，已交财政142万元；应纠正1783万元，已纠正1261万元；归还原渠道资金232万元，追回国有资产流失11万元；处以罚款7万元。全年提交审计信息18篇，被采用9篇。（撰稿人：王立黔）

【余庆县审计局】　现有干部职工14人，设有办公室、经济责任审计股、固定资产投资审计股、行政事业企业审计股和财政金融审计股，负责对全县10个乡镇和75个县直部门的审计监督。局长王建平，副局长孙家荣、田茂奎。

审计成果　完成审计项目17个，审计调查项目8个，查出违规行为金额269万元，指明要求纠正2626万元，应缴财政22万元。移送司法机关案件1起、纪检监察机关1起。提交审计工作报告1份，审计要情1篇，审计调查报告8份、审计信息12篇，新闻图片3张。分别对县房改办、县计划局和县农业生产办公室负责人进行了任期经济责任审计，查出指明要求纠正342万元。在对县玖龙油脂化工厂资产负债损益审计中，发现该厂主要领导涉嫌经济犯罪，后移送司法机关处理，相关责任人被判处有期徒刑11年。（撰稿人：何春）

【习水县审计局】　现有干部职工18人，设有财政金融审计科、经济责任审计科、行政事业审计科、综合科和办公室，负责对全县24个乡镇和县直部门的审计监督。局长张万明，副局长刘德光、蒋晓红。

审计成果　完成审计项目32个，专项审计调查3个，查出违规行为金额459万元，应纠正756万元，应缴财政12万元，已交5万元，归还原渠道资金6万元，调账处理4万元。完成经济责任审计10人次，查出违规行为金额26万元，应纠正209万元；完成固定资产投资审计9个，基础设施建设资金审计4个，共查出违规行为金额178万元，应缴财政3万元，已交两万元，应纠正191万元，核减工程款15万元。提交审计信息、简报18期，其中有1期被省审计厅采用。（撰稿人：梁爽）

【道真仡佬族苗族自治县审计局】　现有干部职工13人，设有办公室，财金审计股、经贸审计股、行政事业审计股、经济责任审计股，负责对全县14个乡镇和80个县直部门的审计监督。局长唐洪武，副局长姚启洪、肖忠勇。

审计成果　完成审计（调查）项目33个，查出违纪行为金额263万元，决定处理处罚137万元，指明要求纠正126万元，调账增加本级财政收入27万元，收缴财政9万元。提交审计信息19篇，被采用12篇。（撰稿人：唐德康）

【务川仡佬族苗族自治县审计局】　现有干部职工10人，设有办公室、固定资产投资审计股、经贸审计股、行政事业审计股、经济责任审计股，负责对全县15个乡镇和74个县直部门的审计监督。局长贾幸书，副局长汪秋林。

审计成果　完成审计项目36个。全年审计重点：一是对本级财政预算执行情况的审计，二是对专项资金的审计，三是对领导干部任期经济责任审计等。全年共查出违规行为金额191万元，应缴财政13万元，应归还原渠道资金560万元，调账处理57万元，已交财政3万元。向纪检监察机关移送案件1起。提出建议意见13条，分别被主管部门和审计单位采纳。提交审计信息11篇，被新闻单位采用4篇、省审计厅采用3篇。（撰稿人：刘兴强）

【安顺市审计局】　2002年，共有干部职工38人，其中本科学历11人，大专学历22人，局长张惠芳，副局长魏甦、胡绪波（12月—）。设有办公室、纪检监察室、财政金融审计科、农业与资源环保审计科、经贸审计科、社保外资审计科、固定资产投资审计科、经济责任审计科、农林水派出审计科、科教文卫派出审计科、综合派出审计科。

审计成果　审计单位52个，查出违规行为金额4484万元，应缴财政191万元，已交财政191万元。提交审计工作报告7份，审计调查报告3份，信息55篇，被采用31篇。

财政审计　预算执行审计查出财政部门将应挂暂付的款项列支出40万元，以“卫生事业费”列拨基建性质拨款60万元，应纳入预算管理的预算外资金未纳入预算管理金额计119万元等问题。市地方税务局存在少计市国资营运公司所得税款240.83万元，少计稽查分局稽查收入5.38万元，职工福利费红字挂账

0.98万元等问题。对市直7个行政事业单位2001年度财务收支审计，查出不同程度存在无依据发放奖金、补贴等17.92万元；挤占、截留、挪用专项资金67.57万元；未纳入财政专户管理的资金26.44万元；暂付款长期不收回683.42万元；暂存款长期不清理8.9万元。财政决算审计查出普定县财政投资所获红利322万元未纳入县级收入核算；已征收的耕地占用税未解缴入库223万元；虚增收入、人为垫高收入基数327万元。西秀区财政多头开户的存款余额合计5391万元，区国土局截留应上交的其他收入21.92万元等问题。

专项资金审计　对市本级1999～2001年度农业综合开发资金的审计，查出市级有偿资金183.6万元未配套；用项目资金抵顶当年到期应偿还的有偿资金455.99万元，其中75.81万元无还款依据和手续等问题。对市劳动和社会保障局2001年筹集、管理、使用的企业职工基本养老保险基金的审计，查出违规行为金额1876万元，存在多开账户达12个，并用“收入户”支付基本养老金和其他支出，以及青松卷烟厂等5个企业缴费基数不实，导致漏缴保费171.3万元等问题。对安西灌区节水续建配套项目1999～2000年度工程竣工决算的审计，查出将购置的生产设备和办公设备共31.49万元以及进场补助费1万元列“在建工程”，多列工程支出5.98万元等。

经济责任审计　开展经济责任审计项目5个、5人，查出违规行为金额52万元。

内部审计　市直部门内审机构16个，其中专职机构15个；内审人员26人，其中专职人员22人。（撰稿人：李艳麟）

【安顺市西秀区审计局】　现有干部职工18人，设有办公室、综合科、财政金融审计科、行政事业审计科、商贸企业审计科和工建交企业审计科，负责对全区24个乡镇办和49个区直部门的审计监督。局长于群，副局长孟庆炎、魏洪华。

审计成果　完成审计项目19个，审计单位27个，查出违规行为金额1763.87万元，应缴财政9.32万元，应归还原渠道资金1754.64万元，已交财政9.32万元。提交审计工作报告1份，审计信息16篇。本级预算执行情况和乡镇财政决算审计3个，共审计8个单位，查出违规行为金额350.65万元；固定资产投资审计1个，查出多列工程结算款6.83万元；行政事业审计5个，查出违规行为金额206.82万元，应缴财政9.32万元；外资审计3个，查出应归还原渠道资金1151.89万元。对审计查出的问题，依照有关法律法规进行了处理。（撰稿人：吴敏）

【平坝县审计局】　现有干部职工15人，设有办公室、财政金融审计股、企业基建审计股、行政事业审计股、综合法规审计股，负责对全县10个乡（镇）和57个县直部门的审计监督。局长王豫林，副局长王培达。

审计成果　审计项目26个，审计总金额21326.86万元，查出违规行为金额128.65万元，其中收缴财政1.3万元。出具审计意见书26份，处罚决定书3份，并对违规行为金额做了调账处理。对县建村厂原任厂长任期内经济责任进行了审计，查出有问题资金24.49万元，欠缴企业职工基本养老保险基金51.54万元，白条借库水泥及无故减少结存水泥120万吨等问题。向县纪委移送案件两起，受到党内严重警告处分1人，行政记过处分1人。（撰稿人：梁涛）

【普定县审计局】　现有干部职工14人，设有办公室、财政金融审计股和企业审计股，负责对全县11个乡镇和县直部门及企业的审计监督。局长路湘庆，副局长徐琼、高开平、华伟。

审计成果　完成审计项目10个，查出违纪违规行为金额1277.92万元，其中应缴财政2.23万元，责令归还原渠道资金101.91万元。还完成了纳入县会计核算中心管理的93个会计核算单位的账务清理移交工作。在清理县协调办账务时，查出违纪违法行为金额达10万元，其中揭露虚开冒领土地征补费的违法犯罪行为金额0.59567万元。为国家挽回损失8.2万元，对有关违法违纪人员依法移交有关部门处理。（撰稿人：杨德文）

【关岭布依族苗族自治县审计局】　现有干部职工11人，设有办公室、企业财金审计股、综合审计股，负责对全县13个乡（镇）和32个县直部门的审计监督。局长杨国民，副局长杨贵明。

审计成果　完成审计项目21个，审计单位86个，查出违纪违规行为金额348万元，应缴财政9.7万元，已交财政8.5万元，应归还被侵占挪用资金28.67万元。提交审计报告21份，审计信息4期，审计调查报告3份，依法出具审计意见书20份，审计决定3份。（撰稿人：杨贵明）

【镇宁布依族苗族自治县审计局】　现有干部职工10人，设有3个业务股、经济责任审计股和办公室，负责对全县16个乡镇和51个县直部门的审计监督。局长张秋萍，副局长刘丽莉。

审计成果　完成审计项目39个（含专项审计调查3个），审计单位44个，查出违规行为金额1874万元，其中指明要求纠正1154万元，应归还原资金渠道176万元，应缴财政13万元，已交财政13万元，为国家挽回经济损失26.4万元。提交工作报告及信息11篇。领导干部任期经济责任审计12个、14人，查出涉嫌经济犯罪案件两起，移送纪检监察机关两起两人，涉嫌金额29.9万元。（撰稿人：卢光明）

【紫云苗族布依族自治县审计局】 现有干部职工9人，设有财政金融审计股、行政事业企业审计股和办公室，负责对全县12个乡镇和37个县直部门的审计监督。局长程琦琳，副局长安国超。

审计成果 完成审计项目20个，审计总金额12766万元，查出违纪违规行为金额636.30万元。通过审计，使被审计单位财务和经济活动得到规范。（撰稿人：程琦琳）

【毕节地区审计局】 2002年，共有干部职工30人，其中本科学历8人，大专学历17人，局长刘晓益，副局长余洪信、陈兴华、肖应刚。设有办公室、经济责任审计科、财政农业审计科、行政事业审计科、固定资产投资审计科和企业审计科。

审计成果 完成审计（调查）项目191个，查出违规行为金额30360万元，应缴财政3293万元，减少财政拨款或补贴72万元，归还原渠道资金4024万元，调账处理12060万元，已交财政3213万元，应纠正10303万元，查出百万元以上违规单位24个。提交审计信息90余篇，被审计署采用1篇，省委、省政府采用两篇，省审计厅采用24篇。其中局本级完成审计（调查）项目23个，查出违规行为金额14804万元，应缴财政1220万元，归还原渠道资金1738万元，调账处理8390万元，应纠正1085万元，已交财政1214万元，查出百万元以上违规单位9个。

完成上级交办任务 同级财政预算执行情况审计16个，其中财政部门9个，地方税务部门7个，查出违规行为金额8611万元，应缴财政2060万元，归还原渠道资金40万元，调账处理2623万元，应纠正4270万元，已交财政1826万元。发现的主要问题：一是虚列支出情况比较严重；二是收入未按规定入库的情况比较突出。针对审计查出的问题，局本级提出了抓好财源建设，管好财政资金等5条审计建议。

经济责任审计 地、县（市）审计机关共完成经济责任审计项目70个，涉及经济责任人95人，查出违规行为金额13074万元，其中负主管责任9762万元、直接责任1859万元，应纠正1958万元，查出损失浪费206万元。其中局本级完成县级党政领导干部经济责任审计项目7个（其中两个属上年安排完成项目），涉及经济责任人8人，查出违规违纪行为金额10517万元，其中负主管责任7958万元、直接责任1106万元，应纠正825万元，查出损失浪费18万元，移交处理事项3件，已落实1件，查补税收18万余元。

内部审计 全区共有内审机构88个（专职机构37个），内审人员137人（专职人员78人）。共审计单位165个，其中财务收支审计10个，经济效益审计40个，经济责任审计6个，基本建设审计31个，专项资金审计两个，内控评审76个。查出损失浪费5万元，促进增收节支42.68万元，提出建议意见被采纳363条。毕节地区师范专科学校审计室和地区电力局监审科被评为“贵州省2002年度内审先进单位”。（撰稿人：徐永志）

【毕节市审计局】 现有干部职工15人，设有办公室、财政农业审计股、行政事业审计股、企业审计股、固定资产投资审计股、经济责任审计股，负责对全市41个乡镇、街道和78个市直部门的审计监督。局长龚清云，副局长夏文、孙忠学、孙胜福。

审计成果 完成审计（调查）项目26个，审计资金总额134.734万元，查出违规行为金额2321万元，应缴财政332万元，已交319万元，归还原渠道资金85万元，应纠正2370万元，查出百万元以上违规单位3个。提交审计信息12篇，被审计署采用1篇、省审计厅采用5篇、地区审计局采用3篇。（撰稿人：罗玉萍）

【大方县审计局】 现有干部职工13人，设有办公室、财政行政事业审计股、经济责任审计股和金融企业基建审计股，负责对全县36个乡镇和53个县直部门的审计监督。局长姜涛，副局长陈波、罗高燕、张俊。

审计成果 完成审计（调查）项目20个，共查出违纪违规行为金额399万元，应追还被侵占、挪用资金398万元，应缴财政1.34万元，已交财政1.34万元。（撰稿人：罗志昂）

【黔西县审计局】 现有干部职工12人，设有办公室、财政行政事业审计股、企业固定资产投资经济责任审计股，负责对全县28个乡（镇）和65个县直部门的审计监督。局长丁宝贵，副局长徐勇、袁明珍。

审计成果 完成审计（调查）项目31个，审计覆盖面达21个乡镇，共查出违规行为金额1326.60万元，调账处理和归还原渠道资金113万元，应缴财政15.20万元，已交12.80万元。（撰稿人：丁宝贵）

【金沙县审计局】 现有干部职工16人，设有经济责任审计股、综合审计股、企业基建审计股和综合股（办公室），负责对全县26个乡（镇）和43个县直部门的审计监督。

局长杨安琼，副局长赵廷均、郭宗华。

审计成果 完成审计（调查）24个，查出违规行为金额2741万元，应缴财政538万元，已交536万元，应归还原渠道资金1637万元，应调账处理307万元，责令被审计单位自行纠正1899万元，查出百万元以上违规单位5个。（撰稿人：李文斌）

【织金县审计局】 现有干部职工14人，设有办公室、行政事业经济责任审计股、财政农业审计股和企业基建审计股，负责对全县32个乡（镇）和44个县直部门的审计监督。局长丁德华，副局长罗卫萍，专职纪检员杨柳。

审计成果 完成审计（调查）项目19个，审计资金总额27840.85万元，查出违规行为金额1323.6万元，应缴财政38.90万元，已交21.27万元。提交审计综合报告和结果报告8份、审计信息10篇，审计信息被采用5篇。完成县委、政府临时交办的审计项目和资产清理4个。（撰稿人：何志华）

【纳雍县审计局】 现有干部职工14人，设有办公室、行政事业审计股、企业审计股、固定资产投资审计股、经济责任审计股和财政金融审计股，负责对全县25个乡（镇）和58个县直部门的审计监督。局长杜建平，副局长王首山、李卫文。

审计成果 全年下达审计项目计划14个，实际完成17个，查出违规行为金额847万元，归还被挪用资金18万元，调账处理99万元，应缴财政15万元。移送纪检监察部门处理3人，移送司法机关案件线索两件。（撰稿人：秦岭）

【赫章县审计局】 现有干部职工19人，设有办公室、企业基建审计股、经济责任审计股、行政事业审计股和财政农业审计股，负责对全县27个乡（镇）和24个县直部门的审计监督。局长陈丽琴，副局长李光瑜、彭良友。

审计成果 完成审计（调查）项目23个，查出违规行为金额4647万元，应缴财政27万元，减少财政拨款或补贴9万多元，责令归还原资金渠道121万元，已交财政24万元。（撰稿人：李章元）

【威宁彝族回族苗族自治县审计局】 现有干部职工15人，设有办公室、财政金融审计股、行政事业审计股和经济责任（企业基建）审计股，负责对全县35个乡（镇）和89个县直部门的审计监督。局长韦建朝，副局长管彦富、计大黔。

审计成果 完成审计（调查）项目15个，审计资金总额28367万元，查出违规行为金额2298万元，应缴财政1087.98万元，已交财政702万元。（撰稿人：李十庆）

【铜仁地区审计局】 2002年，共有干部职工28人，其中本科学历5人，大专学历10人，局长刘华生，副局长孙凡权、刘榕生，专职纪检员邱明福。设有办公室、财政金融审计科、农业与外资审计科、行政事业审计科、经贸审计科、固定资产投资审计科、经济责任审计室、综合派出审计室。

审计成果 审计单位31个，查出违规行为金额4192万元，应缴财政120万元，已交财政111万元，应纠正9391万元。提交专题、综合报告20份，审计信息24期57篇，被采用20篇。建立了地区审计局审计执法责任制度、执法过错责任追究制度、审计决定执行情况跟踪检查制度、特约审计员制度。首批聘请了4名特约审计员。

财政预算执行情况审计 审计单位11个，其中预算执行单位8个，查出违规行为金额2874万元，应缴财政112万元，已交财政104万元，应纠正313万元。

固定资产投资审计 审计单位3个，审计项目投资总额1931万元，查出违规行为金额1162万元，核减工程结算287万元。

经济责任审计 受党委组织部门和行署委托，对6名县处级领导干部进行了任期经济责任审计，已实施完成5名，对3个单位下达审计决定书，查出违规行为金额24万元，应纠正136万元，追回被侵占挪用资金16万元，收缴财政29万元。（撰稿人：刘嘉赋）

【铜仁市审计局】 现有干部职工19人，设有行政事业审计科、经贸审计科、经济责任审计科、法规科、办公室和固定资产投资审计室，负责对全市16个乡镇（办事处）和58个市直部门的审计监督。局长杨秀驰，副局长杨星国、杨夏蓉，纪检员张金凤。

审计成果 完成审计项目27个，审计单位43个，处理处罚820万元，应缴财政3.1万元。完成审计调查1个，调查单位7个。提交审计工作报告、信息13篇。完成6个单位、8名科级干部经济责任审计，查出违规行为金额65万元；对“如意广场”一期开发工程的审计，核减工程报价170万元。有内审机构9个，内审人员12人。（撰稿人：杨秀驰）

【江口县审计局】 现有干部职工12人，设有办公室、财政金融行政事业审计股、综合审计中心，负责对全县两个镇、7个乡和85个局、22个事业单位的审计监督。局长梁松江，副局长雷健瑛、吴应昌，专职纪检员杨胜军。

审计成果 完成审计项目19

个，审计单位39个，党政交办经济责任审计项目7个，查出违规行为金额234万元，指明要求纠正59万元。归还原渠道资金21万元，应缴财政54万元，已交48.2万元。提交审计报告8份，审计信息18篇，被地区审计局采用3篇，省审计厅采用两篇。（撰稿人：杨胜军）

【石阡县审计局】 现有干部职工13人，设有办公室、行政事业财政金融审计股、企业审计股和经济责任审计股，负责对全县18个乡镇和65个县直部门的审计监督。局长石胜禄，副局长江朝蜀、杨显荣。

审计成果 完成审计项目26个，审计单位26个，比上年增长160%，查出违规行为金额207万元，应缴财政26万元，已交4万元，归还原渠道资金146万元，调账处理35万元，罚款0.64万元，应纠正65万元。向纪检监察机关移送处理案件1起。提交审计工作报告1份，审计信息13篇，被省审计厅采用两篇，地区审计局采用4篇。完成8名科局级领导干部任期经济责任审计。（撰稿人：石文平）

【思南县审计局】 现有干部职工14人，设有办公室、经济责任审计室、行政事业审计股、财政金融审计股，负责对全县27个乡镇和66个县直部门的审计监督。局长曾昭红，副局长任廷俊、黎芝俊。

审计成果 完成审计项目27个，审计单位27个，查出违规行为金额70万元，应缴财政19万元，已交财政18万元。提交审计综合报告、信息15篇。另外，对拟提拔的5名正科级干部进行了经济责任审计。（撰稿人：曾昭红）

【德江县审计局】 现有干部职工14人，设有办公室、企业审计股、行政事业审计股，负责对全县20个乡镇和57个县直部门的审计监督。局长袁洪志，副局长，张毓钟、彭德强、陈霞。

审计成果 计划审计项目12个，完成审计（调查）项目28个，查出违规行为金额122万元，应缴财政1万元，归还原渠道资金119万元，调账处理47万元，指明要求纠正505万元。提交审计报告28份，审计意见书21份。（撰稿人：陈霞）

【玉屏侗族自治县审计局】 现有干部职工15人，设有办公室、财政行政事业审计股、经贸金融审计股、固定资产投资审计股、经济责任审计室，负责对全县6个乡镇和37个县直部门的审计监督。局长孙云，副局长庞晓旭、戴刚。

审计成果 完成审计项目（单位）21个，查出违规行为金额308.84万元，指明要求纠正259万元，调账处理1万元，决定处理处罚8万元，已交财政8万元。提交审计综合报告5份，审计意见21份，审计信息15篇，被采用4篇。完成7名科局级干部任期经济责任审计。同时在行政事业审计中，查出了县畜牧局及其所属牧工商公司私设“小金库”，私分国有资产的问题，决定处理处罚4.2万元；查出县卫生局侵占、挪用“5181项目”资金、收取机构评审费、未实行“收支两条线”管理等问题，决定处理处罚2.34万元。（撰稿人：陈正江）

【印江土家族苗族自治县审计局】 现有干部职工12人，设有办公室、行政事业财政金融审计股、经贸和固定资产投资审计股、经济责任审计室，负责对全县17个乡镇、26个县直部门、1个议事协调机构和6个受县政府委托行使部门行政管理职能的直属单位的审计监督。局长严政，副局长张旭阳。

审计成果 完成审计项目41个，审计单位41个，完成党政交办事项18个。查出违规行为金额279万元，应缴财政7万元，减少财政拨款两万元，归还原渠道资金7万元。被有关部门采用审计建议1条。开展审计调查1个，调查金额427.2万元，审计调查单位28个。提交审计信息16篇，审计要情两篇，被采用5篇。有专（兼）职内审人员26人，内审机构21个。（撰稿人：刘庆宇）

【沿河土家族自治县审计局】 现有干部职工14人，设有办公室、经济责任审计室、财政金融审计股、行政事业审计股、投资经贸审计股，负责对全县22个乡（镇）和98个县直部门的审计监督。局长车天明，副局长崔道军、杨静。

审计成果 完成审计项目27个，审计单位45个，查出违规行为金额295万元，应缴财政80万元，已交80万元（含审计决定转缴入库）。完成审计调查1个，调查单位19个。提交审计报告信息27篇。完成4名科级干部离任经济责任审计，查出违规行为金额27万元。（撰稿人：何天德）

【松桃苗族自治县审计局】 现有干部职工18人，设有办公室、经济责任审计室、财政金融审计股、固定资产投资审计股、行政事业和外资审计股、经贸审计股，负责对全县28个乡镇和114个县直部门的审计监督。局长李耀祖，副局长田仁新、石服芝。

审计成果 完成审计项目35个，审计单位107个。主要开展了财政、财务收支审计，专项资金审计、金融审计、世界银行贷款项目审计。查出违规行为金额587.96万元，其中追还被侵占挪用资金65.97万元，应缴财政33.71万元，已交45.22万元（含上年度应缴款）。提交审计信

息18篇。(撰稿人：刘洪)

【万山特区审计局】 现有干部职工7人，设有办公室、财政金融审计股、行政事业审计股、企业审计股和经济责任审计室，负责对全区5个乡镇及47个区直部门的审计监督。局长方德英，副局长向国珍。

审计成果 完成审计项目22个，审计单位29个，查出违规行为金额326万元，收缴财政4万元，追回被侵占挪用资金32万元，促进自行纠正235万元。建议给予党政纪处分1人。提交审计信息34篇，其中被省委采用两篇，被省、地审计机关和特区党委政府采用15篇。对5名正科级党政领导干部进行了经济责任审计，查出违规行为金额168万元，收缴财政两万元。向人事部门移送案件1起，建议给予政纪处分1人。审计后，晋升两人，留任原职3人。(撰稿人：郑晓英)

【黔东南苗族侗族自治州审计局】2002年，共有干部职工30人，其中本科学历5人，大专学历15人，局长李正相，副局长李继芝、钱洁民。设有办公室、综合法制科、财政金融审计科、固定资产投资审计科、经济贸易审计科、行政事业审计科、经济责任审计科。

审计成果 完成审计项目469个，审计单位499个，查出违规行为金额5430万元，应缴财政660万元，已交财政578万元，归还原渠道资金805万元，应纠正3093万元。向司法机关移送案件1起，向纪检监察机关移送案件6起，查出百万元以上违规单位3个。提交审计调查报告8份，被采用1份；提交审计信息254篇，被采用51篇。

财政审计 对州本级和16个县(市)2001年度财政预算执行情况进行了审计，并统一对林业、农业部门的预算内、外资金的管理使用情况进行了审计，查出违规行为金额1412万元，应缴财政199万元，已交191万元。州局对施秉、镇远、台江3县2001年度财政决算进行审计；各县(市)审计局完成对19个乡(镇)2001年度财政决算审计。查出违规行为金额348万元，应缴财政49万元，已交22万元。

经济责任审计 完成经济责任审计项目63个，责任人59人(其中处级干部3人、科级干部53人、乡级干部1人、企业管理人员两人)，查出违规行为金额1436万元，损失浪费5万元，应纠正759万元，移送纪检监察机关处理5人，移送司法机关处理1人。

基本建设投资审计 完成审计项目76个，送审工程造价5987万元，核减工程结算价款425万元。另外，“黔东南州建筑工程预结算审查中心”完成建筑工程竣工结算审查44个，送审工程项目结算价款5347.05万元，核减建设工程投资441.09万元。(撰稿人：杨柯)

【凯里市审计局】 现有干部职工22人，设有办公室、行政事业审计科、工交企业审计科、商粮贸企业审计科、基本建设审计科，负责对全市10个乡镇和58个市直部门及市属国有企业的审计监督。局长杨建强。

审计成果 完成审计项目35个，其中副县级以下领导干部任期经济责任审计11个，共查出违规行为金额401万元，应缴财政171万元，已交173万元(其中7万元为以前年度应缴未交资金)，指明要求纠正982万元。提交审计报告35份、信息15篇，审计简报12篇，被采用11篇。(撰稿人：蔡云洁)

【黄平县审计局】 现有干部职工15人，设有办公室、行政企事业审计股、经济责任审计股和基本建设审计股，负责对全县14个乡镇和36个县直部门的审计监督。局长邹江，副局长杨建平、常振灵。

审计成果 完成审计项目60个，审计单位61个，查出违规行为金额63.7万元，应缴财政9.1万元，已交3.9万元。基本建设审计核减为国家节约投资54.3万元。提交审计论文1篇，审计综合报告4份，审计信息14篇，其中省审计厅采用两篇，州审计局采用3篇，县采用1篇。(撰稿人：邹江)

【施秉县审计局】 现有干部职工12人，设有办公室、基本建设投资审计股、综合审计股，负责对全县8个乡镇和64个县直部门的审计监督。局长张明富，副局长尹富华。

审计成果 完成审计项目24个，查出违纪违规行为金额214万元，决定处理处罚4.3万元，上缴财政4.3万元。固定资产投资审计核减83.25万元，核增3.25万元。提交审计信息12篇，被省厅采用3篇、州局采用6篇。县政府办采用审计结果对某部门进行通报批评1次。对3名领导干部任期经济责任进行审计，移送纪检机关处理案件两起。(撰稿人：张明富)

【三穗县审计局】 现有干部职工9人，设有综合股、财政金融审计股、行政事业审计股、企业审计股、固定资产投资审计股和领导干部经济责任审计股，负责对全县9个乡镇和50个县直部门的审计监督。局长曾伟求，副局长刘世清。

审计成果 完成审计项目36个。查出违规行为金额215万元，归还原渠道资金4万元，调账处理21万元，应纠正70万元，决定处理处罚11.7万元，已交财政11.1万元，其中追缴各种税费7.5万元，罚款1万元。提交审计信息15篇，被地方党政机关采用1篇，上级审计机关

采用9篇。(撰稿人：周承康)

【镇远县审计局】　现有干部职工9人，设有办公室、财政金融审计股、行政事业审计股、经贸审计股、固定资产投资审计股，负责对全县12个乡镇和85个县直部门及20个国有企业的审计监督。局长潘成元，副局长王美。

审计成果　完成审计项目22个，审计资金17920万元，查出违规行为金额31万元，应缴财政27万元，已交25万元。提交审计信息12篇，被省审计厅和州审计局采用1篇。(撰稿人：潘成元)

【岑巩县审计局】　现有干部职工10人，设有综合股、财政基建企业审计股、经济责任审计股，负责对全县11个乡镇和27个县直部门的审计监督。局长戴廷文，副局长赵湘黔、丁祖芳。

审计成果　完成审计项目21个，审计单位25个，查出违规行为金额473万元，应缴财政92万元，已交88万元。提交审计报告、信息13篇，被采用4篇。(撰稿人：龙秀明)

【天柱县审计局】　现有干部职工13人，设有办公室、行政事业财政金融审计股、经济责任审计股、基建企业审计股，负责对全县16个乡镇和36个县直部门的审计监督。局长杨光林，副局长欧阳军、舒彩钊。

审计成果　完成审计项目21个，查出违规行为金额129万元，应缴财政11.8万元，已交11.7万元。提交审计信息13篇，被州局采用两篇，省厅采用1篇。(撰稿人：杨西进)

【锦屏县审计局】　现有干部职工7人，设有办公室、行政金融审计股、经济责任审计股，负责对全县15个乡(镇)和36个县直部门的审计监督。局长王世权，副局长龙秀波。

审计成果　完成审计项目18个、审计单位20个，党政领导交办经济责任审计项目两个，查出违纪行为金额5.7万元、违规金额105.30万元，应缴财政5.7万元，已交4.44万元。提交审计工作报告20份，审计信息12篇，科研论文1篇，被采用5篇。(撰稿人：杨昌杏)

【剑河县审计局】　现有干部职工11人，设有办公室、行政事业审计股、企业审计股、基建审计股和经济责任审计股，负责对全县11个乡镇和27个县直部门的审计监督。局长杨胜柏，副局长王政标、杨通礼。

审计成果　完成审计项目50个，审计单位90个，查出违规行为金额40万元，应缴财政21万元，已交3万元。固定资产投资审计核减金额45万元。提交审计报告、信息57篇。(撰稿人：龙家茂)

【台江县审计局】　现有干部职工11人，设有行政事业审计股、企业审计股、基本建设审计股、经济责任审计股，负责对全县9个乡镇和33个县直部门的审计监督。局长李可忠，副局长张建强、刘开新。

审计成果　完成审计项目34个，审计单位49个，查出违规行为金额295万元，应缴财政7万元，已交4万元。提交审计信息3篇。完成基建审计15个，审计核减工程投资195万元。(撰稿人：张建强)

【黎平县审计局】　现有干部职工14人，设有行政金融审计股、企业审计股、经济责任审计股和办公室，负责对全县25个乡镇和县直各单位和企业的审计监督。局长吴万清，副局长吴绍箕、袁鹏、潘启彪。

审计成果　完成审计项目22个，查出违纪违规行为金额790.4万元，应缴财政469万元，已交11.1万元，应归原渠道资金431.4万元，向纪委监察机关移送案件1起。(撰稿人：陈义良)

【榕江县审计局】　现有干部职工8人，设有办公室、行政事业审计股、企业审计股、固定资产投资审计股，负责对全县20个乡镇和28个县直部门的审计监督。局长石品昌，副局长潘永革、伍国英。

审计成果　完成审计项目29个，审计单位33个，查出违规行为金额677万元，其中应归还原渠道资金203万元，调账处理382万元，应缴财政55万元，已交42万元。完成审计调查4个，调查单位4个。提交审计调查报告、信息11篇，被采用两篇。(撰稿人：陈瑶)

【从江县审计局】　现有干部职工9人，设有办公室、行政事业审计股、企业审计股、基本建设审计股、经济责任审计股，负责对全县21个乡镇和县直部门的审计监督。局长张文忠，副局长韦杰祥、石永昌。

审计成果　完成审计项目30个，党政领导交办经济责任审计项目13个，查出违纪违规行为金额17万元，应缴财政1万元，已交1万元。完成审计调查3个，调查单位3个。提交审计报告、信息14篇，被县委、县政府采用1篇，州审计局采用4篇，省审计厅采用两篇。(撰稿人：王跃邦)

【雷山县审计局】　现有干部职工7人，设有办公室、审计股，负责对全县9个乡镇和52个县直部门的审计监督。局长龙月元，副局长李杰。

审计成果　完成审计项目24个，审计单位22个，查出违纪违规行为金额3.24万元，应缴财政3.7万元，已交财政3.7万元，指明要求纠正22.11万元。审计基本建设工程投资额1034万元，核减工程投资额18.14万元，核增工程投资额1.27万元。提交信息稿件22篇，其中省审计厅采用两篇，州审计局采用3篇，省办《机关党建》采用1篇。（撰稿人：龙月元）

【麻江县审计局】　现有干部职工11人，设有人秘股、行政事业审计股、企业审计股、基本建设审计股，负责对全县9个乡镇和27个县直部门的审计监督。局长倪兴文，副局长唐启鸿、龙立显（6月—）。

审计成果　完成审计项目19个，审计单位20个，查出违规违纪行为金额177.15万元，应缴财政9万元，已交4万元。提交审计信息12篇。完成7名科级干部离任经济责任审计，查出违规行为金额73.89万元。（撰稿人：唐启鸿）

【丹寨县审计局】　现有干部职工10人，设有办公室、行政事业财政金融审计股、基建企业审计股和干部经济责任审计股，负责对全县7个乡镇和38个县直部门的审计监督。局长刘贵平，副局长汪昌伟。

审计成果　完成审计项目32个，审计单位34个，查出违规行为金额300万元，应缴财政12万元，已交11万元。提交审计调查报告、论文、信息12篇。完成19名科级干部离任经济责任审计，查出违规行为金额216万元。移送纪检监察机关1人。（撰稿人：王治云）

【黔南布依族苗族自治州审计局】　2002年，共有干部职工31人，其中本科学历13人，大专学历17人，局长孙绍明，副局长汪楠、李先文。设有办公室、法制科、财政金融审计科、经贸外资审计科、农业与资源环保审计科，社保与行政事业审计科、固定资产投资审计科、经济责任审计科、投资项目审计技术服务中心。

审计成果　审计单位392个，查出违规行为金额17758万元，应缴财政952万元，已交财政876万元。向纪检监察机关移送事项3件，向司法机关移送案件3起。提交审计综合报告和调查报告20份，审计信息261篇，被采用68篇。制定了《审计执法过错责任追究办法》、《审计决定跟踪落实制度》、《审计项目质量积分考核办法》等审计管理制度。

财政审计　开展财政审计55个，查出违规行为金额7172万元，向纪检监察机关移送事项两件，向司法机关移送案件1起。向州政府提交的《关于加强预算执行审计工作的意见》和《关于审计查出的重点问题和加强财政财务管理建议的专题报告》被批转到全州各县（市）、各部门执行。

固定资产投资审计　开展固定资产投资审计69个，审计投资预、决算资金总额18628万元，审计核减工程款1896万元，审减率达10%。

经济责任审计　完成经济责任审计项目92个，查出违规行为金额5316万元。通过审计，晋升两人，平调41人，免职7人，移送司法机关处理1人。（撰稿人：林雪洪）

【都匀市审计局】　现有干部职工19人，设有办公室、乡镇审计所、经济责任审计科、文教卫公用社保审计科、财政金融外资审计科、固定资产投资审计科、农林水资源环保审计科，负责对全市4个办事处、18个乡镇、9个党委和28个市直部门的审计监督。局长敖忠南，副局长石友祥。

审计成果　完成审计项目63个，查出违规行为金额1098万元，应缴财政284万元，已交284万元，指明要求纠正183万元。提出审计建议167条，提交审计结果报告48份，审计信息45篇。完成7个固定资产审计项目，审减金额613.93万元。完成9个部门和16个乡镇领导干部经济责任审计，查出违规行为金额295万元，提出审计意见和建议108条，向司法机关移送涉嫌贪污公款案1起1人。（撰稿人：龙旭）

【福泉市审计局】　现有干部职工16人，设有财政金融与外资审计科、行政事业审计科、经济责任审计科、农业与资源环保企业审计科、固定资产投资审计科和办公室（法制科），负责对全市15个乡镇、两个办事处和28个市直部门的审计监督。局长雷仁芝，副局长宋淑琴、鄢成亮。

审计成果　完成审计项目33个，审计单位36个，查出违规行为金额1668万元，应缴财政85万元，已交83万元。审减国家建设项目投资94万元。向司法机关移送挪用贪污28万元公款案1起。人均为财政增收12万元。被人事部、审计署授予“全国审计机关先进集体”称号。（撰稿人：刘雄）

【荔波县审计局】　现有干部职工15人，设有法制综合股、财政金融投资审计股、行政事业经贸审计股、经济责任审计所，负责对全县17个乡镇和33个县直部门的审计监督。局长莫家泉，副局长李凤媛、覃建文。

审计成果　完成审计项目17个，审计单位17个，查出违规行为金额935万元，应缴财政59万元，已交55万元，指明要求纠正897万元。提交审计工作报告9份，审计信息15篇，其中省审计厅采用两篇、《中国审计报》刊登两篇。开展经济责任审计8个8人，查出违规行为金额138万元。审计后平调5人、免职3人。全县内审机构4个（其中专职机构两个），内审人员4人（其中专职人员两人）。（撰稿人：吴庆辉）

【贵定县审计局】　现有干部职工11人，设有综合法制股、经济责任审计股、财政行政事业外资审计股、投资金融经贸审计股，负责对全县20个乡镇和55个县直部门及所有国有企业的审计监督。局长刘定茹，副局长杨惠。

审计成果　完成审计项目34个，查出违规行为金额477万元，应缴财政12万元，已交12万元。完成基建预、结算审计27个，审减高估冒算多计工程款219.68万元。提交审计工作报告、简报、信息41篇。（撰稿人：刘定茹）

【瓮安县审计局】　现有干部职工16人，设有综合股、财政金融投资审计股、行政事业经贸审计股、经济责任审计股，负责对全县23个乡镇、64个县直部门和9个县级国有企业的审计监督。局长段世杯，副局长张毅、冷国辉、胡伟琦。

审计成果　完成审计项目28个，审计单位31个，查出违规行为金额225万元，应缴财政45万元，已交52万元（含以前年度应缴未交15万元），向司法机关移送案件1件，追还赃款80余万元。完成4名科级干部的经济责任审计，查出违规行为金额59万元。全县有内审机构8个。（撰稿人：田湖）

【独山县审计局】　现有干部职工13人，设有综合法制复核股、财政行政事业审计股、企业固定资产审计股、经济责任审计股，负责对全县18个乡镇和58个县直部门的审计监督。副局长蒙秉国（主持工作）、杨宁。

审计成果　完成审计项目40个，审计单位45个，查出违规行为金额656万元，应缴财政93万元，已交54万元。完成审计调查两个，调查单位两个。提交审计报告、信息25篇。完成1名科级干部经济责任审计，查出违规行为金额380万元。（撰稿人：蒙秉国）

【平塘县审计局】　现有干部职工10人，设有综合法制股、农业经贸基建外资审计股、财政金融行政事业审计股、经济责任审计股，负责对全县19个乡镇和35个县直部门的审计监督。局长曾昭洪，副局长龙兴祥、龙林、李祖俭（兼职）。

审计成果　完成审计项目21个，审计单位6个，查出违规行为金额1225.57万元。提交审计工作报告4份，审计意见21份，审计信息13篇。完成9名领导干部任期经济责任审计，查出违规行为金额270.7万元。（撰稿人：殷筑元）

【罗甸县审计局】　现有干部职工13人，设有综合股、固定资产投资与经济责任审计股、行政事业审计股、财政金融审计股、经贸社会保障审计股，负责对全县26个乡镇和49个县直部门的审计监督。局长黄明，副局长黄光扬。

审计成果　完成审计项目21个，审计单位24个，其中经济责任审计项目12个，共查出违规违纪行为金额3948万元，应缴财政5万元，处理百万元以上违规单位4个。提交审计工作报告、信息20篇，审计意见21份，被批示、采用7篇。被评为"贵州省文明单位"。（撰稿人：陈豪）

【长顺县审计局】　现有干部职工10人，设有办公室、审计股和经济责任审计所，负责对全县17个乡镇和43个县直部门的审计监督。局长王明文，副局长王琴芬。

审计成果　完成审计项目26个，审计单位28个，查出违规行为金额618万元，应调账处理149万元，指明要求纠正83万元，应归还原渠道资金322万元。审计核减基建工程款9.2万元，应缴财政27万元，已交27万元。提交审计信息16篇，被批示、采用5篇。完成7名党政领导干部和企业领导人员的经济责任审计。（撰稿人：韦超）

【龙里县审计局】　现有干部职工14人，设有法制综合股、财政金融审计股、经贸基建审计股、经济责任审计所，负责对全县14个乡镇和52个县直部门的审计监督。局长龙金银，副局长李泽平。

审计成果　完成审计项目31个，查出违规行为金额551万元，归还原渠道资金83万元，调账处理82万元，应缴财政27万元（罚没27万元），已交1万元，指明要求纠正240万元。固定资产投资审计核减工程款33万元。提交审计信息12篇。对5名科级领导干部进行了经济责任审计，查出违规行为金额164.65万元。（撰稿人：龙金银）

【惠水县审计局】　现有干部职工12人，设有行政事业财政金融审计股、经贸外资固定资产投资审计股、办公室，负责对全县25个乡镇和56个县直部门的审计监督。局长陆光霞，副局长袁桂林。

审计成果　完成审计项目41个，审计单位49个，查出违规行为金额673.60万元，其中调账处理20万元，指明要求纠正133万元，应缴财政19.7万元，已交13.5万元。固定资产投资审计核减基建工程款321.69万元。完成审计调查项目4个，调查单位26个。完成经济责任审计项目6个。提交审计报告49份，信息24篇，被采用4篇。（撰稿人：熊红）

【三都水族自治县审计局】 现有干部职工11人，设有办公室（法制办）、财政金融外资审计股、行政事业经贸审计股、经济责任固定资产投资审计股，负责对全县21个乡镇和85个县直部门的审计监督。局长张加言，副局长胡勋平、逯黔虹。

审计成果 完成审计项目17个，查出违规行为金额454万元，其中指明要求纠正415万元，决定处理处罚39万元，已交财政39万元。提交审计报告和审计结果报告24份，审计意见书17份，审计信息和调研报告17篇，被采用审计信息3篇。完成1名科级干部的经济责任审计，查出违规行为金额134万元，审计后平调1人。（撰稿人：张加言）

【黔西南布依族苗族自治州审计局】 2002年，共有干部职工24人，其中本科学历4人，大专学历10人，局长梁天庆，副局长黄曼，纪检组长邓一平。设有办公室、财政金融审计科、行政事业审计科、经贸审计科、固定资产投资审计科、经济责任审计科、法制科。

审计成果 完成审计和审计调查159个单位、150个项目，查出违规行为金额1309万元，应缴财政199万元，已交财政100万元，应归还原渠道资金363万元，调账处理1774万元，罚没收入52万元，应纠正1097万元。向司法机关移送案件两起。提交审计调查报告8份，编发《审计简报》11期、《工作动态》4期，被省政府和省审计厅采用5篇，审计调查报告被批示、采用两篇。

外资项目和政府外债审计调查 通过审计，发现的主要问题：一是配套资金到位不足，2001年到位率仅为14%；二是各级财政部门滞留回补资金；三是项目实施单位会计核算不规范，内控制度有待加强。对各级政府外债审计调查发现，全年全州累计提款1500多万美元，到期应归还债务200多万美元，已偿还60多万美元。项目涉及贫困地区教育、卫生、造林、西南扶贫及基础设施建设等方面，项目覆盖全州8个县市。审计认为外资运用项目在黔西南州总的运行情况是好的。

农业综合开发资金审计 该项目涉及兴义、兴仁、安龙3个县市，共查出违纪违规行为金额198.23万元。有两个方面问题：一是有挤占、挪用农发资金的问题；二是有多提工作经费和将培训费转入账外，用于弥补办公经费不足的问题。

养老保险基金审计 从总体来看存在如下一些问题：全州有500多万元养老保险金收入未及时缴入财政专户进行管理；没有按参保单位分设明细账；州级调剂金账上没有反映。

经济责任审计 全州共安排经济责任审计人数23人，其中在职10人，离任13人，截止到12月底，已审计人数15人，其中在职6人，离任9人（其余正在实施中）。经过审计，查出违纪违规行为金额630.78万元，其中应缴财政36.8万元，已交32.6万元。纪委介入立案查处1人。（撰稿人：沈浩廷）

【兴义市审计局】 现有干部职工14人，设有秘书股、财政金融基建审计股、行政事业审计股、工商企业审计股、经济责任审计股，负责对全市25个乡镇、54个市直部门和22个国有企业的审计监督。局长龚志宁，副局长赵桂枝。

审计成果 完成审计项目25个，完成审计调查项目1个，查出违纪违规行为金额403万元，要求纠正447万元，归还原渠道资金49万元。6月，建立五部门联席会议制度，提出了《兴义市党政领导干部经济责任审计办法（试行）》，并经批转在全市执行。10～11月，对市林业局局长和雄武乡乡长进行了任期经济责任审计。（撰稿人：张时龙）

【兴仁县审计局】 现有干部职工9人，设有办公室、财政金融审计股、经济责任审计股、行政事业审计股、经贸固定资产审计股，负责对全县16个乡镇和90个县直部门的审计监督。局长沈琼，副局长赵竞、田维贵。

审计成果 完成审计任务25个，查出违规违纪行为金额247万元，应缴财政37万元，已交财政32万元，其中罚没收入6万元，指明要求纠正364万元，调账处理13万元。完成经济责任审计两个，查出违纪违规行为金额92万元，应缴财政7万元，已交财政7万元，其中罚没收入3万元。（撰稿人：陶梅）

【普安县审计局】 现有干部职工13人，设有办公室、经贸审计股、行政事业审计股、财政金融基建审计股、经济责任审计股，负责对全县14个乡镇和48个县直部门及50个国有企业的审计监督。局长谢光耀，副局长保正康、王邦翠。

审计成果 完成审计项目17个，审计资金总额23441万元，查出违规行为金额395.23万元，归还原渠道资金23万元，调账处理44万元，罚款0.4万元。（撰稿人：李国刚）

【晴隆县审计局】 现有干部职工11人，设有办公室、行政事业审计股、企业审计股、财政金融审计股、经济责任审计股，负责对全县14个乡镇和63个县直部门的审计监督。局长袁明芳，副局长王邦学、鲍和平。

审计成果 完成审计项目21个，共查出违纪违规行为金额58万元，其中调账处理40万元，指明要求纠正18万元。提出审计意见、建

议25条，均被采纳。（撰稿人：郑德春）

【贞丰县审计局】 现有干部职工8人，设有办公室、综合审计股、经济责任审计股，负责对全县13个乡镇和53个县直部门的审计监督。局长胡成刚，副局长邓存皇、曾祥伟。

审计成果 完成审计项目9个，查出违纪违规行为金额96万元，责令纠正95万元，审计决定收缴财政1万元，入库率100%。完成经济责任审计项目两个。（撰稿人：吴安胜）

【望谟县审计局】 现有干部职工9人，设有办公室、财政金融基建审计股、工商贸审计股，负责对全县8个乡镇和18个县直部门的审计监督。局长黄琪，副局长韦黔章。

审计成果 完成审计项目14个，审计调查两个，共查出违纪违规行为金额192万元，应缴财政15万元，已交财政15万元，应纠正1万元，应归还原渠道资金161万元。向司法机关移送案件两起。对社会保障事业管理局企业职工养老保险基金进行审计，发现该单位领导涉嫌挪用养老保险及医疗保险基金65万余元，该案涉案人员两人已移交司法机关进一步审理。完成两个单位科级领导干部经济责任审计。（撰稿人：王秋）

【册亨县审计局】 现有干部职工7人，设有业务股、办公室，负责对全县14个乡镇和57个县直部门的审计监督。副局长韦永国（主持工作）、冉隆品。

审计成果 全年共完成审计项目15个，查出违纪违规行为金额12万元，应归还原渠道资金1.2万元。在对岩架镇领导干部经济责任审计中，查出该镇税收人员拖欠税款4000多元，查出由于内控制度不健全，造成7700元资金下落不明，责任不清。审计后得到了纠正，责任人受到了有关部门的处理。（撰稿人：冉隆品）

【安龙县审计局】 现有干部职工14人，设有财政资金审计股、企业金融审计股、固定资产投资审计股、经济责任审计股和办公室，负责对全县16个乡镇和53个县直部门的审计监督。局长薛朝林，副局长车志刚。

审计成果 完成审计项目26，查出违纪违规行为金额157万元，应缴县财政47万元，建议单位部门自行纠正43万元。核减基建工程结算5万余元。建议税务部门收缴税款7万余元。对单位和个人罚款1万元。提交审计信息5篇，被上级采用3篇，被新闻媒体采用两篇。（撰稿人：黄声亮）

云南省

【云南省审计厅】 2002年，云南省审计厅定编136人，在编128人。厅机关设有办公室、人事教育处、法制处、财政审计处、经济责任审计办公室、金融审计处、行政事业审计处、经贸审计处、农业与资源环保审计处、社会保障审计处、固定资产投资审计处、外资运用审计处；另设有经济审计处、社会管理审计处、行政执法审计处、建设交通审计处、农林水审计处、劳动人事民政审计处、外事民族宗教审计处等派出处；按省委要求，设有老干部工作办公室。同时还设厅机关服务中心、审计科培中心等直属事业单位，编制66人，在编39人。此外，厅机关还驻有纪检组和监察室。

领导成员

厅　长：冯　毅

副厅长：向可辉（—3月，改任巡视员）　杨宁生

韩泽民（—9月，改任巡视员）　吴绍吉

纪检组长：罗廷才

助理巡视员：董自明　朱嘉诚　赵新杰

云南省审计成果 全省审计机关共审计4228个单位，查出违规行为金额52.4亿元，决定收缴财政35005万元，归还原渠道资金8815万元，减少财政拨款或补贴383万元，核减基建投资2.22亿元。向司法机关移送案件22起，向纪检监察机关移送事项25件。累计提交审计调查报告、综合报告、工作报告和信息2506篇，被批示、采用1322篇。

本级预算执行审计 7月，省人大常委会在腾冲召开有部分地、县人大主任参加的审计法培训班，进一步促进预算执行审计在全省范围内的全面开展。2002年全省有145个审计机关向本级政府提交审计结果报告，137个审计机关受政府委托向本级人大常委会做了本级预算执行审计工作报告。为加强对财政专项资金管理使用情况的跟踪问效，省审计厅组织开展对12个财政性资金的审计和审计调查；根据财政改革的要求，增加对政府采购等的审计；在对地方党政领导的经济责任审计中，财政审计的成果得以运用，初步实现财政审计与经济责任审计的有机结合。保山市还将人大列为评议对象的单位列入预算执行审计计划，为人大评议领导干部提供可靠依据。玉溪市通过持续、深入开展审计工作，使当地有关部门预算执行中违规行为金额出现了明显下降。曲靖市加大了“上审下”力度，审计所属7个县的财政决算，促进了县级财政管理的规范化。

经济责任审计 全省已成立经

济责任审计机构的审计机关135个，专职经济责任审计人员定编319人。据统计，全年共对1245名领导干部进行经济责任审计，查出违规行为金额18.43亿元，其中领导干部应负主管责任16.03亿元，应负直接责任3609万元。审计发现重大违法违纪线索移送纪检监察部门进一步处理16人，移送司法机关进一步审理14人。此外，昆明市审计局率先试行了审前公告制度，省审计厅还首次开展了对下级审计机关负责人的经济责任审计。

农业资源环保审计　全年先后组织审计57个县1999~2001年度农业综合开发资金的投入、分配和管理使用情况，审计38个县1998~2001年生态环境建设资金管理使用情况，促进资金投入到位8121万元。上年度审计天然林保护工程资金所揭示的问题，在省政府的高度重视下得到了全面纠正。此外，对退耕还林还草资金、财政支农资金、扶贫资金等的审计也取得了较好的成效。

其他项目审计　全省各级审计机关对农业发展银行云南省分行及下属16个分行、49个支行2001年度的资产、负债、损益开展审计。大理州确定"先审计、后改革"的原则，全面开展对全州85户企业的审计；楚雄州重点开展对供电行业的审计；文山州审计了20户重点企业。固定资产投资审计初步实现由单纯财务收支审计向工程造价审计的转变。全年通过审计共核减投资2.22亿元，较上年的9734万元增长2.28倍。省审计厅还组织审计丽江宁蒗"11.19"地震恢复重建资金。此外，还开展了对省政府外债的审计调查和对世界银行贷款西南扶贫项目、中德合作云南二期造林项目的审计，对企业职工基本养老保险基金的审计，对全省14个地州市56个县救灾资金的审计。

"人、法、技"建设　审计信息化建设制定了5年发展规划，得到了审计署的明确批示；引进数个专业审计软件，在项目审计中尝试应用；省审计厅、昆明市、楚雄州成立信息处（科）并配备了专业人员。

通过机构改革，审计队伍的年龄结构得到了优化，学历层次得到了提高，整体素质有所增强；同时，各地都实行了竞岗、轮岗制度。据不完全统计，各地、州、市审计局有120余名中青年干部通过竞岗走上了局机关和科室领导岗位。积极参与"省校合作"，选派50名地、县审计局和厅机关处室领导干部到清华大学进行为期1个月的宏观经济知识学习。此外，省审计厅全年还举办各类培训班16期，1225人次参加了学习。

省政府组织开展对6个地州市的审计执法检查。"四·五"普法继续在各级审计机关中深入开展，省厅被云南省政府评为年度法制工作先进单位。

党风廉政建设和精神文明建设　各地、县审计机关深入开展团结干事教育活动，提高了班子的凝聚力。各地坚持从严治理审计队伍，"八不准"纪律得到进一步贯彻执行。开展严禁审计机关通过社会审计组织获取非法收入的检查和审计收缴违纪资金过渡专户管理情况的检查。通过认真贯彻落实《公民道德建设实施纲要》，审计机关精神文明建设取得了新的进展。大理州等13个审计机关全面建成文明单位，其中3个获得省级文明单位称号。文山州的富宁县、文山县、砚山县审计局亦建成或保持省级文明单位称号。（撰稿人：付云昆、朱婵）

【昆明市审计局】　2002年，共有干部职工78人，其中研究生学历两人，本科学历12人，大专学历48人，局长储强明，副局长马为麟、谢彩荣、林爱芳。设有财政审计处、金融审计处、行政事业审计处、经济责任审计办公室、固定资产投资审计处、经贸审计处、农业与资源环保审计处、外资运用审计处、社会保障审计处、审计执行检查处、办公室、人事教育处、法制处、信息处。

审计成果　审计单位66个，查出违规行为金额6487万元，应缴财政5268万元，已交财政4242万元。

预算执行审计　在审计市财政局、地税局、国家金库昆明市中心支库的同时，对17个部门和单位进行审计，并延伸审计上述部门所属的40个基层单位。同时，对东川区、寻甸县的财政决算进行了审计。

经济责任审计　共对13名领导干部和国有企业领导人员进行任期经济责任审计，查出违规行为金额5969万元，其中领导干部应负直接责任760万元，负主管责任5209万元。

专项资金审计、行业审计和审计调查　开展重点农业生态县建设资金、养老保险基金、国际金融组织贷款项目、农业发展银行资产负债损益审计，并对国债资金、个体经济发展专项资金和政府采购资金等进行了审计调查。

完成交办的审计事项　受市政府委托，对市国托的资产情况、市政府驻深圳办事处、云丰造纸厂、市毛巾床单厂、市青少年活动中心、市政基础设施综合开发建设（集团）股份有限公司、市住房基金中心和昆明市"18"办等单位的财务收支情况进行审计。同时，还配合、协助纪检监察、司法机关开展市国库券交易部的专案审计和市进出口公司的查证工作。

"人、法、技"建设　一是加强审计项目质量检查；二是建立审计项目质量台账，设置18个明细项目进行质量考核；三是切实搞好财经审计法规数据库维护，共清理失效法规928条，组织录入2000年、2001年及2002年的有关财经审计法规；四是审计信息化建设初步完成，昆明市审计局研究开发的网络版审计办公信息管理系统已通过专家鉴定验收，正式转入了实际应用阶段，单机版审计办公信息管理系统的测试应用工作也正在逐步推广，全局审计人员达到人均1台计算机（台式机和笔记本电脑各占50%）。（撰稿人：陈林）

【昆明市盘龙区审计局】 现有干部职工13人，设有办公室、法制科、财政财务审计科、固定资产投资审计科、经济责任审计科，负责对全区7个办事处、10个区直部门的审计监督。局长朱萍，副局长杨丽芬。

审计成果 完成审计项目30个，完成计划100%，查出各类违规违纪行为金额452万元，其中责成单位补缴税款50万元，罚款7万元，应缴财政38万元，调账处理7059万元。核减工程造价1257万元，提出审计建议77条。（撰稿人：何燕）

【昆明市五华区审计局】 现有干部职工10人，设有办公室、财政行政事业审计科、企业国资审计科、经济责任审计科，负责对全区12个街道和24个区直部门的审计监督。局长张跃勇（9月—）、马林琦（—9月），副局长廖宇云（9月—）、郭荣水（9月—）。

审计成果 完成审计项目13个，审计调查3个，查出违纪行为金额374万元，已交财政182万元，减少财政拨款147万元。提交审计工作报告、信息和调研报告20篇。（撰稿人：和丽琼）

【昆明市官渡区审计局】 现有干部职工17人，设有办公室、法规科、财政金融审计科、行政事业审计科、基本建设投资审计科、领导干部任期经济责任审计办公室，负责对全区17个乡镇及区直部门的审计监督。局长刘利升，副局长李丽芝。

审计成果 完成审计项目21个，查出违纪行为金额440万元，其中应缴财政274万元，调账处理166万元。提出建议37条。开展经济责任审计项目3个。设立区内部审计业务指导办公室，事业编制5名。先后制定《官渡区审计局工作规则》、《提高审计工作效率的考核办法》、《审计项目复核办法》、《信息工作管理办法》等规章制度。（撰稿人：李国忠）

【昆明市西山区审计局】 现有干部职工10人，设有办公室、领导干部任期经济责任审计科、财政财务收支审计科，负责对全区9个乡镇（街道）和42个区直部门的审计监督。局长黄七生，副局长赵学光、杨琼珍。

审计成果 完成省、市、区安排的审计项目54个，查出各类违纪违规行为金额2121万元，决定处理处罚830万元，指明要求纠正1291万元，应缴财政751万元，已交724万元。提交审计调查报告5份。参加省厅统一安排的交叉审计对红河州个旧市2001年度企业职工基本养老保险基金审计，被评为全省优秀审计项目。对14名党政、企业的主要领导干部进行任期经济责任审计。有内审机构31个，其中专职机构4个；配备专兼职内审人员77人，其中专职人员7人。（撰稿人：钟其渝）

【昆明市东川区审计局】 现有干部职工19人，设有办公室、财政金融审计科、行政事业审计科、经贸审计科和经济责任审计科，负责对全区14个乡镇和33个区直部门的审计监督。局长合光乾，副局长张美荣。

审计成果 完成审计项目23个，党政领导交办经济责任审计项目6个，查出违纪违规行为金额298万元，其中决定处理处罚213万元，指明要求纠正46万元，已交财政203万元。提交审计工作报告13份，审计意见23份，审计信息31篇，被采用4篇。（撰稿人：邓云娟）

【安宁市审计局】 现有干部职工11人，设有办公室、经济责任审计科、企业审计科、基建固定资产投资审计科、行政财政事业审计科，负责对全市10个乡镇和69个市直部门的审计监督。局长李国祥，副局长瓦兰。

审计成果 完成审计项目12个，查出违规行为金额255万元，其中应缴财政33万元。提交审计工作报告1份，审计结果报告1份，审计意见12份，审计决定3份，审计调查报告两份。完成经济责任审计两个，查出违规行为金额16万元。（撰稿人：向红兵）

【呈贡县审计局】 现有干部职工9人，设有办公室、财金审计科、综合审计科、经济责任审计科，负责对全县7个乡镇和43个县直部门的审计监督。局长陈森，副局长李赋、李启彪（—10月）。

审计成果 开展审计项目35个，完成审计项目32个（3项在审），查出违规行为金额994万元，应缴财政22万元，归还原渠道资金287万元，指明纠正1914万元。向纪检监察部门移送案件1起。（撰稿人：陈云雄）

【晋宁县审计局】 现有干部职工8人，设有办公室、行政事业审计科、企业金融审计科、经济责任审计科，负责对全县12个乡镇和37个县直部门的审计监督。局长杨汝仙，副局长张连忠。

审计成果 完成审计项目12个，审计单位12个。对17名领导干部进行任期经济责任审计。查出违纪违规行为金额69万元，应缴财政68万元，已交68万元。完成审计调查1个，调查单位1个。提交审计报告、信息27篇。（撰稿人：高联成）

【富民县审计局】 现有干部职工11人，设有办公室、财政金融基建审计科、经济责任审计科、行政企事业审计科，负责对全县9个乡镇和43个县直部门的审计监督。局长蒋召全，副局长李媛珏。

审计成果 完成审计项目21个，审计单位27个，查出违规行为金额1254万元，应缴财政162万元，已交162万元。完成审计调查项目两个，调查单位6个。提交审计报告、信息32篇。完成1名科级干部离任经济责任审计。（撰稿人：杨立清）

【宜良县审计局】 现有干部职工11人，设有办公室、行政事业审计科、金融企业审计科、经济责任审计办公室，负责对全县12个乡镇和74个县直部门的审计监督。局长刘德荣，副局长马丽波（11月—）、张敏（—6月）。

审计成果 完成审计项目44个，审计单位44个，查出违规行为金额230万元，应缴财政197万元，已交138万元。完成审计调查两个，调查单位两个。提交审计报告、信息67篇。有内审指导人员4人，内审机构4个，内审人员12人。（撰稿人：李翠兰）

【嵩明县审计局】 现有干部职工11人，设有办公室、行政事业审计科、企业审计科、经济责任审计科，负责对全县9个乡镇和45个县直部门的审计监督。局长岳照树，副局长李忠友、高爱萍。

审计成果 完成审计项目24个。查出违纪违规行为金额184万元，其中指明应纠正170万元，应缴已交财政14万元。在审计6个经济责任审计项目时，查出违纪违规行为金额161万元。完成审计调查两个，调查单位6个。提交审计工作报告30份，向被审计单位提审计建议84条。（撰稿人：赵建生）

【石林彝族自治县审计局】 现有干部职工14人，设有办公室、行政事业审计科、经贸审计科、经济责任审计科，负责对全县10个乡镇和21个县直部门的审计监督。局长赵良廷（2月—），副局长金玉光。

审计成果 完成审计项目29个（其中审计调查3个，经济责任审计9个），审计单位24个，审计资金总量近8亿元，完成年初计划项目的161%。查出违规违纪行为金额331.28万元，应缴财政92.58万元，已交64万元，指明要求纠正238.7万元。提交审计调查、综合报告和审计信息18篇，提出审计建议74条。移送司法机关两起。（撰稿人：角家能）

【禄劝彝族苗族自治县审计局】 现有干部职工15人，设有行政事业审计科、企业审计科和经济责任审计科，负责对全县18个乡镇和41个县直部门的审计监督。局长邝松芬，副局长钱启良、张伟清。

审计成果 完成审计项目25个，党政领导交办经济责任审计项目8个，查出违规行为金额156万元，其中应缴财政130万元，应纠正26万元。提交审计工作报告25份、审计信息4篇，提出审计意见和建议49条。（撰稿人：杨位有）

【寻甸回族彝族自治县审计局】 现有干部职工15人，设有办公室、法制科、经济责任审计科、财政金融审计科和农业与基建投资审计科，负责对全县17个乡镇和49个县直部门的审计监督。局长满黎琴，副局长马顺升、杨正平（9月—）。

审计成果 完成审计项目41个，审计单位41个，其中对22名科级领导干部进行任期经济责任审计。共查出违纪违规行为金额423万元，其中应缴财政72万元，已交64万元，归还原渠道资金134万元，调账处理96万元，指明要求纠正9万元。完成审计调查两个。提交审计结果报告和工作报告两份，提交组织部门经济责任审计结果报告22份，出具审计意见38份、审计决定14份。（撰稿人：白丽仙）

【曲靖市审计局】 2002年，共有干部职工49人，其中本科学历11人，大专学历22人，局长宁伯浩，副局长李向梅，纪检组长郭建春。设有办公室、监察室、法制科、财政审计科、金融外资审计科、固定资产投资审计科、经济责任审计科、农业环保审计科、经贸审计科、行政事业审计科、社会保障审计科。

审计成果 完成审计项目371个，查出违规行为金额17087万元，应缴财政3103万元，已交财政2176万元，归还原渠道资金152万元，指明要求纠正55900万元。向司法机关和纪检监察机关移送案件两起。提交审计调查报告32份，被采用19份；信息52篇，被采用48篇。

财政预算执行审计 通过对20个财税部门和37个预算执行部门的审计，查出违规行为金额1167万元，应缴财政733万元，调账处理76万元，处以罚款136万元，指明要求纠正8889万元。

财政决算审计 开展对7个县和22个乡镇财政决算审计，查出违规行为金额1842万元，已交财政814万元，指明要求纠正30115万元。

经济责任审计 开展经济责任

审计项目75个，查出违规行为金额6858万元，指明要求纠正9958万元，查出损失浪费7856万元，查出个人经济问题1万元。审计后，平调14人，晋升4人，免职5人。

重点工程项目审计 完成审计项目44个，审计投资总额57901万元，查出违规行为金额2638万元，应缴财政370万元，指明要求纠正205万元，核减工程决算2327万元。

行政事业单位审计 审计单位141个，查出违规行为金额5343万元，指明要求纠正9959万元，已交财政539万元，归还原渠道资金819万元，处以罚款34万元。完成审计调查32个。（撰稿人：陈守忠）

【曲靖市麒麟区审计局】 现有干部职工18人，设有办公室、财政审计科、经贸审计科、行政事业审计科、固定资产投资审计科和经济责任审计科，负责对全区12个乡镇、街道和24个区直部门的审计监督。局长张文新，副局长黎苹、陈云峰。

审计成果 审计单位39个，查出违规行为金额1047.3万元，应缴财政51.8万元，已交51.8万元，归还原渠道资金75万元，核减工程款345.3万元，调账处理575.2万元。（撰稿人：陈云峰）

【宣威市审计局】 现有干部职工34人，设有人事秘书科、执法监督检查科、财政金融行政事业审计科、经济责任审计科、经贸审计科、社会保障审计科和固定资产投资审计科，负责对全市27个乡镇、街道及72个市直部门和9个市属企业的审计监督。局长孙贵先，副局长陈运波、沈琼波。

审计成果 完成审计项目33个，查出违规行为金额1678万元，应缴财政222万元，已交140万元，指明要求纠正2214万元。向纪检监察机关移送事项4件。提交审计调查报告4份。有内审机构13个，内审人员38人。（撰稿人：宁敏功）

【马龙县审计局】 现有干部职工13人，设有办公室、行政事业审计股、财税金融审计股、固定资产投资审计股、经济责任审计股和企业审计股，负责对全县9个乡镇和22个县直部门的审计监督。局长王拥政，副局长董学富、缪智章。

审计成果 完成审计项目35个，查出违规行为金额79万元，应缴财政70万元，已交58万元，指明要求纠正两万元。完成审计调查两个。完成5个单位主要负责人的任期经济责任审计。（撰稿人：孟利锋）

【沾益县审计局】 现有干部职工12人，设有办公室、财政金融和行政事业审计科、经济责任审计科、社会保障和经贸审计科、固定资产投资审计科，负责对全县10个乡镇和67个县直部门的审计监督。局长郭小荣，副局长湛云涛、邓雄。

审计成果 完成审计项目38个，查出违纪违规行为金额891万元，指明要求纠正71万元，决定处理处罚244万元，已交财政239万元。完成审计调查3个。提交审计工作报告26份，审计意见38份，审计信息和简报70篇，被采用35篇。对变动的18名党政主要领导干部进行任期经济责任审计。（撰稿人：郭小荣）

【富源县审计局】 现有干部职工14人，设有办公室、财政金融审计股、行政事业审计股、工商企业审计股、固定资产投资审计股和经济责任审计股，负责对全县11个乡镇和24个县直部门的审计监督。局长罗周本，副局长龙萍、方映松。

审计成果 完成审计项目17个，查出违规行为金额2849.3万元，指明要求纠正2383.9万元，决定处理处罚465.4万元，应缴财政159.8万元，已交115万元。查出百万元以上违纪单位4个，涉及金额2241万元。查出"小金库"4个，金额19.8万元。向纪检监察、司法机关移送案件两起。协助有关部门查处案件1起。完成审计调查4个。提交审计报告、信息14篇，被采用4篇。被云南省审计厅、省人事厅评为"先进集体"。（撰稿人：刘文华）

【罗平县审计局】 现有干部职工17人，设有办公室、财政金融审计科、经贸审计科、行政事业审计科、固定资产投资审计科和经济责任审计科，负责对全县14个乡镇和县直部门的审计监督。局长杨跃平（7月—）、叶荣昌（—3月），副局长谭文（6月—）、李学高（12月—）。

审计成果 完成审计项目19个，审计单位19个，查出违规行为金额296万元，应缴财政71万元，已交71万元，指明要求纠正42万元。移送纪检司法机关案件3起、20人。完成审计调查3个，调查单位13个。提交审计调查报告3份，审计信息15篇，被采用10篇。（撰稿人：夏明）

【师宗县审计局】 现有干部职工17人，设有办公室、财政金融审计股、行政事业审计股、企业审计股、基建外资审计股和经济责任审计股，负责对全县9个乡镇和37个县直部门的审计监督。局长赵祥文，副局长严柱才。

审计成果 完成审计项目33个，查出违纪违规行为金额694万元，指明要求纠正481万元，应缴财政189万元，已交115万元，归还原渠道资金24万元。完成审计调查3个，调查单位21个。提交审计工作报告12份。（撰稿人：顾鑫）

【陆良县审计局】　现有干部职工20人，设有办公室、财政金融审计科、行政事业审计科、经贸审计科、固定资产投资审计科和经济责任审计科，负责对全县11个乡镇和31个县直部门的审计监督。局长杨勇，副局长刘国俊。

审计成果　完成审计项目37个，查出违规行为金额172万元，应缴财政63万元，已交64万元（含以前年度），指明要求纠正654万元，调账处理14万元，核减工程款45万元。提交审计信息32篇，被采用13篇。（撰稿人：杨勇）

【会泽县审计局】　现有干部职工25人，设有办公室、行政事业审计科、投资审计科、经济责任审计科和财政金融审计科，负责对全县23个乡镇和31个县直部门的审计监督。局长刘俊，副局长王加友。

审计成果　完成审计项目51个，查出违规行为金额514万元，应缴财政96万元，已交60万元，指明要求纠正906万元，归还原渠道资金两万元。提交审计信息11篇，被采用10篇。有内审机构14个，内审人员50人。（撰稿人：黄正学）

【玉溪市审计局】　2002年，共有干部职工49人，其中研究生学历3人，本科学历21人，大专学历19人，局长申列京，副局长禹联信、杨海明、黄太武，纪检组长杨锦春。设有办公室、法规处、监察室、经济责任审计处、财政金融审计处、行政事业审计处、固定资产投资审计处、工业交通审计处、商粮外贸审计处。

审计成果　共审计单位70个，查出违规行为金额13108万元，应缴财政497万元，实际上交407万元。工程审计核减投资金额5633万元。查出百万元以上违规单位19个，移送司法机关处理事件1件，移送纪检监察机关处理1件。提交审计调查（综合）报告18份，发送审计信息（简报）74篇。

经济责任审计　开展领导干部任期经济责任审计26个，其中党政领导干部审计16个，国有企业领导人审计10个。查出违规行为金额3903万元，查出个人存在经济问题1人。

内部审计　有内审机构19个，专兼职审计人员39人，其中专职人员21人。全年共审计项目3186个，纠正违规金额3407万元，促进增收节支12603万元。（撰稿人：王宇）

【玉溪市红塔区审计局】　现有干部职工18人，设有办公室、行政企事业审计科、财政金融审计科、固定资产投资审计科、经济责任审计科，负责对全区8个乡镇和51个区直部门的审计监督。局长何志刚，副局长白建福、朱丽珍。

审计成果　完成审计项目36个，组织中介机构承担建设项目审计9个，审计总金额16.03亿元。查出违规行为金额602.06万元，应缴财政28.31万元，核减建设项目支出减少投资163.33万元。出具审计意见、决定、审计调查报告等61份，提出审计建议109条，上报审计工作信息15篇。全区有内审机构31个，内审人员69人。（撰稿人：张华莎）

【江川县审计局】　现有干部职工12人，设有固定资产投资审计科、财政金融审计科、综合审计科、办公室，负责对全县6个乡镇和21个县直部门的审计监督。局长汪兴明，副局长胡禄金。

审计成果　完成审计项目19个，查出违规行为金额798万元，其中减少财政拨款64万元，调账处理272万元，应纠正1095万元，收缴财政39万元。完成审计调查3个。提交审计工作报告、信息11篇。完成两名科级干部离任经济责任审计。（撰稿人：刘文康）

【澄江县审计局】　现有干部职工14人，设有办公室、财政金融审计科、行政事业审计科、经济责任审计科，负责对全县6个乡镇、1个管理委员会及22个县直部门的审计监督。局长沈绍坤，副局长李水琼。

审计成果　完成审计项目25个，查出违规行为金额4207万元，应缴财政70万元，已交70万元，调账处理5249万元，应纠正3638万元，归还原渠道资金901万元。核减工程投资73万元。提交审计信息6篇、审计结果报告1份、审计工作报告1份。2月被省审计厅、省人事厅评为“云南省审计机关先进集体”。（撰稿人：柘云波）

【通海县审计局】　现有干部职工11人，设有办公室、经济责任审计科、行政事业审计科、固定资产投资审计科，负责对全县9个乡镇和50个县直部门的审计监督。局长蒋文昌，副局长周贵宏、耿树林（—6月）。

审计成果　完成审计项目23个，查出违规行为金额88万元，应缴财政60.7万元，已交60.7万元，核减工程投资额27.3万元，应调账处理211.4万元，归还原渠道资金51.5万元，指明要求纠正235万元。完成审计调查1个，提交审计信息11篇。完成领导干部任期经济责任审计项目8个，查出违规行为金额41.7万元，应缴财政41.7万元。（撰稿人：周贵宏）

【华宁县审计局】　现有干部职工11人，设有办公室，财政金融审计科、固定资产投资审计科、经济责任审计科，负责对全县5个乡镇和县直部门的审计监督。局长李国录，副局长夏武、马庆林。

审计成果 完成审计项目23个，查出违规行为金额457万元，应缴财政8万元，已交8万元，减少财政拨款1万元，归还原渠道资金25万元，调账处理74万元。查出百万元以上违纪单位两个。上报审计信息23篇。完成对12名正科级干部离任经济责任审计，查出违规行为金额127万元；完成固定资产投资审计3个，核减项目投资328万元。（撰稿人：李国录）

【易门县审计局】 现有干部职工13人，设有办公室、财政金融审计科、固定资产投资审计科、经济责任审计科，负责对全县8个乡镇和21个县直部门的审计监督。局长李云祥，副局长李朝文、卜增福。

审计成果 完成审计项目22个，审计单位22个，查出违规行为金额1235万元，应缴财政47万元，已交47万元。完成审计调查两个，调查单位两个。提交审计报告、信息23篇。完成6名科级干部经济责任审计，查出违规行为金额157万元。有内审指导人员两人，内审机构20个，内审人员115人。（撰稿人：施家伟）

【峨山彝族自治县审计局】 现有干部职工13人，设有办公室、财政金融审计股、企业审计股、行政事业审计股、固定资产投资审计股和经济责任审计股，负责对全县8个乡镇和36个县直部门的审计监督。局长黄星，副局长胡建平、彭玉军。

审计成果 完成审计项目26个，查出违规行为金额801万元，其中决定处理处罚11万元，要求指明纠正134万元，应缴财政4万元，已交4万元。向纪委监察部门移送事项1件。审计核减各种建设投资金额163万元。完成审计调查两个，提交审计调查（综合）报告两份。有内审指导人员3人，内审机构23个，内审人员38人。（撰稿人：胡建平）

【新平彝族傣族自治县审计局】 现有干部职工14人，设有财政金融审计科、经济责任审计科、投资审计科、企业审计科、行政事业审计科、办公室，负责对全县12个乡（镇）和县直部门的审计监督。局长杨跃文，副局长普匡云、白元君。

审计成果 完成审计项目25个，查出违规行为金额216万元，其中应缴财政151万元，已交145万元，提交审计调查报告3份，已被政府批示采用。（撰稿人：朱燕华）

【元江哈尼族彝族傣族自治县审计局】 现有干部职工14人，设有办公室、财政金融审计科、基本建设审计科、企业审计科、经济责任审计科，负责对全县8个乡（镇）及县直部门的审计监督。局长许子平，副局长张友良。

审计成果 完成审计项目27个，共查出违纪行为金额496万元，其中应缴财政270万元，已交197万元，应纠正违规行为金额431万元。（撰稿人：李润云）

【保山市审计局】 2002年，共有干部职工25人，其中本科学历9人，大专学历9人，局长赵启芳，副局长孙家灿、王秀梅、于剑武（12月—）。设有办公室、法制科、财政金融审计科、行政事业审计科、企业审计科、经济责任审计科和固定资产投资审计科。

审计成果 共完成审计项目180个，是年计划的134%，查出违规行为金额2662万元，应缴财政365万元，已交财政326万元，归还原渠道资金145万元，指明要求纠正1811万元。提交审计调查报告22份，信息16篇（条），其中被采用批示6篇（条）。促进增收节支两万元。77个专兼职内审机构、216名专兼职人员完成17个单位审计，纠正违规行为金额11万元，提出建议意见被采纳8条。

经济责任审计 全年受理领导干部经济责任审计71个，完成55个，查出违规行为金额1614万元，其中主管责任1333万元，直接责任49万元。审计后，平调和留任11人，晋升两人，免职5人。按照市人大常委会的安排，把当年要评议的水利、林业、卫生、旅游等部门列入审计计划，各县区也事先与人大联系，把评议对象纳入审计计划。结合本级财政预算执行审计，组织实施。并按规定时限向人大常委会提交了审计意见和审计决定，为人大常委会评议单位负责人提供了单位财政财务管理及遵守财经法规的真实情况。

“人、法、技”建设 新核人员编制比机构改革前增19人，达到127人。审计人员严格遵守审计纪律和职业道德规范，没有发现违反审计纪律和廉政规定的人和事。市局筹资40余万元修缮了办公楼、更换了办公桌椅、添置了计算机、建成局域网。市县区年内购置计算机10台，达34台。全市远程通讯网运行正常。腾冲、昌宁、龙陵县局还更换了车辆。（撰稿人：杨国寿）

【保山市隆阳区审计局】 现有干部职工24人，设有财政金融审计股、企业审计股、经济责任审计股、固定资产投资审计股、行政事业审计股、法制股、办公室，负责对全区20个乡镇和186个区直部门的审计监督。局长刁云秋，副局长宋如宽、杨兴凯、段复军（10月—）。

审计成果 共对31个单位进行了审计，对10个单位进行了审计调查，完成审计项目35个，在审项目11个。共查出违纪违规行为金额336万元，指明要求纠正2198万元，其中收缴入库108万元。提交审计报告

4份。(撰稿人：杨自金)

【施甸县审计局】 现有干部职工10人，设有办公室、行政事业审计科、经济责任审计科、财政金融审计科、固定资产投资审计科，负责对全县15个乡镇和82个县直部门的审计监督，局长段连毓，副局长杨源、李红霞、段正泽。

审计成果 完成审计项目30个，查出违规行为金额215万元，归还原渠道资金24万元，调账处理200万元，应缴财政18万元，已交18万元。完成经济责任审计11个，是上年的1.83倍，查出违规行为金额80万元，收缴财政6.9万元，归还原渠道资金24万元，调账处理49.1万元。首次向县纪委提出对县广电局原局长的违反党风廉政制度行为给予处理的审计建议。(撰稿人：赵宏专)

【腾冲县审计局】 现有干部职工13人，设有办公室、财政金融审计股、企业审计股、行政事业审计股，负责对全县21个乡镇和24个县直部门的审计监督。局长李赛声，副局长宋怀富、姜永能。

审计成果 完成审计项目40个，超计划完成21个，审计单位40个，查出违纪违规行为金额468万元，应缴财政42万元，已交42万元。完成审计调查4个，调查单位20个。提交审计报告、信息48篇。完成6名领导干部离任经济责任审计，查出违纪违规行为金额324万元，应缴财政21万元，已交21万元。完成外资审计两个，审计总投资1835万元，其中外资785万元。(撰稿人：丛俊疆)

【龙陵县审计局】 现有干部职工10人，设有财政金融审计科、行政事业审计科、经济责任审计科、企业审计科和行政办公室，负责对全县12个乡镇和县直部门的审计监督。局长杨明春，副局长李志光、尹大稳。

审计成果 完成审计项目25个，审计单位31个，查出违规行为金额268万元，其中指明要求纠正105万元，决定处理处罚39万元，应缴财政39万元，已全部入库。提交审计工作报告25份，审计意见25份。完成审计专题调查3项。对8名党政领导干部进行了任期经济责任审计。完成3名县人大常委会任命领导干部的述职评议审计。现有内审指导人员两人，内审机构19个(含农村审计)，内审人员34人。(撰稿人：李志光)

【昌宁县审计局】 现有干部职工12人，设有办公室、财政金融审计科、经济责任审计科、固定资产投资审计科，负责对全县14个乡镇和61个县直部门的审计监督。局长李萍，副局长穆光亮、杨德智。

审计成果 完成审计项目31个，查出违纪违规行为金额883万元，其中调账处理652万元，归还原资金渠道114万元，应缴财政117万元，已交82万元。完成审计调查两个。提交审计报告及调查报告33份，审计意见30份，审计决定20份，审计信息12篇，被采用3篇。对18名党政领导干部和企业领导人员进行了任期经济责任审计，共查出违纪违规行为金额635万元，应缴财政37万元。(撰稿人：王绍婷)

【昭通市审计局】 2002年，共有干部职工28人，其中本科学历6人，大专学历18人，局长廖兴忠，副局长唐琼颐、张景松。设有办公室、财政审计科、农业与资源环保审计科、固定资产投资审计科、经济责任审计科、经贸审计科、外资金融审计科、行政事业审计科。

审计成果 审计单位40个，查出违规行为金额293万元，应缴财政44万元，已交财政33万元，归还原渠道资金20万元，罚没两万元。提交审计工作报告22份，信息33篇。

经济责任审计 开展经济责任审计项目14个、14人，查出违规行为金额380万元，应纠正309万元。

内部审计 市直部门内审机构15个，其中专职机构10个；内审人员32人，其中专职人员22人。共审计单位26个，查出损失浪费6万元，纠正违规行为金额10万元，促进增收节支5万元。

信息化建设情况 共有计算机24台，累计投入资金50万元，局域网已建成。(撰稿人：丁昌勇)

【昭通市昭阳区审计局】 现有干部职工22人，设有办公室、财政金融审计科、行政事业审计科、固定资产投资审计科、农业与资源环保审计科和领导干部任期经济责任审计科，负责对全区25个乡镇和42个区直部门的审计监督。局长杨连纲，副局长虎尊银。

审计成果 完成审计项目65个，查出违规行为金额649万元，应缴财政71万元，已交财政26万元。提交审计工作报告1份，信息和调研报告12篇。开展经济责任审计项目44个，查出违规行为金额277万元。(撰稿人：高启翔)

【鲁甸县审计局】 现有干部职工8人，设有办公室、财政行政事业审计股、外资金融经贸审计股、农业与资源环保审计股、固定资产投资审计股和经济责任审计股，负责对全县14个乡镇和23个县直部门的审计监督。局长赵萍，副局长米高林、夏文标。

审计成果 完成审计项目9个，审计单位9个，查出违规行为金额80万元，应缴财政3万元，已交3万元。完成审计调查1个，调查单

位4个。提交审计工作报告12份，审计意见9份，审计信息5篇，被采用3篇。开展经济责任审计项目3个。（撰稿人：胡昌荣）

【巧家县审计局】 现有干部职工11人，设有办公室、行政事业审计股、企业审计股和投资审计股，负责对全县19个乡镇和31个县直部门的审计监督。局长王运华，副局长王学俊。

审计成果 完成审计项目23个。提交审计工作报告1份、信息和调研报告1篇。开展经济责任审计项目两个。（撰稿人：钟德平）

【盐津县审计局】 现有干部职工11人，设有办公室、政策法规室、财税企业审计股、行政事业基建审计股和经济责任审计股，负责对全县12个乡镇和31个县直部门的审计监督。局长刘进。

审计成果 完成审计项目19个，查出违规行为金额232万元，应缴财政11万元，已交11万元。提交审计工作报告4份、信息和调研报告两篇。开展经济责任审计8个，应纠正3379万元。（撰稿人：吴孝华）

【大关县审计局】 现有干部职工4人，设有办公室、财政行政事业审计股、企业审计股、经济责任审计股和农业资金审计股，负责对全县11个乡镇和40个县直部门的审计监督。局长王应航，副局长黄东松。

审计成果 完成审计项目41个，查出违规行为金额138万元，应缴财政14万元，已交4万元。提交审计工作报告3份，信息和调研报告6篇。开展经济责任审计项目15个，查出违规行为金额53万元。（撰稿人：黄东松）

【永善县审计局】 现有干部职工10人，设有办公室、经济责任审计股、财政金融外资审计股、行政事业农业与资源环保审计股和经贸固定资产投资审计股，负责对全县18个乡镇和36个县直部门的审计监督。局长陈朝友，副局长杨银华。

审计成果 完成审计项目21个，查出违规行为金额339万元，应缴财政13万元，已交8万元。完成审计调查两个。开展经济责任审计12个。（撰稿人：李标银）

【绥江县审计局】 现有干部职工12人，设有办公室、行政事业综合审计股、财政金融审计股和经济责任审计股，负责对全县6个乡镇和21个县直部门的审计监督。局长秦治彬，副局长周永才。

审计成果 完成审计项目19个，查出违规行为金额267万元，其中指明要求纠正56万元，决定处理处罚211万元，应缴财政两万元，已交两万元。提交审计信息12篇。开展经济责任审计两个，查出违规行为金额76万元。（撰稿人：苟邦正）

【镇雄县审计局】 现有干部职工18人，设有办公室、财政金融投资审计股、行政事业经贸审计股和经济责任审计股，负责对全县35个乡镇和28个县直部门的审计监督。局长余贵林，副局长张红、孙怀军。

审计成果 完成审计项目31个，查出违规行为金额631万元，应缴财政34万元，已交13万元。提交审计工作报告两份。开展经济责任审计项目7个，查出违规行为金额173万元。（撰稿人：郑和亮）

【彝良县审计局】 现有干部职工13人，设有办公室、财政外资审计股、行政事业审计股、经贸金融审计股、固定资产投资审计股和经济责任审计科，负责对全县8个乡镇和38个县直部门的审计监督。局长杨盛聪，副局长赵正富。

审计成果 完成审计项目22个，审计单位22个。提交审计调查报告两份。完成领导干部经济责任审计项目13个、16人。已建成局域网并投入使用。（撰稿人：李毅）

【威信县审计局】 现有干部职工13人，设有办公室、财政金融审计股、经贸审计股、领导干部任期经济责任审计股，负责对全县11个乡镇和49个县直部门的审计监督。局长吴太辉，副局长肖正孝。

审计成果 完成审计项目31个，查出违规行为金额102万元，应缴财政55万元，已交42万元。提出审计建议56条，被采纳48条。开展领导干部任期经济责任审计项目15个，查出违规行为金额23万元。（撰稿人：杨云辟）

【水富县审计局】 现有干部职工11人，设有办公室、经济责任审计股和综合审计股，负责对全县4个乡镇和23个县直部门的审计监督。副局长洪世琳（主持工作）、邱自强。

审计成果 完成审计项目21个，查出违规行为金额283万元，应缴财政60万元，已交60万元，查出百万元以上违规单位1个，移送纪检监察机关1人。开展经济责任审计项目14个，查出违规行为金额271万元。（撰稿人：张佐红）

【丽江地区行政公署审计局】 2002年，共有干部职工15人，其中本科学历6人，大专学历7人，局长杨植基，副局长李凤昌、刘跃初。设有办公室、法制科、财政金融审计科、经贸投资审计科、领导干部经济责任审计办公室。

审计成果 完成审计项目20个，查出违规行为金额5581万元，应缴财政10万元，已交两万元。提交审计调查报告11份，综合报告、审计信息19篇，被批示、采用6篇。

经济责任审计　开展县、处级领导干部经济责任审计项目7个，其中县长审计3人，查出违规行为金额4876万元，指明要求纠正702万元，负主管责任4840万元，负直接责任36万元。审计后，平调5人。（撰稿人：丁跃虹）

【丽江纳西族自治县审计局】现有干部职工10人，设有财金审计股、企业审计股、经济责任审计股、综合审计股、办公室，负责对全县24个乡镇和60个县直部门的审计监督。局长蒋汝刚（12月由副局长升任）。

审计成果　完成审计项目24个，审计调查4项，查出违规行为金额18万元，调账处理18万元。提交审计调查报告4份。完成科级干部离任经济责任审计11个。（撰稿人：和汉军）

【永胜县审计局】　现有干部职工15人，设有办公室、经贸投资审计股、经济责任审计办公室、财经审计股，负责对全县18个乡镇和52个县直部门的审计监督。局长孙志勇，副局长邱继辉。

审计成果　完成审计项目18个，审计单位18个；完成审计调查两个，调查单位6个。共查出违规行为金额47.13万元，应缴未交财政0.08万元，指明要求纠正26万元。完成科级领导干部离任经济责任审计3个，查出违规行为金额0.13万元，决定处理处罚0.08万元，指明要求纠正7.8万元。（撰稿人：卢婷）

【华坪县审计局】　现有干部职工10人，设有办公室、经济责任审计办公室、财政金融审计股、企业基建审计股，负责对全县11个乡镇和31个县直部门的审计监督。局长刘锡顺，副局长张天红。

审计成果　完成审计项目34个，审计调查6项，查出违规行为金额70万元，指明要求纠正398万元。提交专题报告6份，审计信息5篇。完成乡科级干部任期经济责任审计项目11个。（撰稿人：刘锡顺）

【宁蒗彝族自治县审计局】　现有干部职工14人，设有办公室、行政事业审计股、企业审计股、基本建设投资审计股和领导干部经济责任审计办公室，负责对全县16个乡（镇）和61个县直部门的审计监督。局长胡革华，副局长赵克贤、杨继先、谭维精。

审计成果　完成审计项目31个，查出违纪违规行为金额272万元，指明要求纠正1940万元，应缴财政0.2万元，已交财政0.2万元。完成审计调查项目3个。提交审计信息6篇，被省厅采用两篇；为被审计单位提出了122条切实可行的审计建议。完成科级干部离任经济责任审计7个，查出违规行为金额123万元，指明要求纠正275万元。（撰稿人：陈娜金）

【思茅地区行政公署审计局】
2002年，共有干部职工36人，其中本科学历8人，大专学历20人，局长李和培，副局长秦永勋、段萍、马春华（12月—）。设有办公室、法制综合科、财政金融审计科、行政事业审计科、经贸审计科、农业与资源环保审计科、固定资产投资审计科、领导干部任期经济责任审计科。

审计成果　审计单位46个，查出违规行为金额9965万元，应缴财政610万元，已交财政392万元。查出百万元以上违纪单位15个，向司法机关移送案件1起，向纪检监察机关移送事件1件。提交审计工作报告3份，信息和调研报告6篇，提出建议6条。

本级预算执行审计　审计单位14个，查出违规行为金额752万元，应缴财政109万元，已交财政91万元，应纠正603万元。

经济责任审计　开展经济责任审计项目6个、6人，查出违规行为金额3030万元，应纠正549万元，查出个人存在经济问题两人。移送司法机关两人，移送纪检监察机关1人。审计后，平调3人，免职1人。

专项资金审计　开展了扶贫资金、农业综合开发资金和养老保险基金审计，查出违规行为金额247万元，应纠正247万元。

内部审计　地直部门内审机构10个，其中专职机构7个；内审人员20人，其中专职人员14人。共审计单位59个，查出损失浪费4万元，纠正违规行为金额4万元。（撰稿人：段萍）

【思茅市审计局】　现有干部职工22人，设有办公室、行政事业审计股、固定资产投资审计股、经济责任审计股和企业审计股，负责对全市8个乡镇和26个市直部门的审计监督。局长李国民，副局长张强。

审计成果　完成审计项目35个，查出违规行为金额3881万元，应缴财政220万元，已交60万元，应纠正1680万元，查出百万元以上违纪单位7个。完成审计调查4个。提交审计报告、信息4篇。开展经济责任审计项目12个，查出违规行为金额718万元。有内审机构9个，内审人员9人。被省人事厅、审计厅评为“云南省审计机关先进集体”。（撰稿人：李保清）

【普洱哈尼族彝族自治县审计局】　现有干部职工15人，设有办公室、企业审计股、行政事业审计股、基本建设审计股、财政金融审计股和经济责任审计股，负责对全县11个乡镇和22个县直部门的审计监督。局长袁晓明，副局长杨晓林（9月—）。

审计成果　完成审计项目27个，查出违规行为金额206万元，应缴财政55万元，调账处理10万元，已交财政18万元。完成审计调查1个。提交审计报告1份。对10名领导干部进行了任期经济责任审计，查出违规行为金额81万元。审计后，平调1人，免职3人。（撰稿人：李志坚）

【墨江哈尼族自治县审计局】　现有干部职工11人，设有办公室、投资审计股、企业审计股、财政金融审计股和领导干部任期经济责任审计股，负责对全县18个乡镇和22个县直部门的审计监督。局长刘勇，副局长郁建荣。

审计成果　完成审计项目28个，查出违规行为金额1726万元，应缴财政101万元，调账处理1108万元，已交财政72万元，应纠正1251万元，查出百万元以上违规单位两个。完成审计调查1个。提交审计报告1份。对10名乡科级领导干部进行了任期经济责任审计。审计后，平调3人，晋升1人，免职1人。（撰稿人：刘勇）

【景东彝族自治县审计局】　现有干部职工15人，设有办公室、财政金融审计股、经济责任审计股、企业审计股、行政事业审计股和法规股，负责对全县15个乡镇和22个县直部门的审计监督。局长高黎明（6月—），副局长游琴（4月—）。

审计成果　完成审计项目17个，查出违规行为金额675万元，应缴财政104万元，调账处理34万元，已交财政87万元。完成审计调查1个。提交审计报告1份。有内审机构6个，内审人员7人。（撰稿人：严丽红）

【景谷傣族彝族自治县审计局】　现有干部职工17人，设有办公室、稽核股、财政金融审计股、经济责任审计股、工商企业审计股和基建投资审计股，负责对全县12个乡镇和70个县直部门的审计监督。局长李正德，副局长赵旭、何国华。

审计成果　完成审计项目27个，查出违规行为金额677万元，应缴财政109万元，已交63万元，归还原渠道资金两万元，调账处理555万元，应纠正366万元。建议纠正地方部门不当规定3条，审计查出百万元以上违规单位1个。完成审计调查1个。协助有关部门审查经济案件1起。提出审计建议120条，提交审计报告28篇。有内审机构3个，内审人员9人。（撰稿人：赵旭）

【镇沅彝族哈尼族拉祜族自治县审计局】　现有干部职工14人，设有办公室、财政金融审计股、行政事业审计股、经贸审计股、农业与资源环保审计股和领导干部任期经济责任审计股，负责对全县11个乡镇和22个县直部门的审计监督。局长解默，副局长唐家华、郑有芳（4月—）。

审计成果　完成审计项目20个，查出违规行为金额370万元，应缴财政21万元，应纠正1266万元。查出百万元以上违纪单位两个，向司法机关移送案件6起，向税务机关移送线索9件。协助有关部门查处案件3起。完成审计调查1个。提交审计报告、信息1篇。开展经济责任审计项目4个，查出违规行为金额36万元。有内审机构3个，内审人员3人。（撰稿人；刘荔）

【江城哈尼族彝族自治县审计局】　现有干部职工9人，设有办公室、财政金融审计股和领导干部任期经济责任审计股，负责对全县8个乡镇和18个县直部门的审计监督。局长罗滨，副局长李春雷。

审计成果　完成审计项目8个，查出违规行为金额131万元，应缴财政77万元，应纠正18万元，查出百万元以上违规单位1个。完成审计调查1个。提交审计报告、信息1篇。有内审机构4个，内审人员6人。（撰稿人：罗滨）

【孟连傣族拉祜族佤族自治县审计局】　现有干部职工10人，设有办公室、财政金融审计股、企业审计股、行政事业基建审计股和领导干部任期经济责任审计股，负责对全县7个乡镇和18个县直部门的审计监督。局长何向新，副局长魏振宇。

审计成果　完成审计项目10个，查出违规行为金额91万元，应缴财政36万元，已交财政32万元，应纠正371万元。完成审计调查1个。提交审计报告、信息3篇。开展经济责任审计项目4个，查出违规行为金额61万元。审计后，平调3人，免职3人。（撰稿人：罗以昌）

【澜沧拉祜族自治县审计局】　现有干部职工17人，设有办公室、财政金融审计股、农业与环保资源审计股、企业审计股、固定资产投资审计股和领导干部任期经济责任审计股，负责对全县23个乡镇和29个县直部门的审计监督。局长李跃，副局长杨军、廖宗颖。

审计成果　完成审计项目30个，查出违规行为金额1192万元，应缴财政16万元，应纠正83万元，查出百万元以上违规单位两个。完成审计调查1个。提交审计报告1篇。对4名乡科级领导干部进行了任期经济责任审计。审计后，平调3人，免职1人。（撰稿人：李跃）

【西盟佤族自治县审计局】　现有干部职工11人，设有办公室、财政金融审计股、经济责任审计股、企业审计股、行政事业审计股和法规股，负责对全县8个乡镇和18个县直部门的审计监督。局长季忠云（3月—），副局长张金波。

审计成果　完成审计项目12个，查出违规行为金额39万元，应缴财政7万元，应归还原渠道资金28.33万元，调账处理16.35万元，已交财政1万元。完成审计调查1个。提交审计报告1份。（撰稿人：苏艳）

【临沧地区行政公署审计局】　2002年，共有干部职工32人，其中本科学历7人，大专学历18人，局长赵钟英，副局长罗锦华、杨红军（12月—）。设有办公室、法规综合科、领导干部任期经济责任审计科、财政金融审计科、固定资产投资审计科、农业审计科、企业审计科、行政事业审计科。

审计成果　审计37个单位，查出违规行为金额452万元，应纠正2277万元，应缴财政120万元，已交17万元。提交审计工作报告8份，信息和调研报告75篇，被采用26篇。

财政预算执行审计　完成财政预算执行审计12个，其中延伸审计单位9个，查出违纪违规行为金额44万元，应缴财政21万元，已交财政15万元。对两个县级财政决算进行审计，查出违纪违规行为金额6900万元，已收缴财政11.5万元。

固定资产投资审计　完成固定资产投资审计项目10个（含延伸审计施工单位6个），审计项目总投资3.03亿元，送审工程结算1.74亿元，核减工程结算1324.55万元（其中与中介机构共同核减1022.20万元，独立核减302.34万元），罚款10万元，查补税费16.52万元。

经济责任审计　完成组织部门委托领导干部经济责任审计项目12个、12人，查出违纪违规行为金额666万元，其中应缴财政10.1万元，指明要求纠正48万元。查出个人有经济问题的1人，涉及金额4.15万元。针对查出和存在问题，提出20余条整改工作建议；提交综合报告、审计结果报告13份，经济责任审计信息6篇。审计后，平调8人、免职4人（含查出有个人经济问题的1人）。

农业资金审计　完成农业资金审计项目两个，审计资金总额8583万元，查出违纪违规行为金额2156.1万元，其中决定归还原渠道资金1992.61万元，罚款上缴财政1万元。（撰稿人：龙昆山、周泽凯）

【临沧县审计局】　现有干部职工11人，设有办公室、企业审计股、行政事业审计股和干部任期经济责任审计股，负责对全县11个乡镇和117个县直部门的审计监督。局长杨祥秀（—3月），副局长范和昌、刘建华（4月—）。

审计成果　完成审计项目23个，审计单位25个，查出违规行为金额235万元，应缴财政27万元，已交21万元。完成审计调查3个，调查单位5个。提交审计信息4篇，全被采用。完成8名干部离任经济责任审计，查出违规行为金额114万元。（撰稿人：杨泽宏）

【凤庆县审计局】　现有干部职工14人，设有办公室、财税金融审计股、法制股和干部任期经济责任审计股，负责对全县15个乡镇和57个县直部门的审计监督。局长李琼，副局长杨丽萍。

审计成果　完成审计项目20个，查出违规行为金额231.63万元，其中指明要求纠正118.29万元，应缴财政113.34万元，已交113.34万元，提交审计报告21份、信息25篇。完成6名科级干部离任经济责任审计。有内审机构33个，内审人员66人。提出建议56条，其中向有关部门提出建议书3份，均被采纳。审计决定执行率达100%。被省审计厅表彰为“1998～2001年云南省审计工作先进集体”。（撰稿人：李耀春）

【云县审计局】　现有干部职工12人，设有办公室、财政金融审计股、固定资产投资审计股、行政事业审计股、经济责任与企业审计股，负责对全县14个乡镇和65个县直部门的审计监督。局长张传志，副局长罗光宏。

审计成果　完成审计项目23个，查出违规行为金额1336万元，指明要求纠正1208万元，应缴财政128万元，已交101万元。提交审计报告、信息21篇。完成基本建设自筹资金来源事前审计项目31个。全县有内审机构39个，内审人员42人。被审计署和省审计厅授予全国和云南省“审计机关廉政勤政工作先进单位”称号。（撰稿人：吴鑫）

【永德县审计局】　现有干部职工15人，设有办公室、经济责任审计股、财政金融审计股及投资和企业审计股，负责对全县12个乡镇和85个县直部门的审计监督。局长朱明宣，副局长杨建卫、周豫。

审计成果　完成审计项目25个，审计单位25个，查出违规行为金额59万元，应缴财政11.4万元，已交3.8万元。完成审计调查1个，调查单位1个。提交审计报告25份，审计信息5篇，被采用4篇。同县纪委、监察、信访等部门配合，查处经济案件1起。（撰稿人：杨剑莲）

【镇康县审计局】　现有干部职工14人，设有办公室、行政事业审计股、财政金融审计股，负责对全县8个乡镇和31个县直部门的审计监督。局长何云忠，副局长杨先华、李忱航。

审计成果　完成审计项目15个，审计单位15个，审计总金额28643.51万元，查出违纪违规行为金额1125.28万元，应缴财政29.92万元。完成审计调查两个，调查单位6个。在审结的15个项目中，完成7名科级干部离任经济责任审计，查出违规行为金额911.65万元。提交审计报告17份、审计信息14篇。有内审指导人员两人，内审机构5个，内审人员5人。（撰稿人：何云忠）

【双江拉祜族佤族布朗族傣族自治县审计局】　现有干部职工9人，设有办公室、经济责任审计股、法制股、财政金融审计股、固定资产投资审计股、企业审计股，负责对全县7个乡镇和49个县直部门的审计监督。局长杨军，副局长罗成既、李明。

审计成果　完成审计项目39个，审计单位39个，审计资金总额17657.71万元，查出违纪违规行为金额238万元，应缴财政19万元，归还原渠道资金192万元，移送纪检监察部门查处两件，核减多结算工程款37万元。完成19名科局级干部经济责任审计，查出违纪违规行为金额31万元，移送纪检监察部门处理1人。在审项目8个。（撰稿人：杨军）

【耿马傣族佤族自治县审计局】　现有干部职工14人，设有办公室、财政金融审计股、行政事业审计股、基本建设投资审计股、经济责任审计股，负责对全县11个乡镇和42个县直部门及县辖3个制糖企业的审计监督。局长吴跃明，副局长郭绍龙、赵剑。

审计成果　完成审计项目14个，查出违纪行为金额1461.27万元，决定处理处罚61.08万元，指明要求纠正1400.19万元，应缴财政38.60万元，已交11万元。完成经济责任审计5个，查出违纪违规行为金额1099.63万元，其中挤占挪用83.02万元，指明要求纠正906.14万元，应缴财政17.11万元。完成投资审计项目12个，审计核减157.41万元。提交审计报告、信息11篇，被采用6篇。（撰稿人：张子华）

【沧源佤族自治县审计局】　现有干部职工15人，设有办公室、经济责任审计股、财政金融审计股、行政事业审计股、固定资产投资审计股，负责对全县11个乡镇和58个县直部门的审计监督。局长陈家华，副局长李开岚、杨勇江（—5月）、刘智航（11月—）。

审计成果　完成审计项目12个，在审项目11个，查出违纪行为金额1643万元，其中指明要求纠正1276万元，应缴财政38万元，已交11万元，罚没两万元，建议纠正不当规定22条。（撰稿人：陈家华）

【德宏傣族景颇族自治州审计局】　2002年，共有干部职工25人，其中研究生在读3人，本科学历3人，大专学历16人，局长李华中，副局长郝豫昆、曾学亮。设有办公室、综合法制科、财政金融审计科、行政事业审计科、经贸社会保障审计科、农业与资源环保审计科、固定资产投资外资运用审计科。

审计成果　审计单位51个，查出违规行为金额4628万元，应缴财政68万元，已交财政61万元（含罚款39万元），归还原渠道资金908万元。提交综合报告4份，审计调查报告4份。提交信息10篇，被采用两篇。

经济责任审计　3月，德宏州委、州政府对领导干部任期经济责任审计领导小组进行了调整和充实，由原来的11人增加到14人。领导小组办公室设在州审计局，州审计局局长李华中担任办公室主任，副局长郝豫昆任副主任。开展领导干部经济责任审计11个、11人，查出违规行为金额1012万元，其中主管责任586万元、直接责任426万元；被审计对象中平调和留任5人、免职1人、降职1人、退休4人。

内部审计　州直部门内审机构15个，其中专职机构11个；内审人员35人，其中专职人员19人。共审计单位72个，查出违规行为金额2452万元。

审计宣传　提交宣传审计报道稿件61篇，筹集经费3.1万元，为全州65个乡镇、州县五大机关和有关部门订阅《中国审计》、《中国审计报》、《中国内部审计》、《云南审计》等报刊418份。

机构改革　8月初，12人参加了二级班子领导岗位竞争演讲，通过群众评议、考核小组打分、局党组任命，8人走上了新的领导岗位。（撰稿人：刘宗燕）

【潞西市审计局】　现有干部职工15人，设有办公室、财政金融审计股、企业审计股、经济责任审计股，负责对全县15个乡镇和53个县直部门的审计监督。局长周荣山，副局长方岩勇、杨国海。

审计成果　完成审计项目33个，审计单位44个，查出各种违规行为金额277万元，其中指明要求纠正247万元，应缴财政30万元，已交30万元。完成审计调查3个，调查单位12个。对11名党政、企业的主要领导和领导人员进行了任期经济责任审计，查出违规行为金额92万元。（撰稿人：付青莲）

【瑞丽市审计局】　现有干部职工16人，设有办公室、财政金融审计股、行政事业审计股、经贸社会审计股、经济责任审计分局一股、经济责任审计分局二股，负责对全市4个乡、两个镇、两个开发区和64个市直部门的审计监督。局长和耀辉，副局长张仕元。

审计成果　开展审计项目24个，已完成审计项目19个，审计资金总额43124万元，审计专项资金总额5170万元，查出违规行为金额473.34万元，应缴财政119万元，已交两级财政109万元，指明要求纠正358.34万元，归还原渠道资金两万元。提出合理化建议32条均被采纳。挽回经济损失196.60万元。提交审计报告、信息38篇。（撰稿人：杨庆芳）

【瑞丽市畹町经济开发区审计局】　现有干部职工9人，设有办公室、经贸与社会保障审计股、经济责任审计股、财政金融审计股，负责对全区3个乡镇和46个区直部门的审计监督。局长刘晋玖，副局长尹福芹。

审计成果　完成审计项目16个，审计单位16个，共查出违规行为金额417万元，应缴财政30万元，调账处理160万元，罚没14万元，已交财政10万元，应纠正27万元。首次开展了两个经济责任审计，共查出违规行为金额92万元，指明要求纠正5万元，决定处理处罚87万元，收缴财政15万元。提交审计报告、简报19篇，审计意见书11份，审计决定书6份。（撰稿人：李玉洪）

【梁河县审计局】　现有干部职工10人，设有办公室、行政事业审计股、企业审计股、经济责任审计分局，负责对全县10个乡镇和62个县直单位及国有企业的审计监督。局长梁其刚，副局长赵家海。

审计成果　完成审计项目20个，查出违规行为金额816万元，应缴财政12万元。2002年完成审计档案由C3级到C1级达标升级工作；加强"人、法、技"建设，挤出资金购置两台电脑，提高了审计工作效率。（撰稿人：张振国）

【盈江县审计局】　现有干部职工16人，设有经济责任审计分局、办公室、经贸投资审计股、财政金融审计股，负责对全县19个乡镇和22个县直部门的审计监督。局长段荣礼，副局长和建云、向雁平（10月—）、何忠海（10月—）。

审计成果　完成审计项目34个，查出各类违规行为金额1366.62万元，决定上缴县财政31.63万元，追还被挤占挪用专项资金18.89万元，增加固定资产108.06万元，调账处理1219.12万元。提交审计信息11篇。完成领导干部经济责任审计项目25个、25人，查出各类违规行为金额1179.02万元，移送纪检监察机关案件5起13人，涉案金额274.13万元。提出审计建议66条。审计后晋升1人，平调18人，退休3人，降职两人，撤职1人。段荣礼同志被省人事厅、省审计厅评为"云南省1998～2001年度先进工作者"（撰稿人：陈鹄）

【陇川县审计局】　现有干部职工16人，设有办公室、企业审计股、财政金融审计股、经济责任审计股，负责对全县11个乡镇和21个县直部门的审计监督。局长蚌德生，副局长姜水源、杨永娇。

审计成果　完成审计项目14个，审计单位55个，查出违规行为金额368万元，应缴财政12万元，已交7万元。完成审计调查3个，调查单位6个。提交审计报告6份，审计简报4份。完成3名科级干部任期经济责任审计，查出违规行为金额75万元。（撰稿人：谭晓玲）

【怒江傈僳族自治州审计局】　2002年，共有干部职工24人，其中本科学历1人，大专学历10人，局长和玉花，副局长毛宝荣、张学斌。设有办公室、法制综合科、财政金融审计科、行政事业审计科、企业审计科、农业审计科和领导干部任期经济责任审计办公室。

审计成果　审计单位28个，查出违规行为金额436万元，应缴财政8万元，已交财政7万元。提交审计调查报告3份。

审计法制建设　开展了全州审计机关审计执法和审计质量"查、比、看"活动，在自查、自比、自看的基础上，州局组织各县局业务骨干进行巡回检查和总结评比，评出先进集体3个、优秀审计项目12个。

经济责任审计　对9名离任领导干部进行了任期经济责任审计，其中处级干部8名、科级干部1名；查出违规行为金额353万元，其中主管责任336万元，直接责任17万元。审计后，平调5人、晋升1人，免职3人。（撰稿人：刘国忠）

【泸水县审计局】　现有干部职工20人，设有办公室、企业审计股、财税金融审计股、行政事业审计股、农资审计股、经济责任审计办公室，负责对全县9个乡镇和29个县直部门的审计监督。局长许周华，副局长和树标。

审计成果　审计单位24个，查出违规行为金额290万元，应缴并已交财政0.315820万元。提交审计调查报告3份、审计建议30条。完成经济责任审计项目12个，查出违规行为金额78万元。审计后，平调9人、免职3人。有内审机构13个，内审人员31人。（撰稿人：王红璠）

【福贡县审计局】　现有干部职工16人，设有办公室、财政基建审计股、企业审计股、行政事业审计股和经济责任审计股，负责对全县7

个乡镇和22个县直部门的审计监督。局长普四叶，副局长杨中保、胡吏春。

审计成果　完成审计项目16个（含4名科级干部离任经济责任审计），审计单位14个，查出违规行为金额1309万元，应缴财政1.3921万元，已交1.3921万元。提交审计报告16份。有内审指导人员1人。全县共有内审机构9个，专（兼）职内审人员36人。（撰稿人：和学强）

【贡山独龙族怒族自治县审计局】　现有干部职工7人，设有办公室、财政金融审计股、行政事业企业审计股和经济责任审计办公室，负责对全县5个乡镇和63个县直部门的审计监督。局长杨世周。

审计成果　完成审计项目8个，查出违规行为金额1046万元，应缴财政53万元，已交35万元。提交审计报告8份。完成3名科级干部任期经济责任审计，查出违规行为金额549万元，收缴财政35万元。审计后，撤职两人，移送司法机关1人。（撰稿人：赵桂珍）

【兰坪白族普米族自治县审计局】　现有干部职工28人，设有秘书股、行政事业审计股、企业审计股、农业资金审计股、基本建设审计股和内审指导室，负责对全县8个乡镇和101个县直行政事业企业单位的审计监督。局长尹助帮（—10月）、何永泉（11月—），副局长杨惠山、李红芬。

审计成果　审计单位24个，查出违规行为金额1975万元，应缴财政63万元，已交13万元，归还原渠道资金26万元，应纠正290万元。审计后，向司法机关移送案件3起，向纪检监察机关移送事项1件。内审机构27个，内审人员专职11人、兼职16人。（撰稿人：苏红梅）

【迪庆藏族自治州审计局】

2002年，共有干部职工21人，其中本科学历1人，大专学历10人，局长竹玛此里，副局长浦永兴。设有办公室、综合法规科、经济责任审计科、财政金融审计科、投资经贸审计科、行政事业审计科。

审计成果　审计单位21个，查出违规行为金额2630万元，应缴财政439万元，已交财政416万元，查出百万元以上违规单位4个。提交审计调查报告14份。

经济责任审计　开展经济责任审计项目6个、6人，查出违规行为金额935万元，应缴财政4万元，已交财政4万元。审计后，其中平调5人。

投资审计　开展投资审计项目两个，查出违规行为金额31万元，应缴财政23万元，已交财政23万元。

财政预算执行审计　开展财政预算执行审计项目3个，查出违规行为金额404万元，应缴财政404万元，已交财政404万元。查出百万元以上违规单位1个。

行政事业审计　开展行政事业审计项目13个，查出违规行为金额2123万元，应缴财政12万元，归还原渠道资金81万元。查出百万元以上违规单位3个。（撰稿人：和集义）

【香格里拉县审计局】　现有干部职工11人，设有综合股、行政事业审计股、投资经贸审计股和经济责任审计股，负责对全县11个乡镇和38个县直部门的审计监督。局长王建华，副局长阿旺。

审计成果　完成审计项目32个，审计单位32个，查出违规行为金额536万元，应缴财政165万元，已交164万元。完成审计调查3个，调查单位3个。（撰稿人：吕惠菊）

【德钦县审计局】　现有干部职工9人，设有办公室、财税金融审计股、行政事业审计股、投资经贸审计股和经济责任审计股，负责对全县8个乡镇和45个县直部门的审计监督。局长李向阳，副局长李玉莲

审计成果　完成审计项目22个，审计单位22个，查出违规行为金额562万元，应缴财政7万元。完成审计调查两个，调查单位两个。（撰稿人：提布卓玛）

【维西傈僳族自治县审计局】

现有干部职工12人，设有办公室、财政金融审计股、行政事业审计股、投资经贸审计股和经济责任审计股，负责对全县10个乡镇和47个县直部门的审计监督。局长李志远，副局长石顺昌、李凤云。

审计成果　完成审计项目13个，审计单位13个，查出违规行为金额357万元，应缴财政64万元，已交22万元。完成审计调查3个，调查单位3个。（撰稿人：施桂兰）

【大理白族自治州审计局】

2002年，共有干部职工44人，其中大专以上学历33人，局长杨秀星，副局长杜永进、施黄。设有办公室、法制科、财政金融审计科、经济责任审计科、行政事业审计科、农业资金审计科、固定资产投资审计科、经贸审计科。

审计成果　共完成审计项目407个，查出各种违纪违规行为金额12767万元，其中应缴财政1797万元，已交财政1362万元，归还被侵占挪用资金874万元，责令进行调账处理4833万元，指明要求纠正8751万元。全年共查处和移送经济违法犯罪案件4起，涉案金额40余万元；提交审计调查报告和审计综合报告40份，审计信息简报108篇。被评为云南省和全国审计机关先进集体，

局长杨秀星被评为“全国审计机关先进工作者”。

经济责任审计　州级和12个县市都先后成立了领导干部任期经济责任审计工作领导小组和联席会议制度，年内新增专职审计人员37人，共审计县以下党政领导干部71名，组织部门参照审计结果平调和留任37人，晋升两人，免职降职20人，退休11人，移送司法机关处理1人。

预算执行情况审计　全州13个审计机关开展了预算执行情况审计，共审计单位92个，其中财政税务部门和地方金库36个，其他预算执行部门和单位56个，依法向本级人民政府和人大常委会提交了审计结果报告和审计工作报告26份。（撰稿人：谢云山）

【大理市审计局】　现有干部职工21人，设有行政事业审计科、财政农业审计科、企业审计科、固定资产投资审计科、经济责任审计科、办公室，负责对全市10个乡镇、两个开发区和104个市直部门的审计监督。局长赵廷标，副局长袁春城、钟朝发。

审计成果　完成审计项目70个，查出违纪违规行为金额4470万元，决定处理处罚1090万元，指明要求纠正和调账处理3380万元，收缴入库208万元。（撰稿人：李晋云）

【祥云县审计局】　现有干部职工16人，设有办公室、财政金融审计股、行政事业审计股、经济责任审计股、企业及基建审计股，负责对全县12个乡镇和63个县直部门的审计监督。局长阮兆瑞，副局长宝红星、张万林（12月—）。

审计成果　完成审计项目21个，查出违纪违规行为金额320万元，其中应缴财政156万元，已全额上交，归还原渠道资金152万元，调账处理62万元，指明要求纠正3564万元。（撰稿人：宝红星）

【宾川县审计局】　现有干部职工19人，设有办公室、驻县会计核算中心审计特派室、经济责任审计股、固定资产投资审计股、行政事业审计股、企业审计股和财政金融审计股，负责对全县8个镇、3个乡、3个国有华侨农场和110个县级核算部门的审计监督。局长张成良，副局长杨劲锋。

审计成果　完成审计项目31个。完成开工前审计24个，自筹基本建设资金来源事前审计40个。查出违纪违规行为金额1277万元，应缴财政131万元，已交140.3万元，其中税金96万元，罚款4万元，应归还原渠道资金223万元。查出百万元以上违规单位两个。提交审计调查报告4份、审计工作报告、综合报告、简报信息（材料）16份。（撰稿人：杨彦斌）

【弥渡县审计局】　现有干部职工23人，设有办公室、审计执法综合股、行政事业审计股、财政金融审计股、固定资产投资审计股、领导干部经济责任审计股、农业资金审计股、企业审计股、驻会计核算中心特派办，负责对全县11个乡镇和94个行政事业单位的审计监督。局长张朝珠，副局长徐贵和、李艳花。

审计成果　完成各种审计项目197个，共查出违纪违规行为金额2105万元，决定处理处罚107万元，收缴财政107万元；查出“小金库”15个、金额66万元，追回被侵占挪用资金19万元。查处涉嫌贪污挪用经济案两起两人。提交各类信息、简报及调查报告23篇（份）。另外，对3名乡科级领导干部开展了任期经济责任审计。被人事部、审计署授予“全国审计机关先进集体”荣誉称号。（撰稿人：马祥荣）

【永平县审计局】　现有干部职工15人，设有办公室、经济责任审计股、行政事业审计股、经贸审计股、固定资产投资审计股，负责对全县9个乡镇和84个行政事业单位的审计监督。局长杨旭东，副局长杨忠应。

审计成果　完成审计项目20个，审计单位20个，审计调查两个，调查单位两个，审计金额19800多万元，共查出违纪违规行为金额642万元，查出经济案件1起，应缴县财政89万元。共提交审计报告、信息8篇。（撰稿人：何学文）

【云龙县审计局】　现有干部职工13人，设有办公室、财税金融审计股、固定资产投资与企业审计股、经济责任审计股、行政事业审计股，负责对全县12个乡镇和29个县直部门的审计监督。局长施泽锋，副局长字德光。

审计成果　完成23个审计项目，查出各种违纪违规行为金额42万元，决定处理处罚27万元，指明要求纠正15万元，应缴财政14万元，已交14万元，追回被侵占挪用资金13万元。提交审计调查、综合报告3份，审计信息12篇。（撰稿人：杨顺兴）

【洱源县审计局】　现有干部职工17人，设有财政金融审计股、行政和社会保障审计股、固定资产投资审计股、经济责任审计股、经贸审计股、办公室，负责对全县12个乡镇和35个县直部门的审计监督。局长李俊泉，副局长张柱海、卞乃江、李跃武。

审计成果　完成审计项目16个，查出违纪违规行为金额175万元，其中应缴财政53万元，归还原渠道资金19万元，责令做账务调整

6万元，指明纠正6万元，罚款6万元。提交审计调查报告4份，提出意见、建议15条。领导干部任期经济责任审计共完成审计项目4个。（撰稿人：赵斌）

【剑川县审计局】 现有干部职工16人，设有办公室、行政事业审计股、企业审计股和财政金融基金审计股、经济责任审计股，负责对全县9个乡镇和79个县级部门的审计监督。局长和禄忠，副局长杨福生、张福星。

审计成果 完成审计项目27个，查出违纪违规行为金额473万元，其中决定处理处罚473万元，应缴财政60万元，已交60万元。（撰稿人：张吉元）

【鹤庆县审计局】 现有干部职工19人，设有办公室、企业审计股、财政金融审计股、经济责任审计股、行政事业审计股，负责对全县9个乡镇和86个行政事业单位的审计监督。局长陈忠翔，副局长赵文正。

审计成果 完成审计项目26个，查出违纪违规行为金额172万元，其中应缴财政55万元，已交40万元，提交审计信息4篇。（撰稿人：彭锦辉）

【漾濞彝族自治县审计局】 现有干部职工15人，设有经济责任审计股、固定资产投资审计股、财政金融审计股、行政事业审计股、办公室，负责对全县6个乡镇和74个行政事业单位的审计监督。局长苏义祥，副局长罗学章、朱利民。

审计成果 完成审计项目39个，查出违纪违规行为金额1204万元，应缴财政39万元，已交31万元，调账处理875万元。（撰稿人：陈定远）

【南涧彝族自治县审计局】 现有干部职工20人，设有办公室、财政金融审计股、经济责任审计股、行政事业审计股、固定资产投资审计股、经贸审计股，负责对全县10个乡镇和82个行政事业单位的审计监督。局长胡增荣，副局长杨继尧。

审计成果 完成审计项目36个，查出违纪违规行为金额756万元，其中应缴财政218万元，已入库122万元，应纠正2902万元，提交信息简报两篇。2002年建立了南涧县领导干部任期经济责任审计工作领导组及联席会议制度，成立了经济责任审计股。（撰稿人：罗国森）

【巍山彝族回族自治县审计局】 现有干部职工16人，设有办公室、行政事业审计股、财政金融审计股、企业审计股、经济责任审计股，负责对全县11个乡（镇）和60多个县直部门的审计监督。局长熊艳平，副局长朱家杰。

审计成果 完成审计项目29个，查出违规违纪行为金额433万元，其中决定处罚90万元，已上缴国库90万元。（撰稿人：龙晓黎）

【楚雄彝族自治州审计局】 2002年，共有干部职工38人，其中本科学历10人，大专学历20人，局长张万礼，副局长黄中凌、李晓梅（兼纪检组长）、王定梁。设有办公室、法制科、财政金融与外资运用审计科、农业与资源环保审计科、经贸审计科、行政事业与社会保障审计科、领导干部任期经济责任审计科、固定资产投资审计科、计算机信息科。

审计成果 全州审计机关共完成审计项目310个，占计划项目的202.6%。查出违纪违规行为金额10863万元，应缴财政698万元，已交674万元，指明要求纠正27459万元。查出百万元以上违规单位两个。提交审计工作报告和信息84篇，被批示、采用56篇。

预算执行和财政决算审计 完成预算执行审计33个，财政决算审计30个。对审计中发现的问题，出具审计意见书或审计决定进行纠正。

投资建设项目和农业专项资金审计 完成重点建设项目审计21个，核减部分高估冒算的工程投资；农业资金审计完成21个，延伸审计乡镇及农户101户，审计资金总额13510万元。

企业审计 安排全州供电行业审计，查出违纪违规行为金额1632万元，收缴财政137万元。在查出的违规行为金额中，收入不实248万元，成本不实288万元，虚增利润13万元，虚减利润239万元，潜亏955万元。提出审计建议16条。

社会保障资金审计 主要对楚雄市、武定、南华、永仁、牟定、大姚、姚安、元谋等8县1市和州级2001年企业职工基本养老保险基金的筹集、管理和使用情况进行就地审计，共完成审计项目149个，并对48户国有、集体和股份制企业缴费基数的真实性、准确性进行审计调查。

经济责任审计 完成经济责任审计项目137个，其中行政事业单位129个，国有及国有控股企业8个，并首次开展对大姚县原县长任期经济责任的试点审计。共查出违纪违规行为金额12427万元，其中主管责任12410万元，直接责任17万元，决定收缴财政214万元，罚款39万元。审计后，平调30人，晋升1人，免职11人，降职3人，撤职5人，移送司法机关处理1人。（撰稿人：王之忠）

【楚雄市审计局】 现有干部职工18人，设有办公室、财政金融审计科、行政事业审计科、经贸审计科、农业与投资审计科和经济责任审计科，负责对全市19个乡镇和46个市直部门的审计监督。局长王建安，副局长赵天武、周冬云。

审计成果 完成审计项目57个，审计单位57个，查出违纪违规行为金额613万元，指明要求纠正9173万元，应缴财政50万元。完成审计调查4个，调查单位5个。提交审计报告、信息30篇，被采用9篇。完成37名市属单位、乡（镇）主要领导干部任期经济责任审计，查出违规行为金额74万元。有内审指导人员1人，内审机构11个，内审人员38人。（撰稿人：徐少华）

【双柏县审计局】 现有干部职工13人，设有办公室、行财社保审计股、农业和投资审计股、经济责任审计股，负责对全县9个乡镇和30个县直部门的审计监督。局长杨崇显，副局长陈荣华。

审计成果 完成州审计局下达的审计项目9个，县委、县政府委托交办的领导干部离任审计项目11个，投资审计项目1个，共查出违规违纪行为金额83万元，应缴财政18万元，净审减工程造价79.9万元。（撰稿人：张学文）

【牟定县审计局】 现有干部职工17人，设有办公室、法制股、财政金融行政事业社会保障审计股、经贸及投资审计股、经济责任审计办公室，负责对全县10个乡镇和25个县直部门的审计监督。局长徐继彪，副局长鲁光灿、王娅冰。

审计成果 完成审计项目29个，审计单位27个，查出违规行为金额435万元，应缴财政1万元，已交1万元。完成审计调查两个，提交审计报告、信息7篇。内审机构8个，专兼职8人。（撰稿人：王开文）

【南华县审计局】 现有干部职工12人，设有办公室、财政金融审计股、固定资产投资审计股、经济责任审计股，负责对全县12个乡镇和56个县直部门的审计监督。局长周建东、副局长李章明、赵济。

审计成果 完成审计和审计调查任务30个，查出违纪行为金额413万元，指明要求纠正395万元，上缴财政18万元。完成基本建设自筹资金审计审批项目46个，总投资2060.55万元。提交审计报告3份，信息17篇，被采用11篇。（撰稿人：周建东、李章明）

【姚安县审计局】 现有干部职工12人，设有办公室、财政金融审计股、行政事业审计股、企业审计股、基建投资审计股、领导干部任期经济责任审计办公室，负责对全县12个乡镇和47个县直部门的审计监督。局长自开文，副局长徐舒、赵从云。

审计成果 完成审计项目14个，完成审计调查任务3个，在审6个。已完成审计项目中，查出违纪违规行为金额141万元，应缴财政49万元（其中罚款9万元），已交38.6万元，指明要求纠正1197万元。（撰稿人：周红星）

【大姚县审计局】 现有干部职工17人，设有办公室、财政金融与外资运用审计股、行政事业与社会保障审计股和经济责任审计股，负责对全县14个乡镇和43个县直部门的审计监督。局长何家明，副局长张国栋。

审计成果 完成审计项目25个，查出各类违规行为金额1805.93万元，应缴财政44.3万元，已交46.3万元（含上年度两万元），追还被侵占挪用资金35.67万元。提交审计工作报告、调查报告、信息和报道16篇，被采用8篇。（撰稿人：王振勇）

【永仁县审计局】 现有干部职工8人，设有综合办公室、财政金融与基建审计股、行政事业与农资审计股、经济责任审计办公室，负责对全县8个乡镇和25个县直部门的审计监督。局长周明新，副局长起联秀、陶光明。

审计成果 完成省、州统一组织的审计项目11个，县委组织部委托的经济责任审计项目10个，审计单位22个，查出违规行为金额854万元，应缴财政4万元，已交两万元。完成审计调查两个，调查单位两个。提交审计报告、信息16篇。有内审机构7个，内审人员7人。（撰稿人：周明新）

【元谋县审计局】 现有干部职工16人，设有办公室、行政财政审计股、经贸投资审计股、经济责任审计股，负责对全县13个乡镇和29个县直部门的审计监督。局长马江芝，副局长王洪、郑在刚。

审计成果 完成审计项目19个，共查出违纪违规行为金额700万元，应缴财政101万元，已交91万元，调账处理7万元，指明要求纠正576万元。提交审计信息17篇，被采用12篇。组织动员5家有内审机构的单位参与州审计局牵头成立的楚雄州内部审计协会。（撰稿人：胡贵寿）

【武定县审计局】 现有干部职工15人，设有办公室、财政金融外资运用与行政事业审计股、农业资源环保与社保审计股、固定资产与经贸审计股、经济责任审计股，负责对全县13个乡镇和52个县直部门的审计监督。局长向东华，副局长江芬。

审计成果 全年共完成审计项目30个，查出违纪违规行为金额65万元，其中指明要求纠正286万元，应缴财政7万元，已交财政1万

元。(撰稿人：李文奇)

【禄丰县审计局】　现有干部职工20人，设有办公室、财政金融审计股、经济责任审计股、投资审计股和经贸审计股，负责对全县18个乡镇和36个县直部门的审计监督。局长李静云，副局长史永明、王文荣，纪检组长杨祖光。

审计成果　完成审计项目37个，审计单位92个，查出违规行为为金额6655万元，应缴财政241万元，已交156万元。完成审计调查两个，调查单位9个。提交审计报告39份，审计信息16篇。完成22名科级领导干部离任经济责任审计，查出违规行为金额3842万元，应缴财政226万元，已交141万元。发现重大违纪线索两件，已移送纪检司法机关查处。(撰稿人：李会明)

【红河哈尼族彝族自治州审计局】　2002年，共有干部职工30人，其中本科学历6人，大专学历22人，局长王志辉，副局长程桂芝、解友发、谭亚东。设有办公室、综合法制科、财政金融审计科、经贸审计科、社会保障农业审计科、固定资产投资审计科、经济责任审计办公室、行政事业审计科。

审计成果　全州共审计单位523个，查出违规行为金额12631万元，应缴财政2144万元，已交财政1845万元，归还原渠道资金454万元，指明要求纠正2.09亿元。移送司法、监察等部门处理事件5件。查出百万元以上违规单位26个。

经济责任审计　全州已对149个单位、169名领导干部的经济责任进行了离任审计，查出违规行为金额2896万元，查出有个人经济问题3人。审计后，平调81人，晋升12人，免职12人，降职11人，撤职3人并移交纪检监察和司法机关处理。

内部审计　全州内审机构已发展到215个，其中专职机构125个；从业人员411人，其中专职人员201人。全州共审计单位80个。提出建议、意见被采纳6条。(撰稿人：马洁明)

【个旧市审计局】　现有干部职工20人，设有办公室、综合科、行政事业审计科、财政金融审计科、经济责任审计科、固定资产投资审计科和企业审计科，负责对全市11个乡镇、1个办事处、1个区公所和33个市直部门的审计监督。局长沐宝山(—3月)、蓝云辉(3月—)，副局长李文其。

审计成果　完成审计项目57个，查出违规行为金额798万元，指明要求纠正5884万元，应缴财政110万元，已交98万元，向司法机关移送案件两起两人。提交审计报告、信息20篇，被采用11篇。有内审机构16个，内审人员28人。(撰稿人：秦立)

【开远市审计局】　现有干部职工18人，设有办公室、财政金融审计科、企业审计科、综合(法制)科、经济责任审计科和固定资产投资审计科，负责对全市8个乡、办事处和23个市直部门的审计监督。局长宋甫，副局长万敏芝。

审计成果　完成审计项目12个，查出违规行为金额988万元，决定处理处罚988万元，应缴财政168万元。查出百万元以上违规单位3个。完成审计调查3个，调查单位4个。有内审机构14个，内审人员20人。(撰稿人：王亚飞)

【蒙自县审计局】　现有干部职工15人，设有办公室、经济责任审计科、行政事业审计科、财政金融审计科和固定资产投资审计科，负责对全县14个乡镇和31个县直部门的审计监督。局长李建平，副局长高家顺。

审计成果　完成审计项目26个，查出违规行为金额61万元，应缴财政39万元。完成审计调查1个，调查单位8个。提交审计报告、信息16篇。有内审机构20个，内审人员51人。(撰稿人：冯明辉)

【绿春县审计局】　现有干部职工11人，设有办公室、经济责任审计股、财政金融基建审计股、行政事业审计股、企业审计股，负责对全县9个乡镇和47个县直部门的审计监督。局长李熳翎。

审计成果　完成审计项目14个，查出违规行为金额134万元，被侵占挪用资金21万元，应缴财政10万元，已交9万元。完成干部任期经济责任审计10个。提交审计调查报告两份。有内审机构18个，内审人员32人。(撰稿人：罗哈山)

【建水县审计局】　现有干部职工17人，设有办公室、财政金融与行政事业审计股、企业与固定资产审计股、经济责任审计股，负责对全县17个乡镇和24个县直部门的审计监督。局长高源，副局长郭建武、李江发。

审计成果　完成审计项目31个，查出违规行为金额261万元，应缴财政90万元，已交72万元。提交审计报告、信息7篇。有内审机构4个，内审人员27人。(撰稿人：李江发)

【石屏县审计局】　现有干部职工14人，设有办公室、法制股、财政金融审计股、行政事业审计股、企业审计股、固定资产投资审计股、经济责任审计股、社会保障审计股，负责对全县12个乡镇和27个县直部门的审计监督。局长张越松，副局长李建祥。

审计成果　完成审计项目43个，查出违规行为金额541万元，应

缴财政69万元，已交69万元。有内审机构9个，内审人员9人。（撰稿人：王飞）

【弥勒县审计局】　现有干部职工14人，设有办公室、经济责任审计办公室，企业审计股、行政事业审计股、综合法制股、固定资产投资审计股，负责对全县14个乡镇和33个县直部门的审计监督。局长马学珍，副局长杨云慧。

审计成果　完成审计项目64个，查出违规行为金额640万元，应缴财政80万元，已交67万元。有内审机构17个，内审人员21人。（撰稿人：王丽梅）

【泸西县审计局】　现有干部职工12人，设有办公室、行政财政审计科、企业审计科、固定资产投资审计科和经济责任审计科，负责对全县10个乡镇和31个县直部门的审计监督。局长李美玉，副局长谢猛、杨崇斌。

审计成果　完成审计项目29个，查出违规行为金额526万元，应缴财政72万元，已交27万元。查出百万元违纪单位两个。完成审计调查1个，调查单位3个。提交审计工作报告、信息10篇，被批示、采用3篇。协助县纪委查处案件两起。有内审机构21个，内审人员36人。（撰稿人：高峻）

【元阳县审计局】　现有干部职工10人，设有办公室、工商企业基建审计股、行政事业金融审计股、经济责任审计股，负责对全县15个乡镇和78个县直部门的审计监督。局长普发俊，副局长王建国。

审计成果　完成审计项目25个，审计单位36个，查出违纪违规行为金额123万元，应缴财政9万元，已交财政9万元。提交审计报告6份。有内审机构10个，内审人员20人。（撰稿人：钱建国）

【红河县审计局】　现有干部职工11人，设有办公室、经济责任审计股、财政金融行政事业审计股、固定资产投资审计股、企业社保审计股，负责对全县14个乡镇和58个县直部门的审计监督。局长杨建明，副局长简丽红。

审计成果　完成审计项目18个，审计单位18个，查出违纪行为金额369万元，应缴财政40万元，已交26万元。完成审计调查1个，调查单位1个。提交审计报告、信息10篇，被采用6篇。完成28名科级领导和1名企业领导离任经济责任审计，查出违纪行为金额295万元，审计后，平调13人，晋升5人，免职6人，降职4人，撤职1人。有内审机构34个，内审人员49人。（撰稿人：孙罗玉）

【金平苗族瑶族傣族自治县审计局】　现有干部职工13人，设有办公室、经济责任审计办公室、行政事业审计股、财政金融审计股、企业审计股、固定资产投资审计股，负责对全县14个乡镇和77个县直部门和单位的审计监督。局长刘国兴，副局长高宝恒、童玉清。

审计成果　完成审计项目20个，查出违规行为金额187万元，应缴财政3万元，已交5万元（含以前年度），追回被侵占挪用资金55万元，归还原渠道资金87万元。指明要求纠正180万元，为部门审减工程价款13万元。提交审计工作报告5份，审计信息5篇，被采用3篇。有内审机构15个，内审人员28人，查出损失浪费8万元，纠正违规行为金额22万元，促进增收节支7万元。（撰稿人：李德保）

【河口瑶族自治县审计局】　现有干部职工8人，设有办公室、综合审计股、专项资金审计股、经济责任审计股，负责对全县6个乡镇和22个县直部门的审计监督。局长李德厚（—6月）、李财恩（6月—）。

审计成果　完成审计项目7个，审计单位7个，查出违规行为金额35万元，应缴财政6万元。完成审计调查1个，调查单位1个。有内审机构7个，内审人员7人。（撰稿人：苏剑华）

【屏边苗族自治县审计局】　现有干部职工10人，设有办公室、财政金融审计股、行政事业审计股、企业审计股、经济责任审计股和投资审计股，负责对全县8个乡镇和42个县直部门的审计监督。局长王国富，副局长陈开礼、黎明发（—4月）、陶力（4月—）。

审计成果　完成审计项目28个，查出违规行为金额703万元，应缴财政37万元，已交31万元。提交审计调查报告两份，信息稿件24篇，被采用15篇。有内审机构12个，内审人员17人。获得云南省委、省人民政府授予的“省级文明单位”称号。（撰稿人：吴丽梅）

【文山壮族苗族自治州审计局】　2002年，共有干部职工31人，其中在职研究生两人，本科学历3人，大专学历21人，局长余游，副局长庞建华、李建祥。设有办公室、综合法规科、财政金融审计科、行政事业审计科、农业资金审计科、企业审计科、固定资产投资审计科、经济责任审计科。

审计成果　完成审计项目303个，查出违规行为金额28700万元，应缴财政700万元，已交431万元（含罚没款31万元）；核减固定资产投资920万元。提交各种审计信息报告198篇，被采用127篇。其中，被党委政府采用45篇，被上级机关采用25篇，被新闻单位采用57篇。

财政预算执行审计　完成审计项目42个，查出违规行为金额2184万元，应缴财政201万元，已交财政123万元，纠正违规行为金额774万元。

财政决算审计　完成审计项目19个，查出违规行为金额1272万元，应缴财政21万元，已交财政20万元，纠正违规行为金额73万元。

经济责任审计　审计项目61个、70人，其中党政领导干部62人，国有及控股企业8人，查出违规行为金额15384万元，查出个人存在经济问题4人。审计后，平调48人，晋升11人，免职5人，降职1人，撤职1人，建议给予党政纪处分1人。

企业审计　审计企业单位20个，查出违规行为金额1956万元，（主要问题是虚列收入383万元、虚列成本410万元、虚增利润504万元、虚减利润287万元），应缴财政102万元，已交财政102万元。

固定资产投资审计　完成审计项目58个，审计项目投资总额25826万元，查出违规行为金额1659万元，应缴财政20万元，已交财政11万元。通过审计，核减工程结算920万元。

专项资金审计　围绕农业综合开发资金、扶贫资金、水利资金开展审计，共审计项目16个，审计资金总额25882万元，查出违规行为为金额2706万元（主要问题是挤占挪用1061万元，虚列转移1298万元），应缴财政47万元，已交财政17万元。

行政事业单位审计　共审计115个单位，查出违规行为金额18685万元，应缴财政277万元，已交127万元，纠正违规行为金额5225万元。

内部审计　全州内审机构102个，其中专职机构39个；内审人员193人，其中专职72人。共完成109个审计项目，纠正违规行为金额172万元，提出加强管理、完善制度等方面的审计意见67条，均被采纳。（撰稿人：郑清宏）

【文山县审计局】　现有干部职工16人，设有综合股、财政金融行政事业审计股、经济责任审计股、固定资产投资审计股，负责对全县17个乡镇和47个县直部门的审计监督。局长胡国仙，副局长白会祥。

审计成果　完成审计项目38个，调查项目两个，查出违规行为金额443万元，决定收缴财政42万元，核减基建投资219万元。提出审计建议53条，均被采纳；提交审计信息23篇，被采用17篇。获“省级文明单位”称号。（撰稿人：沈灿珍）

【砚山县审计局】　现有干部职工19人，设有财政金融审计股、工商农业审计股、经济责任审计股、综合投资审计股、办公室，负责对全县12个乡镇和35个县直部门的审计监督。局长施国忠，副局长田文祥、陆照明。

审计成果　完成审计项目32个（含审计调查1项），占年度计划的168%，查出违规行为金额1063万元，应缴财政106万元，已交72万元（含补交以前年度6万元），调账处理721万元，指明要求纠正金额189万元。提交审计报告、信息18篇，被批示、采用7篇。被评为“省级文明单位”，局长施国忠同志被省人事厅、审计厅评为“先进工作者”。（撰稿人：施国忠）

【西畴县审计局】　现有干部职工12人，设有办公室和工商企业审计股、行政事业审计股、财政金融基建审计股，负责对全县10个乡镇和45个县直部门的审计监督。局长吴志标，副局长喻力、高富香。

审计成果　完成审计项目17个，审计调查1个，查出违规行为金额68万元，指明要求纠正54万元，决定应缴财政14万元，已交财政14万元。完成经济责任审计项目8个，查出违规行为金额65.72万元，应缴财政5.73万元，已交5.73万元。（撰稿人：艾宏）

【麻栗坡县审计局】　现有干部职工13人，设有办公室、财政金融农业资金审计股、行政事业企业审计股、固定资产投资审计股、经济责任审计股，负责对全县12个乡镇和34个县直部门的审计监督。局长刘丕坤，副局长杨绍梅、陈忠民。

审计成果　完成审计项目22个，查出各种违规行为金额3097万元，应缴财政15万元，已交31万元（含以前年度应缴税款16万元），归还原渠道资金45万元，调账处理28万元，应纠正144万元，促进增收节支7万元。提交审计信息和报告17篇，被州局采用3篇、政府采用1篇、新闻单位采用1篇。完成领导干部经济责任审计5个，查出违规行为金额1491万元，应纠正37万元。审计后平调1人、晋升两人、退休1人、原单位就任1人。（撰稿人：张国荣）

【马关县审计局】　现有干部职工16人，设有秘书股、综合股、财政金融行政企业事业审计股、经济责任审计股、固定资产投资审计股，负责对全县15个乡镇和49个县直部门的审计监督。局长成重林，副局长张行贵、胡光仙。

审计成果　完成审计项目63个，查出违规行为金额682万元，应缴财政19万元。完成审计调查1个，调查单位8个。提交审计报告、信息25篇，被采用18篇。完成23名领导干部任期经济责任审计，查出违规行为金额147万元。有内审指导人员1人，内审机构8个，内审人员

8人。（撰稿人：陈雁）

【丘北县审计局】　现有干部职工17人，设有办公室、财政金融审计股、经济责任审计股、行政事业审计股、固定资产投资审计股，负责对全县14个乡镇和30个县直部门的审计监督。局长尹绍云，副局长张腾。

审计成果　完成审计项目22个，查出违规违纪行为金额367万元，决定处理处罚56万元，应缴财政56万元，已交财政50万元。移送经济案件1起。提交审计调查报告1份、综合报告两份。（撰稿人：肖映林）

【广南县审计局】　现有干部职工17人，设有办公室、企业审计股、行政事业审计股、财政金融审计股、固定资产投资审计股、经济责任审计股，负责对全县20个乡镇和67个县直部门的审计监督。局长钱镇，副局长依建国（壮族）、黄波。

审计成果　共下达计划项目21个，实际完成28个，共查出各类违规行为金额336万元，决定收缴财政34万元。（撰稿人：谭文彦）

【富宁县审计局】　现有干部职工13人，设有办公室、财政金融审计股、行政企事业审计股、经济责任审计股、固定资产投资审计股，负责对全县15个乡镇和30个县直部门的审计监督。局长邓炳亮（瑶族），副局长关影强、周首瑶。

审计成果　完成审计项目27个，共查出违纪违规行为金额812万元，应缴财政96万元，已交财政56万元，罚款1万元，核减基建投资13万元，归还原渠道资金63万元，责令自行纠正195万元，调账处理56万元。提出审计建议84条，均被采纳；提交审计信息35篇，被采用8篇。（撰稿人：代成发）

【西双版纳傣族自治州审计局】　2002年，共有干部职工16人，其中本科学历1人，大专学历8人，副局长张正华（主持工作，省厅下派干部，不占编制）、彭延湘。设有办公室、法制科、财政审计科、固定资产投资审计科、经贸审计科、经济责任审计科。

审计成果　审计单位19个，查出违规行为金额5541万元，应缴财政506万元，已交财政221万元。提交审计调查报告5份。

经济责任审计　开展经济责任审计项目4个，查出违规行为金额288万元，其中主管责任77万元，直接责任211万元。审计后，1人晋升，1人平调，两人退休。（撰稿人：刀美珍）

【景洪市审计局】　现有干部职工13人，设有办公室、经贸审计股、财经基建审计股、经济责任审计股，负责对全市12个乡镇、1个办事处和30个市直部门的审计监督（不含企事业单位）。局长贾长安，副局长朱月秋。

审计成果　完成审计项目17个，审计单位17个，查出违规行为金额652万元，应缴财政123万元，已交106万元。完成审计调查两个，调查单位两个。提交审计报告1份。开展经济责任审计8个、8人，查出违规行为金额579万元。审计后，平调3人，免职3人，移送检察机关1人，移送司法机关1人。市直部门内审机构7个，内审人员13人，其中专职人员3人。（撰稿人：贾长安）

【勐海县审计局】　现有干部职工10人，设有办公室、财经审计股、企业审计股，负责对全县12个乡镇和49个县直部门的审计监督。局长仓亚芬，副局长何汝斌。

审计成果　完成审计项目21个，审计单位52个，查出违规行为金额94万元，应缴财政80万元。向司法机关移送案件1起、1人。提交州局综合报告3份。（撰稿人：玉香嫩）

【勐腊县审计局】　现有干部职工14人，设有秘书股、经贸审计股、财经审计股、经济责任审计股，负责对全县12个乡镇和23个县直部门的审计监督。局长刘汉北（—11月）、李敬明（11月—）。

审计成果　完成审计项目20个，审计单位35个，查出违纪违规行为金额406万元，应缴未交金额47万元，应归还原渠道资金40万元，调账处理两万元，年末已交（含税金）44万元，促进增收节支27.5万元。提交审计调查报告1份。完成9名科级干部经济责任审计，查出违规行为金额82万元，其中被侵占挪用资金39万元、账外资产两万元、漏交税金两万元等。审计后，平调9人。（撰稿人：车志刚）

西藏自治区

【西藏自治区审计厅】　2002年，西藏自治区审计厅定编69人，其中，行政定编48人，事业定编21人；行政在编47人，事业在编12人。厅机关设有办公室、行政事业审计处、企业基建投资审计处、财政金融审计处、经济责任审计处、法规处；同时还设有审计事务所和厅机关后勤服务中心直属事业单位。

领导成员

党组书记：仁　松（藏族）
厅　　长：郭　丹
副 厅 长：贵　桑（藏族）
　　　　　许　亚
　　　　　胡安明　李瑞富

西藏自治区审计成果　全区各

级审计机关共审计单位（项目）184个，查出违纪违规行为金额42780.63万元，审计处理后，应缴财政1324.5万元（包括罚款50.9万元），已交439.45万元，归还原渠道资金2004.52万元，调整账目1479.54万元。向司法机关和纪检监察部门移送违法犯罪案件线索3件。

财政审计 全区共审计财政部门13个，查出违纪违规行为金额21533.36万元，应缴财政661.39万元，已交208.66万元，归还原渠道资金42万元，调整账目227万元。通过对预算执行情况的审计监督，查出了一些违纪违规问题，并从促进细化预算和推行部门预算两个方面，加大了对部门预算编制和执行不够规范、挤占挪用等资金管理问题的揭露力度，推进了依法理财和依法行政。

企业和固定资产投资审计 全区审计企业和固定资产投资项目31个，查出违纪违规行为金额1726.02万元，应缴财政39.68万元，已交5.22万元，调整账目482.7万元。

专项资金审计 全年全区审计18个单位和部门，查出违纪违规行为金额3591.81万元，应缴财政两万元，归还原渠道资金1571.52万元，调整账目151万元。

行政事业审计 全区共审计55个行政事业单位和部门，查出违纪违规行为金额6298.89万元，应缴财政145.83万元，已交109.57万元，归还原渠道资金224万元，调整账目293.84万元。审计中，发现犯罪案件线索两件，已移送司法机关处理。

经济责任审计 全区审计机关共对67名领导干部进行了任期经济责任审计，共查出违纪违规行为金额9630.51万元，应缴财政475.6万元，已交财政116万元，归还原渠道资金167万元，调整账目325万元。审计中，发现违法犯罪案件线索1件，已移送公安、纪检监察机关处理。（撰稿人：黄利纯）

【拉萨市审计局】 2002年，共有干部职工20人，其中本科学历1人，大专学历6人，局长唐应周，副局长彭多。设有办公室、财政金融审计科、行政事业与社会保障资金审计科、基本建设投资审计科、经贸企业环保与经济责任审计科。

审计成果 完成审计项目57个，审计总金额22亿元（含县区审计局金额），查出违纪违规行为金额7366.20万元，应缴财政144.80万元。提交审计意见57份、审计信息25篇、简报30篇。针对财政预决算审计中存在的问题提出相应的意见和建议24条，政府已责成有关部门加以整改或采纳。对在机构改革中变动的44名党政、企业的主要领导干部和领导人员进行了任期经济责任审计，虽然没有发现重大的经济责任问题，但也逐步摸索积累了一定经验，为今后全面开展好此项工作奠定了基础。2002年被区审计厅评为“西藏自治区审计系统党风廉政建设先进集体”。（撰稿人：曾令平）

【那曲地区审计局】 2002年，共有干部职工31人，其中本科学历1人，大专学历14人，局长胡林，副局长尹亚军、普珍（兼纪检组长）、谢天明。设有办公室、法规科、行政事业审计科、财政金融审计科、企业基建审计科、经济责任审计科、审计事务所。

审计成果 共对21个单位进行了审计，查出各类违纪违规行为金额3256万元，其中归还原渠道资金9万元，应缴财政114万元，已交70万元。全年共提交审计报告、专题报告、综合报告23份，审计决定和审计意见36份、审计信息、简报8篇。

经济责任审计 对14个单位的地直党政机关以及县政府、企业领导干部开展了经济责任审计，查出违规违纪行为金额2405.70万元，并依照有关政策法规进行了处理。审计后，其中晋升两人，平调12人。（撰稿人：胡林、李兴林）

【昌都地区审计局】 2002年，共有干部职工23人，其中本科学历1人，大专学历6人，局长倪金彦，副局长歌松、欧珠达瓦、张丽红。设有办公室、财政金融审计科、行政事业审计科、企业审计科。

审计成果 审计单位53个，审计总金额116976万元，查出违纪违规行为金额590.6万元，指明要求纠正502.2万元，应缴财政88.4万元，已交72.9万元。提交审计报告34份，审计信息15篇。（撰稿人：张高林）

【林芝地区审计局】 2002年，共有干部职工12人，其中大专学历5人，局长李焕章，副局长吴美光、陆运武、玉珍。设有办公室（纪检监察组、法规科）、经济责任审计科、行政事业社会保障审计科、财政金融固定资产投资审计科。

审计成果 共审计12个单位，查出违纪违规行为金额1874.7万元，其中应缴财政113.5万元，已交1万元，归还原渠道资金650.4万元，决定处以罚款1万元。提交审计报告12份，审计意见11份，审计简报5篇。还对地区建筑公司企业法人进行了任期经济责任审计。

本级预算执行情况审计 在本级预算执行情况审计中，查出违规行为金额470.3万元，归还原渠道资金362.3万元，应缴财政108万元，指明要求纠正470.3万元。

下级政府决算审计 2002年开展了对察隅县政府决算审计，查出违规行为金额99万元，其中虚列财政支出79万元，收入不实20万元。

同时对审计中查出的问题提出了审计意见，县政府为此进行了深刻的剖析和反思，进一步深化了该县财政体制改革，完善了相关制度，增强了该县执行财政法规和财务纪律的自觉性。（撰稿人：尼玛仓决）

【山南地区审计局】　2002年，共有干部职工26人，其中本科学历1人，大专学历5人，局长索朗益西，副局长张平凤、贾德文、谢顺德。设有办公室、企业农业与资源保护审计科、财金与固定资产审计科、行政事业社会保障审计科。

审计成果　审计单位20个，完结18个，查出违纪违规行为金额778万元，其中应缴财政23万元（含罚金10万元，已交4万元），应缴税金43万元，指明要求纠正321万元，调账处理307万元，应归还原渠道资金84万元。向司法机关移交案件1起、1人。提交审计报告18份，信息和简报10篇，被采用9篇。

经济责任审计　共对两个企业领导干部的任期经济责任情况进行了审计，查出违纪违规行为金额184万元，其中应缴地区财政8万元（含罚金5万元），应缴税金43万元，指明要求纠正99万元，应调账处理34万元。向司法机关移交案件1起、1人。

行政事业财务收支审计　共对6个行政事业单位的专项性、行政性收费、罚没收入和事业费收支的真实性、合法性和绩效性进行了审计，查出违纪违规行为金额145万元，其中应缴地区财政两万元（罚金），指明要求纠正51万元，应调账处理22万元，应归还原渠道资金70万元。

企业财务收支审计　共审计两个单位，查出违纪违规行为金额141万元，其中指明要求纠正5万元，应调账处理136万元。

县级财政决算审计　共对3个县政府的预算执行、决算收支、专项资金管理和使用情况进行了审计，查出违纪违规行为金额230万元，其中应缴财政11万元（含罚金1万元，已交4万元），指明要求纠正142万元，应调账处理63万元，应归还原渠道资金14万元。

农业综合开发资金审计　共对3个县农业综合开发区的专项资金进行了审计，查出违纪违规行为金额55万元，其中应缴财政两万元，指明要求纠正22万元，应调账处理31万元。

基本建设财务收支审计　共审计4个单位，审计完结两个单位，查出违纪违规行为金额23万元，其中指明要求纠正两万元，应调账处理21万元。（撰稿人：蒋艳华）

【日喀则地区审计局】　2002年，共有干部职工26人，其中本科学历两人，大专学历7人，局长参决卓嘎，副局长公桑（—11月）、普琼（11月—）、崔玉忠（援藏干部）、喻泽红（—11月）、多吉、阿旺赤列。设有办公室、经济责任审计科、财政金融审计科、行政事业社会保障农业与资源环保审计科、经贸企业固定资产投资审计科。

审计成果　审计单位26个，查出违纪违规行为金额1343万元，应缴财政52万元，已交52万元，归还原渠道资金138万元，指明要求纠正310万元。完成审计调查1个，调查单位3个。对11名党政、企业的主要领导干部和领导人员进行了任期经济责任审计，查出违规行为金额209万元。（撰稿人：加措）

【阿里地区审计局】　2002年，共有干部职工8人，其中大专学历3人，局党组书记曲民贡布，副局长程顺平、宗吉。设有办公室、综合业务科。

审计成果　审计单位13个，查出违规行为金额100万元，应缴财政23万元，已交23万元。提交审计报告8份。

经济责任审计　开展经济责任审计项目10个、8人，查出违规行为金额91万元，查出个人存在经济问题两人。审计后，平调8人，移送纪检监察机关两人。

专项资金审计　审计单位5个，查出违规行为金额9万元，应缴财政7万元，已交7万元。（撰稿人：罗杰）

陕西省

【陕西省审计厅】　2002年，陕西省审计厅编制241人（其中行政编制168人，事业编制73人），机关实有220人（其中行政编制157人，事业编制63人）。厅机关设有办公室、法制处、财政审计处、金融与中央企事业审计处、行政事业审计处、经贸审计处、农业与资源环保审计处、社会保障审计处、固定资产投资审计处、外资运用审计处、经济责任审计处、人事处和监察室、机关党委；另设有经济贸易审计处、外贸外事审计处、农林审计处、卫生药品审计处、教育科技审计处、文化体育审计处、政法审计处、交通建设审计处、资源环保审计处、杨凌示范区审计处等派出审计处；同时还设有审计研究所、老干所、审计干部培训中心、后勤服务中心、内部审计管理中心、计算机技术信息中心等事业单位。

领导成员

厅　长：李淑琴

副厅长：张靖方（—12月）

徐宗一　周新生

张海成

纪检组长：王兴盛

总审计师：李　健

助理巡视员：宋宏印

陕西省审计成果 全省各级审计机关共审计单位和项目8059个，查出各类违规行为金额97.7亿元，应缴未交财政4.14亿元，归还原渠道资金4.99亿元，纠正各类违规行为金额56.9亿元，减少财政拨款或补贴1273万元。完成领导交办的审计事项2837件，占全年审计单位数的35%。向各级党委、政府和有关部门提交审计工作报告411份，被批示、采用219份，提交审计信息1149篇，被批示、采用514篇。其中省厅上报的《关于我省2000年公路建设资金审计情况及进一步加强管理的意见》、《关于我省世亚行贷款项目执行情况的审计报告》、《关于全省失业保险基金审计情况的报告》、《关于加强农业综合开发资金管理的意见》、《关于加强进入会计核算中心单位审计工作的意见》等5篇报告被省政府批转。办理各级人大议案6件、政协提案4件，向纪检监察和司法机关移送案件26起。2002年，全省有57个审计机关被各级党委和政府评为精神文明建设先进单位和廉政建设模范单位，有189人被各级党委和政府评为先进个人。

财政审计 全省共审计财税部门和预算执行单位618个，查出各类违规行为金额20.6亿元，应缴未交财政1.94亿元，促进归还被侵占挪用资金1.13亿元。同时各级审计机关分别对2001年本级预算执行情况审计查出的问题进行了跟踪检查，省厅共督促财税部门和有关单位纠正违纪违规行为金额6.6亿元，落实率达到90%。按照审计法的规定，全省各级审计机关及时向本级政府提交了预算执行情况的审计结果报告，并受政府委托向本级人大常委会做了审计工作报告，进一步加大了对审计查出问题的揭示力度，并提出针对性较强的审计建议，“两个报告”的质量明显提高，得到了各级政府和人大的好评。全省各级审计机关还加强了对下级政府财政决算的审计，通过对3个市、60个县、509个乡镇的财政决算审计，查出和纠正各类违规行为金额17.5亿元，应缴财政1.26亿元，促进归还被侵占挪用资金9623万元，依法处理了一批隐瞒转移财政收入、挪用财政资金、违规减免税收等违纪违规问题，促进规范了财政分配秩序。开展了对省、市两级和30%的县级财政收支真实性审计调查，查出了两个年度10多亿元的不真实财政收入。进一步加强了对财政审计查出问题的分析和研究，向各级党委、政府和有关部门提交审计综合报告52份，被采用23份，提交信息28篇，被采用28篇，提出有针对性的审计建议500多条。

金融审计 全省各级审计机关按照审计署和省审计厅的统一安排，采取“上审下”和“交叉审”相结合的方法，开展了对中国农业发展银行陕西省分行系统及营业部、地方金融机构及中央在陕单位、西部证券公司等单位的审计，共审计单位和项目49个，查出各类违纪违规行为金额3341万元，应纠正7683万元，应缴未交财政193万元，已交167万元，促进归还原渠道资金31万元。

行政事业审计 全省各级审计机关，有重点地开展了对全省卫生防疫系统、政府卫生部门事业单位、西安外国语学院、省党校等部门和单位的审计，按照省政府的要求，对全国第三届特殊奥林匹克运动会进行了跟踪审计。共审计单位2413个，查出各类违规行为金额13.2亿元。查出乱收费、乱罚款、乱摊派资金2360万元，促进纠正各类违规行为金额7.66亿元，归还被侵占挪用资金1.3亿元，应缴财政4277万元。积极探索了实行会计集中核算后，对行政事业单位的审计方法，省审计厅在组织广泛调研，认真征求意见的基础上，与省财政厅联合下发了《关于对实行会计集中核算单位开展审计监督有关问题的意见》，得到了审计署的肯定，并向全国推荐了陕西省的做法。

企业审计 全省各级审计机关从审计企业财务收支的真实性入手，突出了对企业资产质量、会计信息真实性的检查，开展了对中油集团陕西省石油总公司系统、中油股份陕西销售公司系统、安康铁路分局、陕西移动通信公司等单位的审计。严肃查处了一批违反国家财经法纪，作假账、营私舞弊、挥霍浪费等问题。全年共审计企业579个，查出违规行为金额20.47亿元，纠正虚列转移资产、偷税漏税等违规行为金额9.1亿元，应缴未交财政2856万元，促进企业增收节支272万元。部分审计机关还探索了绩效审计的方法，开展了对企业经营管理及国有资产保值增值情况的评价审计，取得了初步成效。

农业专项资金审计 全省各级审计机关主要开展了对农业综合开发资金、林业专项资金、水利专项资金、支农扶贫资金、退耕还林资金等重点资金和重点部门的审计，共审计单位和项目345个，审计资金总额14.4亿元，查出侵占挪用、虚列转移、虚报冒领等各类违规行为金额9219万元，促进归还原渠道资金3434万元，应缴未交财政205万元，已交117万元，调账处理297万元。

社会保障审计 全省各级审计机关主要开展了对全省劳动和社会保障系统、民政系统、省福利彩票发行中心、省劳动服务局等单位和部门的审计，开展了城市居民最低生活保障资金的审计调查。共审计单位和项目277个，审计资金总额40.6亿元，查出各类违规行为金额1.29亿元，归还原渠道资金557万元，收缴财政116万元。

固定资产投资审计 全省各级

审计机关围绕推进西部大开发，重点开展了对能源、公路交通、水利建设、城市公用设施、行政事业单位基本建设等基础设施建设项目的审计，主要有对省交通厅公路建设资金的审计、对铜川至黄陵高速公路竣工决算的审计，对陕西省投资集团有限公司的审计、对省地方铁路公司的审计。共审计固定资产投资建设项目和项目施工单位652个，纠正资金不落实、多列概算、侵占挪用建设资金等违规行为金额2.7亿元，核减工程结算1.1亿元，归还原渠道资金3009万元。

外资运用审计 全省各级审计机关按照审计署的安排，开展了对全省利用世行贷款的关中灌区改造项目、秦巴山区扶贫项目、疾病预防项目、陕西神木至延安铁路项目的审计，对利用国际基金组织贷款的秦岭山区农业综合开发项目的审计，对利用日元贷款的陕西植树造林项目等外国政府援贷款项目的审计。共审计项目执行单位272个，审计资金总额46.9亿元，查出违规行为金额4644万元，归还被侵占挪用资金106万元，向世界银行和亚洲开发银行出具审计报告15份。开展了对全省外国政府贷款情况的审计调查，向审计署专题上报了《陕西省2002外国政府贷款的审计调查报告》。

经济责任审计 全省各地普遍成立了经济责任审计工作领导小组，省审计厅、10个设区市和92个县区成立了经济责任审计专职机构。全省各级审计机关全面开展了对乡科级以下党政领导干部和国有及国有控股企业领导人员的经济责任审计，积极探索了县处级以上党政领导干部的经济责任审计，并坚持在工作中边探索、边总结、边规范，积累经验。全省各级审计机关共审计县处级以上党政领导干部258人，乡科级干部1757人，审计国有及国有控股企业领导人员78人，查出各类违规行为金额5.1亿元，其中负主管责任的4.1亿元，负直接责任的6546万元。通过审计，免职、降职、撤职73人，移送纪检监察和司法机关处理15人。

内部审计 全省1523个内审机构共完成财务收支、经济效益、内控评审等审计事项2182个，查出损失浪费3846万元，纠正违规行为金额5794万元，促进增收节支4116万元，提出建议被采纳1588条，向司法机关移送案件3起。省审计厅还组织了对5个会计师事务所执业质量的检查，及时查处和纠正了存在的问题，促进规范了社会审计组织的执业行为。此外，由省内审协会组织研讨并撰写的1篇论文在全国固定资产投资和非国有经济内部审计理论经验交流会上获二等奖。（撰稿人：闫万章）

【西安市审计局】 2002年，共有干部职工81人，其中研究生学历3人，本科学历25人，大专学历39人，局长石桂英，副局长李永奇、潘小峪，纪检组长任西安。设有办公室、组织人事处、法制处、经济责任审计处、经贸审计处、财政金融审计处、行政事业审计处、固定资产投资审计处、农业与资源环保审计处、社会保障及外资运用审计处、监察室。

审计成果 审计单位135个，查出各类违纪违规行为金额54007万元，应缴未交财政5616万元，调账处理8827万元。经处理后已交财政3613万元，归还原渠道资金3005万元，向纪检监察部门移送案件两起。提交审计报告113份，审计信息139篇，被市委、市政府批示8篇，被上级有关部门和新闻单位采用90篇。

财政审计 审计预算执行单位110个，查出违规行为金额11917万元，其中少征、隐瞒、挤占预算收入2185万元，违规减免、应缴未交预算收入748万元，挪用财政资金755万元，违规调整预算674万元以及预算外资金未缴专户241万元。经处理处罚后应缴财政2800万元。对4个区县政府和45个乡镇、街道办事处的财政决算审计，查出违规行为金额13589万元，依法处理了挖挤上级财政收入、越权或违规减免税收、乱设基金、乱征税费等问题。

经济责任审计 对190个单位的215名县以下党政领导干部进行了任期经济责任审计和离任审计，查出违纪违规行为金额3311万元，根据审计结果，平调187人，晋升4人，免职9人。

完成上级交办任务 完成党政领导交办的西安经济技术开发区管委会1999～2001年财务收支审计、全市住房公积金管理机构清产核资结果的审计复核、西安国际会展中心和曲江宾馆等建设项目预算（概算）执行情况审计等4个审计任务，并配合市纪检监察部门对国债等专项资金的管理使用情况进行了专项检查。

内部审计 到2002年底，有内审机构72个，其中专职机构6个；内审人员199人，其中专职人员18人。（撰稿人：王恭让）

【西安市莲湖区审计局】 现有干部职工14人，设有办公室、行政事业审计科、经济责任审计科和综合审计科，负责对全区9个街道和46个区直部门的审计监督。局长张世耀，副局长王继萍。

审计成果 完成审计项目43个，其中对16名党政主要领导干部进行了任期经济责任审计。查出违规行为金额736万元，应缴财政72万元，已交42万元，促进增收节支280万元。完成审计调查两个。提交审计报告22份，审计信息16篇，被

采用3篇。（撰稿人：胡春霖）

【西安市新城区审计局】　现有干部职工11人，设有办公室、行政事业审计科、经济责任审计科、企业基建审计科，负责对全区9个街道和46个区直部门的审计监督。局长徐林华，副局长何阿宁。

审计成果　完成审计项目（单位）41个，其中领导干部经济责任审计19个。查出违纪违规行为金额596万元，指明要求纠正102万元，决定处理处罚494万元，应缴财政55万元。提交审计报告5份，审计意见29份，审计信息7篇。（撰稿人：王希平）

【西安市碑林区审计局】　现有干部职工17人（其中两人提前离岗），设有办公室、行政事业审计科、企业基建审计科、经济责任审计科，负责对全区8个街道和52个区直部门及76个教育、医疗等单位的审计监督。局长王印堂，副局长王晓荣。

审计成果　完成审计项目78个，党政领导交办的审计项目两个。查出违纪违规行为金额1179万元，决定处理处罚105万元，应缴财政49万元。提交审计报告78份，审计意见78份，审计信息18篇，被采用12篇。对39名党政主要领导干部和企业领导人员进行了任期经济责任审计。（撰稿人：沈宁）

【西安市灞桥区审计局】　现有干部职工16人，设有办公室、行政事业审计科、农业综合审计科和经济责任审计科，负责对全区4个乡镇、5个街道和43个区直部门的审计监督。局长姚改利，副局长胡宏伟。

审计成果　完成审计项目48个，查出违纪违规行为金额417万元，已收缴财政15万元。提交审计报告、信息被采用3篇。（撰稿人：李慧）

【西安市未央区审计局】　现有干部职工15人，设有办公室、行政事业审计科、企业基建审计科和经济责任审计科，负责对全区10个街道和51个区直部门的审计监督。局长陈恩运。

审计成果　完成审计项目38个，审计单位38个，完成经济责任审计项目10个，共查出违规行为金额2185万元，应缴财政58万元。完成审计调查4个。提交审计报告两份，审计信息5篇，被采用3篇。向纪检监察部门移送案件两起。（撰稿人：王丽）

【西安市雁塔区审计局】　现有干部职工16人，设有办公室、行政事业审计科、财政金融审计科、企业审计科、审计咨询站，负责对全区8个街道和24个区直部门的审计监督。局长王振民，副局长刘秀民。

审计成果　完成审计项目78个，查出违规行为金额2641万元，归还原渠道资金609万元，指明要求纠正7150万元，增收节支60万元。提交审计报告、信息26篇，被采用19篇。（撰稿人：王守谋）

【西安市阎良区审计局】　现有干部职工12人，设有行政事业财政审计科、综合审计科，负责对全区两个镇、5个街道和37个区直部门的审计监督。局长宋彦科，副局长王克明（11月—）。

审计成果　完成审计项目36个、单位36个，经济责任审计项目12个，共查出违规行为金额814万元，应缴未交财政170万元，已交72万元。完成审计调查项目3个、9个单位。提交审计报告、信息52篇。（撰稿人：李新成）

【西安市临潼区审计局】　现有干部职工17人，设有办公室、行政事业审计科、企业审计科、财政审计科、经济责任审计科，负责对全区23个乡镇、街道和48个区直部门的审计监督。局长郝好学，副局长汪子纯、闫选民。

审计成果　完成审计单位71个，共查出各类违规行为金额4001万元，应缴未交财政114万元，已交51万元，调账处理1515万元，指明要求纠正33万元。提交审计报告、信息38篇，被批示、采用6篇。提交审计专项调查报告两份。被授予“陕西省审计机关廉政勤政工作先进单位”。（撰稿人：杨忠文）

【西安市长安区审计局】　现有干部职工18人，设有办公室、财政金融基建审计科、行政事业审计科、企业审计科，负责对全区25个乡镇和53个区直部门的审计监督。局长吕性善（1月—），副局长赵仓宝、黄文德。

审计成果　完成审计项目65个，审计单位78个；党政机关交办审计项目1个；完成审计调查项目4个，被调查单位11个。共查出违规行为资金1008万元，其中指明要求纠正924万元，决定处理处罚84万元，收缴交财政80万元。提交重点项目审计情况综合报告7份，审计信息20篇，被采用8篇。对19个乡镇政府的财务收支以及38名党政领导干部进行了任期经济责任审计。（撰稿人：王智宏）

【蓝田县审计局】　现有干部职工16人，设有办公室、行政事业审计科、经济责任审计科、财政金融审计科、企业基建审计科，负责对全县4个乡镇和县直行政事业、企业单位的审计监督。局长张志民，副局长齐宝云、李乾芳。

审计成果　完成审计单位（项

目）48个，审计调查6个，配合参与纪检、财政、人事等有关部门进行扶贫、国债各类资金检查5次，完成县委、县政府领导交办任务3个。共查出违规行为金额476万元，应纠正1605万元，归还被侵占挪用资金88万元，调账处理44万元，应缴财政11万元。提交审计报告、信息21篇，被采用13篇。（撰稿人：王玲）

【周至县审计局】 现有干部职工30人，设有办公室、基建审计科、行政审计一科、财政金融审计科、企业审计科、行政审计二科和经济责任审计科，负责对全县22个乡镇和44个县直部门的审计监督。局长王有林，副局长张文斌、孟顺堂。

审计成果 完成审计项目76个，审计单位81个，查出违规行为金额1218万元，应缴财政21万元，已交21万元，归还原渠道资金90万元。固定资产投资审计为建设单位核减节约资金87万元。完成审计调查4个，调查单位31个。提交审计报告、信息82篇。（撰稿人：任小武）

【户县审计局】 现有干部职工21人，设有办公室、财政金融审计科、行政事业审计科、企业审计科、经济责任审计科，负责对全县18个乡镇和42个县直部门的审计监督。局长郑富成，副局长张卫星、史亚琴。

审计成果 完成审计项目和单位75个，查出违纪违规行为金额1111万元，应缴财政114万元，已交75万元，归还原渠道资金120万元，增收节支140万元。完成审计调查两个，调查单位13个。提交审计报告、信息25篇，被批示、采用20篇。完成4名科级干部经济责任审计，查出各类违纪违规行为金额80万元。（撰稿人：张良忠）

【高陵县审计局】 现有干部职工15人，设有办公室、行政事业基建审计科、经济责任审计科，负责对全县10个乡镇和43个县直部门的审计监督。局长赵军民，副局长张新华、谢晓丽。

审计成果 完成审计项目（单位）54个，审计调查4个，查出违纪违规行为金额2371万元，其中应缴财政198万元，已交47万元，归还原渠道资金683万元，调账处理124万元。提交审计报告、信息35篇，被采用17篇。完成5个乡镇、12个县直部门领导干部的任期经济责任审计工作。完成其他交办事项3个。（撰稿人：谢晓丽）

【延安市审计局】 2002年，共有干部职工42人，其中本科学历9人，大专学历21人，局长薛光明，副局长贾树宝、樊鹏英，纪检组长屈宏。设有政秘科、财政金融审计科、固定资产投资审计科、行政事业审计科、农林水审计科、党政事业经济责任审计科、企业经济责任审计科、市直企业审计处、机关后勤服务所。

审计成果 审计单位158个，查出违规行为金额31653万元，应缴财政3928万元，已交3117万元，归还原渠道资金1689万元，查出百万元以上违规单位10个。提交审计报告、信息32篇，被采用28篇。

经济责任审计 开展经济责任审计项目8个、8人，查出违规行为金额2704万元，应缴财政1.1万元，已交1.1万元。（撰稿人：李卓庆）

【延安市宝塔区审计局】 现有干部职工30人，设有办公室、财政金融审计股、行政事业审计股、企业审计股、固定资产投资审计股，负责对全区20个乡镇、3个街道和32个区直部门的审计监督。局长赵天明，副局长李天喜、井自泉、杨风琴。

审计成果 审计项目和单位42个，查出违规行为金额1884.4万元，应缴财政20.2万元，已交20万元。完成审计调查3个，调查单位8个。提交信息28篇。对18个行政、企事业单位的20名科级干部进行了任期经济责任审计，查出违规行为金额77.4万元。（撰稿人：杨武春）

【延长县审计局】 现有干部职工10人，设有政办业务股、投资基建审计股、综合业务审计股和经济责任审计办公室，负责对全县13个乡镇和40个县直部门的审计监督。局长王斌，副局长李金锋、朱成梅、李东风。

审计成果 完成审计单位和项目52个，查出违纪违规行为金额154.7万元，应缴财政11.7万元，已交11.7万元，减少财政拨款和补贴24万元，追还被侵占挪用资金19万元。审计工程项目10个，核减不实决算34万元。（撰稿人：孙玉英）

【延川县审计局】 现有干部职工24人，设有办公室、财政企业审计股、行政事业审计股、固定资产投资审计股和经济责任审计办公室（正科级），负责对全县14个乡镇和33个县直部门的审计监督。局长杨忠祥，副局长张瑞宏、董思军。

审计成果 完成审计项目24个、28个单位，任期经济责任审计项目11个，基建工程竣工决算审计项目11个，查出违纪违规行为金额284万元，应缴财政25万元，核减工程造价21万元。提交审计报告20份，审计意见46份。（撰稿人：杨满怀）

【子长县审计局】 现有干部职工14人，设有办公室、财政金融审计组、企业审计组、行政事业审计组，负责对全县15个乡镇（管委）和31个县直部门的审计监督。局长张建华，副局长郭烨、郝建忠、李红军。

审计成果　完成审计项目和单位76个，查出违规行为金额267万元，应缴财政21万元，已交8.1万元。完成审计调查3个，调查单位13个。提交审计报告4份。对55名党政、事企业单位的主要领导干部进行了任期经济责任审计，查出违规行为金额150万元。（撰稿人：高国强）

【安塞县审计局】　现有干部职工12人，设有办公室、财政审计组、企业审计组、行政事业审计组和基建审计组，负责对全县13个乡镇（街）和22个县直部门的审计监督。局长高远航，副局长王虹（兼纪检组长）、袁光耀、宁建芳。

审计成果　完成审计项目38个，审计单位68个，查出违纪违规行为金额2228万元，应缴财政80万元，已交80万元，核减基建决算资金375万元。提交审计报告、信息14篇，提出合理化建议204条。（撰稿人：钟兆岚）

【志丹县审计局】　现有干部职工27人，设有行政事业审计股、综合股、企业审计股，负责对全县13个乡镇和354个县直部门的审计监督。局长邢志荣，副局长刘高峰、马瑞华、马亚娜。

审计成果　完成审计项目84个，审计资金总额4.3亿元，查出违规行为金额533万元，应缴财政12万元，归还原渠道资金10万元，决定处理处罚4万元，指明要求纠正7323万元，基建项目审计共核减工程造价2431万元。（撰稿人：杨彩霞）

【吴旗县审计局】　现有干部职工10人，设有企业审计股、行政事业审计股、基建审计股、办公室，负责对全县12个乡镇和28个县直部门的审计监督。局长姚怀玉，副局长高伟、高俊江。

审计成果　完成审计项目77个，查出违规行为金额268万元，指明要求纠正1356万元，应缴财政26万元，已交26万元。提交审计报告、信息23篇。完成22名科级干部离任经济责任审计，查出违规行为金额56万元。（撰稿人：齐利）

【甘泉县审计局】　现有干部职工20人，设有办公室、第一审计股、第二审计股、经济责任综合审计办公室，负责对全县8个乡镇和26个县直部门的审计监督。局长曹建忠，副局长陈立新。

审计成果　完成审计项目59个，审计单位78个，查出违纪违规行为金额2156.68万元，应缴财政242.11万元，已交11.70万元。提出合理化审计建议98条，被采纳56条；提交审计报告、信息26篇，被采用4篇。对32名党政、企业的主要领导干部进行了任期经济责任审计。（撰稿人：魏春宁）

【富县审计局】　现有干部职工21人，设有办公室、法制股、财政金融审计股、行政事业审计股、基本建设审计股，负责对全县13个乡镇和县直部门的审计监督。局长李骅祥，副局长刘传瑞、范先华、李春梅。

审计成果　完成审计项目52个（审计单位60个），查出违纪违规行为金额691万元，归还原渠道资金89万元，应缴财政17万元，已交17万元。在基建工程竣工决算中共核减工程造价263万元，核减率10.4%。提交审计报告、信息21篇，被采用15篇。（撰稿人：王峰）

【洛川县审计局】　现有干部职工29人，设有办公室、行政事业审计股、综合审计股和经济责任审计办公室，负责对全县16个乡镇和58个县直部门的审计监督。局长王正仓，副局长孙哲、贾淑侠，纪检组长史再勇。

审计成果　完成审计项目17个、59个单位，查出违纪违规行为金额710万元，应缴财政11万元，已交11万元。完成15名科级干部任期经济责任审计，查出违规行为金额463万元。提交审计报告、信息50篇。（撰稿人：张文锋）

【宜川县审计局】　现有干部职工13人，设有办公室和两个审计组，另设县领导干部任期经济责任审计办公室（事业单位，副科级建制），有干部职工10人，负责对全县12个乡镇和42个县直部门的审计监督。局长马克智，副局长李怀亮、杨英兰，纪检组长师贵科。

审计成果　完成审计项目60个，查出违规行为金额557万元，指明要求纠正121万元，归还原渠道资金283万元，调账处理52万元，应缴财政18万元，已交17万元，处理处罚5万元。提交审计报告、信息21篇，被采用6篇；建议纠正地方部门不当规定50条。（撰稿人：马克智）

【黄龙县审计局】　现有干部职工10人，设有政办业务股、投资基建审计股、综合业务审计股和经济责任审计办公室，负责对全县10个乡镇和24个县直部门的审计监督。局长王卫锋（8月—）、孙少龙（—8月），副局长张忠民。

审计成果　完成审计项目20个，审计单位74个，查出违规行为金额327万元，应缴财政4万元，已交3万元，核减基建投资45万元，指明要求纠正278万元。提交审计报告、信息16篇。对24名党政、企、事业单位的主要领导干部进行了任期经济责任审计，查出违规行为金额201万元。（撰稿人：杨德功）

【黄陵县审计局】　现有干部职工20人，设有办公室、财政金融审计股、行政事业审计股、企业审计股、固定资产投资审计股，负责对全县11个乡镇、1个街道和县直部门的审计监督。局长戴建平，副局长杨毅生、徐建新。

审计成果　审计单位241个，审计资金总额1.7亿元，查出违规行为金额4265万元，应缴财政9万元，已交9万元，归还原渠道资金1209万元。提交审计报告、信息22篇。开展经济责任审计项目45个、45人，查出违规行为金额541万元，查出个人经济问题1人。审计后移送纪检监察机关1人。（撰稿人：梁小川）

【铜川市审计局】　2002年，共有干部职工51人，其中本科学历14人，大专学历32人，局长彭群才（兼审计处处长），副局长韩务善、侯东强，副处长杜国庆，纪检组长郑世安。设有办公室、法制科、财政金融审计科、行政事业审计科、经贸审计科、农业与资源环保审计科、社会保障审计科、固定资产投资审计科、审计处一科、审计处二科，并设省审计厅铜川审计处。4月，市政府批准成立铜川市经济责任审计局（副县级建制），内设党政干部审计科、企事业干部审计科。5月，市机构编制委员会同意设立铜川市内部审计管理中心（科级建制），为市审计局下属事业单位。

审计成果　审计单位85个，查出违规行为金额8599万元，应缴未交财政167万元，已交154万元。提交审计报告124份，信息和调研报告130篇，被采用84篇。市局档案室于9月被陕西省档案局授予“省一级先进”光荣称号。

财政预算执行审计　查出违规行为金额684万元，应缴未交财政39万元。市局还对宜君县、印台区2001年度财政决算进行了审计，查出各类违规行为金额278万元，应缴未交财政11.5万元。

经济责任审计　开展经济责任审计项目14个、14人，其中，任期经济责任审计6人，离任审计8人。审计资金总额3.4亿元，查出各类违规行为金额3500万元，应缴未交财政17万元。

行政事业单位审计　完成行政事业单位审计项目8个，查出各类违规行为金额5.9万元，应缴财政2.9万元。

企业审计　通过对13个工交、商贸企业的审计，揭露和查处了国有企业资产运行不良，资产账外经营，核算不规范、不合法、会计信息失真及偷漏税款等违纪问题。审计处在对4个省属企业审计中，坚持以资本运营为主线，重点检查了企业的资产、负债、损益的真实、合法及效益情况，共查出各类违规行为金额3428万元，应缴财政资金55.88万元。

固定资产投资项目审计　完成了5个固定资产投资项目审计，审计资金总额6950万元，查出各类违规行为金额160万元，应缴财政46.5万元。（撰稿人：张子耀）

【铜川市王益区审计局】　现有干部职工10人，设有办公室、行政金融审计股、工交企业审计股、基本建设审计股和经济责任审计局，负责对全区3个乡镇、4个办事处及区直部门的审计监督。局长侯义连，副局长杨建秦。

审计成果　完成审计项目23个，查出违规行为金额7.76万元，应缴未交财政0.45万元。开展经济责任审计14个，查出违规行为金额3306.75元。提出审计建议11条。（撰稿人：艾存良）

【铜川市印台区审计局】　现有干部职工12人，设有办公室、财政金融审计组、行政事业审计组、经济责任审计组，负责对全区11个乡镇街道和58个区直部门的审计监督。局长黄泰文，副局长任君霞、王战朝。

审计成果　完成审计项目24个，查出违规行为金额18万元，指明要求纠正828万元。提交审计报告两份，审计意见书25份，信息12篇，被采用6篇。在经济责任审计中，查出1名科级领导干部的经济问题。审计档案室达到了“省二级”标准，并获得“省二级先进”称号。（撰稿人：张贵龙）

【铜川市耀州区审计局】　现有干部职工11人，设有办公室、财政金融审计组、行政事业审计组、企业审计组、基建审计组和内审指导组，负责对全区13个乡镇和53个区直部门的审计监督。局长张德运，副局长袁军朝。

审计成果　完成审计项目单位43个，查出违规行为金额450万元，应缴未交财政9万元，已交7.8万元，指明要求纠正2434万元。完成审计调查两个、调查单位5个。提交审计报告、信息5篇。对17名党政主要领导干部进行了任期经济责任审计。有专职内审指导人员1人，内审机构31个，内审人员144人，完成了建设杨家庄财务审计示范点工作。（撰稿人：郭应波）

【宜君县审计局】　现有干部职工13人，设有办公室、财政金融固定资产投资审计组、行政事业企业审计组、经济责任审计局，负责对全县10个乡镇和47个县直部门的审计监督。局长田书生，副局长杨俊忠。

审计成果 完成审计项目单位29个，查出违规行为金额255.21万元，其中归还原渠道资金51.97万元，调账处理15.96万元，应缴财政7.14万元，已交7.14万元。提交审计报告29份，审计信息6篇。对机构改革中的13名党政、事业单位的主要领导干部进行了经济责任审计。（撰稿人：刘晓恒）

【渭南市审计局】 2002年，共有干部职工67人，其中本科学历19人，大专学历31人，局长陈春明（兼审计处处长），副局长袁剑华、张泉，纪检组长金引成，副处长朱解放。设有办公室、法制科、财政金融审计科、经贸与社保审计科、经济责任审计科、农业资源与环保审计科、行政事业审计科、固定资产投资审计科、监察室、驻渭单位审计科、内部审计指导中心、后勤服务中心，并设省审计厅渭南审计处。

审计成果 审计单位1005个，查出违规行为金额40848万元，应缴未交财政2701万元，已交1444万元。移送纪检、司法机关处理6人，建议给予党纪政纪处分4人。建议纠正地方、部门不当规定29条。提交审计报告、信息196篇，被采用85篇。

财政审计 审计预算执行单位67个，查出违规行为金额10203万元。与此同时，对4个县（市）及92个乡镇政府的财政决算进行了审计，查出违规行为金额4373万元，应缴未交财政342万元。

行业审计和专项资金审计 共完成上级安排的农业发展银行系统、卫生系统、石油销售行业、失业保险基金、农业综合开发资金等行业和专项资金审计92个，查出违规行为金额1200万元。

固定资产投资审计 共完成固定资产投资项目审计63个，查出违规行为资金7075万元，核减工程造价1674万元。

经济责任审计 开展经济责任审计项目323个，在全省首次开展了对1个县的县委书记、县长同时审计。共查出违规行为金额3623万元，其中认定直接责任872万元，主管责任2303万元。审计后，免职3人。

完成党政领导交办任务 完成市、县党政交办的审计事项360个，查出违规行为金额1280万元，应缴财政85万元，其中查出非法经营金融业务和非法吸储50935.62万元、非法放贷14277.46万元，有4名涉案人员已移送司法机关处理。

内部审计 市直部门内审机构183个，其中专职机构158个；内审人员470人，其中专职人员208人。共审计单位204个，查出损失浪费97万元，纠正违规行为金额51万元，促进增收节支33万元。（撰稿人：王少宏）

【渭南市临渭区审计局】 现有干部职工41人，设有办公室、财政金融审计股、行政事业审计股、农林水牧审计股、综合股，另设区经济责任审计中心（局属二级单位），负责对全区28个乡镇（办）和78个区直部门的审计监督。局长刘晓莉，副局长牛健民、张敏安、杨波。

审计成果 审计单位98个，查出违纪行为金额3475万元，应缴财政186万元，已交52万元，归还原渠道资金1619万元，调账处理1376万元，罚没139万元，应纠正1964万元，促进增收节支94万元。提交审计报告、信息14篇，被采用8篇。（撰稿人：石明武）

【华阴市审计局】 现有干部职工19人，设有办公室、财政金融审计股、企业审计股、行政事业审计股、基建审计股、复核股和经济责任审计办公室，负责对全市10个乡镇（办事处）和31个市直部门的审计监督。局长李长路，副局长李鹏志。

审计成果 审计单位70个，查出违规行为金额1074万元，应缴财政47万元，已交42万元。完成审计调查1个，调查单位8个。提交审计报告、信息44篇。完成17名科级干部离任经济责任审计，查出违规行为金额66万元。有内审指导人员两人，内审机构30个，内审人员49人。（撰稿人：杜军民）

【韩城市审计局】 现有干部职工25人，设有办公室、行政事业审计股、财政金融审计股、企业基建审计股和经济责任审计办公室，负责对全市16个乡镇和33个市直部门的审计监督。局长柳高森，副局长郭继延、薛继权，纪检组长王福民。

审计成果 完成审计项目97个，查出违规行为金额1980万元，调账处理584万元，应缴财政162万元，已交71万元。完成审计调查3个。提交审计报告、信息167篇，被采用4篇。完成36名科级领导干部离任经济责任审计、26名科级领导干部任期经济责任审计，共查出违规行为金额334万元。（撰稿人：孙红侠）

【华县审计局】 现有干部职工27人，设有财政金融基建审计股，行政事业、农业与资源审计股，经贸系统和社保审计股，经济责任审计办公室，综合办公室，负责对全县14个乡镇和40个县直部门的审计监督。局长潘增禄，副局长侯京伟、段长刚，纪检组长李如黎。

审计成果 完成审计项目67个，审计单位96个，查出违规行为金额1830万元，应缴财政124万元，已交58万元。完成审计调查3个，调查单位13个。提交审计报告和信息8篇。完成党政领导交办任务4个。完成领导干部任期经济责任审计项目31个，涉及38人。（撰稿人：杨根虎）

【潼关县审计局】　现有干部职工34人，设有办公室、财政金融审计股、行政事业审计股、企业审计股、基本建设投资审计股、经济责任审计中心，负责对全县8个乡镇、70个县直部门的审计监督。局长房明智，副局长贾长度、行冬平。

审计成果　完成审计项目31个，查出违规行为金额672万元，应缴财政140万元，已交58万元，减少财政拨款或补贴42万元，归还原渠道资金139万元，指明要求纠正254万元。提交审计报告和信息6篇。向司法机关移送案件1起，建议给予司法处理4人。完成审计调查两个，调查单位11个。完成经济责任审计项目9个，完成党政领导交办其他事项3个。（撰稿人：姜昕勇）

【大荔县审计局】　现有干部职工40人，设有办公室、法制股、财政金融审计股、行政事业审计股、工商企业审计股、经济责任审计股、固定资产投资审计股，负责对全县26个乡（镇）和48个县直部门的审计监督。局长武建民，副局长高西榜、孙天才，纪检组长付丽荣。

审计成果　完成审计项目85个，完成县委、县政府交办事项5个，查出违规行为金额1390万元，应缴财政174万元，已交45万元。被采用信息14篇。完成42名科级干部任期经济责任审计，查出违规行为金额263万元。王根成同志被评为“全国审计系统先进个人”。（撰稿人：王波）

【蒲城县审计局】　现有干部职工19人，设有财政金融审计股、经济责任审计股、行政事业审计股、经贸基建外资审计股、农业与资源环保审计股、办公室和法制股，负责对全县24个乡镇和42个县直部门的审计监督。局长许志刚，副局长屈金定、雷文才。

审计成果　审计单位77个，查出违规行为金额1350万元，决定处理处罚79万元，指明要求纠正1271万元，应缴财政52万元。提交审计报告、信息18篇，被采用14篇。对31个乡镇及县直部门单位的领导干部进行了经济责任审计。查出违规行为金额61万元，应纠正44万元，决定处理处罚17万元。有内审机构18个，完成审计60个单位，查出损失浪费25万元，促进增收节支20万元，纠正违规行为金额14万元。（撰稿人：寇卫新）

【澄城县审计局】　现有干部职工23人，设有办公室、行政事业审计股、企业审计股、财政金融审计股、基建审计股，另下辖经济责任审计分局，负责对全县14个乡镇和54个县直部门的审计监督。局长秦群记，副局长弥振乾、雷渭弟、杨广益，纪检组长王会选。

审计成果　完成审计单位和项目65个，查出各类违规行为金额1226万元，应缴财政146万元，已交93万元，归还原渠道资金164万元，调账处理34万元，罚款79万元，指明要求纠正1724万元。提交审计报告、信息24篇。完成23名科级领导干部任期经济责任审计，查出违规行为金额273万元，应纠正204万元，应缴未交财政26万元。设立内审机构48个，有内审人员94人，审计单位167个，查出损失浪费35万元，促进增收节支76万元，纠正违规行为金额171万元，提出合理化建议、意见被采纳55条。（撰稿人：叶振民）

【白水县审计局】　现有干部职工33人，设有党政办公室，财金审计股、行政事业审计股、农林水审计股、企业审计股、经济责任审计股，负责对全县15个乡镇和80个区直部门的审计监督。局长党建明，副局长肖莉莉、郭建军。

审计成果　完成审计项目143个，查出各类违规行为金额5832.66万元，应缴财政135万元，已交79万元，归还原渠道资金15万元，调账处理263万元，罚没8万元。提交审计报告、信息15篇，被采用10篇。（撰稿人：李东录）

【合阳县审计局】　现有干部职工36人，设有办公室、综合股、财金审计股、行政事业审计股、农林水审计股、工商企业审计股、基建外资审计股、经济责任审计办公室，负责对全县16个乡镇和105个县直部门的审计监督。局长雷永宏，副局长侯俊明、李国斌，纪检组长赵永毅。

审计成果　审计单位125个，查出违规行为金额2934万元，应缴财政93万元。提交审计报告10份，信息和调研报告8篇，被采用5篇。开展经济责任审计项目161个，查出违规行为金额286万元，督促收回领导干部占用单位资产3件。（撰稿人：雷永宏）

【富平县审计局】　现有干部职工41人，设有办公室、法制股、行政事业审计股、财政金融审计股、农业与资源环保审计股、企业审计股、固定资产投资审计股、县经济责任审计室，负责对全县24个乡镇和42个县直部门的审计监督。局长潘顺民、副局长惠志贤、李文龙、刘悦义。

审计成果　完成审计单位和项目116个，共查出违纪违规行为金额1457万元，应归还原渠道资金428

万元，建议纠正5241万元，应缴财政79万元，已交财政42万元。提交审计报告和信息28篇，被批示、采用16篇。配合并乡建镇，开展领导干部任期经济责任审计项目36个、49人，查出违规行为金额267万元，建议纠正134万元，移送纪检监察机关处理两人。对10个乡镇企业基金会、5个商会会员互助会、14个供销股金服务部自开业以来的资产负债损益情况进行了审计。（撰稿人：秦奇峰）

【咸阳市审计局】 2002年，共有干部职工72人，其中本科学历19人，大专学历34人，局长张国（兼审计处处长）、副局长郑天瑞、副处长马俊忠、纪检组长姚广迎。设有秘书科、法规科、财税审计科、金融外资审计科、经济责任审计科、农业与环保资源审计科、固定资产投资审计科、行政事业审计科、工交企业审计科、商贸企业审计科、审计处一科、审计处二科，纪检监察室，并设省审计厅咸阳审计处。

审计成果 审计单位92个，查出各类违规行为金额3856万元，应缴财政468万元，已交224.8万元，归还原渠道资金867.6万元，调账处理2756万元，罚款80.4万元。提交审计报告280份，被采用26份。

财政审计 对市财政局、地税局2001年度财政预算执行情况，以及政府其他部门财政收支情况进行了审计，查出农业专项资金滞留6583万元；税收征管过程中违规设立过渡户、用现金支付代征代扣单位手续费，以及私设“小金库”等问题；政府采购预算刚性差、采购范围小，以及行政事业单位漏缴、欠缴国家税金问题，向市人大常委会和市政府提交的“两个报告”得到充分肯定和高度重视。同时对三原县、泾阳县、淳化县、长武县和渭城区等5个县区2001年度财政决算进行了审计。

经济责任审计 开展对领导干部经济责任审计11人，查出未缴财政专户资金14.3万元，未实行“收支两条线”规定，预算外资金162万元等问题。

内部审计 市直部门内审机构26个，其中专职机构17个；内审人员71人，其中专职人员52人。共审计单位70个，查出损失浪费34万元，纠正违规行为金额25万元，促进增收节支68万元。（撰稿人：任生堂）

【咸阳市秦都区审计局】 现有干部职工17人，设有办公室、财政金融审计科、基建和企业审计科、行政事业审计科、经济责任审计办公室（二级事业单位），负责对全区12个镇、街道和41个党政群机关及267个事业单位的审计监督。局长李瑞江，副局长刘亚军。

审计成果 完成审计项目116个，完成经济责任项目26个，查出违纪违规行为金额1972万元，决定处理处罚49.6万元，应缴财政49.6万元。提交审计信息6篇。在经济责任审计中，对严重违反财经纪律问题的3人移送纪检监察机关进行处理。（撰稿人：赵志信）

【咸阳市杨陵区审计局】 现有干部职工9人，设有办公室、审计业务1组、2组，负责对全区4个乡镇和33个区直部门的审计监督。局长张宁刚，副局长赵健。

审计成果 完成审计项目16个，审计单位40个，查出违规行为金额40万元，应缴财政9万元，已交8.6万元。完成审计调查两个，调查单位6个。提交审计报告、信息20篇。完成领导交办的其他审计项目4个，查出违规行为金额7.75万元。（撰稿人：苏小平）

【咸阳市渭城区审计局】 现有干部职工25人，设有办公室、财政金融审计科、行政事业审计科、基建审计科、农林水审计科和领导干部经济责任审计室，负责对全区6个乡镇、4个办事处和26个区直部门的审计监督。局长付荣选，副局长杨军、张春黎。

审计成果 完成审计项目86个，审计单位99个，查出违规行为金额36万元，应缴未交财政20万元，已交20万元。完成审计调查两个，调查单位7个。提交审计报告、信息74篇。还分别对区属7个粮食商贸企业的经营状况及债权债务情况进行了专项调查审计，经济责任审计今年共完成14个。（撰稿人：陈文娴）

【兴平市审计局】 现有干部职工35人，设有经济责任审计办公室（副科级事业机构）、办公室、法制科、行政事业审计科、企业审计科、基建审计科和财政金融审计科，负责对全市14个乡镇、街道和60多个市直部门的审计监督。局长裴力，副局长刘继银、冯三顺、边定法。

审计成果 完成审计项目43个，单位65个，查出违纪违规行为金额599万元，其中指明要求纠正529万元，决定处理处罚70万元，应缴财政70万元，追还被侵占挪用资金122万元，核减工程决算175万元。提交审计报告、信息28篇，被采用20篇。还对在乡镇换届和机构改革中变动的22名党政主要领导干部进行了任期经济责任审计。（撰稿人：魏海龙）

【三原县审计局】 现有干部职工37人（在职人员27人），设有行政事业审计股、财政金融审计股、农林水审计股、经济责任审计办公室、固定资产投资审计股、企业审计股和行政办公室，负责对全县14

个乡镇和50多个县直部门的审计监督。局长高永智，副局长张旭东、张晋。

审计成果 完成审计项目65个，完成上级下达审计项目24个，查出违规违纪行为金额850万元，应缴未交财政36万元，已交36万元。完成同级审6个预算单位的抽查审计，4个乡镇财政决算审计。完成审计调查6个，调查单位5个。完成18名科级干部任期经济责任审计；设内审指导人员（兼职）1人，内审机构24个，内审人员25人。（撰稿人：史永红）

【泾阳县审计局】 现有干部职工26名，设有行政办公室、5个审计组和内审指导监督组、廉政质量检查组，负责对全县16个乡镇和260多个行政企事业单位的审计监督。局长何绍亭，副局长李泾海、刘永安，纪检员刘承继。

审计成果 完成审计单位64个，查出违规行为金额1868万元，应缴财政175万元，已交175万元。归还原渠道资金3万元。提出改进和纠正建议100余条。提交综合报告和调查报告10份。完成13名科级领导干部离任经济责任审计。完成县委、县政府交办的审计项目3个、29个单位。有内审指导人员3人，内审机构38个，内审人员45人。（撰稿人：安冬婕）

【乾县审计局】 现有干部职工26人，设有办公室、法规股、行政事业审计股、财税审计股、农业与环保审计股、企业与金融审计股、固定资产投资审计股和经济责任审计办公室，负责对全县20个乡镇和265个县直部门及企事业单位的审计监督。局长赵乃斌，副局长李世杰、胡凡、聂广欣。

审计成果 审计单位79个，审计金额2.51亿元，共查出各类违纪违规行为金额3372万元，归还原渠道资金103万元，调账处理135万元，应缴县财政45万元，指明要求纠正540万元。完成审计调查6个，调查单位31个。提交审计报告22份，信息和调研报告12篇，被批示、采用10篇。开展经济责任审计项目12个，查出违纪违规行为金额203万元，查出损失浪费74万元。（撰稿人：叶亚红）

【礼泉县审计局】 现有干部职工39人，设有经济责任审计办公室，办公室、法制股、财税审计股、固定资产投资审计股、行政事业审计股、企业审计股、农业与资源环保审计股、内审指导股，负责对全县15个乡镇和64个县直部门的审计监督。局长吴卫烈、副局长高飞行、周建军、吴高峰，纪检组长韩宝祥。

审计成果 完成审计项目19个、86个单位，查出违规行为金额903万元，其中指明要求纠正757万元；应缴财政62万元，其中罚款42万元。提交审计报告36篇，审计信息8篇。完成审计调查3个，调查单位16个。完成20名科级干部经济责任审计，查出违规行为金额150万元。内审机构22个，内审人员35人，审计单位44个，纠正违规行为金额14万元。（撰稿人：杜孟明）

【永寿县审计局】 现有干部职工19人，设有办公室、财政金融审计股、企业审计股、行政事业审计股和固定资产投资审计股，负责对全县13个乡镇和39个县直部门的审计监督。局长安荣辉，副局长张文学、康永生、吕云祥，纪检员张健民。

审计成果 完成审计项目78个，审计单位96个，其中党政领导干部任期经济责任审计项目30个。查出违规行为金额1297.3万元，其中指明要求纠正659.2万元，决定处理处罚638.1万元；归还被侵占挪用资金131万元，应缴财政43万元。共提交审计综合报告、审计调查报告、工作报告、信息51篇。完成了5个撤并单位的清算审计工作。（撰稿人：陈少斌）

【彬县审计局】 现有干部职工25人，设有经济责任审计办公室、政秘股、法规股、财政金融审计股、企业审计股、行政事业审计股和基本建设审计股，负责对全县16个乡镇和40个县直部门的审计监督。局长秦少峰，副局长沈剑锋，纪检组长王立民。

审计成果 完成审计项目89个，查出违规行为金额1092万元，应缴未交财政51万元，已交50万元，归还原渠道资金189万元，核减工程造价211万元。完成审计调查5个，调查单位5个。完成经济责任审计10个，查出违规行为金额146万元，应缴财政9万元，归还原渠道资金50万元，提交审计报告、信息31篇。有内审机构28个，内审人员83人，完成了41个单位的审计，其中财务收支审计25个单位，经济效益审计16个，纠正违规行为金额24万元。（撰稿人：曹璞）

【长武县审计局】 现有干部职工15人，设有企业审计股、行政事业审计股、固定资产投资审计股、经济责任审计股、办公室，负责对全县11个乡镇及62个县直部门的审计监督。局长赵小明，副局长崔少斌、郭晓斌、鱼建虎。

审计成果 审计单位和项目64个，查出违纪违规行为金额1356万元，归还原渠道资金255万元，调账处理290万元，指明要求纠正618万元。提交审计报告35份，审计意见书64份，审计信息两篇，被采用1篇。对撤乡并镇的6个乡镇及其所属企事业单位进行了全面审计，对

县乡机构改革中的8个撤并单位进行了审计，同时对15名党政、企业的主要领导人进行了任期经济责任审计。（撰稿人：郭蓉）

【旬邑县审计局】 现有干部职工19人，设有办公室、财政金融审计股、企业审计股、行政事业审计股、基本建设审计股和内审经济责任审计股，负责对全县14个乡镇和50多个县直部门的审计监督。局长宫伟利，副局长王玺坤、马建璋，纪检组长王和军。

审计成果 完成审计项目54个，查出违规行为金额241万元，应缴财政11.4万元。完成了13名乡镇领导干部、11名党政部门和8名企事业单位主要领导干部的任期经济责任审计，查出违规行为金额157万元，收缴财政8万元，提交审计结果报告27份。（撰稿人：文小刚）

【淳化县审计局】 现有干部职工16人，设有财政金融审计股、工交企业审计股、行政事业审计股、经济责任审计股和办公室，负责对全县15个乡镇和64个县直部门的审计监督。局长李志荣，副局长姚春昌、马志林、王榕，纪检组长任惠贤。

审计成果 完成审计项目15个，审计单位79个，查出违规行为金额186万元，应缴财政22万元，已交14.5万元。完成10名党政、企业领导干部任期经济责任审计，查出违规行为金额42.3万元，指明要求纠正40万元，决定处理处罚2.3万元，应缴财政2.3万元。积极配合全县并乡建镇工作，分别对10个乡镇财政决算、财政收入真实性进行了审计及审计调查。（撰稿人：袁海龙）

【武功县审计局】 现有干部职工26人，设有行政办公室、财政金融审计股、工交商贸审计股、行政事业审计股、基建审计股，负责对全县12个乡镇和48个县直部门的审计监督。局长汪汉奇，副局长张志宏、史建友，纪检组长李少锋。

审计成果 完成审计项目34个，审计单位55个，查出违规行为金额431万元，应缴财政17万元，已交16.5万元。完成审计调查两个，调查单位6个。提交审计报告8份，审计信息7篇，简报两篇，被采用两篇。对县公安局1名科级干部进行了任期经济责任审计。（撰稿人：王军锋）

【宝鸡市审计局】 2002年，共有干部职工61人，其中本科学历29人，大专学历22人。局长苏正东（兼审计处处长），副局长骆少香、孙开汉、淡佛良，副处长刘凤侠。设有办公室、监察室、法规复审科、行政事业审计科、财政金融审计科、经贸审计科、农业与环保审计科、经济责任审计科、基本建设审计科、审计处一科、审计处二科、机关后勤服务所，并设省审计厅宝鸡审计处。

审计成果 审计单位120个，查出违规行为金额37205万元，应缴未交财政1092万元，已交1030万元，纠正被侵占挪用资金1860万元。提交审计报告和信息56篇，被各级采用23篇。

完成上级交办任务 完成了对原宝鸡石化总厂资产清理和宝鸡焦化制气有限责任公司、市住房资金管理机构调整前资金和资产、市水利局管理的簸箕山滑坡治理资金、市天然气综合楼工程竣工决算的审计。

经济责任审计 3月成立了以市长吴登昌为组长的宝鸡经济责任审计工作领导小组，加强了对经济责任审计的组织领导工作。全年共实施了34名行政事业单位领导干部和1名企业领导人的经济责任审计。

审计法制建设 一是对6个县（区）审计机关审计质量进行了检查。二是对全市审计机关19个优秀审计项目和审计揭露违法犯罪线索项目进行了通报奖励。三是代政府草拟了党政领导干部和企事业单位领导人员任期经济责任审计办法。（撰稿人：段宝中）

【宝鸡市渭滨区审计局】 现有干部职工13人，设有政秘股、业务股、经济责任审计办公室，负责对全区9个镇、街道和80个区直部门的审计监督。局长罗建军，副局长马天明（8月—）、严立章，纪检组长王军（8月—）。

审计成果 完成审计项目和调查14个、67个单位，查出违规行为金额409万元，提交审计信息12篇。在区本级财政预算执行审计中，以提高财政资金使用效益为目标，适时调整了审计工作策略，突出以健全会计集中核算和政府采购制度为重点，从而确保了预算执行审计的质量和效果，此做法被《中国审计报》刊发述评予以肯定。（撰稿人：张剑锋）

【宝鸡市金台区审计局】 现有干部职工12人，设有办公室、行政事业与经济责任审计股、财金与基建审计股，负责对全区8个镇、街和96个区直部门的审计监督。局长秦安京，副局长王文学。

审计成果 完成审计单位28个，共查出违规行为金额1158万元。出具审计意见书28份，做出审计决定7份，提交专题报告4份；向被审计单位提出建设性意见、建议46条，已被采纳33条。对机构改革中9个撤并单位进行了审计。（撰稿人：苗会明）

【宝鸡县审计局】 现有干部职工25人，设有政秘股、财政金融审计股、行政事业审计股、企业审计股和固定资产投资审计股，负责对全县24个乡镇、54个县直部门和82个企事业单位的审计监督。局长梁素萍，副局长李炜、鲜明霞。

审计成果 审计单位88个，查出违纪违规行为金额1770万元，其中指明要求纠正1756万元，应缴未交财政12万元，已交12万元。提交审计报告、信息52篇，被采用13篇。完成科级领导干部任期经济责任审计项目16个，查出违纪违规行为金额475万元，决定处理处罚责任人两人。（撰稿人：郭拴绪）

【凤翔县审计局】 现有干部职工22人，设有政秘股、行政事业审计股、财政金融审计股、企业基建审计股和经济责任审计办公室，负责对全县17个乡镇、48个县直部门和182个企事业单位的审计监督。局长李林科，副局长李忠贤、亢建勋（8月—）。

审计成果 完成审计项目56个，查出违规行为金额2248万元，追还被挪用专项资金53万元，应收缴财政108万元。撰写审计综合报告、信息14篇，被采用8篇。（撰稿人：吕亚奎）

【岐山县审计局】 现有干部职工15人，设有办公室、财政金融审计股、经贸企业审计股、行政事业经济责任审计股和基建投资审计股，负责对全县14个乡镇、56个县直部门和112个企事业单位的审计监督。局长见连生，副局长张诚。

审计成果 完成审计和审计调查项目72个，审计金额累计5.4亿元，查出违规行为金额2352万元，其中指明要求纠正2331万元，决定处理处罚21万元，已交财政21万元。基建审计核减基建投资86万元。提交审计报告21份，审计信息7篇。有内审指导人员3人，内审机构14个，内审人员36人。（撰稿人：田磊）

【扶风县审计局】 现有干部职工15人，设有秘政股、财政金融审计股、行政事业审计股、经贸与固定资产投资审计股，负责对全县12个乡镇和145个县直部门的审计监督。局长张新尚，副局长张公让、法东杰。

审计成果 审计单位和项目81个，查出各类违规行为金额2948万元，其中决定处理处罚894万元，应缴财政123万元。揭露并移交经济案件线索1件。提出审计意见和建议68条，提交综合审计报告和工作动态36篇，被采用或批示5篇。糖业烟酒有限责任公司审计移交案件线索被陕西省审计厅评为揭露案件线索二等奖。还对34名乡（镇）党委书记、乡（镇）长、县级部门和事业单位领导干部进行了任期经济责任审计。（撰稿人：赵宏安）

【眉县审计局】 现有干部职工13人，设有政秘股、财政金融审计股、行政事业审计股、基本建设审计股和经济责任审计股，负责对全县10个乡镇和36个县直部门的审计监督。局长王智，副局长韩少军。

审计成果 完成审计项目43个，查出违纪违规行为金额9052万元，应缴财政23.8万元，已交22.8万元。提交审计报告、信息15篇，被采用3篇。对8名科级领导干部进行了任期经济责任和离任审计。完成了6个基本建设竣工决算审计。（撰稿人：乔树辉）

【陇县审计局】 现有干部职工18人，设有政秘股、财政审计股、企事业审计股、固定资产投资审计股和经济责任审计股，负责对全县15个乡镇和51个县直部门的审计监督。局长侯新潮（9月—）、吕劳岐（—8月），副局长俞天录、张慧智（9月—）、姚江勤（—9月）。

审计成果 审计单位51个，查出违规行为金额355万元，其中指明要求纠正261万元，应缴财政17万元，已交9万元，归还原渠道资金25万元。提交审计报告、信息21篇。完成3名科级干部离任经济责任审计，查出违规行为金额29万元。（撰稿人：闻志龙）

【千阳县审计局】 现有干部职工13人，设有政秘股、综合审计股、经济责任审计股，负责对全县11个乡镇和36个县直部门的审计监督。局长王树奇，副局长李清太、孙长青、张玉洲。

审计成果 完成审计项目13个，审计单位87个，查出违规行为金额1730万元，其中指明要求纠正1197万元，应缴已交财政134万元。完成审计调查两个、调查单位5个。完成14名科级领导干部离任经济责任审计，查出违规行为金额194万元。提交审计报告、信息16篇，被采用7篇。（撰稿人：段超英）

【麟游县审计局】 现有干部职工9人，设有办公室、审计业务股、审计法规股，负责对全县10个乡镇和34个县直部门的审计监督。局长刘彦贵，副局长雷珍仓。

审计成果 完成审计项目（单位）51个，查出违规行为金额1312万元，应缴未交财政10万元，已交5万元。完成审计调查项目3个。提交审计报告、信息20篇，被采用6篇。还对在机构改革中变动的3个乡镇、18个县级部门和1个县直企业主要领导人进行了任期经济责任审计。有内审机构10个，内审人员22人。（撰稿人：何琦）

【凤县审计局】 现有干部职工13人，设有办公室、行政事业审计股、企业审计股，负责对全县 12 个乡镇和 50 个县直部门的审计监督。局长侯周岐，副局长吴保平、高潮。

审计成果 审计单位 69 个，查出违规行为金额 2128 万元，应缴未交财政 322 万元，已交 311 万元，归还原渠道资金 46 万元。提出审计意见及建议 278 条。向司法机关移送案件 1 起，向纪检、监察机关建议处理 1 人。提交审计结果报告 20 份，审计综合报告 5 份，审计调查报告 1 份。（撰稿人：马永海）

【太白县审计局】 现有干部职工 13 人，设有办公室、业务股、经济责任综合审计办公室，负责对全县 8 个乡镇和 43 个县直部门的审计监督。局长王书堂，副局长王安怀、邹维，纪检组长王科让。

审计成果 完成审计项目 7 个，审计单位 26 个，查出违规行为金额 559 万元，应缴财政 178 万元。完成审计调查 1 个，调查单位 3 个。提交审计报告 19 份。完成 10 名科级干部离任经济责任审计，查出违规行为金额 5 万元。有内审机构两个，内审人员 6 人。（撰稿人：李惠娟）

【汉中市审计局】 2002 年，共有干部职工 51 人，其中研究生学历 1 人，本科学历 7 人，大专学历 38 人。局长段林生，副局长皇甫菊香（兼审计处处长）、李振武、徐有业。设有经济责任审计处、办公室、综合法制科、经贸审计科、中央省属企事业审计科、财政审计科、行政事业审计科、农业与资源环保审计科、固定资产投资审计科、社会保障资金审计科、外资运用审计科、机关事务所，另设省审计厅汉中审计处。

审计成果 共审计项目（单位）165 个，查出违规行为金额 28155 万元，应缴财政 173 万元，归还原渠道资金 600 万元，调账处理 318 万元。提交审计报告、信息 13 篇，建议纠正地方部门不当规定 22 条。

财政金融审计 在财政预算执行情况审计中，注重突出重点，同时对南郑、宁强、留坝等 3 个县财政决算进行了审计。完成中国农业发展银行汉中分行系统 2001 年度资产负责损益的审计，并对其信贷质量进行了审计调查。

行政事业审计 主要开展了社会保障资金、民政资金、住房资金和行政事业性收费审计。同时对 13 个市级行政事业单位财务收支进行了审计，查出违规行为金额 787 万元，应缴财政 60 万元。

农林水专项资金审计 开展了农业、林业专项资金以及市直农业系统 12 个行政事业单位财务收支的审计，通过审计，归还原渠道资金 43 万元，促进资金到位 188 万元。

企业审计 开展了对 6 个市属重点工交商贸企业的审计。根据上级审计机关授权，还对 7 个省驻汉单位的财务收支进行了审计，应缴财政 74 万元。

固定资产投资和国外援贷款项目审计 通过对 19 个固定资产投资项目的审计，核减工程决算 3298 万元。同时对 49 个国外援贷款项目执行单位进行了审计，审计资金 6252 万元，查出配套资金不落实等违规行为金额 1082 万元，归还被侵占挪用资金 40 万元，建议纠正地方部门不当规定 10 条。

经济责任审计 共对 9 名县级党政领导干部和 4 名市属国有企业领导人员进行了经济责任审计，查出损失浪费 69 万元。（撰稿人：袁怀兰）

【汉中市汉台区审计局】 现有干部职工 15 人，设有综合法制科、财政审计科、行政事业审计科、经贸与农资审计科和固定资产投资审计科，负责对全区 17 个乡镇、街道和 414 个区直部门的审计监督。局长魏汉萍，副局长郑雪梅、童汉春。

审计成果 完成审计项目 50 个、100 个单位，经济责任审计 11 个，共查出违纪违规行为金额 2199 万元，其中指明要求纠正 2128.6 万元，决定处理处罚并交财政 70 万元。提交审计意见 46 份、审计工作报告 7 份、审计信息 11 篇，被采用 7 篇。另外，先后对在机构改革中变动的 11 名党政、企业的主要领导干部进行了经济责任审计，查出违规行为金额 933 万元。（撰稿人：陈汉蓉）

【南郑县审计局】 现有干部职工 16 人，设有综合科、财政审计科、企业基建审计科、行政事业审计科和经济责任审计办公室，负责对全县 30 个乡镇和 25 个县直部门的审计监督。局长赵显明，副局长胡明德、文有明。

审计成果 完成审计项目 71 个，查出违规行为金额 739 万元，应缴财政 36.7 万元，已交 36.7 万元。同时对在机构改革中变动的 19 名党政、企业的主要领导干部和领导人员进行了经济责任审计。（撰稿人：胡明德）

【城固县审计局】 现有干部职工 22 人，设有综合科、行政事业审计科、财金基建审计科、工交商贸企业审计科，负责对 24 个乡镇和 210 个县直行政事业单位、65 个县属国有企业及国有控股企业的审计监督。局长梁忠杰，副局长常峻华、王丽。

审计成果 审计单位项目 84 个，查出违规行为金额 627 万元，指明要求纠正 507 万元，已交财政 120 万元。提交审计报告 8 份，信息 10 篇，被采用 5 份、8 篇。开展经济责任审计项目 28 个、44 人，查出违规行为金额 37112.66 元，其中属主管

责任34112.66元，直接责任3000元。（撰稿人：田宏广）

【洋县审计局】　现有干部职工20人，设有行政股、领导干部任期经济责任审计股、财政金融基建审计股、企业审计股和行政事业审计股，负责对全县26个乡镇和28个县直部门的审计监督。局长韩兆君，副局长张继勃、李文静。

审计成果　完成审计项目65个，审计单位98个，查出违规行为金额1085万元，收缴财政23.3万元，归还原渠道资金3万元，核减工程支出43万元。完成审计调查3个，调查单位12个。提交审计报告12份。（撰稿人：马俊耀）

【西乡县审计局】　现有干部职工20人，设有秘书股、财政经贸审计股、行政事业审计股、经济责任审计股、基本建设审计股，负责对全县23个乡镇和44个县直部门的审计监督。局长王永兴，副局长张远生。

审计成果　完成审计项目（单位）92个，查出违规行为金额325万元，应缴财政7万元，归还原渠道资金158万元，促进增收节支31万元，调账处理127万元。同时完成审计调查项目两个，调查涉及单位17个。提交审计报告、信息7篇。还对28名科级干部进行了任期经济责任审计。（撰稿人：张庆明）

【勉县审计局】　现有干部职工14人，设有办公室、经济责任审计科、行政事业审计科、工商企业审计科、农业基建审计科，负责对全县25个乡镇和195个县直部门的审计监督。局长张泽银，副局长吕安民、肖萍。

审计成果　完成审计项目82个，通过审计，归还原渠道资金1300万元，调账处理30万元，应缴财政3万元。提出意见建议168条。对33名党政领导干部进行了任期经济责任审计；还进行了5项审计调查。（撰稿人：熊建华）

【宁强县审计局】　现有干部职工11人，设有办公室、财政金融固定资产投资审计科、行政事业经济贸易审计科和经济责任审计科，负责对全县26个乡镇和49个县直部门的审计监督。局长刘汉彬，副局长李福生。

审计成果　完成审计项目13个，审计单位135个，查出违纪违规行为金额1061万元，决定处理处罚14万元，指明要求纠正143万元，归还原渠道资金282万元，已交财政9万元。完成审计调查两个，调查单位13个。提交审计调查报告两份。完成两名科级干部任期经济责任审计，查出违规行为金额94万元。向纪检监察机关移送待处理事项两件，经过纪检监察机关进一步调查后，有4名干部受到党纪处分。（撰稿人：冯世元）

【略阳县审计局】　现有干部职工16人，设有综合审理股、财政金融审计股、行政事业审计股、企业审计股和基建审计股，负责对全县21个乡镇和300余个党政机关及企事业单位的审计监督。局长梁彦春，副局长王国良、杨志岚。

审计成果　完成审计项目和单位112个，查出各类违规行为金额1237万元，应缴财政51万元，追还被侵占挪用专项资金7万元。提交审计工作报告4份，信息21篇，理论文章10篇，被采用28篇。对29个单位41名领导干部的经济责任进行了审计。审计后，晋升6人，平调27人。（撰稿人：郭江涛）

【镇巴县审计局】　现有干部职工18人，设有综合股、财政金融审计股、企业基建审计股、行政事业审计股、经济责任审计股，负责对全县24个乡镇和35个县直部门的审计监督。局长徐光华，副局长张忠庆、李贤明。

审计成果　完成审计项目21个，审计单位52个，查出违规行为金额1117万元，应缴财政6万元，归还原渠道资金227万元，调账处理21万元，决定处理处罚6万元，指明要求纠正291万元。完成审计调查3个，调查单位21个。提交审计报告3份，信息3篇。完成了30名领导干部的经济责任审计，查出违规行为金额46万元，移交纪检监察机关案件线索两件，向县政府建议纠正不当规定1条。（撰稿人：洪昌杰）

【留坝县审计局】　现有干部职工11人，设有办公室、财政金融及企业审计组、行政事业及固定资产投资审计组和经济责任审计办公室，负责对全县9个乡镇和42个县直部门及企事业单位的审计监督。局长宋春波，副局长刘顺国。

审计成果　完成审计项目18个，审计单位22个；经济责任审计项目23个，被审计领导干部25名。共查出违纪违规行为金额1269万元，决定处理处罚119万元，应缴财政4万元。完成审计调查4个，调查单位15个。提交审计报告24份，审计意见20份，审计信息16篇，被采用8篇。有内审指导人员3人，内审机构3个，内审人员9人。（撰稿人：张海军）

【佛坪县审计局】　现有干部职工9人，未设内部机构，负责对全县9个乡镇和43个县直部门的审计监督。局长蒲树新（10月—）、陈先义（—10月），副局长张培文。

审计成果　完成审计项目（单位）42个，查出违纪违规行为金额138万元，应缴财政6.75万元，已

交6.75万元。完成了13名正科级领导干部离任经济责任审计。完成社保资金审计及住房公积金审计共3个。(撰稿人:杨艳)

【榆林市审计局】　2002年,共有干部职工58人,其中本科学历27人,大专学历21人。局长杨德亮(兼审计处处长),副局长吕登榜、高林,副处长罗建国、强少炜。局机关设有政秘科、综合科、行政事业审计科、农林水审计科、工交审计科、商贸审计科、财政金融审计科、基建审计科,另设省审计厅榆林审计处,审计处机关设企业审计科和事业审计科。

审计成果　共审计单位和项目225个,查出违规行为金额5090万元,应缴财政170万元,已交156万元,归还原渠道资金316万元。提交审计调查报告两份,向市政府提交工作报告两份。

农业专项资金审计　采取统一组织、县局交叉实施审计的方式,对全市2000~2001年人畜饮水工程资金、水利水保债券、流域治理资金、三北防护林建设资金实施专项审计。共审计74个资金管理部门,抽审了343个项目,审计资金总额7710万元,查出违规行为金额1506万元,应缴财政92万元,已交51万元,归还原渠道资金265万元。(撰稿人:思文耿)

【榆林市榆阳区审计局】　现有干部职工11人,设有政秘、财务、审计复核组,财政预算审计组,乡镇财政决算审计组,专项资金、固定资产投资审计组,领导干部任期经济责任审计组,负责对全区24个乡镇、4个办事处和49个区直部门的审计监督。局长闫金山,副局长高世成、张士斌、吴彦霖。

审计成果　完成审计单位和项目33个,查出违规行为金额830万元,处理处罚43万元,已交财政41万元,归还原渠道资金44万元。向被审计单位提出了规范财政财务活动的意见、建议112条。对15个乡镇、部门的领导干部进行了任期经济责任审计。(撰稿人:王建平)

【神木县审计局】　现有干部职工19人,设有财政金融审计股、任期经济责任审计股、行政基建审计股、审计执法检查组和办公室,负责对全县19个乡镇和37个县直部门的审计监督。局长姚明仲,副局长刘志胜、刘矮生、李子清。

审计成果　审计单位和项目65个,查出违规行为金额3472万元,应缴财政52万元,已交52万元。提交审计报告46份,信息和调研报告15篇,被采用15篇。向司法和纪检监察机关移送案件线索7件,已有两案由检察机关依法提起公诉。完成25名科级干部任期经济责任审计。(撰稿人:郝仁耀)

【府谷县审计局】　现有干部职工16人,设有财金基建审计组、行政事业审计组、企业审计组和办公室,负责对全县20个乡镇、124个县直部门和国有及国有控股企业的审计监督。局长刘茂华,副局长苏治海、闫六憨、陈根雪。

审计成果　审计单位45个,审计经济责任单位20个、经济责任人30人,共查出违规行为金额221.7万元,应缴财政25.7万元,已交25.7万元。(撰稿人:孙振林)

【横山县审计局】　现有干部职工17人,无内设机构,负责对全县18个乡镇和48个县直部门的审计监督。局长付世发,副局长柳晓利、李广平。

审计成果　完成了同级财政预算执行、交通行业、交警系统等的审计或审计调查。同时完成了对23个党政机关、企事业单位领导人员的任期经济责任审计。共完成项目单位48个,查出违规行为金额2146.70万元,应纠正138.44万元,应缴财政86.26万元。审计信息和论文稿件被采用6篇。(撰稿人:李万军)

【靖边县审计局】　现有干部职工23人,设有行政事业审计股、财金审计股、农林水审计股、固定资产投资审计股、办公室,负责对全县23个乡镇、126个县直部门和16个企业的审计监督。局长宋登亮,副局长刘仲恩、边立民、贺亚雄、白波。

审计成果　审计单位和项目66个,查出违规行为金额3805.83万元,应缴财政62.27万元,归还原渠道资金13万元,应纠正72.69万元。配合纪检、监察等机关查处案件3起。提供信息3篇。(撰稿人:王宇)

【定边县审计局】　现有干部职工40人,设有综合股、基建审计股、财政金融审计股、企业审计股,负责对全县25个乡镇和169个预算拨款单位的审计监督。局长刘天翔,副局长贺继国、高瑞东。

审计成果　审计项目和单位47个,完成专项审计调查两个,提交各类审计结果报告42份。其中完成地方党政交办的审计任务29个。审计总金额1.88亿元,查出违规行为金额328.4万元,审计决定应缴财政106.7万元,入库率达到100%。(撰稿人:潘锋)

【绥德县审计局】　现有干部职工8人,设有综合办公室,负责对全县20个乡镇和49个县直部门的审计监督。副局长刘鹏(主持工作)、贺占军。

审计成果　完成审计项目单位

38个，查出违规行为金额1742万元，应缴财政26万元。完成审计调查1个，调查单位4个。提交审计综合报告、信息10篇。完成16个单位涉及17名领导干部任期经济责任审计。完成对靖边县涉农资金的交叉审计工作，抽审项目资金451万元，查出违规行为金额1087万元。有内审指导人员1人，内审机构8个，内审人员14人。（撰稿人：马志强）

【米脂县审计局】 现有干部职工18人，无内设机构，负责对全县13个乡镇和96个县直部门的审计监督。局长刘丽荣，副局长杜芳春、刘爱泽。

审计成果 对29个单位和项目进行了审计，查出违规行为金额76万元，应缴财政9万元，已交6万元。完成审计调查两个，提交审计信息16篇。（撰稿人：赵百英）

【佳县审计局】 现有干部职工16人，设有办公室、财政金融审计股、企业审计股、行政事业审计股和经济责任审计办公室，负责对全县20个乡镇和44个县直部门的审计监督。局长磨满盈，副局长王兴明、刘少华。

审计成果 完成审计单位和项目81个，查出各类违规行为金额3442.87万元，决定处理处罚8.16万元，应缴财政8.16万元。完成审计调查32个，提交审计报告、信息13篇。（撰稿人：张彦保）

【吴堡县审计局】 现有干部职工10人，设有办公室、财政审计股、行政事业审计股、企业审计股和固定资产投资审计股，负责对全县8个乡镇和42个县直部门的审计监督。局长宋碧宏，副局长霍炳英、王维彪。

审计成果 完成审计项目12个，审计单位33个，经济责任审计项目23个、23人，查出违规行为金额462万元，其中指明要求纠正424万元，应缴财政7.7万元，已交4.1万元。提交审计调查报告两份。（撰稿人：高利平）

【清涧县审计局】 现有干部职工16人，设有办公室、财经审计组、行政事业审计组、工交商贸审计组，负责对全县15个乡镇和156个县直单位的审计监督。局长梁国旗，副局长王世荣、白亚锋、贺正安。

审计成果 审计单位238个，查出违规行为金额1443万元，应缴财政38万元，已交30万元。完成领导干部经济责任审计项目45个。有18篇审计信息被采用。（撰稿人：呼延锋）

【子洲县审计局】 现有干部职工10人，设有经济责任审计办公室、办公室、财金审计科、企业审计科、行政事业审计科，负责对全县18个乡镇和70个县直部门的审计监督。局长马润周，副局长拓奇雄、高子中、薛茂礼。

审计成果 完成审计项目33个，查出各类违规行为金额3986.06万元，应缴财政10.33万元，已交10.33万元。提交审计调查报告两份，审计报告、信息9篇。完成8名科级干部离任经济责任审计，查出各类违规行为金额13.2万元。有内审人员10人，内审机构10个。（撰稿人：张世锋）

【安康市审计局】 2002年，共有干部职工47人，其中本科学历25人，大专学历17人，局长杜保华（兼审计处处长），副局长肖锋、陈国进，副处长刘永康，纪检组长张诚。设有政办科、法制科、财政金融审计科、行政事业审计科、农业与资源环保审计科、经贸审计科、基建投资审计科、经济责任审计科、省属企业审计科、省属事业审计科，另设省审计厅安康审计处。

审计成果 市、县两级审计机关共完成审计项目（单位）393个，审计查出各类违规行为金额22663万元，应缴财政850万元，已交704万元；应纠正违规行为金额6329万元，应调账处理793万元，罚没80万元，归还原渠道资金776万元；查出百万元以上违规单位21个。向司法机关移送案件3起，向纪检监察机关移送待处理事项8件，协助有关部门查处案件1起。建议纠正地方部门不当规定36条，提交审计报告和信息99篇，被各级批示和采用66篇。其中市本级（含省属企事业审计处）共完成审计项目（单位）98个，查出违规行为金额17927万元，决定收缴财政206万元，已交162万元。安康公路局审计项目被省审计厅授予“审计发现大要案线索”一等奖和“优秀审计项目”一等奖。

经济责任审计 全市共实施经济责任审计68个，查出违规行为金额4847万元，其中属主管责任3263万元、直接责任1459万元。落实个人经济问题金额17万元。经审计后免职4人，降职1人，移送纪检监察机关7人，移送司法机关3人。

重点行业和专项资金审计 全市组织实施了社会保障资金审计（调查），对49个利用外资项目（单位）进行了审计，同时还对全市政府外债情况进行了审计调查。在对农业发展银行、石油销售、卫生防疫系统、农业综合开发资金、公路建设资金及重点建设项目、旅游行业等行业和专项资金审计项目中对发现的违规问题，均依法进行了严肃处理。

完成党政领导交办任务 全市共完成各级领导交办事项53个，其中市局完成了广电系统合并前的核实资产审计等3个项目。（撰稿人：刘志辉）

【安康市汉滨区审计局】 现有干部职工25人，设有政办股、财政金融审计股、行政事业审计股、基本建设审计股、经济责任审计股和法制股，负责对全区46个乡镇办事处和64个区直部门的审计监督。局长付世来，副局长熊平、张会康，纪检组长胡军。

审计成果 完成审计项目和单位40个，干部离任经济责任审计项目7个，审计调查3个，共查出违纪违规行为金额918万元，其中指明要求纠正686万元，决定处理处罚232万元，应缴财政153万元，已交151.1万元。向纪检监察部门移送案件1起。提交审计报告9份，审计意见36份，审计信息10篇，被采用6篇。（撰稿人：向萍）

【汉阴县审计局】 编制16人，现有干部职工14人，设有行政股、财金审计股、行政事业审计股、经贸审计股、经济责任审计办公室，负责对全县18个乡镇和39个县直部门的审计监督。局长李顺建，副局长邝吉培。

审计成果 完成审计项目28个，审计单位76个，共查出违纪违规行为金额445万元，决定收缴财政25万元，已入库23万元，归还原渠道资金51万元。向纪检监察机关移送经济案件4起。同时，还完成党政领导干部经济责任审计6个，查出违纪违规行为金额150万元。向纪检监察机关移送经济案件线索两件，建议诫免谈话1人。另外完成审计调查两个。共提交审计调查、综合报告、送阅件15份。被采用的信息稿件20篇。揭露违法与犯罪线索各1件获省厅一等奖，有1个审计项目被评为全省优秀审计项目。（撰稿人：杜耀满）

【石泉县审计局】 现有干部职工18人，设有办公室、财政审计股、行政事业审计股、固定资产投资审计股和经济责任审计局，负责对全县15个乡镇和25个县直部门的审计监督。局长陈国刚，副局长吴国宝、沈兰凤，纪检组长谭福军。

审计成果 完成审计项目31个，审计单位36个，查出违纪违规行为金额67万元，指明要求纠正139万元，决定处理处罚13万元，应缴财政15万元。提交审计报告、信息23篇。完成7名科级领导干部任期经济责任审计，查出违规行为金额45万元。农村电网改造审计被评为全省优秀审计项目。（撰稿人：牟正忠）

【宁陕县审计局】 现有干部职工11人，设有办公室、综合审计股、经济责任审计股，负责对全县14个乡镇和40个县直部门的审计监督。局长罗成明，副局长赵巧萍。

审计成果 审计项目28个，审计单位34个，查出违规行为金额573万元，应缴财政两万元，已交1万元。完成审计调查3个，调查单位14个。提交审计报告、信息5篇。完成3名科级、3名乡级领导干部任期经济责任审计，查出违规行为金额10万元。（撰稿人：陈春燕）

【紫阳县审计局】 现有干部职工13人，设有行政股、行政事业审计股、企业基建审计股、经济责任审计股，负责对全县25个乡镇和29个县直部门的审计监督。局长李录志，副局长田元新、米菊兰。

审计成果 完成审计项目15个，审计单位18个，其中专项资金审计14个，查出违规行为金额23万元；行政事业审计7个，查出违规行为金额50万元，管理不规范资金160万元；固定资产投资审计5个，查出违规行为金额104万元，管理不规范资金175万元。决定处理处罚1.9万元，归还原渠道资金23万元，应缴财政0.2万元。（撰稿人：梁忠诚）

【岚皋县审计局】 现有干部职工13人，设有办公室、行政事业审计股、财政金融审计股、经济责任审计股，负责对全县17个乡镇、24个县直部门、40多个事业单位和20多个国有及国有控股企业的审计监督。局长王应会，副局长谢贤洲、何书胜，纪检组长钱华明。

审计成果 完成审计项目46个，查出违纪违规行为金额837万元，决定处理处罚18.9万元，已交财政16.8万元。向纪检、监察部门及司法机关提供案件线索5件，使3名违纪人员受到党纪政纪处分，追回被侵占、挪用的财政资金136万元。提交审计报告21份，审计意见书46份，审计信息15篇，被采用13篇。（撰稿人：曹明贤）

【平利县审计局】 现有干部职工13人，设有行政与法制办公室、行政事业与农业环保审计股、财金经贸与固定资产投资审计股、经济责任审计股，负责对全县12个乡镇和56个县直部门的审计监督。局长刘志才，副局长汪平、胡文慧。

审计成果 完成审计项目（单位）36个，查出各类违规行为金额1657万元。全年收缴财政15万元，督促上缴被截留、坐支的行政事业性收费和罚没收入等资金142万元，核减基建工程决算报价89万元；指明要求纠正462万元，责令归还原渠道资金414万元，调账处理291万元，促进增收节支25万元。向司法机关移送案件1起。完成10名科级干部经济责任审计，查出违规行为金额768万元。提交审计报告、信息、研讨文章18篇，建议纠正地方部门不当规定7条。（撰稿人：陈绪平）

【镇坪县审计局】 现有干部职工12人，设有办公室、财政金融基建审计股、行政事业审计股、经贸农业和资源环保审计股、经济责任审计办公室，负责对全县10个乡镇和38个县直部门的审计监督。局长刘治安（8月—），汪占坤（—8月），副局长黄安娜。

审计成果 完成审计项目31个，审计单位20个，查出违规行为金额52万元，损失浪费28万元，应缴财政4万元，已交4万元。完成审计调查两个，调查单位3个。提交审计报告、信息33篇。完成9名科级干部任期经济责任审计，查出违规行为金额45万元。（撰稿人：罗品安）

【旬阳县审计局】 现有干部职工21人，设有行政股、法制股、财金基建审计股、行政事业审计股、经济责任审计股、经贸审计股，负责对全县28个乡镇和52个县直部门的审计监督。局长陈安礼，副局长陈登志、陆才兴。

审计成果 完成审计项目21个，审计单位54个，查出违纪违规行为金额706万元，指明要求纠正505万元，决定处理处罚201万元，应缴财政20万元，已交20万元。提交审计报告24份，审计信息8篇。（撰稿人：路前军）

【白河县审计局】 现有干部职工11人，设有办公室、财政金融审计股、行政事业审计股、经济责任审计股，负责对全县15个乡镇和50个县直部门的审计监督。局长高福安，副局长张富雄、牛玉国（8月—）。

审计成果 完成审计项目37个、45个单位，查出违纪违规行为金额183万元，应缴财政14.6万元（含上年度应缴未交资金8.6万元），指明要求纠正144万元。送纪检监察机关处理案件1起，已给予党纪政纪处理5人。提交审计报告和综合工作报告42份，审计意见30份，审计调查报告两份。对大坪乡领导干部经济责任审计被评为全省优秀审计项目。经过上级考评，继续荣获省级文明单位称号。（撰稿人：高福安）

【商洛市审计局】 2002年，共有干部职工42人，其中本科学历18人，大专学历12人，局长刘九龙（兼审计处处长），副局长李敏霞、赵晓伟（兼管审计处工作）、李九敏。设有办公室、财政金融审计科、固定资产投资审计科、经贸审计科、农业与资源环保审计科、法制科、行政事业审计科、经济责任审计办公室；另设省审计厅商洛审计处，审计处设有公办室、审计一科、审计二科。

审计成果 审计单位134个，查出违规行为金额19111万元，其中决定处理处罚归还原渠道资金3858万元，调账处理3598万元，指明要求纠正5530万元，应缴财政111万元，已交76万元。向政府提交审计工作报告、信息3篇；提出纠正地方部门不当规定15条。协助有关部门查处案件两起。

经济责任审计 开展经济责任审计项目28个、28人，查出违规行为金额2162万元。参考审计结果，免职1人。（撰稿人：高增虎）

【商洛市商州区审计局】 现有干部职工25人，设有办公室、财政金融审计股、行政事业审计股、工交基建审计股、企业审计股和经济责任审计办公室（正科级），负责对全区30个乡镇（办事处）和46个区直单位的审计监督。局长王结实，副局长刘发源、闵克宁、李增良。

审计成果 完成审计项目115个，查出违规行为金额949万元，应缴财政12万元，已交11万元。提交审计报告、信息115篇。对64名党政、事业单位科级以上领导干部进行了任期经济责任审计。（撰稿人：郭鹏）

【洛南县审计局】 现有干部职工36人，设有行政事业审计股、财政金融审计股、工贸企业审计股、经济责任审计股、基本建设审计股、社审内审指导股和办公室（监察室），负责对全县25个乡镇和150多个县直部门、企事业单位的审计监督。局长周铁柱，副局长郑书绵、杨少锋。

审计成果 完成审计项目55个，涉及254个单位，审计资金总额3.36亿元，查出违规行为金额1765万元，应缴财政155.3万元，收回上年欠缴违规行为金额20.6万元，减少财政拨款73.8万元，归还原渠道资金1322.3万元，促进增收节支1228.5万元。完成经济责任审计项目13个，机构改革撤并单位财务审计22个。提交审计报告23份，审计信息5篇，被省、市采用两篇，新闻单位采用1篇。协助有关部门查处案件1起。（撰稿人：王克民）

【丹凤县审计局】 现有干部职工15人，设有办公室、工交基建审计股、商贸财经审计股、行政事业审计股，负责对全县23个乡镇和县直部门的审计监督。局长祝长根，副局长杨长喜、李泉宏。

审计成果 完成审计项目46个，查出违纪违规行为金额306.79万元，应缴财政9.49万元，已交6.49万元。完成审计调查两个，调查单位10个。提交审计报告29份，审计意见28份。对14名行政事业单位的主要领导人进行了任期经济责任审计。（撰稿人：刘化民）

【商南县审计局】 现有干部职工18人，设有办公室、财政金融基建审计股、企业审计股、农林水审计股、行政事业审计股和经济责任审计室，负责对全县16个乡镇和40个县直部门的审计监督。局长卢双灵（9月—）、殷书元（—9月），副局长张建仓、曾克华、吴江，纪检组长李先清。

审计成果　完成审计项目69个，审计单位101个，查出违纪违规行为金额1772万元，应缴财政35万元，已交13万元。提交审计报告4份，结果报告35份，审计信息5篇，被采用4篇。对10名拟提拔副县级和机构改革中变动的24名主要科级领导干部进行任期经济责任审计，查出违规行为金额511万元。参考审计结果，晋升8人，平调17人，免职1人。（撰稿人：殷世鸿）

【山阳县审计局】　现有干部职工19人，设有办公室、财政金融审计股、经济贸易审计股、行政事业审计股，负责对全县30个乡镇和49个县直部门的审计监督。局长陈守印，副局长杨达富、武少俊。

审计成果　完成审计项目50个，查出违规行为金额247万元，应缴财政24万元，已交24万元。审计中核减工程造价4万元。对26名党政领导干部进行了任期经济责任审计。受县政府委托，对县社会保障“三项基金”进行了审计。（撰稿人：余崇山）

【镇安县审计局】　现有干部职工17人，设有办公室、财金审计股、企业审计股和行政事业审计股，负责对全县25个乡镇和30个县直部门的审计监督。局长白绍云，副局长张国钧、张群智、文萍。

审计成果　完成审计项目50个，审计单位54个，查出违规行为金额3128万元，应缴财政59万元，已交48万元。完成审计调查6个，调查单位80个。提交调查报告、信息8篇，被政府采用两篇。完成两名副处级、10名科级党政领导干部的经济责任审计。（撰稿人：贺镇刚）

【柞水县审计局】　现有干部职工18人，设有行政事业审计股、企业基建审计股、财政金融审计股、经济责任审计办公室、行政办公室，负责对全县16个乡镇和51个县直部门的审计监督。局长孟远茂（—8月）、肖盛福（8月—），副局长张明（—8月）、史志勇、张涛。

审计成果　完成审计项目70个，审计单位142个，其中，经济责任审计项目涉及73人。查出违规违纪行为金额523.61万元，指明要求纠正245万元，决定处理处罚278.61万元，应缴财政14.58万元。提交审计报告、信息7篇，均被批示、采用。向县纪委移交案件线索两件，1人已受党政纪处分。（撰稿人：李宝灵）

甘肃省

【甘肃省审计厅】　2002年，甘肃省审计厅定编106人，在编106人。厅机关设有办公室、人事处、法制处、经济责任审计处、财政审计处、金融审计处、行政事业审计处、经贸审计处、农业与资源环保审计处、社会保障审计处、固定资产投资审计处、外资运用审计处、机关党委、监察室；同时还设有机关后勤服务中心、计算机中心、干部培训中心、审计科研所、《甘肃审计》编辑部等直属事业单位。

领导成员

厅　长：高存弟

副厅长：韩汝坤　任素英

　　　　樊静安　王永红

纪检组长：胡秀龙

甘肃省审计成果　全省共完成审计项目5550个，查出违纪违规行为金额38.18亿元，其中应缴财政6656万元，已交3861万元，归还原渠道资金3.6亿元。向司法机关移送案件3起，向纪检监察部门移送待处事项21件。

财政审计　在省级预算执行审计中，重点对省财政部门年度预算执行情况、省地税部门税收计划完成和经费管理使用情况、省国库收纳划解预算资金情况进行了审计，还审计了使用财政资金较多和有执收执罚权的省计委、省交通厅、省工商局等10个省级预算执行单位的预算执行情况以及国债资金、教育经费、公路建设资金等7个专项资金管理使用情况，对省科技厅、省劳动和社会保障厅、省民政厅3个部门的决算编制情况进行了审计。共审计了87个一、二级预算执行单位及企业，审计金额172亿元，查出违规违纪行为金额2.5亿元。7月22日，省人大常委会和省政府专门听取了审计结果报告和审计工作报告，并提出了整改措施和认真落实审计决定的具体要求。省审计厅受省政府委托，在向省九届人大常委会第29次会议报告中，说明纠正落实的违规违纪行为金额达19932万元，占应纠正落实资金的80%，其中增加财政收入1532万元，归还原渠道资金2835万元，调整会计账目资金448万元，上缴专户资金13061万元，落实其他资金2056万元。

对天水市、金昌市2001年度财政决算进行了审计，查出了2市在财政决算中少列赤字、违规返税、滞留挤占专项资金等违规违纪行为金额3亿多元的问题。

专项资金审计　重点开展了对国债资金、公路建设资金、教育经费、水利资金、环保资金、扶贫资金、社保资金的审计，共查出违纪违规行为金额12.63亿元，应缴财政

380万元，归还原渠道资金4938万元，调整账务3702万元。其中，对国债资金，审计了临夏、平凉、庆阳、陇南、甘南等5个地州，审计总金额5.1亿元，审计项目管理及实施单位284个。对审计公路建设资金39.38亿元，查出资金主管部门滞留、挤占资金，分包、转包工程等问题。还组织人员对省国土资源厅、兰州市政府负责管理使用的兰海、兰临高速公路征地拆迁费进行了审计调查，走访了6个县区、10个乡村及部分农户，对2.87亿元征地费按资金流向追踪调查，向省政府及有关部门反映了存在的问题。对环保资金，除审计省环保局2000～2001年度环境保护专项资金征收管理使用情况，还延伸审计了8个二级单位和兰州、白银、金昌3市环境保护专项资金使用情况，并对省电力公司、西固电厂等5个单位的污染源治理项目进行了审计调查。对水利资金，统一组织有关地县审计机关对8个市州地和省级主管部门2001年水利专项资金进行了审计。审计用款单位66个，资金总额4.54亿元。对扶贫资金，组织部分地市审计机关对省扶贫办和定西、陇南、天水、甘南等7个地州市的22个资金主管部门、14个项目实施单位，及陇西等18个县的56个资金主管部门、82个项目实施单位进行了审计。对教育专项资金，除审计省教育厅及部分大专院校使用教育经费的情况，还延伸审计了8个二、三级预算单位。此外，还组织审计人力对政府采购情况、省级预算外资金“收支两条线”管理情况、全省政府外债的总体规模上还本付息情况、191户企业基本养老保险费缴费基数情况等进行了审计调查。

国有企业审计 对兰州第二长途电信枢纽在建工程情况进行了审计，审计总金额3.6亿元，查出违规违纪行为金额1.31亿元，应缴财政120万元，追回挤占挪用资金270万元。

金融机构审计 对省信托投资公司2001年度资产负债损益情况进行了审计，审计资金总额15亿多元，查出各类违纪违规行为金额3000余万元。同时，按照审计署的统一安排，对省农业发展银行系统2001年度资产负债损益情况进行了审计，查处了违规经营和资产不实等问题。

外资运用审计 根据审计署授权，组织对黄土高原水土保持、公路建设、基本卫生服务等15个国际金融组织贷款及国外援款项目进行了审计。

经济责任审计 全省三级审计机关共完成1686个部门（单位）、1816名领导干部的经济责任审计，其中党政领导干部1742人，企业领导人员74人。共查出违规违纪行为金额5.7亿元。参考审计结果，平调962人，晋升138人，免职143人，降职两人，撤职1人，移送纪检监察机关16人，移送司法机关两人。建议财政部门吊销会计资格的两人。

内部审计 共完成审计项目（单位）11114个，查出损失浪费4103万元，纠正违规行为金额2.15亿元，促进增收节支2.48亿元。提出建议意见被采纳4675条。向司法机移交案件1起，建议给予行政处分11人。

审计宣传信息 省审计厅同甘肃人民广播电台联办了《审计之窗》栏目，播发文稿30余篇，宣传审计法规、典型案例及审计机关建设情况。据不完全统计，甘肃省审计厅审计人员在《中国审计》、《中国审计报》、《甘肃日报》、《甘肃审计》等报刊发表文章200余篇，全年向审计署、省委、省政府报送审计要情及信息198篇，被采用130多篇，其中被省政府领导批示的27篇。

培训教育工作 根据审计署培训计划，省审计厅重点举办了经济责任审计、新任处局长、纪检监察干部、WTO知识、计算机知识等培训班，共有326人次参加。为了加快审计信息化建设步伐，还举办了3期局域网知识及电子政务系统操作应用培训班，有78人参加。还组织厅机关和市州地审计机关负责同志30多人赴南京审计学院集中培训学习和考察。

法制建设 省审计厅依据《审计法》及其实施条例、审计署1、2、3号令，制定了《贯彻执行审计署〈审计机关方案准则〉实施办法》等一系列具有可操作性的制度、办法，促进了内部管理，规范、约束了审计人员的执法行为，达到了提高审计质量、防范审计风险的目的。同时，对15个审计准则和规定的落实情况，在各地自查的基础上，组织力量，对部分地、州、市审计处（局）和县区审计局进行了检查，通报了检查结果。

审计信息化建设 省审计厅机关局域网建成并投入使用。制定了《甘肃省审计厅计算机和局域网管理暂行办法》。白银等7个市地州审计局（处）也陆续建成机关局域网并试运行。（撰稿人：张晓利）

【兰州市审计局】 2002年，共有干部职工101人，其中本科学历28人，专科学历54人，局长潘恩，副局长宋应中，纪检组长程国珍。设有办公室、人事教育处、法制处、财政金融审计处、行政事业审计处、经贸审计处、农业与资源环保审计处、社会保障审计处、外资投资审计处、计算机信息中心，另设有经济责任审计分局（副县级建制）。

审计成果 审计单位416个，查出违规行为金额7209万元，应缴财政640万元，已交539万元。提交审计报告416份、信息和调研报告24篇，被采用16篇。

经济责任审计 开展经济责任审计116个、116人，查出违规行为金额2641.59万元。审计后，晋升8人，平调42人，免职10人，降职两人。

内部审计 市直部门共有内审机构44个，其中专职机构7个；内审人员85人，其中专职人员11人。全年共审计单位36个。（撰稿人：王道雄）

【兰州市城关区审计局】 现有干部职工17人，设有综合科、行政审计科、企业审计科，负责对全区5个乡镇、20个街道、85个区直部门的审计监督。局长杨军民，副局长于斌、王建军。

审计成果 完成审计项目53个，审计单位53个，查出违规行为金额535万元，应缴财政1万元，已交1万元。提交审计报告、信息26篇。完成12名科级干部离任经济责任审计，查出违规行为金额52万元。审计后，晋升两人，平调5人，免职4人，降职1人。有内部审计指导人员1人，内审机构6个，内审人员16人。（撰稿人：杨健）

【兰州市七里河区审计局】 现有干部职工15人，设有办公室、财政审计股、经济责任审计股、企业金融审计股，负责对全区8个乡镇、9个街道和32个区直部门的审计监督。局长高希明，副局长赵健、张长霖。

审计成果 完成审计项目11个，审计单位40个，查出违规行为金额862万元，应缴财政56.1万元，已交54.3万元。完成审计调查3个，调查单位3个。提交审计报告、信息75篇。完成4名科级干部离任经济责任审计，查出违规行为金额385万元。审计后，平调4人。（撰稿人：王丽）

【兰州市西固区审计局】 现有干部职工16人，设有办公室、审计一股、审计二股、审计三股，负责对全区16个乡镇、街道和24个区直部门的审计监督。局长樊春兰，副局长颜莉、尚维全。

审计成果 完成审计项目37个，审计单位59个，查出违规行为金额5.42万元，应缴财政5.42万元。完成审计调查4个，调查单位5个。提交审计报告、信息37篇。完成29名科级干部离任经济责任审计，查出违规行为金额5.42万元。审计后，晋升1人，平调24人，免职4人。（撰稿人：王桂芳）

【兰州市安宁区审计局】 现有干部职工12人，设有办公室、财政审计股、企业审计股，负责对全区6个乡镇、3个街道和49个区直部门的审计监督。局长王延平，副局长蓝玲、马小平。

审计成果 完成审计项目21个，审计单位37个，查出违规行为金额364万元，应缴财政1.2万元，已交1.2万元。完成审计调查1个，调查单位1个。提交审计报告、信息10篇。完成12名科级干部离任经济责任审计，查出违规行为金额166万元。审计后，平调1人，免职11人。（撰稿人：牛盛）

【兰州市红古区审计局】 现有干部职工15人，设有办公室、综合审计办公室、经济责任审计所，负责对全区6个乡镇和19个区直部门的审计监督。局长曹延寿，副局长彭钢、李富荣。

审计成果 完成审计项目18个，审计单位27个，查出违规行为金额1261.60万元，应缴财政5万元，已交3.6万元。完成审计调查1个，调查单位1个。提交审计报告、信息18篇。完成5名科级干部离任经济责任审计，查出违规行为金额746.90万元。审计后，晋升1人，平调4人。（撰稿人：贾怀忠）

【永登县审计局】 现有干部职工15人，设有办公室、财政金融审计股、经济贸易审计股、行政事业审计股，负责对全县22个乡镇和55个县直部门的审计监督。局长杨如明，副局长赖有文。

审计成果 完成审计项目39个，审计单位69个，查出违规行为金额1919万元，其中决定处理处罚201万元，指明要求纠正1718万元，应缴财政18万元，已交3万元，追还原渠道资金259万元。提交审计报告、信息43篇。完成21名科级干部离任经济责任审计，查出违规行为金额431万元。审计后，晋升两人，平调18人，免职1人。（撰稿人：胡正新）

【皋兰县审计局】 现有干部职工9人，设有办公室、财政金融审计组、行政事业审计组、商贸工交审计组，另设有经济责任审计局（正科建制），负责对全县7个乡镇和49个县直部门的审计监督。局长宋发祥，副局长陈斗世、颜山东。

审计成果 完成审计项目22个、审计单位49个，查出违规行为金额3451.90万元，指明要求纠正3424.30万元，决定处理处罚27.6万元，应缴财政27.6万元。完成审计调查1个，调查单位两个。提交审计报告、信息25份。完成12名科级干部离任经济责任审计，查出违规行为金额10万元。审计后，晋升1人，平调10人，免职1人。有内审指导人员1人，内审机构23个，内审人员44人。（撰稿人：宋发祥）

【榆中县审计局】 现有干部职工14人，设有业务办公室、行政办公室、任期经济责任审计办公室，负责对全县27个乡镇和47个县直部门的审计监督。局长丁林华，副局长张俊喜、刘积宏。

审计成果　完成审计项目38个，审计单位54个，查出违规行为金额126万元，应缴财政39万元，已交39万元。完成审计调查1个，调查单位3个。提交审计报告、信息8篇。完成7名科级干部离任经济责任审计，查出违规行为金额1.10万元。审计后，晋升5人，平调两人。有内审指导人员1人，内审机构15个，内审人员25人。（撰稿人：郭迎春）

【嘉峪关市审计局】　2002年，共有干部职工21人，其中研究生学历1人，本科学历两人，大专学历14人，局长王万平、副局长梁勋、焦海洋。设有办公室、综合科、经贸审计科、行政事业审计科、固定资产投资审计科、经济责任审计科、社保金融审计科。

审计成果　审计单位58个，查出违规行为金额2764万元，应缴财政3.58万元，已交1万元，调账处理1383.25万元，归还原渠道资金1210万元，核减固定资产投资821.44万元。提出审计建议43条。

经济责任审计　完成经济责任审计16个，查出违规行为金额339万元，其中主管责任339万元，指明要求纠正18万元。审计后，晋升3人，平调8人，免职两人。

内部审计　市直部门有内审机构25个，其中专职机构3个，有内审人员36人，其中专职13人。（撰稿人：韩志远）

【金昌市审计局】　2002年，共有干部职工22人，其中本科学历7人，专科学历10人，局长刘永海（—6月）、高善鹏（6月—），副局长张成林（6月—）、侯永林（6月—）。设有办公室、经济责任审计办公室、财政金融审计科、行政事业审计科、企业审计科、基建审计科。

审计成果　完成审计项目151个，查出违纪违规行为金额3518万元，应缴财政193万元，已交42万元。提交审计报告84份、信息和调研报告55篇。

经济责任审计　开展经济责任审计34个、34人，查出违规行为金额687万元，其中主管责任390万元。

内部审计　有内审机构20个，其中专职机构13个；内审人员60名，其中专职人员30名。市直部门有内审机构3个，内审人员6人。（撰稿人：谢瑞仁）

【金昌市金川区审计局】　现有干部职工10人，设有综合办公室、经济责任审计办公室、财政金融审计股、行政事业和基建企业审计股，负责对全区两个乡镇和28个区直部门的审计监督。局长张建国。

审计成果　完成审计项目16个，审计单位22个，查出违纪违规行为金额147万元。提交审计报告、信息28篇。完成13名科级干部离任经济责任审计，查出违纪行为金额86万元。审计后，4人晋升，7人平调，两人免职。（撰稿人：李志荣）

【永昌县审计局】　现有干部职工9人，设有办公室、财政金融审计股、行政事业审计股、金贸农林审计股、经济责任审计股，负责对全县10个乡镇和28个县直部门的审计监督。局长陈兴茂。

审计成果　完成审计项目23个，审计单位36个，查出违规行为金额88万元，提交审计报告、信息23篇。完成12名科级干部的离任经济责任审计，查出违纪行为金额86万元。有内审指导人员3人，内审机构5个，内审人员12人。（撰稿人：赵松山）

【白银市审计局】　2002年，共有干部职工36人，其中本科学历11人，大专学历17人，局长盛维忠，副局长王世勇、宋建强，纪检组长程德选。设有办公室、财政金融审计科、行政事业审计科、经济责任审计科、企业审计科、固定资产投资审计科、基本建设审计中心。

审计成果　完成审计项目224个，查出违规行为金额13529万元，应缴财政281万元，已交82万元。提交审计报告103份、审计信息56篇，被采用62篇。

经济责任审计　开展经济责任审计项目105个、105人，查出违规行为金额4977万元，其中主管责任4784万元，直接责任193万元。审计后，晋升26人，平调67人，免职3人。本级完成经济责任审计项目28个、28人，查出违规行为金额2262万元，其中主管责任2259万元，直接责任3万元。移送纪检监察部门查处案件两起，移送司法机关查处案件1起。

内部审计　市直部门有内审机构4个，内审人员8人，共审计了16个单位，指明要求纠正116万元。（撰稿人：沈渭仁）

【白银市白银区审计局】　现有干部职工13人，设有办公室、财政金融审计股、行政事业审计股、企业审计股、固定资产投资审计股、经济责任审计股，负责对全区5个乡镇、4个街道、43个区直部门和38个事业单位的审计监督。局长吴淑兰，副局长廖永安（—12月）。

审计成果　完成审计项目31个、审计单位54个，查出违规行为金额648万元，应缴财政13万元，已交10万元。提交审计报告、信息23篇。完成13名科级干部离任经济责任审计，查出违纪行为金额617万元。审计后，晋升4人，平调7人，免职7人。有内审指导人员3人，内

审机构4个，内审人员8人。（撰稿人：杨敏）

【白银市平川区审计局】 现有干部职工8人，设有办公室、财政金融审计股、行政事业审计股、经济责任审计中心，负责对全区9个乡镇、两个街道和29个区直部门的审计监督。局长李得湖（6月—）、王秉佩（—6月），副局长李成宽、杨国文。

审计成果 完成审计项目21个，审计单位21个，查出违规行为金额717.37万元，应缴财政75.97万元，已交75.97万元。提交审计报告、信息25篇。完成10名科级干部离任经济责任审计。审计后，平调10人。有内审指导人员3人，内审机构3个，内审人员6人。（撰稿人：刘军权）

【靖远县审计局】 现有干部职工17人，设有办公室、财政金融审计股、行政事业审计股、企业审计股、固定资产投资审计股和经济责任审计股，负责对全县21个乡镇和22个县直部门的审计监督。局长王随基（6月—）、宋继纲（—6月），副局长段文鹏、李庆和、周步迈。

审计成果 完成审计项目33个、审计单位56个，查出违规行为金额3884万元，应缴财政34万元，已交两万元，追还被侵占挪用资金80万元。提交审计报告、信息13篇。完成8名科级干部离任经济责任审计，查出违规行为金额2404万元。审计后，平调8人。（撰稿人：周强）

【会宁县审计局】 现有干部职工17人，设有办公室、经济责任审计办公室、财政金融审计股、行政事业审计股、企业基建审计股，负责对全县33个乡镇和43个县直部门的审计监督。局长邓兴武，副局长郭军祥、刘魁汉。

审计成果 完成审计项目50个，审计单位50个，查出违纪违规行为金额119万元，应缴财政两万元，已交财政两万元。提交审计报告、审计信息28篇。完成26名科级干部离任经济责任审计，查出违规行为金额36万元。审计后，晋升11人，平调12人，免职3人。（撰稿人：张爱民）

【景泰县审计局】 现有干部职工16人，设有办公室、行政事业审计股、企业审计股、财经审计股、经济责任审计办公室、基本建设审计股，负责对全县14个乡镇和64个县直部门的审计监督。局长何正家，副局长卢有玉、郜端木、李文雄。

审计成果 完成审计项目42个，审计单位66个，查出违规行为金额1251万元，应缴财政13万元，已交13万元，追还被侵占挪用资金656万元。提交审计报告、信息20篇。完成20名科级干部离任经济责任审计，查出违规行为金额212万元。审计后，晋升1人，平调15人。（撰稿人：闫立绪）

【天水市审计局】 2002年，共有干部职工60人，其中本科学历26人，大专学历28人，局长刘超，副局长赵宁、马有成、晏平、顾应存，纪检组长田建民。设有办公室、综合科、财政审计科、行政事业审计科、农业与资源环保审计科、经贸审计科、金融外资审计科、固定资产投资审计科。同时还设有副县级建制的经济责任审计办公室和审计培训中心。

审计成果 审计单位488个，查出违规行为金额6984万元，应缴财政500万元，已交461万元。提交审计报告、信息265篇，被采用141篇。

经济责任审计 开展经济责任审计项目125个、125人，查出违规行为金额1211万元，查出个人存在经济问题62人。审计后，晋升两人，平调26人，免职4人。

内部审计 共有内审机构122个，内审人员298人。市直部门有内审机构84个，其中专职机构24个；有内审人员155人，其中专职人员45人。审计单位58个。（撰稿人：李卫周）

【天水市秦城区审计局】 现有干部职工18人，设有办公室、综合股、财政金融审计股、行政审计股、工交商贸审计股，负责对全区22个乡镇和48个区直部门的审计监督。局长巴一立，副局长赵显利、张林林、马静。

审计成果 完成审计项目32个，审计单位56个，查出违规行为金额1756.70万元，应缴财政140.52万元，已交137.33万元。完成审计调查1个，调查单位1个。提交审计报告、信息24篇，被采用4篇。完成31名科级干部离任经济责任审计，查出违规行为金额111.67万元。审计后，晋升5人，平调21人，退休4人，辞职1人。有内审指导人员两人。（撰稿人：陈萍实）

【天水市北道区审计局】 现有干部职工14人，设有办公室、综合与经济责任审计股、财政金融、外资审计股、行政事业审计股、经贸审计股，负责对全区23个乡镇和53个区直部门的审计监督。副局长马粉盒、靳建明。

审计成果 完成审计项目52个，审计单位109个，查出违规行为金额690.12万元，应缴财政11万元，已交两万元。完成审计调查1个，调查单位1个。提交审计报告、信息51篇。完成10名科级干部离任经济责任审计，查出违规行为金额68.63万元。有内审机构17个，内

审人员47人，完成内审项目21个。（撰稿人：毛利东）

【清水县审计局】 现有干部职工19人，设有行政股、财政金融审计股、行政事业投资审计股、经济责任审计股、企业审计股，负责对全县19个乡镇和47个县直部门的审计监督。局长李彦珠，副局长周士华、张顺禄。

审计成果 完成审计项目46个，审计单位46个，查出违规行为金额714万元，应缴财政49.56万元，已交47.4万元。完成审计调查1个，调查单位38个。提交审计报告、信息58篇。完成10名科级干部离任经济责任审计，查出违规行为金额619万元。有内审机构12个，内审人员25人。（撰稿人：邵彩霞）

【秦安县审计局】 现有干部职工12人，无内设机构，负责对全县19个乡镇和47个县直部门的审计监督。局长成世祥，副局长李新成、雒家骥。

审计成果 完成审计项目37个，审计单位88个，查出违规行为金额113万元，归还原渠道资金81万元，应缴财政4万元。完成审计调查1个，调查单位20个。提交审计报告、信息24篇，被采用6篇。完成19名科级干部离任经济责任审计，查出违规行为金额70万元。有内审指导人员1人，内审机构47个，内审人员69人。（撰稿人：张桂林）

【甘谷县审计局】 现有干部职工11人，设有办公室、财政行政事业审计股、企业经济责任审计股，负责对全县18个乡镇和48个县直部门的审计监督。局长颉爱明，副局长张义奎、李太定、马来福。

审计成果 完成审计项目36个，审计单位36个，查出违规行为金额1295万元，应缴财政86万元，已交85万元。督促财政部门及时拨付专项资金35万元。完成审计调查1个，调查单位16个。提交审计报告、信息21篇。完成1名科级领导干部离任经济责任审计。有内审机构12个，内审人员12人。（撰稿人：张波）

【武山县审计局】 现有干部职工11人，设有办公室、财政金融审计股、行政事业审计股和经济责任审计股，负责对全县20个乡镇和46个县直部门的审计监督。局长宋祥福，副局长郭亮、负永峰。

审计成果 完成审计项目28个，审计单位28个，查出违纪违规行为金额3486万元，应缴财政91万元，已交财政9万元。完成审计调查1个，调查单位72个。提交审计报告、审计信息26篇。完成11名科级干部离任经济责任审计。有内审机构12个，完成审计项目9个，查出并纠正违纪行为金额22万元。（撰稿人：雷爱珍）

【张家川回族自治县审计局】 现有干部职工11人，设有办公室、财政审计股、企业审计股、行政事业审计股、经济责任审计股，负责对全县20个乡镇和48个县直部门的审计监督。局长闵世俊，副局长马思礼、马志荣。

审计成果 完成审计项目19个，审计单位58个，查出违规行为金额1451万元，应缴财政7万元，已交5万元。完成审计调查1个，调查单位57个。提交审计报告、信息19篇。完成8名科级干部离任经济责任审计，查出违纪行为金额84万元。有内审指导人员3人，内审机构32个，内审人员64人。（撰稿人：马维著）

【武威市审计局】 2002年，共有干部职工29人，其中本科学历11人，大专学历10人，局长郑治亮，副局长张保元、刘志爱，纪检组长张文学。设有办公室、经济责任审计办公室、财政金融审计科、行政事业审计科、经贸审计科、固定资产投资审计科、法制科，社会保障审计科。

审计成果 审计单位459个，查出违规行为金额6027万元，应缴财政217万元，已交123万元。提交审计报告35份、信息和调研报告20篇，被采用11篇。

经济责任审计 开展经济责任审计项目161个、170人，查出违规行为金额4225万元，查出个人存在经济问题两人。审计后，晋升14人，平调77人，免职17人，降职1人，移送纪检监察机关6人。

内部审计 市直部门有内审机构9个，其中专职机构9个；内审人员18人，其中专职人员18人。（撰稿人：李建玲）

【武威市凉州区审计局】 现有干部职工19人，设有办公室、经济责任审计办公室、综合股、财政金融审计股、行政事业审计股、工商企业审计股、固定资产投资审计股，负责对全区48个乡镇和45个区直部门的审计监督。局长周廷虎，副局长王子勋、赵永庆。

审计成果 完成审计项目72个，审计单位123个，查出违规行为金额620万元，应缴财政62万元，已交62万元。完成审计调查3个，调查单位12个。提交审计报告、信息102篇。完成48名科级干部离任经济责任审计，查出违规行为金额325万元。（撰稿人：张万飞）

【民勤县审计局】 现有干部职工18人，设有办公室、财政金融审计股、行政事业审计股、企业审计股、基本建设审计股、法制检查股，负责对全县23个乡镇和20个县直部门的审计监督。局长委义文，副局长王国书、王琳。

审计成果　完成审计项目38个，审计单位85个，查出违规行为金额781万元，应缴财政38万元，已交38万元。完成审计调查两个，调查单位7个。提交审计报告、信息87篇。完成37名科级干部离任经济责任审计，查出违规行为金额33万元。有内审机构15个，内审人员27人。（撰稿人：李文喜）

【古浪县审计局】　现有干部职工11人，设有办公室、财政金融审计股、行政事业审计股，负责对全县24个乡镇和48个县直部门的审计监督。局长王吉孝，副局长马学贵、李正清。

审计成果　完成审计项目54个，审计单位81个，查出违规行为金额95万元，应缴财政6万元，已交5万元。完成审计调查1个，调查单位7个。提交审计报告、信息81篇。完成21名科级干部离任经济责任审计，查出违规行为金额26万元。有内审机构12个，内审人员14人。（撰稿人：韩达志）

【天祝藏族自治县审计局】　现有干部职工15人，设有秘书股、财政经责审计股、行政事业审计股、企业审计股、法制股、基建审计股，负责对全县22个乡镇和33个县直部门的审计监督。局长何延玲，副局长黄建西。

审计成果　完成审计项目75个，审计单位95个，查出违规行为金额3859万元，应缴财政64万元。完成审计调查1个，调查单位两个。提交审计报告、信息76篇。完成30名科级干部离任经济责任审计，查出违规行为金额1190万元。有内审机构18个，内审人员18人。（撰稿人：包桑杰）

【酒泉市审计局】　2002年，共有干部职工35人，其中本科学历11人，大专学历20人，局长韩万荣，副局长张贵虎、刘红艺。设有办公室、综合法制科、经济责任审计科、财政金融审计科、行政事业审计科、经贸审计科、农业与资源环境审计科、社会保障审计科、固定资产投资与外资运用审计科。

审计成果　审计单位308个，查出违规行为金额8796万元，归还被侵占挪用资金1815万元，调账处理1257万元，决定处理处罚54万元，指明要求纠正2596万元，已缴财政255万元。向纪检监察部门移送案件两起，向司法部门移送案件1起。

经济责任审计　开展经济责任审计项目140个、134人，查出违规行为金额9628万元，其中主管责任2467万元，直接责任161万元。审计后，晋升16人，平调101人，免职或改任非领导职务16人，撤职1人，移送纪检监察部门两人。本级完成经济责任审计项目12个、12人，查出违规行为金额219万元。审计后，晋升3人，平调6人，改任非领导职务3人。

内部审计　共有内审机构42个，内审人员98人，完成审计项目19个。（撰稿人：魏玮）

【酒泉市肃州区审计局】　现有干部职工11人，设有办公室、行政事业审计股、企业审计股，负责对全区20个乡镇和40个区直部门的审计监督。局长王龙泉（6月—），副局长刘安平、邓爱群。

审计成果　完成审计项目12个，审计单位3个，查出违纪违规行为金额1816万元，查出“小金库”金额3.6万元，决定处理处罚单位8个，金额25万元，指明要求纠正1791万元，归还原渠道资金200万元，应缴财政6万元。向纪检部门移交案件线索1件。提交审计报告、信息22篇，被采用1篇。（撰稿人：邢玉琴）

【玉门市审计局】　现有干部职工15人，设有办公室、综合法制股、财政行财审计股、企业审计股、基建审计股、经济责任审计办公室，负责对全市10个乡镇和28个市直部门的审计监督。局长赵玉英，副局长朱景人、刘书文。

审计成果　完成审计项目51个，审计单位63个，查出违规行为金额243万元，应缴财政21万元，已交15万元。完成审计调查3个，调查单位8个。提交审计报告、信息15篇。完成20名科级干部离任经济责任审计，查出违规行为金额32.9万元。有内审机构7个，内审人员7人。（撰稿人：马书忠）

【敦煌市审计局】　现有干部职工10人，设有办公室、法制股、财政金融审计股、商贸审计股和经济责任审计办公室，负责对全市12个乡镇和80多个市直部门的审计监督。局长寇冀芳，副局长杨忠义（—7月）、王东生。

审计成果　审计项目26个，审计单位80个，查出违纪违规行为金额960万元。完成审计调查4个，调查单位10个。提交审计报告、信息28篇。完成4名科级干部离任经济责任审计，查出违规行为金额53万元。有内审机构4个，内审人员21人。（撰稿人：淳辉）

【金塔县审计局】　现有干部职工11人，设有办公室、行政事业财政审计股、企业审计股，负责对全县13个乡镇和68个县直部门的审计监督。局长王荣，副局长王多虎、段兴俭。

审计成果　完成审计项目44个，审计单位44个，查出违纪违规行为金额788.19万元，应缴财政

8.02万元，已交4.78万元。完成审计调查两个，调查单位11个。提交审计报告、信息13篇。完成20名科级干部离任经济责任审计。（撰稿人：王多虎）

【安西县审计局】 现有干部职工13人，设有办公室、经济责任审计股、财经企业审计股、行政事业审计股，负责对全县14个乡镇、71个行政事业单位和4个直属企业的审计监督。局长余立恒，副局长俞生江。

审计成果 完成审计项目19个，审计单位59个，查出违纪违规行为金额1018.2万元，应缴财政15.6万元，已交12万元。完成审计调查两个，调查单位18个。提交审计报告、信息37篇。完成17名科级干部离任经济责任审计，查出违规行为金额475.4万元。有内审机构7个，内审人员27人。（撰稿人：徐凤）

【肃北蒙古族自治县审计局】 现有干部职工8人，设有办公室、审计业务股、经济责任审计办公室，负责对全县7个乡镇和60个县直部门的审计监督。局长吕建会，副局长桑吉（1月—）、段铜山（7月—）。

审计成果 完成审计项目60个，审计单位67个，查出违纪违规行为金额1017.9万元，应缴财政10万元，归还原渠道资金24万元，指明要求纠正44.7万元。完成48名科级干部离任经济责任审计，查出违规行为金额27.25万元，应缴财政10万元，指明要求纠正6.7万元。审计后，晋升3人，平调32人，退休13人。（撰稿人：段铜山）

【阿克塞哈萨克族自治县审计局】 现有干部职工9人，设有办公室、财政金融审计室、行政事业审计室、经济责任审计室、企业审计室，负责对全县6个乡镇和93个县直部门及8个直属企事业单位的审计监督。局长刘秀兰，副局长奥仁、段其成。

审计成果 完成审计项目24个、审计单位21个，查出违规行为金额642万元，应缴财政10万元，已交4万元。提交审计报告、信息36篇。完成6名科级干部离任经济责任审计，查出违规行为金额477万元。（撰稿人：茹春晖）

【张掖市审计局】 2002年，共有干部职工33人，其中本科学历17人，大专学历12人，局长樊明礼，副局长姬忠、李小平，纪检组长李鸿寿。设有办公室、综合法制科、行政事业审计科、财政金融审计科、基建投资审计科、经贸审计科、经济责任审计科和办公室。

审计成果 审计单位555个，查出违规行为金额10703万元，应缴财政333万元，已交169万元。提交审计报告326份、信息和调研50篇。

经济责任审计 开展经济责任审计项目179个、179人，查出违规行为金额1757万元，其中主管责任1503万元，直接责任124万元。审计后，晋升13人，平调142人，免职24人。

内部审计 有内审机构76个，其中专职机构43个；内审人员161人，其中专职人员74人。完成审计项目43个，查出损失浪费19万元，纠正违规行为金额两万元，促进增收节支9万元。其中市直部门有内审机构3个，内审人员4人。（撰稿人：龙建国）

【张掖市甘州区审计局】 现有干部职工14人，设有办公室、经济责任审计股、行政事业审计股、基建审计股和综合审计股，负责对全区23个乡镇和22个区直部门的审计监督。局长罗锋，副局长王慧敏、宋为栋、胡建辉、张自松。

审计成果 完成审计项目51个、单位67个，查出违规行为金额612万元，应缴财政9万元，已交3万元，归还原渠道资金397万元，指明要求纠正2026万元。完成审计调查7个，调查单位4个。提交审计报告、信息63篇。完成16名科级干部经济责任审计。审计后，晋升两人，平调22人。（撰稿人：罗锋）

【民乐县审计局】 现有干部职工13人，设有办公室、经济责任审计室、财政金融审计股、企业审计股，负责对全县14个乡镇和108个县直部门的审计监督。局长白杨西，副局长张国锋、杨国成。

审计成果 完成审计项目58个，审计单位92个，查出违规行为金额129万元，应缴财政14万元，已交12万元。完成审计调查1个，调查单位5个。提交审计报告、信息50篇。完成28名科级干部离任经济责任审计，查出违规行为金额78万元。审计后，晋升两人，平调22人。有内审指导人员8人，内审机构8个，内审人员19人。（撰稿人：白杨西）

【临泽县审计局】 现有干部职工10人，设有办公室、业务股、综合股，负责对全县9个乡镇和60个县直部门的审计监督。局长倪大周，副局长宋国增、刘文荣。

审计成果 完成审计项目42个，审计单位42个，查出违规行为金额1220万元，应缴财政77万元，已交76万元。完成审计调查1个，调查单位1个。提交审计报告、信息36篇。完成20名科级干部离任经济责任审计，查出违规行为金额508万元。有内审机构9个，内审人员21人。（撰稿人：安颖超）

【高台县审计局】 现有干部职工8人，设有财政金融审计室、行政事业审计室、企业审计室和综合办公室，负责对全县12个乡镇和53个县直部门的审计监督。局长王奋（7月—）（任副局长—7月），郑洪武（—5月）。

审计成果　完成审计项目90个，审计单位112个，查出各类违规行为金额169万元，归还原渠道资金102万元，应缴财政46万元，已交45万元。完成审计调查1个，调查单位5个。提交审计报告、信息49篇。完成24名科级干部离任经济责任审计，查出违规行为金额43万元。（撰稿人：雷秀玲）

【山丹县审计局】　现有干部职工9人，无内设机构，负责对全县11个乡镇和56个县直部门的审计监督。局长盛积智，副局长张荣、钟红芳。

审计成果　完成审计项目38个，审计单位60个，查出违规行为金额1851万元，其中指明要求纠正2264万元，决定处理处罚1851万元，应缴财政28万元，已交14万元。完成审计调查1个，调查单位1个。提交审计报告、信息23篇。完成13名科级干部离任经济责任审计。有内审机构10个，内审人员13人。（撰稿人：张荣）

【肃南裕固族自治县审计局】　现有干部职工10人，设有综合股、财政金融和企业基建审计股、行政事业和经济责任审计股，负责对全县30个乡镇和112个县直部门的审计监督。局长贺继贤，副局长蔡军。

审计成果　完成审计项目64个，审计单位76个，查出违规行为金额232万元，应缴财政9万元，已交4万元。完成审计调查1个，调查单位5个。提交审计结果报告、信息49篇。其中完成40名科级干部离任经济责任审计，查出违规行为金额130万元。有内审指导人员3人，内审机构17个，内审人员61人。（撰稿人：喇雪莲）

【庆阳市审计局】　2002年，共有干部职工32人，其中本科学历7人，大专学历10人，局长王积聪，副局长邱鸿元、李文虎、李广义，纪检组长张振银。设有人事秘书科、综合法制科、财政金融审计科、行政事业审计科、经贸社保审计科、基建外资审计科、农业环保审计科、经济责任审计办公室、经济责任审计联席会议办公室。

审计成果　审计单位675个，查出违规行为金额19283万元，应缴财政507万元，已交404万元。提交审计报告53份、信息和调研报告22篇。

经济责任审计　开展经济责任审计项目204个、246人，查出违规行为金额5730万元，其中主管责任5303万元，直接责任173万元；损失浪费83万元，个人经济问题26万元。审计后，晋升35人，平调116人，免职37人。

内部审计　有内审机构85个，其中专职40个；内审人员188人，其中专职94人。市直部门有内审机构13个，其中专职机构6个；专职内审人员26人。共审计单位49个，纠正违规行为金额177万元，促进增收节支349万元。（撰稿人：金维岳）

【庆阳市西峰区审计局】　现有干部职工16人，设有办公室、财政金融审计股、行政事业审计股、社保审计股、经济责任审计股，负责对全县9个乡镇和156个区直部门的审计监督。局长马烽，副局长马治平、司南、杨志坚。

审计成果　完成审计项目26个，审计单位62个，查出违规行为金额299万元，应缴财政19万元，已交14万元，指明要求纠正207万元，归还原渠道资金13万元。完成审计调查1个，调查单位3个。提交审计报告、信息23篇。完成20名科级干部离任经济责任审计，查出违规行为金额88万元。有内审机构15个，内审人员56人，其中专职人员14人。（撰稿人：郭雄升）

【庆城县审计局】　现有干部职工10人，设有秘书股、基建企业审计股、财政金融审计股，负责对全县19个乡镇和170个县直部门的审计监督。局长刘光耀，副局长冯明。

审计成果　完成审计项目34个，审计单位79个，查出违规行为金额1872万元，应缴财政272万元，已交215万元。指明要求纠正579万元，归还原渠道资金135万元。完成审计调查两个，调查单位9个。提交审计报告、信息29篇。完成28名科级干部离任经济责任审计，查出违规行为金额499万元，查出个人存在经济问题两人，移送纪检监察机关两人。（撰稿人：武芝玲）

【华池县审计局】　现有干部职工9人，设有人秘股、综合审计股、经济责任审计办公室，负责对全县19个乡镇和64个县直部门的审计监督。局长杨学忠，副局长杨如宝、刘筱。

审计成果　完成审计项目17个，审计单位83个，查出违规行为金额2520万元，指明要求纠正1979万元，归还原渠道资金442万元，应缴财政12万元，已交12万元。完成审计调查两个，调查单位11个。提交审计报告、信息41篇。完成41名科级干部离任经济责任审计，查出违规行为金额1157万元。有内审机构8个，内审人员13人，其中专职人员5人。（撰稿人：赵君涛）

【合水县审计局】　现有干部职工11人，设有人秘股、行政事业审计股、财政金融审计股、企业审计股，负责对全县15个乡镇和46个县直部门的审计监督。局长周智灵，副局长张应君、杨宏儒。

审计成果　完成审计项目32个，审计单位55个，查出违规行为金额538万元，应缴财政80万元，已交79万元。完成审计调查1个，调查单位3个。提交审计报告、信息26篇。完成28名科级干部离任经济责任审计，查出违规行为金额381万元，指明要求纠正100万元。有内审机构10个，内审人员10人。（撰稿人：赵晓琴）

【正宁县审计局】　现有干部职工12人，设有人秘股、财政金融审计股、行政事业审计股、企业基建审计股，负责对全县12个乡镇和85个县直部门的审计监督。局长王天荣，副局长董治文、库海华。

审计成果　完成审计项目21个，审计单位76个，查出违规行为金额7624万元，应缴财政33万元，已交10万元。完成审计调查1个，调查单位3个。提交审计报告、信息24篇。完成17名科级干部离任经济责任审计，查出违规行为金额575万元。（撰稿人：安志强）

【宁县审计局】　现有干部职工15人，无内设机构，负责对全县23个乡镇和60个县直部门的审计监督。局长李存海，副局长秦彦秀、豆兴勇、张建华。

审计成果　审计单位53个，查出违规行为金额657万元，应缴财政22万元，已交22万元，指明要求纠正101万元，归还原渠道资金355万元。完成审计调查1个，调查单位1个。提交审计报告、信息16篇。完成10名科级干部离任经济责任审计，查出违规行为金额205万元。有内审机构21个，内审人员47人，其中专职人员19人。（撰稿人：王军锋）

【镇原县审计局】　现有干部职工16人，设有文教外资审计股、财政金融商贸审计股、行政事业农业审计股、工业交通固定资产投资审计股，负责对全县24个乡镇和113个县直部门的审计监督。局长刘卫国，副局长王琳辉、郭晓辉。

审计成果　完成审计项目42个，审计单位115个，查出违规行为金额3304万元，应缴财政23万元，已交19万元。提交审计报告、信息37篇。完成44名科级干部离任经济责任审计，查出违规行为金额1336万元，指明要求纠正334万元。（撰稿人：慕海棠）

【平凉市审计局】　2002年，共有干部职工43人，其中本科学历12人，大专学历21人，局长党模华，副局长李生祥、禹文长，纪检组长柳明德。设有办公室、综合科、行政事业审计科、财政金融审计科、干部离任经济责任审计科、农业资金审计科、经贸审计科、固定资产审计科。

审计成果　审计单位544个，查出违规行为金额12035万元，应缴财政113万元，已交59万元。提交审计报告8份、信息和调研报告3篇，被采用3篇。

经济责任审计　开展经济责任审计249个、262人，查出违规行为金额4051万元，其中主管责任2953万元，直接责任72万元。查出个人存在经济问题1人。审计后，晋升28人，平调217人，免职16人，降职1人。

内部审计　共有内审机构11个，其中专职机构10个；内审人员15个，其中专职人员13人。全年共完成审计项目22个。（撰稿人：张存来）

【平凉市崆峒区审计局】　现有干部职工13人，设有办公室、财政审计股、企业审计股、行政事业审计股，负责对全区12个乡镇、3个街道和37个区直部门的审计监督。局长王琥，副局长李平安、马贵君。

审计成果　完成审计项目64个，审计单位83个，查出各类违规行为金额2075.8万元，应缴财政两万元。完成审计调查1个，调查单位3个。提交审计报告、信息26篇。完成37名科级干部离任经济责任审计，查出违规行为金额949万元。审计后，晋升7人，平调26人。有内审指导人员1人，内审机构1个，内审人员1人。（撰稿人：吴彩霞）

【泾川县审计局】　现有干部职工15人，6月成立经济责任审计办公室，负责对全县19个乡（镇、区）和56个县直部门的审计监督。局长王俊杰，副局长闫玉成、章丽娟，纪检组长吕润年。

审计成果　完成审计项目82个，审计单位102个，查出违规行为金额1083万元，应缴财政27万元，已交10万元。完成审计调查1个，调查单位5个，提交审计报告、信息32篇。完成38名科级干部离任经济责任审计，查出违规行为金额106万元。有内审指导人员1人，内审机构1个，内审人员1人，完成审计项目5个。（撰稿人：姚朝晖）

【灵台县审计局】　现有干部职工8人，无内设机构，负责对全县16个乡镇和38个县直部门的审计监督。局长郭宏波，副局长马秀芳、杨炳华。

审计成果　完成审计项目63个，审计单位82个，查出违规行为金额417万元，应缴财政13万元，已交13万元。完成审计调查1个，调查单位3个。提交审计报告、信息3篇。完成32名科级干部离任经济责任审计，查出违规行为金额181万元。有内审指导人员1人，内审

机构1个，内审人员1人。（撰稿人：巩维亚）

【崇信县审计局】 现有干部职工7人，设有办公室，负责对全县10个乡镇和33个县直部门的审计监督。局长樊彦君，副局长张永军。

审计成果 完成审计项目24个，审计单位32个，查出各类违规行为金额194万元，应缴财政4万元，已交4万元。完成审计调查两个，调查单位6个。提交审计报告、信息4篇。完成11名科级干部离任经济责任审计，查出违规行为金额10万元。审计后，晋升1人，平调7人。有内审指导人员1人，内审机构两个，内审人员4人，完成审计项目3个。（撰稿人：甘海明）

【华亭县审计局】 现有干部职工12人，设有综合办公室、经济责任审计办公室、农林水审计股、工交企业审计股、财政金融审计股和行政事业审计股，负责对全县13个乡镇、街道和28个县直部门的审计监督。局长柳爱弟，副局长鲁瑞林、杜来存、师崇斌。

审计成果 完成审计项目61个，审计单位92个，查出违规行为金额1394万元，应缴财政18万元，已交11万元。完成审计调查两个，调查单位3个。提交审计报告、信息70篇。完成48名科级干部离任经济责任审计，查出违规行为金额1106万元。有内审指导人员1人，内审机构两个，内审人员两人。（撰稿人：杜楠庆）

【庄浪县审计局】 现有干部职工11人，设有办公室、行政事业审计股、财政金融审计股、企业审计股、法制股，负责对全县23个乡镇和38个县直部门的审计监督。局长刘岩柏，副局长刘尚才、魏安旺。

审计成果 完成审计项目48个，审计单位70个，查出违规行为金额1770万元，应缴财政9万元，已交7万元。完成审计调查1个，审计单位5个。提交审计报告、信息5篇。完成36名科级干部离任经济责任审计，查出违规行为金额800多万元。有内审指导人员1人，内审机构1个，内审人员两人。（撰稿人：苏勤）

【静宁县审计局】 现有干部职工12人，设有办公室、行政事业审计股、企业金融审计股，负责对全县30个乡镇和56个县直部门的审计监督。局长慕锡武，副局长翟维纲、李寰、杨东学。

审计成果 完成审计项目36个，审计单位56个，查出违规行为金额1070.7万元，决定处理处罚9万元，已交财政8.6万元。完成审计调查1个，调查单位3个。提交审计报告、信息4篇。完成31名科级干部离任经济责任审计，查出违规行为金额204万元。有内审指导人员1人，内审机构两个，内审人员3人。（撰稿人：司向红）

【定西地区行政公署审计处】 2002年，共有干部职工30人，其中本科学历6人，大专学历11人，处长程正祥，副处长漆锐、罗瑜、张晓伟（11月—），纪检组长米得学（11月—）。设有办公室、法制科、财政金融审计科、行政事业审计科、农业与资源环保审计科、经贸审计科、固定资产投资审计科和经济责任审计办公室。

审计成果 审计单位506个，查出违规行为金额18579.37万元，应缴财政364.36万元，已交251万元。提交调查报告22份，被采用5份。本级完成审计项目44个，查出违规行为金额13042.37万元，应缴财政31.36万元，已交9万元。

经济责任审计 开展经济责任审计项目106个、107人，查出违规行为金额852万元，查出个人存在经济问题1人。审计后，晋升6人，平调37人，免职3人，移送纪检监察机关3人。本级完成经济责任审计11个，查出违规行为金额467万元。

内部审计 共有内审机构11个，其中专职机构7个；内审人员17人，其中专职人员11人。区直部门有内审机构两个，专职人员4个。（撰稿人：胡世祯）

【定西县审计局】 现有干部职工16人，设有办公室、经济责任审计办公室、财政金融审计股、行政事业审计股、农业与资源环保审计股，负责对全县26个乡镇和24个县直部门的审计监督。局长卢兆功，副局长宋彦邦、杨春积、张生明、王昆山。

审计成果 完成审计项目34个，审计单位70个，查出违规行为金额1319万元，应缴财政65万元，已交58万元。提交审计报告9份，被政府采用9份。完成对8名科级干部离任经济责任审计。（撰稿人：马涛）

【通渭县审计局】 现有干部职工14人，设有办公室、财政金融审计股、行政事业审计股、经贸审计股，负责对全县23个乡镇和21个县直部门的审计监督。局长许登明，副局长李隆唐、何统江、贾国璧。

审计成果 完成审计项目55个，审计单位86个，查出违规行为金额62万元，应缴财政10万元，已交6万元。完成审计调查5个。提交审计报告、信息8篇。完成27名科级干部离任经济责任审计。（撰稿人：令耀文）

【临洮县审计局】 现有干部职工14人，设有办公室、经济责任审计办公室、行政事业审计股、财政金融经贸审计股，负责对全县28个乡镇和52个县直部门的审计监督。局长张霞（7月—），副局长罗军、张海涛。

审计成果　完成审计项目82个，审计单位82个，查出违规行为金额274万元，应缴财政19万元，已交15万元。完成审计调查5个，调查单位5个。完成25名科级干部离任经济责任审计，查出违规行为金额31万元。（撰稿人：李建宏）

【漳县审计局】　现有干部职工11人，设有办公室、行政事业审计股和企业审计股，负责对全县17个乡镇和45个县直部门的审计监督。局长王小鹏，副局长李玉玺、常国义。

审计成果　完成审计项目62个，审计单位62个，查出违纪违规行为金额391.8万元，应缴财政1.8万元，已交1.8万元。完成10名科级干部离任经济责任审计。审计后，晋升1人，平调7人。有内审机构4个，内审人员10人。（撰稿人：纪学文）

【岷县审计局】　现有干部职工14人，设有办公室、经济责任审计办公室、行政事业审计股、经贸审计股、固定资产投资审计股和执法执纪室，负责对全县23个乡镇和51个县直部门的审计监督。局长李讲科，副局长裴怀明、石志平。

审计成果　完成审计项目50个，审计单位50个，查出违规行为金额238万元，应缴财政22万元，已交22万元，归还被侵占挪用资金56万元，核减工程造价132万元。提交审计报告、信息19篇。完成11名科级干部离任经济责任审计，查出违规行为金额68万元。（撰稿人：李讲科）

【渭源县审计局】　现有干部职工11人，设有办公室、行政事业审计股、工商企业审计股、经济责任审计办公室，负责对全县20个乡镇和31个县直部门的审计监督。局长李恭，副局长肖东良、王守峰、毛贵璧，纪检组长吕国俊。

审计成果　完成审计项目29个，审计单位48个，查出违纪违规行为金额702万元，应缴财政24万元，已交8万元。完成审计调查1个，调查单位两个。完成17名科级干部离任经济责任审计，查出违规行为金额89万元。（撰稿人：李恭）

【陇西县审计局】　现有干部职工12人，设有办公室、经济责任审计股、财政金融审计股、行政事业审计股、经贸与固定资产投资审计股，负责对全县25个乡镇和45个县直部门的审计监督。局长王瑞卿，副局长陈继、吴海仓。

审计成果　完成审计项目34个，审计单位42个，查出违纪违规行为金额2133万元，应归还原渠道资金36万元，应缴财政136万元，已交99万元，促进增收节支135万元。完成审计调查两个，调查单位6个。提交审计报告、信息18篇。完成6名科级干部离任经济责任审计，查出违规行为金额42万元。（撰稿人：毛海军）

【陇南地区行政公署审计处】
2002年，共有干部职工31人，其中本科学历13人，大专学历11人，处长李刘成，副处长尚志文、寇建新。设有人秘科、法制科、财政审计科、金融外资审计科、农业与资源环保审计科、固定资产投资与经贸审计科、行政事业审计科、监察室，另设有陇南地区经济责任审计局（副县级建制）。

审计成果　审计单位374个，查出违规行为金额4461万元，应缴财政299万元，已交240万元。提交审计报告58份、信息和调研报告160篇，被采用78篇。

经济责任审计　开展经济责任审计项目142个、153人，查出违规行为金额1359万元。审计后，晋升3人，平调55人，免职1人，移送纪检监察机关1人。

内部审计　地直部门内审机构15个，其中专职机构12个；内审人员42人，其中专职人员26人。共审计单位68个，查出损失浪费120万元，纠正违规行为金额460万元，促进增收节支58万元。（撰稿人：张俭）

【成县审计局】　现有干部职工19人，设有人秘股、法制股、财政金融审计股、行政事业审计股和企业审计股，负责对全县22个乡镇和65个县直部门的审计监督。局长王富兴，副局长张俊新、薛亚峰、苗长凤。

审计成果　完成审计项目17个，审计单位20个，查出违规行为金额549万元，应缴财政0.13万元，已交0.13万元。提交审计报告、信息28篇。完成10名科级干部离任经济责任审计，查出违规行为金额46万元。（撰稿人：苗长凤）

【武都县审计局】　现有干部职工20人，设有人秘股、财政金融审计股、行政事业审计股、企业审计股，负责对全县44个乡镇和86个县直部门的审计监督。局长任亚民，副局长丁继军、马志军。

审计成果　完成审计项目36个、审计单位48个，查出违规行为金额190万元，归还原渠道资金46万元，指明要求纠正2039万元，应缴财政1.74万元，已交两万元。提交审计报告、信息38篇，完成18名科级干部离任经济责任审计。（撰稿人：石一铭）

【宕昌县审计局】　现有干部职工12人，设有人秘股、经济责任审计股、行政事业审计股，负责对全县31个乡镇和106个县直部门的审计监督。局长陈昌，副局长任国璋、刘肃琴。

审计成果　完成审计项目18个，审计单位43个，查出违规行为金额161万元。提交审计报告、信息18篇。完成两名科级干部离任经济责任审计，查出违规行为金额111万元。（撰稿人：强继华）

【康县审计局】　现有干部职工16人，设有人秘股、行政事业审计股和经济责任审计股，负责对全县28个乡镇和46个县直部门的审计监督。局长唐继元，副局长李京耀、陈再兴。

审计成果　完成审计项目31个，审计单位31个，查出违规行为金额1652.247万元，指明要求纠正724.98万元，归还原渠道资金449.51万元，决定处理处罚9.63万元，应缴财政9.63万元。提交审计报告、信息30篇。完成33名科级干部离任经济责任审计。（撰稿人：唐继元）

【文县审计局】　现有干部职工14人，设有人秘股、财政及行政事业审计股、企业及固定资产投资审计股，负责对全县25个乡镇和80个县直部门的审计监督。局长刘强，副局长滕康宁、张益丰、孙庆冀。

审计成果　完成审计项目31个，审计单位41个，查出违规行为金额66万元，应缴财政9万元，已交9万元。提交审计报告、信息8份。完成24名科级干部离任经济责任审计。（撰稿人：巩治文）

【西和县审计局】　现有干部职工17人，设有人秘股、审计业务股、法制股、经济责任审计室，负责对全县24个乡镇和71个县直部门的审计监督。局长李双儿，副局长王启、马经国、刘宝珍。

审计成果　完成审计项目48个，审计单位73个，查出违规行为金额1126万元，其中指明要求纠正501万元，决定处理处罚625万元，应缴财政7万元，已交7万元。完成审计调查1个，调查单位1个。提交审计报告、信息18篇。完成33名科级干部离任经济责任审计。（撰稿人：南晓峰）

【礼县审计局】　现有干部职工15人，设有办公室、法制股、财政金融审计股、行政事业审计股和企业审计股，负责对全县36个乡镇和82个县直部门的审计监督。局长杨舟，副局长王长生、秦小艳、高招礼。

审计成果　完成审计项目20个，审计单位56个，查出违规行为金额51万元，应缴财政3万元，已交3万元。提交审计报告、信息18篇。完成7名科级干部离任经济责任审计，查出违规行为金额43万元。（撰稿人：韩虎）

【两当县审计局】　现有干部职工13人，设有办公室、财政审计股、企业审计股、行政事业审计股和综合股，负责对全县14个乡镇和48个县直部门的审计监督。局长靳军，副局长唐瑞萍、严真。

审计成果　完成审计项目38个，审计单位43个，查出违规行为金额642万元，应缴财政25.27万元，已交25.27万元。提交审计报告、信息28篇。完成16名科级干部离任经济责任审计，查出违规行为金额120万元。（撰稿人：许焱）

【徽县审计局】　现有干部职工11人，设有人秘股、财政金融审计股、行政事业审计股、固定资产投资与经贸审计股和法制监察股，负责对全县18个乡镇和53个县直部门的审计监督。局长陈友平，副局长周世斌、谢志义。

审计成果　完成审计项目34个，审计单位41个，查出违规行为金额45万元，应缴财政33万元，已交20万元。提交审计报告、信息10篇。完成37名科级干部离任经济责任审计，查出违规行为金额9万元。有内审机构16个，内审人员29人。（撰稿人：叶蜜峰）

【临夏回族自治州审计局】
2002年，共有干部职工89人，其中本科学历6人，大专学历31人，局长何莲香，副局长乔跃位（—9月）、马崇清、马光才、马理荣（9月—）。设有人事秘书科、财政金融审计科、行政事业审计科、农业与资源环保审计科、经贸审计科、固定资产投资审计科、审计执法监督检查室、经济责任审计办公室和审计干部培训中心。

审计成果　审计项目485个，查出违规行为金额4791万元，应缴财政151万元，已交34万元。提交审计报告273份、信息和调研报告180篇。

经济责任审计　开展经济责任审计项目158个、158人，查出违规行为金额496万元。审计后，晋升4人，平调108人，免职4人。

内部审计　共有内审机构54个，内审人员125人，其中专职人员14人。（撰稿人：张官仁）

【临夏市审计局】　现有干部职工28人，设有办公室、经济责任审计股、审计执法监察室、审计档案室，负责对全市16个镇、街道和60个市直部门的审计监督。局长于小平，副局长杨国雄、蒋彦升、祁华。

审计成果　完成审计项目37个，审计单位135个，查出违规行为金额484.7万元。完成审计调查1个，调查单位71个，查出违规行为金额15万元。提交审计报告、信息61篇。完成22名科级干部离任经济责任审计，查出违规行为金额10.3万元。有内审机构7个，内审人员31人。（撰稿人：陈谨）

【临夏县审计局】 现有干部职工23人，设有人秘股、行政事业审计股、财政金融审计股、企业审计股和经济责任审计办公室，负责对全县27个乡镇和85个县直部门及企业的审计监督。局长魏芝勇，副局长陶向阳、马瑞清、马万傲。

审计成果 完成审计项目14个，审计单位64个，查出违规行为金额715万元，决定处理处罚17.2万元，指明要求纠正697.8万元，应缴财政3.54万元，已交1.1万元。提交审计报告、信息23篇。完成25名科级干部离任经济责任审计，查出违规行为为金额462.9万元。有内审机构21个，内审人员74人。（撰稿人：范祥财）

【康乐县审计局】 现有干部职工28人，设有督察室，负责对全县16个乡镇和43个县直部门的审计监督。局长马国忠，副局长巩进魁、马玉莲、徐育红、马国靖、董巍、马仲英。

审计成果 完成审计任务49个，审计单位49个，查出违规行为金额110万元，应缴财政14万元，已交8万元，指明要求纠正475万元。完成审计调查1个，调查单位5个。提交审计报告、信息4篇。完成21名科级干部离任经济责任审计，查出违规行为金额110万元。有内审机构10个，内审人员20人。（撰稿人：陈隆豪）

【永靖县审计局】 现有干部职工24人，设有行政事业审计股、经济责任审计办公室、基建审计办公室和法制（人秘）股，负责对全县19个乡（镇）和33个县直部门的审计监督。局长孔维林，副局长何世德、张绍曾、刘亨旭。

审计成果 完成审计项目20个，审计单位38个，查出违规行为金额256万元。提交审计报告、信息29篇。完成8名科级干部离任经济责任审计，查出违规行为金额256万元。有内审机构1个，内审人员3人。（撰稿人：田正杰）

【广河县审计局】 现有干部职工28人，设有办公室、复核组、预算执行审计组、预算延伸审计一组、预算延伸审计二组、项目资金审计组、地方交办事项审计组，负责对全县10个乡镇和61个县直部门的审计监督。局长陈有良，副局长马宝业、肖红俊、王守华、马辉彬、马正良。

审计成果 完成审计项目26个，审计单位49个，查出违规行为金额2482万元。提交审计报告两份。完成9名科级干部离任经济责任审计，查出违规行为金额18.04万元。（撰稿人：陈有良）

【和政县审计局】 现有干部职工14人，设有综合股、行政事业企业审计股、财政金融审计股、农业审计股、经济责任审计办公室和审计执法监督检查室，负责对全县14个乡镇和71个县直部门的审计监督。局长石俊，副局长马学明、武正全、朱小文。

审计成果 完成审计项目35个，审计单位55个，共查出违纪违规行为金额1390万元，应缴财政11.3万元，已交财政3万元。提交审计报告、审计信息两篇。同时，还完成23名科级干部离任经济责任审计，查出违规行为金额430万元。有内审机构5个，内审人员14人。（撰稿人：武正全）

【东乡族自治县审计局】 现有干部职工31人，设有业务股、办公室和纪检监察室，负责对全县25个乡镇和39个县直部门的审计监督。局长杨佐清，副局长马智才、马进良、马彩玲、唐克政，纪检监察室主任马明山。

审计成果 完成审计项目35个，审计单位35个，查出违规行为金额37.9万元。提交审计报告、信息23篇。完成15名科级干部离任经济责任审计，查出违规行为金额37.9万元。有内审机构5个，内审人员34人。（撰稿人：汪佐东）

【积石山保安族东乡族撒拉族自治县审计局】 现有干部职工21人，设有人秘股、财政金融审计股、行政事业审计股、执法监督检查股和经济责任审计室，负责对全县18个乡镇和92个县直部门的审计监督。局长韩国翔，副局长马黎鹏、张海燕。

审计成果 完成审计项目24个，审计单位54个，查出违规行为金额374.6万元，应缴财政4.7万元，已交3.2万元，指明要求纠正20.5万元。完成审计调查3个，调查单位13个。提交审计报告、信息4篇。完成15名科级干部离任经济责任审计，查出违规行为金额25.2万元。有内审机构7个，内审人员12人。（撰稿人：韩国翔）

【甘南藏族自治州审计局】 2002年，共有干部职工28人，其中本科学历两人，大专学历15人，局长梁伯毅，副局长昂老、彭凤鸣、范元龙，纪检组长杨志宏。设有办公室、财政金融审计科、经济责任审计科、固定资产投资审计科、农业与资源环保审计科、行政事业审计科、企业审计科。

审计成果 审计单位338个，查出违规行为金额8211万元，应缴财政63万元，已交33万元。提交审计报告106份、信息和调研材料37篇，被采用14篇。其中本级审计单位55个，查出违规行为金额7857万元，应缴财政25万元，已交17万元。

经济责任审计 开展经济责任审计项目110个、110人，查出违规行为金额396万元，其中主管责任396万元。审计后，晋升两人，平调42人。

内部审计 共有内审机构31个，其中专职机构12个；内审人员73人，其中专职人员19人。共审计单位4个。（撰稿人：杨志宏）

【合作市审计局】 现有干部职工11人，设有办公室、财政审计股、行政事业审计股、企业审计股、经济责任审计股，负责对全市7个乡、4个街道和54个市直部门的审计监督。局长李世忠，副局长杨映栋。

审计成果 完成审计项目32个，审计单位32个，查出违规行为金额121.63万元，应缴财政13.23万元，已交13.13万元。提交审计报告、信息4篇。完成19名科级干部离任经济责任审计，查出违规行为金额74.88万元。有内审指导人员1人，内审机构1个，内审人员1人。（撰稿人：金永禄）

【临潭县审计局】 现有干部职工10人，无内设机构，负责对全县19个乡镇和68个县直部门的审计监督。局长范学智，副局长志平、王春瑞。

审计成果 完成审计项目25个，审计单位25个，查出违规行为金额270.80万元，应缴财政0.60万元，已交0.60万元。完成审计调查3个，调查单位12个。提交审计报告、信息26篇。完成11名科级干部离任经济责任审计，查出违规行为金额195万元。有内审指导人员1人，内审机构12个，内审人员12人。（撰稿人：杨福德）

【卓尼县审计局】 现有干部职工11人，设有财政金融审计股、行政事业审计股、企业外资审计股、农业审计股、固定资产投资审计股、经济责任审计股，负责对全县17个乡镇和60个县直部门的审计监督。局长虎永明（9月—）、赵彦礼（—10月），副局长刘寅真、张拉目草（9月—）、霍学飞（—10月）。

审计成果 完成审计项目11个，审计单位34个，查出违规行为金额44.80万元，应缴财政0.41万元，已交0.41万元。完成审计调查1个，调查单位两个。提交审计报告、信息12篇。完成3名科级干部离任经济责任审计，查出违规行为金额2.1万元。有内审指导人员1人，内审机构1个，内审人员4人。（撰稿人：于昌华）

【舟曲县审计局】 现有干部职工13人，设有财政审计股、行政事业审计股、企业审计股、经济责任审计股，负责对全县22个乡和28个县直部门的审计监督。局长谈会云，副局长王学红、李解放。

审计成果 完成审计项目40个，审计单位40个，查出违规行为金额201.4万元，应缴财政0.78万元，已交0.78万元。提交审计报告、信息3篇。完成26名科级干部离任经济责任审计，查出违规行为金额48.6万元。有内审指导人员1人，内审机构3个，内审人员3人。（撰稿人：谈会云）

【迭部县审计局】 现有干部职工13人，设有办公室、财政金融审计股、固定资产投资审计股、工商贸企业审计股、行政事业审计股、经济责任审计股，负责对全县12个乡和64个县直部门的审计监督。局长张万红，副局长魏万民、杨慧琴。

审计成果 完成审计项目26个，审计单位32个，查出违规行为金额73.60万元，应缴财政23.80万元，已交7.80万元。完成审计调查1个，调查单位4个。提交审计报告、信息27篇。完成17名科级干部离任经济责任审计，查出违规行为金额15.4万元。有内审指导人员两人，内审机构17个，内审人员45人。（撰稿人：宁占霞）

【玛曲县审计局】 现有干部职工13人，设有办公室、行政事业审计股、企业审计股，负责对全县8个乡和27个县直部门的审计监督。局长赵卫东，副局长杨智山、马玉兰。

审计成果 完成审计项目6个，审计单位15个，查出违规行为金额161.63万元，应缴财政84.53万元，已交40万元。提交审计报告、信息16篇。完成6名科级干部离任经济责任审计，查出违规行为金额104万元。有内审指导人员1人，内审机构4个，内审人员7人。（撰稿人：道旦）

【碌曲县审计局】 现有干部职工9人，无内设机构，负责对全县7个乡、两个场和37个县直部门的审计监督。局长杨龙昌，副局长三虎、仁谦。

审计成果 完成审计项目18个，审计单位18个；完成审计调查两个，调查单位6个。提交审计报告、信息8篇。完成10名科级干部离任经济责任审计。有内审指导人员1人，内审机构3个，内审人员3人。（撰稿人：薛新明）

【夏河县审计局】 现有干部职工12人，无内设机构，负责对全县15个乡和23个县直部门的审计监督。局长马胜军（兼纪检组长），副局长蔡乐、马琪。

审计成果　完成审计项目6个，审计单位17个，查出违规行为金额5.70万元，应缴财政1.74万元，已交1.74万元。完成审计调查1个，调查单位3个。提交审计报告、信息1篇。有内审指导人员1人，内审机构8个，内审人员10人。（撰稿人：赵慧箴）

【甘肃矿区审计局】　2002年，共有干部职工6人，其中大专学历5人，局长薛继峰。设有企业内部审计科、基建行政事业审计科、综合科。

审计成果　审计单位两个，查出违规行为金额19.71万元，补缴税款1.18万元。提交审计报告两份、审计调研报告、信息两篇。

经济责任审计　开展经济责任审计项目1个、1人，查出违纪违规行为金额37.45万元。提出审计建议5条，提交审计报告1份，出具审计意见书1份。

内部审计　区直部门有内审机构1个，专职人员6人，审计单位19个，完成审计项目21个，核定资金占用费缴纳额为136.34万元，已交97.31万元，查出违纪违规行为金额189.01万元，决定处理处罚8.50万元。提出审计建议15条，提交审计报告6份，出具审计决定书1份。（撰稿人：杨光）

青海省

【青海省审计厅】　2002年，青海省审计厅定编111人（不含省纪委驻厅纪检组3人），其中行政编制89人、依照公务员管理的事业编制14人、公勤事业编制8人，在编121人。厅机关设有办公室、法规处、财政审计处、行政事业审计处、社会保障审计处、农业与资源环保审计处、固定资产投资审计处、经贸与外资运用审计处、经济责任审计局、人事教育处（含机关党委）、审计信息中心（事业单位）、机关后勤服务中心（事业单位），同时，省国有资产管理委员会派驻省属国有重点企业财务总监管理办公室设在审计厅。

领导成员

厅　长：张　旭

副厅长：刘小丽　周文成

纪检组长：沈继伟

青海省审计成果　全省审计机关共审计1508个单位，查出违纪违规行为金额61556万元，应缴财政12293万元，归还原渠道资金7803万元，审计处理后，已交财政10136万元，减少财政拨款或补贴43万元，罚款316万元。向司法、纪检监察机关移送案件6起，建议给予党纪政纪处分1人。全年共提交审计报告、信息358篇，被领导批示和有关部门采用137篇。

财政审计　预算执行审计，采取了预算执行审计与专项审计相结合、“本级审”与“上审下”相结合的方法，突出了对预算执行情况、地税系统税收征管情况、地方金库办理预算资金收纳拨付情况，预算执行单位以及科技三项费、社会保障资金、住房资金、国债资金管理使用情况的审计，并对政府外债的管理使用情况进行了审计调查。受省政府委托，省审计厅7月24日在省九届人大常委会第三十一次会议上做了《关于2001年度省本级预算执行和其他财政收支的审计工作报告》，由于揭露问题突出、内容深刻、审计意见和建议针对性较强，省人大常委会委员们普遍认为，审计工作报告是近几年来比较好的一个报告，审计出了许多问题，有力度、有深度，敢于曝光，很不容易，提出的加强省级预算管理的5条审计建议，很实际、很具体，有关部门要认真落实，积极整改。同时，西宁、海东、海南等地对查出的问题，在加强综合分析的基础上提出了审计意见和建议，引起当地人大、政府等有关部门的高度重视；海南州共和县还专门召开预算执行审计协调会，县长亲自担任协调领导小组组长，研究审计方案，部署具体工作。

专项资金审计　一是基础建设资金审计。对6条通县油路建设项目及平西高速公路建设项目进行审计中，查出漏缴税金、少提税金等违纪违规行为金额1998万元；对西宁市垃圾处理建设项目的审计，发现多计工程款、虚列债权、虚列支出、挤占和挪用拆迁费等违纪违规行为金额426万元。同时还发现有关主管部门违反基建程序、未及时报批概算、概算执行不严等问题。二是青南地区危房改造审计调查。按照省政府领导的要求，省审计厅和玉树、果洛、黄南3个州审计机关，对青南地区各县机关干部职工住宅危房改造情况进行了审计调查，发现果洛、黄南两地存在挤占挪用、欠拨危房改造补贴、个人自筹资金到位率低、拖欠工程款等问题比较突出；省地税局随意调整项目，将原计划建在县上的住宅改建在3个州局机关所在地；省工商局仅在玛沁县实施了危房改造项目，同时还存在挪用危房改造补贴等问题。三是社会保障资金审计。审计发现，省级、西宁市及部分县的社保部门共挤占挪用养老保险费达700多万元，一直未能收回；大通县社保局用养老保险基金购买特种国债270万元，因企业破产，至今无法兑付；省监狱局社保办养老保险费收入1021万多元未缴财政专户，直接坐支。另外，还发现经办机构重复设立收入过渡户、滞留资金；未建立财政部门与经办机构、税务机关及开户银行的经常性对账制度，收入户、支出户、财政专户内的资金征缴、收入和结存情况底数不清等问题。四是天然林保护工程资金审计。各级审计机关在审计中发现，有些地区和部门存在挤占挪用专项资金、违规购置小汽车、设立“小金库”；地方配套资金缺口大，资金投入不足；财政资金拨付不及时，资金到位迟缓；违规提取管理费、监理费、设计费等问题。如班玛县农牧局挪用天然林保护工程资金购买小汽车；互助县林业局违规超标准提取管理费、监理费、设计费20万元等问题。五是水利资金审计。全省各级审计机关在对水利资金审计中共查出违规行为金额1300多万元。六是全省2000～2001年度住房资金收集、管理及使用情况的审计调查，查出挤占挪用住房资金6096万元，住房公积金单位逾期贷款5396万元等问题。

企业审计 全省审计机关共对62个企业进行了审计，并发现了有关企业责任人的违纪违规案件线索，及时采取了处理措施。省审计厅在对13个省属国有资产经营公司和企业集团2001年财务收支及国有资产保值增值状况进行检查中，发现企业资产质量不高、不良资产数额大、资产流失严重、会计信息失真等问题。根据省政府领导指示，省审计厅还对一些重点企业所属的省外企业经营情况进行了检查，发现西部矿业公司所属省外企业亏损严重、经营不规范等问题。根据审计署2001年度授权项目，省审计厅对青海油田分公司2001年度财务收支情况进行了审计，查出该公司挤占和虚列成本费用、漏缴税金等问题，并提出了加强内控制度建设建议，责成公司积极整改。

金融外资审计 根据审计署的统一安排，完成了青海省4个世行贷款项目和两个国际农发项目资金的审计，并按时出具了对外审计报告。同时，对全省外国政府贷款项目进行了审计调查，发现违反贷款协定挪用贷款，债务不落实、项目单位逃脱债务，偿债准备金管理不规范等问题，及时提出了整改建议。另外，对省农发行所属17个分支机构中的15个机构2001年度资产、负债、损益情况进行了审计，查出少记收入、设立“小金库”等违纪问题，按时向审计署提交了审计综合报告和综合分析报告。

经济责任审计 2002年，青海省各级党委、政府重视经济责任审计工作，在机构设置和人员编制上给予了大力支持，并进一步加强了五部门联席会议制度，修订出台了两个“操作要点”，明确了目标任务，规范了工作方法。全年全省审计机关共对636名领导干部进行了经济责任审计，查出违纪违规行为金额14631万元。干部管理部门参考审计结果，平调410人，晋升43人，免职41人，降职两人，撤职1人，移送纪检监察机关两人，移送司法机关1人。

其他财务收支审计和审计调查 一是开展了2001～2002年上半年财政工资专户的设置及运行情况的专项审计调查；二是组织全省审计机关对全省工商行政管理系统2001年度财务收支情况进行了审计；三是对有关部门2001年度财务收支情况进行了审计；四是对湟中县审计局1999～2001年度农业综合开发项目审计情况进行了调查，发现并纠正了湟中县审计局在项目审计中存在的欺上瞒下、弄虚作假等问题。

针对审计查出的问题，分别以《审计要情》、审计专题报告和综合报告向省政府反映，全年共向省政府提交《审计要情专报》10期、审计专题报告及综合报告13份，省政府领导对6期《审计要情专报》、8份审计专题报告及综合报告分别做了批示。

干部队伍建设 一是加大干部人事制度改革的力度。坚持公开、平等，竞争、择优的原则，积极推进了干部竞争上岗制度，实行干部任前公示制度和试用期制度，增加选人用人上的透明度，自觉抵制用人上的不正之风。二是改进考核干部方法，强化干部监督工作。结合每年年终总结和干部考核工作，对表现好、工作成绩突出、群众公认的干部给予表彰奖励，极大地调动了全体干部职工的积极性。三是采取措施，加大了审计干部教育培训工作力度。制定了《2001～2005年全省审计干部教育培训规划》，积极选派有关人员参加审计署、南京审计学院和省委党校、省行政学院举办的各类培训班进修学习，举办了各类专业审计知识、计算机技术等培训班。还组织完成了全省审计人员全员岗位资格考试、审计系统外语考试、审计专业资格考试、全省第六次普法考试和审计专业法律法规考试以及审计执法资格的考试等工作。被命名为省级文明单位。2002年全省目标责任考核中，青海省审计厅领导班子被评为优秀领导班子，厅长张旭同志被评为优秀领导干部；省审计厅机关党委被省直机关工委评为先进机关党委。（撰稿人：张建斌）

【西宁市审计局】 2002年，共有干部职工62人，其中本科学历16人，大专学历28人，局长董秀敏，副局长贾富华、范建才、侯孔明。设有办公室、政策法规处、行政事业审计处、金融外资运用审计处、社会保障审计处、经贸审计处、农业与资源环保审计处、固定资产投资审计处、财政审计处。

审计成果 全市重点开展了对预算执行和财政决算、固定资产投资项目竣工决算、退耕还林（草）

资金、农业综合开发资金、天然林保护资金、水利资金、养老保险基金、救济救灾资金、世行贷款项目资金以及残疾人保障金等项目的审计。共完成审计项目223个，查出违规行为金额25402万元，应缴财政3221万元（其中罚没40万元），已交2357万元。完成专项审计调查21个，提交专项审计调查报告21份。撰写审计论文40篇，提交审计信息77篇，被有关部门采用39篇，编发审计要情专报两期。被人事部、审计署授予“1998～2002年全国审计系统先进集体”的光荣称号。

经济责任审计　完成经济责任审计项目61个，共查出违规行为金额3061.1万元，决定处理处罚487.35万元，指明要求纠正1906.7万元。审计后，连任1人、平调50人、晋升两人、免职两人、退休两人、受处分1人。（撰稿人：程建荣）

【西宁市城中区审计局】　现有干部职工6人，负责对全区6个街道和41个区直部门的审计监督。局长王海蓉，副局长王晓东（—7月）。

审计成果　完成审计项目26个，审计单位28个，其中党政领导干部经济责任审计14个，共查出违规行为金额652万元，应缴财政17万元，已交13万元。完成审计调查1个，调查单位5个。提交审计报告27份，审计意见书26份，审计决定书8份，审计信息1篇，被采用1篇。（撰稿人：郝云祥）

【西宁市城东区审计局】　现有干部职工8人，负责对全区9个镇、办事处和77个区直部门的审计监督。局长柴新宁，副局长陕秀萍。

审计成果　完成审计项目26个，审计调查1个，查出违规行为金额431万元，指明要求纠正1038万元，应缴财政3万元，已交1万元。提交审计报告、信息6篇，被采用两篇。完成13名科级干部任期经济责任审计，查出违规行为金额116万元，指明要求纠正48万元。（撰稿人：包廷）

【西宁市城西区审计局】　现有干部职工7人，设有办公室、行政事业审计室、经济责任审计室，负责对全区1个乡镇和42个区直部门的审计监督。局长康海生，副局长任少卿。

审计成果　完成审计项目25个、25个单位，其中经济责任审计项目10个，查出违规行为金额113.58万元，应缴财政7.88万元（包括罚没6.82万元），已交2.17万元（包括罚没1.95万元），应归还原渠道资金48.57万元，指明要求纠正58.75万元。提交审计报告12份，审计调查两份，审计意见24份，审计信息8篇，被采用两篇。（撰稿人：魏霞）

【西宁市城北区审计局】　现有干部职工8人，设有行政文卫审计组、企业审计组和综合审计组，负责对全区两个乡镇和44个区直部门的审计监督。局长樵群生，副局长索明伟。

审计成果　完成审计项目18个，查出违规行为金额98万元，决定处理处罚19万元，指明要求纠正79万元，应缴财政19万元，已交19万元。完成审计调查两个，提交调查报告两份。对5个单位财务收支进行了审计，查出违规行为金额98万元；完成退耕还林和水利专项资金审计项目两个；完成对工商局的审计。上述审计发现的问题，均提出了改进意见和建议，及时向市局提交了审计报告。（撰稿人：樵群生）

【大通回族土族自治县审计局】　现有干部职工11人，设有基建审计科、行政事业审计科、经济责任审计科，负责对全县22个乡镇和70个县直部门的审计监督。局长鲍洪财，副局长梁黎明、李青云。

审计成果　审计6个项目、34个单位，查出违规行为金额115.13万元，其中应缴财政14.17万元，已交14.17万元，指明要求纠正100.96万元。开展经济责任审计项目12个，查出违规行为金额95.13万元。审计后，平调9人，免职3人。（撰稿人：王翠英）

【湟源县审计局】　现有干部职工10人，设有财政金融审计科、行政事业审计科、企业审计科，领导干部经济责任审计科，负责对全县11个乡镇和县直各部门的审计监督。局长张学善，副局长辛元贵，纪检组长齐福武。

审计成果　审计单位58个，查出违纪违规行为金额88万元，应缴财政9.4938万元，已交财政5.1495万元，收回应缴以前年度审计查出违纪违规行为金额0.2726万元。完成审计调查两个。开展经济责任审计项目5个，审计5人，查出违规行为金额4.48万元，查出个人存在经济问题1人。根据审计结果，平调4人，移送纪检监察机关1人。（撰稿人：齐福武）

【湟中县审计局】　现有干部职工12人，设有办公室、审计综合科、经济责任审计科，负责对全县18个乡镇和29个县直部门的审计监督。局长张进宝，副局长沈海鸣。

审计成果　完成审计项目40个，审计单位98个，查出违规行为金额417万元，应缴财政56万元，已交56万元。完成审计调查两个，调查单位16个。提交审计信息4篇，审计论文两篇，均被《青海审计》刊载。完成6名科级党政领导干部离任经济责任审计，查出违规行为

金额130万元。（撰稿人：何生才）

【海东行政公署审计局】　2002年，共有干部职工16人，其中本科学历3人，大专学历4人，局长赵晓静，副局长张建华、谭玲，纪检组长韩芳忠。设有办公室、财政金融审计科、农业资金审计科、行政事业审计科、经济责任审计科。

审计成果　共审计32个单位，查出违规行为金额1655万元，应缴财政199万元，已交199万元，指明要求纠正30万元，归还原渠道资金120万元。提交审计报告、信息和调研报告15篇，被采用13篇。审计业务质量被青海省审计厅评为优秀。

经济责任审计　组织对互助、乐都、民和、平安等县的经济责任审计工作进行了调研，并针对存在的问题召开了由地区纪律检查委员会、监察局、人事局、审计局、地委组织部五部门领导参加的第二次联席会议，研究改进和加强经济责任审计工作的具体措施。全年共对14名党政领导干部进行了经济责任审计。（撰稿人：李伶业）

【平安县审计局】　现有干部职工11人，设有综合股、行政审计股、企业审计股，负责对全县9个乡镇和18个县直部门的审计监督。局长盖秀云，副局长张青山。

审计成果　完成审计任务46个，查出违纪违规行为金额393万元，应缴财政34万元，归还原渠道资金10万元。向县人大提交审计工作报告1份，向县政府提交审计结果报告1份、提交审计调查报告1份，调研报告3份、信息15篇，被采用5篇。（撰稿人：盖秀云）

【乐都县审计局】　现有干部职工16人，设有综合办公室、经济责任审计股、财政金融审计股、行政事业审计股、农业资金审计股，负责对全县22个乡镇和28个县直部门的审计监督。局长徐有伟，副局长韩常乾。

审计成果　完成审计项目49个，查出违规行为金额376万元，应缴财政19万元，已交18万元，其中罚款11万元，指明要求纠正15万元，调账处理21万元。提交审计调查报告1份、审计信息11篇，其中被省厅采用5篇，被当地党政部门采用两篇。（撰稿人：韩常乾）

【民和回族土族自治县审计局】　现有干部职工16人，设有办公室、财政金融审计股、行政事业审计股和经济责任审计股，负责对全县23个乡镇和38个县直部门的审计监督。局长余成祥，副局长辛存瑾、史春花。

审计成果　完成审计项目41个，查出违纪违规行为金额93万元，应缴财政11万元，已交10万元，指明要求纠正223万元。完成审计调查两个，提交审计信息7篇。对22名党政领导干部进行了任期经济责任审计。（撰稿人：余成祥）

【互助土族自治县审计局】　现有干部职工10人，设有行政事业审计组、财政金融审计组、经济责任审计中心，负责对全县21个乡镇和30个县直部门的审计监督。局长王有玉（1月—），副局长周清芬。

审计成果　完成审计项目24个、38个单位，经济责任审计项目3个，查出违纪违规行为金额54万元，其中指明要求纠正42万元，决定处理处罚12万元，应缴财政12万元。提交审计报告16份，审计意见24份，审计信息5篇。对20名党政主要领导干部进行了任期经济责任审计。（撰稿人：保积有）

【化隆回族自治县审计局】　现有干部职工9人，设有办公室、行政事业企业审计室和经济责任审计室，负责对全县19个乡镇和32个县直部门的审计监督。局长刘继录，副局长韩国俊。

审计成果　完成审计项目29个，审计单位29个，查出违规行为金额50万元，应缴财政3万元，已交1万元。完成审计调查1个，调查单位8个。提交审计报告、信息6篇。完成16名科级干部经济责任审计。（撰稿人：刘继录）

【循化撒拉族自治县审计局】　现有干部职工8人，负责对全县10个乡镇和60个县直部门的审计监督。局长韩忠义，副局长马永芳。

审计成果　完成审计项目19个，查出违规行为金额1056万元，应缴财政90万元，已交5万元。已有15个单位设有内审机构，配备专（兼）职内审人员16人。（撰稿人：高志清）

【海北藏族自治州审计局】　2002年，共有干部职工16人，其中本科学历1人，大专学历9人，局长蔡建国，副局长丁光寿、田秀英。设有行政法制办公室、行政事业专项资金基金审计科、财政金融审计科、经贸固定资产投资审计科、经济责任审计局。

审计成果　完成审计项目31个，完成审计调查3个，共查出违规行为金额225万元，应缴财政6万元，应归还原渠道资金30万元，审计罚款1万元。提交审计报告10份，审计信息33篇，被上级采用8篇，专业论文和调研报告两篇。完成上级交办审计任务21个，提交审计结果报告12份。

专项资金审计　审计金额达3273万元，查出挤占挪用47.7万元，截留基金收入23万元，责令调账处理323.2万元，指明要求纠正27万元。

经济责任审计 对4名拟离任的县级领导和两名科级领导干部进行了经济责任审计。

内部审计 截止到2002年底，经济主管部门和州级较大型企业均建立了内审机构，配备了专兼职审计人员。（撰稿人：李照雄）

【海晏县审计局】 现有干部职工6人，负责对全县8个乡镇、场和44个县直部门的审计监督。局长袁青凌。

审计成果 完成审计项目31个，查出违纪违规行为金额154.01万元，其中决定处理处罚9.69万元，归还原渠道资金144.32万元。出具审计意见书及审计决定15份，提交审计信息8篇，被采用两篇。完成领导交办的审计项目18个，提交审计结果报告18份。对19名科级党政领导干部进行了任期经济责任审计。（撰稿人：张智英）

【祁连县审计局】 现有干部职工8人，负责对全县8个乡镇和75个县直部门的审计监督。局长马应贤，副局长吕春蓉。

审计成果 完成审计项目35个，审计单位39个，查出违规行为金额30万元，应缴财政15万元，已交15万元，归还原渠道资金15万元，指明要求纠正139万元。提交审计报告、信息15篇。完成领导干部经济责任审计项目17个。（撰稿人：王惠）

【刚察县审计局】 现有干部职工7人，负责对全县5个乡镇和67个县直部门的审计监督。局长卢世清，副局长秦忠胜。

审计成果 完成审计项目27个，审计总金额7166万元，查出违规行为金额77.2万元，其中指明要求纠正58.2万元，归还原渠道资金17.3万元。提交审计报告、信息4篇，被采用1篇。完成县政府交办的审计事项12个，其中完成科级干部离任经济责任审计7个。（撰稿人：焦晓梅）

【门源回族自治县审计局】 现有干部职工6人，负责对全县13个乡镇和70个县直部门的审计监督。局长马福成（—9月）、黄金刚（9月—），副局长马兴昌。

审计成果 完成审计项目63个，审计调查两个，审计专项资金金额3257.9万元，查出违规行为金额572.1万元，其中指明要求纠正567.2万元，决定处理处罚4.8万元，应缴财政2.8万元。提交审计报告、信息66篇，被采用4篇。还对50个单位的80多名县直机关及乡镇党政领导干部进行了经济责任审计。（撰稿人：陈玉正）

【海南藏族自治州审计局】 2002年，共有干部职工20人，其中本科学历8人，大专学历10人，局长夸兴加，副局长郭可英。设有办公室、法规科、行政事业财务审计科、财税金融审计科、外资运用审计科、经济责任审计科。

审计成果 共审计单位23个，查出违规行为金额2571万元，应缴财政141万元，已交44万元，查出百万元以上违规单位3个。提交审计报告14份，信息20篇，被采用6篇。

经济责任审计 开展经济责任审计项目8个、8人，查出违规行为金额2025万元。审计后，晋升1人，平调3人，免职1人。（撰稿人：张延）

【共和县审计局】 现有干部职工14人，设有综合股、经济责任审计股、行政事业审计股、企业审计股，负责对全县12个乡镇和30个县直部门的审计监督。局长马进财，副局长杨力之、丁芬兰。

审计成果 完成审计项目11个，审计单位50个，查出违规行为金额256.36万元，其中指明要求纠正240.3万元，决定处理处罚16.06万元，已交财政6.45万元。完成审计调查两个，调查单位5个。提交审计报告43份，统计分析4篇，审计通报1篇，审计简报9篇，被采用7篇（次）。对17名党政领导干部进行了任期经济责任审计，查出违规行为金额206.36万元，其中指明要求纠正196万元，决定处理处罚10.36万元，已交财政10.11万元。（撰稿人：马进财）

【同德县审计局】 现有干部职工7人，负责对全县6个乡镇和54个县直部门的审计监督。局长程嘉华，副局长申玉香。

审计成果 完成审计项目19个，共查出违规行为金额33.31万元，其中指明要求纠正70.19万元，应缴财政3.33万元，已交3.33万元。提交审计报告17份，审计信息、简报4期，被上级机关转发1期，统计分析4篇。完成县委、县政府交办的审计任务3个，完成省厅、州局统一组织的审计任务10个。完成领导干部经济责任审计6人次。（撰稿人：程嘉华）

【贵德县审计局】 现有干部职工11人，负责对全县8个乡镇和29个县直部门的审计监督。局长徐承璋，副局长王桂英。

审计成果 完成审计项目32个，审计单位33个，查出违规行为金额37万元，应缴财政4万元，已交1万元。完成审计调查项目两个，调查单位8个。提交审计报告、信息30篇。完成16个单位、35名科级干部经济责任审计，查出违规行为金额8万元。（撰稿人：李刚）

【兴海县审计局】 现有干部职工8人，设有办公室、综合股，负责对全县8个乡镇和25个县直部门的审计监督。局长卡雄，副局长李芝兰。

审计成果 完成审计项目23个，审计单位23个，查出违规行为金额287万元，应缴财政6万元。完成审计调查1个，调查单位8个。提交审计报告、信息24篇。完成12名科级干部离任经济责任审计，查出违规行为金额124万元。（撰稿人：卡雄）

【贵南县审计局】 现有干部职工8人，负责对全县6个乡镇和81个县直部门的审计监督。局长多果，副局长徐喜伦。

审计成果 完成审计项目5个，审计单位13个，查出违规行为金额19万元，管理不规范金额235万元。完成专项审计调查两个，调查单位3个。提交审计报告、信息15篇。完成党政领导交办经济责任审计项目3个。（撰稿人：马志宏）

【黄南藏族自治州审计局】 2002年，共有干部职工15人，其中本科学历4人，大专学历6人，局长更藏加，副局长张楚甘、杜勇（1月—）。设有综合科、行政事业审计科、财经商贸审计科、工交基建审计科、经济责任审计科。

审计成果 共审计单位31个，查出违规行为金额542万元，指明要求纠正3232万元，应缴财政22万元，已交18万元。建议给予党政纪处分1人。提交审计报告26份，信息和调研报告13篇，被采用6篇。

专项资金审计 主要对基本养老保险基金、住房资金、水利资金、青南地区危房改造资金、天然林保护工程资金进行了审计和审计调查，查出违规行为金额207万元，指明要求纠正538万元。

经济责任审计 建立了经济责任审计联席会议制度，共对11名领导干部任期经济责任进行了审计，查出违规行为金额65万元，指明要求纠正77万元，查出损失浪费1万元。提交审计结果报告11份。审计后，晋升3人，平调4人，免职4人。（撰稿人：刘丽青）

【同仁县审计局】 现有干部职工15人，设有行政文卫审计组、商贸审计组、工交审计组和领导干部经济责任审计中心，负责对全县12个乡镇和27个县直部门的审计监督。局长邱品德，副局长沈秋霞、李义起。

审计成果 审计单位33个，查出违规行为金额878万元，应缴财政45万元，已交32万元。移送纪检监察机关案件两起、9人。提交审计报告、信息18篇，被批示、采用两篇。对11个单位、14名领导干部进行了经济责任审计，查出违规行为金额302万元，决定处理处罚17万元，指明要求纠正18万元。审计后，平调6人，晋升两人，免职4人，移送纪检监察机关两人。（撰稿人：党积伟）

【尖扎县审计局】 现有干部职工12人，设有办公室、财政金融审计股、商贸审计股、行政事业审计股、工交基建审计股和经济责任审计中心，负责对全县9个乡镇和13个县直部门的审计监督。局长李广鸿，副局长杜永耀。

审计成果 审计单位48个，查出违规行为金额1257万元，指明要求纠正1647万元，归还原渠道资金273万元，应缴财政32万元，已交10万元。结合乡镇领导换届，对16名领导干部任期经济责任进行了审计，查出违规行为金额104万元，指明要求纠正198万元。审计后，晋升两人，平调9人，免职4人，撤职1人。（撰稿人：仁青措）

【泽库县审计局】 现有干部职工7人，负责对全县9个乡镇和64个县直部门的审计监督。局长李松林，副局长马如宝。

审计成果 审计单位23个，查出违规行为金额348万元，指明要求纠正1427万元，归还原渠道资金559万元，应缴财政23万元，已交22万元。提交审计报告、信息18份。开展经济责任审计13个、16人，查出违规行为金额233万元，指明要求纠正430万元，提交审计结果报告13份。审计后，平调11人，晋升3人，免职两人。（撰稿人：李松林）

【河南蒙古族自治县审计局】 现有干部职工6人，负责对全县6个乡镇和80个县直部门的审计监督。局长王明，副局长谢红芹。

审计成果 审计单位22个，查出违规行为金额97万元，指明要求纠正108万元，减少财政拨款或补贴43万元，应缴财政1.32万元。提交审计报告、信息18篇，被采用3篇。还对12名领导干部任期经济责任进行了审计，查出违规行为金额13万元，指明要求纠正75万元。审计后，晋升两人，平调9人，免职1人。（撰稿人：王明）

【果洛藏族自治州审计局】 2002年，共有干部职工10人，其中本科学历1人，大专学历4人，局长杨国瑜，副局长吕学顺（6月—）、李海林（11月—）。设有综合科、财政与社会保障审计科、经贸与外资运用审计科、经济责任审计科。

审计成果 审计单位18个，查出违规行为金额507.60万元，应缴财政27万元，已交2.85万元。提交审计报告、信息18篇，被采用9篇。完成6名县（处）级干部离任经济责任审计，查出违规行为金额133.4

万元。1月，被人事部、审计署评选为“全国审计机关先进集体”。有内审机构5个，内审人员10人。（撰稿人：管全军）

【玛沁县审计局】　现有干部职工7人，负责对全县10个乡镇和24个县直部门的审计监督。局长唐晓梅，副局长金禄。

审计成果　审计单位20个，经济责任审计项目7个，共查出违规行为金额52万元，应缴财政6万元，已交6万元。提交审计报告、信息1篇。（撰稿人：唐晓梅）

【班玛县审计局】　现有干部职工5人，负责对全县9个乡镇和22个县直部门的审计监督。局长康佩莉。

审计成果　审计单位39个，经济责任审计项目21个，共查出违规行为金额62.93万元，应缴财政3.38万元，已交3.38万元。提交审计报告、信息两篇。（撰稿人：康佩莉）

【甘德县审计局】　现有干部职工4人，负责对全县22个乡镇和25个县直部门的审计监督。局长祁世民。

审计成果　审计单位9个，经济责任审计项目4个，查出违规行为金额两万元。（撰稿人：李麟祥）

【达日县审计局】　现有干部职工4人，负责对全县10个乡镇和25个县直部门的审计监督。局长孟存学。

审计成果　审计单位22个，经济责任审计项目11个，共查出违规行为金额54.63万元，应缴财政2.8万元。提交审计报告、信息1篇。（撰稿人：孟存学）

【久治县审计局】　现有干部职工7人，负责对全县6个乡镇和28个县直部门的审计监督。局长王金凤，副局长王振富。

审计成果　审计单位19个，经济责任审计项目6个，共查出违规行为金额3.5万元，应缴财政3.5万元，已交3.5万元。提交审计报告、信息1篇。（撰稿人：王金凤）

【玛多县审计局】　现有干部职工5人，负责对全县4个乡镇和22个县直部门的审计监督。局长张振富。

审计成果　审计单位18个，经济责任审计项目7个，共查出违规行为金额216.31万元，应缴财政6.85万元。提交审计报告、信息1篇。向司法、纪检监察部门移送案件各1起。（撰稿人：张振富）

【玉树藏族自治州审计局】　2002年，共有干部职工13人，其中大专学历9人，局长东嘎，副局长扎江。设有行政事业审计科、财税金融审计科、农业与环保审计科、经贸与基建审计科、经济责任审计科。

审计成果　共完成审计项目4个，审计单位8个，查出违规行为金额32.48万元，应缴财政1万元，已交1万元。（撰稿人：胡元青）

【玉树县审计局】　现有干部职工13人，设有行政事业审计科、企业审计科、综合科、基本建设审计科和经济责任审计科，负责对全县9个乡镇和30个县直部门的审计监督。局长公保尕松，副局长贾布尕、杜玉生。

审计成果　完成审计项目5个，审计单位19个（其中领导干部经济责任审计项目4个，移交纪检监察部门1人），查出违规行为金额272.3万元，应缴财政21.6万元，已交2.01万元。（撰稿人：蒋进）

【杂多县审计局】　现有干部职工5人，负责对全县8个乡镇和39个县直部门的审计监督。局长白志杰，副局长谢宝全。

审计成果　完成审计项目3个，审计单位11个（其中领导干部经济责任审计项目7个），共查出违规行为金额30万元，应缴财政0.97万元，已交0.95万元。完成审计调查1个。（撰稿人：谢宝全）

【称多县审计局】　现有干部职工5人，负责对全县7个乡镇和105个县直部门的审计监督。局长代拉吉。

审计成果　完成审计项目7个，审计单位21个（其中领导干部经济责任审计项目8个），共查出违规行为金额23.1万元，应缴财政6.20万元，已交5.41万元。完成审计调查1个。（撰稿人：代拉吉）

【治多县审计局】　现有干部职工5人，负责对全县6个乡镇和30个县直部门的审计监督。局长罗建海，副局长詹玉平。

审计成果　完成审计项目6个，审计单位16个，查出违规行为金额14.69万元，应缴财政0.2万元。完成审计调查1个。（撰稿人：罗建海）

【囊谦县审计局】　现有干部职工7人，负责对全县10个乡镇和56个县直部门的审计监督。局长扎西才培，副局长许岐军。

审计成果　完成审计项目3个，审计单位9个（其中领导干部经济责任审计项目两个），查出违规行为金额89.82万元，归还原渠道资金5万元。完成审计调查1个。（撰稿人：扎西才培）

【曲麻莱县审计局】　现有干部职工7人，负责对全县6个乡镇和

54个县直部门的审计监督。局长桂建国，副局长李武锤。

审计成果　完成审计项目3个，审计单位14个（其中领导干部经济责任审计项目6个），未发现违规行为问题。（撰稿人：桂建国）

【海西蒙古族藏族自治州审计局】　2002年，共有干部职工19人，其中研究生学历1人，大专学历9人，局长李东亮，副局长邓燕太。设有办公室、农林牧水审计科、固定资产投资企业审计科、财政行政事业审计科、经济责任审计科。

审计成果　完成审计项目42个。其中预算执行审计3个，财政决算审计3个，金融审计1个，企业审计7个（其中企业领导干部任期经济责任审计4个），行政事业审计21个（其中县级以下领导干部任期经济责任审计17个），农业与资源环保资金审计5个，外资运用项目审计两个。共查出违规行为金额1171万元，应缴财政248万元，已交167万元，归还原渠道资金5万元，调账处理672万元，罚没5万元，指明要求纠正2949万元。（撰稿人：刘红卫）

【德令哈市审计局】　现有干部职工5人，设有办公室、经济责任审计科和综合科，负责对全市5个乡镇和30余个市直部门的审计监督。局长黄洪波，副局长纳文。

审计成果　审计单位39个，共查出违规行为金额377万元，归还原渠道资金两万元，指明要求纠正199万元，应缴财政（含罚款）41万元，已交7.2万元，归还被侵占挪用资金0.6万元。提交经济责任审计工作报告共23份，审计调查报告1份。（撰稿人：尹东来）

【格尔木市审计局】　现有干部职工10人，设有办公室、财政社保农牧审计科、行政企事业审计科和经济责任审计局（下属事业单位），负责对全市4个乡、3个工行委和昆仑经济开发区的审计监督。局长唐富民，副局长李雪玲。

审计成果　完成审计项目22个，共查出违规行为金额649.84万元，归还原渠道资金3.5万元，指明要求纠正22.10万元，应缴财政（含罚款）26.8万元，已交10万元，归还被侵占挪用资金17.11万元。提交经济责任审计工作报告8份，审计调查报告1份。（撰稿人：李广新）

【乌兰县审计局】　现有干部职工5人，负责对全县5个乡镇和30个县直部门的审计监督。局长祁延俊，副局长尹君。

审计成果　完成审计项目22个，查出违规行为金额297.14万元，应缴财政17.06万元，指明要求纠正279.68万元。提交审计报告两份，被采用1份。完成上级下达审计任务13个。完成对5个单位的5名领导干部进行经济责任审计（其中党政领导干部4人，企业领导干部1人）。审计后平调3人，晋升1人，免职1人。此外，还对6个投资项目就资金到位、使用情况进行了审计。（撰稿人：胡广秀）

【都兰县审计局】　现有干部职工6人，设有办公室，经济责任审计科和综合科，负责对全县9个乡镇和30余个县直部门的审计监督。局长伊永海，副局长方黎明。

审计成果　审计单位26个，共查出违规行为金额388万元，应缴财政23万元，已交20万元。提交经济责任审计工作报告19份。（撰稿人：赵丽）

【天峻县审计局】　现有干部职工6人，设有行政事业审计科和企业审计科，负责对全县11个乡镇、35个行政单位，46个事业单位和5个企业的审计监督。局长尹扎旦。

审计成果　审计单位23个、17个项目，共查出违规行为金额268万元，指明要求纠正453.33万元，归还原渠道资金159万元，已纠正355.5万元（包括水利资金314万元和农业综合开发资金41.5万元），未纠正97.83万元，未归还原渠道资金109万元。提交审计工作报告7份，审计执法情况自查报告1份，审计信息两篇。（撰稿人：张红）

【大柴旦行政委员会审计局】　现有干部职工3人，设有行政事业审计组、经济责任审计组和企业审计组，负责对全行政区3个乡镇和30余个行委直属部门的审计监督。局长赵忠侠。

审计成果　审计单位9个，完成工、行委交办的各项工作共计13个，共查出违规违纪行为金额153万元，指明要求纠正41万元，应缴财政53万元，已交33万元。提交审计调查报告4份，经济责任审计工作报告两份，全部被批示或采用。（撰稿人：郭峰先）

【冷湖行政委员会审计局】　现有干部职工两人，负责对全行政区1个乡镇和22个行委直属部门的审计监督，局长吴小成。

审计成果　审计单位14个，查出违纪违规行为金额5万元。提交审计报告14份。对5个单位的领导干部进行了离任经济责任审计，未发现违纪违规问题。（撰稿人：焦玉琴）

【茫崖行政委员会审计局】　现有干部职工两人，负责对全行政区3个乡镇和20个直属部门的审计监督。局长冯焕青。

审计成果　审计单位9个，查出应纠正的违规行为金额11万元。

向州审计局提交论文1篇。（撰稿人：马新忠）

宁夏回族自治区

【宁夏回族自治区审计厅】 2002年，宁夏回族自治区审计厅定编138人，在编110人。厅机关设有办公室、政策法规处、财政金融审计处、行政事业审计处、外资审计处、社会保障审计处、经贸审计处、投资审计处、农业环保审计处、经济责任审计处，另设有纪检监察室、机关党委和老干部处，还设有科研培训中心、计算机中心、机关服务中心等直属事业单位。

领导成员

厅　长：马占和

副厅长：卢苏萍　李笃弼

汤效禹

总审计师：王惠敏

纪检组长：李俊贤

宁夏回族自治区审计成果 2002年全区各级审计机关共审计1271个单位，查出违规违纪行为金额7.8亿元，指明要求纠正7.4亿元。经审计处理，应缴财政8494万元，已交7202万元，归还原渠道资金1亿元，减少财政拨款或补贴343万元，应核减工程决算814万元。向司法机关移送案件3起，向纪检监察部门移送事项6件，建议给予党纪政纪处分7人。查出百万元以上违规单位99个。其中，自治区审计厅直接完成审计单位216个，查出违规行为金额28623万元，指明要求纠正21975万元，调账处理289万元，应缴财政4872万元，已交4130万元，入库率为85%；应归还原渠道资金6053万元。

本年全区审计工作重点：一是突出对财政预算执行情况的审计；二是突出对农业专项资金的审计；三是突出对国有重点企业领导人的经济责任审计；四是突出对基本建设投资的审计；五是突出对社会保障资金的审计。并要求各级审计机关严格执法，强化监督，加大审计查处力度。

全区各级审计机关以提高审计人员的综合素质为主，全面加强队伍建设。自治区审计厅提出并在全区实施“审计项目精品工程、审计队伍素质提升工程、审计法制建设完善工程”。区厅利用冬季整训和夏季整训，对审计人员进行专业知识和综合知识培训，集中学习了审计准则、企业会计、WTO知识等。还委托宁夏大学举办了为期两个多月的投资审计培训班，全区审计机关有60多人参加了培训。自治区审计厅出台了鼓励审计人员参加在职学习深造、提高学历层次和职称档次的奖励办法。

全区审计机关加强审计法制建设。一是结合“四五”普法活动，在全区开展了“审计执法年”活动。二是各地不断总结审计实践经验，强化审计质量内部控制制度。区审计厅制定了《审计准则指南》和《领导干部任期经济责任审计实施指南》两个规范性文件，并修订完善《重大审计事项会议制度》、《优秀审计项目评选办法》、《审计执法过错责任追究办法》等内控制度，进一步规范审计行为。三是加强审计复核工作和审计质量检查，组织开展了“优秀审计项目”和“审计质量标兵”的评选活动。全区审计机关审计信息化建设有了新进展，在财政预算执行审计、外资审计、投资项目和行政事业单位审计中，引进相关审计软件，提高了工作效率。

预算执行审计 全区各级审计机关对各级政府预算执行情况进行了审计，查出虚列财政收入、应缴未交预算收入和私设“小金库”等违规行为金额28623万元。对全区26个地税部门2001年度税收征管、税收政策执行及财务收支情况进行了审计，揭露出违规减免税款以及漏征税款等违纪违规行为金额6792万元。还选择了管理、使用财政资金数额大、涉及范围广的10个一级预算单位进行了监督检查，并延伸审计了29个二、三级预算单位，共查出滞留、挤占挪用财政资金、私设“小金库”等违规行为金额4353万元。

专项资金审计 全区各级审计机关针对社会关注的热点、难点问题开展了4个专项资金审计和审计调查。一是组织全区20个审计机关对全区2000～2001年度企业职工基本养老保险基金的征缴、管理情况进行了审计，共查出挤占挪用基金、收不抵支、赤字运行等违规行为金额947万元。二是对全区法院诉讼费收支情况进行了审计，查出截留坐支财政专户款、挤占挪用、违规使用票据等违规行为金额1225万元。三是对10个市县2000～2001年度扶贫专项资金的管理使用情况进行了审计，共审计管理、使用扶贫资金的部门单位242个，审计资金总额33117万元，查出挤占挪用、虚列支出、违规出借等违规行为金额4827万元。四是对区属10个水利管理处水费的征收、管理和使用情况进行了专项审计调查。此外，根据审计署授权，在全区范围内开展了邮政行业审计，查出违规行为金额1681万元。专项资金审计结果引起了自治区党政领导的关注。自治区党委书记陈建国、政府主席马启智、副主席陈进玉对扶贫资金审计结果分别批示，要求财政、监察等部门认真对待审计查出的问题，研究提出解决的办法，切实加以整改。

企业审计 全区共审计企业91户，查出盈亏不实、损失浪费、私设“小金库”等各类违规行为金额6412万元。存在的主要问题是会计信息失真、资产质量状况差、损失浪费等。自治区审计厅在对圣雪绒国际集团公司2001年度财务收支情况审计中，查出其对外投资1.2亿元，造成损失3230万元，少计收入480万元和私设“小金库”455万元的严重违纪问题。

固定资产投资审计　全区共审计项目单位87个，审计投资总额25.4亿元，查出违规行为金额2746万元，应缴财政358万元，核减工程决算814万元，归还原渠道资金728万元。自治区审计厅对石中高速公路（北段）建设项目、宁夏女子监狱建设项目、银川热电厂建设项目进行了审计，共查出违规行为金额743万元，审减工程建设投资322万元，应缴财政267万元，已全部上交。此外，审计厅还对自治区住房公积金进行了审计，共查出违规行为金额2000多万元，主要问题是违规发放贷款等。

经济责任审计　全区共对539名领导干部进行了任期经济责任审计，其中厅级干部9名、县处级干部74名、科级干部439名、国有及国有控股企业领导人员17名，共查出违规行为金额2.53亿元。通过审计，有14人被免职，1人被移送司法机关，7人被移送纪检监察部门，4人被建议给予党纪政纪处分。自治区审计厅在对某厅级干部经济责任审计中，查出挤占挪用专项资金2200多万元的违纪问题，审计处理处罚应缴财政340万元。全区有22个市县（区）设立了经济责任审计专职机构。

金融及外资运用审计　自治区审计厅对西北证券公司的资产负债损益情况进行了审计，查出股东利益分配不合理、变相融资进行证券自营业务、损益不实等违纪问题。

根据审计署授权和政府委托，自治区审计厅组织对54个国际金融组织贷援款项目单位进行了审计，查出违规行为金额556万元。同时，组织部分市县审计机关对全区政府外债管理和使用情况进行了审计调查，提出了防范政府外债风险的建议，引起了自治区政府的重视。（撰稿人：金荣）

【银川市审计局】　2002年，共有干部职工61人，其中本科学历24人，大专学历27人，局长周必庚，副局长李自辉、吴起、苏广清，纪检组长张乾洲。设有办公室、政策法规科、财政金融审计科、农业与资源环保审计科、经贸审计科、行政事业审计科、社会保障审计科、固定资产投资审计科、经济责任审计室。

审计成果　全年审计项目68个，查出违纪违规行为金额8212.68万元，经审计处理，应缴财政3785.08万元，已交财政2719.64万元；减少财政拨款235.06万元，归还原渠道资金435.32万元，核减固定资产投资759.28万元。

经济责任审计　受市委组织部委托，对39名领导干部实施了经济责任审计。经审计，发现有22名领导干部所在单位不同程度存在违纪问题，共查出违纪行为金额858.2万元，其中负直接责任的206.53万元，负主管责任的651.67万元，共处罚56万元，补交税金154万元，上缴国库45.9万元。对11名严重违纪的干部移交有关部门处理。

机构改革　机构改革后，内设机构由10个减少到6个，新增业务科室3个，与区审计厅职能处室基本相对应。行政人员编制由原来的71人减少到50人，另有机关事业编制7人，工勤人员3人，合计人员编制60人。（撰稿人：耿江宁）

【银川市兴庆区审计局】　现有干部职工6人，设有办公室，负责对全区9个街道和44个区直部门的审计监督。局长刘建民，副局长沈俊芳（—4月）、张艳芬（10月—）。

审计成果　完成审计项目（单位）21个，查出违纪违规行为金额39.57万元，应缴财政36.91万元，指明要求纠正242万元。共对15名科级部门的领导干部进行了经济责任审计；协同监察、财政部门进行了预算单位银行账户的检查清理工作，撤销了15个单位的19个银行账户。提交审计结果报告、调查报告、信息共19篇。（撰稿人：张艳芬）

【银川市西夏区审计局】　11月，由银川市新城区审计局更名。现有干部职工8人，设有经济责任审计办公室，负责对全区7个乡镇（街道）和20个行政事业单位的审计监督。局长冯应忠，副局长翟宁生、张晓融。

审计成果　完成审计项目29个，查出违规行为资金236万元，其中应缴财政25.6万元。在年度财政预算执行情况审计中，追缴财政收入25.6万。在对区地税局审计中，查出“入库级次混淆”金额15.6万元，延压税款入库56万元，补交个人所得税4.7万元。对区法院2001年度诉讼费收支情况进行了审计，发现存在“违规设置银行账户”、“坐支”诉讼费27.9万元。对15名科级干部任期经济责任进行审计，查出违纪违规行为金额30多万元。（撰稿人：翟宁生）

【银川市金凤区审计局】　现有干部职工9人，负责对全区4个乡镇、两个街道、44个区直部门的审计监督。局长王成（—8月）、王兴福（8月—），副局长于建华、窦丽英。

审计成果　完成审计项目6个，审计单位17个，查出违纪违规行为金额1005万元，指明要求纠正234万元，归还原渠道资金3.8万元，应缴财政201万元，其中罚款11万元，税款19.7万元。提交审计工作报告11份，审计意见17份，审计决定6份，审计信息12篇，被采用8篇。对8名领导干部进行了任期经济责任审计。（撰稿人：窦丽英）

【永宁县审计局】　现有干部职工17人，设有办公室、综合股、业务股，负责对全县12个乡镇和62个县直部门和企业的审计监督。局长杨富国，副局长赵祥、冯淑贤。

审计成果　审计单位48个，查出违纪违规行为金额939万元，应缴财政64万元，已交财政57万元，归还原渠道资金125万元，指明要求纠正750万元。对在机构改革中变动的19个单位的23名党政、企业的主要领导干部进行了离任经济责任审计，查出违纪违规行为金额402万元，应缴财政41万元，已交财政38万元，并有3名领导干部受到党纪警告和严重警告处分。提交审计工作报告19份，审计意见书48份，审计信息4篇，审计论文4篇，被采用两篇。局长杨富国被自治区审计厅评为审计执法先进个人。（撰稿人：陈汉祯）

【贺兰县审计局】　现有干部15人，设有办公室、财政金融审计股、行政事业审计股、经济责任审计股和基建审计股，负责对全县11个乡镇和60个行政事业单位的审计监督。局长杨长春。

审计成果　完成审计项目34个，共查出违规行为金额898万元，应缴财政21万元，已交财政17万元。完成审计调查两个，调查单位7个。提交审计报告、信息26篇。完成20名科级干部经济责任审计，查出违规行为金额428万元。此外，完成固定资产投资审计项目两个，审计项目投资总额133万元，核减工程结算21万元。（撰稿人：李玉军）

【石嘴山市审计局】　2002年，共有干部职工49人，其中本科学历13人，大专学历32人，局长赵廷华（5月—）、李占宏（—4月），副局长瞿祖贵、黄德志（6月—）、刘春霞（—4月）、代国山（—5月）。设有办公室、经济责任审计科、财政金融审计科、行政事业审计科、固定资产投资审计科、经贸审计科、政策法规科。

审计成果　共完成审计项目134个，查出违规行为金额10647万元，应缴财政98万元。审计决定执行率达94%，审计意见执行率95%。提交审计工作报告18份。1月市审计局被人事部、审计署授予“全国审计机关先进单位”荣誉称号，对市邮政局2001年度财务收支审计被评为全区优秀审计项目，12月被自治区人民政府授予“宁夏回族自治区优秀公务员先进集体”荣誉称号。

终结审计和经济责任审计　按照市委、市政府统一部署和要求，年内承担了9个市直部门、石炭井区44个部门单位的撤并终结审计和36名领导干部经济责任审计共89个审计项目。终结审计全面清理和核实了撤并单位的资产和债权债务，为撤并单位的顺利移交提供了准确依据。

基本建设审计　完成12个工程项目的审计，审计总投资21056.57万元，为建设单位核减工程造价、挽回经济损失212.41万元。国家计委、审计署成都特派办等有关部门在稽查石嘴山市集污及污水处理工程项目中对市审计部门采取全过程跟踪监督服务及所取得的主要成果给予了高度评价。

国有大中型企业审计　首次开展了对上市公司宁河民族化工股份有限公司、西北奔牛集团有限责任公司等国有大中型企业审计，共查出违纪行为金额748.4万元，收缴资金9.8万元。（撰稿人：周慧荣）

【石嘴山市大武口区审计局】　现有干部职工9人，负责对全区5个街道、1个乡和区直部门的审计监督。局长宋艳玲，副局长乔建文（11月—）、李玉琴、厉靖（11月—）。

审计成果　完成审计项目17个，查出违规行为金额8万元，决定处理处罚8万元，指明要求纠正383万元，应缴财政1万元。提交审计工作报告4份，审计意见17份，审计信息被采用21篇。共完成固定资产投资审计项目41个，挽回经济损失60万元。完成经济责任审计项目11个。（撰稿人：雷艳梅）

【石嘴山市石嘴山区审计局】　现有干部职工8人，负责对全区38个部门的审计监督。局长冯振兴（—5月）、马玉山（8月—），副局长马琴。

审计成果　完成审计项目24个，审计单位26个，其中经济责任审计项目19个，共查出违规行为金额421万元，其中指明要求纠正410万元，决定处理处罚11万元。提交审计报告24份，审计意见24份，审计信息3篇。（撰稿人：姜淑萍）

【平罗县审计局】　现有干部职工24人，设有办公室、财政金融行政事业审计股、工交商贸审计股、农林水审计股、基建审计股，负责对全县20个乡镇、25个县直部门、15个党群团体和26个直属企事业单位的审计监督。局长孙学理，副局长强永清。

审计成果　审计74个单位，查出违纪行为金额1148万元，应缴财政11.5万元，已交财政11.5万元。全年对外发出审计信息、论文及综合分析文章38篇，被采用20篇（次）。财政审计延伸审计了18个重点预算执行单位，查出违纪行为金额450余万元。对38个单位41名领导干部进行了任期经济责任审计，查出违纪行为金额411万元，追还被侵占挪用专项资金21万元，应缴财政两万元。对23个县属重点建设工程进行竣工决算审计，核减工程结算480万元。（撰稿人：罗凌霄）

【陶乐县审计局】 现有干部职工13人，设有办公室、经济责任审计科、行政基建审计股、企业事业审计股，负责对全县8个乡镇和23个县直部门的审计监督。局长王新明，副局长李志国、黄静。

审计成果 完成审计项目43个，共查出违规行为金额2986万元，应缴财政29万元。提交各类报告30篇，论文3篇，信息26篇，被批示、采用30多篇。对10名领导干部进行了经济责任审计，查出违规行为金额599万元，审计后，平调9人，移送县纪检监察机关处理两人，其中免职1人。"县良种繁殖场经济责任审计"被评为全区优秀审计项目，总审计师方振荣同志被评为"宁夏回族自治区审计质量标兵"。（撰稿人：方振荣）

【惠农县审计局】 现有干部职工11人，设有综合股、行政事业审计股、工交商贸审计股、固定资产投资审计股，负责对全县9个乡镇和90个县直部门的审计监督。局长安乐全，副局长张文惠。

审计成果 完成审计项目50个，查出违纪违规行为金额902万元，指明要求纠正2470万元，应缴县财政5万元，归还原渠道资金100万元。共提交各类审计报告、信息、论文等36篇，被采用26篇。对县财政局、国税局等7个单位进行了预算执行情况审计，查出违规行为金额74万元，指明要求纠正176万元。对17个单位的领导干部进行了离任经济责任审计，查出违规行为金额131万元，指明要求纠正136万元，移送纪检监察机关案件1起，建议给予行政处分两人。（撰稿人：杨帆）

【吴忠市审计局】 2002年，共有干部职工15人，其中研究生学历1人，本科学历5人，大专学历5人，局长吴汉宝（4月—），副局长马建廷、杨素霞。设有办公室、行政事业审计科、财政金融审计科、经贸农水环保审计科、基本建设投资审计科。

审计成果 全年审计单位75个，查出违规行为金额4346.68万元，没收余额3.02万元，罚款35.54万元，收缴财政108.11万元，由财政预算外转为预算内上缴国库428.1万元，收缴财政专户14.5万元，纳入会计统一核算152.3万元，归还原渠道资金1600.67万元，调整账项226.89万元，直接增加市本级财政收入574.77万元。在审计回访中，促使财政等部门建章立制两项，落实以前年度审计建议23条，落实以前年度应缴罚没款11.8万元。

审计法制建设 先后制定了《审计项目定案会议制度》、《审计事项汇报制度》、《审计复核工作规则》、《审计执法过错责任追究实施意见》、《关于举行审计听证实施办法》、《审计项目质量评优工作暂行办法》、《审计统计工作考核办法》。

审计宣传和机关建设 印制了《审计宣传提纲》，利用新闻媒介宣传市审计工作近5年来取得的成果，并在市电视台《塞上视点》栏目请市委和市政府领导人作审计访谈，提高了审计的社会影响力。召开了全市审计系统预算执行审计、经济责任审计暨经济发展环境创新座谈会。在机关建设中，提出创建"学习型"审计机关的目标，全年人均参加各类培训班3～4次，有3人参加并完成了高一级学历的学习。（撰稿人：张晓萍）

【吴忠市利通区审计局】 现有干部职工44人，设有办公室、综合法规科、基建审计科、财政审计科、经济责任审计科、经贸审计科、农林水事业审计科、行政文教审计科，负责对全区17个乡镇和127个区直部门的审计监督。在年底的机构改革中，成立了"经济责任审计中心"、"基本建设审计中心"，与经济责任审计科、基建科合署办公。局长王学仲，副局长马玉凤。

审计成果 审计单位50个，查出违纪违规行为金额1818万元，指明要求纠正2389万元，归还原渠道资金1899万元，上缴财政246万元，为国家增收节支890万元。提交审计工作报告及信息45篇，被采用34篇。制定了《利通区审计局错案追究制度》，大力推行三级复核制度和双项承诺制度等。被评为宁夏回族自治区审计系统"审计执法先进单位"。行政事业科科长马玉湘同志被评为"宁夏回族自治区审计质量标兵"。（撰稿人：王磊磊）

【灵武市审计局】 现有干部职工22人，设有办公室、经济责任审计室、综合股、固定资产投资审计股、财政金融审计股、行政事业审计股，负责对全市15个乡镇、两个街道和54个市直部门的审计监督。局长杨直前，副局长郭金宝、许风林。

审计成果 审计单位37个，完成年度计划任务的116%，共查出违规行为金额3574万元，应缴财政1.6万元，入库率100%，应补缴税金0.27万元，应归还原渠道资金2574万元。提供审计工作报告、信息、科研论文等22篇，被采用17篇。开展经济责任审计项目8个、8人，查出违规行为资金620.5万元。归纳总结了9个方面亟待规范和纠正的问题，向有关部门提出了建议。市直部门共设内审机构28个，内审人员

28人，共审计单位53个，查出违规行为金额1985.45万元。（撰稿人：杨汪国）

【青铜峡市审计局】 现有干部职工31人，设有经济责任审计科、办公室、行政财政审计股、企业审计股、固定资产投资审计股，负责对全市14个乡镇、80个市直部门和30个企事业单位的审计监督。局长王洋，副局长介万全、刘学文。

审计成果 审计单位45个，查出违规行为金额2839万元，应缴财政260万元，已交财政185万元。提交审计工作报告10份，信息和调研报告70篇，被采用38篇。对13名党政领导干部及两名国有控股企业法人进行了离任经济责任审计，共查出违规行为金额709万元，查出两人有经济问题。审计后，晋升1人，平调14人，移送纪检监察机关两人。（撰稿人：白光兴）

【中卫县审计局】 现有干部职工14人，设有办公室（兼法制室）、经济责任审计室、财贸审计股、行政事业审计股和固定资产投资审计股，负责对全县17个镇（乡）和30个县直部门的审计监督。局长孙守虎，副局长张继业（—11月）、杨学芳（7月—）。

审计成果 完成审计项目60个，审计单位60个，党政领导干部经济责任审计项目43个，共查出违规行为金额1640万元，已交财政561万元，应减少财政拨款140万元，应归还原渠道资金8万元。向纪检监察部门移送案件两起，建议追究有关责任人3人。完成审计调查两个，调查单位4个。提交审计专题报告、结果报告、信息108篇。“县种子公司经理魏绪东同志任期经济责任审计”被评为全区优秀审计项目。（撰稿人：严静）

【中宁县审计局】 现有干部职工21人，设有办公室、经济责任审计室、财政金融审计股、行政事业审计股、经济贸易审计股，负责对全县17个乡镇和25个县直部门的审计监督。局长樊斌（—5月）、赵山（12月—），副局长朱万文、李银福。

审计成果 完成审计项目34个，审计单位53个，共查出违规行为金额796.45万元，应缴财政147.05万元，已交124万元，指明要求纠正469.60万元，归还原渠道资金49.07万元。提交审计报告、信息84篇，被采用69篇。吴松海同志被评为“宁夏回族自治区审计执法先进个人”。制定了《中宁县经济责任审计实施办法》等5项制度，开展了8项经济责任审计，查出违规行为金额277.21万元。（撰稿人：白江涛）

【盐池县审计局】 现有干部职工20人，设有综合审计股、行政事业审计股、企业审计股、财政基建审计股和经济责任审计科，负责对全县5个乡镇和76个县直部门的审计监督。局长宋来发，副局长刘贵银、郭海蓉。

审计成果 审计单位81个，查出违规行为金额1761万元，应缴财政80万元，已交财政57万元。全年提交审计报告、信息31篇，被采用16篇。完成科级领导干部经济责任审计60个，共查出违规行为金额574万元。（撰稿人：曹子兴）

【同心县审计局】 现有干部职工35人，设有办公室、财政金融审计股、行政事业审计股、企业审计股、固定资产投资审计股，负责对全县17个乡镇和40个县直部门的审计监督。局长杨风祥，副局长杨勇、锁永江。

审计成果 审计17个单位，查出违规行为金额559万元，调整账务334万元，归还原渠道资金183万元，应缴财政3万元，已交3万元。本级财政预算执行情况审计，查出违规行为金额361万元，归还原渠道资金18万元，并延伸审计了8个部门预算执行单位，查出挪用专项资金165万元。审计了4个单位的养老保险基金，发现欠缴严重，历年累欠393万元。（撰稿人：周宪瑜）

【固原市审计局】 7月，撤地设市，原固原地区审计局更名为固原市审计局。2002年，共有干部职工18人，其中大专以上学历12人，局长杨大素（9月—）、李拔烈（—9月），副局长刘科、常继宾。设有办公室、经济责任审计科、行政审计科、企业审计科、财政审计科、法规科等部门。

审计成果 全年共完成7个项目31个单位的审计任务，查出违规行为金额2212万元，应缴财政258万元，其中罚款25万元，应纠正处理44万元。提交审计工作报告21份，其中被上级审计机关和新闻单位采用8份。

财政审计 对5个预算执行单位进行了审计，查出违规行为资金40万元。

经济责任审计 受市委组织部委托，先后对11个单位的领导干部和领导人员开展任期经济责任审计，查出违规行为金额864万元，应缴财政254万元，其中罚款22万元。审计后3人平调，8人免职。

扶贫资金审计 对12个单位的扶贫资金进行了审计，查出违规行为金额63万元，经审计处理应缴财政两万元。（撰稿人：孟光军）

【固原市原州区审计局】 现有干部职工22人，设有办公室、法规股、固定资产投资审计股、行政事业审计股、企业审计股、经济责任审计办公室，负责对全区22个乡镇和27个区直部门的审计监督。局长顾荣科，副局长张恭昌。

审计成果 完成审计项目45个，审计单位63个，查出违规行为金额3148万元，应缴财政65万元，已交27万元。提交审计报告、论文和信息27篇，提出合理化建议76条。完成28名科级干部经济责任审计，查出违规行为金额228万元。有内审机构6个，内审人员12人。（撰稿人：胡瑞康）

【海原县审计局】 现有干部职工20人，设有办公室、行政事业审计股、财政金融基建企业审计股、经济责任审计股，负责对24个乡镇和64个县直部门的审计监督。局长郭兆祥，副局长马成宝。

审计成果 完成审计项目59个，审计单位59个，查出违规行为金额253万元，为国家增收节支46万元，已交财政5万元。审计后对4名科级领导干部进行了处理、处罚，其中对3人每人罚款3000元，两人移送纪检部门处理，追回1名科级领导干部非法所得1.8万元。同时，对1名财会人员追究了经济责任，罚款1000元。审计决定落实率为100%。全年提交审计工作报告46份，审计信息18篇，被采用12篇。（撰稿人：姚启辉）

【西吉县审计局】 现有干部职工18人，设有办公室、经济责任审计科、财企基建审计股、行政事业审计股，负责对全县294个部门单位的审计监督。局长伏志忠，副局长马忠、李树源。

审计成果 审计单位36个，查出违纪行为金额3014万元，应缴财政33.7万元，已全部上交；指明要求纠正2518万元，归还原渠道资金310万元。提交审计报告23份，做出审计结论、制发审计意见书36份，审计决定18份。开展经济责任审计项目18个、18人，查出违规行为金额525万元，审计处理处罚254万元，应缴财政2.2万元，指明要求纠正271万元，归还原渠道资金118万元。（撰稿人：伏育新）

【隆德县审计局】 现有干部职工15人，设有办公室、财政金融审计股、行政企业事业审计股、经济责任审计股，负责对全县22个乡镇和18个县直部门的审计监督。局长李培忠，副局长吴振涛（—12月）。

审计成果 完成审计项目7个，审计单位37个，查出违规行为金额306万元，应缴财政6万元，已交6万元。提交审计报告、信息14篇。完成1名科级领导干部经济责任审计。有内审机构16个，内审人员18人。（撰稿人：苟小莉）

【泾源县审计局】 现有干部职工15人，设有办公室、法规股、行政事业审计股和基建企业审计股，负责对全县8个乡镇和22个县直部门的审计监督。局长马占宏，副局长李希银。

审计成果 完成审计项目19个，审计单位40个，完成经济责任审计12个。全年共查出违规行为金额411万元，应缴财政8万元（其中罚款5万元），已交4.5万元。完成审计调查1个，调查单位4个。提交审计综合报告16份，审计工作信息16篇，被采用9篇。（撰稿人：顾军）

【彭阳县审计局】 现有干部职工14人，设有经济责任审计办公室、办公室、业务股。局长雅进坤，副局长张玉龙。

审计成果 审计项目25个，共查出违规行为金额1122万元，审计核减财政拨款20万元，收缴财政5万元。对9个单位的领导干部进行了任期经济责任审计，查出违规行为金额279.9万元，其中被侵占挪用专项资金123.8万元，“账外账”156.1万元，决定处理罚款5万元。（撰稿人：虎伟）

新疆维吾尔自治区

【新疆维吾尔自治区审计厅】 2002年，新疆维吾尔自治区审计厅定编227人，在编175人。设有办公室、法制处、财政审计处、金融审计处、行政事业审计处、经贸审计处、农业与资源环保审计处、社会保障审计处、固定资产投资审计处、外资运用审计处、经济责任审计处、人事教育处、机关党委、老干部工作处；派出审计一处、派出审计二处、派出审计三处、派出审计四处、派出审计五处、派出审计六处；另有自治区纪委、监察厅派驻纪检监察室；同时还设有机关服务中心、审计培训中心、审计科研所3个直属事业单位。

领导成员

厅　长：朱登云

副厅长：哈布勒（哈萨克族）

　　　　周贤荣　亚合甫·白克力（维吾尔族）

　　　　李国华

　　　　王　华（审计署挂职）

纪检组长：褚东井

助理巡视员：边国胜　郭生钰

新疆维吾尔自治区审计成果 全区共审计3307个单位，查出违法违规行为金额73.8亿元。审计处理后，责成部门单位调整纠正5.4亿元，已收缴财政1.98亿元，归还原渠道资金2.86亿元。向司法机关和纪检监察部门移送各类违法犯罪案件线索68件。

财政审计 全区共审计1073个单位，查出违规行为金额179922万元，应缴财政16633万元，已交财政

14650万元，减少财政拨款或补贴11万元，责成归还原渠道资金6426万元。

自治区审计厅审计了博州、巴州、石河子市财政决算，完成上届政府要求对15个地（州、市）财政决算“轮审”一遍的任务。全区共审计99个单位，查出违规行为金额20327万元，应缴财政666万元，已交财政545万元。一些县（市）审计机关还开展了乡镇财政审计。

企业审计　全区共审计国有企业198个，查出违法违规行为金额9.25亿元。区审计厅组织6个地（州、市）审计机关对31户地方国有企业资产、负债、损益情况进行审计。伊犁州、阿克苏地区等地（县）审计机关结合企业改制，开展企业破产清算审计，对审计查出的国有资产流失问题和违法犯罪线索，依法移交纪检监察和司法机关处理。自治区审计厅和乌鲁木齐市审计局共同完成区党委交办的原新疆十月拖拉机厂2000～2001年度经营管理和资产负债损益情况审计，查清了企业经营中长期存在的管理不善、内部控制不严、市场竞争意识不强，在改制中清产核资不实，存在国有资产流失隐患以及个别人员在经营和改制过程中侵占公共财物等问题。审计报告上报自治区党委和乌鲁木齐市委后引起王乐泉书记和市委有关领导的高度重视。

专项资金审计　自治区审计厅统一组织开展扶贫资金、房改资金、社保资金审计，各级审计机关还结合实际对教育、农业投入、城市建设等专项资金进行审计，共审计各种专项资金62亿元，查出核算不规范、滞拨延压、配套资金不落实、挤占挪用、擅自改变投向等违规行为金额9.6亿元。

按照“上审下”的方式组织实施30个国（区）定贫困县（市）2001～2002年上半年扶贫资金审计，并且实地查看贫困县的部分扶贫项目。审计查出地、州、县（市）政府和资金管理部门擅自改变项目及资金投向，滞拨、挤占、挪用和配套资金不落实等违规行为金额7836万元。

对15个地（州、市）及75个县（市）2001年度住房资金的审计，同时，与自治区建设厅组成联合检查组，对各地的审计质量进行检查。共审计房改资金37.6亿元，查出挤占挪用住房公积金和售房收入以及违规担保、财政补贴不到位和企业单位欠缴等违规行为金额7.67亿元。并已完成了综合审计报告和发布审计公告的起草工作，上报自治区人民政府等待审批。

社保资金主要审计伊犁州、乌鲁木齐市、巴州、阿克苏地区4个地州（市）2001年度企业职工基本养老保险基金的收缴和管理使用情况，查出欠缴基本养老保险费、挤占挪用、应缴未交财政专户等1.17亿元。尤其是根据塔城市审计局反映的情况，审计厅对塔城市劳动就业保险管理局有关人员涉嫌贪污、虚报冒领社会保险基金、挪用养老金等严重违纪违规问题进行重点查处，审计结果及时上报自治区政府，阿不来提主席和王金祥副主席专门做了批示，要求有关部门进一步查处，依法惩处犯罪分子。

固定资产投资审计　区审计厅完成自治区两条公路（312国道星星峡—骆驼圈子段和克拉玛依—白碱滩段）建设项目和昌吉热电厂一期工程项目竣工决算审计。各地（州、市）审计机关主要开展了城市道路、供排水和污水处理、节约能源等建设项目的预决算审计。审计建设项目209个，审计项目投资额41.5亿元，查出建设项目审批不严、资金不落实、侵占挪用建设资金、高估冒算和损失浪费等违法违规行为金额1.26亿元。审计处理后，核减工程结算9928万元，追还乱拉资金668万元，收缴税金157万元。伊犁州、阿克苏地区、吐鲁番地区审计机关统一组织所属各县（市）审计局实施建设项目审计。喀什地区审计局结合国债资金、财政专项资金检查对棉花基地建设项目开展审计调查。乌鲁木齐市审计局积极开展工程预（概）算审计，实现建设项目审计关口的前移。阿勒泰地区审计局加大工程造价审计的力度，注重查处建设项目工程招投标、合同管理、工程款结算等方面的违法违规行为。此外，自治区审计厅还专门对部分地（州、市）审计机关开展固定资产投资项目审计情况进行调研和检查；提出《新疆维吾尔自治区国家建设项目审计监督条例》（草案），已经自治区政府法制部门审核。

外资、金融企业及授权项目审计　外资审计，查出挤占挪用项目资金、虚假报账、项目物资管理不善、部分固定资产不入账、配套资金不落实等违规行为金额21775万元，在审计报告中分析了产生问题的原因，提出了审计意见和建议。

金融审计根据审计署的部署，统一组织全区各级审计机关开展农业发展银行系统2001年度资产负债损益审计，审计区分行及分支机构54个，并延伸调查94户粮棉油企业，查出内部控制制度不健全造成损益不实、信贷资产质量低、违规挪用信贷资金、违规购建固定资产和存在账外资产等问题。

根据审计署授权，对电信、联通等中央驻疆企业和重点建设项目的审计，重点审计财务收支的真实性、合规合法性和建设项目的组织实施情况，对审计查出的隐瞒收入、挤占成本费用开支、少缴税金和建设项目管理不规范等问题，依法进行了审计处理。

经济责任审计　根据自治区7部门经济责任审计联席工作会议部

署及组织部门委托，区审计厅审计了自治区林业局、新疆财经学院3名地厅级党政领导，伊犁州、塔城地区、克州、阿克苏地区等11个地州市审计机关开展15个县（市）党委、政府的主要领导经济责任审计试点工作。博州、昌吉州审计局积极探索经济责任审计与财政审计、企业审计相结合的路子，出台一批审计实施办法。2002年，全区审计机关共审计884个单位的经济责任人920名，查出违规行为金额6.2亿元，损失浪费758万元，涉及个人经济问题262万元。审计后，免职34人、降职6人、撤职4人、受到党政纪处分10人、移送纪检监察部门18人、移送司法机关4人。

署领导考察新疆审计工作　8月中旬，自治区审计厅举办首次干部集中整训，刘家义副审计长来疆作辅导报告，并深入伊犁州、阿勒泰、塔城等地、县审计机关看望基层审计干部。自治区阿不来提·阿不都热西提主席亲切会见了刘家义副审计长。

内部审计　全区内审机构共审计5673个单位（项目）（其中经济责任审计640个），审计查出违规行为金额58262万元，查出损失浪费15867万元；提出审计建议和意见被采纳近万条；发现大案要案线索10条；向司法机关移送案件7起，移送司法机关处理7人，建议给予行政处分88人。新加入内审协会的民营企业内审机构3个。在2002年自治区内部审计完成的审计项目中，财务收支审计仅占12%，而经济责任审计、内控制度审计、经济效益审计、比价审计、基本建设审计和其他审计占78%。独山子石化总厂、新疆航空公司、乌鲁木齐铁路局等单位多年来坚持根据《审计法》、《审计署关于内部审计工作的规定》等法律法规结合本单位内部审计实际不断制定、修订完善本单位的内部审计制度和审计规范。（撰稿人：雒亚祖、尚亚东）

【乌鲁木齐市审计局】　2002年，共有干部职工119人，其中研究生学历4人，本科学历41人，大专学历59人，局长张新平，副局长窦建新、李钢建、杨少英，纪检组长武毅。设有财政审计处、固定资产投资审计处、行政事业审计处、经贸审计处、经济责任审计处、农牧与资源环保审计处、社会保障审计处、外资运用与金融审计处、法制处、纪检监察室、组织人事教育处、办公室和3个派出审计处。

审计成果　审计单位177个，查出违规行为金额24559万元，调账处理8309万元，纠正36842万元，应缴财政1366万元（其中罚没金额175万元），归还原渠道资金121万元，已交财政1218万元。向司法机关移送案件1起，向纪检监察移送事项5项。协助有关部门查处案件13起，查出百万元以上违规单位8个。

专项资金审计　与本级预算执行情况审计相衔接，对市水资源费、河滩快速路车辆通行费、社会保障资金、教育专项资金、环保专项资金、城建资金等进行审计，共完成审计单位13个，审计专项资金总额601044万元，要求被审计单位调账处理484万元，纠正11957万元。

固定资产投资审计　共对17个重点建设项目开展审计监督，审计项目总投资174505万元，已完成投资总额174841万元，核减工程投资4488万元，要求被审计单位自行纠正3619万元。

财务收支审计　对全市46个行政事业单位财务收支情况进行审计，共查出违规行为金额2147万元，要求被审计单位调账处理2104万元，纠正818万元。

经济责任审计　共完成53个单位54位领导的经济责任审计，查出违规行为金额1538万元，要求被审计单位纠正6541万元。审计后有4人晋升，9人免职，1人降职，1人撤职。移送纪检监察部门事项4件。

【乌鲁木齐市天山区审计局】　现有干部职工13人，负责对全区14个街道和乡政府及32个区直部门的审计监督。局长戴新才，副局长李琦。

审计成果　完成审计单位25个，审计调查项目两个，调查单位16个，查出违规行为金额1603万元，应缴财政152万元，调账处理242万元，已交财政152万元，应纠正1030万元。查出百万元以上违规单位1个。提交审计工作报告13份。配合组织人事部门完成12名科级领导干部任期经济责任审计。

【乌鲁木齐市沙依巴克区审计局】　现有干部职工10人，负责对全区10个街道和35个区直部门的审计监督。局长庞鼎宪，副局长陆志军、胡春燕。

审计成果　完成审计项目28个，审计单位28个，其中经济责任审计项目9个，国外援助项目1个。查出违规行为金额27万元，应纠正305元，应缴财政7万元，已交财政5万元。提交审计调查报告3份，审计信息两篇。

【乌鲁木齐市新市区审计局】　现有干部职工9人，负责对全区11个办事处和26个区直部门的审计监督。局长杨荣花，副局长王辉军。

审计成果　完成审计项目7个，审计单位8个，查出应纠正264.61万元。提交审计工作报告1份，审计信息37篇，审计信息被采用3篇。完成两名科级干部经济责任审计。

【乌鲁木齐市水磨沟区审计局】　现有干部职工8人，负责对全区1个乡、7个办事处和49个部门及14所学校的审计监督。局长王凤玉，副局长黄滢刚。

审计成果　完成审计项目10个，审计单位25个，查出违规行为金额21万元，应缴财政7万元，已交13万元，归还原渠道资金14万元，应纠正1406万元。向纪检监察移送事项（件）1件。协助有关部门查处案件1起。提交审计报告5份、信息两篇。

【乌鲁木齐市头屯河区审计局】 现有干部职工8人，负责对全区40个区直部门的审计监督。局长田丽，副局长柴秀华、孙雅丽。

审计成果　完成审计项目20个，指明要求纠正6.68万元。提交审计报告两份，审计结果报告1份，审计论文1篇，审计信息两篇，被采用信息1篇。

【乌鲁木齐市达坂城区审计局】 现有干部职工3人，负责对全区4个乡、1个镇、两个牧场和20个区直部门的审计监督。局负责人王华牛。

审计成果　受区委组织部门的委托对1名党政领导干部进行经济责任审计，查出违纪违规行为金额两万元。提交审计信息1篇。

【乌鲁木齐市东山区审计局】 现有干部职工6人，负责对全区3个办事处、1个乡和17个区直属部门的审计监督。局长陈红武。

审计成果　完成审计项目15个，查出违规行为金额两万元，应缴财政两万元，已交两万元，调账处理48万元，应纠正499万元。向纪检监察移送事件两件。提交信息17篇，被采用10篇。

【乌鲁木齐县审计局】　现有干部职工13人，设有办公室、财政审计股、行政事业审计股、固定资产投资审计股、经济责任审计股，负责对全县两个镇、8个乡、1个牧场和32个县直和32个行政事业单位的审计监督。局长李傲霜。

审计成果　完成审计项目6个，审计单位22个，查出违规行为金额1593万元，应缴财政1万元，已交财政1万元。提交审计报告、审计信息12篇。完成两名科级干部经济责任审计，查出违规行为金额1万元。　（撰稿人：许秀芬）

【克拉玛依市审计局】　2002年，共有干部职工23人，其中本科学历12人，大专学历8人，局长王军（5月—）、关坚（—5月）。设有综合科、法制监察科、财政审计科、经贸审计科、行政事业审计科、经济责任审计科和固定资产投资审计科。

审计成果　完成审计项目21个，审计单位80个，查出违规行为金额7459万元，指明要求纠正16440万元，已交财政94万元，归还原渠道资金1372万元，审计罚款67万元。促进增收节支671万元。建议给予党纪政纪处分两人，向纪检监察机关移送1人。提交审计工作报告6份，审计信息18篇，被市政府和新闻媒体采用两篇。

经济责任审计　完成经济责任审计项目6个、涉及6人，共查出违规行为金额1176万元，其中主管责任795万元，直接责任424万元，指明要求纠正3506万元。审计后，平调5人，免职1人。

固定资产投资审计　开展基建概预算审计项目1个，审计项目投资总额18996万元，至审计实施日已完成投资额16920万元。审计后，指明要求纠正690万元。

【克拉玛依市独山子区审计局】 现有干部职工5人，负责对全区46个行政事业单位及企业的审计监督。局长马桂英。

审计成果　完成审计项目14个，查出违规行为金额16496万元，指明要求纠正1115万元，已交财政两万元，归还原渠道资金65万元，提交审计工作报告和信息3篇。完成3名科级干部离任经济责任审计，查出违规行为金额43万元，审计后，晋升1人，平调两人。

（撰稿人：徐瑛）

【农八师石河子市审计局】

（详见本卷年鉴第651页新疆生产建设兵团农八师石河子市审计局）

【喀什地区行政公署审计局】 2002年，共有干部职工40人，其中本科学历7人，大专学历20人，局长李少枫（11月—），副局长克其克·阿吉（维吾尔族）、刘武国、吐鲁洪·买买提（维吾尔族）。设有办公室、法制科、财政审计科、社会和经贸审计科、行政事业审计科、农林水牧审计科、固定资产投资审计科、金融外资审计科、经济责任审计科。

审计成果　共完成审计项目（单位）45个，完成审计调查项目3个，共查出违规行为金额5162万元，应缴财政20万元，已交12万元，查出百万元以上违规单位1个。完成经济责任审计12个单位，审计经济责任人14人，查出违规行为金额193万元。

【喀什市审计局】　现有干部职工21人，设有办公室、法制股、企业审计股、行政事业审计股、财政固定资产投资审计股、经济责任审计股，负责对全市4个乡、4个街道、183个市直部门的审计监督。局长陈勇，副局长曹新民。

审计成果　完成审计项目7个、审计调查项目1个，审计单位40个（其中经济责任审计项目9个），共查出违规行为金额2361万元，上交财政13万元。提交审计工作报告12份，审计信息15篇，被《新疆审计》采用1篇。有内部审计指导人员3人，内审机构7个，内审人员15人。

【疏附县审计局】 现有干部职工31人，设有经济责任审计股、综合股、审计股和4个农村经济审计稽查所，负责对全县16个乡镇和县直部门的审计监督。局长赵奋民，副局长袁东、艾尼瓦尔（维吾尔族）。

审计成果 完成审计项目23个，审计单位43个，查出违规行为金额49万元，应纠正973万元，应缴财政21万元。

【疏勒县审计局】 现有干部职工10人，设有文秘档案、财产管理、法规、计划统计室，财政金融外资审计室，行政事业社会保障审计室，农林水牧审计室，固定资产投资审计室，经济责任审计室，负责对全县15个乡（镇）、7个国有农林牧场以及县直部门的审计监督。局长艾尼·吾买尔（维吾尔族，—11月），副局长张静、阿不都热依木·玉素甫（维吾尔族）。

审计成果 完成审计项目（单位）10个，其中财政预算执行审计1个，外资审计项目3个，经济责任审计4个，固定资产投资审计两个。共查出违规行为金额266万元，应缴12万元，已交12万元。

【英吉沙县审计局】 现有干部职工11人，设有办公室、财政审计室、行政事业审计室、经贸审计室和经济责任审计室，负责对全县14个乡镇和75个县直部门的审计监督。局长解颂华，副局长伊力哈尔、司马义（维吾尔族）。

审计成果 完成审计项目6个，审计单位37个，查出违规行为金额1898万元，应缴财政115万元，已交115万元，应归还原渠道资金42万元。完成10名科级干部离任经济责任审计，查出违规行为金额143万元。

【泽普县审计局】 现有干部职工11人，设有财政审计科、基建审计科、行政事业审计科、企业审计科，负责对全县10个乡、两个镇、3个场和100多个县直部门的审计监督。局长郭凤英，副局长托合提·肉孜（维吾尔族）、李文忠。

审计成果 完成审计单位17个，查出违纪违规行为金额39万元，应缴财政39万元，已交财政25万元。

【莎车县审计局】 现有干部职工16人，设有办公室、行政事业审计股、经济责任审计股，负责对全县29个乡镇和65个县直部门的审计监督。局长陆保质（12月—）、杨文君（—12月），副局长武卫国、莫合塔·司义提（维吾尔族，11月—）。

审计成果 完成审计项目17个，审计单位33个，查出违规行为金额217万元，应缴财政217万元，已交财政37万元。向纪检监察部门移送案件两起，向检察机关移送案件1起。提交审计报告、信息18篇，论文14篇，被采用论文1篇，信息被采用1篇。

【叶城县审计局】 现有干部职工14人，设有综合计划股、企业基建投资审计股、财政审计股、经济责任审计股、行政事业审计股和农牧审计股，负责对全县20个乡镇、5个农林牧场和100多个县直部门的审计监督。局长缑建强，副局长钱今朝、艾木都拉（维吾尔族）。

审计成果 完成审计项目21个，31个单位（其中完成专项审计调查项目1个，经济责任审计14个），查出违规行为金额667万元，应缴财政230万元，已交12万元。

【麦盖提县审计局】 现有干部职工9人，设有财金审计股、经济责任审计股、行政事业审计股和行政办公室，负责对全县10个乡（镇）和22个县直部门的审计监督。局长钱秀琳，副局长赵东岳、努尔艾力·怕塔尔（维吾尔族）。

审计成果 完成审计项目6个，18个单位，查出违规行为金额4248万元，应缴财政3.1万元，其中对单位罚款2.4万元。移交纪检机关处理案件1起。

【岳普湖县审计局】 现有干部职工16人，设有办公室、经济责任审计科、行政事业审计科和外资审计科，负责对全县9个乡镇、5个农林牧场和107个县直部门的审计监督。局长艾买尔·库尔班（维吾尔族），副局长万军、李文（11月—）。

审计成果 完成审计单位33个，审计调查项目1个，查出违规行为金额427万元，应缴财政71万元，已交财政8万元。完成9名科级干部离任经济责任审计，查出违规行为金额19万元。提交审计报告19份。

【伽师县审计局】 现有干部职工11人，设有办公室、法规股、行政事业企业审计股、财政金融外资基建审计股、经济责任审计股，负责对全县13个乡镇和56个县直部门单位的审计监督。局长李玉枝，副局长阿地力（维吾尔族）。

审计成果 完成审计项目16个，其中预算执行审计7个，外资审计两个，企业审计1个，经济责任审计5个，专项资金审计1个。审计查出违规行为金额2284万元，应缴财政25万元，已交7万元。

【巴楚县审计局】 现有干部职工11人，负责对全县8个乡、4个镇、5个场和157个县直部门的审计监督。局长王秀华。

审计成果 完成审计单位17个，查出违规行为金额142万元，应缴财政128万元，已交财政118万元。提交审计工作报告17份，提交审计信息、论文9篇，被采用6篇。完成经济责任审计项目（单位）11个、11人。审计后晋升两人、平调9人。

（撰稿人：冯庆华）

【阿克苏地区行政公署审计局】 2002年，共有干部职工43人，其中大专以上学历36人，局长苏耀民，副局长依力哈木、樊建国（兼纪检组长）、史军团、刘艳。设有办公室、经济责任审计科、财政金融审计科、行政文教事业审计科、农林水牧审计科、固定资产投资审计科、法制科、人事教育审计科。

审计成果 全地区审计系统共审计单位350个，查出各类违规行为金额36632万元，应纠正44081万元，应缴财政1507万元。已交财政1507万元；发现并向纪检监察机关或司法机关移送经济案件线索32件，协助查处经济案件6件。查出百万元以上违规单位10个。其中地区审计局审计单位68个（含外资审计项目4个、农业资金审计3个、企业审计20个、党政领导交办6个、经济责任审计14个），查出各类违规行为金额8804万元，应纠正15800万元，应缴财政674万元，已交财政674万元。查出百万元以上违规单位5个，协助有关部门完成4个专项审计调查。

企业审计 共完成对20家企业破产清算组清算期间财务收支的真实性、合法性的审计，并查出地区纺织品公司在破产清算组清算期间有18.58万元的国有资产流失，审计一次性收回10万元。

经济责任审计 共完成12个地直单位领导和沙雅县县委书记、县长任期经济责任审计。同时，年初制定《阿克苏地区经济责任审计工作方案》和《阿克苏地区（县、市）委书记、县（市）长经济责任审计方案》，已于3月经过由地区纪检委、组织部、审计局、人事局、财政局主要领导参加的2002年经济责任审计工作联席会议讨论通过。

【阿克苏市审计局】 现有干部职工19人，设有办公室、财政金融审计股、农林水牧审计股、经济责任审计股、企业审计股、基建审计股，负责对全市13个乡镇场和街道、42个市直部门及12个企业的审计监督。局长木沙·买米提力，副局长何敏。

审计成果 完成审计项目32个、审计单位45个，共查出违规行为金额5689万元，应缴财政41.7万元，已交41.7万元。查处1名科级干部，违规行为金额88.9万元，已移交纪检监察部门处理。完成审计调查单位3个，案件调查4项，移交案件3起。提交审计报告32份，撰写信息18篇，被采用9篇，并报送论文3篇。

【温宿县审计局】 现有干部职工17人，设有办公室、法制股、财政金融审计股、行政事业审计股、农林水牧外资审计股、固定资产投资审计股和经济责任审计股，负责对全县5个镇、5个乡、12个农林牧场、4个国有控股企业及87个党政事业单位的审计监督。局长张永炜，副局长刘文科、王丽、海拉提·托乎尼牙孜。

审计成果 完成审计项目52个，审计单位56个，查出违规行为金额6146万元，应缴财政106万元，已交84万元。协助纪检监察部门查处大案要案1起，移送事项9件，协助有关部门查处重大案件1起。提交审计工作报告1份，论文和研讨性论文3篇；提交各类审计报告53份，信息17篇，被地区采用5篇，被《阿克苏报》、《新疆法制报》采用两篇。对6个单位的领导和企业法人进行了离任审计和经济责任审计。

【库车县审计局】 现有干部职工23人，设有行政综合办公室、财政金融审计股、行政事业审计股、经济责任审计股、固定资产投资审计股、法制股、农林水牧外资审计股，负责对全县13个乡镇和295个县直部门的审计监督。局长郭智跃，副局长艾则孜·尼亚子、强文力、艾尼瓦尔·达吾提。

审计成果 完成审计项目5个，审计单位43个（其中经济责任审计项目3个），查出违纪违规行为金额643万元，其中指明要求纠正437万元，归还原渠道资金87万元，决定处理处罚119万元，已交财政117万元。提交审计报告43份，审计意见43份，审计信息5份，被采用3篇。对27名党政领导干部进行了任期经济责任审计。

【沙雅县审计局】 现有干部职工10人，设有综合股、财政金融及行政事业审计股、工交农水审计股、经济责任审计股，负责对全县4个乡、4个镇及24个县直部门的审计监督。局长艾则孜·热扎克，副局长叶富强，田明。

审计成果 完成审计项目6个，审计单位29个（其中对12名事业单位的领导干部进行离任经济责任审计），共查出违规行为金额1102万元，应纠正1083万元，应缴财政130万元，已交128万元。查出百万元以上的违规单位3个，移送司法机关案件1件。报送各类审计信息14篇，被采用9篇。

【拜城县审计局】 现有干部职工12人，设有办公室、财政金融审计股、文行农林水牧审计股、经济责任审计股，负责对全县16个乡、镇（场）和56个县直部门的审计监督。局长吐尔洪·司马义，副局长买买提·吐逊、申秀兰。

审计成果 完成审计项目9个，审计单位14个，查出违规行为为金额351万元，应缴财政23万元，已交23万元。提交审计报告、信息13篇。完成1名科级干部离任经济责任审计，查出违规行为为金额94万元。

【乌什县审计局】 现有干部职工12人，设有综合股、财政金融审计股、行政事业审计股、经济责任审计股，负责对全县8个乡、1个镇和95个县直部门的审计监督工作。局长童伟新，副局长汗早热木、丁毅，纪检委员贾西玲。

审计成果 共完成审计项目10个，审计单位29个，共查出违纪违规行为为金额2243万元，应缴财政121万元，已交财政31万元。下达审计意见书29份，审计决定执行率100%，没有审计复议事项。提交审计信息12篇，被采用4篇。向纪检委移交案件1起。

【阿瓦提县审计局】 现有干部职工15人，设有经贸审计股、农林水外资审计股、财政金融审计股、行政事业审计股、经济责任审计股、法制人事教育办公室，负责对全县8个乡（镇）和94个预算执行单位的审计监督。局长曹新明，副局长夏扎旦木·阿吾提（维吾尔族）、李博。

审计成果 完成审计项目43个，审结单位64个，查出违规行为为金额16977万元，应缴财政576万元，已交570万元，审计决定执行率99%。提交审计报告43份，审计意见43份，在全国性刊物上发表论文1篇，被《新疆审计》采用审计信息3篇；向地区审计局报送审计信息28篇，其中采用14篇，被地委《信息快报》采用1篇。完成17名党政主要领导干部和领导人员的任期经济责任审计。

【柯坪县审计局】 现有干部职工6人，负责对全县4个乡、1个镇及54个县直部门的审计监督。局长王希平，副局长帕尔哈提·艾力。

审计成果 共完成审计单位30个，查出违纪违规行为为金额46万元，归还原渠道资金4万元，调账处理50万元，应缴财政两万元，已交财政1.5万元。出具审计意见书11份，建议纠正被审计单位不当之处10条。提交审计工作报告、审计信息、可行性调研报告16篇。

（撰稿人：任鹏）

【和田地区行政公署审计局】 2002年，共有干部职工34人，其中本科学历5人，大专学历23人，局长帕尔哈提·肉孜，副局长刘新英、罗维新（兼纪检组长）。设有办公室、综合科、农牧审计科、行政事业审计科、财政基建审计科、经济责任审计科。

审计成果 共审计30个单位，查出违规行为为金额4374万元；应缴财政140万元，已交财政76万元，应归还原渠道资金713万元。

经济责任审计 完成地区建筑公司经理和皮山县党政领导任期经济责任审计，查出违规行为为金额2191.5万元。

【和田市审计局】 现有干部职工17人，设有企业审计股、行政事业审计股、办公室，负责对全市3个乡、1个镇、1个管理区及市直部门单位的审计监督。局长李昕铭，副局长唐江兰。

审计成果 共审计单位13个，查出违规行为为金额333万元，应缴财政43万元，已交财政18万元。

【和田县审计局】 现有干部职工14人，设有综合股、财政基建外资审计股，负责对全县12个乡镇、43个县直部门的审计监督。局长曾丽萍，副局长买买提明吐送、颉刚。

审计成果 共审计单位24个，查出违规行为为金额531万元，应缴财政22万元，应归还原渠道资金313万元，已交财政10万元。

【墨玉县审计局】 现有干部职工16人，设有农牧业审计股、行政企业审计股和综合经济责任审计股，负责对全县16个乡镇和165个县直部门的审计监督。局长杨忆新，副局长艾力·艾沙。

审计成果 共审计单位17个，查出违规行为为金额210万元，应缴财政56万元，已交财政42万元。

【皮山县审计局】 现有干部职工15人，设有企业审计股、文教行政审计股、经济责任审计股和办公室，负责对全县17个乡镇场和105个县直部门的审计监督。局长周仁尧，副局长茹仙姑丽。

审计成果 共审计43个单位，查出违规行为为金额89万元，应缴财政7万元，已交3万元。完成10个经济责任审计项目，查出违规行为为金额两万元。

【洛浦县审计局】 现有干部职工10人，设有行政事业审计股、综合审计股，负责对全县10个乡镇和84个县直部门的审计监督。局长付胜，副局长王孝云。

审计成果 共审计单位15个，查出违规行为为金额293万元，应缴财政24万元，已交财政1万元。

【策勒县审计局】 现有干部职工10人，负责对全县8个乡镇和239

个县直部门的审计监督。局长沈素华，副局长吾买尔江·买托乎提

审计成果 共审计单位34个，查出违规行为金额1072万元，应缴财政9万元，应归还原渠道资金369万元，已交财政9万元。

【于田县审计局】 现有干部职工12人，设有农牧业审计股、行政事业审计股、财政审计股、企业审计股、固定资产审计股、经济责任审计股，负责对全县17个乡镇和180个县直部门的审计监督。局长吴丛梅，副局长龙凤霞、亚生·买提玉素浦。

审计成果 共审计22个单位，查出违规行为金额349万元，应缴财政17万元，已交财政8万元。

【民丰县审计局】 现有干部职工6人，负责对全县5个乡、1个镇、两个场和102个县直部门的审计监督。副局长艾沙木东·阿不都热合曼、王军莲。

审计成果 共审计6个单位，查出违规行为金额67万元，应缴财政30万元，已交财政1万元。

（撰稿人：周民）

【吐鲁番地区行政公署审计局】 2002年，共有干部职工24人，其中本科学历11人，大专学历11人，局长聂自成，副局长韩华（12月—）、迪里夏提·乃依不拉、郭红兵。设有办公室、法规科、财政金融审计科、行政事业审计科、固定资产投资审计科、经贸审计科、经济责任审计科。

审计成果 审计单位31个，查出违规行为金额5534万元，应缴财政554万元，已交财政512万元，提交审计信息27篇，被采用23篇。

预算执行审计 审计单位11个，查出违规行为金额1960万元，应缴财政517万元，已交财政485万元。对违规私设“小金库”的8个预算单位首次在全地区范围内给予通报批评。

固定资产投资审计 建立固定资产投资审计人才库和项目库；重点组织开展鄯善县坎儿其水库竣工结算审计，审计项目投资总额1亿元，核减工程结算87万元。

经济责任审计 全年完成经济责任审计项目11个、12人，查出违规行为金额2077万元，其中主管责任1940万元，直接责任133万元，应纠正2398万元。

【吐鲁番市审计局】 现有干部职工13人，设有办公室、财政金融审计（经贸审计）股、行政事业审计（经济责任审计）股、固定资产投资审计股，负责对全市9个乡镇和28个市直部门的审计监督。局长梁远征，副局长艾尼·阿帕尔、王旭红（9月—，挂职）。

审计成果 完成审计项目6个，审计单位51个，查出违规行为金额1340万元，应缴财政52万元，已交30万元。提交审计报告51份，审计信息10篇，被采用3篇。完成31名科级干部离任经济责任审计，查出违规行为金额391万元。

【鄯善县审计局】 现有干部职工22人，设有办公室、财政金融审计股、行政事业审计股、经济责任审计股和基建审计股，负责对全县10个乡镇和89个县直部门的审计监督。局长黄继斌，副局长蒋仕新、倪子孝，纪检组长吾甫尔·库尔班。

审计成果 审计单位106个，查出违规行为金额8443万元，应纠正1248万元，应缴财政687万元，已交财政515万元，审计决定执行率75%。提交审计信息10篇，其中被《中国审计报》等报刊采用5篇。共完成工程预决算审计44个，审计核减工程款1139万元。

【托克逊县审计局】 现有干部职工15人，设有办公室、财政金融审计股、行政事业审计股、经济责任审计股，负责对全县4个乡、3个镇和县直部门的审计监督。局长艾尼瓦尔·买买提，副局长刘艳珍、章东（7月—）。

审计成果 审计单位51个，查出违规行为金额1479万元，应缴财政7.3万元，已交财政3.1万元。完成审计调查项目两个。提交审计信息20篇。完成35名科级干部任期经济责任审计，查出违规行为金额269万元。 （撰稿人：刘宏贤）

【哈密地区行政公署审计局】 2002年，共有干部职工34人，其中本科学历11人，大专学历17人，局长谢飞，副局长王登岗、阿不列孜·阿不都热衣木（6月—）。设有办公室、财政金融审计科、经贸审计科、固定资产投资审计科、经济责任审计科、行政事业审计科、农牧业资金审计科。

审计成果 完成审计单位43个，查出违规行为金额3131万元，应缴财政230万元，已交财政144万元。提交审计工作报告25份，信息和调研报告19篇，被采用20篇，其中审计信息被国家级刊物采用3篇，被自治区级采用6篇，被地区级采用10篇。

经济责任审计 完成经济责任审计项目11个单位、12人，查出违规行为金额844万元，查出个人存在经济问题1人。审计后，晋升5人，平调5人，移送纪检监察机关1人。试点开展县（市）党政领导干部和企业法人任期经济责任审计。

【哈密市审计局】 现有干部职工24人，设有办公室、行政事业审计股、经济责任审计股、企业审计股、基建审计股，负责对全市24个乡镇、街道和52个市直部门及17个

国有企业的审计监督。局长张庆芬，副局长冯秀、许武成（5月—）。

审计成果　完成审计单位66个，查出违规行为金额999万元，应缴财政88万元，已交81万元。提交审计工作报告66份。完成党政机关主要领导干部和企业法人离任经济责任审计项目26个单位、27人，查出违规行为金额777万元。审计后，晋升1人，平调23人，免职1人，降职1人，撤职1人，移送纪检监察机关两人。

【伊吾县审计局】　现有干部职工14人，设有办公室、行政事业审计股、经济责任审计股、基建投资审计股，负责对全县7个乡镇和54个县直部门的审计监督。局长刘文军（6月—），副局长李晓明。

审计成果　完成审计项目12个，审计单位24个，查出违规行为金额397万元。提交审计报告12份，审计意见12份，审计信息4篇。

【巴里坤哈萨克自治县审计局】　现有干部职工14人，设有办公室、综合审计股、行政事业审计股、企业审计股、经济责任审计股，负责对全县12个乡镇和42个县直部门的审计监督。局长张兴举，副局长苏国江（8月—）。

审计成果　完成审计项目29个，审计单位31个，查出违规行为金额1272万元，应缴财政28万元，已交财政10万元。提交审计报告29份，审计意见书29份，下发审计决定22份。对13名科级领导干部任期经济责任进行审计，向县委、政府提交审计结果报告13份。

（撰稿人：雷斩波）

【克孜勒苏柯尔克孜自治州审计局】　2002年，共有干部职工35人，其中本科学历5人，大专学历29人，局长许毅，副局长阿布力米提·铁力瓦尔地、吐尔洪·艾依提、黄林勇（兼纪检组长）。设有办公室、法制科、财政金融审计科、行政事业审计科、农业与资源环境保护审计科、基本建设投资审计科、经济责任审计科、经贸审计科。

审计成果　审计单位70个，查出违规行为金额13454万元，应缴财政30万元，已交财政14万元，指明要求纠正60万元，应归还原渠道资金196万元。提交审计工作报告15份，信息11篇，被采用18篇。

经济责任审计　对9个单位的11名县处级领导干部进行经济责任审计，查出违规行为金额2899万元，移送司法部门案件1起。

【阿图什市审计局】　现有干部职工12人，设有办公室、财政审计科、经济责任审计科、法规科、农业资源环保审计科，负责对全市7个乡和49个市直部门的审计监督。局长张勇先，副局长再努拉、龙小平。

审计成果　完成审计项目26个，审计单位38个，查出违规行为金额5820万元，决定处理处罚332万元，指明要求纠正5488万元，应缴财政20万元，已交19万元。提交审计工作报告、信息25篇。完成1名科级干部离任经济责任审计。

【阿克陶县审计局】　现有干部职工13人，设有财政预算审计股、经济责任审计股、固定资产投资审计股，负责对全县15个乡镇和98个县直部门的审计监督。局长张燕生，副局长牙合甫。

审计成果　完成审计项目24个，审计单位29个，查出违规违纪行为金额1393万元，指明要求纠正407万元，应归还原渠道资金402万元，应缴财政7.2万元，已交4.3万元。接受县党政领导的安排，对县托塔依农场、阿克塔拉牧场和两个建筑公司进行审计，对审计存在的问题给予处理处罚和纠正。

【阿合奇县审计局】　现有干部职工10人，设财政金融审计股、行政事业审计股、经济责任审计股、企业审计股、专项资金审计股、农业资金审计股，负责对全县9个乡镇（场）和65个县直部门的审计监督。局长张斌，副局长阿曼吐、焦秀华。

审计成果　审计单位15个，查出违规行为金额280万元，应缴财政12万元，已交财政1.9万元。提交审计工作报告、信息8篇，被采用5篇。完成经济责任审计项目1个两人，查出违规行为金额64万元，移送司法部门案件1起。

【乌恰县审计局】　现有干部职工10人，设有办公室、财政金融审计股、行政事业审计股、经济责任审计股、审计稽查股，负责对全县9个乡镇和80个县直部门的审计监督。局长阿斯卡尔·阿不都卡德尔，副局长孟向江、张军。

审计成果　审计单位19个，查出违规行为金额1968万元，应缴财政0.11万元，已交财政0.11万元。提交审计工作报告1份，信息和调研报告6篇，被采用6篇。完成经济责任审计项目7个、7人，查出违规行为金额104万元，移送纪检监察部门1人。　（撰稿人：张湘兰）

【博尔塔拉蒙古自治州审计局】　2002年，共有干部职工26人，其中本科学历11人，大专学历12人，局长程鹏，副局长龚巴、马克、张自贤（兼纪检组长）。设有办公室、财政审计科、法制科、行政事业审计科、固定资产投资审计科、经济责任审计科和经贸金融审计科，负责对全州3个县（市）和州直121个部门的审计监督。

审计成果　完成审计项目26

个，共查出违纪违规行为金额9876万元，应缴财政558万元，已交财政391万元。归还原渠道资金267万元，决定处理处罚190万元，指明要求纠正377万元。

经济责任审计 完成州党委组织部委托经济责任审计5个，其中对4名党政领导干部进行任期经济责任审计，共查出违规行为金额564万元。

【博乐市审计局】 现有干部职工15人，设有综合办公室、财政审计办公室、行政事业审计办公室、企业农牧审计办公室、固定资产投资审计办公室和经济责任审计办公室，负责对全市7个乡镇和150个市直部门的审计监督。局长米吉提，副局长柳振江、徐翠华。

审计成果 完成审计项目16个，查出违规行为金额750万元，应缴财政58万元，已交10万元。归还原渠道资金138万元。向司法机关移送案件1起。完成对5名科级领导的经济责任审计，查出违规行为金额132万元，对15人进行经济处罚，移送司法机关1人。

【精河县审计局】 现有干部职工11人，设有办公室、经济责任审计办公室、法制股、财政文行审计股和固定资产投资审计股，负责对全县7个乡镇和135个县直部门的审计监督。局长徐大振，副局长张吉斌、沈嬉玉（兼纪检组长）。

审计成果 完成审计项目23个，查出违规行为金额2285万元，应缴财政30万元，已交30万元。归还原渠道资金1140万元。向纪检监察机关移送案件1起，建议给予党政纪处分两人。完成对6名科级领导的经济责任审计，查出违规行为金额1451万元，提出改进意见和建议24条。

【温泉县审计局】 现有干部职工10人，设有办公室、财政金融审计股和行政事业审计股，负责对全县9个乡镇和124个县直部门的审计监督。局长刘玉江，副局长中华（兼纪检组长）、黄刚。

审计成果 完成审计项目25个，查出违规行为金额2534万元，已交财政4万元（上年应交额），归还原渠道资金24万。向纪检监察机关移送案件1起，建议给予党政纪处分1人，协助有关部门查处案件两起。完成对5名科级领导干部的经济责任审计。

（撰稿人：那生巴特）

【昌吉回族自治州审计局】 2002年，共有干部职工36人，其中研究生学历1人，本科学历8人，大专学历21人，局长程军（6月—）、李俊辉（—6月），副局长程军（—6月）、葛生琦，纪检组长马琳。设有办公室、法制科、财政审计科、行政事业审计科、农业与资源环保审计科、经济责任审计科、经贸与金融审计科、固定资产投资与外资审计科。

审计成果 完成审计单位28个，查出违规行为金额1674万元，应缴财政522万元，已交财政336万元，归还原渠道资金90万元，调账处理143万元，应纠正104万元。提交信息和调研报告28篇，被采用6篇。被评为新疆维吾尔自治区审计系统先进集体，全国审计系统廉政建设工作先进个人1人，新疆维吾尔自治区审计系统先进工作者1人。

经济责任审计 建立《昌吉州经济责任审计联席会议制度》、《昌吉州党政群机关事业单位主要负责人任期经济责任审计试行办法》、《昌吉州国有企业及国有控股企业法人代表任期经济责任审计试行办法》、《昌吉州乡镇党委书记、乡镇长经济责任审计试行办法》、《昌吉州审计局关于规范经济责任审计有关事项的意见》、《昌吉州对拟提拔公示干部经济责任事项审计暂行规定》等规章制度。

机构改革 9月3日开始实施中层干部竞争上岗和干部双聘工作实施方案，对设置的12个中层领导干部职位全部实行竞争上岗，共有17人报名，23人次参与竞聘，产生11名中层领导干部。这些中层干部全部为大专以上文化，其中，本科有7名，占63.6%，平均年龄由原来的40岁下降为37岁，有3名中层干部实现轮岗。

【昌吉市审计局】 现有干部职工18人，设有办公室、综合科、行政事业审计科和经济责任审计科，负责对全市4个镇、6个乡、4个办事处和83个市直部门的审计监督。局长王世刚，副局长姚洪君、戴虎林。

审计成果 完成审计项目单位28个，查出违规行为金额77万元，应缴财政23万元，已交18万元。完成审计调查项目两个，调查单位8个。提交审计报告、信息8篇，审计简报13期。完成两名科级干部离任经济责任审计。

【阜康市审计局】 现有干部职工14人，设有办公室、财政审计科、专项资金审计科、基建审计科、经济责任审计科，负责对全市3个乡、4个镇和43个行政事业单位的审计监督。局长马德莲，副局长董勇。

审计成果 完成审计项目32个，共查出违规行为金额4081万元，应缴财政76万元，已交75万元。上报审计信息7篇，向市委信息办报送审计信息3篇、其中被州局采用4篇，被市委采用两篇。被评为“新疆维吾尔自治区审计系统先进单位”和“廉政建设先进单位”。

【米泉市审计局】 现有干部职工13人，设有办公室、财政金融审计科、行政事业审计科、企业审计科和经济责任审计科，负责对全市6个乡镇和27个市直部门的审计监督。局长张晓龙，副局长唐静。

审计成果 完成审计项目7个，审计单位31个，查出违规行为金额335万元，应缴未交财政49万元，已交38万元，追还被挤占挪用资金134万元。移交和配合纪检部门处理案件两起。完成审计调查项目1个，调查单位6个。提交审计报告、信息6篇。完成机构改革中变动的11名党政、企业主要领导干部和领导人任期经济责任审计。

【呼图壁县审计局】 现有干部职工15人，设有行政办公室、综合业务股、企业（经责）审计股、行政事业审计股和基建审计股，负责对全县7个乡镇和27个县直部门的审计监督。局长吴宏文，副局长杨涛、刘晔。

审计成果 完成审计项目34个，审计单位37个，查出违规行为金额494万元，应缴财政32万元，已交20万元，提交审计报告、信息6篇，审计意见书29份，审计决定书14份。共完成4名科级干部任期及离任经济责任审计。

【玛纳斯县审计局】 现有干部职工16人，设有办公室、财金审计股、企业审计股、行政事业审计股，负责对全县13个乡镇场站和60多个县直部门的审计监督。局长周学清，副局长马政。

审计成果 完成审计项目36个，审计单位36个，查出违规行为金额1854万元，应缴财政24万元，已交财政24万元。提交审计报告、信息47篇，其中发表27篇。完成科级干部经济责任审计11个，处罚责任人36人，处罚金额2.02万元。荣获“全国审计系统先进单位”、“新疆维吾尔自治区审计系统先进单位”等光荣称号。

【奇台县审计局】 现有干部职工15人，设有办公室、业务股，负责对全县14个乡镇和28个县直部门的审计监督。局长蒋迎兵，副局长杨青山、张彦忠。

审计成果 完成审计项目14个，审计单位67个，查出违规行为金额474万元。提交审计工作报告7份，审计意见15份，参加完成县委、政府、纪检委组织的联合检查和交办的专项检查工作。

【吉木萨尔县审计局】 现有干部职工18人，设有综合审计股、行政事业审计股、固定资产投资审计股、经济责任审计股，负责对全县5个乡、4个镇和27个县直部门的审计监督。局长马忠连（3月—），副局长张善忠。

审计成果 完成审计项目26个，审计单位27个，共查出违规行为金额666万元，应缴财政14万元，已交财政4万元。完成审计调查1个，调查单位15个。提交审计报告、论文、信息21篇，被采用15篇。创办《审计简讯》6期。对在机构改革中7个撤并单位的债权债务及财产进行了清理。

【木垒哈萨克自治县审计局】 现有干部职工16人，设有办公室、财政审计股、行政事业审计股、经济责任审计股，负责对全县12个乡、镇、场和73个县直部门的审计监督。局长李天仁，副局长刘保之、阿合买提。

审计成果 完成审计单位28个，查出违规行为金额651万元，应缴财政3万元，已交3万元。提交审计报告20份。完成经济责任审计项目（单位）4个，查出违规行为金额13万元，查出1人存在个人经济问题。 （撰稿人：葛泽东）

【巴音郭楞蒙古自治州审计局】 2002年，共有干部职工46人，其中本科学历13人，大专学历28人，局长王璐，副局长那木都克、肖建友、陈智娟、阿里木·吐尔逊。设有办公室、经济责任审计处、纪检监察室、法制科、财政与金融审计科、行政事业与社会保障审计科、农业资源与环保审计科、经贸审计科、固定资产投资与外资审计科。

审计成果 完成审计项目34个，审计单位81个，地方党政领导交办审计项目3项，查出违规行为金额31599万元，应缴财政4742万元，已交财政4738万元。提交审计工作报告12份，信息和调研报告18篇，被采用5篇。

经济责任审计 开展经济责任审计项目23个、23人，查出违规行为金额5304万元，应纠正4020万元。审计后，晋升1人，平调22人。

【库尔勒市审计局】 现有干部职工15人，设有办公室、行政事业审计股、企业审计股、基建审计股和经济责任审计股，负责对全市11个乡镇、5个国有农牧场和155个市直部门的审计监督。局长臧东升，副局长张增华、韩玉荣。

审计成果 完成审计项目43个，审计单位61个，党政领导交办审计项目两个，完成9名科级干部离任经济责任审计。查出违纪违规行为金额11720万元，应缴财政1213万元，已交财政1131万元。提交审计工作报告11份，专项资金审计专题报告1份，审计信息24篇。

【轮台县审计局】 现有干部职工15人，设有办公室、财政审计股、行政事业审计股和经济责任审计科（副科级），负责对全县12个乡镇和26个县直部门的审计监督。局长王健佶，副局长阿里木·司地克、卢跃锋。

审计成果 完成审计项目26个，审计单位35个，查出违规行为金额1777万元，应缴财政75万元，已交24万元。提交审计工作报告、信息36篇，被采用6篇。完成经济责任审计项目21个，查出违规行为金额515万元，移交纪检监察部门4人。

【尉犁县审计局】 现有干部职工12人，设有经济责任审计科（副科级）、行政事业社保审计股、法规股、办公室，负责对全县7个乡、两个镇、4个场和22个县直部门的审计监督。局长朱铁茂，副局长沈荣芳、木田力甫·尤努斯。

审计成果 完成审计（项目）单位68个，受到处理处罚单位33个。完成党政领导交办经济责任审计项目30个，工程审计项目15个。全年查出违规行为金额1358万元，追还被侵占挪用资金79万元，已交财政34.2万元。提交审计工作论文两篇，审计信息23篇，被《中国审计》采用1篇，《新疆审计》采用两篇，被县领导及有关部门批示采用两篇。

【若羌县审计局】 现有干部职工10人，设有经济责任审计科（副科级）和两个综合股，负责对全县8个乡镇和33个县直部门的审计监督。局长热西提·热合曼，副局长王彩霞、沙地克·托乎提。

审计成果 完成审计项目14个，审计单位19个，党政领导交办经济责任审计项目3个，查出违规行为金额1262万元，应缴财政31万元，已交28万元。提交审计报告、信息20篇。

【且末县审计局】 现有干部职工9人，设有办公室、财政审计股、固定资产投资审计股、经济责任审计科（副科级），负责对全县14个乡镇和108个县直部门的审计监督。局长买然木尼沙，副局长张建军。

审计成果 完成审计项目（单位）25个，查出违规行为金额2062万元，应缴财政140万元，已交140万元，应纠正25万元。提交审计工作报告两份。

【和静县审计局】 现有干部职工18人，设有法制股、财政与金融审计股、基建投资与外资审计股、驻巴音布鲁克审计办公室和经济责任审计科（副科级），负责对全县1个区、12个乡镇、5个国有农牧场和84个县直部门的审计监督。局长刘淑萍，副局长艾尼瓦尔·艾依提。

审计成果 完成审计项目27个，审计调查项目21个，固定资产投资工程预决算审计7个，查出违规行为金额2471万元，其中指明要求纠正303万元，决定处理处罚2168万元，应缴财政143万元，已交125万元，提交审计报告18份，审计信息14篇，被采用3篇。完成5名党政领导干部任期经济责任审计。审计后，平调5人。

【和硕县审计局】 现有干部职工10人，设有经济责任审计科（副科级）、办公室、法规监察监督室、经贸审计股、基建外资审计股、农业牧业审计股，负责对全县7个乡镇场和22个县直部门的审计监督。局长周宇，副局长克西克太。

审计成果 完成审计项目39个，审计单位57个，其中经济责任审计37个，查出违规行为金额314.9万元，应缴财政39.02万元，已交28.82万元，追缴被侵占挪用资金8.6万元。协助检察机关办理经济案件两起，经济责任审计移交纪检机关案件1起。提交审计信息12篇，调研报告3篇。

【博湖县审计局】 现有干部职工15人，设有财金审计股、综合审计股、经济责任审计科（副科级）和档案微机室，负责对全县7个乡镇和23个县直部门的审计监督。局长张宏翔，副局长李爱民。

审计成果 完成审计项目16个，审计单位35个，查出违规行为金额26万元，应缴财政26万元，已交26万元。提交审计报告、信息12篇。完成11名科级干部离任经济责任审计，查出违规行为金额3万元。

【焉耆回族自治县审计局】 现有干部职工12人，设有办公室、领导干部经济责任审计科（副科级）、综合审计股，负责对全县4个乡、4个镇、两个农牧场和68个县直部门的审计监督。局长刘志良，副局长宋铁增、徐照凤。

审计成果 完成审计项目15个，查出违规行为金额298万元，应缴财政30万元，已交8万元，完成审计调查项目3个，调查单位3个。提交审计信息5篇。对25名科级干部进行经济责任审计。

（撰稿人：邢燕燕）

【伊犁哈萨克自治州审计局】 2002年，共有干部职工78人，其中研究生学历两人，本科学历26人，大专学历40人，副局长阿曼、张鸿仁、阿勒同别克、牛忠洁、任志国。设有办公室、法制处、财政金融审计处、经济责任审计处、文教行政审计处、经贸审计处、农业与资源环保审计处、固定资产投资审计处。

审计成果 完成审计单位53个，查出违规行为金额38504万元，应缴财政265万元，已交273万元（含以前年度36万元）。向纪检监察移送事项两件，向司法机关移送案件两起，协助有关部门查处案件1

起。提交审计工作报告、信息63篇，被采用10篇。

经济责任审计　完成经济责任审计单位13个、22人，其中审计3个县（市）书记、县（市）长6人，查出违规行为金额17005万元。审计后，平调3人。

内部审计　州直部门设立内审机构5个，内审人员5人。

【伊宁市审计局】　现有干部职工27人，设有办公室、行文审计股、工交商贸审计股、经济责任审计股、固定资产投资审计股，负责对全市9个乡镇（场）和68个市直部门的审计监督。局长刘建斌，副局长邵长林、黄能新。

审计成果　完成审计项目8个，审计单位36个，查出违规行为金额829万元，应缴财政45万元，已交20万元，归还原渠道资金773万元。提交审计工作报告、信息7篇。完成3名科级领导干部离任经济责任审计，查出违规行为金额211万元。

【奎屯市审计局】　现有干部职工18人，设有行政事业审计科、企业审计科、经济责任审计科、基本建设投资审计科、综合科、办公室，负责对全市1个乡镇、74个行政事业单位和16个国有企业的审计监督。局长王全胜，副局长江银萍。

审计成果　完成审计单位37个，查出违规行为金额1828万元，应缴财政38万元，已交38万元。提交审计工作报告、信息14篇，被采用4篇。完成经济责任审计单位10个，10人，查出违规行为金额962万元。审计后，平调6人，免职两人（其中退休1人）。

【伊宁县审计局】　现有干部职工19人，设有办公室、法制股、财务收支审计股、固定资产投资审计股、财政金融审计股、经济责任审计股，负责对全县22个乡镇（场）和57个县直部门的审计监督。局长刘新宇，副局长于英、乃则尔。

审计成果　完成审计单位33个，查出违规行为金额1233万元，应缴财政8.3万元，已交8.3万元，提交审计工作报告、信息31篇。完成14名科级领导干部任期经济责任审计，查出违规行为金额262万元。

【霍城县审计局】　现有干部职工17人，设有办公室、经济责任审计股、经济贸易审计股、财政金融审计股，负责对全县13个乡镇（场）和24个县直部门的审计监督。局长阿不都热西提，副局长王学发。

审计成果　完成审计单位12个，查出违规行为金额2891万元，应缴财政5万元，已交5万元。提交审计工作报告、信息10篇。完成4名科级领导干部离任经济责任审计，查出违规行为金额30万元。

【巩留县审计局】　现有干部职工12人，设有办公室、行政事业审计股、企业审计股、经济责任审计股，负责对全县13个乡镇（场）和42个县直部门的审计监督。局长田刚，副局长王毓辉。

审计成果　完成审计项目5个，审计单位29个，查出违规行为金额413万元，应缴财政17万元，已交15万元，归还原渠道资金51万元。提交审计工作报告、信息39篇。完成3名科级领导干部离任经济责任审计。

【新源县审计局】　现有干部职工18人，设有办公室、财政金融审计股、文教行政事业审计股、农业环保社会保障与固定资产投资审计股、经济责任审计股，负责对全县11个乡镇和43个县直部门的审计监督。局长孜亚达·孜肯（哈萨克族），副局长王新德、华尼西·铁留别尔地（哈萨克族）。

审计成果　完成审计项目8个，审计单位27个，查出违规行为金额3444万元，应缴财政15万元，已交12万元。提交审计工作报告、信息7篇。完成8名科级干部离任经济责任审计，查出违规行为金额978万元。

【昭苏县审计局】　现有干部职工18人，设有办公室、经济责任审计股、行政事业审计股、经贸审计股，负责对全县10个乡镇（场）和26个县直部门的审计监督。局长帅恒江（—12月），副局长胡光生（12月—，主持工作）、吾西哈、对山霍加。

审计成果　完成审计项目5个，审计单位28个，查出违规行为金额2501万元，应缴财政9万元，已交6万元，归还原渠道资金236万元，促进增收节支59万元。提交审计工作报告、信息9篇，被采用7篇。完成1名科级领导干部任期经济责任审计，查出违规行为金额165.39万元。

【特克斯县审计局】　现有干部职工12人，设有办公室、财政金融审计股、文教行政事业审计股、经济责任审计股、综合股，负责对全县14个乡镇和185个县直部门的审计监督。局长张金成，副局长姜功文。

审计成果　完成审计项目6个，审计单位35个，查出违规行为金额1685万元，应缴财政3万元，已交8万元（含以前年度）。提交审计工作报告、信息14篇。完成17名科级干部离任经济责任审计，查出违规行为金额899万元。内审机构5个，其中专职机构3个；内审人员24个，其中专职人员3人。

【尼勒克县审计局】　现有干部职工17人，设有财政文行审计股、经济责任审计股、经贸审计股、农业环保审计股、法制股，负责对全县10个乡镇（场）和35个县直部门和企业的审计监督。局长腾贯明，副局长沙泰、司马义。

审计成果　完成审计项目16个，审计单位32个，查出违规行为金额208万元，应缴财政10万元，已交财政5万元，归还原渠道资金542万元。提交审计工作报告、信息28篇，被采用4篇。完成5名科级领导干部任期经济责任审计。有内审指导人员两人，内审机构4个，内审人员7人。

【察布查尔锡伯自治县审计局】　现有干部职工14人，设有办公室、财政金融审计股、文教行政事业审计股、经济责任审计股，负责对全县14个乡镇和54个县直部门的审计监督。局长胡祖伦，副局长加孜勒别克。

审计成果　完成审计项目10个，审计单位29个，查出违规行为金额2653万元，应缴财政4万元，已交财政12万元（含以前年度8万元）。提交审计工作报告、信息32篇。完成对4个乡和两个县直机关领导的任期经济责任审计。

（撰稿人：牛玉兰）

【塔城地区行政公署审计局】　2002年，共有干部职工29人，其中本科学历13人，大专学历13人，局长杨秀发，副局长哈依拉提（6月—）、程和新，纪检组长闫晓红。设有办公室、法制科、财政金融审计科、文教行政事业审计科、经贸审计科、经济责任审计科、固定资产投资审计科。

审计成果　完成审计单位28个，查出违规行为金额1080万元，应缴财政104万元，已交87万元。提交审计工作报告9份。

【塔城市审计局】　现有干部职工15人，设有财政审计科、经贸审计科、行政事业审计科和经济责任审计科，负责对全市6个乡镇、3个农牧场和24个市直部门的审计监督。局长李福平，副局长汪新梅、海达尔别克。

审计成果　完成审计项目8个，审计单位14个，查出违规行为金额1585万元，应缴财政18万元，已交14万元。提交审计报告、信息9篇。完成4名科级干部离任经济责任审计，查出违规行为金额387万元。上报重大案件1起，移交司法机关4人。

【乌苏市审计局】　现有干部职工16人，设有综合科、经济责任审计科、建设项目审计科和办公室，负责对全市19个乡镇和县直部门的审计监督。局长李斌，副局长尹燕鸿。

审计成果　完成审计项目9个，审计单位55个，查出违规行为金额2144万元，应缴财政304万元，已交233万元。完成审计调查1个，调查单位1个。完成机构改革中变动的24名党政领导和企业负责人的任期经济责任审计。

【额敏县审计局】　现有干部职工12人，设有办公室、法制股、财政审计股、文化行政社会保险审计股、农牧业基本建设审计股、经济责任审计股，负责对全县18个乡镇和129个县直部门的审计监督。局长费鸿琴，副局长巴图拉西、王俊峰。

审计成果　完成审计项目6个，审计单位18个，查出违规行为金额1543万元，应缴财政65万元，已交74万元（含以前年度资金）。查出百万元以上违纪单位两个。提交审计报告、信息26篇。

【沙湾县审计局】　现有干部职工14人，设有办公室、财政审计股、行政事业审计股、经济贸易审计股、固定资产投资审计股、领导干部经济责任审计股，负责对全县17个乡镇场和63个县直部门的审计监督。局长曹汝新，副局长苏里坦（6月—）、邱新玉（6月—）。

审计成果　完成审计项目10个，审计单位12个，查出违规行为金额1436万元，应缴财政18万元，已交财政18万元，应归还原渠道资金200万元。提交审计工作报告1份，审计结果报告5份，编发审计工作信息20期，被采用10篇。完成4名科级干部任期经济责任审计，查出违规行为金额44万元。有内审机构5个，内审人员5人。

【托里县审计局】　现有干部职工15个，设有办公室、行政事业审计股、财金农林审计股和经济责任审计股，负责对全县8个乡镇场和64个县直部门及事业单位的审计监督。局长塔斯肯，副局长惠长钧、阿依肯。

审计结果　完成审计项目25个，审计单位39个，查出违规行为金额287万元，应缴财政9万元，已交9万；提交审计工作报告3份，出具审计意见书22份，上报信息简报19篇，被采用8篇。

【裕民县审计局】　现有干部职工16人，设有办公室、行政事业审计股、企业审计股，负责对全县6个乡镇、1个牧场和67个县直部门的审计监督。局长许登云，副局长木合亚提。

审计成果　完成审计项目21个，审计单位33个，共查出违规行为金额430万元，应缴财政1.8万元，已交1.8万元，责令归还原渠道资金104万元。

【和布克赛尔蒙古自治县审计局】　现有干部职工17人，设有办公室、财金行政审计股、企事业基建审计股、经济责任审计股，负责对全县12个乡镇场和27个县直部门的审计监督。局长覃柱坚，副局长娥娅、赛力克。

审计成果　完成审计项目16个，审计单位32个，查出违规行为金额2383万元，已交财政5万元。提交审计工作报告15份，审计意见书16个份，审计信息12篇。

（撰稿人：陈芸）

【阿勒泰地区行政公署审计局】　2002年，共有干部职工35人，其中本科学历14人，大专学历18人，局长张玉兰，副局长卢利奎、叶勒克拜、李宏文，纪检组长米拉提汗。设有办公室、监察室、法规科、财政金融审计科、行政文教社保审计科、农牧企业审计科、固定资产投资及外资审计科、经济责任审计科。

审计成果　共审计单位191个，查出违规行为金额15858万元，应缴财政447万元，已交财政198万元，决定处理处罚、指明要求归还原渠道资金56万元，调账处理225万元，罚没105万元，应纠正6275万元。提交审计报告6份（含综合报告），信息和调研报告50篇，被采用26篇。

财政审计　开展预算执行审计项目93个，查出违纪违规行为金额5864万元，应缴财政472万元，已交财政214万元。

经济责任审计　开展经济责任审计项目40个，完成35个、44人，查出违规行为金额4193万元，查出损失浪费39万元，查出个人存在经济问题5万元。审计后，平调10人，晋升两人，建议给予党政纪处分5人，移送纪检监察机关5人。

【阿勒泰市审计局】　现有干部职工15人，设有办公室、财政文行审计股、企业投资审计股、经济责任审计股，负责对全市9个乡、两个镇、62个市直部门，以及84个事业单位和22个国有企业的审计监督。局长张军，副局长海拉提、张新燕。

审计成果　完成审计项目28个，审计单位40个，查出违规行为金额1561万元，应缴财政51万元，已交51万元。完成审计调查项目两个。提交调查报告两份。同市纪检、监察、信访等部门配合，查处各种经济案件4起。共提交审计工作报告9份，审计意见28份，审计信息和调研16篇，被市委、市政府采用12篇，地区局采用8篇。完成8名干部经济责任审计，共查出违规行为金额435万元。

【布尔津县审计局】　现有干部职工12人，设有财政金融法制审计股、经济责任审计股和综合股，负责对全县6个乡、1个镇和290个县直部门的审计监督。局长孙春平，副局长石江义、哈孜汗。

审计成果　共完成审计项目15个，查出违规行为金额2224万元，应缴财政319万元，已交134万元。提交审计报告1份，审计信息18篇，审计调研文章7篇，被采用11篇。完成党政领导交办的经济责任审计项目4个，查出违纪违规行为金额743万元。

【富蕴县审计局】　现有干部职工11人，负责对全县6个乡、3个镇和40个县直部门及102个事业单位和两个国有企业的审计监督。局长李召基，副局长吾汗、王新民、索晓红。

审计成果　共完成审计项目19个（其中经济责任审计项目9个），查出违规行为金额531万元，管理不规范1447万元，损失浪费21万元，应缴财政14万元，已交5万元。完成审计调查项目3个，调查单位11个。提交审计调研文章及审计信息24篇，情况反映1篇，被县委、县政府采用4篇，被地区审计局采用6篇，被《新疆审计》采用1篇。

【福海县审计局】　现有干部职工10人，负责对全县6个乡镇和95个县直部门的审计监督。局长王玉江，副局长何先礼（5月—）、张铁军（—5月）、姜淑英、阿依达尔（12月—）、阿汗（—6月）。

审计成果　共完成审计项目12个，审计单位19个，查出违规行为金额1356万元，应缴财政43万元，已交31万元，归还原渠道资金260万元。完成审计调查项目6个，调查单位16个。移送纪检监察机关1人。提交审计报告、信息19篇。完成企业领导干部任期经济责任审计1个，查出违规行为金额458万元，并给予责任人通报批评。

【哈巴河县审计局】　现有干部职工11人，设有财政金融审计股、行政事业审计股、综合股和经济责任审计股，负责对全县6个乡镇、37个县直部门和11个县属国有企业或国有控股企业的审计监督。局长吴新生（5月—）、白山（—5月），副局长阿力肯、刘安梅（兼纪检组长）。

审计成果　完成审计项目17个，审计单位16个，查出违规行为金额1672万元，应缴财政71万元，已交63万元。完成审计调查项目1个，调查单位16个。试点完成1个乡（镇）财政决算审计，查出违规行为金额35万元。完成4名科级干部任期经济责任审计（离任），查出违规行为金额113万元，应缴财政罚没款7万元。提交审计报告18份（含财政预算执行审计工作报告1份），信息10篇，调研文章5篇。8月12日，县人民政府颁布《关于落实审计决定的实施办法》，建立落实审计决定的目标责任制、责任追究制、跟踪督办制以及强制执行等5项措施。

【青河县审计局】　现有干部职工13人，设有办公室、财政审计股、文化教育社会保障审计股、农业企业审计股、经济责任审计股，负责对全县5个乡、两个镇和21个县直部门的审计监督。局长郭西庭，副局长库丽盘。

审计成果　完成审计项目8个，审计单位16个，党政领导干部经济责任审计3个，查出违规行为金额642万元，应缴财政65万元，已交64万元，决定处理处罚、指明要求归还原渠道资金303万元，调账处理28万元，罚没10万元。完成审计调查项目1个，调查单位20个。提交审计报告16份，综合审计报告两份，审计意见13份，下达审计决定书13份，上报审计信息19篇，审计情况反映3篇。

【吉木乃县审计局】　现有干部职工11人，设有财政金融审计股、经济责任审计股、综合股，负责对全县7个乡镇和56个县直部门的审计监督。局长王桂芬，副局长巴哈什、阿布勒拜。

审计成果　完成审计项目14个，审计单位12个，共查出违纪违规行为金额173万元，应缴财政4万元，已交财政4万元。完成审计调查项目1个，调查单位17个。提交审计报告、信息27篇。完成两名科级干部任期经济责任审计，查出违规行为金额两万元。

（撰稿人：徐淑勤）

新疆生产建设兵团

【新疆生产建设兵团审计局】　2002年，新疆生产建设兵团审计局编制33人，在编29人。设有9个职能处（室）：办公室、法规处、财金审计处、行政事业审计处、经贸审计处、农业与资源环保审计处、社会保障审计处、固定资产投资审计处、经济责任审计处。

领导成员

局　长：周书义

副局长：宣　淼　李国平

新疆生产建设兵团审计成果

全年共完成审计项目5848个，查出违纪违规行为金额17.44亿元，应缴财政4377万元，应归还原渠道资金4149万元，已交财政2400万元。向各级党政和上级审计机关提交审计调查报告41篇，被批示、采用11篇。促进地方部门制定完善规章18条。向司法机关移送案件两起，建议给予行政处分23人。

财政审计　兵团审计局和10个师审计局依法对兵师两级上年度本级预算执行情况实施审计，共查出违规行为金额1.46亿元。查出的主要问题：部分应纳入预算管理的资金、单位未全部纳入本级预算；有些单位或部门违规安排使用国家及兵团补助的各类专项资金；个别部门挤占、挪用专项资金2959万元；被审计部门、单位未编制行政经费预算。同时，兵团审计局对农二、四、六、十三师2001年度财务决算及其他财务（政）收支情况进行审计，并抽审师部分预算执行单位财政补助资金的管理、使用及延伸审计部分团场。查出的主要问题：（1）4个师违规安排使用国家及兵团补助的各类专项资金3575.49万元。包括挪用各类专项资金1856.89万元，违规分配各类专项资金171.9万元，截留各类专项资金249.40万元，滞留各类专项资金1177.3万元，套取国家专项资金120万元。（2）部分建设项目施工管理不规范，工程项目不实行招投标制度，无资质或越级承揽工程的现象较普遍，影响建设项目的质量和效益。（3）预算收入征收不力，基金预算收入管理使用不当等。

专项资金审计　一是按照审计署的统一部署，对兵团社保机构及14个师社保机构管理的2001年度职工养老保险、失业保险、工伤、生育保险等4项基金的收支情况进行审计，查出各种违纪行为金额836.37万元。发现的主要问题：（1）部分师农牧企业养老保险缴费基数与个人缴费基数不一致。（2）社会保障基金未经预算审批程序审批。（3）企业职工养老保险等四项基金筹资能力偏低，各师欠缴保费比较普遍。二是结合兵团本级预算执行情况审计，对兵团土地局和13个师土地局管理的土地专项资金的收支情况进行审计，基本实现核实收支、摸清底数、规范土地专项资金运作的审计目标。三是按照国家建设部、审计署等9部委《关于住房公积金管理机构调整工作的实施意见》的要求，组织兵师两级审计机关对兵、师两级住房公积金资金的资产、负债、收入、支出情况进行专项审计，同时核实各项债权、债务和净资产情况。四是按照兵团农电网项目改造工作领导小组的安排，组织兵、师两级审计机关对兵团一期农电网建设项目实施竣工决算审计，保证一期农电网建设项目验收工作和第二期农电网项目建设如期进行。

企业审计　兵师两级审计机关全年共完成企业审计项目200个，查出违规违纪行为金额88亿元。其中资产不实4.85亿元，负债不实1.68亿元，损益不实2.25亿元，虚增利润1.22亿元，虚减利润1.02亿元，账外资产1122万元。兵团审计局重点对兵团国有资产经营公司管理的兵团财产保险公司、康地农业科技发展有限公司等7家企业实施审计；对新天国际经济技术合作（集团）有限公司、兵团商贸（集团）公司、物产（集团）公司上年度净资产进行审计核实。针对兵团直属国有企业转轨建制过程中的资产变动情况，重点审计国有资产的保值与增值情况，查出康地农业科技发展有限公司800余万元的国有资产流失问题。

经济责任审计　全年对331名领导干部进行任期经济责任审计，共查出违法违规行为金额3054万元，其中主管责任金额2110万元，直接责任金额841万元，应予纠正金额4.045亿元。各级党委根据审计结果和有关法规，对两人移送司法机关处理，对33人移送纪检监察部门处理，对23人给予党纪政纪处分。年底由兵团经济责任审计工作领导小组办公室牵头，兵团纪检委、兵团党委组织部和兵团审计局组成联合调研组对5个师的经济责任审计工作开展专题调研活动。

完成交办和委托事项　按照兵团的安排，兵、师两级审计机关对兵团表彰的2001年度经济建设争先创优先进单位的综合财务利润进行审计。调增利润4631万元，调减利润3043万元。受各级党政领导和有关部门的委托，兵师两级审计机关完成8个专项审计调查项目和46个单位审计调查工作，另外，兵师两级审计机关共完成固定资产投资审计项目40个，行政事业审计项目139个，累计查出违法违规行为金额4778万元。（撰稿人：周书义、焦平）

【农一师审计局】　2002年，共有干部职工7人，其中本科学历1人，大专学历5人，局长蒋根福，副局长陆骏昌。

审计成果　全年共完成审计项目64个，查出违纪违规行为金额3526万元，其中预算执行审计95万元，行政事业审计16万元，固定资产投资审计1072万元，企业审计2343万元。罚款和收缴财务金额723万元。完成审计专项调查项目4个，审计调查14个单位，提交专项调查报告4份。

经济责任审计　受组织部门委托，对4个团处级领导干部实施任期经济责任审计，查出违规行为金额56万元。

内部审计　现有专职内审机构25个，专职内审人员55人。完成审计项目1586个，审计总金额50.7亿元，查出违纪违规行为金额3971万元，罚款及收缴财务金额1043万元；查出损失浪费940万元，促进增收节支1887万元。

队伍建设　参加西部地区固定资产投资审计培训班及水利工程造价员培训班，培训人数13人次。年底对所属基层审计科进行年度审计工作质量检查。（撰稿人：蒋根福）

【农二师审计局】　2002年，共有干部职工5人，其中本科学历两人，大专学历1人，局长崔建文，副局长金银花。

审计成果　全年共审计14个单位，查出行政事业单位违规行为金额25万元。其中，已纠正违规行为金额25万元，审计处罚金额3万元，已交财政3万元。

完成党政交办任务　参与争先创优先进单位审计检查，以及造纸厂、建化厂等建安企业的破产清算工作和农网改造工作。配合兵团审计局完成对本师预算执行、基本建设审计及企业综合财务利润情况的审计。受兵团审计局的委托，对农一师住房资金管理中心财务收支进行就地审计。配合师计划委接受兵团对农业综合开发资金的验收工作，对农业综合开发资金进行专项审计。配合组织部门对团场领导班子进行考察工作，配合师纪委对有关事项开展调查工作。

经济责任审计　受组织部门的委托，对3个单位的干部离任经济责任进行审计，委托会计师事务所对8个企业的领导离任和6个单位的争先创优情况进行审计。

内部审计　各企业审计机构共审计单位261个，查出违规行为金额278万元，已纠正违规行为金额195万元。提出建议意见被采纳108条。（撰稿人：段国华）

【农三师审计局】　2002年，共有干部职工7人，其中本科学历1人，大专学历5人，局长周年发，副局长闻庆新。

审计成果　全年完成审计单位48个，查出违规行为金额884万元，已交财政278万元，归还原渠道资金6万元，调账处理382万元，通过审计责令纠正违规行为金额588万元。向纪检监察机关移送案件1起。

财政预算执行审计　采取本级审与事业单位财务决算审计相结合的方法，重点对师财务局、师综合开发办、农业局、农技推广站、种子公司、兽医站、前进小学等部门和单位的预算执行情况进行审计，同时对师属29个事业单位决算进行审计。通过审计，查出违规行为金额259万元，应缴财政241万元，归还原渠道资金6万元，调账处理3万元，应纠正违规行为金额211万元。有18个被审计部门和单位根据审计意见和建议，制定66条整改措施。（撰稿人：刘磊）

【农四师审计局】　2002年，共有干部职工6人，其中本科学历1人、大专学历5人，局长史新斌，副局长尤丽梅。

审计成果　全年共完成审计项目7个，审计单位20个，审计总金额230740万元，查出违规违纪行为金额423万元。向上级审计机关和师领导提交审计报告20份，审计调查报告1份。

完成交办任务　完成兵团审计

局下达的对农五师住房资金和农四师卫生局世行贷款卫生Ⅶ项目的审计任务，审计单位两个，审计总金额5460万元。同时，完成师领导交办审计项目5个，审计单位18个，审计总金额225280万元。其中：对61团等8个农牧团场2001年度的财务收支进行审计；完成师领导安排、组织部委托的68团、农四师第一中学等10名团（处）级领导干部任期经济责任审计。此外，还配合师林业部门对上级拨入林业专项资金进行监督检查；配合师纪检等部门对有关案件进行调查；协助有关部门对改制、破产、分离的企事业单位的资产进行清理、检查。

内部审计　全师共有企事业内审机构24个，内审人员44名，其中专职审计人员39名，全年共审计771个单位，其中财务收支审计304个，领导干部离任审计53个，基本建设项目审计250个，审计总金额121160万元，查出违规违纪行为金额744万元，已上交77万元。

队伍建设　6名审计人员参与兵团审计局组织的审计工作小组，1名局领导参加审计署举办的“西部审计局长培训班”的学习。全年有5篇论文发表在《新疆农垦经济》、《新疆农垦财会》、《兵团建设》、《兵团流通》等杂志上。（撰稿人：尤丽梅）

【农五师审计局】　2002年，共有干部职工7人，其中本科学历1人，大专学历6人，局长李泉，副局长李发州。

审计成果　全年共完成审计项目10个（325个单位），审计总金额523679万元，共查出违纪违规行为金额10376万元，应纠正违规行为金额1886万元。审计罚没款13.49万元，收缴入库12.99万元。移交司法机关案件两起，移交纪检监察部门给予行政处分7人。

经济责任审计　共完成行政交办和部门委托经济责任审计项目4个，审计总金额19746.65万元，查出应纠正违规行为金额1533.19万元。

内部审计　设立内审机构13个、25人，其中农牧团场11个22人，师直企业两个、3人。共完成审计项目7个247个单位，审计总金额113320万元，查出违规行为金额544万元，损失浪费13.12万元。

队伍建设　2002年设立了经济责任审计科。先后派出3人参加审计署举办的西部地区审计干部《国家审计准则》培训班，派出两人参加石河子大学计算机中级上岗证培训班。同时，在8月组织全师审计科长参加非经营性预算编制及决算审计学习班。（撰稿人：李泉）

【农六师审计局】　2002年，共有干部职工7人，其中本科学历1人，大专学历6人，局长赵俊霞。

审计成果　全年共完成审计单位及项目17个，其中完成兵团审计局安排的项目两个，组织部委托的任期经济责任审计9个，固定资产投资审计5个，累计查出违规行为金额1.04亿元，其中国有资产损失422万元，账外资产963万元，虚列收入成本4982万元，罚没金额97万元，应归还原渠道资金415万元。

内部审计　全师现有内审机构25个，内审人员48人，共完成审计单位及项目178个，其中财务收支审计40个，经济效益审计57个，经济责任审计19个，基本建设审计27个，专项审计8个，其他审计27个。查出违规行为金额3353万元，其中资产不实552万元，负债不实205万元，损益不实1070万元，国有资产损失49万元。

队伍建设　组织全师审计系统开展新《会计制度》和新《会计法》的学习，累计参加56人（次）。（撰稿人：赵俊霞）

【农七师审计局】　2002年，共有干部职工4人，其中本科学历1人，大专学历两人，局长张益民。

审计成果　全年共完成审计单位（项目）31个，其中师本级预算执行审计1个（12个单位），经济责任审计两个，企业审计12个，固定资产投资审计两个，行政事业单位审计3个，查出违规行为金额260万元，应缴财政10万元。提交审计报告31份，提交农牧团场企业综合审计报告1份，并对全师农牧团场企业的审计情况进行通报。

重点企业审计　重点对工交商建企业改制、改革中资产重组、利益分配、国有资产保值增值、国有资产流失等问题进行审计，促进兵团对国有工交商建企业的改革、改制的有关文件的贯彻落实。

经济责任审计　受师组织部委托，对奎屯市管理处、军垦宾馆两个企业的领导干部实施离任审计。对审计中发现个人违纪违规问题及时向师主要领导做了专题汇报，并向纪检、监察部门通报有关情况。

完成上级交办任务　参与农、牧团场体制改革和政府采购制度运作的督察调研工作；为配合师会计核算中心的创立，强化预算内外资金管理，对第一期列入“中心”管理的30个行政事业单位1～10月底的资金收支结余进行了全面的审核等。

内部审计　全师内审机构18个，审计干部38人，共完成审计项目（单位）350个，其中企业单位296个，行政事业单位40个，其他单位（项目）14个，审计总金额16.03亿元，查出违规行为金额1617万元，应缴财政425万元，已交402万元，其中罚款43万元，查出损失浪费425万元。向纪检监察部门移送案件19起，涉案15人。（撰稿人：张益民）

【农八师石河子市审计局】 2002年，共有干部职工23人，其中本科学历14人，大专学历6人，局长周甲银，副局长王永兴、杨全义。设有办公室、综合科、财政审计科、行政事业审计科、工交审计科、基建审计科、农牧审计科。

审计成果 全年共完成审计项目13个，审计单位71个，查出违纪违规行为金额10496万元，其中应缴财政3764万元，调账处理6732万元，罚没金额13万元，已交财政3764万元，应纠正违规行为金额8020万元。提交审计工作报告及审计结果报告13份。查出百万元以上违规单位3个。下达审计意见书27份，审计决定书4份，出具审计考核表35份。

完成交办任务 共完成上级审计机关下达的审计项目11个，其中完成自治区审计厅下达的项目7个，完成兵团审计局下达的审计项目4个，审计单位13个。根据自治区审计厅的统一工作安排，开展财政同级审工作，对石河子市财政局、国库、地税局及8个预算执行单位进行审计，查出违规行为金额10352万元，市人大常委会对预算执行情况审计工作报告给予充分的肯定；根据兵团审计局安排，连续第八年对农八师财务局及5个预算执行单位进行审计，查出应纠正违规行为金额1528万元。完成法定必审项目及师市政府领导交办的审计项目3个，审计单位40个。连续8年对师属35家工、交、商、建、农、牧、水企业经营责任目标完成情况进行审计考核，摸清师市企业的家底，为考核兑现和师市领导制定政策提供可靠依据。

内部审计 师市共设立内审机构23个，内审人员84名。审计单位501个，促进增收节支756万元，纠正违规行为金额3232万元，建议给予行政处分4人。（撰稿人：任宏伟）

【农九师审计局】 2002年，共有干部职工6人，其中本科学历1人、大专学历3人，局长吴新国，副局长李清斌。

审计成果 全年共完成审计项目（单位）29个，查出违规行为金额6142万元，其中决定处理处罚230万元，指明要求纠正5912万元，应交财政17万元。向上级审计机关和师领导提交综合审计工作报告两份。

完成上级交办任务 对农九师农电网建设与改造项目一期工程决算进行审计，对农十师住房资金管理中心财务收支进行就地审计。

经济责任审计 根据师组织部离任经济责任审计委托书的要求，完成两个经济责任审计项目，经审计查出违规行为金额47万元，指明要求纠正30万元。

内部审计 共有内审机构15个，内审人员24人（专职20人、兼职4人），完成审计项目83个，审计总金额26952.25万元，查出违规行为金额250.10万元，应缴财政26.93万元，已交26.8万元；应追还被侵占挪用资金49.60万元，促进增收节支33.41万元。向纪检监察部门移送案件1起3人，建议给予行政处分1人。

队伍建设 1人参加了审计署举办的审计局长培训班；两人次参加了高级审计师考前辅导班，其中1人经考试取得合格证书；两人次参加了内审协会举办的经济责任审计培训班。师、团两级审计人员共撰写并发表审计论文、审计信息8篇。（撰稿人：涂海滨）

【农十师审计局】 2002年，共有干部职工5人，其中大专学历4人，副局长张瑶。

审计成果 全年完成审计项目32个，审计资金总额68953万元，查出违规行为金额380万元，管理不规范金额2944万元。提交审计管理建议书两篇。

完成交办任务 一是对师本级预算执行情况实施审计，就全师聚财理财综合性问题、体制改革和干部人事管理制度改革等热点难点问题，从审计的角度提出建议。二是根据师领导的交办，完成师第二期农电网改造初验财务资料组审前自查、指导工作，针对项目单位存在的问题，提出改进意见与措施，协调项目单位与师机关部委局的关系。三是参与师统一采购中心4次竞争性谈判采购活动和师清欠检查工作。四是积极配合参与师福利印刷厂职工上访事件的查办工作。

内部审计 完成审计项目159个，审计资金总额47885万元，查出违规行为金额928万元，已纠正违规行为金额705万元，应缴财政136万元，已交财政133万元。提出建议意见被采纳224条。向纪检监察部门移送案件1起3人。

“人、法、技”建设 完成全师审计机构办公自动化建设，举办为期22天的全师审计人员计算机中级等级及网络知识、新中大财务核算软件培训。全师7人参加中国内审学会在大连举办的“审计理论与实务”培训班。（撰稿人：张建国）

【建工师审计局】 2002年，共有干部职工5人，其中本科学历1人，大专学历3人，局长张立军。

审计成果 共审计企业所属的独立核算单位269个，审计总金额463949.69万元，查出违规行为金额10774.54万元，通过审计跟踪督察，企业已纠正违规行为金额10774.45万元，挽回损失450万元。出具审计结果报告两份，审计报告23份，审计意见书23份，审计决定18份。

完成交办任务 完成兵团审计局下达的师本级预算执行情况审计项目；完成师领导交办的离任审计项目3个；完成师领导交办的11个师属团级企业改制前资产、负债、权益真实性审计项目；完成兵团和师交办的专项审计项目两个，财务收支审计项目两个。

企业审计 审计独立核算单位269个，审计总金额463949.7万元，查出违规行为金额10774.5万元。通过督查，企业已纠正违规行为金额10774.45万元，对审计中需要纠正的违规违纪事实和金额全都进行财务纠正和调整，纠正面100%。

内部审计 内审机构12个，内审人员30人，审计单位77个，审计总金额64157万元，已纠正违规行为金额228万元。（撰稿人：张立军）

【农十二师审计局】 2002年，共有干部职工两人，副局长高军。

审计成果 全年共完成审计项目9个，其中县级国有企业领导干部经济责任审计1个，县级国有企业资产负债损益审计两个，行政预算审计两个，本级预算执行审计1个，世行贷款专项资金审计项目1个，农业专项资金审计两个。审计总金额5.55亿元，共查出违纪行为金额771万元，已上交5.89万元。

内部审计 有内审机构8个，内审人员21人，共完成审计项目64个，其中财务收支审计13个，经济责任审计27个，承包经营审计24个，审计总金额1.42亿元，查出违纪行为金额417万元。（撰稿人：高军）

【农十三师审计局】 2002年，共有干部职工3人，其中本科学历1人，副局长黄玉华。

审计成果 全年组织实施审计项目22个，提交审计工作报告22份，专项调查报告1份，查出违纪违规行为金额1763万元，决定处理处罚27万元，已纠正调账处理2740万元。

完成交办任务 经兵团审计局授权，对农六师住房公积金管理中心财务收支情况进行审计，对兵团表彰的淖毛湖农场2001年度各项经济指标完成情况及资产、负债、损益的真实性、合法性、效益性进行审计。按照师领导的安排，对农十三师公安局、司法局、检察院、新闻中心、二道理湖社区、司法局律师事务所等6个行政事业单位进行财务收支审计，共查出违纪违规行为金额672万元，应纠正违纪违规行为金额918万元，应缴财政32万元。

经济责任审计 对师即将改制的商贸集团总公司农资公司领导任期经济责任情况进行审计。对查出的问题进行了处罚。

企业审计 对师红星一场、红星二场等11个农牧团场及师建安总公司、汽运司共13个单位进行审计，共查出违纪违规行为金额1010万元，应纠正调账处理1648万元，处罚金额16万元，发现潜在损失（不良资产）15027.7万元。

内部审计 设有内审机构13个，现有内审人员22人。共审计115个单位，审计总金额29593万元，查出违纪违规行为金额507万元。（撰稿人：黄玉华）

【农十四师审计局】 2002年，共有干部职工6人，全部为大专学历，局长何志强，副局长治建和。

审计成果 全年共完成审计项目48个，审计调查项目两个，完成审计金额52295.19万元。其中师本级预算执行审计11425.33万元；农电网改造审计项目11780.20万元；职工住房资金审计项目32.58万元；3个农牧团场经济效益与财务收支审计项目24053.30万元；4个师直单位经济效益审计1778.36万元。查出违规行为金额974.41万元，其中调增利润506.94万元，调减利润401.99万元，其他违规行为金额65.48万元。针对审计发现的主要问题，提出改进和纠正问题的审计意见和审计建议46条。审计处罚金额9.72万元，收缴以往年度截留利润100万元。

队伍建设 有4人（次）分别参加审计署举办的审计准则和固定资产投资审计学习班。（撰稿人：何志强）

解放军审计署工作概况

军委首长对军队审计工作的批示（摘编）

原中央军委副主席张万年

2月9日，在总装备部审计局《总装备部机关业务局领导干部经济责任审计实施方案》上批示："审计工作一要加大力度，二要坚持经常，三要依法审计。"

原中央军委委员、总参谋长傅全有

1月17日，在总参谋部审计局《关于2001年总参审计工作情况的报告》上批示："审计工作是监督性工作，政治性、政策性很强的工作。对促进党风廉政建设意义重大。要加强领导、充实力量、依法从严搞好审计工作。"

中央军委委员、总后勤部部长廖锡龙

12月19日，在解放军审计署《2002年全军审计工作情况和2003年审计工作安排》上批示："明年审计对象的重点是总后自身和军以上的军官。重点内容是战备重大工程项目。特别是对那些群众有反映的项目要打人民战争，'一审到底。"

中央军委委员、总装备部部长李继耐

12月24日，在总装备部审计局上报的《关于2002年领导干部经济责任审计工作情况和2003年工作打算的报告》上批示："这份报告简明扼要。审计工作大有作为。"

军队审计机构领导名单

解放军审计署

审计长：李景春少将

副审计长：李春华少将

王吉林少将

办公室

主　任：赵天民

副主任：刘华林

事业审计局

局　长：李　全

副局长：董亚超

装备审计局

局　长：孙黄田

副局长：王福祥　张　兵

工程企业审计局

局　长：任明超

副局长：汪　洋（—9月）　张卫国

霍长北　王智广（9月—）

政治协理员：赵瑞明

海军审计局

局　长：熊钧皋

副局长：苏景祥　朱又生

空军审计局

局　长：卢长水

副局长：高　洋　陈如照

第二炮兵审计局

局　长：李文兴

副局长：吴泽远（—7月）　汪　毅（7月—）

沈阳军区审计局

局　长：周兆康

副局长：王顺宝　郭贤华

北京军区审计局

局　长：徐茂林

副局长：王孝贵　丁连茂

兰州军区审计局

局　长：陆惠良（—3月）　周世贵（3月—）

副局长：张守普　韩明志（3月—）

济南军区审计局

局　长：赵敬荣

副局长：尚庆生

南京军区审计局

局　长：蒋光宇

副局长：尹利民　郑国富

广州军区审计局

局　长：赵雪勤

副局长：吴声钦

成都军区审计局

局　长：程卫国

副局长：幸正国

总参谋部审计局

副局长：薛光朝

总装备部审计局

局　长：于宗明

副局长：保德林　房朝山　李保成

国防大学审计处

处　长：曹仕旭

国防科学技术大学审计处

副处长：李新明

武警部队审计局

局　长：郭金华

副局长：王爱国　王玉山

军队审计工作纪事

全军审计工作会议在北京举行

解放军审计工作会议于1月11～13日在北京举行。这次会议的主要任务是，传达贯彻中央军委、总后勤部的工作部署；学习国务院、中央军委、总部首长对审计工作的重要指示，总结和部署全军审计工作；围绕国家经济发展的新形势和军事经济改革的新情况，以及审计工作面临的新特点，就如何深化军队审计工作改革，充分发挥审计监督的职能与效能展开深入探讨。中央军委委员、总后勤部部长王克看望会议代表并做了重要指示。审计署审计长李金华到会做了重要讲话。

王克在讲话中要求各级审计部门，深入学习党的理论创新成果，自觉实践“三个代表”重要思想，加强审计队伍作风建设，始终保持政治上的纯洁和坚定，要在坚持全面审计的基础上，把军事斗争准备项目、领导干部经济责任、预算决算、装备经费等作为审计重点，不断加大审计工作的深度和力度。要坚持与时俱进，开拓创新，积极探索联勤体制下开展审计工作的新路子和新方法，稳步推进军队审计改革。

李金华审计长在讲话中首先对军队审计工作取得的成绩给予了充分肯定，他说，军队审计工作非常重要，是国家审计的重要组成部分，在制止损失浪费、提高军费使用效益、防止不正之风和加强部队建设等方面发挥了重要作用；国家审计事业的发展，是和全军广大审计干部的努力分不开的。接着，他从四个方面对当前全国审计工作的主要形势进行了分析。一是坚持把“三个代表”重要思想作为审计工作的基本指导思想，把朱镕基总理“全面审计，突出重点”的指导方针，作为审计工作的重要原则，认真贯彻落实。二是各级领导十分重视审计工作。三是审计工作积累了新经验，探索了新路子。四是审计队伍建设得到了加强，特别是“人、法、技”建设很有成效。

李金华审计长提出了今后审计工作的四点思路：一要坚持全面审计，突出重点。二要改进审计方法，提高审计质量和水平。三要加强经济效益审计。四要进一步加强基础建设和“人、法、技”建设。

会议期间，总后勤部副部长孙志强也到会讲话，并为受到总政、总后表彰的33个全军审计先进单位和92名先进个人颁奖。解放军审计署审计长李景春做了题为《与时俱进，开拓创新，整体推进军队审计工作的深入开展》的工作报告。解放军审计署副审计长李春华、王吉林，以及来自全军各大单位审计局的领导等50余人参加了会议。

“九五”期间军队审计工作先进单位和先进个人名单

“九五”期间，全军各级审计部门认真贯彻江主席签发的《中国人民解放军审计条例》和中央军委关于加强审计工作的一系列重要指示，以维护财经秩序、加强财经管理、提高经济效益、遏制违法违纪、促进党风廉政建设为目的，加强组织领导，认真履行职能。广大审计人员以对党和军队建设高度负责的精神，坚持依法审计、实事求是，淡泊名利、无私无畏，出色地完成了军委、总部和各级党委赋予的各项审计任务，涌现出一批先进单位和个人。为激励先进，弘扬正气，促进全军审计工作深入发展，总政治部、总后勤部于2001年7月19日通报表彰33个审计工作先进单位和92名先进个人。

一、先进单位

61195部队审计办公室
63600部队审计处
63820部队审计处
91458部队审计处
91286部队审计处
空军审计局预算审计处
南京军区空军审计处
成都军区空军审计处
96351部队审计处
96401部队审计处
沈阳军区审计局
65411部队审计处
黑龙江省军区审计处
北京军区审计局
66393部队审计处
66455部队审计处
内蒙古军区审计处
68210部队审计处
68310部队审计处
69230部队财务科
济南军区审计局工程企业审计处
山东省军区审计处
南京军区审计局
73061部队审计处
江苏省军区审计处
广州军区审计局预算审计处
75600部队审计处
成都军区审计局预算审计处
云南省军区审计处
武警部队河北省总队审计处
武警部队吉林省总队审计处
武警部队安徽省总队审计处
武警部队陕西省总队审计处

二、先进个人

李军刚	总参谋部审计局审计员
张元琳	61195部队审计办公室主任
董月松	总参谋部通信部审计办公室审计员
肖华仓	信息工程大学审计办公室主任
汤弘智	总政治部直属工作部财务物资处助理员
欧阳程	军事经济学院财务二系军队审计教研室主任
姚新斌	62101部队审计处副处长
肖林洲	62301部队审计处处长
周忠贤	总装备部审计局审计员
张春堂	总装备部审计局审计员
葛云飞	63680部队审计处审计员

张士清 63750部队审计处审计员
陈先进 63880部队审计科科长
熊钧皋 海军审计局局长
朱宝金 海军审计局预算审计处处长
牛建亮 海军审计局工程企业审计处审计员
刘金贵 92323部队审计处处长
罗近林 92910部队审计处处长
董金盛 92854部队审计处处长
官正明 91286部队审计处处长
邓树珂 海军航空工程学院院务部财务处处长
陈如照 空军审计局工程企业审计处处长
韩　波 沈阳军区空军审计处审计员
刘云林 北京军区空军审计处审计员
王德辉 兰州军区空军审计处审计员
宋　军 济南军区空军审计处审计员
李章虎 广州军区空军审计处审计员
刘纯德 成都军区空军审计处审计员
王占法 95829部队审计处审计员
吴章林 第二炮兵审计局审计员
祁一飞 第二炮兵金箭审计事务所工程师
高希梅 96101部队审计处审计员
庞福明 96251部队审计处副处长
吴品华 第二炮兵指挥学院院务部财务处高级会计师
王朋生 军事科学院审计办公室高级审计师
陈俊明 国防大学审计处审计师
李新明 国防科学技术大学审计处副处长
王顺宝 沈阳军区审计局副局长
文德碧 65301部队审计处处长
都兴国 65521部队审计处审计员
余正源 65631部队审计处审计员
王世泰 辽宁省军区审计处审计师
于长生 吉林省军区审计处处长
王占秋 黑龙江省军区审计处处长
徐　华 北京军区审计局预算审计处处长
侯超额 北京军区太行审计事务所所长
童金钟 66356部队审计处处长
徐敬谦 66169部队审计处处长
杨　辉 66393部队审计处处长
郝进国 河北省军区后勤部战勤处审计员
陆惠良 兰州军区审计局局长
杨　峰 68090部队审计处处长
刘洪波 69050部队审计处处长
韩小明 南疆军区审计处处长
陈新华 陕西省军区后勤部战勤处高级会计师
张锡恩 宁夏军区审计处副处长
任友祥 济南军区审计局预算审计处处长
何庄龙 72433部队审计处处长
王保玉 71320部队审计处处长
刘明春 71146部队审计处处长
侯来顺 71521部队审计处审计员
吴　畏 南京军区审计局预算审计处审计员
张剑春 南京军区审计局工程企业审计处审计员
蔡学锋 73881部队审计处审计员
张小毛 73011部队审计处处长
翁祖炎 73111部队审计处处长
徐其彬 上海警备区审计处处长
赵雪勤 广州军区审计局局长
李首聪 广州军区审计局工程企业审计处处长
高　伟 76160部队审计处处长
肖泽华 75100部队审计处处长
沈富成 湖南省军区后勤部战勤处副处长
王　玫 广东省军区审计处审计员
韦方险 成都军区审计局工程企业审计处处长
刘　江 成都军区审计局预算审计处审计员
赵小永 77200部队审计处处长
舒永恒 云南省军区审计处处长
岳华彩 贵州省军区后勤部战勤处副处长
付朝华 武警部队审计局预算审计处审计员
王小荣 武警部队山西省总队审计处审计员
韩文彬 武警部队黑龙江省总队审计处审计员
梁　瑜 武警部队江西省总队审计处审计师
彭国锋 武警部队广东省总队审计处审计员
甘军昌 武警部队广西壮族自治区总队审计处审计员
盛柏栋 武警部队湖北省总队审计处处长
晏国谱 武警部队云南省总队审计处审计员

万廷谦	武警部队甘肃省总队审计处处长	王智广	解放军审计署工程企业审计局审计员
佟　力	解放军审计署办公室秘书		
邵广鑫	解放军审计署事业审计局审计员	张指文	解放军审计署审计事务所审计师
赵沈杰	解放军审计署装备审计局审计员		

军队审计工作

【军队审计工作主要成果】 全军共审计单位（项目）××××××多个和负有经济责任的团以上领导干部××××人，审计取得经济效益×亿元、经济成果×亿元。其中：对××项、总投资××亿元的重点战备工程建设项目实施审计，促进了战备工程建设和管理。对×××个单位（部门）装备经费进行审计，查出违纪行为金额×亿元、违规行为金额×亿元，促进有关单位和部门加强了装备经费管理，堵塞了漏洞。对军费总决算和海军、北京军区本级年度经费决算实施审计，提出了改进基本建设和战备工程建设决算办法等审计建议。对××××个单位和部门2002年度1～9月预算执行情况实施审计，针对有的单位经费分配不及时、擅自调整预算项目、无预算或超预算开支等问题，提出了加强预算执行管理的审计建议。对总参动员部和部分省军区国防后备力量建设费和国防动员费进行了审计调查。对处于旅游热点地区的××个军、师级单位本级2001年度会议、接待、活动经费进行了审计调查，针对接待费用逐年增多、在地方食宿比例偏大等问题，提出了审计建议。对××××个中心、站、所对外有偿服务情况实施审计调查，共撤销××个违规开设的银行账户，针对审计发现的摊子过大、违纪违规现象严重、债权债务较多等问题，提出了整改意见。各级审计部门和审计事务所对7300多项出包工程竣工结算进行审计，审减地方施工单位不合理收费8.8亿元，有的项目审减率达40%以上。对部分外训设施和后勤装备订购价格进行审计，取得直接经济效益××××万元，规范了装备经费管理。对××××名领导干部履行经济责任情况实施审计，为从机制和源头上预防治理腐败发挥了重要作用。对×××个物资采购项目实施审计，审减不合理报价4893万元。开展财经法纪审计，配合有关部门对×××起经济案件进行调查取证。

军兵种、军区等单位审计工作

【海军审计成果】 共审计单位（项目）××××个，审计取得经济效益××××万元、经济成果××××万元。其中：对×××个单位（部门）经费预算及预算执行情况实施审计，压减非急需开支××××万元；对××个单位2001年度装备维修管理费实施审计，查出违规行为金额××××万元；对733个出包工程结算项目实施审计，审减施工单位不合理收费3856万元；对××个物资采购项目实施审计，审减报价1057万元；对×个仓库××类×万余种价值约××亿元的战储、通用物资实施就地审计；对××个单位实施财经管理全面审计，促进了财经管理；对××个单位（部门）所属的×××个招待所对外有偿服务情况实施审计，提出审计建议39条；对79名领导干部履行经济责任情况实施审计；完成了党委、首长交办的××个专项审计任务。

【空军审计成果】 共审计单位（项目）××××个，审计取得经济效益×亿元、经济成果×亿元，提出审计意见和建议1248条，指导机关、部队完善财经管理制度24项。其中：对××个战备工程项目实施审计，纠正了监理鉴证把关不严，计划与执行脱节，内部控制松散等问题。对450个出包工程结算项目实施审计，审减施工单位不合理收费1.4亿元，提高了工程投资效益。对×××个团以上单位的年度经费预算安排实施审计，压减预算×××万元，调增预算××××万元，优化了经费投向投量；对××个机关部门预算执行情况实施审计，查出违规开支××万元，促进了部队预算管理制度的落实；对××个团以上单位财务管理情况实施审计，查出违规违纪开支×××万元；对×××个团以上单位招待所对外有偿服务情况实施审计，调整利润××××万元，核实呆死账××××万元；对××个福利性、保障性企业实施审计，查实不良资产×××

万元、呆死账××××万元，纠正了个别单位资产核算不实、报销把关不严等问题；对81名领导干部履行经济责任情况实施审计；对空军机关物资采购的项目编报、招标投标、预算编制和执行等情况实施全程审计，审减报价1584万元；完成了党委、首长交办的××个专项审计任务。

【第二炮兵审计成果】 共审计单位（项目）×××个，审计取得经济效益××××万元、经济成果××××万元。其中：对××个团以上单位预算执行和决算实施审计，纠正了个别单位会议费、接待费开支超限额及标准经费计领实力不准确等问题；对120个出包工程结算项目实施审计，审减施工单位不合理收费3026万元；对××个阵地工程建设及工程物资采购管理情况实施审计，查出违纪行为金额×××万元，促进了战备工程建设；对×个工厂经营管理、财务收支、经济效益等情况实施审计，提出了加强财务管理、规范会计核算、健全内控制度等建议；对×个单位招待所对外有偿服务情况实施审计，纠正了个别单位票据管理不严格、成本核算不规范等问题；对×个单位会议、活动、接待经费实施审计，揭示了超限额开支及接待费数额较大等问题；对后勤部×个直属单位财务管理情况实施审计，促进了直属单位财经管理；对26名领导干部履行经济责任情况实施审计。

【沈阳军区审计成果】 共审计单位（项目）××××个，审计取得经济效益×万元、经济成果×亿元。其中：对×××个团以上单位预算实施审计，压减不合理预算××××万元，调增战备训练经费1.1亿元；对2001年度经费决算实施审计，查出违规行为金额×××万元，清理借垫款××××万元；对辽宁、吉林、黑龙江省军区××个团以上单位2001年度代管经费实施审计调查，促进了代管经费管理使用。对×××个团以上单位装备经费管理使用情况实施审计，查出违纪违规行为金额×××万元；对302名领导干部履行经济责任情况实施审计；对554个出包工程预、结算项目实施审计，审减施工单位不合理收费1.2亿；对×个企业主管部门和×个保留企业实施审计，核实不良资产××××万元，提出审计建议25条；对×个师、××个团××亿元专项建设经费、物资管理使用情况实施审计，为军区首长决策提供了依据；对药品、取暖煤招标采购项目实施跟踪审计，审减报价767.4万元；对×××个招待所对外有偿服务情况实施审计。

【北京军区审计成果】 共审计单位（项目）××××个，审计取得经济效益××××万元、经济成果×亿元。其中：对×××个团以上单位年度经费预算实施审计，压减消耗性开支××××万元，优化了经费投向投量；对××个团以上单位装备经费实施审计，促进了装备经费管理；对350个出包工程项目实施审计，审减施工单位不合理收费8293万元；对××个单位招待所对外有偿服务情况实施审计，查出呆死账×××万元，无法收回的投资×××万元，撤销违规开设的银行账户×个；对102名团以上领导干部履行经济责任情况实施审计，注重审计成果运用，促进了干部管理；配合检察机关查处经济案件×起。

【兰州军区审计成果】 共审计项目（单位）××××个，审计取得经济效益××××万元、经济成果××××万元。其中：对×××个团以上单位年度经费预算实施审计，压减不合理预算××××万元；对××个团以上单位经费决算实施审计，查出超范围、超预算开支××××万元；对×××个招待所对外有偿服务情况实施审计，提出审计建议20条；对552个出包工程结算项目实施审计，审减施工单位不合理收费7401万元；对××个单位生活服务中心、××个基层连队经费管理情况实施审计，促进了基层后勤建设；对×××个团以上单位财务管理实施审计，查出违纪违规行为金额×××万元，有××名干部受到处理；对××个团以上单位装备经费实施审计，查出违纪违规行为金额××××万元，促进了装备经费规范化管理；对65名领导干部履行经济责任情况实施审计；完成单位党委、首长交办的审计任务××个，查出严重违纪问题×起，移交纪检部门处理×人。

【济南军区审计成果】 共审计单位（项目）××××个，审计取得经济效益××××万元、经济成果××××万元。其中：对×××个团以上单位（部门）年度经费预算实施审计，压减不合理预算×××万元，调增战备训练、基层建设等经费××××万元；对××个单位代管经费管理使用情况实施审计，督促收回借垫款×××万元，补拨截留下级专项经费×××万元；对××个团以上单位装备经费实施审计，针对审计发现的问题，提出了改进意见和建议。对731个出包工程结算项目实施审计，审减地方施工单位不合理收费6640万元；对××个招待所对外有偿服务情况实施审计，查出违规集资×××万元，清理呆死账×××万元；对全区房地产管理部门的经营活动、经费收支情况实施审计，查实积压商品房投资×××余万元、逾期未收回资金×××万元、垫支经费×××万元；对96名领导干部履行经济责任情况实施审计；对全区×××个人武部1996～2001年经费管理情况实施审计，撤销违规开设的银行账户××个，收回借垫款×××万元；对××个物资采购项目实施审计，审减报价611万元，初步探索了军队采购审计的路子。

【南京军区审计成果】　共审计单位（项目）××××个，审计取得经济效益×亿元、经济成果×亿元。其中：对×个战备工程项目实施审计，促进了工程建设管理；对×××个单位军事训练费、装备维修费实施审计调查，评估了事业建设成果，查纠了违规违纪问题；共对×××个团以上单位经费预算实施审计，压减各类行政消耗性开支×××万元，调增战备训练、基层建设经费预算×××万元，优化了经费投向投量；参与军区药品器械和机关办公设备集中采购招标，促进了物资采购管理；对××个单位生活服务中心和××个基层连队伙食费管理情况实施审计，查纠了采购管理不规范、挤占挪用等问题；对×××个团以上单位招待所对外有偿服务管理情况实施审计，促进了招待所有偿服务的健康发展；对1465个出包工程结算项目实施审计，审减施工单位不合理收费1.6亿元；对100名领导干部履行经济责任情况实施审计。

【广州军区审计成果】　共审计单位（项目）××××个，审计取得经济效益×亿元、经济成果×亿元。其中：对×××个团以上单位经费预、决算实施审计，压减不合理预算×亿元，查出违纪违规行为金额××××万元；对779个出包工程结算项目实施审计，审减施工单位不合理收费两亿元；对×××个团以上单位2001年度装备维修管理费实施审计，压减预算×××万元，查出违纪违规行为金额×××万元；对××个福利性企业经营管理及财务收支情况实施审计，查实不良资产××××万元；对××个团以上单位2001年度代管经费管理使用情况实施审计，提出审计建议13条；对××个招待所对外有偿服务及财务管理情况实施审计，撤销违规开设的银行账户××个，清退集资款×××万元，调整利润×××万元；对××个物资采购项目实施审计，审减不合理报价874.6万元；对××个副食品生产基地2001年度生产管理、财务收支情况实施审计，核实不良资产及潜亏××××万元，调整利润××××万元，查出违纪违规行为金额×××万元；对143名领导干部履行经济责任情况实施审计。

【成都军区审计成果】　共审计单位（项目）××××个，审计取得经济效益××××万元、经济成果×亿元。其中：对×××个团以上单位和部门年度经费预算实施审计，压减不合理预算××××万元，调增优先保障项目经费预算××××万元，突出了保障重点；对×××个团以上单位和部门1～9月预算执行情况实施审计，促进了预算管理制度的落实；对××个团以上单位经费决算实施审计，查出违纪违规行为金额×××万元，严肃了财经法纪。对××个团以上单位2001年装备维修管理费实施审计，有效地规范了装备经费管理。对“通支办”系统和“兰成渝”输油管道指挥部财务收支情况实施审计，提出审计建议23条；对省军区系统××个单位代管经费管理使用情况实施审计，促进了经费管理；对×××个招待所对外有偿服务情况实施审计，查纠了问题、规范了管理；对442个出包工程结算项目审计，审减施工单位不合理收费4881.5万元；对115名团以上领导干部履行经济责任情况实施审计，比上年增加了数量，加大了力度。

【总参谋部审计成果】　共审计单位（项目）×××个，审计取得经济效益××××万元、经济成果×亿元。其中：对×项战备工程建设管理情况实施审计，审减工程造价×××万元；对××个单位的装备维修管理费实施审计，查出违纪违规行为金额×××万元，提出审计意见141条；对42名团以上领导干部履行经济责任情况实施审计；对96个出包工程结算项目审计，审减施工单位不合理收费7649万元，审减率达18.5%；对×××个团以上单位和部门1～9月份的预算执行情况实施审计，提出审计意见207条；对××个招待所对外有偿服务情况实施审计，清理债权债务××××万元，撤销违规开设的银行账户×个，提出整改意见139条；对物质采购的招投标、合同的履行、质量的验收、款项的支付、器材的配发及出入库管理情况实施跟踪审计，取得显著经济效益。

【总装备部审计成果】　共审计单位（项目）××××个，审计取得经济效益×亿元、经济成果×亿元。其中：对×个重点武器装备型号研制费实施审计，核减经费××××万元，纠正了个别单位扩大开支范围、多提利润、自行调整项目等问题；对某战备工程竣工决算实施审计，核减经费××××万元；对×××个单位经费预算实施审计，压减不合理预算×××万元；对××个物资采购项目审计，审减报价239.1万元；对1410个出包工程结算项目审计，审减施工单位不合理收费1777.8万元；对60名团以上领导干部履行经济责任情况实施审计。

【国防大学审计成果】　共审计单位（项目）××个，审计取得经济效益×××万元、经济成果×××万元。其中：对16个出包工程结算项目实施审计，在建设单位核减265万元基础上，又审减施工单位不合理收费125万元，提高了基建投资效益；对4名领导干部履行经济责任情况实施审计，既肯定成绩，又指出问题，对1名违反财经纪律的干部提出了处理建议；对×个单位财务收支管理情况实施审计，纠正了内控制度不落实、报销审核把关不严格、接待等消耗性开支偏高等问题；对×个企业和有偿服务单位实施审计调查，查实不良资产×××万元，查出严重违纪行为金额××万元；对××个单位会议、活动、接待经费实施审计调查，提出了改进意见。

【国防科学技术大学审计成果】　共审计单位（项目）××个，审计取得经济效益×××万元、经济成果×××万元。其中：对61个出包工程结算项目实施审计，审减施工单位不合理收费332万元；对××个单位经费决算实施审计，考评经费使用效益和事业成果，查找问题，分析原因，提出了加强经费管理的建议；对所属单位2001年度预算外经费收支情况实施审计，重点调查事业单位有偿服务项目管理、经费收支和执行财经纪律等情况，审计意见引起了学校领导高度重视；对学校事业编制的招待所对外有偿服务情况实施审计，审查了经营规模、范围、收益分配、内控制度落实等情况，催收欠缴学校的款项，规范了招待所经营管理；对两名领导干部履行经济责任情况实施审计，采取个人述职、审查账目、民主测评、标准考核等方法，做出了客观公正的评价；完成了学校领导交办的×项经济问题查证工作。

【武警部队审计成果】　共审计单位（项目）××××个，审计取得经济效益×亿元、经济成果×亿元。其中：对×××个支队（团）以上单位预算安排及执行、财务收支和经费决算实施了审计，压减行政消耗性开支××××万元，查出违纪违规行为金额××××万元；对420名团以上领导干部履行经济责任情况实施了审计；对×××个基建计划和预算安排项目实施审计，审减经费××××万元；对1685个出包工程结算项目实施审计，审减施工单位不合理收费3.4亿元；对×××个单位招待所对外有偿服务情况实施审计，提出审计建议36条；对武警司令部装备部本级装备经费的管理使用情况实施了专项审计，促进了装备经费管理；对5302工厂2001年度的财务收支和经济效益情况实施了审计，为工厂顺利移交奠定了基础；配合纪检、司法部门完成了有关经济案件的查证工作。

（撰稿人：赵子君）

内部审计

【中国内部审计协会】 2002年，中国内部审计协会事业编制10人，加上机关返聘人员和社会招聘人员，实有26人；设有秘书处、培训部、信息部、编辑部。

领导成员

会　长：郑　力

副会长：刘鹤章　王国盛

孙寿荣　方振慰

池耀宗　张连华

蔡传炳　王光远

秘书长：马怀平

副秘书长：樊廉忠　王显文

孟伟良　王向东

张　和　程显华

崔洪涛

准则委员会主任：池耀宗

副主任：王光远

学术委员会主任：王国盛

副主任：李凤鸣

考试委员会主任：方振慰

副主任：张玉忠

培训委员会主任：孙寿荣

副主任：张　和

工作综述　*（一）表彰“双先”树立典型*　根据审计署《关于做好全国内部审计工作先进表彰会议准备工作的通知》，协会从各地区、各部门、各单位上报的内审“双先”材料中，评选出内审先进工作者264名和先进单位236个。为使这次表彰达到预期目的，协会还筛选出16个先进单位的经验和6名先进工作者的事迹，作为会议的经验交流材料。经审计署批准，1月，在北京召开了1999~2001年度全国内审“双先”表彰大会。李金华审计长出席会议并做了重要讲话，郑力会长在会上总结了受表彰先进单位的5条基本经验和先进工作者的5种可贵精神。全国内审“双先”表彰会议结束后，协会召开了四届三次常务理事会议，总结了协会2001年的工作，讨论通过了协会2002年工作计划。

（二）承办国际内部审计师协会（以下简称IIA）全球论坛　经协会办事机构和署有关部门的共同努力，IIA2002年全球论坛会议于9月9~12日在北京国际饭店成功举行。来自51个国家和地区的119名代表参加了论坛。朱镕基总理于9月9日上午会见了IIA的主要领导，李金华审计长出席了全球论坛的开幕式并致词。IIA主席、秘书长和各国代表对中国政府和中国内审协会为会议提供的服务给予的高度评价。

会议的主要内容是：讨论各协会应采取何种措施，促进内部审计在公司治理中发挥作用；讨论如何有效实施内部审计专业实务框架的内容；征求各国协会对IIA改革计划的意见；讨论保证内部审计质量与改进审计项目所面临的挑战；讨论注册内部审计师（CIA）证书项目遇到的挑战及开发其他证书项目的可行性。

为提高内部审计在社会上的认知度，协会借IIA在北京召开全球论坛这一有利时机，邀请中央电视台、人民日报、中国财经报等新闻媒体对朱镕基总理会见IIA主要领导人和部分会议代表、全球论坛的召开以及我国内审的开展情况进行宣传报道。还请中央电视台特别制作了一期节目，就内部审计的有关问题专访李金华审计长和IIA秘书长毕绍普先生，取得了较好的效果。

（三）继续修改条例和制定准则公告　3月和9月，协会在北京分别召开了由有关专家和部分单位内审机构负责人参加的座谈会，对《内部审计条例》送审稿提出了修改意见。全球论坛期间，李金华审计长和郑力会长向朱镕基总理反映了《内部审计条例》的制定情况，朱镕基总理当即做出指示要求审计署和国务院有关部门要抓紧《内部审计条例》的制定工作。根据国务院法制办的要求，协会积极配合审计署法制司，召开了两次草拟《内部审计条例》论证报告的座谈会，研究论证报告的内容和提纲，并组织有关人员草拟了中国内审概况、国外内审概况、内部审计与其他部门的关系、国外内审立法情况的4个论证报告。由于立法技术上的原因，国务院法制办认为国务院不宜颁布《内部审计条例》，建议由国务院办公厅或审计署颁布《内部审计工作的规定》。

6月、8月和9月，协会分别在深圳、青岛、北京召开了3次内审准则研讨会，对《内部审计基本准则》、《内部审计职业道德规范》和2001年起草的《审计计划》、《审计通知书》、《审计证据》、《审计工作底稿》、《内部控制审计》、《舞弊的预防检查与报告》、《审计报告》、《后续审计》、《内部审计督导》、《内部审计与外部审计的协调》10个准则公告进行了讨论和修改，对2002年草拟的《遵循性审计》、《审计风险评估》、《利用外部专家的服务》、《对外部审计质量的评估》4个准则公告草案进行了研讨和论证。

11月，协会在山东潍坊召开了《物资采购审计操作指南》研讨会，会议邀请亚星集团、山东、江苏、吉林省内审协会的有关人员参加，对《物资采购审计操作指南》进行了研讨，提出了修改意见。

（四）加强培训，促进内审人员素质的提高　2002年，协会坚持“提高培训质量、保证培训安全”的原则，分别在昆明、桂林等13个培训基地，组织了经济责任审计、企业股份制改造与审计、企业会计准则等11个专题的培训班，培训班的教学除进行常规的培训内容外，还结合我国加入WTO后内审面临的新形势、新任务，增加了公司治理、风险评估等项内容。协会还根据中国移动通信公司、浙江省内审协会等8个单位的要求，为他们举办了专题培训班，针对其行业、系统的特点增加授课内容。

协会还充分利用IIA在北京召开全球论坛会议，国际内审专家、学者云聚北京这一资源，于9月5～8日在北京举办了为期4天的内审理论高级研讨班。研讨班邀请美国得州大学商学院副院长伍顿·安德森先生、国际内部审计师协会资深副主席鲍伯·麦克唐那德先生等7位专家、学者在高级研讨班上对内审实务标准、内部控制和内部审计与公司治理的关系、风险评估和风险评估案例分析、内部控制制度的评审和案例分析等方面进行了深入浅出的讲解，并与学员们进行了讨论和交流，使学员们了解到国际内审的动态和发展趋势，达到了促进我国内审发展的目的。

根据审计署批准的协会2002年境外培训计划和与国家外专局国际人才交流协会的合作项目，协会组织了两个赴美内审培训团和两个赴德内审培训团，共有97人赴境外培训。在境外培训上，协会注重培训的效果，除邀请专家讲授内审理论和案例外，还安排学员实地考察国际知名公司的内审部门，使参加培训的人员能够有机会与国外同行进行面对面的交流，讨论共同关心的问题，取之所长，补己之短。

2002年，协会在原有10个CIA考点的基础上又新增加了上海、杭州两个考点。在各考点广泛动员和大力宣传下，全国共有12944人报名参加考试。为提高考试通过率，给考生提供更多的复习参考用书，协会组织有关专家编写了《国际注册内部审计师考试指定辅导用书》（内审程序、内审技术、管理控制与信息技术）和《内部审计实务标准导读》，同时还举办了3期CIA考前辅导班，并在网上开设了模拟考场。各考点根据自身情况，积极组织人员编写相关辅导资料，开展考前培训，利用网站进行报名和发布有关考试信息，为考生提供全方位的服务。2002年全国共有1600余人通过了CIA考试，各考点纷纷举行隆重的颁证仪式，宣传CIA考试，提高CIA资格的知名度。

为开展内审人员持证上岗和后续教育做准备，协会草拟了《内审人员岗位资格证书管理办法》和《内审人员后续教育管理办法》（征求意见稿），将在广泛征求意见的基础上，进行修改，以便公布实施。

（五）开展学术研讨与经验交流　协会分别于10月和11月在湖北、广东两省召开了投资内审和非国有企事业单位内审理论研讨暨经验交流会。

投资内审理论研讨暨经验交流会，于10月在湖北省宜昌市召开。会议共收到135篇论文和经验交流材料，经评审小组初评，协会学术委员会复审，评选出一等奖5篇，二等奖15篇，三等奖33篇。会议对武汉钢铁集团审计部编著的《固定资产投资控制与内部审计》一书授予了特别贡献奖。

非国有企事业单位内审理论研讨暨经验交流会，于11月在广东省东莞市召开。会议共收到87篇论文和经验交流材料，经评审小组初评，协会学术委员会复审，评选出一等奖5篇，二等奖12篇，三等奖35篇。

（六）扩大宣传与交流　为提高杂志的质量，2002年初协会召开了杂志的编委会会议，认真听取了编委们对办好杂志的建议和意见，责成编辑部优化栏目设置，要在突出实务性、指导性的同时，提高杂志的可读性及理论性。在办刊过程中，《中国内部审计》杂志始终围绕协会中心工作，突出重点，做到了每期刊登1～2篇具有一定学术代表性，涉及内审前沿理论及探索性实践的重点文章。此外，为配合表彰全国内审“双先”工作，2002年《中国内部审计》杂志将宣传报道“双先”经验和事迹作为工作重点，每期杂志都刊登先进单位的经验和先进个人的事迹。同时，杂志的发行工作较上年有了明显的提高。发行量比上年增长了20%以上，达3.5万份。

协会网站自2001年6月正式开通以来，在不断充实完善现有栏目的基础上，积极探索新的服务形式。8月，在网站上开设了CIA模拟考场，为考生提供了4个科目的12套模拟考卷（各3套），还将IIA开展的“内审人员充当的角色”调查问卷和“机构改革草案”在网站上设立专栏，供会员及时了解国际内审的发展动态和参与到IIA开展的各项活动之中。网站全年点击次数达到12万人次。

（七）加强国际合作与两岸交流　根据审计署批准的协会外事工作计划，协会于4月派出了以马怀平秘书长为团长的24人代表团，参加了在台北举行的亚洲内审研讨会和亚洲内审联合会领导人会议，就风险评估、IT审计、财务审计分析方法的更新、内部控制自我评估等问题与参会的各国、各地区代表进行了讨论。胜利石油管理局审计处处长在会上做了“搞好经济责任审计，提升国有企业内部审计地位”的发言，向台湾同行介绍胜利石油管理局开展经济责任审计的情况，代表团其他成员还就台湾同行提出有关经济责任审计的问题进行了解答。

6月，协会派出了以郑力会长为团长的13人代表团，参加了在美国华盛顿召开的IIA第61届年会。会议安排了如何发挥内审作用、有效的公司治理、风险识别与监控、网络技术条件下的内部审计、全球环境变化对内审的挑战、内审的领导艺术与沟通等专题的80多场演讲，会上还对获得2001年度CIA考试全球第一的中国考生李艳华进行了表彰。会议期间，陈华同志代表协会参加了IIA全球化改革委员会会议，就IIA全球化改革问题以及内审业务、技术等问题进行讨论。郑力会长与IIA的领导人就全球论坛的筹备工作及共同关心的问题进行了会谈。

根据中国内审协会与台湾内部稽核协会达成的协议，10月22日，协会派出以郑力会长为团长的16人代表团赴台湾参加海峡两岸第二届内部审计研讨会，会议的主题是“交流与转型”，双方各派3名专家分别介绍企业转型中的内部审计、转型下的公司治理与企业文化，实地考察了台湾工业技术研究院的内审工作。双方与会人员在交流中增进了了解，在讨论中达到了共识。

为向广大内审人员介绍国际内审的先进技术方法和思维理念，2002年协会翻译出版了IIA编著的《公司治理与董事会》和《最佳实务》两本书籍。经台湾内部稽核协会授权，协会还在中国内地出版了台湾内部稽核协会林柄沧先生所著的《内部稽核理论与实务》、黄庆森先生所著的《内部稽核实践一月通》以及陈锦烽先生翻译的《企业资源规划系统使用控制》3本书籍。

此外，协会还办理了中国内部审计学会更名为中国内部审计协会的有关工作和清理整顿中国内审协会分会的工作。（撰稿人：孙小鸿）

【铁道部审计中心】 1998年，国家审计体制改革过程中，撤消了审计署驻铁道部审计局。为加强内部审计监督职能，铁道部党组决定在原审计署驻铁道部审计局的基础上组建铁道部审计中心。铁道部审计中心为铁道部直属事业单位（正局级），编制43人，设综合处、经济责任审计处、运输审计处、基建审计处和工业事业审计处。

中心领导

主　任：王子立

副主任：刘鹏举

审计职责 铁道部审计中心由铁道部直接领导，受铁道部委派负责对铁道部所属企事业单位的审计监督，并对审计范围内各级审计部门的工作进行指导和监督。铁道部审计中心对部长负责，并报告工作。铁道部审计工作实行三级管理、分级实施监督的组织体制。即铁道部审计中心，14个铁路局、4个设计院、中国铁路物资总公司、铁道通信信息有限公司等单位设审计处，铁路分局设审计分处。铁路各级审计部门均按照《铁路审计工作规定》的审计范围分别组织实施审计监督，上级审计部门对下级审计部门有审计业务指导、监督的管理职能。截止到2002年末，全路共有审计机构157个，专职审计人员849人，其中具有中级及以上专业技术职称的618人，兼职审计人员946人。

内部审计成果 2002年，铁道部审计中心共完成审计项目47个，超额完成年度计划项目（30个）的56%，收缴及罚没款1027万元。

开展的审计工作 1. 资产经营责任审计。按照部党组的要求，审计中心对14个铁路局和物资总公司2001年实施资产经营责任制的情况进行了审计，发现的共性问题有7个，部领导做了重要批示，并已引起了相关部门的重视。

2. 经济责任审计。完成了对17名部管领导干部的任期经济责任审计，超过年度单项计划（7个）的143%，审计覆盖面达到了100%。

3. 建设项目审计。完成了对3个建设项目（青藏线、秦沈线和黎湛线）和两个设计院的审计工作，已下达《审计结论和决定》收回建设资金92万元。同时，还组织开展了授权审计建设项目的工作，授权10个铁路局的审计部门对10个大中型建设项目实施审计，10个铁路局已经按部要求如期完成了建设项目的审计，共查处和纠正了7大类、42个违规违纪问题。

4. 财务收支审计。完成了对4个部直属单位的财务收支审计，针对审计发现的个性问题（主要是管理漏洞及管理薄弱环节），提出了15条加强经营管理、完善内控制度的审计建议，全部得到被审计单位的采纳。除此之外，审计中心还加大了对被审计单位落实审计决定的检查力度。从各单位反馈执行部下达的审计决定情况来看，总的是好的，不少单位对落实审计决定有措施、有计划、有效果，有效地促进了被审计单位经营管理的加强，经济效益的提高，受到了被审计单位的欢迎。

召开全路审计工作座谈会 10月，审计中心召开了全路审计工作座谈会。各铁路局、各设计院、物资总公司、铁通公司的审计处（部）长和综合科长以及部审计中心的有关人员参加了会议。在会上，各单位汇报了近几年的工作，讨论研究并明确了经济责任审计和建设项目审计的有关问题，演示了3个审计软件。

座谈会找出了目前全路审计工作存在的5个方面的问题：对审计工作重要作用的认识有待提高；全路审计工作发展不平衡；审计人员数量少，不能适应繁重任务的需要；审计信息化的发展步伐不快；基础工作有待进一步加强。会议还总结了3点体会：继续提升对审计工作重要作用的认识，进一步明确铁路审计部门的监督职能，努力保持一支稳定的高素质的审计队伍。

加强基础建设和队伍建设　同时，为了提高全路审计干部的专业技能，审计中心先后组织两期全路高级审计干部（副处级以上及具有高级专业技术职务资格的人员）继续教育培训班，全路有近100名高级审计人员接受了培训。为了加快和推进审计信息化建设的步伐，审计中心专门成立了审计信息化推进小组，负责全路的审计信息化工作。推广了“铁路审计文书统计信息管理系统”、“铁路建设项目计算机审计网络管理系统”和“铁路通用会计核算审计系统”3个审计软件，取得较好的效果。

根据中办、国办的精神和部领导的要求，2002年审计中心起草和印发了《国有铁路企业及国有铁路控股企业领导人员任期经济责任审计暂行规定》，并从6月1日起已在全路实施。同时，为推进审计工作的规范化，审计中心专门成立了规章制度建设推进小组，并已开始了对部审计中心内部和全路性的规章制度的重申、修订和建立工作。（撰稿人：郝守平）

【教育部审计办公室】　教育部在财务司设置教育审计办公室，其主要职责是负责直属企事业单位的审计，对教育系统内部审计工作进行指导。具体任务是：组织教育系统内审工作的调研、规章制度的制定、信息和经验的交流、审计人员的培训；对教育系统财经活动中重大的、带普遍性或倾向性的问题组织审计调查；进行对直属企事业单位的审计或审计调查。

领导成员

部财务司司长：杨周复

内部审计成果　2002年，福建省教委、贵州省教委分别成立了内审机构。至此，全国31个省、自治区、直辖市教委（教育厅）和4个计划单列市教委除宁夏、西藏外均设立了独立的内审机构，或配备了专职审计人员。据不完全统计，全国省级及地、市、县级教育部门和普通高校建立内审机构4256个，内审人员15161人。全年共完成财务收支审计、预算执行与决算审计、经济责任审计等各项审计95157个，审计资金约1377亿元，查出有问题的资金26亿元。纠正违纪行为金额6.8亿元，促进增收节支9.7亿元。发现经济案件线索296件，移送司法机关35件，处理38人；移送纪检部门135件。受党纪政纪处分240人。其中完成基建、修缮工程审计项目38312个，送审额190亿多元，审减额17亿多元，审减率达8.9%。

指导内审工作情况　年初，教育部办公厅向各省、自治区、直辖市、计划单列市教育行政部门和部直属高校印发了《2002年教育审计工作要点》，提出预算执行审计、建设工程和修缮工程审计、经济责任审计、专项审计调查及内审指导工作等8个方面的工作要点。要求各部门、各单位加强对审计工作的领导，加强审计队伍建设，积极探索教育审计工作的特点和规律，用新思路开创教育审计工作的新局面。各部门、各单位根据“要点”结合本部门本单位的实际，制定了年度教育审计工作计划。

5月20日全国教育审计先进表彰暨工作会议在北京召开。教育部副部长张保庆同志到会并做了重要讲话。来自各省、自治区、直辖市、计划单列市教育系统和教育部直属高校审计部门的负责人，以及教育审计工作先进集体和先进工作者的代表出席了会议。

教育部财务司于8月13～16日在乌鲁木齐市举办了全国教育系统审计处长学习班。各省、市、自治区教育局（厅、教委）审计处长，教育部直属高校审计处长共92人参加了学习培训。另外，根据内审工作的需要，财务司委托西安交通大学、中国地质大学分别在西安、北京举办了经济责任审计学习班、预算执行与决算审计学习班。

另外，结合内审工作实际，开展了“新形势下高校内审的职能与作用”、“高校管理审计与内控制度评审”、“计算机审计”、“内审工作质量控制方法”及“内审风险的成因与控制对策研究”等课题的研究。16所高校参加了研讨活动。

2002年，根据有关规定，财务司委托会计师事务所，组织完成了对国家留学基金管理委员会、中国留学服务中心、中国农业大学、中央美术学院、中央教育科学研究所等6个单位领导干部的离任经济责任审计。根据部领导的指示，与国家税务总局组成联合审计组，对湖南大学远程财税教育中心财务收支情况进行了审计。

中国教育审计学会召开第三次会员代表大会和第三届理事会第一次会议　中国教育审计学会第三次会员代表大会于5月20日在北京科技大学举行。这次会议的主要任务是：总结学会近七年来的工作，明确今后一个时期的工作思路和今年的工作任务；修改学会章程，进一步推进学会建设；选举产生第三届学会领导机构，决定学会新的工作机构组成。大会由第二届学会领导机构成员李秀莲同志主持，141名会员代表出席了会议。根据会议议程，代表们审议并通过了由学会第二届会长覃立垣同志代表第二届理事会所作的工作报告和财务报告。随后由大会筹备组成员王林同志宣读了修改后的《中国教育审计学会章程（草案）》，并对修改情况做了说明。大会经过审议，一致表决通过了新的学会章程。最后大会以举手表决的方式，选举产生了第三届理事会。新一届理事会由112位理事组成，省市教育系统和教育部直属高校的理事各约占50%。在随后召开的第三届理事会第一次会议上，选举产生了由31位常务理事组成的第三届常务理事会，选举了会长、副会长及秘书长，会议还原则通过了《中国教育审计学会2002年工作计划》。（撰稿人：刘宜）

【国家税务总局财务司审计处】 国家税务总局为国务院主管税收工作的直属机构（正部级）。全国税务系统分为国家税务局和地方税务局两个机构，分别管理中央税、共享税和地方税。2002年，全国税务系统共组织收入17004亿元，比上年增长12.1%，增收1832亿元。

总局领导

局　　长：谢旭人

其他局领导：钱冠林　郝昭成　崔俊慧　许善达　贺邦靖　王　力　宋　兰

内部审计成果 1. 财务收支审计。2002年，国税局系统通过财务收支审计，共查出“小金库”29个，涉及金额1227万元；查出白条入账4280笔，涉及金额1738万元；查出违反会计内控制度单位223个；查出2年以上应收款项9505万元。对上述问题，内审部门及时下发了审计决定或出具了审计意见书，要求被审计单位限期纠正审计中发现的问题。被审计单位积极采取措施，及时整改，纠正了存在的问题。

2. 专项审计。据统计，全年国税局系统内审部门对2174个单位的决算报表进行了专项审计，查出瞒报漏报等问题。对2320个单位的固定资产管理情况进行了审计，查出未入账资产7264万元。对873个基建项目管理情况进行了审计，查出171个项目存在不按程序立项审批、超规模、超标准、未公开招标等问题。针对查出的问题，依照有关规定进行了处理，并提出了加强管理的意见和建议。

3. 基建项目审计。为了解决审计力量不足问题，各地逐渐采取“内外结合”的办法，在加强审计管理的基础上，或采取直接委托办法，或采取选点招标办法，充分利用社会中介力量，开展基建项目的工程竣工和财务审计。如山东省、湖南省国税局系统，充分发挥内审的作用，组织国税局系统基建专业人士，或聘请基建专家为兼职审计人员，按国家有关规定，对基建项目进行审计。据统计，全年各级国税局委托中介机构共审计基建项目815个，审减额26543万元。

4. 领导干部任期经济责任审计。1999年以来，国税局系统共审计经济责任人5987人，查出违规行为金额4814万元，损失浪费556万元，查出个人经济问题273万元，移送纪检监察部门10人，移送司法机关6人；有关部门利用审计结果，平调2037人，晋升490人，免职196人，降职16人，撤职18人，受党政纪处分21人。

调查研究和制度建设 1. 总局组织对6个省（市）内审工作开展情况进行了调研，提出了进一步加强国税局系统内审工作的实施意见，明确了今后一段时期国税局系统开展内审工作的指导思想、工作目标和实施措施。2. 总局先后制定了《国家税务局系统行政单位内部财务审计规程》、《国家税务局系统领导干部任期经济责任审计办法（试行）》、《国家税务总局机关内部审计工作制度》等规章制度，初步建立了国税局系统审计制度体系的基本框架；同时，各地区根据总局的规定，结合本地区的实际情况，制定和完善各项审计制度，为内审人员依法履行审计监督职责，发挥审计职能作用，提供了可靠的保障。

队伍建设 一是理顺机构，充实人员，加强培训。2002年，总局《关于加强内部审计工作有关问题的通知》（国税函［2002］1160号）下发后，各地采取积极措施，按通知规定要求内审职能归口财务主管部门，并在现有情况下，解决人员不足问题。据统计，2002年国税局系统省、地（市）级有专、兼职审计人员619人，其中专职人员126人，较去年有了明显增加。吉林、福建省国税局还专门成立审计科（组），配置3名专职内审人员。另外各地注意提高内审人员的业务素质，积极组织参加总局举办的业务培训班，河北、山东、青岛等省（市）还组织内审人员参加中国内审协会、当地审计局举办的相关业务培训班。二是规范审计管理，强化依法审计。首先，各地逐步将内审工作纳入规范化管理，明确质量目标。深圳市局将内审管理纳入ISO9000系统，走标准化管理的路子；河南省局将内审工作纳入《河南省国税局系统行政管理与监控考核信息系统》之中，规范操作；江苏、江西等省将内审工作纳入目标考核，规范了内审管理。其次，制定年度工作计划。各地按照总局要求并结合本地实际，制定了可行的年度审计计划，按计划、按进度开展内审工作；天津、新疆还召开会议，专题布置年度审计工作。第三，规范操作程序。各地能严格按照《规程》要求规范审计操作程序，从下发审计通知书到出具审计意见和决定，做到依法审计，降低审计风险。第四，注重实效，落实好审计结果。各地注重审计结果的落实，督促审计出问题的单位、部门整改。湖南省局加大后续审计力度，先后对3个市、州局落实审计决定（意见）的情况进行了后续审计；山东省局实行内部审计通报制度，对审计出的问题进行全省通报，起到“警戒一片”作用；广东省国税局积极推行审计工作“回审制”，对审计项目实行“回头看”制度；河北省国税局制定了审计结果落实反馈制度，跟踪审计结果落实情况。三是初步建立了审计报表制度，通过审计报表，全面了解国税局系统内审工作开展的成果，对总结和指导内审工作有着积极的作用。（撰稿人：赵弘）

【广播影视内部审计学会】 广播影视内审学会成立于1994年9月15日，是中国内审协会的分支机构。

学会领导

会　　长：吴达审

常务副会长：石堂贵

内部审计成果 2002年，通过对广电系统34个部门、单位实地调研（座谈、交流内审情况），基本摸清了广电系统内审情况：现已建立内审机构54个，其中专职机构39个，配备内审人员197人。全年共完成审计项目1578个，其中财务收支审计476个，经济效益审计34个，经济责任审计93个，基本建设审计770个，内控制度评审7个，财务决算审签76个，其他审计198个；查出损失浪费1288.76万元，发现大要案件线索两件，促进增收节支20490.9万元，提出建议意见被采纳1768条，已纠正违规行为金额11565万元，移送司法机关案件1起，移送司法机关处理1人，审计查出不良资产4.4亿元。与上年同期相比，内审机构增加了11个，增长26%；内审人员增加了27人，增长16%；基本建设审计项目增加409个，增长113%；促进增收节支金额增加7049.9万元，增长52.5%。年内出版了《广播影视内部审计文集》一书，总局局长徐光春为该书题写了书名；主办内部刊物《审计通讯》月刊，服务对象为全国广播影视系统内审机构。

加强审计宣传，促进内审制度建设 第一，坚持继续办好《审计通讯》。《审计通讯》是惟一在广电系统发行的集审计宣传、审计经验交流、信息沟通为一体的内部刊物。全年发行12期共17.3万字（每期300份），侧重宣传内审制度，促进内审制度建设。由于形势的发展，原来的制度已不适应，需要修改，近几年又有了新的审计项目，如经济责任审计、基建工程审计等，需要制定新的审计制度。2002年《审计通讯》选登了9个制度，促进本系统内审制度建设。如江西省广电局在很短的时间内制定了《领导干部任期经济责任审计办法》、《基本建设项目审计办法》等5个内审制度，每个制度都是由局长亲自审定。在此之前，新的局领导还把在机构改革后合并在其他机构的内审职能重新恢复，成立了独立的内审机构。还有上海文广集团、中国电影集团，湖北、广东、河南广电局，中央电视台等都建立和完善了内审制度。第二，出版《广播影视内部审计文集》。本书共收集广电系统内部审计论文和审计实务文章76篇，共计31.2万字。本书的大部分文章是关于电台、电视台重要栏目审计、影视剧（片）制作经费审计、大型文艺演出（晚会）等专题审计，具有很强的行业特点，有共同的研讨课题。第三，积极做好《中国内部审计》刊物的发行工作。全年在广电系统实际征订64份，比计划任务59份超额5份。第四，利用先进事迹和先进典型宣传内审。年初在直属单位审计工作大会上，为全国先进集体和先进工作者颁奖，并在《审计通讯》上刊登他们的先进事迹和信息。

认真履行职责，为内审工作服务 1.提供咨询服务。一是为广大内审机构和内审人员提供制定内审规章制度的法规依据和较为规范的内审制度样本，帮助内审机构修改和完善新制定的制度或办法；二是提供审计业务方面的咨询服务。

2.为维护内审人员的合法权益提供服务。一是内审人员工作成绩突出，经济效益显著，学会建议单位领导给予奖励；二是内审人员被评为先进或审计论文获奖，学会建议单位领导给予奖励；三是因改革的原因引起了岗位的变动，内审人员的待遇受到影响，学会出面与单位领导座谈，提出建议，以得到妥善解决。

3.其他方面的服务。一是通过为内审人员在《审计通讯》和《广播影视内部审计文集》上发表文章，为内审人员评定专业职称创造条件；二是通过刊物和会议提供信息服务；三是为内审人员提供审计实务操作和内审理论研讨服务；四是为传达贯彻上级关于审计工作的重要讲话和政策文件精神服务；五是为20名内审人员申办加入国际内部审计师协会会员资格；六是建议单位领导解决或改善审计的办公条件及生活条件。如甘肃、青海局领导重视学会的建议，及时解决了审计办公用房并增加了审计力量；还有的单位采纳了学会的建议，经努力改善了审计人员的家庭住房条件等。（撰稿人：杨庆民）

【中央电视台内部审计处】 中国中央电视台是中华人民共和国国家电视台，其前身为北京电视台，1958年5月1日试播，同年9月2日正式播出，1978年5月1日改为中央电视台，英文简称 CCTV。中央电视台开办有 13 套电视节目，分别播出新闻、经济、综艺、戏曲、音乐、体育、电影、少儿、军事、科技、农业等节目，全台固定栏目 300 多个，使用中、英文向国内外播出，每天节目播出时间已达 240 小时，其中自制节目量约占总播出量的 76.5%。中央电视台立足中国，面向世界，同全国各级地方电视台和文化机构建立并保持着良好的合作关系，与世界 134 个国家和地区的 208 个媒介机构建立了业务关系，并通过设在全球的 14 个驻外记者站及时报道世界各地的重大新闻事件，成为中国第一大电视台和具有一定国际影响的传播机构。

电视台领导

台　长：赵化勇

内部审计成果　1. 开展对广告部财务及业务管理审计。通过本次审计，首先了解了广告部财务管理及业务管理的现况，同时对业务流程进行了评价；其次审计人员在调研的基础上，针对广告部目前的管理模式提出了建设性建议：一是要进一步完善内部控制制度，建议广告播出线、广告部监控组及财务科实行计算机联网，防止广告收入流失。二是建议在中央电视台节目部门及电视栏目内建立广告经营管理的新机制，充分调动节目部门的积极性，力争形成节目质量与广告收入互动的局面。三是在调研的基础上，制定中央电视台广告发展的中短期战略方针，使中央电视台的广告经营在竞争中处于有利的地位。审计结束后，审计处以管理建议书的形式，就中央电视台广告部在内控制度存在的问题及潜在的可能发生的损失向台领导反映，并提出了解决办法，得到台领导的重视与采纳。

2. 开展对全台印刷费用的审计调查。通过审计，首先查清了中央电视台印刷品的支出总额，了解到印刷品在各部门所占的比例，了解到印刷品的主要内容。同时根据中央电视台目前对印刷费管理的现况，提出了“统一印制，归口管理”等 3 条建议。

3. 继续开展中央电视台基建维修工程及技改项目的审计工作。审计处依据《中央电视台基本建设审计实施细则》和《中央电视台维修工程及技改项目审计暂行规定》开展基建审计。截止到 12 月底，审计处共完成了 256 个核减工程项目审计，核减各类工程资金达 3111 万元。

4. 完成了中央电视台新址工程财务收支审计中介机构开标工作。中央电视台新台址工程属百年大计，搞好工程审计，具有十分重要的意义。为此，聘用社会审计事务所来完成对新台址工程的前期费用的审计，对社会审计事务所的聘用原则是：“公平竞争、择优选用”；聘用标准是：“资质优、信誉好、实力强”。审计处经过筹备，从国内众多会计师事务所中精选 7 家，于 9 月 12 日召开了新址工程财务跟踪审计中介开标会，有 6 家会计师事务所参加了会议，海淀区公证处为本次开标会进行了现场公证。由国家财政部、审计署和中央电视台的 5 名专家组成的评标小组参加评标。

5. 开展对央视索福瑞财务审计。审计处受央视市场股份有限公司董事会的委托，于 9～10 月对央视市场研究股份公司近三年的财务收支进行了审计。该公司是于 2001 年 11 月在原央视调查咨询中心的改制成立的中外合资股份公司，改制前执行国有企业财经法规，改制后执行外方投资企业法规，投资方、投资金额、公司性质均发生了变化，合资分账时遗留的问题较多，而且公司财务人员变动较大。审计小组经过大量细致的工作，对合资前后的财务状况分别对照有关法规制度，进行了分析定性，写出了审计报告。11 月又对央视股份下属央视－索福瑞媒介研究有限公司的财务进行了审计，该公司是 1997 年与法国合资的第一家合资公司。现审计工作已经结束，提交了客观公正的审计报告，并针对查出的问题提出了审计建议，受到央视董事会的肯定。

6. 展开离任委托审计。2002 年审计处委托会计师事务所完成了对中广影视卫星有限公司总经理、威海办事处主任、广而告之公司总经理、中视实业公司等 4 位总经理的离任经济责任审计，取得了较好的审计效果。

7. 加强业务培训，提高审计人员自身的业务素质。2002 年，审计处工作人员随中国内审协会赴德国参加审计培训班，初步了解了世界发达国家内审发展的动态，就内审的模式与国外同行进行了切磋。学习结束后，由本处随团人员执笔撰写的《德国内部审计现状一瞥》刊登在《中国内部审计》2002 年第 12 期。另外审计处其他审计人员还参加了广电总局内审学会在苏州等地举办的培训班。（撰稿人：高运景）

【中国电信集团公司（简称中国电信）**】**　中国电信是按国家电信体制改革方案组建的特大型国有通信企业，于 2002 年 5 月重组挂牌成立。集团公司下设 31 个省级电信企业，拥有全国范围内电信业务的经营权，目前主要经营国内、国际各类固定电信网络设施；基于电信网络的语音、数据、图像及多媒体通信与信息服务；与通讯及信息业务相关的系统集成、技术开发、技术服务、信息咨询、广告、出版、设备生产销售和进出口、设计施工等业务，并根据市场发展需要，经营国家批准或允许的其他业务。2002 年集团实现通信主营业务收入 1303 亿元，税前利润达到 91.8 亿元。

2002年中国电信成功入选“世界最受赞赏企业”，作为当年全球入选的345家企业中排名提升幅度最大的企业，中国电信创造了中国企业入选“世界最受赞赏企业”的最好成绩。9月10日，中国电信集团公司将上海、江苏、浙江、广东4省（市）电信业务资产进行重组改制，成立中国电信股份有限公司，并于11月14、15日在纽约和香港两地成功完成股票发行和上市交易，标志着中国电信进入了健康发展的新阶段。

公司领导

总 经 理：周德强

副总经理：常小兵　吴安迪

张继平　黄文林

李　平

总工程师：韦乐平

审计职责　中国电信集团公司设立审计部，是集团公司总部的职能部门，其职责是：在集团公司总体战略规划指导下，行使内审职能，促进企业经济活动的规范、有效。主要负责制定并组织实施集团内审制度，建立独立的内审体系；负责对集团公司及所属企业的预算执行情况、财务收支状况、工程建设项目等进行审计监督；负责所属企业领导人员任期经济责任审计；负责对企业管理中重大问题和经济效益进行审计调查，对企业内部控制制度进行评价。

集团公司所属各省、自治区、直辖市电信公司设立审计机构，地（市）电信分公司原则上应设立审计机构。截止到2002年底，集团共有地市级以上内审机构259个，其中独立设置的有171个，合署办公88个；有内审人员1329人，其中专职人员777人，兼职人员552人。

内部审计成果　1.中国电信集团各级内审机构全年共完成审计项目109979个，同比增长25.6%，其中财务审计886个，工程建设项目审计105270个，经济责任审计473个，经济效益审计1153个，内控制度审计154个，专项审计调查1656个。

2.“人、法、技”建设进一步加强，审计工作水平得到提高。全年各级审计机构共举办审计培训班98期，培训审计人员1445人次；进一步完善审计制度，规范审计行为，集团公司已制定下发《中国电信集团审计工作暂行规定》及财务审计、工程建设项目审计、经济责任审计等方面的审计制度；积极推进审计信息化建设，在集团范围内应用推广电信审计综合管理软件，有的单位应用或自行开发计算机辅助审计软件开展审计。

3.积极配合内审协会的工作，参加内审协会组织的年会、审计理论研讨和审计经验交流等活动。积极协调配合国家审计机关的审计监督工作。

内审工作特点　1.积极探索审计工作由传统的查错纠弊审计向管理审计延伸，在积极发挥审计监督职能的同时，更加重视审计评价、服务职能的发挥。2002年内控制度审计、经济效益审计、专项审计调查项目数较去年有较大增长，是去年完成项目数的3倍，占审计项目总数的比例由1.1%上升到2.7%。

2.适应集团管理制度变革，特别是财务集中管理带来的财务管理模式的转变，适时调整了审计思路和方法；加强了对地市分公司的审计力度；把财务审计的重点转移到管理审计和流程审计上来，把注意力集中在财务内部控制制度方面，以适应企业完善内部管理制度、提高财务管理水平的迫切需要。

3.适应工程建设管理需要，在做好工程建设项目施工结算和竣工决算审计的同时，努力拓宽工程建设项目审计领域，将工程审计监督重心前移，对重点工程尝试全过程跟踪审计，从源头开始控制工程成本。

4.进一步加强审计结果跟踪落实工作，采取要求被审计单位限期报送审计意见整改情况及有关证明材料、后续审计调查、将审计意见执行情况纳入绩效考核等办法对审计意见执行情况进行跟踪，保证审计结果落到实处。

5.重视内审基础工作和审计队伍建设，建立健全内审机构，努力提高审计队伍整体素质。不断建立和完善内审制度、业务规范、行为规范等，逐步形成比较健全的企业内审制度体系。（撰稿人：韩芳）

【中国航天科工集团公司（简称科工集团）】　科工集团是1999年7月1日，在原中国航天工业总公司所属部分企事业单位的基础上组建的国有特大型高科技企业集团。其前身是1956年10月创建的国防部第五研究院（1956～1965），先后经历了第七机械工业部（1965～1984）、航天工业部（1984～1988）、航空航天部（1988～1993）、中国航天工业总公司（1993～1999）、中国航天机电集团公司（1999～2001）等历史沿革。科工集团拥有6个研究院、180多个企事业单位，5个控股上市公司，分布在全国16个省、市、自治区和香港特别行政区。集团公司按航天型号产品划分，内设4个事业部，在宇航信息技术、防空防天技术、飞航技术和运载技术等领域竞相发展。2000年、2001年在财政部等6部委组织的综合效绩评价中，集团公司连续两年位于十大军工集团第一名。2002年末集团公司资产总额426亿元，实现收入185亿元，实现利润（结余）9亿元，保值增值率为112%。

公司领导

总 经 理：夏国洪

副总经理：殷兴良　薛　利

高红卫　承　文

方向明

审计职责 科工集团内审工作的指导思想为："围绕中心，服务集团；依法审计，求真务实；夯实基础，开拓创新"，切实加强企业经营活动的审计与监督，重点做好经济责任审计和基本建设审计。

内部审计成果 2002年，共完成审计项目2454个，比上年增长46%，其中经济责任审计221个，财务收支审计89个，效益审计108个，基建审计592个，其他审计1444个；财务决算审签11个。查出违规行为金额42955万元，违纪行为金额1520万元，国有资产流失850万元，取得直接经济效益11841万元，提出审计建议被采纳2089条，发现案件线索2条，移送司法机关案件1起，移送司法机关处理1人。

经济责任审计 全年离任的领导做到100%进行审计，2002年科工集团及所属单位共开展经济责任审计项目221个，其中企业单位208个，事业单位13个，审计经济责任人221人，审计单位223个。查出和纠正违规行为金额共12885万元，查出损失浪费共2369万元。审计后，16人平调，9人免职，3人降职。提出审计建议共61条，发现案件线索两条，已移交有关部门进一步查处。

财务收支审计 共进行财务审计项目89个，审计总资产361698万元，查出不实资产6517万元；审计损益9798万元，查出不实损益856万元。取得直接经济效益1260万元，提出审计建议203条。

经济效益审计 共开展经济效益审计108个，审计总资产253798万元，查出不实资产1295万元；审计损益5807万元，查出不实损益668万元。取得直接经济效益36万元，提出审计建议253条。

基本建设审计 共开展基本建设审计592个，审计前总金额115727万元，审计确认金额111883万元，取得直接经济效益4109万元，平均审计核减率为4%，提出审计建议251条。

根据国有企业改革中的难点和群众关注的热点，适时开展审计

首次完成了年薪制考核审计。根据集团公司薪酬体系的设计，对4个年薪制试点单位进行了考核审计；对重点型号科研经费进行了跟踪审计。全年共进行了两个重点研制型号科研经费管理和使用情况的跟踪审计，同时为配合总装备部对某重点型号的审计，组织了该型号承制单位对型号经费管理和使用情况的自查；继续做好专项技改投资项目竣工决算审计。根据年度审计计划，共组织完成了33个专项技改投资项目竣工决算审计。根据科工集团公司实际情况继续进行了对所属各单位资产经营责任书考核指标完成情况的审计。共审计单位45个（企业34个、本级4个，公司及其他7个）；提交审计报告52份（包括综合单位报告7份）。通过审计，发现一些单位利润不实及财务和管理方面的问题，并提出了改进建议；资产状况审计。由航天科工和航天科技各持50%股权的中国长城工业总公司资产状况由航天两个集团联合审计，摸清了公司的资产状况，为下一步的改革工作提供了真实的数据资料，并提出了审计建议。（撰稿人：程庆桂、曹增强）

【中国农业银行】 中国农业银行设立于1979年，在境内外共拥有近40家分行、公司和代表处，是从事全面银行业务的四大国有商业银行之一。全行坚持以客户为中心、以市场为导向、以效益为目标的经营理念，构建了系统联动、本外币一体化的市场营销体系，全面推广应用了信贷管理系统（CMS）和"新一代"综合业务处理系统，完成了联网通用工程，实现了金穗借记卡和准贷记卡行内联网及商业银行之间的跨行通用，初步构建起包括电话银行、手机银行、网上银行、自助银行在内的电子银行体系。农业银行已建成全国覆盖面最广、链接网点最多的电子汇兑系统、实时汇兑系统和经营管理电子化网络。

2002年实现税后利润28.97亿元，消化历史包袱80.43亿元，全年共实现经营利润109.4亿元，同比增加89亿元；中间业务收入增幅达28.52%。截止到2002年末，农行各项存款余额达24796.18亿元，比上年增加3882.07亿元，增幅为18.56%；各项贷款余额达19129.60亿元，比上年增加2667.82亿元，增幅为16.21%。

银行领导

行　　长：杨明生

纪委书记：韩仲琦

（主管审计工作）

内部审计成果 1.积极推进审计体制改革。为适应农业银行整体改革与发展，增强总行对一级分行的监督力度，特召开审计工作会议，明确了审计体制改革的原则和重点措施。一是改进总行审计机构建设，成立了审计局，强化了平行监督和系统垂直管理职能；二是逐步在全行建立审计特派员制度，实现总行对一级分行的直接监管；三是各行要彻底上收支行审计职能。

2.深入开展内控综合评价。审计局组织全系统对3582家支行级经营机构进行了内控综合评价。评价结果表明，2001年支行级经营机构内部控制和防范风险的能力比2000年有明显增强。

3.认真开展专项审计。先后组织各分行开展了2001年经营指标真实性审计及后续审计、信贷资产质量和信贷管理审计以及外汇业务审计。针对审计中发现的问题，各级审计部门提出了审计建议和整改意见。

各级审计部门还结合实际，不

断扩大审计领域，对银行承兑汇票、存款业务、会计核算、固定资产管理、中间业务和抵债资产等业务进行了专项和重点审计。同时，按照总行要求，各行对业务主管部门自律监管审计工作进行了试点。

4. 加强任期经济责任和离任审计。审计工作会议后，审计局分设了责任审计处和离任审计处。全系统全年对13455名行长、主任进行了任中和离任审计。

5. 探索非现场审计的有效途径。2002年审计局专设了非现场审计处，完成了6家分行审计数据服务器的建设，初步建立了中国农业银行审计数据中心；编写了通用计算机辅助审计系统二次开发需求说明书；编写了信贷、存款、财务、信用卡4大业务近百个审计模块，为实施大规模非现场审计打下了坚实基础。

6. 加强制度建设。各级审计部门督促有关业务部门健全各项规章制度3582个，制定和完善了各项审计工作制度、办法等1059个。各级审计部门在做好业务审计的同时，不断加强自身管理和队伍建设，严肃审计工作纪律，对37名有违规行为的审计人员进行了处理。此外，根据审计工作需要，各级行共开展各类审计业务培训班851期，培训人员24136人次。（撰稿人：杨玉玲）

【中国石油天然气集团公司（简称中国石油集团公司）】 中国石油集团公司是根据国务院机构改革方案，于1998年7月在原中国石油天然气总公司的基础上组建的特大型石油石化企业集团，系国有独资公司、国家授权投资的机构和国家控股公司，具有石油工业上下游一体化的完整业务体系，是世界上主要的油气生产商和油气服务商之一。中国石油集团公司业务涉及石油、天然气勘探开发、炼油化工、管道运输、油气炼化产品销售、石油工程技术服务、石油机械加工制造、石油贸易等各个领域，在中国石油、天然气生产、加工和市场中占据主导地位，按石油综合指标排序，在2001年世界50家大石油公司中位居第9位。2002年中国石油集团公司总资产7152亿元，其中净资产5224亿元，实现销售收入3298亿元、利润总额533亿元、税金640.4亿元。

公司领导

总经理：马富才

内部审计成果 2002年，完成审计项目4898个，审计金额4839.8亿元，通过审计，取得直接经济成果21.77亿元，其中基建工程审减额为8.14亿元，综合审减率为1.9%；经济合同审减额为2.94亿元，综合审减率为1.44%；人均取得直接经济成果126.29万元。移送案件67起，移交纪检、监察部门处理31人。

审计覆盖面首次达到100% 多年来，中国石油集团公司审计部对各单位审计覆盖面只有40%左右，2001年达到96%，2002年达到了100%，使审计做到了制度化。

1. 对28个油田、炼化服务企业进行了2001年度经营成果考核审计。审计结果，除青海石油管理局、辽阳石油化纤公司外，其余油田、炼化服务企业均完成了考核指标。总的来说，各单位财务管理有所加强，过去一些单位潜亏的问题得到了根本扭转，中国石油集团公司给各单位下达的考核指标也比较符合实际。审计发现的主要问题：一是一些单位存在收入挂账，在效益上留了一定“口袋”；二是一些单位国外项目未能及时确认收入，造成当年收入不实；三是有的企业二级单位为了完成考核指标存在人为调节利润的现象。审计部对存在的问题分别下达了审计意见书或审计决定，审计结果已提交了人事劳资部、财务资产部，为兑现提供了依据。

2. 对21个企事业单位进行了财务收支审计。审计出的主要问题是一些单位仍存在收入挂账、多计成本费用、以前年度亏损和计划外工程挂账等问题，审计部已下达了审计意见书和审计决定，对这些问题进行了纠正。

3. 审计部先后组织对深圳实业发展公司、石油经济信息中心、兰州炼油化工总厂等13个企事业单位的负责人进行了离任经济责任审计。已向人事劳资部提交了审计结果报告，同时抄送了财务资产部。

4. 根据规划计划部提供的固定资产投资项目，审计部对吉林石油集团公司自备热电厂恢复建设等5个基建工程项目进行了竣工决算审计，对管道局西气东输设备购置、物探局地震设备和地震队改型改造项目进行了专项审计。通过审计，这些基建项目中除吉林石油集团公司自备热电厂前期建设外，其余基本能按照基本建设程序进行建设和核算。存在的主要问题是工程结算施工单位多计费用、建设单位核算不合规，以及设备购置超计划和成本核算不完整等。

5. 对对外合作项目进行了审计。审计部先后审计了苏丹大尼罗公司和小尼罗公司、苏丹炼厂、哈萨克斯坦中油国际公司、中油阿克纠宾油气股份公司等12家单位。受中国石油天然气股份有限公司的委托，审计部还对国内合作区块的联合账簿进行了审计。通过审计发现部分单位会计核算与SUPI数据不一致，会计信息不真实，费用挂账等问题，立即提出审计意见督促公司进行整改。

6. 为中国石油天然气股份有限公司提供了审计服务。全年完成中国石油天然气股份有限公司委托的审计项目21个，其中离任经济责任审计项目7个，基建工程审计项目14个，主要有大连石化热点厂改造工程，管道分公司沧淄线建设项目，大庆炼化二次加工工程，吉化技术改造工程等。审计基建工程投资128亿元，仅外包工程就审减1430万元。

加强中国石油审计服务中心的建设 中国石油审计服务中心按照审计部提出的“主力、学校、基地”的六字方针（即建成中国石油集团公司审计的主力，培养内审干部的学校，轮训全系统审计干部的基地），各方面工作完成得都比较出色。全年共完成审计项目88个，比实行计费结算前翻了一番，可结算的经费只增加50%。（撰稿人：武军）

【中国核工业集团公司】 中国核工业集团公司是1999年7月1日经国务院批准组建的特大型国有独资企业，其前身是中国核工业总公司（历经第二机械工业部、核工业部）。中核集团公司拥有完整的核科技工业体系，主要承担核动力、核材料、核电、核燃料、乏燃料和放射性废物的处理与处置，铀矿勘查采冶、核仪器设备、同位素、核技术应用等核能及相关领域的科研开发、建设与生产经营，对外经济合作和进出口业务，与世界上40多个国家和地区有科技经济往来。中国核工业研制成功的“两弹一艇”，为加强综合国力和提高我国的国际地位做出了贡献；大力开发核能的和平利用，继秦山、大亚湾两座核电站建成后，正在进行4个项目、8台机组的核电工程建设，其中2台机组已建成并网发电。

公司领导

总 经 理：李定凡

副总经理：康日新　孙　勤

　　　　　黄国俊　孙又奇

审计职责 截止到2002年底，中国核工业集团公司系统设有专职内审机构52个，非专职内审机构29个，专职内审人员149人，非专职内审人员65人。集团公司总部设审计部，下设任期经济责任审计处、投资项目审计处和审计管理处，有人员9人，其中具有高级职称的6人，具有中级职称的两人，取得中国注册会计师资格的3人。

内部审计成果 2002年，集团公司系统各级内审部门共完成审计项目638个，查出违规违纪行为金额19929.89万元，促进增收节支383.65万元，提出审计建议1204条，被采纳1025条。

经济责任审计 集团公司党组要求对任期届满的企业法定代表人必须先审计，后考核，对调任的干部也要进行审计。各级内审部门全年共实施经济责任审计项目154个。

工程项目审计 2002年是国防科工委的项目验收年。集团公司重点对需在年内竣工验收的工程项目进行了审计，并根据项目的进展情况，适时开展事中审计，共完成工程审计项目78个。工程审计做到了全面分析项目概算执行情况、三大控制、投资效果及交付使用资产情况，针对工程实施和管理中存在的问题，提出了整改意见。

内控制度评审 集团公司审计部开始对企业内部控制制度进行评审，提出了重点评审，摸索方式、方法，适当时候建立内控评审规定的工作思路，并对部分单位物资采购和应收账款两个内部控制系统进行了评审。各单位针对评审组提出的问题，进一步加强了物资采购计划管理，加强了合格供方管理和对合同的审核，完善了对到货物资的检验工作，规范了对材料成本和应收账款的核算，加强了对应收账款的清欠工作。

其他审计 集团公司内审部门组织实施了61个经济效益审计，144个财务收支审计，22个预算执行情况审计，47个审计调查，对科研经费使用情况开展了专项审计。

其他工作 按时保质向监事会报送集团公司总部及所属129个单位的2001年度《企业基础材料》；承担部分集团公司派出监事的工作；组织内审优秀论文评选活动并召开了内审理论研讨会。（撰稿人：张勇）

【国家开发投资公司】 国家开发投资公司成立于1995年5月，注册资本金58亿元，是由中央直接管理的国有投资控股公司，国有资产管理委员会监管的196个中央企业之一。公司实行母子公司管理体制，内设5个职能部门，3个投资部，4个全资子公司，控股93个子公司。2002年公司合并会计报表总资产733.1亿元，主营业务收入94.99亿元，利润总额8.55亿元，当年上交税收15.5亿元，在财政部等五部委对61个资产超过百亿元的中管企业的效绩评价中，公司综合得分排名第11位。

公司领导

总　裁：王会生

副总裁：应沧强　王小康

　　　　刘建新　秦　明

审计职责 公司监察审计部是负责对公司财务收支、经营活动和管理过程进行审计监督和纪检监察的职能部门。其主要职能包括：1. 制定内部审计和纪检监察工作的规章制度、程序和规范；2. 制定年度审计计划并组织实施；3. 根据审计结果提出处理建议，并监督对建议的执行情况；4. 制定监事管理办法并监督实施；5. 监督检查有关法律和纪律制度的执行情况，提出改进建议和意见。

公司监察审计部内设财务审计处、管理审计处，现有员工14人，全部为本科以上学历，其中研究生学历两人，取得高级职称、注册会计师等资格6人。在公司4个下属全资子公司及3个事业部中也都配备了专职审计人员。

内部审计成果 2002年，完成

了11个子公司的年度例行审计工作。在审计工作中，提出了60多条审计意见和改进建议，促进子公司认真纠正。此外，对审计发现的公司管理中存在的问题，也以专题报告等形式向公司领导及有关职能部门做了汇报。同时，还组织了对子公司上半年经营和财务收支情况检查，写出分析报告，向有关部门进行了通报。从检查的情况看，各子公司违规现象明显减少，上年度的审计意见和建议得到了较好地落实。根据公司有关规定，监察审计部实施了两项对原子公司总经理的任期经济责任审计。

2002年，组织子公司开展了对投资企业的审计工作，并在年初制定子公司项目审计计划时，与子公司对拟审计项目进行充分沟通，在下达审计计划时强调严格审计程序，从审计方案制定到项目实施，均提出明确具体的操作要求。监察审计部还对公司监事人员委派情况进行调查并对工作现状进行了分析，结合公司内部改革方案的实施，现已初步拟定了监事工作指导意见，在征求各方面意见后试行。（撰稿人：孙静）

【首钢总公司】 首钢始建于1919年，已有80多年的历史。解放以来，特别是改革开放以来，首钢获得了巨大发展，成为以钢铁为主业，兼营矿业、机械、电子、建筑、房地产、服务业、海外贸易等跨地区、跨行业、跨所有制、跨国经营的大型企业集团。首钢集团以首钢总公司为母公司，下属北京首钢股份有限公司、北京首钢新钢有限责任公司、北京首钢高新技术有限公司、北京首钢机电有限公司、中国首钢国际贸易工程公司、北京首钢房地产开发有限公司等12个子公司；在香港有4家上市公司，在南美洲有秘鲁铁矿等海外企业。1979年到2002年，首钢累计向国家上缴利税333亿元，资产总额由21.45亿元增加到475亿元。2002年首钢集团实现销售收入385.5亿元，首钢北京地区社会贡献总额71亿元，工业增加值61亿元。

公司领导

董事长：朱继民

总经理：王青海

内部审计成果 2002年，首钢集团审计项目计划262个，实际完成524个，是完成计划的200%。通过审计，促进增收节支、调增利润27651.4万元，查出潜亏挂账43946万元，提出审计建议488条。其中，总公司审计部计划安排审计项目20个，实际完成29个。促进增收节支、调增利润27533.5万元，查出潜亏挂账37926.6万元，提出审计建议179条；北京地区各子公司，包括新钢、矿业、特钢、机电、高新技术、中首、设计院、一建设、三建设、生服中心等11个子公司审计机构，全年计划审计项目118个，实际完成371个。查出损失浪费6019.4万元，促进增收节支117.9万元，提出审计建议、意见309条。4月11日上午，中央电视台专程就首钢内部经济责任审计工作开展情况采访了首钢董事长罗冰生。4月19日下午，在北京市内部审计先进单位、先进工作者表彰大会上，首钢总公司被授予“北京市内部审计先进单位”、罗水仙同志为“北京市内部审计先进工作者”称号。全年完成《论国有企业任期经济责任审计》、《开展经济责任审计，促进企业经营管理》、《如何防范经济责任审计风险，提高审计质量》、《加强工程预结算审计，提高工程投资收益》等论文，其中：一篇论文获得北京市第十七届企业管理现代化创新成果二等奖；一篇论文获得全国投资审计理论研讨会三等奖。

开展审计工作的做法 1.全面开展以子公司为重点的2001年度经营目标经济责任审计工作。根据首钢总公司领导批准的2001年审计项目计划，依据《2001年子公司经营目标责任书》首发［2001］413号、《关于编制2001年度财务决算报表工作的通知》和有关法规，对高新公司、中首公司等17家（涉及165个会计核算单位）2001年度经营目标完成情况进行了审计。

2.开展厂长（经理）离任经济责任审计。全年对4名领导干部进行离任审计。从审计后的财务成果上看，调增利润10201.5万元，调减利润8825.5万元，净调增利润1376万元。针对存在的问题，提出审计意见39条。

3.结合公司发展实际强化工程审计。共开展工程审计项目5个，审计投资金额11432万元，审减投资244.2万元。审计查出管理方面的问题16项，提出整改建议20条，其中有11条涉及专业管理及内控制度的补充及完善。

4.完成清产核资专项审计。按照首钢集团董事会会议精神，开展了对高新公司、中首公司、冶研院3个单位2000年6月以及2002年3月两次上报的清产核资非实物资产损失情况进行了专项审计。经对3个单位申报的22730.4万元清产核资损失进行审计核实，确认损失5307.4万元，核减损失6657.4万元，未予以确认损失10765.6万元，为总公司决策提供了翔实资料及数据。

5.加强培训，不断提高审计人员业务素质。审计部要求各级内审机构人员每年脱产学习不少于80学时，并按不同职称级别组织进行在职人员继续教育的培训。组织审计专业骨干40余人于8月25～29日，在首钢烟台东星公司培训中心召开了“企业领导人员任期经济责任审计研讨会暨经济责任审计培训班”。同时，审计部还安排审计人员参加

了中国内审协会、北京市内审协会组织的经济责任审计培训班。（撰稿人：罗水仙）

【泰康人寿保险股份有限公司（简称泰康人寿）】 泰康人寿成立于1996年，总部设在北京，是由中国国际旅行总社、中国对外贸易运输（集团）总公司、中国石化北京燕山石油化工有限责任公司和中国嘉德国际拍卖有限公司等16家国有大中型企业及股份制企业发起设立。2000年，瑞士丰泰人寿保险公司（Winterthur life and Pension Co.，Ltd）、新政泰达投资有限公司（Tetrad Ventures Pet.，Ltd）、卢森堡洛易银行（Banque Leu S.A.）和日本软库银行集团（SB Asia Ltd）的加盟，使泰康人寿成为有外资参股的主要经营人身保险业务的专业寿险公司。至2002年底，泰康人寿已拥有23家分公司、80家中心支公司，机构网点遍布全国，泰康人寿2002年度实现保费收入65.46亿元。现泰康人寿是国内五大寿险公司之一。

公司领导

董事长兼CEO：陈东升

总　裁：刘经纶

副总裁：任道德　马　云

　　　　胡昌荣

首席精算师：尹奇敏

首席信息官：王道南

稽核总监：李艳华

审计职责　泰康人寿借鉴西方公司的治理结构，在董事会下设立了审计委员会，专门负责审核年度稽核计划和工作报告。内审工作实行稽核总监负责制，直接向CEO负责，定期向审计委员会做工作报告。总公司设有独立的内审机构——稽核部，主要负责对分公司进行审计，现有内审人员7人；稽核部在华南、华东、华中、西部和东北5大区域设有5个稽核特派员办公室，负责对辖区内中心支公司的审计，稽核特派办独立于所在区域的分公司，隶属于稽核部，现每个稽核特派办有两人，共有10名内审人员。稽核部门的职责是：1.负责对总公司财务、投资、信息技术等主要部门的审计；2.负责对分、支公司筹建情况和经营管理情况进行全面审计；3.负责对分、支公司主要负责人的离任审计；4.负责公司年度财务报告外审工作的协调；5.负责ISO9000质量认证和年度复审，保证公司质量体系正常运行；6.负责与审计署、中国内审协会等相关部门进行业务联系与协调。

内部审计成果　2002年，鉴于公司正处于机构扩张和快速发展时期，稽核工作的重点是对分、支公司进行财务、业务、行政人事等经营管理全面审计，以促进分支公司规范管理，合法经营。全年稽核人员完成了对10个分公司、33个中心支公司的经营管理全面审计，两个分公司主要负责人的离任审计，并就审计发现的问题提出了215条改进措施和建议；还重点开展了电脑系统审计，通过对公司信息技术战略、制度建设等方面的全面审计，发现了目前公司信息技术方面存在的薄弱环节，提出了一些具有前瞻性和针对性的改进建议；完成了对23个分公司综合效益情况的审计调研；完成了对风险审计、计算机审计的研究。同时，积极参与国内外有关内审方面的活动：稽核总监李艳华女士由于在2001年CIA考试中荣获CIA全球金奖——William S.Smith奖，6月应邀参加了国际注册内部审计师协会在美国召开的第62届年会；稽核部参加了中国内审协会在北京召开的内审理论国际研讨会；内审人员参加了在京保险企业内审交流会等。此外，稽核部还编辑了4期内部电子刊物《稽核之窗》。（撰稿人：胡盛明）

【中国普天信息产业集团公司（简称中国普天）】 中国普天成立于1980年，前身为中国邮电工业总公司，隶属于邮电部和信息产业部，1998年底成为中央直属大型企业，隶属中央企业工委管理。

“中国普天”拥有北京邮电通信设备厂（首信集团）、普天东方通信、宁波电子等50余家直接投资全资、控股或参股的公司（其中包括东方通信、上海邮通、成都电缆、南京普天、波导股份等5家上市公司），是面向国内国际市场，从事生产经营和研究开发系统成套通信技术装备的信息产业集团公司。

在2000年度和2001年度，“中国普天”蝉联全国电子信息百强企业第一名，2002年完成营业收入602.3亿元；完成进出口总额66.3亿美元，其中：出口额25.4亿美元。

公司领导

总　　裁：欧阳忠谋

副 总 裁：邢　炜　张延爱

　　　　　徐名文　黄志勤

　　　　　鲍康荣　陶雄强

总会计师：赵新平

纪检组长：刘树平

审计职责　“中国普天”设有独立的内审机构——审计部；集团公司成员企业设有内审机构13个，有内审人员85人，其中：专职审计人员58人，兼职审计人员26人；具有高级职称11人，中级职称37人；注册会计师6人，注册内部审计师7人。其审计职责有4项：1.负责对所属全资企业的会计决算、财务收支、任期经济责任、经济效益、基本建设、财经纪律和内部控制等方面进行专项审计监督或审计调查，负责审计决定的拟定和监督执行；2.根据章程或协议的规定，负责对“中国普天”所投资的企业进行专项审计或审计调查；接受所属企业股东会、董事会或监事会的委托，对企业的经营者进行任期经济责任

(包括届中、离任)审计;3.指导和监督成员企业的内部审计工作;4.负责与审计署、中国内部审计协会等相关部门进行业务联系与协调。

内部审计成果 2002年,“中国普天”审计部组织实施12个专项审计项目,完成10个审计调查项目;全年全集团公司内部审计工作共完成各类审计项目273个,完成审计调查项目47个;提出874条改进管理的措施和建议(集团公司审计部提出82条,成员企业审计部门提出792条)。

其他工作 1.11月下旬,在贵阳召开了“2002年中国普天信息产业集团公司内部审计工作会议”,中国内部审计师协会会长郑力给大会发来贺信,国务院驻“中国普天”监事会李志民主席和“中国普天”赵新平总会计师到会并讲话,审计部副总经理做了大会工作报告;普天东方通信公司、天津电话设备厂进行了内审经验介绍。

2.印发《内部审计制度(试行)》、《内部审计工作准则(试行)》、《内部审计统计办法(试行)》等3个文件。

3.6月下旬至7月初,审计部王志琪副总经理随中国内部审计协会代表团参加在美国华盛顿举行的第61届国际内部审计协会(IIA)年会,并随团参观考察有关企业内部审计的工作情况。

4.9月,审计部韩志杰副总经理参加中国内部审计协会举办的“国际内部审计理论高级研讨班”。

5.协助驻“中国普天”监事会完成对16个成员企业等单位经营状况的调查。

6.向集团公司领导提交了两份专题报告,并提出相应的建议。

7.审计部编辑、印发4期集团公司“内部审计信息”。

内审工作特点 1.在集团公司范围内发行《内部审计信息》,普及专业知识,宣传内审工作的成果,扩大内审工作的影响。

2.在实际工作中,“中国普天”审计部对经济责任审计工作进行规范和完善,有力地支持了集团公司干部的考核调配工作。

3.越来越注重经济效益的审计,尤其是投资项目的效益审计。随着大部分成员企业对投资项目的监督控制力度的加大,涉及所属分、子公司的管理审计和清算、清理审计比重逐渐增加。

4.全集团公司内审人员整体数量保持稳定,内审人员的素质有明显提高。相当一部分成员单位在2002年更新或充实专职内审人员,内审人员中注册会计师和国际注册内部审计师的数量比往年有所增加。(撰稿人:吕东)

【中国人寿保险公司(简称中国人寿)**】** 中国人寿是中国内地目前最大的专业化商业人寿保险公司。其前身是与新中国同期诞生的原中国人民保险公司和1996年2月从原中国人民保险公司分设出来的中保人寿保险有限公司。1999年1月,经中华人民共和国国务院批准,正式组建为中国人寿保险公司。2002年公司保费收入1287亿元,占全国寿险市场的57%的市场份额。

公司领导

总 经 理:王宪章

副总经理:谢石洞 苗复春

万 峰

总经理助理:时国庆 庄作瑾

内部审计成果 1.开展各项稽核检查。2002年,稽核部对总公司营业部、安徽、山东、天津等4个分公司的总经理或主持工作的副总经理任职期间的经济责任履行情况进行了离任稽核;完成了对四川、辽宁、吉林、内蒙古、江西和湖北6个省、自治区分公司总经理的任期经济责任稽核。通过稽核,可以看出,从1996年分业经营以来绝大多数分公司的业务保持了持续、稳定、健康的发展,业务规模和人均保费较分业前都有了成倍增长;公司经济实力不断壮大,资产总量大幅增长;几年来积极清收不良资产,加大国债投资力度,不断盘活资产存量,资产质量得到改善;险种结构不断调整,大力发展个人营销业务和意外险业务,经济效益逐年提高;内部控制制度不断完善,风险意识、依法合规经营意识有所增强,经营管理水平不断提高。

但在检查中也发现一些违规违纪问题,这些问题引起了总公司领导的足够重视,已责成有关单位及时进行整改,并将整改情况限期报总公司相关部门,以便后续稽核。

在全系统开展了对2001年度国寿福瑞两全保险、国寿个人养老金保险、国寿养老年金保险等专项稽核工作。稽核汇总结果表明:全系统共稽核县级公司2444个。稽核总金额92.09亿元。稽核总件数27.45万件,占实际承保总件数的61.4%。

6月,稽核部与业务管理部组成联合调查组,对群众来信反映重庆市分公司沙坪坝区支公司在开展鸿泰两全保险业务中存在的问题进行了调查核实。8月,稽核部与业务管理部组成联合调查组,赴河南省新乡市分公司,对群众来信反映“2000~2001年11月的松鹤养老保险期交大单中存在假赔案、2001年12月至2002年2月的鸿泰两全期交大单是假保单”的情况进行了调查。9月,稽核部派人对河北省香河县、大厂县、三河市支公司反映北京市通州区支公司违规展业的问题进行了全面调查。

根据总经理室的要求,稽核部配合发展研究部、业务管理部对全系统75个大中城市2001年业务质量和有关业务数据进行了检查。同时,还派人参加了对湖北、安徽、陕西、新疆、甘肃、青海、宁夏等7个省、区分公司的检查。

2.加强稽核制度建设。稽核部结合公司的实际，制定了《中国人寿保险公司内部稽核工作暂行规定》、《稽核人员职业道德规范》、《稽核通知书规范》等11个规范性文件，并对稽核工作人员草拟了《漏审责任追究指导意见》，该文件现正在修改完善中。

针对公司内控制度和内控机制存在的薄弱环节，稽核部派人赴山东、青岛分公司对公司内部控制制度建设和执行情况进行了调研。通过调研，建议总公司应尽快着手制定出台全公司统一规范的内控制度，从而促进全系统内控制度的建立和完善。

3.非现场稽核工作有一定进展。为了及时全面地了解并掌握全系统非现场稽核工作的进展情况，以便为下一步非现场稽核工作做好充分的准备，稽核部专门进行了一次摸底调查。现全系统已有15家分公司稽核处指定专人负责非现场稽核工作，湖北省分公司做出了CBPS审计系统，山东省分公司正在开发稽核软件，福建、深圳、新疆等分公司开展了计算机安全管理稽核，辽宁、青岛、江苏、广西等分公司则针对2002年必审项目开发了简单的程序辅助稽核工作。6月，稽核部派人赴湖北省分公司对其开发的CBPS审计系统及该公司非现场稽核工作的有关情况进行调研，肯定了该公司取得的成绩，并指出其尚不能完全符合工作要求的不足，要求其在实践中完善该系统功能。在此基础上，稽核部编写完成稽核软件开发需求报告，并向总经理室正式提出了开发的立项申请。

4.配合监事会开展工作，提高公司监管水平。稽核部根据总公司领导的指示精神，共参加了9次具有影响的检查。一是对资金运用部2001年经营情况的检查；二是对浙江省分公司、上海市分公司2001年及2002年第一季度业务经营和财务情况的检查；三是对吉林省分公司、辽宁省分公司、河北省分公司、天津市分公司2001年、2002年上半年业务经营、财务管理情况的检查；四是对江西省分公司、陕西省分公司2001年和2002年前3个季度的业务经营、财务管理情况的检查。在工作中，稽核部注意发挥参与检查、组织、协调和配合工作的作用，及时反馈检查意见，促进了有关单位的经营管理。

5.开展业务培训，进一步提高稽核人员的业务素质。一是稽核部于4月在香港中保培训中心举办了全系统稽核处长业务培训班，并派7人参加了此次培训班；二是派1人参加了中国内审学会组织的国际内审协会台湾年会；三是派1人参加了中国内审协会举办的国际内部审计高级研讨班；四是派两人参加了人事部在北京举办的处长学习班；五是派3人参加了保监会举办的新《保险法》讲座；六是派1人参加了系统的2002年度会计决算会议；七是派1人参加党校第二期党员领导干部培训班；八是派两人参加了由风险管理部组织的《国际资本市场风险管理培训班》。

6.认真落实整改措施，使公司管理工作向纵深发展。根据王宪章总经理8月1日召开的总部机关部门经理会议上的讲话精神和“9·29”在公司全系统的“加强经营管理，防范经营风险”专题电视电话会议上所作的报告精神，稽核部向监事会提交了《关于对监事会检查发现问题的整改报告》，提出了深化稽核体制改革，积极、扎实和稳妥地开展经济责任稽核工作，加大对私设“小金库”、账外资产管理等问题的监督检查力度，加大对各种违规问题及相关责任人的处理处罚力度，加强稽核规章制度建设等8项整改措施。同时，稽核部按公司领导的安排，已将落实整改措施的情况上报监事会。（撰稿人：稽核部）

【天津天铁冶金集团（简称天铁集团）**】** 天铁集团是1995年12月7日经中共天津市委、天津市人民政府批准，以天津天铁冶金集团有限公司为核心组建的天津市计划单列单位和国有资产授权经营的大型企业集团。其母公司天津天铁冶金集团有限公司是经国务院批准、始建于1969年8月5日的国家大型一类企业，是国家520户重点企业、全国冶金重点企业和天津市重点支持的大型企业集团。天铁集团成立以来，连续八年被评为工商银行“AAA”信用等级企业，工商行政管理局授予“重合同守信誉”单位，并取得中国冶金工业质量体系认证中心质量体系认证书ISO9002标准。1999年获得全国“五一”劳动奖状，2000年被中宣部、中组部、国家经贸委及中华全国总工会授予“全国思想政治工作优秀企业”荣誉称号，2001年《供销监控增效管理》获得国家管理创新成果二等奖。天铁集团审计处被评为1999～2001年全国内部审计先进单位。2002年天铁集团又被中共中央精神文明建设指导委员会授予“全国精神文明创建工作先进单位”。

天铁集团下设9个子公司，分别为：天津市第三煤气厂、天津市天铁轧二制钢有限公司、天津市天铁冶金集团商贸有限公司、天津市铁中煤化工有限公司、崇利制钢有限公司、崇利轧钢有限公司、天津铁厂劳动服务公司、天津市津铁盛业科贸有限公司及天津天铁资源有限责任公司。2002年，天铁集团拥有资产总额107.18亿元，销售收入83.16亿元，实现利税4.36亿元，其中利润1.38亿元，创汇1486万美元。生铁产量237万吨，钢产量273.41万吨，在同行业排第17位，钢材产量95万吨。主要产品有：钢材、钢坯、生铁、商品焦炭及煤化工等产品，其中：获得全国建筑产品免检证书的天津市天铁轧二制钢有限公司生产的“双锚”牌热轧螺纹钢和崇利轧钢有限公司生产的优质螺纹钢筋，在全国重点工程及三峡工程中赢得很高信誉；钢坯以普炭低合金钢为国内信得过名优产品，特别是20Mnsi钢坯被列为重点工程建筑用钢筋的原料钢坯，新研制的优质低炭结构钢深受用户欢迎；生铁为出口免检产品，在东南亚国家有着很好的声誉，天津市第三煤气厂生产焦炭出口日本，为日本新日铁指定定点生产企业，天津市铁中煤化工有限公司生产的优质沥青，出口俄罗斯、美国，蒽油出口韩国、日本。

公司领导

董事长、总经理：刘志嘉

审计职责 天铁集团设有独立的内审机构——审计处，专职内审人员21人，其中：高级审计师5人、高级经济师1人，中级职称6人。其职责是：负责对集团所属企业财务计划执行和决算、财务收支及有关的经济活动、经济效益、内部控制制度、经济责任、建设项目预（概）决算、国家财经法规及公司规章制度的执行、公司领导或上级国家审计机关交办事项、对集团与境内外经济组织兴办合资合作项目等合同执行情况、投入资金和财产经营状况及其效益等，依照有关法律、规定进行审计监督。

内部审计成果 2002年，天铁集团审计处全年完成经济责任审计、财务收支审计、管理审计等项目25个，完成招投标、经济合同、工程结算等审计监督1256个，其中查出问题并进行整改的项目有187个，创造经济效益6107万元。审计处强化制度建设和落实，实现了审计工作标准化、程序化。整理、修订和编辑了《审计制度汇编》，包括：《天津天铁集团有限公司审计工作制度》、《天津天铁冶金集团有限公司厂长（经理）任期经济责任审计制度》、《天津天铁冶金集团有限公司外委工程审计监督规定》等8项制度，为内审工作进一步开展奠定了良好基础。（撰稿人：李进义）

【天津师范大学】 天津师范大学始建于1958年，原名天津师范学院，1982年更名为天津师范大学。1999年4月8日，经天津市委、市政府决定，教育部同意，由原天津师范大学、天津师范高等专科学校、天津教育学院组建成新天津师范大学。学校现有教职工2113人，其中专任教师1064人，教师中有正、副教授588人，博士生导师12人。学校现有21个学院，两个教学部，21个研究所，11个研究中心。设有65个本专科专业。现有4个博士学位授予权学科、专业，33个硕士学位授予权学科、专业。学校充分发挥自身优势和办学特色，为我国社会主义建设事业输送了4万余名合格师资和各类建设人才。

学校领导

主管审计领导（校长）：靳润成

分管审计领导（纪委书记）：姜颖

审计职责 天津师范大学设有独立的内审机构——审计处，配备内审人员10人，其中专职审计人员6人，文化程度均在大专以上。其职责是：1.宣传、贯彻国家有关经济方面的法律、法规和政策。2.依照国家有关法律、法规以及学校规定，对学校及所属单位的财务收支和经济活动的真实、合法、效益独立实施审计监督。3.承办学校以及上级主管部门和审计机关交办的审计事项，同时接受当地审计机关和上级主管部门的业务指导和监督。4.参加学校财经管理、教代会和廉政建设领导小组工作，参与制定学校有关财经规章制度。

内部审计成果 2002年，天津师范大学审计处完成审计项目17个，审计资金总额3881万元，调整账务及纠正违纪违规行为金额500万元，促进增收节支72万元；提出审计意见与建议60余条，其中90%被采纳；参加学校政府采购招投标项目10余个，审计监督金额500万元，审签意见9项，节约资金50万元。结合工作实践提交审计论文15篇，其中7篇在《中国内部审计》、《审计理论与实践》等刊物上发表，《试论新形势下高校内部审计的生存与发展》、《如何搞好高校内部经济责任审计》等论文被天津市审计学会评为优秀论文。此外，《天津师范大学二级学院财务状况调查与对策》、《教育审计发展战略研究》等通过学校科研立项。制定实施《天津师范大学内部审计工作规定》、《天津师范大学处级党政领导干部任期经济责任审计实施办法》、《天津师范大学基建修缮项目审计实施办法》、《关于实行主审负责制的暂行规定》等6个文件。确立“精心整理，严格规范，管理有序，为我所用”业务档案管理指导思想，建立便捷实用审计台账及经济责任审计数据库，编制审计流程图。审计处被评为天津市教育审计工作先进集体和全国教育审计工作先进集体。

内审工作特点 1.以人为本，抓素质。审计人员全部取得了中级以上职称，其中有两名审计人员通过了国际注册内部审计师资格考试。

2.与时俱进，抓创新。在内控制度评审和后续审计方面取得了突破。

3.提升层次，抓科研。制定并实施了每人每年撰写专业论文以及每两年有一项科研立项的制度。

4. 全面提高，抓规范。坚持在规范中求发展，在发展中抓规范的思路。（撰稿人：周庆西）

【天津中新药业集团股份有限公司（简称中新药业）】 中新药业成立于1997年，是由3家中药企业和3家中外合资企业中的中方股权进行资产重组而组成。1997年在新加坡发行S股，2001年在上海发行A股，成为国内惟一一家同时具有S股和A股的上市公司。现拥有40多家分公司及控股、参股公司，已兴建现代中药产业园、GAP中药材基地，企业全部通过GMP改造，完成了商业网络建设，形成了完整的大中药产业链。2002年资产总额31亿元，净资产15.1亿元，实现销售收入18.4亿元，利润总额1.1亿元。

公司领导

董事长、总经理：詹原竞

审计职责 公司设有审计委员会和审计部，审计部受董事会领导，对董事会负责，同时向审计委员会报告工作。审计部有硕士学历10人，学士学历5人，公司下属企业均设有独立内审机构。审计部的职责是：1. 制定年度内审工作计划，向审计委员会和董事会报告实施审计项目结果。2. 指导和监督企业内审工作。3. 为公司输送中高级管理人员。4. 负责与外部审计师沟通。5. 作为天津市内审协会常务理事和工业委员会副主任委员单位，负责与相关单位协调。

内部审计成果 2002年，中新药业审计部组织实施审计项目90个，包括财务收支、经济责任、内控制度审计等。审计部被评为1999～2001年全国内部审计先进单位。

内审工作特点 1. 公司章程对内审工作有明确的规定，公司高级管理层对内审工作高度重视和支持，形成了良好的审计环境。

2. 审计部按照国际惯例开展内审工作，为强化公司内部控制系统、提高公司风险管理的有效性发挥了重要的作用。

3. 建立了一支优秀的内审队伍，至今共为公司输送中高级管理人员13人，成为公司培养人才的基地。

4. 内审工作必须得到审计委员会的批准和审查，并与外部审计师保持沟通，形成了对内审工作的监督评价体系。（撰稿人：杨卫东）

【上海汽车工业（集团）总公司（简称上汽集团）】 上汽集团主要生产经营轿车、客车、拖拉机、摩托车、载重车整车及配套零部件，是国家重点发展的三大汽车集团之一。上汽集团先后与德国、美国、日本、法国、意大利等国汽车公司合作建立了58个合资企业。拥有销售公司、进出口公司、财务公司、开发公司、信息公司等5个专业公司和技术开发中心、培训中心。1997年发起设立了上海汽车股份有限公司，2002年成为“通用——大宇”公司的股东。

集团领导

董 事 长：陈祥麟
副董事长：张广生
总　　裁：胡茂元
副 总 裁：蒋志伟　陈因达
　　　　　沈建华　陈志鑫
　　　　　肖国普　陈　虹
财务总监：朱根林

审计职责 上汽集团设有独立的内审机构——审计室，32个所属企业设有独立的内审机构；配备内审人员88人，其中专职人员76人。其职责是：1. 对所属企业法定代表人及主要经营者实施年度经济责任考核审计和离任经济责任审计；2. 对所属企业的财务收支、工程项目预决算、破产、歇业、兼并等实施审计；3. 对集团及所属企业的“三降”工作（应收账款、存货和可比产品成本下降）、对外担保、对外投资、经济效益、内控制度执行情况等开展专题审计调研；4. 指导和监督所属企业内审工作，组织对集团内审人员进行业务培训；5. 编制内审工作计划和小结，定期向集团总裁、财务总监、审计考核委员会报告审计工作；6. 与市审计局、市内部审计师协会进行沟通协调，向市审计局报送内审工作报告。

内部审计成果 2002年，上汽集团及所属企业内审机构共完成审计项目5122个，审计资金总额1086.65亿元。其中工程项目审价1619个，核减投资8069万元；经济合同审计3237个，核减金额3753万元；其他审计266个。提出审计建议被采纳643条。重点工作：对集团所属各企业“三降”工作情况和集团公司及下属二层次企业贷款担保情况进行调研。对上海客车厂等10个单位开展2001年度财务收支审计，对集团所属45个企业2001年业务招待费的计提及使用情况实施审计，向集团职代会报告了审计结果。对锻造总厂等7个企业主要经营者实施离任经济责任审计，对集团所属45个二层次企业进行年度例行经济责任审计，配合市审计局对集团总公司进行经济责任考核审计。会同集团财务部，对实业交通等12个企业的17个工程项目进行竣工验收前投资审核。编制《上汽集团内部控制规范》。

内审工作特点 集团审计室隶属于集团审计委员会，同时接受集团总裁和财务总监的领导。集团审计室坚持“寓服务于监督之中”的指导思想，在审计工作中做好“两个服务”：即为集团管理决策提供服务，发挥领导参谋作用；为集团所属企业服务，在做好监督考核的同时，提出审计建议，发挥审计“帮、促”作用。集团审计室结合现代企业发展特点，从重视财务收支的传统审计向注重内部控制制度测评的现代审计转变，揭示企业经营管理和内部控制制度执行中存在的问题，帮助企业进一步改进管理工作，完善各项内部制度，提高经济效益。（撰稿人：陈翠娣）

【锦江（集团）有限公司（简称锦江集团）**】**　锦江集团成立于1984年，是一家以酒店业为主，并从事物业管理、客运、商贸、房地产等多种经营，跨地区、跨所有制的大型企业集团。集团公司共有各类企业104个，其中全资子公司23个，控股子公司3个，全资或控股三级公司42个，总资产93亿元。先后在美国、韩国、日本等国和香港地区投资创建企业。根据《HOTELS》杂志全球酒店集团300强排名，锦江集团名列第57位。锦江国际酒店管理公司荣获2002年度“中国饭店业集团二十强”。

公司领导

董事长：余永梁

总　裁：沈懋兴

审计职责　锦江集团设有独立的内审机构——审计室，成员企业设有内审机构5个；配备内审人员22人，其中专职人员17人。其职责是：1. 对所属全资企业进行审计或专项审计调查，起草审计意见书，监督审计决定执行情况；2. 受董事会委托，对集团投资的多元投资企业实施审计；3. 代表集团联系外部审计机构进行审计，对社会中介组织审计业务质量进行监督；4. 指导所属企业内审机构开展审计工作；5. 与市审计局、市内部审计师协会等进行业务联系与协调。

内部审计成果　2002年，共完成审计项目269个。其中财务收支审计8个、企业法定代表人离任经济责任审计或任期经济责任审计13个；工程项目审计192个，核减投资558.4万元。制订了8项内审工作制度。在企业转制中，提前介入，审计报告为集团领导决策提供了依据。

内审工作特点　1. 在每年的锦江集团审计、财务工作会议上通报审计工作，发挥审计监督职能。

2. 进一步规范和完善经济责任审计，做好关口前移，从离任经济责任审计向任期经济责任审计转变。

3. 坚持集团系统内部审计每月例会，进行业务培训，交流审计工作经验，探讨审计工作方法。

4. 注重审计结果利用，做好年终后续审计。（撰稿人：黎敏幼）

【上海市公安局（简称市公安局）**】**　市公安局下辖直属单位27个、18个公安分局、1个县公安局。在市委、市政府和公安部的正确领导下，全市各级公安机关圆满完成了一系列重大安全保卫任务，有效地维护了上海社会治安的稳定，基本实现了市委提出的率先取得社会治安新的明显进步的奋斗目标，初步构建了与国际大都市相匹配的现代警务机制。

局领导

局　长：吴志明

副局长：程九龙　周国雄
　　　　顾永和　杨　军
　　　　张声华　吴延安
　　　　朱英磊
　　　　孔宪明（3月—）

审计职责　市公安局设有独立编制的内审机构——审计室，全市公安机关设有内审机构19个，配备内审人员48人，其中专职人员40人。其职责是：1. 对本单位及所属单位的预算执行情况和决算以及预算外资金管理使用情况进行审计监督；2. 对本单位及所属单位建设项目预决算和国有资产管理情况进行审计监督；3. 对所管领导干部进行任期经济责任审计；4. 对所属企业、事业单位进行审计监督；5. 指导、协调所属单位内审工作，对内审人员进行业务培训。

内部审计成果　2002年，全市公安机关内审机构共完成审计项目742个（其中市公安局审计室完成审计项目90个），促进增收节支1059多万元，提出审计意见、建议702条。召开系统内审工作会议，为各单位领导举办了经济责任审计讲座，为各单位纪检部门领导举办了审计知识和实务操作讲座，为内审人员举办了审计专题讲座和培训，组织开展了审计知识竞赛和审计作业评优活动，制定了《上海市公安局重大建设工程审计暂行办法》、《上海市公安局区域协作审计暂行办法》和《上海市公安局联合审计暂行办法》3个规范性文件，起草了《上海市公安局内部审计工作流程图》和《内部审计监督保障运行规范》。市公安局被审计署评为1999～2001年度全国内部审计工作先进单位。

内审工作特点　1. 结合机构精简整编，在19个公安分局、县公安局统一设立了审计室，增配了10名内审人员。

2. 建立健全市局和所属单位两级经济责任审计制度，积极开展任期经济责任审计，把经济责任审计纳入考察任用干部的必备程序。

3. 坚持联合审计和追踪检查制度，对行政事业性收费开展联合审计，对审计意见整改落实情况进行追踪检查。（撰稿人：侯翼朝）

【广厦控股创业投资有限公司（简称广厦控股）**】**　广厦控股是在我国改革大潮中崛起的中国最大民营建筑企业，是国家建设部首批49个大型企业集团试点单位、浙江省“五个一批”重点骨干企业、“AAA”资信单位。广厦控股以建筑和房地产为主导产业，以产权为纽带，下辖广厦建设、广厦房产、浙江广厦、广厦投资、广厦旅游、广厦传媒和广厦国际7大企业集团，拥有成员企业58个，职工3万余人，企业总资产120余亿元。2002年公司实现收入104亿元，利润总额超过5.6亿元。

公司领导

董事局主席：楼忠福

总　　裁：楼　明

内部审计成果　2002年，广厦控股审计监察总部紧紧围绕公司的工作中心，充分履行部门职责，直接为企业创造了经济效益5000多万元，其中财务审计完成24个，审计总资产65.36亿元，查出违规行为金额512万元，提出建设性意见114条；工程项目审计106个，送审造价2.47亿元，核减2000万元；实行预算审核，核减成员企业年度费用预算1771万元。

1. 完成财务审计项目24个，其中财务收支审计13个，经济效益审计3个，领导离任审计3个，专项财务审计4个，购并企业资产调查1个，出具审计报告23份，共提出审计意见114条，审计总金额65.36亿元，查出违规行为金额512万元。

2. 完成工程项目审计106个，送审造价2.47亿元，审定造价2.27亿元，核减2000万元。其中上海房地产项目在审计部审计之前，已经上海某咨询中心审计，但审计部再次审减了700万元；杭州一房地产开发项目也是在杭州一家工程造价咨询公司审计的基础上再次审减了158万元；在对南京一小区项目审计中，通过与社会中介机构联合审计，审减造价800万元左右。

3. 对下属成员单位2002年度的预算实施审核，如有一家成员公司上报预算3000万元，经审计核定为1400万元，核减了1600万元，对成员单位的办公室装修费用预算进行审核，送报预算648万元，核减了171万元。

4. 审计部还积极加强理论学习、研究，多次参加各种审计理论知识培训、学习。部门经理楼金生同志多次撰写理论文章并获奖，其中，5月《企业内部审计探索》获浙江省管理审计经验交流暨理论研讨会论文评比三等奖；9月《关于民营企业内部审计定位的思考》获浙江省内部审计协会民营企业理论研讨会论文评比二等奖、该论文还在11月全国非国有企事业单位内部审计理论研讨会上获论文评比二等奖；10月《企业固定资产投资审计浅析》获全国投资审计理论研讨暨经验交流会论文评比三等奖。审计部被评为浙江省内部审计先进集体，楼金生同志被评为全国、浙江省内部审计先进个人。（撰稿人：黄发框）

【中国建设银行浙江省分行（简称省建行）**】**　省建行成立于1954年，当时作为管理基本建设投资的国家专业银行，主要负责国家基本建设拨款及监督，管理基本建设财务。1980年，省建行与省财政局正式分设，由过去以财政职能为主转变为具有银行、财政双重职能的国家专业银行，并在全省各地市县普遍设立了机构。1994年，省建行开始由国家专业银行向国有商业银行转轨，在中国建设银行总行的领导下，全省建行认真贯彻国家经济和金融方针政策，按照建总行提出的“把建设银行最终建设成为具有国际先进经营管理水平的全功能银行”这一总体发展目标，在加快发展，努力支持地方经济建设的同时，积极推进各项改革，建立起科学的内部经营管理体制及经营机制，全行的综合竞争能力、经营能力、风险防范能力和盈利能力有了明显的提高。截止到2002年底，全省建行本外币一般性存款余额达到1411.52亿元，居全国建行系统第4位。本外币贷款余额1031.29亿元，成为全国第4个贷款超千亿元的一级分行。全行一逾两呆口径本外币不良贷款率为4.13%，资产质量居全国建行系统第2位。全年共实现本外币账面利润17.14亿元，列全国建行系统第3位。

省分行领导

行　　长：朱范予

副 行 长：余静波　沈　明

　　　　　吴建杭

纪委书记：侯建培

总审计师：张　民

内部审计体制和职责　省建行内审机构成立于1986年。当时按照银行企业化管理的要求和建总行的统一部署，省分行设立了稽核审计处，专职行使内审职责。此后，各二级分行也相继设立了审计机构，配备了审计人员，部分县级支行也设立了专门的审计机构或专职审计人员。1999年7月，建总行推出了内审体制改革，这次改革以建立总分行分级监管、向上一级负责的相对垂直的内审体制为目标，取代各级行长领导下的总稽核（或分管行长）负责制。据此省分行设立专司审计管理工作的副行级总审计师，撤销了审计处，建立了总审计室，总审计师任总审计室主任，负责领导和管理全省建行系统的审计工作；撤销了各二级分行及以下行的审计机构，在全省建行系统内根据地理位置、业务质量等因素设立杭州、温州、嘉兴、绍兴、金华5个审计办事处，作为总审计室的派出机构，代表省分行对辖区各级机构独立行使审计职责。至2002年底，全省建行共有审计人员110人，其中具有大专以上学历的人员占总数的93.64%，拥有中级以上技术职称的人员占总数的81.82%，获得注册会计师、注册资产评估师等证书的人员占总数的20.01%。

省建行内部审计以促进建立和健全有效的内部控制、督促审计对象有效地履行职责为宗旨。主要职责包括：1. 根据建总行审计部的工作计划，围绕全省建行工作中心，做好全省建行审计工作的计划、组织、管理工作；2. 负责对全省建行各项业务经营管理情况的现场审计、非现场审计和审计调查；3. 负责对审计监督中发现的重大问题、事件和有关负责人提出处理意见或建议；4. 定期或不定期向建总行审计部和省分行报告审计工作情况及审计发现的重大问题。

内部审计成果　2002年，全行审计部门共投入现场审计工作日9870天，非现场审计工作日831天，完成审计项目83个，检查发现各类违规问题5849个，涉及问题金额80.13亿元，提出审计建议1431条，被采纳1050条。其中由省分行组织实施的基层机构内部控制评价历时两年，涉及全省建行841个基层机构，审计覆盖面为100%，通过审计，省分行基本了解了全省建行基层机构内部控制的基本状况及薄弱环节，为加强制度建设、规范业务管理、防范经营风险提供了有力的依据。

全年共完成行长经济责任审计项目31个；同时，省分行总审计室利用非现场审计系统对嘉兴市分行开展了非现场审计试点工作，对通过系统运行发现的353个问题疑点进行剖析，寻找成因，最终对56个问题疑点发出了质询单，提请现场审计关注的问题疑点为44个，初步查实的问题有76个，取得了良好的审计效果。

全省建行全年共举办各类审计培训班40次，人均参加培训次数10次，培训内容涉及国际内审准则新实务标准、内审技术与方式的探讨以及网上银行业务培训等。8月，浙江省内审协会在杭州组织召开全省金融风险审计理论研讨会，在本次研讨会上，全省建行共获得一等奖1个、二等奖两个、三等奖3个，省建行审计人员的理论水平和工作经验得到了省内审协会的肯定。

2002年，省建行以《中国建设银行内部审计章程》和《中国建设银行内部审计准则》等规章制度为基础，结合自身实际，制定完善了一系列规章制度，已形成了包括《二级分行及支行行长任期经济责任审计办法》等专项审计办法和审计要情报送制度、审计办事处考核制度、审计回访制度等内部管理办法在内的一整套内审规章制度体系。

内审工作特点　1. 审计内容逐渐由单项业务审计拓宽到内部控制能力、资产负债管理等综合、全面业务审计；审计重点由合规性审计向合规性与风险性、效益性审计相结合方面转移。

2. 充分发挥监督检查的整体联动作用，审计部门作为内部控制系统的第三防线，在积极履行再监督职能的同时，还加强了与业务管理部门之间的联系和沟通，及时反馈审计发现问题，加大信息的共享和交流力度，使业务管理部门掌握了解分管业务存在的管理漏洞和风险隐患，从管理源头抓好整改落实工作。

3. 审计工作的电子化水平不断提高，已经推广了非现场审计技术及手段，提高了非现场审计工作的有效性，非现场审计和现场审计逐步有机结合，现正在研究开发的经济责任审计导引软件将进一步提高审计项目实施过程中的电子化应用水平。（撰稿人：谢剑强）

【浙江万丰奥特集团有限公司（简称万丰奥特集团）】　万丰奥特集团成立于2000年，其前身为浙江中宝铝轮有限公司。万丰奥特集团是一家民营股份制企业，拥有总资产16.2亿元，员工3300余人，系亚洲最大的铝轮生产基地和国内知名的汽车生产企业。现已形成汽车整车、汽车零部件、机械装备等3大产业，上海、北京、美国3个窗口，浙江新昌、上海浦东、山东威海、重庆九龙坡4个基地，9家控股子公司。万丰奥特集团的零部件产品除与国内主要汽车、摩托车企业配套外，还批量出口美国、日本、澳大利亚等国家和地区。万丰奥特集团实现年销售收入15.1亿元，利润总额2.1亿元，出口总额3.12亿元。

集团领导

集团董事长兼总裁：陈爱莲

审计职责　万丰奥特集团设有独立的内审机构——审计中心，有内审人员14人，其中专职人员5人，具有注册会计师资格1人，中级职称6人。其职责是：1. 负责制订和组织实施审计长远规划和年度审计工作计划；2. 负责建立和完善内审管理体系，3. 负责组织对控股子公司的财务审计、经营审计、基本建设审计、离任经济责任审计，并进行审计监督；4. 监督检查集团制度和计划的执行，增强干部、员工制度治企意识。

内部审计成果　2002年，万丰奥特集团审计中心实施审计项目18个，促进增收节支481.4万元，提出审计建议被采纳79条。通过聘请省内审协会秘书长等专家举行内部控制专题讲座、内部会议等形式进行内部控制教育，向集团董事长提交了2002年内部控制专题报告。并在此基础上，建立了集团业务循环内部控制体系，拟定了《内部审计基本制度》、《内部审计管理制度》、《经营审计制度》、《财务审计制度》、《建设工程审计制度》、《经济责任审计制度》等规章制度。参照《国有资本金绩效评价体系》对2002年集团绩效进行了评价。5月审计总监出席了中国内审协会在杭州召开的管理审计理论研讨会，提交的论文获优秀奖。

内审工作特点　1. 树立审计服务观念。在内审工作中就审计出的问题与被审计单位进行讨论，研究对策和措施，提出切实可行的审计建议，与各部门、单位建立了密切配合的良好氛围。

2. 强调审计监督实效。在出具审计报告后，及时召开被审计单位整改布置会；建立后续审计检查台账，适时检查整改落实情况，网上公布检查结果，对未按要求落实整改的有关责任人提请行政处分和经济处罚。

3. 审计经营业绩与关注经营管理过程改善并重。在审计过程中，对年度计划完成情况进行审计，对内部控制和经营管理上的薄弱环节提出改进建议。（撰稿人：徐少华）

【浙江省电力公司】 浙江省电力公司的前身为浙江省电业管理局、浙江省水利电力局，水利、电力几经合并、分离后，于1977年成立了浙江省电力工业局。1990年，根据国家能源部《关于成立浙江省电力公司的批复》，浙江省电力公司正式成立，成为国家电力公司的全资子公司。公司成立以来一直致力于发展浙江省电力工业，先后建成北仑、嘉兴、温州等大型火力发电厂，新建一批500千伏、220千伏、110千伏输变电工程。形成了以500千伏为主网架、220千伏为支撑的浙江电网结构，浙江电网进入“大机组、大电厂、大电网、超高压、高度自动化”的现代化电网新阶段。并积极推进各项改革，从1994年开始在全国省级电网率先实行电力模拟市场，2002年经国家经贸委批准进行电力市场试运行的省级电力公司之一，开展了电力商业化运营。2001年3月，浙江省电力公司以优异的成绩通过验收，跨入了中国一流电力公司的行列。2002年底又迈入浙江省首批文明行业行列。

截止到2002年底，公司资产总额545.98亿元，公司售电量783.64亿千瓦时，实现电力销售收入329.84亿元，是浙江省经营规模最大的工业企业。

公司领导

总 经 理：陈积民

副总经理：韦国忠　庄虎卿

　　　　　赵义亮

审计职责 浙江省电力公司设有独立的经济监督部门——审计室，共有审计人员8人。其中具有高级专业技术职务任职资格4人，国际注册内部审计师资格4人，两人为注册会计师非执业会员。省公司系统设有各级内审机构23个，审计人员共88人。

公司审计室负责省公司系统的经济监督，业务上接受上级主管部门和国家审计机关的指导。行使审计职权，履行监督职能，向省公司领导负责并报告工作。主要职责是：1. 贯彻执行《审计法》、《会计法》和国家、上级部门有关财经法令、法规、方针、政策、制度、办法。依法开展内部控制制度、工程建设项目、财务收支、领导干部经济责任和经济效益等审计工作。2. 确定不同时期的省公司审计工作目标、思路、任务、措施。3. 布置年、月度审计工作计划安排，并组织落实，检查计划的执行情况。4. 加强审计队伍的自身建设，搞好审计基础工作，加强审计工作的科学管理，制定并完善各项审计工作制度。5. 负责完成省公司领导和上级主管部门交办的审计事项，配合国家机关对省公司的审计。

内部审计成果 2002年，省公司系统计划审计项目345个，实际完成审计项目727个。促进增收节支15733.83万元，提出审计意见及建议836条。其中：省公司审计室2002年计划审计项目22个，实际完成审计项目24个。促进增收节支1817.86万元，提出94条改进管理的措施和建议，制定了《浙江省电力公司基本建设工程项目审计工作规定》等审计制度。

内审工作特点 自1985年审计机构成立至今，审计领域已从常规的财务收支审计，逐步向电营业管理审计、燃煤管理审计、领导干部任期经济责任审计、经济合同审计等方面拓宽。近年来还开展了内控制度审计、财务预算审计、城乡电网建设与改造项目审计。

在财务决算年报审计方面做到了“未经内部审计不得上报”的要求；在领导干部经济责任审计方面基本做到了“谁任免、谁审计；先审计后任免”的原则，审计报告已被公司干部部门作为干部任免的重要依据之一；在内部控制制度审计方面已在公司本部和一个基层单位中进行了探索，同时将内控制度审计内容贯穿在平时各类审计项目之中；在基建项目审计方面，加强输变电工程项目的审计，努力降低工程造价，特别是在农村电网项目审计中贯彻了“全过程”、“必审制”的方针。四年来，对总投资为145亿的每一个农村电网工程项目进行了全过程审计。

公司还进行了审计观念、审计制度、审计方法、审计手段等一系列的审计工作的创新与探索。主要表现在以下几个方面：一是实施了审计工作向职工代表大会报告制度；二是促进内外审计成果运用的最大化；三是制定一系列的审计制度、标准和程序。四是审计部门与财务部门计算机联网，为实现非现场审计做准备；五是创立审计工作内部网站，实行信息共享；六是进行了计算机辅助审计软件的开发工作。（撰稿人：陈伟群）

【淮北矿业集团公司】 淮北矿业集团有限责任公司是由原淮北矿务局1998年整体改制而成，是国家512户重点企业之一。公司现有生产矿井13对，年产原煤2000万吨，在建矿井2对；洗选厂6座，年产冶炼精煤500万吨。现有职工8万人，资产总额100亿元。

审计职责 审计处成立于1985年，处本部设生产审计科、基建审计科、三产审计科及综合科，人员14人；基层二级核算单位共设31个审计科，专职审计人员81人。负责集团公司内审工作的规划、协调、指导和管理；组织起草内审工作的各项规章制度及实施细则；制定审计工作计划；组织实施集团公司内审项目；对集团公司及所属单位的4项专项基金实施定期的审计监督；对集团公司生产、基建中使用的设备、大宗材料、配件、药品、劳务产品等价格实施审计监督；对集团公司各项工程项目实施预结算和竣工决算审计；负责二级单位审计工作的业务指导；负责与上级审计机关的联系；代表集团公司办理委托中介机构进行会计报表验证、验资、年检、清算和资产评估等社会审计事宜。

内部审计成果 2002年，集团公司审计部门共完成专项审计78个，查出违纪违规行为金额12460万元，为企业增加利润3626万元；核减工程投资1557万元。连续12次被评为“全国煤炭审计工作先进单位”，多次获得“安徽省内部审计工作先进集体”称号。

深入开展任期经济责任审计，完善领导干部监督约束机制 2002年出台了《淮北矿业集团经济责任审计工作联席会议组成人员及其部门职责》，先后完成了对4位矿（厂、处）长的任期经济责任审计，通过审计查出盈亏不实、应收账款清欠困难，库存产品报废等原因造成的潜亏6000多万元。

同时，各基层审计部门也开展了科区级干部的任期经济责任审计，全年实施了18个科、区长经济责任审计项目，童亭矿对3位科区长的审计报告以文件下发，引起强烈反响，审计评价实事求是，逐步使领导干部都能正确对待经济责任审计。水泥厂对销售科长任期经济责任审计，查出货已发出，尚未开票的水泥有2413吨，为此，提出了加强库房管理，杜绝无票出厂等建议。多经公司审计科对某公司总经理的任期经济责任审计中，查出应收账款中可能形成坏账286万元，存货中已毁损、待报废142万元，发出未作销售的煤款130万元等，以及提前兑现年薪，决策失误等问题。对存在的问题提出了审计意见及建议，对其个人做出了客观评价。

深化固定资产投资审计，促进提高资金使用效益 审计处完成了世纪建材项目、临涣矸石电厂、朔里选煤厂3个项目竣工决算审计，核减投资175.6万元，其中：世纪建材项目核减32.61万元，临涣矸石电厂项目核减96万元，朔里选煤厂项目核减46.86万元。完成日常单项工程决算审计82个，核减工程投资598万元。

各基层审计部门完成日常审计金额12350万元，核减959万元。如杨庄矿审计部门对重点工程进行全程跟踪审计，该矿全年核减工程价款15.43万元。袁庄审计科因多计算工程量核减4.32万元，高套定额2.3万元，提高取费4.34万元，纠正材料差价2.8万元，全年共核减工程价款156.37万元。岱河矿核减96.46万元，芦岭矿核减37.83万元，海孜矿核减41.93万元，桃园矿核减44.5万元，祁南矿核减80万元，工程处核减118.3万元，石选厂核减85.19万元，临选厂核减77.3万元，矿工总院核减34万元。

围绕企业管理创新，认真开展效益审计及专项调查 按照集团公司关于开展“作风建设年和调查研究年”活动的要求，对物资集中管理以来的运行效果进行审计调查。审查了物资总公司及所属供应站、13个生产矿和3个选煤厂的物管科，对物资采购、验收、配送、领用各个环节的运行和控制进行了审计调查。集团公司实行物资集中管理和统一采购以来，取得了明显的效果，规范了采购行为，降低了采购价格和物流费用。但是仍存在一些薄弱环节，如：物资从采购、验收、保管、配送和结算均由物资总公司完成，未能实现职责分离；内部管理比较粗放，计划准确率低，零星采购频繁；个别物资质次价高，给安全生产带来隐患；物资总公司下转材料加价存在随意性；矿、厂二级采购依然存在管理问题。审计后提交的调查报告引起集团公司领导的重视，批转行文下发各单位。

同时，各基层审计部门也广泛开展了物资采购比价审计和经济合同审计，供应公司全年共审查采购合同4928份，审减标的额2026.68万元；张庄矿进行比质比价审计，查出超计划采购22.4万元。淮选厂、石选厂、铁运处、石台矿、岱河矿、沈庄矿将经济合同审计纳入经常化轨道，今年共审减合同标的额349万元。

围绕加强管理，开展内部控制制度评审 年初开展了“医疗卫生管理处管理审计”，对其内部控制制度的健全性和有效性以及实行行业管理的运行效果进行了测评，提出了修改、补充、完善各项内部控制制度的意见和建议，纠正了管理中的偏差。

临选厂开展了对生产用固定资产的专项审计，查出有账无物固定资产净值177万元，闲置资产净值126万元，为此提出了切实可行的审计建议。

加强会计信息真实性审计，维护矿区经济秩序 坚持各单位自审和审计处抽审相结合，对集团公司所属28个生产经营单位及集团公司本部2001年度的生产财务决算进行了审计，共查出有问题金额3223万元，纠正后为集团公司增利减亏1818万元。

各基层审计部门也开展了财务收支和资产负债审计，如多经公司审计科开展了“惠临公司资产负债审计”，查出因经营不善、投资失败等原因形成的潜亏挂账564万元，以及人为调节利润等问题。工程处审计部门分别对4个工区的资产负债进行了审计，查出少计收入89.4万元，虚列收入90.5万元，少计成本费用1180.39万元，材料及固定资产盘亏14.81万元，预计坏账90.5万元，其他540.43万元。朱庄矿对福利办伤亡遗属抚恤金进行审计，发现有17人已不应享受抚恤金，仅此一项每年节约支出3万元。（撰稿人：蒋宁）

【中国电信集团福建省电信公司（简称福建省电信公司）】 福建省电信公司成立于2000年7月，是中国电信集团公司的全资子公司。福建省电信公司的成立，标志着福建两年多来以邮电分营、电信重组和政企分开为主要内容的通信体制改革基本结束，电信发展步入一个新的历史时期。福建省电信公司共有在职员工10577人，设有15个职能部门：办公室、法律事务部、市场经营部、大客户部、运行维护部、计划发展部、建设部、互联网业务部、企业信息化部、财务部、人力资源部、安全保卫部、审计监察部、党群工作部、福建省电信工会。下辖11个分支机构：福州市分公司、厦门市分公司、宁德市分公司、莆田市分公司、泉州市分公司、漳州市分公司、龙岩市分公司、三明市分公司、南平市分公司、无线通信分公司、信息产业分公司，57个县市电信局，2002年实现业务收入82.58亿元。一个覆盖全省、连接全国、沟通世界各地，以数字光缆传输为主、卫星和数字微波为辅，集数字传输、程控交换、光纤接入和多媒体通信为一体的现代化公众宽带多媒体通信网络已初具规模，基本上满足现阶段“数字福建”建设需要和社会多样化、多层次的信息通信需求。

领导成员

总 经 理：刘耀明

副总经理：段建祥　黄　衍　高金兴

纪检组长：陈循义

审计职责　福建省电信公司设有独立的内审机构——审计室，9个地市电信分公司设有内审机构；有内审人员61人，其中专职人员39人，具有高级职称3人，中级职称24人。其职责是：1.贯彻执行党和国家、集团公司有关方针政策、法规、法令和财经纪律，结合本省实际，起草全省性的审计规章制度；2.负责对所属分公司的财务收支、工程建设项目、任期经济责任及经济效益等方面的审计监督；3.负责对全省电信公司管理中的特定事项进行专项审计或审计调查；4.负责指导和监督所属分公司的内审工作；5.负责与中国电信集团公司审计部和福建省内审协会等相关部门进行业务联系和协调；6.组织进行审计理论研讨、经验交流、培训学习、表彰先进等。

内部审计成果　2002年，福建省电信公司审计室组织实施了10个财务收支审计项目，1个经济责任审计，完成6个审计调查项目，完成工程项目审计291个，提出整改建议85条；全省电信公司内审机构共审计115个单位、完成审计项目9743个，其中财务收支审计105个，经济责任审计21个，工程项目审计9582个，专项审计与审计调查35个，提出整改建议655条。

为适应中国电信财务体制改革的新要求，在财务收支审计中，重点审计财务管理新体制的推行和执行情况以及与之相配套的企业内部管理制度的修订、完善和执行情况，一些单位对预算执行情况的审计进行了尝试，加强了主、实业关联经济关系的真实、合法性审计。工程项目审计范围进一步拓宽，通过采取自审、联审、委托审计等方式，基本实现对工程建设项目结、决算的审计覆盖面达到100%。拟定了《福建省电信公司工程建设项目审计实施办法》、《福建省电信公司工程建设项目审计实施办法细则》。5月举办一期全省审计人员培训班，近50人参加培训；6月筹办了中国电信集团公司在厦门举办的全国电信工程决算审计培训班；参加中国电信集团公司举办的经济责任审计培训、中国电信工程审计培训以及福建省电信公司举办的企业会计准则和企业会计制度等培训共55人次。参加福建省内审协会组织的各项活动，作为全国内部审计的先进单位，3月在福建省内审工作表彰大会上做了福建电信内部审计先进经验专题发言；11月在福建省内部经济责任审计研讨会上有两篇论文分别获得先进经验奖和二等奖。福建省电信公司审计室编制印发了第三册《福建电信审计文件汇编》。

内审工作特点　1.认真贯彻落实“全面审计，突出重点”的方针，注意抓好对重点单位、重点对象、重点资金的审计工作，并加强跟踪审计和对审计处理意见及建议的执行情况检查，保证审计结果落到实处。

2.将重点关口前移，各级审计人员积极参加工程、设备、物资采购招投标工作，从源头开始控制工程成本。

3.加强对委托工程审计项目的管理、质量复核和跟踪。

4.围绕企业中心工作和企业领导关注的问题开展审计调查，充分发挥内审在企业经济管理中的作用。

5. 在内审工作中与计划、工程建设、财务、人力资源、纪检监察等部门的密切配合，促使审计监督职能的发挥。

6. 聘请省公司特邀审计员，采取交叉、联合审计，集中力量，统一把关等措施确保审计任务的完成，同时达到锻炼、提高审计队伍整体素质的目的。（撰稿人：李少丹）

【兴业银行股份有限公司（简称兴业银行）**】** 兴业银行是中国人民银行批准成立的中国首批股份制商业银行之一，成立于1988年8月，其前身为福建省福兴财务公司，总部设在福建省福州市，现在中国境内上海、深圳、北京、广州、南京、杭州、济南、重庆、长沙、宁波、武汉、沈阳、福州、厦门等大中城市设有230家分支机构。本行经营《中华人民共和国商业银行法》规定的各项商业银行业务及其他符合国家有关法律、行政法规的商业银行业务。截止到2002年底，兴业银行资产总额1769.9亿元，本外币各项存款余额1439.2亿元，本外币各项贷款余额962.8亿元。2002年根据英国《银行家》杂志全球1000家大银行排名，兴业银行一级资本排名第410名，资产总额排名第333名，跻身全球银行五百强；实现利润9.25亿元。

公司领导

董 事 长：高建平

首席监事：黄广通

行　　长：李仁杰

副 行 长：毕仲华　康玉坤

审计职责 兴业银行设有独立的内审机构，审计系统实行派驻制，由总行审计部垂直管理，直接对统一法人负责。截止到2002年底，审计部门有内审人员69人，总行审计部18人，中级职称14人，初级职称3人；派驻审计机构51人，中级以上职称34人，初级职称17人。其职责是：1. 根据年度审计项目计划，对全行性的审计项目，制订审计方案并组织实施；2. 按照有关的法律、法规和国家审计机关对内审的规定，制定和修改全行性的内审工作规定和规程；3. 领导、管理和监督各派驻审计机构按照有关规定开展内审工作；4. 组织审计理论和实际工作研究，召开内审理论和事务研讨会；5. 培训内审人员，提高其业务素质；6. 总结、交流内审工作经验，表彰全行内审的先进单位和个人；7. 规范审计档案管理，建立健全审计档案管理制度。

内部审计成果 2002年，兴业银行审计系统共完成审计（调查）项目115个，其中总行审计部组织开展项目11个，派驻审计机构开展项目104个；开展专项审计及审计调查项目14个；辅导审计项目28个；离任审计项目55个；此外，各派驻审计机构还对16个新机构开业进行验收，对两个2001年开展的审计项目进行后续审计。

兴业银行审计部在《福建兴业银行内部控制综合评价办法（草案）》的基础上，结合人民银行新出台的《商业银行内部控制指引》等规章制度，对办法进行修订完善，初步形成具有福建兴业银行特色、操作性较强的内部控制评价办法；加强内部控制理论研究，拟写了《加强内控三道防线建设，有效管理银行风险》、《进一步加强我行内部控制的分析报告》等文章。

2002年，兴业银行为顺应改革和发展的战略结构调整，建立与全国性现代商业银行相适应的内审管理体制，完善公司治理结构，提高内部审计工作的独立性和权威性，对原有的派驻审计机构设置进行改革，撤销福建省内各分行的派驻审计室，在福州、厦门设立审计分部；福州审计分部履行对福州、莆田、三明、南平及宁德5个分行的审计监督工作；厦门审计分部履行对厦门、泉州、漳州及龙岩4个分行的审计监督工作；福建省外按分行设立派驻审计部。派驻审计机构为总行派出机构，在总行审计部领导下，依据《兴业银行内部审计工作规定》，履行内部审计监督与服务职责，对总行负责并报告工作。

内审工作特点 1. 紧密联系分行实际，把握业务发展趋势。例如，在分行授信额度使用情况审计调查中，从整体经济金融形势入手，剖析分行授信额度使用中存在的问题及产生原因，并提出可行的建议。

2. 注重突出内审特色。例如，在新升格支行的辅导审计中，按照监督与辅导并行、帮促与服务并重的要求，突出辅导的特色，以内部控制为主线，既核查会计业务、信贷业务方面的风险隐患，又注意分析业务发展情况，指出业务发展的不足之处和风险点，帮助新升格支行规范、良性发展。

3. 强化经济责任审计。审计部积极研究改进经济责任审计的做法，编制离任审计主要数据提要，探索建立审计指标体系，并计划结合机构风险评价，将审计对象扩大到在任的和非主持工作的领导干部。（撰稿人：郑颖寰）

【东风汽车公司（简称东风公司）**】** 东风公司创立于1969年，是中国政府重点支持的行业三大集团之一，经营规模在中国工业企业500强中位居前茅。主要生产基地分布在湖北省的十堰市、襄樊市、武汉市和广东省的广州市。现公司拥有子企业120多个，员工12万余人，创立了两个上市公司。产品形成宽系列、多品种的格局，涵盖重型、中型、轻型卡车及乘用车，拥有优势的研究开发体系和中国最大的试车场，已形成较强的商用车开发能力和初具乘用车开发能力。公司质量体系较早通过ISO9000评审，“东风”牌商标在汽车行业中率先被国家工商行政管理局评定为中国驰名商标。管理体制和机制形成了有特色的“集中调控、分块经营”。2002年累计生产汽车41.84万辆，销售汽车41.57万辆，同比分别增长54.74%和53.05%；实现销售收入704.8亿元，同比增长49.8%，实现利润58.5亿元。进入了2002年全国盈利最高十大企业行列。

公司领导

总 经 理：苗 圩

党委书记：徐 平

内审机构和职责 东风公司于1984年起实施内审制度，为国家内审试点单位之一。1990年成立东风汽车公司审计委员会，公司总经理和党委书记分别担任主任、副主任。2002年，审计委员会下设东风公司领导干部任期经济责任审计小组。审计委员会的主要职责是：研究公司内审发展方向，决定审计工作制度，审议年度审计工作报告，确定公司年度审计工作计划，通过重大审计事项及审计决定并检查执行情况。

公司设有独立的内审机构——审计部，内设综合处、经营财务审计处、经济效益审计处。现有内审人员25人，其中：高级职称9人，中级职称14人。公司所属单位设有内审机构28个，审计部对所有单位内审机构实施系统管理。审计部的职责是：1. 贯彻执行国家审计法律法规，制定公司内审制度，对公司内部财务控制的健全性和有效性进行审计监督。2. 对财务收支计划、成本计划、投资项目计划、信贷计划、外汇收支计划及工程预算执行情况和效益情况进行审计监督。指导所属二级公司的审计工作，监督抽查二级公司重点审计项目。3. 对会计报表、财务决算的真实、合法、合规性和财产资金使用的安全性进行审计监督。4. 对建安工程、非标工程和大修项目的预、结算以及建设项目的投资效益进行审计。5. 参与公司重大投资项目和对外投资立项前的可行性分析评审。6. 管理全公司经济合同。对重大经济合同、协议等的合法性与效益性进行审计，并对执行情况进行监督检查。7. 对公司管理的领导干部进行离任前的任期经济责任审计评议。8. 归口向国家、省、市有关部门上报有关资料、报告（表）。9. 接受办理上级审计部门和公司领导交办的各类审计事项。

内部审计成果 2002年，以任期经济责任审计为龙头，以财务审计为基础，以年度经营业绩审计和财务管理内部控制制度评审为主干，全年对14个单位的主要领导干部进行了任期经济责任审计，对68个单位进行了年度经营业绩审计，完成10个投资项目、财务收支、合同管理的审计，对所属单位申报的31项科技进步一等奖项目进行了经济效益审计，开展了6个专项审计调查，继续开展了材料定额管理基础审计，配合公司纪委核查案件和开展应收账款专项效能监察。下发审计意见书14份，审计决定书48份，提出审计建议123条。已建立经济责任审计、业绩审计、项目审计、管理审计等11项制度。1998～2001年连续两次被审计署评为“全国内部审计先进单位”，多次被评为“机械工业内部审计工作先进单位”。审计部撰写的《财务管理内部控制制度审计规范》，获湖北省企业管理创新成果一等奖。

内审工作特点 1. 稳步推进领导干部任期经济责任审计。以资产保值增值、经营财务指标为衡量标准，围绕任期经济责任，客观、合理地评价领导干部；贯彻对干部监督“关口前移”的思想，与年度经营业绩审计以及财务管理内部制度审计有机结合，正确掌握方法，找准切入点，充分利用其他类型审计项目的成果，提高工作效率。

2. 进一步深化和规范年度经营业绩审计，提高审计质量，为推行EVA预算考核提供依据。认真总结近年经营业绩审计经验，提出了“4个3”重点审计工作法，即：抓住3个差异（材料成本差异、生产成本差异、产品成本差异），注意3个环节（原材料、在产品、产成品账实的一致性），扣紧3项债权（应收账款、其他应收账款、预付账款），切入3个外围（所办经营实体、承包单位和关联单位）；并注意审计覆盖面，审计范围适当扩大。

3. 部门之间密切配合，提高审计成果利用质量。

4. 开展财务管理内部控制制度评审工作，为加强企业内部管理服务。

5. 开展材料消耗定额审计，促进基础管理，维护生产成本的真实性。

6. 开展建设项目审计，为节约资金支出，提高投资效益服务。

7. 开展重大科技成果经济效益审计，使效益至上理论在科技进步活动中得到进一步深化。（撰稿人：金南强）

【武汉钢铁（集团）公司（简称武钢）**】** 武钢是新中国建设的第一个特大型钢铁联合公司。现有48个处级单位的生产厂，具备年生产钢铁800万吨的综合生产能力，是中国以“全、薄、专”著称的重要板材基地。主要产品有热轧板、冷轧板、镀锌板、镀锡板、冷轧硅钢片、彩色涂层板以及大型材、线材、中厚板等74个系列、200多个品种，主体工艺跃升到世界先进水平。2002年武钢实现销售收入191.72亿元，实现利润15.05亿元。

公司领导

总 经 理：刘本仁

党委书记：王 炯

副总经理：李富山　邓崎琳
　　　　　胡望明　彭　辰
　　　　　王　岭

纪委书记：毕传淑

审计机构和职责　武钢集团公司设有审计委员会，公司总经理和党委书记分别担任主任、副主任，公司党委委员任主要成员。其主要职责是1. 审定年度审计工作计划；2. 审批内审管理制度；3. 定期听取审计工作汇报并下达审计指令；4. 批准重大审计决定；5. 决定其他重大审计事项。

武钢公司设有独立的内审机构——审计部，是公司总经理直接领导下的内部审计及派驻子公司监事会的专业管理部门，下设两个处、1个室及8个派驻子公司监事会，总人数70人。其职责是：1. 负责对公司所属各单位的经济活动及相关资产进行审计，监督财务收支的真实性、合法性和效益性；2. 负责对公司有关部门、直属单位、子公司及其经营开发实体的财务计划或单位预算的执行和决算、经济效益、内部管理制度及其经济合同进行审计、监督和监证；3. 负责对公司有关部门、直属单位、子公司行政正职领导进行在职或离任经济责任审计；4. 负责对公司长期投资决策和公司直属单位、控股公司、全资子公司工程项目概（预）算及其执行情况、合同管理、材料设备采购、项目决算、财务评估和内部管理制度进行审计；5. 负责对公司有关部门、直属单位、子公司及其经营实体贯彻执行国家财经法规和公司规章制度情况进行审计监督；6. 负责依照有关规定对公司、子公司与境内外经济组织兴办合资、合作经营企业以及合作项目等的合同执行情况、投入资金、财产的经营及其效益进行内审监督；7. 负责对公司内部重大经营管理问题进行专项审计调查；8. 负责对有关部门、直属单位、子公司对外签证的购销、建设工程承包、加工承揽、货物运输、仓储保管、财产租赁、借款、财产保险等经济合同进行审计监督；9. 负责对审计决定和审计意见的执行落实进行监督；10. 负责组织协调公司有关部门、直属单位、子公司设立审计机构和专兼职审计人员，并对其工作进行检查指导；11. 根据总经理授权，负责对派驻子公司监事会的管理工作。

集团公司现有34个单位设立了内审机构，专、兼职审计人员161人，具有高级职称23人，中级职称118人。

内部审计成果　2002年，武钢审计部下派的8个监事会对武钢22个全资子公司进行了全方位的监管。完成各类审计项目93个，提出的228条审计建议被采纳。荣获了全国、湖北省内部审计先进单位称号。

从2001年开始，审计部为实现现代内部审计向企业风险管理、内控制度、程序治理评价方面的定位提升，明确提出“创学习型群体，促管理创新”的目标，坚持开展系统培训及业余自学活动，有效地提升了团队整体素质，“精一门、通两门、会三门”成为全部职工新的时尚。有近100种审计方法、技术在全国推广，其经验先后受到全国总工会、中国内审协会、省、市及武钢公司的充分肯定和推广。2002年，全体审计人员参加了国际注册内部审计师的取证考试，30%的审计人员参加了高级审计师的考试及评审，监事会成员一举通过会计证考试；全部围绕企业管理的重点、难点攻关的10项课题均获得国家、省、市二等奖；内审人员利用业余时间编撰了4部专著，有95篇论文在国际、国内刊物上发表，其中《固定资产投资控制与内部审计》一书由中国计划出版社向全国出版发行，中国内审协会专门授予该书全国惟一的特别奖。（撰稿人：谭丽丽）

【重庆力帆实业（集团）有限公司（简称重庆力帆集团）】　重庆力帆集团是中国最大的民营摩托车制造企业之一。由现任全国政协委员、重庆市政协副主席、集团董事长尹明善于1992年以20万元资金创办。历经10载，力帆集团迅速发展成为融发动机和摩托车研发、生产、销售（包括出口）为主业并集汽车制造、足球产业、金融证券、文化广告、房地产业于一体的国家级大型民营企业。现力帆集团拥有8家生产企业，3家营销公司，一个市级技术中心，具备年产200万台发动机和100万辆摩托车的生产能力，连续三年在重庆市民营企业50强排名中名列榜首，已进入世界摩托车制造业500强和中国大企业集团500强，2001年产销综合值名列中国入选登记企业第一位。2002年，集团实现销售收入40.2亿元，实现利税2.05亿元，产品出口70多个国家，创汇1.12亿美元，发动机产销量、出口创汇、专利拥有量、产销综合值4项指标居全国第一，综合实力在全国同行业排名第一。

集团领导

集团董事长：尹明善

审计职责　力帆集团设有独立的内审机构——督察部，内审人员52人，其中专职人员48人；具有中高级职称20人。其职责是：1. 负责对集团各职能部门及所属企业的有关会计决算、财务收支、任期经济责任、经济效益、基本建设、财经纪律和内部控制等方面进行专项审计监督或审计调查，负责审计决定的拟定和监督执行；2. 根据章程或协议的规定，负责对“力帆集团”所投资的企业进行专项审计或调查；接受所属企业股东会、董事会或监事会的委托，对企业的经营者进行任期经济责任（包括届中、离任）

审计；3. 重大决策项目的事前可行性调查以及有关问题的责任落实；4. 负责指导企业内审人员的业务培训工作；5. 负责与重庆市审计局、中国内审协会重庆分会等相关部门进行业务联系与协调。

内部审计成果 2002年，集团督察部共完成各项审计调查项目260余个，其中完成集团正式立项的专项审计项目17个，参与完成企业发展项目可行性调查项目6个，查处落实重大有关问题责任5次，提出企业改进建议案12件，共计提出各项改进措施和建议517条。自1999年成为中国内审协会会员企业后，每年都参加中国内审协会、重庆市审计局、重庆市内审协会举行的相关会议及其他学术交流活动。

内审工作特点 1. 充分考虑企业面临的市场压力，业务操作时强调原则刚性与实际适应性的结合判断。

2. 突破传统的事后审计观念，在强调相对独立性的前提下实施对重点审计项目的事前切入，过程审计，真正体现审计在监督形式下的服务功能内涵。

3. 体现审计的权威性与服务性结合，企业审计立项采用两级形式，正式、重大项目需经集团董事会确认，一般项目由集团督察部根据企业实际情况确认。（撰稿人：李林森）

【延长油矿管理局】 延长油矿创建于1905年，是中国陆上发现和开发最早的油田。1986年，延安地区将延长矿改组为延长油矿管理局；1999年，延长油矿管理局划归陕西省延长石油工业集团公司。延长油矿管理局是经国务院批准的中国陆上具有石油天然气勘探开发资质的四家国有大型石油企业之一，经过近年的发展，现已成为一个集石油勘探、开发、炼制、化工、科研、机械制造和辅助生产为一体的国家大中型综合性石油化工企业，下属7个原油生产单位、7个勘探开发单位，1个炼油厂、1所研究院。现已批准登记约石油天然气勘查面积9.8万平方米，控制储量面积2000平方米，控制储量6亿吨，探明储量面积900.91平方米，探明地质储量4.4亿吨，累计动用可采储量1970.5万吨。2002年生产原油175.75万吨，加工原油182.02万吨，实现销售收入36.33亿元。管理局现有职工11842人，其中专业技术人员2776人，拥有固定资产原值78.78亿元，净值44.6亿元，所有者权益19.5亿元，资产负债率57.92%。

管理局领导

局　　长：赫　宇

副 局 长：曹崇廉　闫世可　马培友　赵　巍　宋振东

纪检书记：李延军

审计职责 延长油矿管理局成立了审计委员会，并设有独立的内审机构，现有内审人员19人，其中专职人员11人，具有高级职称两人，中级职称10人。其职责是：1. 对全局各二级单位的财务收支及各类经济活动进行审计监督；2. 对各二级单位的主要领导干部进行任期经济责任审计；3. 对全局每年的工程预决算进行审计监督；4. 对全局生产用各类材料市场信息情况进行调查，向局比质比价领导小组提供参考价格；5. 对各二级单位的内部控制制度的健全、执行情况和经济管理及效益情况进行审计监督；6. 对管理局交办的其他各类审计任务进行专职审计监督；7. 与各级国家审计机关、内部审计师协会及社会审计组织等相关部门进行业务联系与协调。

内部审计成果 2002年，共实施财务收支审计两个，领导干部离任经济责任审计1个，专项审计调查1个，共查出违规违纪行为金额851万元，对各二级单位提出合理化建议20多条；审计工程决算总造价34983万元，核减投资2491万元；参与对全局30大类的物资进行了比质比价采购，节约采购成本926万元。4月，出席了陕西省审计厅在西安召开的内审先进表彰大会，延长油矿管理局被审计署评选为1999～2001年全国内审先进单位；积极参加陕西省内审协会组织的审计理论课题研讨，获得2002年度组织工作先进单位；还派人参加了陕西省内审协会组织的各类学习班；修订了《延长油矿管理局内部审计工作规定》和内审人员岗位制度。（撰稿人：冯德生）

【彩虹集团公司】 彩虹集团公司成立于1989年，其下属核心企业彩虹彩色显像管总厂始建于1979年，是我国“六五”和“七五”期间从日本、美国引进成套技术、设备和扩建的重点项目，为我国第一只彩色显像管的诞生地，隶属于电子部和信息产业部，1999年成为中央直属大型企业。彩虹集团公司是以彩色显示器件为主业，集“科、工、贸”于一体和投资多元化的经济实体，下属彩虹彩电显像管总厂、彩虹显示器件股份（上市公司）等全资子公司、控股公司共20多家，有职工两万余人。2002年彩虹集团实现销售收入77亿元，荣登第17届全国电子信息百强企业第18名，完成进出口总额1.75亿美元，其中出口额1.34亿美元。

公司领导

总 经 理：马金泉

副总经理：陶　魁　武英忠　邢道钦　郭盟权　张少文

审计职责 彩虹集团设有独立的内审机构——审计部，统一负责集团的审计工作。有专职审计人员13人，其中具有高级职称3人，中级职称10人。其职责是：1. 负责对所属全资企业和控股企业的财务收支、任期经济责任、基建工程、经济效益和内控制度等方面进行审计和评价，负责审计决定的拟订和监督执行。2. 负责对集团公司及所属公司合资、合作项目进行审计监督。3. 对集团公司所属公司因合并、分立、撤销等事项引起的资产变化进行审计。4. 负责配合、协调国务院驻彩虹集团监事会的监督检查工作。5. 统一管理集团委托社会审计事项。6. 负责与陕西省内审学会等相关部门进行业务联系、协调。

内部审计成果 2002年，完成审计项目26个，审计资产总额59.44亿元，提出改进管理的措施和建议66条，完成基建工程审计项目550个，审定决算资金5671.3万元。对集团多年来在投资、担保、债务等方面遗留问题进行全面审计清理，并提出具体处理建议，落实责任单位。在对会计师事务所资质进行审查确保审计质量的基础上，通过实行竞价招标，使2002年的审计费用比2001年下降了16.67%。

积极探索和完善集团公司对下属公司的"监管"模式，试行由审计部牵头、生产、人力资源、组织、监察等职能部门参加的"综合审计"，代表集团对企业的资产状况、经营管理、班子建设等实施全面审计。组织参加国际注册内部审计师（CIA）考试及陕西省内审协会等单位组织的培训班和审计业务研讨会，有3人一次性通过国际注册内部审计师（CIA）全科考试、20人次参加各类短训班和研讨会。

内审工作特点 1. 建立健全彩虹集团公司《内部审计工作规范》等一套完整的审计制度，制定了《审计工作手册》，规范了审计人员行为。

2. 集团总经理直接领导内审工作，保证了内审工作的独立性。

3. 对下属企业"一把手"的离任全部进行了经济责任审计。

4. 内审的职能由以监督为主逐步转变为监督评价并重，审计评价的标准不仅是对财务数据真实性、生产经营活动的合法性、合规性进行查证、监督，还对其合理性、效益性进行评价，改变以往主要工作都集中在财务领域而未深入到管理和经营领域，内审思维方式由侧重微观向侧重宏观转变。

5. 建立了审计底稿、报告审计部统一复审和"后续审计"体系，确保审计质量。

6. 对审计人员工作实行绩效管理，建立审计效率与质量量化的指标考核体系。（撰稿人：闫跃平）

【金川集团有限公司（简称金川公司）**】** 金川公司是由原金川有色金属公司改制设立的，地处甘肃河西走廊中部的金昌市。是采、选、冶、化配套的大型有色冶金、化工联合企业，生产镍、铜、钴稀有贵金属和硫酸、烧碱、液氯、盐酸、亚硫酸钠等化工产品以及有色金属深加工产品。拥有世界著名的超大型多金属共生的硫化铜镍矿床，镍铜资源储量丰富，是国内最大的镍钴生产基地和铂族贵金属提炼中心，被誉为中国的"镍都"。金川公司拥有资产总额80亿元。已形成年产6万吨镍、12万吨铜、1500吨钴、2000公斤铂族金属和50万吨硫酸的综合生产能力。2002年实现营业收入51亿元，利税8.66亿元，其中利润3.2亿元。

公司领导

董事长、总经理：李永军

副总经理：郑玉生 王永前 王贵平 包国忠 石培荣（兼总会计师） 王一涛 盛延有 汪海洲

审计职责 金川公司内审工作由总会计师主管，设有独立的审计机构——审计部，有专职审计人员10人，其中高级职称4人，中级职称5人；研究生学历1人，本科学历4人，大专学历4人；国际注册内部审计师1人，注册会计师3人。审计部根据国家有关法律法规、集团公司章程和董事会、监事会、总经理工作条例等规章制度，对集团公司内部的经济活动进行审计监督。其职责：1. 制定内审管理制度，依法进行审计监督；2. 测试和检查内部控制制度的健全性和有效性；3. 对集团公司对外投资、资金筹集及资金使用效益进行审计监督；4. 对集团公司基建、技改和维修等工程项目的预、决算及效益进行审计监督；5. 对集团公司所属分公司、子公司和控股公司的资产、负债和损益情况进行审计监督；6. 开展遵循性审计，对国家财经法规和集团公司规章制度的执行情况进行监督；7. 按照国家有关规定对集团公司所属分公司、子公司和控股公司开展任期经济责任审计；8. 开展专项审计，对生产经营管理中突现的事项进行审计调查；9. 开展后续审计，对审计决定和审计批复的执行情况进行跟踪监督；10. 协助纪委、监察、公安和其他部门查证、办案；11. 负责向审计委员会汇报审计情况并提交审计报告；12. 按上级内审组织的要求报告内审工作计划和内审工作开展情况；13. 完成公司审计委员会、董事会、监事会、经理层交办的其他审计事项。

内部审计成果 2002年，金川公司审计部共组织完成各类审计项目29个，其中离任经济责任审计7个，财务收支审计6个，资产重组审计8个，专项审计调查6个，财务年度决算报告审计1个，工程项目审计1个，提出审计建议105条。（撰稿人：宋洪元）

【甘肃省盐业（集团）股份有限公司（简称甘肃省盐业集团）】 甘肃省盐业集团是1998年组建的省属大型骨干企业集团，是以甘肃省盐业（集团）股份有限公司为核心层的母公司，以按经济区域与行政区划相结合设立的县（市、区）盐业以及矿业采掘运销业、包装材料生产业、酒类经营业控股公司为子公司组建的主承担全省食盐物流配送任务的企业集团。在全省按经济区划设有河西、兰州、定西、天水、陇东、陇南6个分公司，内部实行“人、财、物、购、销、调、存、党、政、群”十统一的管理模式，并实行授权经营。6个分公司财务实行预算报账制，资金实行“收支两条线”，即分公司为甘肃省盐业集团总部的核算点，每月收回的货款全部解缴总部，所需要的费用支出由总部下拨，总部对外出具会计信息资料。甘肃省盐业集团拥有81个控股子公司。其中从事食盐专营的75个子公司，从事糖酒副食经营以及矿产品开发经营，包装物生产的6个子公司。集团对子公司实行“人、财、物、购、销、存”六统一的管理模式，按照所在地区授权分公司管理。

公司领导

总裁、董事长、总经理：胡鏸彬

副总经理：付平力　匡超英　冯　云　李金芳

总审计师：孙婉华

审计职责　甘肃省盐业集团公司设总审计师及审计监督部，承担综合经济监督职责，负责6个分公司的审计工作以及对分公司审计子公司的再监督工作；6个分公司分别设审计科，负责辖区公司的审计监督工作。现有专职审计人员27人，其中分公司审计人员23人。主要职责：1.监督检查各单位贯彻执行政策法规情况；2.监督检查各项制度的落实情况；3.对各单位财务收支进行审计；4.对经理进行离任和任期经济责任审计；5.开展基本建设项目审计；6.检查企业经营管理规范性、效率性、效益性情况。

内部审计成果　2002年，甘肃省盐业集团公司组织开展审计项目112个，查出各类有问题资金966万元，提交审计报告99份，对被审计单位的潜盈、潜亏进行了认定、划分，对经营情况和管理水平做出了比较实事求是、客观公正的评价，得到了被审计单位的认可；同时给被审计单位提出审计意见和建议551条，下发审计决定47份，审计决定事项276件；审计意见书66份，审计意见312条，促进增收节支约168万元。（撰稿人：宋婉华）

【宁夏电力公司】　宁夏电力公司是国家电力公司的全资子公司，管理电力生产、基建、施工安装、设计、修造、物资以及中专学校等单位23个，有职工16630人。宁夏电力公司承担宁夏回族自治区及陕西、内蒙古等省区相邻部分地区的供电任务，并向西北电网送电。公司管理和代运行的总资产为81.79亿元，管理和代管装机容量249.4万千瓦。大坝火力发电厂规划装机360万千瓦，已建成投运120万千瓦，是宁夏最大的火力发电厂，也是西北电网的主力厂之一。宁夏电网以220千伏线路为主网架，有3条330千伏线路同西北大网连接，110千伏线路覆盖全区各县市和陕西、内蒙古部分地区。2002年取得电力销售收入36.66亿元，实现利税总额3.11亿元。现所有生产企业均达标运行，大武口电厂和银川供电局是国家电力公司命名的西北第一座“一流火力发电厂”和第二个“一流供电企业”。宁夏电力公司2002年设有15个职能部门、14个分公司、3个全资子公司、4个控股公司。

公司领导

总 经 理：刘应宽

副总经理：曹友治　田世存　马力克　郭少锋

审计职责　宁夏电力公司于1985年12月成立审计部；公司下设内审机构11个，有内审人员46人；具有高级职称3人，注册会计师1人，中级职称23人，大专以上学历44人。其职责是：1.负责对所属企业的会计决算、财务收支、任期经济责任、基建工程、城农网建设与改造工程、经济效益、内控制度、经济合同等方面进行专项审计监督或审计调查，负责出具审计报告，提出审计意见，监督审计决定的执行和落实。2.按有关章程和规定，负责由宁夏电力公司投资的多种经营企业进行任期经济责任、专项审计监督或审计调查。3.负责指导所属企业内审工作。4.负责完成国家电力公司和国家电力公司西北审计部以及宁夏电力公司领导下达的审计项目。5.负责对所属企业进行联合审计的组织协调工作。

内部审计成果　2002年，共完成审计项目175个，其中任期经济责任审计41个、工程审计67个、审计调查7个、专项审计和其他审计60个；共纠正处理违规行为金额941.85万元，查出损失浪费423.20万元；促进增收节支（核减工程投资净审减额）3440.12万元；审签经济合同2545份，审签金额人民币47643万元，美元24.83万元；提出审计建议377条，被采纳335条。审计部全年提交审计报告39份，下达审计意见书31份。完成全区城乡电网建设与改造项目竣工结算审计326

个（城网59个、农网267个），共出具审计报告22份，下达审计意见书17份，提出审计建议45条。送审金额65258万元（城网14030万元、农网51228万元），净审减额2399万元（城网480万元、农网1919万元）。在3个基建项目竣工结算审计中，报审投资为18239.47万元，审减投资额714.98万元（净审减额）；在外资审计项目中，核减由于汇率变动多进工程成本的汇差293.14万元，查出多付合同代理费4.4万元，提出审计建议7条，该项目后经区审计厅审计后，对于公司审计部所做的前期审计工作给予了高度评价；配合宁夏电力公司改革需要，对公司原下属的实业公司进行了长达1年的资产清理工作；对全区农电财务进行全面审计，摸清了各县农电资产、财务收支结余、债权、债务情况，并对农电财务核算及财务管理中存在的问题提出了审计意见。

内审工作特点　1. 内审机构健全，人员配备到位。宁夏电力公司审计部现有6人，公司下属企业都设有审计科、部分小单位设有专职审计人员。

2. 不断健全审计制度及审计管理制度。2002年制定了《宁夏电力公司任期经济责任审计暂行办法》、《宁夏电力公司预算管理审计实施办法》、《宁夏电力公司内部审计实施办法》、《宁夏电力公司电费电价管理审计办法》、《关于二期农网工程竣工决算审计的若干意见》。

3. 注重培养提高审计人员业务素质。3月11日举办为期5天的学习《审计计算机综合信息管理系统》软件培训班；8月19日举办为期5天"《新会计准则、会计制度讲解》之五"的学习班。（撰稿人：辛秀兰）

【新疆独山子石油化工总厂（简称独山子石化）】　独山子石化位于新疆天山北麓、准噶尔盆地南缘克拉玛依市独山子区，是一个集炼油化工为一体的大型国有石化企业，隶属中国石油天然气集团公司。具备600万吨年原油加工能力和22万吨乙烯生产能力，生产7大类、240多种"天山牌"炼油产品和14个系列、100多个品种的"雄鹰"牌工化产品，并拥有能承担大型炼化装置设计、施工、检修、监理能力的炼化辅助生产单位和物业、医院、教育、文体、动力、保卫等后勤单位。独山子石化在国内同行业率先通过ISO9001质量保证体系认证、ISO14001环境体系认证、OHSMS职业安全卫生管理体系论证，并以雄厚的实力承担了疆内外部分炼化装置及苏丹喀土穆炼油厂的设计、施工、监理等工作。2002年，销售收入突破百亿元，上交利税8亿元。两次荣获"全国五一劳动奖章"和"全国质量效益先进企业"荣誉称号。1月，独山子石化又被审计署授予"全国内部审计先进单位"荣誉称号；3月，审计处被自治区审计厅授予"自治区内部审计先进单位"；9月被自治区审计厅授予"自治区内部审计档案管理规范单位"。"天山牌"商标被评为"中国改革开放20年来对人民生活最具影响力的著名品牌之一"。

总厂领导

厂　长：付德新

副厂长：王明章　吕　健

审计职责　独山子石化设有独立的内审机构——审计处，实行一级审计体制，有内审人员7人，其中中级职称3人，造价师1人。主要职责是：1. 负责全厂对国家审计法律、法规、政策的宣传和贯彻落实工作；2. 负责全厂审计工作计划、管理、组织、实施，向厂长和上级审计部门报告工作；3. 负责对所属企业会计决算、财务收支、经济责任（干部离任）、经济效益、基本建设及检维修、工程项目招投标、经济合同、企业改制、财经法纪和内部控制制度等方面开展审计监督工作，并负责审计决定、建议的拟定和监督执行；4. 负责全厂审计理论研究和发展工作；5. 负责与国家审计机关、自治区及中国内审学会等相关部门进行业务联系与协调工作。

内部审计成果　2002年，组织实施并完成21个财务审计项目，完成基本建设及检维修结算审计453个，审计结算资金1.39亿元，工程招投标审计21个，审计标底2000多万元。查出违纪违规行为金额7708万元，下达审计决定纠正处理7708万元，其中内部收缴44万元，调增收入和调减成本费用1633万元，审减工程标底和不合理工程结算526万元。共取得直接经济成果2203万元，提出审计建议122条，被采纳101条。

内审工作特点　坚持"一个中心"，抓住"两个重点"，落实"三个到位"，即坚持以提高总厂经济效益这个中心来开展审计工作；抓住内审工作的重点，以重点抓审计质量来开展工作；落实监督到位、处理到位、服务到位，充分体现内审工作"一审，二帮，三促进"的宗旨。（撰稿人：李新宇）

科研、培训、出版、学术团体

【中国审计科研所】 2002年，中国审计科研所人员编制30人，在编24人，领导职数两名；设有财政审计研究室、金融审计研究室、企业审计研究室、外国审计研究室和办公室。

领导成员

所　长：姜　洪（—9月）

　　　　刘英来（9月—）

工作综述 1. 继续承担《中国审计史》的编写组织协调工作，并承担部分章节的编写任务。2. 继续开展《中国审计行政管理》的编写工作，并取得进展。3. 完成了《任期经济责任审计理论与实务》的编写工作并由中国时代经济出版社出版。4. 按照署领导指示完成“对世界各国审计长独立性的比较研究”，并编写了《世界各国维护审计长独立性做法的比较研究》的报告。5. 与京津冀特派办共同承担“金审工程”审计专家经验库的建设。6. 与北京外国语大学国际金融与商务研究所合作研究，完成了《对金融资产管理公司的审计研究》报告。7. 与对外经济贸易大学协作就“审计对建立规范化的财政转移支付制度应发挥作用”进行研究，完成了《外国政府间转移支付制度分析及其审计经验借鉴》、《当前我国政府间转移支付状况与问题》两份研究报告。8. 为及时反映审计理论研究的最新成果和国外审计理论、方法的最新动态，编发《审计研究简报》和《国外审计动态》各12期。9. 继续改进《中国审计技术与方法》杂志，根据需要对有关栏目进行调整。

《中国审计史》的研究和编写工作 为了搞好编写工作，编办组织召开了《中国审计史》编写工作会议，对初稿的编写与研究、修改进行了具体安排。为了完成《中国审计史》的总纂工作，在署人教司的大力协助下，从辽宁、吉林、安徽、江苏省审计厅借调了几位同志分别参加上、中、下3卷的总纂工作。并及时从中各选有代表性的1章分送李金华审计长、董大胜、项俊波副审计长及编办的各位成员，于10月18日召开会议，听取署领导及编办成员对送阅稿及全书的意见。根据提出的意见及各章的具体情况，对其他各章进行了总纂，年底已完成总纂第一稿。

同时各编写组在编写过程中，根据各自情况继续补充搜集有关史料，并且还为署审计史料陈列室收集史料，提出审计史料陈列方案，并收集到部分展品。为及时反映《中国审计史》编写情况，到11月初共编辑《中国审计史》编写工作动态22期，《中国审计史》编写工作动态副刊3期。

参与《中国审计行政管理》的编写工作 《中国审计行政管理》在我国是一个全新的课题，编写的难度很大。在署党组“先研究，后写书”的原则指导下，2002年进入了撰写阶段。撰写前，科研所对全书的编写及撰写人员做了安排，并对本书的撰写要求、写作进度、联系方式等情况也做了具体要求。并且，还组织有关人员专程走访了南京、武汉、上海等地，听取了具体撰写人员在写作方面的情况，解决他们在撰写过程中所遇到的问题和困难。审计科研所与各编写组保持经常的联络，了解写作进度，并根据情况调整了部分写作人员。全书的撰写工作正在按计划进行。

完成《任期经济责任审计理论与实务》的编写工作 任期经济责任审计是在我国社会主义经济体制改革的进程中发展起来的，是市场经济条件下党和政府为了加强对领导干部的监督与管理，正确评价其任期经济责任，促进党风廉政建设，保障国有资产保值增值而制定的一项制度。该制度的实施，对于严肃财经法纪，促进廉政、勤政建设，完善干部考核制度和建设高素质的干部队伍起到了很好的作用。但是，随着实践的深入，任期经济责任审计中出现了一些亟待研究解决的问题，如评价指标体系不统一、评价不规范、审计结果利用不充分等等。

针对存在的问题，审计署科研所组织全国审计机关的科研力量，联合攻关，初步回答了这些问题，其科研成果汇集在《任期经济责任审计研究》一书中。通观全书，从理论和实践两个方面均有一定的价值。作者以委托—代理理论、行为科学理论、契约理论等为基础，在指出现有模式不足之处的基础上，探索了任期经济责任审计的新模式；同时，作者在总结实践经验的基础上，对任期经济责任审计的程序、指标体系、结果利用、风险防范等方面的问题有了更深的认识，反映了审计科研的新成果。

该课题前期研究起始于2001年5月，结束于2002年1月。广东、广西、海南、湖北、吉林、内蒙古、江西、安徽、福建、河南、黑龙江、青海、甘肃、河北、湖南、山东等16个省、自治区审计厅和解放军审计署的科研机构参与了该课题研究工作。在前期工作的基础上，审计科研所组织专门力量将各地的研究成果进行汇总，并在统稿的基础上开展了进一步的深入研究，最终编写完成《任期经济责任审计研究》一书。

开展“审计对建立规范化财政转移支付制度应发挥作用”的研究　政府间财政转移支付主要是指中央政府对地方政府的收入转移。政府间财政转移支付是一个国家内部各级政府之间分担税收和公共开支责任的一种手段，其主要功能是弥补财政缺口、改进社会公平、调整利益的外溢性。随着财政转移支付在公共支出中所占比重的增长，西方国家越来越重视这方面的审计监督工作：一是注重全方位审计，重视审计的深度、广度和力度；二是发挥审计监督职能，促进专项拨款的完善和规范。

针对我国国情和近年中央预算执行情况，考虑对专项拨款进行审计监督的目标和思路：一是从宏观（即源头）抓起，促进专项拨款制度化、规范化。通过开展以对中央补助地方支出的审计，特别是结合以专项补助支出为重点的省级决算审计，进一步明晰政府间转移支付所涉及的事权与财权，明确专项拨款设立的权限、期限、数额以及分配、使用、管理、监督的办法等，使专项拨款制度化、规范化、透明化，并逐步向规范化的转移支付制度过渡。二是进一步深化对财政部的中央专款审计，为从根本上清理和规范专项拨款做准备。要通过审计监督促进解决专项拨款在申请、分配和管理方面的透明化和规范化问题。三是对省级决算中的中央专款审计要进一步突出重点。今后对省级财政决算的审计，仍应以中央补助地方支出为主要内容开展工作，要突出重点，查深查透，以更好地为财政部审计服务。四是地方审计部门要开展对地方接受中央补助资金、地方本级对下一级补助资金和接受地方上一级财政补助资金的审计。今后地方审计部门在开展预算执行审计时，要把所有专项拨款资金纳入审计范围内，加大审计力度，促进管好用好资金。在此基础上，要从规范管理的角度，通过审计建议的形式，促进将这部分资金纳入同级人大、政府监控的范围，以形成对其全方位、多层次、全过程的监督。（撰稿人：韩乃志）

【审计署干部培训中心】　2002年，审计署干部培训中心（简称培训中心）正式编制32人，实际在编30人，领导职数3名；设有办公室、培训处、考试处（考试中心）、电教处、国际合作处、国际会计审计师培训部。

领导成员

副主任：鲍国明（主持工作）

　　　　章　轲

副局级审计员：杨彩霞

工作综述　2002年，培训中心认真组织实施“2000～2002年三年教育培训计划”最后一年的各项培训任务，提高审计干部的宏观经济意识和综合素质，采取多种形式，立足于全方位、多层次的培训模式，逐步形成审计干部终身制的培训体系，并在工作中积极推进培训观念的创新、培训形式的创新和培训手段的创新。

培训工作　按照“三个强调”的原则，即：加强和署内各业务司局的培训合作，强调服务性；选择时效性强和有利于提高审计干部综合素质的课题进行培训，强调针对性；将计算机与网络技术和多媒体技术用于培训工作，强调先进性。全年先后举办了厅（局）级领导干部培训班两期，学员68人；处级干部培训班两期，学员70人；按照每三年一个培训轮次计算，从2000～2002年，培训中心按计划共培训厅（局）级干部254人，处级干部417人。同时，培训中心还与署内各业务司分工协作，及时举办了20期各类审计业务培训班，来自各地审计机关的1800多人接受了业务培训，90%以上的学员都对培训班表示满意或非常满意。为提高地方审计机关和特派办的审计工作规范化、标准化水平，配合《企业财务审计指南》及相关应用软件的推广试用，培训中心先后专门举办了两期“企业财务审计指南及软件试点审计培训班”，共有116人参加了学习。

2002年培训中心继续加大对西部地区审计机关的支持力度，先后在北京、南京、西安、青岛和苏州举办了6期西部审计干部培训班，共培训282人，其中两期为西部市（地）、县审计局长培训班，利用20天的时间集中学习当前中国经济问题、财税、金融、WTO、行政领导学、新会计和审计等方面的知识，深受西部地区审计机关领导干部的欢迎。两期为国家审计准则培训班，由审计署法制司的领导及有关方面的专家担任授课教师，通过两周的学习，帮助西部地区从事政府审计的人员在工作实践中准确理解、掌握和运用审计准则。在北京信息工程学院举办的两期西部审计干部计算机基础培训班，60名学员通过考试合格后，由审计署向学员所在单位分别赠送了台式金长城牌计算机和打印机，有力地支持了这些单位信息化建设工作的开展。

为进一步开拓广大审计干部的视野和知识面，丰富培训的内涵，从年初开始，培训中心坚持每季度举办1期专题报告和1期特色讲座，出版1本《审计干部培训活页文选》，在已举办的10场专题报告和特色讲座中，聘请了龙永图、杨景宇等国务院有关部委的领导和洪昭光、刘欢、范曾等著名专家教授担任主讲人，内容涵盖了WTO、公民道德规范、哲学与社会生活、公务员礼仪与人际交往、美术欣赏、音乐欣赏、健康与生活等诸多领域，具有贴近社会生活，有利于提高个人修养的显著特点。而且，第四季度《审计干部培训活页文选》的发行量也扩大到2000册。

8月18～30日，审计署进行了第二次全员集中培训活动，培训中心按照署党组的布置要求，在集中培训期间先后组织了《唯物辩证法与审计工作》、《学习理解三个代表重要思想》、《我国经济形势》、《当前国际经济形势》等13场高水平的专题讲座，并且配合行政事业审计司组织各派出审计局集中学习了3次，李金华审计长做了专题报告，财政部的两名专家为有关人员进行了学习辅导。

6月和12月，培训中心分别在北京和南京各举办了1期BFT高级英语培训班，参加学习的共有58人，通过考试，有55人获得了BFT英语高级资格证书，至此全国审计系统中通过培训考试获得BFT英语高级资格的人员已达246人。同时，在5～9月期间，坚持每周在机关开设一堂英语口语培训课，共有430人次参加了学习。12月又在北京专门举办了1期英语口语封闭强化培训班，参加学习的有署机关和派出局的英语骨干人才，共20人。

与此同时，全年还安排计划外培训班28期，培训各级、各类审计人员2000余人。其中较有代表性的培训班包括培训中心与署经贸司合办的两期“经济责任审计培训班”，参加学习的有来自地方审计机关的企业审计人员220人；为迎接高级审计师考试而举办的3期考前辅导培训班，共培训参考人员430人。7月，培训中心分成3个工作组，深入东北、华北、华中、华东的广大地区，与当地审计机关的同志们座谈交流，听取各级审计人员对教育培训工作的意见、建议和要求，在此基础上，各工作组又到在京的中央和国家机关有关部委走访，虚心学习他们在干部教育培训方面进行的有益实践和取得的成功经验，逐步构建了审计干部终身职业教育培训体系的全套方案。

考试工作　2002年仍然是全国广大审计人员踊跃报名参加初、中、高级审计专业技术资格考试、全员岗位资格考试和审计英语水平考试的一年，也是高级审计师资格考试首次在全国范围内推开的第一年。10月13日，全国审计专业技术资格考试在各地258个考点同时进行，共有1557人报名参加审计专业初级资格考试，实际参加考试的有812人，通过209人，合格率为25.74%；报名参加审计师资格考试的有14285人，实际参加考试的有7852人，通过2305人，合格率为29.36%；报名参加高级审计师资格考试的有5913人，实际参加考试的有3265人，通过1343人，合格率为41.13%。

2002年是审计署及各特派办实行第一个三年培训轮次的最后一年，来自署机关、14个特派办和13个省（市）审计厅（局）的2373人报名参加全员岗位资格统一考试，考试于8月16日举行，实际参考人员达到2437人，通过2393人，合格率为98.19%，其中通过A级的人数为1553人，占参考人数的63.73%。

审计英语水平考试按计划于8月16日举行，报名参加考试的有来自署机关、17个特派办和12个省（市）审计厅（局）的2074人，实际参加考试的为1657人，通过1024人，合格率为61.8%。

为保证全年考试工作任务的顺利完成，特别是保证高级审计师资格考试工作能够如期进行，并且在工作中充分体现出公正、公平、优质、高效的特点，培训中心把考试工作的重点放在抓好五个关键控制环节上。第一，通过各种媒体加强宣传力度，使广大考生及时了解有关考试的政策和信息。第二，及时组织编写、修订和发行考试专用教材，全年共发行各类考试专用教材90486册，其中有初、中级审计师考试辅导教材28000册，考试指南13000册；高级审计师考试辅导教材29214册，考试大纲5416册，考试指南5780册；《审计干部岗位知识丛书》10112册；《财经审计英语》

2022册。第三，在命、审题工作中做到广泛征题，精心组题，严格审题，提高试题、试卷的质量。第四，加强对巡考人员的管理和要求，明确巡考人员的责任、权利和义务，确保巡考工作不走过场。第五，进一步推广使用计算机阅卷和网上阅卷，保证阅卷结果的客观公正、真实可信。

电教工作 继续坚持深入分析推介重大审计案例的典型经验，及时、全面、准确地跟踪报道署内各项重要的培训学习、国际交往、文化娱乐等方面的活动，先后摄制完成了《较量——西安办国债资金审计》、《责任——沪江德勤会计师事务所执业质量检查》和《为了人民的金库——广东14家企业骗贷案》3部审计案例分析教学片，整理制作了电视专题片《中德审计合作项目十年回顾》和《审计署首届国际审计培训班活动纪实》（中、英文版）。

在8月下旬举行的审计署全员集中培训活动期间，培训中心尝试采用现场数字化记录加工处理的模式，对全部13场报告和专题讲座进行实时编辑制作，而后复制拷贝成VCD或DVD格式的教学光盘迅速下发至各特派办，帮助各特派办实现与署机关同步进行培训。此外，还根据在署机关举办专题报告、特色讲座的活动安排，共拍摄制做了40余部各类题材的电视教学片、纪录片和资料片。

国际交流与合作 2002年培训中心在署内有关部门的积极支持下，报请国家外专局审核、审批，先后执行了6项境外短期培训班计划，其中包括赴美国的企业审计培训班和审计综合管理培训班；赴瑞典的政府外债审计培训班和社会保障审计培训班；赴英国的公共工程效益审计培训班和赴德国的金融审计培训班，参加学习的学员共有148人。

8月14日，经过各级审计机关考核、选拔、推荐的14名优秀中、青年审计业务骨干离京赴澳大利亚堪培拉大学进修深造，这批人员将于一年后学习期满回国。

2002年培训中心首次与署外事司合作在北京共同举办了国际审计培训班，从11月3～10日的8天当中，共有来自18个国家和地区的19名外籍学员接受了中国审计专家的培训。这次培训班的成功举办，对宣传中国审计事业的发展和进步，提高中国审计署在国际审计界的地位和声望起到了积极的作用。

国际会计审计人才培养 培训中心按照与香港理工大学已经达成的协议，再次从各地审计机关中选拔、推荐出3名优秀青年审计人才，经过严格的审查、面试后进入该校攻读硕士学位，而于2000年9月首批进入该校学习的5人已圆满结束了学习生活，带着优异的学习成绩和刚刚取得的硕士学位，返回到各自的审计工作岗位。

3月，经过英国ACCA培训机构总部的全面考察评估，培训中心被授予ACCA一类优等培训机构的称号，同时获准在各类媒体的宣传上使用ACCA培训机构的徽号。全年新增学员351人，目前在读ACCA的学员达到1411人，全年通过各科考试，获得ACCA资格证书的学员有46人，至2002年底，经培训中心培养后获得ACCA资格证书的学员累计已达130人。

2002年培训中心最终确定在北京、上海、广州和深圳4地设立CISA（国际信息系统审计师）的招生考试点，全年共招收CISA学员157人，实际参加培训的人数达到180人，并全部如期参加了6月8日举行的CISA全球统考，其中63人通过，通过率为35%。（撰稿人：赵剑）

【审计署计算机技术中心、信息化建设办公室】 3月25日，为适应“金审工程”建设的需要，署党组研究决定，署审计信息化系统建设规划领导小组办公室（简称信息化建设办公室）与署计算机技术中心职能归并，合署办公，对外根据工作需要分别使用不同名称。2002年，实有人员32人，计算机技术中心设有信息系统处、软件开发处、应用技术推广处（兼办公室）、辅助审计处；信息化建设办公室设有协调组、网络与安全建设组、应用系统建设组。

领导成员

主　任：王智玉

副主任：李进建

信息化建设办公室主任：

周德铭（办公厅副主任兼）

工作综述 2002年，计算机技术中心、信息化建设办公室本着“科学、求实、拼搏、廉洁”的工作作风，全面推进了“金审工程”进展，继续探索开展计算机审计的路子和方法，推进审计人员掌握计算机基础知识和操作技能，培养了一批计算机审计骨干，完善了内部管理，加强了队伍建设。

全面推进“金审工程” 1.“金审工程”正式启动。4月9日，国家计委在征得国信办同意后，批复了“金审工程”可行性研究报告和招标方案。4月29日，审计署召开了“金审工程”工作大会，宣布“金审工程”正式启动。7月，国家计委批复了“金审工程”一期初设方案和投资预算，确定的总投资额为1.92亿元，全部为中央基本建设预算内资金。10月，第一笔建设资金到位。

2.特派办局域网建设进展顺利。网络系统建设的重点是18个特派办的局域网建设。为了统一建设标准，规范技术要求，信息化建设办公室在调查研究的基础上，编制了《特派办局域网工程建设指导书》，确保网络系统安全高效运行，为各项业务应用系统提供良好的运行环境。8月，在南京召开了局域网工程详细设计方案编制现场会，以南京办的工程建设方案为示范，指导各特派办的方案设计。到年底，南京、沈阳两个特派办已经开工建设，其他特派办陆续报批方案。

3.应用系统建设。其近期目标：一是在建成的局域网上运行机关辅助办公系统，为审计人员提供办公自动化系统，为审计现场提供信息支持。二是向审计人员提供现场审计软件。根据审计署办公厅关于《“金审工程”第一建设年度任务安排》，9月，召开了应用软件开发培训协调会，明确了各软件功能边界定义和相互关系，安排了各应用项目的业务需求报告编制工作。

计算机技术中心承担了应用平台总体方案需求、机关辅助办公系统总体需求、现场审计系统总体需求的编写工作，同时具体负责企业程序导向式审计软件、财务分析模块的需求编写，配合相关公司开发平台和软件。到年底，完成了既定进度，企业程序导向式审计软件在宁波进行了首次试用。

4.标准规范建设。为强化“金审工程”的管理，2002年制定了《金审工程建设管理暂行办法》、《金审工程财务管理办法》、《金审工程项目管理办法》、《信息化建设办公室工作职责》、《信息化建设办公室工作廉政纪律》等制度；组织编写了《审计软件开发指南》。建立了“金审工程”专家咨询委员会和招标工作组，建立了相应的工作制度。在制定并严格执行各项管理制度的同时，确定了“科学、求实、拼搏、廉洁”的“金审”作风。

5.对地方审计机关的指导。12月，印发了《关于地方审计机关信息化建设有关问题的通知》，明确“金审工程”总体规划包括中央、省、市、县四级审计机关的信息化建设；地方审计机关的“金审工程”建设要和地方政府的电子政务建设协调一致，地方审计机关的信息化建设既是“金审工程”的重要组成部分，同样也是地方政府电子政务的重要组成部分；要按照国家和地方政府关于电子政务的建设原则和总体要求，认真规划，协调一致。要求在工程建设和管理方面参照审计署制发的有关文件办理。信息化建设办公室在哈尔滨组织召开地方省级审计机关信息化建设试点单位座谈会，就广域连接及省级审计机关信息化建设的有关问题进行了研究。

计算机审计取得新的进展　随着署机关、特派办审计人员操作应用计算机水平的提高，计算机技术在审计中的应用更为广泛，计算机技术中心参与、配合业务司的任务进一步加重。2002年，审计署组织的对建设银行、中央税收征管、海关的审计中，较普遍地使用了计算机。计算机技术中心直接参加了对建设银行的审计，负责转换、整理、分发数据，对所使用的软件进行改进完善，辅助业务司较好地完成了审计任务。计算机技术中心还辅助有关派出局，完成了部门预算执行审计。

2002年，审计署与中国农业银行联合开发金融计算机审计系统的项目继续进行，年内完成了北京、上海、浙江、广东、深圳5个分中心的建设，完成了审计署监控端网络设备、安全设备的升级改造，使整套系统具备了试运行条件。年底使用这个系统在广东试审运行中，发现了重大金融违纪案件。

继续开展计算机培训　1.初级培训。全年组织3次全国计算机基础知识和操作技能考试，有近6000人报名参加。第一轮培训和考试结束后，全国累计共有37317人合格。根据审计工作的实际要求和IT技术的发展，计算机技术中心编写了新一轮初级培训教材的大纲，组织有关专业人员编写新的培训教材。

2.中级培训。全年举办了3期计算机审计中级培训班，培养了150名计算机审计骨干。举办了3期计算机审计中级水平考试。到2002年底，参加审计署计算机审计集中中级培训的有300人，一些特派办、省厅按照中级培训大纲组织了不同形式的培训，参加统一考试，通过计算机审计中级水平考试的有343人。

与此同时，计算机技术中心与北京信息工程学院、清华大学出版社共同编写出版了计算机审计中级培训系列教材，一套6本，还组织整理了计算机审计中级水平考试模拟试题，邮发给各级审计机关供培训参考。

加强内部管理，为署机关提供优质服务　1.创建中央国家机关文明单位。计算机技术中心坚持“两手抓，两手都要硬”的方针，一手抓审计信息化，一手抓精神文明建设。被中共中央精神文明建设指导委员会授予2001年度“中央国家机关文明单位”，2002年，计算机技术中心通过了中央国家机关精神文明建设协调领导小组的复查，保持了荣誉。刘家义副审计长在2002年底党支部民主生活会上，对计算机技术中心和信息化建设办公室的工作给予了充分的肯定，称赞中心四个好：班子好、队伍好、工作好、廉政纪律好。

2. 廉政建设，保持审计人员的廉洁形象。“‘金审工程’要搞上去，干部不能搞进去”是常鸣的警钟。为此，计算机技术中心制定了“金审工程”6不准，主要内容是：(1) 不准私自向外部泄漏工程建设的实施方案、项目计划安排、招投标文件等内容。(2) 不准向公司允许承包项目或替公司说人情、写条子。(3) 不准以任何理由，要求项目承包公司解决个人及亲属的工作、生活等问题。(4) 不准借工程需要为名参加公司安排的宴请、旅游、娱乐和联欢等活动。(5) 不准接受公司的现金、有价证券、支付凭证和工程回扣。(6) 不准在公司报销任何因公因私的费用。从实践看，这些制度得到了严格执行。

计算机技术中心是独立核算事业单位，有独立的财权，有对外签订合同权。李金华审计长已授权信息化建设办公室主任在“金审工程”建设期间代表审计署全权对外签订合同。全年计算机技术中心支出购置设备款和合同款约600多万元，全部按照国家的政府采购规定和招投标制度办事，没有发生一起违纪问题。

3. 为署机关提供信息化环境保障。计算机技术中心全力保证审计署网络畅通及设备正常运转。审计署与特派办、省级审计机关的广域网，署办公楼与东华审办公区、26个派出局的城域网，与国务院办公厅连接的信息网，署办公楼内的办公网和因特网均正常运行。另外，在署机关办公网上新建了简易备份系统，配合其他管理系统强化了网络的管理水平和防灾、抗入侵的能力。(撰稿人：程建勤)

【南京审计学院】　2002年，南京审计学院在校生人数8767人；教职工750人，其中专任教师446人(教授24，副教授124人，讲师139人)。学院对教学机构及行政机构进行了增设和重新调整如下：设有审计学系、国际审计系、财政学系、会计学系、经济学系、管理学系、金融学系、计算机科学与技术系、法律系、外语系、对外汉语系、应用数学系和人文社科部、体育教学部、管理干部学院、公有民办二级“金审学院”、高等职业技术学院、成人教育学院等教学系部及公共管理与绩效评估研究所、图书馆、现代教育技术中心、金融高级人才培训中心等教学辅助机构；设有党委办公室、组织部、统战部、宣传部、纪委办公室、保卫部、团委、学生工作部、院长办公室、外事办公室、监察室、审计处、工会、人事处、教务处、科研处、财务处、学生处、招生办公室、保卫处、基建处、离退休工作处、后勤管理办公室、浦口校区管理委员会、后勤集团公司等行政处室。4月3日，原南京金融专科学校正式并入南京审计学院，同时撤销南京金融高等学校建制。

领导成员

院　长：易仁萍

副院长：熊仁民(7月—)

叶国英(—7月)

黄国平(7月—)

王家新(7月—)

张　进(7月—)

李凤鸣(—7月)

乔春华(—7月)

工作综述　进一步加强学科建设与专业建设，更加突出品牌与特色　1. 为适应经济建设、科学技术与社会发展对人才需求多样化、多层次化、多规格化的要求，为拓展学院的生存和发展的空间，学院启动了品牌专业与特色专业建设，更加强调突出优势、办出特色。为此，本学院颁布了《南京审计学院品牌专业、特色专业建设实施办法》，明确了品牌专业、特色专业建设的总体目标、建设标准及管理与评估。经过各系申报、院学术委员会审议通过，审计学为拟建设的省级品牌专业，电子商务为拟建设的省级特色专业，金融学、财政学、工商管理为拟建设的院级特色专业。首期启动专项经费23万元。

2. 截止到2002年秋季，全院开设的16个本科专业中，有8个是新建专业，其中，6月6日，经江苏省教育厅［苏教高(2002) 23号文］批复，南京审计学院新增设计算机科学与技术、工程管理、人力资源管理等3个本科专业。占增加专业的50%。一方面反映了学院发展的需要，另一方面，也优化了学科专业结构，增强了学院的竞争实力。但新专业的建设还需花大气力去抓。为此，2002年由教务处教学管理科牵头设计了评估指标体系，组织对新建专业的评估工作。本次评估重点是师资队伍建设和课堂教学质量，着重检查各新建专业的师资培养计划及专业课程教师定位情况。各系部结合评估指标体系及本系教育教学实际，认真做了自评工作，有力促进了新建专业上质量、上水平。

3. 根据教育部的要求，组织了法学专业的自评工作，并上报了自评报告及整改建设思路。其结果是：法学专业在总体上达到了人才培养的基本规格，学生质量较好，教师科研成果较多，但师资总量和结构、研究生以上的师资比等还有一定的差距。今后建设的重点是师资队伍、人才培养模式、教学计划的灵活性和可选性、改进培养学生创新思维和创新能力的教学环节、进一步提高教学质量等方面。

4. 新申报了“数学与应用数学”及“对外汉语”两个新专业，如经省教育厅及国家教育部专家审议批准，将在2003年开始招生。

新增“数学与应用数学”专业是为了适应我国加入WTO后对高层次经济类专业人才必须具备浓厚的数学功底和定量分析能力的培养要求，促进财经类专业的教学科研进一步与国际接轨，加快理论研究从定性分析到定量分析提升的进程，使学院在经、管、法相互支撑的学科基础上，增加数学学科支撑，以加强对经、管、法更有力的学科支持，形成更加完善的学科专业体系。

新增“对外汉语”专业是为了培养既精通中外语言、通晓中外历史文化，又具有一定的财经知识，熟知国际惯例、能进行国际语言文化交流和国际经济交流的高级应用性人才。同时也符合教育部2002年5号文件关于调整高校专业设置以适应中国加入WTO的需要，大力发展应用型文科专业，为社会服务的指示精神。“对外汉语”专业的增设，不仅提高了本院的办学层次，加强了各学科间的互补渗透以顺应国际国内经济发展，也为培养复合型、应用性人才创造了更多的可能和更大的空间。

课程建设和教学改革取得了丰硕的成果　1.2002年，学院组织了院级优秀课程评选，并推荐申报省级优秀课程。申报的优秀课程（群）有20项。经过学院评审推荐，及省教育厅专家的评议，本院《国际贸易》、《证券投资学》获得省级一类优秀课程称号，《大学体育》、《思想道德修养》获得省级二类优秀课程称号。

2. 为广泛动员教师积极开展多媒体课件的研究与制作，激发教师在教学过程中运用现代教育技术手段的主动性和积极性，切实提高全院多媒体开发和建设课程的整体水平，通过现代教育技术达到提升教学水平之目的，学院组织了多媒体教学课件竞赛活动。各系推荐了24个自行开发的教学课件参加竞赛，其中专业课有13个，公共基础课有9个，选修课有两个；网络版4个，单机版20个。通过评选《国际贸易》、《初级会计》、《证券投资》等3个课件获得院级一等奖，《社会审计》、《经济应用文写作》、《计算机应用基础》、《心理学》、《大学英语》等5个课件获得院级二等奖，《李白杜甫诗歌创作作风比较》等10个课件获得三等奖。获得院级一、二等奖的8个课件及原南京金融专科学校的两个课件被推荐参加江苏省高校多媒体课件竞赛，参赛的10个课件均获得省高校多媒体竞赛好课件奖。全院现有多媒体教室60多间，为教师使用多媒体课件创造了良好的硬件条件。据不完全统计，全院现有70%左右的课程不同程度地使用现代化教育技术手段进行教学。

3. 为推进双语教学的进程，学院拨专款设立双语课程建设专项经费，每门课程4000元。现有《经济效益审计》等35门课程申请了双语教学专项经费。

4. 组织学生参加各项竞赛，在江苏省数学竞赛、全国大学生数学建模比赛、英语比赛中均取得优异成绩，数学建模比赛获得全国一等奖1项，全国二等奖1项，赛区二等奖两项，赛区三等奖1项。获全国一等奖的竞赛论文被推荐到《工程数学》上发表，成为全国几百所高校、几千个参赛队中被推荐发表的10篇论文之一。（撰稿人：禹志梅）

【中国时代经济出版社】　2002年，中国时代经济出版社在编人员44人，招聘人员18人，领导职数2名；设有办公室、总编室、财务处、编辑一室、编辑二室、编辑三室、编辑四室、发行处、世纪风云广告公司、事业发展中心。

领导成员

社　　长：宋灵恩

副总编辑：杨　岗

工作综述　2002年，是本社更名后的第一年，在署党组的正确领导和各级审计机关的支持下，全社职工奋发努力，认真落实全国审计工作会议精神，严格遵守党的出版方针政策，加强内部管理，调整图书结构，注重书刊质量，开创了宣传、出版和经营工作新局面。圆满完成了《中国审计》、《中国财经审计法规公报》和《中国审计年鉴》（2001～2002卷）的编辑出版任务，出版图书142种，书刊销售总码洋

4182万元，比2001年增长39%。

适应审计工作和市场需求，做好宣传出版工作　1.注重提高《中国审计》宣传层次和水平。围绕审计工作各阶段任务，紧扣主题，突出重点，面向一线，改进文风，刊物质量和宣传效果有了明显提高。一是配合审计工作，宣传报道全国审计工作会议和年中审计工作座谈会。年初投入了较大的力量，突出报道审计工作新思路、新目标、新措施，为读者了解审计、理解审计的工作方针、政策和重点提供了新的窗口。同时把经济责任审计作为重点，进行了较为全面和及时、深入的采访报道。二是突出先进集体和先进人物的宣传报道。从第一期开始，在“人物风采”和“经典存盘”等栏目中，连续采访、报道了受表彰的先进集体、先进人物的事迹，让社会了解先进，学习先进。为避免与有关媒体在报道上的重复，特组织记者对先进人物进行了专访，深入挖掘深层次的素材，增添了人物的真实性和感染力。三是连续披露审计系统查出的大案要案。查处大案要案线索是审计工作的一项重要任务，为配合此项工作的宣传，设置了“要案写真”栏目，重点披露大案要案，宣传揭露案件的过程，提供值得学习和借鉴的方法，揭穿违纪违规的手法。四是在审计规范和审计质量的宣传方面有所突破。针对审计署提出审计工作要上档次、上水平的要求，通过“经典存盘”、“技术方法”等栏目，对一些地区提高审计质量的方法、措施进行了宣传和报道，同时对绩效审计等工作有选择地进行了宣传。五是扩大审计信息的容量。每期安排4个版面，宣传各基层单位的工作，为加强沟通和交流，提供了园地。此外，完成了2003年《中国审计》改半月刊的市场调查、改刊后的栏目设计和形象宣传工作等。

2.努力提高《中国财经审计法规公报》的实用性。出版社始终关注国务院各部门的工作动态，及时收进与审计财会工作有关的规章。根据读者的呼声和要求，还收集了一些具有普遍借鉴意义的地方性审计法规。还配合每期刊物出版了滚动光盘。另外还编辑出版了增补本和合订本。通过这些工作，扩大了法规收集的范围，增强了公报的实用性，受到读者好评。

3.适应市场需要，调整图书结构。为适应图书市场竞争日趋激烈的形势，出版社在对图书市场进行认真分析的基础上，根据审计工作和市场需要，对出书结构做了较大的调整。在注重图书规模效应的基础上，重点突出特色图书和品牌图书，一方面发挥本社编辑出版审计、财会类图书的优势，大力加强审计工作急需的图书选题，直接服务于审计事业。另一方面把面向社会、面向市场的社科和大经济类的丛书、套书作为重点，集中推出了一批畅销和常销图书，特别是外版图书有了突破性进展，图书编校质量和装帧质量也有明显提高。

全年共出版图书142种，其中新书132种，再版书10种。在132种新书中，丛书、套书19类96种，占72.7%，外版图书21种，约占16%。“大经济”范围的图书89种，占67.4%，其中，社科类31种，占34.8%，纯经济类58种，占65.1%，审计、财务会计类29种，占经济类图书的50%，综合类43种，占全品种的32.5%。在出版的新书中，加印图书78种，占59%，达到历史最高水平。

此外，还完成了《中国审计年鉴》(2001~2002卷)的编辑出版工作，并继续与署外事司、干部培训中心合作编辑出版了《国际审计纵横》、《审计干部培训活页文选》等。

认真落实书刊营销计划，努力提高发行工作水平　书刊发行工作是实现书刊两个效益的关键。俗话说“酒香也怕巷子深”。2002年，出版社把发行工作作为头等大事去抓，取得了明显成效。首先是班子成员亲自抓，领导明确分工，分别抓期刊和图书的发行，经常利用休息日出差，了解市场状况，组织宣传订阅；其次，组织发行人员开展市场调研，分别召开各省代办站、特派办及重点地区通联会议，加强同各代办站的沟通联系；第三，组织业务员开展直销和扩大销售网点，参加全国各种图书订货会；第四，组织召开了3次记者招待会，重点宣传了几套品牌图书；第五，组织力量对老库房进行了盘库，重新确定了新库房，彻底摸清了库存情况，理顺了库房管理和发货工作。通过努力，稳定了两刊的发行，图书销售码洋和回款实洋比上年有了较大幅度的增长。

加强队伍建设，促进各项业务工作全面发展　为搞好书刊编辑出版和经营管理工作，出版社在加强内部管理和队伍建设，不断提高队伍素质方面做到常抓不懈，规范了管理，凝聚了人心。

1.加强政治理论学习。按照审计署的部署和要求，组织职工积极完成了各阶段的政治理论学习任务，重点组织学习了江总书记“三个代表”的重要思想和十六大文件，对如何进一步搞好出版社的工作，为社会主义精神文明建设和服务审计事业等问题进行了认真讨论，8月份还组织包括招聘人员在内的全体职工参加了集中整训。通过政治理论学习，提高了职工的理论素养，增强了经营意识。

2. 严格执行规章制度。出版社近几年来在管理、业务流程等方面制定了30多项规章制度，多次组织全体职工学习，要求严格贯彻执行。出版社的重大决策，由班子成员和重要管理部门负责人集体讨论决定；加强书号管理，杜绝合做出书；严格遵守合同，根据稿费标准，审核发放稿费；坚持每日考勤，定期抽查出勤情况，甚至连午餐券也按职工当日出勤情况核发，以此加强了决策的民主化和科学化，理顺了各业务环节的衔接，降低了成本，节约了开支。

3. 加强队伍建设。一是全年两次组织招聘考试，招聘了几位编辑和发行人员，增强了业务力量；二是分期召开通联工作会议，加强与期刊通讯员、发行代办人员的联系；三是疏通了与有关大专院校的专家学者的正常联系渠道，建立了一支稳定的作者队伍。

4. 加强凝聚力建设。出版社党支部和工会坚持给职工祝贺生日，已经形成一项制度；组织职工考察参观，在"七一"前夕，全体党员祭奠李大钊烈士墓，加强革命传统教育，扩大了职工视野；开展送温暖活动，对生活困难的职工给予补贴；职工患病都要安排人员探视，送去组织的关怀。（撰稿人：乔晓根）

【中国审计报社】 2002年，中国审计报社实有人员53人，领导职数3名；设有办公室、总编室、新闻部、专刊部、发行部、广告部。

领导成员

社长兼总编辑：谭绳喜

副社长：姜金和

副总编辑：姚汝杰

工作综述 中国审计报社全体干部职工遵照江泽民总书记"七一"讲话和"5·31"讲话精神，坚决贯彻署党组对报社工作所做的一系列指示，按照先进文化前进方向的要求，立足经济监督，紧紧围绕审计工作的宣传重点，保持宣传力度，新闻采编、报道质量明显提高，报纸发行、广告经营收入不断提高，继续保持整体协调、稳定发展的良好态势。

充分发挥宣传优势，抓好宣传工作，增强宣传效果，提高宣传质量 1. 紧紧围绕迎接十六大，宣传十六大，贯彻十六大这一主线，明确舆论导向，唱响主旋律。为了营造良好的宣传氛围，在十六大召开之前，编辑部门精心制定宣传计划，划分阶段，落实责任。9月份推出了"迎接十六大，再创新佳绩"、"'三个代表'在我们身边"以及"深入学习'三个代表'迎接党的十六大召开"等系列专栏，着力宣传了实行改革开放、开拓创新的辉煌成就，宣传了审计系统干部职工与时俱进、开拓创新的时代风采，宣传了各级审计机关认真学习和贯彻十六大精神的实际行动和精神风貌。其中"迎接十六大，再创新佳绩"专栏中先后刊登了《上海审计与时俱进积极应对》等10余篇文章，反映新世纪、新阶段审计工作在观念上的新思路，改革中的新突破，开放中的新局面，工作中的新成就。在"'三个代表'在我们身边"栏目中，则以小通讯、小故事等形式，通过审计系统心系百姓、廉洁奉公的事例，鲜活、生动地反映出实践"三个代表"的收获和成果。

十六大召开后，编辑部门集中时段，集中版面，及时地刊登了江总书记的讲话要点、转载新华社关于十六大的报道、人民日报社社论，同时，连续4期分别以《在十六大精神的指引下》、《认清新目标增强使命感》、《把握十六大报告的灵魂和主题》、《继往开来与时俱进全面发展》为题报道了审计署党组、机关、驻各地特派办、各省市审计厅局以及基层单位学习、贯彻十六大的各项活动，报道了审计系统学习、贯彻十六大精神的各种活动。

2. 精心组织，深入报道署党组的中心工作和一系列重要工作部署。为了使党中央、国务院对审计工作的指示、署党组的重要工作部署、署重要会议精神、署领导活动能够及时准确、充分地在报纸上报道出来，2002年，编辑部门狠抓了"快"、"短"、"准"三个方面，要求及时报道，准确领会和反映领导意图和要点，压缩篇幅，提取精髓。如对全国审计工作会议的报道，除了正常的会议报道外，先后刊登了《新要求 新形势 新挑战》、《从"一拳头打出一个洞"到"解剖麻雀"》、《提高质量 开拓创新》等3篇会议代表讨论综述，还能够突破惯有的会议报道模式，从会议中抓新闻，同时配发了贯彻全国审计工作会议精神的系列评论员文章，起到了较好的宣传效果。

3. 突出深入报道和系列报道。除了较好地完成全国审计工作会议、全国审计工作座谈会和党的十六大等重大活动的采编任务，报社采取有力措施，推动编辑记者积极走出去，深入群众，深入基层，采写出一批质量较高的稿件。如《"706"

之谜——深圳特派办揭开3.8亿元特大骗税案纪实》、《审计揭出“彭氏兄弟”特大诈骗案始末》等重大案例的报道。

为了有效地配合中心工作的开展，全面推进审计系统“人、法、技”建设，大力宣传先进典型，推广成功经验，先后报道了南京特派办加强计算机管理和北海市信息化建设等系列报道，这些系列报道重在写实，写新，写活，增强了报纸的鲜明性、生动性，增强了典型经验的感染力和说服力。

4. 积极创新采编工作，改进栏目设计。自2002年开始，《中国审计报》一版、四版由黑白印刷改为彩色印刷。为了创新采编工作，扩大读者面，采编部门在栏目设计等方面进行了积极的探索。在专栏专页设计上增加了“军队审计”板块，强化了“内部审计”板块，对原有版面和栏目也做了新的定位和改革，“有话直说”、“一事一议”等栏目稿件的质量明显提高，成为读者心目中的“名牌”栏目；形成了一批较有特色和影响的专栏，如“社会之窗”、“学术纵横”、“财经在线”、“消费理财”、“读书”、“沃野”、“文史”、“法苑”、“缤纷世界”等，使报纸的内容更加丰富多彩，增强了可读性。

5. 以报纸为载体，开展形式多样的活动。2002年，报社和四川省审计厅联合举办审计系统摄影大赛，对于宣传审计人员积极向上的精神风貌起到了积极作用。另外，在一版先后推出了“中行杯新闻摄影大赛”和“利群杯头条新闻大赛”。

完善机制，创新经营，做好发行和广告工作　1. 挖掘潜力，巩固发行成果。发行人员先后深入全国16个省市，46个地县，一个地区一个地区，一个县一个县地做工作，并将工作重点向地县两级转移。2002年，全国发行数量基本与2001年持平。

10月份发行部向全国2297个地县审计局发函，感谢他们对《中国审计报》的支持，同时宣传审计报的重要性，希望进一步加强联系，共同做好审计报的发行工作。这是第一次同全国各地县审计机关进行广泛的联系。

从各省市报刊发行局的反馈数字来看，地县两级发行力度有所加强，《中国审计报》在全国的覆盖面显著扩大。2002年，全国有30%以上的县市完成或超额完成了发行任务，在全国范围内消灭了空白县。

同时，在发行工作上注意降低发行成本，积极抓好增收节支工作。

2. 加大经营力度，广告经营工作实现新突破。认真执行广告政策，增强服务意识。以服务换真诚，以真诚换动力，以动力换效益，广开思路，拓宽渠道，多层次、全方位开拓广告市场，实行服务量化、细化，对客户的每一个广告都做到及时反馈信息，在严格执行广告法的前提下，一方面尽量满足客户的刊登要求，另一方面耐心细致地做好解释和协调工作，使客户更多地了解审计，了解报社。

积极搞好广告策划活动。结合审计署及内审协会全年深入开展“双先”活动的工作部署，开展《迎十六大 优绩内审单位风采展》、《谱改革新篇 创十五金融辉煌》等广告策划活动，以活动为纽带，促动广告征集。

规范内部管理，完善制度建设，为今后机构改革打下良好基础

1. 规范管理，完善制度。首先修订了内部考勤制度，记者站管理暂行规定以及请示汇报制度、稿件送审制度、财务管理制度等一系列内部管理制度。上半年，又完成了固定资产清产核资工作，摸清了家底，并完善了固定资产管理办法，加强了日常管理。

2. 加强整体队伍建设，全面提高人员素质。经过几年的发展，报社记者站队伍逐步发展壮大，除原有的16个特派办记者站，2002年，长春、重庆也成立了记者站，加上地方记者站，共有30个记者站，布局结构更为合理，力量调配更为充实。报社非常重视记者站队伍的整体建设，要求所有人员政治上要强，业务上要通，纪律上要严，作风上要正，树立大局意识，团队意识。同时，认真加强对记者和通讯员的培训工作，全年在江西、湖北、河南、安徽、山东等地都举办了各种形式的记者、通讯员培训班，学习新闻知识，交流工作经验。（撰稿人：李翃翃）

【中国审计学会（简称“学会”）**】**　2002年，学会共有单位会员102个，个人会员380名；学会第四届理事会理事186人，常务理事35人。设有学术委员会、编辑委员会和培训工作委员会；学会办事机构为秘书处，设有办公室、《审计研究》编辑部。

领导成员

会　长：吕培俭

副会长：金基鹏　罗进新
　　　　张以宽　易仁萍

秘书长：王国志

副秘书长：姜　洪　韩笃明
　　　　　沈志德　刘大贤

工作综述 学会按照2001年11月召开的四届二次理事会议提出的工作安排，在改进学术活动的组织工作、活跃学术研究气氛；围绕审计工作重点，开展课题研究；改进《审计研究》编辑工作，提高刊物质量；根据学会特点，培育审计理论研究队伍等方面，取得了一定的成效，扩大了学会的影响。

改进学术活动组织工作 一是课题研讨会采用“小型为主、多搞联合”的方式。学会全年组织的4次研讨会，大都是中小规模，其中有3次是与有关机关、院校联合举办。这种方式既调动了各方面关心重视和参与审计学术活动的积极性，又有效地加强了审计理论与审计实务工作者的沟通和联系，提高了学术研讨的水平。

二是更好地发挥学术委员会对研讨活动的咨询作用。主要有：委托学术委员会研究论证学会审计课题选题，提出年度计划和活动方案，经会长会议研究确定后实施。委托学术委员对报送的课题论文进行评审，并提供补充修改的指导性意见。邀请一些委员参与学术活动的组织工作和研讨会的主题发言，如请北京大学王立彦教授重点负责虚假财务报告审计与监管论坛的组织工作，请中国人民大学耿建新教授负责撰写环境审计研讨会的主要论文。

三是改进秘书处对学术研究活动的服务工作。主要有：及时了解课题研讨单位的研究进度，帮助解决存在的困难；有针对性地在《审计研究》上发表课题研究背景资料，为课题研究提供参考；组织学术委员参观访问北京市审计局、昌平区有关部门和燕京啤酒集团，了解有关环境审计的实际工作情况；积极促进审计署各特派办参与学会学术活动；秘书处还先后与上海财经大学、中山大学和深圳大学等院校从事审计理论研究的师生进行座谈，密切了学会与高等院校的联系。

开展审计学术研究活动

1.2002年审计论坛。5月15～17日，中国审计学会与浙江省审计厅在宁波市联合举办以“中国审计工作的基本经验和发展趋势”为主题的审计论坛。这次论坛是为配合审计署编写《中国审计史》而召开的。与会代表共30人，除少数专家学者外，主要是各省、市、自治区审计厅、局和署特派办的老领导。论坛由中国审计学会副会长金基鹏主持，审计署副审计长项俊波到会祝贺并讲了话，浙江省审计厅厅长陈正兴、宁波市审计局局长虞祖英致词。会议收到论文15篇。

关于改革开放以来国家审计工作的基本经验，概括起来主要有以下几条：第一，国家审计的顺利发展需要有一个良好的法制环境。1982年《宪法》关于建立审计监督制度的规定以及其他有关审计的法律、法规的制定，使开展审计工作有了法律的依据和保障，也使人们的法律意识大大加强。第二，坚持对财政、财务收支及其相关的经济活动进行监督这个基本职能，是审计工作不断发展的必由之路。第三，全面审计、突出重点，是国家审计工作的指导方针。第四，坚持依法审计、实事求是原则，使审计工作得到社会各界的普遍信任和支持。第五，从严要求，不断加强审计队伍建设。

对于今后国家审计工作的发展趋势，与会代表提出：一、要对现行国家审计管理体制进行研究改革。应当从我国的国情出发，总结经验，借鉴国外的有益做法，深入细致地研究改进，实现理论与实践的创新。二、国家审计应从战略角度出发，在财政、金融以及有重大影响的行业等方面多下工夫，为国家宏观经济管理更多、更好地发挥作用。三、要进一步改进审计目标，更多地关注政府管理和国家资金运用的效率和效益。四、要在审计中广泛应用计算机技术，提高审计工作的效率。五、要不断加强审计队伍建设，提高审计人员的综合素质，跟上审计发展变化的要求。

2.虚假财务报告审计与监管论坛。6月15～16日，中国审计学会与北京大学光华管理学院在北京联合举办虚假财务报告审计与监管论坛。会议由中国审计学会副会长罗进新主持，审计署副审计长项俊波出席会议并讲话，北京大学光华管理学院副院长王其文教授致欢迎词，中国内审协会副会长刘鹤章到会祝贺，会计、审计界10多位知名学者、专家教授做主题演讲。会议收到论文40篇，有近40位同志宣读了自己的论文，并有近40位同志对论文做了点评。

与会同志认为，目前虚假财务报告已经蔓延到众多领域，成为社会一大公害。有效制止和防范虚假财务报告的产生和蔓延已经是政府和各界人士十分关注的问题。大会对下列三个议题进行了重点讨论，并取得了共识：第一，关于虚假财务报告的危害性。与会人员一致认为它危及到国家的宏观决策；它严重影响社会主义市场经济体制的建立和完善，也危害投资者的利益；还为贪污、腐败做掩护。第二，关于虚假财务报告的成因。与会人员的共识主要是：利益驱动是虚假财务报告产生的根本原因；不讲诚信，职业道德淡薄；违章经营、管理混乱、内部控制名存实亡；监管不严、处罚力度不够，不能发挥有效的遏制作用也是重要原因。第三，关于防止虚假财务报告的对策。与会代表提出的建议有：完善法制，为制止虚假财务报告提供法律保障；大力提倡诚实守信原则，提高有关人员的道德素质；加强单位内部的治理机制；完善外部监督制度，加大监管力度。

3. 环境审计研讨会。11月27～28日，中国审计学会在北京召开了环境审计研讨会。会议由会长吕培俭主持，审计署副审计长令狐安自始至终出席会议并讲话。国家环保总局副局长王玉庆、中国社会科学院城市发展与环境研究中心研究员梁本凡应邀在研讨会上做了主题发言。来自审计机关、企业内审机构的代表以及有关高等院校和地方学会的专家学者共有50多人参加本次研讨会，大会共收到论文30余篇。与会代表认为，环境保护是当今世界经济社会发展所面临的一个突出问题。开展环境审计，促进环境保护、生态建设和可持续发展，也是国内外审计界关注的重点问题之一。会议期间，与会代表对环境审计的定义、主体、内容、目的、特点、依据、方法、风险评估、经济评价、环境成本核算以及国内外环境审计的发展状况、趋势等进行了探讨，提出了一些可供参考的思路和观点。与会同志还对国家审计机关及内审机构开展环境审计的必要性、紧迫性；在认真总结实践经验基础上，建立完善和促进加强环境审计的法规建设；通过监督评估促进完善环境政策的作用；将经济责任审计作为环境审计的一个切入点，将环境责任纳入经济责任审计的内容等问题达成了初步共识。副会长金基鹏在会议结束时做了主题发言。

4. 财政审计研讨会。12月7～8日，《审计研究》编辑部与审计署财政司在北京举办了财政审计研讨会。此次研讨会旨在探讨在社会主义公共财政改革的新形势下，审计机关如何改进和加强财政审计工作，探索财政审计理论与实践相结合的路子。来自审计署有关司局和特派办，部分省、市、自治区审计厅、局的代表共40余人参加了会议，提交了33篇论文。研讨会着重讨论了财政制度改革后深化预算执行审计的着力点、主要内容和审计方法等内容，包括财政转移支付制度审计、政府采购制度审计、财政国库集中支付制度审计和部门决算审签。还对税收征管改革后的税收审计以及通关制度改革后的关税审计等进行了讨论。

加强《审计研究》的编辑出版工作　《审计研究》全年共出刊7期（第101期至107期，含增刊1期），刊登论文98篇，计90余万字，发行量每期8000多册。为提高《审计研究》质量，及时介绍审计理论研究的最新成果和热点问题，把《审计研究》办成高水平的审计学术性刊物，学会采取措施加强编辑工作：一是成立了《审计研究》编委会，由学者专家和有丰富经验的实务界人士组成，并注意发挥编委的作用，请编委审稿评刊，向编委约稿等；二是充实了《审计研究》编辑部编辑力量；三是进一步规范了编辑工作，制定了匿名审稿制、三审制等工作制度，以提高编校质量。

举办审计理论研究方法培训　学会年初成立了培训工作委员会，委员大都是从事高等教育的理事。委员会的职责主要是对培训工作计划、培训主要的内容、培训对象和培训质量要求提出建议。

根据培训工作委员会的建议，并经学会领导批准，学会秘书处在广西桂林举办了1期“审计理论研究方法和审计论文写作”培训班，来自广西、黑龙江、山西等11个省（市、自治区）的130多名学员参加了培训。为了搞好这次培训工作，学会注重授课教师资格认定和教材质量，聘请学会常务理事、北京国家会计学院副院长、博士生导师秦荣生教授，中山大学管理学院博士生导师刘峰教授担任主讲教师，为培养审计理论研究队伍和《审计研究》作者队伍发挥了积极作用。

学会其他工作　除出版发行《审计研究》外，还通过《中国审计报》、《中国财经报》、《中国审计》、《中国注册会计师》等报刊宣传学会的课题研讨和其他重要活动；在审计署内部网上开辟了审计学会网页，及时报道学会及其会员的学术动态，交流学术信息，介绍学会的基本情况和其他各种活动。

为密切与地方学会和单位会员的联系，学会领导和秘书处同志参加了甘肃、浙江、吉林、河南等地审计学会的换届会议和优秀论文表彰等活动，并调查了解各地审计学会的课题研讨活动情况，帮助总结经验，提供参考意见。继续注意做好学会会员发展工作，全年共发展单位会员4个，个人会员55名。

（撰稿人：郭彤）

表彰

国家表彰

2001年度全国审计机关先进集体名单

北京市 北京市宣武区审计局
北京市审计局财政审计处
天津市 天津市和平区审计局
天津市宝坻县审计局
河北省 河北省保定市审计局
河北省辛集市审计局
山西省 山西省长治市审计局
山西省河津市审计局
内蒙古自治区
内蒙古自治区包头市审计局
内蒙古自治区宁城县审计局
辽宁省 辽宁省新宾满族自治县审计局
辽宁省昌图县审计局
吉林省 吉林省白山市审计局
吉林省通榆县审计局
黑龙江省 黑龙江省鸡西市审计局
黑龙江省牡丹江市审计局
上海市 上海市审计局固定资产投资审计处
上海市嘉定区审计局
江苏省 江苏省苏州市审计局
江苏省建湖县审计局
南京审计学院审计学系
浙江省 浙江省杭州市萧山区审计局
浙江省台州市审计局
安徽省 安徽省芜湖市审计局
安徽省舒城县审计局
福建省 福建省漳州市审计局
福建省安溪县审计局
江西省 江西省赣州市审计局
江西省南丰县审计局
山东省 山东省烟台市审计局
山东省淄博市审计局
山东省莒县审计局
河南省 河南省郑州市审计局
河南省许昌市审计局
河南省永城市审计局
湖北省 湖北省襄樊市审计局
湖北省枝江市审计局
湖北省公安县审计局
湖南省 湖南省株洲市审计局
湖南省华容县审计局
广东省 广东省深圳市宝安区审计局
广东省韶关市审计局
广西壮族自治区
广西壮族自治区钦州市审计局
广西壮族自治区忻城县审计局
海南省 海南省海口市审计局
四川省 四川省什邡市审计局
四川省达州市审计局
重庆市 重庆市审计局农业与资源环保审计处
重庆市秀山土家族苗族自治县审计局
贵州省 贵州省福泉市审计局
贵州省松桃苗族自治县审计局
云南省 云南省昆明市审计局
云南省弥渡县审计局
西藏自治区
西藏自治区拉萨市堆龙德庆县审计局
陕西省 陕西省咸阳市审计局
陕西省长安县审计局

甘肃省　甘肃省兰州市七里河区审计局
甘肃省张掖市审计局
青海省　青海省西宁市审计局
青海省果洛藏族自治州审计局
宁夏回族自治区
宁夏回族自治区石嘴山市审计局
新疆维吾尔自治区
新疆维吾尔自治区玛纳斯县审计局
新疆生产建设兵团
新疆生产建设兵团农八师审计局
审计署机关及其派出机构
审计署金融审计司二处
审计署教育审计局一处
审计署科学工程审计局一处
审计署京津冀特派员办事处财政审计二处
审计署驻武汉特派员办事处固定资产投资审计处
审计署驻西安特派员办事处金融审计一处
审计署驻深圳特派员办事处财政审计处

2001年度全国审计机关先进工作者名单

陈尚志　北京市大兴区审计局局长
李增禔　天津市审计局财政审计处副处长
张建荣（女）　河北省邯郸县审计局局长
曹玉宝　河北省秦皇岛市审计局副局长
任美福　山西省阳泉市审计局局长
侯瑞林（女）　内蒙古自治区开鲁县审计局局长
孔　伟　辽宁省海城市审计局局长
柳树森　吉林省四平市审计局局长
姜丽霞（女）　黑龙江省审计厅人事教育处处长
杨桂琴（女）　黑龙江省大庆市审计局局长
倪国华　上海市黄浦区审计局科长
郝殿钰　江苏省连云港市审计局局长
曹慧明　江苏省常州市审计局局长
韩国良　浙江省绍兴县审计局局长
刘芙蓉（女）　安徽省滁州市南谯区审计局副局长
林建仁　福建省仙游县审计局局长
郭幼味（女）　福建省龙岩市新罗区审计局副局长
姚子敏　江西省上饶市信州区审计局局长
王恒旭　山东省临沂市审计局局长
郭河山　河南省林州市审计局局长
刘永庆　湖北省荆门市审计局局长
张清山（土家族）　湖南省桑植县审计局局长
刘柱棠　广东省审计厅行政事业审计处副处长
罗燕球　广西壮族自治区兴业县审计局局长
吴　迅　海南省三亚市审计局科长
陶旺民　四川省内江市审计局局长
李树凡　四川省南部县审计局局长
刘克友　重庆市万州区审计局局长
黄觉辉　贵州省遵义市审计局局长
杨秀星（女、白族）　云南省大理白族自治州审计局局长
林雪远　西藏自治区林芝地区审计局科长
王根成　陕西省大荔县审计局科员
王建民　甘肃省宕昌县审计局局长
更藏加（藏族）　青海省黄南藏族自治州审计局局长
王　洋　宁夏回族自治区青铜峡市审计局局长
曹新明　新疆维吾尔自治区阿瓦提县审计局局长
许新琦　审计署机关服务局服务一部主任
万建国　审计署驻南京特派员办事处计算机审计处主任科员
刘　丹（女）　审计署驻广州特派员办事处金融审计一处副处长
刘正均　审计署驻济南特派员办事处财政审计一处处长

地方审计系统
表彰选载

北京市审计系统
先进集体名单

北京市宣武区审计局
北京市审计局财政分局
北京市东城区审计局
北京市丰台区审计局
北京市房山区审计局
北京市审计局行政事业分局
北京市东城区审计局基本建设审计科
北京市西城区审计局基本建设审计科
北京市崇文区审计局行政事业审计科
北京市宣武区审计局财政金融审计科
北京市朝阳区审计局离任经济责任审计科
北京市海淀区审计局财金审计科
北京市丰台区审计局基本建设审计科
北京市房山区审计局财政金融审计科
北京市石景山区审计局综合办公室
北京市门头沟区审计局商粮贸审计科
北京市大兴区审计局财金审计科
北京市昌平区审计局综合科
北京市顺义区审计局财政金融审计科
北京市通州区审计局经济责任审计科
北京市密云县审计局办公室
北京市平谷县审计局财金审计科
北京市怀柔县审计局财金审计科
北京市延庆县审计局行政事业审计科
北京市房山区燕山审计分局财政金融基建审计科
北京市审计局经贸分局二科
北京市审计局外资运用分局综合办公室
北京市审计局固定资产投资分局三科
北京市审计局行政事业分局二科
北京市审计局社会保障分局二科
北京市审计局农业与资源环保分局二科
北京市审计局财政分局财政审计科
北京市审计局金融分局证券保险审计科
北京市审计局机关服务中心司机班
北京市审计局干部学校教务室

北京市审计系统
先进工作者名单

陈尚志	北京市大兴区审计局
王淑云（女）	北京市东城区审计局
周红杰	北京市东城区审计局
唐建祥	北京市西城区审计局
李　莲（女）	北京市西城区审计局
李连喜	北京市崇文区审计局
王　诚	北京市崇文区审计局
梁　诒	北京市宣武区审计局
王茹平（女）	北京市宣武区审计局
郭建民	北京市朝阳区审计局
康恒义	北京市朝阳区审计局
王国华（女）	北京市海淀区审计局
张　炜	北京市海淀区审计局
杨利民（女）	北京市丰台区审计局
李万海	北京市丰台区审计局
李云飞	北京市房山区审计局
鲁　建	北京市房山区审计局
仲长军（女）	北京市石景山区审计局
庞晨潮	北京市石景山区审计局
安兴臣	北京市门头沟区审计局
田文岚	北京市昌平区审计局
郑　环	北京市顺义区审计局
姜玉文（女）	北京市通州区审计局
赵　静（女）	北京市通州区审计局
齐之全	北京市密云县审计局
张印生	北京市平谷县审计局
乔　斌（女）	北京市怀柔县审计局
张文龙	北京市怀柔县审计局
李靖宇	北京市延庆县审计局
史树聪	北京市房山区燕山审计分局

周建国　北京市审计局
马玉荣（女）　北京市审计局
李茂林　北京市审计局
石　铝　北京市审计局经贸分局
孙维壮　北京市审计局经贸分局
齐秀华　北京市审计局外资运用分局
张玉全　北京市审计局外资运用分局
李代昌　北京市审计局固定资产投资分局
刘京华（女）　北京市审计局固定资产投资分局
闫　镝（女）　北京市审计局行政事业分局
丁尚贞（女）　北京市审计局行政事业分局
杨爱兵　北京市审计局社会保障分局
周泽红（女）　北京市审计局农业与资源环保分局
高红丽（女）　北京市审计局农业与资源环保分局
王学芬（女）　北京市审计局财政分局
和　进　北京市审计局金融分局
张大慧（女）　北京市审计局干部学校
冯　伟　北京市审计局计算机中心
王志红（女）　北京市审计局机关服务中心
王连生　北京市审计局机关服务中心

吉林省审计系统先进集体名单

吉林省白山市审计局
吉林省通榆县审计局
吉林省四平市审计局
吉林省长春市审计局固定资产投资审计处
吉林省长春市南关区审计局
吉林省舒兰市审计局
吉林省吉林市审计局财政金融审计处
吉林省梨树县审计局
吉林省公主岭市审计局
吉林省敦化市审计局
吉林省安图县审计局
吉林省柳河县审计局
吉林省临江市审计局
吉林省前郭县审计局
吉林省东丰县审计局
吉林省审计厅办公室

吉林省审计系统先进工作者名单

柳树森　吉林省四平市审计局局长
石汉钧　吉林省吉林市审计局局长
赵力彦　吉林省长春市审计局固定资产投资审计处处长
韩　英　吉林省长春市审计局金融审计处处长
赵启范　吉林省榆树市审计局局长
于洪池　吉林省舒兰市审计局局长
周兆海　吉林省桦甸市审计局局长
潘荣杰　吉林省吉林市审计局人事处处长
孙景龙　吉林省四平市审计局总审计师
王伟华　吉林省四平市铁西区审计局局长
赵国军　吉林省双辽市审计局副局长
肖艳新　吉林省延吉市审计局局长
金百旭　吉林省和龙市审计局局长
李镐洙　吉林省龙井市审计局局长
李彦利　吉林省白城市审计局金融审计科科长
钟　华　吉林省大安市审计局副局长
董学武　吉林省白城市审计局农林水审计科科长
许　敬　吉林省通化市审计局办公室科员
刘佩琴　吉林省梅河口市审计局副局长
王秀枝　吉林省白山市八道江区审计局局长
李作来　吉林省靖宇县审计局局长
姜永君　吉林省扶余县审计局局长
杨雨林　吉林省松原市审计局商贸审计科副主任科员
任延祥　吉林省东辽县审计局副局长
姜元东　吉林省辽源市审计局财政金融审计科科长
郭淑君　吉林省审计厅人事处处长
韩克忠　吉林省审计厅财政审计处处长

浙江省审计机关先进集体名单

浙江省杭州萧山区审计局
浙江省宁波慈溪市审计局
浙江省温州瑞安市审计局
浙江省绍兴新昌县审计局
浙江省嘉兴海宁市审计局
浙江省湖州长兴县审计局
浙江省金华市审计局
浙江省衢州龙游县审计局
浙江省舟山市审计局
浙江省台州市审计局
浙江省丽水松阳县审计局

浙江省审计机关先进工作者名单

陈秀卿（女）　浙江省杭州市萧山区审计局
姜根军　浙江省杭州市余杭区审计局
胡如玲（女）　浙江省杭州市西湖区审计局
邓长松　浙江省建德市审计局
王利军（女）　浙江省杭州市审计局
胡显浪　浙江省奉化市审计局
陈梅花（女）　浙江省象山县审计局
李青萍（女）　浙江省鄞县审计局
王鸣凤（女）　浙江省宁波市镇海区审计局
冯宝荣　浙江省宁波市审计局
王贤权　浙江省乐清市审计局
张跃华　浙江省泰顺县审计局
吴方喜　浙江省文成县审计局
林为贤　浙江省苍南县审计局
王文彪　浙江省温州市瓯海区审计局
方永权　浙江省诸暨市审计局
韩国良　浙江省绍兴县审计局
卢银银（女）　浙江省绍兴市审计局
俞明祥　浙江省平湖市审计局
鲍向农　浙江省桐乡市审计局
陈关华　浙江省嘉兴市审计局
蒋　斌　浙江省德清县审计局
俞永华　浙江省湖州市审计局
俞华明　浙江省东阳市审计局
胡岩儿　浙江省磐安县审计局
张文忠　浙江省金华市审计局
姜迎新　浙江省江山市审计局
江一舟（女）　浙江省常山县审计局
张云素（女）　浙江省舟山市普陀区审计局
钱　宁　浙江省舟山市审计局
李伯云　浙江省临海市审计局
林福才　浙江省玉环县审计局
管康毅　浙江省台州市椒江区审计局
季民丹（女）　浙江省青田县审计局
傅代兴　浙江省遂昌县审计局
朱竹香（女）　浙江省丽水市审计局
梁　敏（女）　浙江省审计厅金融审计处
周如苗　浙江省审计厅直属审计局

1997～2000年度福建省审计机关先进集体名单

福建省莆田市审计局
福建省龙岩市审计局
福建省厦门市同安区审计局
福建省永安市审计局
福建省惠安县审计局
福建省干和县审计局
福建省建瓯市审计局
福建省霞浦县审计局
福建省审计厅工交商审计处

1997～2000年度福建省审计机关先进工作者名单

何　振　福建省福州市审计局处长
郑　莎（女）　福建省福州市台江区审计局局长
程依香　福建省闽侯县审计局局长
张樵泰　福建省闽清县审计局局长
宋金秋　福建省永泰县审计局局长
陈鸿萍　福建省厦门市审计局处长
黄俊婷（女）　福建省厦门市审计局科员
洪月琴（女）　福建省厦门市开元区审计局局长
黄潮月（女）　福建省莆田市审计局副科长
陈文忠　福建省莆田市审计局科员
朱永恒　福建省莆田市涵江区审计局局长
曾向东　福建省三明市审计局副科长
魏钦权　福建省沙县审计局副局长
陈仕朝　福建省将乐县审计局副局长
朱　静　福建省泰宁县审计局局长
李锦忠　福建省泉州市审计局副主任科员
陈宝华（女）　福建省泉州市丰泽区审计局科员
刘金钟　福建省石狮市审计局局长
徐荣贵　福建省德化县审计局办公室主任
卢宗金　福建省漳浦县审计局副局长
沈志坚　福建省诏安县审计局副局长
陈清峰　福建省长泰县审计局副局长
张林林　福建省南靖县审计局局长
杨清江　福建省华安县审计局科员
陈卷宝　福建省南平市审计局科长
卓　玲（女）　福建省邵武市审计局科员
李书辉　福建省建阳市审计局局长
林　锋　福建省浦城县审计局局长
郑贵豪　福建省龙岩市审计局办公室主任
黄腊芬（女）　福建省漳平市审计局副主任科员
张良昌　福建省永定县审计局局长
张才庆　福建省上杭县审计局股长
王梅凌　福建省福安市审计局副局长
王孙明　福建省福鼎市审计局局长
黄家键　福建省古田县审计局局长
徐河北　福建省屏南县审计局局长
杨　隽（女）　福建省审计厅试用处长
陈雪金（女）　福建省审计厅主任科员
朱少洪　福建省审计厅主任科员
郭长锋（回族）　福建省审计干部培训中心干部

2002年度河南省审计机关精神文明建设先进单位名单

河南省南阳市审计局
河南省周口市审计局
河南省济源市审计局
河南省新密市审计局
河南省叶县审计局
河南省郏县审计局
河南省卫辉市审计局
河南省延津县审计局
河南省获嘉县审计局
河南省原阳县审计局
河南省封丘县审计局
河南省临颍县审计局
河南省方城县审计局
河南省淅川县审计局
河南省镇平县审计局
河南省新野县审计局
河南省柘城县审计局
河南省永城市审计局
河南省郸城县审计局
河南省平桥区审计局
河南省上蔡县审计局
河南省西平县审计局
河南省新蔡县审计局

2002年甘肃省审计机关先进集体名单

甘肃省榆中县审计局
甘肃省兰州市审计局人事处
甘肃省嘉峪关市审计局
甘肃省永昌县审计局
甘肃省民勤县审计局
甘肃省武威市凉州区审计局
甘肃省白银市白银区审计局
甘肃省天水市审计局
甘肃省清水县审计局
甘肃省天水市秦城区审计局
甘肃省玉门市审计局
甘肃省张掖地区审计处
甘肃省临泽县审计局
甘肃省定西地区审计处
甘肃省岷县审计局
甘肃省临洮县审计局
甘肃省平凉地区审计处
甘肃省泾川县审计局
甘肃省庄浪县审计局
甘肃省庆阳县审计局
甘肃省正宁县审计局
甘肃省康县审计局
甘肃省西和县审计局
甘肃省迭部县审计局
甘肃省临潭县审计局
甘肃省和政县审计局
甘肃省审计厅财政审计处
甘肃省审计厅农业审计处
甘肃省审计厅固定资产投资审计处

2002年甘肃省审计机关先进工作者名单

杨增玉（女）　甘肃省兰州市审计局局长
丁林华　甘肃省榆中县审计局局长
芦　勇　甘肃省嘉峪关市审计局科员
高善鹏　甘肃省金昌市审计局副局长
王吉孝　甘肃省古浪县审计局局长
赵世清　甘肃省武威市审计局商贸审计科科长
闰立绪　甘肃省景泰县审计局干部
颉爱明　甘肃省甘谷县审计局局长
王小勇　甘肃省秦安县审计局干部
杨文春　甘肃省金塔县审计局企业审计股股长
张连生　甘肃省酒泉地区审计处科员
王　奋　甘肃省高台县审计局副局长
王维力（女）　甘肃省张掖地区审计处副主任科员
李　恭　甘肃省渭源县审计局局长
张心海　甘肃省定西地区审计处基建审计科科长
李宝林　甘肃省灵台县审计局副局长
席瑞林　甘肃省平凉地区审计处行政事业审计科科长
李存海　甘肃省宁县审计局局长
马永积　甘肃省庆阳地区审计处财金审计科科长
任亚民　甘肃省武都县审计局局长
雷仁来　甘肃省宕昌县审计局企业审计股股长
杨怀弟　甘肃省玛曲县审计局干部
起参礼（藏族）　甘肃省卓尼县审计局局长
孔维林　甘肃省永靖县审计局局长
何莲香（女）　甘肃省临夏回族自治州审计局局长
尹昌城　甘肃省审计厅办公室主任
白　云（女）　甘肃省审计厅财政审计处副主任科员
刘爱萍（女）　甘肃省审计厅经贸审计处主任科员

2002年度宁夏回族自治区审计质量标兵名单

宋卫中　宁夏回族自治区审计厅财政金融处
平　萍　宁夏回族自治区银川市审计局
方振荣　宁夏回族自治区陶乐县审计局
王建文　宁夏回族自治区平罗县审计局
严　静　宁夏回族自治区中卫县审计局
马玉湘　宁夏回族自治区吴忠市利通区审计局
张瑞多　宁夏回族自治区固原市原州区审计局
王　琪　宁夏回族自治区银川市审计局
杨　舵　宁夏回族自治区审计厅投资处
唐　波　宁夏回族自治区审计厅农业与资源环保处

2002年度宁夏回族自治区审计执法先进单位名单

宁夏回族自治区审计厅政策法规处
宁夏回族自治区银川市审计局
宁夏回族自治区平罗县审计局
宁夏回族自治区吴忠市利通区审计局
宁夏回族自治区西吉县审计局
宁夏回族自治区审计厅经济责任处
宁夏回族自治区银川市金凤区审计局
宁夏回族自治区石嘴山市审计局
宁夏回族自治区青铜峡市审计局
宁夏回族自治区固原市原州区审计局

2002年度宁夏回族自治区审计执法先进个人名单

马　其　宁夏回族自治区审计厅政策法规处
吉洪波　宁夏回族自治区银川市审计局
叶雪珍　宁夏回族自治区陶乐县审计局
孙守虎　宁夏回族自治区中卫县审计局
马占宏　宁夏回族自治区泾源县审计局
左文刚　宁夏回族自治区审计厅经济责任处
杨富国　宁夏回族自治区永宁县审计局
安乐全　宁夏回族自治区惠农县审计局
吴淞海　宁夏回族自治区中宁县审计局
张恭昌　宁夏回族自治区固原市原州区审计局

审计工作纪事

重要纪事

李金华审计长在第九届全国人大常委会第二十八次会议上作审计工作报告

6月26日，受国务院委托，李金华审计长在第九届全国人民代表大会常务委员会第二十八次会议上，做了《关于2001年度中央预算执行和其他财政收支的审计工作报告》。报告既披露了审计查出的问题，还着眼于全局分析了产生问题的原因，提出了解决问题的建议和措施。

李金华在报告中介绍了2000年度中央预算执行和其他财政收支审计查出问题的纠正和整改情况，通报了2001年度中央预算执行和其他财政收支的审计情况，提出了加强中央预算管理的意见。

他在报告中通报了中央预算管理中存在的主要问题；中央专项转移支付管理中存在的主要问题；中央税收征管中存在的主要问题；国务院各部门预算执行中存在的主要问题；长期建设国债管理中存在的主要问题；专项资金管理中存在的主要问题；金融机构资产负债损益中存在的主要问题；以及党政领导干部和国有企业领导人员任期经济责任审计情况。

他在报告中指出了财政部将应收回的储备粮轮换费用节余和其他专项收入11.7亿元直接留给中国储备粮管理总公司；将应从山西、安徽等5省结算收缴的专储粮救灾差价收入1.09亿元，直接抵顶了应拨付的专储粮利息费用补贴，未在预算中反映；将准备用于偿债的资金300多亿元人民币长期存在国际司，并分别存入多个账户，其中部分资金以大额存单方式搞定期存款，存在一定风险等问题。他说，审计人民银行总行及140家分支机构2000年预算执行情况，查出管理费和其他支出超支8.51亿元，账外资产2.4亿元等问题。他说，审计中国银行总行、7家省级分行和156家支行，以及中国人民保险公司及其3108个分支机构的资产负债损益情况，发现违规经营、财务收支核算不实等违法违规问题比较突出。

他在报告中指出了新疆吐鲁番地区国税局从国库中提退增值税1.05亿元，动用其中的8982万元，兴建吐鲁番国际大酒店的问题；广东省南海出入境检验检疫局只有124名职工，但该局从1998~2001年4月，用隐瞒转移的收入发放钱物共计3485万元，人均达28万多元的问题；贵州省高速公路开发总公司原总经理卢万里（原全国人大代表、贵州省交通厅厅长），勾结个体商人谢飞，在材料采购中虚报价格，以次充好，牟取暴利，累计造成国家建设资金损失达9800多万元的问题；北京铁路局擅自动用铁路更新改造资金4.7亿元，兴建四星级标准的北京铁路职工文体活动中心的问题；中行广东番禺支行，开设账户近百个，截留隐匿贷款利息收入2.43亿元的问题；东方电气集团所属财务公司被一私营业主以借款名义骗取630万美元和4580万元人民币，该公司在上亿元国有资产面临损失的情况下，不仅没有采取保全措施，反而再次借给该私营业主450万元等严重问题。

针对审计中发现的问题，报告分析了具体原因，提出了改进建议。李金华最后从宏观的角度提出，要进一步严格部门预算管理；改革专项转移支付制度；进一步推行和完善政府采购制度；中央财政举借的政府外债收支应尽快纳入预算管理；切实抓好增收节支工作等五项加强中央预算管理的意见。关于严格部门预算管理，李金华说，财政部要在总结经验的基础上，尽快研究提出科学合理的预算分配定额和标准，严格预算编报程序，加强审核把关；要结合当前深化“收支两条线”改革，加快实行预算内外资金统管的财政综合预算，全面反映部门预算内外资金的收支状况，增强预算透明度。各部门要按统一规定编制预算，做到完整、细化，落实到具体项目和使用单位，并严格执行批复的预算，不得随意调整，特别是关于完善政府采购制度，他说，今后要参照国际通行做法，将财政部门组织实施集中采购的职能分离出去，组建独立的政府采购中心；要尽快出台政府采购法，完善相关管理制度，进一步规范采购行为。同时，逐步扩大政府采购的规模和范围，提高政府采购在财政支出中的比重。

全国审计工作会议在北京召开

1月15～17日，全国审计工作会议暨先进集体、先进工作者表彰大会在北京隆重举行。

本次会议的主要任务是，认真贯彻党的十五届六中全会和中央经济工作会议精神，总结2001年审计工作，部署2002年审计任务，研究进一步加强和改进审计工作的措施，表彰全国审计机关先进集体和先进工作者。国务委员、国务院秘书长王忠禹出席大会开幕式并做了重要讲话。李金华审计长做了题为《奋发有为，开拓创新，努力把审计工作提高到一个新水平》的工作报告。

王忠禹向与会代表传达了朱镕基总理对审计工作的重要指示，代表国务院向全国广大审计人员致以亲切的慰问，并向获得全国审计机关先进集体和先进工作者称号的单位和个人表示热烈的祝贺。他指出，朱镕基总理的指示十分重要，既肯定了审计署的工作成绩，也从深入贯彻落实“三个代表”重要思想和十五届六中全会精神的高度，对审计工作提出了新的更高的要求，为当前和今后一个时期的审计工作指明了方向。全国各级审计机关和广大审计人员要认真学习领会，切实加以贯彻落实。

就如何贯彻落实朱镕基总理指示精神，进一步搞好审计工作，王忠禹提了三点要求：第一，要认真领会，提高认识，把功夫下在突出重点上。第二，要解剖麻雀，跟踪处理，把功夫下在提高水平上。第三，要加强队伍培训和作风建设，把功夫下在提高素质上。

李金华审计长在工作报告中回顾了2001年审计工作所取得的成绩，明确了2002年审计工作的指导思想和主要工作任务。他指出，2002年审计工作的总体要求是：以“三个代表”重要思想为指导，认真贯彻十五届六中全会和中央经济工作会议精神，围绕经济建设和政府工作中心，进一步落实朱镕基总理“全面审计、突出重点”的指示，继续加大对严重违法违纪问题和经济犯罪的审计力度，加强审计调查和综合分析，提升审计成果的质量和水平，充分发挥审计监督在整顿和规范市场经济秩序，促进提高经济增长质量和效益，加强廉政建设等方面的作用。在2002年的各项审计任务中将主要突出三个方面的重点：一是突出对国有商业银行的审计。审计署将组织对中国建设银行总行及部分分支机构进行审计，为整顿和规范金融秩序，促进金融体制改革，完善国有金融机构经营机制服务。二是突出对有关部门执行“收支两条线”情况的审计。三是突出对2001年地方企业所得税收入基数情况的审计。

李金华强调，今年是力争审计工作上层次、上水平的重要一年。为此，各级审计机关和广大审计人员必须认清形势，与时俱进，改进作风，狠抓落实。当前，应重点抓好以下几项工作：一要坚持“全面审计，突出重点”，努力提高审计工作质量。二要改进审计工作方法，提高审计成果的质量和水平。三要把财务收支审计与经济效益审计结合起来，促进提高经济增长的质量和效益。四要切实加强作风建设，全面提高审计队伍综合素质。同时，要进一步加强审计法制建设和审计信息化建设，不断规范审计行为，加快审计手段现代化的步伐。

17日下午，翟熙贵副审计长作会议总结报告，并就如何理解、贯彻落实朱镕基总理重要指示和会议精神提出了四点要求：第一，要解放思想，开拓创新，牢固树立与时俱进的思想观念。第二，集中力量，确保今年审计工作重点。第三，要切实转变领导作风。第四，要切实加强培训，不断提高审计队伍素质。

审计署副审计长令狐安、刘鹤章、刘家义、董大胜，署党组成员、纪检组长王道成，署党组成员、人事教育司司长项俊波，解放军审计署审计长李景春，各省、自治区、直辖市和计划单列市审计厅（局），新疆生产建设兵团审计局，南京审计学院，署驻各地特派办和筹备组，署派出审计局，署直机关各单位的代表等200余人参加了会议。

（注：国务委员王忠禹在全国审计工作会议上的讲话，表彰全国审计机关先进集体、先进工作者名单，参见本期年鉴“特载”、“表彰”栏目。）

中央五部委联席会在天津召开座谈会

12月11日，中纪委、中组部、监察部、人事部、审计署五部委经济责任审计工作联席会议办公室在天津市塘沽区组织召开部分省市纪检、组织、审计部门经济责任审计工作座谈会。会议讨论了《关于进一步加强经济责任审计有关部门协调与配合的意见（讨论稿）》（以下简称《意见》）。审计署副审计长令狐安到会，并发表了重要意见。

长期以来，计划不强、多头委托、临时交办等常常使委托项目数量大大超出审计机关的工作承受能力。《意见》对此提出，下一年度的审计计划应在每年年底之前，由联席会议在汇总协调各成员单位初步意见的基础上拟定。计划经党委、政府同意后，以联席会议文件的形式加以确定。计划确定后，如遇特殊情况确需追加审计项目的，组织部门要与有关部门充分协商，并报经党委或政府批准。

因政府换届而使得审计项目过于集中的问题，是各地审计机关普遍遇到并深感头疼的事，《意见》指出：干部管理部门可以根据领导干部的具体情况在其任职期间内适当安排一些任中审计，并提出，实行任中审计可以使审计关口前移，及早发现问题并加以解决，进而提高经济责任审计的防范作用。《意见》还提出，有关部门应在保证审计质量的前提下有重点地选择确定审计对象。

关于审计成果的有效利用，《意见》提出，干部管理部门应将审计机关递交的领导干部经济责任审计结果报告作为对领导干部调任、免职、辞职、退休等提出审查处理意见时的参考依据；领导干部经济责任审计结果应列入本人的干部考核（廉政）档案；审计结果报告可以由有关部门采取适当的方式在一定范围内进行通报。

与会代表对《意见》进行了认真的讨论。

审计署副审计长令狐安到会并发表了重要意见。他首先指出，党的十六大报告把审计监督提升到对权力制约的高度，这使得经济责任审计的职责更加重大。经济责任审计现在已不再是要不要搞的问题，而是如何进一步推进、扩大和深化的问题。他针对与会者广泛关注的审计计划和审计成果转化问题说，审计计划要将严肃性和灵活性结合起来。他强调，首先是严肃性。审计计划在拟定的过程中，要充分研究纪检监察部门和组织部门的工作特点。他结合实际阐释说，县以下领导干部经济责任审计计划突出的问题表现在政府换届时的集中交办，这是组织部门工作的规律性，而纪检监察部门更多的则表现出偶发性的特点。这样，在确定审计计划时，就要充分考虑到这种规律性和偶发性的特点。他指出，只要有关部门加强配合和协调，这些问题都是不难解决的。

在谈到审计成果利用问题时，令狐安说，近几年来的实践表明，经济责任审计成果的利用情况是比较好的，审计机关应该从广义上去理解这一问题。审计成果直接运用在干部任免程序上是利用，纳入干部管理档案，对审计结果进行通报直至将来的审计公告，以至根据审计意见进行工作上的整改，同样是利用。

关于明年的经济责任审计工作安排，令狐安说，明年的经济责任审计一是要继续坚持以财政财务收支为主线的方针，二是要注意探索、积累和总结在经济责任审计特别是对县（市）长的审计中，将社保审计和环保审计结合进来的经验。随着我国国民经济的快速发展，这两个问题将越来越成为党委、政府和群众关注的热点。

监察部和中组部的与会代表在讨论中也发了言。

此次座谈讨论，虽然有关部门在一些问题上尚未形成一致意见，但对《意见》所揭示的问题，对进一步加强配合与协调以及计划应体现突出重点的原则等达到了共识，一些代表在讨论中还提出了一些有价值的建议。

全国审计工作座谈会在广东召开

8月3日，以研究经济责任审计为主题的全国审计工作座谈会在广东省南海市召开，会议为期3天。这是继2000年全国经济责任审计工作会议之后的又一次重要会议。审计长李金华，广东省委副书记、常务副省长欧广源，副审计长令狐安、翟熙贵、刘家义，署党组成员、纪检组长王道成出席了会议。令狐安代表署党组做了题为《稳步推进经济责任审计工作的深入发展》的工作报告。全国各省、市、自治区审计厅（局）负责人及其经济责任审计处长等100余名代表参加了会议。

这次会议的主要任务是，以邓小平理论和“三个代表”重要思想为指导，认真总结两年来全国经济责任审计工作的做法和经验，分析探讨工作中存在的困难和问题，研究确定当前经济责任审计工作的指导原则，突出重点，提高质量，稳步地推进经济责任审计工作的深入发展。会议还将讨论和修改审计署提出的《关于党政领导干部经济责任审计若干的指导意见（征求意见稿）》。有8个单位还分别在会上介绍经济责任审计的经验。

令狐安在报告中说，两年来，全国审计机关在党中央、国务院和各级党委、政府的正确领导下，全面推进领导干部经济责任审计，取得了明显成效。据统计，2000～2001年，全国各级审计机关共完成经济责任审计项目59149个，其中审计党政领导干部53358人，审计国有及国有控股企业领导人员5791人。审计查出各种违规行为金额1156.13亿元，损失浪费54.13亿元。其中由于领导干部直接经济责任造成的违规行为金额78亿元，损失浪费17亿元。审计中还发现个人经济问题3.88亿元。通过审计，有关部门参考审计结果，免职、降职、撤职3805人，给予党纪政纪处分265人，移送纪检监察机关854人，移送司法机关370人。

他将这些成果归纳为四个方面。一是开展多年的国有及国有控股企业领导人员经济责任审计正在逐步深化。2001年全国各级审计机关审计的国有及国有控股企业领导人员比上年只增加3%，但查出的违规金额增加了52%，损失浪费金额增加了3倍多。二是县级以下党政领导干部经济责任审计工作已在全国普遍推开。对乡镇党政主要领导和县直部门领导干部进行经济责任审计，已经成为各地县级审计机关的主要任务之一。三是边实践、边总结，逐步扩大县级以上党政领导干部经济责任审计试点范围。多数省、区、市已开始把经济责任审计范围扩大到部分省直属部门的领导干部。2001年，全国共审计厅局级领导干部336人，比上年增长了73%。2002年上半年审计署还组织了对陕西省原省长的经济责任审计。四是部门、单位内部管理的领导干部经济责任审计工作正在深入开展之中。两年来，仅180个中央部门、单位共审计了领导干部22903人，查出各种违规行为金额201亿元，损失浪费38亿元，个人经济问题4153万元。干部管理部门参考审计结果，降职、免职、撤职1885人，给予党纪政纪处分96人，移送纪检监察和司法机关164人。

令狐安指出，两年来，全国各级审计机关积极探索经济责任审计工作，积累了不少宝贵经验。第一，必须坚持在各级党委政府的统一领导下，从干部工作的实际需要出发开展经济责任审计工作。第二，建立领导机构和工作机构，加强协作配合，保障经济责任审计工作的顺利进行。现全国31个省、区、市全部建立了经济责任审计联席会议制度，30个省级审计机关建立了经济责任审计专职机构。第三，制定了一批法规、制度，注意加强质量控制和风险防范。全国31个省、区、市根据中办、国办两个《暂行规定》的要求，结合各地实际，相继出台了一批有关经济责任审计的法规和规章，有的还通过地方人大立法。

在全面剖析了经济责任审计实践中存在的困难和问题后，令狐安强调，按照朱总理“全面审计、突出重点”、“解剖麻雀”的重要指示和署党组关于“当前和今后一个时期，经济责任审计要在逐步深化规范和提高上下工夫”的要求，在调查研究的基础上，署党组研究提出今年一个时期的经济责任审计工作必须坚持“积极稳妥、量力而行、提高质量、防范风险”的原则。就此，他提出了八项要求：

第一，全面正确认识经济责任审计的地位和作用。

第二，经济责任审计必须以财政财务收支审计为基础。

第三，要区别情况，分类指导，有序推进。

第四，进一步明确经济责任审计的重点内容，努力提升审计质量。

第五，逐步建立健全经济责任审计规范。

第六，改进审计方法，提高审计效率。

第七，充分运用审计成果，扩大审计影响。

第八，加强队伍和机构建设，不断提高审计人员素质。

（注：令狐安副审计长在全国审计工作座谈会上的讲话，参见本期年鉴“特载”栏目。）

审计署正式加入 INTOSAI

1月，审计署接到印度主计审计长公署通知，中华人民共和国审计署正式加入最高审计机关国际组织计算机审计委员会（INTOSAI Standing Committee on Electroni Data Processing Audit，简称 INTOSAI EDP Audit Committee）。

最高审计机关国际组织计算机审计委员会是最高审计机关国际组织常设委员会之一。1989年6月，第13届最高审计机关国际大会批准成立该委员会。在1991年10月召开的最高审计机关国际组织第36次理事会上，计算机审计委员会正式组建并通过了工作大纲。委员会由印度主计审计长任主席，成员国有奥地利、巴巴多斯、加拿大、厄瓜多尔、法国、印度、日本、基里巴斯、科威特、瑞典、英国、津巴布韦等国家，工作语言为英语。

成立计算机审计委员会，旨在通过为 INTOSAI 各成员国提供信息及便利条件的方式，来促进经验交流，推动双边和多边合作，帮助他们扩大和提高信息技术的开发运用及计算机审计领域的知识和技能。其主要工作范围是：以电子数据处理为基础的会计系统和以计算机为辅助工具的审计、运用计算机系统的绩效审计、将计算机运用于最高审计机关内部的管理工作。其具体工作目标包括：开发和转让技术；在成员国提供资料的基础上制定计算机审计指南；鼓励成员国就计算机审计的准则和指南进行探讨，协助做好编制和传播工作；促进对审计人员和局、处级领导人的培训工作。

该委员会每年出版两期《in to IT》杂志，由英国审计署负责主办。此外，还可以通过访问该委员会网站，获取相关信息。

11月27～29日，作为IT审计委员会的新成员，审计署第一次派代表团参加了在印度举行的最高审计机关国际组织IT审计委员会第11次会议（11th Meeting of the INTOSAI Standing Committee on IT Audit）。来自英国、加拿大、挪威、俄罗斯等22个国家的46位代表参加了本次会议。

首届国际审计培训班在北京举办

11月4~7日，审计署首届国际审计培训班在北京怀柔基地举办，刘家义副审计长出席欢迎宴会和开幕式，并在宴会和开幕式上讲话。他还首先做了《中国经济与审计概况》的讲座。

刘家义在宴会致辞中，代表审计署和李金华审计长，并以个人的名义向前来参加培训的学员表示欢迎。他说，最高审计机关国际组织的宗旨是“互相学习，人人共惠”，通过与其他最高审计机关的交流，我们可以学到许多先进知识、分享成功的经验。多年来我们积极参加各种国际培训活动，并从中受益，同时中国审计署也愿意在促进各国审计领域交流方面发挥积极的作用。

他在开幕式的讲话中说，各国的民众、政府和议会，对我们寄予越来越大的期望。经济全球化的影响，公司混乱的治理和会计信息的虚假、舞弊等，使各国审计机关面临新的挑战，加强我们彼此的交流与沟通显得尤为重要。维护民主与法制，反对贪污和舞弊，建设廉洁高效的政府，消灭贫穷和不公正，建立一套良好的经济监督机制，是我们各最高审计机关的共同理想。中国审计署经过20年的努力，取得了明显的成效，积累了一定的经验，未来几天里，各位学员在了解中国改革开放成果的同时，将有机会了解我国财政审计、金融审计、企业审计、投资审计和环保审计等工作的做法和情况。他说，我希望通过培训中的沟通与交流，能从一个侧面，让世界了解中国，让中国走向世界，让我们共同推动审计事业不断向前。

李金华审计长出席培训班闭幕式并发表了热情洋溢的讲话，他还为每个培训班的学员颁发了毕业证书。

他在讲话中表示十分珍视举办国际审计培训班的“第一次”，他说，学员们因为是第一批学员而幸运，同样审计署也是第一次通过培训班这种形式向世界各国和地区的同行们介绍我们的工作，让同行们分享我们的成果和经验。他说，中国审计机关在短短的20年里，对中国的改革开放、经济发展和社会进步发挥了重要作用。我们的地位在提高，影响在扩大，我们形成了一套有中国特色的审计制度和工作模式，希望这些特点能对学员们今后的工作有所启迪。

李金华说最后说，紧张的培训结束了，但我们之间的友谊和感情不会结束，而且会随着时间的推移而不断加深和发展。

培训班共有澳大利亚、俄罗斯、越南、匈牙利、瑞士等18个国家和地区的19名学员参加了培训。审计署外事司、培训中心、机关服务局的有关负责人和人员参加了开、闭幕式。

本届培训班是审计署首次举办的国际审计培训班，具体业务课程采用全英文授课。它标志着经过20年的努力工作和学习，中国审计机关与世界各国间业务交流的方式有了新的发展，由过去单一的“走出去”学习外国经验的方式，转变为“请进来”宣传中国审计成果和经验与外国同行共同研讨提高的新方法。

审计署公开推荐选拔副司（局）级干部

5月，审计署向署机关各单位、各特派办、各派出局发出通知，印发了《审计署关于2002年公开推荐选拔副司（局）级领导干部工作的实施方案》及《拟任副司（局）级领导干部推荐办法》，这标志着该项工作已正式启动。

公开选拔副司（局）级领导干部，是署党组为贯彻中央关于干部人事制度改革的精神，进一步优化领导干部队伍结构而做出的重要决定，它将对审计机关搞好“人、法、技”建设，尤其是提高领导干部素质产生深远的意义。

署党组高度重视推荐选拔副司（局）级领导干部的工作，成立了推荐选拔工作领导小组。署党组书记、审计长李金华任组长；署党组副书记、副审计长令狐安，署党组成员、副审计长项俊波分别担任副组长；人事教育司、机关党委、监察局的主要负责同志为小组成员。具体工作由人教司负责。

根据实施方案，公开推荐选拔副司（局）级领导干部应坚持党管干部的原则；民主集中制的原则；德才兼备、任人唯贤的原则；群众公认、注重实绩的原则；公开、平等、竞争、择优的原则。

方案确定，这次推荐选拔工作在署机关、派出局、特派办的范围内进行，推荐选拔的对象是各单位2001年推荐的副司（局）级后备干部和表现优秀的正处级干部。各单位要严格按照《拟任副司（局）级领导干部推荐办法》推荐人选。

方案还明确了这次推荐选拔工作的方法步骤，具体包括宣传动员、民主推荐、资格审查、笔试考核、面试答辩、组织考核，署党组决定任用、公示、任职培训、试用期等10个阶段。

就推荐选拔工作的纪律与监督，方案要求按照《党政领导干部选拔任用工作暂行条例》的规定执行。推荐选拔过程中，对弄虚作假，违反考试纪律，泄露秘密以及违反《党政领导干部选拔任用工作暂行条例》规定的，要严肃查处，情节严重的要给予党纪、政纪处分。

审计署要求，各单位必须按照公布资格条件、资格审定、大会述职、群众推荐、确定推荐人选，整理上报材料等办法，搞好民主推荐工作。

通过审计署各单位、各派出审计局和各特派办推荐选拔，有64名处级干部于6月8～10日在北京参加了审计署组织的2002年度公开推荐选拔副司（局）级领导干部的考试。考试分为笔试、面试和计算机考试，笔试包括公共科目和专业科目考试，面试包括必答题和选答题。审计长李金华，副审计长翟熙贵、刘家义、董大胜、项俊波，党组成员、纪检组长王道成分别担任面试组组长，面试考官由部分司（局）长和特派员担任。

经公开选拔、考核，审计署20余位干部分别晋升为正副司（局）级干部。为使这些干部尽快进入角色，切实担当起新职务赋予的使命，8月23～24日，审计署在怀柔基地举办司（局）级干部任职短训班。李金华审计长、令狐安副审计长在短训班结束时的大会上分别做了重要讲话，项俊波副审计长主持了大会。短训以交流座谈为主。短训期间，学员们分为三组，李金华、令狐安、项俊波分别同每位学员谈话。

"金审工程"进入实施阶段

5月，国家计委已批准审计署提出的审计信息化建设可行性报告，筹备多年的审计信息化建设工程——"金审工程"，按照国家基本建设程序，第一个被批准为电子政务建设项目。4月29日，审计署在京召开"金审工程"工作会议，对该项目各项任务的具体实施进行动员。李金华审计长出席大会并发表重要讲话。副审计长令狐安、翟熙贵、刘家义、董大胜，国务院信息化工作办公室推广应用组组长陈小筑，国家计委高技术产业司司长许勤出席了大会。刘家义主持大会，并介绍了"金审工程"的概况和工程一期建设的任务安排。

2002年，国家信息化领导小组第一次会议决定，把电子政务建设作为全年我国信息化工作的重点，政府先行，带动国民经济和社会信息化建设，并且决定在"十五"期间建设电子政务一期工程。根据国家的有关安排，为了增强中央和地方政府部门的调控能力、服务能力、监管能力和应急处理能力，规范政府业务流程，维护社会稳定，在国家电子政务一期工程中，要加快10个重要业务系统的建设，其中包括"金审工程"的建设。为了使该项工程一期建设迅速启动和有条不紊地实施，审计署召开"金审工程"工作会议。

李金华在会上要求，要乘国家电子政务建设的东风，迅速启动"金审工程"的一期建设。他说，我们审计机关的信息化建设，是随着国民经济管理信息化发展而逐步开展起来的，审计人员不掌握现代审计技术将失去审计资格，这已经成为广大审计人员的共识。各级审计机关十分重视审计信息化建设，审计软件的开发和推广应用取得了一定成效，计算机硬件的配备情况有了一定的改善，信息化基础工作得到了较快的发展。审计信息化建设工作与党中央、国务院重视国家电子政务建设的大环境是一致的。

李金华说，我们要从新的高度认识到，审计信息化是审计领域的一场革命。审计信息化的进一步发展，必将促使审计手段发生一些重大变革。第一，审计信息化象征着审计工作将发生三个转变：从单一的事后审计变为事后审计与事中审计相结合；从单一的静态审计变为静态审计与动态审计相结合；从单一的现场审计变为现场审计与远程审计相结合。第二，审计信息化必将推动审计方法的改变，对被审计单位的账目逐笔审计在过去是不可想象的，但在审计信息化情况下将轻而易举。第三，审计信息化必将推动广大审计人员思维方式的转变，增强审计人员的全局意识和宏观意识。第四，审计信息化必将提高审计质量，降低审计风险。

陈小筑、许勤也分别在大会上讲话。他们介绍了实施电子政务的内容、意义和要求，并表示将对"金审工程"给予全力支持。

审计署各单位处以上干部，各特派办、部分省审计厅（局）的负责人和有关人员参加了会议。

工作纪事

审计署举行学习十六大精神报告会

12月17日，审计署机关举行学习十六大精神、贯彻"三个代表"重要思想报告会，中宣部理论局副局长张国祚博士应邀作学习报告。副审计长令狐安、翟熙贵、刘家义、董大胜，党组成员、纪检组长王道成参加了报告会。翟熙贵主持了报告会。

为了推动审计署机关深入学习十六大精神，进一步领会“三个代表”重要思想，审计署机关组织安排了一系列学习研讨活动，请张国祚作学习报告是活动的重要内容之一。

张国祚在认真学习、领会十六大精神的基础上，以其渊博的知识、流畅的语言、丰富的资料，向大家做了一场精彩的报告。他从党的十四届三中全会以来，中国共产党带领全国人民克服重重困难险阻，取得了一个又一个伟大的胜利和我们国家在政治、经济、文化、外交等诸多领域发生的巨大变化，介绍了召开十六大的背景。他结合实际对十六大的主题、灵魂逐字逐句进行了细致的说明和阐述。特别是对贯穿十六大始终的“三个代表”重要思想的理解上，他从“三个代表”重要思想的提出，到党的十六大决定将“三个代表”写入党章，结合全党学习这一重要思想的各个阶段，进行了深入的分析和比较准确的解释。最后他结合自己学习十六大精神的体会，阐述了弘扬民族精神，奋发图强对实现第三步战略目标的重要意义。

报告会结束后，许多同志认为，党的十六大是我党在新的历史时期召开的一次非常重要的大会，内容极其丰富，不可能通过一次报告会就能全面掌握十六大的精神，还要不断学习、深入领会，但这次报告会，结合实际从许多方面阐述了大会的精神实质，分析了我们拥有的优势和面临的挑战，比较准确地诠释了大会许多关键词语和新提法，对我们进一步深入学习十六大精神，确实有着重要的帮助。

审计署机关各单位、各派出审计局的全体干部职工参加了报告会。

全球内审论坛在北京举行

9月9日，国际内部审计师协会全球论坛在北京国际饭店举行。李金华审计长在论坛开幕式上致辞。副审计长刘家义，中国内部审计协会会长郑力、秘书长马怀平，国际内部审计师协会主席勒罗·E·布克，大会执行主席威廉·G·比绍普出席了论坛开幕式。

李金华在致辞中对与会嘉宾表示热烈欢迎。他说，国际内部审计师协会的工作在全球范围内的广泛开展，对会员国家地区的内部审计事业发挥了独特的影响作用，而且这种影响在持续地扩大着。这是令人瞩目的成就，既是内部审计界同仁共同努力的结果，也与国际内部审计师协会长期以来做的大量负责任、卓有成效的工作是分不开的。他称赞国际内部审计师协会正努力从以北美为主的国际性组织转变成为名副其实的全球化组织的工作，是一场改革，富有创新精神，是“与时俱进”的举措。他说，当前国际财经领域面临会计信息造假的严峻挑战，我们没有人会希望我们及我们的子孙后代生活在一个由“假账”构筑的社会里，我们将在这场斗争中肩负起义不容辞的责任。朱镕基总理为国家会计学院的题词“不做假账”，表明了我国政府与假账做斗争的决心和勇气。他说，借助本届论坛以及更多的国际交流活动，我们必定能够真正实现“成果分享，共同进步”，从而推动全球审计事业的整体进步。

国际内部审计师协会全球论坛，旨在研究和讨论国际内部审计师协会自身发展和如何指引全球内部审计发展的有关问题。这是第四次也是首次在中国举办全球论坛，论坛的主题是“加强内部审计全球化建设”。论坛主要议题是，研究和讨论新千年内部审计扮演的角色，保证高质量的审计，国际内部审计师协会的全球治理计划，寻求良好的公司治理方法，利用技术帮助实现全球性管理和全球性研究。来自50多个国家和地区内部审计师协会的100余名领导人和代表参加了大会。

审计署驻长春特派员办事处正式成立

1月29日上午，审计署驻长春特派员办事处举行成立大会。审计署副审计长董大胜、吉林省政府秘书长李申学出席会议并讲话，同时为长春特派办揭牌。

董大胜在讲话中指出，设立审计机关、实行审计监督制度，是我国宪法的一项规定，而按照被审计单位的财政财务隶属关系划分中央和地方审计机关的审计管辖权，则是我国政治经济体制所决定的。在过去的十几年中，审计署驻地方特派员办事处建设得到长足发展，成为办理中央审计事项的一支重要力量，形成了一支政治过硬、业务精良、廉政纪律严明、能打硬仗的审计铁军。吉林省是中央企事业单位比较集中的地区，建立长春特派办，必将对促进这些单位进一步严格遵守财经纪律，加强内部管理，提高经济效益，在国家和地方经济与社会发展中发挥重要作用。同时，长春特派办也会承担一定的跨省区的审计任务，使中央审计力量得到进一步加强。

李申学代表洪虎省长对长春办的成立表示祝贺。他说，审计署在长春设立特派员办事处是审计发展中的一件大事，也是吉林经济发展中的一件大事，省政府是非常赞成和支持的。长春办加强对驻吉林中央单位的审计，从一定意义上讲，也是对吉林经济的推动和促进。

为此，全省各级政府都要坚决支持长春特派办依法独立行使审计监督权，尊重审计署和长春特派办对审计查出问题的定性和处理处罚意见，预防和避免行政干预，努力为长春办的发展和建设营造良好的外部环境和发展空间。

长春特派办党组书记、副特派员张炳功代表长春办全体同志讲话。他说，在审计署的正确领导下，在省市政府和有关部门的支持下，长春特派办的筹建工作进展顺利，在短短几个月的时间内，做好了正式挂牌办公的各项准备，终于迎来了这个期盼已久的时刻，全办同志都感到十分高兴和欣慰。全办同志决心以党的十五届六中全会精神为指导，坚持"全面审计、突出重点"和审计工作的"二十字"方针，以高起点、高标准、高质量、创一流为目标，以加强基础建设为重点，树立精品意识和开拓进取精神，开好局，起好步，脚踏实地，稳步发展，全面提高审计工作的质量和水平，努力把长春办建设成为一流的特派员办事处。

审计署办公厅、人事教育司和长春市政府、吉林省审计厅等单位有关人员参加了成立大会。

审计署驻重庆特派员办事处挂牌成立

4月22日上午，审计署驻重庆特派员办事处举行成立大会。副审计长项俊波，重庆市委副书记、常务副市长王鸿举出席成立大会并讲话。李金华审计长为重庆特派办的成立做了"高标准、严要求、带好队伍、夯实基础"的题词。重庆市市长包叙定致贺信表示祝贺。

项俊波在讲话中指出，作为我国西南最大的工商业城市、长江上游的经济中心，重庆面临直辖、三峡移民、西部大开发等重大机遇。在这种情况下，审计署决定在重庆成立特派办，目的在于通过发挥审计的作用维护国家财政经济秩序，促进廉政建设，保障国民经济健康发展，为重庆乃至西南地区的经济发展保驾护航。重庆特派办成立后，要根据审计署的授权，认真履行宪法和法律赋予审计监督的神圣职责，按照"三个代表"重要思想要求，坚持审计工作"二十字"方针，积极探索，努力工作，争取用较短的时间把重庆特派办建成清正廉洁、求真务实、开拓创新、奋发有为的现代审计机关。

王鸿举向重庆特派办的成立表示祝贺，并再次代表重庆市委、市政府明确表示：帮助、支持审计机关严格执法是地方政府及有关部门的责任和义务，他要求全市有关部门、有关单位要切实转变观念，主动配合、积极支持重庆特派办的工作，自觉接受重庆特派办的审计监督，同时为特派办的发展创造良好的条件和环境。

审计署首次开展陕西省省长任期经济责任审计

4月至5月，根据中央领导同志指示和中组部委托，审计署对陕西省省长开展任期经济责任审计。在署党组和李金华审计长的直接部署和领导下，坚持以审计财政收支为基础，以陕西省省长重大经济决策为重点，把落实经济责任贯穿于审计工作始终，认真核查群众举报反映的主要问题。通过对陕西省本级1998～2001年财政收支和固定资产投资、社会保障资金等6个专项的审计，并延伸调查有关单位和人员，肯定了陕西省省长领导陕西省政府在贯彻实施西部大开发战略，加快地方经济发展、深化财政和社会保障体制改革等方面取得的成绩。同时，也揭露了执行财政预算法规不严格等问题，明确了省长应承担的责任，客观地进行了审计评价。审计结果得到了陕西省政府和省长本人的认同。中央领导对审计结果报告做了批示。

审计署审计信息工作受到国办通报表彰

1月30日，国务院办公厅秘书局评选出2001年向国办报送信息的先进单位，在国务院68个部、委、局中，审计署名列16，受到了国务院办公厅的通报表彰。

2001年，审计署全年共向国务院领导、中办、国办报送信息125期，其中《审计要情》12期，《重要信息要目》99期，《审计简报》14期。从采用情况看，《审计要情》全部得到国务院领导的批示；《重要信息要目》被中办、国办采用87篇（次），国务院领导批示22期，批示率为22%；《审计简报》被国务院领导批示两期。与2000年相比，信息的批示率，采用率均有较大幅度增长。

与其他部委相比，审计署报送信息的数量较少，但注重了提高信息内在价值，对一些重大的、突出的、倾向性问题进行了综合分析研究，反映了一些行业、系统存在的主要问题，国家有关方针政策的贯彻落实情况，为国务院领导提供了重要决策依据，多次被国务院领导批示，进一步指导和推动了审计工作的开展，充分履行了审计机关监督职责。

据审计署办公厅透露，与中办、国办提出的要求相比，目前，审计信息报送工作仍存在一些不足，主要表现为：信息报送工作不够均衡，如99期《重要信息要目》中，各地特派办报送了71期，占71.7%，其中沈阳办、京津冀办、济南办独立编发或与其他特派办合编的信息共35期，占49%。

为提高信息质量，审计署2002年将进一步加强信息的审核把关工作，同时还将加大培训力度，分层次提高特派办、地方审计机关上报信息的总体质量。

审计署干部培训实行“小时累计制”

为进一步加强“人、法、技”建设，改进和提高干部培训工作，年初，审计署成立了以李金华审计长为组长的教育培训领导小组，并对今后培训工作提出了改进意见。其中实行年度累计培训小时制，即除审计署每年8月集中组织的培训外，每年通过其他形式进行的培训不得少于50小时，培训内容除了审计和相关知识外，计划还要举办一些人文、艺术等专题讲座。此外，审计署各单位根据各自的需要也可以举办一些培训。

为迎接我国加入世界贸易组织（WTO）后面临的机遇和挑战，了解和研究“入世”给政府职能带来的变化和影响，审计署于1月23～25日举办了WTO系列专题讲座。署领导、署机关和派出局在京的同志约500余人听取了这次系列专题讲座。

对外经济贸易部副部长龙永图，农业部常务副部长韩长赋，国务院法制办主任杨景宇，国家经贸委副秘书长弋辉分别就当前加入WTO的热点问题做了专题报告。

4月17日下午，审计署在署机关举办第一期特色专题讲座，题目是哲学与社会生活——《论语》与当代精神。主讲人是北京大学哲学系博士生导师张祥龙教授。

此外，审计署干部培训中心还陆续举办了“公务员社交礼仪”、“健康与生活”、“美术欣赏”、“如何欣赏音乐”、“国际形势与中国外交（英语）”、“周末英语口语培训班”等22场专题讲座。

6月4日，审计署机关党委在党建工作培训班上举行报告会，邀请中央党校王长江教授做了“世界政党比较”的报告。此外，机关党委还举办了“关于公民道德建设”、“‘三个代表’重要思想”和“十六大辅导”等4场政治理论报告。

远程网络审计试点取得圆满成功

根据审计署统一规划和现代审计技术发展的要求，2001～2002年，行政事业审计司和南京特派办选择中国科技大学为试点单位，将计算机技术、通讯技术、审计技术融为一体，首次开展了行政事业单位远程网络审计试点，成功建立了与中国科技大学的远程审计网络系统，确保数据远程安全传输；顺利完成了远程网络审计软件的开发和测试，并利用该网络和软件有效地实施了对中国科技大学财务收支审计，实现了由现场审计向远程审计、事后审计向事中审计、静态审计向动态审计的转变，大大提高了审计工作效率。此次远程网络审计试点的成功，标志着行政事业审计技术水平取得了里程碑式的跨越和发展。

首届中日韩三国审计机关书画摄影展在北京举行

5月10日，首届中日韩三国审计机关书画摄影展在北京举行。来自三国的作品用艺术形象表达了三国审计人员加强合作、世代友好的美好愿望。中日韩三国审计机关的有关领导，日本、韩国驻华使馆以及中国文联的官员参加了开幕式。

中国审计署审计长李金华、日本会计检查院事务次长重松博之、韩国监察院事务总长黄炳基以及澳门特别行政区首席审计师高展鹏分别在开幕式上致辞。

李金华说，中日韩三国是一衣带水的邻邦，文化交流源远流长，三国审计机关一直保持着密切的工作联系和友好往来，在许多方面达成了共识并建立起良好的合作机制。这次由三国审计长共同倡议的书画摄影巡回展，必将进一步架起加深了解、增进友谊的桥梁。

李金华还说，今年是中日邦交正常化30周年，中韩建交10周年。在这一特殊的时刻举办文化交流活动，表达了三国审计人员对中日韩三国人民和睦相处、世代友好的美好愿望，也象征着三国审计机关在新世纪里开展更广泛合作的美好的前景。

由审计署承办的这次书画摄影展，共收集了中日韩三国和中国澳门特别行政区审计机关60余位业余作者的精心之作。参展作品取材广泛、风格多样，生动反映了三国审计人员良好的文化素养、蓬勃的精神风貌和丰富多彩的业余文化生活，具有较高的艺术水平。这些作品在北京展出后，还赴日本、韩国和澳门等地巡回展出。

我国首次举办 IT审计师资格考试

6月8日，IT审计师资格考试首次在我国的北京、上海、广州和深圳举行。这标志着我国IT审计的发展进入一个与国际IT审计逐渐接轨的新阶段。

IT审计师资格由总部设在芝加哥，国际上惟一的信息系统审计师专业组织的“国际信息系统审计与控制协会（ISACA）”颁发，它是该领域的惟一职业资格。这个协会于1969年成立，今天已在全球100多个国家和地区设有160多个分会，现有会员两万多人。而中国内地目前不超过10人，在我国IT审计师在社会供求比例为1:300。

随着我国加入国际贸易组织，培训国际化的人才成了当务之急。审计署干部培训中心经过同美国的ISACA洽谈，于2001年9月在北京、上海、广州、深圳4个城市进行了首次招生宣传工作，截止到2002年4月，全国约有220余人报名参加考试，其中通过审计署干部培训中心报考并参加该中心组织培训的人员有160余人。考生中有来自IT业的精英，也有来自会计审计业的佼佼者，更有高等院校中跃跃欲试的青年学生。此次考试是选用全英文原版教材，考试的形式为笔试，试卷共200道选择题，考试的语种可选择英文和简体中文，大约80%的考生选考了英文答卷。在参加考试的150余名学员中，有50余人通过了该项考试，考试通过率高达35%，达到全球平均水平。对于在中国首次举办考试就能取得如此成绩，ISACA（国际信息系统审计与控制协会）表示意外，他同时向组织该项目培训的审计署干部培训中心表示祝贺。考试所涉及的知识点非常广泛，考试评分也要根据学员的答题正确率和题目的难度系数确定。已经通过国际信息系统审计师考试的学员说：“要顺利通过考试确实比较难，它综合了计算机领域和审计领域的先进知识。这也是信息系统审计师炙手可热的原因之一。”

审计署干部培训中心的专家表示，为了帮助学员顺利通过考试，培训中心专门高薪聘请外籍专家对考生进行培训，提供网上交流园地，并为学员提供与IT审计、咨询专业机构及业内人士的交流机会。

李金华等受聘北大兼职教授

10月14日上午，北京大学政府管理学院学术委员会主任陈庆云教授在署机关会议室，宣布聘任审计署审计长李金华、副审计长项俊波和南京审计学院院长易仁萍为该院兼职教授。

北京大学政府管理学院成立于2001年12月，是以培养高素质的政府和公共管理研究及应用人才为目标，实现政治学科与经济学科的有机结合、学术研究与应用研究的有机结合、规范性研究与实证研究的有机结合、学术训练和专业（在职）训练的有机结合的教学和科研机构。

陈庆元教授表示，此次聘任李金华等为该院的兼职教授，是基于他们在多年的实际工作中勤奋于思考、著述丰厚，且各自在相关的领域取得了一定的理论造诣，这些建立在实践经验基础上的理论成果将成为该院未来发展的宝贵财富。

李金华等3位受聘教授在接受聘任时表示，在今后的工作中将努力履行自己应尽的义务，为北大政府管理学院的发展做出贡献。

中国内部审计学会 更名为中国内部审计协会

经民政部批准，5月23日，中国内部审计学会正式更名为中国内部审计协会。

依据审计法和内审条例，协会的职能是管理、服务、宣传、交流，即对内部审计实行行业自律管理，为内审机构和内审人员提供业务服务和开展各种交流活动。协会还将通过杂志和网站宣传内部审计，扩大影响，维护内部审计的独立性、权威性和内审人员权益，促进内审人员素质和工作水平的提高。

截止到2002年，中国内部审计协会拥有团体会员单位212个，行业协会7个，行业分会8个，地方协会30个，国际内部审计师协会会员3162人。全国拥有内审机构8.2万个，从业人员22.8万人。

大事记

一　月

1月4日　朱镕基总理听取审计署工作情况汇报。总理对一年来审计工作及审计工作所取得的成绩给予充分肯定，对今后审计工作的发展提出了希望和要求。国务委员王忠禹同时听取汇报。审计长李金华，副审计长令狐安、翟熙贵、刘鹤章、刘家义、董大胜，纪检组长王道成，党组成员、人教司司长项俊波及办公厅负责同志等参加了汇报。

▲ 党组书记李金华主持召开署党组会议，结合学习贯彻朱镕基总理在听取审计工作汇报时的指示精神，进一步讨论研究2002年审计工作如何提高层次和水平问题。党组副书记令狐安、翟熙贵，党组成员刘家义、董大胜、王道成、项俊波出席，刘鹤章副审计长，办公厅负责同志列席会议。

1月 令狐安副审计长分别到太原、京津冀特派办和山西省审计厅及河北省保定市审计局等进行工作调研，听取审计工作情况汇报，并参观了天津市开发区和民营企业，了解挂钩扶贫工作的情况。

1月7日 中国审计学会召开学术委员会工作会议。吕培俭会长出席，罗进新副会长主持。会议主要研究了中国审计学会2002年的重点研究课题及2002～2004年课题研究计划等有关问题。

1月9日 刘鹤章副审计长主持召开中国内部审计“双先”评选工作领导小组会议，研究全国内部审计先进集体、先进工作者人选和表彰会有关事宜；“双先”评选工作领导小组全体成员参加了会议。

1月10日 党组书记李金华，副书记令狐安、翟熙贵在华审宾馆召开署老领导座谈会，传达朱镕基总理在听取审计工作情况汇报时所做的重要指示，征求老同志对全国审计工作会议报告（征求意见稿）的意见。吕培俭、于明涛、周光春、祁田、王宸生、任景德、崔建民、罗进新、郑力同志出席并对审计工作报告及今后审计工作的发展发表了很好的意见。

1月11日 党组书记李金华主持召开署党组会议，传达中央组织部长会议精神，研究全国审计工作会议有关事宜。党组副书记令狐安、翟熙贵，党组成员刘家义、王道成、项俊波出席，刘鹤章副审计长，办公厅、机关服务局主要负责同志列席会议。

▲ 董大胜副审计长赴沈阳特派办代表署党组宣布了对该办领导班子调整的决定并讲了话。

1月12日 李金华审计长出席解放军审计署召开的全军审计工作会议，并就当前审计工作面临的形势及今后的工作思路等发表了讲话。

1月15～17日 全国审计工作暨全国审计机关先进集体和先进工作者表彰会在北京怀柔审计培训基地召开。这次会议主要是贯彻党的十五届六中全会和中央经济工作会议精神，总结2001年审计工作，部署2002年审计任务，研究进一步加强和改进审计工作的措施，表彰全国审计机关先进集体和先进工作者。15日上午，王忠禹国务委员到会传达了朱镕基总理对审计工作的重要指示精神，并做了重要讲话；人事部副部长戴光前宣读了人事部、审计署关于表彰全国审计机关先进集体和先进工作者的决定；李金华审计长做了题为《奋发有为，开拓创新，努力把审计工作提高到一个新水平》的审计工作报告。王忠禹国务委员、审计署领导及应邀出席会议的有关部门领导与出席会议的先进工作者代表合影留念。17日下午翟熙贵副审计长作会议总结报告。出席会议的署领导有审计长李金华，副审计长令狐安、翟熙贵、刘鹤章、刘家义、董大胜，纪检组长王道成，党组成员、人教司司长项俊波。解放军审计署审计长李景春也出席会议。署机关各单位、各派出审计局、各特派员办事处，各省、自治区、直辖市、计划单列市审计厅（局）主要负责同志及有关人员200多人参加了会议。

1月16日 党组副书记、副审计长翟熙贵，党组成员、人教司司长项俊波在署机关与来京参加会议的全国审计机关先进工作者进行了座谈。

1月22～25日 署老干部局党总支2001年度工作总结大会在怀柔审计培训基地召开。党组书记、审计长李金华，党组副书记、副审计长令狐安、翟熙贵，党组成员项俊波到会亲切看望了与会离退休干部。李金华同志通报了过去一年审计工作情况和2002年审计工作的安排，翟熙贵同志传达了国务委员王忠禹在全国审计工作会议上的讲话。100多位离退休干部参加了会议。

1月28日 李金华审计长出席特派办进京交流干部座谈会并发表了重要讲话。署党组成员、人教司司长项俊波主持了座谈会。

▲ 党组副书记、副审计长兼机关党委书记翟熙贵主持召开了第十次机关党委全委会。会议研究讨论了署机关2002年党建工作安排意见，并对召开署机关第九次党建工作座谈会有关事项进行了布置。

1月29日 董大胜副审计长出席审计署驻长春特派员办事处成立大会，并与吉林省政府秘书长李申学同志共同为长春办成立揭牌。

1月29～31日 在北京召开了全国外资审计工作会议，总结2001年外资审计工作，研究和制定2002年全国外资审计工作计划和方案，刘家义副审计长到会对外资审计工作做了重要指示。

1月29日至2月5日 刘家义副审计长率调研组到浙江省和江苏省，就地方企业所得税检查情况进行调研。调研期间，并以快报形式现场指导各检查组工作；还分别与江苏省委副书记、常务副省长梁保华和浙江省委常委、常务副省长吕祖善等交换了意见，与各地政府及财政、地税、国税和国库部门的负责同志进行座谈，并听取了他们对地方所得税检查及所得税改革的意见和建议。期间，刘副审计长还参加了浙江省审计工作会议并发表讲话。

1月31日 董大胜副审计长会见了中国农业发展银行行长何林祥一行，听取了何行长关于农业发展银行工作情况介绍，并就今年农业发展银行审计有关问题进行了沟通和协调。

1月31日至2月1日 审计署机关第九次党建工作座谈会在署机关召开。党组书记、审计长李金华出席会议并作重要讲话；党组副书记、副审计长兼机关党委书记翟熙贵对去年机关党建的工作进行了总结，提出了2002年党建工作的安排意见。党组副书记、副审计长令狐安，党组成员项俊波出席会议；署机关各单位、各派出审计局党总支、党支部书记和机关纪委委员参加了会议。

二　月

2月1日 审计署召开传达中纪委第七次全会精神会议。李金华同志传达了江泽民总书记在中纪委第七次全会上的重要讲话。王道成传达了尉健行同志在中纪委第七次全会上的工作报告，并通报了署机关、派出机构2001年党风廉政建设的情况。令狐安、翟熙贵同志出席了会议。署机关各司、局，在京直属事业单位，各派出审计局有关负责同志参加了会议。

▲ 翟熙贵副审计长在署机关会见了铁道部副部长蔡庆华一行，双方就该部预算执行审计中发现的有关问题交换了意见。

2月8日 李金华审计长主持召开审计长会议，传达中央金融工作会议精神和有关文件。副审计长令狐安、翟熙贵、刘家义、董大胜，党组成员项俊波出席，办公厅、法制司、机关党委和各业务司主要负责同志列席了会议。

▲ 党组书记李金华主持召开党组会议，研究《审计署关于实施审计结果公告制度的意见》、《关于2002年度中央管理的国有重要骨干企业审计工作方案》。党组副书记令狐安、翟熙贵，党组成员刘家义、董大胜、王道成、项俊波出席，办公厅、法制司、经贸司主要负责同志列席了会议。

2月20日 李金华审计长主持召开审计长会议，讨论《关税审计工作方案》、《关于中央部门“收支两条线”的审计工作方案》、《政府外债审计调查方案》、《电力行业外资审计方案》、《关于近期实施“金审工程”的意见》、《关于审计署驻地方特派办后勤体制改革的意见》、《审计署关于优秀审计项目评比办法》等。会上，李审计长还传达了朱镕基总理在国务院第四次廉政工作会议上的重要讲话。副审计长令狐安、翟熙贵、刘家义、董大胜、项俊波，纪检组长王道成出席，办公厅、法制司主要负责同志列席会议。

2月21日 党组副书记、副审计长兼机关党委书记翟熙贵主持召开了第十一次机关党委全会。会议研究确定了提请署党组会审议的关于署机关2000～2001年度先进党支部、优秀共产党员和优秀兼职党务干部的人选。

2月22日 翟熙贵和董大胜副审计长在署机关分别与监察部干以胜副部长一行进行了会谈。会谈中，简要介绍了广东省出入境检验检疫局审计和中国银行审计的有关情况，并就开展“收支两条线”审计有关问题交换了意见。

▲ 接国务院文件（国人字［2002］21号）通知：国务院2002年2月7日决定：任命项俊波为审计署副审计长，免去刘鹤章的审计署副审计长职务。

2月25～27日 董大胜副审计长赴济南特派办进行工作调研。

2月26日至3月7日 令狐安副审计长率调研组，分别到浙江省审计厅、杭州市审计局等，进行领导干部经济责任审计工作调研，并就认真贯彻落实全国审计工作会议精神，切实做好领导干部经济责任审计工作等发表了重要讲话。

2月27日 党组书记李金华主持召开党组会议，研究有关人事问题；听取机关党委关于2000～2001年度署机关先进党支部、优秀共产党员和优秀兼职党务干部评选结果的汇报，并对评选结果进行审定。党组副书记翟熙贵，党组成员刘家义、董大胜、项俊波、王道成出席，机关党委、监察局主要负责同志列席会议。

三　月

3月1日 审计署召开署机关2001年度工作总结表彰大会。李金华审计长做了2001年工作情况总结报告并对2002年工作提出了意见和要求；翟熙贵副审计长宣读了《中共审计署直属机关委员会关于表彰先进党支部、优秀共产党员和优秀兼职党务干部的决定》和审计署嘉奖令；署领导向先进党支部、优秀共产党员、优秀兼职党务干部颁发了奖牌和荣誉证书。

3月2～4日 审计署党组中心组2002年第1季度学习会在怀柔审计培训基地召开。这次学习会主要以“国际形势与WTO”为专题内容，认真学习江泽民、胡锦涛等中央领导同志有关的重要讲话及重要文件资料，就如何认识我国加入世贸组织，加入世贸组织给我国审计带来的影响及如何应对等问题进行研讨。党组书记李金华在学习会开始和结束时分别讲话。署机关、派出审计局副司局长以上干部、18个特派办主要负责同志共87人参加了本次学习会；6月28～30日，2002年第2季度署党组中心组学习会在怀柔审计培训基地召开。本次学习会主要是结合学习江泽民总书记“5·31”重要讲话和在建党八十周年大会上的讲话，进一步加深对“三个代表”重要思想的理解，讨论研究在今后的审计工作中如何加以贯彻落实。学习会由党组书记李金华主持，党组副书记令狐安、翟熙贵，党组成员刘家义、董大胜、项俊波、王道成，办公厅、机关党委主要负责同志参加了会议；11月17～19日，审计署党组中心组第3、4季度学习会在怀柔审计培训基地召开。本次学习会主要是学习传达党的十六大会议精神。学习期间，李金华、刘家义同志分别传达了党的十六大会议和中纪委会议精神，令狐安同志传达了胡锦涛同志在党的十六届一中全会上的讲话，在会议结束时，党组书记李金华做了简短总结。党组副书记令狐安、翟熙贵，党组成员刘家义、董大胜、项俊波、王道成，署机关、派出局、直属事业单位主要负责同志参加了学习。

3月5日　翟熙贵副审计长主持召开审计业务会议，讨论《审计署关于中国银行2000年度资产负债损益的审计决定》和《审计署关于中国银行2000年度资产负债损益的审计意见》。李金华审计长，刘家义、项俊波副审计长，办公厅、法制司、财政司、金融司负责同志参加了会议。

▲　刘家义副审计长在署机关会见了前来进行中澳合作项目财务审计软件开发工作的3位澳大利亚专家，并听取了中澳专家有关工作情况的汇报。刘家义强调，软件开发必须抓住关键环节，实行责任制，强化管理，广泛借鉴和吸收国内外经验，确保成功。计算机中心、经贸司、外事司和培训中心有关负责同志和软件开发组全体成员参加了会议。

3月5～8日　董大胜副审计长带领署办公厅、机关服务局有关人员赴沈阳特派办就有关问题进行调研。

3月9～10日　《中国审计史》编写工作会议在京召开。项俊波副审计长、王道成纪检组长出席会议并分别讲话。

3月11日　李金华审计长召集办公厅、法制司、人教司、机关党委、监察局、计算机中心、机关服务局、干部培训中心等单位负责同志，布置2002年“人、法、技”建设安排有关工作。

3月12日　项俊波副审计长主持召开会议，研究审计署成立20周年纪念活动和宣传工作。办公厅、机关党委、中国审计报社、中国时代经济出版社、审计干部培训中心等单位负责同志参加了会议。

▲　李金华审计长主持召开审计署教育培训工作领导小组第一次会议，讨论并审议了《关于改进培训管理工作的几点意见》和《2002年度培训计划》。会议确定，今后要按照“统一规划、统一管理、点面结合、分级负责”的原则加强对教育培训工作的管理。署教育领导小组副组长董大胜、项俊波及领导小组全体成员共20人参加了会议。

3月13日　李金华审计长主持召开审计长会议，讨论《关于陕西省省长程安东同志任期经济责任审计的工作方案》、《关于中央部门挤占事业费和专项经费问题的处理意见》、《关于2001年度财政部具体组织执行中央预算情况的审计工作方案》、《关于2002年企业职工基本养老保险基金审计方案》、《关于2002年企业职工基本养老保险基金财政专项补助资金审计方案》。副审计长令狐安、翟熙贵、刘家义、董大胜、项俊波出席会议。

▲　董大胜副审计长召集各业务司及法制司负责同志开会，研究布置关于违反财政法规处罚的暂行规定修订工作。

3月17～19日　由署人事教育司主办的署驻地方特派员办事处人事管理工作会议在怀柔审计培训基地召开。李金华审计长，令狐安、翟熙贵、董大胜、项俊波副审计长出席了会议。李审计长就新形势下如何抓好干部队伍建设，提高“一把手”领导艺术和领导水平，加强特派办老干部工作和后勤机构改革等问题发表了重要讲话。会议期间，翟副审计长就特派办老干部工作、项副审计长就特派办干部队伍建设等问题分别讲了话。

3月20日　副审计长翟熙贵、刘家义共同主持召开办公会议，对2001年中央预算执行和其他财政收支审计结果报告的汇总工作进行布置。会议提出各业务司在提交审计项目综合审计报告时，要同时提交一份既有总体概念、理性分析，又有典型案例的综合分析材料。办公厅、法制司、财政司、金融司、行政事业司、经贸司、农业司、投资司、外资司等单位有关负责同志参加了会议。

▲　应美国驻华大使馆经济处公使衔参赞祖志明先生邀请，刘家义副审计长参加了美国审计总署国际贸易审计局局长威斯廷女士一行3人举行的宴会。宴会上，双方就经济、文化和审计技术等共同感兴趣的方面进行了友好交谈。

3月21日　李金华审计长主持召开审计长会议，讨论《政府采购审计和审计调查工作方案》、《民航建设资金审计调查工作方案》、《重点机场建设项目审计工作方案》、《中国农业发展银行2001年度资产负债损益审计工作方案》和《中国银行2001年度资产负债损益审计工作方案》。副审计长令狐安、翟熙贵、刘家义、董大胜、项俊波出席。

▲ 项俊波副审计长出席北京市国际注册内部审计师（CIA）资格考试委员会举行的CIA资格考试颁奖领证仪式并发表讲话。中国内部审计学会会长郑力也出席了颁奖仪式。

3月24～30日 党组副书记、副审计长令狐安出席审计署、中组部等在海南省联合召开的经济责任审计研讨会，听取了8个省市对《县以上领导干部经济责任审计实施意见》的修改意见，并对海南省经济责任审计情况进行调研。

3月25日 党组书记李金华主持召开党组会议，听取人教司关于拟提拔干部公示情况的汇报。党组副书记翟熙贵，党组成员刘家义、董大胜、项俊波出席，机关党委常务副书记刘满堂、监察局局长胡玉华列席会议。

▲ 朱镕基总理在中南海紫光阁会见了由斯捷帕申院长率领的俄罗斯联邦审计代表团一行。双方就审计及政治经济等有关方面问题进行了亲切友好的交谈。会见时，李金华审计长、刘家义副审计长、总理办公室主任李伟、外交部部长助理刘古昌及俄罗斯驻华使馆大使等在座。

3月25～31日 由俄罗斯审计院院长斯捷帕申率领的俄联邦审计代表团，应邀来华进行为期7天的访问。26日，李金华审计长和刘家义副审计长在署机关与俄代表团进行了工作会谈，并请客人参观了计算机中心和图书馆；在华期间，俄代表团先后赴上海、辽宁大连进行了访问，分别受到辽宁省省长薄熙来和上海市市长陈良宇的会见和款待。

3月27日 项俊波副审计长出席了审计署和人事部在广东省深圳市联合召开的全国高级审计师资格考评工作会议。会议对自1998年以来所进行的高级审计师资格考评试点工作情况进行了全面总结，对2002年度的高级审计师资格考评工作做出了具体部署。审计署、人事部、全国31个省、自治区、直辖市和新疆生产建设兵团审计厅（局）、人事厅（局）的近百位负责职称管理工作的领导同志和有关人员参加了会议。

四 月

4月2日 董大胜副审计长出席了2002年审计机关监督检查社会审计组织审计业务质量培训班并讲话。

4月3日和9月15日 审计署2002年第一期、第二期处长培训班在怀柔审计培训基地举行开学典礼，董大胜副审计长做学习动员讲话；9月15日下午，李金华审计长为2002年度第二期处长培训班全体学员做了关于学习问题的专题报告。

4月3～4日 李金华审计长赴陕西省，就有关经济责任审计问题与省委、省政府领导进行交谈，翟熙贵副审计长作为审计组组长赴陕西参加了会见与交谈，并参加了审计组进点会。在陕期间，李审计长顺便考察了陕西省审计厅和署驻西安特派员办事处。

4月4～18日 刘鹤章副审计长率中国审计代表团，对智利和德国进行访问。期间，刘副审计长应智利审计长爱尔文先生邀请，向智利审计署处级以上官员做了题为“中国国民经济运行情况及国家审计机关工作情况”的演讲。德国联邦审计法院新任副院长豪泽先生表示中德两国最高审计机关过去10年的合作成绩显著，今后应继续保持这种友好的合作关系。

4月5～7日 署人事教育司在怀柔审计培训基地举办司（局）级干部任职培训班。令狐安副审计长主持开班仪式，李金华审计长到培训班做了重要讲话，项俊波副审计长就举办这次培训班的目的、内容和要求等做了动员讲话。培训班期间，李审计长和项副审计长分别与每位拟任职的同志进行了任职前谈话。项副审计长在培训班结束时做了总结讲话；6月8～10日，审计署组织的2002年度公开推荐选拔副司（局）级领导干部考试在怀柔审计培训基地进行。审计长李金华，副审计长翟熙贵、刘家义、董大胜、项俊波，纪检组长王道成分别担任面试组组长，部分司局长和特派员担任面试考官。署机关各单位、各派出审计局和各特派员办事处推荐的60多名处级干部参加了此次考试；6月11日上午，党组书记李金华主持召开署党组会议，听取关于公开选拔副司（局）级领导干部考试结果情况的汇报，研究下一步公开选拔工作的意见。会议经研究决定，按照此次考试成绩从高分到低分的排序，对总成绩前20名的同志进行考察。署党组将根据考察情况，按照任用标准和程序，从中择优选拔12位同志进行试用期任职。党组副书记翟熙贵，党组成员刘家义、董大胜、项俊波、王道成出席会议。办公厅、人教司、机关党委、监察局主要负责同志列席了会议；8月23～24日，司（局）级干部任职培训班在怀柔审计培训基地举办。李金华审计长、令狐安副审计长在培训班结束时分别做了重要讲话，项俊波副审计长主持了会议。李金华审计长在讲话中对司（局）级干部提出了“八字”要求——“责任、精神、作风、修养”。令狐安副审计长希望大家深刻领会“三个代表”思想的深刻内涵，责无旁贷地做好审计工作。

4月7～19日 王道成纪检组长率中国审计代表团赴美国迈阿密参加了第十六届政府财政管理年会并访问了爱沙尼亚审计署。这次美国召开的第十六届年会的主题主要是绩效审计、反腐败以及应对紧急情况审计等内容。会后，应爱沙尼亚审计署邀请，王道成组长一行访问了爱沙尼亚。双方就审计署机构设置、法律地位以及审计工作及有关审计问题等进行了深入交流。访问期间，王道成组长还应邀发表演讲，向爱审计人员介绍了中国审计工作情况并接受了爱新闻媒体的采访。

4月8日　董大胜副审计长出席审计署在江苏苏州举办的2002年第一期西部地区审计干部培训班结业典礼并讲话。9~10日到上海特派办进行了工作调研。

4月8~20日　翟熙贵副审计长率中国审计代表团分别对墨西哥审计署和加拿大审计长公署进行了访问。访问期间，翟副审计长分别与墨西哥审计署新任审计长阿图·冈萨雷斯·阿瑞冈先生、墨西哥议会监督委员会主席曼纽尔·伽兰·吉梅涅兹先生和加拿大审计长公署新任审计长谢拉·弗雷瑟夫人以及加拿大议会公共账目委员会主席进行了会谈。翟副审计长还就加拿大和我国共同承办最高审计机关国际组织环境审计委员会会议有关问题，与加拿大审计长公署环境与可持续发展专员格林纳斯女士进行了磋商。

4月9日　李金华审计长在署机关会见了前来我署拜会的蒙古国审计监察委员会主席贾瓦慈玛先生一行。

4月11日　李金华审计长主持召开审计长会议，讨论《审计署机关道德建设实施意见》、《署机关职能部门在作风建设方面责任分工的意见》、《2002年监督检查社会审计组织审计业务质量工作方案》、《审计署关于人保公司总经理孙希岳同志任期经济责任审计情况的报告》等。副审计长令狐安、刘家义、董大胜、项俊波出席会议。

4月12日　刘家义副审计长在署机关会见了水利部翟浩辉副部长，就有关审计问题交换了意见。

4月14~26日　李金华审计长率中国审计代表团应邀访问南非和匈牙利，对两国最高审计机关进行考察。在南非，代表团还会见了南非议会公共会计委员会所属协会主席，并旁听了该协会为议员们举办的培训班。在匈牙利，双方审计长就今后匈中两国最高审计机关之间的合作与交流形成了框架性意见。匈牙利议会秘书长会见了代表团全体成员。

4月22日　项俊波副审计长出席重庆特派员办事处的挂牌成立仪式并作讲话。重庆市人民政府常务副市长王鸿举也到会并讲话。

4月23日　受党组副书记、副审计长翟熙贵同志委托，刘家义副审计长向全国人大常委会预算工作委员会汇报2001年度中央预算执行和其他财政收支审计工作进展情况及落实九届人大五次会议有关预算决议的工作安排情况。全国人大常委会预算工作委员会副主任苏宁、张光瑞等听取了汇报。

▲　机关党委举行报告会，邀请中国社会科学院哲学所陈瑛研究员做了“关于公民道德建设”的报告。报告会由刘家义副审计长主持。报告会结束时，刘副审计长受署党组委托宣布了审计署机关分别获得北京市和中央国家机关授予的“首都文明单位”、“中央国家机关文明单位”光荣称号等消息，并对如何搞好审计署道德建设提出了意见和要求。

4月24~28日　副审计长、陕西省省长程安东同志任期经济责任审计组组长翟熙贵赴西安，了解第一阶段审计工作进展情况，并与陕西省省委、省人大有关领导同志交谈，对审计组下一阶段的工作提出了意见和要求。

4月29日　党组书记李金华主持召开党组会议，研究《审计署关于2002年公开推荐选拔副司（局）级领导干部工作的实施方案》等有关人事问题及召开年中审计工作座谈会等有关工作。党组副书记令狐安、翟熙贵，党组成员刘家义、董大胜、项俊波出席。

▲　李金华审计长主持召开审计长会议，讨论《审计署关于中国第一重型机械集团公司李叔彦任期经济责任审计结果报告》。副审计长令狐安、翟熙贵、刘家义、董大胜、项俊波出席会议。

4月29~30日　审计署“金审工程”工作会议在署机关多功能厅召开。李金华审计长在会上发表了讲话。他指出“金审工程”已经被列入国家政务一期工程的十个重点建设工程，审计人员不掌握现代审计技术将失去审计资格。他说，“金审工程”的建设实施，必将促进审计手段和方式发生重大变化：一是审计工作将发生从单一的事后审计转变为事后审计与事中审计相结合、从单一的静态审计转变为静态审计与动态审计相结合、从单一的现场审计转变为现场审计与远程审计相结合的三个转变；二是审计信息化必将推动审计方式的改变；三是将有力地推动广大审计人员思维方式的转变，增强审计人员的全局意识和宏观意识；四是将有效提高审计质量，降低审计风险。他强调，“金审工程”是“一把手工程”，各单位主要领导一定要高度重视，亲自抓落实。刘家义副审计长系统介绍了“金审工程”的概况、部署了第一年度的工程建设任务。会上，国务院信息化工作办公室和国家计委高技术产业司有关负责同志也先后发言，对审计信息化工程建设表示积极支持。

五　月

5月9~30日和10月10日至11月1日　全国审计系统第一、二期厅（局）级领导干部培训班分别在审计署北京怀柔培训基地举行，共有68名厅、局级领导干部参加了培训学习。李金华审计长和其他署党组成员及一批国内著名的专家学者为学员做了专题报告和学习辅导；10月24日上午，项俊波副审计长在怀柔审计培训基地为参加2002年第二期厅（局）长培训班学员做了题为《实践“三个代表”，提高自身素质，做一名合格的领导干部》的讲课；10月30日，董大胜副审计长出席审计署2002年第二期厅（局）长培训班结业典礼并讲话。至此，三年一轮次的审计署（厅）局长培训工作已圆满结束。

5月11～17日 李金华审计长分别到重庆和湖北，对重庆市和湖北省审计工作进行考察。考察期间，分别听取了重庆市审计局、署驻重庆特派办、湖北省审计厅、署驻武汉特派办的工作情况汇报，并发表了重要讲话。

5月14日 项俊波副审计长出席第二批进京交流干部培训会议并讲话。下午，翟熙贵副审计长看望了第二批到署交流的36名干部。项副审计长对交流干部提出了四点希望和要求：一是要处理好学习与工作的关系；二是要处理好与派出局同志的关系；三是要勤于思考、善于总结；四是要作好吃苦的准备。

5月15日 中国审计书法家协会在京成立。刘家义副审计长代表署党组出席了成立大会并发表祝辞。中国书法家协会主席沈鹏、党组书记张飚、副主席张传凯，中国审计书法家协会常务副主席张德山、副主席罗美富、齐国生、高存弟、董化礼及部分在京理事参加了成立大会。

▲ 项俊波副审计长出席在宁波召开的中国审计学会2002年审计论坛研讨会并发表讲话。项副审计长向与会同志介绍了近年来审计工作的情况及取得的成绩，并特别强调了认真总结审计工作20年基本经验的重要意义。

5月17日 审计署驻地方特派员会议在京召开。会议主要是布置对特派办工作进行总结调研有关工作。李金华审计长到会并讲话。他说，2002年署领导将分别到特派办进行调研。主要调研内容是，总结特派办设立16年来的基本经验，研究今后特派办的建设和发展。项俊波副审计长主持会议并对特派办配合搞好调研工作提出了具体要求。署驻地方18个特派办的特派员或主持工作的副特派员及署调研小组有关成员参加了会议。

5月21～23日 翟熙贵副审计长作为陕西省省长程安东同志任期经济责任审计组组长第三次到西安，就有关经济责任审计工作情况，听取汇报，指导工作。期间，翟副审计长分别到省审计厅及西安特派办进行了工作调研。

5月 党组副书记、副审计长令狐安分别到25个派出局，就人事教育、作风建设、派出局同志的工作生活情况等进行了调研。

5月29日 党组书记李金华主持召开党组会议，讨论《审计署关于2001年度中央预算执行和其他财政收支的审计结果报告》、《审计署2002年预算资金分配方案》，研究其他有关问题。党组副书记令狐安、翟熙贵，党组成员刘家义、董大胜、项俊波出席。

▲ 李金华审计长在署机关会见了匈牙利驻华大使白明义先生一行。

5月31日至6月5日 项俊波副审计长分赴成都、兰州两个特派办开展工作调研。主要是围绕全面总结特派办设立16年来的基本经验，找准目前存在的主要问题和不足，研究如何更好地促进特派办今后的建设和发展问题。此外，项副审计长还了解了成都、兰州两个特派办基础建设的进展情况。

六　月

6月1日 李金华审计长、刘家义副审计长到国务院向有关领导汇报关于2001年度中央预算执行和其他财政收支审计的有关情况。

6月3日 刘家义副审计长到国务院向王忠禹国务委员汇报关于2001年度中央预算执行和其他财政收支审计的有关情况。

6月3～5日 审计署机关党委在怀柔审计培训基地举办党建工作培训班。党组书记、审计长李金华出席会议并作重要讲话，党组副书记、副审计长兼直属机关党委书记翟熙贵在培训班结束时作总结讲话。10位同志就支部工作和党员司局长“两手抓”的经验进行了大会交流。署机关党委委员、纪委委员，各党总支书记、支部书记、组织委员及特派办机关党委专职副书记等参加了培训。

6月3～8日 李金华审计长在深圳和广州考察审计工作。考察期间，审计长先后到署驻深圳特派办、深圳市审计局及宝安区审计局，广东省审计厅、署驻广州特派办、广东省佛山市审计局等单位，并分别发表了重要讲话。李审计长在讲话中着重强调，广东省及深圳市作为我国改革开放的前沿阵地和经济较为发达的地区，审计工作有自身的特殊性，应当积极探索规律，与时俱进，开拓创新。

6月12日 全国人大常委会预算工作委员会召开会议，听取审计署关于2001年中央预算执行和其他财政收支的审计情况汇报，刘家义副审计长代表审计署到会做了情况汇报。

6月13日 刘家义副审计长主持召开办公会议，听取对《财政违法行为惩处条例（征求意见稿）》的意见。

署办公厅、法制司和各有关业务司负责同志参加了会议。

6月13~24日　翟熙贵副审计长率调研组一行5人到浙江、江苏两省，就如何适应财政支出改革，深化行政事业审计工作进行调研。调研期间，分别听取了浙江、江苏两省审计厅及杭州、南京等12个市、7个县（区）审计局的工作情况汇报。

6月15~16日　中国审计学会与北京大学光华管理学院在北京大学联合举办了题为《虚假财务报告审计与监管》的论坛。项俊波副审计长15日到会并致开幕词。中国审计学会副会长罗进新主持开幕会并在闭幕会上对论坛的研讨情况做了综述发言。副会长刘鹤章参加会议并主持了闭幕会。与会同志从理论角度对虚假财务报告的历史与现状、形成的原因及对经济生活的危害等进行了深入剖析，对如何发挥审计与行业监管的作用，并进行有效治理和防范等问题展开了深入研讨。

6月18日　李金华审计长受国务院委托到全国人大财经委，通报2001年中央预算执行和其他财政收支有关情况。刘家义副审计长，办公厅、财政司主要负责同志陪同参加。

6月23日　李金华审计长作为南京审计学院名誉院长、客座教授专程到南京审计学院，为南审师生做了题为《总结经验，认清形势，开创审计工作新局面》的专题报告。江苏省审计厅、南京市审计局、审计署驻南京特派办的部分干部职工也参加并听取了报告。23日下午，李审计长到南京特派办进行考察，并听取了南京办关于计算机审计工作的汇报，观看了演示，对如何加强审计机关的信息化建设提出了新的要求。

6月25日　董大胜副审计长到京津冀特派办赴建设银行北京分行审计点进行工作调研，并重申了2002年金融审计的重要性和审计的重点领域及重点问题。他特别强调，2002年的金融审计工作要紧紧围绕“风险、效益、管理”三个方面，重点关注损益的真实性和信贷资产质量的真实性，注意发现大要案线索，要抢占金融监督和监管的“制高点”。

6月26日　李金华审计长受国务院委托，在人民大会堂向九届全国人大常委会第二十八次会议做了《关于2001年度中央预算执行和其他财政收支的审计工作报告》。刘家义副审计长也一同列席了会议。

6月27日　董大胜副审计长会见郑乐钧先生率领的韩国监查院监查教育院代表团一行10人。6月18日，韩国监查院监查教育院代理院长郑乐钧先生在南京与南京审计学院院长易仁萍续签了《中华人民共和国南京审计学院与大韩民国监查院监查教育院合作协议》。

6月30日　党组书记李金华主持召开署党组会议，研究召开年中审计工作座谈会有关事宜和有关人事问题，讨论对原陕西省省长程安东同志任期经济责任审计结果报告。会议议定：年中审计工作座谈会将于8月初在广东召开。党组副书记令狐安、翟熙贵，党组成员刘家义、董大胜、项俊波、王道成出席，办公厅、机关党委主要负责同志列席了会议。

七　月

7月2~6日　李金华审计长率审计代表团赴澳门、香港审计署进行工作考察。期间，李审计长先后同澳门审计署审计长蔡美莉、香港审计署署长陈彦达进行了工作会谈。李审计长详细了解了澳门、香港审计署的工作机制、内容、方法和成效，并探讨了如何进一步加强与澳门、香港审计署的工作交流与合作。

7月2~10日　董大胜副审计长率调研组到哈尔滨、长春、沈阳特派办进行调研。在调研过程中，董副审计长有针对性地对各办工作提出了意见和要求。同时还到黑龙江省、吉林省建设银行和农发行审计现场检查指导工作，并到沈阳特派办办公楼施工工地进行了视察。

7月3~13日　刘家义副审计长率调研组到湖南省就如何规范转移支付制度和加强审计监督有关问题进行专题调研。

7月4日　翟熙贵副审计长在署机关会见了黑龙江省副省长王利民一行，双方就黑龙江省国税审计的有关情况交换了意见。

7月5日　翟熙贵副审计长主持召开办公会议，就令狐安副审计长到派出局调研后提出的意见，研究如何改进和加强派出局的建设、管理和服务工作等问题。项俊波副审计长，办公厅、行政事业司、人教司、机关服务局、计算机中心、培训中心有关负责同志参加了会议。

7月7~22日　项俊波副审计长率中国审计代表团应邀出席了最高审计机关欧洲组织和拉美组织联合在哥伦比亚召开的主题为“加强财务管理与监督”和“IT技术与最高审计机关的现代化”的国际会议，并做了题为“IT技术与中国审计机关的现代化”的演讲。此外，项副审计长还率代表团对哥伦比亚审计署、委内瑞拉审计署进行了友好访问。

7月9~13日　翟熙贵副审计长代表中国审计署，出席在韩国汉城开幕的“中日韩三国审计机关书画摄影展”，并对韩国监查院进行了工作访问。

7月　外资司在北京举办了全国外资审计业务骨干培训班，主要就世行贷款政策与趋势、外资审计业务、外资审计信息化建设等专题，邀请财政部、国家计委、人民大学、南京审计学院的领导和专家授课。培训班达到了预期目的。

7月15日 李金华审计长主持召开审计长会议，讨论《审计署离（退）休干部异地安置管理暂行规定》、《审计署审计结果公告办理规定》、《三峡库区移民外迁安置资金审计工作方案》，研究8月份职工休假和全员培训工作安排。会议议定：8月1～17日，全署统一休假；8月18～31日，进行全员培训。副审计长翟熙贵、刘家义、董大胜，纪检组长王道成出席。

7月16～22日 翟熙贵副审计长率调研组到黑龙江省，就如何适应财政支出改革，深化行政事业审计工作进行调研。

7月23日和24日 党组书记李金华主持召开署党组会议，研究有关人事问题；讨论年中审计工作座谈会有关材料；听取署机关职工思想状况调研情况的汇报；讨论《财政违法行为惩处条例》、《监察部、审计署关于监察机关和审计机关在查处案件中相互协作配合的规定》。党组副书记令狐安、翟熙贵，党组成员刘家义、项俊波、王道成出席会议，办公厅、人教司、机关党委、监察局主要负责同志列席会议。

7月 令狐安副审计长分别到宁夏回族自治区、甘肃省、江西省就经济责任审计和农业与资源环保审计工作情况进行调研，并视察了有关农业综合开发、小流域治理、退耕还林（草）工程，分别看望了宁夏、甘肃、江西三省区地市县部分审计干部，听取了3省区及所到地市县的审计工作情况汇报，并与3省区党政领导同志就有关审计工作交换了意见。

7月24日 受李金华审计长委托，刘家义副审计长、项俊波副审计长共同主持召开办公会议，研究"国际内部审计师协会2002年全球论坛会议"的筹备工作。中国内审协会郑力会长出席会议，办公厅、外资司、外事司、机关服务局和中国内部审计师协会主要负责同志及有关人员参加了会议。

7月26～29日 审计署驻地方特派员办事处工作座谈会在上海召开。党组书记、审计长李金华在会上做了题为《总结经验，开拓创新，努力把特派办工作提高到一个新水平》的报告。党组成员、副审计长项俊波在会议结束时作总结讲话，主要就如何贯彻落实李审计长的讲话和会议精神提出了具体要求。党组副书记、副审计长令狐安、翟熙贵出席了座谈会。署驻地方18个特派办的党组成员、署有关司局负责同志近80人参加了会议。

7月30日 李金华审计长主持召开审计长会议，讨论《2002年国税审计工作方案》、《2002年国债专项资金审计工作方案》、《县财政收支真实性审计调查工作方案》。副审计长翟熙贵、刘家义，纪检组长王道成出席会议。办公厅、法制司、财政司主要负责同志及财政司有关人员列席了会议。

八　月

8月3～5日 以研究经济责任审计为主题的全国审计工作座谈会在广东省南海市召开。会上，令狐安副审计长做了题为《突出重点，提高质量，稳步推进经济责任审计工作的深入发展》的工作报告，翟熙贵副审计长作会议总结。李金华审计长在会议结束时做了重要讲话，重点阐释了就经济责任审计工作提出的"积极稳妥、量力而行、提高质量、防范风险"的"十六字"原则。广东省委副书记、常务副省长欧广源到会并发表了讲话。副审计长刘家义，纪检组长王道成出席会议，署机关、全国各省、自治区、直辖市审计厅（局）、计划单列市审计局、新疆生产建设兵团审计局有关负责同志及经济责任审计处处长等100多人参加了会议。

8月13～14日 《中国审计史》中卷修改稿评审会议在京召开，署党组成员、纪检组长王道成，中国审计学会副会长罗进新出席会议并讲话。来自史学界、审计学界的专家学者以及承担编纂工作任务的江苏、北京、陕西、江西等地审计机关的负责同志共20多人参加了会议。

8月16日 全员岗位资格考试在审计署机关、14个特派员办事处和13个省（区、市）审计厅（局）的考场举行，这是2000～2002年三年培训周期中最后一轮考试，全国共有2437名在职审计干部职工参加了考试，其中1553人通过了A级，占参考人数的63.73%。

8月17～30日 署机关集中培训。期间，署机关、各派出审计局和各事业单位的600多名干部职工参加了培训。这次培训共举办了13场专题报告。

8月20日 李金华审计长主持召开审计长会议，讨论《审计署关于中国储备粮管理总公司原法定代表人高铁生同志任期经济责任审计结果报告》。副审计长令狐安、翟熙贵、董大胜、项俊波，纪检组长王道成出席。

▲ 党组书记李金华主持召开党组会议，研究对以令狐安副审计长关于派出局工作调研报告中提出有关问题的解决意见，研究有关人事任免问题。办公厅主要负责同志列席了有关内容的讨论。

九　月

9月2～4日 2002年财政审计培训班在审计署怀柔培训基地举办。翟熙贵副审计长到会并做了讲话，总结了特派办10多年来开展财政审计的四条基本经验：一是坚持审计署的集中统一领导；二是各特派员高度重视，亲自抓；三是紧紧围绕中心，不断开拓创新；四是坚持全面审计，突出重点，注意抓重大违法违纪问题。刘家义副审计长听取了代表们的座谈并做了培训班总结。

9月2～5日 李金华审计长在上海市考察审计工作。在此期间，李审计长先后考察了审计署驻上海特派员办事处，宝钢集团公司和上海市青浦区、松江区，就如何搞好当前的审计工作，尤其是经济责任审计、企业审计等，听取了大家的意见，并发表了重要讲话。

9月3～29日 项俊波副审计长受中组部委托赴西藏自治区进行有关工作考察。期间，项副审计长代表署党组和李金华审计长看望了西藏自治区审计厅、拉萨市审计局的干部职工，慰问了审计系统的援藏干部。

9月6日 李金华审计长主持召开审计长会议，讨论《中央部门2002年度预算执行审计和决算审签工作方案》。副审计长翟熙贵、刘家义、董大胜，纪检组长王道成出席。

9月11～13日 审计署在浙江省杭州市召开了全国行政事业审计工作座谈会，会议主题是总结、开拓、深化、提高。各派出审计局局长，各省、自治区、直辖市、计划单列市和新疆生产建设兵团审计厅（局）分管领导和行政事业审计处处长共110人参加了会议。翟熙贵、刘家义两位副审计长到会主持会议并做了重要讲话。会议对近几年来行政事业审计工作进行了全面分析，总结了四条基本经验；对新形势下的行政事业审计做了准确定位，明确了行政事业审计作为财政收支审计的一个重要组成部分，承担着本级财政收支审计的重要任务，特别是承担着财政支出审计的主要任务，是财政预算执行审计的基础，也是国家审计的永恒主题；提出了要不断拓宽行政事业审计领域、深化部门预算执行审计等五项措施，指导和推动了今后行政事业审计不断深入发展。

9月12日 董大胜副审计长听取了中澳项目组关于企业审计软件开发进展情况及澳方专家对项目开发进行第三阶段任务检查情况的汇报。澳大利亚专家一行4人，于3～12日来华对项目开发第三阶段任务完成情况进行了检查验收。澳方专家对项目进度和软件质量表示满意。

▲ 纪检组长王道成出席“落实‘收支两条线’管理、规范政策外补贴”工作领导小组会议。会议主要是研究审定《关于规范公安部等八个执法部门政策外补贴的情况报告》，署行政事业司负责同志也参加了会议。

9月 外资司组织全国部分外资审计业务骨干赴瑞典进行了为期21天的政府债务管理审计培训。重点就瑞典政府预算管理体制、债务管理体制、债务风险与防范、债务审计等专题进行考察。考察结束后，培训班向署领导提交培训总结报告和专题研究报告。

9月12～16日 党组副书记、副审计长令狐安到内蒙古自治区赤峰市以及克什克腾旗、林西县、元宝山区等地进行工作调研，听取了林西县和赤峰市审计局工作情况汇报，并进行了座谈。

9月16日 全国金融审计培训班在怀柔审计培训基地举办，董大胜副审计长到会并讲话。

9月16～30日 刘家义副审计长率中国审计代表团应邀访问乌克兰和格鲁吉亚审计署，并作为特邀嘉宾参加了在墨西哥城召开的最高审计机关拉丁美洲及加勒比海地区组织（简称“拉审组织”）第十二届大会。在乌克兰访问期间，刘副审计长和代表团成员会见了乌克兰审计长西蒙年科和审计署最高委员会成员，双方举行了工作会谈。赴墨西哥城参加拉审组织会议期间，在我国驻墨西哥大使馆的支持和帮助下，经过代表团反复严正交涉和多方做工作，挫败了一起“一中一台”的图谋，取得了很好的成果。在格鲁吉亚访问期间，代表团会见了格鲁吉亚审计长苏尔坎·莫拉什维利，双方进行了工作会谈。

9月19日 署人事教育司按照署领导要求，组织全司干部集中学习《党政领导干部选拔任用工作条例》和中央领导的有关讲话，结合审计署这些年人事工作情况，对条例逐条进行了分析研究。

9月20日 署党组成员、纪检组长王道成应邀出席全国妇联经济责任审计工作会议，并做了经济责任审计专题报告，主要介绍了经济责任审计工作的发展过程、基本制度、当前开展状况和今后的发展思路。

9月23～26日 李金华审计长到黑龙江省考察审计工作。其间，先后考察了黑龙江省审计厅、审计署驻哈尔滨特派员办事处、黑龙江省大庆市审计局、绥化市属肇东市审计局等。李审计长在考察中指出，综观20年来的中国审计工作，有两条重要经验：一是必须紧紧围绕各级党委政府的中心工作开展审计工作；二是开拓创新，与时俱进。李审计长强调，当前要着重围绕三个问题进行总结：一是如何进一步理解“全面审计、突出重点”的指导方针；二是如何保证和提高审计质量；三是如何进一步加强“人、法、技”建设。

9月26日至10月1日 令狐安副审计长到内蒙古自治区鄂尔多斯市、包头市进行审计工作调研。其间，视察了退耕还林等国债项目，看望了两市审计干部，并与当地党委、政府领导和审计干部进行了座谈。

9月27日 党组成员、纪检组长王道成参加了在北京信息工程学院举行的第五期计算机审计中级培训班结业典礼，为取得考试合格证书的44位学员颁发证书，并就参加学习的同志回到工作岗位后如何发挥作用，如何进一步搞好中级培训等发表了讲话；12月20日，董大胜副审计长出席审计署第六期计算机审计中级培训班开班仪式并讲话。董副审计长要求学员学以致用，开拓创新，不断提高计算机审计工作水平。

9月28日　李金华审计长在署机关会见了来访的中国工程院院长徐匡迪院士和副院长王淀佐院士，就有关中国工程院审计问题充分交换了意见。

9月29日　李金华审计长在署机关会见了阿根廷议会审计委员会审计长德斯普伊（Despouy）先生。李审计长对德斯普伊先生的到访表示热烈欢迎，并向客人简要介绍了我国审计的历史、审计署的概况和现在开展的工作。德斯普伊先生介绍了阿根廷审计工作和经济发展的现状。双方希望进一步加强两国审计机关的合作和交流。

十　月

10月4～11日　李金华审计长到吉林、辽宁两省考察审计工作。其间，李审计长先后到吉林省审计厅、吉林省通化市审计局、通化市属集安市审计局、长春特派员办事处、辽宁省审计厅、辽宁省丹东市审计局、沈阳市审计局、沈阳特派员办事处看望广大审计干部，听取工作汇报，考察审计机关的基础建设情况，并就当前审计工作的形势和任务发表了重要讲话。

10月10日　令狐安副审计长在署机关会见了应邀来访的德国联邦审计院院长迪特·恩格斯博士一行3人，并与德国客人进行了热情友好的会谈。刘家义副审计长，外事司负责同志参加了会见。晚上，令狐安副审计长设宴招待了代表团全体成员，德国驻华大使葛鲁格同时在座。11日中午，李金华审计长在怀柔审计培训基地会见并宴请了来访的德国联邦审计院院长迪特·恩格斯博士一行。

10月13日　高级审计师专业技术资格考试首次在全国范围内举行，参加考试的共有3265人，考试成绩通过的有1343人，通过率为41.13%。

10月14～18日　令狐安副审计长到郑州特派员办事处进行工作调研。在与郑州办领导和各处室负责同志座谈时，令狐安副审计长对郑州办工作有连续性、班子团结和取得的成绩，给予充分肯定，同时强调要继续全面落实李金华审计长在上海特派办工作会议上的重要讲话精神。

10月15日　刘家义副审计长会见了应我国对外贸易经济合作部邀请来华商讨中澳“政府管理项目”设计事宜的澳大利亚高级代表团一行4人，并介绍了我国目前审计现状以及就审计计划与成本管理方面合作问题进行了探讨。

10月16日　李金华审计长会见来访的荷兰鹿特丹市审计局局长凡·高特先生一行，宾主进行了亲切友好的谈话。参加会见的有刘家义副审计长和署外事司负责同志，上海市审计局葛爱玲局长专程陪外宾来京参加会见。晚上，刘家义副审计长宴请了荷兰外宾。

10月16～20日　项俊波副审计长赴西安等4个特派办开展调查研究工作。

10月17～24日　乌克兰审计署秘书长费德罗维奇先生一行5人来审计署访问。17日上午，李金华审计长在署机关会见了乌克兰审计代表团。刘家义副审计长主持了与乌克兰审计代表团的工作会谈，并于当晚宴请代表团。

10月18日　李金华审计长主持召开会议，听取《中国审计史》编写工作情况，研究讨论编辑办公室送阅的部分初稿。董大胜副审计长、王道成纪检组长、罗进新同志，编辑办公室成员及有关编纂人员参加会议。

▲ 审计署乒乓球协会成立大会在署机关多功能厅举行，翟熙贵、刘家义副审计长分别担任该协会名誉会长和会长，并到会发表了讲话。

10月　翟熙贵副审计长先后到审计署地震气象、国防工业、监察人事、建设建材、社会保障、政法、旅游侨务、信息邮政、教育、卫生药品审计局和经济审计一局、经济审计二局等12个派出审计局进行工作调研，就落实李审计长2002年8月派出局整训大会上的讲话和全国行政事业审计工作会议精神、开展“收支两条线”专项审计及深化部门预算执行审计情况与派出局的同志进行座谈。

10月23日　李金华审计长设宴招待了应邀来访的拉脱维亚审计长塞内基斯先生一行3人，刘家义副审计长和拉脱维亚驻华大使等作陪。24日上午，李金华审计长同首次来访的拉脱维亚审计长塞内基斯先生进行了友好会谈。刘家义副审计长参加会谈并向客人详细介绍了我国的经济概况和审计发展情况。拉方审计长也简要介绍了本国的审计情况，双方还就共同感兴趣的问题交换了意见。

10月27日至11月3日　翟熙贵副审计长到江西进行审计工作调研，先后考察了南昌、吉安、景德镇和九江等地，听取了审计工作汇报，与审计机关干部进行座谈，并就审计工作有关问题发表了重要讲话。

10月28日　李金华审计长会见了首次来访的厄瓜多尔审计长阿尔弗雷多·科拉尔·博雷罗博士一行两人，并进行了友好的会谈。双方各自介绍了本国的政治经济状况、审计工作的概况和审计在国家反腐败斗争中的作用等。双方还就两国最高审计机关之间的合作进行了探讨。刘家义副审计长，厄瓜多尔驻华大使拉斐尔先生参加了会见。

▲ 署党组成员、纪检组长王道成出席北京市经济责任审计高级研修班开班式，并发表讲话。王组长在讲话中全面阐述了经济责任审计“积极稳妥、量力而行、提高质量、防范风险”原则的涵义，以及“十六字”原则对于搞好今后经济责任审计工作的重要指导意义。

10月28日至11月1日　全国审计纪检监察干部培训班在怀柔审计培训基地举办。署党组成员、纪检组长王道成11月1日上午出席培训班结业典礼，为学员颁发结业证书并发表了题为《紧贴审计业务，强化“两权”制约，积极发挥纪检监察在抓源治本工作中的职能作用》的讲话。王组长要求审计纪检监察工作要逐步实现“两个转变”、“两个贴近”。即：由纪检监察部门独立工作为主，向发挥综合协调职能转变；由坐等办案和以查案为主，向主动做好预防工作转变；贴近审计执法和贴近业务管理。

10月29日　刘家义副审计长会见了前来拜会的泰国议会审计委员会岔猜先生和审计署副审计长吉拉拉先生率领的泰国审计代表团一行53人，同时还向代表团详细介绍了中国审计地位、权力、工作任务和发展现状等，并回答了代表团成员提出的问题。

10月30日　李金华审计长会见了泰国议会审计委员会委员岔猜先生、泰国审计署副审计长吉拉拉先生及有关人员。

10月30日至11月1日　刘家义副审计长到天津市就财政审计工作和审计信息化建设等进行工作调研。在津期间，刘副审计长先后听取了审计署京津冀特派办、天津市审计局、天津市西青区和经济技术开发区审计局对有关工作的情况汇报。

10月21日至11月8日　以令狐安副审计长为团长的中国审计代表团出席了在菲律宾马尼拉召开的亚审组织第31次理事会。会议通过了令狐安代表李金华审计长所作的亚洲审计组织环境审计委员会工作报告，基本确定中国为2006年亚审组织大会承办国。会议期间，代表团同与会各国审计同行进行了广泛交流。会后，代表团分别访问了印度、尼泊尔、不丹三国审计机关，并分别与三国审计机关介绍了本国审计机关的历史、体制、职权、成果、项目管理、培训等情况，代表团还就我国农业审计、经济责任审计等问题做了介绍。

十一月

11月3～9日　审计署在北京举办了首届国际审计培训班。刘家义副审计长3日晚设宴欢迎参加培训班的学员，并于4日主持了培训班开班仪式，随后主讲了培训班第一课，向参加培训班的外国学员全面系统地介绍了我国政治体制、经济发展以及国家审计的基本情况。署有关业务司的同志分别向学员介绍了中国审计的法律体系和财政审计、金融审计、公共工程审计、企业审计、农业环保审计的技术方法和基本经验。7日，国际培训班圆满结束，李金华审计长到班致辞并给学员颁发结业证书。韩国、缅甸、马来西亚、泰国、巴基斯坦、不丹、印度尼西亚、印度、蒙古、越南、俄罗斯、匈牙利、瑞典、南非、摩洛哥、澳大利亚等17个国家以及中国香港和澳门特别行政区的19名学员参加了培训班学习。

11月6日　国务委员王忠禹在中南海紫光阁会见了应审计署邀请来华访问的委内瑞拉审计长鲁西安先生一行两人。李金华审计长、刘家义副审计长和署经济执法审计局、外事司负责同志参加了会见。下午，李审计长在署机关与鲁西安先生一行举行了工作会谈。李审计长向客人介绍了我国审计的历史及现状。晚上，李审计长为鲁西安先生一行举行了欢迎宴会。刘家义副审计长参加了会谈和宴请。

11月22日至12月6日　李金华审计长陪同以王忠禹国务委员为团长的中国政府审计代表团访问了冰岛、丹麦、乌克兰和白俄罗斯四国。出访期间，王忠禹国务委员分别会见了冰岛总理、丹麦副首相兼工贸大臣、乌克兰总理以及白俄罗斯第一副总理，就审计工作在各国经济发展中的作用以及双边经贸关系等事项进行了会谈；介绍了中国共产党十六大召开的情况；宣传了我国改革开放、经济建设取得的最新成就。访问期间，李金华审计长还分别会见了冰岛审计长、丹麦审计长以及白俄罗斯国家监察委员会主席，与三国最高审计机关首长就各自审计领域的最新发展及加强双边交流交换了意见。署办公厅、人教司、外事司负责同志以及国务院有关部门负责同志作为代表团成员陪同出访。

11月26日　董大胜副审计长出席中国内部审计协会在广东省召开的全国非国有企业事业单位内部审计理论研讨暨经验交流会并讲话。董副审计长在讲话中认为，此次会议选题很好、很准，体现了与时俱进的要求。中国内部审计协会会长郑力、副会长刘鹤章出席了会议。会后，董副审计长到广东、云南两地就2003年的金融审计工作进行调研。

11月26～29日　刘家义副审计长到上海市审计局，

以及上海市长陵区、宝山区、嘉定区、南汇区审计局和审计署驻上海特派员办事处就审计信息化建设和2003年审计工作特别是财政审计工作进行工作调研。

11月27~28日　党组副书记、副审计长令狐安到怀柔培训基地出席了中国审计学会环境审计研讨会并做了讲话。令狐安同志在讲话中提出，本次会议是1996年以来，审计学会第二次举办环境审计方面的研讨会，环境审计工作将是我们制定未来工作计划中不可或缺的组成部分。

11月28日至12月8日　党组副书记、副审计长翟熙贵到海南、广西两地进行审计工作调研。他在调研中强调，在审计工作中要注意处理好三个方面的关系：一要处理好继承和发展的关系；二要处理好创新和务实的关系；三要处理好当前和长远的关系。

十二月

12月1日　党组副书记、副审计长令狐安到怀柔审计培训基地为机关党委主办的学习十六大精神研讨班的同志做了动员讲话。

12月22~24日　署直属机关党委在怀柔审计培训基地举办了第二期学习十六大精神研讨班。22日上午，党组副书记、副审计长兼机关党委书记翟熙贵到研讨班为学员做了学习动员。来自署机关各单位、各派出审计局的25名司处级党员干部参加了学习研讨。

12月2日　令狐安副审计长受李金华审计长委托会见了津巴布韦审计长海易德先生一行3人。会见后，刘家义副审计长与海易德先生进行了工作会谈。晚上，令狐安副审计长为津巴布韦客人举行欢迎晚宴，刘家义副审计长、外事司负责同志出席了晚宴。

12月4日　董大胜副审计长检查2002年度高级审计师专业技术职称考试阅卷工作。

12月10~12日　全国企业审计工作会议在北京怀柔审计培训基地召开，李金华审计长到会并发表了重要讲话。

12月11~12日　党组副书记、副审计长令狐安到天津参加经济责任审计工作座谈会，就经济责任审计工作及《关于进一步加强经济责任审计有关部门的协调与配合的意见》征求并听取意见，并与天津市市长李盛林进行了会谈。中组部、监察部、审计署经济责任审计司和辽宁省等7省（市）的纪检、组织、审计部门有关人员参加了会议。

12月12日　董大胜副审计长主持召开会议，对2001年度优秀审计项目初评结果进行审核。办公厅、人教司、监察局及各业务司负责同志参加了会议。

12月17日　署机关举行学习十六大精神，贯彻“三个代表”重要思想报告会，中宣部理论局副局长张国祚博士应邀作学习辅导报告。党组副书记、副审计长翟熙贵主持报告会，副审计长令狐安、刘家义、董大胜，纪检组长王道成出席报告会。署机关各单位、各派出审计局全体干部职工参加了报告会。

12月18日　李金华审计长主持召开审计长会议，讨论《各单位申报的2003年会议计划》、《2003年外事工作计划》、《2001年度审计署优秀项目评选报告》、《审计署党风廉政建设责任追究暂行办法》，研究个别人事任免问题。副审计长令狐安、翟熙贵、刘家义、董大胜、项俊波，纪检组长王道成出席。

12月19日　李金华审计长会见前来访问的越南国家审计署副审计长王庭惠先生一行6人。刘家义副审计长与该代表团进行了工作会谈，并详细介绍了我国开展经济责任审计的法律基础；经济责任审计的方法、程序和执行情况。

12月22日　李金华审计长在怀柔审计培训基地会见并宴请了由摩洛哥审计法院总检察长阿恰古依先生率领的摩洛哥审计代表团。23日上午，刘家义副审计长与来访的摩洛哥审计法院总检察长阿恰古依先生，秘书长伊尔·巴兹先生等摩洛哥客人进行工作会谈。

12月22~23日　李金华审计长在怀柔审计培训基地主持召开部分单位主要负责人座谈会，研究审计体制改革和今后一个时期审计工作如何加强改进的问题。令狐安副审计长出席了第一天的会议。12个省（区、市）审计机关、4个特派办及署办公厅、人教司、机关党委、审计科研所的负责同志参加了会议。

12月26日、27日和30日　李金华审计长先后3次召集署机关、派出局有关司（局）长座谈，研究如何以“三个代表”重要思想为指导，总结审计署成立以来特别是近五年来审计工作的基本经验、存在的问题和今后五年审计工作的发展思路。副审计长翟熙贵、刘家义、董大胜、项俊波，办公厅负责同志分别参加了座谈会。共有24名司（局）长参加座谈。

12月27日　翟熙贵、刘家义副审计长共同主持召开审计长办公会议，研究讨论《审计署关于进一步深化派出审计局审计工作的几点意见（讨论稿）》。办公厅等9个单位的负责同志参加了会议。

（注：文中“▲”表示与上一条大事记同日）

重要财经审计法规

重要财经审计法规文件

审计署关于印发《审计署优秀审计项目评选办法（试行）》的通知

审法发［2002］45号　2002年2月28日

各省、自治区、直辖市和计划单列市审计厅（局），署机关各单位、各特派员办事处、各派出审计局：

《审计署优秀审计项目评选办法（试行）》已经审计长会议通过，现予印发施行。

审计署优秀审计项目评选办法（试行）

第一条　为了推进审计法及其实施条例和审计准则的贯彻落实，规范审计行为，提高审计质量和审计执法水平，促进廉政建设，特制定本办法。

第二条　本办法适用于审计署机关业务司、派出审计局、驻地方特派员办事处完成的审计项目以及地方审计机关完成的审计署统一组织的审计项目。

第三条　参加评选的审计项目应当符合下列条件：

（一）审计工作全过程能严格按照审计法及其实施条例和审计准则的规定进行；

（二）审计结果事实清楚，证据确凿，定性准确，评价客观公正，处理处罚适当，建议切实可行；

（三）审计揭露出重大违法违纪问题或重大违法犯罪案件线索，或者在效益审计方面取得明显成效；

（四）审计结果产生较大社会影响。

审计人员严重违反廉政规定和审计工作纪律受到查处的审计项目不能参加优秀审计项目评选。已被评为优秀审计项目的，予以撤销。

第四条　优秀审计项目评选工作应当遵循公开、公平、公正的原则，采取统一组织，逐级推荐的方式进行。

第五条　审计署成立优秀审计项目评选小组。评选小组由分管法制工作的副审计长任组长，办公厅主任、法制司司长任副组长，人教司、监察局和各业务司的主要负责人为成员。评选小组负责制定评选标准，具体组织和协调优秀审计项目的评选工作。

优秀审计项目评选小组办公室设在法制司，负责日常工作。

第六条　审计署每年组织一次优秀审计项目评选，一次评选的优秀审计项目不多于5个。

第七条　审计署机关业务司、派出审计局、驻地方特派员办事处和省、自治区、直辖市审计厅（局）按照规定对本年度本单位、本地区办结的审计项目进行初选，根据初选情况可以推荐1个审计项目，于第二年3月1日前将参加评选的优秀审计项目推荐表和审计项目档案报送优秀审计项目评选小组办公室。

第八条　优秀审计项目评选小组办公室根据评选标准对报送的材料进行初评，于每年5月底前提出优秀审计项目初选名单。

优秀审计项目评选小组办公室在初评过程中，

可以聘请若干名署机关、派出机构和地方审计机关的人员参加。

第九条 优秀审计项目评选小组办公室将初评意见提交优秀审计项目评选小组审核后，提请审计长会议审定。

第十条 审计署对被评为优秀审计项目的单位给予通报表扬，并对参加审计项目的有关人员给予奖励。具体奖励办法另行制定。

第十一条 各单位推荐的审计项目应当实事求是。对弄虚作假的单位，给予通报批评，取消参加本年度评选的资格和获奖项目，并追究有关人员的责任。

第十二条 本办法自发布之日起施行，署机关各业务司不再组织其他形式的优秀审计项目评选活动。审计署于1999年3月12日发布施行的《审计署关于办理审计项目揭露重大违法犯罪线索奖励办法（试行）》同时废止。

附件：优秀审计项目推荐表（略）

审计署关于印发《审计署审计结果公告试行办法》的通知

审法发［2002］49号　2002年3月19日

各省、自治区、直辖市审计厅（局），解放军审计署，各计划单列市、新疆生产建设兵团审计局，署机关各单位、各特派员办事处、各派出审计局：

《审计署审计结果公告试行办法》已经审计长会议通过，现予印发施行。

审计署审计结果公告试行办法

第一条 为了规范审计结果公告工作，提高审计工作透明度，充分发挥审计监督作用，根据《中华人民共和国审计法》，制定本办法。

第二条 本办法适用于审计署向社会公告审计结果工作。

第三条 本办法所称审计结果公告，是指审计署以专门出版物方式，向社会公开有关审计报告、审计意见书、审计决定书等审计结论性文书所反映内容的公告。

第四条 审计结果公告主要包括下列内容：

（一）中央预算执行情况和其他财政收支的审计结果；

（二）政府部门或者国有企业事业组织财政收支、财务收支的单项审计结果；

（三）有关行业或者专项资金的综合审计结果；

（四）有关经济责任审计结果。

第五条 审计结果公告通过《中华人民共和国审计署审计结果公告》发布。审计结果公告不定期刊印发行。

审计结果公告的具体组织工作，由审计署办公厅负责。

第六条 审计结果公告应当符合下列审批程序：

（一）中央预算执行情况和其他财政收支的审计结果需要公告的，必须经过国务院批准同意；

（二）向国务院呈报的重要审计事项的审计结果需要公告的，应当在呈送的报告中向国务院说明，国务院在一定期限内无不同意见的，才能公告；

（三）其他审计事项的审计结果需要公告的，由审计署审批决定。

审计署机关各单位、派出审计局、驻地方特派员办事处不得发布审计结果公告。

第七条 发布审计结果公告可以不再征求被审计单位意见。

第八条 公告审计结果应当具备下列条件：

（一）事实清楚，证据确凿，定性准确，评价客观公正；

（二）在审计意见书、审计决定书等相关审计结论性文书生效后进行；

（三）保守国家秘密和被审计单位及相关单位的商业秘密，并遵守国务院的有关规定；

（四）涉及不宜公布内容的，必须对相关内容进行删除或者修改。

第九条 未经批准擅自发布审计结果公告的，应当依法追究有关单位和个人的责任。

第十条 本办法自发布之日起施行。

审计署关于印发《审计署审计结果公告办理规定》的通知

审办发［2002］84号　2002年7月16日

署机关各单位、各特派员办事处、各派出审计局：

《审计署审计结果公告办理规定》已经审计长会议通过，现予印发执行。

审计署审计结果公告办理规定

第一条　为了规范审计结果公告工作，明确有关部门办理公告的职责和程序，根据《审计署审计结果公告试行办法》，制定本规定。

第二条　本规定适用于审计署各单位办理审计结果公告的有关工作。

第三条　审计结果公告由审计署办公厅统一组织对外发布。

第四条　审计结果公告主要包括下列内容：

（一）中央预算执行和其他财政收支的审计结果；

（二）政府部门或者国有企业事业组织财政收支、财务收支的审计结果；

（三）有关行业或者专项资金的审计结果；

（四）有关任期经济责任的审计结果。

第五条　凡审计署统一组织审计项目的审计结果，除个别涉及国家秘密或其他特殊情况不宜公告外，原则上都要对外公告。

各单位要切实提高审计质量和审计报告质量，确保对外公告的准确、客观、公正。

第六条　审计结果公告可以在审计事项结束后3个月内对外发布。具体是：

（一）中央预算执行情况和其他财政收支的审计结果，在向全国人大常委会报告后的3个月内；

（二）政府部门或者国有企业事业组织财政收支、财务收支的审计结果，在审计决定和意见书下达后3个月内；

（三）有关行业或者专项资金的审计结果，在向国务院提交专题报告或简报后3个月内；

（四）有关任期经济责任的审计结果，在向组织、人事部门提交审计结果报告后3个月内。

第七条　审计结果公告应当符合下列审批程序：

（一）中央预算执行和其他财政收支的审计结果需要公告的，应当在每年向总理提交的审计结果报告中说明，国务院在一定期限内无不同意见，才能公告；

（二）向国务院呈报的重要审计事项的审计结果需要公告的，应当在呈送的报告中向国务院说明，国务院在一定期限内无不同意见，才能公告；

（三）涉及重要任期经济责任的审计结果需要公告的，应在报送组织、人事部门并征得被审计的领导干部本人同意后，才能公告；

（四）其他审计事项的审计结果需要公告的，由审计署审批决定。

第八条　审计结果公告应当具备下列条件：

（一）事实清楚，证据确凿，定性准确，评价客观公正；

（二）在审计意见书、审计决定书等相关审计结论性文书生效后进行；

（三）保守国家秘密和被审计单位及相关单位的商业秘密，并遵守国务院的有关规定；

（四）涉及不宜公布内容的，必须对相关内容进行删除或者修改。

第九条　凡对外公告的审计结果，必须填写《审计结果公告审批单》，履行规定的审批手续，经过审计长会议研究通过后，方能办理对外公告。未经批准擅自发布审计结果公告的，应当依法追究有关单位和个人的责任。

第十条　审计结果公告经批准后一般应经过拟稿、审核、签发和出版发行等程序。

第十一条　办理拟稿。各有关单位应按照公告格式的要求，分别负责办理拟稿。

（一）中央预算执行和其他财政收支的审计结果经国务院批准同意后，由署办公厅直接办理拟稿；

（二）政府部门或者国有企业事业组织财政收支、财务收支的审计结果，有关行业或专项资金的综合审计结果，以及任期经济责任审计结果，应按照审计业务分工范围分别由有关司局负责办理拟稿；

（三）对外公告的审计结果涉及派出审计局的，由行政事业审计司会同有关派出审计局办理拟稿；涉及特派办的，由署机关对口司局会同相关特派办办理拟稿。

第十二条 审核。办公厅按照有关规定，负责对公告的内容、表述进行审核把关，并对公告进行文字、格式的修改和编辑，然后提交审计长会议研究审定。

第十三条 签发。审计结果公告稿审核完毕后，按署领导分工先送主管副审计长审签，最后由审计长统一对外签发。

第十四条 出版发行。中国时代经济出版社负责审计结果公告的排版、录入、校对、出版和发行等工作，并严格把关，确保准确无误。

第十五条 审计结果对外公告后发现有重大差错并造成不良后果的，应视责任大小和情节轻重，给予有关责任人相应的行政处分。

第十六条 审计结果公告后，被审计单位或社会其他单位和个人提出异议或诉讼的，由办公厅商有关司局解释和应诉。必要时，法制司协助办理。

第十七条 审计结果对外公告时，如有必要可举行新闻发布会。新闻发布会的具体事宜由办公厅负责。

第十八条 审计结果对外公告以后，可以通过审计署网站发布消息和摘要，1个月后在网上全文登载。

第十九条 本规定自发布之日起施行。

第二十条 本规定由审计署办公厅负责解释。

审计署关于转发《中组部、中宣部、司法部关于加强领导干部学法用法工作的若干意见》的通知

审法发［2002］79号 2002年6月27日

各省、自治区、直辖市和计划单列市、新疆生产建设兵团审计厅（局），署机关各单位、各特派员办事处、各派出审计局：

为了贯彻江泽民总书记关于领导干部要努力学习法律知识的指示精神，落实中共中央、全国人大常委会和国务院关于进一步开展法制宣传教育的规划，提高领导干部的法律素质，现将《中组部、中宣部、司法部关于加强领导干部学法用法工作的若干意见》（司发［2002］10号）转发给你们，请遵照执行，并作如下通知：

一、审计干部要重视学习法律知识。依法治国是党领导人民治理国家的基本方略，各级审计机关领导干部要从实践“三个代表”重要思想和推进依法治国的高度，重视学习法律知识，不断提高自己的依法审计水平。要把法律知识列为党组中心组的学习内容和干部培训的培训内容。学习法律知识要紧密结合审计工作，重点学习审计法和审计准则，学习规范政府行政行为的法律法规，学习与审计工作密切相关的财经法律法规，学习与党和国家中心工作有关的政策和法规。

二、审计机关学法用法的主要目的是贯彻落实审计法和审计准则。近年来审计机关已建立了以宪法为根本依据，以审计法及其实施条例为核心内容，以审计准则为执业标准的审计法律规范体系。审计机关学法用法的主要目的是指导和推进审计法和审计准则的贯彻落实。这是坚持依法审计，全面履行审计监督职责和规范审计行为，提高审计质量的重要保证。各级审计机关的领导干部要进一步采取有效可行的具体措施，推动审计法和审计准则的深入贯彻落实，切实提升审计成果的质量和水平。

三、加强审计机关领导干部学法用法情况的监督检查。审计机关处以上领导干部要带头学法用法。各级审计机关要加强对领导干部学法用法情况的监督检查，要把学法用法情况作为考核领导干部业绩的重要内容。要积极探索建立领导干部学法用法的监督检查和激励机制，调动领导干部学法用法的主动性和自觉性，适时组织有关机构抽查领导干部的学法用法情况。上级审计机关要对下级审计机关领导干部的学法用法情况进行检查和指导，把审计系统领导干部学法用法提高到一个新的水平。

附件：《中组部、中宣部、司法部关于加强领导干部学法用法工作的若干意见》

附件：

中组部、中宣部、司法部关于加强领导干部学法用法工作的若干意见

司发［2002］10号　2002年5月29日

各省、自治区、直辖市党委、政府，中央各部委，国家机关各部委党组（党委），各人民团体党组，军委总政治部，新疆生产建设兵团党委：

为认真贯彻江泽民同志关于领导干部要努力学习法律知识的一系列指示精神，落实中共中央、国务院转发的《中央宣传部、司法部关于在公民中开展法制宣传教育的第四个五年规划》和《全国人大常委会关于进一步开展法制宣传教育的决议》精神，进一步培养和增强领导干部的法律素质，提高各级领导干部依法决策、依法行政、依法管理水平，加快推进依法治国进程，特制定本意见。

一、指导思想

以邓小平理论和江泽民同志“三个代表”的重要思想为指针，紧紧围绕党和国家的中心工作，坚持学法用法相结合，努力提高领导干部队伍的法律素质和依法决策、依法行政、依法管理能力，为推进依法治国进程，促进我国的改革开放和社会主义现代化建设事业营造良好的法治环境。

二、基本目标

不断增强领导干部依法治国、权利义务对等和依法履行职责等法治观念。不断提高各级领导干部依法决策、依法行政、依法管理的能力，逐步实现由注重依靠行政手段管理向注重运用法律手段管理的转变。不断提高领导干部学法的计划性、系统性和针对性，推进领导干部学法用法的规范化、制度化建设，使领导干部学法用法工作深入健康发展。

三、学习内容

邓小平民主法制理论。重点学习邓小平关于社会主义现代化建设与民主法制的关系，民主与法制的辩证关系，社会主义民主法制的本质特征，社会主义法制的基本要求，社会主义法制建设的发展规律等方面的论述。

江泽民同志关于依法治国、建设社会主义法治国家和加强民主法制建设等重要论述。认真领会依法治国的重大意义、目标和任务，正确理解依法治国与社会经济发展的关系，依法治国与以德治国的关系。

宪法和法学基础理论。要全面掌握宪法原则，增强宪法观念。要学习法学的基本理论，提高法治理论水平。

社会主义市场经济方面的法律法规知识。要结合科教兴国、可持续发展、西部大开发等发展战略，结合整顿规范市场经济秩序和诚信制度建设，重点学习保护市场主体权利、规范市场行为、维护市场秩序、加强国家宏观调控及劳动和社会保障等方面的法律法规。

维护社会稳定相关的法律法规知识。要结合“严打”整治斗争和社会治安综合治理，结合打击“法轮功”邪教组织和封建迷信、黄赌毒等丑恶现象，学习有关方面的法律法规。

加入世贸组织和有关世贸方面的法律法规知识。要熟悉世界贸易组织基本规则，了解我国为加入世贸组织而制定、修改的法律法规及有关国际经济贸易方面的法律知识。

与本职工作相关的法律法规。学习领导干部履行工作职责所必需的专业法律知识和我国刑法中有关职务犯罪的规定及与反腐倡廉有关的法律知识。

领导干部学习法律知识应以全国干部培训教材编审指导委员会组织编写的《社会主义法制理论读本》和中宣部、司法部编写的“四五”普法统编教材《干部法律知识读本》为基本教材。

四、学习方法

坚持集中培训。培训是领导干部学习法律知识的重要形式。各级党校、行政学院、干校要把干部法律知识教育培训纳入计划，把法制课列入领导干部的必修课程，要坚持举办适合各级领导干部需要的法制讲座。

坚持党委（党组）中心组学习。建立健全党委（党组）中心组学法、政府办公会前学法制度，充分发挥法学专家、政府法律顾问的作用。

坚持自学与辅导相结合。领导干部要结合自身的工作性质与特点，联系工作实际，确定学习内容。坚持自学，持之以恒，并主动接受各种形式的辅导，提高学习效果。

坚持学法用法相结合，提高领导干部依法决

策、依法行政、依法管理的能力和水平。

五、考试考核

要本着以考促学的宗旨，定期开展对领导干部法律知识水平和依法办事能力的考试考核工作。要实行严格管理，力戒形式主义。

按照“条块结合，以块为主”的原则，由各级党委组织部门、宣传部门和政府司法行政部门等有关部门共同组织对领导干部进行法律知识的考试考核。

考试可采取闭卷考试、开卷考试及提交论文等形式进行。考核可与干部年度考核一起进行。

各地区、各部门要把领导干部学习法律知识和考试考核结果以及学法用法情况，作为年度考核的重要内容和领导干部任免、晋升、奖惩的依据之一。对于不学法、不懂法的干部，不能提拔重用。有条件的地方也可以逐步推行领导干部法律知识任职资格制度。

六、保障措施

各地区、各部门要高度重视并切实加强对领导干部学法用法工作的领导，列入议程，明确职责，确保实效。要紧密结合实际，制定切实可行的中长期规划与年度计划，精心组织实施，确保领导干部学法用法工作的深入开展。

各级党委组织部门、宣传部门和政府司法行政部门要在党委的统一领导下，充分发挥职能作用，相互支持，密切配合。党委组织部门负责对领导干部学法用法工作的宏观指导和监督，并把领导干部学法用法情况列入干部考核内容，与干部的选拔、任用结合起来。党委宣传部门负责领导干部学法用法工作的督导检查和舆论宣传。司法行政部门具体承担领导干部学习法律知识的计划安排、组织实施和考试考务等日常工作。各职能部门要主动了解掌握领导干部学法用法工作情况，加强调查研究，不断总结经验，定期向党政领导和上级主管部门汇报。

要充分发挥各级党校、行政学院、干校等培训基地的作用，积极开展对领导干部的法制宣传教育。同时，要加强领导干部学法师资培训，继续建立健全各级普法讲师团。

要加强检查监督，积极探索建立监督制约和激励机制，调动领导干部学法用法的主动性和自觉性。适时组织有关部门检查或抽查，加强对领导干部学法用法的监督。

中国人民解放军和武警部队的领导干部学法用法工作由军委总政治部根据本意见精神，结合军队和武警部队的特点，制定意见，部署安排，组织实施。

审计署办公厅关于国家工商总局同意将审计机关列为查询企业档案不交费单位的通知

审办办发［2002］14号　2002年1月29日

各省、自治区、直辖市和计划单列市、新疆生产建设兵团审计厅（局），署机关各单位、各特派员办事处、各派出审计局：

现将国家工商行政管理总局《关于对商请将审计机关列为查询企业档案不交费单位的复函》（办函字［2002］第6号）转发给你们，请将此复函作为审计工作中查询企业档案不交费的依据。

附件：关于对商请将审计机关列为查询企业档案不交费单位的复函（略）

最高人民法院
关于行政诉讼证据若干问题的规定

（2002年6月4日最高人民法院审判委员会第1224次会议通过）

法释［2002］21号

为准确认定案件事实，公正、及时地审理行政案件，根据《中华人民共和国行政诉讼法》（以下简称行政诉讼法）等有关法律规定，结合行政审判实际，制定本规定。

一、举证责任分配和举证期限

第一条　根据行政诉讼法第三十二条和第四

十三条的规定，被告对做出的具体行政行为负有举证责任，应当在收到起诉状副本之日起10日内，提供据以做出被诉具体行政行为的全部证据和所依据的规范性文件。被告不提供或者无正当理由逾期提供证据的，视为被诉具体行政行为没有相应的证据。

被告因不可抗力或者客观上不能控制的其他正当事由，不能在前款规定的期限内提供证据的，应当在收到起诉状副本之日起10日内向人民法院提出延期提供证据的书面申请。人民法院准许延期提供的，被告应当在正当事由消除后10日内提供证据。逾期提供的，视为被诉具体行政行为没有相应的证据。

第二条 原告或者第三人提出其在行政程序中没有提出的反驳理由或者证据的，经人民法院准许，被告可以在第一审程序中补充相应的证据。

第三条 根据行政诉讼法第三十三条的规定，在诉讼过程中，被告及其诉讼代理人不得自行向原告和证人收集证据。

第四条 公民、法人或者其他组织向人民法院起诉时，应当提供其符合起诉条件的相应的证据材料。

在起诉被告不作为的案件中，原告应当提供其在行政程序中曾经提出申请的证据材料。但有下列情形的除外：

（一）被告应当依职权主动履行法定职责的；

（二）原告因被告受理申请的登记制度不完备等正当事由不能提供相关证据材料并能够做出合理说明的。

被告认为原告起诉超过法定期限的，由被告承担举证责任。

第五条 在行政赔偿诉讼中，原告应当对被诉具体行政行为造成损害的事实提供证据。

第六条 原告可以提供证明被诉具体行政行为违法的证据。原告提供的证据不成立的，不免除被告对被诉具体行政行为合法性的举证责任。

第七条 原告或者第三人应当在开庭审理前或者人民法院指定的交换证据之日提供证据。因正当事由申请延期提供证据的，经人民法院准许，可以在法庭调查中提供。逾期提供证据的，视为放弃举证权利。

原告或者第三人在第一审程序中无正当事由未提供而在第二审程序中提供的证据，人民法院不予接纳。

第八条 人民法院向当事人送达受理案件通知书或者应诉通知书时，应当告知其举证范围、举证期限和逾期提供证据的法律后果，并告知因正当事由不能按期提供证据时应当提出延期提供证据的申请。

第九条 根据行政诉讼法第三十四条第一款的规定，人民法院有权要求当事人提供或者补充证据。

对当事人无争议，但涉及国家利益、公共利益或者他人合法权益的事实，人民法院可以责令当事人提供或者补充有关证据。

二、提供证据的要求

第十条 根据行政诉讼法第三十一条第一款第（一）项的规定，当事人向人民法院提供书证的，应当符合下列要求：

（一）提供书证的原件，原本、正本和副本均属于书证的原件。提供原件确有困难的，可以提供与原件核对无误的复印件、照片、节录本；

（二）提供由有关部门保管的书证原件的复制件、影印件或者抄录件的，应当注明出处，经该部门核对无异后加盖其印章；

（三）提供报表、图纸、会计账册、专业技术资料、科技文献等书证的，应当附有说明材料；

（四）被告提供的被诉具体行政行为所依据的询问、陈述、谈话类笔录，应当有行政执法人员、被询问人、陈述人、谈话人签名或者盖章。

法律、法规、司法解释和规章对书证的制作形式另有规定的，从其规定。

第十一条 根据行政诉讼法第三十一条第一款第（二）项的规定，当事人向人民法院提供物证的，应当符合下列要求：

（一）提供原物。提供原物确有困难的，可以提供与原物核对无误的复制件或者证明该物证的照片、录像等其他证据；

（二）原物为数量较多的种类物的，提供其中的一部分。

第十二条 根据行政诉讼法第三十一条第一款第（三）项的规定，当事人向人民法院提供计算机数据或者录音、录像等视听资料的，应当符合下列要求：

（一）提供有关资料的原始载体。提供原始载体确有困难的，可以提供复制件；

（二）注明制作方法、制作时间、制作人和证明对象等；

（三）声音资料应当附有该声音内容的文字记录。

第十三条 根据行政诉讼法第三十一条第一款第（四）项的规定，当事人向人民法院提供证人证言的，应当符合下列要求：

（一）写明证人的姓名、年龄、性别、职业、住址等基本情况；

（二）有证人的签名，不能签名的，应当以盖章等方式证明；

（三）注明出具日期；

（四）附有居民身份证复印件等证明证人身份的文件。

第十四条 根据行政诉讼法第三十一条第一款第（六）项的规定，被告向人民法院提供的在行政程序中采用的鉴定结论，应当载明委托人和委托鉴定的事项、向鉴定部门提交的相关材料、鉴定的依据和使用的科学技术手段、鉴定部门和鉴定人鉴定资格的说明，并应有鉴定人的签名和鉴定部门的盖章。通过分析获得的鉴定结论，应当说明分析过程。

第十五条 根据行政诉讼法第三十一条第一款第（七）项的规定，被告向人民法院提供的现场笔录，应当载明时间、地点和事件等内容，并由执法人员和当事人签名。当事人拒绝签名或者不能签名的，应当注明原因。有其他人在现场的，可由其他人签名。

法律、法规和规章对现场笔录的制作形式另有规定的，从其规定。

第十六条 当事人向人民法院提供的在中华人民共和国领域外形成的证据，应当说明来源，经所在国公证机关证明，并经中华人民共和国驻该国使领馆认证，或者履行中华人民共和国与证据所在国订立的有关条约中规定的证明手续。

当事人提供的在中华人民共和国香港特别行政区、澳门特别行政区和台湾地区内形成的证据，应当具有按照有关规定办理的证明手续。

第十七条 当事人向人民法院提供外文书证或者外国语视听资料的，应当附有由具有翻译资质的机构翻译的或者其他翻译准确的中文译本，由翻译机构盖章或者翻译人员签名。

第十八条 证据涉及国家秘密、商业秘密或者个人隐私的，提供人应当做出明确标注，并向法庭说明，法庭予以审查确认。

第十九条 当事人应当对其提交的证据材料分类编号，对证据材料的来源、证明对象和内容作简要说明，签名或者盖章，注明提交日期。

第二十条 人民法院收到当事人提交的证据材料，应当出具收据，注明证据的名称、份数、页数、件数、种类等以及收到的时间，由经办人员签名或者盖章。

第二十一条 对于案情比较复杂或者证据数量较多的案件，人民法院可以组织当事人在开庭前向对方出示或者交换证据，并将交换证据的情况记录在卷。

三、调取和保全证据

第二十二条 根据行政诉讼法第三十四条第二款的规定，有下列情形之一的，人民法院有权向有关行政机关以及其他组织、公民调取证据：

（一）涉及国家利益、公共利益或者他人合法权益的事实认定的；

（二）涉及依职权追加当事人、中止诉讼、终结诉讼、回避等程序性事项的。

第二十三条 原告或者第三人不能自行收集，但能够提供确切线索的，可以申请人民法院调取下列证据材料：

（一）由国家有关部门保存而须由人民法院调取的证据材料；

（二）涉及国家秘密、商业秘密、个人隐私的证据材料；

（三）确因客观原因不能自行收集的其他证据材料。

人民法院不得为证明被诉具体行政行为的合法性，调取被告在做出具体行政行为时未收集的证据。

第二十四条 当事人申请人民法院调取证据的，应当在举证期限内提交调取证据申请书。

调取证据申请书应当写明下列内容：

（一）证据持有人的姓名或者名称、住址等基本情况；

（二）拟调取证据的内容；

（三）申请调取证据的原因及其要证明的案件事实。

第二十五条　人民法院对当事人调取证据的申请，经审查符合调取证据条件的，应当及时决定调取；不符合调取证据条件的，应当向当事人或者其诉讼代理人送达通知书，说明不准许调取的理由。当事人及其诉讼代理人可以在收到通知书之日起3日内向受理申请的人民法院书面申请复议一次。人民法院应当在收到复议申请之日起5日内做出答复。

人民法院根据当事人申请，经调取未能取得相应证据的，应当告知申请人并说明原因。

第二十六条　人民法院需要调取的证据在异地的，可以书面委托证据所在地人民法院调取。受托人民法院应当在收到委托书后，按照委托要求及时完成调取证据工作，送交委托人民法院。受托人民法院不能完成委托内容的，应当告知委托的人民法院并说明原因。

第二十七条　当事人根据行政诉讼法第三十六条的规定向人民法院申请保全证据的，应当在举证期限届满前以书面形式提出，并说明证据的名称和地点、保全的内容和范围、申请保全的理由等事项。

当事人申请保全证据的，人民法院可以要求其提供相应的担保。

法律、司法解释规定诉前保全证据的，依照其规定办理。

第二十八条　人民法院依照行政诉讼法第三十六条规定保全证据的，可以根据具体情况，采取查封、扣押、拍照、录音、录像、复制、鉴定、勘验、制作询问笔录等保全措施。

人民法院保全证据时，可以要求当事人或者其诉讼代理人到场。

第二十九条　原告或者第三人有证据或者有正当理由表明被告据以认定案件事实的鉴定结论可能有错误，在举证期限内书面申请重新鉴定的，人民法院应予准许。

第三十条　当事人对人民法院委托的鉴定部门做出的鉴定结论有异议申请重新鉴定，提出证据证明存在下列情形之一的，人民法院应予准许：

（一）鉴定部门或者鉴定人不具有相应的鉴定资格的；

（二）鉴定程序严重违法的；

（三）鉴定结论明显依据不足的；

（四）经过质证不能作为证据使用的其他情形。

对有缺陷的鉴定结论，可以通过补充鉴定、重新质证或者补充质证等方式解决。

第三十一条　对需要鉴定的事项负有举证责任的当事人，在举证期限内无正当理由不提出鉴定申请、不预交鉴定费用或者拒不提供相关材料，致使对案件争议的事实无法通过鉴定结论予以认定的，应当对该事实承担举证不能的法律后果。

第三十二条　人民法院对委托或者指定的鉴定部门出具的鉴定书，应当审查是否具有下列内容：

（一）鉴定的内容；

（二）鉴定时提交的相关材料；

（三）鉴定的依据和使用的科学技术手段；

（四）鉴定的过程；

（五）明确的鉴定结论；

（六）鉴定部门和鉴定人鉴定资格的说明；

（七）鉴定人及鉴定部门签名盖章。

前款内容欠缺或者鉴定结论不明确的，人民法院可以要求鉴定部门予以说明、补充鉴定或者重新鉴定。

第三十三条　人民法院可以依当事人申请或者依职权勘验现场。

勘验现场时，勘验人必须出示人民法院的证件，并邀请当地基层组织或者当事人所在单位派人参加。当事人或其成年亲属应当到场，拒不到场的，不影响勘验的进行，但应当在勘验笔录中说明情况。

第三十四条　审判人员应当制作勘验笔录，记载勘验的时间、地点、勘验人、在场人、勘验的经过和结果，由勘验人、当事人、在场人签名。

勘验现场时绘制的现场图，应当注明绘制的时间、方位、绘制人姓名和身份等内容。

当事人对勘验结论有异议的，可以在举证期限内申请重新勘验，是否准许由人民法院决定。

四、证据的对质辨认和核实

第三十五条 证据应当在法庭上出示，并经庭审质证。未经庭审质证的证据，不能作为定案的依据。

当事人在庭前证据交换过程中没有争议并记录在卷的证据，经审判人员在庭审中说明后，可以作为认定案件事实的依据。

第三十六条 经合法传唤，因被告无正当理由拒不到庭而需要依法缺席判决的，被告提供的证据不能作为定案的依据，但当事人在庭前交换证据中没有争议的证据除外。

第三十七条 涉及国家秘密、商业秘密和个人隐私或者法律规定的其他应当保密的证据，不得在开庭时公开质证。

第三十八条 当事人申请人民法院调取的证据，由申请调取证据的当事人在庭审中出示，并由当事人质证。

人民法院依职权调取的证据，由法庭出示，并可就调取该证据的情况进行说明，听取当事人意见。

第三十九条 当事人应当围绕证据的关联性、合法性和真实性，针对证据有无证明效力以及证明效力大小，进行质证。

经法庭准许，当事人及其代理人可以就证据问题相互发问，也可以向证人、鉴定人或者勘验人发问。

当事人及其代理人相互发问，或者向证人、鉴定人、勘验人发问时，发问的内容应当与案件事实有关联，不得采用引诱、威胁、侮辱等语言或者方式。

第四十条 对书证、物证和视听资料进行质证时，当事人应当出示证据的原件或者原物。但有下列情况之一的除外：

（一）出示原件或者原物确有困难并经法庭准许可以出示复制件或者复制品；

（二）原件或者原物已不存在，可以出示证明复制件、复制品与原件、原物一致的其他证据。

视听资料应当当庭播放或者显示，并由当事人进行质证。

第四十一条 凡是知道案件事实的人，都有出庭作证的义务。有下列情形之一的，经人民法院准许，当事人可以提交书面证言：

（一）当事人在行政程序或者庭前证据交换中对证人证言无异议的；

（二）证人因年迈体弱或者行动不便无法出庭的；

（三）证人因路途遥远、交通不便无法出庭的；

（四）证人因自然灾害等不可抗力或者其他意外事件无法出庭的；

（五）证人因其他特殊原因确实无法出庭的。

第四十二条 不能正确表达意志的人不能作证。

根据当事人申请，人民法院可以就证人能否正确表达意志进行审查或者交由有关部门鉴定。必要时，人民法院也可以依职权交由有关部门鉴定。

第四十三条 当事人申请证人出庭作证的，应当在举证期限届满前提出，并经人民法院许可。人民法院准许证人出庭作证的，应当在开庭审理前通知证人出庭作证。

当事人在庭审过程中要求证人出庭作证的，法庭可以根据审理案件的具体情况，决定是否准许以及是否延期审理。

第四十四条 有下列情形之一，原告或者第三人可以要求相关行政执法人员作为证人出庭作证：

（一）对现场笔录的合法性或者真实性有异议的；

（二）对扣押财产的品种或者数量有异议的；

（三）对检验的物品取样或者保管有异议的；

（四）对行政执法人员的身份的合法性有异议的；

（五）需要出庭作证的其他情形。

第四十五条 证人出庭作证时，应当出示证明其身份的证件。法庭应当告知其诚实作证的法律义务和作伪证的法律责任。

出庭作证的证人不得旁听案件的审理。法庭询问证人时，其他证人不得在场，但组织证人对质的除外。

第四十六条 证人应当陈述其亲历的具体事实。证人根据其经历所作的判断、推测或者评论，不能作为定案的依据。

第四十七条 当事人要求鉴定人出庭接受询

问的，鉴定人应当出庭。鉴定人因正当事由不能出庭的，经法庭准许，可以不出庭，由当事人对其书面鉴定结论进行质证。

鉴定人不能出庭的正当事由，参照本规定第四十一条的规定。

对于出庭接受询问的鉴定人，法庭应当核实其身份、与当事人及案件的关系，并告知鉴定人如实说明鉴定情况的法律义务和故意作虚假说明的法律责任。

第四十八条　对被诉具体行政行为涉及的专门性问题，当事人可以向法庭申请由专业人员出庭进行说明，法庭也可以通知专业人员出庭说明。必要时，法庭可以组织专业人员进行对质。

当事人对出庭的专业人员是否具备相应专业知识、学历、资历等专业资格等有异议的，可以进行询问。由法庭决定其是否可以作为专业人员出庭。

专业人员可以对鉴定人进行询问。

第四十九条　法庭在质证过程中，对与案件没有关联的证据材料，应予排除并说明理由。

法庭在质证过程中，准许当事人补充证据的，对补充的证据仍应进行质证。

法庭对经过庭审质证的证据，除确有必要外，一般不再进行质证。

第五十条　在第二审程序中，对当事人依法提供的新的证据，法庭应当进行质证；当事人对第一审认定的证据仍有争议的，法庭也应当进行质证。

第五十一条　按照审判监督程序审理的案件，对当事人依法提供的新的证据，法庭应当进行质证；因原判决、裁定认定事实的证据不足而提起再审所涉及的主要证据，法庭也应当进行质证。

第五十二条　本规定第五十条和第五十一条中的“新的证据”是指以下证据：

（一）在一审程序中应当准予延期提供而未获准许的证据；

（二）当事人在一审程序中依法申请调取而未获准许或者未取得，人民法院在第二审程序中调取的证据；

（三）原告或者第三人提供的在举证期限届满后发现的证据。

五、证据的审核认定

第五十三条　人民法院裁判行政案件，应当以证据证明的案件事实为依据。

第五十四条　法庭应当对经过庭审质证的证据和无需质证的证据进行逐一审查和对全部证据综合审查，遵循法官职业道德，运用逻辑推理和生活经验，进行全面、客观和公正地分析判断，确定证据材料与案件事实之间的证明关系，排除不具有关联性的证据材料，准确认定案件事实。

第五十五条　法庭应当根据案件的具体情况，从以下方面审查证据的合法性：

（一）证据是否符合法定形式；

（二）证据的取得是否符合法律、法规、司法解释和规章的要求；

（三）是否有影响证据效力的其他违法情形。

第五十六条　法庭应当根据案件的具体情况，从以下方面审查证据的真实性：

（一）证据形成的原因；

（二）发现证据时的客观环境；

（三）证据是否为原件、原物，复制件、复制品与原件、原物是否相符；

（四）提供证据的人或者证人与当事人是否具有利害关系；

（五）影响证据真实性的其他因素。

第五十七条　下列证据材料不能作为定案依据：

（一）严重违反法定程序收集的证据材料；

（二）以偷拍、偷录、窃听等手段获取侵害他人合法权益的证据材料；

（三）以利诱、欺诈、胁迫、暴力等不正当手段获取的证据材料；

（四）当事人无正当事由超出举证期限提供的证据材料；

（五）在中华人民共和国领域以外或者在中华人民共和国香港特别行政区、澳门特别行政区和台湾地区形成的未办理法定证明手续的证据材料；

（六）当事人无正当理由拒不提供原件、原物，又无其他证据印证，且对方当事人不予认可的证据的复制件或者复制品；

（七）被当事人或者他人进行技术处理而无法

辨明真伪的证据材料；

（八）不能正确表达意志的证人提供的证言；

（九）不具备合法性和真实性的其他证据材料。

第五十八条　以违反法律禁止性规定或者侵犯他人合法权益的方法取得的证据，不能作为认定案件事实的依据。

第五十九条　被告在行政程序中依照法定程序要求原告提供证据，原告依法应当提供而拒不提供，在诉讼程序中提供的证据，人民法院一般不予采纳。

第六十条　下列证据不能作为认定被诉具体行政行为合法的依据：

（一）被告及其诉讼代理人在做出具体行政行为后或者在诉讼程序中自行收集的证据；

（二）被告在行政程序中非法剥夺公民、法人或者其他组织依法享有的陈述、申辩或者听证权利所采用的证据；

（三）原告或者第三人在诉讼程序中提供的、被告在行政程序中未作为具体行政行为依据的证据。

第六十一条　复议机关在复议程序中收集和补充的证据，或者做出原具体行政行为的行政机关在复议程序中未向复议机关提交的证据，不能作为人民法院认定原具体行政行为合法的依据。

第六十二条　对被告在行政程序中采纳的鉴定结论，原告或者第三人提出证据证明有下列情形之一的，人民法院不予采纳：

（一）鉴定人不具备鉴定资格；

（二）鉴定程序严重违法；

（三）鉴定结论错误、不明确或者内容不完整。

第六十三条　证明同一事实的数个证据，其证明效力一般可以按照下列情形分别认定：

（一）国家机关以及其他职能部门依职权制作的公文文书优于其他书证；

（二）鉴定结论、现场笔录、勘验笔录、档案材料以及经过公证或者登记的书证优于其他书证、视听资料和证人证言；

（三）原件、原物优于复制件、复制品；

（四）法定鉴定部门的鉴定结论优于其他鉴定部门的鉴定结论；

（五）法庭主持勘验所制作的勘验笔录优于其他部门主持勘验所制作的勘验笔录；

（六）原始证据优于传来证据；

（七）其他证人证言优于与当事人有亲属关系或者其他密切关系的证人提供的对该当事人有利的证言；

（八）出庭作证的证人证言优于未出庭作证的证人证言；

（九）数个种类不同、内容一致的证据优于一个孤立的证据。

第六十四条　以有形载体固定或者显示的电子数据交换、电子邮件以及其他数据资料，其制作情况和真实性经对方当事人确认，或者以公证等其他有效方式予以证明的，与原件具有同等的证明效力。

第六十五条　在庭审中一方当事人或者其代理人在代理权限范围内对另一方当事人陈述的案件事实明确表示认可的，人民法院可以对该事实予以认定。但有相反证据足以推翻的除外。

第六十六条　在行政赔偿诉讼中，人民法院主持调解时当事人为达成调解协议而对案件事实的认可，不得在其后的诉讼中作为对其不利的证据。

第六十七条　在不受外力影响的情况下，一方当事人提供的证据，对方当事人明确表示认可的，可以认定该证据的证明效力；对方当事人予以否认，但不能提供充分的证据进行反驳的，可以综合全案情况审查认定该证据的证明效力。

第六十八条　下列事实法庭可以直接认定：

（一）众所周知的事实；

（二）自然规律及定理；

（三）按照法律规定推定的事实；

（四）已经依法证明的事实；

（五）根据日常生活经验法则推定的事实。

前款（一）、（三）、（四）、（五）项，当事人有相反证据足以推翻的除外。

第六十九条　原告确有证据证明被告持有的证据对原告有利，被告无正当事由拒不提供的，可以推定原告的主张成立。

第七十条　生效的人民法院裁判文书或者仲裁机构裁决文书确认的事实，可以作为定案依据。但是如果发现裁判文书或者裁决文书认定的事实有重大问题的，应当中止诉讼，通过法定程序予以纠正后恢复诉讼。

第七十一条　下列证据不能单独作为定案依据：

（一）未成年人所作的与其年龄和智力状况不相适应的证言；

（二）与一方当事人有亲属关系或者其他密切关系的证人所作的对该当事人有利的证言，或者与一方当事人有不利关系的证人所作的对该当事人不利的证言；

（三）应当出庭作证而无正当理由不出庭作证的证人证言；

（四）难以识别是否经过修改的视听资料；

（五）无法与原件、原物核对的复制件或者复制品；

（六）经一方当事人或者他人改动，对方当事人不予认可的证据材料；

（七）其他不能单独作为定案依据的证据材料。

第七十二条　庭审中经过质证的证据，能够当庭认定的，应当当庭认定；不能当庭认定的，应当在合议庭合议时认定。

人民法院应当在裁判文书中阐明证据是否采纳的理由。

第七十三条　法庭发现当庭认定的证据有误，可以按照下列方式纠正：

（一）庭审结束前发现错误的，应当重新进行认定；

（二）庭审结束后宣判前发现错误的，在裁判文书中予以更正并说明理由，也可以再次开庭予以认定；

（三）有新的证据材料可能推翻已认定的证据的，应当再次开庭予以认定。

六、附　则

第七十四条　证人、鉴定人及其近亲属的人身和财产安全受法律保护。

人民法院应当对证人、鉴定人的住址和联系方式予以保密。

第七十五条　证人、鉴定人因出庭作证或者接受询问而支出的合理费用，由提供证人、鉴定人的一方当事人先行支付，由败诉一方当事人承担。

第七十六条　证人、鉴定人作伪证的，依照行政诉讼法第四十九条第一款第（二）项的规定追究其法律责任。

第七十七条　诉讼参与人或者其他人有对审判人员或者证人、鉴定人、勘验人及其近亲属实施威胁、侮辱、殴打、骚扰或者打击报复等妨碍行政诉讼行为的，依照行政诉讼法第四十九条第一款第（三）项、第（五）项或者第（六）项的规定追究其法律责任。

第七十八条　对应当协助调取证据的单位和个人，无正当理由拒不履行协助义务的，依照行政诉讼法第四十九条第一款第（五）项的规定追究其法律责任。

第七十九条　本院以前有关行政诉讼的司法解释与本规定不一致的，以本规定为准。

第八十条　本规定自2002年10月1日起施行。2002年10月1日尚未审结的一审、二审和再审行政案件不适用本规定。

本规定施行前已经审结的行政案件，当事人以违反本规定为由申请再审的，人民法院不予支持。

本规定施行后按照审判监督程序决定再审的行政案件，适用本规定。

审计署办公厅关于转发财政部《行政事业单位会计决算报告制度》的通知

审办办发［2002］48号　2002年3月26日

署各直属事业单位、各特派员办事处，怀柔、烟台培训基地：

现将《财政部关于下发〈行政事业单位会计决算报告制度〉的通知》（财统［2002］4号）转发给你们。请各单位严格按照文件规定，切实加强各项资金和会计信息管理工作，进一步规范会计决算行为，提高会计信息质量。

财政部关于下发《行政事业单位会计决算报告制度》的通知

财统［2002］4号　2002年3月5日

党中央有关部门，国务院各部委、各直属机构，全国人大常委会办公厅，全国政协办公厅，高法院，高检院，各人民团体，有关中央管理企业(集团)，各省、自治区、直辖市、计划单列市财政厅（局)，新疆生产建设兵团财务局：

为进一步加强我国行政事业单位各项资金和会计信息管理工作，规范行政事业单位会计决算行为，提高会计信息质量，保证行政事业单位会计决算报告工作顺利进行，促进建立科学、规范的行政事业单位会计决算报告工作体系，依据《中华人民共和国会计法》、《中华人民共和国预算法》以及行政事业单位财务会计管理的有关规章制度，我们制定了《行政事业单位会计决算报告制度》，现印发给你们，请认真遵照执行。执行中如果遇到问题，请及时向我部反映。

附件：行政事业单位会计决算报告制度

附件：

行政事业单位会计决算报告制度

第一章　总　则

第一条　为进一步加强行政事业单位各项资金和会计信息管理工作，规范行政事业单位会计决算行为，保证会计决算信息质量，根据《中华人民共和国会计法》、《中华人民共和国预算法》、《行政单位会计制度》、《事业单位会计制度》、《行政单位财务规则》和《事业单位财务规则》等法律规章，制定本制度。

第二条　行政事业单位会计决算报告制度的主要内容包括行政事业单位会计决算报告的编制范围、编制内容、工作组织、填报审核、汇总上报、质量核查及数据资料管理等方面的工作规范。

第三条　本制度所称行政事业单位会计决算报告指行政事业单位在每个会计年度终了，根据财政部门决算编审要求。在日常会计核算的基础上编制的、综合反映本单位财务收支状况和各项资金管理状况的总结性文件。

第四条　通过建立行政事业单位会计决算报告制度，收集汇总行政事业单位财务收支、经费来源与运用、资产与负债、机构、人员与工资等方面的基本数据，全面、真实反映行政事业单位财务状况和预算执行结果，为财政部门审查批复决算和编制后续年度财政预算提供基本依据，并满足国家财务会计监管、各项资金管理以及宏观经济决策等信息需要。

第五条　本制度适用于所有执行行政事业单位会计制度的行政事业单位；对于不执行行政事业单位会计制度、但纳入财政预算范围、且与各级财政有经常性经费领拨款关系的其他单位也适用于本制度。

第二章　会计决算报告工作组织

第六条　行政事业单位会计决算报告工作按照“科学、规范、统一、高效”的原则，由财政部实施统一管理，各部门、各地区依据财务管理关系或预算管理关系分别组织实施。

第七条　财政部是行政事业单位会计决算报告工作的主管部门。其职责主要是：

（一）制定行政事业单位会计决算管理的规章制度。

（二）制定下发统一的行政事业单位会计决算报告格式和工作处理软件，并组织全国行政事业单位会计决算报表与软件培训。

（三）组织全国行政事业单位会计决算报表的收集、审核、汇总和分析工作。

（四）负责全国行政事业单位会计决算信息上报和对外提供工作，并对全国行政事业单位会计决算信息披露实施统一管理。

（五）组织全国行政事业单位会计决算报告编制质量的核查工作。

（六）建立全国行政事业单位会计决算数据库和网络管理体系。

第八条　中央各部门（含中共中央有关部门、国务院各部委和直属机构、全国人大常委会办公厅、全国政协办公厅、最高人民法院、最高人民检察院、各人民团体和有关中央直管企业集团，下同）按照全国统一的工作程序、编报规范和时间要求，组织实施本部门所属行政事业单位会计决算报告的编报工作。其职责主要是：

（一）组织本部门行政事业单位会计决算报表的布置与培训工作。

（二）组织本部门行政事业单位会计决算报表的收集、审核、汇总和上报工作。

（三）组织本部门行政事业单位会计决算报告编制质量的核查工作。

（四）负责建立和管理本部门行政事业单位会计决算数据分库。

第九条　各地区（含各省、自治区、直辖市和计划单列市，下同）的财政部门按照统一的工作程序、编报规范和时间要求，负责组织实施本地区行政事业单位会计决算报告的编报工作。其职责主要是：

（一）组织本地区行政事业单位会计决算报表的布置与培训工作。

（二）组织本地区行政事业单位会计决算报表的收集、审核、汇总、分析和上报工作。

（三）组织本地区行政事业单位会计决算报告编制质量的核查工作。

（四）负责建立和管理本地区行政事业单位会计决算数据分库。

第三章　会计决算报告的内容

第十条　行政事业单位会计决算报告的内容主要包括：行政事业单位决算报表、报表附注和财务分析。

第十一条　行政事业单位决算报表包括：

（一）报表封面。

（二）主表。

（三）补充指标表。

第十二条　行政事业单位决算报表封面内容主要包括：行政事业单位名称、单位负责人、财务负责人、填表人、联系方式等文字信息，以及单位统一代码、基本性质、财政预算代码、预算管理级次、隶属关系、报表类型等相关信息。

第十三条　行政事业单位决算报表主表、补充指标表内容主要包括：行政事业单位各类收支与结余情况、资产与负债情况、人员与工资情况及财政部门规定的其他应上报的内容。主表适用于所有行政事业单位，补充指标表仅适用于相关业务的行政事业单位。

第十四条　行政事业单位决算报表附注用于注明需特别说明的有关报表编制事项，主要包括：报表编制基础、编制依据、编制原则和方法，以及特殊事项的说明和有关重要项目的明细资料。

第十五条　行政事业单位财务分析是对本单位收入支出、资产负债、净资产等主要财务指标增减变动情况和原因的分析。

第十六条　行政事业单位会计决算报告应当同时记载在纸介质和磁盘介质（或光盘介质）上。

第四章　会计决算报告的编制

第十七条　行政事业单位会计决算报告的统一编制时间点为每年的12月31日。

第十八条　各部门、各地区应按照财务管理关系或预算管理级次确定行政事业单位会计决算报告的基本报告单位。行政事业单位会计决算报告的基本报告单位应同时具备下列条件：

（一）具有独立法人资格。

（二）独立编制会计报表。

第十九条　行政事业单位会计决算报告的基本报告单位原则上应实行逐户录入。对于确实不具备基本报告单位逐户录入条件的，可按照财政部每年统一确定的原则适当调整录入级次。

第二十条　各级行政事业单位应在全面清理核实资产、负债、收入、支出，并办理年终结账的基础上，编制会计决算报告。

（一）应按照行政、事业单位财务会计制度规定及各级财政对单位预算的批复文件，及时清理收支账目、往来款项，核对年度预算收支和各项缴拨款项。各项收支应按规定要求进行年终结账。凡属本年的各项收入应及时入账，本年的各项应缴预算款和应缴财政专户的预算外资金应在年终前全部上缴。属于本年的各项支出，应按规定的支出渠道如实列报。

（二）应根据登记完整、核对无误的账簿记录和其他有关会计核算资料编制会计决算报告，做到数字真实、计算正确、内容完整、账表相符、表表相符。

第二十一条　各级行政事业单位应根据财政部统一下发的报表格式、编制说明及软件操作要求，认真编制会计决算报告。

（一）报表封面应按照国家统一标准和财政部统一规定如实填报。报表编制完毕后，须经单位负责人、财务负责人和报表编制人员审查、签字并盖章。单位公章应加盖单位行政公章，不得以财务专用章代替。

（二）报表各项指标应严格按照财政部统一制订的报表编制说明、指标解释认真编制，做到表内项目之间、表与表之间、本期数据与上期数据之间相互衔接。

第二十二条 各级财政部门、主管会计单位核拨经费给其他不属于会计决算报告编制范围的单位，由拨款单位代编决算，具体应按照财政部代编决算的有关规定执行。

第五章 会计决算报告的审核

第二十三条 会计决算报告的编制单位必须认真做好会计决算报告的审核工作，确保上报数据资料真实、完整、准确。

第二十四条 行政事业单位会计决算报告审核的主要内容包括：

（一）审核编制范围是否全面，是否有漏报和重复编报现象。

（二）审核编制方法是否符合国家统一的财务会计制度，是否符合行政事业单位会计决算报告的编制要求。

（三）审核编制内容是否真实、完整、准确，审核单位账簿与报表是否相符、金额单位是否正确，有无漏报、重报项目以及虚报和瞒报等弄虚作假现象。

（四）审核报表中的相关数据是否衔接一致，包括表间数据之间、分户数据与汇总数据之间、报表数据与计算机录入数据之间是否衔接一致。

（五）对报表与上年数据资料进行核对，审核数据变动是否合理。

第二十五条 会计决算报告审核的方法应采取人工审核与计算机审核相结合。

（一）人工审核：包括政策性审核和规范性审核。政策性审核主要以现行财务制度和有关政策规定为依据，对重点指标进行审核；规范性审核侧重于报告编制的正确性和真实性及勾稽关系等方面的审核。

（二）计算机审核：利用软件提供的数据审核功能，逐户审核报表的表内表间关系、检查数据的逻辑性及数据的完整性。

第二十六条 会计决算报告审核的工作方式可根据实际情况采取自行审核、集中会审、委托审核等多种形式。

（一）自行审核：各级行政事业单位在上报会计决算报告前应自行将本单位报表、磁盘以及有关数据资料，按统一规定的审核内容进行逐项复核。

（二）集中会审：各部门、各地区组织专门力量对行政事业单位编制的决算报表、磁盘及相关资料，按照统一的标准及要求进行集中对账或分户复核。

（三）委托审核：委托中介机构对行政事业单位决算报表数据及相关资料进行审核。

第二十七条 各部门、各地区要认真做好行政事业单位会计决算报告的审核工作，凡发现报告编制不符合规定，存在漏报、虚报、瞒报、错报以及相关数据不衔接等错误和问题，应要求有关单位立即纠正，并限期重报。

第六章 会计决算报告的汇总与上报

第二十八条 各级行政事业单位应按照财务管理关系或预算管理级次，采取自下而上方式，按时层层汇总上报。

第二十九条 各地区的财政部门应对下级财政部门上报的汇总会计决算报表、本级汇总会计决算报表及本级代编经费决算报表进行汇总，并对有关收入支出、内部往来项目等汇总虚增进行调整和剔除后，形成本地区汇总会计决算报表，并作为各级财政总决算相关数据的来源。

第三十条 中央各部门应对所属各级行政事业单位上报的会计决算报表、部门本级会计决算报表和本级代编经费决算报表进行汇总，并对有关收入支出、内部往来项目等汇总虚增进行调整和剔除后，形成本部门汇总会计决算报表。

第三十一条 各部门、各地区汇总会计决算报表要以所属各级行政事业单位上报的数据为准，不得随意调整数据和科目，更不能虚报、瞒报和随意结转。

第三十二条 各部门、各地区编制的行政事业单位汇总会计决算报告，应于次年3月底前上报财政部。

第七章 会计决算报告编制质量核查

第三十三条 会计决算报告编制质量核查是

行政事业单位会计决算报告管理部门为加强会计决算管理，促进提高会计决算信息质量，依法组织开展对行政事业单位会计决算报告编制的真实性和完整性进行的抽样核查。

第三十四条　会计决算报告编制质量核查工作采取统一管理、分级实施原则，全国行政事业单位会计决算报告编制质量的核查工作由财政部组织实施，各地区行政事业单位会计决算报告编制质量的核查工作由各地区财政部门按照统一的工作要求分级组织实施。

第三十五条　会计决算报告编制质量核查的样本采集依据“随机抽取、适当调整”的原则，采取随机抽取与定向选择相结合的方式。

（一）随机抽取：通过计算机随机确定核查样本。

（二）定向选择：对会计决算报告存在明显质量问题或以往年份核查不合格单位，列为核查样本。

第三十六条　会计决算报告编制质量核查的内容由财政部每年根据行政事业单位会计决算报告编制情况以及财政检查工作要求统一规定。基本内容包括：报告编制范围是否齐全、会计决算报表与单位账簿是否一致、报表编制口径与汇总方法是否正确、向不同部门提供的报表数据是否一致等。各地区可结合本地区实际情况对核查内容进行补充。

第三十七条　被选定为核查对象的单位必须依照有关法律、法规，接受财政部门依法实施的核查，应按照核查工作的统一要求如实、及时提供所需会计凭证、会计账簿等有关会计资料，并如实反映有关情况。

第三十八条　财政部门对核查结果实行及时通报制度，对于会计决算报告不符合要求的单位给予通报批评，责令限期改正，并依法追究相应工作责任。

第八章　会计决算数据资料管理

第三十九条　会计决算数据资料包括行政事业单位会计决算报告中以各种介质存放的各类报表、编制说明、分析报告、总结材料。

第四十条　中央各部门和各地区财政部门要对行政事业单位上报的会计决算数据资料进行归类整理、建档建库，并从计算机中传出备份保存。

第四十一条　中央各部门和各地区财政部门要严格按照《会计档案管理办法》妥善保存行政事业单位会计决算数据资料。

第四十二条　各级财政部门应指定专门机构对行政事业单位会计决算数据资料进行管理和维护，配备必要的计算机技术人员，明确管理职责。

第四十三条　对于行政事业单位上报的分户会计决算数据资料，以及涉及国防、安全等国家保密部门的会计决算数据资料，要严格实行密级管理。

第四十四条　对外提供行政事业单位汇总会计决算数据资料，应有公函请求，并报经有关领导批准后方可提供。

第四十五条　各级财政部门不得发布上级财政部门管理范围内的行政事业单位会计决算信息。

第四十六条　各级财政部门应当在做好会计决算数据密级管理的同时，充分利用现代计算机和网络等先进技术，认真做好会计决算资料的“数据共享”，以提高会计决算信息的利用效率。

第四十七条　各级财政部门应加强会计决算信息专题研究分析，做好会计决算信息服务工作，按照规定的程序及时提供有关会计决算信息资料。

第九章　会计决算报告的工作责任

第四十八条　行政事业单位应当按照有关制度规定认真编制会计决算报告，全面、真实反映本单位会计决算信息。各单位负责人对本单位的会计工作和会计资料的真实性和完整性负责。

第四十九条　行政事业单位财务人员应当认真、如实编制会计决算报告，不得漏报、瞒报或因工作不认真错报有关会计决算信息，更不得编造虚假会计信息；行政事业单位负责人不得授意、指使、强令财务人员提供虚假会计决算信息，不得对拒绝、抵制编造虚假会计决算信息的人员进行打击报复。对于违反规定、提供虚假会计决算信息的单位及相关责任人，要按照《中华人民共和国会计法》等有关法律规定予以处理。

第五十条　各部门、各地区应当认真组织落实本部门、本地区行政事业单位会计决算报告工作。各级财政部门要加强对行政事业单位会计决算报告编制工作的考核，对在行政事业单位会计决算报告编制工作中成绩优秀的单位给予表彰；对因工作组织不力或不当，拖延报送会计决算报告或数据差错严重，给全国行政事业单位会计决算报告工作造成不良影响的单位，依据国家有关规定追究相关责任人的工作责任。

第十章　附　则

第五十一条　各部门、各地区可依据本制度，结合工作实际，制定相应实施细则，并报财政部备案。

第五十二条　本制度由财政部负责解释。

第五十三条　本制度自发布之日起施行。

财政部、中国人民银行、监察部、审计署关于印发《中央预算单位银行账户管理暂行办法》的通知

财库［2002］48号　2002年9月29日

财政部驻各省、自治区、直辖市、计划单列市财政监察专员办事处，党中央有关部门，国务院各部委、各直属机构，全国人大常委会办公厅，全国政协办公厅，高法院，高检院，各人民团体，新疆生产建设兵团，中央财政预算单列的企业集团总公司，各国有、国家控股银行：

根据《国务院办公厅转发监察部、财政部、人民银行、审计署关于清理整顿行政事业单位银行账户的意见的通知》（国办发［2001］41号）的要求，结合中央预算单位银行账户清理整顿情况，为了规范中央预算单位银行账户管理，强化监督，促进财政国库管理制度改革，从源头上预防和治理腐败，财政部、中国人民银行、监察部、审计署研究修订了《中央预算单位银行账户管理暂行办法》，现予印发，请认真贯彻执行。财政部、中国人民银行1999年3月6日发布的《中央预算单位银行账户管理暂行办法》（财预字［1999］66号）停止执行。

附件：中央预算单位银行账户管理暂行办法

附件：

中央预算单位
银行账户管理暂行办法

第一章　总　则

第一条　为了规范中央预算单位银行账户管理，促进财政国库管理制度改革的顺利实施，从源头上预防和治理腐败，根据有关法律、行政法规，制定本办法。

第二条　本办法适用于中央各部门及所属行政事业单位和财政预算单列的企业集团总公司（以下统称中央预算单位）银行账户（包括人民币和外汇存款账户）的管理。

中央预算单位分为一级预算单位、二级预算单位（特殊情况可分为三级、四级等预算单位，下同）和基层预算单位。

第三条　中央预算单位开立、变更、撤销银行账户，实行财政审批、备案制度。

第四条　中央预算单位须由财务机构统一办理本单位银行账户的开立、变更、撤销手续，并负责本单位银行账户的使用和管理。

第五条　中央预算单位负责人对本单位银行账户申请开立及使用的合法性、合规性、安全性负责。

第六条　中央预算单位应在国有、国家控股银行或经批准允许为其开户的商业银行（以下简称银行）开立银行账户。

第二章　银行账户的设置

第七条　中央预算单位只能开设一个基本存款账户。该账户用于办理本单位预算内、预算外、自筹以及往来等资金的日常转账结算和现金收付等业务。

第八条　中央预算单位只能开设一个基本建设资金专用存款账户，用于核算本单位使用的各种基建资金。

第九条　中央预算单位按有关规定收取的预算内、预算外资金，可开设一个预算收入汇缴专用存款账户，用于预算内、预算外资金的收缴。该账户的资金只能按规定及时上缴中央国库或中央财政专户，不得用于本单位的支出。中央预算

单位按有关规定收取的预算内、预算外资金，有特殊利息处理要求的，可单独开设收入专户。

第十条　中央预算单位根据住房管理制度改革的有关规定，可分别开设一个售房收入、住房维修基金及其利息、个人公积金、购房补贴专用存款账户，用于核算职工按住房制度改革政策规定交纳的购房款等资金。

第十一条　需开设外汇账户、外汇人民币限额账户的中央预算单位，可根据国家外汇管理局和财政部的有关规定，按程序办理。

第十二条　中央预算单位按相关规定可开设党费、工会经费专用存款账户。

第十三条　中央预算单位因特殊原因，经批准可开设如下账户：

（一）垂直管理独立核算的非法人机构，确需开设的基本存款等账户；

（二）中央一级预算单位独立核算的离退休机构，确需开设的离退休经费专户；

（三）系统财务与本级机关财务机构分设并对所属单位有转拨经费的一级预算单位，确需开设的经费转拨账户；

（四）其他特殊情况，确需开设的账户。

第三章　银行账户的开立

第十四条　中央预算单位按本办法规定报经财政部门审批后，可开立银行账户。二级预算单位按照基层预算单位管理。

第十五条　中央预算单位需开立银行账户时，应报送“开立银行账户申请报告”，填写财政部统一规定的《中央一级预算单位开立银行账户申请表》（附件一）或《中央基层预算单位开立银行账户申请表》（附件二），并提供相关证明材料。

“开立银行账户申请报告”应详细说明本单位的基本情况和申请开户的理由，包括新开账户的名称、用途、使用范围，开户依据或开户理由，相关证明材料清单及其他需要说明的情况等。

中央预算单位提供的证明材料包括：

（一）开立基本存款账户的，应提供机构编制、人事、民政等部门批准本单位成立的文件。

（二）开立其他账户的，应提供下列证明材料之一：

1. 基本建设项目的立项批准文件；

2. 按照国务院规定程序批准收取的政府性基金、行政事业性收费、罚没收入及其他预算内、预算外资金的文件；

3. 实行住房制度改革的批复文件；

4. 拥有、使用外汇的相关证明材料；

5. 其他相应证明材料。

第十六条　一级预算单位（含本级，下同）的“开立银行账户申请报告”、《中央一级预算单位开立银行账户申请表》（附软盘）及相关证明材料，由其财务部门报财政部审批。

第十七条　财政部应及时对一级预算单位报送的开户申请进行合规性审核，对同意开设的银行账户签发《中央预算单位开立银行账户批复书》（附件三）。

第十八条　基层预算单位的“开立银行账户申请报告”、《中央基层预算单位开立银行账户申请表》（附软盘）及相关证明材料原则上应经一级预算单位审核签署意见后，报基层预算单位所在省份或计划单列市的财政监察专员办事处（以下简称财政专员办）审批；一级预算单位所属预算单位级次较多、分布较广的，在符合管理要求的前提下，其基层预算单位的开户申请可由其规定的主管单位审核签署意见后，报当地财政专员办审批。

第十九条　财政专员办应及时对基层预算单位报送的开户申请进行合规性审核，一般应在3个工作日内审核完毕，并对同意开设的银行账户签发《中央预算单位开立银行账户批复书》。

第二十条　基层预算单位的主管单位与当地财政专员办对基层预算单位的同一开户申请有异议时，双方应进行协商；协商后意见仍不一致的，分别报一级预算单位与财政部，由财政部将审定结果函告一级预算单位与相关财政专员办。

第二十一条　财政部门对同意开设的有明确政策执行期限的账户，应在《中央预算单位开立银行账户批复书》中注明该账户的使用期。

第二十二条　中央预算单位持财政部门签发的《中央预算单位开立银行账户批复书》，按照中国人民银行账户管理的有关规定，到相关银行办理开户手续。

第二十三条　中央预算单位应在财政部门签发《中央预算单位开立银行账户批复书》的15个工作日内，开立相应的银行账户，在开立银行账户后3个工作日内，填写财政部统一规定的《中央预算单位银行账户备案表》（附件四），附软盘报相应批准开户的财政部门和各级主管单位备案。

第四章　银行账户变更与撤销

第二十四条　中央预算单位按规定发生的下列变更事项，按本办法第二十三条规定进行备案：

（一）中央预算单位变更名称，但不改变开户银行及账号的；

（二）中央预算单位的主要负责人或法定代表、地址及其他开户资料变更的；

（三）因开户银行原因变更银行账号，但不改变开户银行的；

（四）其他按规定不需报经财政部门审批的变更事项。

第二十五条　中央预算单位的主管单位发生变更的，应在变更后3个工作日内填制《中央预算单位主管单位变更登记表》（附件五），附软盘报相应财政部门和各级主管单位备案。

第二十六条　中央预算单位确需延长账户使用期的，应提前提出申请并按本办法第三章规定的程序报财政部门审批。审批期间，按原账户使用期执行。

第二十七条　中央预算单位开立的银行账户应保持稳定。确因特殊需要变更开户银行的，应按规定将原账户撤销，按本办法的规定重新办理开户手续、销户与开户的备案手续，并将原账户的资金余额（包括存款利息）如数转入新开账户。

第二十八条　中央预算单位被合并的，其账户按规定撤销，资金余额转入合并单位的同类账户。合并单位应监督被合并单位撤销其账户，并负责按照本办法第二十三条规定办理备案手续。

不同中央预算单位合并组建一个新的中央预算单位的，原账户按规定撤销，按本办法第二章、第三章规定重新开立银行账户，并办理备案手续。

第二十九条　中央预算单位银行账户使用期满时必须撤户。撤户时预算收入汇缴专用存款账户的资金余额按规定缴入中央国库或中央财政专户，其他账户资金余额转入本单位基本存款账户，销户后的未了事项纳入基本存款账户核算。同时，中央预算单位应按本办法第二十三条规定办理备案手续。

第三十条　中央预算单位按规定开设的银行账户，在开立后一年内没有发生资金往来业务的，该账户应作撤销处理并按本办法第二十三条规定办理备案手续。

第三十一条　中央预算单位因机构改革等原因被撤销的，必须在规定时间内撤销所开立的银行账户，并按相应的政策处理账户资金余额。其销户情况由其上一级主管单位按照本办法第二十三条规定办理备案手续。

第五章　管理与监督

第三十二条　财政部门应建立中央预算单位银行账户信息管理系统，对中央预算单位开立的银行账户实施动态监控，跟踪监督账户的开立、变更、撤销等情况，建立中央预算单位账户管理档案。

第三十三条　中央预算单位要按照财政部和中国人民银行规定的用途使用银行账户，不得将预算收入汇缴专用存款账户资金和财政拨款转为定期存款，不得以个人名义存放单位资金，不得出租、转让银行账户，不得为个人或其他单位提供信用。

第三十四条　中央预算单位对不同性质或需要单独核算的资金，应建立相应明细账，分账核算。

第三十五条　中央预算单位应加强对所属预算单位银行账户的监督管理，建立所属预算单位银行账户管理系统，定期对所属预算单位银行账户进行监督检查。发现所属单位不按规定开立、使用、变更及撤销银行账户的，应及时督促纠正；纠正无效的，应提请财政部等职能部门按有关规定进行处罚。

第三十六条　除本办法第四十六条规定外，开户银行不得办理未经财政部门审批的中央预算单位银行账户开设业务。

第三十七条　开户银行在办理中央预算单位银行账户开立手续后，应及时将中央预算单位的开户情况报送其总行。

第三十八条　财政部、中国人民银行、国家外汇管理局、监察部、审计署（以下统称监督检查机构）在各自的职责范围内对中央预算单位银行账户实施监督管理。

第三十九条　财政部门在日常管理和监督检查中，发现中央预算单位有违反本办法规定行为的，应按规定进行处理；发现开户银行有违反本办法规定行为的，应移交中国人民银行或国家外汇管理局进行处理。

第四十条 中国人民银行应监督开户银行按本办法规定为中央预算单位开立银行账户，查处开户银行违反本办法规定的行为。

国家外汇管理局应按本办法和国家外汇管理规定，监督中央预算单位开立和使用外汇账户，查处开户银行违反本办法规定的行为。

第四十一条 审计署应按本办法规定对中央预算单位的银行账户实施监督检查，查处违反本办法规定的行为；发现开户银行违反本办法规定的，应移交中国人民银行或国家外汇管理局进行处理。

第四十二条 监督检查机构在对中央预算单位银行账户实施监督检查时，受查单位和开户银行应如实提供有关银行账户的开立和管理情况，不得以任何理由或借口拖延、拒绝、阻挠；有关银行应如实提供受查单位银行账户的收付等情况，不得隐瞒。

第四十三条 监督检查机构在对中央预算单位银行账户实施监督管理中，认为应追究中央预算单位有关人员责任的，应按财政部、审计署、监察部、最高人民检察院《关于严肃追究扰乱财经秩序违法违纪人员责任的通知》（财监字［1998］4号）填写《追究有关人员责任建议书》，移交监察部门进行处理；涉及追究开户银行有关人员责任的，移交监察部门进行处理。

第四十四条 中央预算单位有下列情形之一的，监督检查机构除责令违规单位立即纠正外，应函告财政部，由财政部决定暂停或停止对违规单位拨付预算资金，同时提交监察部门对违规单位的责任人员给予相应的行政处分；涉嫌犯罪的，依照《行政执法机关移送涉嫌犯罪案件的规定》（中华人民共和国国务院令第310号）移交司法机关处理：

（一）违反本办法规定开立银行账户的；

（二）违反本办法第二章规定，改变账户用途，使用相应银行账户的；

（三）违反本办法第三十三条规定的；

（四）不按本办法规定变更、撤销银行账户的，或变更、撤销银行账户不按规定报送财政部门审核、备案的；

（五）其他违反账户管理规定的。

第四十五条 监督检查机构发现开户银行违反本办法规定，有下列情形之一的，应提交相关机关按照《金融违法行为处罚办法》（国务院令第260号）、《中华人民共和国商业银行法》、《违反行政事业性收费和罚没收入收支两条线管理规定行政处分暂行规定》（国务院令第281号）等法律法规进行处罚，并函告财政部，由财政部决定取消该金融机构为中央预算单位开户的资格；涉嫌犯罪的，依法移交司法机关处理：

（一）违反本办法规定，为中央预算单位开立银行账户的；

（二）允许中央预算单位超额或超出账户功能提取现金的；

（三）已知是中央预算单位的资金而同意以个人名义开户存放的；

（四）明知是预算收入汇缴资金、财政拨款而为中央预算单位转为定期存款的；

（五）其他违反本办法规定及其他法律法规的。

第六章　附　则

第四十六条 中央预算单位确因业务需要开设贷款转存款账户、保证金存款账户的，可按中国人民银行有关账户管理的规定到开户银行开户，并按本办法第二十三条规定办理备案手续。

第四十七条 实行财政国库管理制度改革试点的中央预算单位，按《中央单位财政国库管理制度改革试点资金支付管理办法》和《中央单位预算外资金收入收缴管理改革试点办法》的规定，由财政部为其开设零余额账户和中央财政汇缴专户；其原有账户确需保留的，暂按本办法规定程序审批后保留，并根据财政国库管理制度改革的推进情况按财政部的有关规定进行清理、归并、撤销。

第四十八条 财政部会同中国人民解放军总后勤部和武装警察部队后勤部参照本办法，另行制定中国人民解放军和武装警察部队的银行账户管理规定。

第四十九条 中央一级预算单位可根据本办法制定本系统内部的基层预算单位开户报批等具体银行账户管理规定，报财政部并抄送相关财政专员办备案。

第五十条 本办法由财政部、中国人民银行、监察部、审计署负责解释。

第五十一条　本办法自发布之日起施行。本办法发布前发布的有关中央预算单位银行账户管理规定与本办法不一致的，按本办法执行。

附件：一、中央一级预算单位开立银行账户申请表（略）

二、中央基层预算单位开立银行账户申请表（略）

三、中央预算单位开立银行账户批复书（略）

四、中央预算单位银行账户备案表（略）

五、中央预算单位主管单位变更登记表（略）

主要审计报告批复选录

审计署办公厅关于国家机关、事业单位隐匿、销毁会计资料情节严重构成犯罪问题的批复

审办法发［2002］16号　2002年2月4日

审计署驻济南特派员办事处：

你办《关于国家机关事业单位会计人员能否构成隐匿或故意销毁会计资料罪的犯罪主体的请示》收悉。我们就此向全国人大常委会法制工作委员会进行了函询。全国人大常委会法制工作委员会复函我署进一步明确：任何单位和个人隐匿、销毁会计资料，情节严重的，均构成犯罪，并由公安机关立案侦查。请你办按照全国人大常委会法制工作委员会意见执行。

附件：全国人民代表大会常务委员会法制工作委员会《关于对“隐匿、销毁会计凭证、会计账簿、财务会计报告构成犯罪的主体范围”问题的答复意见》（略）

审计署办公厅关于审计报告等文书报送范围的批复

审办法发［2002］70号　2002年4月24日

新疆维吾尔自治区审计厅：

你厅《新疆维吾尔自治区审计厅关于审计文书报送范围的请示》（新审发［2002］76号）反映，一些地县政府领导要求审计机关将审计报告、审计意见书、审计决定书等审计文书报送党委政府领导及纪检、组织部门。对此，我们进行了认真研究，现批复如下：

关于审计报告、审计意见书和审计决定书的报送问题，《审计法》及其实施条例做了明确的规定。《审计法》第三十九条规定：“审计组对审计事项实施审计后，应当向审计机关提出审计报告。”《审计法》第四十条第二款规定：“审计机关应当自收到审计报告之日起30日内，将审计意见书和审计决定送达被审计单位和有关单位。”《审计法实施条例》第四十三条进一步明确规定：“审计机关做出审计决定后，送达被审计单位执行；审计决定需要有关主管部门协助执行的，应当制发协助执行审计决定通知书。”

按照上述规定，审计报告是审计组对审计事项实施审计后，就审计实施情况和审计结果向派出的审计机关提出的书面报告，属于审计机关的内部文书，不必向党委政府领导及纪检、组织部门报送。审计决定书也只在需要协助执行时，才送达有关主管部门。因此，对于审计工作中发现的一些重大问题，如经济管理中的重大事项、重大的违法违纪事项，审计机关一般不应通过审计报告、审计意见书和审计决定书等形式汇报，而应及时向本级人民政府和上级审计机关提出专题报告。

审计署办公厅关于试行在经济责任审计报告中不包括被审计领导干部应负责任内容的批复

审办法发〔2002〕80号　2002年5月27日

天津市审计局：

你局《关于试行经济责任审计报告中不包括被审计领导干部应负责任的内容的请示》收悉。经研究，现批复如下：

审计报告是审计组对审计事项实施审计结束后，就审计实施情况和审计结果向派出的审计机关提出的书面报告，它是审计机关的内部文书，不必完全征得被审计领导干部及所在单位的同意。审计组应当按照《审计法》第三十九条的规定，要求被审计领导干部及所在单位自接到审计报告之日起10日内提出意见，而不应因其是否包括“被审计领导干部对审计发现的违反国家财经法规和廉政规定的问题应当负有的主管责任和直接责任”的内容，改变征求意见的时间。因此，审计机关在经济责任审计工作中，应当按照《审计法》及有关经济责任审计的规定编写审计报告，并送交被审计领导干部及所在单位提出意见。

审计署办公厅关于国家建设项目审计管辖权问题的批复

审办法发〔2002〕98号　2002年7月10日

河南省审计厅：

你厅《河南省审计厅关于国家建设项目审计中有关审计管辖权问题的请示》（豫审〔2002〕61号）收悉。经研究，批复如下：

对多个投资主体投资的国家建设项目的审计管辖权问题，根据《审计法》及其实施条例的规定。审计机关根据被审计单位的财政、财务隶属关系或者国有资产监督管理关系，确定审计管辖范围；两个或者两个以上国有资产投资主体投资的企业事业单位，由对主要投资主体有审计管辖权的审计机关进行审计监督；审计机关之间对审计管辖范围有争议的，由其共同的上级审计机关确定。据此，两个或者两个以上国有资产投资主体投资的国家建设项目，由对主要投资主体有管辖权的审计机关进行审计监督；两个或者两个以上国有资产投资主体出资额均等的国家建设项目，由其共同的上级审计机关确定审计管辖权。

审计署办公厅关于国有控股企业投资并控股的建设项目审计监督权问题的批复

审办法发〔2002〕166号　2002年12月30日

湖南省审计厅：

你厅关于国家审计机关对国有控股企业投资并占控股的建设项目能否进行审计的请示收悉。经研究，现批复如下：

根据你厅反映的情况，国有资产占控股地位的湖南电广传媒股份有限公司与香港振升投资有限公司共同投资2.4亿元组建湖南国际影视会展中心建设项目，其中，湖南电广传媒股份有限公司投资1.22亿元，以51%的投资控股。因此，该建设项目属于国有控股企业投资并控股的项目，参照《审计法》第二十三条和《审计法实施条例》第二十一条所规定的接受审计监督的国家建设项目，是指“以国有资产投资或者融资为主的基本建设项目”，审计机关有权依法对其进行审计监督。

审计署办公厅关于《行政单位定期审计制度》效力问题的批复

审办办发〔2002〕101号　2002年7月25日

天津市审计局：

你局《天津市审计局关于暂停贯彻执行审计署发布的〈行政单位定期审计制度〉的请示》（津审〔2002〕46号）收悉。经研究，现批复如下：

审计署1989年制定的《行政单位定期审计制度》，其立法依据是国务院1988年发布的《审计条例》。该《审计条例》已在1995年1月1日《审计法》生效时废止，因此，《行政单位定期审计制度》也自行失效。

审计署办公厅关于太钢峨口铁矿入选矿石计征资源税问题的批复

审办法发［2002］13号　2002年1月28日

山西省审计厅：

你厅《关于太钢（集团）公司峨口铁矿入选矿石量应征资源税问题的请示》（晋审法［2001］239号）收悉。我署就该问题咨询了国家税务总局，国家税务总局现已函复。请你厅按照《国家税务总局办公厅关于太钢峨口铁矿入选铁矿石计征资源税问题的函》（国税办函［2001］407号）的意见办理。

附件：《国家税务总局办公厅关于太钢峨口铁矿入选铁矿石计征资源税问题的函》

附件：

国家税务总局办公厅关于太钢峨口铁矿入选矿石计征资源税问题的函

国税办函［2001］407号　2002年12月30日

审计署办公厅：

你厅《关于资源税问题咨询的函》（审办函［2001］154号）收悉。经研究，现就有关问题答复如下：

关于太钢（集团）公司峨口铁矿入选矿石在计征资源税时是否可以扣除低品位部分的问题，根据《中华人民共和国资源税暂行条例》第一、二、六条的规定，资源税的课税对象是矿产品和盐，具体到铁矿石的课税数量则是指铁矿石原矿的销售数量和自用数量（包括入选矿石数量），因此，我们认为太钢（集团）公司峨口铁矿作为申报计征资源税的入选矿石量不应扣除低品位部分；但太钢峨口铁矿的情况确实十分特殊：一、勘探设计的情况与开采情况相差很大；二、据我们目前掌握的情况，其开采的低品位矿，是全国开采的最低品位的铁矿石，较大数量达不到边界品位，低于15%的表外矿没有经济意义，这部分矿扔了可惜，利用了成本确实很高；三、矿石边界品位通常是划分矿与非矿界限的最低品位，即圈定矿体的最低品位。低于矿石边界品位的不应视为铁矿石原矿对其征税；四、现实当中，开采的一般原矿中夹杂少量非矿物，通常我们不予扣除，主要是避免争议、扯皮，加强征管。但峨口矿大量的表外矿进入选矿阶段并作为课税量计税这一问题，需要研究解决。鉴于太钢峨口铁矿的特殊情况，我们意见该矿开采的铁矿石品位在15%以下的表外矿在计算资源税课税数量时可以商当地地方税务局适当扣除。

以上情况和意见供参考。

重要财经审计法规索引

（编者按：本索引选载了2002年1～12月，由国务院及其各部、委、办颁布的有关财经审计工作的重要法规。）

综　合

国务院关于进一步规范彩票管理的通知
（国发［2001］35号　2001年10月30日）
见2002年《中国财经审计法规公报》第1期。
财政部关于印发《彩票发行与销售机构财务管理办法》的通知
（财综［2001］84号　2001年12月9日）
见2002年《中国财经审计法规公报》第3期。
财政部关于废止部分规章和规范性文件的决定
（中华人民共和国财政部令第11号　2001年12月11日）
见2002年《中国财经审计法规公报》第3期。
法规规章备案条例

（中华人民共和国国务院令第337号 2001年12月14日）

见2002年《中国财经审计法规公报》第3期。

最高人民法院予以废止的2000年底以前发布的有关司法解释目录（第四批）

（法释［2001］32号 2001年12月27日）

见2002年《中国财经审计法规公报》第3期。

对外贸易经济合作部办公厅关于通报外经贸部部门规章、文件清理情况的通知

（外经贸法字［2001］177号 2002年1月4日）

见2002年《中国财经审计法规公报》第4期。

财政部关于印发《财政部门内部监督检查暂行办法》的通知

（财监［2002］3号 2002年1月16日）

见2002年《中国财经审计法规公报》第4期。

财政部关于财政监察专员办事处实施监督检查收缴的财政收入缴库等问题的通知

（财监［2002］13号 2002年1月29日）

见2002年《中国财经审计法规公报》第4期。

国务院法制办公室关于印发规章备案格式的通知

（国法函［2002］10号 2002年2月4日）

见2002年《中国财经审计法规公报》第5期。

公证机构办理抵押登记办法

（中华人民共和国司法部令第68号 2002年2月20日）

见2002年《中国财经审计法规公报》第5期。

最高人民法院予以废止的2000年底以前发布的有关司法解释目录（第五批）

（最高人民法院公告 2002年3月6日）

见2002年《中国财经审计法规公报》第5期。

外经贸部第四批废止的部门规章目录

（中华人民共和国对外贸易经济合作部令第24号 2002年3月21日）

见2002年《中国财经审计法规公报》第5期。

住房公积金管理条例

（中华人民共和国国务院令第350号 2002年3月24日）

见2002年《中国财经审计法规公报》第5期。

财政部关于印发《地方预算编制软件应用管理暂行办法》的通知

（财预［2002］289号 2002年4月23日）

见2002年《中国财经审计法规公报》第7期。

财政部关于案件诉讼费等财务问题的函

（财金函［2002］43号 2002年4月29日）

见2002年《中国财经审计法规公报》第7期。

财政部关于部门有偿使用资金收尾工作问题处理意见的通知

（财预［2002］309号 2002年5月8日）

见2002年《中国财经审计法规公报》第7期。

财政部关于印发《因公临时出国用汇管理办法》的通知

（财预［2002］314号 2002年5月14日）

见2002年《中国财经审计法规公报》第7期。

行政区域界线管理条例

（中华人民共和国国务院令第353号 2002年5月13日）

见2002年《中国财经审计法规公报》第7期。

最高人民法院予以废止的2000年底以前发布的有关司法解释目录（第六批）

最高人民法院公告 （法释［2002］13号 2002年5月23日）

见2002年《中国财经审计法规公报》第7期。

财政部关于财政专户彩票资金管理有关事宜的通知

（财库［2002］31号 2002年5月27日）

见2002年《中国财经审计法规公报》第8期。

境外就业中介管理规定

（劳动和社会保障部、公安部、国家工商行政管理总局令第15号 2002年5月14日）

见2002年《中国财经审计法规公报》第9期。

中华人民共和国安全生产法

（中华人民共和国主席令第70号 2002年6月29日）

见2002年《中国财经审计法规公报》第9期。

法律职业资格证书管理办法

（中华人民共和国司法部令第74号 2002年7月8日）

见2002年《中国财经审计法规公报》第9期。

中共中央关于印发《党政领导干部选拔任用工作条例》的通知

（中共中央 2002年7月9日）

见2002年《中国财经审计法规公报》第9期。

最高人民法院关于行政诉讼证据若干问题的规定

（最高人民法院公告 法释［2002］21号 2002年7月24日）

见2002年《中国财经审计法规公报》第10期。

最高人民法院《关于审理企业破产案件若干问题的规定》

（最高人民法院公告 法释［2002］23号 2002年7月30日）

见2002年《中国财经审计法规公报》第10期。

社会抚养费征收管理办法

（中华人民共和国国务院令第 357 号　2002 年 8 月 2 日）

见 2002 年《中国财经审计法规公报》第 10 期。

国务院关于进一步推进相对集中行政处罚权工作的决定

（国发［2002］17 号　2002 年 8 月 22 日）

见 2002 年《中国财经审计法规公报》第 11 期。

中华人民共和国水法

（中华人民共和国主席令第 74 号　2002 年 8 月 29 日）

见 2002 年《中国财经审计法规公报》第 11 期。

中华人民共和国测绘法

（中华人民共和国主席令第 75 号　2002 年 8 月 29 日）

见 2002 年《中国财经审计法规公报》第 11 期。

国务院办公厅关于进一步做好工商行政管理和质量技术监督部门经费保障工作的通知

（国办发［2002］55 号　2002 年 10 月 10 日）

见 2002 年《中国财经审计法规公报》第 12 期。

会计　审计

审计署办公厅关于审计机关履行地方政府规定的审计职责问题的复函

（审办函［2001］143 号　2001 年 10 月 26 日）

见 2002 年《中国财经审计法规公报》第 1 期。

财政部关于印发《企业会计准则——中期财务报告》的通知

（财会字［2001］54 号　2001 年 11 月 2 日）

见 2002 年《中国财经审计法规公报》第 1 期。

财政部关于印发《财政预算资金拨付管理暂行办法》的通知

（财库［2001］60 号　2001 年 11 月 3 日）

见 2002 年《中国财经审计法规公报》第 1 期。

财政部关于印发《企业会计准则——固定资产》《企业会计准则——存货》的通知

（财会［2001］57 号　2001 年 11 月 9 日）

见 2002 年《中国财经审计法规公报》第 1 期。

国务院办公厅关于利用计算机信息系统开展审计工作有关问题的通知

（国办发［2001］88 号　2001 年 11 月 16 日）

见 2002 年《中国财经审计法规公报》第 1 期。

财政部关于《财政总预算会计制度》暂行补充规定

（财库［2001］63 号　2001 年 11 月 19 日）

见 2002 年《中国财经审计法规公报》第 2 期。

财政部关于国有企业年度会计报表注册会计师审计有关问题的补充通知

（财企［2001］707 号　2001 年 11 月 26 日）

见 2002 年《中国财经审计法规公报》第 2 期。

财政部关于印发《外商投资企业执行〈企业会计制度〉有关问题的规定》的通知

（财会［2001］62 号　2001 年 11 月 29 日）

见 2002 年《中国财经审计法规公报》第 2 期。

财政部关于彩票发行与销售机构执行《事业单位会计制度》有关问题的通知

（财会［2001］63 号　2001 年 12 月 17 日）

见 2002 年《中国财经审计法规公报》第 3 期。

财政部关于印发《关联方之间出售资产等有关会计处理问题暂行规定》的通知

（财会［2001］64 号　2001 年 12 月 21 日）

见 2002 年《中国财经审计法规公报》第 3 期。

财政部关于印发《保险公司投资连结产品等业务会计处理规定》的通知

（财会［2002］1 号　2002 年 1 月 7 日）

见 2002 年《中国财经审计法规公报》第 4 期。

审计署办公厅关于国家工商总局同意将审计机关列为查询企业档案不交费单位的通知

（审办办发［2002］14 号　2002 年 1 月 29 日）

见 2002 年《中国财经审计法规公报》第 4 期。

审计署办公厅关于国家机关事业单位隐匿销毁会计资料情节严重构成犯罪问题的批复

（审办法发［2002］16 号　2002 年 2 月 4 日）

见 2002 年《中国财经审计法规公报》第 4 期。

中国注册会计师协会关于印发《内部控制审核指导意见》的通知

（会协［2002］41 号　2002 年 2 月 9 日）

见 2002 年《中国财经审计法规公报》第 5 期。

审计署关于印发《审计署优秀审计项目评选办法（试行）》的通知

（审法发［2002］45 号　2002 年 2 月 28 日）

见 2002 年《中国财经审计法规公报》第 5 期。

财政部关于印发《独立审计具体准则第 26 号——存货监盘》等四个项目的通知

（财会［2002］1016 号　2002 年 3 月 5 日）

见 2002 年《中国财经审计法规公报》第 5 期。

审计署办公厅关于转发财政部《行政事业单位会计决算报告制度》的通知

（审办办发［2002］48 号　2002 年 3 月 26 日）

见 2002 年《中国财经审计法规公报》第 5 期。

财政部关于开展2002年会计信息质量检查工作的通知

（财监［2002］46号 2002年4月1日）

见2002年《中国财经审计法规公报》第6期。

中国注册会计师协会关于印发《注册资产评估师注册管理暂行办法》的通知

（会协［2002］183号 2002年7月2日）

见2002年《中国财经审计法规公报》第9期。

审计署办公厅关于国家建设项目审计管辖权问题的批复

（审办法发［2002］98号 2002年7月10日）

见2002年《中国财经审计法规公报》第9期。

审计署关于印发《审计署审计结果公告办理规定》的通知

（审办发［2002］84号 2002年7月16日）

见2002年《中国财经审计法规公报》第9期。

中国注册会计师协会关于印发《审计技术提示第1号——财务欺诈风险》的通知

（会协［2002］203号 2002年7月19日）

见2002年《中国财经审计法规公报》第10期。

浙江省国家建设项目审计办法

（浙江省人民政府令第146号 2002年7月14日）

见2002年《中国财经审计法规公报》第12期。

中国注册会计师协会关于印发《审计技术提示第2号——会计报表公布日后发现的事实》的通知

（会协［2002］243号 2002年9月13日）

见2002年《中国财经审计法规公报》第12期。

财政部办公厅关于在会计决算工作中执行国家标准《国民经济行业分类与代码》（GB/T4754—2002）的通知

（财办统［2002］22号 2002年9月26日）

见2002年《中国财经审计法规公报》第12期。

国家林业局关于印发《国家林业局直属单位领导干部任期经济责任审计规定》的通知

（林审发［2002］224号 2002年9月26日）

见2002年《中国财经审计法规公报》第12期。

财政部关于印发《关于执行〈企业会计制度〉和相关会计准则有关问题解答》的通知

（财会［2002］18号 2002年10月9日）

见2002年《中国财经审计法规公报》第12期。

财　政

财政部、中国人民银行关于印发《预算外资金收入收缴管理制度改革方案》的通知

（财库［2002］37号 2002年6月28日）

见2002年《中国财经审计法规公报》第9期。

财政部、中国人民银行关于印发《中央单位预算外资金收入收缴管理改革试点办法》的通知

（财库［2002］38号 2002年6月28日）

见2002年《中国财经审计法规公报》第9期。

财政部办公厅关于正版软件采购资金账务处理问题的通知

（财办库［2002］40号 2002年8月28日）

见2002年《中国财经审计法规公报》第11期。

财政部、中国人民银行、监察部、审计署关于印发《中央预算单位银行账户管理暂行办法》的通知

（财库［2002］48号 2002年9月29日）

见2002年《中国财经审计法规公报》第12期。

财政部关于调整因公临时出国（境）人员个人自费购汇标准有关问题的通知

（财预［2002］530号 2002年10月11日）

见2002年《中国财经审计法规公报》第12期。

金　融

财政部关于中国人民银行涉诉案件损失有关问题的函

（财金函［2001］17号 2001年10月20日）

见2002年《中国财经审计法规公报》第1期。

财政部关于上市公司国有股质押有关问题的通知

（财企［2001］651号 2001年10月25日）

见2002年《中国财经审计法规公报》第1期。

金融资产管理公司吸收外资参与资产重组与处置的暂行规定

（对外贸易经济合作部、财政部、中国人民银行令第6号 2001年10月26日）

见2002年《中国财经审计法规公报》第1期。

财政部关于上市公司国有股被人民法院冻结拍卖有关问题的通知

（财企［2001］656号 2001年11月2日）

见2002年《中国财经审计法规公报》第1期。

国家外汇管理局关于调整出口收汇核销和外汇账户管理政策的通知

（汇发［2001］184号 2001年11月5日）

见2002年《中国财经审计法规公报》第2期。

金融机构撤销条例

（中华人民共和国国务院令第324号 2001年11月23日）

见2002年《中国财经审计法规公报》第2期。

证券交易所管理办法

(2001年12月12日)

见2002年《中国财经审计法规公报》第2期。

中国人民银行关于公布《第七批金融规章和规范性文件废止、失效目录》的通知

(银发[2001]393号 2001年12月3日)

见2002年《中国财经审计法规公报》第3期。

财政部关于金融资产管理公司债券和再贷款利息支付问题的通知

(财金[2001]261号 2001年12月6日)

见2002年《中国财经审计法规公报》第3期。

中国人民银行关于印发《农村信用合作社农户小额信用社贷款管理指导意见》的通知

(银发[2001]397号 2001年12月7日)

见2002年《中国财经审计法规公报》第3期。

中华人民共和国外资保险公司管理条例

(中华人民共和国国务院令第336号 2001年12月12日)

见2002年《中国财经审计法规公报》第3期。

中国人民银行关于全面推行贷款质量五级分类管理的通知

(银发[2001]416号 2001年12月19日)

见2002年《中国财经审计法规公报》第3期。

中华人民共和国外资金融机构管理条例

(中华人民共和国国务院令第340号 2001年12月20日)

见2002年《中国财经审计法规公报》第3期。

财政部关于金融机构接收和处置抵债资产收入确认问题的通知

(财金字[2002]1号 2002年1月7日)

见2002年《中国财经审计法规公报》第3期。

财政部关于缩短金融企业应收利息核算期限的通知

(财金[2002]5号 2002年1月12日)

见2002年《中国财经审计法规公报》第4期。

财政部关于改革国有资产评估行政管理方式加强资产评估监督管理工作的意见

(财企[2002]8号 2002年1月14日)

见2002年《中国财经审计法规公报》第4期。

中华人民共和国外资金融机构管理条例实施细则

(中国人民银行令第1号 2002年1月25日)

见2002年《中国财经审计法规公报》第4期。

保险公司营销服务部管理办法

(中国保险监督管理委员会、中华人民共和国国家工商行政管理总局令第1号 2002年2月1日)

见2002年《中国财经审计法规公报》第4期。

财政部关于资产处置有关问题的函

(财金函[2002]22号 2002年2月21日)

见2002年《中国财经审计法规公报》第4期。

财政部、国家外汇管理局关于进一步加强外商投资企业验资工作及健全外资外汇登记制度的通知

(财会[2002]1017号 2002年3月13日)

见2002年《中国财经审计法规公报》第7期。

财政部关于印发《非贸易非经营性购汇人民币限额预算工作规程》的通知

(财预[2002]97号 2002年4月2日)

见2002年《中国财经审计法规公报》第7期。

财政部关于公布取消部分政府性基金项目的通知

(财综[2002]24号 2002年4月23日)

见2002年《中国财经审计法规公报》第7期。

财政部关于公布保留的政府性基金项目的通知

(财综[2002]33号 2002年5月20日)

见2002年《中国财经审计法规公报》第7期。

财政部、中国人民银行关于印发《中央单位财政国库管理制度改革试点资金支付管理办法》的通知

(财库[2002]28号 2002年5月22日)

见2002年《中国财经审计法规公报》第8期。

中国证券监督管理委员会关于发布《公开发行证券的公司信息披露内容与格式准则》第3号的通知

(证监发[2002]44号 2002年6月22日)

见2002年《中国财经审计法规公报》第9期。

国家发展计划委员会、中国人民银行、国家外汇管理局关于印发国有和国有控股企业外债风险管理及结构调整指导意见的通知

(计外资[2002]1092号 2002年7月8日)

见2002年《中国财经审计法规公报》第9期。

中国银行关于单位活期存款“长期不动户”财务处理问题的通知

(中银财[2002]160号 2002年7月16日)

见2002年《中国财经审计法规公报》第10期。

国家外汇管理局、中国证监会关于进一步完善境外上市外汇管理有关问题的通知

(汇发[2002]77号 2002年8月5日)

见2002年《中国财经审计法规公报》第10期。

中国人民银行关于加强住房公积金信贷业务管理的通知

(银发[2002]247号 2002年8月15日)

见2002年《中国财经审计法规公报》第10期。

财政部关于中国银行单位活期存款长期不动户账务处理问题的意见

(财金函[2002]90号 2002年8月27日)

见2002年《中国财经审计法规公报》第11期。

商业银行内部控制指引

（中国人民银行公告［2002］第 19 号　2002 年 9 月 7 日）

见 2002 年《中国财经审计法规公报》第 11 期。

国务院办公厅关于妥善处理现有保证外方投资固定回报项目有关问题的通知

（国办发［2002］43 号　2002 年 9 月 10 日）

见 2002 年《中国财经审计法规公报》第 11 期。

中国人民银行办公厅关于严格财务管理努力增收节支的紧急通知

（银办发［2002］238 号　2002 年 9 月 28 日）

见 2002 年《中国财经审计法规公报》第 12 期。

经　贸

财政部、外经贸部关于印发《对外承包工程保函风险专项资金管理暂行办法》的通知

（财企［2001］625 号　2001 年 10 月 10 日）

见 2002 年《中国财经审计法规公报》第 1 期。

出口产品反倾销应诉规定

（对外贸易经济合作部令 2001 年第 5 号　2001 年 10 月 11 日）

见 2002 年《中国财经审计法规公报》第 1 期。

对外贸易经济合作部关于外商投资企业部分法规修改的通知

（外经贸资统进函［2001］934 号　2001 年 10 月 12 日）

见 2002 年《中国财经审计法规公报》第 1 期。

财政部、国家计委关于延长国家碘盐基金征收期限等有关问题的通知

（财综［2001］74 号　2001 年 10 月 30 日）

见 2002 年《中国财经审计法规公报》第 1 期。

财政部、国家计委、粮食局、中国农业发展银行关于印发《粮食风险基金监督管理暂行办法》的通知

（财建［2001］691 号　2001 年 11 月 3 日）

见 2002 年《中国财经审计法规公报》第 1 期。

财政部关于废止、停止执行、修改部分涉及企业资产与财务行政审批事项的通知

（财企［2001］670 号　2001 年 11 月 5 日）

见 2002 年《中国财经审计法规公报》第 1 期。

财政部关于停止征收外商投资企业中方职工物价补贴的通知

（财企［2001］664 号　2001 年 11 月 7 日）

见 2002 年《中国财经审计法规公报》第 1 期。

外经贸部第一批废止部门规章目录

（对外贸易经济合作部令第 13 号　2001 年 11 月 16 日）

见 2002 年《中国财经审计法规公报》第 2 期。

国务院办公厅转发国家经贸委等部门关于发展具有国际竞争力的大型企业集团指导意见的通知

（国办发［2001］90 号　2001 年 11 月 17 日）

见 2002 年《中国财经审计法规公报》第 2 期。

国务院办公厅转发交通部等部门关于深化中央直属和双重领导港口管理体制改革意见的通知

（国办发［2001］91 号　2001 年 11 月 23 日）

见 2002 年《中国财经审计法规公报》第 2 期。

对外劳务合作备用金暂行办法

（对外贸易经济合作部、财政部令第 7 号　2001 年 11 月 27 日）

见 2002 年《中国财经审计法规公报》第 2 期。

外经贸部第二批废止部门规章目录

（中华人民共和国对外贸易经济合作部令第 30 号　2001 年 12 月 19 日）

见 2002 年《中国财经审计法规公报》第 3 期。

外商投资国际货物运输代理企业管理规定

（中华人民共和国对外贸易经济合作部令第 31 号　2001 年 12 月 19 日）

见 2002 年《中国财经审计法规公报》第 3 期。

外经贸部第三批废止部门规章目录

（中华人民共和国对外贸易经济合作部令第 32 号　2001 年 12 月 23 日）

见 2002 年《中国财经审计法规公报》第 3 期。

指导外商投资方向规定

（中华人民共和国国务院令第 346 号　2002 年 2 月 11 日）

见 2002 年《中国财经审计法规公报》第 4 期。

国家经贸委重点项目督查办法

（中华人民共和国国家经济贸易委员会令第 29 号　2002 年 2 月 20 日）

见 2002 年《中国财经审计法规公报》第 4 期。

国家计委办公厅关于铁路委托装卸统筹生产费有关问题的复函

（计办价格［2002］226 号　2002 年 2 月 21 日）

见 2002 年《中国财经审计法规公报》第 4 期。

国家发展计划委员会、财政部、国家工商行政管理总局、国家粮食局、中国农业发展银行关于贯彻落实国务院关于进一步深化粮食流通体制改革的意见有关问题的通知

（计综合［2002］250 号　2002 年 2 月 21 日）

见 2002 年《中国财经审计法规公报》第 4 期。

外商投资产业指导目录

（国家发展计划委员会、国家经济贸易委员会、对外贸易经济合作部令第21号 2002年3月11日）

见2002年《中国财经审计法规公报》第5期。

财政部、国家计委关于调整工业产品生产许可证审查费等收费项目归属部门等问题的通知

（财综［2002］19号 2002年4月10日）

见2002年《中国财经审计法规公报》第7期。

中华人民共和国进出口商品检验法

（中华人民共和国主席令第67号 2002年4月28日）

见2002年《中国财经审计法规公报》第7期。

对外贸易经济合作部、财政部、中国银行关于印发《中国政府对外提供一般物资援助财务管理办法》的通知

（外经贸计财发［2002］311号 2002年7月25日）

见2002年《中国财经审计法规公报》第11期。

国务院办公厅关于进行第二次全国第三产业普查的通知

（国办发［2002］44号 2002年9月11日）

见2002年《中国财经审计法规公报》第11期。

财政部关于国有股持股单位产权变动涉及上市公司国有股性质变化有关问题的通知

（财企［2002］395号 2002年9月26日）

见2002年《中国财经审计法规公报》第12期。

国务院办公厅转发国务院体改办、国家经贸委关于促进连锁经营发展若干意见的通知

（国办发［2002］49号 2002年9月27日）

见2002年《中国财经审计法规公报》第12期。

税　务

财政部、国家税务总局关于棉花进项税抵扣有关问题的补充的通知

（财税［2001］165号 2001年10月1日）

见2002年《中国财经审计法规公报》第1期。

国家税务总局关于印发《税务代理业务规程（试行）》的通知

（国税发［2001］117号 2001年10月8日）

见2002年《中国财经审计法规公报》第1期。

国务院军队转业干部安置工作小组、中共中央组织部、中央机构编制委员会办公室、中华人民共和国人事部、中华人民共和国教育部、中华人民共和国财政部、中华人民共和国劳动和社会保障部、中华人民共和国建设部、中国人民银行、国家税务总局、国家工商行政管理总局、中国人民解放军总政治部、中国人民解放军总后勤部印发《关于自主择业的军队转业干部安置管理若干问题的意见》的通知（节选）

（［2001］国转联8号）

见2002年《中国财经审计法规公报》第1期。

国家税务总局关于司法公证机构改制后有关所得税问题的通知

（国税函［2001］739号 2001年10月9日）

见2002年《中国财经审计法规公报》第1期。

国家税务总局关于中国福利彩票用作社会福利基金部分的发行收入征免所得税问题的通知

（国税函［2001］745号 2001年10月10日）

见2002年《中国财经审计法规公报》第1期。

最高人民法院关于对《审计署关于咨询虚开增值税专用发票罪问题的函》的复函

（法函［2001］66号 2001年10月17日）

见2002年《中国财经审计法规公报》第1期。

国务院办公厅关于进一步整顿和规范税收秩序的通知

（国办发［2001］82号 2001年10月31日）

见2002年《中国财经审计法规公报》第1期。

国家税务总局关于修订欠缴税金核算方法的通知

（国税函［2001］812号 2001年11月7日）

见2002年《中国财经审计法规公报》第1期。

财政部、国家税务总局关于林业税收政策问题的通知

（财税［2001］171号 2001年11月1日）

见2002年《中国财经审计法规公报》第2期。

财政部、国家税务总局关于钻石及上海钻石交易所有关税收政策的通知

（财税［2001］176号 2001年11月5日）

见2002年《中国财经审计法规公报》第2期。

财政部关于钻石及上海钻石交易所有关税收政策的补充通知

（财税［2001］190号 2001年11月14日）

见2002年《中国财经审计法规公报》第2期。

国家税务总局关于明确农业产业化国家重点龙头企业所得税征免问题的通知

（国税发［2001］124号 2001年11月15日）

见2002年《中国财经审计法规公报》第2期。

财政部、国家税务总局关于部分资源综合利用及其他产品增值税政策问题的通知

（财税［2001］198号 2001年12月1日）

见2002年《中国财经审计法规公报》第3期。

财政部、国家税务总局、中国人民银行关于代扣、

代收和代征税款手续费纳入预算管理的通知

（财预［2001］523号　2001年12月31日）

见2002年《中国财经审计法规公报》第4期。

农产品进口关税配额管理暂行办法

（国家发展计划委员会令第19号　2002年1月30日）

见2002年《中国财经审计法规公报》第4期。

财政部、中国人民银行、国家税务总局关于所得税分享改革后有关问题的补充通知

（财预［2002］27号　2002年2月24日）

见2002年《中国财经审计法规公报》第5期。

国家税务总局关于代征代扣税款会计核算问题的通知

（国税发［2002］49号　2002年5月10日）

见2002年《中国财经审计法规公报》第7期。

财政部、国家税务总局、中国人民银行关于企业所得税税款滞纳金罚款收入预算级次的补充通知

（财预［2002］313号　2002年5月14日）

见2002年《中国财经审计法规公报》第7期。

城市商业银行、城市信用合作社财务管理实施办法

（国家税务总局令第3号　2002年5月23日）

见2002年《中国财经审计法规公报》第8期。

财政部、国家税务总局、中国人民银行关于所得税收入分享改革后有关所得税退库管理的通知

（财预［2002］322号　2002年5月24日）

见2002年《中国财经审计法规公报》第8期。

财政部关于印发《农业税收征管经费管理办法》的通知

（预财［2002］393号　2002年7月2日）

见2002年《中国财经审计法规公报》第10期。

财政部、国家发展计划委员会关于整顿规范公路建设税费促进西部地区建设和发展有关问题的通知

（财综［2002］48号　2002年7月22日）

见2002年《中国财经审计法规公报》第10期。

财政部关于印发《农村税费改革中央对地方转移支付暂行办法》的通知

（财预［2002］468号　2002年7月26日）

见2002年《中国财经审计法规公报》第10期。

财政部、国家计委、国家经贸委、外经贸部、海关总署、国家税务总局关于调整部分进口税收优惠政策的通知

（财税［2002］146号　2002年9月4日）

见2002年《中国财经审计法规公报》第11期。

国务院关于暂将中国石油天然气股份有限公司、中国石油化工股份有限公司缴纳的企业所得税继续作为中央收入的通知

（国发［2002］18号　2002年9月5日）

见2002年《中国财经审计法规公报》第11期。

中华人民共和国税收征收管理法实施细则

（中华人民共和国国务院令第362号　2002年9月7日）

见2002年《中国财经审计法规公报》第11期。

基　建

财政部关于外商投资企业中方职工住房制度改革中有关财务处理问题的通知

（财企［2001］647号　2001年10月24日）

见2002年《中国财经审计法规公报》第1期。

财政部关于加强和改进政府性基金年度财务决算和中央大中型基建项目竣工财务决算审批的通知

（财建［2002］26号　2002年3月1日）

见2002年《中国财经审计法规公报》第5期。

建设部、国家计委、国家经贸委、财政部、国土资源部、国家工商行政管理总局、监察部关于整顿和规范房地产市场秩序的通知

（建住房［2002］123号　2002年5月23日）

见2002年《中国财经审计法规公报》第8期。

国务院清理整顿经济鉴证类社会中介机构领导小组关于规范工程造价咨询行业管理的通知

（国清［2002］6号　2002年6月14日）

见2002年《中国财经审计法规公报》第9期。

财政部关于印发《中央基本建设投资项目预算编制暂行办法》的通知

（财建［2002］338号　2002年9月1日）

见2002年《中国财经审计法规公报》第11期。

水利部关于印发《水利基本建设项目竣工决算审计暂行办法》的通知

（水监［2002］370号　2002年8月30日）

见2002年《中国财经审计法规公报》第12期。

财政部关于印发《基本建设财务管理规定》的通知

（财建［2002］394号　2002年9月27日）

见2002年《中国财经审计法规公报》第12期。

社　保

中外合资中外合作职业介绍机构设立管理暂行规定

（劳动和社会保障部、国家工商行政管理总局令第14号　2001年10月9日）

见2002年《中国财经审计法规公报》第1期。

全国社会保障基金投资管理暂行办法

（财政部、劳动和社会保障部令第12号 2001年12月13日）

见2002年《中国财经审计法规公报》第3期。

财政部、中国人民银行关于加强财政社会保障补助资金专户管理若干问题的通知

（财社［2002］4号 2002年1月17日）

见2002年《中国财经审计法规公报》第4期。

财政部关于社会福利基金利息有关问题的复函

（财综函［2002］24号 2002年10月10日）

见2002年《中国财经审计法规公报》第12期。

行政事业

印刷业经营者资格条件暂行规定

（中华人民共和国新闻出版总署令第15号 2001年11月9日）

见2002年《中国财经审计法规公报》第1期。

行政法规制定程序条例

（中华人民共和国国务院令第321号 2001年11月16日）

见2002年《中国财经审计法规公报》第1期。

规章制定程序条例

（中华人民共和国国务院令第322号 2001年11月16日）

见2002年《中国财经审计法规公报》第1期。

国务院办公厅转发财政部关于深化收支两条线改革进一步加强财政管理意见的通知

（国办发［2001］93号 2001年12月10日）

见2002年《中国财经审计法规公报》第2期。

出版管理条例

（中华人民共和国国务院令第343号 2001年12月25日）

见2002年《中国财经审计法规公报》第2期。

财政部、中国人民银行关于公安等部门收费收入纳入预算管理的通知

（财预［2002］9号 2002年1月17日）

见2002年《中国财经审计法规公报》第4期。

财政部办公厅关于行政执法部门收费和罚没收入若干问题的意见

（财办预［2002］4号 2002年1月28日）

见2002年《中国财经审计法规公报》第4期。

财政部关于开展2002年中央行政单位资产调查登记工作的通知

（财预［2002］291号 2002年4月26日）

见2002年《中国财经审计法规公报》第7期。

财政部关于印发《行政事业性收费和政府性基金年度稽查暂行办法》的通知

（财综［2002］38号 2002年6月13日）

见2002年《中国财经审计法规公报》第8期。

互联网出版管理暂行规定

（中华人民共和国新闻出版总署、中华人民共和国信息产业部令第17号 2002年6月27日）

见2002年《中国财经审计法规公报》第9期。

中华人民共和国著作权法实施条例

（中华人民共和国国务院令第359号 2002年8月2日）

见2002年《中国财经审计法规公报》第10期。

国务院办公厅关于印发中央国家机关全面推行政府采购制度实施方案的通知

（国办发［2002］53号 2002年10月7日）

见2002年《中国财经审计法规公报》第12期。

监察部、财政部、人民银行、审计署关于继续清理整顿中央行政事业单位银行账户的通知

（监发［2002］5号 2002年10月18日）

见2002年《中国财经审计法规公报》第12期。

农 业

农业部、国家经济贸易委员会、国家发展计划委员会、财政部、监察部、国务院纠风办、审计署关于印发《乡镇企业负担监督管理办法》的通知

（农企发［2002］6号 2002年3月18日）

见2002年《中国财经审计法规公报》第6期。

统 计

财政部、国家经贸委、中央企业工委、劳动保障部、国家计委关于印发《企业效绩评价操作细则（修订）》的通知

（财统［2002］5号 2002年2月22日）

见2002年《中国财经审计法规公报》第6期。

财政部办公厅关于印发《2002年国有资本保值增值标准值》的通知

（财办统［2002］7号 2002年3月25日）

见2002年《中国财经审计法规公报》第6期。

审计科研成果及论文

获奖审计项目选登

2001年度全国优秀审计项目

1. 京津冀特派办实施的北京铁路局1999~2000年度铁路建设资金管理和使用情况审计项目

2. 济南特派办实施的广西出入境检验检疫局1999~2000年度财务收支审计项目

3. 深圳特派办实施的贵州省2000年国债专项资金管理使用情况审计项目

4. 山西省审计厅实施的忻州市1999~2000年救灾资金使用管理情况审计项目

5. 审计署金融司实施的中国银行（总行本级）2000年度资产负债损益情况审计项目

2001年度全国表彰审计项目

1. 郑州特派办实施的芜湖经济技术开发区1994年以来财政收支审计项目

2. 广州特派办实施的广东出入境检验检疫局1999~2000年度财务收支审计项目

3. 西安特派办实施的中国人民银行西安分行2000年度财务收支审计项目

4. 吉林省审计厅实施的吉林省农业委员会及部分所属单位1999~2000年预算执行及财政财务收支情况审计项目

5. 上海特派办实施的宁波出入境检验检疫局1999~2000年度财务收支情况审计项目

6. 广州、长沙、武汉3个特派办共同实施的中国银行广东省分行2000年度资产负债损益审计项目

7. 南京特派办、昆明特派办共同实施的中国银行江苏省分行2000年度资产负债损益审计项目

8. 审计署财政司实施的新疆维吾尔自治区国税局提退税金管理使用情况专项审计调查项目

9. 审计署经贸司实施的中国华诚集团2000年度财务收支审计项目

10. 昆明特派办、成都特派办共同实施的东方电气集团公司原法定代表人李宗文同志任期经济责任审计项目

11. 河北省审计厅实施的中国人民保险公司河北省分公司系统1999~2000年度资产负债损益情况审计项目

12. 审计署农林水审计局实施的水利部2001年度预算执行情况审计项目

13. 审计署科学工程审计局实施的中国科学院2000年度预算执行情况审计项目

14. 上海市审计局实施的上海市农村电网建设与改造审计项目

2002年度宁夏回族自治区优秀审计项目

1. 宁夏回族自治区审计厅农业环保处关于海原县2000~2001年度扶贫资金审计项目

2. 宁夏回族自治区审计厅财政金融处关于2001年度自治区本级预算执行情况的审计项目

3. 宁夏回族自治区银川市审计局对贺兰县人民法院原院长吴国荣同志任期经济责任审计项目

4. 宁夏回族自治区中卫县审计局对县种子公司原任经理魏旭东同志任期经济责任审计项目

5. 宁夏回族自治区审计厅经贸处对自治区工商局

2001年度预算执行情况审计项目

6. 宁夏回族自治区灵武市审计局对灵河镇（乡）原任乡长李海明同志任期经济责任审计项目

7. 宁夏回族自治区吴忠市审计局对市财政2001年度预算执行审计项目

8. 宁夏回族自治区石嘴山市审计局对市邮政局2001年度财务收支审计项目

9. 宁夏回族自治区陶乐县审计局对陶乐良种繁殖场姚进智同志任期经济责任审计项目

10. 宁夏回族自治区固原市原州区审计局对区土地管理局2001年度财务收支审计项目

审计科研成果选载

【南京审计学院审计科研成果】 2002年，南京审计学院获得各类纵向科研项目33项。其中，国家社会科学基金项目1项，审计署“十五”规划项目15项，江苏省教育厅自然科学研究项目4项、人文社会科学研究项目13项；此外还获得审计科研所协作项目4项，院级立项科研项目33项。截止到2002年底，全院各类在研科研项目109项。全年发表论文407篇，出版著作47部。共有6项科研成果获奖，其中，江苏省高校人文社会科学研究成果奖4项，第六届全国统计科学研究优秀成果奖1项，江苏省第七次统计科学研究优秀成果奖1项。（撰稿人：禹志梅）

【福建省审计科研成果】 1. 福建省审计科研所撰写的《建立党政领导干部任期经济责任审计评价指标体系的前提、方法与内容》一文，作为中国审计学会第四届理事会第二次会议暨经济责任审计课题研讨会入选论文参加研讨，并获得审计署科研所全国审计科研课题三等奖。该文以当时任期经济责任审计工作仍然处于探索阶段，缺乏一套具体的可操作的审计评价指标体系为背景，从建立党政领导干部任期经济责任审计评价指标体系的前提、方法与内容三个方面进行探讨，提出以任期经济责任为核心的由一系列相互联系指标构成整体的任期经济责任审计评价指标体系，对于客观公正评价领导干部工作业绩和经济责任，深化党政领导干部任期经济责任审计工作具有重要的理论和现实意义。

“前提”部分主要包含两方面内容，其一是任期经济责任审计特点，其二是任期经济责任审计类别。“方法”部分主要包括与常规审计相结合的方法、与不同类别相联系的方法、定量与定性相结合的方法、运用比较分析的方法、按重要性选择的方法、实行审计成本控制的方法等六个方面。文中指出，建立党政领导干部任期经济责任审计评价指标体系必须综合考虑多种方法，以保证审计评价指标体系的有效性和充分性。“内容”部分是该文主体部分，主要从财政财务收支指标、经济发展指标、经济管理指标、经济可持续发展指标、经济廉洁指标五个方面阐述审计评价指标体系。财政财务收支指标包含财政预决算执行情况、财政负债情况、财政收入增长率等七项指标。经济发展指标包含国内生产总值增长率、投资增长率等七项指标。经济管理指标包含重大经济决策情况、重大投资情况等三项指标。经济可持续发展指标包含投资环境情况、经济发展后劲情况等三项指标。经济廉洁指标包含以权谋私情况和贪污受贿情况两项指标。

2. 福建省审计厅何亦健撰写的《德国审计动向》一文被全国审计科研优秀论文评审委员会评为全国审计科研优秀论文三等奖。该文从“十分重视审计的独立性”、“认真做好审前准备”、“管理、市场、发展问题是企业审计的重点”、“要做好企业风险导向审计”、“现代审计在方法上区别于传统审计”、“防治经济犯罪是审计的一项任务”、“关于内部审计”七个方面介绍了德国审计最新发展动向。（撰稿人：温炎生）

【江西省审计科研成果】 《上市公司虚假会计报表的成因分析及治理对策》一文由江西省审计学会和省审计厅组成的课题组完成。在2002年中国审计学会与北京大学光华管理学院联合召开的题为“虚假财务报告审计与监管论坛”研讨会上，该论文在全国40多篇科研协作论文中脱颖而出，成为10个现场演示发言的指定单位之一，当场受到点评专家的好评和指正。该论文现已收入北京大学光华管理学院和中国审计学会联合出版的论文集上。论文的主要观点概述如下：

虚假会计报表出炉有两大要素构成：一是上市公司具有造假的动因和环境，二是内外监管约束机制的不完善和不到位。首先，从造假动因上看，利益的驱动形成上市公司造假的强大动力。一些上市公司追求“一夜暴富”，暴富需要不断融资，不断的融资更需要亮丽的报表，就这样虚假会计报表便纷纷出炉。此外，造假的成本与收益相比，成本仅以算术级数增加，收益却呈几何级数放大，这种造假成本与收益严重不对称性，使得上市公司选择了造假。从会计环境分析，会计制度落后于经济发展所产生的矛盾，往往被造假者充分利用，会计核算环境的不稳定性，客观上导致某些会计信息失真。其次，从内外监管约束机制分析，公司治理结构日趋混杂，董事会和经理层角色一统，导致两者利益趋于统一，于是便于作假；公司监事会形同虚设，致使虚假会计报表畅通无阻；加之社会审计的尴尬与无奈，注册会计师现行的聘任制，执业内容的多重性，执业环境的不到位以及外部监管的不力等，都无形中助长了造假的歪风。

治理虚假会计报表要从源头抓起，联手而治，在治理上市公司造假方面，要进一步落实现代企业制度，完善公司治理结构，要建立虚假会计报表责任追究制度，加大造假的预期成本，让造假者得不偿失，要加快企业会计制度改革步伐，充实对财务报告披露信息内容，要加强公司内部监控，健全约束机制，强化企业财务会计真实性的自律，要严格贯彻会计法规，实行职业禁入制度。在完善监督机制方面，要改革注册会计师聘任制度，建议改由证监会或证交所委托会计师事务所对上市公司的财务报告进行审计，可实行在国内会计师事务所审计的基础上，再由国际会计师事务所作补充审计的双重审计制度，实行审计监督与会计咨询的分业经营，把行政管理职能从注协分离出去，让注协以搞好行业自律，规范自身行为，提高执业水平为主，要强化外部监管，健全系列相关制度，倡导司法介入，用法律手段和系列制度遏制虚假的财务报告。（撰稿人：余先仕、徐益民、邓义道）

【湖北省审计科研成果】 1.《公安县财政审计实务》。湖北省公安县财政审计的经验，得到了审计署的充分肯定，李金华审计长也给予了高度评价。据此，湖北省审计科研所于2002年将公安县财政审计经验总结及推介列为重点课题。经过一年的总结提炼，年底出版了《公安县财政审计实务》专辑。该书系统地介绍了公安县审计局开展预算执行审计、加强政府部门财政财务支出管理，全面提升审计成果和效益，为政府经济决策服务等方面的经验及做法，为全国审计系统学习公安经验提供了翔实的蓝本。

2.《虚假财务报告的成因、表现形式及防范对策》。由湖北省审计学会和省审计科研所联合承担的中国审计学会2002年重点课题——《虚假财务报告审计与管理研究》，经在全省审计系统和大专院校广泛动员，组织研讨，于6月形成了课题初步研究成果——《虚假财务报告的成因、表现形式及防范对策》。该成果报中国审计学会后，得到了中国审计学会学术委员会的充分肯定。6月15～16日受邀参加了中国审计学会和北京大学光华管理学院联合举办的“虚假财务报告审计与监管论坛”，并在论坛上做了中心发言，得到了较高评价。（撰稿人：吴建中）

【甘肃省审计科研成果】《试论经济责任审计风险及其防范与控制》一文由省审计厅课题组完成。经济责任审计是指审计机构对经济责任主体任职期间所承担的经济责任进行的监督、鉴证和总体评价活动。近年来，我国一些国有企业或国有控股企业普遍存在着会计资料不真实、违反财经法纪等问题，党中央、国务院为加强对领导干部的管理和监督，从源头上预防和治理腐败，要求对国有和国有控股企业的主要负责人在任期间经济责任履行情况进行依法审计。为此，进行经济责任审计要搞好三个结合：一是经济责任审计与财政财务收支审计相结合；二是离任审计与任中审计相结合；三是国家审计与内部审计、社会审计相结合。同时，由于经济责任审计政策性强，时间紧，任务重，存在着一定的风险，因此，本文拟就经济责任审计中经济责任的认定和审计风险的防范等重点问题进行系统性研究，并构建经济责任审计风险评价与控制模型。（撰稿人：张晓利）

审计论文摘编

世界各国维护审计长独立性做法的比较研究

审计署科研所课题组

由于各国在社会制度、政治制度和发展程度上的差异，在地理位置、历史沿革和民族习惯等方面的不同，各国建立的审计制度及成立的审计机构也就不同。但无论实施什么样的审计制度，审计长作为各国审计机关的最高行政首长，其地位的高低、独立性的大小，都是基于宪法规范下的民主政治制度的重要内容之一。从不同的角度对世界各国维护审计长独立性的做法进行比较研究，并从中发现一些共同的、带有规律性的东西，对于我国完善现有的审计体制和把握今后审计体制的改革方向，都有十分重要的意义。

关于最高审计机关及审计长的独立性，世界大多数国家都在《宪法》中予以明确规定，许多国家还制定了专门的《审计法》或《审计长法》。从表面上看，各国《宪法》、《审计法》或《审计长法》关于审计长地位与独立性的规定大多相似甚至相同，但由于各个国家政体不同，审计长的地位与独立性存在着实质性差异。例如，同样是审计机关隶属于议会的国家，由于议会分为两院制和一院制，这样就存在审计长是否为议员、是向两院汇报工作还是向一院汇报工作等方面的问题，这些都会给审计及审计长的工作带来影响，进而影响到审计长的地位和独立性。此外，从审计体制来看，虽然存在审计机关隶属于议会、隶属于政府、具有司法职能和独立型四种模式，但选择什么样的审计模式在很大程度上受制于该国的政体。

一、对世界各国维护审计长独立性的比较研究

我们通过比较研究发现，不论各国最高审计机关是何称谓，在不同政治制度下，其审计长地位是不同的。就是在同一政治制度下，政治制度的细微差异也会导致审计长地位间存在差异。总的看，从审计机关隶属政府、具司法职能到隶属议会，审计长的独立性与权力都得到增强，审计长的地位也逐渐提高。单从审计长的独立性看，独立模式亦是可取的。在同一模式下，基于权力制衡的审计制度设置，在权力上可以通过制衡得到加强，但是独立性受到影响；相反，对于集权模式下的审计制度设置，在地位上可以实现一定的独立，但是在权力上往往受到行政首长的干涉。

虽然不同体制下审计长的地位存在很大差异，但从各国维护审计长独立性的规定方面，我们也发现许多共同点或类似的做法，主要体现在以下几方面：

1. 审计长的任命来自国家元首或最高权力机构。美、德、法、意等三权分立的共和制国家的审计长均由总统任命。如，法国审计法院的首席院长、下属各法庭庭长和高级法官均由内阁会议通过决议，经总统任命。英国、西班牙、挪威、芬兰、马来西亚等保留皇权国家的审计长都由国王任命，而日本会计检查院的检查官经内阁任命后还须天皇批准。据最高审计机关国际组织对其119个成员国进行的统计表明，有77个国家的最高审计机构首长由国家首脑任命，有34个由立法机构任命，有8个国家的审计长是由政府和立法机构共同协商决定的。

2. 审计长被赋予相当大的权力和相当高的级别。目前，世界上大部分国家的审计机关（70%左右）是对议会或立法机构负责，如果被审计单位不听取审计机关的合理意见，议会或立法机构就会进行干预。还有相当一部分审计机关带有司法性质，如法国、西班牙、葡萄牙等拉丁语系国家的审计法院，它们做出的决定本身就是法律裁决。

很多国家的审计机关有着很高的级别。如荷兰《宪法》、《预算和会计法》规定，荷兰审计院为独立机构，与议会两院和国务委员处于同等地位。韩国《宪法》赋予审计监察院很高的法律地位，规定审计监察机关由总统直接领导，地位高于国务院各部，在行使职权时充分独立。印度尼西亚的审计委员会与议会、最高法院是同级别的平行机构。罗马尼亚审计法院院长享受相当于国家第一副总理的待遇，与罗马尼亚宪法法院院长、最高法院院长平级。匈牙利国家审计署审计长的行政级别相当于副总理，高于政府各部部长。

3. 审计长不得随意罢免且罢免程序复杂。世界各国对审计长的免职都有特殊的规定，不得随意罢免，如罢免也须经过特殊程序。如，美国规定审计长任期15年，除犯有罪行由议会革职外，不得罢免；英国规定，主计审计长只有议会两院提出建议，报女王批准后才能罢免；意大利则规定，除非经由参、众两院议长参加的委员会同意，由总统下令，审计法院各庭庭长，未到70岁退休年龄不得调离或无故被解除职务。马来西亚则规定，总审计长可以任何时候提出辞职，但不得被强行免职；总审计长只有在患神经分裂症、触犯刑律、侵害了国家利益的情况下，才可执行免职。

4. 审计长的任职期限较长，甚至是终身制。世界上大部分国家审计长的任期都长于其他政府官员，一般为5~10年，最长的可达15年，有些国家是终身制。如法国规定，审计法院的首席院长一旦宣誓就职，即成为法官，享有终身制的特权。巴西规定，联邦和州、市审计法院的院长和成员都具有法官身份，均为终身制，如无特殊情况，审计法院全体委员会成员75岁退休。荷兰审计院的委员会成员也实行终身制，新一届政府不能解除或撤换他们。

5. 审计机关的经费单列，审计长的薪酬优厚。为保证审计机关和审计长的独立性，许多国家对审计机关的经费和审计长的薪金予以特殊的规定。如，意大利审计法院在经费方面享有广泛的自主权，只有议会有权决定预算分配的金额。日本会计检查院的经费预算由议会审定，不受大藏省和内阁的干涉；如发生削减，会计检查院可以要求议会保持原预算，资金可以从预备金中调剂。印度规定，主计审计长公署经费由“印度统一基金”支付，不需议会投票批准，更不必经过政府；主计审计长的薪金和待遇与印度最高法院院长相同。英国、澳大利亚和马来西亚等国都规定，审计长的薪金从国家统一基金中支付，无须政府审批。

6. 审计长专事审计、不得兼职。为避免审计长的独立性受到外部因素干扰，许多国家都规定审计长不得在其他行政机关、企事业单位兼职，不能从事任何与他们的职责相矛盾或可能损害其独立性的活动。如，澳大利亚“审计法”规定，审计长在任职期间，不得在联邦行政委员会内任职，也不得在联邦和州的参、众两院内担任议员。韩国“监察院法”规定，监察委员在职时，不准兼任议会或地方议会议员，不准任行政部、署的公务人员职务，不准在属于监察对象的团体内任职，不准在其他享受报酬的单位中任职，也不准经营以营利为目的的事业。印度的规定更加严格，其在“宪法”第五章第148条规定，主计审计长卸任后，不得在印度联邦政府或各邦政府内担任其他职务。巴基斯坦“宪法”则规定，凡担任审计长职务的人，在其停止担任该职务的两年内，不得担任任何巴基斯坦公职。

二、对加强审计长独立性的思考

审计长的独立性集中体现在审计的独立性中，审计的独立性包括组织（机构、人事、财务）独立和人员（形式和精神）独立。从以上材料来看，世界各国都十分重视审计长的独立性，并从多方面、多角度予以充分的保障，其中很多做法值得我们研究和思考。

1. 审计长的独立性是国家审计独立性的核心。最高审计机关国际组织在第九届代表大会发表的《利马宣言》中指出，最高审计组织必须独立于受审单位之外并不受外来影响，才能客观而有效地完成其工作任务；最高审计组织成员的独立性也应由宪法予以保障，尤其是罢免其成员的程序应列入宪法，以保证其独立性不受损害。

审计长是审计机关的核心人物，审计长能否独立于被审计对象是国家审计是否具备独立性的关键所在。具体地说，审计长在领导审计时，他的审计对象主要是政府及其部门，而政府及其部门都是具有很大权力的机构，如果审计长只有一般的公民权，势必会受到很多的干扰，致使其不能很好地执行其职责。因此，审计长需要一些特殊的法律保证才使其责权一致。不解决这一点，即使审计人员看起来是一些非常独立的专业人士，但由于审计长要顾及到方方面面的利益和干扰，审计的独立性还是无法得到解决。发达国家关于审计长的种种保护性规定正是他们从实践中总结出来的。

2. 国家最高权力部门的授权是审计长独立性的前提。不管各国的审计体制如何，国家审计的监督对象是政府财政。政府财政是综合性很强的政务活动，涉及的行政层次很高，如果审计长的权力不是国家元首授予，而是行政首脑授予，就很容易出现行政首脑自己审计自己的尴尬局面。因此，在最近的几十年中有大约50个国家的审计从政府系列中转出，有的转到隶属议会，有的转到隶属国家元首，有的变成了直接对法律负责。即使像瑞典这样为数不多的审计机关隶属于政府的国家，法律也做出规定，政府首脑不得干预其工作，不得更改审计机关的审计报告。

各国的政体不同，最高权力的表现形式也各有不同。有些国家是元首和行政首脑合一的总统制，有些是国家元首和行政首脑分别承担了最高权力，有些国家采取了委员会制来担当国家最高权力。但是通过研究就会发现，国家最高权力的授权越充分，审计就越能积极、有效地发挥作用。

3. 政治环境的稳定是审计长独立性的必要条件。一般来讲，政府、议会换届，特别是审计机关主管部门人员的变动，会对审计长产生一定的影响，因此审计长的任职期应当较长，且不与政府、议会换届同步，才能最大限制度地保证审计工作的自主性和连贯性，并最大限度地减少外部政治环境变化对审计长独立性的影响。此外，应对审计长的免职予以特殊规定，如非法定原因不能免职、免职程序复杂且不能一个部门决定，以减少外部环境对审计长独立性可能产生的影响。

4. 经济上的独立是审计长独立性的物质保证。如果审计机关的业务经费和审计长个人的生活条件得不到充分的保证，或业务经费和个人生活需要其他部门提供保障，那么，审计机关和审计长的独立性是难以保证的。从各国做法和经验来看，要使审计长有充分的独立性，必须保证审计机关的业务经费和审计长个人的待遇不得随意削减，特别是要独立于其他政府部门，尤其是不受其审计对象的干预。此外，强制性规定审计长不得在议会、其他政府部门或有利益关系的部门兼职，则从制度上消除审计长利用职权牟取私利。

5. 行政监察权和信息披露权是审计长独立性的有益补充。专门的行政监督权与审计监督权结合在一起，就能把对人的监督与对事的监督结合起来，更充分地发挥审计监督的职能。把向社会披露信息与向议会和行政部门披露信息结合起来，则更有利于审计结果的落实和透明度的提高。这两方面都是审计长独立性扩展的重要方面。

从总的情况看，世界各国都根据本国国情最大限度地给予审计长足够的权力并对其独立性予以充分的保障，也只有如此，才可使审计机关的监督作用得到充分的发挥。虽然审计长的权力过大或保障过多，也会有一些负面影响，如任期长可能会出现进取心不够，豁免权也有出现某些腐败的可能。但是从政治学的角度来说，权力要用权力来制约，正是审计长权力的强度制约了大部分行政机关的腐败和低效等问题。两害相权取其轻，国外的审计制度也往往着眼于这一点。（课题负责人：姜洪，课题组成员：韩乃志、王长友、王刚、马丽丽）

借鉴国外经验　发挥审计对规范化转移支付制度形成的作用

审计署科研所与
对外经济贸易大学联合课题组

财政转移支付是指政府不以取得商品或劳务补偿的支出。政府间财政转移支付则主要是指中央政府对地方政府的收入转移。政府间财政转移支付在很多西方国家都是最主要的一项公共开支，是一个国家内部各级政府之间分担税收和公共开支责任的一种手段，其目的是实现社会资源的合理配置、收入的公平分配以及经济的稳定和增长。从大多数发达国家的经验来看，审计机关对规范转移支付程序，促进转移支付资金效益的充分发挥等多方面发挥着积极的作用。

一、发达国家政府间财政转移支付的审计

（一）美国的转移支付审计

1. 美国转移支付审计的特色——单项审计。财政审计是美国会计总署的主要工作之一，财政审计又以专项审计为主。1984年以后转移支付审计开始遵照美国国会批准颁布的《单项审计法》执行。《单项审计法》规定凡每年从联邦政府直接或间接取得10万美元以上财政援助的州政府和地方政府，以及州政府和地方政府所有的经营项目，例如医院、学院、大学等，都必须接受年度审计。此项审计由独立审计师或州政府和地方政府的独立审计师执行。

2. 单项审计的目标。单项审计的目标是：第一，改进州政府和地方政府对联邦财政援助项目的财务管理；第二，对联邦政府财政援助的项目制定统一的审计要求；第三，提高审计资源利用的效率和效果；第四，使联邦政府机构和部门相信并依靠审计师遵守单项审计完成的审计工作。

3. 单项审计报告的要求。审计师必须遵守美国会计总署关于财务审计和合规审计的标准，其中以美国公证会计师协会颁布的公认审计标准为主，审计师必须确定并报告：关于接受联邦财政援助的财务报表；接受单位的内部会计控制系统，包括用于管理联邦财政援助项目的控制措施；接受单位是否遵守有关联邦财政援助项目的法规。审计师可将以上三方面的内容编入一份审计报告中。

4. 审计方式。美国政府对转移支付的审计主要是在财务审计和符合性审计的基础上，采用绩效审计。

财务审计和符合性审计，旨在查明财务工作是否进行得当，被审单位提交的财务报告是否公正、是否遵守有关的法律和规定。

绩效审计，旨在查明被审单位是否以经济的、有效的方式管理或利用其资源；查明任何低效率和不经济做法的原因，包括管理信息系统、管理程序或组织机构不完善的原因。

（二）德国的转移支付审计

德国审计部门对财政转移支付制度的审计监督主要体现在两方面：一是联邦政府在对各州进行财力平衡时，需先由各州分别测算自己具体的财力指数，后上报联邦财政部。联邦财政部按照财政平衡法等有关法律规定，确定有义务提供财政资金和需要得到财政资金的州。州上报的财力指数必须经州审计部门审查、批准和签订，才能上报联邦财政部。二是各州的审计部门有权检查财政转移支付资金，但这种审计并不是全面的检查，而是针对具体项目进行的抽查。对于转移支付资金的来源不审计，主要审计联邦、州投入的资金是怎样使用的，其经济效果如何。有的项目可能会有欧共体、联

邦、州、地方多方投入资金，各方审计机关都有权审计，一般情况下由投入资金较多的一方为主进行审计。

1. 审计方式。在德国，转移支付审计可以采取多种审计方式：(1) 一般性审计，主要是了解行政管理部门预算及其经济经营活动的大体情况。(2) 项目审计，这主要涉及转移支付中较大的投资项目。(3) 重点审计，是根据某一问题就审计对象的一部分进行深入审计。(4) 制度和规则审计，审查相关的规则、程序体系或几个一致的或相协调的计划方案是否有的放矢。

2. 审计标准。宪法规定联邦审计院的重要审计标准为"合规性"和经济效益性。合规性是审查现行的管理规定和原则是否得到了遵守，包括簿记方法的正确性和管理部门措施的合法性。广义的合规性包括以下几个方面：符合宪法和符合各种法令法规。符合各种法令法规，就是要确定在批准、提供财政转移支付时，是否遵循了适当的法律规定，还要确定有关的支出或收入款项数目是否正确，并符合正当理由。

3. 审计程序和内容。具体来说，德国的转移支付审计主要包括以下内容：首先，制定工作计划、明确审计目的、选派审计人员或组建审计团队、规定审计时间、检查组织顺序。如果转移支付项目历时几年，那么审计人员就有必要审查计划及决策的各个阶段是否具有实质性意义，尽量缩小特定环境下的决策与实际最佳解决方法之间的差距、确定审计重点、阐述预定的审计方法。第二，审计的执行。与被审单位的领导或职员面谈、执行审计方案、请求提供信息和材料、审计过程的备案、控制与调整工作程序、就审计结果与被审部门或者其他设计到的部门（例如接受资助单位）进行商谈，商谈的目的是决定审计结果。第三，得出审计结果。

（三）英国的转移支付审计

在英国，议会行使财政监督职责，并由下院执行。对政府预算执行中和执行后的稽核，由女王任命的督察长和审计长负责。审计长的职责是通过审查政府各部门和其他公共部门账目，实现对财政拨款项目的监督，以保证拨款用于议会批准的用途。审计长要将审查结果向下院的特别委员会和公共账目委员会提出报告，经其审查并从中央各部和有关公共部门取得证据，据此写出报告和建议呈报议会。对委员会提出的建议，政府各部一般都认真采纳。

1. 审计标准。转移支付的审计标准和一般审计标准一样，包括作业标准和报告标准两部分。(1) 作业标准：第一部分是适用于各种类型的审计，对拨款项目经济性、效率性和效果性的检查；第二部分适用于审签财务报表。第一部分是计划、控制和记录，要求审计人员作好计划的制定、审计过程的控制和记录工作；第二部分是会计系统，审计人员检查被审单位业务活动的记录和处理系统，并评价其可靠性，判断能否把它作为编制财务报表的基础，其中包括对财务报表的检查和对被审单位内部控制的评价。(2) 报告标准：第一部分签证审计，适用于年度报告。首先进行财务报表审签，审计人员应就拨款项目的拨款账户的支出款项是否完全符合议会规定的用途，账目是否适当地反映了与审签意见相关年度的议决拨款的收支情况提出审签意见。如有保留意见，应对持保留的理由做出说明。第二部分是对经济性、效率性和效果性的检查。审计人员对使用资源、履行职能部门的经济性、效率性和效果性进行检查，并根据检查结果，自行决定向下议院提交报告。

2. 审计方式。国家审计署的工作主要就是开展签证审计和绩效审计。(1) 签证审计的目标是以最节省和最有效的方式，为佐证财务报表审签意见提供充分、相关和可靠的审计证据。签证审计实际是财务报表审计，即审计人员依据有关法律、法规和协议的规定，对被审单位的年度财务报表进行审计。(2) 绩效审计的目标是通过评价财政收入、支出和资源利用情况，向议会提供独立的信息、保证和建议；找出影响绩效的原因；关注管理机制的健全和有效，确保转移支付资金的使用效率；检查被审单位的政策目标制定过程和执行结果是绩效审计的重要特征。

3. 审计程序和内容。在审计程序和内容上，签证审计和绩效审计不同。(1) 签证审计。一般地，在进行具体审计之前，处长和审计小组组长负责制定审计计划。在进行制度基础审计和直接实质性测试时，具体分两个步骤：一是计划阶段，即审计人员初步确定审计方式、对内控制度进行评价。二是审计结论和审计报告阶段，即根据测试和评价结果，审计人员通过综合分析和判断，做出审计结论。(2) 绩效审计。主要审查被审单位的政策目标制定过程和执行结果，涉及以下问题：制定和实现既定的政策目标所需信息的准确性、可靠性和完整性；政策目标是否明确，各级管理人员和职员是否充分了解这些目标；是否制定了具体的可操作的考核指标，任务的轻重缓急安排是否合适；是否建立了管理信息系统和其他手段跟踪和考核政策目标的执行结果，如有差距，是否能及时采取必要的措施予以纠正；在实现既定的目标过程中，是否讲求经济性、效率性和效果性。

（四）意大利的转移支付审计

意大利审计机关对于转移支付资金的审计，是与对国家和地方政府年度财政收支情况的经常性监督相结合的。首先，国家在进行拨款时，不论是一般性拨款或专项拨款，都要经过意大利审计法院的检查，主要检查国家制定的有关拨款文件。如没有得到审计法院的通过，这些拨款就不能够执行。由于地方政府有一定的自主权，具有相对的独立性，审计法院对地方政府颁发的财税文件不进行审查，只是对决算和地方政府每年财政目标的完成情况进行监督。其次，审计法院及其所属机构要对转移支付中有国家拨款的项目进行审计。凡是得到国家投资的项目，都要向审计机关提供其较为详细的资金使用计划，包括用款时间计划和达到的目标等等。审计法院对这种项目的审计也不是全面检查，而是每一个大区，选两个城市进行抽样审查。对项目收支进行具体审计的同时，还要对项目的执行情况进行全面评估，并将审计结果向议会报告。

二、发达国家政府间财政转移支付审计的经验

1. 重视转移支付的审计监督工作。从各国的情况看，尽管各国的审计制度不尽相同，但国家审计机关对转移支付的监督管理是转移支付监督管理工作的重要组成部分。审计机关的独立性与权力都比较强，审计的地位也逐渐提高。重要的是西方国家对转移支付的审计有健全和完备的相关法律，而且遵循确保实施的原则，执法十分严格，对我国富有启发意义。

2. 注重全方位审计。西方国家的转移支付遵循全方位监督的原则，不仅重检查而且重管理；重视审计的深度、广度和力度，不仅仅重视集中性、突击性、阶段性、专项性的事后检查；重视审计部门在预算监督中的作用，进行全过程监督。

3. 在完善制度和规范程序方面发挥审计监督职能。专项拨款从功能上看，它是转移支付制度不可或缺的一个组成部分，具有机动灵活性和拾遗补阙的功能。应该说，专项拨款如果存在问题，也主要是管理问题，而德国、意大利均十分注重对专项拨款加强管理和监督。如意大利，审计法院有权对国家拨款项目发表意见，有权审核国家拨款文件等资料；对拨款的使用情况审计部门要进行严格审查，对检查出没有达到预期目标的，还要向管理当局提出纠正方案。因此应借鉴国外经验，结合我国的专项拨款制度的改革，审计机关应对专项拨款进行全过程监督，从而促进财政转移支付资金达到预期的使用效果。

三、审计在建立我国规范化财政转移支付制度应发挥的作用

针对我国的具体情况，结合近年来中央预算执行情况看，建议从建立健全制度、规范操作程序的角度发挥审计监督独特和积极的推动作用，促进我国规范化转移支付制度的尽快形成。具体目标和思路是：

1. 从转移支付的源头开展审计，促进拨款制度化、规范化。通过开展以对中央补助地方支出的审计，明晰政府间转移支付所涉及的事权与财权，明确专项拨款设立的权限、期限、数额以及分配、使用、管理、监督的办法等，使专项拨款制度化、规范化、透明化，并逐步向规范化的转移支付制度过渡，以有效促进公共财政水平的均等化，最大限度地缩减地区贫富差异，发挥其在保障社会稳定、促进经济社会均衡发展方面的重要作用。

2. 进一步深化对财政部的中央专款审计，为从根本上清理和规范专项拨款作充分准备。从我们掌握的情况看，财政部专项拨款具体项目有百余项之多，因此，建议对中央补助地方专款的设立依据、项目管理等作为一个主要专题，进行全面、彻底的审计，逐项摸底，分类清理。如对跨越历史年代长的、不适应现时期经济和社会发展环境的专款项目以及财政部有关司局自设的项目等进行清理撤消，对符合现行改革发展需要但管理不规范、不透明的项目进行规范管理，以促进专项拨款制度化、规范化，促进发挥中央补助地方专款的导向性、调节性作用。

3. 对省级决算中的中央专款审计要进一步突出重点。从近年对地方使用中央专项拨款审计反映的情况看，在一定程度上存在如管理使用混乱、资金分配散乱、转移支付作用效能低等问题。因此，今后对省级财政决算的审计，建议仍以中央补助地方支出为主要内容开展工作，但不要面面俱到，要突出重点，抓住几个专题，如用于财政系统自身建设、资金安排分散以及专款支出成为地方固定财力补助等，查深查透，以更好地为财政部审计服务。

4. 开展对地方接受中央补助资金、地方本级对下一级补助资金和接受地方上一级财政补助资金的专项审计。按《预算法》规定，接受返还或者补助款项的县级以上地方政府应当向本级人大常委会报告有关情况，但实际上，一些地方同级人大对这部分资金情况不清、规模不明，监督无法到位。此外，地方财政部门也常常以“上级拨款”为由，规避同级人大、审计部门的监督，这部分资金实际上已成为地方预算执行监督的“盲区”。因此，建议要把对这几部分资金纳入审计范围，加大审计力度，促进管好用好资金。在此基础上，从规范管理的角度，通过审计建议的形式，促进将这部分资金纳入同级人大、政府监控的范围，以形成对其全方位、多层次、全过程的监督。

加入WTO对中国审计环境的影响和对策

江苏省审计厅、审计学会课题组

一、加入WTO对中国审计环境影响调查情况

1. 关于审计环境的要素和影响程度。绝大多数人认为，经济体制、经济发展水平以及法律体制对审计具有重大而直接的影响，政治体制和文化传统则对审计产生较大而间接的影响。当然，也有少数人认为政治体制和文化传统对审计具有重大而直接的影响。

2. 对当前审计工作环境的满意度。绝大多数人对目前审计工作环境在总体上表示满意，并认为其呈现出逐年改善的趋势。但同时，大家也认为当前的审计法律法规体系还不够完备、相互之间以及和其他法律法规之间不够衔接、针对性和可操作性不足；审计执法力度不够，“审计难、审计处理更难”的情况尚无明显改观；审计工作仍然受到来自地方政府和其他方面的干扰，审计工作应有的独立性在实际工作中尚无有效保证，因此加大了审计机关的工作量和审计风险。

3. 对“入世”后审计环境变化趋势的预测。从近期和较为直接的角度看，“入世”后最重要的变化是社会主义市场经济体制将会更加巩固、更大地发展与完善，经济运行中的非市场因素将大为减少，经济发展将继续在较高水平上增长，经济全球化和国际化程度提高；社会主义法制建设将加快，社会主义法制将坚持成文法体制但判例法因素将有明显增加。从长期和较为间接的角度看，政府职能及行政方式、方法将转变，文化传统可能发生变化。“入世”不可能在根本上影响我国的政治体制，但在中西方文化交汇的时代，文化传统环境因素对审计的影响不容忽视，因为文化传统是决定某个（些）国家审计模式、审计观念和审计行为的重要因素，它是决定国际和地区间的审计差异的最主要因素，而这些差异又进一步形成某个（些）国家和地区的审计特色。“入世”将迫使我们在审计国际惯例和中国的审计特色之间找到一个最佳的结合点。总体来讲，“入世”后的审计环境将会不断优化。

4. “入世”后审计工作最受影响的方面或内容。绝大多数人认为，审计模式、审计观念和审计质量将最受影响，其余如审计程序和方法等方面也会受到不同程度的影响。现行的政府主导型审计模式及主要为政府服务的审计观念明显滞后，是造成审计独立性和审计质量仍然不够理想的根本原因。“入世”后审计环境各要素变化、近20年审计实践的经验和教训总结、来自审计工作第一线的群众呼声、来自国际方面的需求使改革现行审计模式有了现实基础。

5. 适应审计环境变化的基本对策。绝大多数人认为，“入世”后审计环境变化尽管很大，但不会大到必须从根本上改变我国审计模式的地步，因为中国是个大国又有自己的国情，不能简单效仿西方国家现成的审计模式；但如果只对不适应环境变化的内容进行改革，则小修小补的结果不利于审计事业的发展。因此，首选的基本对策是建立既具有中国特色又符合国际惯例的政府审计模式。

二、“入世”后我国审计模式的初步研究

（一）关于审计模式的系统分析和选择

1. 一种新的指导思想——耗散结构理论。审计模式是一定审计环境下与之相适应的审计目标、审计假设、审计准则、审计管理体制和审计机构设置等共同组成的完整体系。从系统科学的角度看，审计模式可以看做是一个由组成它的各个要素构成的大系统，应体现出整体最优的要求。根据冯·贝塔朗菲（L. V. Bertalanffy）的“一般系统理论”，任何系统都应具备集合性、相关性、目的性、整体性和适应性等特征。如果根据比利时物理学家普利戈金（I. Prigogine）的“耗散结构理论”，即大多数系统都是某种程度的耗散结构，则审计模式系统的各个子系统之间由于存在较多的非线性联系，存在着有规律的波动和无规律的随机扰动，因而审计模式系统对于审计环境而言应属于非平衡的开放系统，即是所谓的耗散结构。“耗散结构理论”的引进，有助于人们通过观念创新和行为创新，变原来的某种无序为新的有序，建立一种能够更为适应审计环境需要的新的有序结构，即所谓的耗散结构。同时，这也有助于转变人们长期以来习惯于以平衡结构的观念看待和研究审计模式

的观念及做法。

2. 审计模式的横向分析——国家间审计模式的比较研究。大多数国家公认并遵守的审计模式的规律如下：

(1) 世界主要国家都实行具有自己特色的政府审计制度；

(2) 在最高审计机关的隶属关系方面不存在公认的国际惯例；

(3) 绝大多数国家的最高审计机关对地方审计机关无领导关系；

(4) 大多数国家审计机关的基本职能和权限是专司审计，少数兼管会计或司法。

假如上述规律经更严谨地研究和表述后被视为国际惯例，我们也应全面了解国际惯例的深刻内涵，从是否有利于我国的根本利益出发来正确对待。

3. 纵向分析——我国政府审计的简要回顾和历史经验。我国数千年的历史上，基本都是中央集权的政治体制，新中国成立后尤其是现在尽管逐步加大了地方权限，但始终不会动摇中央政府统一领导的基本原则，我国人大不会是西方国家的议会，不会三权分立。这就是审计环境中政治体制的因素，预示着“入世”后我国继续实行隶属于政府的审计模式，但应进行重大改革，主要是在政府审计中适当增加司法权以解决审计实际工作环境中反映最强烈的依法审计难、审计处理难的问题。

(二) 关于“入世”后我国审计环境的基本假设

假设1：社会主义政治方向和体制不可动摇但政府职能将发生转变；

假设2：社会主义市场经济体制趋于巩固和完善的同时经济快速发展；

假设3：继续坚持成文法的法律体制但判例法因素很可能逐渐增多；

假设4：中国传统文化将受到冲击但西方文化不可能取代中国文化；

假设5：政府审计越来越重要但现行模式因不适应环境而需要改革。

假设1～4是我国审计模式改革的必要条件，假设5是充分条件，它们之间具有因果关系。

(三) 我国政府审计模式改革的基本框架

1. 基本目标——社会主义市场经济条件下的政府审计模式。

2. 社会主义市场经济条件下政府审计模式的主要特征。

(1) 具有非常明确的政治方向。政府审计无论古今中外都是某种程度的政治工具，完全游离于政治之外的政府审计从来都不存在。我国政府审计应遵循“讲政治”的原则，坚持自己的社会主义方向。

(2) 邓小平理论和“三个代表”的思想是最高指导原则。西方国家尤其是英美政府审计模式的哲学渊源是实用主义，而我国政府审计的最高指导原则是邓小平理论和“三个代表”思想。

(3) 坚持国务院对政府审计的统一领导。判断审计模式优劣的标准应该看其是否符合特定的审计环境。上文分析“入世”后我国审计环境的变化，得不出不应隶属于政府的结论，继续实行国务院领导政府审计的体制更符合我国的国情。

(4) 政府审计具有司法要求权。虽然我国《审计法》规定政府审计有处罚权，但它与刑法和税法等相比仍是一部柔性大于刚性的法律，且“先审计后移交”的过程很难排除各方面的干扰，降低了审计的时效性和威慑力。此处的司法要求权不是指像法国那样的审计判决，也不是简单模仿日本会计检查院的职责权限，它是指政府审计机关有权向检察机关和司法部门要求对审计案件进行司法程序，如果符合规定的标准，司法机关不得拒绝。(此文获2002年度全国审计理论重点研究课题二等奖)

社会保障资金审计研究

河南省审计科研所

近几年，随着社会主义市场经济体制改革的不断深入和经济结构调整步伐的加快，为了更加妥善解决企业职工养老保险和失业保险等问题，国家采取了一系列积极措施，不仅建立了“三条社会保障线”，实行“两个确保”，而且从各方面集中了大量财力加强社会保障体系的建立。但在实际的社会保障工作中，还存在着运作不规范、基金监管无序分散、缺乏完整的立法和统一的管理方法等问题。基于此，为进一步规范对社会保障基金的管理，提高社会保障基金使用的安全性、合理性、效益性，加强对社会保障资金审计监督工作的研究，已成当务之急。

一、社会保障资金审计的内容

社会保障资金审计是指国家审计机关依照法律的规

定，对本级人民政府有关部门及下级人民政府管理的社会保障资金的筹集、使用及管理运作过程进行监督。

(一) 财政拨款、集体捐助等建立的社会保证基金的审计

1. 资金来源的审计。主要是监督被审计单位是否按国家的预算和法定程序办理拨款，是否按规定的时限和进度及时足额拨付，有无违反财经法规的规定擅自改变预算，造成社会保障资金的不足或浪费以及拨款不及时等现象的发生。

2. 资金支出的审计。首先是审查资金的开支范围是否符合国家预算和部门、单位预算的规定，有无改变或扩大开支范围的问题。其次是审查资金的支出标准是否符合国家有关规定，有无违反规定擅自提高或降低开支标准的现象发生。再次是审查资金是否专款专用、专户储存，有无虚报冒领、私分社会保障资金等违法行为的发生。

(二) 财政拨款、企业(雇主)和社会成员个人缴纳的社会保险基金的审计

1. 国家资助的社会保险基金的审计内容。与财政拨款、集体捐助等建立的社会保证基金的审计相似。

2. 企业(雇主)和社会成员个人缴费的社会保险基金的审计。(1) 社保基金筹集的审计内容：①审查基金筹措额的筹资基数和参保人数是否正确。②审查征收的社会保险费是否按照制度规定进行账务处理。③社保基金筹集的适当性及财政专户管理的审计。④社会保险经办机构有无违反规定多头开设银行账户，是否存在转移或隐瞒基金收入，私设"小金库"等问题。⑤社会保险经办机构是否存在以确保基金收缴为由向企业套购商品，并以此抵顶社保基金，造成少征基金的情况。⑥审查社会保险经办机构有无不按规定收取滞纳金，有无擅自减免的情况或未将滞纳金并入社会保险基金收入的情况。⑦核实各项基金专户利息收入是否及时完整记入基金收入，有无转移挪用基金利息的情况发生。⑧暂时没有缴费能力的单位办理缓缴时，是否按照单位申请、社会保险费征收机构审核、财政和劳动保障部门核准的程序办理。

(2) 社保基金支出的审计内容：①社保基金支出是否按规定编制预算和计划，资金的调度和用款计划是否按规定的程序报批。②社会保险经办机构有无扩大或缩小社保基金支付范围的情况发生。③社会保险经办机构有无虚列支出，转移、挤占和挪用，造成基金流失等侵蚀社会保险基金的情况。④社会保险经办机构是否依法及时和足额支付社保基金，有无拖欠和截留等情况。⑤社会保障管理服务费支出是否用于社会保障专职管理机构及其人员的办公经费，是否用于办理社会保障基金银行业务方面的经费，是否用于社会保障对象管理以及提供服务等方面的费用等等。⑥社会保险经办机构按规定向保险对象支付保险金时，以银行转账支付的，是否通过支出户存款科目核算，期末是否存在未转入保险基金科目余额的情形。⑦对保险对象跨统筹地区流动的，是否按规定从该保险对象个人账户的资金中相应划出，其资金划出是否直接从划出方的支出户结转。

(3) 社保基金监管的审计内容：①审查各级政府、财政部门、社保管理部门、社保经办机构等有无以各种形式将社保基金用于经商办企业、自行或委托金融机构放贷、弥补行政经费和平衡财政预算、为企业进行贷款担保或抵押等情况。②审查财政、地税部门、社保部门是否严格执行"收支两条线"的原则，按照"地税征收、财政监督、社保发放"的运行机制管理使用基金。③社会保险经办机构的经费是否采用"核定收支、定额拨付"的预算管理办法。④社会保险经办机构的内控制度是否健全有效，社会保险基金是否安全完整。⑤是否存在贪污或私分基金的违法行为。⑥是否存在擅自动用基金修建办公用房、购置办公设备的情况等。

二、我国现行社会保障体系发展面临的困境

目前，由于在推行社会保障制度改革的过程中，各项社会保障制度改革基本上都是各自为政，造成了各项目之间的缴费水平、管理体制等方面缺乏通盘协调；另外，出台的社会保险项目过多，支付水平过高，没有给补充保险和其他商业保险留下足够的余地。主要问题有：

(一) 社会统筹涵盖面过窄，地区差别较大

首先，社会保障制度基本上局限于国有企业，一些非国有企业尚未完全进入社会保障的范围之内。这种不同所有制企业社会保障制度的差别，使得在私企再就业的国企下岗职工和没有参加社会保险金统筹的个体经营者在丧失劳动能力后将无法得到基本生活保障。其次，社会保障还没有实现全国统筹，社保资金大部分都集中在沿海地区，而中西部地区和国有企业困难的老工业基地自己又无力形成有效的社会保障，因而导致了不同社会成员享有社会福利的不平衡状况，不利于社会安定。

(二) 社会保障基金管理体制分散，法制化程度低

目前，社会保障资金基本上处于地方政府的分散管理之中，如劳动部门负责城镇职工的养老保险、失业保

险、工伤保险、医疗保险和生育保险的政策制定和管理工作；人事部门负责机关、事业单位工作人员的部分社会保障政策的制定；民政部门负责农村养老保障和城乡社会救济、社会优抚工作，而铁路、民航、邮电、银行等行业则自成一体，进行行业运筹等等。这种缺乏风险分担与约束机制的分散管理体制，使得社会保险基金的管理处于混乱状态。从某种程度上讲，这与社会保障法制化建设进程缓慢有很大关系。主要表现为：一是社会保障的立法不健全，目前还没有建立起统一的、适应范围比较大的社会保障法律制度；二是现有的社会保障法律法规属于地方性法规范畴，立法层次较低，法律效力不高；三是社会保障的法律实施机制较为薄弱，合法的筹资机制、稳定的保障机制、严格的管理机制、有力的监督机制都不健全。

（三）社会保障基金监管无序分散，带有明显的地方利益倾向

上述管理体制的分散格局实际赋予了市、县或省级政府在社会保障基金管理各行其是、“上有政策、下有对策”的现象，使中央政府或中央财政在社会保障基金监管上出台和颁布的种种法规、条例起不到应有的约束作用。何况社会保障的结余资金对于解决地方经济建设资金短缺的矛盾无疑提供了便利，因此，地方政府更多地从地方利益出发管理社会保障基金。一是允许地方自定社会保险的缴费率，造成各地征缴比例不一，筹资比例相差甚大，造成各地企事业单位负担不均，使得各省市区社会保障基金贫富不均。这种参差不齐的社会保险缴费率，既不利于劳动力在地区间、部门间的横向流动，也不符合社会保险服务的均等化、规范化原则。二是造成社会保障基金经办机构与财政部门在基金结余额的使用上，难以达成统一，使得基金投向高风险项目的情况时有发生，造成基金保值增值不理想。

（四）社会保障存在严重的隐性赤字问题

社会保障项目中最可能出现隐性债务问题的是养老、医疗、失业三项。就养老保险而言，我国目前实行的养老保险制度是从1997年才开始实施的。按照这个制度，职工的养老金由两部分组成，一部分是个人账户养老金；另一部分是基础养老金。目前与这个制度相应的最大问题是，在新制度实施前已退休的人员和新制度实施前参加工作的在职职工的个人账户养老金中没有先期的缴费积累，这部分人的养老金只能依靠养老保险基金的现收现付。而按照旧体制下的低工资、高福利政策，他们的养老金已通过“预先扣除”转化为过去的政府投入并凝固在国有资产当中，因此，政府应承担对他们的养老保障义务。这就是我国体制转轨过程中所存在的养老保险基金的隐性赤字问题。

（五）老龄化社会的加速到来，使社保体系面临提高缴费率的压力

我国养老保险体系面临的最大挑战是老龄化社会的加速到来。为支付中老年职工养老金，所需要的缴费率也会进一步提高。据统计，目前的社会保险缴费率已高达40.6%，已经超过世界上社会保险费率最高的瑞典等国。尽管如此，最近中央有关部门又将养老费率从28%调到30%，使得本已偏高的缴费率继续升高。其结果是：一方面企业和个人的缴费负担加重，部分微利企业和亏损企业不堪重负，低收入阶层和贫困阶层难以承受。另一方面，高缴费率总是与高替代率相伴而生，既加大了社会保险的隐性债务，又加重了政府的补贴包袱。

三、筹集和建立社会保障基金的应对措施

建立完善的社会保障体系是社会主义市场经济的重要支柱，也是我国平等参与国际竞争、化解加入WTO风险、维护社会公平与稳定的根本大计。面对人口老龄化、经济结构调整、小城镇建设速度的加快和加入WTO新的历史情况，按照广泛覆盖、共同负担、基本保障与补充保障相结合的原则，尽快建成独立于企事业单位之外、资金来源多元化、保障制度规范化、管理服务社会化的社会保障体系。主要的对策措施有：

（一）拓宽筹资渠道，补充社会保障基金

近两年，虽然各级财政用于社会保障的支出不断增加，但与建立社会保障体系的要求相比仍然滞后，所以应进一步调整支出结构，加大财政支出的力度，逐步提高国家财政用于社会保障方面的补贴支出，形成稳定规范的资金来源渠道。另外，还可以通过发行特种债券、发行社保彩票、变现部分国有资产等途径，筹集社会保障资金，解决社会保障基金的缺口问题，如此才能真正增强社会保障基金的支撑能力，有效地缓解社会收入分配不公、贫富差距过大的矛盾。

（二）将社会保险费改为社会保障税

我国目前社会保障资金筹集办法主要是社会统筹。从长远来看，这种不规范的筹资形式难以为社会保障及时足额地提供资金，难以适应社会保障基金模式的运行，也难以应付改革时期失业问题和人口老龄化对社会保障基金巨大的支出需求。因此，由开征社会保障税来取代现行的缴费方式，不仅能够克服社会保障形式筹资

不足和管理不善的问题，而且也能够以更具法律强制力的税收形式来筹集社会保障资金，这不失为克服当前缴费不足的良策。开征的社会保障税，首先应涵盖社会保险的主要项目，区分税目，设置分档税率。其次，税基应定为企业支付给职工的全部工资性货币收入（包括奖金等），逐步采取必要的配套措施，实行严格征管。

（三）加快社会保障立法进程

一是尽快研究制定《社会保障法》，将其参保、缴费、待遇发放和基金管理等纳入法制化轨道，增强法律强制力；二是制定社会保险法、社会救助法、社会福利法、优抚安置法等基本性社会保障法律，作为社会保障法的必要补充和具体化；三是根据社会保障法及各分支的基本法律，结合社会对社会保障工作的基本要求，制定各种条例、规定、办法、细则等规范性文件。

（四）加强财政监管机制

首先，应加强对各项社会保障基金的监管，根据每项社会保障基金的特点和当前分散管理的现实，设计一套既能保证社会保障需要，又能维护广大参加社会保障者的切身利益的财政监管办法和制度。其次，财政监管要与金融监管、审计监管、社会监管等有机结合起来，使社会保障基金的筹集管理、支付管理、投资管理等环节组成的运行总过程得到全面的监控，以确保其安全运行。

（五）加快社会保障管理服务社会化建设

据统计资料显示，目前，全国各省、自治区、直辖市（除西藏外）均实行了养老保险省级统筹或建立了省级调剂金制度。在此基础上，为更好地保障离退休人员的基本生活需要，一是应加快推进退休人员社区管理工作，将企业退休人员的档案管理、医疗保健、文体活动和日常管理服务由企业转到社区，减轻企业的事务负担；二是应加强社区服务组织建设，将就业服务机构和社会保险经办机构的服务延伸到街道和社区；三是应加快社会保险信息网建设，建立全国统一管理的社会保险经办机构，为社会保障管理服务社会化提供技术和组织保证。**（此文获2002年度全国审计理论重点研究课题二等奖。课题组成员：张建国、韩业志、沈潞嵘）**

加入WTO对中国审计环境的影响与审计应对研究

湖南省审计厅与中南大学联合课题组

2001年12月11日，我国正式成为WTO的第143个成员。“入世”带来的是新环境、新形势下的冲撞、较量、竞争和发展。审计作为社会政治经济发展的产物，也面临着观念、人才、制度、技术、文化、规则等方方面面的挑战。

一、WTO规则与国家审计环境的相关性研究

1. *审计环境的科学内涵及构成要素。*审计环境是在一定的时间和空间条件下，与审计活动相关的一切外部事物及其活动的总和，是审计产生和发展的前提与条件。对审计环境的研究，从方法论角度来说，需要运用科学方法将构成系统的各级分系统及各基本要素进行细化分解。本课题组继前人研究而进，将国家审计环境分为审计共享环境、审计自给环境和审计客体环境三类。

审计共享环境是指社会所共有的，可为任何组织和人员所运用的环境，具有社会性，主要由经济因素、科学技术因素、法律因素、政治因素和文化教育因素五个因素构成。

审计自给环境是指审计机关及审计人员为满足审计工作需要所创造的必要条件。主要包括管理因素、人员素质因素、信息交流因素和后勤保障系统因素四个因素。

审计客体环境对审计监督构成了最直接的影响，是指具体的被审计单位的组织机构、管理体制、业务范围、财会制度的完备程度等与审计事项有关的情况。

2. *WTO规则的基本框架及与审计环境相关的内容。*WTO是通过一整套法律规范来发挥作用的，法律框架是其一项重要的运行机制。在WTO法律框架下，会计相关专业服务包括会计、审计、簿记服务、税务服务和管理咨询服务，列在服务贸易法规体系中。实际上，早在1981年国际“八大”就根据针对性条件全部进入中国会计市场了。从政策面上看，我国鼓励国内会计师事务所走出去的政策比较少；从相关市场准入承诺上看，准入环节限制较少，准入政策基本配套。我国会计市场开放取得了很大成绩，然而也存在一些如税收优惠、特殊执业资格许可、涉外机构准入优惠、对涉外机构监管松弛等问题。

3. 加入 WTO 对我国审计环境的影响分析。如何尽快适应加入 WTO 后变化了的新环境，解决新问题，满足新要求，是摆在国家审计人员面前的一项迫切任务。加入 WTO 对我国审计环境的影响主要体现在可能产生的四个方面的变化，即我国市场经济法制化建设的步伐加快，形成一个新的国家审计的法治环境；现代企业制度建立和规范的财政体制形成，国家审计的微观环境发生重大变化；建立既适应 WTO 运作机制要求又符合市场经济体制要求的政府运行机制使国家审计的工作环境发生转变；新的经济体制的确立和经济活动范围的扩大，为国家审计扩展了新领域。

五大面临的新机遇，即政府财政金融体制改革为国家审计在宏观调控中发挥作用创造了条件；政府行为和企业行为的规范为国家审计创造了良好的工作氛围；促进政府工作透明度的提高为国家审计创造了发展的机会；社会公众对审计的认同为国家审计创造了有利的外部环境；国际间国家审计的交流与合作得以加强，有利于我国积极借鉴吸收其他先进国家的国家审计工作的经验。

九项严峻的挑战，即对审计立法的挑战；审计机关的法定职责范围将面临挑战；审计机关的审计内容要进行调整和规范；审计机关的审计工作要求更加规范，审计准则要更国际化；审计结果要增加公开和透明程度；审计依据的变化；对审计人员素质和审计技术方法的挑战；对审计资源的挑战；对审计机关业务种类的挑战。

二、我国审计环境的现状调查与分析

正确认识我国国家审计 20 年来所取得的经验、目前存在的问题与不足，是研究国家审计应对 WTO 对策的前提和基础，对于对策的前瞻性思考、可操作性等等都有着直接的影响。为此，课题组采用实地调查与问卷调查相结合的方式，对有关国家审计管理部门、会计师事务所、企事业等与审计相关的人员，展开了为期 3 个多月的关于加入 WTO 对我国审计环境影响的现状调查。

1. 研究问题与问卷设计。实地调查围绕以下八个问题，即中国加入 WTO 后，对国家审计定位的思考；对现行国家审计管理体制的评价及改革设想；制约我国国家审计发展的主要原因分析与解决对策；国外国家审计发展的主要经验启示及如何借鉴的思考；现实中是如何处理国家审计、社会审计、内部审计的关系的，"入世"后中国的审计体系应怎样设计；对审计的法律环境、审计法制建设中的立法与执法的看法；"入世"后国家审计的主要变化和应采取的对策；"入世"对计算机审计的影响，及其实际运作情况和应引起关注的问题进行了研讨。

而问卷调查主要针对我国审计工作的发展现状、审计及其相关人员对 WTO 的了解程度和 WTO 对中国审计环境影响的心理预期等内容，设计了一套 31 题调查问卷。问卷发出 270 份，收回 265 份，有效问卷 259 份。

2. 调查结果统计与分析。统计分析问卷后得出：

(1) 认为"我国审计工作良好"的只有 5.79%，认为"存在很多问题"和"整体水平一般"的占了 88.8%。说明研究我国审计工作的现状，特别是审计管理体制、审计执法环境、审计队伍素质、审计信息化建设等问题，是应对 WTO 的首要问题。

(2) 审计人员"对 WTO 内容略知一二"和"不知道的"占了 85.33%，"比较熟悉的"只有 13.9%，而"研究过"的不到 1%。而且 83.4% 的人是"通过广播、电视传媒等渠道"略知一二的，"通过培训"和"自发学习 WTO 知识"的人只占少数。这说明，中国"入世"的意义和 WTO 的内容及运作机制，是今后对审计人员加大培训教育的重点。

(3) 统计结果显示，认为"加入 WTO 对中国审计影响很大"的为 14.67%，"利弊并存"和"机遇多于挑战"的为 72.2%，这一方面说明被调查对象对 WTO 影响心理预期的客观性。但"入世"一年来"所从事的审计工作没变化"和"部分变化"占了 85% 和 13% 的"没想过 WTO 会有影响"，也暴露出审计人员观念的滞后和危机意识的淡薄。

(4) 关于国家审计管理体制问题。52.9% 的人认为我国现行国家审计体制"属行政型，要改革"；40.9% 的人认为现行审计体制"影响审计主体的独立性"。关于影响我国审计发展主要因素是"审计管理体制"占 57.14% 比例，进一步说明改革呼声之高。

(5) 在调查中发现，认为业务中最难办的事情是"领导及有关人员打招呼，审计结果难执行"竟占了 65.25%，远高于"被审计单位不配合"和"经费人手不够"等因素。

(6) 调查结果显示我国审计队伍学历层次不高，知识结构以会计、审计人才为主体，复合型人才较为缺乏，专业对口大学毕业进入审计部门的比例较低，这些状况的存在会在一定程度上影响审计质量的提高。从审计人员年龄结构来看，趋于年轻化的现象，这将为审计部门注入活力。但需制定终身学习计划，以不断更新知识，弥补经验不足的缺陷。

(7) 结果表明“审计队伍的素质和知识结构”是审计信息化中至关重要的因素占了54.83%，这进一步说明审计队伍优化的重要性。

(8) 认为我国审计工作良好的只有5.79%；存在很多问题和一般评价占了88.8%。说明研究我国审计工作的现状，是应对WTO的首要问题。

3. 结论与思考。综合实地调查与问卷调查的结果，我们认为在WTO新环境下，解决现存的问题需要更多地从加强WTO规则的学习和培训、审计管理体制、审计法制环境、审计队伍素质以及审计信息化建设等方面着手。

三、适应WTO规则的国家审计环境优化方案设计及实施对策研究

1. 适应WTO规则的国家审计环境优化总体方案设计。当前，关于国家审计应对加入WTO的研究基本集中在对审计体制、审计依据、人员素质、审计方法、审计结果等层面。国家审计WTO动态对策体系的构建，必须满足国家审计目标的要求，随加入WTO后我国审计环境的变化而实时调整。国家审计应对WTO的动态体系由国家审计创新对策体系和国家审计矫正对策体系构成。国家审计创新对策体系是对中国国家审计工作基本经验的激活，是国家审计发展的原动力；国家审计矫正对策体系则是针对中国国家审计的工作现状及存在的问题从治理、优化的角度提出的应对措施。

2. 应对WTO优化国家审计环境的具体实施对策。国家审计工作近20年来所取得的基本经验，是我国国家审计应对WTO的一笔宝贵财富，要发展性地继承，将反映过去的静态经验转化为应对WTO的动态措施。针对目前国家审计所存在的问题和不足，我们认为，优化国家审计环境的具体实施对策，不仅要遵循WTO的基本原则，继承、发展我国国家审计工作所取得的基本经验，同时要考虑国家审计存在的问题与不足。具体对策体系的实施，可坚持“不破不立”的原则，亦可“先破后立”或“先立后破”，在立新中让问题消失，即坚持提升我国国家审计国际水准的同时，必须考虑中国的国情。

第一，深化国家审计体制改革，理顺审计机关管理关系。目前，我国学术界对审计管理体制改革之路的选择主要有以下几种观点：(1) 对我国现行审计体制采取渐进的改良策略，进行结构性调整，向政府和人大同时报告工作；(2) 为强化人大立法监督和国家审计监督，由行政型模式向立法型模式转变；(3) 适时地由行政型向立法型转变，实行立法型审计体制下的省以下审计机关的垂直管理。课题组认为国家的审计模式既应该与本国的国情相适应，又要大胆地吸收借鉴他国的先进经验，第(3)种观点比较符合事物发展的规律。主张以立法型管理模式作为理想目标，循序渐进，审时度势，从审计工作各方面着手准备，为最终的改革提供良好的审计环境。同时，打破“双重领导”的管理体制，建立“一府三院”，审计署与地方审计机关分别专门负责中央与地方的财政资金的监督，强化审计监督力度，避免出现审计“盲区”；省级审计机关接受审计署业务领导，有利于对中央、地方两级财政资金的监督，也有利于审计系统加强业务建设。

第二，为适应审计环境的变化，原以监督财政、财务收支“查错防弊”为重点的审计目标需要进一步改进。回顾西方国家政府审计目标的发展演进，经历了“单纯财务合规性审计→合规性审计与‘三E’审计并重→以绩效审计为主”的三步式历程。因此，根据我国当前复杂的审计环境，国家审计应在努力实现以监督财政、财务收支的“真实、合法、效益”为审计目标的同时，适度开展绩效审计；待条件成熟后，再实现逐步向评价国家资金使用效益的绩效性审计转变，促进国家财政资金有效使用，提高经济效益，确保国有资产保值增值。

第三，强化国家审计宏观经济管理职能，突出监督保障和信息反馈的作用。课题组认为，新时代下的国家审计在战略上应着力于财政、金融等综合性的经济部门，以及对国计民生、持续发展具有重大影响的行业和专项资金等方面的宏观审计，如财政资金投向合理性审计、宏观经济政策效果性审计、金融风险防范审计、教育资源开发利用审计等；在战术上则须树立为宏观经济管理、决策服务的观念，围绕国家经济工作重点的变化不断调整，运用微观审计中各种手段获取宏观经济管理的可靠信息，满足客观形势的要求。

第四，推进国家审计信息化建设，实现从手工审计向计算机审计过渡。“入世”与入网让会计电算化不断发展并实现网络化，加快对审计方法和手段的改进和完善已成为必然趋势。课题组建议审计信息化建设从研究探索审计经验入手，运用计算机开发的辅助审计系统代替审计人员进行审计检查，降低审计风险，提高审计工作效率。另一方面，抓好网络远程审计的开发，以适应审计数据库大型化的需要，促进审计合作交流与资源共享，提高审计时效性、降低审计工作的成本。

第五，“活化”人员存量，落实审计人员后续教育，开展轮岗学习培训锻炼多面手，优化人力资源结构，为国家审计提供可靠的智力保证。

第六，提升审计准则水平，健全国家审计法律制衡机制。根据加入WTO的相关条例，在本国审计准则未涉及的领域内国际准则将起到规范作用。

此外，为确保国家审计应对WTO动态对策体系的有效实施，应进一步加强社会公众对国家审计工作的监督，疏通国家审计创新对策的信息反馈渠道，注意落实增强国家审计工作的透明度，扩大审计结果公开范围，创建“审计法规信息库”等工作。（此文获2002年度全国审计理论重点研究课题一等奖。课题组组长：罗元安、刘爱东，课题组成员：陈刚、周琛、黄远、王慧、李蕊、郭立业，执笔：刘爱东、王慧）

WTO规则对政府行为方式的影响与审计调整

陕西省审计厅课题组

加入WTO对我国现实经济社会会产生全面的影响，其中对政府的影响最为深刻。作为国家宏观经济监督体系中起主导作用的政府审计，也要随之加大调整力度。加入WTO后，我国审计工作的运作方式和质量层次与政府行为的改进和经济运行状态联系将更加密切，并随着审计环境的变化而相应变化和发展。

一、WTO规则对审计的影响

1. 审计依据的统一化、中央化。WTO协议的基本原则之一就是“法律统一实施原则”。因此，作为审计基本依据的财经法规，尤其是经贸等方面的法规将统一化、中央化。所谓统一化就是统一到WTO的协议上去，而不能“各自为政”，不能“上有政策，下有对策”，不能以地区、所有制、企业等划线；所谓中央化，就是要遵守WTO对成员国立法的总要求，做到“中央统一立法，地方具体实施”。

2. 审计依据的完善化。随着社会主义市场经济建立和加入WTO，那些由计划经济向市场经济转轨时期制定的法规，已不再适应形势的要求，原有的财经法规要符合WTO的精神，许多旧法规将被废止，或被新法规所取代，而同时又出现许多法规空白，亟待完善。

3. 审计法规的公开化、透明化。WTO的基本原则之一就是透明度原则。在加入WTO之前，我国的财经法规不仅在制定主体、效力等级也各有不同，在适应范围、被公布、了解程度上也各有不同。审计部门审计时，一般要先向被审计单位索要所在行业的特殊规定，作为审计依据之一。在我国加入WTO后，这种审计依据的多样化、不公开化、不透明化将得到根本性的改变。

4. 审计目标的国际化。加入WTO之前，政府审计规定了真实性、合法性、效益性三类审计目标。从审计发展的国际潮流看，效益性目标已成为审计的主要目标。加入WTO后，我国将建立“公共行政体制”，政府审计目标也应向以检查政府职能向“公共领域”倾斜所投入的公共资金的使用效率（经济效率和社会效率）上转变，以效益性目标为审计的主要目标，以开展财政审计为主导，以环境审计、专项资金审计、社会保障审计等为重要内容，与国际潮流接轨。

5. 审计职能的转化。由于WTO要求政府职能的转变和规范政府管理，提高政府管理效率，政府审计的职能也因此发生变化，将由过去以经济监督为主要职能，转变为经济监督、经济评价并重，甚至以经济评价为主要职能，以评价政府所使用的公共资金的效率，使用公共资金在公共领域里的经济效果，评价政府的管理效率等。

6. 审计行为的规范化。随着一系列政府行为规范化的实施，审计行为不仅要求规范化、公开化、法制化，而且将日益受到被审计单位的监督、全社会的监督以及外资、外企等WTO成员的监督。政企分离后，企业对政府的依附将减至最小，被审计单位对审计机关的恐惧也将减小，对其利益的维护将增加，对审计行为的不规范将提出异议甚至起诉。因此，审计行为规范化既是作为政府组成部门的一个必然举措，也是审计更好地履行职责的必然。

7. 审计技术的现代化。随着审计环境的变化，审计的内容、方法、手段也都要随之变化。审计的手段只有“道高一尺，魔高一丈”，才能适应审计工作发展的要求。随着被审计单位的会计电算化的推进和全面应用，审计工作也必须电算化，审计人员也必须掌握必要的计算机知识。引进现代化手段，构造“电子审计”、“全国审计网”，以适应形势的要求。

8. 审计人员的专业化、职业化。政府行为的规范、工作效率的提高、现代化手段的应用都必须是以审计人员的素质提高为前提、为基础，而提高公务员素质的一个非常有效、世界发达地区经验证明成功的做法就是专业化、职业化。因为审计本身是一个非常专业的工作。

二、WTO规则下审计调整的思路

1.转变观念、统一思想、实现政府审计的调整。我国审计发展过程具有渐进性和曲折性，审计职能的发挥始终受到行政权力的规定和约束，至今仍保留着某些行政与司法监督的痕迹。“入世”以后，政府审计受到了市场化改革、政府职能转变、建立现代企业以及经济一体化等的多样冲击，虽然面临着严重挑战，也获得了良好的调整机遇。政府审计的调整，在我国不仅是必要的，也是可能的。一方面，政府行为方式随着“入世”而改变，必然要求政府审计发生调整；另一方面，市场经济的发展也为政府职能的转变奠定了坚实的基础，使包括审计调整在内的政府职能的转变也是可行的。

2.重视调查研究和理论分析，调整审计工作进度。从整体上讲，政府审计调整是政府行为方式转变的一个具体内容。政府职能的转变导致政府发挥职能的行为方式转变，作为政府监督职能的政府审计也应实现调整和改变。从宏观上讲，政府审计调整适应了经济全球化和国家经济利益观念的转变。政府审计不再是一种行政手段，而应根据市场取向，具有独立行政功能特征。从结构上讲，政府审计也是主体、对象和手段的统一体，对象的变化必然引起手段的改变，并进而影响到主体的定位问题，政府审计调整从本质上讲是政府定位的一个重要问题之一。从要素上讲，政府审计的目标同样是最重要的审计要素，但它却是动态的、变化的，随着内、外部环境的变化而随时进行调整，政府审计的调整，是审计目标发生变化的结果。从联系上讲，政府审计与民间审计、内部审计有着密不可分的关系，随着市场经济利益主体的多元化趋势的进一步加强，随着内部审计职能范围的拓展，各类审计之间的功效互补，既相对独立又密切联系的三元关系结构将更趋于成熟与协调。

通过分析，政府审计调整的工作进度应当是先清理，后调整，再健全和发展。即清理与世贸组织不适应的审计法律法规。调整政府审计的范围和重点，健全审计立法和审计制度，发展和强化审计结构和审计人员。

3.落实和贯彻政府审计调整的原则。(1)正确处理稳定与创新的关系。我国加入WTO的基本条件是以发展中国家的身份“入世”，这就是要争取一个调整时期，以顺利实现平稳过渡。政府审计的调整也应以稳定为主，避免幅度过大过快造成不必要的损失。

(2)正确处理中国实际与国际惯例的关系。我们的基本经济制度、法律文化环境等与国际有一定的差距，但经济发展的评价标准是一致的。世贸规则并不完全代表所有国家，特别是发展中国家，应积极利用“入世”带来的机遇，充分表达包括我国在内的广大发展中国家的意愿，政府审计的调整也应当服务于这一目的。

(3)正确处理机构改革与强化审计监督的关系。机构改革的目标是精简机构、分流人员、提高效率。从市场取向看，是为了转变政府职能，解决人浮于事的矛盾。政府职能转变后，直接管理经济的职能将得到削弱，但监督经济的职能会得到加强，因此，审计监督职能应当强化，政府审计机构应得到加强，政府审计人员也应当扩大，但要避免借强化之机，造成新的人浮于事的局面。

4.以市场为取向确定政府审计的调整思路。(1)政府审计应重点监督如何加快国有经济布局的战略性调整。主要应当明确、分解和规范政府作为公共管理者和国有资产所有者的两种职能，完善与新体制相适应的国有资产管理体制；监督政府是否基本退出对企业经营活动的直接行政干预。

(2)政府审计应重点监督如何改进宏观经济调控职能。主要包括进一步完善财税、金融、外汇管理体制，以经济和法律手段而不是行政干预手段实施宏观调控，制定经济社会发展规划，增强对国际经济环境变化的应对能力，维护国家经济安全。

(3)政府审计应重点监督政府如何健全市场机制职能。包括以法律制度界定和保护知识产权，保障产品和生产要素的流通，打破地方和部门的行政性垄断或限制，建立和维护统一、开放和竞争的市场秩序，为市场进入者创造有基本信用的、可预期的、公平竞争的秩序。

(4)政府审计应重点监督政府如何完善市场服务职能。包括促进基础设施建设，注重教育和人力资本投资，推动技术创新和传播，加强信息服务。

(5)政府审计应重点监督政府如何改进收入分配和社会保障职能。包括逐步建立和完善覆盖全社会的高效率的社会保障制度，通过有效的税收和转移支付制度，调节国民收入分配，促进社会公正和谐。

(6)政府审计应重点监督政府如何增加社会冲突管理职能。包括倡导政府与经济社会生活中不同利益集团的沟通与交流，为经济和社会发展中弱势群体提供必要援助，形成与社会多元化发展趋势相适应的多渠道、多层次社会利益协调机制，促进社会稳定和全面进步。

（7）政府审计应重点监督政府如何加强经济与社会可持续发展的协调职能。包括正确处理人口、资源、环境和经济发展的关系，用经济、行政和法律手段保护和合理开发自然资源，治理环境污染，保护生态平衡，降低经济发展的社会成本。

三、政府行为方式和审计调整的内容

加入WTO后，由于国内法律的调整，经济运行模式的改变，国际规则对政府机构干预经济方式的特殊要求，以及国内经济组织走出国门参与国际经济运行等一系列新的变化，对我国政府行为方式和审计职责的多个方面产生影响和挑战，给审计调整带来了机遇，也为审计调整开拓了空间。

1. 审计发展方向的调整。政府审计发展方向应由对形式和程度的规范向注重内在质量和内容的规范调整，由模糊定位的审计评价向有量化的标准的审计评价调整。使政府审计发展将更多体现现代审计的思想、观念、概念、技术性和可操作性，将更科学化、系统化，为我国政府审计的进一步发展奠定高起点。从而改变审计质量因审计人员业务水平的差异和思维方式不同而难以达到理想的要求，改变对审计质量的考核因无硬件性的衡量技术而流于形式的状态。

2. 审计程序和决定的调整。WTO规则要求政府必须以规范、透明、负责的方式行使行政权力，这就要求审计机关在审计过程中必须严格按照审计规范实施审计活动，并依据规范做出审计决定。由此，需要审计程序和审计决定从随意性向规范性调整。在审计实践中，对事过境迁的、与建立市场经济体制有悖的法律条文应及时调整，建立严格的审计质量责任制，加强规范性建设。

3. 审计服务的调整。（1）在审计立项上，由“微观－宏观－微观”的思维方式向“宏观－微观－宏观”的方式调整。从宏观经济的整体态势出发，结合当地、部门的经济特点，紧紧围绕经济结构变化、经济发展空间可用性，来找准审计方向和审计重点，并以审计重点为轴心合理确定审计覆盖面，根据审计中发现的问题，修正对宏观的认识，确定审计的立项项目。（2）我国特有的经济体制、管理层次、条块分割造成的条块分割审计将向加大行业联审方面调整。在行业审计分工的基础上，实行部分专题的联合审计，将微观审计对象纳入宏观监控目标的坐标系中考察，揭示其发生的偏差。充分利用审计的接触面大、信息多、资料实的优势，对审计资料做出全面系统的分析，从宏观与微观的结合中得出某一时期该地区（或部门）经济状态的宏观结论。（3）审计形式由事后审计向事前审计和事中审计并举调整，在审查财务收支的基础上，向管理体制与内控制度、风险控制的有效性审查延伸，最终达到标本兼治的目的，体现审计监督深度广度上的突破。

4. 审计方法和手段的调整。综观世界审计，审计方法已逐步从账户基础审计向风险基础审计过渡，以量化的风险水平为重点，在确定风险水平基础上，决定实质性测试的程度和范围，最显著的特点是把审计力量用在高风险领域，力求提高审计效率。这种方法具有科学性和系统性，减少用经验判断的随意性，审计结果更为客观公正。审计手段的智能化，主要是指计算机在审计中的运用，即从手工操作向计算机审计过渡，使计算机在审计查证、分析性复核、审计证据的索取、审计信息的收集、传递等方面发挥应有的作用。

5. 审计队伍综合素质的调整。WTO确立的规则和机制对审计人员和审计质量提出了更高的要求。高质量的审计来自高素质的审计队伍，就当前审计人员队伍整体素质来看，还不能适应WTO的要求。现代审计不仅要求审计人员熟练掌握计算机技术和外语，而且还要掌握和运用相关的国际准则、国际会计、审计知识，同时还要熟悉国际经贸业务。具备对国际上出现财务问题的判断和处理能力。未来的审计人员要求职业判断能力强，善于运筹帷幄，不拘泥于审计思维。（此文获2002年度全国审计理论重点研究课题二等奖。课题组负责人：周新生、薛小荣，课题组成员：刘晓君、陈淑芳、李社宁、董俊勇）

经济案例

某行政执法单位 A局重大违法违纪案

2001年3~4月，济南特派办在对A局的财务收支审计中，发现该局财务内控制度严重失控，存在违规设置“账外账”和“小金库”、巨额公款私存、滥发钱物、多名财务人员涉嫌经济犯罪等重大违法违纪问题。由于该局部分领导成员和财务人员有意对抗审计，相互串供，隐匿、销毁和拒不提供涉嫌重大经济问题的会计资料，审计工作一度陷入僵局。为此，审计署向国务院上报了情况，国务院三位领导同志相继做出了重要批示，要求被审计单位主管部门和检察机关配合审计署彻底查清问题。随后，及时成立了联合调查组，以审计为主，彻底查清了A局存在的大量违法违纪问题。

一是查出了A局本部及下属分支局有关人员丢失、隐匿或销毁重要会计资料，以及私设“账外账”、“小金库”，滥发和私分钱物，违规乱开账户，公款私存，资金去向不明等各类严重违纪违规问题共计2.05亿元。主要问题有：

1. 财务人员隐匿、销毁会计资料的问题突出。据统计，A局有4个单位、9套账簿及其凭证，108本“小金库”资金收支凭证、283份原始单据被隐匿或销毁，涉及资金近7000万元。

2. 采取截留检验检疫收入、集资摊派、虚列支出、对外借款利息和“三产”上交款不入账等手法私设“账外账”6647万元，以奖金、补贴名义滥发钱物1850万元。

3. 采取截留、隐瞒和转移各类收入、公款私存、弄虚作假、集资摊派、重复报销等手法私设“小金库”32个，累计金额2358.61万元，其中1718.07万元被集体私分，占72.84%。

4. 私自高息对外拆借资金问题突出。原A局1992~1996年间，违反国家金融管理规定，累计将本单位资金对外高息拆借1767万元，其中分管财务的副局长未经局党组研究，也未向局长请示汇报，擅自决定并与财务处长将本单位资金1170万元出借。至审计时，只收回本金985万元，有185万元本金已造成损失。

5. 公款私存问题严重。多名财务人员以个人名义将公款存入个人存折、信用卡或储蓄卡，甚至1个人持有10多个存折。审计共发现以个人名义（包括假名）公款私存存折达100个，涉及金额3456.25万元，其中有647.44万元经手人不能提供资金去向的有关证据。

二是对涉案人员根据问题性质，分别进行了处理。将A局8名涉嫌贪污、挪用公款等重大违法犯罪人员依法移送检察和公安机关处理。其中局级干部两人，处级干部3人，科级干部3人；将A局3名局级干部，8名处级干部及3名科级以下干部严重违反财经纪律问题，移交其上级主管部门和纪检监察部门追究其党纪政纪责任。目前，移交司法机关的案件中，已有1人因挪用公款罪被判刑，1人因涉嫌隐匿会计资料被逮捕。2002年3~10月，A局上级主管部门对济南特派办移交的案件进行了认真细致地调查核实，对13名涉案人员，其中局级干部4人，处级干部5人，科级干部4人，分别给予行政记过、行政降级、行政开除、行政撤职处理。

（撰稿人：济南特派办）

荆州市长江河道管理局洪湖分局私分长江堤防资金案

10月，武汉特派办在对湖北省国债项目审计时，查出荆州市长江河道管理局洪湖分局（简称洪湖分局）副局长杨平及长江水利委员会界牌工程代表处职工苏勇等人相互勾结，私分长江堤防建设专项资金206.4万元。

根据群众举报，武汉特派办审计人员，进驻湖北省洪湖界牌河段长江干堤护岸工程国债建设项目。进点伊始，审计组就发现该项目有两笔石料购买业务存在重大疑点，随后，审计组通过核实供货单位、摸清货款流向，初步发现供货单位并不存在，供货合同系伪造，206.4万元货款涉嫌被个人转移、鲸吞。经过对该工程施工、监理、验收等环节进行进一步核查，发现该项目“水下抛石工程”的施工合同、工程施工图、监理报告、工程验收资料等均系假造，该工程纯属无中生有。至此，审计组终于查清：洪湖分局副局长杨平及长江水利委员会界牌工程代表处职工苏勇等人相互勾结，通过签订假工程施工合同、绘制假施工图、签订假供料合同、编造假验收资料等手段，以购买石料的名义，转移、私分长江堤防建设专项资金206.4万元。

审计结束后，武汉办依照有关规定将案件移送司法部门立案查处，现已拘捕犯罪嫌疑人6人，现案件正在进一步查办中。（撰稿人：武汉特派办）

广西北海市红坎污水处理厂国债资金建设项目案

2001年9月，武汉特派办在对广西壮族自治区国债项目审计中，查出广西北海市红坎污水处理厂签订虚假进口设备合同、骗取外国政府贷款，走私进口设备、偷逃大量税款等重大违法犯罪事实。

广西北海市红坎污水处理厂国债资金建设项目是广西国债审计确定的重点延伸审计项目之一。审计组进驻该项目后，对相关资料进行了重点审查和分析，迅速发现几处疑点：1. 该项目进口设备相关费用畸高，且相关合同有意含糊其辞；2. 该项目进口设备未缴纳相应税款，且有关费用支付蹊跷；3. 该项目支付7台进口专用车辆的进口代理费存在诸多疑点。经过进一步细致的工作，审计组初步发现了北海市市政府和市项目办个别领导与外商签订虚假合同，虚增进口设备的合同价格，骗取外国政府贷款200多万美元的事实，且该项目设备进口存在重大走私嫌疑。

为了彻底弄清事实真相，审计组三下广州、六赴海关，多次往返于项目办、外商两家关联企业、有关开户银行，终于查清：

（一）北海市市政府和北海市项目办个别领导勾结外商，签订虚假进口设备合同，骗取外国政府贷款200万美元；外商将外汇贷款一部分用人民币返还、100多万美元滞留境外达4年之久，构成了逃汇、套汇行为，使国家承受重大利息损失，且滞留境外的100多万美元很可能无法收回。

（二）北海市红坎污水处理厂通过虚假报关、退关等手段，走私进口设备价值314.52万美元，涉嫌偷逃关税、进口环节增值合计1000多万元。

（三）北海市红坎污水处理厂支付的巨额代理费中有27万元理货费发票属虚开，且部分资金经多次转账后，被汇入个人储蓄账户，150多万元建设资金涉嫌被个人侵占。

该项目审计结束后，武汉特派办迅速将此案的有关责任人移交到广西壮族自治区纪委、监察部门作进一步处理。2002年，武汉特派办又对查处情况进行了进一步跟踪落实，督促有关部门尽快查处该案。目前原北海市政环保国外贷款项目领导小组办公室主任、北海市红坎污水处理厂原厂长已被北海市纪委“双规”，正接受进一步调查。（撰稿人：武汉特派办）

鞍山市新台子镇镇政府挪用耕地开垦费案

根据审计署的计划，沈阳特派办于3月初开始对鞍山市的国土资源专项资金进行审计。工作过程中，接到群众举报，反映海城市原新台子镇（现已经同腾鳌开发区合并）镇政府及镇土地所截留该镇耕地开垦费的问题。

沈阳特派办根据这一线索对拨入原新台子镇的国土专项资金进行了审计。经审计核实，海城市新台子镇土地所2000～2001年间，收到海城市土地局拨入的耕地开垦费合计60.65万元。此款应全额拨付给新台子镇东开河城村和单家窝棚村。从账面反映的情况来看，上述两个村已经全额收到拨款。但对耕地开垦费使用情况进行审核时却发现了疑点。通过对出工村民的领款签字的核对，审计组发现同一领款人的几个签字笔迹相差很大，为此，立即找到了该领款人，核实领取劳务费的过程及金额，该村民并不能确切说出领取款项的金额。针对这一疑点，审计人员又找到出纳人员进行核实，出纳人员在无法做出合理解释的情况下，不得不说出了为镇土地所虚开现金收据的事实。

经审计核实，原新台子镇土地所指使上述两个村会计为其虚开现金收据，通过多开收据少付现金的手段，来达到截留专项资金的目的。单家窝棚村2000～2001年间，共为新台子镇土地所开出11张耕地开垦费现金收据，票面金额合计为34.9万元，而该村实际收到耕地开垦费现金合计为13.41万元。东开河城村于2001年为新台子镇土地所开出4张耕地开垦费现金收据，金额合计为27.05万元，而实际收到耕地开垦费现金为5.9万元。新台子镇土地所实际下拨的耕地开垦费为19.31万元，其余41.34万元耕地开垦费去向不明。

审计结束后，审计组将海城市原新台子镇徐某等人弄虚作假挪用耕地开垦费的问题移送中共鞍山市纪检委员会进行处理。7月，中共鞍山市纪检委员会对沈阳特派办移送的上述问题进行了调查取证，之后，提出了以下处理意见：1. 对黄某和徐某给予党内警告处分。2. 副镇长刘某、霍某，财政所长张某，土地所长刘某进行批评教育，并写出书面检查在班子成员会上进行深刻检讨。（撰稿人：沈阳特派办）

厦门市海防管理委员会办公室主任郑某贪污公款案

11月，厦门市审计局受市委组织部委托，对厦门市委政法委副书记兼海防管理委员会办公室（简称“海防办”）主任郑某（副厅级）进行经济责任审计。

厦门市“海防办”只有4名人员编制，每年财政预算拨款几十万元。该单位实行报账制度，只设报账员，财务工作归机关事务管理局管理。

11月11日，审计人员到机关事务管理局查阅该办1999～2002年的账目，在审计往来账中，发现该单位从未向机关事务管理局借备用金。在“海防办”的办公室里，也没有看到保险柜。

审计人员随后向报账员了解情况，发现保险柜在壁橱里。随后审计人员立刻要求报账员打开保险柜，进行现金盘点。结果在保险柜中存放着两套“账外账”的近20万元现金收付单据及5000多元现金。

两套“账外账”中，第一套是“科技监控”基建项目的基建账，建账时间是2000年3月，其内容主要有3项：招待费用、违规发放的补贴、汽车费用。据了解，“海防办”配有一部“别克”牌公务用车，其发生的费用已在机关事务管理局报销。但在这套账上开支的汽车费用是一部“三菱”吉普车的费用，“海防办”并没有配这一部车。询问报账员，报账员对此避而不答。

第一套账仅是1999～2002年的账。审计人员要求报账员提供1999年以前的账时，报账员却以种种理由不肯拿出来。

审计组查出“海防办”的两套“账外账”后，要求郑某提供1999年以前的账册，郑某迫于压力，终于交出了1996年6月至1998年的账本及记账凭证，但1996年6月以前的账仍然不肯拿出来。

经过查账，审计人员发现在第二套“账外账”中，有一个企业（以下称“A企业”）在1999年和2001年，分6笔往“海防办”转入37万余元资金。当审计人员询问时，回答是A企业归还借款。但又提供不出借款合同。

从会计资料中表明，自1994年8月至1997年8月，“海防办”陆续将暂时未使用和挤占挪用的75万元财政专项经费转入A企业下属的一家上市公司。该上市公司于1997年将其中的23万元转入厦门市物资进出口总公司机电设备二部，代付“海防办”购买“三菱”吉普车的费用；将29.7万元转入厦门玻璃钢游艇厂，代付“海防办”购买快艇费用。截止到2002年10月31日，尚余22.3万元未归还，这笔余款有10万元挂在该上市公司账上，12.3万元挂在A企业的账上。另外，1995～1998年，A企业共支付“海防办”利息32万余元，其中1.8万元是以各种食品抵账。在审查1996年的利息时，审计人员发现，当年度A企业支付“海防办”利息11.7万元，其中0.9万元是以火锅料（食品）抵账，其余的10.8万元“海防办”并未将钱提走。记账凭证所附的单据中，有一张为A企业“3年期内部职工债券”的股权登记卡复印件，登记卡记录的股东姓名为“夏海煌”，金额为15万元。经仔细检查，在“夏海煌”2001年签领本金一栏中，留下的是“海防办”报账员林某的亲笔签名。

此时，第一套“科技监控”基建“账外账”全部查清，“三菱”吉普车的谜底已揭开。

围绕第二套“账外账”，审计人员再次展开认真细致的审计工作。

原来，从1993年3月开始，“海防办”陆续将暂时未使用和挤占挪用的财政专项经费从机关事务管理局套取出来，一部分转到A企业收取高额利息，一部分留在第二套“账外账”中，主要用于滥发补贴、接待应酬。A企业支付的32万余元利息，除了以“夏海煌”的化名购买了15万元的A企业3年期内部职工债券，收取4.8万元利息外，还以“俞丽”（据了解，此化名寓意为“剩余的利息”）的化名购买4.5万元A企业两年期内部职工债券，收取了0.54万元利息。1995～2001年，“海防办”将陆续收回暂时闲置的现金本息，以“夏海帆”的化名用定期存款的形式存入银行，以“夏海鹰”的化名用活期存款的形式存入银行，共收取利息2万余元。综上所述，“海防办”共收取各种利息近40万元。这些利息中，于1995～1998年分4次购买价值2万余元的食品给本办及有关部门人员过春节；1995年9月至1999年1月，陆续发放本办人员各种补贴12.8万元。1999年7月，由于“海防办”人员内部发生矛盾，遂将上述补贴全部收回。为了掩人耳目，“海防办”领导将收回的12.8万元现金及剩余的24万余元现金本利，合计37万余元，于1999年和2001年分6次交给A企业，让其通过银行以转账的形式转入第二套“账外账”。至此，第二套“账外账”的情况也全部查清。

经过教育启发，报账员林某终于向审计组交出了自备的一本“小金库”的流水账。上面详细记录了自1996～1999年，“海防办”收取的各种款项合计13万余元的收支情况。截止到1999年9月30日，“小金库”收入的款项已全部用完，主要用于发放个人补贴、组织干部家属旅游、招待费用等开支。

经查，1997年，为了迎接香港回归，市财政局给“海防办”专项核拨“海上踩街”活动经费53万余元。活动结束，“海防办”在机关事务管理局报销的专项支出也达53万余元，专款仅节余600多元。而实际支出仅20多万元。

专案组成员分工协作，查明1997年6、7月间，为了庆祝香港回归，郑某将“海上踩街”游行活动的主席台设计和制作项目都交给其情妇某小姐承办。在项目结束后，郑某于7月初先后两次打电话让其情妇以购买鲜花、彩旗等名义，虚开2张发票，以套取公款10万余元供两人共同生活使用。郑某的犯罪事实确凿，等待他的将是法律的严惩。（摘编）

某教育学院主要负责人经济违纪案

2001年11月初，菏泽市审计局根据该市政府领导的批示和市委组织部的委托，对某教育学院（以下简称该单位）党委书记兼院长李某任职期间的经济责任进行审计。

在审计过程中，审计人员在对该单位1999年7月的支出核查时，发现一笔支出35.6万元是付给某法院的。于是审计人员询问单位财务人员和协管财务的副院长，方知1994年10月26日，该单位李某让下属科技开发公司从某建行贷款30万元，该贷款单所盖私章为“李某”。该单位于1995年4月20日归还10万元（该笔贷款及归还也未入账），尚欠本金20万元。1996年7月某法院判决该单位归还某建行本金及利息35.03万元，法院诉讼费、执行费0.57万元，合计35.6万元。至审计时均未入单位及下属单位财务账。至此，未入账的30万元贷款哪里去了？

在审查财务支出中，审计人员发现维修费、宣传费、打印费、微机购置费、电教仪器购置费等费用单据中不合规单据较多，且金额较大。通过仔细审查，共发现了31张不合规单据，计款87.5万元。同时单据还存有仿冒别人签名的问题。在对该单位2000年度的支出情况审计时，发现李某报销1993～2000年期间的费用16.9万元。这16.9万元存有贪污嫌疑？在审查该单位基建科基本建设财务账时，发现基本建设资金拨入金额大于该单位财务科基建资金拨出数。

在对2000年的财务收支进行审计时，发现该单位坐收坐支预算外资金（学生学费）77.1万元。在对该单位的收入审查时，审计人员向单位财务人员索要收入票据存根，单位财务人员以搬家丢失为由不予提供。

对上述疑点，审计人员在取得了大量的外部材料和证据后了解到：16.9万元的费用支出，是李某一次性交给院办公室，办公室又交给院财务人员进行粘贴整理，报销后抽回李某的欠款条；30万元的贷款问题。通过银行查明，有9.9万元由本院用于购置电教仪器，12万元付给北京某公司租赁该单位房屋举办的“教育寻呼台”，8万元付给某厂下岗工人孔某。支付的12万元及8万元均有疑点，差额0.1万元下落不明；87.5万元的假单据问题。通过与教育部门的资金结算中心对账后认定为假发票报销。审计人员让协管财务的副院长说明情况，该副院长及办公室主任一再坚持说是变通的招待费，但办公室主任无法提供全部招待费原始底单，拿不出证据；基建科基建账资金拨入金额大于院财务科资金拨出金额的问题。审计人员通过统计单位参与集资建房的教职工集资款总额与单位财务账面反映总金额核对，发现了财务科有账外资金353.86万元（其中建房款320万元、学费收入33.86万元）。收支票据在一个小塑料袋内存放。其中用于基建支出299.3万元，事业支出39.7万元，吃喝招待支出13万元，借出1.86万元。

审计人员在调查时了解到，有人无意中捡到过该单位财务科遗失的收据存根。在这些收据存根中，恰巧有一部分是账外资金中学费收入33.86万元收据存根。经将票据与票据存根核对，审计人员发现，票据存根资金额大于票据总金额，单位财务人员可能存有贪污行为。

为此，该市领导针对审计的情况，指示成立了以检察机关为主，有纪检、审计参加的专案组。2002年2月，联合专案组开始工作。通过运用计算机逐项检查的方法，查清该校会计利用了以下作弊手法：1. 先列后支。该校会计人员运用虚假发票和支票头虚列支出，然后，再一次或多次签发支票提款据为己有。2. 随列随支，张冠李戴。以虚假发票作支出，将款项转入个人账户。3. 列大支小，随后补提。从相关单位索取金额大于实际交易额的发票，而以实际交易额支付相关单位，差额则提出据为己有。4. 少计银行存款收入或银行存款利息不记账，然后提出据为己有。至此，该校会计张某贪污事实真相大白，此人被行政拘留，专案组取得突破口。后来落实，该会计几年来用此手法涉嫌贪污公款10多万元。

至此，该单位个人的贪污、受贿行为终于水落石出，前面怀疑的问题一一查清，李某因贪污受贿等被绳之以法，1名副院长、原财务科长和1名会计也被逮捕。在立案的14人中，涉及县级、副县级干部3人；检察机关逮捕犯罪嫌疑人9人，其中正副县级干部两人。案件侦查已近结束，现正在起诉审理中。（摘编）

盐城市医药公司药品回扣案

盐城市医药公司系国有大型医药商业企业，近几年来，经营陷入困境，亏损额不断增加，濒临倒闭。企业改制过程中，单位职工曾经数次上访，要求弄清家底，挖出“蛀虫”，给个说法。于是，盐城市审计局于2002年对该企业实施审计。

在盐城医药公司某分公司（以下简称K公司）的办公室里，审计人员按照各自分工仔细核查账册，发现广东某医药公司与K公司曾经做过一种“依美思”的药品生意，一共做了19笔，货款总计51.1万元，供货方只出具了3笔增值税发票，其余16笔是K公司自制仓库入库单，每笔都是现金交易，且都是一个叫李某的人签的字。为此，审计人员找到K公司负责人张经理了解情况：“你们跟广东人做生意，没要增值税发票，公司多交了8万多块啊！”他随即解释，“现在医药代表都是大包，我们是看着药厂的结算授权证，才用现金结算的，这也是没有办法的事，至于增值税发票，我还不知道这个情况，都怪业务员和会计不懂业务，我们马上安排人去要回来。”

6月20日，审计组再次来到K公司，要求将与广东的19笔业务再核对一下，发现了一笔异常业务，即卖了36万元药品给市第一人民医院，却付了19.2万元的回扣，折扣率高达53%，而且费用又直接冲减了与医院的往来账。上次就怀疑过李某的签字，这次又仔细对比分析，遂断定有人仿照李某签字。经继续追问核查这19笔业务中，“只有3笔是真李某签的字，一共16万元，是李某提取现金，另有13笔现金19.2万元，是公司仿照李某的笔迹提取现金后，用于支付医院相关人员的回扣”。

当审计人员第三次来到K公司后，又发现K公司与李某做了17815支“依美思”生意，实际上只有3000支，搞的是假进货、假销售、假成本结转，该公司做了假账。

7月10日，审计组第四次来到K公司，经查，K公司为了推销药品，先后贿赂了十几家医疗单位达19.2万元，结成了一张庞大的地下回扣网络，其中有一笔3万元送给了市第一人民医院药品科科长陆某。

审计组立即把这一重大发现向盐城市审计局领导做了汇报，经紧急研究之后，立即向市纪委汇报。当天，市纪委就通知K公司负责人前来谈话。随后，第一人民医院药品科科长陆某很快交待了自1992年以来，利用分管进药和结算的职务便利，大肆鲸吞广东、深圳、上海、盐城等地的100多个药品供应商和厂家的贿赂360多万元。其中，仅广东一医药贸易公司就向其行贿100万元。随着侦查的不断深入，药库主任等另11名“药耗子”先后被捕获归案。市第一人民医院的8名相关人员也纷纷投案自首。

此案查处以后，盐城市卫生局针对这一事件，出台了6个严禁，切实纠正药品回扣行为，并且开展了一系列作风整顿。（摘编）